中国公路学会桥梁和结构工程分会

2007年
全国桥梁学术会议
论文集

主办单位

中国公路学会桥梁和结构工程分会
广东省公路学会桥梁工程专业委员会
广州市公路管理局
广州珠江黄埔大桥建设有限公司
广东长大公路工程有限公司

协办单位

中交第一公路勘察设计研究院有限公司
中铁大桥局股份有限公司
路桥华南工程有限公司
江苏法尔胜新日制铁缆索有限公司
武船重型工程有限公司
武汉市海波钢结构安装工程有限公司

人民交通出版社
China Communications Press

内 容 提 要

该文集于2007年由中国公路学会桥梁和结构工程分会征集的论文中精选192篇汇编而成。主要内容有：公路桥梁设计、施工与科研新成果，新结构、新材料、新工艺的应用等。

图书在版编目(CIP)数据

中国公路学会桥梁和结构工程分会2007年全国桥梁学术会议论文集/中国公路学会桥梁和结构工程分会编.

北京：人民交通出版社，2007.10

ISBN 978-7-114-06871-3

I.中… II.中… III.桥梁工程—学术会议—文集 IV.U44-53

中国版本图书馆CIP数据核字(2007)第157467号

书　　名：中国公路学会桥梁和结构工程分会2007年全国桥梁学术会议论文集
著 作 者：中国公路学会桥梁和结构工程分会
责任编辑：张征宇
出版发行：人民交通出版社
地　　址：(100011)北京市朝阳区安定门外外馆斜街3号
网　　址：http://www.ccpress.com.cn
销售电话：(010)85285656，85285838，85285995
总 经 销：北京中交盛世书刊有限公司
经　　销：各地新华书店
印　　刷：北京宝莲鸿图科技有限公司
开　　本：880×1230　1/16
印　　张：65.5
字　　数：2044千
版　　次：2007年10月第1版
印　　次：2007年10月第1次印刷
书　　号：ISBN 978-7-114-06871-3
印　　数：0001～2200册
定　　价：160.00元

中国公路学会桥梁和结构工程分会

2007年全国桥梁学术会议论文集

编 委 会

目　录

I　规划与设计

II 施工与控制技术

III　结构分析与试验研究

IV　检测与加固

I 规划与设计

1. 广东省公路桥梁发展综述

陈冠雄
(广东省交通厅)

摘 要 近十年来,广东公路桥梁建设取得相当大的成绩。本文介绍了其中一些经典桥梁的建设成就,并展望了广东桥梁技术的发展趋势。

关键词 广东 桥梁 发展

广东省位于中国南部,河网纵横交错,8 大出海通道及其支流遍布广东沿海地区。独特的地理环境决定了广东省公路建设中跨越江河山川的桥梁多、技术复杂的特点。

改革开放的前 20 年,广东作为中国改革开放的前沿,桥梁建设以空前的规模和速度发展,为我国桥梁技术的发展起了重要推动作用。在这期间,兴建了有着"中国桥梁发展史上里程碑作用"(项海帆院士语)的洛溪大桥;兴建了曾在同类桥中排名世界第一的虎门大桥辅航道桥(270m 跨预应力混凝土连续刚构);兴建了中国第一座大跨径钢悬索桥——虎门大桥;兴建了世界第一座大跨径混凝土悬索桥——汕头海湾大桥;兴建了当时亚太地区第一座大跨径独塔双索面斜拉桥——广东南海九江桥;兴建了当时位于世界第一的钢管混凝土拱桥——丫髻沙大桥。其中洛溪大桥、丫髻沙大桥获得中国十佳桥梁称号。

进入 21 世纪以来,广东建桥人发扬开拓进取精神,在新结构、新材料、新工艺方面敢为天下先,同时桥梁建设以"安全、环保、舒适、和谐"为宗旨,建造了不少经典桥梁,如崖门大桥、湛江海湾大桥、佛山平胜大桥、新光特大桥、深圳湾公路大桥,以及在建的珠江黄埔特大桥等。这些已建和在建大跨径桥梁,反映了广东公路桥梁设计、施工和管理水平。现将广东省近年典型大跨斜拉桥、悬索桥、拱桥及梁桥介绍如下。

一、斜 拉 桥

进入 20 世纪 90 年代中期,大跨径混凝土、钢箱梁斜拉桥在广东得到广泛应用,目前已建成的有番禺大桥(主跨 380m 混凝土斜拉桥)、鹤洞大桥(主跨 360m 结合梁斜拉桥)、汕头礐石大桥(主跨 518m 混合梁斜拉桥)、广东崖门大桥(主跨 338m 混凝土斜拉桥)、广东湛江海湾大桥(主跨 480m 混合梁斜拉桥)、深圳湾公路大桥(主跨 180m 斜塔斜拉桥),正在施工的有东环珠江黄埔特大桥北汊主桥(主跨 383m 独塔斜拉桥)。广东历年修建或正在设计施工的斜拉桥见表 1。

广东已建或在建的主要斜拉桥一览表 表 1

序号	桥 名	建成年代	跨径(m)	塔型(m)	拉索种类及布置	加劲梁型式
1	西樵山大桥	1987	124.6	H 形、独塔	平行钢丝双索面	混凝土箱梁
2	南海九江桥	1988	160	H 形、独塔	平行钢丝双索面	混凝土单箱四室箱梁
3	广州海印大桥	1988	175	顺桥向倒 Y 形双塔	平行钢丝单索面	混凝土单箱三室箱梁
4	三水大桥	1995	180	H 形、独塔	平行钢丝双索面	混凝土边主梁
5	鹤洞大桥	1998	360	钻石形双塔	平行钢丝双索面	结合梁断面
6	番禺大桥	1998	380	钻石形双塔	平行钢丝双索面	混凝土边主梁

续上表

序号	桥　名	建成年代	跨径(m)	塔型(m)	拉索种类及布置	加劲梁型式
7	汕头礐石大桥	1999	518	A形双塔	钢绞线双索面	钢、混凝土混合梁
8	淇澳大桥	2001	320	单柱式双塔	平行钢丝单索面	混凝土单箱三室箱梁
9	金马大桥	2002	283	H形、独塔	平行钢丝双索面	混凝土边主梁
10	崖门大桥	2002	338	单柱式双塔	平行钢丝单索面	混凝土单箱五室箱梁
11	湛江海湾大桥	2006	480	火炬式双曲塔	平行钢丝双索面	混合梁
12	深圳湾公路大桥	2007	180	斜塔、独塔	平行钢丝双索面	钢箱梁
13	顺德高赞大桥	2007	280	单柱式双塔	平行钢丝单索面	混凝土单箱三室箱梁
14	珠江黄埔大桥北汊主桥	在建	383	门式独塔	平行钢丝双索面	钢箱梁
15	东沙大桥	在建	338	独塔	平行钢丝双索面	混合梁
16	南环李家沙大桥	在建	220	双菱形塔	钢绞线四索面	混凝土边主梁
17	南环甘竹溪大桥	在建	210	双柱式塔	平行钢丝双索面	混凝土单箱三室箱梁

(一)广东崖门大桥

崖门大桥是广东省西部沿海高速公路上的重要组成部分，位于潭江入海口，两岸高山耸立形成明显的峡谷风效应环境。崖门大桥的主桥为双塔单索面预应力混凝土斜拉桥，采用塔、墩、梁固结体系(图1)，桥跨组合为：165m＋338m＋165m＝668m。混凝土主梁采用单箱五室截面(图2)，梁高3.4m，宽26.8m。主墩采用双臂柔性墩，双臂之间间距6m；桥塔采用单柱式，为混凝土单箱断面，桥面以上塔高73.5m。主桥采用牵索挂篮悬浇施工。该桥为目前国内最大跨径的双塔均采用塔、墩、梁固结体系的单索面混凝土斜拉桥。针对该桥单索面的特点，研制出了新颖的牵索挂篮用于主梁的施工。该桥荣获第六届中国土木工程詹天佑奖。

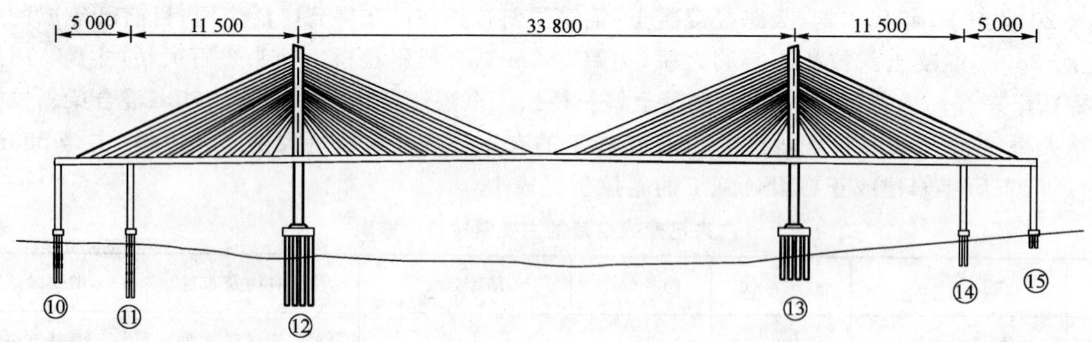

图1　崖门大桥桥型布置图(尺寸单位：cm)

(二)湛江海湾大桥

湛江海湾大桥主桥为双塔双索面混合梁斜拉桥，钢箱梁结构。主桥全长840m，跨径组合为(60＋120＋480＋120＋60)m，五跨连续。为了改善主梁及主塔的受力性能，边跨设一个辅助墩，将边跨分为60m＋120m。其中主跨及120m边跨范围为钢箱梁，主梁斜拉索索距为16m，60m边跨为预应力混凝土结构，梁段斜拉索索距为8m。主桥布置见图3。

大桥设计、施工的主要特点如下：

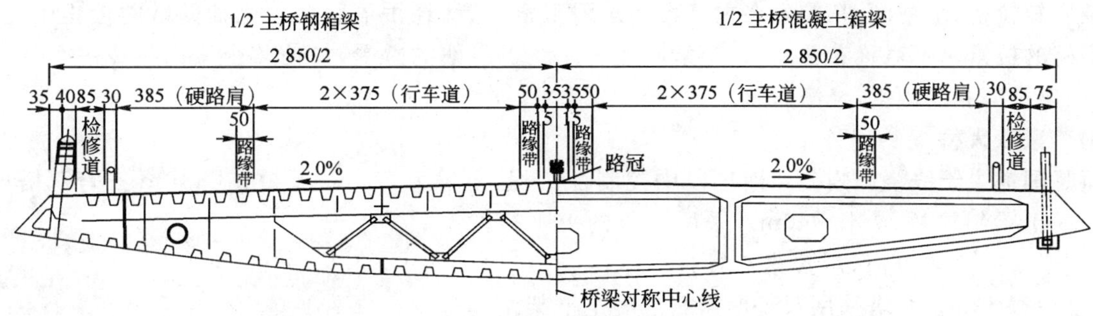

图 2 湛江海湾主桥横断面图(尺寸单位:mm)

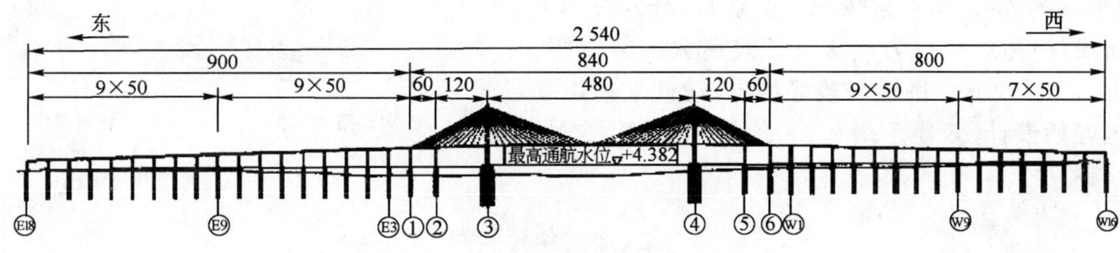

图 3 湛江海湾大桥桥型布置图(尺寸单位:m)

1)造型创新方面

大桥火炬形曲线桥塔和圆弧形的钢箱梁为国内首创。其造型美观大方、气势雄伟壮观,让人有赏心悦目的感觉(图 4)。

2)技术创新方面

主桥的斜拉索在钢梁锚固区采用简洁的锚拉板技术、斜拉索表面压花气动抗风措施等均是国内首创。还有,桥梁的抗震支座设计也具有国际领先水平。

3)科研创新方面

海湾大桥所研究的桥墩防撞设施方案即柔性消能方案为国际首创。

(三)深圳湾公路大桥

深港西部通道是广东省和深圳市“十五”重点建设项目,是连接香港、深圳及内地的大型跨界工程。主桥为造型独特的独塔斜拉桥,深圳侧跨径布置为:180m+90m+75m=345m。钢箱梁宽38.6m,钢箱梁标准节段长 12m。钢箱梁由 13 对斜拉索与主塔相连。边跨斜拉索集中锚固在边墩墩顶附近,每根索间距为 3.0m;中跨斜拉索除塔与墩附近为无索区外,其他区段每隔 12m 布设一根。本工程主塔为斜主塔,往香港方向倾斜,倾斜度为 1∶5。香港段的桥梁的形式与它一致呈对称布置,桥型效果见图 5。

图 4 湛江海湾主桥效果图

图 5 深圳湾公路大桥推荐方案效果图

大桥设计特点如下:

大桥突出景观设计。大桥平面线形呈“s”弯,如一条长龙蜿蜒盘旋在深圳湾上。通航孔桥采用造型独特的独塔斜拉桥，塔柱倾斜，拉索在主跨梁上采用密索布置，经桥塔后在边跨辅助墩附近集中锚固(即边跨与中跨的拉索呈不对称布置)。这样索面呈现光线折射般的感受，又使整个索面构成一个强有力的三角形，两座桥塔相向倾斜，充满力感。

(四)李家沙大桥

本桥是国道主干线绕广州公路南环段中控制性工程，主桥为110m＋220m＋110m三跨双塔四索面预应力混凝土梁斜拉桥，全长440m。采用平行的上下行两幅桥，两主梁横向完全分离，斜拉索布置在主梁两侧成空间四索面，全桥宽50m。桥塔采用双菱形钢筋混凝土框架结构(图6)，其中桥面以上塔高60.7m。主梁为预应力肋板式结构，边肋梁高2.2m。斜拉索按空间四索面布置，共224根。

图6　李家沙大桥桥型布置效果图

大桥设计特点：该桥为国道主干线最宽的斜拉桥；针对跨径不大、桥宽(50m)、桥墩较矮等特点，设计上采用平行的上下行两幅桥设计、双菱形塔构造，使桥梁挺拔、美观，颇具特色。

二、矮塔斜拉桥

1994年，日本建成了世界第一座矮塔斜拉桥——小田原港桥，随后矮塔斜拉桥在世界上得到蓬勃发展，最大跨径已达275m。2000年后，矮塔斜拉桥在我国得到了一定的发展。广东省在该桥型上积极探索，目前为止，已建成江珠高速(四车道)上荷麻溪大桥(主跨230m)，正在建设的有东新高速(六车道)上沙湾大桥(主跨248m)等，正在设计的有江肇高速西江大桥、江顺大桥等，见表2。

广东已建或在建矮塔斜拉桥一览表　　　　表2

序号	桥　名	建成年代	跨径(m)	塔型（m）	拉索种类及布置	加劲梁型式
1	荷麻溪大桥	2006	230	柱式、双塔	钢绞线单索面	混凝土箱梁
2	沙湾大桥	在建	248	柱式、双塔	钢绞线单索面	混凝土箱梁

(一)沙湾大桥

沙湾大桥位于东新高速公路中部，横跨番禺区的沙湾水道。沙湾大桥主桥采用主跨为248m的双塔单索面矮塔斜拉桥，其跨径布置为137.5m＋248m＋137.5m(矮塔斜拉桥)，桥面宽34m。采用塔梁墩固结体系(图7)。

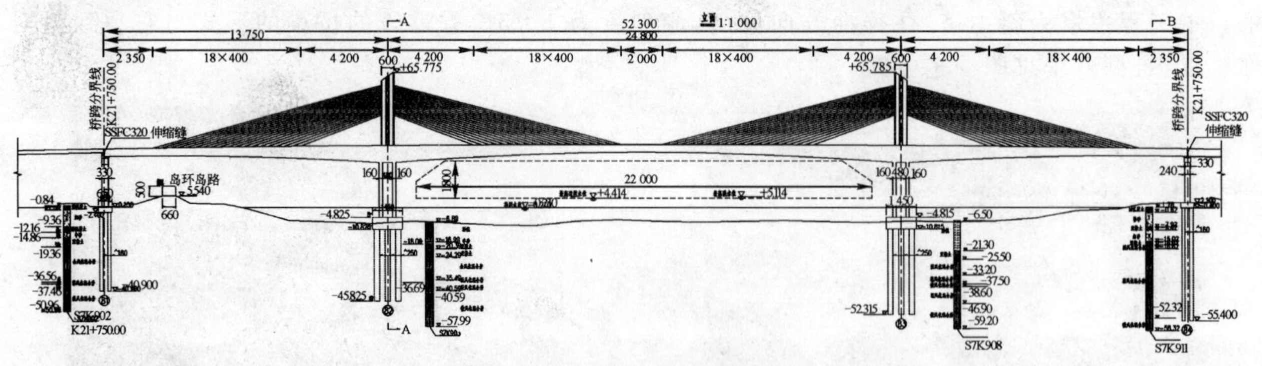

图7　桥跨总体布置图(尺寸单位：cm)

混凝土主梁采用大悬臂的单箱三室斜腹板截面，根部梁高8.25m，跨中梁高3.85m。两侧悬臂长度为6.5m，主梁横向每隔4m左右设一道横向加劲板(肋)。主墩墩身采用双薄壁墩，两壁厚160cm，两壁净距480cm，壁宽14m。索塔采用板式结构，宽6m，厚2.5m，塔高36.5m，最上端锚固点离桥面30.15m，为跨度的1/8.22。梁上斜拉索锚固间距400cm,塔上斜拉索分丝管间距80cm。根部无索区长84m,跨中无索区长20m。塔上索鞍采用分丝管形式,方便单股穿索及受力均匀。斜拉索采用可更换式。

沙湾大桥采用了主跨为248m的矮塔斜拉桥,是目前国内同类桥型中跨度最大的,国际上也仅次于日本的木曾川桥(主跨275m,钢—混凝土混合型矮塔斜拉桥)。因此,沙湾大桥的建设将对推进我国矮塔斜拉桥技术的发展有一定意义。

(二)荷麻溪大桥

荷麻溪大桥是江珠高速公路上重要组成部分。荷麻溪大桥主桥采用主跨为230m的双塔单索面矮塔斜拉桥,其跨径布置为125m+230m+125m(矮塔斜拉桥)。桥面宽28.3m。采用塔梁墩固结体系。

混凝土主梁采用大悬臂的单箱三室斜腹板截面,根部梁高6.5m,跨中梁高3m。两侧悬臂长度为4.5m。主墩墩身采用双薄壁墩,两壁厚120cm,两壁净距560cm,壁宽15m。索塔采用哑铃型结构,宽5m,厚2.5m,塔高39m。梁上斜拉索锚固间距400cm,塔上斜拉索分丝管间距80cm。根部无索区长88m,跨中无索区长22m。塔上索鞍采用分丝管形式,方便单股穿索及受力均匀。斜拉索采用可更换式。

三、悬 索 桥

悬索桥是特大跨径桥梁的主要形式之一,悬索桥优美的造型及宏伟的规模,被人们称为"桥梁皇后"。广东在国内率先建成了汕头海湾大桥(主跨452m的混凝土悬索桥)、国内第一座大跨径钢悬索桥——虎门大桥(主跨888m),已建成国内第一大跨径独塔单跨自锚式悬索桥——平胜大桥(主跨350m),正在修建珠江黄埔大桥(主跨1108m)。广东大跨径悬索桥见表3。

广东大跨径悬索桥 表3

序号	桥　名	建成年代	跨径(m)	主缆(mm)	桥塔高度(m)	加劲梁形式
1	汕头海湾大桥	1995	154+452+154	PWS 2×560	95.1	混凝土箱梁
2	虎门大桥	1996	302+888+348.5	PWS 2×687	147.8	钢箱梁
3	珠江黄埔大桥南汊主桥	在建	290+1108+350	PWS 2×800	193	钢箱梁
4	佛山平胜大桥	2006	5×40+350+2×30	PWS 2×445	178	钢箱梁

(一)珠江黄埔大桥

本桥是国道主干线绕广州公路东环段中的控制性工程,大桥全长7 049m,由北引桥、北汊主桥、中引桥、南汊主桥及南引桥组成。

图8 珠江黄埔大桥桥型布置效果图

南汊主桥采用双塔单跨钢箱梁悬索桥,跨径组合为290m+1 108m+350m,北岸边跨290m,边中跨比0.262;南岸边跨长350m,边中跨比0.316。主梁采用扁平钢箱梁,梁高3.5m,全宽41m,高宽比1∶10.8;主梁上吊索间距16m。采用门形索塔,索塔总高度193m,索塔的基础采用16D220cm钻孔灌注桩,嵌岩桩设计(图8)。

北汊主桥采用独塔钢箱梁斜拉桥,跨径组合为383m+322m,锚跨与主跨之比为0.840 7,主桥全长705m。为提高结构刚度和改善主梁、主塔的受力条件,在锚跨布置两个辅助墩,将锚跨分为197m+2×62.5m。

本桥设计、施工主要技术特点如下:

1)北汊主桥383m主跨为独塔钢箱梁斜拉桥,该跨径居国内同类桥型首位,居世界前列。

2)南汊主桥主跨1 108m双塔单跨钢箱梁悬索桥,堪称华南第一桥,在国内居第六位。

3)本桥依据地质情况及锚体设计需要,锚碇基础采用内径为70.6m,壁厚为1.2m的圆形地下连续墙+钢筋混凝土内衬作为基坑开挖支护结构。地下连续墙具有墙体深、厚度大、需嵌岩等技术特点,采用铣接法施工。这也是目前国内最大的地下连续墙结构之一。

4)本桥是广州市的门户工程,因此突出桥梁景观设计。主要体现在以下几个方面:

(1)总体布置方面,注重南汊主桥与北汊主桥协调一致。

(2)在索塔的选型上一方面做到两主桥形式相同,且与以往桥塔有所区别,着重考虑了景观效果,体现了塔构件之间的层次感、立体感。该索塔造型融合了我国古老文化"门",同时体现了广州作为我国门户城市的地位,具有一定的创造性。

(3)梁高在主桥范围内等高,在引桥范围内渐变。

5)该桥引桥为62.5m、45m等截面连续刚构及30m连续箱梁,依据工程情况,除在南汊桥两锚碇之间引桥采用挂篮浇注外,其余引桥大部分采用移动模架施工,采用了四种规格的移动模架,分别为MSS62.5(上行式)、MSS47、MSS45、MSS30(下行式)。其中MSS62.5移动模架为目前世界上最大的移动模架,移动模架总重量约1 500t,适应跨径为62.5m,浇筑混凝土最大长度可达75m,约1 000m^{3}混凝土。正常施工周期为19~24天。

6)另外,本桥是预留八车道的行车条件,主桥总桥宽41m也是国内大跨径斜拉桥、悬索桥中最宽的。

(二)佛山平胜大桥

佛山平胜大桥是世界上第一座独塔单跨钢混组合自锚式悬索桥,也是世界上目前跨度最大的一座自锚式悬索桥(图9)。大桥总长2 274m,总宽59.1m,分幅布置。主桥采用主跨350m独塔单跨钢混组合自锚式悬索桥,孔跨布置为:6×40m+30m+350m+2×30m,主桥长680m;索塔采用三柱式桥塔,塔高147m,桥面采用分离式两幅桥面,横向布置为:26.15m+6.8m+26.15m,总宽59.10m;主跨主缆垂跨比$f/L=1/12.5$,主缆采用平面四索面布置;全桥采用27组吊杆,吊索标准间距为12m;加劲梁采用钢混组合梁,350m主跨采用单箱三室钢箱梁,两岸副跨及锚跨采用钢筋混凝土梁,梁高3.5m;钢混结合段设在主跨塔中心线和边主墩中心线内侧,结合面连接采用最新技术PBL剪力键连接;塔梁相交处竖向设大摩阻系数支座、水平弹性限位索及横向抗风支座。预计2006年建成。

图9 佛山平胜大桥桥型布置效果图

平胜桥的设计填补了桥梁建设的多项空白,也创造了多个世界第一:

(1)该桥是世界上第一座独塔自锚式悬索桥,也是世界上跨度最大的自锚式悬索桥;

(2)本桥是世界上第一座钢混组合体系悬索桥;

(3)本桥钢箱梁设计是国内第一座全断面在高压应力状态下工作的桥梁,钢箱梁的局部稳定问题比其他桥梁更加突出,也是设计师要解决的关键问题之一;

(4)该桥是国内第一座研究双幅桥抗风性能的桥梁;

(5)该桥78m跨径钢箱梁斜顶是国内最大顶推跨径桥梁。

四、拱　　桥

进入21世纪,大跨径拱桥在广东得到广泛应用。目前已建成的有丫髻沙大桥(主跨360m三跨连续自锚钢管混凝土系杆桁架拱桥)、广州新光大桥(主跨428m的三跨连续刚架钢桁架拱桥)等,为我国在平原区、软基区修建大跨径拱桥积累了丰富的经验。广东大跨径拱桥具体见表4。

广东部分大跨径拱桥 表 4

序 号	桥 名	建成年代	跨径(m)	拱肋形式
1	广东南海三山西大桥	1995	200	钢管混凝土桁架
2	广州丫髻沙大桥	2000	360	钢管混凝土桁架
3	广州新光大桥	2006	428	钢桁架
4	佛山东平大桥	2006	300	钢桁拱

(一)丫髻沙大桥

丫髻沙大桥位于广州市海珠区西南侧丫髻沙岛的西北端，跨越珠江，下游距洛溪大桥约 2km。丫髻沙大桥主桥设计采用三跨连续自锚式钢管混凝土拱桥，桥宽 36.5m，主桥跨度布置为 76m＋360m＋76m，在当时居同类桥世界第一，在世界建桥史上有里程碑地位(图 10)。

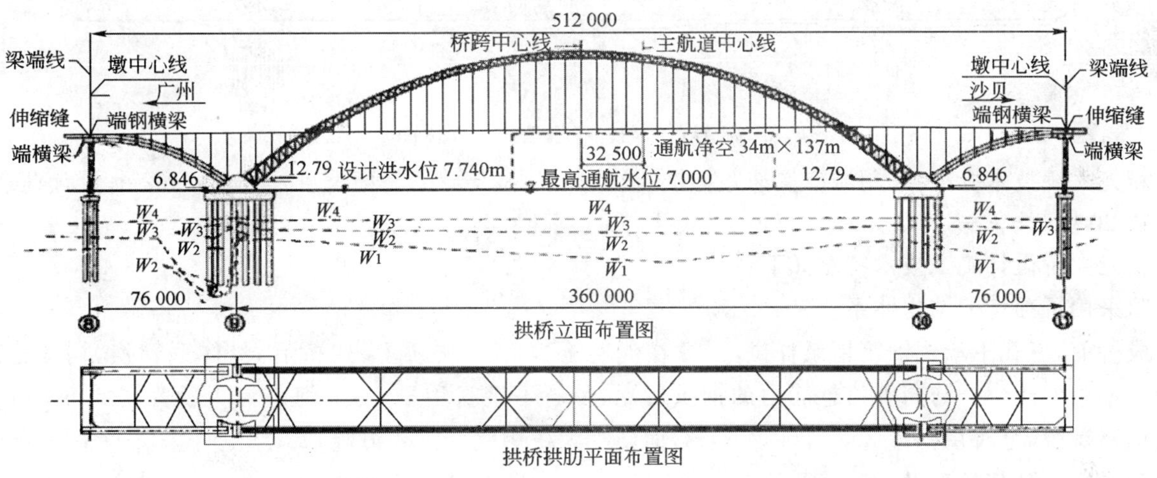

图 10 丫髻沙大桥桥型布置图(尺寸单位:mm)

大桥主拱采用中承式双肋悬链线无铰拱，计算跨度为 344m，计算矢高为 76.45m，矢跨比 1∶4.5，每片拱肋由 6ϕ750mm 钢管混凝土组成，其中外侧、内侧钢管为 ϕ750mm×18mm，中间钢管为 ϕ750mm×20mm，拱脚钢管中心距 8.039m，拱顶钢管中心距 4.0m，两肋中心距 35.95m。共设置 6 组"米"字、两组"K"字风撑，弦杆及平联板间浇 C50 高强微膨胀混凝土。桥面结构由钢横梁、钢纵梁及桥面板组成。边拱为钢筋混凝土拱，拱肋采用上承式双肋悬链线半拱，计算跨径 71m，每片拱肋由高 4.5m、宽 3.45m 的钢筋混凝土单箱单室截面组成。该桥施工方法为两岸平装钢管桁架，然后竖转至设计高程，再平转合龙(图 11)。

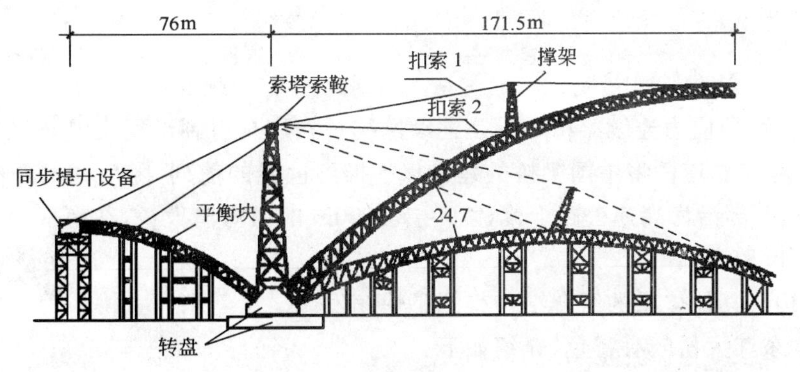

图 11 竖转体系示意图

该桥设计、施工特点如下：

(1)该桥在国际上首次采用6管式拱肋断面。每肋由6ϕ750mm钢管混凝土组成。

(2)该桥在同类桥梁中跨度居世界第一，是当时国内跨度最大的钢管混凝土系杆拱桥。

(3)该桥采用卧拼－竖转－平转的转体重量及技术难度居世界第一。

(二)新光大桥

新光特大桥是新光快速路上一座特大桥梁，主桥采用主跨428m的三跨连续刚架钢桁架拱桥，跨径组合为177m+428m+177m，引桥采用3×50m连续箱梁(图12)。

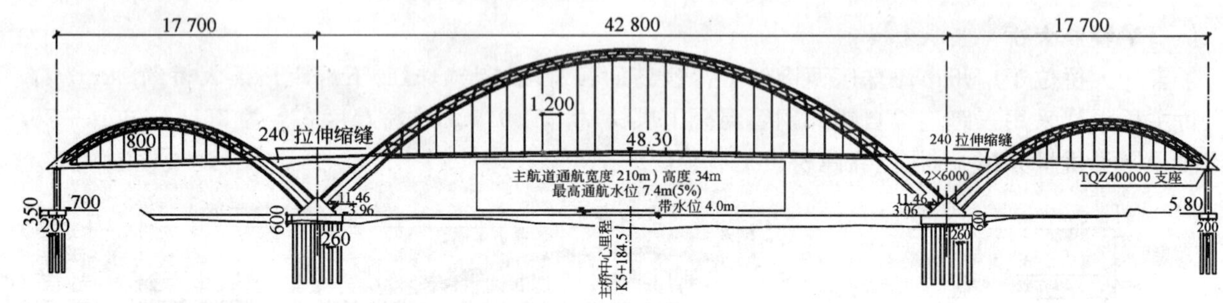

图12　新光大桥桥型布置图(尺寸单位：cm)

新光大桥技术标准：采用城市快速路标准，设计速度：80km/h；桥面宽度：全宽37.62m；设计荷载：汽车－超20级，挂车－120。

新光大桥设计施工技术特点如下：

1)采用了独特的结构体系

成桥前，三孔下承式钢箱桁系杆拱，支撑在混凝土V形刚构桥上，成桥后，经体系转换，构成三跨连续刚架钢桁架拱桥。与同等跨越能力的钢拱桥比，节省了钢材用量，如上海卢浦大桥为主跨550m的中承式钢箱拱桥，全桥用钢量3.3万吨，44t/m，而新光大桥用钢量1.4万吨，18t/m。

2)采用了独特的架设方法

主拱架设方法采用大节段整体浮运提升安装及合龙。

架设方法开创了桥梁施工整体提升重量和高度的世界记录，在世界桥梁施工中名列前茅。

3)开创了钢箱桁拱肋与三角刚构钢混过渡段连接技术，施工难度大，也是世界第一例。

4)新光大桥的桥梁造型及景观功能均是世界第一流水平，既有完善的交通功能，又有较高艺术观赏性及美学价值的桥梁。具体体现如下：

新光大桥将传统的飞鸟式三跨中承式拱桥的两边拱提升到桥面之上，构成飞雁式三跨中承式拱桥，这是我国也是世界第一座由钢桁架拱与V形刚构组合而成的飞雁式三跨中承式拱桥，其优美独特的造型具有标志性意义。

五、梁　　桥

洛溪大桥修建以后，预应力连续梁桥特别是连续刚构桥在广东得到迅猛发展，特别是1996年建成通车的虎门大桥270m跨辅航道桥将中国梁桥的建设水平推到世界的前列，随后在佛开高速公路修建了主跨160m的九江大桥、西部沿海高速公路上修建了主跨190m的镇海湾大桥，在南部快速干道上修建了海心沙珠江特大桥(250m跨)等。

近几年，连续结构与其他体系的组合结构得到了快速发展。东莞东江大桥采用了刚性悬杆与钢桁连续梁桥的组合体系。东江大桥颇有特色，介绍如下：

东江大桥是在东莞市莞深高速公路与北五环路并线跨越东江南支流的一座特大型双层公路桥。主桥结构形式为刚性悬杆加劲连续钢桁梁桥，上下层均按双向六车道设计，共布置十二车道，每层桥面全宽 36m。主桥为三跨连续体系，桥跨构成为 113m＋208m＋113m，全长 432m。为降低上层桥面高程，减小两岸引桥长度，主桥采用第三加劲弦的全新结构，兼有悬索桥的建筑景观，丰富了钢桁梁的结构形式，使结构受力与建筑景观取得统一（图 13）。主桁高度 10m，主桁以上立柱高 28m，节点间距 8m。该桥特点：

(1)国内第一座双层公路桥；

(2)为国内外第一次采用的刚性悬杆加劲连续钢桁梁桥型；

(3)也是国内第一座采用三片桁整体受力的钢桁结构桥梁。

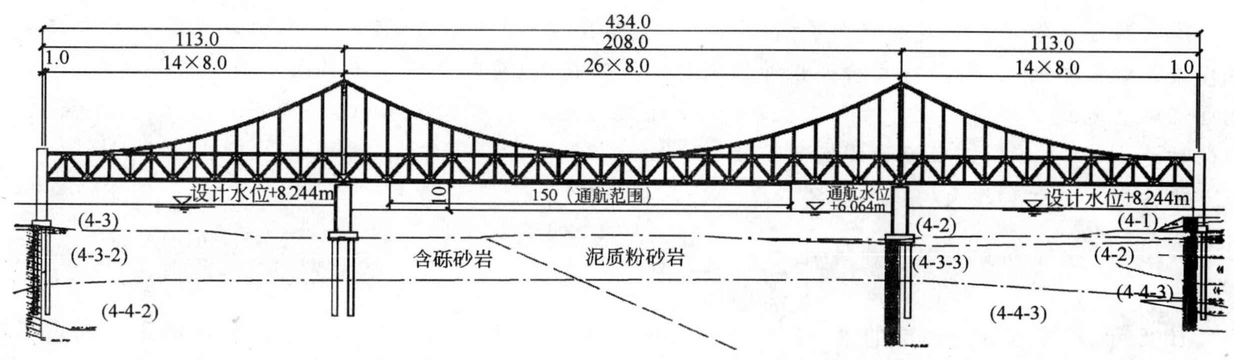

图 13 东莞东江大桥桥型布置图(尺寸单位：m)

六、广东桥梁发展展望

近年来，广东省抓住国家大力发展交通的机遇，加快了公路、桥梁的建设步伐。通过这些已建及在建特大桥梁可以看到广东省大跨径桥梁的设计、施工均向国际先进水平稳步迈进。同时设计理念也在稳步提升，桥梁建设在按照“安全、环保、舒适、和谐”新设计理念发展。广东桥梁技术发展任务依然很重，国道高速公路网上 5 个跨海工程就有两个在广东，分别为港珠澳跨海工程及琼州海峡工程，同时广东省高速公路网规划中有跨越珠江口的中山至深圳跨江工程，因此广东大跨径桥梁技术发展将围绕上述跨海、跨江工程展开，桥梁技术研究方向如下：

(1)跨海、跨江特大桥隧工程成套技术研究。系统研究跨海特大工程中的 GPS 测量控制技术、地质勘探识别技术；大型深水施工技术研究，目前世界上桥梁基础尚未超过 100m 深海基础工程，而琼州海峡跨海工程海床以下 130m 深未见基岩，因此需研究 100～300m 深海基础的施工技术；大跨度桥梁上部结构施工技术等。

(2)新材料的开发与应用。特别是高强碳纤维材料在大跨径桥梁及桥梁加固中的应用研究。

(3)重视桥梁美学与环境保护；桥梁的设计将向精细化发展，多出精品、多出我们的原创作品。

(4)桥梁健康检测系统的研制与发展；对于跨海桥梁，通过自动监测与管理系统保证桥梁的安全与正常运行，一旦发生损伤，将自动报告。

(5)组合结构桥梁的应用研究。特别是组合钢板梁桥、波折腹板组合箱梁桥在城市桥梁及山区公路中应用研究。

(6)桥梁防船撞设施、临近通航孔的非通航孔桥墩的防撞设计的研究。

广东桥梁建设者将会在桥梁的设计、施工、管理中不断创新，提高技术水平，继续为我国桥梁建设跻身世界前列作出贡献。

参考文献

[1] 李江山，方世乐. 广东崖门大桥主桥结构分析与设计. 桥梁建设，2002.02.

[2] 张强，杨进. 湛江海湾大桥主桥总体设计. 桥梁建设，2002.06.

[3] 徐升桥等. 丫髻沙大桥主桥设计. 桥梁建设，2000.03.

2. 广州珠江黄埔大桥建造技术

张少锦[1] 黄成造[1] 李朝文[2] 钟 鸣[3]
(1. 广州珠江黄埔大桥建设有限公司;2. 广州市公路管理局;3. 广州市高速公路公司)

摘 要 介绍广州珠江黄埔大桥的设计理念。根据项目的特点和难点，针对性地开展了特大桥梁工程建造关键技术研究，研究特大跨径移动模架施工关键技术、变频步履式吊机同步吊装关键技术、悬索桥大型锚碇基础及上部安装设计及施工技术、地下连续墙施工技术工法等，达到指导施工、加快工程进度、确保质量和安全、节约工程投资的实际成效。

关键词 珠江黄埔大桥 斜拉桥 悬索桥 建造技术

一、建设背景

1995 年，广东在珠江建成的第一跨江大桥—虎门大桥，将深圳和珠海两大经济特区的距离缩短了近一半，极大地促进了珠江三角洲的经济发展。然而遗憾的是，在此后的 10 年间，从虎门大桥至广州环城高速公路的黄村大桥之间长达 43km 的江域竟然没有一条过江通道。这片土地是广州市总体发展战略规划“东进”、“南拓”的中心地区，又是京珠国道主干线的必经之路，对于经济高度发达的广州来说，过江通道的建设迫在眉睫。2004 年 12 月 23 日，广州珠江黄埔大桥欣逢盛世，在万众瞩目中庆典开工；2005 年 4 月，大桥进入全面建设阶段。

京珠国道主干线广州绕城公路东段(广州珠江黄埔大桥)项目是国家批准建设的重点工程，项目全长 18.694km，批复投资 41.15 亿元，工期 4 年。珠江黄埔大桥位于广州东南部，珠江水上距离虎门大桥 34km，是该项目的控制性工程。大桥全长 7 016.5m，由北引桥、北汊主桥、中引桥、南汊主桥、南引桥 5 部分组成。其中，北汊主桥为主跨 383m 的独塔双索面钢箱梁斜拉桥，梁宽 41m；南汊主桥为主跨 1 108m 的单跨钢箱梁悬索桥，梁宽 41.69m(图 1)；引桥为跨径 62.5m、45m、30m 连续梁及连续刚构桥。大桥设计荷载标准为汽车—超 20 级、挂车—120；通航净空高度为北汊桥 55m，南汊桥 60m；设计风速为 20m 高处百年一遇 10min 平均最大风速 41.4m/s；抗震按基本烈度 VIII 度设防。主桥主墩基础施工采用钢板桩围堰，锚碇基础采用钢筋混凝土圆形地下连续墙，斜拉桥钢箱梁采用变频步履式吊机吊装，悬索桥钢箱梁采用跨缆式吊机吊装；引桥除悬索桥塔锚之间及加宽段箱梁采用挂篮法施工外，其余均采用移动模架法施工。珠江黄埔大桥的建成将填补广州市东部和南部没有跨珠江大桥的空白，对实现“北优南拓、东进西联“的战略及促进珠江三角洲经济有着极为重要的意义。

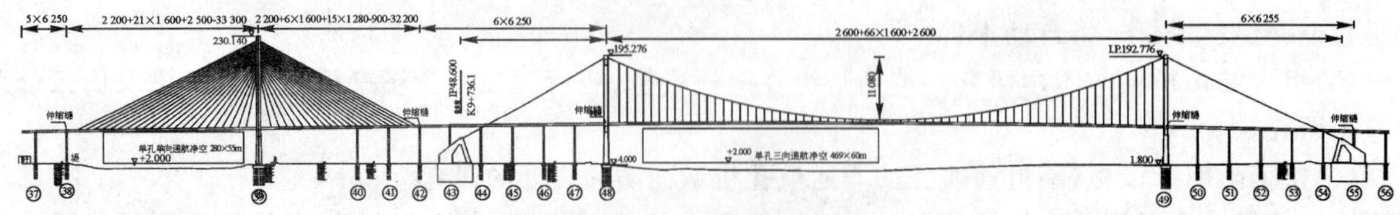

图 1 珠江黄埔大桥主桥立面图(尺寸单位：cm)

二、设计理念

桥梁的设计既表现时代的主题，也体现了历史和传统的文化。珠江黄埔大桥将现代和历史的有机结合，技术、经济和景观的和谐统一作为设计理念和桥梁文化建设的中心内容，在项目建设开始便规划出精品工程的文化理念，并从设计入手进行落实。

1. 刚柔相济的桥型组合

珠江黄埔大桥从15个方案的比较中选出现有的桥位方案(图2)，被桥梁界誉为不可多得的桥位资源。它位于广州新港和黄埔港之间，桥位上游3 500m有著名的黄埔军校，下游500m有我国海上丝绸之路发源地南海神庙，它既体现了丰富的传统文化，深刻历史文明的烙印，也给人以现代文明欣欣向荣的景象(图3)。

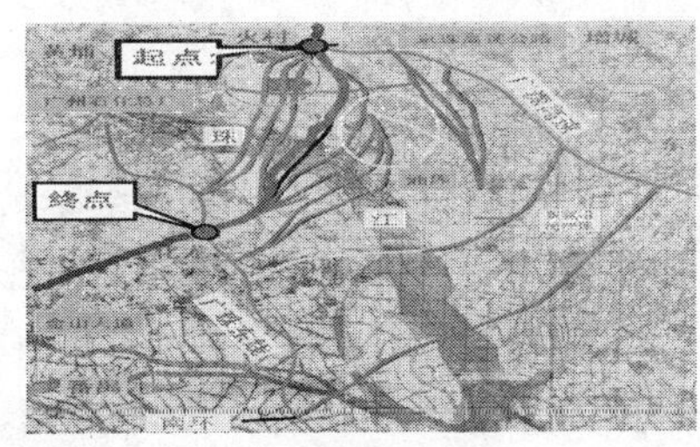

图2 路线方案选择

图3 桥位周边环境图

大桥在工可论证阶段确定了线位方案后，从景观、安全、实用、经济、环保等方面进行了桥隧方案的详细比较，并选择了桥梁方案(表1)。

珠江黄埔大桥与珠江黄埔隧道方案比较 表1

方案＼内容	景观	建设、运营安全	实用	投资比较	环保
桥梁	有标志性	风险一般	综合利用较高，战略性较差	比隧道低3.04亿	一般
隧道	无	风险大	综合利用较低，战略性较好	比桥梁高3.04亿	较好

设计单位在选择桥梁方案后对不同桥型组合的15个方案进行论证，最终优选出3个方案进行详细的比较并确定了推荐方案(表2)。

珠江黄埔大桥桥型方案比较 表2

内容＼方案	北汊383m独塔斜拉桥＋南汊1 108m悬索桥	北汊460m半跨悬索桥＋南汊1 108m悬索桥	北汊383m独塔斜拉桥＋南汊900m双塔斜拉桥
桥梁形式			
技术要求及规划条件	符合	北汊桥北锚位于规划路和码头区，应改为自锚	符合
环境协调	三个方案均能避开北岸高压电塔迁改的技术问题。方案一、二充分利用大濠洲岛的资源条件，达到了与环境的协调和统一。方案一利用环境资源实现两种桥型刚柔相济的有机组合		
经济比较	方案一、三基本相当，方案二投资约增加3亿人民币		
实施难度	有一定技术难度，实施风险性一般	技术难度大，实施难度大、风险性高	有一定技术难度，实施风险性较大
重大技术问题	无	解决共锚和自锚问题	解决船舶防撞问题。若再进一步增大跨径，费用和技术难度显著增大
推荐方案	推荐	不推荐	不推荐

2. 内外和谐的实用理念

“内”指桥梁结构构造及其受力，“外”指平、纵线形和总体造型。大桥根据控制条件及设计规范要求，重点考虑综合设计和施工难度，在北引桥环境条件复杂路段和南引桥平原路段采用单曲线线形，主桥技术条件复杂路段采用直线线形。引桥根据原有道路交通、建筑物、珠江大堤及河流交织情况和桥墩高度，经过经济技术比较，采用62.5m、45m、30m等跨布置并选择移动模架法施工，主桥与62.5m跨径引桥均采用3.5m梁高，62.5m跨径与45m跨径梁高从3.5m渐变为2.5m，45m跨径与30m跨径梁高从2.5m渐变为1.8m，实现了对总体线形的有效控制。桥墩设计采用花瓶形，墩顶与箱梁底板同宽，实现墩梁的柔顺过渡。俯视大桥，宛如匍匐在珠江水网中的巨龙(图4、图5)。

图4　引桥线形效果

图5　索塔立面效果图

珠江黄埔大桥是我国内江河上难得一见的“高”桥，纵坡设计若考虑通航条件和控制桥长，则必须增大纵坡，若考虑重型车辆的爬坡能力和服务水平，则不宜设置大纵坡；另外，南北汊主桥跨中距离仅为1251m，若考虑斜拉桥和悬索桥均采用对称坡并满足通航条件设计，将对桥梁总体线型造成破坏并增大投资。通过充分论证，确定斜拉桥采用1%的单向坡，悬索桥采用1%和2.05%跨中非对称坡设计，通过构造和特别受力设计解决结构不对称的矛盾，合理地解决了技术和运营问题，也确保了总体线形的美观，实现了内外和谐的统一。

3. 古今合一之南国之门

邀请了建筑美学专家对桥塔造型进行设计和咨询，选择了具有中国传统特色的类似木结构门形塔(图5)。“门”意喻南中国改革开放之门，突出时代主题，木构隐含中国传统文化和历史，楔替意喻瘦者开门笑迎八方客，充分体现了广州悠久的历史和开放、热情、好客、兼容的形象。

三、施 工 技 术

1. 主塔基础大型钢板桩围堰施工

珠江黄埔大桥承台及系梁呈哑铃形，承台尺寸为19m×19m×6m(长×宽×高)，承台间设置与承台等高8.0m宽系梁，塔柱与承台间设置高2m塔座(图6)。承台顶高程为+2.8m，底高程为-3.2m。珠江桥位处100年一遇设计水位为+7.0m，风暴潮最高水位为6.73m，2005年5月23日桥位洪水和潮水叠加水位达到7.52m。承台、系梁处于水下，结构尺寸较大，如何保证承台、系梁干施工且保证混凝土施工质量是桥塔基础施工关键。根据现场条件及工期要求，研究确定承台施工采用钢板桩围堰并设计2.0m封底混凝土，封底混凝土达到设计强度后，抽水进行干施工。

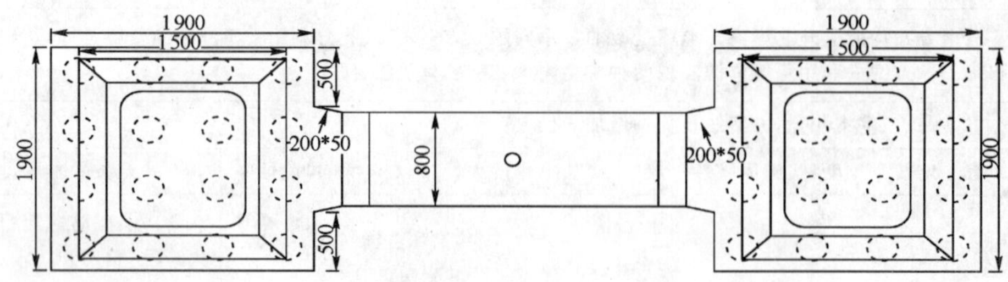

图6　承台、系梁平面布置图(尺寸单位：cm)

桥塔钢板桩围堰选用拉森IV钢板桩，设计长度24m，顶高程为+7.2m，底高程为-16.8m。采用三道钢框架结构内支撑，高程分别为6.0m、3.3m、0.3m。支撑采用逆作法施工，在低水位时安装第一道支撑，然后抽水、挖泥到高程+2.9m时，安装第二道内支撑，继续抽水、吸泥到高程-0.1m时，安装第三道内支撑，三道内支撑全部安装完成后，打开连通孔，保持内外水头一致，吸泥至高程-5.2m，检查基底平整度后，准备封底(图 7)。

图 7 钢板桩围堰施工图

(1)钢板桩整理、接长

钢板桩在加工场内整理、校正、接长，使其截面尺寸和垂直度满足要求。由于钢板桩定尺为 12m，接长时，除断面全焊接外，按等强原则贴焊钢板进行加强。钢板桩接长后用平板驳船运往施工场地。

(2)钢板桩打设

吊车停放在钻孔平台上，提起振动打桩锤，利用振动打桩锤打设钢板桩。打设的顺序是：从靠岸侧中间往两边，在靠江侧中间合拢。

钢板桩打设之前，在钻孔平台外侧打设钢管桩，在钢管桩上设置导向装置，保证钢板桩的平面位置和垂直度。钢板桩锁口环环相扣，整个围堰闭合后，开始安装内支撑。

(3)内支撑加工

内支撑系统为钢结构，采用型钢导梁，钢管支撑，内支撑体系全部在加工场内分段加工。靠岸侧角点位置将导梁与支撑钢管加工成整体，在第一道支撑安装之前先放入基坑内，以免第一道支撑安装完成后下放困难。靠江侧角点位置导梁按设计长度分节加工，钢管在加工场内按定尺下料完成后运往现场，在基坑内拼装。

(4)内支撑体系安装

钢板桩围堰闭合后，拆除主塔钻孔平台，吊车停放在栈桥上，首先利用振桩锤将竖向支撑钢构件打入基坑中，当水位到达支撑安装要求后，将角点位置处支撑整体吊起并与钢板桩和竖向支撑固定，待角点位置和导梁全部安装到位后，安装水平支撑钢管和平联钢管，形成内支撑体系。钢板桩与内导梁之间的空隙逐个用硬木塞紧，以免钢板桩变形过大。

(5)基坑内吸泥

第一道支撑安装完成后，首先用抓斗挖去表面淤泥层，挖出的淤泥直接运往弃土场。等水深满足吸泥机使用要求后，用空气吸泥机进行吸泥，到设计高程后抽水，用同样的方法安装支撑系统。待第三道内支撑安装完成后，打开连通管，保持内外水头一致，继续吸泥到高程－5.2m 位置，潜水员下水检查基底平整度，满足要求后准备封底施工。

(6)封底混凝土施工

围堰封底厚 2m，高程－5.2～－3.2m，混凝土等级 C30，封底面积为 1 090.2m^2，浇筑方量为 2 180.4m^3。围堰封底混凝土施工顺序从承台一端开始，向另一端全断面推进，采用垂直导管法施工。

2. 斜拉桥上部安装技术

北汊斜拉桥跨径组成为 383m＋322(197＋63＋62)m，属独塔半飘浮体系平行双索面钢箱梁斜拉桥。北侧主跨用 383m 的跨径跨过珠江辅航道，通航净高 55m、净宽 280m；南侧边跨在大濠洲岛上，边跨有两个辅助墩和一个过渡墩。为了减小塔身位移并增加桥梁的整体刚度和施工过程中的风稳性在边跨设置了一个临时墩。北侧 38 号过渡墩在集通码头珠江防洪堤以内，39 号主塔墩在大濠洲岛北侧边滩上，离防洪堤约 30m 远，40 号～42 号辅助墩、过渡墩在大濠洲岛上(图 8)。

全桥共分为 52 段钢箱梁，北侧主跨共 24 段(J1～J24)、39 号主塔墩墩顶附近有 3 段(DJ1、D0、DA1)、边跨侧共 25 段(A1～A12、A12'、A13～A17、A17'、A18～A22、A22')。主跨钢箱梁标准节段长

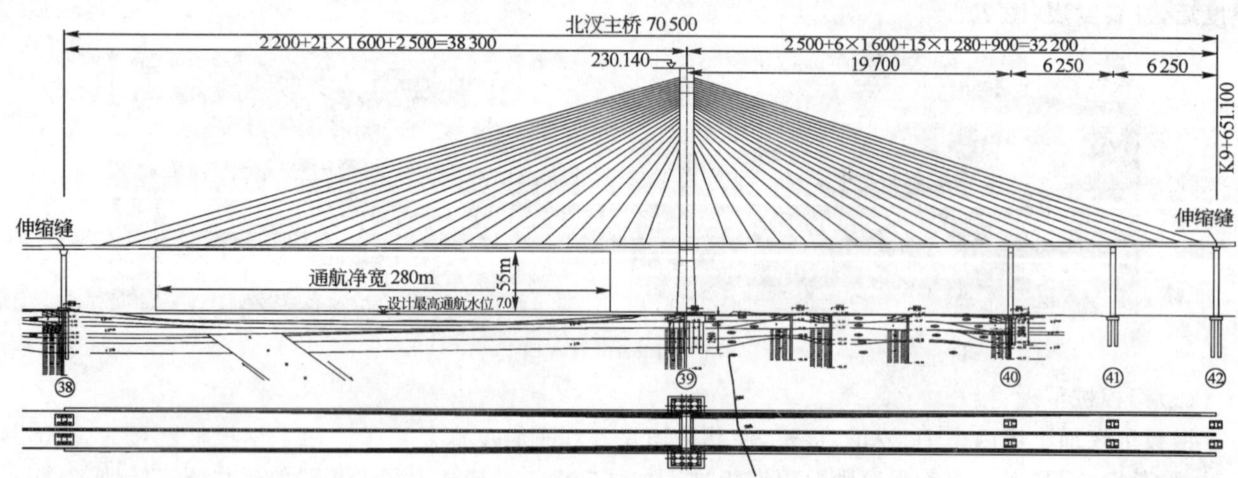

图 8 北汊斜拉桥立面布置图(尺寸单位:cm)

度为 16.0m,边跨上标准节段长度为 12m,单段设计最大重量约为 345t(A5、J5 梁段)。考虑到非对称性和斜拉索的竖向分力的影响,分别在边跨部分梁段和索塔区梁段上实施配重。

全桥斜拉体系采用热挤聚乙烯高强平行钢丝斜拉索,两端采用冷铸锚,不含锚头重量共 1 350t。斜拉索规格有 PES(C)7-121、PES(C)7-139、PES(C)7-163、PES(C)7-199、PES(C)7-223、PES(C)7-253,共 6 种类型 88 根,每个索面有 22 根,主跨基本索距为 16m,边跨辅助墩以后索距为 12m。为了限制钢箱梁的纵向漂移,在 J5 至 A5 梁段底板以下设计有 8 根水平弹性束,每束长 90.5m,规格为 PES(C)7-91。

珠江黄埔大桥北汊斜拉桥为单塔双索面不对称斜拉桥,建成后为国内同类型桥梁第一跨径,本桥钢箱梁的岸上运输方法,塔区梁段的架设方法,边跨及墩顶梁段的架设方法,临时锚固墩的设计和施工方法,将为同类型桥梁的施工提供了一个典型的范例。

(1)钢箱梁岸上运输

由于斜拉桥边跨位于大濠洲岛上,同时又受到主塔和辅助墩墩柱之间净距限制,所以钢箱梁运输采用水上船运至码头后由两台 200t 平板运输车上岛运至起吊位置临时存放或直接吊装的方式(图 9)。平板运输车最大的优点是能够实现钢箱梁 90°转向并顺利通过墩柱之间位置的运输。

(2)特殊梁段架设施工

全桥 52 段钢箱梁全部通过 4 台变频步履式桥面吊机直接悬拼,单台桥面吊机的额定吊装重量为 180t,由于钢箱梁纵肋间距为 18.8m,所以每段钢箱梁用两台桥面吊机抬吊。下面介绍特殊梁段的架设方式。

①主塔墩区梁段(D0、DA1、DJ1)的架设。首先在主塔下横梁南、北两侧拼装托架、桥面吊机前支腿支撑桁架及临时支腿、滑道、桥面吊机后锚架等;然后再拼装主跨侧两台桥面吊机,用此两台桥面吊机吊装 D0、DA1、DJ1 三片梁段;DA1、D0、DJ1 梁段架设安装好以后,将 D0 梁段与主塔下横梁通过预应力钢绞线进行张拉,实现墩梁临时锚固。由于受主塔墩两塔柱之间净距等因素限制,DA1、DJ1、J1 三片钢箱梁的风嘴须在桥面上焊接(图 10)。

图 9 平板运输车上岛运输

图 10 DA1、D0、DJ1 梁段架设安装

②临时墩墩顶梁段的架设。先在 40 号墩北侧拼装临时墩，待 A7 梁段架设完成并挂设好斜拉索以后，将临时墩拖拉到位并与 A7 梁段实现临时连接。

③40 号墩、41 号墩、42 号墩墩顶梁段的架设。在架设好 A11 梁段后，先把 40 号墩顶处 A12 梁段吊上墩顶临时存放，吊装 A12'梁段与 A11 梁段焊接，完成后再吊起 A12 梁段与 A12'梁段进行焊接。41 号墩、42 号墩墩顶梁段架设与 40 号墩方案一样，先把墩顶梁段 A17、A22 吊上墩顶临时存放，桥面吊机要后退 6m 吊装 A17'、A22'梁段，焊接完成后再前移 6m 再次吊起 A17、A22 梁段，分别与 A17'、A22'梁段焊接。

④北侧 38 号过渡墩附近 J21、J22、J23、J24 梁段的架设。由于受到码头等条件限制先在 38 号墩处往江中修建近 50m 长的钢栈桥，把 J23、J24、J22、J21 四片钢箱梁依次吊放于钢栈桥上存放，待 J20 梁段架设完后，依次架设存放于钢栈桥上的 J21 、J22 梁段后，把 J24 梁段先吊上 38 号墩顶并临时存放，待 J23 梁段架设安装到位后，再次吊起 J24 梁段，与 J23 梁段焊接完成全桥钢箱梁架设工作。

3. 悬索桥施工关键技术

珠江黄埔大桥南汉为单跨钢箱加劲梁悬索桥，跨径布置 290m＋1 108m＋350m，两根主缆中心距为 36.5m，成桥状态下垂跨比为 1∶10。主缆采用预制平行钢丝索股，每根主缆有通长索股 147 股，直径为 779.9mm，北边跨另设 6 根背索，南边跨另设 2 根背索。每根索股由 127 根直径为 5.2mm、公称抗拉强度为 1 670MPa 的高强镀锌钢丝组成。吊索采用钢丝绳，钢丝绳公称直径为 56mm，公称抗拉强度为 1 770MPa，结构形式为 8×55SWS＋IWR。桥塔侧吊索距桥塔中心线水平距离为 16.4m，其余吊索水平间距为 12.8m。悬索桥全桥共分 87 个钢箱梁梁段，标准梁段 83 段，重量为 215t，合龙段 2 段，其余特殊段 2 段。

锚碇是悬索桥全桥控制性工程之一，基础埋深 30m，支护结构采用外径 73m，壁厚 1.2m 的混凝土圆形地下连续墙，墙深 32～42m，嵌弱风化岩不下于 3m，为封闭地连墙底岩体缝隙渗流，在地连墙预埋钢管压浆(图 11)。基坑开挖时，内设 2.0～2.5m 钢筋混凝土内衬与连续墙相连。为提高基底应力分布的均匀性，基础前半部分设置 33 个空隔仓，其余部分用素混凝土填芯。珠江黄埔大桥锚碇设计有别于润扬长江公路大桥的矩形地连墙支护结构加止水帷幕方案和阳逻长江公路大桥的圆形地连墙支护结构加挡水帷幕方案。在距珠江大堤近(30m)、地下水位高、流塑砂性土及基底岩面高程变化大等复杂地质条件下，优质、高效完成锚碇基础施工为类似工程的设计和施工提供有益的经验。下面主要介绍锚碇施工技术。

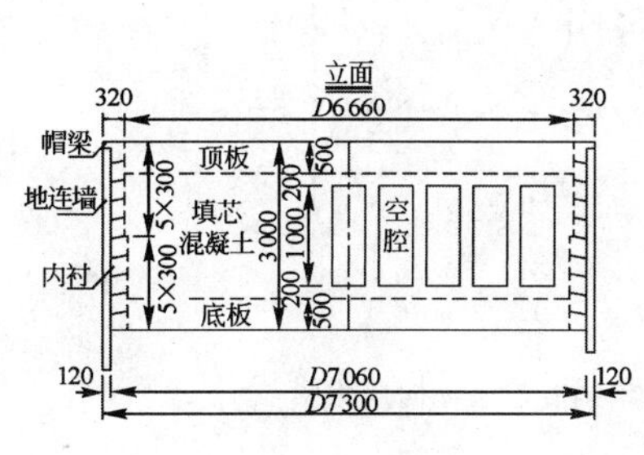

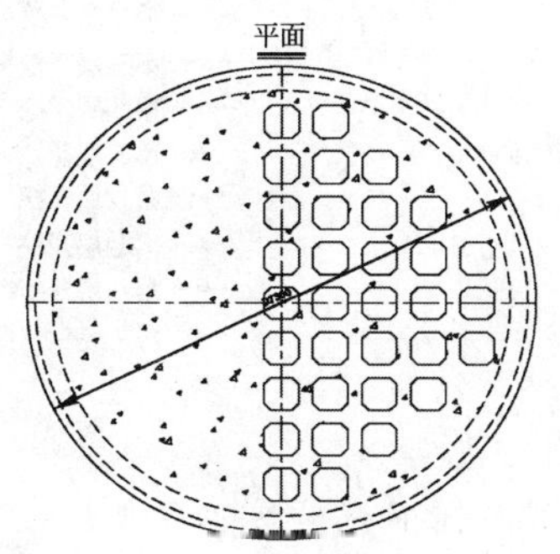

图 11 锚碇基础构造(尺寸单位：cm)

(1)地连墙施工工法的选择

地连墙的成槽机械主要有抓斗、铣槽机、冲击钻和重锤(凿)等，其中抓斗适用于较软的土层，液压铣槽机不仅在软弱土层、粉砂层中可以施工槽段壁面较光滑的槽孔，而且在砾石、卵石以及软弱基岩中直接铣削成槽，具有很高的效率，但是对坚硬基岩的直接铣削效果很差，施工费用高，应配合冲击钻或重凿进行施工。在国内，类似工程大多委托法国地基公司施工，费用比国内高出 30％以上。珠江黄埔大桥根据工程特点，经过综合评估，北锚碇地连墙由施工单位的委托法国地基公司施工，南锚碇地连墙则由施工单位自主组织施工，并取得明显效果。

(2)南锚碇地连墙施工技术

南锚锭圆形地下连续墙分 50 个槽段，I 期、II 期两种类型各 25 个槽段。I 期槽段长 6.72m，采用三铣成槽，边槽轴线处长2.8 m，中间槽轴线处长1.12m，边槽与中间槽交角为176.9°；II期槽段长2.8m，II期与I期之间交角为175.9°；II期与I期槽段在地连墙轴线处搭接长度为0.25m。

锚碇地连墙施工工艺流程：场地平整→导墙施工→地连墙成槽→下钢筋笼及注浆管→插入导管→浇注水下混凝土→循环下一槽段施工→完成地连墙→墙底压浆(图12)。

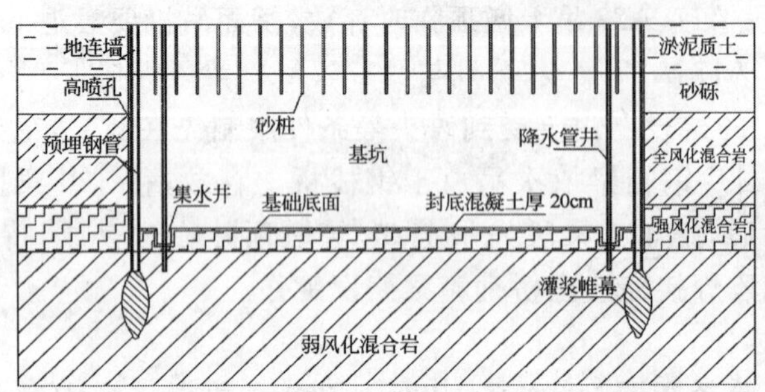

图12 锚碇地连墙及支护结构施工

地连墙成槽施工工艺概括为“一抓、二冲、三铣”，即液压抓斗抓孔，卷扬式冲击钻成槽，铣槽机修槽，铣侧边。考虑到在较硬岩层成槽工程量大的特点，将槽段分为上下两层，采用不同的成槽技术。

(3)地连墙成槽工艺的技术创新

在基坑开挖过程中观察：南锚碇地连墙成槽质量完好；围绕基坑均匀布置了8个测斜管，通过实时监控，地连墙受力较为理想，内侧和外侧的环向应力较接近，以受压为主。当基坑开挖至20m深度位置，数据显示最大变形控10mm，最大应力9.67MPa，均控制在设计允许范围之内(图13、图14)。

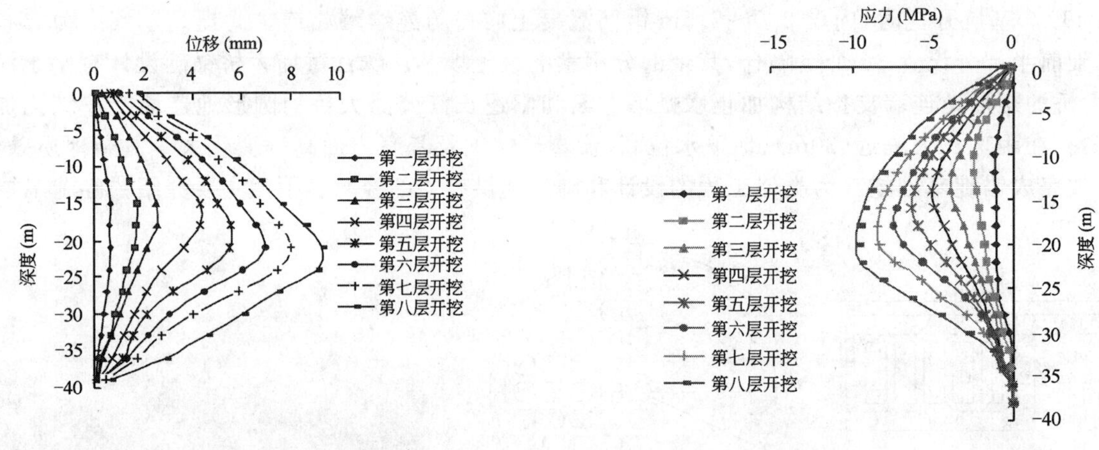

图13 南锚碇连墙位移图

图14 南锚碇连墙环向应力图

南锚碇地连墙成槽施工技术创新在三方面得到了充分体现：

第一，降低了大量施工成本。该工艺所投入的设备由简易冲击桩机、液压抓斗、及铣槽机组成，减少大量临时进口设备费用的支出，节省该项投资费用超过30%(约1 000万元)。

第二，能大面积施工，满足工期要求。投入16台冲机施工，一期槽段能同时进行8个工作面施工，二期槽段能同时16个工作面开工。

第三，成槽的最后一道工序由铣槽机控制，确保成槽质量和钢筋笼顺利下放。

第四，通过地连墙墙底压浆工法代替止水帷幕方案，封闭地连墙底岩体缝隙渗流，阻隔地下水进入基坑，节省工期和投资费用。

(4)锚锭大体积混凝土施工控制

锚碇基础和锚体工程为大体积混凝土施工，由于受混凝土水化热作用，混凝土浇筑后将经历升温期、降温期和稳定期三个阶段，在这个过程中混凝土的体积在温度变化影响下亦随之伸缩，若各块混凝土体积变化受到约束就会产生温度应力，当该应力超过混凝土的抗裂能力将导致混凝土开裂。为了提高混凝土施工质量，保证大桥长期安全地使用，施工过程采取了温控措施以防止温度裂缝的产生。

在仿真计算的基础上，本项目制定了锚碇混凝土在施工期内不产生有害温度裂缝的温控标准：

①混凝土最大水化热温升不超过25℃；

②混凝土内表温差不超过25℃；

③相邻块体的混凝土温差不超过25℃；

④混凝土允许最大降温速率不超过2.0℃/d。

锚碇大体积混凝土施工为防止温度裂缝产生，进行了温度控制和水化热分析，并采取了如下措施：

①采用了低水化热的水泥；

②采用三掺（掺入了矿粉、粉煤灰和减水剂）办法降低水泥用量（表3、表4）、减少水化热；

③对集料进行防晒和预冷却，控制混凝土入仓温度，确保入模温度不高于25°；

④对已浇筑混凝土进行保温和养护，一方面避免塑性收缩裂缝的出现，另一方面起到保温的作用，避免了裂缝的产生。

C30大体积混凝土施工配合比 表3

编号	各组分用量(kg/m³)							初凝时间(h)	坍落度(cm)		抗压强度(MPa)		抗渗等级
	水	水泥	粉煤灰	矿粉	砂	石	减水剂		0h	1h	7d	28d	
1	180	160	150	140	708	1062	8.1	21	22.0	19	23.5	35.8	S14

C30大体积混凝土劈裂抗拉强度 表4

龄期(d)	7	14	28
*R*pl(MPa)	1.60	2.79	3.30

(5)锚碇大体积混凝土施工技术创新

对锚碇大体积混凝土进行温控计算，发现混凝土内外温差没有超过25℃（图15），混凝土劈裂抗拉强度均大于温度应力值（图16）。在采取有效温控措施并进行合理施工，防止了锚碇大体积混凝土产生有害温度裂缝。

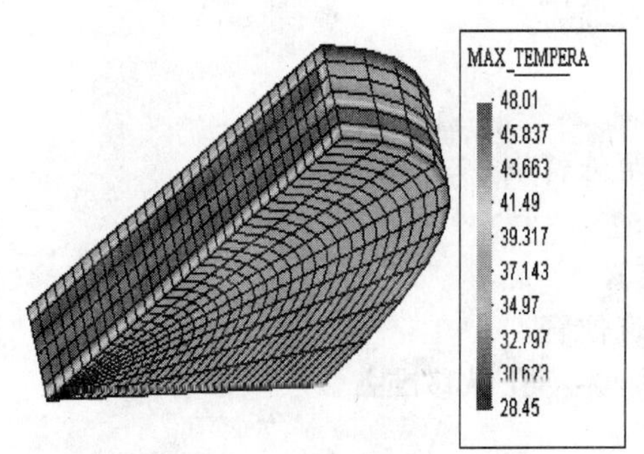

图15 锚体基础底板混凝土内部最高温度包络图

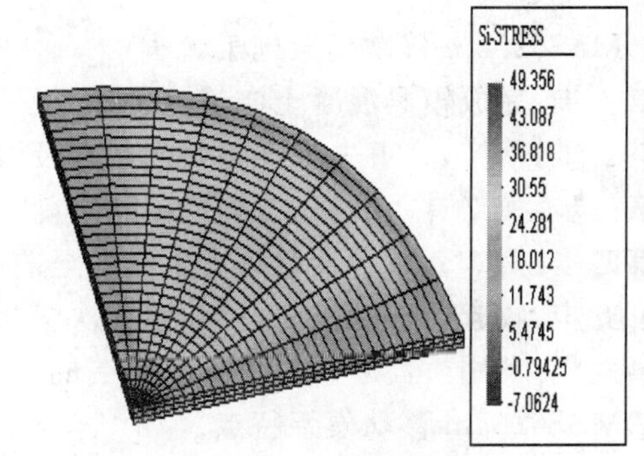

图16 底板第一层7天应力场（单位：0.01MPa）

从实际施工效果来看，珠江黄埔大桥悬索桥锚碇基础和锚体大体积混凝土中添加了矿粉、粉煤灰等添加剂，降低了水化热，省略了相当大数量的冷却水管费用，解决了温控难题，又降低了水泥用量，既节约了投资，又加快进度。实践表明：其技术效果理想，达到了设计和规范要求。

4.引桥移动模架施工关键技术

珠江黄埔大桥南、北引桥在设计阶段综合考虑结构的安全、适用、经济及整体协调美观等因素，确定引桥跨径组合及结构形式为62.5m、45m、30m等截面连续刚构、连续梁桥，采用单箱单室截面，箱梁高度分别为3.5m、2.5m、1.8m。综合考虑的因素特点：

(1)珠江黄埔大桥地处繁忙的珠江主河道,主桥的通航净空要求高,桥面与地面最大高差达70m,因此引桥墩身较高;

(2)北引桥需跨越交通繁忙的107国道、广江路、瘦狗岭断裂带及多处海关监管区,地质情况及环境条件复杂;

(3)南引桥位于水网地带的农田保护区内,基础全部为流塑状淤泥,地基承载力低。

通过对移动模架、挂篮施工、节段悬拼及整体预制等多种施工方案从技术难度、安全风险、场地要求、工期及经济性等几方面进行了深入的对比,最终确定引桥全部采用模架法施工。其中,用于南、北引桥62.5m跨箱梁施工的两台MSS62.5m移动模架为目前世界上最大跨径的移动模架,北引桥使用的MSS47m移动模架可用于斜交箱梁的施工。

(1)MSS62.5m移动模架施工

珠江黄埔大桥南、北引桥的两台MSS62.5m分别由山东博瑞路桥技术有限公司、北戴河通联路桥机械有限公司负责设计、制造,两台模架均采用上行式,主承重梁均采用空腹钢箱梁结构,南引桥模架主梁高6.05m整机重约1 600t,北引桥模架主梁高6m整机重约1 450t(图17)。

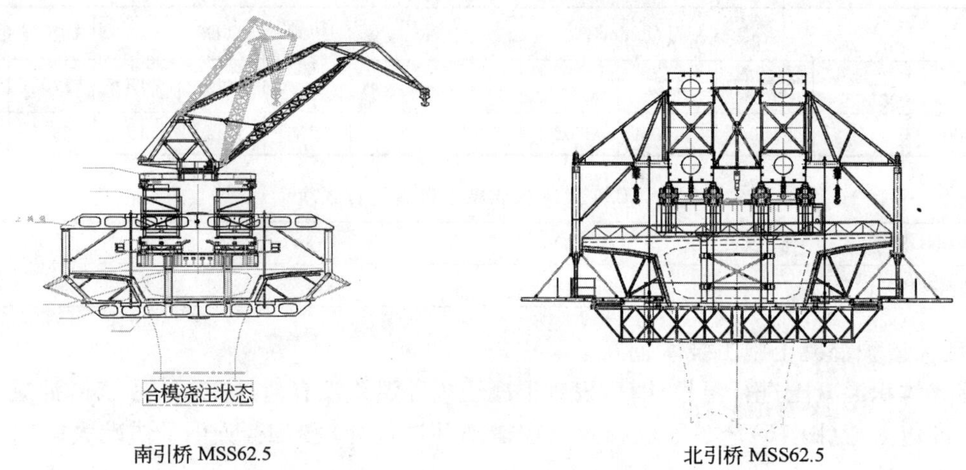

图17 南、北引桥MSS62.5m移动模架总装图

①MSS62.5m移动模架施工流程

第一步:完成箱梁混凝土浇筑施工;

第二步:落模,将事先已准备好的小车及墩顶支承前移至悬臂端;

第三步:模架首次纵移,前辅助支腿至前一墩顶后支起;

第四步:第3套小车及墩顶支承纵移至前一墩顶后安装;

第五步:收起前辅助支腿,模架第二次纵移至下一孔浇筑位置;

第六步:利用桥面起重设备拆除后端的小车及墩顶支承,为下孔纵移准备。

②MSS62.5m移动模架特点

珠江黄埔大引桥MSS62.5m上行式移动模架施工一跨62.5m箱梁的时间在18天左右,箱梁施工的内在质量、外观及线性都十分理想,基本达到了前期的设计预想(图18)。珠江黄埔大桥MSS62.5m移动模架在应用上具有以下主要特点:

a.该模架为目前国内外跨度最大、吊装高度最高、一次起吊重量最大的造桥设备;

b.该模架采用国内外比较少见的上行式的结构形式,即其承重主梁、行走系统位于现浇箱梁上方,与下行式移动模架相比,其承重主梁的移动不受下部墩身及已浇梁段的影响,通过独立的墩顶支撑系统可在箱梁顶面方便的纵横移,而且墩顶支撑系统在下部墩身较高时,可避免在墩身结构上的开孔,提高成桥后的耐久性;

c.当模架完成第一幅箱梁浇筑施工后,换幅至另一幅箱梁,可采用了整体空中横移方案,既节省工期、又方便施工。

由于MSS62.5m移动模架主梁高,整机及构件重量大,若不采用了整体空中横移方案,其拼装、下放、提升、拆运难度都极大，且耗时较多。

图 18 MSS62.5m 移动模架施工

(2)MSS47m 移动模架斜交梁施工

南、北引桥 45m、30m 跨等截面连续刚构、连续梁桥分别采用 1 台 MSS47m、1 台 MSS45m 和 2 台 MSS30m 下行式移动模架施工。其中，MSS47m、MSS45m 移动模架采用自行牛腿设计。

北引桥第一联受广州至深圳沿江高速公路和大沙东路影响，部分桥跨按斜交 20°设计。MSS47m 移动模架特点在于设计中考虑该移动模架的变跨度施工和斜交施工。模架主梁与横梁布置位置考虑箱梁不同跨度，牛腿经过特殊设计，独立加长后上方增加旋转小车(图 19)，适应斜交梁施工。

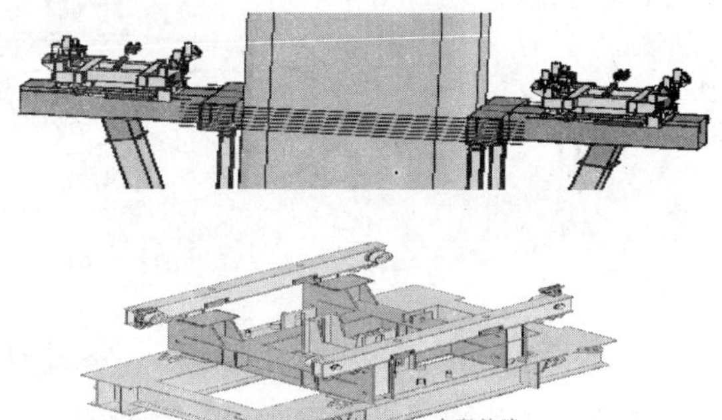

图 19 旋转小车图

(3)MSS45m 移动模架整体后退横移方案

国内外常见的下行式移动模架横移换幅方法是将模架下放，拆散转运至另一幅施工起点，再拼装提升到位，进行另一幅箱梁的施工，该方法在实施中耗时较长，需要大量的起吊、运输设备，且需要更换大部分的连接件，施工费用比较昂贵。在本项目 MSS45m 移动模架横移换幅过程中，充分利用右幅已施工完成的箱梁及 MSS45 移动模架可自行的实际条件，采用了整体后退、下放、分段拆开、横移、拼装、整体吊装的方案(图 20)。实践证明整体后退横移的方案相比传统的分部拆散、转运拼装方案，具有施工周期短、对模架损伤小、施工安全可靠、经济性好等优点，是下行式移动模架横移方案的一种创新，为今后下行式移动模架的横移换幅施工提供了一种可行方案。

图 20 MSS45m 移动模架整体后退横移施工

四、管 理 技 术

根据工程特点，项目制订了创省、部级以上科技进步奖和国家级优质工程奖(合称“双奖”)的建设管理总目标和质量、安全、工期、投资、形象等各项具体管理目标，通过总结、吸收和研究，形成了以事前控制的管理思路，倡导在高质量、高安全条件下的合理化投入，开展公平竞争、廉洁、和谐、环保、文明的建设管理新模式；以“精”、“快”、“省”、“优”建设管理理念和合同化、程序化、格式化为实质内容的“CPT”管理，创造性地建立了公路工程执行控制管理体系；以执行控制体系为理论基础，开发并运用了执行控制信息化管理系统。起到了规范管理活动,提高管理质量,节约管理成本等作用。

执行控制体系是指在执行项目管理过程中运用的一系列理论、方法和手段的有机整体,控制目标的实现。就公路工程建设项目而言,是指保证项目各管理层次、各参建单位和各岗位的员工严格遵守法律、法规、规范和项目管理者制定的各项制度、计划,并实现项目预期目标的一整套管理理念、管理方法、管理手段和管理措施。执行控制体系基本框架(图21)。

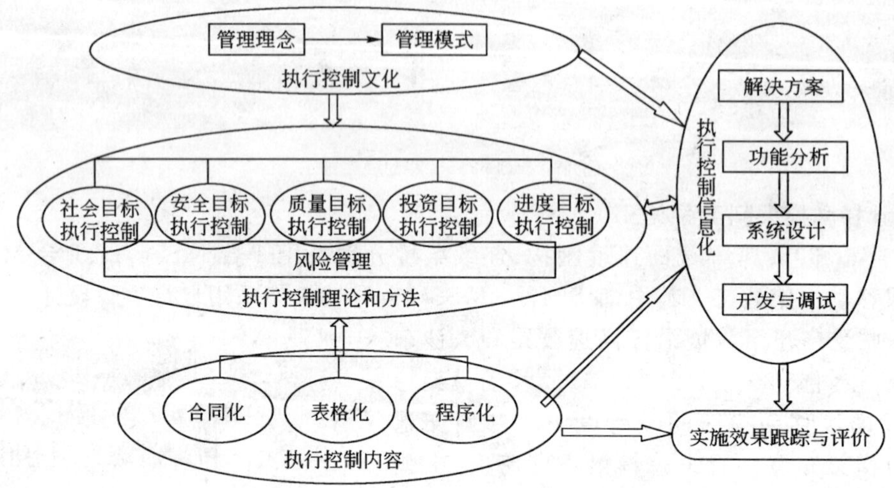

图21 执行控制体系基本架构

五、建 设 总 结

广州珠江黄埔大桥的设计、施工、管理等建造技术的实施体现了研究服务于生产、服务于工程、服务于发展和有用、实用的原则,在移动模架施工技术控制、斜拉桥钢箱梁吊装技术控制、悬索桥大型锚碇施工技术控制等生产应用和项目的建设管理上取得了实际成效,并将在未来类似工程的应用上再次体现其研究和经验的价值。

参考文献

[1] 张少锦等.公路工程建设管理执行控制体系研究,公路[J],2006.11,124~127.
[2] 张少锦等.广州珠江黄埔大桥建设理念,公路[J],2007.5,53~58.
[3] 国道主干线广州绕城公路东段(广州珠江黄埔大桥)项目设计文件和施工方案.

3.广州珠江黄埔大桥南汊桥悬索桥索塔设计

华正阳 吴明远
(中交公路规划设计院有限公司)

摘 要 珠江黄埔大桥位于美丽的羊城广州的外环高速的东环段,是国道同三主干线绕广州段的重要组成部分,全桥因江心岛大濠洲被分为北汊桥和南汊桥两部分,南汊桥为1 108m单跨双铰钢箱梁悬索桥,索塔为门式塔,本文将重点介绍索塔设计。

关键词 悬索桥 索塔设计

一、概 述

广州珠江黄埔大桥位于我国经济最发达的珠三角的核心城市广州,是目前华南地区跨径最大的桥梁。广州珠江黄埔大桥位于同三、京珠国道主干线绕广州公路东环段公路项目，主线起点位于广州白云区萝岗镇的火村，终点位于广州市番禺区的化龙镇，全长约 18.7km。主桥桥跨布置为北汊 383m 独塔斜拉桥，南汊为主跨 1 108m 单跨双铰钢箱梁悬索桥(图 1)。按设计时速 100km/h 的六车道高速公路标准设计，荷载标准为汽车—超 20 级、挂车—120。

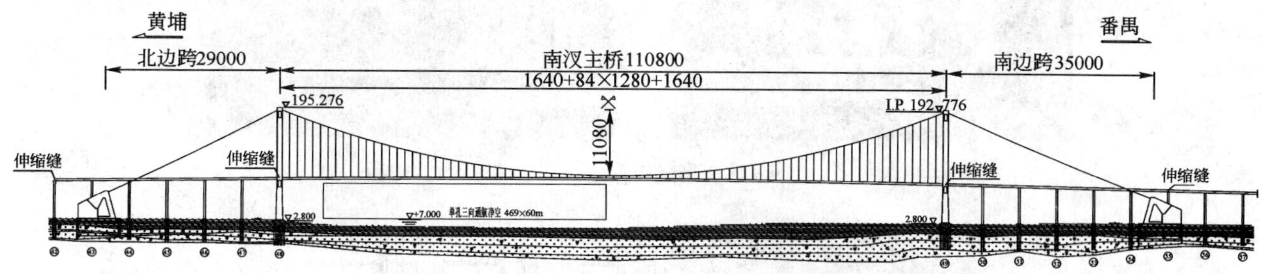

图 1 南汊桥总图布置图(尺寸单位:cm)

二、景观设计

1. 重要性

广州珠江黄埔大桥是目前华南地区跨径最大的桥梁。广州是广东省省会，是我国南方海陆空交通枢纽和对外开放的门户，隔海与香港、澳门特别行政区相望，有中国“南大门”之称。因历史上有五羊仙子降临献稻穗的故事，故称为“羊城”，广州四季如春、繁花似锦，又有“花城”的美誉。广州是有着 2 800 多年历史的文化名城，又是中国古代的“海上丝绸之路”的发祥地，名胜古迹众多，岭南文化浓郁，人文风俗独特。

大桥所处地理位置优越，具备雄厚的建设开发实力和经济优势。

大桥北岸工业较为发达，有大型工厂和码头，植被繁茂，平原包孕丘陵成为整个区域地貌的主要特点。

南岸地势平坦，鱼塘、河流覆盖面积大，周边无高大建筑。

本桥是广州市的门户工程、标志性建筑。从水路进出广州均需经过此桥。该桥修建后除了作为国道主干线桥梁外，又是连接广州市的东二环，连接黄埔区和番禺区的主要通道。

广州作为岭南文化中心，具有悠久的历史，具有自己独特风格和鲜明的地域文化特色，所以大桥的设计应体现广州悠久历史文化特色，符合广州作为岭南文化中心的地位。

因此在设计过程中必须充分考虑桥梁的景观设计。

2. 索塔设计思路

中国悠久的历史创造了灿烂的古代文化，而古建筑便是其重要组成部分。中国古代涌现出许多建筑大师和建筑杰作，营造了许许多多传世的宫殿、陵墓、庙宇、园林、年、民宅……中国古代建筑不仅是我国现代建筑设计的借鉴，而且早已产生了世界性的影响，成为举世瞩目的文化遗产。

牌楼是古建筑风貌的一个特征，是古建筑中的独特景观，更被海外当作中华文化的象征之一，在西方很多城市的唐人街都有牌楼作为标志。牌楼亦称牌坊。为高悬牌匾而建的纪念性或装饰性建筑物，常立于庙宇、陵墓、衙署、园林门前或路口。高大的牌楼最能体现中国古代建筑的特点(图 2)。牌楼造型优美，雕刻精细，是中国的特有建筑，其源远流长至今仍有新的发展。

牌楼以它优美柔和的轮廓和变化多样的形式而引人注意，令人赞赏。但是这样的外形不是任意造成的，而是适应内部结构的性能和实际用途的需要而产生的。因此，在广州珠江黄埔大桥索塔的设计中借鉴了牌楼的结构特点，力求体现本地区特色(图 3)。

在设计中考虑多种方案，设计中重点针对索塔形式进行了比较，最终确定横梁外形伸出塔柱 3m，上横梁下方塔柱内侧分别设 2.8m 厚三角形加劲，以加强索塔空间感(图 4)。索塔结构层次分明，突出了塔柱的挺拔、横梁的强劲以及加劲肋连接的流畅和安全，融合了古老中国文明，抽象了“門”字，体现广州作

图2 牌楼

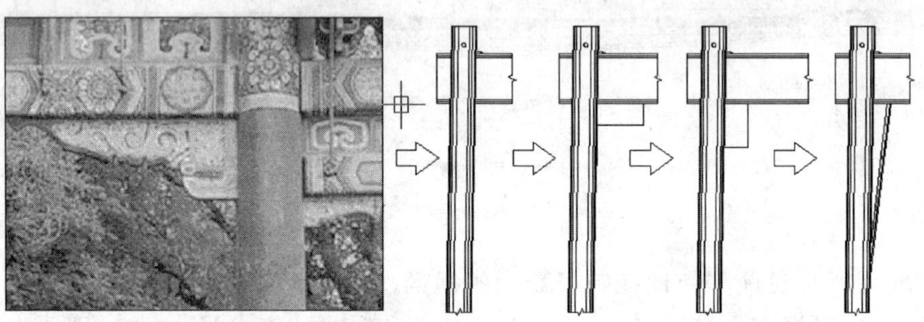

图3 索塔构思过程

为我国门户城市、改革开放前沿以及本桥作为广州海上的门户通道的寓意，结构与受力吻合，体现了力学美。

三、结构设计

索塔采用门形索塔设计，索塔总高度为190.476m。索塔的整体造型以及各部分的断面形式既考虑了受力需要，又考虑了景观的协调，同时尽可能方便施工。通过空间及平面分析，在动、静载作用下，索塔结构满足受力及稳定性要求。

(1)索塔基础设计

根据受力要求，每个塔柱基础设置16根直径2.2m的钻孔灌注桩，承台尺寸为19m×19m×6m，为改善承台顶面塔柱底部局部受力以及加强景观效果，在塔柱与承台间设塔座，尺寸为17m×15m×2m。

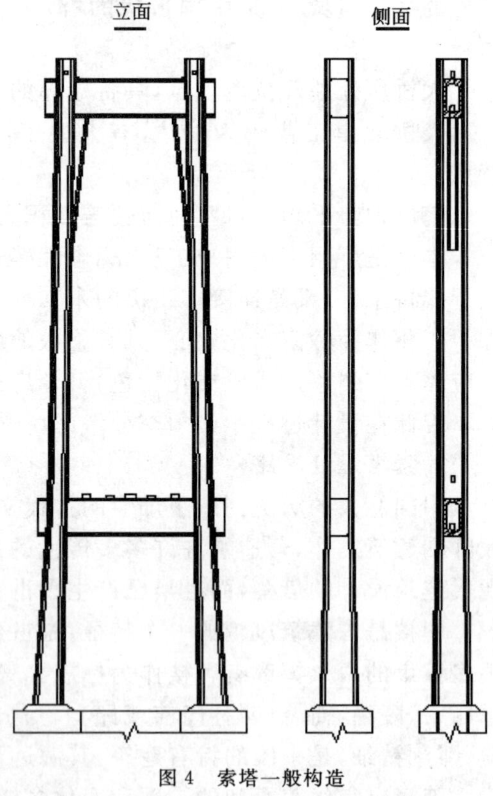

图4 索塔一般构造

(2)塔柱设计

塔柱采用有两个对称轴的空心薄壁断面，上横梁、塔底等受力较大的区段设置加厚段，下横梁顶板、底板处设横隔板；主鞍室底面以下11m高度范围为实心段；在塔底设置4m高的实心段。为增加索塔的景观效果，在塔柱四角设有半径1.5m的圆弧形倒角，横梁四角设有半径0.75m的圆弧形倒角，雀替两角设半径0.5m圆弧形倒角。上塔柱采用等厚度矩形截面，塔柱尺寸为8.5m×5.5m，壁厚80cm；下塔柱采用变厚度矩形截面，根部尺寸为11.5m×9m，壁厚120cm。

(3)横梁设计

索塔共设上、下两道箱形断面横梁，为使横梁相对塔柱显得纤细、突出立体感，将上、下横梁尺寸设计成11m×5.5m断面，在上横梁下侧设39m×3.8m三角形混凝土加劲块——雀替，同时在同高度塔柱外侧设3m混凝土装饰段。上、下横梁皆为全预应力混凝土结构。

四、结 构 计 算

塔身包括塔柱及横梁两部分，所受的荷载分为顺桥向和横桥向两部分，受力阶段分为施工阶段和使用阶段。其中塔柱由成桥使用阶段控制设计；横梁由使用阶段横桥向荷载控制设计。

在施工阶段，顺桥向塔身计算时将其视为塔底固结的悬臂梁；横桥向塔身计算时将其视为框架结构，以两塔柱底为固结点。

在使用阶段，顺桥向塔身计算纳入全桥整体计算，将其视为塔底固结塔顶铰接的悬臂梁；横桥向塔身计算时将其视为框架结构，以两塔柱底为固结点，塔顶施加相应的竖向力。索塔的横向受力十分复杂，通常简化为平面杆系来分析，并对局部构件采用大型有限元软件 Ansys 建立实体模型，进行三维应力分析可以较全面的掌握结构的应力状态，并可以用于参考指导局部设计。

(1)杆系计算

①考虑的计算荷载有：

恒载、活载、温度荷载、风荷载、船舶撞击力、地震力。

②考虑的荷载组合工况有：

组合一：恒＋活载

组合二：恒＋活载＋船撞

组合三：恒＋活载＋温升＋运营风力

组合四：恒＋活载＋温降＋运营风力

组合五：裸塔＋横桥向风力(施工风载)＋温降

组合六：恒＋横桥向风力(百年一遇风力)

组合七：恒＋地震力

塔柱内力见表 1。

塔柱内力计算结果 表 1

位　置	工　况	轴　力 (kN)	横向弯矩(kN·m)	纵向弯矩(kN·m)
上塔柱 上横梁底	组合一	252 498	−171 007	132 500
	组合三	249 771	−219 245	184 100
	组合六	212 565	−238 715	—
	组合七	221 029	−167 400	152 870
上塔柱 下横梁顶	组合一	274 545	89 228	102 000
	组合三	309 709	−126 370	145 810
	组合六	280 757	−217 026	—
	组合七			—
下塔柱 下横梁底	组合一	310 908	81 722	109 500
	组合三	354 789	142 453	156 090
	组合六	329 469	143 066	—
	组合七	354 800	480 967	—
下塔柱底	组合一	368 539	117 344	141 500
	组合三	369 188	480 158	203 450
	组合六	349 977	323 803	—
	组合七	401 105	745 948	—

(2)空间分析

索塔横框架作用已经过平面程序计算，局部计算着重于分析在施工和运营阶段，各部件的受力情况，确保结构的受力安全。在设计中主要对下横梁、承台、塔底实心段、塔顶加厚段等部位进行了空间局部分析。

本桥在下横梁上设置了主桥竖向支座、引桥竖向支座、主桥纵向阻尼器连接到引桥支座牛腿上，以及横向抗风支座牛腿，在各支座下混凝土箱梁内设置竖向隔板加劲。横梁与塔柱构成框架结构，共同受力。各支座最不利受力情况下，下横梁的局部应力。验算工况包括：

①引桥架设完成，此时引桥支座传递引桥一期荷载，横梁受弯扭组合作用，根据以往工程经验，应注意验算扭转可能导致的局部剪切破坏。

②钢箱梁架设完成，主桥支座传递主桥一期恒载。

③运营阶段，主桥支座、引桥支座同时受力并承受最大纵向阻尼力。

建立索塔下横梁的空间三维实体有限元模型，研究以上三种工况各荷载工况的结构的局部受力情况(图5)。由于进行局部分析的索塔下横梁关于桥轴线对称，为提高计算效率，取横梁的1/2模型进行分析。在对称面上分别施加相应的对称约束，塔柱处固结局部模型见下图：

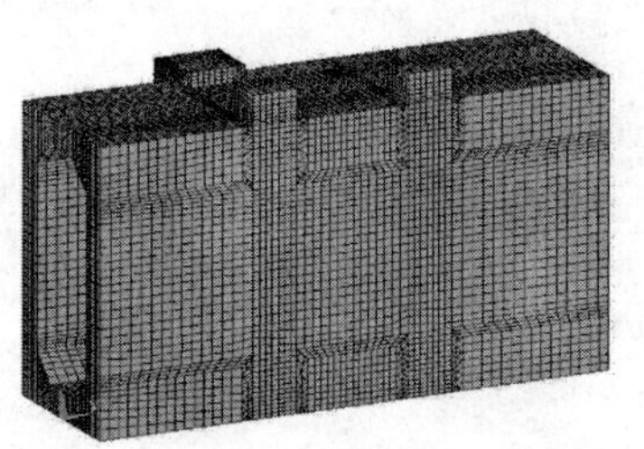
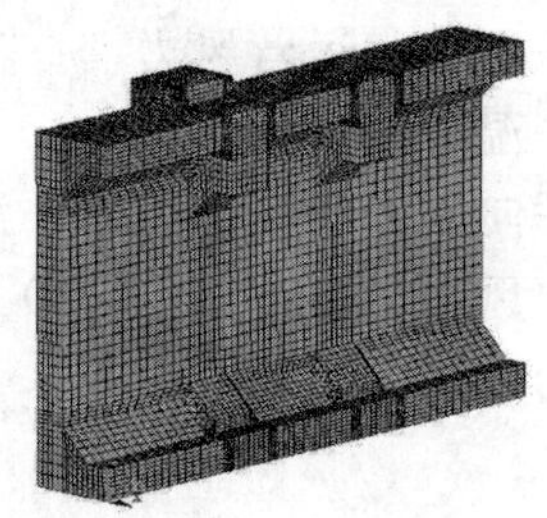

图5 下横梁局部空间模型

计算结果表明索塔横梁强度满足要求，结构安全，设计合理。

五、专 题 研 究

1. 抗风性能研究

广州市是华南沿海台风登陆频繁地区，基本每年都有台风登陆并侵袭广州，对结构的施工、运营都带来了一定的影响，甚至是决定性的，因此对于结构的选择和抗风研究必须充分考虑这方面的影响。为验证施工节段裸塔独立状态下的抗风性能，进行了索塔气动弹性模型风洞试验研究。

试验结论：结果均匀流条件下的模型试验表明，桥塔在风速5m/s和9m/s时在顺桥向发生涡振，涡振时塔顶最大根方差振幅约为200mm，在风速等于5m/s时，也发生了顺桥向涡振，涡振时塔顶最大根方差振幅约为100mm。桥塔在设计风速下由静风荷载引起的塔底顺桥向最大弯矩为196 147kN·m，由抖振引起的塔底顺桥向抖振弯矩为188 932kN·m；由静风荷载引起的塔底横桥向最大弯矩为118 155kN·m，由抖振引起的塔底横桥向抖振弯矩为32 459kN·m，将静风内力和抖振内力相叠加，得到设计风速下塔底最大顺桥向总弯矩为385 079kN·m，最大横桥向总弯矩为150 614kN·m。验算结果表明塔底截面在设计风速下的风致内力能够满足强度要求。

2. 抗震性能研究

本桥区为VII度地震区，这对桥梁的抗震提出了较高的要求，因此桥梁设计中充分考虑了抗震要求。为对大桥的抗震能力作出检验和评估，对该桥抗震性能进行了计算分析。索塔地震内力计算结果见表2。

P1概率下桥梁典型截面的内力(时程分析) 表2

截　面	内　　力	纵(顺桥)向输入+竖向输入	横桥向输入+竖向输入
塔底截面(单肢)	竖向力 N(kN)	43 250	59 200
	横向剪力 Q_y(kN)	9 824	35 220
	顺桥向剪力 Q_z(kN)	17 000	7 379
	顺桥向弯矩 M_y(kN·m)	386 400	46 290
	横向弯矩 M_z(kN·m)	57 200	616 300
	扭矩 M_t(kN·m)	21 190	10 360
下横梁下侧墩截面(单肢)	竖向力 N(kN)	34 710	38 940
	横向剪力 Q_y(kN)	7 880	15 560
	顺桥向剪力 Q_z(kN)	5 802	3 500
	顺桥向弯矩 M_y(kN·m)	95 630	23 670
	横向弯矩 M_z(kN·m)	67 520	444 900
	扭矩 M_t(kN·m)	12 640	10 990
下横梁上侧墩截面(单肢)	竖向力 N(kN)	31 520	39 510
	横向剪力 Q_y(kN)	4 306	8 329
	顺桥向剪力 Q_z(kN)	6 368	3 443
	顺桥向弯矩 M_y(kN·m)	98 840	27 400
	横向弯矩 M_z(kN·m)	62 630	154 200
	扭矩 M_t(kN·m)	3 407	2 107

经对计算结果进行复核验算,广州珠江黄埔大桥南汊桥索塔各典型截面强度和位移均能满足要求。

六、结　　语

悬索桥是由索塔、主梁、锚碇、缆索组成的柔性体系。索塔是其重要组成部分,索塔外观的设计成功与否决定了全桥的设计成功与否,但悬索桥的受力特点决定了大部分悬索桥索塔均为门式结构,外观基本雷同,给人千篇一律的感觉。本桥索塔的外观设计从具有浓郁中国特色的牌楼着手,经过多次优化比选,实现了中国文化与现代桥梁设计的良好结合,得到了广泛的好评。

同时在珠江黄埔大桥索塔的施工图设计过程中,设计者分别用平面杆系有限元对桥塔整体进行模拟计算,叠加纵向总体计算的结果后确定塔柱的最大内力,验算配筋;对横梁、雀替、承台及主鞍室底塔顶实体段等多部位进行空间计算,由于篇幅受限此处不详细列举。通过对珠江黄埔大桥索塔各部分较详细的受力分析,可以得到如下结论:

(1)塔柱断面的形式及尺寸的选取是合理的,横梁的预应力配置是合适的,结构是安全的。

(2)结构的应力分布状态与构造密切相关,所以在建立索塔有限元分析模型时,应考虑横梁与塔柱的承托影响,这样才能较真实的反应横梁和塔柱的应力分布。

(3)在各种荷载作用下,横梁特别是支座处加劲构造的受力复杂,需要认真分析研究,通过有限元模型空间计算表明,珠江黄埔大桥索塔横梁支座处加劲构造配置方式合理,既保证了横梁局部构造的结构安全,又方便了施工,可见这种加劲布置方式能较好的满足设计要求。

参考文献

[1] 珠江黄埔大桥南汊主桥施工图设计抗震性能计算分析. 西南交通大学桥梁及结构工程系,2005.

[2] 珠江黄浦大桥初步设计方案风洞模型试验研究. 西南交通大学桥梁及结构工程系,2004.

4. 广州珠江黄埔大桥南汉桥锚碇基础设计

闫永伦　吴明远
（中交公路规划设计院有限公司）

摘　要　介绍广州珠江黄埔大桥南汊桥南、北锚碇地连墙基础设计概况和结构计算概要。

关键词　黄埔大桥南汊桥　锚碇地连墙基础　设计

一、项 目 概 况

广州珠江黄埔大桥是同三、京珠国道主干线绕广州公路东环段高速公路跨越珠江的重要工程。珠江的江心洲——大濠洲岛将珠江分为北汊（菠萝庙水道）及南汊（大濠沙水道），跨越南汊的大桥（简称南汊桥）桥型为主跨1 108m双塔单跨悬索桥，其北锚碇落于江心洲——大濠洲岛，南锚碇落于珠江南岸大堤外20m（图1）。

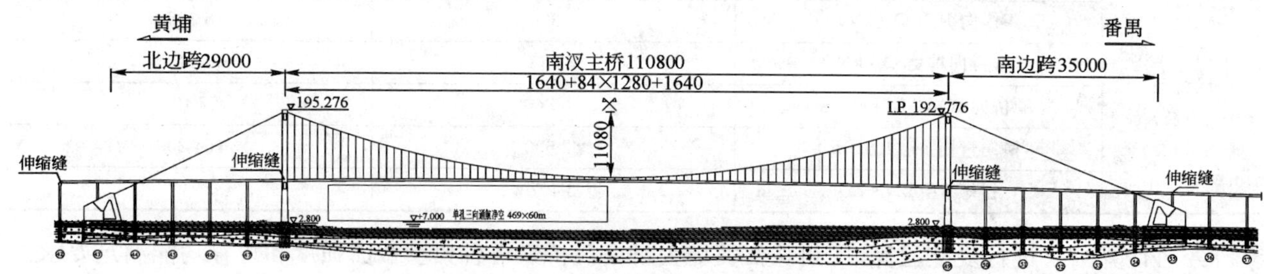

图1　南汊桥总图布置图（尺寸单位：cm）

二、基础方案选择

根据桥位处建设条件，锚碇基础可采用地下连续墙基础和沉井基础两种形式。

1. 沉井基础

沉井基础是一种比较常见，且应用历史较久的基础形式，作为悬索桥锚碇基础在国内外被大量应用。沉井基础借助自重、取出井内土体克服摩阻力、可采用触变泥浆润滑套法、壁后压气法等措施下沉。

沉井方案有如下缺点：

①桥址强风化基岩较厚，桥位处强风化基岩的极限摩阻力为100～120kPa，沉井在下沉过程中存在一定的不确定性，可能出现下沉阻力较大等方面的问题。

②桥址强风化基岩岩面不平，沉井范围内存在较大的起伏，而对于整体下沉的沉井对于确定沉井的刃角高程存在一定困难。

③南锚碇位于南岸大堤附近，采用沉井方案对于大堤安全将产生一定影响。

2. 地连墙基础

作为围水结构和开挖支护结构地下连续墙具有以下优点：

①对已建建筑物影响较小。

②对起伏较大的基岩具有良好的适应性，本桥桥位处基岩为前古生界混合岩、片岩及其风化层、燕山期斑状花岗岩及其风化层，岩面起伏较大（北锚碇弱风化岩面差达6m左右，南锚碇为2m），且强风化深度差异较大，采用地连墙基础可以较好适应这种起伏较大的地质。

综上所述，沉井方案不具有优势，因此推荐采用地连墙基础。

地连墙的形状通常有圆形和矩形两种，这两种形式各有各的优缺点。简单地讲，施工期间圆形地连墙受力好，而运营阶段矩形地连墙更好些。本桥地连墙基础不是很深，因此采用圆形及长方形均可，为保证施工进度，本次设计采用圆形地连墙方案。

三、结构设计

根据地连墙的受力要求，结合国内现有施工机具，地连墙壁厚设计为120cm。根据锚体设计需要和地质情况，地连墙采用外径73m、内径为70.6m的圆形结构。

地连墙施工完成后，采用逆作法分层开挖土体，分层施工内衬。各层施工工期由土体开挖控制，内衬及土体分层高度为3m。采用岛式开挖法进行土体开挖，一层沿圆周分14个区域进行对称开挖并浇筑内衬混凝土。内衬从上向下依次为：0～15m深度内厚2m，超过15m深度厚2.5m。顶、底板厚5m，中间为填芯混凝土。为提高基底应力分布的均匀性，在基础前半部设置33个空隔仓(图2)。

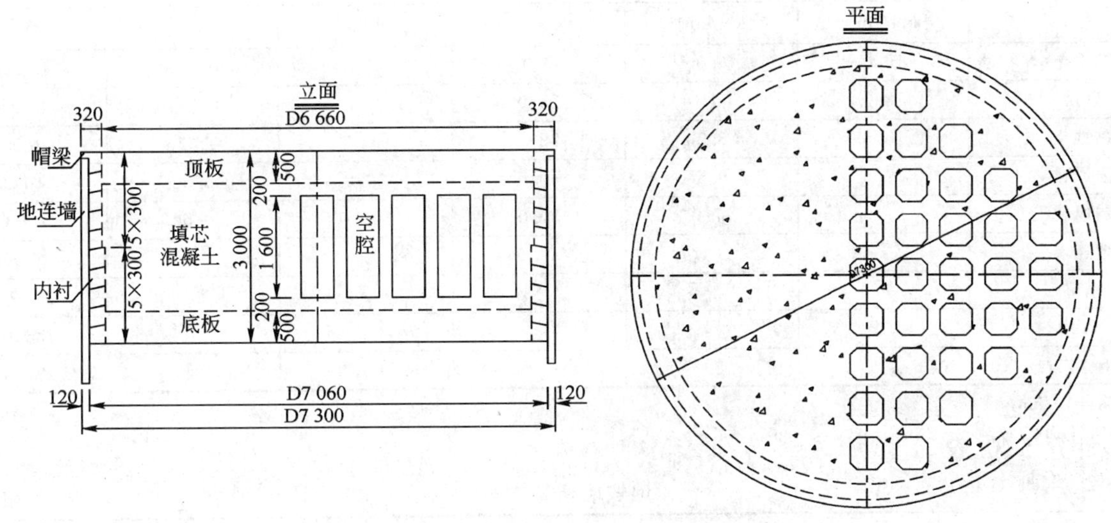

图2 锚碇基础构造(尺寸单位：cm)

(1)地连墙槽段连接形式

地连墙具有墙体深、厚度大、需嵌岩等技术特点，为确保地连墙的施工质量和施工进度，确定采用铣接法连接方式。

(2)地连墙槽段长度划分

地连墙施工槽段分Ⅰ期、Ⅱ期两种槽段各25个槽段，共50个槽段(图3)。Ⅰ期槽段采用三铣成槽，边槽轴线处长2.8 m，中间槽轴线处长1.12m，槽段轴线处总长6.72m，边槽与中间槽交角为176.9°；Ⅱ期槽段长2.8m，Ⅱ期与Ⅰ期之间交角为175.9°。Ⅱ期与Ⅰ期槽段在地连墙轴线处搭接长度为0.25m。

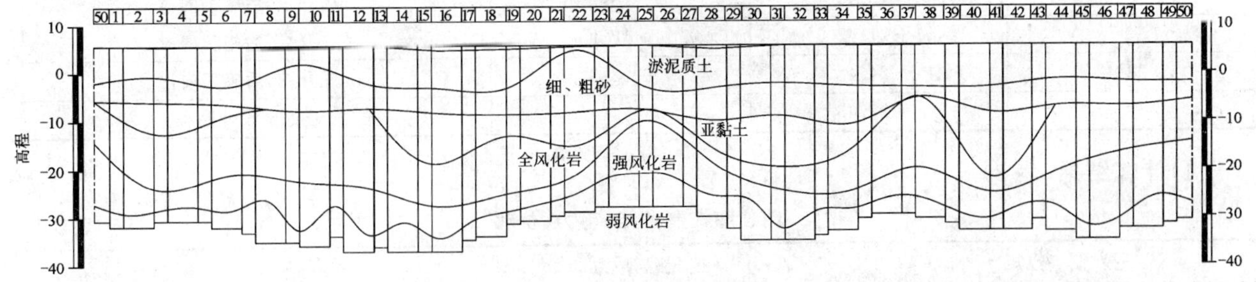

图3 地连墙槽段展开图

(3)地连墙嵌岩深度

鉴于地质钻探结果所揭示的岩石单轴极限抗压强度较低、基岩破碎、裂隙发育的现状，为避免地连墙底脚发生渗流以及踢脚破坏，保证基坑的抗隆起稳定性，确定地连墙嵌入弱风化混合岩深度不小于2.5m。实际施工前，对每个槽段进行钻探，根据钻探揭示的情况校核修正各槽段的设计深度。

四、结 构 计 算

(1)计算原理

根据地连墙及内衬的结构构造特点以及施工过程，考虑地连墙作为竖向受力构件、内衬作为水平受力构件，将空间结构简化为平面结构进行计算。取单位宽度的地连墙作为弹性地基梁，按梁身任一点的土抗力与该点的位移成正比(文克尔假定)的定律考虑围护结构受力。钢筋混凝土内衬作为弹性支撑，开挖土体模拟成地基弹簧作用在地下连续墙上。根据不同的施工工况加设内撑弹簧和拆除地基弹簧进行分析计算。

(2)计算参数(表1)

计 算 参 数 表 表1

土 层	重 度	浮 重 度	Φ	C	K_0	K
	kN/ m³	kN/ m³	度	kPa		kN/m
黏性土	16.0	6.0	7.0	6.0	0.878	15 000
砂层	18.0	8	25.0	0.0	0.577	45 000
黏性土	18.5	8.5	22.0	30.0	0.625	30 000
强风化	19.5	9.5	30.0	60.0	0.50	240 000
弱风化	27.0	17.0	30.0	800.0	0.50	8 500 000
地连墙						10 000
帽梁						237 956
2.0m 内衬						133 872
2.5m 内衬						177 252

注：$K_0=1-\sin\phi$

(3)计算工况(表2)

地连墙计算工况 表2

工 况 编 号	开挖面高程	支撑弹簧高程	施 工 描 述
1	施工地连墙，考虑坑外 30kN/m² 施工荷载		
2	2.600	4.1	先开挖，后施工帽梁
3	−0.4	1.1	先开挖，后施工内衬
4	−3.4	−1.9	先开挖，后施工内衬
5	−6.4	−4.9	先开挖，后施工内衬
6	−9.4	−7.9	先开挖，后施工内衬
7	−12.4	−10.9	先开挖，后施工内衬
8	−15.4	−13.9	先开挖，后施工内衬
9	−18.4	−16.9	先开挖，后施工内衬
10	−21.4	−19.9	先开挖，后施工内衬
11	−24.4	−22.9	先开挖，后施工内衬
12	−27.4		开挖至设计高程

(4)计算结果(表3)

地连墙控制弯矩、剪力、位移 表3

控制弯矩		控制剪力		位 移	
控制弯矩	高程	最大剪力	高程	位移	高程
kN·m	m	kN	m	mm	m
1 440	−21.4	1 819	−30.9	14.2	−18.4
−2 695	−29.9				

内衬验算取单位高度内衬作为环形梁(图 4),假定作用在其周边的荷载存在 10%的偏载,即在 0～90°,180°～270°作用 0.95f,剩余范围作用 1.05f。

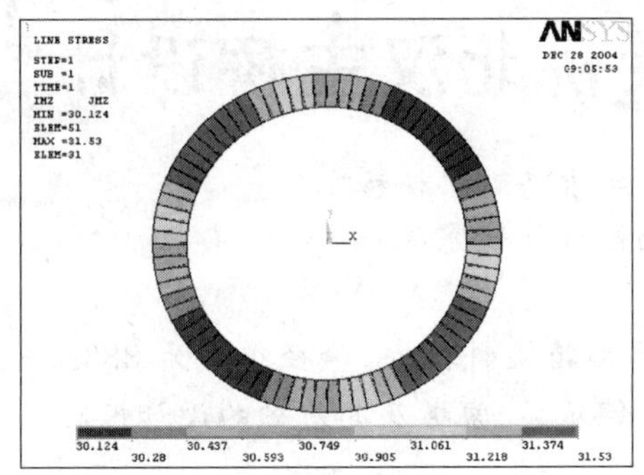

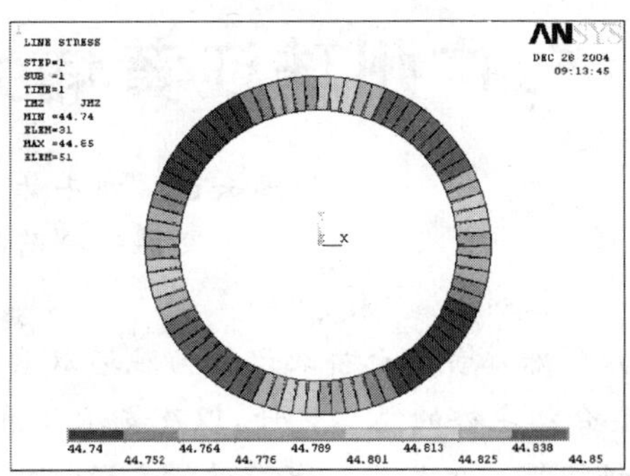

图 4 内衬径向计算结果(单位:10kN·m)

五、基坑封排水

1. 封水措施

(1)针对地连墙下基岩裂隙采用墙下接灌浆帷幕

灌浆帷幕沿地连墙底部呈圆筒状布置。为减少钻孔工作量和有利于确保灌浆管定位准确,在地连墙钢筋笼上固定灌浆管,与钢筋笼一道沉入槽孔内,浇筑水下混凝土后,再钻灌基岩内灌浆孔。预埋灌浆管可部分等量取代地连墙内布置的钢筋,以降低灌浆埋管成本。采用该方案埋管、钻孔、灌浆可分别与地连墙及基坑上半部开挖、内衬施工同时进行,不占直线工期,灌浆孔口高于地下水位,不会产生孔口冒水;灌浆区以上有足够盖重,灌浆质量有保证。

(2)施工预案

根据地下连续墙施工质量和检查情况,确定是否需要对地连墙槽段间接缝处外侧砂土层采用高压旋喷水泥浆进行封水处理。

2. 降排水减压技术

(1)基坑覆盖层内设置降水管井、深至基岩内兼作排水减压作用(图 5)。

(2)覆盖层上部黏性土层采用穿过它直达下部砂层内的砂砾渗井排水疏干。

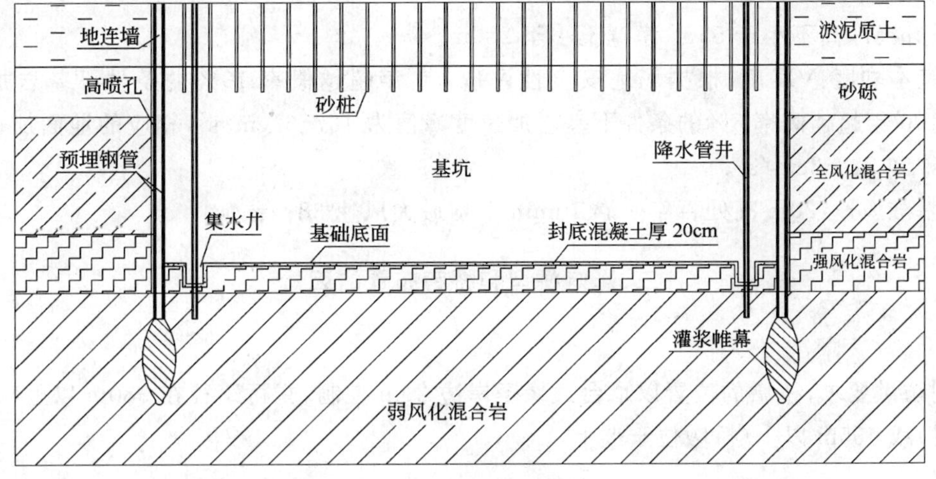

图 5 基坑封排水布置

六、结 语

目前,珠江黄埔大桥锚碇施工已顺利完成。施工监控资料显示,地连墙变形、墙体及内衬钢筋应力均在设计容许的范围内;施工过程中基坑内未发生渗透水现象,结构封排水方案设计效果良好。

5. 广州珠江黄埔大桥北汊主桥设计

冯云成　刘士林　吴永昌　宋松林
（中交第一公路勘察设计研究院）

摘　要　广州珠江黄埔大桥北汊桥为独塔双索面钢箱梁斜拉桥，跨径组成为 383m＋197m＋63m＋62m。本文主要介绍主桥的总体设计，以及支承体系、钢箱梁、索塔及其基础的设计情况。

关键词　斜拉桥　阻尼器　钢箱梁　索塔　主梁

一、概　　述

珠江黄埔大桥是同三、京珠国道主干线绕广州公路东环段中连接广州市区与番禺区的一座特大型桥梁，在广州远洋修船厂与菠萝庙船厂之间跨越珠江北汊菠萝庙水道，经大濠洲后再跨越南汊大濠洲水道，进入番禺区化龙镇。珠江黄埔大桥是由北、南汊大桥及引桥组成的一座特大型桥梁。

珠江北汊航道（菠萝庙水道）江面宽 300～500m，除邻近大濠洲岸有少量边滩外，基本为深水区，水深 5～8m，深泓最浅水深 6.0m。

桥址地区属亚热带季风气候，年平均气温 22℃，极端最高气温 38.7℃，极端最低气温在 0℃。桥址区位于台风大风区内，多数年份的台风影响次数在 8～15 次之间，8 月和 9 月份为最盛期，各月登陆台风出现次数的可能性为：6 月份 1 次，7 月份 1～2 次，8 月份 1～3 次，9 月份 1～2 次。

二、主要技术标准

(1)道路等级：六车道高速公路，远期八车道，标准路基宽度：34.5m。

(2)设计荷载：汽车—超 20 级；挂车—120。

(3)设计洪水频率：1/300。

(4)通航标准：净高不小于 55m，净宽不小于 280m。

(5)地震基本烈度：VII 度，根据场地安全性评价，50 年超越概率 10%的条件下基岩加速度峰值为 $84.48cm/s^2$，100 年超越概率 3%的条件下基岩加速度峰值为 $167.61cm/s^2$，相应的地面加速度峰值分别为 $106.0cm/s^2$ 和 $228.2cm/s^2$。

(6)设计基准风速：20m 高处百年一遇 10min 平均最大风速 38.4m/s。

三、影响桥型和桥跨布置的因素

(1)水利

根据水利防洪要求，桥墩的位置以承台边缘至岸边 20m 控制，主桥跨径在 380m 以上（大濠洲侧的桥墩位于水中时）或 455m 以上（桥墩位于洲上）。

(2)航道

根据交通部关于珠江黄埔通航净空的批复，北汊菠萝庙水道的净空为 55m×280m，最高通航水位 7.0m，最低通航水位 3.48m。这要求主跨净跨径不小于 280m。

(3)船厂

北汊菠萝庙水道不是正式航道，但沿岸聚集了广州文冲船厂、广远船舶修理厂、中海菠萝庙船厂三家大型船舶修造厂，构成我国南方重要船舶工业基地，加上沿岸码头较多水域水上作业繁忙，故水道通航要求高。

(4)高压线走廊

珠江黄埔大桥在桩号K8＋780处与黄埔电厂三条输变线交叉。在此岸不宜设置索塔，以避免与输变线有较大的干扰。

(5)景观

本桥的特点之一是北、南汊桥悬索桥在大濠洲上首尾相接，处理好两者的设计、施工等方面的协调关系，整座大桥就相得益彰。

四、结构设计

主桥采用独塔双索面钢箱梁斜拉桥，跨径组成为383m＋322m，锚跨与主跨跨径比为0.840 7。为提高结构的刚度和改善主梁、索塔的受力条件，在锚跨布置2个辅助墩，将锚跨分成197m＋63m＋62m三跨。引桥采用等截面PC连续刚构和连续梁桥，跨径为62.5m、45m。本文仅介绍北汊斜拉桥的设计情况。

索塔布置在大濠洲侧的浅水区，主跨侧的过渡墩布置在岸上，以避免影响码头作业；锚跨侧的辅助墩与过渡墩布置在大濠洲上，其中197m跨跨越江堤，63m和62m跨径与中引桥62.5m相当，跨径组成较协调(图1)。

由于边、中跨不对称，索距也不对称，为使结构的受力合理，并使辅助墩和过渡墩处不出现负反力，避免采用价格昂贵的拉压支座，在边跨采取压重措施。

(1)支承体系

独塔斜拉桥结构采用半飘浮支承体系，如图1所示。

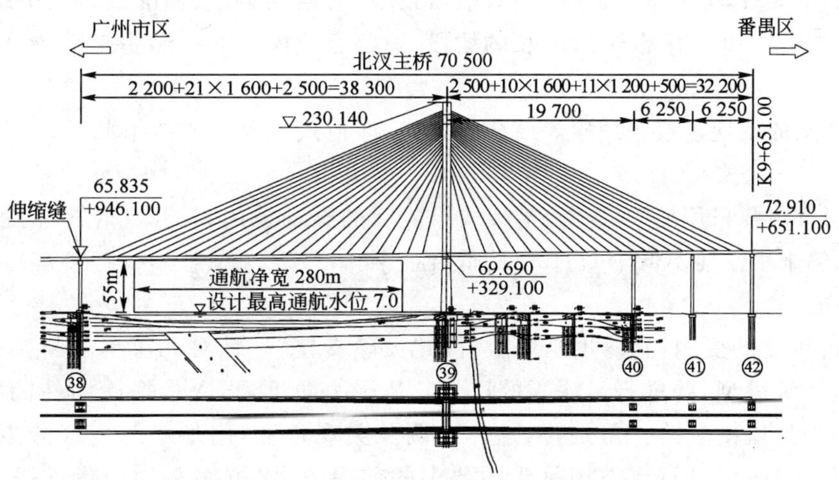

图1 桥型布置(尺寸单位:cm)

竖向支承：在塔墩、辅助墩、过渡墩设置竖向支座。

横向支承：在塔墩处设置横向抗风支座，辅助墩、过渡墩处的竖向支座一侧采用单向活动支座，并设置横向限位挡块。

纵向支承：在索塔处设置纵向阻尼装置，防止在地震、大风等情况下发生过大的水平位移。为了限制主梁在汽车、温度等作用下产生较大的纵向位移，在索塔处设置水平弹性限位索。

(2)主梁结构

主梁采用单箱三室扁平流线形栓焊钢箱梁，如图2所示。中心梁高3.5m(内轮廓)，钢箱梁全宽41m(含风嘴和锚索区)，桥面设2%的双向横坡。高宽比1∶11.714，高跨比1∶109.429。钢箱梁顶板宽

35m，行车道外侧设0.75m宽的斜拉索锚固区和1.5m宽的检修道；底板宽27.9m，下斜底板宽3.5861m。标准段顶板厚16mm，底板厚12mm，在支座附近顶、底板均加厚至20mm。

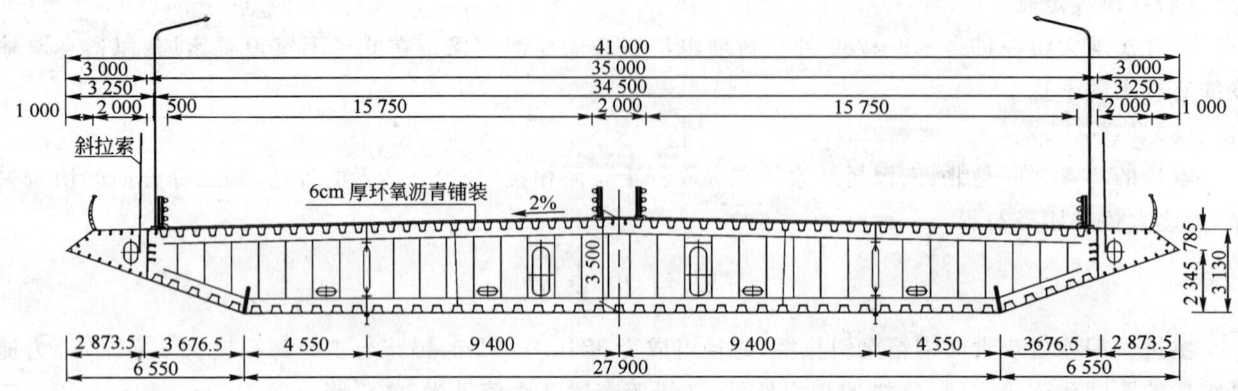

图2 主梁典型断面(尺寸单位:mm)

钢箱梁内设2道纵隔板，纵隔板距箱梁中心线9.4m。箱体内的纵隔板有桁架式和板式两种类型，标准梁段采用桁架式纵隔板，在有竖向支座区段采用板式结构。支座处梁段的板式纵隔板厚度为24mm。

主梁横隔板采用整体性好、抗扭刚度大的整体板式结构，标准梁段间距为3.2m和3.0m，板厚10mm，在有拉索处横隔板厚14mm，支座处横隔板的厚度根据支座反力的大小取22mm。为改善横隔板的受力条件，横隔板均采用整体板，横桥向分三块对接。这样既可以避免上、中、下三块板搭接造成的偏心影响，或对接时由于焊接引起的局部变形，同时又提高了横隔板的整体受力性能。

钢箱梁梁段的划分考虑了浮吊和桥面吊机的吊装能力，同时兼顾施工工期并结合施工方案综合确定，全桥共划分52个梁段，分索塔区梁段、辅助墩顶梁段、无索区梁段、标准段、边、中跨合龙段。其中标准梁段长度均为16m，在边跨有部分12m长的梁段，边跨合龙段长9.6m，主跨合龙段长6.0m。最大吊装重量为321t。

钢箱梁梁段之间的工地连接采用栓焊结合的方式，即桁式纵隔板的上下弦杆采用栓接，其余均采用焊接。

钢箱梁主体板件主要采用Q345C钢，桁架式纵隔板的腹杆采用Q235C钢管，侧腹板采用抗层状撕裂的Z25钢，钢锚箱采用性能不低于Q345D的低合金钢。

(3)索塔及基础

索塔是斜拉桥重要的受力构件，也是斜拉桥的“灵魂支柱”。针对北汉单塔斜拉桥提出了门形塔、A形塔、宝瓶形塔四种塔型，并进行了深入的比较。从受力角度看，A形塔受力性能和抗震性能最优，宝瓶形塔次之，而门形塔则较差。但是，从整体协调及美观角度，门形塔与南汉悬索桥的塔形外观基本一致，整体效果相对较好，因此，在满足受力要求的前提下，本方案采用门形索塔，钢筋混凝土结构(图3)。

门型塔上塔柱之间的净距为25m，外边缘之间的距离为35m。塔柱自承台顶起的高度为226.14m，自桥面起的高度为160.45m。

塔柱采用矩形空心截面(图4)，在四角设置半径为1.5m的圆弧段。上塔柱的断面5.5m(横桥向)×8.5m(顺桥向)，壁厚为1.25m(顺桥向)和1.0m(横桥向)。下塔柱在顺桥向宽度由8.5m按直线变化到塔底的11.5m，横向宽度由5.5m变化到9m，壁厚为1.25m(顺桥向)和1.2m(横桥向)，在塔底设置4m厚的实体段。由于下塔柱直接抵抗可能的船舶撞击作用，在高程10m至30m的范围内设置1m厚的横隔板进行加强，顺桥向与横桥向各1道，在箱内形成十字撑架。

塔柱共设上、下两道横梁，箱形断面，高度10m，为预应力混凝土结构。为了美观与协调，横梁在塔柱

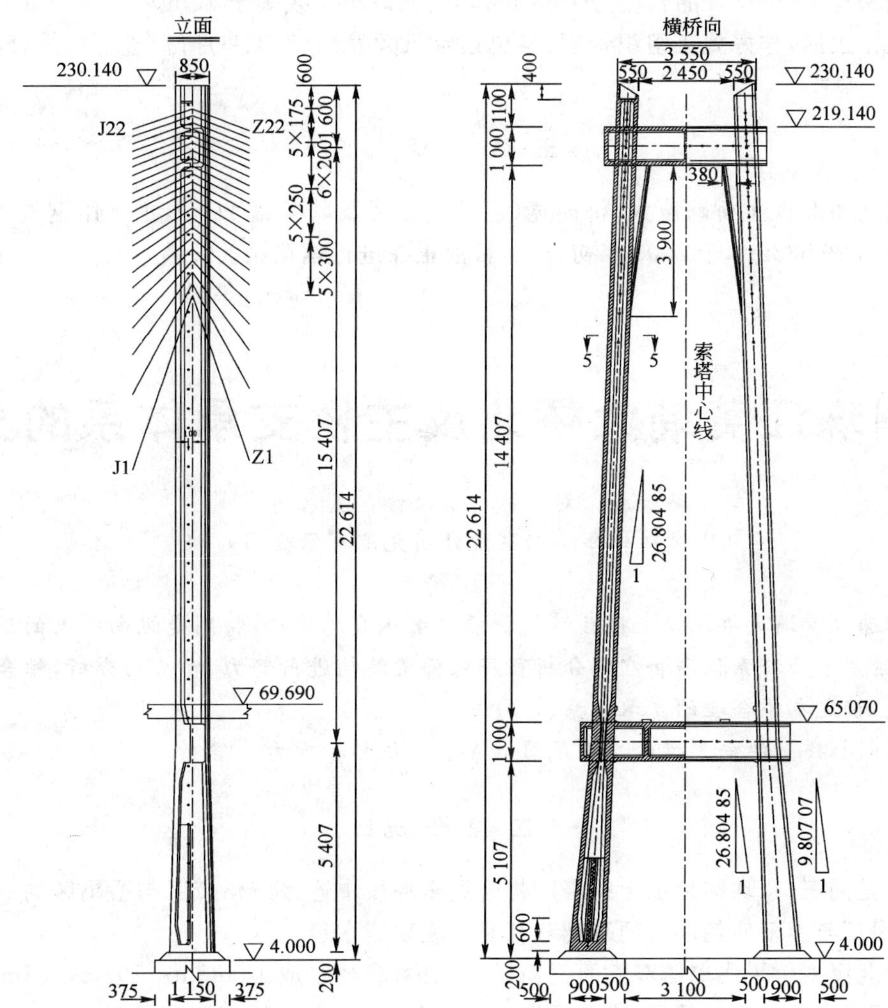

图 3 索塔构造(尺寸单位:cm)

外侧设置了 3m 长的悬臂,端部设置 1m 厚的隔板。

基础采用钻孔灌注桩,每塔 32 根直径为 250cm 的钻孔桩,为嵌岩桩。

辅助墩与过渡墩采用实体墩,横桥向宽 5m,顺桥向 3.5m(过渡墩为 4.2m),在四角设圆弧倒角。基础采用钻孔灌注桩,由于基岩埋深较浅,为嵌岩桩。

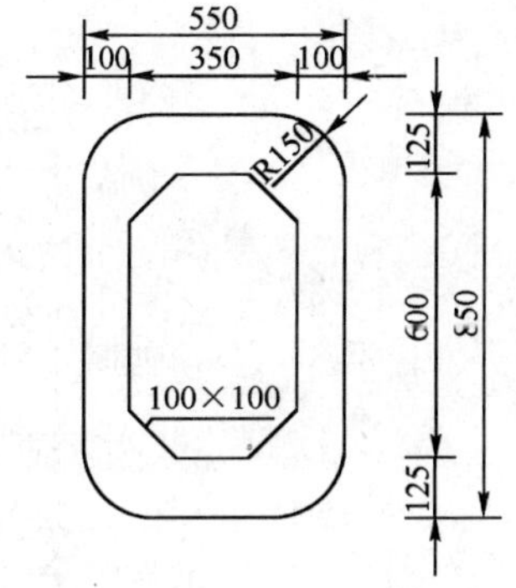

图 4 上塔柱断面(尺寸单位:cm)

(4)斜拉索

斜拉索采用热挤聚乙烯高强钢丝拉索,斜拉索在主梁上的标准索距为 16m,边跨部分索距为 12m。根据计算,本桥采用 6 种类型的斜拉索,即 PES7-121,PES7-139,PES7-163,PES7-199,PES7-223,PES7-253。斜拉索的两端均采用张拉端锚具,施工时在索塔内张拉。本桥位于台风频发区,而且跨径大,索较长,最大索长 391.2m,重达 28.4t。拉索的风雨振问题较突出,因此采用将 PE 套外表面制作成麻面(压花点)并在梁端设外置黏性剪切阻尼器防风雨振。

(5)施工方案

索塔基础位于浅水区,采用钢管桩平台施工,施工水位按 20 年一遇的洪水位控制,钢管桩打入弱风化岩层。承台采用无底套箱或围堰施工。

本方案的施工难点是锚跨钢箱梁的运输与安装。为解决这一难题,需在桥侧外一定水域搭设临时码头、铺设临时运梁轨道及临时支架。在临时运梁轨道上安装运梁小车以及牵引设施。运梁小车下设置可变方向的滑轮。锚跨有10个梁段的长度为16m长，其余梁段小于或等于12m。

施工时合理安排工期，作好施工组织管理，避免在台风频发期(7、8、9月份)进行长悬臂的拼装施工，工期为38个月。

五、结　语

广州珠江黄埔大桥北汊主桥跨度大、桥面宽(包括锚索区及风嘴宽41m)，主梁用钢量为15 500t，混凝土(索塔及基础)为29 583m³，于2005年初开工，目前正在进行钢箱梁的安装，预计2008年初完工。

6. 广州珠江黄埔大桥北汊主桥支承体系的分析

冯云成　刘士林　宋松林　吴永昌
(中交第一公路勘察设计研究院有限公司)

摘　要　介绍珠江黄埔大桥北汊主桥独塔斜拉桥支承体系的选择，特别是纵向约束的选择。在不同支承体系情况下，运用平面杆系程序和空间分析程序对桥梁结构进行静力、动力的分析，结合构造处理的难易进行分析比较，确定本桥合理的支承体系。

关键词　独塔斜拉桥　纵向弹性索　阻尼器　支座　位移　内力

一、工 程 概 况

珠江黄埔大桥是同三、京珠国道主干线绕广州公路东环段中连接广州市区与番禺区的一座特大型桥梁，在广州远洋修船厂与菠萝庙船厂之间跨越珠江北汊菠萝庙水道。

珠江黄埔大桥北汊主桥采用单塔双索面钢箱梁斜拉桥，跨径组成为383m+197m+63m+62m，主桥长705m。主梁采用扁平流线型钢箱梁，中心梁高3.5m，宽41m(包括锚索区和风嘴)。索塔采用门形塔，钢筋混凝土结构(图1)。

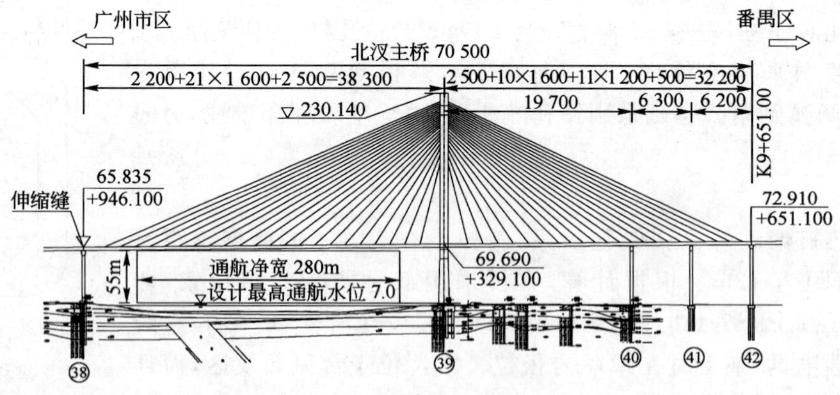

图1　主桥总体布置(尺寸单位:cm)

桥址区位于台风大风区内，多数年份的台风影响次数在8～15次之间，8月和9月份为最盛期。桥址区常年有台风，风速较大，20m高处百年一遇10min平均最大风速38.4m/s。

桥址区地震烈度为VII度，100年超越为10%和2%时的地震动峰值加速度分别为0.13g和0.2g。

本桥为单塔钢箱梁斜拉桥，支承体系对结构底内力及位移影响较大，需进行认真的计算分析确定合理的支承体系。

二、支 承 体 系

独塔斜拉桥和一般的双塔斜拉桥相同，支承体系主要包括竖向、横桥向和顺桥向的支承或约束。本桥为不对称的独塔斜拉桥，且跨度大，在地震和阵风荷载作用下，顺桥向的约束条件对主梁的纵向位移和桥塔根部的内力影响较大，需进行详细的分析比较。

1. 竖向支承

对于竖向支承，通过对塔墩梁固结体系、全飘浮体系、半飘浮体系进行分析比较，确定采用半飘浮体系。即除在过渡墩、辅助墩处设置竖向支座外，在桥塔处也设置竖向支座。钢主梁自重轻，在该处的负弯矩相对较小，所需的支座吨位也不大。

2. 横桥向支承体系

本桥桥面高度在地面以上 65m 以上，20m 高处百年一遇 10min 平均最大风速 38.4m/s，而且桥址区地震烈度为 VII 度，由于横桥向风荷载和横桥向地震力产生的横向水平力很大，同时，本桥为独塔斜拉桥，仅在一处（索塔处）设置横向支承是不够的，尚需考虑全桥在风荷载及地震荷载作用下的横向稳定性，需要设置专门的横桥向支承。

根据计算分析，北汉桥设置如下所述的横桥向支承体系：在索塔处设置横向抗风支座，过渡墩、辅助墩处设置单向活动支座，在过渡墩处设置横向限位挡块（图 2）。这样可以将横桥向地震力分摊到辅助墩和过渡墩上，减小索塔的地震效应。

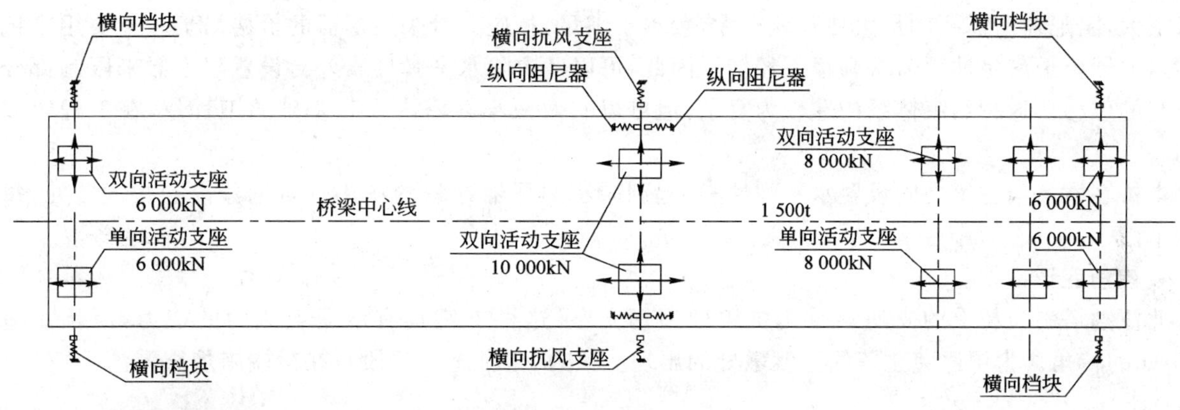

图 2 北汉主桥支座布置示意图

3. 顺桥向支承体系

独塔斜拉桥顺桥向的支承体系包括一点固定支承、多点固定支承、悬浮支承、弹性固定支承等多种支承形式。

（1）一点固定支承

一点固定支承包括在索塔处布置一个固定支座和采用塔墩梁固结两种形式，构造简单且受力明确。多用于规模较小的独塔斜拉桥。本桥主跨为 383m，桥面距地面 65m 以上。地震力产生的水平力较大，导致塔根部的弯矩很大，使得基础工程增加许多，不经济。

当采用塔墩梁固结体系时，钢主梁与混凝土塔的连接存在一些设计、施工上的技术难题，两种不同材料组成的结构的连接构造复杂，易出现裂缝，影响结构的安全和耐久性；若设置固定支座，由于地震作用下水平力很大，一般支座难以承受。

（2）多点固定支承

多点固定支承是指将单点支承的巨大水平力分散到多个支承处，即在顺桥向设置多个固定支承。其主要目的在于分散强大的风荷载和地震力所产生的水平力。本桥主梁为钢箱梁，采用多点固定支承体系时，由于温度变化产生的主梁的应力较大，需增大断面尺寸，不经济。故此，本桥也不宜采用多点固定支承体系，即在索塔、过渡墩处设置水平固定支承。

(3)悬浮支承(半飘浮体系)

悬浮固定支承(索塔处设置活动支座)是指主梁在顺桥向不专门设置约束，仅由斜拉索与索塔相连，也就是众所周知的半漂浮体系。美国的P-K桥最早采用这种支承体系。这种支承体系主要适用于双塔斜拉桥。由于索塔的柔性和整体悬浮状态，使索塔在顺桥向的振动周期大大增加，相应地使地震力的动力响应大大降低，对结构抗震十分有利。但是，主梁的在活载和地震力作用下水平变位很大，需设置大伸缩量的伸缩装置，必要时需在梁端设置水平限位装置。

(4)弹性固定支承

主梁顺桥向的水平弹性支承约束作用介于固定支承(固定支座)和半飘浮体系之间，主要有两种构造方法：一种是采用在主梁端部设置水平弹性支承，它可以改变原有结构的自振动力特性，如自振频率降低、周期加长，从而达到降低固定支承处地震水平力的目的。另一种是在塔与梁之间设置水平拉索来达到降低固定点处的水平力、减小塔根部弯矩、加大斜拉桥整体刚度、减小变形的目的。

另外，对于急剧产生的水平变形和水平反力，如阵风荷载、地震力，采用液体黏滞阻尼器进行约束和限位。这种阻尼器对温度变化等缓慢发生的水平变形可自动适应，做出缓慢的水平移动而不引起水平的约束反力。这种液压黏滞阻尼器主要特点是，在静止情况下，它没有起始刚度，不会影响到结构的其他计算(如周期，振型等)，不产生预想不到的副作用，最适于结构工程应用。这种阻尼器既可以降低地震反应中的结构受力也可以降低反应位移。

对于大跨度独塔斜拉桥而言，纵向的约束比较少，刚度相对比较小。温度，风荷载(静动风)带来的纵漂都很大，阻尼器所需要的最大冲程就很大，较难于满足，相应会带来阻尼器的价格昂贵。主要用来抗地震的阻尼器要想满足冲程需求则很不经济。因此，可以考虑除水平弹性索外再设置阻尼器来限制部分地震引起的位移。这种约束体系构造较为复杂，但可以有效减小索塔内力和基础的工程量，在工程中多有应用。

本桥在索塔与主梁之间设置水平弹性索，起到减小阻尼器冲程的作用。阻尼器设置在索塔处，每侧设2个。

4. 转角变形设置

北汉独塔斜拉桥上的支座均采用抗震球型钢支座，这种支座具有承受上拔力的能力，而且能适应0.05rad的转角。为了避免主跨侧过渡墩处的出现上拔力(包括施工阶段)，在梁端施加压重。

三、分析比较

不同的支承体系，结构的作用效应是不同的。为选择对结构受力更为有利的支承体系，对表1所述的5种支承体系分别进行静、动力计算分析，从索塔根部弯矩、主梁在索塔处的负弯矩与轴力、主跨最大正弯矩(应力)、塔顶水平位移、支座的反力(包括竖向、水平)等方面进行分析与比较。因阻尼器对结构的静力效用和动力特性没有影响，仅影响结构在地震下的荷载效应，故此，将支承工况4和5合为一种情况，仅在计算地震效应时加以区别。支承4为塔墩固结，塔梁间设弹性限位索，支承5为在支承4的基础上增设阻尼器。

北汉斜拉桥桥支承体系 表1

位置 工况	索塔处	辅助墩1	辅助墩2	主跨侧过渡墩	边跨侧过渡墩
支承1(塔墩梁固结)	固结	竖向支座	竖向支座	竖向支座	竖向支座
支承2(活动支座)	竖向支座	竖向支座	竖向支座	竖向支座	竖向支座
支承3(固定支座)	固定支座	竖向支座	竖向支座	竖向支座	竖向支座
支承4,5	竖向支座+弹性约束	竖向支座	竖向支座	竖向支座	竖向支座
横桥向	约束	约束	约束	约束	约束

1. 静力计算结果

根据表1所列的支承体系分别进行静力分析，由于纵飘体系在荷载作用下主梁纵向位移较大（约40cm），且不适用于独塔斜拉桥，故此没有进行计算。各支承情况下结构的荷载效应如表2所示。

塔墩固结、主梁在索塔处设固定支座时荷载效应（kN·m） 表2

项目		塔根部弯矩	塔顶水平位移(m)	主梁水平位移(m)	主梁弯矩(索塔处)
支承1	恒载	−43391	−0.01	−0.003	−54437
	汽车	113991/−301413	0.04/−0.21	0.01/−0.02	24078/−99355
支承3	恒载	−34438	−0.004	−0.002	−49530
	汽车	79972/−258657	0.04/−0.21	0.01/−0.01	5643/−76290
支承4、5	恒载	31551	0.01	0	55651.4
	汽车	66385/−230114	0.03/−0.18	0.02/−0.01	5707/−76282

对于支承体系3，即在索塔处设置固定支座，恒载下支座水平力为568.7kN，活载下支座水平力为1462.7/−3122.6kN。

对于支承体系4、5，即塔墩固结、主梁在索塔处设活动支座，加水平弹性索时，水平弹性索初始索力2812kN。水平弹性索在恒载作用下的内力为3407.4kN，汽车荷载作用下产生的内力为1309.4/−1554.6kN。

2. 动力特性分析

根据不同的塔梁约束情况，本次计算分五种工况对珠江黄埔大桥北汊桥的抗震性能进行了分析比较。采用ZK12（索塔处）的地表加速度时程进行非线性时程分析。

主梁采用鱼刺梁式力学模型，桥塔采用空间梁单元；斜拉索采用三维杆单元，初始索力为恒载索力。计算模型如图3所示。

(1)计算原则及基本参数

不同工况主要影响结构纵桥向的地震反应，故本次计算仅采用地震激励的纵向输入（纵桥向＋竖向），竖向地震系数取水平地震系数的2/3。采用100年10%的概率水准(P_1)进行结构内力和位移计算，比较不同支承体系时结构的抗震性能。计算参数按照《珠江黄浦大桥工程场地地震安全性评价补充报告》选取。

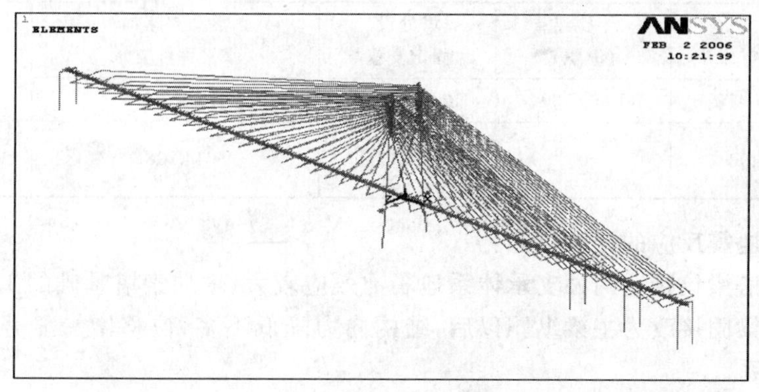

图3 结构计算模型

结构动力特性　　表3

阶次	支承1		支承2		支承3		支承4、5	
	频率	特点	频率	特点	频率	特点	频率	特点
1	0.1972	TL	0.0626	XX+TX	0.1961	TL	0.1961	TL
2	0.2695	LV	0.1961	TL	0.2688	LV	0.2210	XX+TX
3	0.3451	PX	0.2863	LV	0.3451	PX	0.3113	LV
4	0.3451	PX	0.3450	PX	0.3451	PX	0.3451	PX
5	0.3792	PX	0.3450	PX	0.3792	PX	0.3451	PX
6	0.3792	PX	0.3738	PL−A	0.3792	PX	0.3744	PL−A
7	0.4005	PL−A	0.3794	PX	0.3970	PL−A	0.3792	PX
8	0.4478	LV	0.3794	PX	0.4453	LV	0.3792	PX
9	0.4632	PL−S	0.4538	PL−S	0.4613	PL−S	0.4541	PL−S
10	0.5892	LV	0.5217	LV	0.5217	LV	0.5371	LV

注:XX−纵飘,LL−主梁横弯,LV−主梁竖弯,T−扭转,TX−索塔纵弯,TL−索塔横弯,PX−辅助墩纵弯,PL−辅助墩横弯,S−对称,A−反对称。

(2)动力特性

各种支承体系时结构的动力特性如表3所示,地震反应如表4、表5所示。

限于篇幅,本文仅示出支承体系5的主梁节点顺桥向位移时程曲线(图4)。在塔梁交接处设置4个阻尼器,阻尼器相关参数如下:

最大阻尼力:2000kN;

最大冲程:483mm;

阻尼系数:1591.2kN/(m/s)$^{\alpha}$;

阻尼速度指数 α: 0.3;

最大阻尼器尺寸:3730mm;

使用温度: −7～43.3℃。

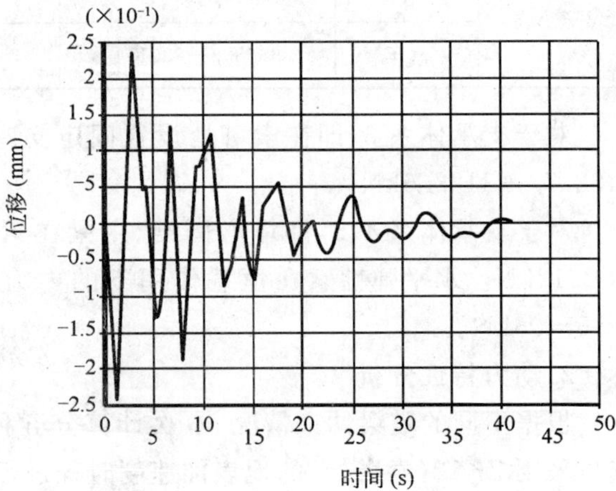

图4　塔梁交接处主梁节点顺桥向位移时程曲线

纵向位移反应值(单位:m)　　表4

位置	塔墩梁固结	半飘浮(纵飘)	塔处设固定支座	活动支座加水平弹性支承	活动支座加水平弹性支承加阻尼器
塔顶	1.64	1.59	1.65	1.48	1.43
主梁	0.138	1.82	0.126	0.259	0.243

主要控制截面内力　　表5

位置	塔墩梁固结	半飘浮(纵飘)	塔处设固定支座	活动支座加水平弹性支承	活动支座加水平弹性支承加阻尼器
塔底弯矩(kN·m)	2237470	1869980	2060320	1465590	1423480
塔-主梁间支承水平力(kN)	34493	0	44217	14798	15149

通过动力分析和地震反应的计算可知:

①塔墩梁固接和塔梁铰接这两种支承体系地震力效应较大,增加索塔基础的工程量。

②支撑体系由塔梁固接改为主梁纵飘以后,结构内力降低不多,位移增加显著达到1.82m。说明本桥不适合采用纵飘体系。

③设置弹性限位索以后,结构内力和位移响应都有较大改善,塔底弯矩较固定支座时降低25%。

④在地震荷载作用下,不设纵向阻尼器时,弹性限位索在 P_2 下将被拉断,反之则不拉断。

3. 分析比较

由计算结果可知，恒载情况下，各体系的内力和位移相差不多。在活载作用下，塔墩梁固结时内力最大，约是设置支座的1.3倍(负弯矩)。

对于主梁在索塔处设置固定支座的支承体系，支座的水平力达到3122kN，地震效应产生的水平力达44217kN，支座难以承受。从主梁的水平位移可以看出，设水平弹性索后，索塔顶在汽车荷载作用下的水平位移和内力均有所减小。

从动力性能方面，上述四种结构体系的动力特性有明显的差异，主要体现在纵飘上。塔墩梁固结体系第一阶振型为主塔横弯，周期为5.071s；纵飘体系时第一阶振型为主梁纵飘，周期为15.974s，并与第二阶振型周期(5.099s)相差很大，说明纵向刚度小；当采用弹性约束(纵向)时第一阶振型为主塔横弯，周期为5.099s；当在索塔处设置固定支座时，第一阶振型为主塔横弯，周期为5.099s。从结果中可以看出，除半飘浮(无水平支承或弹性支承)外纵飘振型在前几阶中消失。从第一阶振型看，塔敦梁固结体系、索塔处设固定支座、索塔处设活动支座加水平弹性约束，三者相差不大。

从结构的地震响应方面，纵飘体系时主梁的相对位移最大，是设固定支座的14.4倍(索塔处)，是设水平弹性约束的7.03倍(索塔处)。从内力结果可知，随着斜拉桥纵向约束的增加，塔根部的内力也显著增大；对于独塔斜拉桥的纵飘体系，由于体系的受力特点，其地震响应也比塔梁铰接(加弹性索)大(1.27倍)。综合位移和内力反应，采用弹性约束的内力较设固定支座小，而纵向位移可控制在合理的范围内，使得内力分布更趋合理。

设置阻尼器能够有效减小地震响应，塔根部弯矩较支承4降低3%，主梁位移降低6%。因此可以作为弹性限位的辅助措施，同时可防止水平弹性索在地震荷载 P_2 作用下被拉断。

四、结　　语

综合上述，采用水平弹性束可以提高结构的纵向刚度，在控制主梁在恒载、活载作用下的水平位移方面是有效的，也可减小结构内力；采用阻尼器可以进一步减小主梁在地震、阵风荷载作用下的水平位移和内力。因此，珠江黄埔大桥北汊独塔斜拉桥采用半飘浮支承体系，并在索塔处设置水平弹性索和粘滞阻尼器。达到有效地减小索塔和主梁的水平位移、又使得内力分布更趋合理的目的。

参考文献

[1] 中华人民共和国行业标准.公路工程抗震设计规范(JTJ 004—89).北京.人民交通出版社，2003.
[2] 中交第一勘察设计研究院.独塔斜拉桥支承体系专题研究报告.2005.
[3] 刘士林等主编.斜拉桥.北京.人民交通出版社，2002.
[4] 徐利平等.苏通大桥主桥结构体系研究[J].2004年全国桥梁学术会议论文集.北京.人民交通出版社，2004.
[5] 广东省地震工程勘测中心.珠江黄浦大桥工程场地地震安全性评价补充报告.2004.

7. 广州珠江黄埔大桥北汊主塔设计

王兴达　方　剑　吴永昌　宋松林　冯云成
(中交第一公路勘察设计研究院有限公司)

摘　要　介绍珠江黄埔大桥北汊大桥桥塔设计构造和结构计算。

关键词　斜拉桥　索塔　结构设计　结构计算

一、概　　述

珠江黄埔大桥是珠江三角洲经济区环形公路东环段中连接广州市区与番禺区的一座特大型桥

梁。珠江黄埔大桥北汊大桥在广州远洋修船厂与菠萝庙船厂之间跨越珠江北汊菠萝庙水道。北汊主桥采用单塔双索面钢箱梁斜拉桥，跨径组成为383m+197m+63m+62m，桥宽41.0m。索塔位于大濠洲岸侧边滩浅水区。该区地表覆盖层为第四系冲洪积层地层灰色、灰白色亚黏土、黏土以及灰黑色淤泥质土为主，并夹有粉砂、中砂。厚11.7～25m。下伏基岩要为燕山期二长花岗岩以及混合岩。

二、索塔方案比选

珠江黄埔大桥北汊主桥与南汊主桥相距很近，南汊主桥为悬索桥，其塔型基本上是门形塔。在初步设计阶段分别就门形、宝瓶形、倒Y形、A形、钻石形塔进行了比较。宝瓶形、倒Y形、A形、钻石形塔受力合理，但与南汊悬索桥门形塔配合协调性差。最终确定门形塔作为本桥的推荐桥塔。对门形桥塔又从以下两个方案进行了比较：方案一的塔柱向内倾斜，塔柱间的净距在塔顶为缩为25m左右，方案二的塔柱向内微倾，与南汊桥索塔柱的倾斜率基本相同。方案一造型独特，形似中国传统的木门结构，与南汊悬索桥的索塔形式相同，协调一致。因此方案一为推荐门形索塔。

三、索塔结构设计

1.塔柱设计

索塔采用门形索塔，其构造见图1。门形塔上塔柱之间的净距在塔顶处为24.5m，外边缘之间的距离为35.5m。塔顶高程为230.14m，塔底(塔座顶)高程为6m，承台顶高程为4m，塔柱自承台顶起的高度为226.14m，自桥面起的高度为160.45m。塔柱与横梁均采用箱形断面，塔柱材料采用C50高强度混凝土。

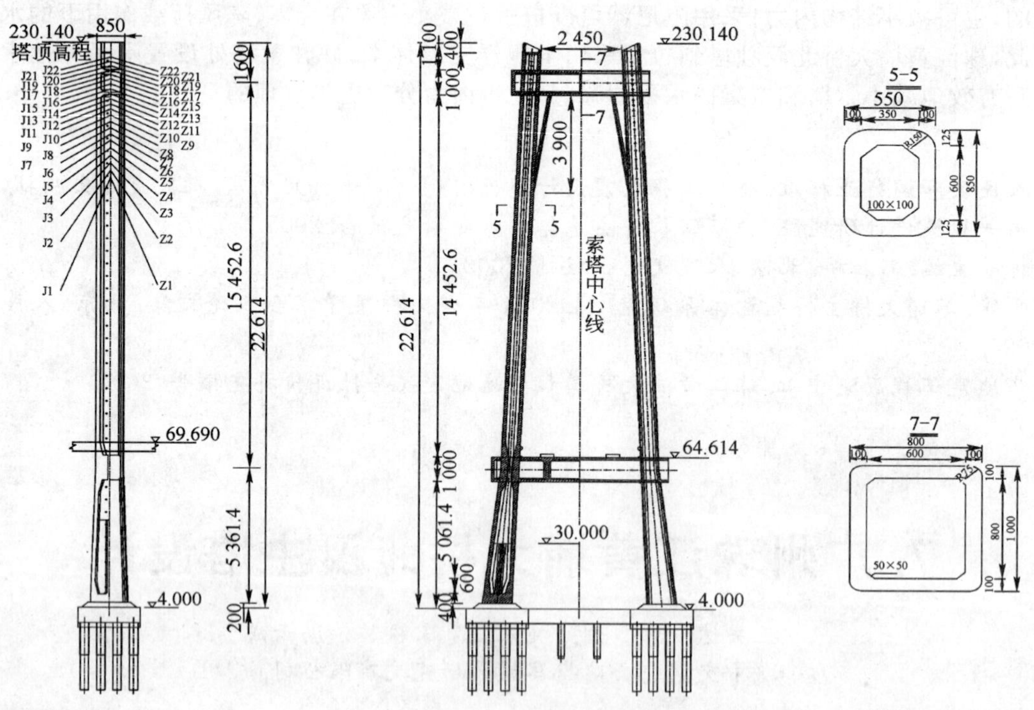

图1 索塔构造示意(尺寸单位:cm)

索塔的造型以及各部分的断面形式、尺寸考虑了结构的受力要求，又考虑了景观以及与南汊悬索桥的协调，同时也考虑了施工的方便性和可操作性。通过空间、平面分析计算以及风洞试验的结果，索塔结构满足受力及稳定性要求。

(1)塔柱

索塔下塔柱自塔座顶至上、下塔柱转折点(下横梁中心高度)为53.614m,下塔柱横桥向外侧面的斜率为1∶9.747 72,内侧面的斜率为1∶26.804 85,顺桥向侧面的斜率为1∶35.742 67;上塔柱从上、下塔柱转折点至塔顶,高度为170.526m,上塔柱横桥向内、外侧面的斜率均为1∶26.804 85,顺桥向为竖直向上。

塔柱采用矩形空心截面,在四角设置半径为1.5m的圆弧段。上塔柱的断面5.5m(横桥向)×8.5m(顺桥向),壁厚为1.25m(顺桥向)和1.0m(横桥向),在箱内四侧壁之间设置1m×1m的倒角。下塔柱在顺桥向宽度由8.5m按直线变化到塔底的11.5m,横向宽度由5.5m变化到9m,壁厚为1.25m(顺桥向)和1.2m(横桥向),在箱内四侧壁之间设置1m×1m的倒角,在塔底设置4m厚的实体段。由于下塔柱直接抵抗可能的船舶撞击作用,在高程10m至30m的范围内设置1m厚的横隔板进行加强,顺桥向与横桥向各1道,在箱内形成十字撑架。

(2)塔冠

塔冠是上塔柱的顶部,断面的外轮廓尺寸与上塔柱相同,壁厚0.5m,外侧壁高4m,内侧壁高1m,在塔冠以下设置一道0.5m厚的横隔板。

(3)承台

承台平面尺寸两塔柱底分别为19m×19m,厚度为6m,两承台之间采用高6m,宽8m系梁联成整体。在承台顶设置2.0厚的塔座,顶部平面尺寸为11m×13m,与承台结合部的平面尺寸为15m×17m。承台封底混凝土2m。

(4)桩基础

基础采用钻孔灌注桩,索塔每塔柱下布置16根直径为2.5m的钻孔桩,系梁下设2根桩基础,设计为嵌岩桩,桩长35m,整个塔共设34根桩,桩基嵌入弱风化及微风化基岩的总深度不小于15m。

(5)塔内电梯、爬梯

为便于进行通行和维护,塔柱在塔顶、上下横梁处均设有进出桥塔的人孔。在两侧塔柱均设有爬梯和平台,在另一侧设电梯,塔柱各部分均通过人孔相通。

2.拉索锚固区环向预应力设计

在上塔柱锚索区,塔柱内壁设置拉索锚块。为平衡斜拉索的水平分力,在锚索区范围内布置15ϕ12环向预应力钢束,由于环向预应力钢束的弯曲半径较小,只有2m,沿钢束曲线的径向布置防劈裂钢筋,以防止内侧混凝土崩裂。预应力管道采用塑料波纹管,波高5mm,内径85mm,壁厚2.5mm,管道压浆采用真空辅助法。

3.索塔上下横梁设计

塔柱共设上、下两道横梁,为全预应力混凝土结构。均采用箱形断面,高度10m。为了美观与协调,横梁在塔柱外侧设置了3m长的悬臂,端部设置1m厚的隔板。

下横梁断面外轮廓尺寸为10m(高)×7m(宽),在四角设置半径为0.75m的圆角。箱体壁厚1cm,内设两道1cm厚的横隔板,位置与主梁永久支座相对应。下横梁共布置了46束15ϕ22预应力钢绞线束。

上横梁断面外轮廓尺寸为10m(高)×8m(宽),在四角设置半径为0.75m的圆角。箱体顶、底板壁厚1m,两侧板壁厚1m。横梁中间设置一道厚1m的横隔板。在上横梁以下,设置了塔柱与上横梁之间的楔形加劲隔板,厚2.8m,高39m,宽度由横梁处3.8m按直线变化至0m。上横梁共布置了32束15ϕ22预应力钢绞线束。

上下横梁的预应力管道采用塑料波纹管,波高5mm,内径120mm,壁厚2.5mm,管道压浆采用真空辅助法。

为了满足塔柱与横梁间内力传递的要求,横梁的纵向钢筋均锚固于塔柱内,纵向预应力锚固于横梁在塔柱外侧的悬臂端部。

四、结 构 计 算

1. 计算模型及荷载

索塔是由塔柱、横梁构成的空间框架结构，设计计算按横桥向和顺桥向分别予以考虑。并根据规范进行不同荷载组合的分析计算。横桥向按照空间实用理论简化为平面杆系进行计算，约束条件为一端固结、一端铰接。

计算荷载包括结构自重力、由斜拉索传递来的恒载与活荷载，以及风载、温度变化作用、船舶撞击力、地震荷载、施工荷载等作用。恒载：索塔混凝土重度取 $\gamma=26.5\text{kN/m}^3$。地震基本烈度为 VII 度。设计基准风速：按 20m 高处百年一遇 10min 平均最大风速 38.4m/s。船舶撞击力：横桥向 18MN，顺桥向 9MN。

索塔上塔柱环向预应力、横梁纵向预应力计算采用的管道摩阻系数(μ)为 0.20，管道偏差系数(k)为 0.001 5。

地震荷载按地震基本烈度 VII 度及桥位实测地震动参数进行抗震计算。

2. 荷载组合

根据主桥施工和成桥阶段不同的受力特点，索塔计算主要分两个阶段：裸塔阶段和使用阶段，在各阶段均进行纵横桥向计算。在计算荷载选择时，除了满足相关规范外，还对可能出现的最不利受力情况进行了分析，主要按以下 4 种不利组合分别进行计算，见表 1。

横向塔底截面内力组合值 表 1

受力阶段	组 合	P(kN)	Q(kN)	M(kN·m)
裸塔阶段	1)裸塔＋风荷载	386 960.0	9 348.3	329 878.9
使用阶段	2)恒载＋活载	389 991.0	0.0	0.0
	3)恒载＋活载＋非均匀升温＋风荷载	392 053.3	9 348.3	329 878.9
	4)恒载＋地震力	306 448.3	15 886.5	544 400.0

取以上内力组合中最不利情况进行计算。纵桥向配筋实际计算是偏安全的取用塔柱标准段(非十字撑段)截面进行配筋。横桥向配筋横桥向塔柱内力远小于纵桥向塔柱内力。计算结果表明：两种情况塔柱配筋为构造配筋。

3. 主要计算内容

(1)施工阶段和使用阶段桥塔应力计算。计算分别按纵桥向和横桥向按平面杆系有限元计算内力和变形，在按各工况组合进行应力验算。

(2)成桥阶段索塔极限承载能力验算。

(3)索塔上下横梁正常营运和极限承载能力验算。

(4)各控制工况索塔变形计算。

(5)承台抗冲切极限承载能力和抗剪、抗弯极限承载能力计算。

(6)承台系梁极限承载能力验算。

(7)桩长和配筋计算。

根据计算结果，塔柱和横梁的正应力均不出现拉应力；横梁上缘最小有 0.79MPa 压应力，最大有 7.98MPa，横梁下缘最小有 3.25MPa，最大有 9.70MPa 压应力储备。成桥阶段塔柱最大水平位移为 29.473mm。塔柱、横梁、承台、桩基等部位的承载能力和裂缝宽度均满足规范要求。

4. 索塔拉索锚固区局部应力分析

本部分计算采用大型通用有限元程序 ANSYS8.0 对塔柱拉索锚固区进行空间线弹性应力分析。计算模型考虑到本桥尾索索力较大，计算模型取自塔顶以下 8 对斜拉索。计算模型沿纵桥向的剖面图如图 2 所示，模型上部按照实际情况取为自由，底面节点约束三个方向的平动自由度。施加索力时，相应分别换算为作用在锚垫板上的均布力，作用方向垂直于锚固面并与拉索方向一致。模型中采用拉索与混凝土共用节点的方法模拟环向预应力钢束，预应力的施加采用初应变法，预应力束的有效应力取为张拉控制应力的60%。为了明确环向预应力的作用效果，计算采用了以下两种计算工况。

工况一：只施加索力，不张拉环向预应力束，提供拉索作用下塔体应力分布；

工况二：施加索力之后张拉环向预应力束，提供拉索和环向预应力共同作用下塔体应力分布，为合力布束提供数据参考。

由计算结果表明：工况一下最不利受力部位为索塔纵桥向外侧与横桥向内侧，拉应力为4MPa左右。在拉索穿孔处有明显的应力集中，应力分布在纵向索塔外侧呈带状由中央向两侧逐渐减小，由拉应力转变为压应力。在齿块附近存在较大压应力(6.0MPa左右)，但齿块的应力分散作用显著，在齿块与塔壁结合处应力已显著降低(1.0MPa左右)。工况二为成桥运营状态，该工况计算结果表明：工况一下最不利受力部位的拉应力已基本消除，塔体具有一定的拉应力储备，说明环向预应力的设置是合理有效的(图3)。

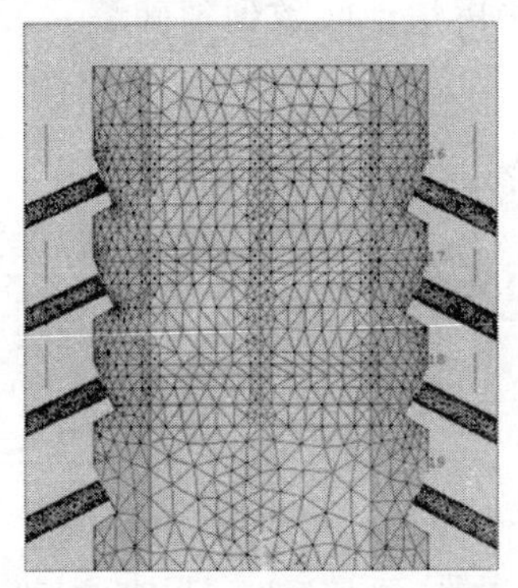

图2 计算模型

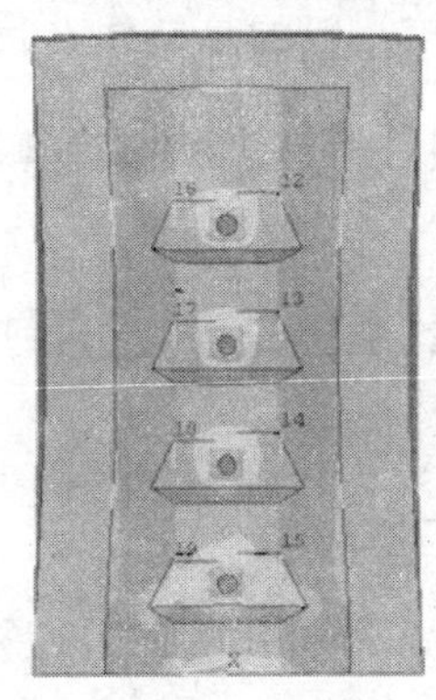

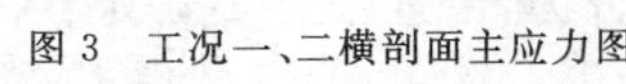

图3 工况一、二横剖面主应力图

五、结 语

珠江黄埔大桥北汊大桥索塔已于2007年5月顺利封顶，索塔混凝土方量达17 350m³；钢筋用量共计4 525.9t；预应力钢绞线用量共计180.5t。目前正在进行主梁吊装施工，桥梁施工进展顺利。

参考文献

[1] 刘士林、王似舜主编．斜拉桥设计．人民交通出版社，2006.6.

8. 斜拉索静力状态的快速近似算法

陈太聪[1] 王卫锋[2] 苏 成[1]

(1.华南理工大学建筑学院；2.华南理工大学交通学院)

摘 要 随着斜拉桥跨径的增大，斜拉索的非线性力学特征对索形、索长等索静力状态的影响也相应加大。在确定斜拉索静力状态时，悬链线理论虽然可以精确地考虑该非线性效应，但迭代计算繁琐，不便于工程应用；基于简化假设的Ernst等效弹性模量理论虽然计算简单，但对于长柔索的计算精度有所不足。本文基于悬链线理论，通过近似求解索张力的水平分力，避免多次迭代计算即可高精度地快速确定索静力状态。结合实际工程，对某斜拉桥的短、中和长索在不同应力水平下的无应力索长进行了三种方法的对比计算，计算结果表明了本文算法的有效性，可供工程设计和施工实践使用。

关键词 斜拉桥 斜拉索 非线性 无应力索长

一、引 言

斜拉索是斜拉桥结构的重要组成部分，斜拉索由于受自重作用的影响，呈现出较强的非线性力学特征，随着斜拉桥跨径的增大，索长不断增大，该非线性特征对索形、索长等索静力状态的影响也相应加大。采用悬链线理论[1,2]，可以精确地考虑该非线性效应，从而较好地把握索静力状态，但计算中需要多次迭代，过程繁琐，方法不便于工程应用。在工程实践中，更多的是采用规范推荐的基于弹性伸长和垂度修正的 Ernst 等效弹性模量理论[3,4]，该方法不需迭代，计算简单，对于短索等情况精度较高，但对于大跨度斜拉桥中的长柔索情况则容易产生较大的误差。如何避免多次迭代而计算得到高精度的索静力状态，该问题的解决具有一定的工程应用价值。

本文从精确的悬链线理论出发，通过合理简化，不需迭代而直接计算得到索张力的水平分力近似值，该近似值在较大的索刚度变化范围内均具有较高精度，基于该近似值，无应力索长等索静力状态均可以直接计算得到，计算精度优于 Ernst 等效弹性模量理论，接近悬链线理论。此外，对于特别大柔度的情况，以此近似值作为悬链线迭代初值，也能较一般的悬链线迭代算法更快地收敛到精确解。

二、斜拉索静力状态计算理论

1. 悬链线索形理论

如图1所示，假定斜拉索为完全柔性索，只能承受拉力作用，不能受弯，则对任一微段进行平衡分析，可得[1]：

$$\frac{y''}{\sqrt{1+(y')^2}}=-\frac{q}{H} \tag{1}$$

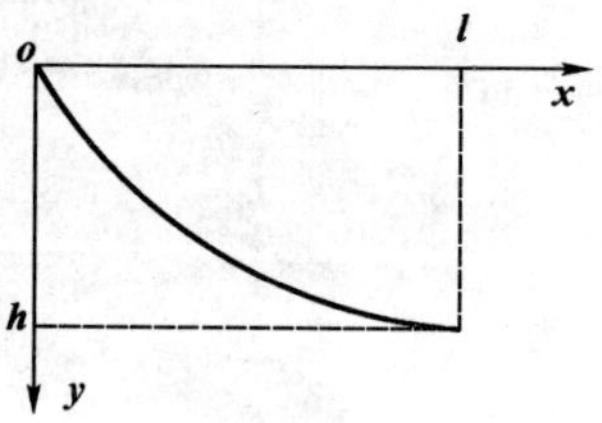

o　l　x　h　y

图1　斜拉索示意

式中：q——单位索长重量；

H——索张力的水平分力，由索张力 T 确定：

$$H=\frac{T}{\sqrt{1+(y')^2}} \tag{2}$$

对式(1)进行积分求解后，再考虑边界条件($x=0,y=0$)和($x=l,y=h$)，可得悬链线索形为：

$$y=\frac{H}{q}\left[\mathrm{ch}a-\mathrm{ch}\left(a-\frac{q}{H}x\right)\right] \tag{3}$$

式中，参数 $a=\mathrm{arsh}\left[\frac{qh}{2H\cdot\mathrm{sh}\left(\frac{ql}{2H}\right)}\right]+\frac{ql}{2H}$

由式(3)，悬链线索的长度 S 可积分得到：

$$S=\int_0^l\sqrt{1+(y')^2}\mathrm{d}x=-\frac{H}{q}\left[\mathrm{sh}\left(\frac{ql}{H}-a\right)+\mathrm{ch}a\right] \tag{4}$$

悬链线由索张力 T 引起的弹性伸长 ΔS 为：

$$\Delta S=\int_0^S\frac{T}{EA}\mathrm{d}s=\frac{H}{EA}\int_0^l[1+(y')^2]\mathrm{d}x=\frac{H}{2EA}\left\{l+\frac{H}{2q}\left[\mathrm{sh}\left(\frac{2ql}{H}-2a\right)+\mathrm{sh}(2a)\right]\right\} \tag{5}$$

则无应力索长 S_0 可计算得：

$$S_0=S-\Delta S \tag{6}$$

由式(2)～(6)可见，在工程实践中常见的给定一端(如塔端)索张力 T 的情况下，水平分力 H 和索形 y 等索的静力状态互相耦合，导致无应力索长 S_0 需进行多次迭代计算才能确定。具体计算中，迭代参数可选为水平分力 H，其迭代初值 H_0 常取为塔端索张力 T 沿弦线的分力[2]，即：

$$H_0=T\cdot\frac{l}{\sqrt{l^2+h^2}} \tag{7}$$

2. Ernst 等效弹性模量理论

1965年，德国学者 Ernst 提出将具有较高初始应力和一定垂度的斜拉索等效为一直弦杆，只考虑索自重沿弦线垂直方向的影响，并用抛物线简化实际悬链线索形。经此假定后，直弦杆的切线弹性模量即可由下式计算得到[4,5]：

$$E_{eq}=\frac{E}{1+\frac{EAq^2l^2}{12T^3}} \tag{8}$$

则当索张力由 T_1 变化到 T_2 时，索长的变化量为：

$$\Delta L=\int_{T_1}^{T_2}\frac{l_0}{E_{eq}A}\mathrm{d}T=\left(\frac{T_2l_0}{EA}-\frac{q^2l^2l_0}{24T_2^2}\right)-\left(\frac{T_1l_0}{EA}-\frac{q^2l^2l_0}{24T_1^2}\right) \tag{9}$$

式中：l_0——斜拉索的弦线长度，即直弦杆的长度。

由式(9)可见，弦长为 l_0 的斜拉索索长的总变化量 ΔL 可等效视为两部分效应的变化总和，即：

斜拉索拉伸效应
$$L_e=\frac{Tl_0}{EA} \tag{10}$$

斜拉索垂度效应
$$L_f=-\frac{q^2l^2l_0}{24T^2} \tag{11}$$

则，对应于斜拉索张力 T 的情况，斜拉索的无应力索长 S_0 可由下式计算：

$$S_0=l_0-\frac{Tl_0}{EA}+\frac{q^2l^2l_0}{24T^2} \tag{12}$$

由式(12)可见，在给定索张力 T 的情况下，无应力索长 S_0 不需迭代即可直接计算得到。但正如后文算例所示，该法对于大跨度斜拉桥的长柔索存在较大误差。

3. 快速近似算法

由式(3)所示的悬链线索形可得塔端(即($x=0,y=0$)点)的索斜率为：

$$y'(0)=\mathrm{sh}a=\frac{qh}{2H\cdot\mathrm{sh}\left(\frac{ql}{2H}\right)}\cdot\mathrm{ch}\left(\frac{ql}{2H}\right)-\sqrt{1+\left[\frac{qh}{2H\cdot\mathrm{sh}\left(\frac{ql}{2H}\right)}\right]^2}\cdot\mathrm{sh}\left(\frac{ql}{2H}\right) \tag{13}$$

由

$$\mathrm{sh}x=\sum_{n=0}^{\infty}\frac{x^{2n+1}}{(2n+1)!}\qquad \mathrm{ch}x=\sum_{n=0}^{\infty}\frac{x^{2n}}{2n!} \tag{14}$$

可知，当 $\frac{ql}{2H}$ 为小量($\ll 1$)时，可取

$$\mathrm{sh}\left(\frac{ql}{2H}\right)\approx\frac{ql}{2H}\qquad \mathrm{ch}\left(\frac{ql}{2H}\right)\approx 1 \tag{15}$$

则式(13)可化简为

$$y'(0)=\frac{h}{l}+\sqrt{1+\frac{h^2}{l^2}}\cdot\left(\frac{ql}{2H}\right) \tag{16}$$

在塔端(即($x=0,y=0$)点)，又有

$$y'(0)=\frac{\sqrt{T^2-H^2}}{H} \tag{17}$$

结合式(16)和式(17)，即可解得水平分力 H 为

$$H=\frac{l}{l_0}\cdot T\cdot\left[\sqrt{1-\left(\frac{ql}{2T}\right)^2}-\frac{qh}{2T}\right] \tag{18}$$

由式(18)可见，当给定索张力 T 的情况下，水平分力 H 即可近似求解，索形 y、无应力索长 S_0 等索静力状态无需迭代即可分别由式(3)和(6)迅速确定。而根据工程实际情况，其中的近似求解条件$(ql)/(2H)\ll 1$ 在大部分的索张力水平下均可满足，故而式(18)的求解精度也容易保证。

三、计 算 实 例

取某大跨度斜拉桥(主跨 383m)的三根典型斜拉索进行对比计算分析，分别为最短、中间和最长斜拉索，其几何与材料特性如表 1 所示。

三种典型斜拉索的几何与材料特性 表1

类型	垂直高度 h (m)	水平长度 l (m)	横截面积 A (m^2)	每米自重 q (kN/m)	弹性模量 E (MPa)
最短索	96.693 0	22.444 0	0.005 348 72	0.443 74	1.98E+08
中间索	134.815 0	182.283 2	0.007 657 52	0.631 41	1.98E+08
最长索	158.110 0	358.200 7	0.008 581 04	0.707 76	1.98E+08

采用以上介绍的三种方法，对三种类型的斜拉索在不同张力水平(20%、50%、100%成桥索力，假定索两端坐标不变)下的无应力长度进行计算，计算结果如表2所示。为便于比较，后两种方法中的误差取为相对于悬链线索形理论的偏差值。

三种方法的无应力索长计算结果 表2

类型	索张力 T (kN)	悬链线法		Ernst 法		近似快速算法			
		H (kN)	S_0 (m)	S_0 (m)	误差 (m)	H (kN)	$\frac{ql}{2H}$	S_0 (m)	误差 (m)
最短索	450	96.8	99.225 7	99.223 5	−0.002 2	94.2	0.052 9	99.226 9	0.001 2
	1 150	255.1	99.158 2	99.156 1	−0.002 1	252.4	0.019 7	99.159 3	0.001 1
	2 300	515.2	99.050 1	99.048 1	−0.002 0	512.5	0.009 7	99.051 3	0.001 2
中间索	700	525.8	226.915 4	226.871 4	−0.044 0	522.5	0.110 1	226.919 7	0.004 3
	1 750	1 371.7	226.508 4	226.499 8	−0.008 6	1 367.9	0.042 1	226.509 4	0.001 0
	3 500	2 779.3	226.214 2	226.207 5	−0.006 7	2 775.2	0.020 7	226.214 9	0.000 7
最长索	1 040	891.7	392.422 7	392.273 5	−0.149 2	895.4	0.141 6	392.412 7	−0.010 0
	2 600	2 324.1	391.120 2	391.099 7	−0.020 5	2 326.8	0.054 5	391.119 2	−0.001 0
	5 200	4 704.4	390.398 1	390.384 2	−0.013 9	4 706.8	0.026 9	390.397 4	−0.000 7

通过表2所示结果，可以得到下面一些计算结论：

(1)随着斜拉索长度的增加，Ernst 法的计算误差逐渐增大，并且随着索张力的减小该误差更为明显，在最长索的20%成桥索力张力下，该误差可达14cm之多。

(2)近似算法的精度明显高于 Ernst 法，计算误差随索长度的增加变化不明显。在最长索的20%成桥索力张力下，该误差仅为1cm，原因可归结为较大的$(ql)/(2H)$结果。此外，一步计算得到的水平分力H也与悬链线法的最终迭代计算结果相当接近。

四、结　语

本文基于悬链线理论，通过合理简化计算，可快速地确定高精度的斜拉索静力状态，从而避免了精确悬链线理论的繁复计算，同时也以与 Ernst 法相近的计算量得到了更高精度的计算结果，可供工程实践方便使用。

参考文献

[1] Gimsing, N. J. Cable Supported Bridges-Concept & Design [M]. John & Wiley, 1997.

[2] 黄平明，梅葵花，徐岳. 大跨径悬索桥主缆系统施工控制计算[J]. 西安公路交通大学学报，2000，20(4)，19-22.

[3] 中华人民共和国交通部. 公路斜拉桥设计规范(试行)[S]. 人民交通出版社，1996.

[4] 林元培. 斜拉桥[M]. 人民交通出版社，1995.

[5] 李传习，夏桂云，张建仁，廖金德. 斜拉索静力分析综述[J]. 中南公路工程，2001，26(2)，32-37.

9. 广州珠江黄埔大桥景观照明设计

刘林忠[1] 伍尚幹[2] 杨 锐[1] 谢光秋[2]
（1. 北京交科公路勘察设计研究院；2. 广州珠江黄埔大桥建设有限公司）

摘 要 珠江黄埔大桥及引线工程全线长度约 18.7km。大桥区段长度约 7km，结合城市文化，设置明快、稳重的夜景灯光效果，将使珠江黄埔大桥成为广州珠江上的一道靓丽风景线。

关键词 珠江黄埔大桥 景观照明

一、项 目 概 述

广州珠江黄埔大桥位于广东省广州市东南部，是广州至番禺跨越珠江的一座特大桥，同时也是形成珠江工业区交通网的关键工程之一。

广州珠江黄埔大桥由北汊桥及南汊桥两部分组成，全长约 7 049m，其中北汊斜拉桥主桥部分 705m，桥塔采用 H 形单塔，包括上塔柱、中塔柱、下塔柱、塔座及中、下横梁。南汊悬索桥主桥部分 1 108m，桥塔与斜拉桥相同。斜拉桥及悬索桥主桥，是景观照明设计的重点，两端引桥是斜拉桥景观的辅助和铺垫。

二、景观照明的目的及必要性

大型桥梁设置合理的夜景照明不仅能充分表现出大型工程的宏伟壮观，还能增加桥上行车、桥下行船的安全性，减少交通事故。可以说桥梁夜景观是照明科学与桥梁艺术的有机结合，是社会物质文明达到一定高度后，人们对城市景观多样化的必然要求，也是社会物质文明与精神文明建设的综合体现。桥梁夜景观拓展了桥梁的景观表达，全天候展示了桥梁魅力，是桥梁空间与时间的延伸。

广州珠江黄埔大桥夜景照明主要表现的是大桥的夜间形象美、结构美、勾画珠江黄埔大桥的壮观景色，是展示广州珠江黄埔大桥夜间形象的重要手段，是标志性工程的组成部分。广州珠江黄埔大桥地处旅游资源丰富的地区，大桥的夜景照明，配合旅游资源的开发，可提供新的旅游项目，促进商业和旅游业的发展，对于促进广州市市民的经济和文化水平起到相当大的作用。

三、景观照明基本定位

作为广东省省会，同全国其他地区所建的大桥相比，广东的经济、文化背景更具有其特殊性。在本项目中，我们将斜拉桥、悬索桥作为美化的主体，以总体效果为主，通过选择恰当的先进灯光设备，刻意表现珠江黄埔大桥的轮廓、气势和力度，凸显其建筑美感，总体效果以稳重、大方为基调，表现出明快的桥文化夜景。对景观照明工程基本定位如下：

(1)象征性：方案的构思要具有一定的品味和风格；

(2)现代性：用新的照明技术和组合来烘托热烈的气氛。创造新颖、壮观、别具一格的特色景观；

(3)广泛性：通过适当的配光创造值得骄傲的美丽夜景，创造动感，给人留下美好印象；为人们夜间休闲提供优美的环境，使之成为新的旅游资源；

(4)舒适性：充分考虑周边环境的照明设计和提供舒适的照明环境；

(5)合理性：充分考虑维修，维护，尽量使方案具有可实施性；

(6)经济性：对设备的选择经济合理，综合考虑设备的性能，控制投资规模。

四、照明方案的具体构思与实施

1. 夜景照明的手段

大桥的夜景照明主要采用三种手段来表现:空间手段、时间手段和色彩手段。

(1)空间手段

根据广州珠江黄埔大桥的桥梁结构和表现的内容,在相应的位置,配置不同投光角度、不同功率、不同色彩的照明设备,营造出有层次感和立体感的桥梁夜景效果。

以照射对象和表现内容为基础,对夜景空间投射手段研究如下:

①主塔——作为夜景主体的主塔屹立于夜空中,应强调其高度,表现其标志性和象征性,进行重点的投光照明。另外在上横梁及其内侧设置不同颜色的泛光灯,形成光的层次立体感。

②斜拉索——为明确表现斜拉索的力度和放射形,通过投光照明和外索的灯光变换来创造动感。在靠近主塔斜拉索下部及外侧2根斜索底部设置投光灯,对其索都进行表现;并且,在最外侧边索下设置探照灯,以勾勒出整个斜拉索的轮廓,形成完整的斜索桥立体感。

③悬索主缆——为表明悬索的柔美,通过在主缆外侧设置明亮的无极灯灯具及三色LED点光源照明,形成珍珠链的连绵效果来实现的。

④箱梁——是通过箱梁下外侧的照明表现珠江黄埔大桥的长度和箱梁舒展的曲线并突出江中之门的形象。

⑤引桥——为表现大桥整体美感,在混凝土护栏下外侧设置泛光灯,从视觉上看与主桥钢箱梁形成整体。

(2)时间手段

时间手段是根据季节、节假日、星期及一天内时间的变化,设置不同回路的照明控制方案,以创造富于光线变化的夜景效果。

① 星期——依星期一~四与星期五~日而分,周末休息日的夜景应比平时更辉煌。

②节假日——依照普通假日与重要节日而分,假日照明应比平日更热闹,但重要节日要比普通假日更精心布置灯光,因此在夜景照明系统设计中预留有一定的供电回路,并备有可外接的电源界面。

(3)色彩手段

色彩手段是利用光源的色彩特性,强调某个重点,创造不同氛围的夜景,刻画不同的空间。

色彩手段的应用:

①划分空间——利用不同色调、照度的光,来改变灯光安排的"节奏",用灯光来表示及刻画不同的空间。

②创造氛围——灯光在此不仅是为照明而照明,它能"制造"一个特别的"氛围",暖色光或是明亮的灯光制造热闹的气氛;冷色光或是幽暗的灯光则围合出私密的空间,营造宁静、温馨的气氛。

③提示重点——利用对比色或明亮的灯光可以加强具有标志特征部位的表现力。

2. 照明方案

(1)整体构思

经过对国内外桥梁景观的比较和研究,我们对珠江黄埔大桥的照明景观工程有了比较成型的概念,制订了"虚拟对称、刻画宽度、突出长度和高度、形成地标性照明景观效果"的基本构思,从而体现珠江黄埔大桥景观照明色彩丰富、构思新颖的基本特点。由于珠江黄埔大桥斜拉桥与悬索桥的组合,因此尽量表现斜拉桥与悬索桥各自建筑特点,反映出独特的桥文化,是本项目的特点。

(2)表现元素

斜拉桥的重点是桥塔、斜拉索、箱梁,装点对象是桥铭牌。

悬索桥的重点是桥塔、主缆、箱梁,装点对象是桥铭牌。

(3)方案说明

①主塔照明方案

主塔是桥梁的重要组成部分，是夜间景观照明突出外观轮廓的重要部位，为能使主塔显得高大、雄伟，有直冲云霄之势，采用角度可调的带有滤光凸镜的投光灯具，并且配置不同的功率和投光角度，对同一垂直面上直接照射，使得在同一面上分清层次、亮度不同来显示主塔的个性。在桥面两侧和检修平台上设置白色投光灯具，照亮主塔的正立面、内侧面及外侧面，营造出良好的照明氛围和艺术气息以突显主塔的雄伟、挺拔与力度。另外在上横梁设置黄颜色的泛光灯，与主塔主体的白色造成对比，形成光的层次感。主塔投光照明以白色为主，显示庄重、稳健、挺拔，主塔顶端及上横梁采用黄色光源的灯具照射，使其带有黄色的色彩，形成金色的“皇冠”。

主塔照明采用泛光照明方式，整体效果不宜太亮，平均照度为 150～200lX 左右，形成自下而上渐变暗的效果，并且要突出上横梁的金色“皇冠”，使主塔的视觉效果均匀而舒适。

照明灯具见表 1。

每座主塔照明灯具技术参数一览表 表 1

照明部位	主塔下部侧面	主塔外侧面	主塔内侧面	主塔顶部	上横梁侧面	主塔桥铭牌
照明方式	向上照射	向上照射	向上照射	向上照射	补光	向外透射
功率	1 000W	1 500W/1 000W	1 500W	250W	400W	250W
选用灯具	金卤灯	金卤灯	金卤灯	金卤灯	金卤灯	金卤灯
光源类型	金卤光源	金卤光源	金卤光源	金卤光源	黄色金卤光源	金卤光源
灯具数量	32	18＋6	8	12	38	24
总用电量	32kW	32kW	12kW	3kW	15.2kW	6kW

②主缆

主缆为全桥的主要承重机构，也是整座悬索桥大桥外观结构的一个主要特征部分。主缆的夜景照明是采用外形小巧的白色无极灯灯具与彩色的 LED 灯在主缆上间隔布置(表 2)，灯具间隔分别为 34m 及 17m 左右，既可单独开无极灯或可单独开彩色 LED 灯，也可同时开，从而形成不同的组合，表现出不同的景观效果，勾勒主缆的轮廓，表现主缆的曲线美，从而表现出主缆的力度与韵律。

技术参数一览表 表 2

照 明 部 位	主 缆 外 侧	主 缆 两 侧
照明方式	点光源	点光源
设计平均照度		
选用灯具	106 套 120W 无极灯	310 套 50WLED 灯
光源类型	无极光源	LED(三色)
用电量	10.5kW	15. 5kW

③斜拉索

斜拉索为全桥的主要承重机构，也是整座大桥外观结构的一个主要部分。由于斜拉索的本身反射面小，如采用普通投光照明的方式，其效果并不理想，极容易造成“光污染”，这与我们所倡导的绿色照明的理念是相违背的。根据我们多年的设计经验及国内已建类似的斜拉桥拉索照明工程事例分析，在本次设计中，我们提出一个大胆而新颖的构思：“虚拟拉索”的概念，就是在斜拉索最外面的一根拉索边设置大功率的探照灯，顺着边索方向照射，用其形成的光柱形成边索，从而从视觉上给人以拉索的感觉，表现出斜拉索的力度与韵律(表 3)。其他拉索的照明则予以弱化。这种设计构思既新颖大胆，简洁大方，经济实用，而又不落俗套。并且与悬索桥主缆上的光串形成对比，以凸显各自的建筑特点，与其连成一体，展现出整体美。

技术参数一览表　表3

照明部位	斜拉索	斜拉索边索
照明方式	向上投射	聚光追踪投射
设计平均照度	$40l_x$	$40l_x$
选用灯具	36套1 000W金卤灯	4套4 000W探照灯
光源类型	金卤光源	疝气光源(白色)
用电量	36kW	16kW

④钢箱梁夜景照明方案

梁是通行的载体,用灯光照亮,表现梁的延伸感和舒展的曲线,明亮的梁底,可为夜航船只指引航向,保证安全(表4)。通过水面的映射,倒影效果强烈,更加烘托了照明的效果。整个箱梁应采用相同的照度指标,并保证照明的均匀性,平均照度为$100l_x$左右,可选用相同功率的灯具均布,以体现箱梁的整体感;轮廓灯安装在箱梁底部的预留孔处。

技术参数一览表　表4

照明部位	悬索桥梁底	斜拉桥梁底
照明方式	宽光束泛光	宽光束泛光
布置间距	6.4m	6.4m
选用灯具	350套70W金卤灯	220套70W金卤灯
光源类型	金卤灯(兰色)	金卤灯(兰色)
用电量	25kW	15kW

3. 引桥照明方案

引桥照明是通过对引桥混凝土箱梁的美化照明来表现的,通过简洁、连续的光带来勾画出大桥细长、优美的桥形曲线,总体效果与主桥钢箱梁连成一体,体现大桥的整体美(表5)。

技术参数一览表　表5

照明部位	中引桥及南汉桥边跨混凝土箱梁
照明方式	蓝色泛光灯照明
选用灯具	226套70W蓝色泛光灯
光源类型	金卤灯(兰色)
用电量	约16kW

五、对照明灯具的基本要求

1. 主塔投光灯

根据主塔各部位照明的要求及灯具安装位置的特点,灯具的选用及安装必须满足以下的要求:

①灯具选用1 500W/1 000W窄光束大功率投光灯具,投光距离远,以保证近200m高的主塔具有良好的照明效果;

②立面照射灯安装在立柱支架上,侧面灯安装在检修平台上或采用支架固定;

③灯具应具有良好的防尘防水性能,并具有良好的防腐性能和绝缘性能,以保证灯具在海边这种潮

湿的环境中能有较长的使用寿命。

2. 主缆灯

根据主缆照明的要求及灯具安装位置的特点，灯具的选用及安装必须满足以下的要求：

①选用小功率的灯具，并应具有相当的防撞抗振性能；

②灯具安装在悬索桥主缆的外侧，向外照射，灯具的安装应不破坏主缆的结构及其受力能力；

③光源选用120W白色无极灯和50W三色的LED灯；

④灯具应为电气一体化设计，体积小、重量轻，外观美，以保证灯具在白天不影响大桥整体景观效果；

⑤灯具应具有良好的防尘防水性能，并具有良好的防腐性能和绝缘性能，以保证灯具在江边这种潮湿的环境中能有较长的使用寿命。

3. 斜拉索投射灯

根据斜拉索照明的要求及灯具安装位置的特点，灯具的选用及安装必须满足以下的要求：

①灯具选用1 000W窄光束大功率投光灯，投光距离远，以保证拉索表面照度能达到设计要求；

②斜拉索照射灯安装在桥面两侧拉索的根部，为减少灯具的迎风面积对箱梁风洞试验的影响，灯具的外形必须小巧，并可直接固定在斜拉索根部；

③灯具应具有良好的防尘防水性能，并具有良好的防腐性能和绝缘性能，以保证灯具在海边这种潮湿的环境中能有较长的使用寿命。

4. 箱梁泛光灯

根据箱梁照明的要求及灯具安装位置的特点，灯具的选用及安装必须满足以下的要求：

①灯具选用70W宽光束泛光灯，选用相同功率的灯具均布，以保证箱梁底部有良好的照明效果；

②灯具安装在箱梁底的两侧，采用悬臂支架固定，向箱梁底中心投射；

③灯具安装位置应不影响检修小车正常运作，并尽量靠近小车以方便灯具检修；

④灯具应为电气一体化设计，体积小、重量轻，以保证在高空使用情况下的安装和检修方便；

⑤灯具应具有良好的防尘防水性能，并具有良好的防腐性能和绝缘性能，以保证灯具在海边这种潮湿的环境中能有较长的使用寿命。

六、电光源的选择

景观照明所用光源主要有两种：金属卤化物灯、高压钠灯，其各自的基本性能如下：

①金属卤化物灯：较高的色温，一般在4 000～5 000K之间，属冷色调；较高的显色性，显色指数一般在65～85之间；较高的发光效率，一般在60～80lm/W；平均寿命大于6 000h；透雾性能适中；抗震性能好；投射距离远。

②高压钠灯：较低色温，一般在2 000～2 100K之间，光色呈黄色，属暖色调；显色性能差，显色指数一般在20～25之间，但中显型及高显型高压钠灯显色指数可达60～80；较高的发光效率，一般在90～130lm/W；平均寿命大于6 000h；透雾性能较好；抗振性能较好。

③LED：长寿命，平均寿命大于10 000h；抗振性能较好。

④无极灯(IQL)：节能环保，免维护。

七、供配电及控制

1. 供电方式

景观照明工程用电为三级负荷。

景观照明采用低压配电系统供电，采用三相五线制，线路电压为380/220V。主桥照明每个特定区域均自成一路，以便于控制效果。每个塔体下横梁上各设两台景观照明集中控制柜，柜内留有一定的备用回路，以便通向需要特意刻画的局部区域。低压照明集中配电柜进线分别引自塔下横梁处的中压变压器。

配电采用TN-S接地保护系统，配电箱处作重复接地，所有灯具金属外壳以及所有支架、灯杆、桥架等附属金属构件必须与PE线可靠连接。电缆均采用阻燃电缆。

2.控制系统

对于景观照明的控制，既要考虑操作维护方便，还要考虑到分档控制以利节能。本桥采用远程集中控制，自动控制及手动控制相结合，可以随意调整开启时间和区段，可做到无人值班。场景编组可满足"开灯方案"对平常、一般节假日及重大节日的开灯要求，具体控制纳入大桥监控系统统一管理。

八、设 计 体 会

(1)采用先进的照明设备，追求新颖、独特的变化效果是景观照明永恒不变的主题。

(2)充分考虑斜拉桥和悬索桥各自的特性和建筑美，利用灯光来表达桥塔的雄伟和力度、斜拉索的纤细、主缆的曲线以及箱梁的连续性，并在桥栏外侧刻画箱梁的宽度，形成三维立体的精观照明效果，是本次景观照明的特色。

(3)结合城市文化，创造明快、稳重的夜景灯光效果，成为广州珠江上的一道靓丽风景线。

10. 广州东沙大桥主跨斜拉桥设计

梁立农　代希华
(广东省公路勘察规划设计院)

摘　要　本文介绍一座正在施工中的广州东沙大桥主跨斜拉桥设计，包括工程概述、结构设计、主要技术特点和创新点等内容。该桥主跨采用338m独塔空间双索面混合梁斜拉桥，在倒Y形上塔柱的两个分离塔柱之间布设椭圆景观孔，在上塔柱转折处设大半径圆曲线，传力顺畅，造型新颖、优美；将钢箱梁的纵腹板伸出箱梁顶板之上再与锚拉板直接对焊，避免了传统焊于顶板上的锚拉板所存在的十字焊接及顶板的Z向抗撕裂材质要求等问题，受力直接、可靠；通过进行施工与使用阶段全过程的三维有限元仿真分析，对各节点及各断面和开孔区的应力分布，预应力与斜拉索索力等各种荷载的传递有一个全面清晰的了解，并校核和调整纵横向平面模型的计算结果，使结构设计经济合理，安全可靠。

关键词　东沙大桥　斜拉桥　桥梁景观　锚拉板　仿真分析

一、工 程 简 介

广州东沙大桥位于广州市中心区南部，跨越珠江东平水道，北面通过东沙立交与环城高速公路南环段及东沙大道相连，南面连接广州市新客站，是广州市东沙至新联高速公路上的一座特大型桥梁，主桥采用斜拉桥方案(效果如图1)，主桥总造价：2.16亿元。

图1　东沙大桥鸟瞰效果图

桥位处江面宽约350m，水深4～15m，设计流速1.35m/s，平均潮差约1.5m，覆盖层厚12～22.5m，基岩为泥质粉砂岩。桥址区属南亚热带季风气候，多年平均气温21.8℃，年平均降雨量1 696.5mm，年平均相对湿度为77%，年平均台风袭击约4次，设计基准风速：$V_{10}=35.4$m/s 。

主要技术标准为：双向六车道高速公路；公路Ⅰ级设计荷载；计算行车车速 100km/h；地震动峰值加速度系数 0.1g；通航净高 33m，净宽 230m。

二、主 桥 结 构

主桥为独塔空间双索面混合梁斜拉桥，采用塔、墩、梁固结体系，桥跨布置为 338m＋72m＋56m＋52m，主桥长 518m，为增加体系刚度，改善结构内力，在边跨内设置两个辅墩，在边墩及其临近辅助墩共压重 655 吨，桥型布置如图 2。

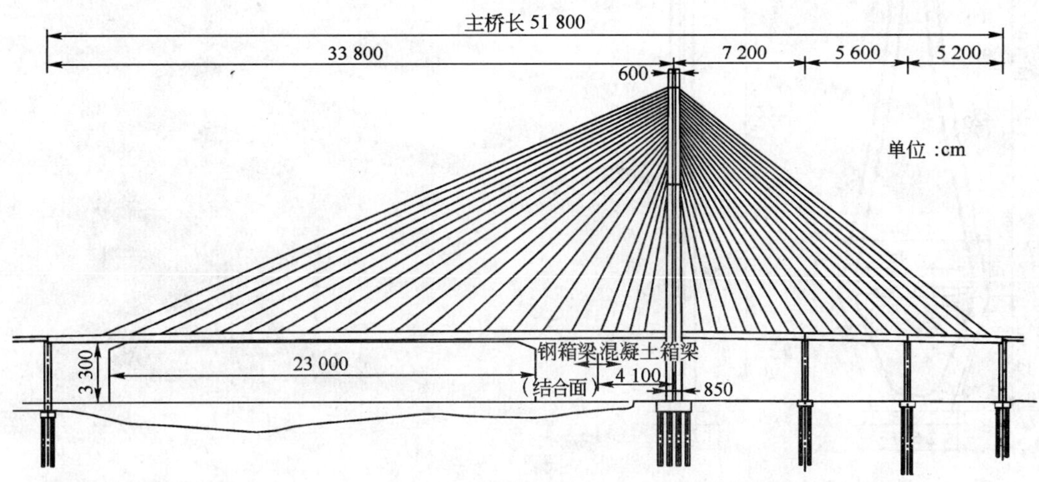

图 2 桥型布置图(尺寸单位：cm)

(1)主墩基础

42 号主墩位于岸边，采用 20 根 D2.5m 钻孔灌注桩基础(图 3)，平均桩长 32m；矩形承台尺寸 19m×28m，厚 6m，承台顶设置整体式塔座，共浇注 C30 混凝土 3192 m^3。主墩基础构造如图 3。

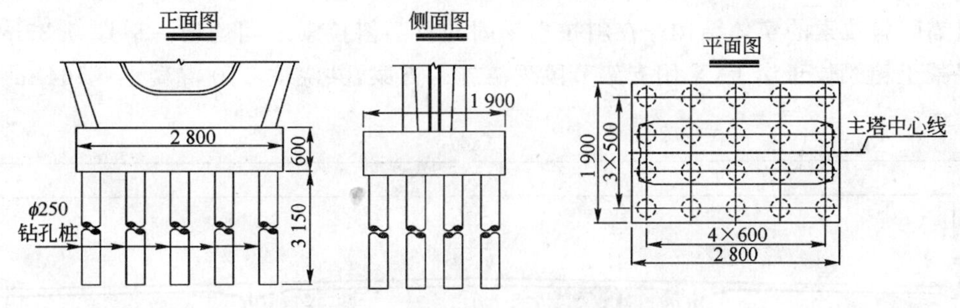

图 3 主墩基础(尺寸单位：cm)

(2)主塔

主塔为花瓶形混凝土结构(图 4、图 5)，塔高 182m，桥面以上塔高 144m，有效高跨比 0.25。横梁以上塔柱成分离式倒“Y”形，两个分离塔柱的锚固区之间设置开设椭圆景观孔的三道连接横梁，上塔柱转折处设大半径圆曲线，下塔柱横桥向向内倾斜。塔柱均为单箱单室截面，下塔柱横桥向宽 4.2～8.5m，壁厚 1.2m，顺桥向宽 8.5m，壁厚 1m；中上塔柱横桥向宽 4.2m，壁厚 0.8m，顺桥向宽 6.0～8.5m，壁厚 0.8～1.2m；上连接横梁顶、底板厚 0.6m，腹板厚 0.7m；桥面处塔横梁中有主梁穿过，横梁宽 7.5m，高 6.0m，顶、底板及腹板厚 0.8m。中横梁配置了预应力钢绞线和竖向预应力粗钢筋；上横梁布置了预应力钢绞线和粗钢筋；上塔柱斜拉索的锚固采用凸齿板构造，在其四周塔壁内布置了预应力精轧螺纹粗钢筋。主塔共浇注 C50 混凝土 10 272 m^3。

塔柱采用爬模施工，节段长 4.5m。下塔柱施工时设置 3 道预应力水平拉杆，中塔柱施工时设置 3 道施加主动力的水平撑杆。

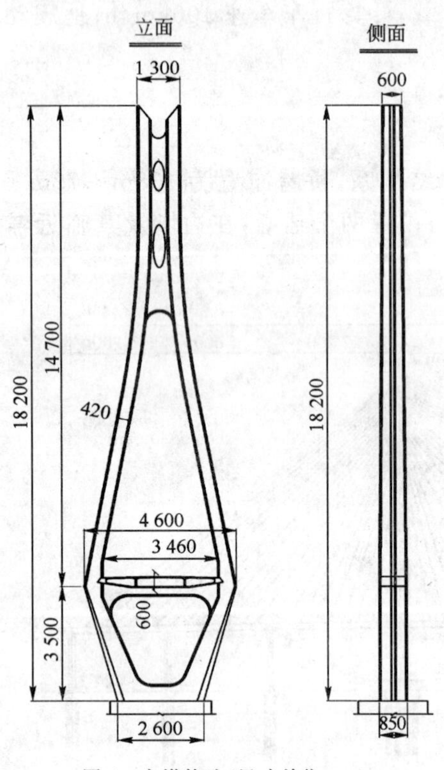

图4　主塔构造(尺寸单位:cm)

图5　主塔施工

(3)主梁

主梁采用钢箱梁与混凝土箱梁相接合的混合梁,钢箱梁与混凝土箱梁接合段设在主跨距主塔中心41m处。主跨41m及边跨180m长的主梁采用预应力混凝土箱梁,单箱三室截面(图6),结构外形与钢箱梁保持一致。梁高3.3m,箱全宽38m,顶面宽36m,顶底板厚0.25m,内腹板厚为0.4m,外腹板与风嘴相结合,形成锚固斜拉索的实体结构。在斜拉索锚固处及两斜拉索之间均设一道厚0.35m的横梁,横梁间距4m。混凝土箱梁位于岸上,采用支架节段现浇施工方案,共浇注C50混凝土8 164 m^3。

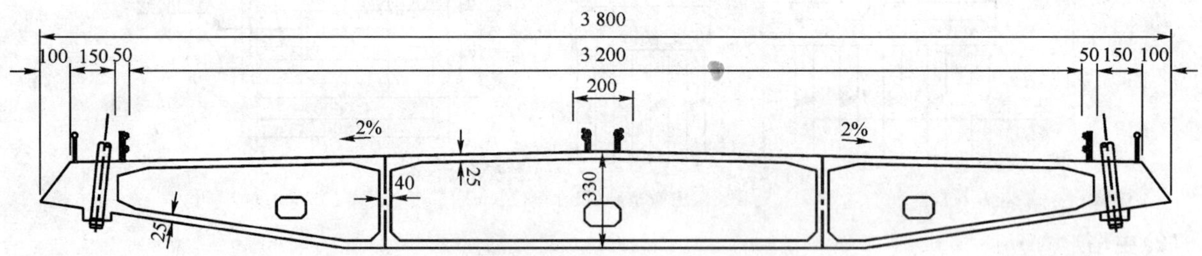

图6　混凝土主梁断面图(尺寸单位:cm)

中跨钢箱梁长296.75m,采用正交异性板组成的全焊箱形结构,材料为Q345C。梁高3.3m,梁宽38m,标准节段长16m,节段吊装重约269t。钢箱梁顶板厚14mm,其板下设8mm厚U型纵肋加劲,间隔600mm;底板及下斜腹板厚12～16mm,其板上设6mm厚U型纵肋加劲,间隔800mm;纵向外腹板厚28～40mm,间距为34.4m,其上与斜拉索下锚点的锚拉板对接焊连;内腹板间距14.7m,除钢混接合段及边墩附近无索区段为12mm厚实腹式板外,其余为空腹式结构。横隔板间距3.2m,板厚10mm(拉索锚固处作适当加强),钢主梁断面见图7。

接合段的钢箱梁套在预应力混凝土箱梁之外,其上、下翼缘板和端面板通过抗剪焊钉以传递剪力;其端面板利用混凝土箱梁内的纵向预应力束加以锚固,以产生预压传递弯矩;而两种梁体在刚度上的突变,则由在钢箱梁上、下翼缘板的U型加劲肋上加焊T型肋并逐渐变高而得到缓解。

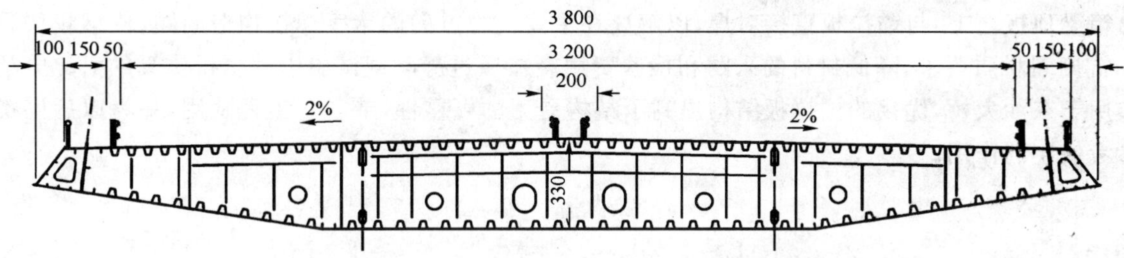

图 7 钢主梁断面图(尺寸单位:cm)

钢箱梁施工采用船运就位,桥面吊机提升,全断面焊接的悬拼方案。

箱梁进行了节段模型和全桥模型的数值风洞试验,最长单悬臂施工状态颤振临界风速大于 115m/s,成桥态颤振临界风速大于 157m/s,满足抗风稳定性要求。

(4)斜拉索

斜拉索按空间双索面扇形布置,全桥共 84 根,塔上标准索距 1.8～2.0m,钢箱梁上索距 16m,混凝土梁上索距 8m。拉索采用(109～283)ϕ7 镀锌高强钢丝成品索,外面热挤两层高密度 PE 防护材料,为防拉索振动,在索表面缠绕防风雨振螺旋线,在索的锚固出口套管处设高阻尼橡胶减振圈,在梁上设外置式液压阻尼器。斜拉索与钢箱梁的锚固采用锚拉板结构,与混凝土梁及塔的锚固采用凸齿块结构。全桥高强钢丝用量 1 053t。

(5)施工控制

施工控制采用自适应方法,大部分拉索索力采用一次张拉到位,索力最大误差按 5%控制,位移最大误差按±2cm 控制。

三、主要技术特点和创新点

(1)在倒 Y 形上塔柱的两个分离塔柱之间设置开设椭圆景观孔的三道连接横梁,在上塔柱转折处设大半径圆曲线,不但传力顺畅,而且造型新颖、优美,具独创性;

(2)钢箱梁横隔板采用实腹式,内纵腹板采用空腹式结构,与结构空间的受力要求相适应,既保证了横向刚度而有利于施工,又减少了纵腹板的用材而节约了造价;

(3)基于目前有限元程序的块体单元仿真分析大多处在局部构件的分析上,仅能指导桥梁局部构件的设计,而且局部模型的边界条件和截面内力加载难以精准。因此本桥通过进行施工与使用阶段全过程各工况的三维有限元仿真分析,以便对主桥各部位在各阶段的空间受力行为:包括主梁和主塔在各纵断面和横断面的应力分布,预应力与斜拉索索力的传递、预应力与斜拉索锚固处的应力集中,钢箱梁锚拉板的应力分布,钢与混凝土结合段的应力分布、塔墩梁固结处的应力分布、塔冠锚固区及开孔区的应力分布,主梁横隔板开孔区、支座范围等处的应力状况有一个全面清晰的了解;再据此研究恒活载应力集中效应、活载偏载效应、剪力滞效应等,以调整纵横向平面计算中的荷载分布系数,校核纵横向平面模型的计算结果,并根据计算结果对结构设计进行优化,使结构设计经济合理;以确保钢箱梁锚拉板及钢混凝土接头等关键部位受力合理、连接可靠;确保结构的整体和局部在施工及使用阶段的安全性。同时通过分析研究主塔横梁分三次施工及主塔节段施工过程中的塔应力分布状况,为主塔横梁预应力分批张拉、主塔施工中拉杆及横撑的设置提供可靠的依据。

(4)锚拉板是联系东沙大桥钢箱梁与斜拉索的关键部位,在集中的斜拉索拉力作用下,锚拉板的应力异常复杂。传统锚拉板设计是将锚拉板直接焊于桥面板上,通过桥面板再将索力传至腹板,因此要求与锚拉板进行十字焊接的桥面顶板具有 Z 向抗撕裂的材质要求,而且焊接工艺要求高、检验项目多、造价高,制约了锚板式拉索锚固体系的推广使用。针对这些缺点,本桥进行了改进与优化,即将钢箱梁的纵腹板伸出箱梁顶板之上,与锚拉板直接对焊,以解决在主要受力方向的十字焊接构造问题,使钢箱梁顶板无需Z向抗撕裂材质要求,降低材料的采购和检验费用。在通过静动载试验以及全桥仿真的对比分析之后成功应用于东沙大桥,优化的锚拉板结构提高了结构受力的可靠性,节省了工程费用,并为以后同类桥梁起到参考借鉴的作用。

11. 广州海心沙大桥设计

梁立农 曹卫力 卢绍鸿

(广东省公路勘察规划设计院)

摘 要 本文介绍广州海心沙大桥的设计,包括工程概述、结构设计、主要技术特点和创新点等内容。该桥主跨采用250m连续刚构桥,按双薄壁墩身、单箱单室断面、整体式承台设计。在结构计算中,进行了施工与使用阶段全过程的三维有限元仿真分析,得到了全桥各部位应力的详细分布,对常见的横隔板和跨中底板顺桥向等开裂病害机理有了深入了解,并制定了相应对策,取得了良好效果;同时仿照斜拉桥的施工监控原理,在施工中通过参数识别进行结构重分析计算和预应力的动态调整设计,使调整后的新设计尽量与实际相符;并留足运营中调整内力的预应力备用束措施,有效地监控和预防了大跨度PC梁桥的开裂和跨中下挠过大的病害。

关键词 东沙大桥 斜拉桥 桥梁景观 锚拉板 仿真分析

一、工 程 简 介

广州海心沙大桥位于广州市中心区东南部,跨越珠江主航道,北面通过仑头立交与环城高速公路东环段相连,南面连接番禺区,是广州市仑头至龙穴岛快速路上的一座特大型桥梁,主桥采用连续刚构方案(图1)。

桥位处江面宽约625m,设计通航水位时水深4~14m,设计流速1.3m/s,多年平均潮差1.69m,最大潮差3.64m,新鲜基岩覆盖层厚33~49m,基岩为泥岩或粉砂质泥岩夹砂岩。桥址区属南亚热带季风气候,年平均气温21.8℃,年平均降雨量1 702.5mm,年平均相对湿度为78%,年平均台风袭击约4次,设计基准风速:V_{10}=35.4m/s。

图1 海心沙大桥

主要技术标准为:双向八车道城市快速路;设计荷载为汽超20级、挂－120;计算行车速度80km/h;地震基本裂度7度;通航净高36.5m,净宽220m,主航道防撞按5 000t级海轮考虑。

二、主 桥 结 构

为适应220m的通航要求,主跨跨经可确定为250m左右,此跨径范围合适的桥型主要有PC连续刚构、PC轻质混凝土连续刚构、斜拉桥、部分斜拉桥、拱桥等,在初步设计阶段经过充分的比选,从景观、造价、施工难易程度等多方面综合考虑,主桥选用138m＋250m＋138mPC连续刚构,主桥长526m,边中跨比0.552,边跨现浇段12m,较小的边中跨比使边跨现浇段可采用吊架施工,节约施工费用，桥型布置如图 2。

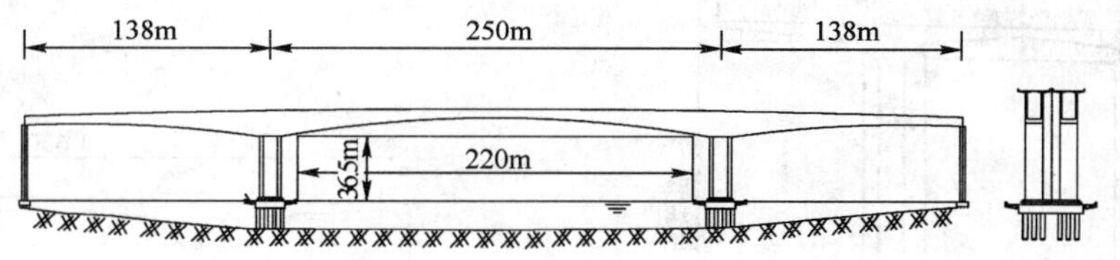

图 2 桥型布置图

1)主墩及其基础

主墩墩高 34m，采用双薄壁墩身，单箱单室截面，墩身纵桥向宽 250cm，横桥向与上部箱梁同宽为 780cm，壁厚 50cm～80cm，薄壁墩中心间距 9.3m。

半幅桥主墩基础采用 12 根 ϕ250cm 钻孔灌注桩，按嵌岩桩设计。承台顺桥向宽 20.60m，厚 5.0m。为提高结构的防撞能力及在施工中的抗风能力，将左右两幅桥承台连接成整体，横桥向总宽 35.90m(图 3、图 4)。为减小船撞时的主墩受力和尽量保护事故船舶的安全，并避免墩身受到直接撞击，在主墩承台设钢套箱防撞设施，同时，对 5 000t 级货轮以 8 节的速度撞击主墩承台进行了验算，船撞力 P 在纵桥向取 15 000kN，横桥向取 30 000kN，验算结果表明主桥结构满足极限承载能力要求。承台共浇注混凝土 70 41.8 m^3。

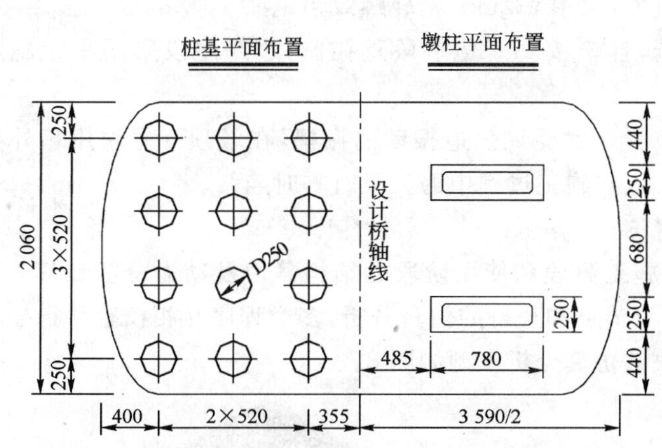

图 3 主墩及其基础

图 4 承台吊箱下沉

本桥处于海潮到达之处，因此在浪溅区、水位变动区采用高性能混凝土，保留水中桩基施工用钢护筒，加大混凝土保护层，不使用碱活性材料，严格控制主拉应力大小和温度及收缩裂缝，以确保结构的耐久性。

2)主梁

上部箱梁采用 C60 普通混凝土，按分幅单箱单室断面设计。半幅桥宽 16.5m，箱宽 7.8m，两侧悬臂长 4.35m。根部梁高 H=13.8m，跨中及边跨尾段梁高 h=4.3m，箱梁高度按 1.6 次抛物线变化，根部高跨比 H/L=1/18.116；跨中高跨比 h/L=1/58.14。腹板厚度 0 号块采用 90cm，1～19 号梁段以及边跨现浇段采用 70cm，20 号梁段为过渡段，其余采用 50cm。箱梁底板厚度按 1.6 次抛物线变化，由根部 130cm 渐变到跨中 32cm。顶板厚除 0 号块采用 50cm 外，其余采用 25cm。顶板设置 2% 的横坡，由腹板高度调整，底板保持水平。箱梁根部横断面如图 5，箱梁跨中横断面如图 6，箱梁共浇注混凝土 24 760.2 m^3。

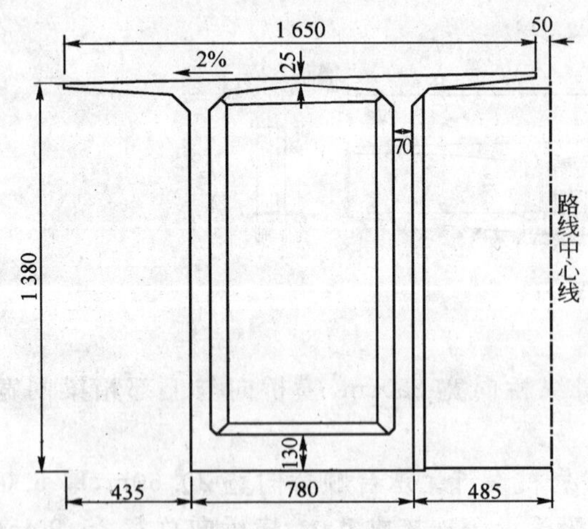

图5 箱梁根部断面(尺寸单位:cm)

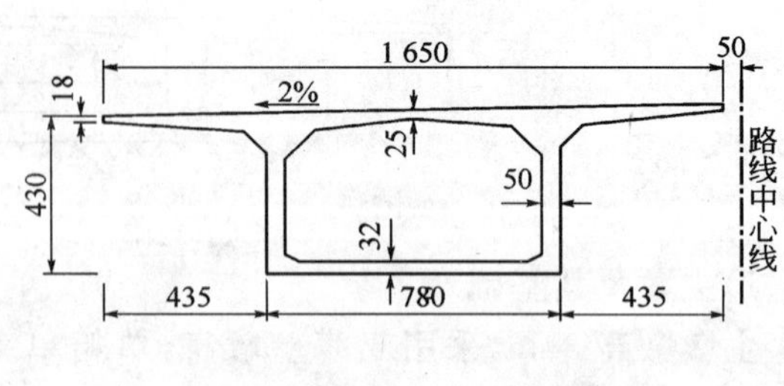

图6 箱梁跨中断面(尺寸单位:cm)

箱梁采用三向预应力体系。纵桥向顶板、腹板配置25～27ϕ^j15.24钢绞线,底板配置19ϕ^j15.24钢绞线,腹板内设置竖弯束,预应力管道用塑料波纹管并采用真空压浆工艺。

顶板横向预应力采用4ϕ^j15.24钢绞线,按1m间距交错单端张拉布置。竖向预应力采用ϕ32mm精轧螺纹粗钢筋,按50cm间距均布于腹板内,70cm腹板内布置双排,50cm腹板内布置单排。

横隔板设置人洞,为提高抗裂性设置横向预应力,采用ϕ32mm精轧螺纹粗钢筋

主梁采用悬浇施工,最大节段重按250t控制,挂篮按0.4倍节段重控制,边跨尾段采用吊架施工方案。

为增强结构在悬臂施工过程中的抗风能力,减少悬臂受风强迫振动的振幅,在墩顶0号块用箱外横隔板将左右两幅桥连成整体,并将箱梁悬臂的几个点在施工过程中遇大风时临时连结。

3)结构分析与计算

采用多个桥梁专用平面和空间杆系程序进行施工阶段和使用阶段的结构静力及动力分析计算,采用ANSYS大型结构分析程序进行承台节点、0号块节点和全桥的仿真分析,多个程序互相校验并指导结构设计与计算,全桥的仿真分析模型如图7,0号块的仿真分析模型如图8。

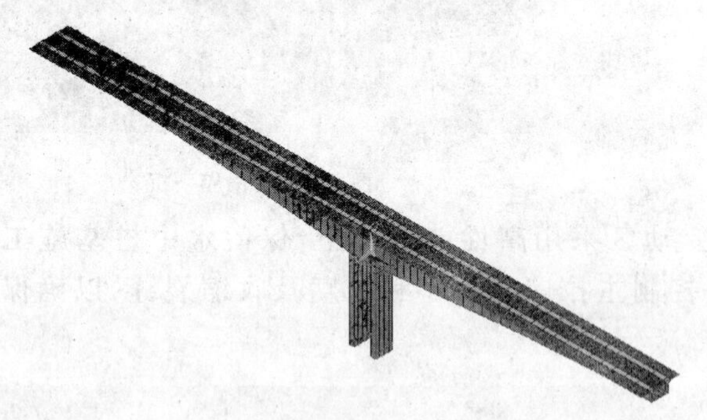

图7 全桥有限元仿真分析模型

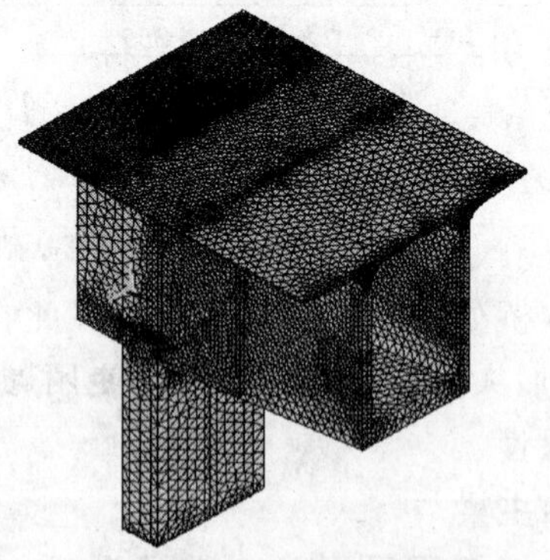

图8 0号块有限元模型

0号块横隔板横桥向未计预应力时应力云图如图9,从图9中可以看出,在人洞左上方,其横桥向拉应力已超出混凝土抗拉强度,很多桥的横隔板都在此范围开裂,因此,一般来说,横隔板布置横桥向预应力对抗裂是有效的,是必要的。

跨中底板横桥向在底板预应力径向力作用时的应力云图如图10,从图10中可以看出,在跨中底板中部,其横桥向拉应力较大,很多桥的底板在跨中范围开裂或撕裂与此密切相关,因此,要做好预应力在底板内的防崩钢筋的构造设计。

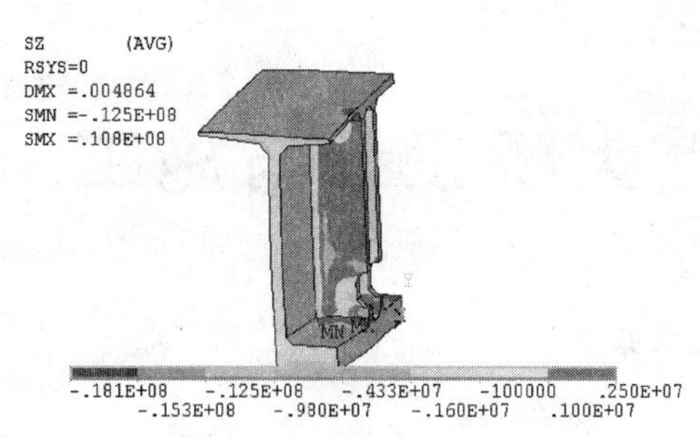

图 9 0 号块横隔板横桥向未计预应力时应力云图

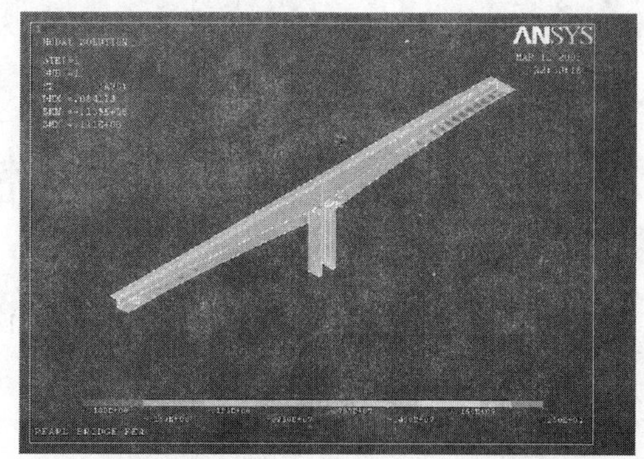

图 10 跨中底板横桥向在预应力作用时应力云图

对比平面杆系程序计算和全桥的仿真分析计算结果，可以得到主梁主要控制断面在对称活载和非对称活载作用下的应力增大系数（主要是剪力滞效应）以及在恒载时的应力增大系数如表 1，这些系数将为平面计算提供依据。

应 力 增 大 系 数 表 1

项 目	中跨 2 号断面（上缘/下缘）	中跨 $L/4$ 断面（上缘/下缘）	中跨 $L/2$ 断面（上缘/下缘）
对称活载	1.25/1.24	1.15/1.14	1.06/1.04
非对称活载	1.35/1.32	1.27/1.25	1.05/1.04
恒载	1.29/1.25	1.17/1.14	0.98/0.96
恒载＋非对称活载	1.31/1.30	1.20/1.19	1.01/1.00

4）根据施工和运营监控进行动态设计，留足预应力备用束，实时进行内力调整

仿照斜拉桥施工监控，对施工中得到的大量数据通过参数识别，估算出恒载、刚度、预应力、摩阻损失、收缩徐变等参数的变异并进行结构重分析计算和预应力的动态调整设计，将纵桥向顶板、腹板配置 $25\phi^{j}15.24$ 钢绞线部分调整为 $27\phi^{j}15.24$ 钢绞线，尽量使调整后的新设计与实际相符。同时根据已往大跨度混凝土梁桥在运营后出现的病害以及加固案例，通过参数变异计算留足预应力备用束措施，以减小如需新增预应力束将付出的昂贵代价。具体预应力备用束措施为：在边中跨底板内及每个 T 的顶板内分别设置 2 束体内备用束，在全桥设置 8 束体外备用束并在 0 号块横隔板留出孔洞，在梁上留出转向块和锚固块，所有预留体内管道均采用塑料波纹管并对锚垫板等钢件进行防腐处理。一旦需要即马上施加预应力备用束，以达到低成本调整内力的期望。

三、主要创新点

首次进行了连续刚构桥的全桥仿真分析，得到了全桥应力的详细分布，得到了主要控制断面在恒载和对称及非对称活载作用下的应力增大系数，为平面计算中荷载增大系数的取值提供依据；同时对常见的横隔板和跨中底板顺桥向等开裂病害的机理有了深入了解，并制定了相应对策，取得了良好效果；

首次提出仿照斜拉桥的施工监控原理，通过参数识别进行结构重分析计算和预应力的动态调整设计，尽量使调整后的新设计与实际相符；同时根据已往大跨度混凝土梁桥在运营后出现的病害及加固案例，通过参数变异计算留足预应力备用束措施，以减小如需新增预应力束将付出的昂贵代价，有效地预防了大跨度 PC 梁桥的开裂和跨中下挠过大的病害，该桥已于 2004 年 12 月建成通车。

12. 舟山西堠门大桥、金塘大桥设计与施工

沈 旺 许宏亮
(浙江省舟山连岛工程建设指挥部)

摘 要 本文介绍了舟山大陆连岛工程中的两座规模最大的跨海桥梁西堠门大桥和金塘大桥的设计、施工及其主要新技术。西堠门大桥为主跨1 650m的两跨连续钢箱梁悬索桥,主跨居国内第一,世界第二;金塘大桥海上距离18.27km,为国内第三座海上长桥,其主通航孔桥为主跨620m的双塔双索面钢箱梁斜拉桥。两桥总概算约101亿元。

关键词 西堠门大桥 金塘大桥 设计 施工

舟山大陆连岛工程是一项把舟山与大陆连为一体的宏伟跨海工程,对于完善国家及区域干线公路网,建立综合陆岛交通运输体系;加快舟山海洋资源开发和经济发展,促进长江三角洲地区率先实现全面小康、率先基本实现现代化及加强国防建设等均具有积极的现实意义和深远的历史意义。

工程起于舟山本岛329国道鸭蛋山环岛,途经里钓、富翅、册子、金塘四岛,跨越岑港水道、响礁门水道、桃夭门水道、西堠门水道和灰鳖洋,与规划中的宁波沿海北线高速公路相交,终于宁波绕城高速公路,全长约50km。全线包括岑港大桥、响礁门大桥、桃夭门大桥、西堠门大桥和金塘大桥五座大桥。其中岑港大桥、响礁门大桥、桃夭门大桥已经建成。本文重点介绍的是建设中的两座跨海大桥——西堠门大桥和金塘大桥(图1)。

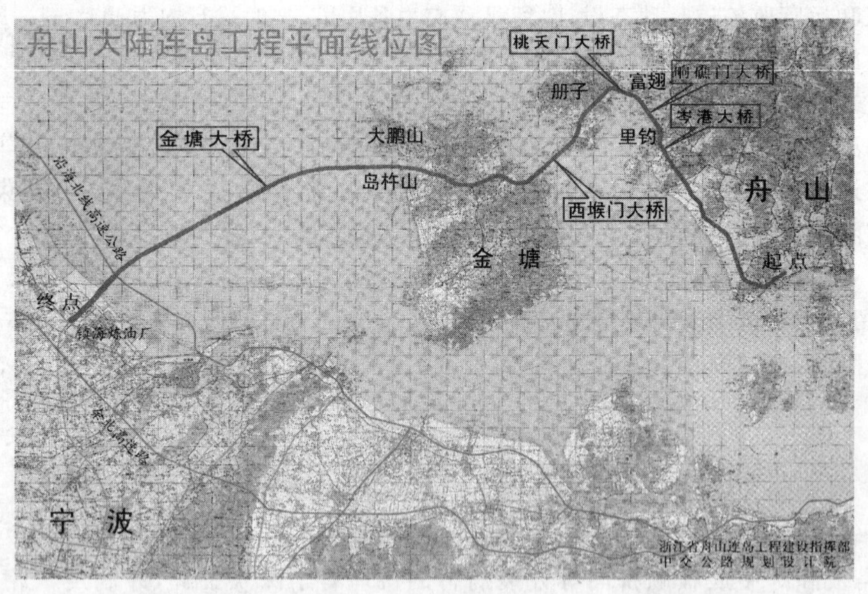

图1 地理位置图

西堠门大桥起于舟山市册子岛桃夭门岭,于门头山经老虎山跨越西堠门水道,止于金塘岛上雄鹅嘴,全长5.452km。其中:西堠门大桥主桥为主跨1 650m的两跨连续钢箱梁悬索桥,在同类桥型中居国内第一、世界第二。全桥长2.588km;册子岛侧接线长2.864km。全线采用四车道高速公路标准建设,计算行车速度80km/h。总投资约24亿元,建设工期4.5年。

金塘大桥起于舟山市金塘岛上雄鹅嘴,经化成寺水库、茅岭、沥港水道和灰鳖洋海域,止于宁波镇海老海塘,接规划的沿海北线高速公路,全长26.54km。其中:金塘侧接线长5.511km,金塘侧引桥长

1.007km，跨海大桥长 18.27km（主通航孔桥为主跨 620m 的双塔双索面斜拉桥，通航净高 51m，净宽 544m；东通航孔桥为主跨 216m 的连续刚构桥；西通航孔桥为主跨 156m 的连续梁桥），镇海侧引桥长 1.752km。全线采用四车道高速公路标准建设，计算行车速度分别采用 80km/h 和 100km/h。总投资约 77 亿元，建设工期 5 年。

一、自 然 条 件

西堠门大桥和金塘大桥位于浙江省舟山群岛，东临东海，西望大陆，属东亚季风气候区，全年四季分明，气候温和湿润，降水充沛。

本地区风环境恶劣，冬季由于受欧亚大陆冷气团控制，盛行西北风，寒冷干燥；夏季因受太平洋暖湿气流控制，盛行东南风，温高湿润，且台风频繁。台风影响月份为 5～11 月，其中以 7～9 月居多，年平均台风影响次数 2.56 个。极大风速大于 40m/s。

经现场 70m 高风观测塔多年风观测及与相邻气象站的料分析，设计风速见表 1。

不同重现期最大风速（m/s） 表 1

高　度	10 年	20 年	30 年	50 年	100 年
10m	32.37	35.06	36.59	38.52	41.12

对风速随高度变化模式$\left(U_{\mathrm{d}}=U_{10}\left(\frac{z}{z_{10}}\right)^{\alpha}\right)$中的桥位场地幂指数 α 采用 0.16。

工程海域潮位为不正规半日潮，涨潮历时略大于落潮历时，潮流运动具有往复性。平均高潮位 1.14m，平均低潮位－0.75m。实测最大潮速 3.02m/s，最大潮差 3.54m。

各月平均波高为 0.2～0.3m，实测最大波高 2.1m。

主要灾害性天气中对本工程施工速度和施工安全影响较大的主要是雨、大风、雷暴和雾。全年可施工作业日约 180 天。

西堠门大桥桥址区属海岛低山丘陵区，地形地势起伏变化较大。陆域为基岩裸露半裸露丘陵区，植被发育，一般分布有厚 1.5～2.5m 的残坡积层，局部厚度大于 5m；水下地形以潮流冲刷槽为主，覆盖层较薄，存在裸露的孤丘和水下暗礁。桥位处水面宽度约为 2 000m，被老虎山分为南、北两汊，南汊宽度约为 1 600m，最大水深达 95m；北汊宽约 370m，最大水深约为 70m。西堠门水道由于受地形压缩影响，水流流速较大，水流较为复杂，伴有强烈旋涡。

金塘大桥桥位跨越的灰鳖洋水域宽阔，西侧为水下浅滩和边滩，东侧为金塘西侧沿岸深槽。其中岛杵山以西的深槽深达 27m 左右，深槽以西的海域深达 10m 左右，到镇海一侧水深逐渐变浅，深度为 5 至 6m。近 70 年来，金塘大桥桥位基本呈现东冲西淤的特点，浅滩冲淤幅度在 3m 以内，槽底深泓略大，深泓摆幅极小，深槽稳定。根据计算，桥梁建成后桥墩周围的局部冲刷达 10m 左右。该桥位处第四纪覆盖层厚度一般大于 80～110m。由于线路较长，总体工程地质条件复杂，各段变化较大。海域表部为淤泥和亚砂土，累计厚度达 15.7～24m；中、深部物理力学性质较好的地层有含黏性土粉砂、粉砂、细砂、中砂、含砾中砂、含黏性土砾砂、含黏性土圆砾和亚黏土、黏土。

二、西堠门大桥

1. 西堠门大桥设计

(1)主要技术标准

①道路等级：双向四车道高速公路标准。

②计算行车速度：80km/h。

③桥梁宽度：全宽 36m，大桥桥面净宽 23m。

④设计荷载等级：公路—I级。

⑤最大纵坡：2.5%。

⑥桥面横坡：2%(双向)。

⑦设计洪水频率：1/300(大桥)；1/100(册子岛接线)。

⑧结构设计基准期：主桥100年。

⑨抗风设计标准：运营阶段设计重现期100年，10m高度设计基本风速41.12m/s。施工阶段设计重现期20年，10m高度设计基本风速36.19m/s。

⑩通航标准：设计最高通航水位3.28m(1985国家高程基准)，按3万吨级船舶标准设计，通航净宽630m、净高49.5m。

⑪地震基本烈度：VII度。

(2)桥跨布置

基于桥位处的建设条件，西堠门大桥采用主跨为1 650m的两跨连续钢箱梁全飘浮体系悬索桥，孔跨组合为578m+1 650m+485m。南引桥采用两联6×60m预应力混凝土连续箱梁。桥型布置见图2。桥型方案与地形、地貌匹配协调，采用大跨径布跨方式，塔锚均不入水，避免了深水基础施工、船撞风险及海水腐蚀。

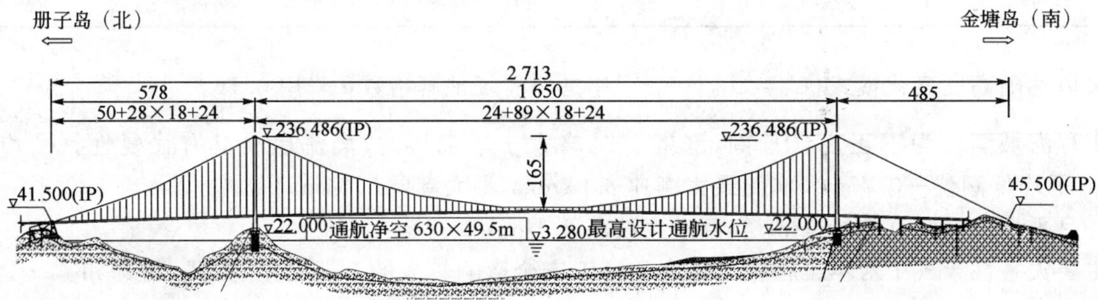

图2　西堠门大桥桥型布置图(尺寸单位：m)

(3)主梁

主梁采用分离式双箱断面钢箱梁，全宽36m，梁高3.5m，两箱间通过箱型横梁和工字梁连接，经数值风洞分析优选，两箱间距为6m时颤振临界风速最大。主梁标准横断面见图3。钢箱梁连续长度2 228m，为目前世界上钢箱梁连续长度之最。

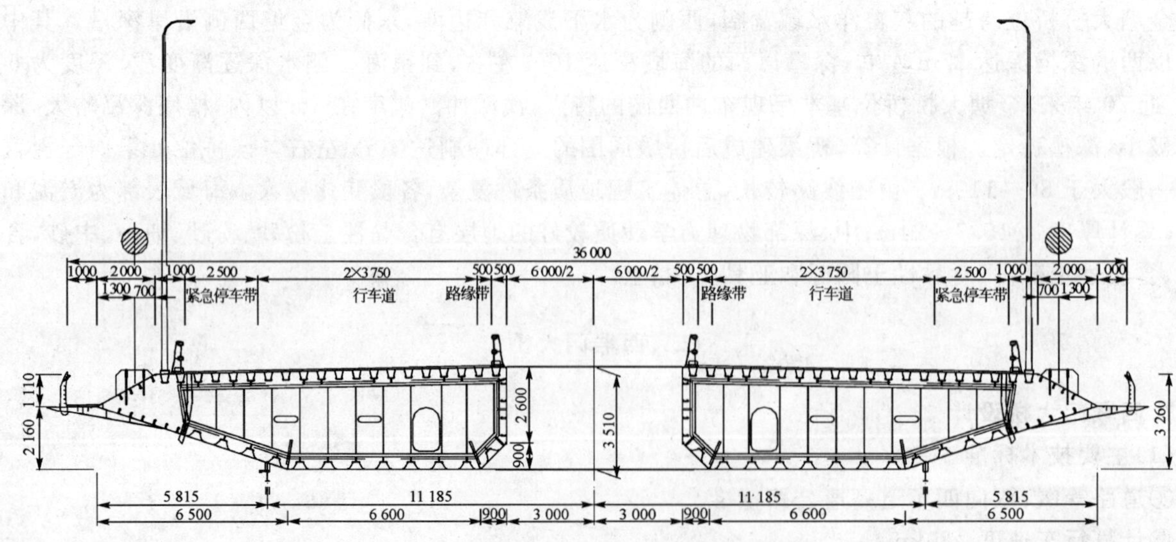

图3　主梁标准横断面(尺寸单位：mm)

全桥共划分梁段 126 个，标准节段长 18m，重约 250t，最大梁段重约 310t。箱梁总用钢量约 3.3 万吨。

(4)悬吊系统

主缆矢跨比 1/10，采用工厂预制平行索股，从北锚碇到南锚碇的通长索股有 169 股，每根索股含 127 根 ϕ5.25mm 的高强镀锌钢丝，钢丝极限抗拉强度为 1 770MPa。主缆长约 2 880m，中跨主缆索夹外直径 85.5cm。全桥共需高强镀锌钢丝 21 450t。本桥吊索采用高强度钢丝绳，与主缆连接形式采用骑跨式。索夹左、右分半。吊索与箱梁锚箱采用销铰连接。本桥吊索标准间距为 18m。

(5)锚碇

北锚碇位于册子岛，采用重力式扩大基础锚，混凝土总方量约 8 万 m^3；南锚碇位于金塘岛，为重力式嵌岩锚，混凝土总方量约 7.8 万 m^3。南北锚碇基底均落于微风化岩。锚固系统均采用无黏结油脂保护预应力体系。前后锚室内均布置除湿系统。

(6) 桥塔

索塔采用钢筋混凝土门式框架结构，南北索塔分别设置在金塘岛和老虎山上，基础均采用 ϕ2.8m 的钻孔嵌岩桩，每个索塔设嵌岩桩 24 根。塔高 211.486m，塔柱采用四角开矩形缺口的矩形断面，简洁挺拔，具有良好的气动性能。

2. 西堠门大桥主要特点和难点

(1)结构抗风稳定性

在强风区和灾害性气候条件下建设超长跨径的悬索桥梁，国内尚缺乏实践经验。本桥成桥状态颤振检验风速为 78.74m/s，采取有效措施提高结构抗风性能，保证抗风稳定性，是本桥设计的最大难点。

(2)北索塔基础稳定性

北索塔设置在海中小岛老虎山，索塔基础区岩体节理裂隙发育，裂隙水与海水贯通，老虎山在巨大荷载作用下的稳定性是本桥的关键技术。设计采用群桩基础，顶端 15m 范围做桩周摩阻失效处理，使得内力传至深层稳固的微风化岩石中，同时对老虎山浅层边坡进行加固。

(3)新材料应用

国内大跨径悬索桥中首次采用 1 770MPa 高强镀锌平行钢丝，并采用国产材料。本桥是继日本明石海峡大桥之后采用 1 770MPa 高强镀锌平行钢丝的又一座大跨径悬索桥。

3. 西堠门大桥设计专题研究

从勘察设计开始就高度重视科研与创新工作，结合勘察设计共进行了 30 余项专题研究，为桥位选择和桥梁方案比选提供了科学依据。主要科研项目有：

(1)西堠门大桥抗风性能研究

按现有设计规范及实测风参数，工程区域 10m 高度处的百年一遇风速已经达到了我国东部海岛地区的较大值 U_{10} = 41.12m/s。由于我国尚无在台风区宽阔海面建造世界记录跨径的钢箱梁悬索桥的实践先例，设计采用中央拉开的分体钢箱梁断面，经数值风洞分析后展开了一系列风洞试验研究(图 4)。

图 4 1：40 节段模型风洞试验

1：40 节段模型风洞试验结果表明，成桥状态颤振临界风速在正负 3 度攻角范围内均高于颤振检验风速，并具有一定安全储备。1：40 节段模型试验中观测到较明显的涡激共振现象且振幅较大。

为了准确研究涡激共振，采用 1：20 大比例尺节段模型做了风洞试验研究。试验结果表明，成桥状态下在结构阻尼比达到规范规定的钢桥阻尼比

0.5%左右时，在所有+3°、0°、-3°三种攻角下均未发生扭转涡振，最大竖弯涡振振幅8.4cm小于规范允许值39.8cm；结构阻尼比降到0.25%时，0°攻角下出现了扭转涡振，其最大振幅达到了0.5°，小于规范规定的允许值0.55°，最大竖弯涡振振幅达到17.5cm，仍小于规范允许值；半导流板和全导流板可以有效降低扭转和竖弯涡振振幅。试验结果还表明，施工状态下主梁发生严重涡激共振的可能性较小。

为了精确研究颤振和抖振，进行了西堠门大桥1∶208全桥气弹模型风洞试验。结果表明，成桥阶段颤振临界风速高于95m/s，因而抗风稳定性具有一定的安全储备；大部分施工架设阶段，颤振临界风速低于颤振检验风速，因此需采取有效措施确保施工架设阶段的结构抗风安全；成桥阶段和施工架设阶段的空气静力失稳临界风速均高于规定的检验风速，满足抗风设计要求。

对施工阶段抗风性能的进一步研究表明，在台风期内，中跨跨中最多可架设39段箱梁。

(2)西堠门大桥主梁节段模型试验研究

西堠门大桥加劲梁为分离式双箱断面，在国内大跨度悬索桥中首次采用。为了解传力机理，完善构造设计，进行了总长20m的1∶2大比例尺节段模型试验。试验得出了节段模型在各试验工况下的位移、应力分布图，以及横向连接箱梁、工型梁的横向弯矩分配比例和横向传力的途径。试验值和有限元理论计算结果有较好的符合性。1∶2模型的试制为该桥钢箱梁的制造提供了可供借鉴的经验(图5)。

图5 1∶2大比例尺节段模型试验

(3)大跨径悬索桥应用国产1 770MPa主缆索股技术研究

西堠门大桥主缆索股强度为1 770MPa，其中一根主缆采用国产1 770MPa主缆索股。相关厂家组成联合体攻关，从国产盘条生产、拉丝工艺和索股编制各个环节研究，取得可喜成果，实物质量满足设计要求。其中拉丝环节的规圆处理等技术具有自主知识产权。此技术可以减少主缆索股1 270t，大大减轻大桥的恒载，又可以减少主塔、锚碇、基础的造价，与采用进口原材料的主缆索股相比较，国产1 770MPa主缆索股的价格每吨约低1 900元，假设国产化率为50%，可以节省约2 044万元(同期采用进口1 670MPa的主缆索股造价比国产1 770MPa的还要高)，合计可节省约5 500万元。此项技术可在国内同类型桥梁建设中广泛借鉴和推广，支持了民族工业，发展了具有自主知识产权的技术，社会效益和经济效益十分显著。

4. 西堠门大桥关键施工技术

(1)先导索直升机牵引过海

先导索过海方式有空中渡海法、水中渡海法(浮子法)和海底拽拉法等多种方法。西堠门水道流速大、有强烈旋涡、南汊水深达95m。如采用海底拽拉法很可能造成牵引索被礁石等缠绕或勾拌，浮子法则需要较长的封航时间。本工程采用先导索直升机牵引过海法，作业时间短，不影响通航。

根据施工现场附近现有直升机类型的实际情况，选用直-9(Z-9)直升机；牵引索选用高强、轻质、直径ϕ13的尼龙绳，每延米重0.072kg，破断荷载121kN。牵引安全系数:3.4。

在临时停机坪准备好辅助牵引绳及配重块，在北塔(或南塔)顶准备好先导索放索架和索盘。根据气象条件和飞行员的判断，如果条件允许，立即进行先导索过海飞行。首先在临时停机坪处将辅助牵引绳及配重块与直升机连接，直升机飞往塔顶上方悬停，将塔顶先导索锚头与直升机上辅助牵引绳连接，尔后直升机开始向对面索塔牵拉先导索。根据张力情况，塔顶放索架及时放出先导索，确保先导索的垂度满足设计要求。直升机到达对面索塔后，继续向前牵拉，越过索塔，直到先导索绳头到达塔顶，直升机悬停。在塔顶对先导索临时锚固，解除先导索与直升机辅助牵引绳的连接，直升机飞回临时停机坪，完成过海作业(图6)。

本方法已于 2006 年 8 月 1 日成功实施,用时约 30min。

(2)分体钢箱梁制造

由于分离式双箱断面为国内首次采用,其结构复杂,焊缝密集,所发生的焊接变形和残余应力较大,为控制箱体结构焊接变形,保证产品整体质量,在对国内外大跨度公路钢箱梁制造工艺技术进行全面分析研究的基础上,结合本桥结构及受力特点,对跨海悬索桥分体式钢箱梁结构制造精度、焊接工艺技术进行全面研究。

钢箱梁制造采用"板→板块(或部件)→板单元→单元块→钢箱梁→预拼装→桥位焊接"方式生产(图7)。通过对下列工艺技术项目的控制,并通过梁段试制,有效达到了本桥钢想梁制造规则的要求,现已大量生产,为我国今后分体钢箱梁的制造提供了以下经验。

图 6 先导索直升机牵引过海

图 7 钢箱梁段整体组焊

①板块无马板定位组装、反变形焊接、无余量切割技术;

②多嘴头热矫正法修正板块单元焊接变形技术;

③熔透角焊缝的焊接及质量控制技术;

④对锚箱耳板与补强板焊缝用锤击法进行消除应力处理;

⑤单元块、锚箱、连接箱、顶板单元整体翻身技术;

⑥分离式梁整体拼焊反变形预设及横坡控制技术;

⑦采用"四纵一横法"控制钢箱梁制造精度技术;

⑧采用超声波冲击法对顶板 U 肋焊缝消应处理技术。

(3)钢箱梁架设

根据出运码头特点,一次运输吊装一段梁。

由于西堠门水道覆盖层极浅,多数地方无覆盖层,运梁船采用传统抛锚定位难度大,结合舟山桃夭门大桥钢箱梁吊装经验,本桥运梁船采用动力定位、主要利用平潮期吊装。

位于海面以上且高潮位时运梁驳船可到达区域的梁段,采用单台缆载吊机垂直起吊法架设。北边跨无索区梁段采用荡移至支架再滑移就位,对于短吊索下方运梁驳船无法到达的局部区域进行爆破拓宽航道,使得梁段可垂直起吊。由于两塔位于岸上,其附近梁段采用缆载吊机垂直起吊后荡摆至支架。

钢箱梁共计 126 个梁段,吊装时间长,难以完全避开大风期。通过风洞试验及合理安排吊装顺序,避开不利工况并实施抗台风预案,确保结构安全。

三、金 塘 大 桥

1. 金塘大桥设计

(1)主要技术标准

①公路等级:双向四车道高速公路。

②计算行车速度:起点至金塘互通立交段为80km/h;金塘互通立交至终点段为100km/h。

③桥梁宽度:金塘互通立交至终点段为26m;主通航孔桥为30.1m。

④设计荷载等级:公路—I级。

⑤最大纵坡:≤3.0%。

⑥桥面横坡:2%(双向)。

⑦设计洪水频率:1/300(大桥);1/100(两岸接线)。

⑧结构设计基准期:主桥100年。

⑨抗风设计标准:运营阶段设计重现期100年,10m高度重现期100年设计基本风速40.44m/s。

⑩通航标准:通航净高按设计最高通航水位3.28m(1985国家高程基准)起算,主通航孔按5万吨级海轮标准设计,主通航净宽544、净高51m,左侧边通航孔净高25.5m、净宽109m;东通航孔按3 000t级油轮标准设计,净宽121m、通航净高28.5 m;西通航孔按500t级杂货船标准设计,通航净宽126m、净高17m。

⑪地震基本烈度:VII度。

(2)总体布置

全桥总体布置组合为:[7+2×5×30+2×7×50]m(金塘侧引桥)+[122+216+122]m(东通航孔桥)+[6×50+3×6×60+(70+10×118+70)]m(东段非通航孔桥)+[77+218+620+218+77]m(主通航孔桥)+[149×60]m(中段非通航孔桥)+[87+156+87]m(西通航孔桥)+[68×60]m(西段非通航孔桥)+[11×50]m(浅水区引桥)+[(45+72+45)+35×30+(30+2×45+30)+13×30]m(镇海侧引桥),见图8。

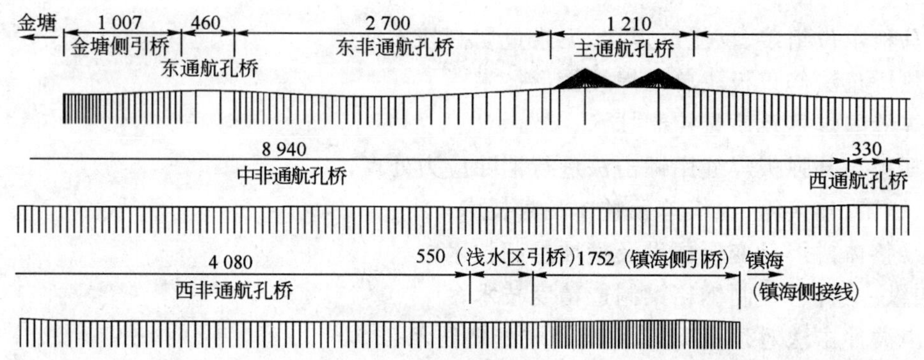

图8　金塘大桥总体布置图

(3)主通航孔桥

主通航孔桥采用双塔双索面五跨连续半漂浮体系钢箱梁斜拉桥,桥跨布置为77m+218m+620m+218m+77m,见图9。

索塔采用钻石形塔,桥面以上为三角形结构,有利于提高结构刚度和抗风稳定性;桥面以下两塔柱收拢,使整个塔呈钻石形,有利于减小顺桥向波浪力。基础采用42根直径2.5~3.0m的变直径钻孔桩群桩基础,整体式承台外周设防撞消能设施。斜拉索在索塔上通过钢牛腿支撑的钢锚梁进行锚固。

主梁采用封闭式流线形扁平钢箱梁,箱梁全宽30.1m(包括风嘴),中心线处梁高3.0m,标准节段长14m。斜拉索采用平行钢丝斜拉索,斜拉索与钢箱梁采用耳板锚固。

辅助墩与过渡墩采用矩形实心墩,在横向设置两片分离式墩身。基础采用直径2.5~3.0m的钻孔桩+整体承台的形式。

(4)东通航孔桥

上部结构为122m+216m+122m三跨预应力混凝土连续刚构,采用双箱分幅断面。每幅桥采用单

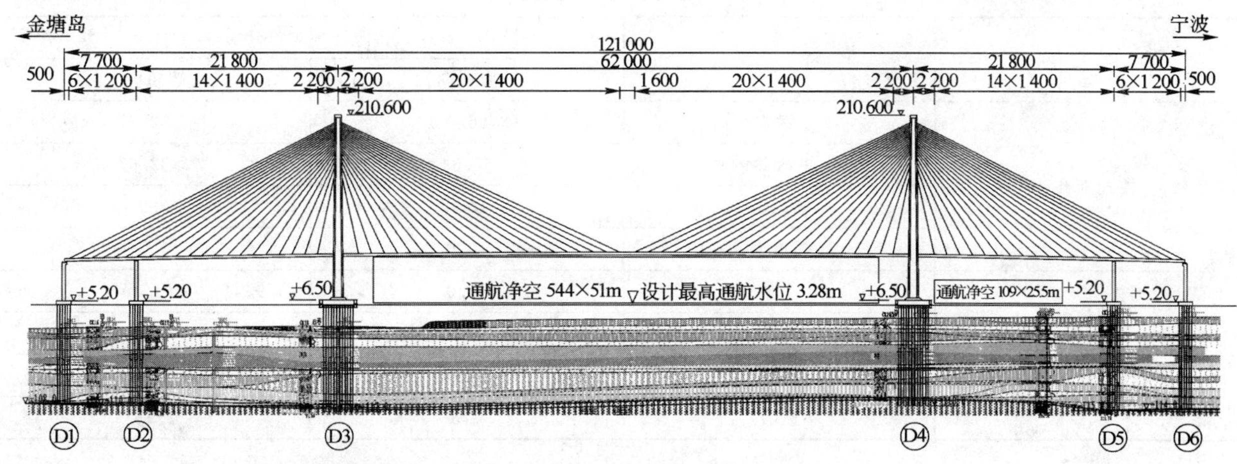

图 9 金塘大桥主通航孔桥型布置图(尺寸单位:cm)

箱单室变高度三向预应力混凝土箱梁,全宽 12.3m。主梁采用 C60 混凝土。

主墩采用矩形双薄壁墩,双薄壁中距 8.8m。承台采用整体式八边形 C40 混凝土承台。每个主墩基础采用直径 2.5～2.3m 钻孔灌注桩。

过渡墩采用矩形实体墩,承台采用整体式六边形 C40 混凝土承台。每个过渡墩基础采用直径 2.3m 的钻孔灌注桩。

(5)西通航孔桥

上部结构为 87m+156m+87m 三跨预应力混凝土连续梁,采用双箱分幅断面。每幅桥采用单箱单室变高度三向预应力混凝土箱梁,全宽 12.3m。主梁采用 C60 混凝土。

主墩、边墩采用现浇实体墩身,基础采用直径 2.0m 钻孔灌注桩。

(6)非通航孔桥

非通航孔桥均采用双箱分幅断面,每幅宽 12.3m。近岸区段采用 50 m 等高度预应力混凝土连续梁桥,远离岸边海中区段采用 60 m 等高度预应力混凝土连续梁桥和 118m 预应力混凝土连续梁桥。

下部结构墩高大于 19m 时采用现浇墩身;墩高小于 19m 的则采用预制墩身。覆盖层较厚且水深较浅处采用分离式圆形承台,配钢管桩基础;覆盖层较厚且水深较深处采用整体式端圆形承台,配钢管桩基础;覆盖层较薄且水深较深处采用整体式矩形承台,配钻孔灌注桩基础。

60m 箱梁梁高 3.4m,采用陆上大型预制场内整孔预制,运输吊装就位后先简支后连续形成连续梁。

(7)超长钢管桩设计

为便于制造和施工,本桥钢管桩直径全部采用 ϕ1 500mm。根据地质情况,桩长 60～90.5m,最长桩重 80t。单根钢管桩由上段壁厚 25mm 的直缝管和下段壁厚 22mm 的螺旋管组成。防腐采用外表环氧粉末熔融涂层加牺牲阳极的阴极保护并预留腐蚀余量。其生产完全做到机械化、大生产线流水作业,效率高、质量稳定。

(8)桥墩及基础防撞设计

主通航孔桥索塔基础 50 000t 级船舶防撞:根据桥塔处的水深不同,分别采用两种不同的防撞方案。金塘侧索塔采用消能箱防撞方案;宁波侧索塔采用套箱内局部灌填混凝土的防撞方案;辅助墩和过渡墩基础均采用独立防撞墩防撞方案。

东通航孔主墩 3 000t 级船舶防撞:采用套箱消能设施方案。

西通航孔主墩 500t 级船舶防撞:采用套箱消能设施方案。

各通航孔桥墩的防撞力见表 2。

各通航孔桥墩的防撞力 表2

航道名称	桥墩	桥墩防撞力(MN)	
		横桥向	顺桥向
主通航孔	主墩D3	56.0	>32.67
	主墩D4	65.34	>32.67
	辅助墩	10.0	5.0
	过渡墩	10.0	5.0
东通航孔	主墩	20.0	10.0
	边墩	6.0	3.0
西通航孔	主墩	10.15	5.08
	边墩	4.3	2.15

2. 金塘大桥专题研究

1)结构耐久性研究

金塘大桥所处环境属III类环境即海水氯化物引起钢筋锈蚀的近海或海洋环境,由于其地处南方炎热潮湿地区,环境作用等级为E～F,即腐蚀非常严重或极端严重。为确保结构耐久性和使用寿命,本工程采取了如下提高耐久性的措施:

(1)钢管桩

钢管桩在设计时预留腐蚀余量;采用环氧粉末涂层+牺牲阳极阴极保护法;桩头段采用钢筋混凝土填芯。

(2)混凝土结构

①采用海工耐久性混凝土,通过优化配合比提高混凝土抗氯离子渗透性能;预制墩身的现浇墩座采用微膨胀混凝土并掺入聚丙烯纤维。

各部位混凝土84天抗氯离子渗透性要求见表3。

混凝土抗氯离子渗透性要求(84天龄期) 表3

结构部位		混凝土氯离子扩散系数($10^{-12}m^2/s$)
钻孔灌注桩	陆上部分	≤3.5
	海上部分(含滩涂)	≤2.5
承台	陆上部分	≤3.5
	海上部分	≤2.5
墩身	陆上部分(现浇)	≤3.5
	海上部分(现浇含滩涂)	≤1.5
	海上部分(预制)	≤1.5
箱梁	现浇	≤1.5
	预制	≤1.5

②加大混凝土中钢筋的保护层厚度。

③控制裂缝宽度:钢筋混凝土结构允许裂缝宽度0.15mm。

④采用环氧涂层钢筋:在海上浪溅区部位的墩身、承台采用环氧涂层钢筋。

⑤钻孔桩利用钢护筒作为防腐屏障。

⑥预应力管道采用高密度聚乙烯塑料波纹管和真空辅助吸浆施工工艺,预应力管道浆体内掺入阻

锈剂。

⑦承台表面采用硅烷浸渍。

⑧承台混凝土中添加氨基醇类阻锈剂。

(3)支座及预埋件

支座采用防海洋腐蚀的球形支座,设计使用寿命不小于 50 年,同时在墩顶预留起顶位置,必要时可更换支座。

2)试桩研究

金塘大桥规模宏大,根据地质条件选择合适的桩型并合理确定桩长至关重要。指挥部先后组织进行了 3 组 PHC 试桩和 6 组钢管桩试桩。

通过 PHC 试桩发现:桩头易产生裂缝、局部崩碎等缺陷,且发生概率较高。在上部荷载未施加前非常脆弱,常规船舶的撞击即可导致数根桩同时破坏。本桥为海上长桥,桥位附近即为七里锚地和金塘锚地,施工期和运营期船舶密度大,为规避风险,减小维护难度,本桥不宜采用 PHC 桩。

通过 6 组具有区段代表性的钢管桩试桩,获得了极限承载力、桩端闭塞效应及桩侧摩阻力随土层的分布等一系列成果,并据此调整了施工图。保证了基础的安全度,提高了施工质量。

3)钢锚梁足尺模型试验研究

金塘大桥主桥斜拉索塔端锚固采用新型钢牛腿钢锚梁(图 10),其构造新颖,受力明确,便于施工。由于是空间索锚固,故通过现场索塔足尺节段模型试验和有限元分析,研究索塔锚固区的工作性能,评价其承载能力和安全储备,同时研究锚固区细部构造及交界面处的剪力键构造形式,对制造安装等施工工艺进行研究以指导施工。

3. 金塘大桥关键施工技术

(1)钢管桩沉桩施工

①打桩船配置

金塘大桥共需沉入约 3 000 根钢管桩,最大桩长 90.5m,采用目前最先进的打桩船“海力 801”和“天威号”施打(图 11)。

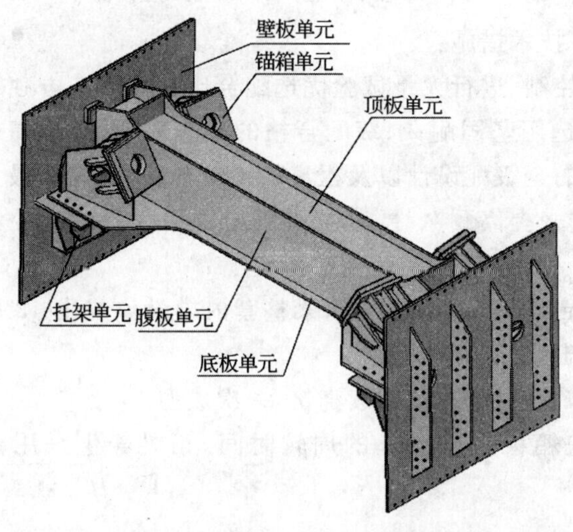

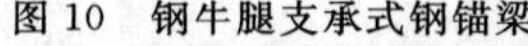
图 10 钢牛腿支承式钢锚梁

图 11 “海力 801”全旋转打桩船

“海力 801”和“天威号”均为全旋转打桩船,不需要移船就能从船侧的运桩驳上吊桩;只是施打墩台内不同的桩位时,打桩船才需沿着墩台轴线或垂直墩台轴线作小范围的移动,配合桩架的旋转,桩即可就位。

②沉桩施工

桩就位后，将打桩船及运桩驳的定位桩插下，以保持桩位和船体稳定。桩自沉稳桩，同时监测桩位的变化，如果桩位变化超过允许的误差范围，立即停止桩的下沉，将桩拔起，查明原因，重新定位。船载GPS系统即时显示桩位坐标。

本工程钢管桩沉桩以高程控制为主，贯入度校核。如桩顶未达到设计高程，而贯入度较小时，应会同有关部门研究确定处理办法。如桩顶达到设计高程而贯入度很大时，应停止锤击，并进行高应变动测，同时会同有关单位共同研究确定处理措施。

(2)主桥钻孔桩施工

为增加有效作业时间，提高施工质量，主桥钻孔桩施工采用大型海上施工平台(图12)，其上布置料场、混凝土搅拌站、作业区、生活区。钢护筒采用龙门吊进行定位、液压震动锤沉设。

本桥主墩钢护筒外径2 900mm，壁厚25mm，材质Q345C，部分(5mm厚)参与永久受力，钢护筒施工无一变形。

(3)跨度60m箱梁预制与运输

非通航孔桥上部结构采用跨度60m先简支后连续的预应力混凝土箱梁，共计470片，单片梁重达1 575t。预制场内设置8个预制台座、24个存梁台座，采用国产900t轮胎式搬运机进行场内运输，直至专用出梁码头落驳(图13)。

图12 主墩钻孔桩施工平台

图13 国产900t轮胎式搬运机

为提高生产效率和保证工程质量，主要采取了如下技术措施：

①高性能海工耐久混凝土配制。加强原材料品质控制、进行大量试验优选配合比并经第三方独立验证。避免使用早期强度较高的和高C3A含量的水泥；选用坚固耐久、级配合格的洁净集料；选用高效减水剂(泵送剂)，取用偏低的拌和水量；重视混凝土集料的全级配设计以及粗集料的粒形要求；控制最大水胶比为0.33；掺用质量稳定矿物外加剂，通过适当引气来提高耐久性，新拌混凝土中引气量一般控制在4%～6%，气泡间隔系数小于250μm。

②模板系统。为便于内模系统脱模以及脱模后在台座间隙处移出，箱梁整套内模设计成由12段内模车组成。液压内模通过折臂伸缩油缸可整体分段退出。

③梁体混凝土浇筑。采用混凝土输送泵＋布料杆，双系统设计，连续浇筑，一次成型。

④箱梁整体养护系统。为了缩短制梁工期，加快箱梁生产台座的周转时间，箱梁养生采用蒸汽养护。

四、工程进展

自开工以来，两座大桥进展顺利，迄今为止西堠门大桥已完成塔锚及主缆施工，正进行钢箱梁安装；金塘大桥钢管桩及承台已施工完毕，主桥索塔将于年内完成。预计2008年底西堠门大桥建成，金塘大桥主体贯通。

13. 泰州长江公路大桥主桥方案设计

韩大章[1]　万田保[2]　陆勤丰[2]　罗喜恒[3]
(1. 江苏省交通规划设计院有限公司;2. 中铁大桥勘测设计院有限公司;3. 同济大学建筑设计研究院)

摘　要　泰州长江公路大桥位于江苏省长江中段,连接泰州和镇江、常州。本文主要介绍该工程初步设计阶段跨江大桥主桥的三个设计方案及各方案的关键技术问题。

关键词　泰州大桥　方案　设计

一、工 程 概 况

泰州长江公路大桥(以下简称“泰州大桥”)位于江苏省长江中段,上游距润扬大桥 66km,下游距江阴大桥 57km,北接泰州市,南连镇江市和常州市。图 1 为桥位示意图。

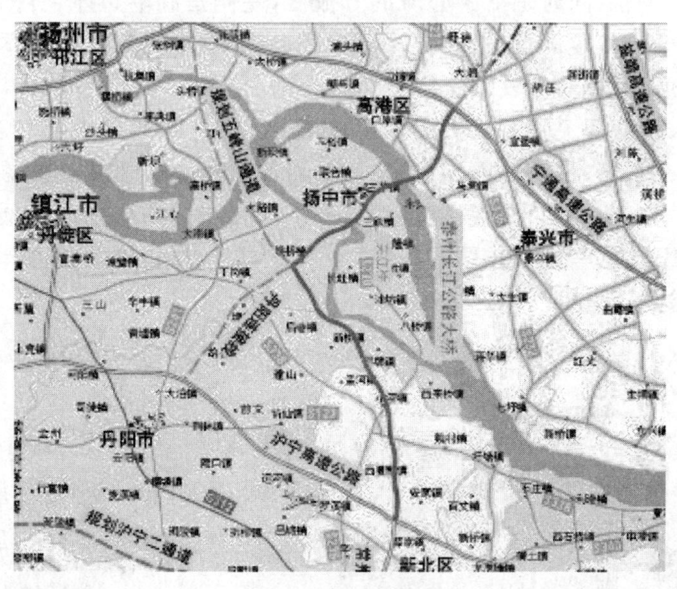

图 1　桥位示意图

泰州大桥的建设是响应省委、省政府关于加快沿江开发,实现两个率先的重要举措,对于加快苏中地区与苏南的融合,促进两岸联动开发以及苏中地区的快速崛起,推动区域经济的共同发展等,具有十分重要的意义。

二、主要技术标准

主要技术标准见表 1。

主 要 技 术 标 准　　　　表 1

桥 梁 功 能	高速公路特大桥
设计基准期	100 年
设计安全等级	一级
设计车速	100km/h
标准宽度	33.0m

续上表

桥 梁 功 能	高速公路特大桥
车辆荷载等级	公路—Ⅰ级
桥面坡度	纵坡≤3%，横坡 2%
设计基本风速	31.83m/s
地震加速度	主桥 100 年超越概率 10%地表水平地震加速度为 0.159g
通航净空	主航道 760m(宽)×50m(高)；
	副航道 220m(宽)×24m(高)
通航水位	采用 20 年一遇高潮位 5.92m
设计水位	采用 300 年一遇高潮位 6.68m
防撞标准	按 50 000t 级船舶考虑

三、河床断面一般情况

泰州大桥桥位位于高港汽渡(南官河口)下游 2.1km，河宽约 2.1 km，处于扬湾弯道深泓自左向右二墩港的过渡区，处于水流折冲部位，同时是下游心滩的分流区，左侧是高港边滩，右侧是深槽槽尾。左右支深泓线随心滩的演变而存在一定幅度的摆动，左支深泓线摆动频繁，右支深泓线基本稳定。－20m 深槽靠近右岸一侧，断面形态自上而下呈偏右侧较深的“V”形，转为宽浅类的“W”形，床面冲淤主要发生在左侧一带。

桥位水下地形及河床断面图见图 2。从图 2 不难看出，桥位区河床中部相当宽范围河床面高程在－15～－16m 之间，深泓在右侧、最深处河床高程－30m，冲淤变化也主要出现在右侧一定范围内；左侧一段区域水深超过 18m。2.0m 高程水面线宽度约 2102m。由于深槽居中偏右，左岸是高港边滩，－10m 线距左岸有一定的距离，因此左岸边坡较缓，一般在 1 : 3。右岸的边坡要比左岸陡，个别年份－10m 线靠近右岸岸线，－10m 线边坡比较陡，接近 1 : 2。

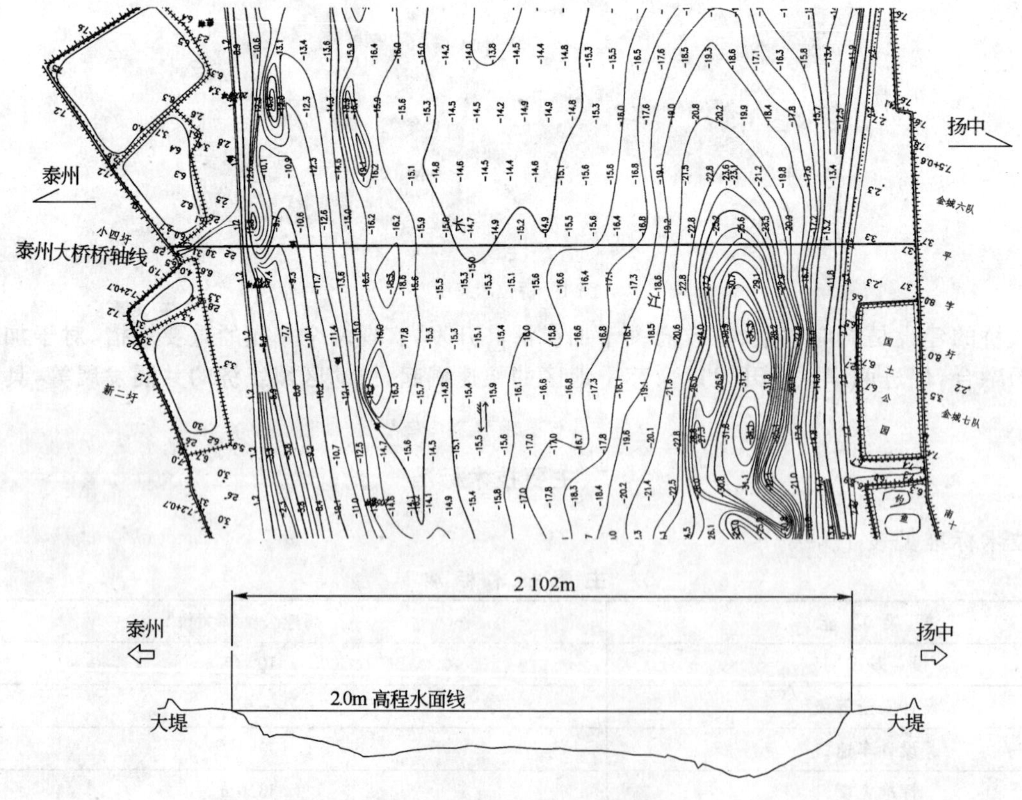

图 2 桥位地形及河床断面图

四、方 案 构 思

由于本桥位处江面宽阔，通航净空要求为：主通航孔 760m(宽)×50m(高)，副通航孔：220m(宽)×24m(高)。结合桥位特点，目前满足此通航净宽要求、跨度在 800m 以上的适合桥型方案有斜拉桥和悬索桥。

悬索桥锚碇基础规模庞大，若将其置于长江大堤迎水面侧，势必影响长江航运、行洪和河势稳定，并且在水中施工庞大的锚碇基础，工程风险亦相当大，故必须将锚碇置于大堤背水面侧以外一定安全距离处。泰州大桥所处的位置，江面宽度约 2.1km，若要采用悬索桥一跨跨越，则跨度将达 2 000m 以上，规模超过了明石海峡桥，其锚碇基础将十分巨大。由于扬中河段两岸均为长江中下游冲积平原，土质松软，覆盖层厚，基岩埋藏一般在－190m 以下，在此地基上建锚碇，工程浩大，工程费用亦相当高，同时施工风险较大，由此不考虑一跨过江的悬索桥方案，转而考虑加大边跨的三跨连续悬索桥和多跨悬索桥方案。为满足通航要求，并方便船只进出泰州港，可考虑布置主跨 1 400m 左右的三跨连续悬索桥，边中跨比取 0.55左右，从而使两锚碇置于大堤以外，这样可减小主跨跨度，同时由于边跨也采用悬吊结构，既可减少水中墩数量，又可减小锚碇的工程规模，降低造价。另外，亦可考虑采用主跨 1 000m 左右的三塔两跨悬索桥方案，使右侧孔跨满足通航要求，左侧孔跨提供船只进出泰州港的航道，同时为可能的深泓左移和航道变迁预留了调整的余地。

对于斜拉桥方案，由于本桥位处河床断面形态呈偏右侧的“V”形，通航净宽要求不小于 760m，并提供净宽 220m 的副通航孔，考虑索塔基础及防撞设施尺寸，并考虑一定的航道摆动范围，拟采用主跨 980m 左右斜拉桥，将北塔基础设在泰州侧，水深较浅，南塔设在偏南岸－20m 水深处，这样南塔边跨完全覆盖水面，充分利用了边跨的跨越能力。同时利用北塔较大的边跨，作为船只进出泰州港的副通航孔。为同时满足主、副通航孔的通航要求，在满足结构受力需要的前提下，边跨只设一个辅助墩，用边跨作为副通航孔。

五、桥梁方案设计

初步设计阶段，泰州大桥跨江大桥主桥提出了主跨 2×1 080m 三塔悬索桥、主跨 1 430m 两塔悬索桥和主跨 980m 斜拉桥三种桥梁方案进行研究比选。

1. 主跨 2×1 080m 三塔悬索桥方案

(1)桥跨布置

桥位处 2.0m 高程水面线宽度约 2 102m，选择主跨 2×1 080m 的三塔悬索桥方案，江中只设一个主墩，对河势和通航的影响最小，主桥完全跨越水面，可充分利用桥梁的跨越能力(图 3)。在确定边塔墩位时，考虑到边塔基础承台尺寸、以避免边塔水上施工决定其距水边的最小距离；而中塔位于枯水施工期水深约 15m 的江心位置。两端锚碇设在两岸大堤后，其距大堤净距最小值为 115m，以确保锚碇基础施工过程中，不会危及堤防安全。

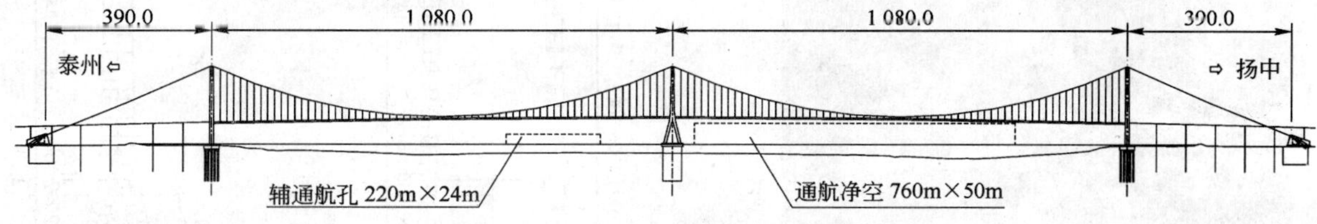

图 3 主跨 2×1 080m 三塔悬索桥方案(尺寸单位：m)

主缆跨径布置为 390m＋2×1 080m＋390m。主梁梁高 3.5m，全宽 39.10m，标准节段长 16m。中、边塔塔顶高程分别为 200.0m 和 180.0m，中塔与边塔处主缆理论交点高程相差 20m。两根主缆横向中心距为 35.8m，主缆矢跨比采用 1/9。每根主缆由 154 根索股组成，每根索股由 91 根直径为 5.2mm 的镀锌高强钢丝组成，钢丝极限抗拉强度为 1670MPa。

(2)关键技术问题

①支承体系

设计中研究了主梁与中主塔间不同的竖向连接方式对中主塔、主缆、主梁、支座参数的影响，最终选用主梁在中塔处不设竖向刚性约束、但设竖向限位挡块的支承方式。通过上下游竖向限位挡块联合作用，使主梁的扭转振动得到一定程度的约束，对于减小风荷载作用下扭转振动的振幅有所帮助。

对主梁与中主塔间的纵向连接方式的研究表明：加劲梁与中主塔间纵向设约束，可以显著提高主缆与中主鞍座间抗滑移安全系数，减小加劲梁竖向挠度，改善中主塔受力，极大地减小加劲梁纵向活载位移；与纵向刚性约束相比，弹性索约束对结构的有利效应相当，并且在构造上相对简单，最终选用在主梁与中塔间设置纵向弹性约束。

设计对主跨跨中是否设中央扣及设多对中央扣进行了研究比较，结果表明中跨跨中中央扣的设置有较大难度。如只设置一对中央扣，中央扣扣索的倾角无法选取，倾角小、扣索受力很大，到了无法实施的地步，倾角大、对总体的改善微乎其微。设三对中央扣对结构总体行为有一定的改善，但扣索拉力较大、吊索有卸载现象、吊索和扣索的疲劳问题等不足，经比选后初步设计推荐不设置中央扣的方案。

②中塔塔型及刚度选择

对于三塔悬索桥而言，中塔具有与传统的两塔悬索桥较大的区别，中塔在任何工况下，均要求保证主缆在中主鞍座间不发生相对滑移，否则会造成整个体系的破坏。然而中塔两侧均是主缆的柔性约束，在活载非对称作用下，若中塔刚度较小，中塔顶两侧主缆不平衡水平力较小，主缆的抗滑移安全容易保证，但加载跨主缆垂度大，主梁的挠跨比较大，行车安全不易保证；若中塔刚度大，主梁的挠跨比易于满足要求，但中塔顶主缆不平衡水平力大，可能因主缆与鞍槽间的摩擦力不足而造成滑移。根据国内外已有的研究和试验资料统计，鞍槽与主缆间经挤压后的摩擦系数大约在0.15～0.2之间。设计中进行了主缆与中主鞍座间抗滑移试验研究，较全面模拟了实桥主缆束股与鞍座间的接触情况。根据试验结果并参照国内外已有相关资料，三塔悬索桥主缆与鞍槽间摩擦系数 μ 取用0.2，抗滑移安全系数不得小于2.0。图4为实际试验模型。

根据以上分析，中塔在顺桥向的结构刚度，应是既有适当的可挠曲性，又有足够的抗弯刚度。设计中对中塔的合理刚度进行了广泛的比选，对中塔塔型（包括A形塔、I形塔和人字形塔）、材料、截面尺寸、人字形中塔的塔底纵向分叉宽度、人字形中塔的分叉点高度等进行了详细广泛的计算比选，最终选择了纵向人字形钢中塔作为三塔悬索桥的中塔推荐方案，见图5。

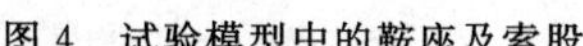

图4　试验模型中的鞍座及索股

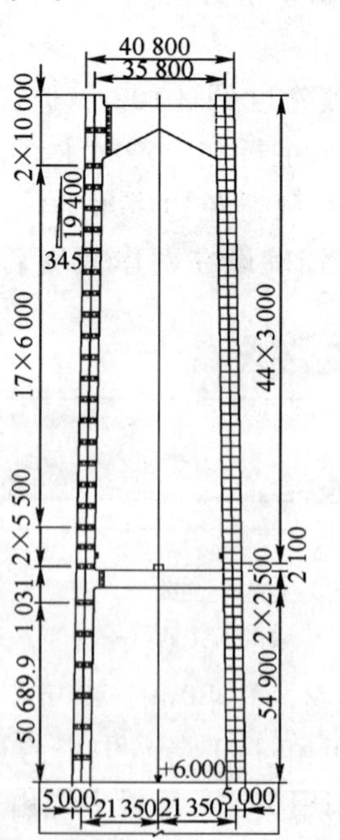

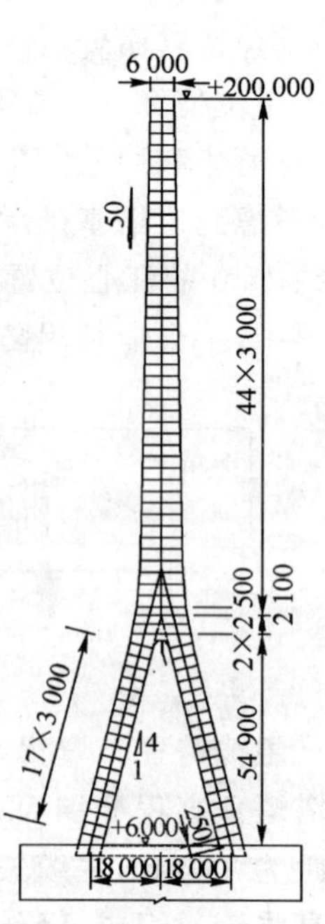

图5　中塔一般构造（尺寸单位：mm）

③中、边塔高度选择

中塔高度是三塔悬索桥的重要设计参数，不仅与结构的受力、位移息息相关，同时关系到全桥景观效果。一般认为，在开阔的江面上，如果中塔高出边塔一定的高度，可以突出中塔一柱擎天的视觉效果。选取中塔高度时，还要充分考虑对结构的影响，结合受力、景观、工程造价综合考虑。设计中对三塔等高、中塔加高边塔同步降低及边塔高度降低等进行了详细研究。结果表明，随着中塔高度增大，主缆丝股的抗滑安全系数有所增加，而加劲梁的活载竖向挠度增大，塔顶纵向位移增加，对主缆轴力、中塔应力影响不大。单纯降低边塔的高度，对结构各主要构件内力和变形影响不大。为了使中塔高于边塔一定的比例、同时要保证主缆矢跨比和短吊索长度不变，边塔高度降低，主梁高程势必降低，为满足同样的通航净空，桥跨结构应随之抬高，因此，单纯降低边塔高度意义不大。为了抵消主梁竖曲线对视觉的影响，在三塔等高的基础上加高中塔、降低边塔，则主梁挠度有所增加，需适当控制中塔与边塔的高度差值；另考虑到采取中塔高于边塔的方案后，主缆与鞍座的抗滑移安全系数有所增加，同步采取少量增加中塔刚度的措施，以减小主梁挠度。经多方面比较，设计最终采用中塔较边塔高 20m 的主塔高度方案。

④主缆矢跨比选择

主缆矢跨比是总体设计的重要参数，对结构刚度、工程数量、主缆各控制点高程具有决定性影响，通常结合结构刚度、恒载、造价平衡考虑。两塔悬索桥主缆矢跨比取值一般在 1/9～1/11 之间。对三塔悬索桥，主缆矢跨比的影响程度如何，对于关键技术问题的解决，矢跨比取用多少合适，须进行比选。初步设计中对三塔悬索桥主缆矢跨比从 1/7～1/13 分别进行了计算分析，结果表明，随主缆矢跨比的减小，主缆抗滑安全系数 K 有所增加，但增加幅度不大，主缆矢跨比由 1/9 减小到 1/13，主缆恒、活载拉力增加近 50%，K 增加 20%，而加劲梁的竖向挠度由 4.505m 增加到 5.497m，增加 22%，对中塔截面的应力影响不大；对主梁的应力有一定影响。可见，随主缆矢跨比减小，抗滑移安全系数和主梁挠度同步增加，且增加的幅度基本相同，但主缆恒活载拉力按比例增加，包括主缆、主塔、锚碇的工程数量增加。综合全桥静、动力分析比选，为减少工程数量，三塔悬索桥方案主缆矢跨比采用 1/9。

⑤基础方案比选

桥位场地地表土层主要为淤泥质亚黏土、软塑的亚黏土、松散的亚砂土和稍密的粉砂层，其下覆盖层为密实的粉细砂、中砂、砾砂及圆砾石层，各砂层含水量饱和、透水性强。基岩高程在－200m 左右，基岩以上无明显不透水的持力层土。

中塔墩位于主江中央，河床高程为－15.4m，设计时对圆形沉井方案、矩形沉井方案和桩基方案进行设计比选后，选用对承受船撞和地震作用较为有利且经济性好的矩形沉井方案。矩形沉井井身平面尺寸为 58.2m×44.1m，底面高程为－70.00m。为防止船舶撞击塔墩，顶面高程为＋6.0m，沉井高 76m。

对锚碇基础，通过对圆形沉井方案、矩形沉井方案和地下连续墙基础方案进行设计比选后，选用矩形沉井方案。沉井平面尺寸采用 52.0m×58.8m(北锚碇)和 50.0m×56.8m(南锚碇)，沉井高 57m(北锚碇)和 51m(南锚碇)。

(3)施工方案

三塔悬索桥的施工方法与常规的两塔悬索桥基本相同，有差异的主要施工过程有：中塔大型沉井基础施工、中塔钢塔的制造与安装和三塔悬索桥悬吊结构的施工，这部分内容在文献[1]中有详细论述，限于篇幅，这里不再赘述。

2. 主跨 1 430m 两塔悬索桥方案

(1)桥跨布置

目前国内外已建的两塔悬索桥跨越能力接近 2 000m，采用该桥型方案容易满足本工程主通航孔 760m×50m、副通航孔 220m×24m 的通航净空要求；同时，本桥位水面宽度约 2 000m，以两塔三跨悬索桥的主跨和边跨跨越全部水域，水中只设置两个基础，既可使建桥对行洪的影响降到较低的程度，又可使主跨跨度不至于很大，工程规模可以得到有效控制。以两塔三跨悬索桥的主跨作为主、副通航孔，桥跨布置能较好的适应通航孔布置。从景观上考虑，三跨悬索桥较之单跨悬索桥韵律感强、正桥与引桥过渡协调、衔接匀顺。

根据前述分析，总体布置的控制因素有：锚碇应当设置在大堤背水面距大堤一定的安全距离处；辅助墩与大堤的关系；合适的边、中跨比。结合跨长江大堤具体情况，本方案跨度选用150m＋588m＋1 430m＋588m＋150m＝2 906m，为三跨连续体系（图6），主缆边中跨比为0.516。桥面净宽（防撞栏杆外到外）33m、吊索间距35.8m。吊索标准间距采用16m，相应主梁节段吊装重量不超过260t，主跨矢跨比选用1/9。

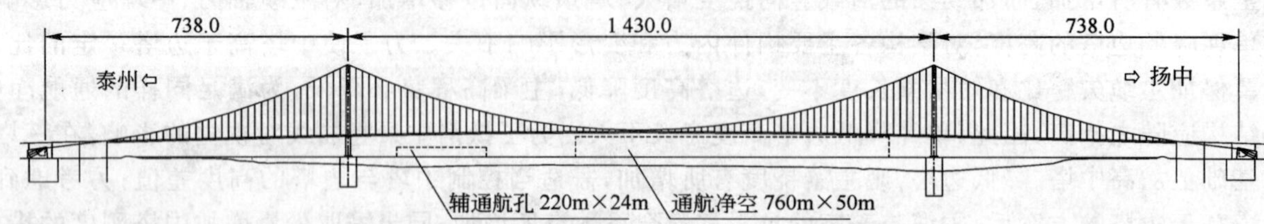

图6 主跨1 430m两塔悬索桥方案（尺寸单位：m）

（2）关键技术问题

①支承体系

主塔处竖向支承考虑三种支承方式：设竖向刚性支座、设0号吊索和不设0号吊索也不设竖向支座。分析表明，在设竖向支承或0号吊索时，支点处弯矩值比其他部位高出太多，不够经济合理，以不设竖向支承及0号吊索的支承方式为宜。

设计中对纵向支承方式比较了自由与阻尼装置对地震响应的影响、对纵向位移频度的遏制。在索塔与加劲梁间安装纵向阻尼器，能改善侧向支座的工作条件，改善伸缩缝的工作条件，避免伸缩缝受纵向冲击荷载；改善短吊索的工作条件，降低其疲劳损伤的可能性；提高结构纵向刚度，改善行车条件；在一定程度上有助于抗风及抗震。最终设计根据动力结果选择纵向阻尼器的参数。

初步设计对主跨跨中是否设中央扣进行了研究，分析了设中央扣对活载和风荷载作用下短吊索斜度、结构反对称扭转的频率的影响。研究结果表明：吊索最大倾角发生在最靠近连杆处，设置中央扣时，风载产生倾角0.54°，活载产生斜度7.87°，加劲梁扭转振型的频率为0.261 333Hz；不设中央扣情况下，风载产生倾角0.87°，活载产生斜度6.91°，扭转振型频率为0.261 341，几乎无变化。考虑到设置中央扣与纵向阻尼器共同工作，能改善结构受力性能，决定在主跨跨中设置中央扣。

②主梁连续的必要性

如主塔处加劲梁不连续，需设置伸缩缝，在仅边跨布载工况下，伸缩缝处交叉转角0.009 237弧度；活载作用下，主塔处边跨侧加劲梁梁端纵向位移0.528/－0.056m，中跨侧梁端位移1.192/－1.155m；跨中加劲梁竖向挠度向下最大4.353m。若加劲梁三跨连续，则活载作用下主塔处纵向位移0.818/－0.752m，跨中挠度4.071m，结果均较加劲梁不连续情况为优。在动力方面，如加劲梁不连续，加劲梁扭转振型出现的阶数更高，但扭转振型频率未变，故而对颤振临界风速无影响。由于主塔处加劲梁连续，行车平顺（交叉转角），并可减少伸缩缝的伸缩量，因而设计采用三跨连续的加劲梁。

③主缆矢跨比选择

对两塔悬索桥，主缆矢跨比是总体设计的重要参数，对结构刚度、工程数量具决定性影响。通常主缆矢跨比取值在1/9～1/11之间。设计采用全桥模型作有限元分析，选用不同的主缆矢跨比（1/9、1/10）、分别建立有限元计算模型计算。表2为主缆矢跨比参数变化时计算结果汇总表。

各矢跨比下主缆力（单缆）及加劲梁挠度 表2

项目＼矢跨比	1/9	1/10
恒载主缆力(kN)	231 326	252 066
活载主缆力(kN)	30 953	34 803
活载竖向位移(m)	－4.071	－4.172

选用主缆矢跨比 1/9，可以减小主缆拉力、减小锚碇负载、降低锚碇的设计施工难度，主缆、主塔、锚碇的工程数量均可减少，方案更经济。同时结构刚度变化不大，满足刚度要求。经综合考虑，设计采用主缆矢跨比 1/9。

④基础方案比选

北主塔基础处河床高程为－12.6m，南主塔基础位于主江南侧深槽中央，河床高程为－28.2m，对基础形式，通过沉井方案与桩基方案的比较，选用了沉井方案。沉井采用圆角矩形截面，井身平面尺寸为 59.2m×40.2m，沉井底面高程采用－56.00m（北主塔）和－76.00m（南主塔），沉井高为 62m（北主塔）和 82m（南主塔）。

对锚碇基础，通过对圆形沉井方案、矩形沉井方案和地下连续墙基础方案进行设计比选后，选用矩形沉井方案。沉井平面尺寸采用 52.0m×69.9m（北锚碇）和 52.0m×67.9m（南锚碇），沉井高 57m（北锚碇）和 51m（南锚碇）。

(3)施工方案

本两塔三跨悬索桥的施工方法与常规的两塔悬索桥基本相同，限于篇幅，这里不再赘述。

3. 主跨 980m 两塔斜拉桥方案

(1)桥型方案

斜拉桥是跨越能力仅次于悬索桥的现代桥型。本桥位如采用斜拉桥方案，跨度在 1 000m 以内，无论设计还是施工，技术上比较成熟、风险容易预见，总体工程规模相对不大。以大跨斜拉桥的中跨、边跨分别作为主、副通航孔，桥跨布置能较好的适应通航孔布置。与悬索桥相比，斜拉桥没有锚碇。考虑到桥址区覆盖层厚、地基承载能力不高。基于对地质条件更好的适应性，因而设计提出了大跨度斜拉桥方案。设计采用主跨 980m 的双塔斜拉桥，边跨根据结构受力需要设一个辅助墩，将扬中侧辅助墩设于水深－10m处，使南主墩设在江中水深－25m 处，北主墩设在水深－15m 处，能与现有航道相符，最大限度地保持现有的船舶定线制航道不变。

桥跨布置为：80m＋300m＋980m＋300m＋80m＝1 740m。边跨混凝土箱梁长 97.0m，其余均为钢箱梁。主桥桥型布置图见图 7。

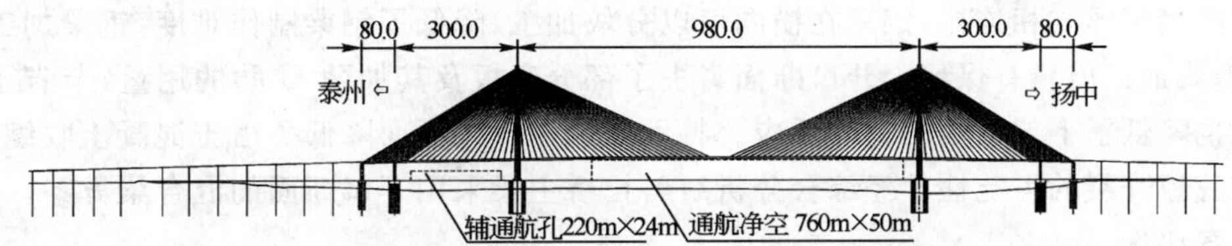

图 7 主跨 1 430m 两塔悬索桥方案（尺寸单位：m）

采用五跨连续半飘浮体系，空间密索型布置；索塔与主梁间纵向安装弹性束装置，横向设抗风支座传递风荷载。

(2)关键技术问题

①竖向支承体系

竖向支承体系分主梁在塔处设竖向支座（纵向水平滑动）与不设竖向支座而采用 0 号吊索两种。研究表明，索塔处设置 0 号拉索有如下优点：在主梁轴向力最大的区域可以将负弯矩减小，有利于改善塔根处主梁受力；使结构的振动周期加长，由动力作用（风，地震）引起的内力可以减小；主梁在索塔处竖向刚度变化较大，对桥面铺装不利；由于桥位处地质条件较差，因地层参数变化等造成的非正常沉降对结构的影响可大大减小，并可以通过调整索长来解决；是否设置竖向支座对施工没有太大的影响。因此，斜拉桥方案竖向支承体系推荐采用设 0 号索而不设竖向支座的飘浮体系。

②弹性约束刚度选择

目前桥梁建设中所采用的纵向约束可划分为两类：长期水平弹性约束和冲击荷载阻尼约束两大类。

长期水平弹性约束的优点在于任何荷载状态下都会在结构中发生作用，结构支承条件和受力状况比较明确。这类约束在日本现代斜拉桥中被广泛应用，通常使用的形式有大型橡胶支座、水平钢绞线拉索装置和三角形连杆弹簧支座等，日本多多罗大桥就是这种类型。设计中对五跨连续混合梁斜拉桥方案进行了不同弹性刚度下的静力反应研究，并据此绘出梁端水平位移与弹性刚度的关系曲线（见图8）、塔底弯矩与弹性刚度的关系曲线（见图9）。当刚度为0时，结构相当于纵飘体系；当刚度为 4×10^9 kN/m 时，结构相当于纵向固结体系。

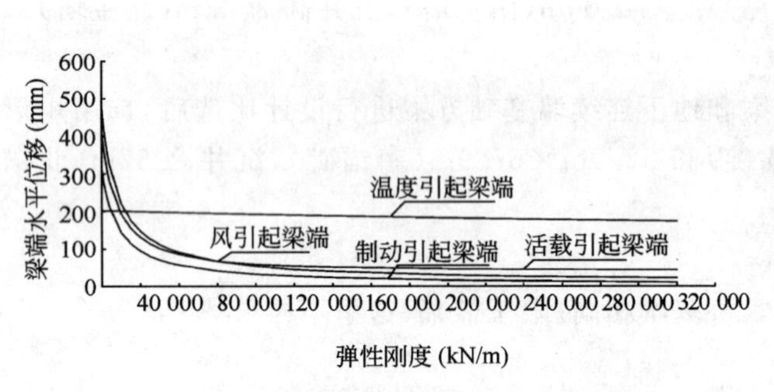

图8 梁端水平位移与弹性刚度关系曲线

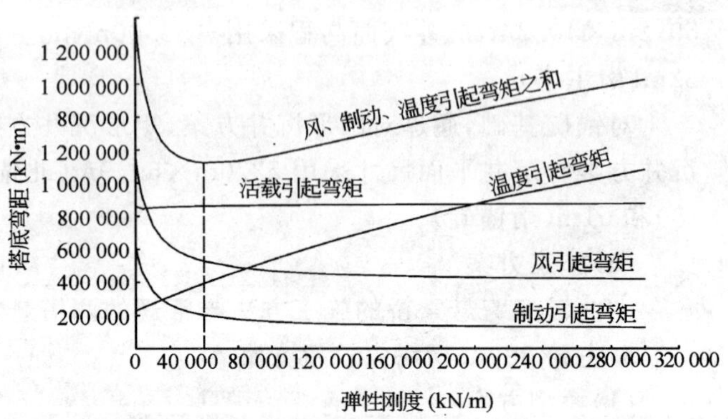

图9 塔底弯矩与弹性刚度关系曲线

计算表明，斜拉桥方案采用弹性刚度为40 000kN/m的纵向弹性约束较为适合，可以作为长期弹性约束装置的设计参数。

③开口断面混合梁的选择

主梁采用钢—混混合梁的形式在国内外得到广泛的应用，日本多多罗大桥、法国诺曼第大桥、香港昂船洲大桥，工程技术比较成熟。混合梁的显著优势在于减短了主梁钢梁部分的长度，节约了上部结构的工程造价；过渡墩处不用设置抗拉支座或者边跨压重；简化了过渡墩、辅助墩处支座的构造和支座处箱梁的构造；边跨混凝土梁段刚度较大，拉索索距较小，很好的增加了主桥的纵向整体刚度。开口断面与全封闭断面相比，抗弯、抗扭惯矩有所降低，降低程度取决于断面开口的大小。由于开口断面的中间横隔板同左右箱梁通过拼接板形式相连接，钢梁在横向可以分块加工，降低了钢梁制作难度，钢梁加工精度控制变得较为容易，钢梁加工质量有保证。开口断面省去了部分底板及其加劲U肋的用量，节省了主梁的用钢量，比较经济，也降低了下部结构的荷载反应。特别是采用开口断面降低了由于混凝土收缩、温度变化引起混凝土主梁底板开裂的可能性。经综合分析后斜拉桥主梁采用开口断面的混合梁方案。

④基础方案比选

北主塔墩基础处河床高程为－14.9m，南主塔墩基础位于主江南侧深槽中央，河床高程为－26.6m。通过对沉井基础和桩基础的设计比较，主塔基础采用沉井基础方案。沉井采用圆角矩形截面，井身平面尺寸为75.4m×38.6m，，沉井底面高程为－66.00m（北塔）和－76.00m（南塔），沉井高72m（北塔）和82m（南塔）。

(3)施工方案

斜拉桥的主要施工过程有主塔基础施工、主塔施工和主梁悬臂施工等，其施工方案与目前已建成或正在建设中的大跨径斜拉桥相似，这里不再赘述。

六、方 案 比 较

表3为上述三个方案的综合比较表。

由表3可知：虽然三塔悬索桥方案工程造价较斜拉桥稍高，但三塔悬索桥对河床断面适应性、对河床演变的影响、通航功能的满足程度、对港口码头的影响、可持续发展等方面具有明显的优势，因此，将主跨2×1 080m三塔悬索桥作为初步设计推荐方案。图10为推荐方案的效果图。

主桥桥型方案比较表 表3

桥型方案	三塔悬索桥方案	两塔悬索桥方案	两塔斜拉桥方案
方案描述	主跨2×1 080m三塔悬索桥	主跨1 430m两塔悬索桥	主跨980m斜拉桥
对河床断面的适应性	河床中部相当宽区域水深较浅，适合设置中塔基础；边塔基础设在岸滩上常水位的无水区	两个主塔均设置在深水处，尤其南塔区水深达30m	两个主塔均设置在深水处，尤其南塔区水深达27m
对地质条件的适应性	由于主跨跨度较小，锚碇的尺寸和工程规模得以降低。尤其边跨采取了降低主缆着力点的措施	尽管采取措施减小主跨跨度，但受锚碇位置和边跨、中跨跨度比的限制，中跨跨度较大，锚碇工程规模稍大	没有锚碇，突破了地质条件对锚碇的限制
对河势的影响	水中只设置一个基础，对河势影响最小	影响较小	影响较小
通航功能的满足程度	提供了宽裕的通航条件	提供了宽裕的通航条件	满足技术标准要求的通航条件
对港口、码头等影响	船舶进出桥位附近的港口、码头实现无障碍通行	为船舶进出桥位附近的港口、码头保留了通行条件	为船舶进出桥位附近的港口、码头保留了通行条件
对可持续发展影响	有利于扬中岸线的开发利用，为可持续协调发展创造优越条件	对扬中岸线利用有一定影响	对岸线利用有较大影响
技术先进性、技术风险	是国内首座三塔悬索桥，多项技术创新。基于国内已掌握的建桥技术，没有不可预见的技术风险	是长江下游地区首座三跨连续悬索桥，技术上比较成熟，没有不可预见的风险	国内在建的规模相近、结构相似的桥梁不止一座，技术比较成熟
施工难易程度、施工工期	只有一个大型水中基础；中塔钢塔制造、安装有充足技术保障。总工期60个月	两个大型水中基础；总工期62个月	总工期59个月
工程造价	较高	最高	最低
比较结论	推荐方案	比较方案	比较方案

图10 三塔悬索桥效果图

参考文献

[1] 江苏省交通规划设计院有限公司、中铁大桥勘测设计院有限公司、同济大学建筑设计研究院. 泰州长江公路大桥跨江大桥工程初步设计，2007.1.

14. 千禧龙腾

刘正光[1] 廖国泉[2]
(1.茂盛(亚洲)工程顾问有限公司;2.迈进土木结构工程顾问有限公司)

摘 要 千禧龙腾,是中国最具震撼力的雕塑龙,是一种动态的艺术表现,它是在内置空调的密闭环境下运送乘客。它是一种文化表现方式,将现代技术中的钢材、钢绞线、斜拉索及玻璃等与装饰结构结合在一起。它将会是世界级的工程壮举,真实地展现了香港人的内心——我们是龙的传人。

关键词 雕塑龙

一、概 述

千禧龙腾工程计划将会是世界级的工程,它为香港人提供了一条快捷、便利以及舒适的通道。这条通道连接尖沙咀天星码头站和将快建造的政府总部中心和文娱广场附近的添马舰,横跨维多利亚港。这项工程响应了政府的政策,将维多利亚港用一条人行通道连接了起来。跨度大约1 100m。外侧用索张拉在一起的封闭钢管结构,靠斜拉索支撑。使用最少量的斜拉索支撑的高耸的按对称的抛物线变化的桥面,使结构从外形上看来更像是一条龙。结构高程足够满足维多利亚港船只通航过关的要求。通过结构外侧高强钢绞线对钢管的结构加强,可以减少斜拉索数量。

内侧封闭的正六边形结构外径17.3m,分为三层。上层和中层各包含三条自动人行道,还有足够供行人行走的空间。自动人行道传送带的设计行走速度要考虑到商业可行性。普通人行道传送带的运行速度大约是0.75m/s,通过维多利亚港大概要20min,可以给游客更多的时间去欣赏维多利亚港的壮观景象。另外一条是快速通行线路,传送带以2~3m/s的速度运行,是为了满足要快速过港的人,在这条通道上过港只需要6min。剩下一条通道主要是为了紧急疏散以及其他用途而设计。传输机每段分成150m。此外还有一些供行人坐下观光的座位,特别在桥面可以纵观维多利亚港全景的最高点处,座位数量更要充足。最底层主要是用于放置一些服务管道,六角结构外围有一个用于维护的桥架,挂在低于外围栏杆处的位置运行,还有一个可外伸的平台可覆盖结构整个外表面。

千禧龙腾大桥将会和尖沙咀一侧现有的的文化中心以及香港一侧将要建成的文娱广场融合为一体。这些用有色金属焊接在一起的六角形结构,建筑特色在外形上看上去像一条龙。夜幕降临的时候,结构外部的构件会在现场柔和的灯光照射下,使整个结构看上去更为精彩。“千禧龙腾”会给来自世界各地数以万计的游客一次生动的旅行。它会使来到香港的游客不仅记住香港的形象,而且还记住旅游业的形象。

二、引 言

旅游业是香港每年外汇收入的重要组成部分,2002年为674亿港币,占GDP的5%。2002年到香港旅游的人数为1 700万,这个数字有望因香港迪斯尼公园而大幅度提升。显然香港是亚洲最具吸引力的旅游城市之一。

世界上所有的大城市都有其代表性的标志性建筑,如巴黎的艾菲尔铁塔,纽约的自由女神象,伦敦的下议院和千禧轮,上海的东方明珠,澳大利亚的悉尼歌剧院,甚至香港的邻居澳门,也有澳门观光塔。香港的经济在过去的几十年里达到了繁荣,这期间许多主要的基础性建设,比如城市地铁线路,赤立角机场,青马大桥,会展中心,广九西铁和东铁的扩建工程以及大量的高层建筑已经完成。但是这些建设主要是由于需求而并非出于远见。

三、香港身份的象征

对于来过香港的游客，普遍的抱怨就是在维多利亚港两侧除了群集的高层建筑以外，就没有其他的东西可看了。游客们觉得这里不仅缺少供行人散步的空间，而且缺少观光的吸引力。为此，香港特别行政区政府作出决定，在维多利亚港两侧人群比较密集的地方实施城市美化，并修建大量供行人专用的场所。

特区政府将投资 180 亿港币，主要用于位于香港岛、九龙半岛及新界的五个建筑群。

建筑群 1——九龙(Kowloon)港 10 公里长的海滨

- 九龙西部文化中心
- 尖沙咀渡口
- 尖沙咀水警总部
- 尖沙咀长廊
- 地铁和广九九铁路在尖沙咀连接

建筑群 2——香港岛海港(维多利亚港)

- 国际金融中心—地标塔
- 位于文娱广场前的政府大楼和立法大楼
- 香港汇展中心扩建工程
- 海滨长廊

建筑群 3——香港本岛南海岸

- 数码港
- 改变香港仔
- 新海洋公园
- 赤柱(stanley)的新发展

建筑群 4——大屿山休闲岛

- 迪士尼公园
- 于迪士尼公园配套的相关设施
- 昂坪缆车(青铜大佛)
- 马湾公园

建筑群 5——香港后花园

- 西贡海滨
- 香港湿地及米埔湿地

这五个区域的建设，包括在维多利亚港修建一座世界级的人行通道工程，都是政府为了香港海滨的美化考虑。上面提到的两个人行专用通道，是建在维多利亚港上面的一个全封闭内部有空调的人行通道，正如它的名字“千禧龙腾”一样代表了香港。结构外形是一条巨龙，表示我们是龙的传人。千禧龙腾大桥把位于香港岛一侧政府大楼和立法大楼前将建成的文娱广场和九龙一侧天星码头附近的文化中心融为一体。大桥的结构包括建筑外观通过焊接在一起的有色金属把巨龙的骨架更为鲜明的表现出来，晚上，结构外部的构件会被灯光照耀，这些灯光会使大桥“龙”的效果更好的表现出来。这将极大地吸引本地和来自海外的游客的目光。

四、“龙”与人行系统的结合

“千禧龙腾”大桥横穿维多利亚港，跨度 1 100m，将会是一个单塔斜拉桥，桥面板以对称的抛物线变化，并且尽可能地减少索的数量。抛物线曲率的设计在工程上受到行人传送机系统的限制，但是还要达到“龙”这种独特的外形。现不能确定龙头究竟应该位于文娱广场这一侧还是尖沙咀那一侧。另外还要考虑到将来的尖沙咀的海运要求，这两项工程要互补。从工程考虑上来讲，龙头应该位于文娱广场这一侧而不是尖沙咀那侧,因为这一侧外部环境的影响比较小,即使是填海,也会减到极少。最终在尖沙咀一侧用了一个桩帽支撑了三个斜墩,从而达到龙的建筑外形。结构下侧有730m的长度达到通航的60m净空需要,可以避免来往船只对结构的影响。

龙的骨架是由内外两层外径分别为17.3m和24.3m的六角形组成,为了降低维护费用,所有钢管都经过金属防腐处理,以抵御外部的海洋环境的影响。内侧的六角形是用玻璃板封闭起来,可以使里面的视野达到最大,从里面可以直接看到内侧结构的钢结构板。

上层和中层各有三条人行道,此外在每两条人行通道之间,还有足够的自由行走和坐下休息观光的地方,可以使游客真正的欣赏到维多利亚港的全景。最下端的那层是为了这么长距离的封闭环境而设置的服务管道设备。

工程上的原因,自动传送带被分成大约140m一段,每两个传送带之间间距10m。行人只需要在每个传送带之间行走。人行道的设计行走速度考虑了商业的可行性,将普通人行道传送带的运行速度设计为0.8m/s,通过维多利亚港大概要20min。可以在之间的休息区逗留,里面还装有高科技的视频录像和游客广播系统。

另一条是快速通行道,传送机以2～3m/s的速度运行。行人在这条通道上过港只需要6min。两个成功的高速传送机工程实例分别在巴黎和东京。但是将高速传送带用于如此长的全封闭斜拉结构中尚属首例。这项工程对传送带技术提出了很大的挑战,其中一个工程困难就是高速传送机的坑深需要2.5m。

第三条通道是正常速度的通道,主要是为了紧急疏散及其他规定的要求。另外一点是小型的电动车可以自由地在每两条通道之间通行,这是出于救急和维护方面的考虑。外部六角形用高强钢绞线将内侧的六角形张拉在一起,过渡块间距大约150m(内侧和外侧之间的部分在下一章阐述),这是结构上为了减少斜拉索数量的必要前提条件。

通风和防火对运输系统是至关重要的,因为要保证行人舒适和安全。在内部结构里任何可燃的材料都是禁止使用的。即使有任何物体燃烧,也要将其释放的热量降到最低。一旦有火灾发生时,平时隐藏在天窗上的防烟幕会降落下来。出于安全的考虑,不会采用喷水喷头,因为它会使现场更混乱。用梯子连接的上下层间的通道必须装有安全门,平时游客不能在两层之间穿行。

五、结构设计

"千禧龙腾"大桥主要构件包括:

(1)位于文娱广场海堤一侧的斜桥塔,高250m,由一个单桩帽支撑,桩帽下部包括50个大直径的灌注桩。

(2)两个高60m的支撑结构,分别位于文娱广场一侧和尖沙咀一侧。

(3)对称抛物线结构部分包括钢管(内六边形),高强钢绞线体系(外六边形),跨度150m的过渡块。

(4)经过斜塔的斜拉索支撑体系,以及保证拉力平衡的桥塔锚固体系。

(5)尖沙咀一侧支撑六边形结构的三个斜墩。

维多利亚港两侧的地质条件是坚硬的花岗岩,位于海洋沉积层和崩积层上。整个结构将会锚固在岩石上,这样不会产生不均匀的沉降。

虽然此工程还需要进一步的研究,但是工程上涉及到的斜塔、斜拉索、支撑体系和斜墩等不会有什么工程上的困难。但是香港地区风的影响很严重,必须采用风洞试验确定结构性质。

斜拉索设计的一个前提条件是其数量必须尽可能减少,以保证龙的建筑外形。这一点可以通过内外六角形结构达到。外部六角形是高强钢绞线体系,经过距离150m的过渡块给内部结构施加压力。内部六角形结构的纵向钢管必须维持在受压状态,以支撑跨度150m的过渡块的自重力。这种设计将会用于超过一半长度的六边形结构,靠斜拉索支撑。剩下的抛物线部分靠斜墩支撑。

六、结　语

“千禧龙腾”计划的目的是给来自世界各地数以万计的游客一次别开生面的旅行。它座落于维多利亚港,每年大约二千万的游客,绝大多数的访港游客将会参观它,整体上也增强了香港旅游业的印象。这项工程是有巨大的潜在商业价值,并会成为香港的新标志。

15. 长跨度吊桥设计之探讨

何国森　朱沛坤　尹耀麟
(迈进基建环保工程顾问有限公司)

摘　要　本文总结了不同设计世代之长跨度吊桥设计的发展,并对其背景、设计概念及空气动力之稳定性作进一步探讨。

本文选取了一组不同类型、不同设计世代,跨度由 1 400～3 300m 的世界著名长跨度吊桥为分析对象,对其空气动力稳定之表现及建造费用进行了系统的分析,进而对各种不同之设计概念作出评估及指出将来的设计方向。

关键词　吊桥　空气动力　世代

一、吊桥的发展

当今吊桥的趋势是主跨度愈来愈长,而主梁厚度则相对地减薄,如表 1 所示。例如 1826 年所建之文南 (Menai) 桥,主跨为 176m,而今天将要建造之墨西拿(Messina)桥主跨长达 3 300m。

长 跨 度 吊 桥　　表 1

年　份	桥　名	国　家	梁高(m)	主跨(m)	D/L	主 梁 类 型	备　注
1826	文南	英国		176			
1864	奇夫顿	英国		214			
1883	Brooklyn	美国		486			
1931	佐治华盛顿	美国	10.97	1 066	1.03	桁架	
1937	金门	美国	7.60	1 280	0.59	桁架	
1940	旧塔可马	美国	2.44	853	0.29	钢梁	于 1940 通车四个月后倒塌
1964	科夫路	英国	8.40	1 006	0.83	桁架	
1964	委纳瑞努海峡	美国	7.30	1 298	0.56	桁架	
1966	塞文	英国	3.00	988	0.30	封闭箱梁	
1981	汉柏	英国	4.50	1 410	0.32	封闭箱梁	
1997	青马	中国	7.60	1 377	0.55	开孔箱梁	双层车道
1998	东大带	丹麦	4.30	1 624	0.26	封闭箱梁	
1998	明石	日本	14.00	1 991	0.70	桁架	
*	墨西拿	意大利	4.50	3 300	0.14	三箱梁	

*尚未建造。

在吊桥的主梁厚度与跨度之比率方面,则由佐治华盛顿桥(George Washington Bridge)的1.03%,减至墨西拿桥(Messina Bridge)的0.14%。就吊桥的主梁实际厚度而言,日本明石桥(Akashi Kaikyo)的主梁厚度是14m,而墨西拿桥的主梁却只有4.5m;但桥梁的主跨却相对地由1 991m(明石桥),增长到3 300m(墨西拿桥)。

吊桥的主跨在作出大幅度的增长时,为什么主梁的厚度可以相对地减薄呢?这主要是由于过去半世纪中,桥梁设计有了很大之进展与突破。

加固桁架(stiffened truss)被应用于吊桥主梁,由来已久,直至今天仍然很受欢迎。这种结构被统称为桥梁主梁之第一代设计,简称"第一代主梁"。

主跨达1 006m和采用加固桁架为主梁的科夫路桥(Forth Road Bridge),在1964年完成后两年,另一著名并有设计新意之塞文桥(Severn Bridge)在英格兰西部落成,其主跨为988m,而主梁则采用封闭式钢箱梁。这意味着一个桥梁设计新纪元之来临,此类封闭式钢箱梁的主梁结构设计,被称为"第二代主梁"。

其实在20世纪50年代,封闭式箱梁已经在欧洲使用在较短跨度之斜拉桥(Cable-stayed bridge)上。在塞文桥建成后,吸引了许多桥梁设计者使用第二代主梁之封闭箱梁设计概念,在世界各地建造主跨度超越1 000m之吊桥。但吊桥主梁设计的抉择,和环绕在第一代与第二代主梁之竞争仍方兴未艾,至上世纪末则达顶峰。事缘在1998年,日本建成主跨1 991m之明石桥并打破了吊桥主跨度的世界纪录,但该桥的主梁依然采用第一代之加固桁架设计。正当第一代与第二代主梁设计谁属优越尚未有结论时,意大利却在2006年宣称已完成连接西西里岛与欧洲大陆的墨西拿桥设计,其主跨长达3 300m,除打破了明石桥的1 991m吊桥主跨的世界纪录外,此桥采用了比第二代主梁更崭新的主梁设计概念,主梁结构由三个在纵向有气隙(air gap)分隔而在横向有横梁(cross beam)连接的封闭箱梁组成,该崭新的主梁设计,被称为"第三代主梁"。

现今乃是困惑之时,当吊桥的主跨度在冲向和挑战2 000m大关之际,桥梁设计者在设计主梁时并未有达成一致的选择,仍然采用着不同的设计概念。如主跨1 624m之丹麦东大带桥(Great Belt East)采用了如塞文桥之封闭箱梁第二代主梁概念;而主跨更长,1 991m主跨的日本明石桥则相反地采用了第一代之加固桁架主梁设计;至21世纪初,意大利将快要动工兴建主跨长达3 300m和采用了第三代多箱梁为主梁的墨西拿桥。然则桥梁设计者何去何从,尚有待探索。

二、主梁三代与空气动力之稳定性

1.设计之元素

设计桥梁的主要考虑元素为:

(1)功能与安全;

(2)造价;

(3)美感。

除了要乘载荷重外,吊桥设计之另一重要考虑元素乃空气动力稳定性(aerodynamic stability),例如涡激振动(vortex excitation),驰振(galloping),抖振(buffeting)及颤振(flutter)等。有些空气动力的不稳定性,如涡激振动,只会令到桥梁使用者产生不适的感觉及影响到桥梁的疲劳效应,而有些空气动力的不稳定性,如颤振,则可导致桥梁结构的倒塌。其中最经典的例子则是美国西岸之旧塔可马桥(Old Tacoma Bridge),在建成使用四个月后,在风速只有18m/s时产生了"颤振",而导致整座桥梁倒塌。此乃空气动力不稳定的结果。

吊桥主梁的结构形式,大致可分为加固桁架型(stiffened truss)及箱梁型(box)两种。与航空的飞机结构不同,空气动力对吊桥结构并非有利。为求空气动力之稳定,其上升力与风阻应当减至最少为佳。

传统的主梁设计当会就此而提供足够的劲度(stiffness),特别是扭转劲度(torsional stiffness),为求达到使惯性力(inertia force)与空气动力不致结合的目的。就此而言,封闭箱梁则较为有效,因它可提高扭转劲度,从而提升扭转频率,而其较为流线型之外形,亦可减低风阻,及对气流的分离有较明确之理解。此乃为何在过去十年,在欧亚两洲(日本除外)颇多采用封闭箱梁为吊桥主梁的原因。

2. 主梁之几何形状

在气动力弹性学(Aeroelasticity)上,其中一个重要考虑因素是结构的几何形状,因其决定了桥梁对空气动力之反应。表 2 收集了不同主跨度吊桥之几何形状关系。由此可看出主梁之深度比 d/D(即由箱梁尖处往下量度之深度与箱梁之总厚度之比值)与箱梁纵横比 B/D(即箱梁之阔度与厚度的比值)有着密切关系。图 1 显示了 d/D 值与$\frac{B}{D}$值呈正比关系,及$\frac{d}{D}$值在 0.6 至 0.8 之间。图 2 展示了风顺角 (fairing angle)θ 与$\frac{B}{D}$值之关系。在所选取的跨度在 988m 至 3 300m 间的吊桥中,风顺角在 50° 至 70°之间。

长吊桥之几何尺寸与相应之临界颤振风速 表 2

桥名	建成年份	Generation	主跨(m)	b(m)	D(m)	bb(m)	d(m)	$2b/D$	d/D	bb/b	上风顺角	下风顺角	总风顺角(°)	100 ($2b/L$)	颤振风速(m/s)
旧塔可马	1940	第一代	853	5.95	2.44	/	/	4.88	/	/	/	/	/	1.40	18
塞文	1966	第二代	988	11.42	3.05	4.57	1.90	7.49	0.62	0.40	30.80	22.60	53.40	2.31	65
汉柏	1981	第二代	1 410	11.00	4.50	7.40	2.97	4.90	0.66	0.67	35.40	21.00	57.30	1.56	60
东大带	1998	第二代	1 624	15.50	4.34	6.00	3.00	7.20	0.69	0.39	26.60	26.60	53.20	1.91	70
墨西拿	*	第三代	3 300	26.00	4.50	17.25	3.50	11.60	0.78	0.66	35.00	11.50	46.50	1.58	80
明石	1998	第一代	1 991	17.80	14.00			2.54	/	/	/	/	/	1.79	85
青马	1997	开孔二代	1 377	20.50	8.00	7.43	4.68	5.10	0.59	0.36	35.70	32.20	67.90	2.98	99
青龙 I	*	开孔二代	1 418	19.00	5.00	7.45	3.38	7.60	0.68	0.39	26.60	24.40	51.00	2.68	93
青龙 II	*	第三代	1 418	23.20	3.52	15.6	2.88	13.19	0.82	0.67	35.17	10.46	56.60	3.27	/

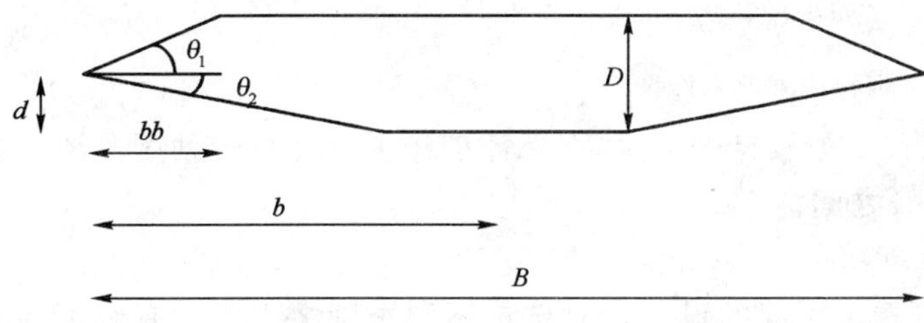

b = half of deck width
bb = distance of lower nosing
$B=2b$, width of the deck
d = lower depth of the deck measured from nosing point
D = depth of the deck
θ_1 = upper nosing angle
θ_2 = lower nosing angle
$\theta=\theta_1+\theta_2$ = the fairing angle of the deck

在传统的气动力设计上,当跨度越长,则桥宽越阔,又或令主梁厚度加大,从而提供足够的劲度。然而增加主梁厚度则会令风阻变大,是以增加主梁宽度成为较有效之办法。当跨度变长而梁宽增阔至一定程度时,则有必要提供气孔以增加气动力的稳定性(如青马桥)。

当梁宽变得过阔,又或加之气孔过大,实则而言,单一箱梁便会自然地分拆为两个或三个箱梁,以气隙代替气孔分隔箱梁,为求达到气动力之稳定。李察信(J. R. Richardson,1981)提议当主跨很长时,可将主梁分拆为两个箱梁,并排而行,由横梁连接。如此安排,则具破坏力之空气动力的不稳定,只剩单元颤振(Divergance),而其临界风速可增至任何高值,其稳定主梁的方法是将此等箱梁分隔得更远(即扩大

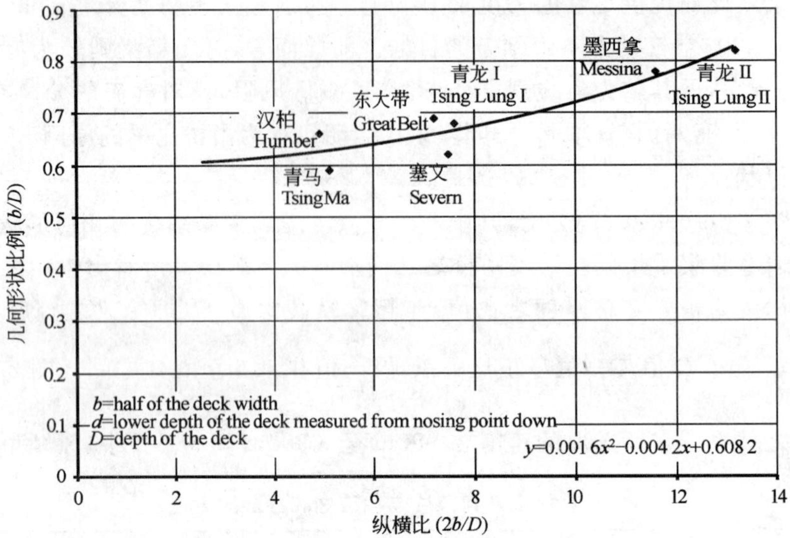

图1　几何形状比例与不同纵横比值之关系

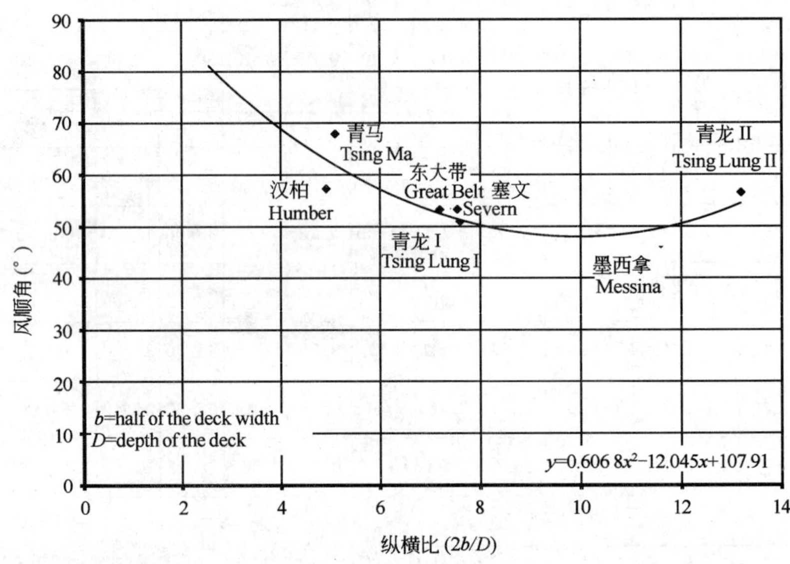

图2　风顺角与纵横比之关系

气隙)。这是一个崭新设计概念,并孕育了第三代主梁设计的诞生,而无需依赖主梁之扭转劲度。图3显示了三代不同设计吊桥之 B/L 值在1.5%至3%之间。

3. 近今之设计方向

在回顾过去的长跨度吊桥(参看表1)中,可看到不同的设计者对选择不同类别之主梁时有着不同的构思。例如苏格兰的科夫桥(Forth Road Bridge)与塞文桥(Severn Bridge)有差不多相同的跨度(1 006m与988m),但于1966年建成的塞文桥却采用了第二代封闭箱梁,而于1964年完成的科夫路桥,则选用了第一代之加固桁架。有趣的是此两座吊桥的设计者均为同一间设计公司。在美国,金门桥(Golden Gate Bridge,1937年建成,主跨约1 280m)与委内瑞卢桥(Verrazano Narrow Bridge,1964年建成,主跨1 298m)则全部选用加固桁架。至上世纪八十与九十年代,钢箱梁渐多被采用,计有英国的汉柏桥(Humber Bridge),主跨1 410m;中国香港的青马桥(Tsing Ma Bridge),主跨1 377m;中国的江阴桥(Jiangyin Bridge),主跨1 385m及丹麦的东大带桥(Great Belt East Bridge),主跨1 624m。虽则如此,但加固桁架主梁仍被继续采用,日本于1998年建成的明石桥(1 991m主跨),即为一例。由此可见,日本与

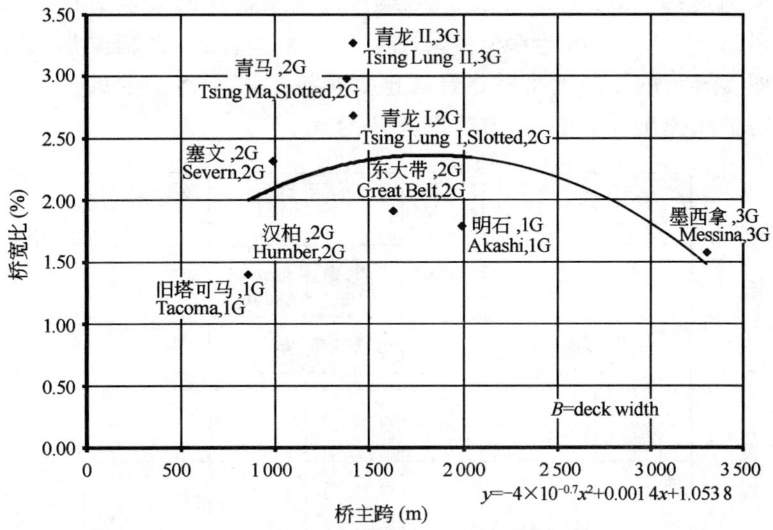

图 3 主梁宽度比与主跨之关系

美国对第一代主梁的加固桁架,仍不离不弃。

4. 造价比较之考虑因素

桥梁设计者最感兴趣的是功能与安全(例如临界颤振风速),造价及美感。去比较不同主跨的吊桥造价并非易事,原因是较长跨度的吊桥建造费用,不论在整体费用或单价上都会比短跨变吊桥昂贵,而跨度与造价的关系则不易做定量分析。

过去十年,在香港建造或设计完成的两条长跨度吊桥包括:(1)青马桥(Tsing Ma Bridge),其主跨为 1 377m 及采用第二代主梁的开孔箱梁,建成于 1997 年;(2)青龙桥 II(Tsing Lung Bridge II),1 418m 主跨,完成设计于 2002 年,主梁采用第三代的双封闭箱梁设计,尚未开始建造,但已有造价。此两吊桥可用来作有效的比较,因都在香港,并且选址相距甚近,其设计风速亦大致相同。而两桥的设计时间亦只相隔数年而已,两座吊桥的主跨度,亦只相差不过 3%,其主梁设计则分别采用第二及第三代主梁之概念。以此两座吊桥的结构设计和造价作比较,将会是较有意义的比较。

虽则在重新设计新塔可马桥时,研究结果显示在主梁上开设不同大小的气孔会对气动力(aerodynamics)之稳定有显著的效果,但英国塞文桥及丹麦之东大带桥的主梁,虽然皆采用了第二代主梁封闭式箱梁,却没有加设气孔改善气动力的稳定性。反之,香港的青马桥及青龙桥 I 工则选用了开孔的箱梁。另一条有主跨 3 300m 之意大利墨西拿桥则是第三代多箱梁设计,此特大跨度之第三代设计将用作与主跨 1 991m 之第一代桁架主梁之日本明石桥作比较。如此可对不同设计概念的吊桥作有效的比较。

5. 气动力设计之考虑

从只投入使用数月的旧塔可马桥于 1940 的倒塌事件中可得到启示,即需要对吊桥的气动力弹性做深入研究和理解其特性及状况。普通惯常的设计程序多只致力于结构的强度,而气动力设计则需多注视在劲度、阻尼特性及会影响气动力稳定之外形。因此各自有不同的设计观念。

设计长跨吊桥的重要考虑因素乃颤振稳定性。对拥有一种既定外形的弹性体而言,它的弹性劲度是不受风力之约束。然而由空气动力而产生的力量则会因风速上升而急剧增加。当风速抵达一临界点时,吊桥便会不稳定。而此不稳定,就结构而言,则与支柱之破坏性压屈(buckle)相类似,它并非取决于结构之终极强度,而是依赖于空气动力所形成的力矩与扭曲的相互关系。

三、空气动力之效能

对空气动力效能的极限评估就是评估吊桥所能承受的临界颤振风速。图 4 展示各长跨度吊桥的临界颤振风速。旧塔可马桥(第一代主梁)于 1940 年倒塌时之风速只为 18m/s,而意大利墨西拿桥(第三代主梁)的设计则可承受风速高至80m/s。同是采用第一代主梁设计的日本明石桥,有14m厚度的加固桁架主梁,其临界风速可达至85m/s;香港青马桥采用第二代主梁设计,在箱梁加设气孔,则将临界颤振风速推至99m/s,此乃图4展示的长跨度吊桥之最高颤振风速。若不将香港的两条吊桥包括在内,依最适线计算,显示最高之颤振风速则为80m/s(参看图4及图5)。

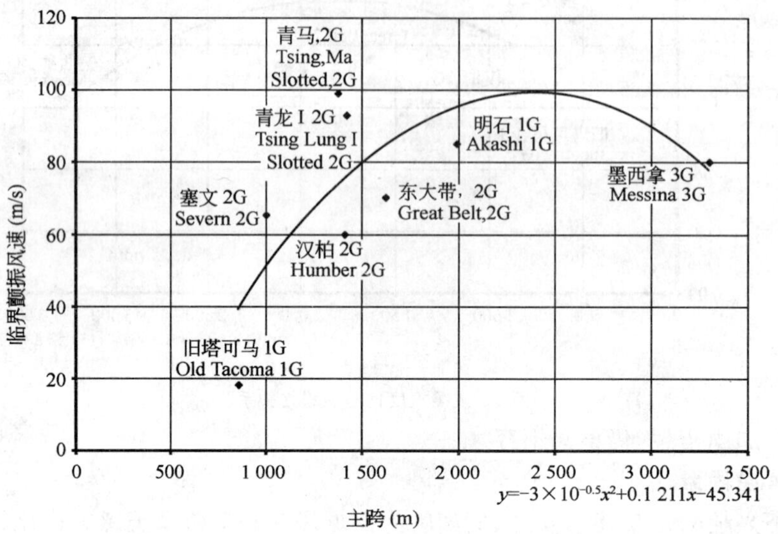

图4 临界颤振风速与主跨长度关系

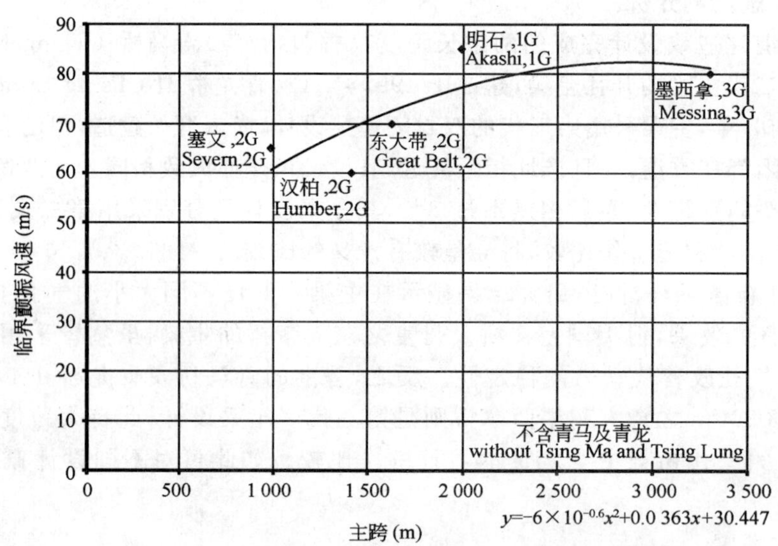

图5 临界颤振风速与不同主跨的关系

四、造价之比较与美感之鉴定

1. 造价比较之基准

四条长跨吊桥,即墨拿西、明石、青马及青龙II被选为样板桥进行比较,其原因如下:因它们包括了三代不同主梁类型之设计,及都是在过去十年间建造或设计,如是者将会组合成较有意义之比较。较古旧的吊桥则不太适合,因过去50年之通胀可令精确换算造价有困难。墨西拿桥与青龙桥II均在2000年初完成设计,而青马及明石桥则分别于1997年与1998年建成,详细造价数据及通胀资料分别展示于表3及表3a。从中可看到香港与日本由1998至2006年之平均通胀刚为负值(表3a)。为求简洁,通胀影响不作调整。又因每种吊桥运载的行车道数目均有所不同,在此首先假设首两条行车道为“基本成本”,由第三条行车道开始应用折减因数(参看表3b)。

造价比较 表3

	Generation	1G	Slotted 2G	3G	3G
	桥名	明石	青马	青龙 II	墨西拿
	年份	1998	1997	*2002	*2006
	主跨(m)	1 991	1 377	1 418	3 300
	总长(m)	3 911	2 160	1 862	3 666
	总建造费	(a)美金43亿	(b)港币72亿	(c)港币78亿	(d)(e)欧元31亿
	合港币(百万)	33 600	7 200	7 840	31 742
	2006价格(百万)	33 600	7 200	7 840	31 742
	行车道	6	6	6	6
	Service & Emergency Lanes	/	2	2	2
	火车道	/	2	/	2
	总车道数目，不含折减	6	10	8	10
	车道数目含折减	4.5	5.5	5	5.5
	单价(港币百万/米)	8.591	3.333	4.211	8.658
不含车道折减	单价(港币百万/车道/米)	1.43	0.333 3	0.53	0.87
含车道折减	单价(港币百万/车道/米)	1.91	0.606 1	0.84	1.57
	主跨(m)	1 991	1 377	1 418	3 300
	单价指数(每延米)	2.58	1.00	1.26	2.60
不含车道折减	单价指数(每车道每米)	4.30	1.00	1.58	2.60
含车道折减	单价指数(每车道每米)	3.15	1.00	1.39	2.60

*估价年份

资料来源	
	(a)Building Big：databank
	(b)Wikipedia encyclopedia
	(c)WSP Asia—Project，Jan. 2002
	(d)68% for cost of bridge，32% for approaches，according to Guiseppe Fiammenghi of Stretto di Messina S. p. A.
	(e)NCE 10 June 2004

香港与日本之通胀* 表3a

年　份	香港通胀(%)	香　港	日本通胀(%)	日　本
1998	2.9	0.029	0.7	0.007
1999	−4.0	0.040	−0.3	−0.003
2000	−3.7	−0.037	−0.7	−0.007
2001	−1.6	−0.016	−0.7	−0.007
2002	−3.1	−0.031	−0.9	−0.009
2003	−2.6	−0.026	−0.3	−0.003
2004	−0.4	−0.004	0.0	0.000
2005	0.9	0.009	−0.3	−0.003
2006	2.0	0.020	0.2	0.002
平均通胀		−0.010 67		−0.002 56
		(−1.067%)		(−0.256%)

* from Federal Reserve Bank of Cleveland

造价比较选用之车道折减因数 表3b

车道	折减因数	考虑数目	考虑之车道数目	实际车道数目
1&2	1	2	2	2
3&4	0.75	1.5	3.5	4
5&6	0.5	1	4.5	6
7&8	0.25	0.5	5	8
9&10**	0.25	0.5	5.5	10

** 铁道被考虑为一车道。

建造长跨度吊桥比短跨度吊桥昂贵是可以理解的。去比较青马与青龙桥II就颇有意思,因为两座吊桥的跨度相差只有3%(1 377m与1 418m),而其设计则采用不同的概念,青马桥采用开孔的第二代箱梁,而青龙II则是第三代的双封闭式箱梁。更有意义者是他们的建造与设计的年份颇为相近。为使令造价比较更为合理与贴切,建造单价分别换算为吊桥每米长度(含所有车道)的单位价格及每车道每米之单位价格。

就所选之四条吊桥而言,每米(单位长度)造价最低者为青马桥,详细资料可参阅图6。倘若采用青马桥的建造费为基数,则可引导出一系列的指数,从而可直接对不同跨度、不同概念之设计作出有意义的比较。

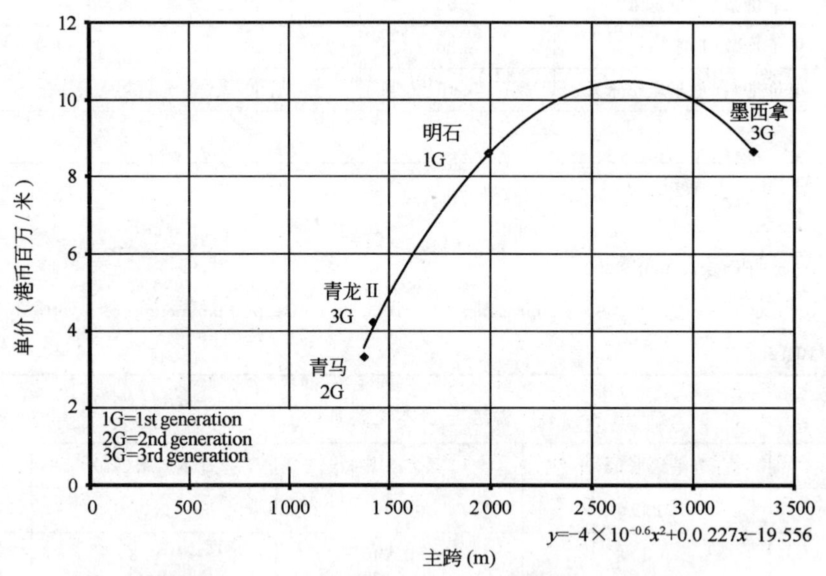

图6 不同主跨的单位造价

2. 第一代与第三代的主梁比较

由以上之单位价格指数可得出明石桥与墨西拿桥的每米长度(含所有车道)造价指数分别为2.58与2.60(参看表3及图7曲线C),青马桥则为1.0基数,因为以它的单位造价为最低。但明石桥与墨西拿桥均比青马桥长,直接地用此作为比较会意义不大,因跨度对造价之影响并不容易准确估算。然而间接之比较可由不同的领域而得到。因不同的吊桥具有不同数目的行车道,若建造单价只考虑每米长度(含所有车道)造价而不考虑行车道数目,则其比较结果会欠公允。为使比较更趋实际,下一步之做法是将行车道数目融入比较指数中,使之为每车道之每米造价,如此可得到明石与墨西拿桥的单位造价指数分别为4.30与2.60(图7曲线A)。在此基础上更进一步的理性方式则为考虑引进行车道的折减因数,因实际上建造越多行车道则其“平均”造价会越低。原因是所有的行车道皆共享吊桥的主缆、桥塔及地基，虽则增加行车道会使此等结构部分加大，但此并非以直线比例增加，例如，建造双车道桥并不一定是单车道桥之两倍。假若引进之行车道成本折减因数如表 3b 所示，则明石桥与墨西拿的建造单价指数分别为 3.15 及 2.60（参看图 7 曲线 *B*）。虽则行车道成本折减因数的定量估算并非易事，但相信较接近实况者乃介乎曲线 *A* 与 *B* 之间，或更接近图 7 之曲线 *B*。至此情况较为清晰，显示第一代主梁设计之明石桥较第三代主梁之墨西拿桥昂贵，尽管明石比墨西拿桥的主跨短 40%（1 991m 与 3 300m 之比较）。墨西拿桥之临界颤振风速为 80m/s 与明石桥之 85m/s 则颇为相近。在此示范了第一代与第三代主梁设计的效率比较，而其他考虑因素，如加固桁架之长期保养护理费用所需，亦应在考虑之列。

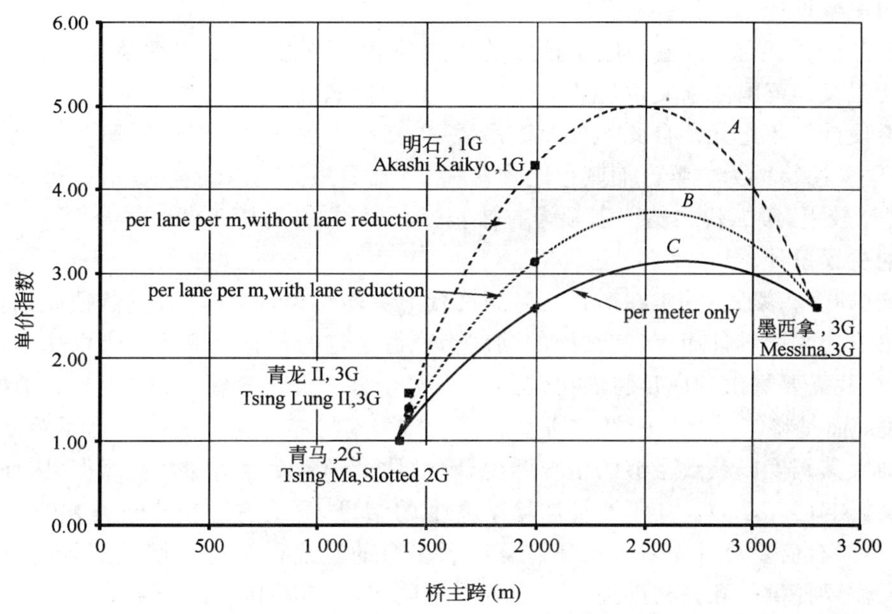

图 7 单价数与主跨之关系

3. 第二代与第三代的主梁比较

由于青马桥与青龙桥 II 的主跨差不多，及建造与设计年份亦相近，可用之作直接比较。如果以每米长度（含所有车道）造价为比较的话，造价指数展示第三代设计之青龙桥 II 较之第二代设计的青马桥昂贵 26%。但由于青马桥布置八行车道及两列火车轨道，较之青龙桥 II 的八车道为多，较为理性的比较是将车道数目亦在考虑之列。其结果显示第三代之青龙桥 II 比第二代之青马桥昂贵 39% 至 58%（在乎于考虑车道成本折减因数与否）。就临界颤振风速而言，因缺乏青龙桥 II 之公开资料，但若以青龙 I 的资料为依据，其临界颤振风速为 93m/s。又青龙与青马桥的地理位置接近，相信其设计准则大致相同。倘若设计之目的为求达到设计规范，则是否有需要为求达至采用第三代之设计而该付 39% 或以上之建造费用？除非为考虑其美感因素。一个成功的气动力弹性设计应在于吊桥除了承受荷重及风力外，而不需增加额外物料而最终增加其建造费用。

4. 造价比较之总结

从上面对造价与气动力表现的比较，可看到当主跨度在 1 991m 与 3 300m 间之吊桥，第三代之设计会较第一代优越。需就 1 400m 左右主跨而言，开孔的第二代箱架则会比第三代箱架设计更有表现。由于超越 1 500m 主跨之吊桥所建不多，更确切的结论尚需更多的数据去证实。

5. 美感的鉴定

美感是颇为个人的感观。到底哪种结构形式更为吸引呢？加固桁架还是箱梁呢？有人会认为加固桁架是正统及可以接受者，但亦有人认为加固桁架结构缺乏统一性，加固桁架中的许许多多细少构件会带给人凌乱的感觉，就如一盒意大利面条一样。有人认为简洁便是美，是否认同则见仁见智。

五、将来设计方向的探讨

1. 第一代之主梁设计

然则如何去对吊桥第一，二及三代主梁设计定位？第一代的加固桁架主梁的应用由来已久，是一传统的结构形式。1964年在美国被用在长达1 287m主跨的纽约委纳瑞卢桥(Verrazano Narrow Bridge)至1998年建成的1 991m主跨之日本石桥，为要应付主跨度的大幅增加及满足设计风速的需要，其主梁的加固桁架深度从7.3m(委纳瑞卢桥)增至14m(明石桥)，此乃由于扭转劲度会随主跨度的增加而锐减，再者一般在加固桁架设计上，桥面对主梁劲度的贡献往往会在不考虑之列，为此会在造价上付出代价。

2. 第二代的主梁设计

箱梁的应用始于战后欧洲，主要用于较小跨度斜拉桥。及至1966年罗拨士爵士(Sir Gilbert Roberts)采用此类型设计英国之塞文桥(主跨988m)。其封闭式箱梁即成为吊桥的经典，亦标志着第二代长跨度吊桥主梁设计的新纪元。自此不少大型吊桥，包括在中国之青马、江阴桥、英国之汉柏桥及丹麦的东大带桥，都相继采用箱梁为主梁。而其中之青马桥，其临界颤振风速高至99m/s，远抛离始祖塞文桥之65m/s。在造价比较上，第二代之箱梁则颇为有效，其效果可在青马桥看到。

3. 第三代的主梁设计

第三代主梁(即多箱梁式)其实在形式上是第二代单一箱梁设计之延续，虽然彼此的设计概念不尽相同。就第一及第二代主梁设计而言，其结构的劲度为颤振稳定的最有力保障。为求达至气动力弹性稳定的风速，设计者往往需要提供相应足够的扭转劲度。而在第三代之多箱梁设计上，其颤振稳定无需依赖箱梁的扭转劲度，而是将箱梁之间的气隙增大而达至提高其临界风速的效应。当主跨变得很长时，第二代箱梁有需要加大其阔度以获致足够的扭转劲度，因增加箱梁厚度会增加其受风面，因而增加风之阻力，随而增加有不良影响的气动力。在不断增加箱梁宽度的结果，导致有一交集点之出现，就是在宽度到一定的定点时，单箱梁有需要分拆为双箱或三箱梁，因多余的宽度行车是应用不到，而变成浪费。另一原因则是因设计所需要提供气孔去帮助提升其临界颤振风速，如青马桥所示。

4. 不同类型主梁之跨度界限

每个设计均需去满足其风速设计规范。从以上的比较可看到，当主跨增长至1 400m时，开孔的第二代箱梁不失为具有成本效益的设计(参看青马与青龙桥II之比较)。丹麦东大带桥之第二代封闭箱梁设计将主跨增长至1 624m高位，若将第二代设计加上适合之气孔或其他有效的风向引导装置，则第二代主梁设计应可提升至2 000m左右的主跨度；若再增长主跨度至2 000m以上的话，则需要在第二代箱梁设计进一步提升扭转劲度，造价方面亦可能会因此而提高。在这情况下，第三代多箱梁设计或许会是另一之选择方案。而真正的答案，则是一个能够平衡造价与颤振稳定对冲因素，并达到具备成本效益的设计。

自英国塞文桥于1966年建成后，除了日本之明石桥与南备赞濑户桥(Minami-Bishan Seto Bridge)外，没有其他超越1 000m主跨的吊桥选用加固桁架为主梁之设计。造价之比较显示出第一代的加固桁架并非是成本效益的首选，而第二代之箱梁设计在低于1 000m主跨的范畴中仍具竞争力。

5. 其他空气动力影响之考虑

史卡伦(Scanlan)于1969提出应用一系列空气动力导数(aerodynamic derivatives)，H_i 及 A_i($i=1,2,3,4$)为颤振现象研究之用，此等导数乃 K 之无单位函数，K 则定义为 $K=B\omega/U$，而 B 为桥面宽度，U 为风速，及 ω 为振动周频。基本上此等导数可用作与移动有关之空气动力阻尼(正或负值)之定量分拆，及鉴定气动力偶合的可能性。

图8a及8b分别展示了青马桥、大带东桥及墨西拿桥之空气动力导数 A_2 与 H_1，同时将旧塔可马桥及机翼的相应资料一拼画出来作为比较之用。由此可看到第二代主梁，即青马及东大带桥的空气动力导数紧贴着机翼的模式，而第三代的墨西拿桥的导数则有跟随着在1940因颤振而倒塌的旧塔可马桥的趋势。当 A_2 在增加风速的同时，呈现有正负逆转，此为显示有单元颤振的可能，如青马桥在风洞试验结果所示。

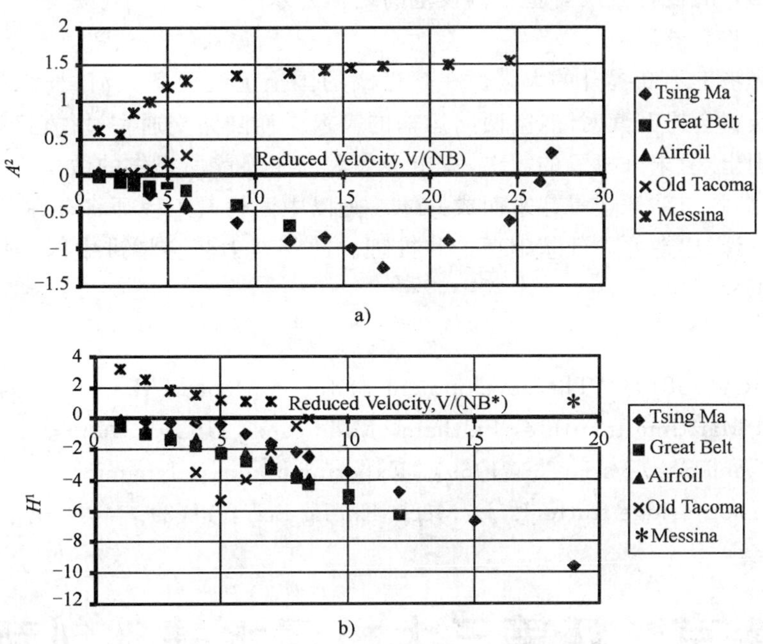

图 8 青马桥、大常东桥、墨西拿桥空气动力导数比较

抖振为桥梁在紊流中之不规则移动，常在当两条桥相距颇近时发生。在此情况下，有可能由迎风桥形成紊涡流（turbulent eddies）刺激背风桥产生抖振。

在现代吊桥设计中，除去令主梁的几何形状更具流线型去提高桥梁之稳定性外，再着眼于使主梁更宽，特别是在第三代主梁设计上，在宽阔的箱梁间提供较大的气隙，如是者实际上已形成了相互分离的迎风及背风桥面，而背风桥面则处在由迎风桥面所产生的紊尾流（turbulence wake）中。当基本的颤振稳定看来会因较宽的桥面而提增，而在另一方面，风的垂直分力会较水平分力对桥之抖振会有更重要影响，是以宽阔的桥面会有吸引较大抖振的趋向。风洞试验结果显示墨西拿桥在紊流中其抖振反应会随紊流强度之增加而成正比例增加。当桥面变阔，其连带引致的抖振作用便会引致更多的关注，应视之为一重要的由风而产生的问题。

除了要考虑建造费用外，在此有理由相信有继续保持警觉的需要，去确保在第三代主梁设计上，由于提供较阔桥面及较大气隙而取得的好处，会清晰地显示比抖振作用所引致的危险更有价值。

6. 黑猫与白猫

第三代主梁设计是应用新的概念，在过去 20 年，研究此新设计概念一直在进行中，特别是在墨西拿桥之风洞试验上显示出其跨越 3 000m 以上跨度的可行性。但直至现在，尚未有一座真正采用第三代主梁设计的长跨度吊桥建成。除开理论基础，实际的蕴含推理和假定，尚有待基本的测试。实践是理论验证的标准，或者无需在形式上太计较是第二或第三代，能满足设计需求者便为好设计，同时需要找到建造费用与结构安全的平衡点。正如不论白猫与黑猫，能捉到老鼠的便是好猫一样。

7. 第四代设计

根据吊桥过往多年的发展历史，跨度与主梁设计的进展乃沿以下三个科技领域发展的结果：

（1）模拟技巧对气动力表现之评估有助于第一、二与三代主梁设计的进展。倘能令模拟再进一步提高其精确度，则有助对于决定主梁外型及主跨有更一步的认识。

（2）应用于主梁及主缆的材料的发展方面。由早期铁链主缆发展至今日之钢线实为一证明。下一代的吊桥将可能使用碳光纤合成主缆，其强度高而质量轻的特性将会对吊桥发展有所贡献。

（3）其他方面如现成吊桥在不同情况下的结构使用状况的监控，将更有助于验证吊桥的表现，从而引进模拟技术的发展。

有理由相信第四代的设计发展将基于科技范畴之提升水平。

8. 中国的桥梁工程之进展

中国为一个在经济上不断提升的大国。在其辽阔的国土上被两条大河，长江与黄河，分隔成三大部分。由于经济的增长将会提升其对陆、空两路运输的需求。而陆路交通在过往已建造不少桥梁去连贯被两条大河所分隔的国土，但未来桥梁的需求，肯定会大大高于目前所提供的数量。在香港，同样存在着此机遇，因有需要将各岛屿与陆地连贯起来而成一体。是以中国桥梁工程师将有许多机会去掌握和参与大桥行业及去精确地设计、建造并验证基础理论和推理。此等努力将会增进中国的桥梁技术，及令祖国成为一个先进的桥梁工程国家。

参考文献

[1] Richardson J. R. (1981). 'The development of the concept of the twin suspension bridge' NMI R125, National Maritime Institute, Feltham, Middlesex, UK.

[2] Scanlan, R. H. and Sabzevari, A. (1969) 'Experimental aerodynamic coefficients in the analytical study of suspension bridge flutter'. J. Mech. Engng Sci., 11(3).

16. 南京长江第三大桥深水基础创新技术

钟　瑶

（南京长江第三大桥建设指挥部）

摘　要　南京长江第三大桥主塔墩处于深水条件下，为有效地控制深水基础的施工周期，保证汛期施工安全，不能采用常规的深水基础施工方案，必须研究新的深水基础施工技术。开展的研究工作包括：(1)深水基础设计施工新技术研究；(2)水动力条件下超大结构稳定性研究；(3)深水基础局部冲刷与稳定性研究；(4)基于光纤光栅传感器的桥梁施工监测研究。

关键词　深水　基础　创新　技术

1. 工程概况

南京长江第三大桥位于南京长江大桥上游19km的大胜关，离长江入海口350km，主桥为63＋257＋648＋257＋63＝1 288m五跨连续钢塔钢箱梁斜拉桥(图1)。

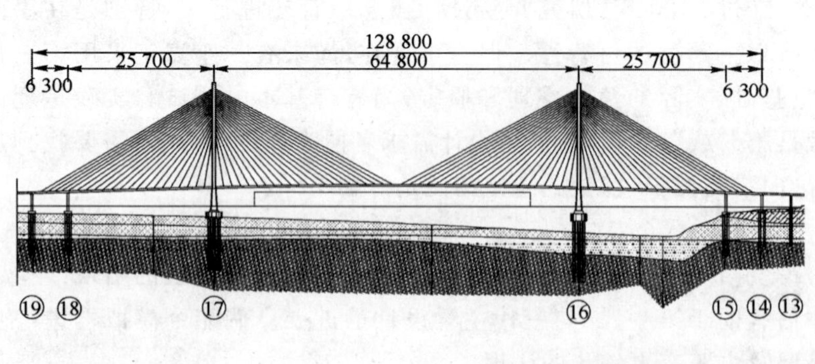

图1　总体布置

设计船舶撞击力：顺桥向135 000kN，横桥向27 000kN。主桥南主墩墩位处水深流急，常水位下水深45m，水流速度2.9m/s，施工难度特别大，为我国建桥史上遇到的水深最深、水文条件复杂的深水基础。

2. 深水基础主要技术参数

南塔墩位于长江深泓北侧，接近深泓，河床高程－35.7～－37.5m。覆盖层为粉细砂、中粗砂、砾石层及卵石层，总厚度为34.5～39.7m。覆盖层中散布有硅质、钙质、铁质的砂盘，强度极高。卵砾石层在墩位处分布较平稳，厚度变化不大。基岩为泥岩，层顶高程为－69.66～－74.32m。基岩南侧低，北侧高，与地形变化基本一致，较为平缓。

南塔基础采用高桩承台基础形式(图2)。承台为哑铃形状，两端为圆形，中部为矩形系梁。索塔承台平面尺寸为横桥向长81m，圆形部分直径为26m，系梁宽10.8m；承台高7.5m，底面高程－9.5m，顶面高程－2.0m；封底混凝土底面高程－14.1m，封底混凝土厚4.6m。

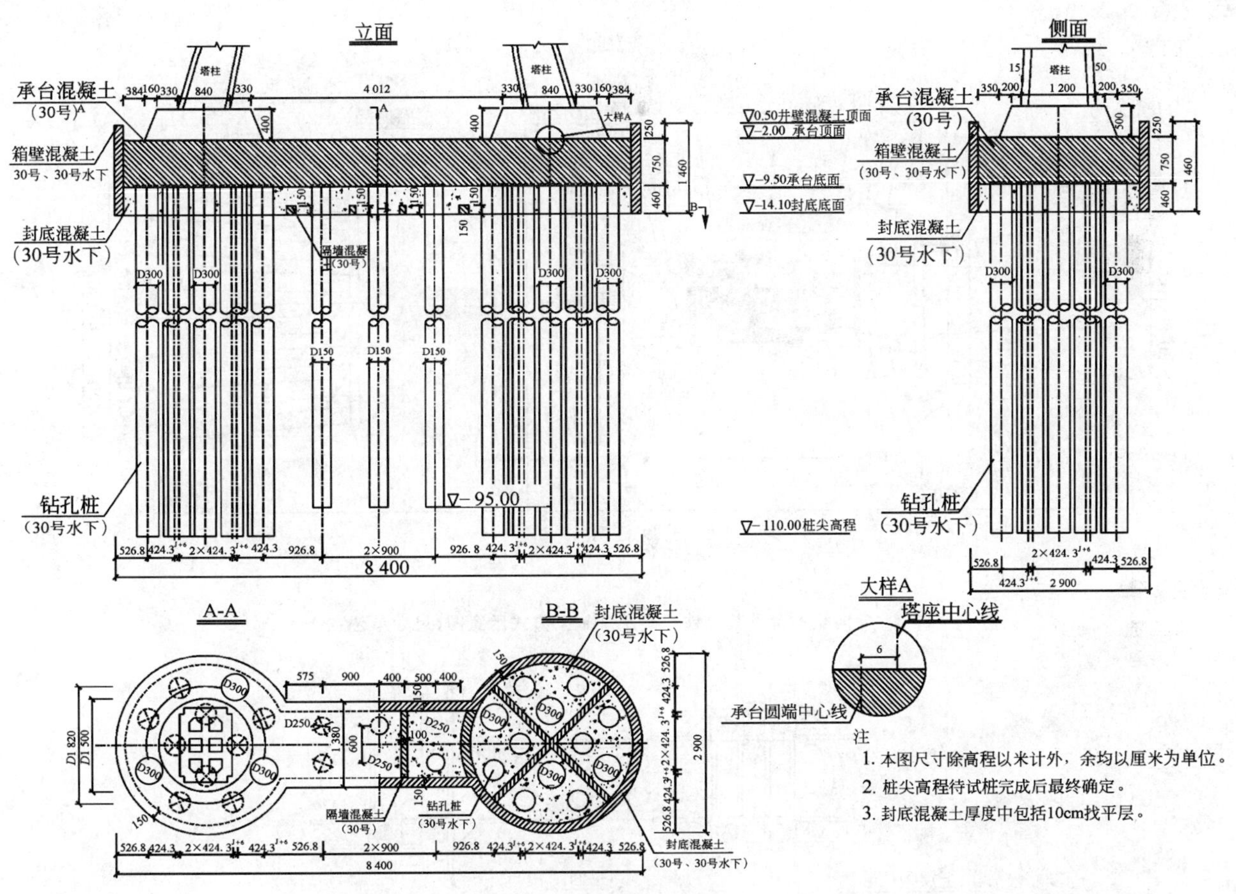

图2 南塔基桩承台平面布置及套箱施工(尺寸单位：cm)

基桩数量为30根，其中两圆端各12根，系梁部分为6根。圆形部分基桩直径为3.0m，桩底高程－110.0m。矩形部分基桩直径为2.5m，桩底高程－95.0m。

南塔基础采用哑铃形双壁有底钢套箱，平面尺寸为84m×29m，系梁部分宽13.8m，高度为22.1m，壁厚1.5m。钢套箱在船厂加工完成后，浮运至现场。

3. 深水基础设计施工技术

(1)首次提出并采用钢护筒、钢套箱组合刚构钻孔桩施工平台体系，进行深水基础施工，创造性地将高柱承台基础施工中的钢护筒、钢套箱有机结合，充分利用钢套箱的结构刚度及自浮能力和钢护筒的自身刚度，共同形式稳定的深水钻孔灌注桩施工作业平台。

(2)将基础施工中临时结构与永久结构合而为一，减少深水基础施工难度，克服了以往采用钢围堰或沉井施工工法需着床与嵌岩等困难，有效减少施工期基础局部冲刷深度，增强了基础施工的安全度。

(3)利用强大的锚碇系统和定位导向船系统完成钢套箱的定位。钢套箱在护筒打入前必须依靠强大的定位系统进行定位,才能顺利准确的打设钢护筒。通过锚碇系统的定位,使钢套箱在水中的摆动幅度小于20cm,并选择适当的时机,进行定位护筒的沉设,完成平台的平面定位(图3～图6)。

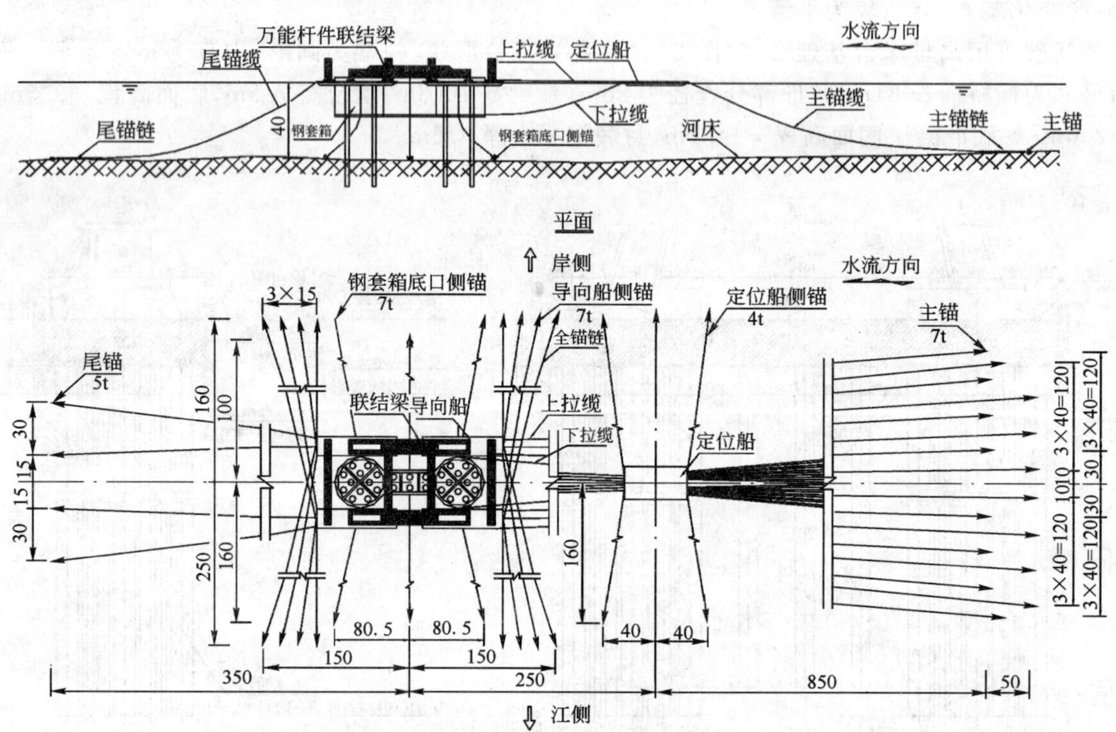

图3 导向船平台及其全铁锚碇系统施工方式示意图(尺寸单位:m)

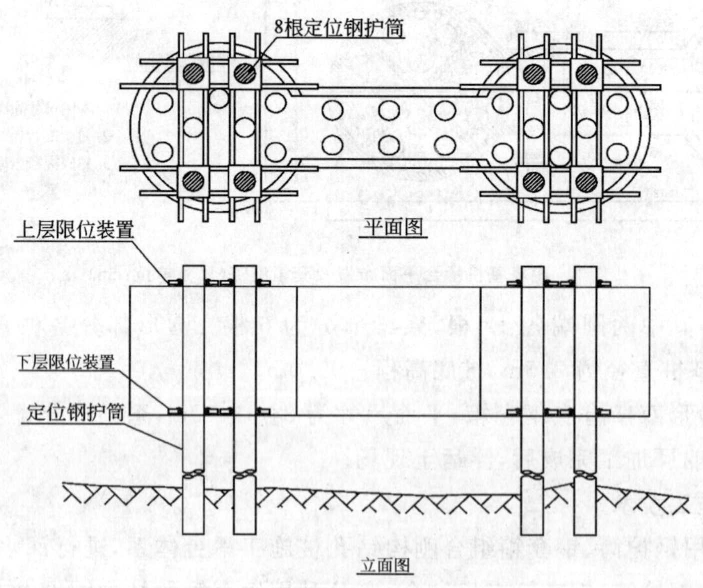

图4 定位钢护筒分布图

(●为定位钢护筒)

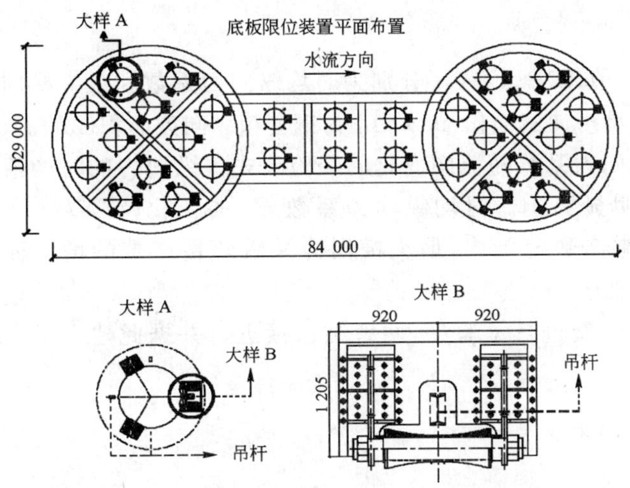

图5 套箱底钢护筒导向定位装置图(尺寸单位:mm)

图6 套箱浮运至现场

(4)通过成功应用钢护筒、钢套箱自身刚构平台系统,在一个枯水季节完成了基础施工。使得深水基础施工不再依靠大型钢围堰和沉井,钢套箱不需要着床,大大地节约了施工用钢材,同时因避免了围堰下沉嵌固而节约施工费用。对于施工水深40m以上、覆盖层达40m的基础施工,具有非常重要的指导意义。本与钢围堰或沉井设计施工方法对比情况(表1)。

深水急流基础设计、施工方法对比表 表1

名 称	钢围堰或沉井基础设计施工方法	钢护筒、钢套箱自身刚构平台体系基础设计施工方法
基础形式	钢围堰、基桩、承台的组合基础或沉井基础	高桩承台基础
规模所达到的平面尺寸	φ36①(m)	29×84(m×m)
所达到的水深和流速	40②(m) 2.6②(m/s)	50(m) 2.9(m/s)
施工特点	在枯水季节开始施工,必须在第一个枯水期内完成渡洪准备;在第二个枯水期才能进行抽水浇筑承台施工	可从汛期内开始施工,基础施工在一个枯水期内全部完成
材料用量	大	对于水深50m,覆盖层40m的基础,与钢围堰或沉井相比,至少可节省70m高度的庞大钢结构构件的材料用量少
工作量	大	对于水深50m,覆盖层40m的基础,至少可避免40m深度的大面积的清土下沉嵌固施工。工作量小
工期	施工占用两个枯水期,施工时间长	与钢围堰或沉井设计、施工方式相比,可节约工期6~8个月
造价	高	在南京长江第三大桥,与钢围堰或沉井基础设计、施工方式相比,可节约造价1.18亿元
适应性	江、河、湖、海;50m或更大水深,3m/s或更大流速的水文条件	江、河、湖、海;50m或更大水深,3m/s或更大流速的水文条件

注:①②南京长江第二大桥钢围堰、基桩、承台组合基础的钢围堰尺寸。

4.水动力条件下超大结构稳定性研究

(1)通过试验,掌握了钢套箱上所受水流力的变化规律。纵向水流力及横向水流力均随流速增大而增大,并和吃水深度成正比。建立了大型哑铃型钢套箱纵向水流力和横向水流力计算公式:钢套箱所受的纵向水流力的时均值和横向水流力的最大值分别为:

$$F_S = C_S \frac{\rho}{2} V^2 A_S$$

$$F_H = C_H \frac{\rho}{2} V^2 A_H$$

式中 F_S、F_H 分别为纵向力时均值和横向力最大值(kN)，C_S、C_H 分别为时均纵向力系数和最大横向力系数，V 为流速(m/s)，ρ 为水密度(t/m^3)，A_S 为钢套箱横向截面积(m^2)，A_H 为钢套箱纵向截面积(m^2)。

依据试验结果，给出了纵向力系数推荐值和横向力系数随流向变化的经验公式。纵向力的时均值和流速的平方成正比，雷诺数对时均纵向力系数无明显影响。时均纵向力系数 C_S 的变化范围为 0.9—1.1，在工程应用中可取 C_S=1.1。在本次试验的雷诺数范围内，最大横向力系数随雷诺数的增大而减小，这一趋势和有关文献中圆柱横向力试验结果类似。

(2)进行波浪力物理模型试验并对波浪力数学模型进行了验证，两者结果接近。并据此建立了大型钢套箱波浪力数学模型：

$$\vec{P} = -\oint_C \int_{Z_1}^{Z_{2_0}} p(x,y,z)\,\mathrm{d}z\,\mathrm{d}\vec{n}$$

式中 $p(x,y,z) = \frac{\rho g H}{2} \frac{\cosh k(z+d)}{\cosh kd} [\phi_i(x,y) + \phi_s(x,y)] e^{-i\omega t}$

z 为垂向坐标，ω 为波浪角频率，d 为水深，ρ 为水密度。

根据试验，波浪力的大小和波高成正比关系，横向浪是最不利的波浪方向。在 $H_{1\%}$=1.50m、$\overline{T}$=3.50s时最大波浪力出现在90°入射角时，横向波浪力达到2 040kN。

项目研究成果直接应用于钢套箱的浮运和平台定位，为深水基础安全施工提供了有力的保障。

5. 深水基础局部冲刷与稳定性研究

(1)施工期局部冲刷试验研究显示：钢套箱箱底与床面相距床面 6m 以上时，低流速期间床面不会形成较明显的冲深。当箱底距床面逐渐接近时，贴近河床床面的流速增大明显，导致套箱底部和周围河床床面受到较明显的冲刷(图 7)。钢套箱底节段浮运到位，相隔 2～3 个月的床面地形冲淤比较显示，钢套箱对床面的冲刷力度较小，箱体冲刷和河床自身演变综合影响引起近箱体周围床面的最大冲深在 3.6m 以下。钢套箱接高下沉到位的两个多月后，虽然箱底比第一次入水的套箱底下沉了近 11m，但套箱底距床面仍近 20m，箱体冲刷和河床自身演变综合影响引起近箱体周围床面的最大冲深在 4.0m 以下。详细冲刷情况(见表 2)。

入水钢套箱最大冲刷深度表(20 年一遇 Q=85 000m^3/s)　　表 2

方案 \ 深度换算 \ 比尺		λ_h=100	λ_h=200
套箱底距床面 4m 墩前流速 v=2.1m/s	模型冲深 h_m(cm)	9.8	5.0
	换算至原型冲深 h_p(m)	9.3	9.3
套箱底距床面 2m 墩前流速 v=1.6m/s	模型冲深 h_m(cm)	8.6	4.4
	换算至原型冲深 h_p(m)	8.2	8.2
套箱底距床面 2m 墩前流速 v=2.1m/s	模型冲深 h_m(cm)	13.3	6.8
	换算至原型冲深 h_p(m)	12.7	12.7

(2)钢护筒插打期不同施工顺序试验研究显示：套箱底标高相同时，其冲刷形态与套箱下桩柱的数目有较大关系。套箱下打设 30 根桩所引起的局部冲刷最明显，冲深 1m 的范围最大；套箱下打设 8 根桩的冲刷坑形态不规则，冲深 1m 的范围最小；套箱下打设 12 根桩柱的冲刷形态偏接近打设 30 根桩的情况。水位变化对局部冲刷的影响很小；流速变化对局部冲刷的

图 7　局部冲刷试验模型

影响远大于水位变化引起的影响。流向对局部冲刷的影响在南京三桥桥位影响不大。

(3)在完成基础施工的2004年4月(汛前)、8月(汛期)和10月(汛后)分别进行了桥轴线断面上、下游500m河段通江水下地形的监测。三次测图对比反映,桥墩基础建设后,其最大冲深、冲刷部位及冲刷范围、建桥影响范围、防护工程的自身稳定及效果等方面与模型试验的预测结论基本一致。

6. 基于光纤光栅传感器的桥梁基础施工监测研究

(1)在国际上首次在深水施工监测中,大规模采用了光纤光栅传感器进行施工监测,并开发了实用的传感器布设工艺。

(2)针对不同施工过程和阶段,开发了实时施工监控系统,推动信息化施工技术的发展。针对南京长江三桥南塔深水桩基础施工监测需要利用Labview软件开发平台开发出:南塔深水桩钢护筒施工监测系统(分为入水、振沉、振沉结束三部分)、桩体施工监测系统、大体积混凝土施工监测系统等施工监测系统。

(3)开发了南京三桥索塔施工监测系统网络数据库。南京长江三桥综合数据管理系统数据库包括以下三个子数据库:①钢护筒施工阶段的受力状态监测数据库;②索塔深水桩基础施工监测数据库;③承台施工阶段的温度及温度应力数据库。该数据库具有:网上查询、数据备份、数据复原、数据查询和数据报表等功能。此外,该数据可以方面用于后期的大桥健康监测系统,为其基础数据部分。

7. 结语

研究成果直接应用于南京三桥南主墩和南岸临时墩深水急流基础施工中,节约了工期和工程造价。是一项操作性强,安全可靠的新技术。新技术的使用,使得深水基础施工不再依靠大型钢围堰和沉井,钢套箱不需要着床,大大地节约了施工用钢材,同时因避免了围堰下沉嵌固而节约施工费用。基础施工2003年8月29日开始套箱浮运就位,2004年6月25日完成承台的全部施工工作。仅利用一个枯水期就完成了基础施工工作,与相当规模的钢围堰、沉井基础施工项目,该施工技术节约工期6~8个月。

具有显著的经济和社会效益,为深水急流基础设计和施工探索了一种全新的方法,具有广泛的运用前景。

参考文献

[1] 南京长江第三大桥主桥技术总结.
人民交通出版社 ISBN7-114-05755-5.
[2] 中交公路规划设计院:南京长江第三大桥施工图设计.

17. 贵州坝陵河钢桁架悬索桥中央扣设计

高 剑 刘 高 曾 宇
(中交公路规划设计院有限公司)

摘 要 坝陵河钢桁架悬索桥在设计中采用加劲梁和主缆间设置柔性中央扣的结构形式。通过总体动静力计算和局部应力分析,发现使用中央扣有效地提高了全桥刚度,减小了加劲梁的纵向位移,增大了整体的自振频率,并部分改善了跨中位置吊索的弯折和疲劳问题。

关键词 钢桁架悬索桥 柔性中央扣 纵向刚度 动力特性

一、坝陵河大桥设计概况

坝陵河大桥为主跨1 088m的单跨简支钢桁加劲梁悬索桥,主缆分跨为248m +1 088m +228m,主缆矢跨比为1/10.3,主缆横桥向间距为28.0m,吊索顺桥向间距为10.8m。在主跨跨中处,主缆与钢桁架之间设置3对柔性中央扣。

钢桁加劲梁包括钢桁架和正交异性钢桥面板两部分。钢桁架由主桁架、主横桁架和上、下平联组成，主桁架采用了整体节点技术；主桁架的桁高为10m，标准节间长为10.8m，两片主桁架左右弦杆中心间距与主缆间距相同28m；主桁架为带竖腹杆的华伦式结构，由上弦杆、下弦杆、竖腹杆和斜腹杆组成；主横桁架采用单层桁架结构，由上横梁、下横梁、外侧斜腹杆、竖腹杆和内侧斜腹杆组成；上、下平联采用K形体系。正交异性钢桥面板由桥面板、U形加劲肋、纵向板肋、横隔梁和倒T形纵梁组成。

主缆采用预制平行钢丝索股(PPWS)，主、边跨分别由208股和216股，每股91根直径为5.20mm、公称抗拉强度为1 670MPa的高强度镀锌钢丝组成。吊索采用直径为52mm、公称抗拉强度为1 770MPa的钢丝绳，与索夹为骑跨式连接，与加劲梁为销接式连接，结构形式为8×41SW+IWS。中央扣采用直径为74mm、公称抗拉强度为1 770MPa钢丝绳，与索夹为骑跨式连接，与加劲梁为承压式连接，结构形式为8×55SW+IWS。

二、中央扣设计思路

悬索桥是以主缆受拉为主要承重构件的柔性缆索桥梁结构。加劲梁自重，二期恒载、活载均通过悬吊系统传递至主缆，最终全部荷载由主塔传给基础。悬索桥结构在活载、制动力和风荷载的作用下，加劲梁与主缆之间纵桥向、横桥向会产生相对位移，吊索出现倾斜和局部弯曲。特别在主跨跨中位置吊索最短，受其影响最大，所以为了提高全桥刚度，减小加劲梁的纵向位移，同时能改善该位置吊索可能出现的弯折和疲劳问题，设计采用跨中附近6个节间加劲梁和主缆间单侧设置3对柔性中央扣优化设计(图1)。

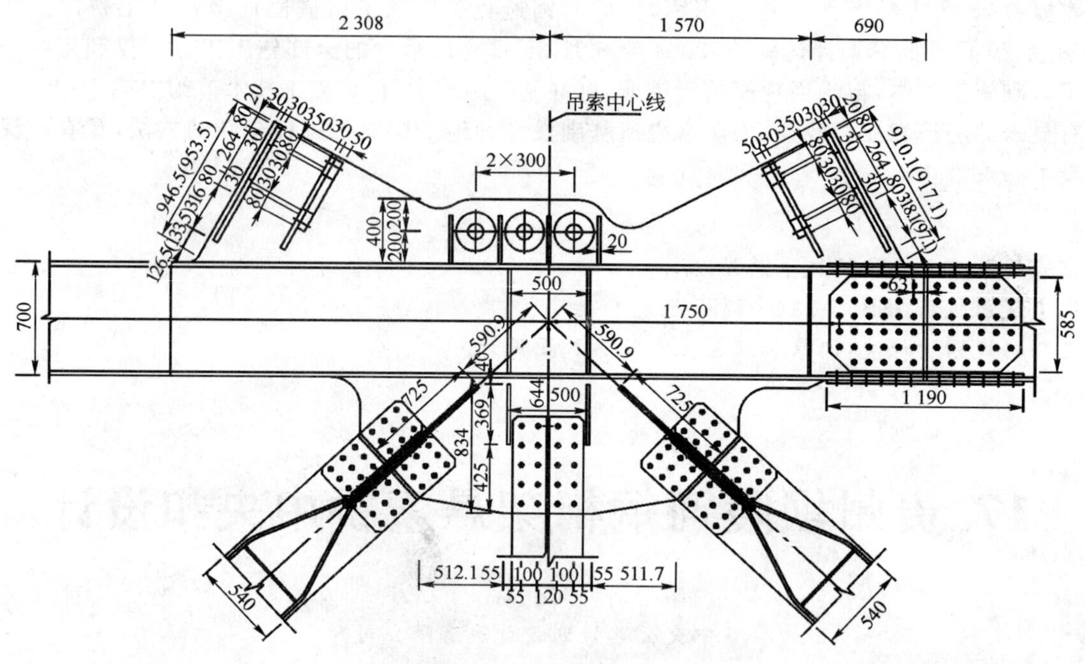

图1 梁端中央扣构造(尺寸单位:mm)

三、中央扣构造

坝陵河大桥设计中央扣采用柔性斜拉索构造，对称布置于跨中中间吊索两侧，全桥共6对(图2)。中央扣主要包括三部分:中央扣拉索系统，主缆中央扣索夹系统和加劲梁锚固系统。中央扣拉索系统采用直径为74mm、公称抗拉强度为1 770MPa钢丝绳，结构形式为8×55SW+IWS；索夹处为骑跨式连接，加劲梁处为承压式热铸锚头；锚头由锚杯和螺母组成，锚杯内浇铸锌铜合金，使钢丝绳与锚杯相连，调节螺母可以消除制造、安装误差，材料采用35CrMo合金钢。主缆中央扣索夹系统采用左右对合的结构形式，左、右两半索夹用螺杆紧箍于主缆上，接缝处嵌填入橡胶防水条，索夹对应吊索和拉索位置设四道承索槽；中央扣索夹设计长为3.6m，壁厚为35mm，材料为ZG20SiMn的低合金钢铸件；索夹上下安装20个高强螺杆，提供足够的紧箍力，防止在纵向荷载作用下主缆和索夹间的相对滑移。加劲梁锚固系统为锚箱式结构，采用优质的低合金高强结构钢 Q345，由上弦杆腹板向上伸出的整体节点板，和上下锚固板，垫板，前后承压板及其加劲肋沿中央扣拉索轴向焊接而成，垫板与后承压板间采用螺栓连接；同时两侧腹板间对应承压板位置焊接斜向加劲板，将中央扣索力逐步传递到整个主桁架结构。

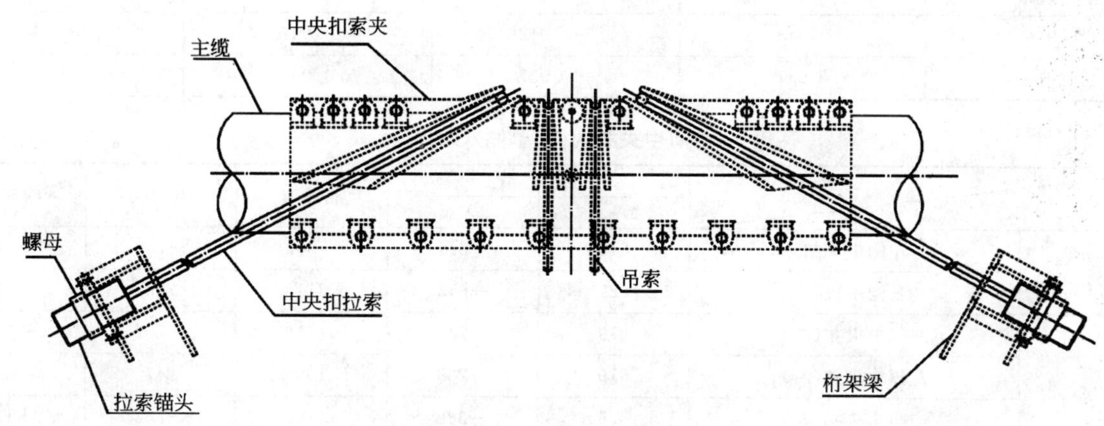

图 2 主缆端中央扣构造

四、中央扣分析

1. 全桥总体计算

(1)总体静力分析

为了能较好的反映出全桥整体结构在纵向、横向的荷载作用下的综合响应，坝陵河大桥总体有限元计算分析采用了空间梁单元和索单元(图 3、图 4)。钢桁架加劲梁主桁架，主横桁架，平联各杆件，索塔塔柱、横梁均采用模拟实际截面特性的梁单元，主缆，吊索，中央扣均采用计入初始几何刚度的索单元，模型共 555 单元，555 节点。考虑到悬索桥显著的非线性影响，成桥状态分析采用了考虑结构几何大位移，缆索自身垂度和恒载初始内力对索刚度影响的有限位移理论。

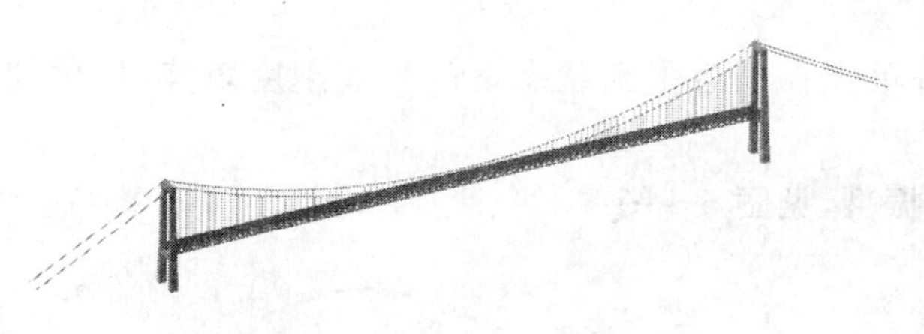

图 3 全桥整体计算模型

图 4 模型局部(跨中位置)

对比设置中央扣前后，总体分析计算的位移、应力结果表明，中央扣的使用有效地提高了全桥的纵向刚度，减小了在汽车荷载、制动力和纵向风等荷载作用下主梁梁端位移，对整体温度，横向风荷载的计算结果影响细微；另一方面由于中央扣的辅助作用，减小了跨中附近主梁和吊索间的纵向变形差，改善了活载产生的疲劳应力和短吊索的弯折问题(表 1、表 2)。

梁端水平位移(m)比较表 表 1a

工况 / 位置	活载		温升	温降	制动力(一车道)	纵向风	横向风
	ΔX_{max}	ΔX_{min}					
无中央扣	0.34	−0.33	−0.14	0.18	0.095	0.219	0.153
设一对中央扣	0.26	−0.25	−0.14	0.18	0.018	0.047	0.153
设三对中央扣	0.25	−0.24	−0.14	0.18	0.013	0.036	0.153

跨中吊索两端纵向变形差(m)比较表　　表1b

位置＼工况	活载		制动力(一车道)	纵向风
	ΔX_{max}	ΔX_{min}		
无中央扣	0.045	−0.046	0.083	0.189
设一对中央扣	0.043	−0.042	0.007	0.016
设三对中央扣	0.037	−0.037	0.002	0.005

中间中央扣内力(单侧)(kN)　　表2

位置＼工况		活载		制动力	纵向风	横向风
		ΔX_{max}	ΔX_{min}			
设一对中央扣	左侧中央扣	618	−611	−309	−700	−140
	右侧中央扣	622	−615	311	706	−136
设三对中央扣	左侧中央扣(左)	379	−781	−116	−267	−387
	左侧中央扣(右)	610	−266	109	247	89
	中间中央扣(左)	335	−339	−107	−242	−126
	中间中央扣(右)	339	−342	108	244	−125
	右侧中央扣(左)	604	−263	−108	−245	85
	右侧中央扣(右)	381	−785	117	268	−386

(2)总体动力分析

悬索桥的振动特性,与其他桥型相比,因为作为缆索体系结构,其动力性将直接关系到整个结构的安全性,所以动力分析是极其重要的。采用空间三维有限元法,能反映出各个方向振动性态和在空间上的耦合。这里采用和总体静力计算相同的模型,不同之处在于动力分析只考虑结构在恒载状态静平衡状态下的微小线性振动,不考虑大位移的非线性振动。但是在恒载状态下主缆,吊索和主塔的初始内力引起的结构几何刚度的变化必须考虑在内。

悬索桥自由振动分析,不考虑阻尼的影响,动力平衡方程为:

$$M\ddot{U} + KU = 0$$

式中:M为梁单元、杆单元的质量矩阵;K为梁单元、杆单元在恒载平衡状态下的切线刚度矩阵;$\ddot{U}$为加速度列阵;U为位移列阵。

使用子空间迭代法计算得到悬索桥相应的频率与振型,见图5～图8。

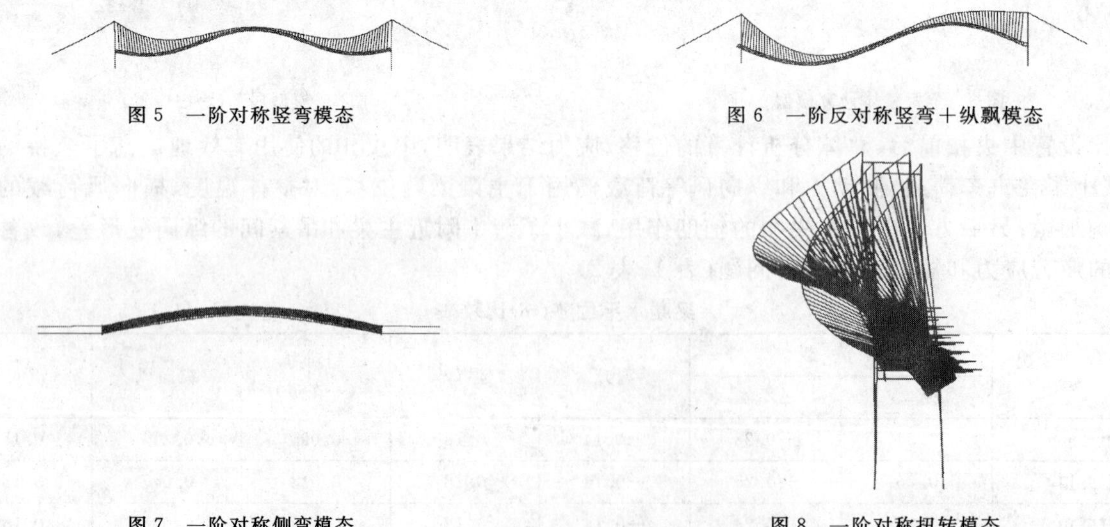

图5　一阶对称竖弯模态

图6　一阶反对称竖弯＋纵飘模态

图7　一阶对称侧弯模态

图8　一阶对称扭转模态

本文主要研究坝陵河大桥中央扣对全桥动力特性分析的影响，共提取了前 20 阶频率进行了分析比较。结果见表 3。

设置中央扣对结构动力特性的影响 表 3

阶次＼位置		频率（Hz）			频率比
		无中央扣 F_1	设一对中央扣 F_2	设三对中央扣 F_3	F_3/F_1
正对称竖弯	1	0.160 21	0.160 19	0.160 35	1.001
	2	0.213 57	0.213 56	0.213 62	1.000
	3	0.359 39	0.359 42	0.360 27	1.002
反对称竖弯（加纵飘）	1	0.097 51	0.111 81	0.112 15	1.150
	2	0.131 99	0.258 04	0.260 46	1.973
	3	0.263 64	0.316 03	0.365 49	1.386
侧弯	1	0.056 92	0.056 99	0.057 11	1.003
	2	0.132 52	0.136 56	0.139 54	1.053
正对称扭转	1	0.275	0.276	0.278	1.011
反对称扭转	1	0.326	0.328	0.328	1.006

从上述比较可以看出，设置中央扣之后，悬索桥相同振型对应的自振频率均略微有所增大，其中影响最大的是结构带纵飘的反对称竖弯振型对应的频率，其中最明显第二阶由 0.131 99 提高到 0.260 46，竟提高了 97%。分析其原因正是由于增设中央扣对悬索桥纵向位移的限制作用，使得结构的纵向刚度提高，改变了纵飘频率。

2. 局部应力分析

中央扣梁段锚固构造复杂，采用通用有限元程序进行最不利工况空间细部分析。为充分考虑中央扣受力情况，选择总体计算中央扣拉索的最大内力工况，选取跨中附近吊索和两对中央扣交汇位置处的桁架加劲梁段为研究对象。模型均采用空间厚板 shell181 单元，按照实际设计结构各杆件、中央扣锚固板件及相应加劲位置和尺寸建模，共计 100 719 单元，80 638 节点；为了减小边界条件对中央扣局部分析的影响，根据圣唯南原理和加劲梁结构的对称性，模型纵向主桁架左、右各取 10.8m 一个节间，横向取至横桁架的竖向腹杆位置，高度取至下弦杆顶面，对主桁架、主横桁架杆件端部采用固定约束（图 9～图 12）。

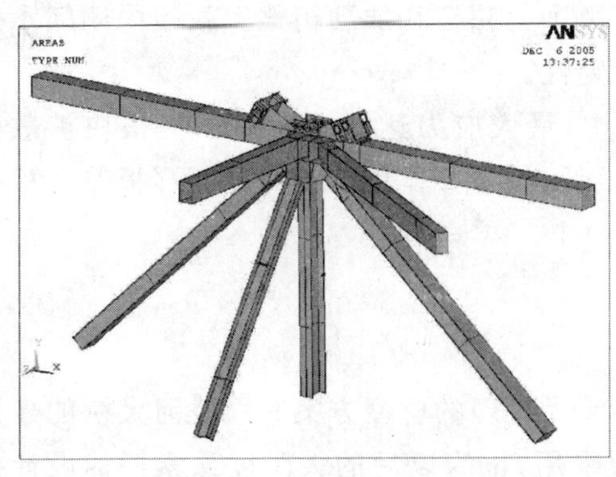

图 9 整体有限元模型

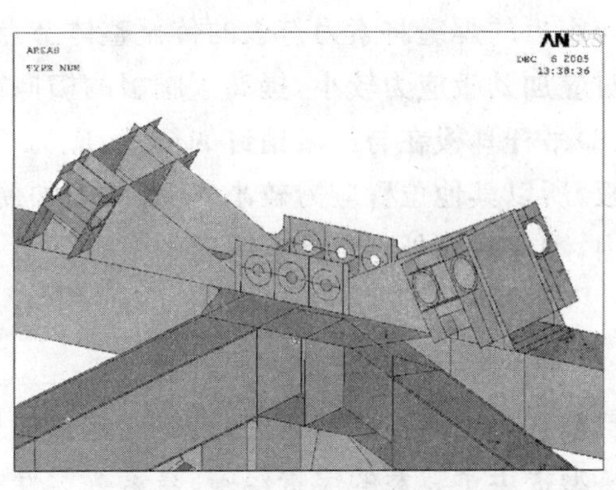

图 10 中央节点局部有限元模型

根据总体计算中央扣拉索的最不利内力工况，一个中央扣拉索索力为1251.5kN，一个吊索拉力为962.5kN，中央扣位置按照面荷载，吊索耳板位置按照线荷载施加。主要板件分析结果见表4。

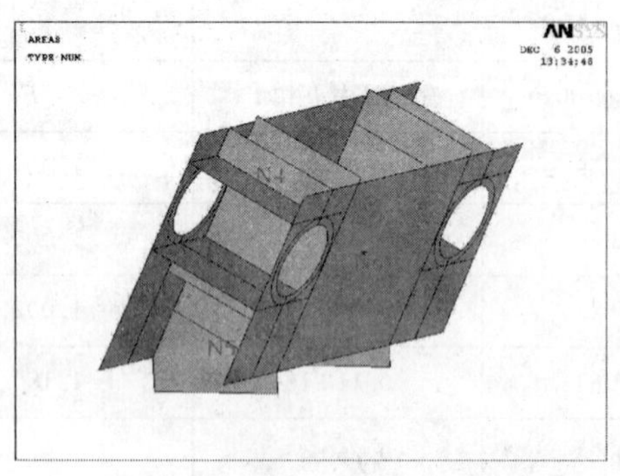

图11 中央扣局部有限元模型

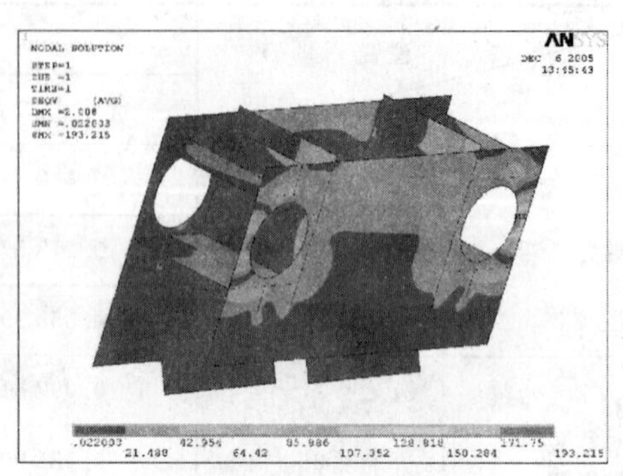

图12 中央扣MISES应力

中央扣及吊索耳板主要板件应力表 表4

位置	MISES应力极值（垫板60mm）(MPa)	MISES应力极值（垫板50mm）(MPa)	应力分布描述
N1	50	56	最大应力位于与N5腹板板相接处，大部分应力在30MPa以下
N2	193	252	最大应力位于锚垫板下N2外侧跨中，大部分应力均位于100MPa以下
N3	130	164	最大应力位于支撑N2板处；大部分应力在100MPa以下
N4	68	69	N4板大部分应力均位于50MPa以下
N5	79	90	N5板大部分应力均位于35MPa以下
N6	47	52	N5板大部分应力均位于40MPa以下
吊索耳板	135	137	大部分应力均位于100MPa以下

从表4可以看出：

(1)中央扣承压板是受力最不利的板件，当采用50cm垫板时，在荷载作用下最大MISES应力达到了252MPa；当60cm垫板时，在荷载作用下最大MISES应力达到了193MPa。最大应力出现在外侧无腹板加劲支撑的跨中位置。

(2)中央扣上、下及后锚固板应力不大，保持在100MPa水平；该板对承压板起到了有效的支撑作用，通过与腹板的焊缝将索力有效的传至整体节点板，进而传至整个上弦杆和加劲桁梁。腹板内侧间承压板位置对应加劲板应力较小，提高了腹板的横向整体刚度和稳定性。

(3)吊杆耳板在与吊索销钉的位置，应力出现一定的集中，最大应力达到135MPa，但很快扩散至整个耳板，所以其他位置应力较小；耳板间的加劲肋应力水平较低，其主要作用在于对保证耳板节点板的整体受力，和保持面外稳定具有明显的效果。

五、结　语

目前在国内西部峡谷山区，大跨度钢桁架悬索桥是一种较为合理的桥型方案。坝陵河大桥的建设为同类桥型提供了有益的宝贵经验；悬索桥柔性中央扣的首次采用，也为以后的大跨度悬索桥的设计提供了技术参考。

18. 长沙三汊矶大桥设计及施工关键技术

宋旭明 戴公连 方淑君
(中南大学 桥梁工程系)

摘 要 长沙市三汊矶湘江大桥为跨径组合为70m＋132m＋328m＋132m＋70m的钢箱主梁自锚式悬索桥。自锚式悬索桥主缆锚固于主梁上,其受力性能、设计方法及施工工艺均与地锚式悬索桥有很大差别。本文通过对三汊矶大桥结构体系、钢箱梁、塔柱及基础、缆索系统、主缆锚固系统的设计以及施工过程中的关键和创新技术进行综述,为今后自锚式悬索桥设计和施工提供参考。

关键词 自锚式悬索桥 钢箱梁 锚固系统 缆索系统

一、三汊矶大桥概况

长沙三汊矶湘江大桥是长沙市二环线跨湘江的关键及全线贯通控制工程,位于长沙式北区湘江下游,处在浏阳河、捞刀河与湘江的交汇处。根据桥址处地质地貌情况以及通航的要求,同时考虑到与湘江长沙段大桥桥型原则上不雷同,经过多个方案的比选,主桥选用了结构精巧,造型优美的自锚式悬索桥方案。综合考虑中、边跨布置的协调性及两侧引桥的连接,桥梁的跨径组合为:8×65m(预应力混凝土连续梁)＋(70＋132＋328＋132＋70)＝732m(自锚式钢箱梁悬索桥)＋5×65m(预应力混凝土连续梁),大桥主桥全长1 577m。主桥立面布置如图1。

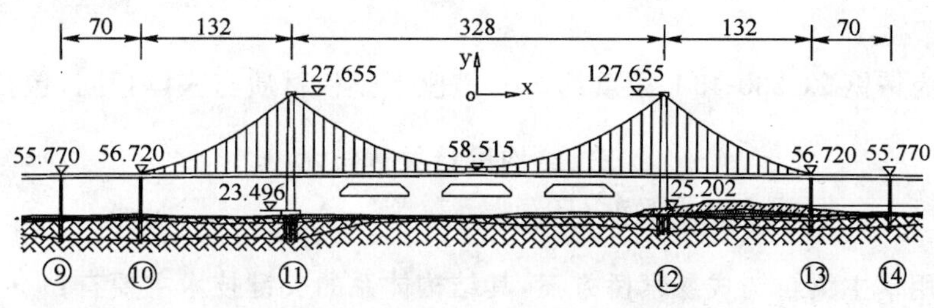

图1 三汊矶湘江大桥立面图(尺寸单位:m)

桥上线路等级为城市I级主干道,设计行车速度60km/h。桥面全宽35m,含23m行车道,两侧各3m人行道、2m吊杆锚固区及1m风嘴。桥下净空满足III级航道标准。

二、桥梁结构设计要点

1. 主梁设计

主梁采用扁平闭口钢箱梁截面形式,桥面设2.0%的双向横坡,钢材为Q345D。钢箱梁截面主要尺寸为:桥轴线处箱梁净高3.60m,主梁全宽35m,高宽比1∶9.72。桥面采用正交异性板,板厚12～14mm,腹板厚12～16mm,底板厚度除靠近桥塔局部区域为14mm外其余均为10mm。每3m设置横隔板,板厚10mm,支座处横隔板厚16mm。顶板纵向加劲肋为U形闭口肋,肋高260mm,U肋厚8mm,间距600mm。底板U肋厚6mm,肋高190mm,间距600mm。斜腹板厚8mm,纵向加劲肋为开口肋,间距400mm。主梁截面如图2所示。

2. 桥塔及基础

桥塔采用变截面钢筋混凝土结构,混凝土等级为C50。西塔柱自承台以上高106.16m,东塔柱自承台以上高104.453m,两个塔柱桥面至塔顶高均为71.752m。塔柱截面形式为箱形,塔顶截面为5m(顺桥

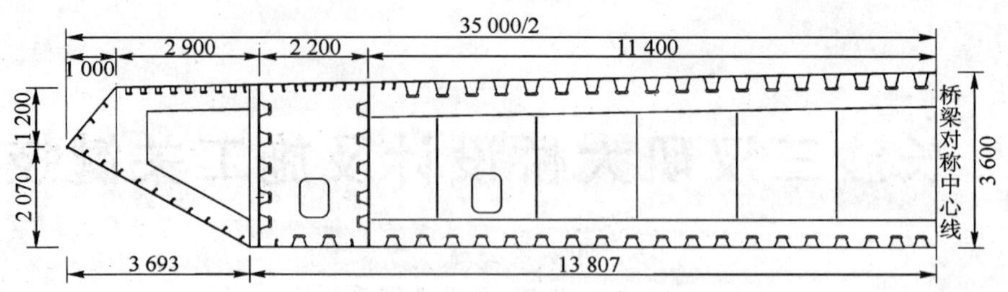

图2 主梁截面图(尺寸单位:mm)

向)×3.5m(横桥向),塔柱在顺桥向自塔顶向塔底按1:100的比例进行扩大。设上下两道横梁,塔柱以下横梁为界分成二段,下横梁以下塔柱壁厚100cm,下横梁以上为70cm。塔顶、塔底及塔柱与横梁的交界处均设有2m的过渡段,使壁厚的变化平缓,塔顶因设置索鞍的需要而设置了4m的实心段。

桥塔基础采用大直径钻孔灌注桩,桩径2.4m,混凝土等级C30。承台为分离式,中心距26.2m,平面为直径17m的圆形,厚5.0m。单个承台下设9根桩,承台顶设7m×4m横系梁连接两承台。由于桥塔处基岩标高在横桥向变化较大,西塔柱上游侧承台桩长16.5m,下游侧桩长24m,东塔柱上游侧承台桩长17m,下游侧桩长16m。

3. 缆索系统

主缆由37束预制索股构成单缆,单根预制索股由127ϕ5.1mm镀锌高强钢丝组成。主缆直径为386mm,中心距25.0m,中心线长度为680.70m,采用PPWS法施工,全桥钢缆用量1 026t。索股锚头的套筒材料采用ZG310-570,盖板材料为Q235-A,套筒内灌注锌铜合金。

吊杆为上销下锚式预制平行索股,纵向间距9m,全桥共122对。每个吊点设两根吊杆,除边跨第一个吊点采用刚性吊杆外,其余吊杆截面均为85ϕ5.1mm的镀锌钢丝。

索夹为左右对合型,下端伸出耳板与吊杆销接,左右两半索夹通过M30高强螺栓紧固于主缆上。全桥索夹总计145.6t。

鞍座座体材质为铸钢ZG230-450,净重约26t;鞍座下垫板材质与座体相同,包括填板等重约14.5t。

三、结构设计关键技术

1. 结构体系

三汊矶大桥采用钢主梁自锚式悬索桥方案,其结构体系的关键技术主要有:

(1)自锚式悬索桥主梁受到主缆巨大的水平分力而成为压弯构件,三汊矶大桥主缆锚固点距离达592m,主梁的稳定问题十分突出。为了减小主缆水平力,通过对中跨不同矢跨比的对比计算,最终选择中跨矢跨比为1/5,边跨矢跨比为1/10.624 5。

(2)考虑到自锚式悬索桥的特点以及湘江通航要求,主梁采用70m+132m+328m+132m+70m五跨连续梁方案,可减小10、13号墩处因主缆锚固而产生的上拔力,使其在恒载作用下支座不出现负反力。

(3)为使各桥墩处支座在恒、活载作用下均不出现负反力并有一定的安全储备,在10、13号墩顶处箱梁内压重800t,在11、12号桥塔处箱梁内压重600t,压重材料为混凝土预制块。

(4)支座约束方式对结构体系的受力行为影响重大。经分析比较后,在11、12号桥塔处主梁与塔柱之间纵向共安装4个液压阻尼器,阻尼器采用阻尼力为1 000kN的MSTU抗震阻尼器。在温度等缓慢荷载作用下主梁为纵向飘浮体系;在汽车制动力、地震力等动力荷载作用下主梁纵向约束于塔柱,减小了单个塔柱基础受力。

2. 钢箱梁结构设计

主梁截面形式的确定是主梁设计的重要部分,经过方案比较,选择了线形流畅、美观的扁平闭口钢箱梁作为三汊矶大桥的加劲梁。初步设计方案中,加劲梁风嘴下腹板采用了内凹圆弧曲线,风洞试验表明加劲梁的阻力系数和升力系数均较大,因此施工图设计时将内凹圆弧改为直线,提高了桥梁的抗风稳定性。

自锚式悬索桥的加劲梁承受较大的轴力和弯矩，其局部与整体稳定成为控制桥梁设计的因素之一。我国桥梁设计规范对钢箱梁局部稳定的计算没有明确的规定，给设计工作造成一定的困难。在三汊矶大桥钢箱梁的设计过程中，在参考我国相关规范的基础上，参照国外钢桥设计规范如英国 BS5400、日本本州四国联络线上部结构标准及解说、美国公路及运输协会标准 AASHTO，对钢箱梁的局部稳定进行了细致的分析和计算。通过建立空间有限元模型计算钢箱梁各板件的应力分布状态、稳定承载力、失稳形态，并对其安全性进行评价，为设计的具体构造细节提供理论参考。此外，为了获得钢箱梁的局部稳定承载力，还进行了钢箱梁的节段模型试验，验证钢箱梁加劲肋设置方式的合理性。通过上述计算及试验，确定了三汊矶大桥钢箱梁顶板、底板、腹板加劲肋的形式、厚度和间距。

3. 缆索系统设计

三汊矶大桥主缆矢跨比为 1/5，较一般地锚式悬索桥大很多，索夹最大倾角达到 38.7°，而主缆的直径却相对较小，这些因素使得索夹的长度较大。据统计，索夹内弧面力一般在 5～10MPa 之间，通过空间有限元分析，内弧面力控制在 12MPa 以内不会对索夹受力造成不利影响，故三汊矶大桥索夹内弧面力控制在 12MPa。

吊杆与主梁的连接构造是吊杆设计的重要组成。三汊矶大桥吊杆与主梁采用对拉螺杆连接，螺杆与钢箱梁顶锚板间为销铰接头，结构传力明确，并且吊杆上下端均为铰接，适应吊杆在活载下的变形，减小了吊杆的弯折。吊杆的安装全部在桥面进行，为施工提供很大的便利。此外，对拉螺杆的设置使得对吊杆长度的调节非常方便，有利于吊杆的顺利安装。吊杆与主梁的连接如图 3。

三汊矶大桥鞍座的设计采用自平衡调节系统，通过鞍座一侧设置的顶推挡块，利用钢拉杆即可实现对鞍座在塔顶位置的调节，无需在塔顶设置笨重的临时顶推平台。

由于主缆对主梁强大的轴向力作用，三汊矶大桥主梁被压缩了 4.68cm，各吊点位置发生相应的变化，由此而产生的对主缆长度及线形、吊杆垂直度的影响在设计中进行了充分考虑。

4. 主缆锚固系统

主缆锚固系统是自锚式悬索桥的关键构造，对结构体系整体性能和局部受力状态都有极大的影响。在设计过程中，对全焊钢锚箱、混凝土锚箱、铸钢锚固块这三个锚固方案进行了比较。铸钢锚固块方案由于铸造困难、运输不便、造价较高，没有被采用。全焊钢锚箱构造简洁，受力明确，克服了混凝土锚箱局部压应力过大导致的开裂现象，并且主梁在锚固区域梁高不需增大，保证了梁体的线形及施工的方便，成为最终选用的方案。有限元计算及锚固结构模型试验表明，钢锚箱方案具有足够的安全储备，能够满足施工及设计的要求。钢锚箱构造如图 4 所示。

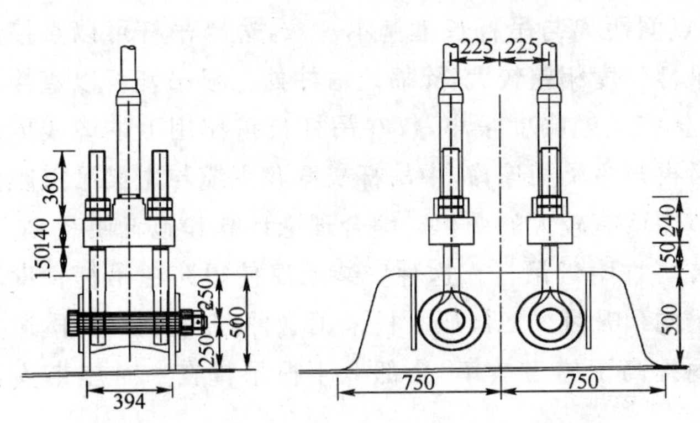

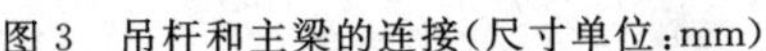

图 3 吊杆和主梁的连接(尺寸单位:mm)

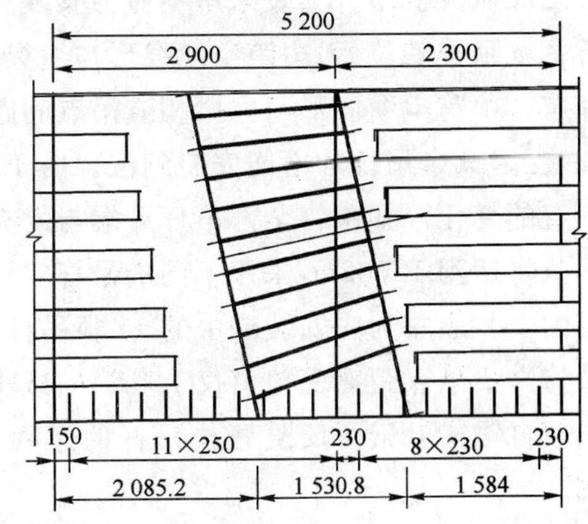

图 4 主缆钢锚箱构造(尺寸单位:mm)

四、施工工艺关键技术

三汊矶主桥施工主要分为 4 个典型阶段：(1)基础、桥墩、桥塔、临时墩、顶推平台施工；(2)主梁顶推施工；(3)架设施工猫道，安装主缆，在中跨临时墩处顶升主梁，安装吊杆，落梁；(4)桥面系安装，鞍座锁定，成桥。其中，钢锚箱的焊接、钢箱梁顶推、缆索系统的安装又是三汊矶大桥施工过程中关键的工序。

1. 主缆锚固系统焊接工艺

三汊矶大桥主缆采用全焊钢锚箱方案，焊接结构不可避免的残余应力和残余变形等问题对锚箱结构的传力方式及承载能力均有一定影响。为了尽量减小焊接初始缺陷对锚固系统的影响，必须采取一些制造工艺措施来降低焊接残余应力，减小焊接变形。三汊矶大桥钢锚箱焊接主要通过焊接工艺试验和工艺评定，确定合理的焊接顺序和适宜的变形补偿量。例如，对于腹板焊缝，从中间向两侧施焊；对于平面交叉焊缝，先焊接错开的短焊缝，再焊直通的长焊缝，保证交叉部位不易产生缺陷又能自由收缩；先焊收缩量大的焊缝等。

2. 钢箱梁顶推施工

自锚式悬索桥的施工顺序与地锚式悬索桥有很大的不同，其主缆和吊杆的安装必须在主梁安装后进行，从而不能利用主缆进行主梁的吊装。考虑到桥下通航的要求以及钢箱梁既能受拉也能受压的特点，顶推施工成为最佳的施工方案。

三汊矶大桥钢箱梁节段由武昌造船厂制造，通过船只运抵长沙，在现场进行梁段拼装焊接。考虑到三汊矶主桥西侧水位较深，便于航运，东侧水位浅，不利于船只通行，故顶推平台设于西侧70m次边跨，由西向东单向顶推。在132m边跨各设置一个临时墩，中跨设置了4个临时墩，顶推跨径布置为：70m＋66m＋66m＋65m＋63m＋72m＋63m＋65m＋66m＋66m＋70m。顶推过程中加劲梁受较大的竖向反力，为减小钢箱梁局部应力，滑道置于内侧竖直腹板下，并沿其纵向每250mm设竖向加劲肋。为了减小顶推过程中主梁应力，加劲梁前端设置48m长的钢导梁。计算表明，顶推过程中导梁前端最大位移14cm，主梁拉压应力均在50MPa以下。顶推施工过程如图5所示。

图5　钢箱梁顶推施工

3. 缆索系统安装

三汊矶大桥吊杆安装采用零应力安装法，即吊杆在不需张拉的情况下安装就位。计算表明，三汊矶大桥主梁顶推就位后，边跨空缆线形与主梁相应吊点间距离与吊杆长度基本一致，边跨吊杆可以直接进行安装。中跨空缆线形与主梁相应吊点间距离与吊杆长度相差较大，除靠近塔柱处三根吊杆可以直接进行安装外，其余吊杆均不能安装到位。由于在空缆状态主缆刚度很小，仅在吊杆自重作用下主缆线形也有一定的变化。如果将全部吊杆上端与索夹连接后再与主梁相连，跨中吊杆长度和主缆与主梁吊点距离之差值将达到1.702m，采用不同的吊杆安装顺序该差值有较大的变化。综合理论计算和施工便利，最终采用的安装顺序为先安装跨中的11根吊杆，再安装塔柱附近吊杆。这种安装顺序使得跨中吊杆长度和主缆与主梁吊点距离之差值仅1.377m，减小了主梁的顶升量。三汊矶大桥采用这种方式安装吊杆，避免了一般自锚式悬索桥反复张拉吊杆的过程，极大地提高了施工效率，全部244根吊杆在一个星期安装完成。

五、结　语

自锚式悬索桥以其结构造型美观，经济性能好，对地形和地质状况适应性强等优点，越来越受到工程界的青睐，成为城市桥梁极具竞争力的方案。长沙三汊矶湘江大桥是长沙二环线上的一座自锚式悬索桥，自 2004 年 9 月开工到 2006 年 9 月 1 日竣工通车仅用了两年的建设周期，建成的大桥如图 6 所示。

三汊矶湘江大桥有以下主要特点：

(1)加劲梁首次采用了五跨连续梁体系，次边跨的采用有效克服了主缆的上拔力，减小了梁端转角。恒载作用下支座没有负反力，在运营状态下梁端转角很小。

(2)采用全焊钢锚箱进行主缆锚固，结构构造新颖，无需在锚固区加高梁高，主梁顶推简单易行。

(3)吊杆安装采用零应力法进行，避免了反复张拉吊杆的过程，提高了施工效率。

三汊矶大桥在设计理念、施工工艺等方面做了一些尝试，取得了良好的效果，为今后同类型桥梁的设计及施工提供参考。

图 6　通车后的三汊矶湘江大桥

参考文献

[1] 潘世建，杨盛福．厦门海沧大桥建设丛书第四册东航道悬索桥[M]．北京：人民交通出版社，2002.

[2] 雷俊卿，郑明珠，徐恭义．悬索桥设计[M]．北京：人民交通出版社，2002.

[3] KIM HO-KYUNG, LEE MYEONG-JAE, CHANG SUNG-PIL, "Non-linear shape-finding analysis of a self-anchored suspension bridge", Engineering Structures, v24, n12, December, 2002, p1547-1559

[4] 周孟波．悬索桥手册[M]．北京：人民交通出版社，2003.

[5] 罗喜恒．悬索桥缆索系统的数值分析法[J]．同济大学学报，2004，32(4)：441～446.

[6] 江苏省长江公路建设指挥部．江阴长江公路大桥工程建设论文集[M]．北京：人民交通出版社，2000.

[7] 张元凯，肖汝诚，金成棣．自锚式悬索桥的设计[J]．桥梁建设，2002，22(5)：30～32.

[8] 朱纯海．三汊矶自锚式悬索桥钢箱梁全焊锚箱的空间受力性能研究[D]．硕士学位论文．长沙：中南大学，2006.

[9] 唐冕．大跨度自锚式悬索桥的静动力性能研究与参数敏感性分析[D]．博士学位论文．长沙：中南大学，2007.

19. 巫山大宁河泰昌大桥设计

朱栓来　田　波　牟廷敏

（四川省交通厅公路规划勘察设计研究院）

摘　要　巫山大宁河泰昌大桥位于巫山县大昌镇新址的西南角，横跨大宁河。针对本桥的地形、地质、水文、施工等技术条件，本文主要介绍主桥——单跨 210m 悬索桥总体设计及其关键技术和创新理念。

关键词　悬索桥　总体设计　钢管混凝土　预应力岩锚　关键技术

一、概　述

巫山大宁河泰昌大桥位于巫山县大昌镇新址的西南角，横跨大宁河。桥址位于大昌镇新址邓家岭大昌变电站与手扒岩之间，左岸桥位位于宁河村三社的邓家岭，距大昌镇新集镇100m左右，引道已修至桥头，交通方便。右岸位于龙嗦村二社的手扒岩，西距福田镇约19.7km，引道已修至桥头。结合两岸地形、地质，水文等条件，采用主跨为210m悬索桥(图1)。因两岸地形及引道条件设置16m跨径的弯桥，以适应两岸接线的需要。桥梁全长271m。

本文主要介绍主桥——单跨210m悬索桥总体设计及其关键技术和创新理念。

图1　泰昌大桥竣工照片

二、主要技术标准

该桥按双向双车道设计，设计车速40km/h，行车宽度9m，桥面净宽9m+2×2.5m人行道，设计荷载等级：汽车—20级、挂车—100、人群—3.5kN/m^2，地震基本烈度为VI级，设计洪水频率：1/100，库区航道等级：IV—(1)，库区最高通航水位：175.35m(吴淞高程)，设计基准风速：21.2m/s。

三、自 然 条 件

重庆市巫山县大昌镇属亚热带季风性湿润气候。极端最高气温42℃，极端最低气温－6.9℃，多年平均气温18.1℃；年平均降雨量为1 006mm；最大降雨量为1 365mm，年平均风速2.87m/s。

桥位区属低山山间河谷岸坡地形、地貌单元为脊状低山岩溶河谷地貌。左岸(邓家岭岸)为凸岸，高程130.6～202.9m，相对高差72.3m，地形较平缓，平均坡度27°左右，河床段局部变陡，约40°。右岸(手扒岩岸)为凹岸，高程122.4～224.2m，相对高差102.0m，地形陡峻，河床底与岸坡谷肩高差45m，坡度70°～90°，谷肩与路肩高差24.0m，坡度38°～40°。

工程地质调查测绘和钻探揭露：桥位区河谷岸坡大部分基岩裸露，仅左岸(邓家岭)高程170.0m以上发育厚度不大的第四系残坡积覆盖层(Q^{el+dl})，河床部分分布第四系冲洪积卵砾石层(Q^{al+pl})，左岸高程155.0m以下与河谷间还发育滑坡堆积物(Q^{del})。桥位区基岩为三叠系嘉陵江组第四段(T_{1j}^{4-2})灰岩及白云质灰岩。

四、桥 型 构 思

根据桥区地形、地质、水文条件，综合分析工程造价、施工难易、库区形成后景观效果等各种因素，采用单跨悬索桥布孔(图2)。该桥型具有以下优点：

(1)大宁河在三峡库区形成后，水深较大，在河中设置桥墩施工较为困难。若采用单跨布置，省去水下基础，施工难度大大减小。

(2)邓家岭岸高程155.0m以下至河谷地段桥位上下游220m范围内存在较大面积滑坡带，主滑方向与该岸坡向一致，采用210m单跨悬索桥方案可以避开地质不良地带，节约支护工程。

(3)桥型与周边自然环境协调和谐，具有很好的景观效果和视觉效果。

(4)主梁采用桁架体系，加劲梁上弦、下弦、腹杆均采用管式结构，管与管之间采用相贯线焊接方式连接。钢管桁架加劲梁除具有良好的力学性能外，还节约了大量的节点板，较大地减轻了结构自重，利于安装，加快了施工安装速度。

(5)索塔采用组合结构，塔身结构在下横梁以下采用钢筋混凝土箱形结构，在下横梁以上采用钢管混凝土结构，以充分发挥材料的性能及防撞、防腐性能。

(6)锚碇采用了隧道式预应力复合锚碇，充分调动了后部围岩作用，节约了工程投资。

根据上述特点，主桥桥跨采用双铰钢管加劲梁与钢筋混凝土桥面板组合，其主跨跨径为210m，矢跨比1/10。

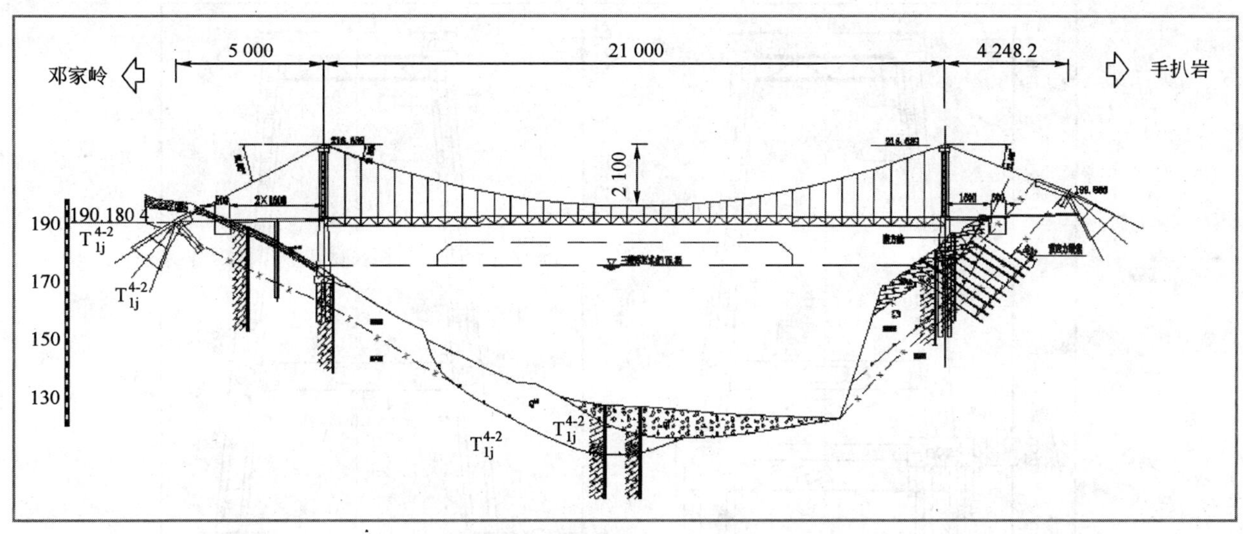

图 2 泰昌大桥桥型总体布置(尺寸单位:cm)

五、结 构 设 计

1. 桥道系

桥道系主要由加劲梁、横梁、上下平联、桥面板、铺装层等组成(图 3)。加劲梁采用华轮式桁架,上下弦杆中心距 2.8m,全桥设置两片桁架,两片桁架中心间距 14.7m,加劲梁上弦、下弦、腹杆均采用管式结构,管与管之间采用相贯线焊接方式连接,不设节点板。上下弦主管规格 ϕ559mm×16mm,腹杆规格 ϕ180mm×16mm、ϕ168mm×12mm。

加劲梁、横梁、上下平联均在工厂制造,采用节段单元制作,每个节段单元制造长度为 11.6m,宽 14.7m,每个制造单元大约重 38t。安装节段采用无支架吊装施工,各单元间先以临时螺栓连接,待全桥恒载架设完毕,节段与节段间采用高强螺栓连接。

主桁两端头分别设置拉压支座,侧面设置抗风支架,以抵抗正、负反力及平衡风载(图 4)。行车道板为实心钢筋混凝土铰接板,采用预制吊装,行车道板下设置 1.5cm 厚氯丁橡胶块。为防止板在安装阶段的位移,在横梁上设置限位挡块。桥面铺装采用 C40 钢纤维混凝土。

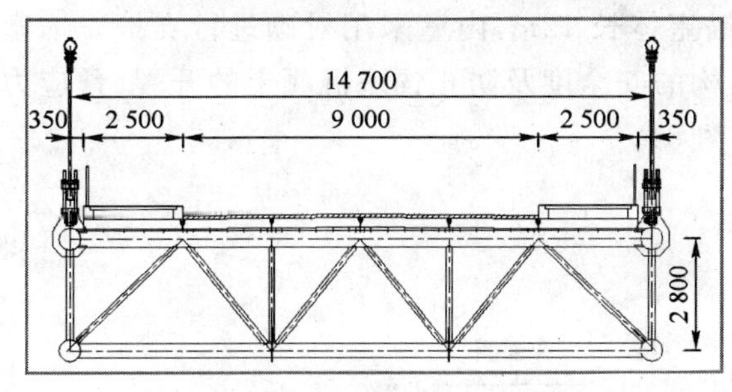

图 3 桥道系典型断面图

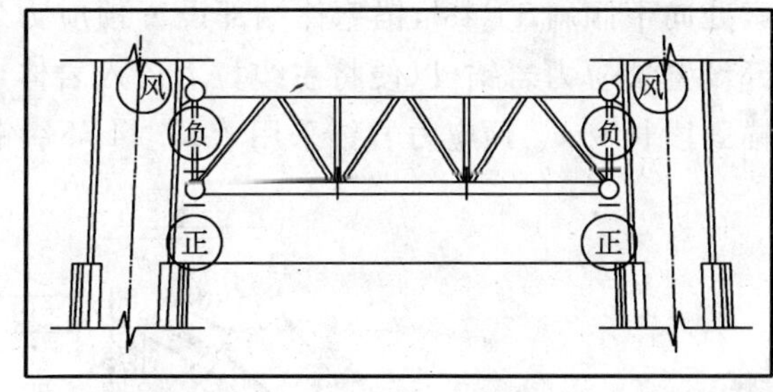

图 4 加劲梁支座布置图

2. 索塔

两岸索塔横向内倾以利桥面顺利通过,下塔身结构采用钢筋混凝土箱形结构,壁厚为 60cm(图 5)。上塔身结构采用钢管混凝土组合柱,主管采用四根 ϕ610mm×10mm 钢管,腹杆采用 ϕ350mm×8mm 钢管。上下塔柱间设置钢—混凝土过渡节段。上横梁采用钢管桁架,主管规格 ϕ350mm×8mm;下横梁采用钢筋混凝土箱形结构,壁厚为 50cm。索塔基础为承台+桩基础,桩径为 1.5m。

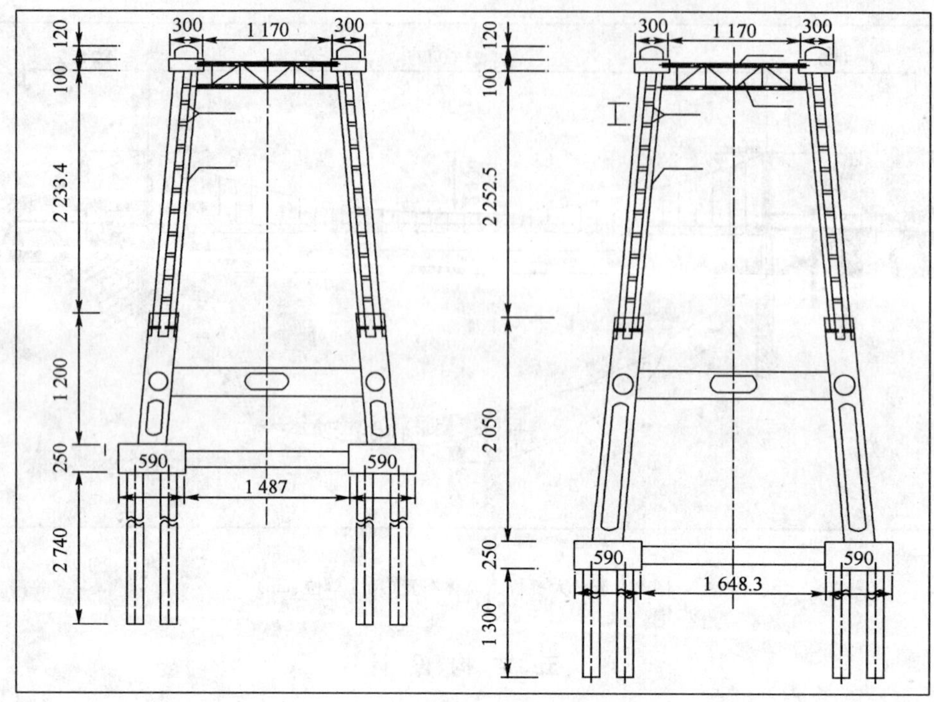

图 5　两岸索塔构造图(尺寸单位:cm)

3. 主缆及吊索

吊索间距的选择是在考虑重力刚度的大小和桥面板的经济性后定为每隔 5.6m 设一对,吊索设计中考虑了刚度的分配。吊索采用 61ϕ5.1 镀锌高强平行钢丝制作,钢丝抗拉强度 1 670MPa。吊索两端采用热铸锚具,灌注锌铜合金。吊索钢丝采用双层 PE 防护,即内层为黑色 PE,外层为彩色 PE,以增强美观性。

主缆采用 ϕ5.1 镀锌高强度平行钢丝索股(即 PPWS),钢丝抗拉强度 1 670MPa。每根主缆由 30 股索股组成,每股则由 91ϕ5.1 高强镀锌钢丝组成。主缆直径在索股夹处为 ϕ294mm,索夹外为 298mm,主缆矢跨比采用 $f/L=1/10$。邓家岭岸边跨主缆倾角为 27.887°,手扒岩岸边跨主缆倾角为 21.546°。主缆锚具采用热铸锚,浇注锌铜合金。

4. 锚碇

两岸锚碇均采用隧道式预应力复合岩锚,锚碇及锚塞体段为变截面楔形棱体,为了受力合理,主缆由散索处向下倾斜 11°43′,锚塞体端部设置预应力岩锚。锚塞体长 12m,内壁采用衬砌进行支护。锚塞体端部设置预应力岩锚,以便将主缆拉力传入岩体,增加结构的安全度及防止锚塞混凝土的开裂,预应力岩锚锚固段长 9m。预应力岩锚采用 ϕ^s15.24 环氧钢绞线(图 6)。

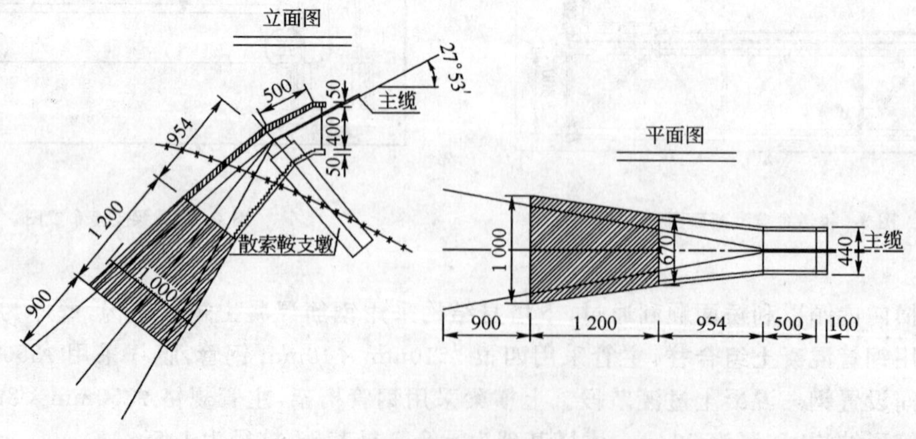

图 6　锚碇构造图(尺寸单位:mm)

六、设计关键技术及创新

1. 结构体系

单跨 210m 钢管桁梁悬索桥，充分利用两岸地势，桥型与地形、地质密切结合。单跨悬索桥省去了水中施工并避开了邓家岭岸滑坡体，减小了施工风险和施工难度，并易于对计划施工工期的控制。

在加劲梁两端设置拉压支座和横向风支座，有效地保证了主梁在竖向、纵向荷载及横向荷载作用下的受力和变位。

2. 加劲梁设计

加劲梁采用钢管桁架，有效减轻了结构自重，较钢桁梁截面主梁其技术经济效益非常显著。该结构具有以下优点：

(1)充分发挥了结构材料力学性能

钢管桁架梁在荷载作用下以受弯为主，同时兼顾了抗剪及抗扭作用。正、负弯矩由上、下弦管受压、受拉来承担。剪力由钢管腹杆来承担。均充分利用了钢管材料本身的抗拉压性能。

(2)接头连接形式优越

杆件接头均采用相贯线焊接连接，相贯线坡口切割方便精确，容易保证焊接质量。并且连接构造简单、传力直接、整体性好。根据我院大量试验研究表明：节点抗疲劳性能优越。

(3)钢管桁架梁施工方便

加劲梁、横梁、风构均在工厂制造，采用节段单元制作，运至工地后进行整体节段吊装。安装采用无支架缆索吊装施工，节段重量较轻(约 38t)，现场不需要大型施工机械设备。由于钢管桁架自身属于稳定结构，其刚度和强度足以承受本身重量及后期施工荷载。因此，采用逐段组拼安装，即节省了施工费用，减小了施工难度，也能保证施工工期的控制。

3. 索塔设计

索塔结构采用钢管混凝土组合柱，结构具有以下优点：

(1)构件承载力大大提高

由于三向压应力的作用，使钢管混凝土组合结构承载能力提高，并且增大了极限压缩应变。钢管混凝土结构，钢管延缓了混凝土结构的纵向开裂，混凝土保护了钢管的局部稳定，充分发挥了组合材料的性能。

(2)构件具有良好的塑性和韧性

核心混凝土在钢管约束下，不但使用阶段改善了它的弹性性能，且破坏时产生较大的塑性变形，同时其受冲击和振动的性能也优于钢结构。因此，钢管混凝土组合柱具有良好的塑性和韧性。

(3)经济效益显著

钢管混凝土组合柱较钢结构柱节约钢材约 50%，较混凝土柱节约混凝土约 80%，其工程造价相对较低。

(4)钢管混凝土组合柱施工方便

钢管混凝土组合柱采用节段加工、安装，钢管内采用泵送混凝土浇注。不需要绑扎钢筋和模板，大大节约了施工周期。

4. 预应力岩锚的设计

(1)根据地勘资料岩锚所处位置为灰岩及白云质灰岩，岩石较完整坚硬，抗风化能力强，力学强度高，分布厚度大且稳定，为较好的持力层结构。

(2)岩锚锚索的锚固端位于端部，将拉索索力传递至岩体深层，除对锚塞体施加压力外，更加有效地调动围岩的后端效应。岩锚锚索采用环氧喷涂钢绞线，且压注微膨胀砂浆，保证了岩锚的可靠性。

(3)为保证岩锚混凝土结构耐久性，通过降低水灰比，提高密实度，采用渗透性涂料涂刷表面，降低氯离子渗透速率；设置防裂钢筋网片并掺入防渗(裂)剂，防止混凝土裂缝的发生。尤其是采用高压注浆，既保证了锚固段的有效结合，又加固了周边的岩石性能，对锚索的防护起到了较大的作用。

七、施 工 方 案

索塔下塔柱采用翻模施工，上塔柱钢管混凝土结构，采用节段制作、整体吊装，钢管内采用泵送混凝土浇筑。岩锚施工为开挖结构体外部轮廓岩面线、开挖隧道进行支护、钻孔、安装定位支架、安放钢管及预应力索、压力进行锚固段注浆、浇筑锚塞体混凝土。主缆施工采用预制平行钢丝索股法进行安装(图7)。加劲梁由工厂制造成梁段单元，节段在工厂进行试拼，每节段重38t。加劲梁架设采用无支架缆索吊装，架设的顺序是由跨中向两索塔推进，加劲梁节段先以临时螺栓连接，形成铰接状态。当加劲梁全部安装完毕，调整达到设计高程后，吊装桥面板。最后经测试，调整达到设计高程后，方可进行节段间的高强螺栓连接。主桥施工工期18个月。

八、结构总体计算

结构总体计算采用MIDAS CIVIL通用有限元程序进行计算(图8)。计算工况选择恒载、活载、温度、风载及施工过程等组合工况。经计算主要成果分析如下：

图7　主梁缆索吊装

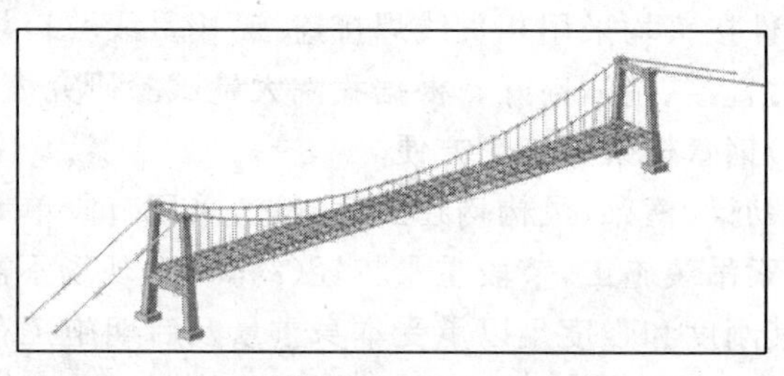

图8　主桥计算模型

1. 主缆内力

恒载作用下主缆的最大拉力为31 424.25kN；恒载＋全桥满布活载的拉力：36 302.95kN；

根据上述结果，并考虑主缆在散索鞍的弯曲，安全系数$K=3.12$。

2. 加劲梁

加劲梁内力计算见表1。

表1

部　位	上弦杆(压)	下弦杆(拉)	腹杆(压)	腹杆(拉)
N(kN)	3 201	3 208.4	596.3	658.3
M(kN·m)	111.2	138.2	3.8	3.5

3. 桥塔

桥塔内力计算见表2。

表2

部　位	钢管混凝土结合部		承台顶部	
	恒载	活载	恒载	活载
N(kN)	15 165	4 545	18 460	4 536.7
M(kN·m)	72.1	4 775	2 206.3	8 616.2

4. 结构变形

在最不利荷载作用下，加劲梁最大挠度0.574 2m，加劲梁最大负挠度0.309 6m，梁端最大水平位移为0.104 9m。

5. 岩锚

针对本桥两岸隧道式复合锚碇采用理论分析和数值模拟方法进行计算，以保证锚碇的安全和稳定（图9、图10）。主要考虑了：①锚碇自身拓扑参数影响，即锚碇长度、轴线倾角以及拓扑形状对承载力影响；②后部岩锚长度、扩散角、间距、初始应力对外荷载的影响。

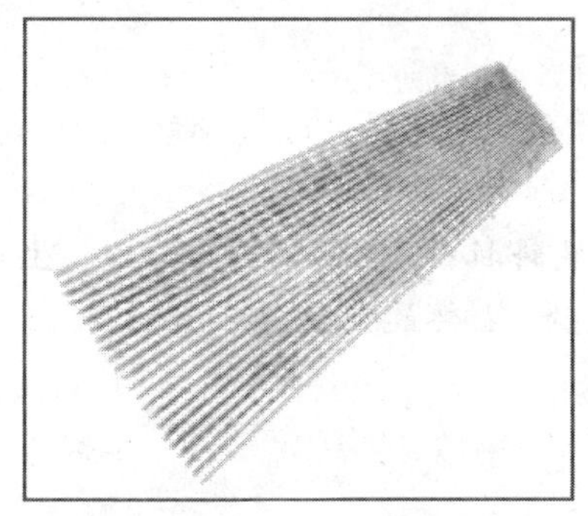

图9 预应力岩锚计算模型

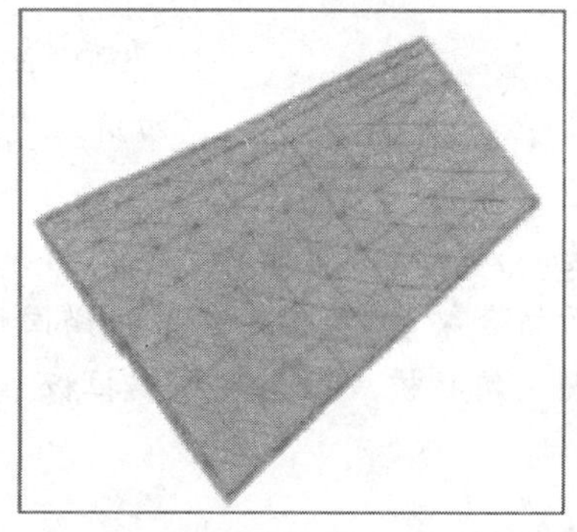

图10 锚塞体与围岩面计算模型

通过计算表明，周边岩体位移较小，在1～3mm；锚塞体前端最大位移为0.7～0.8mm。锚塞体最大主应力小于200kPa，剪切应力小于100kPa。锚塞体抗抬升稳定系数6.8；抗滑移稳定系数7.3；锚塞体嵌固系数2.2。复合锚碇及岩体均处于稳定安全状态。

6. 自振特性

自振特性计算见表3。

表3

编　号	频率(Hz)	对应振型
1	0.084 138	横向对称振型
2	0.115 086	纵飘
3	0.142 903	竖向反对称
4	0.198 462	横向反对称为主与反对称扭转偶合
5	0.224 428	竖向对称
6	0.259 017	扭转反对称为主，与横向反对称偶合
7	0.306 724	对称扭转为主与横向对称偶合
8	0.326 664	横向反对称为主与反对称扭转偶合
9	0.359 859	竖向反对称
10	0.401 926	竖向对称
11	1.791	扭转频率比

九、结　　语

针对山区桥梁所在地形、地质条件复杂，气候条件恶劣，建设运输条件差，开展针对山区公路桥梁设计、施工关键技术研究是十分有必要的。结合我院在山区桥梁上的设计经验，进一步系统总结完善钢管及钢管混凝土结构在桥梁结构上的运用，发展预应力隧道式锚碇在悬索桥上的运用，对改进设计理念，提倡桥梁创新设计意识，确保结构耐久性是十分必要的。巫山大宁河泰昌大桥的建成，表明其设计及施工成果是对西部山区桥梁设计的一次探索和创新，将有利于推动山区桥梁技术的发展。

参考文献

[1] 钟善桐. 钢管混凝土结构. 哈尔滨：黑龙江科学技术出版社，1994.

[2] 张联燕、李泽生、程懋方. 钢管混凝土空间桁架组合梁式结构. 北京：人民交通出版社，1999.

20. 江津观音岩长江大桥技术特点

庄卫林　王应良　郑旭峰
（四川省交通厅公路规划勘察设计研究院）

摘　要　江津观音岩长江大桥主桥采用主跨436m的结合梁斜拉桥，桥面宽度36.2m，主梁采用双工字形截面结合梁，斜拉索和主梁的锚固形式采用拉板式锚固构造，主梁最大板厚80mm。

关键词　斜拉桥　结合梁　锚拉板

一、概　　述

1. 桥位地形、地貌

江津观音岩长江大桥在江津市观音岩附近跨越长江，是重庆绕城公路南段跨越长江的重要工程。桥区的长江两侧属斜坡浅丘及河流阶地地貌。临近长江边为较平缓的冲洪积河流阶地，阶面高程189～220m，向两侧桥台部位延伸为斜坡浅丘，地面坡度较大，坡角约30°～55°。北岸（滴水岩岸）地形坡度55°，砂岩成坎，0号桥台北侧地面高程252.5m，桥位长江水涯线高程178m，相对高差74.5m。南岸（南彭岸）地形坡度30°，砂岩成坎，泥岩成坡，桥位长江水涯线高程178m，相对高差57.5m。长江由西向东从场地中部流过，桥位地形如图1所示。

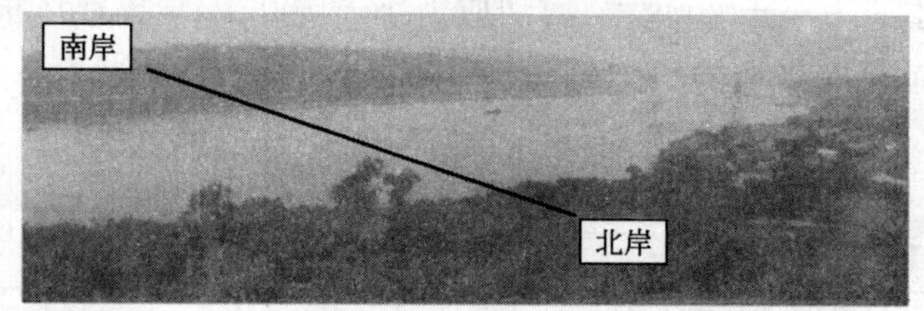

图1　观音岩桥位图

2. 主要技术标准

(1)公路等级：六车道高速公路。

(2)桥梁宽度：34.5m(不含布索区)。

(3)设计车速：100km/h。

(4)荷载标准：公路Ⅰ级。

(5)最高通航水位：198.05m，最低通航水位175.70m。

(6)通航净空：单孔单向航宽 B_{m1}＝124.37m，单孔双向航宽 B_{m2}＝234.95m。但靠近滴水岩岸（北岸）345m范围内不能设置桥墩。

(7)设计风速：10m高处百年一遇10min平均最大风速24m/s。

(8)地震：基本地震烈度6度，100年10%和2%基岩水平向峰值加速度为74.4cm/s^2 和107.1cm/s^2。

二、主桥总体设计

主桥因受通航条件限制，在滴水岩岸（北岸）345m范围内禁止设墩，南岸深水区受下游礁石影响为非通航区，因此北岸主墩不能侵占枯期水域，而南岸在深水区至岸边的范围内均可设置主墩。经多方案的技术、经济、后期养护等综合比较，主桥选用跨度436m的双塔双索面钢—混凝土结合梁斜拉桥。北岸主墩布设在枯期岸边，南岸主墩布设在深水区。

主桥孔跨布置为35.5m＋186m＋436m＋186m＋35.5m，全长879m。采用纵向半飘浮体系，纵向不设固定支座，在索塔下横梁与梁体间设置油压阻尼器，横向采用限位支座。由于路线的总体设计需要，主桥设置1%的纵坡。桥梁总体布置如图2所示。

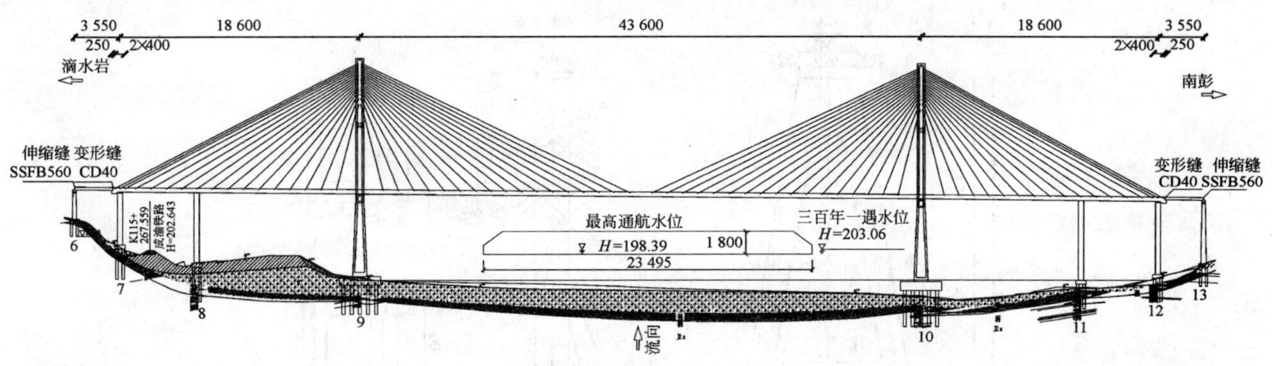

图 2 桥梁总体布置图(尺寸单位:cm)

主梁采用高 3.2m 双工字形结合梁,标准节段主梁长 12m,在边跨端部逐渐缩短为 8m 和 4m。斜拉索全桥共 68 对,按双索面扇形布置。

为了减小辅助墩和交界墩的负反力,在 7、12 号交界墩墩顶 16m 的范围内采用铁砂混凝土压重,压重重量 60t/m,及相邻引桥 T 梁压在主梁端部。8、13 号辅助墩顶 8m 范围内采用铁砂混凝土压重,压重重量 60t/m。

在桥塔下横梁处设承载 12 500kN 的盆式橡胶支座,交界墩和辅助墩处设置抗拉力 4 000kN、抗压力 13 000kN 的拉压盆式橡胶支座。交界墩处的压重 T 梁和主梁间设置变形缝;在引桥 6 号和 13 号桥墩处各设一道 SSFB560 型伸缩缝。

主桥的桥面铺装采用 8cm 厚的沥青混凝土,引桥桥面铺装采用 8cm 防水混凝土+10cm 沥青混凝土。

三、主桥结构设计

1. 索塔

索塔采用 A 形塔。滴水岩岸塔高 167.29m,南彭岸索塔高 172.79m,索塔桥面以上高约 110m。索塔共设置两道横梁,桥面以下设置一道下横梁,桥面以上约 60m 设置一道上横梁,两道横梁将桥塔分成上塔柱、中塔柱和下塔柱三部分。上塔柱纵向宽 6.0m,横向宽 4.4m,纵向厚 0.8m,横向厚 1.3m。中塔柱外部尺寸与上塔柱相同,只是横向厚度减薄为 1.0m。下塔柱纵横向两个方向均变化,由上到下逐渐变大。滴水岩岸桥塔下塔柱纵向尺寸由 6.0m 逐渐变化到塔底的 10.56m,横向尺寸由 4.4m 逐渐变化到塔底的 9.5m,南彭岸桥塔纵向尺寸由 6.0m 逐渐变化到塔底的 11.0m,横向尺寸由 4.4m 逐渐变化到塔底的 10.0m。塔柱的上、下游侧均留有景观凹槽,以增强视觉效果。桥塔示意如图 3 所示。

斜拉索直接锚固在上塔柱塔壁内侧的锚固齿板上。桥塔有斜拉索齿板部分的内壁用 10mm 厚的 Q235B 钢板包裹,为了抵抗斜拉索拉力引起的索塔箱形截面上的拉应力,在斜拉索锚固区配置了“井”形布置的纵、横向预应力索。

主塔的上、下横梁都采用预应力混凝土结构,上横梁布置 30 束 $19\phi^s15.24$ 钢绞线,下横梁布置 48 束 $19\phi^s15.24$ 钢绞线。

2. 主墩基础

如图 4 所示,滴水岩岸索塔基础设在岸边,采用 20 根 ϕ2.5m 嵌岩钻孔桩,矩形承台横向长 31m,纵向长 21.9m,厚 6.5m,筑岛围堰施工。

南彭岸主塔基础位于深水区域,枯期水深 12m,设置 20 根 ϕ2.5m 嵌岩钻孔桩。采用双壁钢围堰施工,直径 32m,考虑着床埋置深度和施工水位的影响,总高 25.5m。

3. 主梁设计

(1)主梁和钢横梁

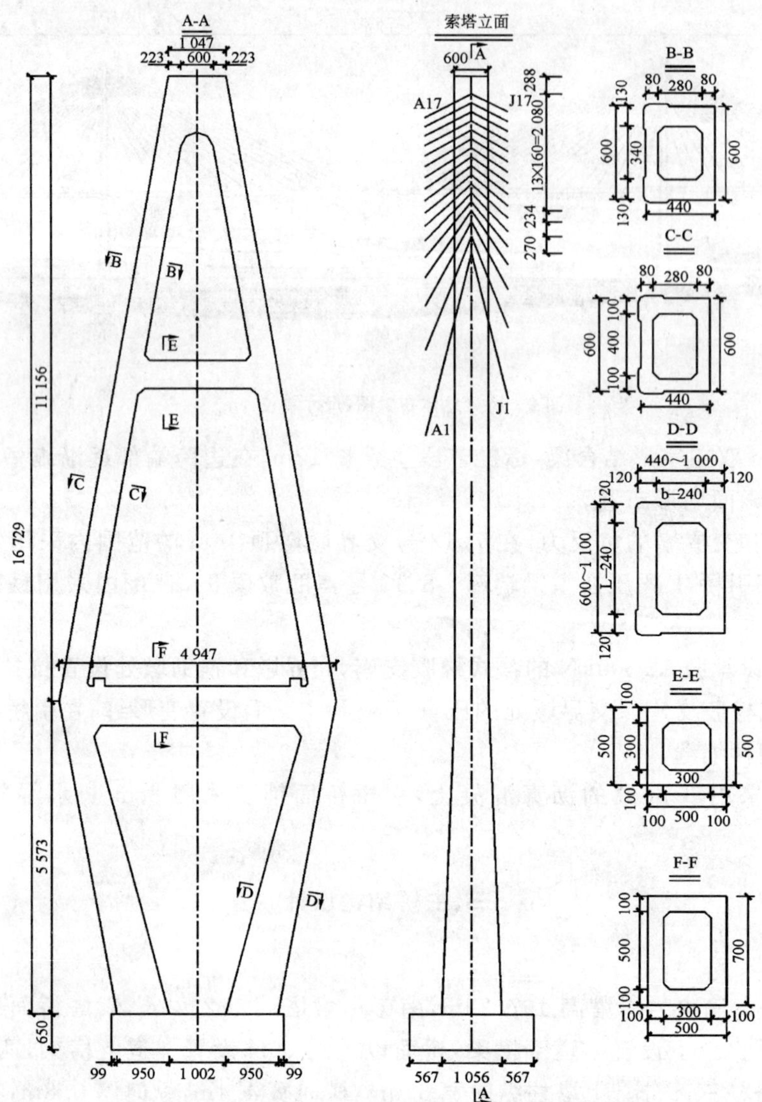

图 3　滴水岩岸桥塔示意图(尺寸单位:cm)

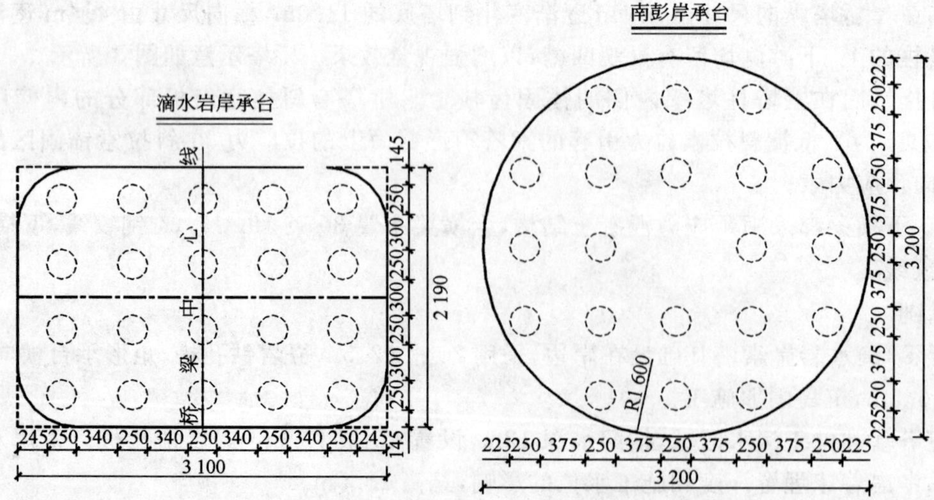

图 4　主墩承台平面(尺寸单位:cm)

主梁采用双工字形钢纵梁与混凝土板共同受力的结合梁，接触面用剪力钉将两者结合。结合梁在斜拉索锚固处高 3.2m，跨中高 3.542m。桥面混凝土板厚 26cm，在钢纵梁顶部加厚为 40cm。主梁全宽 36.2m，横桥向两个钢纵梁的中心距为 35.2m，如图 5 所示。

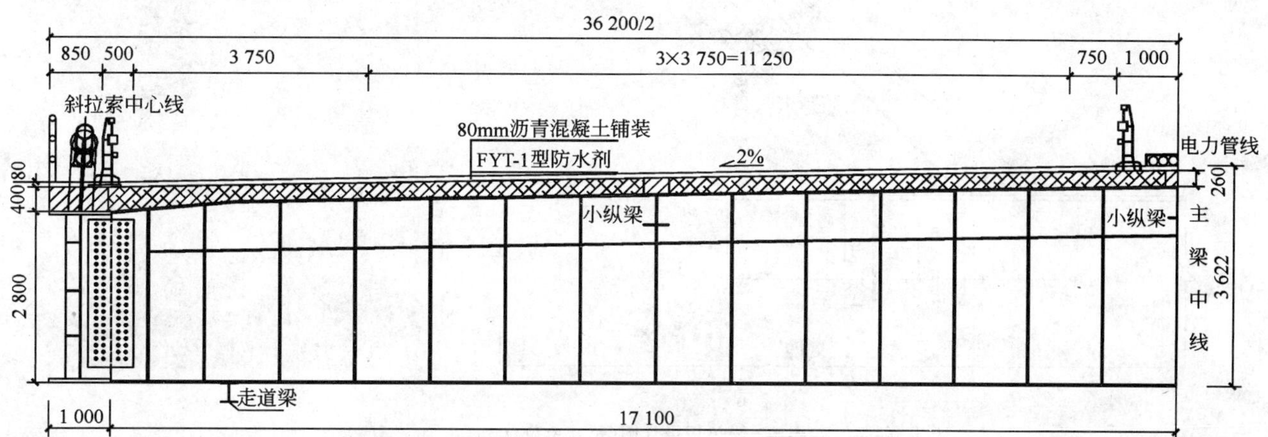

图 5 桥梁横断面图(尺寸单位:mm)

工字形钢主纵梁高 2.8m，共分为 8 种梁段，标准节段梁长 12m。标准梁段顶板为 50mm 厚、1 000mm宽的钢板，底板为 80mm 厚、1 000mm 宽的钢板，腹板厚 28mm，腹板上设置三条纵向加劲肋。在桥塔和辅助墩附近的梁段底板加宽和增设加强钢板。交界墩附近的 G 梁段(过渡梁段)长 24.496m，端部局部加高为 4.0m。标准单片主纵梁重量约 17t，交界墩附近主纵梁最大重量约 55t。

在桥面横向共设置三道小纵梁，桥面中心线设置一道，两边四分点各设置一道。小纵梁顶板、底板宽 500mm。其中桥面中线处的小纵梁为永久结构，两边的小纵梁为施工临时结构，提供施工时的人行通道，并作为浇筑湿接头的模板。永久小纵梁和混凝土板之间不设剪力钉，桥面板在桥梁横向为简支结构。

横梁的标准间距为 4.0m，采用工字形截面。标准横梁顶板宽 700mm，厚度为 28mm；底板宽 700mm，厚度为 32mm；腹板厚 16mm。在横梁的纵、横向设置有加劲肋。对主梁压重段的横梁进行加强，横梁和主纵梁之间的连接采用剪力接头。全桥的钢主纵梁、横梁和小纵梁均在工厂焊接完成后，运输到桥位，现场全部采用高强螺栓连接。

主纵梁钢板采用 Q370qE，横梁钢板采用 Q345qC。对于钢板梁的顶板由于需要和锚拉板直接焊接相连，该钢板要求为 Z 向钢板，其厚度方向(Z 向)性能应满足 Z35。

(2)混凝土桥面板设计

混凝土桥面板采用分块预制、安装，再浇筑接头湿接缝混凝土，与钢主纵梁和横梁形成整体。预制混凝土桥面板采用 C60 型高强混凝土，共分为 24 种类型，最大平面尺寸为 3.4m×8.54m，顶面拉毛。各类型混凝土桥面板差别主要在于预应力管道和预应力齿块的不同，预制混凝土板的纵向设置微锯齿形剪力键。为了减少混凝土的收缩和徐变，预制桥面板存放至少 6 个月以上方可安装。

主桥在边跨 82m 和中跨 164m 范围内的混凝土桥面板中设置纵向预应力束。预应力钢束均采用 $7\phi^{s}15.24$ 钢绞线和 SBG 塑料波纹管，真空辅助灌浆法施工。

混凝土桥面板通过焊接在钢主纵梁和横梁上翼缘板上的剪力钉与钢梁共同作用，剪力钉采用 $\phi22$ 圆头焊钉，ML15 钢，长度 200mm，均在工厂焊接完成。

(3)斜拉索和主梁的锚固设计

斜拉索和主梁的锚固主要由锚拉板、四块加劲肋、锚拉管及锚座支承板等组成，采用拉板式锚固方式，如图 6 所示。该类锚固构造最早见于加拿大的安娜西斯桥，后来国内青州闽江桥等桥也采用这种构造。

锚拉板分为上、中、下三部分，上部锚拉板的两侧焊于锚拉管外侧，将斜拉索的索力直接传递给上部

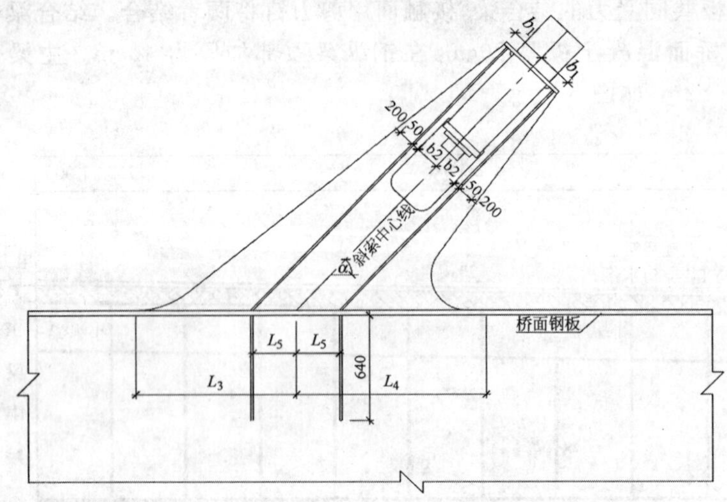

图6　锚拉板设计图(尺寸单位:mm)

的锚拉板,中部为了安装锚具,中间部分挖空,为了补偿挖空部分的削弱,并增强其横向刚度,在其两侧焊接加劲板。下部直接与主梁上翼缘顶面焊接,这种结构传力途径明确,构造简单,工地施工作业方便,最主要的整个锚固系统都在桥面以上,便于以后的维修和养护,但在焊缝处荷载应力和焊接残余应力集中程度都较大。

对锚拉板结构作了空间非线性有限元分析,并对主梁顶部翼板的抗疲劳性能进行试验研究。经计算锚拉板安全可靠,但是初始屈服荷载较低。设计荷载作用下在锚拉板与锚拉管的焊缝底部,即靠近锚垫板的圆弧处为高应力区,此处首先出现塑性区。锚拉板与锚拉管,锚拉板与主梁上翼板之间的焊缝是主要传力焊缝,要求全熔透,并经过严格的探伤检查。锚拉板直接焊接在主梁顶板上,主梁顶板的Z向承受拉应力,钢板的Z向性能和焊接热影响区是本桥钢结构最为薄弱的两个环节,所以对钢材材质和焊接施工质量的控制是整个钢结构制造中的重点,对锚拉板进行了静力和疲劳试验研究。

4. 过渡孔混凝土T梁设计

过渡孔为简支梁,一端支承在主桥的钢横梁上,设置纵向固定支座,另一端支承在交界墩上,设置为纵向活动支座,如图7所示。过渡孔压重T梁横桥向共14片,梁高2.0m,跨度30m,按全预应力设计。在过渡孔的T梁和主桥的结合梁之间设置变形缝,只允许过渡孔T梁和主梁之间有微小的转角。

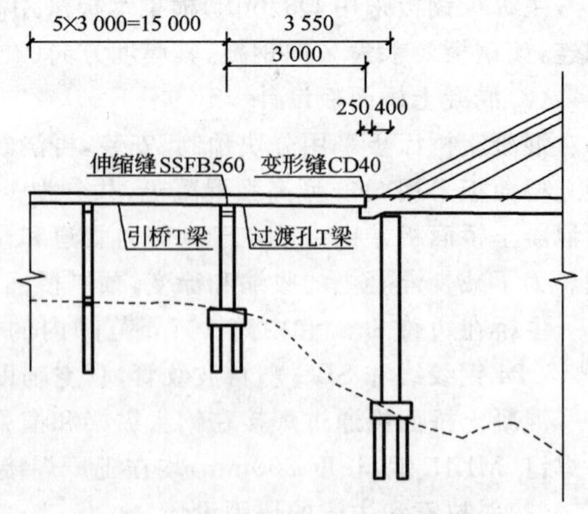

图7　过渡孔示意图(尺寸单位:cm)

5. 斜拉索设计

斜拉索采用平行钢丝体系,钢丝的标准强度为1 670MPa,直径7mm。拉索分别由187、151、199、253、283、313和349根钢丝组成7种规格,共计136束。成品索(含索体及锚具)的疲劳应力幅值应大于200MPa。索面为空间索面,斜拉索在梁体上、下游的间距为35.2m,顺桥向的标准索距为12m,靠近边跨端头附近的尾索进行加密,索距为4m。斜拉索在塔上的竖向间距为1.6m。整根斜拉索外用保护套保护,护套外表设有螺旋线,以抑制雨振的产生。

四、设计特点和创新

1. 本桥的特点及难点

本桥特点如下：

(1)桥面宽，索力大；

(2)一、二级阶地上的边跨区域交通不便，运输条件受限较多。

本桥在技术上具有以下难点：

(1)主梁和横梁的高厚比比较大，腹板横竖向加劲肋的合理设置，解决腹板的局部稳定问题；

(2)索力大，斜拉索和主梁的连接形式采用锚拉板；

(3)制造安装难度较大。

2. 本桥的主要创新点

由于桥位地形和运输条件的限制，本桥采用双工字形截面形式的结合梁斜拉桥。

大跨度混凝土斜拉桥如果宽度大于30m，则桥梁横向问题非常突出，设计较困难，而且施工时质量不易保证；钢箱梁的斜拉桥造价较高，而且后期养护工作量较大，尤其是造价昂贵的沥青混凝土桥面铺装的耐久性这个难题至今还没得到很好解决，目前对于西部地区不是比较理想的选择。而结合梁斜拉桥则可以兼顾钢箱梁斜拉桥和混凝土主梁斜拉桥的优点，主梁由于轴力的60%～70%由混凝土桥面分担，使用钢量降低，后期养护工作量也相对较小，比较经济适用。与国内外同类桥比较，本桥设计有如下特点和创新之处：

(1)采用双工字截面形式的主梁截面，制造、运输和架设简单，造价低。

桥面宽度为36.2m，采用双工字截面形式的结合梁，是目前全国同类桥梁中少有的。和边箱中板式的双主梁相比，双工字形主梁便于制造、运输和架设，而且制造费用较低。本桥滴水岩侧的边跨基本位于一阶和二阶阶地上，地形起伏较大，采用双工字形的截面形式便于运输，对本桥桥位的建设条件无疑具有现实意义。400～600m左右的钢箱梁斜拉桥主梁用钢量一般为500～600kg/m^2，本桥主梁用钢量约为320kg/m^2。造价经济，而且省去了造价昂贵的钢箱梁桥面铺装。

(2)混凝土桥面板沿桥横向变厚度，是国内同类结合梁斜拉桥首次采用。

大部分桥面板厚度26cm，靠近主纵梁处局部加厚为40cm。既减轻了桥面重量，又增加了桥面板的有效宽度、减小了锚拉板后缘的应力集中，而且增加桥梁横向的抗剪能力。

(3)斜拉索和主梁的连接形式采用锚拉板。

本桥最大索力8 000kN，该索力在公路桥梁中是很大的。斜拉索和主梁的锚固采用拉板式锚固方式，受力明确、节约钢材、施工维护方便以及容易保证质量的优点。

(4)本桥的钢料全部采用国产，尤其是大规模的使用厚度80mm的厚板。

本桥钢板最大板厚80mm，而且数量较大，所有钢板均采用国产材料，大规模的使用国产厚钢板，其经济效益和社会效益是非常明显的。但国产厚钢板的焊接和制造等问题目前在国内设计的桥梁中尚未积累比较丰富的经验。

五、科 研 工 作

虽然国内外对结合梁斜拉桥的设计理论和计算方法已经进行了一些研究，但是还有一些问题没有处理好。根据本桥的构造特点，充分搜集国内外同类桥梁的有关技术资料，在消化、吸收、总结的基础上，开展了如下五个课题的研究，以验证和优化设计，确保结构安全、经济、耐久。

课题一：结合梁斜拉索和钢主梁锚固点的静力和疲劳模型试验研究

主要研究大吨位的锚拉板的静力和疲劳结构行为，验证设计的可靠性。

课题二：斜拉索在桥塔上锚固区域足尺模型试验研究

通过足尺模型试验和理论分析，验证索塔上斜拉索锚固区的可靠性和设计的合理性。

课题三：大跨结合梁斜拉桥稳定性及钢—混组合效应研究

主要研究主梁和横梁腹板在多向应力状态下稳定性研究、结合梁桥面板有效宽度和结合梁钢—混组合效应研究

课题四：施工、制造关键技术研究

主要研究国产厚钢板的工字梁制造、锚拉板制造和焊接残余应力的消除技术；锚拉板和周围混凝土的隔离和防水措施。

课题五：大跨斜拉桥组合桥面系受力性能研究

主要研究钢—混凝土组合桥面系的空间受力性能、混凝土开裂机理及控制方法、长期受力性能以及设计方法和构造措施。

本桥于2005年11月开工建设，预计2008年6月主跨合龙。

参考文献

[1] 严国敏.现代斜拉桥.西南交通大学出版社，1995.

[2] 吉姆斯著.缆索支承桥梁.金增洪译.人民交通出版社，2002.

[3] 高宗余.青州闽江大桥结合梁斜拉桥设计.桥梁建设，2001，No4.

[4] 张靖，宁平华.广州鹤洞大桥主桥斜拉桥设计.城市道桥与防洪，2003，No1.

21. 忠县长江大桥锚碇系统设计与验算

林树奎　孙　莉　赵志峰

（中交二航局第二工程有限公司）

摘　要　本文主要介绍忠县长江大桥10号墩锚碇系统的设计和验算等方面内容，并通过本工程的实践验证正确、可行、可靠，提出了作者的一些计算和施工方法，供参考借鉴。

关键词　忠县长江大桥　锚碇系统　设计　验算

一、工 程 概 况

1. 概述

石忠高速公路B18合同段位于忠县县城上游8km处。B18合同段主要工程内容包括石柱岸主桥（1/2斜拉桥）、主引桥（连续刚构桥）、引桥及229m路基。主桥10号墩位于河床中部，基础采用双壁钢围堰钻孔桩复合基础，钢围堰外径36m，内径33m，壁厚1.5m。钢围堰顶面高程根据施工控制水位取+150.78m（黄海高程），底面高程+116.28m，围堰高度为34.5m（图1）。

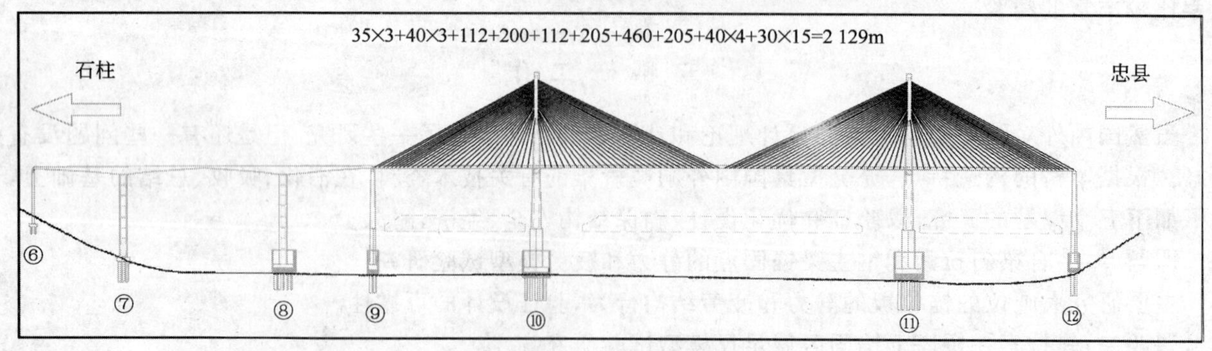

图1　桥型布置图

2. 水文

(1)水位

桥位处于三峡工程的回水区,三峡水库蓄水位＋139m(吴松高程)时,水位在＋136.77～＋138.18m变动。三峡水库蓄水后的2004年9月,洪水位为＋149.93m,对应流量为63 000m^3,相当于20%的洪水频率(表1)。

忠县站(2003.6～2004.12)**逐月最高水位**(黄海高程)　表1

年＼月	1	2	3	4	5	6	7	8	9	10	11	12
2003	—	—	—	—	—	140.62	144.11	138.59	145.39	137.15	137.76	137.58
2004	137.47	137.42	137.17	137.48	138.60	140.61	138.40	138.16	149.93	140.35	138.29	137.50

自2003年6月三峡库区蓄水以来,坝前水位目前按＋135m(枯水期)～＋139m(洪水期)运行,到2006年汛后,届时水库将在＋156m～＋135m～＋140m水位调度运行。

(2)流速

2003年7月18～20日对桥区河段进行了流速、流向等观测,资料表明主流线顺直,表面流速在1.2～2.1m/s,水面比降为0.64～0.109‰,桥轴线附近表面流速在1.5～1.7m/s。2004年12月25日、30日测量主流表面流速分别为0.31m/s、0.46m/s。

数学模型计算成果表明,三峡坝前水位＋135m,当流量Q＝63 000m^3/s(20%),流速在2.0m/s左右,最大流速2.28m/s,当流量Q＝76 700m^3/s(5%),最大流速2.51m/s。

3. 地质

10号墩位于长江河床中部,覆盖层为卵石,结构松散不密实,厚度3.0～5.3m,顶面高程＋119.74～＋120.68m,顶面坡角2°～4°,底面高程＋119.74～＋117.16m。

4. 锚碇系统的组成及总体布置

钢围堰的锚碇系统作为钢围堰吊运就位、接高吸泥下沉等定位和基础施工时船舶停泊系锚之用。锚碇系统包括导向船组及锚碇设施(霍尔锚、锚链、锚缆)。根据10号墩的河床地质、水文资料、施工水位及施工条件,参照已往特大桥的施工经验,进行锚碇系统的选择和设计。10号墩锚碇系统是按墩轴线对称布置。

施工设计中用不同级别的霍尔锚作为锚碇系统的主锚、尾锚、边锚。

二、10号主墩锚碇系统设计计算

1. 10号墩锚碇系统平面布置(图2)

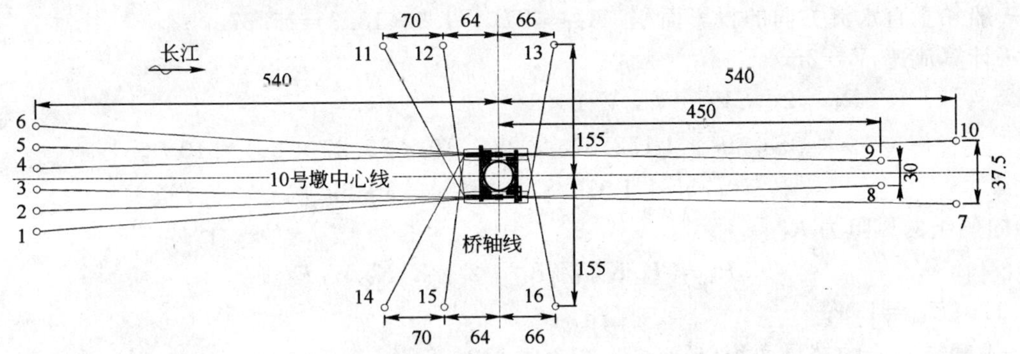

图2　锚碇系统平面布置图

说明:1. 图中尺寸以m计;

2. 1～6为8t霍尔锚,8～9为2.5t霍尔锚,其余为8t霍尔锚,围堰下拉缆及下拉八字尾缆图中未示;

3. 根据锚着拉力试验确定锚着力系数在河床为砂卵石、岩石取K＝4。

2. 设计依据资料

(1)施工最高水位:按10月份最高水位+140.35m计算(在围堰未着河床前,随着长江水位的变化,围堰最大入水深度控制为20.5m)。

(2)计算流速:由于设计未提供墩位处垂线平均流速,考虑到施工时围堰下水后,河床断面被压缩及围堰周边产生的涡流和吸力引起流速增大,故计算流速按20%的洪水频率时的表面流速2m/s取值。

(3)基本风荷载:查公路桥涵设计通用规范(JTJ021—89),全国基本风压分布图忠县地区为$W_0=0.4\text{kN/m}^2$。

3. 锚碇设施受力计算

(1)钢围堰动水压力R_1计算

$$R_1 = K\gamma AV^2/2g$$

式中:K——水流阻力系数,圆形取$K=0.8$;

γ——水的重度,$\gamma=10\text{kN/m}^3$;

g——重力加速度,$g=9.81\text{m/s}^2$;

A——围堰入水部分在垂直水流平面上的投影面积,$A=36\times20.5=738\text{m}^2$;

V——计算流速,$V=2\text{m/s}$。

$$R_1 = K\gamma AV^2/2g = 0.8\times10\times738\times2^2/(2\times9.81) = 1\,203.7\text{kN}$$

(2)围堰风阻力R_2

$$R_2 = KK_ZW_0F$$

式中:K——风载体形系数,$K=1.0$;

K_Z——风压高度变化系数,偏大取$K_Z=1.0$;

F——挡风面积(m^2),在水位+140.35m围堰露出水面的高度为9.5m,$F=36\times9.5=342\text{m}^2$。

$$R_2 = KK_ZW_0F = 1.0\times1.0\times0.4\times342 = 136.8\text{kN}$$

(3)导向船组水流阻力R_3按下式计算

$$R_3 = 2(fSV^2+\psi A_1V^2)\times10^{-2}(\text{kN})$$

式中:f——铁驳摩阻力系数,取$f=0.17$;

S——船舶浸水面积,$S=L(2T+0.85B)=1\,132.875\text{m}^2$;

L——船舶长度(75m);

T——吃水(1.9m,保证干舷高度为1.5m);

B——船宽(13.3m);

ψ——阻力系数,方头船取$\psi=10$;

A_1——船舶垂直水流方向的投影面积,$A_1=TB=1.9\times13.3=25.27\text{m}^2$;

V——计算流速,$V=2\text{m/s}$。

$$\begin{aligned}R_3 &= 2(fSV^2+\psi A_1V^2)\times10^{-2}\\ &= 2(0.17\times1\,132.875\times22+10\times25.27\times22)\times10^{-2}\\ &= 2(770.355+1\,010.8)\times10^{-2} = 35.6\text{kN}\end{aligned}$$

(4)导向船组的风阻力R_4

$$R_4 = K_1K_{Z1}W_0F_1\times2+K_2K_{Z2}W_0F_2$$

式中:$K_1=1.0$;$K_{Z1}=1.0$;

F_1——1艘导向船的挡风面积,$F_1=1.5\times13.3=19.95\text{m}^2$;

K_2——导向船上联结梁、变电所、桅杆吊等的风载体型系数,综合取0.5;

K_{Z2}——上项设施的风压高度变化系数,综合取$K_{Z2}=1.15$(按离地面15m高计);

F_2——上项设施挡风面积估算为900m^2;

$W_0=0.4\text{kN/m}^2$。

$R_4 = 1.0 \times 1.0 \times 0.4 \times 19.95 \times 2 + 0.5 \times 1.15 \times 0.4 \times 900 = 223\text{kN}$

(5)工作船水阻力 R_5 按下式计算(400t 方驳)

$$R_5 = (fSV^2 + \psi A_1 V^2) \times 10^{-2}$$
$$= (0.17 \times 501.63 \times 2^2 + 10 \times 13.95 \times 2^2) \times 10^{-2} = 9.0\text{kN}$$

(6)工作船风阻力 R_6 按下式计算

$$R_6 = KK_Z W_0 F$$

式中:F——1 艘导向船的挡风面积,$F = 1 \times 9.3 = 9.3\text{m}^2$。

$R_6 = 1 \times 1.0 \times 0.4 \times 9.3 = 3.7\text{kN}$

(7)工作船风阻力 R_7

每墩 2 艘 400t 方驳改装的工作船,同时停靠在导向船旁。其总阻力:

$$R_7 = 2 \times (R_5 + R_6) = 2 \times (9.0 + 3.7) = 25.4\text{kN}$$

(8)主锚所受的总锚力 $R_{主}$:

$$R_{主} = R_1 + R_2 + R_3 + R_4 + R_7 = 1\,624.5\text{kN}$$

4. 主锚受力计算

根据以往特大桥梁施工的经验,10 号主墩拟定采用 6 个 8t 霍尔锚作为主锚。

按下式进行验算:

$$W = F/10K$$

式中:W——锚在空气中的质量;

K——锚着系数,河床为黏土、砂时,$K = 8 \sim 12$;河床为卵石、岩石时,$K = 4 \sim 5$,本工程暂取 $K = 4$(实际取值由试验确定)。

$F = 10KW = 10 \times 4 \times (8 \times 6) = 1\,920\text{kN} > R_{主} = 1\,624.5\text{kN}$,满足要求。

每个主锚受力为:

$$R = 1\,624.5 \div 6 = 270.75\text{kN}$$

5. 主锚锚链及钢丝绳缆

(1)锚链

选择原则:按镇江锚链厂产品试验负荷表中所列的 M2 级有档锚链拉力负荷,除以 5 倍安全系数,大于或等于主锚受力来选择锚链。ϕ53M2 级有档链拉断荷载为 1 560kN。

$$5R = 5 \times 270.75 = 1\,353.75\text{kN} < 1560\text{kN}$$

选用 ϕ53M2 级有档链作为主锚链。每个锚配 2 节锚链,即:27.5×2=55m。

(2)主锚钢丝绳

①钢丝绳验算:

根据下式进行验算:

$$K = \alpha F_g / R$$

式中:K——钢丝绳的安全系数,取 $K = 3.5$;

α——考虑钢丝绳之间荷载不均匀,系数 $\alpha = 0.82$;

F_g——钢丝绳钢丝破断拉力总和;

R——1 个主锚的受力 270.75kN;

$$F_g = KR/\alpha = 3.5 \times 270.75 \div 0.82 = 1\,155.6\text{kN}$$

由上式得出的结果,可选用 6×37-47.5-1 700-光-右交钢丝绳作为主锚的钢丝绳。

②钢丝绳长度计算:

$$L_m = \sqrt{h^2 + 2h \cdot R/P}\,(\text{m})$$

式中:L_m——钢丝绳长度:

h——锚位处水深,取 $h = 20.0\text{m}$(河床高程为+122.0m)

R——1 个主锚受力,270.75kN;

P——每米钢丝绳在水中的重力，按空气中重力的70%计，$P=7.929\times0.7\times9.81=54.45$N/m。

计算得：$L_m=446$m，取$L_m=445$m，锚链长度为55m，每根主锚缆总长为：

$$L=445+55=500\text{m}$$

由于导向船船艏至桥轴线约为40m，故主锚锚位距桥轴线取540m。

6.尾锚和边锚

(1)尾锚

①尾锚的作用：便于和主锚对拉收紧，调整围堰上下游位置，在有变化的水流和风力状态下施工，减少围堰在下沉中的摆动和平面位移，便于控制准确定位。尾锚数量按主锚的40%配置，因此，尾锚配置2个5t和2个2.5t霍尔锚。每个5t锚配2节ϕ43M2级有档锚链，选用6×37-36.5-1 700-光-右交钢丝绳；每个2.5t锚配2节ϕ34M2级有档锚链，选用6×37-36.5-1 700-光-右交钢丝绳。

②5t霍尔锚、锚链及钢丝绳验算

锚链及钢丝绳验算同边锚。

钢丝绳长度：

$$L_m=\sqrt{h^2+2hR/P}(\text{m})$$

式中：h——锚位处水深，取$h=23.0$m(河床高程为+119.0m)；

R——5t霍尔锚极限力，取$R=50K=200$kN；

K——锚着系数，取$K=4$；

P——每米钢丝绳在水中的重力，按空气中重力的70%计，取$P=33.14$N/m。

$$L_m=527\text{m}$$

为了防止抛锚距离太长，而导致锚缆柔性过大，锚位距桥轴线同主锚，取540m，钢丝绳长度$L_m=450$m。

③2.5t霍尔锚、锚链及钢丝绳验算

锚链验算：

R按2.5t霍尔锚极限受力取值，$R=4\times25=100$kN

$5R=5\times100=500\text{kN}<688\text{kN}$，所以锚链满足要求。

钢丝绳安全系数：

$$K=\alpha F_g/R$$
$$=0.82\times856/100=7.0>3.5$$

钢丝绳满足要求。

钢丝绳长度：

$$L_m=\sqrt{h^2+2hR/P}=373\text{m}$$

取锚位距桥轴线450m，钢丝绳长度$L_m=360$m。

(2)边锚

导向船边锚是用来调整导向船组及钢围堰落床时沿桥轴线方向偏移的重要结构，受力较大，边锚按主锚的40%配置，由于桥位区主流线顺直，尽可能保证主锚与水流方向平行，且桥位区无大型、快速船泊通过，波浪力影响较小。所以导向船在两侧各设置3个5t的霍尔锚作为边锚。为便于工作船的停靠，保证足够的航道宽度，两侧边锚采用全锚链。其选用锚链计算如下：

$$L=\sqrt{2hF/q}$$

式中：h——锚位处水深，取$h=21.5$m；

F——5t霍尔锚极限受力，取$F=5K=5\times4=20\text{t}=200$kN；

K——锚着系数，取$K=4$；

q——每米锚链在水中的重力，按空气中重力的70%计，取$q=0.279$kN/m。

$$L=\sqrt{2\times 21.5\times 200/0.279}=175.6\text{m}$$

$$L_{\text{m}}=L+\frac{1}{6}(q/F)^2L^3=175.6+\frac{1}{6}(0.279/200)^2\times 175.6^3=177.4\text{m}$$

取
$$L_{\text{m}}=178\text{m}$$

下游边锚配 5 节 ϕ43M2 级有档锚链，上游边锚配 4 节 ϕ43M2 级有档锚链，为了便于连接，上、下游锚链均接部分 6×37-36.5-1 700-光-右交钢丝绳，锚位距 10 号墩中心线 155m，其长度有现场确定。

钢丝绳安全系数验算：

$$K=\alpha F_g/R=0.82\times 856/200=3.51>K=3.5$$

满足要求。

式中：K——钢丝绳的安全系数，取 $K=3.5$；

α——考虑钢丝绳之间荷载不均匀系数取 $\alpha=0.82$；

F_g——钢丝绳钢丝破断拉力总和，取 $F_g=856\text{kN}$；

R——1 个边锚的受力 200kN。

7. 围堰下拉缆

为控制钢围堰下沉时下端位置，在距围堰下端 6m 处的围堰壁上附有 2 个转向滑轮（围堰中心线两侧各设一个，其间距为 12m，形成对称），设置 2 根 6×37-47.5-1 700-光-右交钢丝绳下拉缆，下拉缆上游端经导向船的系缆桩导向至绞缆系统，下游端与围堰刃脚以上 6m 处的吊耳相连。

围堰受力计算时，为安全计，围堰所受水流按均布考虑，如图 3 所示。

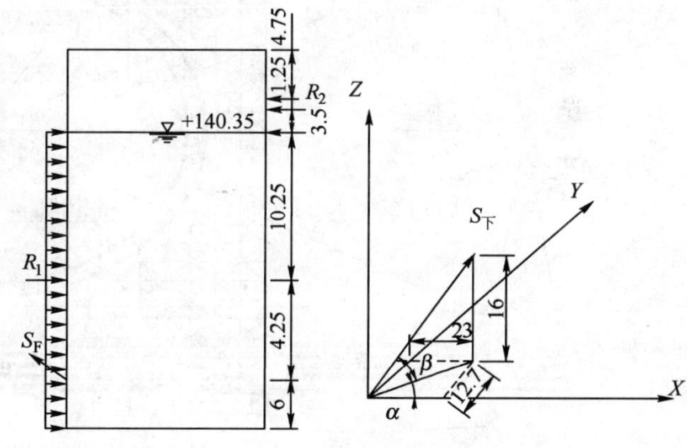

图 3 围堰受力计算模式（尺寸单位：m）

由图示模式计算得：$\alpha=28.91°$，$\beta=31.34°$

$$18S_{下}\cos\beta\cos\alpha+29.7S_{下}\sin\beta=(R_1\times 13.75+R_2\times 1.25)$$

$$S_{下}=578.5\text{kN}$$

验算钢丝绳：$K=F_g 2\alpha/S_{下}$

$$=1\,430\times 2\times 0.82/578.5=4.1>K=3.5$$

式中：F_g——钢丝绳的破断拉力，取 $F_g=1430\text{kN}$；

K——钢丝绳的安全系数。取 $K=3.5$；

α——钢丝绳破断拉力的系数，$\alpha=0.82$。

选用 6×37-47.5-1 700-光-右交钢丝绳 2 根，作为围堰上游下拉缆，其钢丝绳长度为 40m。

为调整围堰下口垂直水流方向的位置，围堰下游设置两根 6×37-36.5-1 700-光-右交钢丝绳下拉八字尾缆。尾缆上游端系在围堰刃脚以上 6m 处（围堰中心线两侧各设一个，其间距为 12m，形成对称），下游端经导向船下游系泊系统至绞车系统。钢丝绳长度由现场确定。

三、锚碇系统配套附属设施

(1)导向船本身的定位、移动由 6 个主锚、4 个尾锚、6 个边锚三组缆绳系统构成自身的固定系统与调节系统。

(2)导向船甲板上设置的主要设备有：边锚缆调缆系统、主、尾锚缆调缆系统、系泊系统、绞车系统、桅杆吊、联结梁系统、供电系统、服务系统。

(3)边锚缆调缆系统：由双滚子导缆钳、四轮滑车组（320kN）、拉力架、调节索及相配套的钢丝绳、眼板、卸扣等共 6 套。

(4)主、尾锚缆调缆系统：其设备同边锚缆，共 10 套。其中两个 25kN 尾锚可采用 80kN 锚机收紧后，采用手拉葫芦调缆。主锚调缆系统采用 400kN 滑车组，50kN 尾锚缆采用 320kN 滑车组。

(5)系泊系统：由原驳船上所有的缆桩构成。

(6)绞车系统：每条船均设有 2 台 80kN 船用卷扬机，用于全船调缆系统的动力供应。

(7)桅杆吊：桅杆吊底座设在万能杆件组拼的连接梁桁架上并用 I56a 找平，共两套。

(8)联接梁系统：两条导向船由万能杆件桁架联结成整体。其具体结构见导向船布置图(图 4)。

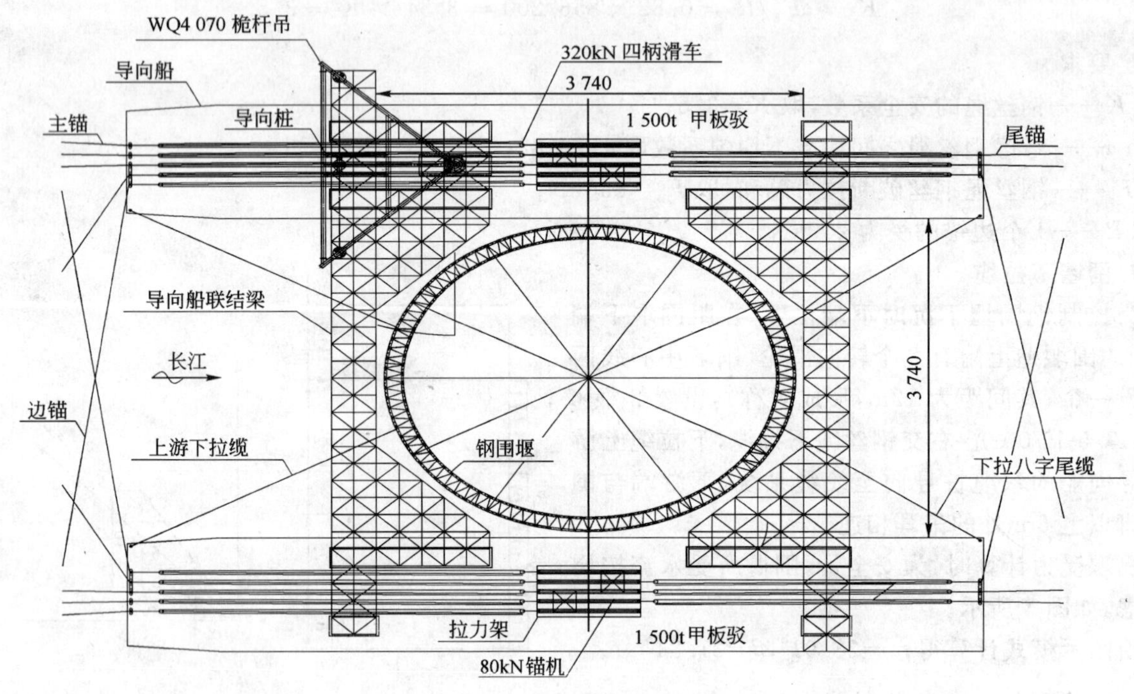

图 4　导向船布置图

(9)供电系统：由引入电缆，800kVA 和 400kVA 箱式变电站组成，供整个系统的动力与照明用电。

(10)服务系统：包括值班室、工具间、储物间、厕所及其相应的设备。

四、锚碇系统施工控制关键

1. 理顺边缆、调直

浮式拼装平台进入导向船组内，导向船采用联结梁联成整体后，即可进行导向船左右边缆对拉，调直理顺边缆，实现导向船就位，使导向船中轴线和桥墩中轴线重合。由于各锚均采用旧锚链，故边锚缆在进行对拉时，均要求试拉至 100% 荷载，即 200kN。两侧边锚缆调直理顺后，各缆拉力值调为 100kN。

2. 对拉测力、理顺主锚缆

10 号墩有 6 个主锚，4 个尾锚，将所有的锚缆牵引到滑车上，分成三组分别同尾锚进行试拉。试拉是在导向船基本定位，锚缆上滑车组后进行，试拉的目的是为了防止锚缆弯曲，锚链不直，锚头未抓住。试拉荷载是设计值的 100% 即 270kN，以测试锚的真实拉力。调整动滑车组牙口的距离至 4～5m，利用导向船的调缆设备，收紧 1 根尾缆和 1 根主锚缆形成对拉，利用弹簧测力计测出主锚缆受力 270kN 时即松缆。然后再收紧尾锚和另一根主锚缆形成对拉，依次进行，以调直主锚缆。调直的顺序为：先放的缆后调，后放的缆先调。由于应对拉的两边要松了才能拉下一组的两根，每根主锚在对拉完毕，放松前应量好划线，尾锚的两根不松，又与主锚的另一对试拉，调整动滑车组的位置试拉完成，按照上一组的松开距离松开，再拉另外一组主锚，方法相同。

由于主锚是 6 个，尾锚是 4 个，对拉测力完毕，初定位的主锚缆拉力应适当(每个主锚缆的初拉力为

100kN),定位位置要有一定的提前量,以抵消在围堰接高下沉过程中,由于主锚的负荷越来越大,主锚缆钢丝绳被拉长、悬链线线形调整。同时,由于长江水位下降,从而导致导向船组位置向下游移动。导向船组初定位时向上游的提前量暂定为1.5m(在围堰接高下沉过程中,根据实际情况作调整),以保证围堰在着床时,围堰的位置与设计位置基本相符或约偏上游。在围堰接高下沉过程中,尾锚要适当地配合收紧,随时保证有较大的张紧力,同时边锚也要随时保证围堰位置准确,有较大的张紧力,防止围堰发生晃动。

锚着力的测量:在对拉的同时测出锚开始滑动时的主缆受力 R。

3. 主锚缆测力和调整装置

在施工过程中,由于诸多因素影响,各主缆受力容易出现不均衡现象,所以在每个锚缆滑车组钢丝"死头"末端串联120kN弹簧测力计(考虑周转使用),以便监视主锚受力。一旦出现主锚受力不均,利用与滑车组钢丝绳"活头"末端相连接的倒链滑车进行调整。

五、结　语

本文大篇幅细致得介绍了锚碇系统的计算,主要是近年来没有同类桥梁的施工,相对也没有相应的施工经验,在计算的过程中也不断得反复验算,同时也征求了公司的抛锚定位专家的意见,了解黄石长江大桥的施工方案,最终通过实施验证是可行可靠的锚碇系统设计,钢围堰施工过程中未出现异常情况。

22. 重庆奉节梅溪河大桥总体设计

王兴达　冯云成

(中交第一公路勘察设计研究院有限公司)

摘　要　介绍重庆梅溪河公路大桥设计技术条件、总体设计以及主桥的主梁结构、索塔结构、施工方法及主要技术特点。

关键词　斜拉桥　总体设计　主梁　索塔　施工方法

一、建 设 条 件

1. 项目概况

重庆梅溪河公路大桥是在建的重庆奉节至云阳高速公路中一座特大型桥梁。大桥位于重庆直辖市奉节县新城乡境内,距奉节老县城西北方向约3.0km,横跨梅溪河。设计为一双塔双索面预应力混凝土斜拉桥。

2. 航运条件

设计水位受三峡库区淹没水位173.242m控制,桥梁高程由路线纵坡线形控制。大桥不受洪水及桥下通航要求影响,同时满足四级航道的通航净空尺度和技术要求。最高通航水位173.242m。

3. 水文条件

梅溪河主干流发源于巫溪县窄颈子之南,流域面积1 928.6km^2,干支流全长828.4km。梅溪河多年流量为45.9m^3/s,年径流量达到14.48亿m^3。但洪枯变幅大,最大洪峰流量2 500m^3/s,枯水期流量不足5m^3/s,为典型山区性河流。洪期水位受长江洪水倒灌影响,与长江水位基本一致,多年平均洪枯流量在1 000倍以上,最高达1 740倍。

本桥位处三峡库区,设计水位受三峡库区淹没水位173.242m控制,桥梁高程由路线纵坡线形控制。大桥不受洪水及桥下通航要求影响。

4. 气象条件

桥位区属中亚热带暖湿季风气候。桥区多年平均气温16.8℃,最高月平均气温27.5℃,最低月平均气温5.1℃。梅溪河流域多年平均降雨量为1 423.7mm,最少年降水量894.1mm。本地区多年平均蒸发量1 439.7mm,多年平均相对湿度:70.8%。多年平均日照1 543.3h。桥址区多年平均风速为1.92m/s,累年瞬时极大风速24.7m/s(2001年)。

5. 工程地质概况

桥址区位于南华准地台腹地,地壳整体相对稳定,桥址位于朱衣河背斜轴部,桥位区岩石较破碎,节理、裂隙发育。根据地表工程地质测绘及钻探成果表明:桥位区两岸坡被残坡积土(Q^{el+dl})覆盖,梅溪河谷分布冲洪积土(Q^{al+pl}),下伏基岩为三叠系中统巴东组(T_2b)的泥质灰岩。

桥址区两岸山坡较陡,岩石风化深度较大,岩层较破碎,三峡蓄水位提高后在库水作用下坡体稳定性将减弱,三峡蓄水位以下的岸坡稳定性受三峡库岸改造作用影响较大,特别是位于三峡水库水位波动带内的、覆盖层厚度较大且岩层较为破碎的两岸坡角一带。地下水主要为松散岩类孔隙潜水和基岩裂隙水。

6. 地震评价

根据《中国地震动参数区划图》(GB 18306—2001)表明,该区抗震设防烈度VI度,地震动峰值加速度为0.05g;地震动反应谱特征周期为0.35s。

二、主要技术指标

(1)道路等级:双向四车道、行车道宽度2×3.75m(单向),高速公路;

(2)计算行车速度:80km/h;

(3)桥面宽度:27.5m(含锚索区);

(4)设计荷载:公路I级;

(5)设计最高通航水位173.242m(三峡库区正常蓄水水位);

(6)设计地震动峰值加速度为0.05g;

(7)设计基准风速:26.3m/s;

(8)船舶撞击力:按内河河道四级通航标准取值。

三、桥梁总体设计

1. 桥梁总体布置

本桥跨径主要受三峡三期蓄水水位154.7m控制,根据相关资料,控制在165.0m蓄水水位前完成基桩和承台的施工,最终确定的桥梁跨径组成为:主桥43m+147m+386m+147m+43m的双塔双索面预应力混凝土斜拉桥+2×25m现浇箱梁引桥,桥梁全长821m。主桥在辅助墩、过渡墩及索塔下横梁上均设置竖向支座,结构为半飘浮体系。在索塔处设置横向抗风支座以及纵向黏滞阻尼器。奉节岸无引桥,云阳岸有50m引桥,采用2孔25mPC连续箱梁结构,见图1。

2. 主梁结构

主梁标准截面采用双主肋断面,全宽27.5m,主梁中心高2.6m,顶板宽23.5m,厚0.30m,桥面板设2.0%的双向横坡。标准段梁肋外侧高2.33m,单肋宽2.0m。边跨现浇段主梁肋宽由2.0m变化到3.5m。主梁典型横断面见图2。

主梁标准段均采用挂篮现浇悬臂施工,结合梁段重量和施工工艺,全桥分为0号块梁段,标准梁段(悬浇施工),边跨现浇段和边中跨合龙段。主梁标准段节段长度为6m,标准段每对斜拉索与主梁相交处均设0.30m厚的横梁。在索塔处设一道300cm厚的横梁,在辅助墩处也设置一道300cm厚的大横梁。所有横梁均采用预应力混凝土结构。

主梁采用预应力混凝土结构,采用C60混凝土,纵向预应力束分一次束和二次束,一次束用于悬臂施工阶段,逐段接长张拉;二次束用于主梁合龙后的边中跨张拉束。

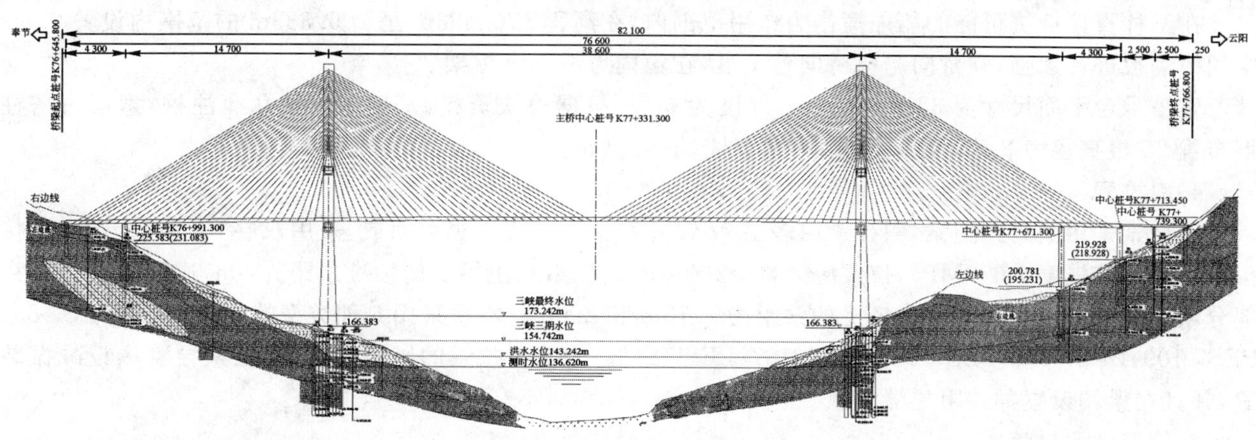

图1 桥梁总体布置(尺寸单位:cm)

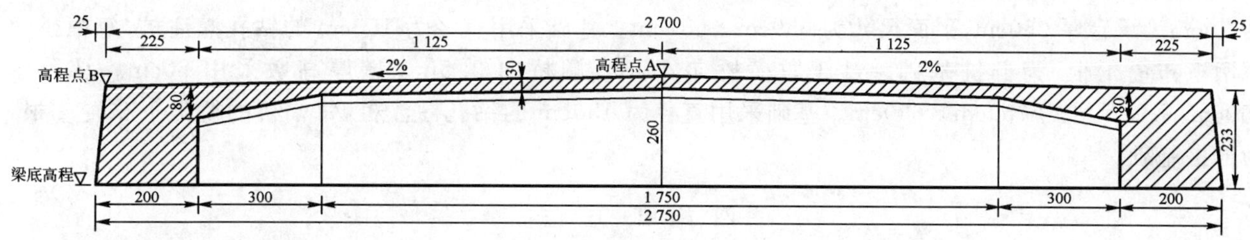

图2 主梁标准梁段断面图(尺寸单位:cm)

3. 索塔及基础

索塔采用"H"形索塔,钢筋混凝土结构,塔高为 193m,索塔上塔柱高 78.5m,中塔柱高 42m,下塔柱高 72.5m。设计选用了预应力钢筋混凝土箱形截面的桥塔结构。索塔的造型以及各部分的断面形式、尺寸考虑了结构的受力要求。同时也考虑了施工的方便性和可操作性。塔柱截面采用箱形封闭截面,全塔塔柱均采用四边形截面,上塔柱外形尺寸为 4.5m×7.5m,中塔柱处外形尺寸为 4.5m×7.5m,下塔柱横向由 4.5m 变化到底部尺寸为 9m,纵向由 7.5m 变化到底部尺寸为 13.0m。桥塔均为空心结构;上下横梁分别为 6m×7m 和 7m×6.5m 的空心矩形截面。索塔构造见图3。

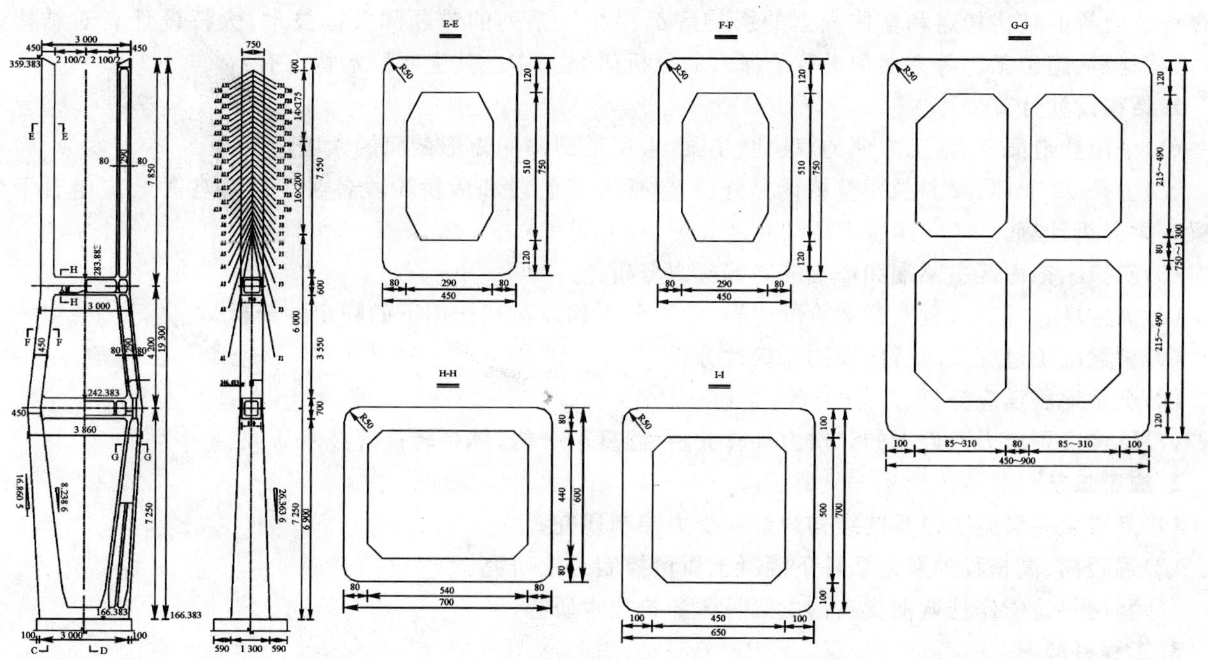

图3 索塔构造(尺寸单位:cm)

在下柱直接抵抗可能的船舶撞击力作用范围内，在高程170.383m至206.383m的范围内设置0.8m厚的横隔板进行加强，顺桥向与横桥向各1道，在箱内形成十字撑架。

索塔承台平面尺寸为32m×24.8m，厚度为6m。根据地质资料，基础采用钻孔灌注桩，索塔每塔柱下布置25根直径为2.5m的钻孔桩，为摩擦桩，桩长60m。

4. 斜拉索

斜拉索采用平行钢丝索，斜拉索由多层ϕ7镀锌钢丝呈螺旋形集束而成，采用双层PE防护，钢丝无接头。钢丝标准强度1 670MPa，拉索应力幅＞200MPa。拉索在主梁上的标准索距为6m，边跨混凝土现浇部分索距为4.5m；斜拉索在索塔上的索距为1.75m和2.0m。本桥采用6种类型的斜拉索，即PES7-85、PES7-109，PES7-139，PES7-151，PES7-187，PES7-211。为减少拉索的风雨振效应，在索导管内设减振装置，并且在梁端设置黏性阻尼器。

5. 辅助墩和过渡墩

辅助墩与过渡墩采用空心薄壁墩，辅助墩横桥向宽5m，顺桥向3.0m。高墩壁厚采用80cm，底墩采用70cm。承台厚250cm，平面尺寸为650cm×650cm。基础采用直径为150cm的钻孔灌注桩，每幅桥的桥墩下布置4根，为群桩基础。过渡墩横桥向宽6m，顺桥向3.5m。壁厚高墩采用80cm。承台厚250cm，平面尺寸为750cm×640cm。基础采用直径为150cm的钻孔灌注桩，每幅桥的桥墩下布置4根，为群桩基础。

四、施 工 方 法

主梁采用前支点挂篮对称悬臂浇筑施工，中跨设2.0m合龙段，索塔根部0号块在墩旁托架上施工，合龙时先采用临时刚性骨架连接，待解除临时固结纵向水平约束后浇筑混凝土，张拉合龙钢束后完全解除墩梁临时固结。悬臂施工过程中还将采用临时压重和合龙时采用水箱配重平衡等措施。本桥索塔和桥墩较高，塔柱采用翻转模板加主动横撑施工。

五、工程主要技术特点

梅溪河大桥位于奉节三峡入口地区，属于超大跨度特殊桥梁，由于受三峡库区蓄水水位的影响和道路纵面高程控制，需采用超高的塔墩结构。索塔高度达193m，其施工难度、受力的复杂性以及由此对施工过程及全桥的结构稳定和整体安全的影响等都存在一系列的难题和关键技术，大桥设计者对结构计算、工程材料、施工工艺等方面均进行了深入的分析研究工作。其主要技术特点有：

1. 结构设计计算

(1)采用构造简单、施工方便的双边肋主梁，采用带圆角的矩形截面的索塔造型。

(2)主跨386mPC梁斜拉桥整体计算分析，包括施工阶段和成桥阶段各种工况和各种效应组合下的主梁应力分析计算。

(3)斜拉索锚固区主梁端和塔端的局部应力分析。

(4)高索塔在施工过程及营运阶段的静、动力分析和风荷载作用下的稳定性分析。

(5)桥梁施工过程及成桥阶段的稳定性分析。

(6)全桥地震反应分析。

(7)结构在预应力条件下的二次力计算分析、温度场分析、体系转换等技术研究。

2. 施工工艺

(1)高塔及主梁施工过程的结构线形和受力控制研究。

(2)远距离、高扬程的泵送条件下混凝土质量控制方法研究。

(3)利用斜拉索作挂蓝前支点的主梁悬臂浇筑技术研究。

3. 工程材料

(1)高强度混凝土的使用

梅溪河大桥主梁采用C60高强度混凝土，为保证混凝土施工质量，需要研究在利用常规原材料和制作手段条件下确定最优的混凝土配合比和各种外添加剂的合理用量等问题。

(2)采用大变位伸缩装置

为适应温度变化、汽车制动作用等引起的主梁位移，在主桥两端设置了D640mm的大位移伸缩装置。

(3)大吨位和大位移量支座

为满足结构受力及变形需要，本桥在索塔横梁顶设置了承压20 000kN，在辅助墩及过渡墩顶设置了承压12 500kN，承拉1 000kN的大墩位减振型拉压支座。支座变位±450mm。

(4)斜拉索类型

通过初步设计阶段比选，本桥采用造价相对较低、施工较简便的平行钢丝斜拉索，为双层PE防护、工场生产的成品索。

六、科研试验与专题研究

梅溪河大桥索塔高度达193m，为了确保工程施工和营运期安全可靠，大桥工程主管和建设单位委托有关科研机构做了相关科研试验和专题研究工作。

(1)高强度C60混凝土试验研究

为保证大桥混凝土的施工质量，研究在利用常规原材料和制作手段条件下确定最优的混凝土配合比试验分析和专题研究，提出各种外添加剂的合理用量等问题。

(2)为了保证索塔锚索区在拉索水平分力作用的安全性，委托重庆交科院进行了索塔足尺模型试验研究，内容包括预应力塑料管道摩阻试验，锚下张拉损失测算、锚固回缩损失、预应力钢束伸长量的确定和锚固区承载力试验，并作了相关的研究分析。

七、结　　语

梅溪河大桥于2006年5月正式开工建设，目前已完成索塔下横梁施工，桥梁施工进展顺利。预计2008年12月建成。

23. 宁波余姚姚东大桥桥型选择及主要技术特点

周立平[1]　尚　峰[2]

(1. 宁波市交通设计研究院；2. 华东工程咨询有限公司)

摘　要　余姚姚东大桥是跨越余姚江连接陆埠镇和河姆渡镇的一项桥梁工程，主桥采用106m+288m+106m的双斜塔单索面斜拉桥。本文主要介绍该桥的桥型选择及技术特点。

关键词　斜拉桥　双斜塔　河姆渡文化　城市标志性建筑

一、概　　述

余姚姚东大桥位于余姚东侧的余姚江上，距离河姆渡旅游区仅有3km的路程。作为余姚(古路头)至江北(乍山)公路姚东大桥段工程中的重要构造物，对完善区域公路网布局，改善姚东地区交通条件，加快余姚市城市化进程，促进区域经济发展具有十分重要的意义。

在确定姚东大桥桥型方案时，设计院共提供了21种方案，把它们归纳为四类：拱桥、悬索桥、梁式桥、斜拉桥。考虑到下列原因，第一，余姚已有多座拱桥及梁式桥，再建定会有些雷同，而且显得过于常规，没有新意。第二，余姚江桥址处两岸大堤间距只有245.7m，在此修建悬索桥未免有些小题大做，在气势上也不够宏伟。第三，姚东大桥要成为城市标志性的建筑，必须使它能反映整个余姚市的文化底蕴。而最能代表余姚市文化底蕴的就是具有7 000年历史的河姆渡文化，其中国宝级文物"双鸟朝阳"象牙雕刻件就是典型的代表，它形象地反映了原始农业发明以后，先民对鸟和照耀万物的太阳的崇拜。综合以上几点，最终确定了桥型为塔顶带鸟头的斜拉桥作为推荐方案。

根据主跨过堤、主跨过江和主跨满足通航三个标准对姚东大桥进行了三种方案的比较。各方案的桥孔布置如表1。

各桥型方案桥孔布置表　　表1

序　号	名　称	方　案　一	方　案　二	方　案　三
1	主桥桥型	单索面双塔 PC斜拉桥	单索面双塔 PC斜拉桥	双索面双塔 PC斜拉桥
2	主桥跨径(m)	106+288+106	74+200+74	68+140+68

其中方案一、二为同一种桥型，均为塔顶带鸟头的双斜塔单索面斜拉桥，桥型布置如图1、图2。

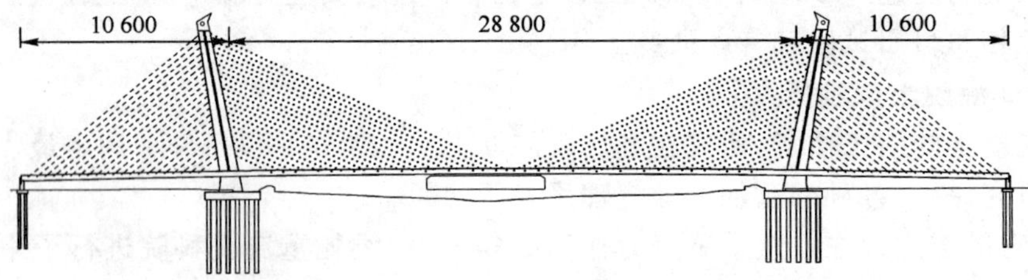

图1　第一方案主桥桥型布置(尺寸单位:cm)

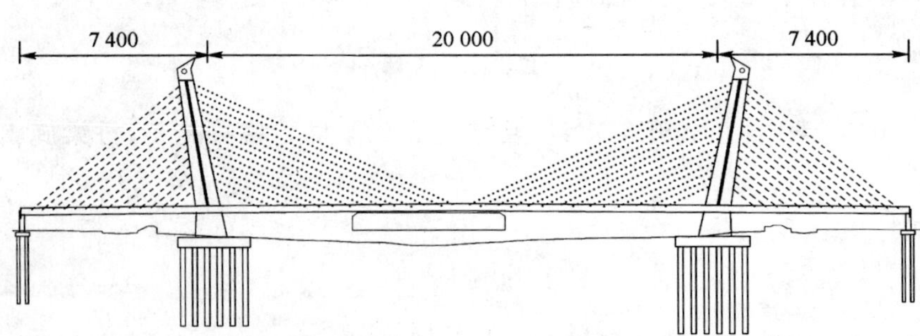

图2　第二方案主桥桥型布置(尺寸单位:cm)

方案三为"V"形塔双索面斜拉桥，桥型布置如图3。

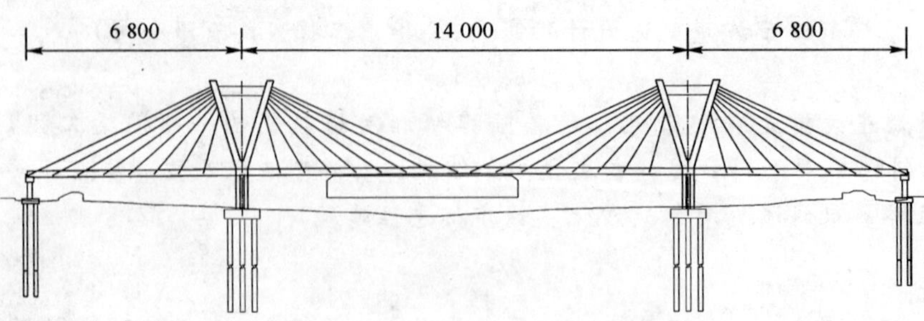

图3　第三方案主桥桥型布置(尺寸单位:cm)

三个方案均为斜拉桥，都具有现代城市桥梁的特色，结构新颖，桥型轻巧，雄伟挺拔。

从景观上来看，第一、二方案主桥建筑雏形来源于代表河姆渡文化的"双鸟朝阳"纹象牙雕刻碟形器，塔柱以直线形式斜向上耸立，在建筑美学上有视觉冲击，塔柱变化的截面尺寸和在塔顶设置的由折线和圆形镂空组成的"鸟头"又使塔柱仿佛就是栩栩如生的凤凰。竖琴式的斜拉索布置像是正要展翅高飞的凤凰的翅膀。桥墩靠边跨侧的反方向的圆弧处理，又不失时机地为凤凰的美姿平添了一笔。“鸟”形塔柱向后（边跨）微微倾斜，仰望太阳的“鸟”显得活泼、生动，富有生气。第三方案虽然在景观上也轻巧、雄伟，但不如第一、二方案明显。

三个方案主桥均满足通航要求，对称性好，孔跨布局合理，景观均协调。

经过专家的综合比较，把桥梁的通航条件、对余姚江水质的影响、水中墩施工的复杂性等因素作了比较，特别是考虑到作为城市标志性建筑的需要，本桥推荐采用最能反映余姚市河姆渡7000年文化的第一方案。以下只对第一方案的桥型进行描述。

二、设 计 标 准

(1)桥梁等级：一级公路（结合城市道路）。

(2)主桥桥面宽度：四车道桥面标准宽度26.5m（不含布索区宽度）。

(3)桥面横坡：双向2%。

(4)荷载标准：公路—I级。

(5)设计行车速度：100km/h。

(6)通航标准：规划IV级航道，通航净空为60m×7m，最高设计通航水位为1.38m。

(7)水文：设计洪水频率为1/300。

三、主桥结构设计简介

1. 跨径的确定及桥型构思

桥址处余姚江堤中心间距245.7m左右，本方案主墩布置在堤外，考虑到承台施工不影响到大堤，该方案采用288m主跨一跨过堤。主桥建筑雏形来源于代表河姆渡文化的“双鸟朝阳”纹象牙雕刻碟形器（图4），表现了河姆渡先民爱鸟、崇鸟的文化习俗。

图4 双鸟朝阳纹象牙碟形器

图5是设计人员根据“双鸟朝阳”纹象牙雕刻碟形器确定桥型的一个具体构思过程。

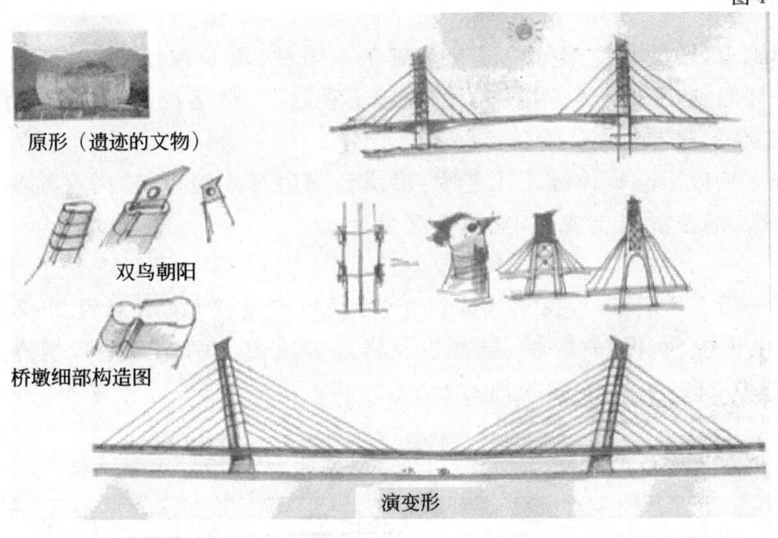

图5 “双鸟朝阳”大桥

2. 桥塔

本方案混凝土塔柱采用箱形截面，“鸟”腹侧短边采用1.0m圆弧处理，长边中心采用三角形突起，塔柱倾斜角10°，塔高81.5m，横向桥尺寸3.0m，顺桥向5.6～10m，短边壁厚1.4m，长边壁厚0.6m；斜拉索锚固在塔壁内侧，锚固区塔柱设环向预应力平衡拉索水平力，每对拉索处采用4层8根15ϕ16的钢绞线；

桥墩采用箱形截面空心墩，横桥向10m，壁厚1.2m，为满足温度、收缩徐变的需要，其中一个塔、梁、墩固结，另一个桥墩顶设支座与塔梁分离；塔墩基础采用24ϕ2.0m群桩基础，桩长65m，采用嵌岩桩(图6)。

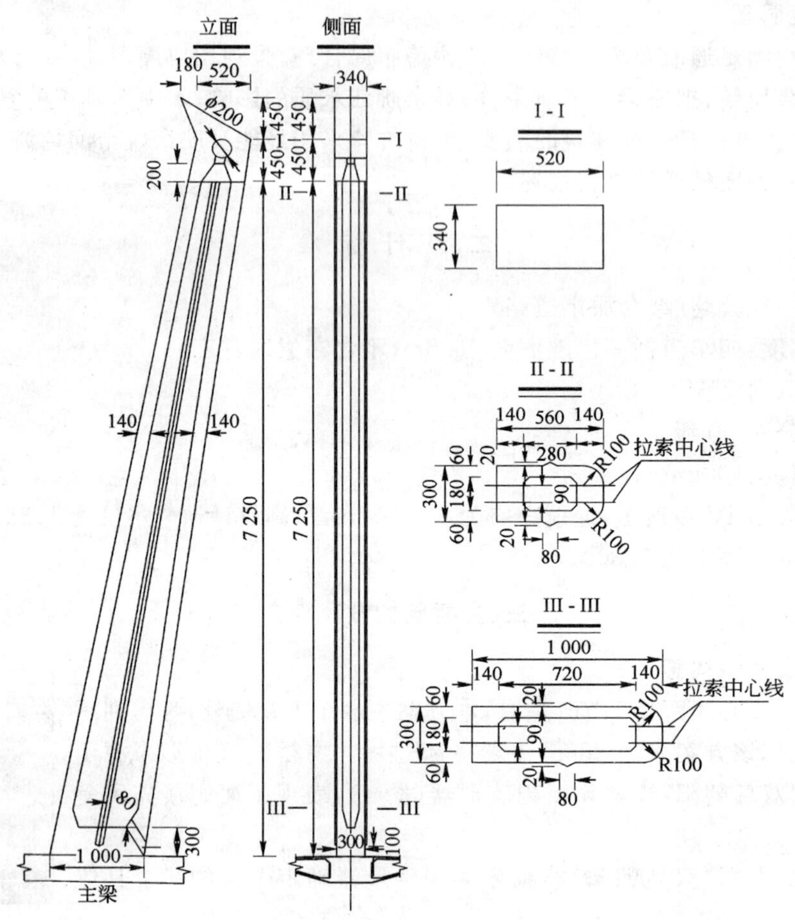

图6 桥塔构造图(尺寸单位：cm)

塔墩均采用滑模施工，塔柱与主梁分两段交替施工。塔柱、墩身内设劲性骨架、滑模固定于骨架上，边浇边提。本方案塔柱倾斜10°，是该方案施工的关键工程之一，严格控制索塔的变位、斜度，严格执行施工规定，保证施工质量至关重要。

基础采用钢板桩支护施工。具体施工工艺为：沿承台周边打入钢板桩，搭设简易钻孔平台，打入钢护筒，安置钻机，钻机施工，灌注混凝土成桩，立模施工承台。

3. 主梁

本方案主梁采用一箱三室(图7)，拉索锚固设在中间室，箱梁设5.0m悬臂板；箱梁全宽29.0m，箱高2.8m，箱底宽4.5m；由顶板、底板、斜腹板、悬臂板及横隔板组成。两侧箱室顶板厚0.25m，中间锚固室顶板厚0.40m，底板厚0.30m，中间竖腹板厚0.50m，斜腹板厚0.25m；箱梁采用三向预应力钢束(筋)。

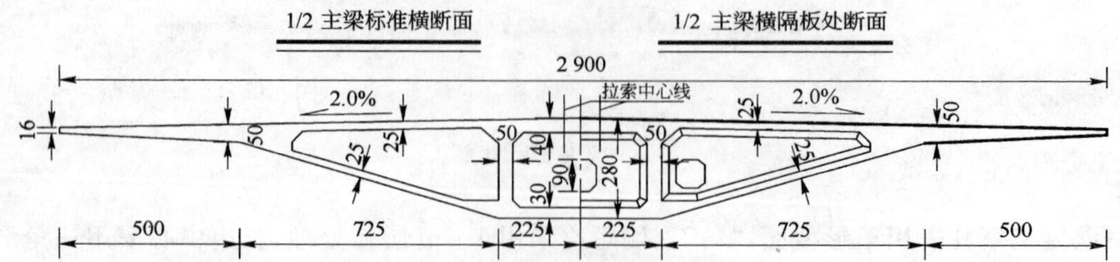

图7 准三角形箱形截面(尺寸单位：cm)

边跨和桥塔处主梁采用支架现浇施工，主跨主梁采用后支点挂篮施工，施工节段6m。用后支点挂篮悬浇施工主梁工艺为:挂篮施工(包括高程调整)—钢筋、预应力施工—混凝土施工—预应力张拉施工—斜拉索施工—挂篮施工。挂篮采用三角形轻型挂篮,由拉杆式承重系统、前吊杆、后锚杆、行走系统、桁架式底模系统、内模系统组成。

4. 斜拉索

斜拉索采用高强镀锌平行钢丝,每个锚固面并排设置两根。拉索采用竖琴式布置,边跨拉索水平倾角 40°,主跨拉索水平倾角 25°,拉索在中跨主梁上索距 6.0m,边跨主梁上索距 4.3m,横向两根拉索间距 0.9m。拉索采用 ϕ7-241、ϕ7-199、ϕ7-163、ϕ7-151 四种规格。

斜拉索在本节段混凝土的预应力钢束张拉完成后采用在塔上张拉。其施工工艺为:斜拉索采用塔吊就位—采用卷扬机牵引斜拉索梁端冷铸锚头灌入主梁箱梁的预定锚固孔道固定—采用设于塔顶的卷扬机牵引、提升斜拉索塔端冷铸锚头至张拉锚固孔道附近—连接从张拉锚固孔道穿出的张拉杆与斜拉索张拉锚头—牵引、张拉斜拉索张拉锚头入塔端锚固孔道固定—采用千斤顶张拉至设计索力。

四、主要技术特点

由于本工程主塔的特殊造型,使得本桥具有以下特点:

(1)墩身及基础承受弯矩大

塔身倾斜导致桩基础及承台承受很大的弯矩,使桩基础及承台受力复杂,承台转角增大,从而引起塔顶产生附加位移。

(2)主桥两个墩其中一个塔、梁、墩固结,另一个桥墩顶设支座与塔梁分离,支座的承载力需达到 75 000kN,这么大的支座在国内尚不多见。

(3)索力非对称

为了平衡塔身自重产生的弯矩,塔两侧对称位置的拉索索力不同,索力大小不仅取决于主梁的内力和变形情况,同时也受主塔的内力和变形情况制约,因此边箱梁必须设置混凝土进行边跨的配重。

(4)塔身倾斜

本设计塔身为倾斜,塔身与水平面夹角为 80°,塔柱一次施工到顶有难度,塔浇筑与拉索交叉进行,这是本桥设计与施工的主要难点。

(5)结构非对称

本桥在外形上看似乎是对称的,其实结构上是一个塔、梁、墩固结,另一个桥墩顶设支座与塔梁分离,致使结构不对称,设计的难度增加。

五、结　　语

由于余姚姚东大桥为双斜塔斜拉桥,从而导致结构受力复杂,同时由于结构的不对称,设计时更应注意塔身的位移对结构的影响。另外本桥正处在初步设计阶段,对许多问题特别是应力的局部分析未进行更深一步的研究,有待于在施工图设计中进一步的深化。

24. 南昌洪都大桥北主桥主通航孔桥结构设计

李朝阳　杨耀铨　冯鹏程　叶文华　吴忠华　丁少凌　黄　福

(中交第二公路勘察设计研究院)

摘　要　洪都大桥北主桥跨越江西省南昌市的赣江北支,其主通航孔桥为 109m+188m+88m 独柱斜塔空间扭面背索斜拉桥,墩、塔、梁固结,其中 188m 主跨为扁平钢箱梁,109m 边跨主梁为预应力混凝土边箱梁。桥塔采用独柱斜塔,塔高150m。斜拉索间距混凝土箱梁侧为4.5m,钢箱梁侧为12m,边跨混凝土箱梁侧为双索面,主跨钢箱梁侧为准单索面。主要介绍了该桥主通航孔桥的结构总体设计。

关键词 斜拉桥 独柱斜塔 桥梁设计

一、设计基本资料

1. 地形、地貌及河段概况

洪都大桥北主桥位于南昌市现有北支河赣江铁路桥下游约800m处。北支河面宽度约700m。桥址处河道顺直,北支桥轴线与枯水流向夹角约88°。水流流速较小,比降平缓,航槽靠右岸,呈"U"形,左岸一侧水深较浅。

2. 水文

桥位区水系为赣江西支。赣江是江西省第一大河流,就其水量而言,是长江水系的第二大支流,总长827km,流域面积8.3万平方公里,水量充沛。4~6月为丰水期,11月~次年2月为枯水期。该段水面宽阔,水流较急,水深大,百年一遇最大流量28 510m^3/s,最大流速为2.53m/s。设计警戒水位为23.0m,一般水位高程14.5~17.5m,最高水位(黄海高程)为24.80m,最低水位为13.01m。赣江主流百年一遇水位24.01m,50年一遇水位23.76m,20年一遇水位23.25m,10年一遇水位22.68m,5年一遇水位22.12m,3年一遇水位21.57m。

3. 气象

南昌市属亚热带季风区,气候湿润温和,雨量充沛,四季分明,春秋短,夏冬长。据历年统计资料显示,年平均气温17.5℃,极端最高气温40.6℃,极端最低气温9.3℃。是典型的"夏炎冬寒"型城市。年平均降雨量1 596.4mm,历年平均无霜期277.9天。年平均风速2.5m/s。年无霜期291天。冬季多偏北风,夏季多偏南风。

4. 工程地质

据钻探揭露,场地地层时代上部为第四系人工填土(Q_{ml})、第四系全新统冲积层(Q_{4al}),下部为第三系新余群(E_{xn})基岩。

按照地层岩性、颗粒组分、成因类型的不同,将岩土层划分为冲填土、细砂、中砂、砾砂、泥质粉砂岩及砂砾岩。

本桥基础均采用钻孔灌注桩基础,桩底持力层为泥质粉砂岩或砂砾岩。中风化泥质粉砂岩层顶埋深4.00~21.90m,微风化泥质粉砂岩层顶埋深11.10~22.80m,未风化泥质粉砂岩层顶埋深17.30~46.40m,强风化砂砾岩层顶埋深4.60~10.30m,中风化砂砾岩层顶埋深13.90~27.40m,微风化砂砾岩层顶埋深23.80~35.20m,未风化砂砾岩层顶埋深30.00~39.30m。

5. 地震

区域范围在中国东部属地壳稳定地区。近场区地震活动水平较低,处于新构造运动相对较弱活动区,区内断裂比较发育,但无晚更新世和全新世活动断裂。综合其断裂活动性和历史地震和现今地震活动特征,不具备发生6级以上地震的构造条件。

本项目工程场地为II类场地,地震动峰值加速度0.068g。

6. 航道

根据江西省"十一五"综合交通体系发展规划,赣江北支通航等级为II—(3)级,不少于2个双向通航孔或不少于4个单向通航孔。20年一遇最高通航水位为H_{20}=22.17m(黄海)。

二、技 术 标 准

荷载等级:设计荷载为城—A、验算荷载为公路—I级;

人群荷载:2.4kPa;

地震烈度:地震动峰值加速度a=0.068g,按0.10g(VII度)进行设防;

设计(通航)水位:22.170m;

通航净空:150m(宽)×10m(高);

桥面宽度:42.00m;

桥面纵坡:最大纵坡1.603%;

桥面横坡:2%。

三、设计要点

1.洪都大桥北主桥概况

洪都大桥北主桥为5×64m预应力混凝土连续箱梁桥+109m+188m+88m独柱斜塔空间扭面背索斜拉桥。该桥主通航孔桥斜塔如利剑造型,宛如一个飞速发展的方向标,表现了南昌建设突飞猛进之势(图1)。大桥整体造型具有很强的现代感,体现出新的时代性。同时,斜塔的姿态使大桥造型动感十足,突出了进取发展的理念,与南昌锐意进取的人文精神相呼应,景观效果显著。预示着南昌如一颗新升起的明星,积极进取,飞速发展(图2)。

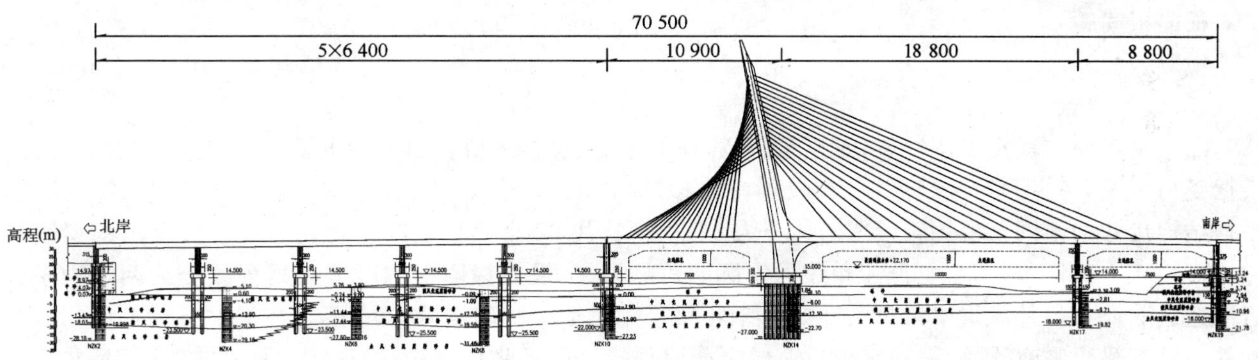

图1 桥型布置(尺寸单位:cm)

该桥188m主跨为扁平钢箱梁,109m边跨主梁为预应力混凝土边箱梁。桥塔采用独柱斜塔,塔高150m,预应力混凝土箱梁伸过桥塔10.5m,通过1.5m钢混结合段与钢箱梁连接。斜拉索间距混凝土箱梁侧为4.5m,钢箱梁侧为12m,边跨混凝土箱梁侧为双索面,主跨钢箱梁侧为准单索面。

根据地质钻探资料,并结合桥梁受力需要,该桥基础均采用钻孔灌注桩。主塔采用23根ϕ2.0m钻孔灌注桩,109m边跨主梁端过渡墩采用8根ϕ2.0m钻孔灌注桩,其余两个桥墩各采用8根ϕ1.5m钻孔灌注桩。所有墩柱均采用花瓶形薄壁墩,柱宽从上向下以曲线变化。

2.钢箱梁

(1)主要尺寸(图3)

图2 洪都大桥北主桥效果图

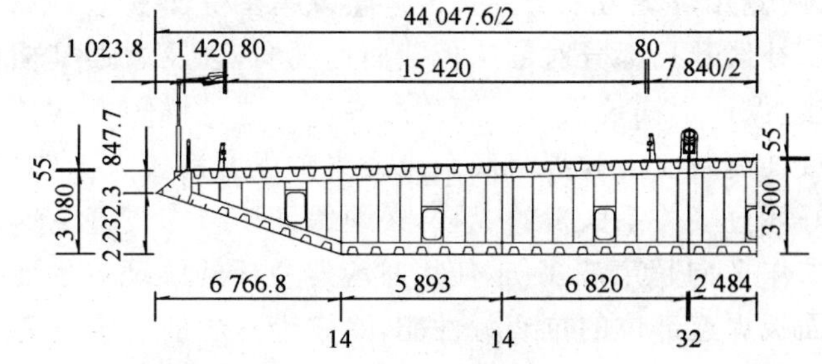

图3 钢箱梁横断面布置(尺寸单位:mm)

梁高(标准段中心线处、外轮廓/内轮廓)3.500m/3.472m

双向横坡 2%

顶板宽 42.0m

底板宽	30.5m
风嘴宽	1.0m
人行道宽	1.0m
总宽	44.0m
顶板厚	16mm、18mm、32mm(拉索处)
上斜腹板厚	8mm
底板厚	12mm、14mm
下斜腹板厚	12mm
边纵腹板厚	14mm、50mm(支座处)
中纵腹板厚	32mm
顶板U形加劲肋板厚	8mm
底板、下斜腹板U形加劲肋板厚	6mm
加劲扁钢厚	14mm
横隔板间距	3.00m、2.50m
横隔板板厚	16mm(拉索处);12mm(非拉索处);16mm、18mm

(2)设计要点

①钢箱梁分节段在工厂制造,船运至桥位,现场吊装、焊接成桥。斜拉桥主梁受力复杂,安装难度大,根据受力情况,考虑到安装起吊能力,设计考虑以12m、17.6m、8.97m三种长度的梁段作为基本梁段。根据结构尺寸的不同全桥钢箱梁梁段共分为8种类型,共22个梁段。其中含钢混结合段在内的梁段最重,重达547t。此梁段可根据施工单位的实际起吊能力,按设计标明的临时节段划分线分为两个梁段进行制造。除此梁段外最重梁段重为303t。钢箱梁采用桥面吊机四点平衡起吊,至安装位置后利用临时匹配件与已有梁段临时连接,精确定位后完成全截面焊接。然后张拉该梁段斜拉索,吊机前移,再吊装下一梁段。

②钢箱梁是由桥面顶板、底板、边纵腹板、中纵腹板、横隔板、风嘴等组成的单箱七室薄壁结构。桥面顶板为正交异性板,根据面板受力不同采用不同板厚,不同板厚相接时保证板件下缘齐平;底板不同板厚相接时保证板件上缘齐平。横隔板主要提供横桥向刚度,以防畸变变形,同时为正交异性板提供支承。横隔板竖向由三块板组成,上、下连接板分别与顶、底板单元一同组装以保证加工过程中板的刚度,对接式横隔板整体性好,受力好,用于受力较大处,搭接式横隔板虽易于装配,但其整体性、受力等较对接式横隔板差,用于受力较小的地方。

③斜拉索在钢箱梁上的锚固采用了锚拉板结构形式。钢箱梁纵向设有两道厚32mm的中纵腹板,间距为5m。锚拉板焊接于主梁中纵腹板之上的箱梁顶面,分上、中、下三部分。锚管嵌于锚拉板上部的中间,两侧用焊缝互相连接,下部直接焊在桥面板上,中部除了要开孔安装锚具外,尚需连接上下两部分。为了补偿开孔部分对锚拉板截面的削弱,以及增强其横向的刚度,在板的两侧焊接了加劲板并和桥面板焊接,保证了锚拉板横向倾角的准确。这种锚固方式传力途径明确,构造简单,工地施工作业方便,但在焊接处荷载应力和焊接残余应力集中程度都较大。锚拉板为直接承受、传递斜拉索索力的结构,其质量的好坏直接关系大桥的成败,必须保证该结构质量及焊缝质量,由于受力需要,此处板厚≥30mm的构件要求作Z向超声波探伤,使用时应避免板的纹理与主要受力方向一致。并且对于该处细节的应力分析和桥面板焊连部位的抗疲劳性能,除作进一步的分析研究外,须同时进行大比例的结构模型试验予以验证。

④结合段的钢箱梁套在预应力混凝土箱梁之外,并且全断面与之结合使其成为一体。钢箱梁的上、下翼缘板通过焊钉与混凝土梁体牢固结合,并利用混凝土箱梁内的纵向预应力束加以锚固,形成弯矩的传递。通过端承压板紧贴在混凝土横梁的侧面上,传递轴力。梁中的剪力则通过端面焊钉得到传递。而两种梁体在刚度上的突变,则由在钢箱梁上、下翼缘板的U形加劲肋部位加焊T形肋并逐渐变高而得到平稳过渡。鉴于钢箱梁与混凝土箱梁结合部位以及斜塔斜拉索锚固区等部位应力复杂,须进行大比例的

结构模型试验予以验证,确保结构安全。

⑤钢箱梁采用桥面吊机或浮吊吊装,钢箱梁吊装采用四个吊点,吊点可用来调整梁段斜率。桥面吊机在箱梁上的支撑点均应在边纵腹板2与横隔板的交点上,即横桥向两支点的间距应为18.686m,顺桥向前后支点的间距应为12m。

3. 混凝土箱梁

边跨主梁采用边箱分离式预应力混凝土箱梁。主要轮廓尺寸为:含风嘴全宽46.8m,顶板宽度45.4m,底板宽度2×12.15m;中央分隔带宽度7m,风嘴宽度0.7m;道路中心线处梁高3.5m,顶板设2%横坡,底板水平;两边箱底板间距9m,单边箱内设两道纵腹板,形成单箱三室断面。混凝土箱梁采用满堂支架现浇施工。

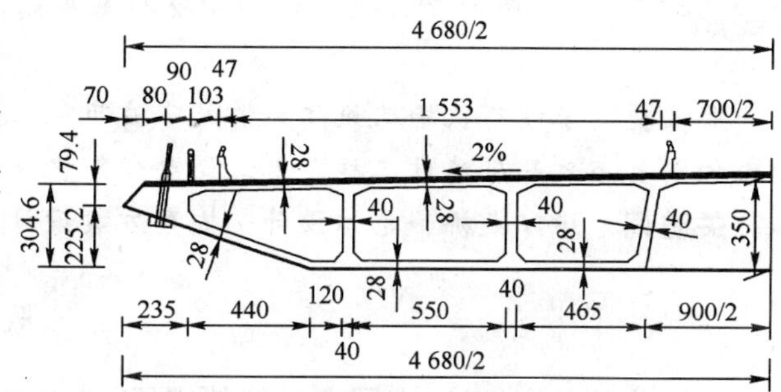

图4 混凝土箱梁横断面布置(尺寸单位:cm)

箱梁设置纵、横双向预应力钢束。预应力钢束采用符合GB/T5224—1995标准规定的低松弛钢绞线,ϕs15.2mm预应力钢绞线,其抗拉强度标准值f_{pk}=1 860MPa,E_p=1.95×105MPa,松弛率小于0.035,张拉控制应力为0.75f_{pk}。

4. 斜拉桥桥塔

主塔全高131.234m(不包括装饰性塔冠),桥面以上塔高108m,桥面以下塔高23.234m。塔身水平倾角79°。主塔采用空心断面,因塔、梁、墩固结,固结区设7.5m高的实心段。塔顶截面尺寸为6m×5m,桥面处塔截面尺寸为11.5m×7m(图5)。锚索区、中塔柱塔壁厚为1.2m,塔柱上设置避雷设施,航空警示灯等。主塔柱内设有劲性骨架,以便于施工定位,上塔柱斜拉索锚固区之劲性骨架,施工时结合索导管定位可适当调整。

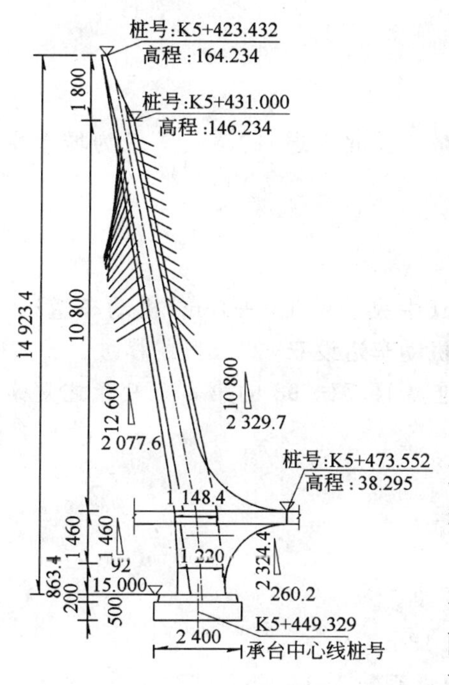

图5 索塔构造(尺寸单位:cm)

主塔的拉索锚固段,是将一个斜拉索的局部集中力,安全、均匀地传递到塔柱的重要受力构造。根据该桥桥塔的形式及拉索的构造特点,塔上采用环向预应力锚固形式。

5. 斜拉索

全桥共设68根斜拉索,根据索力的不同分别采用PES7-109、PES7-127、PES7-151、PES7-163、PES7-187、PES7-199、PES7-211七种规格,索长最长263.481m。

斜拉索采用低松弛镀锌高强钢丝,直径7mm,抗拉强度标准值f_{pk}=1 670MPa。镀锌钢丝扭绞成缆后涂防腐涂料,浇包聚酯复合带,热挤黑色PE外包彩色PE护套。斜拉索设计考虑其可更换性。对于在大桥上安装后不可进行现场维护的锚固部件,其防腐系统的设计确保在整个设计寿命期间不需维护仍然可以有效使用。

斜拉索采用阻尼器、气动措施并用的综合减振方案。气动措施采用压花形抗风雨振拉索技术。

阻尼器在梁端采用外置式,在塔端采用内置式,外置式阻尼器(体外减振器)采购定型产品,内置式阻尼器为在斜拉索索导管入口处设一个黏弹性高阻尼合成橡胶减振胶圈,内置式阻尼器(橡胶减振胶圈)和防雨罩(将军帽)由供货的斜拉索锚具厂配套组装供应。为减少索体的风雨激振效应,防护索套采用压花型抗风雨振拉索技术。

25. 宁波市机场路姚江大桥设计

吴伟胜　王仁贵
（中交公路规划设计院有限公司）

摘　要　宁波市机场路姚江大桥是宁波市"五路四桥"项目的重要组成部分，是宁波市改善交通运输能力的重要市政基础建设工程。本文简要介绍机场路姚江大桥的总体设计及桥型方案设计。

关键词　姚江大桥　总体设计　桥型方案设计

一、概　　述

宁波位于东海之滨，中国海岸线的中段，是浙江沿海的交通枢纽，也是一座历史文化名城和旅游胜地。宁波港为中国内地沿海第二大港口。宁波市机场路姚江大桥的建设对宁波市的城市交通网络建设具有重要意义，并将极大地改善周边地区的投资环境，为促进城市的发展创造更好的条件。

宁波市机场路姚江大桥位于宁波市海曙区与江北区交界处横跨姚江，其北岸位于江北区洋市砖瓦厂，南岸位于海曙区新星村。本工程南起宁波市环城北路，北至江北大道中的姚江大桥。工程起始桩号为K0＋924.000，终止桩号为K1＋956.000，总长1032.0m。

二、主要技术标准

(1)道路等级：根据宁波市总体规划，机场路北延伸段(环城北路～江北大道)的道路等级为城市快速路。

(2)计算行车速度：80km/h。

(3)设计车道：双向八车道。

(4)桥梁横断面布置：4.0m(人行道)＋16m(机动车道)＋0.5m(中央分隔带)＋16m(机动车道)＋4.0m(人行道)＝40.5m(未包括外侧人行道护栏宽度各为0.25m)，机动车道设双向1.5%的横坡。

(5)荷载标准：城－A级，人群荷载按照《城市桥梁设计荷载标准》CJJ 77—98的第4.1.9条之规定取用。

(6)最大纵坡：≤3.0%。

(7)桥面横坡：1.5%。

(8)设计洪水频率：1/100。

(9)设计基准期：100年。

(10)通航标准：航道等级IV级(内河500t级)，梁底控制高程8.13m。

(11)地震设计烈度：基本烈度为VI度，结构物按VII设防，重要性系数1.3。

(12)抗风设计标准：

运营阶段设计重现期：100年，V_{10}(1/100)＝31.3m/s；施工阶段设计重现期：20年，V_{10}(1/20)＝27.56m/s。

(13)其他指标按《公路工程技术标准》(JTG B01—2003)及《城市道路设计规范》(CJJ 37—90)执行。

三、自 然 条 件

1. 地理位置、地形、地貌

姚江南岸为宁波市天佑农业养殖场，拟建桥梁中心线两侧目前共分布有4口鱼塘，面积2 500～

10 000m^{2}左右不等，水深 1.5～2.5m 左右不等。据原始地形图，南过渡墩位置原有一鱼塘，面积约 7 400m^{2}左右，现用混凝土块、碎石、黏性土等回填。地面高程一般为 2.1～2.6m 左右。

姚江宽约 250m，桥位处基本呈东西走向，江两岸均为新修建的江堤。由于姚江的主航道靠近南岸，因此，南索塔墩附近的河床底高程变化较大，一般在－3.0～－6.0m 左右；北索塔墩北侧原为陆地，现已开挖，河床底高程一般为－0.2～－1.7m 左右不等。

姚江北岸为果园、甲鱼塘等。拟建的北过渡墩附近为江北洋市砖瓦厂及甲鱼塘等，现砖瓦厂已搬迁，场地以建筑垃圾、土堆等为主，地面高程为 2.2～3.9m 左右不等；北桥台及北引桥附近现为果园、菜地，种有小树，长满杂草，地面高程一般为 1.8m 左右。

场地地貌类型属于滨海积平原。

2. 区域地质构造与工程地质

工程区域大地构造隶属华南褶皱系东南褶皱带，地质构造形迹以断裂为主，褶皱不发育。不同展布方向和不同切割深度的断裂相互交织，其中以北东向和北西向断裂构成本区域的构造格局，并控制了区内的地震活动和区域稳定性。

主要为全新统海积、冲积、上更新世冲湖积、冲洪积地层，最大揭示深度为 120.50m，基岩为微风化粉砂岩，基岩埋深在－90m 以下。

3. 水文地质

根据场地地下水的含水介质，赋存条件及水理性质可分为松散岩类孔隙潜水、松散岩类孔隙承压水及基岩裂隙水三类。

根据《岩土工程勘察规范》(GB 50021—2001)判定：地下水及姚江水对混凝土无腐蚀性。姚江水对钢筋混凝土结构中的钢筋无腐蚀性，地下水对钢筋混凝土结构中的钢筋：对于长期浸水部位无腐蚀性，对于干湿交替部位具弱腐蚀性。

4. 气象条件

本工程属西太平洋沿海亚热带季风气候区，四季分明，雨量充沛。据宁波站 1953～2000 年统计资料，多年平均气温为 16.2℃，极端最高气温 39.5℃(1998.8.10)，极端最低气温－8.8℃(1955.1.12)，平均气温以 7 月最高，为 28.8℃，一月最低，为－4.2℃，全市无霜期一般为 230～240 天，作物生长周期为 300 天。多年平均降水量 1 411.5mm，多年最大降水量 1 856.6mm(1998 年)，多年最小降水量 846.5mm(1967 年)，一日最大降水量 235.9mm(1963.9.13)，多年平均蒸发量 1 272.5mm。降水多集中在梅雨季及台风季，其中 5～9 月降水量约占全年降水量的 64.6%。据了解，2005 年“麦莎”台风在宁波的一日最大降雨量未超过 1963 年。

四、总 体 设 计

1. 大桥平、纵、横设计

大桥平纵线形设计在考虑平纵合理结合的同时，重视驾乘者的视觉和心理舒适，总体上做到均衡连续、和谐顺畅。

(1)平面线形设计

本桥平面线形设计时主要控制因素包括：与两岸现有道路衔接，未来规划道路走向，桥梁与水流交角等。

(2)纵断面线形设计

本桥纵断面设计的主要控制因素有两岸接线路基填土高度，两岸大堤、南北规划滨江路行车净空，主桥通航净高等。

(3)横断面设计

根据《城市道路设计规范》(CJJ 37—90)和《城市桥梁设计准则》(CJJ 11—93)中关于路基横断面规定及《机场路姚江大桥设计条件书》中桥梁设计要求机动车通行能力为双向八车道，对向车道之间有效隔离，人行道宽度设计应考虑非机动车与人混行的要求。路基标准横断面布置，近期路基宽度为44.0m，远期路基宽度为68m，见图1。

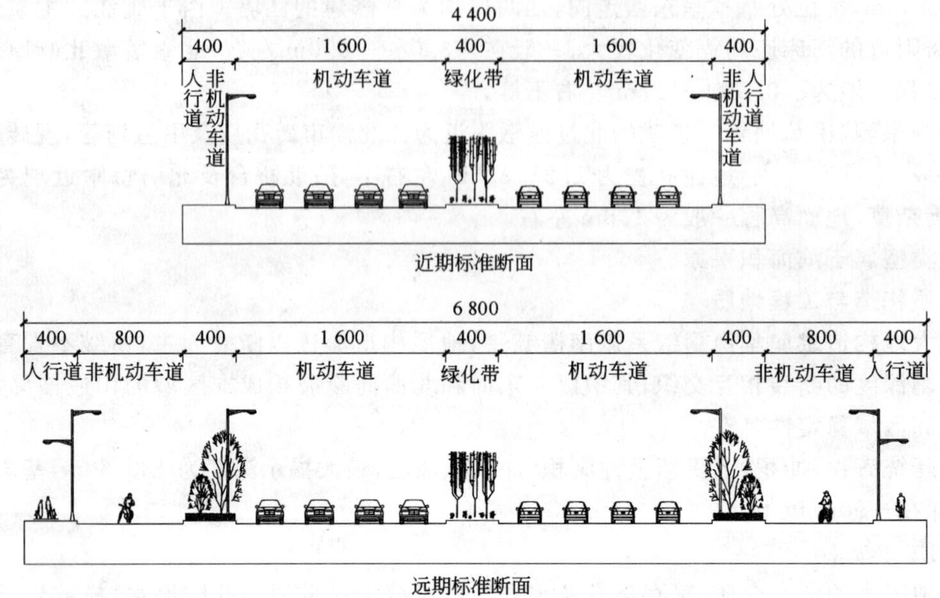

图1 路基标准横断面布置(尺寸单位:cm)

2. 大桥总体布置

根据大桥使用功能、桥下通航净空要求和水文、地质、地形等条件，本桥工程规模与总体布跨见表1及图2，其效果图见图3。

大桥工程规模及桥跨总体布置一览表　　表1

位置	起迄点桩号	工程长度(m)	桥跨布置(m)	结构形式	施工方案	
					下部结构	上部结构
南引桥	K0+924.0～K1+250.0	326.0	1.0+2×(4×25)+(25+2×50)	预应力混凝土连续(小)箱梁	直径1.2(1.5)m的钻孔桩+矩形承台基础，墩柱现浇	满堂支架施工或逐跨施工、预制架设
主桥	K1+250.0～K1+630.0	380	2×50+180+2×50	双钢塔斜拉桥	直径1.5m钻孔桩、承台、墩身现浇，索塔节段预制安装	落地支架与钢箱梁顶推施工相结合
北引桥	K1+630.0～K1+956.0	326.0	(2×50+25)+2×(4×25)+1.0	预应力混凝土连续(小)箱梁	直径1.2(1.5)m的钻孔桩+矩形承台基础，墩柱现浇	满堂支架施工或逐跨施工、预制架设

五、桥梁方案设计

1. 主桥

宁波市机场路姚江大桥是宁波五路四桥项目的重要组成部分，按照一桥一景的建设理念，主桥采用了结构新颖独特的反对称钢塔五跨连续钢箱梁斜拉桥，其跨径布置为2×50+180+2×50=380m。桥面最大纵坡为0.8%，位于R=23 750m、切线长T=190m、外矢距E=0.76m的圆弧竖曲线上。该桥型的最大特点是与周围环境和谐协调、桥梁景观效果好、结构技术含量高。

(1)结构体系

宁波市机场路姚江大桥主桥造型独特，南北索塔向外倾斜分别布置在主梁东西侧，斜拉索大部分设置在主梁另一侧，全桥斜拉索及南北索塔相对桥跨中心线呈反对称布置。由于斜拉索的特殊布置方式，

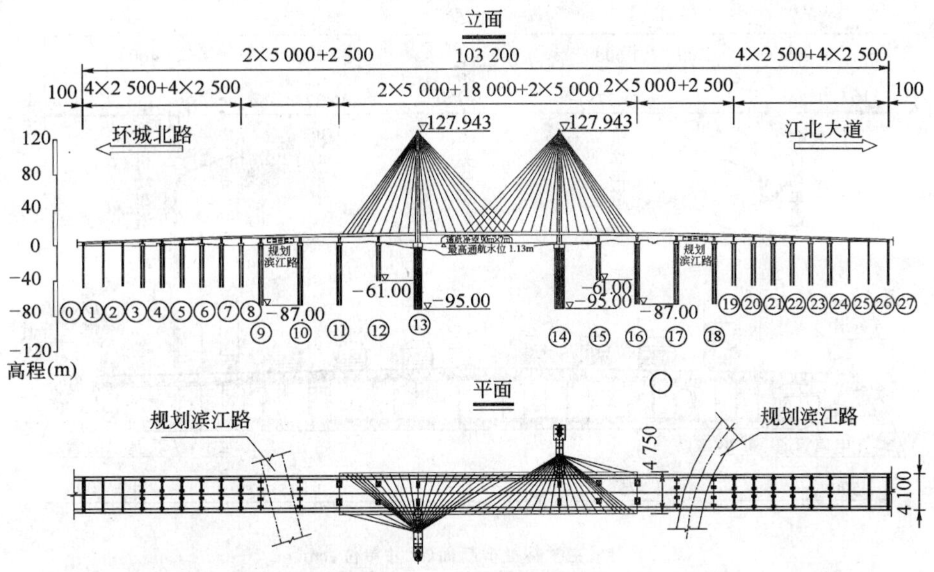

图 2　全桥总体布置(尺寸单位:cm)

斜拉索在为主梁提供竖向支承的同时,也产生了作用在主梁上的横桥向不平衡水平分力及扭矩。为此在南、北索塔与主梁之间设置了强大的横向支撑构造,以抵消斜拉索作用在主梁上的横桥向水平分力及斜拉索水平分力产生的全桥整体扭矩,而斜拉索竖向分力引起的绕桥轴线扭矩通过支墩竖向力矩来抵消。主桥过渡墩、辅助墩、索塔处支墩、索塔及斜拉索共同构成主梁的竖向、横向空间支承体系。

图 3　效果图

主桥钢箱梁在过渡墩、辅助墩、索塔支墩处设置双向滑动竖向支座。竖向支座与钢箱梁连接端为活动端,固定端位于桥墩的支座垫石上。索塔与钢箱梁之间横向支座采用多向球型活动支座。

为确保主桥的纵向整体性,提高结构的稳定安全系数,主桥在索塔横向支座连接架处索塔和主梁之间设置了纵向弹性拉索,一侧索塔的纵向约束刚度约为 3 000kN/m。

为提高结构体系的阻尼比,改善结构的动力性能,控制桥梁在地震、风、车辆振动等动力荷载下的动力响应,钢箱梁在辅助墩主跨侧设纵向限位的黏滞阻尼器,一侧辅助墩处安装二套阻尼器,全桥共四套。过渡墩处设置了横向 Lock-Up 限位装置,一侧过渡墩处安装二套 Lock-Up 限位装置,全桥共四套。

(2)钢箱梁

主梁为栓焊流线形扁平钢箱梁,梁高 3.0m(中心线位置箱梁内尺寸),宽 47.5m(含风嘴),见图 4。

钢箱梁内部设置实腹式横隔板,标准间距为 3.0m,在索塔和辅助墩等局部位置间距调整为 2.0m。钢箱梁内横向设置两道实腹式纵隔板,其距钢箱梁中心线间距为 10.25m。

根据构造及施工架设的需要,主梁划分 14 种梁段,梁段长度 4.8～12.0m,最大吊装重量 288.1t(不含风嘴)。风嘴划分 14 种梁段,风嘴梁段长度 5.98～13.47m,最大吊装重量 5.3t。

主梁梁段间连接除顶板 U 肋采用高强度螺栓连接外,其余板件均采取熔透对接焊的连接形式。风嘴不参与主梁受力,梁段之间预留 20mm 间隙。钢箱梁架设期间的预设竖曲线通过主梁梁段连接处顶、底板张口大小不同来实现。钢箱梁横向应设预拱度,预拱度采用矢度为 15mm 的抛物线线形设置。

由于本桥斜拉索只能在钢箱梁梁端进行张拉,斜拉索与钢箱梁之间采用锚箱形式进行连接。风嘴与钢箱梁分别加工、分别架设,风嘴不参与主梁受力,仅承受自身重量及行人荷载。为确保斜拉索张拉时具

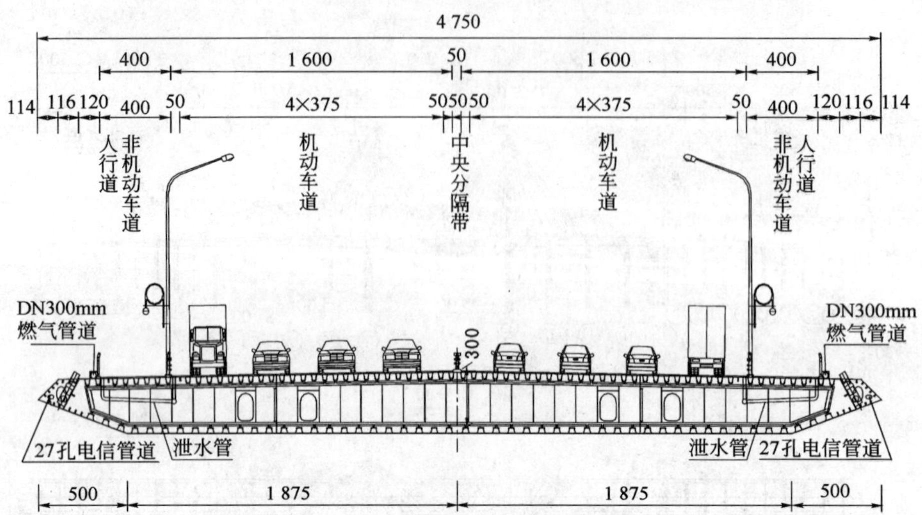

图4 主桥标准横断面(尺寸单位:cm)

有足够的工作空间,钢箱梁两侧风嘴在斜拉索张拉完毕后安装。

为确保在施工过程和正常运营荷载下,过渡墩不出现上拔力,在过渡墩处钢箱梁梁端内施加压重。

本桥共设三台维护检查车:两索塔之间设置一台、辅助墩至索塔之间南北侧各设置一台。

(3)斜拉索

主梁与索塔间采用抗拉标准强度为1 670MPa平行钢丝斜拉索,根据索力的不同,采用PES7-37～PES7-163六种规格,拉索最长174.9m;索塔背索采用抗拉标准强度为1 670MPa平行钢丝斜拉索,规格均为PES7-367,最长120.0m,单根最大重量为14.1t。塔梁纵向拉索采用1 670MPa平行钢丝斜拉索,规格均为PES7-19,南北塔一侧各有两根拉索。全桥共28×2+4=60根斜拉索。

斜拉索在钢箱梁上采用钢锚箱连接方式,在索塔上的锚固方式采用耳板销接方式,张拉端设置在梁端。背索在锚室内张拉。

斜拉索的减振建议采用内置减振橡胶块及防风雨振双螺旋线(或凹坑)共同作用的方式。

斜拉索表面采用双螺旋线(或凹坑)处理,承包商必须提供试验数据证明产品的有效性,并要确保斜拉索在设计风速下的风阻系数$C_d \leqslant 0.8$。

(4)索塔及基础

①索塔基础

南、北索塔承台顶面高程分别为1.5m、-0.5m。索塔基础由背索锚室、锚室承台、系梁、塔底承台及钻孔灌注桩组成。背索锚室、锚室承台及系梁之间采用整体式设计。背索锚室与锚室承台共同通过自重来平衡背索索力产生的上拔力。塔底承台与锚室承台之间通过系梁连接,塔底承台与系梁之间采用分离式设计,相互之间只传递水平力,不传递弯矩和竖向力,以避免因基础不均匀沉降而对结构产生二次内力。锚室承台下设6根D1.5m的钻孔灌注桩,桩长79m;系梁下设4根D1.5m的钻孔灌注桩,桩长61m;南塔塔底承台下设15根D1.5m的钻孔灌注桩,桩长92m;北塔塔底承台下设17根D1.5m的钻孔灌注桩,桩长90m。桩基础均按摩擦桩设计。

索塔承台采用C40混凝土,桩基础采用C30水下混凝土。

②索塔

索塔为独柱式斜塔,塔柱中心线横桥向斜率为1∶8。塔柱横截面两端为半径不等的圆弧段,两圆弧段之间通过与之相切的直线段连接,共同组成封闭的纺锤形截面。索塔节段上下缘断面均垂直于塔壁小圆弧圆心连线。北塔底T1节段下缘断面塔壁外缘小圆弧半径为1.5m,大圆弧半径为2.990m,断面横桥向宽度为8.849m;南塔底T1节段下缘断面塔壁外缘小圆弧半径为1.5m,大圆弧半径为2.967m,断面横桥向宽度为8.757m。由塔底向上塔柱断面的大圆弧半径及直线段长度逐渐变小,至塔顶塔柱截面渐变为直径 1.5m 的圆形截面。除塔底锚固段外，塔柱分为 32 个节段，节段高度 2.4～4.8m。为了便于索塔维护在索塔内设置了爬梯。

(5)过渡墩、辅助墩、支墩及基础

过渡墩纵桥向为花瓶墩形式，横桥向为门式框架结构，尺寸为 6.6m×2.2m，承台采用 7.6m×6.6m 矩形承台，承台顶面设计高程为 1.5m，厚度为 2.5m，每个承台下设 4 根直径 1.5m 的钻孔灌注桩，桩长 86m。辅助墩墩身采用 2.80m×1.8m 方形断面加圆弧倒角的直柱式桥墩，承台采用 6.25m×6.25m 矩形承台，南、北承台顶面设计高程为 1.5m、0.0m，厚度为 2.5m，每个承台下设 4 根直径 1.5m 的钻孔灌注桩，桩长分别为 60m、58.5m。塔侧支墩墩身采用直径为 2.2m 圆柱式桥墩，承台采用 6.35×3.0m 矩形承台，承台顶面设计高程为－0.5m，厚度为 2.5m，每个承台下设 2 根直径 1.5m 的钻孔灌注桩，近塔侧支墩桩长 95m，远塔侧支墩桩长 90m。桩基础均按摩擦桩设计。

2. 引桥

(1)桥跨布置

引桥选用常规的 50m、25m 跨径等高度连续箱梁结构，典型联跨径布置为 1.0m＋4×25m(先简支后结构连续预应力混凝土小箱梁)＋4×25m(先简支后结构连续预应力混凝土小箱梁)＋(25＋2×50)m(预应力混凝土连续箱梁)＝326.0m。

(2)上部结构

50m 箱梁采用梁高为 2.8m 的等高预应力混凝土连续箱梁。箱梁分左右两幅布置，两箱中心距为 20.50m(见图 5)。每幅箱梁顶宽为 20.50m，底宽为 11.30m，翼缘悬臂长为 3.75m，箱梁采用单箱双室斜腹板断面形式。25m 小箱梁采用梁高为 1.4m 等高部分预应力混凝土连续小箱梁，采用预制吊装，先简支后结构连续方案。从美观、经济角度考虑，在引桥 50m 箱梁与 25m 小箱梁之间设了一个变截面的过渡孔。

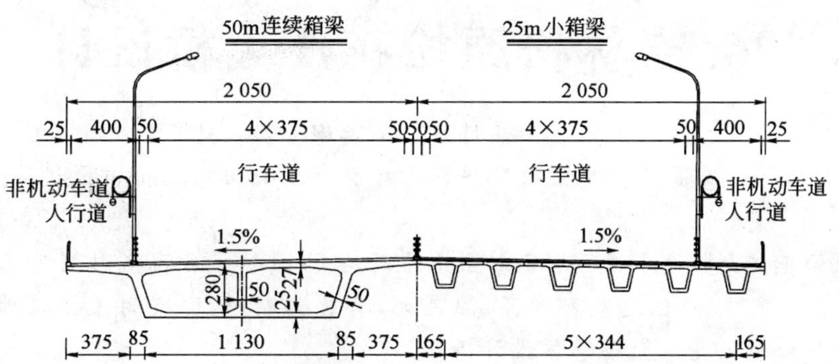

图 5 引桥标准横断面(尺寸单位:cm)

(3)下部结构

墩身采用圆柱分离式墩，50m、25m 墩柱直径分别为 2.0m、1.5m。承台采用矩形承台，其尺寸分别为 6.25m×2.50m、5.20m×2.50m，承台顶面设计高程为 1.5m(水塘回填后，承台埋于地面线以下)，承台厚度分别为 2.5m、2.0m，每个承台下分别设 2 根 $D1.5$m、$D1.2$m 的钻孔灌注桩，桩长分别为 85m、68m。桩基础均按摩擦桩设计。

六、附 属 工 程

1. 桥面铺装

主桥钢桥面铺装，行车道和人行道采用双层铺装方案，下铺装层采用 2.5cm 环氧沥青混凝土，上铺装层采用 3.0cm 环氧沥青混凝土。

引桥桥面铺装采用国内较常使用的混凝土桥面铺装方案为 SMA 改性沥青混凝土方案。

2. 防撞护栏

为减轻桥梁自重和降低车辆碰撞防撞护栏产生的能量，同时使防撞护栏与桥面周围景观协调，符合全桥景观的要求，桥面防撞护栏采用金属梁柱式护栏。本桥计算行车速度为80km/h，防撞护栏等级为SA级。

3. 排水工程

由于桥址区降雨量较大，且本桥桥面较宽，为满足桥面排水要求，不影响正常行车，主桥及引桥桥面采用1.5%双向横坡以利横向排水，在桥面行车道外侧每隔6.0m、人行道外侧每隔12.0m分别设置ϕ168mm和ϕ121mm的泄水管。行车道与人行道泄水管汇流到顺桥向的ϕ245mm的排水管中，再由立管接入市政雨水窨井。顺桥向集中排水管应设伸缩装置，以满足随温度变化而伸缩的要求。

4. 伸缩缝

主桥与引桥的衔接处设置两道伸缩量为320mm的大型伸缩缝，引桥与引桥联间设置伸缩量为80mm的伸缩缝。

5. 钢结构防腐设计

全桥在钢箱梁内部安装四台除湿机，每个索塔内安装一台除湿机，在人洞处安装密封门及电缆孔密封盖等，使钢箱梁、索塔内部成为密封空间，通过除湿机工作，使钢箱梁、索塔内湿度小于50%，达到防腐的目的。和外界接触的钢板采用涂装体系进行防腐，要求防腐理论年限不小于30年。

七、施工进度安排

根据大桥总体建设安排，大桥于2006年开工建设，预计总工期约两年多。

26. 吉林松原松花江大桥设计

高东明　潘桂清　陈洪彬　白　浩
（中交公路规划设计院有限公司）

摘　要　松原松花江大桥全长2 546.5m，主桥为两座2×120m分离式独塔双索面预应力混凝土斜拉桥，该桥松原市城市桥梁，桥位地震烈度高，温差大，有效工期短，桥梁耐久性设计、景观设计要求高。本文简要介绍了吉林松原松花江大桥总体设计情况。

关键词　松原松花江大桥　总体设计

一、概　　述

为了加快松原市社会经济和城市发展，满足城市交通需要，缓解原有松花江大桥交通压力，松原市政府在松花江上拟建松花江第二大桥。该工程是松原市连接两岸市区的城市桥梁，桥梁长度占2 546.5m，两岸接线长度约1 629.947m，南接线起点—沿江东路与乌兰大街交叉口，北接线终点—江北文化路与临江路交叉口，接线和桥梁总长约4 176.447m，见图1。

因本项目为城市桥梁，所以，设计采用城市道路、桥梁设计标准、规范，部分参照采用交通部颁发的设计标准、规范。

本工程建设年限为2006年9月至2009年8月。总投资49 369.7万元。

二、主要技术标准

(1)采用技术标准：城市主干道路Ⅱ级标准设计，桥梁、路基标准宽度27.5米。

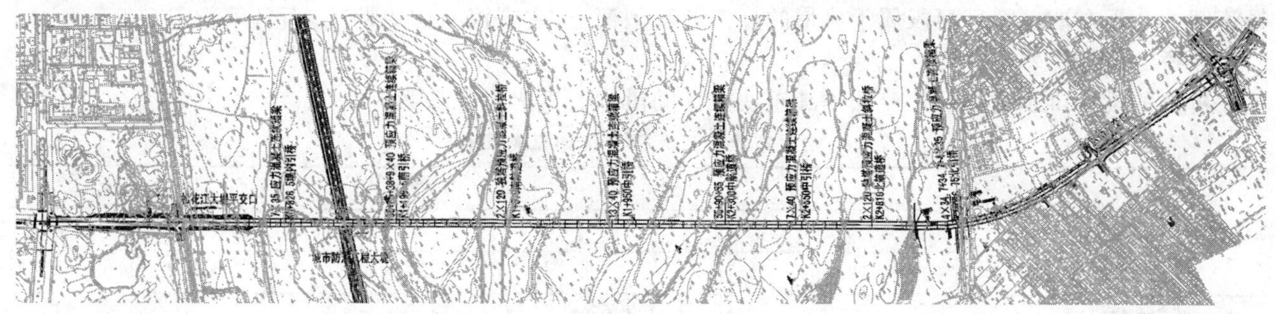

图1 桥梁、接线方案平面总体设计

(2)设计荷载:城市桥梁设计荷载城-A级,参考公路-Ⅰ级设计荷载。

(3)线形标准:采用城市道路设计线型标准;考虑北方冰雪对行车影响纵坡控制在2%以内,桥面、路面横坡为2%。

(4)设计时速:40km/h;

(5)抗震设防标准:地震峰值加速度0.2g,抗震设防标准采用不同概率水平进行设计。

(6)设计洪水频率:

主桥、引桥 $P=1/300$,路基、涵洞 $P=1/100$。

(7)通航净空标准:设计通航净空见表1所示。

通航净空尺度一览表　　表1

代表船型	航道位置	通航孔数	通航净空尺度(m)	
			净高	净宽
272kW+(1+1)×500t(船队为双排一列式)	南(汊)航道	2	8	80
	中(汊)航道	1	8	75
	北(汊)航道	2	8	75

(8)桥梁与城市、防洪道路交叉桥下净高:南接线城市防洪工程大堤顶净高为3.5m,堤防马道顶为防洪车辆通道,行车净高为4.5m;北接线规划临江路为沿江景观道路,路面顶预留净高4.5m。

三、桥位建设条件

(一)地质条件

1.工程地质

中生代晚期地壳抬升,使白垩纪地层出露地表。至全新世早更新统地壳开始震荡下沉。先后接受 Q_1 砂砾沉积、Q_2 黏性土、粉细砂沉积,Q_3 中细砂及黏性土沉积。现在正处在缓慢下沉时期,因此形成现在的辫状水系及广阔漫滩沉积,沉积厚度达45~55m。

2.不良地质灾害

本工程场地土层砂土液化按15m内判别公式进行判别,将本次工程场地细砂层分为三层对其液化深度和液化指数进行详细判定,液化土层深度在5.55~7.80m。

3.地震

主要发震构造有:盆地中央的扶余-肇东断裂和北西向第二松花江断裂、松辽盆地东缘断裂、依兰-伊通断裂等。就全区来说,5级以上中强地震频度和强度都不高,2003年以来小震活动频繁,发生数次震群活动,最大地震为3.5级。近25年区域上存在发生6级左右地震的地质构造条件。

(二)桥位河流水文特征、防洪要求

1.水文特征

第二松花江属于季节性封冻河流,一般11月中旬结冻封江,翌年4月中旬解冻,封冻期160天左右,

畅流期200天左右。桥区河段属于典型的分汊散乱型河道，主支汊易位周期短，而且不稳定。

2. 桥位设计洪水

桥位的设计洪水为丰满放流加丰满至扶余区间洪水。洪水设计参数见表2。

松原市松花江大桥洪水计算成果表 表2

洪水频率	P(%)			
	0.3	5	10	20
流量(m^3/s)	12 030	7 130	4 420	3 900
水位(m)	137.00	136.20	135.00	134.62
流速(m/s)	1.62	1.50	1.38	1.30
流冰水位	解冻水位(3月末～4月中)133.1m，淌凌水位(11月10日～11月下旬)132.7m			

松原市属中等城市，城市防洪标准：设计洪水频率按 $H=1\%$ 设防。

(三)气象

年平均气温4.5℃，低温出现在一月，最低气温－36.6℃；高温出现在七月，最高气温37.3℃。

年平均日照2879.8小时，无霜期135～140天。最大冻深为203cm。

根据松原市气象局统计资料的研究成果，桥位10m高度处100年一遇基准风速为30m/s。

桥位处雷暴天气较多，雷暴灾害性天气年平均雷暴日天数为28.3天，主要集中在5～9月份。

(四)航道规划

按照《松花江航运规划报告》中确定的航道等级为Ⅳ级，代表船队形式为2排1列式[272kW＋(1＋1)×500t]。通航孔数与通航净宽方案见表1。

四、设计难点、特点

(1)本项目为城市过江通道，桥梁标准掌握、使用功能要求、接线设计协调为项目难点之一。

(2)场地地震烈度为Ⅷ度，存在砂土液化问题，主、引桥结构采用两阶段抗震设计法进行结构分析计算，并进行抗震装置设计是本项目特点之一。

(3)桥位处地处严寒地区，属Ⅱ类环境，反复冻融对桥梁结构耐久性影响较大，本桥从结构构造、工程材料技术指标、混凝土工程施工工艺等方面进行了结构耐久性设计。

(4)跨河段桥梁分为南航道桥、中航道桥、北航道桥，其余河段设四段引桥。桥梁形式较多，主引桥上、下部施工工艺不同、严寒地区有效工期短、主引桥上部浇筑、预应力张拉施工程序交叉，施工组织设计是本项目难点之一。

(5)本设计钻孔桩施工工艺按旋挖桩工艺施工，桩基局部直径加大，设钢护筒，解决桩基抗震、流沙、塌孔等问题，工艺先进，合理。

(6)城市桥梁人性化、安全性设计，设计标准考虑非机动车、人行分驶，冰雪天行车安全，观景台设计、盲道设计等。

(7)作为城市桥梁，城市景观与大桥景观设计是本项目特点之一。

五、总 体 设 计

(一)平、纵面设计

1. 路线平面设计原则

本项目是松原市区连接松花江两岸的第二通道，路线起点为城市主干道乌兰大街与沿江东路交点，起点至大桥南桥台段为南接线。其主要功能是保证安全、方便、快捷地集散交通，满足过江交通的需要。在确定路线方案时，要充分考虑各种因素，确定切合实际、经济可行、满足使用功能的路线方案。

2. 桥梁、接线横断面设计

桥梁、接线横断面布置考虑机动车、非机动车及行人通行要求，并结合近期、远期桥梁横断面布置要

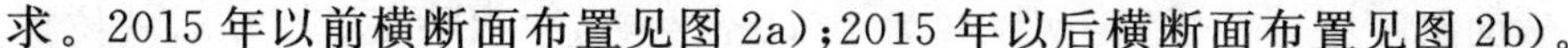

求。2015 年以前横断面布置见图 2a)；2015 年以后横断面布置见图 2b)。

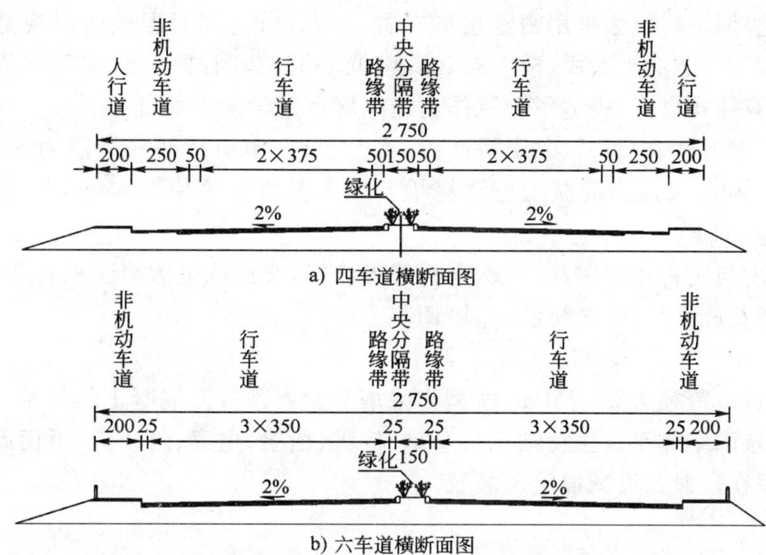

图 2　横断面布置(尺寸单位：cm)

3. 南、北接线平交口方案

根据《城市道路交通规划设计规范》(GB 50220—95)规定本项目南接线平交口、北接线平交口属城市主干路与城市主干路相交，应采用 A、B 交叉形式，即采用立体交叉或展宽式信号灯管理平面交叉口，近期不考虑采用立体交叉形式。

(二)主、引桥总体布置(图 3)

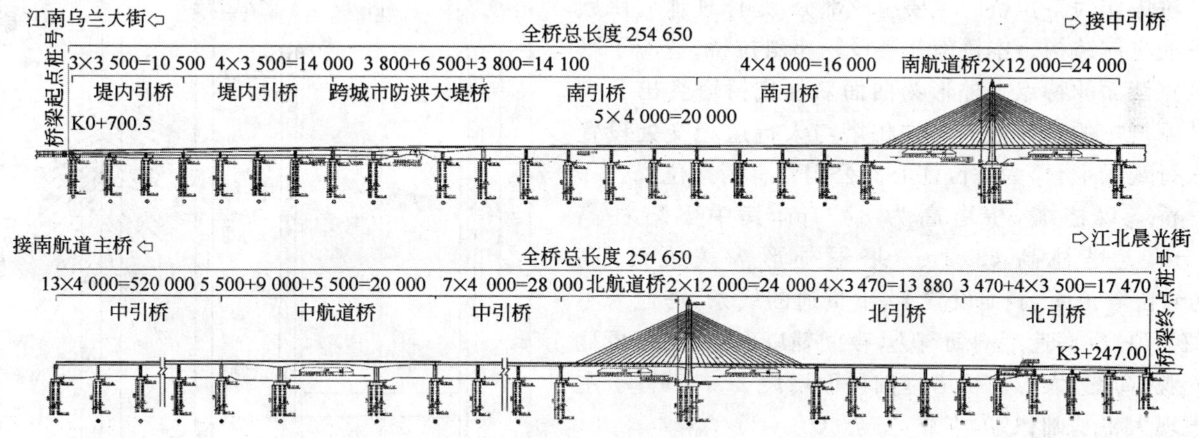

图 3　全桥总体布置(尺寸单位：cm)

1. 桥梁长度设计

桥位处堤防之间宽 2 700m，新建城市防洪大堤之间水域宽度约为 2 000m，大堤外侧坡脚之间间距约为 2 200m，桥长控制不宜压缩河道行洪断面，同时考虑城市规划、土地利用和城市景观，桥长确定为 2 546.5m。

2. 主、引桥总体布置及景观特点

桥梁总长 2 546.50m。其中主桥长 2-2×120m，引桥长 2 066.5m。

主桥为两座分离式独塔预应力混凝土双索面斜拉桥，分别布置在南、北主航道上，两座桥梁结构相同，主桥桥孔布置为 2×120m。南航道桥与北航道桥两主桥相距 1 000m。两座主桥均为单向纵坡，考虑两座斜拉桥景观视觉和排水要求，南航道桥纵坡为＋0.4%，北航道桥纵坡为－0.4%。横坡为双向坡，坡度为 2%。主桥宽度 31.30m。

主河道设有独立两座独塔双索面斜拉桥，斜拉桥距两岸各为1 000m左右，中引桥长1 000m，斜拉桥主桥在江面全宽比例协调。斜拉索采用密索扇形布置，突兀江面，同时形成两岸视觉效果。中引桥将两座独塔斜拉桥连在一起，寓意两岸人民（蒙古族、汉族）同心同德，团结一致，携手共创松原美好未来的雄心壮志。特别是采用双柱式塔型，表达了松原作为新兴城市蓬勃向上的气势。

引桥分堤内引桥、南引桥、中引桥、北引桥四段，除南引桥、中引桥部分桥段为65m、90m变截面连续箱梁外，其余均为35～40m预应力混凝土连续箱梁。堤内引桥纵坡为1.63%，其他引桥纵坡为0.4%。横坡为双向坡，坡度为2%。

引桥上部箱梁高度与主桥主梁梁高一致，全桥线形流畅，突出视觉效果。引桥采用斜腹板造型，外侧设挂板，墩形采用薄壁花瓶式结构，全桥统一、协调。

（三）主桥结构设计

主桥为南、北航道桥，跨径为2×120m，桥型为独塔双索面预应力混凝土斜拉桥。本桥根据结构受力特点要求采用塔、梁、墩固结体系。主桥结构由基础、桥塔、横梁、主梁、斜拉索、桥面系结构等组成。为满足结构抗震要求，主桥在过渡墩设减震阻尼装置。

1. 主梁构造

主梁采用预应力钢筋混凝土肋板式梁，梁宽（含锚索区宽度）31.3m，主梁由主肋、横隔梁、顶板、纵梁组成。主梁每6.0m为一个悬臂浇筑梁段，主梁共分为16个标准梁段，每隔6.0m设一道横隔梁。主肋外缘处梁高2.2m。主梁结构采用C55高性能混凝土，双向预应力，采取了防冻、防渗以及保护层等构造措施，进行耐久性设计。

主梁设计考虑采用分段悬臂浇筑方法施工，1'、1号块、现浇段、合龙段采用支架现浇，其余梁段采用前支点挂篮悬臂现浇施工。对预应力混凝土桥预应力张拉、混凝土浇筑等工序进行了施工程序设计。

2. 桥塔构造（图4）

桥塔作为斜拉桥的主要组成部分，是体现地域民族特色的主体结构。本桥南北各设一座斜拉桥，适应了平原区宽江面的特点。外形为曲面双柱式桥塔突出了大桥壮丽挺拔的景观效果。在桥塔与人行道相交处设置了人行观景平台，为桥位江心洲公园留有衔接位置。

桥塔双柱塔，桥塔高为87.1m，其中下塔柱高16.0m，上塔柱高63.1m。塔冠外形为棱锥形，高8.0m。桥塔正面、侧面设置上、下贯通的线条，塔冠为不锈钢尖顶，桥塔造型刚劲有力，夜间辅以射灯照明，更显得美观、简约、大方。桥塔基础顶面增设2m高塔座，主要表现大桥基础稳定，牢靠，安全。

塔柱采用空心薄壁断面，桥塔下塔柱根部断面为5m×8m，上塔柱锚索区横断面3.5m×6.5m。塔壁厚100cm。为提高结构耐久性，桥塔外侧设置钢筋网；锚索区采用环向预应力锚固方式。桥塔采用滑模施工。

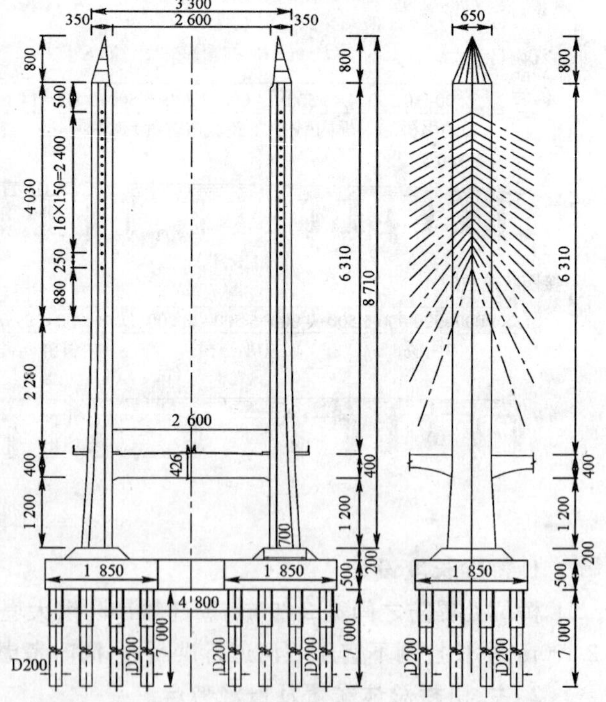

图4 主桥桥塔及基础构造（尺寸单位：cm）

3. 基础构造

主桥基础由承台、塔座与32根直径200cm钻孔灌注桩组成。

两塔柱承台由系梁连接。承台采用钢套箱法施工，封底混凝土设计考虑150cm厚。承台混凝土浇筑体积较大，为防止水化热引起的收缩裂缝，承台浇筑混凝土时设置冷却钢管并采用循环水进行冷却。施工过程进行温度场监控。

考虑地质条件、抗震需要，桩基上部15m范围直径加大到230cm，并增设15m长钢护筒。钢护筒壁厚 16mm,钢护筒顶部加工成梳形构造,与钢筋一同浇筑在承台内。钢护筒在钻孔前打入,然后钻孔。

4. 斜拉索

本桥斜拉索采用平行钢丝成品索,塔上张拉,斜拉索根据索力不同分为 4 种。斜拉索由锚头、锚箱、斜拉索等部件组成,张拉设备有张拉千斤顶等。成品索根据设计要求设计尺寸、长度进行工厂预制,运至施工现场安装。

塔上锚固区斜拉索索距除 1 号至 2 号索间距采用 2.5m 外,其余索距均为 1.5m。主梁理论索距为 6m。斜拉索在塔内张拉。

5. 主、引桥过渡墩

主、引桥过渡墩为实体墩,墩顶设盖梁,采用分离式墩身、分离式承台。单个墩身宽度为 4.6m,厚度为 3m,每个承台下设 6 根直径 2.0m 钻孔灌注桩,桩长为 60m。过渡墩顶设置有限抗剪支座及减震阻尼装置。

(四)引桥桥型

引桥受两座斜拉桥施工控制、城市规划、桥梁美观要求。引桥梁高为 2.2m,与主梁高度相同。引桥采用多工作面现浇法施工。引桥共分为四段,跨径布置及结构形式见表 3。

引桥桥孔布置及结构形式 表 3

桥段	桥长(m)	孔径布置(m)	上部结构形式	下部结构形式
堤内引桥	245	7×35	等截面预应力混凝土连续箱梁	薄壁花瓶墩、桩基础
南引桥	501	38+65+38+9×40	38+65+38m 跨为变截面、40m 跨为等截面预应力混凝土连续箱梁	薄壁花瓶墩、桩基础
中引桥	1 000	13×40+55+90+55+7×40	55m+90m+55m 跨为变截面、40m 跨为等截面预应力混凝土连续箱梁	薄壁花瓶墩、桩基础
北引桥	313.5	5×34.7+4×35	等截面预应力混凝土连续箱梁	薄壁花瓶墩、桩基础

本桥位地质条件适宜采用摩擦桩基础,基础采用 ϕ1.8m、ϕ1.5m 直径桩基础,地质条件适应性强,施工简便、方法成熟,材料用量省,经济性好。

引桥基础采用旋挖钻机进行钻孔施工,旋挖钻机钻孔工艺先进,特别适宜覆盖层厚的沙土地质条件。考虑施工定位、冲刷、砂土液化以及抗震需要,桩基施工时从承台底面以下设置 10m 长护筒,护筒直径较桩径大 30cm,钢护筒顶部加工成梳形构造,与钢筋一同浇筑在承台内。钢护筒在钻孔前打入,然后钻孔。

(五)相关试验研究

主梁、桥塔均采用 C55 级混凝土结构。结构环境地处严寒地区,结构较复杂,施工难度较大,混凝土性能、质量、耐久性要求高,所以施工前必须进行下述相关试验研究,满足设计要求,控制主桥施工质量,保证设计目标实现。

1. 主梁、索塔高性能混凝土的材料配合比试验、泵送工艺试验研究

包括不同龄期混凝土的收缩和徐变系数、强度、重度及弹性模量,高性能混凝土泵送工艺试验等,以作为预应力计算和施工控制的依据。

2. 悬浇挂篮制造、拼装、预压试验研究

主梁悬臂浇筑挂篮设计应轻型化,设备设计荷载按标准梁段总重力的 0.5 倍计算。梁段浇筑时挂篮的前支点反力由斜拉索提供。该项试验应在现场进行,主要通过试验了解挂篮悬臂浇筑施工工艺,挂篮拼装、行走、承重性能,获得挂篮变形控制参数,为主梁悬臂施工高程、索力等进行动态控制提供依据。

3. 索塔施工变形控制与观测

塔柱施工时，应随时观测塔柱的变形，并进行相应调整，以保证塔柱的几何形状符合设计要求。根据索塔混凝土试验参数对索塔压缩变形进行分析计算，并设置相应的预抬量，施工时应动态监控该数值，以确保斜拉索在塔上锚固位置的准确。

4. 桩基础旋挖钻机施工工艺试验研究

本桥基础工程规模大，由于覆盖层厚达45～55m，采用冲击钻、反循环钻机，施工周期长，工艺落后，本桥采用旋挖钻机钻孔，工期提高较快。由于地质条件较差，同时桩基受地震、冲刷影响较大，桩长较长，必须增设加长钢护筒，而且本桥上部结构、基础形式类型较多，工期要求紧，容易发生塌孔等工程事故，为了桩基施工安全，所以提出进行桩基施工工艺试验研究。

5. 高烈度区结构抗震设计

本桥桥位场地烈度为Ⅷ度区，根据主、引桥结构受力要求采用不同概率水平(50年基准期超越概率10%和2%)进行抗震设计，对斜拉桥结构施工过程最不利状态下抗震性能进行分析验算。本项目按反应谱法和时程法对主、引桥结构分别进行了抗震设计，根据计算结论提出主、引桥进行抗震设防的具体措施。

(六)结构耐久性设计要点

1. 结构环境

本项目地处东北严寒地区，结构所处环境为II类，环境属严寒地区作用等级，即环境作用等级为II—C级。由于本桥为松原市标志性建筑物，设计使用年限为100年。

2. 结构用高性能混凝土(HPC)基本要求

根据本项目建设环境要求，主、引桥结构应采用高性能混凝土(HPC)，对结构混凝土不但要求高强度，而且还要求具有高耐久性：即高弹性模量、低干缩率、低徐变、冻融循环低温应变、高抗渗性能，同时要求高工作性能(高流动性、黏聚性、可浇筑性能等)，保证混凝土结构使用寿命。

3. 结构构造

(1)各构件截面尺寸变化处，均采用渐变，尽量避免刚度突变，减少应力集中。

(2)箱梁设置通风孔，预埋直径80mmPVC管成孔，避免水汽在混凝土表面积聚，同时降低箱内外的温差，每个箱梁梁段内设置2个通气孔。泄水管出口远离混凝土表面。

(3)在混凝土铺装与沥青混凝土铺装之间设置性能可靠的防水层。

(4)混凝土保护层厚度严格按桥规的要求控制。

(5)桥梁伸缩装置两端与主梁连接部分的混凝土，受力比较复杂，除按照最优配合比设计外，还应使用膨胀剂和掺入钢纤维或聚丙烯纤维等增韧性材料。

(6)合龙段混凝土，应采用微膨胀混凝土，确保合龙段施工质量，减少压缩变形对结构的影响。

(7)控制裂缝宽度：钢筋混凝土结构通过增加配筋，增大截面尺寸等措施限制裂缝宽度。

(8)采用真空吸浆工艺：预应力管道采用塑料波纹管，真空吸浆施工工艺，确保压浆密实。

六、施工组织设计

本工程全长4.18km，其中桥梁全长2 546.5m，施工组织设计特点如下：

(1)本项目工期为3年，冬季近5个月无法施工，有效工期十分紧张。主、引桥不同结构形式相间布置，必须采用多工作面施工。设计考虑了引桥多联、多工作面施工程序设计，引桥与主桥施工程序设计，确保控制施工工期。

(2)主桥施工工期控制本项目总工期，主桥工期是控制结构质量的重要保证，设计中重点考虑了主桥上部结构施工工期要求时间，地质条件适宜采用旋挖法施工工艺，加快基础施工进度，争取上部施工时间。

(3)施工组织设计提出增加设备、人力资源投入，适应多工作面施工。

27. 常州龙江路大桥主桥独塔双索面斜拉桥设计

徐瑞丰 李 正 韩大章
(江苏省交通规划设计院有限公司)

摘 要 介绍了龙江路大桥主桥独塔双索面斜拉桥的总体设计及构造上的特点、上部结构及索塔锚固区内力分析。

关键词 独塔 双索面斜拉桥

一、工 程 概 况

龙江路大桥是京杭运河常州市区段改线工程中的一座桥梁,位于常州市西林镇吴宝村附近,主要跨越京杭运河,两侧接常州市规划道路。道路等级为城市快速路。大桥与改线的京杭运河正交,桥位处航道中心与312国道中心距离为100m,桥梁与312国道也正交,交叉桩号分别为航道YK9+830,312国道K157+610.621。

二、主要技术标准

(1)道路等级:城市快速路;

(2)设计荷载:公路—I级,人群荷载3.5kN/m^2;

(3)计算行车速度:80km/h;

(4)主桥宽度:40m;

(5)净空:航道通航净空:70.0×7.0m;

(6)地震烈度:区域内地震动峰值加速度为0.10g,相当于地震基本烈度VII度。

三、总 体 设 计

(1)主桥结构形式为:塔梁固结的独塔双索面斜拉桥,计算跨径为107.25m+46m+34m。边跨设辅助墩(图1)。

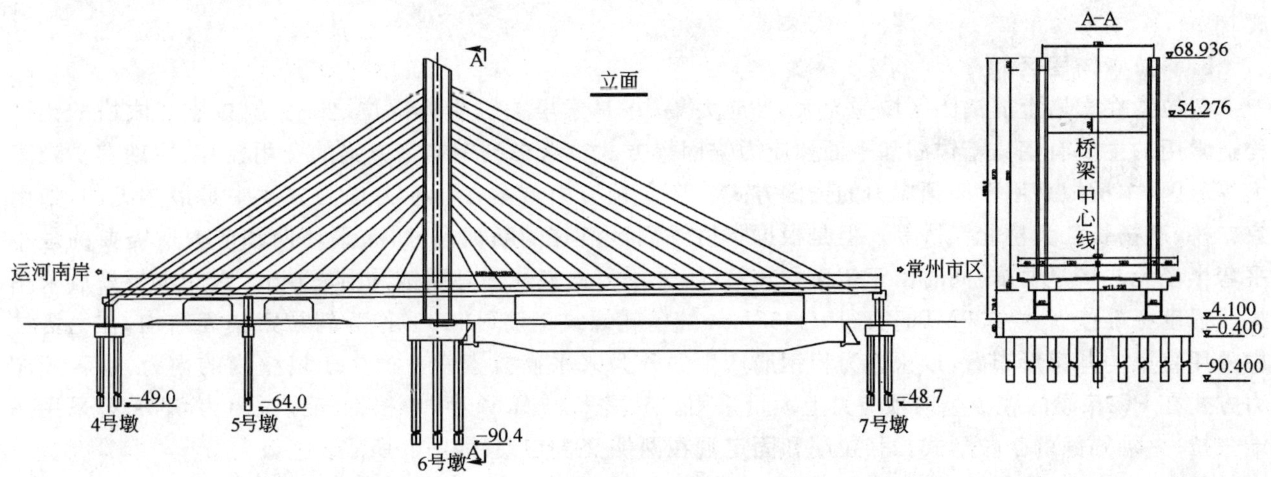

图1 主桥桥跨布置及主塔立面图

(2)斜拉桥桥宽:主桥宽40m,按双向六车道布置,快车道24m,两侧人行道及非机动车道各4.75m,桥塔及保护区各2.85m,中央分隔带宽0.8m。

(3)大桥主跨位于竖曲线内,考虑到非机动车通行,纵坡坡度取3.5%,竖曲线半径为R=4 500m。

四、主桥结构设计

1. 主梁

(1)桥梁标准断面:采用预应力混凝土边箱梁结构,两个边箱梁为单箱双室结构,顶面全宽40m,顶面双向2%横坡,梁高2.5～2.9m。边箱梁的底板宽7m,顶板厚30cm,底板厚32cm,边腹板厚40cm,中腹板厚100cm;两个箱梁的中心线距为27.5m(图2)。箱梁外侧悬臂翼板宽2.75m,悬臂板外端厚20cm,悬臂根部厚50cm。

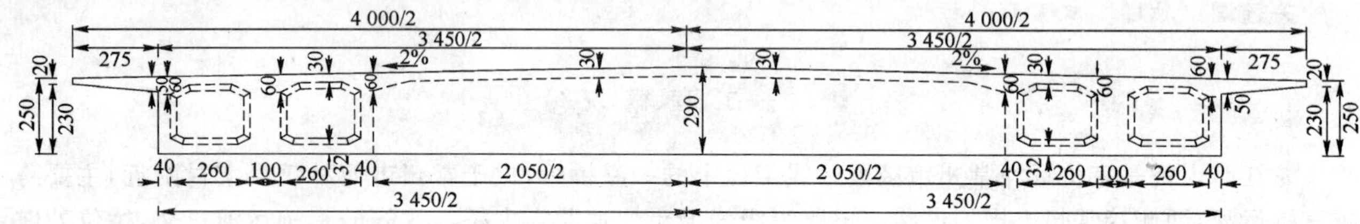

图2　主梁标准横断面(尺寸单位:cm)

(2)边跨配重段:(梁端部往辅助墩方向41m范围内)箱室内用混凝土实体块进行压重。

(3)箱梁:采用C50混凝土。主梁箱梁纵向预应力钢筋为钢绞线钢束,有15-12以及15-16两种类型。

(4)横梁:顺桥向根据拉索间距设置横梁,在桥面中心线处横梁梁高为2.9m,横梁标准腹板宽40cm,在边跨配重段,横梁宽1.2m。横梁内布置预应力钢绞线,采用C50混凝土。

2. 主塔

主塔采用混凝土结构,横桥向两侧塔柱的轴线间距为27.5m,承台面以上高64.836m,在桥面以上高55.2m。下塔柱采用尺寸为6.8m×4.0m的实心矩形断面,上塔柱采用尺寸为6.8m×2.7m的空心矩形断面,塔壁厚度在斜拉索前侧为1.20m,侧面为0.6m,与上横梁连接处局部加厚到0.8m。

索塔上横梁为空心矩形断面,横梁顶高程为54.276m,为预应力混凝土结构,高4m,宽5.6m,腹板壁厚0.6m,顶底板壁厚0.6m,设2道壁厚0.6m的竖向隔板。横梁内布置纵向预应力,预应力锚固点均设在塔柱外侧,采用深埋锚工艺。上横梁底面设通气孔。

主塔与主梁固结。为便于通行和维护,上塔柱在桥面处均设有进出索塔的人孔,上塔柱内设有爬梯。

3. 斜拉索锚固区

斜拉索在索塔上的锚固区域受力大,且应力集中,是索塔关键受力部位之一。斜拉索与索塔的锚固构造常用的主要有钢锚箱锚固和平面预应力锚固等方式。考虑到钢锚箱方案的费用较高、后期养护难度大等原因,本桥拟采用平面预应力的锚固方式。环向预应力方案在预应力锚固方案中是最常见的,如南京二桥、润扬长江大桥北汊桥等。但是根据本桥锚固区塔柱的断面尺寸,布置环向预应力所需要的最小平弯半径无法满足要求,同时由于钢束均较短,若采用普通夹片锚具则锚具损失较大,因此本桥最后采用抗拉强度标准值f_{pk}=930MPa、直径d=32mm的精轧螺纹钢筋(JL930)作为斜拉索锚固结构,在上塔柱中采用直束的井字形布置,以预应力粗钢筋产生的外力来平衡拉索索力产生于塔壁内的内力,这种预应力方式在PC箱梁的腹板竖向预应力上大量采用。锚具采用JLM型,单根钢筋张拉力为673kN,采用一端张拉、一端锚固的张拉形式。张拉端和固定端在两侧交替布置,如图3所示。

4. 斜拉索

采用OVM250拉索体系,钢绞线拉索环氧喷涂(单根带有无黏结护套)。

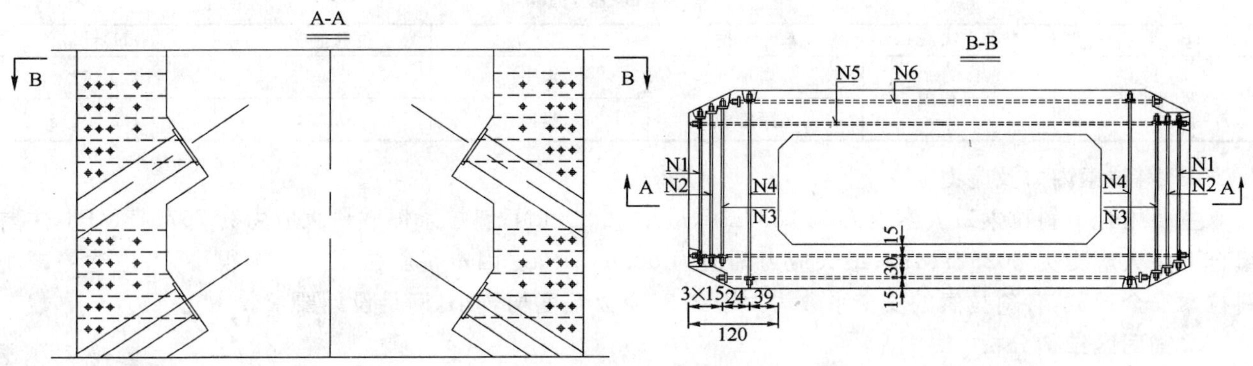

图 3 预应力粗钢筋布置方案(尺寸单位:cm)

斜拉索的张拉端设在塔上,固定端设在梁上。每侧主塔设 16 对拉索,全桥共计 32 对拉索。

5. 下部结构

主墩承台厚度为 4.5m,平面尺寸为 47.35m×14.1m,下设 27ϕ2.0m 的钻孔灌注桩,按摩擦桩设计。

五、结构分析与计算

1. 主桥总体计算模型

上部结构计算采用平面杆系程序,静力分析计算了恒载、活载、混凝土收缩徐变、预应力、各种温度变化、汽车制动力、支点沉降以及施工荷载等,结构离散图如图 4 所示。结构体系温度按±20℃、索、梁、塔温差按±10℃、塔左右侧温差按±5℃、主梁内温度梯度效应按照《公路桥涵设计通用规范》(JTJ D60—2004)取用。

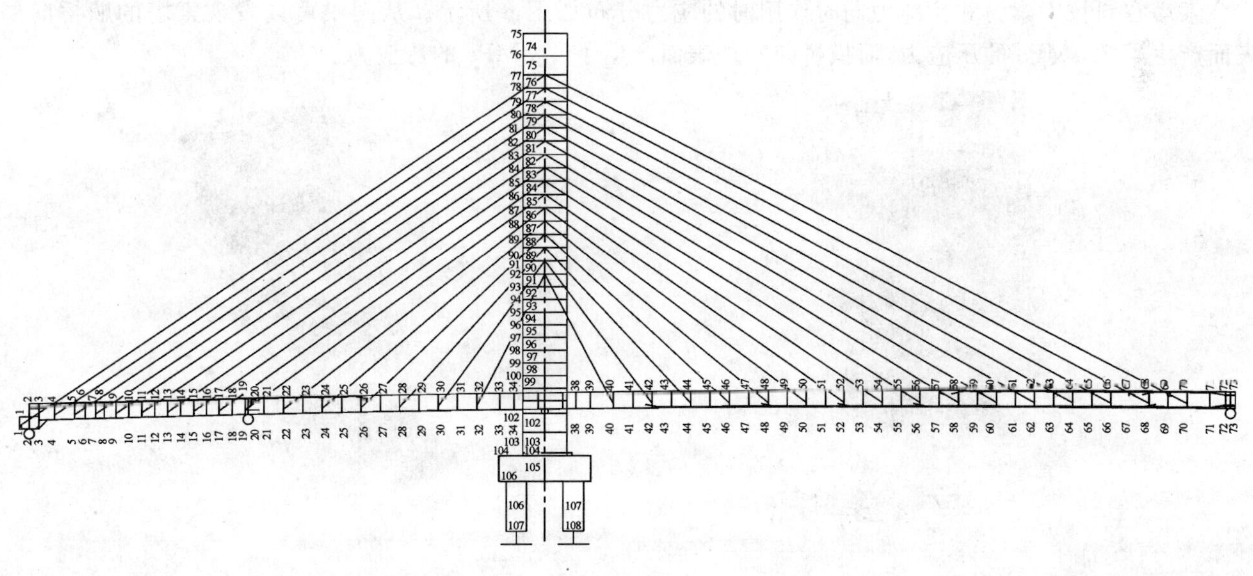

图 4 结构离散图

(1)主梁强度及应力验算

对各工况进行了承载能力极限状态验算,正截面和斜截面抗裂验算、施工阶段短暂状况验算,计算结果表明各种荷载组合情况下控制截面的强度、应力以及各施工阶段应力情况均较好。

(2)结构刚度分析

根据静力计算结果,本桥在荷载作用下的位移值如表 1 所示,结构刚度较好。

桥梁位移值　　表 1

项　　目	荷　　载	部　　位	位 移 方 向	位移值(m)	$\delta/L(H)$计算值
竖向刚度	汽车荷载	塔顶	水平	0.012 5	1/4 197
		主跨跨中	竖向	0.034	1/2 890

(3)斜拉索内力及应力

主要组合下斜拉索最大索力为 150 837kN，最小 69 209kN；斜拉索恒载最大应力为 757.42MPa，主要组合下最大应力为 802.77MPa；最大应力幅值为 52.69MPa。因本桥斜拉索应力幅很小，考虑适当减小斜拉索安全系数，各斜拉索的安全系数均大于 2.3，应力幅度均较小，满足设计要求。

2. 锚固区结构分析

索塔锚固区混凝土处于三向受力状态，因此必须建立三维空间有限元模型进行计算，由于建立全模型单元太多计算困难，因此在桥塔上取四个节段进行分析，包含四对索。有限元模型如图 5 所示。

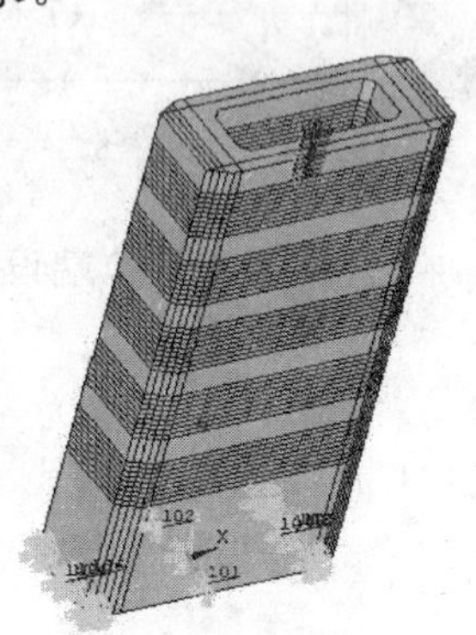

图 5　有限元模型

将索力化为均布力加在锚块上，预应力粗钢筋采用抗弯刚度极小的梁单元来模拟，粗钢筋的材料特性、截面面积均按实际输入，用梁单元的降温来模拟预应力效应。根据各根粗钢筋不同位置处的有效预应力，按公式 $\sigma=E\times\alpha\times\Delta t$ 计算各根粗钢筋各分段需要降低的温度值。

由于在模型底部刚性约束附近会产生很大范围的应力集中区域，因此计算结果取用模型中段的数值。计算考虑了 3 种工况：

①仅作用预应力，可以得到张拉阶段应力分布，保证施工时结构安全。

②索力和预应力共同作用时，得到运营状态下锚固区最不利条件下的应力状态。

③预应力混凝土裂缝产生的原因之一是预应力失效，保证索塔有一定数值的预应力储备是完全有必要的。考虑到施工中的不确定因素导致预应力部分失效的问题，本桥还对了预应力失效 50%的情况做了分析。

索塔在斜拉索索力和预应力同时作用时的应力分布如图 6 所示。从图中可以发现索塔的顺桥向外表面产生了 2.4MPa 的压应力，而横桥向的外表面产生了 4.3MPa 的压应力。

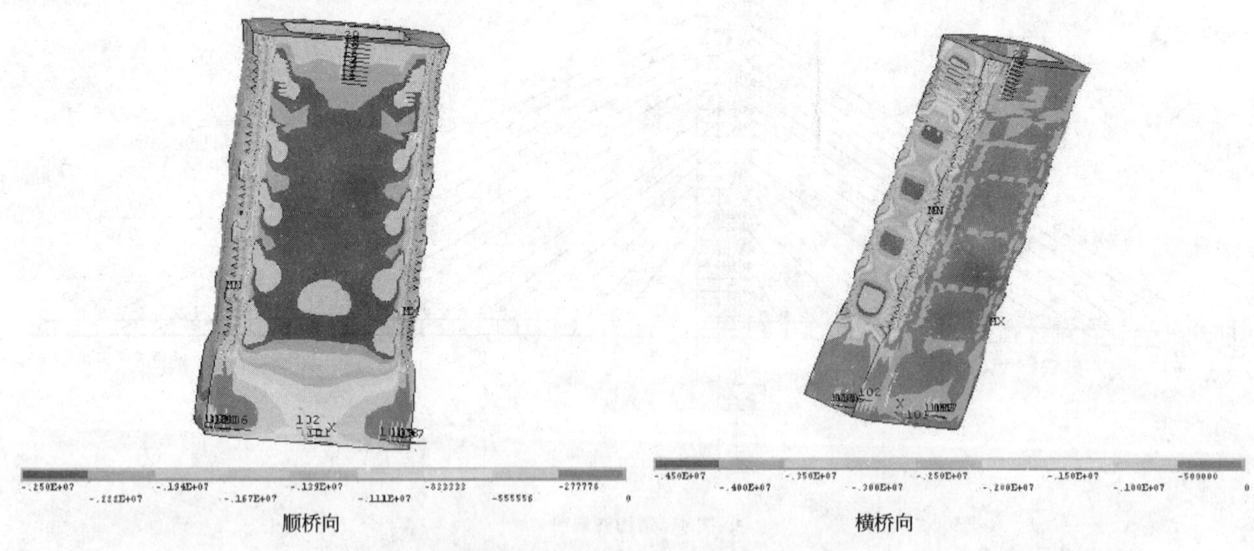

顺桥向　　横桥向

图 6　索力和预应力共同作用时(运营状态)索塔应力分布

从上述计算结果可以看出本桥锚固区施加的预应力大小是合适的。

六、结　　语

早期的斜拉桥，一般都采取两个对称的桥塔，随着桥梁技术的不断进步，对独塔斜拉桥的研究逐步深入，独塔斜拉桥外形优美，经济性良好以及在技术性上的优点逐渐被认识，因此在没有大江大河的城市里，这种独塔斜拉桥的前景还是相当广泛的。

参考文献

[1] 刘士林等. 斜拉桥. 北京：人民交通出版社. 2002.

[2] 王伯惠. 斜拉桥结构发展和中国经验. 北京：人民交通出版社. 2003.

28. 高墩大跨长联连续刚构桥设计特点

——贵州镇胜高速虎跳河特大桥主桥设计简介

曾照亮 王 勇 张安国

（中交第二公路勘察设计研究院有限公司）

摘 要 本文以贵州镇（宁）胜（境关）高速公路虎跳河特大桥主桥设计为背景，重点介绍高墩大跨超长联连续刚构的设计特点，如设计时考虑主墩截面特殊设计、合龙时顶推方法解决主梁位移较大及其产生的边主墩较大内力问题。

关键词 镇胜高速 高墩 大跨 超长联 连续刚构

目前连续刚构以其跨越能力大、经济性较好等优势广泛运用于公路、城市桥梁，特别是高速公路进入山区后更是成为了跨越沟谷最常见的大跨度桥梁。以下结合虎跳河特大桥主桥的设计讨论联长较长的刚构桥设计。

一、概 述

虎跳河主桥桥跨布置为120m＋4×225m＋120m六跨一联的预应力混凝土连续刚构桥（图1），主墩均为薄壁墩，高度较高的6、7号桥墩（高度分别为106、150m）下部分采用整体（双幅）箱形断面。主桥全长1 140m，镇宁、胜境关两岸各设一交界墩。镇宁岸引桥为5×50m先简支后连续的预应力T梁，胜境关岸为5×50m＋6×50m先简支后连续的预应力T梁。全桥总长1 957.74m。

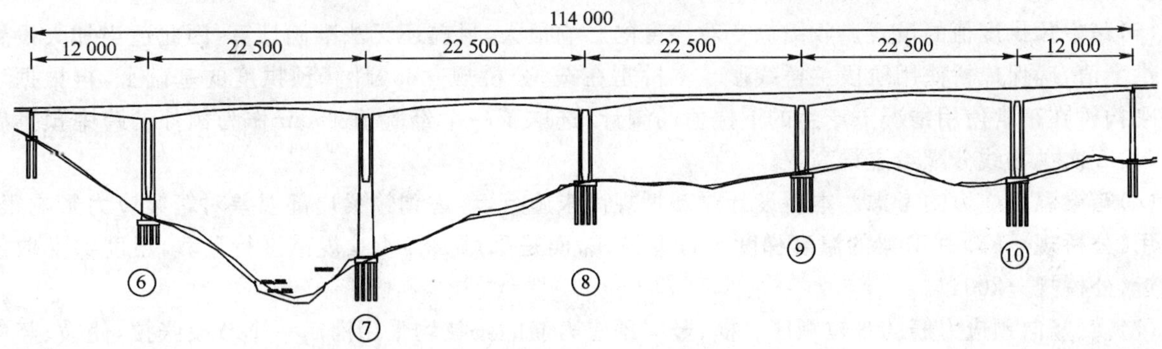

图1 桥型布置（尺寸单位：cm）

二、设 计 特 点

（1）适当减小边、中跨比。主桥半幅桥宽采用单箱单室，C50混凝土，三向预应力，箱底宽6.7m，翼板悬臂2.65m，全宽12m。箱梁高度采用1.80次抛物线方式从箱梁根部高14m变化至端部及跨中高

3.8m。箱梁底板厚度采用1.8次抛物线方式从箱梁根部厚135cm变化至端部及跨中厚32cm。

适当减小边、中跨比可以降低边跨现浇段的剪力,从而减小此段的主拉应力。同时考虑到边跨过渡墩较高,采用传统的搭支架合龙方式难度较大,因此采用较小的边、中跨比(本桥为0.533),便于在过渡墩上设置托架现浇边跨合龙段及边跨现浇段。

(2)主桥6孔一联长1 140m,为目前国内最长联的连续刚构桥。连续刚构除两端外其他无伸缩缝,有利于行车。但是对于较长的连续刚构,由于主梁混凝土收缩徐变及体系温差产生的主梁位移较大,从而引起边主墩位移过大,因此要设计较长的连续刚构必须解决主梁位移较大及其产生的边主墩内力较大的问题。

(3)特殊设计主墩截面以适应主梁变形。墩的抗推刚度小,混凝土收缩徐变及温度内力就小。双壁墩身的抗推刚度仅为墩身绕自身形心轴抗推刚度之和,而不是整体箱形断面绕桥墩中心线的抗推刚度,因此决定采用抗推刚度相对较小的双壁型桥墩。

边主墩(6、10号墩)由于混凝土收缩徐变及温度产生的位移较大,同时由于较大的位移产生的主墩内力相对较大,要求边主墩能尽量产生较小的内力(较小的抗推刚度),并同时提高自身的抗弯能力(较大的抗弯刚度),因此采用了空心薄壁墩。双壁墩厚度为350cm,薄壁墩壁厚60cm;其余主墩(7、8、9号墩)墩身为钢筋混凝土双薄壁墩身,双壁墩厚度为250cm,为矩形实体截面。

为了解决混凝土收缩徐变产生的主梁缩短而导致的主墩在营运期间向中跨方向倾斜,刚构中跨合龙时均采用顶推使主墩向两岸边预偏的方式。较高的墩在同样的顶推力下产生较大的位移,全桥合龙顶推时要达到各主墩的位移比较对称、不会导致产生的位移多由高墩承担的情况,因此需加大较高主墩的抗推刚度,使主墩抗推刚度尽量一致。因此高度较高的6、7号桥墩下部采用整体箱形断面。箱形墩顶部横向与全幅双薄壁墩底同宽,纵向采用50∶1的斜率放坡至墩底(承台顶)。6、10号壁墩采用C50混凝土,其他墩身均采用C40混凝土(图2)。

(4)箱梁合龙,即体系转换,是控制全桥受力状态和线形的关键工序。因此合龙顺序和工艺都必须严格控制。全桥分两个合龙阶段,第一阶段合龙边跨,第二阶段合龙中跨;合龙中跨按同时合龙第1、第4主跨,然后同时合龙第2、第3主跨步骤进行。

合龙第1、第4主跨时,第1跨顶推力计算值为325kN,6号、7号主墩位移分别为－1.2cm、2.2cm;第4跨顶推力为425kN,9号、10号主墩顶桥面处位移分别为－2.2cm、1.4cm。

合龙第2、第3主跨时,第2跨顶推力计算值为3 750kN,第3跨顶推力为3 950kN,7号、8号、9号主墩顶桥面处位移分别为－9.7cm、－1.4cm、6.1cm。

(5)跨中预拱度值的设置。收缩徐变对挠度的影响很大,目前还无法准确计算,因此适当加大设置跨中预拱度值,确保成桥使用阶段主桥线形。本桥是在按《公桥规—85》计算预拱度的基础上,再根据以前大跨刚构桥在正常使用情况下产生的下挠值的统计,选取了一个经验值15cm作为额外的跨中预拱度抬高值,按2次抛物线分配给主梁高程。

(6)箱梁温度应力的考虑。本桥设计时新桥规尚未施行,考虑到箱梁局部温差对箱梁应力影响很大,未采用《公桥规—85》中T梁的温度梯度5°计算模式,而是采用BS5 400规范进行计算,温度梯度取值比较接近《公桥规—2004》。

(7)横、竖向预应力筋的张拉顺序。横、竖向预应力筋的张拉均采用滞后一个节段张拉,使横、竖向预应力的永存预压力分布较为均匀。

三、几 点 体 会

(1)由于混凝土收缩的存在,联长较长的连续刚构边主墩存在变形较大、内力较大的情况,在混凝土的收缩徐变等品质未得到根本性改善前,结构尺寸及截面形式的变化组合只能解决一定限度内的问题,不能从根本上解决变形的问题,因此连续刚构联长不宜做得太长。

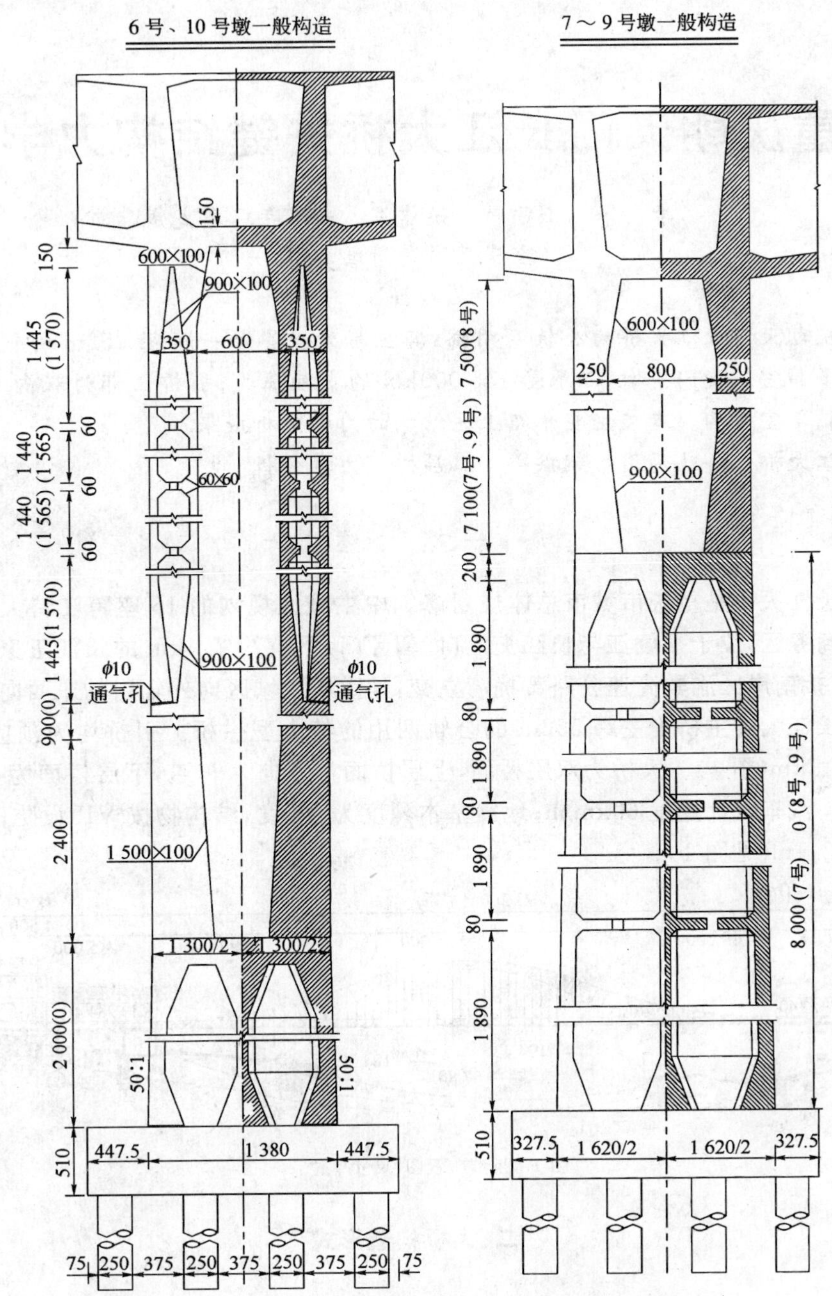

图 2 桥墩构造(尺寸单位:cm)

(2)收缩徐变的产生使成桥时与后期正常营运阶段存在较大差值的墩顶位移,为了达到较好的使用效果,刚构可以采用主墩截面特殊设计及合龙时顶推来解决边主墩在后期向跨中方向偏移的问题。但是顶推也不能完全解决墩顶向跨中偏移的问题,因为要完全消除收缩、徐变产生的偏移,将使刚构在施工阶段及未完成收缩徐变前的正常营运阶段的主墩向河岸方向偏移一个较大的值,它将导致主墩浪费更多的材料甚至使主墩不安全(计算根本不能通过)。

(3)对于主墩之间高差较大的多跨连续刚构,抗推刚度差别大时,采用顶推时的各跨顶推力、各墩的位移差别也较大,将导致后期正常营运阶段主墩的位移差别较大、主梁的应力差别也较大,因此高度差别较大的主墩之间,抗推刚度应尽量接近。

参考文献

[1] 王勇、蒋劲松.连续刚构设计构思的探讨.西南公路,2003年第1期.

29. 重庆朝天门长江大桥关键结构力学分析

李　军　王福敏　姚建军　尚军年　奉龙成
（重庆交通科研设计院）

摘　要　重庆朝天门长江大桥为公轨两用桥，其主跨为世界第一跨径552m的钢桁架拱；主桥墩为世界首次采用的多箱室凯旋门桥墩，以承受145 000kN的支座压力；引桥上部为双向6车道双层预应力混凝土分离式双箱单室结构。本文主要介绍上述结构的力学分析成果。

关键词　长江大桥　公轨两用　钢拱桥　双层桥　力学分析

一、概　　述

重庆朝天门长江大桥是重庆市城市总体规划修编中主城区规划的16座跨江特大桥梁之一，地处重庆市主城区中央商务区，位于嘉陵江与长江交汇口（朝天门）下游约2.4km的长江王家沱河段，西接江北区五里店立交，东接南岸区渝黔高速公路黄桷湾立交，是重庆主城区向外辐射的东西向快速干道。

重庆朝天门长江大桥主桥为主跨552m的公轨两用的特大型拱桥。引桥均为预应力混凝土连续梁桥，大桥全长1.741km（图1）。大桥为双层桥面，上层桥面为双向六车道，下层桥面为2个预留车道和2条双向轨道交通。汽车设计速度60km/h；地震基本烈度为VI度，结构物按VII设防；通航净高18m，通航净宽不小于242.1m（见图1）。

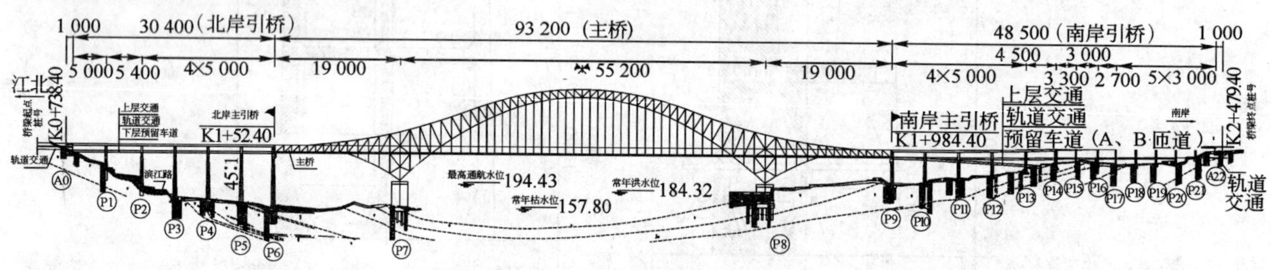

图1　桥型布置图（尺寸单位：cm）

二、大桥构造形式

1. 主桥

朝天门长江大桥主桥采用190m＋552m＋190m飞燕式三跨连续钢桁系杆拱桥，主桥全宽36.5m，桁宽29m，两侧边跨为变高度桁梁，中跨为钢桁系杆拱。拱顶至中间支点高度为142m，拱肋下弦线形采用二次抛物线，其矢高为128m，矢跨比1/4.312 5；拱肋上弦部分线形也采用二次抛物线，并与边跨上弦之间采用R=700m的圆曲线进行过渡。中跨布置有上下两层系杆，其中心间距为11.83m，下系杆与加劲腿处中弦及边跨下弦贯通。上层系杆采用"H"形断面，下层系杆采用"王"形断面＋辅助系索，钢结构系杆端部与拱肋下弦节点相连接，下层辅助系索锚固于节点端部。

主桥支承体系布置：纵向支承体系布置为江北侧中支点（P7墩）设置固定铰支座，其余各墩均设置活动铰支座。横向支承体系布置为中支点均设置固定支座，边支点设置横向活动支座，边支点下横梁中心设置两个横向限位支座。

2. 引桥

北引桥上层交通位于江北岸A0～P6桥墩之间。50m＋54m＋4×50m的双箱单室连续预应力混凝土箱梁桥，梁高 2.8m，桥面顶板宽 31m。北引桥下层预留车道位于江北岸 A0～P6 桥墩之间下层交通的两侧。它分为上下游两幅，两幅均为 50m＋54m＋4×50m 的单箱单室连续预应力混凝土箱梁桥，梁高 2.8m，箱梁顶板宽 7.5m。北引桥下层轨道交通位于江北岸 A0～P6 桥墩之间下层中间。它为 50m＋54m＋4×50m 的单箱单室连续预应力混凝土箱梁桥，梁高 2.8m。P1～P6 墩均为两立柱的框架式钢筋混凝土桥墩，见图 2。

南引桥上层交通位于弹子石岸 P9～A22 桥台之间，其结构形式与北引桥类似。

三、关键结构力学分析

1. 全桥关键结构确定

(1)主桥桁架吊装工艺控制

主桥边跨采用临时墩与部分膺架结合的悬臂法架设。分别在 E3、E6 和 E10 节点设置临时墩(如图 3)，其中 E1～E3 节点设置膺架，利用墩旁塔吊架设 E1～E3 两个节间钢梁及两个节间的平衡梁共长 48m，然后在钢梁上弦拼装架梁吊机，利用架梁吊机架设钢梁至中间墩，悬臂架设时应在锚跨适当压重，保证抗倾覆安全系数大于 1.3。

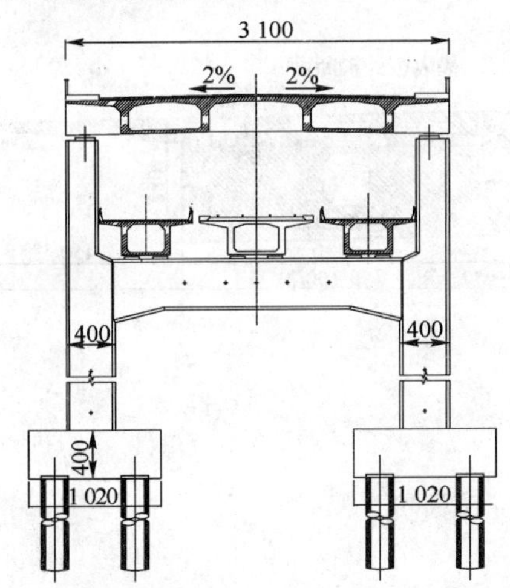

图2 北、南引桥横断面构成示意图(尺寸单位：cm)

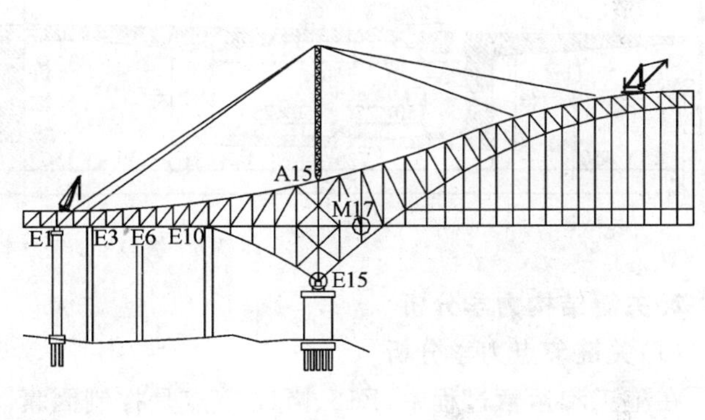

图 3 节点位置示意图

中跨采用两侧对称的全悬臂架梁吊机辅以吊索塔架的施工方法。中跨安装时，架梁吊机安装桁拱到 21 号节间后，在中支点位置上弦杆 A15 节点处开始安装扣塔，设置两对扣索控制主桁结构安装时内力，然后继续施工桁拱，直至中跨合龙。在施工桁拱时，桁拱悬臂架设过程中还应对边跨端部 48m 范围内进行逐步压重，最大压重为 2 200t/桁。桁拱合龙后，安装临时系杆并初张拉，拆除部分配重，安装中跨桥面梁系至合龙，拆除临时系杆，拆除扣塔。

根据施工过程，选择了四个关键性的施工阶段控制杆件和节点受力：

①杆件拼装到 P7、P8 时，能否顺利搭接到墩顶支座；

②主拱合龙阶段

③刚性系杆合龙阶段

④体外索张拉阶段

(2)承受 145 000kN 压力的主桥墩

P7、P8 墩均为大桥主墩，墩顶均设世界上最大支座 145 000kN 的抗震球型支座。如何保证支座在墩顶受力合理是主桥墩设计关键。因此首次采用多箱室凯旋门桥墩结构以承受 145 000kN 的支座压力。墩顶部设有高 4.0m 的实体段，垫石高 3m，并在垫石设上设置了 4m×4m×50mm 的钢板来分散应力(见图 4)。

(3)分离式双箱结构

朝天门大桥引桥为双层桥面。由于下层桥轨道交通的净空限制，因此北引桥不能采用中间设墩或墩

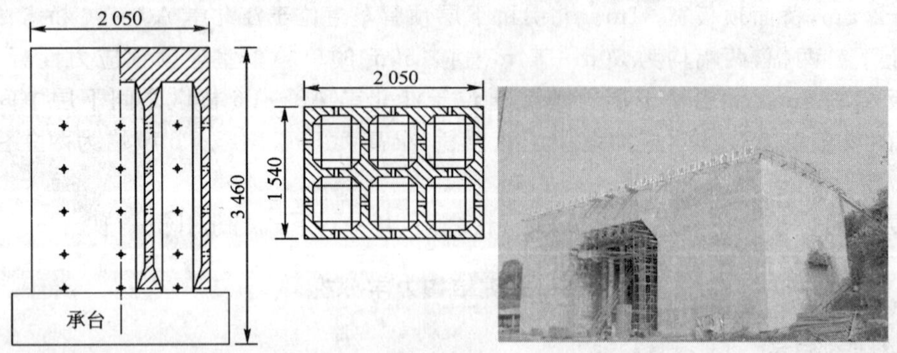

图 4　主墩(尺寸单位:cm)

顶设横梁的形式,只能考虑上层桥面在墩顶处设置内横梁,桥墩为两立柱的框架式钢筋混凝土桥墩,如图 2 所示。由于大桥桥面较宽(最宽处达 36.5m),结构设计采用了分离式双箱单室截面,两箱之间分离距离较大,结构在受力时的整体效应成为设计的控制因素。因此上层引桥主梁两箱梁之间是否设横隔板(图 5)是引桥设计的关键。

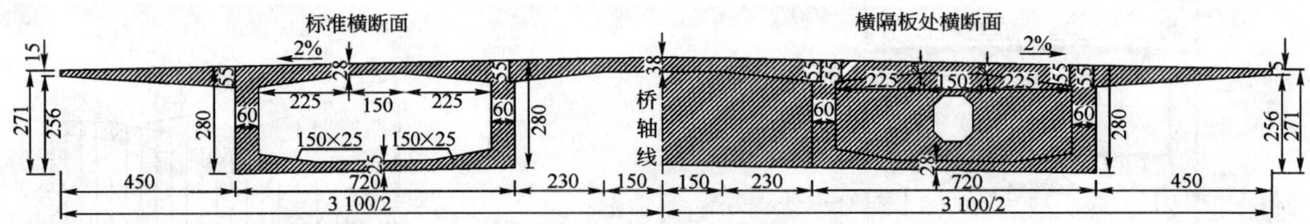

图 5　横隔板设置方案(尺寸单位:cm)

2. 关键结构力学分析

(1)关键节点力学分析

在施工和运营过程中,E15、M17 节点是控制因素,分别进行特殊研究。

①E15 节点

E15 节点(如图 3 所示)为下弦杆 XX14(E14-E15)、竖杆 SG22(C15-E15)和下弦杆 1514(E15-E16)杆件相交部位,该节点下与支座相接,是整个大桥唯一采用的整体节点,节点板最大厚度 80mm,受力复杂,需专门进行研究(见图 6)。

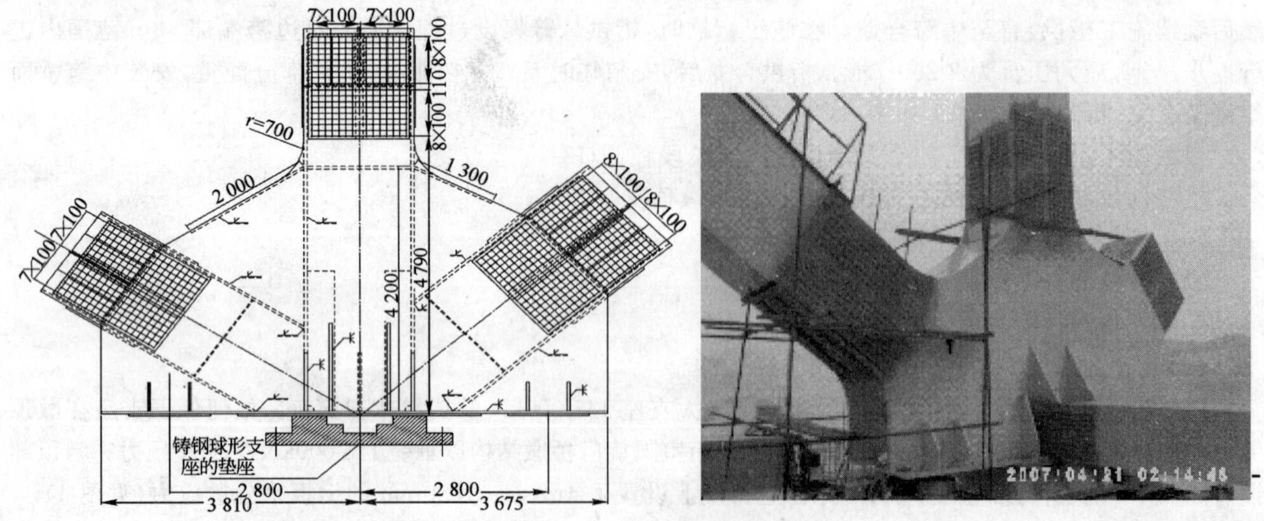

图 6　E15 节点(尺寸单位:mm)

局部分析模型采用板单元模拟连接杆件和连接板等组件，螺栓采用梁单元模拟，垫座采用实体单元模拟。有限元模型中板单元有 50 848 个，梁单元有 13 776 个，实体单元有 6 580 个，共计 71 204 个单元，67 076 个节点。

通过计算表明除节点板中 N1 板、N2 板与座板相交处，因为单元划分原因出现较大 Von Mises 应力外，其余板材的 Von Mises 均远小于钢材的屈服强度，因此认为 E15 节点是安全的(图 7)。

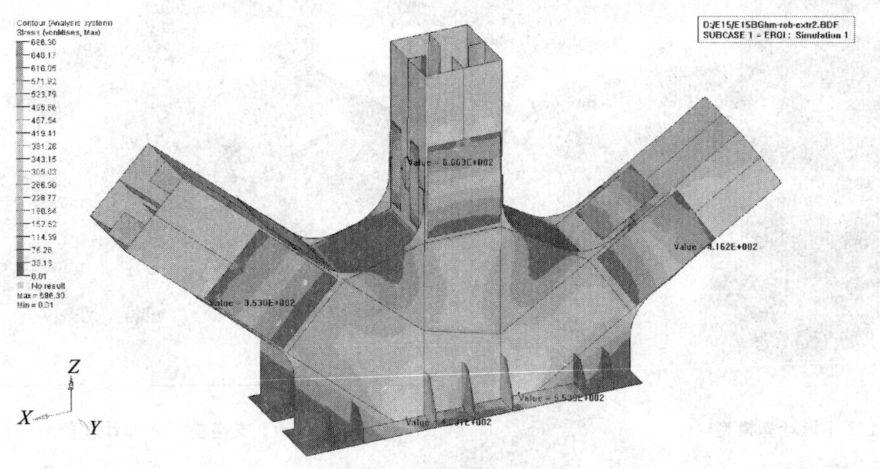

图 7 E15 节点整体最大 Von Mises 应力分布图

②M17 节点

M17 节点(如图 3 所示)为竖杆 SG25b(A17-M17)、竖杆 SG26(M17-E17)、斜杆 XG22(A16-M17)、中弦杆 ZX07(M16-M17)及中弦杆 ZX08(M17-E18)等杆件相交部位，其位置如图 1 所示，该节点通过 N1 节点板、N2～N7 拼接板、N8～N9 填板和 N10～N12 隔板将上述杆件拼接为一整体，是整体计算中应力最大的节点，因此有必要对它进行分析。

局部分析模型采用板单元模拟连接杆件和连接板等组件，螺栓采用梁单元模型。板单元具有 47 642 个，梁单元具有 5 006 个。共计 52 548 个单元，49 378 个节点。

原设计竖杆 SG25b 与 M17 节点连接部位在填板 N8 外仅设计有一层厚度为 24mm 的拼接板 N5，拼接板 N5 和螺栓共同作用将竖杆 XG25b 的内力传至节点板 N1，此处由于拼接板 N5 较薄引起局部应力较大，最大 Von Mises 应力为 441.31MPa，超过 410MPa 的屈服强度(图 8)。

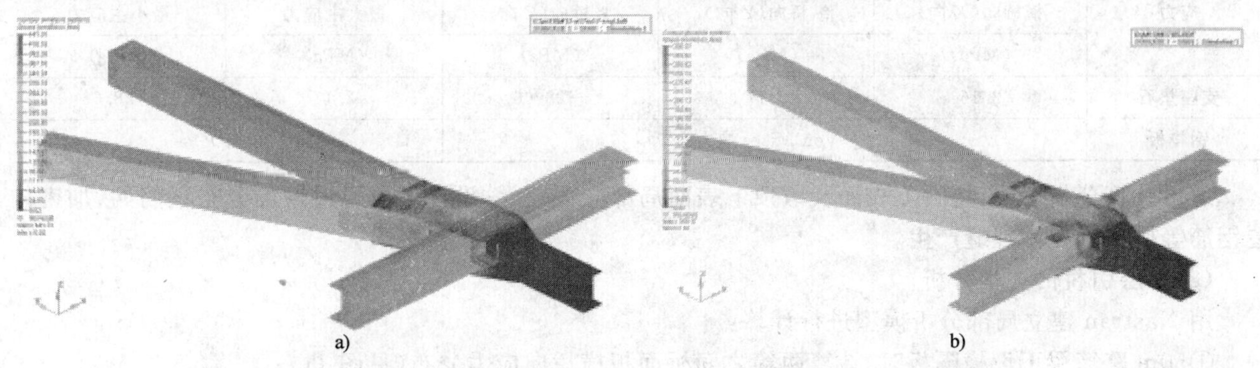

图 8 17 点节应力分布图

a)整体最大 Von Mises 应力分布图(原设计)；b)整体最大 Von Mises 应力分布图(变更后)

通过对竖杆 SG25b 与 M17 节点拼接端做修改，竖杆与节点板连接处在竖杆侧增加三排螺栓，节点板侧增加一排螺栓，并相应调整拼接板 N5 和填板 N8 的规格，拼接板 N5 的厚度由 24mm 改为 32mm。拼接板 N5 应力变为 299.3MPa。

(2)主桥墩的力学分析

以P7号主墩为对象，利用主墩结构的对称性，建立主墩1/2模型计算。几何模型依照设计文件的几何尺寸建立；有限元模型采用10节点四面体单元，共计85 122个单元，132 218个节点(见图9)。

以P7号主墩垫石为对象，建立主墩垫石模型计算。有限元模型采用8节点六面体单元，共计72 479个单元，82 443个节点(见图10)。内力计算见表1、表2。

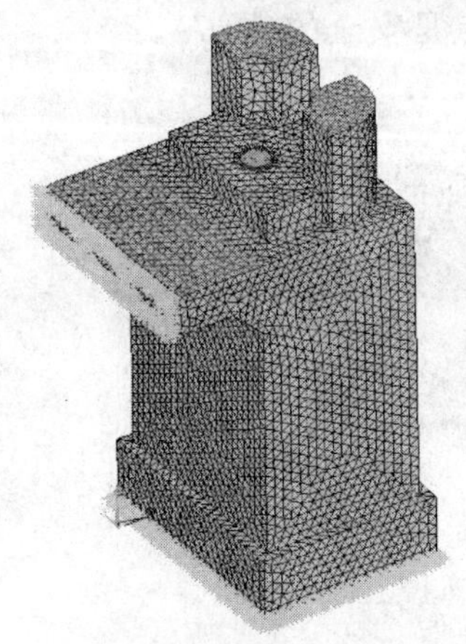

图9 1/2主墩计算模型

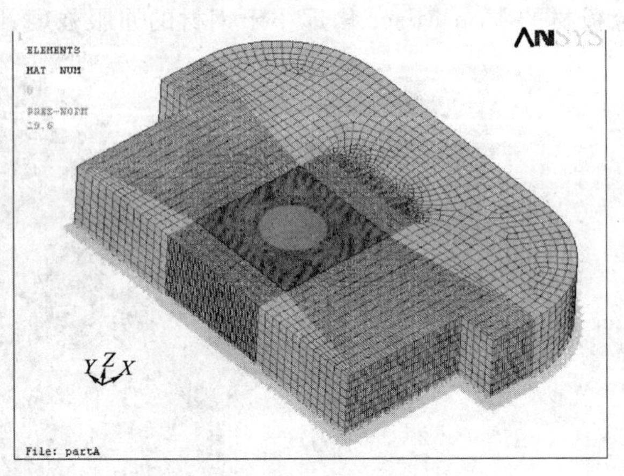

图10 支座垫石局部计算模型

主桥墩计算 表1

荷载		支座竖向力145 000kN＋横梁面荷载＋墩身自重				
应力		单向正应力			主应力	
		横桥向(X向)(MPa)	纵桥向(Y向)(MPa)	竖桥向(Z向)(MPa)	最大主应力(MPa)	最小主应力(MPa)
墩顶实体段	上表面	−2.40	−1.73	−6.29		−6.36
	下表面	2.22	2.27		2.27	
横梁		0.92	0.92		0.92	

支座垫石局部计算(加钢垫板) 表2

荷载	支座竖向力145 000kN				
应力	单向正应力			主应力	
	横桥向(X向)(MPa)	纵桥向(Y向)(MPa)	竖桥向(Z向)(MPa)	最大主应力(MPa)	最小主应力(MPa)
支座垫石	2.16	2.17	−28.66	2.17	−28.66
钢垫板	Von Mises应力			36.69MPa	

通过计算分析表明，垫石上表面及墩顶下表面局部应力较大，设计考虑通过增加分布钢筋网、加密构造钢筋等措施来控制裂缝产生。

(3)上层引桥的力学分析

用Nastran建立局部分析模型进行计算：

①50m跨箱梁不设横隔板时，计算两箱之间桥面板横桥向应力分布(见图11)；

②50m跨箱梁设三道横隔板时，计算两箱之间横隔板横桥向应力分布(见图12)。

通过计算分析表明，两箱间设置了横隔板后，两箱腹板间桥面板拉应力较小，而横隔板自身拉应力较大，最大到14.68MPa。因此必须在横隔板处设置预应力束。而横隔板处张拉预应力相应施工较不便。而不设横隔板，两箱腹板间桥面板拉应力较大，最高达5.5MPa，但是通过设置顶板横向预应力索可降低顶板拉应力。通过分析采用上层引桥不设横隔板，通过每60cm布置一根5ϕ^{s}15.2顶板横向预应力索满足受力要求。

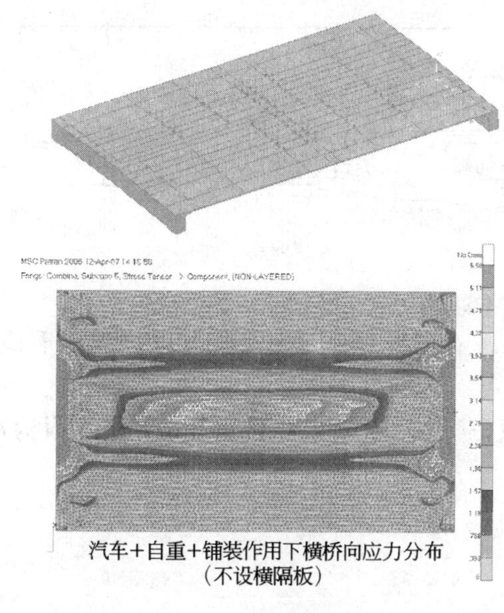

图 11　不设横隔板（正面）

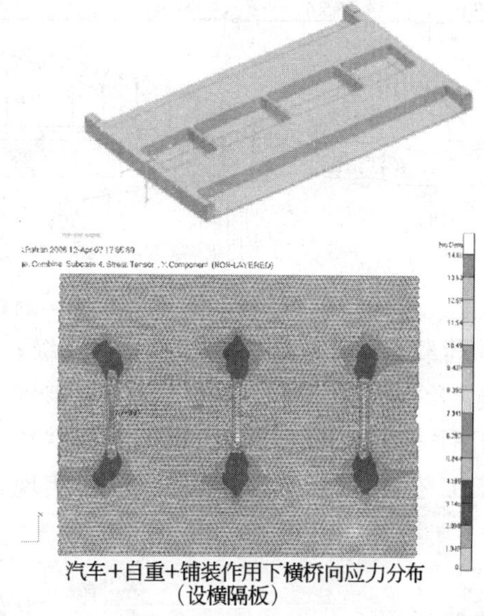

图 12　设置横隔板（背面）

四、结　语

重庆朝天门长江大桥不仅主跨跨径还是结构形式在全世界都处于创造性地位。因此技术创新结构，要研究和分析的内容很多。本文仅对其中三个控制大桥安全的关键结构的力学分析成果介绍给大家，希望得到同行的帮助和支持。

参考文献

[1] 王福敏等.重庆朝天门长江大桥桥位与桥型论证.2004 年全国桥梁学术会议论文集.

[2] 王福敏等.重庆朝天门长江大桥主桥结构体系研究.公路交通技术，2005 年 07 月.

[3] Wangfumin 等. The Design of Chongqing Chao Tian Men Yangtse River Bridge. 2006 第四届中美桥梁工程学术研讨会论文集.

[4] 王福敏.中国大跨径桥梁建设成就现状与大跨径钢拱桥创新设计实例.2007 第 22 次中日公路技术交流会议论文集.

30. 佛山市东平大桥拱梁协作体系关键技术

范碧琨　牟廷敏　梁　健　谢邦珠
（四川省交通厅公路规划勘察设计研究院）

摘　要　本文介绍了广东省佛山市东平大桥结构设计、施工方案及试验研究要点，论述了本桥设计过程中采用和开发研究的设计、施工及材料新技术，简要说明了试验研究部分成果。

关键词　协作体系　钢—混凝土组合结构　平转　竖转

一、工 程 概 况

东平大桥位于广东省佛山市禅城区南部，跨越东平水道，是佛山市中央组团新城区的重要桥梁，兼顾城市通行功能和城市景观的协调。桥型采用了造型别致、线形优美的组合体系，主孔跨径 300m、边跨跨径为 95.5m 的钢拱—连续梁协作体系桥，如图 1 所示。

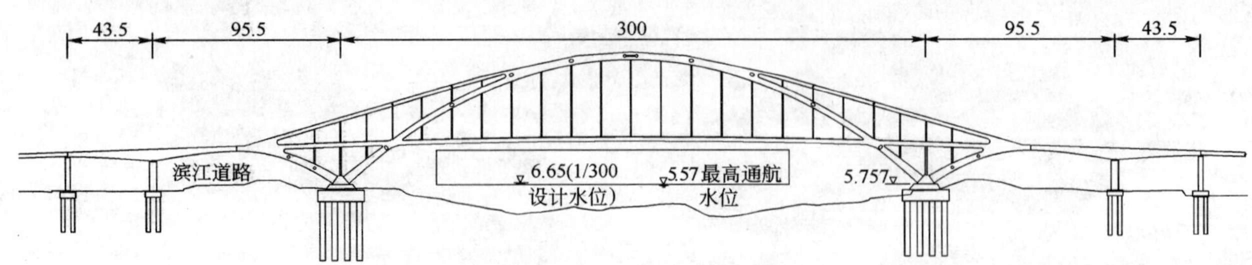

图1 桥跨总体布置图(尺寸单位:m)

设计荷载:汽车—超20级,挂—120级;局部构件用城—A荷载标准验算;人群荷载按规范取值;桥梁全桥宽48.6m(净2×15m车行道,净2×6m人行道)。

对于钢—混凝土组合结构用于大跨拱桥出现的技术难题,通过技术创新和试验研究,在结构构造设计和施工工艺等方面,取得了新的进展,实现了设计构想。

二、结构设计

1. 主跨拱圈

主孔跨径300m(计算跨径292.9m),主拱圈采用计算矢跨比为1/4.55、拱轴系数为1.1的悬链线。全桥拱肋均采用箱形截面,箱宽1.2m,桥面以上拱肋截面高3.0m,桥面以下拱肋截面高3.0～4.5m;拱顶段主、副拱肋合并,截面高7.2～4.0m;副拱肋线形为直线—圆曲线的组合线形,拱肋截面高2.0m,如图2所示。

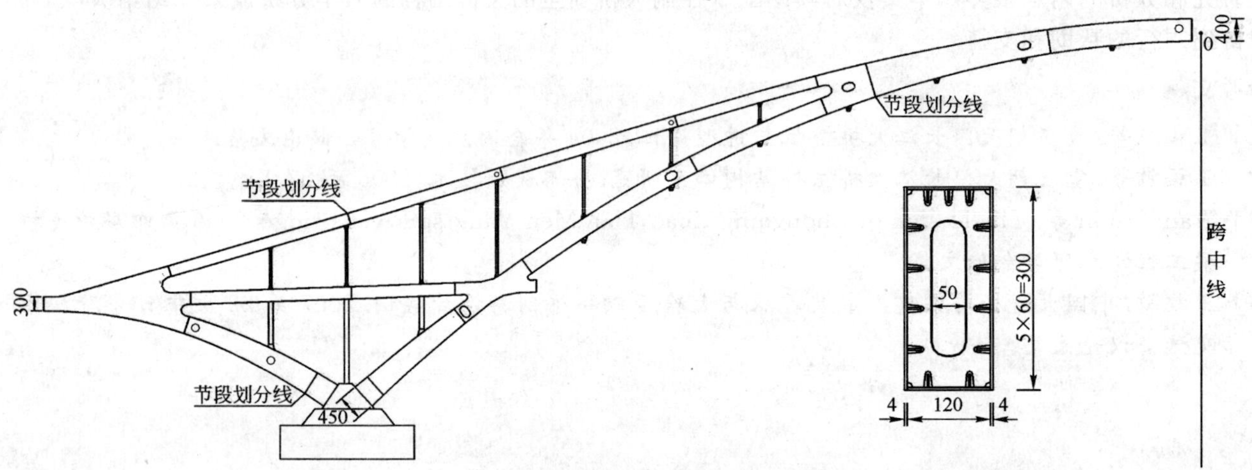

图2 拱肋一般构造图(尺寸单位:cm)

主拱肋每隔两个吊杆(或立柱)间距,设一道ϕ1 420mm×2 240mm×20mm的异形管式横撑,拱顶处为了减少空中安装,对称跨中线分设两根ϕ1 420mm×20mm的管式横撑和ϕ600mm×12mm的管式平联,如图3所示。

2. 边跨拱圈

两岸边跨半拱为净跨径49.1m、净矢跨比1/6的抛物线。拱肋截面高由3.0m向4.5m渐变,其端头与系杆箱、副拱肋合并,如图4所示。

边跨拱肋箱宽为1.2m,箱内灌注C40混凝土,钢箱与混凝土间采用纵向加劲肋上开孔成为PBL抗剪器的锚固连接。拱上采用1.2m×0.8m“H”形截面的钢立柱,设ϕ820mm×20mm管式横撑。

3. 桥面梁及桥面板

桥面梁由三道主纵梁(即钢系杆)、两道次纵梁和主、次横梁组成格子桥面梁;格子梁上设置8mm厚钢板,再现浇12cm厚水泥混凝土,形成钢—混凝土组合桥面板。桥面格子梁间的全部构件采用高强螺栓连接,如图5所示。

图 3 现场拱肋安装图

图 4 现场边跨拱肋安装图

图 5 桥面格子梁安装图

4. 钢吊杆及钢系杆

桥面三道纵梁既为桥面主纵梁，又为平衡拱圈水平推力的系杆。其箱形截面尺寸采用 1.2m×2.2m。两岸钢系杆之间，在主跨跨中设置张拉合龙接头，张拉钢系杆合龙接口上的钢绞线，合龙钢系杆，如图 6 所示。

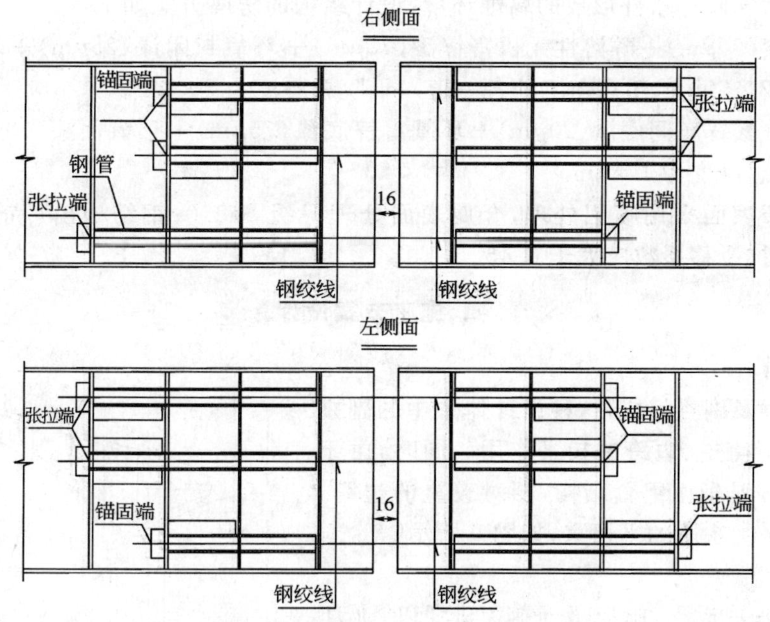

图 6 钢系杆合龙装置构造图(尺寸单位:cm)

吊杆、上立柱、下立柱采用“H”形截面，与主、副拱肋及钢系杆同宽，为1.2m，吊杆与拱肋、钢系杆通过高强螺栓拼接连接。全桥钢吊杆、上立柱腹板均合理设计了孔洞，以提高桥梁抗风性能，如图7所示。

图7　吊杆构造

5. 钢—混凝土过渡接头

两岸边跨预应力混凝土连续梁与主跨拱肋的连接，因两岸连续梁为五肋，主跨拱圈为三肋，其中有两肋无法与拱肋对接，因此，连接段接头设置了2.4m×2.6m加强端横梁，使连续梁纵肋与钢拱肋及两者桥面板均为固结连接，如图8所示。

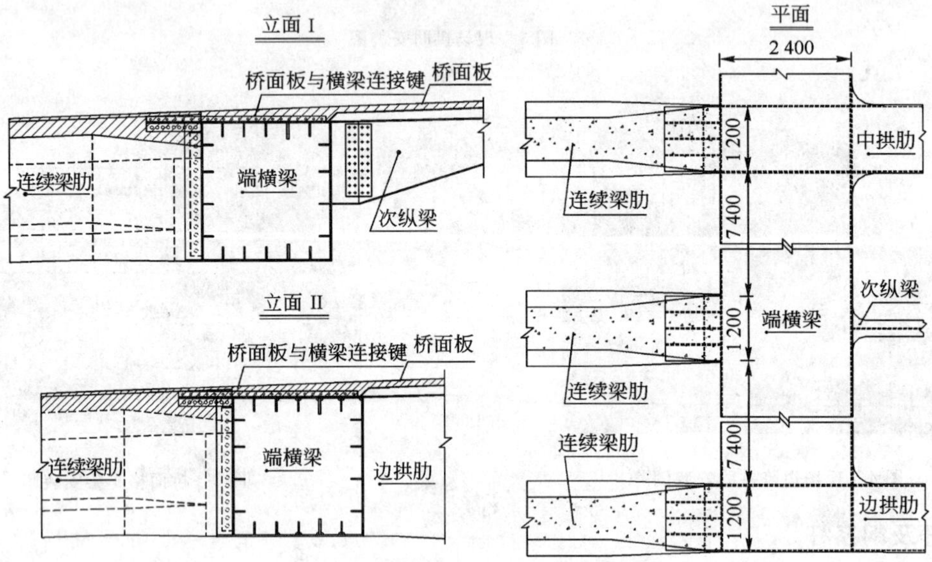

图8　钢—混凝土过渡接头一般构造图(尺寸单位：mm)

三、钢结构防腐设计

根据桥位处自然气候等条件形成的腐蚀环境，设计结构的防腐方案如下：

硅酸锌车间底漆(20μm)＋醇溶性无机富锌漆(75μm)＋环氧封闭漆(25μm)＋环氧云铁(100μm)＋丙烯酸聚氨酯面漆(2×50μm，工厂与工地各一道)，干膜总厚度为300μm。

钢箱内部采用硅酸锌车间底漆(20μm)＋环氧富锌底漆(75μm)＋环氧面漆(100μm)涂装，再封闭钢箱的防腐方案，干膜总厚度为175μm。

高强螺栓连接摩擦面采用喷铝处理，金属表面处理等级Sa3.0；钢结构出厂前抗滑移系数应大于0.55，钢结构架设前抗滑移系数应大于0.45。

四、施工方案设计

1. 平面转体设计

主跨拱圈由主拱及副拱组成，这种设计体系中的副拱便起到半跨转体时平衡主、边跨的扣索作用。同时，由于边跨拱圈设计为钢—混凝土组合结构，相对较重的边跨，在平面转体时成为平衡主跨的平衡重，如图9所示。

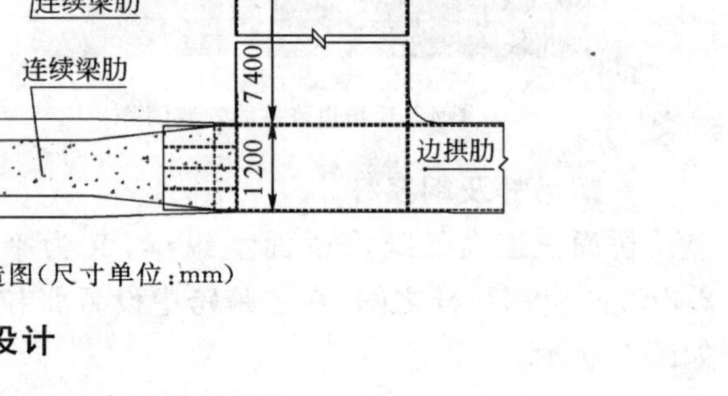

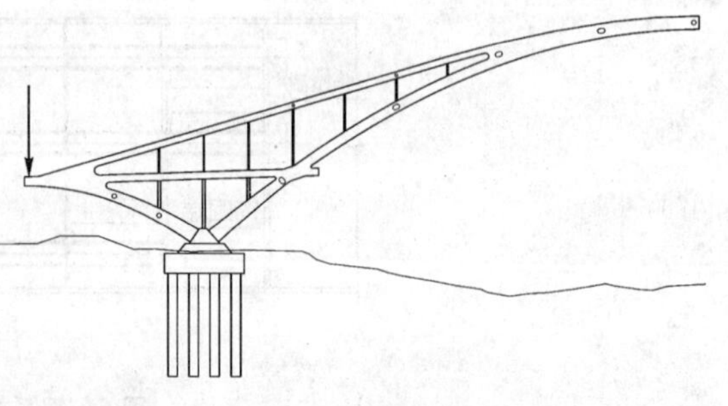

图9　平面转动体系一般构造图

2. 竖转设计

本桥开工后，为进一步配合施工，保证施工进度和降低工程造价，提出了在主跨拱肋拱脚处设置竖转铰、采用提升塔提升就位的竖转施工方案，如图10、图11所示。

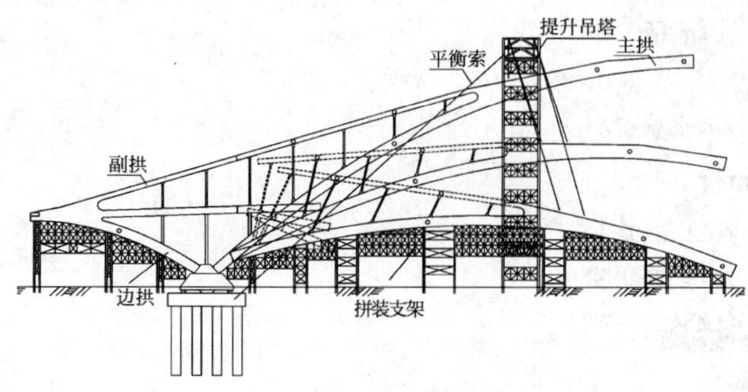

图 10 竖转施工过程示意图

图 11 竖转前拱肋安装图

五、主要经济指标

主桥主要材料用量及主要经济指标如表 1。

主要材料用量及经济指标 表 1

工程量		混凝土用量(m^3)			钢材用量(t)			造价(万元)		
长度(m)	面积(m^2)	全桥	延米	平方米	全桥	延米	平方米	主桥	延米	平方米
578	28 090.8	52 218	90.3	1.86	19 691	34.1	0.701	29 236	50.6	1.041

注:①本桥全长为 1 472m,引桥为预应力混凝土连续梁桥;
②钢材用量含钢筋、型钢等全部用钢量;
③本表为主桥经济指标,未包含引桥工程经济指标。

根据以上经济技术指标表明:在特大跨桥梁结构中,钢—混凝土组合结构拱桥具有较好的经济优势。

六、本桥关键技术

为了可靠实现以上结构体系,设计过程中采用了以下创新技术:

(1)钢拱—连续梁协作体系的钢—混凝土组合过渡段的构造设计;

(2)主跨拱圈受力构件由主拱、副拱协同承担,既丰富了桥梁造型,又提高了材料使用率,降低了工程造价;

(3)经过国内外技术调查研究,拱肋间横撑采用管式构件,简化了构造,提高了行车舒适性;

(4)从结构耐久性出发,并经过多次专家会论证,主跨拱圈的吊杆及系杆采用钢结构;

(5)由于本桥桥长较短,且桥位处温差变化很大,经多方案比较,桥面采用钢—混凝土组合桥面板,再铺装 50mm 沥青混凝土面层;

(6)为平衡转体重量及降低拱脚应力水平,主跨拱脚段及边跨拱肋采用钢—混凝土组合结构偏心受压构件;

(7)为与主桥拱肋形式配合,连续梁段采用了肋式连续梁构造形式;

(8)主拱圈由岸边低支架上卧拼成拱,待竖转就位,再平转合龙的主跨拱圈施工方案,其主要技术创新点为:

①采用竖转、平转的综合转体施工方法建成,将大量的高空作业改为地面或低空作业,减小施工难度,极大降低施工风险;

②转盘采用大环道支承转动体系,大大增加了转体稳定性;

③转体动力采用液压同步提升技术,为精确同步均匀张拉各扣索,完成竖转提供技术保证;

(9)根据桥梁具体特点,提出了钢结构加工制造技术要求,主要对焊缝强度、焊缝检验质量、焊缝修磨技术及钢构件工地安装精度等项的技术要求。

七、科 研 试 验

为确保以上设计技术的可靠性,针对设计桥梁具体特点,开展了《大跨组合体系拱桥设计、施工关键技术试验研究》的研究课题,其主要内容如下:

子课题一：大跨组合体系拱桥结构体系创新设计研究

1. 钢拱—连续梁协作体系设计研究

①钢拱—连续梁协作体系构造研究设计；

②钢拱—连续梁协作体系平面计算成果对比分析；

③钢拱—连续梁协作体系稳定、动力特性及抗风性能分析。

2. 主跨拱由主拱肋和副拱肋联合组成，共同受力性能研究

①主跨拱肋构造设计，主要为两叉、三叉分叉连接构造设计；

②主、副拱肋内力计算、分配和共同工作性能。

3. 钢系杆、钢吊杆、管式横撑设计技术研究

①钢系杆、钢吊杆、管式横撑连接构造设计及截面设计；

②钢系杆、钢吊杆、管式横撑连接构造疲劳计算及处理措施。

子课题二：钢—混凝土组合结构试验研究

1. 钢—混凝土组合桥面板的试验研究

主要对组合桥面板钢—混凝土连接键的调查研究和钢—混凝土组合桥面板在静力荷载、动力疲劳荷载作用下的结构行为试验研究。根据桥面板受力特点，分别进行了正弯矩及负弯矩的模型试验研究，如图12、图13所示。

图12 桥面板正弯矩试验模型

图13 桥面板负弯矩试验模型

2. 钢箱混凝土梁的试验研究

主要对钢箱与预应力混凝土的连接构造设计及钢箱—混凝土组合结构在弯曲荷载作用下的结构行为试验研究，如图14所示。

图14 钢箱混凝土梁试验模型

3. 钢—混凝土过渡接头的试验研究

主要对钢箱与混凝土过渡接头构造设计及钢箱—混凝土组合接头在弯曲静、动荷载作用下的结构行为试验研究，如图 15 所示。

图 15 钢—混凝土过渡接头试验模型

子课题三：光纤光栅测试钢—混凝土组合结构共同工作性能技术

钢—混凝土组合桥面板，作为一种复合材料，对钢板和混凝土界面相对滑移的准确检测，一直是一个难题。因为损伤发生部位的随机性，它要求传感器必须具有分布式检测能力。除此之外，传感器还必须同时对钢和混凝土两者的状态敏感。目前，国内外还没有理想的测量方法。为此，在模型试验中采用了 FBG 传感器，圆满完成了钢—混凝土组合桥面板模型试验中的滑移监测，如图 16 所示。

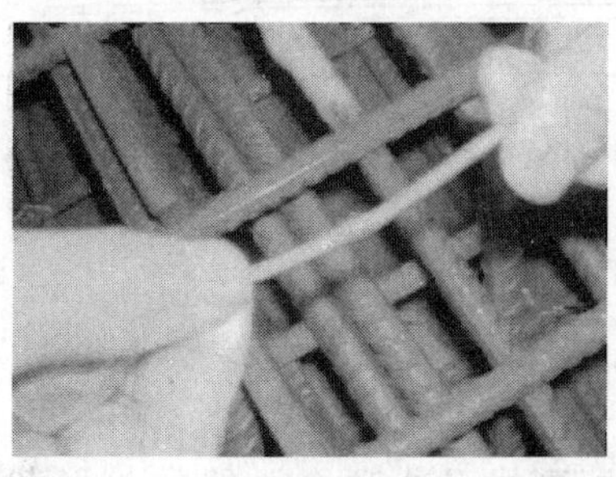

图 16 桥面板光纤布置

子课题四：H 形钢吊杆抗风性能试验

通过试验，验证 H 形吊杆风致振动形态及应力，确定颤振、弛振等临界风速。据此确定吊杆腹板挖孔形式与构造，提出吊杆抗风减振措施。

子课题五：转体工艺试验研究

1. 主跨拱圈竖转工艺设计试验研究

①平转工艺构造设计，含转动体系、上下转盘、牵引动力系统设计；

②平转体系平面、空间计算成果分析。

2. 拱桥整体平转工艺设计试验研究

①竖转工艺构造设计，含转动体系、竖转铰、提升塔、提升系统设计；

②竖转体系平面、空间计算成果分析。

八、结 语

本桥是一个科技含量高的工程，通过以上创新设计及专题技术试验研究，已取得了部分研究成果，并应用于本桥，取得了明显经济技术效果。本桥于2003年开始设计工作，2004年4月正式开工修建，2006年1月主跨拱圈转体合龙，已于2006年9月竣工通车。

31. 佛山市东平大桥钢—混凝土组合桥面板研究设计

范碧琨 牟廷敏 梁 健 谢邦珠
（四川省交通厅公路规划勘察设计研究院）

摘 要 本文介绍了广东省佛山市东平大桥工程概要，论述了钢—混凝土组合桥面板设计、试验研究，总结了这种新型桥面板使用价值及推广应用前景。

关键词 协作体系 钢—混凝土组合桥面板 格子梁 承载能力 试验研究

一、工 程 概 况

东平大桥位于广东省佛山市禅城区南部，跨越东平水道，是佛山市中央组团新城区的重要桥梁。兼顾城市通行功能和城市景观的协调，桥型采用了造型别致、线形优美的钢拱—连续梁协作体系桥，如图1所示。

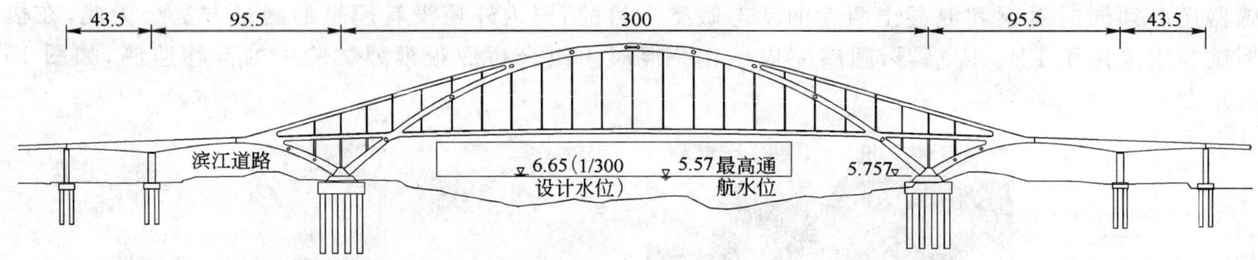

图1 桥跨总体布置图(尺寸单位:m)

本桥设计荷载：汽车—超20级，挂—120级；局部构件用城—A荷载标准验算；人群荷载按规范取值；桥梁全桥宽48.6m(净2×15m车行道，净2×6m人行道)。

全桥长1 322.2m，主跨组合跨径为300m，由主拱、副拱及拱顶合并段的箱形截面组合拱圈组成；两岸边跨为半拱跨径53.2m的抛物线形的箱形截面拱圈，箱内灌注C40混凝土。钢箱与混凝土间采用PBL抗剪器锚固连接；拱上采用H形断面的钢立柱。主、副拱肋及边拱肋每隔两个吊杆(立柱)间距设一道管式横撑，全桥共14道，边拱肋间横撑及边拱肋端横梁内灌筑混凝土。

两岸边跨预应力混凝土连续梁，端部梁高2.5m，根部梁高6.0m，桥面宽48.6m。为了外形与主桥边跨匹配，主梁采用了肋板式截面。

连续梁纵肋与钢拱肋及两者桥面板均为固结连接。

桥面梁由三道主纵梁(即钢系杆)、次纵梁、主横梁、次横梁组成格子桥面梁，格子梁上再架设钢—混凝土组合桥面板。

吊杆、上立柱、下立柱采用H形截面，与主、副拱肋及钢系杆同宽。吊杆与拱肋、钢系杆采用整体节点板拼接连接，上立柱与主、副拱肋有栓接和销接两种形式；下立柱与拱肋和系杆箱采用焊接连接。

东平大桥采用开孔钢板型剪力连接件，桥面板混凝土厚度仅12cm，这种板式在我国目前应用较少，对它的研究尚属空白，设计是否恰当需要进一步的验证和进行必要的完善。承受正弯矩组合桥面板的试验研究不仅可以考察钢—混凝土组合板的工作行为，还可以研究开孔钢板型剪力连接件(PBL)的工作情况，所以进行承受正弯矩组合板的试验研究具有很强的理论意义和实际工程意义。

二、桥面梁及桥面板

桥面梁由三道主纵梁(即钢系杆)、次纵梁、主横梁、次横梁组成格子桥面梁。主纵梁间距为17.2m，主纵梁间中心处，设置了一次纵梁；吊杆或立柱处设置了主横梁；主横梁间设置了四道次横梁，如图2所示。

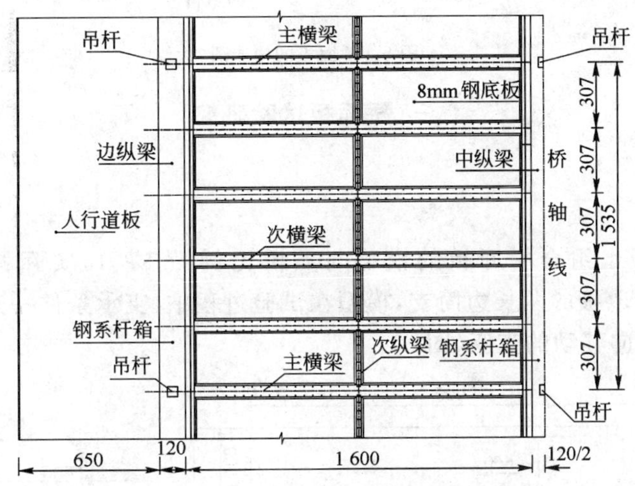

图2 桥面格子梁的构造图(尺寸单位：cm)

钢系杆既为平衡主拱拱脚水平推力的受拉构件，同时也为桥面主纵梁，其断面采用1.2m×2.2m箱形截面，箱内顶底板及腹板均设置了纵向加劲肋，其断面构造如图3所示。

在每根吊杆及立柱处，设置了横向工字形主横梁，梁高为2.2m，腹板厚16mm，上翼缘宽600mm，板厚：16mm；下翼缘宽800mm，板厚：18mm，如图4所示。

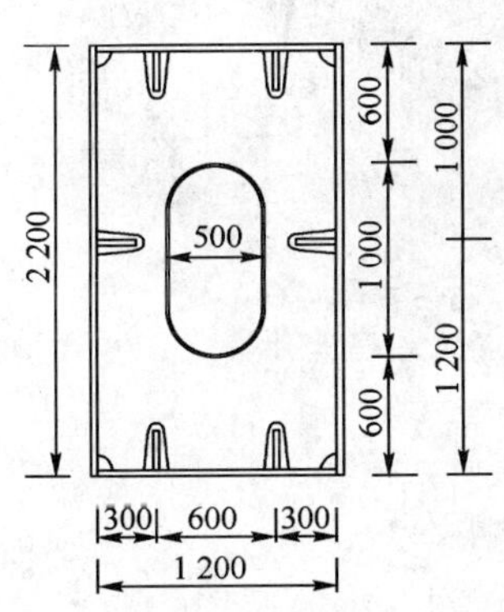

图3 钢系杆横断面构造图(尺寸单位：mm)

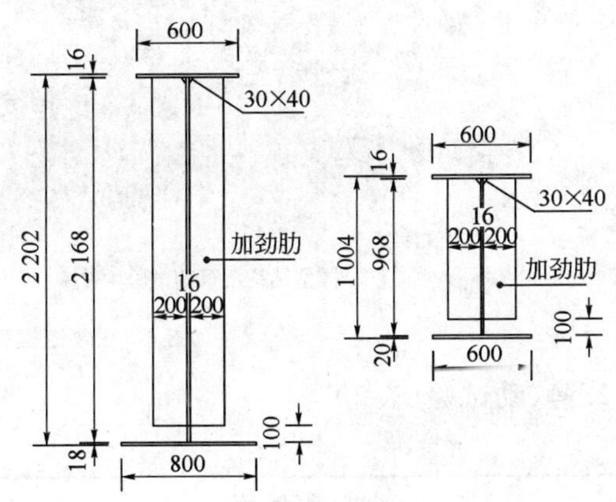

图4 主、次横梁横断面构造图(尺寸单位：mm)

在吊杆和立柱间，设置了横向工字形次横梁，梁高为1.2m，腹板厚16mm，上翼缘宽600mm，板厚：16mm；下翼缘宽600mm，板厚：20mm，如图4所示。

桥面格子梁上铺设钢—混凝土组合桥面板，即在8mm厚钢底板上，沿桥纵向每隔40cm设置一条PBL抗剪器，其高为10cm，开孔间距为10cm，开孔直径为4cm，孔内穿ϕ12钢筋，顶面铺设钢筋网，再现浇C40钢纤维混凝土，最小板厚12cm，梁顶最大板厚为20cm，如图5所示。

钢拱桥桥面铺装采用5cm的改性沥青混凝土；连续梁桥面铺装为5cm改性沥青混凝土+6cmC40防水混凝土调平层。

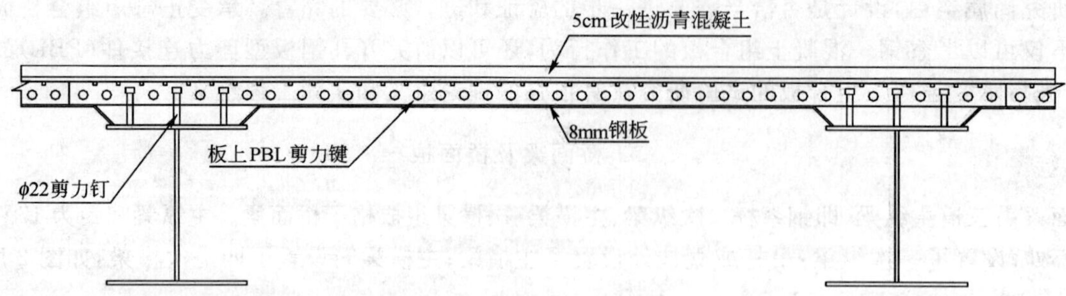

图5　桥面板的构造图

三、桥面板试验研究

(一)正弯矩模型试验

1. 试验条件

承受正弯矩钢—混凝土组合桥面板的模型与实桥比例为1∶1,实际构件的大小为:2 400mm×6 000mm。模型的边界条件取板的两长边简支,模型在试验过程中,支承条件一边采用转动支座,一边采用四氟乙烯板来模拟可以纵向移动的支座(图6)。

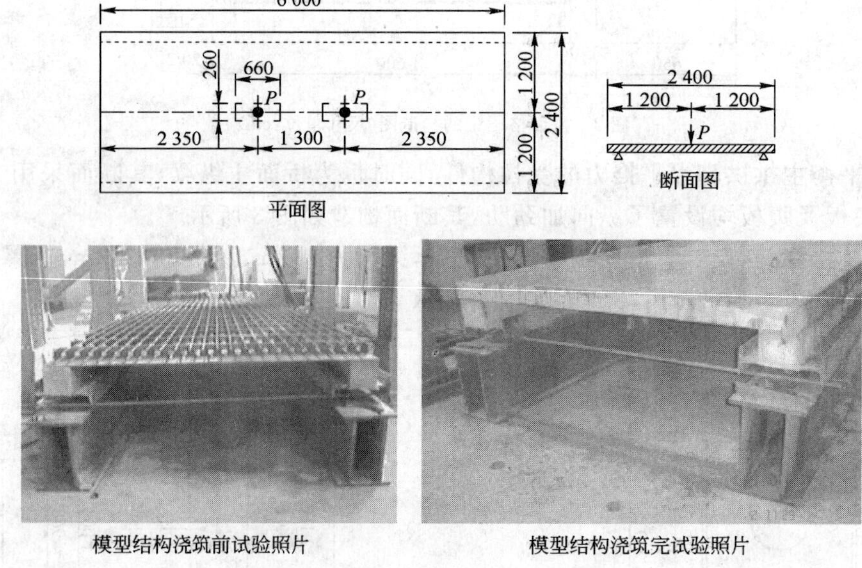

模型结构浇筑前试验照片　　模型结构浇筑完试验照片

图6　正弯矩模型构造图及照片(尺寸单位:mm)

2. 静、动试验(表1)

表1

静载试验		疲劳试验	
工况	加载值(kN)	工况	加载值(kN)
1	0	1	5.48
2	50	2	50.00
3	100	3	100.00
4	150	4	150.00
5	180	5	168.20
6	210	6	0
7	230	附注:每级荷载均应测试中间值	
8	0		

3. 破坏试验(表 2)

表 2

第一循环破坏试验工况			第二循环破坏试验工况		
工况	加载值(kN)	说明	工况	加载值(kN)	说明
1	0	测试初始值	1	0	测试初始值
2	50	测试中间值	2	100	测试中间值
3	100	测试中间值	3	200	测试中间值
4	180	测试中间值	4	400	测试中间值
5	230	相应于静载再超载 10%	5	600	测试中间值
6	300	测试中间值	6	800	测试中间值
7	400	测试中间值	7	1 200	测试中间值
8	500	测试中间值	8	1 600	测试中间值
9	600	测试中间值	9	1 900	测试中间值
10	700	测试中间值	10	2 000	测试中间值
11	800	测试中间值	11	2 100	测试中间值
12	0	归零	12	2 150	测试中间值

4. 试验结论

通过对钢—混凝土组合桥面板承受正弯矩模型的静载、疲劳和破坏试验以及结果分析，可以总结以下成果：

(1)在超载 10%的静力设计荷载作用下，模型最大挠度为 1.30mm，为模型计算跨度的 1/1 692；最大挠度点的荷载—变形曲线基本成线性变化趋势，与理论计算结果基本一致；且混凝土和钢板的应变基本呈线性变化，且与计算值符合较好。

(2)在疲劳荷载作用下，钢板底面和混凝土顶面的应变几乎没有增长，钢板的最大拉应力为 24.39MPa、混凝土的最大压应力为 4.06MPa；结构的最大挠度从静力时的 0.67mm 增长到 0.80mm，总增长幅度达到 19%，但从 1 万次到 200 万次时增长幅度较小(仅 2.6%)，说明板的整体工作性能良好，刚度降低小。

(3)在破坏加载阶段，构件的荷载—挠度曲线基本上呈曲线变化，当荷载达到 1 950kN 时，最大挠度为 21mm；钢板在 1 400kN 时开始屈服，PBL 剪力连接件在 1 500kN 时达到屈服强度，模型的破坏荷载为 2 200kN 图 7。

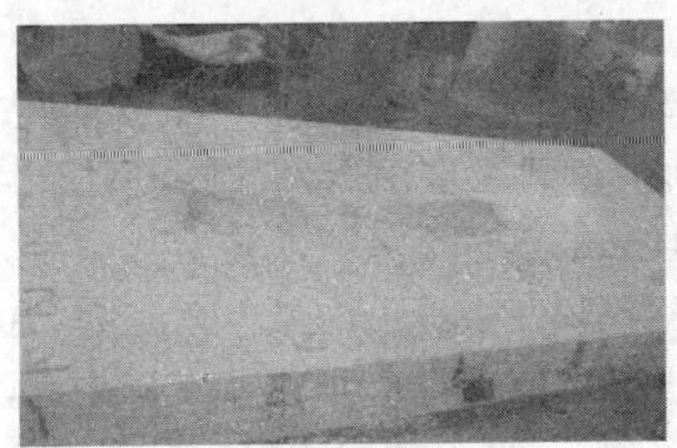
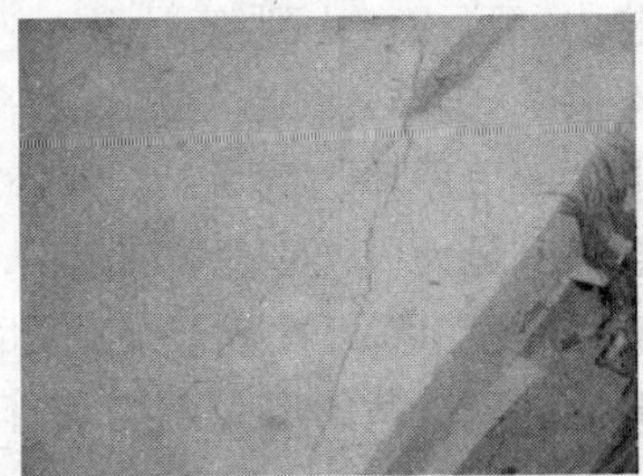

图 7 钢—混凝土组合板破坏情况

试验表明原设计具有良好的静力、疲劳工作性能，极限承载力高。

(二)负弯矩模型试验

1. 试验条件

由于模型比例为 1∶1，通过分析，取模型 A 试验构件的尺寸为：2 400mm×5 000mm。

模型 A 的边界条件取梁两端简支，在模型中梁两端各设置一根与中梁横截面完全一致的端梁，中梁长 5 000mm，端梁长 1 100mm，中梁和端梁的连接方式和实桥一致，用高强螺栓和拼接板将中梁和端梁拼接在一起，端梁端部 500mm 部分用一 1 700mm×1 800mm×900mm 的混凝土墙包裹，使中梁形成简支结构(图 8)。详细结构尺寸见模型 A 施工图。

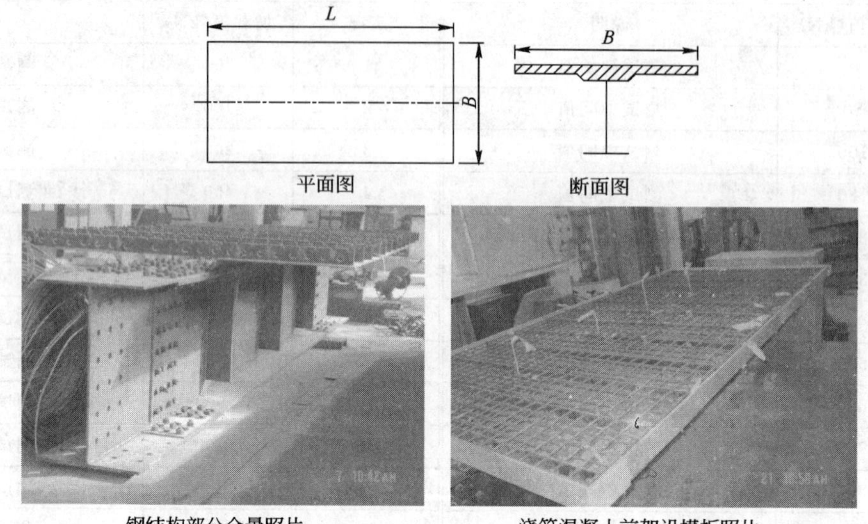

图 8　负弯矩模型构造图及照片

2. 荷载试验值

模型的试验设计荷载列于表 3。

模型的试验设计荷载　　表 3

实际结构施加荷载	单点试验设计荷载(kN)		加载点间距(mm)	千斤顶加载值(kN)
550kN 静载＋铺装层自重	静载	41.83	1 940	83.66
200kN 疲劳车＋铺装层自重	疲劳上限 P_{p-max}	31.76		63.52
300kN 疲劳车＋铺装层自重		39.14		78.28
550kN 疲劳车＋铺装层自重		41.83		83.66
铺装层自重	疲劳下限 P_{p-min}	1.67		3.33

3. 试验结论

(1)应力—荷载曲线呈线性关系，结构在设计荷载作用下处于弹性工作。混凝土顶板的开裂荷载约为 79.37kN，仅在结构内部形成微小裂缝。

(2)在疲劳荷载作用下，钢结构测点的应力—荷载曲线呈线性关系，均远低于其屈服强度，处于弹性工作阶段；在经过 1 万次疲劳循环加载后，在 63.52kN 荷载级作用下，混凝土顶板出现 4 条纵向裂缝裂缝位于悬臂板的变截面处，最大纵向裂缝宽度为 0.04mm；经过 200 万次疲劳加载后，混凝土顶面裂缝纵向最大宽度达 0.05mm；经过 300 万次疲劳加载，混凝土顶面裂缝纵向最大宽度达 0.055mm。

(3)混凝土的裂缝宽度随荷载的增大而扩大，且出现新的裂缝，在 393kN 荷载下，最大纵向裂缝宽度达 0.2mm；在 632kN 荷载下最大纵向裂缝宽度为 0.4mm。极限破坏荷载为 1 750kN，表现出很高的承载力。计算结果与试验值符合较好(图 9)。

试验表明：设计结构具有较好的静力、疲劳工作性能，极限承载力高，满足设计要求。

四、工程经济性比较

通过对这种桥面板的设计、试验研究、分析比较，这种桥面板具有以下特点：

(1)桥面结构重量较轻，与同规模桥梁桥面梁重量比较如表 4。

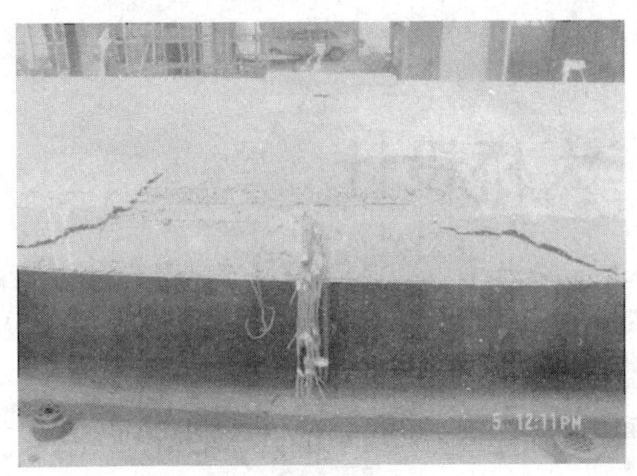

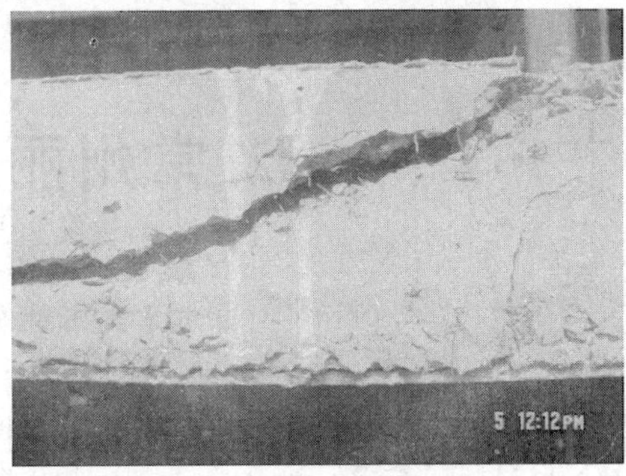

图 9 钢—混凝土组合板破坏情况

表 4

桥面梁类型	混凝土桥面板	叠合桥面板	钢桥面板	钢—混凝土桥面板
用量(kg/m²)	2 196	1 069	436	473

(2)桥面板工程造价相对较低，根据国内同类型桥梁桥面梁比较如表 5。

表 5

类型 / 用量(kg/m²)	混凝土桥面板	叠合桥面板	钢桥面板	钢—混凝土桥面板
型钢用量	0	91.7	435.9	205.7
钢筋用量	176.8	108.4	0	34.9
预应力束用量	39.3	26.8	0	0
混凝土用量	0.796	0.337	0	0.093

注：①桥面板面积计入人行道宽度；
②未计入沥青混凝土铺装用量

经过比较可以看出：这种桥面梁具有重量轻、用钢量少、工程总体费用低特点。

五、结　语

本桥首次将钢—混凝土组合桥面板应用于拱桥上。经过应用研究和比较，这种桥面结构体系具有以下技术特点：

(1)用钢板(厚度为 8mm)作为桥面板底板，再浇筑 12cm 钢筋混凝土，形成一种新型的钢—混凝土组合结构桥面板。

(2)钢底板与混凝土板之间采用了新型的带孔钢板作为组合剪力键，既加劲了钢底板，有利于浇筑混凝土，同时也为组合结构的抗剪器。

(3)在主、次横梁及纵梁顶，采用了带孔钢板和剪力钉混合抗剪器，充分发挥了两种抗剪器的力学性能，既提高了组合结构的抗剪能力，又提高了极限屈服时的滑移量。

(4)这种桥面板将钢—混凝土组合桥面板与格子梁连接，提高了桥梁整体刚度，具有行车舒适、抗风性好的技术特点。

(5)由于这种钢—混凝土组合桥面板参与总体受力，既能提高拱肋的整体稳定性和动力特性，又能降低工程造价。

因此，这种桥面板在大桥和特大桥中，具有推荐使用的技术经济价值。

32. 常州丽华大桥设计

刘成才　李　正　韩大章
（江苏省交通规划设计院有限公司）

摘　要　介绍了京杭运河常州市区段改线工程丽华路大桥(中承式单肋拱桥)的桥型设计、施工方法、结构受力分析。

关键词　丽华大桥　中承式单肋拱桥　稳定性

一、工 程 概 况

丽华大桥是京杭运河常州市区段改线工程中的一座大桥，大桥位于常州武进区夏城路夏乘桥处。常州运河改建河道拓宽为90m，其通航净空要求为70m×7m，最高通航水位3.69m(国家85高程)。桥轴线与新建运河呈98.065°夹角，考虑景观及航运影响，主桥采用斜桥正做一跨跨越运河。

主桥为中承式单肋拱桥，线形为二次抛物线，矢高21m，跨度90m，矢跨比1/4.29；拱肋为钢结构箱形构件，拱肋截面为2m×2m的箱形截面。中跨主梁通过牛腿与边跨连接。在拱脚实腹段主梁处设系杆平衡拱脚水平推力。全桥布跨为：主桥为35＋108＋35＝178m，见图1。

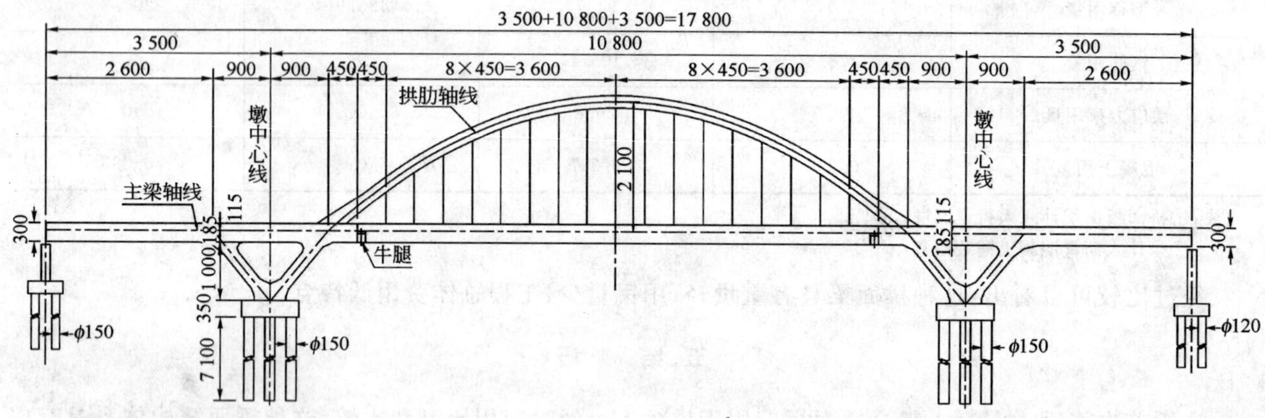

图1　桥型布置(尺寸单位：cm)

主桥横向布置为：1.75(人行道)＋3(非机动车道)＋0.5(护栏)＋11.5(快车道)＋3(分隔带)＋11.5(快车道)＋0.5(护栏)＋3(非机动车道)＋1.75(人行道)＝36.5m，如图2所示。

二、设计技术标准

桥梁主要技术标准如下：

1)道路等级：城市主干道；

2)荷载标准：公路－Ⅰ级，人群荷载3.5kN/m^2；

3)设计行车速度：60km/h；

4)通航净空：70.0m×7.0m；

5)地震烈度：工程区域地震动峰值加速度为0.10g，相当于地震基本烈度VII度；

6)桥面坡度：纵坡不大于3.5％，横坡2％。

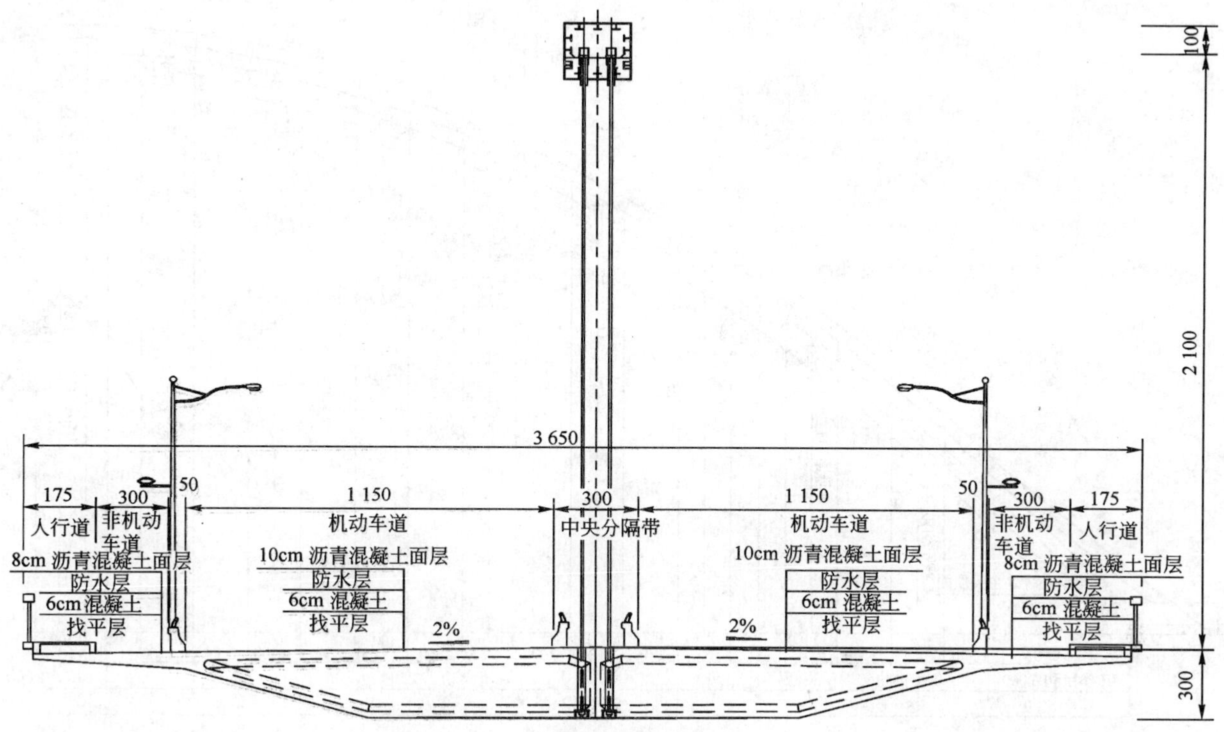

图 2 主桥横向布置(尺寸单位:cm)

三、主桥结构设计

(一)主桥设计

1. 主梁结构

边跨主梁为单箱四室等高截面,顶板宽 36m,设双向 2%横坡,底板宽 16m,梁高 3.0m。V 腿高 9m,截面为 2m×16m 矩形截面。边跨主梁靠中跨侧设牛腿与中跨相连,中跨主梁采用单箱双室截面,主梁外形与边跨一致,主梁每隔 4.5m 设一横梁,横梁宽为 0.3~0.8m。

2. 拱肋

拱肋为钢结构箱形构件,线形为二次抛物线,矢高 21m,跨度 90m,矢跨比 1/4.29(图 3)。拱肋通用截面为 2m×2m 的箱形截面,在拱脚加高为 2m×2.6m。拱肋壁板拱顶厚 24mm、拱底厚 32mm。采用 Q345qd 的钢材。

为了加强拱肋的整体及局部稳定性必须设置加劲肋及横隔板(见图 4)。拱肋的隔板厚为 12mm,水平间距为 2.2~2.3m。拱肋的纵向加劲肋厚 20mm,加劲肋高 172mm、宽 220mm。

拱肋与主梁的连接:拱趾约 8m 长范围填充混凝土以加强截面刚度。同时在拱脚处应预留纵向钢束、横向预应力钢束、竖向预应力束的通过孔。钢箱肋板通过内外表面的剪力钉与混凝土连接,剪力钉间距为 15~20cm,尺寸为 ϕ22×150mm,以保证混凝土与钢拱肋之间的连接(图 5)。

拱脚处的布束及受力较为复杂,必须建立实体模型用有限元进行局部优化分析。

3. 吊杆

吊杆在每个吊点处采用双吊杆形式,横向间距 0.8m,顺桥向间距 4.5m,全桥共 17 对。吊杆采用 OVM91ϕ7 高强平行钢丝成品索(图 6)。

4. 系杆

系杆采用 OVM 可换式钢绞线成品索(27ϕ15.24),穿过中跨箱梁,锚固于两边跨拱趾处主梁箱内混凝土横梁上。

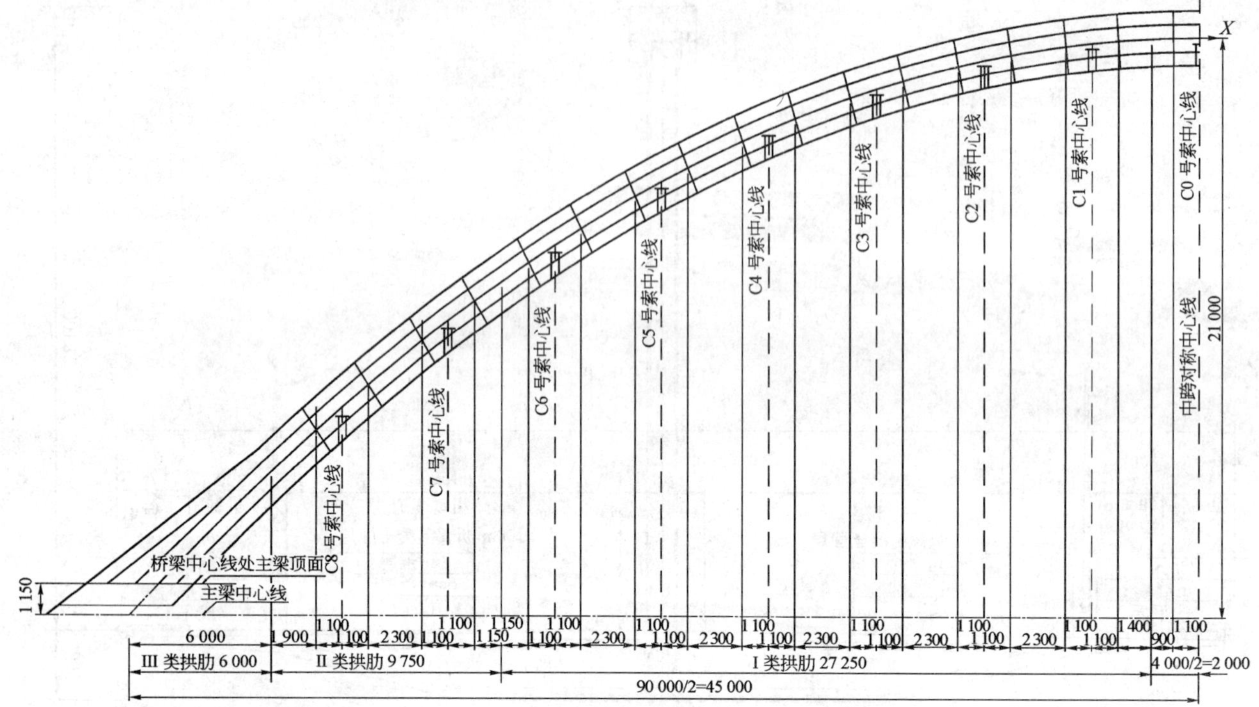

图3　拱肋立面布置图(尺寸单位:cm)

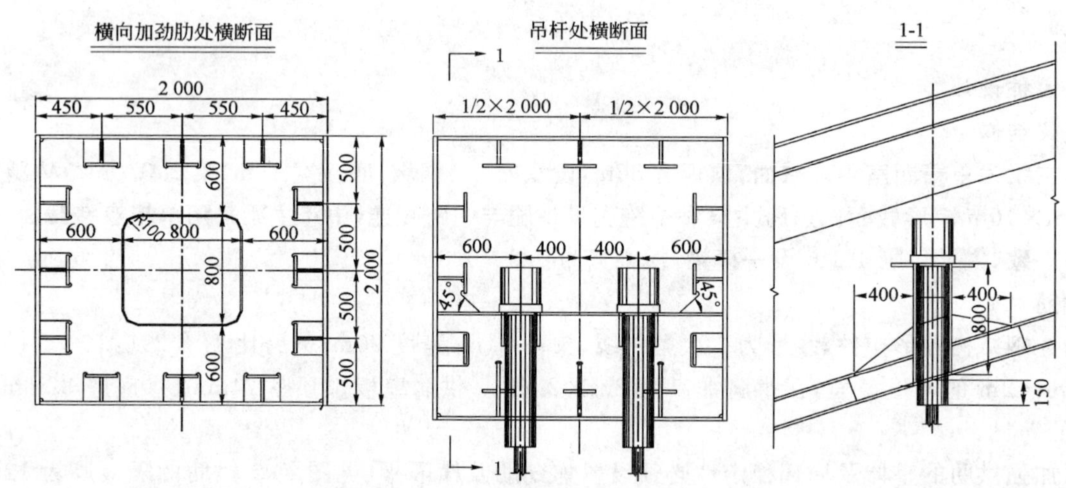

图4　拱肋横断面图(尺寸单位:mm)

5. 下部结构

主墩基础采用20根ϕ1.5m钻孔桩,矩形承台,承台厚3.5m。

过渡墩采用两个分离的桥墩,每个墩基础武进侧为4根ϕ1.5m钻孔桩,常州侧为4根ϕ1.2m钻孔桩。

(二)主要施工步骤

施工主墩基础及主桥过渡墩→落地支架现浇V腿和边跨梁段,并张拉预应力。→落地支架浇筑中跨混凝土梁段,并张拉预应力。→在现浇梁面上搭设支架,拼装拱肋。→拱肋线型调整符合设计后,合拢拱肋,并对系杆进行初张拉。→安装吊杆,利用千斤顶分批分阶段张拉吊杆及系杆。→吊杆张拉到设计值后,拆除支架。→进行桥面施工,调整索力,成桥。

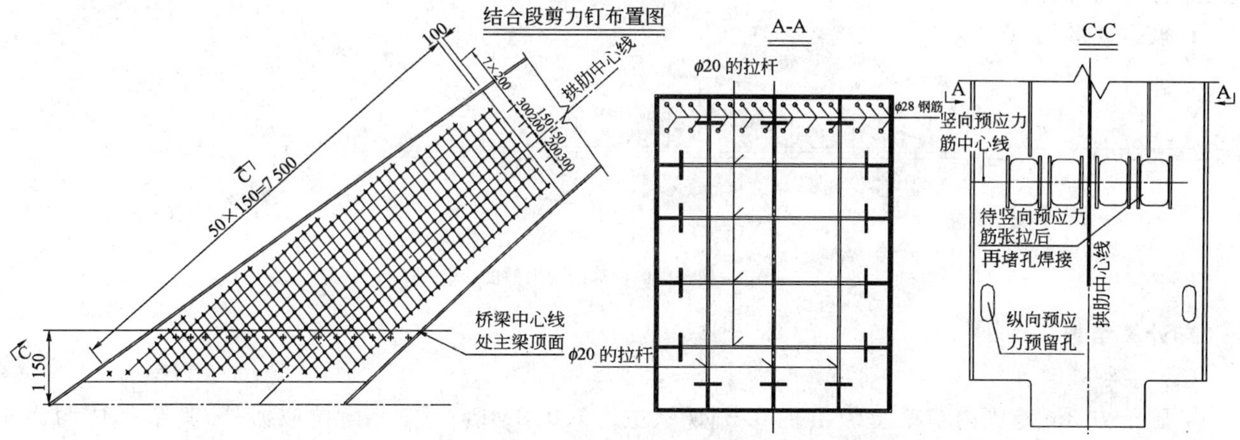

图 5 拱脚钢混组合构造图(尺寸单位:cm)

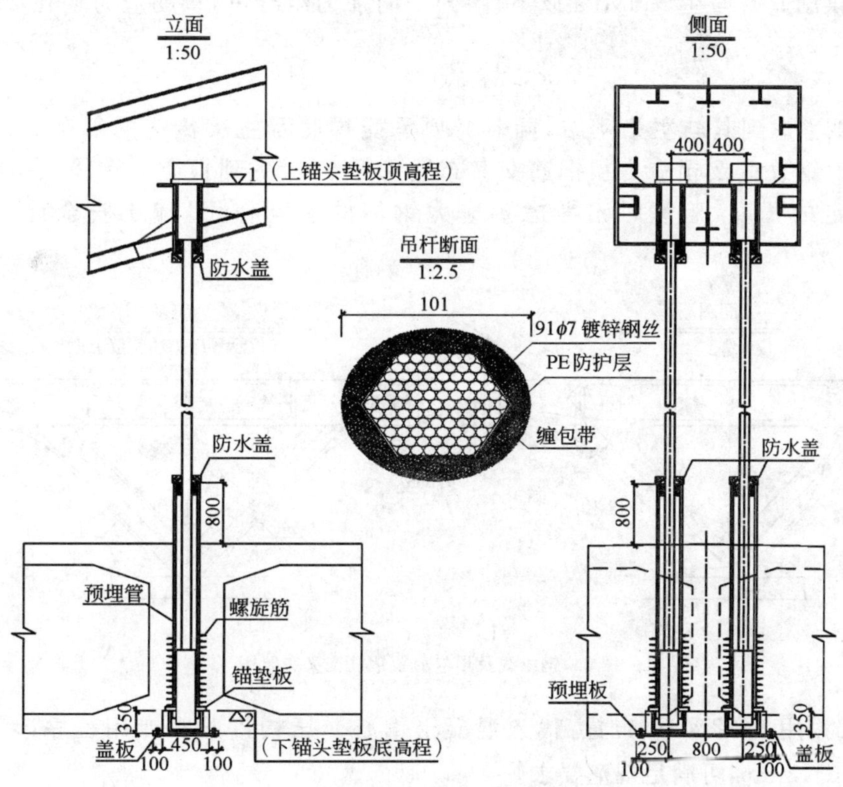

图 6 吊杆布置图(尺寸单位:mm)

四、主桥结构分析

主桥上部结构分析采用桥梁博士程序进行计算。分别包括成桥状态下恒载、活载、预应力、混凝土收缩徐变、温度变化等荷载作用的计算。计算中按有关规范规定对各种荷载进行不同的荷载组合,对结构的强度、刚度和应力做了验算。

主桥上部结构施工阶段计算,按照施工顺序及工艺,对每一施工过程用桥梁博士程序分别对各梁段施工过程中的内力、应力、挠度进行了计算和验算。

下部结构的分析计算,按群桩对下部结构进行分析计算。桩基承载力按摩擦桩进行计算。

(一)纵向计算

1. 模型离散图(图 7)

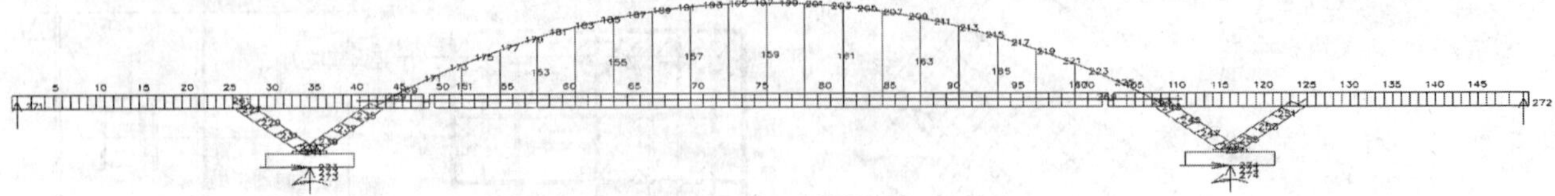

图 7　主桥纵向计算结构离散图

2. 计算结果

(1)主梁

V 腿上方 3m 范围内箱梁上缘出现 0.3MPa(主力)、0.8MPa(主＋附)拉应力外，其余部位均为压应力。

(2)拱肋

主力组合下，拱肋应力均在 190MPa 以下；主力＋附加力组合下，拱肋应力均在 210MPa 以下满足《桥规》。

(3)V 腿

V 腿设计时要考虑到其与主梁刚结，同时又要承受拱肋及主梁传递的复杂的荷载。所以 V 腿采用曲线型预应力钢绞线及预应力粗钢筋交叉布置见图 8，考虑到预应力钢筋从锚固点到整个截面均匀受力需要一定的长度，验算时不考虑预应力钢筋的有利作用，偏于安全计仅考虑普通钢筋作用。

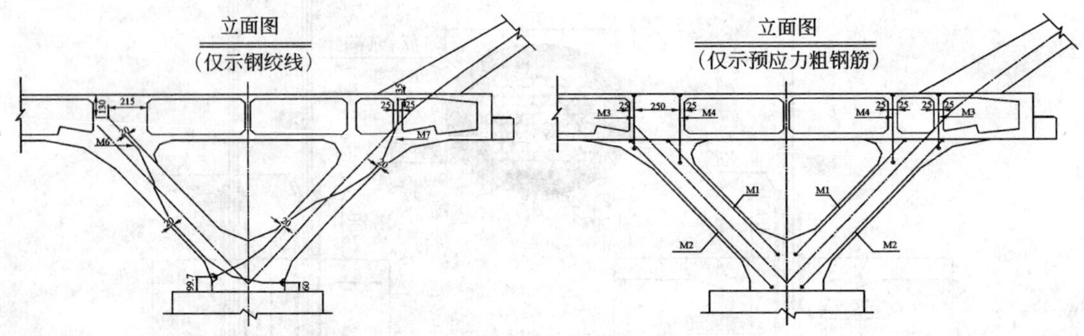

图 8　钢绞线及预应力粗钢筋交叉布置图

V 腿普通钢筋采用 2ϕ28@10 布置，代入混凝土偏心受压构件验算专用程序，$\sigma_h=3.3$MPa，$\sigma_g=-137.7$MPa，$\delta_f=0.12$mm，可满足规范要求。

计入预应力效应，V 腿预应力达 B 类部分预应力混凝土构件。

(4)吊杆

在主力＋附加力作用下，吊杆应力$[\sigma_{max}]=575.9<0.4R_{yb}=668$MPa。疲劳应力幅$\Delta\sigma_{max}=72.1$MPa，满足规范对吊杆安全系数至少 2.5 的要求。

(5)系杆

在主力作用下，$[\sigma_{max}]/R_{yb}=732.9/1\,670=0.394$；在主力＋附加力作用下，$[\sigma_{max}]/R_{yb}=0.42$。满足规范对系杆安全系数主力作用下 2.5 的要求。

(二)扭转计算分析

对主跨 81m 长的主梁进行结构的静力扭转计算分析(图 9)。计算表明主梁扭转角在正常的工作范围内，主梁的抗弯扭性能满足规范要求。

（三）稳定性分析

本桥成桥状态的动力特性采用有限元空间分析程序进行计算，成桥状态计算图式均见图 10，振型图分别见图 11，失稳模态图见图 12。算分析结果表明，主桥的成桥状态稳定安全系数 K 大于 11。主桥的成桥状态有足够的稳定性。

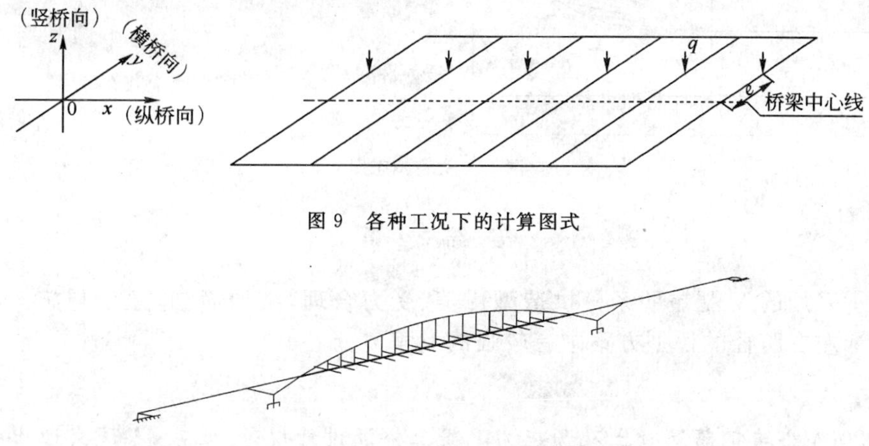

图 9 各种工况下的计算图式

图 10 主桥成桥状态计算图式

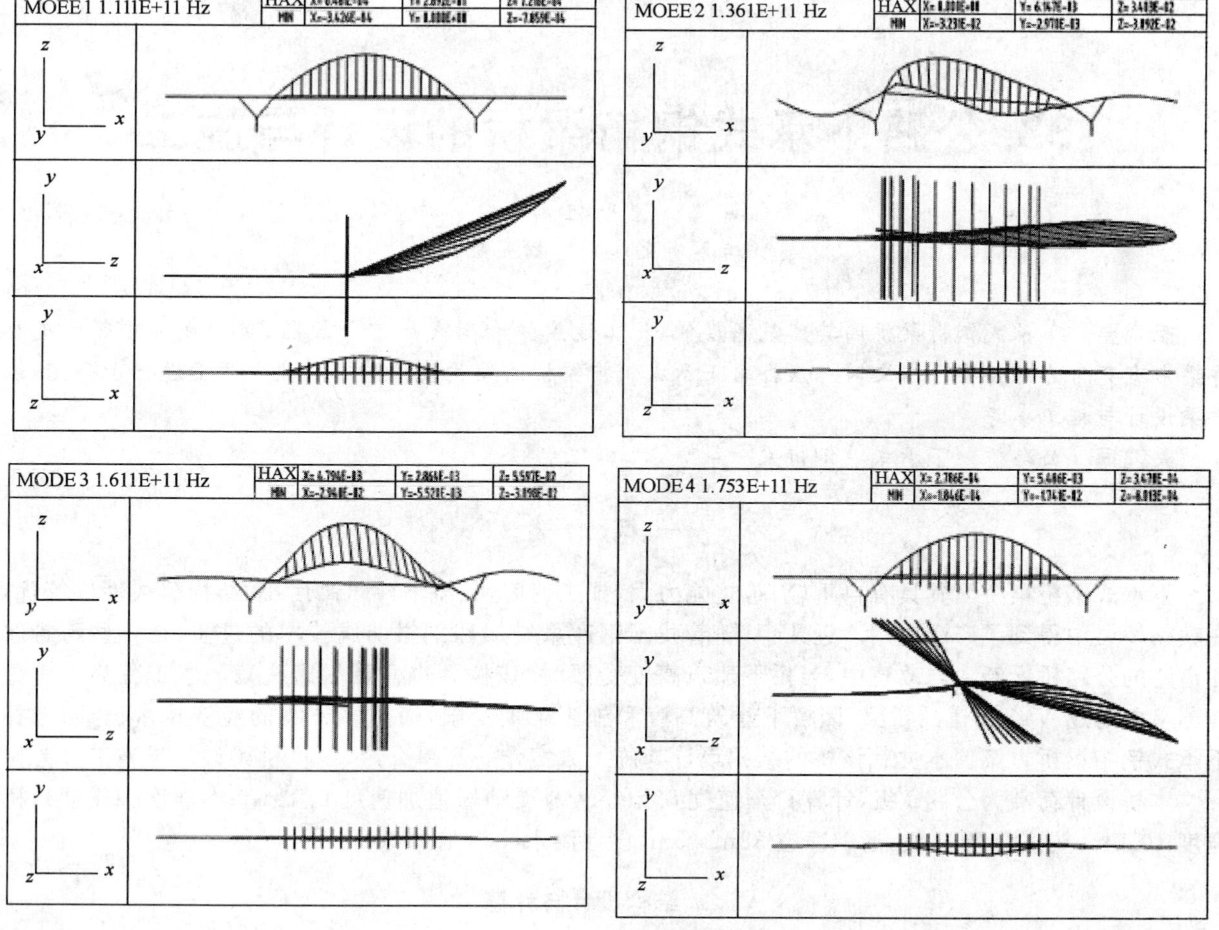

图 11 前四阶振型模态图

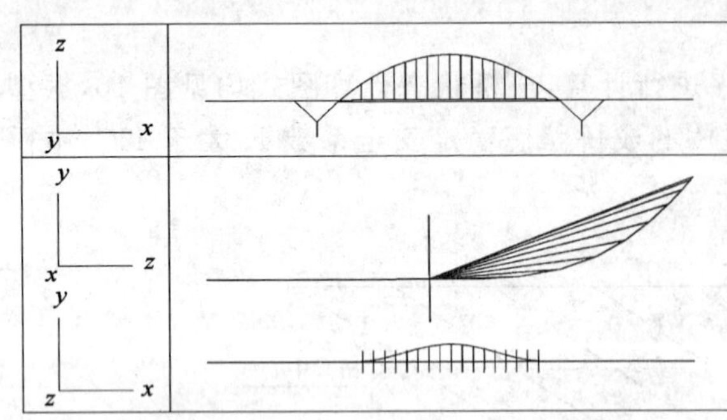

图12　失稳模态图

五、结　　语

丽华大桥主桥采用的V腿单肋系杆拱造型优美、受力合理，结构简洁，建设与施工的难度不大。本桥型方案在100米左右跨径的桥型方案中有较强的竞争力。

参考文献

[1] JTG D62—2004 公路钢筋混凝土及预应力混凝土桥涵设计规范. 北京：人民交通出版社，2004.
[2] 陈宝春编著. 钢管混凝土拱桥设计与施工手册. 北京：人民交通出版社，1999.
[3] 范立础、顾安邦. 桥梁工程. 北京：人民交通出版社，1996.

33. 公路下承式钢桁梁桥的设计与施工

曹明旭
（江苏省交通科学研究院）

摘　要　下承式钢桁梁桥因其建筑高度低、施工速度快和耐久性好等优点，可以成为中等跨度公路桥梁中有竞争力的桥型。本文对一座公路下承式钢桁梁桥的结构设计特点与施工方案进行了介绍，以供桥梁设计与施工参考。

关键词　公路桥　下承式　钢桁梁

一、概　　述

下承式钢桁梁桥因其具有自重轻、跨越能力大、施工速度快、桥下建筑高度小、结构耐久性好等优点，在铁路桥梁中得到了广泛应用。近几年，随着我国钢产量增加和钢材防腐技术的进步，在一些跨越航道和道路的公路桥梁新建与改建中，当桥下建筑高度受限时，该桥型也开始崭露头角。本工程为一座位于江苏境内跨越V级航道的桥梁，因桥下建筑高度和施工工期受限，通过多方案的经济技术比选，选择了下承式钢桁梁桥方案。本文就该桥的结构设计与施工方案作一简单介绍，以供桥梁设计与施工参考。

本桥设计荷载为公路Ⅰ级，计算行车速度80km/h，地震动峰值加速度0.1g（基本烈度VII度），桥面宽度10.5m，航道等级V级，通航净空38m×5m，设计洪水频率1/100。

二、结构设计与计算

该下承式桁架桥由两片主桁、上下平面纵向联结系、桥门架、横向联结系及桥面系组成。

1. 主桁

主桁采用带竖杆的三角形腹杆体系，计算跨径为52.88m，全桥分为8个节间，每个节间长度6.61m，主桁高度 8m，高跨比为 1/6.61。两片主桁中心距为 11.4m，宽跨比为 1/4.64。

主桁上、下弦杆均采用焊接箱形截面，截面宽度 500mm，高度均为 580mm，腹杆采用焊接 H 形截面，截面宽度 500mm，高度均为 400mm，所有杆件均采用工厂焊接，在工地通过节点板用高强螺栓拼接，主桁简图见图 1。

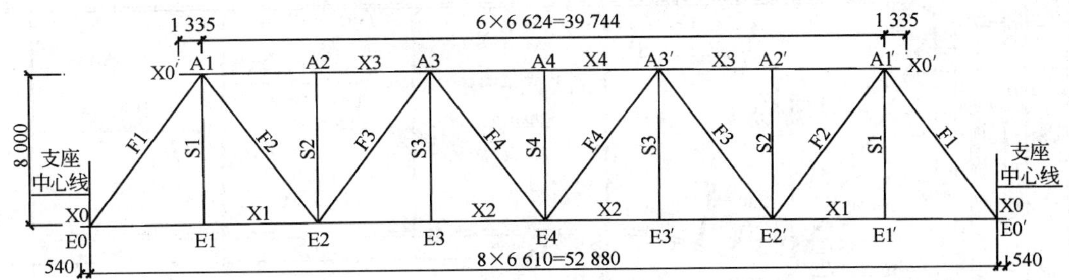

图 1 主桁架立面图（尺寸单位：mm）

2. 平面纵向联结系

上、下平面纵向联结系均采用 X 形式，与弦杆在节点处相连，以抵抗横向风力及弦杆变形产生的内力。纵向联结系均采用工字形截面，下平面纵向联结系简图见图 2。

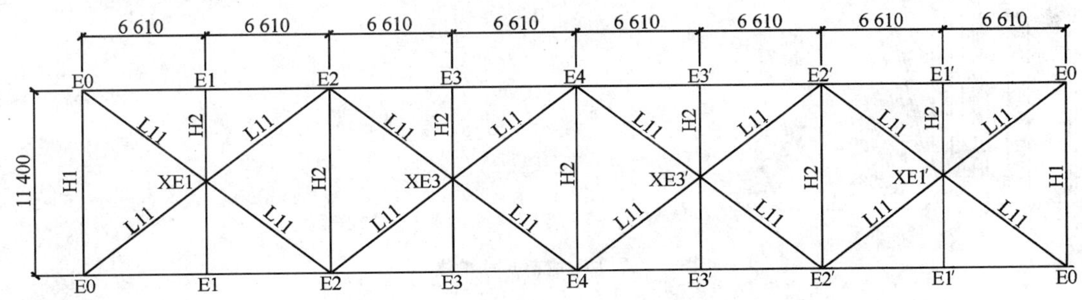

图 2 下平面纵向联结系简图（尺寸单位：mm）

3. 桥门架与横向联结系

在桁梁两端斜杆所在的斜平面设置桥门架，上弦节点每 2 个设一道横向联结系，桥门架及横向联结系采用板式结构形式，详见图 3。

4. 桥面系

桥面系采用联合梁，由下部的钢梁和上部的桥面板结合而成，其钢梁部分仍采用纵横梁体系，纵横梁均采用工字形截面，横梁采用变高 1 100～1 260mm，以适应桥面横坡变化，与主桁在节点处通过高强螺栓连接，纵梁梁高 580mm，纵梁上翼缘顶面与横梁上翼缘的底面齐平，在纵梁腹板上设一对角钢与横梁腹板相连，横向每 2m 设置一道；桥面板采用钢筋混凝土结构，板厚 20cm，与纵、横梁相交处加肋，板厚增至 25～22.2cm，通过剪力钉与横梁、纵梁相连。

预拱度及桥面纵坡通过上、下弦杆采用不同节间长度形成，下弦杆采用标准节间长度，上弦杆根据竖曲线及预拱度值计算加长量，桥面横坡通过横梁变高形成，详见图 4 和图 5。

5. 结构计算

(1)整体计算

钢桁梁整体结构计算采用有限元空间模型，空间桁架即为各杆件轴线所组成的空间几何图形，用 MIDAS 空间程序进行分析，并假定各节点为固接，并按实际支承情况设置边界条件，计算简图见图 6。

①施工阶段荷载计算

按施工程序中实际荷载加载步骤进行。

a. 钢结构单元安装；

b. 桥面板重量加载；

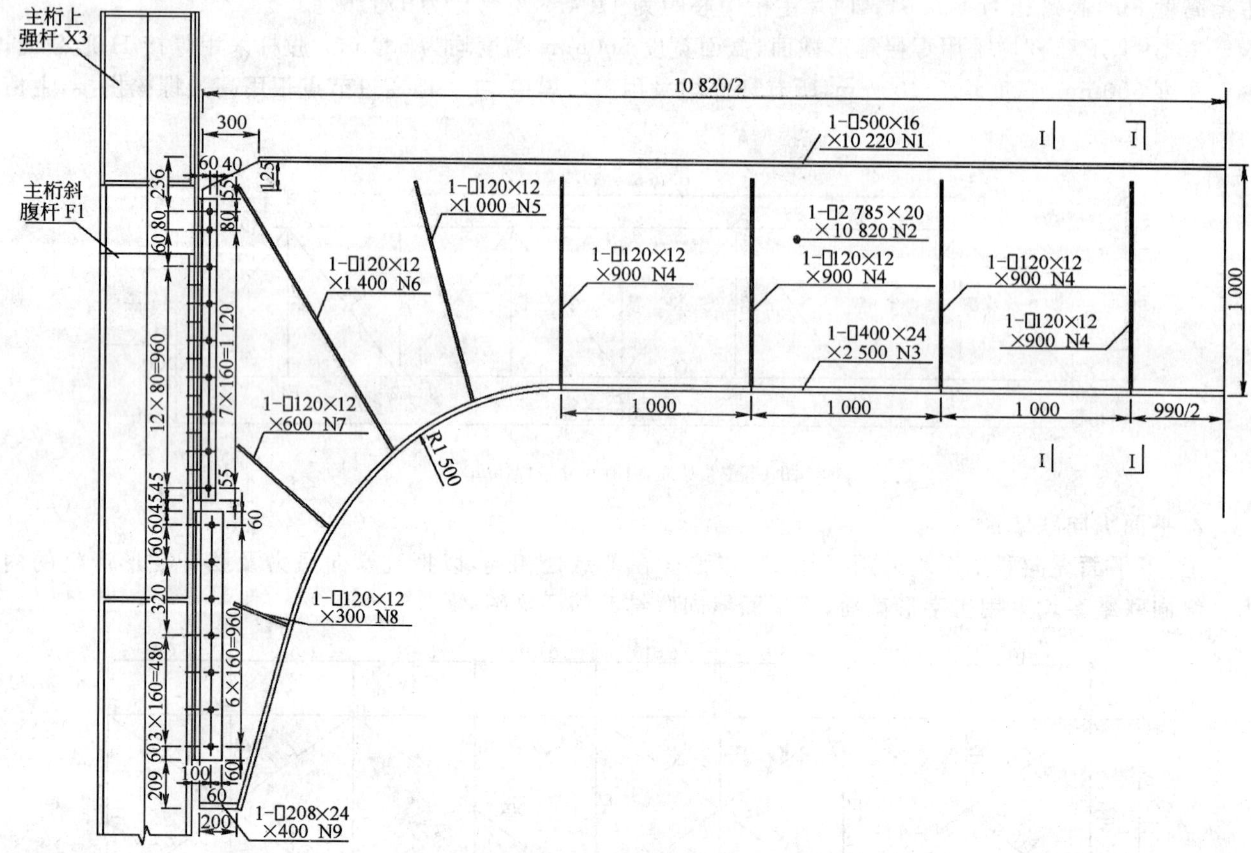

图3　桥门架大样(尺寸单位:mm)

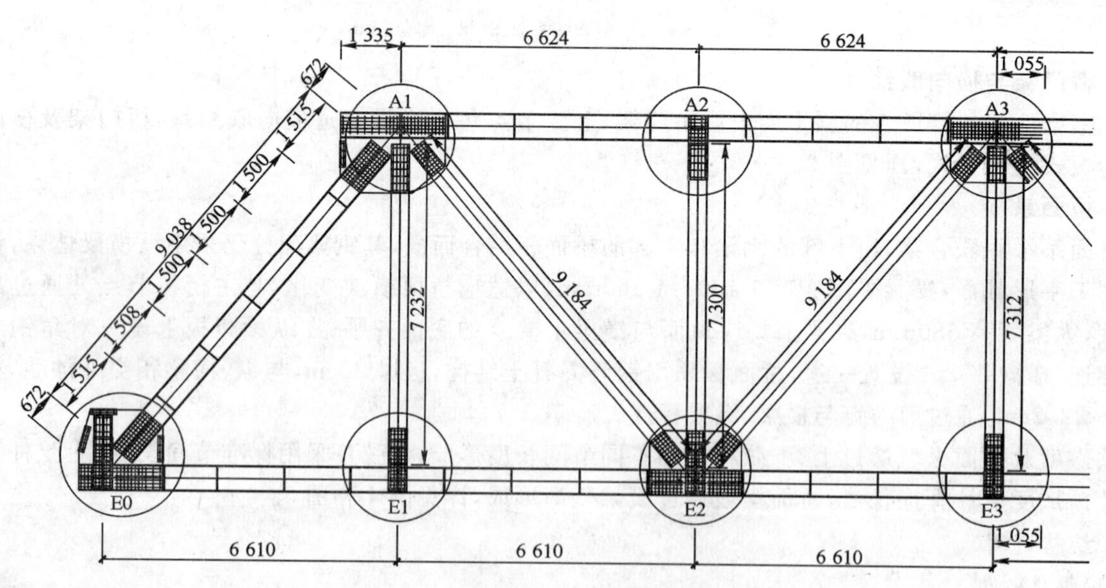

图4　预拱度及纵坡设置(尺寸单位:mm)

c.桥面系纵、横梁与桥面板联合截面形成;

d.二期恒载加载;

②运营阶段荷载加载、组合

计算运营阶段主要考虑的荷载由汽车、人群、整体升、降温、混凝土桥面板与钢结构温差、日照温差及横向风荷载等组成(图6)。

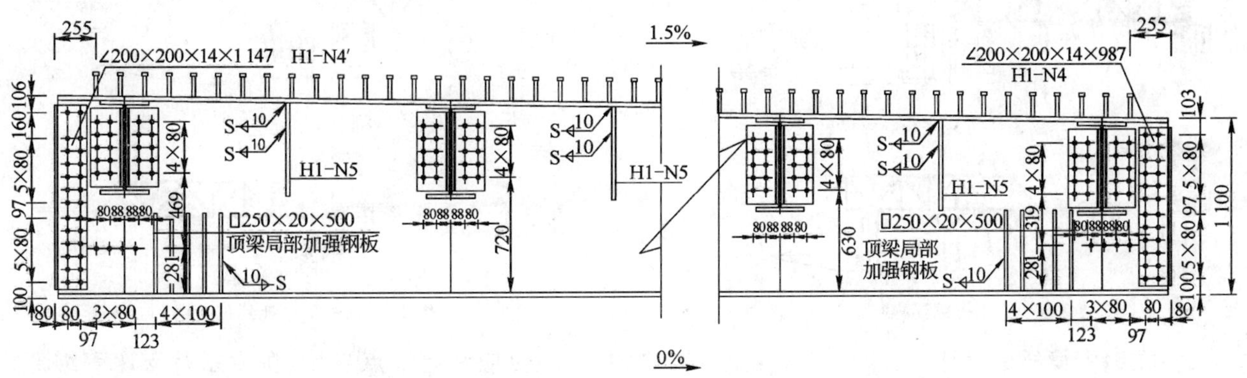

图 5 横坡设置(尺寸单位:mm)

经计算表明,结构强度、刚度及稳定均满足规范要求。

(2)节点计算

①杆件的连接螺栓计算

主桁杆件按杆件的承载内力计算,内力较小的腹杆按杆件内力的 1.1 倍和 75%的杆件净面积强度二者中大者进行计算,联结系等次要杆件按内力进行计算,本桥的节点连接均采用 M24 高强度螺栓。

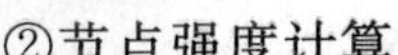

②节点强度计算

主要针对节点板的以下三种破坏形式进行检算:

a. 节点板撕裂强度检算;

b. 节点板中心竖直截面的法向应力检算;

c. 节点板水平截面剪应力检算。

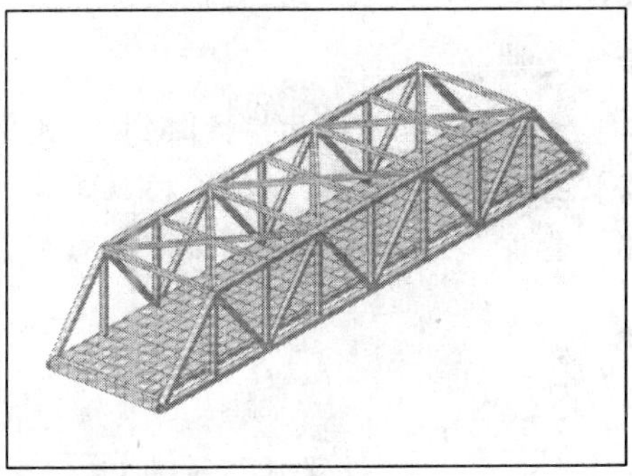

图 6 结构计算简图

三、施 工 方 案

钢桁梁桥通常采用的施工方法有门走行吊机施工法、门吊施工法、浮吊施工法、悬臂施工法、纵向拖拉施工法、浮运施工法等。本桥根据桥梁所处的位置和现场实际情况,钢桁梁施工安装采用浮拖法施工,集纵向拖拉施工法与浮运施工法的优点。

先在主跨北侧边跨及引道两侧搭设钢管桩支墩作为钢桁梁的拼装平台,平台上设下滑道,桁梁下弦下设上滑道拖船,上滑道拖船与下滑道间设滚杠,钢桁梁在上滑道上拼装,并将滚杠锁定。因北侧靠近墩柱处水位较低,为使钢桁梁能拖拉至船上,在北侧靠近墩柱水中搭设钢管桩过渡支墩,支墩上设下滑道,并与拼装平台下滑道连接。浮船用缆风绳锚固,浮船船舱用钢板隔开,在浮船上搭设钢管桩支墩。钢桁梁拼装完毕,在航道部门批准的时间内,浮船靠近拼装平台,并将浮船锚固,封锁河面航道,解开钢桁梁上滑道与拼装平台的锁定,拖拉钢桁梁到浮船上,并悬臂伸出两节。将钢桁梁与浮船锁定,解开浮船锚固,对岸侧卷扬机牵引钢桁梁与浮船同步行进。钢桁梁与浮船拖拉靠近对岸侧主墩时,收紧浮船缆风绳,慢速前行,拖拉钢桁梁至主墩上,用枕木垛支撑钢桁梁。浮船压水后从钢桁梁下移出,拆除下滑道及钢管桩过渡支墩,用千斤顶顶起钢桁梁,然后徐徐落梁就位,详见图 7~图 10。

四、结 语

(1)下承式钢桁梁桥被广泛应用于铁路桥梁中,随着我国钢产量增加和钢材防腐技术的进步,在公路桥梁的新建与改建工程中,当桥下建筑高度和施工工期受限时,下承式钢桁梁桥也是一种很具竞争力的桥型。

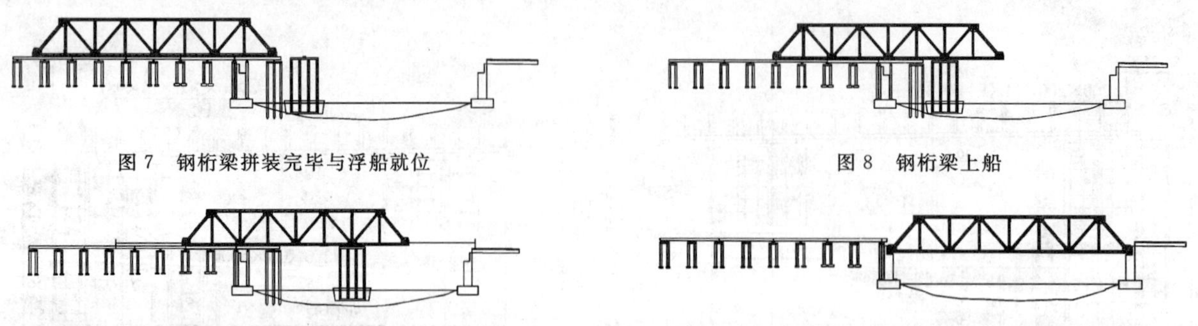

图7　钢桁梁拼装完毕与浮船就位　　图8　钢桁梁上船

图9　钢桁梁浮拖行进　　图10　钢桁梁浮拖到位落梁

(2)在钢桁梁桥的设计中，除了应重视主体结构的设计，更应注意节点连接、桥面系及支座等细部构造的设计。

(3)在设计过程中，应充分征求有经验的钢桁梁制造厂和施工单位的意见，对减少设计返工量、缩短设计制造与施工工期大有益处。

参考文献

[1] 刘玉擎.组合结构桥梁[M].人民交通出版社，2005.

[2] 岳丽娜，陈思甜.钢桁梁桥施工架设方法研究综述[J].公路交通技术，2006，(3).

[3] 黄侨，李莹等.下承式城市钢桁架桥上部结构设计与分析[J].城市道桥与防洪，2006，(6).

34. 我国主跨 400m 及以上的桥梁

楼庄鸿　宋桂峰

（北京建达道桥咨询有限公司）

摘　要　本文列出了我国77座主跨400m以上的桥梁，并分桥型列出了桥梁名称及其跨径。

关键词　斜拉桥　悬索桥　拱桥　斜拉拱　组合梁　混合梁　加劲梁

我国已建成和正在建设中的桥梁，主跨在400m及以上者，共有77座，其中斜拉桥39座，悬索桥27座，拱桥11座，梁桥0座。

一、斜　拉　桥

共39座。

1. 以梁的材料分

混凝土梁斜拉桥	13座
钢梁斜拉桥	11座
组合梁斜拉桥	6座
混合梁斜拉桥(钢-混凝土)	7座
混合梁斜拉桥(组合-混凝土)	2座

2. 以主跨跨径区段分

>1 000m	2座
800～1 000m	2座
600～800m	8座

400～600m 27 座

具体桥名与跨径见表 1。

二、悬 索 桥

共 27 座。

1. 以加劲梁的材料分

钢加劲梁 25 座

混凝土加劲梁 1 座

简易桥面 1 座

2. 以主跨跨径区段分

>1 000m 12 座

800～1 000m 5 座

600～800m 4 座

400～600m 6 座

具体桥名及跨径见表 2。

三、拱 桥

共 11 座。

1. 以主拱圈材料分

钢拱 6 座

钢管混凝土拱 4 座

钢筋混凝土拱 1 座

2. 以主跨跨径区段分

≥500m 3 座

400～500m 8 座

具体桥名及跨径见表 3。

我国斜拉桥(L≥400m) 表 1

序号	桥名	跨径(m)	建成年	类型	备注
1	荆州长江公路大桥	200+500+200	2002	混凝土梁	世界最大肋板式混凝土梁斜拉桥
2	鄂黄长江公路大桥	55+200+480+200+55	2003	混凝土梁	
3	奉节长江大桥	30.4+202.6+460+174.7+25.3	2006	混凝土梁	
4	重庆忠县康家沱长江大桥	205+460+205	2008	混凝土梁	
5	重庆长寿长江大桥	460	2008	混凝土梁	
6	宜宾菜园沱长江大桥	184+460+184		混凝土梁	
7	重庆大佛寺长江大桥	198+450+198	2002	混凝土梁	
8	重庆涪陵石板沟长江大桥	200+450+200	2007	混凝土梁	
9	重庆长江二桥	53+169+444+169+53	1996	混凝土梁	
10	铜陵长江公路大桥	80+90+190+432+190+90+80	1995	混凝土梁	连续长度 1 152m
11	四川合江长江大桥	420		混凝土梁	

续上表

序号	桥名	跨径(m)	建成年	类型	备注
12	郧阳汉江大桥	43+414+43	1993	混凝土梁	地锚式,每侧地锚长43m
13	武汉长江二桥	180+400+180	1995	混凝土梁	
1	福州青洲闽江大桥	205+605+205	2001	钢混组合梁	世界最大组合梁斜拉桥
2	上海杨浦大桥	40+99+144+602+144+99+40	1993	钢混组合梁	
3	香港汀九大桥	127+448+475+127	1997	钢混组合梁	三塔四跨
4	江津观音岩长江大桥	193+436+193	2008	钢混组合梁	
5	上海南浦大桥	170+423+170	1991	钢混组合梁	
6	东海大桥主航道桥	73+132+420+132+73	2005	钢混组合梁	
1	苏通长江公路大桥	2×100+300+1 088+300+2×100	2008	钢箱梁	世界最大钢梁斜拉桥
2	上海长江大桥	107+243+730+243+107	2010	分离钢箱梁	
3	上海闽浦大桥	4×63+708+4×63		钢桁梁	双层行车
4	南京长江三桥	63+257+648+257+63	2005	钢箱梁	钢塔
5	南京长江二桥	58.5+246.5+628+246.5+58.5	2001	钢箱梁	
6	舟山金塘大桥	77+218+620+218+77	2008	钢箱梁	
7	安庆长江公路大桥	50+215+510+215+50	2005	钢箱梁	
8	武汉天兴洲长江大桥	98+196+504+196+98	2008	钢桁梁	双层行车,四线铁路,六车道,三索面
9	武汉军山长江大桥	48+204+460+204+48	2002	钢箱梁	
10	杭州湾大桥北航道桥	70+160+448+160+70	2007	钢箱梁	全长36km
11	润阳长江公路大桥北汊大桥	175.4+406+175.4	2005	钢箱梁	
1	香港昂船洲大桥	3×70+80+1 018+80+3×70	2008	(钢-混)混合梁	世界最大钢-混混合梁斜拉桥
2	鄂东长江大桥	275+926+275	2010	(钢-混)混合梁	
3	湖北荆岳大桥	398+826+230	2010	(钢-混)混合梁	钢梁774m
4	武汉白沙洲长江公路大桥	50+180+618+180+50	2000	(钢-混)混合梁	
5	舟山桃夭门大桥	2×48+50+580+50+2×48	2003	(钢-混)混合梁	
6	汕头礐石大桥	2×47+100+518+100+2×47	1998	(钢-混)混合梁	
7	广东湛江海湾大桥	60+120+480+120+60		(钢-混)混合梁	
1	上海徐浦大桥	40+3×39+45+590+45+3×39+40	1996	(组合-混)混合梁	世界最大组合-混混合梁斜拉桥
2	香港汲水门大桥	2×80+430+2×80	1997	(组合-混)混合梁	双层行车

我国悬索桥($L\geqslant 400$m) 表2

序号	桥名	跨径(m)	年分	类别	备注
1	舟山西堠门大桥	578+1 650+485	2008	钢箱梁	两跨
2	润扬长江大桥南汊大桥	470+1 490+470	2005	钢箱梁	单跨
3	南京长江四桥	422+1 420+352		钢箱	
4	香港青龙大桥	275+1 418+236		分离两钢箱梁	单跨
5	江阴长江大桥	336+1 385+309	1999	钢箱梁	单跨
6	香港青马大桥	355+1 377+300	1997	钢箱梁	双层行车,两跨
7	武汉阳逻长江大桥	250+1 280+440	2007	钢箱梁	单跨
8	湖南吉首矮寨大桥	280+1 128+124		钢桁架	单跨
9	广州黄埔珠江大桥	290+1 108+350	2008	钢箱	单跨
10	贵州坝陵河大桥	26+1 088+228	2007	钢桁架	单跨
11	泰州长江公路大桥	390+2×1 080+390		钢箱	三塔
12	马鞍山长江大桥	60+2×1 000+60		钢箱	三塔
13	宜昌长江大桥	246.3+960+246.3	2001	钢箱	单跨
14	西陵长江大桥	255+900+255	1996	钢箱	单跨
15	湖北四渡河大桥	114+900+208		钢桁架	单跨
16	虎门大桥	302+888+348.5	1997	钢箱	单跨
17	四川南溪长江大桥	820			
18	葫芦河大桥	160+700+200		钢箱	两跨
19	重庆鱼嘴长江大桥	630		钢	
20	厦门海沧大桥	230+648+230	2000	钢箱	三跨
21	重庆鹅公岩大桥	210+600+210	2000	钢箱	三跨
22	万州长江二大桥	220+580+240	2004	钢桁	单跨
23	忠县长江大桥	147+560+212	2001	钢管桁架	单跨
24	西藏达孜桥	500		钢	单车道
25	汕头海湾大桥	95+154+452+154+95	1995	混凝土箱梁	
26	丰都长江大桥	450	1996	钢桁架	单跨
27	河南白浪黄河索道桥	438	1985	索在桥面下	简易桥面

我国拱桥($L\geqslant 400$m) 表3

序号	桥名	跨径(m)	年分	类别	备注
1	重庆朝天门长江大桥	190+552+190	2007	钢桁连续系杆拱	
2	上海卢浦大桥	100+550+100	2003	提篮,钢箱,系杆拱	
3	宁波东外环角江大桥	450	2009	中承双肢钢箱拱	
4	广州新光大桥	177+428+177	2006	混凝土三角钢架与下承钢桁系杆组合	
5	重庆菜园坝长江大桥	88+102+420+102+88	2006	刚构、钢桁、系杆组合	
6	重庆大宁河大桥	400		上承钢桁拱	
1	四川合江长江一桥	500		钢管混凝土拱	桥面组合结构
2	巫山长江大桥	460	2004	钢管混凝土拱	
3	湖北沪蓉西支井河大桥	430	2007	钢管混凝土拱,上承	
4	湘潭湘江四桥	120+400+120		钢管混凝土斜拉拱,飞燕式	
1	万县长江大桥	420	1997	钢筋混凝土拱,上承	钢管混凝土劲性骨架

35. 利用附加装置提高大跨径桥梁的结构性能

徐利平[1] 裴岷山[2] 张喜刚[2]

(1. 同济大学建筑设计研究院;2. 中交公路规划设计院有限公司)

摘 要 柔塔柔梁的大跨径和超大跨径桥梁,纵桥方向的静力、动力反应对桥梁的结构性能往往起到控制作用,运用缓冲装置、阻尼装置和弹性装置等附加手段能有效地改善大跨径桥梁结构性能,尤其对许多超大跨径桥梁来说更是必不可少的。本文在苏通大桥分析结构体系的一些思路和国内外有关资料的基础上,将近年来应用的一些装置从原理、效果和工程实例等方面加以系统叙述,希望为我国桥梁在这方面的应用提供一些有益的帮助。

关键词 大跨径 超大跨径 附加阻尼 阻尼比 附加刚度 刚度 结构性能

在大多数情况下,依靠桥梁结构自身的刚度和阻尼能够抵抗各种静力、动力荷载,并有良好的强度和结构性能。但是,随着大跨径悬索桥、斜拉桥、拱桥和其他一些新型索结构桥梁的建设,高强度材料的应用,桥梁构件变得越来越柔。一方面,难以依靠构件自身的强度、弹性、变形甚至局部塑性来消耗强大的地震、风致振动等动力反应能量,另一方面,各种静荷载产生的结构变形难以满足正常使用功能,这样,从动力和静力两方面都提出了改善柔塔柔梁的大跨径桥梁结构性能的需要。

在军事领域使用已近百年的阻尼装置等技术,随着机械制造业和工程材料的不断发展而日臻完善,开始广泛用于商业领域[1],由于桥梁结构对各种功能的机械装置的需求,又使这一应用技术不断拓宽,主要表现在以下三个方面:

一是从单纯改善结构抗震、抗风性能的被动减、隔震装置,拓展为改善结构动力性能,增强耗能能力,使结构能抵御各种冲击荷载激发的动力反应,尤其有利于改善一些新型索结构桥梁的动力性能;

二是从增加桥梁阻尼的思路拓展到锁定桥梁构件任何可能的运动(尽管缓冲器出现构思的历史在飞机制造等领域几乎与阻尼器同步发展的,但在桥梁工程的应用是最近几年的事[3]),以减少桥梁其他装置如支座、伸缩缝等的冲击和摩耗,增加使用寿命;

三是用附加装置提高结构的某一方向的弹性刚度,以减小甚至完全限制这一方向的特定的静荷载产生的大变形,这一点对于柔塔柔梁的超大跨径桥梁而言尤其重要。

这三方面的应用技术的拓展,不仅关系到大跨径桥梁结构性能的改善,而且还关系到一些超大跨径桥梁能否得以实现,因而具有非常重要的意义。

一、装置的原理及其在桥梁结构中的布置位置

总体上讲,附加装置从结构原理上可以分为提高桥梁阻尼比的阻尼装置和提高结构刚度的弹性装置两大类,最终起到阻尼耗能、锁定运动、减小或限制静力变位等辅助作用。这些装置的相互关系和应用原理见图1所示。

图1中,横坐标为刚度,竖坐标为阻尼,刚度的三个区域分别为结构自身的刚度、附加装置提供的弹性刚度和结构刚度组合(仍称附加刚度)、刚性连杆提供的大刚度。阻尼也分为三个区域:结构自身的阻尼,一般阻尼比为2%～5%;附加阻尼装置提供的阻尼,一般阻尼比为20%～50%;大阻尼的锁定装置,阻尼比＞100%。刚度和阻尼的这些区域单独或组合可以构成图1所示的除结构自身状态以外的8种附加装置。

以下简要介绍刚度和阻尼两大类附加装置的原理、作用和在桥梁结构中的布置方式。

1. 提高桥梁刚度的附加弹性装置

大跨径斜拉桥、悬索桥由于自身刚度较小，纵桥向的静力(如等效静阵风、温度等荷载)变位一般会很大，且不同的结构体系呈现出不同的变位、受力状态，各有利弊。在飘浮体系斜拉桥的塔梁连接处、梁端与桥台连接处、单跨悬索桥的塔梁连接处、三跨悬索桥的主梁与锚碇连接处采用附加装置提高主梁纵桥向刚度，可以对原结构体系起到减小静、动力变位、改善内力的作用。图 2 为三跨连续悬索桥和斜拉桥设置附加弹性约束的简图，附加弹性约束布置在梁端和塔梁连接处时对索塔内力的影响是不同的。文献[2]提出了斜拉桥常用的附加刚度布置位置的图式。

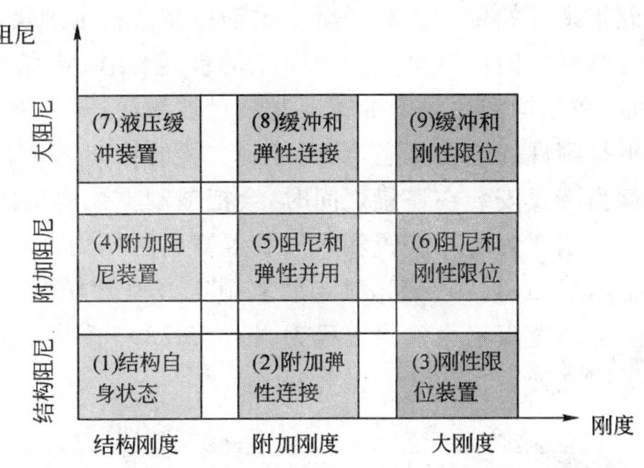

图 1 附加装置的原理及相互关系

图 3 所示为飘浮体系斜拉桥在纵桥向风荷载和温度荷载作用下塔根弯矩随主梁纵向刚度而变化的曲线。现以此为例，从主梁纵向刚度说明弹性约束和刚性限位约束的结构原理和使用效果。

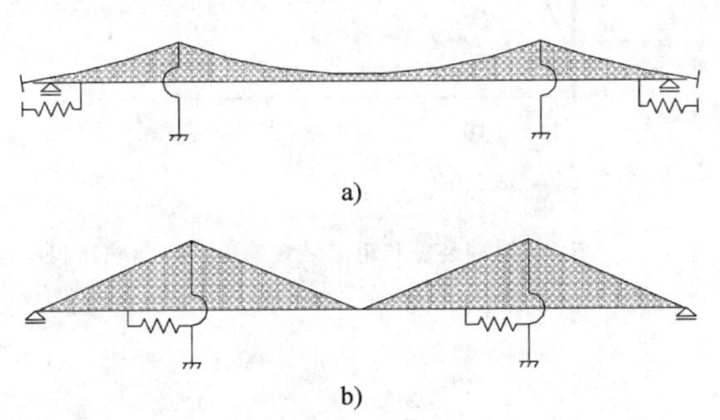

图 2 悬索桥和斜拉桥附加弹性装置的简图

a)三跨连续悬索桥在梁端和锚碇之间采用附加弹性连接装置；

b)三跨连续飘浮体系斜拉桥在塔梁连接处附加弹性连接装置

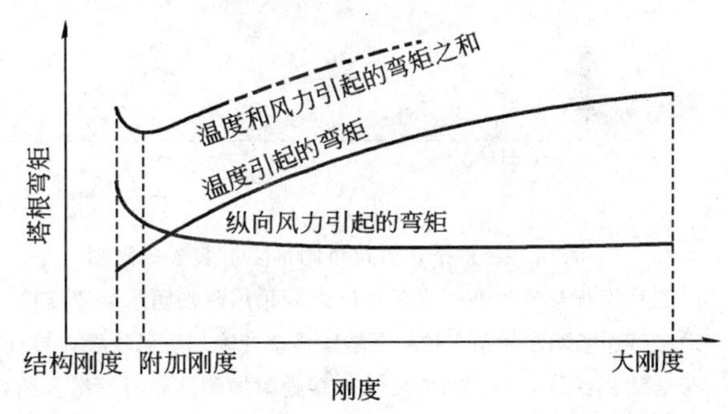

图 3 飘浮体系斜拉桥塔根弯矩随塔梁连接刚度变化

依靠飘浮体系主梁纵桥向自身的刚度，纵向风荷载产生的弯矩很大；当塔梁连接处附加弹性约束后，刚度提高，有利的是风荷载引起的弯矩迅速降低，而不利的是温度产生的弯矩在增加。从两个弯矩组合的曲线看，可以找到刚度最适当的一个数值，使塔根弯矩最小，这就是附加弹性约束要达到的目的。另外，根据飘浮体系自身刚度下温度荷载产生的弯矩最小，刚度相当大后，风荷载产生的弯矩最小，而且基本不随刚度变化的特点，引入刚性限位装置的设想。装置的行程量由温度和活载控制，当温度荷载作用时，结构如同飘浮体系，当风荷载作用时，装置的行程已基本发生，到达了锁定静力位移的阶段，使风荷载在大刚度的状态下施加在结构上，抑制了大风荷载使结构产生大位移、大内力的可能。

2. 提高桥梁阻尼的附加阻尼装置

当结构受到地震、风致振动和其他形式的动荷载引起的动力反应时，阻尼是使结构具有理想的动力性能的重要因素。大跨径桥梁结构自身的阻尼比一般为 2%～5%，因此结构耗散能量的水平很低，而且是依赖结构构件自身的弹塑性变形、甚至局部破坏来吸收和耗散能量。

在飘浮体系斜拉桥的塔梁连接处、梁端与桥台连接处、单跨悬索桥的塔梁连接处、三跨悬索桥的主梁与锚碇连接处采用附加装置提高主梁纵飘阻尼，使冲击荷载产生的能量大部分由装置而不是结构吸收。图 4 为三跨连续悬索桥和斜拉桥设置附加阻尼的简图，附加阻尼布置在梁端和布置在塔梁连接处时对索塔内力的影响是不同的。

文献[1]以单自由度线性阻尼简谐干挠力强迫振动为例说明阻尼比对动力反应的影响。附加阻尼装置常用的形式是黏滞阻尼器。

液压缓冲装置(或称锁定装置)是阻尼装置的一种特殊形式，它使结构发生大阻尼的运动锁定状态，近年来开始用于大跨径桥梁被动控制结构由地震、动力风等引起的动力反应。液压缓冲装置不约束主梁的纵桥方向由温度等荷载引起的慢速位移，当结构受到冲击荷载作用而开始发生纵向摆动的动力响应时，在结构到达设定的速度时装置被激活，输出强大的额定锁定力，在塔梁之间或梁端与锚碇之间形成几乎是刚性的连接状态，从而抑制主梁的纵向运动。缓冲装置不像阻尼装置那样具有耗能作用，因此应注意当装置安装在塔梁之间时，会把限制主梁运动的锁定力传给索塔。

图5为缓冲装置和阻尼装置输出阻尼力反应曲线的比较[3]，横坐标为反应速度(in/s)，纵坐标为输出阻尼力($\times 10^3$ 磅)，锁定装置锁定力输出方程为：$F=40\times 10^6 V$，当 $V=0.005$(in/s)，达到额定锁定力；阻尼装置阻尼力输出方程为：$F=45\ 730\times V^{0.4}$，当 $V=40$(in/s)，达到额定阻尼力，这里可以看出两者的异同之处。

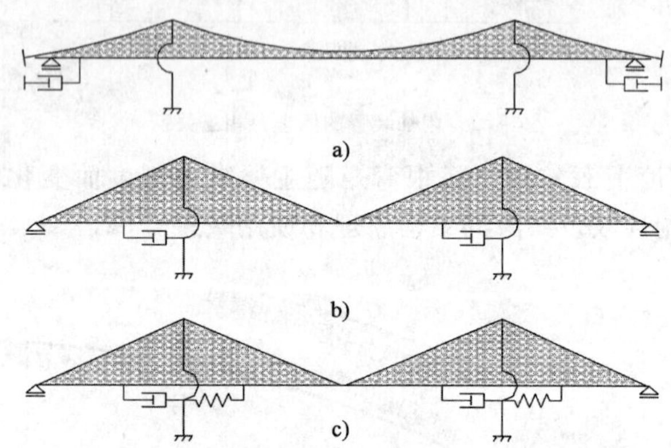

图4 悬索桥和斜拉桥附加阻尼装置的简图

a)三跨连续悬索桥在梁端和锚碇之间采用附加阻尼装置连接；b)三跨连续飘浮体系斜拉桥在塔梁连接处附加阻尼装置连接；c)三跨连续飘浮体系斜拉桥在塔梁连接处附加弹性和阻尼组合约束

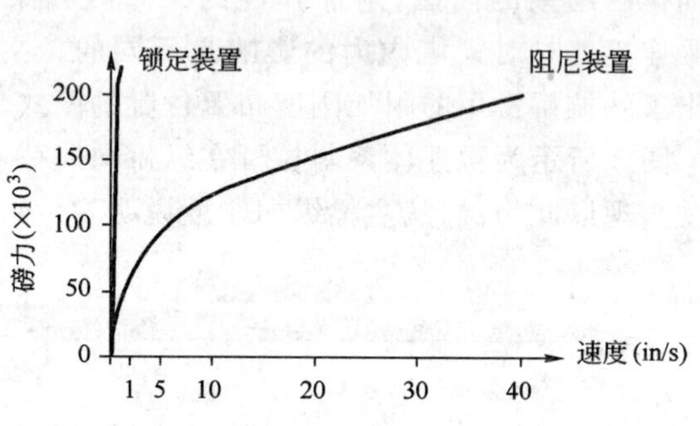

图5 缓冲装置和阻尼装置输出反应曲线比较

二、装置及其性能简述

由图1中可见，除了结构自身的刚度和阻尼状态外，还有8种类型的装置可以改善结构的刚度和阻尼。以下介绍几种常用装置的构造和性能。

1. 阻尼装置

阻尼装置的种类很多，从其输出阻尼力和位移的关系曲线一般分为黏滞阻尼、摩擦阻尼、黏弹性阻尼和弹塑性阻尼四种。这里重点介绍近年来较多应用的黏滞阻尼装置(图6)。

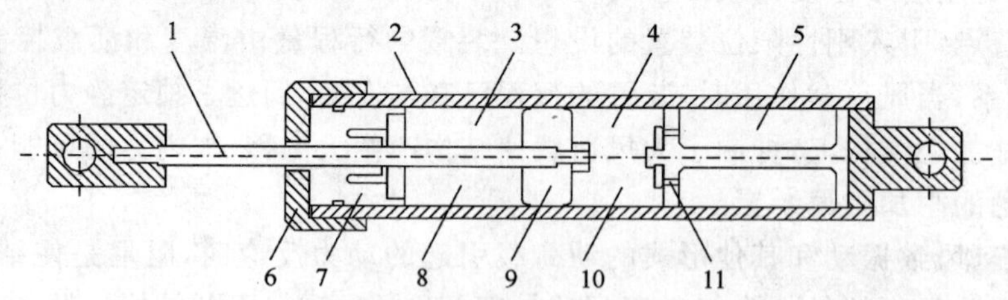

图6 黏滞阻尼装置

1-活塞杆；2-油缸；3、4-可压缩硅油；5-蓄压池；6-密封圈；7-高强度缩醛树脂；8-室A；9-带阻尼孔活塞头；10-室B；11-控制阀

图6所示为美国Taylor公司生产的黏滞阻尼装置结构示意图。

黏滞阻尼装置的输出方程为：

$$F=CV^{\alpha}。$$

式中：F——阻尼力；

C——阻尼系数；

α——速度指数，对于桥梁工程来说，α 可取0.4～0.5；对于低烈度地震区，α 可取2；主要抵御风致振动的桥梁，α 可取0.5～1。

这类阻尼装置产品理想的阻尼比范围为 10%～45%，阻尼力从 0.5～80MN，行程从 25～1 500mm。

2. 锁定装置

锁定装置是一种大阻尼的特殊阻尼装置，它的锁定力和速度的方程与阻尼装置类似，装置的锁定速度定义为输出额定锁定力时的传动速度[3]，其值小于结构由于地震、风致振动等引起的振动速度，大于温度引起的位移速度，锁定速度一般为几 mm/s～零点几 mm/s。

3. 弹性装置

弹性装置的种类很多，常用的有水平拉索装置、大型橡胶支座等。

水平拉索装置是一种应用较多的弹性装置，它依靠拉索的长度 L 和面积 A 提供结构一个附加刚度 $K=EA/L$，通过对拉索进行初张拉，以保证装置在使用过程中索力不放松至零。由于拉索处于受拉的初始状态，主梁发生位移时，受拉和受压侧的拉索都能提供弹性刚度。这种装置的缺点是在提供较小的弹性刚度时拉索会很长，造成布置上的困难。

图 7 为日本名港西大桥塔梁之间的水平拉索装置。

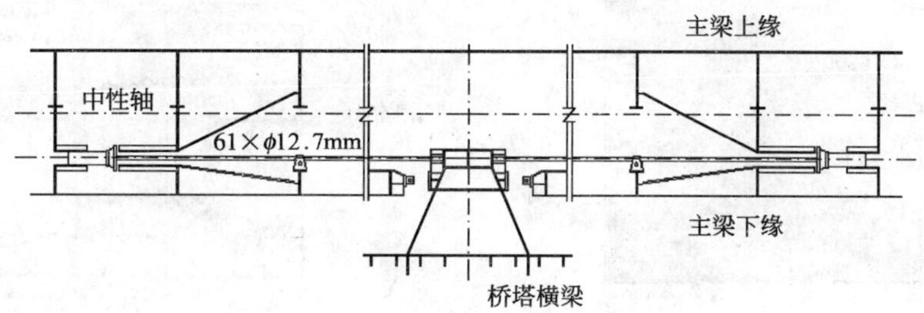

图 7 日本名港西大桥水平拉索装置

4. 组合功能装置

附加阻尼和附加刚度要达到的目的有所不同，附加阻尼是以改善动力性能为目的的，附加刚度主要是以改善静力性能为目的的。一般情况下，静力状态可以通过自身构件的刚度满足受力的需要，仅需采用附加阻尼的办法改善其动力性能即可。但是，对于超大跨径桥梁，往往需要同时采用两种附加装置共同作用，达到同时改善静力、动力性能的目的。

图 1 中的(5)、(6)、(8)和(9)均为组合功能的附加装置。组合功能的装置可以是两个功能在一个装置上实现，也可以是两个独立功能的装置并联使用。如阻尼和静力限位组合，一种是静力位移量到达阻尼器额定行程后，阻尼装置起限制静力位移的功能，而动荷载作用时，装置是一个完全的阻尼器，这样两个功能在一个阻尼装置中实现；也可以将阻尼装置和静力限位装置并联布置，静载作用下限位装置起作用，一定强度的动载作用时，限位装置失效，阻尼装置被激活。值得注意的是上述两种阻尼和限位的组合方式对结构的作用是不同的，应根据实际结构的需要选择适当功能的装置。

三、工 程 应 用

在 20 世纪末，尤其是最后五年内，上述各种高性能的机械装置被大量的运用到大跨径和超大跨径桥梁结构上，下面选取五座国内外较典型的应用实例作简要叙述。这五个工程实例既有悬索桥，又有斜拉桥；既有缓冲装置、阻尼装置，又有阻尼、弹性装置并用形式；既有解决地震、风致振动问题，又有解决新型索结构桥梁的多个方向共振的动力问题。笔者认为可以代表目前国内外在这一领域的成就。

1. 丹麦 The Great Belt East 桥[6]

丹麦 The Great Belt East 桥主跨 1 624m、边跨 535m，为三跨连续悬索桥，1998 年建成。

大桥在锚碇和梁端之间安装了 2 个并联的液压缓冲限位装置，如图 8 所示，这是动力锁定和静力限位两个功能的组合装置。动力锁定功能抑制了主梁纵桥向由汽车、风致振动引起的冲击运动，锁定速度的控制值调节在 0.01mm/s～2mm/s 范围，每个装置的动力锁定力为 5MN；静力限位功能限制了主梁满足温度等缓慢位移量后不再发生位移，其值控制在±900mm 和调节值±200mm，满足了±1 000mm 的伸缩缝的伸缩量范围，静力限位力位15MN，如果没有纵向限位装置，主梁位移将达到1 800mm。

该缓冲装置由意大利FIP IndustrialeS. P. A在1995-1997年设计生产，1997年秋天安装。

2. 美国The Sidey Lanier桥[3]

美国The Sidey Lanier桥为三跨连续混凝土斜拉桥，主跨381m，边跨190.5m，1999年建成，为防止飓风荷载和地震引起的主梁纵向运动对引桥主梁的冲击导致损坏伸缩缝和主梁自身，安装了四个Taylor公司的锁定装置。

装置的基本参数是：额定力：2.545MN；冲程：±203.2mm；温度变形：10h变位102mm，温度变形时装置约束力小于0.254 5MN；锁定速度和锁定位移：小于0.5s的时间内锁定力达到2.545MN，位移小于6.35mm，持荷5s，位移增加量小于3.175mm。

图9为该装置锁定速度/位移的实验结果。图中，锁定力每小格1.1MN，位移每小格5.08mm，时间每小格2s。

图8　丹麦The Great Belt East桥的液压缓冲装置

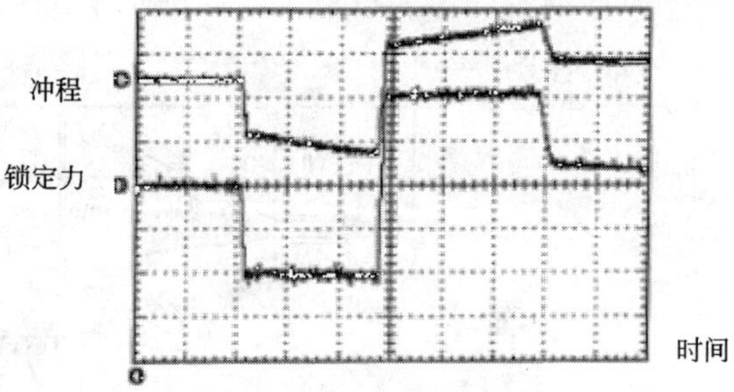

冲程

锁定力

时间

图9　锁定装置试验曲线

3. 我国重庆鹅公岩长江大桥[5]

重庆鹅公岩长江大桥主桥跨度为211m+600m+211m的三跨连续钢加劲箱梁悬索桥，2001年建成通车，全桥共四只阻尼器，由上海材料研究所生产，其主要性能如下：

阻尼力方程：$F=460\times V^{0.21}$，($C=460\text{kN}/(\text{mm/s})^{0.21}$)。

最大阻尼力：±2MN。最大纵向位移量：±550mm。竖向平面内最大转角：±5°；水平面内最大转角：±2°。地震力加载速率：瞬时，高阻尼，小位移，速率$V=0.5\sim1.0$m/s。风荷载加载速率：中阻尼，中变形。车辆制动力加载速率：高阻尼，小变形。四季温度变化与日夜温度变化速率：无阻尼(低阻尼)，大变形，速率$V=1$mm/min，约束力小于100kN。车辆行驶加载速率：中阻尼，中变形。工作环境温度：-15℃～+50℃。

4. 日本鹤见航道(Tsurumi)桥[2]

日本鹤见航道(Tsurumi)桥为三跨连续斜拉桥，主跨510m，1995年建成。该桥采用了阻尼和弹性装置组合的形式，在塔梁连接处安装螺旋桨式阻尼装置和水平拉索弹性装置。螺旋桨式阻尼装置见图10所示。

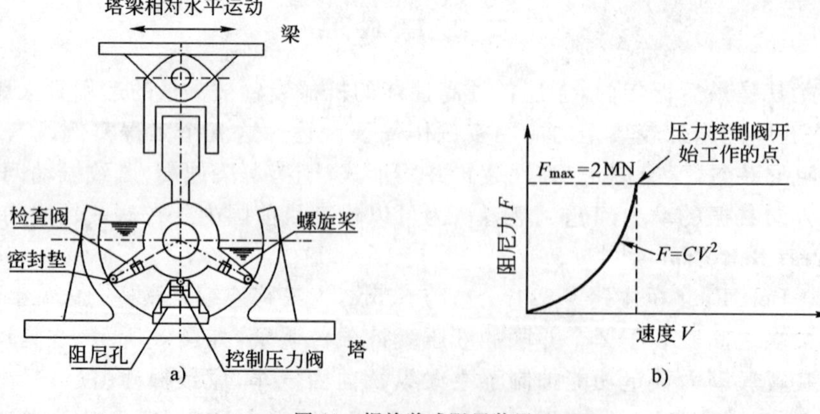

图10　螺旋桨式阻尼装置

a)螺旋桨阻尼装置；b)阻尼力速度曲线

水平拉索装置采用预制平行钢丝束。每个桥塔的两侧各安装了两束117m长的PES7-367拉索，外径167mm，一个塔梁间弹性刚度为96MN/m。拉索支承在1.8m间距的滚柱上，另一端锚固在箱梁内部。每束初始拉力为6 900kN，以保证在地震、活载和温度组合下，拉索的拉应力不会超过容许应力。

螺旋桨式阻尼器和水平拉索组合应用比仅用水平拉索可以减小主梁纵向位移30%左右，减小水平索拉力20%～30%左右。

5.英国 The Millennium 人行桥[5]

英国The Millennium桥为一座索平面位于桥面平面内的横向索结构人行桥，跨径为108m+144m+81m，2000年开放交通后发现桥面出现严重的横向摆动，频率为0.5～1.1Hz，加速度为0.25g，有5个振型被激励。

随后桥梁被停止使用，采用美国Taylor公司的新型无摩擦阻尼装置控制桥面的振动进行动力加固修复，应用的阻尼装置主要参数见表1所示。

阻尼装置主要参数表 表1

型 号	数 量	名 称	用 途	±冲程(mm)	长度(m)
V1	5	水平V形阻尼器	横桥向振型	25	0.7
V2	10	水平V形阻尼器	横桥向振型	25	0.7
V3	2	水平V形阻尼器	横桥向振型	25	0.7
V4	4	竖向至地面的阻尼器	横桥向和竖向振型	275	2.3
V5	4	水平连至桥墩的阻尼器	横桥向和扭转振型	60	7.8/3.3
V6	8	水平连至桥墩的阻尼器	横桥向和扭转振型	60	8.2/3.6
V7	4	水平连至桥墩的阻尼器	横桥向和扭转振型	60	8.3/4.6

阻尼装置提供桥梁20%的阻尼比，安装阻尼装置后，测得最大加速度由原来的0.25g降为0.006g，且没有观察到任何振型的共振现象。桥梁修复后于2002年重新投入使用。

四、前 景 展 望

在苏通大桥结构体系和附加装置研究之前，香港昂船舟大桥的缓冲装置和希腊the Rion Antirion大桥的黏滞阻尼装置的结构研究、装置设计、试验工作已相继展开或完成。由于桥跨布置和桥位环境各不相同，采用的附加装置各不相同，这些装置的应用在本世纪初为这一领域掀开了崭新的一页，并为附加装置在跨径超过1 000m的斜拉桥、2 000m的悬索桥上的应用做了有益的实践积累和进一步的技术创新。

参考文献

[1] Douglas P., History, Design, and Applications of Fluid Dampers in Structural Engineering. Taylor Devices, Inc.

[2] Manabu Ito, Supporting Devices of Long Span Cable-Stayed Bridge Girder, Innovative Large Span Structures, Vol, 1, (IASS-CSCE International Congress1992, Toronto).

[3] DouglasP., Fluid Lock-up Devices-A Robust Means to Control Multiple Mass Structure Systems Subjected to Seismic or Wind Inputs, Taylor Devices, Inc.

[4] 章曾焕等.高效黏滞阻尼器在重庆鹅公岩长江大桥悬索桥上的应用与开发研究.中国公路学会桥梁和结构工程学会，2002年全国桥梁学术会议论文集，人民交通出版社.

[5] Douglas P., Damper Retrofit of The London Millennium Footbridge-A Case Study in Biodynamic Design. Taylor Devices, Inc.

[6] Storebalt East Bridge Special Specifications, SABIV, Steel Works, 1991.

36. 悬索桥隧道锚设计

朱 玉 廖朝华 彭元诚
(中交第二公路勘察设计研究院有限公司)

摘 要 隧道锚具有环境扰动小、性价比高的特点,是悬索桥较理想的锚碇形式。但因受地质条件、人们对岩体性质的认识水平等条件的限制,目前在大跨径悬索桥中应用不多。本文结合进行我国首座采用隧道锚的大跨径悬索桥—四渡河特大桥隧道锚的设计的认识和体会,系统介绍了悬索桥隧道锚锚址的基本特点、锚体尺寸拟定、锚固系统选择以及数值分析、模型试验应注意的问题,便于隧道锚的进一步应用。

关键词 悬索桥隧道锚 尺寸拟定 锚固系统选择 岩体力学参数 初始应力场 数值分析 模型试验

一、引 言

近年来,随着我国西部大开发政策和可持续发展战略的实施,高速公路迅速在祖国西部的崇山峻岭中延伸,环境扰动小的结构形式备受关注。悬索桥具有跨越能力强和加劲梁高基本不随跨径增加而增高的特点,可有效避免高墩而达到跨越深谷的目的,是符合这种理念的理想桥型。锚碇作为悬索桥的四大部分之一,其土方量占悬索桥总开挖量的绝大部分,是最大限度减少环境扰动的关键所在。隧道锚可有效减少开挖量和混凝土用量,是理想的锚碇形式。如美国的华盛顿桥[1],其新泽西岸隧道锚与纽约岸重力锚混凝土用量比1:4.8,我国四渡河桥[2]宜昌岸隧道锚与恩施重力锚混凝土用量比1:4,土石方开挖量之比1:5。因而,隧道锚的使用对有效保护自然环境、避免大规模开挖、节约投资方面具有重要意义。

由于隧道锚把岩体作为锚体的一部分共同承受大缆拉力,因而不但对地质条件要求较高,而且要求设计者对岩体性能要有深入的认识。它不仅涉及岩体的开挖问题(这在隧道工程中经常遇到),更主要的是需要确定开挖后岩体的二次承受巨大的大缆荷载问题,这在其他岩土工程中是很少见的。隧道锚的应用较少,相关的文献尚不多见,从目前的文献看,隧道锚的应用尚处于起步阶段。表1列出了作者检索到的国内外悬索桥隧道锚的概况[1~6],供参考。本文结合四渡河特大桥(图1)隧道锚的设计和有关研究,系统介绍了隧道锚设计的相关问题,望对这种环境友好型悬索桥锚碇的应用起抛砖引玉作用。

悬索桥隧道锚概况 表1

桥 名	地质条件	主跨径(m)	主缆拉力(MN/缆)	水平夹角(°)
丰都大桥	长石石英砂岩	450	68.5	35
重庆鹅公岩桥	泥质砂岩、砂质泥岩互层	600	130	26
万州长江二桥	不详(IV类)	580	102	23
四渡河大桥	石灰岩	900	220	35
矮寨大桥(初步设计)	石灰岩、白云岩	塔间距1 100,加劲梁长912	270	40
坝陵河大桥(初步设计)	石灰岩	1 088	270	26
美国华盛顿桥	玄武岩	1 067	275	40
英国福斯桥	南岸页岩与砂岩互层;北岸粗玄岩	1 006	140	30
日本下津井濑户桥	闪绿岩、花岗岩	940	320	38

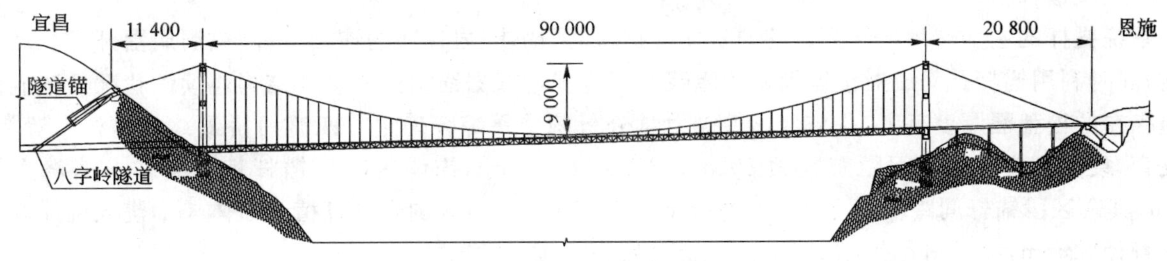

图 1 四渡河特大桥桥型布置图(尺寸单位:cm)

二、隧道锚的组成及其功能

隧道锚主体部分主要包括:鞍室、混凝土锚体、系统锚杆、锚固系统、后锚室、散鞍基础等(见图 2)。此外还有门洞、步梯、防、排水构造,检修通道等附属设施,不参与结构的受力。隧道锚主体部分的主要功能如下:

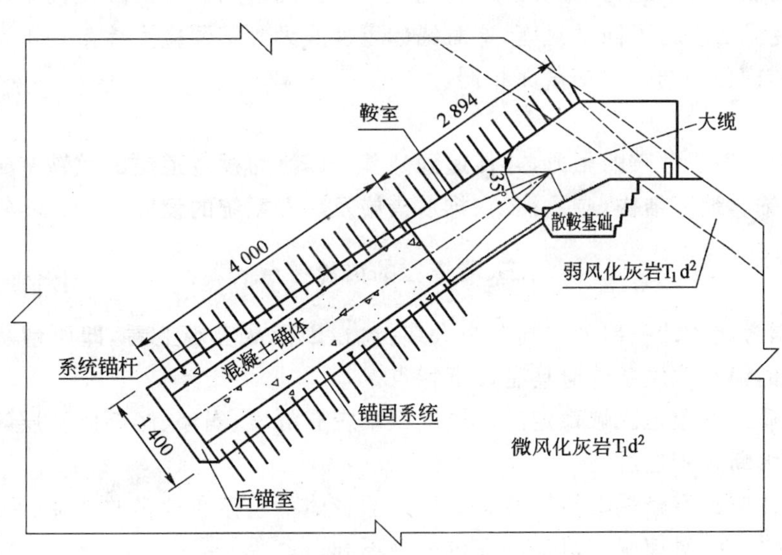

图 2 四渡河桥隧道锚构造图(尺寸单位:cm)

1. 鞍室

鞍室的主要功能是容纳大缆的散鞍,并有足够的长度便于大缆散开锚固,同时提供进行锚碇锚固系统、大缆散鞍等防护、维护的空间。根据具体情况,鞍室截面可采用等截面或变截面。由于隧道锚的鞍室一般均需开挖山体,故需要采取初期开挖支护措施和以后保持开挖后山体稳定长期支护构造(二次衬砌)。四渡河桥隧道锚鞍室从散索鞍到前锚面设计为 20m,鞍室衬砌厚度合计 55cm,初期支护采用长 3m 间距 1m 梅花形布置的水泥砂浆锚杆和 15cm 厚的挂网喷射混凝土;二次衬砌采用现浇钢筋混凝土结构,厚 40cm。考虑锚体两侧地形的不同,两鞍室和明洞采用不同的长度和截面,减少对山体的破坏。

2. 锚体

锚体的主要功能是容纳锚碇的锚固系统、传递大缆拉力到岩体,是隧道锚的主要结构。根据锚体的功能,锚体设计应考虑对锚碇锚固系统的保护作用,自身要有足够的强度承受缆力和锚固系统的压力。四渡河桥隧道锚锚体纵断面为前小后大的楔形,在轴向拉力作用下,可对围岩体产生正压力;横断面顶部采用圆弧形,侧壁和底部采用直线,前锚面尺寸为 9.5m×10m、顶部圆弧半径 5.25m,后锚面尺寸为 14m×14m、顶部圆弧半径 7m。锚体混凝土采用防渗和收缩补偿混凝土,渗混凝土微膨胀率采用 0.015%,抗渗等级 W8。两端混凝土等级为 C40,中间为 C30,满足对锚固系统的防护和不同部位的结构受力需要。

3. 系统锚杆

系统锚杆的主要作用是作为开挖的初期支护、加强锚体、岩体间的连接、提高锚洞周围开挖扰动带的强度，同时利用锚杆孔完成对锚体围岩的灌浆。其设置应根据锚洞围岩整体结构连续性状况及锚洞围岩普遍存在的松弛圈厚度范围，并结合隧道锚力学分析的结果综合确定。四渡河桥最终的锚杆布置为：岩溶发育、裂隙密集岩段杆间距布置为 80cm×80cm，长 7.5m，锚体区围岩锚杆植入岩体 7m，浇入锚体 0.5m。其余区段锚杆间距改为 120cm×120cm，长 4.5m。锚体区围岩锚杆植入岩体 4m，浇入锚体 0.5m。锚杆直径 32mm，锚杆钻孔孔径 100mm，孔深与锚杆长度一致。

4. 锚固系统

锚固系统一般由索股锚固拉杆和预应力钢束锚固构造(有的也采用型钢等，现在已很少使用)组成。这里所说的锚固系统主要是预应力钢束锚固构造，其主要功能是把大缆拉力传递给锚体。根据着力点的不同可分为前锚式和后锚式。四渡河桥隧道锚的预应力钢束采用环氧涂层钢绞线、可换式无黏结预应力体系。

5. 后锚室

后锚室的主要功能是提供进行锚碇锚固系统防护、维护的空间。有的隧道锚不设后锚室或者虽有后锚室但在锚碇修建完成后进行了回填封堵，这对锚体可换式无黏结预应力体系是不可行的。四渡河桥隧道锚后锚室深 2.2m，横截面与锚体横截面相同。

6. 散鞍基础

直接承受由大缆作用于散鞍的压力，并传递到地基。四渡河桥隧道锚的散鞍基础采用 C30 混凝土。

此外，由于隧道锚属地下结构，应重视防、排水措施及除湿系统的设置。

三、隧道锚的锚址特点

隧道锚把岩体作为锚体的一部分共同承受大缆拉力，因而从宏观上看，即所谓从概念设计的角度而言，适合建造隧道锚的锚址地质条件应具有以下特点。

(1)锚址区的地质条件应是区域稳定的。锚址区不应有滑坡、崩塌、倾倒体及层间滑动等区域性地质灾害存在，不应有深大断裂带通过。

(2)锚址区的岩体应具有较强的整体性。锚址区的岩体不应存在较多的裂隙、层理等地质构造，这些构造降低了岩体的整体性，对控制隧道锚的变位极为不利。

(3)锚址区的岩体应具有较高的强度。由于隧道锚的承载能力与岩体的强度密切相关，故要求锚址区的岩体应具有较高的强度以达到隧道锚的承载要求。

四、实用锚体尺寸拟定方法

锚体尺寸的拟定是隧道锚设计的主要环节，如何快速、合理的拟订隧道锚锚体尺寸对设计者而言是最为关心的，也是隧道锚的设计关键问题之一。

锚体尺寸拟定可分为两方面，即截面设计和锚体长度拟定。相比而言，锚体长度拟定较为困难。对于锚体截面设计主要应考虑三个方面：

(1)锚体截面要足够大以满足大缆散索后锚固空间的需要。

(2)锚体截面不能太大以至于使左右锚体的距离过近，使锚体间围岩扰动严重，强度降低太多。

(3)锚体截面的外轮廓要利于岩体开挖阶段的稳定，可借鉴常规的隧道断面。

只要综合考虑这些因素就不难拟定锚体的横截面。

对于相对困难的锚体长度拟定问题，作者据四渡河桥隧道锚设计时所做的研究工作，建议了一个近似估算公式[7]，即

$$L_m \geqslant \frac{3\sqrt{3}PK}{(8\sqrt{C}U_p[\tau])}$$

式中：L_m——锚体长度；

P——大缆拉力；

K——锚碇安全系数；

C——参数，建议在 0.10～0.12 之间取值；

U_p——锚体截面的周长；

$[\tau]$——岩体容许抗剪强度，偏安全计可取无正压力时的岩体抗剪强度，即黏聚力。

此公式系根据锚体周围剪应力分布特点及最大剪应力准则得到。推导中引入了以下假定，现予以明确，供使用者选择：

(1)锚体截面近似按等截面。考虑到两缆间距有限，锚体的张角不能太大，忽略张角的影响偏安全。

(2)略去锚体的自重。考虑隧道锚的本质是依靠岩体对锚体的锚固作用，而不是依靠锚体自身的重量锚固大缆，此假定也是偏安全的。若要考虑锚体重量的影响，可以在大缆拉力 P 中扣除之。

(3)引入 10%假定。即认为当锚固段的锚体轴力降到大缆拉力 P 的 10%以下时，其后的锚体长度对锚固作用贡献不大，可以略去不计。

从四渡河桥隧道锚的估算结果来看，该公式用于锚体长度拟定不但简便，且具有较高的精度。由于实例较少，其适用性有待进一步的验证。

图 3 分别为四渡河桥隧道锚锚体周围剪应力分布（图 3 水平轴距离以后锚面为 0 计，沿指向前锚面方向增大）及锚体后锚面布置图（图 4）。

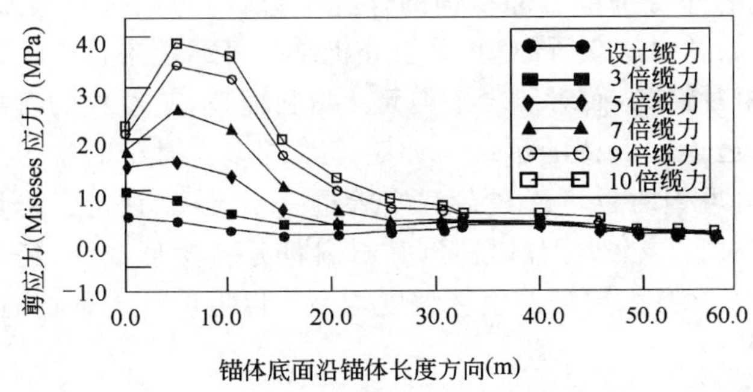

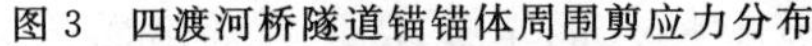

图 3 四渡河桥隧道锚锚体周围剪应力分布

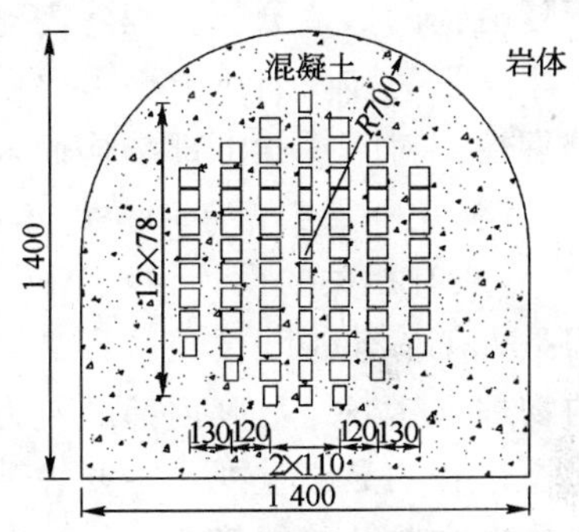

图 4 四渡河桥隧道锚锚体后锚面（尺寸单位：cm）

五、锚固系统选择

据锚固系统采用结构材料的不同，可分为无预加力的预埋型钢式和有预加力的预应力钢束锚固形式。锚碇型钢形式的锚固系统现在已很少使用，预应力钢束锚固形式已成为主要的形式。从锚固系统着力点位置的不同又可分为前锚式和后锚式。

多项研究及四渡河桥隧道锚锚体周围剪应力分布规律均表明剪应力的最大值出现锚固体着力点附近[8～11]。从力学分析的角度看，采用后锚式锚固系统明显优于前锚式锚固系统。其主要原因是，一般而言，越是靠近岩体深部，岩体的强度越高，相应的承载能力越高，故相同的锚体长度，锚固系统的着力点放置在锚体后锚面附近有利于提高隧道锚的承载力。

此外，考虑到后期维护和长期使用的需要，锚固系统采用无黏结预应力钢束还具有可换性的优势（图 5）。具体选用时还需结合施工条件、施工方法综合考虑。四渡河桥隧道锚采用后锚式无黏结钢绞线形式锚固系统，且具有单根可换性。

六、数值分析应注意的问题

数值分析已是桥梁结构设计的主要分析手段，目前主要方法为有限元法，相应的商业软件比较多。无论方法和软件均相对成熟，这已为桥梁设计工作者所普遍认同和接受。对于岩土领域的数值分析，采

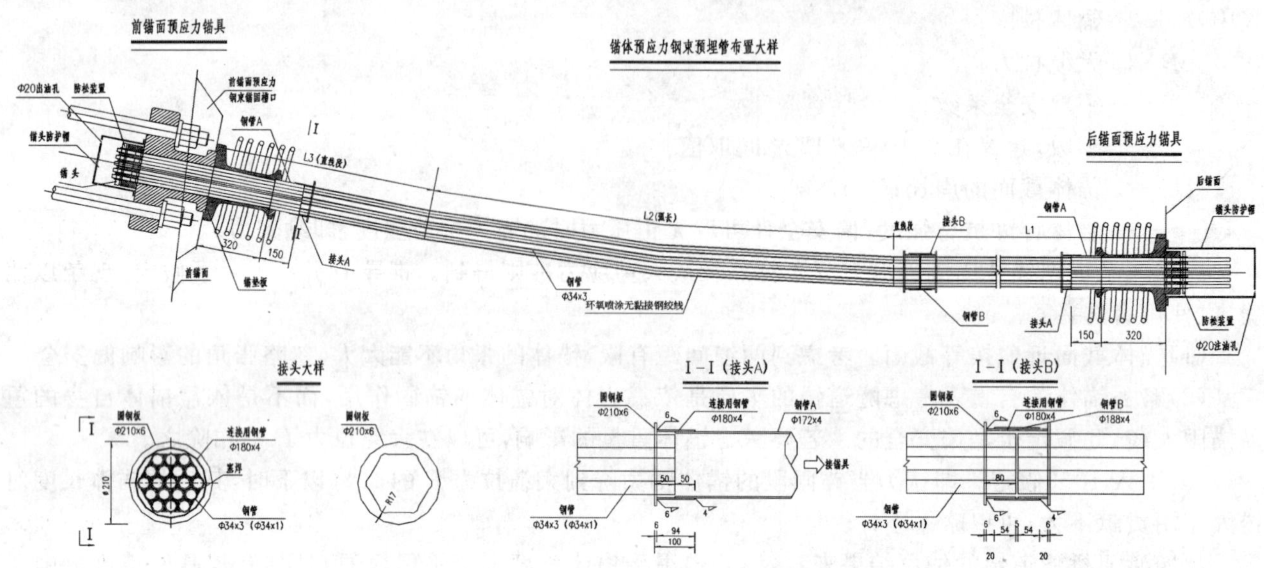

图5　四渡河桥隧道锚可换式锚体预应力体系构造图(尺寸单位:mm)

用连续体快速拉格朗日分析法(Fast Lagrangian Analysis of Continua)已比较广泛,相应的商业软件以FLAC系列(2D、3D)最为著名。对于隧道锚的数值分析,采用两种方法均可。

对于隧道锚的数值分析过程除需建立初始应力场外与桥梁上部结构的计算类似,已为大家所熟知,不再赘述。这里对涉及岩土方面需要注意的加以重点说明。众所周知,数值分析结果可靠性来自于输入参数的可靠性。对于桥梁上部结构而言,材料参数相对精确,而对于岩土类天然材料而言,其参数的可靠性却难以控制,这一点类似于旧桥的承载力评定,却远远比旧桥的承载力评定困难的多。对于旧桥的承载力评定,一般有相关的设计、竣工资料可查,无资料可查时也可通过荷载实验进一步推测、评定。毕竟原有结构是人工修建,其材料、质量是经过控制的。对于岩土类天然材料,其材料都是自然形成的,经历了复杂的物理、化学过程,其内部的应力状态、材质的均匀性、层理的发育程度均是难以探明和预计的,这些应引起设计者的足够重视。主要表现在:

1.岩体力学参数的取值

由于岩体工程特性复杂,几乎随处都在变化。室内岩石试验是人们掌握岩石力学性质最基本的手段之一。但室内测定的岩石力学参数直接用于评价岩体力学参数与实际相差甚远,多结合现场测定的岩体力学参数综合评价。现场原位试验确定的岩体参数又具有明显的尺寸效应。事实上,人们对岩体的实际构成本身都很不清楚,希望通过试验能够准确的进行模拟并获得可靠数据是没有根据的[12]。人们不得不对试验数据参照工程经验进行修正,尽管修正带有任意性。因而,对岩体力学参数,特别是结构响应的敏感参数的取值是数值分析精确性的前提,对隧道锚的数值分析十分重要。

2.岩体材料本构模型

本构模型一般指本构关系和强度准则的总称。由于岩体结构的复杂性,人们已经认识到试图建立一种反映岩体全部变形机理的普适本构模型目前还是不可能的[12-13],应针对岩体、工程和问题的具体特点选用简单而能说明最主要问题的本构模型。岩体多采用弹塑性力学模型,本构关系用全量或增量理论表达,屈服准则一般与强度准则只差一个常数。近百年来提出了许多本构理论,目前用于岩土工程中的主要有Rankine、Tresca、Mohr-Coulomb、Drucker-Prager、Griffith和Hoek-Brown准则。四渡河桥隧道锚数值分析采用了Mohr-Coulomb准则。

3.地应力场量测

地应力是在任何工程作用之前存在于岩体中的应力,也称初始应力,它直接影响岩体的材料特性和稳定性。工程建设产生的附加应力和地应力共同构成岩体的最终应力状态,并决定岩体的变形和破坏,一般认为由自重应力、构造应力和封闭自应力组成。主要的地应力测量方法有:应力解除法、应力恢复法、水压致裂法和声发射法[14]。但目前尚无一种公认完善的测试方法，各种方法得到的均是在钻孔、取样扰动后的二次应力状态下的结果，且扰动对初始应力场的影响，目前还无法精确估计。四渡河桥隧道锚数值分析的初始应力场近似采用了自重场。

4. 弱夹层的模拟

对于岩土工程中的节理、断层、破碎带、弱夹层等不连续面，将该部分厚度内的填充物作为一种材料（材料可用 Mohr-Coulomb 模型）来模拟，同时采用有限元进行网格划分，对软弱充填物与岩性较好的岩体部分的交界面，采可用节理单元或接触关系模拟。相对于建模范围的岩体尺寸，破碎带弱夹层的厚度很薄时，划分的单元网格长、宽过大，容易引起计算不收敛问题，建议近似用接触关系拟其张开和闭合及闭合时对摩擦的传递。四渡河桥隧道锚数值分析的采用接触关系模拟了锚体和桥塔之间岩体存在的一条节理。

从以上可以看出，限于目前岩土工程学科的发展阶段，若要得到隧道锚的承载能力及变位的精确估计是困难的，不同的参数测定单位会得到不同的岩体力学参数，其主要原因是要对测得的岩体力学参数进行多项修正，而这些修正带有任意性，依测量者的经验、经历而不同，故目前应慎重判别计算的结果。隧道锚的承载性能的精确评价及更经济的隧道锚设计还有待于岩土工程学科的进一步发展。四渡河桥隧道锚数值分析采用有限元法，计算结果显示，按锚体间岩体塑性区贯通判断的安全系数约为 6 左右。图 6、图 7 为四渡河桥隧道锚数值分析结果，分别为在 7 倍缆力作用时锚体围岩顺桥向位移（图 6）及锚体围岩塑性区分布（图 7）。

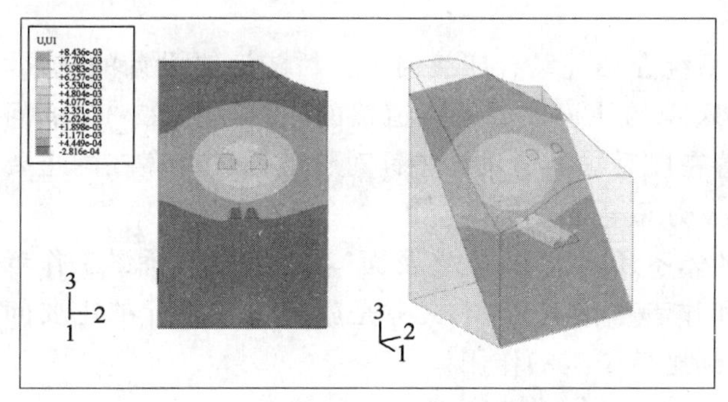

图 6 锚体围岩顺桥向位移分布（尺寸单位：m）

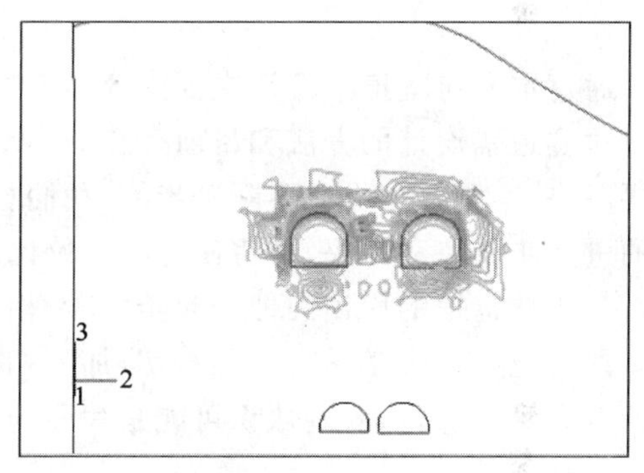

图 7 锚体围岩塑性区分布（下部为隧道）

七、比例模型试验

基于岩体参数测定的不确定性，仅凭数值分析的结果难以确定隧道锚的安全度，比例模型试验是一个较好的验证手段。但需指出，比例模型试验也存在以下问题需要注意，对试验的结果进行判别采用：(1)模型的比例不易确定。大尺度的模型造价高且因拉力过大而难以加载；(2)与原锚位岩体相似的试验锚位难以选取；(3)比例模型试验的结果存在较大的尺度效应。如，虎门桥隧道锚初设方案的现场结构模型试验的模型比例为 1∶50，节理密度 2.2～2.9 条/m，节理长度 1.14～1.18m，而模型锚体的长度只有 1.06m[15]。

四渡河桥隧道锚进行了 1∶12 缩尺比例模型试验[16]。在隧道锚碇附近选择了与其工程地质条件、岩体结构和岩性相近处为模型试验点。对模型开展了不同倍数设计荷载水平的快速张拉及流变试验研究，试验预期目的有三个：(1)研究隧道锚碇安全系数及隧道锚碇的变形机理；(2)研究模型锚碇的变位与时效变形，对实际的隧道锚碇的长期稳定性进行评估；(3)为数值分析提供依据。比例模型试验的主要结论为：推定实桥隧道锚碇的长期安全系数不小于 2.6；隧道锚的瞬时超载承载能力可达到 7.6 倍设计缆力。图 8、图 9 为四渡河桥隧道锚比例模型的位移计钻孔布置示意图和测缝计及应变计布置示意图[16]。

综合数值分析和比例模型试验的结果推断四渡河桥隧道锚的安全系数约为 6，主要是一般桥梁结构的超载均是短期的，且恒载的变异性较小，超载主要为活载部分。

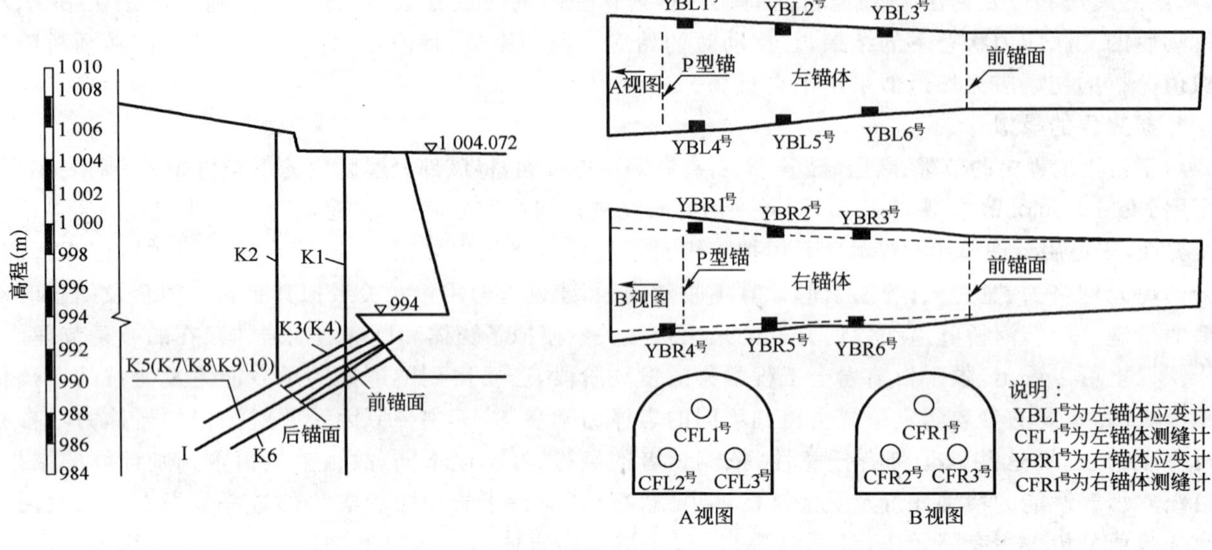

图8 位移计钻孔布置示意图

图9 测缝计及应变计布置示意图

八、结　语

通过本文对隧道锚设计主要内容和关键问题的系统介绍并结合四渡河特大桥隧道锚设计的成果，基本可对隧道锚设计的方法和目前存在的问题有一个宏观的认识。尽管隧道锚的应用还存在一定的问题需要解决，毕竟科技是在不断进步的，我们相信，随着在以后的类似设计中针对隧道锚设计存在的主要问题的进一步研究和解决，必将使这种性价比高、环境友好型悬索桥锚碇应用进一步发展。

由于隧道锚的应用尚处于起步阶段，相关的设计体系还不成熟，且涉及面广，特别是与桥梁工作者不熟悉的岩土(石)力学学科关系密切，加上相关文献和作者水平有限，本文只是就隧道锚设计的主要问题进行了介绍和探讨，有些认识可能是片面的，望能起到抛砖引玉的作用。

参考文献

[1] 铁道部大桥工程局桥梁科学研究所编. 悬索桥. 北京：科学技术文献出版社，1996.

[2] 朱玉，廖朝华，彭元诚等. 大跨径悬索桥隧道锚设计及结构性能评价. 桥梁建设. 2005,(2):44～46.

[3] 卢永成. 重庆长江鹅公岩大桥东隧道式锚碇. 中国市政工程. 2003,(6):31～34.

[4] 李更冰. 万州长江二桥主桥设计简介. 铁道标准设计. 2003,(3):18～20.

[5] 董志宏，张奇华，丁秀丽等. 矮寨悬索桥隧道锚碇稳定性数值分析. 长江科学院院报. 2005,22(6):54～58.

[6] 曾钱帮，王思敬，彭运动等. 坝陵河悬索桥西岸隧道式锚碇锚塞体长度方案比选的数值模拟研究. 水文地质工程地质. 2005,(6):66～70.

[7] 朱玉，廖朝华，卫军. 隧道锚锚体长度估算公式. 2005年全国公路学会桥梁学术会议论文集. 2005，人民交通出版社，310～315.

[8] 李敏，蒋忠信，秦小林. 南昆铁路膨胀岩(土)路堑边坡应力测试分析. 中国地质灾害与防治学报，1995,(专辑):60～69.

[9] 尤春安. 全长黏结式锚杆的受力分析. 岩石力学与工程学报，2000,19(3):339～341.

[10] 蒋忠信. 拉力型锚索锚固段剪应力分布的高斯曲线模式. 岩土工程学报，2001,23(6):696～699.

[11] 朱玉，卫军，廖朝华. 确定预应力锚索锚固长度的复合幂函数模型法. 武汉理工大学学报. 2005,27(8):60～63.

[12] 薛守义，刘汉东. 岩体工程学科性质透视. 郑州：黄河水利出版社，2002.

[13] 陈良森,李长春.关于岩石的本构关系.力学进展.1992,22(2):173～182.
[14] 谢和平,陈忠辉.岩石力学.北京:科学出版社,2004.5～44.
[15] 夏才初,程鸿鑫,李荣强.广东虎门大桥东锚碇现场结构模型试验研究[J].岩石力学与工程学报,1997,16(6):19～23.
[16] 朱杰兵,邬爱清,黄正加等.四渡河特大悬索桥隧道锚模型拉拔试验研究.长江科学院院报,2006,23(4):51～55.

37.悬索桥隧道式锚碇设计

刘明虎
(中交公路规划设计院有限公司)

摘 要 概述了悬索桥隧道式锚碇的结构类型、受力特点,初步分析了其破坏机理及模式,介绍了隧道锚设计的基本思路和主要内容。

关键词 悬索桥 隧道式锚碇 设计

一、结构类型

地锚式悬索桥锚碇常采用重力式锚碇和隧道式锚碇(简称隧道锚)两种形式。当锚碇处地形、地质等自然条件较好时,从经济性考虑,隧道锚应是首选方案。锚板锚固(图1)仅适用于较小规模悬索桥(如重庆朝阳桥),本文不予讨论。从传力机理上,隧道锚可分为典型单一锚固隧道锚(图2a)和组合锚固隧道锚。单一锚固隧道锚仅通过锚塞体传力,组合锚固隧道锚则通过两种(或以上)锚固措施传力,如锚塞体+抗滑桩(图2b)、锚塞体+防滑齿坎(图2c)、锚塞体+岩锚(图2d)等;从锚塞体横断面看可分为圆形(或近似圆形,图2e)和矩形(或设顶拱或设底反拱,图2f);从锚塞体纵断面看可分为锥形(图2a)和尾部匙状(图2g)等。国内外部分悬索桥隧道锚统计资料见表1。

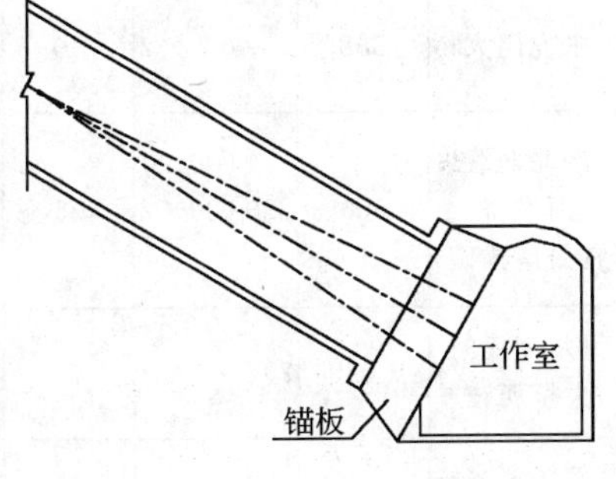

图1 锚板锚

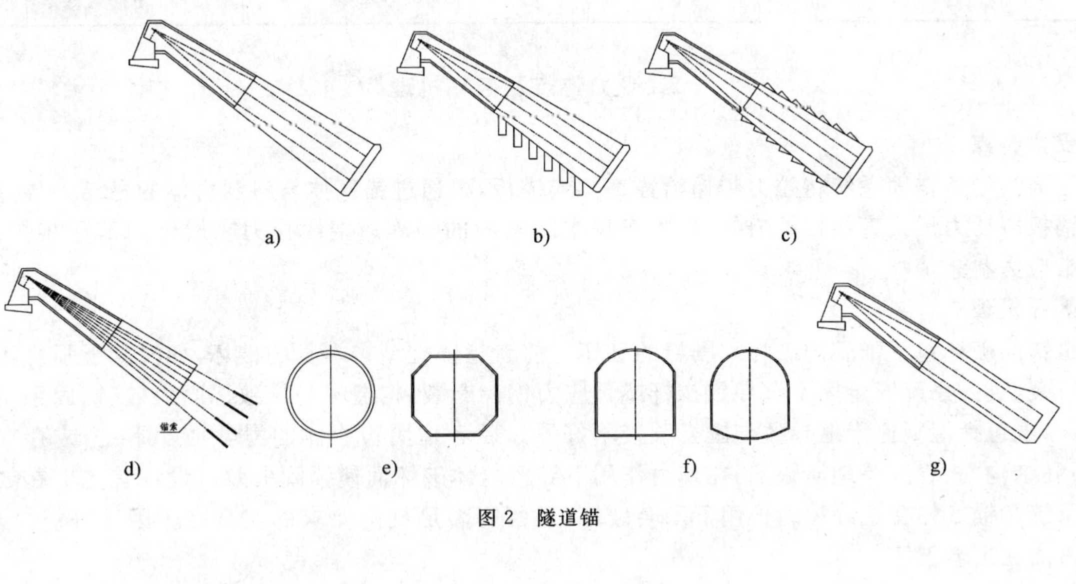

a) b) c)

d) e) f) g)

图2 隧道锚

国内外部分悬索桥隧道锚资料　　表1

桥梁名称	主跨(m)	主缆拉力(kN)	主缆折射角(°)	地质条件	锚体尺寸(m)	锚体最大埋深(m)	围岩平均剪应力(kPa)	备注
美国华盛顿桥(新泽西侧锚)	1 066.8	550 000×2	40	玄武岩	断面14.2×17.1，长45.7	36.5	193	锚体处岩面极为粗糙
英国福斯桥	1 005.8	140 000×2	30	南岸：页岩与砂岩互层 北岸：粗玄岩	南岸为圆形断面，前直径7.62，后直径13.72，长76.8 北岸前断面6.1×12.2，后断面12.8×12.2，长53.8	南岸38.4 北岸26.9	南岸68.9 北岸60.1	
日本下津井濑户大桥	940	320 000×2	38	闪长岩、花岗岩	前断面6.7×10.95，后断面14.7×13.95，长77.2	山体下	91	尾部匙状，长25.5m
重庆鹅公岩大桥	600	130 000×2	26	泥质砂岩与砂质泥岩互层	前断面9.5×10.5，后断面12.5×13.5，长42	41	82.8	尾部匙状，另设抗滑桩
万州长江二桥	580	102 000×2	30	砂质黏土岩、泥质粉砂岩、粉砂岩	前断面11×11.03，后断面14.2×15.3，长15(北锚变更为19)	40		尾部岩锚，作安全储备
重庆丰都长江大桥	450	68 450×2	35	长石石英砂岩	断面7.0×8.0，长10	山体下	255	锚体为橄榄式大齿
忠县长江大桥			34	泥质粉砂岩、长石砂岩	前断面9.2×8.5，后断面14.1×13.1，长13	40		尾部岩锚
广东虎门大桥	888	159 000×2	40	石英砂岩和砂质泥岩	前断面9.0×10.0，后断面13.0×14.0，长53	43.3	76.7	未实施
湖北四渡河大桥(宜昌岸锚碇)	900	220 000×2	35	灰岩	前断面9.8×10.9，后断面14.0×14.0，长40	山体下		锚体设防滑平台，锚碇已建成
贵州坝陵河大桥西锚	1 088	272 000×2	45	白云岩、白云质灰岩	前断面12.5×14.0，后断面21.0×25.0，长40	约86	约81	在建
湖南矮寨大桥茶洞侧锚	1 176	260 000×2	38	灰岩	前断面11.0×12.0，后断面15.0×15.0，长43	约67	约200	在建

二、受力特点及破坏机理

1. 受力特点

主缆通过缆索锚固系统将拉力传递给锚塞体或锚板，再通过锚塞体与隧洞岩体的黏结力传递给围岩或通过锚板以压力形式直接传给岩体，从而实现主缆索股的锚固。主缆拉力在岩体内部逐步扩散，围岩处于复杂应力状态。

2. 破坏机理

隧道锚的破坏包括锚碇的破坏和围岩的破坏。前者指锚碇结构本身的破坏，如混凝土强度不够导致压溃或拉裂、锚固系统安全度不够导致拉杆或预应力钢束断裂、构造不当导致锚固失效、锚固系统钢构件腐蚀破坏，也包括混凝土干缩导致与围岩胶接不好等。后者指周边岩体的力学强度不足，或存在着软弱夹层、不利结构面、岩溶等地质缺陷，在缆力作用下导致岩体破坏而使锚固失效。设计首先应在结构上保证锚固系统和锚塞体在主缆拉力作用下不会破坏，且留有满足规范要求的安全度。因此，隧道锚破坏机理研究重点在围岩破坏。

由于目前国内外已建成的悬索桥隧道锚均能安全运行,因此很难从工程实例的角度对隧道锚可能的破坏模式加以分析总结。另外,国内仅有的几个进行过实体模型试验的工程实例,如广东虎门大桥、重庆鹅公岩大桥、贵州坝陵河大桥的模型试验,亦未得到超张拉条件下锚碇及围岩的破坏模式。并且隧道锚的承载系统涉及到多种材料或介质与复杂地质体之间的相互作用,弄清其破坏机理和模式十分困难。以下结合一般的力学分析、岩土工程的相关经验,参考相关文献,对围岩可能出现的破坏形式作初步分析。

(1)结构面发育时的围岩破坏模式

岩体由于结构面的存在和发育程度不同,其力学行为可以表现为连续介质~非连续介质的特点。当岩体中的结构面较发育时,围岩的破坏与结构面分布及产状密切相关,破坏面可追踪结构面发生发展,最终导致岩体破坏和锚碇失效。虎门大桥锚碇破坏模式分析认为结构面发育的岩体的破坏模式如图 3。在主缆力作用下,结构面岩体失稳存在着两种可能性:一种是由两组软弱结构面形成的台阶状滑动面如图 3a);另一种是沿缓倾结构面切断岩桥而形成反倾平面滑动面如图 3b)。

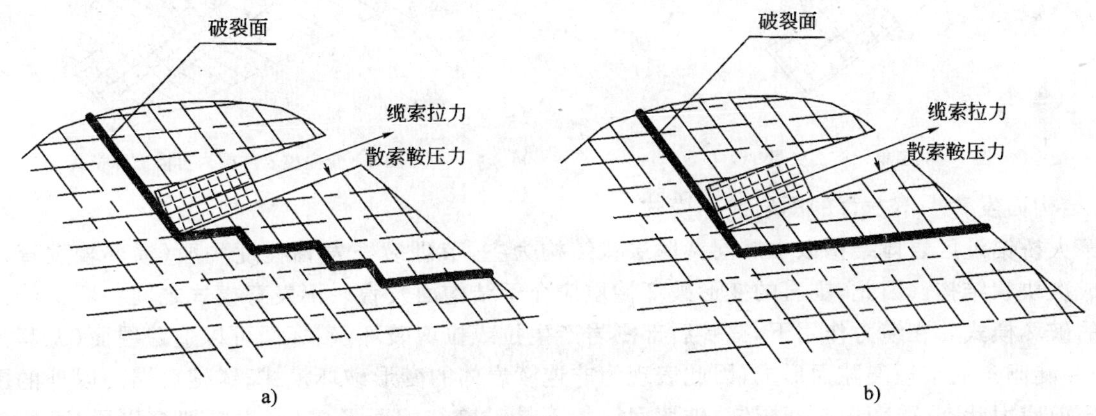

图 3 虎门大桥隧道锚方案围岩可能破坏模式

沪蓉国道主干线宜昌至恩施段支井河特大桥在初设阶段进行了隧道锚方案的论证。桥址区基岩为三叠系白云质灰岩,薄~中厚层状;西岸岩层产状为 210°∠25°,发育三组近垂直裂隙:①110°∠75~85°;②60°∠70°;③ 80°∠90°,桥轴线近 EW 向。由于岩层产状与轴线方向相近,在缆力作用下,可能产生顺层面的滑移,且由于陡倾角裂隙发育,锚碇周边围岩后部和侧部受其切割而与深部围岩脱离开来,形成一定的围岩失稳破坏区,其可能的破坏模式如图 4 所示。

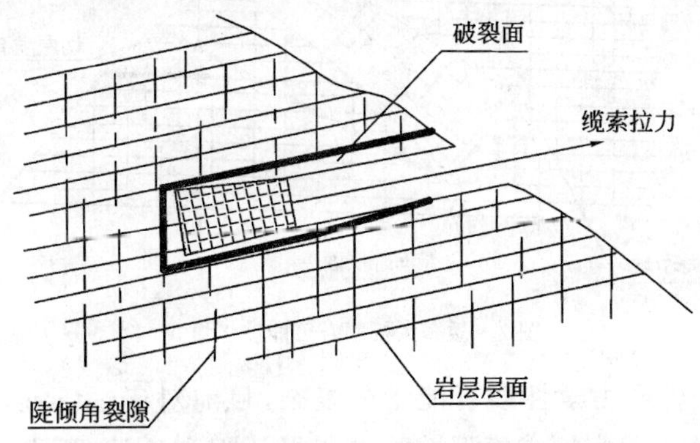

图 4 支井河桥隧道锚方案围岩可能破坏模式

因此,当岩体结构面发育,且结构面分布和产状不利时,锚碇围岩的破坏面可以追踪结构面而发育。

(2)结构面不发育时的围岩破坏模式

若岩体中存在的结构面不甚发育时,岩体的力学性状主要表现为连续介质体的力学特征。相关单位对矮寨大桥隧道锚建立三维数值模型采用数值模拟的方法进行了简要分析:将岩体视为均质体,在锚碇后端面施加设计主缆力或超载力,并选取适当的岩体力学参数,计算后获得了围岩的主应力矢量及塑性区分布情况。

缆力作用下，锚碇后端面以外的周边围岩受到锚碇的挤压力和剪切力作用而一般处于压剪应力状态。锚碇周边围岩某单元的应力状态如图 5 所示，因此单元内的破坏面也如图中所示。同理分析其他部位的单元应力状态和破坏面形态，可以简化地勾画出破坏面如图 5 所示。最后得到均质岩体中的锚碇围岩破坏模式接近于图 6，破坏面呈向外扩大的锥形状。塑性区的分布与破坏面的形态近似。此外，缆力大小或岩体力学参数不同，可以影响到破坏面形态上的差异。

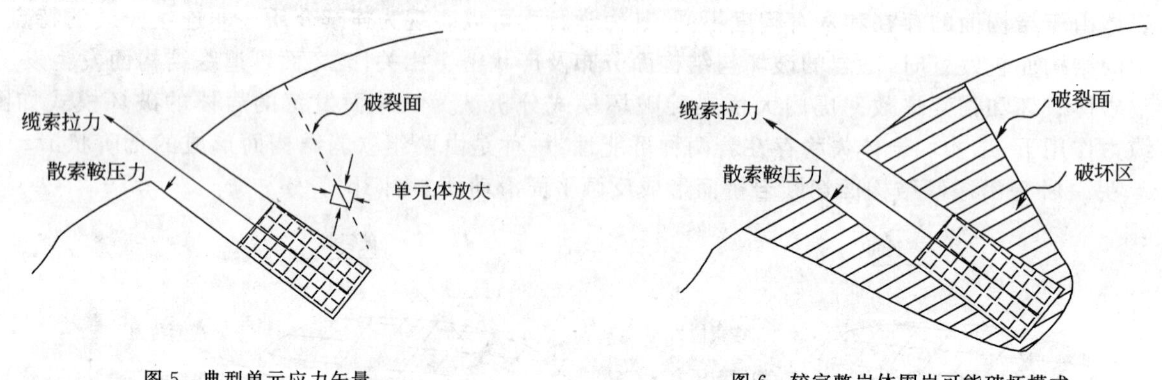

图 5 典型单元应力矢量　　图 6 较完整岩体围岩可能破坏模式

(3)结构面发育～不发育的围岩破坏模式

矮寨大桥锚址区岩体结构以中厚层夹薄层状结构为主，节理裂隙发育程度一般(局部较发育)，将岩体切割成次块状结构。因此，围岩的变形破坏性质应介于结构面发育～不发育模式之间。图 7 给出了围岩可能的破坏模式。在缆力作用下，锚碇后部围岩产生拉或拉剪破坏，破坏面可以追踪层面(尤其是层间剪切面)和陡倾角的节理裂隙而形成，因此表现为非连续岩体的变形破坏模式；锚碇后端面以外的围岩主要处于压剪应力状态，受变形空间限制，破坏面一般不易沿着结构面形成，将主要切穿岩层(可能部分追踪层面)而形成向外扩大的锥形破坏面，因此近似表现为连续岩体的破坏模式。

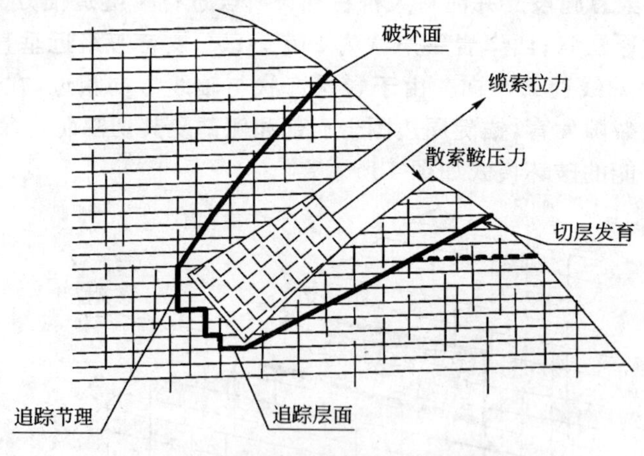

图 7 矮寨大桥围岩可能破坏模式

实际岩体的工程地质条件和力学性质可能十分复杂，目前对于锚碇在巨大缆力作用下的变形破坏模式认识还很不充分，缺乏从工程实例或模型试验中获得认识和论证，因此上述分析仅为对锚碇围岩可能破坏模式的初步认识。深入认识围岩的破坏模式及机理，为锚碇设计提供依据，则需要进行更深入的理论分析和试验研究。

三、地质勘察及岩体力学特性研究

全桥的地勘工作应通过必要的勘察手段和试验工作，查明桥址区的地形地貌、地层岩性、地质构造、水文地质、不良工程地质等问题，获取岩土层的物理力学参数及水文地质参数、基岩埋深、岩性、风化程度及节理构造情况等。此外，针对隧道锚岩体变形稳定的重要性，尚应对锚区岩体力学特性进行专门深入地研究，通过开挖勘探试验平(斜)硐了解锚区岩体的卸荷范围，进行地质模型概化，通过室内和现场原位岩体力学性质试验，进行岩体质量分级，综合分析锚区岩体力学参数。主要内容包括：

(1)锚区或原位的平(斜)硐开挖及地质描述。

(2)室内试验

①常规试验：包括岩块物理性质试验(颗粒密度、块体密度、天然含水率、饱和吸水率、孔隙率)、岩石力学性质试验(岩块声波测试、岩块抗拉强度、单轴压缩强度、单轴压缩变形)。

②岩石三轴应力应变试验：以获得岩石三轴抗剪强度、轴压与围压的关系方程。

③岩石结构面直剪试验：以获得结构面抗剪断和抗剪强度。

(3)原位试验

①岩体变形试验：以获得岩体变形参数。

②岩体直剪试验：以获得岩体抗剪断和抗剪强度。

③混凝土与岩体接触面直剪试验：以获得接触面抗剪断和抗剪强度。

(4)锚区岩体质量分级：进行岩体声波测试，结合岩石室内试验结果，计算岩体的基本质量指标，进行岩体基本质量分级。

(5)地质模型概化及岩体力学参数取值：通过对岩体风化特征和卸荷裂隙分布及张开度进行调查，对岩体声波波速分布规律进行分析，综合确定卸荷风化带范围，建立锚区地质概化模型。依据室内岩石物理力学性质试验和原位岩体力学试验资料，结合工程岩体质量分级和 Hork-Brown 准则，并考虑试验对象的地质代表性、岩体力学参数的尺寸效应、岩体各向异性以及岩体蠕变特性等因素，综合提出岩体力学参数。

根据锚碇规模及结构的重要性，在条件允许情况下，可另外进行现场岩体蠕变特性试验和原位缩尺锚塞体抗拔试验。

四、主要设计参数及选择

1. 锚固长度

指锚塞体沿主缆轴线方向的长度，主要由主缆拉力、锚塞体周边岩体质量及其综合力学参数指标、设计取用的锚塞体抗拔出安全系数(或强度安全储备系数)、锚塞体横断面尺寸等因素决定。主缆拉力大、岩体质量差、安全系数大、断面尺寸小，则锚固长度长，反之则短。

2. 折射角

首先应保证索股在散索鞍鞍槽内的稳定，即由主缆入射角、主缆经转索点后斜平面内扩散角确定折射角的基本范围；其次要结合考虑地质条件、埋深、临近建筑物等因素；另外尚应考虑隧洞开挖施工的难易度，在基本范围内尽量取小值以方便施工；同时还应结合桥梁总体布置、地质地形情况等予以综合确定。从表 1 可见，折射角一般在 30°～40°。

3. 抗拔出安全系数(或强度安全储备系数)

抗拔出安全系数相当于重力锚的抗滑动安全系数，但计及了锚塞体上部的岩土体自重和锚塞体侧、底面混凝土与岩体的黏聚力的有利影响。一般要求在平常时，该安全系数应不小于 2。

强度安全储备系数即在进行锚体与围岩共同作用整体有限元稳定性分析时，围岩在失稳破坏前锚碇所达到的极限承载力与设计缆力的比值。一般认为该值不应小于 3，实际设计中往往更大，如日本下津井濑户大桥大于 9，四渡河桥大于 7，坝陵河桥大于 6，重庆鹅公岩桥模型试验结果大于 4.6。

4. 围岩平均剪应力

根据前述破坏机理分析，不同地质情况决定了不同锚碇的围岩破坏形式各不相同。简化计算可将岩体视为匀质体，在缆力作用下，锚固长度范围内岩体发生以锚塞体尾部断面为横断面的筒体受剪破坏，从而可计算围岩的平均剪应力。从表 1 可见，该值多控制在 0.1MPa 内，个别岩体质量较好的达到 0.2MPa 左右。一般来讲，III 级以内围岩适宜建隧道锚，III 级围岩的抗剪断峰值强度指标为：内摩擦角 $\phi=39°\sim$

50°，黏聚力 $C=0.7\sim1.5\text{MPa}$，可见，锚碇设计在围岩纯抗剪方面一般应保证具有足够的强度安全系数。

五、结构组成及构造

1. 锚塞体及锚固系统

锚塞体是隧道锚核心受力部位，有锥体形式和前部等截面尾部匙状形式之分，采用前者可避免后者存在的应力集中现象。锚塞体横断面可分为圆形(或近似圆形)和矩形(设顶拱或设底反拱)，断面尺寸主要受制于锚固系统的布置，同时结合锚固长度及锚碇结构分析等因素综合确定。有的设计为增加锚塞体抗滑抗剪能力，常设置与锚塞体连为一体的抗滑桩、台阶状齿坎等，但这同时增加了施工难度。其构造相对复杂，有效性值得研究。锚固系统的设计与重力锚无原则差别。

2. 散索鞍支墩及基础

隧道锚的散索鞍支墩为承担散索鞍传递的主缆压力的独立构件，设置于隧洞入口处，一般与隧洞后期支护或出露的前锚室侧、顶板做成封闭结构。其基础根据地质条件多设计成带齿坎或倒坡扩大基础或大直径斜置挖孔桩。

3. 隧洞支护结构

由于断面尺寸较大，为保证安全和加快进度，一般分为初期(一期)支护和后期(二期)支护(衬砌)。隧洞开挖后及时跟进施工的支护为初期支护，整个隧洞范围均设置，由于锚塞体范围后期被混凝土充填，因此，后期支护仅在锚室段设置。应根据围岩级别和开挖毛洞跨度合理选择初期支护类型，通常有不支护、喷射混凝土、钢筋网喷射混凝土、钢筋网锚杆喷射混凝土、钢筋网锚杆喷射混凝土内设钢架等类型。后期支护为钢筋混凝土结构，可认为是锚室外壁。三维分析表明，支护结构对锚碇整体受力影响不大，可仅作为围岩支护结构进行验算。

4. 锚室

索股自由长度段的封闭空间即为前锚室，通过与外部环境隔绝以保护索股，并作为进入锚碇内部检修养护的通道。在锚塞体后部预留锚固系统施工空间即为后锚室，通常与设置的工作竖井相连。根据需要在施工完成后用混凝土充填或永久保留。

5. 防排水系统

运营期间的永久防排水系统的设置及其功能的有效发挥对于隧道锚的正常运营非常重要，对于长期处于地下水位以下的隧道锚尤其如此。通常在初期支护里设置防水层、复合防水板将地下水隔绝，并在两期支护之间设置暗沟、盲沟或引水管，将渗水集中后抽走或向山体低处排走。在结构施工缝处应设置有效止水带。作为辅助措施，还宜对围岩、围岩与支护之间、支护结构内部进行压浆处理。支护结构混凝土和锚塞体混凝土宜采用防渗混凝土或微膨胀混凝土。

6. 岩锚

有计算表明：锚塞体前端围岩应力较大而其他部位尚小，因此在后端设置一定数量岩锚以帮助抵抗一部分缆力，降低前端围岩应力。尽管实际上会起到一定效果，但其共同受力却不明确，因此多作为安全储备。岩锚常采用拉压分散型预应力锚索，张拉端在后锚面处与锚固系统相连。索体的永久防腐极为重要，是其有效性的根本所在。

7. 附属工程

包括工作竖井、检修通道(门、楼梯、平台等)、除湿、照明设备等，通常为实现特定的功能而设置。

六、计算分析主要内容

1. 整体稳定性验算

隧道锚的整体稳定性验算，在地基承载力及抗倾覆方面绝无问题。但其锚塞体抗拔出(抗滑动)稳定性应做充分论证。抗拔出安全系数可用下式简化计算：

$$K=\frac{\sum G_1 sin\theta+\mu\sum G_2 cos\theta+\sum C_i A_i}{T}$$

式中：G_1——锚塞体自重力；

G_2——随锚塞体一起移动的岩体自重力；

θ——主缆折射角；

μ——锚塞体混凝土与岩体间的静摩擦系数；

C_i——锚塞体底、侧面混凝土与岩体间的黏聚力；

A_i——锚塞体底、侧面面积；

T——设计主缆拉力。

此外，应作锚固段筒体抗剪计算，验算岩体剪应力。还可将锚塞体近似作为摩擦桩或嵌岩桩作抗拔验算。总之，通过多种模式计算以控制锚碇的安全度。

锚碇的变位一般通过锚碇－围岩共同作用稳定性分析获得，计算表明：在保证围岩不失稳破坏的前提下，锚塞体及散索点的位移相对于设置在劣质地基上的重力锚而言很小，一般总可以满足规范要求。

散索鞍支墩下的地基承载力、抗滑动及抗倾覆稳定应作独立验算。

2. 锚碇—围岩共同作用稳定性分析

上述简化计算不能掌握应力集中状态、极限承载力及破坏机理。因此，应采用合适的手段进行空间刚体弹性模型分析或弹塑性模型分析。数值分析时，利用地质概化模型，将锚体、山体及其之间的胶结面模型化，岩体及胶结面可采用弹塑性 *Mohr-Coulomb* 模型，锚塞体混凝土采用弹性模型。通过施加设计荷载计算锚体及岩体的应力、位移的大小及分布，获得山体变形稳定性状态；通过施加缆力超载和弱化胶结面的强度参数研究锚碇的极限承载力或安全系数，以及锚碇的破坏机理和模式。计算内容一般包括：

①根据隧洞、锚体等的施工步骤，按设计缆力（T）计算山体、边坡、围岩、锚体各部位的应力及变形，分析各部的强度安全度及稳定性；

②在①的基础上，力学参数不变，分级强化缆力（如 2T、3T、4T…nT 等），以及：缆力不变，分级弱化胶结面强度参数（如 1/2 倍、1/3 倍、1/4 倍…1/n 倍等），分不同方案计算山体、边坡、围岩、锚体各部的应力及变形，分析各部的强度安全度及稳定性。最终获得锚碇的极限承载力或安全系数，以及锚碇的破坏机理和模式。

3. 锚体及锚固系统结构分析（略）

参考文献

[1] 周孟波等. 悬索桥. 人民交通出版社，2003.

[2] 卢永成. 重庆长江鹅公岩大桥东隧道式锚碇. 中国市政工程，2003(6).

[3] 吴相超等. 重庆长江鹅公岩大桥东锚碇岩体力学参数研究. 地下空间，2003(6).

[4] 程鸿鑫等. 广东虎门大桥东锚碇岩体稳定性分析. 同济大学学报，1995(6).

[5] 阳金惠等. 隧道式锚碇加锚杆在万州长江二桥锚固系统中的应用. 公路，2002(1).

[6] 夏才初等. 广东虎门大桥东锚碇现场结构模型试验研究. 岩石力学与工程学报，1997.

[7] 肖本职等. 重庆鹅公岩大桥东隧道锚结构模型试验的变形观测结果报告，1998.

[8] 赵启林等. 悬索桥锚碇及地基基础中的力学问题研究动态，水利水电科技进展，2001.

[9] 黄正加等. 沪蓉国道主干线湖北支井河特大桥隧道锚碇三维弹塑性数值分析，2003.

[10] 中交公路规划设计院，沪瑞国道主干线贵州坝陵河大桥技术设计和施工图设计文件.

[11] 长江水利委员会长江科学院，矮寨大桥隧道锚与塔基岩体稳定性研究报告.

[12] 刘明虎. 悬索桥重力式锚碇设计的基本思路. 公路，1999(7).

[13] 岩土工程勘察规范(*GB* 50021—2001). 中国建筑工业出版社.

[14] 公路隧道设计规范(*JTG D*70—2004). 人民交通出版社.

[15] 锚杆喷射混凝土支护技术规范(*GB* 50086—2001). 中国计划出版社.

[16] 工程岩体分级标准(*GB* 50218—94). 中国计划出版社.

38. 山区钢桁加劲梁悬索桥桥面系的方案研究

彭元诚　叶文华　陈杨明　吴游宇
（中交第二公路勘察设计研究院有限公司）

摘　要　本文调查、研究了国内外钢桁加劲梁悬索桥的桥面系结构形式，结合湖北沪蓉西四渡河大桥设计，对钢—混凝土组合板梁和正交异性桥面板两种桥面系进行了比较，提出了适宜山区悬索桥的轻型桁架与钢—混凝土组合板梁桥面系方案。

关键词　四渡河大桥　钢桁梁　悬索桥　桥面系　组合梁

一、概　况

四渡河特大桥位于沪蓉国道主干线湖北宜昌至恩施公路、恩施州巴东县野三关镇。桥区位于鄂西南褶皱山区腹地，山峦连绵，峰丛林立、谷深坡陡，地形切割强烈，高差急剧变化，相对高差达1 000*m*，桥面与峡谷谷底高差500*m*。四渡河桥是宜昌至恩施高速公路建设项目中地形地貌最为复杂险峻路段的特大型桥梁工程，同时桥区施工场地狭小、交通运输条件极其困难。大桥处路线海拔约920～940*m*，且处于大型峡谷谷口，冬季冰、雪、雾等灾害性气候较频繁，桥梁的养护、行车安全非常重要。

由于运输条件制约，四渡河特大桥主桥采用900*m*单跨双铰钢桁加劲梁悬索桥。钢桁加劲梁为华伦式桁架，由主桁架、上下平联、横向桁架组成。桁架杆件工厂制作，运抵桥位现场后组拼成立体节段安装。

二、桁式悬索桥桥面系的历史、现状

桁式加劲梁悬索桥的桥面系一般按不参与加劲梁受力设计，桥面系具有可更换性。现代桁式悬索桥的桥面系有两种设计风格，即混凝土桥面系和正交异性钢桥面系。美国大跨度钢桁悬索桥桥面系多以混凝土板为主，日本大跨度钢桁悬索桥桥面系则以正交异性钢板为特征。我国已建成的桁式加劲梁悬索桥，如丰都长江大桥、忠县长江大桥、万州长江二桥等，均采用的是混凝土板桥面系，如表1所示。

国内外长大跨桁式加劲梁悬索桥设计参数表　　表1

桥　名	主跨(m)	桁高 H(m)	桁宽 B(m)	H/L	桥面系类型	用途	竣工
日本明石海峡大桥	1 991	14.0	35.5	1/142	正交异性钢板	单层桥面	1998
香港青马大桥	1 377	7.6	41	1/181	正交异性钢板	公铁两用	1997
美国纽波特大桥	487.7	4.877	20.1	1/100	混凝土板	单层桥面	1969
美国韦拉扎诺桥	1 298	7.3	30.6	1/177	混凝土板	双层桥面	1964
美国麦基纳克桥	1 158	11.6	20.7	1/100	混凝土板	单层桥面	1957
美国塔科马新桥	853	10.1	18.3	1/85	混凝土板	单层桥面	1950
美国金门大桥	1 280	7.6	27.4	1/168	混凝土板	单层桥面	1937
美国乔治华盛顿桥	1 067	9.1	32.3	1/117	混凝土板	双层桥面	1931
葡萄牙4月25日桥	1 013	10.7	21.0	1/95	混凝土板	公铁两用	1966
英国福斯桥	1 006	8.4	23.8	1/120	正交异性钢板	单层桥面	1964
日本南备赞桥	1100	13.0	30.0	1/85	正交异性钢板	公铁两用	1988
日本北备赞桥	990	13.0	30.0	1/76	正交异性钢板	公铁两用	1988
日本下津井濑户桥	940	13.0	30.0	1/72	正交异性钢板	公铁两用	1984

续上表

桥　　名	主跨(m)	桁高 H(m)	桁宽 B(m)	H/L	桥面系类型	用途	竣工
日本大鸣门桥	876	12.5	34.0	1/72	正交异性钢板	公铁两用	1985
日本因岛大桥	770	9.0	26.0	1/86	正交异性钢板	单层桥面	1983
中国丰都长江大桥	450	3.0	14.0	1/150	混凝土板	单层桥面	1997
中国忠县长江大桥	560	3.6	19.8	1/156	混凝土板	单层桥面	2001
中国万洲长江二桥	580	4.0	21.2	1/145	混凝土板	单层桥面	2004
中国四渡河大桥	900	6.5	26.0	1/138	钢—混凝土组合板梁	单层桥面	在建
中国坝陵河大桥	1 088	10.0	27.0	1/121	正交异性钢板	单层桥面	在建
中国矮寨大桥	1 128	7.5	27.0	1/150	钢—混凝土组合板梁	单层桥面	在建

在表1统计的21座大型桁式加劲梁悬索桥中，约57%采用的是混凝土或钢—混凝土组合桥面系，混凝土桥面系由于重力刚度较大，桁式加劲梁可以设计得较轻型，桁高跨度之比一般在1/100以下。国内已建的三座桁式加劲梁悬索桥，由于地处内陆腹地，设计风速不高，均采用了轻型桁梁设计，桁高跨度之比在1/145～1/156之间；而正交异性钢板桥面系较轻，重力刚度较小，桁式加劲梁需较大的高度，桁高跨度之比约在1/72～1/86之间，桁架梁用钢量相对较多。

较轻型的桁梁设计，可以减小桁架杆件、节点的尺寸和重量，减轻节段吊装重量，这些特点对于山区交通运输条件差、施工场地狭小地区的桥梁建设尤为重要。

三、四渡河大桥的桥面系方案

四渡河特大桥地处内陆腹地，虽由于峡谷风效应导致设计风速有所提高，约28～33m/s，但相对我国沿海地区、日本临海地区，风速则要小得多，桥址区地震烈度区划为6度区，抗震基本不控制设计，同时桥区施工条件差，大型构件运输困难，故此亦采用了较轻型桁梁设计，桁架高度6.5m，桁高跨度之比1/138。

1. 钢—混凝土组合板梁桥面系方案

桥面系推荐方案采用钢—混凝土组合板梁。为支承在桁架横梁上的简支体系，预制混凝土板位于组合截面受力的受压区，工字钢主要位于受拉区，可以充分发挥两种材料的特点。钢—混凝土组合板梁设计方案如图1所示。

钢纵梁横向间距1.95m，梁高0.66m，梁长6.36m，简支在主桁横梁上弦杆上，理论跨径6.16m。桥面板采用预制混凝土板，预制板长6.36m、宽1.65m、厚0.16m。纵向接缝宽0.3m，桥面板通过接缝处纵梁上的剪力钉与钢纵梁相结合形成组合结构，接缝采用微膨胀混凝土以改善由于混凝土收缩对钢—混凝土组合结构的影响。各跨桥面板间采用桥面连续结构，每102.4m间距桥面板设一道通缝断开。通缝设无缝式伸缩缝，保证桥面美观和行车顺畅。纵向桥面连续结构采用钢纤维混凝土，以提高抗裂、抗疲劳性能。

桥面板可以非常方便地在桥头预制，单块重量小于4.8t，施工非常便捷。预制时适当添加防水剂以提高混凝土抗渗防水性能。桥面板与铺装之间采用水泥基渗透结晶型防水涂层和聚合物防水层双重防水。桥面铺装为8cm沥青混凝土铺装，采用常规技术施工。沥青混凝土铺装与混凝土板具有优良的粘接性能和使用性能。

2. 正交异性钢桥面系方案

正交异性钢桥面板重量轻，特别适合高烈度地区抗震的需要，同时较轻的桥面系可以减小主缆拉力，从而减少主缆高强钢丝的用量和基础工程的数量。正交异性钢桥面板一般采用工厂制作成块件，现场焊接与栓接相结合的方式。为提高桥面系的疲劳寿命，现场焊接质量要求高，顶板厚度在12mm以上，近年厚度亦有加厚趋势，为了在经济性方面进行较有利的比较，考虑到桥面系不参与桁架整体受力，四渡河大桥正交异性钢桥面系方案顶板厚度取12mm。正交异性钢桥面系的设计方案如图2所示。

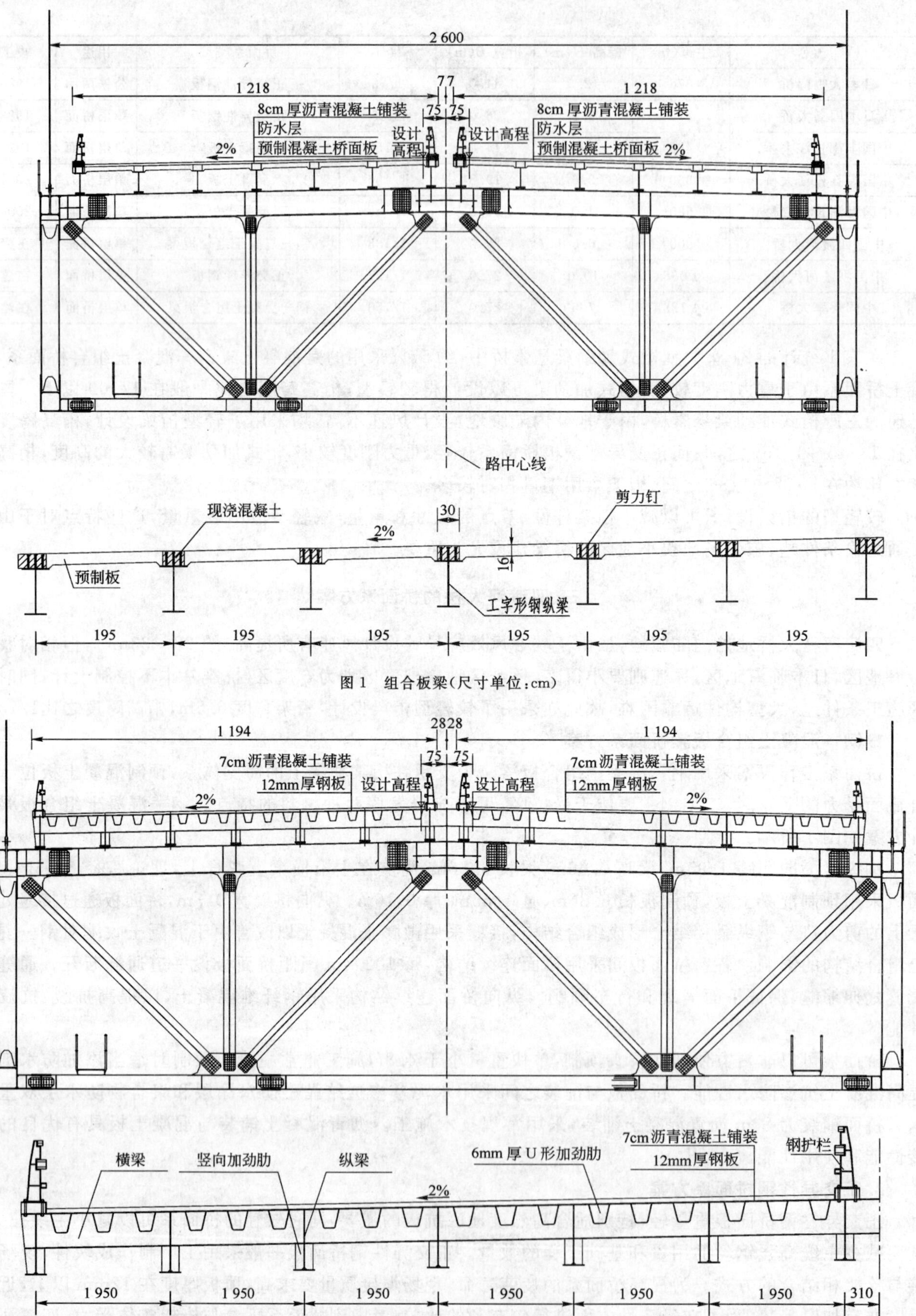

图 1 组合板梁(尺寸单位:cm)

图 2 正交异性钢桥面系(尺寸单位:mm)

纵梁高 0.9m，间距 1.95m，横梁高 0.5m，间距 1.0m，顶板采用 12mm 厚钢板，顶板加劲采用 U 形加劲肋。U 肋厚 6mm，间距 0.6m。正交异性钢桥面板采用分块制作，块件在工厂采用全焊结构，块件运输、吊装就位后，除顶板采用焊接，其他采用高强螺栓连接。根据桥区施工运输条件，块件的分块较小，最大宽度限制在 2.5m。

桥面铺装采用 7cm 沥青混凝土铺装，可以根据目前国内的研究成果，采用环氧沥青或浇注式沥青，以提高钢桥面板沥青混凝土铺装的使用寿命。

3. 混凝土桥面系方案

混凝土桥面系跨度 3～5m，板厚 18～24cm，适合于主跨 300～600m 的钢桁梁悬索桥，如万州长江二桥等。对于大跨度悬索桥，由于桁架高度、节间距离较大，混凝土板跨度受节间距离控制亦较大，由于受力需要，要求有较大的厚度，结果导致主缆缆力有较大的增加，进而导致主塔、锚碇、基础工程量的大幅增长，失去了在特大跨钢桁梁悬索桥中的竞争优势。

四渡河大桥桁架高度 6.5m，节间距离 6.4m，如果采用混凝土桥面系，板跨 6.32m，板厚 32cm，加劲梁（含桥面系）每延米重量达 32.4t，比钢—混凝土组合板梁桥面系方案增重 25.1%，比正交异性钢桥面方案增重 55.1%，明显不经济，故在方案研究中予以舍弃。

四、钢—混凝土组合板梁桥面系与正交异性钢桥面系的比较

对于正交异性钢桥面板方案，根据桥面系的重量，重新进行全桥结构分析计算，相对混凝土桥面系方案，主缆拉力减小 21%，为此，在安全系数基本不变的前提下，相应调整了主缆、锚碇的结构设计（表 2），以进行合理的工程比选。

主桁架上弦杆应力表（单位：MPa） 表 2

项目 / 桥面方案	梁端(I58)		1/8 处(I536)		1/4 处(I1058)		3/8 处(I1526)		1/2 处(I2039)	
	纯轴向应力	弯轴组合应力	纯轴向应力	弯轴组合应力	纯轴向应力	弯轴组合应力	纯轴向应力	弯轴组合应力	纯轴向应力	弯轴组合应力
正交异性钢桥面	2.0	2.4	56	66	51	59	43	50	46	70
	−29.5	−43.9	−108	−131	−102	−124	−98	−119	−81	−114
钢筋混凝土桥面板	−2.0	2.6	44.1	50.1	40.9	47.4	37.6	42.9	43.5	67.2
	−31.3	−46.0	−96.6	−120	−91.1	−111	−87.8	−110	−76.1	−114

注：表中负号表示压应力，正号表示拉应力。

从工程概算方面比较，钢桥面系方案加劲桁梁用钢量增加 1 620t，桥面系用钢量增加了 4 271t（全桥增加 5 891t），虽然主缆高强钢丝减少约 1 527t、锚碇工程量有所减少，但仍然比钢—混凝土组合板梁桥面系方案贵 3 100 万元左右（表 3）。

全桥主要工程数量比较表 表 3

比较内容 / 桥道系方案	钢—混凝土组合板梁方案	正交异性钢桥面方案	相　差
混凝土(m^3)	104 963	97 177	−7 786
高强钢丝(t)	6 992	5 465	−1 527
I、II 级钢筋(t)	5 885	4 053	−1 832
Q345D(t)	8 153	14 044	5 891
其他钢材(t)	2 051	2 416	365

桁式加劲梁悬索桥的桥面系为可更换部件，存在着混凝土桥面系（含纯混凝土板式和钢—混凝土组合板梁式）和钢桥面系两种形式。混凝土桥面系与铺装结合性能好，一直是美式悬索桥的一大特点，从 1931 年建成的华盛顿桥（主跨 1 066m）、1937 年建成的金门大桥（主跨 1 280m）到 1964 年建成的维拉扎诺桥（主跨 1 298m），无不采用的是混凝土桥面系，均经历了长时间的考验。进入 20 世纪 80 年代，日本结

合其先进的制造技术、高烈度抗震设计要求，发展出了正交异性钢桥面形式，并在本四连络线的大型悬索桥中采用。但是，正交异性钢桥面的耐久性，特别是桥面铺装的耐久性，与施工工艺、后期养护、车辆状况等紧密相关。国内由于铺装施工控制技术、车辆超载等原因，钢桥面铺装在投入使用3～5年左右，均普遍存在起皱、脱离等现象，后期维修工作量及费用巨大。四渡河大桥位于2.41%的单向纵坡路段，车辆制动力大、且频繁，对桥面铺装的影响大。结大桥的施工运输条件差、地震设防烈度不高、基础工程量比重较低的特点，推荐采用技术成熟、工程经济、后期维护工作量少的钢—混凝土组合板梁桥面系方案（表4）。

施工性与耐久性比较　表4

桥道系方案 比较内容	钢—混凝土组合板梁方案	正交异性钢桥面方案
工厂制作难度	工厂制作“工”字纵梁杆件，纵梁顶面焊接剪力钉，工艺简单	工厂制作正交异性钢桥面板（含顶板、U肋、纵梁、横梁），工艺复杂
运输难度	杆件相对轻型，运输难度适当	山区运输能力限制了钢桥面板的分块大小，整体性差。同时，由于桁架高度增加，杆件长度加大，增加了运输难度
现场施工难度	少量的高强螺栓连接工作，预制桥面板吊装就位后浇筑接缝，无焊接工作量	钢桥面板吊装就位后需大量的高空现场焊接和螺栓连接工作，由于山区高空多雾，湿度大，焊接质量难于控制
桥面系耐久性	结构整体重力刚度大，变形小，混凝土桥面板与沥青铺装的适应性佳，耐久性好	正交异性钢桥面板能适应主梁变形，结构的耐久性好。但桥面铺装与钢桥面板的黏接性差，耐久性很低
后期维护及费用	桥面系后期基本无需维护，符合山区桥梁维护难的特点	由于铺装与钢桥面板的连接技术目前还未得到很好的解决，后期修复工作量大，费用高

五、结　　语

跨越深沟峡谷的山区悬索桥具有与跨越大江大河的悬索桥迥然不同的特点，运输条件成为结构设计的控制因素。轻型桁式加劲梁便于运输和安装，特别适合山区悬索桥的建设。桥面系采用较重的混凝土板或钢—混凝土组合板梁结构，可以获得适当的整体重力刚度，减小活载挠度、降低疲劳应力幅、提高抗风性能。笔者认为，对于主跨600m以下、桁梁节间距离3～5m的山区悬索桥，可采用纯粹的混凝土板式桥面系；而对于主跨600～1 000m、桁梁节间距离6～8m的山区悬索桥，则以钢—混凝土组合板梁桥面系为优。总之，由于山区地基承载力一般较高、基础工程量占的比重相对较低，较重的桥面系虽然导致主缆、锚碇工程有所增加，但总体仍是经济的。最后，混凝土桥面板与沥青铺装的良好工作性能和耐久性，则成为人们选择这类结构形式的重要因素。

39. 灌河大桥主梁钢横梁计算

李　正[1]　刘碧华[2]

（1.江苏省交通规划设计院有限公司；2.河源市衢通公路规划设计有限公司）

摘　要　本文通过分析边主梁式桥面系横梁的受力机理，提出采用荷载分布系数进行横梁的受力计算的方法，计算结果与有限元法空间计算和实测值一致。本文还对横向计算加载车辆荷载折减系数进行了讨论。

关键词　横梁计算方法　刚接梁法　加载车辆数

一、引　　言

边主梁式桥面系是斜拉桥、拱桥设计最常用的形式。一般是将横梁设置于由斜拉索（立柱或吊杆）支撑的纵梁上，然后纵向铺设桥面板，活载经桥面板通过横梁传给纵梁，再传给斜拉索（立柱或吊杆），斜拉索（立柱或吊杆）再将荷载传给塔（拱肋）。纵向总体计算以纵梁（包括桥面板）为主结构，横向计算以横梁（也包括桥面板）为主结构。这种桥面系一般由横向计算控制设计，属于局部受力传力结构，其单位自重不随着桥梁跨径的增加而明显增加，这也是这类桥型跨径可以较大的原因之一。无论是从结构还是从施工方面来说，桥面系的轻型化问题都显得十分必要。尤其是宽桥，横梁的受力很大，其重量在桥面系自身中所占的比例也很大。当横梁跨径在 10m 附近时，通常采用钢筋混凝土构造；在 20m 附近时，则应采用预应力构造；跨径更大时，可以考虑采用钢—混凝土或钢—预应力混凝土组合梁构造。对于采用边主梁式桥面系的桥型，纵向总体计算方法成熟，规定具体。但如何进行横向分析，研究不多，文献较少；另外，规范未对横向计算加载车辆数作明确说明。

二、横梁的受力机理

《系杆拱桥横梁内力计算方法》[1]是这样阐述横梁的受力机理："当桥面系恒载或活载作用于横梁上时，横梁把这些荷载传至系杆结点上，在横梁端节点处产生弯矩 M 和竖向反力 R。由于横梁是弹性支承在系杆利吊杆结点上，因而对于系杆结点来说即为扭矩 M 及集中力 R。" 文献[1]按照梁格系进行横梁受力分析。应该说，对于桥面板直接铺设在横梁上，不做整体化处理，这一计算模式是合理的（图 1）。但对于绝大部分进行了桥面板和横梁整体化处理的桥面系，不能忽略桥面板的作用，按照文献[1]的方法分析就不合理了。当然，在有限元计算技术高度发达的今天，采用大型有限元软件进行桥面系横向受力分析也不是什么难事。然而基于理论推导的经典的计算方法仍然是技术工作不可缺少的内容，因为这种方法具有力学概念明确、推演过程清晰，并抓住了主要矛盾，便于设计人员作出直观判断的特点，计算简明快捷，工作量少。

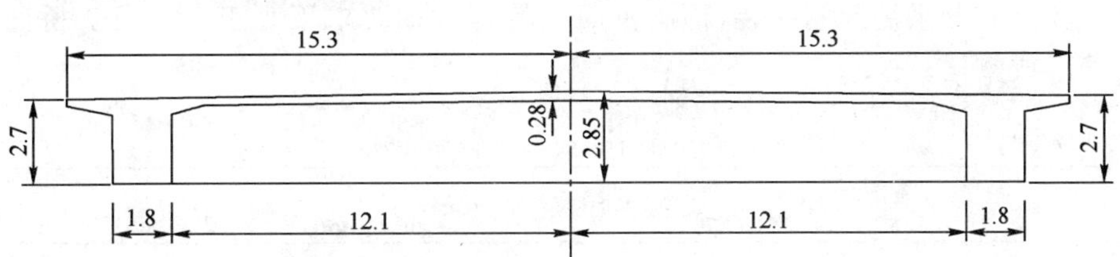

图 1 典型横断面布置图（尺寸单位：m）

我们先回顾一下桥梁纵向计算方法，对于多主梁（如 T 梁）式上部结构（图 2），采用空间结构理论进行截面内力分析，将十分复杂。为了便于应用平面杆系结构理论完成分析，工程上便采用了简化的计算方法，设计时引入荷载横向分布系数的概念，把空间结构计算简化成单片梁来计算。分配给某一梁上的荷载可用轴重与修正系数（荷载横向分布系数）的乘积来代替[2]。

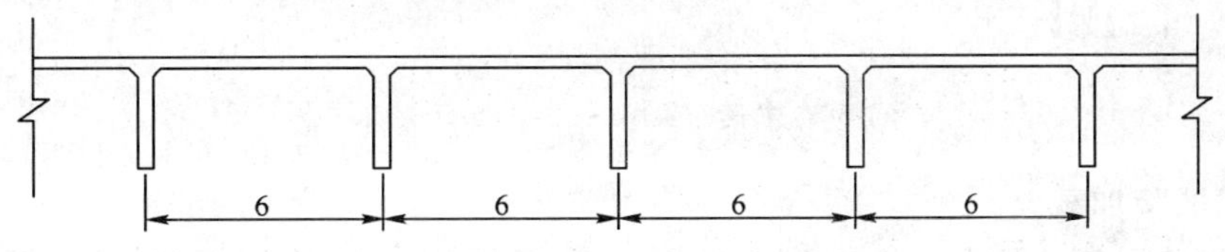

图 2 典型横梁布置图（尺寸单位：m）

对于需要研究的横梁计算方法问题（图 1），若换个视角，把视角转 90°（图 2），横梁计算问题就成了有经典解答的多主梁上部结构纵向分析问题。对于常用的桥面系结构，一般可采用刚接梁法。

三、横向计算加载车辆荷载折减系数

《公路桥涵设计通用规范》[3]规定了设计车道数、横向折减系数、纵向加载计算横向分布系数时车辆荷载布置、桥梁结构的局部加载计算采用车辆荷载等原则。车辆荷载为原规范汽超—20中的55t重车。

横向构件计算车辆荷载需要不需要取横向折减系数？取多少？一般说来局部荷载集度应大于整体计算用荷载集度，即横向构件计算车辆荷载横向折减系数应大于纵向总体计算用的车道横向折减系数。

与我国规范设计荷载表达方式、荷载大小相近的英国BS5400[4]，其公路活载包括HA和HB。HA大小与公路—I级车道荷载相当，25单位的HB车重100t。参照其加载模式：一个车道容许一辆HB车，另一车道布置全值HA，其余车道可布置1/3HA。如果计算取用与其水平相当的荷载效应，则应有3个车道布置3辆55t重车，其余车道取1/3。按照规范车辆荷载加载方式布置，折减系数取为：3车道1.00；4车道0.83；5车道0.73；6车道0.67；7车道0.62；8车道0.54。

四、计 算 实 例

(1)结构简介

连盐高速公路灌河特大桥灌河大桥主桥结构为32.9m＋115.4m＋340m＋115.4m＋32.9m的五跨钢—混凝土组合梁斜拉桥，采用H形索塔(图3)。主梁全宽36.6m，梁高3.08～3.41m，采用边主梁形式，两“工”字形钢梁间距34m。标准梁段长为11.7m。“工”字形主梁梁高2.8m，主梁顶、底板宽1000mm，厚度根据受力区域不同，分别为36(50)mm和60(80)mm，腹板厚28mm。标准段横梁上翼缘钢板宽600mm，厚度为36mm；下翼缘钢板宽600mm，厚度为50mm；腹板厚16cm。横梁标准间距3.9m。桥面双向横坡2%由横梁高度调整形成。桥面板通过布置在“工”字形钢主梁、钢横梁及小纵梁顶的剪力钉与钢梁结合。桥面板厚28cm，全宽35m，采用C50聚丙烯纤维网混凝土。桥面板除主塔附近及两端横梁顶采用现浇外，其余部分采用预制拼装，预制桥面板的存放期要求不小于3个月。桥面板之间通过现浇纵、横向湿接缝形成整体。

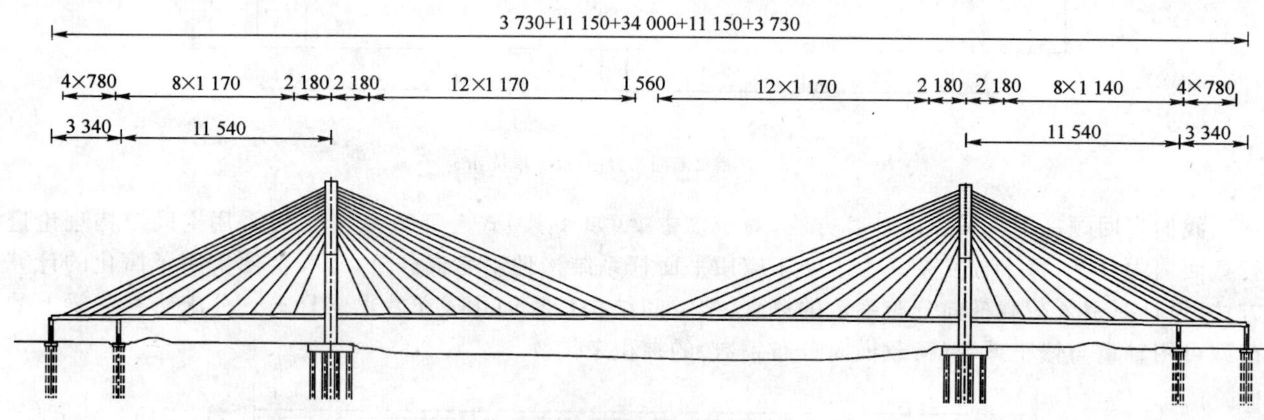

图3 桥跨布置图(尺寸单位:cm)

(2)横静力荷载试验加载

静力荷载试验加载采用4辆载重车对横梁进行加载，重车的中轴均作用在加载的横梁梁顶，横梁纵向加载布置如图4。分别对主跨跨中附近D3号、D4号、D5号横梁进行加载，横梁横向加载布置见图5。荷载试验加载车辆平均重28.5t。

(3)刚接梁法计算结果

计算参数：梁宽$b=3.9$m，抗弯惯矩$I=1.836\text{m}^4$，抗扭惯矩$I_T=0.028\,7\text{m}^4$，$y_x=2.572$m，混凝土桥面板厚$t=0.28$m，主梁跨度$l=34$m，钢混凝土弹模比$n=6$。

横梁影响线坐标计算见表1和图6、图7。

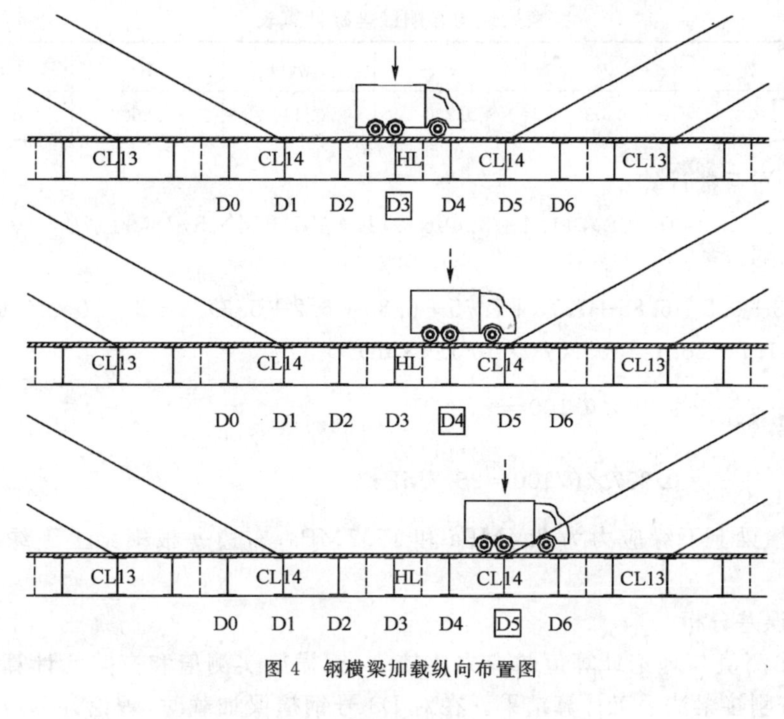

图 4 钢横梁加载纵向布置图

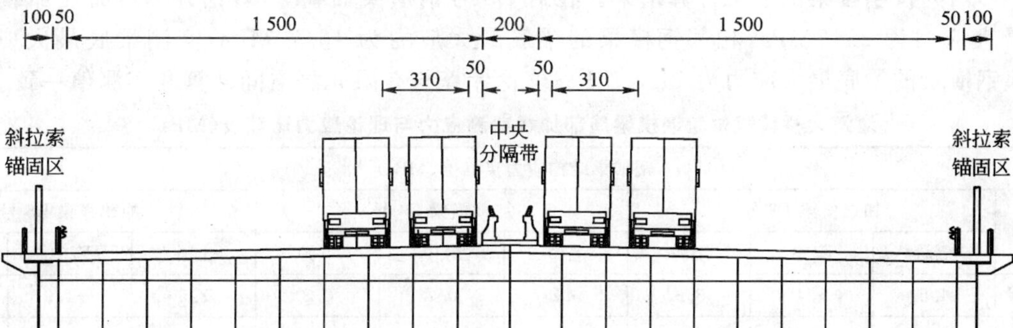

图 5 钢横梁加载横向布置图(尺寸单位:cm)

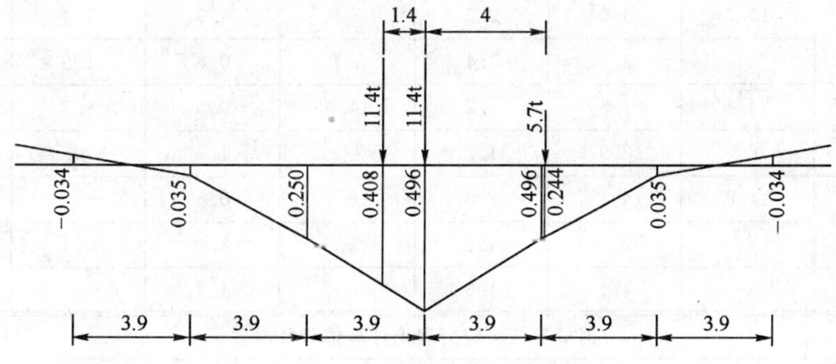

图 6 横梁纵向影响线坐标(尺寸单位:m)

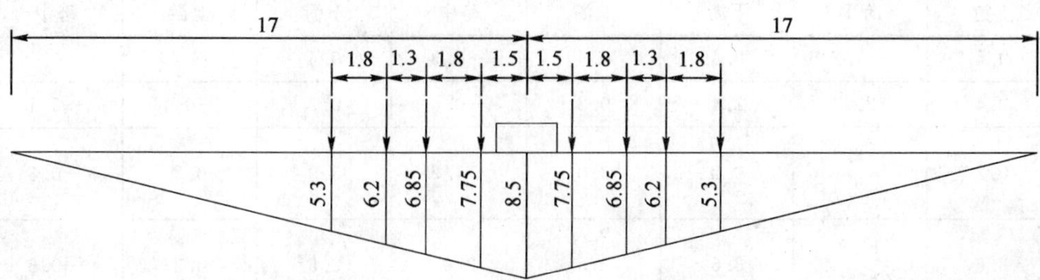

图 7 横梁跨中弯矩影响线坐标(尺寸单位:m)

横梁纵向影响线坐标计算表 表1

横梁号	η_1	η_2	η_3	η_4	η_5	η_6	η_7
坐标值	−0.034	0.035	0.250	0.496	0.250	0.035	−0.034

汽车荷载纵向分布系数计算：

$$m_c=0.408\times 11.4+0.496\times 11.4+0.244\times 5.7=11.70$$

横梁跨中弯矩影响：

$$M_z=(5.3+6.2+6.85+7.75+7.75+6.85+6.2+5.3)/2=26.1(\times 10^1\text{kN}\cdot\text{m})$$

跨中弯矩：$M=11.7\times 26.1=305.37(\times 10^1\text{kN}\cdot\text{m})$

上缘应力：$\sigma_s=\dfrac{305.37}{1.836}\times 0.40\times 6/100=4.0\text{MPa}$

下缘应力：$\sigma_x=\dfrac{305.37}{1.836}\times 0.257\times 6/100=25.7\text{MPa}$

同理，左边一根横梁上下缘应力为2.4MPa和15.1MPa；右边一根横梁上下缘应力为2.6MPa和16.7MPa。

(4)结果对比及误差分析

表2为钢横梁实测值与理论计算值的应力比较表，钢横梁实测值和有限元计算的应力值摘自文献[5]，括号（ ）内为按刚接梁法手工计算结果。在对D3号钢横梁加载时，理论计算应力在加载钢横梁位置的梁底最大应力为25.7MPa，相邻钢横梁的梁底最大应力为16.7 MPa；实测梁底最大应力为24.3MPa，相邻钢横梁的梁底最大应力为14.3 MPa；理论计算与有限元法空间计算和实测值一致。

灌河大桥荷载试验钢横梁局部加载实测应力与理论应力比较表(MPa) 表2

钢横梁结构应力实测值(MPa)

横梁实测应力		加载横梁D3号			加载横梁D4号			加载横梁D5号		
		上游	跨中	下游	上游	跨中	下游	上游	跨中	下游
横梁D1号	上缘	4.5	1.4	3.3	0.2	0.7	0.3	2.9	−1.0	1.2
	下缘	—	12.7	4.9	—	16.3	−0.5	—	9.4	0.8
横梁D2号	上缘	2.9	2.3	2.5	1.6	2.6	1.4	0.6	0.8	0.7
	下缘	2.8	15.7	3.0	2.2	—	1.9	1.4	3.3	2.0
横梁D3号	上缘	4.5	3.5	3.5	0.4	5.7	0.8	1.6	0.1	−0.4
	下缘	3.5	24.4	1.5	1.2	14.0	0.5	4.3	10.9	1.4
横梁D4号	上缘	2.7	0.8	2.9	1.2	2.9	1.2	−0.6	−2.9	−1.6
	下缘	3.7	12.8	4.1	1.0	16.7	0.6	−1.2	12.0	−0.8
横梁D5号	上缘	2.4	—	2.0	1.2	—	1.0	0.4	—	−0.1
	下缘	2.0	—	4.4	1.6	—	1.2	0.4	—	2.0

钢横梁结构应力理论计算值(MPa)

理论应力有限元/刚接梁法		加载横梁D3号			加载横梁D4号			加载横梁D5号		
		上游	跨中	下游	上游	跨中	下游	上游	跨中	下游
横梁D1号	上缘	0.4	−1.2	0.4	0.4	−0.3	0.4	0.4	−0.1	0.4
	下缘	2.4	2.9	2.4	0.2	−0.6	0.2	−0.1	−0.1	−0.1
横梁D2号	上缘	0.2	−3.0 (−2.4)	0.2	3.0	−1.2	3.0	0.2	−0.3	0.2
	下缘	3.6	14.3 (15.1)	3.6	2.5	2.9	2.5	0.3	−0.6	0.3

续上表

钢横梁结构应力理论计算值(MPa)										
理论应力有限元/刚接梁法		加载横梁 D3 号			加载横梁 D4 号			加载横梁 D5 号		
		上游	跨中	下游	上游	跨中	下游	上游	跨中	下游
横梁 D3 号	上缘	−0.0	−4.0 (−4.0)	−0.0	0.2	−3.0 (−2.4)	0.2	0.3	−1.2	0.3
	下缘	0.3	24.3 (25.7)	0.3	3.6	14.3 (15.1)	3.6	2.5	2.9	2.5
横梁 D4 号	上缘	−0.2	−2.6 (−2.6)	−0.2	−0.1	−4.0 (−4.0)	−0.1	0.2	−3.0 (−2.4)	0.2
	下缘	1.5	14.3 (16.7)	1.5	0.4	24.3 (25.7)	0.4	3.6	14.3 (15.1)	3.6
横梁 D5 号	上缘	−0.1	−1.1	−0.1	−0.2	−2.6 (−2.6)	−0.2	−0.1	−4.0 (−4.0)	−0.1
	下缘	−0.8	3.3	−0.8	1.4	14.3 (16.7)	1.4	0.2	24.3 (25.7)	0.2

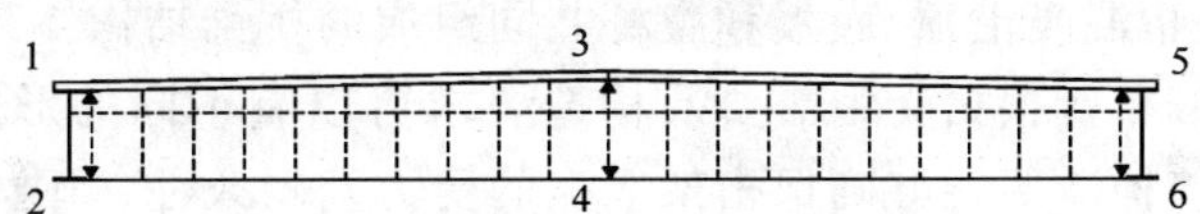

注:图中示意钢横梁测点布置图

误差分析:钢横梁跨中上下缘处于中央分隔带护栏底座的正下方,护栏底座厚 20cm,宽 200cm,护栏底座能否参与受力,有多少参与受力取决于中央分隔带护栏底座和桥面板之间的连接情况,有一定的不确定性。不考虑护栏底座的影响是偏安全的。有限元分析表明护栏底座是否参与受力对钢横梁跨中上下缘应力有较大影响。另外,由于在钢横梁跨中上下缘只贴了一组应变片,不能剔除钢横梁局部加载实测应力结果中个别异常数据。

五、结 语

采用“荷载分布系数”进行边主梁式桥面系横梁的受力计算,力学概念明确,结果准确,方法成熟,计算简明快捷,工作量少。横向构件计算加载车辆荷载折减系数建议取为:3 车道 1.00;4 车道 0.83;5 车道 0.73;6 车道 0.67;7 车道 0.62;8 车道 0.54。

参考文献

[1] 虞建成,邵容光.系杆拱桥横梁内力分析.华东公路,1997(4).
[2] 李国豪,石洞.公路桥梁荷载横向分布计算.北京:人民交通出版社,1987.
[3] 公路桥涵设计通用规范(JTG D60—2004).北京:人民交通出版社,2004.
[4] 英国标准学会.钢桥、混凝土桥及结合桥(英国标准 BS5400 第 1-4 篇 1978-82).西南交通大学出版社.
[5] 同济大学、江苏省交通规划设计院有限公司.灌河大桥静动载试验报告.2007.

40. 桁腹式组合结构桥梁的构造特点

黄生富　刘玉擎
（同济大学桥梁工程系）

摘　要　桁腹式组合结构桥梁是指混凝土顶、底板和腹杆共同组成的桥梁结构体系，其中腹杆可以采用钢管、型钢、钢管混凝土等杆件。本文介绍了国内外几座典型的桁腹式组合结构桥梁，包括桁腹式组合结构梁桥和桁腹式组合结构斜拉桥的结构构造以及节点构造的特点。

关键词　组合桥梁　桁架腹杆　节点构造

一、引　言

传统的混凝土箱型截面梁因其刚度大、整体性好，能够适应不同的桥型，在桥梁工程中得到广泛应用。然而混凝土箱梁自重较大，腹板易出现裂缝，为此工程界提出了两种新颖的桥梁结构形式，即折腹式组合结构桥梁和桁腹式组合结构桥梁[1]。与传统的混凝土箱梁比较，两者都有效减轻了结构自重，结构更加轻巧美观。文献[1]已较为系统地介绍了折腹式组合结构桥梁的结构体系、构造特点及设计理论，并给出了丰富的工程实例。

桁腹式组合结构桥梁是指混凝土顶、底板和腹杆共同组成的桥梁结构体系，其中腹杆可以采用钢管、型钢、钢管混凝土等。钢腹杆布置根据受力需要及构造要求可以有不同的形式，其关键部位为钢腹杆与混凝土顶底板的结合部，连接构造要能够确保桁架节点的受力及耐久性。国内外最近已建有多座桁腹式组合结构桥梁，包括桁腹式组合结构梁桥和桁腹式组合结构斜拉桥。

二、桁腹式组合结构梁桥的构造特点

法国Arbois桥是较早的一座的桁腹式组合梁桥，于1985年建成，为三跨连续组合梁结构体系，跨径布置为29.85m+40.4m+29.85m，梁高3m，如图1、图2所示。钢腹杆采用箱形断面，钢桁架未设置钢弦杆，钢腹杆与混凝土的结合方式为直接插入式。

图1　Arbois桥

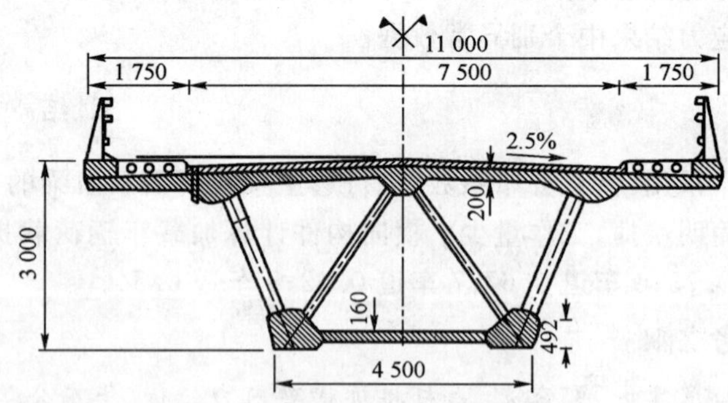

图2　横断面构造(尺寸单位:mm)

日本Kinokawa高架桥在2003年完工，如图3所示[2]，为四跨连续桁腹式组合梁体系，跨径布置为51.85 m +2×85.0 m +43.85m。全桥等梁高6m，桥面宽度11.15m，同时布置了体内索和体外索。考虑到采用了钢腹杆，增大梁高几乎不增加主梁自重，采用了较大梁高，以增大截面刚度和减少预应力筋数量。钢腹杆采用ϕ=406.4mm、t=9～22mm的圆形钢管。对于受压钢腹杆，填充混凝土，达到减小钢管厚度的目的。钢腹杆与混凝土板的结合方式为钢腹杆直接插入混凝土板。

图 3 Kinokawa 高架桥

图 4 为巴塞尔 Dreirosenbridge 桥，在瑞士西北部城市莱茵河畔[3]。该桥为并排的两座三跨连续、双层桥面桁腹式组合结构梁桥。上层桥面承担地方交通公路，下层桥面通过连接德国和法国的公路，跨径布置为 77m＋105m＋84m。梁高 8.25m，两桥桥面总宽 33.00m，桥梁断面布置见图 5。

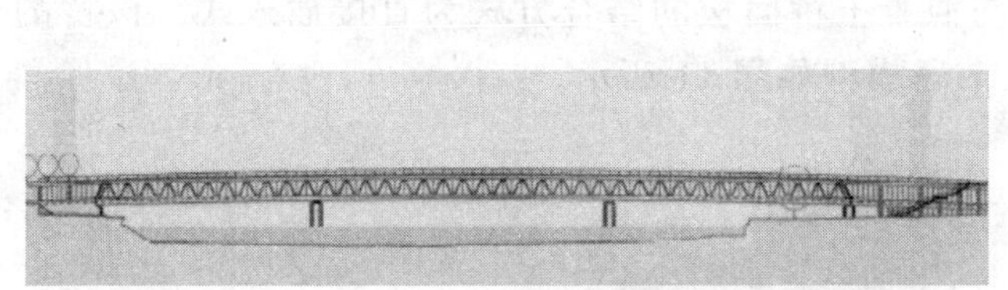

图 4 Dreirosenbridge 桥

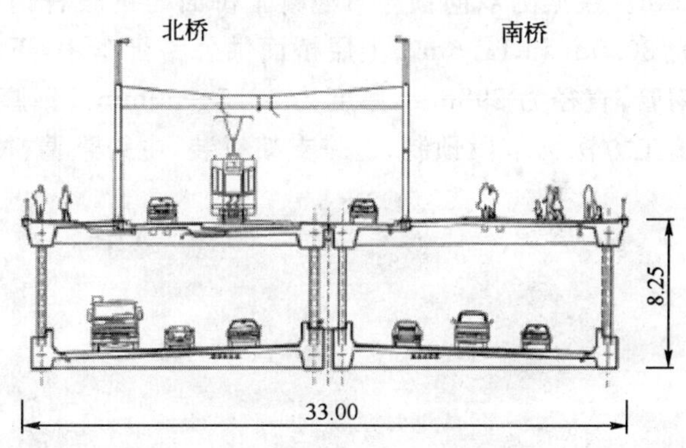

图 5 横断面构造（尺寸单位：m）

Dreirosenbridge 桥的混凝土桥面板，每隔 7.0m 设一道横梁，横梁跨度为 14.7m，横梁内布置横向预应力筋。钢桁架部分如图 6 所示，腹杆采用焊接箱形断面，尺寸为 400mm×400mm，内填充混凝土。钢桁架上下弦杆主要在施工过程中起作用，成桥后外包混凝土，形成型钢混凝土结构，如图 7 所示。该桥钢桁架设置了上下弦杆，通过强大的节点板，钢腹杆与弦杆形成整体。钢弦杆埋置于混凝土桥面板，钢腹杆与桥面板容易相互结合。

图 6 钢桁架构造

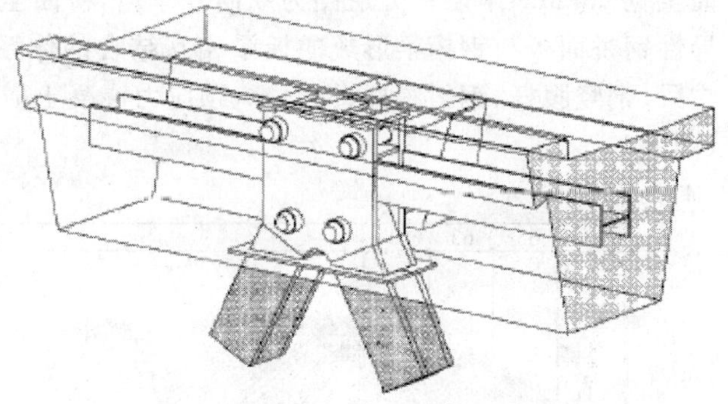

图 7 上弦杆的节点构造

三、桁腹式组合结构斜拉桥的构造特点

出于对桥梁刚度和视野通透性的考虑，双层桥面斜拉桥的加劲梁一般采用桁架加劲梁。传统的组合桁架桥为桥面混凝土板通过连接件与钢桁架弦杆相连接，形成板桁组合结构体系，丹麦厄勒海峡大桥[4]和芜湖长江大桥[5]即为此类桥型，如图 8、图 9 所示。

图8 厄勒海峡大桥

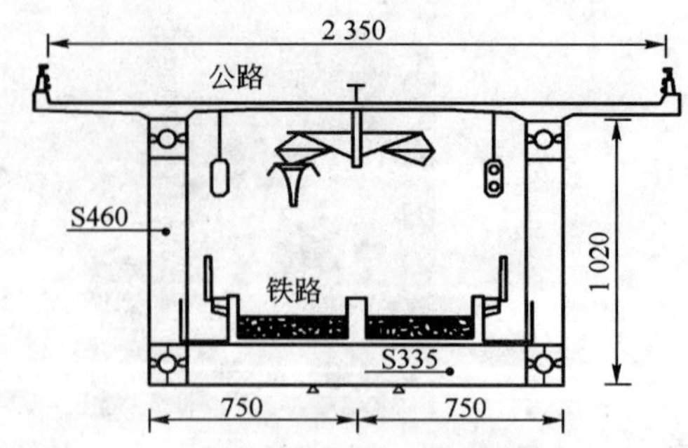

图9 厄勒海峡大桥横截面(尺寸单位:cm)

葡萄牙 Europe Bridge 为一座独塔斜拉桥[6],结构形式极具特色,如图10所示。该桥设计上充分考虑了桥梁的服务功能、与环境相协调的景观美学、结构创新三者的结合。跨径布置为45m+50m+186m+45m。主梁为双向预应力混凝土桥面与钢腹杆组成桁腹式组合梁体系,梁高3.7m,上、下层桥面宽分别为30.0m和11.5m。上层桥面供公路行车用,下层桥面供行人步行及观光用。钢腹杆采用高强度圆形钢管,直径为298mm,厚度为12.5~50mm。钢腹杆与混凝土桥面板的结合方式为直接插入式。该桥的施工方法为节段预制,边跨支架拼装,主跨悬臂拼装,节段模型如图11所示。

图10 葡萄牙 Europe Bridge

图11 节段模型构造

建设中的上海闵浦大桥为主跨708m的双层桥面桁架体系斜拉桥,上层高速公路为双向8车道,桥面全宽43.6m;下层地方道路为双向6车道,桥面全宽28m,整体布置如图12所示。主跨加劲梁为正交异性钢桥面板与钢桁梁形成的板梁相互结合的体系形式(图13);边跨加劲梁由外包混凝土的型钢弦杆主梁、钢竖腹杆、钢斜腹杆、钢斜撑、预应力混凝土横梁与混凝土桥面板组成,构成了桁腹式组合梁体系[7](图14)。

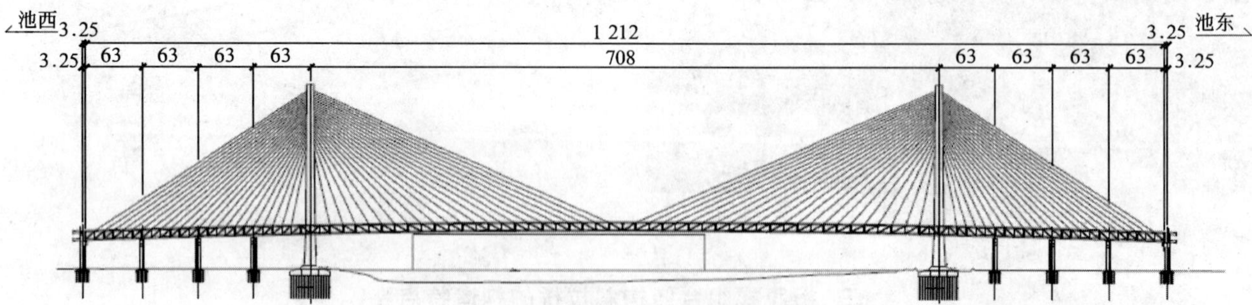

图12 上海闵浦大桥总体布置(尺寸单位:m)

该桥边跨加劲梁不同于其他斜拉桥桁架梁的结构特点主要有:

(1)边跨由型钢混凝土弦杆主梁、预应力混凝土横梁、钢腹杆以及预应力混凝土桥面板形成桁腹式组合加劲梁体系;

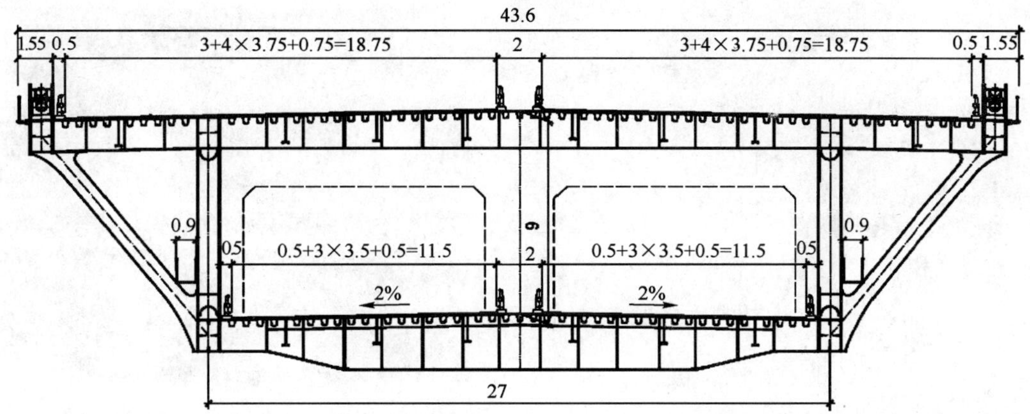

图 13 中跨横断面(尺寸单位:m)

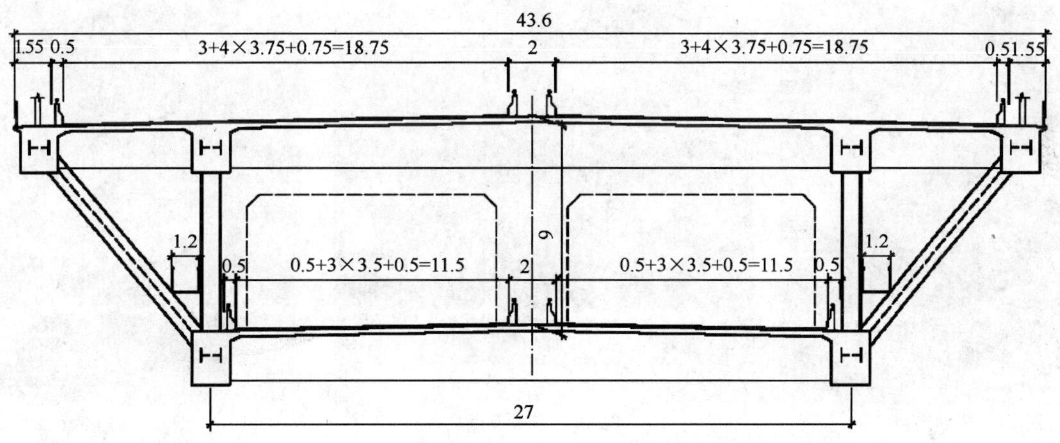

图 14 边跨横断面(尺寸单位:m)

(2)钢竖腹杆及钢斜腹杆在辅助墩附近内填混凝土,形成钢管混凝土杆件与型钢混凝土弦杆主梁连接的复杂构造体系;

(3)横向桁架体系由上下层预应力混凝土横梁与钢竖腹杆、钢斜撑杆构成混合桁架平面体系;

(4)桁架节点由多根钢腹杆、型钢混凝土弦杆主梁、混凝土横梁以及索梁锚固、预应力筋锚固形成复合构造。

四、桁腹式组合结构桥梁的节点构造

钢腹杆与混凝土桥面板的结合设计是桁腹式组合结构桥梁设计的关键问题之一。在结合部位混凝土与钢材两种材料相互结合,节点构造需要能确保作用力在两者之间顺利传递,同时需确保构造的耐久性。

图 15 和图 16 为 Kinokawa 高架桥的结合部处理方式。其节点构造的特点是设置了钢盒。受拉腹杆和受压腹杆焊接于钢盒,进而埋置于混凝土弦杆中。钢盒两侧壁开了圆孔,纵向贯穿钢筋以期更有效的实现力的传递。该节点设计遵循以下三个原则:

(1)节点构造不允许先于其他构件破坏;

(2)在极限荷载作用下节点钢板和节点加强钢筋的应力在屈服应力之下;

(3)在设计荷载作用下节点周围的混凝土不产生裂缝。

为了保证节点构造受力可靠,该桥设计时对该节点构造进行了足尺疲劳试验及静力加载试验。

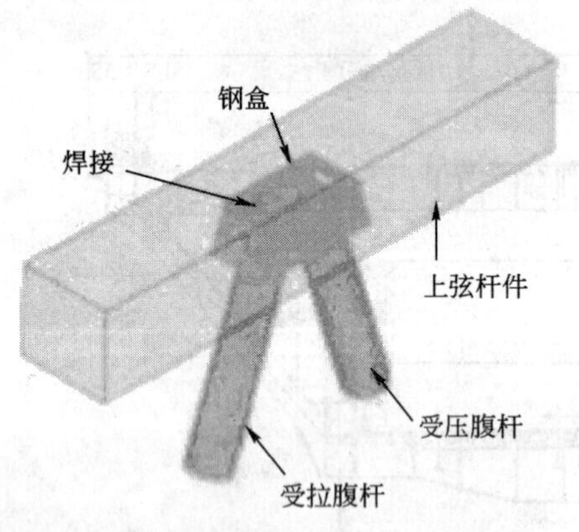

图 15 Kinokawa 桥节点构造示意

图 16 Kinokawa 桥节点构造

图 17 边墩节点

图 18 中墩节点

图 19 标准节点

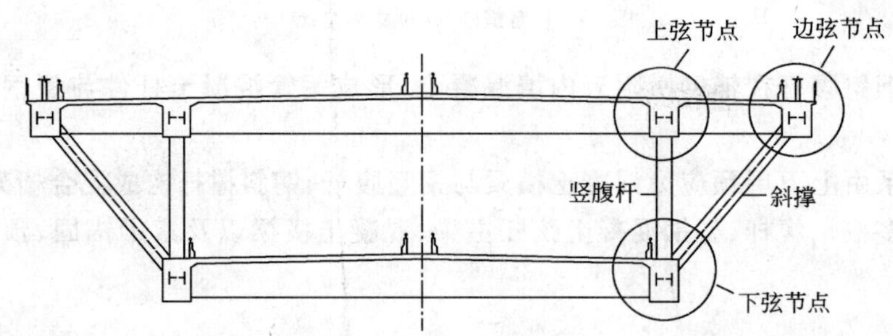

图 20 上海闵浦大桥节点示意

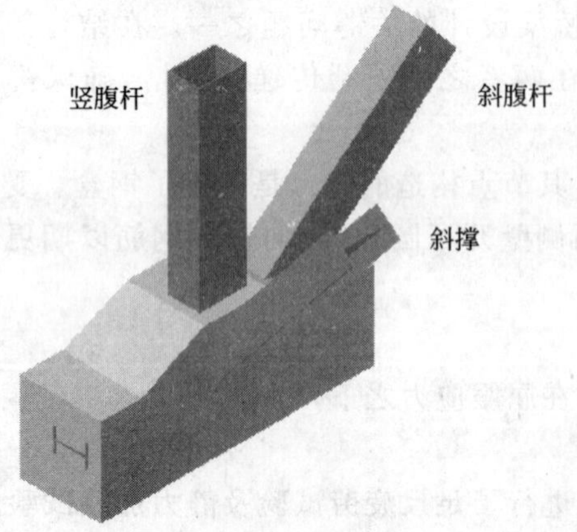

图 21 边跨下弦节点布置

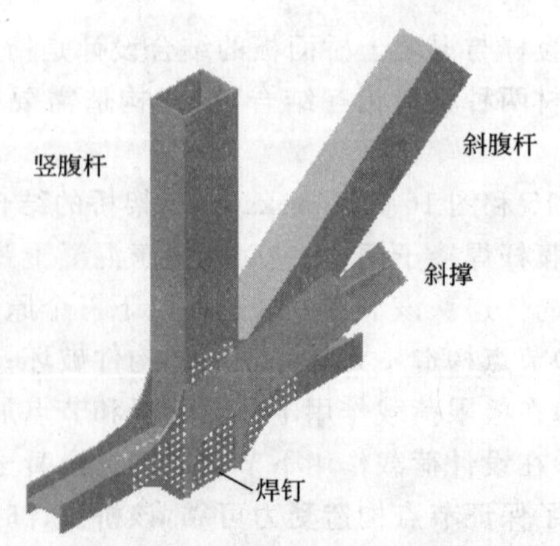

图 22 边跨下弦节点钢构造

Dreirosenbridge 桥的节点布置的基本思路，是通过节点板将交汇的钢腹杆连接起来，然后由节点板上焊钉、节点板上开孔、节点板上加劲将力传递到混凝土中。节点构造分边墩节点，中墩节点，标准节点，如图 17～图 19 所示。三种节点中，中墩节点受力最大，同时设置了三种抗剪连接件的构造。

上海闵浦大桥边跨的节点分为三种典型节点，即下弦节点、上弦节点和上边弦节点，如图 20 所示。钢腹杆和钢斜撑通过强大的整体式节点板与钢弦杆结合，在节点板上设置焊钉，通过焊钉将作用力从钢结构传递至混凝土结构，如图 21、图 22 所示。

五、结　　语

桁腹式组合结构桥梁能够减轻混凝土主梁的自重，也减轻下部结构的负担，同时采用钢腹杆，增加了视野通透性，特别适合于双层桥面的桥梁结构体系。桁腹式组合结构桥梁的技术难点在于钢腹杆与混凝土桥面板的连接设计，在节点设计中要仔细考察节点强度，明确节点的传力机理，保证节点的耐久性。总之，桁腹式组合结构桥梁构造新颖、轻巧美观、受力合理，富有创新空间，为设计者提供了一种新的桥梁造型选择。

参考文献

[1] 刘玉擎. 组合结构桥梁[M]. 北京：人民交通出版社，2005.

[2] Minami H., Yamamura M., Taira Y. et al. Design of The Kinokawa Viaduct Composite Truss Bridge[C]. Proccedings of The 1st Fib Congress.

[3] Aldo Bacchetta, Hans G. Dauner. The Dreisosenbridge over Rhine at Basel[C]. 16th Congress of IABSE ,Lucerne, 2000.

[4] 金增洪. 厄勒桑特桥的设计和施工[J]. 中外公路，2004，24 (2)：25～29.

[5] 方秦汉. 芜湖长江大桥的技术创新[J]. 铁道建筑技术，2002，(4)：1～6.

[6] A. J. Reis, J. J. Oliveria Pedro. The Europe Bridge in Potugal: Concept and Structural Design[J]. Journal of Constructional Steel Research, 2004, (60): 363～372.

[7] Q. E. Deng, C. Y. Shao . Recent Major Cable-Stayed Bridges in Shanghai[C]. China-Japan Joint Seminar on Steel and Composite Bridges. 2007.

41. 组合钢板梁桥在山区高速公路上的应用

陈智俊　席先华　胡胜刚

（中交第二公路勘察设计研究院有限公司）

摘　要　结合宜巴高速兴山互通立体交叉 C 匝道桥的设计，简要叙述了山区高速公路桥梁特点以及组合钢板梁桥的发展与现状，介绍了简支组合钢板梁的整体设计思路，说明了组合钢板梁的构造设计和材料选择，重点阐述了组合钢板梁的设计与计算。

关键词　组合钢板梁　设计与计算　山区高速公路

一、概　　述

山区高速公路受地形和高速公路线形标准制约，桥梁在路线中所占比例大。桥梁平纵线形受地形的影响较突出。曲线、大纵坡、高墩、长桥成为山区高速公路桥梁的几大特点。

对于大跨径桥梁，采用悬臂浇筑箱梁无疑是一种优选桥型。对于中等跨径桥，常采用预制拼装多梁式T梁。但对于弯曲程度较大的曲线桥来讲，T梁为开口式断面，抗扭及梁体平衡受力能力均较差，曲梁的弯扭作用对下部产生的不平衡力大，且曲T梁施工较困难，在受力和施工上都不尽人意。目前仅在曲率半径大于等于250m的曲线桥上采用了T梁直梁设计。对于小半径、低墩的曲线梁桥一般采用抗扭能力好的箱形结构，采用支架现浇或顶推施工。但对于小半径、高墩的曲线桥，由于受地形限制，采用箱形结构比较困难，则应尽可能采用轻型、易施工的结构形式。

组合钢板梁结构是在钢结构和钢筋混凝土结构基础上发展起来的一种新型结构，同钢筋混凝土结构相比，可以减轻自重，减小地震作用，减小构件截面尺寸，增加有效使用空间，降低基础造价，节省高空支模工序和模板，缩短施工周期，增加构件和结构的延性等；同钢结构相比，可以减少用钢量，增大刚度，增加稳定性和整体性，增强结构的抗火性和耐久性等。近年来，组合钢板梁结构在我国的应用实践表明，它兼有钢结构和混凝土结构的优点，具有显著的技术经济效益和社会效益，将成为结构体系的重要发展方向之一。

组合钢板梁桥是从欧洲开始发展起来的。早期的钢板梁桥在并排纵梁之间设置许多横梁、水平及竖向横撑，在腹板上焊接许多纵横向加劲肋，并且梁间距也很小。这样构件数量就很多、焊缝量很大，使加工成本提高、维护困难，疲劳破坏也成为一个突出的问题。目前较成熟的做法是将混凝土桥面板设计成为横向承重或纵向承重，与此对应的主梁间的横梁分为大横梁与小横梁。采用大横梁时，是把横梁以较小的间距(大致4m)设置，与沿着纵向布置的桥面板用连接件结合，横梁的截面高度比较大，上端与纵梁的上端齐平。采用小横梁时，是把横梁以较大的间距(大致8m)设置，沿着横向布置的桥面板仅仅与纵梁结合，横梁的截面高度比较小，一般设置在纵梁高度的中央附近，通过对桥面板沿着横向施加预应力，可以实现与大横梁时几乎相同的桥面宽度。

常见的组合钢板梁桥，是通过使用连接件把钢板梁与混凝土桥面板加以组合，抗弯刚度能够大幅度提高，减小梁高，增大跨径。钢板梁通常是用3块钢板焊接成截面为I形的钢梁，沿着桥梁纵向设置，作为主梁承担由桥面板传来的交通荷载。主梁I形钢具有很大的面内抗弯及抗剪强度，但面外刚度比较小，通常要将2根以上的I形钢并排设置，并用横梁、水平及竖向横撑等辅助构件连接成一体，共同承担竖、横向荷载。由于腹板比较薄、容易发生局部屈曲，往往要在腹板的纵横向焊接加劲肋，还要在支座处焊接端部加劲肋。

二、工 程 概 况

C匝道桥是上海至成都高速公路湖北省宜昌至巴东段兴山互通立体交叉上的一座匝道桥，根据线路的要求，本桥平面位于R57.25m的曲线上，纵面位于R1657.294m的凸曲线上。桥面宽度为0.5m(防撞栏杆)＋9.0m(行车道)＋0.5m(防撞栏杆)＝10.0m。下部构造桥墩采用薄壁墩配桩基础，最大墩高55.8m。全桥平、立示意如图1所示。

三、主跨桥型方案选择

互通式立体交叉桥梁设计，首先要满足交通使用功能的需求，同时又要考虑桥梁美观及与周围景观协调的效果。按此新的设计理念，根据桥位处地形、地貌特点，按照安全、实用、经济、美观的建设原则选择主跨结构，并考虑桥梁实施时的技术可靠性和实施可行性，以及运营期桥梁的维护管理等具体问题。C匝道桥主跨采用五跨跨越的方案，分别选用简支装配式预应力混凝土组合T梁、钢箱梁和组合钢板梁3种桥型方案进行比较。

装配式预应力混凝土组合T梁，横桥向由多片T形截面梁刚接组成，采用现场预制拼装法施工，施工工艺成熟，实施时适用可靠，工程造价较低，后期养护工作量小；但曲率半径小、建筑高度高，桥面缘线形调节不顺畅，桥型不够美观，结构整体刚度小。钢箱梁采用单箱单室截面形式，结构设计方便，便于工厂化施工，但整体吊装难度太大，即使局部吊装再现场焊接拼装，高空场地限制施工也不便，另外结构稳定性、抗扭性能、整体刚度相对稍低，工程造价高，后期养护工作量大。组合钢板梁桥采用I形钢梁与钢

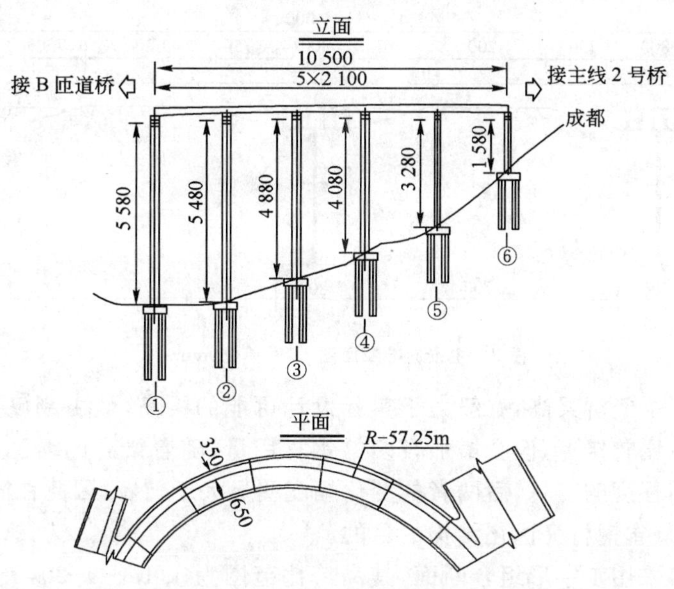

图1 C匝道桥立面图(尺寸单位:cm)

筋混凝土桥面板形成的组合截面形式,充分发挥了钢材和混凝土各自的材料性能,受压桥面板增加了梁的侧向刚度,防止主梁在使用荷载下的扭曲失稳,同时由于截面重心提高,钢梁腹板大部分处于受拉区,有利于避免腹板发生局部压屈,结构稳定性、抗扭性能较高,整体刚度大,设计、施工经验成熟,工厂化施工,实施性较强,工程造价适中,后期养护工作量相对较小。

通过对上述3种桥型方案的综合比较,并多次征求意见,推荐采用5×21m跨径简支组合钢板桥型方案。

四、组合钢板梁结构形式与材料选用

1. 横断面组成与布置

简支组合钢板梁,一般由钢筋混凝土桥面板、抗剪连接件和钢梁3部分组成。桥面板不仅是组合梁的承压件,同时还具有保证结构整体稳定的作用,一般采用现浇钢筋混凝土板、压型钢板混凝土组合板、钢筋混凝土叠合板等形式。设计选用了结构简单、施工工序简便的C50现浇钢筋混凝土桥面板,桥面板宽为10m,悬臂端厚25cm,根部厚45cm,每个钢梁上缘两侧均设置75cm×20cm的承托。抗剪连接件是钢筋混凝土桥面板和钢梁之间的纽带,承受两者之间的纵向剪力和掀起力,设计采用了ϕ22栓钉连接件,栓钉长170mm,纵横向间距为12.5cm,其他技术条件应符合《圆柱式焊钉》(GB 10433—89)规定。

钢梁在组合梁中主要承受拉力和剪力,一般采用热轧H形(工字)钢、焊接工字形钢梁、蜂窝钢梁、U形钢梁等形式,应根据钢梁跨径、荷载及施工条件选用。由于该桥跨径不大,采用焊接工字形钢梁,横向由3片工字形钢梁组成,全梁段单梁整体制作,钢梁高140cm,主梁腹板厚24mm,上桥面缘、底板厚16mm,主梁腹板中心距为350cm,其横断面布置如图2所示。

2. 联结系设置

为使I形截面钢梁具备足够的稳定、刚度和弯扭性能,必须在全梁段范围内设置隔仓板、腹板纵向加劲肋、竖向加劲肋,同时为保证主梁间的整体性及荷载在腹板间的有效传递,达到内力合理分配的目的,需设置横隔梁。设置时要考虑受力和构造等因素,选用合适的形式和间距。设计采用每4m左右设置1道大横隔梁,避免桥面板施加预应力,每4m左右设置1道隔仓板,与横隔梁交错布置,每2m段中间设置1道竖向加劲肋,腹板内外侧设置2道纵向加劲肋,全梁段通长布置,钢板厚均为16mm。

3. 组合梁梁高的合理选取

合理选用梁高是进行合理结构设计的关键,主要应考虑桥梁的承载力、刚度、经济性、地貌限制等因

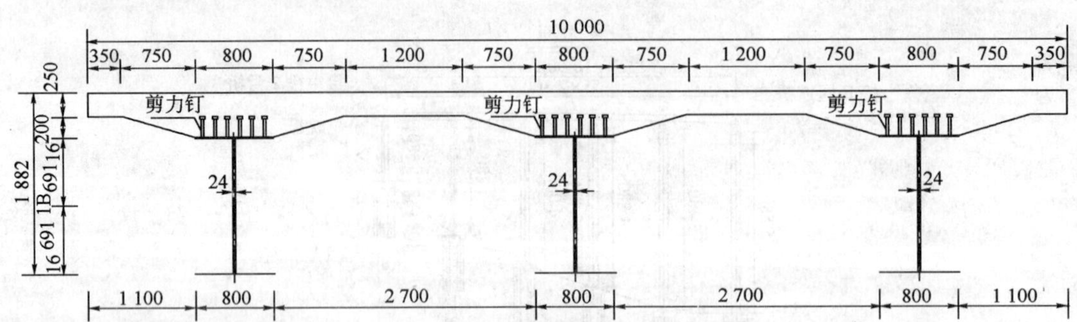

图2　主梁标准断面图(尺寸单位:mm)

素。根据经济性可得到一个经济梁高,一般大于实际设计可能的梁高,而由刚度要求得到的最小梁高往往与实际设计可能的梁高比较接近,但会增加较多的钢材用量,随着梁高的增加,钢材用量、截面抗弯模量和活载挠跨比均有不同程度的变化,后两者的变化幅度明显大于前者,因此在满足梁高的设计条件下,适当放大梁高,可取得既节省钢材又优化结构的目的。

对于简支组合梁桥多采用工字形组合断面,其高跨比范围为1/15～1/20,其跨径在35m之内,本桥跨径21m,高跨比定为1/15。

4. 材料选用

(1)结构钢

设计采用16M nq钢,平均含碳量为0.16%,并对具体型号进行了比选。考虑到结构部位的重要性,为保证材料的焊接性能和冲击韧性,选用Q345—D钢,要求P.S含量≤0.025%,其余技术条件要求符合GB/T 1591—94的规定。

(2)钢纤维混凝土

桥面板采用C50现浇钢筋混凝土板,为降低收缩率,有效阻止收缩裂缝的产生,提高混凝土的抗弯拉、抗剪切和抗渗性能,在混凝土内掺加了一定量的钢纤维。对于钢纤维混凝土,目前无国家规范可循,参照一些行业规范和试验研究成果后,选用了铣削型钢纤维,其性能、施工控制优于剪切钢纤维,掺量为55～60kg/m^3,28d的弯拉强度应达到7.25MPa。

(3)涂装

为保证钢结构的耐久性,一般采用油漆涂层防护体系。钢板除锈质量的好坏直接影响到涂装质量,涂层应有一定的厚度,以达到隔绝空气、防腐的目的,一般涂层厚度在200μm左右。要选择相溶的底漆和面漆,使整个涂层形成一个完整可靠的保护系统。该桥防腐系统方案为:表面处理除锈(喷砂、抛丸)至SIS Sa21/2级。涂702环氧富锌底漆2度(80μm)+842环氧云铁中间漆2度(100μm)+669—4氯化C8橡胶云铁面漆1度(45μm,颜色为银灰色)。

五、组合钢板梁结构分析

1. 分析思路

我国公路桥梁规范对组合钢板梁的设计计算尚无具体明确规定。该桥参考美国、日本公路桥梁设计规范规定,沿用弹性理论为基础的容许应力设计体系。组合梁的应力、挠度和稳定性等计算均按弹性理论进行分析,并采用平面杆系程序和空间程序分别计算各单元承载能力极限状态截面强度、正常使用极限状态下应力及挠度,同时进行了整体和局部稳定性分析、剪力钉等构件的局部强度验算,以及钢梁疲劳强度验算等。

采用平面杆系进行分析时,桥面板考虑有效分布宽度,采用组合截面及换算截面两种形式进行计算比较;采用空间程序分析时,该桥工字形截面、横隔板均采用板单元,由于单元划分较细,程序计算结果将自动计入梗腋处的剪力滞效应和箱梁的扭转、畸变及翘曲变形等影响。

本桥按单梁整体制作吊装就位的施工方法进行设计。分 2 个阶段计算，第 1 阶段为钢梁吊装就位后，以钢梁为模架浇注混凝土桥面板时，一期恒载(包括钢梁自重和联结系、桥面板及模板重力)等施工荷载均由钢梁承担；第 2 阶段为桥面板混凝土终凝形成组合梁后，二期恒载(桥面铺装、防撞护栏)和活载等其他荷载由组合梁承受。温度力按钢梁与钢筋混凝土桥面板温度差为±15℃考虑，并假定该温差在沿钢梁截面的全部高度内不变；混凝土收缩按钢筋混凝土桥面板分段浇注考虑，相应于混凝土桥面板降温 15℃，并考虑混凝土徐变影响。

2. 换算截面计算

(1)有效宽度计算

钢与混凝土组合梁是按照钢梁与桥面板成为一体承担弯矩进行设计的，当混凝土桥面板跨度较小时几乎全截面承担荷载。但是当混凝土桥面板跨度较大时，由弯矩引起的截面应力成为不均匀分布，一般用有效宽度来加以考虑剪力滞引起的这一现象。关于有效宽度的计算各国设计规范的规定不完全相同，按照日本道路桥示方书的规定，主梁正弯矩区与负弯矩区的有效宽度不同，即用下列各式计算桥面板单侧有效宽度。

跨中区间：

$\lambda = b$　　　　$(b/l \leqslant 0.05)$

$\lambda = 1.1b - 2b^2/l$　　　　$(0.05 < b/l < 0.30)$

$\lambda = 0.15l$　　　　$(b/l \geqslant 0.30)$

支承梁上：

$\lambda = b$　　　　$(b/l \leqslant 0.02)$

$\lambda = 1.06b - 3.2b^2/l + 4.5b^3/l^2$　　　　$(0.02 < b/l < 0.30)$

$\lambda = 0.15l$　　　　$(b/l \geqslant 0.30)$

如图 3 所示：λ 表示单侧有效宽度，即图中的 λ_1 或 λ_2，b 表示桥面板跨度，即图中的 b_1 或 b_2，l 为主梁的等效跨度(简支梁即为两支座间梁长)，组合梁的有效宽度为 $\lambda_1 + a + \lambda_2$，其中 $a = b_f + 2h$，b_f、h 分别为上翼缘的宽度及加劲腋的高度，此处将所有的加劲腋坡度都设为 1∶1 进行计算。

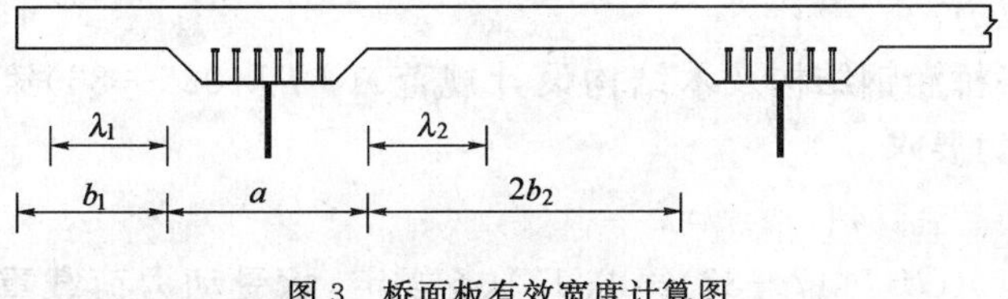

图 3 桥面板有效宽度计算图

经计算，跨中区间边梁有效宽度为 3.25m，中梁为 3.50m；支承端边梁有效宽度为 3.23m，中梁为 3.46m。

(2)组合梁截面特性计算

第 2 阶段，结构按组合梁截面受力，计算时须将受压区混凝土截面换算成钢截面。设计分不同的荷载效应，通过钢与混凝土的弹性模量比进行换算。在荷载的短期效应组合时，用弹性模量比 $n = E_g/E_h$ 直接换算；在荷载的长期效应组合时，考虑混凝土徐变的影响，引入混凝土有效弹性模量 $E_{h1} = kE_h$ 的概念，此时 $n = E_g/(kE_h)$。

换算计算分 2 种方法进行，相互校核。一种是保持混凝土板的高度不变，混凝土板的有效宽度除以钢与混凝土的弹性模量比值 n，换算成钢截面；另一种是采用面积换算法，2 种方法的换算截面中心轴相差 2～5 cm，换算截面惯性矩相差微小，n 值不同相差值略有差别，长期效应组合时相差最小，可以说 2 种方法基本一致。因此，在该桥设计中，2 种方法都是可行的，而方法一更精确。

3. 强度计算

组合钢板梁主要进行抗弯、抗剪强度的计算，采用弹性分析法，按允许应力控制设计。分 2 个阶段分别对钢梁底部的弯拉应力、混凝土桥面板顶缘的弯压应力及腹板剪应力进行验算。对于承受动应力的钢梁和剪力键还应进行疲劳强度验算，选用实际经常发生的荷载组合中的车辆荷载控制设计。

4. 稳定性分析

组合钢板梁的稳定计算分2阶段进行，第1阶段的稳定尤为重要，此阶段钢梁为开口断面，稳定性较差。第2阶段混凝土桥面板与钢梁形成了整体断面，一般能满足稳定要求。设计使用空间有限元软件进行了分析，分析结果表明，通过设置合理间距的横隔梁、隔仓板、底板纵向加劲肋和竖向加劲肋，能有效地防止顶板、底板及腹板的局部屈曲，满足了施工及运营阶段的稳定要求。

腹板局部稳定按弹性约束于翼缘板并简支于竖向加颈肋和纵向加劲肋上的薄板考虑。当有集中荷载作用于梁上时，必须考虑腹板边缘的弯曲应力、腹板平均剪应力及腹板边缘的局部压应力。这三种应力值均应按全部设计荷载作用于组合梁全截面而求得。

5. 挠度计算

组合梁的挠度应为施工阶段挠度与使用阶段挠度的叠加。施工阶段挠度由3部分组成，第1部分为I形开口钢梁的自重挠度，第2部分为在I形开口断面下的混凝土桥面板重力挠度，第3部分为在组合断面下的二期恒载挠度；使用阶段挠度为组合断面在活载、温度力、混凝土收缩徐变等荷载作用下的挠度。

挠度计算采用材料力学公式进行，换算截面抗弯刚度分不同的荷载效应选用，同时考虑混凝土桥面板与钢梁间相对滑移引起的附加挠度，须对换算截面抗弯刚度进行折减。组合钢板梁的变形限值与钢筋混凝土结构相似，结构的竖向静活载挠度应不大于 $L/600$，当结构重力、静活载的竖向挠度和大于 $L/1\,600$时须设置预拱度，其值为结构重力＋1/2 静活载挠度，故该桥跨中设置了向上 $3.4cm$ 的预拱度，按二次抛物线设置。钢梁在制作时，须同时考虑竖曲线和预拱度的影响。

6. 剪力键计算

在组合钢板梁设计中，为防止钢梁与混凝土接触面之间产生水平滑移和竖向分离，确保钢梁与混凝土的整体变形，须在钢梁的桥面缘上配置一定的剪力键。剪力键除了传递剪力，同时还必须把混凝土板锚固在钢梁上。根据剪力键的工作性质和破坏形态，分为柔性和刚性两大类。设计剪力键时，首先要选定剪力键的形式，确定每个剪力键的设计强度，然后根据梁在接触面之间作用的水平剪力，计算所需剪力键的个数。本次设计选用了变形能力大、施工方便、质量可靠的 ϕ22 栓钉柔性剪力键，主要靠栓杆抗剪来承受剪力，用圆头抵抗掀拉力。

剪力钉的计算按《公路桥涵钢结构及木结构设计规范》(*JTJ* 025—86)第1.5.17条进行计算，结果表明剪力钉的设置满足受力要求。

7. 钢材疲劳验算

根据《钢结构设计规范》(*GBJ* 17—88)第6.1.1条规定，承受动力荷载重复作用的钢结构构件及其连接，当应力变化循环次数 $n \geqslant 10$ 万次时，应进行疲劳计算。第6.1.3条规定，疲劳计算应采用容许应力幅法，应力按弹性状态计算，应力幅根据构件和连接类别以及应力循环次数确定。经计算，该桥局部钢材疲劳强度 $\sigma_e = 96.5MPa < [\Delta\sigma] = 139.7MPa$，满足设计要求。

六、组合钢板梁的施工与制作

采用全梁段单梁整体制作吊装就位的施工方案。工厂单梁整体制作完成后，运至现场，用大吨位吊机将3片钢梁起吊就位，现场焊接横隔梁，使3片钢梁形成整体。此阶段完成后，按序进行钢筋混凝土桥面板的浇筑和防撞护栏、沥青混凝土铺装的施工。

在整个施工过程中，钢梁的焊接质量是工程成败的关键。钢梁不像钢筋混凝土结构由多种材料分担受力，往往在传力方向上仅有一道钢板，如果该钢板因焊接质量差而失去作用，则整个结构就会丧失承载能力。多座钢结构桥梁的破坏情况表明，焊接质量问题是桥梁破坏的主要因素。

七、结　　语

本文通过设计实例，对简支组合钢板梁的设计、计算作了简要介绍，该桥的设计，对今后该类桥型的设计与施工提供了经验，具有一定的借鉴意义。

参考文献

[1] 刘玉擎.组合结构桥梁. 北京:人民交通出版社,2005.

[2] 黄侨.桥梁钢—混凝土组合结构设计原理. 北京:人民交通出版社,2004.

42. 高墩大跨径弯桥发展综述

杨 昀[1] 贺拴海[2] 吴怀义[3] 梅世龙[4]

(1.交通部公路科学研究院;2.长安大学;3.贵州交通勘察设计研究院;4.贵州公路工程总公司)

摘 要 本文综述高墩大跨径弯桥的发展概况，主要是国内发展概况，其中提及的高墩弯桥设计与施工技术可供借鉴与参考。本文取自国家西部交通项目“高墩大跨径设计与施工技术研究”的研究成果。

关键词 高墩 弯桥 设计 施工

一、高墩弯桥的提出

高墩和弯桥是山区桥梁常见的结构形式。实际工程中，高墩和弯桥同时出现的情形不多。多数情况是要么上部直桥下部高墩；要么上部弯桥下部普通墩，同时又是高墩又是弯桥的情况比较少。当公路线形受到地形或建筑物限制时才考虑修建弯桥；当大跨径桥梁跨越沟壑时才考虑修建高墩。高墩可能与小跨径结构相配，比如路线上的小跨径高架桥；也可能与大跨径直弯桥相配，比如路线上的高墩连续梁或连续刚构。

如果单论弯桥，可分城市弯桥和山区弯桥。对于山区弯桥，其结构平曲线半径与路线等级有关，三、四级公路经常出现百米左右的小半径弯桥；高等级公路上的弯桥平曲线半径相对较大，一般都超过500m。对于城市弯桥，主要指立交匝道弯桥。匝道弯桥的特点是结构平曲线半径小、支承方式变化多。

综合目前高墩弯桥实际工程情况，可分成下列几种结构形式：

(1)高墩大跨径弯连续刚构桥；

(2)高墩大跨径弯连续刚构与连续梁组合体系；

(3)高墩小跨径弯高架桥；

(4)现浇小跨径弯连续箱梁桥；

(5)现浇小跨径小半径立交匝道弯桥。

上述结构形式(1)、(2)、(3)和(4)多见于山区，结构形式(5)多见于城市立交和高等级公路的连接线上。

二、高 墩 发 展

设置高墩与路线等级有关。低等级路由于线形要求不高，跨越深沟壑的可能性不大，故不需要设置高墩，或者可以通过选线避开；而山区高等级公路设置高墩是不可避免的。因此高墩发展与高等级公路的发展密切相关，至少国内情况是这样。表1为国内部分高墩建设情况。

国内部分高墩建设情况 表1

桥 名	主跨(m)	墩高(m)及形式
云南红河大桥	265	双薄壁墩(净距6,顺桥向宽4),最大墩高121,等截面单箱双室,顺桥向壁厚0.8,横桥向壁厚0.5,有两道系梁,有中横隔板。翻模施工,采用劲性骨架,最快速度6m/5d

续上表

桥　名	主跨(m)	墩高(m)及形式
江西黎川姚木岭大桥(刚构)	40	最大墩高86,采用等截面箱形薄壁空心墩,墩身横向宽度均为6,壁厚仅50 cm,墩身纵桥向宽度3.5。翻模施工
内昆铁路花土坡特大桥	104	单墩(变截面圆端形空心墩)最大墩高110,选择单墩原因抗风(风速24m/s)
内昆铁路李子沟特大桥(贵州)	128	最大墩高107
贵州六广河大桥	240	双薄壁墩,最大墩高90
喜旧溪河大桥	88	双薄壁墩,最大墩高69,设有两道系梁
南昆线清水河大桥	128	单墩(变截面箱形薄壁墩),最大墩高100
陕西西水河桥		空心墩,最大墩高89
侯月线海子沟桥		圆锥型薄壁空心墩,墩高81
陕西太枣沟大桥	120	矩形变截面薄壁空心墩,内设隔板
白鸡坡大桥		空心墩,最大墩高70
陕西洛河大桥	160	双薄壁墩,最大墩高143
陕西葫芦河大桥	160	双薄壁墩,翻模,最大墩高138(等截面,空心矩形,中间设置横隔板,有两道系梁)
贵州乌溪特大桥	160	双薄壁墩,最大墩高70
贵州小阁垭大桥	138	双薄壁墩,最大墩高70
湖北龙潭河大桥	200	双薄壁墩,最大墩高178(变截面,空心矩形)
湖北双河口大桥	170	双薄壁墩,最大墩高166(杯形空心)
贵州沙银沟大桥	120	双薄壁墩,最大墩高80,实心矩形墩
贵州虎跳河大桥	225	变截面单墩+双薄壁墩,最大墩高151
贵州朱昌河大桥	200	双薄壁墩,最大墩高137
贵州平寨大桥	200	双薄壁墩,最大墩高100
贵州乌江特大桥	200	双薄壁墩,最大墩高151,变截面
云南牛栏江大桥	170	双薄壁墩,最大墩高126
赣龙线松头江特大桥	100	最大墩高97.7
黄延高速路老庄河大桥	170	双薄壁墩,最大墩高105
贵阳小关桥	160	双薄壁墩,最大墩高99.8,空心,壁厚2.5,大块钢模板翻模施工
广东清连路杜步一号桥	125	双薄壁墩(上)+单空心墩(下),最大墩高110
广东清连路杜步二号桥	100	双薄壁墩(上)+单空心墩(下),最大墩高92
广东清连路杜步三号桥	100	单薄壁空心墩,最大墩高81
阿墨江大桥	130	双薄壁墩,最大墩高103
关家沟右线桥	40	变截面双柱式薄壁高墩103

1.高墩的形式

受力较为复杂的高墩当属连续刚构桥的柔性墩。从构造上讲,柔性墩可分双薄壁墩和单薄壁墩两种。目前国内高墩以双薄壁墩为主,单薄壁墩为辅。单墩铁路桥和公路桥均有,初期铁路桥多,现在公路单墩也不少。

目前连续刚构多采用双薄壁墩,主要出于以下几方面考虑:

(1)纵桥向抗弯刚度大,可缓解主墩负弯矩;

(2)横桥向抗扭刚度大,对承受风荷载有利;

(3)抗推刚度小,可有效降低由于墩梁固结带来的温度、徐变影响;

(4)双薄壁墩结构形式上有利于悬臂浇筑法施工。

正因为如此,国内绝大部分连续刚构都采用双薄壁墩形式。近几年因为桥墩越修越高,才出现单墩情况。设置单墩的主要理由是,墩较高时双肢没有单肢施工方便,另外采用单墩横向刚度要大,对弯桥有利。上述分析是针对静力而言,如果从稳定和抗震角度上分析,双薄壁墩优于单薄壁墩。

高墩的横截面一般为箱形或矩形。对墩身较高的单墩,横截面一般采用变截面空心形式,如南昆线清水河大桥;对于较高的双薄壁墩通常采用两种形式,一种是变截面一通到底,一种是墩下部为刚性的空心或实体墩,墩上部仍为双薄壁墩。图1为几种典型的高桥墩形式。

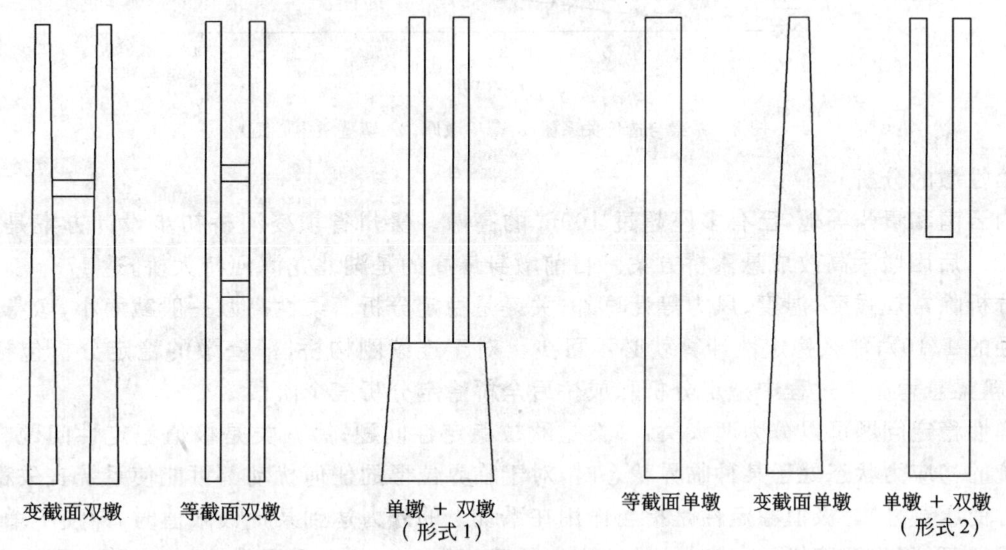

图1 典型高墩形式

由于墩高有压杆(弯曲)稳定问题,因此一般为增大薄壁墩墩身的稳定系数,在墩身中间加横系梁。横系梁加几道应视墩高而定,如贵州六广河240m连续刚构桥一个主墩高70m,设了一道横系梁;另一个主墩高90m,设了两道横系梁。设置系梁的问题是后期受温度作用大,有时会因为承受不了温度荷载而将系梁设置为临时措施,待上部箱梁合龙后拆除。对于空心墩,如果墩身过高还需在中间设置横隔板以增强墩身刚度,横隔板间距一般为30m左右。

2. 高墩构造

薄壁墩墩身截面有全实心、半实心半空心和全空心三种。采用半实心半空心的做法是在桥墩一半或者2/3处以下用实心断面,在其以上采用空心断面,目的是降低桥墩的刚度,适应墩顶处比较大的纵桥向位移。空心断面多做成单室箱形,也有做成双室箱形。实心断面多做成矩形断面,也可以做成I形断面。

关于双薄壁墩构造研究综合起来有以下几方面:

(1)跨径 L、墩高 H、双薄壁墩间距 S、墩壁厚 D 之间的关系。通过大量数据拟合求解分析,可得到各参数之间关系式[1]:

$$D=-0.964563+0.025828H+0.0114869L-0.00963395S$$

(2)造价、薄壁墩间距和横系梁之间的关系。通过某桥(跨径:90m+160m+90m;墩高72m)分析得到图2关系图。从图中曲线可知,横系梁的设置对造价有比较大的影响[5]。

(3)薄壁墩厚度、间距对稳定性的影响。通过三滩黄河大桥双薄壁墩研究得到,减小双薄壁墩厚度,可降低稳定系数和减小墩弯矩和轴力;减小双薄壁墩间距,可降低稳定系数和墩弯矩,但增加墩轴力[6]。反之亦然。

(4)在我国铁路已建成的空心墩中,壁厚 t 与半径 R 或板宽 B 之比,当为圆柱形时 $t/R=1/3\sim1/9$;当为矩形时 $t/B=1/6\sim1/16$;墩高 H 与直径 D 之比 $H/D=7\sim12$。[2]

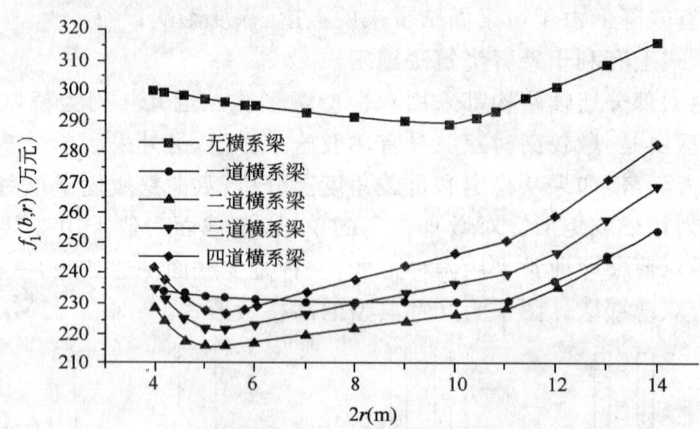

图2　系梁与造价关系图(b:薄壁墩厚;$2r$:薄壁墩中心距)

3. 高柔性墩的分析

在国内云南和贵州等地,已有多座超过100m的高墩。贵州省坝凌河桥初步设计方案是连续刚构,其墩高250m,后因墩太高改成悬索桥方案。目前墩身最高的是湖北龙潭河特大桥,达178m。

高墩分析除常规强度、温度、风力等计算外,关键是稳定分析。柔性高墩一般截面小,墩身高(应不小于主跨跨径的1/10),那么稳定性计算就必不可少。对于连续刚构桥,薄壁墩的稳定分析包括自身稳定分析、上部箱梁悬臂施工过程中稳定分析和成桥后全桥稳定分析三个阶段。

对于弹性稳定问题可以分为两大类:一类是欧拉稳定性问题;另一类是极值稳定性问题。欧拉稳定性是指系统的初应力状态处于某种临界状态时,对于临界位形的任何扰动都可能使系统丧失稳定性(如:理想的轴心受压直杆)。极值稳定性是指当作用在系统上的外力达到某一极限值时,即使不增加荷载,甚至减少荷载,变形仍将继续增加,此时结构已丧失承载能力(如:偏心受压直杆)。实际工程中大部分稳定问题是第二类稳定问题。但是,"由于第一类稳定问题是特征值问题,求解方便,在许多情况下两类问题的临界值又相差不大,因此研究第一类稳定问题仍有重要的工程意义"[3]。

求解结构弹性稳定问题的实质是求结构在给定荷载作用下的一种临界状态,确定临界荷载和相应的屈曲形态。对于较简单的结构可以用结构力学或弹性力学的方法求解;对于复杂结构,用解析方法很难得出其临界荷载,这时最有效的方法是采用有限元法。

4. 高墩的施工与控制

目前,我国高墩施工一般都采用爬模或翻模施工方法。无论采用哪种施工方法,除控制自身施工工艺外还需另请一家单位专门控制墩身线形。墩身线形控制对于高墩来讲十分重要。对于直桥情况,墩身线形主要是垂直度;对于弯桥、坡桥情况,墩身线形则须根据计算确定,如果计算位移过大(弯桥:横向位移;坡桥:纵向位移)超过规范容许值,则应在施工过程中设置预偏量。

(1)墩身横桥向变位控制

对于弯连续刚构桥,悬臂施工时梁体会产生向曲线内侧的扭转,但梁体合龙后在二期恒载作用下,梁体会产生向曲线外侧的扭转,两者叠加是梁体最终的扭转效应。半径大的情况下,梁体的这种扭转角很小,但在高墩变形的联合作用下,扭转角会明显增大,并在产生扭转角的同时墩顶还会产生横向变位。墩身横向刚度越小,则变位越大。如果增加墩身横向刚度有困难,而变位又合理,那么可通过设置墩的预偏量来加以控制。

(2)纵桥向总体变位控制

对于大纵坡高墩长桥,除常规桥梁的纵向变位外,由于车辆长期单向行驶可能产生桥梁体系不可恢复的累计变位是必须考虑的一个问题。对于这个问题的解决一般应在设计阶段完成,或设制动墩或调整全桥各墩刚度分配,但由于温度力和制动力对连续刚构薄壁墩刚度要求的矛盾性,有时这个问题亦可以通过设置墩的预偏量加以解决。

(3)高墩初始偏位控制

在高墩长桥中,预应力混凝土结构收缩徐变对体系变位的长期影响效应会很显著。高墩桥墩顶在成桥时的初始偏位,在后期的徐变中将有较大发展。它将对桥墩受力及体系的变位均产生不利的影响。因此墩顶初始变位的控制一定要向着有利抵抗长期徐变效应的方向进行。

(4)温度影响控制

实际施工中,影响墩身线形的因素有两个,一个是结构影响,一个是外在因素影响。所谓结构影响是指上部为弯桥、坡桥,结构本身对墩身线形就有理论上的影响。弯桥对墩身产生横向偏移,若偏移数值过大,应在施工时设置横向预拱度;坡桥由于长期徐变作用对墩身产生纵向位移,若位移数值过大,应在设计时设置制动墩。所谓外在因素影响是指施工偏差、温度作用和风荷载作用等。

在外在影响因素中,温度和风荷载对结构将产生可恢复的偏移。在高墩节段施工放样时若不考虑这种可恢复偏移的影响,而仍按绝对施工坐标放样,将使本施工节段成型后的节段轴线与前一节段(或前若干节段)的轴线形成夹角,使桥轴线在本节段的顶面产生偏移。在下一节段施工时,若也不计入这种可恢复偏移的影响,则这种偏移可能继续增大或立即反向,使桥墩轴线形成较大的折角,影响结构外观和受力状态。

三、弯 桥 发 展

当公路线形受到地形或建筑物的限制时,需要用曲线过渡,此时的路基可以按照线形的需要来填筑。但如果线形与河流、峡谷或现有路线相交时,就需要架设桥梁,这就是所谓的弯桥。最早的弯桥什么时间建造已无据可查。近代大量开始研究弯桥始于 20 世纪六七十年代,主要研究者是发达国家,如美国、日本和加拿大等国。当时研究弯桥的背景是计算机还不发达,可用的专用软件也不多,因此,试验是主要的研究手段。研究对象钢结构弯桥多于混凝土弯桥。

在国外,20 世纪六十年代初期开始修建弯桥,但有关的文献资料不多,比较系统和实用的著作更少。到 1978 年,据美国专家 sikes 在一篇曲梁分析和设计技术发展水平的报告中记载,有关弯桥的资料文献约有 313 篇。到 1985 年左右,在弯桥计算理论和静动力性能方面的研究做了很多工作。在美国土木工程师协会主持下成立了弯曲箱梁工作委员会,专门探讨和总结弯曲箱梁的适用理论和试验分析。该委员会曾对美国、欧洲、日本等国家和地区的弯钢箱梁桥做过调查,收集了大量有关设计方面的详细资料。1969 年到 1976 年期间,美国联邦公路管理局集中了最大研究力量,进行过弯曲钢箱梁的性能研究。不少专家还对钢 I 字梁、预应力钢筋混凝土梁、钢－混凝土组合梁等弯桥进行过研究和性能分析。国外弯桥最典型的例子是美国林同炎事务所设计的洛克—恰克(Rnck-A-chukg)峡谷桥,曲线跨长为 396.2m (1 300ft),堪称是曲线桥梁的一大杰作。该桥巧妙地使用了斜拉索来设计弯桥,提高了工程的经济效益,在竞争中占有一定优势,后由于某些原因该桥未能建造。但是,该桥的设计构思在桥梁建筑史上已占有了重要位置。在所查到的弯桥实例中以日本居多。

国内弯桥发展始于 20 世纪八十年代。“1979 年底,国内第一次邀请美国马里兰大学 C. P. Heins 教授来华介绍弯梁桥的设计理论,引起了国内工程界的重视。随后经过一段时间的摸索、实践和研究,于 1987 年在沈阳首次召开了以立交桥工程为中心的学术交流会,相互间交流了弯、坡、斜桥建设中的各种学术问题,并编印了论文集”[4]。这以后在各种学术性的会议上都有一些弯梁桥方面的论文发表。

国内弯梁桥发展大致经历了两个阶段,一个是城市立交桥的发展促进了有关小半径匝道弯桥设计、施工和试验技术的发展;一个是野外高速公路的发展促进了大跨径弯梁桥的设计、施工和试验技术的发展。前者从 20 世纪八十年代开始,主要在大都市如北京、上海、广州、深圳、沈阳等地建造了不少立交匝道弯桥,预计随着城市现代化的进程国内各主要省会都将面临城市立交桥的发展;后者从 20 世纪九十年代末开始,主要在西南五省的山区高速公路上,由于线形上桥梁服从路线,故开始出现高墩大跨径弯梁桥,预计随着高速公路向山区纵深发展更多的高墩弯桥会涌现出来。

表 2 为国内部分弯桥工程实例。表 2 中所列弯桥数量远不是实际弯桥的总数,仅为曲率半径小于

1 000m的弯连续刚构桥，有代表性。弯桥的发展某种意义上代表一个国家经济的发展。在国外交通发达的国家中，不仅城市出现多层立交枢纽，而且在高速公路上，快速干道上，多层立交桥梁比比皆是。目前国内交通基础建设也是如此。这些立交结构多以弯桥作为进出口匝道。不但公路线上用弯桥，铁路线上同样也用弯桥。在地形复杂或受建筑物限制的地段修建弯桥已屡见不鲜。就弯桥本身而言，与直桥相比并不经济，且在施工工艺方面弯桥还有其特殊要求。但就整条路线而言，采用弯桥使线形美观流畅，行车舒适，避免了桥和线路成直角接线，以及车辆急拐弯造成的行车事故，这种社会效益是不可估量的。

部分千米以下半径的曲线连续刚构桥　　表 2

桥　名	跨径组成(m)	曲线半径(m)	施工方法
贵州沙银沟大桥	68＋120＋68	620	悬臂浇筑
海沧大桥辅航道桥	78＋140＋78＋42＋42	900	悬臂浇筑
福建船岭岽大桥	85＋155＋85	右幅 800(左幅 700)	悬臂浇筑
福建石崆山大桥	65＋115＋155＋3×115＋65	762	悬臂浇筑
云南阿墨江大桥	77＋140＋77	部分 260，反向曲线	悬臂浇筑
广东杜步三号桥	60＋4×100＋60	635	悬臂浇筑
浙江斗门江大桥	50＋80＋80	800	悬臂浇筑
陕西黑河大桥	60＋60×100＋60	R＝582.963，R＝734.58	悬臂浇筑
云南祥临高速 K194＋460 大桥	55＋100＋55	258.5	悬臂浇筑
湾沟大桥	64＋115＋64	700	悬臂浇筑
刘家沟大桥	64＋115＋64	600	悬臂浇筑

1. 弯桥构造特点

弯桥可分弯梁桥、弯拱桥和弯斜拉桥。弯梁桥的数量远多于弯拱桥和弯斜拉桥。人们一般意义上所说的弯桥大多指弯梁桥。弯梁桥结构可分钢结构、钢筋混凝土结构、预应力混凝土结构和钢混结构等。我国目前弯梁桥中，小跨径的以钢筋混凝土结构为主；大跨径的以预应力混凝土结构。弯钢桥和弯钢混结构桥国内较少，国外相对多。弯梁桥截面形式基本上以Ⅰ字形、箱形和矩形为主，更多的还是箱形截面。尤其是高墩大跨径弯桥无一例外的都是采用变截面箱形结构。

(1)支承方式

对于弯连续梁桥，包括匝道弯桥和公路上现浇弯箱梁桥，与直桥最大区别是在支承方式上。因为弯桥结构重心常位于结构两端轴心连线之外，即使在自重作用下，桥跨结构也会产生扭矩，所以弯梁桥的支承布置必须在综合考虑自重、活载和温度作用下的结构受力和变形，才能正确设置。

一般情况下，支承布置要考虑三方面因素，一在恒活载作用下，边支撑是否脱空；二中支座预偏心设置来调整结构内力；三在温度作用下，弯桥变形比直桥多了横向位移，故支座设置还要考虑对横向限位或约束。

(2)结构内外不对称

对于直桥内外侧结构一般无差异，弯桥则不同，由于结构平弯原因外侧梁长，内侧梁短，故在恒活载作用下，外侧梁常超载，内侧梁常卸载。尤其宽桥情况内、外梁受力差异很大，更是如此。弯桥的这种结构特性增加了结构设计的复杂性，主要表现在结构计算、配筋、配束和构造措施上。若简化复杂性，按最大内力情况考虑结构尺寸和配筋可能导致不经济的断面尺寸和配筋量。

对于弯桥内外侧受力不均问题，设置中横梁或横隔板可以增强结构抗扭刚度和整体性，是弯桥常见措施之一。尤其对横向多梁组成的截面更为有效。对于薄腹箱梁来说，增设横隔板也是减小截面畸变变形的有力措施。

(3)其他特性

对于弯梁桥还有两个特殊问题，一个是若平曲线半径小于规范值时结构要设置超高；一个是弯梁桥结构成闭合圆环时的温度变形问题。设置超高的方法，其一是靠结构调节，其二是靠铺装层调整。对于超高靠结构调节的预应力结构，其内外侧预应力因超高会产生力偶臂，这就等于在梁上加力偶，这力偶能在一定程度上抵消恒载扭矩。

对于闭合圆环弯梁桥，当温度变化时，环向变形将转化为径向变形。如图3所示，由于内、外弧长差，外弧半径的增长量大于内弧，外弧向外膨胀变形受内弧制约，产生沿圆弧轴向压力，内弧产生轴向拉力。反之，当温降时，外弧产生轴向拉力，内弧产生轴向压力。内、外弧长差愈大，产生的内力也愈大。

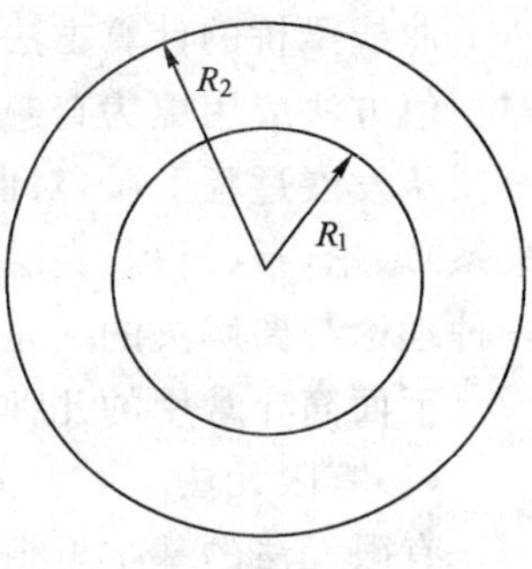

图3 闭合圆环变形示意

2. 弯桥施工特点

直弯梁桥施工方法差异不大，凡适用直桥的基本上也适用弯桥。综合起来，弯梁桥施工大致有以下几种方法：满堂支架、悬臂施工、缆索吊装、顶推法和拖拉法等。

(1)满堂支架

这种方法是建桥中最常用的。尤其是架设弯桥最为安全、适当。但遇到桥下洪水期水流汹涌、桥高等不利条件，就不宜采用。目前匝道弯桥和公路上现浇箱梁大都采用支架法施工。

(2)悬臂施工

直线桥采用悬臂施工法架桥已很广泛，但在曲线桥施工中，由于施工扭矩较大需做特殊处理。如在箱梁内增设隔墙，以克服悬臂施工的扭矩。目前大跨径弯连续梁桥或连续刚构桥基本上都是采用悬臂施工法施工的。

(3)缆索吊装

缆索吊装不受桥下净空大小、通航、流水的影响，是弯梁桥施工可选择的方法之一。但施工中悬吊的缆索不能仅设在一个区间，而应划分几个区间才能把全桥架设完。由于区与区之间悬吊缆索呈折角故需设置控制索以抵抗水平分力。主索和控制索的锚固工作必须慎重对待。由于分区间吊装梁段，因此架设时运输的连续性受到影响，增加了施工的难度。

(4)顶推法

顶推法是20世纪八十年国外比较流行的施工方法，直弯梁桥都适用。弯梁桥顶推时需要修正梁体的方向，方法之一是用刚体运动法则，增减水平力来实现，即控制各水平千斤顶来达到水平力的增减；方法之二是用横向顶推移动的方法，即顶推前后在主梁与各支座间插入四氟板和不锈钢板，然后用安装在桥墩上的横向导向滑轮，控制液压千斤顶，横移主梁实现修正方向。国内山西平顺大桥和甘肃太平大桥都是采用顶推法修建的弯梁桥。

(5)拖拉法

拖拉法能克服前(1)、(2)、(3)种架设方法的缺点，与顶推施工有相似之处，是一种常用的施工方法。它的主要做法是把曲梁处理为直梁，即在两根曲梁之间嵌入架设施工用的楔形垫块，使梁变为近似直线形，然后再通过传送装置或电动自行车拖拉架设，最后拆去楔形垫块并把主梁转动至预定位置上。拖拉法国内未见施工报道。

(6)弯桥施工注意事项

①由于弯梁桥几何形状是一根曲杆，对于预制的弯梁构件，其构件重心位置有可能位于构件轴线之外，在预制、移运、翻身和吊装时，极易倾倒失稳或扭曲变形，尤其在搬运和起吊时应设置副吊点，在堆放搁置时需增设临时支撑，以确保构件在施工过程中的稳定性。

②由于弯梁桥在荷载作用下，内外梁产生的竖直挠度差异较大，因而在预拱度设置方面不能完全套用直梁桥的概念，应在设计中进行计算确定。由于曲线梁桥在平面，纵横断面上的变化较大，因而在施工放样、高程控制、中线控制等方面要求严格，应反复核对检查。

③对于连续弯梁桥的中支点断面，由于“弯、扭、剪”复合受力，是全桥中控制的关键截面，在构造上是配筋最密集的区域，施工工作面又相对比较狭小，施工难度大。较多的弯梁桥具有独柱支承和横断面扁平等特点。独柱支承导致支点横梁有较大负弯矩，通常需要施加横向预应力，而纵横两个方向的预应力

相互影响，以致简单的张拉主梁或横梁预应力束，将导致未张拉者损坏，因此必须分批交替张拉。

3. 弯桥计算

曲线梁桥的计算方法归纳起来可分三类，即解析法，半解析法和数值法。由于曲线梁桥的复杂性，目前数值方法应用更为普遍。数值方法可分有限元法、有限条法和差分法等。

从发展过程上看，对曲线梁桥的计算曾出现过多种理论，如扭转(纯扭转、约束扭转)理论，梁(梁格、梁系)理论，板(折板、夹层板、正交各向异性板)理论，板梁组合理论，多角形曲线桥理论等。究竟采用哪一种理论与要解决的问题有关，与计算深度有关。

下面简介常用的几种弯桥计算方法。

(1)有限元法

有限元法的基本思想是化整为零，积零为整，即把复杂的结构先化整为有限个单元组成的整体，建立单元微分方程，再积零为整，建立整体平衡方程。有限元的优点是解决问题面广，它可以处理任意形状的复杂结构和任意的荷载类型。几乎弯梁桥的结构问题都可以用有限元来解决。

应用有限元解决弯梁桥问题首先要选择单元形式。常见的单元形式有梁(曲梁)元，板(壳)元和实体元。采用梁元最节省时间，板元次之，实体元最费时间。在20世纪七八十年代，文献上记载几乎很少用实体元解决弯桥问题，主要原因是计算机硬件跟不上。相比之下，采用梁元分析弯桥比较简单方便，但分析的内容不全面。板元是介于梁元和实体元之间的一种单元，研究使用者较多。

有限元的分析精度主要取决于单元形式、单元划分，以使离散后的结构与实际弯桥的性能达到最大限度的接近。

(2)有限条法

有限条法于1968年由张佑启(Y. K. Cheung)首先提出。有限条的基本思想是把结构划分成若干薄板条，同时或分开考虑其弯曲作用和薄膜作用，其条的位移函数在一个方向(通常是纵向)上选择为级数或样条函数，而另一个方向(通常是横向)上选择为多项式或样条函数。有限条与有限元的主要区别是离散方式上和位移函数上。显然有限条所需数据量小，计算速度快。正因为如此，有限条一经出世，发展迅速。

有限条可以解决几乎所有形式的等截面弯梁桥，如矩形、I形、T形或箱形。支撑方式可以是简支、固支或连续支撑，其中间支撑可以为不规则。有限条法的局限性是不能很好地解决变高度和不规则结构的分析问题。

(3)折板法

折板法本质上是一种精确方法，其基本思想是把结构看成由相互联结且为常厚度的板条单元所组成。翼板单元的特点是其弯曲作用和薄膜作用彼此独立，不相耦合；而腹板单元由于具有壳体性能，其弯曲作用和薄膜作用互相耦合，不能分开。

折板法与有限条法相比，相同之处是都将结构按“条”离散；不同之处是折板法在弹性范围内提供精确解，而有限条法由于在单元宽度方向的位移函数上作了假定，故只能提供近似解。

折板法的应用范围与有限条法几乎相同。

(4)梁格法

梁格法是一种近似方法。它的基本思想是用一个等效梁格来代替梁桥的上部结构，然后分析此等效平面梁格就可以得到梁桥的变形和内力状态。梁格法之所以是近似方法主要是无法精确“等效”原结构。比如弯板桥中两个正交方向上的扭矩是相等的，而且扭率在正交方向上也是相同的，但在等效梁格中一般不可能使扭矩和扭率在正交方向的结点上自动相等。此外梁格中也不考虑泊松比的影响。

梁格法最大的优点是弥补普通梁元无法模拟结构横向效应的不足，能输出横向位移和内力，这在某种程度上能解决弯梁桥纵横两个方向的空间效应。横向对直桥不重要，对弯桥比较重要，因此梁格法也是分析弯梁桥的方法之一。

梁格法不仅适用于由弯主梁和横梁组成的弯格子梁桥，而且也能适用于板式(包括实心板和空心板)、肋板式及箱形截面等大部分弯梁桥的上部结构。大量的研究和计算结果表明，对于大部分桥梁结构形式来说，按梁格法计算都能把握住结构的总体性能，就初步设计而言该法是足够精确的，在某些情况下用于最终设计也可满足要求[4]。

四、结　语

随着高等级公路向山区发展，高墩大跨径弯桥会越来越多。本文作为西部交通科技发展项目“高墩大跨径弯桥的设计与施工技术研究”的成果之一，只是介绍了我国高墩大跨经弯桥的发展情况，其他研究成果由于篇幅原因不能一一介绍。本项目最重要的成果是《高墩大跨径弯桥的设计与施工指南》，它为提高我国高墩弯桥设计与施工水平提供了技术支撑。

参考文献

[1] 景云峰．双薄壁桥墩的设计参数优化研究．文章编号 1000-0952(2002)03-16-01.

[2] 杨炜国．圆端形薄壁空心高墩的技术在京九铁路的应用．中国市政工程，2002.03.

[3] 项海帆．高等桥梁结构理论．北京：人民交通出版社，2002.07.

[4] 邵容光．混凝土弯梁桥．北京：人民交通出版社，1991.01.

[5] 李衡山等．连续刚构双肢薄壁墩参数的优化设计．铁道建筑，2004.02.

[6] 张孟喜．三滩黄河大桥双薄壁墩的设计参数优化．文章编号 1671-2579(2004)-03-0049-04.

43. 桥梁结构耐久性研究综述

黄　侨[1,2]　荣学亮[2]　董学文[2]

(1. 东南大学 桥梁与隧道工程研究所；2. 哈尔滨工业大学 桥梁工程研究所)

摘　要　目前，耐久性问题已经成为国内桥梁设计者所关注的焦点问题之一。本文回顾了桥梁结构耐久性研究的历史，对当前国内外桥梁结构耐久性研究现状进行了总结和评述，并对当前的几个研究热点：高性能混凝土，耐候钢，基于可靠度的耐久性设计方法等进行了介绍。

关键词　桥梁　耐久性　寿命预测

结构耐久性反映了结构随着时间增长维持其初始性能的能力。在正常使用和维护状况下，具有足够的耐久性能是桥梁结构必须符合的功能要求之一。近年来国内外关于桥梁病害和破坏事故的报道已屡见不鲜，其中大部分都可归结为由于结构的耐久性不足所致，因此桥梁结构的耐久性问题已越来越引起了桥梁工程界的关注，并开展了以耐久性为基本要求的从材料层次到结构层次，从设计阶段到运营管理阶段等一系列的研究工作。

一、桥梁结构耐久性研究历史

随着欧洲工业革命发展起来的近代桥梁至今已有 200 多年的历史，一般以英国建成世界上第一座铸铁桥——Severn River Bridge 的 1779 年作为这段历史的开端。炼钢业的发展始于 19 世纪 60 年代，第一座钢桥建于 1874 年为美国的 St Louis Bridge。在这以前的 90 多年里，除了部分中小跨度桥梁仍沿用砖石木料之外，19 世纪中期以前以修建铸铁桥为主，19 世纪中期以后，以修建熟铁桥为主。进入 20 世纪以后，在新建桥梁中铁桥已全部为钢桥所取代。波特兰水泥的工厂化生产始于 1824 年的英国，但直到 1875 年园艺师 Joseph Monier 才在法国的 Castle of Chazelet 修建成世界上第一座钢筋混凝土桥梁。20 世纪中期以前，钢筋混凝土桥局限于中小跨度桥梁，1937 年第一座预应力混凝土桥梁在法国 Oelde/Westfalen 建成以后，混凝土桥进入了长跨度桥梁的行列。

回顾历史，不难发现，近代桥梁是在与事故和病害的不断斗争中发展起来的。在铁桥时期(18世纪后期至19世纪后期)，欧美等国家修建了大量的铁路桁梁桥，但是桥梁事故十分频繁，仅美国1870～1970年间，铁路桁梁桥的破坏每年就达25座，至于当时修建的悬吊桥和斜拉桥更是事故频繁。尽管如此，在这一阶段，桥梁建设者还是克服了各种挫折，取得了重大的进展和成就。首先完成了从铸铁桥到熟铁桥，又进入到钢桥的发展过程，并确立了桁梁桥的各种形式，进行了从枢接到铆接的革新，首创用熟铁丝或钢丝编成的缆索取代链杆，作为悬索桥的主缆，并为悬索桥的发展奠定了基础。另一方面，各国的结构工程界进行了大量的材料试验、结构试验以及风力测定，制定了相应的荷载标准和设计规范。这些不仅提高了桥梁的耐久性和安全性，而且为下一阶段的发展奠定了基础。进入钢桥时期(19世纪后期至今)，桥梁性能在与其病害和事故斗争中提高的事例更是屡见不鲜。对钢材脆裂的研究始于19世纪末，20世纪20年代英国人Griffith提出了破断理论，并用缺口韧性试验作为检查材料韧性的手段。但是此后在前苏联、欧美等国家修建的一些钢桥中仍然发现了不同程度的疲劳裂纹，影响了桥梁结构的安全性和耐久性。这些都不断促使人们对钢材质量和焊接工艺提出了更高的要求，促进了焊接钢结构质量的提高，以及在钢桥中采用既有高强度又有良好焊接性能的钢材。

混凝土结构耐久性研究的历程是与其在实际工程领域的应用情况密切相关的，大致可以分成三个阶段。在早期阶段(自波特兰水泥问世至20世纪初)波特兰水泥主要应用于兴建海岸防波堤、码头、灯塔等，因此早期对混凝土耐久性问题的研究主要是集中在了解海上构筑物中混凝土的腐蚀情况。19世纪40年代，法国工程师Vicat对水硬性石灰以及用石灰和火山灰制成的砂浆性能进行了研究，并著有《水硬性组分遭受海水腐蚀情况的化学原因及其防护方法的研究》一书，是研究海水对混凝土腐蚀的第一本著作。20世纪20年代起，随着结构计算理论及施工技术水平的相对成熟，钢筋混凝土结构开始被大规模采用，应用的领域也越来越广阔。因此，许多新的耐久性损伤类型逐渐出现，这直接促使人们必须有针对性的进行研究。1925年，美国开始在硫酸盐含量极高的土壤内进行长期实验，其目的是为了获取25年、50年以至更长时间的混凝土腐蚀数据。1945年，Powers等人从混凝土亚微观入手，分析了孔隙水对孔壁的作用，提出了静水压假说和渗透压假说，开始了对混凝土冻融破坏的研究。1951年，前苏联学者A. A. Bykov、B. M. Mochbnh等较早地开始了混凝土中钢筋锈蚀问题的研究，其目的是为了解决混凝土保护层最小的薄壁结构的防腐问题和使用高强度钢制作钢筋混凝土构件的问题。进入20世纪60年代，国外混凝土结构的使用已经进入高峰期，同时，混凝土结构的耐久性研究也进入了一个高潮，并且开始朝系统化、国际化方向发展。1957年美国混凝土学会(ACI)就成立了“ACI-201委员会”，负责指导和协调混凝土耐久性方面的研究。国际材料与结构试验研究联合会(RILEM)于1960年专门成立了“混凝土中钢筋锈蚀”技术委员会(CRC)，该委员会历时5年总结了当时各国在钢筋锈蚀方面的研究成果，并对以后的研究方向提出了提议。RILEM TC-116技术委员会通过长时间大量的试验对比工作，确定以混凝土的透气性试验和毛细孔吸水率试验两种方法作为混凝土耐久性评定标准。1980年国际标准化委员会预应力混凝土委员会ISO/TC-71提出了影响混凝土环境条件的级别标准。1982年RILEM和CIB联合成立共同工作委员会RILEM-71、PSL/CIB W80共同研究结构的寿命预测问题。1987年国际桥梁与结构工程协会(IABSE)在巴黎召开过“混凝土未来”国际会议，会上对结构耐久性极为重视，提出考虑维修费的宏观观念；1987年IABSE在里斯本召开“结构耐久性”国际会议。1992年欧洲混凝土学会(CEB)颁布了“耐久性混凝土结构设计指南”，并在CEB的模式规范(Model CODE)增加了耐久性一章，该指南反映了当前欧洲混凝土结构耐久性研究的水平。2001年亚洲混凝土模式规范委员会公布了《亚洲混凝土模式规范》(ACMC2001)，提出了基于性能的设计方法[1,3]。

二、结构耐久性的研究现状

耐久性反映了结构随着时间增长维持其初始性能的能力，传统的桥梁设计往往只考虑安全性、适用性和经济性，是一种基于“现状”的设计理念。而考虑耐久性，则时间将成为结构设计的第四维，并把结构设计延伸到了全寿命阶段，这是一种基于结构全寿命的设计理念。耐久性研究的实际工程意义就是为了保证新建结构能够达到预期的使用寿命或是对既有结构的使用寿命做出正确的评估，以及通过适当的维护、加固或改造措施来延长既有结构的使用寿命。笔者认为当前的耐久性研究大致可以分成两个方向：一是定性化的从材料选择、构造细节、防护措施等方面来保证结构的耐久性，通过选择高强度、高耐久性的混凝土或钢材；合理的结构体系、适当的构造措施；以及有效耐久的外部防护措施等，就认为可以保证结构达到预期的使用寿命；二是定量化的预测结构的使用寿命，在大量基础研究的基础上，包括材料在不同环境作用下的劣化机理，基于构件层次的抗力性能衰退模型，不同因素作用下的结构退化机理分析等等，建立桥梁耐久性和可靠性分析的简化数学模型，对结构的使用寿命做出定量的预测或评估。

近几年来，在桥梁建设中耐久性成为了人们比较关注的一个问题，尤其是跨江跨海的特大型桥梁，投资巨大而且多数承担着重要的交通作用，如果不能保证桥梁的耐久性和使用寿命，必然会带来巨大的经济损失。因此近几年国内修建的几座特大型桥梁，例如东海大桥、苏通大桥，杭州湾大桥等，均进行了专门的耐久性研究和设计。在这些桥梁的耐久性设计中，主要是定性化的通过在施工阶段保证施工质量，在设计阶段选择合适的耐久性材料，适当的构造措施以及有效的外部防护措施，再加上运营期间完善的养护管理措施，来保证桥梁的耐久性和使用寿命，这也反映了当前我国桥梁工程的耐久性研究水平。通过几代桥梁工作者的共同努力，在保证桥梁结构耐久性的措施上取得了一定的成绩，并形成了系统化的成果，应用到了实际工程中[4,5]。

目前的研究成果，在保证结构耐久性的措施方面，对混凝土结构而言，有以下几种方法：

(1)合理的钢筋保护层厚度

对钢筋混凝土结构而言，增大保护层厚度可以有效的延缓由混凝土碳化或者氯离子侵蚀引起的钢筋锈蚀时间，提高结构耐久性。国内有关学者在总结碳化钢筋腐蚀耐久性研究成果的基础上，提出了在混凝土碳化后钢筋锈蚀条件下钢筋混凝土构件的混凝土保护层厚度的要求[6]。

(2)采用高性能混凝土

这种混凝土在配比上的特点就是掺加合格的矿物掺合料和高效减水剂，取用较低的水胶比和较少的水泥用量，并在制作上通过严格的质量控制，使其达到良好的工作性、均匀性、密实性和体积稳定性。试验证明，高性能混凝土具有良好的耐久性，尤其是在恶劣的环境作用下，能够达到预期的使用寿命，满足工程需要。

(3)防腐蚀附加措施

例如采用阻锈剂、混凝土表面涂层，采用环氧涂层钢筋、阴极保护等方法。

钢桥结构的一般钢材，在有腐蚀性的环境中，依靠自身不能达到耐久性的要求。因此，在钢桥耐久性的考虑中，防护措施就成为必要的条件。目前最常用的方法就是涂层防护，对于现有的钢结构桥梁而言，涂层防护都是最重要的选择，其发展趋势和主要关键是在“高效能”和“无(低)公害”方面，同时也要求能源、资源和价格等方面相适应。涂层防护的基本原理是在于最大限度的隔绝腐蚀环境，而另外一种防腐蚀的思路是从钢材材料入手，发展高耐腐蚀性的钢种——耐蚀钢，近年来这已成为研究开发的热点之一。近期报道，美国西北大学联合开发出一种高强、耐蚀钢，旨在代替现用高强度钢。日本注重研究开发低合金耐蚀钢，由松岛教授主编的《低合金耐蚀钢的开发、发展及研究》一书业已出版，重点叙述了耐候钢、耐海水钢等新钢种的性能。我国耐候钢、耐海水钢等方面的研究、开发也在迅速发展中。

在定量化的耐久性研究方面，国内外目前的研究大致可以分成两个层次：(1)从材料机理上研究结构的老化、损伤过程及主要因素；(2)从结构全局出发，以材料的耐久性研究为基础，研究耐久性设计、评估、维修决策与优化等一系列应用问题。第一个层次的研究是与材料学科的研究相一致的，是进行第二个层次研究的基础；而结构耐久性则是材料耐久性的进一步深化，是耐久性理论在结构工程中的具体应用。

材料的耐久性研究主要包括钢筋混凝土中的物理过程(如混凝土开裂、冻融循环等)、化学过程(如混凝土碳化、钢筋锈蚀)、生物过程(混凝土表面的生长物所引起的机械性破坏)以及由生长物引起的其他物理过程和化学侵蚀过程。由于混凝土碳化、钢筋锈蚀和混凝土冻融破坏是导致结构构件破坏、抗力降低的主要因素，它们成为了研究的重点。在混凝土碳化深度计算模型，处于应力状态下的混凝土碳化过程，冻融循环作用下混凝土宏观损伤模型等方面，均取得一些研究成果。在钢筋锈蚀方面，研究主要集中在锈蚀钢筋的力学性能，钢筋锈蚀量的预测以及裂缝对钢筋锈蚀的影响等方面[7,9]。

当材料性能退化后，结构构件的承载力和适用性也将随之降低，钢筋混凝土构件耐久性退化集中表现为钢筋锈蚀引起的构件力学与物理性能的下降。当前对钢筋混凝土构件耐久性的研究主要包括锈胀裂缝宽度、锈后钢筋与混凝土黏结锚固性能、锈后构件承载力、适用性的评估和构件使用寿命的预测等方面[10,11]。

进行材料和构件的耐久性研究是结构耐久性研究的前提，是将耐久性理论应用到实际工程的必经之路。研究桥梁结构耐久性的目的主要在于解决新建桥梁的耐久性设计和已建桥梁的耐久性评估问题；同时对于不同耐久性等级的结构给出不同的构造措施，在保证结构可靠、耐久的前提下使工程造价最低。目前桥梁结构层次的耐久性研究尚处于起步阶段，其研究热点主要包括桥梁结构耐久性设计、耐久性评定以及桥梁结构使用寿命预测等方面[12,13]。

三、关于桥梁耐久性研究的几个热点问题

桥梁耐久性的保证是需要桥梁设计、施工、运营和维护各个阶段共同努力，进行耐久性的研究也需要多学科的相互协作、融合，其研究内容亦涉及到化学、材料、结构、工程管理、经济等多个领域。笔者认为，以下几个方面研究工作的继续和发展，对我国桥梁工程耐久性的研究具有重要的意义。

1. 高性能混凝土

普通的混凝土一般只以抗压强度作为衡量混凝土总体质量的指标。与其相比而言，高性能混凝土不再片面的只注重强度，通过掺加合格的矿物掺合料和取用较低的水灰比和较少的水泥用量，得到了设计者所要求的易灌注、易密实、早期强度高、韧性高等优良的性能，而且具有良好的耐久性。众多试验证明桥梁高性能混凝土无论是在加载—碳化双重破坏因素下，或是在干湿交换—硫酸盐腐蚀环境下，均能达到预期的使用寿命，满足桥梁工程的需要。高性能混凝土只是一个统称，有很多不同的品种，已经被广泛应用于国外桥梁建设中，而我国却发展迟缓，这也正是国内桥梁学者需要努力的地方[14]。

2. 耐候钢

用耐候钢建造的钢桥在最初 2～3 年的暴露中，表面产生一层光泽耀眼的锈膜，这层锈膜即成为防止进一步锈蚀的保护膜，故无须油漆，可节省维修保养费用。自 1964 年耐候钢首次应用于公路桥上，现已经在经济发达国家得到了很大的发展。美国的耐候钢桥已经占到全部钢桥的 50%，日本的耐候钢桥也占到全部钢桥的 10%，而国内用耐候钢修建的钢桥的数量还极少。因此我国应该加强耐候钢的研究、开发和应用，赶上世界先进水平，这样不但可以提高钢桥的耐久性，而且能提高钢材本身的质量、降低建设及维护成本[15]。

3. 基于可靠度的耐久性设计方法

目前有关桥梁结构的耐久性设计方法尚无法得到应用，因此应该加强对结构耐久性设计的研究。基于可靠度的结构设计方法是当今世界工程设计方法的主流趋势，耐久性作为桥梁结构可靠度的基本要求之一，有关耐久性设计的研究成果若要应用于实践，指导设计与施工，就必须考虑与现行设计规范的衔接，这样才能够为设计和施工技术人员所掌握与接受。因此基于可靠度的耐久性设计方法必然成为未来的研究重点和发展趋势，笔者认为建立系统的耐久性设计方法首先应该解决以下几个方面的基础理论研究：

(1)如何确定桥梁结构的耐久性极限失效状态；

(2)如何确定表征材料与结构耐久特征的指标与参数；

(3)如何寻求结构耐久性的时变规律。

四、结　　语

确保桥梁结构的耐久性，不仅是环境保护和可持续发展的要求，而且是我国社会经济发展的根本要求。本文从耐久性研究的定性分析和定量分析两个方向论述了目前结构耐久性研究的现状和进展。应该强调指出的是，开展桥梁耐久性的研究，将涉及多学科的交叉与综合，应该以桥梁工程、结构工程学科为基础，借助材料学、化学、电化学和经济学等学科的基本理论和试验手段，将各种先进的手段，诸如人工

神经网络、层次分析、灰色系统等，应用到结构耐久性研究工作中去，这样才能使结构耐久性研究得到更大的进步和发展，并最终应用于桥梁工程之中。

参考文献

[1] Ma Junhai, Chen Airong. General Framework and Design Procedure of Bridge Life Cycle Design [C]. Proceeding of 2007 International Symposium on Integrated Life-cycle Design and Management of Infrastructure, China: Tongji University, 2007.

[2] ACI201. 2R-92, Guide to durable concrete. 1993. ACI Manual of Concrete Practice, Part one pp. 201. 2R-1-201. 2R-41.

[3] 金伟良，赵羽习. 混凝土结构耐久性研究的回顾与展望[J]. 浙江大学学报(工学版)，2002，36(4)：371～380.

[4] 陈肇元. 混凝土结构耐久性设计与施工指南[M]. 北京：中国建筑工业出版社，2004.

[5] 张宝胜，干伟忠，陈涛. 杭州湾跨海大桥混凝土结构耐久性解决方案[J]. 土木工程学报，2006，39(6)：72～77.

[6] 宋晓冰，刘西拉. 结构耐久性设计的混凝土保护层厚度[J]. 工业建筑，2001，31(10)：43～46.

[7] Sung Yu-Chi, Chang Kuo-Chen. Durability analysis of neutralized reinforced concrete bridge in Taiwan[J]. Proceeding of 2007 International Symposium on Integrated Life-cycle Design and Management of Infrastructure, China: Tongji University, 2007.

[8] 牛荻涛，王庆霖，王林科. 锈蚀开裂前混凝土中钢筋锈蚀量的预测模型[J]. 工业建筑，1996，26(4)：8～10.

[9] Attiogbe E K. Predicting freeze-thaw durability of concrete-A new approach[J]. ACI Materials Journal, 1996, 93(5): 457～464.

[10] 惠云玲，李荣，林志伸. 混凝土基本构件钢筋锈蚀前后性能试验研究[J]. 工业建筑，1997，26(6)：14～18.

[11] Funahashi M. Predicting corrosion free service life of a concrete structure in a chloride environment[J]. ACI Materials Journal, 1996, 87(6): 581～587.

[12] 吴海军，陈艾荣. 桥梁结构耐久性设计方法研究[J]. 中国公路学报，2004，17(3)：57～67.

[13] 屈文俊. 既有混凝土桥梁的耐久性评估及寿命预测[D]. 西南交通大学博士论文，1995.

[14] M Ekenel, JJ Myers. Durability Performance of Bridge Concretes, PartI: High Performance Concrete(HPC)[J]. J. ASTM Int, 2005, 2(7).

[15] 刘玉擎，陈艾荣. 耐候钢桥的发展及其设计要点[J]. 桥梁建设，2003(5)：39～45.

44. 大跨径连续刚构桥主梁设计的几个主要问题

吕敬之 李 强 胡建勋

(北京建达道桥咨询有限公司)

摘 要 大跨径连续刚构桥运营期出现跨中下挠和开裂已是普遍现象，本文着重从跨中挠度、腹板主拉应力和跨中下缘应力来说明连续刚构桥的主梁设计。

关键词 大跨径连续刚构桥 跨中挠度 腹板主拉应力 跨中下缘应力

自1988年我国建成第一座大跨径预应力混凝土连续刚构桥——广东洛溪大桥以来，大跨径预应力混凝土连续刚构桥如雨后春笋般在我国迅速发展，据不完全统计，主跨跨径在100m以上的连续刚构有100余座，主跨跨径在200m以上的连续刚构也有30座以上。此种桥型具有较好的经济性且施工简便，在主跨跨径100～200m的桥型中具有较强的优势。但是随着桥梁的投入运营期的增长，出现了一些病害，这些病害主要可归纳为跨中下挠和腹板开裂两类。从设计方面考虑，跨中下挠原因是：纵向预应力用量偏少，或有效预应力不足，结构弹性挠度大，徐变挠度也大，结构开裂，导致结构刚度低，产生下挠。腹板开裂的原因是：计算主拉应力值偏小，腹板较薄，竖向预应力的有效应力得不到保证。本文结合某高速公路上的六座连续刚构桥进行分析，通过分析六座桥的跨中挠度、腹板主拉应力和跨中下缘应力来说明如何控制连续刚构桥的主梁设计，避免主梁在运营期出现跨中下挠、腹板出现斜裂缝等病害，希望对今后的同类桥梁设计和现有连续刚构桥的病害分析具有借鉴作用。

一、六座连续刚构桥概况

六座连续刚构桥均位于高速公路上，均处于整体式路线段，上部结构采用左右分幅，单幅桥箱梁采用单箱单室断面，下部结构均为矩形空心薄壁墩，承台下为钻孔灌注群桩基础。六座桥主梁构造的基本尺寸见表1。

六 座 桥 概 况 表　　表1

桥名	跨径 (m)	箱顶宽 (m)	箱宽 (m)	梁高曲线	跨中梁高 (m)	墩顶梁高 (m)	腹板厚度 (m)	底板厚度 (m)	墩高 (m)
桥一	130+230+130	12.1	7	1.5	4	13	0.5、0.6、0.7	0.32～1.3	151、156
桥二	110+200+110	12.1	7	1.5	3.5	11.5	0.5、0.7	0.32～1.2	101、104
桥三	100+180+100	12.1	7	1.5	3	10.5	0.5、0.6、0.7	0.36～1.2	71、78
桥四	78+140+78	12.1	7	2	3	8	0.5、0.6、0.65	0.32～0.85	64、53
桥五	78+140+78	12.1	7	2	3	8	0.5、0.6、0.65	0.32～0.85	57、66
桥六	68+120+68	12.1	7	1.5	2.8	7	0.5、0.6	0.32～0.85	74～76

箱梁均为三向预应力混凝土结构，分为纵向预应力、横向预应力和竖向预应力，纵向预应力钢束有悬浇顶板束、悬浇腹板束、边跨顶底板连续束和中跨顶底板连续束。

这六座桥针对目前连续刚构桥存在的病害，在设计上作了很大改进，主要表现在：纵向预应力用量有了较大的增加，悬臂施工时弹性挠度较小，合龙后有的甚至出现反向上挠；腹板较厚，并且同时设置了弯起束和竖向预应力，使得腹板的受力得到保证。

二、跨中挠度控制

结构的跨中挠度是由恒载、预应力用量、恒载、活载和混凝土的收缩徐变共同决定的。下面通过从有效预应力、收缩徐变、超方等方面分析六座桥的徐变挠度、各种影响因素对恒载和徐变挠度的影响，说明如何控制大跨径连续刚构桥主梁的徐变挠度。

1. 纵向预应力的有效应力对跨中挠度的影响

纵向预应力的有效应力影响结构的恒载挠度，而混凝土徐变挠度的方向与结构的恒载挠度有关，徐变挠度与恒载挠度同方向、成比例。下面分析桥二在不同的底板钢束损失程度所产生的恒载挠度和徐变挠度，见表2。

从表2可以看出，跨中底板的钢束用量直接影响到恒载挠度，从而影响徐变挠度，而且徐变挠度增长的幅度远大于恒载挠度增长的幅度，因此应重视恒载挠度的控制，通过控制恒载挠度来控制徐变挠度。适当增加主梁跨中底板钢束用量，是减少主梁徐变挠度的一种可行方法。

跨中底板有效预应力对跨中点挠度的影响 表2

底板钢束	恒载挠度(mm)	徐变挠度(mm)	
		$\beta=0.002\,1,\varphi_k=2.5$	$\beta=0.021,\varphi_k=2.0$
(10×22+4×19)×2=592丝	24.9	1.6	2.3
(14×19)×2=532丝 (相当于原有钢绞线损失10%)	20.1	−7.5	−0.8
(14×15)×2=420丝 (相当于原有钢绞线损失29%)	7.5	−32.3	−9.6
(14×9)×2=252丝 (相当于原有钢绞线损失57%)	−10.8	−68.1	−22.2

注:表中位移向上为正,向下为负。恒载挠度包括施工阶段的弹性下挠,徐变挠度指成桥之后十年发生的挠度。

2. 不同徐变计算方法对跨中徐变挠度的影响

使结构跨中产生向下的挠度主要有以下几方面作用:恒载、活载、混凝土收缩徐变。由于恒载和活载挠度可预先较准确计算出来,比较好控制。而混凝土的收缩徐变无法准确计算,且不同的徐变计算方法得出的徐变挠度相差较大,因此有必要对混凝土徐变的计算方法和影响因素展开分析得出一些可指导设计的结论。

目前国际上有三种徐变计算方法,本次计算采用的是其中的混合理论的徐变计算方法,混合理论中常取徐变系数 $\beta=0.021$,终极值 $\varphi_k=2.0$,这种参数取值计算出的徐变效应较适合于中小跨径桥梁。对于大跨径桥梁,取徐变系数 $\beta=0.002\,1$,终极值 $\varphi_k=2.5$,这种取值对徐变效应考虑的较充分,因此以下分析中采用三种徐变计算方法分析徐变对于结构挠度的影响。前两种徐变计算方法是分别采用不同的徐变系数和徐变终极值,第一种取徐变系数 $\beta=0.002\,1$,终极值 $\varphi_k=2.5$,第二种取徐变系数 $\beta=0.021$,终极值 $\varphi_k=2.0$,第三种徐变计算方法采用现行规范中相对潮湿度取0.8,分别对六座桥跨中位置混凝土徐变挠度作出分析,分析结果见表3。

不同徐变参数取值对跨中点挠度(mm)的影响 表3

桥名	$\beta=0.002\,1,\varphi_k=2.5$	$\beta=0.021,\varphi_k=2.0$	现行规范(潮湿度取0.8)
桥一	−21	7	−17
桥二	1.6	2.3	−14.6
桥三	−71.1	−4.5	−26.7
桥四	−33	−15	−26
桥五	−33	−15	−26
桥六	−41	−3	−27

注:表中位移向上为正,向下为负。徐变挠度指成桥之后十年发生的挠度。表中数值是指扣除结构恒载和预应力挠度之后的徐变挠度。

从上表可以看出,不同徐变计算方法计算出的徐变挠度相差较大。为充分考虑混凝土的收缩徐变,建议从安全角度出发采取三种计算中的较大值作为结构的徐变挠度。

3. 结构超量及桥面铺装调平层超量对跨中挠度的影响

(1)施工规范允许范围内的超量

主梁结构设计时,除根据结构设计尺寸和设计荷载确定主梁的各项指标外,还应考虑施工规范允许范围内的桥面工程数量误差对结构产生的不利影响,以充分考虑各种因素对结构安全性的影响,保证结构有一定的安全储备。

(2)施工规范允许范围外的超量

结构体积超量和桥面铺装中调平层超量是极易出现的情况,在分析旧桥病害时,超方也是一个重要分析因素。某大桥桥面铺装设计为8cm水泥混凝土，后期经检测发现大部分桥面调平层超厚8cm左右，即超厚了1倍，全桥恒载超重达14 000kN，经计算超重引起结构跨中下挠8cm，超重引起的混凝土收缩徐变又会引起结构跨中下挠6cm，即超重会引起结构下挠14cm，超重必然减少跨中的应力储备，引起开裂，结构刚度随之减弱，刚度减弱又会使下挠加剧。因此应充分考虑工程数量超量的情况。在此以桥一为例，分析结构超量5%，同时桥面铺装调平层超量10%、20%、30%、50%和100%对于跨中挠度的影响，见表4。

超量对跨中点挠度(mm)的影响　　表4

超量情况	恒载挠度	徐变挠度（现行规范潮湿度取0.8）	徐变挠度（β=0.002 1，ψ_k=2.5）
结构超量5%，调平层超量10%	18	−34.0	−59.3
结构超量5%，调平层超量20%	15.5	−35.8	−63.5
结构超量5%，调平层超量30%	13.2	−37.9	−67.7
结构超量5%，调平层超量50%	8.5	−41.9	−75.5
结构超量5%，调平层超量100%	−3	−52.5	−96.3

注：表中位移向上为正，向下为负。恒载挠度包括施工阶段的弹性下挠，徐变挠度指成桥之后十年发生的挠度。

表4中给出了在原结构基础上，考虑不同情况工程超量后跨中点的恒载和徐变挠度，从中可看出，超量后，恒载挠度加大，徐变挠度也加大，而且徐变挠度加大的幅度要大于恒载挠度加大的幅度。

基于以上分析，应做好施工控制，而且设计时也应适当考虑这些施工误差对结构带来的不利影响，能采取补救措施，如预留备用束、体外束等。

上述分析均假设结构没有出现裂缝，而实际有的桥梁结构因腹板出现斜裂缝、跨中底板下缘出现横向裂缝，刚度降低，均会对跨中挠度造成影响。

在桥梁竣工开放交通时，结构的徐变还没有完成，活载及活载超载也会使结构的徐变下挠值加大。

4. 小结

取表2中三种计算结果的最大值分别作为六座桥的徐变挠度值，列出其与跨径的比值，见表5。

六座桥的挠度(mm)　　表5

桥名	恒载挠度	恒载挠度与跨径比值	徐变挠度	徐变挠度与跨径比值
桥一	−19.8	1/11 616	−21	1/10 952
桥二	−7.6	1/26 316	−14.6	1/13 699
桥三	−35.0	1/5 143	−71.1	1/2 532
桥四	−15.1	1/9 272	−33	1/4 242
桥五	−15.1	1/9 272	−33	1/4 242
桥六	−34.6	1/3 468	−41	1/2 927

注：表中位移向上为正，向下为负。徐变挠度指成桥之后十年发生的挠度。

从表5中的计算结果可以看出，六座桥中恒载挠度与跨径比值最大为1/3 468，徐变挠度值与跨径比值最大为1/2 532，通常我们认为结构恒载挠度为跨径的1/4 000，徐变挠度为跨径的1/2 000为宜，因此认为在消除施工误差，保证施工质量的前提下，六座连续刚构桥在运营过程中跨中不会出现过大的下挠现象。

三、腹板主拉应力控制

腹板出现斜裂缝，从受力方面来说主要原因是计算主拉应力考虑因素不全面，导致计算主拉应力值比实际的主拉应力值偏小。另外竖向预应力的有效应力较低，有效应力得不到保证，因此实际的主拉应力值比计算的要大。结合这两方面原因，就会使得实际的主拉应力值比计算的主拉应力值大得多。

1. 不计箱梁横向的影响，主拉应力计算值偏小

《公路钢筋混凝土及预应力混凝土桥涵设计规范》(JTG D62—2004)第 6.3.3 条(6.3.3-1)主应力计算公式为：

$$\begin{matrix}\sigma_{tp}\\ \sigma_{cp}\end{matrix}=\frac{\sigma_{cx}+\sigma_{cy}}{2}\mp\sqrt{\left(\frac{\sigma_{cx}-\sigma_{cy}}{2}\right)^2+\tau^2} \tag{1}$$

式中：σ_{tp}——构件混凝土中的主拉应力；

σ_{cp}——构件混凝土中的主压应力；

σ_{cx}——在计算主应力点，由预应力和按作用(或荷载)短期效应组合计算的弯矩产生的混凝土法向应力；

σ_{cy}——由竖向预应力钢筋的预加力产生的混凝土竖向压应力；

τ——在计算主应力点，由预应力弯起钢筋的预加力和按作用(或荷载)短期效应组合计算的剪力产生的混凝土剪应力。

此公式中仅从纵向和竖向二维来分析主拉应力，实际箱梁是三维受力模式，应该考虑横向因素的影响。箱梁是框架结构，由于底板的自重以及上翼缘的悬臂，箱梁腹板在自重、活载、温度荷载、张拉横向预应力、张拉纵向预应力引起的径向力等荷载作用下，腹板各断面受力不同，有的断面受拉，有的断面受压，通常是腹板内侧拉应力较大，在计算主拉应力时，应考虑上述因素对腹板主拉应力的影响，即 σ_{cy} 值应是竖向预应力提供的压应力减去温度、活载、张拉横向预应力和张拉纵向预应力引起的径向力等荷载产生的拉应力，即

$$\sigma_{cy}=\sigma_{cy1}-\sigma_{cy2}-\sigma_{cy3}-\sigma_{cy4}-\sigma_{cy5}-\sigma_{cy6} \tag{2}$$

式中：σ_{cy1}——竖向预应力在腹板产生的应力；

σ_{cy2}——考虑箱梁自重在腹板产生的应力；

σ_{cy3}——考虑箱梁室内外温差对腹板产生的应力；

σ_{cy4}——考虑活载、活载偏载在箱梁腹板产生的应力；

σ_{cy5}——考虑张拉箱梁顶板横向预应力在腹板产生的应力；

σ_{cy6}——考虑底板纵向预应力的径向力对腹板产生的应力。

按照上述公式分别计算腹板内、外侧 σ_{cy} 值，取不利的数值作为式(2)中 σ_{cy} 来计算腹板的主拉应力。通过计算，箱梁在自重、温度、活载、张拉横向预应力和张拉纵向预应力引起的径向力等荷载在腹板断面产生的拉应力组合值较大，一般在 2.5MPa 左右，此值甚至可抵消竖向预应力提供的竖向压应力，可见箱梁的横向效应对腹板产生的效应较大，考虑此项效应之后的主拉应力将超出规范允许值。若不考虑横向应力的影响，必然使计算的主拉应力值偏小。这也是腹板出现斜裂缝的主要原因之一。

2. 分析六座桥横向因素对腹板主拉应力的影响

此处具体分析六座桥考虑竖向预应力和考虑横向各种因素后主梁的最大主拉应力值。

(1)不考虑竖向预应力的腹板最大主拉应力

不计入竖向预应力提供的竖向压应力，计算六座桥的最大主拉应力见表 6。

不考虑竖向预应力的最大主拉应力(MPa) 表 6

桥 名	$\beta=0.0021,\varphi_k=2.5$	现行规范(潮湿度取 0.8)	桥 名	$\beta=0.0021,\varphi_k=2.5$	现行规范(潮湿度取 0.8)
桥一	1.26	1.30	桥四	0.90	1.00
桥二	1.22	1.46	桥五	0.90	1.00
桥三	1.29	1.37	桥六	1.05	1.20

(2)考虑竖向预应力后按照《公路钢筋混凝土及预应力混凝土桥涵设计规范》(JTG D62—2004)第 6.3.3 条计算出的腹板最大主拉应力

考虑竖向预应力提供的竖向压应力，不考虑横向各种因素的影响，计算六座桥的最大主拉应力见

表7。

考虑竖向预应力后的最大主拉应力(MPa)　　表7

桥　名	$\beta=0.0021, \psi_k=2.5$	现行规范(潮湿度取0.8)	桥　名	$\beta=0.0021, \psi_k=2.5$	现行规范(潮湿度取0.8)
桥一	—	0.45	桥四	0.20	0.20
桥二	—	0.20	桥五	0.20	0.20
桥三	—	0.41	桥六	0.05	0.48

注:"—"表示不出现主拉应力。

从表6、表7中可以看出,考虑竖向预应力后,腹板的主拉应力可以降低1.0MPa左右,因此竖向预应力对控制腹板的主拉应力作用非常有效,应确保其施工质量。

(3)考虑横向各种作用因素的影响得出的腹板最大主拉应力

考虑自重、横向预应力、活载、活载超载30%、箱内外5℃温差、纵向预应力的径向力对于腹板的不利影响,算出六座桥的最大主拉应力,见表8。

考虑横向影响的最大主拉应力(MPa)　　表8

桥　名	$\beta=0.0021, \psi_k=2.5$	现行规范(潮湿度取0.8)	桥　名	$\beta=0.0021, \psi_k=2.5$	现行规范(潮湿度取0.8)
桥一	0.6	1.25	桥四	1.2	1.3
桥二	1.6	1.6	桥五	1.2	1.3
桥三	1.17	1.71	桥六	0.84	1.4

从计算结果可知,考虑横向作用因素后,腹板最大主拉应力增加1MPa左右,因此计算主梁的主拉应力时横向因素是不容忽视的。

我们认为按照上述方法计算出的最大主拉应力,按照《公路钢筋混凝土及预应力混凝土桥涵设计规范》(JTG D62—2004)第7.1.6条来控制即可,今后运营过程中结构不会出现较大面积的主拉应力斜裂缝。

3. 竖向预应力的有效应力

《公路钢筋混凝土及预应力混凝土桥涵设计规范》(JTG D62—2004)第6.3.3条(6.3.3-3)σ_{cy}计算公式为:

$$\sigma_{cy} = 0.6\frac{n\sigma'_{pe}A_{pv}}{bs_v} \tag{3}$$

其中σ'_{pe}为竖向预应力钢筋扣除全部预应力损失后的有效预应力。由于混凝土的收缩徐变、竖向预应力锚具的锚头回缩、混凝土弹性压缩、竖向预应力钢束的松弛等均会引起竖向预应力有效应力降低,另外主梁高度的不同、预应力钢束的布置、预应力钢束的材料和张拉吨位等均会引起不同的有效应力,因此应充分考虑各种因素后,确定出合理的竖向预应力的有效应力,保证结构的安全。

4. 纵向预应力的有效应力对腹板主拉应力的影响

纵向预应力的有效应力不仅对跨中挠度影响较大,而且影响结构的主拉应力,下面分析桥二不同的纵向预应力损失程度对主梁最大主拉应力的影响,见表9。

不同纵向预应力损失程度对应的主梁最大主拉应力(MPa)　　表9

纵向预应力钢束	现行规范(潮湿度取0.8)	纵向预应力钢束	现行规范(潮湿度取0.8)
原钢绞线不损失	1.60	(相当于原有钢绞线损失30%)	5.85
(相当于原有钢绞线损失10%)	1.73	(相当于原有钢绞线损失50%)	11.2

从计算结果可知,不同纵向预应力的有效应力对主梁的最大主拉应力影响较大,应严格保证纵向预应力的有效应力。

5. 小结

从表8可知六座桥在考虑横向各种因素后,主梁最大主拉应力均在1.71MPa以下,因此认为在保证竖向预应力施工质量的前提下，腹板不会出现较大面积的主拉应力斜裂缝。

四、主梁中跨跨中区域下缘应力控制

大跨径连续刚构桥跨中区域下缘应力是衡量主梁安全储备的主要指标，跨中应力储备也直接关系到跨中是否下挠和跨中是否出现横向裂缝，因此跨中应留有足够的压应力。

1. 不同徐变计算方法对跨中下缘应力的影响

跨中下缘应力与结构混凝土收缩徐变关系密切，因此同样采用三种徐变计算方法。前两种取不同的收缩徐变速度和徐变终极值，第一种取徐变系数 $\beta=0.0021$，终极值 $\varphi_k=2.5$，第二种取徐变系数 $\beta=0.021$，终极值 $\varphi_k=2.0$，第三种徐变计算方法采用相对潮湿度（取 0.8），分别计算六座桥在最不利荷载组合（恒载＋收缩徐变＋活载＋温度）下，跨中区域下缘应力值，分析结果见表 10。

跨中区域下缘最小应力（MPa） 表 10

桥 名	$\beta=0.0021,\varphi_k=2.5$	$\beta=0.021,\varphi_k=2.0$	现行规范（潮湿度取 0.8）
桥一	2.9	1.7	4.3
桥二	2.38	2.78	4.68
桥三	0.68	2.86	3.01
桥四	0.9	0.6	2.4
桥五	0.9	0.6	2.4
桥六	−1.72	0.55	0.85

注：表中正值表示压应力，负值表示拉应力。

从表 10 可以看出，采用不同的徐变参数得到的跨中下缘应力相差较大，从结构安全角度出发，建议取对结构不利的徐变参数来计算跨中下缘的应力。

2. 工程超量对中跨跨中下缘应力的影响

超量分为结构超量和桥面混凝土调平层超量两种情况，按结构超量 5%，调平层超量分为 10%、20% 和 50% 三种情况，计算取徐变系数 $\beta=0.0021,\varphi_k=2.5$，分析在最不利荷载组合下，中跨跨中区域下缘应力状况。分析结果见表 11。

考虑超量时跨中区域下缘最小应力（MPa） 表 11

桥 名	结构超量 5% 调平层超量 10%	结构超量 5% 调平层超量 20%	结构超量 5% 调平层超量 50%
桥一	2.2	2.1	1.9
桥二	2.16	2.12	1.99
桥三	0.13	−0.1	−0.4
桥四	−0.3	−0.4	−0.7
桥五	−0.3	−0.4	−0.7
桥六	−2.34	−2.4	−2.58

施工误差引起超量使主梁下缘压应力储备减少，对结构不利，因此应严格控制超量。

3. 小结

此六座桥中，桥六考虑各种因素后，跨中下缘拉应力较大，经过分析认为此桥跨中底板钢束偏少，应适当增加钢束数量或规格，增加跨中区域主梁底板下缘压应力，其余各桥跨中下缘应力储备较适中。

五、结　　语

连续刚构桥主梁设计的关键就是控制上述三项指标，其实以上对于主梁的三项指标控制是相互关联的，若提高了主梁的正应力储备，主梁的跨中挠度会降低，相应位置处的主拉应力也会降低。本文中提出的如何控制大跨径连续刚构桥主梁跨中挠度、腹板主拉应力和跨中下缘应力三项指标的控制方法可供设计参考，同时也可用于分析现有连续刚构桥的病害。

45. 体外预应力桥梁布索方式研究

邓锦平　徐　栋

（同济大学　桥梁工程系）

摘　要　在体内、体外混合配索的桥梁中，体外索存在着分跨布置以及多跨通长布置两种布索方式。本文总结了目前桥梁工程中常用的体外预应力布束方式，并建立3×75m连续梁以及80m+2×140m+80m连续刚构模型，对这两种模型在不同的体外索布索方式下进行了应力分析，同时对不同布索方式下的应力差异进行了比较。

关键词　体外预应力　桥梁　布索方式　应力

一、引　　言

近年来，伴随着体外预应力技术在我国得到迅速发展并日趋成熟，体外预应力钢束也越来越多的出现在各种跨径的桥梁结构中。体外预应力配束桥梁与传统全体内配索的桥梁相比，具有施工简便、预应力索易更换、索力可检测等显著优点；同时，由于预应力钢束的外置，可以有效地减少非结构受力构件尺寸，从而减轻主梁自重，获得更为合理的桥梁结构。

二、预应力混凝土桥梁中体外预应力钢束的配束方式

1. 中小跨径桥梁的配束方式

(1)滑模施工时的配束方式

滑模方法采用具有液压顶升和移动装置的自行外模以及与外模连在一起的内模，以建成的桥墩为支撑，逐孔移动，其功能相当于移动的满堂支架，这种施工方法通常在跨径小于50m的桥上使用。

由于这种施工方法中是逐段现浇梁体并分段张拉力筋，为满足节段施工所需力筋数量，又要方便施工，必须采用力筋接长张拉的连接器。一般情况下，接头的位置可设置在支点截面，也可以设置在离支点约1/5跨径附近弯矩较小的部位。从实践经验可知，力筋接头位置设在1/5跨径是比较合理的。当全部采用体内预应力钢束时，接头截面处由于较多连接器的存在，箱梁腹板处的混凝土面积必将减小，对该处的受力不利。因此，可以根据计算，将一部分体内束外移，承担二期恒载和使用荷载，由体内束承担施工阶段的各种荷载。配束方式示意图如图1所示，E1为体外预应力钢束，N1～N5为体内预应力钢束，施工接缝处，N1、N2、N4通过连接器接长张拉。

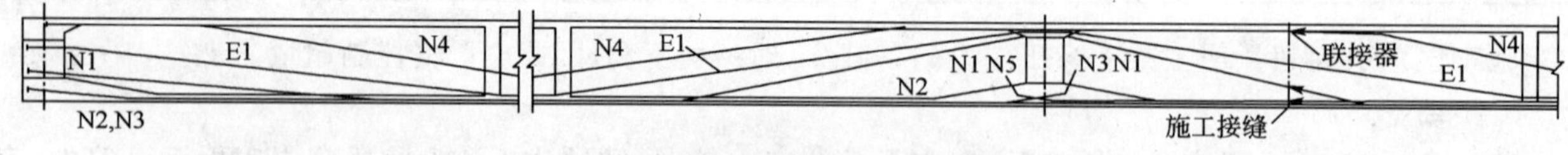

图1　滑模施工时的配束方式

(2)预制节段施工时的配束方式

预制节段安装的施工方法根据不同的跨径分布可以分为两类：一是预制节段悬臂拼装，跨径一般在50m以上；二是预制节段逐孔安装施工，由于这种施工方法的施工机械需要承担整孔重力，其适合跨径一般小于50m。它们是目前最常用的两种节段安装施工方法，在国内外的桥梁的建设中得到了广泛的

应用。

①预制节段逐孔安装施工

预制节段逐孔安装施工都是采用将整孔的预制节段先全部由架设设备承担，待张拉预应力钢束将各预制节段组成整体结构后，架设梁前移施工下一跨。这种施工方式以美国的 Long Key 桥为代表，应用最早、最广泛，且沿用至今。其突出的优势在于设计和施工的标准化和施工速度的快捷。

当桥梁跨径在 30m 和 50m 之间时，设计时基本可以采用全体外预应力钢束配置方式，如图 2 所示。体外预应力钢束可以采用单跨或多跨结合布置，并配以少量的体内预应力钢束以增加结构的极限抗弯强度。这种灵活的布束方式首先将体外预应力钢束布置至最佳，然后根据各跨在实用荷载及极限状态不同受力阶段的需要用体内预应力钢束做适当补充。图中体外预应力钢束 E1、E2 为多跨通长布置，E3、E4、E5、E6 为单跨布置，体内预应力钢束 T1、T2 作为补充。

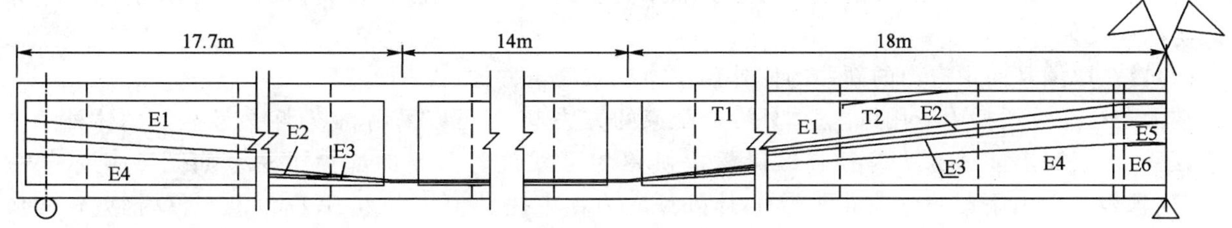

图 2 50m 预制节段逐孔安装施工时钢束布置图

②预制节段悬臂拼装施工

预制节段悬臂拼装的基本原则是：在安装节段时，使用最少量的体内钢束平衡由于悬臂自重以及挂篮等临时施工设备引起的荷载。在这种情况下，体内钢束包括 I 期悬拼钢束和合龙钢束，I 期悬拼钢束尽量减少，只保证承担自身重力，在悬拼期间保证混凝土的应力在 0.5～1.0MPa 左右；合龙钢束的目的是保证快速合龙施工。体内预应力钢束布置在箱梁体内，具有有利的偏心距，其锚头均可以布置在腹板与顶板的加腋上。体外预应力钢束仍然可以采用单跨或多跨连续布置，如图 3 所示，W1～W5 为悬拼钢束，H4、B1～B10 分别为底、顶板合龙束；E1～E8 为体外预应力钢束，其中 E5～E8 为单跨布置，E1～E4 为多跨连续布置。

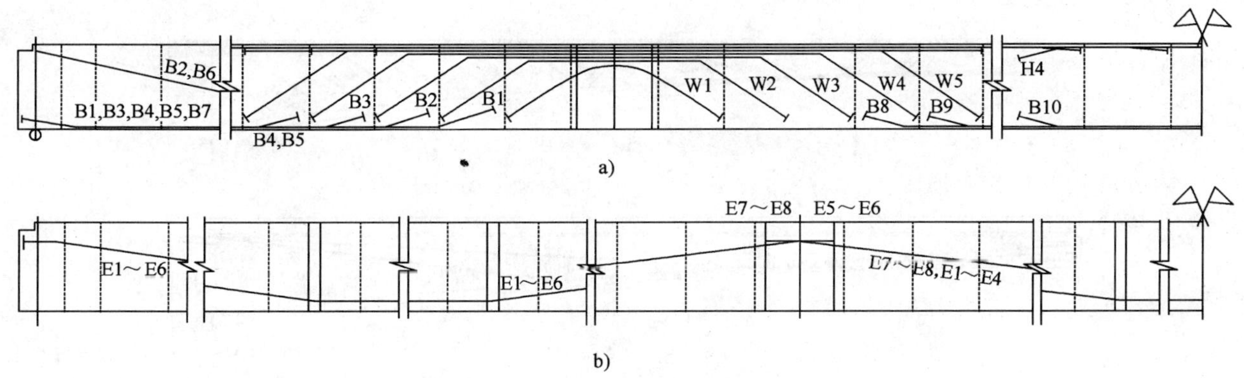

图 3 预制节段悬臂拼装施工时钢束布置示意图

a)体内预应力钢束布置；b)体外预应力钢束布置

③顶推法施工时的配束方式

当采用顶推施工时，由于各截面在施工过程中均要经历最大的正、负弯矩，需要有较多的施工用束，在传统的体内预应力结构中，由于腹板需要留给成桥钢束，故箱梁顶、底板便成了配置这些施工钢束的地方，导致了截面的笨重，也增加了恒载重力。采用体外配束，不但具有与悬臂施工同样的能减薄腹板厚度、简化腹板构造的优点，而且可以把钢束临时反向布置与部分成桥钢束形成较大的中心预应力以满足施工需要，临时钢束在施工结束时放松后再用作为追加的成桥钢束，如图 4 所示。

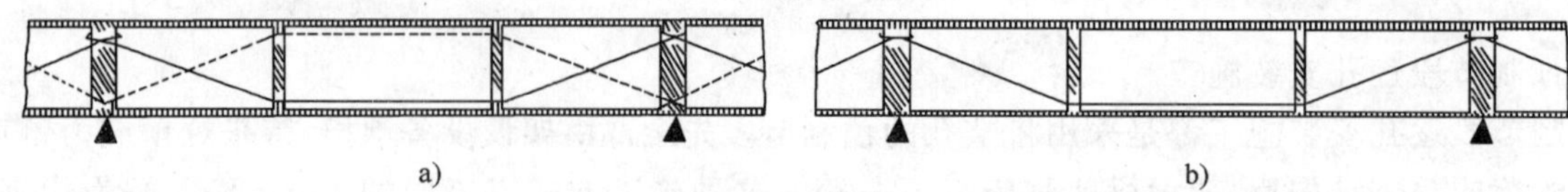

图4　顶推法施工中的反向临时钢束
a)施工中力筋布置；b)成桥后力筋布置

2. 大跨径桥梁的配束方式

(1)发挥体外预应力钢束常规优势的配束方式

这种配束方式用粗大的体外预应力钢束替代原来配置在腹板内大量的体内预应力钢束，从而大大简化了腹板的构造，也减薄了它的厚度；同时，采用吨位较大的体外束，可以免除大量的穿束和灌浆的繁杂工艺，易于控制施工质量。这种配束方式中仍然布置竖向预应力钢筋来提高截面的抗剪能力，基本布置方式与图3类似。

(2)旨在取消竖向预应力的新颖的体外预应力钢束配束方式

在大跨径连续梁桥中应用体内、体外混合配束的方法，不但可以采用高效、耐久性能好的体外预应力钢束，还可以发展出能够为大跨径连续梁桥提供更为可靠抗剪需要的配束方法。如图5所示，W1～W15I期顶板束仅由下弯部分提供预剪力，体外预应力钢束提供预剪力为B、D以及C、D钢束转向块之间的弯起区段，因此，在BD以及CD区段由于有下弯的I期体内束以及体外束的覆盖，可以提供可靠的预剪力。而在中跨正弯矩区段和边跨正弯矩区段(AB区段)，由于I期顶板束不再配置以及体外预应力钢束转向角度较小，无法提供足够的预剪力。考虑到这种混合配索方案和全体内配索方案相比可以减少体内束的数量，使在腹板内通过的预应力管道减少，因而可以把底板束H1～H3进行上弯并锚固于顶板及腹板加腋处，依靠这部分体内上弯束的竖向分力来提供边跨和中跨部分正弯矩区段的预剪力。这样，墩顶及负弯矩区段由下弯I期束与体外束共同提供预剪力，正弯矩区段由II期体内上弯束提供预剪力。于是全桥预剪力可全由可靠的纵向预应力提供，并能将主拉应力控制在1.0MPa以内，从而可以取消竖向预应力筋。这种配束方式有以下特点：I期体内钢束竖弯加大，但数量减少；II期体内钢束采用上弯到顶板锚固的形式以在正弯矩区段提供竖向分力；成桥钢束采用大直径的体外索，施工简易，且同时提供可靠的竖向分力；不设置竖向预应力钢筋。

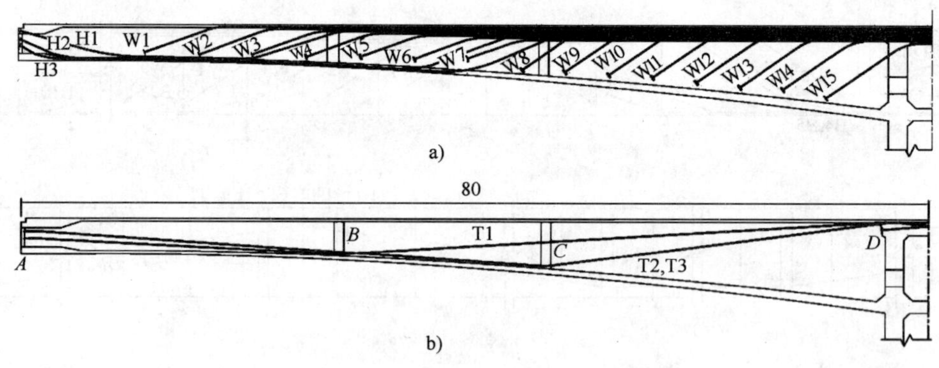

图5　取消竖向预应力的配束方式
a)体内预应力钢束布置；b)体外预应力钢束布置

三、体外束的布置方式讨论

1. 概述

在体内体外混合配束的方式中，由于体外束一般在成桥阶段才张拉，所以存在体外预应力分跨布置及多跨通长布置两种布束形式，如图6及图7所示。

在图8所示的分跨布束形式中，体外预应力钢束在墩顶横梁处交叉锚固，墩顶横梁要承受两侧夹击的锚固力，因此墩顶横梁就会出现局部应力峰值；同时，该处钢束交叉穿越，钢束管道构造复杂。在图9

所示的多跨通长布束形式中，不但可以大为减小墩顶横梁处的应力峰值，而且可以大大简化该处的钢束布置及相关构造，从这个角度看，多跨通长布束是一种较好的布束形式。

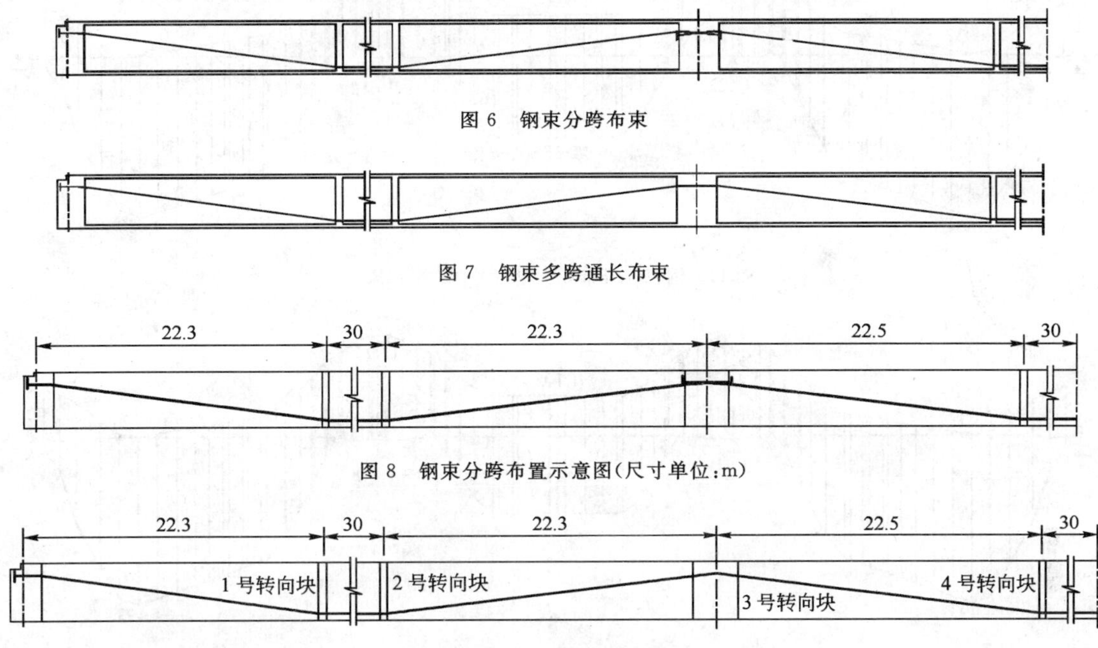

图 6 钢束分跨布束

图 7 钢束多跨通长布束

图 8 钢束分跨布置示意图(尺寸单位：m)

图 9 钢束多跨通长布置示意图(尺寸单位：m)

但是，从另外一个角度来看，分跨布置的布束形式钢束线型统一简单、张拉延伸量小，施工工艺简单。在多跨通长的布束形式中，由于钢束较长，体外束的施工工艺较为复杂；同时，考虑到体外预应力钢束在转向块处有相对滑移现象，该滑移是否会引起体外束的局部疲劳是值得关注的问题。

2. 不同布索形式的应力分析

(1)三跨 75m 连续梁

计算模型各跨于中跨跨中对称布置，为三跨等截面连续箱梁，梁高 4m，横向布置为单向四车道。体外预应力钢束布置及横截面取自某实际桥梁，详见图 8、图 9、图 10 所示。体外预应力采用 4 束(每束 25ϕ15.24)预应力钢束，控制张拉应力为 0.66R_y^b=1 227.6MPa，控制张拉力为 4 296.6kN。体外预应力钢绞线松弛率≤4%，孔道摩阻系数 μ=0.15[6]，孔道偏差系数 k=0[6]，一端锚具变形及钢束回缩 6mm[5]。

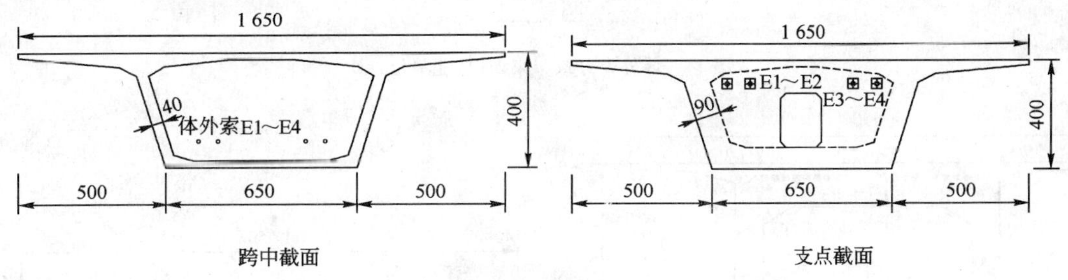

图 10 箱梁横截面图(尺寸单位：cm)

计算中不考虑梁体自重以及其他活载的作用，只考虑图 10 中体外预应力的作用得到主梁截面上下缘的正应力如图 11、图 12 所示。

(2)80m+2×140m+80m 连续刚构桥

该计算模型墩顶梁高 7.9m，跨中梁高 3.5m，单向四车道，墩顶区段钢束布置及横截面取自某实际桥梁，具体尺寸详见图 13、图 14、图 15 所示。体外束采用每束 27ϕ15.24 的体外预应力束，E1、E2 为 8 束体外预应力钢束，控制张拉应力为 0.66R_y^b=1 227.6MPa，控制张拉力为 4 640.3kN，其他参数同 3×75m 连续梁模型。

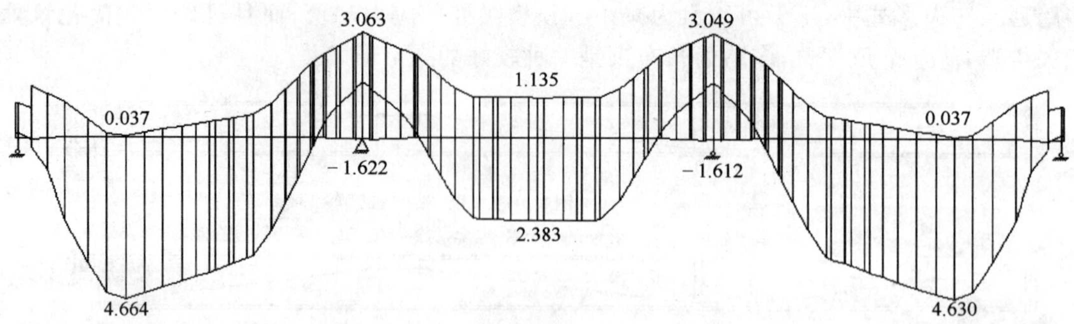

图 11 钢束分跨布置正应力图(单位:MPa)

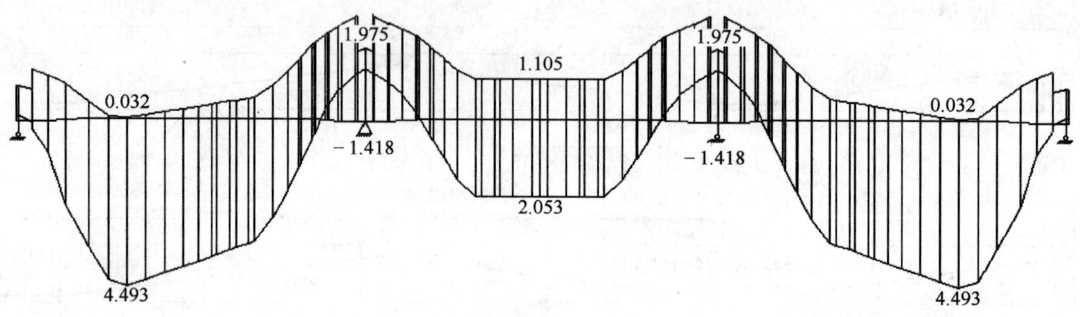

图 12 钢束多跨通长布置正应力图(单位:MPa)

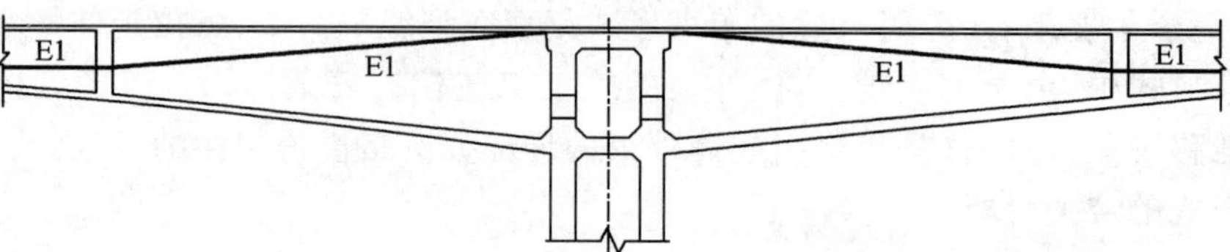

图 13 体外索多跨通长布束图(尺寸单位:m)

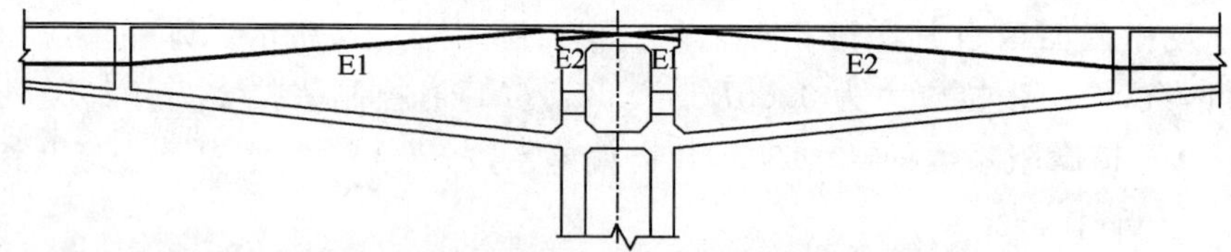

图 14 体外索分跨布束图(尺寸单位:m)

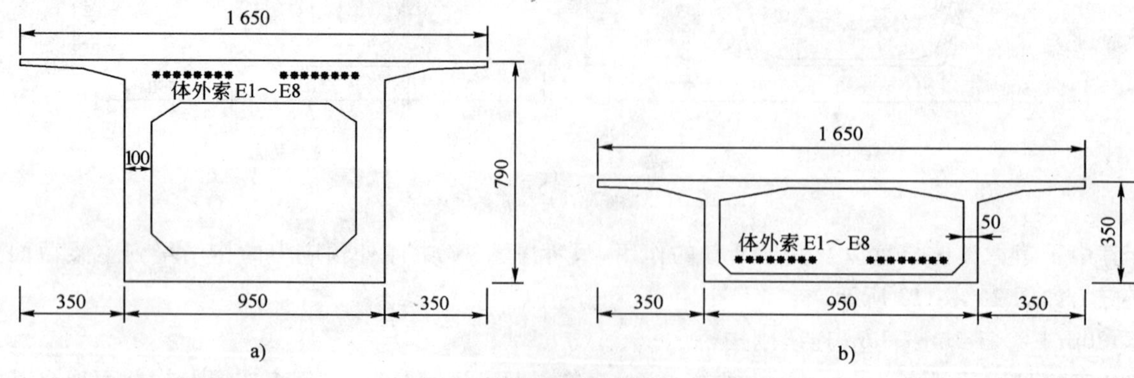

图 15 横截面图(尺寸单位:cm)

a)支点截面;b)跨中截面

计算中不考虑梁体自重力以及其他活载的作用,只考虑体外预应力的作用得到主梁截面上下缘的正应力,如图 16、图 17 所示。

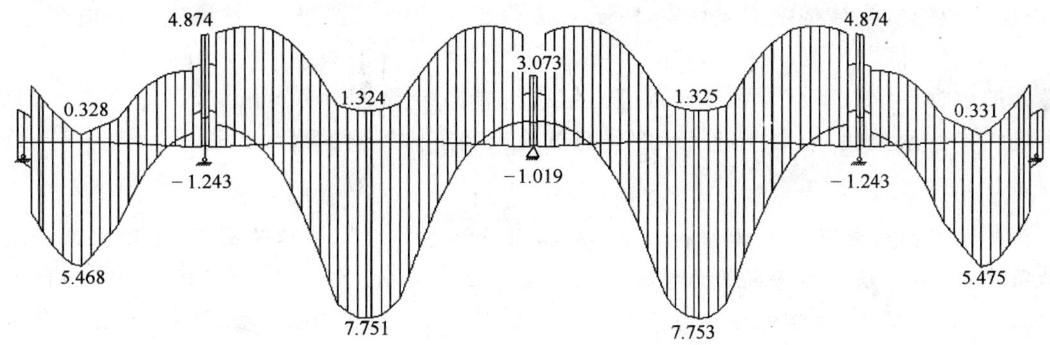

图 16 钢束多跨通长布置时梁体正应力图(单位:MPa)

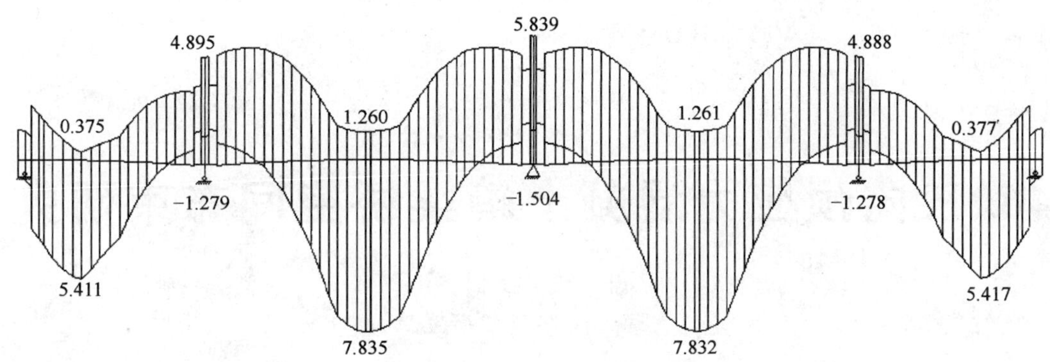

图 17 钢束分跨布置时梁体正应力图(单位:MPa)

(3)计算结果分析

从以上两个算例中我们可以看出,虽然在墩顶的梁段有横梁的加强,这两种布束方式在该区段的应力仍然存在较大地差异。在 75m 连续梁中,钢束分跨布置时墩顶梁段上缘的压应力较多跨通长布置大 1.088MPa;墩顶梁底下缘的拉应力两者差距不大,钢束分跨布置时较多跨通长布置大 0.204MPa。同样,在 140m 连续刚构中,钢束分跨布置时中墩墩顶梁段上缘的压应力较多跨通长布置大 2.766MPa;钢束分跨布置时墩顶梁底下缘的拉应力较多跨通长布置大 0.485MPa。在类似的桥梁结构配索设计中,由于对墩顶压应力要求严格,有时该应力差值会起到控制设计的作用。

3. 关于单根体外索最大连续索长的考虑

体外预应力体系中,梁体仅在锚固点和转向区域钢束有约束,在荷载作用下,转向块处体外索与转向器之间会产生相对滑移。同时,体外索由于转向块的变向作用产生很大的径向合力,此合力即为索对转向器施加的正压力,且体外索与转向器之间将不可避免地存在摩阻力,在反复的活载作用下,过大的滑移可能导致钢束防护套管磨损,并引发体外预应力钢束局部疲劳问题,从而不利于结构的耐久性和安全性。

目前关于滑移引起体外束防护材料磨损以及钢束局部疲劳的研究资料较少见,有关体外索最大连续布置长度的研究目前正在同济大学桥梁工程系开展。研究将主要通过建模计算得到常用跨径桥梁体外索布置的最大滑移量,然后,将计算作为试验验证的基础,通过试验数据可以反过来确认体外束最大索长及钢索布置方式。

四、结　　语

(1)在不超出单根体外索最大连续长度的前提下,采用钢束多跨通长张拉锚固的梁体墩顶应力状况优于分跨张拉锚固的布索形式;同时,由于体外预应力中预应力损失较小,对通长预应力钢束中的有效预应力影响不大。

(2)由计算模型的结果可知,3 跨 75m 连续梁中,钢束分跨布置时墩顶梁段上缘的压应力较多跨通长布置大 1.088MPa;140m 连续刚构中,钢束分跨布置时中墩墩顶梁段上缘的压应力较多跨通长布置大

2.766MPa;在类似的桥梁结构配索设计中,由于对墩顶压应力要求严格,有时该应力差值会起到控制设计的作用。

(3)过大的单根连续长束会导致体外预应力钢束与转向装置之间相对滑移,可能会导致钢束防护层的磨损,影响结构的耐久性,故需要进一步的研究试验来确定体外索的最大索长。

参考文献

[1] 徐栋.体外预应力桥梁的结构体系和理论.第15届全国桥梁学术会议论文集,中国上海,2002.
[2] 徐栋,项海帆.体外预应力桥梁的力学性能及其影响因素分析.桥梁建设,1999,(3),1～4.
[3] 李传习,李德慧,贺玲凤.体外预应力索索力计算的新方法.土木工程学报,2005,38(6):54～58.
[4] 郭晓东.体外预应力连续刚构桥设计技术研究.重庆:西南交通大学,2005.
[5] 李国平.预应力混凝土结构设计原理.北京:人民交通出版社,2000.
[6] OVM 体外预应力体系.OVM机械股份有限公司.

46. 三向预应力混凝土箱梁桥空间布束研究

谢 峻 王国亮
(交通部公路科学研究院)

摘 要 预应力混凝土箱梁是一种典型的空间结构,通常采用三向预应力控制各板件的应力状态满足正常使用极限状态的要求。由于现在通行的桥梁计算程序基于杆系有限元,故三向预应力是分开设计计算的,它们间的相互影响关系研究很少,布束也不考虑空间应力分布的特点。本文通过对某大跨度三向预应力混凝土箱梁的三维有限元分析,获得了不同预应力条件下全桥顶底板纵向和腹板竖向正应力的变化规律。通过对比研究,对三向预应力的相互影响机理进行了解释,对竖向预应力的空间布置提出了建议。

关键词 桥梁工程 箱梁 三向预应力 正应力 相互影响 竖向布束

预应力混凝土箱梁是一种典型的空间结构,为满足正常使用极限状态的要求,设计中通常采用纵、横、竖三向预应来控制箱梁断面各板件的应力状态。由于现在通行的桥梁计算程序基于杆系有限元,故这种三向预应力是分开设计计算的,它们间的相互影响关系研究很少。文献[1]曾用有限条法对横向预应力的影响做了探讨,但相对较简单。另外同样由于计算手段的不足,布束往往不能按空间应力分布的规律进行布置。三维有限元的出现,应该说为准确解决箱梁的计算问题开辟了有效的途径。本文通过对某大跨度预应力混凝土箱梁桥不同预应力条件下全桥正应力变化规律的三维有限元分析,对三向预应力的相互影响机理进行了分析,为进一步定量规律的建立奠定了基础,同时对竖向预应力的空间布置提出了建议。

一、分析的基本条件

分析采用的某大跨度预应力混凝土变截面连续刚构,跨径组合110m+190m+115m,三向预应力,纵向用分别采用14-7ϕ5,16-7ϕ5,17-7ϕ5钢绞线,两端张拉,横向(桥面板)预应力钢束采用3-7ϕ5钢绞线,间距75cm,交错单向张拉。竖向预应力筋采用ϕ32高强精轧螺纹粗钢筋,腹板变宽范围每腹板2根,其他梁段,每腹板1根,间距50cm。全桥共划分了90个施工步骤。大桥的空间模型共采用带钢束的8节点六面实体组合单元53 146个,节点数79 307个,考虑纵、横、竖向预应力束合计3670根,具体的建模原理可参考文献[2]～[3]。其空间模型如图1所示。

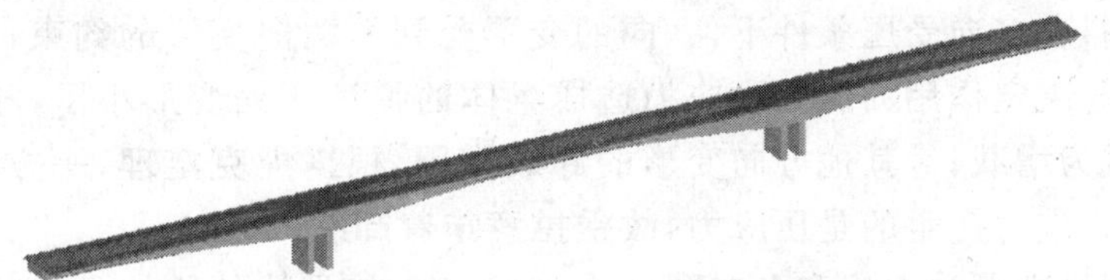

图 1 某大跨度预应力混凝土箱梁桥的三维空间模型

二、计 算 分 析

1. 全桥纵向正应力

选取箱梁断面腹板顶底端这两个典型的位置，计算成桥状态下三种预应力条件下的纵向正应力，即纵＋横＋竖三向，纵＋横双向，纵单向三种。以单向预应力为基本比较对象，三向和双向预应力与单向预应力条件下正应力的差如图 2 所示。由于三种情况下的纵向正应力均为负(受压)，故差值为负表示相对单向是加载，反之为卸载。由图 2 可知，三向和双向预应力下对顶板纵向正应力有明显的加载作用。其

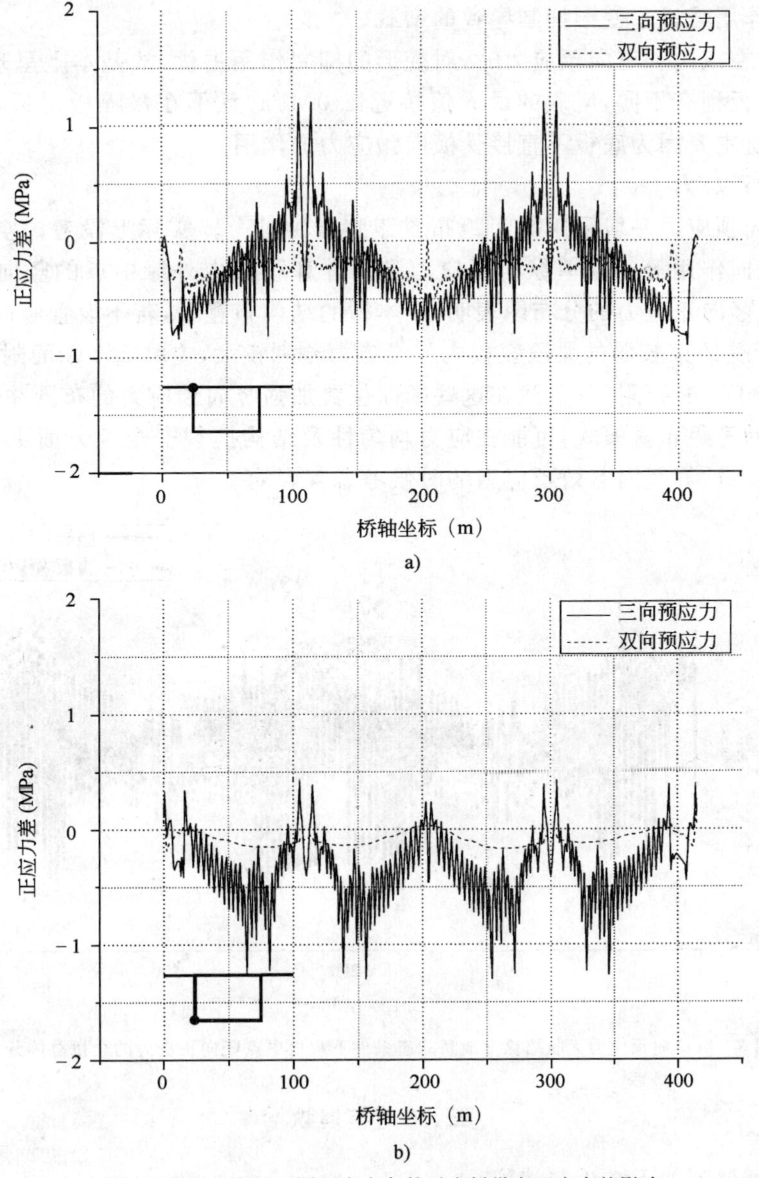

图 2 成桥状态下不同预应力条件对全桥纵向正应力的影响

a)腹板肋上缘点不同预应力条件下的纵向正应力差；b)腹板肋下缘点不同预应力条件下的纵向正应力差

总的机理有两条：①材料在多向受压条件下，一向的变形受到另两向变形的约束，也就是说，三向预应力条件下，对断面正应力起决定作用的纵向预应力造成梁体的弹性压缩变形小了，相对应预应力损失就减少了，压应力会提高，成为增载；②其他方向变形的卸载作用，根据虎克定理，一方向受压，在另两个方向上成为受拉，由于箱梁预应力产生的是压应力，故受拉意味着卸载。

这两种的相互作用机理哪种占优和各向预应力相对大小与具体的结构条件相关。不同方向预应力的相对强弱程度及结构布置的差异导致了桥轴向差值分布规律的差别。如图2a)，对于顶板正应力而言，双向预应力条件下，抑制变形产生的增载作用大于横向变形导致的卸载，且由于横隔板对纵向变形的阻碍，离横隔板越近这种加载作用越明显，主跨中横隔板附近纵向压应力增加了近0.5MPa。但到了横隔板处，由于横隔板面内刚度极大，横向预应力在此产生的横向变形远比其他区域小，对纵向变形的影响急剧变小，故横隔板处的正应力差几乎为零甚至轻微卸载。三向预应力条件下，加入了竖向预应力的作用，总体上增强了对纵向预应力致变形的限制，故形成了更大的增载，主跨中横隔板附近纵向压应力增加超过了0.5MPa，达0.7MPa左右。但和双向预应力不同的是在墩顶横隔区出现了卸载，其原因在于腹板局部区域承受竖向预应力，锚固点局部变形较大，且墩顶区梁高较大，竖向预应力相对跨中区域损失较小，变形导致的卸载作用强过了变形抑制导致的增载。

底板纵向正应力在双向和三向预应力时，对变形的抑制作用占优，故基本上呈现增载，如图2b)。但其纵向分布规律与顶板稍有不同，增载的最大值接近1.0MPa，且不在横隔板附近，而是横隔板间，主跨即大约在1/4跨处，这主要因为底板不直接受横向预应力的作用。

2. 全桥腹板竖向正应力

传统设计中，竖向预应力一般采用等间距布置于腹板中轴[4]。实际上没考虑空间应力的分布规律，如顶底板对腹板的横向作用等。取单纵向预应力条件计算腹板内外缘中点的竖向正应力如图3。图3全桥腹板内外缘中点竖向正应力的分布图表明，在本桥的结构布置下，若不设置竖向预应力，梁高较低的边跨1/4、主跨3/8等受约束较弱的梁段腹板内外缘应力差别较大，主跨3/8断面附近内缘拉应力会接近2.0MPa，其次是边跨1/4断面附近，显然在这些断面位置加强竖向预应力的布置并配合在腹板厚度方向的偏置，而不用常规的等距布置模式，可能在应力均匀性及结构抗裂安全性方面更有优势。腹板竖向正应力的存在也表明宜在计算竖向有效预应力的时候考虑其影响。

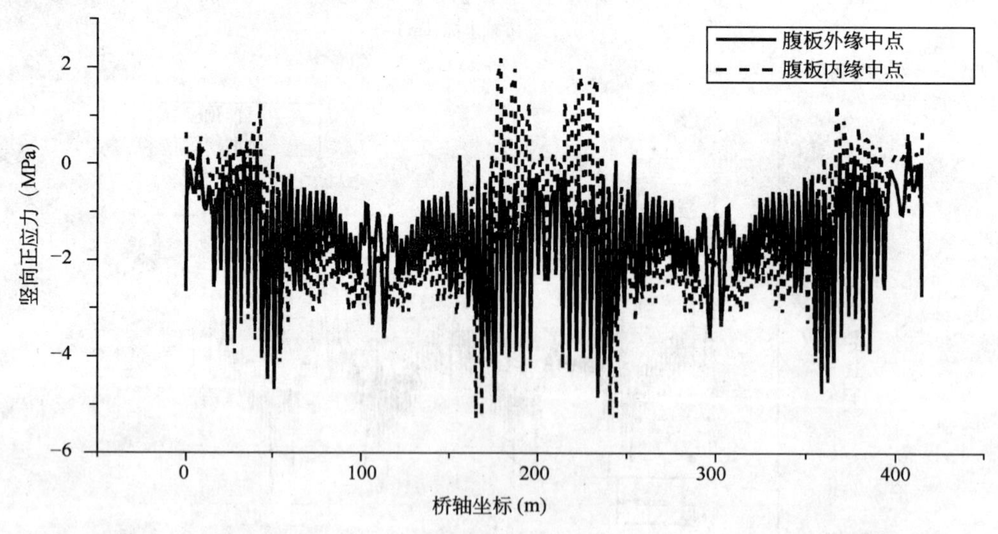

图3　纵单向预应力无收缩徐变成桥状态条件下腹板中点竖向正应力的全桥总体分布

三、结论与建议

综合以上研究，可得到如下结论与建议：

(1)三向预应力的相互影响是明显的，是空间和平面应力计算差别的一个重要来源。

(2)成桥应力状态下,三向预应力较单纵向预应力下断面的正应力是增载还是卸载取决于结构布置(特别是横隔板的布置)和预应力的相对强弱。梁中横隔板前后区域顶板和横隔板间的底板易出现加载。

(3)预应力布束应考虑箱梁的空间受力特性。根据箱梁的空间作用效果进行横向和竖向预应力的布束可以获得更好的成桥应力状态,而不是传统的均匀间隔布置。

(4)竖向预应力可根据无竖向束条件下的空间计算获得的腹板竖向正应力的分布规律进行布置,纵横向在梁高较低和约束较弱的区域应加密,如主跨 1/4 到 1/2 梁段,边跨端到 1/2 梁段等。其中横向可考虑偏置,即对于内缘竖向拉力大的偏内,对外缘竖向拉力较大的偏外侧。

参考文献

[1] 文国华,程翔云.横向预应力对箱梁正应力的影响[J].公路,1997,11,34~36.

[2] 谢峻.王国亮.三向预应力混凝土箱梁桥三维有限元的建模与分析.中国公路学会桥梁与结构工程分会 2005 年全国桥梁学术会议论文集[C](2005).北京:人民交通出版社, 897~901.

[3] 谢峻.大跨度预应力混凝土箱梁空间效应研究报告[R].交通部公路科学研究院,2007.

[4] 张继尧等.悬臂浇注预应力混凝土连续梁桥[M].北京:人民交通出版社,2005.

47.新型无梁板桥设计

田志斌[1] 黄剑虹[2] 陈水生[1]

(1.华东交通大学土建学院;2.中交四航设计院)

摘 要 在传统钢筋混凝土无梁板桥实践基础上,引入大吨位预应力设计思路,使其跨径发展到 40m。

关键词 无梁板 大吨位预应力

一、无梁板桥的发展

1.无梁板桥特点

无梁板桥采用几排桩柱式下部构造直接支承连续板式的上部构造,桩排顶上没有盖梁,因此称为无梁板桥,又称菌形板桥(Pilz bridge)。与其他桥梁结构相比无梁板桥有如下特点[1]:

(1)无梁板桥由于没有纵梁而争取了最小的建筑高度,增大了桥下净空,降低了引线高度,减短了引桥长度,节省了投资。

(2)无梁板桥采用现场浇筑,可以制作成任何复杂的形状,特别适用于弯、坡、斜桥。

(3)无梁板由于是实心板,外形简单,与一些线形复杂的多箱连续梁桥相比,无梁板仅需底模和侧模,无需内模,因此每立方米混凝土的综合单价比箱梁截面降低 20%。

(4)无梁板外形轻盈,在城市立交桥中有较好的美观效果。

(5)无梁板桥虽然本身结构圬工量较大,但是它通过降低结构高度缩短桥长带来的经济效益远远超出其他梁型,这在很多公路立交实例中是被证实了的。

2.传统无梁板桥存在的问题

无梁板桥一经问世以来,由于其良好的技术、经济等优越性,在东北地区城市互通式立交、公路立交、高速铁路以及普通铁路线得到了应用。但在全国范围内推广不多,其原因为:

(1)墩柱与板固结。具有纵横向刚度好,可以分担板身在恒载、活载作用下的弯矩等优点,从而使板更薄,但用于多跨连续板时,却由于分担的弯矩以及温度应力的影响,将使墩身发生较大位移。这样造成最多做到3跨一联，不能在长桥中使用。

(2)跨径小($L\leqslant 25$m)。由于无梁板桥梁板矮，使得结构面积A和抗弯截面系数W很小，根据公式$\sigma=\frac{N}{A}\pm\frac{M}{W}$可知：当跨度$L$一定时，要抵抗弯矩必须加大轴心预压力。现在使用的是直径$\phi5$预应力筋，张拉吨位受到限制。

(3)施工中采用满堂支架，在软弱地基情况下，支架沉降量大，处理地基费用高。

(4)没有定型图，设计工作量大，在实际工程中常因设计周期不够而不得不放弃。

3. 研究定型工作

为了促进无梁板梁桥型的发展，2002年华东交通大学与中交四航院路桥所进行合作。选择韶关百旺大桥的支桥作依托工程，进行新型无梁板桥的研究。在取得初步成效后，2005年组织研究生编制$L=20\sim40$m跨径的桥宽$B=12$m的设计参考图，本文简介这些成果。

二、百旺支桥工程

1. 桥型

广东韶关百旺大桥是一座跨越北江干流的大型城市公路桥梁，全长805m，桥宽28m。在东西两个水道中有一江心岛，按开发区整体规划，在桥梁中部里程K0＋471 .5(9号台)，K0＋705. 8(23号台)两处各布置一条支桥通往中心岛，以促进该岛的经济开发。经多方案的反复比较，遵循“造型美观，结构合理，施工方便，造价经济”的原则，确定支桥为“无梁板连续弯桥”(如图1)，平面圆曲线半径$R=45.25$m，超高横向坡2%，纵坡4%，桥宽9m，弯桥跨径组合为16m＋16m＋2×19.7m＋18.4m＋16.2m＋16.6m＝123.6m。

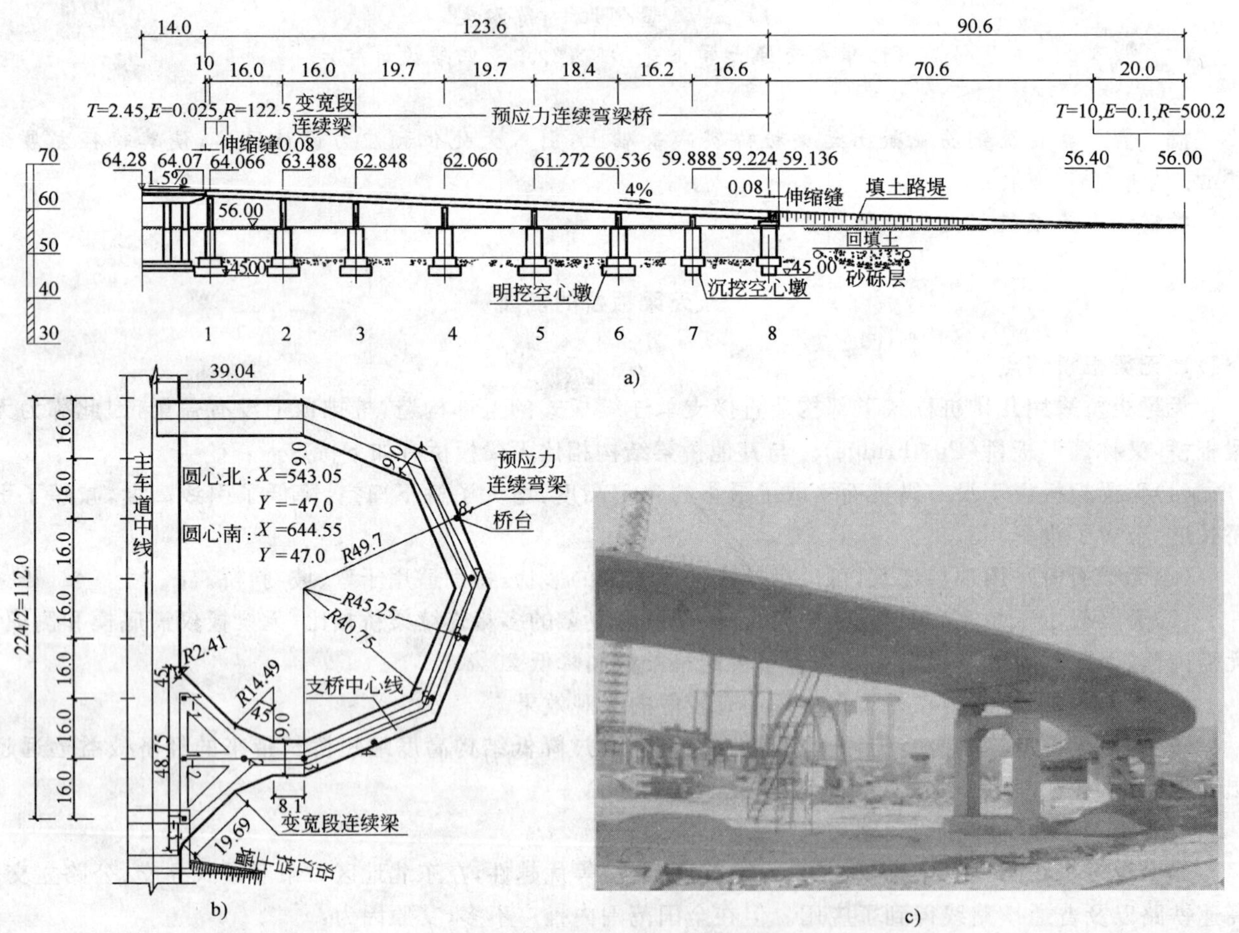

图1 韶关百旺北江大桥支桥桥型图

a)中线立面图；b)弯桥平面图；c)梁底空间图

2. 沉挖空心桩基础

中心岛复盖层为吹填砂，松软不宜做钻孔桩，在高程 45.0m 处为紧密砂砾石，强度大，沉降量小，可做承重层，因此选择了沉井空心桩方案。沉井外径 ϕ4m，壁厚 0.5m，井内吹砂下沉到砂砾层面，清洗整平双脚底后浇水下混凝土到刃脚顶部形成空心桩(ϕ3m)，基底面积大，因此沉降量小。

3. 双柱式桥墩

用于增大抗弯梁的水平力，截面尺寸 20cm×102cm，座落在沉井两边壁上。上柱顶部设置厚 10cm 的橡胶板式支座，用橡胶板的剪切变形来适应无梁板的位移。

4. 桥台

刚度较大，要承担 4%从坡所产生的全部恒载自重水平力。梁与台背间也垫有厚橡胶吸收活载在梁上产生的水平力。

5. 支架

现浇预应力无梁板桥施工，可根据工程量的大小和工地材料情况选用支架，如图 2 所示。

a)

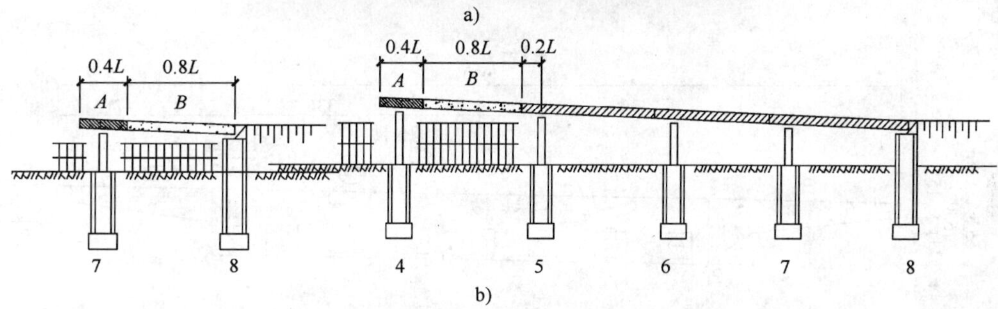

b)

图 2 无梁板桥下部及施工支架

a)空心沉井基础、双柱式桥墩、钢管脚手架；b)分段、逐孔浇筑施工

(1)本桥选用钢管脚手架。不需专用机具设施，工艺简便，可发挥我国劳动力的优势，从而降低造价。为了防止支架下沉，对基础应当处理，本桥除回填砂砾石外，在面层再浇 10cm 厚混凝土。对于工程量大的直线型无梁板桥，可把等截面施工成功的移动支架，推广到变截面预应力无梁板桥，这样将大大节约支架费用。在软弱地基采用贝雷移动支架更有现实意义。

(2)分段浇筑。与一般逐孔浇筑不同，无梁板桥施工采用分段浇筑。连续梁自重弯矩图中具有两个反弯点，在支座两侧各 0.2L 范围(总长 0.4L)内，呈负弯矩(M^-)状态，称 A 块。在跨中 0.6L 范围内，呈正弯矩(M^+)状态称 B 块，如果浇完 A 块后张拉上缘预应力筋 N3(M^+)，则可以抵消自重弯矩 M^-，即预应力与 A 块的自重相平衡，也就是说 A 块自动脱离支架，从而减轻了支架负担。

(3)分块浇筑顺序。每跨分两次浇筑。先浇 A 段，再浇 B 段。脚手架不够多时，可单孔施工。如采用两跨同时施工，一个月可浇两跨，平均 12 天可浇筑一跨。

(4)合龙块 B。在跨中 0.6L 范围，当张拉下缘 N4 预应力将产生的负弯矩，可抵抗恒、活载正弯矩。由于跨中板厚仅 0.7m，故 N4 要采用七孔大吨位(3 600kN)预应力。应当指出，要将 A、B 块分别施工目的在于保证 A 块纵向预应力的张拉，避免了纵向弯曲，这对对有平面弯曲的连续弯桥而言，能大大简化施工。

三、无梁板改进措施

1. 结构方面

(1)支座采用铰结(钢球型支座)使刚度很大的板梁与桥墩脱开。在温度及水平力作用下不造成桥墩开裂,无梁板桥支座铰结后可适用连续多跨的情况。

(2)支座处截面采用较大的高度,保证跨中下缘预应力作用线在支座截面中性轴以上,从而解决了跨中预应力张拉的困难(图3)。此外变截面也符合连续梁支座处恒载弯矩比跨中大一倍的实际。本桥板高仅0.7m流线形截面,在支座处增大0.5m,梁高1.2m,这样外形轻盈美观,混凝土量也较省(平均厚度仅0.5m)。

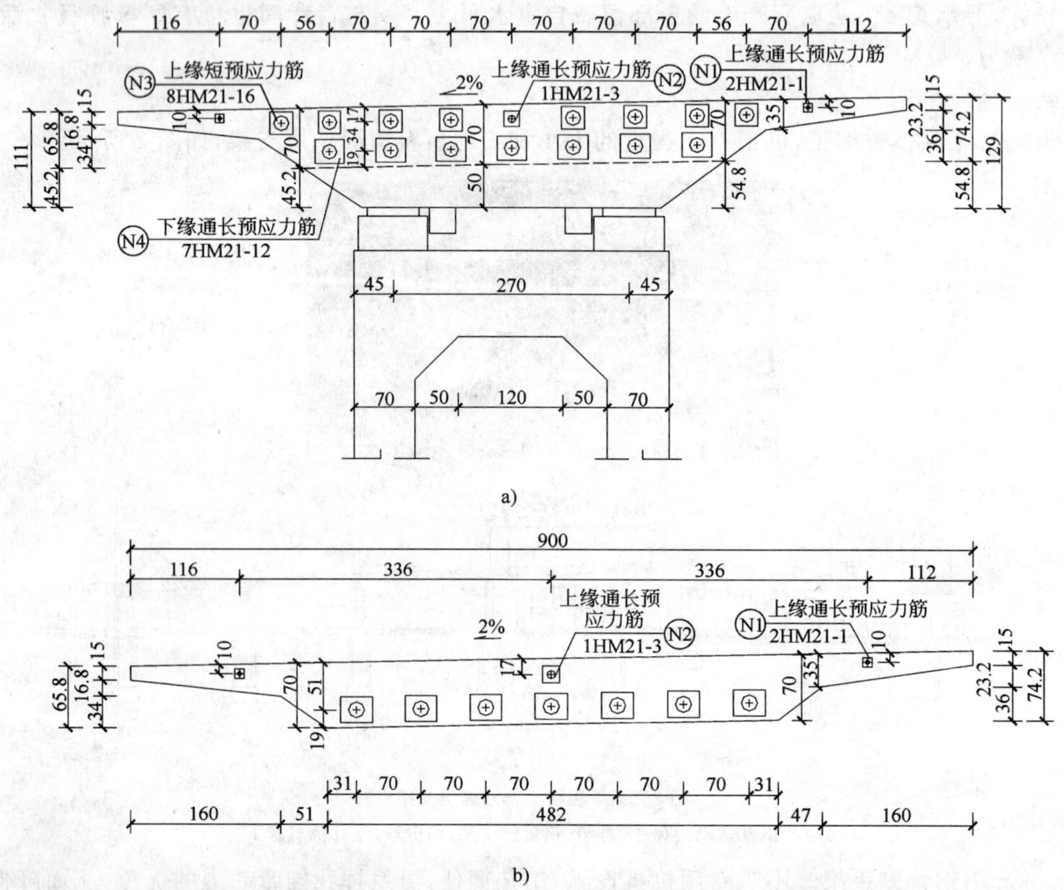

a)

b)

c)

图3 无梁板预应力孔道图(尺寸单位:cm)

a)支座预应力布置图;b)跨中预应力布置图;c)支架现浇板中预应力束

2. 预应力设计

考虑降低造价，采用大直径 $\phi7$ 平行钢丝群锚体系。截面布置如图 3。根据受力的不同，设计选用 1、3、6、12 孔等四种形式。较小拉力 1、3 孔（300kN 和 900kN）用于上缘通索，较大拉力索 6、12 孔（1 800kN、3 600kN）用于支座上缘和跨中下缘。HM21 锚头采用夹片锚（HVM），镦头锚（HDM）相结合的形式，镦头和夹片锚间用钢管套连接器相连，可以十分方便解决分段逐孔中预应力索的接长问题（如图 4）。

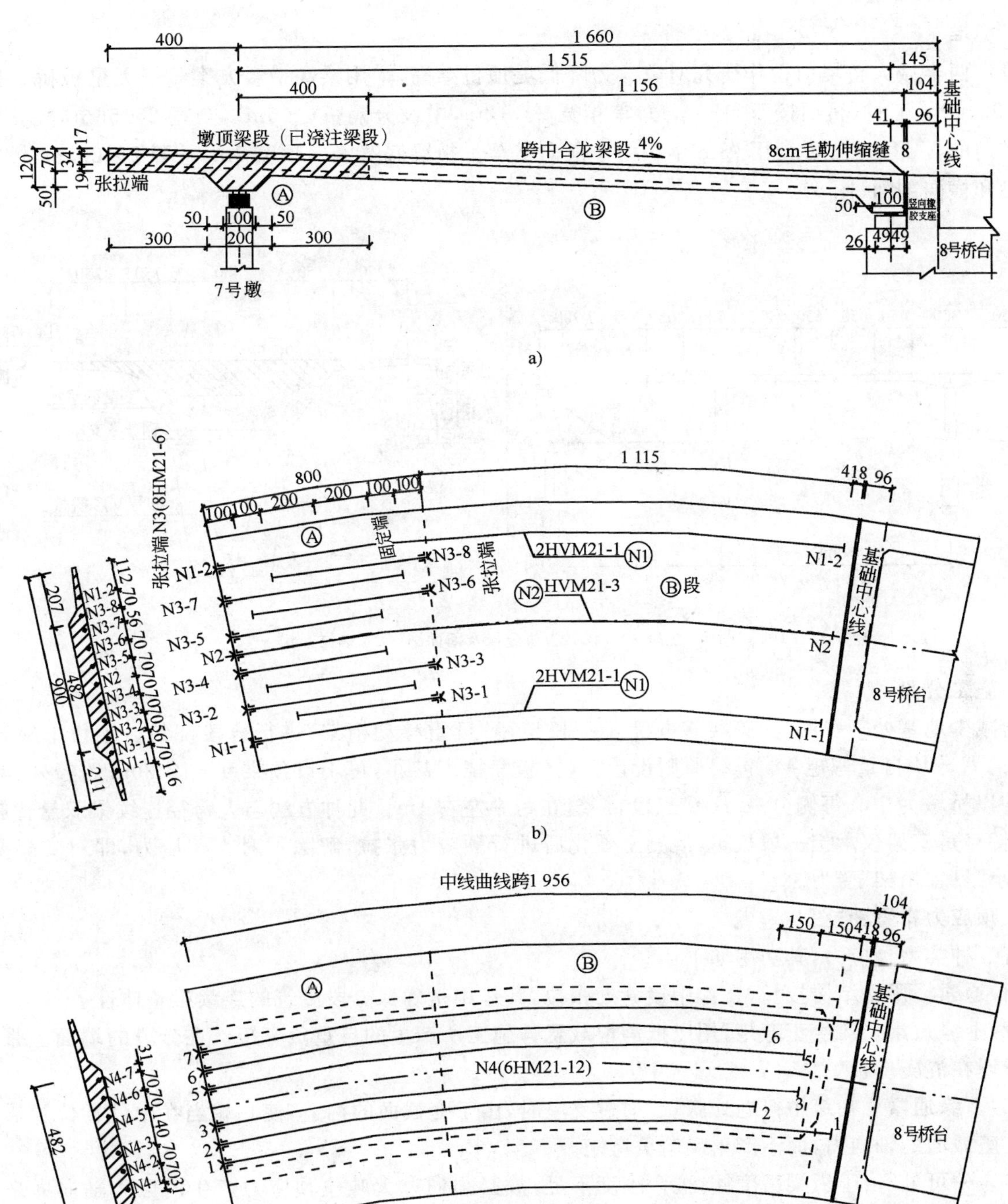

图 4 无梁板弯桥预应力布置（尺寸单位：cm）

a）纵剖面图；b）顶平面布置；c）底平面布置图

3. 选择大吨位预应力锚

由于无梁板厚度大，为大吨位预应力创造了条件，例如，对带联结器的通索选用HM21-12，破断拉力达 $N_{max}=5\,072(kN)$；对于支座上缘正弯矩预应力短索如选用HM21-30，破断拉力达 $N_{max}=12\,680(kN)$，这都是其他锚具所做不到的，计算表明，采用HM21群锚体系后无梁板桥的跨径可达到50m。

四、20～40m设计图

1. 标准

以江西丰城大桥堤引桥作研究对象。为降低堤顶桥梁高，采用梁高最矮方案——无梁板桥。拟定跨径20、30、40m三种，桥面按双向四车道，单箱宽2×12m，中设分隔带(1.5m)，全宽25.56m，桥墩采用独桩上横向的V形，施工可利用ϕ3m钢护筒作横向支承。板梁底宽4m，顶宽7m，悬臂2×2.5m，板梁桥型及分段和横向剖面(图5)。

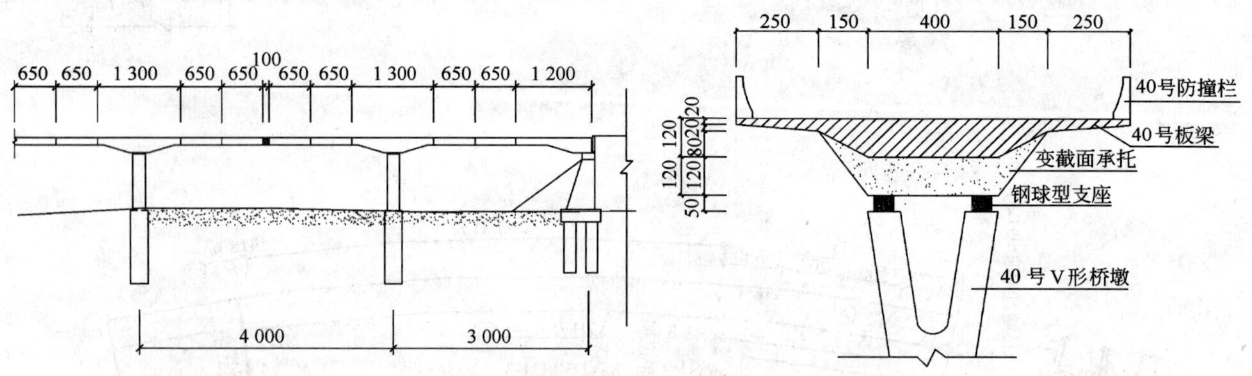

图5 主跨40m无梁板桥分段及断面图(尺寸单位:cm)

2. 施工分段

为减少地基处理费用，大跨径多孔无梁板桥拟用"贝雷移动桁架"进行分段浇筑。板桥上缘预应力 M_T 按悬臂分块自重弯矩 M_0 包络原则设计，这样板面挠度甚小，可不设预拱度。除20m跨径外，30m和40m均以桥墩为中心每侧分A、B、C三段，接缝在跨中左右1m。此种方法与大跨径连续梁双悬臂施工相同，其特点是支架仅承担一段板重，混凝土硬化后进行预应力张拉，解除了对支架压力，即对支架要求较低，减小"贝雷桁架"受力。

3. 预应力布置图(图3)

有三种类型预应力，其功用如下：

(1)通索。用联结器接长，在跨中接缝处张拉，其作用是确保分段浇筑的连续梁整体性。

(2)上缘短索。产生正弯矩，用以抵消恒载悬臂施工所产生的自重负弯矩。在分段的端面上张拉，另一端预埋在混凝土板中。

(3)下缘通索。在跨中接缝处张拉，通过支座时，由于变截面的构造，使它相当在中性轴位置通过，只增大支座截面的轴向力，而不产生反向负弯矩。

由表1可见，由于板梁高度矮，抗弯刚度不足，故必须通过大吨位预应力产生的巨大轴向力来补偿。在40m设计图中可见，上缘预应力HM21-19张拉力可达6 000kN级。可以说，采用ϕ7大直径预应力体系是新型无梁板桥跨径得以扩大的核心所在。

无梁板预应力设计 表1

参数 \ 跨径(m)			20	30	40
外形(m)	①梁高度(D_s/D_k)		0.8/1.6	1.0/2.0	1.2/2.4
	②面积 A(跨中/支座)(m^2)		6.8/11.2	7.6/13.1	8.7/15.3
	③惯性矩 I(跨中/支座)(m^4)		0.37/2.31	0.59/4.45	1.01/7.54
	④中性轴	跨中:$Y_上/Y_下$	0.32/0.48	0.4/0.6	0.48/0.72
		支座:$Y_上/Y_下$	0.64/0.96	0.82/1.18	0.99/1.41
悬臂施工	①悬臂分段长		4.75+4.75	4.2+2×5.15	6.5+6.5+6.5
	②段数		2×2 段	2×3 段	2×3 段
上缘预应力	①通索		2[HM21-12]	3[HM21-12]	3[HM21-19]
	②悬臂索		9[HM21-12]	16[HM21-12]	16[HM21-19]
	③备用短索		2[HM21-12]	2[HM21-12]	2[HM21-19]
下缘预应力	①通索		6[HM21-12]	5[HM21-12]	5[HM21-19]
	②备用索		[HM21-12]	2[HM21-12]	2[HM21-12]
下部构造	①钢球型支座		2 000kN	3 000kN	3 500kN
	②钢护筒		1ϕ300	1ϕ300	1ϕ350
	③钻孔桩(C30 混凝土桥墩)		1ϕ200	1ϕ250	1ϕ300
图例	1 200; 20; 40; 40; D_s; D_k; 250 150 400 150 250; 尺寸单位:cm				

五、小 结

本文专题研究的《大吨位预应力无梁板桥设计》对复杂形状的"弯、坡、斜"立交桥的跨径突破有一定的参考价值,但有关经济性分析尚待进一步研究补充。

参考文献

[1] 王伯惠,张亚军. 无梁板桥[M]. 人民交通出版社, 1999.

[2] 黄剑虹,上官兴. 韶关百旺大桥支桥设计图. 中交四航设计院,2003.

[3] 周涌波. 无梁板桥在高等级公路立交工程中的推广应用[J]. 辽宁交通科技, 1994.4.

[4] 于德林,刘兆元. 无梁板桥在高速公路中的设计应用[J]. 东北公路, 第21卷第2期.

[5] 郭梅,杨柄成. 无梁板桥的实用计算[J]. 西安公路学院学报, 1994.9(3).

48. 桥梁嵌岩桩承载力研究

龚维明　戴国亮　刘文艺

（东南大学土木工程学院）

摘　要　本文在嵌岩桩承载力的研究基础上提出嵌岩桩承载力计算公式。

关键词　嵌岩桩　承载力

一、引　言

传统观念一直把嵌岩桩特别是人工挖孔作业的嵌岩桩作为端承桩来设计，完全不考虑其桩侧阻力。然而，早期及近年来的国内外大量的实测资料都表明，嵌岩桩即使是在无覆盖层条件下或长径比 $L/d<5$ 的短桩，也并非一律是端承桩。忽视上覆土层侧摩阻力和嵌岩段岩层侧摩阻力，不适当地把桩端嵌入微风化程度以上的基岩，套用规范盲目加深嵌岩深度或扩大桩端尺寸，都无助于调动基岩的承载能力，却徒然造成浪费并增加施工的难度。

近些年来，随着对嵌岩桩承载性状的深入研究，人们在工程中逐渐认识到，嵌岩桩的侧阻力不可忽视，有时甚至成为平衡外荷载的主要反力，即嵌岩桩也可能成为摩擦桩或端承摩擦桩。但由于嵌岩桩的受力模式和受力机制较为复杂，现阶段尚未认识清楚，这就导致了设计人员设计计算时过于保守。

嵌岩桩的施工可采用人工挖孔和机械成孔两种方式，由于成桩工艺的不同，其承载性状存在一定的差异。由于嵌岩桩承载特性的结论多集中在试验研究和经验分析上，试桩数据则多来自钻孔嵌岩桩，因此对嵌岩桩荷载传递的理论分析及由于成孔工艺的不同造成的嵌岩桩承载特性的差异还有待进一步研究。

二、嵌岩桩的定义

岩石为颗粒间连接牢固、呈整体或具有节理裂隙的岩体。《岩土工程勘察规范》(GB 50021—2001)[1]将岩石的风化程度分为未风化、微风化、中等风化、强风化、全风化5个等级。

对于嵌岩桩的定义，国外学者多认为：只要桩端嵌入岩体中，不论岩体的风化程度如何、坚硬性如何，都称为嵌岩桩。在国内，现行建筑桩基设计规范《建筑桩基技术规范》(JGJ 94—94)[2]规定桩端嵌入中等风化程度以上岩层的桩称之为嵌岩桩。而《公路桥涵地基与基础设计规范》(JTJ 024—85)[3]虽没有对嵌岩桩作明确的规定，但其隐含的定义是：桩端嵌入微风化岩或新鲜基岩中的桩称之为嵌岩桩。

综上，本研究认为：桩端支承于中等风化程度以上岩层的桩就可称其为嵌岩桩，不包括嵌入全风化、强风化岩情况。

三、国内外嵌岩桩的研究现状

我国公路部门自20世纪70年代中期开始进行嵌岩桩试验研究，80年代中期以后，嵌岩桩承载性状的分析一直是国内外工程界、学术界的焦点。

史佩栋、梁晋渝[4]通过研究嵌岩桩静载试验资料，发现嵌岩桩一般均属摩擦桩，其桩侧总摩阻分担荷载比随桩的长径比 l/d 增大而增大。

黄求顺等[5][6]对嵌岩桩做了较为细致的研究，提出了嵌岩桩的承载力主要是嵌固力。嵌固力所需的位移较上覆土层的桩侧摩阻力小，并提出了嵌岩桩承载力由桩土间摩阻力、嵌岩段嵌固力和端阻力三部分组成。嵌固力为承载力主要因素，最佳嵌岩深度为3倍桩径，最大嵌岩深度为5倍桩径。

刘兴远[7]根据试验资料建立了嵌岩段承载力计算的神经网络模型。本项工作可能成为今后嵌岩桩嵌岩段特性研究的一个方向。

吕福康、吴文等[8]对岩桩静载试验成果进行了分析，特别是对破坏性试桩的分析，指出嵌岩桩的最佳嵌岩深度难以定论与许多因素有关。

吴玉山等[9][10]在对无覆盖嵌岩短模型桩做穿透试验和嵌岩表明：穿透试验桩侧阻力很高，嵌岩桩侧阻力沿桩身并不递减，要充分利用桩端承载力，嵌岩深度不宜过深，一般取 1.0～1.5m 即可，嵌岩段应力作为整体来考虑。

国外对嵌岩桩工作特性的理论研究也不少，在嵌岩桩工作特性分析的有限元计算以及嵌岩桩工作特性试验研究方面均进行了大量的研究工作。

早在 1969 年 Reese 等[11]在第 7 届国际土力学及基础工程会议上就发表了世界较早的一根埋设量测元件的嵌岩桩桩顶荷载随深度传递的量测资料。

Benmokrane 等[12]提出夹层面倾角不同对嵌岩桩的极限承载力影响也不同，但如何考虑其影响有待进一步研究。

Vesic[13]认为桩土相对位移达到 10mm 时，桩侧摩阻力充分发挥达到极限，而且该值与土类、桩尺寸及施工方法无关。同时 Vesic 认为桩端阻力要充分发挥所需的桩端相对沉降量约为 8%～25%桩径的沉降量。

阪口理[14]认为相对位移量达到 10～20mm 时，桩侧摩阻力达到充分发挥。Hassan 和 O′ Neill[15][16]认为桩侧摩阻力达到极限所需的位移要大得多。

Pells 和 Turner [17]认为嵌岩桩达到极限承载状态时岩石的破坏为塑性破坏，指出充分发挥桩端承力所需的沉降量很大。

Pells 和 Rowe[18]针对悉尼砂岩的研究得出了有意义的结论：①岩界面粗糙度是影响荷载-沉降曲线的主要因素；②桩岩界面是否光滑将影响侧阻，泥浆护壁对侧阻将降低；③建立极限侧阻与侧阻抗压强度关系；④说明侧阻值与直径和 l/d 无关。

Armitage[19]提出采用线弹性和弹塑性弹簧模型来研究嵌岩桩，认为桩身与周围介质之间是由一系列的弹簧组成。

Radhakrishnan 和 C. F. Leung[20]认为：工作荷载下嵌岩桩表现为弹性状态，当嵌岩深度超过 2 倍直径时，大多数荷载通过桩侧摩阻力传递，而桩端阻力只分担很小的荷载。

四、嵌岩桩承载力的现行计算方法

1. 只计桩端阻力

这种计算模式以《建筑地基基础设计规范》(GB 50007—2002)[21]为代表。该规范规定，初步设计时单桩竖向承载力特征值可按下式估算：

$$R_a = q_{pa}A_p + u_p \sum q_{sia} \cdot l_i \tag{1}$$

式中：R_a——单桩竖向承载力特征值；

q_{pa}，q_{sia}——桩端阻力、桩侧阻力特征值，由当地静载荷试验结果统计分析算得；

A_p——桩底端横截面积；

u_p——桩身周边长度；

l_i——第 i 层岩土的厚度。

又规定，当桩端嵌入“完整及较完整的硬质岩”中时，可按下式估算单桩竖向承载力特征值：

$$R_a = q_{pa} \cdot A_p \tag{2}$$

式中：q_{pa}——桩端岩石承载力特征值。

该规范提出“桩周边嵌岩最小深度为 0.5m”以确保桩端与岩体面接触。

对于嵌入破碎岩和软质岩石中的桩，单桩竖向承载力特征值则按式(1)进行估算。

2. 只计嵌岩部分的侧阻力和端阻力

(1)交通部标准《公路桥涵地基与基础设计规范》(JTJ 024—85)认为，支承在基岩上或嵌入基岩内的钻(挖)孔桩、沉桩和管桩的单桩轴向受压容许承载力[P]，可按下式计算：

$$[P]=(c_1\cdot A+c_2\cdot U_p\cdot h_r)\cdot R_a \tag{3}$$

式中：A——桩端横截面面积，对于钻孔桩和管桩按设计直径采用；

U_p——桩嵌入基岩部分的横截面周长(m)，对于钻孔桩和管桩按设计直径采用；

h_r——桩嵌入基岩深度(m)，不包括风化层；

R_a——岩石天然湿度的单轴抗压强度(kPa)；试件直径7～10cm，试件高度与试件直径相等；

c_1、c_2——根据清孔情况、岩石破碎程度等因素而定的系数。

当河床岩层有冲刷时，桩基必须嵌入基岩，按桩底嵌固设计。其应嵌入基岩中的深度可参照下式计算：

$$\text{圆形桩}\ h_r=\sqrt{\frac{M_H}{0.066\beta R_a D}} \tag{4}$$

$$\text{矩形桩}\ h_r=\sqrt{\frac{M_H}{0.0833\beta R_a b}} \tag{5}$$

式中：h_r——桩嵌入基岩中(不计风化层)的有效深度(m)，但不得小于0.5m；

M_H——在基岩顶面处的弯矩(kN·m)；

R_a——天然湿度的岩石单轴抗压极限强度(kPa)，试件尺寸同上式规定；

β——系数，值为0.5～1.0，根据岩层侧面构造而定，节理发达的取小值，节理不发达的取大值；

D——钻(挖)孔桩或管桩的设计直径(m)；

b——垂直于弯矩作用平面桩的边长(m)。

(2)《铁路桥涵设计规范》(TBJ85)[22]规定，支承于新鲜岩石层上和嵌入新鲜岩石层内的钻(挖)孔灌注桩的轴向容许承载力：

$$[P]=R\cdot(c_1\cdot A+c_2\cdot U\cdot h) \tag{6}$$

式中：$[P]$——桩的容许承载力；

R——岩石试块单轴极限强度(天然湿度下试件直径为7～10cm，试件高度与直径相等)；

A——桩底面积；

U——嵌入岩石层内的桩孔周长；

h——自新鲜岩面(平均高程)算起的嵌入深度；

c_1、c_2——据岩石层破碎程度和清孔情况规定。

3. 综合考虑桩周土层的总侧阻力、嵌岩段总侧阻力和总端阻力

(1)《建筑桩基技术规范》(征求意见稿)[23]采用的计算方法

当根据室内试验结果确定单桩竖向极限承载力标准值时，可按下式计算：

$$Q_{uk}=Q_{sk}+Q_{rk}+Q_{pk} \tag{7}$$

$$Q_{sk}=u\sum_{1}^{n}\zeta_{si}\cdot q_{sik}\cdot l_i \tag{8}$$

$$Q_{rk}=u\cdot\zeta_s\cdot f_{rc}\cdot h_r \tag{9}$$

$$Q_{pk}=\zeta_p\cdot f_{rc}\cdot A_p \tag{10}$$

式中：Q_{sk}、Q_{rk}、Q_{pk}——分别为土的总极限侧阻力、嵌岩段总极限侧阻力、总极限端阻力标准值；

ζ_{si}——覆盖层第i层土的侧阻力发挥系数；当桩的长径比不大($l/d<10$)，桩端置硬质岩中且桩底无沉渣时，取$\zeta_{si}=0.8$；对于其他情况，取$\zeta_{si}=1$；

q_{sik}——桩周第i层土的极限侧阻力标准值；

f_{rc}——岩石饱和单轴抗压强度标准值，对于黏土质岩取天然湿度单轴抗压强度标准值；当其大于桩身混凝土单轴抗压强度标准值f_{ck}时，按f_{ck}计算；

h_r——当岩层表面倾斜时，以坡下方的嵌岩深度为准；

ζ_s、ζ_p——嵌岩段侧阻力和端阻力修正系数，与嵌岩深径比h_r/d有关、岩石软硬程度有关。

(2)《南京地区地基基础设计规范》(DB32/112005)[24]采用的计算方法

该规范认为，嵌岩桩的单桩竖向极限承载力标准值由桩间土总侧阻力、嵌岩段总侧阻力(嵌固力)和桩端总阻力三部分组成。

$$R_a = Q_{sa} + Q_{ra} + Q_{pa} \tag{11}$$

$$Q_{sa} = \zeta_s u_p \sum_{i=1}^{n} q_{sia} l_i \tag{12}$$

$$Q_{ra} = \frac{1}{2} u_p \zeta_r f_{rk} h_r \tag{13}$$

$$Q_{pa} = \frac{1}{2} m_0 \zeta_p f_{rk} A_p \tag{14}$$

式中：Q_{sa}——桩周土层总侧阻力特征值(kN)；

Q_{ra}——嵌岩段总侧阻力特征值(kN)；

Q_{pa}——总端阻力特征值(kN)；

ζ_s——桩周土的侧阻力发挥系数，与桩的长径比 l/d 有关；

f_{rk}——岩石饱和单轴抗压强度标准值，对于黏土质岩可取天然湿度单轴抗压强度标准值；当 $f_{rk}<$ 2MPa 时，按强风化岩计；

m_0——清孔影响系数；

ζ_s、ζ_p——嵌岩段侧阻力和端阻力修正系数，与嵌岩深径比 h_r/d 以及嵌入岩岩性有关。

(3)《重庆市建筑地基基础设计规范》(DB50/5001—1997)[25]采用的计算方法钻孔灌注嵌岩桩单桩竖向极限承载力标准值按下式计算：

$$R_k = R_{sk} + R_{rk} + R_{pk} \tag{15}$$

式中：R_k——嵌岩桩单桩竖向承载力标准值(kN)；

R_{sk}——桩侧土总摩阻力标准值(kN)，参考取值详见该规范"5.4 嵌岩桩基础"部分；

R_{rk}——总嵌固力标准值(kN)，参考取值详见该规范"5.4 嵌岩桩基础"部分；

R_{pk}——总端阻力标准值(kN)，参考取值详见该规范"5.4 嵌岩桩基础"部分。

嵌岩桩的桩侧土摩阻力标准值按下式计算：

$$R_{sk} = \sum_{i=1}^{n} \psi_{si} q_{ski} U_i L_i \tag{16}$$

式中：ψ_{si}——第 i 层土的桩侧土摩阻力折减系数；

q_{ski}——第 i 层土的桩侧土极限摩阻力标准值(kPa)，由试验确定；当缺乏试桩资料时，根据该规范"5.4 嵌岩桩基础"中表 5.4.7 取用；

U_i——第 i 层土中的桩身周长(m)；

L_i——第 i 层土中的桩长(m)。

嵌岩桩嵌入基岩部分的嵌固力标准值，由下式计算：

$$R_{rk} = \zeta_r f_{rk} U_r h_r \tag{17}$$

式中：ζ_r——嵌固力分布修正系数；

U_r——嵌固部分桩的周长(m)；

h_r——桩的嵌岩深度，当嵌岩深度超过 5 倍桩径时，取 $h_r=5d$。

嵌岩桩的桩端阻力标准值按下式计算：

$$R_{pk} = \zeta_p f_{rk} A_p \tag{18}$$

式中：ζ_p——端阻力分布修正系数；

A_p——桩端截面积(m^2)。

《建筑地基基础设计规范》(GB 50007—2002)认为对于"桩端进入破碎岩石或软质岩的桩，按一般桩来计算桩端进入持力层的深度"，对于"桩端进入完整和较完整的未风化、微风化、中风化硬质岩"的桩，进行承载力计算时只考虑桩端阻力。《公路桥涵地基与基础设计规范》(JTJ 024—85)和《铁路桥涵设计规范》(TBJ 2—85)只计算其嵌岩段承载力而忽略全部土层的侧阻力。另一方面，这两部规范在侧阻系数和端阻系数等计算参数取值时，没有对桩端基岩的性质进行分类，从而导致计算结果出现较大误差。

《建筑桩基技术规范》(征求意见稿)、《南京地区地基基础设计规范》(DB 32/112—2005)和《重庆市建筑地基基础设计规范》(DB 50/5001—1997)采用的计算方法全面计及覆盖土层的侧阻力、嵌岩段的侧阻力和端阻力。《建筑桩基技术规范》(征求意见稿)认为，嵌岩桩是指桩端嵌入中等风化岩或微风化岩的桩，而将桩端仅嵌入强风化岩的桩作为非嵌岩桩的普通灌注桩处理。

五、嵌岩桩承载力推荐计算方法

基于嵌岩桩已有的研究成果，针对《公路桥涵地基与基础设计规范》(JTJ 024—85)嵌岩桩计算公式的不足，设计应当针对桩端岩石情况，适当考虑上覆土层的摩阻力。通过嵌岩桩承载力计算收集的151根试桩，特提出以下计算方法，支承在基岩上或嵌入基岩内的钻(挖)孔桩、沉桩的单桩轴向受压容许承载力$[P]$，可按下式计算：

$$[P]=\frac{1}{2}[u\zeta_s\sum_{i=1}^{n}\tau_i l_i+(c_1A+c_2Uh_r)R_a] \tag{19}$$

式中：$[P]$——单桩轴向受压容许承载力(kN)；

R_a——岩石单轴饱和抗压强度(kPa)，黏土质岩取天然湿度单轴抗压强度(kPa)，当其大于桩身混凝土单轴抗压强度f_c时，按f_c计算；试件直径为70～100mm，试件高度与试件直径相等；

ζ_s——覆盖土层的侧阻力发挥系数；当$R_a\leqslant$15MPa时，$\zeta_s=0.8$；当$R_a=15\sim30$时，$\zeta_s=0.5$；当$R_a>$30MPa时，$\zeta_s=0.2$；

τ_i——桩周第i层土的极限侧阻力，无当地经验时，可根据成桩工艺取值；

h_r——桩嵌入基岩深度(m)，不包括全风化层和强风化层；

U——桩嵌入基岩部分的横截面周长(m)，对于钻孔桩按设计直径采用；

A——桩底横截面面积(m²)，对于钻孔桩和管柱按设计直径采用；

c_1、c_2——根据清孔情况、岩石破碎程度等因素而定的系数，按表1采用。

系 数 c_1、c_2 值 表1

条　件	c_1	c_2
良好的	1.2	0.10
一般的	1.0	0.08
较差的	0.8	0.06

注：①当$h\leqslant$0.5m时，c_1采用表列数值的0.75倍，$c_2=0$；

②对于钻孔桩，系数c_1、c_2值可降低20%采用。

1. 土层侧阻系数分析

嵌岩桩上覆土层侧阻力值Q_s采用式(20)表示：

$$Q_s=\zeta_s q_{sk}h_sU \tag{20}$$

$$q_{sk}=\frac{\sum q_{sik}\cdot l_i}{\sum l_i} \tag{21}$$

式中：q_{sk}——土层极限侧阻力标准值的加权平均值(kPa)；

q_{sik}——第i层土的极限侧阻力标准值(kPa)；

h_s——土层厚度(m)；

U——嵌岩桩穿越土层部分的截面周长(m)。

上覆土层发挥系数ζ_s采用式(22)来定义，即：

$$\zeta_s=\frac{Q_s}{q_{sk}h_sU} \tag{22}$$

由式(20)可知,嵌岩桩上覆土层侧阻力由土层极限侧阻力标准值和发挥系数决定。土层极限侧阻力标准值通常有地质勘察报告提供,而土层侧阻发挥系数受桩长、桩径、成桩工艺等因素影响。

(1)挖孔嵌岩桩

依据相关统计资料(共29根试桩)得到土层侧阻发挥系数 $\zeta_{smin}=1.013$,最大值 $\zeta_{smax}=1.568$,平均土层侧阻系数 $\overline{\zeta_s}=1.268$,样本标准差 $S=0.184$,则得具有95%保证率的土层侧阻系数:

$$\zeta_s=\overline{\zeta_s}-1.645S=0.97$$

总的来说,ζ_s 随着长径比的增大,土层的侧阻力的发挥程度越大。

(2)钻孔嵌岩桩

钻孔软岩嵌岩桩(共26根试桩)统计结果中,土层侧阻系数最小值 $\zeta_{smin}=0.85$,最大值 $\zeta_{smax}=1.18$,平均土层侧阻系数 $\overline{\zeta_s}=1.02$,样本标准差 $S=0.08$,则得具有95%保证率的土层侧阻系数:

$$\zeta_s=\overline{\zeta_s}-1.645S=0.89$$

钻孔硬岩嵌岩桩(共7根试桩)统计结果中,土层侧阻系数最小值 $\zeta_{smin}=0.74$,最大值 $\zeta_{smax}=1.00$,平均土层侧阻系数 $\overline{\zeta_s}=0.88$,样本标准差 $S=0.117$,则得具有95%保证率的土层侧阻系数:

$$\zeta_s=\overline{\zeta_s}-1.645S=0.68$$

综上,可以保守估计,覆盖土层的侧阻力发挥系数;当 $R_a\leqslant15$MPa 时,$\zeta_s=0.8$;当 $R_a=15\sim30$ 时,$\zeta_s=0.5$;当 $R_a>30$MPa 时,$\zeta_s=0.2$。

2. 嵌岩段侧阻和端阻系数分析

参照《公路桥涵地基与基础设计规范》(JTJ 024—85),采用相同的系数 c_1 和 c_2,只是将系数 c_1 和 c_2 乘以2倍表示将容许值改为极限值(表2)。

系数 c_1、c_2 值 表2

条件	c_1	c_2
良好的	1.2	0.10
一般的	1.0	0.08
较差的	0.8	0.06

注:①当 $h\leqslant0.5$m 时,c_1 采用表列数值的0.75倍,$c_2=0$;

②对于钻孔桩,系数 c_1、c_2 值可降低20%采用。

六、结 语

结合国内外研究资料以及国内其他规范在嵌岩桩部分的描述,可以认为:桩端支承于中等风化程度以上岩层的桩就可称其为嵌岩桩,不包括嵌入全风化、强风化岩情况。对于桩体的承载力非嵌岩部分的侧摩阻力不可忽视。且对于不同的成孔方式的嵌岩桩,其承载性能也有差异。按桩端基岩的性质将桩分为软岩嵌岩桩和硬岩嵌岩桩,并分别给定了嵌岩段侧阻系数和端阻系数在两类桩中的取值表,这代表了近年来最新的科研成果。

参考文献

[1] 岩土工程勘察规范[S],GB 50021—2001.北京:中国建筑工业出版社,2002.

[2] J建筑桩基技术规范[S],GJ 94—94 北京:中国建筑工业出版社.1995.

[3] 公路桥涵地基与基础设计规范[S],JTJ 024—85.北京:人民交通出版社,1985.

[4] 史佩栋,梁晋渝.嵌岩桩竖向承载力的研究[J].岩土工程学报,1994,16(4):32~39.

[5] 胡岱文,黄求顺.岩石地基承载力的确定[J].重庆建筑大学学报,1995,17(4):104~108.

[6] 黄求顺.嵌岩桩承载力的试验研究[J].见:中国建筑学会地基基础学术委员会1992年年会论文集:桩基础专辑.太原:山西高校联合出版社,1992,694~698.

[7] 刘兴远,郑颖人,林修文.关于嵌岩桩理论研究的几点认识[J].岩土工程学报,1998,20(5):118~119.

[8] 吕福康,吴文,姬晓辉.嵌岩桩静载试验结果的研究与讨论[J].岩土力学,1996,17(1).

[9] 徐松林,吴文,吴玉山.软岩中混凝土灌注桩荷载传递初步分析[J].岩土力学,1998,79(1).

[10] 吴玉山主编.高层建筑基础工程技术[M].北京:科学出版社,1995.

[11] L C Reese, W R Hudson, V N Vijayvergiya. An Investigation of the Interaction between Bored Piles and Soil. In:Proc 7th Intern Conf on Soil Mech Found Engg. Mexico City,1969,2:211～215.

[12] Benmokrane B,Mouchaorab K S,Ballivy G. Laboratory investigation of shaft resistance of rock-socketed piers using the constant normal stiffness direct shear test. Can Geotech J,1994(34):407～419.

[13] A S Vesic. Principles of Pile Foundation Design. Lecture Series on Deep Foundations Sponsored by Boston Society of Civil Engg. Section ASCE in Cooperation with MIT,March,1975.

[14] H Ogura,M Sumi. Application of the Pile Toe Test to Cast-in-place and Precast Piles. ADSC,December,1975.

[15] Khaled M Hassan,Michel W O'Neill. Side load-transfer mechanisms in drilled shaft in soft argillaceous rock. J Geotech and Geoenvir Engg,1997,123(2):145～152.

[16] K M Hassan,M W O'Neill,S A Sheikh,C D Ealy. Design Method for drilled shafts in soft argillaceous rock. J Geotech and Geoenvir Engg,1997,123(3):272～280.

[17] P J N Pells,R M Turner. Elastic solutions for the design and analysis of rock-socketed piles. Can Geotech J,1979(16):481～487.

[18] P J N Pells,R K Rowe. A theoretical study of pile-rock socket behavior. In:Proceedings of International Conference on Structural Foundations on Rock. Sydney,1980. 253～264.

[19] H H Armitage,R K Rowe. Theoretical solutions for axial deformation of drilled in rock. Can Geotech J,1987(24):114～125.

[20] R Radhakrishnan,C F Leung. Load Transfer Behavior of Rock-socketed Piles. J Geotech Engg,ASCE,1989,115(6): 775～768.

[21] 建筑地基基础设计规范[S],GB 50007—2002.北京:中国建筑工业出版社,2002.

[22] 铁路桥涵设计规范[S],TBJ 2—85.北京:中国铁道出版社,1985.

[23] 建筑桩基技术规范(征求意见稿)[S].待出版.

[24] 南京地区地基基础设计规范[S],DB 32/112—2005.

[25] 重庆市建筑地基基础设计规范[S],DB 50/5001—1997.

49.超大直径桥梁组合工程桩

蒋 伟 刁心宏

(华东交通大学土建学院)

摘 要 不同结构的组合设计是一门新技术,也是结构优化发展的方向。本文综述几种不同基础形式有效组合形成的超大直径桥梁组合桩,来满足我国桥梁建设蓬勃发展的形势需求。

关键词 无承台 变截面 超大直径组合式桩

一、桥梁组合工程桩的发展

1.基础目标

改革开放以来,随着国民经济持续高涨,我国公路桥梁工程也得到了突飞猛进的发展。跨径愈来愈大，上部结构形式千姿百态，而与其相关的基础工程却一直变化不多，缺乏原创技术。桥梁工程师普遍“重上轻下”，设计为了赶进度常套用图纸，连中小跨径的河流中都满布承台。众所周知，承台水下施工困难，不但工期长、造价高，最令建设者“头痛”的是常受到洪水影响和威胁。因此在百米跨径以内桥梁实现“无承台”是基础工程师的梦想。

2. 桩径新纪录

在我校岩土研究生教学和研究工作中发现：著名“国家级有突出贡献科技专家”——上官兴教授早在20世纪90年代就已提出一套完整的“变截面、无承台、大直径组合桩技术”[1]。在他主持的工程中，先后在“90m连续梁”、“2×50m斜拉桥”、“2×100m钢管混凝土中承拱”、“120m顶推系杆拱”和“4×52m石拱桥”等不同桥型的桩基设计中，均实现了“无承台”。相继创造了ϕ6m沉挖空心桩、ϕ4m钻埋空心桩和ϕ5.6m变截面钻孔桩等超大桩径记录，其技术水平已居国际前列。

3.“组合桩”名称

在《桥涵》施工手册中定义直径大于2.5m的桩称为大直径桩。但要实现百米跨径桥梁桩基础无承台，桩径要达到ϕ4m，ϕ5m，ϕ6m，因此本文定义为“超大直径桩”。

通用基础工程手册中常将“沉井”、“挖孔”、“钻孔”和“预制打入桩”等定义为不同的基础形式。为了解决所遇不同地质土层施工中困难和实现“无承台”，在桥梁基础工程中常常将上述几种基础形式进行组合使用，称为“桥梁组合工程桩”。

综合以上两方面情况，我们把上述桩定义为“超大直径桥梁组合工程桩”。在表1中列举了国内大于ϕ3m的组合桩情况（桩径以出河床面的直径为准）。在图1中列举了有关图片。

超大直径变截面钻孔桩 表1a

桥　名	上　部	基　础	说　明
1. 韶关五里亭大桥	120m系杆拱	2ϕ5.6/ϕ3.5/ϕ3m	单排无承台
2. 江西湖口大桥	318m双塔斜拉桥	ϕ5.3/ϕ5/ϕ3.5m	有承台
3. 湘潭湘江二桥	90m连续梁	ϕ5/ϕ3.5m	单排无承台
4. 铜陵长江大桥	423m斜拉桥	ϕ4.6/ϕ4/ϕ2.8m	单排无承台
5. 武汉天心州大桥	504m公铁两用斜拉桥	ϕ4.5/ϕ4m	有承台
6. 南昌八一大桥(南)	160m斜拉桥	ϕ4.4/ϕ4m	有承台
7. 沅陵沅水大桥	85m连续梁	ϕ4/ϕ3.5m	单排无承台
8. 广东九江大桥	50m顶推连续梁	ϕ3/ϕ2.5/ϕ2m	单排无承台

超大直径挖孔桩、沉挖空心桩 表1b

桥　名		上　部	桥墩、基础	说　明
1 挖孔桩	张家界鹭鸶湾大桥	48m石砌板肋拱	ϕ5.1/ϕ5m	单排无承台
	南昌八一大桥(北)	160m斜拉桥	ϕ4.5/ϕ4m	单排无承台
	湘潭湘江二桥	90m连续梁	ϕ7/ϕ3.5m	单排无承台
	长沙湘江南大桥	50m顶推连续梁	ϕ3.5/ϕ2.8/ϕ1.8m	单排无承台
2 沉挖空心桩	浏阳天马大桥	70m连续梁	ϕ8/ϕ6/ϕ4.5/ϕ2.5m	单排无承台
	洞口大桥	42.5m石砌板肋拱	ϕ6.5 /ϕ8/ϕ5/ϕ4m	单排无承台
	桃源沅水大桥	100m钢管中承拱	ϕ6/ϕ7.5/ϕ4m	单排无承台
	里耶酉水大桥	53m双曲拱	ϕ5/ϕ6/ϕ3m	独桩
	桃源沅水大桥	59m箱肋拱	ϕ4.5/ϕ5/ϕ2.5m	单排无承台
	张家界观音大桥	52m石砌板肋拱	ϕ3.5/ϕ4.5/ϕ2.5m	单排无承台
	广州鶴洞大桥	360m斜拉桥	ϕ3/ϕ4m(底扩孔桩)	有承台

超大直径钻埋空心桩 表1c

桥　名	上　部	基　础	说　明
1.翠林桥	50m连续梁	ϕ3/ϕ2.5m	单排无承台
2.南华渡大桥	50m斜拉桥	ϕ3/ϕ2.5m	四柱无承台
3.哑巴渡大桥	30m顶推连续梁	ϕ4/ϕ3m	独桩独柱
4.石龟山大桥	80m连续梁	ϕ5/ϕ4m	独桩独柱

图1 超大直径桥梁组合工程桩图片

a)韶关五里亭大桥35＋120＋35＝190m顶推系杆拱主墩(ϕ5.6/ϕ3.5/ϕ3m钻孔桩);b)常德石龟山桥(ϕ5m/ϕ4m钻埋空心桩) 30＋55＋3×80＋55＋30＝410m悬拼连续梁;c)桃源沅水大桥2×100m钢管混凝土拱(ϕ6m/ϕ4m沉挖空心桩);d)张家界鹭鸶湾大桥6×48m石砌板肋拱(ϕ5m挖孔桩)

本文系研究生毕业论文,它简介"超大直径桥梁组合工程桩"实践情况,供年轻一代桥梁工程师参考,希望他们在自己的工程实践中进一步发展和创新。

二、变截面超大直径钻孔桩

1.广东九江大桥提出

1985年,广东九江大桥国内首次实行《桥梁工程项目(设计、施工)总承包》招标。粤湘公司以2×160m独塔斜拉桥和21×50m顶推连续梁方案中标。为降低工程造价,在斜拉桥主墩基础中弃用了双壁钢围堰内加钻孔桩的常规方法,在水深16m中大胆地推出高桩承台新结构。在以2 000t船泊碰撞力为控制的情况下,主墩设计为24ϕ2.5m钻孔灌注桩,桩长55～72m。50m顶推梁桥墩设计为6ϕ1.5m钻孔桩,上设承台。

(1)变截面桩产生:用 1 600kN 振动锤施打 ϕ3m 钢护筒入土 14m,考虑冲刷后仍有 8m 的细沙覆盖层,如果考虑钢护筒的共同作用,则 18(ϕ3m/ϕ2.5m)桩与 24ϕ2.5m 桩抗水平力的效果相等;由于桩尖嵌岩段没有弯矩只有垂直支承力,在充分利用桩尖的花岗岩高强度(140MPa)情况下,又可将 Φ2.5m 嵌岩桩径减小到 ϕ2m。这样就形成了一根直径(ϕ3m/ϕ2.5m/ϕ2m)的变截面、大直径钻孔灌注桩。这种新构思为主墩基础工程减少了 6 根长桩,节省费用高达 120 万元(1985 年价格)。

变截面方案设计的难点在于《桥规》和一般《手册》中均没有不同土层中不同桩径的水平力作用下内力计算方法,这也是长期以来制约设计没有如实考虑钢护筒作用的原因所在。

广东九江大桥通航孔主墩基础 18 根变截面大直径桩,通过湖南交通设计院的精心设计和湖南路桥一公司的精心施工,仅用五个月时间胜利完成,开创了国内深水高桩承台桩利用钢护筒形成变截面桩的先河。

(2)无承台方案提出:九江大桥北岸 6×50+40=340m 顶推连续梁在水中有六个桥墩。由于工期紧迫,1997 年初,在上官兴总工倡议下,广东公路设计院郭范围高工将有承台的 6ϕ1.5m 钻孔桩修改为 2(ϕ3/ϕ2.5/ϕ2m)变截面、无承台、单排双桩双柱墩。由于取消了承台,给施工带来极大的方便,湖南路桥一公司仅用三个月时间、抢在洪水前完成 12 根变截面桩任务,充分显示了无承台的优越性。这是国内首例 50m 桥墩单排无承台桩基。

2. 湘潭湘江二桥发展

新技术的威力是不可阻挡的。广东九江大桥 50m 桥跨无承台变截面桩新结构的产生,给保守的桩基础设计带来了巨大的冲击。1988～1992 年间在湖南省十多座大桥,施工单位都强烈要求将小直径群桩修改为无承台变截面桩。**桥梁工程没有创新,就没有进步,也就没有生命力。**湖南省交通设计院赵国强高工及时将湘潭湘江二桥水中 12 个桥墩全面修改为无承台变截面大直径桩,在中国钻孔桩发展史中写下了光辉的篇章。

湘潭湘江二桥在 90m 桥跨、20m 桥宽中所实施成功的单排无承台变截面大直径桩(ϕ5m/ϕ3.5m),在 1992 年武汉全国第十次桥梁会议上,被专家誉为《中国钻孔灌注桩发展的里程碑》。在它的推动下,安徽铜陵长江大桥及时修改设计,又创钻孔桩径(ϕ4.6m/ϕ4m/ϕ2.8m)新记录。由于种种原因,除湖南省外国内很少推广考虑钢护筒参与作用形成的变截面桩。直到 2003 年在"苏通长江大桥"1 088m 斜拉桥主墩设计中,才正式采用变截面桩(ϕ2.8m/ϕ2.5m)。创新的技术为何推广迟来 18 年,值得深思。

3. 沉井—钻孔组合桩

(1)组合:对于深水大跨径和岩层深的桥梁可以将沉井、挖孔和钻孔等几种工艺因地制宜地互相结合,创造出新的桥梁组合工程桩基。例如用沉井做大直径钻孔桩的护筒来实现无承台,这样既解决了大直径钢护筒施打下沉的困难,又可利用沉井做重型钻孔机的施工平台。当沉井内挖孔困难时,可改为钻孔和冲孔,形成沉井—钻孔组合桩。2002 年,中交四航设计院黄剑虹工程师将韶关五里亭大桥 120m 中承拱主墩设计的变截面桩径为(ϕ5.6m/ϕ3.5m/ϕ3m),创中国钻孔桩之最(如图 2),又将湘潭二桥 90m 单排桩记录推进了 30m。

(2)施工:上部 ϕ5.6m 混凝土和钢沉井系用筑岛法和在平台中沉放。施工至强风化岩面(深 11m)后,在沉井顶上安装 ϕ3.5m 冲击钻机。钻孔桩至微风化岩面(深 15m),再换钻头(ϕ3m),嵌岩深 5m,形成组合桩。

(3)特点:由于沉井在砂砾覆盖层中的巨大抗推刚度,约束了桩的水平位移,所以设计大胆地将两桩间所有的横向联系都取消,形成独桩独柱新结构。2004 年,它经受了百年一遇的洪水考验,安然无恙。这种考虑钢护筒(沉井)作用的超大直径桥梁组合工程桩对于拱桥和以船泊碰撞为控制的桥墩都有十分重要的意义,这是值得桥梁基础工程师特别关注的。

三、钻埋预应力空心桩(墩)

1. 成果推广

(1)来由:湖南省交通厅在承担交通部"八五"行业联合科技攻关项目——"洞庭湖区桥梁建设新技术

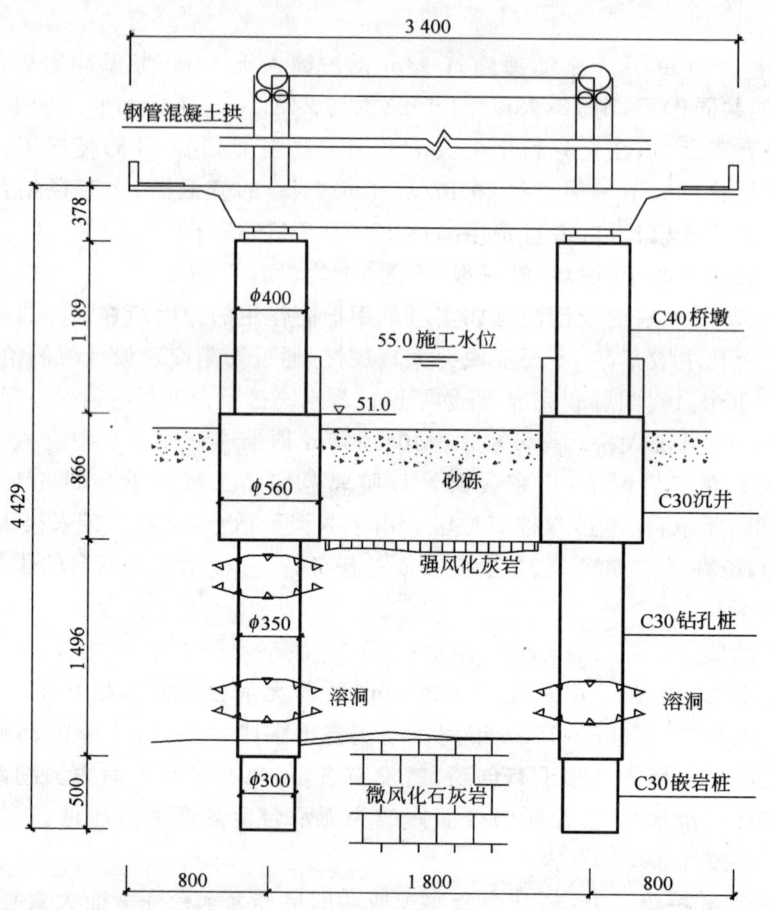

图2　φ5.6m/φ3.5m/φ3m变截面钻孔桩(尺寸单位:cm)

的开发研究”的课题研究中,由于洞庭湖区湖河岔交错、地基软弱、缺乏砂石材料,修路不易建桥更难。针对这一特点,课题组在学习河南省公路局和交通部公路科研所“钻埋空心桩”新技术的基础上,结合湖南无承台大直径桩的特点,通过优化结构,改进工艺,提出了更为完善的“无承台、大直径钻埋预应力空心桩柱”技术。湖南省公路设计公司积极推广发展已通过交通部鉴定的钻埋空心桩成果,在短短三年中完成了84根、总长2293m的大直径钻埋空心桩,取得了减少水下30%桩体积的显著效果。其中常德石龟山大桥3×80m连续梁独墩独柱基础中所实施的钻埋空心桩桩径达φ5m/φ4m,为世界之最(如图3)。

(2)特点:“无承台大直径钻埋预应力空心桩柱”具有结构新颖、受力合理、节省材料和实现装配化施工的特点。在百米桥跨中使用可以取消难于施工的承台混凝土。如进一步改进在东海大桥和杭州湾大桥的地质情况中推广应用,将会产生十分巨大的经济效益。

2. 施工技术

“无承台大直径钻埋预应力空心桩柱”是一种全新的桩基施工技术,它集当今国际、国内桩基先进技术之大成。其特点如下:

(1)属钻孔埋入施工法。集钻孔桩和预制桩优点于一体,既可以有效防止钻孔桩成桩过程坍孔而引起基桩质量事故,又可解决沉入桩沉不下去或沉桩偏差过大的质量事故。

(2)桩身采用预制。空心桩节分段竖拼、分段设置预应力和分段吊装入孔成桩。由于基桩的预制和钻孔可平行作业,故可实现工厂化施工,并为桩基采用高强度混凝土开辟了道路。

(3)桩节拼接。采用环氧树脂胶粘缝方法,速度快、质量好,极好地简化了接头构造。

(4)带底的空心桩。充分利用水浮力来缓解对吊机起吊能力的需求,在发展中国家适用性好。

(5)桩周填石压浆。使水泥浆在压力下挤密和渗入周土,大大提高了桩周摩阻力,桩底二次压浆既可处理桩底沉淀,又可使桩底土得到预压密实和加固作用,充分地发挥桩底土反力作用。

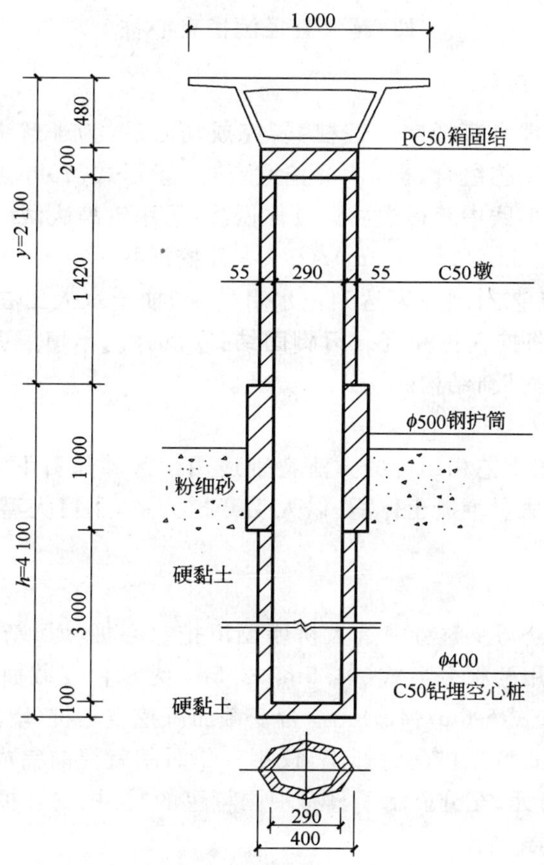

图 3 ϕ5m/ϕ4m 钻埋空心桩(尺寸单位:cm)

3. 有关问题研讨

(1)允许沉降量:超大直径钻埋空心桩在研制过程中遇到了重重阻力。首先是理论研究跟不上,质检站按中国规范的小直径桩极限沉降量 $\delta=4$cm,来作为 ϕ4m 空心桩的允许沉降量,发出桩要破坏的信号,使高层领导惶恐不安。如今引进了德国和美国桥规,大家终于知道了桩允许沉降量与桩直径 D 成正比(为 1%D),就是说,ϕ4m 空心桩在施工过程中沉降 4cm,与 ϕ1m 钻孔桩沉降 1cm 同在允许范围内,属弹性范围,不会破坏。

(2)质量事故:石龟山大桥设计钻埋空心桩共有 20 根,除 35 号桥墩因施工管理不善连续出现 3 次质量事故外,其余 19 根质量完好。钻孔埋空心桩的事故率 $\eta=1/20=5\%$,与钻孔桩一样属正常范围。十年过去了,连续观测空心桩沉降早已算定。但极个别管理人员向厅、局领导诬告石龟山桥仅有一根 ϕ4m 钻埋空心桩,结果计算事故率是 100%。十分遗憾这种常识性的错误得不到及时更正,终于将“钻埋空心桩”这朵鲜艳科技之花埋葬了十年。

(3)2005 年西安公路大学冯忠居博士论文《大直径钻埋预应力混凝土空心桩》获得国务院交通部资助,在人民交通出版社作为桥梁桩基新技术专著出版[2]。书中全面系统地阐述了钻埋空心桩的受力机理,并推导出桩的强度和承载力计算方法,为它的推广发展奠定了理论基础。科技发展的历程说明,很多创新的好东西是先实践后有理论的。

(4)具有中国特色的“无承台大直径钻埋预应力空心桩柱”最突出的优点是取消了难于施工的大体积承台混凝土体积,它具有结构新颖、受力合理、节省材料和实现装配化施工的特点,经济效益十分显著。钻埋空心桩的出现终于克服了钻孔灌注桩尖软垫层以及柱身混凝土质量难于控制的两大难题。它的产生和发展是我国桥梁基础工程的重大突破。

四、超大直径沉挖空心桩

1. 产生

在软弱地层的“无承台钻埋大直径空心桩柱”研究成功之后，为了解决在湖南省山区拱桥基础的困难，课题组将沉井和挖孔两种工艺组合，提出“沉挖空心桩”新形式，1995年在张家界市观音大桥（4m×52m石砌板肋拱）工程的施工实践中获得成功。具体做法：①用筑岛法做沉井（刃脚高1m，外径ϕ4.5m），然后接高沉井做墩身，外径ϕ3.5m（壁厚0.5m）；②水中开挖沉井下沉6～8m落在风化岩面；③以水下压浆混凝土或旋喷混凝土两种工艺封闭刃脚达到止水目的；④抽干水人工在风化岩中开挖ϕ2.5m挖孔桩（深4～6m）；⑤用水下混凝土将挖孔桩和沉井刃脚固结；⑥沉井内不填混凝土，作为空心墩的组成部分，这样形成一种“沉挖空心桩（墩）”新结构。

2. 特点

将沉井和挖孔桩两种传统工艺相结合的方法特别适用山区砂卵石下含有不透水黏土的地层。它施工速度快，空心结构又能节省大量混凝土体积；以人工开挖为主，不需大型设备，因此在地方公路工程具有重要的现实意义。

3. 发展

1995年湖南省公路设计公司及时将观音大桥所创沉挖空心桩（墩）新技术推广在桃源沅水大桥（图4）。在16×54m箱肋拱中采用两根分离式（ϕ4.5m/ϕ2.5m）无承台变截面沉挖空心桩（墩）；在2×100m钢管混凝土拱中采用两根分离式（ϕ6m/ϕ4m）无承台变截面沉挖空心桩（墩）。桃源大桥在1 000m长跨连拱桥中，19个墩台38个分离式沉挖桩同时开工，仅用一年时间就提前完成了全部下部构造，钻孔与桩基方案相比较节省了1 000多万元，充分显示了具有中国特色的“沉挖空心桩”的巨大生命力。桃源大桥创造了百米拱桥无承台的新纪录。

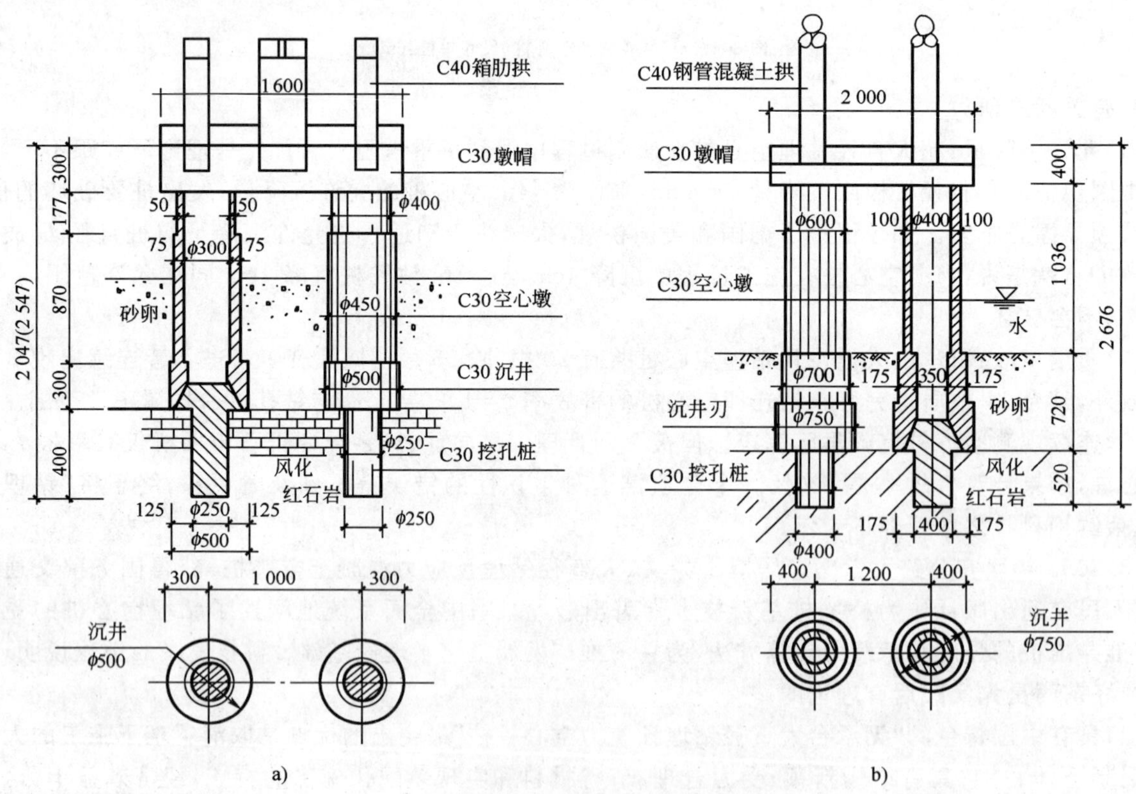

图4　ϕ6m/ϕ4m沉挖空心桩（尺寸单位：cm）

a)（16×54m箱肋拱）桥墩；b)（2×100m钢筋混凝土拱）桥墩

4. 推广

“沉挖空心桩”的诞生解决了地方公路桥梁水下基础工程中缺乏大型钻机设备的困难，填补了砂卵石地基上大直径空心桩柱的空白，因此迅速得到推广。仅湖南省内推广六座大桥，共计 73 根长 1 051m。

五、桥梁组合工程桩承载力计算

众所周知，在深水中进行灌注桩施工，首先要在施工平台上施打钢护筒。以前在桥梁基础设计中一般都没有考虑施工钢护筒的共同作用，常常按等截面计算，实际上是一种浪费。尽管变截面桩已经开始在一些桥梁工程中使用，但总体上一般性理论研究相对缺乏。因此变截面组合桩的水平承载力计算以及按沉降量确定允许承载力不仅是桩基理论自身发展的需要，更是工程界的迫切要求。

1. 竖直承载力

(1)单桩竖直承载力由土对桩的支承能力、桩身材料强度以及上部结构所容许的桩顶沉降量三方面控制。一般单桩承载力的理论研究已有不少方法，例如：荷载传递法、弹性理论法、剪切位移法、有限单元法等。但是由于钻孔桩的施工因素诸多，以致尚没有公认的承载力(N)—沉降量(S)相关曲线理论计算方法。目前桩基设计仅仅以极限承载力除安全系数来确定，承载力(N)与沉降量(S)关系仍以荷载试验来求得。

(2)2005 年，上官兴教授通过十年多对钻孔桩沉降曲线的研究工作，结合苏通大桥 17 根试桩资料提出了“钻孔桩荷载沉降曲线($\sigma-y$)计算法”[3,4]。思路是紧紧抓住沉降的三个阶段特性，以 30 根试桩丰富数据为依据，从工程师所熟悉的方法入手，归纳提出一系列的简明计算公式，再引入不同的经验系数使理论计算沉降曲线十分接近实测值，精度能够达到工程的需要(图 5)。该方法的研究特点是首次反映了钻孔泥浆工艺水平对垂直承载力的影响。

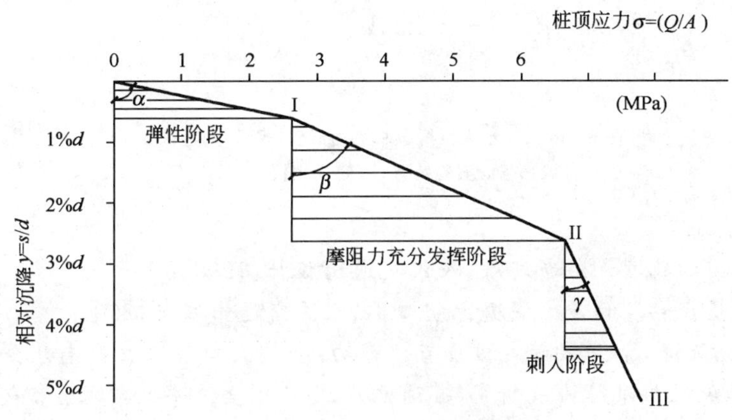

图 5 钻孔桩 $\sigma-y$ 沉降曲线

2. 水平承载力

(1)采用拱桥方案时，由于水平推力大，必须用大直径钻孔桩基础。但桩径大于 2.5m 以后，很难通过砂卵覆盖层，因此首先应考虑用大直径沉井来作护筒，形成变截面桩。当沉井通过覆盖层之后一定深度时，由于土抗力弯矩的减少又可以减小桩径，变为挖(钻、埋)孔桩，直至持力层来承担垂直力。这种不同工艺所形成的变截面桥梁组合桩基础既安全、又经济，还便于施工，值得推广。但是各种不同形式的无承台变截面组合桩都遇到一个共同的难题：即如何计算水平力作用下的内力。在现行的“桥规”和一般桩基书籍中均没有答案，国内现行各规范手册仅有对等截面单桩水平承载力的设计法。

(2)交通部行业联合科技攻关组(湖南)在经过详细调查研究后认为：原辽宁省交通科研所总工王伯惠所提出的《变截面桩水平力作用计算》方法[1]，概念清晰、公式简明，极易于微机计算，也能手算解出。为了验证该方法的可靠性，课题组决定在桃源大桥进行 8 根桩的水平荷载实验。按反算的 m(地基比例系数)计算得到桩地面处的位移和转角值与实测值十分接近(图 6)。除桩侧土抗力外，还计入了桩变截面处地基垂直反力所产生的反弯矩对桩在地面处的水平位移值的影响，这比较符合实际情况。可以用在超大直径桥梁组合工程桩设计中。

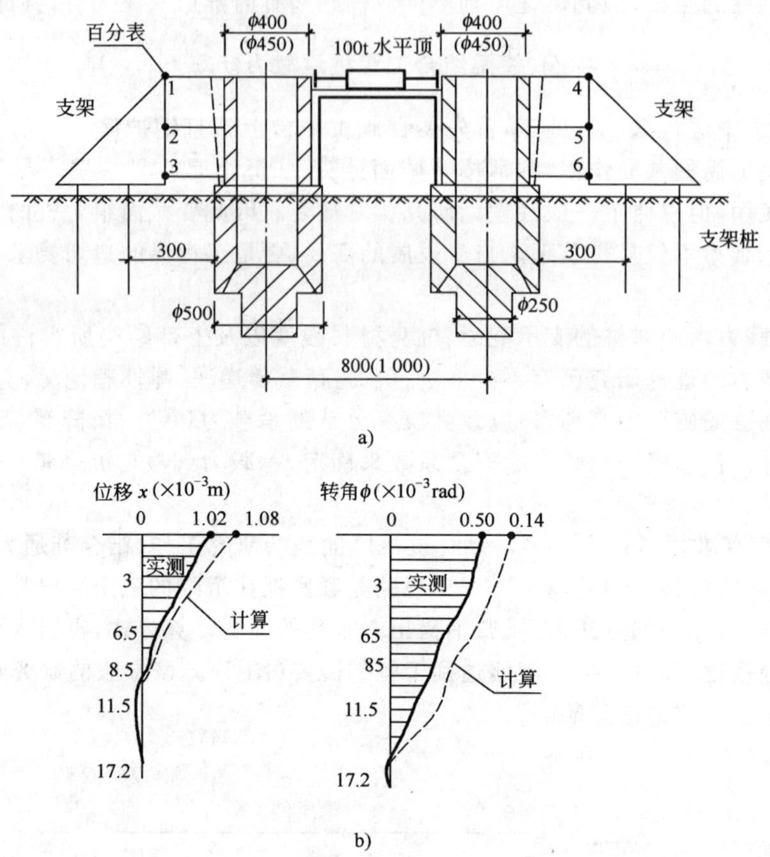

图6 桃源沅水大桥桥墩水平力试验(尺寸单位：cm)

a)实验装置；b)变位比较

参考文献

[1] 王伯惠，上官兴. 中国钻孔灌注桩新发展. 人民交通出版社，1999. 8.

[2] 冯忠居，上官兴. 大直径钻埋预应力混凝土空心桩. 人民交通出版社，2005.

[3] 上官兴. 用荷载(N)-沉降(S)曲线确定桩垂直承载力. 全国大口径工程井南京会议论文集，1999.

[4] 熊国辉，蒋伟. 超长钻孔桩沉降曲线研究(苏通法). 2006年全国桥梁学术会议论文集. 人民交通出版社，2006年.

50. 公路桥涵通用设计图成套技术研究

——新版装配式预应力混凝土T梁通用图设计介绍

杨耀铨 金晓宏

(中交第二公路勘察设计研究院有限公司)

摘 要 随着一系列新技术标准、新设计规范的实施和新的建筑材料、新的施工工艺的发展，原有部颁标准图在技术标准、荷载等级、材料、耐久性要求和施工工艺等方面已无法适应。交通部专家委员会组织全国20多个勘察设计和科研单位编制了新的桥梁通用图。本文着重介绍了预应力混凝土T梁通用图编制过程的基本思路、计算方法和构造特点,以方便同行们在使用通用图时参考。

关键词 T梁通用图 编制

装配式预应力混凝土T梁是公路桥梁中量大、面广的常用桥型,它构造简单、受力明确、经济性好,可采用简支桥面连续或先简支后结构连续体系,能适应弯、坡、斜桥,因而在高等级公路、一般公路和城市桥梁中得到广泛的应用。

我国早在20世纪50年代开始编制和使用标准图,历经几次修编和重编。随着公路建设领域的新技术、新方法、新材料、新设备、新工艺不断涌现,技术标准和设计规范也不断更新,尤其新的《公路工程技术标准》(JTG B01—2003)、《公路桥涵通用设计规范》(JTG D60—2004)、《公路钢筋混凝土及预应力混凝土桥涵设计规范》(JTG D62—2004)等相继颁布使用,使得我国现有的编制于20世纪八九十年代的桥梁标准图,无论是在结构形式、设计标准、材料采用,还是施工工艺上,都无法满足现代公路交通发展带来的大交通量、重荷载条件、快建设速度的需要,无法满足交通基础设施建设可持续发展的需要。面对发展需求、技术进步和规范更新等多重压力,及时开展专门的修订与完善工作已迫在眉睫。因此,交通部专家委员会组织全国20多个勘察设计和科研单位编制了新的桥梁通用图。在交通部专家委员会的直接领导和组织下,新的公路桥涵通用图已经编制完成。在编制过程中,开展了大量的调查研究,进行了多项课题研究,历经数次审查和修改。

我院有幸主持T梁通用图的编制工作,与其他兄弟单位(湖北省交通规划设计院、福建省交通规划设计院、四川省交通厅公路规划勘察设计研究院、山东省交通规划设计院、云南省公路规划勘察设计院、吉林省公路勘察设计院)共同完成T梁系列通用图的编制,共122册。为了方便大家了解和使用T梁通用图,现将编制过程中的一些基本思想、构造特点介绍给大家,也希望同行在使用过程中多提宝贵意见,共同讨论。

一、设计标准

1. 跨径和斜度

跨径:20m、25m、30m、35m、40m。

斜度:0°、15°、30°。

2. 荷载等级

公路—I级、公路—II级。

3. 路基宽度(表1)

路基宽度 表1

荷载等级	公路I级						公路II级		
路基宽度(m)	23	24.5	26	28	33.5	34.5	8.5	10.0	12.0

4. 结构体系

装配式预应力混凝土T梁简支桥面连续体系(公路-I级、公路-II级荷载);

装配式预应力混凝土T梁先简支后结构连续体系(公路-I级荷载)。

二、基本尺寸拟定原则

T梁通用图各跨径各桥宽的结构尺寸,是根据现行规范的要求,总结过去预应力混凝土T梁使用中的经验和教训而初步拟定的。其结构尺寸和配筋充分体现结构的耐久性,施工的方便性和材料的经济性。为方便标准化施工,T梁预制梁梁宽尽可能相同,其预制梁梁宽:公路-I级均采用1.7m,湿接缝宽度在0.4~0.7m之间;公路-II级采用1.5 m与1.7m,湿接缝宽度在0.5~0.7m。对于高速公路、一级公路上的桥梁,按采用混凝土墙式护栏的不利状况控制设计,二、三级公路上的桥梁按护栏内侧对齐原则布置,不同路基宽、不同跨径的 T 梁的横断面布置如表 2、表 3 和图 1。

T 梁横断面布置表 表 2

梁片数	梁距(cm)	湿接缝宽(cm)	预制梁宽(括号内为边梁宽)(cm)	桥宽(cm)	路基宽(cm)	备注
5	225	55	170(85+112.5)	1125	2300(整体式路基)	公路-I 级荷载标准
	225	55	170(85+112.5)	1125	2300(分离式路基)	
	235	65	170(85+117.5)	1175	2450(整体式路基)	
	240	70	170(85+120)	1200	2450(分离式路基)	
6	210	40	170(85+100)	1250	2600(整体式路基)	
	215	45	170(85+100)	1275	2600(分离式路基)	
	220	50	170(85+120)	1300	2800(整体式路基)	
	225	55	170(85+112.5)	1350	2800(分离式路基)	
7	235	65	170(85+107.5)	1625	3350(整体式路基)	
	235	65	170(85+120)	1650	3350(分离式路基)	
	235	65	170(85+107.5)	1625	3450(整体式路基)	
	240	70	170(85+117.5)	1675	3450(分离式路基)	
5	240	70	170(85+120)	1 200	1 200	公路-II 级荷载标准
5	200	50	150(75+100)	1 000	10 00	
4	215	65	150(75+102.5)	850	850	

T 梁主要尺寸表(单位:cm) 表 3

跨径	2000	2500	3000	3500	4000
梁高 H	150	170	200	230	250
腹板变宽段长 L_5	300	350	360	480	770
横隔板	4	5	5	5	7
横隔板间距 L_1	950	600	718	840.5	636
横隔板间距 L_2	/	600	720	845	650
连续梁现浇连续段长 $2L_3$	60	60	70	80	60
翼缘板根部厚	25				
翼缘板端部厚	16				
腹板宽	20				
马蹄宽	44	48	50	60	60
马蹄高	20+20	20+20	20+20	20+20	25+35

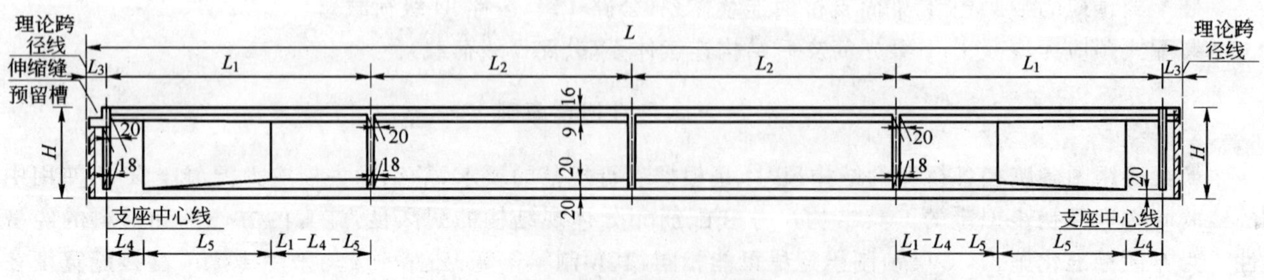

图 1 T 梁一般构造图立面(尺寸单位:cm)

三、结 构 计 算

1. 技术标准与设计规范

《公路工程技术标准》JTG B01—2003

《公路桥涵设计通用规范》JTG D60—2004

《公路钢筋混凝土及预应力混凝土桥涵设计规范》JTG D62—2004

《公路桥涵施工技术规范》JTJ 041—2000

《预应力混凝土用钢绞线》GB/T 5224—2003

《公路交通安全设施设计技术规范》(JTG D81—2006)

2. 设计方法

通用图设计采用双院制，分别采用两种有效程序进行计算，主持单位选择一种跨径的简支结构体系进行全过程手工计算，用于校核。

3. 计算采用的手段

采用有效程序 MIDAS、GQJS、中交二公院开发的综合程序(BRC-CAL)、《桥梁博士》进行计算及手算。

4. 材料计算参数

(1)混凝土：主梁采用 C50 混凝土，桥面现浇混凝土采用 C40，弹性模量为 3.25×10^4 MPa 和 3.45×10^4 MPa，重度 $V=26.0$ kN/m^3。

(2)钢材：普通钢筋采用 R235(原 I 级钢筋)和 HRB335(原 II 钢筋)；预应力钢筋采用高强度低松弛钢绞线，抗拉强度标准值 $f_{pk}=1\,860$ MPa，公称直径 15.2mm，弹性模量 $E_p=1.95\times10^5$ MPa，控制张拉力 $\sigma_{con}=1\,395$ MPa，松弛率 0.035，松弛系数 0.3。预应力管道采用金属波纹管，管道摩阻系数 0.25，偏差系数 0.001 5。

(3)桥面铺装为二层，下层为 8cm 现浇混凝土，上层为 10cm 沥青混凝土。

(4)环境条件按 II 类考虑(严寒地区)，月平均最低气温取－23℃，月平均最高气温取 34℃；温度梯度效应计算的温度基数：$T_1=14$℃，$T_2=5.5$℃；混凝土收缩系数和徐变按 40%≤RH≤70%取值，徐变终极值取预应力束张拉以后 1 500 天计。存梁期按 60～90 天计(按不利的存梁期控制)。

(5)结构重要性系数：高速公路和一级公路上的桥梁设计采用 1.1，二、三级公路桥梁设计采用 1.0。

(6)不均匀沉降：L—20m、25m 时取 3mm，L—30m、35m、40m 取 5mm。

(7)预应力度控制：结构为全预应力构件，先简支后结构连续体系的负弯区由预应力筋承受负弯矩；预应力度为最不利荷载组合主梁跨中和支点不出现拉应力。

四、钢 筋 布 置

1. 预应力钢束配置

①预制 T 梁钢束线形调整除使主梁在正交、斜交时受力状态趋于理想外，同时调整孔道间距以满足《公路钢筋混凝土及预应力混凝土桥涵设计规范》(JTJ D62—2004)规范 9.4.9 条对预应力钢筋管道设置的构造要求，并避免了与横隔板主筋干扰。

②先简支后连续体系的负弯矩区连续束均位于预制 T 梁中，并锚于 T 梁加腋下的齿板上。

2. 普通钢筋配置

(1)梁肋普通钢筋

①按全预应力结构计算时，预应力束用量满足正截面的抗裂和斜截面的抗裂要求，但在正截面的抗弯承载能力计算中 T 梁下缘仍需配置一定数量的受力钢筋。

②在先简支后结构体系中，支点现浇连续段下缘按强度计算只需构造钢筋，按抗裂计算需配置一定数量的受力钢筋。

③箍筋采用 ϕ12HRB335 钢筋，梁端一定范围内箍筋间距为 10cm，其余为 15cm。

④腹板两侧水平纵向钢筋采用 ϕ10R235 钢筋，以往钢筋间距常用 20cm，经调研，这样布置常会出现一些裂纹，本通用图适当加密。

(2)翼板普通钢筋

经对翼板进行强度计算与抗裂计算，翼板横桥向根部：

上缘每延米配置 10ϕ12 HRB335 钢筋；并在边梁外翼缘处增加 10ϕ12 HRB335 钢筋进行局部加强；下缘每延米配置 10ϕ12HRB335 钢筋。

翼板纵向：上缘配置 ϕ12 HRB335 钢筋；下缘配置 ϕ10 R235 钢筋。

(3)横隔板普通钢筋

①横隔板上下缘受力钢筋由计算确定。

②箍筋采用 ϕ10R235 钢筋，按 10cm 间距布置。

③侧面水平钢筋 ϕ10R235 钢筋，按间距不大于 14cm 布置。

(4)桥面现浇层普通钢筋

①设计中桥面现浇层不参与受力，按构造钢筋配置，采用 ϕ8 R235 钢筋，按 10cm×10cm 的间距布置，在设计说明中明确了也可采用 ϕ6 的焊接钢筋网。

②斜交时边跨设伸缩缝端桥面现浇层钢筋采用扇形布置，钢筋间距不大于 10cm。

③墩顶现浇连续段处桥面现浇层以裂缝宽度控制配筋，负弯矩区每延米配置 10ϕ12HRB335 钢筋的局部加强钢筋。

五、本次通用图编制过程中进行的专题研究

1. T 梁空间分析与平面杆系分析的对比研究

以具体实例探讨了 T 梁梁桥常用的两种计算方法：平面杆系有限元法与空间杆系有限元（空间梁格法）的计算原理及计算差异，得出了二者的计算特点和适用情况；同时探讨了正交桥梁与斜交桥梁之间的内力差异、斜梁桥的受力特性及配束规律。具体如下：

(1)对于正桥，平面杆系法具有满足工程要求的计算精度，而且建模方便简单，属于优先采用的计算方法。

(2)对于斜弯桥，平面杆系法无法模拟出其受力特性，此法不再适用。

(3)空间杆系有限元（空间梁格法）能较好的反映斜交桥在恒荷载和车辆荷载作用下的纵向、横向受力特性，对弯扭耦合作用有较高的灵敏度，而且作为一种简化的空间建模方式，大大降低了三维实体建模和采用板壳理论建模所需消耗的资源，同时方便预应力的施加；与平面杆系法相比，能够克服平面杆系模型的缺陷，可以比较清晰地考虑到斜交桥梁单元模型。

(4)空间杆系有限元（空间梁格法）较平面杆系有限元能更好的考虑结构横向联系作用。

(5)对荷载采用横向分布计算方法的平面杆系有限元计算方法具有较高的安全性。

(6)斜交相较正交时，边梁内力峰值较小，不需要增加钢束；中梁内力峰值稍大，但由于应力储备的存在均可不增加钢束，如调整钢束在跨中向两侧各 1/8 范围后再起弯则可以保持中梁斜交时最小压应力储备不小于正交时。

2. 跨径 20mT 梁横隔板设置的研究

横隔板的设置对于加强结构的横向联系，保证结构的整体性有很大的作用，但如何设置横隔板以及横隔板的设置数量还需进一步探讨。经过对比计算桥宽 12m、斜交 30°、跨径 20m 预应力混凝土 T 梁，设置 2 根跨间横隔板和 1 根跨间横隔板两种布置方案，发现对于主梁的抗弯和横隔梁自身的受力而言，2 根横隔板是有利的，边梁跨中截面作用弯矩减小（最大减小约 1.05%），横梁作用弯矩减小了 13%；而对于主梁的抗剪及抗扭而言，2 根横隔板之间的截面剪力和扭矩较小，而其余截面设置 1 根跨间横隔板时剪力和扭矩较小，如果考虑弯扭效应，设置 1 根横隔板较有利，在 $L/4$ 处弯扭效应最大比 2 根横隔板降低了 12.55%。由于控制设计的主要是主梁的抗弯和横隔梁的配筋，综合考虑计算对比结果，我们认为设置 2

根跨间横隔板较为有利，因此本次预应力混凝土公路桥梁跨径 20mT 梁通用设计图采用 2 根跨间横隔板。

六、本次通用图与原标准图(1993 年版)设计内容的对比分析

(1)设计规范的改变

原标准图执行的是《公路钢筋混凝土及预应力混凝土桥涵设计规范》(JTJ 023—85)(简称 85 规范)，本通用图执行《公路钢筋混凝土及预应力混凝土桥涵设计规范》JTJ D62—2004 规范(简称新规范)，新规范从结构耐久性考虑，在构造上要比“85 规范”严格得多。

荷载等级：原标准图执行的是汽车—超 20 级，挂车—120 或汽车—20 级，挂车—100 的荷载标准，现采用的是公路—I 级或公路—II 级荷载标准。

(2)结构体系的改变

原标准图只有简支桥面连续体系；本通用图除有简支桥面连续体系外，增加了先简支后结构连续体系，改善了行车的舒适性，加强了桥梁的整体性。

(3)预应力材料的不同

原标准图预应力钢绞线采用 GB 5224—85 标准，钢绞线抗拉强度标准值 $f_{pk}=1\,570$MPa，公称直径 15.0mm，弹性模量 $E_p=1.90\times10^5$MPa；

本次通用图预应力钢绞线采用 GB/T 5224—2003 标准，钢绞线抗拉强度标准值 $f_{pk}=1\,860$MPa，公称直径 15.2mm，弹性模量 $E_p=1.95\times10^5$MPa。

(4)本次通用图说明中在建筑材料的选用、施工中如何控制上拱度、防止梁体侧弯以及通用图的适用范围等方面写得更加详细，可操作性强。

(5)原标准图采用组合工形梁结构，横向刚度较小，施工阶段横向稳定性较差；本通用图加大了 T 梁翼板的宽度，改善了施工阶段横向稳定性，并对处于弯道上的桥梁给予原则性指导意见。

(6)原标准图只适用于一般气候条件；本通用图针对使用的广泛性，采用 II 类环境条件设计，可以适用于全国大部分地区的气候条件。

(7)针对以往 T 梁施工过程中经常出现上拱偏大，T 梁之间高差不易控制，导致桥面现浇层厚度不等，容易破坏的现象，现专门设置调平层，确保主梁结构的完整性，消除安全隐患。

(8)本通用图较多地考虑了结构耐久性设计，如将原标准图中 L-20m 的钢筋混凝土结构改为预应力结构，并将原标准图仅在跨中设一道中横隔板的结构改为在跨中设两道横隔板；针对原标准图腹板、横隔板易产生裂缝的现象，本通用图加密了肋板、横隔板分布钢筋的密度和结构保护层厚度，增强了结构的耐久性。

七、结　语

新版装配式预应力混凝土 T 梁通用图编制工作历经一年多的时间已经完成。本文仅简单介绍了编制过程中的一些基本思想、构造特点，便于大家在今后的工作中使用。期望在使用过程中与同行加强沟通，共同提高。

51. 板式橡胶支座性能技术评定初探

曾　丁[1]　王国亮[2]

(1. 交通部公路科学研究院；2. 北京公科固桥技术有限公司)

摘　要　中小跨径桥梁一般采用板式橡胶支座，由于活载的作用和环境使支座橡胶老化，在使用中会产生一些缺陷。作者提出了一种根据实测剪切模量估算老化支座允许剪切变形量的方法，就某高架桥

剪切变形较大的支座试样，依据检测结果，对旧支座是否可以继续正常使用，尝试性地做了技术评定。

关键词 板式橡胶支座 剪切变形 技术评定

一、桥 梁 概 况

某高架桥，桥梁跨径布置为：16×16m+8.806m+3×16m+ 7.299m+13×16m+2×16.101m+3×16m+15.693m+61×16m+3×16m+39×16m+17.68m+5×20m，共149跨，全长2389.68m，全桥分左右两幅，单幅桥面净宽12m。上部结构在进出口处设计为异形板结构，其他为简支预应力空心板结构。空心板梁以16m先张法预应力混凝土梁为主，梁高70cm，板宽1m，个别采用20m的后张法预应力混凝土空心板，梁高90cm。桥面每4～6跨设置一道伸缩缝，其余墩顶处桥面采用连续构造。桥面结构为10cm厚钢筋混凝土加5cm厚沥青混凝土铺装层。下部构造为柱式桥墩，基础为钻孔灌注桩。桥梁原设计荷载等级为：汽车超—20，挂车—120。该桥于1998年5月26日建成通车，迄今已有9年时间。

气温和支座布置特点如下：

(1)常年平均气温17.9℃，最高气温1963年42.1℃，最低气温2003年-8.2℃。

(2)大桥以六跨一联为主，六跨一联在中间三墩布置板式橡胶支座，其余为四氟板式橡胶支座。一个盖梁上设48个支座。

(3)一般桥梁纵坡为1.7%。

目前，板式橡胶支座有老化开裂、脱空、剪切变形较大、偏心受压、锈蚀和杂物堵塞等问题。

二、送检支座检测结果

1. 检测依据

(1)JT/T 4—1993《公路桥梁板式橡胶支座》

(2)JT 3132.3—90《公路桥梁板式橡胶支座成品力学性能检验规则》

2. 送检试样支座有关技术参数(表1)

送检试样支座有关技术参数 表1

试样编号	型号规格(mm)	形状系数S	中间层橡胶片厚度(mm)	胶层总厚度(mm)	单层钢板厚度(mm)	胶种
1～9	GYZ200×35	10.0	5	25	—	—

3. 检测数据(表2～表4)

抗压弹性模量检测结果 表2

试样编号	三个循环模量 E_i 及 E_i 的平均值(MPa)				标准允许值 E (MPa)	与标准允许值 E 的偏差(±20%)	判定
	E_{1-1}	$E_{1-2'}$	E_{1-3}	E_i 的三次平均值			
3	470.78	468.25	471.33	470.12	498.00	-6%	合格
5	432.51	440.93	439.37	437.60		-12%	合格
7	453.28	450.74	453.08	452.37		-9%	合格

抗剪弹性模量检测结果 表3

试样编号	三个循环模量 G_i 及 G_i 的平均值(MPa)				标准允许值 G (MPa)	与标准允许值 G 的偏差(±15%)	判定
	G_{1-1}	$G_{1-2'}$	G_{1-3}	G_i 的三次平均值			
3,5	1.22	1.23	1.23	1.22	1.0	22%	不合格
3,7	1.27	1.28	1.28	1.28		28%	不合格
5,7	1.36	1.34	1.34	1.34		34%	不合格

极限抗压强度检测结果 表 4

试样编号	标准要求(MPa)	试验荷载(kN)	极限抗压强度 R_u(MPa)	试样工作状态	判定
1	≥75	2 386	>75	未见异常	合格
2	≥75	2 386	>75	未见异常	合格
6	≥75	2 386	>75	未见异常	合格

三、试样支座的性能技术评定

根据检测报告，试样支座（GYZ200×35）的抗压弹性模量和极限抗压强度之检测结果满足相关行业标准的要求；但检测的抗剪弹性模量已不满足相关行业标准的要求，需要根据检测结果和桥梁的目前具体情况做技术评定，判定现役支座是否可以继续正常使用。

由于桥梁该部分绝大多数为 16m 一跨，因此，按 16m 跨来验算支座的力学性能。桥梁上部结构为梁体简支，桥面连续，因此，在计算支座的受压性能和梁体的弯曲变形时按单跨简支考虑，在计算支座的剪切变形和梁体的纵向位移时按一联考虑。

桥梁横向由 12 块先张拉预应力空心板组成，单板平均恒载（含铺装层等）$W_{恒}=235.035$kN，考虑汽车横向分配系数和冲击系数后，单板的公路Ⅰ级线荷载：$q_k=4.833$kN/m，集中荷载 $P_k=103.099$kN。

一块梁由 4 个支座支撑，一个支座的压力标准值为（活载的集中力位于梁端部）$R_{ck}=129.640$kN，经计算送检支座满足有效承压面积和竖向平均压缩变形要求。

1. 试样支座的剪切变形计算

主梁为预制梁，且桥梁已运营 9 年多，故在计算支座的剪切变形时也不考虑混凝土收缩和徐变得影响。再者，此高架桥的墩顶较低（墩顶距地面的距离较小），因此，在计算支座的剪切变形时，可以认为是刚性墩身，不考虑墩身的刚度影响。

(1)温度引起的支座剪切变形

常年平均气温 17.9℃，最高气温 1963 年 42.1℃，最低气温 2003 年－8.2℃。无落梁时的气温资料，现设定为 25℃，最大差值为 $\Delta T=33.2$℃。

如图 1 所示，六孔一联在中间三墩布置板式橡胶支座，其余为四氟板式橡胶支座，即纵向支座关于一联的中心对称布置，因此，梁体由于温差引起的位移的位移中心在一联桥梁的中心位置，即一联的中墩位置。

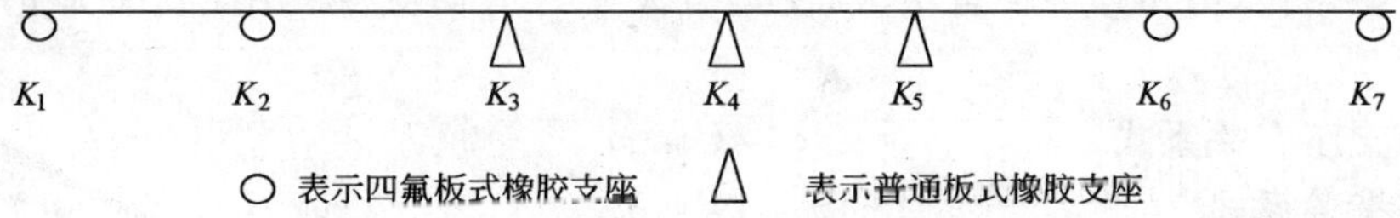

图 1 一联六跨支座布置示意图

混凝土结构的线膨胀系数 $\alpha=0.000\,01$，板式橡胶支座由温差引起的最大剪切位移

$$\Delta x_{1T}=\alpha l_1 \Delta T=0.000\,01\times16\times33.2=0.005\,312(\text{m})=5.312(\text{mm})$$

(2)汽车制动力引起的支座剪切变形

①汽车制动力

计算汽车制动力时应按一联的长度确定汽车荷载，六跨一联的计算长度取为 $L=6\times16=96$(m)，公路Ⅰ级车道荷载的均布线荷载标准值为 $q_k=10.5$kN/m，集中荷载标准值 $P_k=360$kN，一个设计车道上的汽车制动力为

$$F_{1z}=0.1\times(10.5\times96+360)=136.8(\text{kN})<165\text{kN}$$

因此，取 $F_{1z}=165$kN

该桥设计为2车道，其一联的汽车制动力为 $F_z=2F_{1z}=330\text{kN}$

②各墩顶上的支座剪切变形刚度

普通板式橡胶支座的剪切弹性模量，按检测报告的实测结果取其平均值，则 $G=1.28\text{MPa}$。支座平面的毛面积 $A_g=0.0314\text{m}^2$，可得单个普通橡胶支座的抗剪刚度 $K_z=A_gG/t_e=1607.68\text{kN/m}$。

一联中3、4和5号墩支座各自的总抗剪刚度为

$$K_3=K_4=K_5=48K_z=77168.64\text{kN/m}$$

四氟板橡胶支座按检测报告测定的摩擦系数 $f=0.01$ 计算摩阻力(在此用测试值，对于普通板式橡胶支座计算其剪切变形偏于安全)，则2号和6号墩上四氟板支座的摩阻力为 $F_{f2}=F_{f6}=0.01\times(12\times235.035+2\times16\times10.5)=31.564(\text{kN})$

1号和7号墩上四氟板支座的摩阻力为

$$F_{f1}=F_{f7}=0.01\times(12\times235.035+2\times16\times10.5)/2=15.782(\text{kN})$$

③汽车制动力引起的支座剪切变形

由汽车制动力引起的普通板式橡胶支座的剪切变形或梁体的纵向位移为

$$\Delta x_q=\frac{F_z-F_{f1}-F_{f2}-F_{f6}-F_{f7}}{K_3+K_4+K_5}=1.016\text{mm}$$

2. 支座的剪切变形验算

不考虑纵坡的影响，普通板式橡胶支座的总纵向变形量为

$$\Delta x=\Delta x_{1T}+\Delta x_q=5.312+1.016=6.328\text{mm}$$

根据《公路桥梁板式橡胶支座》(JT/T 4—1993)(检测报告中的使用标准，旧支座用旧标准)，计入汽车制动力后GYZ200×35支座允许的位移量 $\Delta L_b=16.1\text{mm}$，由检测报告可知送检支座的抗剪弹性模量已不满足规范的要求，出现了老化现象，抗剪弹性模量增大，允许位移量减小。会用

ΔL 表示检测试验旧支座允许的位移量；

τ_b 表示检测试验中规定的橡胶支座的试验最大剪应力；

G_b 表示标准允许的剪切弹性模量值；

G 表示旧支座检测试验中对应于 τ_b 的实测剪切弹性模量值；

τ 表示按照应变相同原则，实测旧支座对应于 G_b 时的剪切应力；

α 为旧支座对应于剪切应力 τ_b 的剪切角；

α_b 为标准支座对应于剪切应力 τ_b 的剪切角；

$[\alpha_b]$为标准支座的允许剪切角。

由于实测旧支座老化，剪切弹性模量增大，使其最大允许剪切应变变小(或最大允许剪切角$[\alpha]$的正切值 $\tan[\alpha]$变小)。

试验中对于旧支座有关系式 $$\tau_b=G\tan\alpha \quad (1)$$

对于标准支座有关系式 $$\tau_b=G_b\tan\alpha_b \quad (2)$$

由上两式可得 $$\frac{\tan\alpha}{\tan\alpha_b}=\frac{G_b}{G} \quad (3)$$

令$[\alpha_G]$为只是由于支座的剪切弹性模量 G 比标准 G_b 偏大后对应的允许剪切角，假设：

①支座的允许剪切角的正切与标准试验中的剪切角正切成正比。则有

$$\frac{\Delta L_G}{\Delta L_b}=\frac{\tan[\alpha]}{\tan[\alpha_b]}=\frac{G_b}{G}$$

剪切弹性模量变化后的允许变形量

$$\Delta L_G=\frac{G_b}{G}\Delta L_b \quad (4)$$

上式等同于新支座只是由于剪切弹性模量较标准值偏大后其允许剪切变形量的值。但是，经过若干年运营后的旧支座，老化不仅使其剪切弹性模量增大，同时其破坏的剪应力也会减小，即允许的工作剪应

力减小，同样要影响支座的允许剪切变形量。

由式(1)可知，旧支座在试验最大剪应力下的剪切角为

$$\tan\alpha = \frac{\tau_b}{G} \tag{5}$$

按照剪切角相等的原则，对于旧支座剪切试验，在此假定：

②对于规定的试验最大剪应力 τ_b，旧支座与标准支座的剪切角相同，则相当于标准支座其试验最大剪应力减小了。即有

$$\frac{\tau}{\tau_b} = \frac{G_b}{G} \tag{6}$$

参考工程中确定允许应力的思路，假定：

③支座工作中的允许剪应力与行业标准中规定的试验最大剪应力成正比。则由上式可得旧支座与标准支座的允许工作剪应力的关系：

$$\frac{[\tau]}{[\tau_b]} = \frac{\tau}{\tau_b} = \frac{G_b}{G} \tag{7}$$

其中$[\tau_b]$为标准支座允许的工作剪应力，即支座老化后的允许工作剪应力为

$$[\tau] = \frac{G_b}{G}[\tau_b]$$

④再假定支座的允许剪切变形量与允许的工作剪应力成比例，则对于旧支座由式(7)可得

$$\frac{\Delta L}{\Delta L_G} = \frac{[\tau]}{[\tau_b]} = \frac{G_b}{G} \tag{8}$$

将式(4)代入式(8)可得，考虑支座老化后剪切弹性模量增大和剪切破坏剪应力减小后的支座允许剪切变形量为

$$\Delta L = \frac{G_b^2}{G^2}\Delta L_b \tag{9}$$

由于缺乏旧支座老化后的允许剪切变形量与行业标准中规定的(标准新支座)允许剪切变形量的关系研究，考虑支座老化后其破坏剪应力也会减小，通过上述假定推导的旧支座允许剪切变形量，对于评价旧支座是否能够继续正常工作是偏于安全的。

将旧支座检测报告中的有关数值和行业标准中规定的有关数据代入式(9)中，可得送检支座的允许位移量

$$\Delta L = \frac{G_b^2}{G^2}\Delta L_b = \frac{1}{1.28^2} \times 16.1 = 9.827(\text{mm})$$

可知 $\Delta x = 6.328\text{mm} < \Delta L$，该试样支座满足具体桥梁目前的剪切变形要求。

通过计算支座满足剪切变形和受压稳定的尺寸要求，关于支座抗滑稳定的要求，将规范公式中的标准剪切模量 G_e 替换为实测剪切模量 G，经计算满足抗滑稳定要求。

四、支座的性能技术评定结论

根据检测报告的检测结果及相关规范，经过对具体桥梁和支座的计算分析，可知送检支座，在梁底支撑位置(纵向)调平，恒载下支座无纵向转角的情况下，满足当前使用要求。

参考文献

[1]《公路桥梁板式橡胶支座》(JT/T 4—1993)和(检测报告中的使用标准)(JT/T 4—2004).

[2]《公路桥梁板式橡胶支座成品力学性能检验规则》(JT 3132.3—1990).

[3]《公路钢筋混凝土及预应力混凝土桥涵设计规范》(JTG D62—2004).

[4]《公路桥涵设计通用规范》(JTG D60—2004).

[5] 庄军生.桥梁支座[M].北京：中国铁道出版社，2004 年.

52. 板式橡胶支座局部剪应变总和控制验算与优化设计

黄跃平 胥 明 周明华

（东南大学土木工程学院）

摘 要 本文结合《公路钢筋混凝土及预应力混凝土桥涵设计规范(JTG D62—2004)条文应用算例》一书中第8.4节的板式橡胶支座的计算实例，按现行国际标准ISO22762—2：2005规定的局部剪应变总和校核方法，对橡胶支座在桥梁中的几种受力组合状态进行了验算。就验算结果分析和论证了按JTG D62—2004规范在橡胶支座设计中所存在的问题，即主要缺少局部剪应变总和验算和交通部行业标准JT/T 4—2004中对橡胶扯断伸长率的取值偏低，加上支座设计应力取值的不合理，从而导致近几年公路桥梁板式橡胶支座容易提前开裂和病害逐年增多。为此，提出了参照国际标准，实施橡胶支座的优化设计的思路。

关键词 板式橡胶支座 优化设计 橡胶扯断伸长率 局部剪应变 强度储备

一、引 言

由于桥梁结构的多样性，对橡胶支座的性能和规格要求也有所不同，通常橡胶支座以承受压为主，在承压的同时还必须具有能承受剪切变形和转动变形以及具有良好的吸能减震能力。因此，橡胶支座设计是一个十分复杂而且严谨的工作。已经出台的交通部板式橡胶支座规格系列标准是为了方便结构工程师的设计选用和厂家的生产，但是结构工程师选用时还应对选用的支座进行设计验算和复核。由于支座规格系列标准不可能包括所有的支座设计类型，而且还存在某些不完善之处，例如设计应力取值不合理、支座设计转角偏小、缺少局部剪应变总和验算等。近几年橡胶支座病害很多，影响因素复杂，选用时要特别慎重。

现行标准及规范是以法定的强制性要求设计人员按标准和规范进行设计和选用。这样设计人员不是在设计支座，而是简单地按板式橡胶支座规格系列标准选用支座；出了问题也是由规范标准负责，设计人员可以不承担责任。所以建议要留一点空间让设计人员去验算与创新设计。

二、目前规范中橡胶支座的设计方法存在的问题

在桥梁设计时，目前桥涵设计规范中关于板式橡胶支座设计方法主要规定以下计算：平面尺寸、厚度、脱空验算。设计中对板式橡胶支座只考虑静强度，而考虑耐久性少，与国外土木工程界日益重视耐久性、安全性、适用性的设计思路截然不同(图1)。一般来说，平面尺寸是由支座反力的大小确定的；厚度是由所要求提供的水平位移量确定的；支座是否脱空是由竖向压缩变形量和支座转角大小确定的[1]。

1. 支座平面尺寸计算

橡胶支座的平面尺寸(承载面积)主要由桥梁支座反力和支座设计应力来确定，同时要控制支座的形状系数在标准允许的范围内。由于我国桥涵设计规范对支座设计应力取值的不合理，支座设计应力与支座的形状系数无关，导致形状系数低的支座强度储备不足。参照国外标准对支座设计应力取值范围，可以看出我国桥梁设计规范JTG D62—2004存在的问题，如图1所示。

2. 支座厚度计算

支座厚度是由橡胶厚度与加劲钢板厚度组成，支座厚度计算主要是确定支座橡胶厚度，由上部结构在支座处的水平位移量来确定。

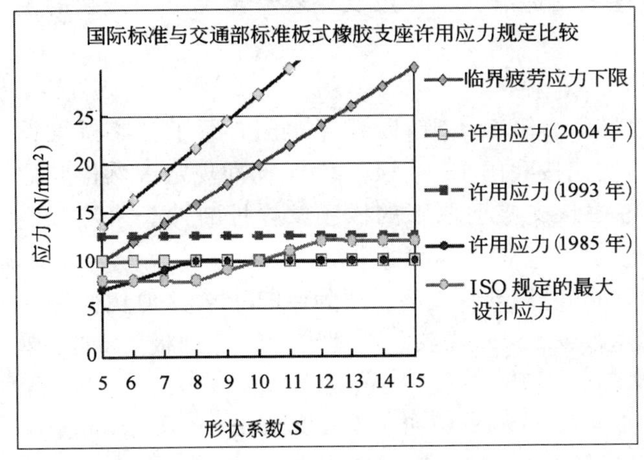

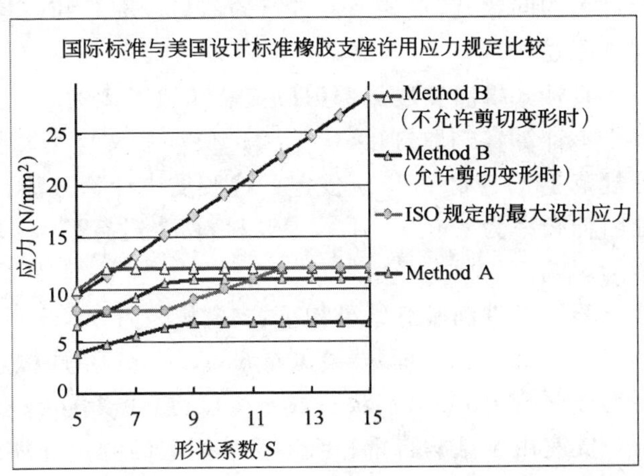

图 1 国内外标准对板式橡胶支座许用应力的规定比较[6]

3. 支座脱空验算

支座在桥梁荷载作用下发生竖向压缩变形，梁底与支座支撑平面的不平行和梁端转角将引起支座顶面倾斜，如图 2 所示。支座转动产生的位移 $\theta\times a/2$ 应小于支座竖向压缩变形。

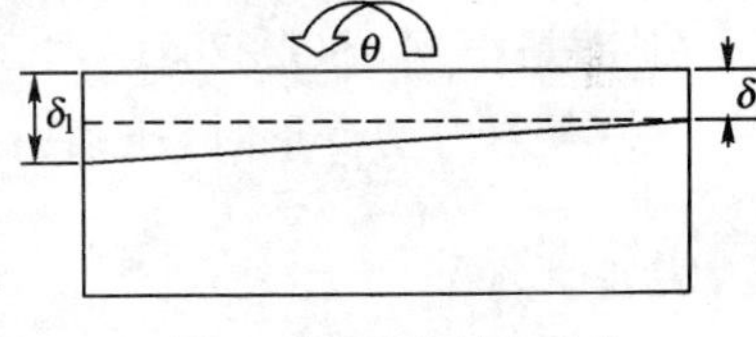

图 2 橡胶支座转角示意

在国际标准中除了以上设计计算外，为了安全使用，还要求采用局部剪应变总和验算的方法对支座局部变形进行控制，而我国桥涵设计规范中关于板式橡胶支座设计条文没有考虑对支座局部变形进行控制，更谈不上局部剪应变总和校核，这无疑是一大缺陷。

三、板式橡胶支座局部剪应变总和验算实例

1. 橡胶的扯断伸长率定义

由于拉伸应力而引起橡胶的伸长变形，其伸长增量与原长度的百分比称为伸长率，单位长度内的平均伸长率称为应变。橡胶的扯断伸长率(Elongation at Break)是指橡胶在拉伸断裂时的伸长率，也称之为橡胶的极限伸长率。

2. 橡胶支座局部剪应变总和与扯断伸长率的关系

根据 ISO22762—2：2005(E)国际标准的规定[1]，橡胶支座的局部剪应变总和$\sum\gamma$应小于γ_a，即：

$$\sum\gamma=\gamma_c+\gamma_s+\gamma_r\leqslant\gamma_a \tag{1}$$

式中：$\sum\gamma$——局部剪应变总和；

γ_C——压缩引起的局部剪应变；

γ_S——剪切引起的局部剪应变；

γ_r——转(倾)角引起的局部应变；

γ_a——局部剪应变总和的设计上限值，上限值为橡胶扯断伸长率的 1～1.5 倍。

3. 为什么要进行局部剪应变总和验算

由公式(1)可知，国际标准规定由橡胶的扯断伸长率来控制橡胶支座的局部剪应变总和，其目的在于防止橡胶支座局部变形过大，造成橡胶开裂损坏。因此，国际标准规定 $G=1.0$MPa 的橡胶扯断伸长率为 550%(从支座上取下的橡胶试样)；规定 $G=1.2$MPa 的橡胶扯断伸长率为 500%(从支座上取下的橡胶试样)，以此来控制橡胶的质量。同时规定局部剪应变总和的设计上限值为橡胶扯断伸长率的 1～1.5 倍。而我国 JT/T 4—2004 标准规定天然橡胶的扯断伸长率为 450%(NR)(橡胶材料)；氯丁橡胶为 400%(CR)，(橡胶材料)[3]从支座上取下的橡胶试样扯断伸长率，最小值允许比橡胶材料的扯断伸长率低 20%，相比国际标准，我国标准取值显然偏低。而且我国桥涵设计规范没有考虑控制支座橡胶局部变

形过大的问题，就更谈不上进行局部剪应变总和校核，这正是造成我国橡胶支座容易出现早期开裂的主要原因之一。

4. 板式橡胶支座局部剪应变总和验算实例

本计算实例取自《JTG D62—2004 条文应用算例》[2]一书第 8.4 节，以计算实例介绍了公路桥梁设计规范 JTG D62—2004 规定的橡胶支座计算方法。本实例按我国 JT/T 4—2004 标准规定天然橡胶的扯断伸长率为 450%(NR)(橡胶材料)[3]进行验算，未考虑从支座上取下的橡胶试样扯断伸长率降低因素的影响。

验算条件和验算结果如下：支座规格为 300mm×350mm×78mm，支座反力为=933kN，总剪切变形=23.1mm，支座承压面积=290mm×340mm，单层橡胶厚度=11mm，橡胶总厚度=60mm，钢板为 6 层，单层钢板厚度=3mm，形状系数=7.11；弹性模量=273MPa。

支座由于结构自重和汽车荷载引起的倾角分别为 $\theta_G=0.004\,48$rad和 $\theta_a=0.002$rad；

支座顶面由于直接承接梁底 0.5%纵坡引起倾角 $\theta_l=0.005$rad，支座总倾角 $\theta=\theta_G+\theta_a+\theta_l=0.004\,48+0.002+0.005=0.011\,5$rad；

不考虑剪切变形时，设计应力为=9.5MPa；考虑剪切变形时，设计应力为=10.2MPa。第 8.4 节的验算结果符合 JTG D62—2004 的规定[3]。

下面是根据 ISO22762—2:2005(E)国际标准的规定进行的局部剪应变总和验算：

(1)考虑剪切变形时，压缩引起的局部剪应变计算(反力合计=933kN)时

$$\gamma_C=\frac{8.5\cdot S_1\cdot P_{max}}{E_c\cdot A_e}=228\% \tag{2}$$

(2)不考虑剪切变形时，压缩引起的局部剪应变计算(反力合计=933kN)时

$$\gamma_C=\frac{8.5\cdot S_1\cdot P_{max}}{E_c\cdot A_e}=209\% \tag{3}$$

(3)倾角引起的局部剪应变计算

不考虑横向倾角时（纵向倾角 $\theta_a=0.011\,5$；横向倾角 $\theta_b=0$)，倾角引起的局部剪应变

$$\gamma_r=\frac{a^2\cdot\theta_a+b^2\cdot\theta_b}{2t_r^2 n}=80\% \tag{4}$$

考虑横向倾角时（纵向倾角 $\theta_a=0.011\,5$；横向倾角 $\theta_b=0.005$)，倾角引起的局部剪应变

$$\gamma_r=\frac{a^2\cdot\theta_a+b^2\cdot\theta_b}{2t_r^2 n}=128\% \tag{5}$$

(4)剪切引起的局部剪应变计算

$$\gamma_S=\frac{\Delta_x}{T_r}\leqslant 70\% \tag{6}$$

分别考虑橡胶支座在桥梁作用力下的各种受力组合后的局部剪应变总和计算结果，详见表 1。表 1 中，同时还分别列出了按交通部《公路钢筋混凝土及预应力混凝土桥涵设计规范》(JTG D62—2004)和按国际标准对局部剪应变总和大小的评定及强度储备。

橡胶支座剪应变总和验算结果一览表(按天然橡胶计算)　　表 1

橡胶支座受力组合	设计力学参数						交通行业标准		国际标准	
	压缩力(kN)	纵向倾角(%)	横向倾角(%)	剪应变(%)	压缩应力(MPa)	总应变(%)	储备系数校核(%)	支座工作状态评定	储备系数校核(%)	支座工作状态评定
压缩(无剪切变形)	933	0	0	0	9.5	209	30	安全	43.5	安全
压缩(无剪)+纵向倾角	933	1	0	0	9.5	289	4	临界	21.9	安全

续上表

橡胶支座受力组合	设计力学参数						交通行业标准		国际标准	
	压缩力(kN)	纵向倾角(%)	横向倾角(%)	剪应变(%)	压缩应力(MPa)	总应变(%)	储备系数校核(%)	支座工作状态评定	储备系数校核(%)	支座工作状态评定
压缩(无剪)+纵、横向倾角	933	1	0.5	0	9.5	337	−12	超标	8.9	安全
	933	1	2**	0	9.5	480	−60	不安全	−29.7	超标
	653*	1	0.5	0	6.6	275	0.8	临界	25.0	安全
	653*	1	2**	0	6.6	418	−3.9	超标	−12.0	超标
压缩+剪切	933	0	0	70	10.3	298	1	临界	19.5	安全
压缩+剪切+纵向倾角	933	1	0	70	10.3	378	−26	超标	−2.2	临界
压缩+剪切+纵、横向倾角	933	1	0.5	70	10.3	428	−43	不安全	−15.7	超标
	933	1	2**	70	10.3	550	−83	不安全	−48.7	不安全
	653*	1	0.5	70	7.2	357	−1.9	超标	3.5	安全
	653*	1	2**	70	7.2	501	−67	不安全	−35.4	不安全

注：* 按国际标准进行优化设计后的支座反力合理取值；

** 《公路钢筋混凝土及预应力混凝土桥涵设计规范》(JTG D62—2004)第 9.7.5 条款规定：当桥梁纵坡不大于 1%时，板式橡胶支座可直接设于墩帽上；当桥梁纵坡大于 1%时，应在梁底采取措施，使支座保持水平；当板桥桥面横坡不大于 2%时，板式橡胶支座可直接设于墩帽顶面横坡上，当板桥桥面横坡大于 2%时，应采取措施予以调整？按此条考虑横坡 2%的临界状态。

其中：安全——表示尚有强度储备；

临界——表示橡胶强度储备已接近为零；

超标——表示橡胶强度储备为−10%至−30%之间，剪应变总和非常接近橡胶试样的扯断伸长率；

不安全——表示强度储备小于−30%以上，橡胶强度储备已用尽，剪应变总和已达到了橡胶试样扯断伸长率，在此状态下橡胶支座已完全没有耐久能力，橡胶将开裂。

本次验算尚未考虑关于橡胶支座各项参数的允许偏差可能带来的剪应变总和不确定度，如果加上+10%的承载力偏差和+20%的抗压弹性模量的偏差剪应变总和还将增加 20%～30%。由表 1 可见

①该橡胶支座在无剪切和无倾角这种纯压缩状态下，剪应变总和为 210%，应变储备 30%！同时考虑压缩和剪切时，剪应变总和为 298%，储备=1%！此支座静强度符合要求，局部应变储备也符合要求！

②该橡胶支座同时工作在压缩、剪切和纵向倾角状态下时，剪应变总和为 378%，储备=−26%！此支座静强度符合要求，局部应变储备已不符合要求！说明该状态下橡胶支座的耐久性能差。

③当该橡胶支座同时工作在压缩、剪切、(纵向+横向)倾角时，剪应变总和为 428%，储备=−43%！此支座静强度符合要求，局部应变储备不仅不符合要求，且已接近交通部行业标准规定的天然橡胶(NR)的扯断伸长率，并超过了氯丁橡胶(CR)的扯断伸长率！在此状态下橡胶支座局部必将出现损伤、开裂等病害现象。

四、局部剪应变总和验算与橡胶支座优化设计思路

为确保橡胶支座使用性能和足够的设计使用寿命，在橡胶支座的设计中，除了进行正常的静强度和剪切变形的验算，还应当进行局部剪应变总和校核，以防止支座早期开裂。我国 JTG D62—2004 设计规范未考虑局部剪应变总和校核，这是一大缺陷。

参照国际标准 ISO 22762—2005 中的规定，对橡胶支座进行局部剪应变总和的校核与优化设计，具体思路如图 3 所示，简介如下：

①确定所选用橡胶的扯断伸长率；

②确定具有一定强度储备的局部剪应变总和的设计上限值；

③绘制橡胶支座无剪切压缩条件下的应力—应变曲线；

④绘制橡胶支座其他工作状态下的应力—应变曲线，如有剪切变形+压缩 、剪切变形+压缩+倾角)；

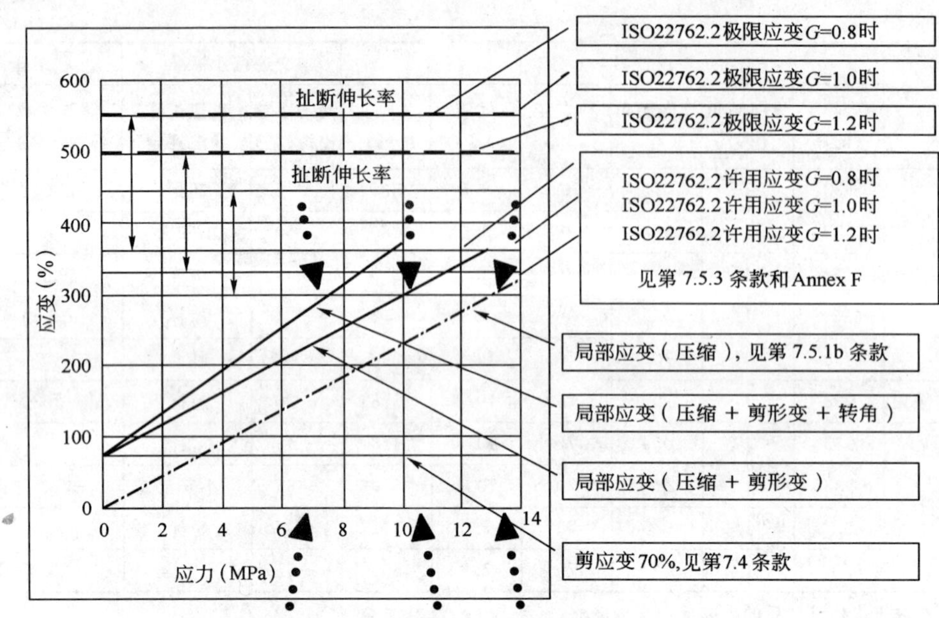

图3　橡胶支座承载能力的局部总应变验算与优化设计思路示意图

⑤结构工程设计师根据所设计桥梁上橡胶支座的具体变形条件或组合状态，选择所对应的应力水平，并确保橡胶支座局部剪应变总和小于局部剪应变总和的设计上限值。

局部剪应变总和验算与橡胶支座优化设计方法可以编制为优化设计软件，生产厂家也可根据优化设计软件进行验算和防止盲目生产，施工及监理单位也可根据优化设计软件进行验算，防止盲目使用，确保支座的使用寿命。

五、结　　语

(1)我国交通行业标准规定的天然橡胶扯断伸长率仅为450%，远远低于国际标准的相关规定。由局部剪应变总和验算表可见，按《公路钢筋混凝土及预应力混凝土桥涵设计规范》(JTG D62—2004)验算的橡胶支座只能工作在纯压缩状态和无剪切压缩＋纯纵向倾角的状态，在其他状态下均存在局部剪应变总和超标状态。即我国公路橡胶支座基本工作在无强度储备状态或称为临界应力状态，此时，只要出现任何一种偏差，橡胶支座就有可能发生损伤。例如，瞬态的倾角超载、E值的合理偏差(±20%)和施工安装上存在允许的高程偏差(±1mm)造成的支座受力不均匀。

(2)在压缩＋剪切＋纵向倾角组合受力条件下，局部剪应变总和已达到了天然橡胶的扯断伸长率，加之设计应力取值不合理，这必然直接影响到橡胶支座的安全与寿命。

(3)同一块橡胶支座，扯断伸长率如果按国际标准取值扯断伸长率(550%)并进行优化设计(设计应力取值降低)，则验算结果均为安全，尚有强度储备(考虑2%横坡时除外)。这充分说明我国交通行业标准规定的天然橡胶扯断伸长率(450%)取值偏低，这是造成橡胶支座容易早期开裂损坏的根源。

(4)应当建立以强度储备和局部剪应变总和验算的设计思路，编制优化设计软件，由结构工程师根据所设计不同类型桥梁进行橡胶支座的优化设计和验算，并承担责任。确保橡胶支座有充足的强度储备和使用寿命。

(5)尽快修订橡胶支座产品标准与桥涵设计规范与国际先进标准接轨。

参考文献

[1]　国际标准，Elastomeric seismic-protection isolators-Part 2：Applications for bridges-Specifications，ISO22762-2 2005.

[2] 交通部行业标准.公路钢筋混凝土及预应力混凝土桥涵设计规范.JTG D62—2004,北京:2004.

[3] 交通部行业标准.公路桥梁板式橡胶支座.JT/T 4—2004,北京 2004.

[4] 袁伦一,鲍卫刚.《公路钢筋混凝土及预应力混凝土桥涵设计规范》(JTG D62—2004)条文应用算例.北京:人民交通出版社,2005.

[5] 黄跃平,周明华,胥明.板式橡胶支座胶层厚度不均匀对力学性能的影响.世界橡胶工业,Vol33.No2,2006.

[6] 黄跃平,周明华,胥明.板式橡胶支座使用中常见损伤与防治.世界橡胶工业 Vol33.No.12,2006.

[7] 周明华,蓠宝翔.公路桥梁橡胶支座的使用寿命与应用对策.土木工程学报,2005,第6期.

[8] 黄跃平,周明华,胥明.橡胶支座标准的现状.中国橡胶,Vol22. No.19,2006.

[9] 黄跃平,周明华,胥明.影响支座质量的主要因素.中国橡胶,Vol22.No.18,2006.

[10] 胥明,黄跃平,周明华.公路桥梁板式橡胶支座损伤机理的试验研究.现代交通技术,2005年第3期.

[11] 胥明,黄跃平,周明华.板式橡胶支座抗压弹性模量检测方法的研究.公路,2006年第2期.

53. 柔性消能防撞设施研究

曹映泓[1]　罗林阁[1]　周　颖[2]

(1.湛江海湾大桥有限公司;2.华南理工大学)

一、引　　言

自从有桥的那天起,桥与船便成为一对"冤家"。为了节约造价,工程师总是希望把桥的跨度建得尽量地小;而为了方便船舶航行,又需要把跨度建得尽量地大。于是,船与桥的矛盾产生了。在各种权衡之下建造出来的桥便常常不可避免地被船舶碰撞,发生桥毁、船沉、人亡、物失的悲剧(图1、图2)。桥梁如何应对船舶的撞击成为一个长久的问题。

图1　1980年5月美国Tampa湾阳光大桥被3.5万吨货轮撞毁,35人丧生

图2　2007年6月15日,广东九江大桥引桥被3000t运沙船撞塌,9人丧生

随着技术的发展,近年来跨越大江大海的桥梁正以前所未有的速度和规模陆续建造,其面对的船舶也从数百吨上升到万吨以上。船舶的撞击力从过去的几百千牛上升到十万千牛以上,人们从小河小船的防撞中积累的经验已经远远不能解决这个矛盾。古老的问题在当今再次成为一个难题困扰着那些建造宏伟桥梁的工程师们。

二、湛江海湾大桥遭遇的难题

湛江海湾大桥位于广东省湛江市，跨越麻斜海湾，连接湛江东西城区，对于促进湛江城市发展和区域交通具有重要的意义。该桥所处的海湾宽度约2.5km，水深20m，10m等深线宽度约800m，海底地质上部为约10m厚的淤泥，下部为超过250m厚的黏土夹砂地层。桥梁处于湛江港内5万吨级国际航道上。港区各类船只通过较多。为了节省造价，将跨度设计为480m，刚够5万吨级船舶双向通航宽度，船舶撞击的风险很大。桥型为双塔双索面混合梁斜拉桥，基础为31根、直径2.5m变2.9m，长104的摩擦桩(图3、图4)。

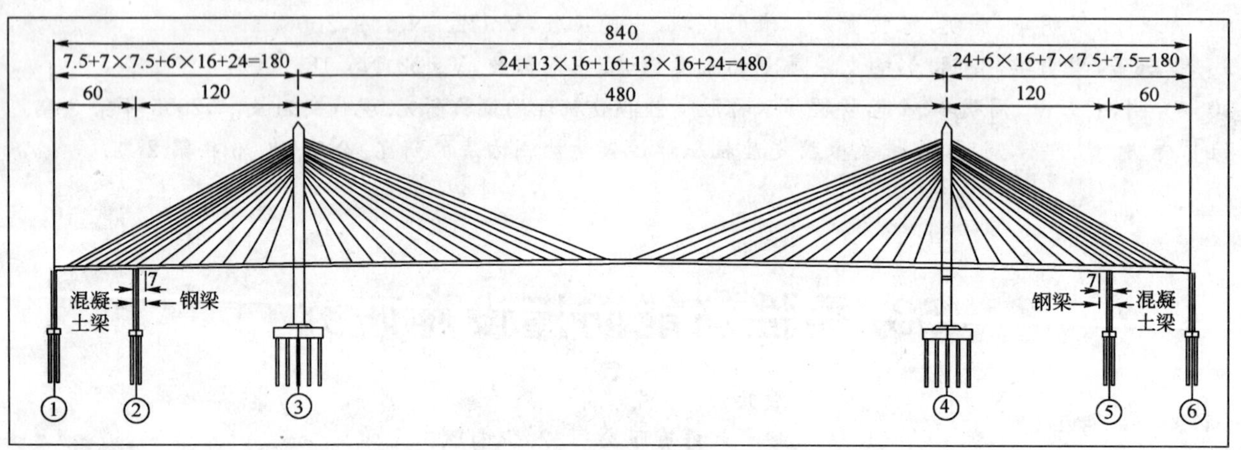

图3 湛江海湾大桥主桥斜拉桥(尺寸单位：m)

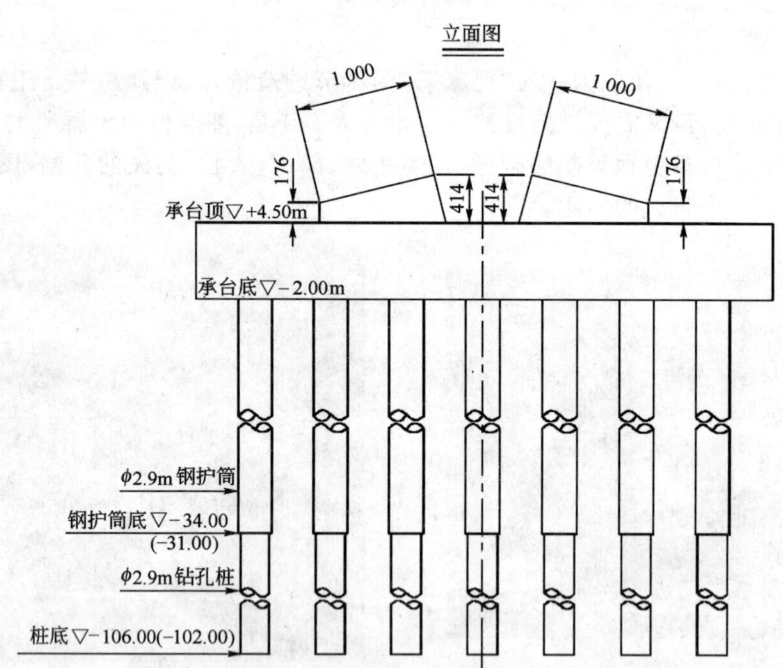

图4 斜拉桥主墩构造(尺寸单位：cm)

该桥如果需要采取彻底的避撞措施代价是惊人的。将跨度加大到1000m需要增加数亿投资；在桥塔处修建防撞岛也要近亿元费用，不仅影响航道正常使用，而且仍然要加大跨度再度增加投资。因此，抗撞只能成为万不得已的选择。

根据规范和计算机模拟分析的结果，大桥遭遇5万吨级[1]船舶的撞击力达到84 000kN[2]。而根据大桥结构需要设计的桥墩只能抵抗60 000kN水平荷载[3]。所以抗撞设施必须具有削减24 000kN的船舶撞击力的能力方可保证桥墩安全。在如此大吨位船舶的航道上给桥墩设计抗撞措施，而且对技术指标要求这么高，这在全国乃至全世界都是非常罕见的。正因为如此，至今世界上还没有一种能够抵抗5万吨级船舶80 000kN以上撞击力的实用的防撞设施。

三、柔性消能的设想

人们早就在梦想着"四两拨千斤"的巧妙实用的方法，那就是柔性消能防撞的概念。这里所说的柔性消能防撞设施指的是能够通过设施自身大变形缓冲的方式来大幅度削弱船舶撞击力使之能够降低到桥墩能够承受的范围内。人们还想像着这种装置能够拨开船头，使之不再继续冲击桥墩，从而主动降低船舶撞击桥墩的能量。业内一直有专家结合工程项目锲而不舍进行着这方面研究和实践。

武汉水利电力学院、黄石市化工研究所提出过水囊式消能结构的构思，但是结构过于复杂，没有实施。在拟建的直布罗陀海峡桥桥墩防撞研究中提出了一种倒置的伞系统，也因过于复杂而放弃。美国Berwick湾桥安装了一个水力垫护舷，有一悬挂的盛满水的混凝土环，在受撞击时发生摆动并提升以消除撞击能量。上海奉浦大桥设置了钢质飘浮护舷来保护桥墩不被船只撞击损坏。日本南备赞—濑户大桥、明石海峡大桥的桥墩本身具有足够的抗撞能力，为保护桥墩不被撞伤采用了缓冲性隔离护垫结构。上海海洋钢结构研究所提出了采用钢丝绳圈组吸能和大变形拨移船体的构思，但尚未付诸实践。

这些设施，要么过于复杂，不具有工程实用价值未能实施；要么抗撞能力较小，仅能对付千吨左右船舶的撞击，要么就是桥墩抗撞力足够，设施仅对桥墩表面损伤进行保护。因此，能够抵抗5万吨级船舶撞击的柔性消能防撞设施对于大跨度桥梁来讲，还没有成功的先例。目前采用的主流的抗撞方案仍然是加大桥墩尺寸、设置防撞桩等。

四、初步方案——三不坏柔性防撞设施

湛江海湾大桥面临的困难使建设者再次寻求防撞的新措施。在2001年的设计招标中，设计单位中铁大桥勘测设计院提出了建造退缩式柔性消能防撞设施的设想，并推荐了由上海海洋钢结构研究所提出的概念设计，得到了建设单位和广东省交通厅的高度重视和支持。建设单位决定对此展开深入研究，搞清楚其实用价值。2002年广东省交通厅将该设施立为重大科技项目，由建设单位湛江海湾大桥有限公司主持研究。

研究所提出的初步方案如图5。该方案由内钢围、钢桁架、钢丝绳防撞圈、外钢围以及提供浮力的趸船组成。内钢围的作用是将防撞结构套在桥墩外侧，钢桁架的作用是将结构外形支撑成一个锐角，钢丝绳防撞圈的作用是压缩缓冲，与船头外形匹配的外钢围的作用是提供与船舶的接触刚度。当万吨级的船舶正面撞击的时候，其将与外钢围侧面锐角接触，外钢围压缩防撞圈一方面吸收了一部分船舶撞击力，另一方面较大的位移将船头往侧向推移，船头改变方向沿着外钢围侧滑走，船舶的能量大部分仍保留在船舶上，不再继续撞击桥墩，从而减轻作用到桥墩的力量。该作用过程对船舶、桥墩、防撞设施三者都可以起到保护作用，故被称为"三不坏"柔性消能防撞设施。方案估算造价约1 000万元(两个墩)。

该方案能否解决湛江桥的问题的关键是其结构力学性能能否满足需要。为此，大桥公司请方案的提出者在初步计算的基础上形成了初步设计。2003年大桥公司委托同济大学桥梁工程系利用LS-DYNA软件，建立了船舶、防撞设施、桥墩三者的全尺寸有限元模型，对结构的承受撞击过程进行了动力仿真分析。模型规模达到了13万个单元，计算工作量非常大。分析结果发现初步方案距离实用还有较大的差距，问题主要有以下几个方面：

(1)结构整体刚度太小，船舶的质量巨大，撞击力没有达到60 000kN时，桁架结构即完全崩溃；

(2)外刚围刚度太小，船舶撞击后外刚围表面完全屈服，船头可能会卡在外钢围上并将其一同推移。

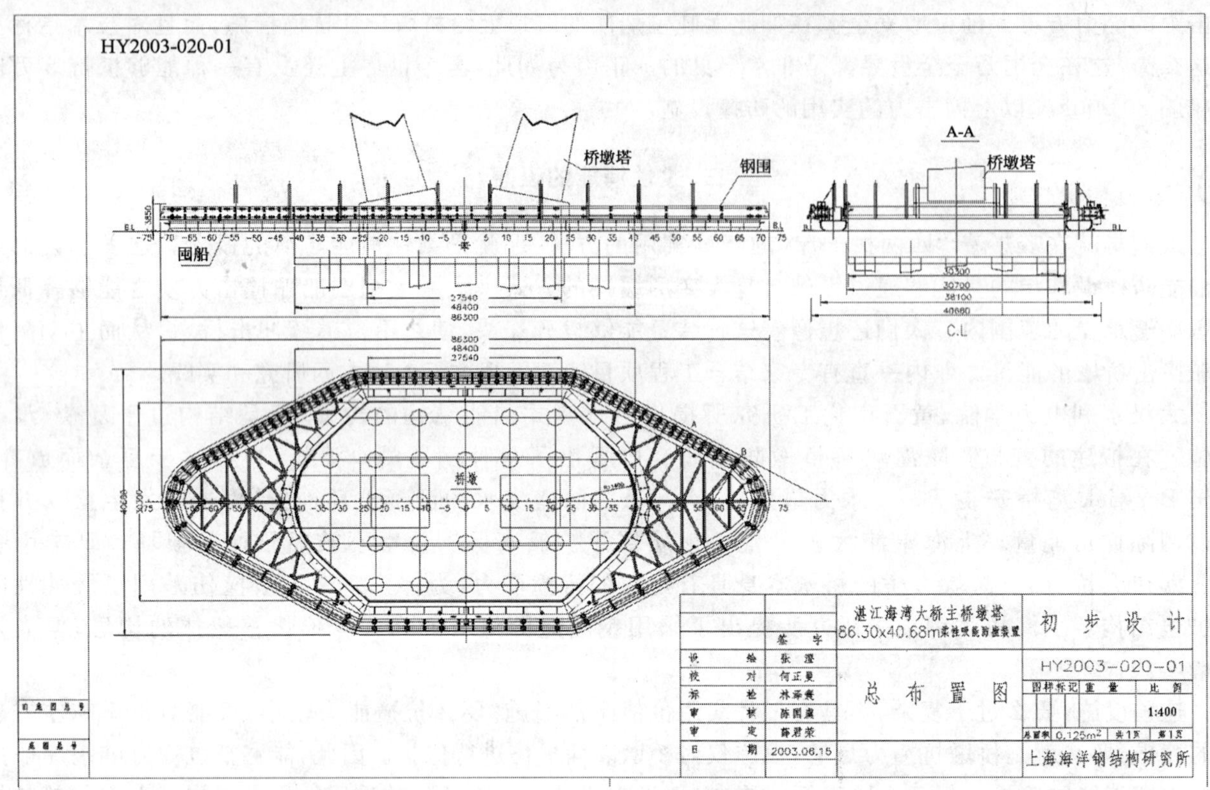

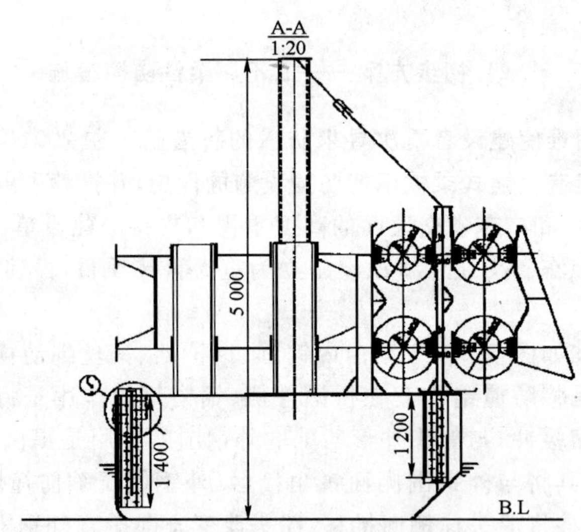

图 5　湛江海湾大桥主墩防撞装置初步方案图(尺寸单位:cm)

五、方 案 优 化

在 2003 年初举行的众多专家参加的中间成果研讨会上，研究工作得到了省交通厅、省交通集团技术领导及与会专家们的支持，决定根据动力仿真分析的结果进一步改进结构设计，再次进行仿真分析论证。

2004 年，经过修改和加强的设计方案，由上海船舶设计研究院完成了详细的结构设计图纸。大桥公司委托宁波大学计算中心根据设计图纸再次进行了全模型仿真分析(图 6～图 9、表 1)，模型规模达到了 11 万个单元。分析结果的主要结论如下：

(1)撞击角为 13°时，仅 0.6MJ 参与撞击过程的能量交换，防撞装置完好；

(2)撞击角为 45°时，柔性防撞装置能降低撞击力并将船头拨开，船舶初始动能(307MJ)的绝大部分

(70%～80%)未参与撞击过程的能量交换；

(3)撞击角为52°时，撞击过程中防撞装置所吸收的变形能大于船的变形能，大约占船舶初始动能的66%左右，由此对船起到了保护作用，但防撞装置还需作局部整修；

(4)防撞装置中钢围变形和吸能圈耗能为23MJ，因此撞击角度超过45°时防撞装置会产生过大的位移，甚至发生卡住船艏的现象；

(5)整个撞击过程中交换的能量小，最大撞击力自然降低，能达到保护桥墩的目的。

撞击最大撞击力　　表1

撞击角度	45°		52°	
1	最大值出现时间	1.68s	最大值出现时间	5.33s
2	瞬时最大值	35.4MN	瞬时最大值	56.1MN
3	等效值(到4.4s)	11.7MN	等效值(到6.0s)	35.2MN

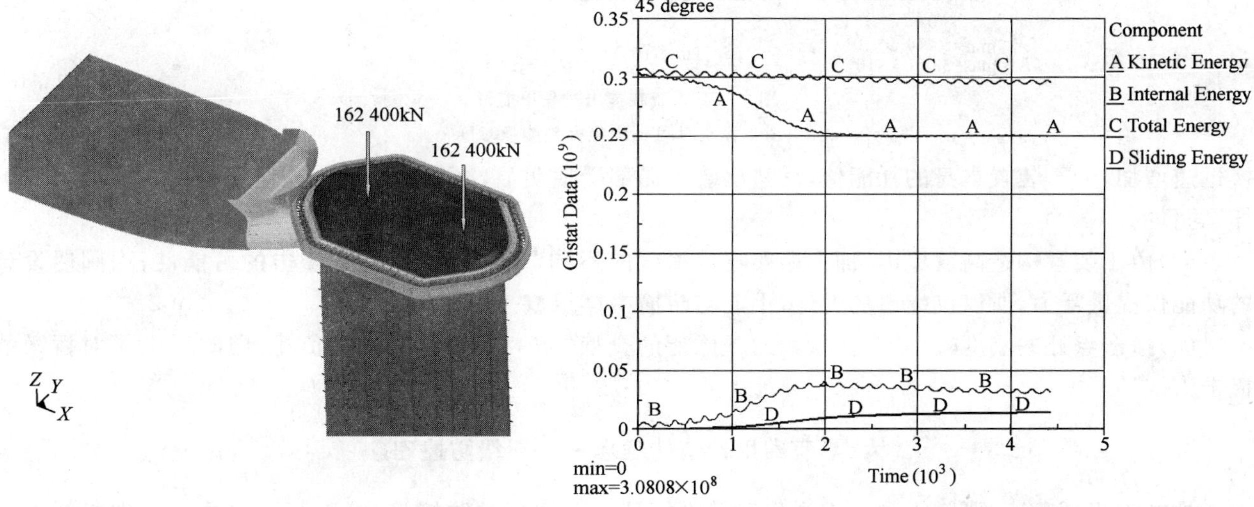

图6　防撞设施修改方案碰撞计算模型

图7　45°角系统在撞击过程中能量
(横坐标是时间 s，纵坐标是能量 GJ)

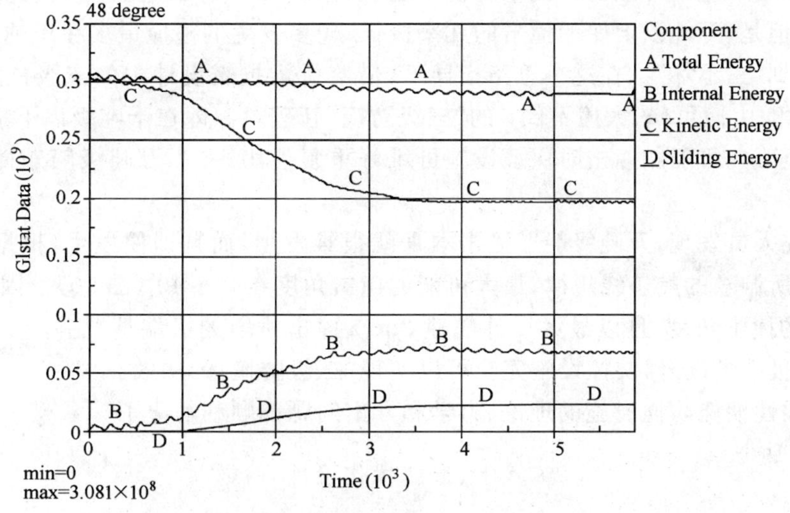

图8　48°系统在撞击过程中能量
(横坐标是时间 s，纵坐标是能量 GJ)

以上结果使得柔性消能的方案向实用前进了一大步。但是还存在一些问题，主要有：

(1)当撞击角度大于45°时，尽管对桥墩的撞击力不致造成桥梁损坏，但是船舶与防撞装置的能量交

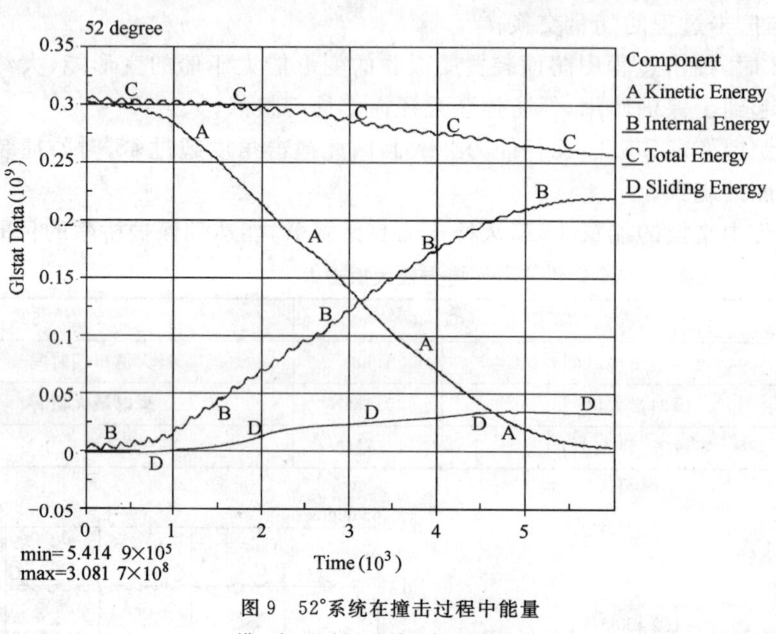

图9 52°系统在撞击过程中能量

（横坐标是时间 s，纵坐标是能量 GJ）

换迅速增加，大于装置本身的耗能值，反映出装置局部受损明显，必须检修后才能继续使用，达不到“三不坏”的目的。

（2）由于装置构造高度原因，加上船舶吃水深度的不同，增大了囤船受到撞击的可能性，而囤船设计的功能仅提供浮力，所以抗撞击能力低，不能与防撞主体组成一个整体。

（3）撞击点处的刚度较小，存在较大的摩擦能的交换，增大了装置的耗能负荷，同时增大了对桥墩的撞击力。

六、具有实用价值的理念——三级防撞理念

站在工程师角度，研究人员意识到我们需要的是一个实用的防撞设施，而不一定是一个理想的防撞设施。大桥公司从实用出发，对过去的研究报告和参考文献进行反复研究，发现“三不坏”的愿望虽然可行，但是理想的“三不坏”是不可能的。无论防撞设施设计得多么强大，遭受万吨级的轮船撞击的时候发生损坏是必然的。但是，万吨以上船舶撞击的几率极低，较多发生的碰撞最多在千吨级船舶，对于此类撞击我们完全可以做到“三不坏”。在这个思路指导下，借鉴桥梁抗震设计中的三级抗震准则，大桥公司首次提出了“小撞不坏、中撞可修、大撞不倒”的“三级防撞”新理念。即在千吨级以下船舶撞击时保证实现“三不坏”，在千吨至万吨级船舶撞击时保证设施可维修重复使用，在5万吨级船舶撞击时保证桥墩安全不倒塌。

更进一步，研究人员发现，万吨级船舶撞击本来就很难发生，而且即便发生，根据广东省航运规划设计院的研究报告[1]所调查的航迹线规律，最大可能的撞击角度在0°～40°（图10）。因此，如果忽略5万吨级船舶以超过45°的撞击角度，且以最大设计航速3m/s撞击桥墩的极端情况并不会使桥梁的安全性明显降低[4]。除了该极端情况外，防撞设施完全可以实现“三级防撞”的功效。

至此，应该说柔性消能防撞设施的理论、力学和方案问题都顺利解决了。

七、最终优化设计

大桥公司将工作重点转向设施的构造上。结合对仿真计算中船舶撞击时程响应的分析，发现防撞设施设计文件在构造稳定性、局部刚度和强度、连接部件、耐久性等方面都要进一步完善。因此，大桥公司进一步与相关单位协商、咨询，决定对防撞设施构造进行一系列优化和细化。主要有：

（1）取消趸船，将内外钢围设计为箱形断面的内外浮箱。由内外浮箱支撑防撞圈浮在水中。该重大

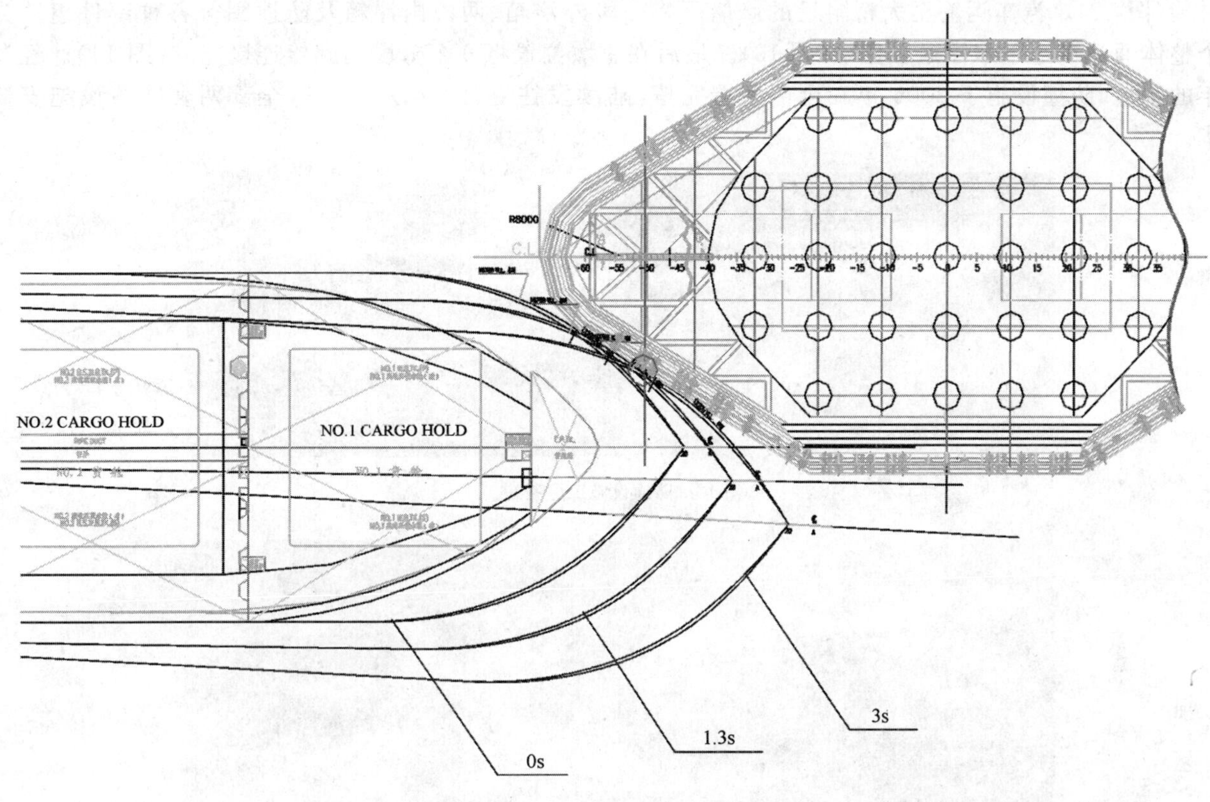

图 10 正撞工况

变更避免了船舶撞击趸船导致设施沉没的风险(因为趸船仅起浮力作用,强度很低);大幅度提高了内外钢围的整体刚度(从而提高了防撞圈共同受力的程度,也就提高了防撞设施的整体抵抗能力);加大了防撞设施的水平方向的整体尺寸,降低了船头甲板撞击主塔下塔柱的风险;基本不增加钢材总量,充分发挥材料性能。

(2)在内外浮箱中设置密封舱,并在舱内安装调平块,保证在两舱破损的情况下防撞设施不沉没。

(3)将外浮箱设计为变截面形式,两端遭受撞击力较大的部分宽 2m,沿航道方向侧撞力小的部分宽 1m。

(4)在外浮箱甲板与船头接触处加装钢筋混凝土加强带,进一步增强设施与船头的接触刚度,提高撞击力沿外浮箱的扩散程度,降低船头卡住的风险。

(5)设置电弧喷铝防腐和铝锌铟牺牲阳极防腐双重防腐措施。

按照以上优化方案(图 11),由广船国际股份有限公司按照船舶设计规范进行了施工图设计,施工图预算 2 500万元人民币。该造价虽然比初步方案高了一倍,但相比此前上亿元的其他防撞设施来讲,节省了数千万元的资金。2005 年 9 月,施工图设计顺利通过了广东省交通厅组织的审查。至此,柔性消能防撞设施的研究基本成功。

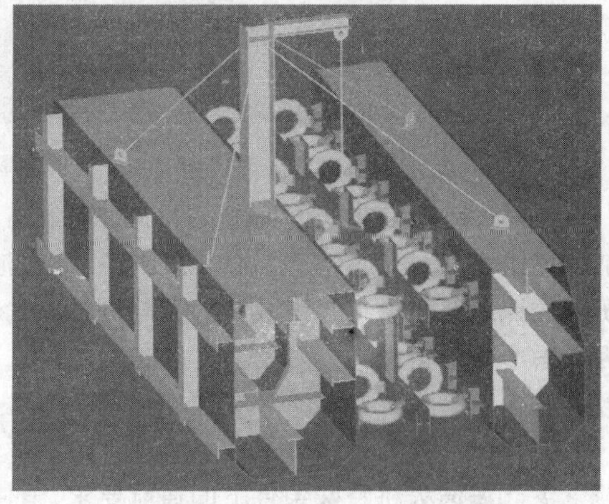

图 11 防撞装置施工图效果

八、制 造 安 装

经过招标,防撞设施由国营武昌造船厂制造安装。该设施在武船重工基地制造,在湛江海湾大桥桥位附近总拼,浮运海上安装。每套防撞设施外浮箱分为 12 个节段、内浮箱分为 6 个节段分别在工厂制造和拼装(图12)。汽车运输至大桥附近的修船厂将一段外浮箱、两段内浮箱及防撞圈等各种部件组装为一个整体通过滑道下水浮运至主墩(图13)。最后在主墩位置将6个分段用螺栓连接完成(图14)。经过半年的制造,防撞设施于2006年底全部制造完毕,陆续发往湛江。6月30日,全部两套防撞设施安装完毕。

图12　防撞设施工厂制造

图13　防撞设施工地组装

图14　防撞设施海上浮运安装

如今,两套每套重达900t、长60m、宽45m的庞然大物已经稳稳地漂浮在大桥主墩承台外侧,开始它削弱撞击力、保护大桥安全的历史使命。这个汇集多家设计研究单位的智慧,经历了近六年的艰苦曲折研究的课题终于取得圆满成功。万吨级柔性消能防撞的梦想终于变成现实,湛江海湾大桥的建设者将成为第一个吃螃蟹的人。

九、结　　语

湛江海湾大桥特殊条件下的通航要求,迫使我们必须解决好防撞问题。刚开始时,我们的目标是研究出"三不坏"的防撞设施。但随着时间的推移和对问题理解的深入,我们修改了初衷。经过六年的反复研究,最后的得到的是"小撞不坏、中撞可修、大撞不倒"的实用的防撞设施。可以说,这个成果来之不易,虽然它不是完美的,但却是行之有效的,它就是我们需要的!

湛江海湾大桥主墩柔性消能防撞设施的研究得到了省交通系统领导、国内许多专家、科研单位的支持和帮助。他们在关键时候给予的指导和支持是我们得以坚持研究的智慧和力量的源泉。在此,课题组对他们致以衷心地感谢。

参考文献

[1] 广东省航运规划设计院. 广东省湛江海湾大桥通航净空尺度和技术要求论证研究报告. 2001-08.

[2] 上海海洋钢结构研究所. 湛江海湾大桥船舶撞击力及防撞方案研究报告. 2002.02.

[3] 中铁大桥勘测设计院. 湛江海湾大桥两阶段初步设计. 2002.05.

[4] 中华人民共和国海事局. 湛江海上安全管理规定. 2001-01-24.

54. 现有桥梁船撞风险评估的建议方法

占雪芳 刘俊珂 邵旭东

(湖南大学桥梁工程研究所)

摘 要 本文介绍了国内外关于船撞桥计算规范(指南)的相关内容,通过美国国家运输安全局(NTSB)公布的阿肯色 I-40 桥被撞事故报告和相关文献,提出了对我国现有通航桥梁进行风险计算评估的建议方法,最后对美国阿肯色 I-40 桥被撞及船撞风险进行了试算。

关键词 风险评估 防撞 年倒塌频率 桥梁构件极限强度 船舶撞击力

一、概 述

随着交通运输事业的迅猛发展,大量跨海跨江大桥纷纷修建起来了。据原交通部工程师凤懋润先生介绍,我国现已有桥梁 31 万座,总长达 1.25 万公里,长江上已建桥梁 62 座,10 座左右在建,黄河上已建桥梁 70 座。在这些桥梁给国家或地方带来丰厚经济利益的同时也影响着船舶运输的安全。船舶运输的发展使得现在的通航船舶开始规模化,加上桥区环境的改变,使得船舶的正常通行受到影响,因此船撞桥事故的发生是难以避免的。船撞桥事故不但涉及到船舶通行的安全,也严重影响着桥梁的安全运营,为减少船舶撞桥事件,特别是严重碰撞事件的发生概率,对船撞桥事故进行风险分析和评估是十分必要的。

二、国内外有关船撞计算的规范(指南)规定

国际上关于船撞桥问题的系统研究始于 20 世纪 80 年代初。IABSE(International Association of Bridge and Structural Engineering,国际桥梁和结构工程协会)于 1983 年召开了一次国际会议讨论此问题。1991 年 IABSE 发表了《交通船只与桥梁结构的相互影响》(综述与指南)。1993 年 IABSE 又出版了“船舶碰撞桥梁”专册。美国公路与运输官员协会 AASHTO 于 1991 年出版了《船舶碰撞公路桥梁设计指南》,提出了三种设计方法有:半经验半理论方法,全概率方法和成本-效益分析方法。1997 年欧洲统一规范(Eurocode)第一卷(Eurocode 1)第 2.7 分册开始试用,试用期为 3 年,此分册规定了冲击与爆炸事故设计荷载的确定方法。其船撞桥设计方法有两种,一是根据船只特性查表获得设计船防撞力;二根据附录的概率公式计算船撞力。我国在公路桥梁设计规范中也对船舶撞桥的设计荷载进行了规定,是根据航道和通航船舶情况给定设计船防撞力。

三、现有桥梁船撞风险评估的建议方法

由于我国桥梁规范没有对通航桥梁作风险设计的规定,使得很多非通航孔桥墩的防撞抗力偏低,一旦船只偏离航道,就有桥毁人亡的危险,因而十分有必要对现有桥梁作防撞评估。

建议船撞桥梁风险评估可按以下步骤进行:

(1)调查桥位处水流条件，桥墩处水深，船舶的数量、类型、航速和大小分布。

(2)评估桥梁的重要性并确定相应的可接受倒塌风险概率。

(3)计算偏航概率和撞击几何概率。

(4)计算各墩的应具备的防撞力。

(5)复算各墩的实际抗力。

(6)计算倒塌概率。

(7)根据实际抗力/应具备得防撞力的大小对桥梁结构进行分类评估。

(8)由评估的结果对不同风险等级的桥梁采取相应的防撞方案设计。

四、美国阿肯色 I-40 桥被撞及船撞风险试算

1. 美国阿肯色 I-40 桥被撞

美国阿肯色 I-40 桥建于 1967 年，横跨阿肯色河，是一座双钢箱梁连续梁桥，主跨为 100.6m，通航净高 15.84m，宽 98.14m，全长 606m，如图 1 所示。

图 1　被撞的 I-40

2002 年 5 月 26 日早上 7 点 45 分，一艘长 32m、宽 9m 的拖船拖着两个并排的长 91m、总宽 33m、吃水深度 0.3m 运沥青的空驳船，三艘船的总重约 1200t，因船长突然得病，神志不清，船以 3.4m/s 的速度，偏离航道撞在了偏离主航道 61.3m 的西 3 墩上，致使全桥倒塌了 153.3m，11 辆汽车坠入河中、掉到倒塌的桥面板上。造成 14 人死亡，5 人受伤，直接经济损失 3 千多万美元。

2. 美国阿肯色 I-40 桥试算

美国阿肯色 I-40 桥立面布置图如图 2 所示。现按美国 AASHTO 船撞设计指南对 I-40 桥各墩应具备的防撞力进行试算。

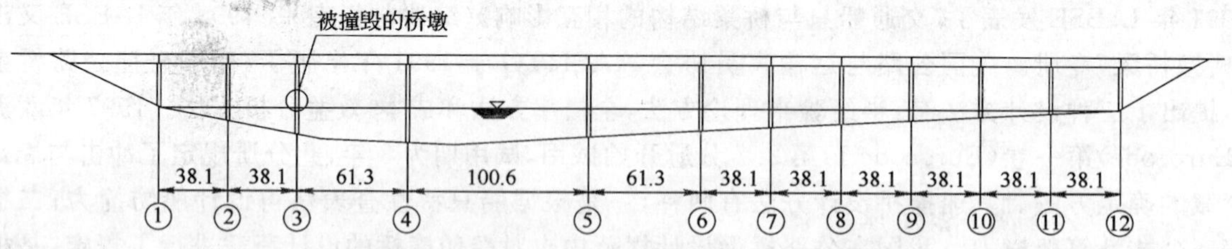

图 2　美国阿肯色 I-40 桥立面布置图(尺寸单位：m)

根据构件的年倒塌频率和桥墩的极限侧向抗力存在的关系，就可以通过控制桥梁构件的年倒塌频率，来反算桥梁应具备的防撞力。具体的计算如下：

计算桥梁构建的年倒塌概率，按下式(1)计算

$$AF = N \times PA \times PG \times PC \tag{1}$$

式中：AF——船只撞击引起的桥梁构件倒塌的年度频率；

N——水路中会碰撞桥墩的船舶年总数；

PA——船只偏航的概率；

PG——撞击的几何概率，反映船只偏航失去控制后，与桥墩相撞的条件概率；

PC——由于一只偏航的船只撞击一次，桥梁倒塌的概率。

(1)AF，对于重要桥梁，整个桥的最大倒塌年频率 AF 应取为 0.000 1。

(2)N，作为算例，取 AASHTO 船撞设计指南算例中的船舶频率数据如表 1 所示。

船舶频率数据 表 1

船舶吨位(t)	类　型	碰撞桥墩的船舶年总数
1 000	货船	300
1 500	货船	100
2 000	货船	60

(3)PA，PA 可用统计方法或者近似方法确定。这里采用[4]推荐的公式(2)近似方法计算。

$$PA = BR(R_B)(R_C)(R_{XC})(R_D) \tag{2}$$

式中：BR——偏航基准概率，根据指南，货船取 0.6×10^{-4}；

R_B——桥址校正系数，这是一个和桥址处水流流向变化有关的系数；

R_C——平行于船行驶方向的水流校正系数，$R_C=\left(1+\frac{V_C}{10}\right)$，其中 V_C 为平行于船行方向的水流速度分量；

R_{XC}——垂直于船行方向水流校正系数，$R_{XC}=(1+V_{XC})$，其中 V_{XC} 垂直船行方向的水流速度分量；

R_D——行船密度校正系数。

作为试算，此处取 $PA=0.000\,13$。

(4)PG，几何概率 PG 的定义是假定船只在贴近桥梁时失去控制(即偏航)，一条船只将撞击一个桥墩或桥跨的条件概率。根据指南[4]对以往船撞桥数据的分析，采用正态分布模拟偏航船只在桥墩附近的航道，如图 3 所示。计算 PG 时，令 σ 等于设计船只的总长，同时分析距船只航线中心线小于 3σ 内的桥梁构件，阴影部分的面积就是计算的 PG，它以桥墩的宽度和在桥墩每侧船只的宽度为界。各墩受 2 000t 船舶撞击的几何概率如图 3 所示，其中 b 为墩宽＋2×船宽＝2.4＋2×23.8＝50m，3 号墩受 2 000t 船舶撞击的几何概率计算结果见表 2 所示。

2 000t 船撞 3 号墩的几何概率 表 2

船舶吨位(t)	类　型	PG
2 000	货船	0.059 8
1 500	货船	0.050 4
1 000	货船	0.039 7

(5)PC，根据桥墩和桥跨的极限侧向抗力 H_P 和 H_s 与船只撞击力 P_s 之比，按下述公式(3)～(5)计算：

$$PC = 0.1 + 9\left(0.1 - \frac{H}{P}\right) \qquad 当\ 0.0 \leqslant \frac{H}{P} < 0.1\ 时 \tag{3}$$

$$PC = \left(1 - \frac{H}{P}\right)/9 \qquad 当\ 0.1 \leqslant \frac{H}{P}M < 1\ 时 \tag{4}$$

$$PC = 0.0 \qquad 当\ \frac{H}{P} \geqslant 1\ 时 \tag{5}$$

式中：H——桥梁构件的极限侧向抗力，H_P 或者 H_s(N)；

H_P——桥墩的极限侧向抗力(N)；

H_s——桥跨的极限侧向抗力(N)；

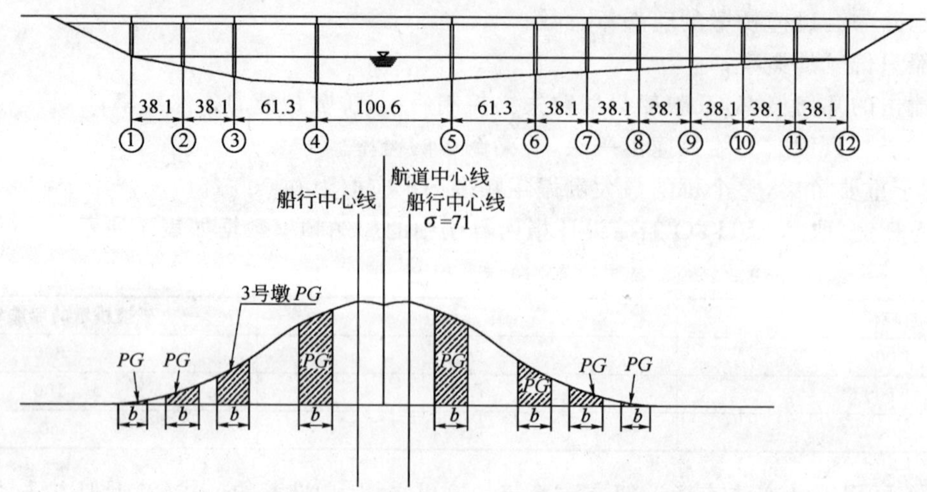

图3　2 000吨船撞各墩的几何概率(尺寸单位:m)

P_s——船只的撞击力(N),按公式(6)计算。

$$P_s = 1.2 \times 10^5 V (DWT)^{\frac{1}{2}} \tag{6}$$

式中:V——船只冲击速度(m/s);

DWT——船只吨位(t)。

这里假设 V_T 航道内典型船只的航速为5.2m/s(10海里/小时),DWT 为船只吨位(t)。主航道宽75m,则各墩受到2 000t船的设计撞击速度如图4所示,其中 V_{min} 是全年平均水流速度,这里取0.15m/s。

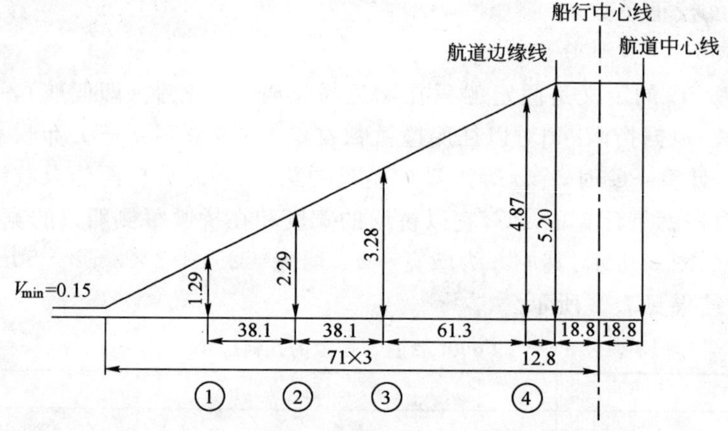

图4　各墩的设计撞击速度(m/s)

基于以上信息和计算结果,由公式(1)计算得到各桥墩所需防撞力设计值,如表3所示。

各桥墩所需防撞力设计值　　表3

墩　号	设计防撞力(kN)	防撞力比	墩　号	设计防撞力(kN)	防撞力比
4	21 660	1.00	2	5 350	0.25
3	12 300	0.57	1	579	0.03

参照规范[10],若经复算桥墩的实际抗力低于设计防撞力的75%,则需对该墩作防护或者加固。

五、结　　语

我国目前的公路桥梁设计规范没有按船撞桥风险计算的方法,对桥墩设计作出相应规定,而公路桥涵养护规范[10]在桥梁部件及综合评定标准和方法中又未包含船撞桥的相关内容,为了确保通航桥梁的安全,本文建议参照国外规范估算现有桥梁的船撞风险水平,并将结果纳入到我国的公路桥养护规范的评定体系中,以期对现有桥梁的安全性作出客观评价。

参考文献

[1] 耿波,王君杰等.桥梁船撞风险系统评估总体研究[J].土木工程学报,2007,(5).

[2] 项海帆,范立础,王君杰.船撞桥设计理论的现状与需进一步研究的问题[J].同济大学学报,2002,(4).

[3] 辛济平等译.AASHTO《美国公路桥梁设计规范》[S].人民交通出版社,1994.

[4] AASHTO. Guide Specification and Commentary for Vessel Collision Design of Highway Bridge [S]. American Association of State Highway and Transportation Officials. Washington D. C., 1991.

[5] 中华人民共和国国家标准,内河通航标准[S]GB 50139—2004.

[6] 戴彤宇.船撞桥事故综述[J].黑龙江交通科技,2003,(2).

[7] Highway/Marine Accident Report NTSB/HAR-04/05. U. S Towboat Robert Y. Love Allision With Interstate 40 Highway Bridge Near Webbers Falls, Oklahoma May 26, 2002[R]. National Transportation Safety Board, 2004.

[8] 中华人民共和国行业标准,公路桥涵设计通用规范[S] JTJ D60—2004.

[9] 戴彤宇.船撞桥及其风险分析[D].哈尔滨工程大学,2002.

[10] 中华人民共和国行业标准,公路桥涵养护规范[S] JTG H11—2004.

55. 我国大型桥梁的病害现状与机理

王景全 赵启林 江克斌

(解放军理工大学工程兵工程学院)

摘 要 简单介绍了我国桥梁安全形式、大型桥梁建设现状与发展趋势。针对大型桥梁中常见的混凝土连续体系桥、缆索桥与拱桥,详细总结了它们常见的病害类型与现状,分析了病害发生机理与控制技术的研究现状。最后针对我国大型桥梁在设计、建设、运营管理与养护等方面应该开展的工作提出了多点建议。

关键词 大型桥梁 病害 机理

我国大规模桥梁建设尽管起步较晚,但是根据20世纪90年代末的统计,我国也有40%桥梁使用年限在25年以上,至今这部分桥梁使用年限应该在30年以上。而根据美国相关统计,设计寿命平均为75年的桥梁,实际使用年限平均为44年,州际桥梁仅为39年。原联邦德国在1978年至1979年两年时间内对一个州1 500多座钢筋混凝土和预应力混凝土公路桥的全面检查显示,桥梁年龄50年左右有27%上部结构存在至少一处严重损伤,64%存在一处重要损伤,77%至少存在一处中等以上重要损伤;使用年龄在25年左右的混凝土桥梁8%至少一处存在严重损伤,24%至少有一处重要损伤,46%至少有一处中等以上损伤,而预应力混凝土桥梁年龄在25年左右的有近50%至少有一处重要损伤。尽管我国没有开展全国范围的桥梁病害现状普查,但根据国外经验,可以预见在未来的10～20年内,我国必将提前迎来大范围的桥梁老化现象。这种预测已被个别省市桥梁普查所证实。如根据《羊城晚报》报道,至2000年广东省内共有1.87万座公路桥,属于三四类不良状况的桥梁有4 244座,占总数的22.7%。上海至1994年7月有桥梁1 800多座,其中有结构性缺陷有177座,功能性缺陷308座,共占27%。20世纪90年代,北京市就有各式桥梁3 790座,其中552座属危桥和病桥亟待改造和升级,占桥梁总数的14.6%。而根据1994年秋检统计,我国铁路桥梁共有病害桥6 137座,占桥梁总数的18.8%,其中混凝土桥2 675座,占病害桥梁的43.6%。

由于我国桥梁老化现象已经比较普遍，并有可能在没有达到设计寿命前达到使用寿命，加之有些桥梁的施工、运营管理措施不力，因而我国桥梁的经济与安全形势均不容乐观。首先桥梁作为交通线路的枢纽，老化损伤后将直接影响桥梁的使用功能，对国民经济产生重要的影响。其次就是为恢复桥梁使用功能而投入的维修费用往往远远大于桥梁建造费用，如美国1992年用于桥梁维修费用为2 580亿美元，为当年用于建造这些桥梁造价的4倍，英格兰中环线的11座高架桥在使用12年破坏后进行了维修，维修费用高达1.2亿英镑，为当年造价的6倍。因此可见，我国桥梁在出现老化趋势前如不采取合理的技术措施加以控制，必将造成重大的经济损失。最后就是桥梁老化在某些特定的条件下容易导致桥毁人亡的安全事故，造成恶劣的社会影响，如我国近年来就发生了重庆彩虹桥倒塌导致40人死亡，四川洲河斜拉桥在即将合龙时倒塌导致16人死亡，广东韶关特大桥坍塌导致32人死亡、59人受伤等多起严重的安全事故。

尽管我国大型桥梁数量占桥梁总数不多，但是大型桥梁总里程占我国桥梁总里程已接近一半(44.7%)，数量百分比与里程百分比均处于逐年增加过程中(图1)。同时考虑到大型桥梁直接投资规模大、桥梁结构形式复杂、毁坏后的抢修难度大，因而总结分析大型桥梁的安全形式与病害现状，提出针对性的建议具有重要现实意义。

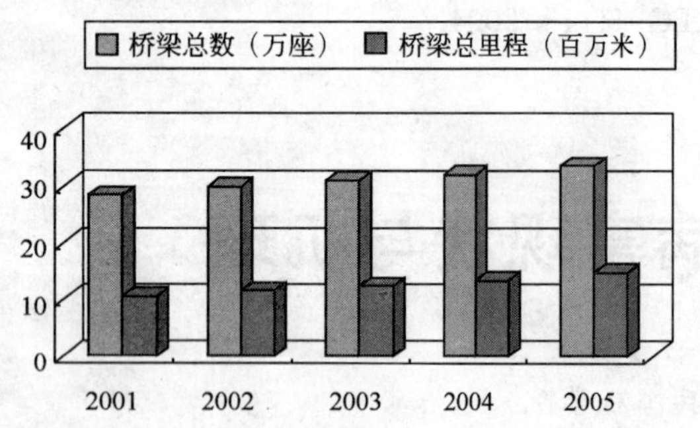

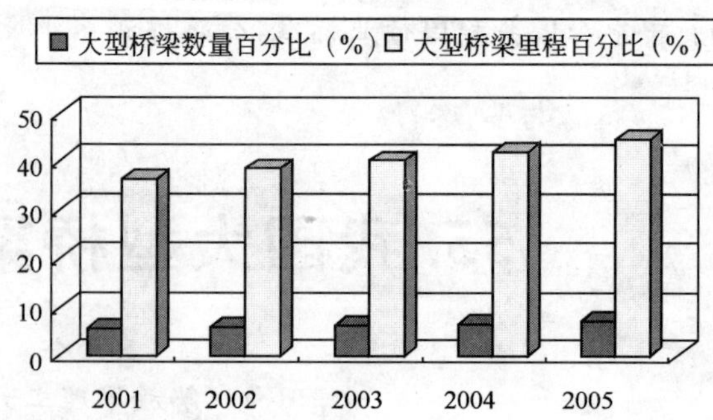

图1　近5年来我国桥梁发展趋势

一、混凝土连续体系桥梁的病害现状与机理

连续体系桥梁是指上部结构连续的桥梁。它相对简支体系桥梁而言，由于负弯矩区可以降低正弯矩区的峰值，因而具有更大跨越能力。目前我国混凝土连续体系桥梁单跨跨越能力已经达到330m，如重庆石板坡大桥。从梁体与桥墩是否固结，连续体系桥梁又可以分为连续梁桥与连续刚构，但是由于两者在跨越能力、受力特点与施工方法上较为接近，因而表现的病害形式也较为一致，除钢筋锈蚀、混凝土炭化与冻融破坏等混凝土桥梁的通病外，作为大跨度桥梁一种最常见的形式，由于结构复杂、施工过程结构体系转换多、临时荷载大而随机性强以及施工周期长等原因，连续体系桥梁目前还出现以下一些较为常见的病害：(1)跨中挠度过大；(2)箱梁腹板出现斜裂缝；(3)箱梁底板出现纵向、横向裂缝，合龙段底板出现剥离破坏等；(4)箱梁顶板出现纵向裂缝。

1.跨中挠度过大

大跨度连续体系桥梁的长期变形一般较大，按照现有规范要求往往需要设置一定的预拱度来抵消这种变形，从而保证桥梁线形平顺。但是根据大量学术期刊与新闻的报道，大量这类桥梁在建成通车一段时间后，跨中均出现超过预期的梁体下挠，使桥梁线形严重扭曲，刚度降低，给行车带来麻烦，造成严重的安全隐患。表1则对国内连续体系桥梁出现挠度过大的现象进行了总结。由表1可见，出现挠度过大的桥梁在结构、施工方法等方面存在以下几个特点：一是桥梁单跨最大跨度一般超过70m，而且桥梁下挠速度基本与跨度呈正比(图2)；二是这些桥梁一般都采用挂篮悬臂平衡法进行施工。

国内部分桥梁下挠现象 表1

桥梁名称	结构形式	跨度(m)	年限	跨中挠度(cm)
谢叠大桥主桥	带挂梁的T形刚构桥	主跨68	3	18.7
—	三跨预应力变截面连续刚构桥	66+120+66	8	24
大河铺大桥	三跨预应力变截面连续刚构桥	100+150+100	5	27(挂篮施工)
广东南海金沙大桥	预应力混凝土连续刚构桥	66+120+66(横跨北江)	6	22
黄石大桥	预应力混凝土连续刚构桥	主跨216	10	33.5 (1/729)
长江某桥	预应力混凝土连续刚构桥	主跨240	3	18(预测10)
—	混凝土连续刚构桥	162+245+245+245+162	7	30.5(挂篮施工)
—	预应力混凝土连续刚构桥	85+140+85+42	10	12.51(挂篮施工)
虎门大桥辅航道桥	预应力混凝土连续刚构桥	150+270+150	7	26(预测10)
东明大桥	连续刚构桥(挂篮悬臂)	7×120	6	9
台儿庄大桥	连续刚构桥(挂篮悬臂)	46+80+46	6	1.2
临清运河桥	连续梁桥(挂篮悬臂)	33+56+33	6	0.8
—	连续梁桥	23+37.8+25	3	12.7
广东某大桥	连续梁桥(挂篮施工)	65+100+65	4	肉眼可见变形
—	连续梁桥(单向预应力,挂篮施工)	50+5×80+50	8	10.2
潭家梁子大桥	预应力连续梁桥	40+80+40	1	肉眼可见变形
—	预应力连续梁桥	27+44+37+27	6	11
Lutrive桥	预应力连续曲线梁桥	主跨143	14	16

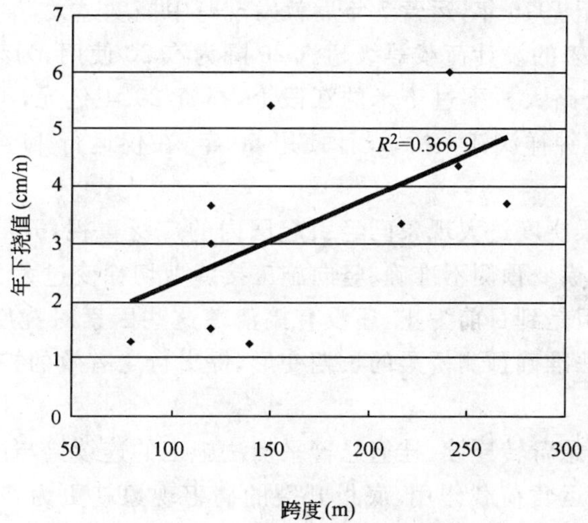

图2 桥梁跨度与下挠值关系图

大跨度连续体系桥梁不仅出现挠度过大现象,而且经过对部分桥梁的跟踪监测发现:这种下挠现象在运营几年甚至十几年后持续发展。如广东南海市谢叠大桥主桥通车后约半年,发现主桥T构箱梁端部出现不同程度的下挠,在1995年到1998年三年时间内对桥梁挠度进行了跟踪监测,发现悬臂端持续下挠,3年挠度达18.7cm。虎门大桥辅航道桥在1997年到2003年为期7年的跟踪监测中就发现跨中下挠为26cm,折合跨径为1/1 038,远远超过原先的预留值10cm,而且下挠处于持续发展当中,没有出现稳定趋势(图3)。

这种下挠过大现象已经导致了多座桥梁不得不加固、降低等级使用甚至拆除重新建造,造成严重经济损失与社会影响。如三门峡黄河公路大桥主桥为105m+4×140m+105m预应力混凝土连续刚构桥,

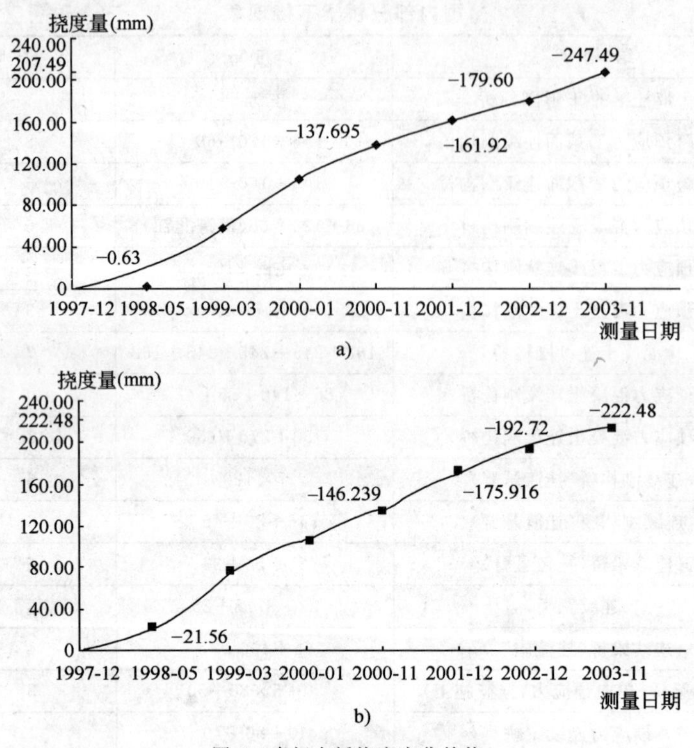

图3　虎门大桥挠度变化趋势

a)右线270m跨跨中；b)左线270m跨跨中

建成于1993年，通车4年后出现跨中下挠，梁体出现大量裂缝，且病害还在不断发展，2003年耗资1 700万进行加固。黄石大桥始建于1996年，运营7年后就发现跨中挠度过大，梁体严重开裂，花费7 000万进行桥梁加固后，桥梁还需从原来的设计荷载等级超汽20降为汽20使用，为满足原设计超20车辆的通行需求，已决定在离黄石长江公路大桥不过千米的江段上，投资29.4亿元，再建一座鄂东长江公路大桥。而耗资5 650万元建成的湖北钟祥汉江大桥，设计使用50年，在仅运行11年，就花3 400万元将主桥拆除重建。

大跨度预应力混凝土桥梁挠度过大现象已经引起国内的广泛重视，开展了大量研究工作，先后指出预应力损失过大、混凝土材料徐变预测不准确、竖向施工接缝剪切徐变过大、活荷载具有静载特性等均可能是导致挠度过大的因素。但是到目前为止，还没有搞清楚这些因素对挠度的影响机理与程度，更没有建立有效合理的设计计算方法准确预测桥梁的长期变形，提出行之有效的控制手段。

2. 箱梁底板开裂

大量的普查发现，采用单悬臂转连续、挂篮悬臂平衡法施工的连续梁与连续刚构，在桥梁施工过程中就极容易出现开裂病害，加之运营荷载作用，底板开裂的病害现象就更为普遍(表2)。而底板出现病害的部位主要集中在以下几种情况：

部分桥梁底板开裂的案例　　表2

序号	跨径(m)	施工方法	裂缝特征	成因
1	46.8＋72＋46.8 连续刚构桥	满堂支架	成桥后跨中箱梁底部横向两腹板中间位置发现纵向裂缝	结构分析没有利用空间模型，无法认识纵向预应力的泊松效应
2	85＋140＋85＋42 连续刚构		在运营期间发现箱梁底板出现纵向裂缝	纵向预应力的横向效应与径向力等共同作用
3	主跨170 连续刚构	挂篮施工	施工过程中跨中底板混凝土向下崩裂	底板纵向预应力索在竖向呈曲线布置，跨中产生向下径向力(设计未做该作用力验算)

续上表

序号	跨径(m)	施工方法	裂缝特征	成因
4	T形刚构	满堂支架	每一节段拆模后底板出现纵向裂缝	前后节段新老混凝土产生约束
5	69+125+2×160+112 连续刚构	挂篮施工	张拉合龙段时合龙段不同程度向上、向下崩出	预应力管道偏离设计位置，径向力过大
6	98+180+98 连续刚构	挂篮施工	成桥后跨中箱梁底部横向两腹板中间位置出现纵向裂缝	结构分析没有利用空间模型，无法认识纵向预应力的泊松效应与横断面在温度效应下的框架效应
7	57.5+80+57.5 连续梁桥	挂篮施工	所有施工节段底板中腹板两侧与两腹板中间出现纵向裂缝	挂篮吊点导致横向弯曲、纵向预应力横向效应、底板自重与混凝土横向收缩共同效应作用(结构分析没有进行专门分析)
8	主跨245m的连续刚构	挂篮施工	运营阶段跨中底板横向裂缝	弯曲裂缝，超载与预应力损失
9	83+128+83 连续梁桥	挂篮施工	运营阶段发现现浇支点附近底板出现向跨中延伸呈斜角分布的裂缝	空间有限元分析表明该处有预应力锚固齿板，导致局部拉应力超标
10	65+100+65 连续梁桥	挂篮施工	跨中底板纵向裂缝	纵向预应力的径向力过大
11	南京某大桥引桥50m跨连续梁桥	移动模架	悬臂端进行预应力张拉时底板出现纵向裂缝	设计计算没有考虑悬臂段空间框架应力效应
12	江苏某大桥引桥50m跨连续梁桥	移动模架	悬臂端进行预应力张拉时底板出现纵向裂缝	设计计算没有考虑悬臂段空间框架应力效应
13	江苏苏北某大桥	挂篮施工	合龙段张拉导致底板崩裂	预应力径向力与负弯矩导致的框架效应(设计计算没有进行专门空间验算)
14	江苏苏南某大桥	挂篮施工	合龙段张拉导致底板崩裂	预应力径向力与负弯矩导致的框架效应(设计计算没有进行专门空间验算)
15	福建某市政桥梁连续梁桥	移动模架	悬臂端进行预应力张拉时底板出现纵向裂缝	设计计算没有考虑悬臂段空间框架应力效应

(1)底板锚固齿板后端容易出现由于局部预应力与使用荷载耦合作用导致的横向裂缝，如江阴长江公路大桥的南北引桥连续箱梁，在运营6、7年后在箱梁底板预应力锚固齿板后端出现横向裂缝，一直扩展到腹板上，经过分析认为是预应力锚固区集中力与外荷载弯矩效应共同导致了裂缝的出现。

(2)在单悬臂转连续过程中悬臂端底板在纵向预应力张拉过程中出现纵向裂缝。这类裂缝目前已经在多座采用滑移模架施工的连续梁桥上出现，如2004、2005年在江苏境内修建的两座跨江大桥的引桥就出现了类似现象，为此分别进行了专项研究，基本搞清楚了导致裂缝出现的力学机理。

(3)挂篮吊点附近的底板出现纵向裂缝。在挂篮悬臂平衡法施工中，挂篮的前支点都将锚固在已经浇筑成型梁段底板靠近腹板位置，在吊点集中力、底板自重等共同作用下很容易发生纵向裂缝。

(4)挂篮平衡施工过程中在合龙段底板出现混凝土崩裂、甚至剥离，这种破坏形式在大跨度预应力连续梁的施工中经常出现（图4）。目前这种破坏形式的原因正处于研究过程中，力学机理还不是十分明确。

3. 腹板开裂现象

腹板开裂是目前大跨度预应力混凝土桥梁普遍出现的另外一种病害形式，而且出现挠度过大的桥梁一般也同时出现腹板开裂现象。表3则对国内多座桥梁出现腹板开裂的现象与原因进行了总结、归纳。由表3可见：在桥梁运营期出现腹板开裂的现象多于施工期，开裂的部分多位于$L/4$与$3L/4$处，裂缝从支座向跨中成45°方向发展，这种开裂现象大多和三向预应力中竖向预应力损失过大或桥梁严重超载等

图4 两座桥梁底板剥离与崩落现象

有关;在施工期经常会在预应力张拉过程中出现沿预应力管道的斜向裂缝,这大多与预应力弯折点过于集中,平面设计计算理论无法反映局部应力效应有关;另外就是在一些预应力盲区出现平面设计计算理论无法反映的拉应力,最后导致裂缝出现。应该说连续梁桥腹板出现开裂的机理目前相对清晰,通过有效的预应力布索方式以及空间有限元设计计算,在目前技术水平下是可以克服的。

腹板开裂的部分案例 表3

序号	跨径(m)	施工方法	裂缝特征	成因
1	南京某大桥引桥	移动支架	预应力张拉过程靠近支座附近腹板预应力索弯起部分出现沿预应力索的裂缝	预应力索弯折点过于集中,但是没有进行计算分析
2	某主跨245m连续刚构	挂篮施工	运营期发现腹板斜向裂缝,腹板内部明显多于腹板外侧(受力裂缝)	纵向预应力损失过大导致
3	56+80+56连续梁桥	—	运营一段时间后边跨现浇段腹板和支座附近1/4跨范围内45°斜向受力裂缝	空间与平面计算对比发现:平面计算腹板为压应力的区域,空间有限元计算为拉应力
4	52+3×80+52连续梁桥	—	竣工验收时边跨现浇段腹板和支座附近1/4跨范围内45°斜向受力裂缝	平面模型不能正确反映由于偏载、箱梁翘曲等导致的腹板应力状态
5	75+7×120+75连续刚构	挂篮悬臂	运营期发现1/8至3/4腹板出现的斜向裂缝(15°~35°),夏季裂缝宽度增加	综合认为竖向预应力损失过大、温度效应计算不准则多种因素导致
6	46+80+46连续刚构	挂篮悬臂	1/8至3/4腹板出现间距1~4m的斜向裂缝(15°~35°),夏季裂缝宽度增加	综合认为竖向预应力损失过大、温度效应计算不准则多种因素导致
7	33+56+33连续刚构	挂篮悬臂	1/8至3/4腹板出现间距1~4m的斜向裂缝(15°~35°),夏季裂缝宽度增加	综合认为竖向预应力损失过大、温度效应计算不准多种因素导致
8	40+80+40连续梁	挂篮施工	运营1年后在顶板悬臂索与底板连续索锚固区之间腹板大量斜向裂缝	平面分析只能说明该区域应力较大,但是没有超标
9	45+70+45连续梁	挂篮悬臂	浇注合龙段前发现4~8号节段箱梁腹板内外侧均出现45°斜向裂缝	施工过程分析表明:支座附近有预应力弯索,有助抵抗断面主拉应力,因而没有开裂。4号节段后由于时直线索,在直线索与挂篮后支点集中力共同作用下,腹板出现45°方向拉应力
10	75+135+135+75连续刚构	挂篮悬臂	悬臂施工2号段后腹板出现沿波纹管方向的斜裂缝	空间有限元分析发现:预应力索布置集中与弯角过大是导致裂缝出现的主要原因

续上表

序号	跨径(m)	施工方法	裂缝特征	成因
11	30+50+30 连续梁	挂篮施工	运营期发现 1/4 跨附近 45°斜裂缝	空间有限元计算发现：由于箱梁剪力滞效应实际拉应力大于平面计算结果，锚后拉应力也是导致腹板斜裂缝出现的重要原因
12	85+140+85+42 连续刚构	挂篮施工	运营期 1/4 跨处腹板出现 45°斜向裂缝，跨中腹板水平裂缝	按横向框架分析时腹板竖向拉应力超标
13	100+150+100 连续刚构	挂篮施工	运营期腹板出现斜裂缝	腹板尺寸不满足规范要求
14	50+5×80+50 连续梁	挂篮施工	1/8 至 4/8 跨腹板出现斜裂缝；部分跨出现水平裂缝	按三维应力计算主拉应力超标

4. 其他区域的开裂

连续梁桥除在以上部位经常出现开裂外，在连续箱梁的顶板、0 号块的横隔板也经常会出现多种形式的裂缝，表 4 则对箱梁顶板与横梁出现的一些裂缝形式进行了总结与归纳，由表 4 可见在箱梁顶板也会出现如下一些开裂现象：合龙段顶板在横向跨中出现纵向裂缝，顶板在腹板位置出现纵向裂缝，顶板在桥墩位置出现横向裂缝等。顶板开裂的原因从设计层面来看主要有设计计算选取参数与实际情况差异过大，部分局部应力问题未予以验算等；从运营上而言，主要有轮式荷载超载等。这些原因在机理上是明晰的，只是需要改进设计计算方法，引进动态设计理念就可以解决其中大部分问题。

顶板出现开裂的部分案例 表 4

序号	跨径(m)	施工方法	裂缝特征	成因
1	京珠高速路 湖南段某桥	挂篮施工	运营过程合龙段顶板横截面中间纵向裂缝	直接原因：实际预应力低于设计预应力；本质原因：设计计算没有模拟张拉步序，计算无法反映合龙段预应力较小的现象
2	扬栗高速某匝道 25m 跨连续箱梁桥	满堂浇筑	施工过程顶板悬臂根部纵向裂缝	横断面两次浇筑，顶板在第一次浇筑 11 天后浇筑；顶板浇筑完毕温度大幅度下降，因此在收缩与降温双重作用下，顶板在腹板部位受约束而开裂
3	2×30+3×30.4+2×30 预应力连续刚构	满堂分段浇筑	施工过程墩顶箱体顶板发生横向裂缝	支架未按要求预压，混凝土在自重作用下支架发生不均匀沉降，在预应力未张拉前开裂
4	50+5×80+50 连续刚构	—	运营过程普通混凝土顶板出现纵向贯通缝	轮式荷载超载，以及顶板厚度有限，应力状态对钢筋位置偏差敏感性大
5	60+100+60 连续刚构桥	挂篮施工	施工过程发现顶板底部出现纵向裂缝	顶板预应力索平弯半径过小，导致过大平面径向力，管道分布过于密集，削弱混凝土受力性能
6	85+140+85+42 连续刚构	挂篮施工	顶板齿板附近沿纵向裂缝	预应力局部应力与使用荷载、温度等耦合
7	93+150+93 连续刚构	挂篮施工	0 号块施工过程中出现顶板纵向裂缝	0 号块先期浇筑的混凝土对后期浇筑混凝土产生约束作用
8	45+75+45 连续箱梁	挂篮施工	张拉完毕到下个节段施工期间发现顶板纵向预应力	顶板发生超过规范的竖向温差，规范规定顶板上下温差为 5℃，实测为 25°。而且该顶板为普通混凝土板，再加上纵向预应力横向效应等

二、缆索桥的病害现状

缆索桥顾名思义是指利用缆索作为主要承力构件的桥梁，主要包括斜拉桥、悬索桥与索道桥等。而我国目前缆索桥以斜拉桥居多，自1975年四川云阳建成第一座主跨为76m的斜拉桥至目前在建的世界第一跨径（1 088m）的苏通大桥，国内斜拉桥总数达到了100多座。悬索桥在我国历史悠久，20世纪80年代以前，就有60多座，但还没有一座真正现代化的大跨径悬索桥，20世纪90年代，我国现代化悬索技术突飞猛进，犹如异军突起，目前国内单跨跨度超过450m的悬索桥就有11座。尽管目前缆索桥在我国的绝对数量不多，但是作为目前可以跨越1 000m以上海流的唯一桥梁形式，随着我国多起跨海、跨江工程的启动，其数量与规模将越来越大。因此了解其病害现状，对于我国大型桥梁建设具有重要意义。

根据目前大量文献的公开报道，斜拉桥出现病害的现象较悬索桥严重，而且影响了结构的使用寿命，造成了严重的经济损失与社会影响。据不完全统计，20世纪70至90年代初，我国修建的30余座斜拉桥中，已经加固修复的桥占65%，有4座斜拉桥已拆除或改用了其他桥型，有35%的斜拉桥已全部或部分更换了斜拉索，最近2年内尚有10余座90年代后修建的斜拉桥需要换索。

从病害性质来看，缆索桥病害可以分为以下几种形式：

(1)缆索的锈蚀与疲劳；

(2)斜拉索的异常振动；

(3)大体积混凝土的开裂；

(4)钢桥面铺装出现车辙、拥包、开裂、沥青面层剥落与坑槽等病害；

(5)混凝土主梁开裂等。

1. 缆索的锈蚀与疲劳

斜拉桥的斜拉索、悬索桥的主缆与吊杆（索）等除早期采用钢芯缆索或粗钢筋外，目前均采用平行钢丝作为缆索的承力材料。尽管这些缆索采用多种防腐保护措施（如油漆涂刷、外涂沥青后缠包玻璃丝布、环氧树脂缠绕三层玻璃丝布、铅皮套管压注水泥浆、PE管压浆、PE热挤护套以及润扬长江公路大桥采用干燥空气等），但是目前来看，这些措施均没有彻底解决缆索锈蚀问题。如九江大桥是325国道上的一座大型斜拉桥，在运营了10多年后，对主跨斜拉桥进行了全面检测，经检查发现：近70%的拉索PE护层有不同程度的损坏，严重的已有剥落现象，并有大量钢丝锈渣，个别PE护套内甚至有水流出，最严重的拉索断丝数量已达1/3，且两端锚头锈蚀严重，索力与设计索力有较大偏离。位于昆畹公路的某桥为独塔双索面混凝土斜拉桥，2002年、2003年的检查发现，筒内密封环和连接筒76%锈蚀，在检查的54个上锚具中，12个严重锈蚀，占22.64%，在检查的114个下锚具中，严重锈蚀的33个，占29.20%，最大腐蚀深度达0.6mm，另有部分锚具处钢丝镦头严重移位或镦头断裂。斜拉索以及锚头的锈蚀往往会严重降低构件截面面积，甚至导致断丝现象发生，严重降低斜拉索承载能力与使用寿命，目前国内已经出现了十余起斜拉索提前换索的工程（表5），平均设计使用寿命为25年左右的斜拉索在使用平均13年左右就得开始换索，因而造成了重大的经济损失。

国内已经实施的换索工程 表5

序号	桥 名	地 区	设计年限与使用年限	原 因
1	黄河大桥	山东济南	设计年限25年的斜拉索使用13年后更换	锈蚀（铅皮套管压浆防护）
2	海印大桥	广东	设计寿命25年的斜拉索使用6年半后换索	锈蚀（PE套管压浆防护）
3	石门大桥	重庆	设计寿命20年的斜拉索使用17年换索	保护层破损，钢丝锈蚀
4	怒江三达地大桥	云南	设计寿命20年的斜拉索使用10年后更换	钢丝、锚头锈蚀（PE管压浆防护）
5	壶西大桥	广西	斜拉索使用12年后全部更换	锚头、钢丝锈蚀
6	九江大桥	广东	设计寿命30年的斜拉索使用15年后更换	锚头、钢丝锈蚀与断丝（PE管压浆防护工艺）
7	白沙大桥	广西南宁	使用10年后换索	锚头、钢丝锈蚀（PE套管压浆防护工艺）
8	恒丰北路斜拉桥	上海	使用12年后换索	—
9	红水河大桥	—	使用19年后换索	玻璃钢护筒
10	犍为岷江桥	—	使用11年后换索	热挤压PE

我国的现代悬索桥建设开始于20世纪90年代的汕头海湾大桥，建设年限较短，数量相对较少，因而少见主缆锈蚀的报道。但是根据国外的类似报道，悬索桥的主缆与吊索锈蚀也将是不容忽视的病害现象。美国对早期修建的几座悬索桥(包括纽约的 Bear Mountain 桥、Manhattan 桥、Mid-Hudson 桥、Brooklyn 桥、Ben Franklin 桥等)进行了详细的主缆开放检测，检测结果表明主缆钢丝严重腐蚀的情况。1983年建成通车的日本因岛大桥在常规检查中发现吊索与加劲梁的锚固区出现了锈蚀。

缆索构件之所以在达到设计使用寿命前就出现严重锈蚀现象，其原因是多方面的。首先目前我国拉索的设计本身就存在先天不足，主要表现在设计还没有很好解决拉索防腐、振动问题，以及相当部分设计人员缺乏经验，在设计构造上设置不当等。如部分大桥斜拉索在设计过程中采用的是普通钢丝，本身就不具备防腐蚀能力，而部分桥梁尽管采用的是具有防腐蚀能力的镀锌钢丝，但是在风振作用下拉索钢丝相互撞击导致防腐层破坏的作用机理，锚固端疲劳破坏方式与机理均不清晰，设计中也无法予以考虑，因而某些大桥镀锌钢丝防腐层剥落致钢丝锈蚀，锚头提前锈蚀也就不可避免。其次就是施工质量不高或控制不严，施工质量没有达到设计要求。如九江大桥的拉索施工为现场制索，工艺粗糙，施工时保护措施不力，导致索体先天性的损伤，进而加速了 PE 保护层的老化、破坏和钢丝的锈蚀。最后就是缺乏有效的检测手段与养护手段，如对于拉索的内部锈蚀与断丝，往往在问题较为严重后采用破坏式的检查来判断构件的损伤程度，同时拉索的防护层的替换也存在难度大、成本高等缺点。

2. 斜拉索的振动异常

斜拉索的振动异常主要表现为：斜缆索在风雨中振幅增大，甚至摆动，有时伴有波状驰振，严重时甚至两索相碰。斜拉索的大幅振动引起拉索锚固端产生反复弯曲应力，容易破坏拉索的防护装置而加快拉索的锈蚀。剧烈的振动会损坏索的钢套筒、套筒帽及其固定螺栓、缆索的防振阻尼橡胶圈及索的护套，会使行人和车辆行驶感觉不安全。长时间振动也会导致拉索产生疲劳，减少拉索的使用寿命。

目前斜拉索振动异常现象在我国已建成的斜拉桥上较为普遍，表6则对国内部分出现斜拉索异常振动的案例进行了总结。由该表可见，处于多雨、多风环境下的斜拉桥容易出现严重的异常振动现象，而且会造成严重的破坏后果，为此国内外开展了大量科学研究，逐渐了解到拉索典型的振动形式主要有涡激振动、尾流驰振、风雨振动与参数振动等几种形式，从机理上已基本搞清楚导致拉索振动过大的原因，开发出多种抑制拉索振动过大的技术。但是随着我国建设跨海大桥的开始，拉索的长度越来越长，拉索的环境越来越恶劣，这个问题将更加突出。

国内出现斜拉索异常振动的部分斜拉桥 表6

序号	桥 名	现 象
1	洞庭湖大桥	2001年4月9日～10日，该桥发生严重风雨振，录像记录了最大振幅超过0.4m
2	番禺大桥	1999年9月中旬，强台风正面袭击番禺，桥上风力超过10级，斜拉索风激振动严重，部分长索振幅超过1m，主跨26号索上1个减振器跌落桥面
3	汕头宕石大桥	未安装外套管前，观测到了1m的弛振
4	天津永和斜拉桥	尾流弛振造成了拉索互相碰击
5	武汉长江二桥	尾流弛振造成了拉索互相碰击
6	武汉白沙洲大桥	双振幅约60cm的斜拉索振动，部分将军帽和斜拉索PE保护层受到损坏

3. 大体积混凝土的开裂

缆索桥许多部位都将面临大体积混凝土的施工，如悬索桥的锚碇、主塔与承台等。由于大体积混凝土的水化热导致温升、温降控制难度大，而且经常需要采用节段、分块施工，新老混凝土之间约束作用明显，在日照环境温度作用下内外温差大，因而经常发生由于收缩水化热、日照温差等导致的变形裂缝，少见受力裂缝。尽管许多大型桥梁在建设期对大体积混凝土的变形裂缝开展了专项研究，但目前看来问题依旧没有得到很好解决，主要表现在大量缆索桥的桥塔与锚碇在施工、运营期出现了严重的表面裂缝：如双柱式桥塔的承台中部产生顺桥向方向表面裂缝，塔座沿其棱线易产生表面裂缝，塔柱出现变形引起的纵向裂缝，锚碇表面出现纵向水平裂缝等。

重庆李家沱长江大桥主桥为跨度169m+444m+169m的双塔双索面混凝土斜拉桥，于1997年初建成通车至2005年，经过对主塔斜拉索锚固区混凝土的裂缝的检测和统计分析，发现：2号墩上游塔柱裂缝主要集中在17～24号锚箱之间的区段，其他3个塔柱裂缝主要集中20～24号锚箱之间的区段，裂缝基本上呈水平走向。在3号墩下游塔柱24号锚箱上侧，出现最长裂缝约15m，3号墩下游塔柱西南角南面裂缝深度多在30～60mm之间，最大深度64mm。其他位置的裂缝深度多在20～40mm之间。某大桥为墩、塔、梁固结，主跨为300多米的双塔单索面预应力混凝土斜拉桥，桥面以上为单箱单室混凝土断面，顺桥向宽8m，壁厚2.35m，横桥向宽3.6m，壁厚1.3m，每侧的单根斜拉索直接锚固于塔中心处，塔冠拉索锚固区采用预应力粗钢筋加劲。该桥1号墩桥塔在施工到主梁顶面以上8m时，塔体出现竖向裂缝，随着时间的推移竖向裂缝不断增加。在施工2号墩桥塔塔体时，在塔体的钢筋骨架外侧增加了一层钢丝网，但竖向裂缝仍然出现，且裂缝数量增多。宜昌夷陵长江大桥主桥是一座三塔、中心单索面的预应力混凝土箱形展翅截面斜拉桥，主塔3号、4号、5号墩为倒Y钻石形结构。下塔柱正面为下窄上宽的倒梯形，横断面为单箱双室。主塔施工在上塔柱即将封顶时，下塔柱陆续出现裂缝。经过测量，3号、4号、5号墩下塔柱裂缝分布范围较大，数量较多，3号塔14条，4号塔13条，5号塔15条。塔柱横桥向南北两个大直立面亦出现数条裂缝，4号、5号墩下塔柱在迎水面上下游方向出现个别裂缝，大部分裂缝或者说裂缝的总趋势是沿着主筋布置方向，裂缝一般都分布在第一个施工节段，第二施工节段出现裂缝比较少，第三施工节段只有个别裂缝出现。

应该说导致大体积混凝土开裂的力学机理是基本清楚的，但是由于导致开裂的因素较难控制，或者控制成本较高，加之一些施工队伍责任心与技术水平低下，因而大体积混凝土开裂问题一直都是困扰大型桥梁建设的一个重要因素。因此研究简洁、成本低廉的大体积混凝土开裂控制措施应该是大跨度桥梁建设的一个重要课题。

4. 混凝土主梁开裂与钢箱梁疲劳裂纹

在我国，跨度500m以上的斜拉桥一般采用钢箱梁或钢—混凝土组合梁作为桥面系，而跨度500m以下的斜拉桥一般用钢筋混凝土箱梁作为桥面系，个别采用钢箱梁与组合梁作为桥面系。而对于跨度450m以上的悬索桥普遍采用钢箱梁作为桥面系，极个别采用混凝土桥面系。从公开的报道来看，由于混凝土结构抗裂性能差、材料的随机性与各向异性明显，因而混凝土主梁出现开裂的现象在斜拉桥上十分普遍。表7则对国内部分斜拉桥主梁开裂现象进行了总结，由该表可见，混凝土主梁开裂现象依旧比较普遍与严重。

混凝土主梁开裂的部分案例　　表7

序号	桥　名	现　　象
1	某钢筋混凝土斜拉桥	建成不久发现钢筋混凝土箱梁腹板出现大量45°斜裂缝
2	某公路斜拉桥	先后浇筑的两个主梁梁段均出现纵向裂缝，并且大部分都分布在由侧翼缘板与斜腹板的交界处
3	某独塔单索面混凝土斜拉桥	该预应力斜拉桥在施工完成全部二期恒载后发现70m跨箱梁底板存在纵向通长裂缝，左右基本对称
4	重庆李家沱长江大桥	主梁底面及其内侧面上均出现裂缝，裂缝走向以沿桥跨纵向为主，裂缝在侧面上的分布主要集中在自梁底面往上0.2～1.2m的高度范围内，梁体底面裂缝分布主要集中在锚箱两侧
5	湖口大桥	横梁边缘混凝土的应力在横向预加应力作用下基本达到了混凝土极限拉应力使得横梁上缘裂缝增长，数量增加，是桥面板裂缝主要出现在横梁处桥面板过渡段的重要因素，在设计计算时并没对这一重要工况进行局部核算

由于钢材的抗裂性能高，而且材料性能均匀，对局部复杂应力具有较强的适应能力，因而钢箱梁出现裂纹的现象较混凝土桥梁较少。但由于钢箱梁需要进行焊接作业，焊接缺陷在周期荷载的作用下导致的

疲劳裂纹也经常发生，如广东虎门大桥主跨 888m，是国内第一座现代悬索桥，2004 年 2 月发现纵横焊缝交叉处疲劳裂纹约 40cm，当时桥梁服役仅仅 6.5 年。

5. 钢桥面铺装病害

我国的斜拉桥主梁多见钢筋混凝土结构，而且由于桥梁刚度较大，在荷载作用下的变形较小，因而桥面铺装出现严重病害的报道不多。但是悬索桥作为一种大跨度柔性结构，主梁多采用钢箱梁，在自然荷载作用下变形幅度大，同时桥面铺装与主梁的黏结力有限，因而经常出现桥面开裂，沥青面层滑移、剥落、坑槽等老化现象。尽管我国具有现代意义的悬索桥数量不多，但是已经有多座桥梁出现了桥面铺装提前老化问题(表 8)。

导致各种钢桥面出现严重病害的主要因素之一是桥梁超载现象，如江阴长江大桥在限载前 80%车辆超载，是导致桥面迅速产生病害的本质原因。其次就是我国目前对桥面铺装层在复杂环境下(变形、摩擦、温度、渗水等)的结构性能演变机理认识有待进一步深化，缺乏防水、防锈、耐久性、黏性等综合性能均较好的铺装材料。因此加强大型桥梁运营管理，深化钢桥面铺装力学机理以及新型防水材料的研究与开发是解决钢桥面铺装病害的主要途径。

国内桥面严重病害的部分桥梁 表 8

序号	桥名	病害现状	成因
1	汕头海湾大桥	桥面铺装层渗水现象严重，雨水沿空隙渗入桥面，在行车作用下，使沥青与石料产生剥离造成沥青混凝土水损害，桥面局部已相继出现小面积松散或坑槽	—
2	重庆鹅公岩大桥	通车 4 年即发现桥面铺装的局部出现了纵向裂缝，裂缝总长约 1 500m	—
3	虎门大桥	通车约 3 个月，钢桥面铺装局部段落即开始出现热稳性病害，如车辙、推拥等，热稳性病害已较严重，不得不对大桥钢桥面铺装进行了全面处治	防水胶破坏脱层
4	厦门海沧大桥	运营 2 年后，厦门海沧大桥钢桥面出现较大面积裂缝和凹凸现象	铺装层与钢板黏结强度不足
5	江阴长江公路大桥	通车三年多，桥面出现隆起、破裂现象，裂缝长达近百米，局部桥梁钢板裸露	超载

三、拱桥的病害现状

拱桥是我国最常用的一种桥梁形式，据不完全统计，我国的公路桥中百分之七为拱桥。拱桥相对其他桥梁形式而言，其种类与形式最为繁杂。根据拱圈使用材料的不同，拱桥可分为石拱桥、钢筋凝土拱桥、钢管混凝土拱桥；而根据桥面位置不同，拱桥由可分为上承式、中承式及下承式拱桥；根据主拱的截面形式不同，拱桥又可以分为箱形拱、双曲拱、肋拱、桁架拱、刚架拱等。其中钢筋混凝土拱桥与石拱桥多采用上承式，钢管混凝土拱桥、钢桁架拱桥等多采用下承式。由于不同形式的拱桥病害现象有所区别，文章篇幅有限，这里仅就系杆拱桥的吊杆病害进行总结与分析。

对于下承式与中承式拱桥，拉索或吊杆是将桥面系荷载传递给主拱唯一构件，其安全性与可靠性是决定桥梁整体安全性的重要因素。目前，这类拉索在工程应用中普遍出现索体 HDPE 护套提前开裂、下端预埋管进水、锚头及钢丝腐蚀等严重问题，拉索的安全性、耐久性远达不到使用要求。其中相当一部分工程的拉索建成后短时间内出现严重的问题，不得不提前维修维护，甚至提前换索，浪费极大，个别桥梁出现了桥毁人亡的安全事故。三岸邕江大桥位于南宁—北海高速公路上一座中承式钢管混凝土拱桥，也是广西该类桥型中跨径最大的一座钢管拱桥。运营不久的养护巡查中发现，该桥第 4、7、27 组双吊杆以及 37-2、38-1 共 8 根吊杆的 PE 保护层均不同程度的开裂或环状断裂，在经过修补不到 1 年的时间，累计有 52 根吊杆有不同程度发生开裂。2001 年 12 月广西南宁高速公路管理处对辖区高速公路上的两座中承式钢管混凝土拱桥(三岸、六景邕江大桥)进行全面的检查。检查发现，两座大桥的下锚头保护罩内均有大量积水，而用于防腐阻蚀的黄油已基本溶解或者挥发殆尽，上锚头保护罩内的黄油也部分挥发，上下锚头的保护罩已经锈迹斑斑，部分下锚头的保护罩已经锈穿，大部分锚杯亦有不同程度的生锈。佛陈大桥、三山西大桥、西湖大桥的系杆都处在混凝土包围的凹形槽的底部，由于混凝土凹形槽未做特殊排水设计、排水不畅，导致严重积水，且凹形槽内又未做任何特殊防水处理，雨水、积水就从混凝土裂缝慢慢渗入到系杆，因而三座桥梁的系杆锈蚀问题严重。如佛陈大桥在1998年开封检查时就发现系杆锈蚀，到2000年加固时，就发现系杆的钢绞线单根锈断达31根，占12.9%。1990年建成的宜宾市南门大桥当时号称“亚洲第一拱”，桥长384m，桥宽13m，为单孔跨径240m的钢筋混凝土中承式拱桥。在2001年由于连接拱体和桥面的4对钢缆吊杆发生突然断裂而坍塌成2段。武汉晴川桥为下承式拱桥，主拱为钢桁架，桥梁在运营数年后就出现两根吊索断裂、锚头崩出的安全事故，事后调查发现，事故发生主要是由于防水施工不当以及吊索未进行正确编索。

从目前公开报道来看，系杆拱桥的吊杆的锈蚀、断丝病害相当普遍与严重，已经导致部分桥梁不得不提前进行维修。排除施工质量问题，从工艺上而言，我国目前还没有完全解决吊杆的防水防腐工艺，吊杆防腐层往往在达到设计使用寿命前就出现老化破坏现象。从设计计算理论上而言，我国还没有完全认识短吊杆在桥面水平力作用下的响应机理，因而短吊索经常出现疲劳与腐蚀双重作用而提前损坏。

四、结　　语

由我国桥梁建设与病害现状的总结，对比国际上的经验，我国应该在桥梁建设，运营管理，养护等方面迫切注意以下几点：

(1)警惕桥梁大面积老化现象提前到来。根据上个世纪的统计，我国目前至少有27%的桥梁使用年限达到了30年左右，而依据美国的统计，设计平均寿命为75年的桥梁实际使用寿命平均为40年左右，而德国对部分混凝土桥梁的统计表明，使用年限25年以上的桥梁46%至少存在一处中等以上的损伤，因此意味我国目前大量桥梁已经存在损伤，如不加以控制，在未来10年至20年内，大量桥梁将达到使用寿命。

(2)深入开展大跨度预应力混凝土桥梁长期变形机理与控制技术的研究。大跨度预应力混凝土桥梁长期变形远远超过现有设计计算理论预测值，导致大量桥梁线型失真，严重影响桥梁使用功能，甚至多座桥梁不得不加固、降级甚至拆除。而且大量同类桥梁陆续上马，因此深入研究长期变形机理，建立合理预测理论与控制技术已经成为当前桥梁界的迫切任务，同时，研究该类桥型的加固技术具有广泛的应用市场。

(3)缆索桥与拱桥的吊索、主缆等锈蚀问题是目前我国桥梁界普遍存在的病害形式，已经造成重大的经济损失与多起桥毁人亡的安全事故，加大钢构件(吊索、主缆)的防护技术、检测技术与养护技术研究具有重要的经济价值。

(4)混凝土梁的开裂问题一直是混凝土桥梁的重要病害形式，其产生的原因与机理往往较为明确，关键是要深化混凝土桥梁空间设计计算理论的应用，引进动态设计与施工控制理论消除环境、荷载不确定因素，控制施工质量与超载现象等。

(5)悬索桥的桥面铺装问题尽管取得了较多研究成果，但是仍不能够完全满足使用需求，多座桥梁的病害已经造成重大经济与社会影响。

(6)已建桥梁出现病害是不可避免的，而且我国桥梁已经出现老化现象，因此研究桥梁损伤的检测技术(尤其是隐蔽部位、高空部位的检测技术)、桥梁安全性与承载力评估技术，桥梁养护与加固技术已经成为近年来的迫切需求。

参考文献

[1] 陈丹羽. 谢叠大桥T构箱梁挠度和裂缝的观测及加固方法探讨. 广东公路交通，2000年第1期.

[2] 刘四田. 某T形刚构桥损伤原因分析. 市政技术，2003，21(6).

[3] 牟兵，张京街. 预应力混凝土连续刚构桥的加固设计. 重庆建筑，2003年第5期.

[4] 陆中元，李建华，朱念清. 广东南海金沙大桥的维修加固. 铁道建筑，2004年第10期.

[5] 李新平. 预应力混凝土连续T构桥的加固设计. 华东公路，2002，137(4).

[6] 刘四田．桥梁结构的预应力盲区及相关布束规则探讨．中外公路,2004,24(2).
[7] 许文忠．连续刚构箱梁顶板开裂分析及加固措施．山西建筑,2005,31(6).
[8] 杨党旗,崔飞．深圳落马洲大桥长期监测与运营管理．桥梁建设,2005年第2期.
[9] 张丽璞,王昌武．某连续刚构桥桥面裂缝的原因分析．公路与汽运,2004年第3期.
[10] 陈晓强，刘其伟等．预应力混凝土T构桥试验研究及桥面病害分析．江苏交通科技,2004年第2期.
[11] 朱益民,尹晓明．某V形墩连续刚构箱梁桥底板裂缝分析．云南交通科技,2003,19(4).
[12] 杨春林．一座主跨140m连续刚构桥的加固．中南公路工程,2003,28(4).
[13] 詹建辉,陈卉．特大跨度连续刚构主梁下挠及箱梁裂缝成因分析．中外公路,2005,25(1).
[14] 吴宝兴,黄志义等．七里大桥预应力混凝土T形刚构加固设计．华东公路,2003,144(5).
[15] 贺朋,周志祥等．连续刚构桥竖向接缝的质量及其对工后挠度的影响．重庆交通学院学报,2004,23(1).
[16] 项贻强，黄志义等．悬拼式预应力混凝土T形刚构桥病害成因的分析及其试验研究．公路交通科技,2002,19(1).
[17] 李远军,程咏春等．桥面铺装产生裂缝原因分析及处置．交通建设,2004年第4期.
[18] 罗永忠,黎明．施工过程中预应力混凝土箱梁顶面裂缝问题的浅析．广东公路交通,2002年第2期.
[19] 钟裕国．T形刚构施工裂缝产生原因的探究．建筑技术开发,2005,32(6).
[20] 王新敏,王秀伟．某连续刚构桥施工阶段开裂原因的空间分析．铁道标准设计,2001,21(4).
[21] 朱娜,钱永久.我国斜拉桥的现状与展望.四川建筑,第25卷5期.
[22] 叶觉明,钟建驰.大桥斜拉索腐蚀防护技术的应用和探讨.腐蚀与防护,2003,5.
[23] 唐亚鸣,张河.大型桥梁拉索损伤与健康监测.桥梁建设,2002年第5期.
[24] 朱战良.广东九江大桥换索技术.中外公路,2003,10.
[25] 王海良,谢佳飞.某大桥斜拉索病害原因分析及建议.铁道标准设计,2005,10.
[26] 斜拉索振动及其控制策略的探讨.国外公路,2000,2.
[27] 郑万山,刘健新.大跨径斜拉桥拉索致振原因与减振装置探讨.公路交通技术,2003,2.
[28] 马其盛,姜忠祖.斜拉索减振器的风振损坏与处治对策.桥梁建设,2002,3.
[29] 李雄晖,李黎.军山大桥斜拉索减振技术试验研究.公路交通技术,2002,6.
[30] 章纯,邬谷丰.某钢筋混凝土斜拉桥裂缝的有限元计算分析.建筑科学,2003,8.
[31] 蔡涛,高新学.某公路斜拉桥混凝土裂缝成因及防治措施.铁道建筑技,2004,6.
[32] 原泉,张松.某混凝土斜拉桥的加固设计.华东公路,2003,10.
[33] 成文佳,强士中,夏招广.重庆李家沱长江大桥裂缝成因分析与对策.四川建筑,2005,6.
[34] 马春生,王萍.某大桥桥塔裂缝成因分析.公路,2002,8.
[35] 甘应朋.夷陵大桥斜拉桥主塔下塔柱裂缝分析与处理.交通科技,2004,3.
[36] 邹记根,邹显华.湖口大桥主梁裂缝成因分析及防治对策.公路,2001,5.
[37] 张艳,张清华.本州—四国联络桥索的维护技术评述.世界桥梁,2002年第4期.
[38] 姜天华,周履.蓬特·杜阿尔特悬索桥的加固.国外桥梁,2002年第1期.
[39] 蒋俊峰,马迎山.乔治·华盛顿桥主缆索股的检查.国外桥梁,2001年第1期.
[40] 颜娟,段红波.Puente—Duarte悬索桥的检测与加固.中外公路,2002年第2期.
[41] 叶觉明,钟建驰.吊索结构件的防腐蚀保护技术.材料保护,2002年9月.
[42] 孔小玲.加拿大狮门大桥桥面修复工程.中外公路,2003年12月.
[43] 刘道宣.三岸邕江大桥吊杆的早期病害与养护.广西交通科技,2003年第6期.
[44] 张淑静。某中承式变截面悬链线无铰拱桥加固施工.公路,2005年6月.
[45] 拱桥吊杆变形差异引发桥面断裂及类似事故的预防措施.
[46] 林宏石,李志能.钢管混凝土系杆拱桥的养护.公路,2001年12月.

[47] 卢彭真,周岩勇,施文伟. 刚架拱桥的病害分析及防治对策. 广东交通职业技术学院学报,2005年3月.
[48] 张保兴,蔡立培. 大型双曲拱桥病害分析及加固措施. 西藏科技,2001年第2期.
[49] 梁辉如. 鲩鱼头双曲拱桥的加固. 公路与汽运,2005年8月.
[50] 谢红战,张彦波. 从一例拱桥病害看混凝土结构耐久性. 北京公路.
[51] 向令跃,李培俊. 320国道安江大桥加固维修简介. 湖南交通科技,2005年6月.
[52] 李文寿. 滴水崖双曲拱桥加固设计与施工. 山西交通科技,2004年12月.
[53] 方国华. 双曲拱桥加固技术研究. 云南现代交通,2005年6月.
[54] 郑威,张玉成,徐德新. 双曲拱桥的病害分析与加固方案的选择. 建筑技术开发,2005年4月.
[55] 周平. 双曲拱桥维修加固措施. 山西建筑,2005年6月.
[56] 陈丹羽. 谢叠大桥T构箱梁挠度和裂缝的观测及加固方法探讨. 广东公路交通,2000年第1期.
[57] 刘四田. 某T形刚构桥损伤原因分析. 市政技术,2003,21(6).
[58] 牟兵,张京街. 预应力混凝土连续刚构桥的加固设计. 重庆建筑,2003年第5期.
[59] 陆中元,李建华,朱念清. 广东南海金沙大桥的维修加固. 铁道建筑2004年第10期.
[60] 李新平. 预应力混凝土连续T构桥的加固设计. 华东公路,2002,137(4).
[61] 刘四田. 桥梁结构的预应力盲区及相关布束规则探讨. 中外公路,2004,24(2).
[62] 许文忠. 连续刚构箱梁顶板开裂分析及加固措施. 山西建筑,2005,31(6).
[63] 杨党旗,崔飞. 深圳落马洲大桥长期监测与运营管理. 桥梁建设,2005年第2期.
[64] 张丽璞,王昌武. 某连续刚构桥桥面裂缝的原因分析. 公路与汽运,2004年第3期.
[65] 陈晓强,刘其伟等. 预应力混凝土T构桥试验研究及桥面病害分析. 江苏交通科技,2004年第2期.
[66] 朱益民,尹晓明. 某V形墩连续刚构箱梁桥底板裂缝分析. 云南交通科技,2003,19(4).
[67] 杨春林. 一座主跨140m连续刚构桥的加固. 中南公路工程,2003,28(4).
[68] 詹建辉,陈卉. 特大跨度连续刚构主梁下挠及箱梁裂缝成因分析. 中外公路,2005,25(1).
[69] 吴宝兴,黄志义等. 七里大桥预应力混凝土T形刚构加固设计,华东公路,2003,144(5).
[70] 贺朋,周志祥等. 连续刚构桥竖向接缝的质量及其对工后挠度的影响. 重庆交通学院学报,2004,23(1).
[71] 项贻强,黄志义等. 悬拼式预应力混凝土T形刚构桥病害成因的分析及其试验研究. 公路交通科技,2002,19(1).
[72] 李远军,程咏春等. 桥面铺装产生裂缝原因分析及处置. 交通建设,2004年第4期.
[73] 罗永忠,黎明. 施工过程中预应力混凝土箱梁顶面裂缝问题的浅析. 广东公路交通,2002年第2期.
[74] 钟裕国. T形刚构施工裂缝产生原因的探究. 建筑技术开发,2005,32(6).
[75] 王新敏,王秀伟. 某连续刚构桥施工阶段开裂原因的空间分析. 铁道标准设计,2001,21(4).

56. 大跨径梁式桥的主要病害及其预防

楼庄鸿[1] 王国亮[2]
(1. 交通部公路科学研究院;2. 北京公科固桥技术有限公司)

摘 要 本文论述了预应力混凝土大跨径梁式桥的两大类主要病害,一是跨中下挠,二是梁体开裂。文中对产生跨中下挠和斜裂缝的原因,进行了分析,并叙述了预防对策。

关键词 梁式桥 跨中下挠 徐变 斜裂缝 垂直裂缝 预应力 主拉应力 弯起束

目前在我国大跨梁式桥,存在一些较常出现的病害,概括起来,有两大类:一是跨中下挠;二是梁体开裂。

总的来说，跨径 80～100m 以下的梁桥，病害较少些；跨径 100～160m 的梁桥，病害就多些；跨径 160m 以上的梁桥，病害就较重些[1]。

一、大跨径梁式桥的跨中下挠

跨中下挠是一个较普遍的现象。尤其是一些大跨径梁式桥，跨中下挠与梁体跨中区段垂直裂缝或大量斜裂缝伴随出现，其下挠可达到相当大的数值，病害较严重[3]。

表 1 列出了国内外一些刚构桥的跨中下挠值，可见国内外都存在这类病害，其中带铰刚构下挠更大，甚至可超过 1m。带铰刚构桥已趋向不用。

梁桥的跨中下挠 表 1

桥　　名	跨径(m)	结构类型	跨中下挠(cm)	折合跨径	备　　注
黄石长江公路大桥	62.5+3×245+62.5	连续刚构	33.5	1/731	
广东虎门大桥辅航道桥	150+270+150	连续刚构	26	1/1 038	
江津长江大桥	140+240+140	连续刚构	31.7	1/757	
三门峡黄河大桥	105+4×160+105	连续刚构	22	1/727	
广东南海金沙大桥	66+120+66	连续刚构	22	1/545	
广东丫髻沙大桥副桥	86+160+86	连续刚构	23	1/700	
台湾圆山大桥	75+150+2×142.5+118+43	带铰刚构	63	1/238	
挪 Stφvset 桥	100+220+100	连续刚构	20	1/1 100	
帕劳 Koror-Bobelthuap 桥	72+241+72	带铰刚构	120	1/201	加固后即倒塌
英 Kingston 桥	62+143.3+62.5	带铰刚构	30	1/478	
美 Parrotts Ferry 桥	99+195+99	带铰刚构	63.5	1/307	
加 Grand-mere	181.4	带铰刚构	30	1/605	

至于连续刚构，也存在跨中下挠现象：

黄石长江公路大桥跨中下挠，最大已达到 33.5cm，折合跨径的 1/729。当然，同时出现大量的主拉应力斜裂缝与跨中区段垂直裂缝。

江津长江大桥跨中下挠 31.7cm，折合跨径的 1/757。同时出现多条主拉应力斜裂缝和跨中合龙段沿桥宽方向的裂缝。

根据已发表的资料，虎门大桥辅航道桥跨中下挠，最大已达到 22cm，折合跨径的 1/1 227，与此同时跨中存在一些垂直裂缝及少量的主拉应力斜裂缝。此下挠值已远远超过原设计预留值 10cm。最近由于恒载超重引起垂直裂缝的发展，下挠值又增大到 26cm，折合跨径的 1/1 038。

跨径稍小的丫髻沙大桥副桥及三门峡黄河大桥也分别存在 23cm 及 22cm 的下挠，折合跨径的 1/700 及 1/636。

跨中下挠的原因分析如下：

1. 设计上缺乏主动控制梁桥恒载下挠值的意识

设计上非常重视施工各阶段的强度和应力验算，这是正确的，但对于施工各阶段控制挠度的必要性认识不充分，认为可以通过施工控制，调整模板高程与设预拱度即可得到解决，而没有有意识地去主动控制施工阶段下挠值。恒载下挠就可以达到一个相当大的数值。

徐变下挠与恒载弹性下挠大体成正比。恒载弹性下挠越大，徐变下挠也就越大。设预拱度是被动的，它可以抵消一部分下挠，但却丝毫不能减小徐变下挠总量。

2. 对混凝土徐变的严重性和长期性认识不足

混凝土徐变，是梁桥下挠重要原因之一。大跨径梁桥的恒载内力，占总内力的80%，甚至90%以上。为减小恒载内力，必然要走轻型化的道路。由《公路钢筋混凝土及预应力混凝土桥涵设计规范》可知，混凝土构件的理论厚度越小，徐变系数越大。梁的箱形板件越薄，理论厚度就小，就有较大的徐变系数。在具有较大弹性下挠的情况下，徐变挠度很大。一些大跨径梁桥，往往历时5年以后，下挠仍在继续。

3. 片面强调缩短施工周期

施工单位往往希望缩短施工周期，再加上过去一些设计图纸上往往仅标明混凝土强度达到设计要求强度的多大百分比后，即可张拉预应力，而没有对混凝土的加载龄期提出要求。

过早加载，可能引起两个后果：

(1)早期混凝土弹性模量的增长滞后于强度的增长，混凝土虽达到规定强度要求，但混凝土弹性模量往往仅达到设计值的70%甚至还小些。因此在预应力弯矩不能完全抵消自重弯矩时，会使施工阶段弹性下挠值增大。

(2)早期加载，使混凝土徐变增大。由《公路钢筋混凝土及预应力混凝土桥涵设计规范》中的混凝土名义徐变系数值可见，3天加载与7天加载比较，名义徐变系数值增加15%，甚至20%。过早加载会不仅使预应力的徐变损失加大，而且使徐变挠度增大。

4. 预应力损失大大超过设计计算值

(1)有的工地上，对进行预应力损失试验重视不够，没认真去做。现在确实有些试验表明，预应力钢筋与管道壁之间摩擦引起的预应力损失，比设计采用值大很多，甚至差几倍。如果忽视这点，就无法在施工中进行调整，这样就会导致有效预应力不足，下挠增大。

(2)预应力管道的压浆，存在不饱满有空隙，或者浆体离析的现象。浆体离析，往往使上凸的底板预应力束的跨中部分泡在水中，易锈蚀而减小有效面积，导致有效预应力不足。一些旧桥加固的实践也表明，管道中流出的是带铁锈的黄水。

这两点以及上面分析的预应力钢筋预应力徐变损失的加大，都不但会增大梁跨中的下挠，而且可能导致梁正截面强度的不足而出现垂直裂缝。这也是下挠重要原因之一。

5. 梁体自重超过设计

梁体超量不但引起挠度的增大，而且还可能引起梁体弯曲开裂，刚度减小，而进一步增大挠度。

6. 部分活载也会产生徐变挠度

过去，徐变挠度只对恒载而言。现在情况不同了，在繁忙交通的路段上，桥上车流日夜不断，部分活载也实际成了“恒载”，也会产生徐变挠度，导致下挠增大。

7. 梁体开裂，挠度加大

梁体在下挠的同时开裂，不论是斜裂缝或垂直裂缝，都会导致梁的刚度降低，会使挠度加大，尤其在较严重的斜裂缝和垂直裂缝时。

跨中下挠的预防对策：

(1)保证梁具有足够的正截面和斜截面强度

鉴于跨中下挠往往与垂直裂缝与斜裂缝一起发生，且相互促进恶化，因此保证梁有足够的正截面强度和斜截面强度是首要的。恒载内力计算一定要结合实际施工步骤进行，以防止负弯矩计算值偏小。计算中要充分考虑徐变的不利影响。

(2)设计中要控制梁的恒载挠度

在《公路钢筋混凝土及预应力混凝土桥涵设计规范》的正常使用极限状态中，已规定了活载作用下的梁桥挠度不得大于$L/600$，但对恒载挠度未作规定，可能认为用预拱度即可解决。从目前大跨径梁桥出现下挠的情况看，这是不够的，极有必要在正常使用极限状态中，补充规定恒载挠度值，在设计中予以执行。此规定值可以从调查现有大跨径梁桥的挠度着手，并从理论上分析下挠与开裂的关系而确定。在此恒载挠度下,梁仅有少量下挠而不开裂。从目前的认识,施工过程梁的最大弹性下挠绝不应超过 $L/3\,000$,而梁合龙以后的最大下挠(包括恒载的徐变下挠,部分活载的徐变下挠,以及二期恒载的弹性下挠)绝不应超过 $L/1\,400$,而且在设计中应尽可能采用更小的值。名义徐变值要按桥的具体情况计算,不要按一般概念都取用 2,而导致低估徐变挠度。

控制恒载挠度的方法,采用"零弯矩法",使悬臂施工过程中施加预应力引起的弯矩与梁段的自重弯矩相抵消,这样梁段就没有弹性挠度,梁的上下翼缘应力相等,所以也不存在徐变下挠,仅有徐变的轴向变形。尽管随着时间的历程,还有因预应力徐变损失而引起的弯矩和下挠,但其值很小。如果尽可能多的梁段都能实现"零弯矩法"配束,控制梁的恒载挠度小于上述的推荐值,是完全可能的。

正像有些钢筋混凝土弯匝道桥,往往是由正常使用极限状态的裂缝宽度控制设计,而不是由强度极限状态控制设计一样;在大跨径梁桥中,也有可能由正常使用极限状态的恒载挠度控制设计,而不是由强度极限状态控制设计,其强度有富裕。预应力束是多用了一些,但消除了隐患。

由于梁的正截面和斜截面强度得到保证,而且恒载挠度控制在一个较小值,不会同时出现下挠与开裂。在这样的前提下,可以设一些预拱度,以消除预应力徐变损失以及由混凝土徐变引起的徐变挠度,对线形进行调整。

最终合龙主跨前,在两悬臂端施加水平力对顶,然后合龙,不仅有利于减小跨中控制内力,也有利于减小跨中下挠。

要适当增加底板合龙束,并预留体外备用钢束,当出现跨中下挠过大时,以便补救。

(3)严格施工控制,加强施工质量管理

应严格控制线形,控制梁的自重,控制预应力张拉。

混凝土加载龄期,主跨 200m 以上者应不少于 7 天,其他应不少于 5 天;采用真空压浆,浆体必须满足泌水性的要求;重视并及早进行工地的预应力损失试验等。

二、梁 体 开 裂

梁体开裂包括梁上出现垂直裂缝、斜裂缝、纵向裂缝、混凝土劈裂、横隔板裂缝以及齿板裂缝等。下面只讨论出现最多的主拉应力斜裂缝。

斜裂缝往往首先发生在剪应力最大的支座附近,与梁轴线呈 25°～50°开裂,并随时间的推移,不断向受压区发展。裂缝数也会增加,裂缝区向跨中方向发展。

斜裂缝的一个显著特征是箱内腹板斜裂缝要比箱外腹板斜裂缝严重,这已为一些大跨径梁桥的检查结果所证实。

斜裂缝的宽度如在 0.2mm 以下,而且其长度、宽度和数量已趋稳定,不再发展,那么这类裂缝基本属于无害裂缝,不需加固,但要注意观察,要封闭。而实际上大跨径梁桥上往往存在宽度较大、且不断发展的严重斜裂缝,反映出梁的斜截面强度不足。

在设计中,对梁的主拉应力都进行验算,并能通过。但在实践中,这类裂缝还是大量出现,已成为一种主要病害。

出现斜裂缝的原因分析如下:

(1)按平面问题分析,主拉应力偏小。

现在设计中通常仅从纵向和竖向二维来分析主拉应力,即

$$\sigma_{zl}=\frac{\sigma_x+\sigma_y}{2}-\sqrt{\left(\frac{\sigma_x-\sigma_y}{2}\right)^2+\tau^2}$$

但还不够,没有考虑横向的影响。

箱梁中横向应力是不小的。由于箱底板的自重以及上翼缘的悬臂,腹板内侧受到横向拉应力,这就是箱内腹板斜裂缝比箱外腹板严重的原因。除此以外,活载、温度梯度都会使箱承受横向应力。张拉底板束引起的径向力也会在某些范围内产生腹板竖向拉应力。不考虑横向应力的影响,必然使计算的主拉

应力值偏小。正如“苏通大桥副桥连续刚构设计”一文所说，“经计算分析，箱梁的横向荷载对腹板产生的效应很大。……考虑此项效应的主拉应力将远超出规范允许值。”[4]

此外，由于采用箱形截面，扭转、翘曲、畸变也会使腹板中的剪应力加大，从而增大主拉应力。因此，应该按三维进行分析。

过去大跨径梁桥出现较多斜裂缝，重要原因之一可能与设计上对主拉应力计算偏低有关。

(2)取消弯起束。

从20世纪90年代开始的一段时期内，在箱梁桥的设计中，较普遍地取消弯起束，而用纵向预应力和竖向预应力来克服主拉应力。这样做方便施工，可以减薄腹板的厚度。但竖向预应力筋长度短，预应力损失大，有效预应力不易得到保证，经过几年的实践，带来的是斜裂缝大量出现的教训。首先，在某桥上取消了梁端的弯起束，引起梁端部大量严重的斜裂缝出现，使人们认识到梁端必须设弯起束。后来在很多梁桥的主墩附近梁体上也大量出现斜裂缝，从而认识到取消弯起束是不妥当的，于是重新回到设弯起束的正确轨道上来。但为此已付出了一定的代价。

(3)腹板特别是根部区段腹板偏薄，配置普通钢筋偏少。

(4)竖向预应力施工操作不规范，有效预应力严重不足，有的竖向预应力筋甚至松动，没有压浆，根本没有张拉力。

(5)个别桥梁施工质量差，悬臂施工盲目抢时间，在混凝土初凝时间小于节段浇筑时间的情况下，既不对挂篮压重，又自内向外浇筑混凝土，导致挂篮下挠，节段界面上缘开裂，其宽度以mm计。在通车后不久出现严重斜裂缝。按现有裂缝验算，剪应力增大5～8倍，导致主拉应力的成倍增长，因而出现斜裂缝。这种缺乏基本常识的低级错误，决不应该再犯了。

预防对策是：

(1)保证有足够的斜截面强度。

(2)采用三维分析箱梁的主拉应力，不要漏项。

(3)必须配置弯起束，同时也应配置竖向预应力束。必须充分考虑预应力损失。对竖向预应力束，应采用二次张拉，确保其有效预应力。

(4)适当增加腹板特别是根部区段腹板的厚度及其普通钢筋含量，加密箍筋，加粗加密梁高范围纵向水平钢筋。

三、结　语

文中提到的防止出现跨中下挠及斜裂缝的一些新理念，目前已经基本得到共识，并据此设计了一些大跨径梁桥，情况良好。

参考文献

[1] 楼庄鸿.现有预应力混凝土梁式桥的缺陷.楼庄鸿桥梁论文集.北京，人民交通出版社，2004.

[2] 公路钢筋混凝土及预应力混凝土桥涵设计规范(JTG D62—2004).

[3] 郭圣栋等.大跨梁桥持续下挠成因及其控制的结构措施.中外桥梁病害诊治大会论文集，2005.

[4] 孔海霞等.苏通大桥副桥连续刚构设计.中国公路学会桥梁和结构工程分会全国桥梁学术会议论文集，2004.

[5] 周军生.变截面连续梁式桥设计中应当注意的几个问题.公路交通科技，2001(4).

[6] 王法武等.大跨径预应力混凝土梁桥长期挠度控制研究.中外公路，2006(4).

[7] 孔海霞等.预应力混凝土连续钢构徐变影响分析及对策研究.中国公路学会桥梁和结构工程分会全国桥梁学术会议论文集，2006.

[8] 陈宇峰等.大跨PC连续刚构桥跨中持续下挠成因及预防措施.中国公路学会桥梁和结构工程分会全国桥梁学术会议论文集，2006.

57. 桥梁形态审美

徐风云[1] 赵 勇[2] 陈德荣[3] 张维丽[4]

(1. 武警交通指挥部工程设计研究所；2. 厦门瀚卓路桥景观艺术有限公司；
3. 浙江省舟山连岛工程建设指挥部；4. 中交集团第二公路工程局有限公司)

摘 要 本文论述桥型审美的普遍原理与法则，桥梁形态元素的组合法则以及桥梁造型艺术的形态思维。

关键词 桥型 审美 法则

一、桥型审美普遍原理与法则

1. 桥梁审美属性

桥型审美包括总体造型审美与构件造型及组合审美两部分。桥梁的审美属性包括桥梁的功能美、技术美、形态艺术美三大属性，是桥梁存在的客观依据。功能审美属性主要指桥梁是否满足其交通、行洪、通航、行车(或行人)舒适等服务功能；技术审美属性主要指设计施工技术、工程质量、造价、工期等技术经济指标及与桥梁工程学、材料学、相关标准和规范中规定的技术指标、质量指标、经济指标的符合性；形态艺术审美属性主要包括桥梁造型艺术和景观艺术，桥与自然环境、人文环境的和谐与相融。技术美和功能美以相关技术标准或规范为依据，是可以量化的，也是相对客观的，它属于工程学范畴。形态艺术美也是客观的存在，它属于美学范畴。因为艺术审美的不可量化性，并受审美主体(人)的价值观、人生观、行为准则、动机等个体素质的影响，所以，人对于桥梁形态艺术美的认知常常是多样的，但这并不能影响桥梁形态艺术美的客观存在。

2. 桥梁造型美的表现方法

桥梁造型包括总体造型(即桥型)和构件造型两部分，前者是整体，后者是部分。桥梁造型美的表现方法包括：形态(式)、内涵、整(主)体、装饰、静感、动感六方面；审美评价包括：丑、差(不好的)、一般、好看、美五个层次，“一般”是造型美的最低限度，美或好看是造型美追求的目标。

(1)形态(式)美

形态(式)又称形式、形状，属于视觉审美与感性审美评价范畴。形态美是审美主体视觉感应与形象思维相结合得出的审美判断，形态与桥位地形、地貌、环境和谐是总体形态(式)美的必须条件。构件或结构形态美的首要条件是造型新颖、独特、合理、雄伟、壮观、富于表现力和震撼力。

(2)内涵美

内涵美又称内在美、理性美，属于桥梁文化范畴，是桥梁形态艺术审美的理性思维。它要求桥梁造型能包容、寓意、表达、折射当地某种人文、民风、民俗、环境特点，巧妙地、富于创造地体现出某种时代潮流、进取精神，显示建设者克服自然障碍的力量。

(3)整(主)体美

整(主)体美是桥梁功能美、技术美、艺术美的综合评价。只有整(主)体美的桥梁才是真正美的桥梁。

(4)装饰美

桥梁装饰是一种技术，也是现代桥梁景观艺术创造和审美的重要组成部分，它包括表面涂装防护体系的技术美和色彩美；灯饰夜景的技术美和内涵美；桥位周边环境的绿化，开发利用、环境保护和建设等内容。装饰美的评价标准主要取决于装饰效果是否充分展示并扩展、深化、发掘桥型美的属性，使之成为某个地区、某种文化的标志性工程。目前桥梁装饰已成为一种时尚，受到各界重视。

(5)静感美

静感又称静观，指审美主体在相对静止状态下从不同视角、不同视距、不同高度观察、吸收发掘、欣赏桥梁整体或局部结构形态元素，经过形象思维，引起共鸣，得到美的享受，作出审美评价。静感美是对桥梁美的揭示，也是审美主体审美情操的反思与升华，故属于理性审美范畴。

静感美不局限于静态审美思维，也包涵抽象动态审美思维。如静观富于张力的悬索桥主缆曲线、高耸的索塔，静观在不稳、不平衡中求得稳定、平衡的提篮拱桥、歪塔斜拉桥、单索面斜拉桥等，都可抽象地联想到桥梁隐含的动态美。

(6)动感美

动感又称动观，指审美主体在运动中欣赏、发掘、吸收桥梁整体或局部形态元素，在连续的起伏、曲折变化中完成形象思维，引起共鸣，得到美的享受，作出审美评价。动感具有可变性、瞬时性、跳跃性，所作出的审美评价往往是宏观的，故属于感性审美范畴。

3. 桥梁形态元素及情感效应

(1)点形态

点形态是最基本造型的元素，在结构中它通常是“体”的泛称，所表现的意义有：表示特定目标（焦点）；界定构件空间位置（交叉点）；单个标志物等。通过点（体）的形状、体量、疏密、排列、位置变化，可以表现动与静，活泼与严肃，强调与淡化，虚与实，朦胧（神秘）与清晰（开放）等情感，见图1。

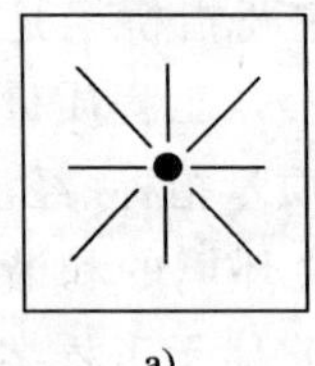

a)

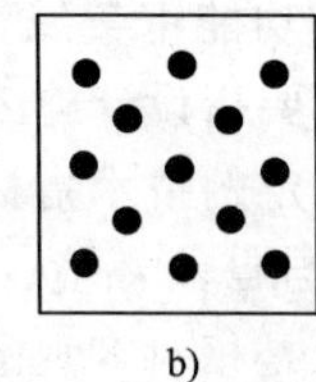

b)

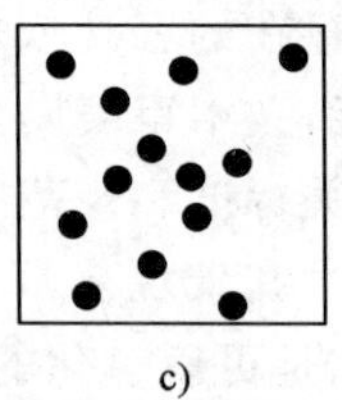

c)

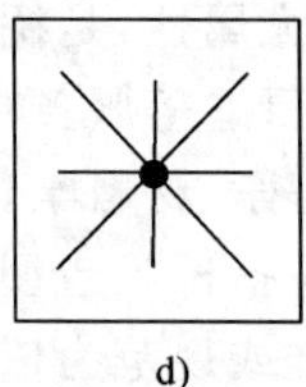

d)

图1　点形态情感效应

a)中心、聚焦放射点效应；b)序列点效应（对称、有序）；c)随机点效应（混乱、无序）；d)交叉点效应（构件交会）

(2)线形态

线形态是面的界定（交界线），体的轮廓（轮廓线），细长构件（如主缆、吊索、斜拉索、栏杆、高塔等）的形态。水平直线表达稳定、舒展、延伸、目的等情感；竖直线表现向上、坚挺、崇高、积极等情感；曲线形态柔顺、流畅、活泼、弹性，极富心理感染力和诱惑力，表达理智、典雅、恬静、浪漫、抒情、奔放等情感，见图2。

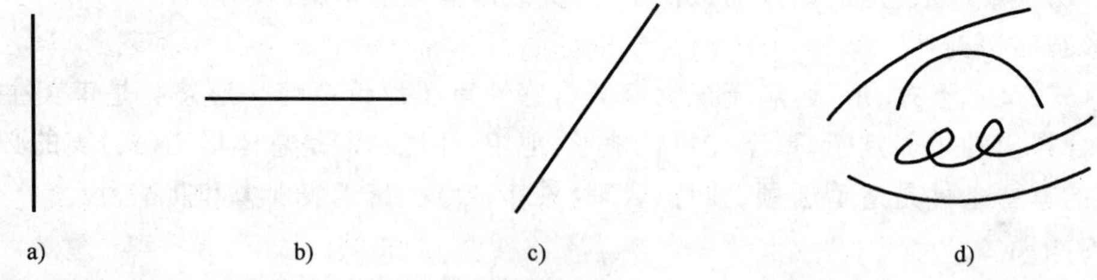

图2　线形态情感效应

a)垂直线具有高耸、坚挺攀登效应；b)水平线具有稳定、平静、延伸效应；c)斜直线具有方向、动感效应；d)曲线柔顺活泼、流畅极具心理诱惑力与感染力

(3)面形态

面形态是体的界定（界面），体形态的外观。面形态有圆形、方形、三角形、多边形，曲线型等多种造型；有直面、曲面、水平面、竖直面、斜面等。面形态是线形态的运动结果，因此具有线形态的情感效应，但更丰富、更富于表现力和感染力，见图3。

(4)体形态

任何结构物都是“体”——包括单体、群体，所以说，桥梁形态艺术在本质上就是体形态艺术。体是面、线、点在三维空间的延伸。体形态以其体量（尺寸）、比例、质感、色彩、造型、空间位置、排列组合等形

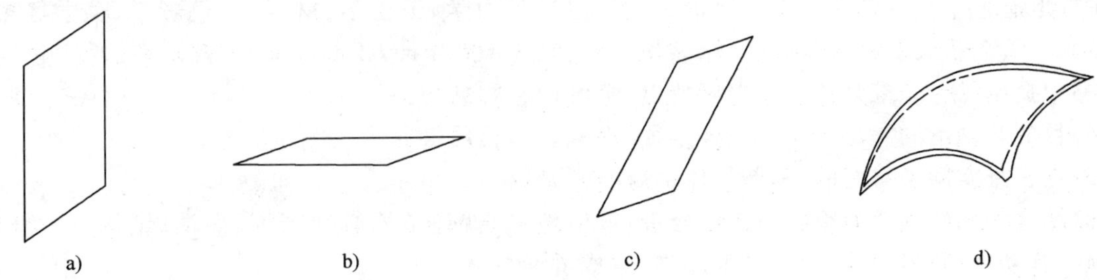

图 3 面形态情感效应

a)竖直面具有严肃、完整效应;b)水平面具有辽阔、平静、延伸效应;c)斜面具有不稳定效应;d)曲面具有轻巧、活泼效应

成其审美功能(包括技术美,功能美、艺术美),诱发存在、真实、充实等情感,见图 4。

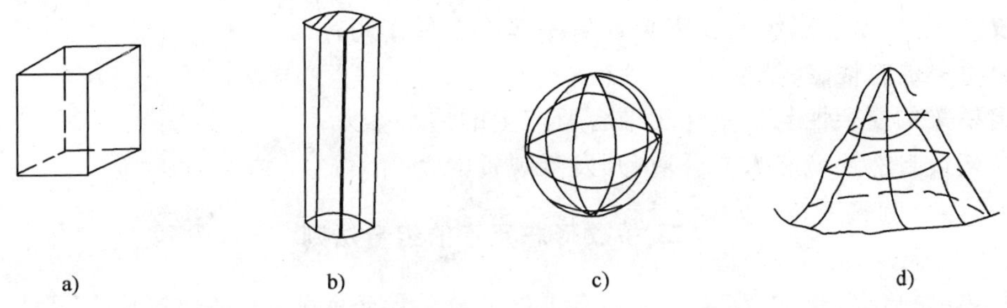

图 4 体形态情感效应

a)方体具有严肃、稳定、工整效应;b)柱体具有高耸、挺拔、强胜效应;c)球体具有随机平衡、稳定、流畅、活泼效应,感染力强;d)自然锥体具有高耸、自然、稳重效应

(5)质感

质感是体形态的视觉和触觉审美产生的情感效应,是材质本色、纹理、粗糙度、硬度等引发的审美效果。如木结构的本色、纹理,弹性等质感可引发天然、纯朴情感;钢结构的铁灰色、平滑、坚硬等质感,可能引发冷峻、刚毅、坚强、现代情感。

(6)色彩

体和面形态的表面色彩包括材料本色和涂装色两种,后者具有丰富的表现力,可诱发复杂的情感效应。目前,桥梁色彩审美已成为一种时尚,将另文详细阐述。

(7)灯饰

现代桥梁审美艺术中,灯饰已不再是通常概念中的照明工具,而成为夜间展示和扩展桥梁形态美,塑造丰富多彩、神秘、美妙、流动、变幻的夜空世界的审美元素。它不是形态艺术,但高于形态艺术。将另文详细阐述。

(8)雕塑小品

雕塑小品不属于桥梁主体形态艺术范围,但在桥梁附属结构(如古代桥梁中的栏杆)引入雕塑小品,可以提升桥梁的审美效果。现代桥梁雕塑小品多设置在桥梁周边,属于桥位周边景观设计范围。

4. 桥梁形态艺术美的创造与审美评价法则

按照“审美二元论”,桥梁形态艺术美来源于美的创造,只有创造出美的桥梁,才有桥梁艺术审美。前者是设计师(艺术家)的行为,具有极强的专业性;后者是观赏者或使用者的行为,具有很大的普通性、离散性。然而,作为一门科学——桥梁美学,无论桥梁艺术美的创造,还是桥梁艺术美的感悟、发掘、吸取,既美的欣赏,都不能脱离普遍审美法则。但是,何为科学的审美法则?怎样遵循或践行科学审美法则?各个时期的哲学家、美学家们有不同的结论,或者说这是讨论了几千年的命题。

近年来,科学的、经典的桥梁审美观正在受到冲击。以“创新性”、“艺术性”、“标志性”、“造型美”为理由,造型奇异的异形桥成为“时尚”,备受青睐。因为异形桥违背了科学的、经典的工程力学原理,结构受力极不合理而徒劳增加了设计和施工难度,使工程造价倍增,也为养护维修留下后患。什么才是真正美的桥梁?如何创造和评价桥型美?已经成为当今桥梁界和决策者探讨的新命题。

桥梁形态艺术美的创造和审美评价是一门包括了力学、工程学、材料学、色彩学、美学等多种学科的综合技术。著名桥梁学家、桥梁美学家弗里茨·莱昂哈特(Fritz Leonhardt)教授在《桥梁建筑艺术与造型》一书中提出了十条准则。结合中国特点,笔者把它归纳为:

(1)目的与功能的满足。质量和美必须统一起来,且质量居第一优先地位;

(2)在三维空间中有好的、和谐的比例,优美的韵律;

(3)结构物的线和边的组合与排序合理,通俗地说,就是结构必须精炼、简洁;结构受力合理;所有构件必须按其功能、比例、有序组合排列起来,组成桥梁总体;

(4)精炼的艺术造型;

(5)与环境相亲和;

(6)建筑材料的材质、材性,表面质地和色彩应与桥梁功能和环境要求相适应;

(7)灯饰夜景、色彩及色彩组合在审美效果中起着重要作用;

(8)表现出桥梁的特性、特征或目的、地位;

(9)表现出桥梁的复杂性与多变性相结合所产生的艺术魅力;

(10)保护、建设自然环境和人文环境,开发景观资源。

二、桥梁形态元素的组合法则

点、线、面、体、材质、色彩、灯饰等普遍元素不仅是桥梁形态元素,也是建筑形态元素。后面提到的组合法则在桥梁美学和建筑美学中都有表述。其原理、原则、法则都有共通处。不同者是桥梁审美研究如何用这些普遍形态元素组合成或创造出美的桥梁,而建筑美学则研究如何用这些普遍美学形态元素组合成或创造出美的建筑物。两者的根本区别是结构功能、特点、技术标准不同。这正是桥梁审美与建筑审美的分歧点。所以,桥梁审美必须把桥梁的功能美和技术美作为第一或者首要前提。这属于桥梁工程学,材料学研究的范围。本节旨在符合上述前提条件下,根据形态艺术审美要求来界定桥梁形态元素的组合法则。

1. 协调与和谐法则

协调与和谐包括两层意思,一是宏观协调或环境协调,它强调桥梁整体造型与环境配合适当;二是内部(自身)协调,它强调组成桥梁的形态元素相互配合适当。和谐是协调追求的目的,它强调审美主体与环境之间的和睦、亲切、轻松、愉快、一致、舒畅等情感效应。

协调法则主要有二种,一是对比法,即通过对比取得适当的配合;二是调和法,即以统一、渗透、融合等方法取得适当的配合。

2. 多样与统一法则

多样与统一主要用于同一桥梁结构内部协调,强调同一类构件应力求统一。如,多个桥墩的高度可能会随地形而变,但其形状应统一,即在多样变化中求得造型统一。

3. 复杂与简洁法则

桥梁结构受到复杂的外部条件影响,且由多种构件组成,其空间位置、构件功能、造型尺寸各式各样,十分复杂。但复杂的内容和形式又受技术、经济、审美原则的支配,而具有某种规律性、统一性。所以复杂与简洁法则的前提,或者说其必要性、合理性、审美评价,取决于对上述原则的符合性,而不能简单地认为复杂就是美,或简洁就是美。20世纪之前,受桥梁技术水平限制,桥梁结构都十分复杂,并以复杂为美。随着桥梁技术水平的提高,现代桥梁趋向于简单、简洁、统一,并逐渐成为新审美观。

4. 对比与联想法则

对比指两(多)种事物比较,内容广泛,但以追求目的为侧重点。没有目的就没有对比。对比强调两(多)者的相似、相近、相同或差异;联想则是对比诱发的思维活动或审美情感,审美评价及最后作出的审美决策。当然这不是审美决策的唯一依据。对比与联想的范围和内容可以是桥梁整体或局部构件的各个方面。就方法论而言,可分为四种。

其一,同类对比与联想法则。它侧重于以同类桥梁作为对比对象,作出异同或优、次、劣,美、好、丑等评价。

其二,异类形象对比联想法则。就表象而言,异类(如桥与山川、日、月、船、房屋等)并不具有可比性,但如通过表像(形式)对比其本质和效果,仍是一种对比方法,而且是一种现今流行的时尚方法。当前桥梁界出现了或正在流行异类形式对比联想法有:以自然现象与桥梁类比,如以半月、山峰与拱桥类比;还有以其他事物类比,如船、帆、形象文字等与桥型类比,并且赋予某种命题,诗句。在异类形式对联想方法中,桥梁成了雕塑品,展示标志物。这种方法在国内外桥梁工程乃至建筑中均有流行,可谓取类无穷。但大多牵强附会,有哗众取宠之嫌。其结果往往损害了桥梁的功能美和技术美,大大增加了工程造价。

其三,性质对比联想法则。传统的性质对比联想法强调以同类桥梁的功能、技术、艺术本质及行为特征为依据,进行桥型优化塑造,这是值得提倡的。与形式对比联想法一样,也有异类性质联想法,如中国古代的比德联想法。

其四,因果对比联想法则。它着眼于过去和未来,强调以因果为依据,分析桥梁与自然环境,人文环境,社会环境的关系和影响,进而得出合理的美的桥型。从践行科学发展观,贯彻可持续发展战略的高度来认识,因果对比联想法则是值得提倡的方法。

5. 韵律与序列法则

韵律与序列法则是从诗词、歌赋延伸或借鉴到桥梁形态审美中的法则。在诗词中,韵律指平仄格式和押韵规则;在歌赋中,韵律指乐曲的旋律、节奏、对比、反复、和谐等。序列则是符合某种韵律格式或规则的文字或音乐符号排序。在桥梁形态审美中,不存在某种固定的韵律格式或规则,其韵律美只是审美主体在观察同类集合构件排序的某种规律性、连续性、完整性中诱发的审美情感,如节奏感、和谐感等。具体地说,如悬索桥的吊索、斜拉桥的斜拉索,长桥的桥墩等同类构件按某种规律排序后,就能表现出某种韵律情感。韵律又是审美情感的升华,被称为艺术美的真谛。韵律与序列的表现方法有五种:

(1)连续韵律与序列法则。它强调构件按某种规律平顺连续变化,如悬索桥的吊杆,依其主缆的曲线造型,由索塔向跨中由长及短,连续变化,就符合连续韵律排列法则。

(2)突变韵律与序列法则。它以同类构件的不同序列来表现韵律的突变。如简支悬索桥的吊索,在中跨吊索长短按连续、渐变规则有序排列,但至索塔到边跨后,就突然消失,形成韵律突变。突变韵律与序列可以给予结构变化的提示,形成某种冲击效果。

(3)渐变韵律与序列法则。它强调多种韵律与序列缓慢过渡,如多跨连续拱桥的拱肋曲线,先从拱顶至拱脚缓慢降低,至第二跨之后又由拱脚向拱顶缓慢升高,体现渐变过渡的形态情感。

(4)重复韵律与序列法则。它强调有规律地多次出现同一种序列或节奏,以其重复性来加强或强调构件的功能和韵律感。如多跨对称斜拉桥的斜拉索的长短、疏密,色彩就具有重复韵律与序列特征。

(5)交叉韵律与序列法。当同一类构件或不同类构件按各自序列交错排列,就发生两(多)种韵律的交叉(或重叠)。交叉韵律与序列如处理适当,可引发和声、共鸣、对比、衬托、渲染等审美情感,道理与乐理相似,但若处理不当,就会引起错乱,混乱感。如从钢桁梁桥的斜腹杆,竖杆序列就能产生交叉韵律情感。不对称斜拉桥的吊索序列也属于交叉排序列。

6. 对称与非对称法则

对称是指物体的几何形状(面、体)或构件排序在轴线(即对称轴)或轴面(即对称面)两侧完全相同;非对称或不对称则不服从这个规则。严格地说,对称或不对称并不是审美评价法则,而是构图或构件排序方法。对称可以表达某种规律性、符合性,可诱发平衡、稳重、安定情感;而非对称结构如能在不平衡中求得稳定,则可诱发活泼,创新情感,同样有美(或不美)的内涵。按其规律,有以下四类法则:

(1)镜面对称法则。又称左右对称法则,泛指位于对称轴或对称面左右两侧的物象(包括图形、结构、功能等)完全相同,犹如镜中映像。这是桥梁结构设计中经常采用的方法,如左右两个车道相对于桥中轴线(面)的对称,等跨斜拉桥结构相对于索塔中心竖直面的对称等。镜面对称是自然界、生物界常见的现象,在人体、动植物形态中都可找到。这说明它的存在适应了自然造物的深刻内涵,甚至是某种客观规律的物化，应当受到重视。镜面对称不但表达了正规、严肃、端庄等审美情感，也可简化结构类型，方便施工。

(2)重合对称法则。又称平移对称法则，指某种图形(或构件群)相对于某一对称轴(面)的重复出现。这也是桥梁整体造型设计中常用的方法，在审美方面则表现了韵律的强调反复情感。

(3)旋转对称法则。又称车轮对称法则，指某一组(或一个)图形绕某对称轴(面)旋转某一角度后，又重复出现，构成重复韵律。

(4)结晶对称法则。又称装饰对称法则，指按某种规则对称排列同一图形或构件，形成总体对称结构，如网格结构，框架结构等。

7. 比例法则

比例泛指部分与整体或部分与部分之间的度量关系。狭义的比例概念可以具体到同类形态元素(点、线、面、体)的尺寸关系，广义的比例概念则上升为审美研究中强调的相对物之间存在的某种相关性及其在整体中的变化与重复。传统审美观点甚至认为，好的比例就是美，而美的比例又在于富于节奏与韵律。现代审美观念则认为，没有固定不变的“美的”比例，只有相对合理的比例。因此，比例与美并无客观联系。所以，古典美学中推崇的“黄金分割法则”、“裴氏法则”已经很少用于桥梁审美了。

黄金分割法则是古希腊哲学家毕达奇拉斯研究古希腊和古罗马建筑，以及人体各部尺寸之间的比例关系得出的审美观念。他认为各同类元素之间符合比率0.618：1或按此比率排列，即0.618：1，1.618，2.618…(即后一数为前二数之和)，就是美的序列。正因如此，经典美学，把0.618：1称为“黄金比”，意在突出这一发现的重要性。

裴氏级数法则是意大利数学家裴波拉契提出的，它依然遵循黄金分割法则，但以简单整数1、2、3、5、8…为序，即后数仍为前两数之和。

桥梁工程学根据结构特点和受力行为，设计经验，以确保桥梁技术美为目标，形成了各式桥型结构尺寸比例参数，见表1。

各式桥型结构尺寸比例参数 表1

桥 型	长跨比(S/L)	梁宽跨比(B/L)	梁高跨比(H/L)	边跨/中跨	跨度(m) (合理跨度)
悬索桥	1/10 ～ 1/12	1/40 ～ 1/60	钢箱梁高2.5～4.5m	1/3 ～ 1/2	400～5 000
			钢桁梁高8～14m		(600～3 000)
混凝土箱形拱桥	1/4 ～ 1/8	1/25 ～ 1/40	1/45 ～ 1/60	1 ～ 1/3	50～600(100～500)
钢管拱桥	1/4 ～ 1/8	1/25 ～ 1/40	1/45 ～ 1/60	1 ～ 1/3	50～600(120～500)
PC斜柱桥		1/50 ～ 1/200	1/50 ～ 1/200	双塔：1/4 ～ 1/2 独塔：1/2 ～ 1	50～600(200～500)
PC连续钢构桥			支点：1/17 ～ 1/20 跨中：1/50 ～ 1/60	1/2 ～ 1/1.25	60～300(80～200)
PC连续桥梁			支点：1/16 ～ 1/20 跨中：1/30 ～ 1/50	1/1.4 ～ 1/1.25	40～200(60～150)

三、桥梁造型艺术的形态思维

1. 虚与实的思维

实为有，为存在，为主体；虚为无，为抽象，为衬托。虚与实是主与次、主体与衬托、存在与抽象的相辅相成、对立统一关系，是桥梁造型实体发展为空间思维的审美表述。

2. 刚与柔的思维

刚为直，为硬；柔为曲，为软。刚柔相推，变化其中；刚柔相济，美在其中，是从哲学引伸到桥梁造型艺术审美思维表述。

3. 冲击与力度的思维

冲击与力度是桥梁造型突变、转折诱发形成的心理反应，因其具有突发性、刺激性，而使审美主体思维活跃并产生兴奋感，现已成为一种新的审美时尚。

4. 镇静与稳重的思维

镇静与稳重是早期形态审美思维方式之一。它以造型的粗大坚实，厚重、平顺过渡为代价，追求凝重、安全、放心、平稳、保守等形态思维。

5. 飞跃与跨越的思维

飞跃和跨越江、河、湖、海，飞跃和跨越天然障碍，是桥梁的基本功能，也是桥梁造型艺术审美的本质，是桥梁造型美独有的并超越其他建筑物的审美特点。飞跃和跨越是胜利和力量的象征，是征服者的兴奋与自豪。毛泽东著名诗句"一桥飞架南北，天堑变通途"，"神女应无恙，当今世界殊"，正是从桥梁飞跃大江而诱发的崇高美感。

6. 平衡与稳定的思维

平衡是桥梁造型的视觉效应，稳定是平衡诱发的心理效应。对称平衡稳定曾经是早期桥梁造型审美追求的目标。随着现代设计理论、计算科学、材料科学、施工技术的发展，现代桥梁技术可以使造型不平衡，不对称的桥梁得到稳定的结果，从而产生了另类形态审美思维，即不平衡稳定美，或不对称稳定美。拱肋内倾的"提篮拱"，不对称斜拉桥、无背索歪塔斜拉桥等正是这种审美思维的产物。这类桥型往往可以使审美主体得到动态美感享受，发出新颖、神奇、独特等美誉(插图 1～图 3)，但是这种"时尚"是以超常规投资和风险为代价取得的，不宜提倡、泛用。

58. 组合结构桥梁的应用

杨春梅[1] 薄新钢[1] 梁瑞琴[2] 李永胜[3]

(1. 中国公路工程咨询集团有限公司；2. 中交跨世纪工程技术有限公司；3. 北京市路政局)

摘 要 自 1986 年法国建成波形钢腹板 PC 组合箱梁桥——Cognac 桥以来，许多国家对该种组合结构进行了研究并建造了相应的实桥。本文介绍了 2005 年以来我国建成的三座波形钢腹板 PC 组合箱梁桥，并对这三座桥的施工方法进行了讨论。

关键词 波形钢腹板 PC 连续箱梁 组合结构 桥梁工程

一、概 况

波形钢板最早应用在船舶、集装箱以及机翼地制造中，后来开始应用在民用建筑之中，瑞典早在 20 世纪 60 年代，就将冷轧波形钢板梁用于较大跨径的屋顶主梁。这种波形钢腹板因其在轴向为折叠状板，当受到轴向预压力作用时能自由压缩，因此由上、下混凝土翼板的徐变、干燥收缩产生的变形几乎不受约束，从而避免了由于钢腹板的约束作用而造成箱梁截面预应力的损失。用波形钢板代替平面钢腹板，不仅减轻了箱梁自重，而且也省去了设置纵横向加劲肋的繁杂工艺，钢板的加工更为便利。与混凝土腹板箱梁相比，仅有几毫米厚的钢板所能承受的剪力相当混凝土腹板数十厘米厚，其重量仅为混凝土腹板的 1/20 左右，同时波形钢板具有很高的抗剪屈曲强度，抗剪的要求很容易满足。更为重要的是，波形钢腹板有效地解决了传统的预应力混凝土箱梁腹板易出现斜裂缝的问题。20 世纪 80 年代中期，法国 CB 公司经过大量的理论分析和模型试验确认这种箱梁的钢腹板抗剪、抗扭及稳定性方面的受力特性后，在 1985～1986 年间，首先建成了世界上第一座波形钢腹板预应力混凝土组合箱梁桥——Cognac 桥，波形钢腹板厚仅仅为 8mm。此后，在世界各国又相继建成了法国的 Maup're 桥、Asterix 桥、Dole 桥，挪威的 Tronko 桥，委内瑞拉的 Caracas 桥、Corniche 桥。1988 年美国钢结构协会(AISC)将波形钢腹板预应力混凝土(PC)组合箱梁作为新型的结构形式进行介绍以来,许多国家均围绕这种结构的力学特性进行了研究。我国于2003年开始进行了这种结构的桥梁设计工作,于2005年1月完成了波形钢腹板PC连续箱梁人行桥——长征桥的建造,2005年7月完成了波形钢腹板PC连续箱梁公路桥——泼河桥的建造[1~5],2007年完成了简支变截面波形钢腹板PC组合箱梁人行桥——银座桥的建造。

二、长 征 桥

2005年1月建成的波形钢腹板PC组合连续箱梁人行桥——长征桥,位于江苏省淮安市长征小学西侧,跨越里运河,分别连接河南路和漕运西路的人行道。里运河水面宽约58m,两岸均为石砌驳岸,河岸顺直稳定。为了增强城市美感及适应周边环境,长征桥采用有较强立体感、外形美观的波形钢腹板PC组合连续箱梁结构形式,并配以四个造型优美,寓意"天天向上"的螺旋式转梯。

1. 主体箱梁

跨径布置为18.5m+30m+18.5m的三跨PC组合连续箱梁,边跨与中跨之比约为0.62。在箱梁中横隔板处设置转向块,在端横隔板处设置为锚固区。主梁横断面采用单箱单室截面形式。箱梁顶板宽7m,翼板悬臂长1.63m,底板宽2.5m,箱梁高1.6m,底板厚15cm,顶板厚20cm,波形钢腹板倾斜30°,在与翼板连接处局部加厚。中跨及边跨的高跨比分别为1/18.8、1/11.6。

2. 预应力

根据内力计算结果,考虑18.5m+30m+18.5m波形钢腹板PC连续箱梁跨中及支点处的正、负弯矩,配置2种体外预应力钢束,采用ϕ15.24的钢绞线。其钢束配置见图1中虚线所示。

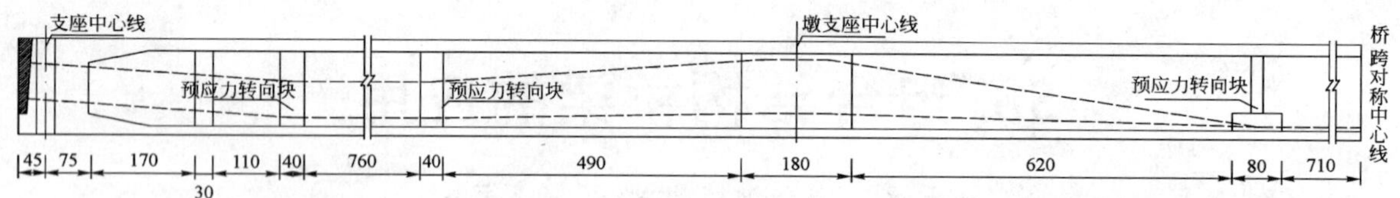

图1 长征桥主体箱梁纵断面(尺寸单位:cm)

3. 波形钢腹板与剪力连接件设计

设计波形钢腹板承担全部剪力,因此除对其进行了剪应力验算外,还分析了波形钢腹板的剪切屈曲稳定性。同时进行了波形钢腹板的防腐涂装设计,以及波形钢腹板的剪切屈曲稳定性(局部屈曲,总体剪切屈曲和合成屈曲)的验算。在波形钢腹板PC组合箱梁桥结构设计中,波形钢腹板与混凝土上、下翼板的连接是设计的关键环节,它直接关系到整个组合梁的承载能力,并要有效地控制钢腹板和混凝土材料之间的水平剪切力,确保两种不同材料之间不产生相对位移,因此需要合理地设计抗剪连接件。长征桥采用了在波形钢板的上下端部焊接钢质翼缘板,翼缘板上焊接剪力钉构成的剪力键(图2)。

图2 波形钢腹板与剪力键

4. 波形钢腹板

长征桥的波形钢腹板尺寸和构造如图3、图4所示。设计时除对其进行了剪应力验算外,还验算了波形钢腹板的剪切屈曲稳定性。同时进行了波形钢腹板的防腐涂装设计。

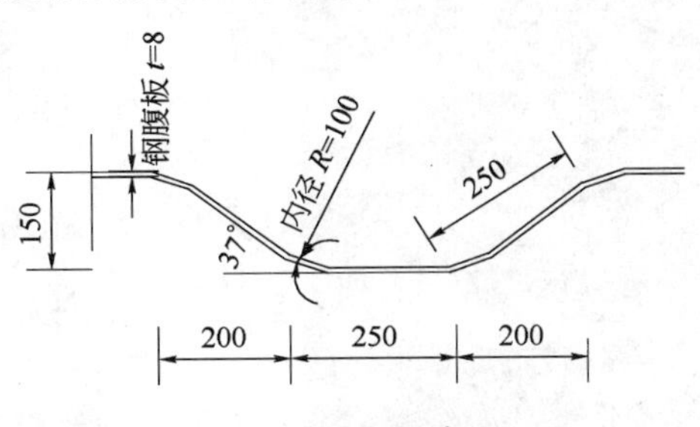

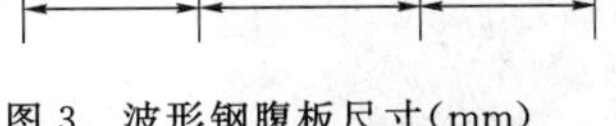

图 3　波形钢腹板尺寸(mm)

图 4　波形钢腹板构造

5. 下部构造

中墩采用花瓶式薄壁墩，顺桥向宽 120cm，横桥向顶部宽为 250cm，用圆弧过渡至底部宽 200cm，基础采用两根直径 1.2m 的钻孔灌注桩，墩柱和桩基之间用承台连接，承台厚度 1.5m；边墩采用方形双柱式桥墩，中距 600cm，横桥向尺寸 100cm，顺桥向尺寸 90cm，每根立柱下设置一根 ϕ1.2m 的钻孔灌注桩基础，墩柱和桩基之间用桩帽和系梁连接。

6. 结构施工

下部结构形式比较简单均采用的是常规工艺。上部结构是施工顺序为：

(1)在下部构造施工完毕后，搭设箱梁施工支架；

(2)在支架上绑扎箱梁底板钢筋、进行波形钢腹板定位、绑扎横隔板钢筋；

(3)浇筑下底板和横隔板混凝土；

(4)绑扎箱梁顶板钢筋；

(5)浇筑顶板混凝土；

(6)待混凝土强度达到设计强度的 90%时，穿索并张拉；

(7)拆除支架，安装栏杆、铺装桥面。

图 5　长征桥在施工建设中

为保证通航，采用少支架施工，整个底模都是在贝雷架上完成的，在中跨设两个临时墩，保证施工期间的通航(图 5)。

三、泼 河 大 桥

2005 年建成的泼河桥是一座装配式波形钢腹板 PC 连续箱梁桥(图 6)，它位于河南省道 213 线光山县境内。泼河桥全长 120m，其结构为 4 孔 30m 先简支后连续装配式体外预应力波形钢腹板组合箱梁结构。桥宽为：净 13m＋2×1.5m，设计荷载汽车—超 20 级，挂车－120。桥面铺装采用 15cm 厚现浇混凝土板和 3cm 厚的沥青混凝土。横截面采用 4 箱波形钢腹板式箱梁截面，上、下缘采用混凝土板，腹板采用斜放的波纹腹板，斜交角 20°。底板宽 1.5m，箱梁高 1.6m，底板厚 15cm，顶板厚 15cm，在与翼板连接处局部加厚。该桥的下部结构形式比较简单，采用的是常规施工工艺。

图 6　泼河大桥全景

1. 波形钢腹板与抗剪连接件构造

泼河大桥所用的波形钢腹板厚为 8mm，其构造与长征桥类似。在设计时除对其进行了剪应力验算外，还分析了波形钢腹板的剪切屈曲稳定性(局部屈曲，总体屈曲和合成屈曲)的验算，还进行了波形钢腹板的防腐涂装设计。

钢板采用 A3 优质低碳钢，钢材的试验屈服强度值为 $\sigma_f = 347$MPa，抗拉强度值为 $\sigma_b = 512$MPa，$E = 2.06\times10^5$MPa。泼河大桥所用的波形钢腹板和抗剪连接件构造见图 7。

图7　泼河桥穿透式剪力键

2. 泼河大桥的施工

泼河大桥的施工分以下5个阶段。阶段1:预制波形钢腹板PC组合箱梁并张拉预应力钢束;阶段2:安装临时支座,利用架桥机吊装波形钢腹板PC组合箱梁,形成简支体系;阶段3:现浇连续段混凝土,待现浇连续段混凝土强度达到90%后,张拉墩顶负弯矩钢束;阶段4:拆除临时支座,完成体系由简支向连续的转化;阶段5:施加二期恒载,完成桥面铺装及附属结构安装。

四、银　座　桥

位于山东省东营市东城区的银座城市广场为一新建城市商业中心,广场北、西、南三面环水,为人工开挖的运河。本桥跨越城市广场西侧的运河,与东三路连接,是广场西侧行人进出商业中心的主要通道,行人密集。桥址处地面高程为+5.00m,运河最高水位+2.80m,运河中要求可通过小型游船,因此运河中心线处桥梁底高程不低于+4.60m。运河宽约40m,两侧河岸均为混凝土重力式挡墙,东岸挡墙铅直,西岸挡墙前设浆砌块石护坡。根据城市规划要求,桥梁宽6m,一跨过河。桥址位于盐碱地上,空气中氯离子分含量较高,对钢结构的防腐要求较高。桥型采用了顶、底板均为弧形箱梁作为主梁的方案(图8),建成的东营桥如图9所示。

图8　弧形箱梁方案效果图

图9　建成的东营桥

1. 主梁结构设计

波形钢腹板主梁设计的主要内容有:主梁整体设计(包括横截面拟定、普通钢筋配置、预应力钢筋配置等)、波形钢腹板设计(根据箱梁竖向剪力验算腹板厚度,根据波形钢腹板局部屈曲、整体屈曲和合成屈曲条件验算波折形状)、连接件设计(即波形钢腹板与混凝土顶、底板的连接)、防腐设计等。

2. 主梁整体设计

波形钢腹板箱梁的腹板纵向能像手风琴一样自由变形,具有折叠效应,它的轴向及其抗弯表观刚度很小,可以忽略不计。因此,在计算波形钢腹板箱梁受弯、受拉压状态的截面力时,考虑到剪切刚度对截面力的影响很小，可仅考虑弯曲刚度。而波形钢腹板在桥梁纵向不具有抗弯性能，因此可仅仅考虑混凝土截面的刚度。本桥箱梁纵向预应力采用体内、体外束混和配筋：体内束为 4 束 8ϕ^s15.24 普通低松弛钢绞线；体外束为 3 束 OVM-S4-12 环氧喷涂无黏结成品束。体内束平行底板，体外束在梁端向上弯起。由于底板为弧线设计，还进行了底板的防崩裂设计。

3. 波形钢腹板设计

波形钢腹板的形状尺寸是按照剪切屈服前不能发生剪切屈曲、极限荷载作用时不能发生剪切屈曲的两个条件设计的，同时考虑桥梁横向刚度等综合因素以拟定尺寸，并对其进行相关项目的验算。根据国内外已建成波形钢腹板桥梁资料，箱梁波形钢腹板尺寸如图 10。

本桥箱梁由于端部梁高减小，且梁端部分剪力较大，从经济合理角度考虑，箱梁的波形钢腹板采用变厚度设计，梁端 1/5 范围内板厚 12mm，其余部分板厚 8mm。

4. 连接件设计

腹板与混凝土顶、底板的连接可靠度，是波形钢腹板组合箱梁设计的关键。本桥采用焊钉与贯通钢筋结合的柔性连接件（见图 11）。

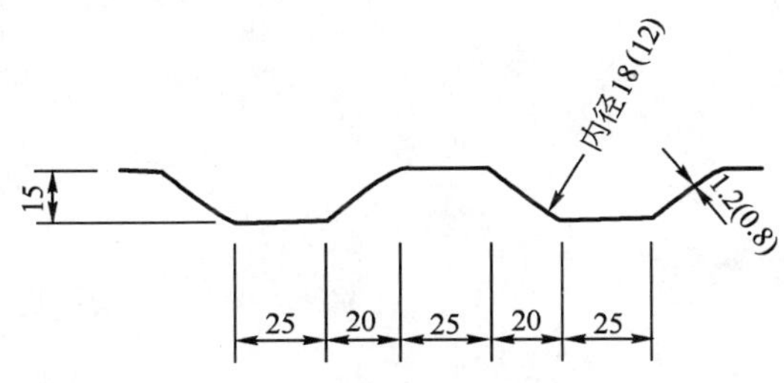

图 10　波形钢腹板截面尺寸(cm)

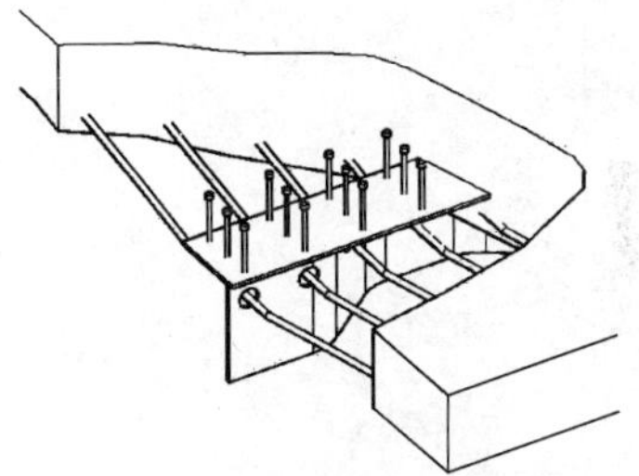

图 11　波形钢腹板连接件示意图

5. 钢腹板防腐设计

由于桥址处于盐碱地环境中，空气中氯离子含量较高，桥梁钢结构的防腐设计直接关系到桥梁的耐久性。本桥波形钢腹板防腐采用电弧热喷涂锌铝复合涂层工艺：首先，对钢板进行喷砂除锈及表面粗糙化处理，达到国家相关规范规定的标准；然后，在钢板的内、外表面电弧热喷涂锌铝复合涂层，最后在外表面喷涂装饰面漆。

五、结　　语

波形钢腹板 PC 组合箱梁结构恰当地将钢、混凝土结合起来，提高了结构的稳定性、强度及材料的使用效率。这种结构外形美观，抗震性能好，施工简便，具有广阔的应用前景。长征桥、泼河桥和东营桥的建成，为在我国进一步进行波形钢腹板 PC 箱梁桥的设计和施工提供了第一手资料。

参考文献

[1] 李宏江，万水，叶见曙. 波形钢腹板 PC 组合箱梁的结构特点. 公路交通科技. 19(3)，2002. P53～57.

[2] 喻文兵，陈建兵，万水，袁安华. 波形钢腹板 PC 组合箱梁试验全过程分析. 苏州科技学院学报(工程技术版). 17(2)，2004. P41～45.

[3] Wan Shui，Chen Janbin，Yu Wenbing. Yuan Anhua Experimental Study and Design of Prestressed Concrete Box-girder with Corrugated Steel Webs. IABSE Symposium 2004 Meteropolitan Habitats and Infrastructure. Shanghai，China. 2004. P278～281.

[4] Wu Wenqing Jan-shu Ye，Wan Shui. Flexural Claculation Mode for Composite Box Girder with Corrugated Webs. IABSE Symposium 2004 Meteropolitan Habitats and Infrastructure. Shanghai，China. 2004. P282～283.

[5] 袁安华，陈建兵，万水，卢炳灿. 波形钢腹板 PC 组合连续箱梁人行桥设计介绍. 苏州科技学院学报. 17(3). 2004. P55～58.

II 施工与控制技术

59. 广州珠江黄埔大桥南塔、南锚施工技术

刘宏波 谭立心
(广东省长大公路工程有限公司)

摘 要 珠江黄埔大桥南汊桥为主跨1 108m双塔单跨钢箱梁悬索桥,本文介绍了包括南塔基础、承台、塔柱、下横梁、上横梁及南锚碇基础、散索鞍支墩、锚块、前锚室等施工技术。

关键词 悬索桥 南塔 南锚 施工方案

一、概 况

珠江黄埔大桥南汊桥为双塔单跨钢箱梁悬索桥,主桥跨径1 108m,跨径组成为290m+1 108m+350m(见图1)。南塔是由两个塔柱、两道横梁组成的门式框架结构,塔柱顶面高程为+195.276m,上横梁顶面高程为+189.076m,下横梁顶面高程为+65.764m,位于南边滩浅水区。大桥南锚碇由锚碇基础(包括地下连续墙,内衬,底板,顶板和混凝土填芯)、锚块、散索鞍支墩、锚室等几部分组成。锚锭基础设计为圆形地连墙方案。

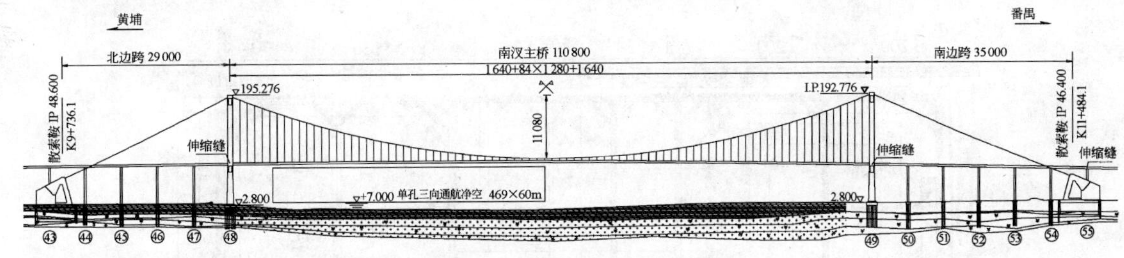

图1 桥型布置图(尺寸单位:cm)

二、南塔桩基施工

珠江黄浦大桥南汊桥南塔(49号墩)位于珠江河水中。桥区水道受潮落潮汐影响,平均潮水位为5.00m,平均潮差1.55m。塔址覆盖层厚为16~20m,下伏基岩为下古生界(Pzl)混合岩。

南塔桩基为ϕ2.2m的嵌岩桩,共32根,每侧承台各16根。同侧承台中相邻桩基的间距为5m,桩长为32.4~43m。施工时设置水上平台,采用4台KP3000型钻机成孔,反循环清孔,钢筋笼整体预制、分节下放,混凝土采用泵送施工工艺进行施工。

1. 钻桩主要设备

采用KP3000(BRM-4B)型钻机,使用空气反循环排渣系统减压钻孔施工。正常成孔时间为8~12天。

2. 泥浆配制

泥浆用水采取自来水和退潮时的淡水,用施钻孔位附近的护筒贮水。过护筒脚前的泥浆直接用孔内的淤泥加水搅烂制作,过护筒脚后加黄土、烧碱及纯碱搅拌制作,其配比据实测的泥浆指标确定。

3. 施工工艺流程

钻孔桩施工工艺流程为:搭设辅助施工平台→插打桩基钢护筒→搭设钻孔施工平台→钻机就位→造浆、钻进→终孔、一次清孔→下放钢筋笼→下放导管、二次清孔→安装灌注设备、灌注水下混凝土。

4. 施工工艺简述

采用KP3000(BRM-4B)型钻机，使用空气反循环排渣系统减压钻孔施工。

钻孔钻到设计高程后，采用泥砂分离器进行第一次清孔。桩基钢筋笼下放完成，并在灌注混凝土系统安装完毕后，须用高压射风20分钟再一次进行清孔。

针对大桩径混凝土灌注特点，导管设计直径为ϕ30.5cm，水密性试验合格后下放导管，水下混凝土灌注过程严格埋管深度在2～6m内。拆导管时，先把导管顶与漏斗下口的连接松去，用龙门吊把空漏斗吊到旁边，然后提升导管，临时固定在平台上，再拆去接头法兰螺栓，移开其上节导管，最后把漏斗吊回原位，接好接头继续浇筑。如此循环直至混凝土顶面高出桩顶设计高程0.5m后为止。

三、南塔承台施工

南塔承台及系梁呈哑铃状，单个承台平面面积19m×19m，由8m×28.412m的系梁将两承台连成整体，承台与系梁等高，其高度6m，承台及系梁体积5 189m^3，为C30混凝土。承台顶设计高程为＋2.8m，底高程为－3.2m。为减少混凝土收缩，在系梁与两侧承台间各设置一道宽2m的后浇段，在塔柱混凝土浇筑前用微膨胀混凝土予以封填。

承台及系梁采用钢板桩围堰施工，为了便于控制，两侧承台与系梁错开施工，施工顺序为：准备工作→围堰施工→承台施工→系梁施工→内撑及板桩拆除→回填。其中承台和系梁又分三层施工，每层2m。

1. 围堰施工

围堰分为3个隔箱，其平面布置见图2。先施工左右隔箱，待两侧承台施工完毕后，再施工中隔箱(见图2)。

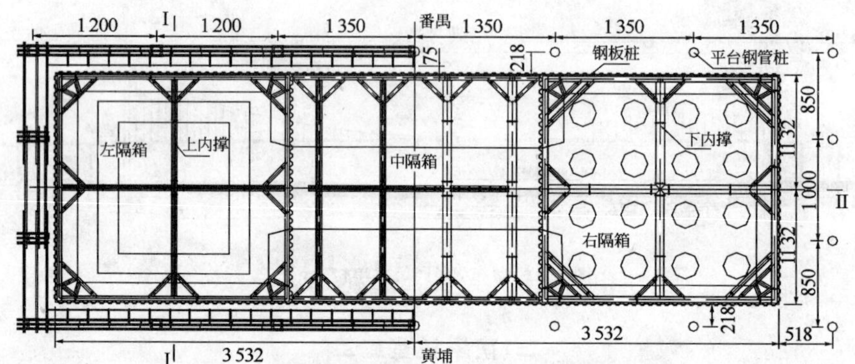

图2　南塔围堰布置图(尺寸单位：cm)

施工时，首先进行钢板桩施工，钢板桩总体施工工序如下：施工准备→钢板桩接长→钢板桩插打→承台实体施工完成后钢板桩拔除。

钢板桩插打施工完成即开始围堰内撑及基坑开挖施工。

基坑开挖分两层进行，＋1m以上部分采用排水开挖，＋1m以下部分采用吹砂包吸土，高压射水配合松动土层，按每米一层挖进。当开挖至＋0.1m时，下放下内撑到位后，再继续开挖到位。

基坑开挖到位后，即可进行封底混凝土施工。封底混凝土厚度定为1m，采用垂直导管法施工，从承台的一端开始，依次拨球，交错灌注，到另一端结束。

当封底混凝土强度达设计强度80%以上时，便可进行围堰内的抽水，抽水采用10台30m^3/h的潜水泵，4台3PN泥浆泵。

围堰内水抽干后，按高程－3.4m割除钢护筒，同时清除封底混凝土表面浮渣，直至露出较好的混凝土面，再用混凝土将封底调平，并设置截水水沟和集水坑。

2. 承台施工

承台在高度方向分为三层浇筑，每层2m。采用水化热较低的水泥，采用“双掺”技术(掺优质粉煤灰、优质减水剂)，选择含泥量低、颗粒级好的粗细集料。同时采用分层浇筑并在承台混凝土内设置循环冷却水管、保温和及早回填等办法，以使承台内外温差控制在24～26℃以内。为了保证混凝土的浇筑温度在32℃以下，采用制冷机使搅拌用水冷至10℃以下。

按照大体积抗渗混凝土（抗渗等级为P14级）进行配合比设计，采用“双掺”技术；混凝土初凝时间>12h，坍落度16～18cm，和易性好，便于泵送施工；混凝土构成原材料及检验符合相关规范要求。

混凝土分层浇筑时，上、下层间应不超过混凝土的初凝时间；混凝土的浇筑应连续进行，如因故必须间断，间断时间应根据混凝土初凝时间和气温确定，并应尽量缩短，若超过允许间隔时间，则按施工缝处理并做出记录。混凝土的入模温度应控制在32℃以下。

3. 系梁施工

系梁的施工工艺与承台基本相同。

四、南塔塔柱施工

1. 塔柱概况与施工简述

南汉桥南塔是由两个塔柱、两道横梁组成的门式框架结构。塔身为普通钢筋混凝土空心箱形截面，上、下两道横梁为预应力空心箱形截面，塔柱顶面高程为+195.276m，上横梁顶面高程为+189.076m，下横梁顶面高程为+65.764m，柱底高程为+4.8m，塔柱高程为190.476m。

上塔柱断面尺寸为8.5m×5.5m，下塔柱断面尺寸由下横梁中的8.5m×5.5m，直线变化到塔柱底的11.216m×8.668m，上塔柱壁厚为0.8m，下塔柱壁厚为1.0m。上、下两道横梁的断面尺寸相同，均为11m×5.5m，壁厚为1.0m。

塔柱每侧塔柱分为39节，采用分节浇筑施工。塔柱采用液压自爬模施工，混凝土采用泵送施工。每次浇筑高度为5m。塔柱竖向主筋采用直螺纹接头，主筋采用轻型骨架定位。

2. 施工测量控制

南塔的塔柱断面复杂，随高程而变化的变截面且塔柱的倾斜受干扰的因素较多，本桥塔柱采用三角高程法测定塔柱模板顶高程，采用单测站极坐标法结合量钢尺法，控制塔柱模板角点的平面位置，使其满足设计及规范要求。一个塔柱每施工五节模板时，采用双测站极坐标精确测定模板各主要点的平面位置，同时用悬挂钢尺法精确测定塔柱模板顶的高程，以此来检核及修正三角高程。在塔柱施工中应考虑塔柱的预偏量，以免上下塔柱间距超出设计要求。

(1)高程控制

索塔高程基准传递分三步骤进行：第一步是将设置于主塔附近地面上的水准基点传递至下横梁水准点；第二步是将下横梁水准基点传递至上横梁及塔顶水准基点。索塔高程基准传递方法以水准仪钢尺量距法为主，经全站仪EDM三角高程对向观测作为校核。

(2)平面位置控制

塔柱施工首先进行劲性骨架定位，然后进行塔柱钢筋主筋边框架线放样，最后进行塔柱截面轴线点、边界点放样及塔柱模板检查定位与预埋件安装定位，各种定位及放样以全站仪三维坐标法为主（塔柱模板定位及竣工测量时，采取全站仪三维坐标法正倒镜观测），以定期检定过的钢尺丈量其各点位间几何尺寸的测量方法作校核，确保塔柱定位精度及施工质量。

塔柱的边界点和结构本身的特征点均采用业主提供的平面控制网所在水准面的坐标系施测，施测前，先将各坐标系的坐标统一到同一坐标系下。

为了减少大气、日照、风力等外界条件对放样点位及塔柱模板检查定位影响，测量作业一般选择在气候条件较为稳定、塔柱受日照变化影响较小的时间段进行。

五、南塔横梁施工

1. 下横梁工程概况与施工简述

南汉桥南塔下横梁顶面高程为+65.764m，长（横桥向）53.46m，断面尺寸为5.5m（宽：纵桥向）×

11m(高)，腹板及顶、底板厚 1 m。下横梁为全预应力混凝土结构，采用 C50 混凝土。

下横梁分三层施工，第一层 1m，第二层 4.5m，第三层 5.5m。下横梁横桥向钢筋和预应力束贯穿塔身，在施工时预留横梁预应力管道及带预埋直螺纹套筒的预埋筋。混凝土施工完成待强到设计强度则开始预应力施工。

下横梁在塔柱中间的一段采用落地支架施工，塔柱外侧部分采用悬挑支架施工(图 3)。外模采用大块组合钢模，内模的侧模和压模采用钢模，顶模采用木模。模板按浇筑分层安装，相邻分层间的外模预留接口模，以保持接缝平整。

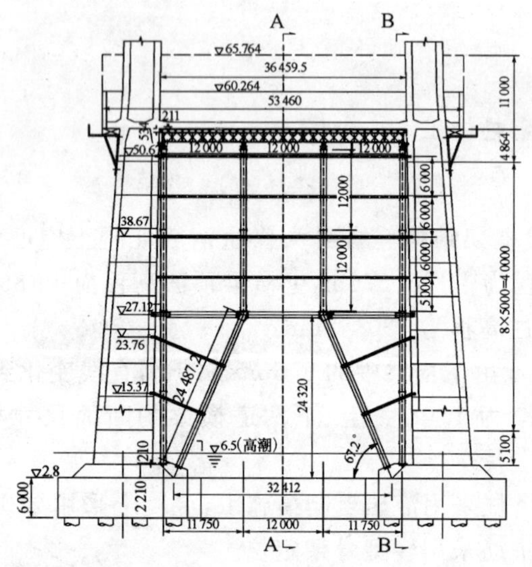

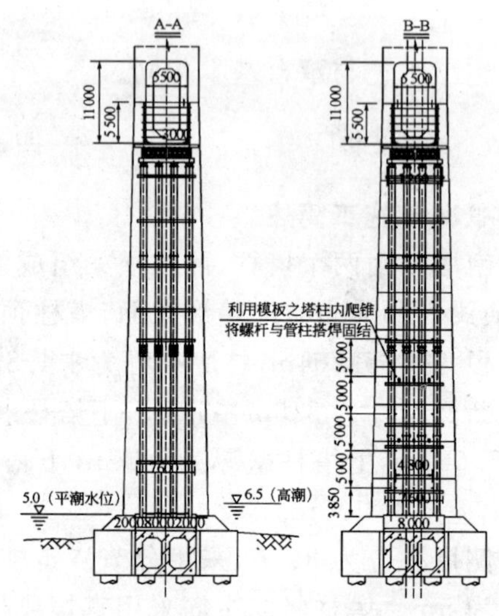

图 3　南塔下横梁支架布置图(尺寸单位:mm)

2. 上横梁工程概况与施工简述

南汉桥南塔上横梁顶面高程为＋189.076m，长(横桥向)48.358m，断面尺寸为 5.5m(宽:纵桥向)×11m(高)，腹板及顶、底板厚 1m。上横梁为全预应力混凝土结构，采用 C50 混凝土。上横梁钢筋有 ϕ32II 级钢筋和 ϕ20II 级钢筋两种。

上横梁分四层施工，第一层 1.6m，第二层 3.9m，第三层 3.5m，第四层 2m。上横梁横桥向钢筋和预应力束贯穿塔身，在塔柱施工时预留横梁预应力管道及带预埋直螺纹套筒的预埋筋。

上横梁在塔柱中间的一段采用落地支架施工，塔柱外侧部分采用悬挑支架施工(图 4)。上横梁施工工艺与下横梁基本相同。

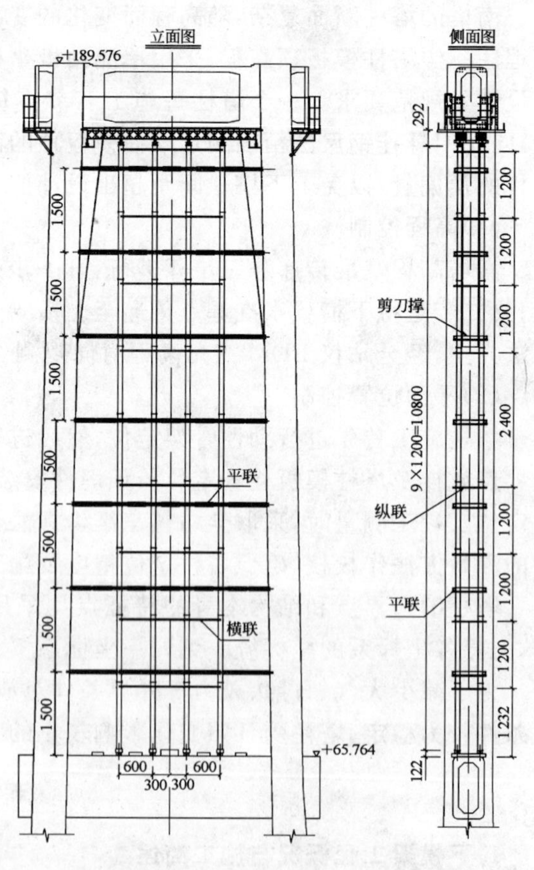

图 4　南塔上横梁支架布置图(尺寸单位:cm)

六、南锚碇地下连续墙施工

南锚碇基础圆形地连墙外径 73m，内径 70.6m，墙厚 1.2m。根据设计要求、地质情况及设备情况，将地下连续墙划分为 50 个槽段，其中 I 期、II 期两种槽段各 25 个槽段。

1. 成槽施工

本工程采用 1 台 BC36 型液压铣槽机(配 2 套 BE500 型泥浆净化系统)、16 台冲击正循环圆锤钻机(配

16 台 3PN 泥浆泵，其中 8 台冲机配套 8 个方锤）、一台液压抓斗配（套二台自卸汽车）等机械成槽。

成槽施工顺序为：将槽段分成 8 个工作区域，同时施工；每个工作区域先施工 I 期槽段，再施工 II 期槽段；I 期槽段上层采用三铣或三抓成槽，下层先冲 3 个主孔，再冲 2 个副孔，最后用方锤修孔；II 期上层采用一铣成槽，下层先冲 2 个圆孔，再用方锤修孔。

(1)泥浆施工

首先根据施工要求进行泥浆制作试验，并确定采用泥浆配比。

设置泥浆循环系统。在制浆站、施工槽段和回收泥浆池之间，设置 30cm×40cm 泥浆沟，铣槽机与泥浆净化机之间铺设 ϕ150mm 钢管输送和回收泥浆，其余泥浆输送通道采用泥浆管。

铣槽机用专用的 BE500 泥浆处理系统（处理能力 500m^3/h）净化泥浆。在 BE500 系统中的供浆泵前设置一个三通阀门，当供浆池内泥浆质量急剧下降时，调整泥浆流向，待 BE500 系统将供浆池内泥浆净化后，再与槽孔进行循环。冲机采用过滤法净化泥浆。

清孔时泥浆循环与铣槽机成槽时类似，仅储存泥浆的地方换成回浆池。

(2)槽段上层（覆盖层及全风化岩层）成槽方法

槽段上层采用液压抓斗和铣槽机成槽，其工作流程如下：

（槽口开挖）→就位→抓（铣）进→[下个孔位]→修孔→检查→[下个槽段]

其中小括号内步骤为铣槽机独有，带下横线步骤为液压抓斗独有，中括号内步骤为重复前列步骤。

(3)槽段下层（强、弱风化岩层）成槽方法

槽段下层采用冲击钻成槽，冲机钻头不小于 3t，钢丝绳不小于 ϕ25，卷扬机为 5t，冲击时钢丝绳提升高度为 1.5～3m。其工作流程如下：

回填黏土→就位→造浆→冲进→[下个孔位]→修孔→检查→[下个槽段]

其中，中括号内步骤为重复前列步骤。

(4)清孔

清孔利用铣槽机和 BE500 系统完成，泥浆循环与铣槽机成槽时类似，仅储存泥浆的地方换成回浆池，回浆泥浆泵增加一台。

2. 钢筋施工

地下连续墙成槽施工完成后，即可进行下放连续墙钢筋施工。地连墙共有 75 个钢筋笼，主筋接长采用标准滚压直螺纹连接，各类钢筋之间采用焊接固定。钢筋笼在胎架上整体预制，用 150 吨履带吊转移和下放。

3. 混凝土浇筑

连续墙混凝土浇筑在连续墙钢筋下放完成后进行。I 期槽采用两套导管同时浇筑，II 期槽则用一套导管浇筑。

七、南锚碇基坑开挖、帽梁及内衬施工

1. 南锚碇基础工程概况

南锚碇基础为圆柱形混凝土实体，直径 70.6m，高 25.5m，采用垂直基坑，分层浇筑，其中外围部分（内衬）随基坑开挖逆向分层浇筑，作为支挡结构（地连墙）的加劲。

内衬沿竖向分为九层，每层高 3m（底层高 1.5m）。其中顶层（帽梁）断面为工字形，底层断面为梯形，其余各层为平行四边形。上部五层内衬厚 2m，下部四层厚 2.5m。每层内衬顺基坑周长方向分为 8 个节段，对称浇筑。内衬主体采用 C30 混凝土，其中层间接缝处采用 C30 自密实混凝土，每层后浇节段端部采用 C30 微膨胀混凝土。

基坑土体也沿竖向分为九层，分层情况同内衬。每层土体又划分为 9 个区，中心区直径 56.6m，四周（内衬作业区）按内衬节段分为 8 个区，沿基坑法向宽 7m。

内衬混凝土共 12 353m^3，钢筋共 752.8t；基坑土体共 99 825m^3。

2. 南锚碇基坑开挖、帽梁及内衬施工简述

在地连墙(墙底灌浆)施工完成后进行导墙拆除、帽梁施工、基坑开挖及内衬施工等项目工作。内衬施工与基坑开挖同步交错进行,具体流程为:按分区顺序开挖某层内衬作业区→以相同顺序浇筑该层内衬→开挖该层中心区→开挖下层内衬作业区。

基坑开挖分层进行,采用岛式法施工,先分区对称开挖周围土体,后开挖中间土体。基坑共分成九层施工,在头三层开挖时,采用垂直开挖深度可达11m的4台勾机开挖;下六层采用4台履带抓斗机开挖,开挖机械停靠环形路上。锚碇区内采用4台勾机挖松土,再用推土机将土转移到开挖机械范围内。

内衬施工采用"逆作法"施工。钢筋采用直螺纹套筒连接,塔吊转运,人工安装。模板采用大块组合钢模,用特制的槽钢架作加劲梁,以地连墙预埋的ϕ25钢筋作为对拉螺丝。每层内衬设置8套模板,每套模板仅在竖直方向周转使用。内衬混凝土采用泵送运输,选用插入式振捣方式。

内衬工作面底面采用木板和砂浆硬化,侧面脚手架采用门式支架。

(1)导墙拆除

导墙分内外两侧,只拆除内侧导墙。导墙拆除根据地连墙及墙底灌浆的施工进展分区进行,原则上先施工靠下游处的4号～22号槽段,再施工靠番禺方向23号～33号槽段,最后施工靠上游方向34号～3号槽段,分段进行。

(2)帽梁施工

在导墙拆除完成之后,进行帽梁施工前的场地处理工作。与此同时进行面层的基坑开挖工作,自卸车可直接通过加工的"钢跳板"进入锚碇区内。

钢筋安装时采用点焊成弧形,两排连接器错开与下段内衬钢筋相连。

帽梁混凝土浇筑采用2台生产能力80m^3/h的拌和楼进行混凝土拌和及混凝土泵管直接送浆施工工艺进行施工。

(3)基坑开挖

基坑开挖前首先进行基坑降水施工,基坑内水位降至开挖基面,基坑外设置适量的水位监测孔,以监测坑内降水对基坑外水位影响,防止因基坑内降水导致基坑外地基土的沉降。

基坑开挖时采用岛式法施工,先分区对称开挖内衬作业区土体,后开挖中心区土体,以使中心区土方起临时压载作用,保证基坑支护结构受力安全。

基坑开挖时控制履带边缘距基坑边缘距离不小于4m。

(4)内衬施工

分层开挖的同时,用逆做法施工内衬墙,自上而下分9层浇筑,每层高3m,各层内衬底面设置成11°的斜坡。下层内衬与上层内衬结合面采用自密实混凝土,厚度为50cm,以避免各层内衬间混凝土浇筑出现空隙。内衬分为8个长度单元进行施工,后浇单元与先浇接触部分采用微膨胀混凝土。

内衬混凝土施工前,应对地连墙内侧及上层内衬底面进行清洗凿毛,确保钢筋连接位置,保证内衬与地连墙及上下层内衬连成整体。若墙体局部突出较多,则采用反铲挖掘机配液压炮修凿。各区段开挖后,在36小时内完成内衬混凝土施工。

3. 基坑围护结构监控

在南锚碇基础施工过程,为确保施工安全及质量,对基坑围护结构进行监控,具体监控内容包括:

(1)环境监测:包括锚碇周边土体变形监测和珠江大堤变形监测。

(2)水工监测:包括基坑内、外地下水位监测和坑外孔隙水压力监测。

(3)地下连续墙监测:包括帽梁变形监测,地连墙应力监测和地连墙深层侧向变形监测。

(4)土工监测:坑外土压力监测。

(5)内衬监测:内衬横向应力监测。

根据监测信息并结合基坑结构受力、封水等情况进行系统分析,对近期及远期基坑的运行情况进行较为可靠的预测,并在施工过程中对基坑施工及时提出有效的指导性意见,保证基坑的施工安全。

八、锚碇基础实体施工

1. 锚碇基础实体工程概况

南汉桥南锚基础实体包括内衬、底板、填芯、顶板等部分。其中内衬与基坑开挖同时施工，具体施工工艺见上。

锚碇底板为直径 ϕ65.6m，高 5m 的圆柱体，共 16 899m^3C30 混凝土，主筋为 ϕ32 的 II 级钢筋，共 422t。底板与基坑底设一层 C20 混凝土垫层，最小厚度 20cm，用 ϕ25 插筋与底板相连。

顶板形式与底板基本相同，仅直径扩大为 66.6m，混凝土方量增大为 17 418m^3，主筋重量为 492t，上端面设 ϕ32 预埋筋与锚体相连。

填芯夹于顶底板之间，上、下端面与顶底板相同，高 15.5m，采用 C20 混凝土，共 44 905m^3。

2. 锚碇基础实体施工

锚碇基础实体混凝土由现场拌和楼生产，泵送到浇筑点，以布料杆辅助浇筑。填芯空腔及顶板分块模板采用组合钢模，以槽钢做加劲梁，焊管支撑。锚碇实体为大体积混凝土，施工时采取一系列的温控方案，以防止混凝土开裂：

(1)采用微膨胀混凝土，并选用合适的原材料。

(2)按温控计算结果进行分层，具体如下：

①垫层按内衬分区分次进行浇筑；

②底板分两层浇筑，每层 2.5m，间隔 6 天；

③填芯分八层浇筑，每层 2m，间隔 5 天；

④顶板分三层，中间留十字后浇带，共 4 次，前 3 次间隔 6 天，最后一次间隔 30 天。

(3)对原材料进行隔热降温处理，以降低混凝土入模温度。

(4)采取覆盖养生、冷却水管等措施，降低混凝土内外温差。

(5)埋设温控侧点，对混凝土进行实时监控，及时应对异常情况。

九、南锚碇散索鞍支墩施工

1. 南锚碇散索鞍支墩工程概况

散索鞍支墩(简称前支墩，下同)共有两个，相对与桥轴线左右对称，顺桥向倾斜，轴线与水平面成 75°角。前支墩高 39.147m，长 14m，宽 8m，内设空腔，壁厚 1m。

前支墩总方量为 7 227m^3，其中底板占 2 362m^3，采用 C30 混凝土；主体为 C40 混凝土，共 4 613m^3；其余 252m^3 为后浇段，采用 C30 微膨胀混凝土。

2. 南锚碇散索鞍支墩施工

按设计前支墩分 19 层施工，层高分别有 1m、1.5m 、2m、2.5m 及 64.7cm。

为保证外观质量，外围模板系统采用卓良 DP180 悬臂模板；空腔及与其他构件接触面模板采用自行加工的钢模板，用槽钢加劲，焊管支撑。

竖向钢筋根据混凝土分层要求分段安装，主要采用钢筋连接器连接。钢筋定位利用轻型骨架。

南锚碇散索鞍底板和实心段按大体积混凝土施工，墩尖与同层前锚室底板一起浇筑。

十、锚 块 施 工

1. 锚块工程概况

锚块的外观左右对称，除迎河面与顶面为斜面外，其余各面竖直。锚块高 31.171m，宽 32m、长 56.5m。锚块采用 C30 混凝土，方量共约 43 219m^3，其中 1 899m^3 为后浇段，采用 C30 微膨胀混凝土。锚块预应力区内布置有 89 束预应力束，采用 ϕ15.24 钢绞线，标准强度为 1 860MPa。预应力锚具采用特制 T15-17 和 T15-34 型锚具。预应力钢束管道(锚管)采用 45 号锻钢无缝钢管。

2. 锚块施工

(1)模板安装:为保证外观质量,外围模板系统采用卓良DP180悬臂模板;后锚室及后浇段模板采用自行加工的钢模板,用槽钢加劲,焊管支撑。

(2)钢筋及锚管定位架安装:竖向钢筋根据混凝土分层要求分段安装,主要采用钢筋连接器连接。锚管定位架主要采用角钢及钢板,分3层分片安装,锚固系统安装主要采用吊机及葫芦配合调整安装。

(3)混凝土浇筑:锚块在平面上分3块进行浇筑,即左、右幅锚块及后浇段;竖直方向分17层施工,其中第1、2层左、右幅锚块尾部设有尾部块及尾部后浇段,尾部块最先浇筑,分两次浇筑完成,尾部后浇段在第1、2层浇筑完毕、且日沉降量小于2mm后浇筑,第3层在尾部后浇段浇筑完毕后开始施工。

(4)预应力施工:待锚块混凝土达到设计强度,即可按设计要求进行张拉预应力钢绞线。

(5)灌注防护油脂:预应力张拉完成后,采用专用防护油脂进行灌注施工。

十一、前锚室施工

前锚室为薄壁箱形结构,前端底面与前支墩相连,后端侧面与锚块相接。为方便描述,每个前锚室又分为6个构件,按所在位置称为斜底板、平底板、顶板、前墙和左右侧墙。其中前墙和顶板在缆索施工完毕后开始施工,其余部分与相连构造同时施工。

斜底板厚80cm,平底板厚2m,侧墙厚1m,共计C30混凝土2 105m^3。主筋为ϕ32和ϕ25II级钢筋,其余钢筋为ϕ16II级钢筋。

前锚室施工采用支架现浇施工工艺,其中斜底板采用落地支架现浇施工(图5),平底板采用附墙支架施工。底板内外模均采用钢模;侧墙外模采用专用木模,内模采用普通木模。侧墙外侧脚手架直接利用专用木模附架,内侧脚手架则采用焊管支架。

混凝土采用泵送,其他材料采用塔吊转移。

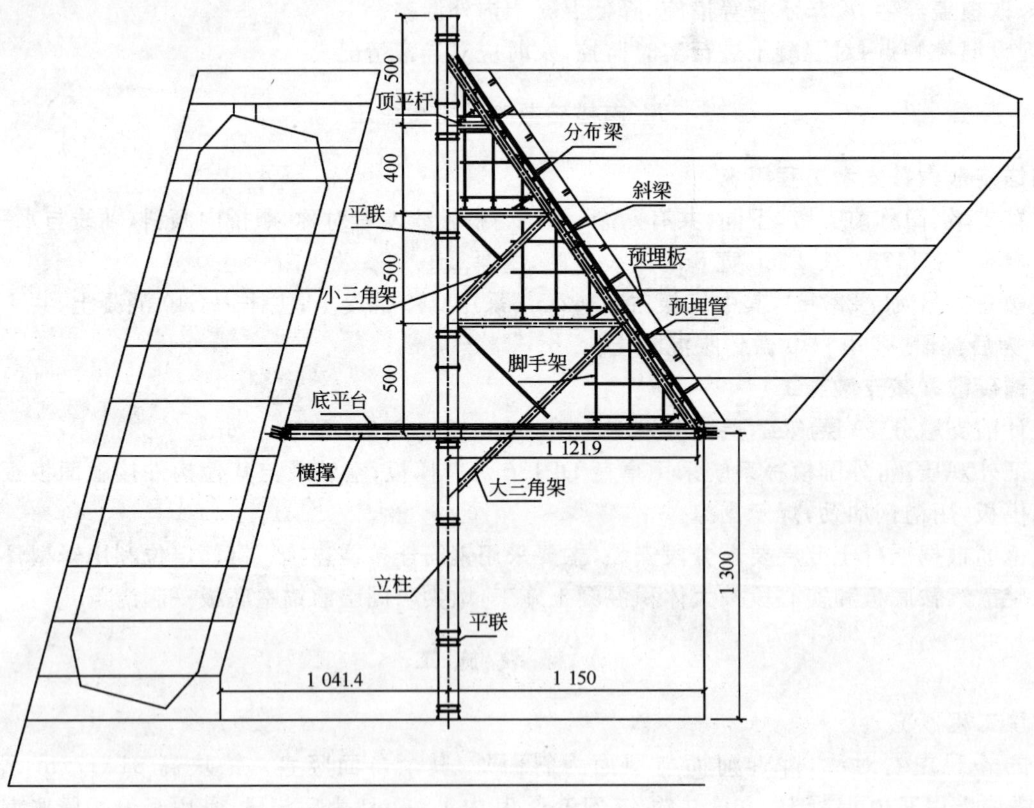

图5　南锚前锚室斜底板落地支架布置图(尺寸单位:cm)

60. 华南第一高塔施工技术

艾占祥[1] 谢 军[2] 梁颖晶[2] 尹本文[1] 刘向阳[1] 郑 震[1] 王 杰[1]
(1. 中铁大桥局集团第三工程有限公司;2. 珠江黄埔大桥建设有限公司)

摘 要 广州珠江黄埔大桥北汊斜拉桥是一座跨径组成为 383m+(197+63+62)m 的独塔双索面半飘浮体系钢箱梁斜拉桥。索塔自承台顶起高度为 226.14m,索塔采用带楔形块加劲的无中横梁门形塔,其测量的精准定位,上横梁等施工难度大,施工中通过采用新工艺、新方法,取得了良好的效果,工程质量优良。

关键词 斜拉索 索塔 施工技术

一、概 述

广州珠江黄埔大桥北汊斜拉桥是一座跨径组成为 383m+(197+63+62)m 的独塔双索面半飘浮体系钢箱梁斜拉桥。基础为哑铃形承台配群桩基础,承台平面尺寸分别均为 19m×19m,厚度为 6m,两承台之间用高 6m、宽 8m 的系梁联成整体。每个塔柱承台下布置 16 根 ϕ2.5m 钻孔灌注桩,系梁底下设置 2 根 ϕ2.0m 钻孔灌注桩。索塔采用门形钢筋混凝土结构,塔柱自承台顶起的高度为 226.14m,桥面以上索塔高度为 160.45m,仅设置上下两道横梁,塔柱与横梁均采用带圆形倒角的箱形断面,桥面宽 41m(图 1)。

图 1 索塔施工图

二、基 础 施 工

索塔处于江中大濠洲岛的北侧边滩上,施工期墩位处最大潮差为 3.7m,采用填砂筑岛法变为陆地施工。桩基础全部采用反循环冲击法成孔,泥浆净化器分离钻渣与泥浆,用吊机分节下放桩身钢筋笼;用垂直提升导管法浇注桩身水下混凝土。

承台采用钢板桩围堰施工(图 2),桩长平均 18m,钢板桩突破了传统的工形构造,预留较大的施工空间,方便采用长臂挖掘机开挖基坑,大大节省工期。设置汇水井排水并浇 0.5m 厚垫层混凝土,采用大体积混凝土施工的控制办法及钢模板分层(2.2m+3.8m)浇筑承台及其系梁 C30 混凝土,大体积混凝土温控满足规范要求,无肉眼可见的温度裂纹发生。

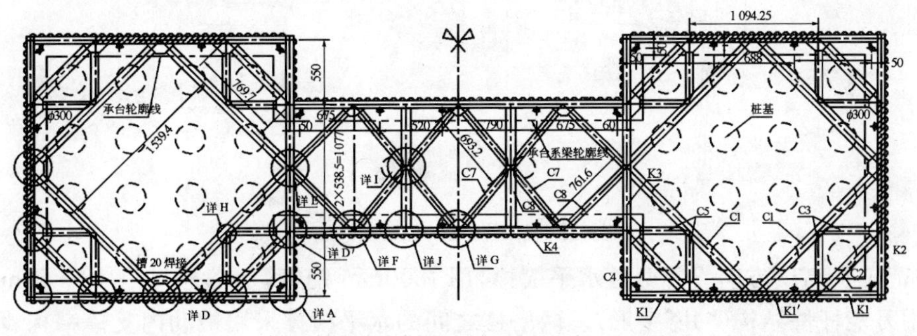

图 2 主塔承台钢板桩施工平面图(尺寸单位:cm)

三、索塔塔柱施工

1. 塔座施工

索塔塔座设计为顶、底面尺寸分别为13m×11m、17m×15m，高2m的棱台体，每个塔座顶面设计有62个长1.0m、宽0.5m、深0.1m的剪力槽。塔座混凝土(C40)与承台一样按大体积混凝土施工的方法控制(用致冷机冷却混凝土拌和用水以控制混凝土的浇注温度、内部根据温控设计布设冷却循环水管、保护层内设带肋抗裂钢筋网、包裹保温保湿法养生等)，采用钢模板，倾斜面开洞振捣，确保了混凝土的施工质量。

2. 索塔上、下塔柱施工

索塔下塔柱自塔座顶至上、下塔柱转折点(下横梁中心线处)为53.614m，上塔柱从上、下塔柱转折点至塔顶，高度为170.526m，上、下塔柱内侧面斜率均为1∶26.804 85，上塔柱顺桥向为竖直向上；下塔柱外侧面的斜率为1∶9.807 07、顺桥向两面斜率均为1∶36.046 67。下塔柱底面内部有24m高防撞"十"字撑，其余塔柱内腔均为矩形空心截面。塔柱外表面四角均设置为半径1.5m的圆弧段，上横梁下部、塔柱内侧设置39m高倒三角形楔体结构。

索塔上、下塔柱全部设计有双层桁架式型钢劲性骨架以定位钢筋并兼作施工操作平台，主钢筋分9m一节采用滚轧直螺纹套筒接头连接。索塔上、下塔柱外模全部采用液压自爬模(图3)(除上横梁底以下39m高有楔体的一面除外)。由于下塔柱四个面的尺寸均在发生变化，因而模板每浇注一次均要切割收分。所以液压爬模的面板采用Wisa面板，下塔柱内模也全部采用木模面板(竹筋板)。下塔柱内模施工脚手架采用ϕ48mm扣件式钢管脚手架。下塔柱底、顶面外轮廓平面尺寸分别为9m×11.5m、5.5m×8.5m。上塔柱内模用钢内模(图4)，在设计此内模时集施工脚手架、平台及模板"三合一"的附墙悬挂式结构(利用塔式吊机提升的方法逐节升高)。在有拉索锚固齿块处的内腔端面设计为通长(约68m高)不拆除的钢内模，施工时分节安装。在楔体(空心结构)施工时，该面的液压爬模的面板要拆除，另外在此面搭设扣件式钢管脚手架和安装楔体钢外模、木内模。

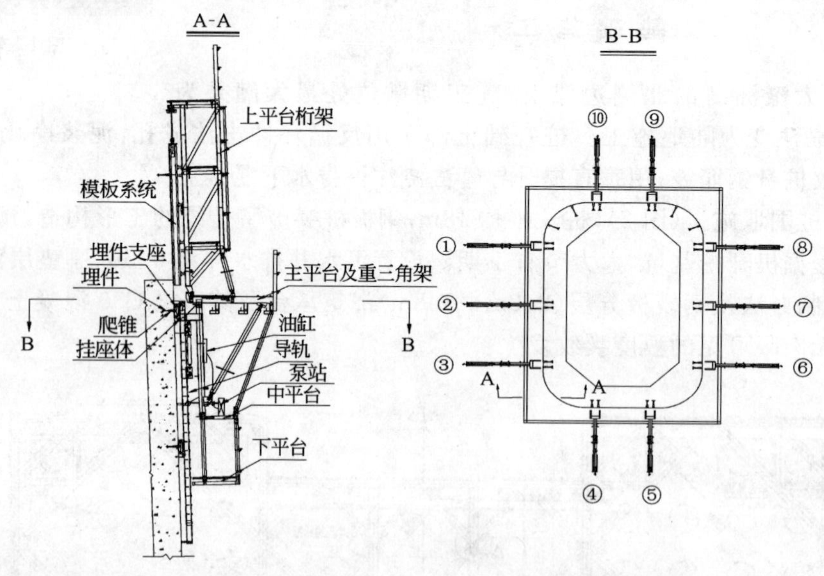

图3 液压自爬模结构图

主塔下塔柱范围在高度方向设置两道水平横撑，用ϕ800mm钢管，上塔柱每隔18～20m设置一道，共7道水平横撑，采用万能杆件结构("井"字形)。两塔柱之间的水平横撑采用被动内支撑结构，承受压力最大一处约2 000kN。为了确保主塔塔柱线形和倾斜度，在安装内支撑时一是要及时安装(爬模腾出空间后应立即安装)，二是用千斤顶先对顶横撑结构以基本消除水平方向的非弹性变形以后再与塔柱连接(并根据弹性变形、设计计算等设置立模预偏值)。

3. 上塔柱拉索锚固区的施工

主塔的拉索锚固部分，是将一个拉索的局部集中力，安全、均匀地传递到塔柱的重要受力构造，是大桥关键的核心受力部位。

(1)索导管的定位

针对本工程中索导管比较长(1 号索导管近 9m 长)、索塔较高等的特点，对索导管采取“三点定位一点复核”的方法，施工既简单、快捷，而且施工精度又高。即首先对索导管出口上、下点及锚固面中心点进行精确定位(采用国家Ⅰ级控制网点和莱卡 TC2003 世界最先进的全站仪)，然后利用劲性骨架固定索导管，最后再在索导管顶面控制线上任取一点复测，待所有点的误差均小于 5mm(施工按 2mm 控制)以后完全固定索导管(图 5)。

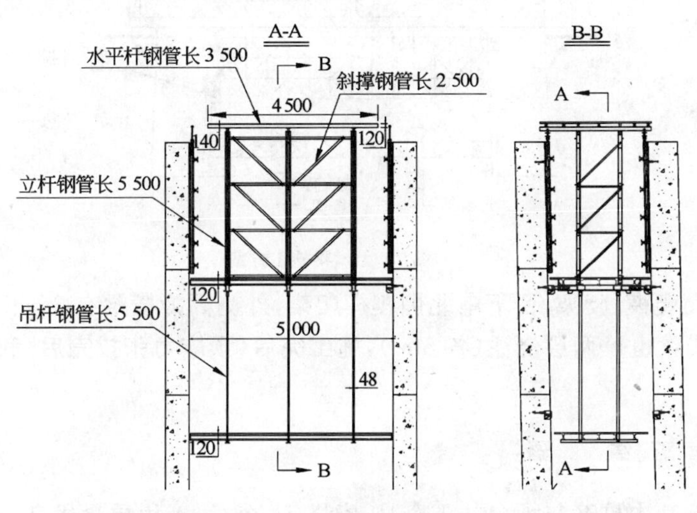

图 4 上塔柱钢内模结构图(尺寸单位：mm)

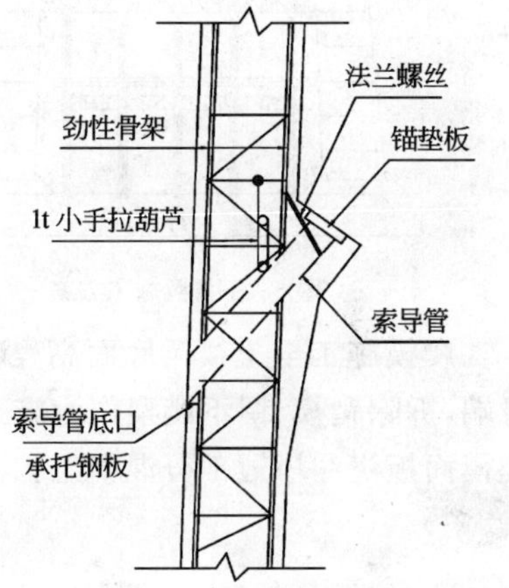

图 5 索导管定位结构图

(2)施工顺序

拉索锚固区结构物密集(钢筋、劲性骨架、环向预应力、索导管、各种预埋件及锚固齿块加强钢筋等)，施工顺序相当重要，本文认为按以下顺序施工会比较顺利：

劲性骨架安装→索导管安装→内外排竖向主钢筋及其水平筋安装→环向预应力管道安装及定位→其余钢筋安装→内模安装→外模爬升→内外模对拉杆安装。

(3)环向预应力施工

为平衡斜拉索的水平分力，在锚索区范围内布置 15ϕ12 环向预应力钢束，预应力管道采用塑料波纹管，波高 5mm，内径 85mm，壁厚 2.5mm，管道压浆采用真空辅助法。并通过足尺模型试验和现场经验总结，对环向预应力损失进行了分析，对张拉伸长量的计算及初张拉力进行了调整，使其满足设计要求。

四、索塔横梁施工

1. 索塔下横梁施工

下横梁施工采用落地支架施工。下横梁断面外轮廓尺寸为 10m(高)×7m(宽)，在四角设置半径为 0.75m的圆角。箱体壁厚 1cm，内设两道 1cm 厚的横隔板。下横梁共布置了 46 束 15ϕ22 预应力钢绞线束。采用分层浇注法施工(第一层浇 6m 高，第二层浇 4m 高)，第一层张拉部分预应力束以后继续施工第二层，然后张拉完所有预应力束。

索塔下横梁采用 ϕ800mm 钢管落地支架法施工(支撑于承台系梁上)，钢管顶部设分配梁，再在其上安装万能杆件横梁及底模系统。

索塔下横梁支架的搭设施工与主塔下塔柱施工同时进行，待爬模底面全部超出下横梁顶面一定高度以后，进行下横梁的支架预压、钢筋绑扎、模板安装及混凝土浇注等工作，然后继续施工上塔柱(爬模继续施工)。下横梁两悬臂端采用在塔柱外侧面埋设“牛腿”的方法作为外段横梁承重支架(图6)。

2.上横梁施工

考虑本桥无中横梁,落地支架高度高,经济和安全问题均非常突出,因此采用的牛腿支撑+拆装鱼腹式桁架梁的结构(图7),即通过在索塔塔设置满足结构受力要求的牛腿,牛腿上安装腹式桁架梁的结构作为施工平台。

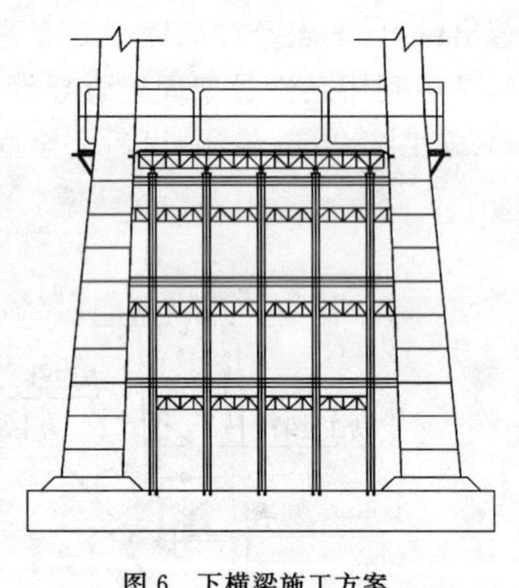

图6　下横梁施工方案

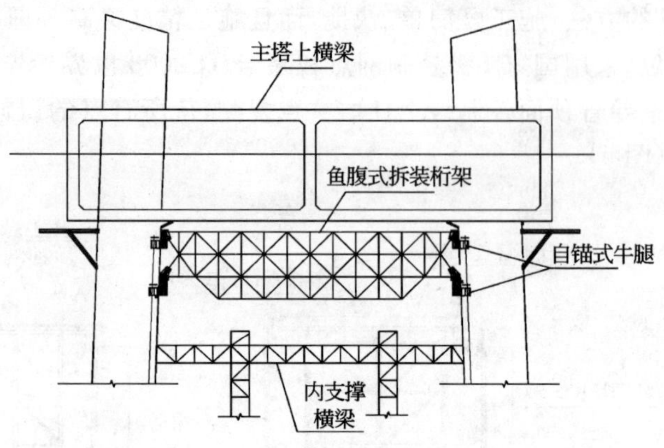

图7　上横梁施工方案

爬模施工至上横梁底面高程时拆除内侧面爬模、爬架,留下南北侧爬模爬架,外侧因为横梁有3m长悬臂端,拆除爬模、留下爬架作为施工平台。上横梁也分两层浇注(各5m),施工完后(预应力张拉完后)利用爬模面板浇注塔冠部分混凝土。

五、结　语

整个索塔(含基础)施工历时共计21个月,其中桩基与承台共7个月,索塔14个月,工程质量优良。本独塔斜拉桥预计在2007年年底建成,建成后为国内跨度最大的独塔斜拉桥,其施工方法为同类桥梁的施工提供了一个典型的范例。

61.广州珠江黄埔大桥南汊桥南塔深置式承台施工技术

钟建锋　冯炳生

(广东省长大公路工程有限公司)

摘　要　珠江黄浦大桥南汊桥南塔承台为深埋置式承台,采用钢板桩围堰施工。在钢板桩围堰方案采取了化大为小的方法,降低风险、提高效率,降低了施工成本。

关键词　承台　钢板桩　围堰　内撑　基坑

一、工 程 概 况

珠江黄浦大桥南汊桥为主跨1 108m的钢箱梁悬索桥,索塔高190m,南塔位于珠江河南侧水中。工程区潮汐类型为不正规半日潮。高潮平均水位为5.73m,低潮平均水位为4.18m,平均潮水位为5.00m。覆盖层厚16～21m,为淤泥、淤泥质土、粉砂、黏土和砂土,河床面高程为+1.5～+3.5m。

承台及系梁呈哑铃状,单个承台平面面积19×19m^2,由8×28.412m的系梁将两承台连成整体,承台与系梁等高,其高度6m。承台顶设计高程为+2.8m,底高程为-3.2m。封底混凝土厚1.5m,其底高程为-4.7m。

本承台深置式设计,承台完全埋入河床,从河床面到承台底约7m、水深5m。承台施工基坑开挖难度大风险高。

二、施工方案确定及工艺设计

在水中进行基坑开挖,采用钢板桩围堰比较切合工程实际,钢板桩围堰方案设计有两个比较方案:大围堰方案和小围堰方案。

大围堰方案:两个承台和系梁基坑同时开挖同时施工,围堰平面尺寸为70m×22.6m。由于平面尺寸大,内撑刚度要非常强劲才能抵抗巨大的土压力及水压力,风险高而且内撑材料数量多,内撑拼装难度也大,工作面也只有一个,所以大围堰方案不宜采用。

小围堰方案:把大围堰分三个隔仓变成三个小围堰,钢板桩同时一次插打完成,先对左右两个独立围堰进行抽水、基坑开挖和承台混凝土施工,承台施工完成后,在外围钢板桩与承台间空隙回填土,再拔去内隔钢板桩进行中隔仓抽水、基坑开挖及系梁混凝土施工。由于小围堰方案平面尺寸小,内撑刚度要求较低,具有风险低、内撑材料数量少而且可以周转使用、内撑拼装难度也小、有两个独立工作面有利于劳动力调配的优点。所以采用小围堰方案进行施工。平面布置见图1。

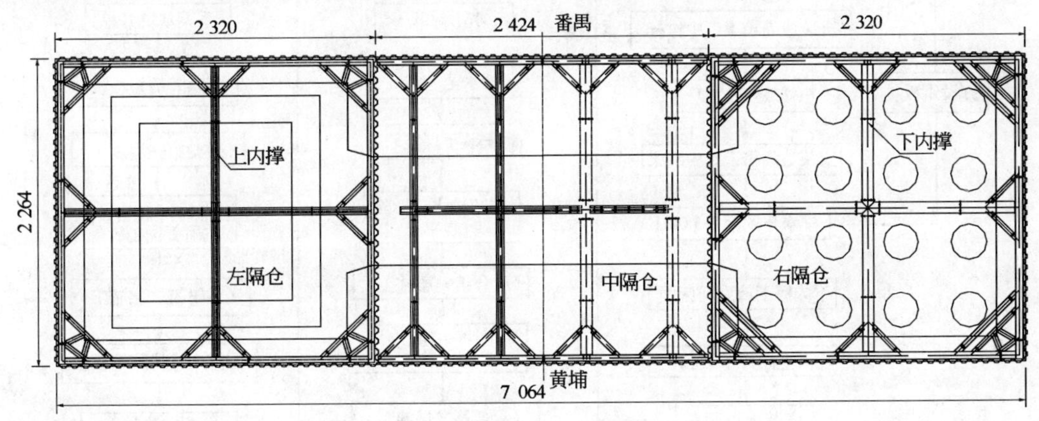

图1 围堰平面布置(尺寸单位:cm)

1. 钢板桩型号长度确定

经过对地质钻资料的分析,考虑施工过程的各种工况,对围堰的内撑和钢板桩进行相应的受力计算(包括坑底涌砂验算),结合公司现有周转材料决定采用德国拉森IV型钢板桩。外围钢板桩桩底高程为-14.5m,钢板桩长度24m;内隔钢板桩桩底高程为-8.5m,钢板桩长度18m。

2. 内撑设计

围堰设3层内撑,由上至下布置在+7.0m、+3.5m及+0.5m处。综合考虑潮水位、振动锤的工作尺寸和上层内撑圈梁的位置等,钢板桩顶端高程为+8.5m。围堰上层内撑圈梁采用双拼45b型工字钢;撑杆采用双拼36a型工字钢。围堰下层内撑圈梁采用双拼56b型工字钢;主撑杆采用ϕ820mm×12mm螺纹焊管;辅撑杆采用双拼36a型工字钢。左右隔仓中层内撑形式与下层内撑相同,中隔仓中层内撑形式与上层内撑相同(图2)。

3. 施工工艺设计

1)施工流程(图3)

2)内撑拼装及下放

内撑拼装平台利用桩护筒及原桩基施工平台钢管作为支撑。先拼纵桥向撑杆,再拼横桥向撑杆及圈梁。下层纵桥向撑杆上支垫型钢以拼装上一层纵桥向撑杆。

内撑下放钢架利用桩基护筒及桩基施工平台柱支承,每道内撑用挂于下放型钢架横梁的16台100kN链滑车下放。

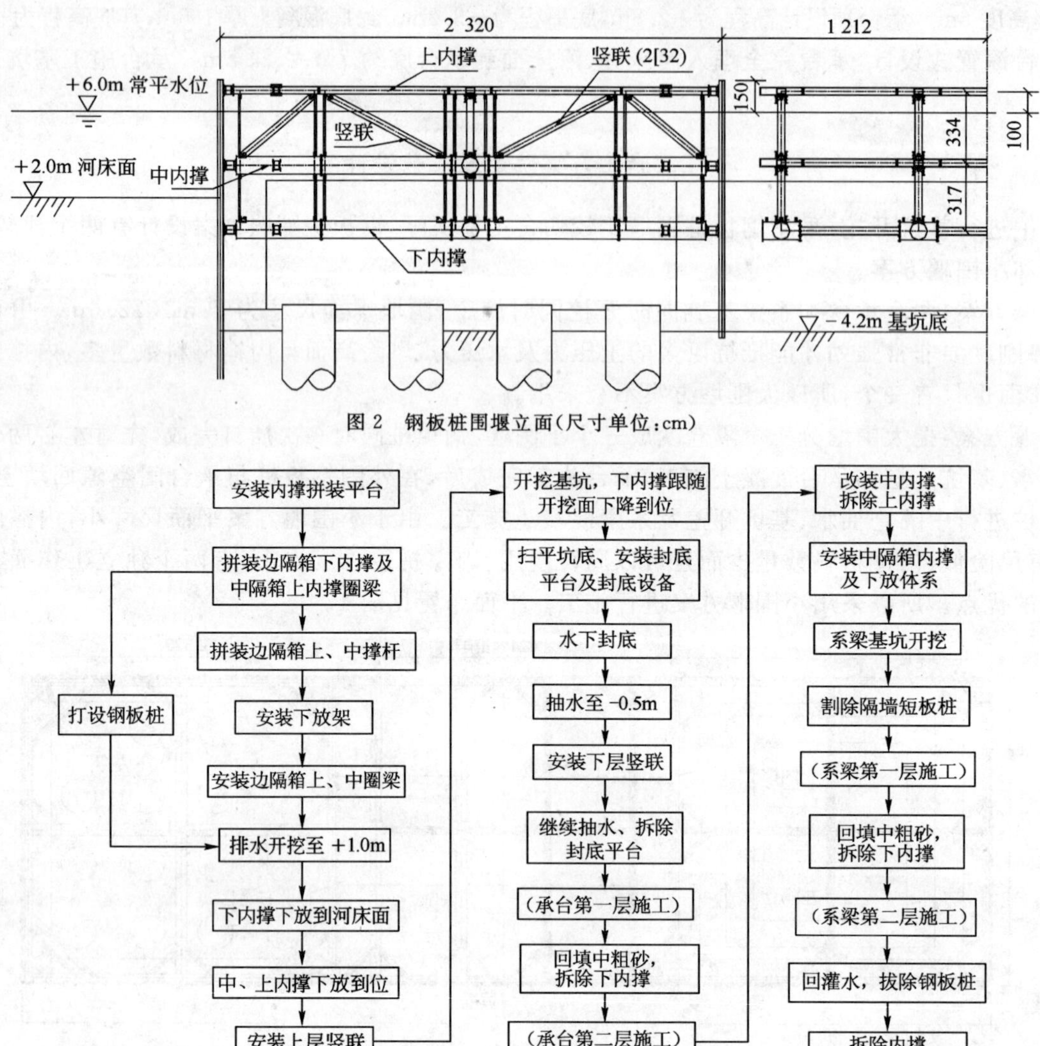

图2 钢板桩围堰立面(尺寸单位:cm)

图3 施工工艺流程

为使内撑顺利下放,采取如下措施:

①在作为打桩导框的圈梁外侧临时贴焊10号槽钢以加宽5cm,钢板桩紧挨槽钢插打;

②严格控制钢板桩的垂直度,避免板桩下端向围堰内侧倾斜;

③紧贴内撑圈梁的板桩,若在内撑下放范围内有接头,则接头钢板不得焊在靠圈梁侧,以防接头钢板卡住圈梁;

④选择在低潮时下放内撑,必要时向仓内灌水,利用水位差使板桩稍向外移动;

⑤下放时统一指挥,16台链滑车同步下放,使同层内撑保持水平,内撑的圈梁高差不大于5cm;

⑥下放阻力大时,利用千斤顶辅助。

3)钢板桩插打施工

(1)钢板桩接长及校正

对钢板桩进行检查、分类、编号等,对弯曲、破损、锁口不合的进行整修。锁口检查用一块长3m符合类型、规格的钢板桩作标准。对合格的钢板桩按设计接长,以满足不同位置的要求。钢板桩焊接时先对焊或将接口补焊合缝,再焊加固板,相邻板桩接长缝错开。

(2)插打要点

①导向分上下两层导向系统,每层导向系统由内导向框及外导向框组成,两层导向系统的竖向距离约为2m。圈梁外贴10号槽钢(槽口向里,截面10cm向为竖向)直接作为内导向框,圈梁外侧焊接双拼

32 号槽钢作为外导向框，外导向框随打桩进度逐段设置，内、外导向框的净距仅比钢板桩组合的厚度大约 5mm。

②从围堰外围上游边中部开始，在下游边仓顺桥向直墙及中仓两隔墙此三处合拢。合拢点选在板桩较短处，这样有利于顺序合拢。

③为保证后续工序顺利进行，严格控制钢板桩的位置及垂直度。

④为保证钢板桩施工质量及进度，除设置有效的导向系统和选择合理的插打顺序及合拢点外，还制定如下一系列措施：

a. 在插钢板桩前，在锁口内涂以润滑油以减少锁口摩阻力。

b. 每根桩插打过程一直用经纬仪和垂球观察控制的垂直度。

c. 因锁口之间有缝隙，插打过程，钢板桩下端有土挤压，上端总会产生向远离前一根桩的方向倾斜，因此为避免插打多根桩后上端总宽度拉大较多，在插桩时振动锤夹住板桩尽量紧靠前一根桩。

d. 每根钢板桩插到位后，用短槽钢焊牢在导向框顶层内导框上。

e. 严格控制合拢前几根桩的垂直度，避免合拢桩两侧的桩向不同方向倾斜。

f. 提前约 15 根桩就开始量测合拢距离，从而确定合拢方案，即确定是由合拢段的数根桩插打时向外绕圆弧而改变距离，还是增加钢板桩，抑或制作异形钢板桩来合拢。

4)基坑开挖

＋1m 以上部分基坑土采用排水开挖，每隔箱用一台臂长 14m 的抓斗机，人工配合进行取土。用抓斗机及浮吊将弃土转出基坑。开挖到位后回灌水，进行内撑下放。抓斗机及挖掘机座落于钢护筒顶进行操作。

＋1m 以下部分的基坑土采用“气举法”吸土，高压射水配合松动土层的方法。按每米一层挖进，用吊机(龙门吊和浮吊)吊住气举泵机于围堰的各个部位吸泥，吸进的泥渣通过泥浆管输送到沉淀池(承台施工时为中隔箱，系梁施工时为特制浮箱)。当开挖至＋0.1m 时，下放下内撑到位后，再继续开挖到位。吸泥时注意堰内补水，保持合适水深，以确保吹砂包的工作效率。同时由专人观察出泥情况，并以此决定吸泥机的升降和移位。

5)基坑封底

基坑开挖完成后基底土层为淤泥、淤泥质砂土和淤泥质粉土，灌注水下混凝土时混合料易陷入泥层影响封底质量。为确保封底成功，在桥址附近选择一河床表面地质情况类似的地方做水下封底试验。

基于试验结果进行封底混凝土浇筑点布置。为确保封底混凝土厚度由 1.5m 调整为 1.8m，采用垂直导管法进行水下混凝土灌注施工，从承台的一端开始，按设计布点依次剪球，交错灌注。封底混凝土灌注过程中，频繁探测混凝土面高程，及时记录其变化。对远离灌注点处、障碍物附近、导管口、钢板桩壁处，要加大探测频率，保证混凝土面高程为－3.8～－3.2m，保证封底混凝土厚不小于 90cm，对混凝土厚过小处进行补灌浆。基坑抽干水后再直接浇筑 C20 混凝土调平封底面。

6)承台及系梁结构施工

承台及系梁采用分层浇筑方法施工。根据内撑的设置和围堰受力要求，每幅承台均分二层施工，每层 3m 高，系梁分三层施工，第一层 1m 高，第二层 2m 高，第三层 3m 高。

采取大体积混凝土施工的常规质量控制措施。采用低水化热的混凝土配合比，分层施工、控制混凝土原材料温度和混凝土入模温度、通水冷却、混凝土表面保温、过程温度监控这几方面控制。

三、施工过程遇到的问题及应对措施

1. 钢板桩插打进度慢、垂直度差

插打钢板桩过程板桩的垂直度很难保证，要控制在原定的要求内，则插打速度极慢甚至低至每台班仅打设 15 根。

通过现场观察，原因有：

①钢板桩长细比大，打入土层为流塑性淤泥质，打好的板桩只能固定上端，前后插打的板桩相互影响；

②对于重新插打板桩很容易再次插入原来形成的槽口难以纠正；

③振动锤由钢丝绳悬挂，有较大的风浪时会引起锤和板桩晃动，若此时桩刚在入土易发生倾斜。

经分析采取如下措施：

①振动锤夹住板桩顶端开始插入土时，有意识地使板桩下端沿导框法线向外倾斜，板桩与内撑圈梁的空隙较大时用硬木尖塞紧；板桩沿导框切线方向倾斜较大时，及时用滑车组纠正，必要时用异形桩来调整。

②重打板桩必须在隔天以上后待槽口消失后才能重新插打。

③当振动锤和板桩晃动较大时，不进行板桩入土的操作。

采取以上措施后打桩进度明显加快，每台班约打设板桩 38 根。

2. 内撑下放阻力较大

由于钢板桩长度达 24m，板桩在接长、运输和起吊等环节中少部分变形，在插打过程中刚度不足比较柔软导致垂直度不易控制。内撑在下放阻力较大，过程很不顺利，特别是下层内撑。用 8 台 35t 螺旋千斤顶通过反力架反压圈梁后，中层内撑均很快地下放到位，而下层内撑分别在高于设计高程 60cm 和 50cm 处，经计算，可以满足相关工况的要求，至此停住下放进行下一工序施工。

3. 基坑开挖效率低

(1)抽水干挖遇到的问题及解决措施

由于箱内障碍物多(内撑、钢护筒、钢管等)，抓斗机抓不到的死角很多，此层均为淤泥人工开挖死角处淤泥时易陷入泥较深，土层黏性大，用水不易冲塌，铁铲挖掘进度过慢。改用 2 台尺寸合适的小型挖掘机放进箱内辅助挖土，挖掘机坐于割短的护筒上或通过大块铁板坐于泥面，主要挖掘土方多的死角。调整后，每台班约出土 150m^3。

(2)水下开挖

气举法吸土前三天每天出土量约为 65m^3，但第四天开始进度减慢，探测坑底面发现坑底面严重高低不平，高差达 3m。经潜水员水下进一步勘察，吸泥机吸出多个直径约 50～60cm 的深洞及数条 2～5m，宽 50～60cm 的深槽，洞和槽深 1～3.5m。主要原因是泥层的黏性太高，吸泥机只能吸起吸泥管口下方小范围的泥土；而水中平移和下放吸泥管时，吸泥管口很易顺着地势再次落入已形成的洞和槽中。其次有内撑、钢护筒等诸多障碍物，形成多处吸泥管没法控制的死角。

为此尝试了以下措施：

①加大风量和风压。

②吸头由直管改为 90°弯管。

③人工用麻绳配合吊具不停摇晃吸泥管。

④改变高压水射头与吸管头竖向的角度。

⑤增加高压射水头，改用 d125 型吸泥机。

⑥用高压旋喷机射散黏性土。

经以上尝试效果始终不好，其中高压旋喷水流作用半径仅为 30～50cm。

再次探索和分析后，采用了如下行之有效的方法：先由潜水员利用离心式泥浆泵手持射头水下射垮泥墙，再用空气吸泥机吸泥。仅用 4 台班就射垮全部泥墙，提高出土效率，增为 100m^3/台班，且基坑面较为平整。

(3)中隔仓基坑开挖方案调整

根据边隔仓水下基坑施工经验，原施工工艺存在不足之处：

①水下取土困难，且要长期使用龙门吊。

②内撑下放至高程＋2.5m 以下后，下放很为困难。

③采取水下封底，要保证封底混凝土的质量，必将大大增加混凝土的方量。

故对中隔仓工艺进行了调整：

①基坑取土全部采用干开挖的方法。

②内撑由三层增加为四层，即在高程－1.6m处加设一层内撑。上两层内撑仍预拼下放，下两层内撑现场拼装，安装内撑均为干作业。

③采取基坑面进行干封底，封底混凝土厚1.5m。

调整改进后，中隔仓施工较为顺利，加快了进度降低了成本。

四、结　　语

珠江黄埔大桥南汊桥南塔深置式承台施工，采用化大为小的围堰方案，降低了水中深基坑开挖的施工风险，增加工作面提高了效率，降低了内撑材料的投入。施工实践证明，本工程采取的施工方案科学合理，在施工过程遇到的难题采取了行之有效的方法处理，对工艺进行细化、优化，从而保证了工程顺利进行，积累了宝贵的经验，可供相关工程借鉴引用。

62. 广州珠江黄埔大桥南汊桥南塔下横梁设计与施工

周悌丰

（广东省长大公路工程有限公司）

摘　要　广东省内最大跨度的悬索桥——广州珠江黄埔大桥南汊桥是座跨越珠江的单跨钢箱梁悬索桥，北边连接黄埔，南边连接番禺，跨度为1 108m。其中南塔为S10合同段，南塔共有2道预应力横梁，本文介绍南塔下横梁的支架设计与安装和下横梁施工关键技术，希望对类似桥型的施工起到借鉴作用。

关键词　悬索桥　塔柱　钢管支架　下横梁　预应力混凝土　真空压浆

一、工 程 概 述

广州珠江黄埔大桥南汊桥跨越珠江，北岸为珠江的江心洲——大濠洲岛，南岸为番禺化龙镇。南汊桥为双塔单跨钢箱梁悬索桥，跨径组成为290m＋1 108m＋350m。

广州珠江黄埔大桥南汊桥南塔下横梁系主跨钢箱梁和引桥混凝土箱梁的支座承重梁，下横梁长×宽×高＝53.46m×5.5m×11m，其结构为单箱全预应力混凝土结构，共有52束15ϕ22型钢绞线。下横梁混凝土为C50，总方量1 407m^3，详细见图1。

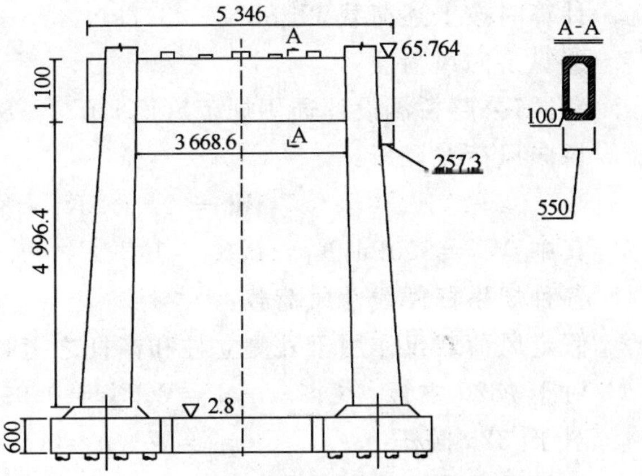

根据塔柱设计图要求：下横梁在塔柱中间段现浇采用落地支架，塔柱外侧部分采用悬挑支架施工，分两次浇筑混凝土及两次张拉预应力。混凝土每次浇筑高度为5.5m。

5 346
A-A
A
65.764
1100
100
3 668.6
A
257.3
550
4 996.4
2.8
600

图1　南塔下横梁结构图(尺寸单位:cm)

二、下横梁支架设计与施工

1. 下横梁支架设计

1)支架设计说明

下横梁中间段现浇支架和两端悬挑支架仅承受第一次混凝土施工荷载，第二次混凝土施工荷载由下横梁下层结构承受。

下横梁塔柱中间段采用斜腿钢管柱＋贝雷架支承方案，为避免系梁承受荷载，将施工竖向荷载经斜腿钢管传至相应的承台。为确保水上钢管支柱的安装，浇筑临时混凝土墩台，塔柱上不设牛腿。主受力钢管采用ϕ820mm×12mm螺旋钢管柱，其标准长度为12m。贝雷梁通过砂箱和I56工字钢垫梁支承于钢管柱上。贝雷上设I36工字钢分布梁。按支撑情况，整个支架为钢性支撑，故安装完成后不需要对支架进行预压处理。

塔柱两端外侧采用悬挑支架承受荷载，即在塔柱壁面上设置三角桁架作为受力体系。详细见图2。

2）支架设计

（1）贝雷梁计算

下横梁支架以单片贝雷连续桁架建模，并模拟贝雷片间的销接；以弹性支座模拟钢管桩；以下横梁横垫梁平均荷载集中力模拟下横梁作用力。荷载及计算参数取值如下：

①贝雷梁梁上荷载（表1）

下横梁第一次浇筑5.5m高混凝土工况施工荷载统计（未计两塔柱外侧部分） 表1

序　号	荷载名称	数　量	单重	总计(t)	备　注
G1	5.5m高梁混凝土	560 m^3	2.5t/m^3	1 400	15.3m^2×36.7m
G2	外模	584 m^2	0.12t/m^2	70.1	15.9m×36.7m
G3	内模	415 m^2	0.1t/m^2	41.5	11.3m×36.7m
G4	横垫梁	38条	1.02t/条	38.8	2I36a—8.5m
G5	纵垫梁	14条	0.367t/条	5.2	单条长36.7m
G5	施工平台面层	110 m^2	0.08 t/m^2	8.8	1.5m×36.7m×2
G5	人员、机具	20	0.06 t/m^2	1.2	
计算总荷载＝15 660×1.08＝17 000kN			总计	1 566	

贝雷梁横向支承垫梁集中力统计：

荷载(kN)	横垫梁数(根)	贝雷总排数(排)	2根端垫梁承载(kN)	对应单贝雷受力(kN)	35根横垫梁平均承载(kN)	对应单贝梁受力(kN)
17 000	37	20	236	11.8	473	23.7

单根横垫梁平均荷载＝17 000/36＝473kN。

横垫梁荷载分配：(11.8＋23.7×35＋11.8)×20＝17 062kN。

计算时按上述荷载11.8kN＋23.7kN×35＋11.8kN施加于单片贝雷之上。

②纵桥向风荷载

参照《公路桥涵设计通用规范》(JTJ 021—89)及全国基本风压分布图，支架附着于塔柱时，其结构所受纵桥向风荷载风压：

$$W = 0.7 \times K_1 \cdot K_2 \cdot K_3 \cdot K_4 \cdot W_0 = 997\text{Pa}$$

其中：$W_0=800$Pa，$K_1=1$，$K_2=1.3$，$K_3=1.37$，$K_4=1$。

各种规格杆件线性风荷载：

假定风荷载仅作用于外侧立柱和横杆之上，根据各杆件宽度确定出其线荷载如下：

对于ϕ820主管：　$q_{zg}=W\times d=0.997\text{Pa}\times0.82\text{m}=0.82\text{kN/m}$

对于[32a横杆：　$q_{hg}=W\times h=0.997\text{Pa}\times0.32\text{m}=0.32\text{kN/m}$

③贝雷梁梁下约束

贝雷梁下全部为钢管柱支承，故全部取作弹性支座，钢管柱平均长度$L=50$m，其刚度参数：$K_w=\dfrac{E\cdot A}{L}=1.28\times10^8$(N/m)

④贝雷梁强度

贝雷梁按单片计算，荷载仅考虑竖向荷载(表2)。

贝 雷 梁 计 算 表2

计算参数	计算值	许用值	结论	位置
Worst 应力 σ_{max}	−196MPa	210MPa①	符合	2号、3号支座处竖杆(+2[10)
	+100MPa	210MPa①	符合	2号、3号支座处上弦杆
	+47MPa	210MPa①	符合	2号、3号跨间下弦杆
最大变形 f	<0.023m	$L/400=0.022$	符合	2号、3号支管跨中下弦杆

注：①钢管桩支座部位设置在贝雷接头竖杆处，本计算模型中为降低此竖杆下段压弯应力，增加了一根相同材料和截面的竖杆。施工中，需要在单竖杆两侧各嵌入一根Q235[10—1.4m杆，并且在此杆中部节点板下端焊接新增两竖杆之承重连接板。

⑤贝雷梁支座反力(表3)

支座反力计算结果(荷载:kN) 表3

支座反力	1号钢管柱	2号钢管柱	3号钢管柱	4号钢管柱
单排贝雷支座	123.6	318.6	318.6	123.6
单管支座	824	2 124	2 124	824
总支座	2 472	6 372	6 372	2 472

注：单管支座反力=单贝雷反力×20/3；总支座反力=单贝雷反力×20，计算模型如图2。

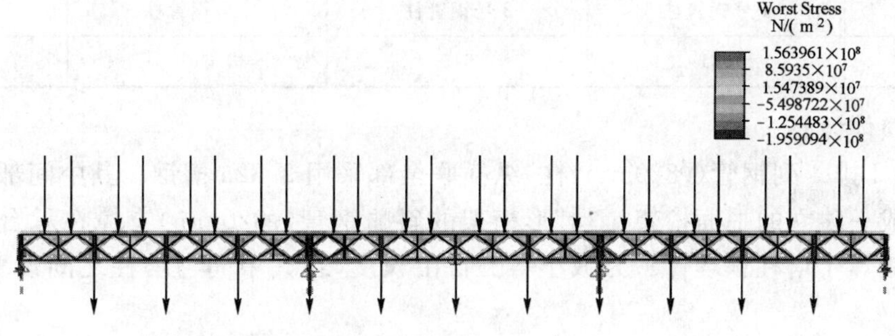

图2 1个计算模型支座

(2)钢管柱柱顶盖梁计算

①中间柱顶盖梁计算

盖梁选用选用3I56b，计算模型如图3。

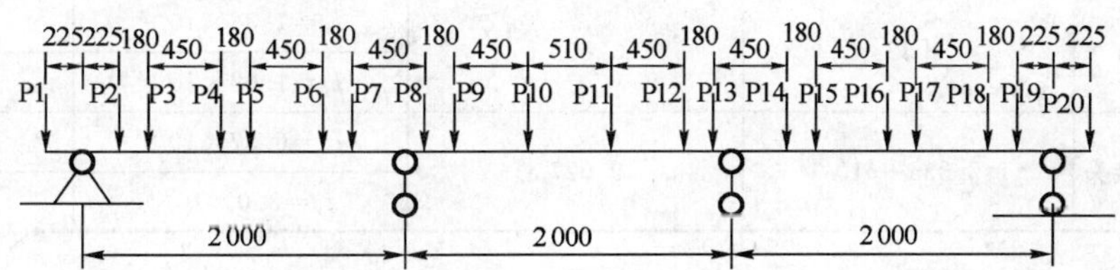

图3 盖梁计算模型(尺寸单位:mm)

利用加权法算出贝雷支座承载平均值=6 372/20=318.6kN

计算文件：F:/zqy/calcul/Cap_Beam.esd

计算参数	计算值	许用值	结论	位置
Worst 应力 σ_{max}	90.2MPa	145MPa①	pass	1号、2号、3号、4号跨中部
剪力 Q	1 511kN			1号、4号支座内侧
	1 170kN			2号、3号支座外侧
相对变形 f	<0.013m	6/400=0.015	pass	中支座两侧

盖梁荷载及剪力图如图4。

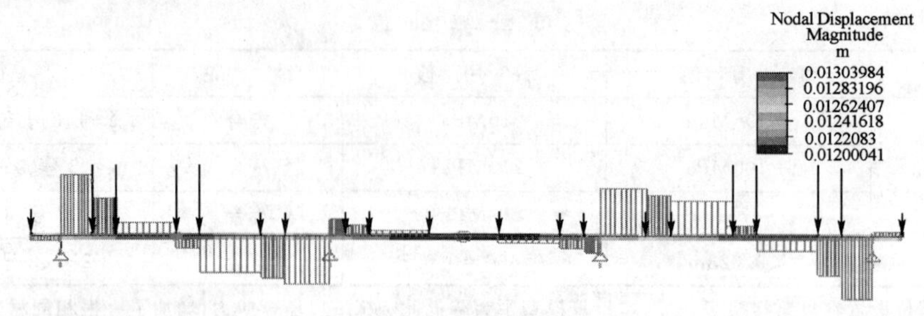

图　4

中间盖梁下单钢管柱支座反力计算结果表。

支　座	1号钢管柱	2号钢管柱	3号钢管柱	4号钢管柱
反力值(kN)	1 621	1 575	1 575	1 621

计算结果表明，盖梁下4根钢管柱基本接近平均受力。

②塔柱侧盖梁分布荷载

利用同种方法计算结果如下表。

支　座	1号钢管柱	2号钢管柱	3号钢管柱	4号钢管柱
反力值(kN)	631	615	615	631

(3)钢管支架整体计算

钢管支架采用4排4列钢管(ϕ820mm)柱，纵横联全部采用2[32a槽钢。其中间部分以"π"形支腿＋竖向支管构成，形成一独立的平面桁架。"π"形桁架的斜腿钢管(ϕ820mm)支撑在承台表面，外端水平拉杆钢管(ϕ820mm)锚焊于塔柱预埋件。为减小斜腿自由长度，在其中间与塔柱之间设置两道拉杆约束节点。

计算按"竖向对称满载＋风载"和"竖向非对称荷载＋风载"两种工况考虑。支架截面参数见表4。

钢管支架截面参数　　表4

杆件	规格	截面积 $A(m^2)$	惯性矩 $I(m^4)$	抗弯模量 $W(m^3)$
主杆及斜腿钢管	ϕ820×12	0.030 5	2.46×10^{-3}	6.0×10^{-3}
纵横横联杆钢管	2[32a	0.009 1	$I_x=1.36\times10^{-4}$	$W_x=8.5\times10^{-4}$
			$I_y=1.68\times10^{-3}$	$W_y=3.37\times10^{-3}$
最上端横联与塔柱加强接头	2[32a＋δ10	0.027 5	$I_x=6.37\times10^{-4}$	$W_x=4.0\times10^{-3}$
			$I_y=3.0\times10^{-3}$	$W_y=6.0\times10^{-3}$

①竖向对称满载＋风载工况

贝雷梁下钢管柱竖向满载分布见表5。

钢管柱竖向满载分布表(单位:kN)　　表5

工　况	纵向1列	纵向2列	纵向3列	纵向4列
横向1排	631	1 621	1 621	631
横向2排	615	1 575	1 575	615
横向3排	615	1 575	1 575	615
横向4排	631	1 621	1 621	631

计算文件:F:/zqy/calcul/XTZJ.esd

续上表

计 算 参 数	计算值(MPa)	许用值(MPa)	轴力(kN)	位 置
Worst 应力 σ_{max}	−79	145	−1 753	中间竖管根部
	−67	145	−2 000	斜管根部
	−76	145	−1 971	斜管上 0 杆节点处
	+9.7	145	+191	水平拉杆中部
	−25	145	−503	水平撑管中部
	+8.5	145	+41	上 0 杆中部
	+3.0	145	+0.6	下 0 杆中部
	−15.8	145	−143	塔柱侧竖杆根部
最大变形 f	<0.015m	$L/400=0.022$		竖管顶部

钢管支架竖向对称满载＋风载工况计算模型如图 5。

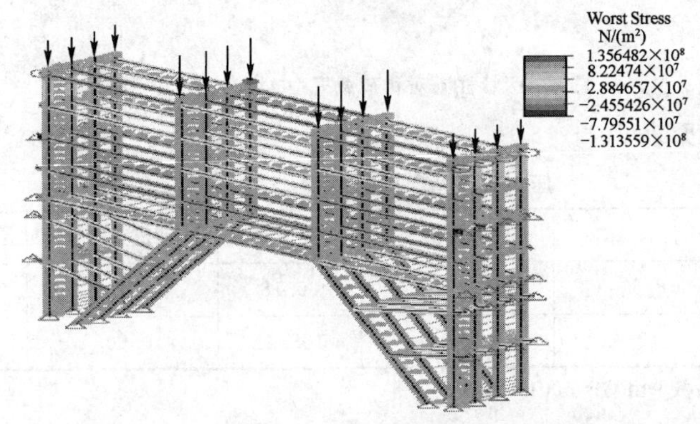

图 5 钢支架竖向满载＋风载计算模型

②竖向非对称荷载＋风载工况

竖向非对称荷载原因：下横梁 1m 厚壁面的浇筑按 0.5m 高度沿横桥向浇筑完成；两个 1m 厚壁面先后浇筑完成；输送泵因故停机。假定横桥向不对称荷载：第 3 列管柱顶部小于满载 4×200＝800kN，第 4 列管柱顶部小于满载 4×100＝400kN；纵桥向不对称荷载：第 1 排、第 2 排管柱顶部分别小于满载 4×100＝400kN。总计缺少约 100m³ 混凝土。钢管柱竖向非对称荷载分布见表 6。

贝雷梁下钢管柱竖向非对称荷载分布表(单位:kN) 表 6

	纵向 1 列	纵向 2 列	纵向 3 列	纵向 4 列
横向 1 排	631−100＝531	1 621−100＝1 521	1 621−200−100＝1 321	631−100−100＝431
横向 2 排	615−100＝515	1 575−100＝1 475	1 575−200−100＝1 275	615−100−100＝415
横向 3 排	615	1 575	1 575−200＝1 375	615−100＝515
横向 4 排	631	1 621	1 621−200＝1 421	631−100＝531

计算文件：F：/zqy/calcul/XTZJ_Λ. csd

计算参数	计算值(MPa)	许用值(MPa)	轴力(kN)	位置
Worst 应力 σ_{max}	−77	145	−1 739	上游侧 π 竖管根部
	−66	145	−1 973	上游侧 π 斜管根部
	−75	145	−1 945	上游侧斜管上 0 杆节点
	+10.7	145	+216	上游侧水平拉杆中部
	7.9	145	+141	下游侧水平拉杆中部
	−23.5	145	−470	中间横向撑管中部
	+8	145	−36.7	上游侧上 0 杆中部
	2.6	145	2.0	上游侧下 0 杆中部
最大变形 f	<0.015m	$L/400=0.022$	pass	上游侧 π 侧竖管顶部

注：施工中严禁出现不均匀荷载，特别是不均匀浇筑混凝土。要求混凝土浇筑面高差控制在 0.2m 以内。

③两管柱不对称荷载工况

计算模型如图 6。

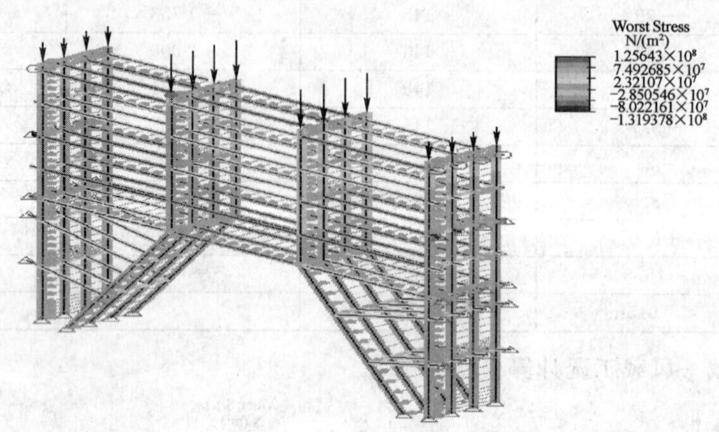

图 6　两管柱不对称荷载模型

(3)斜腿支管局部稳定验算，见表 7。

压 杆 稳 定 计 算　　　　表 7

杆件截面	回转半径 r(m)	压杆长(m)	长度系数 μ	柔度 λ	稳定系数 ϕ	$[\sigma]$(MPa)	$[\sigma]_y$(MPa)
ϕ820×12	0.285	8.6	1	30.18	0.936	140	131.04
ϕ325×10	0.111	12	1	108.11	0.505	140	70.7

注：①$[\sigma]_y=\phi[\sigma]$；②$\lambda=\mu L/r$；③稳定系数 ϕ 由 GB 50017—2003 查得。

由上述计算，斜腿支管最大压应力为　　$\sigma=77\text{MPa}<[\sigma]_y=131\text{MPa}$

2. 中间段支架施工

支架全部采用散件安装：纵横联采用槽钢于主钢管焊接、钢管与钢管采用高强螺栓 ϕ27 连接，终拧扭矩

$$T_c=K\times P_c\times d=0.13\times 35.49\times 27=124.59\ \text{N}\cdot\text{m}$$

式中：K——扭矩系数；

P_c——施工预应力标准值；

d——螺栓公称直径。

安装过程中严格控制竖管的弯曲矢高和垂直度，其必须满足：弯曲矢高 $f\leqslant L/1\ 500$&10mm，垂直度管轴线偏差≤L/1 000&35mm。

为了确保钢管拼接的直线度及斜腿的整体性，将斜腿钢管长 22m，重达 7.6t，作为整根安装。标准节的钢管柱 12m 长，重达 3.2t。支架材料由大平驳经水上转运。起重安装机械设备主要有：上游 160 塔吊，下游 315 塔吊，一艘大型浮吊。

除水平钢管之外，所有主钢管上焊接钢筋爬梯，作为临时操作平台。并用钢板网和[10 槽钢做成 6m 的移动平台放置在纵横联上，作为安装主钢管的临时平台。

(1)支架安装流程图

浇筑临时混凝土墩台，预埋环形焊接钢板→在系梁顶安转辅助钢管脚手架→逐根吊装斜腿①主管→安装斜腿钢管之间的③水平钢管→安装塔柱边②主管(22.66m)→安装斜向⑥拉杆→安装两侧④水平钢管→拆除辅助钢管脚手架→吊装 12m 标准节⑤钢管→安装竖向钢管的⑦纵、横联([32)→重复前面两部完成最后一层钢管→安装砂箱→安装 3I56 工字钢垫梁→安装贝雷梁→安装分布梁 I36 工字钢→安装底模→下一道工序。

横梁现浇支架见图 7。

(2)安装斜腿钢管及其相应部分

在系梁顶临时安装辅助钢管支架，作为安装斜腿钢管的精确定位和操作平台，并在临时混凝土墩台

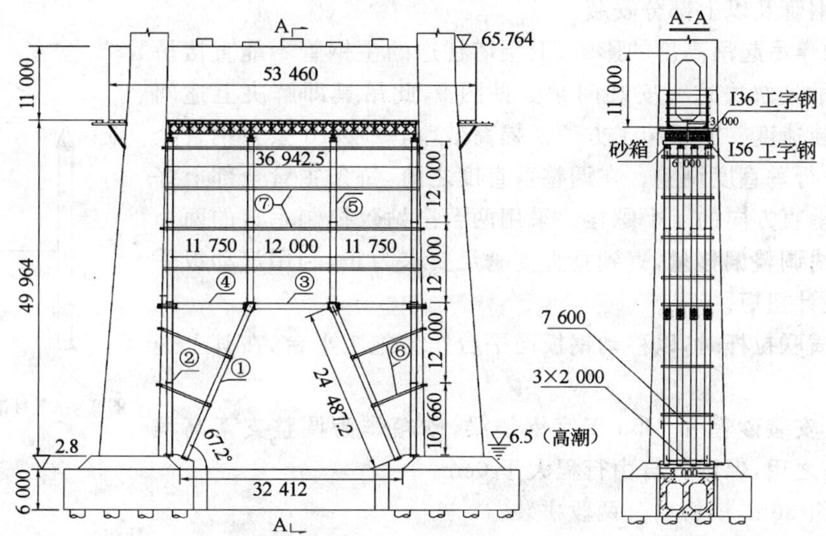

图 7 南塔下横梁现浇支架（尺寸单位：mm）

预埋环形的钢板上烧焊定位加劲板，临时辅助钢管支架见图 3，斜腿钢管采用水上大平驳转运，利用塔柱边塔吊直接垂直起吊，借助临时混凝土墩台环形预埋钢板上的定位加劲板定位斜管下端的平面位置，利用塔吊慢速将斜管靠到定位槽钢[28，并临时在顺桥方向限位，利用链滑车调整斜管上端的连接法兰盘的方向，再安装与之对应的另一条斜管，直至完成 8 条管斜管。

斜腿之间的③水平钢管在安装之前应留一端的法兰连接盘处于活动状态，以便在安装过程中能做现场定位，做到两头的法兰盘与斜管的法兰盘密合贴紧。然后在现场与水平钢管施焊。

由于受塔柱爬模的影响，塔柱边的②号主钢管不能由塔吊直接吊装就位，采用大浮吊吊装，为了便于安装及调整尺寸和垂直度，②号主钢管分成两节，下端节长 2m。下端直接与临时墩台上的预埋环形钢板调整焊接，上端与大浮吊吊装的余下部分法兰盘栓接。利用大浮吊依次完成一侧四条主管的安装，然后进行统一调整尺寸和垂直度。由于此主管比较高，周围没有固定构件，故调整垂直度及尺寸采用在主管的顺桥方向每侧各拉一条钢丝绳，在横桥向即在塔柱预埋板上焊接卡钩与主管用手拉链滑车连接，利用主管与塔柱的相对位置，在垂直两个方向调整控制主管的垂直度和相对尺寸。并用楔形铁块两节管的连接法兰盘处塞紧，边塞楔形块边对称拧紧螺栓，直到尺寸和垂直度满足要求。

利用塔吊先安转斜向⑥拉杆的上层，再安装⑥拉杆的下层。

安装完斜向拉杆及搭设好移动平台后，用塔吊直接安装两侧④号水平钢管，并通过[28 槽钢与塔柱上的预埋钢板焊接。拆除辅助钢管脚手架，并在水平钢管上铺设[10 槽钢与木板，作为安装上层主管的平台（图 8）。

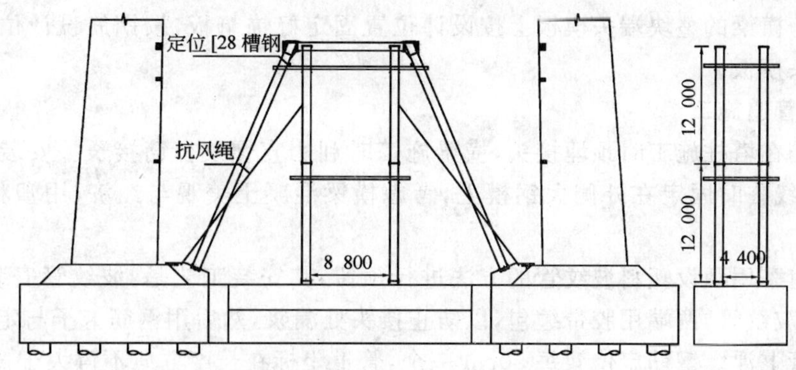

图 8 辅助支架（尺寸单位：mm）

(3)标准节主钢管及以上部分安装

受塔柱爬模和浮吊起吊高度的影响,上层塔柱边的主钢管不能直接吊装到位,采用特殊吊具解决这一安装问题。见图9,此吊具即解决上述问题,又大大加快安装速度。为了施工方便及提高效率,一层16条主钢管全部安装完成后再进行垂直度调整。在调整垂直度之前,每条主管全部上好螺栓,但只初拧紧垂直方向的4个螺栓。采用两台全站仪控制垂直的两个方向,并用楔形铁块调整偏移量,直到垂直度满足要求为止,利用汽动扳手对称拧紧螺栓到设计扭矩。

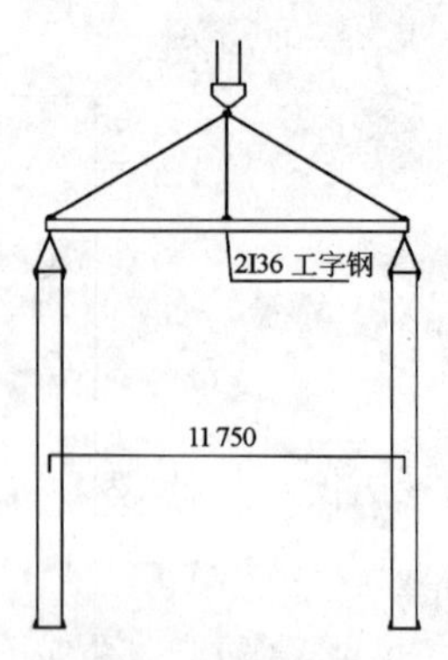

图9　吊装标准主管(尺寸单位:mm)

安装⑦号纵、横联拉杆时,以移动钢板网平台作为施工平台,在其上进行对位和施焊。

利用上述吊具安装砂箱和3I56工字钢垫梁,砂箱作为调整支架高程及卸载拆横梁底模之用,保证其自由行程大于6cm。

贝雷梁共10组36m,横桥向分两段拼装。

(4)边跨悬挑支架安装

边跨悬挑支架为[28槽钢桁架,与塔柱预埋件焊接,承受前两次混凝土的重量。顺桥方向四片。

安装边跨支架利用塔柱爬模的吊平台作为施工平台,利用塔吊及链滑车直接安装。

三、下横梁施工

1. 模板施工

外底模,外侧模及内侧模全部采用钢模,内底模采用木模,内顶模采用在横梁内侧墙壁预埋钢板加工字钢支撑。内外模之间用对拉螺丝连接固定,为了保证混凝土的外观质量,内、外模脱模剂用模板漆。

外模操作平台采用门式钢管脚手架,四周脚手架相互连接成闭合回路,并与塔柱的H形螺栓固定以增强整体的稳定性。内模操作平台利用扣件式钢管脚手架。

底模需设预拱度,为了防止腹板混凝土向底板处外翻,横梁底板设压脚模板。塔柱两端的横梁端头模板用横梁腹板范围内的塔柱壁上预埋件固定。

在保证质量及安全的情况下,为了提高施工效率、节省材料及施工方便,对模板设计及施工作以下改进:

①外侧模采用大块钢模板:6m×5.5m,并对横向,竖向加劲梁作特殊分布,方便横梁上下圆弧模板对接及模板本身翻转。

②为了方便固定大钢块模板及混凝土接缝的外观,上述大块钢模板采用翻转安装。

③内底模和内顶模的加劲钢架采用[10槽钢架及木架相隔布置,加劲钢架与木模提前拼装成在横桥方向为6m整体,提高内底模和内顶模的整体性及安装速度。

④塔柱两端边跨横梁的整块端头模板上按设计位置固定好锚垫板,按钢筋设计位置割孔,并在钢筋施工之前安装好端头模板。

2. 钢筋、预应力管道施工

穿过塔柱的钢筋在塔柱施工时预埋接头,横梁施工时利用直螺纹套筒接长。安装腹板钢筋时,为了增加其稳定性,用铁线临时固定在外侧大钢模上,考虑横梁混凝土美观与经济,用塑料垫块保证钢筋保护层。

横梁预应力管道采用埋设塑料波纹管的方法进行预留,其安装工艺是:波纹管安装由钢筋定位架定位,利用接头管接长波纹管,两端用胶带缠包,以防止接头处漏浆,然后用钢筋卡子与定位架固定,以防止浇筑混凝土时波纹管上浮。钢筋定位架每50cm一个,管道坐标在长度方向不得大于30mm,在高度方向不得大于10mm,管道之间的误差不得超过10mm。在浇筑混凝土之前,对波纹管进行全面检查:管道是否开裂、烧伤、破损,接头是否密实。

3. 混凝土施工

(1)混凝土配合比

横梁为C50高强混凝土,具有高集料、低水胶比、高泵扬程、早强、缓凝等特性。混凝土采用泵送,泵送水平和垂直距离都较大,故对混凝土的可泵性、和易性、泌水性以及缓凝早强要求较高,所以混凝土配合比要求:坍落度19~22cm,并且应掺入外加剂改善混凝土的和易性、可泵性、缓凝早强等效果。

(2)混凝土浇筑

混凝土用一套拌和楼,一套泵管输送到主墩平台的接力泵上,再由接力泵输送到待浇混凝土处。

浇筑混凝土时应特别注意以下施工问题:

①浇筑第一次混凝土时,测量人员专门观测钢管支架的变形情况,及时调整浇筑工艺,并且第一次浇筑混凝土必须在横桥方向与顺桥方向对称浇筑,相差不得超过20m³。

②混凝土浇筑时,其倾落度超过2m时,布设串筒,确保混凝土不发生离析,同时也避免因倾落度过大使混凝土溅到上层模板上而造成混凝土表面失色。

③每次浇筑混凝土按一定厚度(30~50cm)、方向和顺序分层浇筑。为了防止混凝土表面出现明显的分层面线,尽量缩短上下层浇筑间隔时间,并在振捣上层混凝土时振动棒插入下沉混凝土50~100mm,使上下混凝土融为一体。

④振动棒的移动间距不得超过振捣器作用半径的1.5倍,与侧模保持50~100mm距离,振捣时间控制在30s左右,避免漏振,欠振,过振。

⑤振捣时振动棒不得碰撞波纹管,模板及各种预埋件。

⑥为了减少混凝土表面的气泡,浇筑过程中采用两次振捣工艺,第一次在混凝土布料后进行,第二次在混凝土静置一段时间后进行。每次混凝土在顶层初凝前进行第二次振捣,并清除表面浮浆。

(3)混凝土养护及施工缝处理

混凝土的养护及施工缝处理对混凝土质量及外观有着很大的影响,必须认真对待。

混凝土施工缝采用人工凿毛,辅以空压机的方法,在混凝土强度≥2.5MPa,人工凿毛清理出骨料,必要时辅以空压机凿毛,用高压气冲洗。在浇筑下次混凝土前先铺2~3cm的同标号水泥砂浆后再浇筑混凝土。

混凝土浇筑完成后及时进行养护,采用洒水养护,为了防止污染混凝土表面,养护水采用自来水,安排专人及时、不间断洒水,保持混凝土表面经常处于湿润状态,避免混凝土表面出现干湿循环,防止混凝土表面的开裂。

4. 预应力施工

(1)施工流程

预应力管道及锚具安装→预应力钢绞线下料→穿预应力钢束→预应力张拉→锚固→压浆→封锚。

下横梁预应力锚具采用15ϕ22型,钢绞线直径15.24mm,标准强度1 860MPa,弹性模量194kN/mm²。钢绞线每束长5 226cm,共52束。其布置见图10。

(2)预应力管道及锚具安装、钢绞线下料、穿预应力钢束

预应了管道随钢筋施工进度相应安装,具体安装如前所述。钢绞线经检验合格后进行下料,下料长度比设计长度两端各长100cm,用砂轮机分批切割,编号成捆。钢绞线采用人工穿束,每次穿6~8根。在穿束完成后,对端头钢绞线套上波纹管保护,以免被电焊及气割烧伤。

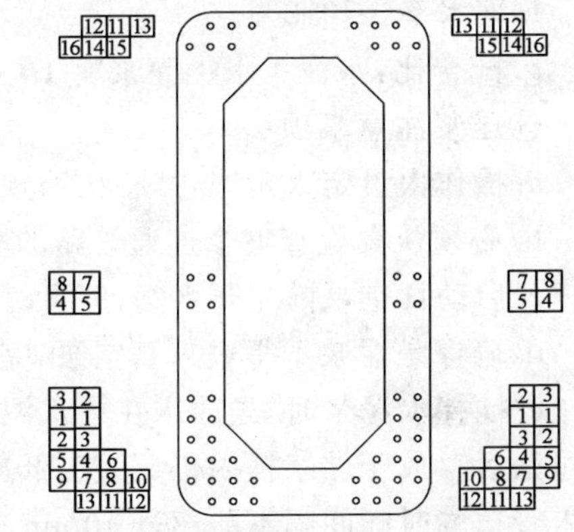

图10 下横梁钢束布置及张拉顺序

(3)预应力张拉

下横梁预应力张拉采用2台YCW-500型,2台YCW-650型千斤顶,一组4束同时张拉,固定端及张拉端在横梁两端面交错布置。每束张拉控制力为4 297kN,引伸量37.4cm,张拉时,对张拉

力和引伸量进行双控，以伸长量为主。严格按照设计图纸进行张拉，张拉顺序见图10。

张拉流程：张拉到15％张拉吨位→持荷3min→量测引伸量→张拉到30％、50％、70％张拉吨位→分别量测引伸量→张拉到设计吨位100％→持荷3min→量测引伸量→回油→量测引伸量。

(4)管道压浆、封锚

张拉完成后24小时内进行管道真空压浆。

张拉完成后严禁撞击锚头，严禁用氧割割除锚头多余的钢绞线，采用砂轮机割除，留余长度4cm，用湿润水泥团封堵。在压浆之前进行检查，对有漏气的情况，再行用玻璃胶处理，以确保孔道密封。

①真空压浆原理：压浆前，先用真空泵抽吸预应力管道中的空气，使管道中的真空度达到负压0.08MPa，然后在管道的另一端用压浆泵以一定的压力将搅拌后的水泥浆压入管道。由于管道内和压浆泵之间的正负压力差，可大大提高管道内浆体的流动性、饱和度和密实度。而且在水泥浆中，由于降低水灰比，添加专用的灌浆料，从而减少浆体的离析、析水和干硬收缩，同时提高浆体的强度。

②压浆设备：灰浆搅拌机、压浆泵、高压管、真空泵、真空压浆组件、各种接头密封阀门、浆桶等。

③压浆操作工艺

a.清理锚垫板上的压浆孔，保证压浆通道畅通。

b.确定抽真空端及灌浆端，安装引出管，球阀和接头，并检查其功能。

c.搅拌水泥浆使其水灰比、流动度、泌水性达到技术要求指标。

d.启动真空泵抽真空，使其真空度达到负压0.08MPa以上并保持稳定。

e.启动压浆泵，当压浆泵输出的浆体达到要求稠度时，将泵上的输送管接到锚垫板上的引出管上，开始灌浆。

f.灌浆过程中，真空泵保持连续工作。

g.待抽真空端的空气滤清器中有浆体经过时，关闭空气滤清器前端的阀门，稍后打开排气阀，当水泥浆从排气阀顺畅流出，且稠度与灌入的浆体相当时，关闭抽真空端所有的阀。

h.压浆泵继续工作，保持压力，持压1～2分钟。

i.关闭灌浆泵及灌浆端阀门，完成灌浆。

j.拆卸外接管路、附件，清洗空气滤清器及阀门等。完成当日灌浆后，必须将所有沾有水泥浆的设备清洗干净。安装在压浆端及出浆端的球阀，应在灌浆后1小时内拆除并进行清理。

④水泥浆的主要技术要求

a.水泥：硅酸盐水泥，粤秀牌P.II42.5R。

b.强度：≥50MPa。

c.泌水率：＝1％。

d.稠度：在1.725L漏斗中，水泥浆的稠度42s，最多不得大于44s。

e.膨胀率：掺入JS-6灌浆料为水泥的15％，掺入灌浆料后的水泥浆膨胀率＝1％。

f.缩水率：≤0.2％。

g.配合比：水泥∶水∶灌浆料1∶0.312∶0.15。

⑤压浆注意事项

a.操作人员定人定岗，严格按照规范操作，确保压浆质量与安全。

b.必须认真检查整个连通管路的气密性，合格后方能进入下一道工序。

c.启动真空泵前先开水阀，停泵时先关闭水阀。

d.确保是泥浆不得进入真空泵，完成时，要及时排空泵内余水。

e.搅拌水泥浆时，先放水在放水泥、JS-6灌浆料(或膨胀剂和减水剂)，拌和时间不小于10min。水泥浆过筛后存放于储浆桶内仍要人工低速搅拌，拌浆量必须保证能一次性压完整条管道。水泥浆自调制到压入管道的时间间隔不能超过40min。

f.管道压浆做好原始记录，压浆过程中，要及时清洗因水泥浆溢出而污染的塔柱。

⑥封锚

封锚在全部压完浆后开始。冲洗锚具周围并凿毛,按设计图施工钢筋和浇筑与横梁同等级的混凝土,以防止锚具锈蚀。

四、结　语

广州珠江黄埔大桥南汊桥下横梁具有位置高、尺寸大且由于支座而导致内部结构复杂等特点。如何在有限的资源下不影响塔柱的施工进度,成为下横梁的一施工难题。下横梁施工的关键技术在于支撑支架的设计、安装以及模板、钢筋及预应力三者的施工顺序与交叉。下横梁在规定的有限时间内顺利完成施工,为本桥的上塔柱施工奠定了坚实的基础。本文就这些施工问题进行阐述,以供同类型工程参考。

参考文献

[1] 公路桥涵施工技术规范.北京:人民交通出版社,2000.
[2] 钢结构工程施工质量验收规范(GB 50205—2001).北京:中国计划出版社,2001.

63. 广州珠江黄埔大桥南锚碇无冷却水管填芯混凝土施工技术研究

陈凤同
(广东省长大公路工程有限公司)

摘　要　本文主要根据南锚碇实体填芯大体积混凝土工艺,介绍大体积混凝土施工的过程控制措施及成果。

关键词　南锚碇　大体积混凝土　配合比　监控

一、工程概况

南汊桥南锚基础实体包括内衬、底板、填芯、顶板等部分。其中内衬与基坑开挖同时施工,具体施工工艺见基坑施工方案。

底板为直径 ϕ65.6m,高 5m 的圆柱体,采用 C30 微膨胀混凝土,分两层浇筑混凝土,每层混凝土共 8 450m^3,共 16 900m^3。底板与基坑底设一层 C20 混凝土垫层,最小厚度 20cm,用 ϕ25 插筋与底板相连。

顶板形式与底板基本相同,仅直径扩大为 66.6m,混凝土方量增大为 17 418m^3,主筋重量为 492t,上端面设 ϕ32 预埋筋与锚体相连。

填芯夹于顶底板之间,上、下端面与顶底板相同,高 15.5m。靠黄埔侧设有 31 个空腔,空腔高 11.5m,断面尺寸为 5m×5m,设有 1×1 的倒角,四周设有 ϕ16 钢筋网,其中竖筋两端插入顶、底板。填芯为 C20 混凝土,共 44 905m^3。

二、施 工 工 艺

锚碇填芯属大体积混凝土结构(图 1),由于混凝土的水化热作用,混凝土浇筑后将经历升温期,降温期和稳定期三个阶段,在这个过程中混凝土的体积亦随之伸缩,若各块混凝土体积变化受到约束就会产生温度应力,如果该应力超过混凝土的抗裂能力,混凝土就会开裂;因此为了提高混凝土施工质量,保证大桥长期安全地使用,必须采取温控措施以防止温度裂缝的产生。

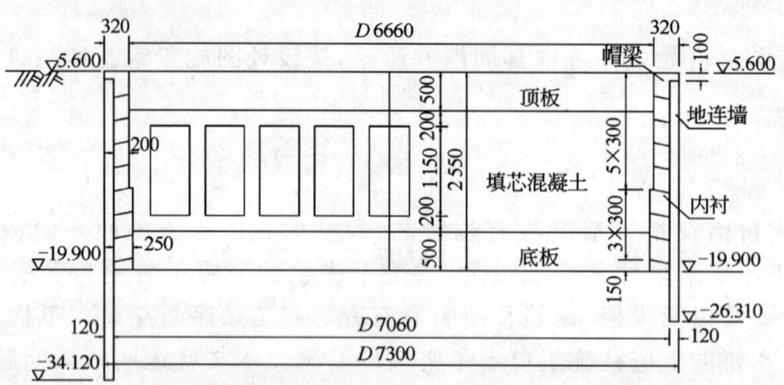

图1 锚碇基坑填芯混凝土立面图(尺寸单位:cm)

1. 混凝土分层

按温控计算结果进行分层,具体如下:

(1)底板分两层浇筑,每层2.5m,间隔6天;

(2)填芯分八层浇筑,每层2m(各层厚度依次为2m、2m、2m、2m、2m、2m、1.5m、2m),间隔5天;

(3)顶板分三层,中间留十字后浇带,共4次,前3次间隔6天,最后一次间隔30天。

2. 混凝土浇筑

在混凝土浇筑过程中采用三台生产能力160m³/h的拌和楼进行混凝土泵送工作,每层则需要60h左右时间完成浇筑,混凝土浇筑采用布料机进行浇筑,布料机放在加工平台上,高度为2.7m,水平半径覆盖面范围为12m/台。

混凝土应按规定厚度,顺序和方向分层浇筑,必须在下层混凝土初凝前浇筑完毕上层混凝土。如因故停歇,时间超过初凝时间时,混凝土应按工作缝处理。混凝土分层浇筑厚度不宜超过0.5m,并保持从一侧向另一侧浇筑的顺序和方向。

浇筑混凝土时,应采用振动器振实:(1)使用插入式振动器时,移动间距不应超过振动器作用半径的1.5倍,与侧模应保持5～10cm距离,应避开预埋件或监控元件10～15cm,应插入下层混凝土5～10cm;(2)对每一部位混凝土必须振动到密实为止,密实的标志是:混凝土停止下沉,不再冒气泡,表面呈平坦、泛浆。

空腔处采用自自制钢模板加工成整体,腔内采用钢管支架施工以支撑混凝土侧压力,兼作操作人员脚手架使用,钢管支架同样采用整体预制、整体吊装与拆除。在空腔顶采用梁板混凝土结构盖板,以支撑顶面混凝土自重。

三、混凝土配合比设计

在锚碇填芯施工时混凝土属于大体积混凝土,混凝土应具有良好的和易性和黏聚性,不离析、不泌水,初始坍落度宜控制在18cm以上,初凝时间为25h±2h。为满足以上施工要求,确保施工质量,对锚碇大体积混凝土配合比进行大量试验,按材料实际情况,合理选择混凝土原材料:选择级配优良的砂、石料,选择优良的混凝土外加剂,控制混凝土水灰比,降低水泥用量,优选出配合比;同时结合现场施工和材料情况,对配合比进行调整。达到了不产生有害裂缝的温控标准:①混凝土最大水化热温升:混凝土不超过25℃;②混凝土内表温差不超过25℃;③相邻块体的混凝土温差不超过25℃;③混凝土允许最大降温速率不超过2.0℃/d。

C20微膨胀大体积混凝土配合比　　表1

编号	各组分用量(kg/m³)							初凝时间(h)	坍落度(cm)		抗压强度(MPa)		抗渗等级
	水	水泥	粉煤灰	矿粉	砂	石	减水剂		0h	1h	7d	28d	
1	175	140	140	100	730	1009	5	30	21	18	18.8	30.5	P12

原材料：

(1)水泥：采用广州水泥厂生产的金羊牌 P.O32.5R 水泥，水泥使用温度不得超过 50℃。

(2)粉煤灰：采用广州电厂 II 级粉煤灰。

(3)砂：采用中砂，含泥量≤1%，细度模数 2.6～2.8，其他指标必须符合规范规定。

(4)石：采用碎石。石子必须为 5～25mm 连续级配，来源应稳定。石子必须分批检验并严格控制其含泥量不超过 1.0%。其他指示标必须符合规范要求。

(5)外加剂：施工方采用江门 WH 缓凝型高效减水剂，减水率为 23%。

(6)水：拌和用水的水质需通过严格检验并符合有关规范规定。

(7)膨胀剂：武汉浩源外加剂厂生产 UEA 膨胀剂，限制膨胀率 3×10^{-4}。

(8)矿粉：广东东莞华润水泥厂生产矿渣粉，比表面积 $500m^2/kg$。

考虑降低大体积混凝土的水化温升，采用第 2 组配合比较优，并根据施工时气温和原材料实际情况建议，减水剂掺量可在胶凝材料总重的 0.7%～1.0%范围内进行调节。

四、温控计算

1. 计算条件

(1)具体条件

浇筑温度：混凝土入模时不超过 30℃；

放热系数：$\beta=14W/m^2\cdot℃$。

导温系数：$0.07m^2/d$。

线膨胀系数：$8.9\times10^{-6}/℃$。

(2)混凝土力学参数

混凝土重度：$2\,400kg/m^3$

混凝土绝热温升：$T_r(t)=WQ_0(1-e-mt)/C\gamma$

混凝土弹性模量：

$$E(\tau)=36.5(1-e^{-0.1384\tau^{0.7932}})$$

混凝土徐变度：

$$C(t,\tau)=(2.5+\frac{200}{\tau})[1-e^{-0.3(t-\tau)}]+\left(7.0+\frac{50}{\tau}\right)[1-e^{-0.005(t-\tau)}]$$

气温：

$$T_a=16.4+12.4\sin\frac{2\pi}{365}(t-105)$$

另外加 3℃辐射热(侧面不加)。

2. 计算结果

(1)温度

计算结果为锚碇内最高温度 60℃。所取温度点坐标见表 2。

所取点坐标值 表 2

	X 向坐标(m)	Y 向坐标(m)	Z 向坐标(m)
A 点	17.5	17.5	2.5

(2)温度应力

不同高程应力历时过程及最大应力(表 3、图 2)。

第一层最大主应力值(MPa) 表 3

龄期	3	7	14	21	28	35	42	49	56	63	77	105	138	188
应力	0.05	0.68	0.35	0.69	0.67	0.87	0.95	0.74	1.10	1.12	0.97	1.21	1.75	1.21

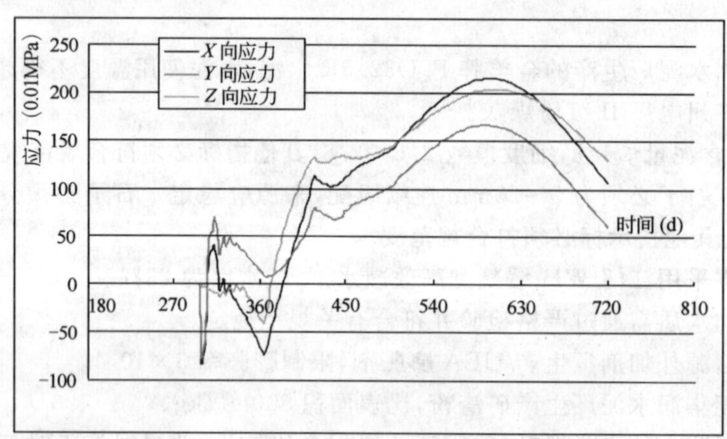

图 2　A 点应力历时过程

(3)结果分析

根据 C20 掺粉煤灰混凝土劈裂抗拉强度试验结果和锚碇混凝土温度应力计算结果，可知混凝土劈裂抗拉强度均大于温度应力值，锚碇部位大体积混凝土在施工期内抗裂安全系数大于 1.4，在采取有效温控措施并进行合理施工，可以防止锚碇混凝土产生有害温度裂缝。

五、其他控制措施

在锚碇填芯混凝土施工时，除了上述采用有效的配合比控制，如水泥用量、原材料控制、外加剂选择等方面，在施工过程中还需采取下列的温控措施，以防止混凝土开裂。

1. 控制原材料的温度

水泥存货在使用前不得超过 15 天，使用温度不得超过 50℃，并且在浇筑前及过程中在不改变水灰比的前提下要对水泥罐及砂石料进行撒水冷却。

2. 加强养护，延缓混凝土降温速率

混凝土浇筑完成后要保持良好的养生工作。在表面撒一层 5cm 高的水。主要作用有：第一减小混凝土的内外温差，防止出现表面裂缝；第二是防止混凝土表面过冷，避免产生贯穿裂缝：第三是延缓混凝土的冷却速度，以减小新老混凝土的上下层约束。保湿养护能减小混凝土的干缩，能使混凝土的水泥水化作用顺利进行，有利于提高混凝土的极限抗拉强度，对控制裂缝有积极作用。

3. 控制混凝土的入仓温度

由于混凝土浇筑在夏季进行，温度较高，入模温度不得超过 30℃。且降温速率不超过 2.0℃/d。混凝土的出机温度 T_0：

$$T_0=(0.2+Q_s)W_sT_s+(0.2+Q_g)W_gT_g+0.2W_cT_c+(W_w-Q_sW_s-Q_gW_g)T_w/[0.2(W_s+W_g+W_c)+W_w]$$

式中：　Q_s、Q_g——分别为砂石的含水量(%)；

W_s、W_g、W_c、W_w——分别为每方混凝土中砂、石、水泥和水的重量(粉煤灰计入水泥中)；

T_s、T_g、T_c、T_w——分别为砂、石、水泥和水的温度。

并做好混凝土坍落度、入模温度的测试和记录工作，及时反馈现场混凝土实际坍落度、可泵性、和易性等质量信息，以有利于控制搅拌站出料质量。

在混凝土浇筑过程中需在泵管上覆盖麻袋并撒水淋湿，可减少入模温度，同时可保证施工安全及混凝土的顺利进行。

在混凝土浇筑完成后对其内外的温度进行监控。监测混凝土内部的温度，采用混凝土温度测定记录仪，连着打印系统，将各测点温度打印在记录纸上，也可以直接读数。根据各测点的温度，可及时绘制出混凝土内部温度变化曲线，对照混凝土理论计算值，分析存在的问题，有的放矢地采取相应的技术措施。

六、实 际 成 果

1. 检测所用仪器

温度传感器为PN结温度传感器，温度检测仪采用JD218型多路数据巡检记录控制器。

2. 测点布置及检测基本要求

根据温控计算成果，为做到信息化施工，真实反映锚碇填芯混凝土的温控效果，以便出现异常情况及时采取有效措施，在南锚碇填芯混凝土中共布置32个测点。还有大气温度1个测点，水温2个测点，根据结构特点布置在1/4范围并沿水平方向布置。

各项监测项目在混凝土浇筑后立即进行，连续不断。混凝土的温度监测，要求在升温阶段每2h巡回监测各点温度一次。到达峰值后每4h监测一次，持续5天。随着混凝土温差变化减少，逐渐延长监测间隔时间，直到温度变化基本稳定。

3. 主要监测成果

锚碇填芯混凝土温度监测综合成果见表4。

锚碇填芯混凝土温度监测综合 表4

项目 部位	内部最高温度（℃）	温峰持续时间（h）	最高温度出现时间（h）	断面平均最高温度（℃）	断面最大内表温差（℃）	混凝土入仓温度（℃）
填芯第1层混凝土	50.1	2	76	47.2	18.4	28～30
填芯第2层混凝土	51.3	4	90	48.7	19.6	26～31
填芯第3层混凝土	44.9	2	62	43.7	17.8	25～28
填芯第4层混凝土	52.1	4	88	50.3	20.3	27～31
填芯第5层混凝土	52.2	4	72	50.2	19.7	28～31
填芯第6层混凝土	45.7	4	86	43.5	16.4	25～28
填芯第7层混凝土	52.6	2	58	50.4	20.5	29～30
填芯第8层混凝土	54.6	5	76	52	21.7	29～32

4. 温控成果分析

根据监测结果，可以得出：

(1)锚碇填芯混凝土温度变化都有急剧的升温和缓慢降温的特征，直到最后达准稳定阶段。升温阶段一般只有58～90h，升温达到峰值后，高温峰值时间较短，一般约2～5h。锚碇填芯第1层至第8层各层断面平均最高温度为43.7～52℃。

(2)混凝土峰值出现后，混凝土降温速率不尽相同，这与各层混凝土浇筑时层厚、浇筑温度、气温有关。

(3)控制了填芯混凝土各层每日最大降温值在2.0℃/d内，起到了早期削减温峰及防止温度回升的效果。

(4)填芯各层断面内表温差一般小于5℃，最大内表温差均低于25℃，计算得到的填芯龄期为7天的最大温度应力0.42MPa，填芯龄期为14天的最大温度应力0.89MPa，填芯龄期为28天的最大温度应力1.21MPa，远小于填芯C20大体积混凝土的抗拉强度(表5)。锚碇填芯没有出现温度裂缝。

填芯C20大体积混凝土劈裂抗拉强度 表5

龄期(d)	7	14	28
R_{pl}(MPa)	1.12	1.90	2.80

七、结 语

对于大体积混凝土结构，为防止其产生温度裂缝，除需要在施工前进行认真计算外，还要做到在施工过程中采取一系列有效的技术措施。以上各项技术措施并不是孤立的，而是相互联系、相互制约的，施工中必须结合实际、全面考虑、合理采用，才能起到良好的效果，在锚锭填芯板混凝土施工中，填芯没有设置冷却水管通水冷却的情况下，依靠优化混凝土配合比，降低水泥用量，提高矿物掺和料用量，降低混凝土的水化温升，提高泵送施工性能和耐久性能及其他措施，整个填芯混凝土温度应力都符合设计要求，填芯没有出现温度裂缝，满足设计要求，同时为其他的大体积混凝土施工提供借鉴。

64. 广州珠江黄埔大桥南锚碇铣接头地下连续墙施工技术

程建阳

（广东省长大公路工程有限公司）

摘　要　本文主要通过黄埔大桥地下连续墙的施工，介绍成槽方案比选、泥浆控制、钢筋笼施工及混凝土浇筑等方面在施工过程中的控制。

关键词　铣接头　地下连续墙　泥浆　成槽

一、工 程 概 述

珠江黄埔大桥南锚碇基础采用圆形地连墙＋内衬方案作为基坑开挖的支护结构，其外径73m，内径70.6m，墙壁厚1.2m。根据设计要求、地质情况及设备情况，地连墙施工分为I期、II期两种槽段各25个槽段，共50个槽段。I期槽段采用三铣成槽，边槽轴线处长2.8m，中间槽轴线处长1.12m，槽段轴线处总长6.72m，边槽与中间槽交角为176.9°；II期槽段长2.8m，II期与I期交角为175.9°。II期与I期槽段在地连墙轴线处搭接长度为0.25m，具体可见图1、图2。各槽段地下连续墙底高程随基岩分布及风化程度变化而不同，根据设计要求，地连墙嵌入弱风化混合岩深度不小于3m，施工前，对每个槽段进行钻探，根据实际情况修正各槽段的设计深度。

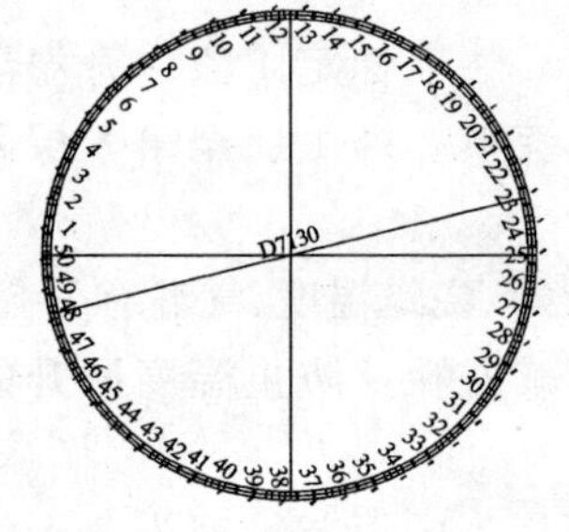

图1　地下连续墙槽段划分平面图

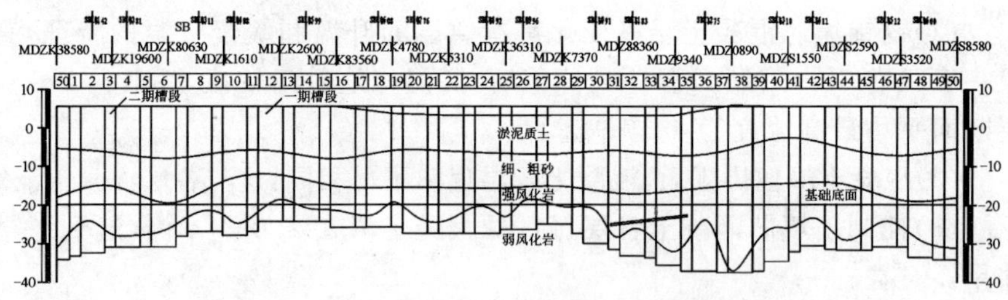

图2　地下连续墙槽段展开图

二、工程水文地质情况

南锚碇位于珠江南岸，地貌类型为珠江三角洲平原，场地上部覆盖层为第四系全新统海陆交互相沉积的淤泥、淤泥质土和粉砂、全新统冲积相亚黏土层和砂土层、第四系残积黏土层；下伏基岩为下古生界(Pz1)混合岩。

桥址区地下水位第四系孔隙水潜水和基岩裂隙水，地下水主要受地表珠江河水和大气降水渗入补给，补给条件良好，地下水位埋藏浅。第四系孔隙潜水含水层围砂性土（砾砂、粗砂、中砂、粉细砂），水量丰富；基岩裂隙水围混合岩节理裂隙水，地下水运动没有一定的规律性，主要受基岩节理裂隙发育条件限制。

南锚碇区地下水埋深上部潜水为0.4～0.6m，下部承压水为1.05～2.5m。基岩裂隙水水量不均，具有一定的承压性。

三、方 案 比 选

在地下连续墙成槽施工方案选择上，必须考虑以下施工因素：

(1)成槽时使用的铣槽机主要以租赁使用，并按台班计费。

(2)泥浆尽量循环使用，以保证不污染环境及成本控制。

(3)施工时先施工Ⅰ期槽段，再施工Ⅱ期，并且两相邻槽段施工时间间隔为7天。

(4)在方案选择上，因铣槽机全配件为德国进口，更换时间较长，应考虑铣槽机施工过程中机械的不确定性，以防造成全面停工状态现象。

(5)在方案选择上应注意成槽的施工质量控制，特别是槽段接缝处理，应保证其槽段的垂直度，以防造成后续工作(基坑开挖)的影响(表1)。

成槽方案比较 表1

成槽方法	机械投入	成槽时间	成槽质量	成槽成本	不确定因素
一抓、二冲、三铣	8台冲机、一台抓斗机、一台铣槽机	60天	良好	一般	一般
纯铣	一台铣槽机	40天	良好	高	极高
凿、铣	2台凿岩机、一台铣槽机	50天	良好	高	高

如表所示，在综合各个因素后，决定采用“一抓、二冲、三铣”工艺成槽。

四、施 工 流 程

地下连续墙施工流程见图3。

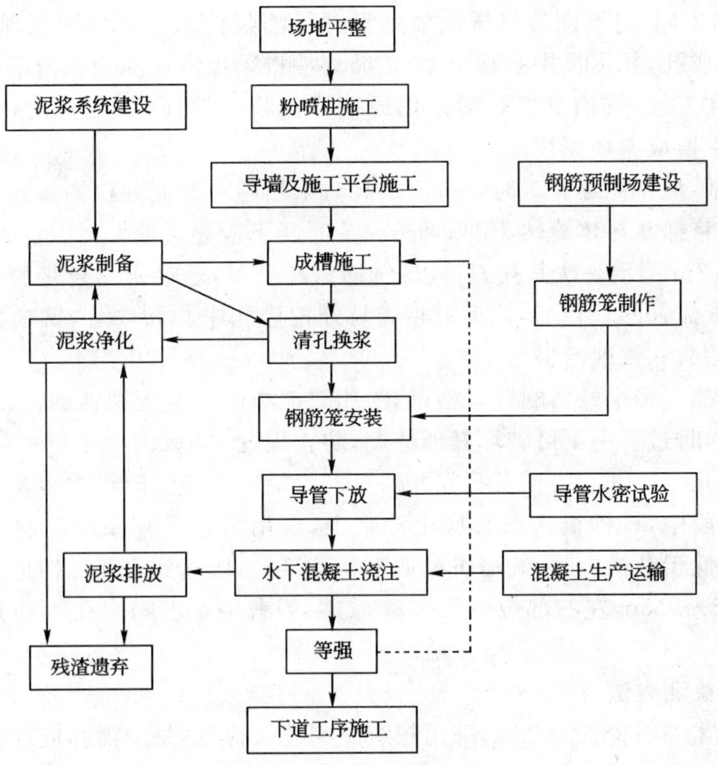

图3 施工流程

五、主要施工难点

1. 地质问题

地层地质复杂，其中淤泥、淤泥质黏土呈流塑～软塑状，工程性能差；砂土层有液化趋势；岩面高低起伏，高差最大达18m；弱风化混合岩强度较大；地下水位高。

2. 成槽

槽段深度大，最深为45m，且波动大(18m)；槽段垂直度控制较难；厚度大(120cm)，需嵌岩(进入弱风化岩不小于3m)。

3. 钢筋笼制作与吊装

主要表现在单槽段钢筋笼重量大，吊装难度高；如果分节制作，槽段待浇停留时间长；钢筋笼预埋件多，下放难度大。

4. 槽段接缝处理

相邻槽段铣接宽度大，为25cm；接口泥皮厚。

六、成 槽 工 艺

液压抓斗机施工上部覆盖层及全风化层，其中I期采用三抓成槽，下部强、弱微风化岩层再用正循环冲机冲击成孔，其中I期槽段先冲击3个主孔，再冲击2个副孔。II期槽段分2次冲击成孔，接着用铣槽机修孔、清孔，最后再用抓斗带钢刷清刷槽壁。

1. 成槽施工控制

(1)槽段放样及成孔位置划分：根据槽段划分及槽段内分段尺寸在导墙顶面及侧面用红漆做好标志。

(2)成槽顺序：地连墙成槽先施工I期槽段，再施工II期槽段。采用间隔式施工，至少间隔一个单元槽段，在冲机施工时采用八分法施工安排，并在成槽过程中根据每台冲机的工效及地质情况重新进行调整。

(3)槽段泥浆：槽段在成槽过程中，应控制其液面保持高于地下水位1m以上，并不低于导墙顶50cm。根据施工机械的不同，对不同的机械成槽过程进行泥浆控制。其中液压抓斗机可采用备用泥浆(混凝土浇筑时的泥浆)成孔，并尽量提前其浓度；正循环冲机采用液压抓斗机留下的槽段泥浆，并加入适量的黄泥，以保证其成孔工效；铣槽机成孔时采用原槽段泥浆与循环泥浆进行循环；清孔换浆时采用新浆，并将原槽段内泥浆更换成循环泥浆。

(4)槽段垂直度控制：液压抓斗施工时在每次成孔时采用超声波测井仪测量孔型和孔斜，并在施工过程中每挖掘1～2次，应将抓斗斗体旋转180°；冲击钻头直径不应超过墙厚，钻进时候应平稳，冲击轻重适宜，放绳时勤放少放，每2m测量一次其孔斜；液压铣槽机施工时，通过机上自带测斜仪，随时对孔斜和孔深进行测量，并经常校核桅杆的垂直度，铣头中心应与开挖槽孔中心相吻合，铣削槽孔时候，应根据地层情况，选择合适的铣轮钻数和铣削给进力。

(5)槽段接口处理：抓斗带钢刷清刷接口槽壁，清刷时抓斗两边装配铁钢刷，从上而下往复清刷，直到钢刷面无明显的泥皮，同时过程中不可破坏其他槽壁，防止塌孔。

(6)清孔：铣槽机清孔时将铣削头置入孔底并保持铣轮旋转。换浆时最大容量达到400m^3/h，用两台泥浆泵抽新浆直接至槽段中，铣槽机将旧浆换至池浆中，再用两台泥浆泵抽到制浆站的回浆池中净化。换浆时如新浆抽放速度低于铣槽机时，铣槽机可适当调整流量，以达到平衡。清底厚度小于20cm。清孔结束后，从距离孔底0.2～0.5m左右部位取样试验，如果不满足要求则向孔内补充新浆，直至泥浆指标满足要求。

2. 成槽质量标准和检测方法

(1)槽孔宽度：槽孔宽度不少于120cm，采用超声波测井仪检测，每个槽孔应检查5个断面。

(2)槽孔深度：地连墙嵌入弱风化混合岩深度不小于3m，断面高差不得大于20cm。

(3)槽孔的开孔：开孔孔位偏差不应大于3cm。导墙建造完毕，应测量各槽孔的孔位，并用红色油漆准确标注在两侧导墙上，以控制开孔孔位。

(4)槽孔垂直度：槽孔倾斜度不得大于 1/300，接头处两相临槽段中心线在任意深度偏差不应大于 60mm。采用超声波测井仪进行检测，检测断面为 5 个。

七、泥 浆 施 工

在泥浆施工，主要需考虑以下两方面：

(1)根据成槽工艺，选择不同标准的泥浆。

(2)泥浆尽量达到循环再生利用。

1. 泥浆制作

泥浆质量的优劣关系到地下连续墙槽子段施工的成败。

制浆具体材料使用要根据施工前的泥浆制作试验来决定，具体为膨润土：采用 II 级钙土；水：采用自来水；分散剂：采用工业碳酸钠，掺量为 0.1%～0.5%；增黏剂：选用中黏度碱性羧甲基纤维素(CMC)，掺量为 0.05%～0.1%；加重剂：选用重晶石粉($BaSO_4$)，视具体情况确定掺量。

根据泥浆使用的场合，采用三类不同性质的泥浆，各类泥浆的性能指标和配合比见表 2。

地连墙泥浆参数表 表 2

性能指标	阶段			试验方法
	新制泥浆	循环使用泥浆	浇注混凝土前泥浆	
密度(g/cm^3)	≤1.05	≤1.15	≤1.1	泥浆密度计
黏度(s)	30～45	30～50	≤40	马氏漏斗
失水量(mL/30min)	≤20	≤40	—	失水量仪
泥皮厚(mm)	1.5	≤3	—	
pH 值	≤10.5	9.5～12	9.5～12	试纸
含砂量(%)	—	—	≤2	含砂量仪

2. 泥浆的循环

在制浆站、施工槽段和回收泥浆池之间，设置 30cm×40cm 泥浆沟，铣槽机与泥浆净化机之间铺设 ϕ150mm 钢管输送和回收泥浆，其余泥浆输送通道采用泥浆管。

铣槽机用专用的 BE500 泥浆处理系统(处理能力 $500m^3/h$)净化泥浆。工作时，铣头中的泥浆泵将孔底的泥浆输送至地面上的 BE500 型泥浆净化机，由振动筛除去大颗粒钻渣后，进入旋流器分离泥浆中的粉细砂，经净化后的泥浆流入供浆池，再用泥浆泵抽回到槽孔内，形成反循环。在覆盖层中含有大量的细砂，为了防止铣槽机的除砂器无法清除，在 BE500 系统中的供浆泵加工一个三通接头，以达到自动内循环的效果。

冲机采用沉淀法净化泥浆。冲机前从液压抓斗泥浆池中抽浆至工作池内，在工作池中用一台 22kW 泥浆泵抽浆到槽孔底，槽孔内泥浆从泥浆沟回流到工作池，形成正循环。在每条泥浆沟进入工作池处，设置一道滤网，将泥浆中的残渣清出。

液压抓斗机工作时用一台 22kW 泥浆泵，将液压抓斗泥浆池内的泥浆直接供到成孔槽段内。抓斗机抓出来的渣直接用两台自卸车转运到弃渣场。

清孔时泥浆循环与铣槽机成槽时类似，仅储存泥浆的地方换成回浆池。

3. 泥浆的再生利用

浇注混凝土时，自孔口流出的泥浆均直接通过泥浆沟回流至冲机工作浆池中，再用泥浆泵抽至液压抓斗泥浆池

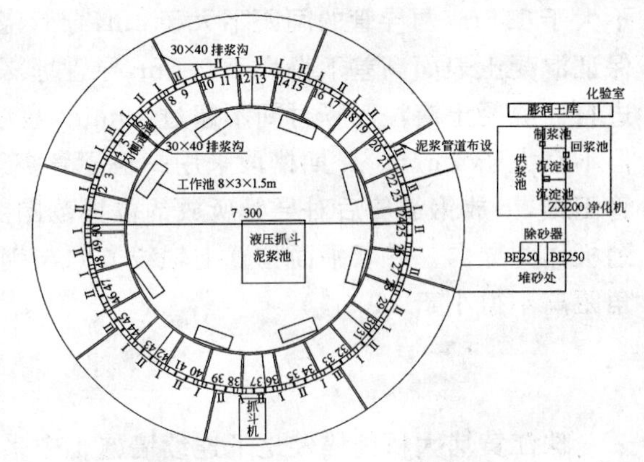

图 4 地下连续墙泥浆池布置图

或备用泥浆池中，然后抽回沉淀池中(图4)，用4台ZX200泥浆净化机进行处理，最后储存在回浆池内备用(可由回浆池内抽浆到造浆池内，调整后做供浆池内新浆)。

八、钢筋笼施工

I期槽每槽钢筋由两个独立的钢筋笼组成，II期槽每槽只有一个独立的钢筋笼，每节笼宽约2.9m，厚约1.1m。钢筋笼采用整节预制、吊装，即地连墙共有钢筋笼75个，其中最重的整节钢筋笼约26t(即单槽段为52t)，最长为44m。

钢筋笼采用整体在自制胎架上预制，钢筋连接全部采用直螺纹连接(图5)。在预制时需预埋注浆管及与内衬钢筋连接的钢筋连接器；另外为保证在钢筋笼下放时的垂直度及槽段安全，在钢筋笼顺槽向每6m预埋一根PVC管，在横槽向预埋一弧型钢板。

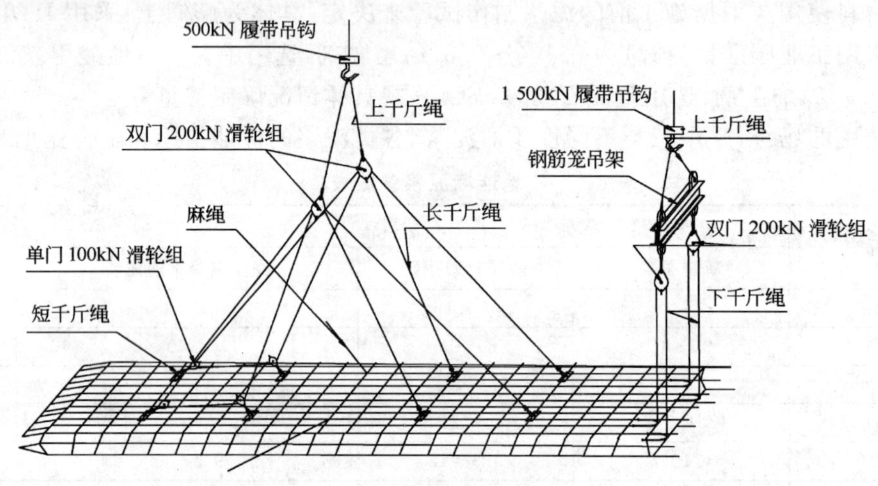

图5 地下连续墙钢筋笼吊装图

钢筋笼采用1台150t履带吊做主吊，运输及下放钢筋笼，1台50t履带吊作铺吊，抬吊钢筋笼。运输及起吊下节钢筋笼过程中，笼两头各绑一根麻绳，人工扯住，以防止笼顶主筋被碰弯而造成以后接上节钢筋笼有困难。钢筋笼中部起吊用一系列滑轮，笼顶起吊用“铁扁担”与两个单滑轮。用履带吊吊住中部重心吊点，履带吊吊住笼顶吊点，开始只有汽车吊受力，当钢筋笼提高到约笼体长的一半高时，履带吊参与受力，此时抬吊笼体缓慢翻转，直至钢筋笼直立(即只有履带吊受力)，最后履带吊吊住钢筋笼就位下放到位，最后用2根搁梁吊住整节钢筋笼，等待浇筑混凝土。

九、混凝土浇注

为保证清底质量，在清孔4h内进行混凝土浇注。I期槽段采用两根导管浇筑，浇筑导管距槽孔端头不大于1.5m，两导管的间距不大于4m，导管浇筑顺序为处低处向高处，同时对两根导管进行剪球，必须保证混凝土表面高差不得大于0.5m，导管埋深为2～6m，以防止混凝土内混入浆或泥土。混凝土应均匀进料。混凝土灌注间隔时间不超过20min，灌注混凝土的速度控制以槽内混凝土面上升速度大于2m/h，但不宜大于4m/h。II期槽段采用一根导管浇筑。为了防止混凝土浇筑时导管被钢筋骨架挡住而造成提管困难，下放钢筋笼后对导管所放的位置范围要在导墙上做好标记，并且下放导管时要用导管法兰盘加劲板作为导向。导管平面位置上轴线方向与钢筋最小距离不小于25cm，与轴线的垂直方向与钢筋的倒角距离不得小于25cm。

十、结　　语

珠江黄埔大桥南锚碇地下连续墙施工中采用“一抓、二冲、三铣”成槽工艺，充分利用现有资源，大大节约了成本。通过工艺改进，缩短了成孔时间，保证槽段施工质量。同时为其他桥梁施工提供借鉴。

65. 广州珠江黄埔大桥锚碇基坑顶板混凝土施工技术

谭立心
(广东省长大公路工程有限公司)

摘　要　黄埔大桥南锚碇基坑顶板混凝土为C30强度等级，浇筑总方量17 418m³。本文介绍该工程在施工中采用低热混凝土配合比、循环冷却水降温、施工组织管理等技术，使混凝土在施工期内抗裂安全系数大于1.4，完全能保证工程的安全性。

关键词　大体积混凝土　配合比　循环冷却　施工技术

一、概　况

广州珠江黄埔大桥是广州东二环高速公路核心工程，总投资近27亿元。大桥全长7 047m，由北汊主跨383m独塔斜拉桥和南汊主跨1 108m悬索桥组成，桥宽34.5m，为6车道，并预留远期8车道位置。其中南汊桥南锚碇(图1)，主体结构包括基坑底板、填芯混凝土、顶板，以及锚体等。

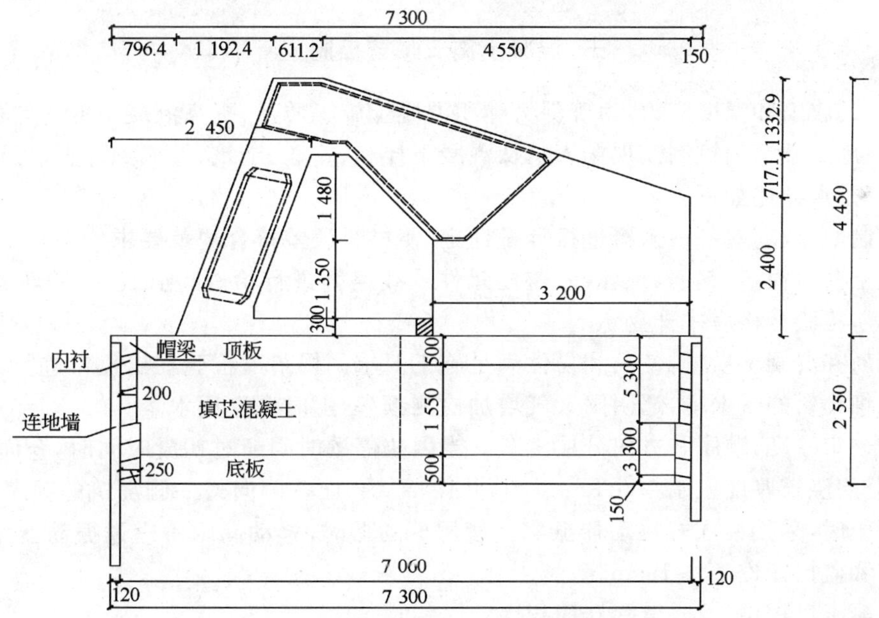

图1　锚碇构造图(尺寸单位:cm)

基础顶板混凝土为C30强度等级，混凝土浇筑总方量17 418m³，顶板立面分3层浇筑，每层厚度依次为1m、2m、2m，每层平面等分为四块，穿过整个平面中心点(即圆心)预留相互垂直交叉的两条后浇带，宽度为2m。每层浇筑时间约1d(四块同时浇筑)，下层浇筑完6d之后进行上一层混凝土浇筑施工。各层混凝土浇筑完毕之后30d后进行后浇带的浇筑施工。

二、混凝土配合比设计

合理选择混凝土原材料，选择级配优良的砂、石料，选择优良的混凝土外加剂，控制混凝土水灰比，降低水泥用量，是降低内部水化热温升的重要环节，因此必须进行配合比优化设计。

1. 原材料选择

(1)水泥:采用广州水泥厂生产的金羊牌 P. O32.5R 水泥,其用量每立方米混凝土 250kg,采用矿粉替代部分 32.5R 水泥降低混凝土的温升。水泥散袋入场,控制水泥使用温度不超过 50℃。

(2)粉煤灰:采用广州电厂II级粉煤灰,质量控制以《用于水泥和混凝土中的粉煤灰》(GB 1596—91)中的规定为标准。

(3)砂:采用中砂,含泥量≤1%,细度模数 2.6~2.8。砂来源较稳定,砂入场后分批检验。

(4)石:采用碎石。石子为 5~25mm 连续级配,来源稳定。石子严格控制其含泥量不超过 1.0%。

(5)外加剂:采用 WH 缓凝型高效减水剂,品质较稳定。

(6)水:拌和用水为自来水。

2. 混凝土配合比及性能

对锚碇基坑顶板大体积混凝土配合比进行大量试验,按材料实际情况,优选出配合比;并结合现场施工和材料情况,对配合比进行调整。经过多次调配,得出最优配比。其具体配合比及混凝土性能如表 1。

C30 基坑顶板大体积混凝土配合比及基本性能 表 1

各组分用量(kg/m³)							初凝时间(h)	坍落度(cm)		抗压强度(MPa)		抗渗等级
水	水泥	粉煤灰	矿粉	砂	石	减水剂		0h	1h	7d	28d	
170	140	160	150	708	1 062	8.1	21	22.0	19	25	37	S12

配好的混凝土具有良好的和易性和黏聚性,不离析、不泌水,满足了施工要求,确保施工质量。

三、混凝土施工工艺控制

考虑到混凝土的收缩和温度应力,为确保大体积混凝土施工质量,提高混凝土的均匀性和抗裂能力,加强对混凝土每一施工环节的控制。现场人员从混凝土拌和、输送、浇筑、振捣到养护、保温,对整个过程实行有效监控。其重点详述如下:

(1)混凝土拌制配料前,对各种衡器进行计量标定,使材料误差符合规范要求。

(2)浇筑混凝土前对模板、钢筋、预埋件、监控元件及线路等进行检查,同时检查仓面内冲毛情况,及是否有碎碴异物等,检验合格后才开盘。

(3)严格控制新拌混凝土质量,使其和易性满足施工要求。坍落度检验在出机口进行,每班 2~3 次。并且及时检测粗、细集料的含水率,遇阴雨天气增加检测频率,随时调整用水量。

(4)混凝土按规定厚度,顺序和方向分层浇筑。当因故停歇时间超过初凝时间时,仓面混凝土按工作缝处理。混凝土分层浇筑厚度控制在 0.3m 以内,并保持从仓面一侧向另一侧浇筑的顺序和方向。

(5)浇筑混凝土时,采用插入式振动器振实。使用振动器时,移动间距不超过振动器作用半径的 1.5 倍,并避开预埋件和监控元件 10~15cm。

(6)在浇筑混凝土过程中,及时清除仓面积水。

(7)严格按《公路桥涵施工技术规范》(JTJ 041—89)的要求进行各层间和各块间水平和垂直施工缝处理。

四、混凝土温控技术

1. 混凝土浇筑温度的控制

(1)严格控制混凝土原材料的温度,其中水泥的温度不高于 50℃,石子温度不超过 30℃,砂温度不超过 32℃,粉煤灰温度不超过 35℃,拌和水温应控制在 6℃以下。控制措施包括:对石子采取冷水冲洗及风冷降温等措施;砂、石料采取遮阳措施,防止太阳直晒;蓄水池的顶面采用保温隔热材料制成。

(2)混凝土出拌和机后,经运输、平仓、振捣诸过程后的温度为浇筑温度,控制在 30℃以内。控制措施包括:利用夜间浇筑混凝土,在夜间 20 时以后开盘,尽量在次日 8 时以前浇筑完;当浇筑施工经历午间高温期时,持续往泵管上浇水降温,同时采取遮阳措施避免日光暴晒。

2. 冷却水循环

在锚碇基坑顶板混凝土中布置两层冷却水管,冷却水管分别位于距每层顶面和底面 50cm 处,冷却水管水平间距 1m(图 2)。

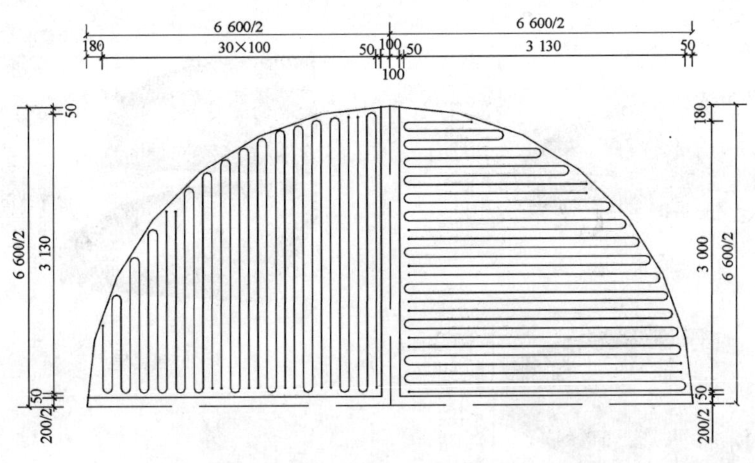

图 2 锚碇基坑顶板冷却水管平面布置图(尺寸单位:cm)

采用 ϕ42.3mm×3.25mm 的输水黑铁管作为冷却水管,单根冷却水管长度控制在 150～200m 以内。冷却水管布设后进行压水试验,防水管道漏水、阻水。

在混凝土浇筑至水管高程后立即开始通水,其流量不低于 30L/min,连续通水 15 天左右,即第 n 层混凝土冷却水必须连续通水至开始浇筑第 $n+2$ 层混凝土。在此期间若混凝土降温速率超过 2℃/d,则停止通水。

严格控制进水温度,保证冷却水管进水温度与混凝土内部最高温之差。在冷却水管进水温度与混凝土内部最高温之差不超过 25℃条件下,尽量使进口水温最低。

为保证冷却水的初期降温效果,成立专门班子,专人负责,并配备检修人员,准备多台备用水泵,当管路出现故障,及时排除,保证冷却系统正常工作。

3. 表面保温及养护

各层混凝土浇筑完之后立即对混凝土表面进行养护,一方面避免塑性收缩裂缝的出现,另一方面起到保温的作用。上层混凝土顶面待混凝土初凝后进行蓄水养护,蓄水深度 10～20cm。

五、温控检测及抗裂效果分析

为做到信息化温控施工,出现异常情况及时调整温控措施,在混凝土内部布设温度测点。它是温控工作的重要一环。黄埔大桥基坑顶板混凝土中测温点的布置图见图 3。温度传感器为 PN 型温度传感

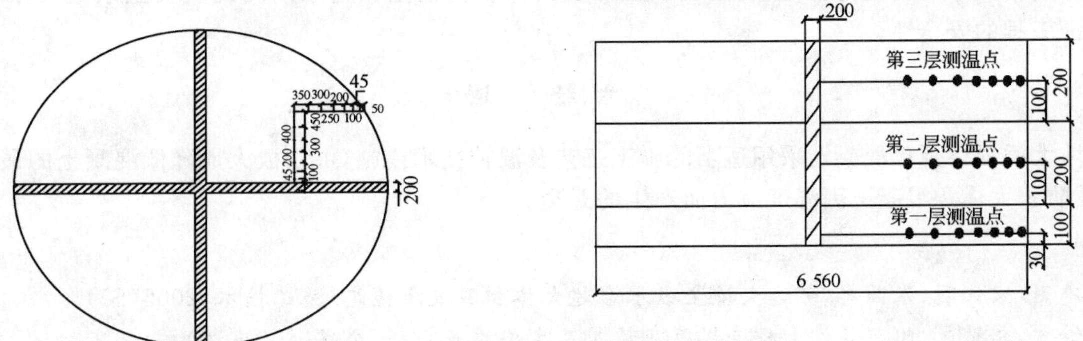

图 3 锚碇基坑顶板混凝土测温点布置示意图(尺寸单位:cm)

器，温度检测仪采用PN-4C型数字多路自动巡回检测控制仪。温度传感器主要技术性能：测温范围－50℃～＋150℃；工作误差＋0.5℃；分辨率0.1℃；平均灵敏度－2.1(mV/℃)。混凝土的温度测试，峰值以前每2小时观测一次，峰值出现后，每4小时观测一次，持续5天，转入每天测2次，直至基本稳定。每次检测完后及时填写混凝土测温记录表。

温控计算采用有限元程序《大体积混凝土施工期温度场及温度应力场计算程序包》进行，其温度场历时图如图4所示。

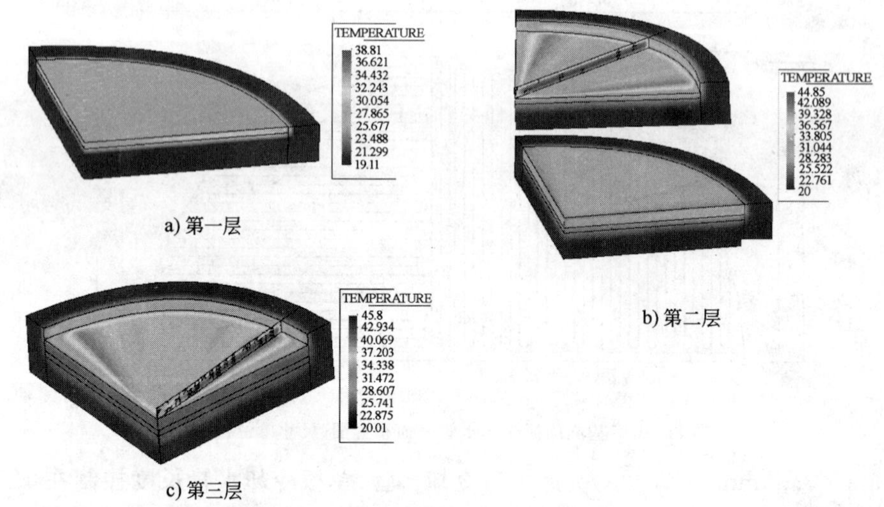

a) 第一层

b) 第二层

c) 第三层

图4　锚碇基坑顶板混凝土温度场历时图

从图4可看出得到顶板各层最高温度如表2所示。

混凝土各龄期劈裂抗拉强度及各层最大主应力见表3和表4。

顶板各层最高温度　　表2

层别	第一层	第二层	第三层
温度(℃)	38.81	44.85	45.8

混凝土劈裂抗拉强度　　表3

龄期(d)	3	7	14	28	后期
强度(MPa)	0.96	1.60	2.80	3.30	3.42

各层最大主应力值(MPa)　　表4

龄期(d)	3	7	14	28	后期
第一层	0.40	0.49	0.45	0.57	1.03
第二层	0.25	0.47	0.64	0.76	1.01
第三层	0.27	0.37	0.59	0.84	1.05

根据表3，C30第2组混凝土劈裂抗拉强度试验结果和以上混凝土温度应力计算结果，可知混凝土劈裂抗拉强度均大于温度应力值，锚碇基坑顶板部位大体积混凝土在施工期内抗裂安全系数大于1.4，完全能保证工程的安全性。

六、结　　语

黄埔大桥锚锭顶板混凝土采用适当的施工工艺及温控技术措施，可以极大地降低混凝土的最高温升值，有效防止大体积混凝土因温度应力而产生的开裂。

参考文献

[1] 陶建飞，宋伟明，张国志．苏通大桥主墩承台超大体积混凝土施工．施工技术，2005(S1)．

[2] 马伦权，郭慧光．阳逻长江大桥南塔基础施工及主要难点分析．公路，2004(10)．

[3] 赵震宇．鹤洞大桥主塔承台大体积混凝土施工温度控制．中南公路工程，2003(3)．

66. 广州珠江黄埔大桥锚碇基础顶板大体积混凝土施工裂缝控制

高 翔 田 欣 聂 宁
（中交第二公路工程局有限公司）

摘 要 广州珠江黄埔大桥锚碇基础顶板属于典型的大体积混凝土块体，裂缝控制是施工过程的最为关键的技术问题，而早强水泥的使用更增加了施工裂缝控制的难度。本文在分析工程复杂条件和施工技术难点的基础上，简要阐述在基础顶板大体积混凝土施工中，所采取的施工方法、材料和配合比控制、运输和浇筑、保温和保湿等一系列的裂缝控制措施。

关键词 早强水泥 大体积混凝土 水化热 裂缝

一、工 程 概 况

广州珠江黄埔大桥位于京珠国道主干线绕广州公路东环段上，其南汊桥为悬索桥，北汊桥为斜拉桥。北锚碇工程由锚碇基础和锚体两部分组成。本文所涉及的是锚碇基础顶板混凝土的施工裂缝控制。锚碇基础顶板为直径66.5m，高5m的混凝土结构，如图1所示。锚碇基础顶板混凝土约1.74万m^3，混凝土强度等级C30，属于典型的大体积混凝土块体。此类大体积混凝土在施工阶段由于温升和温降引起的内外温差所产生的温度应力往往会超过混凝土所能承受的极限拉应力，从而导致混凝土产生温度裂缝，影响结构使用年限。由于锚碇顶板混凝土结构的重要性和特殊性，在结构施工过程中，应采取必要的控制措施，避免出现贯穿性温差裂缝和混凝土干缩裂缝。

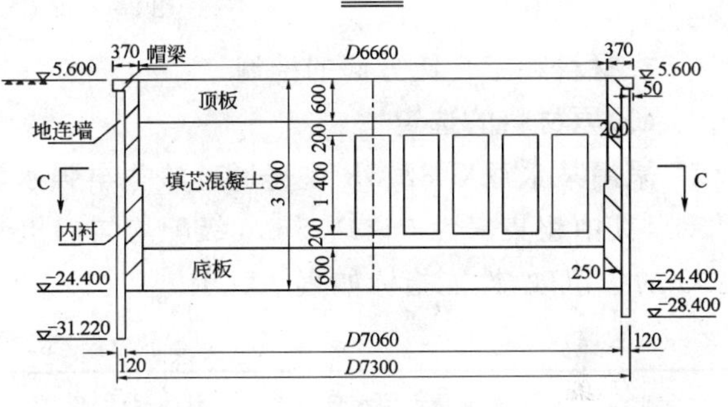

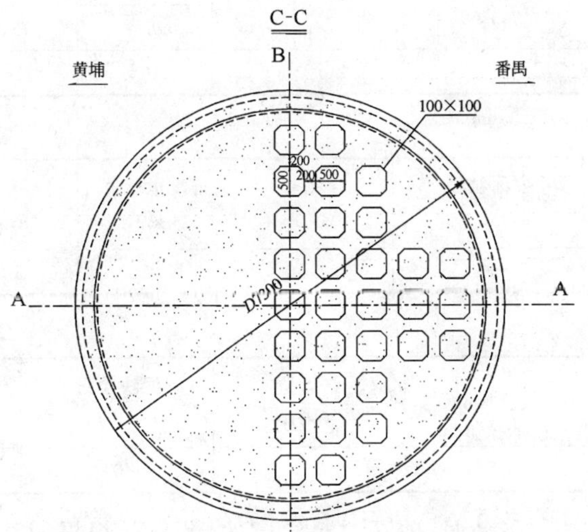

图1 北锚碇基础一般构造图(尺寸单位:cm)

二、技 术 难 点

锚碇基础顶板工程在施工过程中，存在以下几个亟待解决的技术难题：

(1)早强水泥的使用。水泥为普通硅酸盐早强水泥，众所周知，早强水泥早期水化快，在很短的时间内很快释放水化热，容易造成混凝土内部温度的急剧上升，这非常不利于大体积混凝土施工和温度控制。

(2)混凝土暴露的表面积大，混凝土表面的温湿度极易受环境温湿度的影响，同时北锚工程地处江中岛，风力大且风速快，混凝土表面的水分蒸发和散失也很快，很容易引起施工期内表层混凝土的塑性收缩与干燥收缩。

(3)一次性浇筑的混凝土方量大，如果混凝土凝结硬化过快，将会造成施工裂缝，严重影响混凝土的整体性。

(4)由于北锚工程地处江中岛，施工场地较小，原材料储存较困难，给大体积混凝土连续浇筑也带来不必要的麻烦。

三、裂缝控制措施

根据工程施工中存在的技术难点和结合工程的实际情况，以控制混凝土裂缝为目标，工程项目部在施工前制订了严密的施工计划和施工控制方案，并在施工过程中从施工方法、材料及配合比选定、运输与浇筑、保温保湿养护及测温等几个方面采取了全面、系统的控制措施。

1.施工方法

按照早期的施工方案(未确定材料之前)，需要采用一次浇筑的施工工艺。后来结合工程原材料情况，并经过方案比对，反复论证，考虑到各方面的不利因素，最后选用比较适中、合理的分块分层浇筑方案，中间留十字后浇段，在满足工程进度的前提下，更有利于工程质量的控制。分块分层浇筑方案如图2所示，其中(1)平面分四块浇筑，中间设置2m宽后浇带，按照东西、南北走向留设；(2)竖向分两层浇筑，第一浇筑层厚度为3m，第二浇筑层厚度为2m；(3)后浇带采用微膨胀混凝土，新老混凝土接触面人工凿毛。

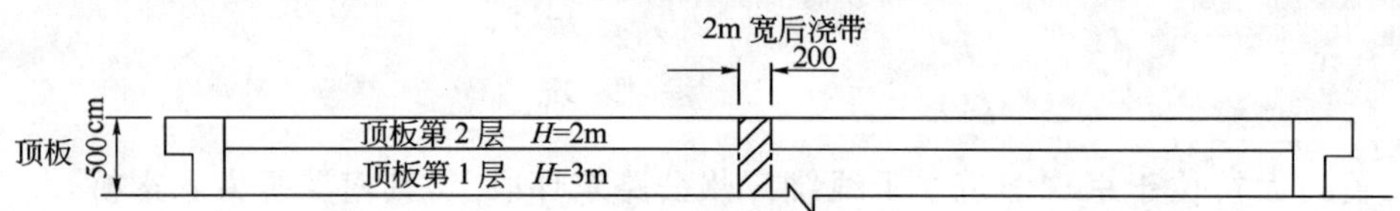

图2 锚碇基础顶板混凝土分层浇筑方案

2.材料和配合比方面的控制

(1)原材料的选定

采用某水泥厂32.5R型普通硅酸盐早强水泥，其性能指标如下表1所示。采用来源于本地的粗、细集料，其中粗集料为5～31.5mm级配均匀的机制碎石，性能指标如表2所示，细级料采用细度模数2.5～2.9的中粗砂，性能指标如表3所示。

水泥性能指标 表1

细度(%)	标准稠度用水量(%)	凝结时间(min)		安定性	抗折强度(MPa)		抗压强度(MPa)	
		初凝	终凝		3d	28d	3d	28d
6.1	26.2	105	181	合格	6.3	8.9	27.1	46.8

粗集料性能指标 表2

公称粒径(mm)	含泥量(%)	压碎指标值(%)	堆积密度(kg/m³)	表观密度(kg/m³)	空隙率(%)	针片状含量(%)	碱活性
5～31.5	0.5	7.0	1540	2661	42.4	5.2	合格

细集料性能指标 表3

细度模数	含泥量(%)	泥块含量(%)	堆积密度(kg/m³)	表观密度(kg/m³)	空隙率(%)	碱活性
2.56	0.9	0	1530	2626	41.8	合格

在水泥、砂石材料给定的情况下，根据以往的经验[1,2,3]，掺合料和外加剂成为了大体积混凝土配制中选材料最为关键的。

选用的掺合料为福建漳州电厂Ⅱ级粉煤灰，基本性能如表4所示。研究表明，用粉煤灰替代水泥，可以明显的降低水化热，如图3所示。众所周知，粉煤灰对混凝土具有形态效应、微集料效应和火山灰效应[4]。粉煤灰的颗粒形状、微集料特征和所具有的火山灰活性，对混凝土新拌性能、力学性能和耐久性能都产生极大的影响。因此，通过掺加粉煤灰，既可保证混凝土强度和耐久性所需的胶凝材料用量同时也可降低了水泥用量，减少了水泥的水化热；其次，粉煤灰的火山灰反应较迟缓，发热速率较低，使混凝土水化热在一定程度上延缓释放，对于大体积混凝土的温控极为有利；同时，粉煤灰还有利于混凝土和易性的改善，同时还可以增加混凝土的后期强度，使混凝土的强度保证率提高；从耐久性角度考虑，粉煤灰可消耗水泥水化产物 $Ca(OH)_2$，改善集料与水泥基体的界面黏结，提高混凝土的密实度，使硬化后的混凝土具有更高的抗渗性，抗腐蚀性。

福建漳州电厂粉煤灰基本性能　　表4

细度(%)	烧失量(%)	需水量比(%)	SO_3(%)	碱含量(%)
14.9	2.1	100	1.2	0.5

选用对大体积混凝土温控最有利的缓凝型高效减水剂JM-10，该外加剂由江苏博特新材料有限公司研制并生产。首先，为了保证混凝土的连续浇筑，减水剂要求在确保减水率的前提下，在20～25℃时，初凝时间应达25小时，终凝时间达29小时；其次，也是更为重要的是，缓凝型高效减水剂能有效延缓水化热的释放时间，降低水化热放热峰值，使混凝土水化热释放比较平缓，避免中心部位混凝土温度急剧上升导致温差增大。图4给出了掺与不掺JM-10缓凝高效减水剂时水泥的水化放热速率曲线，可以看出缓凝高效减水剂的掺入，大大减缓了水泥的水化放热速率，也是使水泥水化放热趋于平缓，有利于混凝土的温控。

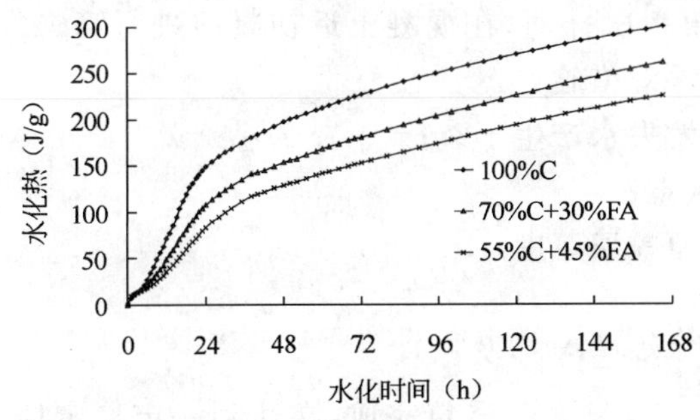

图3　不同粉煤灰掺量时水泥的水化热

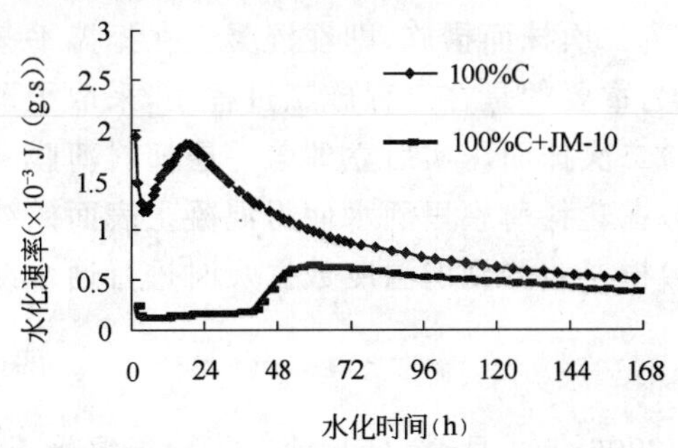

图4　缓凝高效减水剂对水泥的水化放热速率影响

(2)配合比的确定

大体积混凝土配合比设计中主要考虑降低水化热，减小混凝土的绝热温升，同时结合广州珠江黄埔大桥南北锚碇基础混凝土处于地面以下，要求具有较高的抗渗性能的实际情况，从原材料优选和配合比优化入手，通过一定的技术途径，提出解决大体积混凝土温控和满足混凝土高耐久性为目标的混凝土配合比设计方案。根据我单位所从事类似工程的经验以及所使用原材料的实际情况，确定配合比设计的如下原则[2,3]：

①综合考虑耐久性、强度、降低水化温升和体积稳定性以及工作性能，绝不能片面强调个别指标。

②严格控制水胶比、砂率、混凝土坍落度及初凝时间满足施工技术要求。保证在满足强度和施工性的前提下，采用尽量低的砂率，使混凝土中有足够的粗集料，一定的粗集料含量，可以有效改善混凝土的抗裂能力；在保证混凝上级配正常的情况下，尽量增大粗细集料粒径，可减少用水量，相同水灰比的情况下，减少了水泥用量，有利于减少水化热的产生；严格控制粗细集料的含泥量，如粗细集料的含泥量过高，不仅增加了混凝土收缩，同时又降低了混凝土的抗拉强度，对混凝土的抗裂十分不利。

③采用掺粉煤灰、外加剂“双掺”技术，以最大限度的降低水泥用量，粉煤灰与外加剂的优势如前所述。在整个混凝土配合比试配过程中，在条件允许情况下，尽量减少水泥用量以降低混凝土水化热。

根据上述配合比设计原则，并经过大量的混凝土试拌和配合比对比试验，选出了施工和易性良好的混凝土配合比，如表5所示。其新拌混凝土性能及抗压强度如表6所示。

优选出的混凝土配合比　　表5

配合比(kg/m^3)						粉煤灰掺量(%)	水胶比	砂率(%)
水泥	水	砂	碎石	粉煤灰	JM-10			
254	148	788	1 044	136	4.24	34	0.37	43

施工用混凝土基本性能 表6

强度等级	坍落度(mm)	含气量(%)	凝结时间(h)		和易性	28d抗压强度(MPa)
			初凝	终凝		
C30	190	2.3	25	28	良好	41.5

3. 运输、浇筑

在施工过程中，为保证顶板不出现温度裂缝，主要对混凝土拌和、运输、浇筑、振捣，特别对混凝土的分层、分块、混凝土的浇筑温度、浇筑间歇时间、通冷却水进行严格控制。

对到场的每车混凝土均要求测定坍落度、温度，观察和易性，不得存在离析、泌水、黏聚、分层等现象，检查不合格的混凝土坚决不使用。

混凝土的振捣严格按操作规程进行，振捣棒要快插慢拔。不能漏振、欠振和过振，以混凝土表面不再出现浮浆和不再沉落为准。

4. 保温和保湿

在大体积混凝土施工过程中，良好的养护对于减少收缩、控制内外温差、减少自约束应力，利用混凝土的松弛特性降低收缩应力具有十分重要的作用。为了尽量减少和防止裂缝的出现，在大体积混凝土表面采取了二次抹面措施，即在混凝土在振捣平整后即进行第一次抹面，在混凝土近初凝前进行第二次抹面。更为重要的是在工程施工过程中，采取了严格的保温、保湿措施：

(1)二次抹面压实后立即盖一层塑料薄膜，防止表面蒸发失水产生干裂；

(2)在塑料薄膜里洒水使得混凝土表面始终处于潮湿状态；

(3)根据监测到的温度数据及时进行通水冷却，并增减覆盖层厚度。

四、施工情况

自2006年2月25日开始进行顶板混凝土浇筑，到3月14日全部浇筑完成，在达到一定稳定期后，根据温度监测情况，决定进行后浇段的浇筑。对混凝土表面进行观测，表面未出现龟缩裂缝及温度裂缝。在整个混凝土温度升温过程中，内部最高温度54℃。混凝土内、外温差均控制在18℃以内。

混凝土标养试块28天强度均大于38MPa，同条件28天强度均大于42MPa。其他指标都满足施工技术要求。

五、结语

为了全面反映、了解大体积混凝土温度场的变化情况，在进行广州珠江黄埔大桥锚碇基础顶板混凝土浇筑前做了温度监测的具体研究和温控测点的布置。及时进行信息反馈，指导生产。

实践也可以说明，采用较低的水泥用量，较大的粉煤灰掺量，使用优质高效减水剂，对降低混凝土水化热，控制温度收缩、干燥收缩都是有较好的效果的。

采用严格的组织管理，严格控制原材料质量，合理进行构造配筋，优化混凝土配合比，严密保温养护，采用普通硅酸盐早强水泥也可以完成大体积混凝土的施工，可以解决当地资源紧缺及在特定条件下的大体积混凝土的施工。

参考文献

[1] 高翔，李海，赵有明等. 普通硅酸盐水泥在大体积混凝土中的应用[J]. 桥梁建设，2004No. 4.

[2] 东南大学，江苏省建筑科学研究院有限公司. 润扬长江公路大桥南汊悬索桥南锚碇大体积混凝土温度测控分析报告[R]. 南京：2003.

[3] 刘家彬，郭正兴，韦世国等. 润扬长江大桥南锚碇超大体积混凝土温控技术[J]. 建筑技术，第34卷(2003年)第1期：41～43.

[4] 高丹盈，刘建秀. 钢纤维混凝土基本理论[M]. 科学技术文献出版社. 1994年12月，第1版.

67. 广州珠江黄埔大桥悬索桥上部构造施工综述

刘刚亮 钟建锋 谭立心
（广东省长大公路工程有限公司）

摘 要 珠江黄埔大桥南汊桥为 290m＋1 108m＋350m 单跨悬索桥。本文介绍该桥上部构造主要施工方案的选择、专用设备的选型及设计以及施工组织管理。

关键词 悬索桥 上部构造 施工工艺 设备 管理

一、工程概况

珠江黄埔大桥是同三、京珠国道主干线绕广州公路东环段中连接广州市区与番禺区的一座特大型桥梁，南汊主桥为 290m＋1 108m＋350m 单跨悬索桥，矢跨比 1∶10。主缆中心距 36.5m。主梁采用全焊扁平钢箱梁，梁高 3.5m，宽 41.6m。全桥主梁共计 87 节段，其中标准段长度 12.8m，重约 215t。

主缆采用 PPWS 预制平行丝股，单根索股长约 1 891m，重约 40t。每根索股由 127 根 ϕ5.2 强度达 1 670MPa 高强镀锌钢丝组成。每根主缆从北锚至南锚的通长索股有 147 股，另外北边跨增设 6 根背索，南边跨增设 2 根背索。主缆在索夹外的直径分别为北边跨 ϕ805.4mm、中跨 ϕ789.4mm、南边跨 ϕ794.8mm。

主缆每侧吊点设 2 根 ϕ56mm 钢丝绳骑跨式吊索，吊索与钢箱梁为销接，吊索水平间距 12.8m。黄埔大桥南汊悬索桥桥型布置见图 1。

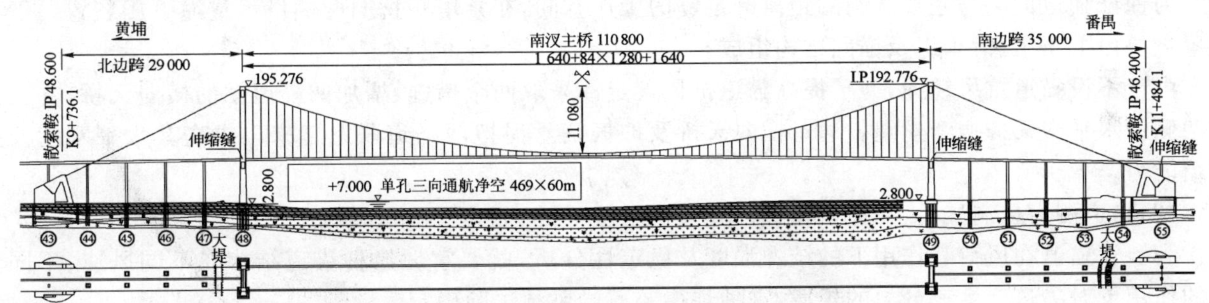

图 1 桥型布置图（尺寸单位：cm）

桥址所在地区属亚热带季风气候。桥址所在地区为台风多发区，6～11 月为台风季节，桥址区离地面 20m 高处 100 年一遇平均最大风速为 41.4m/s。施工阶段取 20m 高处 30 年一遇的平均风速为 38.1m/s。

南汊主桥河道为广州至虎门出海水道主航道。航道中心位于靠近北塔处的 1/4 跨径位置，南塔以北约 340m 范围为浅滩区，平潮 5m 时水深 4～2.5m。工程区水道的潮汐类型为不正规半日潮型。平均潮位为 5m，平均潮差 1.55m，平均最大流速 0.76m/s。

上部构造施工主要分部工程有：索鞍安装、主缆工程、索夹和吊索安装、加劲梁安装、桥面系及附属工程。

二、关键施工技术研究

从虎门大桥的建成到目前为止，国内已建成不同跨径悬索桥有十几座，悬索桥上部构造施工技术日益成熟。珠江黄埔大桥与其他悬索桥有着不同的地理环境、气候条件以及不同的技术要求，在吸取成功经验的基础上结合本桥的具体情况开展关键施工技术的研究与创新是必要的。

1. 无抗风缆猫道设计与抗风稳定性研究

珠江黄埔大桥处珠江口属台风多发地区，而桥位航道水运繁忙，虽然设抗风缆绳可以提高猫道的抗风稳定性能，但给桥下通航带来不便，同时对施工猫道也是不安全的因素，故本桥施工猫道采用无抗风缆方案。

(1)施工猫道设计

猫道结构受力形式采用三跨连续结构，为便于承重绳的安装及拆除，每条猫道绳分三段制作，架设及拆除均可以分成三段，在使用受力是连续结构。这是和三跨间断结构形式比较后选择的结构。

猫道底梁作为猫道钢丝绳横向联系构造，构造及布置首先要满足使用要求，其次要尽量减轻重量以降低猫道绳的轴力提高猫道安全系数。虎门大桥猫道底梁采用小刚度底梁，把间距缩小3m，使用中发现横向刚度不足变形较大，效果不理想。所以本桥猫道底梁的布置原则上采用"刚度大、间距大"的形式，既减轻猫道恒载又提高了整体刚度。

猫道门架是作为索股牵引钢丝绳导轮组的支承结构；也是把面层承重钢丝绳与门架钢丝绳联系起来共同受力。所以猫道门架设计刚度也适当加大了。

猫道面层承重网有三种材料选择：钢丝扣网，S形钢丝编织网，钢丝焊网。对于扣网和编织网，其优点是在铺设方便，卷成筒一次可以铺20多米长；缺点是面层刚度小、不平整使用效果差，风阻系数大。对于钢丝焊网，其优点是刚度大，面层平整，施工人员行走舒适，透风率大风阻系数较小；缺点是铺设不方便。从以人为本及文明施工的角度考虑，决定采用钢丝焊网的形式。

猫道承重绳锚固系统设计首先要有足够的调整范围，以满足悬索桥在不同施工阶段的垂度要求，其次要考虑操作方便、结构简单降低成本。猫道承重绳通过变位钢架和转向索鞍锚固在索股的前锚面，优点是受力明确，采用普通常规材料，调整量大，扶手绳、门架绳锚固无需另外设计；缺点是垂度调整麻烦。

由于采用三跨连续钢丝绳，采用V钢架调整面层承重钢丝绳之间间距使钢丝绳从两侧通过塔顶主索鞍或散索鞍。

为保证猫道面层与主缆之间的距离有足够的操作空间，在索塔顺桥向两侧设承重绳下压装置。下压装置主要由下压梁、滑车组及锚固结构组成。

由于不设猫道抗风缆绳，为了提高猫道抗风稳定性采取两个措施：增加两猫道间的横向天桥，并在天桥两侧设水平交叉抑振钢丝绳。通过横向天桥及抑振钢丝绳把两猫道联系起来以提高其水平刚度及抗倾覆能力。

(2)猫道测力风洞试验、猫道风荷载计算及稳定性分析

为验算猫道在风荷载作用下的结构强度及稳定性分析，就要掌握这种猫道结构在不同风速、不同角度的作用下对猫道产生三分力的规律，这种规律要通过风洞试验确定。

为降低试验费用，在满足要求情况下只取猫道的一节段模型进行风洞试验。猫道节段模型取缩尺比为1/10，刚体节段模型长度取1.200m。实验结果整理得三分力系数随风攻角的变化曲线，作为结构强度及稳定性分析的计算依据。

猫道风洞试验的详细方案及计算分析，委托了同济大学土木工程防灾国家重点实验室进行。

在猫道使用过程门架绳及扶手绳是否参与受力，也作了详细的研究，从猫道的加载程序及结构分析，门架绳及扶手绳参与受力更符合实际情况。

2. 繁忙航道先导索过江工艺研究

珠江黄埔大桥南汊主桥河道为广州至虎门出海水道主航道，要把先导索过江对航道的影响尽量降低、费用较省，就要在充分了解地理环境、水下地形、水流等情况下，通过比较分析选择最合理的方案。通过比较多种方案后选择了"分段牵引，江中对接"的方法。

3. 猫道架设工艺研究

猫道架设工艺主要有三大内容：承重绳架设，猫道面层铺设及线形调整。

基于安全及架设速度考虑，结合本桥具体地形条件，南边跨及中跨承重绳先用索节连接，从南锚开始

往北塔采用"托架法"架设猫道承重绳,北边跨承重绳在地面展开直接提升,在北塔靠中跨位置与中跨承重绳连接。

猫道面层采用分段下滑铺设法。猫道线形调整,除了在架设过程严格按计算数据进行监控调整外,在猫道安装完成后通过调整门架绳及扶手绳的张力使猫道实际线形与目标线形更加吻合。

4. 牵引系统的比较与选择

悬索桥上部构造施工牵引系统包括猫道架设牵引系统和索股架设牵引系统两个,所以牵引系统的选择必须要兼顾这两个系统的不同要求才是最优方案。

猫道架设牵引系统必须是"单线往复式",而索股牵引系统有"小循环"、"双线往复式"及"单线往复式"三种选择。经过综合比较,索股牵引系统采用与猫道架设牵引系统相同的"单线往复式",在猫道架设完成后,牵引系统稍加改造就可以作为索股牵引系统使用。

5. 悬索桥专用设备选择与设计

悬索桥专用设备包括牵引卷扬机、紧缆机、跨缆吊机、缠丝机,以及一大批的专用小五金设备:拽拉器、导轮组、索股滚筒、索股整形器及握索器等。

对于大吨位牵引卷扬机、紧缆机、缠丝机,根据目前本桥的使用要求适当考虑 1 500m 跨径左右悬索桥的施工需要提出这三大机械的技术性能指标,委托专业厂家设计加工。跨缆吊机考虑利用虎门大桥的旧设备进行改装利用,以降低施工成本。

对于专用的小五金设备,成立工艺设计组自行设计,部分机加工件外委加工,大部分由钢结构专业队加工。

6. 端段无吊索钢箱梁安装方案研究

按本桥钢箱梁分段设计,在靠索塔梁段不设吊索,吊装要先支承在支架上,待钢箱梁焊接完成后才能卸架完成。由于支架高度达 60 多米,支架施工成本太高而且安全风险加大,经研究与比较采用临时吊索方案更为合理。

7. 大跨径悬索桥施工测量控制技术研究

大跨径悬索桥测量控制技术与其他桥型相比难度是最大测量设备要求最高,而且每座桥都有不同的地理环境。从测量控制网的布置、大气折光测量误差的消除、控制网的日常管理等都要进行详细的研究。

8. 悬索桥上部构造施工组织管理研究

悬索桥上部构造施工工艺环节较多,工作线长而且是高空作业,与相关单位的协调工作很大,围绕如何加快进度降低成本的管理措施开展研究是非常必要的。所谓"牵一发而动全身",如果有一个环节考虑不周或处理不当就会影响全线的施工。

施工队伍的选择、任务划分,施工技术、工程质量、安全及设备管理,以及和相关标段的协调工作如何开展,进行了深入研究。

三、施工设备及材料管理

悬索桥上部构造使用的设备材料类别多数量大,从功能角度施工设备及材料有专用和常规辅助之分,其组织及管理与成本及工期有密切联系。

1. 专用设备管理

在对虎门大桥悬索桥专用设备进行全面清理的基础上,立足公司现有设备及材料进行统筹安排。虎门大桥的牵引卷扬机、紧缆机、缠丝机都不能满足目前的需要,只能重新采购,采购时对关键的技术指标、易损配件提出严格要求,以降低施工过程故障率,确保工程进度。

虎门大桥跨缆吊机经改造后完全可以满足黄埔大桥的使用要求。经过市场调查,改造费用仅为采购的五分之一,为此成立跨缆吊机改造设计组,自行设计与加工,既降低施工成本又使技术员得到锻炼。

对于使用周期短的专用构件,比如承重绳架设托架、门架、导轮组及索股滚筒等,使用完成后立即打包入库,避免丢失损耗。导轮组滑轮及索股滚筒为易损构件,预备百分之五的数量更换。

提高大吨位卷扬机的使用率。猫道架设牵引系统与索股牵引系统采用统一的“单线往复式”,跨缆吊机起重动力采用牵引卷扬机。

2. 常规辅助设备管理

悬索桥上部构造施工要用到塔吊、电梯以及大批卷扬机设备。

塔吊电梯或租或买,或在公司范围内调配视具体情况决定。

普通吨位辅助卷扬机内部调配使用可以满足要求。这些设备的管理工作重点是维修保养,提高周转使用率。

3. 材料管理

悬索桥上部构造施工周转材料主要用于三大部位:施工猫道、塔顶散索鞍支墩顶门架及塔顶平台。这些材料在施工方案设计时就考虑常规材料。材料管理难点在猫道钢丝绳的保存与防腐,因为猫道钢丝绳是无油非镀锌钢丝绳,比较容易锈蚀。

四、施工组织管理

与其他桥型相比,悬索桥上部构造施工具有工序多、工序转换频繁,专用设备多,高空作业,对工人素质要求高等特点;需要更加严密的施工组织管理才能控制好工程质量、施工成本、施工进度等。

1. 施工部署及机构组织

悬索桥上部构造施工,对专业队的素质要求高,把任务一分为二由两个专业队进行施工,营造互相竞争的局面对各方面管理都有利。除需要机加工的金属结构委托专业厂家加工外,大部分钢结构都由项目部组织的钢结构加工厂钢结构加工,可以降低成本。

施工任务划分:第一专业队负责上游猫道、主缆、索夹、吊索安装,以及跨中以北钢箱梁吊装;第二专业队负责下游猫道、主缆、索夹、吊索安装,以及跨中以南钢箱梁吊装。

2. 工程质量及施工安全管理

(1)工程质量管理

工程质量分临时结构工程质量及永久结构工程质量,悬索桥上部构造施工主要临时结构有:塔顶平台、塔顶门架及施工猫道,这三大结构使用周期长,为确保施工安全必须进行严格质量控制。

悬索桥上部构造安装永久结构工程的工程质量主要是索鞍安装精度、主缆线形精度、索夹安装精度等安装精度控制,另外还有保护措施,减少钢丝外表损伤及污染等。悬索桥工程质量管理与相关单位比如施工监控单位、索股制作质量等也有密切的关系。

(2)施工安全管理

施工安全是悬索桥上部构造施工管理的重中之重,如何加强管理要深入研究。

要建立安全生产责任制,明确各级人员的安全生产责任。

建立安全生产管理组织,项目部设置安全生产管理机构,专业队班组配备安全生产管理人员,保证安全生产投入按有关规定执行。

根据不同的施工阶段、工艺要求编制安全技术措施。各分项工程开工前组织详细的安全技术交底,使得每一个参加施工的人员都明确具体的操作方法。

针对危险源抓好超前防范,坚持贯彻“安全第一、预防为主”的方针,组织有关人员对工程的主要危险源、可能导致的事故及事故的大小进行认真分析、预测和评价,超前制定相应的措施,以达到对危险源的控制目的。

加大对机械设备、材料安全管理的力度,上部结构安装过程中需采用大量的常规机械设备和特种设备,机械设备安全性能和操作人员的技术素质对安全影响极大。

加强安全生产检查,经常召开安全生产会议,研究安排部署安全生产工作,把安全工作和生产一同计划、一同布置、一同检查、一同总结,一同评比。

协调处理好海事、航道部门等相关方的关系。珠江黄埔大桥南汉桥中跨为珠江主通航孔,作为广州至虎门出海水道，航道非常繁忙。水上施工的关键工序包括先导索过江、钢箱梁吊装等，工艺复杂，需要实施封航。为确保施工安全，与海事局周密布署、科学组织，确保在预定的封航时间内完成施工作业。

3.成本及计划管理

施工成本控制必须做到四个方面：人力成本控制、材料成本控制、设备成本控制以及施工进度按计划完成或提前完成。针对悬索桥上部构造施工特点，围绕上述四方面采取适当得措施进行管理控制。

专业队的选择及承包方式避免片面追求低价。在双方接受单价的基础上，严格划分工作界面，承包方式要以提高专业队积极性为目标，发挥专业队的主观能动性提高效率降低项目部的管理成本。

材料成本首先从方案设计上尽量避免采用特殊材料，及时清理统计现有的各种型材并加以充分利用，避免盲目采购新材料。对于大直径猫道钢丝绳，采取统一招标形式降低采购单价。

设备成本主要是三大专用设备(紧缆机、缠丝机、跨缆吊机)、牵引卷扬机以及专用的五金设备。紧缆机、缠丝机、牵引卷扬机立足于国内厂家采购，通过充分考查调研选择有实力报价合理的厂家设计加工。跨缆吊机利用虎门大桥设备改造降低成本。

施工进度是否按计划完成是成本控制的关键。悬索桥施工工序环节多工艺复杂，与包括索塔锚碇土建承包商、索股、索鞍索夹、吊索、钢箱梁、防腐涂装及钢桥面铺装承包商等相关承建商协调工作。首先总体施工方案思路必须清晰明了，才能做到工序转换衔接紧密，应有计划有步骤与相关承包商协调，减少工序转换消耗时间。

五、结 语

珠江黄埔大桥南汊悬索桥从2006年11月2日开始索鞍吊装，2007年1月13日先导索过江，到2007年7月已完成了索夹安装，到了跨缆吊机拼装阶段。施工进度比计划提前了两个多月。施工方案的实施、工程质量控制及目标工期都达到了预期的效果，施工速度是目前国内最快的一座。有以下两点值得推广：

(1)前期施工策划准备充分，公司设备资源得到充分利用，总体施工方案思路清晰切合实际。对关键施工技术方案、工艺选择在学习考察国内类似桥梁施工经验的基础上，充分考虑了当地的地理环境及施工条件。

(2)现场生产管理做到每个技术员、专业队充分了解施工方案意图，发挥每个人的主观能动性。

68.广州珠江黄埔大桥南汊悬索桥施工监控系统总体框架

袁帅华[1] 陈 红[1,2] 张太科[2] 孙 斌[1] 肖汝诚[1]
(1.同济大学桥梁工程系;2.广州珠江黄埔大桥建设有限公司)

摘 要 本文针对珠江黄埔大桥南汊悬索桥施工监控的特点，建立了基于网络的悬索桥智能施工监控系统，阐述了系统的结构与各分系统的功能。

关键词 悬索桥 施工监控 网络 智能

一、工 程 概 况

珠江黄埔大桥南汊主桥为单跨双索面钢箱梁悬索桥，主跨1 108m(图1)。主缆分跨为290m+1 108m+350m，采用预制平行钢丝索股(PPWS)。主缆主跨理论垂度为110.80m，矢跨比1/10。两根主缆中心距为36.5m。主缆钢丝采用公称直径为5.20mm、公称抗拉强度为1 670MPa的高强度镀锌钢丝。

每根主缆中,从北锚碇到南锚碇的通长索股有 147 股,北边跨另设 6 根背索,南边跨另设 2 根背索,均在主索鞍上锚固。每根索股由 127 根钢丝组成。吊索间距为 12.8m,采用镀锌钢丝绳,每侧吊点设置 2 根吊索。钢丝绳公称直径为 56mm,结构形式为 8×55SWS+IWR,公称抗拉强度为 1 770MPa。吊索与索夹为骑跨式连接,与加劲梁为销铰式连接。主梁为流线形扁平钢箱梁,截面中心处梁高 3.5m,全宽 41.69m,主梁安装采用吊装拼装方法施工。悬索桥梁段总数为 87 个,其中标准梁段为 83 个,合龙段 2 个,特殊段 2 个。标准梁段长 12.8m,标准吊装重量约 215t,最大吊装重量为 230t。主塔为门式框架结构,索塔总高度为 190.476m,塔柱为混凝土空心薄壁断面。共设置上、下两道箱形断面横梁,均为全预应力结构。南、北锚碇均采用重力式锚,下设地下连续墙。

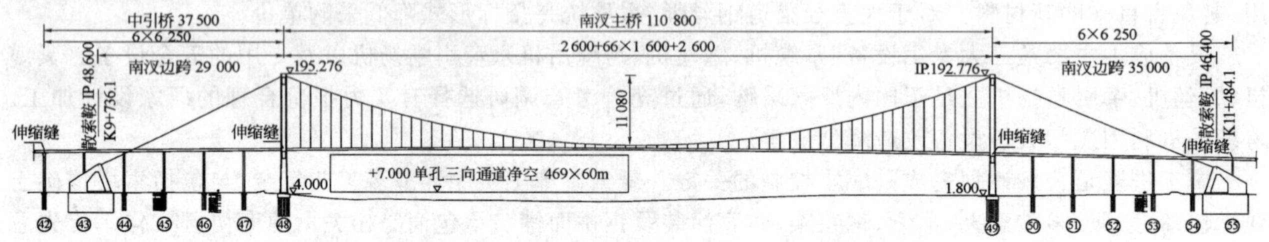

图 1　珠江黄埔大桥南汉悬索桥总体布置图(尺寸单位:cm)

二、施工监控系统结构

珠江黄埔大桥南汉悬索桥的规模、跨径处于中国前列,施工控制对保障该桥的顺利建成具有极其重要的意义。传统施工控制技术计算比较粗糙、自动化程度不高、反馈周期长、费时费力,为满足该桥对施工监控的高精度、高效率要求,本悬索桥采用基于网络的智能施工监控系统进行施工监控。

珠江黄埔大桥南汉悬索桥施工监控系统结构框图如图 2 所示。该施工监控系统由三个分系统组成:数据采集分系统、数据双向传输分系统、计算分析与控制决策分系统。各分系统之间的流程(图 2)是:把悬索桥施工监控所需信息,包括桥梁荷载信息、几何信息、应力信息等通过数据采集系统采集,以 Internet 网络和通信网络为媒介,通过网络信息的双向传递、查询,将信息实时汇总于桥梁施工控制中心,经过智能化的计算分析与智能化、实时化的控制决策,向悬索桥发出网络施工控制指令。

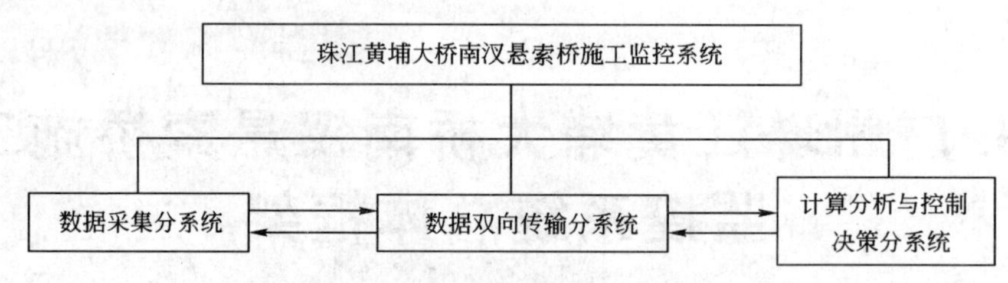

图 2　珠江黄埔大桥南汉悬索桥施工监控系统结构框图

三、数据采集分系统

珠江黄埔大桥南汉悬索桥施工监控数据采集分系统的结构框图如图 3 所示。

珠江黄埔大桥南汉悬索桥主跨超千米,施工监控数据采集项目繁多,每个工况若全部采用人工采集数据,将花费很长时间。为尽可能提高施工监控效率,同时也为最大限度保证各种数据的采集处于同一状态、环境中,最大限度地减小数据采集的误差,本悬索桥引入数据高速采集系统进行施工监控。

根据目前数字传感器及相关设备的发展状况,悬索桥施工监控中的索力监测、应力监测、温度监测采用数据高速采集系统,而线形监测与风力监测仍采用人工采集。

本数据高速采集系统是一种功能强大的分布式全自动综合静态数据采集系统,由上位机(计算机)、采集单元、系统软件等组成,采用无线手机数据通讯模式,将手机模块、单片机控制电路、电源控制电路设计组成一个标准的无线数据终端,并将无线数据终端嵌入无线收发仪和现场采集单元的密封箱中,完成现场数据与监控室远程无线数据传送。

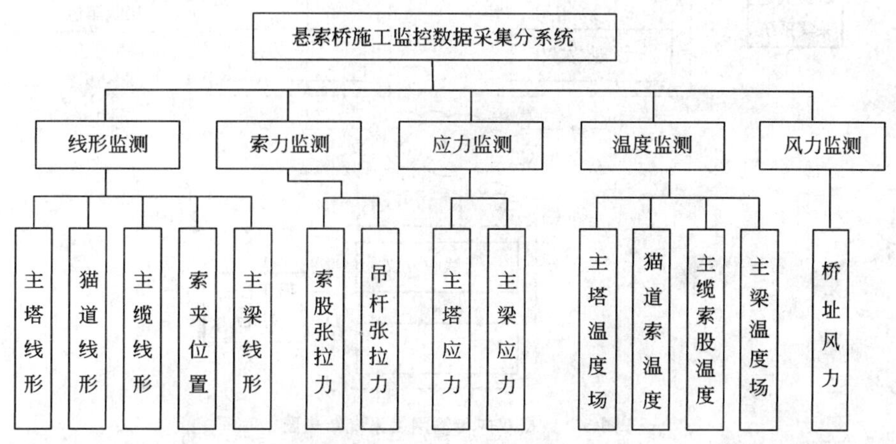

图3 数据采集分系统的结构框图

数据高速采集系统测点布置与采集箱的位置如图4所示。

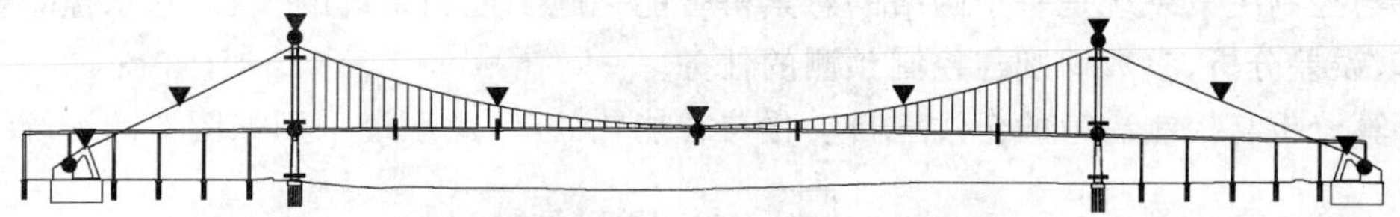

图4 数据高速采集系统测点与采集箱布置示意图

主塔应变温度测试选取塔柱的底部截面、塔梁交界区底部截面以及塔顶部等3个断面作为应变温度监测断面,每个断面埋设6个应变温度传感器。

钢箱梁应变温度测试是将钢箱梁主跨8等分,选取其中5个等分截面作为钢箱梁应变温度监测断面,每个断面设置6个应变温度传感器。

主缆纵向温度场测试点布置在单侧主缆的边跨2分点处和主跨4分点处,全桥共9个测试断面,每个测试断面布置18个测点。

每根主缆选取7根索股作为永久张力测点,一根主缆选择黄埔侧锚碇处进行监测,另一根主缆选择番禺侧锚碇处进行监测,全桥共14个测点。采用锚索计实时监测这7根索股的张力与该点处的温度。

实时监控数据采集箱布置位置为:主塔应变温度数据的采集箱布置在主塔下横梁上,每个主塔各一个;主缆温度数据的采集箱共布置三个,分布在主塔塔顶与主缆的跨中部位;钢箱梁应变温度传感器的导线在靠塔的断面接入主塔下横梁的采集箱,靠主跨跨中部位的导线则接入跨中的采集箱,与主缆温度场的采集箱共用;主缆索股张力的采集箱则布置在南北两个锚碇里,共两个采集箱。

四、数据双向传输分系统

数据双向传输分系统的功能是将在悬索桥施工现场采集的施工监测数据通过某种方式实时远程传输到施工控制中心,供施工控制中心分析,施工控制中心分析后,将分析结果及控制指令以同样方式传输到施工现场。

珠江黄埔大桥南汊悬索桥数据双向传输网络系统的结构图如图5所示。在所有布置的传感器中,从传感器到工控机的信号现场传输采用有线传输,然后通过无线收发仪利用移动通信网络系统传输到远程控制中心的无线收发仪,进入上位机进行数据处理与分析。控制中心分析后,将控制指令以同样方式传输给施工现场。

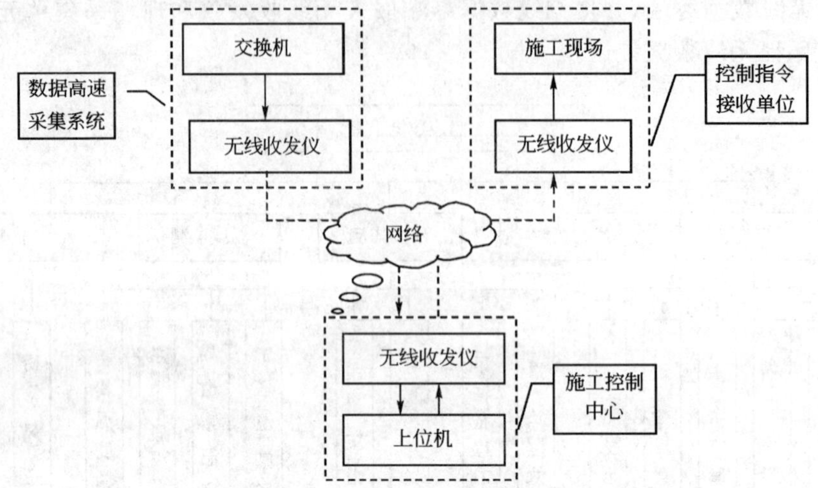

图5 数据双向传输网络系统结构图

五、计算分析与控制决策分系统

计算分析与控制决策系统是基于网络的悬索桥智能化施工控制系统的核心，它承担着整个施工监控过程中的计算、误差分析、参数识别与控制预测的任务。

为适应计算分析与控制决策的全过程自动化与智能化处理，此系统采用如图6的系统结构图。

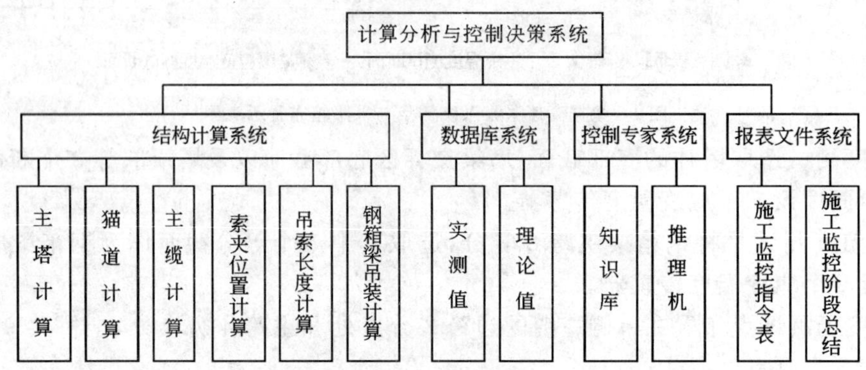

图6 计算分析与控制决策系统结构图

1. 结构计算系统

结构计算系统功能主要是指悬索桥施工前的理论计算与施工开始后需调整参数或施工方案时重新计算功能，生成各种理论控制参数。该系统主要包括：

(1)主塔计算：计算主塔在其施工过程中各节段的纵横向预偏量以及预抛高，并计算其应力分布。

(2)猫道计算：计算猫道承重绳、门架绳、扶手绳的下料长度、线形、索力及垂度调整量。

(3)主缆计算：计算成桥状态各跨主缆的水平分力、竖向分力、线形；精确计算考虑索鞍内曲线线形后主缆的形状长度、无应力长及伸长量，给出成桥状态索鞍与主缆的切点、切线角等；计算基准温度下空缆线形，给出索鞍的理论预偏量；计算主缆索股无应力下料长度；计算基准索股的线形，一般索股与基准索股的相对高差及锚跨张拉力；主缆索股架设完毕后根据实测空缆线形反算主缆各跨无应力长度等。

(4)索夹位置计算：根据反算的主缆各跨无应力长度，以成桥吊索处于竖向位置为目标确定基准温度下索夹的安装位置。

(5)吊索长度计算：根据反算的主缆各跨线形以及塔、梁、吊索的成桥目标，计算基准温度与恒载索力下吊索的下料长度。

(6)钢箱梁吊装计算：计算吊索安装后的各种工况，如安装跨缆吊机，架设钢箱梁，鞍座顶推等工况的主缆线形、钢箱梁的高程及开口角、塔顶偏移量、塔内应力、各跨主缆索力以及索鞍、主缆与桥塔的相对位置。

2. 数据库系统

在悬索桥施工监控过程中，有大量的实测数据与理论数据产生，为便于管理，提高分析效率，特开发此数据库系统。该系统主要包括：

(1)实测值数据库：用于接收网络传输过来的悬索桥施工过程中的变形、应力、温度、索力等监测数据，并能对这些数据进行保存、添加、修改、查询等工作，以及进行初步的数据处理。

(2)理论值数据库：存储各施工阶段的理论值，以方便与实测值的比较分析。

(3)图表数据库：生成各种施工控制分析用的图表，如"线形对比"、"索力对比"、"截面应力分布"和"主梁形心线挠度曲线"等。

(4)智能报警程序：当施工过程中结构的计算或实测应力、变形超过允许精度范围后自动进行报警，并给出应力、变形超限点的位置与对应值；当发现施工过程中应力或变形的实测值与计算值相差过大时自动进行报警，并给出应力、变形超限点的位置与对应值。

3. 控制专家系统

在悬索桥施工控制过程中，通常要处理大量复杂而多变的控制问题，如：数据滤波、参数识别、控制预测以及控制调整等，工作量十分繁重。若在该过程中引入专家系统，实现控制的智能化，将有效改善桥梁施工控制的控制方法，极大地提高施工控制效率与控制质量。

本桥控制专家系统主要由两部分组成：施工控制知识库与施工控制推理机。知识库存储悬索桥施工监控过程中各种经验性知识与原理性知识。推理机是依据知识来解决问题的各种算法。在施工控制过程中对数据误差、参数识别、控制预测、控制决策进行推理。悬索桥施工监控中的垂度调整、温度修正、跨径修正等均依靠该专家系统进行。

4. 文件报表系统

该系统主要生成正式的施工监控指令表，并通过网络发送至施工现场，同时对已完成的某个阶段或工况进行总结，生成相应图表，形成总结报告。

六、结　语

本文根据国内外桥梁施工控制技术发展状况，建立了珠江黄埔大桥南汉悬索桥的智能化施工控制系统。该系统能够实现数据采集的数字化，数据传输的实时化，通过专家系统的引入，使控制决策也能实现高度智能化。

参考文献

[1] 袁帅华、肖汝诚. 基于网络的桥梁智能化施工控制系统研究. 同济大学学报(自然科学版)，2007，6.

69. 广州珠江黄埔大桥南汉悬索桥主缆架设施工监控

张杨永　袁帅华　谭红梅　胡玉珠　许德胜　孙　斌　肖汝诚
(同济大学桥梁工程系)

摘　要　本文主要介绍珠江黄埔大桥南汉悬索桥主缆架设过程中所采取的监控措施，包括控制参数的确定、基准索股绝对垂度的控制方法、一般索股相对垂度的控制方法、锚跨张拉力的调整等。结果表明，本文监控方法得当，最终空缆线形符合设计要求。本文所采取的各种监控措施，可供同类桥梁施工时参考。

关键词 主缆 施工监控 索股 垂度 张拉力

一、引 言

悬索桥是一种以缆索为主要承重构件的柔性桥梁，主缆线形对全桥的几何形状和受力情况具有决定性影响，施工中必须保证主缆线形的准确。因此，悬索桥主缆架设的施工监控十分重要，这样才能保证悬索桥在施工过程中的安全以及成桥状态时结构线形与内力满足设计要求。

珠江黄埔大桥南汊悬索桥为主跨1 108m的单跨钢箱加劲梁悬索桥，主缆跨径布置由北向南依次为：北锚跨、北边跨、中跨、南边跨、南锚跨。成桥状态时，主缆主跨跨径为：290m＋1 108m＋350m，矢跨比分别为：1/149.070、1/10、1/130.504，中跨理论垂度为110.80m，两根主缆中心距为36.5m。主缆采用预制平行钢丝索股(PPWS)，材料采用公称直径为ϕ5.2mm、公称抗拉强度为1 670MPa的高强镀锌钢丝。每根主缆中，从北锚碇到南锚碇的通长索股有147股，北边跨另设6根背索，南边跨另设4根背索，均在主索鞍上锚固。每根索股由127根高强镀锌钢丝组成，主缆索股架设时排列成尖顶的近似正六边形。紧缆后主缆为圆形，索夹内直径分别为795.6mm(北边跨)、779.9mm(中跨)、785.2mm(南边跨)。索股两端设索股锚头，采用热铸锚。

由于锚碇布置位置的需要，边跨缆索的水平跨度在黄埔侧(北侧)为290m，在番禺侧(南侧)为350m，两边跨缆索不对称，造成主缆及锚碇受力不同，线形、索股数量也不同，在施工控制中需要区别对待。从设计到施工，由于各种计算或施工误差，悬索桥实际所呈现的线形和内力与设计者当初的意图往往有很大的差距。这些误差对珠江黄埔大桥南汊悬索桥这种大跨径的、结构不对称的悬索桥来说，表现得更为明显，所以必须加以严格控制。

二、主缆施工控制计算

主缆架设阶段是悬索桥施工的一个关键阶段，必须制订严格的施工控制方案，以确保主缆的线形达到设计要求。为确定主缆架设前的结构初始状态，应准确测量结构的状态参数，包括塔顶高程和纵向水平偏位、猫道线形、主索鞍的纵向预偏量、散索鞍顶面中心坐标及高程等。根据施工单位提供的下列资料：承重于主缆和猫道上的施工荷载、索股的实测几何参数和物理特性、上部结构各构件的制造及安装偏差等，计算索鞍预偏量、各根索股的无应力长度、基准索股线形、一般索股相对垂度值、锚跨索股张拉力等，并与设计单位的计算结果进行对比，得到缆索施工期的施工监控数据。

根据空缆线形呈悬链线的特性，在上、下游索股的南边跨、中跨、北边跨跨中各取一点作为索股线形的控制点，共六个点，以油漆标明标记点，并在每个索股上标明索股编号。

研究温度、主塔偏位、索鞍顶推等因素对缆索施工监控数据的影响规律，以便缆索施工期间及时调整监控数据，不影响施工进度。温度升高1℃，本桥中跨跨中垂度下降30mm，温度对索股架设的影响不容忽视。索股架设时，首先计算各跨控制点定位高程，并给出定位高程随环境温度变化时的修正表；以温度0.1℃为级差，制成表格供施工使用。主塔偏位的影响也较大，塔偏位值与中跨跨中垂度变化值近似为1∶2的关系，索股架设过程中，及时根据塔偏位变化值修正各跨控制点的定位高程。此外，计算给出各跨跨中垂度调整值与索长调整量的比例关系，大致如下：中跨为1/2.12、北边跨为1/7.76、南边跨为1/6.65。

三、基准索股架设的监控

基准索股的线形基本决定了整个主缆的线形，因此，基准索股的架设又是主缆架设阶段施工监控的关键。本项目选择最下面的1号索股为基准索股。

索股线形的温度效应较为明显，应事先选择好最佳观测时段。在正常稳定的自然风情况下，分晴天和阴天两种情况在塔顶和猫道上连续几天进行温度观测，作出温度随时间变化的曲线，选择温度变化相对平稳的阶段作为最佳观测时段。本桥选择凌晨2:00～5:00作为最佳观测时段，同时要避开大风、暴雨等不利天气。索股调整的温度稳定条件为：沿桥纵向索股的温差$\Delta T\leqslant 2$℃，横向的温差$\Delta T\leqslant 1$℃。

基准索股的垂度调整采用绝对垂度法，即通过全站仪测量出基准索股各控制点的顶面高程和底面高程，算出索股中心高程，并考虑主塔偏位、索股温度、环境温度、实测索股的几何物理特性等进行修正，然后与监控理论值进行比较，算出索长调整量。本桥基准索股调整时，按中跨、北边跨、南边跨、锚跨的顺序依次调整。对于中跨索股，在南塔主索鞍处固定，通过移动北塔主索鞍处索股进行调整；对于边跨，通过移动散索鞍处索股进行调整；对于锚跨，通过延伸量和千斤顶油压控制张拉力双项控制来调整。上、下游基准索股相对垂度差测量采用在上、下游跨中连通塑料水管的方法，同时采用全站仪测量校核。调整过程反复进行，直到索股线形符合设计要求（表1）。

基准索股最终线形 表1

项目		北边跨		中跨		南边跨	
		绝对垂度差（mm）	上下游高差（mm）	绝对垂度差（mm）	上下游高差（mm）	绝对垂度差（mm）	上下游高差（mm）
1号	上游	−17	8	+17	1	+16	1
	下游	−9		+18		+15	

基准索股的垂度调整完毕，进行了连续4天的稳定观测，相邻两天的垂度差不超过5mm。从表1可以看出，基准索股的最终线形符合设计要求（各跨索股跨中绝对误差为−20～+40mm，上、下游索股相对垂度差小于10mm），之后可以进行其他索股（一般索股）架设。

当架设到26号索股时，因原有1号基准索股受到上面索股的轻微挤压，变化精度已经不能满足作为基准索股的要求，从而将29号索股设定为新的基准索股，进行后续索股的架设。后期的复核观测表明，29号基准索股的线形一直很稳定，直到索股全部架设完毕。

四、一般索股架设的监控

基准索股以外的其他索股称为一般索股。一般索股的垂度调整过程与基准索股基本相同，只是为了施工方便，根据其与基准索股的相对几何关系，采用相对垂度法进行线形调整。调整方法如图1所示。假设基准索股的直径记为 d_0，被调索股的直径记为 d_1，相对垂度的理论值记为 ΔH，相对垂度的实际值 $\Delta h=h_1-(d_0+d_1)/2$，则垂度差 $\Delta a=\Delta h-\Delta H$。然后根据垂度差进行一般索股的索长调整。若 $\Delta a>0$，增加索长；若 $\Delta a<0$，减少索长。实际调整时，还要考虑被调索股与基准索股的温差效应，给出相对垂度随索股温差变化时的修正表；以温度0.1℃为级差，制成表格供施工使用。

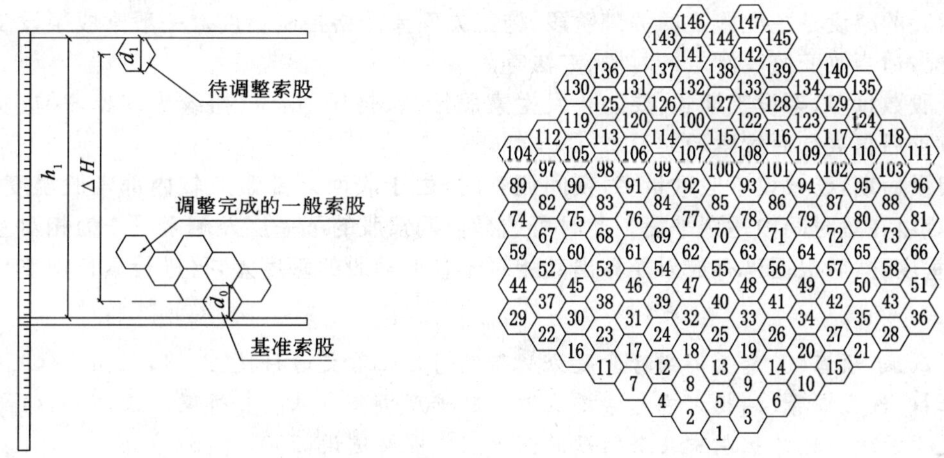

图1 一般索股相对垂度调整示意图

白天，将索股上的标记点对准索鞍上相应的标记点，然后入槽固定，并将中跨跨中索股高程预抬高20～30cm，边跨跨中索股高程预抬高10～20cm。夜间，用专用大型卡尺测量被调索股和基准索股的相对垂度，同时测量相对温差，然后计算相应的垂度差，确定索长调整量。相对垂度差的控制目标为：Δa 在 −5mm～+10mm 范围内。此时，相邻索股之间似靠非靠、若即若离，索股线形符合设计要求。

本桥索股架设期间，定期对主塔纵向偏位进行了观测。结果表明，各测点的偏移值较为稳定，变化幅度基本上在 15mm 内，主塔偏位正常，受力安全。

五、索股架设完成的监控

1. 锚跨张拉力的调整

通过动测仪、压力传感器、千斤顶油压表的试验结果对比发现，油压表精度不能满足张拉力控制标准，应以动测仪和压力传感器双重控制为准。锚跨张拉力调整时，实测当时的索股温度，对锚跨张拉力的理论计算值进行温度修正，然后通过安装在两根拉杆上的并联千斤顶进行张拉力调整。结果表明，这种调整方法得当，张拉力控制情况良好，索股张拉力实测值与理论值的误差绝大部分控制在 −5%～5% 以内，最大差值不超过 8%。

2. 紧缆后空缆线形观测

紧缆后，空缆线形的测点布置如图 2 所示，选取为主缆中跨的八等分点处、边跨的四等分点处的竖直断面，每个断面取天顶线上的点作为观测点，事先用油漆做好标记。同时还测量主缆各测点竖直向直径、主塔塔柱空间位置、主索鞍和散索鞍空间位置。主缆温度场测点纵向布置和线形观测点位置相同，每个断面取上下左右四个测点。

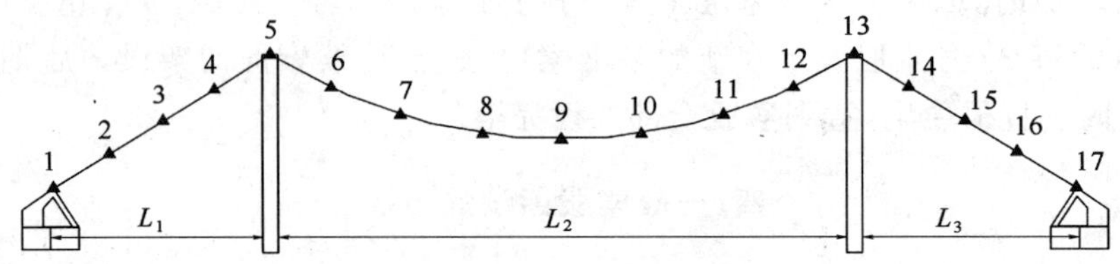

图 2　紧缆后主缆线形测点布置图

空缆线形测量方法与基准索股的线形观测相同，本桥进行了连续 3 天的观测，观测结果稳定。根据实测结果并考虑温度、塔偏、索鞍 IP 位置、缆径等因素的修正，最后得到的空缆线形良好，满足设计要求。

六、结　　语

(1)基准索股的架设是主缆施工的关键阶段，施工方面要严格控制精度。一般索股架设工期长，应根据实际施工状况，适当改变监控测量的时段、方法等。

(2)一般索股数量多，架设工期长，要防止发生索股抬高、挤压、错位、扭绞等现象，一旦发现，要查明原因，待情况改善后再进行后续索股架设。

(3)索股架设后期，已架设索股数量多，夜间调索时，由于表面外部索股较内部索股温度降低快，内、外部索股温度难以在短时间内达到平衡。此时可选择被调索股的下一层外侧索股作为相对基准索股，测量其间的相对垂度，然后根据已有成果换算出其相对于基准索股的垂度差，再进行索长调整。

参考文献

[1] 罗喜恒，肖汝诚，项海帆. 悬索桥锚跨索股分析研究[J]. 公路交通科技，2004，12：45～49.

[2] 李海，先正权，沈良成等. 润扬大桥悬索桥主缆索股垂度调整方法[J]. 桥梁建设，2004，4：36～39.

[3] 梅葵花. 关于悬索桥施工控制中几个问题的探讨[J]. 桥梁建设，2003，5：52～54.

[4] 唐茂林，沈锐利，强士中. 大跨度悬索桥丝股架设线形计算的精确方法[J]. 西南交通大学学报，2001，6：303～307.

[5] 邢兵，陈倩，张永水. 温度对悬索桥空缆线形的影响分析[J]. 公路交通技术，2005，6：74～77.

70. 广州珠江黄埔大桥悬索桥无抗风缆猫道设计与施工

王中文 钟建锋 谭立心
(广东省长大公路工程有限公司)

摘 要 珠江黄埔大桥南汊桥为290m+1 108m+350m悬索桥,该桥上部构造施工猫道的结构设计、风荷载研究及抗风稳定性分析、导索过江工艺、承重绳架设工艺、面层铺设工艺、线形控制等方面都有创新之处。

关键词 悬索桥 猫道 抗风缆 风动试验 稳定性 架设施工

一、工 程 概 况

珠江黄埔大桥是同三、京珠国道主干线绕广州公路东环段中连接广州市区与番禺区的一座特大型桥梁,南汊桥悬索桥主桥长1 108m,主缆跨径组成为290m+1 108m+350m,矢跨比1∶10,主缆中心距36.5m。

桥址所在地区属亚热带季风气候。桥址所在地区为台风多发区,6～11月为台风季节,桥址区离地面20m高处100年一遇平均最大风速为41.4m/s。施工阶段取20m高处30年一遇的平均风速为38.1m/s。

南汊主桥河道为广州至虎门出海水道主航道。航道中心位于靠近北塔处的1/4跨径位置,南塔以北约340m范围为浅滩区,平潮5m时水深4～2.5m。工程区水道的潮汐类型为不正规半日潮型,平均潮位为5m,平均潮差1.55m,平均最大流速0.76m/s。

二、猫道结构设计

施工猫道(CatWalk)作为大跨径悬索桥施工必备的临时结构,为主缆架设、索夹和吊索安装、钢箱梁吊装、主缆防护等提供施工操作平台及材料、工具运输通道,其使用从始至终贯穿整个悬索桥上部构造安装施工过程,使用周期长,并需经过各种自然灾害天气的考验。其结构设计首先要考虑抗风稳定性及结构安全,其次要考虑施工简便、加快进度,降低施工成本。

1. 猫道总体布置

猫道跨径与主缆空缆布置相同:288.81m+1 108.56m+348.442m,总体布置如图1所示。

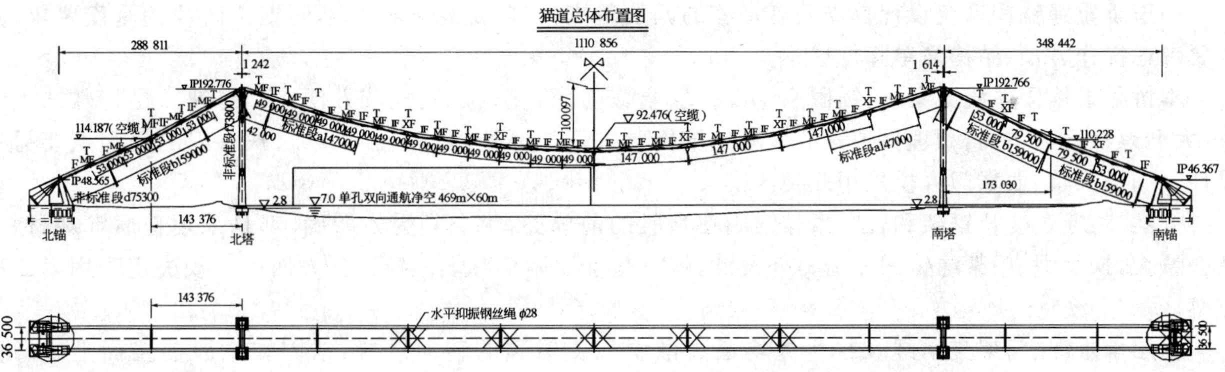

图1 猫道总体布置图(尺寸单位:cm)

猫道面层距主缆空载中心线形下方1.5m,宽4m,每条猫道承重结构由8根$\phi48$面层承重钢丝绳及2根$\phi48$门架支承钢丝绳组成,面层承重绳和门架支承绳之间通过猫道门架及门架斜拉绳联系形成空间结构。猫道扶手为2根$\phi36$钢丝绳也参与承重受力。

2. 主要结构的选择

(1)承重绳结构

根据承重绳受力形式,猫道有两种结构:其一为三跨连续结构,其二为三跨独立结构。三跨独立结构的优点是钢箱梁吊装过程中改挂比较方便;缺点是预埋件太多、锚固结构复杂,承重绳长度调整范围小,偏载时猫道比较容易倾斜,给施工带来不便。早期建成的虎门大桥、海沧大桥、宜昌大桥等均采用此类结构。三跨连续结构的优点是预埋件少,偏载时猫道不容易倾斜;缺点是钢箱梁吊装过程中改挂相对复杂一点。后期施工的润扬大桥、阳逻大桥及香港青马大桥等均采用此类结构。

本桥猫道承重绳采用三跨连续结构,为便于承重绳的安装及拆除,每条猫道绳分三段制作,在索塔靠中跨侧设了两个索节,架设及拆除均可以分成三段,在使用受力阶段是连续结构。

(2)横向天桥及抗风稳定措施的考虑

由于珠江黄埔桥所跨越水道水运交通繁忙,故猫道系统不设抗风缆绳。

为了提高猫道抗风稳定性采取了两个措施:增加两猫道间的横向天桥,并在天桥两侧设水平交叉抑振钢丝绳,通过横向天桥及抑振钢丝绳把两猫道联系起来以提高其水平刚度及抗倾覆能力。

本桥两条猫道间共设10道横向天桥,其中北边跨1道;中跨7道,沿线形间距149m;南边跨2道,间距159m。在中跨5道天桥顺桥向两侧设交叉$\phi28$钢丝绳作为水平抑振。

(3)猫道底梁及门架

猫道底梁作用之一是把8根猫道面层承重绳连成整体共同受力;之二作为门架及天桥的支承连接结构;之三是把猫道面层固定在承重绳上防止面层滑动。猫道底梁分三种:横向天桥底梁,门架底梁,中间底梁。

猫道底梁的布置原则上采用“刚度大、间距大”的形式,既减轻猫道恒载又提高了整体刚度。

猫道门架作用之一是作为索股牵引钢丝绳导轮组的支承结构;作用之二是把面层承重钢丝绳与门架钢丝绳联系起来共同受力。每条猫道设门架34个,北边跨5个,中跨23个,南边跨6个。

(4)猫道面层

猫道面层由承重网、步行网及防滑方木组成。

承重网有三种材料选择:钢丝扣网,S形钢丝编织网,钢丝焊网。对于扣网和编织网,其优点是在铺设方便,卷成筒一次可以铺二十多米长,缺点是面层刚度小、不平整使用效果差,风阻系数大。对于钢丝焊网,其优点是刚度大,面层平整,施工人员行走舒适,透风率大风阻系数较小;缺点是铺设不方便。从以人为本、改善施工条件及文明施工的角度考虑,决定采用钢丝焊网的形式。

(5)猫道承重绳锚固系统

猫道承重绳锚固系统设计首先要有足够的调整范围,以满足悬索桥在不同施工阶段的垂度要求,其次要考虑操作方便、结构简单降低成本。

本桥猫道锚固系统方案一:锚固系统设在散索鞍前面,优点是调整较方便、直观,缺点是特殊加工量大(大型螺杆)、成本高,预埋件位置的混凝土结构要进行加厚处理,而且门架绳、扶手绳的锚固点要另外设计。润扬大桥、西堠门大桥采用此类方案。

方案二:通过变位钢架和转向索鞍锚固在索股的前锚面,优点是受力明确,都是采用普通常规材料,调整量大,扶手绳、门架绳锚固无需另外设计,缺点是垂度调整麻烦。经过各方面的比较决定采用第二种方案。

面层承重绳、门架支承绳及扶手绳均通过散索鞍支墩顶的转向装置,锚固在索股前锚面上。每根$\phi48$钢丝绳通过2根$\phi36$精轧螺纹钢筋锚在锚固件上,承重绳的垂度调整通过精轧螺纹钢调整。

(6)变位钢架及下压装置

由于采用三跨连续钢丝绳，当面层承重钢丝绳通过塔顶主索鞍或散索鞍两侧时，面层承重钢丝绳之间间距必须进行调整，其间距调整装置称为变位钢架，变位钢架用型钢制作。

为保证猫道面层与主缆之间的距离有足够的操作空间，在索塔顺桥向两侧设承重绳下压装置，下压装置主要由下压梁、滑车组及锚固结构组成。

三、猫道线形分析、结构强度及风荷载研究

1. 猫道线形分析计算

猫道是一柔性结构，线形分析的基础资料必须贴近实际，否则按分析结果控制的线形与目标线形相差太大，影响主缆索股安装进度。

猫道目标线形与主缆空缆安装的线形一致，即在均布荷载作用下（恒载）线形呈悬链线，其方程为：

$$y(x) = K \times \cosh[(x-a)/K] + b$$

式中：$K=H/q$——线形曲线顶点（悬链线对称轴上点）处的曲率半径；

H——绳索轴力的水平分力；

q——均布荷载。

对于在集中力作用（横向天桥）下，则对猫道分段求其线形方程。两个相邻集中力之间为一段，在边界处用力的平衡来建立协调条件。

2. 猫道断面节段模型三分力测力风洞试验

猫道节段模型取缩尺比为 1/10，刚体节段模型长度取 1.200m。绳索以及猫道面层木条均采用相应尺寸的钢条代替于模型中，钢丝网采用相同孔隙率的钢丝网。试验在同济大学土木工程防灾国家重点实验室 TJ-2 号风洞中进行。

测力系统由五分量应变天平、供桥直流稳压电源和数据采集、分析系统组成。试验风速为 $V_w=10\text{m/s}$，攻角 α 为 $-20°\sim+20°$，间隔 1°。

实验结果整理得三分力系数随风攻角的变化曲线如图 2。

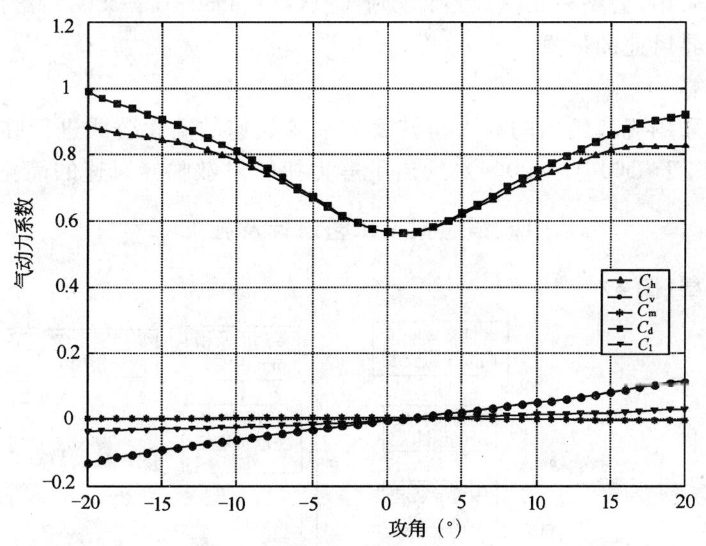

图 2 气动力系数与风攻角的变化曲线

可以看出横桥向气动力系数 C_H 与阻力系数 C_D 随风攻角的变化明显，即在风攻角为 0°时最小，随着风攻角的倾斜而增大；而竖向气动力系数 C_V 和气动扭矩系数以及升力系数 C_L 与风攻角大致呈线性变化，但斜率较小并接近 0，尤其是 C_M；因此，猫道在横向风荷载作用下具有较好的扭转稳定性。

3. 风荷载组合下猫道结构强度分析计算

根据《公路桥梁抗风设计规范（JTG/T D60-01—2004）》，取静阵风系数 $G_V=1.19$。则施工阶段最大静阵风风速为：

$$V_g = G_V V_{sd} = 1.19 \times 49.793 = 59.254\text{m/s}$$

六级风静阵风风速为：

$$V_{0g} = G_V V_0 = 1.19 \times 13 = 15.470\text{m/s}$$

恒载＋活载＋施工阶段风荷载组合取 $V_g=1.19\times13=15.47\text{m/s}$ 进行验算，结果如表 1、表 2。

轴力最大的构件单元及安全系数计算　表 1

工况 B	单元	轴力(kN)	破断力(kN)	安全系数
承重绳	3 177	387.797	1 560	4.023
门架绳	9 001	466.347	1 560	3.345
扶手绳	4 001	222.042	773	3.481

主跨单元平均轴力及安全系数计算　表 2

工况 B	平均轴力(kN)	破断力(kN)	安全系数
承重绳	379.800	1 560	4.107
门架绳	404.509	1 560	3.857
扶手绳	204.972	773	3.771

从计算结果来看，实际工程结构中的整体轴力分布应与计算较为符合，而在局部范围内，刚度分布不像计算所理想化的绝对刚性与绝对柔性的刚度分配，轴力分布应比计算所得更趋于合理。但在较大风速下，应撤离施工活载，并采取相应措施以保证结构的强度。

4. 猫道风荷载计算及稳定性分析

(1)确定风速参数

根据设计资料桥位处水面开阔，桥位处地表粗糙度应为 A 类与 B 类地表粗糙度类别之间，取地表粗糙度系数 α 为 0.14。桥位基本风速按 6 级风 $V_0=13.0\text{m/s}$。桥址区离地面 20m 高处 100 年一遇 10min 平均最大风速为 $V_{s20}=41.4\text{m/s}$。施工阶段取 20m 高处 30 年一遇度处的平均风速为 38.1m/s。

(2)结构动力特性

采用 ANSYS 结构分析软件对该模型成桥状态扶手绳参与部分受力情况下进行结构动力特性分析。在进行结构动力特性分析时，采用 Block Lanczos 方法求解。

(3)静风稳定性验算

①横向屈曲发散验算

横向屈曲临界风速采用《公路桥梁抗风设计规范(JTG/T D60-01—2004)》给出的静力扭转发散临界风速的简化公式进行临界风速的估算。

②静力扭转发散验算

静力扭转发散分析采用规范给出的静力扭转发散临界风速的简化公式进行临界风速的估算。《公路桥梁抗风设计规范(JTG/T D60-01—2004)》给出了静力扭转发散临界风速的简化公式。

四、猫道架设工艺设计及施工

1. 猫道安装工艺流程(图 3)

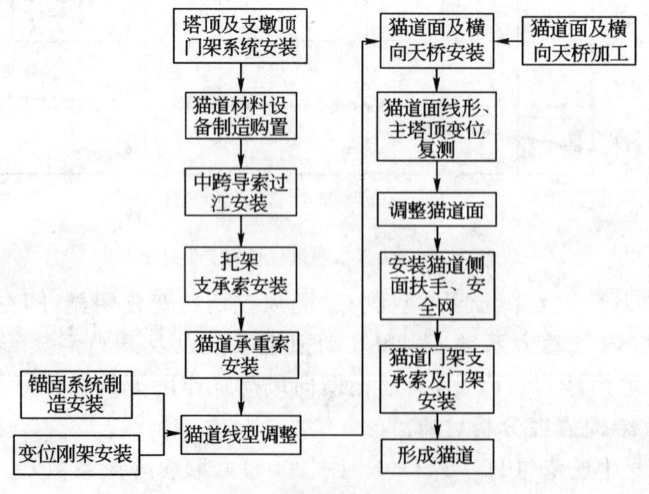

图 3　猫道安装工艺流程

2. 主要安装工艺

猫道安装关键工序：导索过江、托架承重索架设、承重绳架设。

(1)导索过江

先导索过江采用"分段牵引，江中对接"法，即南岸导索用拖轮拖至江上定位驳船处临时连接，待北岸导索拖至定位驳船后用钢丝绳卡将两岸导索对接卡紧，后提升至通航高程。由于分两段牵引，牵引距离将大大缩短，减小牵引动力，有利于导索牵引和提升缩短封航时间。

上下游导索采用分别过江方案，与常规的利用一侧的牵引系统架设另一侧牵引系统方案有所不同。

(2)托架承重绳(扶手绳)架设

按设计意图，先架设扶手绳(ϕ36)作为托架承重绳，待猫道承重绳架设完成再拆除托架转为扶手绳。托架绳直接用牵引绳架设，在牵引过程中，为减小钢丝绳的垂度，每隔 100m 用双环式吊具悬挂于牵引索上，将被牵引的托架承重索吊住。放索卷扬机始终提供适当的反张力，使钢丝绳保持一定垂度，以维持一定的通航高度。

(3)承重绳架设

基于安全及架设速度考虑，结合本桥具体地形条件，南边跨及中跨承重绳先用索节连接，从南锚开始往北塔采用"托架法"架设猫道承重绳，北边跨承重绳在地面展开直接提升，在北塔靠中跨位置与中跨承重绳连接。

3. 施工组织及计划实施

上下游猫道架设任务分别由两个专业队承担，进度及计划由项目部协调同步进行。每个专业队在猫道架设期间不少于 25 人。

主要机械设备主要是卷扬机，猫道架设牵引卷扬机与索股牵引卷扬机是同一套设备，其余辅助卷扬机都是采用公司现有设备。先导索过江牵引动力选择了 260hp(hp=745.7W)和 400hp 的拖船各一艘。

从先导索过江到猫道架设完成计划 90 个工作日完成，实际施工只用了 50 个工作日，较目前国内正在施工的悬索桥快了三分之一时间，说明了珠江黄埔大桥猫道结构设计先进、工艺设计合理，施工劳动组织严密、工序衔接紧凑，达到了国内先进水平(表 3)。

猫道架设各工序计划时间及实际时间的比较 表 3

工 序	计划工作日	实施时间		
		开始	结束	工作日
先导索过江	1d	2007-1-13	2007-1-13	1
猫道承重索牵引系统架设调试	9d	2007-1-14	2007-1-17	3
托架安装	15d	2007-1-18	2007-1-25	8
猫道承重索	20d	2007-1-26	2007-2-6	12
猫道面网铺设、横向走道安装	30d	2007-2-7	2007-2-21	15
猫道门架安装	15d	2007-2-22	2007-3-3	10

猫道作为主缆架设的工作平台，从主缆索股安装效率也反映出猫道结构设计充分体现以人为本设计思路的先进性。珠江黄埔大桥主缆索股架设从 2007 年 3 月 28 日开始，完成时间 2007 年 6 月 10 日，共用了 75 个工作日。如果扣除索股供应时间的影响，实际上只用了 70 个工作日。

五、几点经验与体会

珠江黄埔大桥悬索桥上部构造施工猫道的结构设计、安装工艺设计以及安装施工组织管理在国内处于领先水平，这是吸取了国内外同类桥型经验基础上精心设计、严密组织的结果。从实施过程的情况有以下几点体会：

(1)三跨连续的猫道设计，猫道门架绳及扶手绳参与结构受力更符合实际工况，前提条件是其锚固系统必须与猫道面层承重绳按同一标准设计，联系它们之间的构件比如猫道底梁、门架等要有足够的刚度。

(2)关于猫道抗风稳定性，增加横向天桥、水平及竖向抑振绳是有效的结构处理措施。从施工管理的角度，猫道架设至主缆安装完成这段时间是猫道抗风能力最差的时段，这段时间的安排尽量避开台风期，这是提高猫道抗风稳定最有效的措施。

(3)关于猫道安全系数，施工规范要求大于3，但没说明是在什么样的工况条件下，应该补充说明。珠江黄埔大桥猫道在正常使用情况下，恒载＋活载＋施工阶段风荷载组合工况安全系数大于3，但在恒载＋最大阵风荷载组合工况下安全系数只有2.3，超过了规范要求。

(4)关于钢丝绳材料选择，为了降低成本珠江黄埔大桥猫道钢丝绳选择了普通光面钢丝绳，使用过程锈蚀比较严重，无论从文明施工的角度还是从以后保管的角度效果都不好，应该选择镀锌钢丝绳。

(5)关于牵引系统，珠江黄埔大桥猫道架设牵引系统及索股架设牵引系统都是“单线往复式”，是同一套设备无需进行任何改装，非常适合此类跨径悬索桥施工。索股架设如采用其他形式比如“小循环”、“双线往复式”，表面看起来好像可以降低成本或提高效率，但综合考虑并没有太多的优越性。

参考文献

[1] 公路桥涵施工技术规范. 人民交通出版社，2000.

[2] 广州黄埔大桥南汊桥猫道结构强度及风荷载研究报告.

71. 广州珠江黄埔大桥悬索桥钢箱梁的焊接与变形控制研究

陈　红[1]　张少锦[1]　王秀菊[2]

(1. 广州珠江黄埔大桥建设有限公司；2. 中铁宝桥股份有限公司)

摘　要　广州珠江黄埔大桥悬索桥钢箱梁为全焊结构，具有结构复杂、熔透焊缝多，制造难度大等特点。制造过程中的关键之一在于控制构件的焊接质量和焊接变形，从而保证钢箱梁的接头质量和钢箱梁的尺寸。本文对广州珠江黄埔大桥悬索桥钢箱梁制造过程中典型构件的焊接质量和变形控制进行了分析，采用合理的预留收缩变形量和合适的焊接反变形量等焊接工艺手段有效地减少了焊接变形，保证了产品的焊接质量，取得了良好的效果。

关键词　钢箱梁　焊接　焊接变形　变形控制

一、引　言

广州珠江黄埔大桥南汊桥为主跨1 108m的单跨钢箱梁悬索桥，主缆分跨为290m＋1 108m＋350m，中跨为悬吊结构，钢箱梁结构断面见图1。标准梁段长度为12.8m，全桥共87个梁段，标准梁段83个，合龙段2个，其余特殊梁段2个。钢箱梁构件均采用低合金高强度结构钢Q345C，钢箱梁为全焊结构，结构复杂、焊缝多，尤其是熔透焊缝较多，从而导致焊接难度和焊后变形及焊接残余应力较大，使箱体制造难度加大。钢箱梁是珠江黄埔大桥悬索桥上部的承重钢结构，其顶板直接承受桥面车辆轮压作用，锚箱和横隔板是钢箱梁重要的受力和传力结构，钢箱梁焊接质量的好坏直接关系到钢箱梁的短期的受力安全和长期的结构疲劳引起的结构隐患，为保证产品整体质量，控制焊接变形，必须对钢箱梁焊接和焊接变形控制进行细致的分析，制定合理可靠的焊接工艺措施。

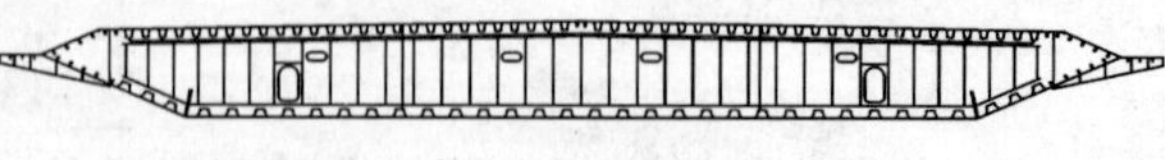

图　1

二、主要接头类型

广州珠江黄埔大桥悬索桥钢箱梁主要焊接接头形式有对接接头和角接接头两种，即：顶、底板的对接焊缝，横隔板的立位对接，横隔板与顶板接板的仰横位对接，锚箱承力板与横隔板的立位不等厚对接；U形肋与顶、底板的坡口角接，锚箱承力板与斜底板的坡口角接，锚腹板与顶板、斜底板的熔透坡口角接，横隔板与底板、斜底板的角焊缝，斜顶板与人行道面板、斜顶板与顶板自然坡口熔透角焊缝，锚箱构件的熔透角接、坡口角接以及抗风支座、竖向支座的各类熔透焊缝等。

三、焊接施工变形控制

1. U形肋与顶、底板坡口角接焊缝的焊接和变形控制

本桥U形肋板厚为顶板8mm，底板6mm，要求焊缝有效厚度≥0.8倍的U形加劲肋的板厚，且不允许烧穿，并对焊缝进行超声波探伤检测。焊接以及焊接变形控制难度较大，经综合分析并结合焊接工艺评定试验，对U形肋与顶、底板的坡口（图2）角焊缝定位焊采用实芯焊丝（ϕ1.0）CO_2气体保护半自动焊焊接，正式焊接采用药芯焊丝（ϕ1.6）CO_2气体保护自动焊焊接。为保证焊缝有效厚度达到设计要求、控制焊接变形，通过试验设计了图3所示的焊接反变形胎架，使工件在近似船形位置的拘束状态下焊接。

整个板块采用同方向施焊，并采用合适的焊枪角度及焊丝送进位置以保证坡口根部熔合良好，保证焊缝表面成型质量，焊丝对正位置参见图4。焊接工艺参数见表1。

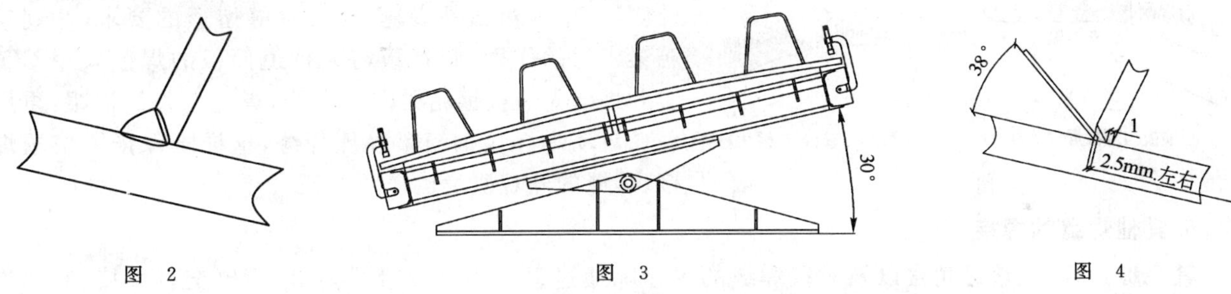

图 2　　图 3　　图 4

表1

	电流(A)	电压(V)	干伸长(mm)	气流量(L/min)	车速(cm/min)
顶板	380±20	29±1	18±3	20～25	29±3
底板	320±20	30±1	18±3	20～25	33±3

超声波检测结果表明：采用上述工艺施焊的焊缝，有效厚度达到0.8～0.9倍板厚，满足设计要求。

2. 顶、底板的对接焊接与收缩变形控制

顶、底板的对接采用实心焊丝CO_2气体保护焊打底，埋弧自动焊填充盖面的单面焊双面成型技术。在打底焊道中，过马板处容易出现根部缩孔、弧坑裂纹、反面成型不好以及间隙不匀所引起的焊缝根部熔合不良等问题。在生产过程中通过严格限制打底焊道工艺参数、熄弧处加快接头速度或回焊20mm以上、针对过大或过小的焊接间隙采用向前推或拉的运条方式解决根部熔合不良的问题；并要求焊接完第一道埋弧自动焊后再去除衬垫，让受热下坠的焊缝金属有所依托，避免了由于打底焊道较薄，焊缝受热后易下坠而导致反面余高过高等外观问题；马板在第一道打底焊道焊接完成并等焊缝温度降低之后拆除，以减小焊接变形。

对接焊缝间隙控制在4～8mm之间。生产过程中结合以往经验的同时，通过前期生产实测收缩值，使焊接收缩以及变形处于受控状态，从而保证了焊接质量和整个大桥的整体制造精度。

3. 横隔板对接焊缝的焊接与变形控制

广州珠江黄埔大桥悬索桥横隔板采用整体隔板形式，横隔板在长度方向采用立位对接，宽度方向不同于以前的搭接接头形式，采用仰横位对接，其接头形式见图5。立位和仰横位对接横隔板板厚为12mm的，采用单面焊双面成型，背面贴圆弧槽陶质衬垫。对于特殊梁段部分板厚为16mm的，考虑到单面焊接填充量大，焊接变形严重，所以立位对接采用双面V形坡口进行焊接。横位对接16mm厚板采用不对称K型坡口，先焊接大坡口侧，再反面清跟焊接小坡口侧，保证熔透。

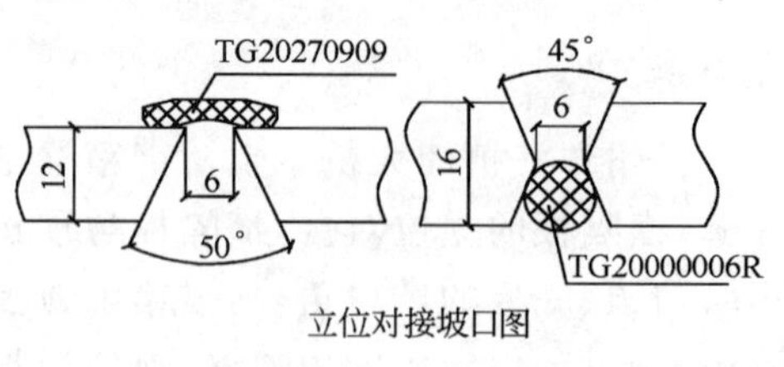

立位对接坡口图

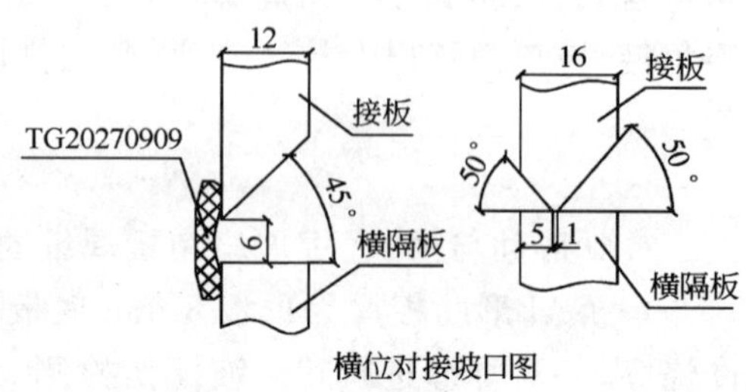

横位对接坡口图

图5　（尺寸单位：mm）

对于较薄板的焊接，采用单面焊接双面成型，是一种可以保证焊接质量的好方案，但当板厚较大时，改双面坡口可以减小焊接填充量，降低劳动强度，并减小了焊接收缩和焊接变形量。另外，横隔板宽度方向的仰横位对接，焊接难度大，劳动强度大，横隔板的垂直度等精度控制难度大，我们选用责任心强，技术过硬的焊工焊接，通过各方面的努力，横隔板整体精度得到有效控制，焊缝一次探伤合格率达到96%以上，经过一次返修，超声波探伤全部合格。

4. 斜顶板与顶板、斜顶板与人行道面板的焊接

斜顶板与顶板及人行道面板的焊接接头形式见图6，为自然坡口焊缝。斜顶板与顶板的焊接采用CO_2药芯焊丝，先焊接钢箱梁里侧焊缝，焊完后在钢箱梁外侧清跟，焊接箱外焊缝，保证焊缝熔透的要求，达到钢箱梁密封的作用；斜顶板与人行道面板的焊接采用CO_2实芯焊丝先焊接钢箱梁内侧焊缝，焊完在外侧清跟，再用埋弧自动焊焊接钢箱梁外侧焊缝，这样既保证了熔透焊接，焊缝的外观质量也得到保证。

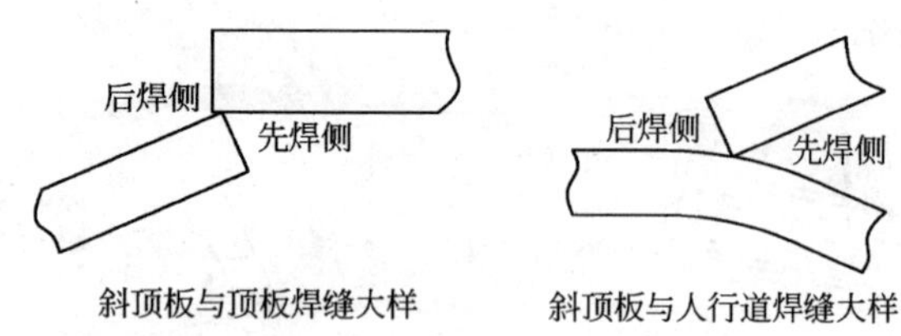

斜顶板与顶板焊缝大样　　斜顶板与人行道焊缝大样

图　6

5. 其他焊缝的焊接

其余坡口角接、熔透角接以及对接焊缝的焊接除通过采用小的焊接线能量、两侧交替焊接、对称施焊、预留焊接变形量等措施来控制焊接变形外，还采用了下述措施：

(1)顶、底板纵向对接采用同时同方向焊接或中间向两侧同时反向焊接，以减小焊接变形并保证焊接变形的一致性。

(2)在箱形总拼时先焊横隔板立位对接，再焊横隔板与底板、斜底板的角焊缝或熔透角接焊缝，后焊横隔板的仰横位对接。

(3)顶板对接焊缝焊接完成后，再焊接顶板接板与横隔板的对接焊缝。

(4)钢箱梁总拼现场焊接严格按照焊接顺序进行焊接，使焊接收缩量及焊接变形处于受控状态。焊接过程中严格执行焊接工艺参数，焊接材料的保管及使用严格执行要求。培训焊工在室外作业的防风、防雨、除污、除锈、除湿、定位焊质量等意识。

四、结　语

以上的焊接工艺措施和质量控制措施，有效地保证了广州珠江黄埔大桥悬索桥钢箱梁板块制作的精度、总拼焊接质量要求。通过本桥的焊接过程以及焊接变形控制得出以下结论：

(1)单元焊接时，采用合适的反变形量能有效的减少热矫正量，降低制造成本，提高制造精度。

(2)采用合理有效的焊接工艺参数和焊接顺序是减小钢箱梁焊接变形的有效措施。

(3)合理的预留收缩量是保证构件尺寸的重要措施。

(4)合理的设计焊缝坡口形式是保证焊接质量和减小焊接变形的关键。

72. 广州珠江黄埔大桥悬索桥主索鞍制造技术

姚志安[1] 谢 军[1] 叶觉明[2] 谭立心[3]
(1. 广州珠江黄埔大桥建设有限公司;2. 中铁大桥局武汉桥梁科学研究院;
3. 广东省长大公路工程有限公司)

摘 要 广州珠江黄埔大桥悬索桥主跨为1 108m的单跨悬索桥,其主索鞍技术含量高,加工难度较大,制造工艺复杂。本文主要介绍了珠江黄埔大桥悬索桥主索鞍制造技术,同时对制造过程中的经验和教训进行了介绍。

关键词 黄埔大桥 主索鞍 制造

一、工 程 概 况

国道主干线广州绕城(高速)公路东段珠江黄埔大桥项目是交通部规划的“五纵七横”中京珠国道主干线广州绕城公路的东段,又是珠江三角洲经济区环形公路的东环段。广州珠江黄埔大桥是整个工程的控制性工程,桥型布置为290m+1 108m+350m双塔单跨钢箱梁悬索桥,在华南地区目前在建工程建设重规模最大、技术含量最高的桥梁工程之一。

广州珠江黄埔大桥悬索桥主索鞍是悬索桥重要结构件之一。其特点是体积大、重量大、索槽结构复杂、加工难度大、制造工艺复杂,需要特大型热处理、吊装和数控加工等设备。为了保证主索鞍质量,需高度重视主索鞍加工工艺和质量控制技术。

二、主索鞍加工方法

主索鞍加工前,须根据设计图纸进行施工图工艺转换,使实际制造使用的图纸具有良好的施工工艺性。在转换过程中,以设计图纸为依据,在满足设计图纸及相关技术规范要求的基础上,对每一个零件进行详细的施工工艺设计,编制成满足实际生产的、可行的工艺指导文件。该施工工艺的内容应包括焊接、热处理、机械加工工艺线路、材料消耗、数控程序设计、表面处理、重要结构件的检验项目、材料清单、标准外购件清单及各种工艺文件等。

1. 主索鞍加工方法

广州珠江黄埔大桥悬索桥全桥共有4套主索鞍,主索鞍主要由主索鞍鞍体、上下支承板、安装板、挡块、锌填块、隔板、长拉杆等部件组成。主索鞍鞍体安装于上承板上,在上、下承板间有安装板。上承板中焊有不锈钢板,安装板上装有聚四氟乙烯,从而组成滑动摩擦副,以适应施工中的相对位移。鞍槽内设置竖向隔板,便于索股定位和增加主缆索股与鞍槽间的摩擦力。在索股全部就位、调索完成后,将顶部用锌块填平,用螺栓夹紧鞍槽侧壁。现场箱梁吊装时,需要实现鞍体相对于底座的移动,可借助于在塔顶面的临时千斤顶,分几次有控制的顶推。主索鞍定位完成后,拆除限位装置,用长拉杆等零件将鞍体固定在塔顶的下承板上。

广州珠江黄埔大桥悬索桥主索鞍采用铸焊结合的混合结构,主要分主索鞍鞍头和鞍体两大部分。为了减轻吊装运输重量,方便现场安装,先将主索鞍鞍体分为边、中鞍两部分加工,然后组合匹配精加工保证索槽线形和其他主要结构尺寸。安装时分二部分吊至塔顶,组拼后用高强度螺栓拼接。铸焊结构主索鞍制造主要有三大加工程序,分别是铸造、组焊、机加工。

(1)主索鞍鞍头的铸造工艺流程

为满足主索鞍形状要求,铸焊结构的主索鞍鞍头部分采用铸件结构。由于主索鞍鞍头体积大、重量重，需要大型结构件铸造条件，并采用合理的铸造工艺。为了保证主索鞍铸件质量，铸造过程需要在计算机上进行模拟分析和复核，并进行铸造工艺试验，从而形成可应用的工艺。主索鞍鞍头铸造工艺如图1。

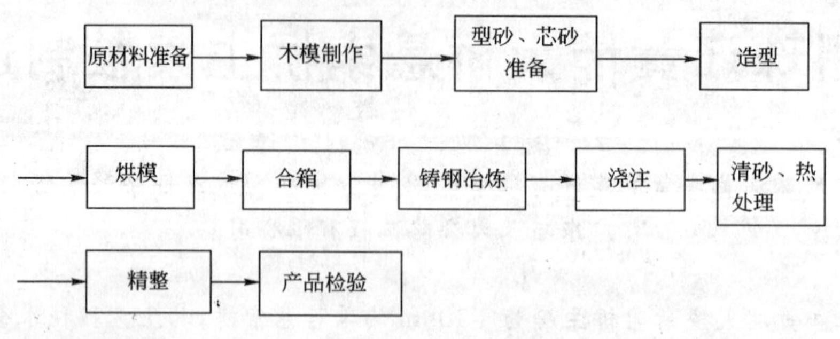

图1　鞍头铸造工艺流程

(2)主索鞍鞍体的组焊和机加工工艺流程

铸件加工完成后，后续重要环节主要是组焊和机加工，机加工分粗加工和精加工。组焊前要形成成熟的焊接工艺。机加工要严格编制和实施加工工艺，特别是数控设备编程和设备、刀具性能等的保障。大型设备(组拼、吊装、热处理、机加工)和成熟的工艺(程序和专用刀具)是主索鞍加工质量的基本保证。主索鞍鞍体的组焊和机加工工艺流程如图2。

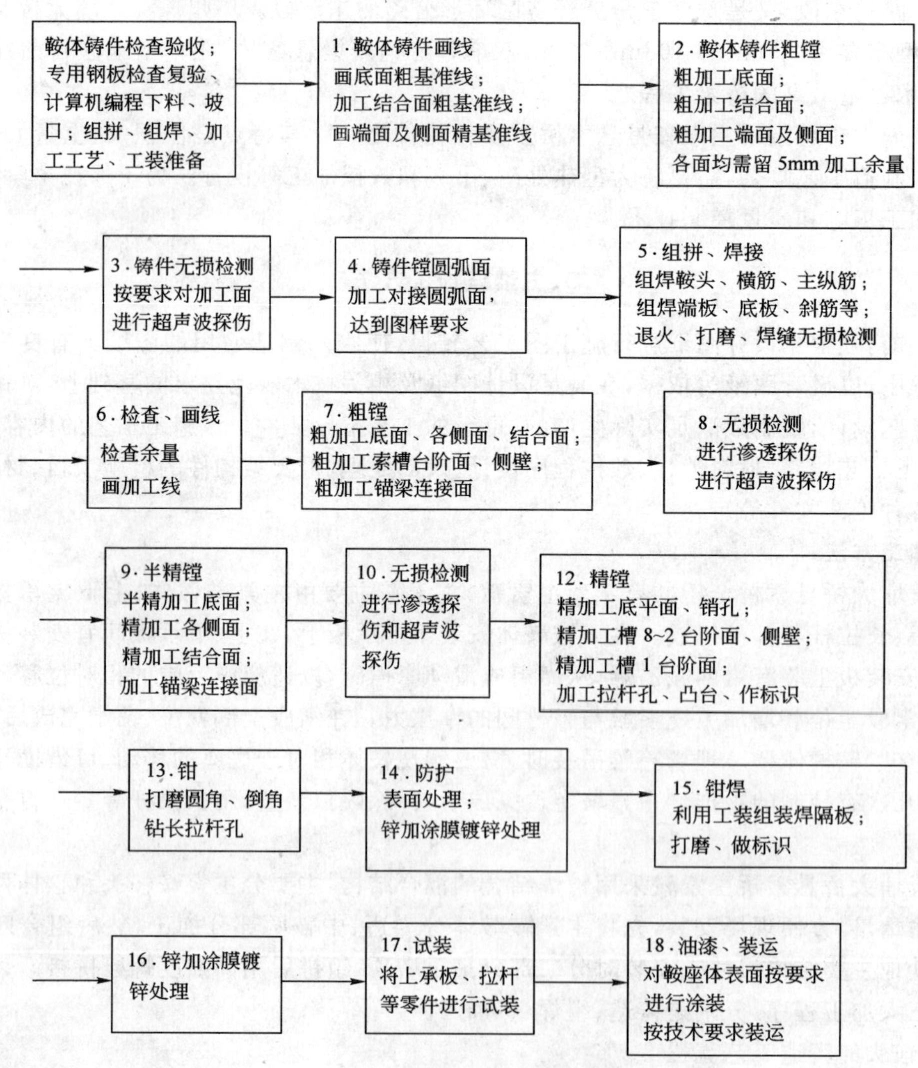

图2　组焊和机加工工艺流程

三、主索鞍主要加工方法、技术工艺和质量控制

铸焊组合结构主索鞍制造的主要控制环节在于铸造、组焊、机加工三大加工环节。

(1)通过铸造完成主索鞍鞍头铸件,这一加工环节主要是保证主索鞍鞍头结构尺寸和铸件的内在质量(含化学成分、力学性能等)。

(2)通过主索鞍鞍头和底座组拼焊接,将粗加工的主索鞍鞍头铸件和钢板底座焊接成一体,这一加工环节主要通过应用可靠的焊接工艺技术,实行严格的工艺控制,保证钢板间、钢板和铸件间的组拼焊接质量,同时要解决好焊接变形问题和主要结构尺寸控制问题。

(3)通过机加工(机加工分粗加工和精加工),对分体控制的主索鞍加工要严格控制加工基本面和结构、槽形尺寸,分体加工需要严格控制,才能保证组合使用的功能。有条件应分体组合后整体进行最后的结构槽形尺寸精加工。

1. 铸造

铸造是铸焊结构主索鞍鞍头的基本加工方法。作为特大铸钢部件,主索鞍鞍头铸造需要较大容量的场地、铸钢炉、较大的起重和热处理设备,才能实现其工艺流程,达到材质要求的化学成分、机械性能,满足铸件几何形状尺寸及重量要求。在此基础上,由于主索鞍是特殊结构件,需要进行必要的铸造工艺计算机模拟、工艺试验和工艺评定,制定出合理的铸造实施工艺。

在铸造工艺环节,主要控制原材料检验和铸造质量检验。首先是铸造钢原材料要合格,要有质量保证文件和检验记录;造型木、造型砂等都要检验合格后使用。其次是严格的分工序质量控制。木模模型要通过放样控制和检查,保证模型、芯盒的形状尺寸;砂型制造主要控制和检查型(芯)砂透气性、强度、干燥深度、型芯装配各部尺寸关系;熔炼过程要适时检验铸钢化学成分,保证充足的铸钢量和一次成型;落砂清整过程要注意检查外形尺寸,修整外形,并通过无损检测检查缺陷并及时处理;热处理是保证主索鞍铸件质量的重要环节,需要控制热处理工艺的升温、保温、降温、出炉,检查热处理效果。为了检验铸件质量,需要在制备与铸件同体和相同工况的试件料,制备承包商和监理抽样试件,并进行试验,检查铸钢材料的理化力学性能。经几何尺寸检验、外观检查、无损检测和理化力学性能试验均合格的铸件,才能进入后续加工程序。

除了材质和力学性能控制,尺寸和内部质量控制也是铸造的难点。广州珠江黄埔大桥是通过计算机模拟、首件铸件工艺试验和评定,制定铸造工艺,实际操作是通过加大铸造余量,增加加工量来保证铸件尺寸和内部质量控制。

2. 组焊

组拼焊接是铸焊结构主索鞍的重要加工环节,组拼焊接需要制定和实施严格的组拼和焊接工艺。组拼焊接工艺一般需要通过组拼焊接工艺试验评定来确定。焊接工艺评定是从焊接工艺角度,确保产品焊接接头使用性能的重要措施,是铸焊主索鞍结构加工的重要组成部分,其目的在于论证所拟定的焊接工艺是否能够获得综合性能符合要求的焊接接头。只有根据评定合格的焊接工艺来编制焊接工艺实施细则,用于指导焊接施工,才能确保获得合格的焊接产品。

焊接工艺评定的实施主要包括材料的准备与复验、试板的施焊与检验、各种性能试验等方面的内容。根据各项焊接工艺评定的过程记录和试验结果,编写全套“焊接工艺评定报告”。报告的内容包括试板简图;评定标准及要求;母材及焊接材料的牌号、规格、化学成分和机械性能等;试件的焊接条件及施焊工艺参数;焊缝的外观及无损检查结果;焊缝金属化学成分分析;焊缝金属及焊接接头的机械性能试验结果;硬度及宏观金相分析结果等。在组拼焊接过程,严格执行组拼工艺和焊接工艺,采取各种措施控制结构变形。广州珠江黄埔大桥在组拼焊接控制结构变形方面进行了一些试验和探讨,实际加工时一些关键部位的尺寸变形还是比较大,目前是依靠下料预留余量组焊后机加工来保证主索鞍主要结构尺寸。

广州珠江黄埔大桥主索鞍采用计算机放样下料,设置了专门主索鞍组拼工作台,采用先进设备测量定位,预留变形量和加工量。主要结构件在大型加热炉中保温焊接,保证焊接质量,组焊后及时作无损检

测和热处理。

3. 机加工

机加工是主索鞍制造的关键环节，铸造和组焊、热处理只能保证铸焊结构主索鞍的材质、基本性能和基本结构尺寸，而主索鞍的使用功能和结构尺寸需要机加工控制。加工条件和设备是主索鞍制造质量的基本保证，主索鞍铸件和组焊需要特大热处理炉进行相应的热处理和保障组焊条件；主索鞍加工过程和转运都需要相应吨位的吊装设备辅助；机加工特别是精加工需要精度较高的大型数控设备，索槽曲线加工需要多轴联动。广州珠江黄埔大桥主索鞍采用分体加工，由于实施了严格的工艺控制和检查，主索鞍对合匹配较好。

主索鞍机加工主要有焊前机加工和组焊后机加工。焊前机加工首先在主索鞍鞍头适当部位焊工艺垫块，用于后续机加工的定位，然后画线检查毛坯加工余量，分别画出中、边跨鞍体对接圆弧机加工线、索槽中心线、索槽A、B两端的机加工线和IP点位置线。在三轴联动数控落地镗铣床上加工中、边跨鞍体对接圆弧面，对对接圆弧面的加工弧线进行数控编程加工，注意留一定机加工余量。在中、边跨鞍体的对接圆弧面机加工完成后，转入组拼焊接工序，见图3。

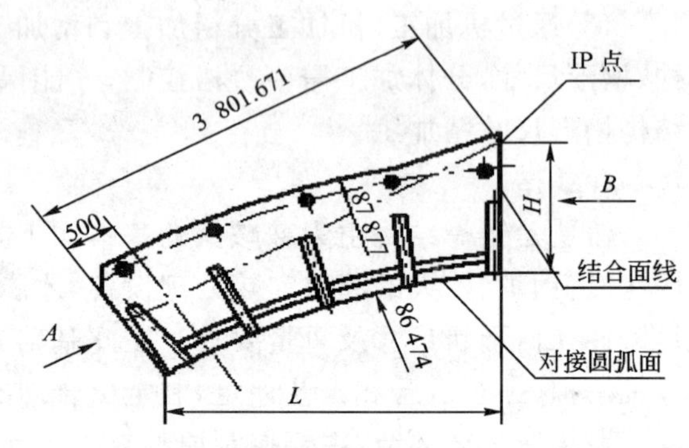

图3　（尺寸单位：mm）

组焊完成并确认焊缝的无损检测合格后进行组焊后机加工。组焊后机加工先划线检查鞍体的机加工余量，划鞍体各部位（结合面、底平面、各侧面）的机加工线。然后在三轴联动数控落地镗铣床、8轴任意五轴联动数控落地镗铣床或8轴任意五轴联动数控落地镗铣床上加工，分多步加工各端面。按划线进行找正，粗加工底平面及各侧面，单边留一定机加工余量。工作台顺时针回转90°，以底平面为基准，粗加工结合面，留一定机加工余量。对索槽各台阶面及侧壁的加工面进行数控编程加工，单边留一定机加工余量。工作台顺时针回转90°，以结合面为基准，粗加工绳槽各台阶面及侧壁。工作台逆时针回转设定角度，粗加工与锚梁2的连接面，留一定机加工余量。工作台逆时针回转设定角度，粗加工与锚梁1的连接面，留一定机加工余量。加工完成后对粗加工面后的表面进行渗透探伤、超声波探伤检查，并消除缺陷。然后对上述加工面实施精加工，保证主要结构尺寸，见图4。

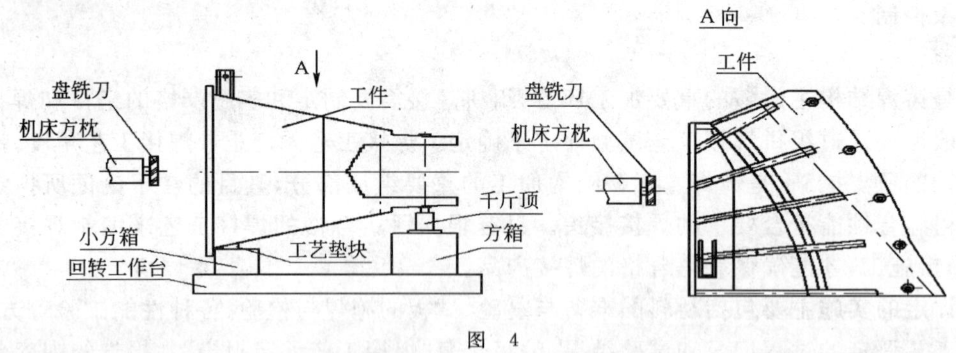

图　4

最后在8轴任意五轴联动数控落地镗铣床或8轴任意五轴联动数控落地镗铣床上，以底平面、结合面为基准装夹找正。对各索槽的台阶面的加工面进行数控编程。刀具分别采用ϕ250mm盘铣刀、ϕ80mm立铣刀、ϕ60mm立铣刀及ϕ32mm立铣刀，见图5。

机加工完成后，通过钳焊工序收尾，钳工打磨台阶面的圆角、倒角及出绳槽进出口的R25mm圆角。以底平面为基准，钻长拉杆孔至图样要求尺寸。粗精铰连接面ϕ50mmH7，锁合中、边跨鞍体，利用专用定位工装，组装隔板。隔板间尺寸及隔板位置要求达到图样要求后，进行隔板的焊接。焊接时，通过控制焊接参数和利用专用定位工装，减少焊接变形。

全部工作完成后进行试总装，将中边跨鞍体锁合，并与其他上、下承板等零件进行试装配，保证可动部件能活动自如。广州珠江黄埔大桥主索鞍还进行了顶推试验，检验了摩滑性能。

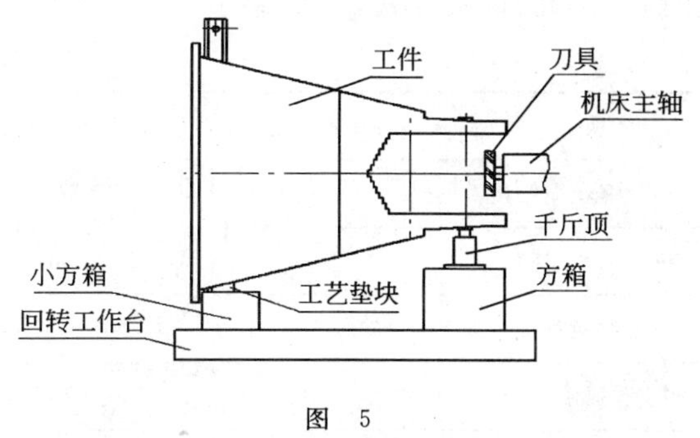

图 5

四、结　　语

广州珠江黄埔大桥主索鞍制造主要依靠多台大型数控落地镗铣床、数控落地龙门铣床等主要设备和大型门吊、汽车吊配合完成机加工，依靠 12m×4m×4m 箱式退火炉保证了铸焊主索鞍的组拼。主索鞍制造需要大型的铸造、组拼焊接、热处理、吊装、机加工设备等基本加工条件，需要先进刀具、工装夹具、适用的数控加工程序等辅助条件，还需要适用的铸造、组拼、焊接、机加工工艺，更需要严格的工艺控制和严格的质量管理。

73. 广州珠江黄埔大桥悬索桥吊索制作工艺技术

张太科[1]　赵　军[2]　朱建龙[2]

（1. 广州珠江黄埔大桥建设有限公司；2. 江苏法尔胜股份有限公司）

摘　要　广州珠江黄埔大桥南汊悬索桥主跨 1 108m，吊索采用骑跨式吊索体系。吊索用型号为 8×55SWS+ IWR－ϕ56 镀锌钢丝绳，本文主要研究了广州珠江黄埔大桥悬索桥吊索制作工艺技术，该技术对其他类似项目提供了有益的参考。

关键词　悬索桥　吊索　制造

一、概　　述

广州珠江黄埔大桥南汊主桥采用主跨 1 108m 悬索桥，吊索采用骑跨式吊索体系。吊索采用型号为 8×55SWS ＋ IWR－ϕ56 镀锌钢丝绳，钢丝绳强度等级 1 770MPa，公称破断强度为 1 920kN。吊索索号从 N1(S)～N85(S)，每处吊点设 2 根吊索，合计 340 根吊索。

吊索两端锚头均采用叉形热铸锚。锚头由锚杯和叉形耳板构成，锚杯内浇注锌铜合金，叉形耳板与锚杯用螺纹连接。吊索与索夹为骑跨式连接，并在主缆中心下方 1.5m 处设置吊索夹具，当吊索悬吊长度大于 20m 时，吊索中部两索之间设置减振架。吊索下端通过耳板与加劲梁联结。叉形耳板采用 45 号锻钢，锚杯采用 ZG310—570。吊索钢丝绳的截面见图 1。

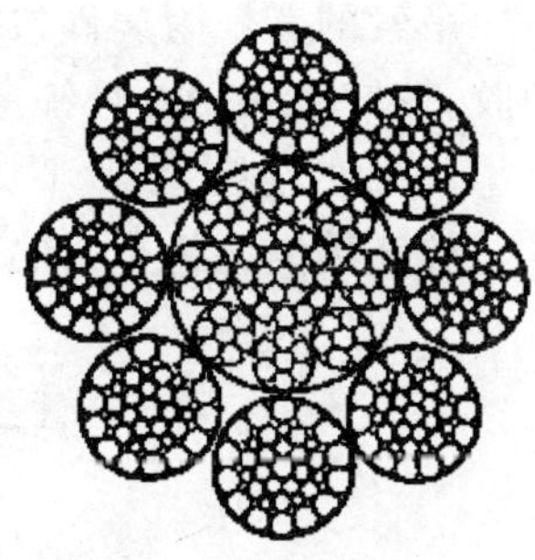

图 1　吊索钢丝绳截面示意

二、吊 索 制 作

悬索桥吊索是连接大缆和加劲梁，并将加劲梁的荷载传递到大缆的重要构件。由于吊索担负着传递荷载的重要使命，故在制作时首先应确保其安全可靠，能与其他构件协调工作，且具有一定的耐久性及优良的防腐性能。由于在使用过程中，吊索可能发生损伤破坏，故制作时应考虑到日后吊索更换的方便性。

1. 吊索的主要性能指标

(1)钢丝绳

吊索采用直径为 56mm 的镀锌钢丝绳，镀锌钢丝绳的技术条件符合图纸要求及《钢丝绳》(GB/T

8918—1996)的有关规定,见表1。

吊索用镀锌钢丝绳技术条件 表1

项目	单位	技术指标	项目	单位	技术指标
钢丝绳结构	—	8×55SWS+IWR	捻向	—	ZS
规格	mm	56	钢丝绳捻距	mm	≥448(8倍的公称直径)
钢丝绳直径公差	—	0～+6%	钢丝绳表面	—	≥ZAA
强度等级	MPa	1 770	弹性模量	MPa	$\geqslant 1.1\times 10^5$
最小破断拉力	kN	≥1 920	执行标准	—	GB/T 8918—1996

(2)锚具

吊索两端锚头均采用叉形热铸锚。锚头由锚杯和叉形耳板构成,锚杯内浇注锌铜合金,叉形耳板与锚杯用梯形螺纹连接,两端锚杯采用同向右螺纹。这种锚头具有下列特点:允许有±20mm的长度调节以消除制造误差影响,避免叉形耳板对浇注锌铜合金的影响,确保浇注质量、减小叉形耳板间隙,缩小了销子跨度,销接可以适应吊索顺桥向的位移。吊索锚具示意见图2。

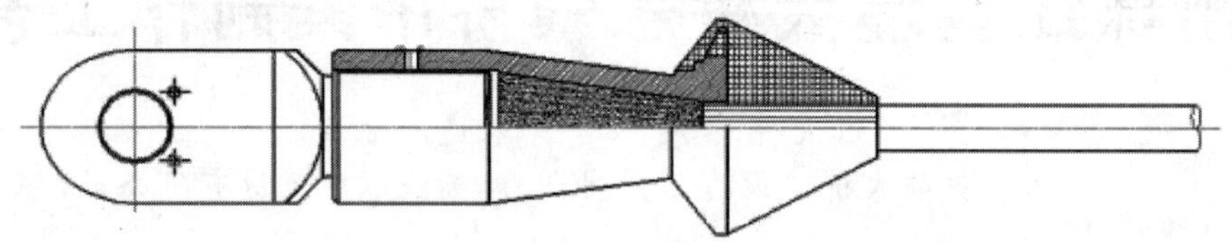

图2 吊索锚具示意

(3)热铸锚铸体材料

锌铜合金中锌采用0号锌,其材质符合《锌的规定》(GB/T 470—1997);铜为阴极电解铜,其材质应符合《阴极铜的规定》(GB/T 467—1997)。锌(98%±0.2%)与铜(2%±0.2%)组成的合金经过熔融冶炼,必须经过严格化学成分检测并有检测报告。

(4)其他附属件

吊索的其他附属件包括:橡胶缓冲器和铸锌块。橡胶缓冲器采用耐候性能以及减振性能较好的氯丁橡胶,铸锌块采用0号锌。

2.工艺流程

珠江黄埔大桥吊索的制作流程见图3。

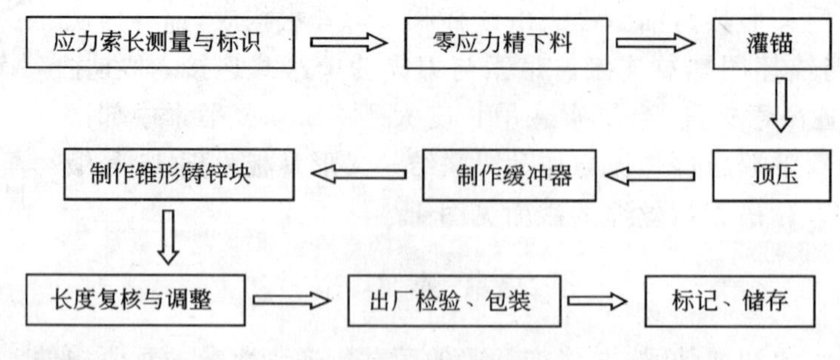

图3 吊索的制作流程

(1)钢丝绳应力索长测量与标识

在钢丝绳完成预张拉后,将钢丝绳张拉到下料荷载下持荷10min左右,采用经过专门标定的钢卷尺对钢丝绳的长度进行测量,并经过多次复核后在两端进行标识。

(2)零应力精下料

完成应力测量和标识后，将张拉荷载卸载至零并在已做好标识的部位采用定型包扎带进行钢丝绳定型，防止在切割过程中钢丝绳散开，并在需下料的钢丝绳两端标记上相应索长的索号，然后采用砂轮切割片将其割断。

(3)灌锚

在索的两端依次穿好锚具及其配件，逐根清洗钢丝，去除可能有的油污，同时清洗锚杯内壁，将钢丝绳端头和锚杯垂直固定在灌锚台上，保持锚头中心与吊杆中心在90°±0.5°。锚杯下口应用石棉或耐火泥充分密封，以保证注入的合金不从下口漏出。锌铜合金的熔化温度不得高于600℃，灌注锌铜合金前应将锚杯及灌注容器预热至150℃±10℃，锌铜合金灌注温度为460℃±10℃。

(4)顶压

锚头及浇铸的合金完全冷却后，在锚铸体后端顶压600kN，持续5min，卸压后测量索股的外移量，外移量小于5mm为合格。否则，应将铸入的合金熔化，重新进行灌锚。但只允许返工一次，且其锚具不得再使用。

(5)制作缓冲器

根据橡胶缓冲器的制作要求采用模具一次成型法，并通过准确计算将定量的丁基橡胶放进模具内进行硫化，经过一定时间后将模具拆除，检验缓冲器的表面质量光滑无缺陷，从而完成缓冲器的制作。

(6)制作铸型锌块

由于吊索钢丝绳骑跨主缆索夹后需采用夹具进行固定，因此必须在夹具的下端特定位置制作铸型锌块，从而很好地保证夹具夹持的位置和效果。铸型锌块制作材料为0号锌，并根据其尺寸要求制作成型夹具。制作铸型锌块时，首先确定其浇注位置，并准确标识其相应位置，将成型夹具夹好并放在特定的灌注台座上，保证铸型锌块的中心和钢丝绳中心在90°±0.5°，然后根据灌锚的操作要求灌注0号锌，冷却后拆除成型夹具。

(7)长度复核与调整

锚头浇铸等相关工序完成后，将钢丝绳吊索进行长度复核，并根据复核要求进行长度调整。通过调整锚头耳板来精确调整吊索两端锚头耳板孔之间的距离，使吊索长度能满足图纸规定的精度值。在长度满足要求后，在叉形耳板的螺纹部分钻90°锥形凹坑，上紧螺钉定位。

3. 吊索的试验

珠江黄埔大桥吊索的试验包括：静载试验、疲劳试验、弯曲静载试验等。

(1)静载试验

钢丝绳吊索静载试验示意图见图4。

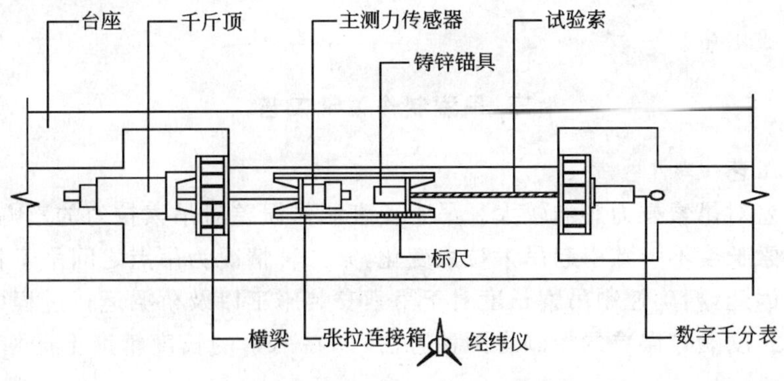

图4 吊索静载试验示意图

吊索在正式生产前任取3束件进行试验，试件的自由长度不小于3m，试验合格后投入批量生产。试件的破坏形式为试件的钢丝绳在两端锚头之间被拉断，而不是钢丝从锚杯中被拉出。试验中使用过的锚杯不可用于永久性工程。吊索的静载破断荷载应不小于最小破断荷载的95%。

静载试验过程如下：

①首先加载至50kN，将试验索基本拉直，检查试验工装位置否正确，测力仪器工作状况是否正常，将经纬仪调对一整读数；

②由50kN开始，加载至192kN，然后每192kN为一级逐级加载至960kN，加载速度每分钟100kN，每级持荷2min，量测索长变化；

③荷载达到960kN后，持荷10min后每96kN为一级，逐级加载至1 920kN，每级持荷2min，量测索长变化，随时注意观察有无异常情况发生；

④荷载达到1 920kN后，持荷2min，量测索长变化，随时注意观察分析有无异常情况发生；

⑤根据具体情况，可继续加载至2 000kN，持荷2min后，卸载至零；

⑥量测锚具合金拔出量。

(2)吊索的疲劳试验

由于吊索在活载以及风荷载条件下容易发生疲劳，所以珠江黄埔大桥吊索在制作前进行了试样疲劳试验。试验索数量取2根，采取同实际拉索一样的结构以及原材料，自由钢丝绳长度3.5mm。试验索在送检前，先在工厂内进行超张拉，以消除制作而引起的不利因素，并测量铸体回缩值及拉索的弹性模量。珠江黄埔大桥吊索疲劳性能试验应力上限为$0.35\sigma_b$、应力幅度为150MPa，循环次数为200万次，无断丝，锚具及配件无异常。

(3)弯曲静载试验

试验钢丝绳长度≥100d(钢丝绳直径)，钢丝绳净长取6～8m，试验索数量2根，并且张拉盘直径和索夹直径相同。

试验方法：

①首先加载至100kN，将试验索基本拉直，检查试验工装的安装位置是否正确，将两端的经纬仪调对一整读数；

②由500kN开始，每500kN为一级逐级加载至2 000kN，加载速度每分钟100kN，每级持荷2min，量测索长度的变化；

③荷载达到2 000kN后，减小加载级差，每200kN为一级，逐级加载至3 000kN，每级持荷2min，量测索长的变化，随时注意观察分析有无异常情况发生；

④荷载达到3 000kN后，继续减小加载级差，每50kN为一级，逐级加至3 264kN，每级持荷2min，量测索长变化，随时注意观察分析有无异常情况发生；

⑤当荷载达到3 264kN时，持荷2min后，卸载(注：根据珠江黄埔大桥吊索技术条件$P_{wb}=2\times P_b\times 85\%$)；

⑥量测锚具合金拔出量。

三、吊索制作关键工艺

1.长度精度控制工艺

吊索长度制作误差对吊索拉力影响较大。吊索长度制作误差对吊索拉力的影响分为两种：第一种情况为同一吊点内各吊索长度不一致引起吊索拉力变化，第二种情况为吊点之间吊索长度相对误差引起的该吊点拉力的变化。因此，精确控制吊索长度对于吊索安装施工以及桥梁运行过程中的吊索的荷载分布都有重要意义。吊索长度制作误差的控制有两种方法，即在吊索的长度精度上严格控制、在锚具上设置长度调整措施。

珠江黄埔大桥吊索长度规格共有170种，按照长度分为二种：长吊索、短吊索。在制作过程中，锚头浇铸后，通过调整锚杯与叉耳来精确调整吊索两端锚头耳板孔之间的距离，在张拉状态下对吊索测长，使吊索长度能够满足图纸规定的精度值。

吊索总成的两端装上叉形耳板，两端耳板的开口面相互平行，在标距精确的试验台架上调整总成长度，10m 以下吊索同一吊点相同长度的吊索同时张拉复测相互误差控制在 2mm 以内；其余索长度的误差控制在理论计算值的 1/3 000 以内。

为保证吊索制作精度，采用多根索串联后一次性张拉调整。在张拉台内施加张拉力，张拉后持荷，采用经过标定的钢卷尺进行精确测量，参照理论长度确定每根索的长度调整量，卸载后，根据每根索的调整量进行调整。调整总长度后，在叉形耳板的螺纹部分钻 90°锥形凹坑，上紧螺钉定位。

2. 预张拉工艺

由于钢丝绳本身结构的特点，要准确控制钢丝绳吊索的长度精度，就必须很好地消除钢丝绳的非线形变形。而消除钢丝绳非线形变形最有效的手段就是预张拉，通过有效的预张拉工艺可以将钢丝绳的非线形变形量控制在 0.15‰以下，从而更好的保证钢丝绳下料的精度。

为了保证黄埔大桥钢丝绳吊索的制作精度，制定了严格的预张拉工艺：张拉钢丝绳至 0.55 Pb (1 056kN)，持荷 1h 后采用激光测距仪测量钢丝绳两端的长度 L_1，并记录张拉荷载和此荷载下钢丝绳的长度；测量记录完成后将张拉荷载卸载至零，并测量零应力下钢丝绳总长 L_0，并继续加载至 0.55Pb (1 056kN)，并再次持荷 1h，持荷完成后采用激光测距仪测量钢丝绳两端的长度，并记录二次张拉荷载(和第一次测长荷载一致)和此荷载下钢丝绳的长度 L_2。对两次测量的长度进行处理：$\Delta L=/L_1-L_2/$，如 $\Delta L/L_0\leqslant 0.15‰$，预张拉完成；如 $\Delta L/L_0>0.15‰$，需再次重复第二次张拉过程并再进行计算 $\Delta L/L_0$，直至 $\Delta L/L_0\leqslant 0.15‰$，预张拉才能结束。

四、结　语

本文详细的介绍了广州珠江黄埔大桥悬索桥吊索的制作工艺技术，并对每个控制点、关键技术给予了详细的阐述，严格的工艺保证了吊索的质量。

74. 广州珠江黄埔大桥北汊斜拉桥钢箱梁架设技术

廖云沼[1]　陈　红[2]　王　勇[2]　郑　震[1]　尹本文[1]

(1. 中铁大桥局集团第三工程有限公司；2. 广州珠江黄埔大桥建设有限公司)

摘　要　广州珠江黄埔大桥北汊斜拉桥跨度大，受周边复杂的建设环境影响，钢箱梁安装难度高。本文通过介绍大桥钢箱梁的非常规的架设方法，为同类型桥梁的施工提供了一个典型的范例，并取得了显著的经济效益。

关键词　斜拉桥　钢箱梁　架设

一、概　述

广州珠江黄埔大桥北汊斜拉桥主跨 383m，边跨 322m，为独塔双索面斜拉桥，主跨在黄埔区菠萝庙船厂处跨过珠江北汊，边跨在大濠洲岛上。主塔 39 号墩处于大濠洲岛防洪堤附近的边滩上，38 号过渡墩在北岸集通码头内，临时墩、40 号～42 号墩在大濠洲岛上。主桥桥型布置如图 1 所示。

主桥钢箱梁总重约 13 600 t，共 52 个节段，梁高 3.5m、宽 41.0m，标准节段梁长 16 .0m，重 322t，起吊高度约 70m。钢箱梁节段长度组成：7.45m(38 号墩顶梁段)＋9.6m＋21×16m＋12.8m＋12.8m(塔区梁段，编号 DJ1)＋6.7m(塔区梁段，编号 D0)＋12.8 m(塔区梁段，编号 DA1)＋12.8m＋9×16m＋14.5m＋6m＋7.3m(40 号墩顶梁段)＋3×12m＋10.5m＋6m＋9m(41 号墩顶梁段)＋10.5m＋2×12m＋10.5m＋6m＋7.75m(42 号墩顶梁段)。钢箱梁典型横断面见图 2。

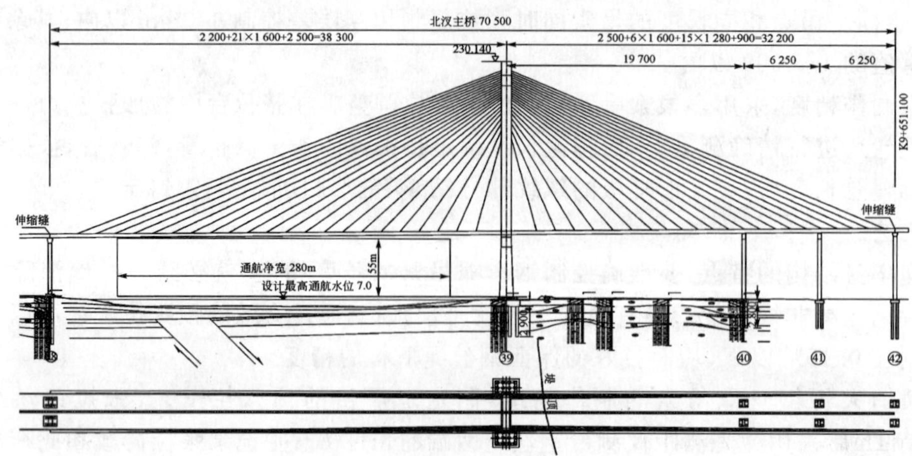

图1 主桥桥型布置(尺寸单位:cm)

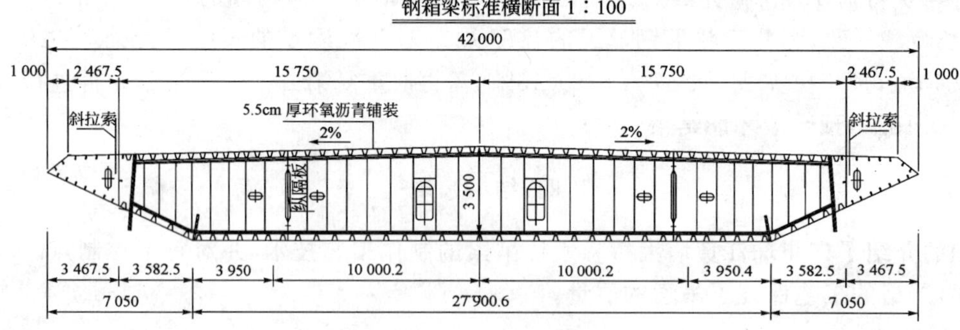

图2 钢箱梁典型横断面(尺寸单位:mm)

二、钢箱梁段架设方案

1. 钢箱梁架设的难点

(1)塔段钢箱梁最大吊重近300t,起吊高度约70m,按照常规的方法为大型浮吊进场吊装,但受周边复杂的建设环境影响,浮吊进场、站位场地受限。

(2)边跨为大濠周孤岛上,运输不便,按照常规的方法为架设运梁轨道实现岛上运输,但钢箱梁的上岛及岛上运输等费用高。

(3)中边跨为不对称结构,同时受辅助墩影响,原设计方案为满堂支架先完成辅助墩段125m的钢箱梁架设,辅助设施费用高。

(4)临时墩和辅助墩位于孤岛上,无大型起吊设备吊装墩上箱梁。

2. 吊装设备

钢箱梁吊装设备主要采用四台单台吊重为180t桥面吊机,单片箱梁采用两台桥面吊机同步提升。除起升机构、变幅机构外,在吊具上设置有纵向调整装置。即在顺桥向通过左右两水平油缸的作用使两侧吊梁绕主吊梁旋转来梁的纵向调整,其横向调整靠两台起升绞车分别动作来实现。架桥机工作时的水平调整,采用前、后油压千斤顶的调整方式,调平整机后,依前、后螺旋顶调位支承,以适应架桥机上、下坡架梁的需要。电控系统采用PLC,起升、变幅采用变频调速系统。两台吊机的操作采用联动台集中控制,联动台布置在其中一台的司机室内,两台吊机的起升能实现同步控制。

3. 塔区梁段架设方案

采用后续梁段架设用的步履式吊机实现塔段钢箱梁的架设。如图3所示,先在横梁前端布置托架2、后端布置托架1、3,托架1上布置立柱,横梁上端的两塔柱间布置一道桁架横梁,步履吊机前支点放置在横梁桁架上,后支点放置在托架1立柱上,吊梁时横梁桁架下端设临时支腿,步履吊机大部分前支反力通过临时支腿传至主塔横梁，步履式吊机后支反力锚固在托架 1 上，塔区梁段吊装示意如图 3 所示。

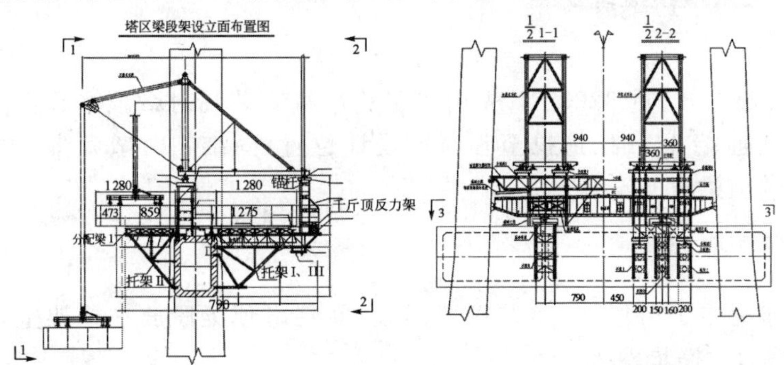

图 3 塔区梁段吊装示意(尺寸单位：cm)

(1)塔区梁段安装步骤

步骤一：

①安装托架 1、2、3 及滑道。

②安装步履式吊机前支腿支撑桁架、临时支撑及后支腿立柱。

③安装步履式吊机及后锚固杆。

④步履式吊机调试，确定步履式吊机处于良好状态。

步骤二：

①吊装边跨侧 DA1 块，放置在托架 2 上。

②解除临时支腿，用导链收起。

③安装拖拉牵引系统，拖拉 DA1 块至设计位置。

步骤三：

①吊装 D0 块，同步骤二。

②焊接 D0 块和 DA1 块之间的接头。

步骤四：

①在临时支腿位置，D0 块顶面抄垫临时支点抵紧支撑桁架。

②吊装主跨侧 DJ1 块，放置在托架 2 上。

③焊接 D0 块及该 DJ1 块的接头。

步骤五：

①在两侧的 DA1、DJ1 块上安装临时索，竖向油顶配合临时索将三段钢箱梁调整至设计高程，解除托架 1、2 的支点。

②步履式吊机整机下落至钢箱梁面。

(2)钢箱梁就位及调整

钢箱梁纵移采用 10 个 2 000kN 移位器、钢绞线及穿心式千斤顶实现，滑道上设纵向限位滑条；托架 2、3 上各布置 4 台 1 000kN 油顶，主塔横梁上布置 4 台 5 000kN 油顶，用 4 台 1 000kN 油顶及 4 台 5 000kN油顶调整调整 DA1 及 D0 节段钢箱梁至设计高程，然后焊接，用布置于托架 2 上的 4 台油顶调整 DJ1 梁段至设计高程，然后与 D0 梁段焊接，钢箱梁纵向调节由给向牵引装置完成。横向调节，在三个节段钢箱梁焊接在一起后，在主塔柱上设 4 台油顶起顶钢箱梁侧面进行调节。

(3)技术参数

①起吊 DA1、DJ1 梁段：单台步履式吊机前支点反力 2 740kN，后支点拉力 1 294kN；托架 3 挠度 11mm；锚杆应力 186MPa，安全系数 $K=4.0$。

②起吊 D0 梁段：单台步履式吊机前支点反力 1 889kN，后支点拉力 889kN；托架 3 挠度 46mm；锚杆应力 112MPa，安全系数 $K=6.7$。

三、墩顶梁段安装

1. 临时墩顶面钢箱梁的安装

临时墩顶面的节段钢箱梁为A7节段，长16m，重3220kN；先用步履式吊机安装临时墩顶梁段，并与前一节段焊接，然后将拼装完成的临时墩从前端47m处拖拉至临时墩设计位置，固结临时墩底脚，再安装临时墩与钢箱梁的锁定结构，完成临时墩顶梁段的安装。

2. 辅助墩、过渡墩墩顶梁段的安装

步骤一：在墩顶面布置托架；

步骤二：步履式吊机站在墩顶梁段的前第二个节段上，吊装墩顶梁段，并将墩顶梁段放在托架上，此时墩顶梁段往架设方向纵向偏位50cm放置，并操垫稳妥；

步骤三：吊装墩顶梁段的前一节段，并与对应梁段焊接，挂索、张拉；

步骤四：步履式吊机前移至墩顶梁段的前一节段，起吊墩顶梁段，调整墩顶梁段的纵、横向位置与墩顶梁段的前一节段匹配，焊接墩顶梁段与匹配梁段，挂索张拉。

四、临时墩设计

为减小钢箱梁的最大悬臂长度，在距主塔柱121m位置设置临时墩，见图4。将钢箱梁竖向、横向进行锚固，临时墩承受的主要荷载有：竖向力：7 000kN(向下)，3 100kN(向上)，横向力400kN，顺桥向位移57.6mm；基本风压500Pa。

为了完成临时墩墩顶梁段的安装，临时墩在40号墩附近、距离临时墩设计位置47m处制作安装。在临时墩顶节段钢箱梁安装完成后，由牵引系统纵移临时墩至设计位置，固结临时墩底脚，安装临时墩与钢箱梁的锁定结构，完成临时墩的安装。

临时墩为门架结构(图4)，每侧立柱下设4根ϕ1.5m的桩基础，柱桩桩长22m，承台厚3m，分两层灌筑，第一次灌筑1.5 m，当临时墩纵移至设计位置后，再灌筑第二层1.5m，将临时墩底脚固结在承台上。

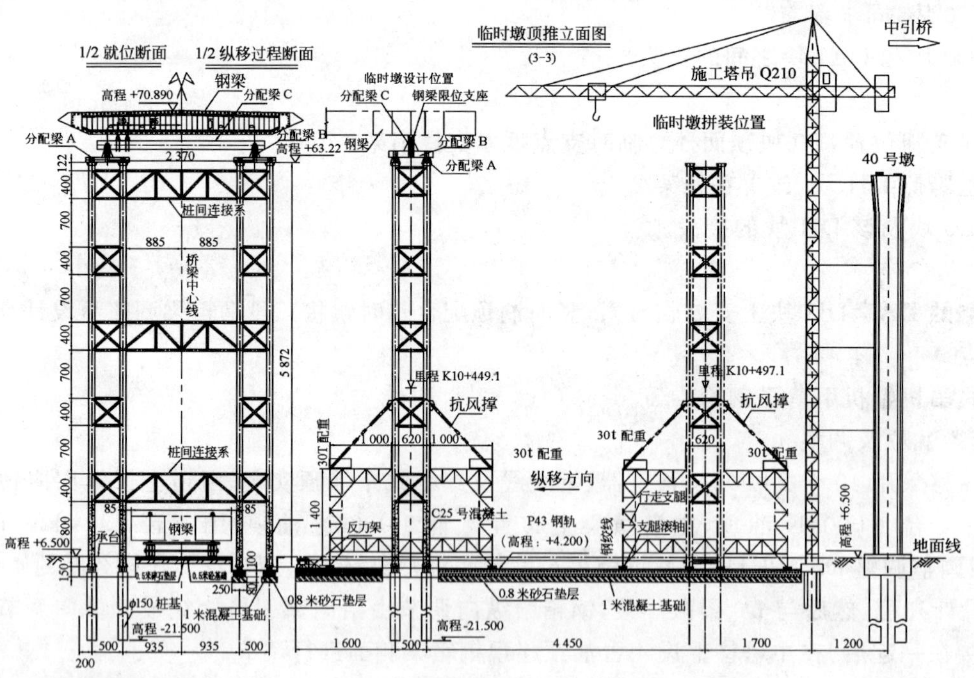

图4 临时墩结构(尺寸单位：cm)

门架结构每侧由4根ϕ1.0m、δ=10mm的钢管组成，钢管间设纵、横向联结系，共5道，中心间距11m，门架两侧钢管间设联结系3道，中心间距22m；顶面设计3层分配梁，以保证临时墩立柱承受竖向荷载的均衡，同时满足钢箱梁运输时通过临时墩所需的空间要求；临时墩与钢箱梁底面的耳板销接，临时墩顶面座板与最顶面一层分配梁用锚杆锚固，并设置剪力键，满足临时墩各种受力工况。

五、钢箱梁的运输

钢箱梁采用水上运输，利用珠江每日潮差，在低潮位时运输船只与码头顺接，由两台轮胎式汽车运输一片钢箱梁上岸，因塔端净距小于箱梁宽度，运输上岛时钢箱梁轴线与桥轴线垂直。上岸后，利用运梁车在转盘区旋转 90°，使钢箱梁朝向与安装方向一致，再将钢箱梁运输至起吊位置。主塔至 42 号墩，每两墩之间的钢箱梁均由运梁汽车将钢箱梁运至该两墩之间的转盘区后才旋转，使钢箱梁可以从桥墩之间通过。上岸及运输平面见图 5。

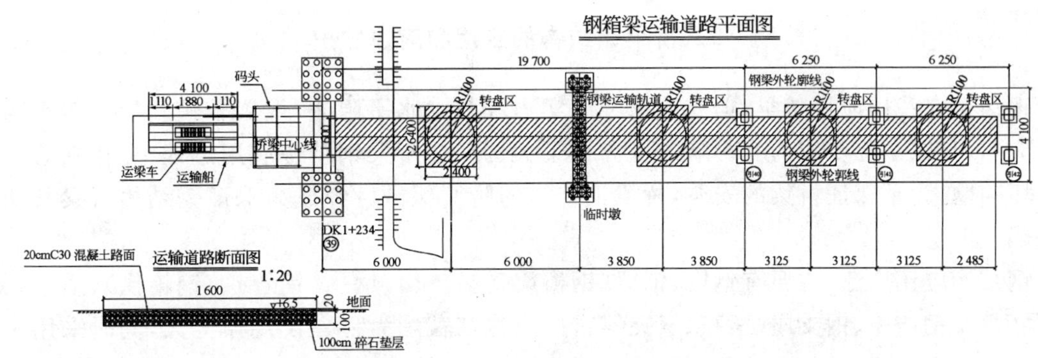

图 5 钢箱梁上岸及运输平面(尺寸单位:cm)

六、结 语

广州珠江黄埔大桥北汊斜拉桥为单塔双索面不对称钢箱梁斜拉桥，主跨跨径在同类施工桥梁中居国内第一。钢箱梁的架设方法因地制宜，为同类型桥梁的施工提供了一个典型的范例，并取得了显著的经济效益。主要特点总结如下：

(1)钢箱梁水陆运输衔接时，在码头无起重设备的情况下，用轮胎式运输台车实现了钢箱梁的上岸。并采用可以旋转的轮胎式运输台车代替了传统的运梁轨道，解决了钢箱梁岛上运输问题，具有显著的经济效益。

(2)巧妙利用现有的桥面吊机，配合拖拉轨道，实现了钢箱梁斜拉桥塔区梁段的吊装和就位，解决了塔区梁段的安装难题。

(3)钢箱梁临时锚固墩采用整体拼装，滑移就位的方式，减少了钢箱梁大悬臂状态的时间，降低了安全风险，缩短了工期，同时解决了临时墩墩顶梁段的安装问题。

(4) 边跨钢箱梁及墩顶钢箱梁，采用变幅的步履式吊机对称悬臂架设，减少了按传统的架设方法需设置的大规模的落地支架，取得显著的经济效益，并降低安全风险。

75. 广州珠江黄埔大桥特殊结构件的腐蚀与防护

凌 晓[1] 张少锦[1] 余锦秀[2] 叶觉明[2]

(1. 广州珠江黄埔大桥建设有限公司;2. 武汉桥梁科学研究院)

摘 要 广州珠江黄埔大桥特殊结构件腐蚀防护方面运用了多种新技术、新材料、新工艺，确保了桥梁安全使用寿命。本文主要介绍了广州珠江黄埔大桥特殊构件选用的腐蚀防护方法和方案，为此类桥梁特殊构件腐蚀防护提供了非常有益的参考意见。

关键词 黄埔大桥 悬索桥 斜拉桥 特殊结构件 腐蚀 防护

一、工 程 概 况

广州珠江黄埔大桥项目是交通部规划的“五纵七横”中京珠国道主干线广州绕城公路的东段，又是珠江三角洲经济区环形公路的东环段。项目包括华南地区最大跨径钢箱梁悬索桥(主跨 1 108m)、国内目前最大跨径独塔双索面钢箱梁斜拉桥(主跨 383m)和南、北引桥为 62.5m、45m、30m 跨径的连续刚构(梁)桥梁,桥面宽度 34.5m,大桥全桥总长 7 016.5m。广州珠江黄埔大桥特殊结构件主要是用于悬索桥上部结构的索鞍、索夹、主缆索股、吊索、钢箱梁及附属钢构件和用于斜拉桥的钢箱梁、斜拉索及附属钢构件。广州珠江黄埔大桥项目中特殊结构件总投资额达人民币约 8 亿,占建设总投资的 31%,具有重要的控制性地位。

二、桥梁钢结构的应用和腐蚀防护

桥梁钢结构在我国应用较早,但受国家经济实力和技术水平限制,发展较慢。近十年来随着桥梁钢结构大量应用,我国也逐步成为有影响的世界桥梁大国。在桥梁钢结构应用过程中,存在着一般钢结构的腐蚀破坏问题,为了保证桥梁的安全,桥梁钢结构的防腐保护已经成为保证钢结构桥梁长期安全营运的重要课题。

桥梁钢结构应用广泛,主要有钢塔、钢梁(钢桁梁、钢箱梁)、钢拱(钢管拱、钢箱拱)、缆索(斜拉索、主缆索股、吊索)及钢锚座、钢支座、索鞍、索夹等。广州珠江黄埔大桥建设规模庞大,同时采用了大跨悬索桥和大跨斜拉桥两种桥型,基本涉及到了绝大部分桥梁钢结构的应用。

桥梁钢结构(图 1)主要腐蚀原因有金属化学反应而引起的化学腐蚀、金属和介质发生电化学反应而引起的电化学腐蚀、各种因素相互作用产生的化学或电化学反应引起的腐蚀。金属腐蚀的防护措施主要应用以下三个基本原理:①屏障保护。②化学抑制。③电流(阴极)保护。长期的钢结构防腐研究和实践证明,在用于钢的保护方案中,牺牲阳极的阴极保护法是最成功的。牺牲的阳极一般采用含有活性金属——锌/铝的涂层。因此,现有钢结构防腐涂装的根本不同,主要是含锌/铝底漆和钢基体结合手段的不同。其结合手段可以分为冷喷和热喷(电弧喷)两大类。

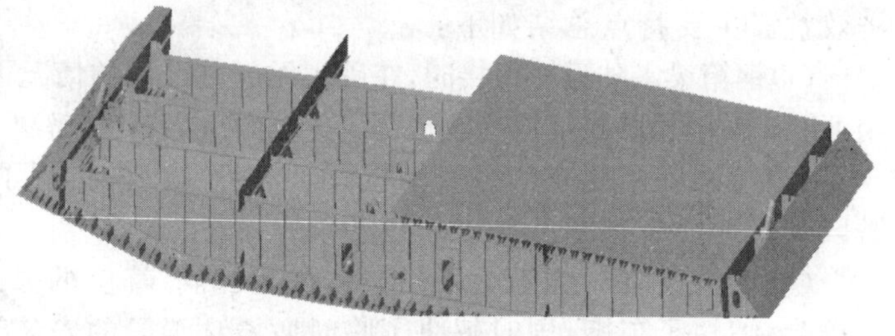

图1 钢箱梁结构示意图

广州珠江黄埔大桥针对特殊结构件采用的方法有:

(1)涂料冷喷涂装方法,主要应用于桥梁钢箱梁等主体钢结构件防腐;

(2)表面热镀锌(铝)、热喷锌(铝)方法,主要在钢结构附属件上应用;

(3)干燥空气除湿,主要用于钢箱梁、锚室、鞍室内部腐蚀防护;

(4)结构防护和结构密封、填充措施,通过结构措施减少腐蚀环节和腐蚀条件,减缓腐蚀,主要应用到了缆索索体、锚具部位防护。

三、悬索桥钢箱梁和斜拉桥钢箱梁及附属结构的腐蚀防护

广州珠江黄埔大桥钢梁结构设计寿命在百年以上,使用高性能的涂装体系可以延长钢箱梁的使用周期,提高桥梁的安全使用寿命。大桥地处高温高湿地区,受海洋性气候影响较大,且受周边工业污染较大,经召开专家讨论会比选多种涂装方案,钢箱梁涂装采用了冷喷涂重防腐方案。并且在钢箱梁内部设置了抽湿机,以降低箱内空气湿度。采用的涂装体系见表 1、表 2。

因斜拉桥钢箱梁风嘴与外界连通,不能封闭,所以采用了与箱梁外部涂装一致的底漆方案。但因为没有阳光照射,更改了面漆方案,加强了封闭效果。

悬索桥钢箱梁涂装体系 表1

部位	表面处理及油漆种类	干膜厚度(μm)	备注
钢箱梁及风嘴外表面(除桥面)	无机硅酸锌车间底漆	20μm	工厂内喷涂板单元
	环氧富锌底漆	80μm	装焊完后分段涂装
	厚浆型环氧云铁中间漆	150μm	装焊完后分段涂装
	丙烯酸聚氨脂面漆一道	40μm	装焊完后分段涂装
	丙烯酸聚氨脂面漆一道	40μm	桥址处整桥涂装
钢箱梁内部(布置抽湿机,湿度小于50%)	无机硅酸锌车间底漆	20μm	工厂内喷涂板单元
	厚浆型环氧云铁中间漆	150μm	装焊完后分段涂装
桥面板上表面	无机硅酸锌车间底漆	20μm	工厂内喷涂板单元
	环氧富锌底漆	75μm	桥面铺装前整桥涂装

斜拉桥钢箱梁涂装体系 表2

部位	表面处理及油漆种类	干膜厚度(μm)	备注
钢箱梁及风嘴外表面(除桥面)	无机硅酸锌车间底漆	20μm	工厂内喷涂板单元
	环氧富锌底漆	80μm	装焊完后分段涂装
	厚浆型环氧云铁中间漆	150μm	装焊完后分段涂装
	丙烯酸聚氨脂面漆一道	40μm	装焊完后分段涂装
	丙烯酸聚氨脂面漆一道	40μm	桥址处整桥涂装
风嘴内部	无机硅酸锌车间底漆	20μm	工厂内喷涂板单元
	环氧富锌底漆	80μm	装焊完后分段涂装
	环氧云铁漆	100μm	装焊完后分段涂装
	环氧云铁漆	100μm	装焊完后分段涂装
钢箱梁内部(布置抽湿机,湿度小于50%)	无机硅酸锌车间底漆	20μm	工厂内喷涂板单元
	厚浆型环氧云铁中间漆	150μm	装焊完后分段涂装
桥面板上表面	无机硅酸锌车间底漆	20μm	工厂内喷涂板单元
	环氧富锌底漆	75μm	桥面铺装前整桥涂装

斜拉桥钢箱梁设计为栓焊连接钢箱梁,为保证足够的摩阻系数,高强度螺栓连接面采用了电弧喷铝方案,在钢桥架完后补上涂装体系,防止螺栓周围和板缝之间的腐蚀。

桥面是钢箱梁的重要承载部位,为了车辆通行,桥面上要铺设路面,这对桥面的保护提出了新的要求,一方面要求桥面钢板与路面牢固结合,另一方面还要防止路面渗水腐蚀钢板。这是一处特殊的防护部位,要求高,又难以检查维护维修。为此广州珠江黄埔大桥采用了在桥面涂装富锌底漆,与路面间设置防水层,然后铺设路面的方法。

桥梁桥面的附属结构较多的是通过热镀锌、热喷锌和多层次涂料涂装进行钢结构腐蚀防护,利用各涂层的装饰作用、屏蔽作用、缓蚀作用和阴极保护作用,实现对桥梁钢结构的底层钢材的长效防腐保护。

四、悬索桥缆索系统和斜拉索腐蚀防护

广州珠江黄埔大桥悬索桥的缆索系统包括了悬索桥主缆预制平行钢丝索股、钢丝绳吊索、悬索桥检修道扶手索、斜拉桥用 HDPE 包覆平行钢丝斜拉索等。索体的钢丝一般都通过热镀锌处理,防止桥梁用缆索在制造、运输、架设以及使用过程中索体的腐蚀生锈,提高桥梁的缆索系统索体安全寿命。以前一些没有使用镀锌钢丝的小型桥梁,多因应力腐蚀断裂或腐蚀疲劳造成缆索失效,而不得不全面

换索。

1. 悬索桥主缆防护

主缆是悬索桥的“安全生命线”。悬索桥的两根主缆将承受桥梁的全部荷载，是悬索桥最主要的承重构件，在整个大桥的使用期内不可更换。悬索桥主缆由预制平行钢丝索股组成，由于处在跨越江河湖海和承力的环境下，易受大气和雨水腐蚀，必须进行特殊防护。

我国的主缆涂料涂装防护系统基本上采用的热镀锌钢丝组成的缆索经过清洁处理后，涂装腻子、缠绕钢丝，然后涂装底漆、中间漆和面漆的防护方案(图2)。通过腻子填塞钢丝缝隙，并在表面形成一定的覆盖厚度，主缆使用的腻子能与缠丝形成铠装密水保护。各桥方案的差别在于腻子材料不同和涂料系统的差异，其中，润扬大桥采用了日本的干空气法，与传统方案有所不同，但造价昂贵。国内同类型桥梁除广东虎门大桥和江苏江阴、润扬大桥外，大多是采用的航空领域应用的聚异丁烯不干性密封膏作为腻子材料。广州珠江黄埔大桥经过综合评估，也准备采用这种稳定的防护系统。

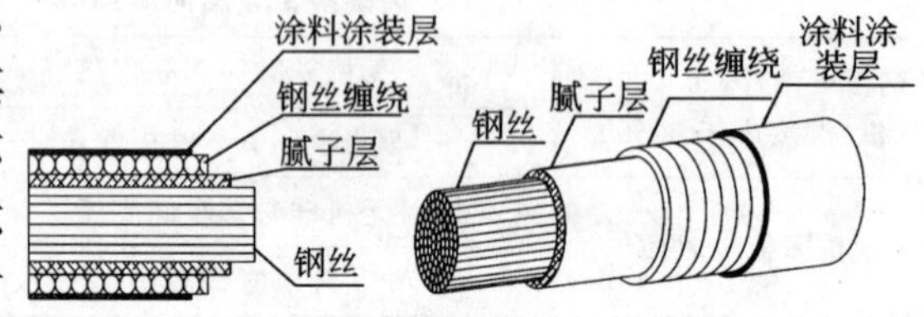

图2　主缆腻子＋缠丝＋涂装防护方式

2. 悬索桥吊索防护

广州珠江黄埔大桥吊索索体材料主要是钢丝绳，吊索与主缆的连接方式采用骑跨式；吊索与钢箱梁的连接方式采用锚箱套筒螺母承压式。检修道扶手索、骑跨式结构的钢丝绳吊索因结构原因，只能采用涂料涂装防护。由于吊索腐蚀破坏问题比较突出，广州珠江黄埔大桥吊索防护原设计涂装防护，在设计方案基础上进行了进一步探讨，目前提出了三种防护意见：

(1)钢丝绳涂装特殊渗透型防腐油脂(如LIQUID-A等专用防腐润滑油脂)形成保护膜层，还可渗透至钢丝绳中心，排出湿气，形成的涂层屏蔽作为长期保护。

(2)吊索索体外套PE防护层，索体内填充防腐材料，锚固端密封，隔绝腐蚀源。

(3)表面在使用状态下，采用特殊防腐涂料体系涂装，表层涂装特殊成膜涂料形成外屏蔽保护层。

3. 斜拉桥斜拉索防护

广州珠江黄埔大桥采用的斜拉索系统是用热挤高密度聚乙烯(PE)防护的半平行钢丝索配以冷铸墩头锚系统的钢丝斜拉索。斜拉索由高强度锌钢丝组成，为制作和成盘运输方便，制作过程中采用小扭角(2°～4°)同心绞合工艺扭绞成型。扭绞后在钢丝索外面绕包高强度复合胶带，然后热挤高密度聚乙烯(PE)防护层，在PE表层增加了压花工艺，作为斜拉索使用过程的辅助减振措施。热挤高密度聚乙烯(PE)防护层是斜拉索的主要防腐蚀措施。这种斜拉索在精确下料后两端灌铸冷铸锚具(或热铸锚具)，成品索经预张拉(或反顶)检验合格可以成盘、成圈方式包装运输。广州珠江黄埔大桥为了加强索体防护功能，增加了索体在钢丝外加缠PV带的辅助防护措施，内外层PE全部采用进口材料，成品索采用大直径心盘成盘包装。

4. 锚具结构和锚端的防护

锚具按锚固方式分，主要有冷铸镦头锚和热铸锚(表3)。锚具与索体的连接和过渡部位是腐蚀防护的重要环节，这一部位是主要的损毁区域，是目前索结构的重点难题。热铸锚是将索体端头钢丝在锚具内均匀分散用锌铜合金锚固为一体，传递拉力。有的锚具为了减小端部疲劳，在锚具上端口或接长筒部分灌注冷铸填料或其他填充料。冷铸锚锚具在组装后灌注环氧铁砂，安装好接长筒后灌注环氧胶浆，在安装好挡板并完成养生后，最后还要压注环氧树脂密封胶。张拉检验结束后，在锚索连接处按图压注密封胶，缠PE防腐胶带，检查修补损伤的护套，包缠保护拉索护套的包带。近年还探讨了锚管口和PE套热塑PE过渡连接和现场热塑锚管和索体过渡连接的密封防护措施。为了延长锚具安全使用寿命，广州珠江黄埔大桥重视锚具结合部位的腐蚀防护，同时各种锚具全部采用了表面热镀锌防护措施。

缆索锚具结构分类 表3

锚　　具	主缆索股锚具	斜拉索锚具	吊索锚具
锚固方式	热铸锚	冷铸镦头锚	热铸锚
接长筒	无	改进锚口受力状态	改进锚口受力状态
接长筒填充	无	冷铸料或聚氨酯等填料	冷铸料或聚氨酯等填料
过渡结构	锚板结构	橡胶紧固件或热缩套等	橡胶紧固件或热缩套等
辅助措施		密封胶、防腐胶带	防水盖、密封圈
锚固护筒		防腐料填充、密封胶	防腐料填充、密封胶
锚具	热铸锚	热镀锌、油脂涂抹	热镀锌、涂料涂装
锚具端部	尾端加盖密封	尾端加盖密封	密封、涂料涂装

如果不对斜拉索的端部和锚具进行专门的防护，会造成预埋护筒管内积水、进杂物或锚具发生锈蚀，不仅严重影响斜拉索的使用寿命，而且严重影响斜拉桥中期索力调整及将来的换索工作。近年来有采用封闭性聚氨酯发泡塑料，填充在斜拉索锚具与预埋护筒管的间隙内，防止水分进入护筒管。该聚氨酯发泡塑料具有质量轻、吸水性特小、低导热性、隔气性好、韧性好等特点，能使钢材和索体表面PE层黏合成较牢固的整体，使导管内的锚具与雨水、潮气及其他腐蚀介质相隔离，能在较长时间内防止索端锚具锈蚀。同时还采用了在两端锚具外露部分的表面涂刷一层锚具专用的防护油脂，然后在锚具外加盖不锈钢护罩的防护措施。防护专用油脂由矿物油脂及适量的树脂组成，具有对金属无腐蚀、常温下不黏手、80℃下不流淌和低温下不开裂的性能。在锚具表面均匀地涂刷一层油脂后，锚具表面与大气隔离，可达到锚具防护的目的。加盖不锈钢护罩可防止油脂被损坏而导致锚具锈蚀。斜拉索的梁和塔出口端也进行必要的密封和填充防护处理，由此还可以改善斜拉索结构的外观。广州珠江黄埔大桥结合延长斜拉索安全使用寿命的科研课题，项目系统开发应用斜拉索锚端防护系统，达到延长斜拉索安全使用寿命的目的。

主缆索股和吊索等外露锚具还要进行表面涂料涂装防护处理。吊索锚具一般采用与主缆或桥面钢梁相同的涂装系统和表面色彩，表面镀锌的锚具要注意表层处理和底漆涂料选择。

五、主索鞍、散索鞍和索夹的防护和涂装

索鞍的主要功用是支承主缆，将主缆的竖向压力均匀地传递到索塔上面。大型索鞍鞍体为铸造组焊件结构，铸造和组焊工艺要求十分严格。索鞍是不可更换钢结构，寿命与大桥相同，所以索鞍的防腐蚀措施是相当重要的。一般防护方法是在鞍槽内的隔板焊接完成后，对鞍座槽道内进行喷锌防腐蚀处理，表面喷砂处理，热喷锌层一定厚度，然后表面进行封闭。对于鞍体的外露面同样要求喷砂处理，然后喷涂无机硅酸锌底漆、环氧中间漆和聚氨酯面漆。孔加工面不能涂装处理，但要进行涂脂防锈处理。广州珠江黄埔大桥在悬索桥主鞍和散索鞍（含埋件制造）中应用了锌加涂料防护。

由于桥梁结构的特殊要求和重要性，锌加涂料作为一种新材料在桥梁钢结构腐蚀防护中有良好的应用前景，特别是对于需要重防腐、而又难以实施热镀锌和热喷锌的钢结构，应用锌加涂料使用简单、操作方便、容易修补，有一定优势。

（1）锌加涂料在桥梁缆索系防护中的应用。锌加涂料可以方便地用于悬索桥缆索锚固结构、主鞍和散索鞍（含埋件）、索夹、主缆和吊索锚具等的腐蚀防护；用于斜拉桥的斜拉索锚固结构和锚具等的防护；用于拱桥吊索锚具结构部分和拱结构的防护。

（2）锌加涂料在桥梁钢梁、钢塔防护中的应用。可以选用锌加涂料作为桥梁钢塔、钢箱梁、钢桁梁、钢锚固件等钢结构的防护涂料。在桥梁钢结构上应用锌加涂料，主要应用于结构复杂热喷锌处理困难的结构，作为重防腐涂装的底层，与其他配套涂层一起形成可靠的长效涂装保护层，改进和提高桥梁钢结构腐蚀防护效果，延长桥梁的安全使用寿命。由于锌加涂料的功能特点和施工方法简单灵活方便，锌加涂料可广泛用于各种桥梁钢结构腐蚀防护和防护维修。

广州珠江黄埔大桥索夹是骑跨式索夹，视在主缆上安装位置和受力情况的不同，分为吊索索夹和无吊索索夹。索夹主要作用是紧箍主缆，加强主缆的整体性，同时支承扶手钢索。索夹的内孔加工面进行喷锌防护处理，加工面涂脂防锈，非加工面按规定内表面喷砂喷锌涂装防腐，外表面喷砂涂装防腐。

六、招标采购

为确保大桥的防腐效果，广州珠江黄埔大桥在选择最可靠的长效重防腐涂装系统的基础上，慎重研究了招标组织的方式，采用了钢箱梁制造商和涂料供应商为主的质量控制模式，优选了国内最有实力的涂料供应商和有经验的涂装承包商为大桥涂装的合同单位。在合同中对涂料和涂装的质量检查作了详细的规定，要求涂料供应商有专业的代表和涂装监理工程师进行质量控制。经实际执行效果来看，对质量控制的促进作用明显。

七、结语

广州珠江黄埔大桥同时包括斜拉桥和悬索桥，特殊结构件全部采用钢结构，各种先进的钢结构腐蚀防护方法得到了较全面地应用。通过对目前多种涂装方案的综合比选，采用了适合珠江黄埔大桥实际情况的重防腐方案，不仅能保证防腐效果，也很好的控制了财务预算。在涂装实施前进行了详细调查，设计了较为合理的招标模式，对优选先进的产品和信誉度高的承包商起到较大的作用，也充分保证了涂装防腐的整体质量。

参考文献

[1] 叶觉明.悬索桥主缆缠丝涂装防护工程.腐蚀与防护，2000年3月第3期.
[2] 叶觉明.除湿机系统在钢箱梁防护中的应用.腐蚀与防护，2001年10月第10期.
[3] 叶觉明.大跨度桥梁钢箱梁的防腐涂装.现代涂料与涂装，2002年2月第1期.
[4] 叶觉明、钟建驰.桥梁缆索系统的腐蚀与防护.钢结构，2005年4月第2期.
[5] 叶觉明.桥梁斜拉索锚端防护.腐蚀与防护，2007年2月第2期.

76. 移动模架工法的关键技术及解决策略研究❶

黄成造[1]　项贻强[2]　汪劲丰[2]　张少锦[1]　赵　阳[2]
（1. 广州珠江黄埔大桥有限公司；2. 浙江大学土木工程系）

摘　要　移动模架工法由于其具有安全、经济、高效及施工质量易于保证等优点，在我国桥梁工程建设中得到了越来越广泛的应用。本文以广州珠江黄埔大桥成套技术研究为背景，针对移动模架的设计制造及施工使用缺乏专业的规范和技术标准等问题，对移动模架工法中的关键技术进行了论述，并对设计计算、安全监测及质量控制等的解决方案进行了探讨。这对确保模架施工安全、提高模架施工质量具有非常重要的现实意义。

关键词　移动模架　成套技术　关键问题　解决策略

移动模架施工法由于其具有安全、经济、高效及施工质量易于保证等优点而得到了广泛应用。移动模架工法在我国的桥梁建设中得到了大力推广，本文从确保移动模架施工安全及质量、提高目前我国移动模架施工能力和水平的角度，对移动模架工法的关键技术问题进行了阐述，并对各自的解决方案进行了探讨。

❶ 本文为2006广东省交通厅2006科技计划项目“广州珠江黄埔大桥移动模架成套技术研究”的一部分工作。

一、移动模架工法现状及关键技术

移动模架工法简称MSS(Movable Scaffolding System)工法，最早于1959年前联邦德国施特拉巴克公司开发始用于Andernach附近联邦9号高速公路的克钦卡汉大桥。该桥为13×39.2m的预应力混凝土连续箱梁。移动模架工法因其设备制造费用昂贵，用钢量很大，在当时推广应用一度受到很大的局限性。1970年，挪威工程师和机械制造商合作，设计出了新型的MSS造桥机。该系统在超过100多个桥梁工程的实践中，经过多年反复优化，MSS造桥机已发展成为重量轻、安装简易、操作高效、并具有国际著名的液压和起重系统而享誉世界的桥梁施工设备。20世纪70年代移动模架工法传入日本、美国，现已推广于全世界，成为最主要的建桥方法之一。

就我国而言，移动模架最早是由中国路桥公司使用于伊拉克建造的摩索尔四号桥和五号桥。国内首次应用于公路桥梁施工的是福建厦门的高集海峡大桥，选用了42m等跨径、等截面、分离式双箱预应力混凝土连续梁桥，总长2 070m。我国的移动模架法的施工跨度从30m、40m到50m，发展到目前珠江黄埔大桥上的62.5m，施工最大总重量已达到了2 650t，施工跨度及重量均已达到了世界之最。

由于我国移动模架施工方法起步相对较晚，且有相当一部分移动模架的设计制造都是参考国外的。同时由于我国在钢材品质及制作加工工艺上同国际先进水平还存在一定的差距，导致移动模架在实际应用中还存在诸多问题，模架扭曲变形甚至倒塌的安全事故也时有发生，给人员安全、工程质量及工程进度等都带来了极为不好的影响。目前我国移动模架的设计及制作规范和标准还不完善，移动模架安全使用也缺少统一的指导书，这些工作都急需进一步完善。

移动模架工法在我国桥梁工程建设中，虽已得到了广泛的应用，从设计制造及施工使用等各个方面都积累了非常丰富的经验。但从目前现状来看，有如下关键技术值得深入探讨：

(1)移动模架工法的适用性及其分析方法；

(2)移动模架的设计及分析验算；

(3)移动模架的加工质量控制及产品验收办法；

(4)移动模架使用过程中的安全监控；

(5)移动模架施工混凝土桥梁的质量控制；

(6)移动模架工法的系列指南及规范、标准的研究与制定。

上述问题涉及面非常广，是一个系统课题。接下来，主要从模架的设计与使用角度，就移动模架的设计计算、安全监控、施工线形控制等的解决方案进行探讨。

二、设计计算方案

移动模架结构体系复杂，且承重主梁一般是腹板带孔的箱形结构，模板系统一般是由面板加梁肋组成的组合结构，其受力复杂，基于材料力学的传统方法一般只能用于结构初步设计和选型计算。在模架的设计分析验算时，基于有限元的数值分析方法是目前进行模架受力分析的有效方法。在模架结构验算时，一般包括整体效应和局部效应两个方面，采用的是板壳单元和空间杆、梁单元。

1. 分析思路

其具体的分析思路如下：

(1)认真阅读移动模架的设计图纸、桥梁施工组织设计及移动模架的拼装、移动资料，必要时到现场进行实地查看，确保对模架结构构造和工作原理的真正理解。

(2)选择确定计算分析的力学物理参数。

(3)根据移动模架的工作原理和作业环境，确定移动模架在使用过程中可能存在的荷载工况。

(4)根据移动模架的传力机理，将移动模架结构分解成构件级，在此层面上，采用通用有限元软件，用梁、板壳及实体单元建立各受力构件的分析模型。

(5)采用上述模型，按已拟定的荷载工况，对各构件的强度、刚度及屈曲稳定进行验算。

(6)根据整体分析的计算结果,对需要进行局部分析的构件进行细部分析。

(7)整理分析计算结果。

2. 计算荷载及组合

正确分析移动模架在使用期间可能出现的荷载及其组合情况,是进行移动模架分析的关键一步。根据移动模架施工的实际情况,作用于其上的荷载主要有三类:

(1)常规荷载:包括移动模架自重力、浇注的混凝土重力、起吊物重力,用于屈服、弹性失稳及疲劳失效等验算。

(2)偶然荷载:是指移动模架在正常工作时不经常发生的偶然出现的荷载,包括工作状态时风引起的荷载,主要用于结构的强度验算。

(3)其他荷载:是在其他某些特定情况下发生的荷载,包括在移动模架安装、纵移、平移及拆卸时出现的荷载,作用在移动模架的平台或通道上的荷载等。

在进行移动模架结构计算时,将考虑三类不同的基本荷载情况:

(1)无风工作的荷载情况;

(2)带风工作的荷载情况;

(3)受到特殊荷载的工作或非工作情况。

3. 分析工况

(1)空载状态

将已合模、混凝土为浇筑的状态称为空载状态。在此状态下,主要是分析横向风荷载作用下,模架主梁结构的受力情况。分析时主要考虑的荷载为:钢梁自重力和静风荷载。对于风荷载的选取,可依据《公路桥梁抗风设计指南》。

(2)首跨浇筑

将首跨+悬臂段的施工工况,称为首跨浇筑。该工况浇筑的混凝土量最大,是模架主梁、上下横梁系统、模板系统及模架支承系统受力最为不利的一个工况。该工况下,要对模架主梁、横梁、模板、支承等构件进行全面验算。验算内容包括:强度、变形及稳定性。须分别考虑有风和没有风的情况:

①模架自重+混凝土自重;

②模架自重+混凝土自重+横向风荷载;

③模架自重+混凝土自重+纵向风荷载。

(3)标准跨浇筑

将标准中间跨的施工定义为标准跨浇筑。该工况下,重点对模架主梁、模板、横梁等构件的变形进行验算,同时兼顾强度和稳定性的验算。验算工况主要为:模架自重+混凝土自重。

(4)过渡跨浇筑

该工况并不是对所有的模架施工都存在的,只对于存在不同跨径过渡段的桥梁是存在的。该工况下,主要是对模架主梁、模板、横梁等构件的变形进行验算。验算工况主要为:模架自重+混凝土自重。

(5)尾跨浇筑

将每一联最后一跨的施工,称为尾跨浇筑。该工况下,主要是对模架主梁模板、横梁等构件的变形进行验算。验算工况主要为:模架自重+混凝土自重。

(6)移动模架纵向行走

移动模架在行走过程中,其支承条件不断变化,且受到纵向的水平推力。在该工况下,前、后鼻梁受力不利。要求对前后鼻梁的强度、变形及稳定性等进行验算。考虑的情况主要有:鼻梁最大剪力及鼻梁最大弯矩。

三、安全监测方案

1. 监测状态分析

移动模架在使用过程中要反复经历行走、合模、承重的过程。在这一过程中，其结构体系、支承条件及承受荷载都不尽相同。同时，移动模架还将受到风、温度等环境因素作用。因此，对于移动模架可分为三种工作状态：

(1)行走状态；

(2)立模状态；

(3)混凝土浇筑状态。

当移动模架处于行走工作状态时，其结构体系是变化的，从行走开始到行走到位要经历带双悬臂的简支、带单悬臂的两跨连续、带双悬臂的简支等体系变化过程；并且由于移动模架在不断移位，移动模架上各支承点的位置也是在不断变化的。移动模架处于行走状态时的复杂性主要体现在结构体系及支承条件的变化。该状态下，在移动模架主梁底部将受到摩擦力作用，在移动前的临界时刻是最大静摩擦力，在移动过程中受到的是滑动摩擦力。在该状态下，移动模架的前、后鼻梁处于受力较为不利的状态，须对前后鼻梁的应力进行监测。

移动模架的立模状态是指移动模架前移到位、合模的状态。该状态下，移动模架处于空载，不是模架的最不利状态。但该状态是模架监控的基本状态，在该状态下要进行模架应力及变形的初值测量。

移动模架的混凝土浇筑状态是指在移动模架上浇筑完混凝土、预应力张拉前的状态。该状态下移动模架将承受浇筑跨的钢筋混凝土的全部重力。该状态又因施工位置的不同，如首跨施工、中间跨施工、尾跨施工等，其工作状况存在一定差异。该状态下，移动模架的主梁受力不利，主要表现在两个区域上：最大正弯矩区域、最大剪力区域，须对主梁进行应力监测。

由于本移动模架均处于一般的自然条件之下，不论其处于何种工作状态，都不可避免地受到温度、风等自然环境条件的影响。温度、风等的作用同荷载作用一样，同样会引起结构的内力及变形。因此，在各中状态监测分析中，都需考虑自然环境的影响。

2. 监测的内容

基于上文有关移动模架工作状态的分析，移动模架安全的监测实际上主要是应力的监测，同时在混凝土浇筑过程中还需进行相关变形的监测。应力监测的主要内容有：

(1)行走状态移动模架前后鼻梁受力不利构件的应力监测；

(2)立模状态移动模架鼻梁、主梁等的初始状态测量；

(3)混凝土浇筑状态移动模架主梁的应力监测；

(4)混凝土浇筑状态移动模架横梁吊杆系统的应力监测；

(5)混凝土浇筑状态移动模架支腿反力的监测；

(6)移动模架在各种状态下环境条件的影响监测；

(7)移动模架使用过程中，局域区域临时、加密应力测量。

3. 应力监测方法

移动模架是一全钢结构，在目前测试水平条件下，采用以钢弦式应力计为主进行应力监测是可行的，同时在必要时辅以电测应变片，通过测量测点应变换算应力值。其中，电阻应变片主要是考虑到移动模架在使用过程中，当局部构件出现异常状况时，或为了特定目的，如校验验证、专题研究等，用于局部区域应力的临时、加密测量。对于钢结构，其应力测量的计算公式如下：

$$\sigma = E \cdot \varepsilon_V \tag{1}$$

式中：σ——荷载作用下钢结构测点的应力；

E——钢材弹性模量；

ε_V——荷载作用下消除了温度影响的钢结构测点应变，即真应变。

在实际测量的应变中包含了温度的影响，因此在钢结构应力测试计算时，须扣除温度引起的应变。考虑温度效应影响后，钢结构应力测量的计算公式如下：

$$\sigma=E\cdot(\varepsilon-\varepsilon_t)=E\cdot(\varepsilon-\alpha\cdot\Delta t) \tag{2}$$

式中：ε——应力计所测得的应变，即总应变；

ε_t——温度变化引起的材料变形量；

α——钢材的线膨胀系数；

Δt——温度变化量。

因此在进行钢结构应力的测量的同时，还须同时进行温度的测量。

对于钢弦式应力计，是利用传感器内腔中钢弦频率的变化来反映被测物体的应变。钢弦式应力计的输出信号为钢弦的振动频率，其与应变的关系为：

$$f=\frac{1}{2l}\sqrt{\frac{\sigma}{\rho}}=\frac{1}{2l}\sqrt{\frac{E_g\varepsilon}{\rho}} \tag{3}$$

式中：f——钢弦自振频率；

l——钢弦长度；

σ——钢弦所受应力；

ρ——钢弦材料的线密度。

采用钢弦式应力计测得的是总应变。

4. 应力测点布置

在移动模架应力监测上，应本着“抓住重点、确保精度”的原则。在应力测点布置上主要考虑以下几个方面：

(1)前后鼻梁：选择模架纵移中受力最为不利的杆件作为监测对象；

(2)模架主梁：主要选择正弯矩最大和剪力最大截面作用应力的测试截面；

(3)模板悬吊或支承系统：选择受弯和受拉最不利的部位进行应力测试；

(4)支承系统：选择前支腿中部截面及前支承横梁的正弯矩最大截面进行应力测试。

因此，应力测点的布置必须以模架结构的分析计算结果为依据，确保在应力测点的设置上做到有的放矢。

5. 应力监测工况

移动模架在整个使用过程中，有多种工作状态，在各种状态下需要监测的对象列于表1。

移动模架应力监测工况一览表 表1

监测对象	监测工况				备注
	立模状态	混凝土浇筑	开模状态	行走状态	
模架主梁	√	√	√		连续监测
模架导梁	√			√	连续监测
横梁吊杆系统	√	√	√		选取部分跨
模架前支腿	√	√			选取部分跨
其他构件	根据工程实际需要，具体另行确定				

6. 移动模架应力的环境效应监测

由于移动模架处于野外工作环境，不论其处于何种工作状态，都不可避免地受到自然环境作用，其中最重要的是风和温度变化，因此有必要进行移动模架应力的环境效应监测。

(1)在典型的气候条件下(春、夏、秋、冬)，分别对各种工作状态下的移动模架主梁、导梁等应力的温度效应进行监测。要求连续24小时对应力进行监测，同时对温度进行测量，测量间隔为半小时。

(2)在风力较大的气候条件下，分别对各种工作状态下移动模架主梁、导梁、吊杆等应力的风载效应进行监测。要求连续12小时进行监测，测量时间间隔为15分钟。

(3)选择在风力较大、气温变化较明显的气候条件下，分别对各种工作状态下移动模架主梁、导梁、吊杆等应力的风载效应进行监测。要求连续24小时进行监测，测量时间间隔为15分钟。

四、主梁线形控制方案

对于移动现浇施工的混凝土桥梁，其线形控制包括两个方面：一是桥梁现浇的整体线形控制(整体线形)；另一是新旧混凝土结合部位施工错台的控制(局部线形)。

1.整体线形控制

整体线形控制主要是通过设置合理的预拱度来实现的。因此，整体线形控制的关键在于分析预拱度的组成以及确定各组成的取值。

(1)预拱度的设置

对于预拱度的组成，可根据规范要求及混凝土托架的传力机理，一般能准确确定。对于移动模架现浇混凝土主梁预拱度的设置，重点考虑以下几个方面：

①设计预拱度；

②移动模架主梁变形；

③移动模架模板支承系统变形；

④移动模架外模板变形；

⑤移动模架内模系统变形；

⑥温度效应引起的模架变形。

梁底预拱度=①－②－③－④－⑥

梁顶预拱度=①－②－③－④－⑤－⑥

对于设计预拱度，按规范要求取成桥累计位移$+\frac{1}{2}$活载挠度的反值。

由于浇筑混凝土的重力通过模板传递到模板支承系统，再传递到主梁，因此在设置主梁预拱度时须考虑主梁、模板支承系统以及模板系统的变形。需要明确的是该变形是指由混凝土和钢筋引起的净变形，不包括移动模架自重引起的变形。由于施工不允许局部有较大的变形，因此内、外模本身一般不会有明显的变形。从目前模架施工情况来看也确是如此。但由于内模下有支架支承，该支架会存在整体变形。

温度的升高或降低会导致材料的伸长和缩短，从而引起移动模架高程的变化。这种变化在不均匀温度场的条件下表现得更为明显。因此温度对立面的高程的影响必须考虑。由于在日照条件下，结构内部温度场非常复杂，不可能进行准确的理论分析。对此项的考虑，主要是通过在气温相对恒定性时进行高程的控制测量，尽量减少温度效应的干扰。

(2)预拱度的取值

由于理论分析模型、计算参数取值等与实际情况存在一定差异，因此移动模架变形的理论计算值存在误差。由于移动模架静载试验过程中，荷载分布很难与实际情况相一致，且静压试验也很难模拟钢筋骨架及未凝混凝土的刚度，因此移动模架的静压实测变形同浇注混凝土时的移动模架变形也存在误差。所以理论计算变形以及荷载试验所测得的变形只能作为预拱度取值的一个依据，预拱度的合理取值还须通过多个梁段施工的监测，不断积累数据和经验，才能真正取得。

因此，在前期施工过程中，必须通过有目的的大量测量，积累数据和经验，逐步取得预拱度各组成部分的合理取值。

2.局部线形控制

对于采用移动模架法施工的混凝土桥梁，在其中间跨及尾跨都存在新旧混凝土结合部。在混凝土结合部区域，由于已施工的桥梁结构与模架系统不可能协调变形，因此在新旧混凝土结合区域不可避免地存在施工错台。施工错台轻则影响结构外观，重则还影响结构的受力性能。对于跨径较大的混凝土桥梁施工，施工错台会比较明显。

(1)常用的错台控制方案

常用的错台控制措施是在悬臂段施加反向压力，以通过下压混凝土桥梁上顶模架主梁的方式来改善施工错台情况。该控制措施理论上似乎可行，但经分析，该方法实际效果并不理想，主要原因如下：

①对于连续刚构桥，反顶力除在墩顶产生竖向力外，还产生水平力和弯矩。由于在反顶力施加和拆除时的结构体系不同，在桥梁结构内部会产生较大的残余应力。

②混凝土主梁及移动模架的刚度都比较大，即使施加很大的反顶力，也很难产生的明显效果。

③在已施工梁的悬臂前端，施加较大的反顶力，对箱梁结构的横向局部受力不利，容易产生裂缝。

因此，基于以上的理由，认为常用的错台控制措施不够理想，必须探求新的控制措施。

(2)新的错台控制措施探讨

上述常用的错台控制措施是一种被动方式，对结构受力存在不利影响，且效果不明显。本研究从移动模架的结构及工作机理出发，探索一种积极主动的错台控制措施。

在混凝土浇筑过程中，混凝土重力由模板传递给模板支承，再由模板支承系统传给模架主梁。从该传力机理可以看出，模板支承系统是可与主梁相对独立的，在其上可设置一模板高度调节装置，而在立模时，是通过调节模板支承系统来调节模板高度的。因此在混凝土浇筑过程中，亦可采用顶升横梁吊杆系统的方式来控制施工错台，具体顶升的量可根据现场实测的错台位置高程变化量确定。我们将上述的错台控制方法称为支承系统主动调节法。

该方法的操作步骤如下：

①混凝土浇注前，安装横梁提升千斤顶；

②连续观测错台位置的模板高程变化情况；

③错台位置高程下降量接近控制限制(0.5cm)，准备提升；

④根据高程下降量，缓慢提升模板，直到模板高程达到预定值；

⑤重复②～③步，并记录好标高变化量、提升量及顶升力。

使用该方法时，要注意确保顶升过程均匀、缓慢，同时记录顶升量及顶升力；要注意确保模板的侧向稳定。

图1示意了上行式移动模架施工错台形成的原因及相应的控制措施。

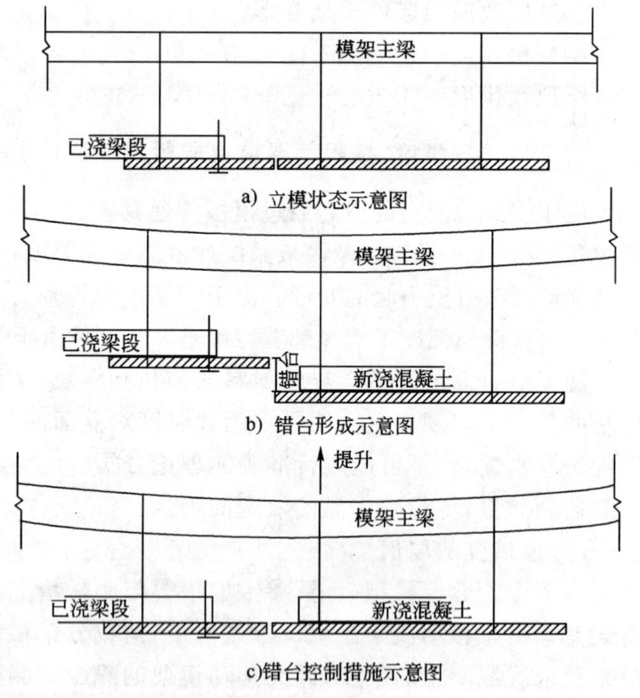

图1　上行式移动模架施工错台成因及控制示意图

3.影响主梁线形的关键因素分析

对于局部线形，通过逐步提升模板的方法能有效地解决施工错台问题。

对于整体线形，从移动模架施工桥梁的实践来看，在众多的影响因素中，移动模架主梁的变形是最主要的，而设计预拱度值一般不超过1.5cm，只占整个预拱度中的小部分。因此要控制好主梁的线形，关键是要通过理论分析和经验积累来取得移动模架各变形的客观值。移动模架系统变形的准确预测将是线形控制的关键。

五、结　　语

移动模架工法虽已有较多的工程应用及经验积累，其工艺也比较成熟，但从确保移动模架的施工安全及提高施工质量的角度，还有诸多关键技术需进行更深入地探讨，同时也亟需移动模架工法的操作指南及技术规程、规范等成套技术指导文件。本文所探讨的模架设计分析、安全监测及线形控制的方案，对工程实践具有重要的指导意义，也可为相关指南及规范的制定提供参考依据。

参考文献

[1] 胡安祥，曹三鹏等. 移动模架造桥机在苏通大桥引桥 PC 连续梁的应用[J]. 中国港湾建设，2005，138(4)：41～45.

[2] 胡安祥，雷江洪，镇亦明等. 国内外 MSS 移动模架系统在苏通大桥的应用及比较[J]. 施工技术，2006，35(3)：55～58.

[3] 张乐亲，林荫岳. 秦沈客运专线 MZ32 移动模架造桥机研究设计[J]. 铁道标准设计，2000，20(3)：9～11.

[4] 帅长斌，愈文生. 高墩桥梁移动模架法整孔无支架现浇造桥机设计[J]. 桥梁建设，2002，4：65～68.

[5] 赵启林，濮卫，陈一飞等. 基于光纤监测系统的桥梁移动模架安全性监测与控制[J]. 解放军理工大学学报(自然科学版)，2005，6(5)：469～473.

77. 移动模架工法的特点及其经济适用跨度分析❶

项贻强[1] 李朝文[2] 程 晔[2] 王立超[1] 汪劲丰[1]

(1. 浙江大学土木工程系；2 广州市公路管理局)

摘 要 在总结移动模架施工工法特点的基础上，讨论了移动模架的工程应用现状与发展，并将混凝土桥梁的移动模架施工方法与以往的就地浇筑法、预制安装法、悬臂施工法、顶推法施工等进行比较，得出了移动模架造桥机的经济适用跨度，指出了研究编制移动模架工法的设计、施工和养护指南或规范，优化移动模架工法，规范施工和管理，提高移动模架造桥机的自动化程度和施工安全性，降低工程造价，对提高我国桥梁的整体施工水平，促进大型桥梁施工的机械化、自动化和标准化具有十分重要的意义。

关键词 混凝土桥梁 移动模架 施工

一、移动模架工法的特点

预应力混凝土连续梁桥由于跨越能力大、施工方法灵活、适应性强、结构刚度大、施工质量容易保证、养护成本低等优点，已广泛应用于城市高架桥和大型桥梁的引桥建设中。以往的混凝土桥梁施工方法主要采用满堂支架现浇、挂篮施工或顶推施工技术，工期较长；当桥墩较高、桥跨较长或桥下净空受到限制时，可考虑采用移动模架逐孔现浇施工技术。所谓移动模架(即 Movable Scaffolding System，简称 MSS 工法)是一种安装简易、操作高效、重量轻的整孔现浇桥梁施工设备，既是施工梁段的承重结构，又是施工梁段的作业现场。它像一座严密而坚固的、沿着桥梁跨径全封闭的“桥梁工厂”，随着施工进程不断移动连续浇注施工，能一次性现浇完成一孔桥跨从立模、浇筑混凝土到预应力张拉全套工艺，并能逐孔向前移动，效率高、速度快。MSS 造桥机适用于各种断面(双箱梁、单箱梁、双 T 梁等)及跨度的桥梁。它具有以下明显的优点：

(1)施工周期短，机械化程度高。上、下部构造可平行施工，在下部构造超前完成 2～3 孔后，上部箱梁施工即可按顺序进行，有利于加快全桥的整体施工进度。

(2)移动模架工厂化施工，标准化作业，梁体整体性好，利于工程质量和安全控制。采用移动模架施

❶ 本文为 2006 广东省交通厅 2006 科技计划项目“广州珠江黄埔大桥移动模架成套技术研究”的一部分工作。

工，每孔箱梁仅在0.2L附近设一道横向工作缝，混凝土箱梁的整体性能好。尤其是对于深处海洋环境中的桥梁,使结构的耐久性更有保证，从结构上对工程质量有利。同时,可在模架制造时事先设置预拱度控制变形,便于控制梁体整体性、结构尺寸和线形,保证施工质量。

(3)施工设备可重复利用,经济合理。移动模架逐孔施工,具有明显的经济效益。尤其对于桥墩超过一定的高度而无法设置脚手架施工的高架桥梁工程和地面为软弱土层、脚手架或支架基础处理困难且费用较高,以及在桥梁跨数超过10孔的情况下,采用移动模架法进行施工将更加显示出“经济、高效”的特点。多孔连续,伸缩缝少,行车舒适性高,亦可降低噪声。采用MSS技术施工可缩短桥梁上部结构施工工期达50%～200%。

(4)施工时的受力与运营时受力一致,不需要增加施工受力钢筋,减少建材消耗。

(5)施工不受河流、道路、桥下净空等条件影响,安全性高。移动模架对于高墩桥梁,尤其是城市立交和高架桥(因为移动模架造桥机作业面通常在桥墩的顶部,不需要限制桥下净空)的施工,具有显著的安全性。由于整套移动模架的支承点仅设置于桥墩承台处,未占用桥下水域,仅净空稍有降低,基本不影响桥下的通车、通航要求;对桥下地面的要求低,也不受桥梁墩高及地面设施的影响,适用于交通繁忙区域高架桥的不中断交通施工。

(6)不需进行基础的处理,适用范围广。移动模架适应各种高度的桥梁施工,同样也适用于软土地基、深谷,河滩、海滩、跨铁路,公路或河流等各种施工环境的桥梁施工。

(7)施工占地少,对环境的影响和污染少,有利于文明施工。因施工是从桥的一端向另一端逐孔推进,施工完毕的箱梁桥面可用作半成品的加工和堆放场地,对于施工场地狭窄的工程具有独特的优势。

(8)采用MSS技术施工,有利于各种地下管线及桥梁上部结构交叉施工,节省工期,且可设置防雨、防寒、防晒的顶棚围护措施，可保证施工期间不受天气的影响,也有利于掌握工期。

(9)移动模架工法适用于跨径在25～65m的简支或者连续梁,桥长达到一定规模（一般大于800m)时,较其他工法经济。

(10)上行式移动模架能适应平曲线$R>600$m的多跨连续梁施工。

(11) 移动模架主梁箱形结构承载能力强,抗弯刚度大,主梁工作时弹性变形为$L/700$(L为桥跨),箱梁混凝土浇筑前的预拱度便于控制。

(12)兼容性好。移动模架主梁经过不断改进和完善,可成为一机多用的桥梁施工设备,既是现浇或预制梁逐孔施工设备,又能兼作架梁或承重梁的设备,重复利用率高,节省投资,综合效益好。由于主梁基本为等截面，与吊车及模架采用分离式结构体系，前跨和后跨均能加载独立工作,有利于桥梁的首跨和尾跨的施工。造桥机施工能与桥梁结构相适应，对桥墩台及预应力混凝土连续箱梁结构无任何特殊要求。

二、移动模架的工程应用现状与发展

移动模架造桥机于1959年前西德国施特拉巴克公司开发,始用于andernach附近联邦9号高速公路的克钦卡汉大桥(该桥为13×39.2m)的预应力混凝土连续箱梁,因其设备制造费用昂贵,用钢量很大,在当时推广应用受到很大的局限性。1970年,挪威工程师和机械制造商合作,设计出了新型的移动模架——MSS造桥机。该系统在超过100多个桥梁工程的实践中,经过多年反复优化,已发展成为重量轻、安装简易、操作高效、并具有国际著名的液压和起重系统而享誉世界的桥梁施工设备。此后世界各国引进和发展很快,以建造公路桥为主,用来建造铁路桥的只有日本、法国、德国、意大利等国,数量也只有8座左右。

在不同的国家和地区,移动模架工法也有不同的译法,如在我国台湾地区,该工法称支撑先进工法,英文叫advanced shoring method－ASM,别的国家也有叫full span form traveler or span form traveler carrier。1973年,挪威工程师在原来的MSS造桥机的基础上开发出了双跨MSS造桥机(Double movable scaffoding system),简称DMSS。20世纪70年代移动模架工法传入日本、美国,现已推广于全世界,成为最主要的建桥方法之一。

日本四叶叮 562～563 工区的一座高架桥，全长 93m，基本体系是三跨连续空心板梁，跨径 24.15～29m，梁高 1.1m，桥宽 18～19m，桥墩为双柱式墩，仍用移动悬吊模架施工。该桥的特点在于桥梁为高架平面曲线桥，$R=240$m，施工是通过调整吊装模架的位置和高度来实现。采用移动模架施工，其材料和机具设备是通过完成的桥面，利用轨道龙门吊车从预制加工厂运至施工现场浇筑混凝土的，通过混凝土泵和导管输运到需要的位置，由于具有较高的机械化、自动化和良好的施工环境，不仅保证施工质量，而且可减少 30％的劳动力，每孔梁的施工周期约为 11 天。但移动悬吊模架需要一整套大型的施工设备，因此设备周转使用的次数愈多，其经济效益愈高。

日本东北新干线第一上北川双线铁路桥采用活动模架施工。该桥共 33 孔，由 32 孔跨径 31～33m 的连续梁和一孔 49m 简支梁组成。其中 32 跨均采用活动模架施工。该桥横截面是单箱双室，桥宽 13m，两根承重梁设置在桥墩两侧，支承在桥墩外伸的托架上。承重梁长 37.75m，导梁长选用 74m，均为钢箱截面，全部活动模架的重量 300t。混凝土的运送仍从桥跨一岸运至施工现场，混凝土浇筑完成后采用蒸气养生，并在三天后张拉预应力筋。平均每孔梁的施工周期为 15d，全部上部结构施工期为 23 个月。

英国的奥维尔(Orwell)桥的引桥和瑞士的列嫩(Lehnen)高架桥等均用这类支承式活动模架施工。奥维尔桥的引桥共 15 孔，除两岸第一孔跨径 46m 和与正桥连接孔跨径为 72m 外，其余各孔跨径为 59m 的预应力混凝土连续梁。该桥采用等截面梁，梁高为 4m，箱梁顶板厚度不变，腹板和底板厚度在桥跨内变化。桥宽 23.98m，采取分离式单箱单室截面，平面上为曲线桥。该桥承重梁长 127m，每根梁采用双片钢桁架梁。整套设备包括承重梁、内外钢模及附属设备重约 500t。为了能够支承 1350t 湿混凝土的重量，增加承重梁的刚度，设计者在每个承重梁下采用纵向缆索加固，两根支撑杆设在 $L/4$ 附近。当用千斤顶使支撑杆向下施力时，缆索即被拉紧，从而提高了承重梁的承载能力，并可通过它对承重梁预施拱度和便于脱架。

伊拉克摩苏尔 4 号桥由我国公路桥梁公司承包，采用移动模架施工。该桥全长 648m，为 12 跨一联预应力混凝土连续梁桥，分跨为 44m＋10×56m＋44m。桥宽 31.3m，采用分离式单箱单室等截面梁。支承式活动模架总长 132.5m，施工时浇筑孔需要有强大的移动支承，模架的前支点设在前方桥墩上，后支点则支承在已浇筑完成的悬臂端上。接头位置设在离桥墩支点 11.2m 处。该桥的预应力钢索，有一半数量的接头设在距支点 16.2m 处。也就是说，一半数量的钢索锚固在混凝土浇筑的接头位置，另一半钢索接头相隔 6m，保证混凝土与钢索有良好的连续性。钢束布置在箱梁腹板中，但一端张拉摩阻损失较大。

美国长岛(Long key)桥，全长有 3701m，共 103 孔，采用逐孔施工，全桥在两年完成。瑞士贝肯瑞德(Beekenried)高架桥，桥宽 10.8 m，标准跨径 55m，每孔桥施工周期为两周。巴比延桥全长 2 503m，共 59 孔，主体工程施工期为一年，创造了每周架设六孔桥梁，长 240m 的施工记录。

我国大陆地区一般称移动模架为 MSS 造桥机。我国建造的连续梁桥，首先由中国路桥公司在伊拉克建造的摩索尔四号桥和五号桥上使用移动模架逐孔现浇施工。国内首次应用于公路桥梁施工是厦门的高集海峡大桥，选用了 42m 等跨径、等截面、分离式双箱预应力混凝土连续梁桥，总长 2 070m。尔后南京长江二桥、武汉军山大桥和润扬长江公路大桥等均成功地运用过该工法施工。自 1993 年首次成功应用于铁路桥梁以来，先后修建了许多铁路简支梁桥，单线铁路桥跨度有 32m、48m、56m 及 64m，双线铁路桥有 32m 和 40m，梁型都为预应力混凝土箱形简支梁，梁体重力为 4 500～11 000kN。

铁道建筑研究设计院主持研制的 ZQJ—32/56 型移动支架造桥机为我国用移动支架造桥机建造预应力混凝土铁路梁开创了先例。

铁路混凝土梁的施工有架桥机架设、顶推、悬拼、悬浇、造桥机造梁等几种办法，各有其适用范围。而运用造桥机制梁是在墩顶原位造梁，跨度、墩高适应范围广，不影响桥下交通，梁施工时的状态与运营工况一致，而且省工省料，建造速度快，梁节工厂化预制，施工中梁的几何变形易于调整，梁体质量好且作业安全，因而有迅速推广的趋势。

随着科学技术和经济的进步，交通的发展，人们对道路和桥梁的要求也越来越高，就桥梁而言主要表现为：

(1)对桥梁功能如桥梁的跨越能力、通过能力、承载能力等要求越来越高；

(2)对桥梁造型的艺术要求越来越高；

特别是城市桥梁，往往被做为城市的特征，其建筑造型成为重要的评定条件；

(3)对桥梁的环保要求越来越高：如对行车污染和噪声限制等；

(4)对桥梁的施工速度、施工质量和管理水平的要求有所提高。

上述要求在不同的国家和地区会有不同的具体要求，因此桥梁工程应尽量达到经济实效、技术先进、安全舒适、美观实用、快速质好的要求。

在桥梁的经济指标与施工技术和施工管理水平关系更加密切的今天，各国把研究桥梁施工技术放到了相当重要的位置，而“最少用料”的问题已退居为次要的位置。为此，施工技术的发展和进步表现在以下几个方面：

(1)对于中小跨桥梁构件更多地首先考虑工厂(场)预制，采用装配式结构。我国的铁路部门，在全国各地已建成不少具有一定生产规模的桥梁预制工厂，向用户提供桥梁构件产品，与之相对应的架桥机械有胜利－130 型、红旗－130 型、长征－160 型架桥机，可以架设跨径 33.7m 及 40m 的预应力混凝土简支梁。由施工单位自制的架桥机可以具有更大的起重能力。在公路和城建部门，对先张法预应力混凝土梁、板大多采用工厂预制生产，后张法梁和大型预制节段大多采用在工地预制场预制，可以避免大型构件的运输困难。在国外，预制梁的架设能力更高些，因此采取全宽整孔梁架设或采用大型预制构件架设。沙特阿拉伯—巴林道堤工程，采用 14 000kN 的浮吊架设 60 余米长的大型预制构件，我国杭州湾桥研究的 20 000kN 的浮吊架设设备可架设 70m 的大型箱梁预制构件。

(2)轻型化的悬臂施工技术。悬臂施工技术在建造大跨径桥梁中应用最多，其施工效率较高。特别是预应力混凝土桥梁，由于充分利用了预应力结构的受力特点，而得以迅速发展。目前采用悬臂施工的预应力混凝土梁式桥的跨径达 270m，钢筋混凝土拱桥的跨径达 390m，钢桥的悬臂施工跨径已超高了 500m。

(3)桥梁机具设备向着大功能、高效率和自动控制集成化的方向发展。尤其是深水基础的施工机具，大型起吊设备，长大构件的运输装置，高吨位的预应力设备，大型移动模架等，这些施工设备对加快施工速度和提高施工效率起着重要的作用。

(4)施工方法灵活多样。混凝土桥梁的施工方法主要有就地浇筑法、预制安装法、悬臂施工法、顶推法施工、移动模架法等，可依据桥梁结构的体系、跨径、材料和结构的受力状况及地形特征等方便、合理地选取最适合的施工方法。换句话说，桥梁施工技术的发展，能更好地满足结构设计的要求。

三、移动模架工法与其他工法的比较

混凝土桥梁的施工方法主要有就地浇筑法、预制安装法、悬臂施工法、顶推法施工、移动模架法等，表 1 给出了各种施工方法特点及主要设备、适应范围等。

混凝土桥梁的施工方法的技术经济和适应范围比较表 表 1

施工方法	特点	主要设备	适用范围
就地浇筑法 (Full span supporting method——FSM)	1)无需预制场地、大型起吊、运输设备； 2)桥梁整体性好； 3)工期长，施工质量不容易控制、模板耗用量大； 4)影响排洪、通航； 5) 质量控制难度大	现场支架和模板	主跨在 25～60m、桥梁总长 200m 左右的非通航河流及旱地、支架处的地质要求好
预制安装法 (Pre-cast segmental method——PSM)	1)构件工场化生产制作，质量好； 2)上下部结构可以平行作业，缩短现场工期； 3)不影响排洪、通航； 4)施工速度快； 5)后期混凝土收缩小； 6)对起吊设备要求高； 7)施工预制精度要求高	大型 300～2000t 级的吊装运输设备	单跨在 25～70m 的通航河流或具备吊装能力混凝土简支—连续或拼装桥梁，总长≥800m 的桥梁

续上表

施工方法	特点	主要设备	适用范围
悬臂施工法 (Balanced cantilever form-traveler castin sit method——FCM)	1)墩、梁临时固结、结构体系的转换; 2)施工简便,结构整体性好; 3)施工中可不断调整位置; 4)不用或者少用支架,施工不影响通航或桥下交通; 5)施工工期长	桁架式、斜拉式、三角形挂篮和泵送混凝土等	单跨在50～300m的通航河流或高架混凝土多跨预应力混凝土连续或连续刚构桥梁、T形刚构桥、变截面和斜拉桥等施工200～600m
顶推法施工 (Increment launching method——ILM)	1)简单的设备造长大桥梁,施工费用低; 2)主梁分段预制,连续作业,结构整体性好; 3)模板、设备可多次周转; 4)梁的受力状态变化大; 5)需加设临时墩、设置前导梁等; 6)施工工艺较为复杂	固定在一个场地预制同步水平和竖向千斤顶群和牵引装置	单跨30～60m中等跨径的等截面桥梁为宜,桥梁的总长宜在$\Sigma l \geqslant$ 200m,特殊情况也应在100～600m
移动模架法 (Movable scaffolding system——MSS)	1)施工不受河流、道路、桥下净空和地基等条件影响; 2)施工工艺程序化、机械化程度高、质量好; 3)上下部结构可同时平行施工,可缩短工期; 4)桥梁施工设备,可重复利用; 5)受力明确,安全、施工变形和质量相对易于控制; 6)设备复杂、要求施工人员具有较高的操作技术; 7)设备一次投资较大	需全套的移动模架装置及提升装置	适用于跨径30～65m的等跨和等高度混凝土连续梁桥,尤其是大于800m的桥梁

从表1可知,各种施工方法有其有优缺点和适用范围。不同桥梁的施工场地,在市区内、平原、山区、跨河道、跨海湾的桥梁等,其各方面的条件差别很大,运输条件和环境约束也不相同。因此在选择施工方法时,需要充分考虑桥位的地形地质条件、环境、安装方法的安全性、经济性、施工速度及工程投资等。

实践经验表明:逐孔施工法具有较高的经济效益。在选择施工方法时,既要要重视建桥的经济性,同时要考虑施工的速度。逐孔施工工法对长桥是较为经济、快速的施工方法。目前在国内已有数座跨径在50m左右的预应力混凝土连续梁桥,总长都在3～5km,正在或计划采用移动模架法或预制装配、预制组装的方法逐孔施工。必须强调的是:移动模架需要一整套机械动力设备、自动装置和大量钢材,一次投资是相当可观的,为了提高使用效率必须解决装配化和科学管理的问题。装配化就是设备的主要构件能适用不同的桥梁跨径,不同的桥宽和不同形状的桥梁,扩大设备的使用面,降低施工成本。

四、移动模架造桥机经济适用跨度

1. 移动模架造桥机用钢量与施工跨度的关系

移动模架造桥机主要是针对混凝土箱形梁桥,可以是简支的,也可以是连续的,但也有运用移动模架技术进行双T形桥梁的施工。桥梁的各种架设方法都有一定的经济适用跨度,移动模架造桥机也不例外。由于造桥机的用钢量与造价有直接的关系,图1是八七型梁支架造桥机自重与桥梁施工跨径的关系,接近线性关系,但其施工跨径的限度是56m;对专用支架造桥机,这个限度要稍大些,图2给出了移动模架造桥机重量随跨度的变化统计曲线，当桥梁施工跨径大于64m时，移动模架的用钢量(相当造价)急剧增加。

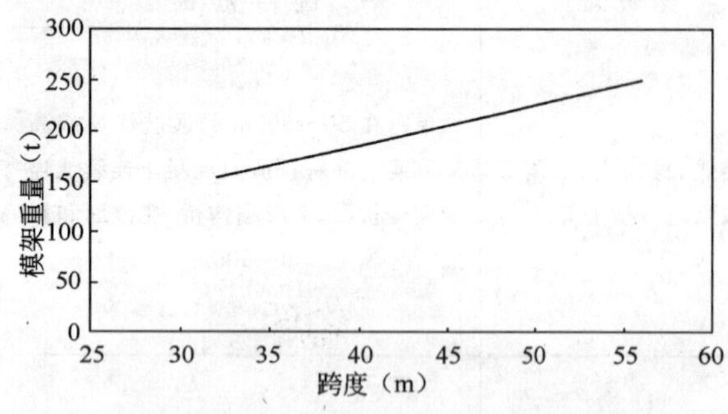

图1　八七型梁支架造桥机重量随跨度的变化

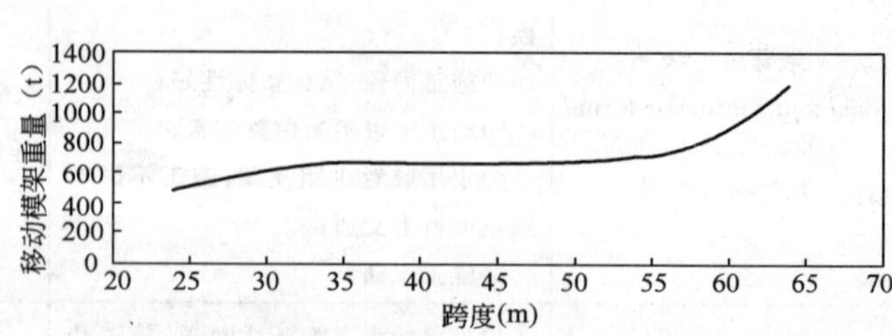

图2　移动模架造桥机重量随跨度的变化统计曲线图

2. 施工方法与施工速度的关系

各种不同的施工方法的施工速度比较如表2。

常用混凝土梁桥施工方法施工速度的比较　　表2

进　度	就地浇筑	顶推施工	移动模架	预制安装	悬臂施工
m/周	6.5	22.5	25.0	45.0	4.0
d/跨	30～45	6～7	8～14	5～7	7

3. 移动模架造桥机的经济效益分析

移动模架施工体现了省和快，使施工标准化，工作周期化，具有在桥梁预制厂的生产特点，提高了机械设备的利用率和生产率，最大限度地减少了工费的比例，降低了造价。据交通部92定额，移动模架施工比悬拼施工每$10m^3$混凝土少572元。部分已建桥梁不同施工方法的造价对比见表3。

部分桥梁不同施工方法的造价对比表　　表3

桥　式	线　别	桥　名	孔跨(m)	施工方法	综合单价(万元/m)
简支梁	南昆线	白水河一号大桥	8×56	造桥机	3.5
连续刚构	南昆线	喜旧溪大桥	56+88+56	悬臂浇筑	4.7
简支梁	南昆线	八渡4号大桥	2×64	悬拼	5.2
简支梁	神延线	秃尾河特大桥	11×64	造桥机	2.8
简支梁	内昆线	老煤洞特大桥	5×32+5×64	造桥机	3

南京长江第二大桥施工循环周期(每段梁)的技术经济分析表明，MSS的施工方法与满堂支架法、钢管桩支架法相比，节省投资300多万元。润扬长江大桥北引桥的施工效益分析表明，一套YZ40/1500移动模架用钢量620t，加上液压系统总计需投入约360万元，而要达到与移动模架施工相似的进度，至少需投入两跨半满堂支架和两套模板，增加投入300万元左右。

综上所述，无论在经济上、施工工期和技术及施工质量等方面来看，移动模架在连续梁和简支梁桥的施工中都具有相当的优势。

五、结　语

本文在总结移动模架施工工法特点的基础上，讨论了移动模架的工程应用现状与发展，并将混凝土桥梁的移动模架施工方法与以往的就地浇筑法、预制安装法、悬臂施工法、顶推法施工等进行比较，得出了移动模架造桥机的经济适用跨度。通过上述研究可以得出如下结论：

(1)随着高速公路、铁路提速和高速铁路的建设，混凝土梁桥仍是桥梁的主要桥型，并且向整体大跨方向发展，因此推广采用移动模架造桥机施工混凝土桥梁潜力巨大。

(2)在现有研究和施工水平的基础上,有必要对能适应较大纵横坡及曲线桥梁、跨度范围大、功能强大的模块化和自动控制的机电一体化的自行步履式架桥机进行研制和开发;在设计上除考虑较高的利用系数外,尚应加强架桥机的结构分析和安全控制措施,以防止架桥机在工作过程中出现机毁人亡事故。

(3)在研究开发的基础上,编制移动模架工法的设计、施工和养护指南或规范,以进一步优化移动模架工法,规范施工和管理,进一步提高移动模架造桥机的自动化程度和施工安全性,降低工程造价。对提高我国桥梁的整体施工水平,促进大型桥梁施工的机械化、自动化和标准化具有十分重要的意义。

参考文献

[1] 胡安祥,雷江洪,镇亦明等. 国内外 MSS 移动模架系统在苏通大桥的应用及比较[J]. 施工技术, 2006, 35(3): 55~58.

78. 广州珠江黄埔大桥 MSS62.5m 移动模架箱梁施工关键技术研究

李栋梁[1] 景 强[2] 王殿学[3] 安 近[1] 唐 宏[1]

(1. 路桥华南工程有限公司;2. 广州珠江黄埔大桥建设有限公司;3. 山东博瑞路桥技术有限公司)

摘 要 移动模架现浇箱梁施工方法,在桥梁施工建设中广泛应用,操作不当容易影响箱梁施工质量及模架运行施工安全。本文以珠江黄埔大桥 S11 合同段 MSS62.5m 移动模架箱梁施工为背景,详细研究了墩顶支撑,预拱度设置,箱梁施工浇筑顺序,混凝土裂缝控制等关键技术,为以后移动模架施工积累宝贵经验。

关键词 开孔补强 预拱度 接缝平顺

一、概 述

多跨后张预应力混凝土连续箱梁桥采用移动模架施工具有不受地形限制、占地少、工期快、质量稳定、成本低、效益高等特点,在高速公路、高速铁路等桥梁施工中得到了广泛的使用。

移动模架施工时产生过大的临时荷载(悬臂端集中力、桥墩纵桥向水平推力)问题,新旧混凝土接缝问题以及温差带来的混凝土顶板裂纹问题等负面影响直接与施工工艺有关,正确掌握施工中的关键环节及处理措施,是预应力混凝土连续箱梁施工的关键。

二、模架运行工况与最大临时荷载

1. 临时集中荷载值估算(表 1)

表 1

类 型		墩 台			箱 梁 体
跨径(m)	起始跨 W_P(t)	竖向	预紧力	纵桥向	竖向
		$2R_B$	$2F$	f_{max}	P
		$\leqslant 0.9W_P$	$>0.35W_P$	$\leqslant 0.01W_P$	$\leqslant 0.45W_P$

注:墩身预紧力只有采用附着式三角牛腿时才发生。W_P 为移动模架设计最大荷载 。

2. 墩台(开孔处)集中力局部承压处理措施

对于牛腿附着与墩身时,墩身开孔处必须设置橡胶垫板,其厚度>10mm,承压混凝土必须按照规范要求配置间接筋。要求如下:方格网钢筋>4 层,螺旋筋>4 圈;墩身开孔处局部承压边界必须大于构件的保护层厚度。

3. 墩身开孔补强措施

钢筋连接采用内带正反丝连接器连接，施工时被截断的钢筋预留正、反丝口，上好塑料保护套。连接器采用45号钢，根据需求的长度进行加工，钢筋连接后的技术指标不小于该处未截断钢筋指标要求，见图1。

开孔处混凝土强补前进行清凿处理，混凝土配比可掺加一定量的膨胀剂，用量同预应力管道掺加量，或者采用下图中预留一定高度的槽口，在混凝土初凝后凿掉高出的部分。

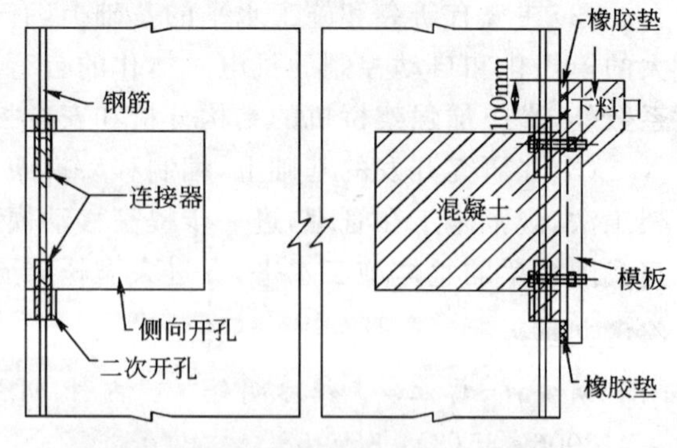

图1　钢筋连接与混凝土补强示意图

三、混凝土箱梁施工质量控制

1. 混凝土箱梁施工预拱度控制

预拱度由以下三种因素构成：自重力引起的挠度 f_w；预应力引起的挠度 f_p；模架自身引起的挠度 f_{mss}。

$$预拱度\ f=f_w+f_p+f_{mss}$$

2. 首跨悬臂端挠度控制

由于首跨施工时已经浇筑的混凝土箱梁尚未构成连续梁结构，在自重力及首次预应力施加后，悬臂端产生一个较大的变形，第二跨施工时必须考虑这一因素。在受力允许情况下，第一跨悬臂端集中力尽量全部施加上去（等于后支点支反力的总和），否则有可能影响桥面铺装层的厚度。在浇筑完两跨后，悬臂端的挠度将会明显变小，其值不到首跨的0.5倍，图2虚线为黄埔大桥5×62.5m首跨挠度曲线。

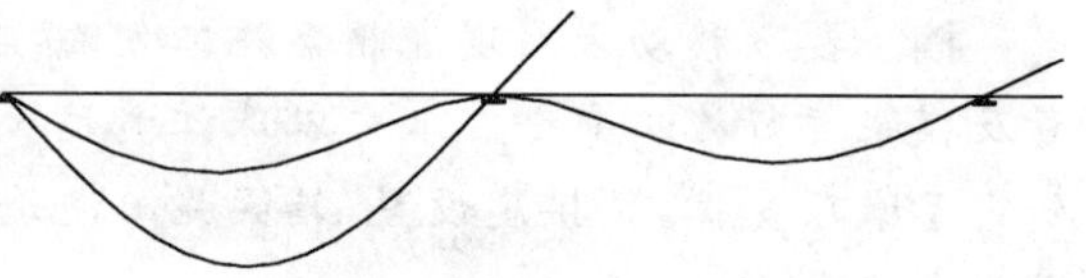

图2　首跨挠度曲线

3. 悬臂端施工集中力大小的控制

在浇筑标准跨时，移动模架在悬臂端引起一个总变形值 y_{mss}（图3），其大小可近似计算如下：

$$y_{mss}=\frac{4fx}{L}(x-1)=4fm(m-1)$$

式中：f——挠跨比，一般取值 $L/700$；

m——悬臂端长度与标准跨径的比值：0.1～0.2之间。

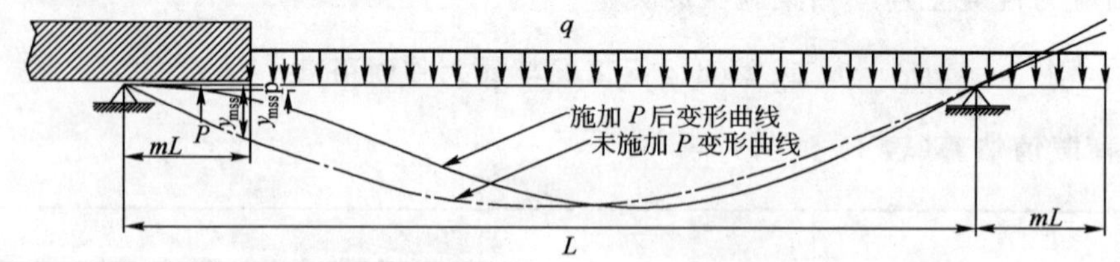

图3　集中力作用下悬臂端变形曲线

常见多跨混凝土连续梁悬臂端长度值如表2。

表2

跨度(m)	悬臂长度(m)	m	y_{mss}(mm)	跨度(m)	悬臂长度(m)	m	y_{mss}(mm)
30	3	0.1	−15	50	7.8	0.16	−38
40	6	0.15	−29	50	9.5	0.19	−44
45	6	0.13	−30	62.5	10	0.16	−48

为保证悬臂端新旧混凝土接缝平顺，必须使模架在箱梁混凝土悬臂端处的变形接近 0，即集中力作用下：混凝土梁悬臂端引起的变形 y_m + 模架变形 $y_{ms} = y_{mss}$。由于混凝土箱梁刚度较大，集中力引起的变形非常小，只有将后支点反力全部施加上才能保证该处变形最小，但全部施加对龄期较短的混凝土箱梁裂纹有一定影响，集中力 P 一般不能全部施加，通常在移动模架底模板施加一个较小的力即可实现接缝平顺问题（底模板刚度比较小）。

表 3 给出广州珠江黄浦大桥 5×62.5m 多跨混凝土连续连梁模架变形大小及接缝处 y_{mss} 控制数值：

混凝土梁续梁惯性矩：

$$I_c = 19.51 \times 10^{12} \mathrm{N/mm^2}, E_c = 3.19 \times 10^4 \mathrm{N/mm^2}$$

移动模架惯性矩：

$$I_{mss} = 2.124 \times 10^{12} \mathrm{N/mm^2}, E_{mss} = 2 \times 10^5 \mathrm{N/mm^2}$$

表 3

距悬臂端 / 集中力 p	集中力引起的梁体及模架变形(mm)						模架变形 y_{mss}(mm)	底板调整(mm)
	2m		3m		4m			
	Y_p	Y_{ms}	Y_p	Y_{ms}	Y_p	Y_{ms}		
4 000kN	12	5	11	5	9	4	48	30～35
5 000kN	15	7	13	6	11	5	48	25～32
6 000kN	18	8	16	7	13	6	48	22～29
7 000kN	22	9	19	8	16	7	48	17～26
8 000kN	25	11	21	10	18	8	48	12～22

表 3 中可以看出：P 距离悬臂端远近影响的变形不很明显，一般取值不小于 3m，P 值大小对变形影响亦不明显，但过大或过近，均将对混凝土梁体生较大弯矩。P 值控制在 7 000kN 以内较为合理。主要变形控制是预紧移动模架底板来实现见图 4。

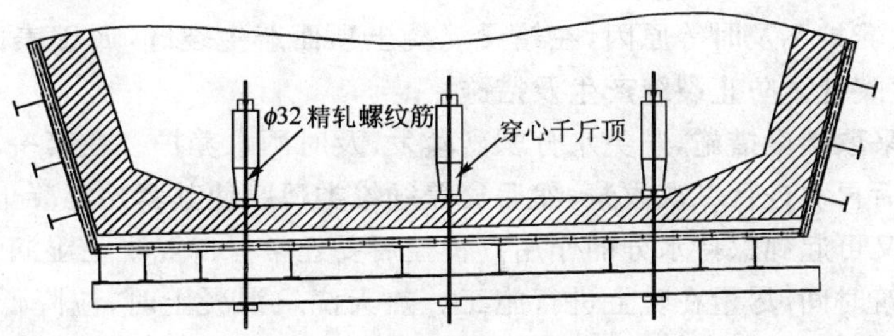

图 4 悬臂端接缝平顺措施

4. 混凝土浇筑次序与集中力施加分级

移动模施工如同挂篮施工一样，浇筑混凝土的次序必须自前端向后浇筑，原因是在新旧混凝土结合处，模架在已浇筑混凝土荷载的作用下，变形趋于稳定，对接缝处的混凝土不会产生扰动，同时有利于分级调整集中力（图 5）。

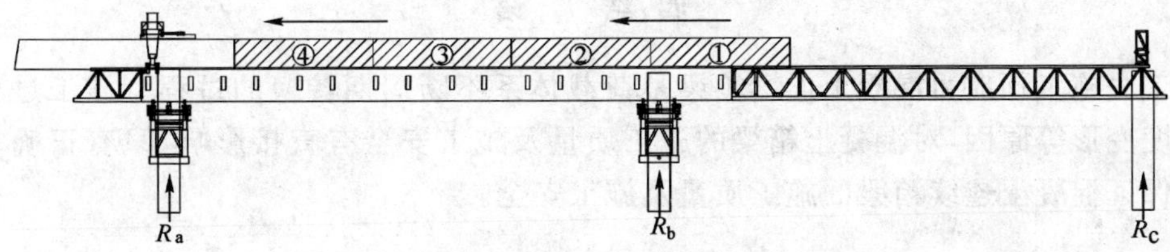

图 5 混凝土浇筑次序

集中力施加一般分为4个阶段：混凝土浇筑到标准跨度的1/4，1/2，/3/4，4/4时的四个调整段，前三个阶段的大小为支点反力值＋200kN，最终为 P_{max}＋200kN。

5. 混凝土表观颜色控制措施

第一跨施工，由于操作人员不熟练，施工时间长，钢筋、内模、机具等无存放平台；容易在底板造成锈蚀或存有尘土等，注意在最低端预留排水孔，采用类似洗车用的高压水枪进行仔细冲洗。

为了防止混凝土产生锈斑，可在模板上铺一层不锈钢板，贴绝缘板或者涂刷树脂类模板漆等措施。由于不锈钢板遇到电焊火花时容易受到烧伤，当有焊接作业时必须采取防护措施，常用的办法是在作业部位洒水隔热。

混凝土振捣作业时，混凝土接触到不锈钢板部位的地方容易黏结，必须及时清理以免积累过多，影响混凝土表观质量。

6. 施工工期控制

从施工总工期控制角度考虑，施工周期越短越好，但从混凝土弹性模量与施工周期关系 $E_t=(E_C-e^{-0.09t})$ 考虑，施工周期控制在12天以上较为合理，$E_t(E_C-e^{-0.09t})=3.11\times10^4 N/mm^2$，弹性模量接近标准值的90％。施工周期越短，混凝土弹性模量就越小，预应力张拉引起的变形就越大，特别是首跨施工混凝土梁尚未构成连续梁，悬臂端张拉后变形更为明显。

E_t 为混凝土设计强度标准，取值如表4。

表4

强度种类	混凝土强度等级								
	C15	C20	C25	C30	C35	C40	C45	C50	C55
$F_{压}$	7.2	9.6	11.9	14.3	16.7	19.1	21.1	23.1	25.3
$F_{拉}$	0.91	1.1	1.27	1.43	1.57	1.71	1.8	1.89	1.96
E_C(10^4MPa)	2.20	2.55	2.80	3.00	3.15	3.25	3.35	3.45	3.55

7. 混凝土箱梁顶板裂缝控制

有时由于温差较大养护不及时等原因，在箱梁混凝土顶面产生裂缝，属于表面水分蒸发及混凝土凝固过程中因收缩而产生裂缝。防止裂缝产生及措施：

(1)高温季节注意采取缓凝措施，避免水分剧烈蒸发，及时洒水养护。在第一次收浆后采用高压喷雾养护，在表面接近初凝后再次进行二次收浆，然后覆盖纤维类薄膜使其紧贴混凝土表面，这样表层混凝土收缩时受到约束，同时又可起到保持水分的作用。覆盖后要经常保持混凝土湿润。

(2)选择合理的浇筑时间，尽量在晚上进行施工。热天浇筑混凝土时，应降低水温拌制，选用水化热小和收缩小的水泥灰比，合理使用减水剂，延长缓凝时间，加强振捣以减少水化热。一旦裂缝出现，可以用环氧树脂配固化剂、丙酮以1∶0.5∶0.25的比例配合进行修补。将裂缝周围5cm内的混凝土凿毛吹净，用酒精清洗后，再用丙酮擦洗一次，再涂环氧树脂，贴玻璃布，尔后再涂一层环氧树脂。玻璃布要求经5％浓度的纯碱水煮沸脱脂，用清水冲洗干净并烘干。这种封闭处理，能保证日后运营过程中钢筋不受大气腐蚀，提高结构的使用寿命。

四、结　　语

移动模架工法施工预应力混凝土连续箱梁是荷载体系不断周期转换的过程。施工过程中的最大临时荷载以及挠度变形等原因，对混凝土箱梁的施工质量及施工安全有直接影响，只有正确掌握施工中的关键环节才能保证混凝土连续箱梁的施工质量及施工安全。

79. 广州珠江黄埔大桥钢桥面铺装结构黏结剂性能研究

陈志一[1] 郝培文[1] 黄成造[2] 欧阳杨[1] 庞立果[1] 胡 磊[1]
(1. 长安大学;2. 广州珠江黄埔大桥建设有限公司)

摘 要 本文主要针对广东珠江黄埔大桥的气候特点和使用条件,选择不同黏结材料进行研究,确定了不同黏结剂的最佳洒布量。研究表明,不同黏结材料的黏结性能相差较大,不同混合料类型对同种黏结材料的抗剪切能力也有较大的影响。建议应根据不同的环境条件、结构组合合理选择黏结材料。

关键词 钢桥面铺装 黏结剂 最佳洒布量 混合料类型

目前,我国还没有钢桥面黏结层设计、试验、施工等方面的统一规范,钢桥面铺装中对黏结材料的选择、使用等存在较大的盲目性,所以需要对钢桥面黏结材料进行试验研究,选择适合不同环境条件、不同结构组合类型的桥面黏结材料的试验方法与合适的评价指标。铺装层和钢板之间的黏结强度对桥面铺装的使用寿命有很大影响。如果面层中的水透过黏结层渗入到钢桥面板,在行车荷载作用下,铺装层和钢板之间发生相对错动和撞击,将导致铺装层和钢桥面板之间黏结力下降,甚至产生脱层现象。铺装层和钢板之间一旦产生脱层现象,将导致铺装的迅速恶化,铺装层的破坏也只是时间问题[1]。

一、黏 结 材 料

本研究选择了2种黏结材料、3种结构组合形式:美国环氧沥青黏结剂和日本环氧黏层油;双层美国环氧沥青混合料+美国环氧沥青黏结剂、双层日本环氧沥青混合料+日本环氧沥青黏层油以及上层高黏度改性沥青SMA8混合料+美国环氧沥青黏结剂+下层美国环氧沥青混合料。

1. 美国环氧沥青黏结剂

美国环氧沥青黏结剂是由二种组分组成:组分A是由双酚A和表氯醇经反应得到的液态双环氧树脂,不含稀释剂、软化剂或增塑剂,也不含无机填料、色素或其他污染物或不溶物质。其性质指标如表1所示。

组分A技术指标 表1

技术指标	技术要求	试验方法
黏度(25℃)(cP)	100~160	ASTM D 445
环氧当量(含1g环氧的材料克数)	185~192	ASTM D 1652
颜色(加德纳)(Gardner)	≤4	ASTM D 1544
含水量(%)	≤0.05	ASTM D 1744
闪点(℃)	≥200	ASTM D 92
相对密度	1.16~1.17	ASTM D 1475
外观	透明琥珀色	目视

注:$cP=10^{-3}Pa\cdot s$。

组分B是一种由石油沥青和环氧树脂固化剂组成的匀质合成物。它不含不可溶物质(比如无机填料或色素等)和污染物,其性质指标如表2所示。

组分B技术指标 表2

技术指标	技术要求	试验方法
酸值(KOH每克)(mg)	60～80	ASTM D 664
闪点(克立夫兰敞口杯)(℃)	≥250	ASTM D 92
含水量(%)	≤0.05	ASTM D 95
黏度(100℃,100r/min)(cP)	>80	布氏黏度计,HBT型采用3号轴(100r/min)(ASTM D 2041)
相对密度(23℃时)	0.98～1.02	ASTM D 1475
颜色	黑	目视

注:$cP=10^{-3}Pa\cdot s$。

将环氧沥青黏结剂组分A和组分B分别加热至82～93℃和142～149℃,按质量比例1∶4.45混合后得到的环氧沥青黏结剂性质指标如表3所示。

环氧沥青黏结剂技术指标 表3

技术指标	技术要求	试验方法
重量比(A∶B)	100∶445	—
抗拉强度(23℃)(MPa)	≥6.894 7	ASTM D 638(GB/T 528—1998)
断裂延伸率(23℃)(%)	≥190	ASTM D 638(GB/T 528—1998)
热固性(300℃)	不熔化	小试件放置在热板上
膨胀比(23℃)	≤3.0	特殊规程
浸耗率(23℃)(%)	≤35	特殊规程

2. 日本环氧沥青黏层油

日本环氧沥青黏层油HYPER-PRIMER由主剂和固化剂二种成分组成。其基本物理性能和技术指标如表4～表5。

HYPER-PRIMER(主剂)的技术指标 表4

物理性能	规定值	试验方法
黏度25℃(cP)	1 000～4 000	JIS K 7 233
相对密度(25℃)	1.10～1.30	JIS K 7 232
外观	淡黄色透明液体	肉眼观察

HYPER-PRIMER(固化剂)的技术指标 表5

物理性能	规定值	试验方法
黏度(25℃)(cP)	500～1 000	JIS K 7 233
相对密度(25℃)	0.75～1.00	JIS K 7 232
外观	淡黄色液体	肉眼观察

将主剂和固化剂分别加热到50～60℃,以1∶1的比例混合后搅拌数分钟使其充分混合,养生固化后的黏层油性能如表6。

HYPER-PRIMER养生固化后的技术指标 表6

物理性能	规定值	试验方法
重量比(主剂/固化剂)	50/50	—
拉伸强度(23℃)(MPa)	4.0以上	JIS K 7 113
破坏延伸率(23℃)(%)	100以上	JIS K 7 113
黏结强度(拉伸:(铁/铁))(23℃)(MPa)	3.0以上	—

二、黏结层的要求

对黏结层主要有以下几个方面的要求。

①不透水性：与面层和桥面有良好的黏结作用，防止水分下渗接触桥面板，腐蚀钢筋。

② 稳定的力学性能：黏结材料应具有良好的力学性能，能够适应结构的各种变化，且在面层传来的各种荷载应力下（包括垂直应力和水平剪力）或在急弯、陡坡区域都不会使面层和桥面板脱离。因为车辆在加速或者制动的过程中，在铺装层与钢板之间形成较大的剪应力，将减弱或者损坏黏结层，同时纵横向剪切力随着桥面板坡度的增加而增加，这可能会造成坡度变化点处的铺装层开裂[1]。黏结层在桥面的温度变化范围内保证力学性能稳定，将沥青混凝土铺装层与钢桥面板黏结成一个整体，充分发挥铺装层与桥面板的复合作用，改善桥面板与铺装层的受力情况。

③耐久性：黏结材料多为有机材料或高分子改性沥青，而有机物最大的缺点就是在热、光、风雨、微生物、氧等各种因素综合作用下容易发生氧化、老化。老化后，材料会丧失原先的一些优良性能，弹性、韧性、强度都会逐渐退化。如果耐老化性能过差，还会降低与其他层的黏结力，导致面层早期破坏。

④与其他材料的协调性：黏结层位于钢桥面板与沥青混合料之间或者混合料之间，因此，它与上下层间的协调配合性能就显得尤为重要。不仅表现在力学性能上，而且表现为物理、化学性质的协调上。黏结材料应能适应桥面的各种变化，如不平整、粗糙、灰尘、一定潮湿度、冻融循环的作用等。同时应具有抵抗桥面裂缝的能力，修补面层时黏结层不被破坏。

⑤可操作性：施工现场，需将很薄的黏结材料撒布到大面积的桥面上，此时，施工简单、方便、自动化程度高，劳动强度低等是非常必要的；另外，材料应能适应较宽范围的施工温度，便于一般技术人员操作，同时材料应能抵抗面层摊铺面因松散集料、燃料污染、跌落物体等的破坏；且在正常的机械设备碾压作用下不应破坏。

⑥用作应变吸收层。黏结层一般多用变形能力大的弹性材料。当桥面板在温度变化或行车荷载作用下发生水平向变形时，黏结层可以吸收铺装层和桥面板之间部分相对位移，从而减小铺装层内的应力。

总的来说，用于钢桥面的黏结材料应具备承受面层摊铺和碾压设备施加的荷载，具有在热沥青混合料的高温作用下不流淌和经受行车荷载的能力，并在此条件下与桥面板和铺装面层黏结良好，保证水分无法渗透到桥面板等优良性能。

三、黏结层性能研究

桥面铺装的破坏一般是由于铺装层抗剪切强度不足造成的[2-3]。桥面铺装中特有的、不同于路面的破坏形式是黏结层剪切破坏，一般体现为桥面铺装层与桥面板之间的黏结力丧失。

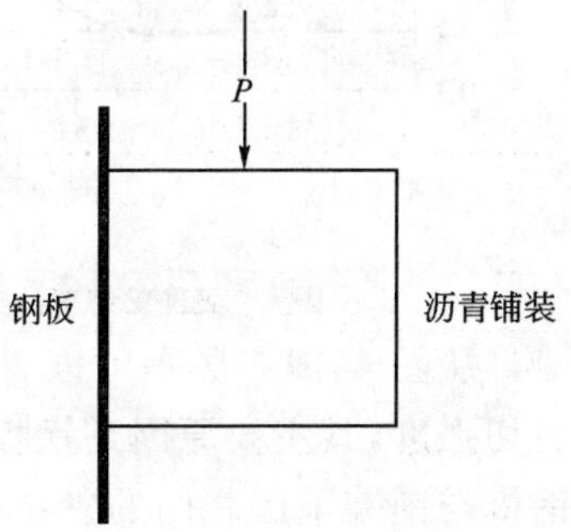

本试验中黏结层材料受剪性能的加载剪切试验装置如图 1 所示。

图 1 剪切试验示意图

当对试件施加荷载 P 时，试件受剪切面上的剪切强度为：

$$\tau=\frac{P}{S}$$

式中：τ——剪切强度(MPa)；

P——作用荷载(N)；

S——试件受剪面积(mm^2)。

将已固化的试件切割成一定尺寸，测量剪切试件的剪切面积后将其放入剪切试验仪器中，使待检验试件的剪切面与仪器的剪切面保持在一个平面上，然后以恒定的速率（试验加载速度为 50mm/min）施加荷载，直至试件发生剪切破坏，测试所能施加的最大破坏荷载 P。根据钢桥面铺装的实际使用条件，车辆在桥面行驶时对黏结层所施加的水平剪切力，最不利的情况是在高温环境条件下。由于 25℃时的剪切力超过了仪器量程 100kN，结合广东珠江黄埔大桥所处地理位置的气候条件（夏季最热月份为 7 月，平均气温为28.8℃，极端最高气温38.7℃，据研究，钢桥面铺装的温度可以高出气温30℃左右[2~4]），本研究进行了60℃和80℃时的抗剪强度试验。

1.不同黏结材料最佳洒布量的确定

(1)上下铺装层间

由资料[2～4]推荐，上下铺装层之间黏结材料的最佳洒布量为：美国0.45L/m²、日本0.4kg/m²。以此对上下铺装层分别展开进行试验，结果如图2、图3。

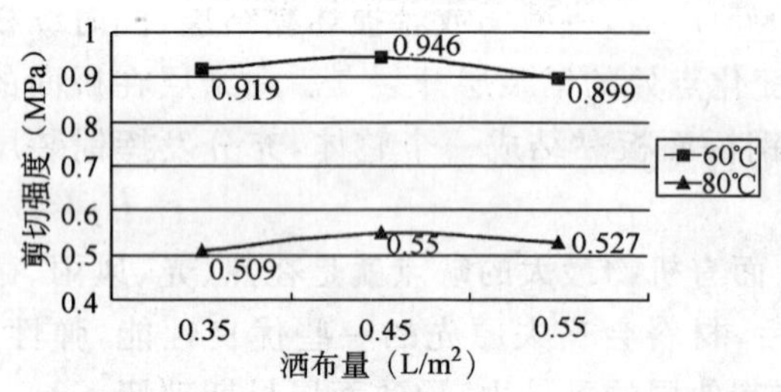

图2 美国黏结剂的剪切试验结果

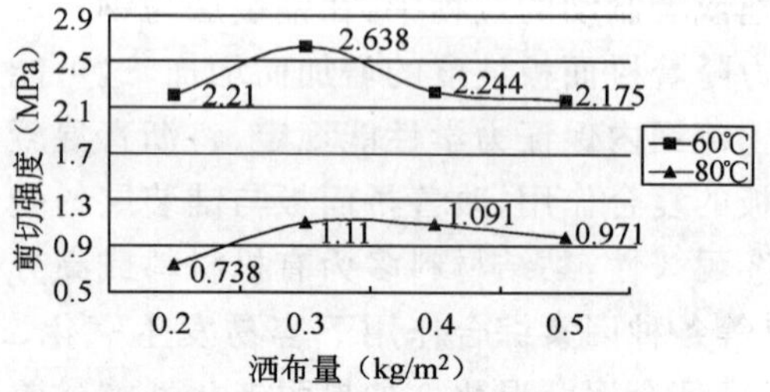

图3 日本黏层油的剪切试验结果

从试验数据可以看出，无论是哪种黏结材料，其黏结强度远远超过了一般桥面铺装中60℃时抗剪切强度大于0.6MPa的要求[2~4]。即使是80℃的高温下抗剪切强度也基本达到了0.6MPa。同时在不同温度下黏结材料的最佳洒布量保持了很好的一致性，上下铺装层之间最佳洒布量为：美国0.45L/m²、日本0.30kg/m²。由于施工中一般很难精确控制黏结剂的洒布量，所以一般规定在最佳洒布量±0.05 L/m²(kg/m²)的范围内都是容许的。

(2)钢板与铺装下层间

由资料推荐，钢板与铺装下层之间黏结材料的最佳洒布量为：美国0.68L/m²、日本0.4kg/m²。以此上下铺装层分别展开进行试验，结果如图4、图5。

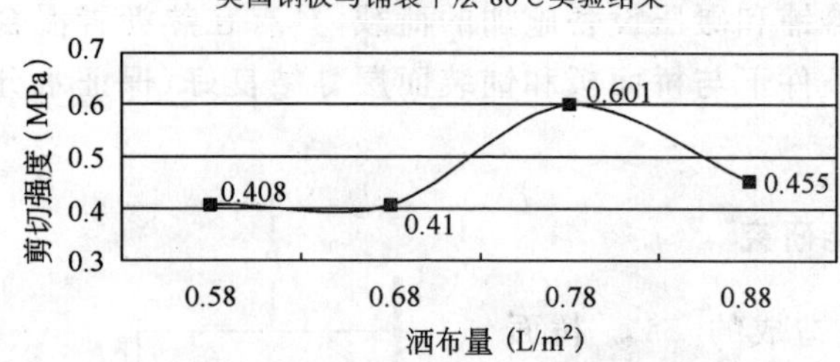

图4 美国黏结剂的剪切试验结果

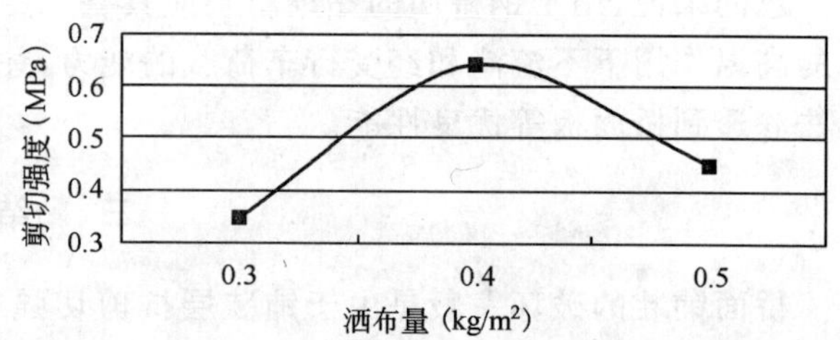

图5 日本黏层油的剪切试验结果

从图4、图5数据可以看出，一般情况下，钢板与铺装层之间的抗剪切强度小于上下铺装层之间的抗剪切强度，其主要原因是钢板表面较光滑，所以有必要采取一些增大钢板粗糙度的措施，例如：撒布碎石。钢板与铺装下层之间的黏结剂最佳洒布量为：美国0.78L/m²、日本0.4kg/m²。

2.不同结构组合对黏结层抗剪强度的影响

为了研究混合料类型对黏结层抗剪切强度的影响，本研究选择了上层高黏度改性沥青SMA8混合料＋美国环氧沥青黏结剂＋下层美国环氧沥青混合料的结构组合形式。上下铺装层之间的剪切实验结果如图6所示。

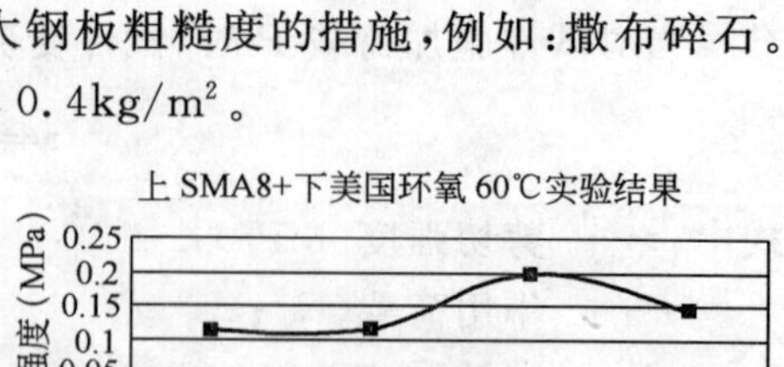

图6 上层SMA8＋下层美国环氧沥青混合料的试验结果

由于SMA混合料在60℃时的强度相对环氧沥青混合料较低，破坏发生在混合料内部，所以黏结层实际的抗剪切强度大于所测值。和双层美国环氧沥青混合料相比，此结构组合的抗剪切强度较低。由于SNA混合料的空隙较大，所以此结构的最佳洒布量大于双层美国环氧沥青混合料结构组合的最佳洒布量，可以看出混合料类型对黏结层的抗剪切强度有很大的影响。

四、结　语

(1)钢桥在荷载、温度变化和风载等作用下变形的复杂性和正交异性桥面钢板结构的特殊性，使铺装层受力变得十分复杂。所以正确把握钢桥面铺装的使用条件(包括铺装的受力状态、交通量和交通组成、环境气候条件)是桥面铺装研究的基础和关键。

(2)铺装层和钢板之间黏结力丧失而脱层是桥面铺装损坏的主要表现。一旦出现脱层现象，在荷载作用下铺装层对钢板的摩擦冲击会破坏钢板防锈层，空气和水分进入层间后会使桥面钢板表面发生腐蚀甚至锈蚀。

(3)不同黏结材料都存在一个最佳剂量，同一种黏结材料在不同结构组合中的最佳剂量也是不同的。最佳剂量下抗剪切强度最大。所以在使用环氧沥青黏结剂时，应针对不同结构组合、不同黏结材料确定最佳洒布量是保证铺装层和钢板之间具有较强黏结力的关键。

(4)不同黏结材料的黏结性能存在较大的差别，同种黏结材料在不同结构组合中的抗剪切强度也是不一样的，所以应该根据实际条件、结构类型等选择合适的黏结材料。

参考文献

[1] T. O. Medani, M. Sc. Asphalt Surfacing Applied to Orthotropic Steel Bridge Decks. Faculty of Civil Engineering and Geosciences Road and Railroad Research Laboratory & Steel and Timber Structures. March 2001.

[2] 东南大学交通学院. 南京长江第二大桥钢桥面铺装材料研究报告. 南京：东南大学. 2000.

[3] 东南大学交通学院. 润扬长江公路大桥钢桥面铺装研究(总报告). 南京：东南大学. 2005.

[4] 华南理工大学道路工程研究所. 湛江海湾大桥钢桥面铺装研究报告分报告四[R]. 广州：华南理工大学. 2005.

[5] 张磊. 江阴大桥钢桥面铺装病害研究[D]. 南京：东南大学，2004.

80. 超长斜拉索施工技术

——苏通长江公路大桥超长斜拉索安装总结

张　鸿[1]　饶华容[2]　王　蔚[2]　邓惠斌[2]

(1. 中交二航局有限公司；2. 武汉二航路桥特种工程有限责任公司)

摘　要　本文以苏通长江公路大桥为例介绍了超大跨径斜拉桥斜拉索安装方法以及施工要点。

关键词　斜拉索　上桥面　展索　挂设　张拉　PE护套

为完善国家公路主骨架网，一批跨大江(河)、跨海湾(连岛)大跨径斜拉桥逐步开工建设，且跨度越来越大，作为斜拉桥主要受力构件的斜拉索也随之加长、加重，超长索的安装已经成为大跨斜拉桥顺利实施的关键工序之一。超长索安装工艺的选择直接关系到整个斜拉桥施工的成败，系统的总结大跨径斜拉桥超长索安装方法是每个工程技术人员基本职责所在，本文以苏通大桥为例对大跨径斜拉桥超长索施工工艺进行介绍，为今后大跨径斜拉桥超长索施工提供参考。

一、工 程 概 述

作为目前世界第一大跨径斜拉桥的苏通大桥，其主桥设计采用双塔双索面钢箱梁斜拉桥，主跨跨径为1 088m，索塔为倒Y形结构，高300.4m。斜拉索为空间双索面扇形结构，每塔两侧各布置34对平行钢丝斜拉索，全桥共272根索，最大索长近580m，重59t，具体见图1。

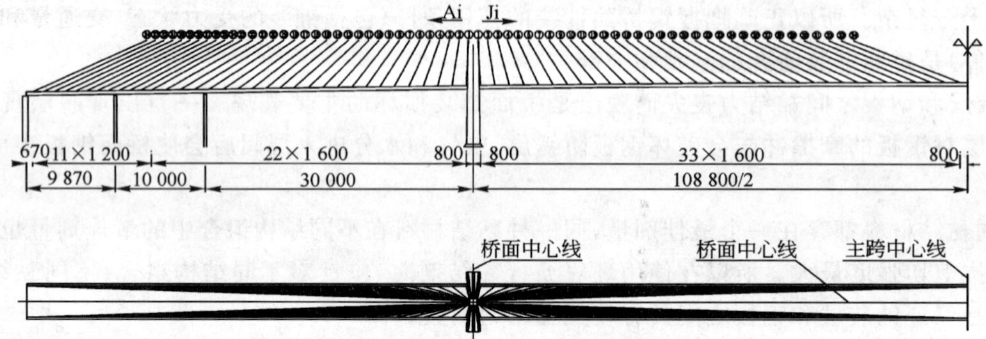

图1　斜拉索总体布置图(尺寸单位:mm)

斜拉索采用工厂生产的双防腐系统(镀锌和高密度聚乙烯外保护层)的高强度低松弛平行钢丝扭绞型成品拉索，钢丝规格型号为PES7。根据索力的不同，本桥斜拉索共分八种规格，即:PES7-139、PES7-151、PES7-187、PES7-199、PES7-223、PES7-241、PES7-283和PES7-313。最长索为577m，重59t。全桥共设4×34×2=272根斜拉索，梁段中跨及边跨索距为16m，辅助跨远塔处索距为12m。

二、超长斜拉索施工方法

斜拉索张挂施工主要包括索上桥面、展索、挂设、张拉、索力测试、调整及减振装置安装等工序，根据斜拉索的长度、重量以及国内、外斜拉桥斜拉索现状，将长度在350m以上的斜拉索定义为超长索(苏通大桥21-34号斜拉索)。

1. 国外超长斜拉索(日本多多罗大桥)施工方法

日本多多罗大桥主跨跨径890，塔高224m，是目前世界上已建成的最大跨径的斜拉桥。其斜拉索最大型号为ϕ7-394，最长斜拉索长约460余米。

多多罗大桥斜拉索采用150t汽车吊整体提升上桥面；大型平板车将斜拉索运至主梁前端，卷扬机向塔肢方向牵引斜拉索完成桥面展开；塔顶吊机完成斜拉索塔端挂设，软、硬组合牵引完成梁端牵引锚固及张拉。多多罗大桥相关工序施工方法见图2。

150t汽车吊提升上桥面　大型平板运至悬臂端　　3台大型汽车吊调整角度

图2　日本多多罗大桥超长斜拉索施工图

2. 总体施工工艺

苏通大桥超长索施工方案借鉴了日本多多罗大桥成功经验，并结合实际条件对以下几方面作的调整：

(1)苏通大桥最长斜拉索及索盘的重量为70t，而且桥面距水面高度达76m，无法采用汽车吊或浮吊提升上桥面，同时，由于塔端索间距影响，也无法通过塔吊提升索盘，因此苏通大桥超长索采用特制桥面吊索桁车提升上桥面。

(2)苏通大桥斜拉索桥面展开时将立式放索机、索盘固定在岸侧3号梁段，放索机和索盘只在3号梁段的轨道作横向移动。钢箱梁制造时对立式放索机、索盘移动范围内钢箱梁作了加固处理。采用此方法可以加快展索进度，同时也减少了设备的投入，桥面不需要大型吊车和平板车设备，也不需要对钢箱梁进行较大范围加固。

(3)苏通大桥主梁宽达41m，因此采用双桥面吊机吊装钢箱梁，大型汽车吊无法移动到悬臂前端对梁端牵引过程中斜拉索角度进行调整。同时，由于主桥施工悬臂长、结构柔，施工控制计算表明，悬臂前端施工荷载增加较多后，会导致部分梁段底板应力过大，对于结构安全极为不利，因此超长索安装采用特制的角度调整支架配合手拉葫芦对斜拉索梁端牵引角度进行调整。对于江侧，由于空间限制，在桥面吊机设计时，将角度调整架融为一体，对于岸侧，采用专用角度调整架进行拉索牵引角度调整。在拉索梁段牵引锚固时，只需要一台50t吊车在桥面吊机后方配合施工，有效地控制了施工荷载和减少了设备投入，降低了施工风险。

考虑以上几点因素，苏通大桥超长索张挂总体方案如下：

超长索采用桥面吊索桁车整体提升上桥面置于立式放索机上；桥面卷扬机牵引梁端锚头至前端梁，MD3600塔吊提升斜拉索中部协助完成桥面展开；利用塔顶门架及卷扬机进行塔端挂设；桥面卷扬机、连续千斤顶、软硬组合牵引梁端锚头入索套管锚固，最后在梁端进行张拉、塔端调索。

由于在梁端进行软、硬牵引及张拉，为满足施工空间要求，部分或全部风嘴先不安装，待该节段斜拉索施工完成后进行安装。

3. 主要施工方法

超长索安装主要施工流程：索上桥面→桥面展索→塔端挂设→梁端牵引锚固→张拉。

(1)索上桥面

超长索采用长江水运，根据斜拉索安装计划，斜拉索制造厂将验收后待交付的斜拉索运至南、北索塔主墩旁抛锚定位。由桥面上的门式吊索桁车将斜拉索连同钢盘一起整体提升上桥面，置于立式放索机上。门式吊索桁车安装在A2号与A3号索之间(北索塔布置在梁段上游；南索塔布置在梁段下游)，高17.2m、宽10m、总长16.15m，主要由主桁架、起重小车、工作平台及爬梯等几部分组成。

(2)桥面展开及塔端挂设

由于苏通大桥超长索长度和重量都很大，采用塔吊协助桥面卷扬机进行桥面展开，采用塔顶卷扬机协助塔顶门架完成塔端挂设。塔顶门架为钢梁形式，在塔顶布置两根承重主梁，长度为36.8m，在主梁上设有吊具承重梁，其下挂有滑车组等起吊设备，两台起重卷扬机分别放在A1号与J1号钢箱梁梁面上，最大起吊重量为60t。超长索桥面展开及塔端挂设流程如下：

卷扬机牵引立式放索机、斜拉索至箱梁中央→汽车吊卸下梁端锚头置于锚头小车→梁端锚头连接卷扬机钢丝绳→卷扬机牵引梁端锚头至前端梁→塔吊提升斜拉索中部直至斜拉索全部展开→安装挂索夹具连接塔顶门架起吊系统→塔顶门架起吊系统提升塔端锚头至索套管口处→塔顶卷扬机牵引塔端锚头锚固。

(3)梁端牵引锚固及张拉

苏通大桥超长斜拉索采用梁端软硬组合牵引完成梁端牵引锚固，张拉统一在梁端完成，其施工流程如下：

梁端锚头处安装牵引夹具连接牵引卷扬机滑车组→卷扬机牵引梁端锚头至桥面吊机处→梁端锚头处安装张拉杆、钢绞线等软、硬组合牵引装置→软牵引千斤顶牵引梁端锚头张拉杆至索套管口处→角度调整支架调整角度使张拉杆、锚头与索套管同心→软牵引千斤顶牵引张拉杆出锚垫板面临时锚固→硬牵引牵引梁端锚头出锚板面锚固→开启张拉油泵梁端对称同步张拉斜拉索。

三、关键技术问题及解决方法

超长斜拉索安装的关键技术问题主要包括：

斜拉索桥面展开、塔端挂设、梁端牵引锚固及斜拉索PE护套的保护。

1. 斜拉索桥面展开

由于苏通大桥超长斜拉索重量大，为了保证斜拉索桥面展开、移动过程中不损伤钢箱梁，超长斜拉索采用将立式放索机、索盘固定于岸侧3号梁段，只作横向移动(施工中对放索机移动范围内钢箱梁作了局部加固处理)的方式完成桥面展开。

对托索小车进行了改进，将小车高度降低，摆放密度加密，确保桥面展开后的斜拉索更加顺直，对斜拉索保护更为有利，斜拉索桥面展开后形状见图3。

图3　苏通大桥斜拉索桥面展开后的形状

2. 斜拉索塔端挂设

斜拉索塔端挂设的关键点是：如何在不损伤斜拉索的情况下将塔端锚头安全顺利的提升至塔端锚垫板处锚固。超长斜拉索采用两点配合提升的方式避免起吊过程中斜拉索出现过度弯折的现象，但由于塔端挂设主吊点（采用索夹同斜拉索连接）受力很大，索夹与斜拉索容易产生相对滑动从而损伤斜拉索。

苏通大桥J34号索塔端挂设主吊点所需最大提升力约为23t，橡胶垫同斜拉索PE护套以及索夹内表面间摩擦系数均小于0.1（国内目前没有这方面的资料，经验数据），为保证斜拉索与橡胶垫、橡胶垫与索夹内表面不产生相对滑移，夹紧力必须大于230t，对于脆弱的PE护套只有通过增加索夹长度来避免其损伤，索夹长度的增加增大的施工困难与风险。

为减小施工风险，通过反复的PE抗压、抗拉试验（见图4）对索夹的长度、内径、橡胶垫的种类作了筛选，对施工索夹的夹紧力、每个螺栓的拉拔力与施加扭矩进行了确认；同时对索夹内表面进行了喷砂、打磨处理（见图5），施工时采用扭力扳手对索夹螺栓分级逐个进行施拧，确保斜拉索塔端挂设过程中索夹与斜拉索不产生相对滑动，同时也最大限度的减小了操作困难。

图4　斜拉索PE护套抗压、抗拉试验选取施工参数

图5　索夹内表面打磨处理

3. 斜拉索梁端牵引锚固

斜拉索梁端牵引锚固关键点就是确定梁端牵引各阶段所需的牵引力，根据牵引力选择牵引设备。34号索梁端牵引力计算相关参数见表1，牵引力位移关系见图6。

34号索梁端牵引计算相关参数　　表1

项　目	参　数	
锚点坐标	塔端坐标(2.049,0.700,299.306)	梁端坐标(536.000,18.119,78.004)
斜拉索型号	ϕ7×313	
截面积	0.012 046m^2	
单位长度重量	100.8kg/m	
无应力长度	578.42m	

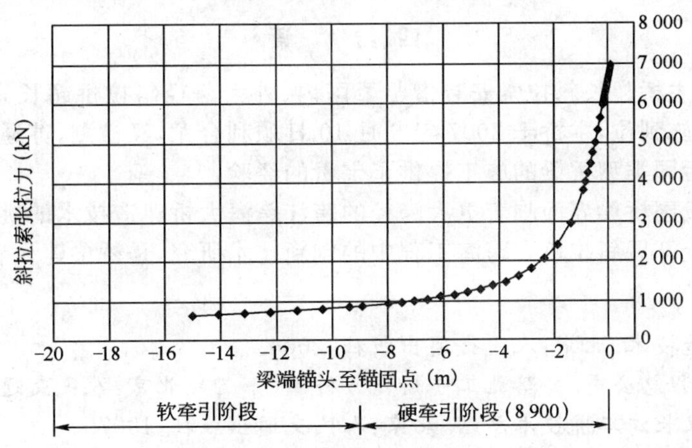

图 6 34 号索梁端牵引力、位移关系图

若采取单一的软牵引进行 J34 号索梁端牵引锚固施工，所需要软牵引钢绞线数量约为 40 束(单根钢绞线受力按照 12t 考虑)，20 多米长 40 束钢绞线的软牵引实际操作无法实现；若采取单一的硬牵引进行斜拉索梁端牵引锚固施工，所需要的最大硬牵引长度为 26m，这样长的硬牵引张拉杆施工过程的弯折问题很难解决，以上两种施工方法基本不可行。

苏通大桥超长斜拉索采取软、硬组合牵引的方法完成梁端牵引锚固，采用这种施工方式能够充分发挥软牵引与硬牵引的各自优势，硬牵引减小了软牵引力，将软牵引钢绞线数量减少，使软牵引钢绞线受力均匀性更容易控制，降低了软牵引的施工风险与难度，软牵引的使用又可以缩短硬牵引长度，降低硬牵引风险。

4. 斜拉索 PE 护套的保护

PE 护套全称高密度聚乙烯保护套，其主要作用是保证斜拉桥运营期间斜拉索钢丝不受侵蚀，PE 护套保护的好坏直接影响到斜拉索乃至斜拉桥的使用寿命。斜拉索张挂过程中若 PE 护套与硬性物质直接接触或斜拉索弯曲半径不够容易造成 PE 护套损伤，为避免施工过程中造成斜拉索 PE 损伤，超长斜拉索张挂过程中在拉索与硬性物质接触的地方都加垫了 10mm 厚橡胶垫。对于超长索，塔端挂设完成而梁端还未牵引时，若不采取保护措施，斜拉索在塔端索套管口处很难满足最小弯曲半径要求从而造成 PE 护套损伤。为解决超长索局部弯曲半径难以满足要求的难题，超长索塔端挂设完成后在斜拉索与塔柱面接触处加垫橡胶垫，并且利用塔顶手拉葫芦将斜拉索索套管出口处提起(见图 7)，使其悬空，有效的增大弯曲半径，延长了使用寿命。

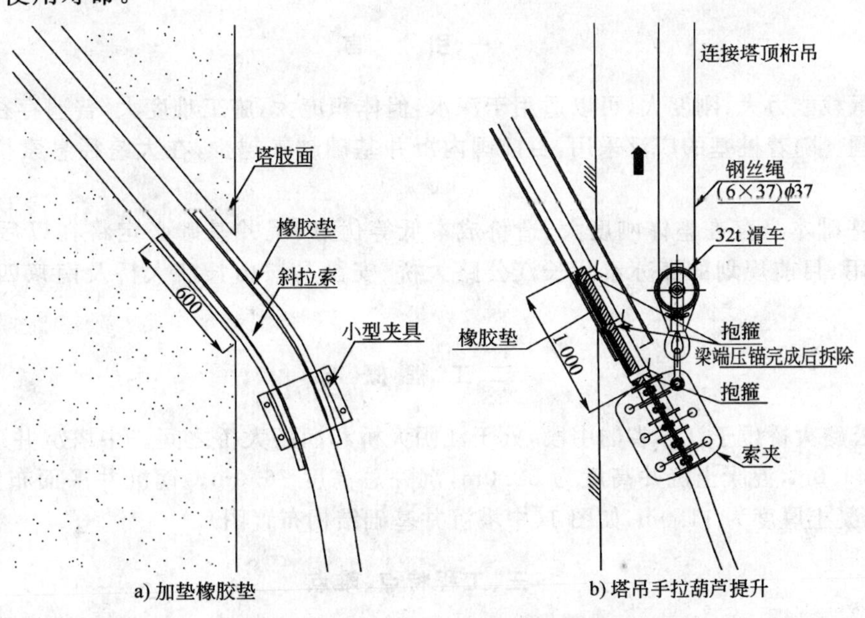

图 7 斜拉索弯曲半径保证措施图

四、结　语

苏通长江公路大桥主桥超长斜拉索安装借鉴了国内、外大跨径斜拉桥超长索安装的成功经验，施工方案合理、组织得当、措施到位，主桥于2007年6月10日顺利合龙，经检测，苏通大桥斜拉索施工质量达到国内领先水平，为今后同类型桥梁的施工提供了宝贵的经验。

进入新世纪以后，我国桥梁界面临着更大跨径的跨江跨海大桥建造技术的挑战及时系统的总结斜拉桥建造技术，在此基础上开展斜拉桥在跨海工程中的创新技术研究，是桥梁建设者义不容辞的责任。

参考文献

[1] 陈明宪. 斜拉桥建造技术. 北京：人民交通出版社，2004.

[2] 交通部第一公路工程总公司. 公路施工手册——桥涵(下册). 北京：人民交通出版社，2003.

[3] 铁道部大桥局. 武汉长江二桥技术总结. 北京：人民交通出版社，1997.

[4] 金增洪编译. 日本多多罗大桥施工技术介绍. 国外公路，1999(4).

[5] 湖北京珠高速公路建设指挥部. 2001年湖北省公路学会桥梁工程专业委员会年会暨武汉军山长江公路大桥学术交流会论文集.

[6] Sevensson, H. S. and T. G. Lovett, 1995, The Twin Cable——Stayed Baytown Bridge of the International Bridge Conference: Bridge into 21st century, HongKong, 1995.

[7] 刘士林等. 斜拉桥. 北京：人民交通出版社，2002.

81. 泰州长江公路大桥中塔沉井施工关键技术研究

薛光雄　杜洪池　任回兴　宋智梅

(中交第二公路工程局有限公司)

摘　要　泰州长江公路大桥是我国拟建的又一世界级工程，中塔沉井是基础的关键部分，存在诸多世界级施工难题。

关键词　泰州长江公路大桥　中塔沉井　施工　关键技术　研究

一、引　言

沉井基础承载能力大，刚度大，可以适用于深水，但体积庞大，施工难度大，普遍存在下沉偏差和工期难以控制等问题。随着桩基的广泛采用，目前国内沉井基础越来越少，在大跨径悬索桥中仅有江阴大桥北锚碇一例。

由于沉井基础本身存在整体刚度大、造价成本低等优点，沉井基础必定将在以后建设的大跨径悬索桥中予以采用，目前规划的江苏泰州长江公路大桥、安徽马鞍山长江大桥及南京四桥均有沉井基础设计方案。

二、工 程 概 况

泰州长江公路大桥位于江苏省的中段，处于江阴大桥和润扬大桥之间。中塔沉井顶高程为＋6.0m，钢沉井高度为44.0m，混凝土沉井高度为32.0m，沉井总高度76.0m。钢沉井平面布置为12个方形井孔，沉井封底混凝土厚度为11.0m，如图1(中塔沉井基础结构布置图)。

三、工程特点、难点

(1)沉井下沉施工精度要求高；

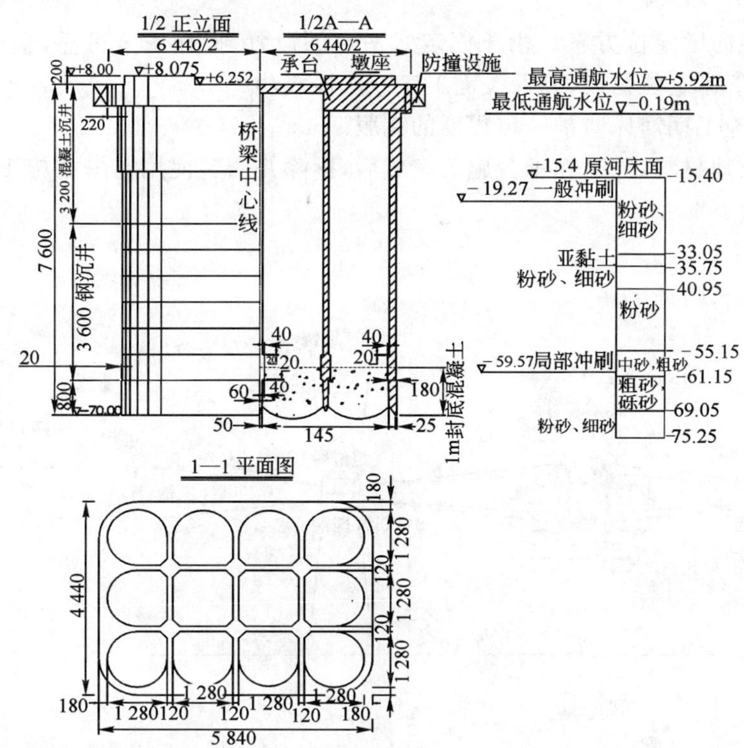
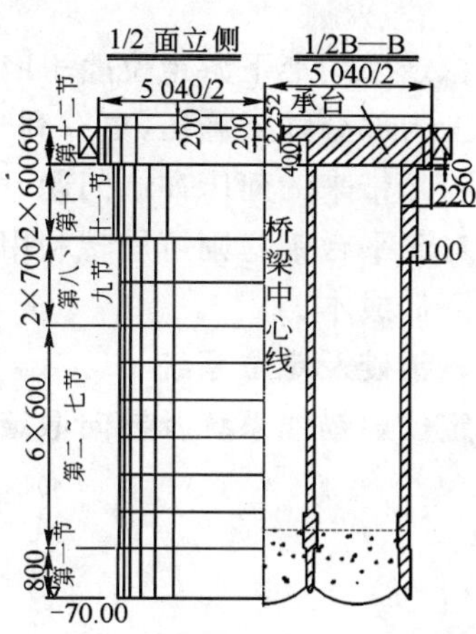

图 1 沉井基础结构布置图(尺寸单位:cm)

(2)沉井着床过程改变水流情况,引起河床冲刷,必须采用合理的河床防护方案,确保着床施工精度;

(3)沉井位于江中心,水深流急,锚碇及定位系统施工难度大;

(4)沉井下沉施工过程不可见,必须采用先进的监测措施;

(5)本工程覆盖层厚度达 200m,沉井穿过地层主要为砂层,施工过程容易出现涌砂等不利情况。

四、沉井定位及着床

1. 方案比选(表 1)

锚碇系统方案比选表

表 1

方案名称	优点	缺点	比选结果
上下游定位船+南北侧导向船方案	1. 工艺成熟,较易控制; 2. 作业面宽阔,水上操作安全可靠; 3. 受力集中在导向船,整个系统整体性好	1. 投入最大,成本高,尤其导向船规模太大; 2. 占用施工水域面积较大,锚缆系统影响其他环节水上作业; 3. 导向船增大浮吊吊装幅度,必须选用大吨位浮吊	不推荐
上下游定位船+南北侧锚碇位方案	1. 无需导向船,且浮吊要求相对较低,经济性最优; 2. 工艺成熟,前期准备工作量小,施工快捷; 3. 不增阻水面积,对冲刷小影响	1. 南北侧向锚直接作用于沉井,定位操作困难; 2. 沉井周边缺乏操作平台; 3. 锚缆系统繁多,影响其他环节水上作业	不推荐
上下游定位船+南北侧钢管桩导向墩方案	1. 变全水上施工为部分陆上施工,操作安全方便; 2. 工艺成熟,沉井着床定位精度高,能满足本工程高精度的要求; 3. 为后续施工提供了操作平台	1. 水平荷载大,导向墩刚度要求高,投入较侧锚方案大; 2. 加大阻水面积,加剧冲刷	推荐

拟定采用上下游定位船＋南北侧导向墩定位方案。由于固定式平台的设置，操作安全可靠，变全水上施工为部分陆上施工，更有利于提高着床定位精度，确保关键工序一次性成功。

随之带来的河床冲刷问题，可通过施工期河床防护一定程度的克服。

对于平台钢材则可周转利用现有工地材料，同时在承台施工完成后，拆除并周转使用与塔柱施工，尽可能降低成本。

2. 锚碇及定位系统

定位船锚缆系统及导向墩定位系统见图2～图4。

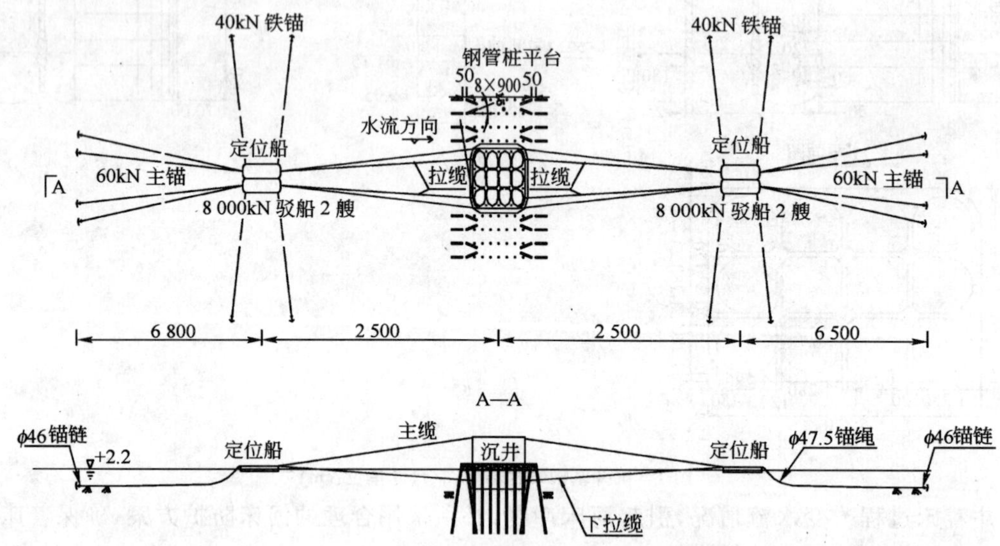

图2　上下游定位船锚缆系统平面布置图(尺寸单位：mm)

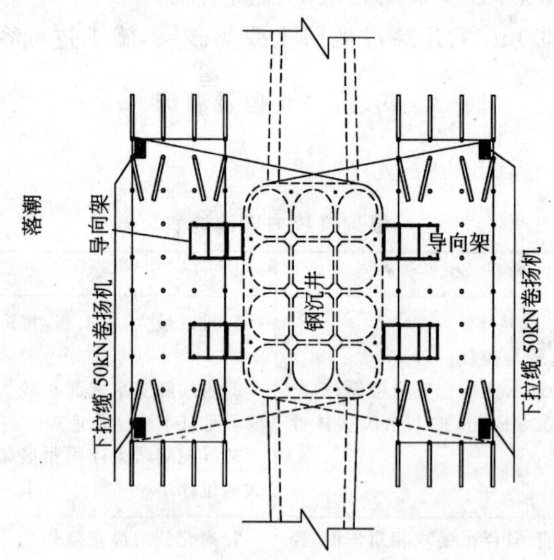

图3　导向墩平台顶定位设施布置图

3. 着床施工

(1)着床时机的选择

着床尽量选择水流流速小、流态稳定的时段，利于钢沉井的精确定位。

流速小、流态稳定的水流状态维持时间较长，有利于钢沉井下沉精度。

尽量缩短着床作业时间。

钢沉井建议选择枯水期下沉着床。着床时机选择在流速小、流态稳定的时间段。时间选择在退潮开始时注水，控制速度，利用低平潮时段进行着床，尽量在一个低平潮时段完成着床施工。

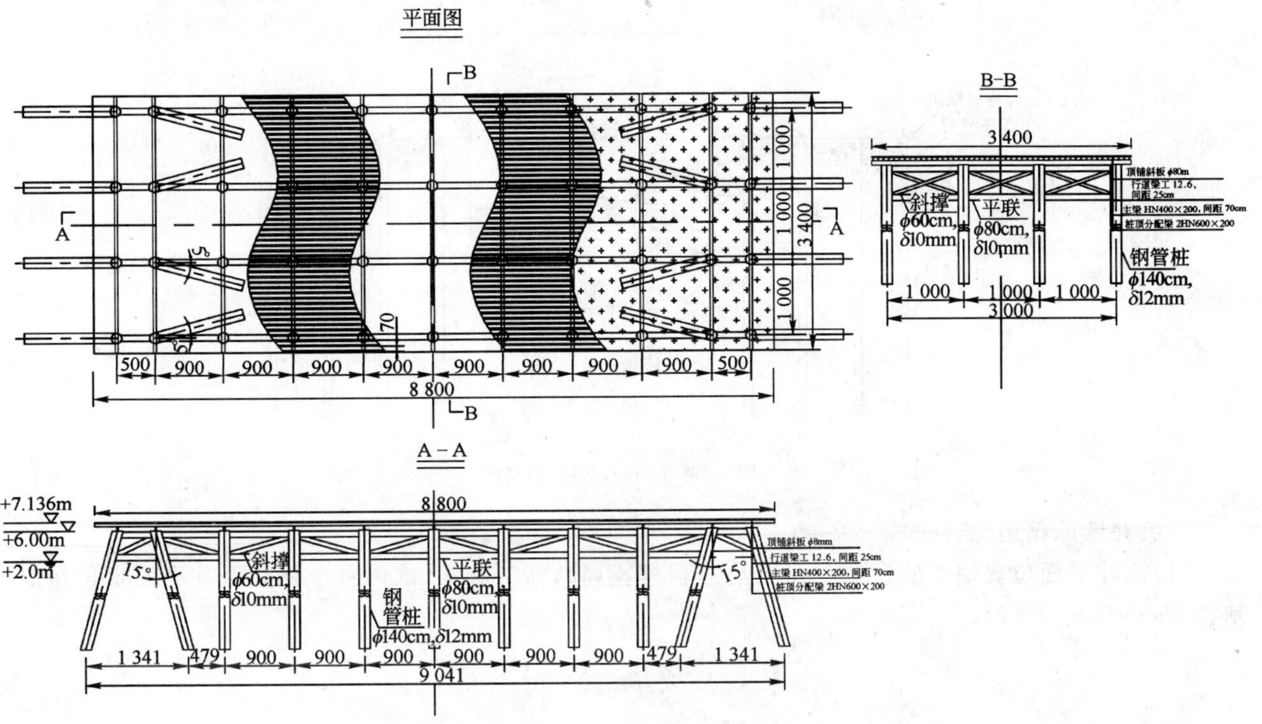

图 4 导向墩平台布置图(尺寸单位:cm)

(2)着床预偏

沉井着床选择在枯水期,流态稳定地时间段进行,但由于水流对沉井的影响,沉井底部会向下游方案倾斜。根据我局施工经验,在着床时将沉井顶口向上游方向偏移 30～50cm,底口着床刚好到设计位置。

(3)注水着床

注水着床前再次整平河床。

经过下沉计算,钢壳沉井首次靠注水着床能入土 2m 左右,此时钢壳内水深应为 30.0m。对沉井钢壳内部进行对称加水,下沉钢沉井至河床附近时,再次精确定位,继续加水下沉钢沉井并迅速入土。

①调节定位船与沉井之间缆绳的长度来调整钢沉井横桥向的偏移(图 5);

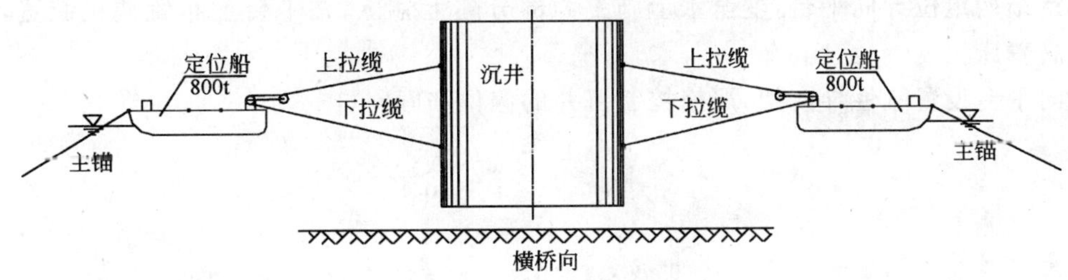

图 5 横桥向偏位调整示意图

②调节导向墩与沉井之间的缆绳长度来调整钢沉井顺桥向的偏移(图 6)。

(4)着床精度要求

沉井基础下沉着床后,质量检验应符合设计要求:

沉井刃脚底面高程符合设计要求。

①底面中心与设计中心的偏差在任何方向不得大于 25cm。

②平面扭转角最大为 10°。

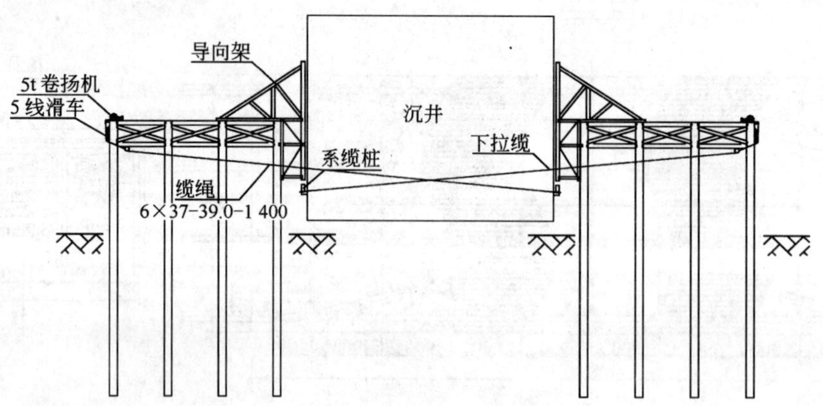

图6　顺桥向偏位调整示意图

4. 沉井着床精度保证措施

(1)沉井平面位置偏差要求在50cm以内,根据我局的施工方案,确保首节钢壳沉井平面定位精度控制在25cm以内(图7)。

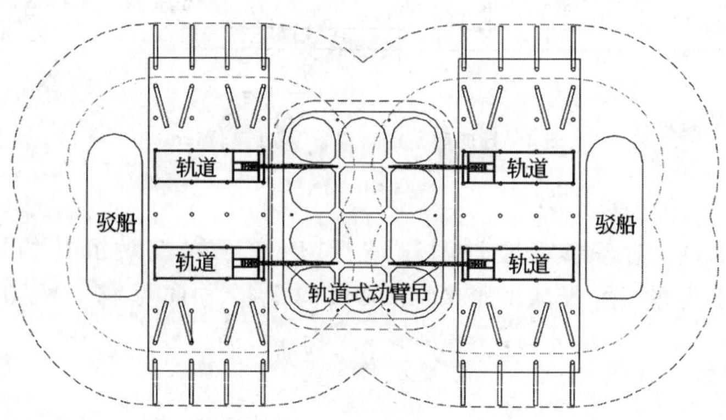

图7　沉井施工设备平面布置图

(2)选择在枯水期、水流平稳时期进行着床定位施工。

(3)将首节钢壳沉井高度建议为32m,减小着床施工难度。

(4)设置钢结构定位导向平台,变全水上施工为部分陆上施工,在平台上布置调位装置,现场操作方便,有利于提高着床精度。

(5)在导向平台设置刚性导向架,严格控制沉井的偏位和倾斜(图8)。

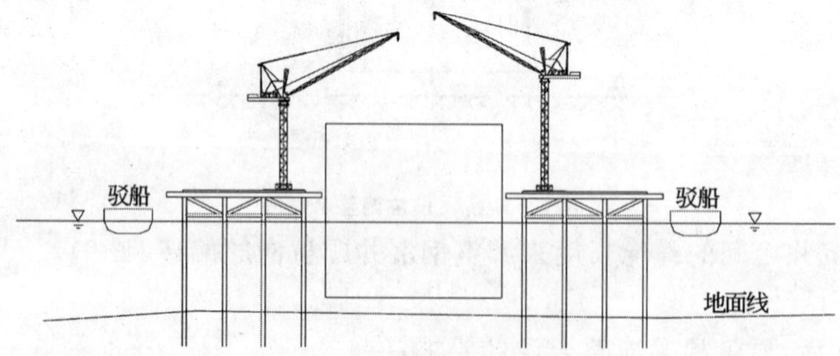

图8　沉井施工设备立面布置图

(6)进行河床预防护,确保着床期河床稳定。

五、墩位处沉井接高施工

1. 钢壳沉井接高

钢壳沉井墩位处接高可以利用导向墩平台，在平台上布置 4 台动臂吊机进行钢壳吊装，既减少了浮吊费用，又提高功效。

将动臂吊机设置成移动式，可以有效减小钢壳吊装对吊机起吊能力的要求。

2. 混凝土沉井接高

(1)模板系统比较

混凝土工程常用的模板系统有翻模、爬模或滑模。三种模板施工方案比较如表 2 所示。

模板方案比选 表 2

比选方案	爬模施工	翻模施工	滑模施工
模板系统组成	主要由爬架、液压自动爬升系统、模板爬升导轨四部分组成	由 3 大部分组成：面板体系、围檩体系、支撑体系、工作平台体系	由提升系统、模板系统及操作平台等构成。提升系统由千斤顶、提升架及油泵等组成，模板采用钢模
优点	1. 爬模工艺先进，施工效率高，能有效节省工期； 2. 自带液压爬升系统，不需要额外的起重设备； 3. 混凝土外观质量好，有利于沉井下沉； 4. 爬模自带施工平台，免除的现场接高施工平台的搭设	1. 在下沉时将模板拆除，对吸泥下沉等无影响； 2. 施工工序简单快捷； 3. 模板投入较少，费用最少	1. 施工工艺成熟，施工效率高，能有效节省工期； 2. 自带液压顶升系统，不需要额外的起重设备； 3. 自带施工平台，免除的现场接高施工平台的搭设，但模板附着在井壁上对吸泥下沉有一定的影响； 4. 总费用较低
缺点	1. 爬模施工拆卸时间长，下沉时必须保留在沉井壁上，对下沉施工和除土有影响； 2. 模板系统费用比较高； 3. 由于模板系统架体比较高，沉井水面以上高度必须在 5m 以上，模板附着在井壁上对吸泥下沉有一定的影响	需要增加起重设备配合作业，影响其他工序作业，施工效率较低	1. 对混凝土要求较高，外观质量一般； 2. 下沉时模板保留在沉井壁上，对下沉施工和除土有很大影响； 3. 要求连续作业，工人的劳动强度较大，整个滑升盘面容易发生盘面偏移或扭转
工效分析	投入全断面爬模，沉井平面分 4 区 2 次施工，形成流水作业。 一个区钢筋绑扎时间：3 天； 模板安装与拆除时间：1 天； 每次最大浇筑混凝土量：2 800m^3； 2 艘拌和船理论浇筑量 300m^3/h，实际按 180m^3 考虑，则浇注一次需 16 个小时，按 1 天考虑； 混凝土养护达到拆模时间：2 天； 施工缝处理：1 天； 不确定因素影响：1 天 则每 6m 高混凝土沉井施工所需时间为：12 天	投入全断面模板周转使用。沉井平面分 4 区 2 次对称施工，形成流水作业。 一个区钢筋绑扎时间：3 天； 模板安装与拆除时间：每次 4 天； 每次最大浇筑混凝土量：2 800m^3； 2 艘拌和船理论浇筑量 300m^3/h，实际按 180m^3 考虑，则浇注一次需 16 个小时，按 1 天考虑； 混凝土养护达到拆模时间：2 天； 施工缝处理：1 天； 不确定因素影响：1 天 则每 6m 高混凝土沉井施工所需时间为：14 天	投入全断面模板，沉井平面分 4 区 2 次对称施工，形成流水作业。 一个区钢筋绑扎时间：3 天； 模板安装与拆除时间：1 天； 每次最大浇筑混凝土量：2 800m^3； 混凝土浇筑速度受滑升速度控制，6m 按 4 天考虑； 施工缝处理：1 天； 不确定因素影响：1 天则每 6m 高混凝土沉井施工所需时间为：12 天
推荐使用方案：翻模施工			

综合分析：由于有导向墩平台的辅助，解决了起吊设备、模板拆除后的堆放场地等关键问题，建议采用工艺成熟、对沉井吸泥下沉无影响的翻模进行混凝土沉井施工。

六、沉井下沉施工机具配置

机具配备是沉井下沉施工的关键，决定下沉的施工功效(表3)。

不排水下沉主要设备配备表 表3

名　称	规格、型号	单　位	数　量	用　途
水泵		台	25	往沉井内补水(着床时往井壁内补水助沉)
高压泵		台	12	提供高压水冲土
电动空压机	$20m^3/min$	台	12	供高压气吸泥
空气吸泥机	250	台	12	冲泥吸泥
小型龙门吊	100kN	台	9	移动吸泥机及部分小型施工机具
动臂吊机		台	4	安装及拆除龙门吊
泥浆净化器		台	12	净化泥浆
驳船		艘	3	运输泥砂

根据调查国内有关沉井吸泥下沉的经验和资料，在砂性类土质吸泥，使用ö250的吸泥机吸泥效率，取土效率为$12m^3/h$。沉井断面面积为$58.0\times44.0=2\,552m^2$，每个沉井格舱布置一台吸泥机，共12台(图9)。相应龙门吊布置见图10。按每天有效作业16个小时计算：则12台吸泥机全部工作吸泥取土方量为$12\times12\times16=2\,304m^3$。

考虑吸泥机一般同时9台作业，每天取土为$1\,728m^3$；

每天下沉$1\,728/2\,552=0.67m$；

实际考虑其他因素的影响，每天沉井下沉可能达到0.30～0.45m。

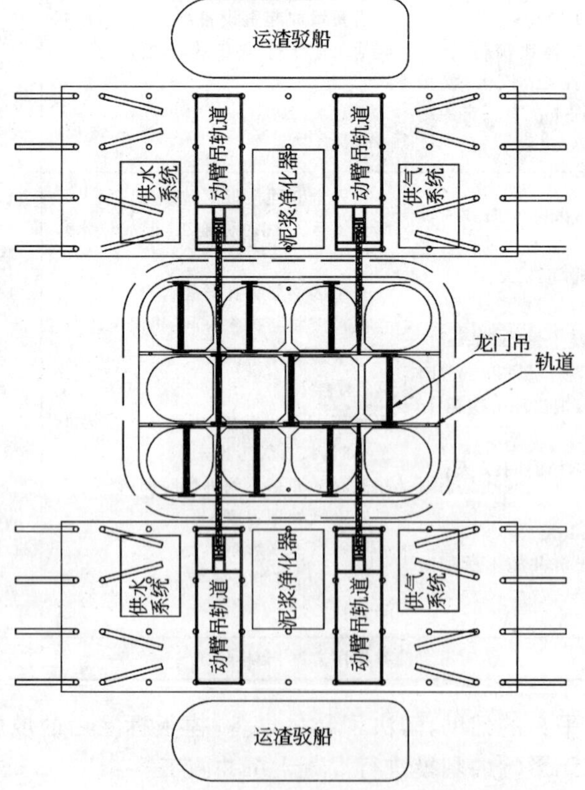

图9 沉井吸泥下沉施工设备布置图

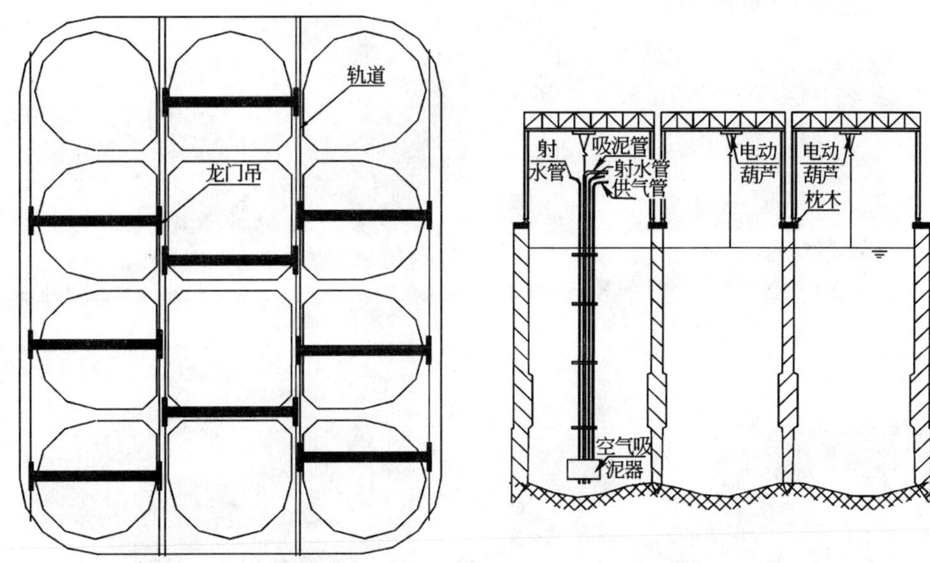

图 10 龙门吊布置图

七、结 语

泰州长江公路大桥时我国拟建的又一世界级工程，中塔沉井是基础的关键部分，存在诸多世界级施工难题。从大桥规划阶段，我局就给予项目很大的关注，并对其施工方案进行了深入的研究，为大桥建设提供一些思路，希望为大桥的建设提供有益的帮助。

82. 直升机牵引悬索桥先导索过海(江)飞行动态分析及计算

沈 旺 张胜利 徐风云 陈德荣 蒋 杰
(浙江省舟山连岛工程建设指挥部)

摘 要 本文介绍西堠门大桥采用直升机牵引先导索过海飞行模态设计及实施过程，超高度飞行状态下，牵引系统动力分析理论和方法，以及先导索侧向偏位控制及计算方法。

关键词 直升机 悬索桥 先导索 海(江) 飞行 动态分析 计算

一、飞行模态及实施

西堠门大桥为跨度 578m＋1 650m＋485m 的全飘浮体系钢箱梁悬索桥，居同类桥梁世界第一。2006 年 8 月 1 日在国内首次实现采用直升机牵引先导索过海作业，并取得成功。该项新技术受到交通部和浙江省领导的高度评价，他们认为：“这是一个新的工艺，意义非常重大，在国内是一个很大的创新”。国内外 110 余家媒体作了报导。本文简要介绍直升机牵引先导索过海过程中的力学要素分析和计算方法。

先导索过海作业过程中，直升机的飞行飞行模态和实施过程如下：

(1)直升机在南岸停机坪待命，测南北两岸风速风向，见图 1a)、b)。

(2)当风况条件满足逆风 8～12m/s、顺风 3～5m/s 的要求后，总指挥发布直升机牵引先导索过海作业指令，直升机起飞至南塔，见图 1c)。

a) 直升机停机坪待命

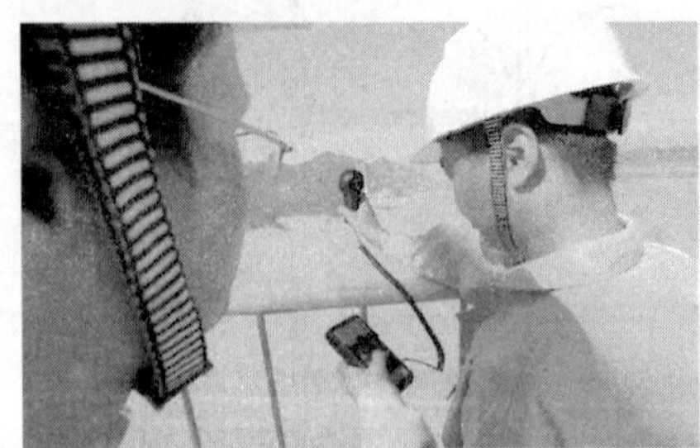
b) 测风速、风向

c) 直升机向南塔飞行

d) 直升机在南塔悬停连接先导索

e) 南塔顶放索机、导向轮放出先导索

f) 直升机牵引先导索向北飞行

g) 直升机在北塔逆风向悬停

h) 直升机放下配重，北塔顶锚固先导索

图 1　西堠门大桥直升机牵引先导索过海作业实况

(3)直升机从北向南逆向进入南塔塔顶平台,在100~120m高处悬停、放下挂钩、连接配重和先导索,见图1d)。

(4)直升机倒退飞出南塔顶,同时转向180°。

(5)直升机以速度β=10km/h=2.8m/s左右,等高度、等速度、稳态,向北塔飞行,飞行线高出南塔导向轮100~120m左右,同时南塔放索机以α=1.05,β=2.94m/s放出先导索,见图1e)。

(6)直升机逆风飞向北塔,飞行历时大约10~12min,见图1f)。

(7)直升机正向进入北塔,在塔顶高100~120m处逆风悬停,脱钩放下配重和先导索,见图1g)。

(8)北塔工作人员迅速锚固先导索,见图1h)。

(9)直升机圆满完成牵引先导索过海任务,胜利返航。

直升机按上述飞行模态运动的飞行轨迹如图2所示。在整个飞行过程中,直升机按速度β=2.8m/s左右,高度b=100~120m左右由南向北飞行,这是一个动态过程,先导索呈支点不等高悬索状,各几何要素和力学要素分别为:水平跨度l_a、斜跨度l_b,矢高f_b,先导索长度S_b、索力T_b、直升机贡献的牵引力H_b、垂直力V_b。牵引飞行过程中,这些要素是随时间而变化的,如果用运动方程解析将非常复杂。但因在某一时刻t,直升机的位置是可以推定的,如图2中注明的模态Ⅰ、Ⅱ、Ⅲ、Ⅳ,这样就可以"化动为静",分别计算牵引系统在各个时刻或设计模态的几何要素和力学要素。

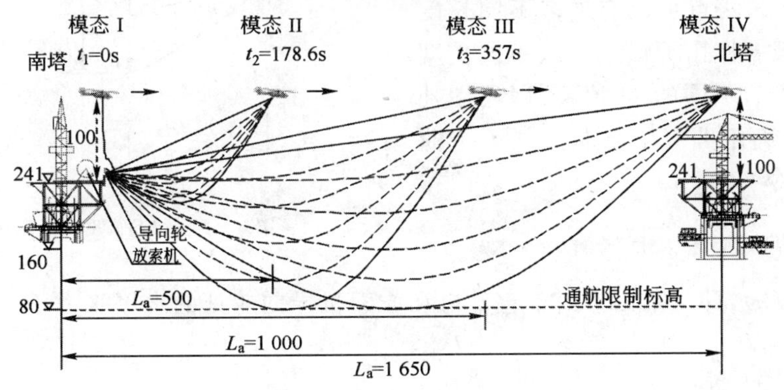

图2 直升机飞行动态设计(尺寸单位:m)

二、牵引系统动力分析及计算方法

直升机牵引先导索过海飞行过程中,将严格禁止直升机低高度(即低于放索机高程)飞行,以防止先导索刮擦、缠绕机身。即在牵索飞行过程中,直升机高度必须高于塔顶,所以,图2所示的超高飞行牵索是实际飞行模式。

1. 坐标系统

设t时刻直升机飞离南塔的水平距离为l_b,高差为b,则先导索为一端支承于直升机O_b,另一端支承于南塔导向轮S_b的不等高悬索,见图3。悬索上任意点B对$\overline{O_bS_b}$的坐标为x_b、y_b,不等高的悬索其斜跨度为l_b,对水平线的倾角为θ_b,O_b、S_b两支点的高差为b,跨中$\frac{1}{2}l_b$点的矢高为f_b,水平跨度为l_a,且有:

$$l_b=\frac{l_a}{\cos\theta_b};\tan\theta_b=\frac{b}{l_a};l_b^2=l_a^2+b^2$$

2. 索重沿跨度l_a均布情况的索力、索长分析

以$\overline{O_bS_b}$连线为横坐标,竖直线y_b为纵坐标,则在$\overline{S_bO_by}$系统中,先导索任意点B的坐标为$x\sec\theta$、y_b。作用于O_b点的力有:竖向力V_{ob},即直升机竖向荷载;水平力H_{ob},即直升机牵引力;拉力T_{ob},即先导索拉

力；此外还可分解出沿斜线$\overline{O_bS_b}$的分力 H'_o，且有 $H'_o=H'_s$。作用于先导索的垂直荷载仍为均布索重力 q_b，见图3。如分别对 O_b、S_b 两点求矩，由$\sum M_{sb}=0$，$\sum M_{ab}=0$，可建立不等高悬索的微分方程：

$$\frac{d^2y_b}{dx^2}=-\frac{q}{H} \quad (1)$$

积分两次得：

$$y_b=-\frac{q}{2H}x^2+c_1x+c_2$$

这是一条抛物线。积分常数可由下述边界条件确定

$x=0$ 时 $y_b=0$ $x=l_a$ 时 $y_b=b$

由此可得 $c_1=\frac{b}{l}+\frac{ql_a}{2H}$；$c_2=0$，代入(1)并整理，得不等高悬索曲线方程：

$$y_b=\frac{q}{2H}x(l_a-x)+\frac{b}{l_a}x \quad (2)$$

在方程(2)中，索张力的水平分量 H 是未知的，此外，因为通过 O、S 两点可以有许多不同长度的索，它们在均布荷载 q 作用下形成一族不同垂度的抛物线，且具有相应的不同的 H 值，所以还须补充一个条件才能完全确定曲线的形状。如给定曲线跨中的垂度 f_b，即令

$$x=\frac{l_a}{2}\text{时}，y_b=\frac{b}{2}+f_b$$

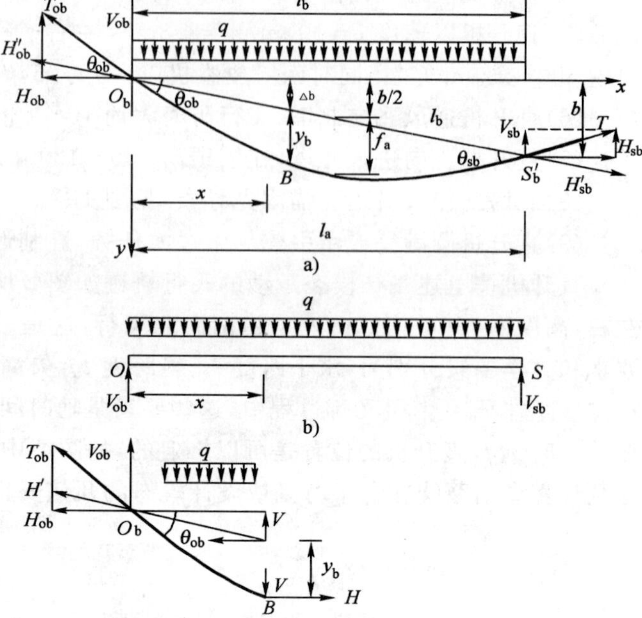

图3 直升机超高度飞行先导索计算图示

将此条件代入式(2)，即可求出作用于直升机和放索机导向轮处的水平张力 H_{ob}、H_{sb}

$$H=\frac{ql_a^2}{8f_b}=H_{ob}=-H_{sb} \quad (3)$$

代回式(2)后，可得：

$$y_b=\frac{4f_bx(l_a-x)}{l_b^2}+\frac{b}{l_a}x \quad (4)$$

这是由几何参数 l_a、b、f_b 完全确定的一条抛物线。与其相应的水平张力 H 由式(3)确定。

应用上述关系式可解得：

(1)直升机承受的竖直力 V_{ob}：

由 $x=0$ $V_{ob}=H\cdot\tan\theta_{ob}=H\frac{dy_b}{dx}=H\left(\frac{4f_b}{l_a}+\frac{b}{l_a}\right)$得：

$$V_{ob}=ql_a\left(\frac{1}{2}+\frac{b}{8f_b}\right) \quad (5)$$

(2)放索机导向轮处的竖向力 V_{sb}：

由 $x=l_a$ $V_{sb}=H\cdot\tan\theta_{sb}=-H\frac{dy_b}{dx}=H\left(-\frac{4f_b}{l_a}+\frac{b}{l_a}\right)$得：

$$V_{sb}=ql_a\left(\frac{1}{2}-\frac{b}{8f_b}\right) \quad (6)$$

(3)先导索倾角 θ_{ob}、θ_{sb}：

先导索线形 y_b 对 x 的一阶导数为

$$\frac{dy_b}{dx}=\frac{4f_b}{l_a}-\frac{8f_bx}{l_a^2}+\frac{b}{l_a}$$

由 $x=0$ 代入上式得：

$$\tan\theta_{ob}=\frac{1}{l_a}(4f_b+b) \tag{7}$$

$$\theta_{ob}=\tan^{-1}\theta_{ob}=\tan^{-1}\left(\frac{4f_b}{l_a}+\frac{b}{l_a}\right) \tag{8}$$

由 $x=l_a$ 代入上式得：

$$\tan\theta_{sb}=\frac{b}{l_a}-\frac{4f_b}{l_a}=\frac{1}{l_a}(b-4f_b) \tag{9}$$

$$\theta_{sb}=\tan^{-1}\theta_{sb}=\tan^{-1}\left(\frac{b}{l_a}-\frac{4f_b}{l_a}\right) \tag{10}$$

(4)先导索拉力

直升机处先导索拉力 T_{ob} 为

$$T_{ob}=\frac{H_{ob}}{\cos\theta_{ob}}=\frac{ql_a^2}{8f_b\cos\theta_{ob}} \tag{11}$$

导向轮处先导索拉力 T_{sb} 为

$$T_{sb}=\frac{H_{sb}}{\cos\theta_{sb}}=\frac{ql_a^2}{8f_b\cos\theta_{sb}} \tag{12}$$

(5)先导索长度计算

微单元 ds 索长为

$$ds=\sqrt{dx^2+dy_b^2}=\sqrt{1+\left(\frac{dy_b}{dx}\right)^2}dx$$

对上式积分得：

$$s=\int dx=\int_0^{l_a}\sqrt{1+\left(\frac{dy_b}{dx}\right)^2}dx \tag{13}$$

将根式 $\sqrt{1+\left(\frac{dy_b}{dx}\right)^2}$ 展开为级数得：

$$\sqrt{1+\left(\frac{dy_b}{dx}\right)^2}=1+\frac{1}{2}\left(\frac{dy_b}{dx}\right)^2-\frac{1}{8}\left(\frac{dy_b}{dx}\right)^4+\frac{1}{16}\left(\frac{dy_b}{dx}\right)^6-\frac{5}{128}\left(\frac{dy_b}{dx}\right)^8+\cdots$$

在实际计算中，根据索得垂度大小，可仅取两项或三项，即可达到必需的精度。这时索长的计算公式可简化成如下形式：

$$s=\int_0^{l_a}\left[1+\frac{1}{2}\left(\frac{dy_b}{dx}\right)^2\right]dx \tag{14}$$

或

$$s=\int_0^{l_a}\left[1+\frac{1}{2}\left(\frac{dy_b}{dx}\right)^2-\frac{1}{8}\left(\frac{dy_b}{dx}\right)^4\right]dx \tag{15}$$

对于抛物线索，设索曲线的方程由式(4)表示，因而有

$$\frac{dy_b}{dx}=\frac{4f_b+c}{l_a}-\frac{8f_b}{l_a^2}x \tag{16}$$

代入式(3)或式(14)，可导得索的长度为

$$s_b=l_a\left(1+\frac{b^2}{2l_a^2}+\frac{8f_b^2}{3l_a^2}\right) \tag{17}$$

或

$$s_b=l_a\left(1+\frac{b^2}{l_a^2}-\frac{b^4}{8l_a^4}+\frac{8f_b^2}{3l_a^2}-\frac{32f_b^4}{5l_a^4}-\frac{4b^2f_b^2}{l_a^4}\right) \tag{18}$$

如果将斜率的表达式(16)代入式(13)，进行积分，可导得计算抛物线悬索长度的精确公式。当二支点等高时，可得

$$s=\frac{l_a}{2}\sqrt{1+\frac{16f_a^2}{l_a^2}}+\frac{l_a^2}{8f_a^2}\ln\left[\frac{4f_a}{l_a}+\sqrt{1+\frac{16f_a^2}{l_a^2}}\right] \tag{19}$$

相应的近似公式为：

$$s=l_a\left(1+\frac{8f_a^2}{3l_a^2}\right) \tag{20}$$

或

$$s=l_a\left(1+\frac{8f_a^2}{3l_a^2}-\frac{32f_a^4}{5l_a^4}\right) \tag{21}$$

对式(20)取微分，可得出索长变化与垂度变化的关系

$$ds=\frac{16f_a}{3l_a}df_a \tag{22}$$

或

$$\Delta f_a=\frac{3}{16}\frac{l}{f}\Delta s \tag{23}$$

索长的变化 Δs 可能由索的拉伸变形、索的温度变形、支座的位移或索在支座锚固处的滑移等各种因素引起。由上式可看出，当垂跨比不大时，较小的索长变化将引起较显著的垂度变化，如当 $\frac{f_a}{l_a}=0.1$ 时，$\Delta f_a=1.875\delta\Delta s$。

3. 临界状态判别

(1)设定直升机相对于南塔导向轮的高度 $b=100\sim120$m，放索机放索速度 α_b、直升机飞行速度 β_b，且暂定 $\alpha_b=1.05\sim1.1\beta_b$。

(2)设定三种水平跨度 $l_a=500$m，1 000m，1 650m，由 $l_b=(l_a^2+b^2)^{\frac{1}{2}}$ 得出斜跨度。此后再设定矢跨比 $n_b=\frac{1}{6}$、$\frac{1}{8}$、$\frac{1}{10}$、$\frac{1}{12}$、$\frac{1}{14}$、$\frac{1}{16}$、$\frac{1}{20}$、$\frac{1}{30}$，分别按公式(1)、(5)、(6)、(9)计算 V_{ob}(竖向力)、H_{ob}(牵引力)、T_{ob}(先导索拉力)、S_a(索长)，并列成表，或制成曲线，进行安全度判别。

(3)以安全度临界值判别矢跨比临界值[n_b]，推算临界速度比。

4. 西堠门大桥计算成果

西堠门大桥采用 ϕ6mm 尼龙索，恒载集度 $q=18$g/m，极限抗拉强度[T_{ob}]＝31.9kN。直升机额定牵引力[H_{ob}]＝2.2kN，额定承载[V_{ob}]＝12kN。假定直升机飞行高度高于南塔导向轮 100m，即 $b=100$m，计算三种模态、八种矢跨比时，作用于直升机和先导索的竖向力、牵引力、拉力及安全度，见表1～表3。

模态Ⅰ(计算条件 $l_a=500$m，$b=100$m，$l_b=510$m)　　表1

计算指标 \ n_b(f_b,m)	1/6	1/8	1/10	1/14	1/16	1/20	1/30
	83.33	62.50	50.00	35.71	31.25	25.00	16.67
$\tan\theta_{ob}$	0.867	0.700	0.600	0.486	0.450	0.400	0.333
θ_{ob}	40.93°	34.99°	30.96°	25.92°	24.23°	20.80°	18.42°
$\cos\theta_{ob}$	0.756	0.819	0.858	0.899	0.912	0.935	0.949
$\tan\theta_{sb}$	−0.467	−0.300	−0.200	−0.086	−0.050	0.000	0.067
θ_{sb}	−25.03°	−16.70°	−11.31°	−4.92°	−2.86°	0°	3.83°
$\cos\theta_{sb}$	0.906	0.958	0.981	0.996	0.999	1.000	0.998
V_{ob}(N)	5.85	63.0	67.5	76.6	81.0	90.0	112.5
V_{sb}(N)	31.5	27.0	22.5	13.5	9.0	0.00	−22.5
H_{ob}(N)	67.5	90.0	112.5	157.5	180.0	225.0	337.5
H_{sb}(N)	67.5	90.0	112.5	157.5	180.0	225.0	337.5
T_{ob}(N)	89.3	109.9	131.1	175.2	197.4	240.6	355.6
T_{sb}(N)	74.5	93.9	114.7	158.1	180.2	225.0	338.2

续上表

$n_b(f_b,m)$ 计算指标	1/6	1/8	1/10	1/14	1/16	1/20	1/30
	83.33	62.50	50.00	35.71	31.25	25.00	16.67
$S_{b(m)}$	5 422.5	5 287.0	5 221.1	5 162.1	5 147.5	5 130.1	5 112.9
$[V_{ob}](V_{ob}+100)$	113.4	112.9	112.4	111.5	111.0	110.1	107.9
$[H_{ob}]/H_{ob}$	325.9	244.4	195.6	139.7	122.2	97.8	65.2
$[T_{ob}]/T_{ob}$	3 572.8	2 902.9	2 432.9	1 820.8	1 616.3	1 325.6	897.0

注：计算数据表明，当在飞行初始阶段，飞行安全度很大。但其安全度随矢跨比的减小而减小。所以要求放索机的放索速度不小于直升机飞行速度。

模态 II(计算条件 $l_a=1\ 000$m，$b=100$m，$l_b=1\ 005$m) 表 2

$n_b(f_b,m)$ 计算指标	1/6	1/8	1/10	1/14	1/16	1/20	1/30
	166.67	125.00	100.00	71.43	62.50	50.00	33.33
$\tan\theta_{ob}$	0.767	0.600	0.500	0.386	0.350	0.300	0.233
θ_{ob}	37.49°	30.97°	26.57°	21.11°	19.29°	16.70°	13.12°
$\cos\theta_{ob}$	0.793	0.857	0.894	0.933	0.944	0.958	0.974
$\tan\theta_{sb}$	−0.567	−0.400	−0.300	−0.186	−0.150	−0.100	−0.033
θ_{sb}	−29.55°	−21.80°	−16.70°	−10.54°	−8.53°	−5.71°	−1.89°
$\cos\theta_{sb}$	0.870	0.928	0.958	0.983	0.989	0.995	0.999
V_{ob}(N)	103.5	108.0	112.5	121.5	126.0	135.0	157.5
V_{sb}(N)	76.5	72.0	67.5	58.5	54.0	45.0	22.5
H_{ob}(N)	135.0	180.0	225.0	315.0	360.0	450.0	675.0
H_{sb}(N)	135.0	180.0	225.0	315.0	360.0	450.0	675.0
T_{ob}(N)	170.2	210.0	251.7	337.6	381.4	469.7	693.0
T_{sb}(N)	155.2	194.0	234.9	320.4	364.0	452.3	675.7
$S_{b(m)}$	1 118.01	1 089.47	1 075.61	1 063.22	1 060.15	1 056.51	1 052.90
$[V_{ob}]/(V_{ob}+100)$	10.87	10.83	10.79	10.70	10.66	10.57	10.37
$[H_{ob}]/H_{ob}$	16.30	12.22	9.78	6.98	6.11	4.89	3.26
$[T_{ob}]/T_{ob}$	187.38	151.88	126.75	94.48	83.65	67.91	46.03

注：表列数据说明在此飞行状态时，飞行安全度仍很大。在当矢跨比$\frac{l_a}{b}=\frac{1}{30}$时，直升机牵引力安全度只有3.26。

模态 I(计算条件 $l_a=1\ 650$m，$b=100$m，$l_b=1\ 653$m) 表 3

$n_b(f_b,m)$ 计算指标	1/6	1/8	1/10	1/14	1/16	1/20	1/30
	275.00	206.25	165.00	117.86	103.13	82.50	55.00
$\tan\theta_{ob}$	0.727	0.561	0.461	0.346	0.311	0.261	0.194
θ_{ob}	36.02°	29.29°	24.75°	19.09°	17.28°	14.63°	10.98°
$\cos\theta_{ob}$	0.809	0.872	0.908	0.945	0.956	0.968	0.982
$\tan\theta_{sb}$	−0.606	−0.439	−0.339	−0.225	−0.189	−0.139	−0.073
θ_{sb}	−31.22°	−23.70°	−18.73°	−12.68°	−10.70°	−7.91°	4.18°
$\cos\theta_{sb}$	0.855	0.916	0.947	0.976	0.983	0.990	0.997
V_{ob}(N)	162.0	166.5	171.0	180.0	184.5	193.5	216.0
V_{sb}(N)	135.0	130.5	126.0	117.0	112.5	103.5	81.0
H_{ob}(N)	222.8	297.0	371.3	519.8	594.0	742.5	1 113.8

续上表

$n_b(f_b, m)$ 计算指标	1/6	1/8	1/10	1/14	1/16	1/20	1/30
	275.00	206.25	165.00	117.86	103.13	82.50	55.00
H_{sb}(N)	222.8	297.0	371.3	519.8	594.0	742.5	1 113.8
T_{ob}(N)	275.3	340.6	408.9	550.0	621.3	767.0	1 134.2
T_{sb}(N)	260.5	324.2	392.0	532.5	604.3	750.0	1 117.1
$S_{b(m)}$	1 733.84	1 708.51	1 691.51	1 673.98	1 669.31	1 663.64	1 657.82
$[V_{ob}]/(V_{ob}+100)$	10.33	10.29	10.25	10.17	10.13	10.05	9.87
$[H_{ob}]/H_{ob}$	9.88	7.41	5.93	4.23	3.70	2.96	1.98
$[T_{ob}]/T_{ob}$	115.86	93.66	78.02	58.00	51.34	41.59	28.13

注：表列数据说明，当直升机到达北塔时先导索的安全度已很小了；此种情况下先导索矢跨比不能小于$\frac{1}{16}$。

三、先导索侧向偏移控制分析及计算方法

1. 偏移控制的意义

按照设计飞行模式，直升机到达北塔上方时应悬停，放下配重和先导索，塔顶操作手则立即把先导索锚固，完成先导索过海（江）作业。在此状态时，由于横向风力（Z方向）作用，先导索实际会横向偏离飞行路线，见图4中的曲线$\widehat{O_bO_z}$（为简化计算，用斜直线$\overline{O_bO_z}$代替），如果偏角θ_z太大，先导索将超出北塔横梁与塔柱位置的塔吊刮擦、缠绕，造成安全事故。因此应预先分析计算先导索侧向偏移值，进而采取有效措施控制。

2. 偏斜角度分析

假设作用于先导索的侧向风力沿索侧面均布，则单位长度上的风力集度q_z为：

$$q_z=\frac{1}{2}\rho V_z^2 C_z A_z \tag{24}$$

式中：ρ——空气密度，$\rho=1.25\text{kg/m}^3$；

V_z——横向风速度，3级风$V_z=3.4\sim5.4\text{m/s}$；4级风$V_z=5.5\sim8.0\text{m/s}$；5级风$V_z=8.0\sim10\text{m/s}$；6级风$V_z=10\sim14\text{m/s}$；7级风$V_z=14\sim17\text{m/s}$；8级风$V_z=17\sim20\text{m/s}$；

A_z——单位长度先导索迎风面积，$A_z=D$（先导索直径）；

C_z——阻力系数，$C_z=0.3$。

代入上式后得：

$$q_z=\frac{1}{2}\times1.25\times0.3\times A_zV_z^2=0.187A_zV_z^2 \tag{24'}$$

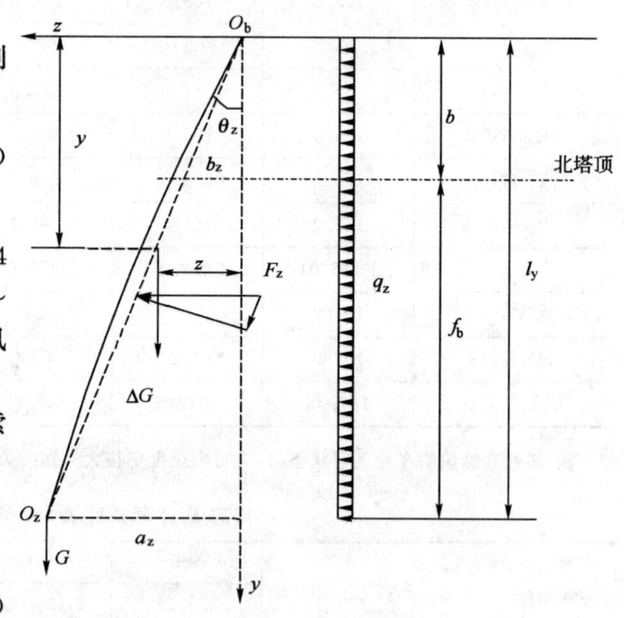

图4　先导索侧偏计算图示

作用于先导索全长的横向风力：

$$F_z=S_bq_z\cos\theta_z=q_zl_a\left(1+\frac{b^2}{2l_a^2}+\frac{8f_b^2}{3l_a^2}\right)\cos\theta_z \tag{25}$$

设作用中心在$\frac{1}{2}l_y$处，则F_z对O_b点的力矩M_f为：

$$M_f=\frac{1}{2}l_yF_z\cos\theta_z=\frac{1}{2}S_bq_zl_y\cos\theta_z \tag{26}$$

$$l_y=\frac{1}{2}b+f_b \tag{27}$$

横向风力将由主缆自重力矩平衡，在此状态下主缆自重可简化为作用于跨中的重力G，且有：

$$G=S_bq+G_1=ql_b\left(1+\frac{b^2}{2l_a^2}+\frac{8f_b^2}{3l_a^2}\right)+G_1 \tag{28}$$

式中：q——先导索单位长度重力；

G_1——直升机附加吊重（平衡重），$G_1=1\,000$kN；

l_b——斜向跨度，当直升机悬停高度 $b=100$m，水平跨度 $l_a=1\,650$m 时，$l_b=1\,653.0$m。

G 对 O_b 点的平衡力矩 M_G 为

$$M_G=(Gl_y+G_1b+S_bq_zl_y)\sin\theta_z=(Gl_y+G_1b+S_bq_zl_y)\sin\theta_z \tag{29}$$

由平衡条件 $\sum M_o=0$，得 $M_z=M_G$，即由式(26)、(29)得先导索倾斜平衡方程：

$$\frac{1}{2}S_bq_zl_y\cos\theta_z=(Gl_y+G_1b+S_bq_zl_y)\sin\theta_z \tag{30}$$

$$\tan\theta_z=\frac{1}{2}\frac{S_bq_sl_y}{S_bq+G_1b+S_bq_zl_y} \tag{31}$$

应用上式求得 θ_z 后，即可解出在风力 q_z 时，先导索在塔顶的偏斜值 a_b，再判别是否超出北塔横梁长度，进而调整先导索，使之处于安全状态。

$$a_b=b\tan\theta_z \tag{32}$$

3. 调整措施

(1)在横向风力 q_z 较小的时刻牵索；

(2)加大先导索自重；

(3)降低直升机在北塔上空的悬停高度 b；

(4)直升机向逆横风方向横移。

4. 偏斜值 a_b 数值计算

先导索自重 $q=18$g/m，挂重 $G_1=100$kg，$l_a=1\,650$m，$b=100$m，$f_b=165$m，计算结果列于表 4。计算结果证明，当风速小于 18m/s 时先导索不会碰撞安装在北塔西侧的塔吊。当风速大于 18m/s 时，则应采取防止先导索过大偏移的措施。

先导索侧偏计算结果 表 4

风速 V_z(m/s) / 计算值	4.0	6.0	8.0	10.0	12.0	14.0	16.0	18.0	20.0	22.0
q_z(kg/m²)	0.018	0.041	0.072	0.113	0.162	0.221	0.288	0.365	0.450	0.545
F_z	30.45	68.51	121.79	190.29	274.02	372.98	487.15	616.56	761.18	921.03
$\tan\theta_z$	0.222	0.322	0.381	0.416	0.439	0.457	0.464	0.470	0.472	0.477
θ_z	12.51°	17.85°	20.87°	22.54°	23.7°	24.41°	24.83°	25.17°	25.26°	25.5°
a_b(m)	22.20	32.20	38.14	41.60	43.90	45.70	46.39	47.00	47.20	47.70

四、结 语

(1)直升机牵引悬索桥先导索过海是一项新工艺，它的成功实施解决了航运繁忙的黄金水道上修建悬索桥必须封航牵引先导索的传统，具有重大的社会经济效益。

(2) 2006 年 12 月 19 日浙江省交通厅邀请杨盛福总工，项海帆院士、李守善大师等 8 位著名桥梁专家对该项成果组了鉴定，鉴定意见指出：所提出的计算方法“为选定直升机机型及功能、飞行速度与高度、牵引力控制、放索机放索速度与直升机飞行速度协调关系、先导索强度计算提供了理论依据。”

83. 直升机牵引先导索过海技术的应用

沈良成　先正权　喻胜刚
（中交第二公路工程局有限公司）

摘　要　世界级桥梁西堠门大桥悬索桥在上部结构安装中，由于通航、水文、地形等因素影响，采用了直升机牵引先导索过海的施工方法。本文介绍了直升机牵引先导索过海的施工技术和主要操作注意事项，对今后大跨径悬索桥的建设有一定的借鉴作用。

关键词　西堠门大桥　直升机　先导索　过海　技术

一、工程概况

西堠门大桥是舟山大陆连岛工程中的第四座大桥，其走向由北向南，北端连接册子岛，南端连接金塘岛，横跨西堠门水道。西堠门大桥为两跨连续悬索桥，桥跨布置为578m＋1 650m＋485m，为目前中国第一、世界第二的特大跨径悬索桥，见图1。

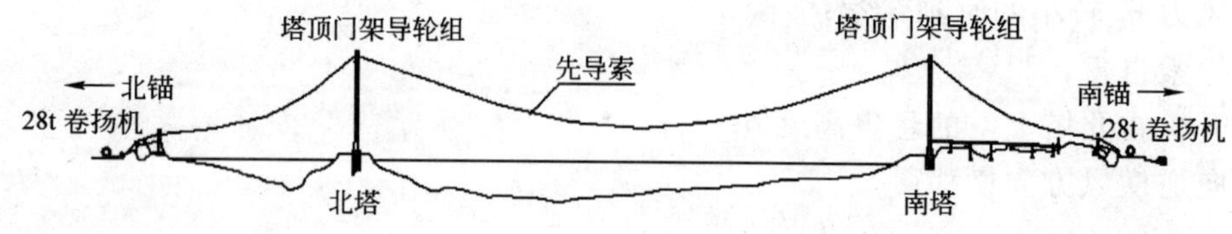

图1　先导索示意图

西堠门水道为西北～东南走向的水道，长约7.7km，平均宽2.5km，最窄处宽约1.9km。桥位处水面宽度约为2 000m，被老虎山分为南、北两汊，南汊宽度约为1 600m，最大水深达95m；北汊宽约370m，最大水深约为70m。设计最高通航水位3.28m。双向通航，通航孔数量1个。通航净空尺度630m×49.5m。桥位区常风向为N和SE，并且是受台风影响频繁的地区。

上部结构施工中关键的一项牵引系统架设，主要在于牵引索的过海，本次过海先过先导索，再用先导索逐次牵拉牵引索。直升机牵引先导索过海主要是牵拉中跨的一根先导索，跨径1 650m，索塔高233.286m，见图1。

二、直升机牵引先导索过海的选用

（1）西堠门大桥跨度大，桥梁跨越金塘岛和册子岛之间的海域，海水深度大、海底地质情况复杂，西堠门水道潮流一般以不正规半日潮流为主，潮流运动形式多为往返复流。该水道流速大，且有强烈旋涡。

（2）如采用海底直接铺设牵引索，很可能造成牵引索被礁石等缠绕或勾拌。如采用浮子法，会受到潮流及水流流速和漩涡影响，而且要在平潮时段进行，可用时间段短，牵引难度较大。

（3）北塔处于海中狭小的老虎礁上，四周陡峭，水流湍急，无法停靠施工船只，需要建临时码头。但根据地形，建码头的难度较大。

（4）海底铺设和浮子法两种方案封航时间较长。由于西堠门水道是海上一条重要的通道，过往的船只，尤其是大型商船较多，长时间封航会造成较大的影响。

（5）如采用空中架设法先架设先导索，再利用先导索架设牵引索，不受水文、海底地形的限制。

（6）采用直升机空中架设法可以选择有利的条件实施，风险较小。

（7）根据调研的情况，采用直升机空中架设法在国外桥梁建设上已有成功的例子，在国内电力行业上也成功的先例。

(8)采用直升机空中架设法在国内桥梁建设上属于首次,对今后的大跨径桥梁建设有重要的意义。

(9)牵引系统架设阶段仅需对一根先导索实施渡海作业,即可形成单线往复式牵引系统,操作简便。

经以上分析比较,采用先导索直升机法渡海作业架设牵引索的方法有利缩短封航时间减少封航次数,降低渡海的风险。

三、直升机先导索过海的技术难点

(1)放索机构的研制,直升机牵引过程中对放索机构的性能要求较高,需要放索机构较高的放索速度和一定的反张力。

(2)直升机在起点处的悬停,配重、先导索与直升机的连接,由于索塔顶有塔吊障碍物,给起点的飞行操作造成较大难度。

(3)直升机在终点处的悬停定位、先导索的锚固、配重块的抛掷等难度较大,终点处同样有高塔吊障碍物,飞行定位难度大。

(4)整个飞行过程中,需要各方面协调配合好,尤其是直升机与放索机构的有效匹配,起点和终点指挥人员对直升机的准确指挥尤为重要。

四、直升机的选型和先导索的选用

1. 直升机选型

根据先导索过海方案,选用直－9(Z－9)直升机已能满足牵引要求,该机是哈尔滨飞机制造公司引进法国 SA365 “海豚”型直升机的生产专有权合同研制生产的轻型多用途直升机(图 2),可用于人员运输、近海支援海上救护、空中摄影、海上巡逻、鱼群观测、护林防火并可作为舰载机作用。

图 2 直－9(Z－9)直升机

(1)主要机载设备

包括甚高频和高频通信/导航设备,甚高频全向信标,仪表着陆系统,无线电罗盘,应答机,测距设备,雷达和自主式导航系统。选装设备包括,承载能力为 1 700kg 的吊索和承载能力为 275kg 的绞车。绞车索长 90m 或 74m。

(2)动力装置

2 台透博梅卡(Turboméca)公司的“阿赫耶”(Arriel)1C 涡轴发动机,单台功率 522kW。

(3)尺寸数据

旋翼直径:11.93m

尾桨直径:0.90m

机长:13.46m

机长(旋翼、尾桨折叠):11.44m

机高(旋翼、尾桨折叠):3.21m

(4)重量及荷载

空重:(Z－9)1 975kg/(Z－9A)2 050kg

最大有效载重:(Z－9)1 863kg/(Z－9A)2 038kg

最大起飞重量:(Z－9)3 850kg/(Z－9A)4 100kg

最大吊挂载重:1 600kg

(5)性能数据

最大平飞速度:306km/h

正常巡航速度(Z－9,总重 3 850kg):250～260km/h

最大垂直爬升率(海平面):(Z－9)4.2m/s/(Z－9A)4.1m/s

实用升限:(Z—9)45 000m/(Z—9A)6 000m

悬停高度(有地效):(Z—9)1 950m/(Z—9A)2 600m

悬停高度(无地效):(Z—9)1 020m/(Z—9A)1 600m

最大航程:1 000km

最大续航时间:5h

该机的牵引安全系数:3.4

2. 先导索的选用

根据直升机的牵引能力,尽量选用高强、轻质、直径小的尼龙绳,同时也要满足先导索牵引ϕ13过渡牵引索的拉力要求。根据了解国内该类牵引索的情况,选用ϕ6mm迪尼玛绳,该绳采用高强度的尼龙纤维做成,它的拉伸强度、质量见表1所示。

表1

直径(mm)	破断荷载	每米重量	结构伸长率	弹性伸长率	破断伸长率
6	31.9kN	0.018 7kg	2.5%	0.63%	3.8%
特点	轻质、高强、不导电、抗酸碱性强				

采用ϕ6迪尼玛绳作为先导索过海,按到位时先导索离水面80m计算,先导索自身重量的拉力为395N,远小于绳子设计拉力,考虑风荷载的影响,也能满足绳子的拉力要求。

五、放索机构的研制

直升机牵引先导索过海,要求先导索始终保持在通航净空高度以上,为了安全,高度初步定为60m。高度随施工要求可调。先导索采用直径6mm迪尼玛高强纤维绳,要求拉力放索机额定拉力必须大于最大跨径时先导绳自身拉力,并且要求张拉可调,放索速度要能满足直升飞机飞行速度,能够显示拉力大小和放线速度,以便给直升机发送工作指令和施工过程监控。

根据该技术要求,研制了电磁式拉力放索机,设计拉力1 800N,放线速度90～180m/min,容绳量2 500m。该机采用电器控制系统,具有测速、拉力和垂度自动控制功能,同时具备手动操作性能,见图3。

六、直升机模拟飞行试验

1. 试验演习的目的

检验放索机放索力控制的稳定性和安全性、直升机牵拉及悬停时的稳定性、通讯系统畅通、整体系统配合协调性。

2. 机场试飞

首先在机场进行挂配重的实际操作要领试验,检验直升机悬停时人工挂重的难易;进行直升机挂重牵引试验,检验放索机构的工作性能及直升机的牵引能力。

通过试验,验证了各项操作和设备能力完全能满足要求。

图3　放索机

3. 现场试验演习

(1)停机坪准备

根据现场的实际地形条件,将施工区一块平整、宽阔、经硬化过的场地作为直升机的临时停放场,并根据直升机实际需要的耗油量,准备充足的燃油。

(2)试验场选择

根据现场实际情况,选择在工地临时码头上方的小山顶跨越约1 400m的海面到对岸东垢码头小山作为试验场,按照实际操作顺序进行拉送先导索操作和先导索的接收和固定工作,放索机固定在地面进行放索,见图4。

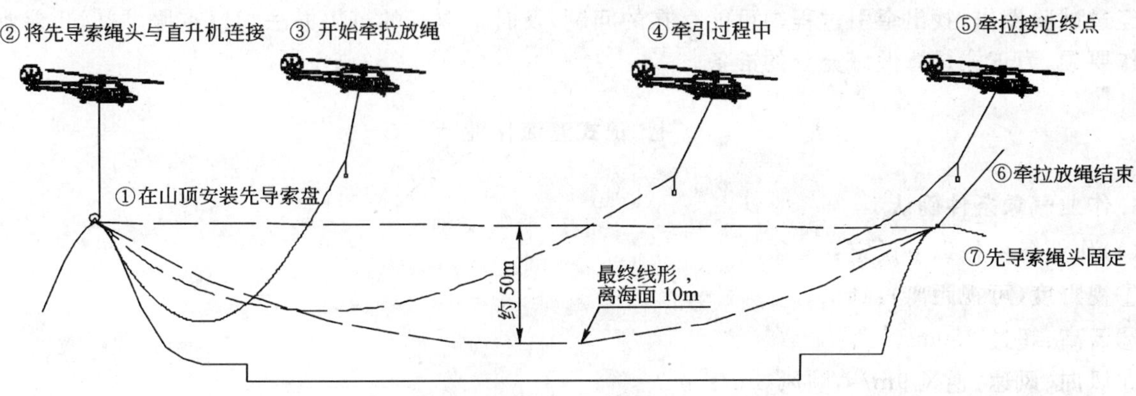

图 4 试验操作过程示意图

(3)试验操作

将装有一根长 2 000m 的 $\phi6$ 迪尼玛绳的放索机（控制放索张力）固定在一侧山顶，在绳头上悬挂 150kg 配重块，在对面山顶设置一个地锚。

在临时停机坪上，人工将 30m 长的 $\phi13$ 高强尼龙绳辅助牵引索与直升机连接，并将辅助牵引索放入机舱内。

直升机飞至放索机固定点上方，慢慢下降悬停，将直升机上挂好的辅助牵引索接近放索机位置，地面操作人员用专用连接器将索盘上牵引索与辅助牵引索连接，指挥直升机慢慢飞向对面山顶，飞行过程中注意放索拉力的控制和飞行速度、飞行高度控制。

当直升机到达对面山顶地锚上方时，控制直升机悬停位置，使 $\phi6$ 高强尼龙绳绳头慢慢接近锚固点，地面操作人员用专用连接器将 $\phi6$ 高强尼龙绳绳头与地面锚固绳连接，直升机慢慢后退、下降，使两山顶间的 $\phi6$ 高强尼龙绳处于完全受力状态，调整直升机的悬停位置，在地面解除保险绳与辅助牵引索的连接，直升机带着辅助牵引索和配重块飞回临时停机坪，完成试验飞行，见图 5～图 7。

根据试验飞行的工况条件计算，直升机到达终点时受力最大，最大受力为 1 691N，见图 8 所示。

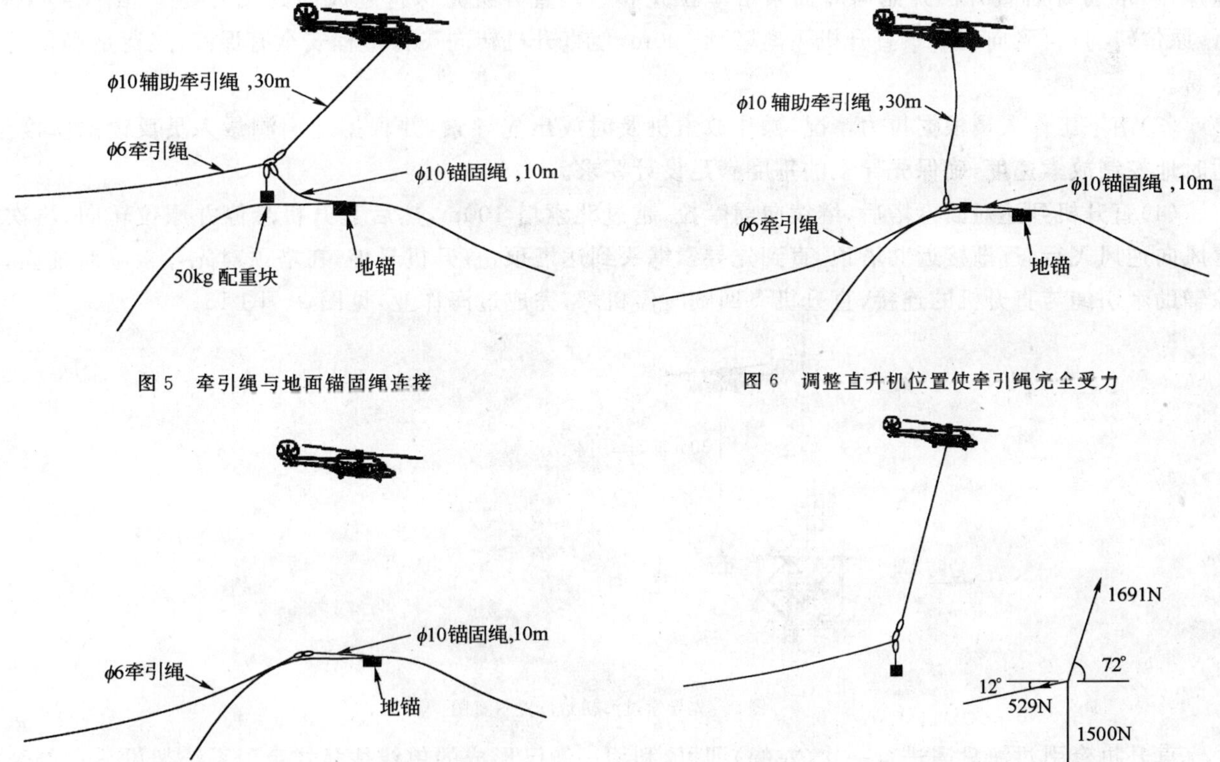

图 5 牵引绳与地面锚固绳连接

图 6 调整直升机位置使牵引绳完全受力

图 7 解除辅助绳飞机离开

图 8 直升机牵引过程中最大受力状况图

经过试验操作，找出牵引过程中可能存在的问题，及时采取好的解决办法加以克服，同时也掌握好各项操作要领，为正式过海做好充分的准备。

七、正式渡海作业

1. 作业气象条件确认

(1)作业条件按以下设定：

①视野度(可视距离)：4km

②云高：超过 350m

③风向、风速：逆风 9m/s，顺风 3m/s

(这是可以进行渡海飞行的期望条件，最终要由飞行员进行判断。)

(2)气象预报：

一方面要得到当地气象部门的预报，同时在塔顶实测风向风速的即时数据。这些数据将作为决定渡海能否开始的材料之一，同时还要把握工程开始以后的气象情况。

2. 渡海作业

在临时停机坪准备好辅助牵引绳，在南塔顶准备好先导索放索机及配重块。根据气象条件和飞行员的判断，如果条件允许，立即进行先导索过海飞行。作业流程如下：

(1)按照事先演练的程序，首先在临时停机坪处将辅助牵引绳与直升机连接，直升机飞往塔顶上方。正式作业时风向为南东向，因此直升机起飞后先往北飞行，然后大直径回转，机头迎着风向飞向南塔，这样飞行，第一是逆风飞行易于精确悬停，第二是飞行员视野开阔，便于操纵直升机接近塔顶，及时调整飞行状态，见图 9。

(2)直升机逐渐接近并在南塔工作平台上方悬停，将塔顶先导索锚头及配重块与直升机上辅助牵引绳连接，准备好后直升机开始向对面索塔牵拉先导索。直升机先保持迎风向的飞行姿态，倒飞约 100m 后，原位转向，再飞向北塔。直升机飞离塔顶 100m，使直升机转向飞行过程安全有保障，飞行员操作也更容易。

(3)南塔工作人员根据拉力情况，操作放索机及时放出先导索，并根据地面测量人员反馈的垂度值，适时地控制放索速度，确保先导索的垂度满足设计要求。

(4)直升机到达对面索塔后，继续向前牵拉，越过北索塔 100m，然后直升机悬停并原位转向，再次迎着风向逆风飞行，逐渐接近北塔顶，直到先导索绳头到达塔顶，直升机悬停，在塔顶对先导索临时锚固，解除辅助牵引绳与直升机的连接，直升机飞回临时停机坪，完成过海作业，见图 9～图 13。

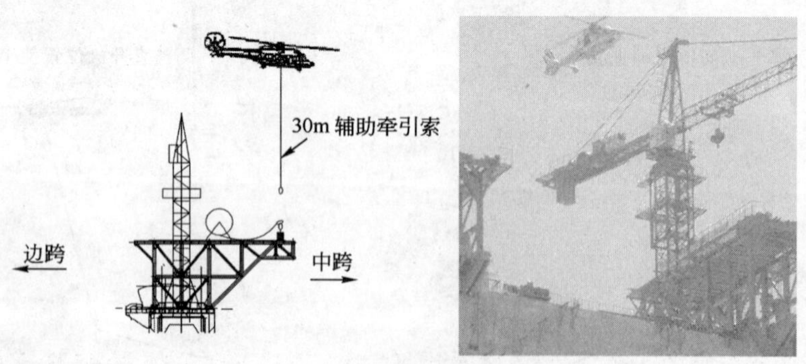

图 9　先导索过海初始位置示意图

直升机牵引过海只需进行一次(左幅)即可，利用一侧已形成的单线往复式牵引系统架设另一侧牵引绳。

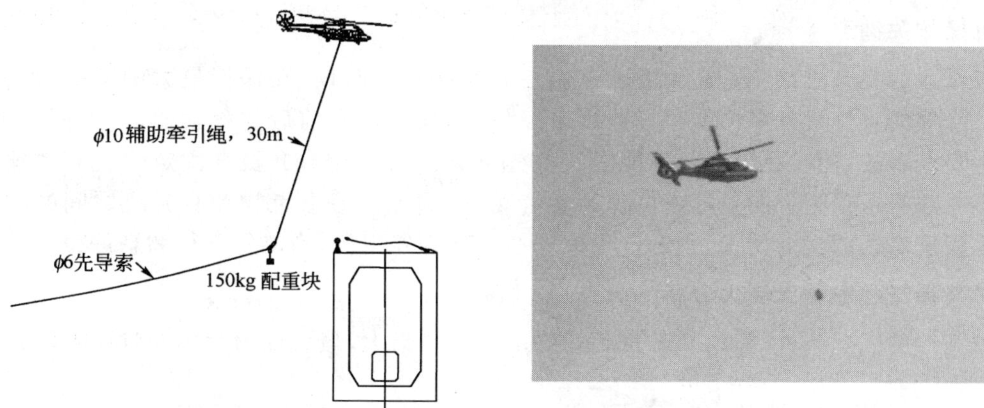

图 10 先导索靠近终点位置示意图

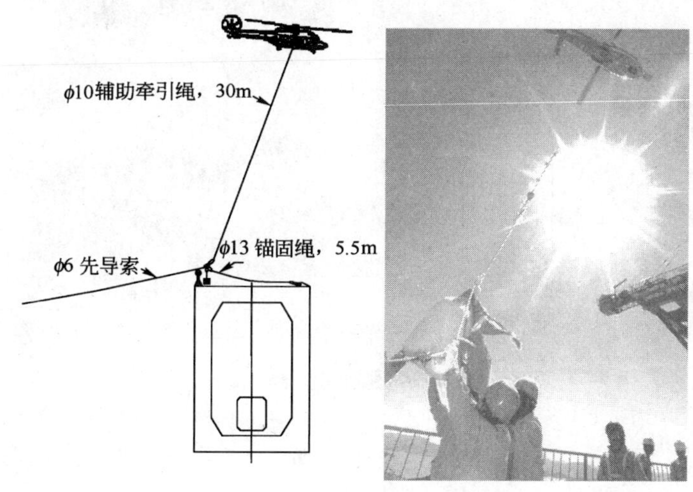

图 11 塔顶锚固绳与先导索连接

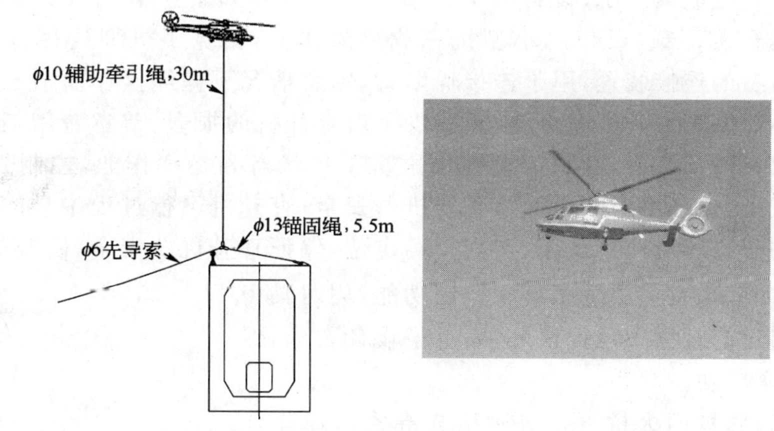

图 12 调整直升机位置使先导索完全受力

3. 先导索的放索操作

先导索的放索要严格按照既定的限界高度 80m 控制。根据放索的拉力和飞行的距离，及时对放索机进行放索调整。

另外，为保证作业安全，地面及塔上观测人员要观察先导索的放出情况。并且，从地面上测量直升机的飞行位置，以指导空中放索的正常进行。

4. 直升机操作关键点

本次渡海作业的直升机操作是最大的难点。在到达终点的时候，在保持最大的牵引力的同时，还要悬停在空中。悬停的直升机如果不能很好地固定好位置，发生左右前后的移动的话，可能会触碰到塔顶的设备而发生安全事故，同时在塔顶就不能固定好先导索。为了让直升机在固定位置有效地悬停飞行，飞行员必须要一边看塔顶附近的目标物体作为参考物，一边保持好参考物和直升机之间的相对位置，距离进行操作。根据塔顶的实际情况，直升机要事先在塔顶悬停飞行，确定好飞行和悬停位置。

5. 直升机飞行过程中最大受力分析

根据过海飞行的工况条件计算，直升机到达终点时受力最大，最大受力为1 681N，见图14所示。

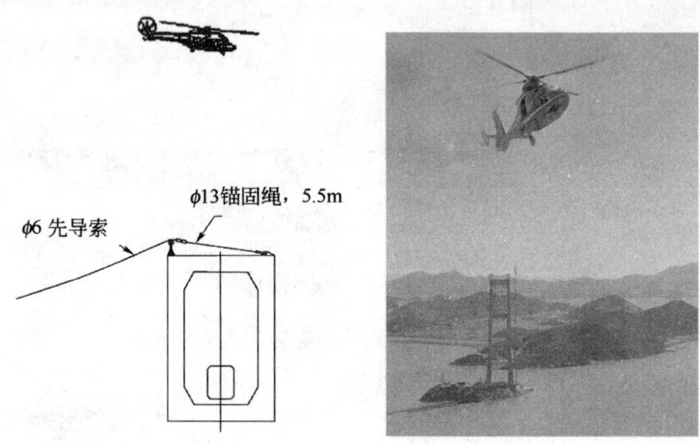

图13 解除辅助绳飞机离开

八、结　　语

西堠门大桥采用的直升机牵引先导索过海法，与国内外相近的方法相比较，有较多的优点和技术创新：改变在直升机上设置放索系统、设置通常的缆索切断装置和紧急情况时的切断装置；将放索系统设在平台上，减小直升机荷载，可使用小型机完成渡海作业，拓宽了机型选择范围，降低了施工成本；在直升机上设置简易的连接装置，用于连接辅助索，紧急情况下抛绳操作简洁迅速，使直升机的安全有了极大的保障；不需要对直升机进行改装，减少了对直升机的损害，节省费用，且减少了准备工作的时间；把放索系统放在塔顶平台，有利于监控放索机工作状态和指挥作业，控制先导索牵引过海过程中的速度、拉力和线形，保证不影响通航及直升机的安全；直升机飞行过程中悬停再原位转向，以前进方式接近塔顶，有利于飞行员飞行操作，实现精确定位，保证直升机的安全；研制的电磁式放索机采用电器控制系统，具有测速、拉力和垂度自动控制功能，同时具备手动操作性能，在牵引过海过程中运行良好，满足了设计要求，保证了先导索过海的一次成功。

2006年8月1日，西堠门大桥直升机牵引先导索过海作业时，南塔东南风风速为6～8m/s，北塔东南风风速为10～12m/s。直升机从临时停机坪起飞到放下配重块、释放辅助索，用时仅23min，相比明石海峡大桥的直升机牵引先导索渡海法的2h，时间大幅减少。该技术实施过程中，所有施工环节进行顺利，先导索垂度始终在控制目标范围内，不影响通航，施工时有船只通过。放索过程平稳，速度适中，均在预定的控制目标范围内。

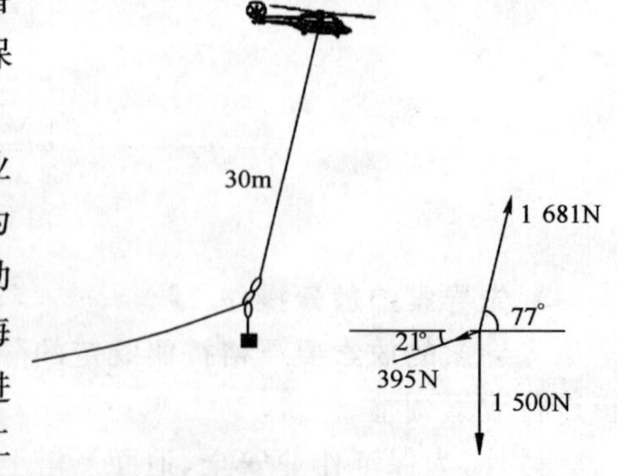

图14 直升机牵引过程中最大受力状况图

直升机牵引先导索过海施工技术研究和成功的应用，在国内桥梁建设史属首次。该技术对地形水文限制、不能封航或封航费用较大的悬索桥施工意义重大，能够减少施工时间，降低工程费用，具有很大的市场应用价值，可以在以后的悬索桥施工中应用和推广。

84. 舟山西堠门大桥南锚碇锚块预应力系统施工

肖开军 蒋能世 盛朝云 陈永彪

（中交第二公路工程局有限公司）

摘 要 舟山西堠门大桥南锚碇为重力式嵌岩锚结构，其中锚块主要承受预应力锚固系统传递的主缆索股拉力。预应力施工采用 ϕ_j15.7 的镀锌钢绞线及管道内灌注防腐油脂的双重防腐体系，可根据索股受力情况及时更换钢绞线及夹片，这在我国特大悬索桥施工中尚属首次。

关键词 西堠门大桥 南锚碇 预应力施工

一、工 程 概 述

南锚碇锚固系统由索股锚固连接结构和预应力钢束锚固构造组成，锚固系统布置图见图 1 所示。索股锚固连接结构有单锚头和双锚头两种，单锚头类型由 2 根拉杆和单索股锚固连接器构成，双锚头由 4 根拉杆和双索股锚固连接器组成，一侧主缆索股单索股锚头 35 个，双索股锚头 68 个。

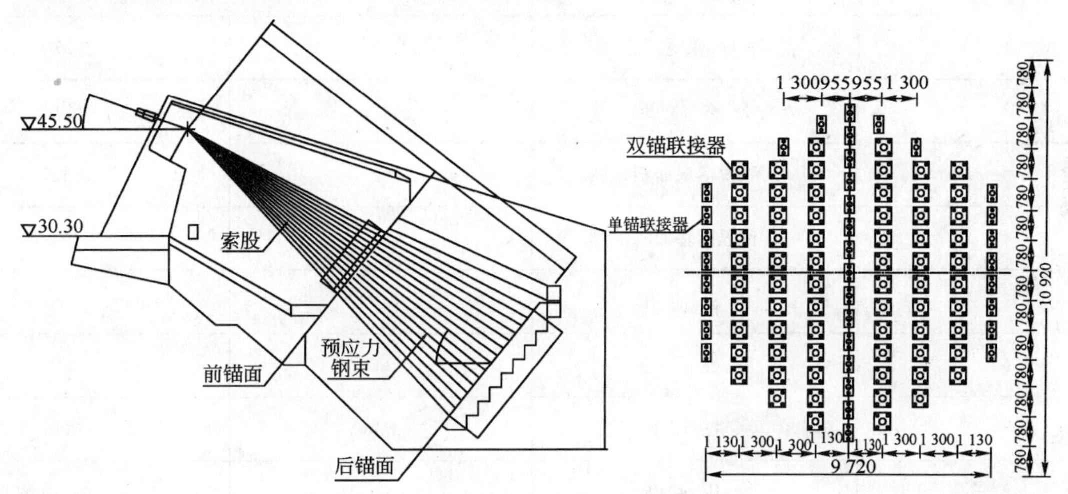

图 1 锚固系统总体布置图（尺寸单位：mm）

西堠门大桥预应力锚固系统设计采用可更换式锚固系统。预应力系统为“镀锌钢绞线＋油脂”防腐方案，在前锚面设置有油脂面观测管。桥梁运营期间可根据观测结果，实施补充油脂。锚头张拉端不封锚，并留有换束所需的工作长度，在运营期间可进行预应力钢绞线及夹片的更换。

二、南锚碇预应力管道定位施工

锚碇主缆锚固系统预应力钢管定位是锚体施工中的一个重要环节，其安装精度要求非常高，并且在施工过程中必须保证管道不变形、不漏浆，使预应力钢束能顺利通过。按照“锚体分层浇筑、预应力钢管定位支架分节支撑、管道分段接长”的原则设计了预应力钢管定位支架系统。定位钢支架由基架、骨架、片架三大部分组成。支架运输、安装过程中，要避免碰撞变形。

预应力管道采用壁厚5mm无缝钢管，管道的连接采用直径大于预应力管道5mm的接头管焊接连接，接头管的长度为25cm。在接头管与预应力管道焊接完成后，应及时进行磁粉探伤，严格检查接头管与预应力管道之间的焊缝，保证焊缝质量和焊缝厚度，避免漏浆，确保预应力管道通畅。

三、锚固系统预应力施工

当前后锚面的混凝土施工完成并达到100%设计强度时，方可对称张拉预应力钢束。为方便施工，张拉采用前锚面单端张拉。锚固系统施工程序为：施工准备—预应力束与锚固连接器连接—安装预应力束及锚固连接器—预应力束张拉—预应力管道注油—施工完成。

1. 准备工作

(1)钢绞线下料时，场地必须干净，同时在地面上铺上土工布和方木，以避免下料时将钢绞线镀锌层刮伤。后锚面的一端钢绞线要将8cm的外圈钢丝切割掉，留出中心丝镦头。每索按工作长度下料完成后，必须先编束以避免穿束缠绞，穿束后后锚面的钢绞线安装外露长度预留30cm(包括镦头部分)，以利于预应力筋换索。

(2)由于钢绞线公称直径为15.7mm且表面镀锌，对于夹片的匹配性能要求相当高。在进行预应力张拉时应先进行单根预紧，使得各预应力筋的应力差控制在5%以内，然后再进行整体张拉。用于预应力张拉的千斤顶、油泵、压力表在张拉前必须进行配套标定，压力表精度不得低于1.5级。根据设计要求，选用YCW650型千斤顶，其技术参数见表1。

YCW650型千斤顶技术参数 表1

序号	项目	单位	技术参数
1	公称张拉力	kN	6 370
2	公称油压	MPa	49
3	张拉活塞面积	m^2	0.135
4	回程活塞面积	m^2	0.070 7
5	回程油压	MPa	<25
6	穿心孔径	mm	ϕ240
7	张拉行程	mm	200
8	配用油泵		ZB4-500型
9	用油种类		22号、33号机械油
10	配用胶管		G6Ⅲ-00
11	主机质量	kg	960

(3)根据实验测得的钢绞线弹性模量、钢绞线截面面积及设计预应力筋张拉力及长度等相关要素按公式$\Delta L=PL/EA$计算钢绞线的张拉伸长量。

2. 预应力张拉

张拉准备工作全部完成后，将张拉千斤顶就位，即可进行钢束张拉工作。张拉时锚具需规范安装，保证锚板、锚环、千斤顶均在同一直线上。在安装夹片时保证钢绞线锚固部位及夹片清洁，使夹片外露部分平整。由于预应力钢绞线的特殊性，对锚具和夹片的性能要求是相当高，夹片的硬度、锥度和锚具与夹片的匹配性以及夹片与钢绞线的匹配性必须满足设计要求。锚具及夹片的技术要求见表2。在进行张拉作业时，预应力钢绞线的加载按设计荷载分级进行，张拉采用双控进行，即以应力控制为主、钢绞线的伸长量校核为辅的方式进行，延伸量的允许误差控制在±5%以内，且不允许断丝。

锚具及夹片的技术要求和标准　表2

项　目	硬　度	磁粉探伤标准	材　质	表面处理
工作锚具	20～28HRC	QJ/OVM033—2004《磁粉探伤》标准	40Cr-GB/T3077—1999	发蓝、光滑
工作夹片	79～84HRA	QJ/OVM033—2004《磁粉探伤》标准	20GrMnTi-GB/T3077—1999	光滑

3. 预应力管道注油防护

在预应力管道中注入油脂在我国桥梁施工中是极为少见，该工艺有两大优点：①在管道中注入油脂可对管道中的钢绞线和夹片进行有效地防腐；②在运营期间，如其中某一束钢绞线或夹片出现问题时可进行更换。该工艺在实施过程中，必须注意下列问题：

(1)前锚面钢绞线切割时用小型手提式砂轮切割机进行，外露量以7cm为宜，后锚面钢绞线外露量以30cm(包括镦头部分约8cm)为宜。

(2)安装防松装置时压板上的空心螺栓要紧逼夹片端面，固定端的防松装置必须锁紧。

(3)安装保护罩时应先用空压机清除锚头和预应力管道内的水分和锈渣等杂物，同时注意锚罩、铜垫圈、锚垫板之间贴合紧密。铜垫圈的两端面涂抹一层5699硅酮密封胶，然后卡在保护罩端面的预留槽上，用扭矩扳手给螺栓均匀施力，保证各个螺栓受力均匀。紫铜垫圈压紧后产生塑性变形以密封锚头，后锚面防护罩注油孔均处于立面最下方，前锚面防护罩出油孔均处于立面最上方，出油孔设置透明管作为油面观测孔。

(4)在进行预应力管道灌油前必须在防护罩和锚垫板的接缝处均匀涂抹环氧树脂，增强密封性，防止漏油。然后用空压机对每个管道进行再次清理，管道干燥后方可进行注油，注油时必须连续进行。考虑到油脂热胀冷缩，注油至前锚面观测孔口约10cm时停止注油。在整个注油过程中锚块前后锚面必须有人密切观测。注油完之后，考虑到孔内油脂要往钢绞线间隙及各相关连接构件之间的间隙渗透，必须根据各孔回油情况进行相应的补油，以满足油面设计要求。

由于该工艺的特殊性，对防腐油脂和注油机械的各项指标要求是比较高的，根据设计要求，选用的建筑防腐润滑脂和UBL-3注油泵，其相关技术参数见表3及表4。

建筑防腐油脂要求　表3

检测项目	指　标	实验方法	检测项目	指　标	实验方法
工作锥入度(1/10mm)	>450	GB/T269	蒸发量(99℃,22h)%	≤2.0	GB/T7325
水分(%)	≤0.1	GB/T512	低温性能(−40℃,30mm)	合格	SH/0387
钢网分油(100℃,24h)(%)	≤8.0	SH/T0324	湿热实验(45钢片,30d)级	≤2	GB/T2361
腐蚀实验(45号钢片,100℃,24h)	合格	SH/T0331	盐雾实验(45钢片,30d)级	≤2	SH/T0081

UBL-3注油泵主要指标参数　表4

型号	输送量	最大工作压力	输送距离	单机重量
UBL-3	$3m^3/h$	2.5MPa	水平400m，垂直90m	200kg

施工时,注油泵和防腐油脂均放置在锚后较为宽敞的地方,在注油施工过程中,用高压橡胶管通过锚块临时人洞,一端接在后锚面防护罩的注油孔的油阀上,一端接在注油泵上,而在注油泵和油桶之间则用塑料管连接起来(图2)。预应力管道注油时从上往下进行,以便注油操作及油污清理。

注油泵作业图片

后锚面注油图片

图2 注油作业

四、结 语

经过精心组织,认真安排,西堠门大桥南锚碇预应力锚固系统施工顺利结束,取得了良好的效果,为同类大桥的锚碇锚固系统预应力施工提供了宝贵的经验。

85. 舟山西堠门大桥猫道系统设计

先正权 葛国库 梁进达 叶 坤
(中交第二公路工程局有限公司)

摘 要 西堠门大桥猫道设计采取三跨连续猫道并通过调整横向通道的间距和数量来保证其整体抗风稳定性,同时增设水平和竖向制振装置减小猫道在活荷载作用下的振动。本文系统介绍了悬索桥猫道系统的设计。

关键词 西堠门大桥 猫道 设计

一、概 述

西堠门大桥是舟山连岛工程中的第四座大桥,其走向由北向南,北端连接册子岛,南端连接金塘岛,横跨西堠门水道,为578m+1 650m+485m双塔两跨连续钢箱梁悬索桥,是我国迄今跨度最大的悬索桥。本工程西距拟建的杭州湾大桥约90km,距杭州市约120km。

为了加快施工进度和降低费用,并结合本大桥的具体特点及图纸文件要求,根据我局在国内多座悬索桥施工经验,三跨连续猫道具有结构预埋件数量少、线性调整方便等优点,经综合比较,确定西堠门大桥猫道承重索采用不设抗风缆的三跨连续式结构。

猫道作为悬索桥上部构造施工最重要的高空工作通道和临时作业场地,线形与主缆线形一致。在整个上部施工期间,猫道作为索股牵引、索股调整、主缆紧固、索夹及吊索安装、钢箱梁吊装、主缆缠丝防护等施工的作业平台。

猫道的使用贯穿整个悬索桥上部结构安装工程始终,周期长,提高其抗风稳定性确保施工安全,且做到施工简便、节省费用,是猫道系统设计的关键所在,并将直接影响上部构造施工各个主要分项工序的质量和进度。

下面主要对猫道的结构设计进行简要分析计算。

二、猫 道 设 计

1. 结构设计

猫道在左右幅对应于主缆中心线下方各设一幅猫道,边跨侧猫道距主缆中心线铅垂方向1.7m,中跨侧猫道距主缆中心线 1.5m,设计宽度 4.0m。其主要由猫道承重索、扶手索、猫道面层、塔顶转索鞍及变位系统、横向通道、制振结构、锚固体系等组成,总体布置见图 1。

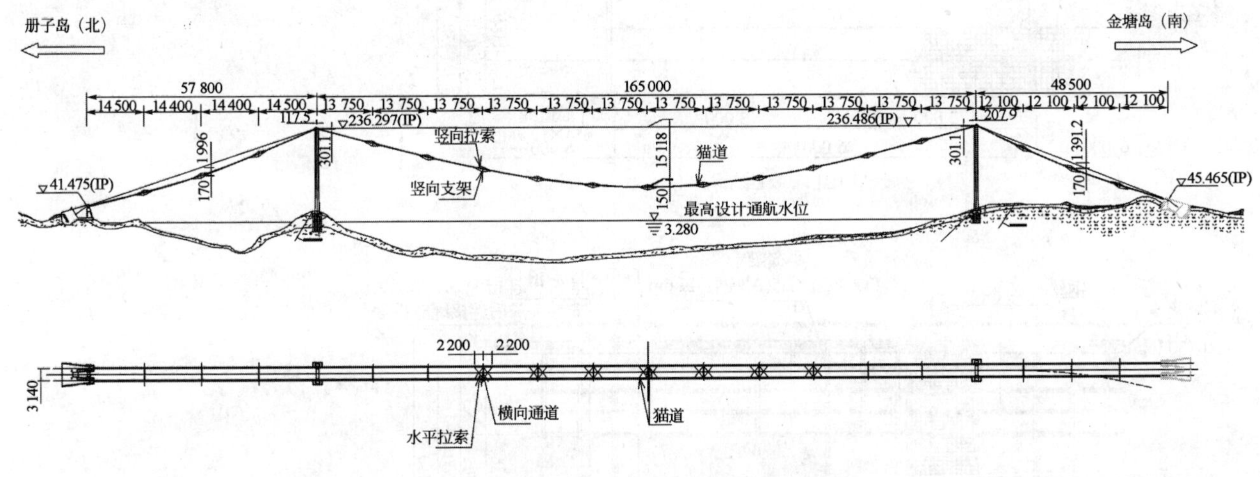

图 1　猫道总体布置图(尺寸单位:cm)

(1)猫道承重索及扶手索

每条猫道设 12 根 ϕ54mm 镀锌承重索,采用三跨连续的布置形式,减少了其在索塔处的锚固和长度调节装置。三段猫道承重索分别通过锚头销接连在一起,在塔顶设置支承鞍,并通过在塔顶附近设置变位刚架及下压装置,使猫道线形与主缆线形保持一致。

猫道每侧每 6m 设置一栏杆立柱,用以固定上下 3 根扶手索。扶手索上层采用 ϕ20 钢绳,下层采用 2×ϕ16钢丝绳。

(2)猫道面层

猫道面层由一层粗面网和一层细面网构成,其上每隔 0.5m 绑扎一根防滑木条。在猫道面层网上每隔 6m 设一道 50mm×50mm×2.5mm 方钢管,每隔 6m 设一道 80mm×80mm×4mm 方钢管,交替设置。另每隔 47m 左右设置一道 H175×175 型钢门架,其由 2ϕ54mm 门架承重索固定,并与猫道共同形成空间结构,如图 2 所示。

(3)横向通道

猫道共设置 17 道横向通道,中跨 11 道,两边跨各 3 道,除满足上下游猫道之间人员的通行外,主要通过其提高猫道自身的整体稳定性,使其具备足够的抗风能力。横向通道间距见图 1。

(4) 制振系统

为了改善猫道抗振力,提高人员施工操作时的舒适性,根据需要在相应的横向通道部位设置制振装置,支撑架上安装竖向制振索和水平制振索,如图 3 所示。

(5)猫道锚固体系

三跨连续猫道承重索通过锚固系统锚固在锚碇鞍部预埋型钢构件上,锚固系统采用拉杆及锚梁组合结构,见图 4。考虑国内猫道承重索无应力长度制作精度误差较大,猫道承重索垂度调整通过长短拉杆结合的调整系统进行,即:小拉杆长 4.5m 用于猫道架设初始阶段调整单根承重索长度,以消除猫道承重索制造误差,使 12 根猫道承重索垂度保持一致;长拉杆用于整体调整猫道垂度。长拉杆螺纹有效长度 7.9m－2.15m(千斤顶＋撑脚＋锚梁高度)＝5.75m,调整量以 5.5m 计。短拉杆(长 4.5m)除初期用于猫道承重索下料误差调整外,猫道改吊时可放出约 2.5m,共计 16m(5.5×2＋2.5×2＝16m),可满足猫道调整需要。

①猫道锚固

西堠门特大桥猫道索鞍连接部位荷载大、受力复杂,为全面了解该部位混凝土和钢骨架真实的受力状

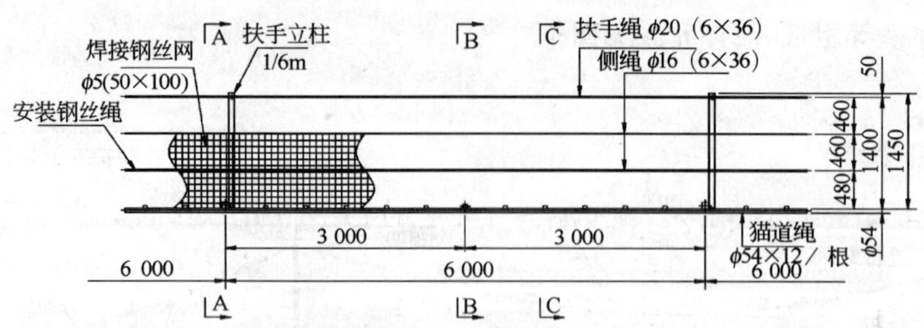

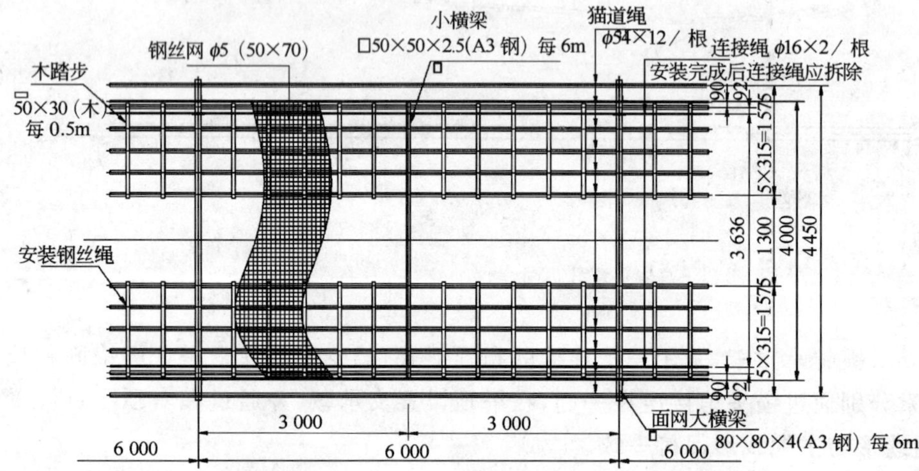

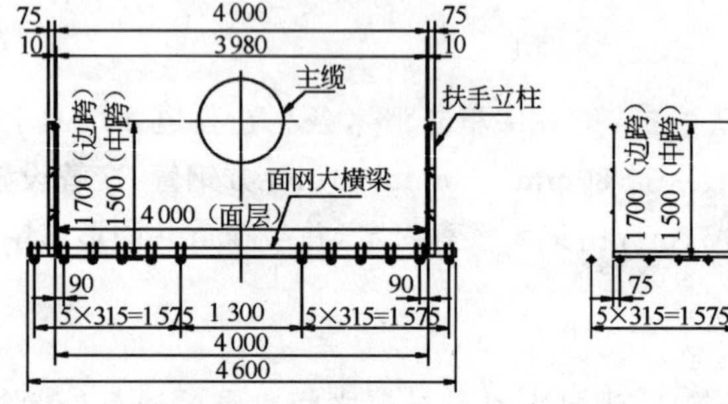

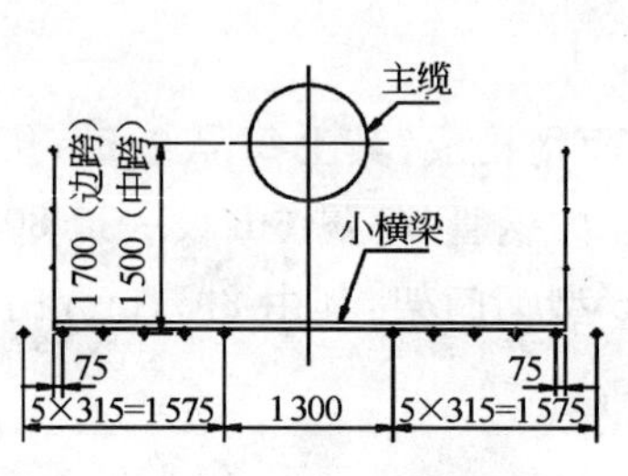

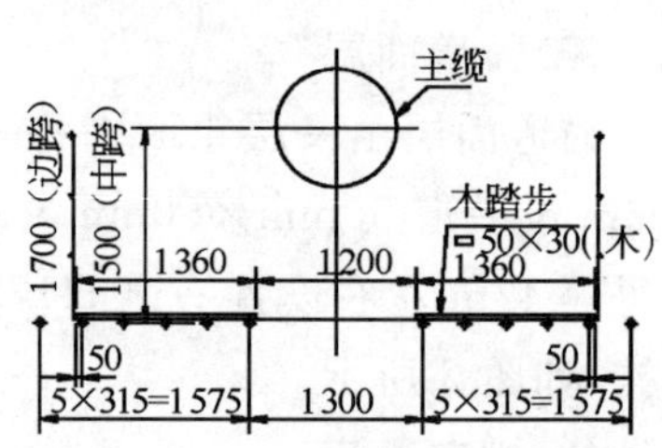

图2 猫道面层图(尺寸单位:mm)

态,确保结构安全可靠,计算选取北锚碇的锚固连接部位进行了局部应力分析,计算采用通用有限元程序ANSYS9.0,计算分析模型如图5所示。

②猫道锚固梁设计计算

根据西堠门大桥猫道锚固系统设计图,采用三维实体模型来模拟锚固系统的受力,计算分析模型如图6所示。经过分析计算猫道锚固梁的结构强度能够满足要求。

(6)塔顶变位及转索鞍

猫道承重索采用三跨连续的布置形式,在塔顶设置转索鞍,并通过在塔顶附近设置变位刚架及下压装置,使猫道线形与主缆线形保持一致。塔顶锚固支撑见图7。

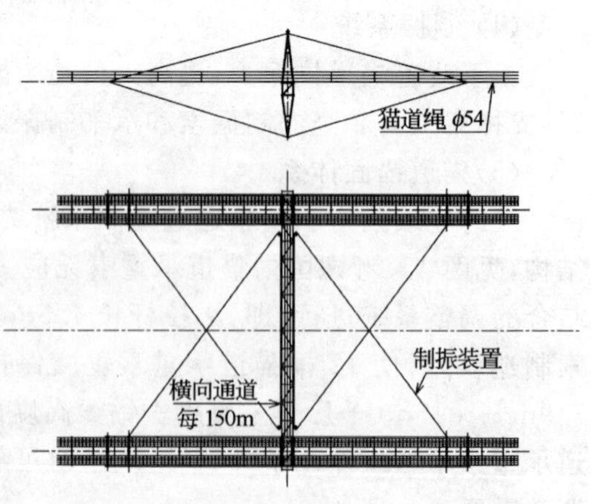

图3 制振系统结构示意图(尺寸单位:mm)

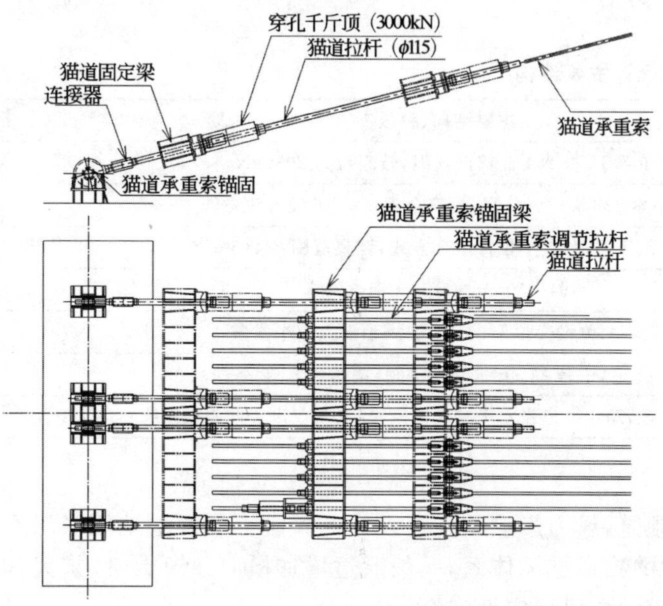

图 4 猫道承重索长度调整装置及锚固结构示意图

图 5 结构计算模型

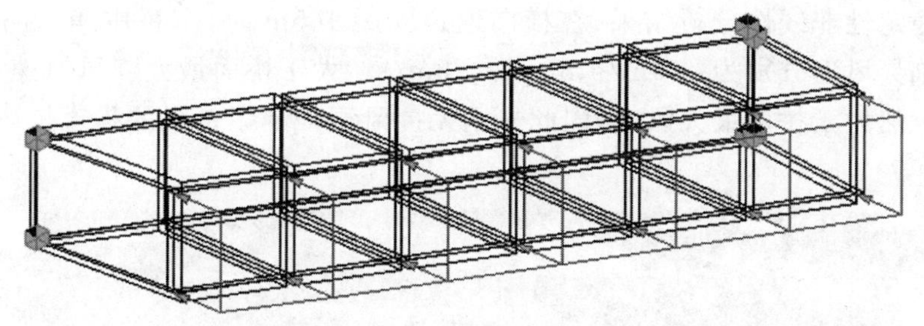

图 6 猫道锚固梁计算分析模型

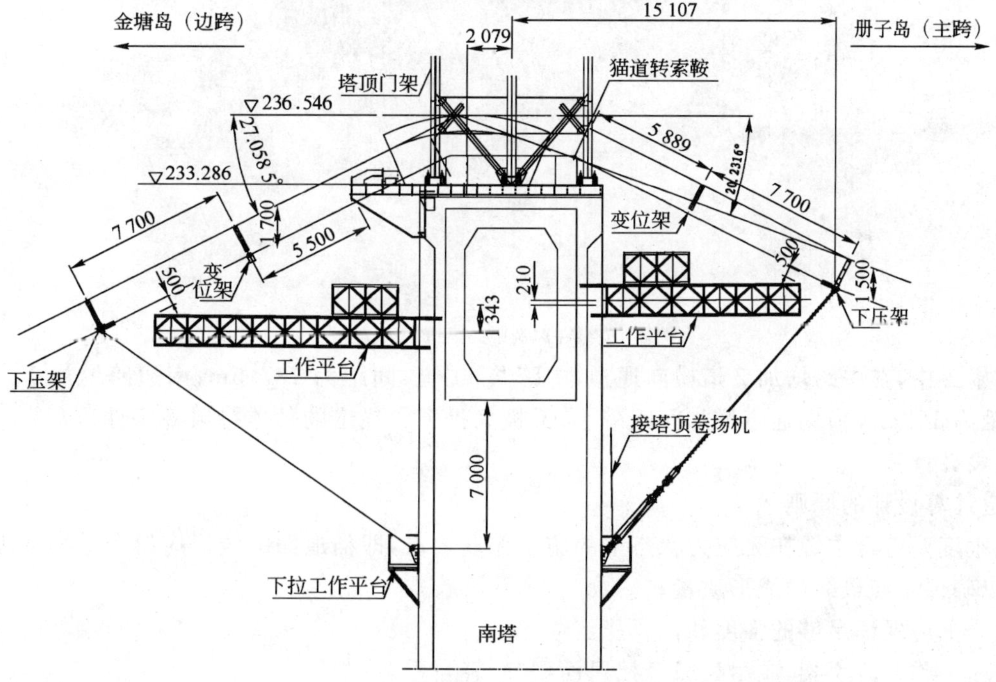

图 7 塔顶猫道锚固支撑（尺寸单位：cm）

猫道结构设计主要结构见表1。

猫道结构设计主要结构　　表1

序号	构件名称	主要结构、参数
1	猫道承重索	单幅12根φ54镀锌钢丝绳，破断拉力2030kN
2	扶手索	扶手索φ20镀锌钢丝绳，侧安全索2×φ16镀锌钢丝绳
3	猫道锚固方式	锚碇支墩预埋型钢，大小拉杆组合方式，调整范围2×(5+2.5)m
4	猫道面网	φ4×50mm×50mm钢丝网
5	塔顶结构	索塔两侧设变位架、下拉梁，塔顶设支撑小索鞍
6	横向通道	共设置17道，中跨11道，北边跨3道，南边跨3道，各跨均布
7	制振系统	共设置17道，跨中7道设水平和竖向制振，其余仅设竖向制振系统

2. 猫道抗风设计

西堠门大桥地处沿海，风环境复杂，台风影响频繁，风力影响是猫道设计的关键。大桥地处西堠门水道作为国际航道，不适合设置抗风索。不设抗风索的猫道抗风体系，一般通过增加横向通道数量、扩大猫道承重索布设宽度、增加制振系统等措施，确保猫道的抗风稳定性安全。

根据西南交通大学对本桥三跨连续无抗风缆猫道系统进行的节段模型静力三分力风洞试验和有限元法猫道抗风静力稳定性非线性分析结果，在横向通道间距165m时，本桥中跨、北边跨、南边跨猫道发生静力扭转失稳的临界风速分别为：69m/s、82m/s、75m/s。大于桥面最大阵风风速$U^{s}_{69.576}=67.82$m/s，猫道静力失稳临界风速大于桥面最大风速，因此采用无抗风索+制振系统的猫道抗风体系是安全的。风洞试验如图8。

图8　安装在风洞中的猫道节段模型

在实际施工中，在中跨增加2道横向通道，中跨共11道，间距为137.5m；南边跨增加1道横向通道共3道，间距为122m。横向通道增加间距减小，又极大提高了猫道的整体抗风稳定性。

3. 猫道设计计算

(1)猫道计算设计的原则

①猫道垂度要符合主缆在无应力状态下的施工作业要求，即猫道面的线形应符合主缆在无应力状态下的线形，以确保主缆最终的成形质量。

②在安全上应保证足够的强度和抗风稳定性。

③作为施工临时脚手架，应尽量减轻挡风面积，减轻自重。

④猫道系统本身要构造简单，架设调整和拆除方便，节约临时工程的作业时间和费用。

(2)设计荷载

①恒载计算主要项目

a. 猫道承重索

b. 扶手绳及防护绳

c. 钢丝网

d. 踏步方木

e. 扶手绳立柱与猫道大横梁

f. 猫道小横梁与连接系

g. 滚筒重量

h. 横向通道

i. 其他重量

②活载计算项目

a. 主缆丝股重力，每条猫道按放置两根丝股来计算活载，单位长度重力＝2×216＝432N/m。

b. 人员等活载，每 70kg/人，20m 长重力 35N/m。

c. 横向通道活载，横向通道每条考虑堆放机具等重量按 1000kg 计。

猫道设计计算荷载见表 2。

猫道荷载(N/m)计算结果 表 2

	恒载	活载	恒载＋活载
中跨	2479.2	708.2	3187.4
北边跨	2435.4	706.5	3141.9
南边跨	2390.9	701.2	3092.1

③风荷载

按照施工图设计文件施工阶段设计重现期 20 年基准风速，$U_{10}=36.19$ m/s。

根据日本本四联络桥抗风设计基准(1976)，猫道设计风速为

$$U_0=U_{10}\gamma_1\gamma_2$$

式中：γ_1——风速高度变化修正系数；

γ_2——考虑水平长度修正系数。

按照招标文件《舟山市大陆连岛工程气象观测、风参数研究专题报告》，对本桥设计风速随高度变化模式：

$$U_d=U_{10}\left(\frac{Z}{Z_{10}}\right)^{\alpha}$$

桥位场地幂指数 α 建议值为 0.16。

结合猫道总体布置，锚碇、塔顶高程，综合计算，猫道中跨和边跨设计风速取值 $U_d=63.11$m/s。

根据日本本四联络桥抗风设计基准(1976)，跨度超过 200m 的桥梁，水平方向细长的结构：

$$P_D=1/2\rho U_d^2\gamma_4 C_d A$$

式中：$\rho=0.125\text{kg}\cdot\text{s}^2\cdot\text{m}^{-4}$；

$\gamma_4=1.1$，与桥轴垂直方向矫正系数；

C_D——阻力系数，与受风物形状相关，见图 9。

由此可得猫道单位长度风荷载为 $P_D=1536.7$N/m。

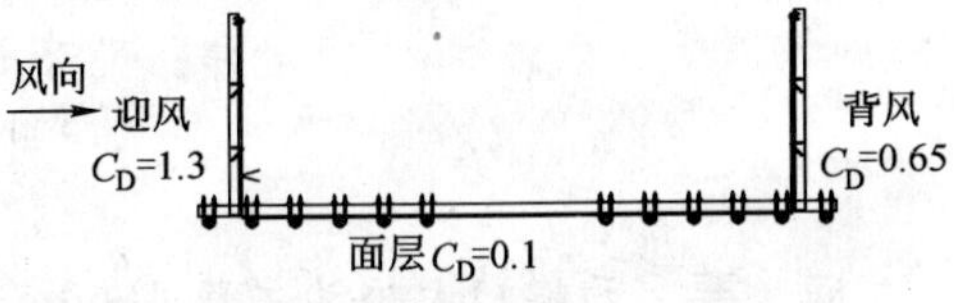

图 9 猫道风载阻力系数

④温度

设计温度 20℃，依据舟山市定海气象站多年统计资料，桥位极端最高气温 39.1℃，极端最低气温 −6.1℃，在此基础考虑 $\Delta T_{降}=-27$℃，$\Delta T_{升}=+20$℃。

(3)荷载组合

荷载设计计算组合及安全系数应满足表3。

猫道承重索计算荷载组合及安全系数　　表3

工　况	荷载组合	安全系数	备　注
1	恒载	≥3.0	猫道架设完成
2	恒载＋活载＋($\Delta T_{降}$)	≥3.0	索股架设
3	恒载＋风载	≥2.5	台风

(4)猫道承重性能参数

猫道承重索采用(6×36SW＋IWR)钢芯镀锌钢丝绳，性能参数见表4。

猫道承重索钢丝绳性能参数表　　表4

绳径 ϕ	mm	54	弹性模量 E_c	kN/m²	1.1×10^8
破断拉力 F	t	203	钢丝绳热膨胀系数 α_t	m/℃	1.2×10^{-5}
单位重量	kg/m	12.2	数量	根	12
断面积 A	mm²	1471			

(5)猫道计算模型

本工程中采用有限元法对施工猫道进行离散，建立有限元计算模型，对于横向通道等按梁单元进行离散，对于每条猫道结构，考虑到在设计风荷载等荷载作用下，结构是静力稳定的，各承重绳仍处于受拉状态。为了简化计算，采用等效索单元来模拟每条猫道，由于猫道结构主要为缆索结构，其受力变形形态具有很强的非线性特征，应力等效梁的模型应考虑几何非线性的影响。计算分析模型如图10所示。

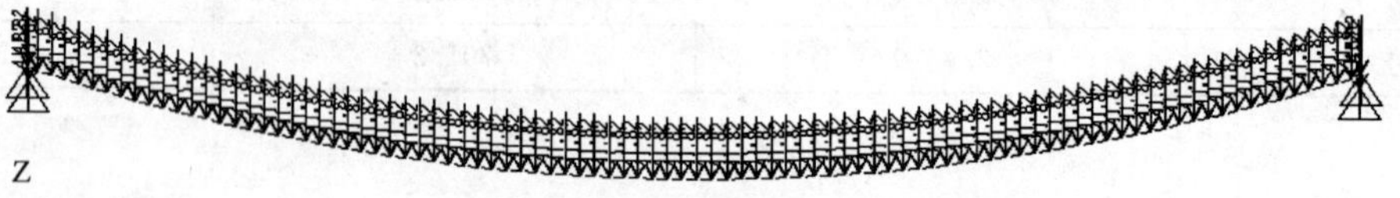

图10　猫道计算分析模型

(6)猫道承重索张力计算结果

猫道架设完毕后，用千斤顶对每根猫道承重索张力进行测定，结果表明猫道承重绳具有足够的安全储备。

三、结　语

通过对猫道进行计算分析，猫道承重索拉力安全性符合设计和规范要求。目前猫道架设施工已经完成，猫道结构整体稳定性及猫道线性均得到多方一致肯定。

86. 舟山西堠门大桥上部结构施工

卢　伟　邓亨长　虞业强　杨如刚　龙　勇　董武斌
(四川公路桥梁建设集团有限公司)

摘　要　西堠门大桥为主跨1650m的两跨连续分离式钢箱梁悬索桥，本文介绍大桥索鞍安装、猫道安装、主缆架设、索夹与吊索安装、钢箱梁安装等上部结构安装关键施工工艺及过程。

关键词　悬索桥　钢箱梁　上部结构　施工工艺

一、工 程 概 况

西堠门大桥主桥为主跨1 650m的两跨连续漂浮体系的钢箱梁悬索桥，跨径布置为578m＋1 650m＋

485m,钢箱梁连续总长为 2 228m,矢跨比 1/10;主缆横桥向中心间距为 31.4m ,吊索顺桥向标准间距为 18m。主跨跨径居世界第二、中国第一,主桥总体布置见图 1。

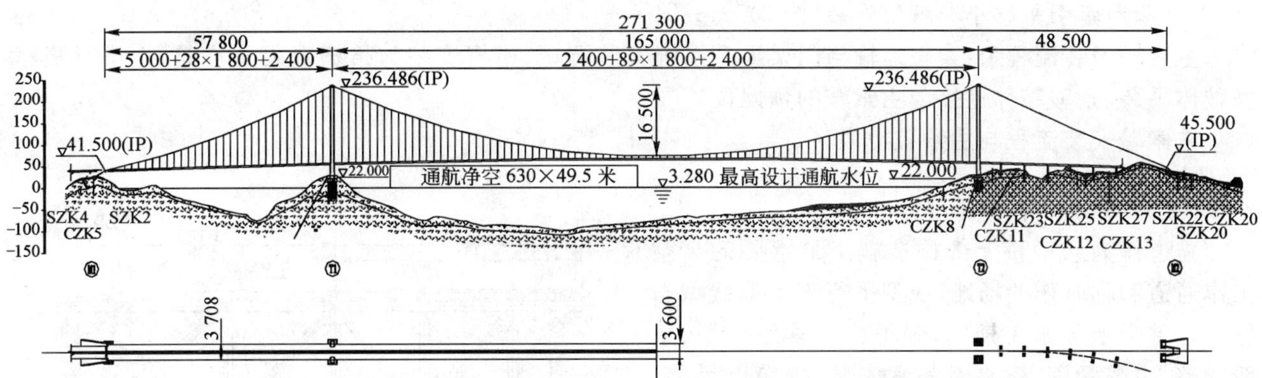

图 1 西堠门大桥结构总体平面布置图(尺寸单位:cm)

西堠门大桥锚碇采用重力式扩大基础锚(北锚)和重力式嵌岩锚(南锚),索塔上部为塔柱、横梁组成的混凝土门式框架构造,塔高 211.286m,索塔基础为嵌岩桩,每塔各 24 根 ϕ2.8 大直径桩。

主缆采用预制平行钢丝索股(PPWS)。每根主缆中,从北锚碇到南锚碇的通长索股有 169 根,边跨另设 2(南)~6(北)根背索在主索鞍上锚固。每根索股由 127 根直径为 ϕ5.25mm 高强镀锌钢丝组成。主缆直径为 870mm(北边跨)、855mm(中跨)和 860mm(南边跨),空隙率为 19%。

本桥悬吊系统采用骑跨式钢丝绳吊索和索夹的结构方案,吊索下端与加劲梁为销铰连接。

主缆防护构造采用传统防护体系——高耐候性膏状嵌缝填料+4mm 镀锌钢丝+脂肪簇丙烯酸聚氨酯面漆及其底漆。

钢箱梁形式为扁平流线形分离式双箱断面,两个封闭钢箱梁横桥向拉开 6m 距离。钢箱梁梁宽 36.0m,梁高 3.51m,标准梁段长 18m。

桥面铺装总厚度为 5cm 的环氧沥青混凝土。

西堠门大桥主桥悬索桥上部结构安装由四川路桥建设集团承担。工程的施工内容包括:悬索桥索鞍、主缆、索夹、吊索、钢箱梁及悬索桥附属设施的安装施工与猫道等关键临时设施的相关作业。

二、上部结构施工

(一)特点与难点

西堠门大桥地处台风多发区及季风影响区,每年冬季受季风、夏季受台风影响,有效工作日少,对猫道、主缆架设与钢箱梁安装均是严峻考验;同时施工桥位处海域潮差大、波浪高、水流急、且有强烈旋涡,先导索渡海等海上作业困难,西堠门与册子水道覆盖层极浅,多数地方无覆盖层,运梁船运输与定位实施难度极大,施工环境恶劣。

北边跨无索区及锚区浅水区梁段、北塔及南塔附近梁段运梁驳船不能行驶至梁段安装投影位置,无法采用传统的垂直起吊工艺,需搭设支架存梁并采用荡移法架设。

钢箱梁吊装时间长,难以完全避开台风期,施工风险高,需进行台风期钢箱梁架设抗风稳定专题研究以指导梁段架设作业。

大桥所用缆载吊机起吊能力为 370t,满足投标文件 350t 起吊力要求,而钢箱梁节段吊装重量由于设计变更,A1 梁段重量超出缆载吊机承载能力,需考虑特殊方法完成此类梁段安装。

(二)索鞍安装

主散索鞍及其附件安装,均通过型钢门架并结合卷扬式吊装系统、纵向行走与调节装置进行安装。最大吊装重量约 95t(主索鞍)与 65t(散索鞍)。

索鞍鞍体及其附件海上通过浮吊、陆上100吨平板车并结合临时龙门架与平移栈桥转运至门架下方，在索鞍安装门架上布置平移小车和起吊滑车组，由2台10t或单台18t卷扬机提供起吊动力并防止扭转，手动葫芦牵引平移小车就位安装(图2)。

主索鞍安装流程为：索鞍运输与门架提升系统安装调试、格栅安装与格栅混凝土浇筑、上下承板、索鞍鞍体吊装、索鞍鞍体连接与主索鞍的预偏位。

散索鞍安装流程与主索鞍类似。

(三)猫道安装

猫道作为悬索桥上部构造施工最重要的高空工作通道和临时作业场地，线型平行于主缆线型布置。在整个上部施工期间，猫道作为索股牵引、索股调整、主缆紧固、索夹及吊索安装、钢箱梁吊装、主缆缠丝防护等施工的作业平台，其使用贯穿整个悬索桥上部结构安装工程始终，故猫道安装也是大桥关键施工工序之一。

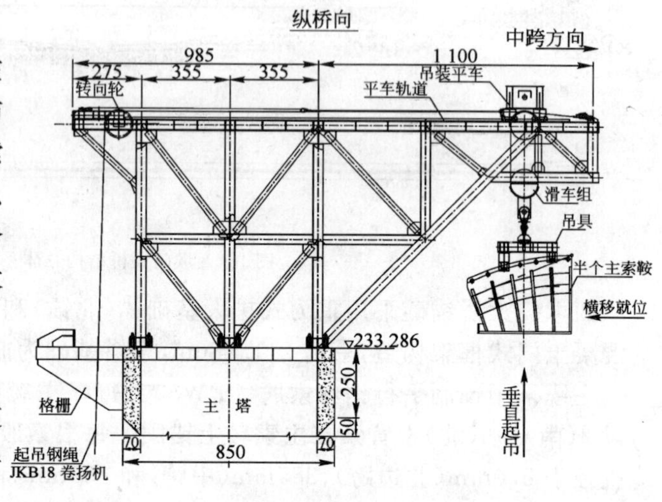

图2 主索鞍安装布置图(尺寸单位：cm)

1. 先导索渡海与单线牵引系统形成

猫道安装前，需形成单线牵引系统以保证猫道系统各部件安装，牵引系统形成关键一步即为先导索渡海作业。

本桥桥位处于繁忙的海运航道上，水深流急，如选用传统的自由悬挂法或浮子法进行先导索渡海作业，势必要求较长时间的封航作业，在平潮之外的涨落潮期，海流湍急，存在较大安全风险，为此经反复研究论证并结合多次牵索试验，最终采用直升机进行中跨先导索架设(图3)。

先导索选用ϕ6高强尼龙绳(迪尼玛绳)，ϕ6高强尼龙绳破断拉力为3.19t、每延米质量0.0187kg。通过自行研制放置于地面的放索机，使得直升机提升重量减轻，最终选用国产“海豚”——直九型飞机。

2006年8月1日正式渡海飞行，当天现场风速12m/s，直升机首先悬停于南塔顶，将ϕ6高强尼龙绳绳头牵引至北塔顶悬停并锚固，整个牵引过程历时24分钟，海事部门仅对西堠门水道作限航处理，对航运的影响及由此产生的费用均较小。这也是中国桥梁建设史上首次采用先导索直升机渡海作业，为今后类似桥梁安装将提供有益的经验。北边跨由于跨度小，直接利用运输船牵引先导索过海。

先导索渡海成功后，逐级牵引ϕ13高强尼龙绳与ϕ22mm、ϕ36mm钢绳形成往复式单线牵引系统，由25t卷扬机提高牵引动力。通过此牵引索单根架设托架承重索(2ϕ36mm)，最后牵引托架定位索(2ϕ21.5mm)同时布置托架，从而形成猫道架设牵引系统(左右侧各一套)。

2. 猫道架设

经分析比选并结合风洞试验分析结果，最终西堠门桥猫道选用三跨连续式、无抗风缆形式。西堠门大桥猫道在左右幅对应于主缆中心线下方各设一幅猫道，边跨侧猫道距主缆中心线铅垂方向1.7m，中跨侧猫道距主缆中心线1.5m，设计宽度4.6m。其主要由猫道承重索、扶手索、猫道面层、塔顶转索鞍及变位系统、横向通道、制振结构、锚固体系等组成(图4)。

每条猫道设12根ϕ54镀锌承重索，猫道承重索通过塔顶转向装置，锚固在散索鞍支墩预埋型钢上，同时为加强猫道抗风稳定性，全桥共设置17道横向通道：中跨11道，边跨各3道。

猫道安装分两步：承重索采用托架法安装；猫道横梁、面网以及横向通道等采用下滑铺设法安装，均为常规作业。

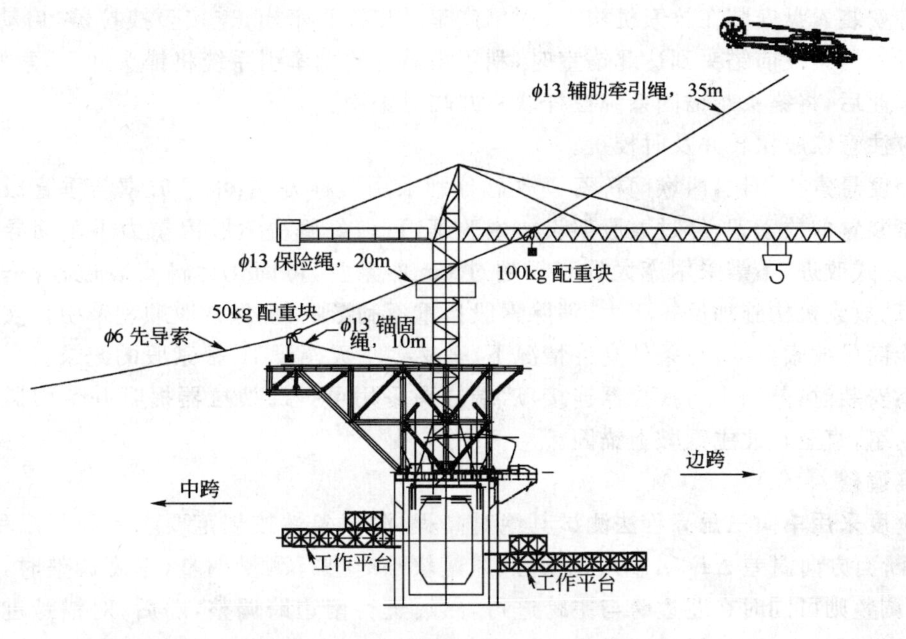

图 3 直升机先导索渡海示意图

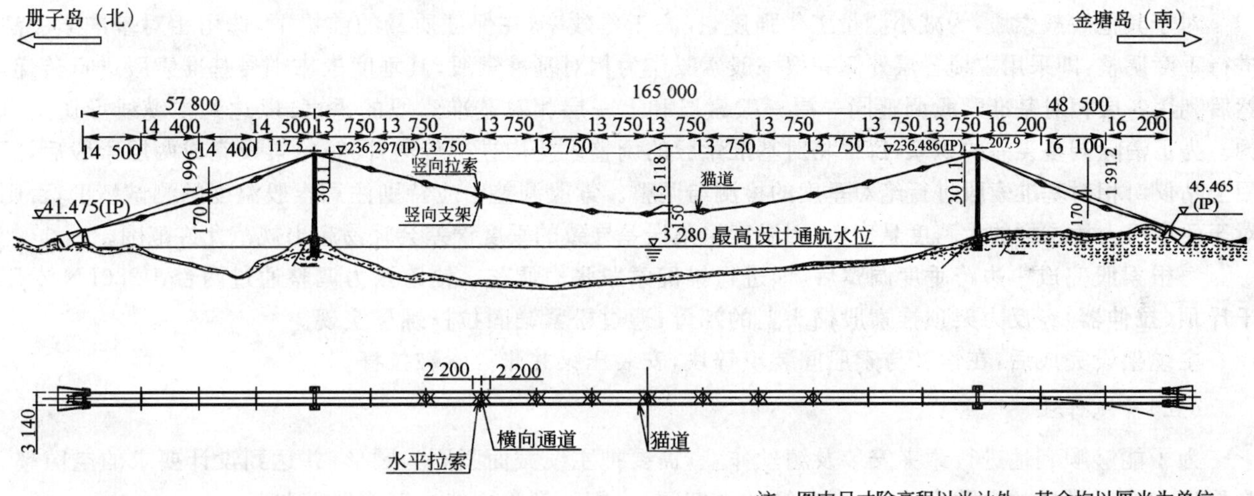

注：图中尺寸除高程以米计外，其余均以厘米为单位。

图 4 猫道总体布置图

(四)主缆架设

1. 主缆双线往复牵引系统形成

猫道主体结构完成后，为具备主缆架设条件，还需形成一套主缆牵引系统，本桥考虑到季风期有效作业时间较短，为提高施工效率，选用双线往复门架拽拉器式牵引系统。在猫道上间隔约 55m 安装一道型钢门架，用 2φ54 承重钢绳将其固定并与猫道共同形成空间结构。门架上设置导轮组，φ36 牵引绳通过导轮将部分主缆索股牵引荷载传至猫道门架，而主缆索股主要重量则通过间隔 9m 设置的猫道尼龙托滚承担。

双线往复式牵引系统由单线往复式牵引系统改制而成，牵引速度控制在 20～30m/min，选用 25t 变频双筒摩擦式卷扬机。

2. 索股架设

索股架设分索股牵引、索股横移、索股整形、索股入鞍、索股垂度调整及锚跨张力调整几个工序。

索股放索场布置在南岸，按编号分别排列，放索场布置两台 80t 龙门架负责场区索股转运，索盘重约 62t，由厂家负责船运至码头，在码头上通过自行设计安装的码头吊机转至平板车，最终转运至放索场。

龙门架将待安装索盘安装在放索机构上，利用汽车吊将锚头牵出，连接至拽拉器，启动两台25t卷扬机同步牵引索股。当索股前锚头到达北锚室时，利用塔吊与辅助牵引系统将锚头卸下，索股完成提升、横移、整形、入鞍作业后，将锚头与锚固系统拉杆联系并临时锚固。

安装过程应注意索股扭转并及时校正。

与其他大跨度悬索桥相比，西堠门桥索股放盘分别采用两种方式：水平放索与垂直放索。水平放索设置带液压张紧装置的放索架，经过索股架设放索验证，可较好解决索股因重力下垂而导致的呼啦圈现象，同时因放索方式改进，不需采用庞大的直径超过4m的索盘，可简化运输安装过程；垂直放索是传统放索工艺，以被动放索机构施加反拉张力，消除索股自重不利影响，确保索股顺利牵引。实践证明上述两种放索方式均能满足放索要求，在条件允许情况下，曾达到1天架设10根索股的纪录。

北边跨背索安装时，前锚头与拽拉器连接，后端锚头采用可拆卸拽拉器提升并牵引通过南边跨与中跨位置门架导轮组，直至在北主索鞍上锚固。

3. 索股垂度调整

基准索股垂度采用单向三角高程法测试其绝对高程，测试条件按规范要求夜间气温稳定（纵向温差$\Delta T \leqslant 2℃$，主缆断面方向温差$\Delta T \leqslant 1℃$）、无雨雾、风速较小时进行测量调整，垂度调整时，将北塔位置标记点锚固，垂度调整则可同时在北边跨与主跨进行，然后进行南边跨调整，随后，对锚跨进行锚跨张力调整。基准索股垂度调整完成后，需连续进行3个晚上（或3次）连续稳定观测，确认测量数据满足稳定要求后将上述数据作为基准索股线形。

对于其他一般索股，为减小测量工作强度，提高工作效率，在保证质量的前提下，选用相对基准索股法进行垂度调整：即采用主缆各层外侧一根一般索股作为相对基准索股，其垂度依靠1号基准索股进行传递，然后利用各层相对基准索股调整同一层一般索股和上一层相对基准索股的垂度，以达到主缆线形调整目的。为了消除调整误差的积累，每根相对基准索股的调整误差均进行传递，同时每架设完成两层索股后，还用全站仪对相对基准索股进行绝对垂度的检测与调整。索股调整中应特别注意索股温度的测试精度，否则对于西堠门大桥这样的大跨度悬索桥，因温度采集误差导致的垂度误差会轻易超出规范允许范围。

每根索股完成中边跨垂度调整后，即进行锚碇索股张力调整。锚跨张力调整通过两台1 280kN专用千斤顶（拉伸器）经反力架顶推索股锚头上的螺母，通过松紧锚固拉杆螺母实现。

主缆架设完成后，在索鞍与索股间装填锌块，安装压梁并张拉索鞍拉杆。

（五）紧缆作业

为了能够顺利地进行索夹安装及缠丝作业，需要把主缆截面紧固为圆形，并达到设计要求的空隙率。为保证主缆紧缆后的空隙率要求，在主缆架设期间，应间隔解除主缆内部索股缠包带。

紧缆分初紧缆与正式紧缆两个步骤。

初紧缆在温度比较稳定的时段（夜间）进行，这时主缆索股温度基本保持平衡。拆除主缆索股形状保持器，立即进行初紧缆作业。

初紧缆空隙率目标控制值：28%～30%，预紧缆作业使用设备为手拉葫芦及手扳葫芦。

正式紧缆可在白天进行。每根主缆由2台紧缆机进行紧缆施工，正式紧缆顺序采用边跨由塔顶向锚碇方向，中跨从跨中向塔顶方向进行紧缆作业，紧缆机位置紧缆完成后，其索夹内空隙率控制为17±3%，索夹外为19±3%，然后每隔1m打上2道钢带。

紧缆作业完成后，安装的索股即形成大缆，此时还需对大缆空缆线形与塔锚位置实际里程桩号进行测量，为下步索夹放样、吊索下料提供基础数据。

（六）索夹与吊索安装

1. 缆索吊装系统

索夹和吊索安装主要采用缆索吊。待主缆索股架设完成后，拆除猫道门架，留下猫道门架工作承重索作为天线，同塔顶门架上的卷扬机、专用起吊天车和牵引系统组成简易缆索吊装系统。

2. 索夹定位放样

索夹放样位置坐标由监控单位提供。索夹放样前，必须进行坐标计算，为施工测量放样准备数据。

在夜间温差较小的情况下，主缆放样的精度容易控制，用全站仪在主缆上放样出O点（吊索中心线与主缆天顶线交点），利用O点用直尺和水平尺将主缆两侧的位置标出，然后根据内业提供的数据标出索夹两端的位置，同时在索夹两端标记外10cm的地方注上参考标记点以方便现场安装。

3. 安装方案

索夹利用驳船或汽车运至索塔和锚碇位置，用塔吊将索夹吊放至塔柱横梁或施工猫道上，借助猫道门架承重索改制的缆索吊天车吊运索夹到相应的安装位置。利用手动葫芦分别安装左、右半索夹。安装时使索夹分中线与主缆顶面标志线重合。

索夹拉杆应及时紧固，并进行至少三次张拉——A、索夹安装时的第一次紧固；B、加劲梁吊装完成后进行二次紧固；C、全桥恒载加载完成后进行第三次紧固。以保证索夹与主缆间摩擦力满足设计要求。

重量较轻的短吊索在塔下无索区支架上展开后直接利用塔吊将其吊至猫道，将吊索的锚头解下用千斤绳绑扎，用缆索吊天车把吊索牵引至相应的架设位置。对于重量较重的长吊索，用塔吊无法完成吊运，根据实际情况，借助塔顶门架上的10t卷扬机完成吊运和安装。

（七）钢箱梁安装

1. 钢箱梁运输定位

大桥所在水域的特点是潮流流速大且有强烈旋涡，水流紊乱无规律，平潮期每日上下午仅120分钟左右。水道最大水深95m且无覆盖层。传统的抛锚定位方式在本工程中难以实施。

箱梁运输船本身自带动力（双螺旋桨），钢箱梁运输驳船长60m、宽20m、满载吃水超过2 300t。为保证箱梁运输船的安全及定位准确。采用动力定位结合天吊索（锚固于主缆上的一对辅助定位钢绳）方式使钢箱梁箱梁水平就位。

为充分利用平潮期，运梁船根据地区潮汐表，在平潮前约30分钟提前抵达箱梁安装预定水域附近等待，一旦海面平稳，即开抵目的地。而缆载吊机吊具设计考虑钢箱梁吊点与吊具之间以钢绳柔性快速联结，迅速提升，减小不利海况对钢箱梁安装的影响。

根据前期钢箱梁安装实践验证，采用上述方案，运梁船可在40min左右完成定位作业，完全能满足架梁需要。

2. 钢箱梁吊装

(1)缆载吊机

钢箱梁共计126个安装节段，标准节段长18m，标准吊装重量约260t，最大吊重约360t。

根据西堠门大桥钢箱梁设计及加工、运输特点，大桥钢箱梁多数节段采用液压式缆载吊机起吊安装，起吊能力370t；对于北塔附近梁段，采用卷扬式吊装系统进行安装，起吊能力400t。钢箱梁采用单吊机结合纵横扁担提升安装。

(2)钢箱梁台风期架设抗风研究

由于台风与季风的交替影响，大桥钢箱梁安装将穿越台风期，针对此情形，西南交大与同济大学分别进行钢箱梁安装风洞试验及计算分析。得出结论：台风多发期可架设中跨跨中梁段不多于39片梁；同时架设跨中8段梁的工况应加快完成；钢箱梁临时连接件应在台风来临前临时紧固以保证安全。施工时以上述成果指导制订钢箱梁防台措施。

(3)钢箱梁安装

液压式缆载吊机分别在南北塔、北锚安装，随后从北锚与南塔位置开始钢箱梁安装。对于两塔与北锚附近梁段，因地形限制需用吊机荡移方案安装，其他位置梁段则采用垂直起吊方案。

a. 北锚

北锚附近9个梁段，因运梁受地形影响，不能垂直起吊，采用航道拓宽方案，使得运梁船可直接行驶至靠锚21号梁位置，同时北锚无索区17～19号梁采用固定支架结合移动支架单吊机荡移方案（图5）。

b. 南塔

南塔附近 7 个梁段也需吊机采用荡移法安装。其中 44 号～46 号梁需结合矮支架轨道滑移安装；47～49 号、52 号梁则通过 1～2 次荡移安装就位。

c. 北塔

北塔附近梁段采用卷扬式吊装系统安装，卷扬式吊装系统的投入主要为解决钢箱梁的超重吊装问题，同时对加快总体的施工进度也较有利。该吊装系统悬挂于临时索夹，动力为布置在北锚后的 20 吨卷扬机。整个卷扬式吊装系统起吊提升系统与牵引平移系统组成，钢箱梁垂直提升，仅需一次荡移辅助就位。

d. 合龙段

西堠门大桥全桥共计三个合龙段，采用牵拉已安装梁段，为合龙梁段留出安装空间，待合龙段提升至安装位置再放松牵拉装置使已安梁段就位，随即安装临时连接件完成施工作业的合龙方式。

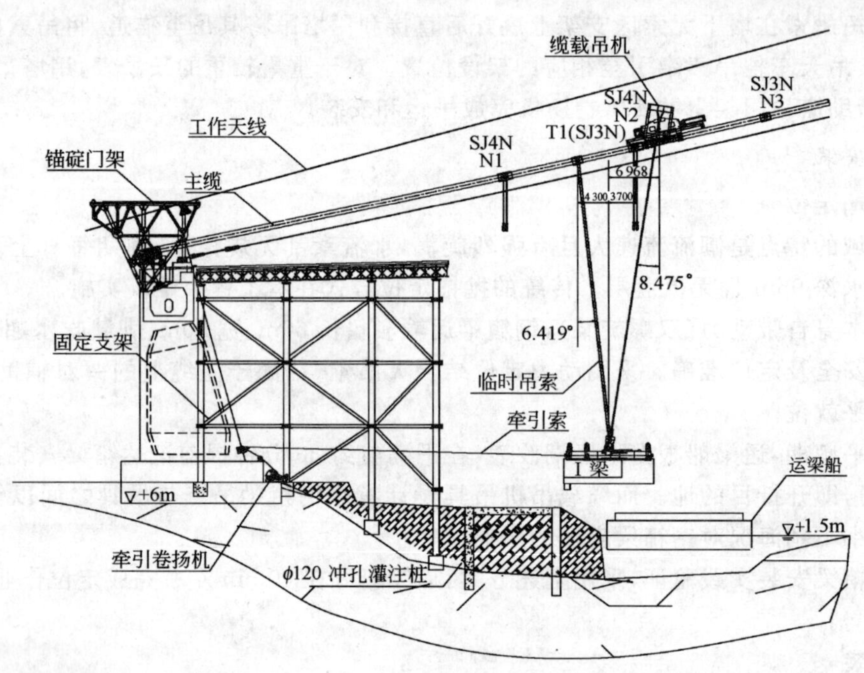

图 5 北锚附近钢箱梁安装

(八) 缠丝

本桥缠丝用钢丝仍采用传统的 ϕ4mm 镀锌钢丝。大桥缠丝拟采用“先缠丝，后铺装”工艺，当钢箱梁架设完成后即可进行缠丝作业，为此缠丝张力需调整为约 2.3kN。

缠丝方向为：边跨由索塔向锚碇方向进行缠丝施工，中跨由索塔往跨中方向进行缠丝施工。缠丝接头以铝热焊剂相接。对于缠丝机无法到达位置，改用手动缠丝。

三、结　　语

西堠门大桥上部结构施工采用了较多的新工艺、新技术并成功运用到工程实践中。

从 2006 年 8 月 1 日先导索渡海作业开始迄今，已完成索鞍、主缆、索夹、部分吊索和钢箱梁安装。在确保施工安全质量的前提下，预计今年底将完成钢箱梁安装作业，从而为 2008 年大桥贯通打下坚实的基础。

参考文献

[1] 中华人民共和国交通部. JTJ041—2000. 公路桥梁施工技术规范. 北京：人民交通出版社，2000.

87. 大跨度悬索桥火箭抛送先导索技术研究与应用

王崇旭[1] 顾文彬[2]

(1.路桥华南工程有限公司;2.解放军理工大学破障研究室)

摘 要 先导索架设是悬索桥上部结构施工的关键工序,成功与否直接关系到上部结构施工能否顺利的开展。四渡河特大桥采用火箭抛绳架设先导索是世界首创,为悬索桥先导索施工开辟了新途径。这种技术也可在各类民用建筑、电力、抢险救援等邻域得到广泛的运用。

关键词 悬索桥 火箭 先导索 抛送

一、工 程 概 况

由路桥华南工程有限公司承建的沪蓉国道主干线湖北宜昌至恩施高速公路段四渡河特大桥,为主跨900m的钢桁架悬索桥。桥址区四渡河为清江北岸二级支流,河水暴涨暴落、流量变化大,河谷宽20~30m、河两岸地形陡峻(宜昌岸坡度为75~85°、恩施岸坡度为85~90°)、悬崖矗立、植被茂密、交通闭塞,桥面距谷底垂直高度约560m,桥塔顶距谷底垂直高度约680m。图1为桥址处的纵断面图、图2为峡谷恩施岸悬崖的正面照片。

图1 四渡河特大桥桥址纵断面图

图2 四渡河恩施岸悬崖照片

二、悬索桥先导索施工方法

悬索桥先导索施工是拉开整个悬索桥上部施工的序幕,其施工方法有海底拽拉法、水面过渡铺设法(浮子法)、空中过渡法、拖船自由悬挂法以及直升飞机牵引法。以上先导索施工方法适用于大江大海的桥梁施工,在山区悬索桥施工中从来没有实际应用过。以上各种先导索施工方法的特点见表1。

各种先导索施工方法的对比 表1

施工方法	人工拽拉法	海底拽拉法	浮子法	空中过渡法	直升飞机牵引法
使用环境	适用浅山区,或河流跨度小	潮流较缓,无突出岩礁	潮流缓慢	水流较急、有岩礁	空中无障碍物,视野开阔
所用设备	卷扬机	轮船	轮船	轮船	飞机
封航	不封航	要封航	要封航	要封航	不封航
施工时间	地理环境决定	1~2天	1~2天	1~2天	1天
应用桥梁	西藏角笼坝大桥、西溪大桥	江苏润扬长江大桥等	日本因岛大桥、关门大桥	忠县长江大桥、万州长江二桥等	日本明石海峡大桥

三、火箭抛送先导索方案的确定

1. 方案的构思

对于四渡河特大桥的先导索架设，由于山高、坡陡、林密，传统的人工拖送方法，不仅施工费用大、耗时，而且易造成作业人员伤亡；采用直升机进行拖送，由于山谷中风速变化快、现场没有直升机升降平台和开阔的视野，易造成机毁人亡，且费用非常昂贵。

面对如此情形，公司副总经理王崇旭在脑海里联想到捕鲸时鱼叉后面拽有绳子，红箭8反坦克导弹发射后拽有控制导线。通过这两种联想，他便在脑海里产生一个想法，能不能通过火箭弹后面拽引一根绳子到对岸。后来通过各种渠道找到解放军理工大学破障研究室的顾文彬教授，对此方案进行可行性研究，并称该发射系统为火箭抛绳系统。

2. 方案的比较

从总体上来说，对于四渡河特大桥这种山区大跨径悬索桥的先导索施工来说，只有3种方法能够进行施工：①人工拽拉方法；②直升飞机牵引法；③火箭抛绳法。现对以上3种方法进行比较，具体情况见表2所示。

先导索施工方案对比表 表2

项　目	人工拽拉方法	直升飞机牵引法	火箭抛绳系统
施工所需设备及相关内容	需要普工16人，历时3个月以上	需要直升飞机1架，历时1天，飞行员两名，从宜昌机场起飞	火箭弹8枚，历时4小时，发射人员3人
经济性比较	人工费：1 800元/月×3月×16人＝86 400元 征地费用：1 400m²×0.75元/m²＝1 050元 树木补偿费：1 400m²×2颗/m²×12元/颗＝33 600元 植被恢复费用：1 400m²×6.0元/m²＝8 400元 不可预见费：200 000元 总的费用：86 400＋1 050＋33 600＋8 400＋200 000元＝329 450元	人工费用：10 000元/次×2人次＝20 000 飞机租赁费用：40 000元/小时×10小时＝400 000元 总的费用：20 000＋400 000＝420 000元 （注：飞机租用计时从宜昌机场起飞、降落、加油及整个作业过程）	试验火箭弹费用：10 000元/枚×6枚＝60 000 发射架：3 800元/个×1个＝3 800元 施工火箭弹费用：10 000元/枚×2枚＝20 000 篱笆桩费用：30 000元 其他管理费用：100 000元 总的费用：60 000＋20 000＋3 800＋100 000＋30 000＝213 800元
方案优缺点	①施工历时时间较长； ②受季节影响比较大，雨雪天气及雾天； ③需要开辟先导索拖拉通道，对环境保护造成一定的影响； ④施工危险性比较大； ⑤在离该桥轴线150m处的高压电力线施工中应用此法，造成一死三重伤的安全事故	①山区桥位的紊流特性不仅由大气边界层运动决定，而且受到山峰绕流特征紊流的作用，对飞行安全影响很不利； ②桥址处所处山区，四周均为大山，对飞行的视野有一定的影响； ③两岸均没有一个大于500m²的场地供直升飞机降落	①体现科学性和先进性，具有较大的推广价值； ②施工速度快； ③受到天气、地形地貌影响程度比较小； ④国内外第一次使用，没有相关经验借鉴

3. 方案的确定

拟采用军用火箭武器装备的定型产品，对于不同抛送距离要求，选用不同推力的火箭发动机作为抛送动力，同时对有关部件做适当技术改进，以满足大跨度悬索桥先导索抛送距离和落点散布要求。通过对GBP125、GBP128爆破器火箭发动机以及407扫雷火箭发动机抛射动力的理论计算和野外发射试验，选用407扫雷火箭原型作为四渡河特大桥先导索火箭抛送的动力源，同时对有关部件做适当技术改进，以满足抛送距离和落点散布要求。在项目组进行的多次摸底试验和弹道理论计算表明：改进后的火箭抛绳系统能将直径ϕ14mm的先导索抛送到1 000m以外、火箭弹落点的横向偏差±40m，2005年在南京召开的方案论证会上，该系统在南京汤山某军用靶场成功发射。

采用火箭技术将先导索抛送到对岸的方法，不仅具有技术可行、操作使用方便、作业速度快等特点，而且还具有作业成本低、安全可靠等优点。

4. 火箭抛绳系统主要技术指标

(1)火箭抛绳系统采用模块化设计，射程在 500～1200m 范围内可调，火箭弹横向偏差±40m(法向风速超过 4m/s 以上时可适当修正射向)；

(2)先导绳直径 ϕ14mm、抗拉强度≮2 000kg、线密度≯105g/m、断裂伸长率≯45％；

(3)射角在 20°～50°范围内可调；

(4)使用温度：－40～＋50℃；

(5)系统操作使用简便、安全、可靠。

5. 火箭抛绳系统的组成与基本原理

(1)器材组成及各部分作用

全套器材由火箭发动机、工作索、发射架、固定桩等部分组成，系统构成如图 3 所示。

火箭发动机是抛送系统的动力源，它由弹头、燃烧室、发射药柱、弹尾、喷管及连接件等组成。其主要性能参数如下：

发动机起飞时重量 36.5kg±0.6kg；

单发起始最大推力不大于 11 000N；

常温(＋20℃)平均推力 8 500N；

工作时间为 3.5s；

发动机全长 1130mm、直径 155mm。

发动机结构如图 4 所示。

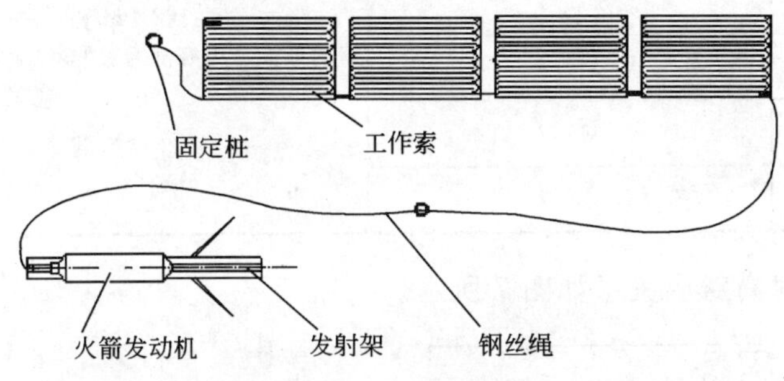

图 3 抛送先导索火箭系统方案原理示意图

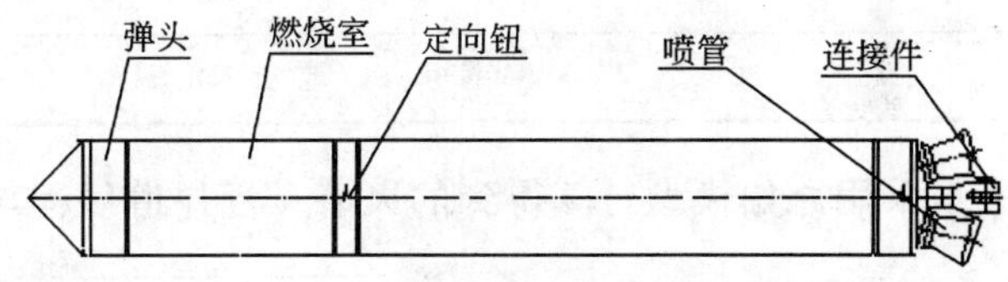

图 4 火箭发动机结构示意图

工作索由不同直径的锦纶绳两端编制插花而成，有足够的抗拉强度，共 4 箱工作索、每箱长度 315m、全长 1 260m。

发射架赋予火箭发动机的射角及方向。它由导轨、可调支腿、方向微调螺杆、射角测量器、高低机、固定桩等组成，射角在范围 35°～65°范围内可调，导轨全长 1 150mm。发射架结构如图 5 所示。

(2)系统工作原理

首先根据射程选定发射架的射角、根据弹着点标志杆位置及风力和风向确定火箭发动机的射向，瞄准并固定发射架；然后将火箭发动机安装在发射架上，通过牵引钢丝绳将火箭发动机与工作索一端连接、工作索另一端与固定桩相连，此时发射准备就绪。用导电线连接发动机电点火头，用电点火击发装置点燃电点火头并使发动机内的发射药燃烧，火箭发动机在火药气体推力作用下迅速飞离发射架，进入主弹道飞行，与此同时钢丝绳将工作索拖起，发动机工作结束后，火箭发动机带着工作索进入惯性飞行阶段，几秒钟后火箭弹体落入预定的目标区。

火箭抛送系统发射前状态示意图如图 6 所示。

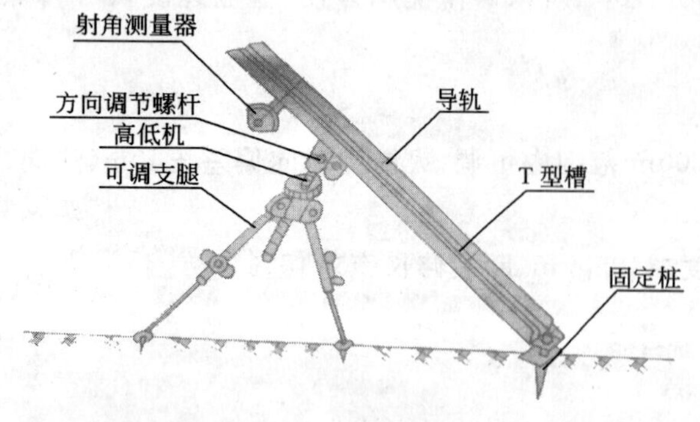

图 5　发射架结构示意图

图 6　火箭抛送系统发射前示意图

6. 火箭拖带 φ14mm 工作绳的弹道计算结果与分析

(1)原始模型的弹道计算结果

我们首先利用原 407 火箭系统的弹道原始计算模型对本抛射系统在不同射角条件下的射程进行仿真计算，其结果见表 3。

火箭不同射角条件下射程仿真计算结果(原始模型)　　表 3

射角(°)	射程 x_{max}(m)	弹道高 y_{max}(m)	备注
25	1 073.6	143.6	最大速度:168.0m/s; 绳内最大拉力峰值为:10 366N
30	1 170.2	204.9	
35	1 234.8	272.1	
40	1 269.2	343.6	
45	1 273.8	417.7	
50	1 248.3	429.7	

采用原始模型计算得到的火箭飞行弹道射程与射高对应关系如图 7 所示。

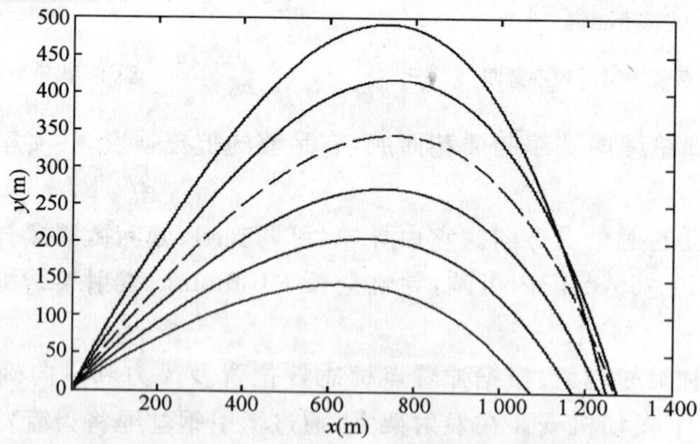

图 7　火箭不同射角条件下射高—射程关系曲线(原始模型)

(2)修正模型的弹道计算结果

根据抛绳系统多次飞行试验的射程测量结果，对原 407 火箭系统的弹道方程参数进行修正，在此基础上得到本火箭抛射系统在不同射角条件下的射程仿真结果见表 4。

火箭不同射角条件下射程仿真计算结果(修正模型)　表 4

射角(°)	射程 x_{max}(m)	弹道高 y_{max}(m)	备　注
25	1 063.1	191.5	在行程达到 252m、火箭发动机工作到 0.723s 时,最大速度 196.3m/s;绳内最大拉力峰值为 9 749N
30	1 170.2	264.6	
35	1 058.9	339.6	
40	1 029.5	415.0	
45	985.0	489.4	
50	926.4	561.4	

修正模型计算得到的火箭弹不同射角条件下,飞行弹道的射程与射高对应关系见图 8 所示。

(3)计算结果分析

修正模型最大射程对应的射角为 30°,对应射程 1 170.2m;原始模型为 45°,对应射程 1 273.8m。

这是由于原始模型中考虑了迎风、摩擦阻力和空气阻力的共同作用,其弹道下降段的弧度较小;修正模型采用一个拟合的空气阻力系数计算全弹道,射角越大、弹道弧长越大,也即拉出的绳子长度越长、空气阻力随之越大。

试验结果表明,原始模型的射程计算结果比实际飞行测量结果大,因此,可将原始模型的计算结果作为射程计算值的上限。

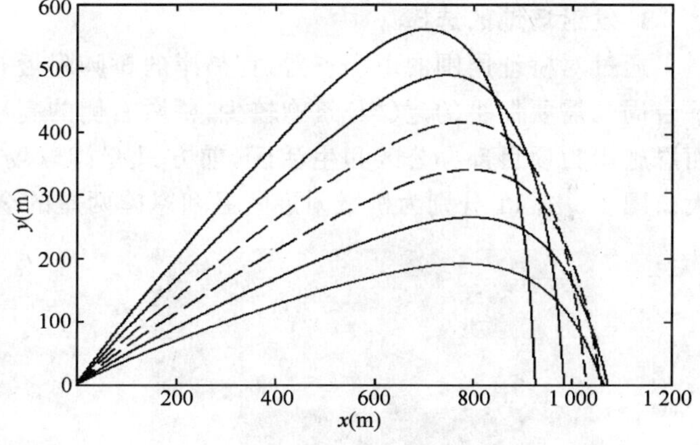

图 8　火箭不同射角条件下射高—射程关系曲线(修正模型)

由表 3 和表 4 可以看出,抛射系统的火箭在 40°射角下的计算射程范围为:1 029.5～1 269.2m(误差范围为 269.7m);在 45°射角下的估算射程范围为:985～1 273.8m(误差范围 288.8m);在 35°射角下的计算射程范围为:1 058.9～1 234.8m(误差范围 175.9m)。因此,火箭发射时射角不宜过大,以 40°左右为宜,且射角的变化也不宜太大。

仿真计算结果还表明,火箭抛送 ϕ14mm 工作绳的飞行过程中,两种模型计算得到的软绳最大拉力在 9 749～10 366N 之间,远小于 ϕ14mm 锦丝绳的 24 500N 的抗拉力上限,抛送过程中工作索不会被拉断。多次试验后回收的工作索拉力测试结果表明,发射后工作索的抗拉强度下降非常有限,因此利用工作索牵引 ϕ10mm 钢丝绳能确保发射后的工作索不会发生拉断现象。2005 年 10 月 15 日南京市成功实现现场实弹发射试验,试射距离 1147m,炮弹落点偏位 19.8m,风速为 4m/s,试验表明采取火箭抛送先导索方案合埋可行,能够满足四渡河特大桥现场施工需要。火箭发射试验照片见图 9。

单具火箭发射全套设置情况

两具火箭发射全套设置情况

图　9

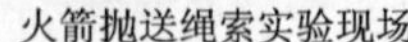
火箭抛送绳索实验现场

火箭抛绳系统现场发射瞬间

图9　火箭发射试验照片

四、火箭抛送先导索施工组织

1. 发射场地的选择

通过对桥址周围的现场查看，宜昌岸的桥脚附近有多层便道平台，尤其是9号便道平台比较宽敞，且平台周围需要保护的建(构)筑物较少，桥墩右侧的高压电线距离两桥墩中心线较远，适宜作为落弹区域；而恩施岸为项目部办公区和生活区，前方只有篮球场比较空旷，如果将该岸作为落弹区域，安全隐患较大。图10、图11分别为桥墩附近宜昌和恩施两岸的全景照片。

图10　宜昌岸全景照片

图11　恩施岸全景照片

在对比分析两岸地形的条件下，选择恩施岸的篮球场作为火箭发射场地(具体发射点在发射前现场标定)，距离宜昌岸两桥墩的中心线左右各55m处的9号便道平地为两枚火箭弹的落弹区域，发射点距离左右两侧设计落弹点的直线距离分别为843m、817m。

2. 抛绳火箭系统的选择

本次抛绳发射的两枚火箭弹均采用经过改装后的407火箭系统，以确保射程在1 000m左右(本次发射的具体射程根据发射前的测量值，现场确定)，工作索仍选用与以前试验相同型号的线密度为100g/m、ϕ14mm的绳索，单套系统的工作索长度1 200m。

3. 发射前的主要准备工作

(1)现场准备工作

现场准备工作由路桥华南工程有限公司项目部负责，主要有：

①收集整理发射前一周现场的气象资料，尤其是两岸及峡谷地带的风向和风力大小在每天不同时段的变化规律。气象资料见表5。

②平整发射场地：发射场地不小于20m×20m的平地，四周无灌木丛和杂草等易燃物。根据本桥的实际场地情况，确定四渡河特大桥恩施岸项目经理部前面的篮球场作为火箭发射的场地。

③在宜昌岸，确定火箭的落点位置，落点的选择主要考虑如何控制弹头不被先导索拽下沟底；同时还要考虑到索塔不被弹头碰到，以免影响到结构的安全。

④为了防止火箭弹落下后由于反弹而滚下悬崖，保证弹头不被所拽拉的绳子拽到沟底，火箭弹落点

范围进行篱笆桩设计，以左右瞄准点为中心靠近悬崖一侧各铺设长25m、高1.5m的栅栏，每个篱笆能承受30kN的水平拉力。

⑤准备器材房一间，用于抛绳系统运送至现场后的临时存放。

⑥将长度1 300m的ϕ10钢丝绳(先导索1)从恩施岸塔顶60kN卷扬机放下，牵拉至篮球场上，卷扬机绳筒预留1 000m的富余长度，在火箭发射场处与ϕ14软质绳进行连接，以满足先导索过沟的需要。

⑦将总长不小于1 300m的ϕ16钢丝绳(先导索2)从宜昌岸塔顶60kN卷扬机放下，下放到中跨侧塔底，预留一定的长度。

10月1日～10月9日气象资料 表5

类别 / 日期	现场风速记录(m/s)			现场天气情况	
	水平U_X	水平U_Y	竖向U_Z	天气状况	气温
10月1日	−1.116	−1.566	−0.585	多云	15～19℃
10月2日	1.083	−0.588	−1.362	晴	15～23℃
10月3日	0.145	−0.715	−0.560	晴	16～25℃
10月4日	−0.248	1.818	0.165	阴	14～24℃
10月5日	−0.959	0.99	0.068	阴有小雨	12～22℃
10月6日	−0.716	1.499	−0.181	晴	13～23℃
10月7日	−0.417	1.499	−1.341	晴	13～24℃
10月8日	−0.746	1.233	0.583	晴	14～24℃
10月9日	−0.228	0.550	−0.387	晴	13～23℃

(2)抛绳系统准备

抛绳系统准备由总参南京科技创新工作站负责，主要工作有：

①提前一周在工厂对发射系统进行全面检测，主要检查点火系统和工作索等，确保性能完好；

②提前两天将两套系统(发射架一个)护送至发射现场。

4. 器材计划

发射两套抛绳系统所需器材清单见表6。

器材清单表 表6

序　号	名　称	数　量	序　号	名　称	数　量
1	火箭抛绳系统	2套	5	对讲机	8个
2	起爆器	2套	6	固定桩(宜昌岸固定用)	2个
3	导电线	100m	7	大锤	1把
4	灭火器	10个	8	冲击电钻	1部

5. 作业流程

两套抛绳系统采用先发射上风口、后发射下风口的顺序，主要作业流程如下：

(1)设置瞄准标杆：在宜昌和恩施两岸分别设置两枚火箭弹发射时的瞄准标杆，标出宜昌岸弹着点范围标志，并测量发射点距离落弹点的距离；

(2)确定发射各参数：根据射程选定发射架的射角、根据弹着点位置及风力和风向确定火箭发动机的射向；

(3)摆放发射架和工作索箱:沿着瞄准线方向,在瞄准标杆后方选择工作索摆放和发射架设置的位置,装箱的工作索通常整齐排放在发射架左前方2～3m处;

(4)连接工作索、组装火箭发动机:将木箱中的工作索相互可靠连接、检测并组装火箭发动机、设置发射架和固定桩;

(5)瞄准并固定发射架:选定射角和射向,然后固定发射架;

(6)安装火箭发动机:将火箭发动机安装在固定好的发射架上,通过牵引钢丝绳将火箭发动机与先导索连接、先导索另一端与固定桩相连;

(7)安全警戒:在宜昌岸派出安全警戒,清除落弹区域100m范围内的所有人员;

(8)点火发射:用导电线连接发动机电点火头,用电点火击发装置点燃电点火头使发动机内的发射药燃烧,火箭发动机在火药气体推力作用下迅速飞离发射架,进入主弹道飞行,与此同时钢丝绳将先导索拖起,发动机工作结束后火箭发动机带动先导索进行惯性飞行,几秒钟后火箭弹体落入预定的目标区;

(9)固定先导索:将落入宜昌岸的先导索进行打桩固定,同时将恩施岸的先导索固定,以便牵引ϕ10mm的钢丝绳;

(10)按照以上作业程序发射第二发火箭弹;

(11)连接并牵引钢丝绳:牵引先导索的两发火箭弹安全发射至预定区域后,从宜昌岸开始牵引先导索,通过先导索牵引ϕ10mm的钢丝绳;

(12)启动1号索塔塔顶60kN卷扬机,收紧ϕ14先导索,把ϕ10钢丝绳牵拉到宜昌岸,在宜昌岸塔顶解除ϕ14先导索和ϕ10钢绳的连接,将ϕ10钢丝绳和ϕ16钢丝绳相连。同时启动两岸塔顶卷扬机,将ϕ10钢丝绳回收至恩施岸塔顶处,把ϕ16钢丝绳牵拉至恩施岸塔顶,临时锚固ϕ16钢丝绳;把ϕ28副牵引索牵拉至恩施岸塔顶,再将ϕ16钢丝绳与ϕ28副牵引索相连;同时启动两牵引卷扬机,将ϕ16钢丝绳回拉至宜昌岸塔顶处,临时锚固ϕ28副牵引索;将ϕ36主牵引索牵拉至宜昌岸塔顶,在宜昌岸塔顶,通过拽拉器将ϕ28副牵引索和ϕ36主牵引索连接,同时启动主副卷扬机,慢慢抬高形成牵引系统的雏形,经垂度、拉力测定调整,确保牵引系统符合设计线形,试运行,符合要求后即形成牵引系统。火箭抛送先导索施工流程如图12、图13所示。

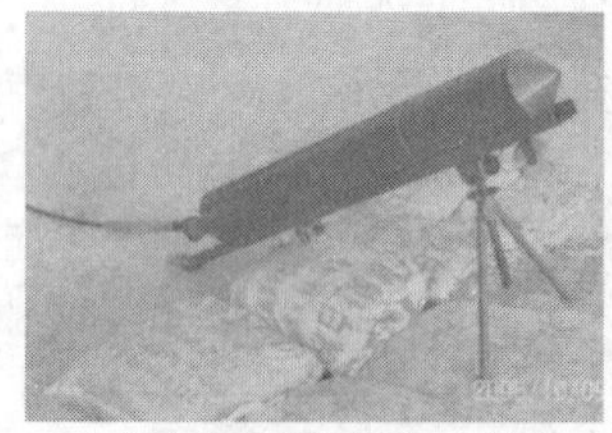
火箭发动机安装状态示意图

火箭发射瞬间

先导索成功架设

先导索和钢绳相连

图12 火箭抛送先导索施工照片

五、应用效果

四渡河特大桥于2006年10月9日成功实施了火箭抛送先导索施工这一关键工序。两次火箭抛送先导索落点偏差分别为5m和10m,结果理想,完全满足施工要求,为四渡河特大桥上部结构顺利开展提供有利的条件。火箭抛送先导索在四渡河特大桥的成功应用,为悬索桥先导索施工开辟了新途径。火箭抛绳系统的研发应用成功的解决了国内山区悬索桥过深切峡谷先导索施工的技术难题,为该类桥型的施工提供强有力的支撑,为实现山区大跨度悬索桥先导索施工的安全性、经济性和先进性提供可靠的保障,产生了良好的经济效益和社会效益,引起了强烈的社会反响。

1.经济效益

四渡河特大桥用火箭抛送先导索在国内外没有过,这是第一次,是一个创新。这不是为创新而创新,

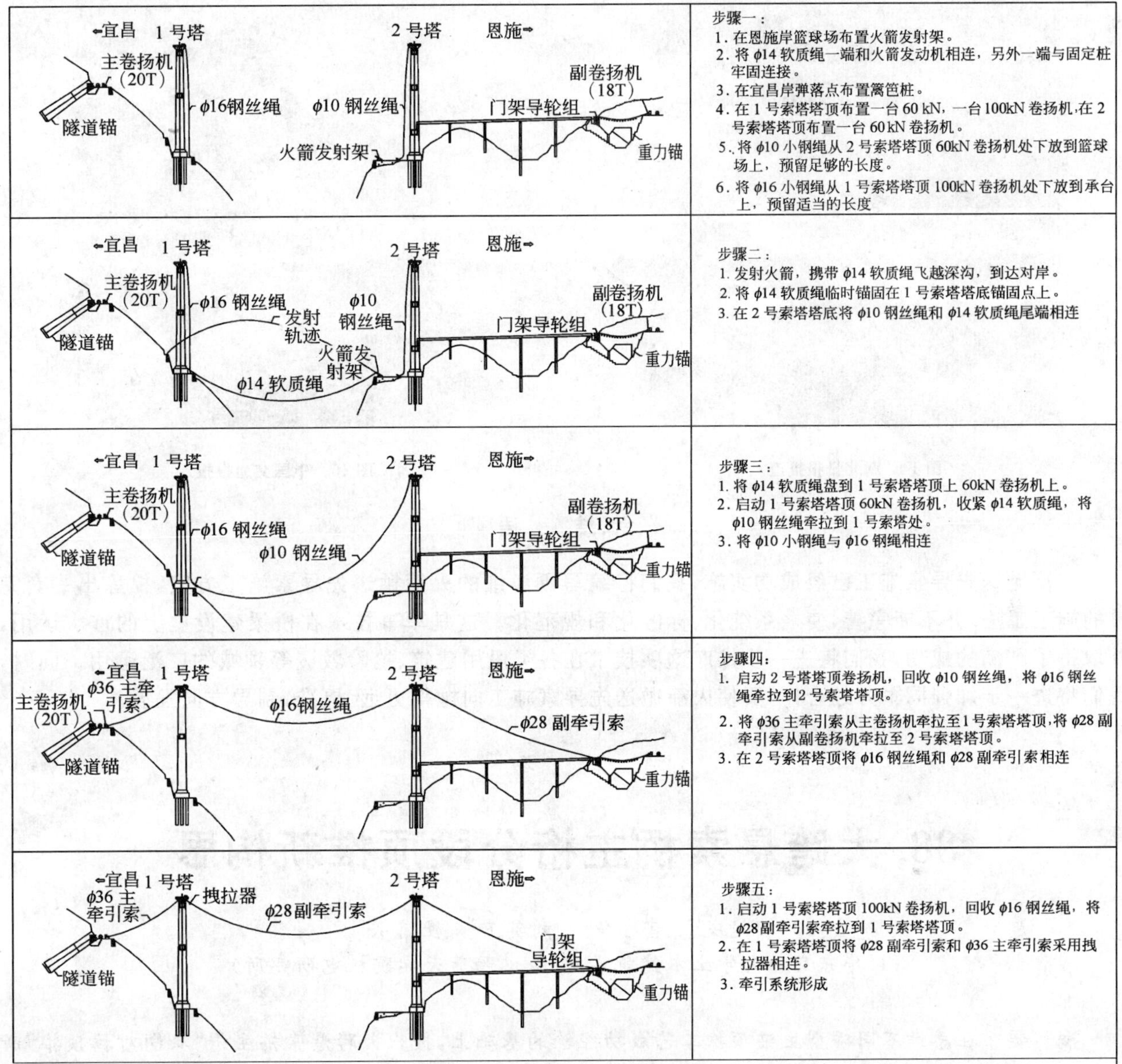

图13 火箭抛送先导索施工流程图

关键是解决了实际问题，是以小的投入去创新。它的实施为工程节约了时间，避免了人员伤亡，取得了较大的经济效益。

2. 社会效益

火箭抛送先导索在四渡河特大桥的成功应用，将开拓火箭技术在大跨度悬索桥先导索架设施工中新的应用领域，拓展大跨度悬索桥先导索施工方法；也可在跨江河及复杂山地环境下，电缆、光纤架设工程，悬崖峭壁地区探险和救援等民用领域中得到应用，为多种工程施工提供工作便利。它还可以用于城市反恐行动中高层建筑物之间的物资、人员快速投送，山区作战时轻武器、突击部队、紧急物资等的输运，为快速机动保障提供手段。

3. 社会反响

CCTV—1、湖北电视台、人民日报(海外版)、中国交通报、湖北日报、楚天都市报等新闻媒体对此进行了及时报道，众多新闻报纸进行了转摘，产生了极大的社会反响(图14、图15)。

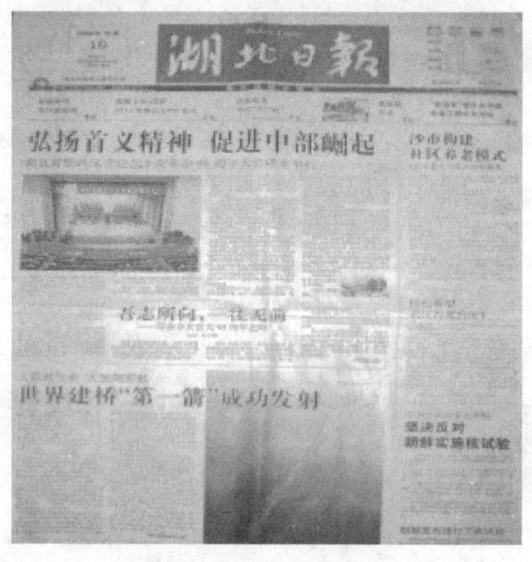
湖北日報

弘扬首义精神 促进中部崛起

沙市构建社区养老模式

世界建桥"第一箭"成功发射

坚决反对朝鲜实施核试验

图 14　湖北日报报道

中国交通报

CHINA COMMUNICATIONS NEWS

广西百色：筑就老区幸福路

政府引导港口资源优化配置

图 15　中国交通报报道

六、结　　语

火箭抛送先导索施工已经成功实施，我们将编写更详细的火箭抛送先导索施工方案，提炼出一套完整的施工工法，并不断完善，使之系统化、标准化和规范化。这是军事技术在桥梁建设史上的首次运用，并取得了圆满的成功，我们将进一步推广这项技术在各类民用建筑、抢险救援等领域的广泛运用。同时，我们将进一步加强同军方的合作，要使火箭抛送先导索施工向抛得更远、更准、制导方向发展。

88. 大跨悬索桥主桁分段顶推新构思

胡越庆[1]　官　华[1]　刘英卫[2]　上官兴[2]

(1. 华东交通大学土木建筑学院；2. 江西蓝天学院机电研究所)

摘　要　在总结不同桥型主梁顶推工艺成功经验的基础上，提出大跨悬索桥主桁"双向对拉顶推"新构思，为解决陡峭山区主桁的水平运输难题提供了一个新方法。

关键词　大跨悬索桥　主桁架设　分段顶推

一、顶推方案的选择

连续梁桥采用顶推法施工，具有占地少、孔内不需支架、施工安全方便、设备少、成本低廉的优点，是中等桥跨中最具有竞争力的一种架桥工艺。我国自 1978 年陕西狄家河桥首次引进以来，据不完全统计目前约有 100 座桥梁实施了顶推工艺；30 年来还创造了各种桥型主梁采用顶推工艺的成功经验。例如 1995 年衡山湘江大桥首创 2×90m 斜拉桥主梁顶推、1999 年邵阳西湖资水大桥首创 3×88m 系杆拱主梁顶推、2005 年佛山平胜大桥自锚式悬索桥 350m 钢箱主梁顶推法施工等。这些成功经验为千米特大跨径悬索桥钢桁梁顶推实施提供了技术支持。

1. 矮寨悬索桥主梁顶推方案

矮寨特大桥位于 400 多米高的陡坡深谷，为减短路线总长度，经设计反复比较后选择了两穿山隧道之间架设 1 176m 悬索桥方案。主桁施工暂拟采用"桥面吊机空中拼装平面构架、逐段架设法"。但通过一年来对该工艺进一步研究以及对坝陵河大桥施工单位的询问了解，发现悬拼桁梁后安装吊杆时要反复移动和倒用引拉装置的高空作业安全隐患很大;另外“平面构架的带铰逐次刚结法”施工速度慢,不能满足业主的工期要求,因此设计单位面向全国征求一套适应于千米悬索桥主桁架设方案。本文应征提出千米悬索桥主桁顶推施工的新构思。

2. 全长钢桁顶推的设想

利用吊索在桁梁顶推时交替荡移或在桁架梁顶部所设的轨道上顶推滚移,都可以实现主桁梁全长双向顶推合龙。该方法充分体现了“顶推”工艺全长连续、施工安全的优点,对缩短工期极具重要的意义。但是它的困难在于:

(1)1 000m 桁梁重约 12 000t,要用 32 台 4 000kN 级提升千斤顶以及安装 16 对临时索夹和临时吊索。这些特殊工具无租用的可能,其购置费高达 4 000 万元,与设计概算相较超出一倍。

(2)12 000t 重的桁梁长期悬挂在 16 对临时吊索上,安全令人十分担心;32 个大型提升千斤顶的高空安装和拆卸也是十分危险的,一旦出现坠落事故,大桥的工期和费用将不可控制。

从设备的经济性和施工的安全性两方面综合考虑后,可以认为:还必须另辟新径才能攻克悬索桥千米钢桁梁双向顶推工艺的问题难关。

3. 分段顶推方案的提出

(1)1983 年,交通部公路一局在内蒙包头黄河大桥 780m 长预应力混凝土顶推连续梁施工中,为克服设备不足的困难,实施了“分段顶推方案”。用三联 260m 顶推方法完成全长施工,开创了“分段顶推”工艺的先河。

(2)2005 年,交通部四航设计院在南通洋口港陆岛桥梁工程设计竞标中,提出长 700m 连续梁分十次在 140 个桥墩上实施顶推的方案中标。在 7 000m 长桥中采用分段顶推的新构思,受到国内外专家的高度称赞。

(3)综合上述经验,为减少矮寨大桥千米长钢桁梁顶推架设的施工设备,提出“分段顶推”的工艺方案(图 1)是必然的。

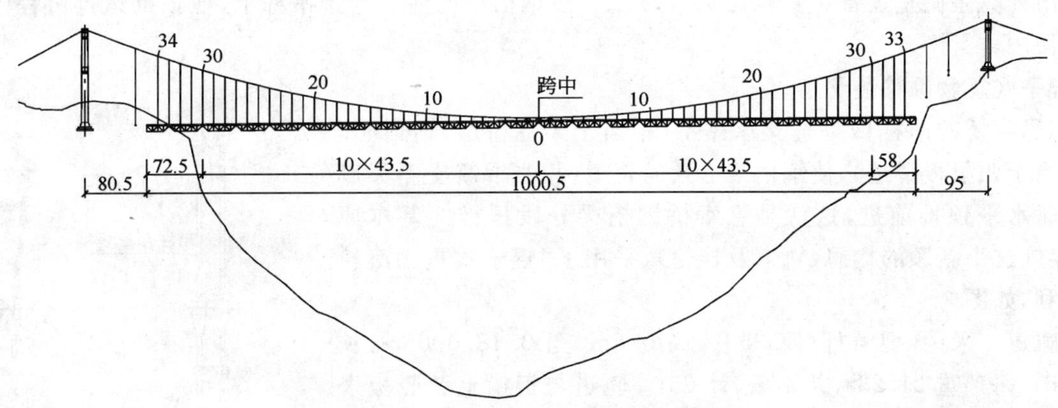

图 1 矮寨大桥钢桁梁分段顶推方案纵向布置图(尺寸单位:m)

二、钢桁梁的分段水平顶推

1. 总体构思

(1)钢桁梁分段长度。选择三个节间长 3×14.5=4 350m 重约 480t(如图 2)。考虑到减少桥面系小钢纵梁的架设工序,可在钢桁梁上加安 14 根小纵梁;再计入分段顶推施工设备及人群荷载,合计 43.5m 一段钢桁总重 $P=480+60+50=590t\approx600t$。

(2)钢桁梁全长 1000.5m。如图 1,在左右两岸设有 10 段采用双向同步顶推,共架设全长 2×43.5m×10=870m 钢桁梁,两岸此外另有 72.5m 和 58m 桁梁直接用跨缆吊机安装。

(3)三个工序同步施工。从加快进度和缩短工期出发,在分段顶推工艺中提出“台座上组拼”,“分段

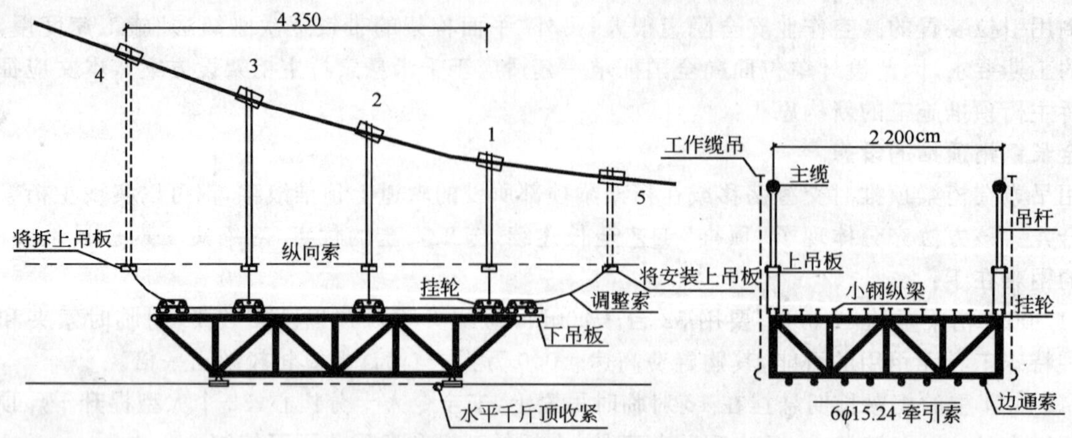

图 2　钢桁梁分段顶推示意图(尺寸单位:m)

水平顶推"和"桁梁到位后的垂直提升"三个工序平行作业的构思。

这种做法的最大优点是将全长 2×435m 桁梁的作业转化到一段 43.5m 的桁梁的操作。由于最大起重量减少近 8 倍，所以施工设备费用能够大幅度下降;此外，由于平行作业，工期也大为缩短。

2. 柔性垂直支承体系构造

(1)组成。悬索桥钢主桁顶推的垂直支承，系在骑跨在主缆上的吊杆上安装上、下吊板所形成。考虑到桁梁顶推移动，主索将产生线形变化(±50m 左右)，因此在上、下吊板之间装置调整索并用两个提升千斤顶(YDCL150Q)来调整高差。

(2)控制系统。由控制、检测、驱动和监控四个部分组成，指挥整个液压提升系统协调动作。控制计算机根据一定的控制程序和算法，驱动各个泵站上的电磁阀完成相应的动作，同时控制各比例阀开口的大小，从而实现各吊点的同步高度调整。

(3)吊杆高差调整设备。安装在 43.5m 长一段钢桁梁的前后 5 排吊杆上，在顶推运行过程中边顶边拆，周转使用。

3. 辊子式重物滚移装置

利用悬索桥的吊杆做垂直支承体系(相当于柔性桥墩);再倒挂滚轮(相当于四氟板滑道)，使钢桁梁上弦的轨道(相当混凝土箱梁底板)沿滚轮水平顶推前进，这就是悬索桥钢桁梁分段顶推的基本原理。为实施这个新颖的构思(轨道及挂轮)，采用了"辊子式重物滚轮装置"专利，如图 3。

(1)轨道。采用『型铸件(ZG35Ⅱ)高 0.8m、宽 0.18/0.05m，长度 43.5m。每条重 21.23t，共 4 条，计 85t。轨道与钢桁上弦竖板采用 M32 高强螺栓相连。

(2)挂板。高 1.00m、宽 0.05～0.18m，每件重 0.56t。一排吊杆下共 2×4 件(重 4.5t)。在挂板下方新加工两个凹形槽，放置滚轮。

(3)四氟柱滚轮。是郑州华龙机械工程有限公司的专利产品(专利号 ZL 2005 2 00310076)，使用了新型塑料合金材料——"华—系列产品"。

(4)纵向分配梁。作用在于挑挂四组滚轮，通过分配梁中轴吊带所安装的 1 500kN 千斤顶，来调整索的高差调整，每排吊杆下共有四组纵向分配梁。

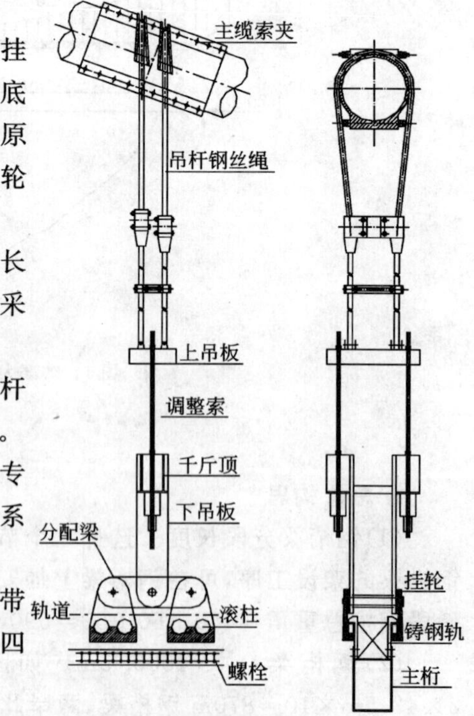

图 3　柔性支承体系的辊子式滚轮

4. 钢桁梁的水平顶推

(1)特色。"预应力混凝土箱梁顶推"原指在台座上用顶和推两个千斤顶交替动作实现连续梁的水平移动。随着技术进步，目前顶推施工均改用连续千斤顶反向张拉锚固在箱梁底部的水平拉杆。但由于“顶推”已形成一个专用名称，所以上述“倒拉”方法仍称“水平顶推”。对于矮寨悬索桥钢桁梁所采用的“双向对拉”方法，可命名为“双向对拉顶推”新工艺，见图4。

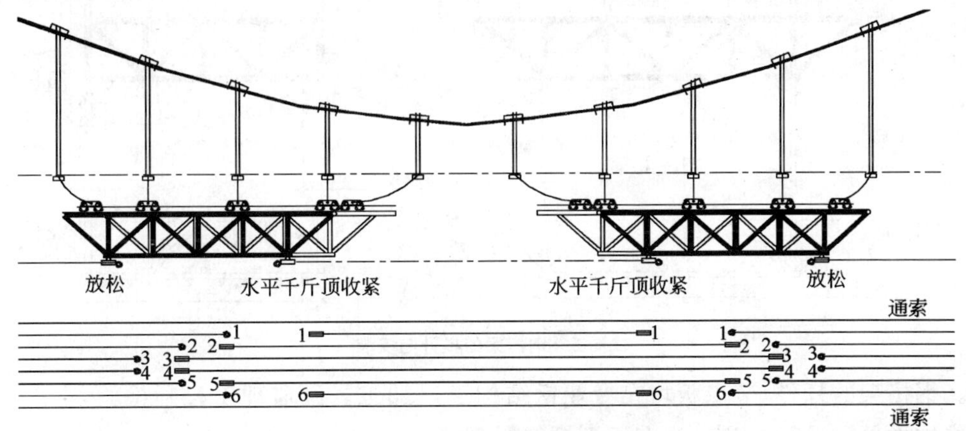

图4 钢桁梁双向对拉顶推示意图

(2)牵引力。“辊子式重物滚移装置”时的顶推牵引力在正常情况下，摩阻系数$\mu=3\%$。考虑到在柔性吊杆支承体系上滚动，倒钩钢轨与挂轮间有可能发生卡碰的情况并出现最不利的滑动现象，因此按$\mu=6\%$计算最大牵引力。

(3)拉杆选择。考虑到控制钢桁梁在“对拉顶推”中出现横向摆动，拉杆设计成单根钢绞线(ϕ15.24)，位置在桁架底部下弦横联上，平面上共8根。其中部6根安装水平千斤顶，两侧为稳定通索。

(4)牵引方式。采用OVM公司研制“ZLD20型连续千斤顶”，牵引速度8(m/h)。考虑到单根钢绞线跨径大、下垂多，全长共在5根吊杆下设置支索器。水平千斤顶后设置卷索盘，用于收放钢绞线。

三、跨缆吊机的提升安装

一段钢桁梁长43.5m重约600t，双向对拉顶推到设计位置后，如何垂直提升来安装销结吊杆是钢桁梁架设的重要环节，因此有必要研究不同机械的起吊方式。

1. 桁梁起吊方案选择

(1)在吊杆夹具上安装临时引拉千斤顶。此方法由于要反复装拆大吨位千斤顶，不但施工十分麻烦而且很容易发生安全事故。另外，应当指出吊杆采用千斤顶引伸架设法，要求吊杆钢丝绳端采用热铸锚头，并设有螺母来调整。现吊杆设计为销结式锚具，其安装精度要求极高，临时张拉千斤顶施工很难就位。

(2)跨缆吊机。“跨缆吊机”是专用设备，用于钢桁梁的提升和吊杆的安装是最安全可靠的。对于特大跨径的矮寨悬索桥，主桁施工方案选择必须树立“安全第一”的原则，不能为节省施工设备费用而采用不可靠的安装方法。因此矮寨桥主钢桁梁必须采用跨缆吊机来起吊桁梁。

2. 新型全液压跨缆吊机

为了推动山区大跨径悬索桥的技术进步，OVM公司在总结虎门大桥跨缆吊机经验基础上，研制了“全液压跨缆吊机”，即对牵引行走系统也改造成全液压形式。该设备由两台独立4 000kN吊机组成，可以单独使用和组合使用，如图5。

四、施工实施方案

综前所述，悬索桥主桁梁分段顶推架设施工工艺由三个平行工序所组成，在左右两岸同时进行。

1. 钢桁梁架设的工序

(1)预制台座上组拼

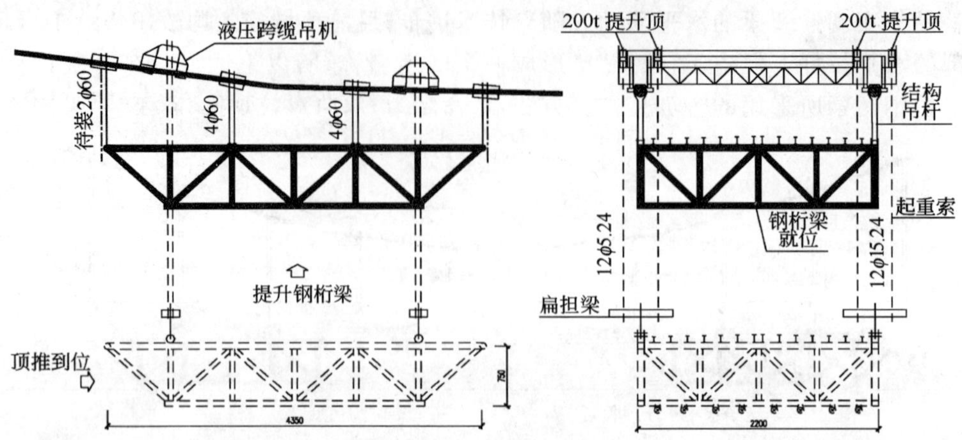

图5 钢桁梁的提升与安装

①制作。钢桁架的杆件、节点板均在专业钢结构工厂加工。经监理工程师检验，在厂内进行立体组装后再拆分成构件单元，通过火车、汽车运到矮寨桥现场。

②组拼。在两岸各设58m长的钢桁梁组拼台座，其上竖立钢天车，用吊重20t移动天车组拼钢桁梁。为确保进度，要求在天车顶部安装塑钢防雨、防晒工棚以及灯光照明装置，来保证可日夜连续进行钢桁梁拼装作业。

(2)双向对拉顶推

①桁底前方的连续千斤顶收紧后，用索盘将钢绞线卷起，而后方的连续千斤顶相应放松，即在索盘上放出钢绞线。前、后千斤顶同步工作，由OVM公司的"DP1K"系 统控制，即用计算机数码控制液压阀指挥千斤顶。

②梁在对拉顶推过程中，随着主缆的变形吊杆相应变化，使桁面不平。此时三排吊杆的调节索应通过垂直千斤顶的变动来适应变化，以保持桁面水平为原则，由(LSDKB)控制系来指挥。

③上述"索引"和"调高"两项工作是同时、对称、均匀进行的。实际上由于索引顶推的速度很慢(8m/h)，所以操作上并不困难。注意到每当14.5m对拉后暂停顶推，要在"工作缆吊"的挂篮中将前面挂轮的高程调整索插进前方的上吊板；以及相应将后方的上吊板索解脱，并将挂轮移至前方。这样边对拉顶推，边装拆挂轮，按一天一节段的速度前进。

(3)跨缆吊机提升安装

①中部870m钢箱梁采用双向对拉顶推法水平移动到位后可用四台4 000kN跨缆吊机进行钢桁梁安装，如图6。

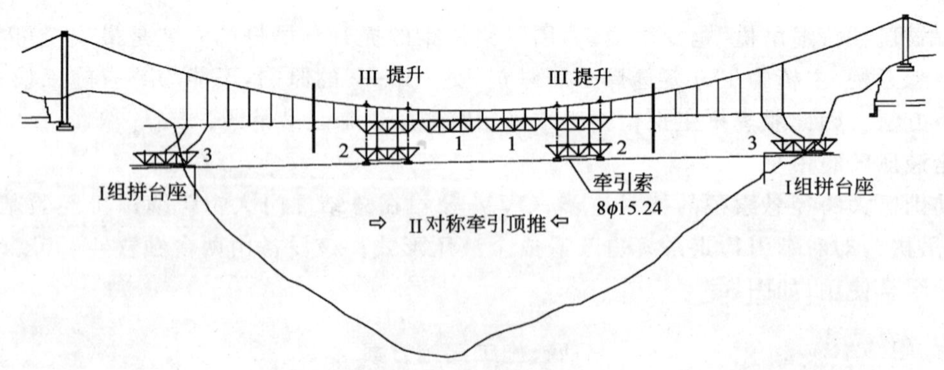

图6 中部钢桁梁的安装

②两岸拼装场上尚有72.5m和58m不能用顶推法架设，此种情况下用其他方法安装均十分困难。本方案具有"跨缆吊机"居高临下，通过长度极大的起重索，可以"荡移法" 十分方便地安装左、右两岸

130.5m 长的桁梁，如图 7。

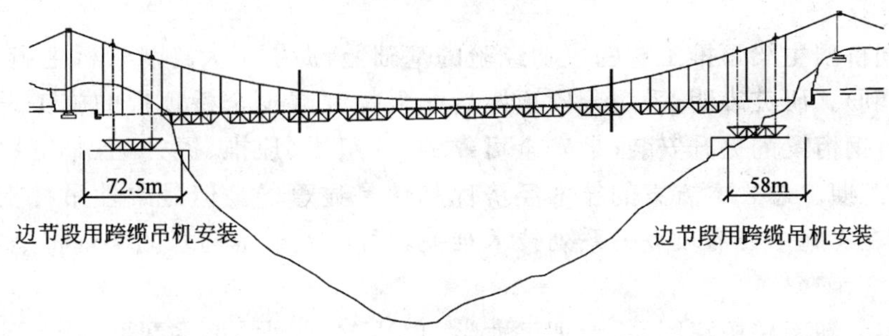

图 7 两边节段的安装

2. 架设工期分析

(1)在半跨 10 段中，按平均顶推 6 段来计算架设一段的施工速度。

①1 个节段 43.5m 长桥梁在台座上拼装(计 16 天)；

②6×43.5=261m 的水平距顶推(计 6 天)；

③重 600t 桁梁用“跨缆吊机”提升，并安装 3 根吊杆(计 2 天)；

④将分段顶推设备拆除，用“工作缆吊”运回拼装场地，又在 43.5m 钢桁梁上拼装，与此同时，“跨缆吊机”移位(计 6 天)。

由于②③④三个工序合计 14 天，小于工序①桁梁节段拼装 16 天。考虑①和②～④工序是同步进行的，所以一段桥梁架设的平均时间可按 16 天计。

(2)主梁架设工期比较。

①870m 长钢桁梁按 2×10 节段分段顶推工期应为：10×16=160 天/30 天≈6 月，其平均速度 $V=$ 870m/180 天=4.8(m/d)；

②桥面吊机每次拼装一个节间及安装吊杆、移动桥面吊机，按 10 天计算，全跨 2×30 个节段 870m 共需 30×10 天=300 天/30=10 月(平均速度 2.9m/天)；

③ 两者相比较，显然可见“分段顶推施工架设”870m 主梁要比“桥面吊机逐段架设”工期短 40%，对控制工期而言分段顶推工艺的优点十分显著。

3. 架设设备汇总及造价(表 1)

矮寨桥分段顶推架设设备 表 1

名称		重量(t)	造价(万元)	说明
1	垂直支承系	104	197	10 小套
2	棍式滚轮	518	884	10 小套
3	对拉牵引顶推	64	169	2 套
顶推设备总计		686	1 250	2 大套
4	提升跨缆吊机	450	1 140	4 单台
合计		总重 1 136t，造价 2 390 万元(租用时 1 650 万元)		

由表 1 可以看出水平顶推设备重 686t、造价 1 250 万元，与提升设备 450t、造价 1 140 万元相近。考虑到“跨缆吊机”可以重复使用，可以租用后的总费用降至 1 650 万元，在概算范围内。钢桁梁采用分段顶推及“跨缆吊机”提升安装所需设备总重 1 136t，而所安装钢桁梁长 1 000.5m，重 11 000t，其比值为 1 136/11 000=10%，故是经济合算的。

五、结　　语

本文在总结不同桥型主梁顶推工艺的成功经验的基础上，提出了大跨悬索桥主桁分段顶推架设的新构思(并已申请了专利)。研究表明，采用分段顶推后能大幅度减少全桥顶推的施工设备及造价；提出采用专用跨缆吊机进行钢桁梁的提升安装，是安全可靠的。“组拼、顶推、提升”三个工序平行作业的思想，可以加快进度，缩短工期。总之本方案的技术经济优越性是显著的。但是柔性吊杆支承体系顶推，目前世界尚无先例，因此在实施中还需攻克一系列技术难关。可以展望本构思的实现将是中国悬索桥发展史上的一个里程碑。

本构思的完善得到湖南路桥集团、长沙理工大学和OVM公司的诸多帮助，特此感谢。

89.大跨径悬索桥锚碇基础施工技术

杜洪池　薛光雄　任回兴　宋智梅
(中交第二公路工程局有限公司)

摘　要　由于大跨径悬索桥的发展和我国复杂的地质条件，锚碇基础形式呈现出多样化，施工技术得到了很大的发展与创新。

关键词　大跨径　悬索桥　锚碇基础　施工

一、锚碇基础形式

由于大跨径悬索桥的发展和我国复杂的地质条件，锚碇基础也得到了很大的发展与创新。

隧道式锚碇一般用于节理较少、岩体力学性能较好的外露基岩的桥址处(表1)。

隧道式锚碇　　表1

序　号	桥　名	锚碇位置	序　号	桥　名	锚碇位置
1	美国华盛顿桥	西锚碇(新泽西侧)	4	日本下津井濑户桥	北锚碇
2	美国旧金山海湾桥	东锚碇	5	中国丰都长江大桥	两侧锚碇
3	英国福斯桥	两侧锚碇	6	重庆忠县长江大桥	两侧锚碇

重力式锚碇基础形式多样，分为直接基础形式和人工基础形式。直接基础是指锚体直接作用于持力层上；而人工基础则是由于锚碇区域表层岩体或土体力学性能较差，必须采用人工开挖工作，将基础作用到持力岩层或土层上(表2、表3)。

重力式锚碇(地基条件：非岩石)　　表2

序号	桥名	锚碇位置	施工方法	基底形式	地基
1	美国维拉扎诺桥	两侧锚碇	明挖干施工，分块浇筑，设2m工作缝	浅置式扩大基础，基底倾斜	
2	英国亨伯桥	南锚碇	特殊地连墙施工		黏土层
3	丹麦小贝尔特桥	两侧锚碇	明挖干施工	埋入式扫帚状锚碇，基底倾斜10.4°	黏土层
4	丹麦大贝尔特桥	两侧锚碇	表面清理，上填碎石，浮运沉井，刃脚插入碎石层后，再向碎石层压浆(强度5 MPa)	基底截面121.5 m×54.5m，为使受力明确，前后2段(41.7、40.7m)填碎石，中间段不填	冰碛黏土沉井内填重质矿砂
5	江阴大桥	北锚碇	钢筋混凝土沉井		粗砂层

重力式锚碇(地基条件:岩石) 表3

序号	桥名	锚碇位置	施工方法	基底形式	地基
1	日本明石海峡大桥	北锚碇	地下连续墙围护施工	台阶形	直径85 m、墙厚2.2 m
2	广东虎门大桥	西锚碇	地下连续墙围护施工		原设计为沉井,因基岩面高差达10多米而改用圆形地下连续墙
3	江阴大桥	南锚碇	明挖干施工		
4	舟山西堠门大桥	两侧锚碇	明挖干施工		
5	润扬大桥	北锚碇	地下连续墙围护施工		强风化花岗岩
		南锚碇	冻结排桩围护施工		强风化花岗岩

通常采用的人工基础有扩大基础、沉井基础、地下连续墙围护施工的基础以及冻结排桩围护施工的基础。

二、冻结排桩支护基础施工

冻结排桩支护方案受力体系清晰,排桩作为挡土支撑受力结构,人工冻土实现基坑内外侧壁的封水形成止水帷幕。冻结止水适用于各种不良地层,特别是地下水丰富的软土地层更具优势,在润扬大桥南锚碇两种工法首次联合运用于特大型桥梁基坑工程(图1)。

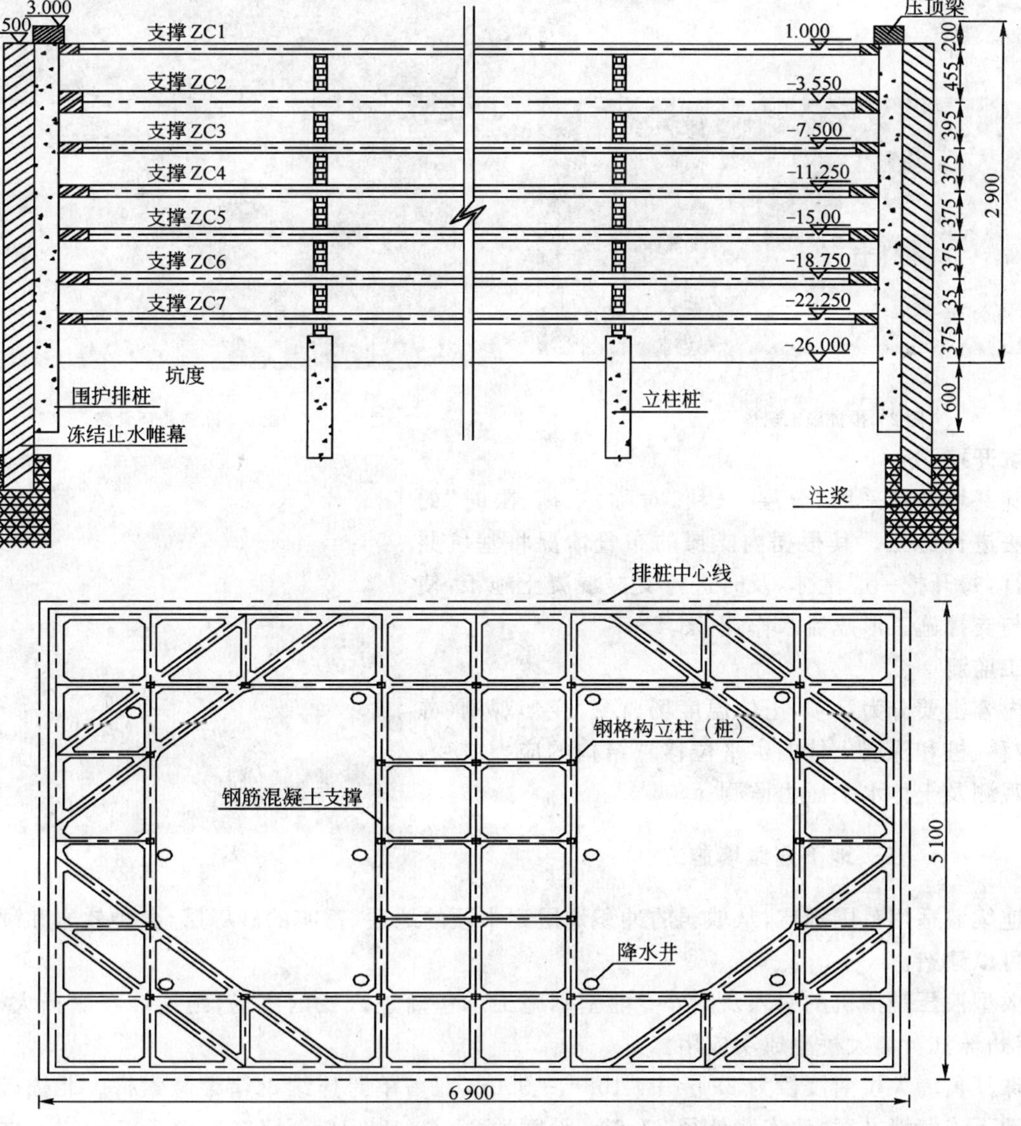

图1 润扬大桥冻结排桩支护布置图(尺寸单位:cm)

润扬大桥南锚碇基础尺寸为70.50m×52.50m×29.00m(长×宽×深),为特大型嵌岩深基坑工程。

1. 支护结构

基础支护结构由排桩和水平内支撑体系组成。排桩抵抗水土压力,采用直径为ϕ1.5m的C30钻孔灌注桩,沿基坑周边布设140根,嵌入强风化岩或弱风化岩,排桩间净距只有20～22.5cm 。水平内支撑体系布设7道钢筋混凝土支撑,承担结构水平荷载。

2. 冻结注浆止水帷幕

采用单排冻结孔冻结封水,并在冻结孔外侧布设注浆孔对基岩破碎带及裂隙实施地面预注浆形成注浆帷幕,达到封水的目的。设置卸压孔以减小在开挖过程中排桩支护结构所受到的水平冻胀力。

3. 南锚碇工程的施工工序为先施工排桩后实施冻结,然后再进行基坑开挖

4. 排桩施工

覆盖层总厚为27.80～29.40m,土性以淤泥质亚黏土、粉细砂为主,排桩施工关键技术主要包括:①排桩钻孔扩孔率控制技术;②排桩垂直度控制技术;③桩身质量控制技术,如图2。

5. 循环盐水

凝固点:－38.6℃;设计盐水系统循环量400～600m^3/h。冰冻管理见图3。

图2 排桩施工现场

图3 冻结循环管路

6. 基坑开挖

南锚碇基坑开挖采用“分层、分块、对称、平衡、限时”的时空效应法进行施工。其根据内支撑的布置情况将基坑共分8层进行,每开挖一层土体,及时进行支撑混凝土施工,使基坑开挖与支撑施工形成流水作业(图4)。

7. 施工监测

监测内容主要分为5项:土体温度场监测、变形观测(冻涨、地面位移、桩和深层土体的水平位移)、结构的应力应变、地下水位观测及土体水平压力监测。

图4 开挖现场

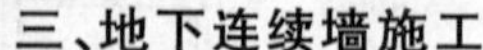

三、地下连续墙施工

地下连续墙适用范围很广,从软弱的冲积地层到中硬的地层、密实的砂砾层,各种软岩和硬岩等所有的地基都可以建造。

随着大型液压铣槽机的引入及国外专业基础施工承包商进入我国市场,地连墙在润扬大桥、武汉阳逻大桥、广州珠江黄埔大桥上成功应用。

广州珠江黄埔大桥南汊桥为290m＋1 108m＋350m双塔单跨连续钢箱梁悬索桥。北锚碇基础设计采用圆形地下连续墙方案,地连墙外径73.0m,深度为35.0～44.19m,墙体厚度1.2m,嵌入弱风化混合基岩。

圆形地连墙轴线直径为 71.8m，周长 225.57m。主要采用液压铣进行成槽施工，划分 50 个槽段，I、II 期槽段各 25 个(图 5)。其中 I 期槽长 6.72m，三铣成槽，II 期槽长 2.8m，一铣成槽。槽段连接采用铣接法。

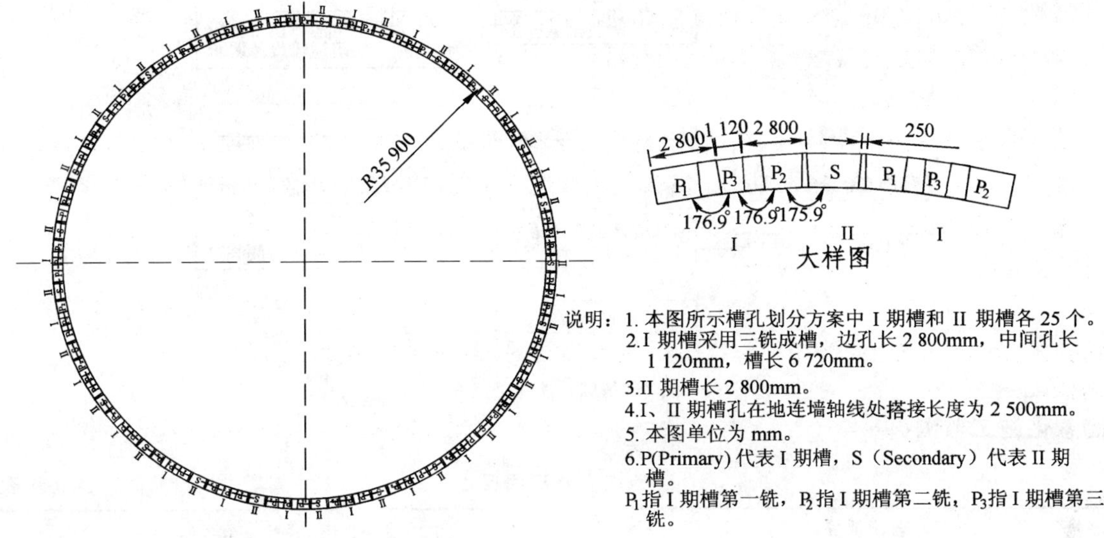

图 5 地连墙结构图(尺寸单位：mm)

1. 地连墙施工

(1)机械抓斗开槽法

机械抓斗开槽，清除顶部淤泥层。

(2)铣削法

对于覆盖层和全风化、强风化基岩采用液压铣直接铣削的方法成槽。

(3)凿铣法

对于槽孔下部的弱风化基岩，采用凿铣法成槽。重凿和液压铣/抓斗交替使用，直到设计的槽孔深度。

2. 施工流程(图 6)

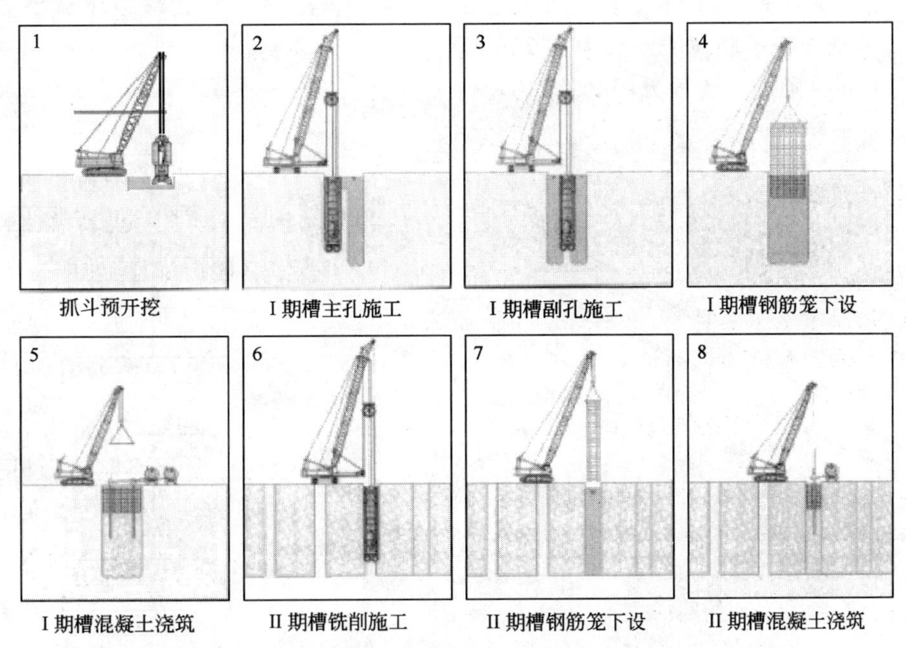

图 6 地连墙施工流程

3. 基坑开挖流程(图 7)

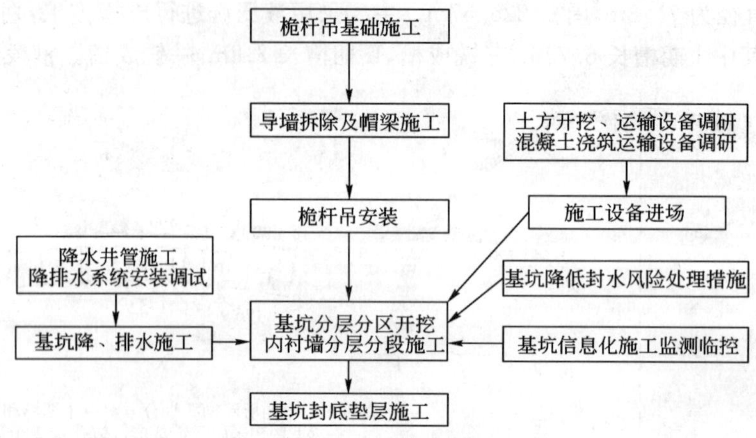

图 7 基坑开挖施工流程

4. 信息化施工监测(表 4)

地连墙监测项目 表 4

序号	监测项目	监 测 内 容
1	环境监测	锚碇周边土体变形监测
2	水工监测	基坑内、外地下水位监测、坑外孔隙水压力监测
3	地下连续墙监测	压顶梁变形监测;地连墙应力监测;地连墙深层侧向变形监测
4	土工监测	坑外土压力监测
5	内衬监测	内衬横向应力监测

四、隧 道 锚 碇

隧道式锚碇必须建造在岩体力学性能较好的外露基岩上,与重力式锚碇相比,能大幅降低工程造价。

忠县长江大桥锚碇均采用隧道式锚碇和岩锚相结合的组合结构,散索鞍以下锚室长 24m,锚塞长 13m,上下游锚碇中轴线距桥轴线的距离为 9.75m(图 8)。

锚洞开挖施工和衬砌施工流程见图 9、图 10。

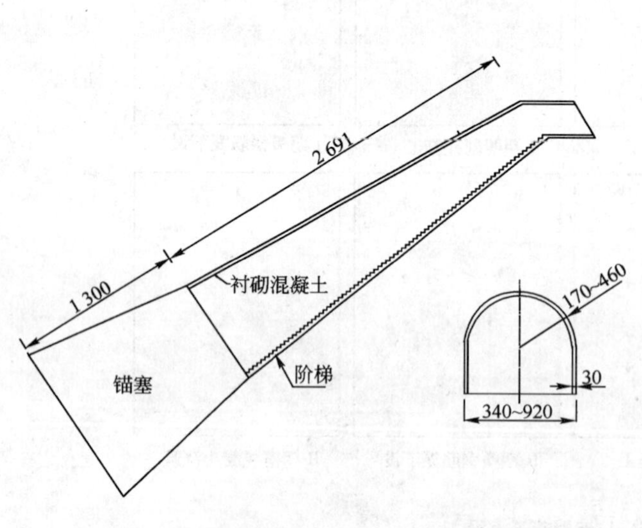

图 8 隧道式锚碇总体布置图(尺寸单位:cm)

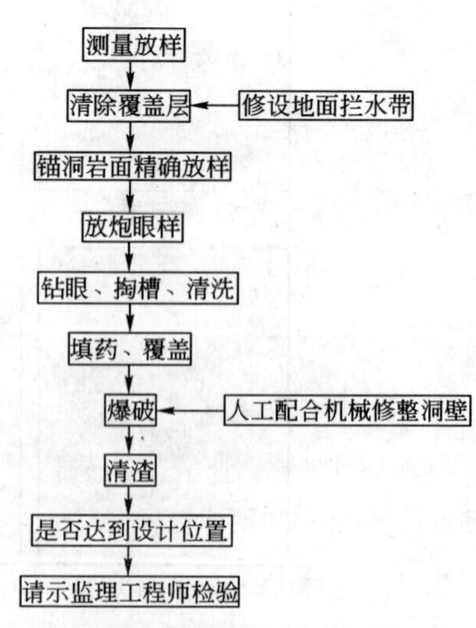

图 9 锚洞开挖施工流程图

五、沉井基础

沉井基础承载能力大，刚度大，可以适用于深水，但体积庞大，施工难度大，普遍存在下沉偏差和工期难以控制等问题。随着桩基的广泛采用，目前国内沉井基础越来越少，在大跨径悬索桥中仅有江阴大桥北锚碇一例。

江阴大桥北锚碇在我国大跨径悬索桥基础中首次采用沉井法施工。沉井平面尺寸 69m ×51m(纵向×横向)，下沉深度 58m。锚碇处第四系覆盖层厚度达 85m，持力层为含砾中粗砂。开始 30m 为排水下沉，后 28m 采用不排水下沉，并采取了空气幕助沉、高压射水助沉等助沉措施，以减小下沉时的摩阻力。

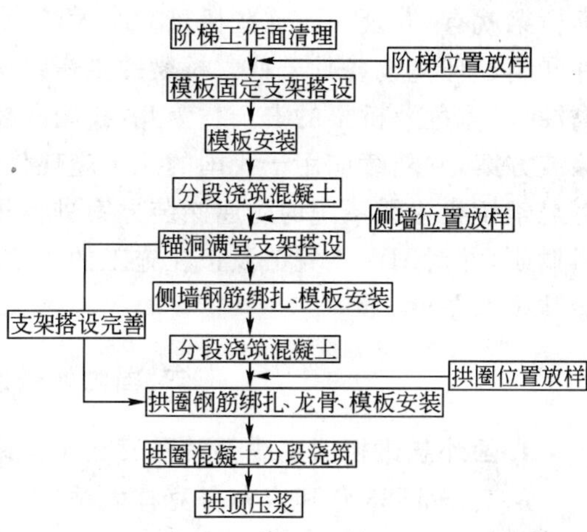

图 10 衬砌施工流程图

由于沉井基础本身存在整体刚度大、造价成本低等优点，沉井基础必定将在以后建设的大跨径悬索桥中予以采用，目前规划的江苏泰州长江公路大桥、安徽马鞍山长江大桥及南京四桥均有沉井基础设计方案。

六、明挖基础

明挖基础应用较为广泛，其设置需要良好的地质条件。

舟山西堠门大桥南锚碇为重力式嵌岩结构，基础采用地面直接开挖方法施工，开挖范围内，坡顶地面线最高处高程约＋93.0m，开挖基底高程 0.0m，开挖最大深度约 93m，锚碇基坑基底平面尺寸范围 72.87m×75.7m。

开挖岩层中包含有碎石亚黏土层，强风化、弱风化、微风化流纹岩和霏细斑岩等不同岩层。

基坑开挖竖向共分八层，对于强度较高的岩层，进行爆破施工。为了减少爆破对边坡的稳定性的影响，保证不扰动边坡和破坏基坑周围及基底需保留的岩层，采用小药量爆破法进行土石方施工。

七、结　　语

近年来，由于公路桥梁建设的迅猛发展，悬索桥锚碇基础施工技术也得到了很大的发展。润扬大桥南锚碇冻结排桩支护基础的成功实施被交通部誉为“科学技术转化为生产力的典范”；大型地下连续墙施工工艺、槽段接头方式等也有了进一步的发展；沉井基础将在江苏泰州大桥中进一步得到应用和发展。

在安徽马鞍山大桥正进行根式沉井基础的研究及试验，如果能成功运用，是悬索桥基础的又一创新。

90. 悬索桥主缆系统防腐涂装技术条件的研究

周军辉　刘若愚　黄玖梅　姜小刚　李运德
（中国一航北京航空材料研究院）

摘　要　近 20 年来，我国陆续修建了数十座大型悬索桥，但国内目前尚无对此类桥梁主缆系统防腐涂装的技术条件。为确保悬索桥梁的安全与长寿命，规范悬索桥梁主缆系统防腐涂装的设计、施工与运营维护，在对国内外主缆系统防腐涂装的发展状况进行调查研究的基础上，提出了一套系统的悬索桥梁主缆系统防腐涂装技术条件。

关键词　悬索桥　主缆　防腐蚀　涂层　技术条件

一、引　　言

我国自 20 世纪 80 年代末以来，大型悬索桥梁建设进入了一个快速成长的时期，已建或正在建的悬索桥梁就有30余座。这些桥梁横跨大江、大河、海湾，连接大陆和岛屿，不仅地理位置千变万化，气候条件和腐蚀环境也各具千秋。桥梁的生命线——主缆系统，极易受到大气、雨水和应力的共同作用而遭到腐蚀，严重危及桥梁的安全。为此，我国的桥梁与涂装工作者们提出并实践了多种关于主缆系统防护的涂装方案，并陆续应用于我国的几十座现代化大型桥梁。为了切实保障桥梁的安全和长寿命，迫切需要对悬索桥梁主缆系统的防腐涂装方案进行规范。为此，我院对悬索桥梁主缆系统的涂装进行了国内外资料调研，并对国内已完工及正在施工的桥梁进行了现场调研，经分析研究，提出了悬索桥主缆系统的防腐涂装技术条件。

二、国内外悬索桥梁主缆涂装体系的应用情况

1.国外悬索桥梁主缆系统防腐涂装体系

从美国1883年建成布鲁克林大桥(主跨486m)开始，至20世纪末，随着日本明石海峡大桥的建成，悬索桥的跨径已接近2km(主跨1991m)。在100余年的现代悬索桥建造历史中，其主缆涂装体系多种多样，也形成了多种专利体系。国外主要涂装体系见表1。

国外主要涂装体系　　表1

国　家	桥梁或专利	主缆涂装体系	建成年份或专利提出年份
美国	布鲁克林大桥	铅丹腻子＋圆形钢丝缠丝＋油漆	1883
美国	金门大桥		1937
日本	若户大桥	铬酸锌腻子＋圆形镀锌钢丝缠绕＋醇酸类涂装	1962
日本	关门桥(Kanmon)	高分子有机铅腻子＋圆形镀锌钢丝缠绕＋醇酸类涂装	1973
德国	汉堡大桥	铅丹腻子＋圆形钢丝缠丝＋底涂＋环氧树脂涂料(MIO)	1979
日本	大鸣门桥	铅酸钙高分子有机铅＋圆形镀锌钢丝缠绕＋环氧树脂＋聚氨酯树脂面涂	1985
日本	Ohnaruto桥	铅酸钙高分子有机铅腻子＋圆形钢丝缠绕后涂装聚氨酯	1985
日本	濑户大桥(包括下津井、北备赞、南备赞濑户大桥)	铅酸钙类糊状密封膏＋圆形镀锌钢丝缠绕＋环氧树脂底涂＋聚氨酯树脂中间涂层＋石英砂防滑施工＋聚氨酯树脂面涂＋双组分聚硫密封剂罩面后续维修；橡胶包覆密封＋带盐分过滤器的缆索送风干燥系统	1988 1998
日本	专利JP07268810	防锈腻子＋镀锌软钢丝缠丝＋100μm厚氯化橡胶类涂装	1994
日本	专利JP08259853	研制了一种主缆缠丝前用的防腐性能优于铅丹和铅酸钙的腻子，由锌、干性油和体质颜料组成	1995
日本	明石海峡大桥	圆形镀锌钢丝缠绕＋胶黏剂＋橡胶底涂＋弹性氯丁橡胶带半搭接包覆＋氯磺化聚乙烯涂装＋主缆内干燥空气送气除湿	1998
日本	白鸟大桥	磷酸铝密封膏＋S形镀锌钢丝缠绕＋柔性环氧树脂·氟树脂罩面(首次采用S形钢丝缠丝)	1998
日本	来岛海峡大桥	S形镀锌钢丝缠丝＋柔软型环氧·氟树脂涂装＋主缆内干燥空气送气除湿	1999
日本	安芸滩大桥	S形镀锌钢丝缠绕	2000
日本	Hakucyo桥	磷酸铝密封膏＋S形镀锌钢丝缠绕	2000前
日本	Kurushima-Kaikyo桥	磷酸铝密封膏＋S形镀锌钢丝缠绕＋氯丁橡胶板缠绕	2000前
美国	New San Francisco-Oakland Bay Bridge	含有Zn/ZnO和不干性热塑性聚合物的腻子的防护＋S形钢丝缠丝＋弹性(noxide)底漆＋面漆＋除湿系统(设计寿命150年)	2004年提出

从表1可以看出:对主缆缠丝前的防护,欧美国家早期主要采用铅丹油膏,不过后来该类油膏已因其毒性太大被淘汰,取而代之的是含有锌粉的亚麻油类或聚氨酯类密封膏。该类密封膏的防腐蚀性能较好,但黏性稍差。与此同时,日本在20世纪60年代发展了铬酸锌密封膏并将其用于若户大桥,在20世纪70年代发展了以铅酸钙和高分子有机铅类密封膏为主的不干性高分子材料,不仅老化性能大大提高,而且腐蚀防护性能更为优越。在20世纪90年代,日本又发展了防腐性能更加优异的含有锌、干性油和体质颜料的腻子,并进而发展了具有优良防锈性能并且环保的磷酸铝型密封膏,已应用于白鸟大桥等数座悬索桥梁。

关于主缆的涂料涂装,从日本因岛大桥和大鸣门桥以来,开始采用环氧树脂涂料做底涂层和中间涂层、聚氨酯涂料做面涂层,也有不用涂料直接采用氯丁橡胶和塑料等包覆的方法。为了更好地提高主缆的防腐和密封效果,20世纪90年代末发展了S形缠丝和主缆内干燥空气送气除湿系统以及柔性涂装体系。最新的涂装体系为美国2004年提出的一种含有Zn/ZnO与不干性热塑性聚合物的腻子、S形钢丝缠丝、弹性底漆、面漆和除湿系统的防护体系,该体系被设计用于寿命150年的新圣弗兰西斯科-奥克兰海湾大桥。

2. 国内悬索桥梁主缆系统防腐涂装体系

我国在20世纪后期修建了60多座现代化悬索桥梁,但跨径小,桥面窄,荷载标准低。真正建造大型现代化悬索桥梁是从20世纪90年代才开始的。随着我国第一座现代化大跨径悬索桥——汕头海湾大桥(主跨452m)的建成,我国现代悬索桥梁的建设进入了一个快速发展的时期。如,已建成的润扬长江大桥(主跨1 490m)和在建的舟山西堠门大桥(主跨1 650m),使我国悬索桥梁设计和施工水平已迈入国际先进水平行列。我国主要主缆涂装体系见下表2。

国内主要悬索桥梁主缆涂装体系 表2

桥 梁 名	主缆涂装体系	建成年份
汕头桥、西陵桥	聚异丁烯不干性密封膏+圆型钢丝缠丝+环氧、聚氨酯油漆索夹等缝隙:聚硫密封剂	1995、1996
虎门桥	聚氨酯密封剂+圆形钢丝缠丝+聚氨酯密封剂+聚氨酯油漆索夹等缝隙:聚氨酯密封剂	1997
江阴桥、青马桥	锌粉密封膏+圆形钢丝缠丝+环氧、酚醛、醇酸类油漆	1997
海沧桥、宜昌桥、鹅公岩桥、忠县桥、万县二桥、柳州红光桥、西藏角笼坝大桥、贵州落脚河大桥、天津子牙河桥、苏州竹园桥、佛山平胜大桥、长沙三汊矶大桥、武汉阳逻桥等	磷化底漆+聚异丁烯不干性密封膏+圆形钢丝缠丝+磷化底漆+聚硫密封剂+环氧、聚氨酯油漆索夹等缝隙:聚硫密封剂	1999~至今
润扬桥	S形钢丝缠丝+柔性环氧、含氟聚氨酯油漆+除湿系统索夹等缝隙:有机硅密封剂	2004

由表2可知,国内的涂装体系的发展与国外不同的是,在主缆缠丝后的涂装已由简单的油漆涂装发展成为采用橡胶型密封剂进行密封,气密、水密性能得到显著改善。以其为主要特征的磷化底漆+聚异丁烯不干性密封膏+圆形钢丝缠丝+磷化底漆+聚硫密封剂+环氧、聚氨酯油漆重防腐体系已成为我国最具代表性的、应用范围最广的、使用效果优良的防腐涂装体系。

另外,汕头桥、江阴桥在投入运行几年后,已分别于2003年和2005年对主缆表面进行了大修,加涂了一层聚硫橡胶密封剂层。另外,1996年建成的丰都桥采用了一种沥青+水泥粉的主缆涂装方案,是一种刚性体系。国内还有几座小型悬索桥梁主缆采用了从国外进口的氯丁橡胶包覆层进行主缆表面防护。

三、主缆涂装技术条件的分析

我国悬索桥梁主缆涂装技术条件的制定应结合我国的基本国情,立足国内,在进行广泛调研和征求意见的基础上，吸收和借鉴国外先进的涂装技术与经验，融入实际涂装过程中的新的工艺方法，并重点考虑我国最具代表性的涂装体系，以使技术条件具有很强的指导性和可操作性。

1. 主缆涂装技术条件制定的总体原则

(1)借鉴国外特别是日本的主缆防护体系（如缠丝前用不干性密封膏、索夹用橡胶密封剂以及重防腐涂料体系）。

(2)主要参照目前国内最具代表性的涂装体系，即不干性密封膏＋缠丝＋橡胶密封剂包覆层＋重防腐环氧、聚氨酯涂料体系。该体系在国内已有十余年的实际应用历史，此外还适应国内主缆丝、缠丝材料及施工工艺要求。

(3)对S形缠丝、钢丝绳吊索以及其他主缆辅助结构，提出可供参考选择的材料与施工工艺方法。

(4)为体现可靠性、实用性、经济性和先进性的有机统一，对国外还在试用的橡胶防腐带、主缆内部送干燥空气系统等新材料、新技术，在技术条件中暂不列出。

2. 主缆系统各部位涂装技术要求分析

(1)缠丝区主缆涂装

主缆成型后有15%～20%的空隙率，缠丝与主缆表面之间有空隙，而且缠绕钢丝是以一定的拉力紧紧缠绕到主缆丝表面上。从设计寿命看，主缆系统的设计寿命为100年，缠绕钢丝在设计寿命内是不能打开的。因此，缠丝区的涂装材料应满足以下几个基本要求：

①缠丝前应采用非硫化型阻蚀密封膏，其使用寿命达到100年，永久不开裂、不硬化，具有不干性特点，为流体状，但无流动性，与镀锌钢丝有一定的黏结力，具有耐水、耐油、耐大气老化等综合性能，并对钢丝有阻蚀保护作用，能在主缆经常性的低频振动状态下实现对主缆的整体密封。

②缠丝后应采用硫化型橡胶密封剂对主缆表面进行整体防护，硫化型橡胶密封剂的使用寿命为20～30年，可复涂、可维修，有一定的韧性和弹性，与钢结构及其他涂装材料具有良好的黏接相容性，具有耐水、耐盐雾、耐大气老化等综合性能，工艺性能良好，能达到一定的厚度，确保填满所有间隙，达到密封效果。

③配套采用磷化底漆＋环氧底漆＋丙烯酸聚氨酯或氟碳面漆的钢结构重防腐涂料体系。该体系是国内近20年来已应用非常成熟的钢结构重防腐涂料体系，使用寿命达到了10～15年，国内生产，供应稳定。同时，技术条件中还应汲取国际上先进的涂装技术与经验，如推荐使用耐候等级更高的氟碳面漆，以确保技术条件的制定与国际先进水平同步。

(2)非缠丝区主缆涂装

非缠丝区不便于钢丝缠绕，比较可行的方案是用硫化型橡胶密封剂填平主缆表面缝隙，并结合采用高强玻璃布进行缠绕。非碱性高强玻璃布不仅具有较高的强度，而且与硫化型橡胶密封剂的相容性和黏结性好，在预张力下缠绕并进一步刮涂硫化型橡胶密封剂和施涂丙烯酸聚氨酯面漆或氟碳面漆，可以实现主缆非缠丝区良好的整体防腐性能。该涂装方案也适用于非缠丝悬索桥梁主缆的整体涂装。

(3)钢丝绳吊索涂装

目前悬索桥梁的吊索一般是采用PE护套的平行钢丝索，但也有一部分桥梁是采用钢丝绳吊索。钢丝绳吊索的涂装国内外一般采用涂料进行涂装，但大直径的钢丝绳吊索，其表面缝隙较大，容易造成漏水，故技术条件应分别考虑公称直径小于40mm的钢丝绳吊索和公称直径大于等于40mm的钢丝绳吊索的涂装方案。对公称直径小于40mm的钢丝绳吊索的涂装，可以采用主缆索夹等钢制件的涂料涂装体系或采用硫化型橡胶密封剂进行密封；对公称直径大于等于40mm的钢丝绳吊索的涂装，则综合采用硫化型橡胶密封剂填平钢丝绳吊索表面缝隙，并结合采用高强玻璃布缠绕或用硫化型橡胶密封剂直接涂覆提高防护等级较好，这样不仅可以使钢丝绳吊索具有优良的气密、水密性能和较好的防腐效果，而且对吊索还具有一定的阻尼减振作用。但从工程造价以及钢丝绳吊索的实际结构情况考虑，此方案仅推荐使用。

(4)索夹及吊索结构缝隙的涂装

索夹环缝、对接缝的密封涂装，采用非硫化型橡胶腻子对索夹结构的内缝进行填充密封，并在腻子表面加装隔离塑料布，最后用硫化型橡胶密封剂对其外缝进行填充密封。骑跨式索夹槽缝的密封，采用硫化型橡胶密封剂进行整体密封。吊索夹具、减振器的密封涂装，使用硫化型橡胶密封剂进行整体密封，即先将密封剂填满吊索夹具和减振器内部空腔，然后对外部搭接缝隙进行缝外密封，这也是目前国际上最先进的钢构件密封方法。

(5)其他钢构件表面的涂装技术条件分析

对其他钢结构的表面可以采用目前已经比较成熟且广为接受的通用涂料工艺，如采用富锌底漆＋环氧底漆＋丙烯酸聚氨酯或氟碳面漆的重防腐涂装方案即可。

四、主缆系统涂装材料配套体系的确定

根据上述技术条件的分析，确定了主缆系统涂装材料配套体系见下表3。

主缆系统涂装材料配套体系 表3

<table>
<tr><th>序号</th><th colspan="2">防护涂装部位</th><th>涂装材料</th><th>涂装厚度(μm)</th></tr>
<tr><td rowspan="7">1</td><td rowspan="7" colspan="2">主缆缠丝区</td><td>磷化底漆</td><td>均匀着色</td></tr>
<tr><td>非硫化型阻蚀密封膏①</td><td>2 000～3 500(以填满结构缝隙为准)</td></tr>
<tr><td>缠绕钢丝</td><td>圆钢丝或S形钢丝</td></tr>
<tr><td>磷化底漆</td><td>均匀着色</td></tr>
<tr><td>环氧底漆</td><td>≥80</td></tr>
<tr><td>硫化型橡胶密封剂</td><td>1 500～2 500(可根据结构及环境条件调整)</td></tr>
<tr><td>丙烯酸聚氨酯面漆
或
氟碳面漆</td><td>80～120
或
60～90
(可根据结构及环境条件调整)</td></tr>
<tr><td rowspan="5">2</td><td rowspan="5" colspan="2">主缆非缠丝区②</td><td>磷化底漆</td><td>均匀着色</td></tr>
<tr><td>环氧底漆</td><td>≥80</td></tr>
<tr><td>硫化型橡胶密封剂</td><td>3 500～6 000</td></tr>
<tr><td>高强度玻璃布或橡胶涂胶布</td><td>500～2 000</td></tr>
<tr><td>丙烯酸聚氨酯面漆
或
氟碳面漆</td><td>80～120
或
60～90
(可根据结构及环境条件调整)</td></tr>
<tr><td rowspan="3">3</td><td rowspan="3">吊索
(仅对钢丝绳吊索)</td><td rowspan="3">公称直径
<40mm时</td><td>磷化底漆</td><td>均匀着色</td></tr>
<tr><td>环氧底漆
或
硫化型橡胶密封剂</td><td>≥160
或
500～2000
(可根据结构及环境条件调整)</td></tr>
<tr><td>丙烯酸聚氨酯面漆
或
氟碳面漆</td><td>80～120
或
60～90
(可根据结构及环境条件调整)</td></tr>
</table>

续上表

序号	防护涂装部位		涂 装 材 料	涂装厚度(μm)
3	吊索 (仅对钢丝绳吊索)	公称直径③ ≥40mm 时	磷化底漆	均匀着色
			硫化型橡胶密封剂 或 高强度玻璃布或橡胶涂胶布+硫化型橡胶密封剂	1 000～2 000 或 (500～2 000) +(2 000～5 000)
			丙烯酸聚氨酯面漆 或 氟碳面漆	80～120 或 60～90 (可根据结构及环境条件调整)
4	结构缝隙(索夹环缝、对接缝、骑跨式索夹槽缝④、吊索夹具④、减振器④、索鞍顶口处等)		非硫化型橡胶密封腻子	结构缝内密封
			硫化型橡胶密封剂	结构缝外密封
5	其他钢构件表面(索夹、索鞍、缆套、鞍罩、索股锚具、耳板、检查走道、主缆散索段等)		磷化底漆	均匀着色
			环氧底漆	≥120
			丙烯酸聚氨酯面漆 或 氟碳面漆	80～120 或 60～90 (可根据结构及环境条件调整)

①对S形钢丝主缆和内部加装通干燥空气系统的主缆仅推荐使用。

②指索鞍出口至第一个紧固索夹之间的非缠丝主缆段。

③对公称直径ϕ不小于40mm的钢丝绳吊索的涂装体系仅推荐使用。

④仅对钢丝绳吊索结构。

五、结　　语

本文在查阅国内外有关资料和对国内已完工及正在施工的悬索桥梁主缆涂装体系调研的基础上，对国内外悬索桥梁主缆系统的防腐涂装体系进行了整理、分类和分析，并阐述了悬索桥梁主缆系统防腐涂装技术条件的制定原则，制定了具体的主缆系统涂装材料配套体系标准，明确了涂装材料主要性能指标要求，对于规范悬索桥主缆涂装技术与工艺，保证产品性能，提高桥梁工程质量具有重要意义，同时也对业主、设计、施工单位提供了一个规范性的标准技术条件作为设计、施工、管理的依据。该技术条件已经交通部科技司批准，即将作为交通部行业标准颁布执行。

参考文献

[1] Shun-ichi NAKAMURA; Kazuhiko FURUYA; Makoto KITAGAWA; Keita SUZUMURA. Corrosion Performance of New Suspension Bridge Cable Protection. 16th Congress of IABSE(International Association for Bridge and Structural Engineering. Sep 18-21, 2000, Lucerne. 136～137.

[2] 江口立也；鈴村恵太；松岡徹郎. Sワイヤラッピングによるケーブル防食技術の開発. 新日鉄技報，1999(372). 8～14.

[3] John Sun, P. E., Rafael Manzanarez, P. E., and Marwan Nader, P. E.. Suspension Cable Design of the New San Francisco-Oakland Bay Bridge. Journal of Bridge Engineering, 2004(ASCE/JANUARY/FEBRUARY). 101～106.

[4] 任必年等. 公路钢桥腐蚀与防护. 北京：人民交通出版社，2002.

[5] 蔡国宏.悬索桥主缆锈蚀机理和防护方法.国外公路,2000(06).

[6] 涉谷元,前川务,山田健次等.Cable Corrosion Protection Work of the Hakucho-Ohashi Bridge.桥梁と基础,98(1).15~21.

[7] Yukikazu Yanaka; Makoto Kitagawa. Maintenance of steel bridges on Honshu-Shikoku crossing. Journal of Constructional Steel Research,2002(58),no.1.131~150.

[8] SUZUMURA KEITA,KANAI HISASHI,ENDO HIDEKAZU,SASAKI NOBUHIRO. CORROSION-PROOFING METHOD FOR MAIN CABLE FOR SUSPENSION BRIDGE. JP10077604.

[9] 楠原栄樹; Shigeki Kusuhara. 明石海峡大橋-世界最大のつり橋(The Akashi-Kaikyo Bridge-World's Longest Suspension Bridge). 日本機械学会誌,2004(107),no.3.160~161.

[10] Motoi OKUDA; Ikuo YAMADA. State-of-the-Art of Maintenance in the World's Longest Suspension Bridge. International Association for Bridge and Structural Engineering(IABSE) Symposium, Sept 22-24,2004,Shanghai. 470~471.

91. 深圳湾公路大桥斜塔单索面钢箱梁斜拉桥施工技术

钱 亮 吴存全

(广东省长大公路工程有限公司)

摘　要 斜塔斜拉桥由于其独特的景观效果,越来越受到广泛的应用,本文主要结合深圳湾公路大桥通航孔桥详细介绍斜塔单索面钢箱梁斜拉桥工程特点及设计创新点、主要施工工艺及全桥施工过程控制等。

关键词 斜塔 斜拉桥 高性能混凝土 索塔 环向预应力 钢箱梁 施工

一、工 程 概 况

西部通道深圳湾公路大桥为连接香港、深圳和内地的大型跨境工程,全长 4 770m,大桥深圳侧长度为 1 600m,纵断面呈 S 形。其中通航孔主桥为独塔单索面钢箱梁斜拉桥,全长 345m,主跨跨径为 180m,桥跨布置为 180m+90m+75m,为双向六车道,全桥总宽为 38.6m(图 1)。

通航孔桥全桥共四个墩,主 1、3、4 号墩为柱式墩,主 2 号墩为塔梁墩固结,其上部构造主要由索塔、斜拉索和主梁组成。索塔为混凝土结构,塔顶断面为矩形断面,索塔总高度为 139.053m;索塔呈中心线仰角 80°倾斜状,深圳侧及香港侧塔柱倾斜仰角不同,其中深圳侧仰角为 78.7°,香港侧仰角为 81.3°,为变截面独斜塔;斜拉索呈不对称布置,全桥共 12 对(24 根)斜拉索,边跨主梁的斜拉索集中布置在辅助墩附近,索距 3m;主跨主梁上则均匀布置,标准索距 12m;塔上索距 4m;主梁采用栓焊式流线形钢箱梁,梁高 4.12m,标准节段长 12m,全宽 38.6m,总节数 31 节。

二、工程特点及设计创新点

1. 工程特点

(1)深圳湾公路大桥为深港两地合建(按水域分建),故必须满足双方规范要求,施工中采用双方标准要求较高值。

(2)桥位区涉及深港两地的海域和陆域,工程具有海洋、海岸工程特点,对环保要求高,同时作为深港两地的标志性工程,工程质量实行“一桥四检”,对结构的外观质量要求很高。

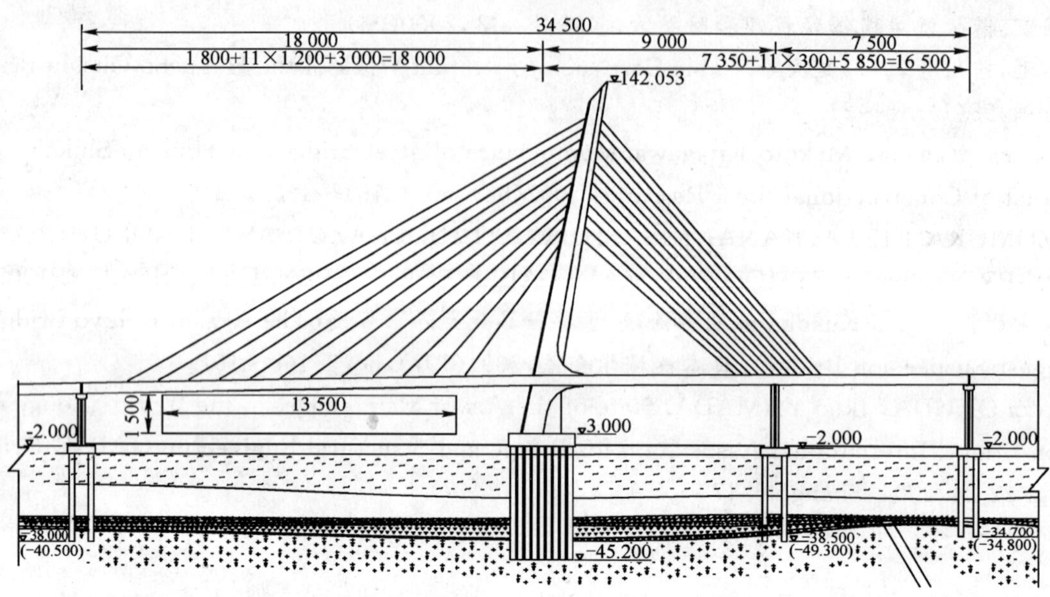

图1　桥型总体布置(尺寸单位:cm)

2. 设计创新点

(1)桥梁设计使用寿命120年,混凝土采用高性能混凝土,结构物混凝土保护层7.5cm,浪溅区钢筋采用环氧涂层钢筋。

(2)钢箱梁高4.122m,宽38.6m,属国内少见,钢箱梁耳板(与斜拉索连接采用插销式锚)采用Q420qE(原设计采用HG785)。

(3)斜拉索塔端采用冷铸锚,梁端采用插销式锚。

(4)索塔为斜塔(中心斜率10°),单索面有背索,主跨180m,居国内同类型桥梁之首。

三、施 工 工 艺

1. 基础施工

(1)概况

通航孔桥基础为群桩(图2),全桥共计45根,支承桩设计。其中主2号墩19根,桩径ϕ220cm,平均单根桩长43.2 cm;主1号墩10根,桩径ϕ220cm,桩长32.5～35.0 m 。主3、4号墩各8根,桩径ϕ200cm,桩长29.7～44.3 m。桩基嵌入微风化岩深度不少于2 m。混凝土设计强度等级:C30。

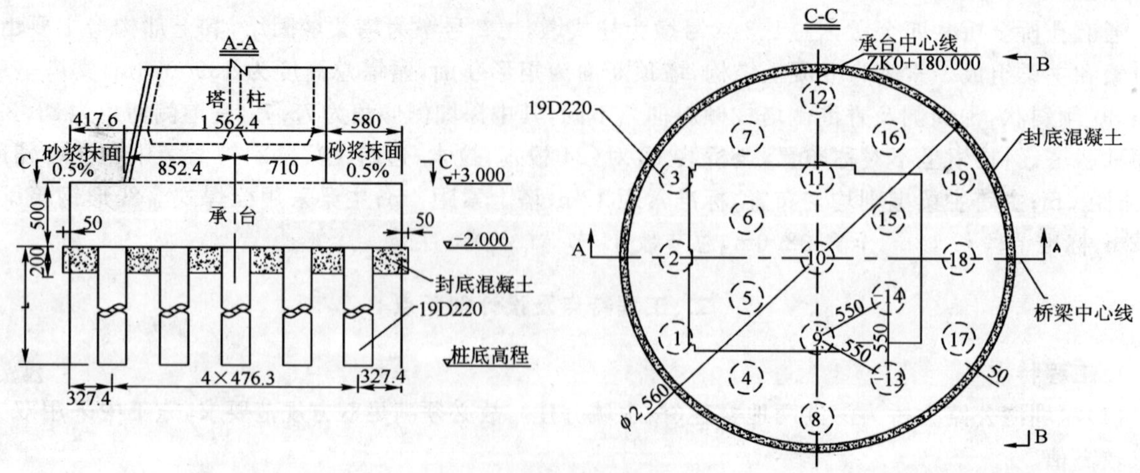

图2　索塔基础(尺寸单位:cm)

(2)施工简述

桩基采用冲击成孔、正循环泥浆排渣方式施工。由于地质情况复杂(地处断裂带、淤泥覆盖层较厚、受海水潮汐影响,海水中的氯离子沉积较多且氯离子含量较大),为了确保桩基成孔质量,专门成立了泥浆试验小组,选用泥粉、烧碱(NaOH)、纯碱(Na_2CO_3)、羟甲基纤维素及PAC－141(乙烯基多元单体聚合物)等造浆材料,进行了大量的泥浆性能试验,选出最佳配方用以指导施工。在施工中,除了通过泥浆配制改善泥浆性能控制成孔质量外,还采用了除砂器配合泥浆循环系统进行清孔,确保满足终孔要求。

工艺流程:桩位放样→下放钢护筒 → 冲机就位、孔位校正 → 冲击成孔 、泥浆循环 → 清孔换浆 → 终孔验收 → 下放钢筋笼 → 下放导管 → 二次清孔→水下混凝土灌注。

2. 承台施工

主2号墩承台为整体式圆形承台,承台外轮廓尺寸为直径25.6m×厚度5m,承台结构体积为2 574m^3;主1、3、4号墩承台为分离方形式承台。混凝土设计为C30。

(1)施工简述

承台施工采用复合型钢板桩围堰、河床填砂、水下混凝土封底(或干封);承台混凝土为大体积混凝土,为减小大体积混凝土水化热产生的温度应力,混凝土施工采取采用泵送混凝土、分两层浇筑,采用低水化热水泥、掺粉煤灰及其他外加剂,优化混凝土配合比;降低材料入仓温度,并在每层中设置冷却管,使混凝土内外温差不超过25℃。

施工工艺流程:安装钢板桩内撑→打设钢板桩→灌砂、抽水→封底混凝土浇筑→绑扎第一层承台钢筋(含冷却水管安装)→安装第一层承台模板→浇筑第一层混凝土→绑扎第二层钢筋(含冷却水管安装)→安装第二层承台模板→浇筑第二层混凝土→围堰拆除。

(2)复合型钢板桩围堰施工

主墩承台钢板桩采用拉森Ⅲ型(图3),长度21m,共设置两道内撑梁,下内撑圈梁采用2I56工字钢,内撑杆采用钢筋混凝土梁,上内撑梁采用2I45工字钢加工而成。封底在无水的状态下(即干封)进行。

钢板桩长度的确定经过了详细的计算,确保其入土深度在高潮水位时干封的情况下不会发生反涌,安全系数不小于1.5,钢板桩型号的确定需要同内撑梁的设置一起进行考虑;内撑梁的设置需充分考虑施工的需要和满足高潮水位时的受力要求。下内撑圈梁及上内撑梁可以回收,下内撑杆不能回收,从成本的角度考虑采用了钢筋混凝土梁。

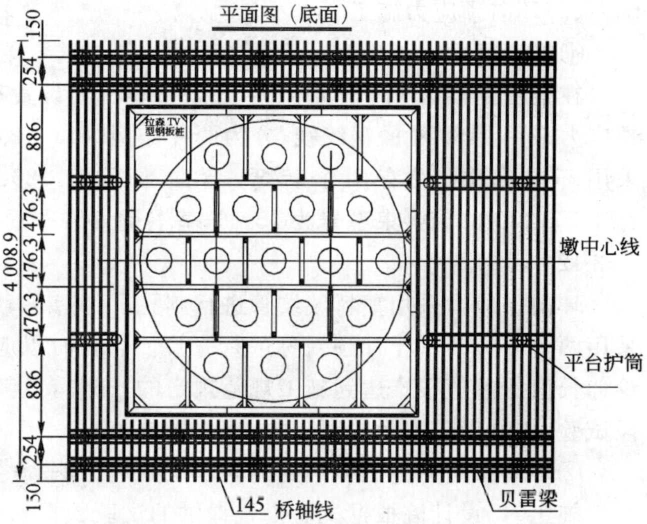

图3 承台钢板桩围堰(尺寸单位:cm)

3. 索塔中、上塔柱施工

中上塔柱为单箱单室、横向对称空心薄壁、钢筋混凝土箱形截面结构。塔柱混凝土标号C50,混凝土方量:中塔柱约1 495m^3,上塔柱约1 157.2m^3。

(1)液压自爬升模板系统

中、上塔柱采用ZPM-100型液压自爬升模板系统进行施工,考虑到塔身为倾斜式,每次浇筑高度为4.5m,共分26次浇筑完成。混凝土浇筑到第14层时,在塔柱横桥向两侧各减一榀模板支架;混凝土浇筑到第17层时需将附加支架的埋件埋于相应位置,以便第18层时重新调整平台,更换轨道。液压自爬模板体系的爬升系统主要包括:预埋件部分(包括埋件板、高强螺杆、爬锥、受力螺栓和埋件)、导轨部分、液压系统(包括液压泵、油缸、上轭和下轭)组成(图4)。

在塔柱内设置有劲性骨架,作为钢筋、模板、索导管的定位系统,同时承担一部分混凝土的侧压力,劲性骨架采用180mm×110mm×14mm和63mm×63mm×8mm角钢加工而成。考虑到塔柱为变截面及倾斜状、避免与环向及竖向预应力发生冲突，颈性骨架在加工时需匹配制作，每节高度为9m，满足两次混凝土浇筑高度要求。

(2)索塔混凝土施工

中、上塔柱采用C50高性能混凝土，根据设计要求，混凝土抗氯离子渗透性≤1000C，混凝土水灰比≤0.4。

综合考虑混凝土和易性、泵送性等实际施工需要，中、上塔柱C50高性能混凝土配合比如下：

水：水泥：河砂：碎石：硅粉：粉煤灰：减水剂＝149：441：736：975：18：51：30.09＝0.34：1.00：1.67：2.21：0.0408：0.1156：0.0682。

混凝土浇筑采用泵机直接泵送到浇筑点位置。为防止由于泵送高度太高使混凝土倒流，需保证水平布置泵管不小于100m。由于高性能混凝土黏性大，流动性较差，为确保混凝土外观质量，振捣时除采用普通混凝土的振捣方法以外，还须采取一些特殊的处理措施：加强振捣，振动棒插入间距为10～20cm左右，延长振捣时间，高性能混凝土不存在过振的问题，也很少在表面形成浮浆；塔柱斜面位置由于混凝土内的气体排出困难，振捣时插入排气管辅助排气，同时人工用钢筋沿模板边缘插捣，有助于混凝土内的气体排出。

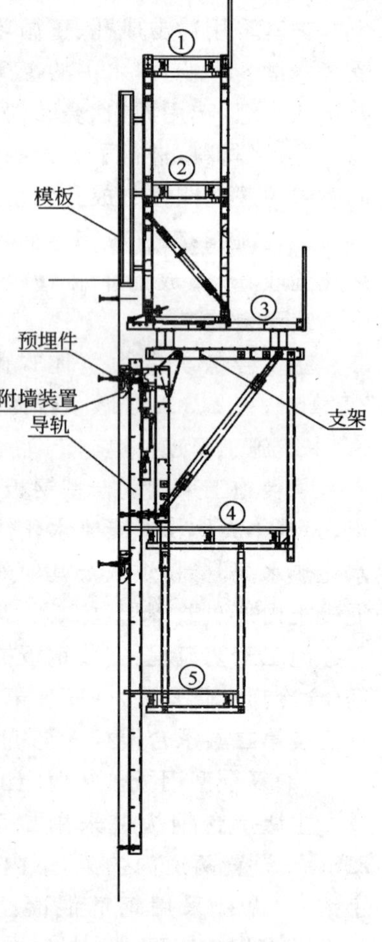

图4　液压自爬模系统

(3)环向预应力施工

①施工简述

在索塔锚索区（高程77.507～129.236）内设置有环向预应力，环向预应力采用ϕ15.24的钢绞线，分为两种类型：(1)、(2)号束型号为15-19，采用环向布置，设有两个转弯，弯曲半径为180cm，张拉控制力为3 710.7kN；(3)、(4)束型号为15-16，基本呈直线布置，两个位置设有半径为1 000cm的曲线，张拉控制力为3 124.8kN。

环向预应力采用塑料波纹管进行制孔、后穿束、真空压浆工艺进行施工，考虑到其预应力半径较小，采用两台5 000kN千斤顶对称进行张拉。张拉时以应力控制为主、伸长值进行校核，但实际伸长值与理论伸长值的差值很难达到施工规范规定的±6%，且其离散性较大，在实际施工中，通过做索塔足尺试验段试验，测试管道实际的摩阻力，予以指导施工。

②环向预应力施工中遇到的问题及处理方法

施工时，设计院根据试验报告提供的试验数据对环向预应力的理论伸长量进行了修正计算，作为施工控制的依据。在进行第一束环向预应力施工时采取两台千斤顶两端对称张拉，发现实测伸长量比理论伸长量大接近40%，大大超过规范以及试验报告提供的偏差数据，甚至超过了直线束的伸长量。为此，我们暂停施工，对出现的问题进行了详细分析，认为伸长量偏差大的原因主要有两个方面：

a.张拉工艺不够完善：没有采取预张拉或反复张拉消除部分孔道摩阻损失以及钢绞线之间的摩擦。

b.实测伸长量计算方法存在问题：初级张拉伸长量的取值不恰当，以及没考虑工具夹片的回缩值等。

针对产生问题的原因，采取了以下措施：

a.调整张拉工艺

根据试验采取的反复张拉工艺进行张拉，即在先不安装工作夹片、只安装工具夹片的情况下（主要是考虑反复张拉时工作夹片松脱困难），分级主动张拉左端，右端被动张拉，记录各级张拉力对应的伸长量，持荷2min，千斤顶回油至零；分级主动张拉右端，左端被动张拉，同样记录各级张拉力对应的伸长量，持荷 2min，千斤顶回油至零；左、右两端同时张拉，记录两端各级张拉力对应的伸长量，持荷 2min，千斤顶回油至零。此时，回退两端千斤顶，安装工作夹片，左右两端对称同时张拉，分别记录左、右两端伸长量，在张拉至张拉控制力持荷 2min 以后千斤顶回油至零，记录两端夹片回缩量，作为计算实测伸长量时夹片回缩的取值。这样反复张拉虽然工序烦琐，但能够有效消除部分孔道摩阻损失及钢绞线之间的摩阻损失。

另外，考虑到预应力管道直径比钢绞线直径之和大，在初始张拉时的伸长量其实不是钢绞线自身的伸长，而是由于张拉时钢绞线向内侧移动引起的，因此，为防止初张拉时初张力太小引起计算初张拉力对应伸长量计算偏差，采取提高初张力的方法，即将初张力提高为 $0.2P_k$，张拉等级为 $0.4P_k$，$0.6P_k$，$0.8P_k$，$1.0P_k$，将 $0.2P_k \sim 0.4P_k$ 的伸长量作为 $0 \sim 0.2P_k$ 的实测伸长量。

b. 调整实测伸长量计算方法

量测每级荷载对应伸长量时直接量测千斤顶行程，最直观、最准确，量测采用经检验合格的钢尺，读数时需估读至 0.1 mm。钢绞线实测伸长量包括以下几个方面的内容：初张拉伸长量（初张力为 $0.2P_k$，其伸长量由 $0.2P_k \sim 0.4P_k$ 的实测伸长量等代）、$0.2P_k \sim 1.0P_k$ 实测伸长量、预应力束张拉工作长度对应伸长量（包括左、右两部分、理论数据为 9.8mm）、环向预应力曲线部分对混凝土压缩产生的附加伸长量（包括两个曲线部分，试验数据为 7mm）、工具锚的夹片回缩量（包括左右两部分，数据为千斤顶回油前后量测的伸长量差值）。即环向预应力实测伸长量计算方法为：初张拉伸长量 $+0.2P_k \sim 1.0P_k$ 实测伸长量—预应力束张拉工作长度对应伸长量—环向预应力曲线部分对混凝土压缩产生的附加伸长量—工具锚的夹片回缩量。

4. 钢箱梁制作与安装

(1)钢箱梁制作

通航孔桥钢箱梁由桥面顶板、底板、斜腹板、中纵腹板、边纵腹板、横隔板（塔梁墩固结区段和支座处增加有加强纵腹板）等组成单箱四室、两侧带悬臂的薄壁结构（图 5）。由工厂制作，工地拼装组焊成节段箱体运至工地吊装，全断面焊接。钢箱梁制造与安装总体安排为三个阶段，即：板单元制造，梁段拼装制造，成桥拼装焊接。

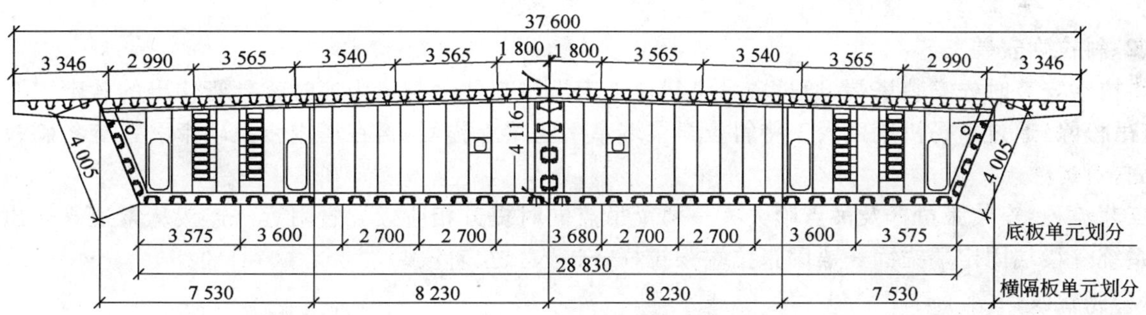

图 5　钢箱梁板单元划分图（尺寸单位：mm）

施工流程：工厂板单元制造→板单元运输→拼装场板单元拼接成吊装块→多梁段连续匹配组焊及预拼装→梁段表面处理和防腐涂装→梁段运输→桥上工地高强度螺栓连接和焊接→最终涂装。

(2)钢箱梁支架及吊装

①钢箱梁支架

钢箱梁支架利用螺旋钢管作为支撑，支架由立柱、纵横联以及相关平联组成。螺旋钢管有 ϕ820mm 和 ϕ920mm、δ10mm 两种规格，支撑在承台上的采用 ϕ820mm 螺旋钢管，在水中部分采用 ϕ920mm 螺旋钢管；纵横联各设置两道，纵联采用 ϕ325mm、δ10mm 螺旋钢管，高程分别为 +5.0 和 +14.0；横联采用 ϕ325mm、δ10mm 和 ϕ219mm、δ10mm 两种螺旋钢管，其中下横联采用单条 ϕ325mm 螺旋钢管，高程为 +5.0，上横联采用桁架形式，由 ϕ325mm、δ10mm 和 ϕ219mm、δ10mm 两种螺旋钢管加工而成；在钢护筒顶面铺设 4I45b 型工字钢，工字钢顶面铺设贝雷梁，贝雷梁以 45 号花窗连接。贝雷梁顶面钢箱梁支撑点位置设置有3I36b型工字钢、高程调节钢板和四氟板。为增加支架的整体刚度及稳定性，在墩身设有附着杆件，在墩身施工时预埋钢板。

在钢箱梁支点位置设置有临时高程调节装置，高程调节采用手动螺旋千斤顶进行。考虑到局部应力对支架构件各部位的影响，在钢箱梁的支点位置及护筒顶处的贝雷梁增加竖向压杆，以防该位置的纵梁局部失稳和变形。增加的竖向压杆采用双拼的2[10槽钢。

②钢箱梁吊装(图6)

全桥31片钢箱梁全部采用10 000kN大型浮吊侧面进行吊装(图6)。钢箱梁吊装除塔梁固结段(L梁段)需最初安装外，其余根据实际加工进度进行。每块钢箱梁运输到现场以后及时进行吊装，调节其平面位置及高程，先临时连接，再完成全截面焊接。吊装时采用全封航方式，由海上安全监督部门配合封航。

图6　10 000kN浮吊起吊钢箱梁

③钢箱梁防腐涂装

钢箱梁防腐涂装施工按照：外表面(除桥面)的表面处理、喷铝、油漆涂装；内表面的表面处理、油漆涂装；钢桥面的表面处理、油漆涂装；成桥后的修补及最终涂装三个阶段进行。

5. 斜拉索安装

(1)斜拉索安装分为三个阶段：

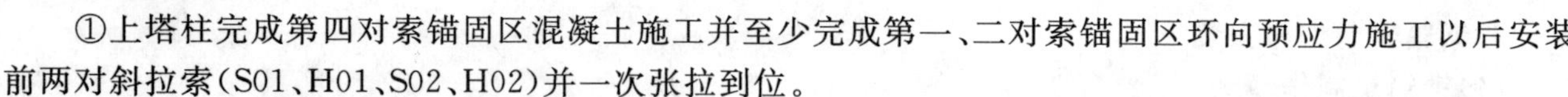

①上塔柱完成第四对索锚固区混凝土施工并至少完成第一、二对索锚固区环向预应力施工以后安装前两对斜拉索(S01、H01、S02、H02)并一次张拉到位。

②上塔柱完成第六对索锚固区混凝土施工并至少完成第三对索锚固区环向预应力施工以后安装第三对斜拉索(S03、H03)并一次张拉到位。

③索塔施工、环向预应力施工、竖向预应力施工、钢箱梁吊装及焊接完成以后安装剩余九对斜拉索并一次张拉到位；对12对斜拉索索力进行测试，与理论计算索力进行对比，对偏差较大的斜拉索索力进行调整。

(2)斜拉索安装工艺

斜拉索安装时先安装塔端，通过塔吊将斜拉索塔端吊起使之与塔内通过索导管伸出的软牵引系统连接，塔吊松除，通过卷扬机辅助人工将斜拉索梁端牵引至梁上锚固，再在塔内张拉软牵引系统将斜拉索进行锚固。

工艺流程：安装张拉杆及吊点哈夫夹→两个吊点同时提升相应索导管附近→连接从索道管放出的软牵引系统→梁端固定端锚固→锚固张拉端张拉杆→进入张拉阶段。

(3)张拉及调索

拉索张拉程序：安装张拉设备→启动油泵进油分级张拉→锚固螺母跟进紧固→油表读数控制→伸长量校核→锚固张拉端。

张拉过程及调索均由施工监控单位进行监控。在所有斜拉索根据设计及监控单位提供的初张拉索力安装完成以后，监控单位对全桥斜拉索索力进行测试，对照成桥索力确定是否需对个别索力偏差较大的斜拉索进行调索，调索工作应采用8 000kN(6 500kN)千斤顶在塔内进行。

四、施 工 控 制

在施工中，根据设计特性建立测量加密控制网，施工过程全部采用GPS(全球定位系统)测量技术进行施工控制，确保桥形控制精度；上部结构施工控制采用高程和斜拉索索力双控，全过程由监控单位进行施工监控。

1. 施工监控主要内容

(1)施工测量：包括主塔变位、梁体线形。

(2)应力及线形控制:索塔应力、梁体应力、斜拉索索力等。

(3)温度场测试:温度对结构受力和变形的影响。

施工根据监控指令的要求执行,在施工过程中与理论计算存在偏差时,及时进行调整。

2. 监控成果

(1)最终合龙时线形平顺,实际的成桥线形与理论线形吻合良好。

成桥线形平顺,桥面中心线处梁面高程误差均小于10mm(除了 A19 ZK0＋146.5 一点的误差为13mm 外);全桥轴线最大误差为3mm,小于规定值。

(2)索力精度

安装斜拉索、张拉完成后,实测索力与理论索力吻合良好,索力偏差大多数在2%以内,主跨与边跨索力的最大偏差分别为S05的－3.6%和H03的－3.3%。

(3)大桥的塔柱线形和偏位符合设计的要求。其中,塔柱倾斜度的误差为1/2000,轴线偏位偏差为6mm,远小于规范要求。

(4)主梁和塔柱受力均匀,各关键截面的应力与理论值符合较好,应力值远小于规范的限值。

五、结　语

深圳湾公路大桥通航孔桥于2004年8月开工,到2006年6月份正式完工,各个分项工程施工质量优良,优良率达到100%;主跨钢箱梁吊装由桥面吊机改为支架施工后,达到了预期缩短工期的要求,总工期缩短5个月。本文对斜塔钢箱梁斜拉桥的施工方法进行了综合阐述,事实证明施工方法是有效可行的,可以为以后斜塔斜拉桥施工提供相应的借鉴。

92. 广州东沙特大桥施工综述

钱　亮　谢希凡

(广东省长大公路工程有限公司)

摘　要　东沙特大桥主桥为独塔双索面钢混凝土结合斜拉桥,其跨径为338m＋72m＋56m＋52m,本文简要对其施工方法作了介绍。

关键词　东沙特大桥　斜拉桥　施工方法

一、工 程 概 况

东沙特大桥位于广州市芳村区、番禺区境内。该工程作为广佛大都市圈公路交通网的组成部分,具有连接广佛地区城际高速公路的功能;作为广州市的"南拓"战略的重要举措,配合南沙的开发建设,本工程将成为南沙新港向外辐射的重要通道;作为临近广州火车新客站的一条高速公路,将成为集散铁路旅客的功能;作为番禺主道路网规划"五纵九横"主骨架的组成部分,将带动沿线乡镇经济发展,缩小西部与中北部地区的经济差距。

东沙特大桥主桥为主跨338m的独塔双索面钢—混凝土结合梁斜拉桥,全长518m,桥跨组合为338m＋72m＋56m＋52m(图1)。钢箱梁与混凝土箱梁结合处设置在主跨距主塔中心41m处;钢箱梁斜拉索索距16m,混凝土箱梁上斜拉索距为8m;主塔为钢筋混凝土花瓶桥塔,塔高182m,采用C50混凝土;钢箱梁与混凝土箱梁均采用单箱三室结构,梁底全宽38m,顶面宽36m,梁高3.3m。主塔基础采用20根ϕ2.5m的桩基础,承台厚6m,平面尺寸为28m×19m;辅助墩、过渡墩的基础均由8根ϕ1.8m的桩基础组成,承台厚3m,平面尺寸8.2m×8.2m;墩柱为壁厚50cm的空心墩。南引桥采用先简支后连续的预应力混凝土小箱梁，桥长805m，跨度布置为3×(4×30)m+(25+2×30)m+3×(4×30)m。

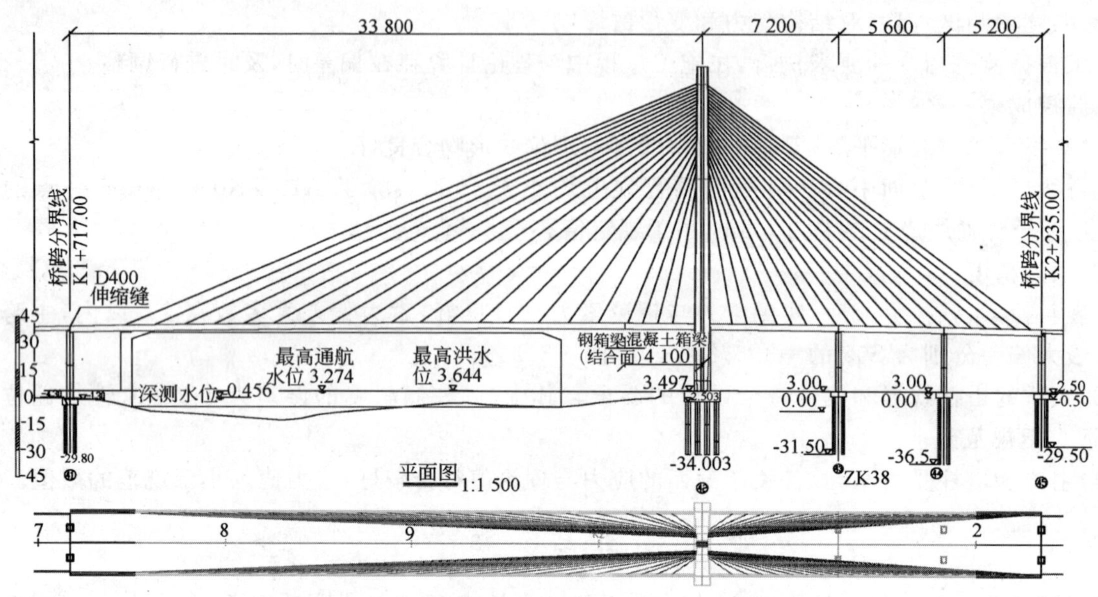

图1 主桥桥型布置图(尺寸单位:cm)

二、主 桥 施 工

1. 桩基础施工

东沙特大桥桩基所处的地层岩性从上到下主要为第四系三角海陆交互相沉积层、白垩系红色岩系组成。主墩要求其嵌岩深度不小于7.5m，桩长约30.5m。其他墩的桩基要求不小于2D，均位于岸上。通过对地质情况和嵌岩深度的分析，我们选择了全液压冲机反循环进行桩基础的施工(图2)，该种桩基比较适用于桩长在80m以下的基岩、卵砾石地层的桩基，在施工现场移位方便，结构简单，配合砂石泵可实现冲击反循环泵吸钻进，及时将基岩的钻渣排出，钻进速度快。

钻进过程采用优质的膨润土配制泥浆作为钻孔泥浆；必要时再掺与适量CMC羧基纤维素或$NaCO_3$纯碱等外加剂，及时对泥浆的各种性能做测试和调整，保证自始至终达到泥浆性能稳定，沉淀极少，并配备除砂器来降低含砂率，达到护壁效果好，成孔质量高、钻进速度快的要求。

图2 全液压反循环冲机

2. 承台的施工

主墩承台尺寸为28m×19m×6m，混凝土方量为3 196m^3，属于大体积混凝土，施工时分层浇筑。采用拉森—Ⅲ型钢板桩施工，单根长12m，套型锁口，两桩锁口联结能转角10°～15°，防渗性很好，并设置两层内撑。

大体积混凝土的施工需对混凝土水化热进行控制来减少或避免混凝土出现裂纹。在施工过程中我们采取了以下措施进行控制：

(1)水泥散袋入仓后使用温度不得超过55℃，否则须采取措施降低水泥温度；

(2)混凝土浇注时将粗集料进行洒水降温；

(3)优化混凝土的配合比，在满足设计强度要求的前提下，尽可能的减少水泥用量。用S95级的矿粉代替部分水泥，来减少水泥的水化热产生，降低混凝土的温升。现场通过大量的试验，配合比中水泥用量控制在160(kg/m^3)，S95级矿粉140(kg/m^3)，混凝土强度满足设计要求。

(4)在承台内布设冷却水管，见图3。

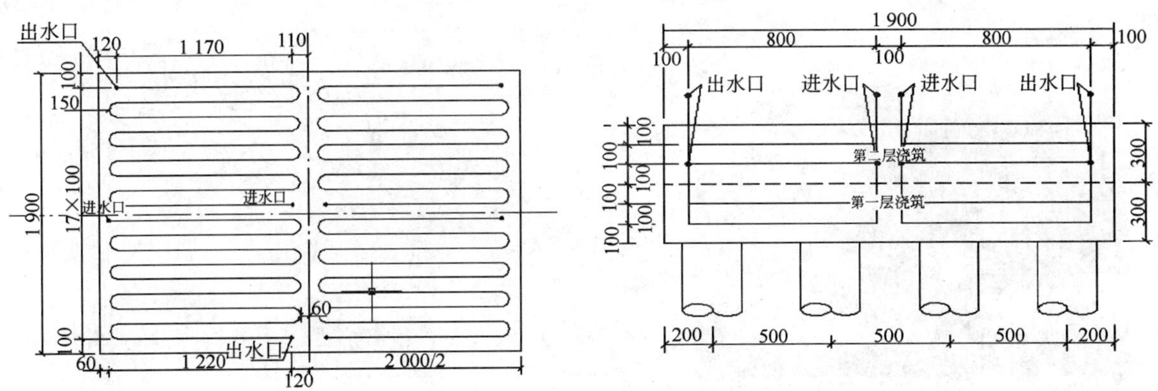

图 3 冷却水管布置图(尺寸单位:cm)

3. 塔柱施工

东沙特大桥索塔施工分为五部分,分别为下塔柱(高 32m)、横梁(高 6m)、中塔柱(81m)、锚固区(58.5m)、塔尖(4.5m)。

下塔柱采用常规的钢管支架翻模施工,施工时,沿高度方向水平分层,分层高度每节 5m,并设置劲性骨架来作为绑扎钢筋和固定模板用,为防止混凝土浇筑过程中,随着高度的增加,对塔底产生过大的拉应力。在高程+27.8m 设置 4 根 5 束的钢绞线作为临时拉杆,每根施加 600kN 的力。图 4 为下塔柱施工现场。

主塔下横梁上半部为现浇箱梁,形成了塔梁固结,混凝土为 C50。采用 ϕ820mm×12mm 钢管支架施工,在下塔柱两肢内侧施工时预埋牛腿和钢管立在实心段上形成三个支点,在支点上架设贝雷梁形成支架(图 5)。横梁根据结构的形式分三次浇筑成型(图 6、图 7)。

图 4 下塔柱施工现场

图 5 下横梁施工支架形式

中上塔柱施工时采用液压自爬模施工,每节浇筑高度 4.5m 一节。施工时设置劲性骨架,用于承受塔柱竖向钢筋、锚管及模板的安装,并在施工过程中设置三道横撑,高程分别为+71.122m、+84.622m、+98.122m,进行对顶。在索塔施工中,下塔柱布置一台 SCX100 型垂直电梯,在下塔柱顶部两侧安装两台 SCX100 型斜爬电梯施工,塔柱施工布置一台 160 型塔式吊机起重。

4. 现浇箱梁施工

主桥主跨 41m 及边跨 180m 长的预应力混凝土箱梁为单箱三室结构,混凝土方量共 8 164m^3。采用现浇支架施工,共分 20 个节段进行施工,标准节段浇筑长度为 12m,每节段分两层进行浇筑(图 8、图 9)。

图6　下横梁施工现场

图7　中上塔柱施工现场

图8　现浇箱梁支架施工

图9　现浇箱梁施工

5. 钢箱梁的制造与安装

钢箱梁总长296.75m，梁全宽38m，顶面宽36m，梁高3.3m。总节段数为20节，其中标准梁段共16节，长16m，节段吊装重量约269t。斜拉索在钢箱梁上的锚固采用锚拉板结构形式。M1～M17梁段及合龙段M18，均采用步履式架桥机吊装；结合段和M19梁段采用搭设支架，利用大型浮吊进行吊装(图10)。

图10　首轮钢箱梁拼装完毕下胎架

6. 斜拉索的制作与安装

斜拉索呈不对称布置，全桥共42对斜拉索。钢箱梁上斜拉索索距16m，混凝土箱梁上斜拉索索距8m，采用塑包平行钢丝束。钢丝采用ϕ7镀锌高强钢丝，其抗拉强度标准值为1 670MPa。护套采用双层，内层为黑色高密度聚乙烯，外层为彩色高密度聚乙烯。全桥拉索共分为109×ϕ7、139×ϕ7、187×ϕ7、211×ϕ7、241×ϕ7、283×ϕ7、301×ϕ7共七种类型。斜拉索的安装利用在塔柱上的预埋件及箱梁上的卷扬机将斜拉索拉到相应的位置，再进行调索。

三、南引桥施工

1. 基础及下部构造施工

南引桥桩基直径为ϕ150～ϕ180cm，均位于岸上，采用普通的8t冲机进行钻孔。承台直接开挖，安装钢筋、模板、浇筑混凝土。墩身采用搭设支架翻模施工(图 11)。盖梁采用在墩身上预埋贝雷片阴头,安装贝雷梁作为支架进行施工(图 12)。

图 11　南引桥墩身施工现场

图 12　盖梁施工现场

2. 上部构造施工

南引桥全长 805m,为(3×(4×30))+(25+2×30)+(3×(4×30))装配式预应力混凝土梁,先简支后连续小箱梁,共 27 孔,270 片梁,其中 26 孔 30m 小箱梁 260 片、1 孔 25m 小箱梁 10 片,采用预制吊装的施工方法施工。

由于受场地施工条件的影响,现场将预制场放在桥面上预制,先在前面 4 孔采用搭设支架现浇和横移,待 4 孔完成后在桥面上布置预制场,预制场设置 10 个台座和 4 台 50kN 的龙门吊进行施工。其安装采用架桥机逐孔安装。

四、结　语

东沙特大桥已开工有一年多,桩基已完成的 120 根,桩基中经质量监督站检测 I 类桩比例占 91.7%,II 类桩比例占 8.3%,无 III 类桩出现。塔柱已施工 140m,南引桥已施工完 10 个墩,现浇箱梁已施工 42m,结构混凝土外观质量较好,混凝土强度满足设计要求。

93. C70 高性能混凝土施工设备选型及配合比设计

杨东辉　谢伟英　王钦庭
(广东省长大公路工程有限公司一分公司)

摘　要　随着社会的不断进步,科学技术日新月异,混凝土的资源、施工、使用及性能要求不断提高,桥梁工程的高性能混凝土应用所占比重正逐渐增大;在海港工程结构推广应用高性能混凝土具有重大技术、经济意义。本文介绍了长来大桥 25mT 梁高性能混凝土配合比的设计、优化及实施。

关键词　高性能混凝土　配合比　设计

一、概　述

乐昌市长来大桥抢险重建工程为广东省交通厅 C70 高性能混凝土研制依托项目,位于广东韶关市乐昌城郊长来镇,桥孔跨径布置采用 12 孔 25mT 梁,结构简支,桥面连续结构。横向布置只设双向 2 车道及防撞护栏,桥宽采用 8.3m,纵坡不大于 3%。靠近桥台 2 个边跨采用 C70 混凝土 T 梁,其余跨采用 C40 混凝土 T 梁。下部结构采用柱桩结构形式。全桥合计 25mT 梁 48 片,混凝土方量约 1 037m^3,其中 C70 混凝土 T 梁 8 片,梁高 160cm,C40 混凝土 T 梁 40 片,梁高 175cm。

目前桥梁工程使用的预应力混凝土材料强度等级普遍不高。根据《高效预应力混凝土梁在公路桥梁的应用技术研究项目计划书》的要求，需要对项目使用的HPC材料进行全面系统的试验研究。由于HPC材料需要研究的性能很多，本文主要介绍HPC配合比的设计、优化及实施。

二、HPC配合比的确定与优化

研究表明，高强度混凝土的强度等级超过C60时，尽管此时水灰比W/C对强度非常敏感，但已经没有像普通混凝土中那样有强度与W/C之间的直接对应关系，所以目前普遍采用的配合比设计方法不适用于高强度的混凝土。高强混凝土的配合比必须通过试验确定。从目前掌握的情况看，可以采用以下四种方法：

(1)经验结合试验确定配合比。这种方法的优点在于可以利用现有的研究资料，通过试验调整后确定配合比；缺点是针对性不强，有较大的盲目性，试验工作量很大，而且缺乏理论支持。

(2)改进鲍罗米公式法。即在常规混凝土配合比设计所依据的鲍罗米公式中，引入修正因子对其进行修正后使用。这种方法的优点在于有足够的理论支持，一旦修正因子确定后简单易行；缺点是目前尚无能普遍应用的修正因子可供参考，需要通过大量的基础研究确定，试验工作量和资金投入量都很大。

(3)正交试验法。通过正交试验确定混凝土的配合比。这种方法的优点在于依据数理统计学原理，通过正交试验法，根据有限组因素与水平搭配的试验结果即可确定配合比，而且通过正交试验有可能找出最优组合，有充分的理论依据；缺点是当考虑的因素和水平较多时，试验工作量很大，而且找出的最优组合必须通过再次试配验证，试验周期较长。

(4)基于最佳浆骨比的方法确定混凝土的配合比。这种方法的优点在于对大多数混凝土材料而言，最佳浆骨比基本维持不变(根据国际混凝土材料权威P. K. Mehta等的研究)，可以直接参考前人的研究成果，只需要确定骨料、掺合料、外加剂的相关指标，即可求得配合比，通过试验确认即可，试验工作量较小，周期较短；缺点是国内目前较少开展，可供参考的资料不多。

综合考虑，以(4)法为优，故本文介绍采用基于最佳浆骨比的方法确定混凝土的配合比，并通过试验进行验证和优化。

1. HPC材料配合比设计与选择

按ACI211方法确定基准混凝土配合比(1号)后，以10%、15%、20%三个粉煤灰取代率超量取代部分水泥(2～4号)，所得结果如下表1。选择满足配制强度要求且水泥用量最小的3号配合比为继续试验的配合比。

配合比的设计与选择　　表1

单位用量与性能＼序号	1	2	3	4
水泥(kg/m^3)	580	522	493	464
粉煤灰(kg/m^3)	0	70	104	139
砂(kg/m^3)	556	526	511	496
大石(kg/m^3)	746	746	746	746
小石(kg/m^3)	401	401	401	401
水(kg/m^3)	167	167	167	167
外加剂(kg/m^3)	5.8	5.22	4.93	4.64
坍落度(mm)	220	215	210	230
扩展度(mm)	675	650	645	635
1d强度(MPa)	28.0	23.1	24.6	22.2
3d强度(MPa)	70.7	66.6	59.7	59.6
7d强度(MPa)	81.6	75.1	71.0	71.6
28d强度(MPa)	92.9	88.4	82.3	79.0

2. 选定配合比试验的结果

按3号配合比重复进行了6次试配，对其28d抗压强度进行重复验证，结果列于表2。

重复性验证的试验结果 表 2

序　号	1	2	3	4	5	6
28d 抗压强度(MPa)	80.0	80.0	80.4	85.5	82.5	80.0

由表 2 可见，所有 6 次试配结果均大于配制强度，符合 JGJ 55—2000 的有关规定，该配合比可以使用。

三、主要力学性能试验结果

主要力学性能试验结果列于下表 3。

主要力学性能试验结果 表 3

指标 \ 龄期	1d	3d	7d	28d
抗压强度(MPa)	24.6	59.7	71.0	82.3
抗折强度(MPa)	2.86	5.05	5.85	6.26
轴心抗压强度(MPa)	19.9	37.0	48.4	64.1
抗压弹性模量($\times 10^4$ MPa)	—	—	—	7.29

四、尺寸换算系数

同时成型了 15cm×15cm×15cm 及 10cm×10cm×10cm 立方体试件，不同规格试件的 28d 抗压强度结果汇总列于下表 4。对上述数据进行线形回归，求得的尺寸换算系数为 0.94，相关系数为 0.936。

不同规格试件 28d 抗压强度 表 4

序　号		1	2	3	4	5	6
抗压强度(MPa)	15cm×15cm×15cm	80.0	80.0	80.4	85.5	82.5	80.0
	10cm×10cm×10cm(未换算)	86.5	85.7	84.8	90.3	87.3	85.0

五、结　语

经过试验室以上配合比分析、试验，在整个 T 梁施工过程中，混凝土和易性、工作性能良好，在泵送过程中没有因混凝土质量而引起的堵管，混凝土硬化后没有发生因水化热和温差引起的裂缝。在施工过程中项目部试验室随机抽取试件共 24 组，28 天平均强度为 80.46MPa，监理强制抽取 8 组试件，28 天强度为 80.5MPa，满足强度要求，为大体积高性能混凝土配合比设计和施工积累了经验，为公司创造了良好的社会效益和经济效益。

94. 杭州湾跨海大桥北航道桥钢箱梁安装技术

陈儒发　杨自军　宋玲敏
(广东省长大公路工程有限公司)

摘　要　杭州湾跨海大桥北航道桥为五跨连续半飘浮体系钢箱梁斜拉桥，本文介绍北航道桥钢箱梁安装工艺。

关键词　杭州湾跨海大桥　北航道桥　钢箱梁　安装工艺

一、概　况

杭州湾跨海大桥北航道桥为五跨连续半飘浮体系双塔双索面钢箱梁斜拉桥(图 1)，设计跨径组合为

70＋160＋448＋160＋70＝908m。

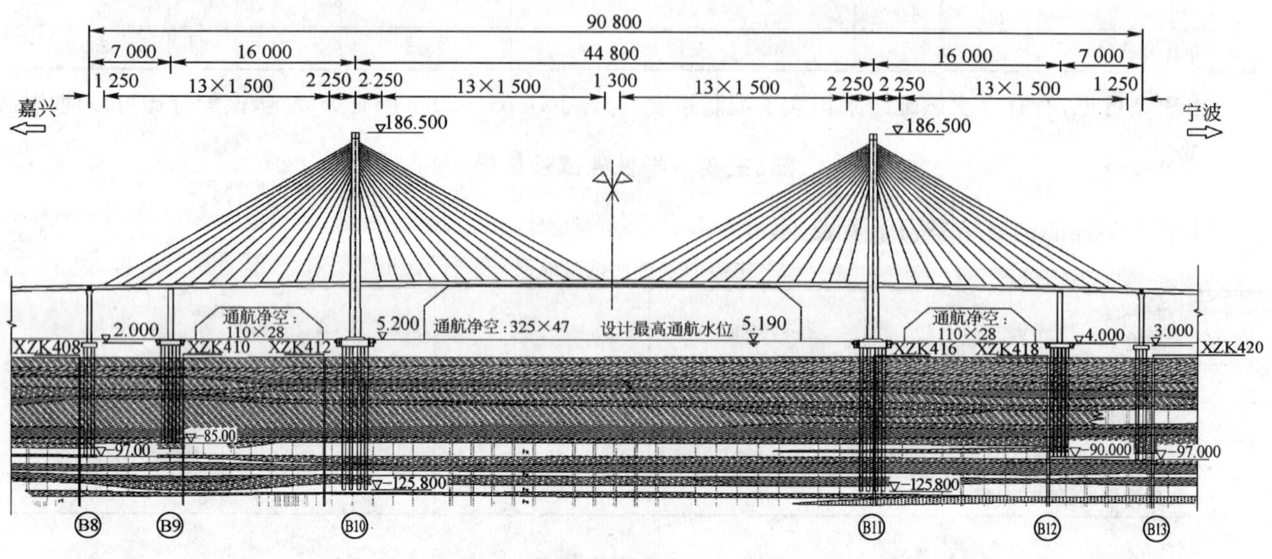

图1 北航道桥桥型布置图(尺寸单位:cm)

主梁为栓焊流线形扁平钢箱梁(图2),梁高3.5m(中心线),钢箱梁横隔板标准间距3.75m,钢箱梁内设置两道中纵腹板,其距钢箱梁中心线间距为8.50m。

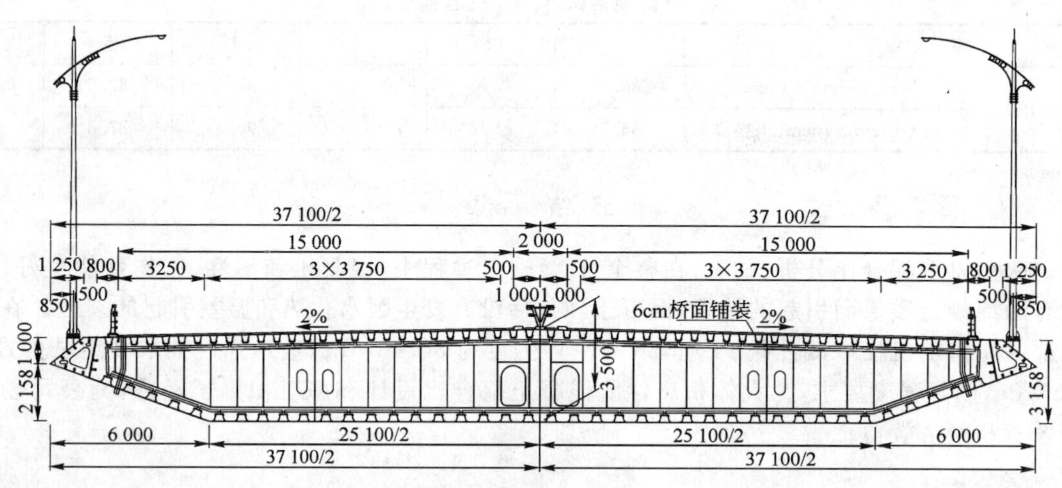

图2 钢箱梁(尺寸单位:mm)

全桥主梁钢箱梁划分为九类(A～I)67个梁段进行架设安装。A梁段48个,梁段长15m,最大吊装重力约3 042kN;B梁段4个,梁段长15m,吊装重力约2 603kN;C梁段4个,梁段长8.75m,吊装重力约1 656kN;D梁段2个,梁段长6.5m,吊装重力约2 060kN;E梁段2个,为边跨合龙段,梁段长7.5m,吊装重力约1 591kN;F梁段2个,梁段长8.75m,吊装重力约2 227kN;G梁段2个,梁段长13.75m,吊装重力约2 940kN;H梁段2个,梁段长7.15m,吊装重力约1 683kN;I梁段1个,为中跨合龙段,吊装重力约801kN。

主梁B_8、B_9、B_{10}、B_{11}、B_{12}、B_{13}号墩墩顶节段均采用安装支架或托架,浮吊起吊至支架或托架上,水平滑移就位。其余标准梁段均采用CQ-3200kN步履式桥面吊机吊装。主梁节段间均为现场栓焊连接,即顶板U肋采取高强螺栓栓接,其余均为焊接。

二、钢箱梁安装工艺流程

钢箱梁安装工艺流程为:墩顶块支架搭设→浮吊吊装0号块钢箱梁→安装桥面吊机→对称吊装标准

梁段并安装斜拉索→至辅助墩时完成次边跨合龙→对称吊装标准梁段并安装斜拉索至边墩→完成边跨合龙→中跨合龙。

三、钢箱梁安装工艺

1.墩顶块支架设计

主塔横梁顶钢箱梁0号块由$C+D+C$三片梁段组成，全长24m，横梁宽8.5m，0号块支架采用落地钢管支架，由4根ϕ1 200mm×δ16mm钢管立柱、ϕ800mm×δ10mm钢管平联、HM588型钢纵梁以及25a工字钢垫梁、不锈钢板及四氟滑板组成的纵横向滑移装置组成，支架支承在塔座上。

辅助墩墩顶块F梁段长度仅8.75m，两侧悬臂长度不大，故设计采用悬臂托架式支架。支架以焊接在墩身预埋钢板上的双拼45a工字钢牛腿作为下支撑点，牛腿顶面设HM588型钢横梁，横梁上设2根间距为90cmHM588型钢纵梁，纵梁靠近墩身端焊接固定在墩顶预埋件上。纵梁上同样设25a工字钢垫梁，垫梁以上为滑板支座系统。

边墩墩顶块H梁段长7.15m，向主塔侧悬臂伸出，支架采用钢桁架式托架，悬臂托架与墩身预埋件焊接固定。桁架上弦杆件采用双拼45a工字钢，下弦杆及斜撑采用双拼25a工字钢，支架垫梁及滑移装置的设置同辅助墩墩顶支架。

2.墩顶块钢箱梁安装

墩顶块钢箱梁采用浮吊吊装，根据浮吊吊装桥面吊机的起吊高度，选择“稳强3号”13 000kN浮吊，单个主钩最大起吊高度为73m，吊重650t；副钩最大起吊高度为78m，吊重200t。根据墩顶块各种梁段吊装需要，设计专用吊架，吊点可根据梁段需要调节。

0号块先吊装D梁段就位，精确调整好平面位置及高程，安装并张拉临时固结装置，然后吊装C梁段与D梁段两端对接。梁段横移及纵移采用手拉葫芦及千斤顶。

辅助墩及边墩墩顶块钢箱梁吊装前，首先测量调整支架临时支点高程，然后浮吊吊装钢箱梁落梁于托架上，用手拉葫芦临时固定，待次边跨及边跨合龙时再进行精确调整。

3.标准段钢箱梁安装

标准段钢箱梁采用CQ-3200kN步履式桥面吊机吊装，吊机前三角长12.45m，后三角长15m，高8m，宽17m，总重约120t。桥面吊机在码头拼装完毕，利用“稳强3号”浮吊整体吊装上桥面并进行1.3倍超载试吊。受0号块长度影响，一次只能吊装一台桥面吊机，待吊机吊装同侧1号梁段到位完成连接并张拉斜拉索后，吊机前移至距梁端75cm处，才能吊装另一侧桥面吊机并安装同侧1号梁段(图3)。

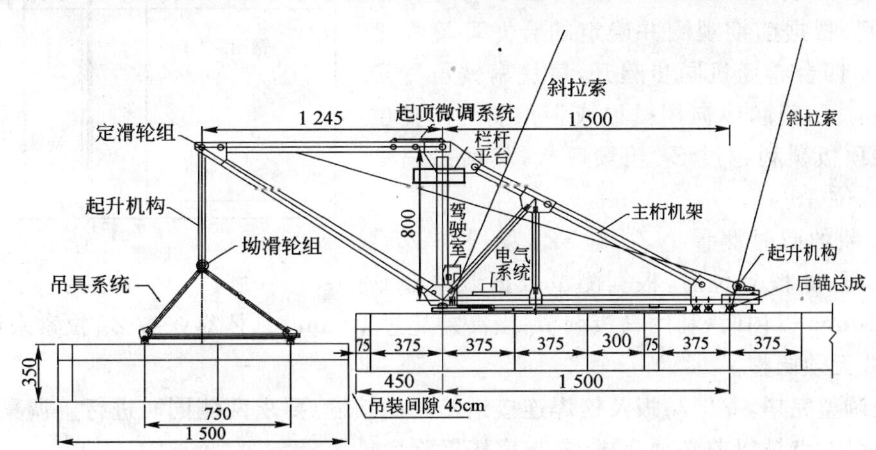

图3 步履式架梁机吊装钢箱梁侧面示意图(尺寸单位:cm)

从2号块钢箱梁开始，驳船浮运钢箱梁定位，主、边跨两侧架梁机同步、对称采用四点起吊钢箱梁安装。从B_2/Z_2号索开始，架梁机起吊B_i/Z_i梁段就位，调整梁段斜率，与B_{i-1}/Z_{i-1}梁段临时连接，精确调整相邻梁段间缝宽至设计值，完成全截面焊接，第一次张拉 B_i/Z_i 索；向前架梁机就位，起吊 B_{i+1}/Z_{i+1} 梁段，完成临时连接，第二次张拉 B_i/Z_i 索。依次循环进行 A、G 类梁段安装。

由于杭州湾水域潮大流急，钢箱梁吊装选择在高平潮时运梁船舶就位。为了确保大桥在6月底台风来临之前实现合龙，施工期间通过采用定位船的方法，保证梁船随到随吊。

4. 钢箱梁合龙段施工

选择温差较小、风速较小的时段，宜选在夜晚7～8时，架梁机起吊次边跨合龙段 BH_1 梁段就位，与前一梁段 B_9 临时连接，根据监控指令测量并调整合拢块前段高程，调整完毕立即马板进行栓焊连接。测量组连夜测量 BH_1 与 B_{10} 梁段理论连接面的里程，每隔3小时测一次，直到凌晨5点钟，最终由监控小组确定裁剪的点位，不少于5个点，并用油漆标记在箱梁顶板上。

白天按测量点位画线裁剪 BH_1 钢箱梁背塔侧，裁剪完毕，将 B_{10} 梁段向 BH_1 梁段移动，保持间距约10cm。夜间8～9时，环境温度相对稳定，再次测量 B_{10} 梁段与 BH_1 梁段接口高差，通过 B_9 箱梁斜拉索张拉来调整，达到合龙的目的。高程及轴线调整完毕，将 B_{10} 梁段纵移到位，保证接缝宽度6～8mm，立即马板并进行栓焊连接。

次边跨合龙段安装完毕，安装 Z_{10} 梁段，同时安装辅助墩墩顶块箱梁配重块，并安装斜拉索，在 B_{10} 拉索张拉前完成压重块安装。

边跨合龙块施工工艺与次边跨合龙工艺相同，但边跨合龙块钢箱梁不需裁剪。

中跨合龙段施工时，由于钢箱梁安装期间相邻两天温差基本相近，合龙前一天选择温差较小、相对稳定的时段多次（每3小时1次）精确测量钢箱梁悬臂端 NZ_{14}、SZ_{14} 梁段之间的距离，测量时间选在夜间10时至凌晨5时，根据该长度在运梁船上将 ZH_1 梁段两侧对称进行二次下料切割，裁剪时每端面需比理论计算合龙长度下短1cm以方便对接，下料切割要求切口平顺以利对接合龙。

为使合龙段钢箱梁顺利进入接口，在 SZ_{14}、NZ_{14} 梁段两接口处钢箱梁纵腹板端部用规格为55mm（宽）×5mm（厚）的扁铁作导向，扁铁焊接固定在中腹板上，上、下端伸出梁顶、底板约15cm，并背向接缝处弯成10°角。为减小滑动的摩擦阻力，在扁铁表面抹上黄油，防止钢箱梁端口碰撞变形。

斜拉索张拉千斤顶在中跨14号索位置做好准备工作。

准备工作就绪，ZH_1 梁段运输抛锚就位，海事部门对桥位上下游进行监护，暂时封航。两台桥面吊机同时下放吊架，与 ZH_1 梁段吊耳连接，缓慢起吊钢箱梁，起吊时间选在白天，要求风力不得超过5级。

两台桥面吊机同步起吊 ZH_1 梁段，当 ZH_1 梁段顶部接近 $N(S)Z_{14}$ 梁底时，保持高差约50cm，调整好 ZH_1 梁段（水平），等到夜间，根据前期观测并确定的合龙环境温度下（不超过25℃），四台卷扬机同步起升，每块扁铁位置安排2人观察箱梁有无碰撞，纵向用撬棍或手拉葫芦调整位置，直到 ZH_1 梁顶板顺利越过 Z_{14} 箱梁底板，然后沿扁铁向上滑动，最终就位（图4）。

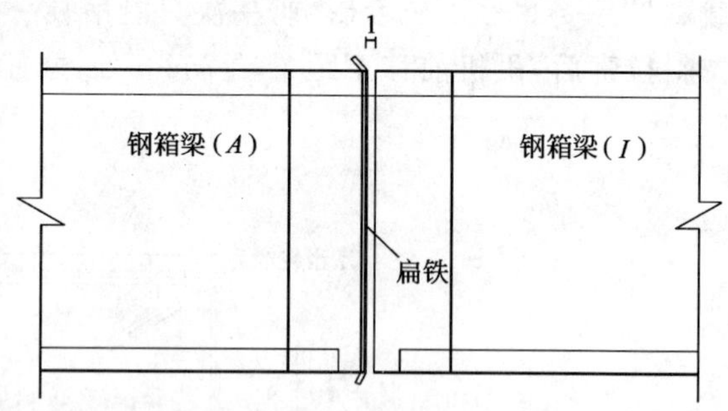

图4　ZH_1 梁段吊装时导向示意图

ZH_1 梁段吊装的同时测量 NZ_{14} 和 SZ_{14} 梁段与 ZH_1 梁接口处高程，ZH_1 梁段到位后，根据测量数据调整合龙高程，当高差在10mm以内时，利用马板调节；当高差超过10mm时，依靠张拉 Z_{14} 拉索来调节。由于轴线相对偏差很小，故无须调整。

线形及高程调整完毕，立即马板及栓焊连接钢箱两侧接缝，要求两侧同时进行。调梁、马板及环缝焊接工作要求在凌晨6点钟以前必须完成，马板完毕拆除扁铁。

ZH_1 两侧接口环缝焊接完毕，立即安装好主塔横梁处竖向支座螺栓并解除钢箱梁索塔处的临时约束，第二次张拉 B_{14}、Z_{14} 号索，然后进行 BH_2、B_{11} 号梁段永久压重块安装施工。横向抗风支座、纵横向阻尼限位装置安装在中跨合龙前完成，最后拆除架梁机（图5）。

图 5 中跨合龙段吊装

5. 钢箱梁安装施工控制

施工控制主要以控制主梁高程、控制截面弯矩和斜拉索索力为主，优化调整也就以这三个因素建立控制目标函数（和约束条件），通过设计参数误差对桥梁变形和受力的影响分析，应用优化方法调整本梁段与未来梁段的安装索力以及未来梁段的安装高程，使成桥状态最大限度地接近理想设计成桥状态，并且保证施工过程中受力安全，必要时还可对已施工梁段的索力进行调整。

北航道桥钢箱梁通过以上施工控制方法，合龙后轴线偏差为 8mm，索力无须进行二次调整。

四、结　语

杭州湾跨海大桥北航道桥钢箱梁安装工艺的成功应用，为今后其他同类桥梁施工提供借鉴。结合北航道桥钢箱梁安装工艺总结以下几点：

(1)墩顶块钢箱梁支架结构简洁，材料用量少，安装及拆卸简单。

(2)钢箱梁的工地连接采用栓焊连接，即顶板 U 肋采用高强螺栓连接，其余的工地连接均采用焊接，避免现场的仰焊及减少焊接工作量，便于确保焊接的质量及缩短工期。北航道桥标准段钢箱梁一般情况下每节段安装周期为 96 小时，使用了定位船舶以后部分节段安装周期甚至缩短到 72 小时，效率非常高。

(3)在施工监控过程中斜拉索采用无应力长度及钢箱梁焊接时的顶、底板缝宽来控制钢箱梁的线形及应力，避免了多次张拉、调索的方案，简化施工、缩短工期。

(4)为方便钢箱梁制作及运输管理，节约工期，建议钢箱梁制造工厂应就近为宜。

95. 苏通大桥超高索塔施工几何测量控制技术

张　鸿　刘金平
（中交二航局第二工程有限公司）

摘　要　苏通大桥索塔是目前已建成的世界最高索塔。本文介绍苏通大桥超高索塔施工几何测量技术、测量方法，其重点介绍索塔外形几何测量、拉索套管精密几何测量以及钢锚箱安装几何测量等。

关键词　苏通大桥　索塔　全站仪　水准仪　几何测量　三维坐标　高程

一、概　述

1. 工程概况

苏通大桥桥位区的江面宽度约 6km，主跨跨度 1 088m，南北主桥墩、辅助墩以及过渡墩位于江中，距离两岸江堤达2～3km。索塔采用倒Y形，塔高300.4m(承台以上)，由上塔柱(包含上、中塔柱连接段)、中塔柱(包含中、下塔柱连接段)、下塔柱和下横梁组成，其中上塔柱锚固区采用钢—混凝土结构。除上塔柱30.859m为曲线变化段外，其余均为直线变化段。塔柱外侧设有宽2.40m、深0.20m的装饰性凹槽，塔柱外侧均设1.50m×0.50m的倒角。索塔一般构造示意图见图1。

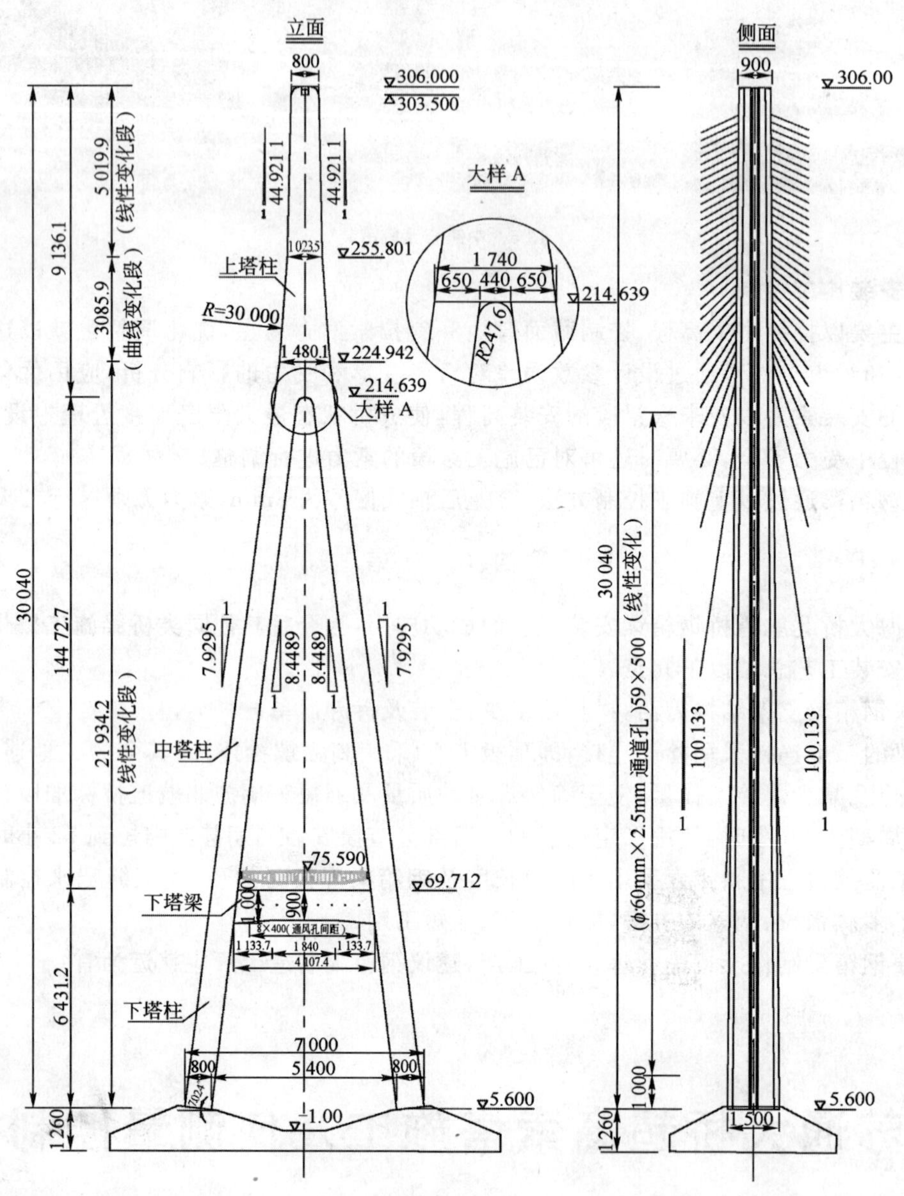

图1 索塔一般构造示意图(尺寸单位:cm)

2. 工程几何测量特点

(1)索塔高，观测仰角大，常规光电全站仪无法快速、精确照准目标。

(2)自然条件差，天气影响较大，有雾天气较多，夜间以及高空作业难度大，需要采用带有自动跟踪、照准、锁定棱镜功能的全站仪。

(3)施工环境和干扰严重，大气折光变化异常，需要进行主桥区域大气折光研究。

(4)首级控制点离索塔较远，几何测量加密控制网布置困难；施工加密控制点布置在承台与钢套箱上，点位易变形，需要经常检测。

(5)风振、温差、日照等引起的索塔全天变形较大，需要对追踪棱镜和索塔监测棱镜的观测值，在索塔施工几何测量时进行实时修正。

(6)工期紧,几何测量精度要求高,索塔变形监测数据量大,需要采用全站仪自动监测、记录机载软件,实现全天候索塔几何测量。

(7)索塔几何测量是在充分发挥常规测量方法基础上,引进现代测绘新技术,综合应用、互为补充,目的是确保世界一流的苏通大桥索塔施工的质量和工期。

二、几何测量主要技术、方法

1. 测量机器人——Leica TCA2003 全站仪三维坐标技术

TCA2003 全站仪带有自动跟踪、照准、锁定棱镜测量功能,ATR 帮助搜索目标,即使在黑夜同样可以进行施工几何测量等工作。LeicaTCA2003 全站仪主要精度指标:

(1)测角:标称精度±0.5″;

(2)测距:标称精度±($1mm+10^{-6}\cdot D$)。

2. GPS 全球卫星定位控制技术

全球卫星定位系统(GPS)先进技术,能克服传统的常规光电测量的作业限制,避免传统的常规光电测量手段对索塔施工几何控制测量的不利因素和影响。索塔施工 GPS 卫星定位基准站布置示意图见图 2。Leica SR530 GPS 主要精度指标:

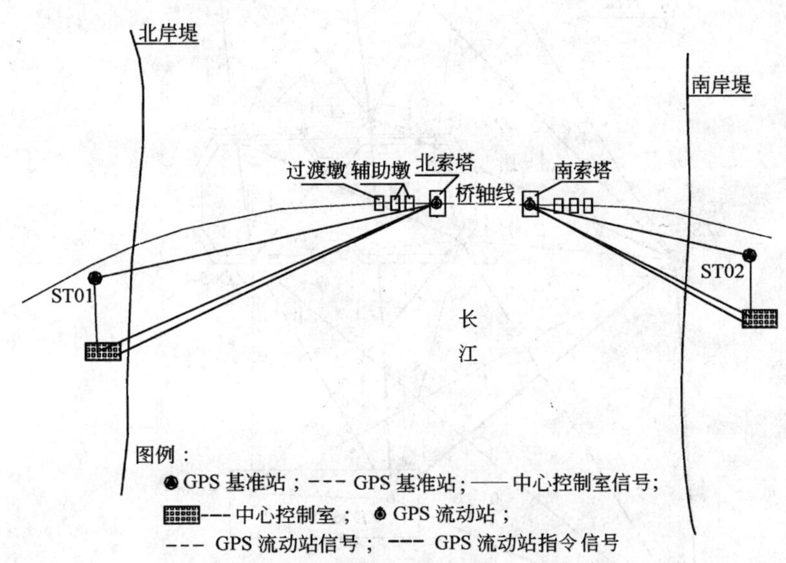

图 2 索塔施工 GPS 卫星定位基准站布置示意图

(1)静态及长基线测量:$3mm+0.5\times10^{-6}D$;

(2)实时静态基线:$5mm+2.0\times10^{-6}D$;

(3)准动态及动态测量:$10mm+1.0\times10^{-6}D$;

(4)实时动态测量(RTK):$10mm+2.0\times10^{-6}D$;

(5)RTK 测程长:标称距离 30km。

3. 电子精密水准仪电子测量技术

高程几何控制测量采用蔡司 DiNi12 电子精密水准仪电子测量法。DiNi12 电子精密水准仪主要精度指标:±0.7mm/km。

三、几何测量加密控制网

1. 加密控制网点建立

根据苏通大桥索塔施工几何测量需要,结合施工工艺及现场情况,按《工程测量规范》有关要求,合理布置加密控制网点。加密控制网点布置于主墩、辅助墩。施工加密控制网点布置示意图见图3。为保证几何测量精度及质量，建立观测墩，设立全站仪强制对中装置，并建立观测房。

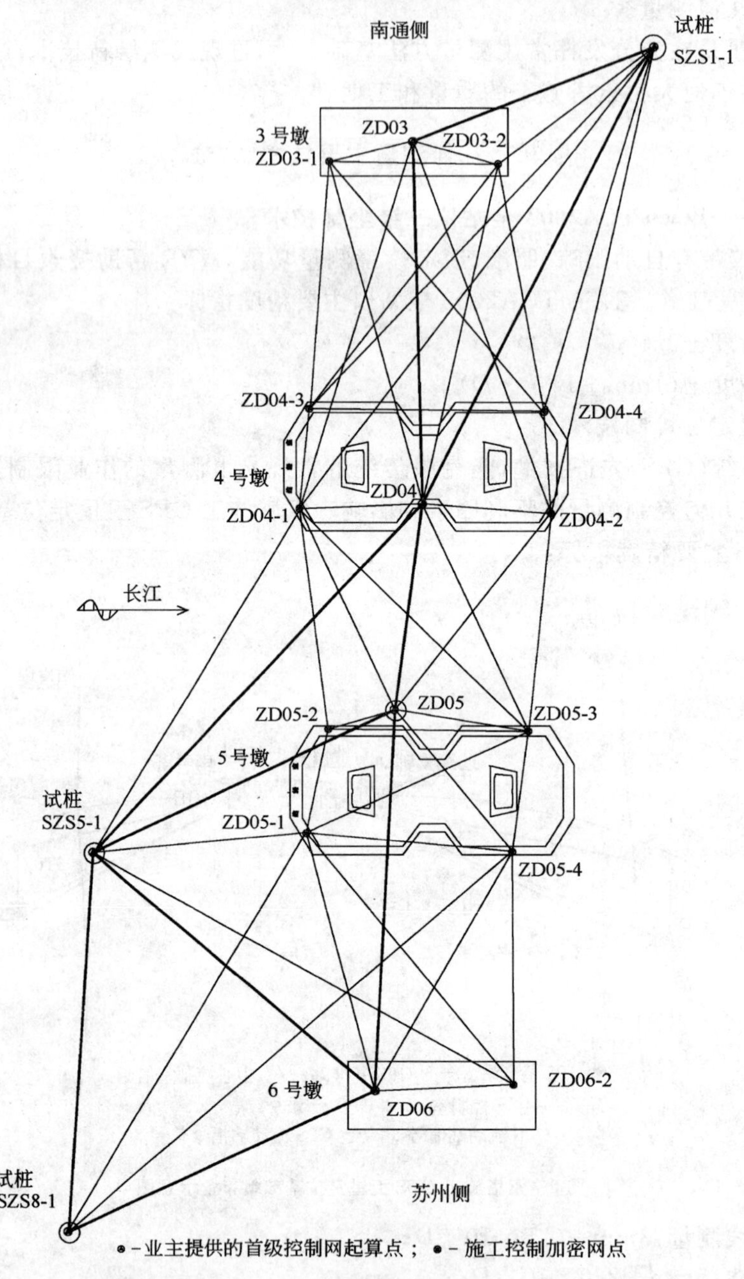

图3 施工加密控制网点布置示意图

2. 加密控制网测量及平差计算

(1)加密控制网测量采用徕卡TCA2003全站仪，按《工程测量规范》三等边角网的主要技术要求进行施测。

(2)高程加密控制网采用徕卡TCA2003全站仪，按《工程测量规范》三等三角高程的主要技术要求进行各墩间三角高程对向观测；采用蔡司DiNi12电子精密水准仪电子测量法，按《工程测量规范》二等水准的主要技术要求进行墩上近距离高程施测。

(3)采用河海大学研制的《一、二、三维网平差计算与统计检验软件》进行严密平差计算，同时采用《清华三维控制网平差计算软件》进行校核。

3. 首级控制网和施工加密控制网检测

随着工程不断地进展，在施工过程中定期或不定期对首级控制网和施工加密控制网中全部或部分网点进行检测，两次检测时间不超过半年，检测精度同原测精度。

四、索塔施工几何测量控制

1. 索塔几何测量控制主要技术要求

①塔柱倾斜度误差不大于塔高的 1/3 000，且不大于 30mm；

②塔柱轴线偏差±10mm，断面尺寸偏差±20mm；

③斜拉索锚固点轴线偏差±10mm，高程偏差±10mm；

④钢锚箱轴线偏差±10mm，高程偏差±10mm；

⑤拉索套管(孔道)偏差(X，Y，Z)±10mm，且两端同向；

⑥首节钢锚箱轴线偏差±5mm，高程绝对偏差±5mm，顶面相对高差±0.8mm。

2. 高程基准传递

由承台上的高程基准向上传递至塔身以及塔顶，其传递方法以全站仪精密天顶测距法和全站仪悬高测量为主，以水准仪钢尺量距法校核。

高程基准传递至索塔上工作基点后，进行温度修正，其修正公式为：

$$\Delta E = (20° - T) \times 2.56\text{mm}$$

式中：T——索塔混凝土温度；

ΔE——修正量。

(1)全站仪精密天顶测距法

首先将已知水准基点高程传递到全站仪中心，然后采用全站仪(配弯管目镜)垂直测量传高点至棱镜之距离，得出高差，最后采用水准仪将棱镜高程传递至塔身、塔顶等。在全站仪铅垂方向测距时，同时精确测定各气象元素，以进行气象参数改正，从而实现精密高程传递。全站仪精密天顶测距法传递高程示意图见图 4。

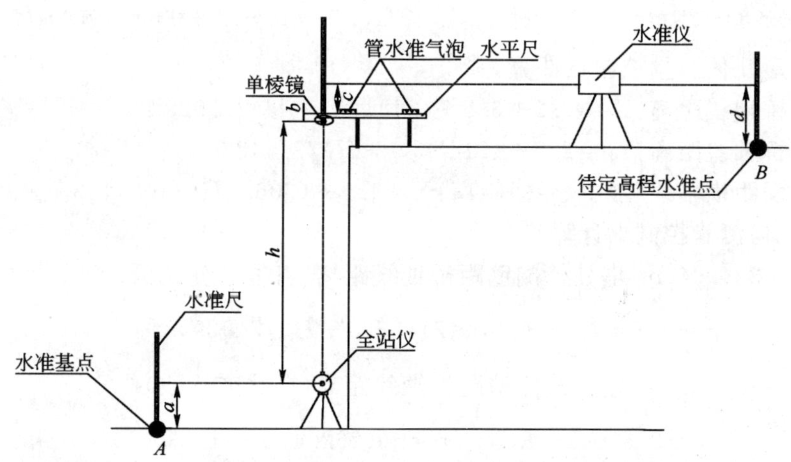

图 4 全站仪精密天顶测距法传递高程示意图

(2)全站仪悬高测量

该法采用 TCA2003 全站仪三角高程测量承台上水准点(已知高程)至索塔上工作基点(待定高程)之高差。

(3)水准仪钢尺量距法

该法首先将检定钢尺悬挂在固定架上，测量检定钢尺温度，下挂一与检定钢尺检定时拉力相等的重锤，然后由上、下水准仪的水准尺读数及钢尺读数，通过检定钢尺求得的尺长方程式求出检定钢尺丈量时的实际长度，最后通过已知高程水准点与待定高程水准点的高差计算待定水准点高程。设检定所得尺长方程式为

$$l_s = l_m + \Delta l_l + \alpha \cdot l_m(t - 20℃)$$

式中：l_s——钢尺实际长度；

l_m——钢尺标称长度；

Δl_l——尺长改正数；

α——钢的温度系数，一般取 1.25×10^{-5}m/m·℃；

t——测量时的现场温度。

3. 索塔外形特征轮廓点及轴线点计算

根据施工设计图纸，建立数学模型，编制数据处理程序，计算塔柱截面特征轮廓点及轴线点三维坐标。中、下塔柱外形几何测量测点布置示意图见图5，上塔柱外型几何测量测点布置示意图见图6。

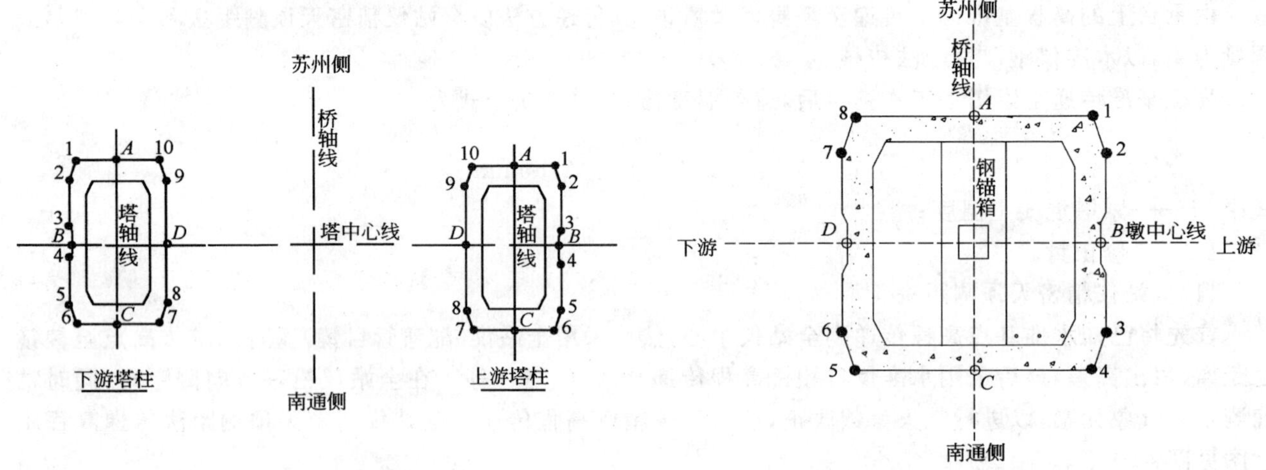

图5 中、下塔柱外形几何测量测点布置示意图

图6 上塔柱外形几何测量测点布置示意图

(1)中、下塔柱外形几何测量控制点计算

①塔柱外侧壁距桥轴线距离：$Y_1=2.2+6.5+(214.639-H)/7.929\,5$

②塔柱内侧壁距桥轴线距离：$Y_2=2.2+(214.639-H)/8.448\,9$

③塔柱南(北)侧面距横轴线(墩中心线)距离：$X=4.5+(306-H)/100.133$

(2)上塔柱外型几何测量控制点计算

①H 为214.639～224.942m，塔柱外侧壁距桥轴线距离(直线性变化段)

$$Y=2.2+6.5+(214.639-H)/7.929\,5$$

②H 为224.942～255.801m，塔柱外侧壁距桥轴线距离(曲线变化段)

$$Y=305.043-R\cos(\arcsin((262.478-H)/300))$$

③H 为255.801～306m，塔柱外侧壁距桥轴线距离(直线性变化段)

$$Y=4+(306-H)/44.921\,1$$

④塔柱南(北)侧面距横轴线(墩中心线)距离

$$X=4.5+(306-H)/100.133$$

4. 索塔几何测量控制

索塔施工首先进行劲性骨架定位，然后进行塔柱钢筋主筋边框架线放样，最后进行塔柱截面轴线点、

特征轮廓点模板检查定位。其几何测量以 TCA2003 全站仪三维坐标法为主，辅以 GPS 卫星定位测量方法校核。

根据实测索塔特征轮廓点及轴线点高程，计算相应高程处该点设计三维坐标，若实测该点三维坐标与设计三维坐标不符，重新就位模板，调整至设计位置。同时对几何测量点位采用钢尺丈量，边长检核(包括对角线检核)。塔柱壁厚检查采用检定钢尺直接丈量。

(1)下塔柱外型几何测量

根据施工监控计算，下塔柱因风、温差等引起的索塔变形小于 5mm，故下塔柱几何测量采用直接三维坐标法，不需要进行索塔温度、风力等变形修正。下塔柱施工几何测量示意图见图 7。

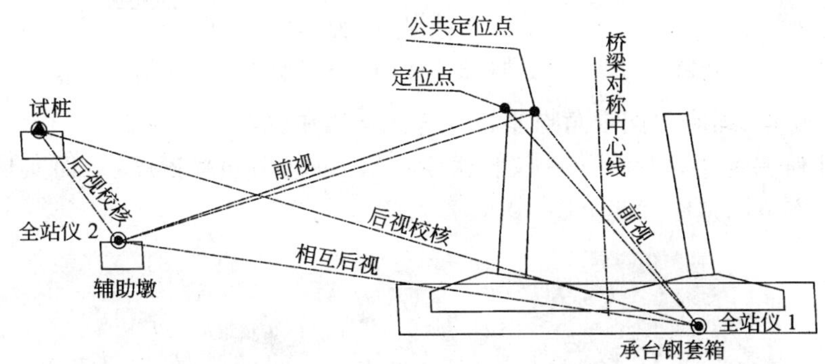

图 7　下塔柱几何测量示意图

(2)中塔柱外型几何测量

根据施工监控计算，中、上塔柱因风、温差等引起的索塔变形大于 5mm，为实现全天候索塔几何测量控制，加快施工进度，中塔柱以上采用观测索塔上布置的监测棱镜(整体线形修正)和爬架上安装的追踪棱镜方法进行索塔温差、风等引起的变形实时修正，从而实现索塔全天候精确几何测量控制。中塔柱追踪棱镜安装位置示意图见图 8。

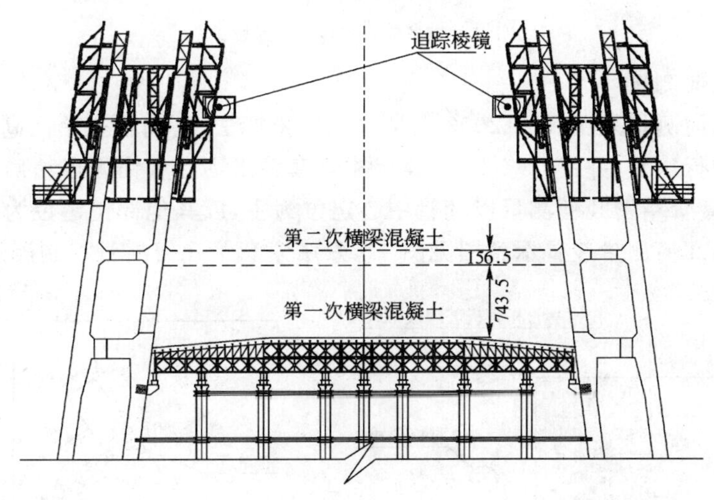

图 8　中塔柱施工追踪棱镜安装位置示意图(尺寸单位:cm)

在中塔柱与上塔柱合龙段，因无法从主墩钢吊箱施工加密控制点观测塔柱外形特征轮廓点，需在塔柱劲性骨架上临时加密控制点(安装棱镜)，通过夜间对棱镜的监测，由施工控制组对临时加密控制点进行温度、气压以及风力等修正，归算到索塔中性状态，再采用相对测量的方法实现全天候塔柱外型几何测量控制。中塔柱与上塔柱合龙段临时加密控制点布置示意图见图 9(南索塔相反布置)。

(3)上塔柱外型几何测量

上塔柱追踪棱镜安装于爬架上游侧和下游侧各一个，同时在钢锚箱顶面安装一个追踪棱镜。其几何测量是通过对追踪棱镜和索塔变形的监测，最终将钢锚箱上追踪棱镜坐标归算到索塔中性状态，并以此

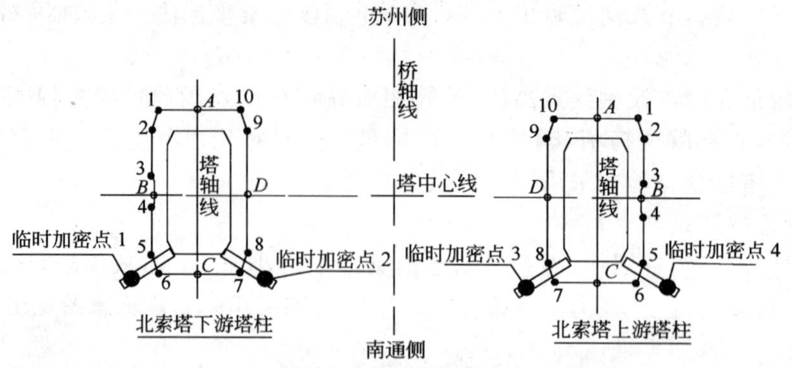

图9 中塔柱与上塔柱合龙段临时加密控制点布置示意图

精确定位钢锚箱四个角点，同时将四个角点坐标换算到索塔中性状态坐标。

在上塔柱外形几何测量中，启用“全站仪自由设站(FreeStation)”程序，从而实现上塔柱全天候外形几何测量。钢锚箱上安装的追踪棱镜见图10。

图10 钢锚箱上安装的追踪棱镜

5. 拉索套管精密几何测量

①拉索套管精密几何测量采用TCA2003全站仪三维坐标法，其高程是单向高程，必须与全站仪精密天顶测距法传递高程进行比较，并进行修正，以确保拉索套管出塔点和锚固点精确定位。

②1号～3号拉索套管精密几何测量以套管中心定位为主，以其他部位定位为辅，并借助自制辅助几何测量装置。自制辅助几何测量装置示意图见图11，索塔索套管几何测量控制测点示意图见图12。

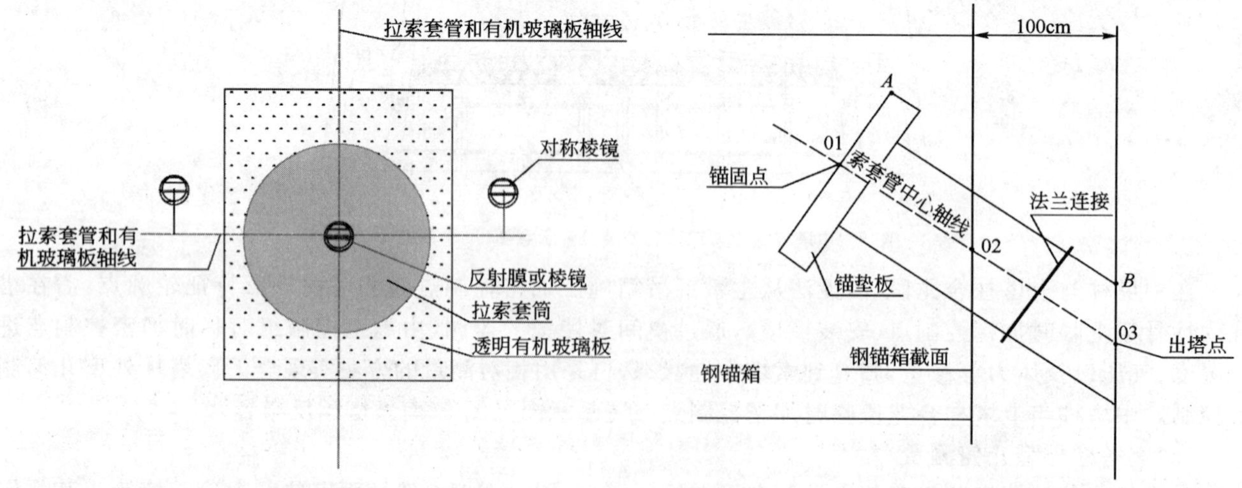

图11 自制辅助几何测量装置示意图

图12 索塔索套管几何测量控制测点示意图

③根据施工监测要求，1 号～3 号斜拉索套管安装前、后须对索塔监测棱镜、追踪棱镜进行监测，并进行斜拉索套管平衡位置几何测量及解算，以确保斜拉索套管中心位置准确。

④测量状态：不同测站几何测量须进行公共点测量（X，Y，Z 较差小于 3mm），同时电梯处于底部（承台处），塔吊停止作业（无吊物），大臂保持平行于桥轴线状态（指向岸侧）。

6. 钢锚箱安装几何测量

（1）钢锚箱安装几何测量方法

钢锚箱安装定位是测量控制难度最大、精度要求最高的部分。钢锚箱安装几何测量以 TCA2003 全站仪三维坐标法为主，以 GPS 卫星定位校核；钢锚箱高程、相对高差以及平整度测量采用电子精密水准仪电子测量，以三角高程测量校核。

（2）钢锚箱及预埋底座安装前检查

钢锚箱及预埋底座吊装之前，对钢锚箱及预埋底座的几何尺寸、高程测量观测点、结构轴线测量控制点、标记等进行检查。

（3）预埋底座及钢锚箱安装几何测量

①预埋钢锚箱底座按图纸设计位置精确测量，浇筑混凝土后，再次对预埋底座平面位置、高程以及平整度等进行测量，并进行钢锚箱轴线和边线的放样。

②钢锚箱安装定位关键是控制中心轴线、高程及平整度，使主塔中心线与钢锚箱结构中心轴线重合，钢锚箱平面位置及高程符合设计及规范要求。

③考虑基础沉降、压缩以及混凝土温差等对索塔高程影响，由施工控制组提供首节钢锚箱安装的预抬值。

④首节钢锚箱用塔吊吊至基座上（承压钢板上标示轴线），先安装定位螺栓，再进行微调，使钢锚箱中心线与预埋底座中心线重合，最后复测钢锚箱平面位置、高程、平整度及倾斜度。

⑤根据施工监控要求，首节钢锚箱安装前、后对索塔监测棱镜、追踪棱镜以及钢锚箱顶临时安装的追踪棱镜进行 24 小时或更长时间的监测（数据采集间隔 30 分钟），采用河海大学研究开发的 TCA2003 全站仪自动跟踪监测软件进行钢锚箱平衡位置测量及解算，以确保钢锚箱安装中心位置准确。

⑥钢锚箱上四个控制点 $T_1 \sim T_4$ 的测量方法：在夜间气温相对稳定条件下，从辅助墩承台上测量钢锚箱上安装的两个追踪棱镜，并由施工控制组归算到中心性状态，然后将全站仪架设于钢锚箱顶部，采用全站仪后方交会程序对两个追踪棱镜进行测量，从而实现钢锚箱精密几何测量。钢锚箱顶面几何测量示意图见图 13。

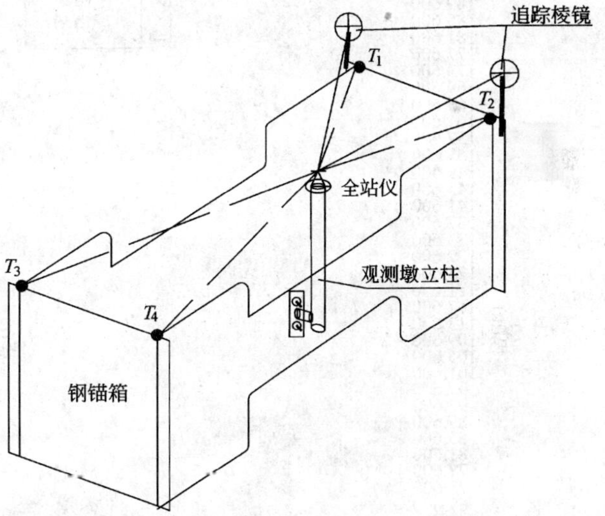

⑦在精确测量钢锚箱时，附在塔肢的塔吊和电梯必须是静止和荷载平衡。

图 13 钢锚箱顶面几何测量示意图

7. 索塔外形几何测量数据统计分析及质量评定

苏通大桥南、北索塔均分为 68 个施工节段，采用几何测量方法进行索塔外形几何测量控制（索塔前 12 个施工节段为几何测量方法试验段），主要控制塔肢轴线、轴线断面几何尺寸以及特征轮廓点。北索塔上游塔肢节段轴线和断面尺寸几何测量结果见图 14，北索塔上塔柱节段轴线和断面尺寸几何测量结果见图 15，北索塔下游塔肢节段轴线和断面尺寸几何测量结果见图 16。北索塔整体施工测量质量情况偏差统计见表 1。

北索塔整体施工测量质量情况偏差统计　　表 1

部　　位	纵向轴线 X			横向轴线 Y			高程 Z		
	目标	实测	偏差	目标	实测	偏差	目标	实测	偏差
	(m)	(m)	(mm)	(m)	(m)	(mm)	(m)	(m)	(mm)
索塔顶	19 456.000	19 456.000	0	0.000	−0.005	−5	305.861	305.864	3
索塔底上游	19 456.000	19 455.999	−1	31.000	30.998	−2	5.600	5.602	2
索塔底下游	19 456.000	19 456.000	0	−31.000	−31.002	−2	5.600	5.602	2
索塔底	19 456.000	19 455.999	−1	0.000	−0.002	−2	5.600	5.602	2
索塔交汇段顶面	19 456.000	19 456.005	5	0.000	−0.003	−3	216.900	—	—
下横梁顶面	19 456.000	19 456.003	3	0.000	−0.003	−3	69.797	69.789	−8
下横梁底面	19 456.000	19 456.000	0	0.000	0.003	3	60.352	60.352	0
钢锚箱顶面	19 456.000	19 455.997	−3	0.000	−0.003	−3	300.158	300.160	2
钢锚箱底面	19 456.000	19 456.004	4	0.000	−0.006	−6	226.552	226.556	4
索塔垂直度	横向	−1/44 550	纵向	1/510 000					
钢锚箱垂直度	横向	1/24 533	纵向	−1/105 15					

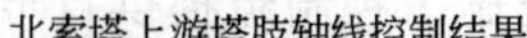

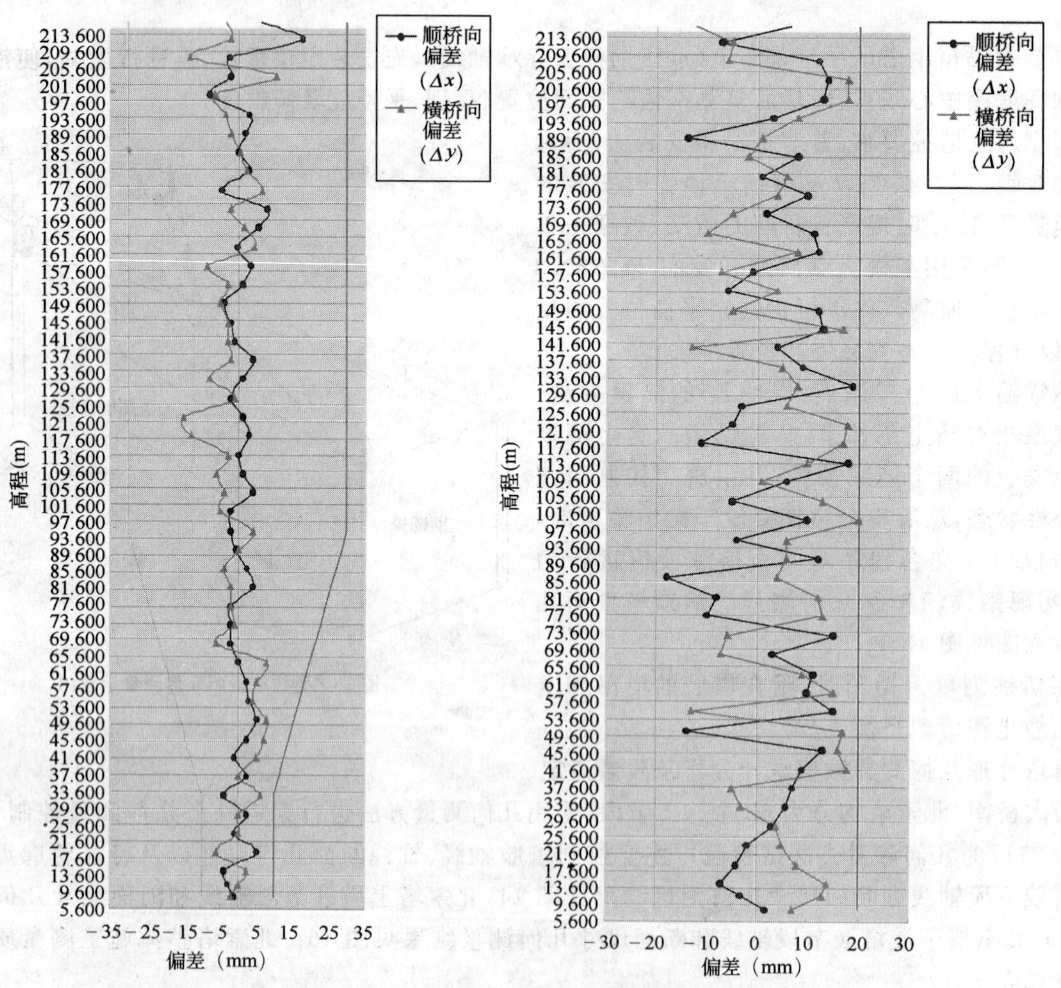

图 14　北索塔上游塔节段肢轴线和断面尺寸几何测量结果

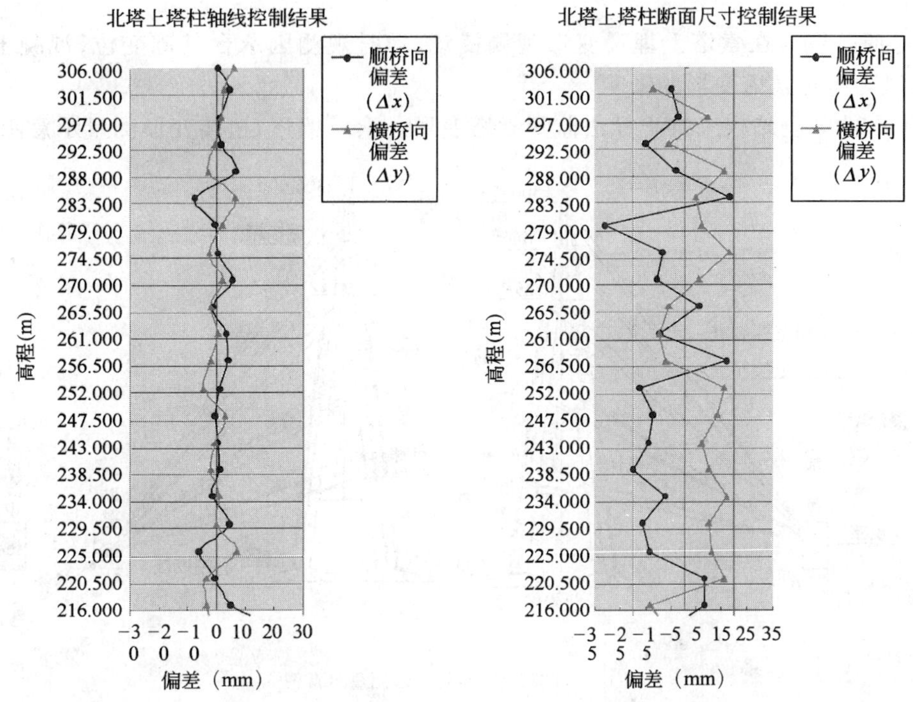

图 15　北索塔上塔柱节段轴线和断面尺寸几何测量结果

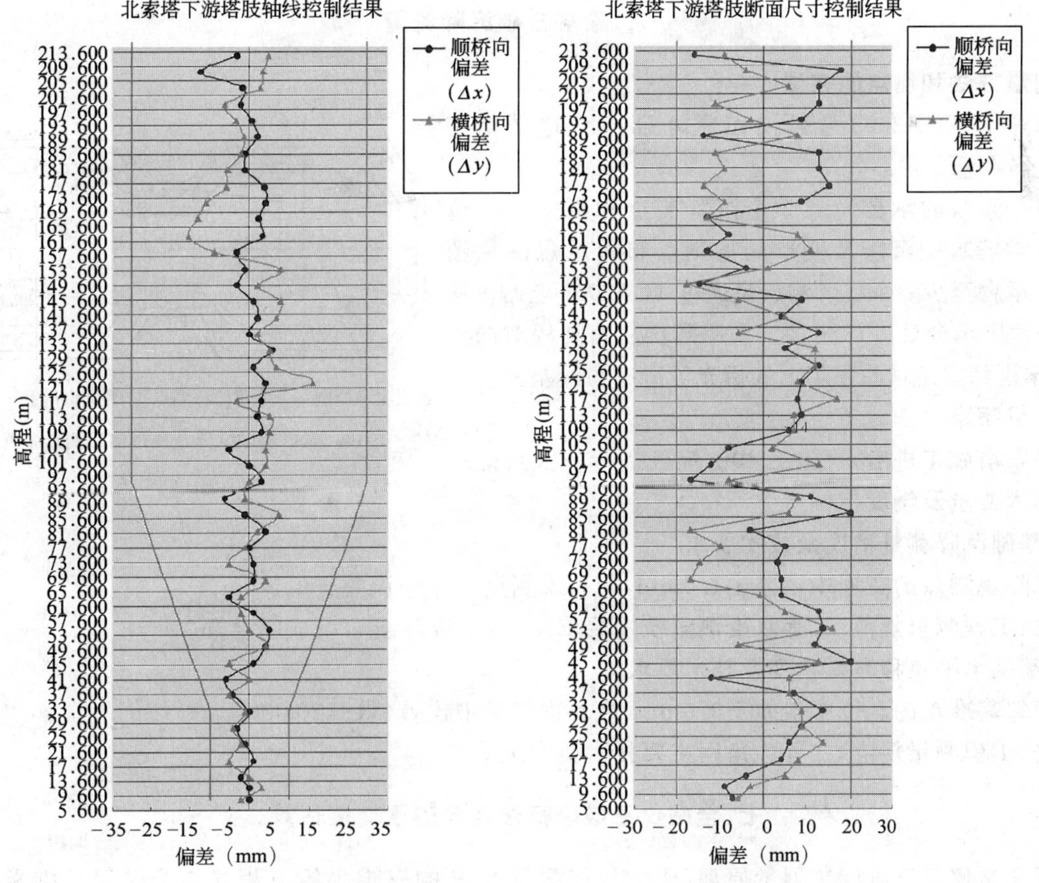

图 16　北索塔下游塔肢节段轴线和断面尺寸几何测量结果

五、索塔偏移、扭转变形测量

(1)按施工控制要求，在索塔上埋设变形观测棱镜，随时观测因承台基础变位、混凝土收缩、弹性压缩、徐变、温度、风力等对索塔变形的影响。

(2)采用 TCA2003 全站仪三维坐标法监测索塔变形。索塔偏移、扭转变形测量示意图见图 17。

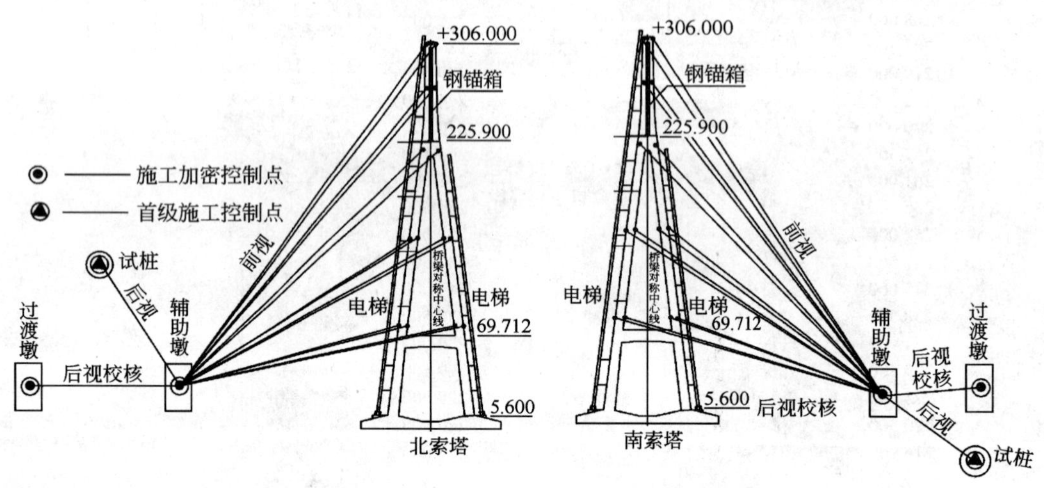

图 17　索塔偏移、扭转变形测量示意图

(3)数据采集与处理：采用我部与河海大学联合研究开发的 TCA2003 全站仪机载软件，该软件能完成水平角、天顶距、斜距以及三维坐标的野外自动观测、记录工作。

六、索塔基础沉降测量

1. 测量方法和测点的布置

采用徕卡 TCA2003 全站仪和蔡司 DiNi12 电子精密水准仪进行测量。

在每个索塔的承台设置 5 个沉降测点和两个水平位移测点。索塔基础沉降及变形测量测点布置示意图见图 18。每个承台至少一个沉降测点是通过 TCA2003 全站仪从相邻边跨桥墩承台处进行测量。采用同步三角高程对向观测法，基本消除由地球曲率与大气折光等造成的误差。

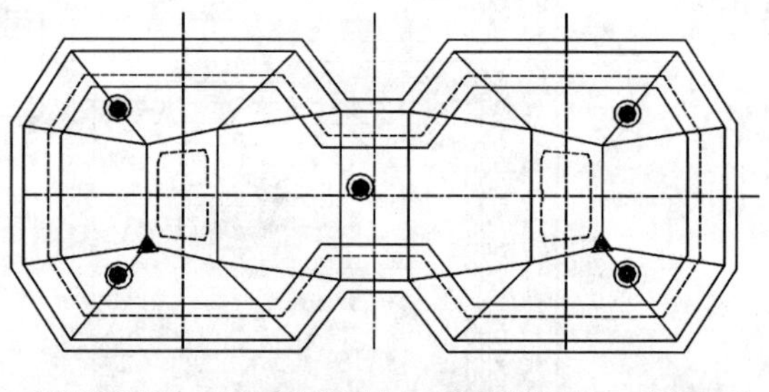

▲观测墩位置——水平位移测点；◉圆钢位置——沉降测点

图 18　索塔基础沉降及变形测量测点布置示意图

2. 测量频率

根据索塔施工进度，每施工 40m 高度进行一次测量。

3. 技术要求及精度指标

(1)基础沉降测量精度及技术要求

①沉降观测点的高程中误差±1.0mm，相邻观测点高差中误差±0.5mm。

②按《工程测量规范》二等水准测量技术要求施测，水准路线布设成闭合环。

(2)基础水平位移测量精度及技术要求

①相邻基准点的点位中误差±3.0mm，最弱边相对中误差≤1/120 000。

②按《工程测量规范》二等边角网主要技术要求施测。

七、全站仪三维坐标法几何测量精度估算

根据全站仪三维坐标法测量原理，建立几何测量点 P 的三维坐标方程式。全站仪三维坐标法几何

测量原理图见图 19。

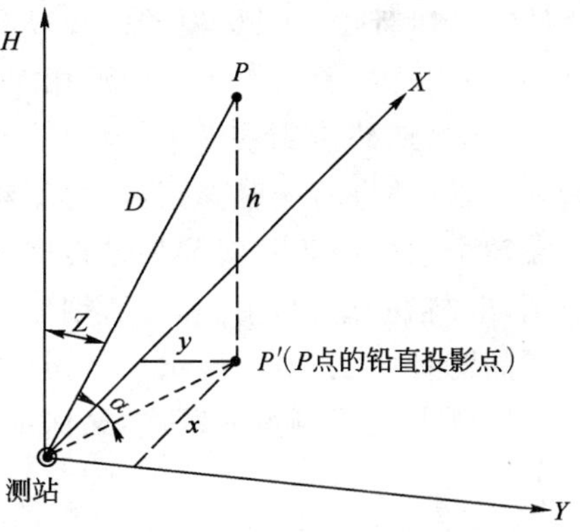

图 19 全站仪三维坐标法几何测量原理示意图

$$x = D\sin z\cos\alpha$$
$$y = D\sin z\sin\alpha$$
$$h = D\cos z$$

由几何测量点 P 的三维坐标方程式可知，影响 P 点的精度有三个因素，第一个因素是斜距 D，第二个因素是天顶距 Z，第三个因素是水平角 α。现对 x 坐标计算式进行全微分得：

$$\mathrm{d}x=\sin z\cos\alpha \mathrm{d}D+D\cos z\cos\alpha \mathrm{d}z/\rho-D\sin z\sin\alpha \mathrm{d}\alpha/\rho$$

由测量误差传播定律得：

$$M_{\mathrm{x}}^2 = (\sin z\cos\alpha M_{\mathrm{D}})^2 + (D\cos z\cos\alpha M_z/\rho)^2 + (D\sin z\sin\alpha M_a/\rho)^2$$

同理得：

$$M_{\mathrm{y}}^2 = (\sin z\sin\alpha M_{\mathrm{D}})^2 + (D\cos z\sin\alpha M_z/\rho)^2 + (D\sin z\cos\alpha M_a/\rho)^2$$

$$M_h^2 = (\cos z M_{\mathrm{D}})^2 + (D\sin z M_z/\rho)^2$$

采用 TCA2003 全站仪几何测量，其测角误差 M 角$=M_{\mathrm{Z}}=M_{\mathrm{a}}=\pm 1''$（两倍标称精度），测距误差 $M_{\mathrm{D}}=\pm 1.5\mathrm{mm}$。根据测站布置及几何测量点 P 的空间位置，取 $Z=45°$（最大值），$\alpha=5°$（最大值），$D=500\mathrm{m}$（最大值），$\rho=206\ 265''$。

由测量误差传播定理得，半测回顺桥向（X）精度估算为（“D”计算时以毫米计）：

$$m_{顺}=\pm M_{\mathrm{X}}\approx\pm 2.01\mathrm{mm}$$

同理得，半测回横桥向（Y）精度估算为：

$$m_{横}=\pm M_{\mathrm{y}}\approx\pm 1.72\mathrm{mm}$$

半测回高程（H）精度估算为：

$$m_{高}=\pm M_{\mathrm{h}}\approx\pm 2.02\mathrm{mm}$$

根据 TCA2003 全站仪三维坐标法几何测量精度估算，采用该法进行索塔几何测量能够保证其精度要求和施工质量。

八、几何测量精度保证措施

(1)在业主的统一协调下进行各合同段衔接处的测量，将测量结果协调统一在设计及规范允许的误差范围内。

(2)测量作业前进行公共点测量，消除公共点定位误差。

(3)为减少日照、温差、风引起的振动摆幅较大等对几何测量影响，几何测量选择在无日照影响和温差较小的时段内进行。

(4)日照强、温差大、风引起的振动摆幅较大时，根据施工控制要求，暂停索塔几何测量作业。

(5)锁定测站控制点、后视控制点、后视校核控制点，采用全站仪正倒镜至少一测回观测。

(6)测量过程中，各工序间应相互配合，避免机械、电气、人工干扰，确保相对静态测量作业中观测数据的稳定性、可靠性。

九、结　　语

苏通大桥下塔柱和下横梁施工采用常规索塔施工测量方法，但在中、上塔柱、拉索套管以及钢锚箱安装几何测量过程中，因风、温差以及日照等引起超高索塔较大变形(超过索塔定位精度要求)，根据施工控制要求，我们首次通过在夜间气温相对稳定的条件下，监测索塔变形、索塔温度、风力以及对追踪棱镜的监测，修正追踪棱镜到索塔中性状态(20°)。在全天候几何测量及定位时，再通过对追踪棱镜的观测，确定其变化量，并进行实时修正，从而实现了索塔全天候几何测量，变索塔被动控制为主动控制。

在整个索塔施工几何测量过程中，严格遵循“从整体到局部，先控制后碎部，随时检核”的测量控制基本原则，以“精心组织，精心施工，创建一流精品大桥”为中心开展工作，同时建立科学的测量管理体系，采用科学的测量方法，实行测量人员岗位责任制，全体测量人员严格按照ISO9002程序作业，认真学习“三位一体”，既保证了测量的精度，又保证了苏通大桥的质量。

96. 苏通大桥北主塔高扬程泵送混凝土施工技术

陶建飞
(中交二航局第二工程有限公司)

摘　要　介绍了苏通长江公路大桥北主塔310m高扬程、高性能泵送混凝土的配制技术及现场混凝土质量控制和泵送情况。

关键词　高性能混凝土　高扬程泵送混凝土　配合比设计　索塔

一、工 程 概 况

苏通大桥为主跨1088m的世界第一大跨度斜拉桥，其主桥索塔采用倒Y形结构，总高300.4m，为世界第一高桥塔，比目前国内最高桥塔奉节大桥桥塔高近100m，比日本明石海峡大桥主塔高近40m。苏通大桥索塔由上塔柱、中塔柱、下塔柱和横梁组成，混凝土强度等级C50。塔柱根部及中、上塔柱连接段混凝土实心段为高强度大体积混凝土。整个索塔施工工期一年半左右，泵送混凝土施工经过春、夏、秋、冬四个季节不同气候条件的影响。索塔全部采用清水混凝土施工，要求混凝土表面平整、光洁、无蜂窝麻面、无水线等外观缺陷。主塔施工时要求混凝土一泵到顶，泵送难度大，国内外缺少可借鉴的经验。

为保证苏通大桥混凝土施工质量，避免产生温度裂缝，确保大桥的使用寿命和运行安全，主塔混凝土采用高性能混凝土，其特点是高泵程、大流动度、低收缩、低泌水和高耐久性。

二、配合比设计与优化

1. 混凝土技术要求

根据苏通大桥索塔使用年限、实际施工条件以及设计文件要求，施工单位、经过反复研究，对混凝土配合比的性能指标提出如下要求：

(1)混凝土强度等级为C50，弹性模量大于35GPa，由于混凝土属于非匀质性材料，为了保证每节段混凝土均能达到设计要求，实际混凝土配制强度大于62MPa，考虑混凝土拆模和爬架上升的需要，混凝土30h强度必须大于20MPa。

(2)混凝土凝结时间：除了索塔根部因施工工艺及大体积混凝土降温的需要，其他各节段混凝土因模板周转的需要，混凝土凝结时间控制在14h以内，初凝时间和终凝时间尽量缩短，以保证混凝土30h的强度要求。

(3)混凝土要有良好的工作性，即流动性、黏聚性、稳定性和可塑性。

(4)混凝土坍落度：初始坍落度小于230mm，流动度450～500mm，2h后混凝土坍落度大于200mm，流动度大于400mm。100m高度以下混凝土坍落度和流动度可适当降低。为了保证所浇注混凝土的均匀性，入模混凝土坍落度不大于200mm，流动度不大于470mm。

(5)用水量不大于 165kg/m³,水胶比不大于 0.38。

(6)碎石用量不少于 1 100kg/m³。

(7)抗裂试验满足要求。

(8)压力泌水:小于 20mL。

2. 配合比设计思路

(1)索塔混凝土配合比分三个部位进行设计:即索塔根部 10m 高实心段混凝土;10～100m 高扬程泵送高性能混凝土;100～310m 高扬程泵送高性能混凝土。

(2)配合比设计思路

①索塔根部 10m 高混凝土:该部位混凝土为高强度、大体积混凝土,由于水化热高、与承台收缩不一致等原因极易产生温度裂缝。因此,在配合比设计时重点考虑降低混凝土胶凝材料用量,适当降低砂率、增加碎石用量以提高混凝土稳定性,选择合适的防裂纤维,采用合理的凝结时间,采用较高的矿物掺合料和选用收缩率小的外加剂等措施。

②10～100m 高扬程泵送高性能混凝土:根据经验,80～100m 高度是高扬程泵送混凝土的一个难关。为了保证给 100m 以上高度混凝土泵送积累经验,为了保证各节段混凝土外观一致,该节段混凝土了取消防裂纤维,同时必须控制 1h 后混凝土坍落度与流动度损失值。

③100～310m 泵送高性能混凝土,该高度内混凝土泵送成为主要矛盾。混凝土泵送所需压力 P 包含三部分:混凝土在管道内流动的沿程压力损失 P_1,混凝土经过弯管及锥管的局部压力损 P_2,混凝土垂直高度方向因重力产生的压力 P_3。从混凝土配合比能优化的指标有 P_1 和 P_3。减小 P_1 的有效途径是增加混凝土胶凝材料用量和提高砂率,但是太多的胶凝材料和较多的水泥浆体会增大混凝土的收缩,也会导致混凝土内外温差相差增大而使混凝土容易开裂。根据以往施工经验和有关文献资料,采用提高混凝土拌和物稠度和适当增加拌和物含气量的办法来解决低胶凝材料用量、高管道沿程压力损失的矛盾。另外提高混凝土拌和物坍落度经时损失也是改善 p_1 的有效措施。最终采用保坍性能好的聚羧酸系列外加剂对配合比优化后,混凝土中的含气量控制在 3%～4%,混凝土拌和物密度在 2 400kg/m³ 左右,坍落度控制在 230mm 左右,控制混凝土流动度不能大于 550mm,同时混凝土的凝结时间根据施工的气温适当提前调节。

3. 混凝土原材料优选

(1)水泥:选用 P.O42.5 低碱水泥,其碱含量在 0.58%左右。为了减小因水泥粉磨太细导致水泥石收缩加大,要求水泥细度控制在筛余 1.1%左右,同时要求水泥厂对水泥比表面积控制在 330～340m²/kg。为了提高水泥与外加剂适应性的稳定性,我部要求南通水泥厂在粉磨水泥时固定采用华新总厂4 号窑低碱水泥熟料和指定的二水石膏,水泥中掺合料为 7%的石灰石粉,不允许水泥厂掺加其他掺合料。

(2)粉煤灰:采用镇江谏壁电厂 I 级低钙风选灰。该粉煤灰外观颜色灰白,对所配制混凝土外观有利。粉煤灰烧失量在 1.2%左右,大大优于高性能混凝土烧失量小于 5%的要求。粉煤灰需水量比在 93%左右,满足高性能混凝土需水量比小于 105%的技术要求。我部在试拌混凝土时发现该粉煤灰加水搅拌时会产生较多不稳定气泡,在外加剂复合时需注意先消气后引入稳定气泡。

(3)砂:因为细集料对可泵性的影响很大,必须使用级配良好的细集料。选用江西赣江中砂。该砂级配良好、质地坚硬、用水量少,颗粒洁净。根据高性能混凝土高工作性和高耐久性对细集料的特殊要求,要求细度模数在 2.5～2.9 之间,含泥量<1%,卵石含量<0.4%。

(4)碎石:根据索塔钢筋间距和泵管直径,粗集料粒经选用 5～25mm,由镇江茅迪碎石厂生产。为了提高苏通大桥索塔混凝土粗集料与水泥石的黏结强度,提高混凝土耐久性,苏通大桥指挥部明确索塔混凝土粗集料采用玄武岩。但是我们在混凝土试拌中发现:玄武岩粗集料棱角多,混凝土拌和物容易产生“露石”的现象;玄武岩密度高达 2 860kg/m³,在混凝土拌和物中集料极易下沉,对混凝土均匀性不利;同时较重的骨料势必导致混凝土拌和物密度增大,会导致混凝土泵送时重力方向的压力损失 P_1 加大,对泵送不利。良好的颗粒级配是混凝土和易性的关键，因此，为了提高玄武岩碎石的颗粒级配，我部联合监理、中心试验室制定了苏通大桥索塔专用碎石技术指标，见表1。

索塔碎石技术要求与碎石国家准标 GB/T 14685—2001 对比　　表1

标准 指标		国家标准 GB/T 14685—2001	索塔碎石技术要求	备　　注
累计筛余(%)	26.5mm	0～5	1～4	
	16mm	30～70	40～60	
	4.75mm	90～100	90～100	
	2.36mm	95～100	95～100	
含泥量(%)		<1.0	<0.5	
泥块含量(%)		<0.5	0	碎石在装船时避免因碎石堆高而产生分离的情况
针片状颗粒含量(%)		<15	<10	
硫化物级磷酸盐含量(%)		<1.0	<0.5	
坚固性(%)		<8	<5	
压碎指标(%)		<20	<8	
空隙率(%)		<47	<44	
碱活性		无		

(5)水：采用沉淀后的长江水，技术指标满足规范要求。

(6)外加剂：由采用上海华登外加剂厂生产高浓型聚羧酸外加剂，其具有减水率高、混凝土拌和物坍落度经时损失小、水化放热平缓、混凝土体积稳定性好、含碱量低、混凝土拌和物黏度小等优点。

(7)纤维：纤维仅用于索塔根部10m高的实心段。采用美国聚丙烯纤维网，该纤维长度为19mm，每立方混凝土掺量为0.9kg。该纤维具有抑制混凝土塑性收缩开裂、提高抗冲击能力、提高混凝土的坚韧性和延展性、提高混凝土的抗渗性等特点。

4. 混凝土配合比设计关键参数的取值范围

(1)水胶比(W/B)：W/B是混凝土配合比设计的基本参数之一，是混凝土强度的基本保证。水胶比太大，会使混凝土抗渗性变差、压力泌水增加、早期强度低、强度下降、混凝土抗振捣能力下降等；水胶比太小，则会使混凝土黏性增大、胶凝材料水化不完全、混凝土自收缩加大、混凝土拌和物易板结。根据施工混凝土强度、泵送高度、拆模和爬模时间等技术要求，水胶比控制在0.33～0.36之间比较合适。

(2)胶凝材料用量、用水量：胶凝材料用量是混凝土强度、可泵性、耐久性的重要指标。国家标准规定每混凝土胶凝材料限量不得超过550kg/m^3，而苏通大桥耐久性课题组要求每立方米混凝土胶凝材料用量不得超过500kg，我部在混凝土配合比设计时胶凝材料控制在490kg/m^{3}以内。用水量是混凝土耐久性控制的重要指标。苏通大桥耐久性课题组规定每立方米混凝土用水量不能超过165kg，在配合比设计时用水量按160kg/m^{3}左右控制。

(3)粉煤灰掺量：因索塔采用粉煤灰为Ⅰ级低钙风选灰，在计算粉煤灰取代水泥量时采用等量取代法。粉煤灰的掺入能改善混凝土的孔结构，其“火山灰效应”使混凝土更加致密，改善混凝土的抗渗性，提高混凝土耐久性。掺加矿物掺合料是配制高性能混凝土原则之一，故粉煤灰的掺量较为重要。按《公路桥涵施工技术规范》规定粉煤灰掺量不能超过30%，考虑混凝土早期强度的要求粉煤灰掺量不宜过大，但因粉煤灰的颗粒效应对提高混凝土和易性有极大的帮助，粉煤灰掺量也不宜过小，综合考虑，粉煤灰掺量控制在20%左右为宜。

(4)砂率：高扬程泵送混凝土的砂率尤为重要。没有合适的砂率可以说就无法满足高扬程混凝土泵送。但砂率也是影响混凝土耐久性的重要指标之一，较小砂率可以使混凝土体积稳定性好，混凝土开裂的几率减小；改善所浇筑混凝土的浮浆厚度；也可以降低胶凝材料用量，降低水化热、减小收缩等。但较高的砂率可以改善混凝土的可泵性。根据粗、细集料的实际情况,其砂率控制范围为38%~41%。

(5)外加剂品种及掺量:外加剂聚羧酸系列外加剂,聚羧酸外加剂的优点前面已有阐述,其掺量根据试拌确定。外加剂的凝结时间随季节的变化作相应调整。

5.混凝土性能指标

经过我部试验室近两个月的混凝土试拌工作,最终确定了三个部位对应的配合比。该配合比由苏通大桥耐久性课题组对混凝土拌和物和长期力学性能、耐久性指标进行验证后表明其三个配合比均使用于苏通大桥索塔施工。具体配合比及相关技术指标见表2。

混凝土性能指标 表2

性能指标 \ 部位		索塔根部<10m	10~100m	100~310m
配合比	水泥(kg/m^3)	368	368	384
	粉煤灰(kg/m^3)	92	92	96
	砂(kg/m^3)	740	740	728
	碎石(kg/m^3)	1 110	1 110	1 100
	水(kg/m^3)	159	159	164
	外加剂(kg/m^3)	3.22	3.22	4.224
	纤维(kg/m^3)	0.9	—	—
拌和物性能	坍落度(mm)	205	210	210
	坍落度损失(mm)	1h后200	1h后205	220
	流动度(mm)	420	450	505
	流动度损失(mm)	400	420	540
	初凝时间(min)	655	605	895
	终凝时间(min)	740	730	1 050
	压力泌水(mL)	—	—	10
	和易性	好	好	好
	密度(kg/m^3)	2 510	2 500	2 460
力学指标	7d强度(MPa)	51.7	40.5	55.1
	28d强度(MPa)	72.3	70.0	66.8
	弹性模量(MPa)	—	4.36×10^4	4.33×10^4

由表2可以看出,索塔根部和10~100m配合比的区别仅是在于是否掺加聚丙烯纤维,这样保证了混凝土外观颜色的一致性。而100~310m高度使用的配合比的压力泌水、流动度和坍落度损失明显优于前两个配合比。但是总胶凝材料也只增加了20kg/m^3,对混凝土外观影响不大。三个配合比的用水量均低于165kg/m^3。在国内已建成的同等级混凝土、塔高超过150m桥塔中使用低于165kg/m^3用水量的混凝土配合比不多。三个配合比的粗集料用量均大于1 100kg/m^3,在国内已建成的同等级混凝土、塔高超过150m的桥塔未见相关资料介绍。较低的用水量、较高的粗集料用量,保证了所浇筑混凝土的体积稳定性。需要说明的是,试验室测得的混凝土拌和物流动度、坍落度经时损失等工作度指标,是无法与混凝土拌和物经长路径、高压力泵送后的压力损失相对应的。在施工时可根据实际情况适当增加或减少±0.05%的外加剂,保持水胶比不改变的方法来调整泵送后混凝土拌和物工作度的损失。一般情况下,泵送高度低时降低外加剂掺量,泵送高度高时增加外加剂掺量。

三、混凝土生产与质量控制

索塔施工中，根据苏通索塔为水上混凝土搅拌站施工的特点，试验室着重从以下几方面做好混凝土质量控制工作，以保证索塔混凝土质量均匀、外观一致、泵压稳定，混凝土强度的离散性低等。

(1)在每次混凝土浇筑前，用自购砝码专门校正外加剂称的准确度。每浇筑5次混凝土后即对胶凝材料称、集料称、水称进行校验。

(2)混凝土拌和物搅拌时间夏天按120s控制，冬天按150s控制。外加剂采用滞水掺入法加入，滞水时间20s，以减小水泥中C_3A对外加剂的消耗，提高混凝土工作度保持能力。

(3)加强混凝土搅拌时的质量控制。在每次浇筑混凝土时试验室派专人定岗到搅拌楼，在混凝土搅拌时随时打开搅拌机观察孔目测混凝土质量偏差，该值班人员随时和索塔上值班技术员就混凝土质量进行沟通，保证质量优异的混凝土拌和物用于索塔施工。

(4)浇筑混凝土时配有专门测定集料含水率和拌和物坍落度的试验人员。对浇筑过程中的集料含水率和混凝土坍落度随时测定，并适当增加每班测定的频率，不少于规范规定要求，同时对所测数字详细记录。

(5)严格控制砂的细度模数，保证黄砂质量满足苏通大桥索塔黄砂质量标准要求。

(6)严格按苏通大桥索塔混凝土特有的粗集料控制曲线验收粗集料。加强对碎石船表面、底部等不同部位的碎石进行抽检，保证集料的匀质性。

(7)严格控制集料卸船时间。由于运输集料的船只属于深舱驳，船在运输集料时船舷离江面很低，江苏长江上风浪风大，船在航行时江水就会溅入船舱，造成集料表层与船舱底部的集料含水率相差很大。为了解决此矛盾，在索塔施工时规定：在浇注混凝土前24h必须将船里的集料转运到施工平台上的储料舱里，其目的在于使集料在专门的集料舱内“滤水”24h，稳定集料的含水率。

(8)每批新进场外加剂抽样进行水泥净浆流动度试验。品质稳定的外加剂是混凝土离散小的重要保证。

(9)水泥进场时间至少提前半个月，降低水泥温度，杜绝混凝土假凝或速凝的情况发生。

(10)在混凝土施工到100m以上高度时，派专人检测混凝土泵送前、泵送后的工作度变化情况，以确定是否调整±0.05%的外加剂掺量，以保证混凝土经过长路径、高压力泵送后的工作度保持能力。

通过以上现场混凝土质量控制措施，混凝土表面无蜂窝麻面、水线等外观缺陷产生，所以混凝土强度稳定。通过对所浇筑混凝土的统计表明，索塔混凝土强度均匀，强度均方差和变异系数均很小。

四、混凝土泵送

1. 设备选型

由于采用两级泵送需考虑在一定的高度搭设混凝土泵及泵管布置平台，混凝土泵在高处安装，施工场地窄，难以保证高塔泵送必需的水平管布置；另外，两级泵送对混凝土的坍落度的损失、混凝土质量都有较大影响，故采用一级泵送方案。

2. 泵管布置

弯管：$R1m\times90°$，2个；$R0.5m\times90°$，3个；$R0.5m\times120°$，1个。

软管：3m，2根；锥管：150A～125A，1个；分配阀1个。

水平管69m，垂直管道随索塔高程的变化而变化，最长315m。

3. 拖泵性能

根据索塔高度和混凝土等级，项目部船机部门经多方优选，选定了三一拖泵和施维英拖泵各一台。

4. 泵送操作简要

(1)泵送混凝土前先压送管道润滑剂，一般使用砂浆，也可以使用水泥浆。根据本工程混凝土泵管长、扬程高的特点，在泵送润滑剂时采用先泵压水，然后泵压与混凝土同水胶比水泥浆(该水泥浆需掺加适量与混凝土相同的外加剂才能达到所需要的浆体稠度)，再泵压与混凝土同等级的水泥浆(该水泥浆也需掺外加剂)在开始泵送混凝土前，应注意放掉拖泵集料斗中的砂浆，保证较少的混凝土中混入润滑管道的砂浆，以保证所浇筑混凝土的质量。管道润滑剂杜绝混入索塔构件中。

(2)若较长时间暂停泵送，须每 4～5min 开泵一次，反泵 1～2 个行程，再正泵 1～2 个行程。

(3)当泵送高度超过 200m 时，操作人员应注意适当调节泵送排量，以保证拖泵在较小负荷下正常泵送。

(4)100m 高度以下的混凝土泵送难度不大，工程实践也很多，在混凝土泵送施工时，我部只记录了 100～310m 部分高度泵送的相关参数(表 3)。

北索塔上塔柱混凝土泵送基本情况 表 3

节段编号	泵送高度(m)	混凝土浇筑时间(h)	浇筑方量(m^3)	浇筑能力(三一+施维英)(m^3/h)	系统压力(三一/施维英)(MPa)	出口压力(三一/施维英)(MPa)	备注
48	211.3	16.2	573	35.4	24/24	15.4/16.7	1.浇筑能力是指每小时三一泵和施维英泵所泵送混凝土量的总和。 2.三一泵理论出口压力 22MPa；施维英泵理论出口压力 20.1MPa
49	215.8	13.5	544	40.3	24/24	15.4/16.7	
50	220.3	14.5	565	39.0	24/24	15.4/16.7	
51	224.3	6.8	270	39.5	24/24.5	15.4/16.7	
52	228.8	5.7	205	36.2	24/24.5	15.4/17	
53	233.3	6.0	200	33.3	24.5/24.5	15.7/17	
54	237.8	5.0	193	38.6	24.5/24.5	15.7/17	
55	242.3	5.5	183	33.3	24.5/24.5	15.7/17	
56	246.8	5.2	177	33.7	24.5/24.5	15.7/17	
57	251.3	4.8	174	36.0	24.5/24.5	15.7/17	
58	255.8	4.7	168	35.4	24.5/24.5	15.7/17	
59	260.3	5.0	165	37.5	24.5/25	15.7/17.4	
60	264.8	4.5	166	36	24.5/25	15.7/17.4	
61	269.3	5.2	170	37	25/25	16/17.4	
62	273.8	5.5	163	32.6	25/25	16/17.4	
63	278.3	4.1	158	37.2	21.8/20	14.0/14.0	
64	282.8	4.1	155	47.7	泵故障/24	泵故障/16.8	
65	287.3	4.0	142	35.5	23/23	14.7/16.1	
66	291.8	6.0	156	32.7	泵故障/24	泵故障/16.8	
67	296.3	4.0	137	34.9	24/24	15.4/16.8	
68-1	300.4	4.3	93	25.0	27/26	17.3/18.2	
68-2		4.0	70	16.9	25/24	16.0/16.8	

5.混凝土泵送前后的性能对比

混凝土在经过高压泵送后的性能保持，是混凝土可泵性的重要保证。在泵送施工过程中，试验室人员也重点关注混凝土泵送后的性能，在每次混凝土浇注时，索塔顶混凝土入模位置均有试验人员检测混凝土指标，并与混凝土拖泵入口处混凝土性能进行比较，以判定混凝土拌和物的性能。例如，在浇筑 62 节段时是在气温最高的 8 月份，高温、高扬程泵送混凝土的难度也较大，此时混凝土泵送前后工作度和温度的变化能清晰的反映混凝土拌和物的泵送性能。其中几个节段混凝土拌和物泵送前后的混凝土性能见表4。

混凝土泵送前后性能指标对比表 表4

指标 时段	坍落度(mm)		流动度(mm)		混凝土温度(℃)		泵送高度(m)	备注
	三一泵	施维英泵	三一泵	施维英泵	三一泵	施维英泵		
泵送前	220	225	500	510	28.5	28.5	275.4	
泵送后	195	195	410	420	31.5	31.5		
泵送前	210	215	480	495	28.4	28.4	293.4	外加剂增加0.05%
泵送后	210	205	405	410	31.8	31.8		
泵送前	220	225	505	490	27.6	27.6	300.4	
泵送后	210	200	420	390	31.4	31.4		

由表4可以看出,采用聚羧酸外加剂经高压泵送后坍落度损失很小。经过300m高塔泵送后,因混凝土拌和物与拖泵管壁的摩擦,使混凝土拌和物温度会升高4℃左右。要满足混凝土拌和物入模温度低于32℃必须对混凝土用原材料和泵管降温,在本工程中采用在拌和水中加冰和包裹泵管并浇凉水的办法保证混凝土入模温度。

五、结　语

通过合理的混凝土原材料选择、合理的混凝土配合比参数确定,采用性能优异的混凝土搅拌和泵送设备,严格控制混凝土原材料和搅拌质量,保证了苏通大桥索塔施工的顺利进行。在整个索塔混凝土泵送过程中,没有一次"堵泵"现象的发生,混凝土的泵送压力为拖泵规定的最高泵压的80%左右,泵送容易。通过对混凝土坍落度的随机抽查,坍落度均小于225mm,表明混凝土拌和物可泵性并不是靠提高坍落度来实现。在索塔施工过程中没有调整过混凝土砂率,表明混凝土可泵性好也不是靠提高砂率来实现。所浇筑索塔混凝土成品质量优良,表明索塔混凝土浇注施工系统工程是科学的、合理的。

参考文献

[1] 范远东.江阴长江大桥南塔高扬程泵送混凝土技术.河港工程,1997年第四期,P21.

[2] 孙振平等.聚羧酸系减水剂在大桥主塔高性能混凝土中的应用.中国混凝土技术交流会论文集,P187.

[3] 周新爽等.高塔高强度钢纤维混凝土泵送施工方案.P1～2.

[4] 孙振平等.聚羧酸系减水剂在大桥主塔高性能混凝土中的应用.中国混凝土技术交流会论文集,P190.

97. 深水群桩基础钢护筒钻孔平台设计与施工

欧阳效勇　任回兴　贺茂生　汪霞利

(中交第二公路工程局有限公司)

摘　要　本文主要以苏通大桥主塔桩基钢护筒钻孔平台等工程实例为依托,较为系统地介绍了深水群桩基础钢护筒钻孔平台设计与施工的关键技术。

关键词　深水群桩　钢护筒　钻孔平台　设计　施工

一、引　言

近年来,随着苏通大桥、润扬大桥、杭州湾大桥等一系列跨江、跨海工程的修建,我国深水桥梁建设水平取得了显著发展。而在这些大规模深水群桩基础施工过程中，钢护筒钻孔平台作为一种新型结构，得到了越来越广泛的应用。本文结合苏通大桥南北主塔墩钻孔平台、鄂东长江公路大桥北塔钻孔平台等工程实例介绍钢护筒钻孔平台的设计、施工关键技术。

二、钢护筒平台原理及优越性

1. 钢护筒钻孔平台的原理

钢护筒钻孔平台完全利用钢护筒作为竖向荷载的支撑结构，通过打桩船插打、悬臂导向架法沉设等技术将护筒插打至入土足够深度后，在护筒顶安装平联、布置平台顶板，安装钻机施工钻孔桩。

随着施工技术水平、设备性能的提高，钢护筒钻孔平台近几年得到了广泛的应用，如苏通大桥主塔桩基、鄂东长江公路大桥、飞云江大桥等工程。

2. 钢护筒钻孔平台的优越性

(1)刚度大、稳定性好

将苏通大桥主塔钻孔桩钢护筒($\phi=2.825$m，$t=25$mm)和钢管桩($\phi=1.42$m，$t=14$mm)进行对比分析，通过计算表明，钢护筒横截面积为支承钢管桩的 3.14 倍时，竖向临界荷载为支撑钢管桩的 7.71 倍；水平刚度为支撑钢管桩的 13 倍；所受水流压力为钢管桩 2 倍时，桩顶偏位还不到钢管桩的 1/6。由此可见由钢护筒作为平台支承结构稳定性远比钢管桩好。

(2)抗涡流激振能力[1]

位于水中的单根直立圆柱体，由于背流面涡流的散发，不但在顺流方向，而且在横流方向承受变动力的作用，且变动力的频率与涡流散发的频率直接相关。桩体的涡流激振分 4 个阶段：开始顺流运动—最大振幅顺流运动—开始横流运动—最大振幅顺流运动。当开始横流运动时，桩体将同时发生顺流和横流运动，产生激振，结构安全性非常低。英国港工规范 BS 6349 中规定，位于水流中的直立圆柱体发生振荡的临界流速可按以下公式确定：

$$V_{\text{crit}} = Kgf_{\text{N}}gW_{\text{s}}$$

式中： K——常数，对于开始横流运动，取 $K=3.5$；

W_{s}——圆柱体直径；

$f_{\text{N}}=\dfrac{1}{2\pi}\sqrt{\dfrac{k}{m_0}}$——圆柱体自振频率，$k$ 为刚度，m_0 为等效质量。

经过计算，开始横流运动的临界流速：钢护筒为 10.6m/s，ϕ1.42m 支承钢管桩为 2.6m/s。可见钢护筒在抗涡流激振方面也比支承钢管桩能力强，而这种稳定性对于平台施工初期是十分重要的。

(3)经济性好

不使用临时钢管桩作为护筒插打、钻孔施工的临时支撑结构，必然节约大量钢材。同时群桩基础护筒布置间距通常都在 6m 左右，对丁平台顶分配梁而言，支撑跨度显著减小，平台主梁采用高度 40cm 左右的常规工字钢即可满足受力和刚度要求，平台材料进一步节省。以苏通大桥为例利用钢护筒钻孔平台，较钢管桩钻孔平台，节省约 3 000t 钢材(约占整个钢护筒平台用钢量的 40%)；同时节省了大量劳动力、提前了工期，具有十分显著的经济性。

三、钢护筒钻孔平台与常规钢管桩平台的比较

传统的钢管桩钻孔平台采用专用的钢管桩搭建而成，即先打钢管桩，连接成整体后，在保证施工水位的高度处，吊装施工平台至钢管桩顶连接就位，再下沉钻孔桩钢护筒至设计高程，然后完成钻孔灌注桩的施工，最后拆除钻孔施工平台，拔出钢管桩，转入承台施工。该类平台作为传统工艺，运用较为广泛，例如鄂黄长江公路大桥、岳阳洞庭湖大桥等工程。两种形式的钻孔平台优缺点对比见表 1。

钢管桩、钢护筒钻孔平台对比表 表1

方案比较	钢护筒钻孔平台	钢管桩钻孔平台
优点	施工体系转换过程中无需反复插打、拔除临时钢管,减小了水上工作量,节省工期	钢管桩是临时结构,精度要求低,平台搭设难度小
	耗费材料相对较少,经济性好	钢护筒在临时平台上打设,精度高,施工安全、方便
	平台范围内不插打钢管桩也减少了对墩位处河床的扰动,有利于基础受力和抗冲刷	钢护筒在施工过程中不受竖向载荷作用
	平台自身刚度、稳定性、安全性显著提高	
缺点	插打钢护筒定位难度大,精度较难保证	施工体系转换过程中必须反复插打、拔除大量临时钢管,水上工作量大,工期长
	设备要求高,机械使用费用高	耗费材料大,经济性较差
	平台搭设有一定难度	平台范围内插打钢管桩进一步加大阻水面积,加剧冲刷
		稳定性差、刚度小,平台必需设备强大斜桩,且平联应力较大

四、钢护筒平台设计施工难点

采用钢护筒钻孔平台,必须解决在没有前期形成的钢管桩钻孔平台作为依托的条件下施工护筒,存在以下难点:

(1)护筒施工必需采用较高性能的水上施工设备配合,水上设备要求高。

(2)护筒定位难度较大,护筒施工偏差直接影响桩基精度。

(3)护筒参与受力,护筒必须具有足够的入土深度。

下面在具体的设计、施工环节解决上述难点。

五、钢护筒平台设计

1. 设计条件的选取

主要考虑的设计条件及取值包括:

(1)水位:按20年一遇取最高、最低水位。

(2)流速:取20年一遇流速,对于潮汐河段,须分别考虑落潮、涨潮垂线平均流速、流向。

(3)风速:取30年一遇水面风速。

(4)浪高:一般取近10年最大实测浪高;平台及护筒顶高程应大于(最高水位+浪高)0.5m以上。

(5)地质:按入土深度地质柱状图分层取值。

(6)冲刷:按冲刷计算公式计算局部冲刷深度;采取防护后适度减少至5m以内。

2. 主要荷载及工况组合

(1)主要荷载

荷载一:水流力,波浪力,风压,平台结构自重力等;

荷载二:平台施工荷载,包括:

①钻孔设备:钻机,储料斗,净化器,泥浆池等;

②吊装设备:履带吊、浮吊、动臂吊、门吊等;

③人群管线等其他施工荷载按2.5kN/m²;

荷载三:系船力和船撞力,按1 500t级甲板驳船计算,纵、横桥向水平推力均按300kN计。

(2)工况及组合

根据施工阶段,计算时分三个大的工况,各工况荷载组合见表2。

施工阶段工况荷载组合 表2

工况序号	施工阶段	荷载组合
1	单护筒插打阶段	荷载一
2	整体平台形成阶段	荷载一＋荷载三
3	钻孔桩施工阶段	荷载一＋荷载二＋荷载三

3. 平台结构的布置

(1)平台支撑结构

钻孔区平台完全以钢护筒为支撑，严格按设计要求布置钢护筒。钢护筒顶部设置平联，平联同时起到以下三个作用：

①支撑平台顶分配梁的作用，将施工荷载传递至护筒。

②将钢护筒水面以上悬臂段连接成整体，共同受力。

③起到泥浆连通管作用，便于使用护筒群贮存和循环使用泥浆。

(2)平台顶板结构

钻孔区平台顶分配梁设置：由于护筒间距仅6m左右，平台顶板分配梁支撑跨度显著减小，采用一般型钢即可满足要求，因此宜采用型钢格构梁形式，便于做成装配式结构现场安装，减少水上工作量。由于钻孔施工阶段平台主承重梁支撑跨度和钢吊箱封底状态底板主承重梁的悬吊跨度基本一致，这就使得平台顶板和吊箱底板可以综合起来系统考虑，分别按两种工况计算确定顶板分配梁截面，最终合二为一。

(3)平台附属结构

包括平台钻孔区上下游辅助平台和两侧靠船、防撞设施。

①上下游辅助平台

辅助平台主要为泥浆区、水上办公区、供电区、临时设备检修区、钻孔施工、附属工作提供操作空间等。具体尺寸根据功能需要而定，通常横桥向宽度不小于10m。辅助平台采用常规的钢管桩平台。

②靠船、防撞设施

钢护筒直接作为钻孔施工起始导向，必须避免撞击和施工船舶直接挂靠，为此在平台两侧布置一定的靠船桩。

具体布置参见下列工程实例——苏通大桥南塔基础钻孔平台，如图1所示。

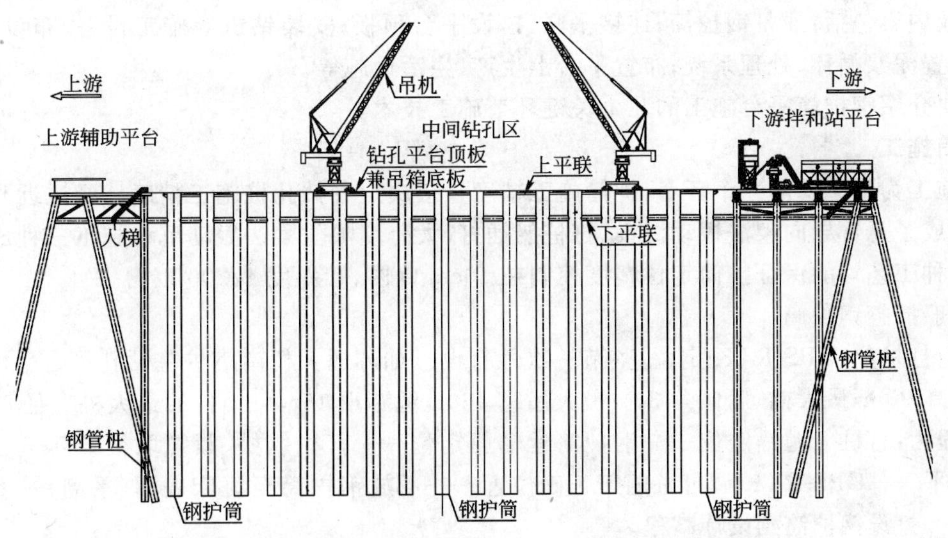

图1 苏通大桥南塔基础钻孔平台总体立面布置图

4. 结构计算与复核

(1)单桩计算

包括：入土深度计算、桩体强度及刚度计算、单桩稳定性计算。

①单桩入土深度

主要以各根桩的桩底支撑反力，可根据《港口工程灌注桩设计与施工规程》[2] JTJ 248—2001相关公式计算：

$$Q_d=(U\sum q_{fi}L_i+q_R A)/r_R$$

式中：Q_d——单桩垂直极限承载力设计值(kN)；

U——桩的截面周长(m)；

A——桩身截面面积(m^2)；

L_i——各持力层厚度(m)；

q_{fi}——单桩第i层土的极限侧摩阻力标准值(kPa)；

r_R——单桩垂直力分项系数，根据工程具体情况分析确定，当无试桩资料时，可取1.60～1.65；当有试桩资料时，可取1.60。

②桩体强度

在水流力、竖向荷载等荷载作用下，单桩内力包括：轴向压力、弯矩和剪力。钢护筒同时起到钻孔起始导向作用，以刚度为主，控制变形和位移。按设计精度选择施工水的流速、风和波浪力要求，确定单根钢护筒首次着床定位的条件、时机。具体计算过程从略。单桩不利受力工况是护筒施打完成后平联尚未形成阶段，桩呈悬臂状态。此时将河床冲刷面作为嵌固点，施加水流荷载，计算得出钢管桩桩顶最大位移和最大内力，进行强度、刚度复核。

③单桩稳定性计算

分别进行压弯构件稳定性复核和抗涡流激振稳定性复核。

(2)整体结构计算

在不同荷载组合条件下，分别对平台整体进行计算。由于平台规模庞大、而且主要受力杆件以梁单元、柱单元为主的组合空间结构，一般采用ansys、midas、sapper等有限元计算软件辅助计算，建立钻孔平台整体有限元模型，采用单元空间梁和板来进行模拟，并假定其他约束条件。计算出构件内力后，按《钢结构设计规范》[3]进行强度、稳定性、变形复核。对于平台主要构件，要求安全系数不小于1.2。

六、钢护筒平台施工关键技术

主要作业内容包括：插打钢护筒；连接平联、搭设平台顶板；安装钻机等施工设备；布设供电、供水管路和设备；布置泥浆循环、处理系统；布置平台上生产、生活设施等。

以下简要介绍钢护筒平台施工的几个关键环节施工技术。

1.钢护筒施工

钢护筒施工为最重要的一个环节，护筒施工精度直接决定着钻孔桩施工精度。经过近几年在多个工地的探索，形成了悬臂导向架法振动沉设、打桩船插打、大跨度限位梁法振动沉设施工三种成熟工艺。实践证明，这三种工艺均能保证护筒定位精度控制在10cm以内、倾斜度1/200以内。

(1)打桩船插打钢护筒

采用大型打桩船，GPS-RTK定位，整节一次性打设。如苏通大桥南塔桩基钻孔平台采用了海桩8号打桩船，桩架高90m，最大前、后倾角30°，最大吊重160t，锤芯重15t，可插打的最大桩直径3.2m。

施工流程为：打桩船抛锚定位——钢护筒运输船定位——打桩船松、紧缆取钢护筒——打桩船抱钢护筒回位、调平——GPS-RTK调打桩船于正确位置——下放钢护筒至河床表面(平潮)——复测平面位置、垂直度——打设钢护筒到设计高程。

由于打桩船主要用于插打临时钢管桩，其定位精度要求较低。而采用大型打桩船插打直接影响钻孔桩精度的钢护筒，必须采用先进的定位系统，提高施工精度。苏通大桥南塔桩基钢护筒插打采用了“GPS-RTK打桩船导航定位系统”，即GPS实时动态相对定位技术，它具有全天候、实时动态、测量精度高、作业距离远等常规测量方法无法比拟的优越性。可一天24小时作业，不受黑夜、雨天、雾天、大风等气候环境的影响;具有实时动态测量的优点,可实时得到测量结果;测量精度高,可达±(10mm±10^{-6} L);作业距离远,基准站与流动站的距离可达10km以上。其定位示意见图2。

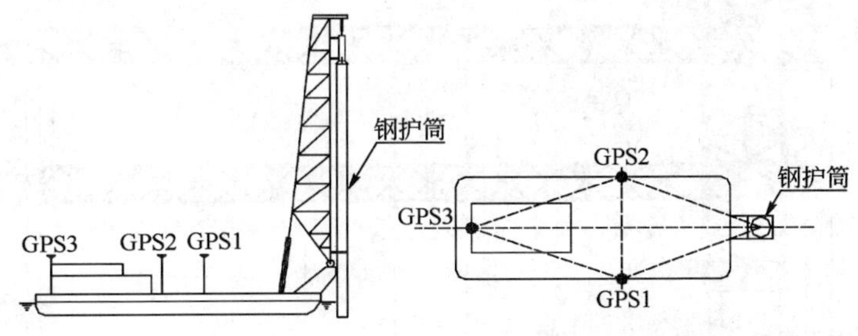

图2 打桩船卫星导航定位系统原理示意图

施工中,通过加强船体锚碇系统等措施,进一步保证了钢护筒的施工精度,经实测,护筒施工精度如表3所示。

护筒施工精度表 表3

检测项目	苏通大桥标准	实测值		合格率
平面偏位	0～±100mm	0～±50mm	42%	100%
		±50mm～±100mm	58%	
垂直度	0～1/200	0～1/200	100%	100%

(2)悬臂导向架法振动沉设护筒

即利用先行施工的上游辅助平台为起始平台,安装悬臂导向架;通过悬臂导向架精确定位钢护筒,采用浮吊吊装、振动沉桩机插打护筒,悬臂导向架法振动沉设护筒示意图如图3所示。苏通大桥北塔桩基钢护筒平台成功应用了该工艺。

施工流程:上游辅助钢管桩平台搭设——在起始平台上安装悬臂导向架——浮吊吊装、沉桩机插打完成第一排护筒——安装平联——安装平台分配梁——前移导向架悬臂施工下一排钢护筒——逐排推进插打完成全部护筒、形成整个钻孔平台。

图3 悬臂导向架法振动沉设护筒示意图

(3)大跨度限位梁法振动沉设护筒

利用钻孔区最外侧的两排靠船辅助桩作支撑,安装上下两层大跨度限位梁(采用刚度较大的贝雷桁架或六四军梁),以限位梁为依托,安装导向架,利用导向架定位,浮吊吊装、振动沉桩机沉设护筒后形成平台。护筒施工的顺序为先两边后中间,即先施工最外侧紧靠限位梁支撑的一排护筒,将限位梁与已完成护筒临时连接后,向中间推进施工下一排护筒,以减小限位梁桁架片内力和变形。

鄂东大桥北塔桩基钢护筒平台成功应用了该工艺。该基础护筒定位、沉设示意图如图4所示。

2. 钢护筒顶平联安装

平联采用具有一定刚度的组合型钢(或钢管)。由于护筒施工偏差,平联安装存在偏差匹配的问题,包括角度、长度两项指标。加之护筒圆形截面于平联之间的空间交线以及水上施工的影响,这种匹配难度更大。

为减小水上吊装对位工作量及焊接难度,宜采用套筒接头板施工平联,便于大批量加工,安装也更为方便。具体做法是:平联较设计尺寸每端减短5cm下料,两端下为直线状——按平联型号,分上下左右四块加工接头板,提前将下部接头板安装在护筒上——吊装平联搁置于安装好的下部接头板上,调整好位置后,安装其他三块接头板,尺寸偏差均通过接头板调整。

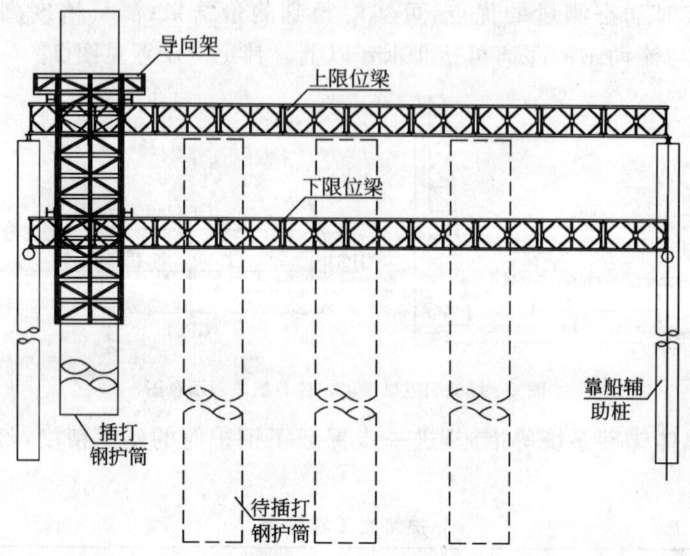

图4　大跨度限位梁法振动沉设护筒示意图

3. 平台顶板安装

传统做法是平台顶分配梁按照从下到上、从主分配梁到次分配梁，逐根逐次重叠起来安装，这种工艺对于较大规模深水群桩基础将耗费大量的人力物力和工期。宜将顶分配梁设计为型钢格构式板梁结构，采用装配式工艺，即：分配梁结构在陆上工厂分块加工、现场快速装配，减小水上吊装工作量及焊接量。同时宜将钻孔平台顶板与后续工序的吊箱底板统筹考虑，合二为一。

七、钢护筒平台的推广及应用

钢护筒钻孔平台刚度大、稳定性强，节省大量临时结构材料、具有较强经济性，同时由于减小了水上作业量、简化了工序，从而缩短了工期，尤其适用于具有较大规模的深水群桩基础施工。通过近年来在苏通大桥、鄂东长江公路大桥等多座世界级桥梁深水基础施工中的成功应用，有效地解决了钢护筒的施工定位难题，使该技术日臻成熟和完善。相信在今后我国越来越多的通江达海深水桥梁建设中，钢护筒钻孔平台会得到更广泛、更成熟的应用。

参考文献

[1] BS 6349. 英国港工规范[S].
[2] JTJ 248—2001. 港口工程灌注桩设计与施工规程[S].
[3] GB 50017—2003. 钢结构设计规范[S].

98. 深水群桩基础施工钻孔平台应用技术综述

贺茂生　任回兴　杨　红　何　勇
（中交第二公路工程局有限公司）

摘　要　以典型工程实例为基础，通过对浮式平台、钢围堰式平台、钢管桩平台、钢护筒平台等各种平台的调研，较为系统地介绍了各种形式深水群桩基础钻孔平台的应用技术。

关键词　深水群桩　基础　钻孔平台　应用技术　综述

一、引　　言

近年来随着白沙洲长江公路大桥、苏通长江公路大桥、鄂东长江公路大桥、杭州湾跨海大桥等跨江河、海湾、海峡大桥的不断新建，深水群桩基础得到了越来越广泛地应用。这些桥梁的修建需要解决的首要问题便是如何在深水环境搭建经济、合理、实用的钻孔平台，为基础以及后期的上部结构施工提供水上施工场所。在近几十年来我国桥梁建设过程中，深水钻孔施工平台采用较多的包括：浮式平台、钢围堰式平台、钢管桩平台、(部分)钢护筒平台等。以下通过大量调研国内已完工的多座桥梁深水基础钻孔平台，并结合苏通大桥、鄂东长江公路大桥、白沙洲长江公路大桥等工程，较为系统地介绍各种钻孔平台的应用技术。

二、钢管桩平台

1. 平台原理及优缺点

钢管桩平台采用专用的钢管桩搭建而成，即先插打钢管桩至入土足够深度后，在保证施工水位的高度处，吊装施工平台至钢管桩上安装就位；再下沉钻孔桩钢护筒至设计高程，然后布置钻机完成钻孔灌注桩的施工；钻孔桩施工完成后，拆除钻孔施工平台，拔出钢管桩，转入承台施工阶段。整个施工过程中，钢管桩承受包括水流压力、设备荷载、结构自重力等，全部施工荷载，钢护筒为钻孔辅助构件，不参与受力。采用这种平台的工程实例较多，如苏通大桥边墩群桩基础、白沙洲大桥、润扬大桥北汊桥等。该平台的优点在于：工艺成熟，钢护筒定位精度高；缺点在于：钢管材料用量大，水上工作量大，阻水面积相对较大。

2. 平台施工

平台总体施工流程如下：河床预防护(如果需要)——钢管桩插打——平联安装——平台顶分配梁安装——钢护筒插打——钻孔设备布置——钻孔施工完成——设备拆除——拔除承台范围内钢管桩——围堰施工。

(1)钢管桩插打

钢管桩直径一般在0.6～1.4m，采用打桩船插打，插打入土深度根据竖向荷载确定，并现场结合实际地质条件根据锤击力控制。钢管桩插打一般精度可控制在10cm以内，进度一般为一天插打3到5根。根据需要，可以插打倾斜角度在15°以内的斜桩，以增强平台抗水平力的能力。

(2)平联安装

平联采用型钢或钢管，要求具有一定的刚度，长细比不超过200。为方便连接，平联通过可调式连接板与钢管桩连接，以克服钢管插打偏差。

(3)平台顶分配梁安装

钢管桩平台顶分配梁根据受力，自下向上一般依次布置为桩顶分配梁、贝雷桁架片主承重梁、工字钢分配梁和钢板。施工时采用逐层安装的形式，各层分配梁之间通过间断焊接或U形螺栓连接成整体。图1为白沙洲大桥钢管装平台图。

图1 白沙洲大桥钢管桩平台图

三、钢围堰平台

1. 平台原理及优缺点

钢围堰平台是利用精确定位的钢围堰辅助施工钢护筒，形成钻孔平台。即：首先将提前加工好的双臂钢围堰浮运至墩位处，利用锚碇系统实现精确定位；再以围堰为依托，安装导向架定位、振动沉桩机插打一定数量的定位钢护筒至入土一定深度后，在护筒顶端对应位置焊接牛腿，加水下沉围堰至座落于定位钢护筒上，迅速将围堰和护筒固定在一起，实现围堰由浮态体系向固定式体系的转换。继续利用固定围堰插打完成剩余钢护筒，并将围堰顶面的平台支架体系与护筒相连，最终形成钻孔平台，布置钻机施工桩基。

该平台的优点在于：不需要庞大的水上固定式钻孔平台，节约材料；对航道影响较小；桩基施工到承台施工的体系转换方便快捷，只需拆除平台、设备、牛腿后继续加水下沉至设计高程，悬挂于护筒即可浇筑封底混凝土。缺点在于：围堰定位难度大，需要有强大的锚碇系统以实现前期定位；围堰前期加工耗时长，影响工期；阻水面积大，冲刷严重。

这种钻孔平台有一定规模的应用，如武汉天兴洲大桥主2号、3号墩群桩基础施工(图2)。

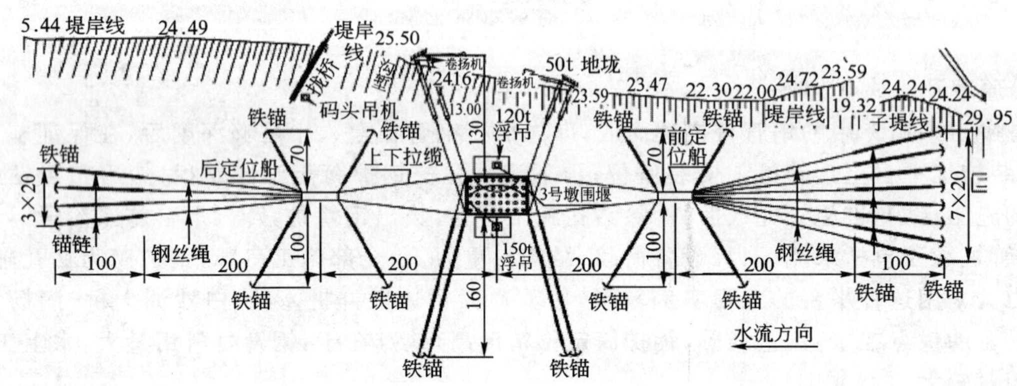

图2　武汉天兴洲大桥主3号墩钢吊箱平台(尺寸单位：m)

与此较为类似的还有军山大桥的主4号墩钢围堰式平台施工，围堰支撑于河床，插打护筒并封底后，利用钢围堰作钻孔平台，开始钻孔桩施工。

2. 围堰式钻孔平台主要施工工艺

(1)围堰加工

围堰采用双壁结构，按事先划分好的阶段在专业加工厂制造，在船台上组拼成整体。这项工作最好在桩基施工前3个月组织开展。

(2)围堰下水浮运

围堰拼装完成并经过水密试验检查无误后，通过船台上的滑道滑移下水。

(3)围堰定位

通过锚碇系统实现围堰定位。锚碇系统在围堰加工后期在桩位施工水域提前施工就位。锚碇系统可采用定位船＋侧锚(天兴洲3号墩)，或四角锚墩(天兴洲2号墩)等方法。

(4)钢护筒设计与施工

钢护筒较钻孔桩直径大于30cm，其中作为定位的部分护筒(通常占总桩位的30%～40%)采用壁厚大于20mm、刚度较大的截面，能够抵抗吊箱所受的水流压力；其余护筒根据施工需要，采用壁厚较薄、刚度较小的截面。护筒分两批插打施工，首先插打周边定位护筒。围堰转换成固定平台后再插打剩余护筒。考虑到冲刷影响，第二批护筒可以在该桩位钻孔前再施打至设计标高。

(5)围堰转换成固定平台

定位护筒插打完成后，在护筒顶部焊接钢牛腿，再在围堰双壁板内注水使其下沉并座落在护筒牛腿上，挂桩固结，形成固定式钻孔平台。其余钢护筒可以待该钻孔桩施工前插打，以减少平台基础的冲刷。

四、浮 式 平 台

1. 平台原理及优缺点

浮式平台利用水的浮力作为支撑反力来承受竖向施工荷载的刚性浮体水上作业平台。浮体采用驳船或浮箱根据受力和操作空间要求拼装而成，并用连接梁连接成整体。连接梁同时可以作为平台的主承重梁。平台浮体结构通过设置水下锚固点或地锚来承受水平荷载及因水平或竖向荷载引起的平台倾斜。

钻孔作业时平台与钢护筒完全脱离，钢护筒之间通过水下连接系相互连为刚性整体，以解决钢护筒的自身稳定问题。该平台优点：无需钢管桩，节省临时材料；对河床扰动相对较小；平台周转方便快捷。缺点：平台需要足够的锚碇系统定位；平台稳定性差，影响护筒、桩基精度；施工受水文条件影响大。由于该平台不受水深和河床覆盖层影响，因此在某些无覆盖层的岩石或卵砾石河床、水深较大的施工水域得到了较多的应用，例如千岛湖大桥、赛虹大桥等工程。图 3 和图 4 分别为赛虹桥浮式钻孔平台平面布置图和立面布置图。

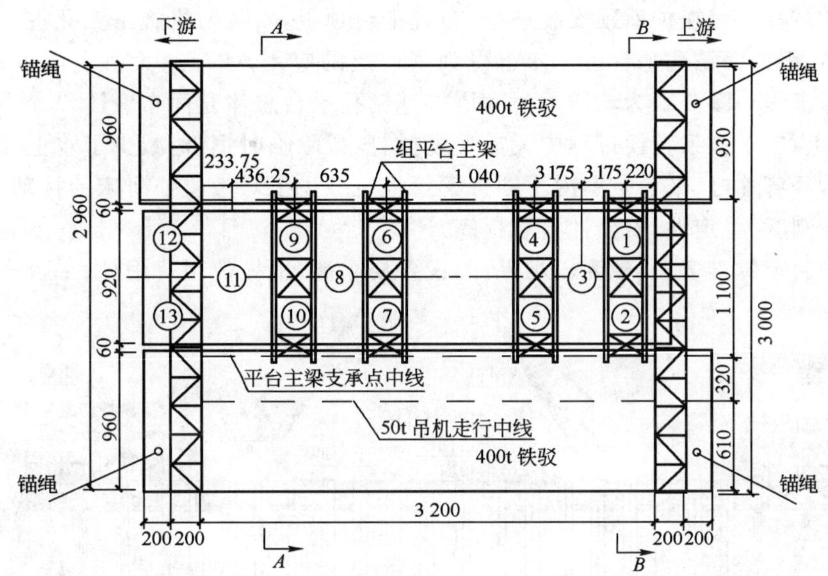

图 3 赛虹桥浮式钻孔平台平面布置图(尺寸单位:cm)

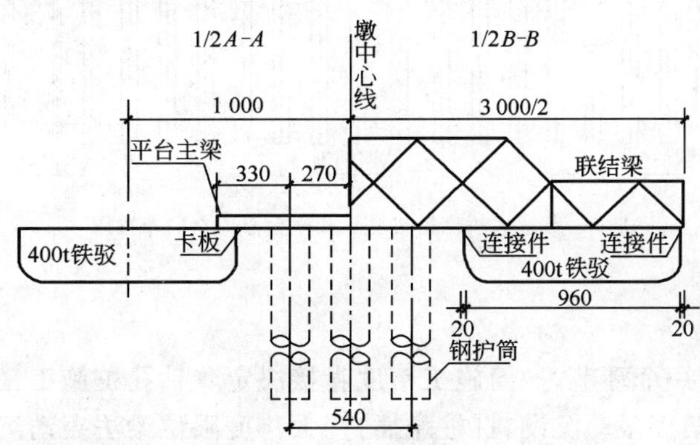

图 4 赛虹桥浮式钻孔平台立面布置图(尺寸单位:cm)

2. 平台施工

(1)浮体拼装联结

选择场地组拼驳船或浮箱，按设计要求将各个浮箱连成具有较大刚度的浮体，在其上安装钻孔平台分配梁、吊车等设备。

(2)锚碇系统施工

在墩位处抛锚并临时固定锚绳于过锚船上。

(3)浮体拖运到位

用拖轮拖运浮式平台至墩位处，将过锚船上各个锚绳按编号顺序逐个过至浮式平台对应的带缆桩上，并用卷扬机分别将主锚、边锚对称收紧，使之达到设计的锚固力。微调锚绳，对平台进行精确定位。

(4)钢护筒插打与联结

在平台空挡内设置导向,对角对称安装、下放、插打钢护筒。待钢护筒插打完毕后,安装固定水下连接系,使钢护筒形成刚性整体。

五、钢护筒平台

1. 平台原理及优缺点

钢护筒钻孔平台完全利用钢护筒作为竖向荷载的支撑结构,通过打桩船插打、悬臂法沉设等技术将护筒插打至入土足够深度后,在护筒顶安装平联、布置平台顶板,安装钻机施工钻孔桩。随着施工技术水平、设备性能的提高,钢护筒钻孔平台近几年也得到了广泛的应用,如苏通大桥主塔桩基、鄂东长江公路大桥、飞云江大桥等工程。图5即为苏通大桥南塔桩基钻孔平台总体立面布置图。

钢护筒平台优点:施工体系转换过程中无需反复插打、拔除临时钢管,减少了水上工作量,节省工期;耗费材料相对较少,经济性好;平台范围内不插打钢管桩也减少了对墩位处河床的扰动,有利于基础受力和抗冲刷;平台自身刚度、稳定性、安全性显著提高。

缺点:插打钢护筒定位难度大,精度较难保证;设备要求高,机械使用费用高;平台搭设有一定难度。

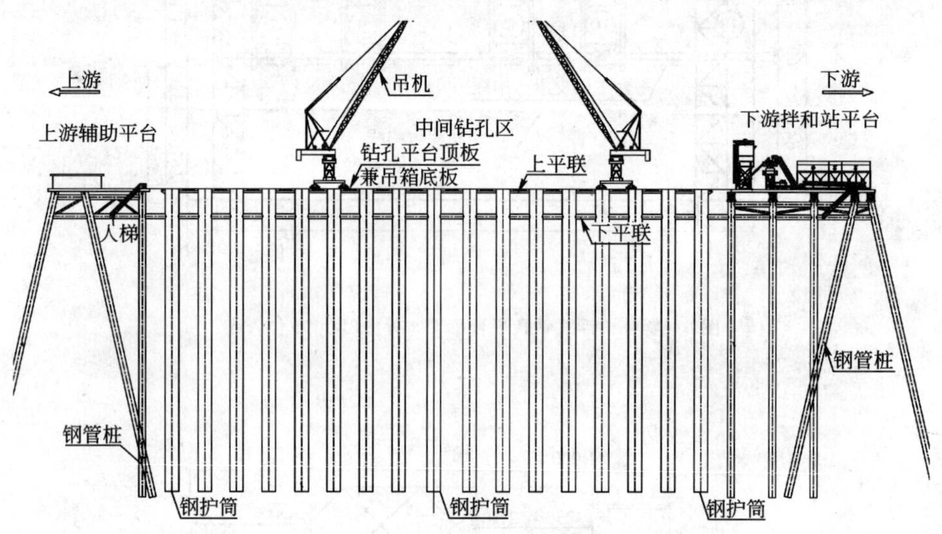

图5 苏通大桥南塔桩基钻孔平台总体立面布置图

2. 平台施工

(1)钢护筒施工

钢护筒施工为最重要的一个环节,护筒施工精度直接决定着钻孔桩施工精度。经过近几年在多个工地的探索,形成了悬臂导向架法振动沉设、打桩船插打、大跨度限位梁法振动沉设施工三种成熟工艺。

(2)平联安装

平联采用具有一定刚度的组合型钢。由于护筒施工偏差,平联安装存在角度、长度两项指标的偏差匹配问题,加之护筒圆形截面于平联之间的空间交线以及水上施工的影响,这种匹配难度更大。为减小水上吊装对位工作量及焊接难度,研究采用的哈佛式套筒接头法施工平联形式,便于大批量加工,安装也更为方便。

(3)平台顶分配梁安装

钻孔平台顶板设计为格构式板梁结构,采用装配式工艺,即:分配梁结构在陆上工厂分块加工、现场快速装配,减少水上吊装工作量及焊接量。

六、各种形式钻孔平台的比较及适用范围

通过对以上几种常用钻孔平台的总结合分析,对各种形式钻孔平台的对比和应用条件如表1所示。

各种钻孔平台对比及适用条件一览表 表1

平台形式	优点	缺点	适用条件
钢围堰平台	不需要庞大的水上固定式钻孔平台，节约材料；对航道影响较小；桩基施工到承台施工的体系转换方便快捷，只需拆除平台、设备、牛腿后继续加水下沉至设计高程，悬挂于护筒即可浇注封底混凝土	吊箱定位难度大，需要有强大的锚碇系统以实现前期定位；吊箱前期加工耗时长，影响工期；阻水面积大，冲刷严重	具备围堰加工、浮运就位条件的施工区域
钢管桩平台	钢管桩是临时结构，精度要求低，平台搭设难度小。钢护筒在临时平台上打设，精度高，施工安全、方便。钢护筒在施工过程中不受竖向荷载作用	施工体系转换过程中必需反复插打、拔除大量临时钢管，水上工作量大，工期长。平台范围内插打钢管桩进一步加大阻水面积，加剧冲刷。稳定性差、刚度小，平台必需设计强大斜桩，且平联应力较大	水深不超过25m覆盖层厚度5m以上
浮式平台	无需钢管桩，节省临时材料；对河床扰动相对较少；平台周转方便快捷	平台需要足够的锚碇系统定位；平台稳定性差，影响护筒、桩基精度；施工受水文条件影响大	水深较深，覆盖层较薄或无覆盖层，及卵砾石河床
钢护筒平台	施工体系转换过程中无需反复插打、拔除临时钢管，减小了水上工作量，节省工期；耗费材料相对较少，经济性好；平台范围内不插打钢管桩也减少了对墩位处河床的扰动，有利于基础受力和抗冲刷；平台自身刚度、稳定性、安全性显著提高	插打钢护筒定位难度大，精度较难保证；设备要求高，机械使用费用高；平台搭设有一定难度	具有一定规模的深水群桩基础，水深15m以上，覆盖层厚度5m以上

七、结　语

我国江河纵横，海岸线长约1.8万公里、海域面积大，沿海有开发价值的岛屿众多，在大江大河和沿海修建大规模桥梁势在必行，如：长江口联络工程、珠江口跨线工程、钱塘江口跨线工程、渤海湾的跨海工程、沿海诸多岛屿与大陆之间的联络工程以及香港、澳门、台湾的大型联络桥工程，都需要修建许多桥梁深水基础。而合理的钻孔平台则有利于保证质量、加快进度、提高效益，保证工程顺利进行。文中提及的几种常用深水平台及其施工方法可供同行技术人员具体工程施工方案选定时参考。

参考文献

[1] 刘自明. 桥梁深水基础[M]. 北京：人民交通出版社，2003.
[2] 中铁大桥局. 桥梁建设. 2007年第一期.
[3] 交通部第一公路工程总公司桥涵[M]. 北京：人民交通出版社，2000.

99. 深水群桩基础钻孔平台顶板兼作吊箱底板技术研究

任回兴　贺茂生　孙克强　聂青龙
（中交第二公路工程局有限公司）

摘　要　本文主要以苏通大桥钻孔平台、钢吊箱的系统设计优化与施工实例为依托，介绍了深水群桩基础钻孔平台顶板兼做钢吊箱底板新技术。

关键词　深水群桩　钻孔平台　钢吊箱　技术　研究　苏通大桥

一、引　言

随着我国大型桥梁建设的不断发展，深水群桩基础已经越来越多地被采用。深水群桩基础的施工主要包括深水桩基的施工以及深水承台的施工。目前深水桩基与承台施工的主要辅助手段分别是搭建深水钻孔平台与钢吊箱围堰。由于基础规模庞大，临时辅助工程动辄上千吨，大规模的桥梁，通常基础工期要占总工期一半。深水群桩基础以其施工临时工程量庞大、工期长的特点，成为制约桥梁工程成本的关键因素。因此，在深水群桩基础施工中，如何通过技术革新节约施工临时材料、减少施工工期进而降低工程成本，是一个非常值得深入探讨的问题。

下面以苏通大桥钻孔平台、钢吊箱的系统优化设计与施工实例为依托，介绍深水群桩基础钻孔平台顶板兼作钢吊箱底板、节省大量临时结构钢材的新技术。

二、钻孔平台顶板兼做吊箱底板技术可行性论证

1. 传统钻孔平台顶板介绍

在深水桥梁基础施工中，钻孔平台主要为钻孔施工提供一个水上作业空间。钻孔平台在平面上可分为钻孔作业区、临时设备存放区、临时材料存放区、泥浆循环与制备区、办公区等。

平台顶板的传统形式是采用贝雷桁架作为主梁，并支撑在与护筒相连的牛腿或平连型钢上。在贝雷桁架上搭设型钢作为分配梁，并采用钢板作为平台面板。平台上的施工荷载，如钻机、净化器、拌浆机、空压机、人群等通过分配梁传递至主梁，主梁通过梁底支撑牛腿将荷载传递至护筒或临时钢管支撑桩。

平台顶板平面在桩基位置设置预留孔以便进行桩基施工。钻孔桩施工完成后，拆除钻孔设备及平台顶板，完成由桩基向承台施工体系转换的相关准备工作后，开始钢吊箱施工。

2. 钢吊箱底板介绍

钢吊箱底板作为钢吊箱的重要组成部分，主要功能是在水下为承台封底混凝土浇筑提供支撑。按结构划分，底板主要分为主梁、分配梁与面板，封底混凝土重力通过分配梁传递至主梁后，通过连接底板主梁和钢护筒的悬吊系统，将封底荷载传递给钢护筒。因此钢吊箱底板实际上是承受封底均布荷载、多点支撑的梁板式结构。

钢吊箱底板在钻孔施工完成、拆除平台顶板后，水面上分块安装，并同样在桩位处预留开孔。同壁板等其他吊箱构造一起下放至水下设计高程后，水下对底板进行封堵，浇筑水下封底混凝土。

3. 钻孔平台顶板与钢吊箱底板相结合的可行性

对于大规模深水群桩基础，传统施工工艺通常是先打设钻孔平台临时钢管桩基础，再在已形成的钢管桩顶安装平台顶板分配梁，铺设平台面板，形成钻孔平台，再打设钢护筒，开始钻孔灌注桩施工。桩基施工完成后，拆除钻孔平台，再在钢护筒牛腿上拼装钢吊箱底板系统、壁板系统、下放钢吊箱、浇筑封底，抽水并进行承台的施工。从以上流程可见，传统施工工艺在桩基施工完成后需要对钻孔平台顶板及钢管桩基础进行大规模的拆除，然后另外进行吊箱底板的拼装施工，群桩基础规模越大，过程中消耗的人力物力也就越大，同时也延长了工期。

通过上述对钻孔平台顶板和吊箱底板的功能以及施工程序的简要分析可见：

(1)传统工艺对平台顶板和吊箱底板作为两个不同的体系，为满足各阶段施工需要而单独设计施工，造成较大的浪费，两者合二为一、系统考虑，将节省50%的临时钢材。

(2)两者实际都是支撑在护筒或临时钢管桩上、承受竖向荷载的多点支撑式梁板体系，从受力和功能角度，二者具有合二为一的可行性。

4. 钻孔平台顶板兼作钢吊箱底板的技术难点及设计思路

平台顶板兼作吊箱底板的技术难点在于：整个钻孔平台、承台钢吊箱施工必须系统化考虑，满足包括功能和受力等各阶段施工需要。

设计思路：

(1)综合两种结构的特点，采用格构梁式结构体系。

(2)合理调整钻孔施工阶段主梁的支撑牛腿位置和封底施工阶段悬吊杆位置,使两阶段工况下主梁内力尽可能接近。

(3)根据各施工阶段主梁、分配梁的最大受力,统一选取截面。

通过整个基础的施工中对钢吊箱底板与钻孔平台顶板进行统筹考虑,在设计钻孔平台顶板的同时,也考虑其作为钢吊箱底板的功能,使其兼顾了钻孔施工与封底支撑的双重作用,在桩基施工完成后就避免了平台拆除与重新拼装吊箱底板的工序,既节约了施工成本,也加快了施工进度。桩基规模越大,其优越性就越显著。

三、钻孔平台顶板兼做吊箱底板技术的实施

以下将结合苏通大桥南主塔墩群桩基础的施工,对本技术的关键环节进行详细介绍。

1. 工程概况

苏通大桥南主塔墩基础采用钻孔桩群桩基础。桩基为 131 根 D2.8～2.5m 钻孔桩(护筒内径 2.8m),采用梅花形布置,按照摩擦桩设计,桩长为 114m。承台为哑铃形,平面尺寸为 113.75m×48.4m。

2. 各阶段功能要求及统一

(1)钻孔施工阶段

支撑钻孔设备:8 台钻机、4 台吊机、8 台净化器、8 台空压机。

形成施工通道:人行通道、管线布置。

附属临时材料堆放:钻杆、钻头、配重、导向圈等。

(2)钢吊箱底板功能要求

支撑封底混凝土:3m 厚水下封底混凝土,浮重力 194 055kN。

为壁板拼装提供依托:承台外扩 1.5m 以上作为底板外边缘,并能承受拼装荷载。

3. 平台顶板(吊箱底板)结构设计

(1)结构平面尺寸确定

平台顶板(吊箱底板)尺寸需满足以下两个方面的要求:

①钻机长边方向顺桥向布置,尾部朝平台内侧布置,当钻机布置在最外圈护筒位置时,钻机外轮廓外扩 50cm 为平台需要的最小尺寸。

②承托壁板要求:以承台外轮廓为吊箱壁板内缘,则承台外扩 1.5m(壁板厚度)+10cm 偏差富余量作为底板外边缘。

综合考虑上述要求后,取较大尺寸作为平台顶板(吊箱底板)最终尺寸:117.55m×51.9m。

(2)结构内力计算及截面选型

针对施工要求,根据施工阶段的不同,将设计工况分为以下几种进行系统分析:

①设计工况一:钻孔施工阶段

设计荷载:钻机重力(8 台各 1 400kN)+施工荷载(3kN/m^2)+人群荷载(2.5kN/m^2)。

②设计工况二:吊箱底板下放阶段

设计荷载:吊箱底板自重力。

③设计工况三:封底混凝土施工阶段

设计荷载:封底混凝土重力+水压力。

根据以上工况,取各类分配梁的最大内力控制截面的选型:

主梁采用 2HN400×200;次梁采用 HN300×150;面板采用 10mm 钢板,顶板以钢护筒顶部附近的上平联作为支撑。平台立面图和平面图如图 1、图 2 所示。

(3)构造处理

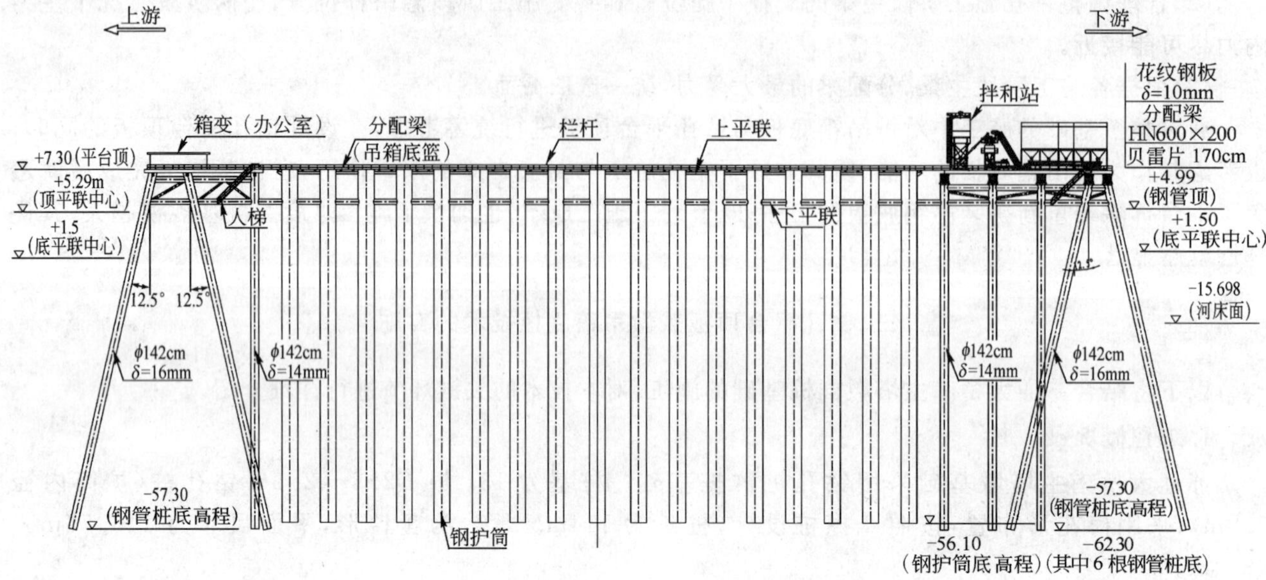

图 1　钻孔平台立面图

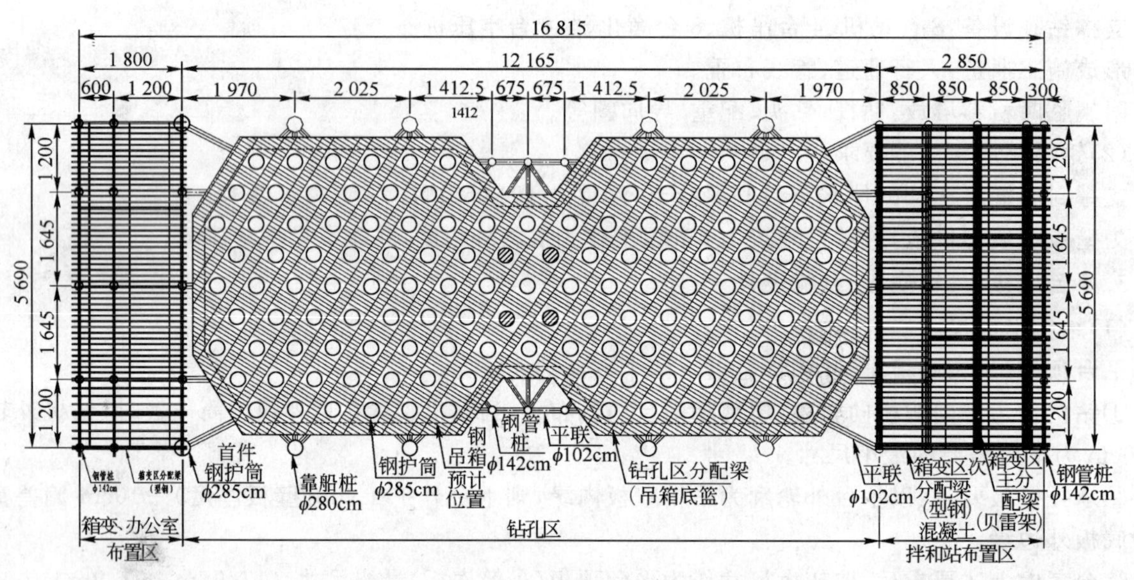

图 2　钻孔平台平面图（尺寸单位：cm）

主次分配梁可采用层叠式和格构式两种，考虑到封底施工方便，将平台顶板设计为格构式钢框架，主次分配梁顶面保持同一高度，平面交叉位置，将次梁顶板切除后，顶齐主梁肋板位置焊接。通过后场钢结构加工车间分块精加工，保证了主次梁的连接质量。具体构造见下图 3。

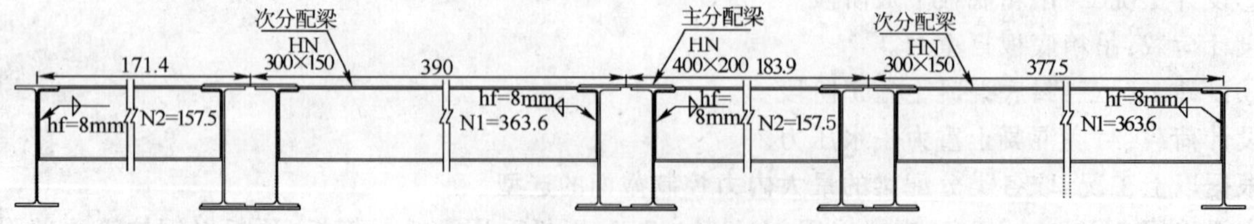

图 3　主次梁构造图（尺寸单位：cm）

4. 平台顶板及吊箱底板的施工

(1)平台顶板的分块加工与安装

平台顶板设计为格构式钢框架,为平面分块加工、现场拼接创造了条件。施工采用了采用后场分40块加工,运至现场采用600kN浮吊拼装的方案。以吊重控制,平台顶板在平面共分18块,最大单块重量58t。具体分块平面布置如图4所示。

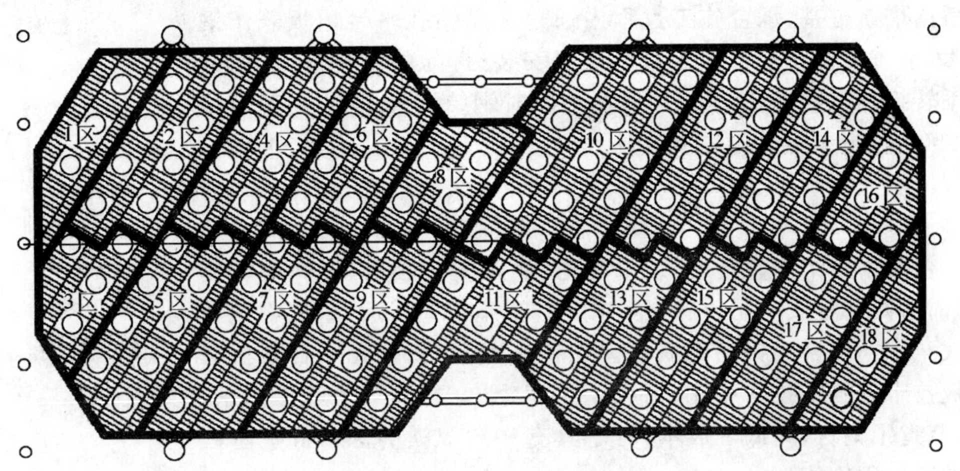

图4 平台顶板加工分区图

(2)平台顶板下放

根据钻孔施工要求,平台顶板高出施工水位3m,设计取+7.3m。吊箱壁板采用拼装式,为了降低拼装难度,提高拼装稳定性,应尽可能将吊箱底板放低,实际取施工适时水位以上1m,设计取+3.1m,因此钻孔施工完成后,必须下放钻孔平台顶板4.2m临时支撑于护筒牛腿上。下放施工采用计算机同步控制千斤顶下放技术。下放吊点的布置充分考虑了顶板结构的平面强度和刚度,通过计算,在顶板平面共布置了16个吊点,吊点以钢护筒作支撑,在护筒顶面布置千斤顶支撑主梁,主梁上方安放液压穿心千斤顶,千斤顶通过钢绞线与平台顶板的吊点连接。吊点布置如图5所示。

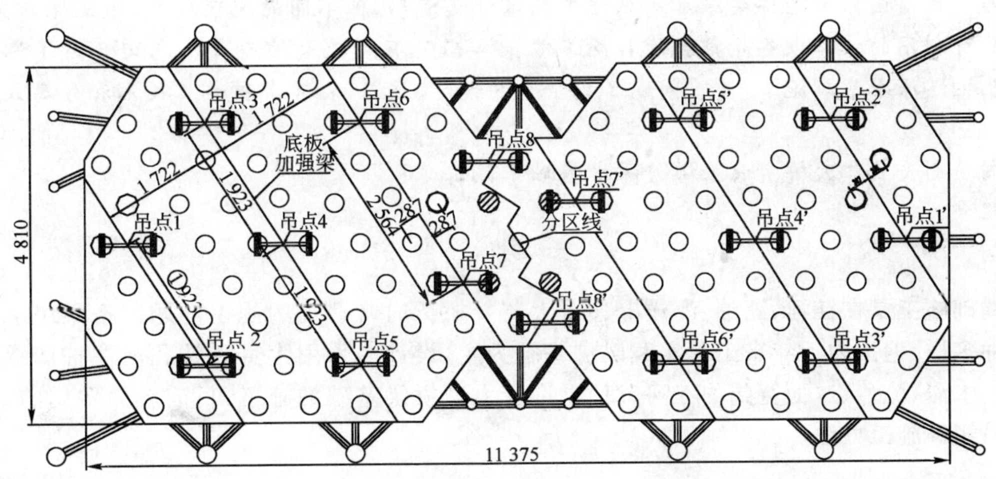

图5 平台顶板下放吊点布置(尺寸单位:mm)

下放时,首先将平台顶板提起距离钢护筒上平联以上20cm高度,人工割除上平联,并清除护筒下平联上的杂物,确保顶板能够平稳坐落于下平联顶面,然后缓慢下放顶板至下平联位置。

下放到位后,平台顶板也就转换成了吊箱底板,桩基到承台施工的体系转换也就随之快速实现了。

(3)吊箱底板悬吊系统安装

以底板为依托，安装完成吊箱壁板及其他体系后，即可下放吊箱至水下设计位置。精确定位后，即可将下端连接在底板主梁上的吊杆与护筒或护筒顶的分配梁相连，完成底板悬吊系统安装，开始封底混凝土浇筑，具体见图6所示。

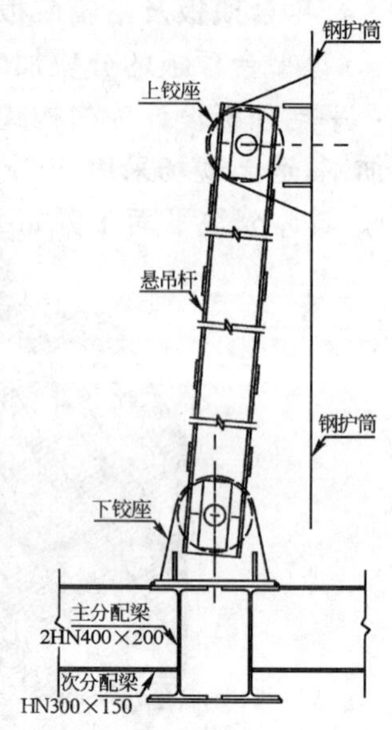

图6　吊箱底板悬吊杆结构图

5. 实际应用效果

苏通大桥南塔墩桩基、承台施工过程中通过采用钻孔平台顶板兼作钢吊箱底板技术，节省了钻孔平台顶板水上反复安装、拆除的工作量，从而节省了施工体系转换的工期近20天。同时两种临时钢结构合二为一，节省临时结构钢材950t，创造了显著的经济效益。

四、推广与应用

通过在平台及吊箱结构设计时，统筹考虑，满足平台顶板、吊箱底板作为桩基、承台前后两个阶段不同的功能要求。桩基施工完成后，直接将钻孔平台顶板下放至水面转换为钢吊箱底板。工程实践证明，钻孔平台顶板兼作钢吊箱底板技术较传统技术相比，简化了工序、更好的衔接了施工体系，缩短了工期，节省了钢材，降低了成本，对于具有一定规模的深水群桩基础具有广泛的推广应用价值。

100. 荆岳长江大桥北主塔深水基础施工技术

肖跃文[1]　陈　璋[1]　裴炳志[1]　石　勇[2]　于志兵[2]　徐国挺[2]
(1. 湖北荆岳长江公路大桥建设指挥部；2. 四川公路桥梁建设集团有限公司)

摘　要　目前国内大型桥梁深水基础施工技术渐趋成熟，但不同的地理环境、水文地质条件、基础结构形式以及可利用的施工设备等都会使其施工方案和工艺有着较大的差异。本文介绍了湖北荆岳长江公路大桥北主塔深水基础施工，着重阐述了钢平台的设计、施工、钻孔成桩施工技术和分离式双壁钢围堰施工等。

关键词　荆岳长江大桥　北主塔　深水基础　施工

一、引　　言

深水基础施工是在江河、湖泊、海洋上建造大跨径桥梁时常遇见的施工问题。桥梁深水基础工程结构形式多种多样，但国内近年来工程实践以桩基础为主，设计多采用大直径钻孔灌注桩加承台的基础结构形式。在水深、流急、水面宽阔的江河(海)上进行大型桥梁基础的施工，目前较为常用的是钢围堰、钢套箱和钢吊箱等施工方法。

二、工程环境及工程概况

湖北荆岳长江公路大桥是湖北省“六纵五横一环”骨架公路网规划中随州至岳阳高速公路跨越长江的控制性工程。桥址位于湖北、湖南两省交界处，桥位两岸大堤间距为2 330m。北岸江汉平原地势平坦，南岸缓坡丘陵与平原均有分布。大桥建设里程5.42km，主体工程为跨南汉深泓主桥和跨北汉滩桥，主桥为主跨816m双塔单侧混合梁半漂浮体系斜拉桥，跨度组合为(100＋298)m＋816m＋(80＋2×75)m。桥塔为H形，南北塔塔高分别为224.5m和265.5m，见图1。

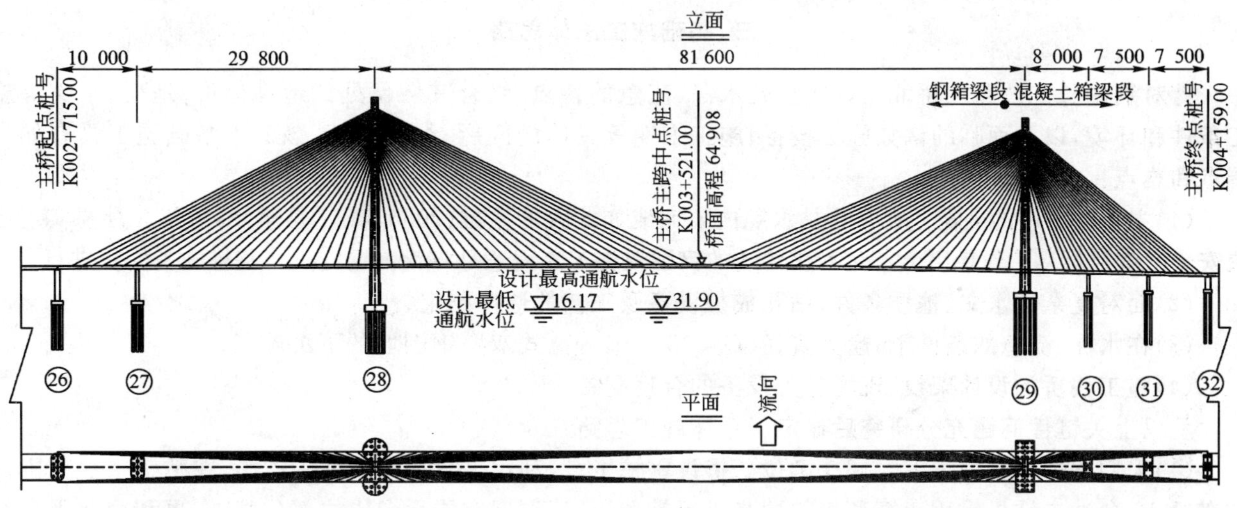

图 1 主桥总体布置图(尺寸单位:cm)

大桥北塔位于长江北边河床边滩上,距北岸堤约 1 500m,设计为分离式圆形双壁钢围堰桩基承台基础结构。两个承台直径为 30.0m,每个承台下布置 13 根直径为 3m 的钻孔灌注桩,桩长在 44～66m 之间。分离式圆形双壁钢围堰的内、外直径分别为 30.0m 和 33.0m,壁厚 1.5m,围堰底部落在河床基岩面上,封底混凝土厚度为 7.0m(图 2)。

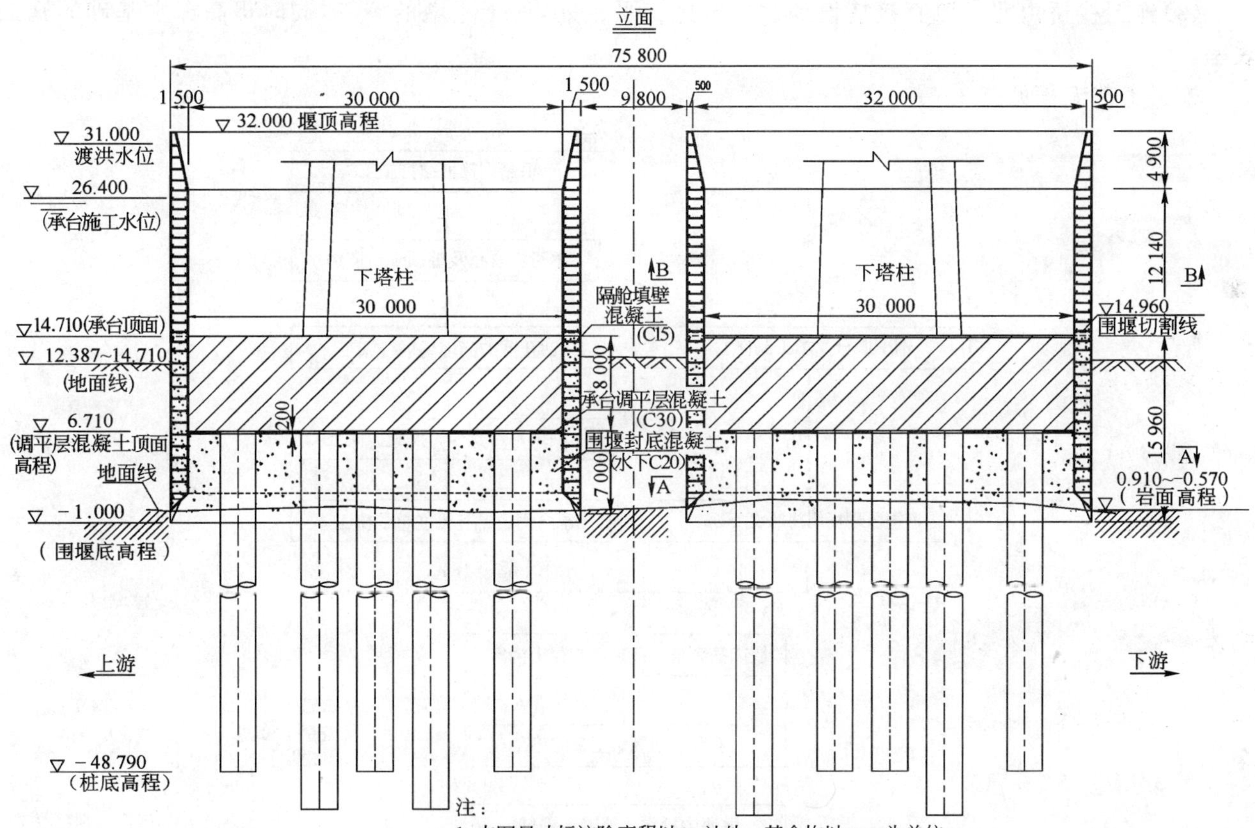

图 2 北主墩基础布置图(尺寸单位:mm)

三、基础施工总体思路

针对荆岳长江公路大桥北主墩墩位处水深、流急的特点，结合其墩位处的地理地形、地质、水文等施工条件和环境，以及面临的诸如施工设备、施工工期等具体的问题，综合分析，该深水基础施工具有如下特点和难点：

(1)主流程工序的确定。在半个枯水期内要完成如此大的基础(2006年12月至2007年5月要实现围堰安全度洪目标)，工作量巨大。是采用传统的钢围堰施工流程还是将钢围堰施工与基桩施工同步进行；

(2)面对复杂的水文、地质条件，钻孔成桩设备及工艺的选择制定；

(3)在水深、流急的条件下，超大直径(D=33.0m)分离式双壁钢围堰的下沉施工；

(4)施工栈桥的设计架设、现场施工设备的合理配备。

就以上关键性问题充分研究后确定了总体施工思路：

(1)采用水中钢平台方案。即在墩位处搭设钢桩平台，利用平台插打钻孔钢护筒，在整个平台范围内共布置13台冲击钻机采用正循环工艺同步进行钻孔施工，先期完成承台周边部分基桩，再利用此平台和已成桩进行钢围堰的现场组拼下沉施工，与此同时进行剩余基桩的施工。待围堰下沉到位后，堰内清基，利用钻孔平台采用"中心集料斗法"浇筑围堰封底混凝土。

(2)现场主要大型施工设备的配备和布置。在水上施工平台岸侧布置1台ZS3430型动臂吊机，同时配备2艘500kN浮吊船以满足现场起重吊装要求；配备1艘125m^3/h的水上混凝土拌和船；拖轮2艘；其他施工船只5艘。

(3)施工栈桥由北岸滩直接搭设到北主墩施工平台处，便于主墩的施工，同时提高深水基础的施工效率。

施工工艺流程见图3。

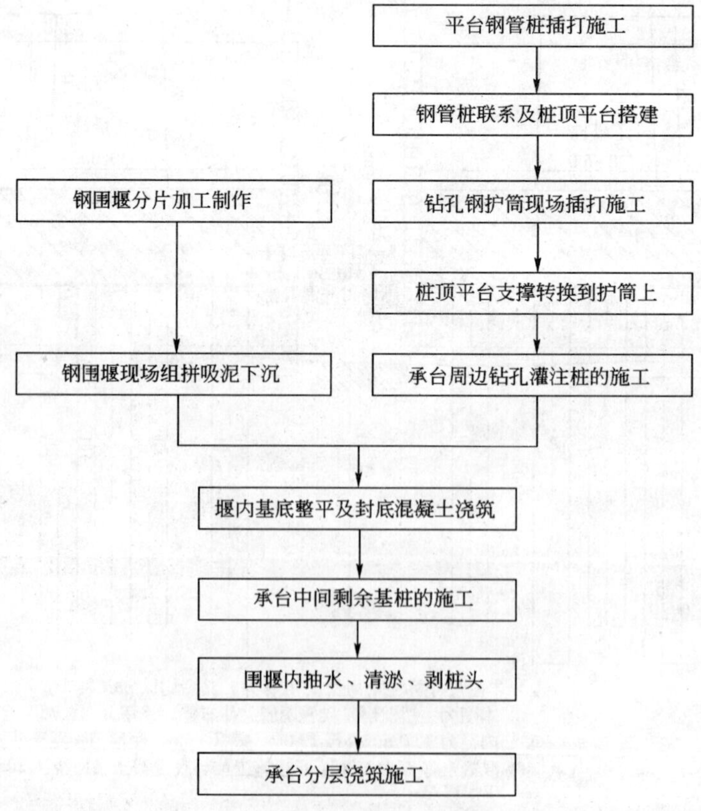

图3 北主墩基础施工工艺流程框图

四、基础关键工序的施工工艺

本深水基础施工的关键工序有水中钢平台的设计及搭建、钻孔灌注桩施工、钢围堰现场组拼下沉、围堰内封底混凝土浇筑等。

1. 钢平台设计及搭建

(1)平台结构设计

根据本基础的总体施工方案,水中平台是一个多功能的施工平台,要为后续一系列施工提供操作平台和空间。平台荷载主要考虑了钻机荷载、水流冲击荷载、风荷载、人群荷载等。此平台由支承系和框架格构梁及面层等几部分组成,支承系为插打至基岩面的钢管桩(ϕ820mm×10mm)和钻孔钢护筒(ϕ3 300mm×20mm)组成(图4)。

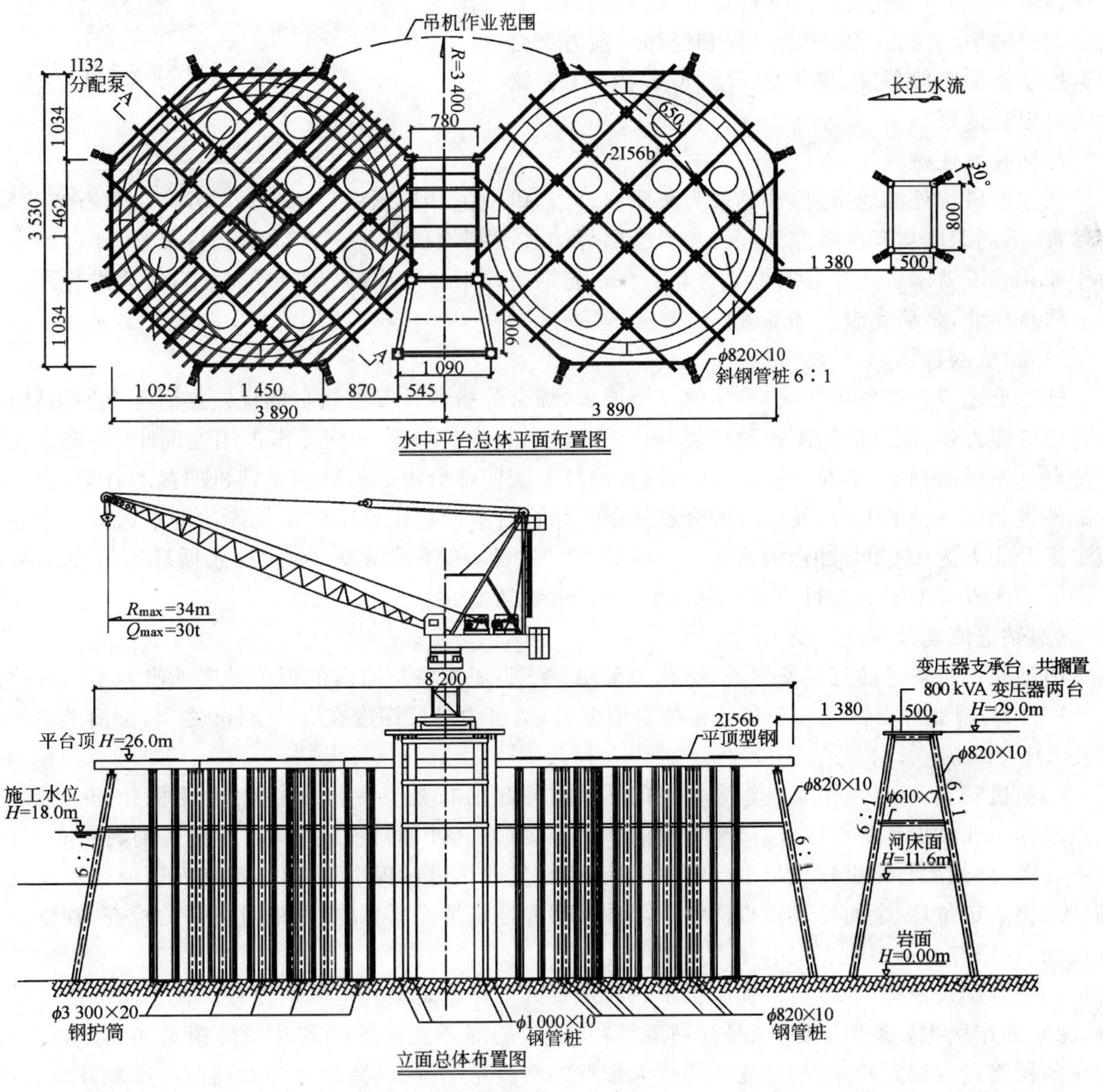

图4 北主墩基础施工平台布置图(尺寸单位:cm)

(2)钢平台搭建施工

平台搭建施工首先插打辅助钢管桩,在桩上搭设型钢平台,再利用此平台定位、导向埋设钻孔钢护筒,待钢护筒安装完成后,将其连成整体,并将平台从钢管桩转换支承到钢护筒上,使钢护筒成为平台的支承主体，而钢管桩则辅助受力(图 5)。

(3)测量控制方案

在插打钢管桩施工时，利用两台经纬仪采用前方交会法确定钢管桩的中心位置以及控制垂直度。并用另一台全站仪进行校核控制桩位，水平仪控制桩顶高程。高程控制和以桩尖打到基岩面为准。角度前方交会，相邻两台仪器视线夹角应控制在 30°～120°范围以内。三台仪器作角度交会时，所产生的空间误差三角形，其中心距各三角边的距离允许偏差为±50mm。

在安装插打钢护筒时，采用 GPS 在平台上放样出各排、各列桩的中轴线控制点并标记，通过两线的交叉确定护筒的中心位置。采用全站仪和经纬仪前方交会测量控制钢护筒倾斜度，确保在 $H/400$ 以内(H 为钢护筒单根长度)。

图 5　北主墩基础施工平台图

2. 钻孔灌注桩施工

北主墩墩位处的地质复杂，基岩为灰质白云岩，单轴饱和抗压强度为 50～70MPa；岩石产状陡立，岩溶发育，不同深度均存在溶隙、溶洞、基岩断层等诸多不利地质条件。在平台上共布置 13 台冲击钻机同时作业，上、下游承台范围分别为 6 台和 7 台。先期完成承台周边部分基桩的施工，然后进行围堰与中间桩的同步作业，最后完成全部基桩。

(1)钻机的选择

针对上述复杂的地质情况，具体的工期要求，综合分析各种类型钻机的优缺点后选择冲击钻机，因其具有适应能力强(能够使用于各种地层，被誉为万能钻)、自重轻、单机工作占用空间小、钻进成孔成本低等特点。钻机由钻架、主卷扬机、钻锤和泥浆循环系统四部分组成。钻架是钻机的基本骨架，也是其他相应部件组装成一体的平台，其结构的合理性以及结构自身的稳定性是钻机性能的基本保证。主卷扬机的额定提升能力为 150kN，冲锤为直径 3.0m 的“十”字锤，单锤重量在 14t。泥浆循环系统主要有泥浆泵($180m^3/h$)，振动筛(6～8 目/cm^2)，泥浆管(ϕ110mm)等。

(2)钻进成孔及质量控制

因钻孔钢护筒已插打至基岩面，钻孔前采用空气吸泥机将护筒内的覆盖砂层抽出直至达到护筒下口 1.5～2.0m，因此冲击钻进几乎全是在基岩中进行，基岩中进尺深度在 37～51m 之间，护筒上口距孔底深度在 54～78m。

①钻机安装调试：用吊机将组装完成的钻机整体起吊布置于待钻孔位置，利用桩孔的中轴线交叉控制点放样出孔的设计中心位置，调整钻机的平面位置，使其冲锤锤头的中心(即锤头钢绳中心)与基桩设计中心重合，然后将钻机钻架与平台临时固接，确保其在钻进过程中不变位，从而保证成孔平面位置的准确性。完成定位后，全面检查钻机的各个部件性能和运行情况，尤其要加强对钻锤的检查，查看锤体是否有损伤、钻锤与卷扬钢绳连接出是否可靠等。

②泥浆制备及循环：冲击钻孔施工中一项重要的工作就是钻孔泥浆的循环。在正循环冲击钻孔施工中，泥浆的作用主要是护壁固孔、悬浮钻渣等，其质量的好坏直接影响到孔壁的稳定和悬浮钻渣的能力。优质的泥浆具有很好的悬浮力，能够将较大颗粒的钻渣悬浮排出，减少冲锤对钻渣的反复冲击破碎时间，从而提高进尺速度。泥浆质量是通过其各项技术指标来加以控制的，在不同的地层中钻进，所采取的指标是不同的。泥浆循环系统的合理配置和布置也是关键的，其合理性将直接影响到成孔质量和进度。泥浆循环系统的布置见图 6 冲击钻成孔泥浆循环系统布置所示。

钻孔施工中，首先需要制备好一定量的开孔泥浆，在护筒内注入一定量的黏土，通过冲锤的上下搅拌调制泥浆，当其各项技术指标达到要求后进行正常钻进。在正常钻进施工中，随着孔深的增加和排渣的进行，护筒内需要及时补充泥浆以确保孔内超压水头和泥浆质量，补浆量与排渣量的体积比为1.3。

③开孔固口：冲击钻孔施工中，开孔(开始钻进原始地层)、护筒下口的固定以及基岩面处的施工是至关重要的，护筒口与基岩面的交界处的孔壁稳固是成孔安全的薄弱点。本工程实例中此三项工作几乎是在同一过程中完成，因此更显此阶段施工的重要性。在开孔泥浆制备完成后，回填黏土和片石，采用小冲程(2.0～3.0m)反复冲击，使大量的黏土和片石被冲击挤压进入护筒口与基岩交界处形成稳固的孔壁。

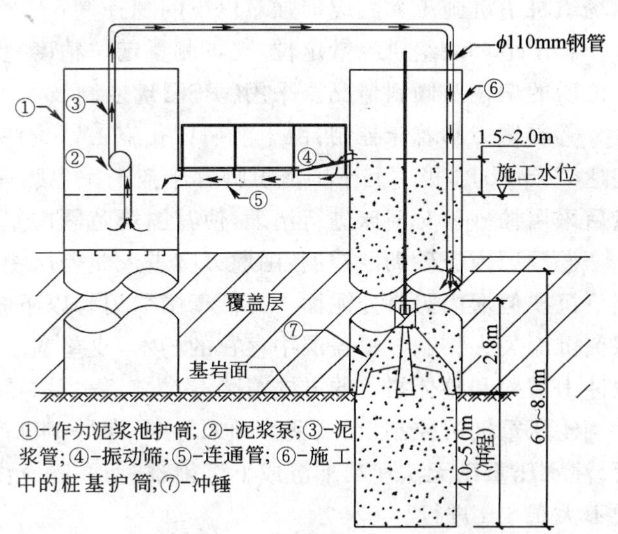

图6 冲击钻成孔泥浆循环系统布置

④钻进控制：使用冲击钻正常钻进过程中，需要控制的几个关键点是孔内的超压水头、泥浆指标、冲程。超压水头(护筒内外液面高度差)是保证孔壁稳定安全的重要措施，随时确保超压水头在1.5～2.0m。泥浆的优劣直接关系到孔壁护壁质量和钻孔进尺速度，通过补充优质泥浆、掺入外掺剂和优质膨润土等措施来确保孔内泥浆指标达到最佳。冲程的控制直接关乎成孔质量和进度，冲程过大(大于5.0m)易出现斜孔和偏孔，在岩溶发育的地层中极易出现卡钻；冲程过小(小于2.5m)进尺缓慢，成孔效率低。在本工程钻进过程中，根据不同的阶段选用不同的冲程，开孔固口、基岩面钻进是采用2.0～3.0m的相对小冲程，在基岩内正常钻进时选用4.0～5.0m的大冲程。

⑤成桩施工：成桩施工包括桩孔的后期处理与检测、基桩钢筋笼的制作安装、基桩混凝土浇筑等工序。根据工程实际采用换浆法清孔，即采用空气吸泥机将孔内的泥浆抽出，同时补充清水，如此将孔内泥浆全部置换成清水。采用超声波孔壁检测仪对成孔进行质量检测，判定其倾斜度、孔壁形状、孔径、孔深、沉渣厚度等指标。钢筋笼的制作在水上平台上进行，由吊机起吊钢筋笼节段，孔口对接安装就位；基桩混凝土浇筑采用传统的水下混凝土导管法施工，水上拌和船供给混凝土。

3. 钢围堰组拼下沉

本工程的大直径分离式双壁钢围堰在国内桥梁深水基础施工中是首次采用，而且墩位处水文、地质条件复杂，施工水深达10m以上，流速2.0m/s，覆盖层厚度12～13m，透水性强且内含大量腐木，这些条件都将给围堰的施工带来困难。

(1)围堰结构概述

两个分离式双壁钢围堰对称于桥轴线布置，其净距为9.8m，刃脚穿越覆盖层达到基岩面。外径均为33.0m，壁厚1.5m；全高33.0m，沿高度方向分成5个节段，每段等分为8环片，单片最大重量25t。

图7 分离式钢围堰同步下沉施工现场

(2)围堰现场施工总体方案

钢围堰采用分块制作现场组拼，压重、吸泥下沉方案(图7)。两个围堰下沉相互干扰的问题是难点，尤其是先期入水着床的围堰势必将对墩位处的水流和河床面形态都将有较大的改变，给后续围堰的下沉带来诸多不可遇见因素。为此首先下沉下游侧围堰，然后实施上游侧围堰下沉，这样避免水流流速的改变和紊流的形成对后期围堰下沉施工的影响。

(3)钢围堰施工控制点及控制措施

在复杂多变的水文、地质条件下进行大直径钢围堰现场组拼下沉施工尤其应加强对以下问题控制：

①围堰环块组拼测量定位：现场测量定位精度直接决定了钢围堰组拼完成后结构尺寸的精度和下沉到位后的偏位及倾斜情况。采用GPS测量控制技术。

②围堰刃脚着床控制：由于前期钻孔施工钻渣在水流作用下的不均匀堆积，致使河床面出现下游高差达6.0m以上，极不利于围堰刃脚着床施工。为此首先采用测深仪对围堰范围内的河床面全面的测量，然后采用抽砂船对河床进行清理，使其围堰范围内基本平整，高差控制在1.0m以内。

③围堰内吸砂助沉控制：围堰刃脚进入覆盖层中，需要将堰内泥沙部分吸出，以减小摩阻力使围堰顺利下沉。但堰内刃脚处泥面不得低于围堰刃脚以下，避免造成刃脚翻脚涌砂，即围堰外的砂大量涌入，围堰突沉而失去控制。覆盖层中存在的朽木，支垫在围堰刃脚下致使其无法顺利下沉，对此潜水探明后采取冲击破碎和整体拔出的方式清除，在本工程中取得了明显的成效。

④压重助沉控制：在围堰刃脚未着床，即处于自浮状态时，采用隔仓内注水下沉的方式。当围堰着床后，注水压重已无法使其下沉或下沉困难时，在隔仓内浇筑混凝土压重。浇筑夹壁混凝土，浇筑高度按每次不大于4m进行。

4. 围堰封底混凝土浇筑

(1)围堰内清理

桩基及钢套箱下沉施工时间较长，在钢护筒的外壁、钢围堰内壁上会存有水锈或其他杂物。为了保证混凝土质量以及封底混凝土与钢护筒之间的握裹力，在钢围堰内壁与河床缝隙的封堵之前需要潜水员水下用高压水枪对钢护筒内外壁、钢围堰壁进行清洗。清基应要达到以下标准：

①基底岩面残留物应清除干净，清理后有效面积不得小于设计要求；

②堰壁刃脚与封底混凝土接触面处的泥污应予清除。

(2)未成桩钢护筒稳定处理

由于部分桩基尚未施工，在围堰施工时需将堰内砂吸出，该部分护筒底部没有砂层提供的水平约束，所以在围堰到达设计高程前，对于尚未施工完成的桩施工“销钉孔”。冲击钻进入岩层2m，然后空气吸泥用清水置换孔内钻渣和泥浆，浇筑C20混凝土至护筒底部以上2m高度，形成定位桩(图8)。

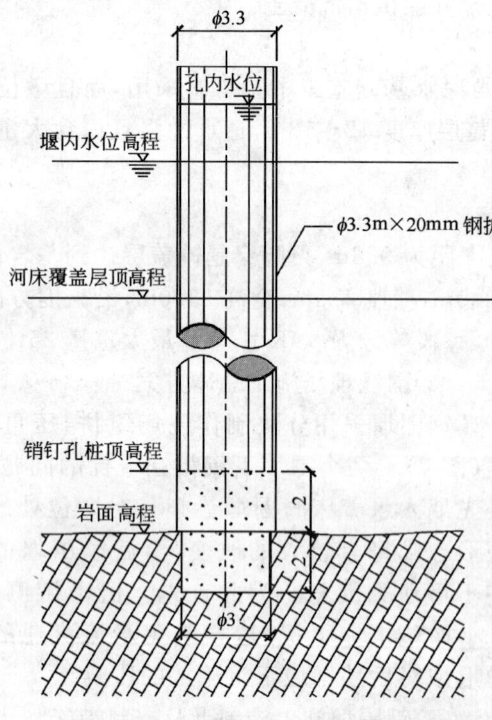

说明：
1. 本图尺寸以m计。
2. 销钉孔采用冲击式钻机成孔，孔径φ3m，要求孔底进入基岩不浅于2m。
3. 造孔完成后，采用气举反循环清孔，灌注素C20水下混凝土，混凝土顶高程进入护筒的深度不小于2m。即销钉孔总桩长不小于4m。
4. 整个28号墩除14号桩因涌沙暂不处理外，其余未成桩桩孔均打设销钉孔并形成混凝土桩基。

图8 钢护筒稳定工艺图

(3)浇筑平台设置

根据封底时间及施工条件，本着“尽快封底”的原则。采用固定式中心集料斗和溜槽配合浇筑。在浇筑过程中，为确保混凝土通过溜槽能正常流动，满足封底混凝土供给速度要求，将中心集料斗搁置在高6m的型钢支架上。支架由现有的导向架加固而成。溜槽用扣管支撑于平台上(图9)。

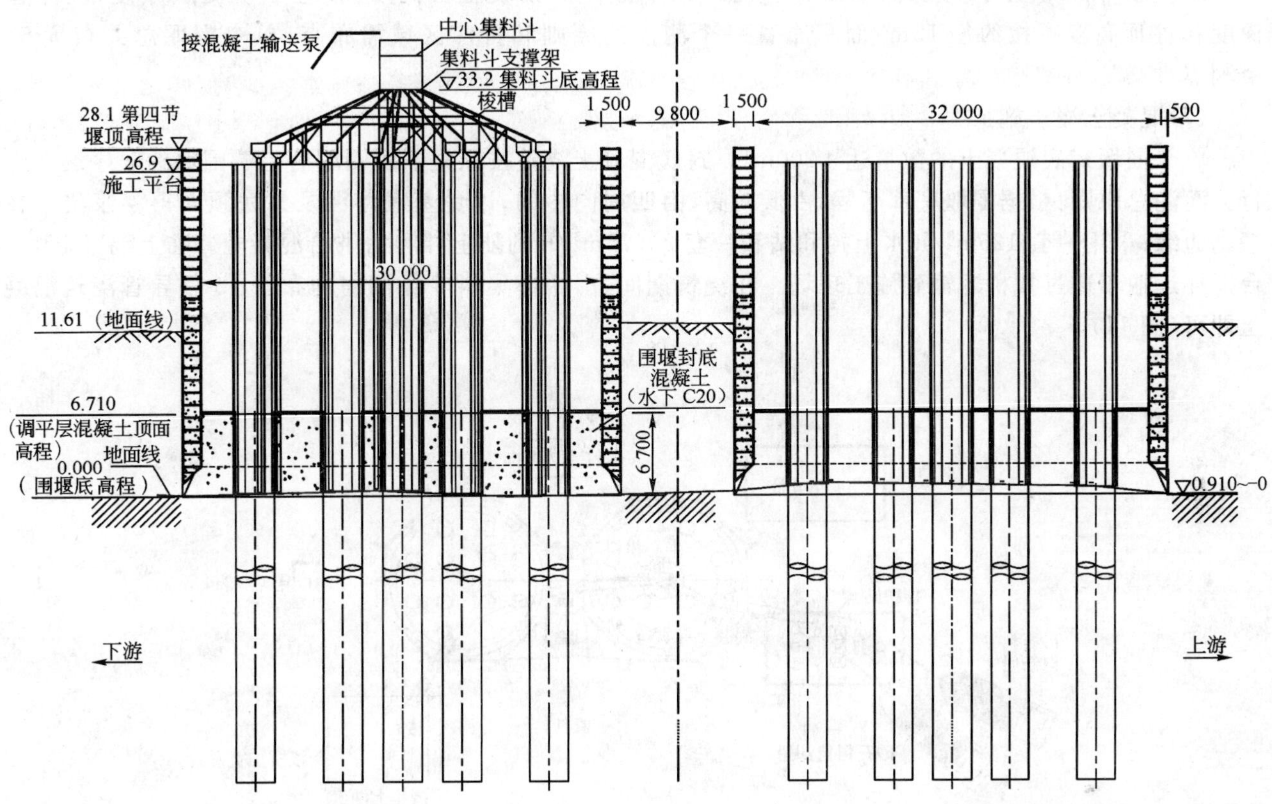

图9 浇筑平台立面布置图(尺寸单位:mm)

(4)导管的选择及布置

导管采用内径为ϕ299mm，壁厚为10mm的无缝钢管。导管的平面布置根据封底面积和每根导管的作用半径及围堰底部实际高程来确定平面上布设导管的位置。在堰内布设15根导管。图10中导管位置为理论位置，实际施工中应根据堰底高程及平台型钢位置作适当调整。

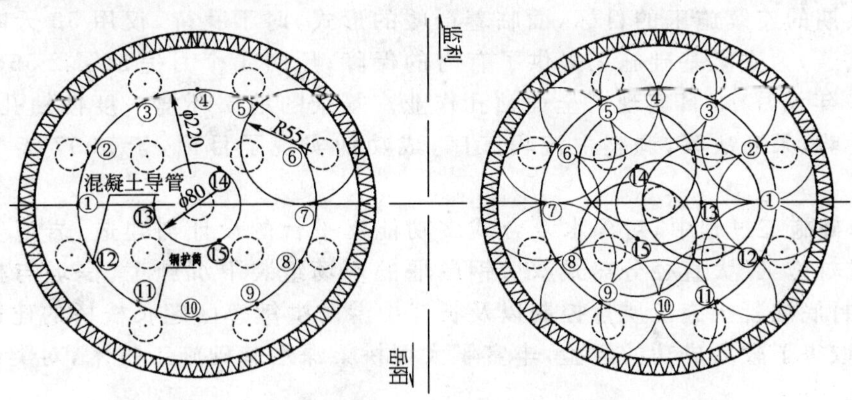

图10 封底混凝土导管平面布置图(尺寸单位:mm)

(5)中心集料斗布置

中心集料斗由高4m、直径为ϕ330cm的钢护筒制作而成，容积约为30m²。在集料斗下口周围设置9个出料口。

(6)测点布置

灌注水下混凝土时，应探测水面(泥浆面)以下灌注的混凝土面高度，以控制沉淀层厚度、埋导管深度和桩顶高度。按约每15m²面积布置一个测点的原则和特殊区域需布点，单个围堰总共布置52个测点。

(7)混凝土浇筑施工

单个围堰封底混凝土的数量达4 200m³。封底混凝土浇筑按照先下游围堰后上游围堰的顺序逐个进行。灌注总原则：根据围堰底部高程，由低向高，由四周向中间，以免基底浮泥及封底顶面得浮浆集中在基础边缘；采用一套125m³/h水上拌和站和一套2×75m³/h的陆上拌和站供给混凝土。陆上混凝土由5台搅拌运输车通过栈桥运输到施工现场。在浇筑期间，由中心集料斗经溜槽均布于15个导管浇筑混凝土即可(图11)。

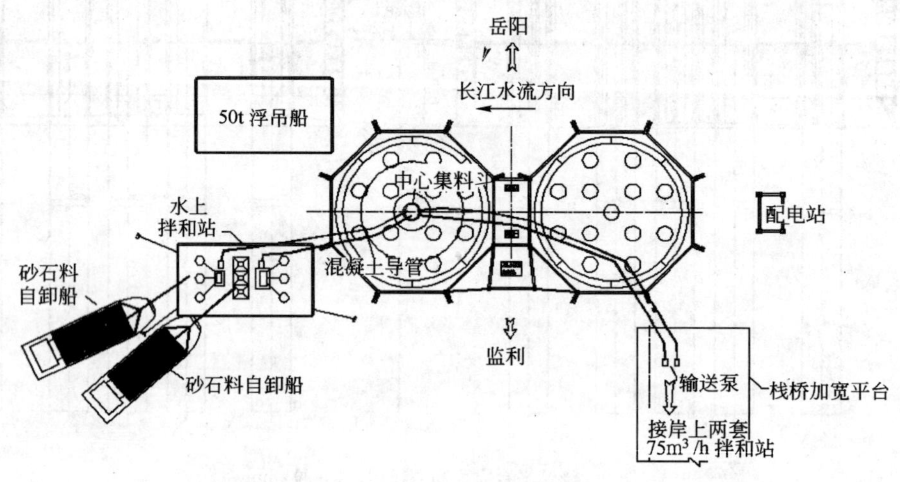

图11　封底混凝土浇筑现场布置

五、结　　语

荆岳长江公路大桥北主墩基础施工于2006年11月28日开始，要在半个枯水期内实现基础的安全度汛和洪期的连续施工的目标，面临着严峻的形式，时不我待，仅用50天时间完成了1 080 m栈桥的全面贯通，为主墩基础施工提供了有力的保障；历时1个月完成了2 550m²水中钢平台的搭建，于2007年元月13日实现了全面钻孔作业。复杂的地质环境一度使钻孔施工受阻，对此参建者们审时度势，果断决策，调整主流程工序，成功的实现了目标，于2007年7月下旬转入承台施工。

在该深水基础施工过程中，对深水复合式多功能钢平台的设计与建造、岩溶发育地质环境下的大直径钻孔成桩施工、大直径分离式双壁钢围堰的现场组装下沉施工、围堰与桩基施工同步作业、围堰大体积封底混凝土施工质量控制以及长江中游防洪敏感区超长栈桥的建造和度汛等进行了探索和研究，取得了较为成功的经验，丰富了大型桥梁深水基础施工技术，对类似工程建设具有一定的参考意义。

101. 荆岳长江大桥北主墩水上施工平台建造

罗华平[1] 于志兵[1] 石 勇[1] 杨定军[1] 冯 川[2] 罗 洋[2]
(1. 四川公路桥梁建设集团有限公司;2. 四川盛大交通科研设计有限公司)

摘 要 本文介绍了在建的荆岳长江公路大桥北主墩水中深水基础施工平台的设计和施工技术以及使用情况,重点突出了钢平台在桩位布置方面、对钢围堰散拼下沉的适应性方面的创新设计。

关键词 荆岳长江公路大桥 主墩 施工平台 钢管桩 钢护筒

一、引 言

大型桥梁深水桩基础施工中,通常需要在墩位处搭建施工平台。根据不同的施工方案,其平台的结构形式也是各异的。目前较为常用的是钢围堰平台和钢管桩平台两种。前者是利用围堰作为支承系搭建施工平台,后者是在墩位处插打钢管桩或钻孔钢护筒作为支撑体系搭建平台,而钢桩平台的采用是近年来我国大型桥梁深水基础施工中常见的。由于水文、地质条件的不同,平台功能要求的不同,管桩平台在设计和施工中均须进行全面仔细的分析研究,得到既满足施工需要,又经济合理的方案。本文就荆岳长江公路大桥北主塔处桩基平面位置的仔细分析,并与传统的矩形施工平台比选后,确定水中施工平台的设计采用了创新的八边形平台。

二、工 程 概 况

荆岳长江公路大桥是湖北省“六纵五横一环”骨架公路网中随州至岳阳高速公路跨越长江的控制性工程,是湘、鄂两省间第一座跨越长江的特大型桥梁。项目建设总里程为 5 419.613m,主桥采用主跨 816m 双塔混合梁斜拉桥(图 1),跨度组合为(100m+298m)+816m+(80m+2×75m)。

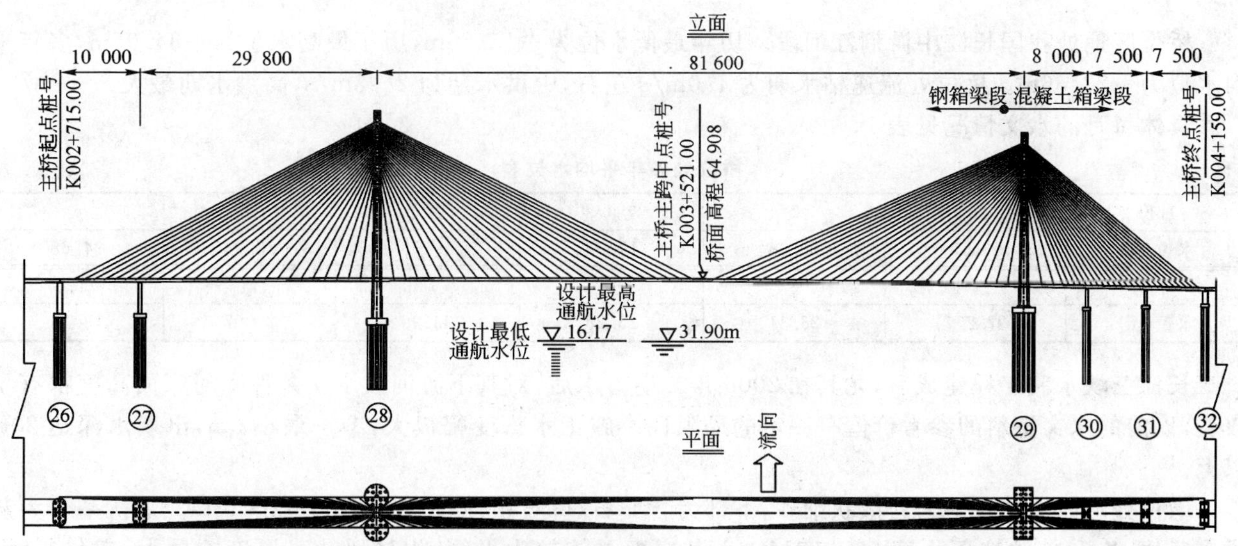

图 1 主桥桥型布置图(尺寸单位:cm)

大桥北主墩位于长江主泓以北,是主河槽北侧与浅滩过渡段,冲淤动态变化,幅度 1~3m。大桥北主墩基础设计为两个圆形分离式承台,两承台间净距为 12.8m。每个承台下设置 13 根直径为 3.0m 的钻孔灌注桩,桩长在 44~66m(图 2)。

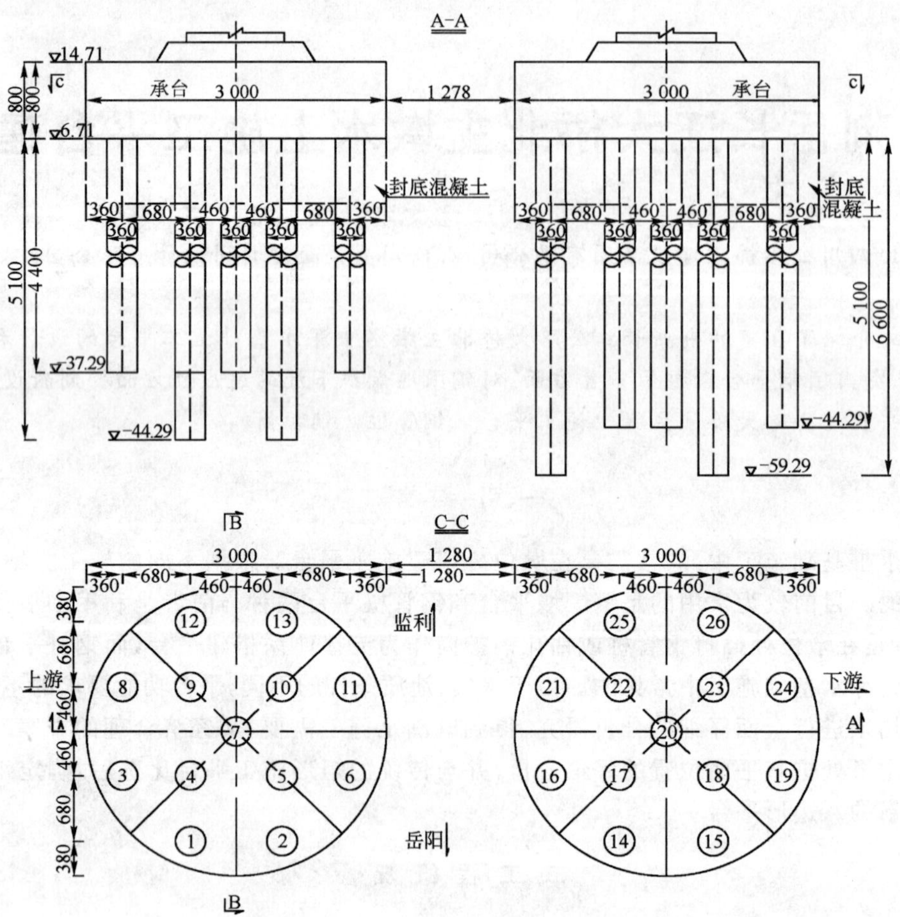

图 2　北主塔基础一般构造图(尺寸单位:cm)

三、水文、地质条件

桥位区地处我国长江中游荆江河段。历年最低水位为＋15.56m,历年最高水位为＋34.95m,多年平均水位为＋23.36m。桥位处流速枯水期为 1.0m/s 左右,中洪水期为 2～3m/s,高洪水期最大 3～4m/s。具体每月的水文情况见表 1。

桥位处多年平均水位表　　　　表 1

月份	1	2	3	4	5	6
水位(m)	16.55	15.99	17.07	19.69	23.24	24.68
月份	7	8	9	10	11	12
水位(m)	27.277	26.31	25.28	23.99	21.07	18.16

长江三峡水利工程建成后,尤其在 2006 年二期蓄水后,对其下游河段水文条件和河床面高度都有了改变,以前的水文资料的参考价值有一定的局限性。施工水深变幅极大,冬季最小 5m,汛期水深达 20m 以上。

墩位处河床上部主要为松散状细砂,下部为含卵石、砾石粗砂,覆盖层厚度 12～13m。下伏基岩为灰质白云岩,饱和单轴抗压强度 50～70MPa。基岩面总体较为平缓,岩体风化壳厚度差异大,起伏很大。桥区范围内存在特殊性岩土和不良地质病害,如断层、岩溶、岩体风化、褶皱破碎及岩溶(溶隙)等。

四、平台选型及构造

根据墩位处的实际施工水深和地质条件以及基础设计的具体形式,为保证工程质量、加快工程进度,确保基础在半个枯水期内实现来年汛期的度洪目标，采用基桩施工与钢围堰下沉同步作业方案施工。

结合基础的总体施工方案，要求水中钢平台是一个多功能的施工平台，以便为后续一系列施工提供操作平台和空间。平台主要功能如下：

①钻孔成桩平台。在平台上布置多台钻机钻孔施工、基桩钢筋笼安装施工以及浇注桩基混凝土等。

②钢围堰现场组拼、下沉施工的操作平台。

③围堰封底混凝土浇筑施工平台。

(1)平台选型

平台均考虑采用钢管桩支撑平台，然后插打钢护筒，转换支承于钢护筒上，使护筒与钢管桩协同受力。根据桩位的布置特征，设计过程中拟定了两种平台布置形式。

①比选方案：该方案采用 ϕ820mm×10mm 钢管桩作支撑，桩间设 ϕ426mm×6mm 钢管平联。桩顶设置 *H* 形钢分配梁。分配梁上面设置小梁，铺设面板，形成工作平台。拟在顺墩轴布置一台移动式 ZSL3 430 动臂轨道吊机，轨道梁由 3 根 H1 000×400 型钢组成。轨道吊机自重约 60t，吊重后按四组行走轮计算的最大轮压达 600kN/组。共设置钢管桩 55 根。

比选方案的钢管桩采用行列式排列，与主墩处桥轴、墩轴线分别平行，构造较简单，受力明确，施工方便。在首批桩基施工时，平台能提供宽广的施工作业面。但该方案对散拼钢围堰的适应性差，平台改制困难。布置的移动式动臂吊机自重大，使得平台的负担相应增大，经济性差(图 3)。

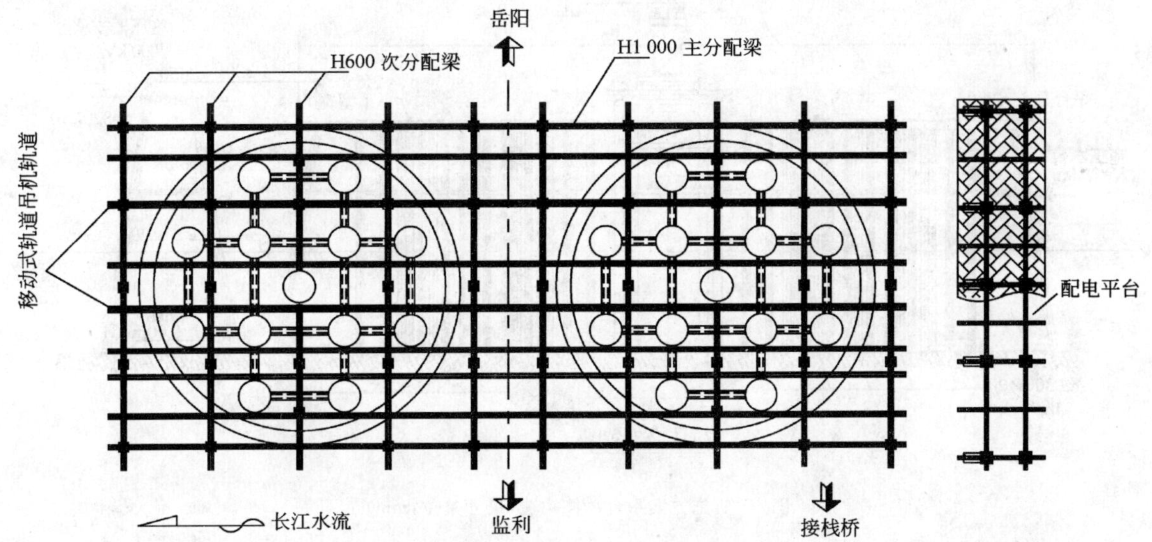

图 3 比选方案平台平面构造图

②实施方案：在通过对桩基平面布置的仔细分析后，采用了异形桩位。仍然采用 ϕ820mm×10mm 钢管桩作平台支撑。其中，动臂吊机底座钢管桩采用了 ϕ1 000mm×10mm 钢管桩。在钢围堰内围布置 4 排 4 列共 16 根钢管桩，桩间连线与桥轴线呈 45°交角，管桩间间距根据桩基的桩位而定。在钢围堰外围按正八边形布置 8 根斜度 6∶1 的斜桩，以增加平台在水流、撞击等荷载作用下的整体稳定性。钢管桩总根数 52 根。

上、下游承台的钢平台相对独立，每个平台平面尺寸为边长 15m 的正八边形。单个平台面积约 1 200m^2。两个平台之间设置一连接平台，整个平台面积约 2 550m^2。

在上、下游两平台之间靠北岸方向布置了一台 ZSL34 300 固定式动臂吊机，有效作业范围 34m，最大起重能力 10 200kN·m。由于吊机荷载不作用在平台上，使得平台的主梁得以简化。采用 I56 工字钢两两组拼成钢箱，分上、下两层构成梁格体系。然后在上层主梁间设置 I32 分配梁，并加焊[14 小型钢构成面板支承网格，最后铺设 δ8 花纹钢板，形成平台(图 4)。

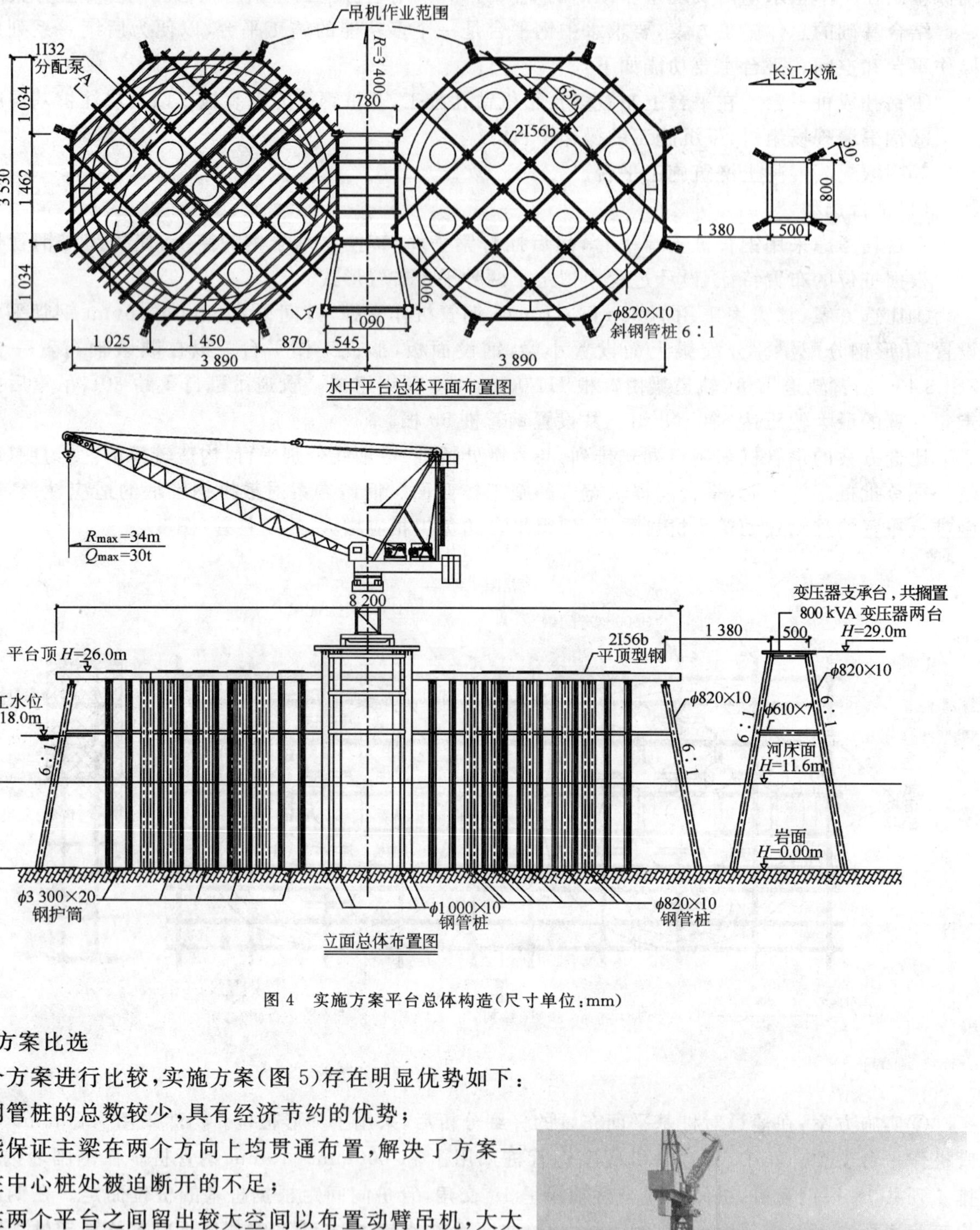

水中平台总体平面布置图

立面总体布置图

图4　实施方案平台总体构造(尺寸单位:mm)

(2)方案比选

两个方案进行比较,实施方案(图5)存在明显优势如下:

①钢管桩的总数较少,具有经济节约的优势;

②能保证主梁在两个方向上均贯通布置,解决了方案一中主梁在中心桩处被迫断开的不足;

③在两个平台之间留出较大空间以布置动臂吊机,大大提高了吊机对作业面的覆盖能力,使动臂吊机效能得以更大发挥;并且不再需要在平台上布置起重设备,使平台的负担减轻,既有利于安全,更有利于经济;

④钢管桩集中布置在钢围堰内围,外围仅布置辅助桩,当进行围堰散拼下沉时,平台改制更为方便;改制用内围平台能够独立保持稳定,对桩基、围堰同步作业的施工方案的适应性和服务能力更强。

图5　搭建完成的施工平台

五、平台结构计算

(1)平台承受的荷载与组合

①结构自重:按材料重度和构件规格、型号、尺寸进行计算。

②使用荷载:平台面人群荷载、一般工具和小机具荷载、小型材料堆码荷载。参照工业厂房楼面荷载标准,并考虑实际情况,按 $3kN/m^2$ 取值。计算后转换为线荷载作用于主梁上。用于整体验算。以 40t 的 APE400 液压振动锤放置在平台上为验算荷载。大型机具主要为多台钻机同时作业时的恒载及振动荷载。

③流水荷载:$F_w = KA\dfrac{\gamma V^2}{2g}$

桥位处断面平均水流流速,枯水期约 1m/s,中洪期 2～3m,高洪水位时最大可达 3～4m。根据近 5 年统计的每年 4 月份的最高水位,取定施工平台使用期间最高使用水位为 25m,此时属于常水位,偏安全地选用中洪期 2m/s 流速进行计算。流水荷载计算至一般冲刷深度处。经计算,平台使用期间墩位河床一般冲刷深度 1.6m。而实际上由于钻孔排碴的影响,河床面将会升高。

钢管桩和钢护筒形状系数取 $K=0.8$. 作用在钢管桩上的流水压力为 1.34kN/m,作用在钢护筒上的流水压力为 5.4kN/m。

平台验算时,全部钢管桩均承受流水压力作用。并考虑插打钢护筒时,在护筒入土前,护筒上承受的全部流水压力均转换作用在平台上。考虑同时插打 2 根钢护筒,每根护筒传递给平台的水平力(按 20m 水位计算)为:

5.4×(20－11)＝48.6kN,作用在平台顶高程处。

④风荷载:施工阶段基本风速 $V_{10}=25.0m/s$(重现期 30 年),则由《公路桥涵设计通用规范》相关规定,经计算得作用在主梁迎风面上的风压 $W=1.178kPa$,考虑风力顺水流作用为不利。钢管桩和钢护筒按水面以上、主梁下缘以下的范围内承受风荷载。只考虑最上游的主梁承受风荷载。

⑤最不利荷载组合:以钢平台形成,开始插打钢护筒时最为不利。

G_1＝1.2×恒载＋1.4×平台面活荷载＋0.8×1.1×风荷载＋1.0×流水荷载

(2)结构建模与验算

钻孔施工时由于钢护筒已经施工完毕并与平台连成一体,平台承受竖向和横向荷载的能力将大得多,因此不再验算。

①钢管桩边界条件处理:由于钻孔排渣堆积会平衡水流对平台处河床的冲刷甚至堆积,因此除最上游的钢管桩处河床面高程计算一般冲刷和局部冲刷(经计算,平台使用期间一般冲刷和局部冲刷总深度为 3.1m)外,其余钢管桩处河床高程均取定为设计实测河床面高程 11m。

采用《港口工程桩基规范》中的假想嵌固点法处理钢管桩底的边界条件,即假定钢管桩在河床面计算高程以下一定深度 L 处固结,且不再考虑固结点以上至实际河床面范围内土体对管桩的作用。管桩的固结点深度按下式计算:

$$L = \eta T$$

$$T = \sqrt[5]{\frac{E_P I_P}{m b_0}} = \sqrt[5]{\frac{210 \times 10^6 \times 1.94 \times 10^{-3}}{10\,000 \times 2 \times 0.82}} = 1.91\text{m}$$

式中:L——自河床面计算高程至假想嵌固点的深度(m);

T——相对刚度系数 m,根据设计地勘资料提供数据,选用 $10\,000kN/m^4$;

η——系数,2.2。

因此嵌固深度为 $L=2.2×1.91=4.20m$。

则在建模时,钢管桩底固结点高程分别为:

最上游侧钢管桩:$H=11-3.1-4.2=3.7m$

其余钢管桩：$H=11-4.2=6.8\mathrm{m}$

②结构建模与分析：采用通用有限元分析软件进行结构受力分析。钢管桩、主梁、分配梁均采用空间梁单元模拟(图6～图8)。主梁交点处采用半刚性支承模拟。平台面活荷载转换为梁上的线荷载；流水荷载、风荷载采用线荷载输入。

图6　平台计算模型

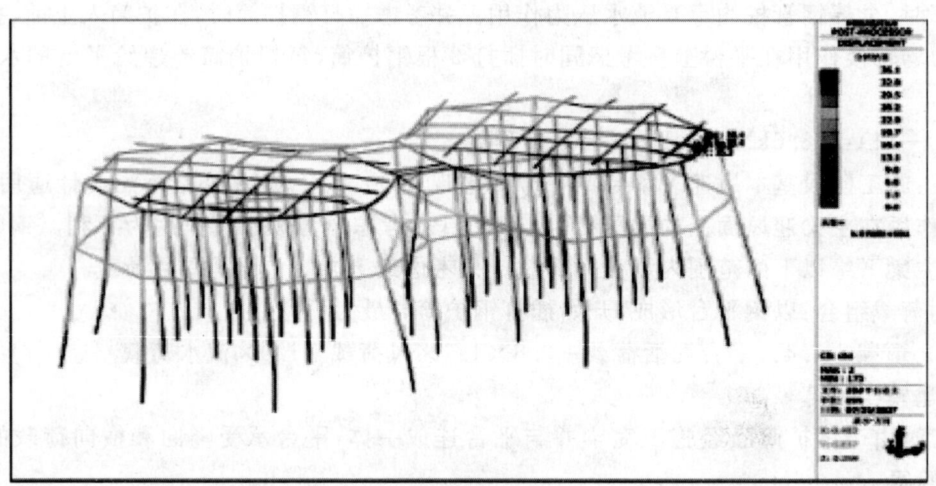

图7　结构位移图(mm)

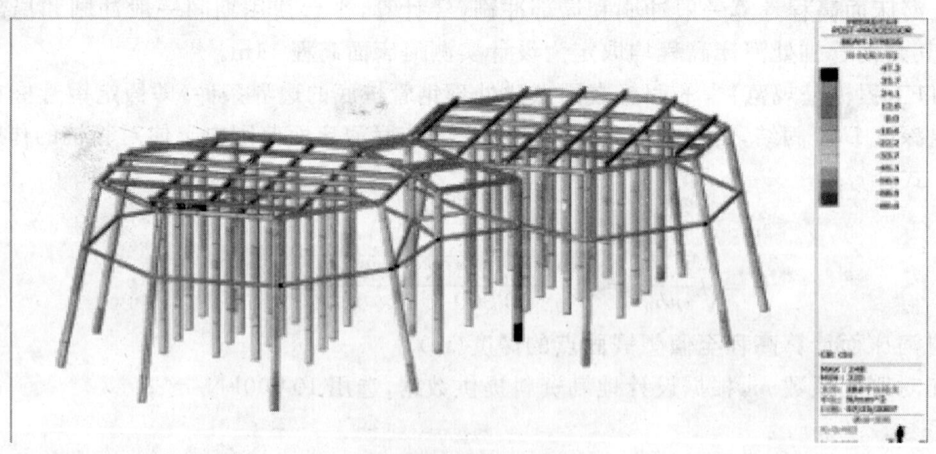

图8　钢管桩和主梁应力图(MPa)

计算成果表明(表 2),平台处于低应力工作状态,安全性、稳定性能良好。

计算成果汇总表 表 2

荷载组合	主梁应力 σ_{max}(MPa)	主梁位移(mm)	钢管桩应力 σ_{max}(MPa)	钢管桩位移(mm)
最不利组合 CB1	80.0	33	70.3	33(向下游)

六、钢平台的施工

钢平台搭建施工首先插打辅助钢管桩,在桩上搭设型钢平台,再利用此平台定位、导向埋设钻孔钢护筒。待钢护筒安装完成后,将其连接成整体,并将平台从钢管桩转换支承于钢护筒上,使钢护筒成为平台的支承主体,钢管桩辅助受力。平台施工流程见图 9。

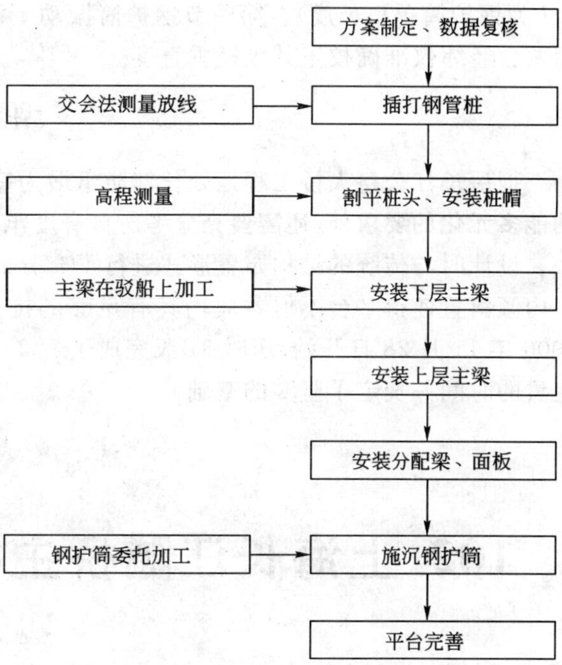

方案制定、数据复核 → 插打钢管桩(← 交会法测量放线) → 割平桩头、安装桩帽(← 高程测量) → 安装下层主梁(← 主梁在驳船上加工) → 安装上层主梁 → 安装分配梁、面板 → 施沉钢护筒(← 钢护筒委托加工) → 平台完善

图 9 平台施工流程图

(1)辅助钢管桩的插打

钢管桩在工厂制作,运输至现场采用打桩船(桩-3)进行钢管桩的插打施工。插打施工主要控制其平面位置、垂直度和桩尖高程。打桩船利用自锚系统调整位置,将龙口对准桩位中心,调整龙口的竖直度,锤击沉桩。依次循环,完成一排桩的插打施工,并完成临时连接,进入下一排桩施工,直至完成所有桩的施沉。

(2)钢平台的搭设

钢管桩插打完成后,按照设计高程切割桩顶,并焊接桩帽。采用连接钢管将相邻的管桩在桩顶以下、水面以上一定高度位置连接。在驳船上分片组拼焊接型钢组合梁,浮吊整体起吊型钢梁布置于桩帽之上并固定焊接形成平台格构主梁,在主梁之间布置分配梁并在其上敷设 10mm 花纹钢板形成初期平台(图 10)。

(3)钢护筒插打及平台的完善

基桩直径为 ϕ300cm,采用 ϕ330cm,壁厚 2cm 的钢护筒,每根护筒长度为 27m,分成上下两节制作,其长度分别为 18m 和 9m。钢护筒采用 APE-400 型振动打桩锤插打(图 11)。在管桩平台上相应的桩孔位置布置定位、导向架,由动臂式塔吊起吊护筒节段插入定位、导向架内实施现场对接并振动下沉。钢护筒现场下沉质量控制包括平面位置、垂直度、插打深度(与设计是否一致)、对接焊质量等。护筒插打到位后,在其顶端外壁设置支承结构,将相应的平台型钢组合梁转换支承于其上,进而最终完成平台的搭建施工。

图 10 水中钢平台搭设

图 11 钢护筒插打施工

(4)测量控制

在插打钢管桩施工时,利用两台经纬仪采用前方交会法确定钢管桩的中心位置以及控制垂度。并用另一台全站仪进行校核控制桩位,水平仪控制桩顶高程,标高控制以桩尖打到基岩面为准。角度前方交会,相邻两台仪器视线夹角应控制在30°～120°范围内。三台仪器作角度交会时,所产生的空间误差三角形,其中心距各三角边距离允许偏差为±50mm。

在安装插打钢护筒时,采用GPS在平台上放样出各排、各列桩的中轴线控制点并标记,通过两线的交叉确定护筒的中心位置,采用全站仪和经纬仪前方交会测量控制钢护筒倾斜度,确保在$H/400$以内(H为钢护筒单根长度)。第一节钢护筒振动下沉是否准确就位是控制倾斜度的关键,护筒下放着床时用两台经纬仪准确校正其纵横垂直度。

七、结　语

荆岳长江公路大桥工程地处长江防汛最为敏感区段——荆江河段,北主墩深水基础施工平台除满足功能多元化的要求外,还需要充分考虑自身度汛和抵抗外力的能力,同时其经济性指标是控制的重点之一。设计时与传统的结构布置形式进行了充分的对比,采用了正八边形的类圆结构外形,外围管桩向中心内倾斜置使得平台不但各向均具有足够的抗倾稳定性,而且最大限度地节约了施工用材。该平台自2006年11月28日开始,历时31天完成了近2 600m^{2}的钢平台搭建并投入使用,为后续基础施工赢得了宝贵的时间并奠定了坚实的基础。

102. 上海长江隧桥主桥墩防撞钢吊箱施工技术

李宗平[1]　杨志德[2]

(1.中交二航局第四分公司;2.中交二航局)

摘　要　上海长江隧桥主桥墩特大型钢吊箱尺寸76.4m×41.4m×10m、重达1 500t,是目前同类工程中最大的一个,采用施工套箱与防撞体相结合的设计理念和整体制作、滑道下水、远距离浮云和双浮吊抬吊就位的施工方案。介绍了钢吊箱的施工思路及关键技术,可为类似工程提供借鉴。

关键词　桥梁基础　防撞体　钢吊箱　浮运

一、工 程 概 况

上海长江隧桥工程是交通部确定的国家重点公路规划中上海至西安的重要组成部分。该工程起自上海浦东五号沟,与郊环线相连,经长兴岛,止于崇明岛陈家镇,接陈海公路,全长25.5km,其中长江大桥部分全长16.55km,是目前世界上最大的隧桥工程。主桥桥跨布置为92+258+730+258+92=1 430m,主塔为“人”字形索塔;主梁为分离式钢箱梁,全宽51.5m,公(双向六车道)轨(两侧为轻轨)共面,在已建和在建的斜拉桥中居中国第三、世界第五(见图1)。

图1　上海长江大桥主桥效果图

两主墩基础均为60根钻孔灌注桩,桩径为2.5m～3.0m,桩底高程－109.85m(南主墩)和－106.85m(北主墩),桩顶高程－2.0m,承台尺寸为72.2m×37.2m×6.0m,上下游呈尖圆形。承台钢吊箱采用与防撞体相结合的方案，将重约 900t 的防撞体作为钢吊箱的侧壁板（见图 2），由施工单位自行设计底板及横撑形成承台围水结构[1][2]。钢吊箱尺寸为 76.4m×41.4m×10m，重约 1 500t。

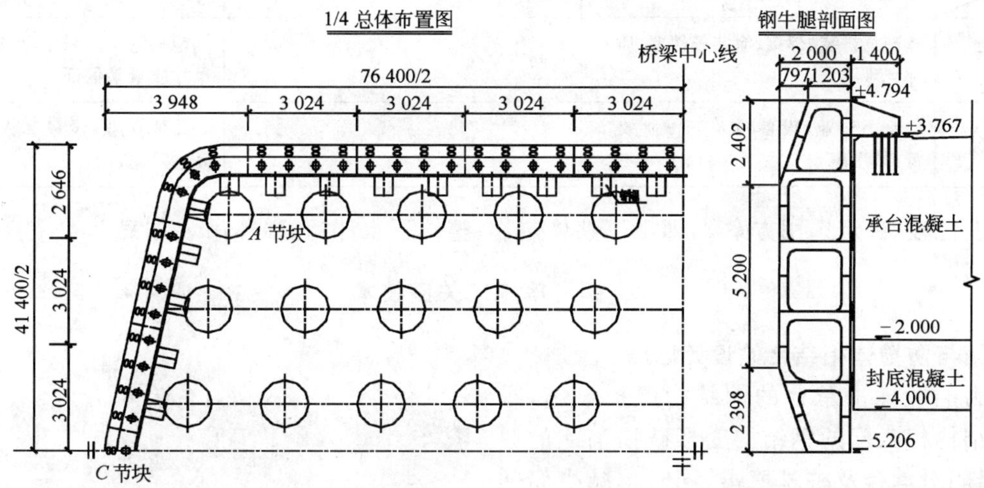

图 2 防撞体平面图及其与承台连接剖面图（尺寸单位：mm）

二、气象水文条件

上海长江大桥位于长江口，水域宽阔，两侧崇明及长兴岛均为冲积性岛屿，地域开阔，主通航孔桥位于北港南水道。

(1)潮汐：长江口为中等强度的潮汐河口，口外为正规半日潮，口内潮波变形，为非正规半日浅海潮。本场区邻近长江入海口，水中含盐量较高。

(2)潮流：桥区涨潮平均流速在 0.30～1.86m/s 之间，涨急流速在 0.98～2.24m/s 之间，落急流速在 0.93～1.64m/s 之间。

(3)波浪：外高桥实测最大波高 3.2m，方向为 NNW，相应周期为 4.8s。

(4)风：桥区属亚热带海洋性季风气候，四季分明，春季多雾，夏季（5 月～10 月）常受台风影响，冬季（10 月～4 月）受季风影响。全年累计风力超过 6 级以上达 180 天以上。施工期风速按 35.64m/s 设计。

三、主墩钢吊箱施工方案的比选

根据工程进展情况，钢吊箱安装时间约在 6～7 月份，由于桥位处受潮水、涌浪影响大，同时受到台风、季风和长江口地域风影响，自然条件较为恶劣，且防撞体为永久性结构，对制作和防腐质量要求较高，根据这些情况对表 1 中的 3 种施工方案进行了比选。

钢吊箱施工方案必选 表 1

方案 对比项	1. 工厂分块制作，现场原位搭设平台组拼、千斤顶下放就位方案	2. 工厂分块制作，现场大型组拼驳船上组拼、浮吊下放就位方案	3. 工厂制作成整体，浮运至现场，浮吊下放就位方案
现场作业安全性	吊箱块体受风面积大，现场拼装时间长，需增加起重设备，台风来时无法避风，作业安全风险大	同方案 1，同时台风来时，组拼驳船避风困难，现场作业风险大	现场作业时间短，根据气象预报，可择日吊装，现场作业风险小
整体工期	现场组拼为关键线路，整体工期较长（3～4 个月）	组拼不为关键线路，提前施工，可缩短工期 3～4 个月	工厂制作、浮运至现场，可缩短工期 3～4 个月
吊装时间及可靠性	用多个千斤顶同步起吊和下放，作业时间长，安全可靠	吊装时间短，安全可靠	吊装时间短，安全可靠

续上表

对比项＼方案	1.工厂分块制作，现场原位搭设平台组拼、千斤顶下放就位方案	2.工厂分块制作，现场大型组拼驳船上组拼、浮吊下放就位方案	3.工厂制作成整体，浮运至现场，浮吊下放就位方案
质量保证情况	现场拼装、焊接、涂装条件差，质量保证难度大。	同方案1	钢吊箱工厂制作，焊接、涂装、形体尺寸质量易保证
施工费用情况	水上作业，设备和人工作业效率低，费用高	同方案1	陆地作业，设备和人工作业效率高，整体费用低

根据以上比较，决定选用方案3，即工厂整体制作、整体下水浮运、整体吊装方案。

四、钢吊箱施工关键技术

1.钢吊箱与防撞体相结合的设计思路

防撞体为船驳撞击承台的钢结构保护设施，是利用与船体结构相匹配的钢结构变形破损消能的原理，来减少船舶对承台及桩基撞击，同时也减少船舶破损长度的结构[3]。防撞壁体与承台之间有10cm间隙，间隔布有50cm×50cm×10cm耐老化氯丁防撞橡胶件。制作好的钢吊箱结构见图3。

图3　制造好正在下水的钢吊箱

根据钢吊箱围水结构所需条件及防撞体的结构特点，底板面积达2 600m²，为强壁体弱底板形式，防撞体外侧设有消浪孔，为单壁结构，为了使钢吊箱入水能够自浮，将钢吊箱两个端部壁体6m高范围各封闭成两个水密舱，长边壁体4m范围各封闭成两个水密舱，浮力共达30 000kN左右，分为8个独立舱，确保下水和拖运安全[4][5][6]。

2.用精轧螺纹钢筋作钢吊箱拉杆的设计

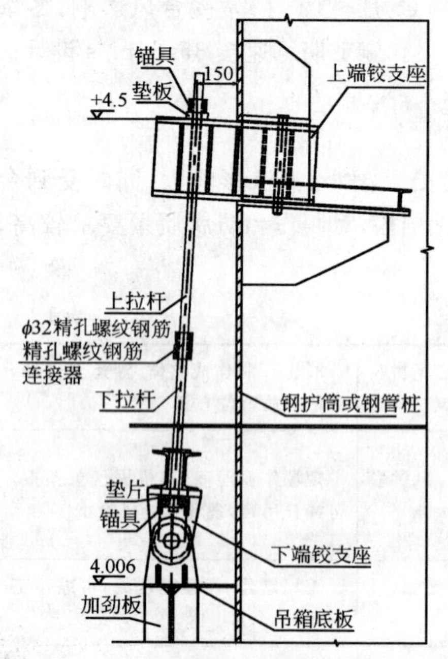

图4　精轧螺纹钢筋拉杆结构图

钢吊箱底板面积达2 600m²，拉杆数量多(400根)，若采用常规拉杆(型钢作拉杆，拉杆与护筒为焊接连接)设计，则钢套箱安装到位后，拉杆焊接时间太长，现场起吊浮吊为横流状态，不宜时间太长，且潮差大，拉杆受力不均，故安全和安装质量无法保证。因此结合整体安装将拉杆改为能快速安装的精轧螺纹钢筋。精轧螺纹钢筋拉杆结构体系见图4。

精轧螺纹钢筋拉杆由3部分组成：

(1)由固定耳板、活动双耳锚固座及销轴组成拉杆下端铰支座；

(2)由精轧螺纹钢筋、锚具及连接器组成拉杆。

(3)由牛腿、活动悬臂梁及定位销组成上端铰支座。

该拉杆体系与普通拉杆体系相比具有以下优点：

(1)拉杆不需与钢护筒焊接，钢吊箱安装就位后可迅速安装上拉杆；

(2)拉杆轻便且可适当变形，拉杆安装便捷；

(3)拉杆安全系数大，设计吨位为200kN，实际可达600kN以上，同时拉杆从连接器处断开，以上部分可重复使用；

(4)拉杆可用扳手或千斤顶施加预紧力，使拉杆受力均匀。

3. 钢吊箱在工厂整体制作、下水

(1)钢吊箱制作

钢吊箱的制作分为防撞壁体制作和底板及桁架、横撑、拉杆等制作。防撞壁体共分 30 节段(其中标准节段 24 节,拐角弧形段 4 节和尖圆弧形段 2 节),节段的制作工序为搭设胎架、下料、单元板件焊接、组装成节段、焊接、矫正,然后喷砂除锈,涂装。根据现场实测的钢护筒顶、钻孔桩顶平面位置在底板上作出护筒开孔线和下支座位置。然后利用龙门吊吊装进行壁体分块组拼,安装底板桁架,主动横撑,拉杆下支座安装焊接,完成钢吊箱的组拼。

(2)钢吊箱整体下水

钢吊箱下水船台如图 3 所示,船台宽 49m,布有四条滑道,滑道间距从上游向下游分别为 6m、18m 和 6m,滑道常水位水上 115m,水下 60m,坡度为 1∶18。

根据钢吊箱与船台自身特点,钢吊箱下水存在以下难题:

①由于钢吊箱为强壁体弱底板结构,而滑道与壁体不重合,若仅靠与滑道相交的两端壁体的 8 个点与滑道接触,外侧四个点每处受力经计算达到 3 200kN 左右(内侧四点每处 500kN),此时壁体经过适当加固可满足受力要求,而滑道的受力 400kN/m 则超出了其强度。

②钢吊箱浮力来源于壁体(长边方向下端设 4m 密封仓,短边方向下端设 6m 密封仓),由于实测水位比潮汐表上的水位低 60cm 左右,按照计算在大汛时当吊箱下滑至滑道端头时,仅靠壁体浮力尚不能使吊箱尾浮,即滑道尚不够长。

③当吊箱近水端开始上浮时,吊箱以近岸端壁体下端为圆心旋转,最大支点反力达 6 000kN 以上,滑道及壁体受力较大。

④吊箱不同船体有优良的下水线形,其前端近似平齐,阻水面大,在油脂滑道下滑,要有下滑停止的备用措施。

根据实际情况并针对以上难题进行反复讨论决定采用以下对应对策:

①在吊箱长边壁体下水上部分(+2.2m 以上)用支墩搭设简易辅助滑道,同时滑道与吊箱短边壁体相交处设置 8 个下滑点,使其共同受力,当吊箱前端滑出陆上段时(高潮位水位+4.0m 左右),此时吊箱前端已入水 70cm 以上产生了浮力,吊箱后端在滑出辅助滑道之前其已一端自浮。

②为了安全起见,吊箱底板上近水处钢护筒孔洞暂不开,在下水短暂时间内为自浮提供浮力,使有效滑道缩短,满足下滑要求。

③在壁体下滑点处(1m 宽)内外侧焊接牛腿,扩大了滑道受力面积,同时外侧四牛腿平齐,使得吊箱前端自浮时四点共同受力(每点 1 500kN 左右),同时牛腿刚度比壁体弱,有很好的变形能力,能够保护壁体。

④在吊箱前端安装好拉缆,以备不时用拖轮进行牵引之需,同时准备了 8 根直径 1.8m、长 11m 的气囊和一组潜水员。

钢吊箱下水前,将滑道上浇上石蜡,并在岸侧用卷扬机将吊箱带住,拆除吊箱底板及壁体下胎架,快速打下支墩,让吊箱荷载全部支撑在滑道上,然后割除后端牵引钢丝绳,吊箱在自重作用下下滑入水。

4. 钢吊箱长距离浮运

钢吊箱从江阴靖江长博造船厂水运至大桥施工水域,其地理里程约 200 余公里,航行里程约 240 余公里,经过江苏省、上海市两地的长江航道。根据钢套箱的吃水及体型系数计算出拖带力,采用两艘 2 640hp(1 980kW)和一艘 1 980hp(1 485kW)的拖轮按照三角形顶推队形编队,为了防止发生突风,随队帮拖一艘锚艇,锚艇吊一只 7t 霍尔锚,锚索一端与套箱相连,当遇到大风等紧急情况或需抛锚时,锚艇可及时进行抛、起锚。实际拖带平均时速为 12～15km/h,钢吊箱实际吃水 3.6m。

5. 钢吊箱的整体吊装及就位

钢吊箱自重约 1 500t,平面尺寸大,为减小起吊时因绳索与钢吊箱平面间的夹角过小而产生较大的水平力,采用两台浮吊的方案。钢吊箱考虑 1.25 的动载系数,单个浮吊吊重为 1 500×1.25/2=937.5t。综合考虑后,选定吊重 1 200t 的镇"航工 818"和吊重 1 000t 的上海"港机 1 号"双浮吊作为钢吊箱抬吊的吊装设备。钢吊箱长边壁体顶部各设置四个吊点，每台浮吊用两个大钩，每个大钩吊两个吊点，且吊索可在大钩上串动，保证各点受力均匀。

由于平台上下游的中部均有塔吊，吊装时将上游塔吊下降到只有36m的高度。两台浮吊抛好锚并适当后移，然后等涨潮时分，拖轮将钢吊箱缓慢顶推至平台上游，套箱与平台带好缆绳，中间顶推拖轮解队，锚艇再在钢吊箱上游抛锚并与套箱连接，这样浮吊即可靠近挂钩，挂好钩，浮吊同步起吊，直至钢吊箱底部高于平台高度，然后缓慢绞锚移位。浮吊跨越塔吊后，开始进行钢护筒对位、钢护筒孔位开孔、下放。

钢吊箱下放入水前，打开各水密舱顶、底部密封孔，使钢吊箱缓慢下沉，同时接长精轧螺纹钢筋拉杆，推出钢护筒上安装好的抽屉式牛腿并销接。下沉到接近安装标高后，将精轧螺纹钢筋拉杆顺入牛腿的槽口中，通过高程测量得知钢吊箱四个角下放的尺度换算出精轧螺纹钢筋拉杆的锚固螺母与牛腿间的距离，在各角处调节好两根拉杆螺母与牛腿间距离，缓慢下放吊箱，使各浮吊减小1 000kN左右吊力，让每根拉杆承受250kN左右的拉力。再次测量吊箱四角标高，若不满足要求，则可吊起重新调整直至满足要求为止(一般一次即可)，然后将每个角四根钢护筒的拉杆(每个角24根，共96根)用扭矩扳手将螺母拧紧(20～30kN预紧力)，再缓慢下放，直至吊索基本不受力，及时将剩余的拉杆用扭矩扳手带力，在调高程的同时用手拉葫芦调整平面位置。调好后及时用型钢将吊箱和护筒之间进行固定，防止波浪及水流影响钢吊箱的平面位置。

五、结　　语

上海长江隧桥两主墩钢吊箱分别于2006年7月2日和8月3日顺利安装到位，每个钢吊箱从下水到安装就位不超过4天时间，证明了尺寸为76.4m×41.4m×10m，重达1 500t的钢吊箱采用整体制作、滑道下水、远距离浮运、双浮吊抬吊就位方案及抽屉式牛腿和可调节精轧螺纹钢筋拉杆工艺是安全可靠的。同时减小了现场的工作压力，节约了工期。目前两主墩已经过了封底和承台浇筑，已开始进入塔柱施工阶段，比原计划提前工期约四个月。在上海长江大桥复杂的施工环境下进行大型钢吊箱安装的施工中，有以下几点经验供同类工程参考：

(1)巨型钢吊箱(76.4m×41.4m×10m，重达1 500t)在长边壁体上增设临时滑道，端头各设置4个齐线支点在永久滑道上，吊箱尾部(近岸侧)旋转支点等措施均有效地扩散了永久滑道和支点的集中荷载；同时由于底板主、次梁和面板(不开孔部分)形成空气团，产生一定的浮力，使得刚入水时，吃水深度(2.6m)远小于理论(3.86m)吊箱吃水值，故吊箱实际尾浮时间比理论来得早。

(2)将钢吊箱壁体对称分成8个密封舱，使其如同大型甲板驳一样，底板部分开洞，增加吊箱吃水，减小航行过程中阻风面积，同时浮运时有锚艇带锚随行，确保了浮运安全。

(3)在吊箱长边壁体上各设四个吊点，采用两个浮吊(一艘1 000t、一艘1 200t，各有两个主钩，每个钩吊两个吊点)抬吊，有效解决了吊箱平面尺寸大、吊点难于布置的难题。从实际来看，两浮吊受力均衡，搅锚移位在有效指挥下同步性强。

(4)拉杆体系采用可伸缩的抽屉式牛腿和精扎螺纹拉杆使得拉杆安装时间短(准备工作做好，400根拉杆只需两个多小时)；因精扎螺纹钢筋强度高，用钢量大大减少(只有型钢的1/4)；拉杆受力可调节、可检查，有利于均匀受力；牛腿和封底混凝土以上的拉杆可重复利用，降低造价；精扎螺纹钢筋拉杆界于刚性(型钢)拉杆和柔性(绳索)拉杆之间，便于钢吊箱平面位置的调整。

参考文献

[1] 上海长江隧桥B5标中港二航局项目经理部.长江大桥主通航孔工程总体施工组织设计[R].2005.
[2] 过震文.上海长江隧桥主墩钢套箱的下水及浮运[J].桥梁建设，2006(4):56～59
[3] 陈国虞，王礼立.船撞桥及其防御[M].北京：中国铁道出版社，2006.
[4] 李玉成，滕斌.波浪对海上建筑物的作用[M].北京：海洋出版社，2002.
[5] 中港第一航务工程勘察设计院.海港工程设计手册(中)[M].北京：人民交通出版社，1997.

103. 南京长江第三大桥项目进度控制

娄学全 林 鸣 章登精
(南京长江第三大桥建设指挥部)

摘 要 本文介绍国内首座钢结构索塔斜拉桥工程建设情况,详述了南京三桥网络计划管理和围绕"零工序转换"目标的工程项目管理措施,简要介绍了相关经验和教训。

关键词 南京三桥 网络计划 零工序转换 进度控制 体会

一、工程项目介绍

南京长江第三大桥(以下简称"南京三桥")是沪蓉国道主干线在南京的重要过江通道之一,跨江大桥长 4.744km,南接线长 3.083km,北接线长 7.773km。主桥为钢塔钢箱梁全钢结构斜拉桥(63m+257m+648m+257m+63m),全长 1 288m。全线共设四座互通立交;设服务区两处,收费站一处;设置交通监控、收费、通信电力综合监控和智能保安系统;全线设照明系统,主桥为全变色景观照明。主管部门核批工程工期四年。

技术标准为:双向六车道高速公路,设计行车速度 100km/h,桥梁标准宽度 32.0m,设计洪水频率 1/300,最高通航水位 8.71m。设计荷载汽车—超 20 级、挂车—120,设计风速 100 年一遇 10m 高处、10 分钟平均风速 31.7m/s,设计地震列度Ⅶ度,索塔设计船舶撞击力顺桥向 13 500kN,横桥向 27 000kN。

主桥桥位区河段属分汊河型,属长江下游感潮河段。洪峰多在 6~8 月,施工期水位约为 5.5~7.5m;通航水位 8.71m,南主墩处最大流速为 2.9m/s。南塔墩位河床高程-39m。-39~-58m 为中粗砂、砂砾层,-58~-62m 为致密卵砾石层;-62~-71m 为卵砾石层,松散;-71~787m 是全风化和强风化泥岩,近似黏土,~78~-88m 部分为弱风化泥岩,-88m 以下是微风化泥岩,为桩基的主要承载层。

主墩基础采取钻孔灌注桩+承台的高桩承台基础,承台呈哑铃形,长 84m、宽 29m,南北主墩基础均为 30 根钻孔桩,见图 1。索塔为"人"字形塔,总高 215m,下横梁以下为钢筋混凝土结构,高 35.2m,截面为横桥向 6.2~8.4m,顺桥向 8.0~12.0m 渐变的倒角六边形结构;下横梁以上为钢结构,高 179.8m,截面为顺桥向 5.0m、横桥向 6.8m 的切角矩形,见图 2。

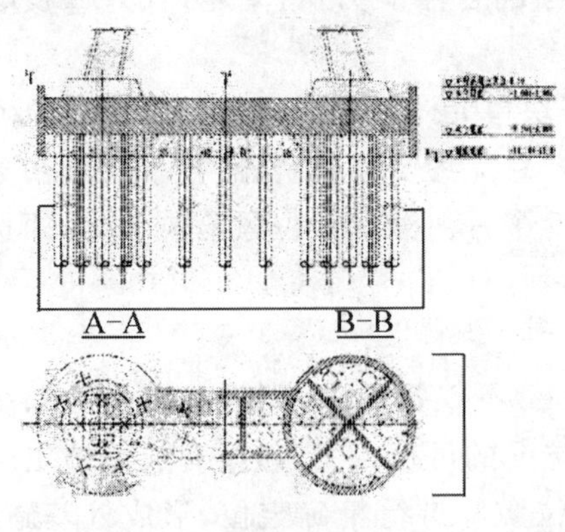

图 1 主墩基础

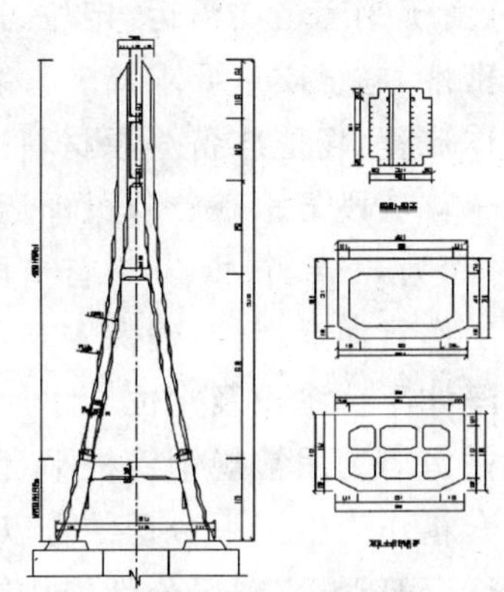

图 2 钢塔

钢箱梁采用正交异性板流线型扁平钢箱梁,梁高 3.2m,总宽 37.2m;斜拉索采用平行钢丝外挤包 PE 形式,表面设有双螺旋线,内部填充防腐材料,最小型号 7-109,最大型号 7-241;斜拉索减振采用外置阻尼器、减振橡胶圈和防风雨振螺旋线共同作用的方式。

二、项目总体计划分析

2003年11月5日，原国家计委以计基础[2002]2329号文《印发国家计委关于审批南京长江第三大桥可行性研究报告请示的通知》批复的可行性研究报告。2002年12月，组建成立南京长江第三大桥建设指挥部，负责南京三桥工程建设工作。南京三桥实行二级监理制度，总监下设总监代表办，通过公开招标由社会监理单位承担。总监代表办由总监代表牵头负责日常监理工作。

(一)主要工程项目施工计划分析

南京三桥工程项目包括主桥、南引桥、北引桥、南岸接线、北岸接线等五个子项工程，主要工程数量见表1。从工程规模和技术难度上来分析，主桥工程显然是工程项目管理的难点和重点。主桥工程可划分为以下主要工程项目：基础工程(套箱、平台、桩基、承台)、混凝土索塔、钢塔加工制造、钢塔现场安装(吊装设备采购或租赁、设备安装、钢塔柱吊装)、钢箱梁加工制造、斜拉索制作、上部构造安装、钢桥面环氧沥青铺装以及桥面附属工程等。这些主桥主要工程项目中，大型浮体深水基础和钢塔施工方案为国内首次采用，没有成熟的经验可循，是三桥项目管理成败的关键，也是工程计划分析的难点。

主桥工程项目情况表 表1

序号	工程项目	工程量	序号	工程项目	工程量
1	南塔墩套箱	3 055.1t	10	北塔基础封底和套箱混凝土	9 623m^3
2	南塔基础 ϕ3.0m 灌注桩	42根/36 934延米	11	北塔承台及塔座混凝土	14 403m^3
3	南塔基础 ϕ2.5m 灌注桩	6根/393m	12	北塔墩、塔身混凝土	7 037m^3
4	南塔封底和套箱混凝土	11 578m^3	13	钢塔柱制造、运输、工地连接	94节段/11 762t
5	南塔承台及塔座混凝土	15 417.8m^3	14	钢塔附属结构	341t
6	南塔墩、塔身混凝土	6 837m^3	15	钢箱梁制造、运输、工地连接	89节段/22 773t
7	北塔墩套箱	2 555.9t	16	主桥钢护栏	793.5t
8	北塔基础 ϕ2.9m 灌注桩	30根/2 413延米	17	附属结构	384t
9	北塔基础 ϕ3.0m 灌注桩	20根/1 430延米	18	斜拉索制造	168根/2 016t

注：主桥共计用钢材54 921t，其中钢筋9 371t，钢绞线115t，普通钢板31 313t，镀锌钢丝2 018t，Q370qD钢板12 104t，水泥55 329t。

1. 哑铃形套箱加工制造及浮运

南塔钢套箱在桩基础施工阶段，作为钢护筒导向定位和钻孔阶段的设备及材料承重结构；在索塔基础施工阶段，又是承台施工的围水结构和施工主要机具、人员的工作平台的承重结构。钢套箱采用双壁自浮式结构，由于钢套箱在浮运、定位、接高、下沉中要求有较强的自浮能力，钢套箱内、外壁及隔仓板等必须保证水密性，施工质量要求高。

施工工作流程：场地准备→原材料进场→板单元生产→环块单元→底板单元生产→底板单元总拼→首节段总拼→首节段下水→首节段浮运就位→桥位现场接高。总工期受投入资源、技术特点和天气因素影响较大，时间为3～6个月，其中首节段加工制造工期为3～5个月。浮运就位风险较大，必须选择可靠的天气一个工作日浮运就位，确保安全。

2. 大型浮体平台搭设及定位

南京三桥南塔利用常规钢管桩平台或双壁钢围堰平台施工，不仅投资大，而且施工风险都很大。所采用浮体钢套箱作为施工平台是结合以往深水基础施工经验选择的可行方案，但没有成熟施工经验。利用高水位进行套箱浮运，现场分别依靠锚碇、船体、钢护筒、定位墩等进行精确定位，形成桩基施工平台，保证高水位开工桩基施工。

施工工作流程为：船只组织拼装(60～90天)→船体抛锚就位(20～40天)→钢套箱浮运牵引至设计墩位(1个有效工作日)→船体与套箱联结(10天)→浮体抛锚定位(20～30天)→浮体精确定位及施工平台完善(20～40天)。大型浮体平台搭设及定位的工期为4～6个月。

3.浮体平台上钻孔灌注桩施工

南北主墩桩基均为大直径钻孔灌注桩，南北墩设计钢护筒底高程分别为－72、－49m，护筒长度分别约为81、58m。鉴于地质以细、中、粗砂层，卵石层，强、中、弱、微风化泥岩层为主，选用国内现有PBA928、KPG3 500、KP4 000、RC3 000等型号钻机施工，其单根桩基施工周期为15～30天。相邻桩基中到中最小距离6m，边到边最小间距为3m，考虑施工安全、可利用钻机及吊装设备资源等情况，可以按同时布置六台或更多钻机来组织施工。

施工工作流程为：平台搭设→护筒打设→钻机就位→钻进→清孔→下放钢筋笼→浇筑水下混凝土。桩基施工总工期为4～6个月，其中钻孔工期为3～5个月，护筒打设工期1个月。

4.哑铃形承台施工

南墩为有底套箱，在桩基完成后直接进行封底。套箱设计水位为4.0m。承台封底混凝土分割成11个区域，设计要求对称封底。承台混凝土施工要求按两层浇筑，并采取有效的降低水化热措施，系梁设置后浇带，确保大体积混凝土质量。

施工工作流程：套箱隔仓混凝土浇筑→区域一封底→区域二封底→区域三封底→抽水→清泥及凿桩头→一次承台混凝土浇筑→二次承台混凝土浇筑→后浇带混凝土浇筑。施工工期2～3个月，同时承台抽水工作必须在5月份洪水来临前(水位在4m以下)完成。

5.曲线形混凝土索塔(下塔柱)施工

混凝土索塔包括塔座、下塔柱、钢混结合段和下横梁。下塔柱、下横梁的各个面均为变截面，且塔柱的仰面倒角、横梁底面及倒角等为空间形体，施工难度较大。钢混结合段采用PBL健连接方式为同类型工程中首次采用，设计要求钢混结合段每次浇筑高度不超过2m。

施工工作流程：塔座施工→下塔柱浇筑(分6～7节段)→底座定位件安装并浇筑→底座安装及浇筑→T0段安装→钢混结合段浇筑(6～7次)→横梁混凝土浇筑(2次)。南北主塔分别按一套模板组织施工，工期为3～4个月。

6.钢塔柱加工制造

钢塔柱在国内首次采用，通过研究确定其施工工作流程：试验段的加工制造→厂房的建设→大型设备采购安装及原材料检验进场→板单元生产及运输→块单元生产→箱体组装及焊接→箱体断面的机加工→箱体的匹配→箱体的涂装→箱体的运输。鉴于国内首次采用钢结构索塔，按照技术分析和技术咨询结果，总工期按10～12个月考虑。其中断面机加工设备－镗铣机床是关键设备，调查阶段国内现有加工能力为1.5～2天一个断面，全桥共184个断面需加工。

7.钢塔柱吊装

全桥共94个节段钢塔柱及钢横梁需要吊装，单件吊装重量为130～160t，设计方案考虑T2以下6个节段利用浮吊安装，其余88个节段采用专用吊机吊装。主要工作流程：吊装设备采购或租赁→设备安装调试(1～2个月)→钢塔柱及横梁安装(包括吊装、调整就位、高强螺栓的安装、测量等，4～6天一个节段，工期3～4个月)→吊装设备的拆除(1～2个月)。现场钢塔柱吊装总工期5～8个月。

8.钢箱梁加工制造及上部结构安装

全桥共89块钢箱梁，其中无索区钢箱梁6块，边跨排架钢箱梁12块，悬臂吊装标准段钢箱梁70块，合龙段钢箱梁1块。无索区、边跨钢箱梁利用浮吊吊装，其余钢箱梁利用桥面吊机悬臂吊装；斜拉索共21对，168根。主要工作流程：板单元生产及运输→钢箱梁总拼→钢箱梁涂装→钢箱梁运输→钢箱梁吊装→环缝焊接→斜拉索安装→斜拉索张拉→下一块钢箱梁吊装。钢箱梁吊装等后续工作为关键工序，参照国内相关工程经验，每块钢箱梁悬臂吊装周期为5～8天。总工期4～6个月。

9.桥面系施工

参照南京二桥施工经验，钢箱梁中跨合龙后的环氧沥青桥面铺装前各项准备工作需要2～3个月，环氧沥青铺装工期为1个月。

(二)全桥网络计划分析

通过对主要工程项目施工技术方案的分析，建立各主要工程施工项目间的逻辑关系，并结合在三桥施工期间可能获得的设备资源情况和各项目施工技术水平，确定各主要项目的计划工期（表2），进行前导网络计划分析（PN）。优化网络计划，充分考虑以下约束条件：

①套箱设计水位+4.0m，承台必须在洪水来临前完成；

②因受浮吊起重高度限制，必须利用高水位进行T2以下钢塔柱吊装；

③钢箱梁中跨合龙必须避开台风季节；

④环氧沥青桥面铺装选择气温较高、雨水少的秋季进行施工；

⑤国家新招投标办法对招标程序的要求，在公开招标中网上公告、资格预审、公开招标等时间限制。

主要工程项目计划分析表 表2

	工程项目	可能工期	计划主要资源配置	计划工期
1	钢套箱加工制造	3～6个月	利用桥位附近船厂	4个月
2	钢套箱浮运就位前施工准备	3～4个月	导向船、定位船、锚碇等根据需要配置	3～5个月
3	南塔桩基施工	5～8个月	依靠大型浮吊，招标中要求投标人明确	6个月
	①平台搭设及精确定位	1～2个月	套箱浮运就位后，根据需要配备水上设备	
	②护筒打设	1个月	按尽量减少水上护筒接高组织设备	
	③钻孔灌注桩施工	3～5个月	按6台钻机同时施工考虑	
5	承台施工	2～3个月	满足设计要求	3个月
6	钢塔柱加工制造	10～12个月	按照两台镗铣机床组织施工	12个月
7	索塔施工			9个月
	①混凝土索塔施工	3～4个月	南北分别组织1套模板，浮吊吊装钢结构	3个月
	②钢塔柱吊装	3～5个月		5个月
	③塔吊拆除	1～2个月		1个月
8	钢箱梁悬臂吊装	4～6个月	按7天一次吊装考虑	5个月
9	桥面铺装施工（含准备工作）	3～4个月	借鉴南京二桥经验	3个月

进行南京三桥总体网络计划分析，关键线路为：主桥施工队伍进场→南塔施工准备工作→南塔桩基施工→南塔承台施工→南塔混凝土索塔施工→南塔钢塔吊安（含塔吊拆除）→无索区钢箱梁吊装→南塔悬臂吊装钢箱梁→桥面铺装施工→交通工程。考虑南京三桥从深水基础到钢塔，技术创新多的特点，按照“北塔桩基、索塔、钢混结合段、钢塔吊装和钢箱梁吊装施工先行，对新工艺、新课题北塔在前面摸索经验，保证南塔的关键线路不受影响”的原则，优化形成总体网络计划见附图。

（三）工程建设总体计划目标

根据工程总体网络计划分析情况，为有效地组织各项工程建设工作，指挥部明确了工程建设总体计划目标如下：

①2003开工之年：实现主桥正式开工，工程全面开工建设，完成投资4亿元。

②2004大干之年：洪水来临前完成承台浇筑，完成80%钢塔吊装，完成投资10亿元。

③2005决战之年：台风季节以前完成钢箱梁吊装，完成投资10亿元。

④2006通车之年：完成桥面铺装、交通、房建工程，正式建成通车，完成投资6.9亿元。

根据总体工程计划，结合国内大型桥梁建设情况、施工队伍及大型设备资源情况，把主桥工程项目划分为六个标段：A1、A2、B1、B2、B3、B4标段，工程招标中明确各标段工程计划要求。A1、A2标为塔墩基础及上部结构吊装标段，主要工程为南北主墩、辅助墩、过渡墩基础、墩身施工及其上部钢塔、钢箱梁、斜拉索的吊装；B1 标为主墩钢套箱制造标段，主要工程是南北主墩钢套箱的制造和运输；B2 标为钢塔制造和安装标段，主要工程是主墩钢塔节段的制造、涂装、运输及现场连接；B3 标是钢箱梁制造和安装标段，主要工程是钢箱梁节段的制造、涂装、运输及现场连接；B4 标是斜拉索制作标段，主要承担是平行钢丝斜拉索的制作、运输工作（图 3）。

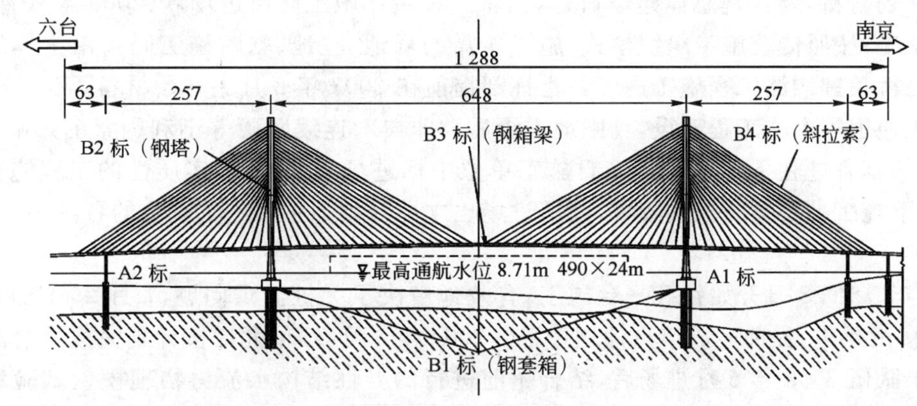

图 3 主桥标段划分示意图（尺寸单位：m）

为实现工程建设总体目标，按照有重点、有节奏、分阶段落实各项措施的管理思路，把南京三桥工程建设工作分成四大战役：

①第一战役——深水基础施工（2003 年 6 月 1 日～2004 年 4 月 30 日，11 个月），依托施工技术创新、现代化大型设备，攻克“世界上水最深、规模最大的高桩承台基础”的施工技术难题，利用一个枯水期完成全部基础工程施工。

②第二战役——主塔施工（2004 年 5 月 1 日～2005 年 1 月 31 日，9 个月），依靠高效、严密的施工组织，力争零工序转换时间；攻克钢塔（国内首例）制造和吊装施工技术难题，确保主塔安全、按期完成各项施工工作。

③第三战役——钢箱梁吊装（2005 年 2 月 1 日～2004 年 7 月 31 日，6 个月），依靠科学合理的施工方案和施工组织，强化施工安全管理，强化施工监控工作，确保钢箱梁安全地在台风季节之前完成钢箱梁合龙工作。

④第四战役——桥面铺装、交通及景观工程（2005 年 8 月 1 日～2005 年 12 月 31 日，5 个月），结合三桥钢塔钢梁的结构体系特点，合理选择成熟的桥面铺装施工材料和施工工艺，高起点、高标准、高质量地完成桥面铺装、交通工程及景观工程等施工工作。

三、项目进度控制措施及实施情况

南京三桥在总体进度计划的基础上，每年年初制订年度指导性计划；在日常监理工作中，严格执行年度、季度、月度、周计划的申报制度，总监负责对年度、季度、月度计划审批，现场总监代表和总监办负责对周计划审批；在关键节点上，考虑工序交叉多、制约因素多的特点，实行了日报制度，及时反馈进度信息，以便及时分析控制状态。指挥部积极履行“项目法人”职责，紧紧围绕确保关键线路工程项目施工进度，进行各项施工准备，落实各项措施，督促监理履行工程进度控制上应履行的职责，督促承包商合理进行资源配置。为确保总体计划的实现，根据南京三桥工程建设四大战役的特点，开展了社会主义劳动竞赛活动，对按期完成节点工程计划的承包商给予合同价 1%～2%额度的奖励，建立了外部激励机制。

在建筑工程项目中，道路桥梁工程显著的特点是：占用土地面积大，虽然工程投资额大，但单位面积投资相对较低；地理位置跨度大，受地质、水文、气象的影响大，施工季节性较强；结构外形复杂，野外施工项目多，施工安排必须考虑天气影响；占用社会资源量大，技术含量高，影响工程建设的因素多。保证南京三桥关键线路工程连续施工是关键，众多工序间如何实现连续施工——“零工序转换”是工程项目管理的重要课题。

1.前期施工准备

从资格预审、上网招标，到工程投标、专家评标和公示定标的工程招标过程，所需时间需要在3～4个月。根据总体计划分析，要实现总体建设目标，南京三桥主体施工队伍进场后(2003年6月)必须进行主体工程的全面施工；按照传统施工组织模式，施工所需的场地、驻地、临时施工码头由主体施工队伍来组织会直接影响三桥关键线路工程施工进度。指挥部提前在2003年2月底开始材料码头、交通码头、陆上施工场地和施工便道等大临工程建设，克服地方矛盾、“非典”、连续阴雨等不利因素的影响，5月20日完成全部工程，现场具备进驻条件。5月22日施工单位中标进场，立即开始实质性的工程施工工作。北塔于5月28日打下施工平台第一根钢管桩，南塔进场也立即开始了主墩施工平台的各项施工准备。

2.基础施工

北塔2003年5月28日开始钻孔平台施工，有效地解决了无桩渡洪问题，7月25日开始钻孔，11月24日桩基施工接近尾声，提前完成节点计划任务。2004年4月3日，北塔按计划完成承台混凝土浇筑。

南塔墩施工队伍2003年6月进场后，结合超前进行的异性结构水流力物理模型试验和浮运方案研究，进行导向定位船套箱锚碇浮体结构受力分析，指导制订施工方案。2003年7月7日，导向船定位船套箱锚碇系统方案通过专家评审；8月上旬完成导向船(四艘800吨驳船)的拼接工作。8月17日，首节钢套箱在下游13km新华船厂码头下水待运，8月29日浮运就位，南京三桥举行正式开工仪式。

10月1日完成两次套箱接高下沉后，利用3 000kN浮吊设备安装施工平面联结体系、打设钢护筒。首批8根定位钢护筒完成后，11月20日第一台钻机就位开钻，这标志南塔施工平台搭设及精确定位工作完成，共耗时82天。该节点计划比原计划分析最迟完工时间滞后20天，使得南塔桩基施工组织难度加大。要保证桩基按计划2004年2月底完成，则现场钻机开工要求应为：(30根×20天/根)÷90天=5.6(台)。考虑浮体平台第一批钻孔只能布置4台钻机，则从12月10日后现场钻机开工要求应为：(26根×20天/根)÷70天=7.4(台)。显然，在南塔桩基施工阶段必须督促增加钻机，进行现场钻孔施工的合理布置；加大管理力度，提高劳动效率，力争成孔时间缩短。结合北塔施工进度情况，为确保全桥施工有序开展，指挥部要求北塔钻机完工后不得离开三桥施工现场，按集中全部钻机进行南塔钻孔进行施工布置。2004年2月25日系梁区护筒完成打设工作后，南塔桩基钻孔施工按要求全面展开。3月初，南塔平台同时施工钻机多达9台。3月24日，3号桩塌孔钻头埋深30m。

通过合理资源配置(见图4)和有效施工之组，4月6日，除3号桩以外桩基钻孔全部完成。全桥关键线路工程计划已严重滞后，3号桩事故处理仍在进行中。为确保主墩在2004年洪水来临前封底，保证主墩连续施工，根据初期研究“部分桩基不成孔进行封底”的成果，大桥四方共同研究压缩工期措施，对施工方案进行调整：3号桩事故处理的同时，进行承台封底工作。4月26日，3号桩被埋钻头提起，恢复正常钻孔；4月28日完成全部封底工作；5月6日，3号桩完成混凝土浇；6月25日，南塔承台混凝土浇筑完成，主桥关键线路工期滞后55天。

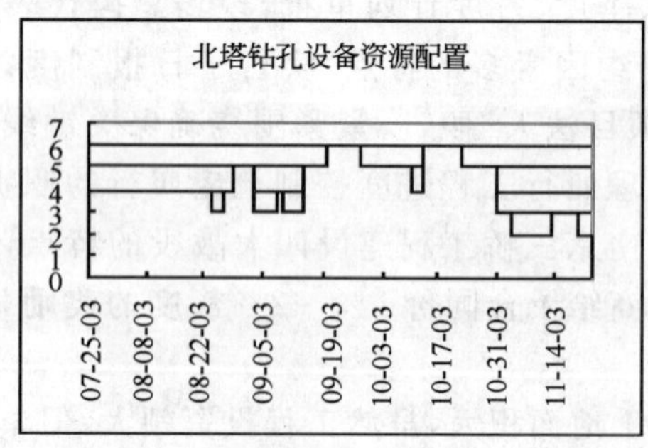

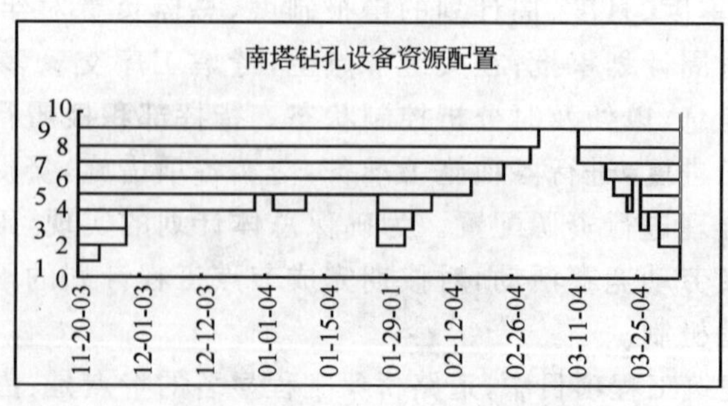

图4 主墩钻孔设备资源配置

3. 索塔施工

南塔索塔开工时间滞后 55 天，为确保总体计划，网络计划分析考虑压缩工期和赶工措施。通过对混凝土索塔施工各项工作的细化分析，确定措施为：

①增加一套下塔柱模板，上下游塔柱平行施工；

②下塔柱施工、横梁施工支架、塔吊基础平行作业；

③钢混结合段施工、横梁模板及钢筋施工、塔吊安装平行作业；

④横梁施工、塔吊调试平行作业；

⑤调整相关劳动力资源。

在全体建设者共同努力下，8 月 7 日完成下塔柱施工，10 月 7 日完成钢混结合段混凝土浇筑，10 月 27 日完成横梁混凝土浇筑；10 月 20 日，自立式塔吊完成调试具备吊装条件。

钢塔吊装在国内为首例，原计划按 4 天吊装一个节段考虑，参照国外施工经验 2 天吊装一个节段是可行的。经分析研究，明确要求吊装与安装单位按 2 天一个节段组织人力和设备，并制定相应的质量保证措施：原计划每节段钢塔柱吊装在上一个节段高强螺栓施拧全部完成后进行变更为部分高强螺栓施拧完成后进行，高强螺栓施拧工作变更为部分平行作业。北塔 9 月 8 日开始 T1 段钢塔柱吊装，11 月 6 日封顶，总工期 90 天（见图 5）；南塔 11 月 1 日开始 T1 段钢塔柱吊装，11 月 29 日封顶，总工期 60 天（见图 6）。关键线路上钢塔吊装工作比原计划工期缩短 60 天。

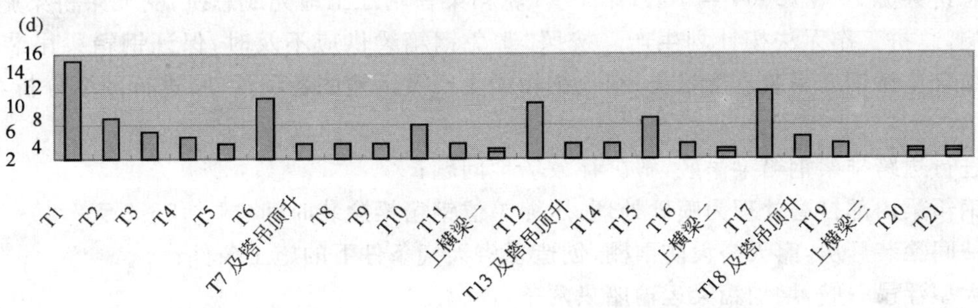

图 5　北塔钢塔柱吊装进度情况

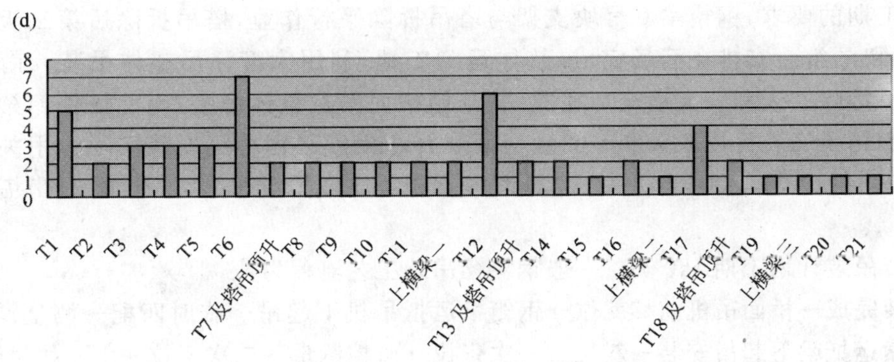

图 6　南塔钢塔柱吊装进度情况

MD3600 自立式塔吊，总高 241m，每台 37 个标准节。塔吊桥位现场安装、拆除工作，是混凝土索塔施工向钢塔吊装、钢塔吊装向钢箱梁吊装转换节段技术难度大风险大的工程项目，计划工期为 3 个月。借鉴水利工程在大型设备安装工程上的经验，为有效控制压缩工期，指挥部督促承包商落实有经验的专业安装队伍进场进行塔吊安拆工作，并根据现场情况及时督促增加必要的专业安拆人员。南主墩塔吊实际安装工期 22 天，实际拆除工期 22 天；北主墩塔吊实际安装工期为 40 天，实际拆除工期 40 天。

2005 年 1 月 31 日按总体计划节点时间完成南塔塔吊拆除工作。南塔索塔施工（关键线路）实际总工期为7个月零5天，比原计划缩短55天。

4. 钢塔制造

南京三桥所采用的Q370qD(14MnNbq)钢在桥梁索塔上首次采用，通过国际招标由上海宝钢中标供应，其中厚板需研制开发。2004年2月下旬，钢塔板单元开始生产；4月20日开始钢混结合段部分钢结构总拼，因首次进行大体积箱体组拼，对焊接变形规律认识不足，经过多次试制采解决相关技术难题，使得钢塔制造进度滞后。根据第二战役劳动竞赛目标要求，2004年12月底钢塔柱必须全部运抵桥位进行现场吊装，压缩工期进行必要的赶工措施研究的要求再次提出。根据现场制造能力与总体进度不协调的情况，要求承包商落实以下措施：严格按"每一天半一个节段"进行资源配置，增加胎架两套，增加汽车运输解决板单元因铁路运输紧张而供应不及时问题，增设涂装临时防雨和防低温设备等质量保证措施，强化一线施工激励机制，加强现场吊装与工厂组拼的联系协调。7、8、9、10、11、12月份分别完成箱体组拼8、16、18、12、22、8个节段。2004年12月26日，钢塔柱全部运抵桥位现场(图7)。

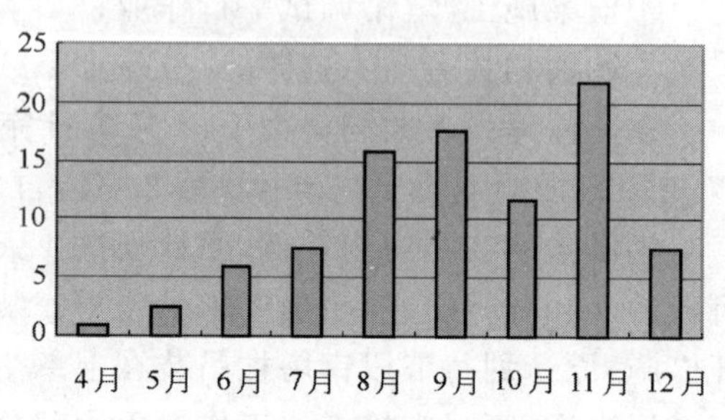

图7 钢塔箱体组装进度情况

5. 钢箱梁制造及安装

钢箱梁总拼共分10轮，2004年10月第1～3轮箱梁在靖江工地完成总拼，受兄弟桥梁施工计划滞后成品滞压影响，总拼工作无法按计划生产。按照"避免钢箱梁供应不及时，保证钢箱梁吊装工作连续进行"的原则，结合主桥钢塔吊装进度情况，细化钢箱梁生产及运输的各项活动，进行网络分析，要求承包商落实措施：

①提前进行边跨排架钢箱梁吊装，解决存放场地问题；

②变更钢箱梁内部打磨处理为喷砂处理，压缩单位钢箱梁涂装时间(减少2～3天/块)；

③增加一间涂装厂房，露天搭设防雨棚，创造恶劣天气条件下的施工条件；

④增加大型浮吊一艘，增加箱梁运输船只两条；

⑤加强场内运输设备管理，保证工序间的衔接。

塔吊设备基础位置在无索区钢箱梁区域内，使得无索区钢箱梁吊装、桥面吊机安装都成为关键工序。按照压缩工期的要求，钢箱梁0号块支架与塔吊拆除平行作业，塔吊拆除后第二天0号块具备架梁条件；桥面吊机的组装安排在后场完成，整体运到工地，利用大型浮吊整体吊装。南北塔无索区钢箱梁安装在塔吊拆除6天和8天后全部完成，并开始桥面吊机整体吊装；南北塔钢箱梁悬臂吊装工作分别在无索区钢箱梁安装完成6天和5天后全面展开。无索区钢箱梁安装实际占用关键线路上时间为13天，压缩工期16天。2005年1月30日北塔钢箱梁实现悬臂吊装，2月13日南塔钢箱梁实现悬臂吊装。

钢箱梁悬臂吊装计划工期150天。一般钢箱梁吊装工艺流程为：

上一块吊装完成→桥面吊机前移就位→钢箱梁运抵吊机下起吊→临时匹配→测量调整→环缝焊接及检查→斜拉索运抵梁下起吊安装→斜拉索一次张拉→监控测量→二次张拉→下一块吊装开始。

长期租用浮吊一艘并调整斜拉索安装工艺，在桥面上放索，时间安排在环缝焊接期间，减少了每块钢箱梁吊装的关键工序，压缩工期1～2天/块。2005年5月20日钢箱梁中跨合龙，实际工期为96天，标准段钢箱梁吊装为每4天一块，钢箱梁悬臂吊装总工期压缩54天。中跨合龙后，全桥关键节点工期比原计划提前70天，为后续工程施工创造了有利条件。

6. 桥面系等附属设施施工

桥面系施工包括伸缩缝安装、护栏、钢桥面防腐处理、中分带铺通沥青铺装和行车道环氧沥青铺装摊铺等；其他附属工程包括供配电、通信、监控、道路照明、检修照明、景观照明等。考虑桥位区6月中旬至7月中旬为梅雨季节，环氧沥青铺装施工按照原计划在高温少雨季节施工。主桥合龙后，在桥面及钢塔上工程设备等临时工程拆除的同时,组织除钢桥面防腐处理和桥面铺装以外的全部附属工程施工。6月底,基本完成附属工程的主体部分,开始主桥钢桥面封闭施工。7月14日完成桥面喷砂及防腐处理,7月24日开始环氧沥青铺装,8月17日完成桥面铺装施工。

四、几点体会

南京三桥将于2005年10月7日建成通车,提前完成了工程建设任务。南京三桥依靠科技创新和管理创新,在工程建设中按照“零工序转换”目标对工程计划执行情况进行跟踪,实施了有效的压缩工期措施和合理投入基础上的赶工措施。回顾工程建设历程,总结归纳有以下经验教训:

(1)通过提前制订详细的计划,通过对关键工序的科学分析,合理安排施工工期,狠抓关键工序和工程节点,特别是在2004年初、2004年7月、2004年底,对关键线路上的工作进一步进行分析优化,进行了资源的重新配置,先后对深水基础、钢塔制造、钢箱梁制造、钢塔吊装、钢箱梁安装进行了计划优化和局部施工顺序的调整,合理压缩工期,必要地进行赶工,有效地控制了工程建设节奏(表3和图8);现场施工监理单位细化分解计划,通过增加平行作业、交叉施工、提前准备等手段,严格控制工序转换时间,按照紧盯连续施工——实现“零工序转换”的目标落实措施,都是南京三桥如期完成工程建设目标的关键所在。

(2)技术创新是项目进度控制的基础。依靠科技进步,通过反复分析比选、试制、测量对比等研究工作,确定的“采用刚性约束,选用先进的数控千斤顶和激光跟踪测量系统(API)控制、性能可靠的大端面铣床加工”端面机加工核心技术和“最小二乘法的拟合、立式匹配和水平匹配相结合”的工艺措施,是实现钢塔柱总体制造质量和进度的基础。国内首次采用PBL剪力键结构的钢混结合段施工,国内没有成熟的工艺;在委托试验研究的基础上,现场进行钢混结合段实体模型试验,改进了钢筋绑扎和混凝土浇筑等施工工艺,为现场施工提供了有力保障。

南京长江第三大桥工程总体计划安排 表3

工程项目	工期(d)	最早开始时间	最早结束时间	前置任务
主桥施工图设计	365	2003年3月4日	2004年3月2日	
深水基础及主塔施工招标	240	2003年5月8日	2004年1月2日	1FS-300
南塔钢套箱加工制造	120	2003年4月8日	2003年8月5日	2FS-270
南塔钢套箱就位施工准备	105	2003年5月20日	2003年9月1日	
南塔钢套箱现场就位	0	2003年9月1日	2003年9月1日	4,3
南塔桩基施工	181	2003年9月2日	2004年2月28日	5
南塔承台施工	62	2004年3月1日	2004年5月1日	6
南塔转入水面以上施工	0	2004年5月1日	2004年5月1日	7
南塔混凝土索塔施工(含T0段)	125	2004年5月2日	2004年9月3日	8
南塔钢塔吊安(含塔吊拆除)	150	2004年9月4日	2005年1月31日	9
南塔无索区钢箱梁吊装(含桥面吊机安装)	30	2005年2月1日	2005年3月2日	10
南塔钢箱梁悬臂吊装开始	0	2005年3月2日	2005年3月2日	11

续上表

工 程 项 目	工期(d)	最早开始时间	最早结束时间	前 置 任 务
南塔悬臂吊装钢箱梁	150	2005年3月3日	2005年7月30日	12
北塔桩基施工准备	75	2003年5月20日	2003年8月2日	
北塔桩基施工	151	2003年8月3日	2003年12月31日	14
北塔钢套箱安装	46	2004年1月1日	2004年2月15日	15
北塔承台施工	46	2004年2月16日	2004年4月1日	16
北塔转入水面以上施工	0	2004年4月1日	2004年4月1日	17
北塔混凝土索塔施工(含T0段)	125	2004年4月2日	2004年8月4日	18
北塔钢塔吊安(含塔吊拆除)	150	2004年8月5日	2005年1月1日	19,25FS-190,26FS-420
北塔无索区钢箱梁吊装(含桥面吊机安装)	30	2005年1月2日	2005年1月31日	20
北塔钢箱梁悬臂吊装开始	0	2005年1月31日	2005年1月31日	27FS-240,21
北塔悬臂吊装钢箱梁	150	2005年2月1日	2005年6月30日	22
边墩及辅助墩施工	360	2003年9月3日	2004年8月27日	
钢塔柱制造及预拼涂装	365	2004年1月5日	2005年1月3日	
钢箱梁制造、预拼及涂装	600	2003年11月3日	2005年6月24日	
斜拉索制造	420	2004年4月1日	2005年5月25日	
完成钢箱梁吊装及架设设备清场	0	2005年7月30日	2005年7月30日	13,23
桥面铺装施工	90	2005年7月31日	2005年10月28日	28
接线路基施工	480	2003年1月1日	2004年4月24日	
大中桥梁下部构造施工	510	2003年9月1日	2005年1月22日	
接线路面基层施工	390	2003年10月1日	2004年10月24日	30FS-300
大中桥梁上部构造施工	450	2004年3月29日	2005年6月21日	31FS-300
接线路面面层施工	300	2004年10月1日	2005年7月27日	32FS-365,33FS-365
交通工程	510	2004年8月5日	2005年12月27日	29FS-450,34FS-360

南京长江第三大桥工程大事记

- 2002年12月26,举行奠基仪式。
- 2003年3月1日,开始驻地建设和临时码头施工。
- 2003年5月20日,主桥施工队伍进驻现场。
- 2003年9月10日,南北引桥和引线全部进场。
- 2003年5月28日,北主墩施工平台钢管桩。
- 2003年7月26日,北主墩桩基开钻。
- 2003年12月28日,北主墩桩基全部完成。

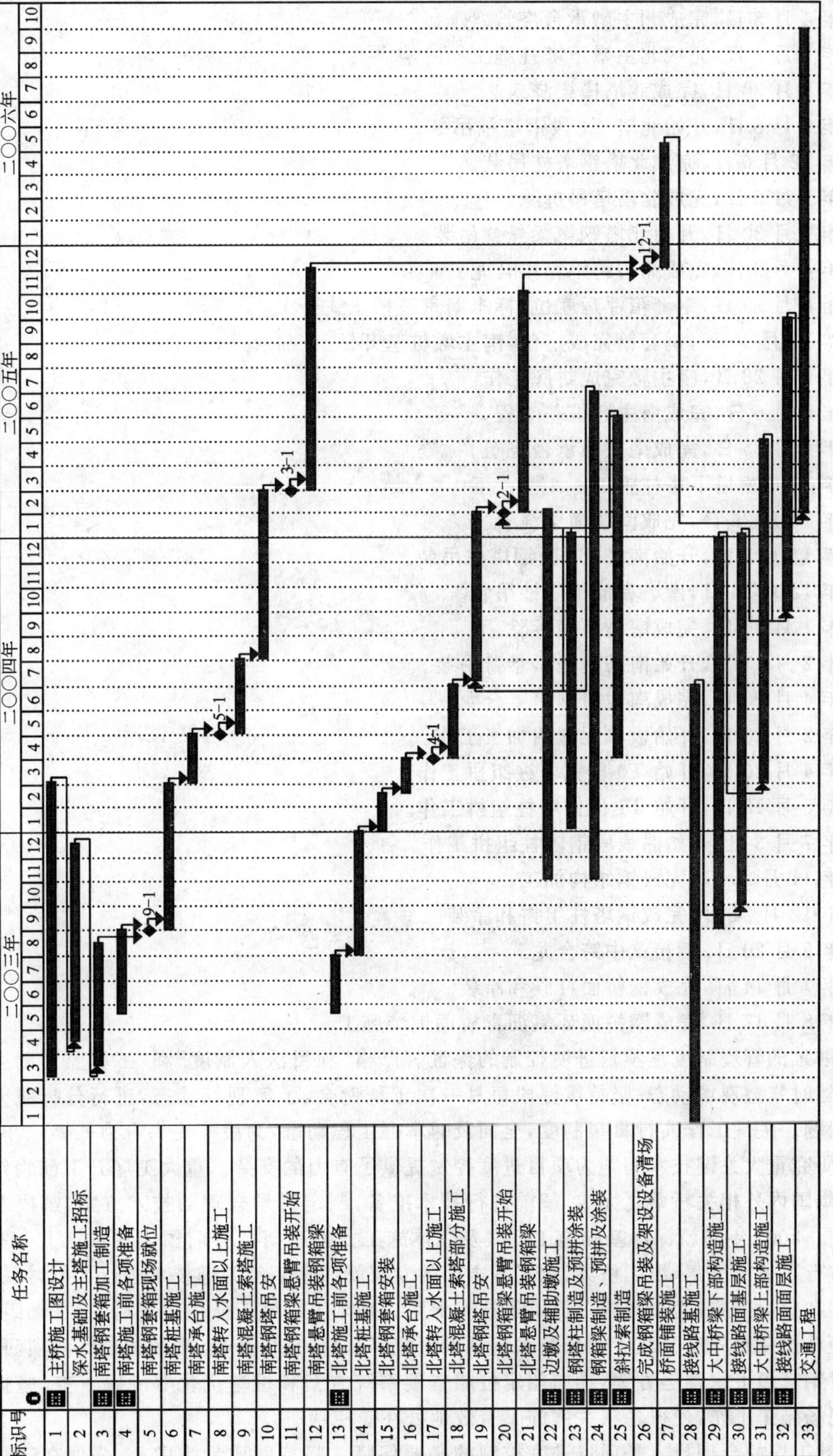

图 8 南京第三大桥工程项目总体计划

- 2004年2月13日，北主墩完成封底工作。
- 2004年4月3日，完成北主墩承台浇筑。
- 2004年7月2日，完成北主墩下塔柱施工。
- 2004年8月30日，完成北塔横梁浇筑。
- 2004年9月8日，开始北塔T1段钢塔柱吊装。
- 2004年12月6日，完成北塔钢塔柱吊装。
- 2005年1月6日，完成北塔塔吊拆除。
- 2005年1月30日，开始北塔钢箱梁悬臂吊装。
- 2005年4月3日，完成北边跨钢箱梁合龙。
- 2003年8月29日，钢套箱浮运就位；标志南京三桥正式开工。
- 2003年11月20日，钢套箱完成定位，南主墩桩基开钻。
- 2005年4月28日，南主墩完成封底工作。
- 2005年5月6日，完成南主墩桩基工程。
- 2004年6月25日，完成南主墩承台浇筑。
- 2004年，完成南塔下塔柱施工。
- 2004年10月26日，完成南塔横梁浇筑。
- 2004年11月1日，开始南塔T1段钢塔柱吊装。
- 2004年12月29日，南塔完成钢塔柱吊装。
- 2005年1月26日，完成南塔塔吊拆除。
- 2005年2月13日，开始南塔钢箱梁悬臂吊装。
- 2005年4月20日，完成南边跨钢箱梁合龙。
- 2004年2月23日，开始板单元开始加工工作。
- 2004年4月20日，开始T0段钢塔柱组拼工作。
- 2004年5月18日，开始T1段钢塔柱组拼工作。
- 2004年7月3日，开始曲线段钢塔柱组拼工作。
- 2004年11月26日，完成钢结构加工。
- 2004年12月24日，完成钢塔柱组拼和涂装。
- 2005年5月20日，钢箱梁中跨合龙。
- 2005年7月14日，完成钢桥面打砂和涂装。
- 2005年8月17日，完成钢桥面环氧沥青桥面铺装施工。

(3)严格细致的管理制度是项目进度控制的保证。严格“项目法人制度”和“工程监理制度”，定期召开工地例会，随时掌握现场动态；坚持按标段每月一次工地例会，了解现场动态，进行分析研究并现场解决工程实际问题。关键工作实行日报制度，全面及时掌握工程动态，为决策提供有力依据。

(4)超前研究重大关键技术问题为项目进度控制提供了有力的支持。重大工序开工前组织国内外专家进行研讨，集国内外相关桥梁之大成，超前进行技术准备，制定科学合理的技术方案，解决了工程施工中的关键问题。2003年初就深水基础施工方案及总体施工方案邀请了目前国内在长江上七家有丰富经验施工队伍进行了方案征集，组织桥梁、水工等方面的专家就深水基础关键技术进行了研讨，提出有关需要解决的方案和应对措施，为工程施工提供了技术保障。基础工程施工队伍进场后，指挥部组织科研、设计、施工、监理单位一起先后开展了钢套箱水流试验研究、导向船复核计算、现场试桩等各项研究工作，并在此基础上对钢套箱下水浮运方案、导向船定位船锚碇系统方案和桩基优化等专家审查，坚持依靠技术指导设计和现场施工工作，使得各项关键施工有效地处在受控状态。

(5)对关键工序的合理投入是项目进度控制的必要保障。坚持以质量为中心，强调在工程质量与工程投资和进度发生矛盾时，一切服从于质量。特别是在各阶段工程关键线路和关键工作的管理工作中，始终坚持按合同约定及时加大人力物力的投入，有效地解决了赶工问题。特别是全体建设者参加的南京三桥以“社会主义劳动竞赛”为载体的建设质量创优活动，以合同金额的1%为奖励基金，连续开展了四个战役八个阶段，“赛安全、赛质量、赛文明、赛进度、赛廉政”，实现了各阶段工程节点目标实现创造了良好的气氛。

参考文献

[1] 戴永宁. 南京长江第三大桥钢索塔技术[M]. 北京：人民交通出版社，2005.
[2] 南京长江第三大桥建设指挥部. 南京长江第三大桥主桥技术总结[M]. 北京：人民交通出版社，2005.

104. 南京长江第三大桥钢塔锚箱制作技术

沈 伟 郭志明
（南京长江第三大桥有限责任公司）

摘 要 南京三桥作为国内第一座曲线型钢塔斜拉桥，国内在钢塔加工方面没有成熟的经验，在制作过程中遇到许多难点并有很多技术创新，尤其是钢塔锚箱加工。本文对南京三桥钢塔锚箱加工制作总体方案的工艺流程进行简单介绍，针对加工制作中遇到的工程难点提出了许多行之有效措施和建设性的解决难题思路，并结合实际施工情况提出了很多建议，为国内其他钢塔锚箱的加工制作提供了经验。

关键词 锚箱 制作工艺

一、工 程 概 况

南京长江第三大桥为钢塔钢箱梁双索面五跨连续斜拉桥，其跨径布置为63m+257m+648m+257m+63m，主桥全长1 288m（大桥概貌见图1），采用半飘浮结构体系，纵向设弹性约束，限制钢箱梁活载及风载作用下的纵向飘移。

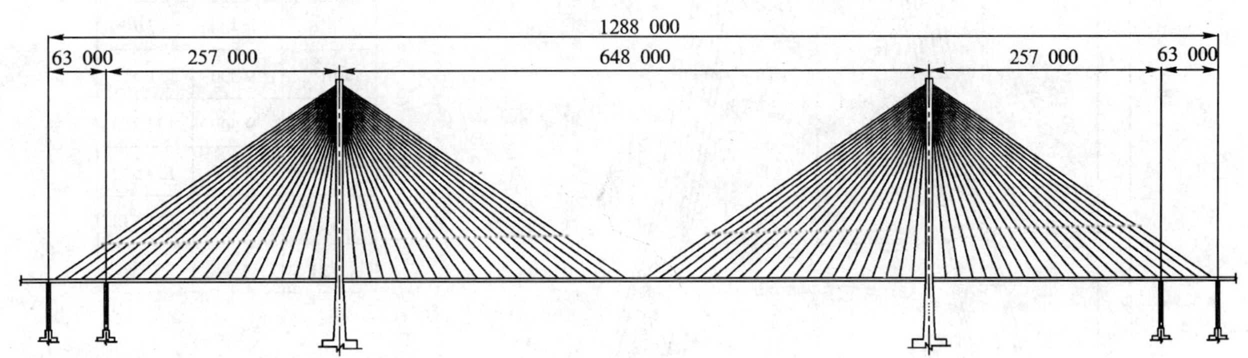

图1 南京长江第三大桥概貌图（尺寸单位：mm）

该桥索塔为“人”字形塔，高215m，塔柱外侧圆曲线半径720m，设四道横梁，其中下塔柱及下横梁为钢筋混凝土结构，其他部分为钢结构。下塔柱高36.318m，塔柱截面横桥向宽度为6.2～8.4m，顺桥向宽度为8.0～12.0m。钢塔柱高178.682m，截面尺寸上下相等，横桥向宽5.0m，顺桥向宽6.8m。

除钢混结合段外，一个钢塔柱共分为21个节段，节段长7.7～11.942m，节段间连接采用端面金属接触、M24高强螺栓连接。钢塔总重约12 000t。塔柱T12节段以上为斜拉索锚固区，锚箱设置在塔柱两道腹板之间。钢塔柱概貌及节段种类见图2。

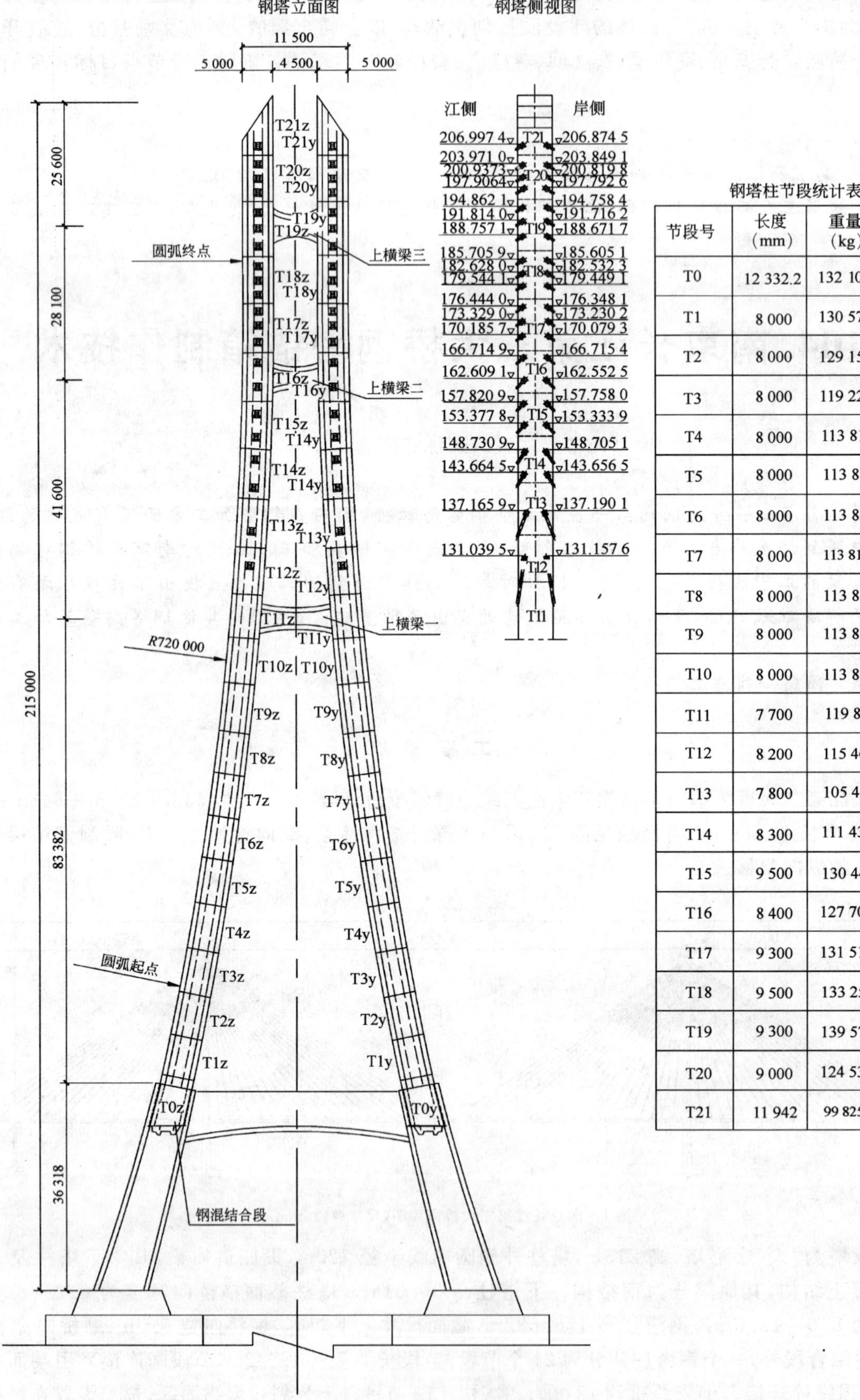

钢塔柱节段统计表

节段号	长度(mm)	重量(kg)
T0	12 332.2	132 106
T1	8 000	130 575
T2	8 000	129 151
T3	8 000	119 221
T4	8 000	113 811
T5	8 000	113 811
T6	8 000	113 811
T7	8 000	113 811
T8	8 000	113 811
T9	8 000	113 811
T10	8 000	113 811
T11	7 700	119 837
T12	8 200	115 463
T13	7 800	105 481
T14	8 300	111 436
T15	9 500	130 447
T16	8 400	127 704
T17	9 300	131 512
T18	9 500	133 253
T19	9 300	139 572
T20	9 000	124 538
T21	11 942	99 825

图2 南京长江第三大桥钢塔柱概貌及节段种类图(尺寸单位:mm)

每个锚箱由锚垫板、承压板、锚腹板、套筒及若干加劲肋组成：锚垫板厚度为50mm，承压板厚度为42mm，锚腹板厚度为30～36mm不等，其余壁厚为14～16mm，加劲肋板厚基本为20mm。锚箱先在宝鸡厂内制作成锚箱整体单元，发往安庆现场，在箱体拼装体时与隔板一起组装。

二、锚箱单元制作工艺

1. 锚箱结构特点

锚箱单元是钢塔柱最重要的受力构件之一，由锚管、承压板、锚垫板、锚腹板、劲板、加劲肋等零件组成。锚箱单元构造见图3。

由于锚箱结构复杂，构造紧密，操作空间较小，焊缝密集，几何尺寸精度要求较高，组装、焊接难度较大。

2. 锚箱制作流程

(1)将承压板与锚垫板组焊成承压板单元，并加工锚孔及上下表面；将锚腹板及外侧劲板组焊成锚腹板单元，见图4。

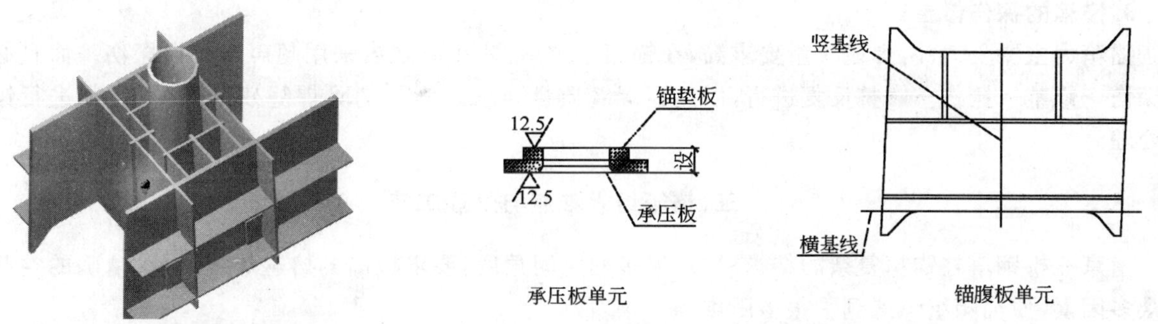

图3 锚箱构造示意图　　图4 合件组装示意图

(2)由于受操作空间的限制，采用了分步制作的原则。首先组装成锚管单元和锚腹板单元，然后分五次作业按照"组拼→焊接→矫正→组拼→焊接→矫正"的工序进行。制作流程见图5～图9。

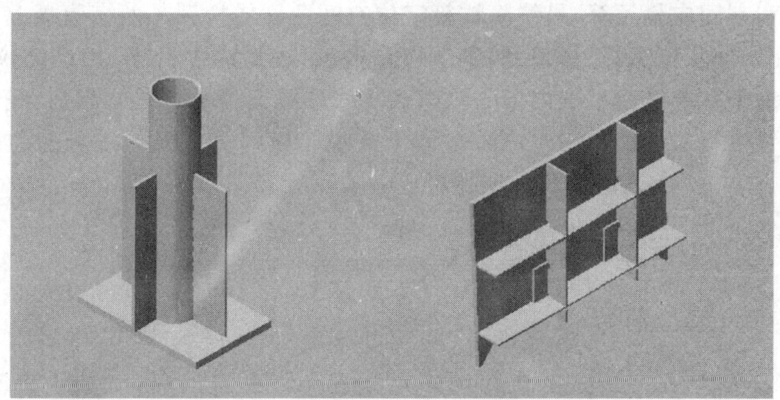

图5 一次作业(锚管单元、锚腹板单元组焊)

图6 二次作业(锚管单元+锚腹板单元)

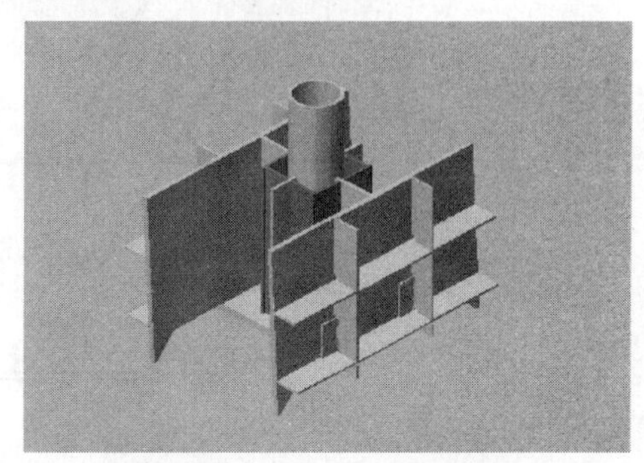

图7 三次作业(加劲板组焊)

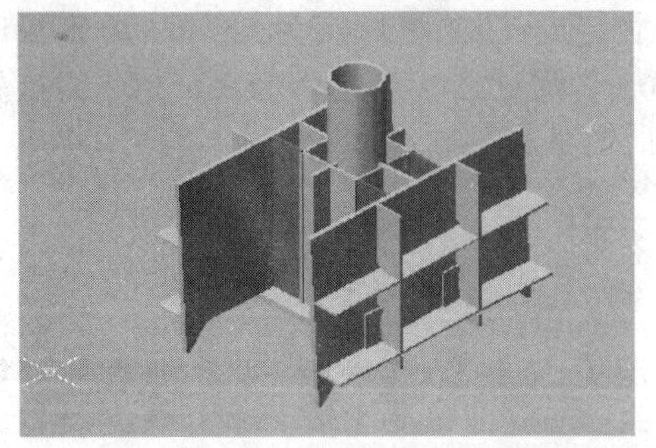

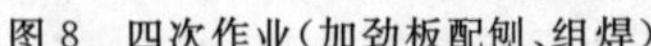
图8　四次作业(加劲板配刨、组焊)

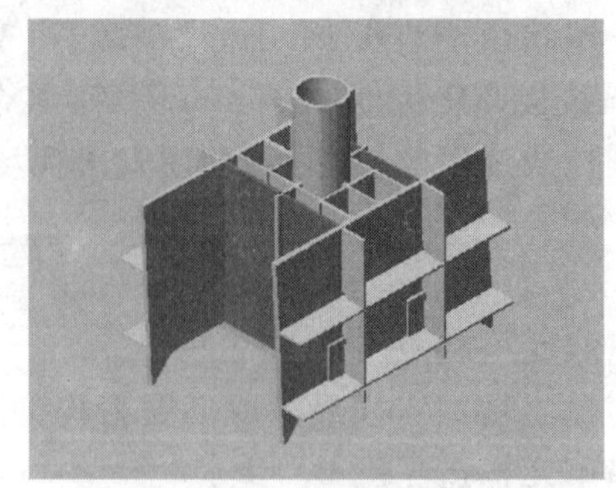
图9　五次作业(组焊外侧加劲板)

(3)锚箱单元的焊接:锚箱结构复杂,熔透焊缝较多,为了减小焊接变形,锚箱焊接主要采用了CO_2气体保护半自动焊的焊接工艺。锚腹板外侧劲板采用实芯焊丝气体保护焊,其余部位采用药芯焊丝气体保护焊,按照对称施焊的原则进行焊接。

3. 锚箱的探伤修整

锚箱为主要受力件,焊缝质量要求高,在锚箱组焊后24小时之内采用超声波无损探伤。而且必须通过探伤→修整→探伤→修整反复进行,以达到焊缝质量要求。为了消除焊缝残余应力,必须进行锤击消应处理。

三、锚箱组焊难点与处理工艺

南京三桥钢塔柱锚箱复杂的结构形式,繁多的空间角度,要求极高的熔透焊缝质量,精确的空间定位等众多因素,使锚箱组焊遇到了很多困难。

(1)南京三桥锚箱空间角度多而复杂,每个锚箱在箱体中都由α、β、γ三个空间角度(见图10～图12)。每个角度都将影响锚箱在箱体中的精确定位,三个角度缺一不可。每个角度都是空间角,所以在锚箱组装时,又不能采用直接测量角度来控制锚箱的准确位置,我们锚箱角度计算小组,通过建立锚箱立体模型,结合立体几何和空间向量运算,最终将锚箱定位空间角度转换到了两塔腹板上,即锚箱横竖基线以及锚腹板定位线。在内外块体组焊、修整完,经报检合格后,在划线平台上,用经纬仪修正腹板上的纵横基准线,以内外腹板纵横基准线为基准划出锚箱横竖基线和锚腹板对位线。起初,我们确定的方案是:以锚箱上的横竖基线、锚腹板对位线严格对内外块体上的锚箱横竖基线及锚腹板对位线,公差范围为$\Delta\leqslant 1mm$,这样可以保证α、β角。γ角在公司内制造时已做成。

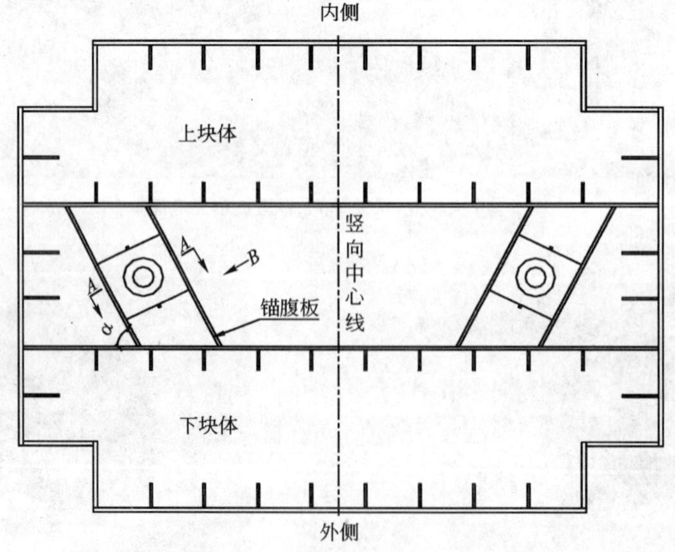

图　10

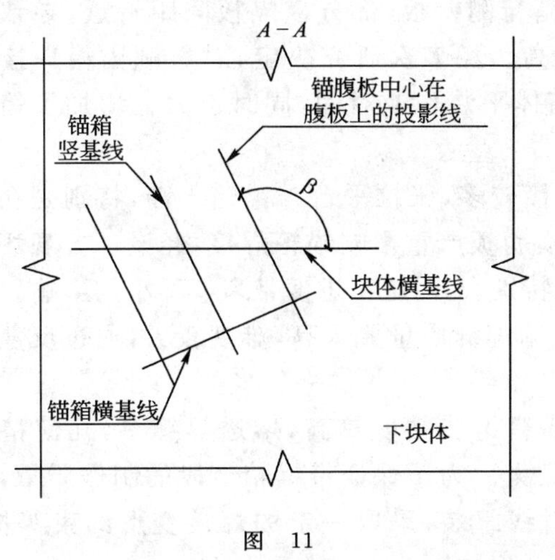

图　11

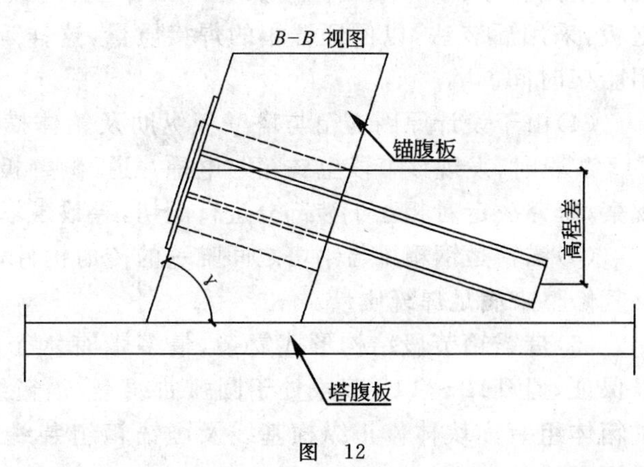

图　12

在实际组装过程中，由于箱体长度和端面尺寸太大，焊接变形相当大，箱体尺寸不容易控制，最终只确保箱口尺寸，这样导致两塔腹板间距超差(Δ>1 486mm)，锚箱在内外块体存在缝隙，所以前期制定的锚箱定位方案将不能满足现场实际定位要求。针对实际情况，经与设计、驻场监理，全体技术人员多次讨论，在原方案的基础上，从上下两块体上锚箱横竖基线的交点，用软细绳拉一条直线，再用特制工装做出承压板中心点，使此点过直线。等调整好后，再用水准仪测量锚管(长 1 500mm)两端高程差，准确保证 γ 角。经与设计研究确定的锚孔中心偏差公差范围为不大于 5mm，我们现场严格执行内控公差范围为不大于 2mm。如此严格内控标准，给锚箱最终实现精确定位奠定了基础。

(2)T12～T14 节段锚箱角度较大，锚腹板与塔腹板之间夹角较小，而锚腹板设计为对称坡口，导致一边坡口特大，一边坡口特小，这使锚腹板熔透焊极为不便。最终处理方案为：先焊两锚腹板内侧，接着气刨外侧，直到看到内侧焊肢，然后从外侧堆焊，确保焊缝完全熔透，见图 13～图 16。

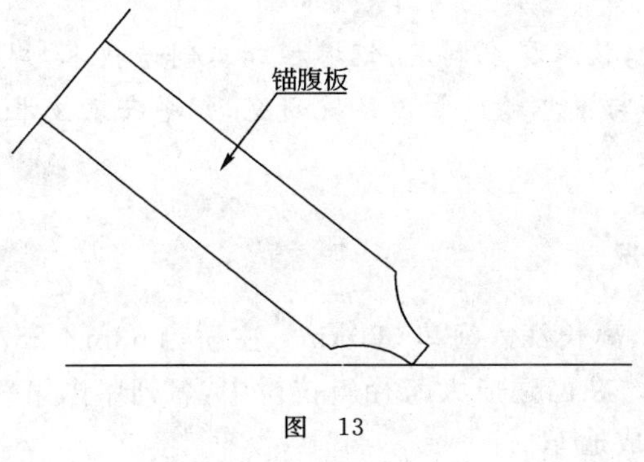

图　13

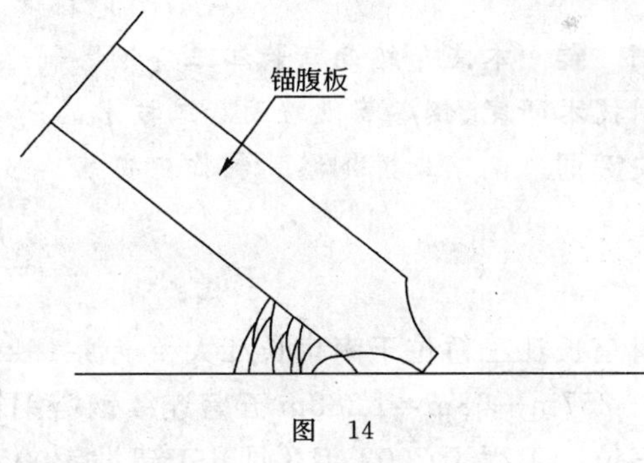

图　14

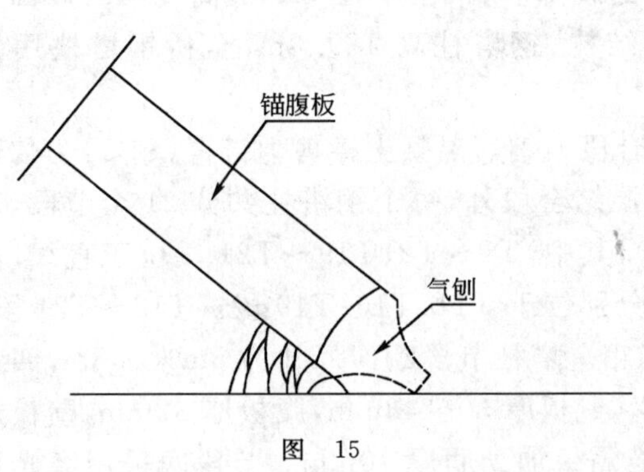

图　15

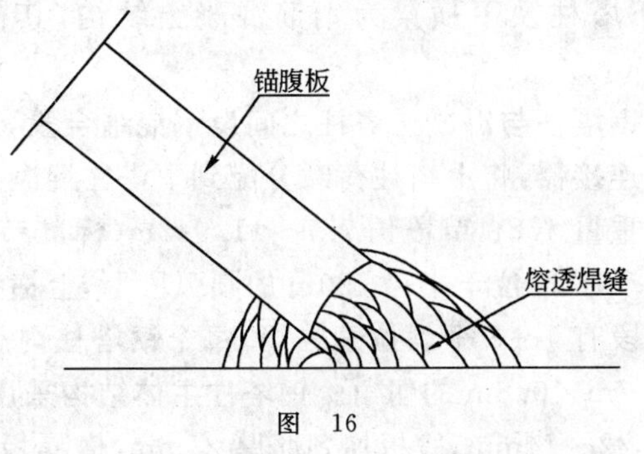

图　16

(3)由于锚箱特殊结构以及锚箱空间位置影响，如锚箱与侧壁板、部分横隔板间距特近，导致锚箱施焊空间特小，一个锚箱同时只能一人作业，焊接效率不高。经多次研究决定，对影响锚箱焊接的侧壁板，采用后装法，以保证锚箱的焊接质量，这样延长了箱体平装作业时间，同时也大大增加了箱体占用胎架时间。

(4)由于设计原因锚箱与塔壁板纵肋及箱体横肋板碰撞较多，张拉平台与锚箱干涉，特别是在组装T12节段时，发现该节段上锚箱与电梯井道、侧壁板干涉，横肋板严重影响锚箱焊接，经设计方现场亲自视察，研究决定对相互干涉部分进行配切，导致现场工作量特别大，对施工进度带来了不小的影响。

(5)锚箱是钢箱梁与钢塔之间唯一的传力构件，所以锚箱焊缝质量要求高，难度较大，通过反复检查反复修整来满足焊缝质量。

(6)带锚箱节段结构形式复杂，最多带有六个锚箱，锚箱组装精度较高，熔透焊缝多，几何精度难以保证，且T12～T18节段处于圆弧曲线上，锚箱组装难度大。为了保证带锚箱节段的制作质量，采取了箱体组装前块体修正纵横基线及画锚箱组装线、严格对线组装、采取一定的焊接变形约束等措施，保证了质量。

虽然南京三桥钢塔柱锚箱复杂，问题、难题较多，现场组装难度大，经过全体技术人员的共同努力，发扬团队协作精神，最终我们还是克服了种种困难，重点突破，以设计要求的精度，圆满完成了锚箱现场组焊任务。通过锚箱现场组焊实践证明，此次钢塔柱锚箱组装工艺确实可行，精确度高，质量稳定。

105. 南京长江三桥钢塔制作安装关键技术研究

钟　瑶

(南京长江第三大桥建设指挥部)

摘　要　本文介绍南京长江三桥钢塔制造安装及架设，技术标准制定；钢塔柱加工制造技术，焊接变形控制技术研究、钢塔节段端面加工技术的研究、三维仿真与累积精度管理系统研究；钢塔安装技术。

关键词　南京三桥钢塔　制作　安装　技术

一、工 程 概 况

南京长江三桥位于南京长江大桥上游19km的大胜关，离长江入海口350km。主桥为63m+257m+648m+257m+63m=1 288m五跨连续钢塔钢箱梁斜拉桥。在已建成大跨径斜拉桥中，名列中国第一、世界第三位。工程于2003年8月开工建设，2005年10月建成通车。

南京长江三桥主桥索塔为“人”字形钢塔，塔柱外侧圆曲线部分，采用半径720m，高215m，设四道横梁，下塔柱及下横梁为钢筋混凝土结构，其他部分为钢结构，钢塔柱高179.8m，全桥钢塔柱用钢量12 000t。

钢塔柱与混凝土塔柱之间设钢混结合段，通过钢混结合段内钢筋混凝土棒剪力键群(PBL)为传递剪力的连接器，将上塔柱荷载分配到下塔柱混凝土中。除钢混结合段外，每个钢塔柱共分21个节段，节段最大重量158t，节段长7.7～11.942m(标准节段长度8m)，其中，T1～T2、T19～T21段位于直线段上，T3～T18段位于半径720m的圆弧段上，上横梁一、二、三分别位于T11、T16、T19段。T12～T21段，每个节段有1～3个斜拉索锚箱，每个钢塔柱内总共42个锚箱。塔柱节段断面尺寸为5m×6.8m，四角均设0.7m×0.8m的切角。钢塔柱主体结构采用Q370qD钢，壁板厚30～48mm，腹板厚32mm，壁板加劲肋厚22～24mm，腹板加劲肋厚24mm，横隔板量14mm，横隔板加劲肋厚10mm。节段间采用磨光顶紧传力方式，连接采用M24高强螺栓及拼接板(图1)。

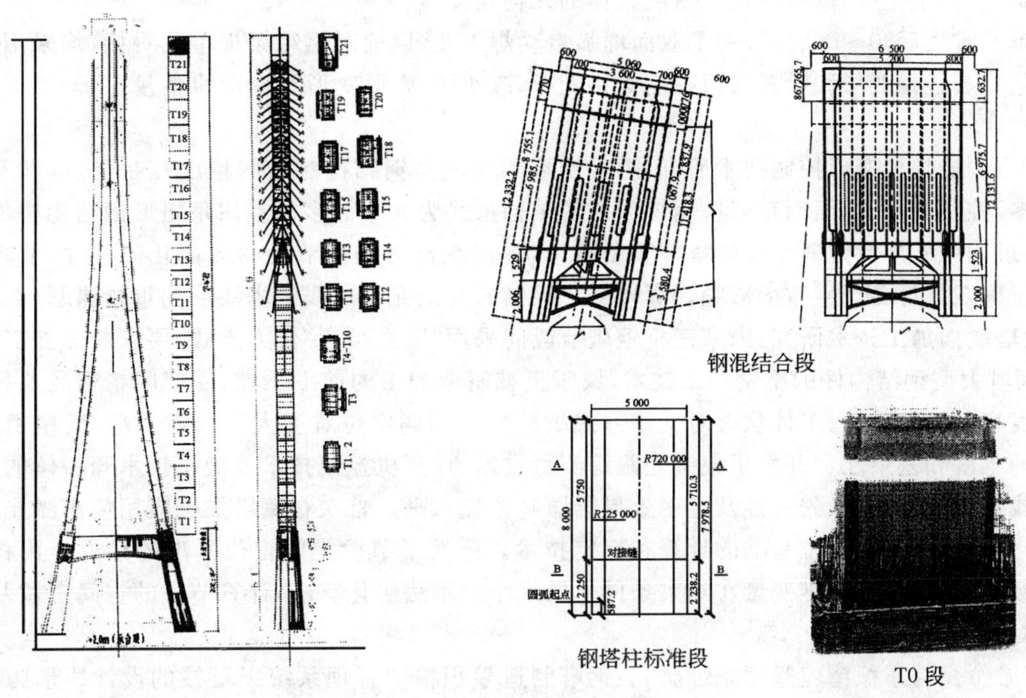

图1 钢塔结构

二、制订钢塔制造及架设工艺技术标准

由于钢塔构件尺寸大,精度要求高,加工制造的难度大。鉴于国内对钢塔的加工制造和架设还没有实际经验,参照国外资料,首次制定了钢塔的设计标准、加工制造精度要求以及制造架设工艺。钢塔制造、架设的主要控制参数(表1、表2)。

钢塔制造精度主要控制参数 表1

精度控制参数			允许值
塔柱节段组装及端面机加工误差	截面长度/宽度		±2(mm)
	对角线		±3(mm)
	节段高度		±1(mm)
	端面对轴线的垂直度		2/1 000
	扭曲		±3(mm)
	端面平面度		0.08mm/m
	端面全平面		0.25mm
	端面粗度		12.5μm
预拼装	全长		±2.0(mm)×n
	垂直度		1/10 000
	相邻端面错边量		2(mm)
	端面金属接触率	壁板	50%
		腹板	40%

钢塔架设精度主要控制参数 表2

精度控制参数		允许误差
安装高度		±2.0(mm)×n
垂直率	顺桥向	H/4 000
	横桥向	H/4 000
对接口板错边量		2.0mm
两塔柱中心距		±4.0(mm)
端面金属接触率	壁板	≥50%
	腹板	≥40%
	加劲肋	≥25%

三、钢塔加工制造技术研究

(1)曲线线形的制造工艺:对板块板宽方向的曲线,利用数控下料保证;对板块板厚方向的曲线,利用专用组装胎型(设有弧度垫)及钢板自重保证。在组装块体、箱体时,利用带垫的专用胎型来控制曲线线形,焊接时按规定的施焊方法和焊接方向施焊。

(2)对结构形式复杂、断面大、焊缝密集的钢塔柱节段,采用了板单元件、块体、箱体三步完成的制作工艺,研究确定了合理的分块方法,既有利于实现各步同步进行,又可保证焊接工作量分布完成、焊接变形分步控制，提高了生产效率，保证了塔段整体的几何精度。

对板单元对接（δ30～δ48），采用了双面埋弧自动焊工艺（以前对钢箱梁板单元对接，均采用单面焊双面成型工艺），通过预变形和设置马板控制焊接变形，减小了V形变形和变形修整量，保证了板单元曲线度要求。

（3）钢塔制造焊接变形控制技术研究：焊接变形的控制是钢结构制造的精度控制要点，涉及范围广，影响因素多，控制难度大，而南京三桥钢塔节段的结构型式为大端面多箱室切角矩形钢结构构件，钢板厚度大，焊接过程中变形特别复杂。钢塔节段制造中，焊接变形对钢塔节段的端面几何尺寸、节段间纵肋、壁板能否正确匹配都会产生直接影响。焊接变形控制研究是保证曲线钢塔线形的重要课题。

（4）钢塔端面加工技术研究：南京三桥钢塔节段间采用"磨光顶紧"传力方式，要求断面加工精度很高（表2）。钢塔大型钢结构构件的精密加工技术，属于机械制造加工的前沿领域，受空间精密测量技术、工件尺寸对温度变化的敏感性、工件状态对支撑方式敏感性及精确定位难度大等因素影响，其精密加工技术具有明显的难度和复杂性。开发了集激光跟踪测量技术、计算机控制技术及液压技术开一体的大型工件精密加工找正技术，其技术先进性及应用效果居国际领先水平。首次在钢塔加工应用精密激光跟踪测量技术，并研发了节段空间定位基准的计算和标定技术。开发了节段空间定位基准的计算专用程序，在钢索塔制造领域，首次运用6维变量在约束条件下的最小二乘法优化算法，计算节段的空间定位基准，并用激光占标对其进行标识。

（5）三维仿真与累积精度管理系统研究：钢塔制造累积精度管理系统以塔柱的设计线形为主要控制目标，以钢塔节段的主要几何设计尺寸及端面加工随机误差理论为依据，建立经过参数优化的数学模型，根据前节段的加工误差的累积结果对后节段的加工精度提出指导性的意见和要求，以保证各节段的加工精度始终处于可控状态，最终确保架设后钢塔柱设计线形精度的实现。

（6）钢塔节段预拼的计算机三维仿形分析技术，以计算机模拟预拼代替多节段实际预拼。开发了精度管理系统，实现在钢塔节段制造阶段对索塔安装精度进行控制。为钢塔制造与安装的精度管理系统提供了可靠的依据。实现了由制造过程实测数据直接到计算机三维仿形预接分析，与实体二节段连续匹配预拼能够验证，并为后续节段的加工提供信息。首次将高精度自动跟踪测量仪和计算机分析技术结合起来指导桥梁结构构件加工和精度控制。

（7）对重量大、形式复杂、种类多的钢塔节段及块体，采用了合理可行的吊运、翻身方法，解决了焊接过程中的翻身难题。

钢塔加工制造研究成果在南京三桥钢索塔制造工程中的成功应用，使钢塔节段的制造效率达到每台机床每三天就可以完成一个节段的加工（含测量、检测及恒温等辅助时间），打破了当今钢塔制造世界先进水平"7天完成一个节段"的日本国家记录。同时确保了加工制造精度，现场安装后实际精度（表3）。

南京三桥钢塔精度一览表 表3

序号	精度项目	设计指标	检测结果
1	端面平面度	≤0.25mm	≤0.23mm
2	端面粗糙度 Ra	≤12.5μm	≤6.3
3	端面垂直度	≤20″	≤20″
4	两端面夹角	横桥≤32″ 顺桥≤25″	横桥≤20″ 顺桥≤20″
5	端面金属接触率	壁板：≥50% 腹板：≥40% 纵肋：≥25%	壁板：≥72.0% 腹板：≥62.5% 纵肋：≥56.7%

四、钢塔安装关键技术研究

钢塔安装需要解决的问题有：①大型钢混结合段的安装定位以及PBL剪力键的施工工艺控制，钢混结合段是整个钢塔的关键部位，上部的结构受力由此传递到下塔柱混凝土中，其定位的准确性和

PBL剪力键的可靠性决定了钢塔结构的安全性;②钢塔节段的安装设备选型和安拆技术,选择适合的起吊设备,做到快速安全的完成钢塔节段的吊装任务;③钢塔安装和裸塔状态下的制振研究,由于钢塔本身刚度较上,阻尼比小,对风的响应比较突出,为保障钢塔安装时和裸塔状态下的结构安全,必须研究适合的制振措施。

(1)通过南京长江三桥钢塔安装施工方案与设备选型的技术论证的研究,择优选择采用自立式塔机安装架设方案,通过国际招标加工制造了MD3600自立式大型塔机作为南京长江三桥钢塔的安装设备。

(2)通过塔机安、拆工法和使用监控的研究,形成了当今世界上最高的MD3600自立式大型塔机的安装和拆卸方法,通过塔机基础与附墙装置的设计,为塔机的正常使用提供了重要的理论依据,塔机的作用情况表明,保证了塔机使用的安全要求。

(3)通过足尺模型试验等多种方式对钢混结合段施工进行了系统研究,攻克了钢混结合段施工工艺的技术难题;通过对测量控制网的优化和测量技术的改进完成了对钢混结合段的精密定位。

(4)根据对钢塔的裸塔、塔机及共同作用下的抗风性能风洞试验研究和动态响应理论计算结果,以及桥塔裸塔、塔机及共同作用下的风振特性,采用TMD和TLD抑振装置结合的抑振措施,提高了裸塔和塔机共同作用下的抗风性能,改善了施工作业的环境,为南京三桥桥塔施工安全提供了重要的保障。

参考文献

[1] 南京长江第三大桥建设指挥部.南京长江第三大桥主桥技术总结[M].北京:人民交通出版社 ISBN7-114-0755-5.

[2] 戴永宁.南京长江第三大桥钢索塔技术[M].北京:人民交通出版社.ISBN7-114-0574-7.

[3] 中交公路规划设计院.南京长江第三大桥主桥施工图设计.

106. 南昌洪都大桥北主桥斜拉索索力调整方法探讨

李朝阳 丁少凌 吴忠华 黄 福
(中交第二公路勘察设计研究院有限公司)

摘 要 洪都大桥北主桥为109m+188m+88m三跨一联独塔预应力混凝土(109m跨)及钢箱梁(188m+88m)结合斜拉桥。边跨混凝土梁采用满堂支架现浇,中跨布索区钢箱梁采用桥面吊机逐节段拼装,无索区钢箱梁采用支架上拼装。斜拉桥作为多次超静定结构,施工的桥面吊机等临时荷载、施工工序的调整以及一些施工误差对索力都有一定影响,本文着重介绍如何通过调整斜拉索初拉力或全面索力调整使得成桥索力达到目标索力要求。

关键词 独柱斜塔斜拉桥 初拉力 安装张拉力 索力调整 成桥索力

一、总 体 介 绍

洪都大桥北主桥位于南昌市现有北支河赣江铁路桥下游约800m处,桥跨组合为109m+188m+88m。其中边跨109m为预应力混凝土梁;中跨靠近桥塔侧10.5m范围内布置预应力混凝土梁及钢混结合段;其余梁段为钢箱梁。中跨中间设置一个辅助墩。主塔与混凝土梁固接,主塔截面为独柱空心截面,塔身倾斜,塔身中心线与水平面夹角为79°。边跨混凝土梁侧斜拉索采用双索面反编,斜拉索面呈网状,中跨钢箱梁侧

图1 洪都大桥北主桥效果图

斜拉索采用准单索面(横桥向总宽度为44m而横桥向索距仅为5m)。

该桥塔形式及布索方式新颖，斜塔如利剑造型，表现了南昌建设突飞猛进之势，宛如一个飞速发展的方向标(图1)。大桥整体造型具有很强的现代感，体现出新的时代性。

二、斜拉索布置简介

洪都大桥北主桥共布置34对(68根)斜拉索。主跨钢箱梁上标准索距12m，边跨混凝土箱梁上索距为4.5m。桥塔上索距延桥塔中心线竖向间距为3.15m。主跨两排斜拉索布置于桥面中央，为准单索面布置形式，塔上横向索距2m，梁上横向索距为5m；边跨斜拉索锚固于主梁两侧，采用空间编织扭索面布置，即塔上最高处的一根索在主梁上锚固于近塔端，而塔上最低处的一根索在主梁上锚固于远塔端。边跨同侧斜拉索分布成空间交叉的悬链线，相邻斜拉索的最小中心距52cm。设计考虑在相邻斜拉索的小距离处设置连接构造，以避免拉索振动时相互撞击而造成损伤。斜拉索采用ϕ7mm的高强度、低松弛镀锌平行钢丝索，抗拉强度1 670MPa。锚具采用冷铸镦头锚，以ϕ1～2mm的淬硬钢球、环氧树脂及其他辅料的混合物作为锚固材料。

三、施 工 过 程

(1)施工桥塔，搭支架现浇边跨及中跨主塔侧10.5m混凝土箱梁及钢混结合段。继续施工桥塔，拼装钢箱梁段，张拉斜拉索。

(2)拼装辅助墩顶钢箱梁段，中跨188m跨合龙，继续拼装钢箱梁段，张拉斜拉索至所有索张拉完毕，拆除边跨支架。

(3)拼装过渡墩顶钢箱梁段，拼装合龙段，全桥合龙。拆除所有支架、施工二期恒载，成桥(图2)。

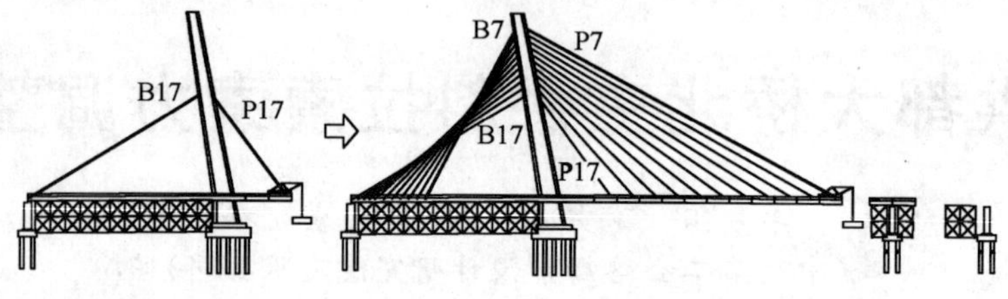

图2 洪都大桥施工流程

四、斜拉索初拉力调整

由于斜拉桥桥面吊机等临时荷载与结构计算采用荷载有差别、施工工序较结构计算有调整等因素，如不相应调整各斜拉索安装张拉力(千斤顶油表读数)，就会导致实际成桥索力与设计目标索力有较大差别。在施工荷载与施工工序、方法确定，且不考虑结构几何及材料非线性的前提下，成桥索力与安装张拉力的差值为一定值。斜拉桥为多次超静定结构，且各施工阶段结构及边界都有所不同。这里我们引入初拉力❶调整系数δ：

(1)取安装B17、P17索阶段结构及边界为计算模型，在P17索上安装单位初拉力，计算出P17索力δ_{P17P17}、B17索力δ_{P17B17}；在B17索上安装单位初拉力，计算出P17索力δ_{B17p17}、B17索力δ_{B17B17}。

(2)再取安装B16、P16索阶段结构及边界为计算模型，在P16索上安装单位初拉力，计算出P17索力δ_{P16P17}、P16索力δ_{P16P16}、B17索力δ_{P16B17}、B16索力δ_{P16B16}；在B16索上安装单位初拉力，计算出P17索力δ_{B16P17}、P16索力δ_{B16P16}、B17索力δ_{B16B17}、B16索力δ_{B16B16}。

❶初拉力：本桥计算采用madis空间杆系计算，其中斜拉索单元采用桁架单元模拟，各斜拉索安装张拉力(千斤顶油表读数)是通过对桁架单元施加初拉力来实现的。初拉力是作为类似温度荷载作用于结构上，通过结构对该荷载的自平衡，计算出该索本身存留索力(即安装张拉力)及其他索的存留索力。

(3)依次类推……

(4)形成多元一次方程组，求解。其中 x_i 为中跨侧初拉力增量，y_i 为边跨侧初拉力增量，ΔP_i、ΔB_i 为施工临时荷载调整后计算索力与目标索力差值。

$$\begin{bmatrix} \delta_{P17P17} & \delta_{B17P17} & \delta_{P16P17} & \delta_{B16P17} & \cdots\cdots & \delta_{PiP17} & \delta_{BiP17} \\ & & \delta_{P16P16} & \delta_{B16P16} & \cdots\cdots & \delta_{PiP16} & \delta_{BiP16} \\ & & & \cdots & & & \\ & & & & & \delta_{PiPi} & \delta_{BiPi} \\ \delta_{P17B17} & \delta_{B17B17} & \delta_{P16B17} & \delta_{B16B17} & \cdots & \delta_{PiB17} & \delta_{BiB17} \\ & & \delta_{P16B16} & \delta_{B16B16} & \cdots & \delta_{PiB16} & \delta_{BiB16} \\ & & & \cdots & & & \\ & & & & & \delta_{PiBi} & \delta_{BiBi} \end{bmatrix} \begin{bmatrix} x_{17} \\ y_{17} \\ x_{16} \\ y_{16} \\ \cdots \\ x_{i+1} \\ y_{i+1} \\ x_i \\ y_i \end{bmatrix} = \begin{bmatrix} \Delta P_{17} \\ \Delta B_{17} \\ \Delta P_{16} \\ \Delta B_{16} \\ \cdots \\ \Delta P_{i+1} \\ \Delta B_{i+1} \\ \Delta P_i \\ \Delta B_i \end{bmatrix}$$

(5)中跨 188m 合龙阶段前后结构体系明显变化，以中跨 188m 合龙阶段为例计算。计算结果表明上述方法是可行的。调整最大 200kN 索力，初拉力调整量最大为 1 220kN。施工过程中斜拉索安全系数必须得到保证，斜拉索初拉力调整对成桥索力的调整是有限的。

五、成桥全面调索

综上所述，调整斜拉索初拉力来调整成桥索力的范围是有限的。如果不能完全调整 ΔP_i、ΔB_i，则可以在索力允许范围内调整 $K\times\Delta P_i$、$K\times\Delta B_i$ $(0<K<1)$。剩余 $(1-K)\times\Delta P_i$、$(1-K)\times\Delta B_i$ 及施工累积误差则通过成桥后全面调索来达到目标索力(图 3)。

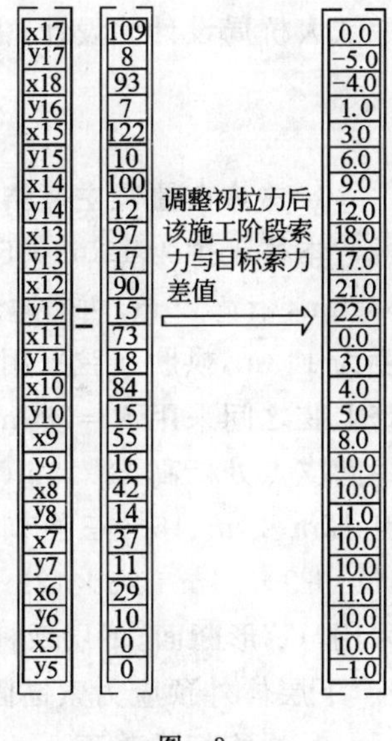

图 3

取成桥结构模型，在 $P_i(i=1\sim17)$ 上安装单位初拉力，计算出各索索力 $\delta_{PiPj}(j=1\sim17)$、$\delta_{PiBj}(j=1\sim17)$；在 $B_i(i=1\sim17)$ 上安装单位初拉力，计算出各索索力 $\delta_{BiPj}(j=1\sim17)$、$\delta_{BiBj}(j=1\sim17)$。形成多元一次方程组，求解。

六、结　语

施工过程中，中跨侧总体刚度较小，中跨各索索力调整对临近索力影响较大(对 P_i 索施加单位初拉力 T，计算所得 P_i 索索力在 6.3～7.4kN)，可见斜拉索初拉力调整对成桥索力的调整是有限的。成桥后全桥总体刚度较大，成桥阶段各索索力调整对临近索力影响较小(对 P_i 索施加单位初拉力 T，计算所得 P_i 索索力均大于 9kN)，可见成桥阶段索力调整范围较大。

107. 重庆朝天门大桥建设特点与施工过程控制方案

向中富[1]　张雪松[1]　邓新安[2]　颜　毅[1]　孙吉飚[1]
(1. 重庆交通大学土木建筑学院；2. 中交集团重庆朝天门大桥建设有限公司)

一、工 程 概 况

重庆朝天门长江大桥位于重庆朝天门广场下游 1km，设计功能为公路、轨道交通两用。其中，上层桥面设双向六车道和双侧人行道，总宽 36m；下层桥面中央设双线城市轨道交通线，两侧各预留宽 7m 的车行道。

重庆朝天门长江大桥主桥采用190m＋552m＋190m的中承式钢桁架连续系杆拱桥，如图1所示。建成后将成为世界最大跨径拱桥，也是重庆市的标志性建筑。

重庆朝天门长江大桥主桥整体呈三跨连续梁受力体系，其中，主跨552m中央488m呈系杆拱的受力特征，如图2所示。

图1　重庆朝天门长江大桥效果图

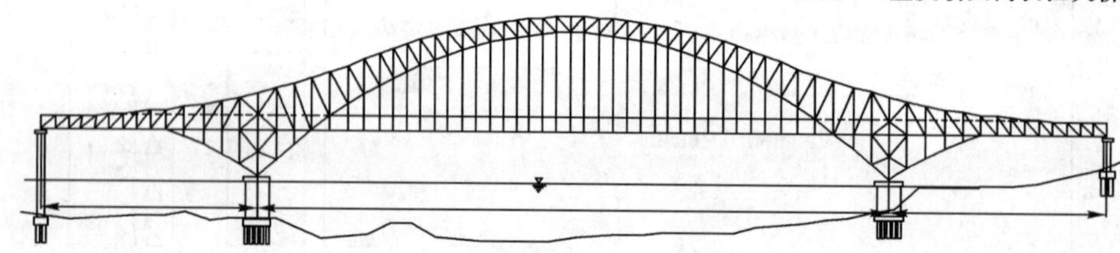

图2　桥梁结构体系

纵向支承体系除北主墩为固定铰支座外，其余各墩均为活动铰支座。主墩支座横向均固定，只在支座上、下座板之间留一定间隙，可满足温度作用下横向位移的要求，交接墩支座横向均活动，在边支点下横梁中心设置两个横向限位支座。

桥梁由重庆城市建设投资公司组织建设，中交集团作为代理业主（BT业主），重庆交通科研设计院与中铁大桥局设计院设计，中交集团二航二公司施工。

二、桥梁结构设计要点

1. 总体布置及主要结构特点

本桥正桥为190m＋552m＋190m三跨连续钢桁系杆拱桥，全长934.1m（包括端纵梁），主桥全宽36.5m，桁宽29m，两侧边跨为变桁高平弦桁梁，中跨为刚性拱柔性梁的钢桁系杆拱。拱顶至中间支点高度为142m，拱肋下弦采用二次抛物线，矢高128m，矢跨比1/4.312 5；拱肋上弦采用二次抛物线，并与边跨上弦之间采用$R=700$m的圆曲线进行过渡。主桁采用变高度的“N”形桁式，钢桁拱肋跨中桁高14m，中间支点处桁高73.13m（其中拱肋加劲弦高40.65m），边支点处桁高11.83m。全桥采用变节间布置，共有12m、14m、16m三种节间形式，其中，边跨节间布置为8×12m＋14m＋5×16m，中跨节间布置为5×16m＋2×14m＋28×12m＋2×14m＋5×16m。中跨布置有上下两层系杆，竖向间距11.83m，上层系杆采用“H”形断面，下层系杆构造采用“王”形断面＋体外预应力索，钢结构系杆端部与拱肋下弦节点相连接，下层体外预应力索锚固于节点端部。

2. 主桁杆件截面

主桁弦杆焊接箱形截面，截面宽度分1 200mm和1 600mm两种，截面高1 240～1 840mm。杆件按照四面拼接设计，拼接处杆件高度、宽度均相同，不同宽度和高度杆件之间采用变宽（高）度设计。

腹杆采用箱形、“H”形及“王”形截面，截面宽度分1 200mm、1 600mm和1 200～1 600mm（变宽度）三种，箱形截面高1 240～1 440mm；“H”、“王”形截面高700～1 100mm，板厚16～50mm。

上层系杆采用焊接“H”形截面，截面高1 500mm，宽1 200mm。

下层系杆采用焊接“王”形截面，高1 700mm，宽1 600mm。

杆件所采用的最大板件厚度50mm，最大长度44m，最大安装吊重80t。

3. 主桁节点

主桁主要采用拼装式节点，中间支承节点等少部分特殊节点采用整体式。

4. 起顶点设置

为适应主跨钢桁梁悬臂施工跨中自然（零应力）合龙需要，在端支点处和中间支点均设置四个起顶点，起顶点设在支座两侧的节点板下方。

5.结构预拱度设置

主桁预拱度按恒载+1/2静活载挠度曲线值反向设置。边跨不设置预拱度，中跨预拱度的设置采用缩短吊杆的方法实现，构件在制造时可不予考虑。

6.桥梁施工要点

主桥上部钢梁从两侧边支点向跨中对称安装，先安装边跨主结构所有构件，再安装中跨桁拱和吊杆，实现桁拱跨中合龙后，安装临时系杆，形成系杆拱受力体系，再用桥面吊机安装中跨上、下层梁系和桥面板。

(1)边跨钢桁梁施工

边跨钢梁安装时设3个临时墩辅助支撑，在1号临时墩与边墩之间搭设膺架，边跨1号、2号桁节用10 000kN·m塔吊在膺架上安装，其余桁节用架梁吊机悬臂拼装。

为满足钢梁中跨合龙调整需要以及便于边跨与主墩的衔接，钢梁安装时将两侧边支点预先降低2.3m。

边跨安装期间将边支座(P6、P9)设为固定支座，中跨悬臂安装期间将中支座(P7、P8)设为固定支座，保持边支座纵向活动。

(2)主跨钢桁拱施工

主拱钢桁架利用20 000kN·m拱上爬行吊机从中支点向跨中悬臂安装。随着悬臂施工的推进，已成结构抗倾覆(向中跨跨中)稳定系数越来越小，为确保其施工过程结构稳定性，同时，为避免处于单悬臂状态的钢桁架结构受力不利和减小悬臂端下挠量，除在边跨压重外，设置斜拉扣挂系统。

(3)主跨悬臂钢桁拱结构空间位置调整及合龙

中跨桁拱设计为无应力状况合龙，合龙顺序为：下弦→上弦→斜杆→平联，先利用临时合龙铰实现桁拱上下弦的快速合龙，解除P8活动支座的临时固定措施后，再合龙其他杆件。为此，借助边支点、中支点顶升调整主跨两边悬臂钢桁拱结构端部空间相对位置，实现自然(无应力状态)合龙。

(4)临时系杆安装

桁拱合龙后在中跨加劲下弦E17节点处安装临时系杆，完成初张拉后，将边支点调整至设计高程，逆序拆除斜拉扣挂及压重。

(5)中跨永久系杆(刚性系杆)安装与合拢

在临时系杆设置后，利用9 000kN·m全回转桥面吊机按照先下后上的顺序，逐跨安装中跨系杆，实现永久系杆合拢后，拆除临时系杆，吊装中跨桥面板。

利用P6～P9墩墩顶布置，根据计算结果，通过钢梁整体纵横移和调整边中支点高差的方式精确定位中支座和调整中跨合龙误差。

(6)桥梁结构施工线形保证

钢梁结构施工线形主要由工厂加工质量来保证，现场安装线形主要通过控制节点栓孔的重合率来保证。

7.桥梁施工流程详见图3

三、桥梁建设特点与难点

1.设计

(1)采用190m+552m+190m中承式钢桁架连续系杆拱结构的朝天门大桥为目前世界各类拱桥中跨径最大的拱桥，结构体系以及体系转换设计缺少实践经验。

(2)各类构件尺寸(长度、宽、高、壁厚等)比一般桥梁大许多，构件设计(包括强度、刚度、稳定、疲劳等匹配)难度大。

(3)桁式结构节点构造复杂，尺寸比一般桥梁大许多，设计影响因素多，难度大。

(4)桥梁整体结构复杂，所受静、动作用影响较一般桥梁大得多(包括汽车、轨道、人群、温度、风力、施工初应力等)，结构分析，特别是局部受力分析难度大。

(5)为减小施工初应力，主跨拱结构无应力合拢设计是需要的，但千斤顶措顶升施实施难度大。

(6)设计采用刚性与柔性组合式系杆，其构造、受力分析难度大，中支点初始位置确定和最终位置调

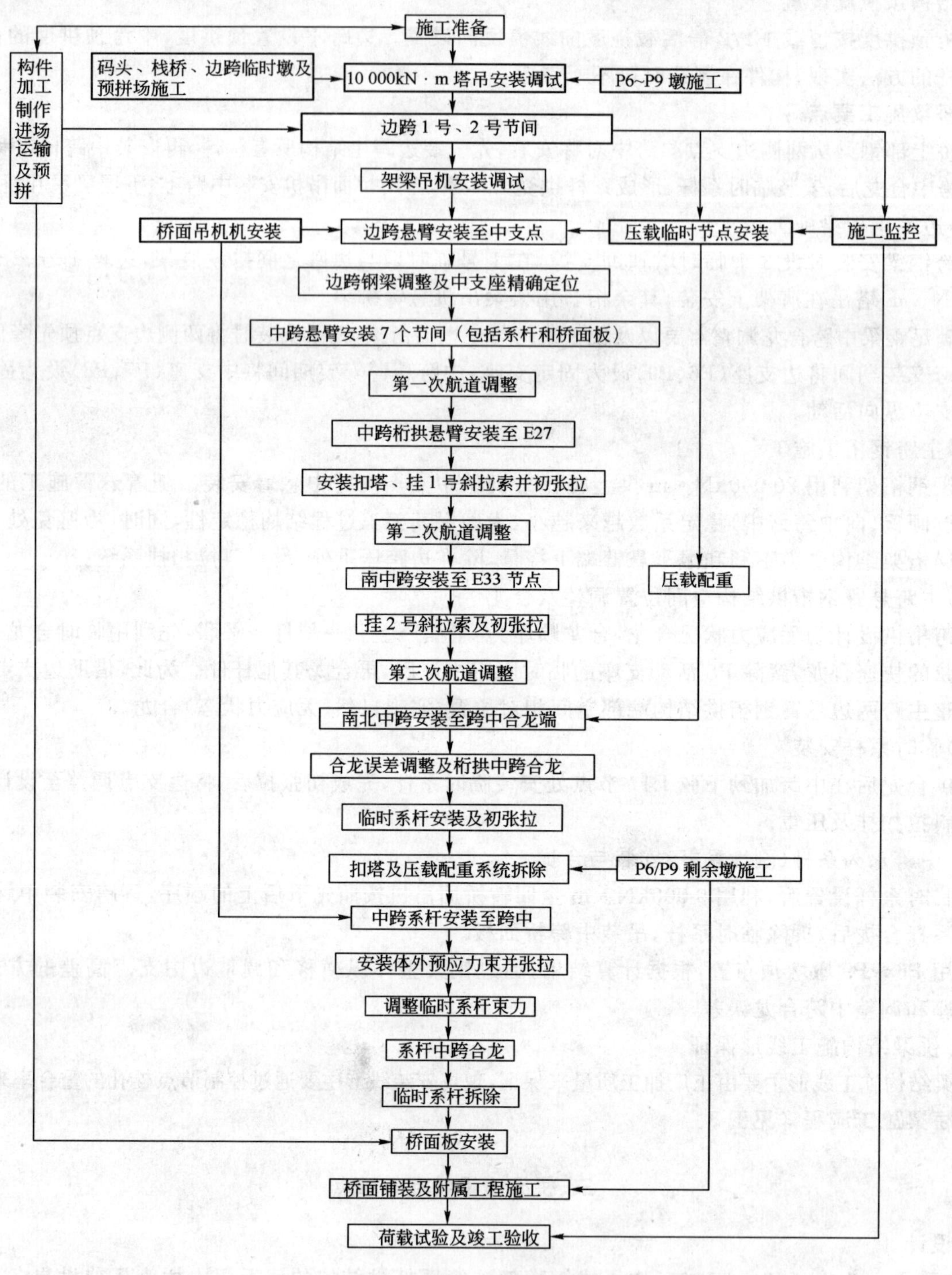

图3　施工工艺流程图

整要求非常高。

(7)中支点支座承载力要求非常高，构造复杂，设计难度特别大。

2. 施工

(1)朝天门大桥系目前世界规模最大的拱桥，施工缺少足够经验。

(2)由于结构构造尺寸大、空中位置高，杆件尺寸与重量大，爬行吊机安装难度大。

(3)拼装式钢结构既要求方便施工，更要求精度符合设计要求，所以，构件加工(无应力长度、螺栓孔位等)精度保证难度大。

(4)为避免处于单悬臂状态的钢桁架结构受力不利、增强稳定性和减小拱桁悬臂端下挠量，除在边跨压重外，设置斜拉扣挂系统，其实施与控制难度大。

(5)主跨拱结构无应力状态合龙难度大。

(6)为保证主跨钢桁拱无应力(自然)合龙，在边、中支点实施顶升，难度特别大。

(7)钢桁架梁＋悬臂钢拱桁架→钢桁架梁＋钢桁架裸拱＋钢桁架梁→中承式钢桁架连续系杆拱桥(钢桁架梁＋钢桁架系杆拱＋钢桁架梁)的体系转换(为满足桥道钢桁梁合龙需要，需借助千斤顶调整支座位置)实施难度非常大。

四、桥梁施工过程控制的必要性、目标及原则

本桥正桥钢梁为190m＋552m＋190m三跨连续钢桁系杆拱桥，钢梁全长934.1m(包括端纵梁)，主桥全宽36.5m，桁宽29m，两侧边跨为变桁高平弦桁梁，中跨为刚性拱柔性梁的钢桁系杆拱桥。桥梁设计形成过程仅能按照某种标准状态考虑，而桥梁实际形成过程复杂且技术难度大(精确的构件加工、支架上拼装钢桁梁及支座预编、悬臂自架设钢桁拱、结构顶升调整空间位置、裸拱合龙、支座平面位置调整、桥道钢桁梁架设及体系转换等)、影响因素众多且多变(设计合理性、结构自重、加工精度、温度变化、施工技术力量及操作规范性、施工管理等)、面临的结构强度、稳定安全问题多，要使该庞大的施工系统工程正常运转和成桥状态(线形、内力)符合设计要求，必须对其过程实施控制。

1. 施工控制目标

通过施工过程控制，将桥梁悬臂假设过程中结构整体稳定性(包括P6、P9墩)及结构应力(包括斜拉索力、系杆力、支反力等)控制在安全范围内，实现主拱自然合龙，确保成桥结构内力及桥道结构几何状态符合设计要求。

2. 施工控制原则

在设计文件的总体要求下，以事前预控为主，事后调控为辅，以结构整体稳定性(包括P6、P9墩)、结构应力(包括斜拉索力、系杆力、支反力等)以及桥道结构几何状态为主要控制对象，成桥总体几何状态为次要控制对象，通过详细、可靠并具可控制性的实施方案和结构状态调控措施，实现桥梁安全、顺利建成。

五、桥梁施工过程控制主要工作内容

本桥采用工厂加工，现场架设施工方法。其中边跨在有限支架上悬臂拼装，主跨拱桁架无支架悬臂拼装。首先要控制好构件加工尺寸和精度(通过设计与加工保证)；其次是各种施工初始状态(边支点桁架架设立面位置、中支点位置等)控制；三是悬拼过程中各杆件应力、局部稳定性、钢桁架的稳定性虽在设计中已有考虑，但由于各种误差影响，施工中可能出现杆件应力过高、稳定性不够等情况，需要对过程进行监控；四是悬拼施工中钢桁架的挠度需要监测，实时掌握结构空间状态以及与理论分析吻合程度，保证合龙顺利和钢桁架线形符合要求；五是悬拼过程中边跨钢桁架压重、斜拉扣挂控制；六是主桁架拱合龙控制(包括支点顶升)；七是体系转换控制(包括临时系杆设置、支点高程和位置调整)；八是刚性系杆及桥道系施工控制及整体结构的监测；九是桥面线形控制。针对主要施工步骤，具体内容如下：

1. 桥梁施工过程及成桥状态符合性结构分析与计算

严格按照设计文件进行桥梁施工过程及成桥状态结构受力、变形及稳定进行符合性分析，通过将主要结果与设计分析结果比较，统一结构分析参数，确保控制结构分析方法、分析模型、分析路径(工况)、结构参数、分析结果的正确性，为桥梁施工控制理论分析奠定基础。

2. 桥梁施工方案、工序、桥梁成桥目标状态确认或调整建议

通过符合性结构分析与计算，与设计单位和施工单位研究、确认桥梁施工方案、工序、桥梁成桥目标状态，必要时根据实际情况就原设计施工方案、工序、桥梁成桥目标状态提出完善、修改、变更等建议。

3. 边跨钢桁梁悬臂安装过程控制

针对边跨中支点设置和中跨合龙调整需要，通过理论分析确定边支点桁架架设立面位置，进行支架安全与

稳定状况进行监测，确定压重量。同时，根据施工过程模拟分析，确定临时中支点纵向位置及其预偏量。

4. 边跨钢桁梁形成控制

重点控制从在少支架上悬臂架设向简支状态转换的过程。对边跨支架位移观测。

5. 中支座安装过程控制

重点控制中支点平面位置、高程等量值，控制通过边支点高程调整中支点高程以及通过千斤顶调整中支点平面位置的过程。

6. 中跨钢桁拱悬臂安装过程控制

在考虑温度、风力等各种外界因素后，通过安装实际高程与理论高程以及安装实际应力与理论应力比较，判别结构的稳定性、安全性，判断主拱零应力合龙可能存在的问题，及时就上述问题预警，并提出和实施整改措施。进行钢桁结构应力、应变及位移观测。对桁拱安装线形进行控制。

桁拱梁安装过程中每安装一个节间均应实测梁端下挠值和由于环境温度变化引起的旁弯、竖弯，计算本桥结构矫正系数(矫正系数=实际变化/理论计算变化)，为中跨合龙前的精确调整准备基础资料。

7. 斜拉扣挂实施及边跨压重控制

中跨钢桁拱悬臂安装过程中，在理论分析和实测的基础上，确定斜拉扣挂位置、索力量值，对临时索塔、斜拉索力及其调整进行监测，确保钢桁拱悬臂施工的抗倾覆稳定性。进行斜拉索索力及不均匀性监测。同时，控制中跨钢桁拱悬臂安装过程中边跨压重时间、量值。

8. 钢桁拱合龙(第一次体系转换)控制

通过事先的温度变化监测，预计合龙时间，分析钢桁拱合龙时临时边、中支点应处的位置，提出边、中支点顶升调整量，并对千斤顶调整支点位置对单悬臂钢结构的影响进行敏感性分析，并对调整过程实施监控，直至钢桁拱自然合龙，实现第一次体系转换。第一次体系转换后各种外界因素对结构的不利影响也应予以监控。

9. 钢桁拱跨径调整及临时系杆安装控制

确定跨径调整所需调整边支点立面位置的量值，对跨径调整过程及临时系杆安装过程进行监控。对临时系杆索力及不均匀性监测。

10. 主跨桥道钢桁梁架设过程控制

主要监测、控制主跨桥道钢桁梁架设程序、桥道钢桁梁架设过程中已成三跨连续钢结构的受力和变形、已成三跨连续钢结构中支点的纵向位移等。

11. 桥道钢桁梁合龙(第二次体系转换)控制

桥道钢桁梁本身又是永久性系杆。根据温度等情况，分析、确定桥道钢桁梁合龙时，已成三跨连续钢结构边、中支点应处的位置(即永久支座位置)，提出调整量，并对千斤顶调整支点位置对三跨连续钢结构的影响进行敏感性分析，并对调整过程实施监控，直至桥道钢桁梁合龙，实现第二次体系转换。

12. 柔性系杆安装控制

根据设计要求和温度情况，确定柔性系杆(体外预应力索)安装时间、拉力施加量。对柔性系杆形成过程对结构的影响进行监控。

13. 吊杆受力监测

重点保证吊杆受力符合设计要求，同时保证吊杆长度对桥面线形调整作用的发挥。

14. 桥道系施工过程控制与桥面线形调整

重点是桥道系(包括下层轨道与机动车道)施工顺序、重量及其对三跨钢桁架连续系杆拱结构受力、变形的影响。注意桥梁纵横向几何状态控制。

六、桥梁施工控制方法与系统建立

1. 施工控制方法

钢桁结构悬臂施工属于典型的自架设预制拼装施工方式。由于已成结构几何状态难以事后调整，所以，施工控制主要通过事前预测和事中控制来实现，主要体现在施工过程结构模拟分析、各种因素影响敏感性分析、结构变形与应力监测、预警与后续施工状态预测、调整、关键工序（如顶升、支点位置预偏、调整等）、合龙方案制定等方面。其中，事前预测（主要是通过施工过程结构模拟分析，准确确定结构构件加工尺寸）至关重要。

主拱零应力合龙（第一次体系转换）控制除依靠精确的施工状态理论分析、精确的构件加工和准确的温度控制之外，借助边、中支点位置（高程、纵向位置）的改变（利用千斤顶）来满足。

桥道钢桁梁合龙（第二次体系转换）控制除依靠精确的施工状态理论分析、精确的构件加工和准确的温度控制之外，借助中支点纵向位置的改变（利用千斤顶）来实现。

2. 施工控制系统建立

朝天门大桥规模大，工序复杂，技术难度大，建立切实可行、操作方便、运转稳定的控制系统对搞好桥梁施工控制十分重要。拟建立的系统框图见图 4。

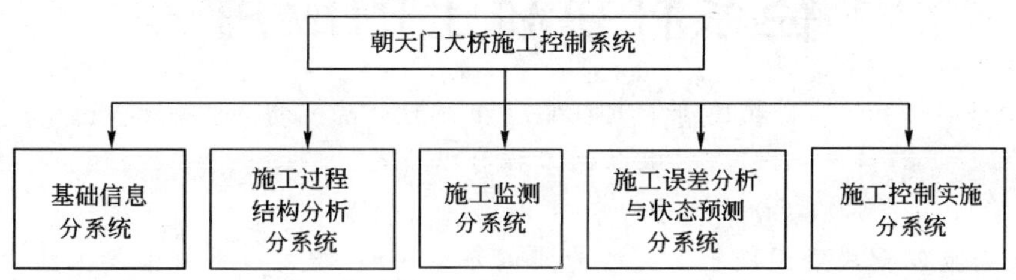

图 4 施工控制系统框图

七、施工控制的实施与管理

施工控制不是孤立的施工技术问题，它需要设计、施工、监理等单位的协同工作。因施工控制组织管理不到位而发生桥梁施工失控，甚至出现重大施工事故的例子并不少见。为做好本主桥的施工控制工作，在组织形式上分两个层次，即设立施工控制领导小组、施工控制技术小组与专家组开展施工控制工作。

施工监控领导小组由 BT 业主（中交集团重庆朝天门大桥建设有限公司）主持，设计、施工、监理、控制等单位参加，主要解决重大技术（方案）问题，协调解决施工控制中的有关问题。

施工监控实施小组由施工控制单位（重庆交通大学、武汉港湾工程设计研究院）主持、设计、施工、监理、业主、BT 业主等单位参加，施工监控实施小组具体进行桥梁施工过程监测与控制。

施工监控运转情况见图 5。

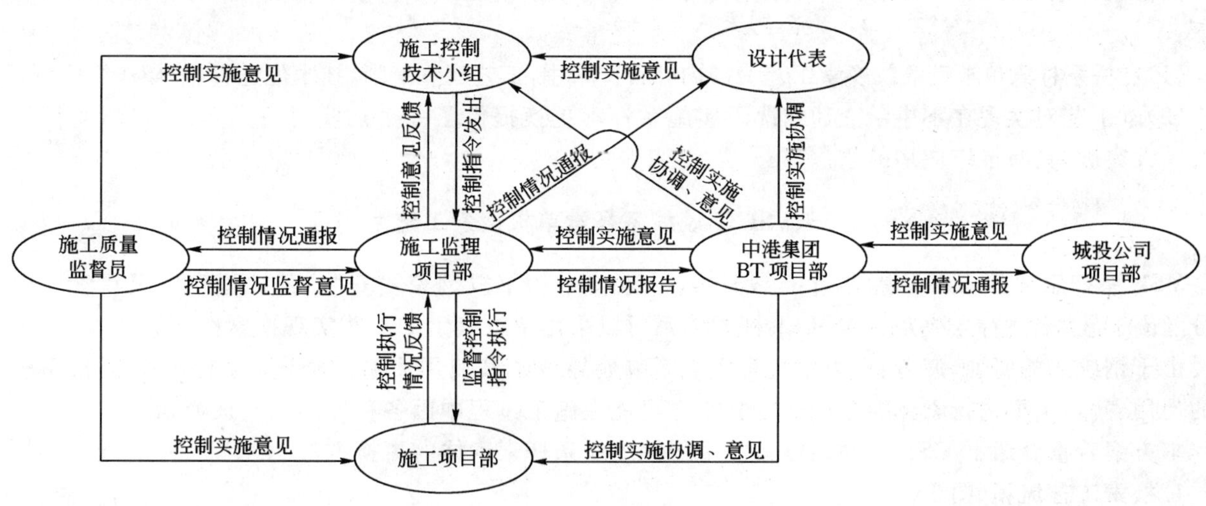

图 5 桥梁施工控制运转示意

该桥目前已完成边跨假设，进展顺利。

参考文献

[1] 重庆交通科研设计院，中铁大桥局设计院. 重庆朝天门大桥设计文件.

[2] 重庆交通大学，武汉港湾设计研究院. 重庆朝天门大桥施工控制实施方案.

[3] 中交集团二航二公司重庆朝天门大桥项目部. 重庆朝天门大桥施工组织设计.

[4] 向中富. 桥梁施工控制技术[M]. 北京：人民交通出版社，2001.

108. 单根钢绞线换索技术在大跨径系杆拱桥上的应用

柏国清　刘征宇　祖祥胜　陈　勇

（威胜利工程有限公司）

摘　要　本文着重以重庆菜园坝长江大桥为实例介绍VSL钢绞线系杆索单根换索的成功应用。

关键词　重庆菜园坝长江大桥　VSL钢绞线系杆索　单根换索

一、引　言

对于钢绞线系杆索桥梁，由于系杆索的腐蚀、疲劳等因素影响而导致其使用质量的衰退，为了改善系杆索的使用寿命，需要进行换索，以确保大桥的正常运营。

VSL系杆索体系的单根钢绞线安装、张拉的特征决定了其单根换索的施工工艺。本文着重以重庆菜园坝长江大桥为实例介绍VSL钢绞线系杆索单根换索的成功应用。

二、大桥及换索评议概况

重庆菜园坝长江大桥主桥为主跨420mY形刚构与钢桁梁组合体系系杆拱公、轨两用桥。系杆索采用VSL SSI 2000体系，索体为高强镀锌钢绞线、外包HDPE套管、VSLDR6-85/91锚具。

该桥系杆索于2006年10月16日成功进行了现场单根钢绞线抽换演示和评议，其评议形成的意见如下：

(1)主桥系杆索单根钢绞线换索工艺为国内外首次采用，工艺流程清晰，技术先进可靠，操作简便可行。

(2)本工艺对实现在不中断交通情况下实施系杆索更换提供了一个切实可行的解决方案，是换索工艺的一大突破，具有推广应用前景。

三、VSL钢绞线系杆索单根换索工艺

VSL系杆索锚具采用无黏结、平行设计方法、索体采用单根钢绞线安装、张拉程序以及在索体中采用分丝圈工艺，上述特点决定了VSL系杆索体系可以采用单根换索的工艺实现换索。

由于钢绞线的腐蚀、疲劳、索力偏大等因素影响而导致了其使用质量的衰退，为了改善、延长系杆索体的使用寿命，需要进行索体换索施工；同时，也可能在施工过程中因各种原因而造成换索。

本方案着重介绍了VSL无黏结锚具的平行钢绞线系杆索索体的更换方法。

1. 换索工艺流程(图1)

2. 换索施工布置示意图(图2)

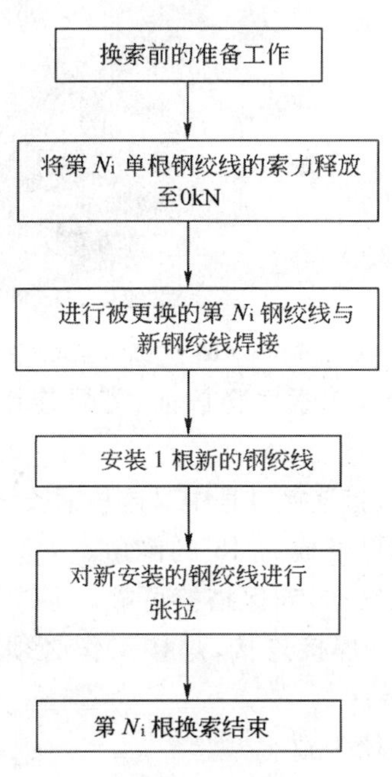

图 1 换索工艺流程图

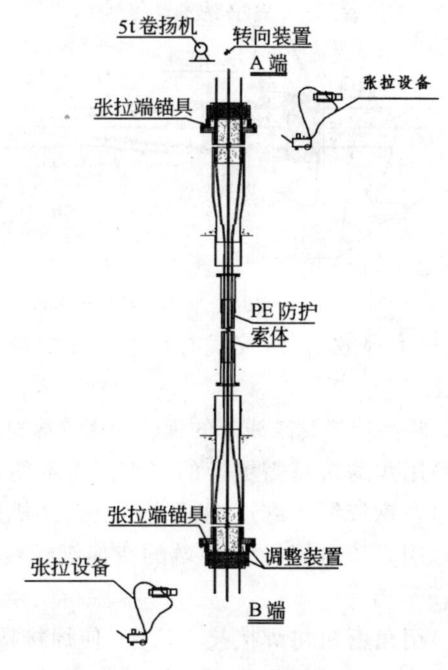

图 2 换索平面图

3. 换索所需主要机具、设备见表 1

表 1

机具名称	单位	数量	机具名称	单位	数量
5t 卷扬机	台	1	切割机	台	2
ZPE-15T 千斤顶	台套	2	直流焊接机	台	1
VZB4L 油泵车	台套	2	叉刀	把	6
数显油表	块	2	换索专用设备	套	2

4. 换索前的准备工作

将需要换索的索体分为 A、B 两端(见图 3),VZB4L 油泵、ZPE-15T 千斤顶、直流焊接机等换索机具、设备分别放在 A、B 两端;5t 卷扬机放置在 A 端。

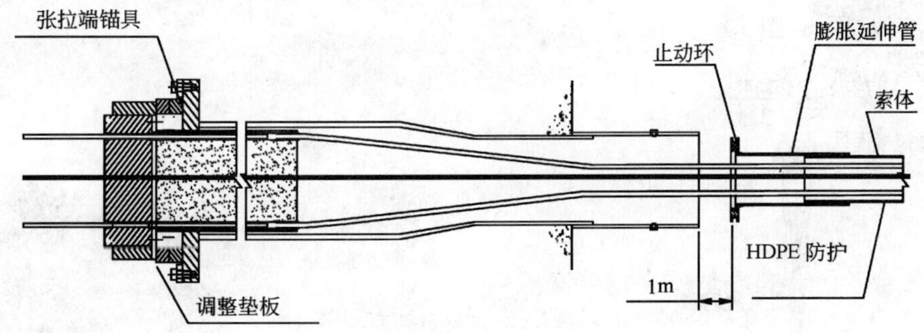

图 3 张拉端结构形式

为了施工方便,准备 2 根各 1m 长的钢绞线,二端磨成 45°斜面,去除表面油脂;将新钢绞线放在 B 端的钢绞线支架上,将其端部从卷盘上松懈,并剥去一定长度的 HDPE 层,用角磨机把端面磨出 45°的倾角,清洗端面油脂;打开张拉端防护装置;清理锚具和待换钢绞线上防腐油脂;松懈锚具端部的防松装置;取出桥面连接器内密封圈;取出预埋管内止动环,并将延伸管移至桥面连接器端面约 1m 处(见图 3)。

5. 换索具体操作步骤

1)索力释放(图 4、图 5)

(1)在 A、B 端均进行索力释放的工作。由于索力的释放会使该钢绞线的外露量减少,因此为了保证

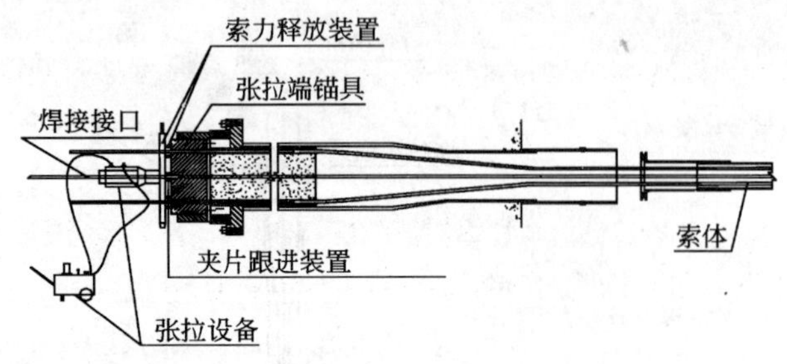

图4 将索力释放至0kN

图5 索力释放图片

在完成索力释放后，钢绞线有足够的外露量以便焊接等操作的进行，在索力释放前，需要连接一1m长的钢绞线。

(2)将除待换钢绞线外的钢绞线用绝缘材料可靠的包缠，以防止焊接连接过程中对这些钢绞线造成损坏。

(3)用角磨机将需更换的钢绞线端部的表面油脂清除干净，端口磨成一45°的倒角。

(4)在钢绞线上靠近端部处接上焊接机的地线，应由专业焊工操作，确保搭接可靠。

(5)用直流电焊机将 A 端的待换钢绞线与1m长的钢绞线进行焊接连接，焊接工作必须由专业的焊工完成。

(6)用角磨机将焊接接口磨平，使焊接接口外径与原钢绞线外径一致。

(7)取走直流焊接机和绝热材料。

(8)安装夹片跟进装置，该装置能保证索力的顺利释放。

(9)在需要更换的钢绞线的上、下排平行安装二把叉刀。

(10)安装夹片跟进器。

(11)再将一把叉刀垂直安装在待换钢绞线上。

(12)安装张拉装置。

(13)让15t千斤顶前端面离第三把叉刀端面一定长度，给油泵供油，待活塞外漏一定的长度时千斤顶夹片锚固钢绞线，继续加压，直至使夹片离开锚孔进入夹片跟进器里，缓慢回油，待千斤顶活塞外漏量约为20mm时，稳住压力，将夹片跟进器里的夹片推进锥孔，然后再完全卸压使夹片锚固。此时该待换钢绞线的索力有所减小，完成了第一次索力的释放。

(14)重复上述操作，直至将待换的钢绞线索力释放至0kN。

2)更换新钢绞线(图6、图7)

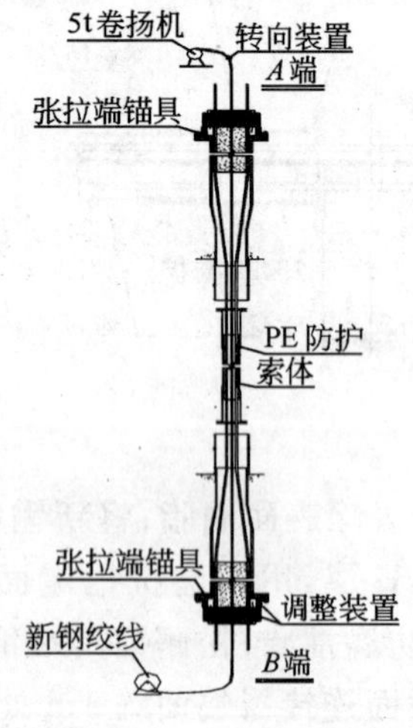

图6 换索示意图

图7 安装新钢绞线

(1)将除待换钢绞线外的钢绞线用绝缘材料可靠的包缠，以防止焊接连接过程中对这些钢绞线造成损坏。

(2)在 A、B 端 1m 长的钢绞线端面分别接一地线。

(3)A 端用直流电焊机将 5t 卷扬机钢丝绳端部的连接器和 1m 长的钢绞线焊接连接,用角磨机将焊接接头磨平。

(4)B 端用直流电焊机将新钢绞线和 1m 长的钢绞线焊接连接,用角磨机将焊接接头磨平。

(5)开动 A 端卷扬机,带动新钢绞线,缓慢的将 B 端新钢绞线牵引至 HDPE 管内,待新钢绞线在 A 端外漏一定长度时,停止卷扬机,保证正常的操作长度后,切断 A、B 端多余钢绞线(图 8)。

(6)分别安装 A、B 端夹片。

(7)将叉刀垂直安装在锚具上。

(8)安装张拉设备与限位装置。

(9)接通电源,给千斤顶缓慢供油张拉钢绞线,卸压锚固钢绞线(图 9)。

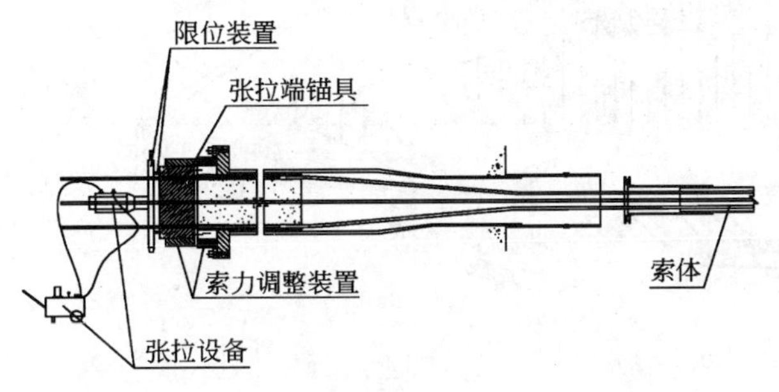

图 8 安装张拉

图 9 张拉新钢绞线

以上是换索的全过程,上述操作需要由 VSL 经验丰富的专业技术人员来完成,并根据现场具体情况可以做出适当的调整。

四、结　语

目前,在国内系杆索桥的建设中,继系杆索的防腐、抗震问题,系杆索的换索也愈来愈受到业主和业内人士的关注。VSL 钢绞线系杆索以其精确的索力测定、便捷的施工、高效、安全、经济的换索等优越性,得到了业主、设计、监理、监控等单位的一致好评。

参考文献

[1] 王文涛.斜拉桥换索工程.北京:人民交通出版社,2001.

[2] 重庆菜园坝长江大桥设计文件.

[3] VSL SSI 2000 斜拉索技术资料.

109. 重庆朝天门大桥拱上架梁起重机的优化设计

周　平　严复刚

(中交二航局第二工程有限公司)

摘　要　拱上架梁起重机是朝天门大桥主桥施工最重要的设备之一,其设计所牵涉的环节纷繁复杂。本文从起重机设计所受的主要约束条件出发,较为详细地阐述了该起重机设计所需要关注的关键问题。

关键词　朝天门　架梁　起重机　设计

一、工 程 概 况

朝天门大桥全长为 1 126m,正桥钢梁全长 934.1m(包括端纵梁),主桥为 190m+552m+190m 三跨连续钢桁系杆拱桥，桁宽为29m，两侧边跨为变桁高平弦桁梁，中跨为刚性拱柔性梁的钢桁系杆拱桥，拱顶至中间支点高度为142m。主桁采用变高度的"N"形桁式，钢桁拱肋跨中桁高为14m。全桥采用变节间布置，共有12m、14m、16m三种节间形式，其中边跨节间布置为8×12m＋14m＋5×16m，中跨节间布置为5×16m＋2×14m＋28×12m＋2×14m＋5×16m。

朝天门大桥主桥钢桁梁安装采用了"先拱后桥"的施工方案，即首先进行主拱钢桁梁的安装合龙，然后才进行主跨桥面系构件的安装合龙，如图1所示。依据此施工方案，主桥钢桁梁的安装是由专门设计的拱上架梁起重机所完成的。为了便于施工生产的顺利进行，需要对该起重机的设计、建造作充分的分析和论证。

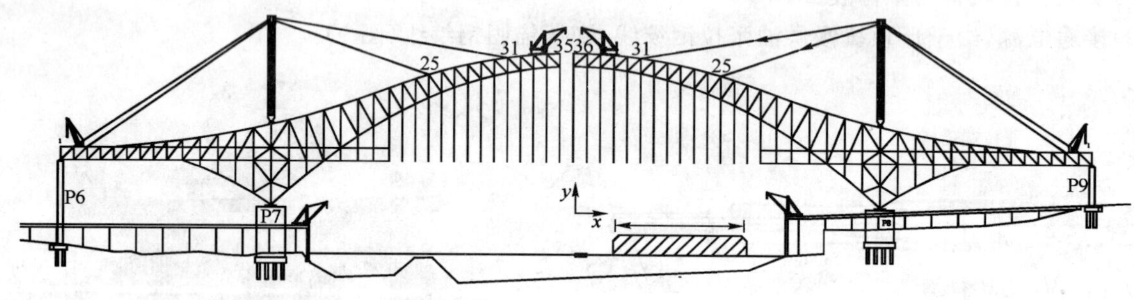

图1　主拱施工到合龙段

二、拱上架梁起重机的主要施工用途

根据施工进度安排，主桥南北两岸需要同时施工，因此需要两台拱上架梁起重机同时进行南北两岸钢桁梁的安装。起重机安装在桥梁主桁的上弦杆上，起重机的回转中心位于桥轴线上，其主要用途如下：

(1)安装边跨构件：钢梁构件通过水路运至工地临时施工码头，由安装在码头上的WQ7040桅杆式起重机吊到运梁小车上运至后方预拼场进行构件的预拼。预拼后的边跨构件，用运梁小车通过栈桥运到待安装节间的上游侧架梁起重机的覆盖范围内，由架梁起重机将构件从运梁小车上起吊安装。

(2)安装主墩大吨位球形支座。

(3)安装中跨构件：利用架梁起重机架设中跨的构件主要有拱肋主桁钢梁及吊杆。中跨的构件用运梁小车运到施工码头装船转运到待拼装节间的下方，再由架梁起重机起吊安装。

(4)利用南岸侧架梁起重机进行主拱合龙，先合龙下弦再合龙上弦。

(5)拆除吊索塔架和拉索后，架梁起重机退回中支点靠边跨附近的适当位置，将所有的系杆和桥面系构件从边跨外侧的施工栈桥上吊至下层桥面，通过桥面上的运梁台车运至桥面起重机后方，再由桥面起重机起吊进行安装。

(6)临时系杆安装时利用架梁起重机辅助进行牵引索的跨江敷设。

三、拱上架梁起重机技术参数设定所受的主要约束条件

为实现上面描述的功能用途，需要从以下几方面对起重机的设计进行限定。

1.桥梁结构及构件安装对主要性能参数的要求

(1)最大起重量及起重力矩：由于主桥桥钢桁梁构件的最大单件重量为80t，所以起重机的最大起重量拟定为80t。由于P7、P8主墩宽度较大，为47.4m，北岸栈桥位于P7墩上游侧，栈桥轴线距桥轴线25.7m(南岸栈桥轴线与桥轴线重合，吊距较小，不成为力矩限制条件)，起重机在此距离需要起吊800kN荷载，因此起重机的最大起重力矩应大于20 800kN·m，拟定为21 000kN·m。

(2)吊幅及回转角度的要求：朝天门主桥钢桁梁总共有70个节间，其中12m节间有44个，14m节间有6个，16m节间有20个，大部分由12m节间构成。为最大限度利用起重机21 000kN·m起

重力矩优势，尽量减少起重机前移的次数，提高工效。要求起重机在进行 12m 节间距钢桁梁架设时，具有一次前移站位完成两个 12m 节间架设的能力（14m 及 16m 节间仍须逐跨架设），如图 2 所示。

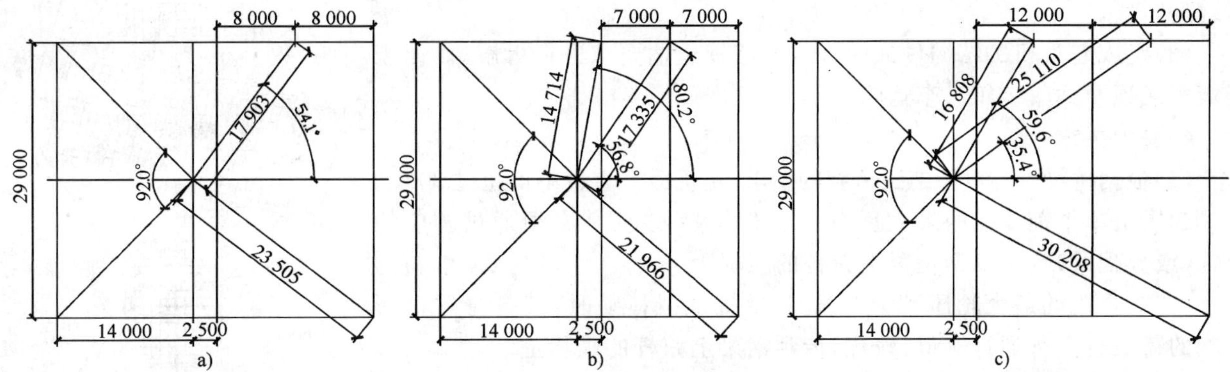

图 2　各工况吊幅平面示意图（尺寸单位：mm）

a)16m 节间吊幅平面示意图；b)14m 节间吊幅平面示意图；c)12m 节间吊幅平面示意图

根据上图所示确定最大吊幅应为 30.5m，吊幅盲区应不大于 8.5m。左右回转角度按照上图应大于 80.2°，拟定为 90°。

(3)最大起升高度：起重机在桁拱上工作时离江面的最大高度约为 180m，拟定其最大起升高度为 190m。

(4)最大爬坡角度：桥梁上弦杆切线与水平面的最大夹角为 20°，所以要求最大爬坡角度不小于 20°，拟定为 22°。

(5)单件重量及整机重量要求：安装该起重机的 10 000kN 塔式起重机最大吊重为 32t，所以要求起重机部件的单件重量不得大于 32t。

2. 机构要求

(1)起重机能够在钢桁梁上弦行走，可同时完成边跨平直梁和主跨拱梁的架设，具有提升、变幅、回转、底盘调平、整机前移及锚固的功能。起重机在钢桁拱上架梁时，起重机的上底盘能够随拱顶坡度变化保持水平状态。

(2)机构速度要求：为了增强机构的平稳性和可靠性，提高工效，起升、变幅卷扬机都采用变频调速，起升、变幅速度可以随负荷的不同而获取不同的速度；另外设置额定起重量 15t 的副卷扬机构，以便于起吊安装较小构件时能够获得较快的速度，同时在安装角度需要调整的构件时可以利用副钩进行协助。

(3)支顶系统：支顶系统是为了避免起重机在起重作业时将工作负荷和起重机自重通过行走轮进行传递而设置的，分前支顶和后支顶。支顶系统能够依靠自身的千斤顶将前后支点顶起，使行走车轮悬空，该千斤顶须设置机械自锁装置，以保证起重机工作时前后支点支撑的可靠性。

(4)锚固系统：起重机在钢桁梁上移动并站位后，能够锚固在钢桁梁的上弦杆上，进行吊装作业。分为前锚固和后锚固，前锚固主要承受工作负荷和起重机自重沿桥梁上弦切线方向的分力。安装前锚固所用锚固板的横向间距应能够调整，以适应上弦杆宽度的变化。

后锚固通过锚箍将起重机尾部与钢梁的上弦杆固定在一起，承担起重机工作时向前倾覆在后锚固点产生的拉力。桥梁上弦杆的顶板宽度分为 1 200mm 和 1 600mm 两种，截面高 1 240～1 840mm。后锚箍之间的间距和长度应可调，以适应桥梁上弦杆的这些变化。后锚的数量及布置应能够满足起重机工作时的稳定要求和钢桁梁的结构特点，并避开钢梁上的节点位置。

(5)采用轨排形式的牵引系统，在起重机上设计轨排前（后）移动安装的起重运输装置，以方便高空往前（或者往后）铺设轨排。

3. 结构几何尺寸要求

(1)由于起重机利用钢梁的上弦杆站位进行吊装作业和前后移动。为使起重机能够在上弦杆上顺畅通行，起重机底盘构件距主桁上弦杆顶面的距离不小于2m，以避开吊索塔架的支座以及吊索的下锚箱节点，如图3所示。

(2)轨枕的长度应能够满足在顶面宽度不同的上弦杆上铺设轨枕和轨道的需要。

(3)组成起重机的结构件或模块应能够视运输要求进行拆解，以便于平板车或顶开式集装箱汽车运输。

4. 受力要求

(1)根据桥梁设计对于施工荷载的要求，整机最大重量不得超过300t。

起重机单个前支点的最大反力<2 630kN。该荷载必须通过相应的装置(或分配梁)传递到钢桁梁上弦杆的腹板上。

(2)起重机的最大轮压<550kN，起重机牵引移动时，其自身重量所形成的荷载也必须通过轨道、轨枕，传到钢梁上弦杆的腹板上。

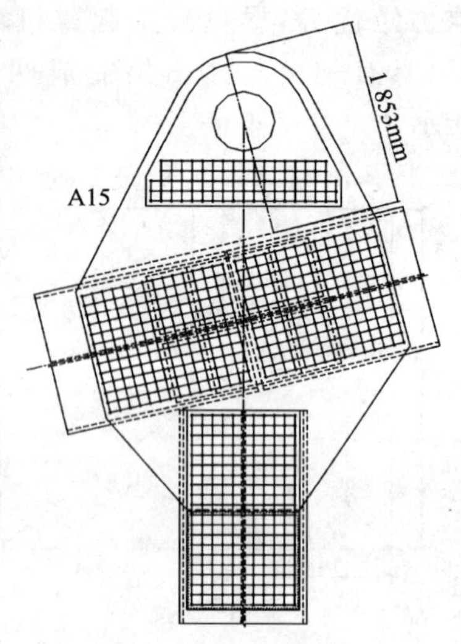

图3 A15节点侧视图

5. 电气安全保护系统要求

(1)施工期间供电距离(主桥箱式变电站至主跨跨中最大直线距离)：南岸为480m；北岸为350m。电源及电气控制系统采用三相五线制。

(2)控制部分采用可编程控制器PLC为控制核心。

(3)起重机应配备完善的安全装置。在移动、调整位置、就位安装、起吊等作业过程中，若出现过载或环境条件发生变化并危及设备本身的安全和稳定时，这些装置应能及时发出声、光信号向操作者提示并限动。所以须配备力矩限制器、风速报警仪、电气过、欠压保护和过流保护、主、副起升机构卷扬机的过卷和欠绕保护、变幅和回转限位保护、各机构动作联锁安全保护装置等。

(4)配备在风速大于工作风速时的起重机防风锚定装置。

(5)左右两侧的调平机构在电气控制上应能够进行“联动”和“单动”控制，以便分别实现纵向和横向水平度超差的调整。

(6)鉴于本起重机的起升高度大且大部分构件须从运输船舶上起吊，为确保构件和起重机、运输船舶的安全，起重机的主、副起升及变幅机构的卷扬机除具备标准的高速端制动器外，还应在卷扬机的低速端(卷筒处)配备制动器，该制动器与高速端制动器同时工作，并能够确保在任何一端制动器单独制动时均有足够的制动力。

(7)起重机所有控制操作装置设置于司机室内进行集中控制，同时在牵引移动机构、调平机构的工作区域设置机旁控制(遥控)装置，用以实现对上述机构的目视操作。集中控制优先级大于机旁控制。

6. 特殊工况下的考虑

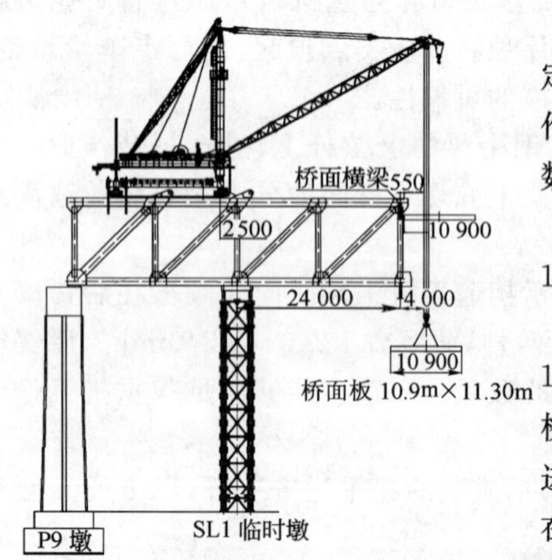

图4 一次站位进行两个12m节间安装时远端桥面板的安装(尺寸单位：mm)

施工会存在一些特殊工况，会对既有的施工方法或者初步拟定的设备技术参数产生不利影响。也就是说，设备在特殊工况下作业时，如果没有特殊的施工方法，就只有以提高设备的性能参数为代价。设计考虑了以下两种工况：

(1)第一种特殊工况：南岸架梁起重机一次站位完成两个12m节间的构件安装时，桥面板安装对吊幅的影响。

按照桥梁的最初设计，桥面板为三块，其中有两块宽度为10.9m(最终由于桥面起重机安装桥面板时回转空间的局限而将桥面板的设计修改为四块，但架梁起重机设计时是按三块桥面板进行考虑的)。由于南岸栈桥位于桥梁纵向轴线上，架梁起重机在安装边跨12m节间时需要一次站位完成两个节间的构件安装，起重机要从栈桥上起吊桥面板的最大水平吊距为32.5m(如图4所示)，此参数大于架梁起重机的30.5m的最大水平吊距。吊幅不够，如果没有更好的施工方法，则只有增大起重机的吊幅参数。

在此特殊情况下，可以遵照以下程序起吊桥面板：首先调整幅度至 30m，然后将桥面板从栈桥上的运梁小车上起吊至下层桥面以下，保持吊幅不变，将起重臂回转到左或右侧一定角度后，再次起升至上层桥面以上，然后回转至需要安装的位置进行安装。

(2)第二种特殊工况：在靠近南岸临时墩 SL2、SL3 进行安装时，临时墩的存在对桥面板安装的影响。

以 SL2 临时墩为例(图 5)，由于 SL2 临时墩的存在妨碍了桥面板回转至桥两侧进行起升，所以在完成头一节 12m 节间的安装时应将下一节间的桥面板先放置于本节桥面板上，等下一节间钢桁梁安装完成之后，即可进行桥面板的安装(图 6)。

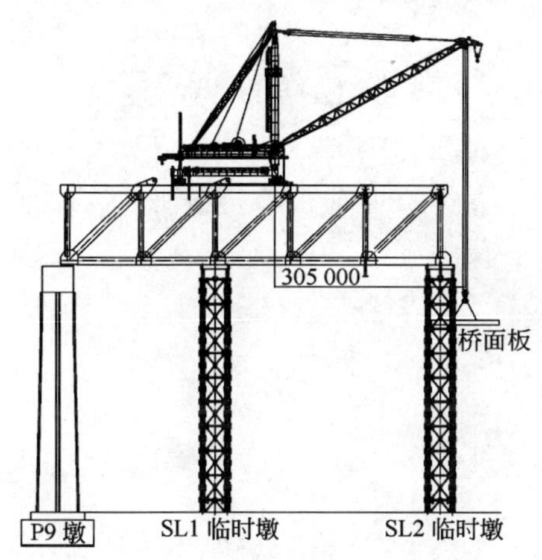

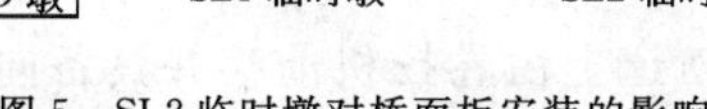

图 5 SL2 临时墩对桥面板安装的影响

图 6 施工中的架梁起重机

由于以上两种特殊工况皆可以采用相应的特殊施工方法予以解决，因此，起重机的既定技术参数可以不作改变。

7. 环境及其他要求

(1)根据钢桁梁安装工程进度要求，确定整机工作级别为 A5。

(2)架梁起重机的结构和机构应能适应在－25～＋50℃温度，相对湿度 90％的野外环境下正常工作。

(3)根据重庆的自然气候条件，确定工作风速应小于 15.5m/s，非工作风速小于 26.7m/s。

8. 主要设计规范

(1)GB/T 3811—1983 《起重机设计规范》

(2)GBJ 50017—2003 《钢结构设计规范》

(3)GB/T 5905—1986 《起重机试验规范和程序》

(4)GB 50205—2001 《钢结构工程施工质量验收规范》

(5)GB 6067—1985 《起重机械安全规程》

(6)JB/T 4315—1997 《起重机电控设备》

(7)GBJ 232—1985 《电气装置工程施工及验收规范》

(8)GB 11345—1989 《钢焊缝手工超声波探伤方法和探伤结果分级》

(9)GB 8923—1988 《涂装前钢材表面锈蚀等级和除锈等级》

四、设备的主要技术参数

根据设计的各种约束条件，最终确定拱上架梁起重机的主要技术参数如下：

整机工作级别 A5

主钩额定起重力 800kN

主钩起升速度

额定荷载	5.0m/min
空载	15m/min
副钩额定起重力	150kN
副钩起升速度	11m/min
起重机的回转角度	±90°
回转速度	0.3r/min
起升高度	190m(安装轨面以上25m)
吊臂变幅角度	29°～78°
变幅速度	4.1m/min
最大起重力×吊距	800kN×26m
最小/最大吊距	8.5m/30.5m
最大水平坡度	22°
整机调整角度时的顶升速度	0.2m/min
工作风速	15.5m/s
工作环境温度	－20～＋50℃
相对湿度	90%
整机总重	≤300t
整机功率	≤300kW
前支点位置	节点中心后2.5m
起重机前移方式	在上弦杆腹板顶部轨枕与钢质轨道上由卷扬机前移并具备向后移动的能力
单个前支点的最大反力	≤2 630kN
最大单件重量	≤32t

拱上架梁起重机主要技术参数制定之后，即可进行招标采购，进行图纸设计并进入工厂进行生产制造。

五、结　语

由于拱上架梁起重机设计选型合理、适用，效率及可靠性较高，朝天门大桥主桥钢桁梁安装非常顺利，边跨施工已接近尾声。经过这段时间起重机的使用实践证明拱上架梁起重机的设计是比较成功的，希望该起重机的设计会对类似项目的施工和类似起重机的设计提供有价值的参考。

110. 悬臂浇筑大跨径钢筋混凝土箱形拱圈

张佐安[1,2]　聂　东[3]　雷　勇[3]　赵　丹[3]

(1.长沙理工大学；2.四川盛大交通科研设计有限公司；3.四川路桥建设股份有限公司)

摘　要　大跨径钢筋混凝土箱形拱桥，施工的难点在于拱圈的成拱。以净跨150m的攀枝花白沙沟大桥为例，介绍钢筋混凝土箱形拱圈采用挂篮悬臂浇筑节段法施工成拱的关键技术。

关键词　拱桥　箱形拱圈　悬臂浇筑

钢筋混凝土箱形拱桥具有承载力强、造价低、外形美观及耐久性好等优点，成为多年来在地质条件好的地区特别是山区建桥的首选桥型之一。

大跨径钢筋混凝土箱形拱桥施工的难点在于拱圈的成拱。在一些山区适合修建拱桥的位置，因地形场地条件受限不能采用预制安装或搭架现浇等方法施工拱圈时，采用挂篮悬臂浇筑法就能较好地完成拱圈的成拱施工。我国在拱桥建造方面的多项技术处于世界先进水平，但挂篮悬臂浇筑拱圈施工技术还是空白，四川西攀高速公路攀枝花白沙沟大桥拱圈施工采用此项技术成功实施。本文介绍该桥拱圈施工成拱的技术方案、施工工艺、施工控制等相关技术。

一、工 程 概 况

四川西攀高速公路攀枝花白沙沟大桥是西部交通建设科技项目“山区大跨径钢筋混凝土箱形拱桥设计及施工技术研究”的依托工程。大桥位于高低路基段内，分左、右幅桥梁设计，孔跨布置为 4×14.2m（引桥）＋150m（钢筋混凝土箱型拱桥）＋3×14.2m（引桥），见图 1。

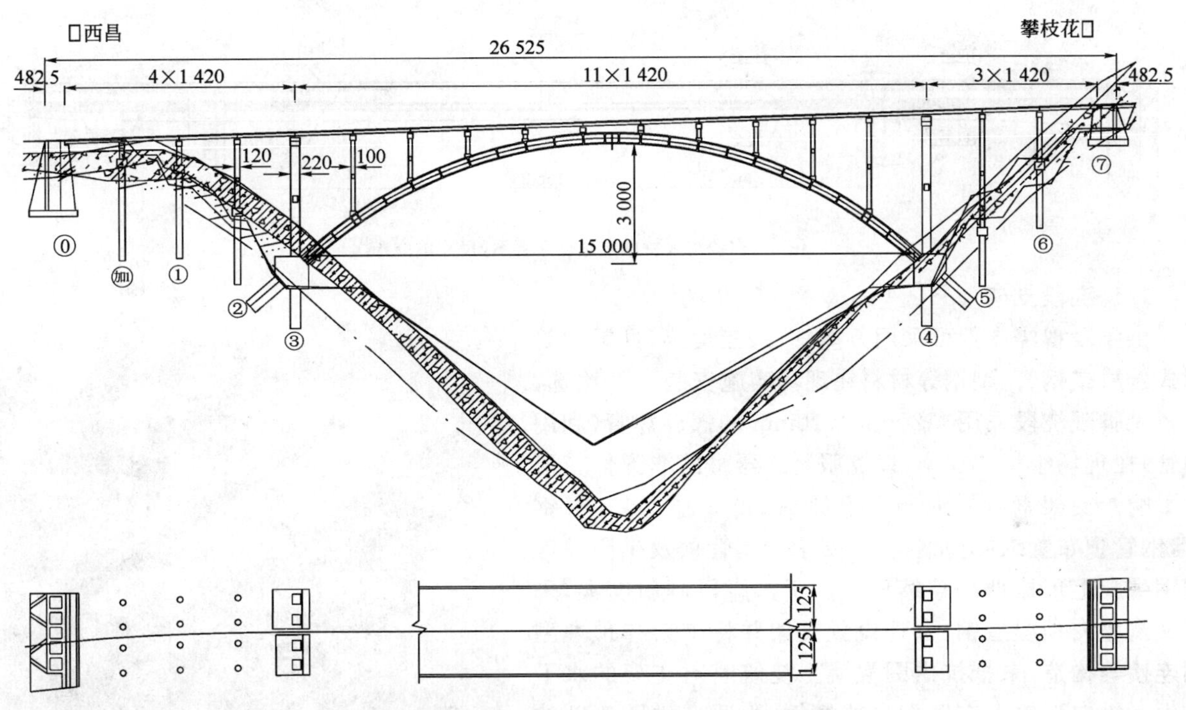

图 1 白沙沟大桥桥型布置图(尺寸单位:cm)

该桥拱圈为等高度悬链线钢筋混凝土箱形拱，净跨径 $L_0=150$m，净矢高 $H_0=30$m，净矢跨比 $H_0/L_0=1/5$，拱轴系数 $m=1.988$，拱圈为单箱双室截面，箱高 2.7m，箱宽 6m。拱脚段顶底板厚度由 60cm（拱脚侧）渐变至 25cm（拱顶侧），腹板厚度由拱脚的 50cm 渐变至 30cm（外腹板）及 20cm（内腹板），排架处对应横隔板除 1(10)号立柱采用双 25cm 厚横隔板外，其余立柱对应横隔板厚 35cm，立柱间的横隔板为 25cm 厚。拱脚段采用搭架现浇，其余每半跨分十个节段用挂篮悬臂浇筑施工，跨中合龙段长 2m。

二、施工技术方案

白沙沟大桥拱圈除拱脚段因挂篮安装需要采取搭架现浇施工外，其余节段施工采用挂篮悬臂浇筑成型，合龙段在劲性骨架安装完成后采用吊架法施工。1 号～4 号节段扣挂锚固于交界墩盖梁上，并通过锚固于两岸引桥墩交换梁上的锚索 1 来平衡交界墩盖梁顶的不平衡水平分力，5 号～11 号节段扣挂锚固于扣塔顶的锚箱上，并通过锚固于两岸锚碇（兼作桥台）的锚索 2 来平衡扣塔顶的不平衡水平分力，见图 2 所示。

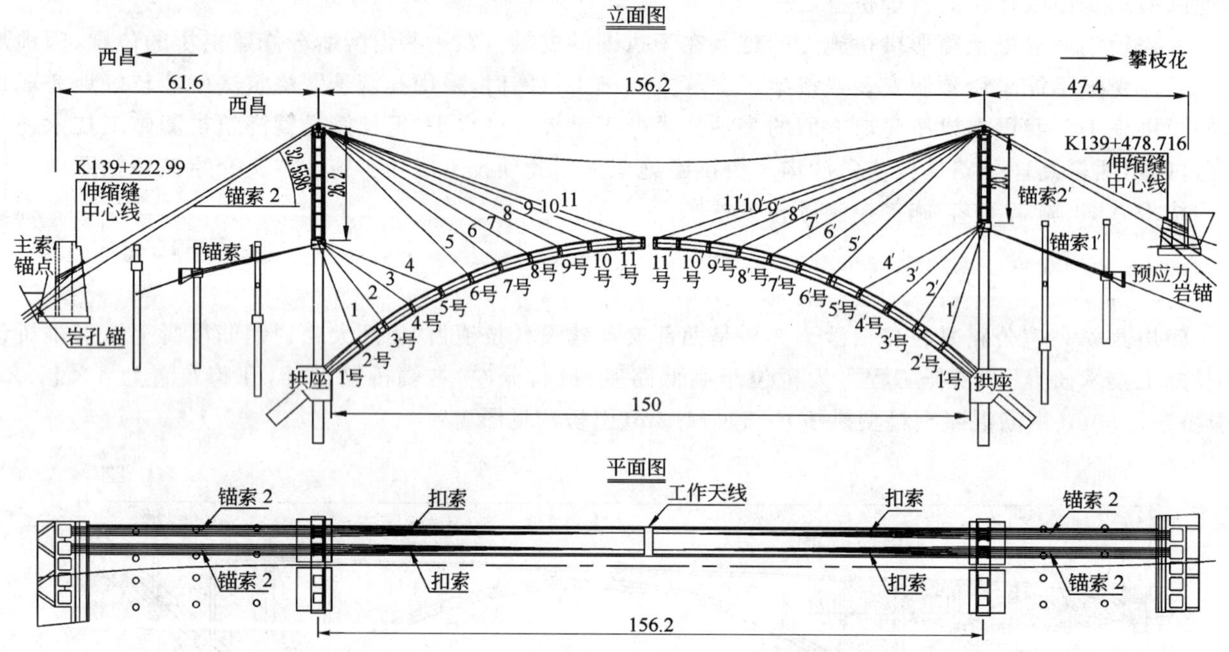

图2 白沙沟大桥施工总体布置图(尺寸单位:m)

1. 现浇段支架

拱脚段现浇支架可采用万能杆件、三角架、贝雷架等制式器材或钢管、型钢等材料在现场实施安装。经比选,本桥拱脚现浇段采用ϕ720mm×10mm的螺旋焊管(利用旧管)在现场组焊成支架,以克服制式器材的非弹性变形的影响。支架钢管纵向布置2排,每排3根,共6根钢管,钢管顶布置纵向型钢,型钢支承于钢管顶及拱座预埋型钢牛腿上形成两跨连续梁。由于拱脚段倾斜度大,采用在拱座内预埋型钢、合理设置支架并将支架与预埋型钢连接等构造,来抵抗拱圈混凝土浇筑时对支架的水平推力。纵向型钢上布置横向的槽钢,为适应拱圈弧度的变化,横向与纵向型钢间设置调节块,以控制底模线形。拱脚段现浇支架设置见图3。

图3 拱脚段现浇支架设置照片

2. 悬浇挂篮

悬浇挂篮是拱圈节段悬浇施工的主要承重构件。挂篮按支承形式有上承式及下承式、前支点及后支点等,按结构形式有菱形挂篮、三角斜拉挂篮、三角桁架挂篮等。这些挂篮形式目前在国内只用于连续梁、连续刚构、斜拉桥等基本处于水平推进悬浇施工节段的桥梁,还没有应用于拱桥拱圈施工的实例。本桥采用的悬浇挂篮基于拱圈宽度不宽、拱圈倾斜及每节段倾斜的角度均在变化等特点,开发并采用了后支点侧三角桁架结构形式的挂篮(见图4,已申报国家专利,申请号:200620035365.9)。该挂篮将承重桁架系统与底篮支承系统结合,挂梁既作为悬浇施工时的主要受力支承系统,又作为挂篮前移时的行走支承系统,挂篮的后支反力则依靠三角桁架尾端的横梁反作用于已浇拱圈节段的底面。

本挂篮包括主桁系统、止推系统、支反力系统、走行系统、模板系统、工作平台、安全防护装置等。主桁采用三角形构造,全长16.8m,桁高3.5m,总高4.4m,挂篮净宽7m,桁架自重42.5t,水平状态下挂篮前端承受最大的竖向力为2 200kN。

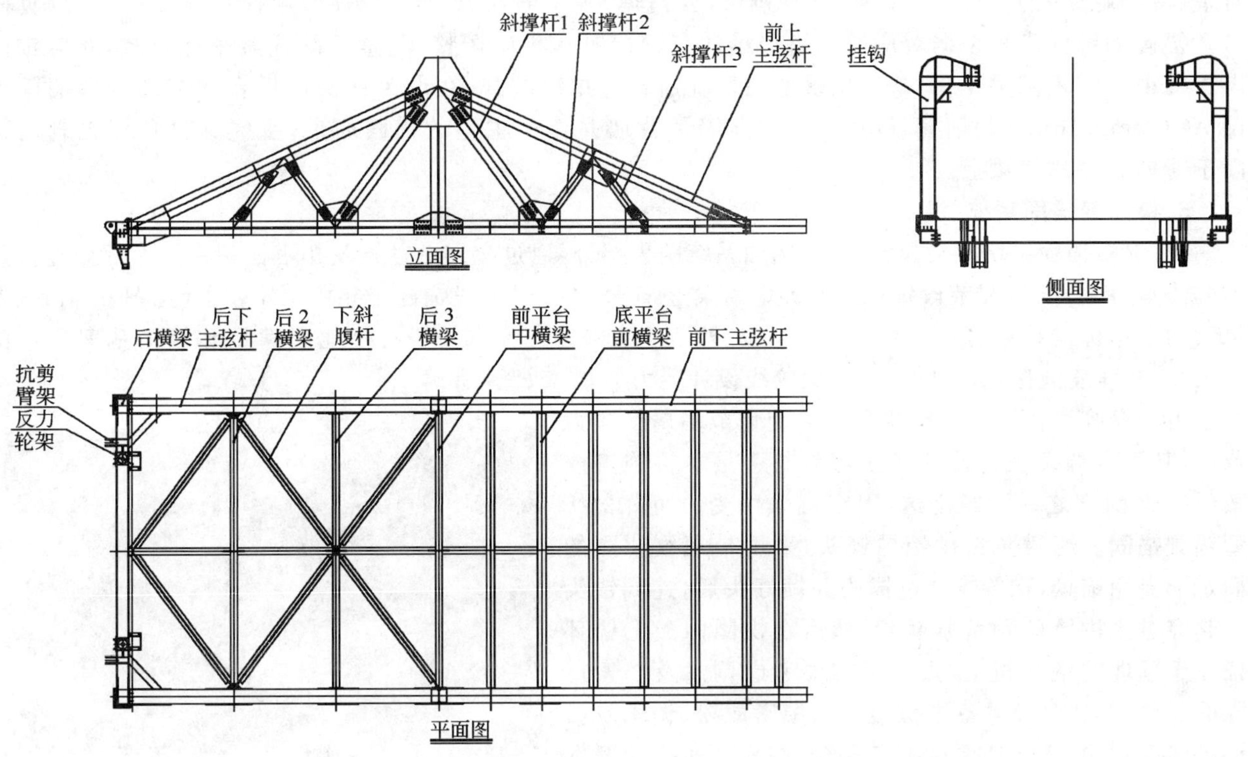

图4 侧三角桁架式挂篮图

3. 扣塔

施工用的扣塔考虑了万能杆件扣塔、钢管混凝土扣塔及空心钢管扣塔等方案。由于本桥施工对扣塔塔顶位移控制要求严，万能杆件扣塔是通过螺栓连接的多元件组合结构，螺栓眼孔间隙所导致的非线性变形难以准确计算及模拟，不确定因素过多，因此该方案不予采用；尽管钢管混凝土扣塔受力可靠，但由于本桥的扣塔支承于交界墩盖梁上，较重的钢管混凝土结构不可避免地给盖梁带来负担，再加上扣塔为临时结构，桥梁施工完成后须拆除，而钢管混凝土拆除困难且无回收利用价值。经综合比较后，采用空心钢管扣塔方案。

空心钢管扣塔横桥向布置3排、顺桥向布置2排共6根钢管。主枝立柱钢管采用ϕ720mm×10mm的螺旋焊管。根据本项目扣塔高度情况及吊装能力，将扣塔主枝立柱钢管竖向分为3段，钢管接长采取法兰盘用螺栓栓接的连接方式。顺桥向主枝立柱钢管中到中间距为2.2m，采用ϕ325mm×7mm的钢管通过相贯焊接将两根钢管连接成整体后起吊，以保证焊接质量及现场安装定位。横桥向主肢立柱钢管中到中间距3m，外肢立柱钢管中到中间距6m，通过在钢管上焊接[16型钢连接成整体。

图5 扣塔布置照片

扣塔塔脚支承于盖梁顶的横移滑道上，采取在盖梁上预埋螺杆并用螺帽锁定的方式固定，一幅桥梁施工完成后截断与盖梁连接的预埋螺杆后横移扣塔至另一幅桥，就位后再与盖梁焊接连接从而将塔脚固定于盖梁上。扣塔布置见图5。

4. 锚碇系统

施工用的锚碇系统由设计直接完成，并由设计方给出了施工图纸。锚索1用1号墩（西昌岸）及6

号墩（攀枝花岸）的交换梁做锚碇，0号桥台（西昌岸）及7号桥台（攀枝花岸）用作锚索2的锚碇（见图2）。锚碇的锚固齿板根据对应的扣塔锚箱的布置情况作相应调整，调整后的锚索平行布置，对应锚固齿板的中心间距调整为50cm。缆索吊装系统锚碇与扣锚结合，在作为锚碇的桥台的前墙及背墙间埋设ϕ800mm×10mm的钢管，以连接桥台前墙及背墙并作为主绳的锚固通道，主绳穿过预埋钢管后锚固于背墙后端的横梁上。

5.扣锚索锚固系统

扣、锚索锚固系统包括扣索系统、锚固系统两大部分，通过交界墩盖梁及扣塔锚箱将两大部分连接成整体。本桥1号～4号节段锚固于交界墩盖梁上，5号～11号节段锚固于扣塔顶锚箱上（见图6），扣索及锚索均采用标准抗拉强度$R_y^b=1\,860$MPa、$E_y=1.95(^{+0.1}_{-0})\times10^5$MPa、松弛率满足Ⅱ级松弛率要求的$\phi$15.24高强度低松弛钢绞线，扣索钢绞线设计受力为$0.45R_y^b$。

由于钢绞线扣索在工作期间应力变化范围属低应力范围，其固定端及张拉端的锚固可靠与否是本桥施工成败的关键因素之一。经比选，固定端采用受力可靠的P型锚具锚固。为避免在拱箱内锁头，采用带螺纹锚圈的固定端专用锚具，钢绞线穿过锚头并锁好头后，连同锚头一起穿过主拱圈的预留索套管，然后在拱圈内戴上锚环锚固于预埋的钢垫板上；张拉端因要考虑调索及扣索拆除的需要，其锚具须具备张拉、顶压、锁紧放松、调索及微调等诸多功能，为保证项目施工安全，在我公司成功开发并运用于巫山长江大桥的YM低应力夹片锚固系统的基础上，进一步研发了“双重调索低应力夹片锚固系统”（已获国家专利，专利号：ZL200620034582.6），来满足本桥的施工需要，见图6。

图6 锚固系统施工照片

三、施工工艺

1.施工工艺流程

拱脚段支架安装→拱脚段施工并养护待强→1号扣、锚索安装及张拉→现浇段支架拆除→悬浇挂篮安装调试→节段底板、腹板、隔板钢筋绑扎→节段内模、侧模安装→节段顶板钢筋绑扎→节段顶压模安装→节段混凝土浇筑及养护待强→节段扣、锚索安装及张拉锚固、调索→挂篮放松并前移就位→循环进行下一节段施工至全部悬浇段施工完成→合龙段施工→扣、锚索分级拆除。节段各工序施工控制的具体时间见表1，悬浇周期为288h(12d)。

节段各工序施工时间表 表1

序号	项目	时间(h)	序号	项目	时间(h)
1	移挂篮、底模调位	18	5	顶压模安装	12
2	底板、侧板、隔板钢筋绑扎	48	6	拱圈混凝土浇筑	12
3	内模安装	36	7	混凝土养护等强	96
4	顶板钢筋绑扎、预埋件安装	30	8	扣锚索扣挂、张拉、调索	36

2.施工工艺要点

(1)拱脚段支架地基承载力须满足设计要求，支架采取刚性连接措施以减小非弹性变形，支架须与拱座连接以平衡倾斜拱圈重力所产生的水平分力。

(2)挂篮采用侧三角桁架挂篮，挂篮安装就位后通过底模调节螺杆调节底模高程，施工中主要控制好挂钩支承点、后下横梁反力支承点、挂篮限位抗剪柱等重要部位，挂篮行走通过在挂梁后安装的千斤顶张拉前移就位。拱圈节段施工见图7。

图7 拱圈节段施工照片

(3)由于拱圈轴线为悬链线，每一节段的模板弧线均不相同，施工时模板采取以直代曲的方式，每节模板长1.2m，接头处通过调节螺杆使接头位置满足设计线形要求。

(4)拱圈钢筋注意绑扎的先后顺序，纵向主筋采用机械连接。因顶板钢筋较重，施工时设置劲性骨架支承，埋设索导管时尽可能避免截割纵向主筋，否则补强。

(5)混凝土采用拌和站集中拌和，混凝土罐车运输到场，输送泵泵送入模，混凝土坍落度16～20cm，初凝时间约8h，确保混凝土的和易性。

(6)由于拱圈倾斜，拱箱内模设置为全封闭，且拱箱顶须设置压模，混凝土浇筑困难，施工时纵向每间隔1m左右在三道腹板及两个箱中位置的内模底板及顶压模对应位置开孔，便于混凝土入模及振捣，确保混凝土施工质量。

(7)扣、锚索在平地下料并安装好固定端圆锚圈和P锚，安装时用工作天线提升扣锚索并先将固定端圆锚圈放入预埋套管后安装上锚环，之后用工作天线提升张拉端至张拉锚固点下方，用滑车组牵引张拉端钢绞线束进入张拉端锚固垫板，安装张拉端锚具、顶压器、反力架、张拉千斤顶，完成扣锚索扣挂工作。

(8)用240kN千斤顶单根牵引钢绞线使每根钢绞线初张力一致，再根据监控指令分级进行扣锚索张拉，张拉时保持上下游间、扣锚索间的受力平衡。

四、施工控制

本桥拱圈最大悬臂长74m且悬浇节段长近8m，为了确保桥梁在施工过程中结构受力和变形始终处于安全的范围内，且成桥后的拱圈线形符合设计要求，结构恒载内力状态接近设计期望，在主桥施工过程中必须进行严格的施工控制。

1.施工控制方法

(1)设计参数识别

通过在典型施工状态下对状态变量(位移和应力应变)实测值与理论值的比较，以及设计参数影响分析，识别出设计参数误差量。

(2)设计参数预测

根据已施工节段设计参数误差量，采用合适的预测方法(如灰色模型等)预测未来梁段的设计参数可能误差量。

(3)优化调整

施工控制主要以控制拱顶高程、控制截面弯矩为主，优化调整也就以这些因素建立控制目标函数(和约束条件)。通过设计参数误差对桥梁变形和受力的影响分析，应用优化方法(如采用加权最小二乘法、线性规划法等)，调整本节段与未来节段的立模高程，使成桥状态最大限度地接近理想设计成桥状态，并且保证施工过程中受力安全。

2.施工监测内容

施工一个拱圈(节)段称为一个阶段，为了改善施工过程中的挂篮和混凝土拱圈的受力，每阶段分成三个工况：挂篮前移并定位立模；节段混凝土浇筑一半，调整扣锚索索力；节段混凝土浇筑完成，再次调整扣锚索索力。在各个工况中，主要测试内容如下：

(1)挠度观测

每一节段悬臂端截面前端顶设立三个高程观测点，同时也作为坐标观测点。当前现浇节段悬臂端截面同时设立三个临时高程观测点，作为当前节段控制截面梁底高程用，并给出对应的测点的高程关系。用精密水准仪测量测点高程，用全站仪测量坐标。

(2)扣塔顶水平变位测量

交界墩扣塔顶上下游各设1～2个测点，测点位置选在塔顶便于观测的可靠位置处，用全站仪测量。

(3)截面钢筋应力或混凝土应变观测

应变计采用国产的优质振弦式应变计，采用相应的专用仪器测试。拱圈纵向应力监测断面选为悬臂根部、$L/4$、$L/2$等关键截面，交界墩应力监测断面取距墩底2m处的标准截面。由于实际施工中受结构自重、挂篮刚度、施工荷载等复杂因素的影响，施工过程根据结构的实际状况对某些截面的观测位置进行适当的调整。

(4)温度场观测

混凝土中温度选用NTC型直径4mm的热敏电阻，使用读数精度达5位100点全自动温度数据采集系统采集。在拱圈的标准截面内预埋温度元件，以测量其内部的温度场分布。为检验温度对结构变形和受力影响的测量，拱圈高程、扣塔顶偏位以及相关截面应力应变与温度场观测同步进行。

五、实 施 效 果

攀枝花白沙沟大桥左幅桥拱圈已于2007年1月31日合龙成拱(见图8)，成果如下：

(1)施工过程中，拱圈混凝土的最大压应力为5.1MPa，最大拉应力<2.0MPa。

(2)扣索钢绞线受力过程的最大误差为10%。

(3)拱圈对称截面高程的最大相对误差为33mm。

(4)施工过程中，扣塔顶的最大变位为35mm。

(5)拱圈合龙段两端高程的最大相对误差为4mm，拱顶段高程误差为10mm。

图8　拱圈施工合龙照片

(6)拱圈混凝土设计为C50，施工中取混凝土试件共50组，平均强度为59.7MPa，标准差为1.64MPa，拱圈混凝土质量合格。

拱圈合龙后线形顺适，施工过程拱圈的应力及变形等均满足设计、规范及施工控制要求。

六、结　　语

四川西攀高速公路攀枝花白沙沟大桥拱圈施工，采用挂篮悬臂浇筑法顺利实现成拱，填补了我国在这一施工工艺上的空白，为拱桥施工增添了新的方法，推进了拱桥施工技术进步。随着高速公路向边远山区地区发展，在跨越“V”形山谷地形条件下建造箱形拱桥，其拱圈施工可选择悬臂浇筑成拱法。

参考文献

[1] 白沙沟1号大桥挂篮设计施工方案.四川路桥西攀高速公路C12合同段项目经理部，2005.9.

[2] 张佐安.巫山长江大桥扣索钢绞线低应力锚固体系研制.中国公路学会桥梁和结构工程学会2003年桥梁学术讨论会论文集，人民交通出版社，2003.9.

[3] 西攀高速公路白沙沟大桥施工设计图.四川省交通厅公路规划勘察设计研究院，2005.6.

[4] 西南交通大学白沙沟大桥施工监控组.主拱施工监控阶段性结果通报，2006.12.

111. 大跨径钢筋混凝土拱桥悬臂浇筑挂篮的设计和创新

裴宾嘉[1] 曹 瑞[1] 聂 东[1] 熊国斌[2] 何 勇[2] 张武先[2]
(1. 四川公路桥梁建设集团有限公司;2. 四川攀西高速公路开发股份有限公司)

摘 要 四川攀西高速公路的白沙沟1号桥为国内第一座悬臂浇筑的悬臂浇筑拱桥,跨径为150m。在拱桥悬浇挂篮的研制过程,有比较多的创新点,为同类桥梁和悬臂浇筑桥梁的挂篮设计提供了新的思路和宝贵经验。

关键词 悬浇拱桥 挂篮 设计 创新

一、工 程 概 况

挂篮悬臂浇筑法施工从20世纪60年代由前联邦德国首先使用以来,发展至今,已成为修建大中跨径桥梁的一种有效施工手段。我国从20世纪80年代开始使用这种技术以来,也已取得了巨大的成就。因此,在进行悬浇拱桥的挂篮设计前收集了国内各种类型挂篮的图纸,并进行了大量的比较,最后设计了适合拱桥悬浇的挂篮。同时兼顾挂篮设备的系列化、规格化、制作的工厂化、施工作业的标准化和规范化。

悬浇拱桥在日本施工较多,我国尚属空白。国外拱桥悬臂浇筑长度均在1.5~4.5m,白沙沟1号桥拱箱悬臂浇筑长度达到7.8m,也属于创纪录的长度,因此给挂篮的设计也带来了相应的难度。本桥悬浇拱箱梁宽6m,箱梁高2.7m,最大悬浇重力1 220kN(计算竖向荷载总计2 100kN)。为此专门研制了悬浇拱桥的挂篮,该挂篮的构件外形如图1所示。

挂篮的主要性能参数见表1所示。

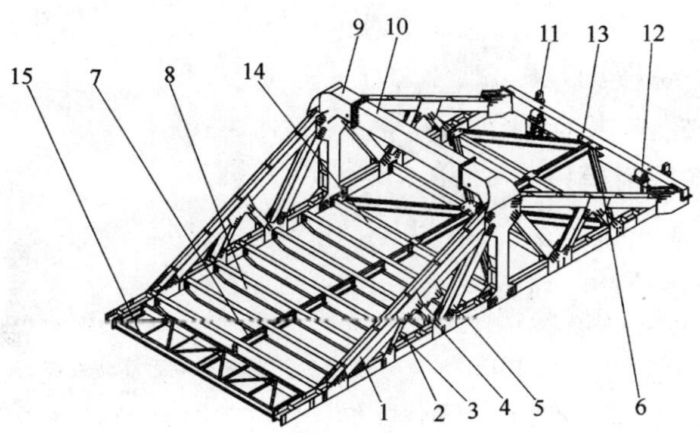

图1 挂篮整体结构示意图

1-上弦杆;2-下弦杆;3-前小拉杆;4-前撑杆;5-后大拉杆;6-斜撑;7-小纵梁;8-前横梁;9-挂钩;10-挂钩横向联系;11-抗剪臂;12-行走反力轮;13-后横梁;14-中横梁;15-前平台横梁

挂篮性能参数表 表1

浇筑节段最大重量	122t
浇筑节段最大长度	8m
挂篮自重	34t
模板系统自重	28t
挂篮行走方式	滑动
挂篮前端最大变形	2cm
锚固方式	自锚式

二、挂篮的基本原理

1. 结构功能

挂篮由桁架承重系统、行走系统、支反力系统、止推系统、工作平台及防护系统六部分构成。承重系统由底篮、三角形侧桁架、挂钩和挂钩横联构成；底篮由两片三角形侧桁架、前横梁、后横梁、中横梁和斜撑构成。行走系统主要由走船、行走轨道、千斤顶、精轧螺纹钢、反力轮及导向轮等构成。支反力系统主要由挂钩球铰及后横梁上的楔形反力钢板支座等构成。止推系统主要有抗剪臂、轨道止推牛腿、挂钩撑杆等构成。

底篮将两片侧桁架连接，并起支撑底模板的作用；承受混凝土荷载的两片侧桁架，通过挂钩支撑在已浇混凝土拱肋上；后支座（图中未示）、抗滑臂和反力轮设在挂篮尾部的后横梁上，起着支点和防止挂篮滑动的作用；止推轨道铺设在已浇混凝土拱箱上，作为挂篮移动时使用并防止挂篮下滑。

三角形侧桁架用 HW350×350 宽翼缘型钢构成上、下弦杆和拉、撑杆，各杆之间连接的方法采用栓接。挂钩固结于侧桁架的顶端，上下弦杆、斜杆所受力都传至挂钩，挂钩由钢板焊接为箱形。挂钩与弦杆之间的连接采用栓接。

底篮是由前横梁、中横梁、后横梁、纵梁、斜撑组成，前横梁为[36B 槽钢构成，中横梁为 H500×200 型钢。纵梁、斜撑为 2[28a 组焊成箱形。底篮采用栓接与侧桁架连接。

后横梁是由 $\delta=18$mm 钢板焊接成的 600mm×300mm 箱形杆件，采用栓接与侧桁架连接。箱内根据受力和稳定需要设置横隔板。

后支座是由固定在后横梁上的楔形钢板组成，作为浇筑混凝土时挂篮的反力支点。用楔形钢板可以使支座与混凝土接触紧密。

抗剪臂是钢板焊接成条形板，附着在后横梁上。浇筑混凝土时，抗剪臂上升，插入已浇拱箱的预留孔，起防止挂篮滑移的作用。挂篮行走时，抗剪臂下降。设调节螺栓对抗剪臂进行上、下调节。

反力轮由钢管、钢板和轴承组成的，附着在后横梁上。挂篮行走时，反力轮上升，支撑在已浇拱肋的底板上，配合挂篮移动。浇筑混凝土时，反力轮下降，不再受力。

挂钩是用钢板加工成的矩形构件，它与侧桁架相连，支承在铺设于拱箱顶面轨道的滑板上，承担新浇混凝土的重力和挂篮自身的重力。挂篮移动时，挂钩沿轨道行走到指定位置。

止推轨道是用钢板加工成的倒 π 形构件和滑板、撑杆组成的，它固定在已浇拱肋上，通过滑板支撑着挂钩。撑杆一端支撑在轨道上，一端支撑在挂钩上，起防止挂钩下滑的作用。

2. 工作原理

挂篮浇筑混凝土时，将挂篮安装在第一段用现浇支架浇筑的拱箱上，使用后横梁附近的摇柄将抗剪臂上升，插入已浇拱箱底部的预埋抗剪盒内。将后支座上的楔形钢板安装在后横梁上，作为支座把挂篮后端支撑在拱箱的底板上。安装撑杆，支撑住挂钩，使挂篮不下滑。再安装模板系统，调整高程，然后浇筑混凝土。

图 2　挂篮完成第三段拱圈悬浇后移动就位后的现场

挂篮移动时，将反力轮就位，降下抗剪臂，在止推轨道前端用千斤顶张拉精轧螺纹钢，使挂篮顺着轨道前移。千斤顶回油时，用撑杆和止推牛腿支撑挂钩，交替前移（图 2）。

挂篮行走到位后，落下反力轮，让后支座受力，将抗剪臂上升，插入拱箱底部的预留孔。安装模板系统，调整高程，然后浇筑混凝土，完成一个循环。

三、结 构 创 新

1. 材料优化

材料高强、结构轻型、大跨和方便是挂篮的未来发展方向，对于悬浇拱来说挂篮减轻将有助于减小桥台锚锭的重量。原设计挂篮采用 Q235 热轧型钢，后经过比较采用 Q345B 钢板焊接成 H 型钢，重量由 36t 减为 27t。可以看出材料强度对挂篮的重量影响较大。

2. 根据挂篮可能产生的受力特点，选择合适的拓扑结构形式

国内挂篮有多种形式，如平行弦、弓弦式、菱形、三角形及斜拉式等。挂篮自重最大影响因素是承重主桁架，因此承重主桁架关系到挂篮的形式。受均布荷载的悬臂梁最优的拓扑形状就是斜拉式或者三角形(实际三角形也是一种斜拉形式)，因此基本形状选用三角形。而斜拉式由于刚度比较差，经过比较，挂篮主桁采用现使用的三角形的结构形式。

3. 选择合理的挂篮支承反力形式，最大限度地减小锚固挂篮锚固重量

(1)前、后支点挂篮的选择

采用前支点，是使挂篮轻型化，减小悬浇重量的最好措施。如用前支点挂篮，位于前支点处的接长拉杆锚固处将是一个弧面，而且为了照顾扣塔及箱拱尺寸，设计扣索是空间索面，扣索沿桥的纵，横方向倾角都在变化，弧面为一个双曲面的弧形首，加工和定位等比较麻烦。另外挂篮与水平面有斜交角度，本来存在水平分力，拱桥悬浇的特殊性，增大了水平分力，使抗剪装置的尺寸和构造增大和变复杂。此外后支点挂篮比前支点挂篮操作工艺相对简单方便。

(2)上承式和下承式的选择

挂篮主桁在悬浇节段顶面上的谓之上承式，承重结构在悬浇节段底面的称为下承式，上、下支承方式关系到挂篮的重心高低，重心高低决定了挂篮走行及工作是否平稳。

三角形挂篮的支承方式主要有上承式，但上承式主要用于T形刚构桥、连续梁桥和斜拉桥，对于拱桥悬浇，存在变角度机构复杂和重心高影响移动等确定。经过比较采用主桁布置在拱箱侧面的下承式。实践证明了主桁布置在侧面，采用下承式适合挂篮在拱圈上走行和工作。

(3)挂篮锚固形式的选择

悬浇挂篮为克服悬臂浇筑的不平衡重量影响，通常的锚固形式主要有：全压重、全锚固、半压半锚式。每种锚固形式都需要相应的机构来保证其锚固的可靠性。为最大限度地减小悬浇重量，本挂篮创造性地采用自锚的形式进行平衡，即走行时通过反力轮维持挂篮前端的平衡，浇筑时通过可调高反力楔块(重量每套仅10kg)实现挂篮前端的平衡。

(4)选择合理的杆件断面

三角桁片杆件在构思设计时为2[20～2[40c槽钢组焊成的箱形截面，但箱形截面由于箱高仅40cm，对于箱内横隔板的施焊只能用熔嘴电渣焊，但焊接质量不易保证，同时箱形截面连接方式，只能用销结或者焊接，经过反复比较，最后选用HW350×350×20×16的宽翼缘H型钢。优点有以下几方面：

①充分适应主桁杆件受双向弯矩的受力条件；

②隔板便于焊接；

③便于杆件与节点板用螺栓连接，拆卸方便；

④杆件和横隔板共同形成作业人员的操作平台。

4. 选择合理挂篮荷载计算系数，有效地减轻结构自重

(1)主要安全系数取值

①施工时、行走时的抗倾覆安全系数：2；

②自锚固系统的安全系数：2；

③挂钩限位系统安全系数：2；

④后横梁水平限位安全系数：2。

(2)主要荷载系数取值

①考虑箱梁混凝土浇筑时胀膜等因素的超载系数取1.05；

②浇筑混凝土时的动力系数取1.2；

③挂篮空载行走时冲击系数取(挂篮自重＋模板重)×1.3；

④浇筑混凝土和挂篮行走时抗倾覆稳定系数取1.5。

5. 主要结构细节优化

(1)杆件连接方式的确定

考虑到挂篮将作为公司的周转材料和焊接变形等因素，主要杆件采用螺栓连接。普通螺栓由于螺杆和螺孔之间存在着较大的空隙，故受剪工作性能差，螺栓群中各螺栓的受力不均匀，如采用精制螺栓加工和安装比较困难，造价昂贵，因此经过比较采用，采用10.9S级高强螺栓 M22×70 和 M22×95 的螺栓，螺杆材质为 20MnTiB，螺母材质为 45 号钢。

(2)止推装置的确定

挂篮的止推装置一般采用抗剪柱(采用直径较大的合金钢锭)，但抗剪柱一般直径都在 20cm 以上，所占箱梁底板空间较多，对底板钢筋及预应力束需作特殊处理。因此采用图 3 所示的抗剪臂进行止推。

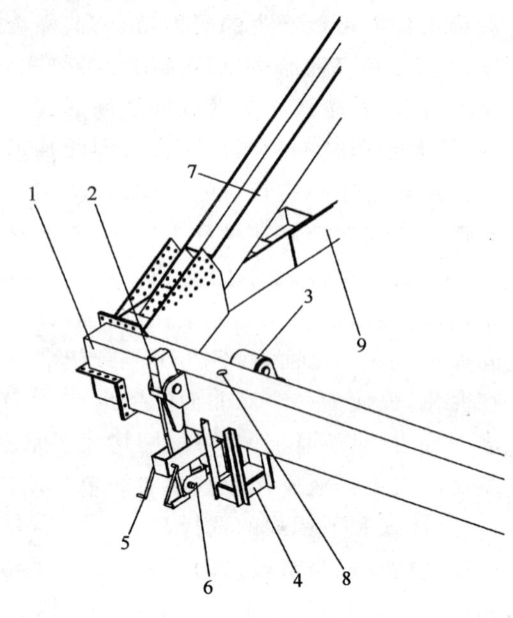

图 3　挂篮的止推机构

1-后横梁；2-抗剪臂；3-行走反力轮；4-顶杆反力架；5-摇柄；6-调节螺杆；7-上弦杆；8-顶杆预留孔；9-下弦杆

抗剪臂上端深入拱圈的预埋盒内，预埋盒形状如图 4 所示。

抗剪盒采用 Q345B 钢板围焊成盒状，抗剪盒上端设置压浆管口，抗剪盒后端钢板根据计算需要进行加厚处理，抗剪盒与抗剪臂接触粗糙度要求达到 2.5，以便抗剪臂与抗剪盒之间形成良好的弹性接触。抗剪盒根据试验做成一定的锥度，以便通过脱模丝杆拔离拱箱混凝土。抗剪盒后端混凝土内设置局部承压抗裂钢筋网片，按裂缝宽度进行控制设计。

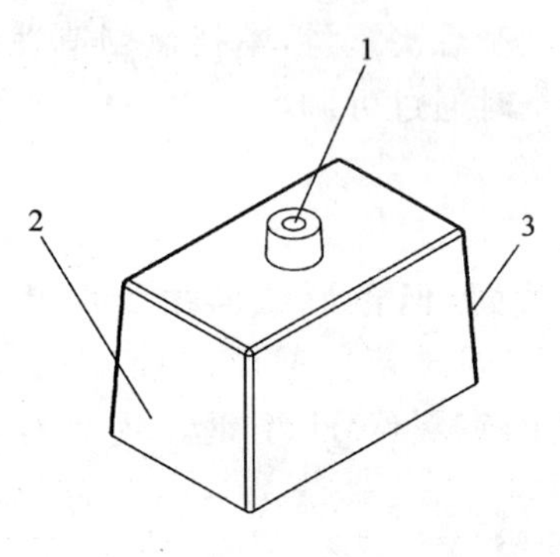

图 4　挂篮预埋抗剪盒

1-压浆孔；2-抗剪盒后壁板；3-抗剪盒前壁板

(3)走行机构的优化

①挂钩处球铰的设计

本挂篮的挂钩原型起源于前支点挂篮行走时所用的"C"形挂钩，但与前支点挂篮"C"形挂钩不同的是本挂篮的挂钩兼作承力装置。以前在设计前支点挂篮"C"形挂钩时认为挂篮在进行悬浇时，由于悬浇重量较大(一般达到 200～400t)，一般设计时避免挂篮挂钩受力，而采用精轧螺纹钢或钢绞线锚固于已浇梁段，与前支点拉索一起共同完成受力。此外，以前设计的挂篮挂钩在于梁段接触处直接采用滑板，由于滑板与挂钩的接触处，受力比较复杂，因此经常在行走时，挂钩发出异响，甚至有局部出现受力不均导致屈曲的事故发生，因此本挂篮挂钩借鉴以往前支点挂篮挂钩的设计基础上进行了修改，对挂钩下端设置球铰，在走板上设置了球窝，行走时挂钩在球窝内有 2cm 的活动余地，这样保证了挂篮挂钩施工状态与设计条件完全相同(图 5)。

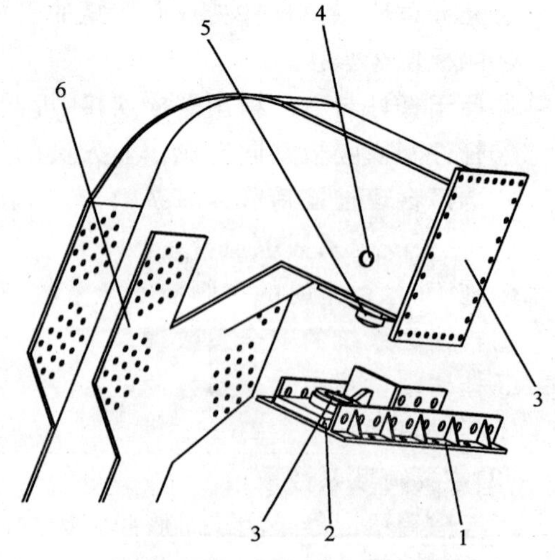

图 5　挂篮挂钩行走装置示意图

1-行走轨道；2-滑船；3-挂钩；4-精轧螺纹钢预留孔；5-挂钩球铰；6-挂钩内盖板

②行走轨道的锚固

挂篮行走轨道在拱圈上的锚固一直是设计时考虑了很

久的难题，开始设计时采用行走轨道两边设置压板，后来又设计出锚固钢筋，两种设计均无法解决在拱背弧形上要求定位非常准确的问题。最后采用如图6所示的锚固轨道钢板，即只需在拱背上与留长方形的小槽(图6)，预留槽的宽度刚好在拱圈纵向主筋之间。行走轨道底面设置4块长形钢板，进行抗剪(图7)。挂篮行走轨道长度根据拱背的分段弧长进行划分，每侧轨道共设3段，每段长度1.54m。

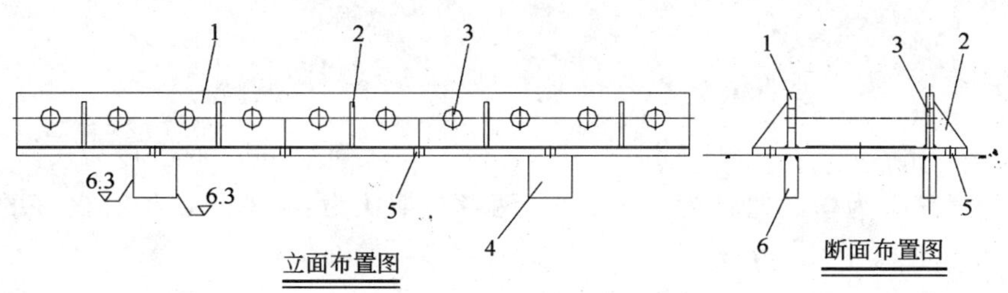

图6 锚固轨道板

1-行走轨道侧板；2-轨道肋板；3-保险销孔；4-抗剪钢板；5-锚固螺栓眼孔(未用)；6-挂钩内盖板

图7 挂篮挂钩行走到位后俯视相片(拱背4列小孔为轨道抗剪板预埋槽)

6. 主要计算

(1)主要荷载组合

荷载组合I:混凝土重力+动力附加荷载+挂篮自重力+人群和施工机具重力；

荷载组合II:混凝土重力+挂篮自重力+风载；

荷载组合III:混凝土重力+挂篮自重力+人群和施工机具重力；

荷载组合IV:挂篮自重力+冲击附加荷载+风载；

荷载组合V:偏载工况。

荷载组合I～II用于挂篮主承重系统强度和稳定性计算；荷载组合III用于刚度计算，荷载组合IV用于挂篮行走验算，荷载组合V用于浇筑验算。

(2)主要结构件静力性能(表2)

主要杆件应力汇总表 表2

杆件名称	轴力(kN)	最大弯矩(kN·m)	线形叠加应力(MPa)	考虑稳定系数的计算应力(MPa)	许用应力(MPa)	备注
主桁上弦杆1号	1 117	180	125	125	210	M_y
主桁下弦杆2号	−1 450	104	149	162	210	M_Z
主桁短拉杆3号	299	0	78	78	145	M_Y
主桁短撑杆4号	−196	0	54	56	145	M_Y
主桁前斜杆5号	478	421	167	167	210	M_Y
主桁后斜杆6号	31	179	87	87	210	M_Y
主桁竖杆7号	82	234	176	176	210	M_Y
底平台前横梁8号	0	30	88	145	145	M_Z
底平台标准横梁9号	0	272	185	188	210	M_Z
底平台后横梁10号	0	217	94	94	210	M_Z
底平台交叉斜撑11号	175	0	33	33	145	M_Z
底平台支座斜撑12号	−915	0	154	160	145	M_Z
次纵梁13号	−492	0	109	114	145	M_Z
挂钩14号	537	1046	61	62	210	M_Y
挂钩横系梁15号	303	594	106	106	145	M_Y

(3)主要动力特性

自振频率(混凝土自重转换至挂篮竖向的质量)：

第一阶振型的振动频率(图8)：3.7Hz；

第二阶振型的振动频率(图9):6.72Hz;

第三阶自振频率(图10):7.11Hz。

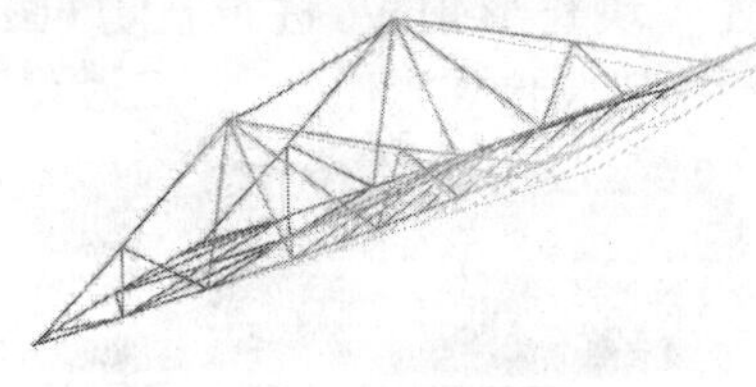
图8 第一阶振型图

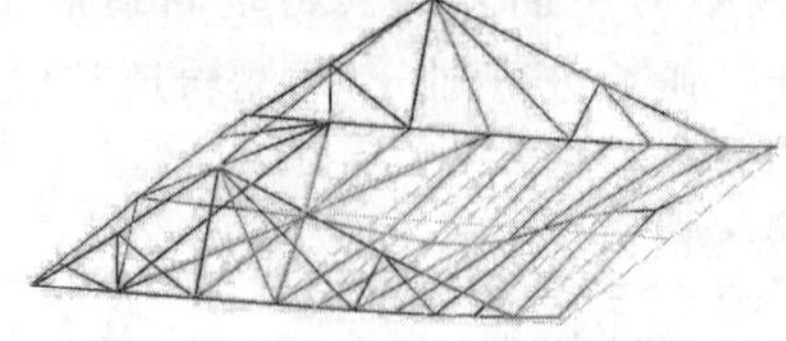
图9 第二阶振型图

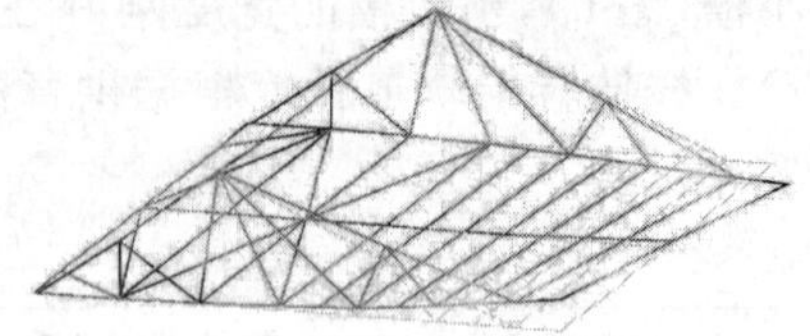
图10 第三阶振型图

第一阶为竖向平动为主的振型,第三阶为横向扭转为主的振型,两者周期比为:0.52。结构有良好的抗扭性。

(4)结构稳定

第一类稳定分析结果。

第一阶弹性稳定模态(系数为45),如图11。

第二阶弹性稳定模态(系数为47),如图12。

第三阶弹性稳定模态(系数为97),如图13。

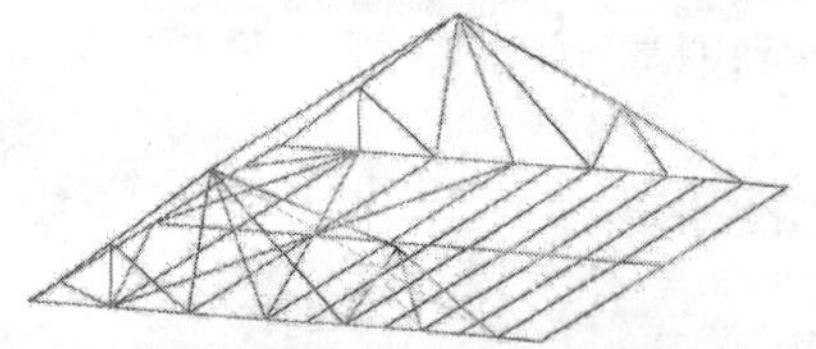
图11 弹性稳定第一阶模态图

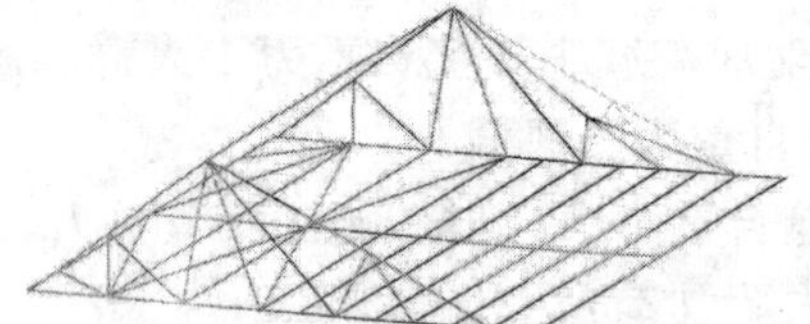
图12 弹性稳定第二阶模态图

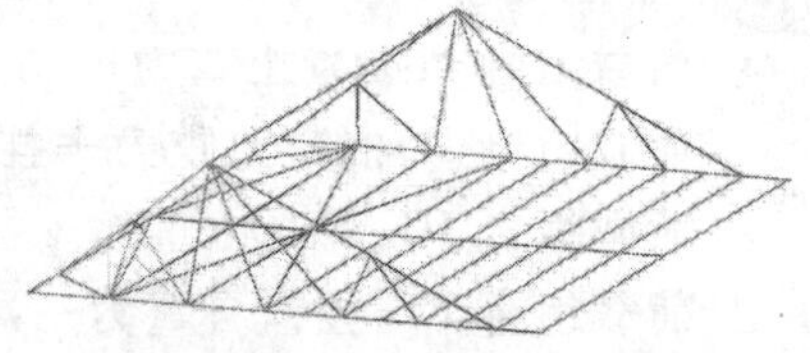
图13 弹性稳定第三阶模态图

结论:挂篮结构具有良好的整体稳定性。由于挂篮杆件较多,而影响挂篮的第二类稳定的不确定因素也较多,因此在分析挂篮的非线性屈曲行为时,没有考虑直接采用将挂篮的特征值屈曲分析得到的第一阶屈曲模态各节点的位移特征向量按一定比例缩小,作为挂篮模型的一种初始缺陷进行非线性屈曲分析,而直接偏安全采用杆件的纵向弯曲系数,求出稳定应力值,详见表3的所列结果。

四、对几个关键问题的认识和处理

1.对侧桁式结构面外弯矩的认识

由于挂钩与竖杆均为一整体,承重时将受到三角桁架片外的弯矩,该弯矩所产生的应力比竖杆所受的向下拉应力大得多,竖杆的截面尺寸受弯矩控制,因此将挂钩内的中腹板直接延至竖杆内,以抵抗承载过程中的弯矩。并根据弯矩的渐变规律,将竖杆的边腹板由四块变为两块,作渐变处理,以减少自重。

2.对挂钩的设计

(1)挂钩的屈曲

由于节点板由大块钢板构成,特别是腹板,因此根据计算和焊接工艺确定腹板的板块大小,因此按照钢结构的有关规范,对高宽比等通过加劲肋严格进行限制,确保挂篮在正常使用状态不会屈曲。

(2)挂钩的节点板处理

挂钩主要由外盖板、内盖板、边腹板、中腹板、辐射筋板、井形隔板、横隔板等构成。内、外盖板与弦杆的节点板连成整体,由整块钢板构成。

挂钩的主要受力方向为挂钩横联方向的弯矩,因此,在三角形侧桁方向的内盖板受拉,内竖板为整块钢板,有利于传递拉力。边腹板和中腹板共同构成了挂钩的抗弯、剪构件,并按受力需要在靠近下端设置渐变段。挂钩外腹板靠近滑船上方设直径50mm小孔,用于穿行走精轧螺纹钢。腹板由于尺寸较大,根据受力需要,在圆弧处设置辐射形隔板,在挂钩球头上方设置井形隔板,共同分散球铰支座的反力。

同时采用增大挂钩内外盖板之间的高度的方法,增加挂钩的面外抗弯刚度,将开始设计的40mm厚节点板该为18mm,避免了购买Z向钢板作节点板的采购和加工难度(图14)。

(3)挂钩的残余应力

挂钩中各零件连接除横向筋板外,其余都采用熔透焊缝。焊接过程中使用的工装焊接和夹具约束比较多,因此所产生的焊接残余应力较大,为确保使用过程中的安全,对挂钩采用振动失效处理。

3. 对抗剪臂与抗剪盒之间的接触认识

在斜拉桥的前支点挂篮使用中,经常发生抗剪装置有位移或者接触不良,而造成整个悬浇节段出现裂纹的问题。拱桥悬浇挂篮在浇筑混凝土时,更是全部靠后横梁处的抗剪臂抵抗向下的水平分力,其水平分力在某些角度时比斜拉桥还大,因此抗剪机构的可靠传力是挂篮施工的关键。抗剪臂通过下面的调节螺栓慢慢旋入抗剪盒后壁板后,从上往下渐渐贴紧,通过调节螺栓来保证抗剪臂和抗剪盒的接触紧密,同时对抗剪臂与抗剪盒的接触面作一定粗糙度处理。

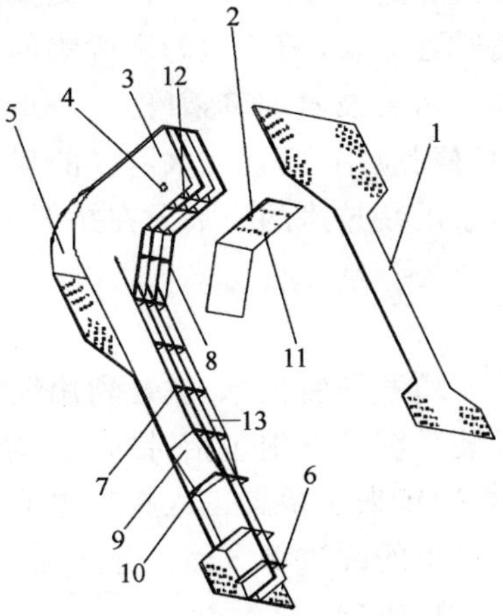

图14 挂钩结构分解示意图

1-内盖板;2-内封板;3-边腹板;4-精轧螺纹钢预留孔;5-外盖板;6-下隔板;7-中隔板;8-辐射形隔板;9-腹板渐变段;10-端隔板;11-挂钩球铰锚固螺栓孔;12-井形隔板;13-腹板

4. 中间横向联系的作用

两挂钩之间设置一横向联系,该横向联系也是挂篮最重要的构件,因为该挂篮受力的实质就是一根扁担(横向联系)挑两片三角桁架。如果没有这根横向联系,仅靠挂钩承载,经过反复试算,挂钩应力将增大2倍,同时有横向联系能有效地解决挂篮挂钩向外位移过大的问题。为便于安装,加工厂专门提出了横向两端设成楔形,解决了挂篮行走后,两侧挂钩存在不同步而造成的安装困难,实践证明了挂篮横向联系安装非常方便,每次安装仅需半小时,就可以将横向联系安装完成。

五、结　　语

新型的侧桁式拱桥悬浇挂篮构思巧妙、设计合理、稳定性好,解决了挂篮上坡移动、斜置浇筑的难题,从而实现了拱桥的悬臂浇筑这一目标,填补了国内在悬浇拱桥领域施工设备的空白。

参考文献

[1] 王慧东. 挂篮技术综述. 铁道标准设计,2001年4月第21卷4期.

112. 缆索吊装技术的发展及在桥梁工程中的应用

张佐安[1,2]　刘碧华[3]

(1. 长沙理工大学;2. 四川盛大交通科研设计有限公司;3. 河源市衢通公路规划设计有限公司)

摘　要　随着材料生产、机械制造技术的进步,缆索吊装向索跨大、吊重大、吊运系统显著改善等方向发展,在桥梁工程中有广泛的应用。结合工程实例,介绍在桥梁工程施工中缆索吊装技术的发展及应用。

关键词　桥梁工程　缆索吊装　发展　应用

一、引　　言

20世纪70年代以后,我国在桥梁工程施工特别是拱桥施工中,广泛应用缆索吊装技术。该吊装技术具有起重能力大、运输快捷安全、易于操作等优点，在预制安装或现浇成型的拱桥施工中有大量的应用。近年来，随着大跨度桥梁的相继建造、施工工艺的不断改善、材料生产及机械制造技术的全面进步，缆索吊装技术朝着索跨大、吊重大、吊运系统性能显著改进等方向发展。缆索吊装技术不仅在拱桥施工中得到应用，而且在大跨度的斜拉桥、悬索桥等桥梁工程施工中有大量的应用。本文结合工程实例，浅谈缆索吊装技术的发展及在桥梁工程中的应用。

二、缆索吊装技术的发展

缆索吊装技术，就是利用缆索吊装系统对欲安装运输的工程构件或物品实施吊运到位的技术。缆索吊装系统的设施包括：锚碇、索塔(可无)、承重主索、起吊索、牵引索、扣索等。与早期的缆索吊装技术相比，近年来在桥梁工程施工中该技术的发展主要体现在：吊装索跨的增大、吊装重量的增加、缆索运行系统设施的改进等方面。分述如下。

1. 锚碇

为适应系于其上的主索受力大的需要，锚碇一般做成复合式，如重力式锚碇加岩锚，基桩承台式锚碇加岩锚等形式。

2. 索塔

大跨度缆索的索塔，承受传于其上的主索力及扣索力(如果有)，表现为受力大，且索塔高度大，根据不同的施工需要可做成不同的结构形式。

(1)固结式索塔

整个索塔可采用万能杆件或型材、管件等拼成，索塔下端与基础固结，如南宁大桥吊装施工用的索塔(图1)。其特点是对塔顶变位控制较严(一般不超过塔高的1/400)。

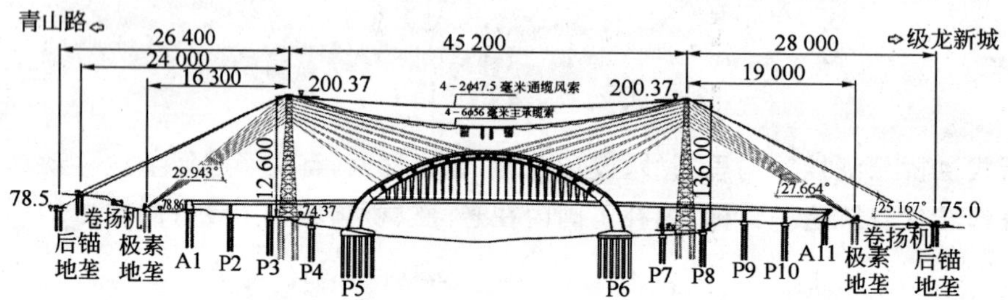

图1　南宁大桥吊装系统布置图(尺寸单位：cm)

(2)铰结式索塔

索塔可采用万能杆件或型材、管件等拼装而成，索塔下端通过一个特殊的铰座支承于基础上，此种索塔可允许塔顶有较大的变位(一般不超过塔高的1/150)，如主跨为398.72m的广西永和大桥吊装施工用的索塔，为吊、扣塔一体的桅杆式(钢管)铰结索塔，两索塔高均为137.4m(图2)，用钢箱梁作塔铰支点，钢箱梁高1 600mm，宽900mm，钢箱梁下用一个7 500kN的板式橡胶支座作为承力和铰结结构(图3)。

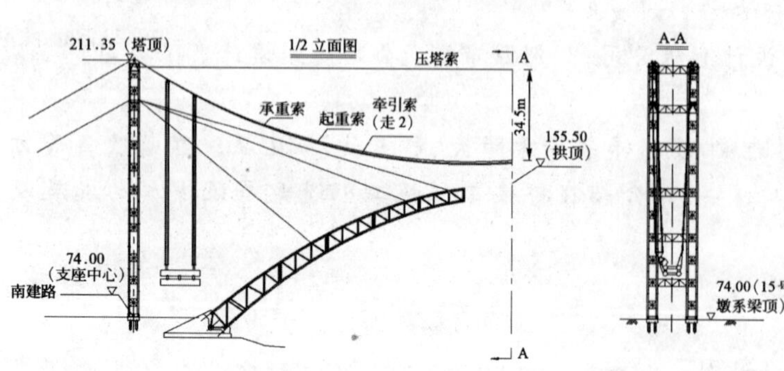

图2　永和大桥吊装索塔布置

图3　永和大桥吊装索塔铰脚照片

(3)混合式索塔

①上下式:索塔的下部为固结式塔,在其上再立铰结式索塔,用以支承吊装用的缆索。如净跨为460m的巫山长江大桥的索塔,下部采用固结式塔做扣塔,其上的铰结式索塔作吊塔,见图4;下部为固结式索塔的塔顶与上部为铰结式索塔的塔脚之间的铰结构造,见图5。

②前后式:吊装用的索塔与扣挂用的索塔相互联系,一个在前,另一个在后,互相联接,如武汉市汉江三桥的索塔,见图6。

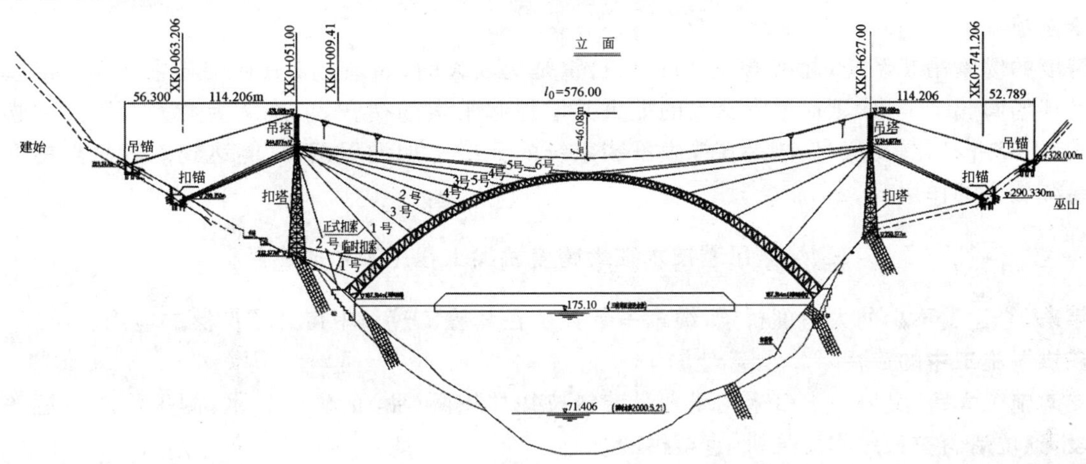

图4 巫山长江大桥吊装系统布置图(尺寸单位:m)

图5 莱园坝长江大桥塔间铰结照片

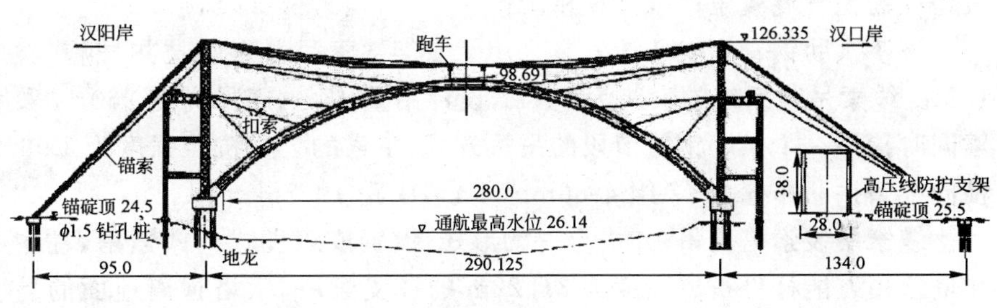

图6 武汉市汉江三桥吊装布置图(尺寸单位:m)

3. 索鞍

当塔顶上主索的压力较小时,一般采用单索鞍;当塔顶上主索的压力较大时,采用双索鞍,如主跨为420m的重庆莱园坝长江大桥吊装索塔顶的索鞍,见图7。

4. 主索

随着索跨的增大,一般选择直径较大、强度高的钢丝绳做承重主索,可用多根索并成一组来承重,也可根据吊重的大小分组设置。每组主索的各根索之间一般做成串联式,以利于各索间的受力自动调整均匀;也可采用定长式(当主索为同批钢丝绳时),如沪蓉国道主干线湖北巴东县支井河大桥(主桥净跨为430m)吊装用的缆索。

图7 重庆莱园坝长江大桥索塔顶索鞍照片

5. 工作索

(1)起吊索、牵引索

一般选择强度高韧性好的纤维芯钢丝绳来做。

(2)扣索

选择强度高韧性好的纤维芯钢丝绳或钢绞线做扣索。

6. 起吊滑车组及天线跑车

组成起吊滑车组及天线跑车的钢墙板、轴及滑轮等均选用优质材料。其中，滑轮采用铸钢制造，机加工，内嵌双盘滚柱轴承。滑车轮径一般为钢丝绳直径的12～20倍。如巫山长江大桥吊装用的起吊钢丝绳直径为24mm，滑车轮径为480mm。

7. 卷扬机

为保证起吊快速安全，选择具有较大起重能力的恒力变速卷扬机，另带力矩卷绳盘。

8. 承索器

大跨度的缆索吊装系统，起吊索、牵引索的自重是比较大的，如果要使其达到与主索相近的垂度而使吊装施工现场看起来清爽，则应增大吊点的配重并增加起吊索的初张力，这无疑会大大增加缆索吊装系统的投入，不经济。比较好的做法是在缆索吊装系统的天线上加设承索器，能达到减轻吊点的配重和提高吊装系统效率的作用。

三、缆索吊装技术在大跨度桥梁工程施工中的应用

近年来，修建了不少的大跨度桥梁，缆索吊装技术在其施工过程中得到了广泛的应用。

1. 在拱桥施工中的应用

无支架施工大跨度拱桥，大多采用缆索吊装斜拉扣挂拱圈（肋）的施工技术，即采用缆索逐一吊装拱圈的节段，到位后斜拉扣定实现悬拼，直至拱圈合龙。

实例1 巫山长江大桥

巫山长江大桥位于长江山峡入口处，主桥净跨460m，桥面宽19m，全桥长612.2m，是目前世界上最大跨径的钢管混凝土中承式拱桥。

该桥拱肋钢管桁架节段安装采用无支架缆索吊装—斜拉扣挂施工法（见图4）。拱肋节段重约73～128t。缆索吊装系统的索跨为576m，设计吊重170t，起吊高度260m，采用间距为6m的2组4ϕ56mm主索同时抬吊一个拱肋钢管节段的吊重方式，主索的公称抗拉强度为1 960MPa，破断拉力≥2 451kN，全桥横向2条拱肋布置2×2组4ϕ56mm主索，中距19.7m。

缆索吊装索塔为吊、扣塔合一的形式，设置成双柱式门式索塔，柱中心距20m，塔顶横梁长30m。在扣塔顶用万能杆件拼成高度为31.22m的铰支索塔，索塔顶离地面的高度南岸（建始岸）为150.22m，北岸（巫山岸）为125.72m。在塔顶加设四根ϕ47.5mm压塔索。

缆索的锚碇为锚桩承台加设岩锚的结构型式。

起吊及牵引卷扬机分别选用8t及10t的摩擦式恒力卷扬机，附带卷绳盘，卷绳盘配备40N·m的力矩电机作动力。

缆索吊装系统中设置主动控制式承索器，每组主索在索跨间共设两处，由50kN卷扬机作移位动力。设置承索器后，每个吊点配重仅为5t。

拱肋每半跨共11个节段。施工中正式扣索、临式扣索分别设置（图4），1、2、4、6、8号节段上的扣索为临时扣索，采用ϕ47.5mm钢丝绳张拉扣定；3、5、7、9、10、11号节段上的扣索为正式扣索，用钢绞线张拉至扣锚处锚定。

巫山长江大桥拱肋钢管桁架节段共计44个节段，20道横联，共64个吊装单元，在2003年元月16日至4月16日之间安装完成，于2003年4月17日成功实现拱肋合龙，大桥于2005年元月8日建成通车。

实例2 支井河大桥

支井河大桥是沪蓉国道主干线在湖北巴东县野三关支井河上的一座特大桥，主桥为跨径444.8m的钢管混凝土上承式拱桥。

该桥拱肋的节段，最大重量为270t，节段在引桥上完成拼装后，采用缆索吊装吊运就位，斜拉扣挂法安装，见图8。主索由20根ϕ62mm的钢丝绳组成，每根绳为定长，直接固定于锚碇上，无索塔。缆索吊装系统采用28t的双筒慢速卷扬机做牵引动力，采用吊重10t的单筒快速卷扬机作起吊动力。该桥正在施工中。

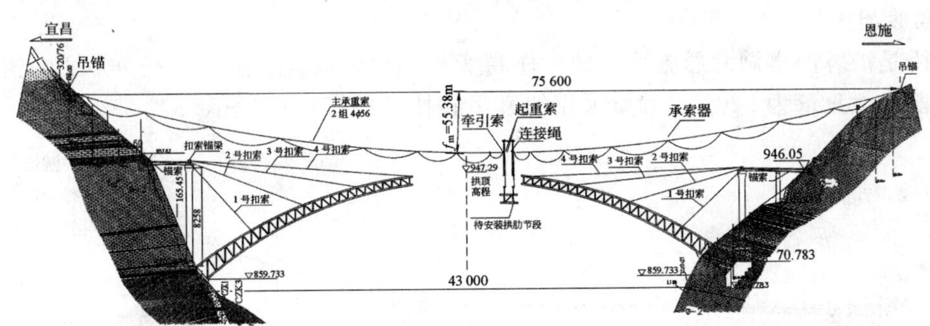

图 8 支井河大桥缆索吊装布置图(尺寸单位:cm)

实例 3 重庆莱园坝长江大桥

主桥为钢构、钢桁架、系杆拱组合体系,跨径布置为 88m＋102m＋420m＋102m＋88m,主桥长 800m。钢箱拱及钢桁架采用缆索吊装吊运就位,斜拉扣挂法安装,见图 9。

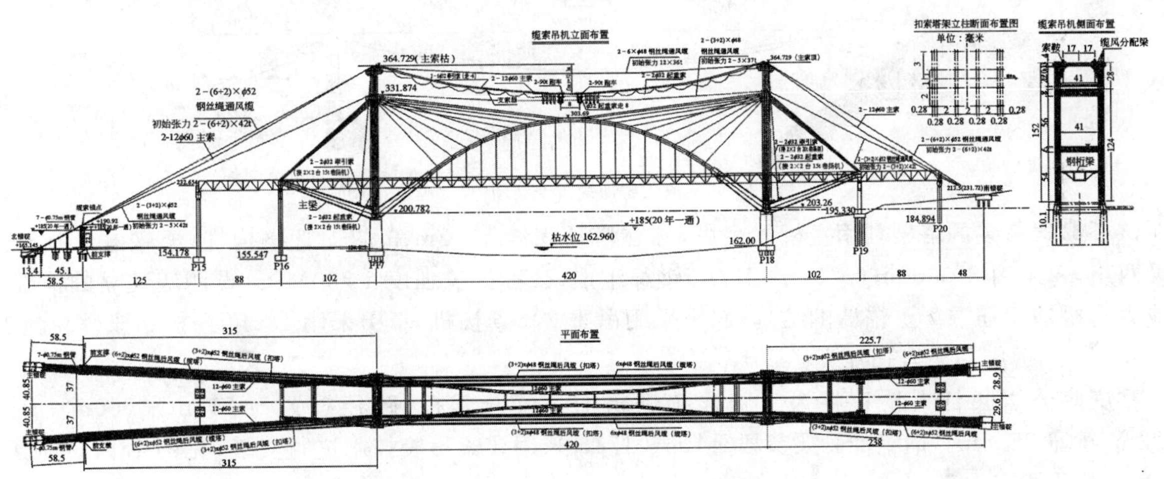

图 9 重庆莱园坝长江大桥缆索吊装布置图(尺寸单位:m)

该桥吊装缆索塔间的设计跨度为 420m,设计最大吊重 420t(含吊具),扣索塔架高度 126m、缆塔高度 26m,扣塔底部与墩顶固接,缆塔与扣塔间铰接,见图 5。

实例 4 南宁大桥

主桥为大跨径曲线梁非对称外倾式钢肋拱桥,单孔跨度 300m。钢箱拱肋最大节段重 218t,拱肋节段采用缆索吊装就位,斜拉扣挂法安装,见图 1。缆索索跨 452m,吊塔与扣塔合一,塔架宽度 110m,高度 136m,设 4 组主索,采用移动式索鞍,固定式桩基承台锚碇。

2. 在斜拉桥施工中的应用

在斜拉桥施工中,主要用于辅助施工,如运送钢筋、小型设备及斜拉索等。如在跨径为 330m 的涪陵长江大桥的施工中,因两岸地形陡峭、场地狭窄,利用涪陵岸的索塔的中塔柱上部设一钢横梁作缆索支点,在长寿岸桥台上立一个 49.7m 高的索塔,架设主索及起吊系统后,形成索跨为 510m 的缆索吊装系统,用于运送斜拉索、施工材料及设备等(图 10),顺利配合完成了该桥的施工任务。

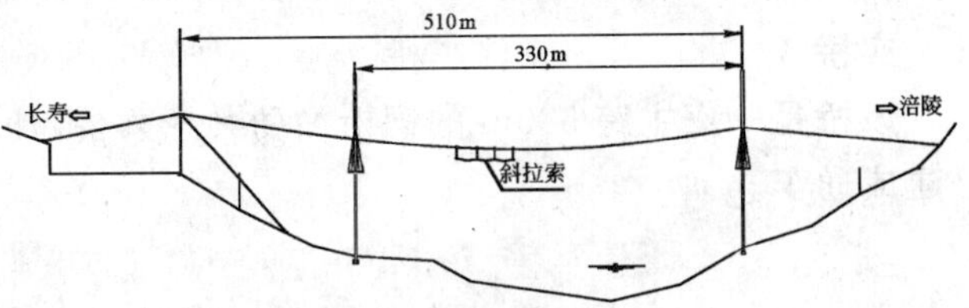

图 10 涪陵长江大桥运输缆索布置图

3. 在悬索桥施工中的应用

在一些山区修建大跨度悬索桥,桥下为山沟,加劲梁不能用船运到桥下指定的位置,无法用缆载吊机完成桥面加劲梁的安装;而处在江河上的大跨度悬索桥,当塔间的河滩较宽时,同样无法用缆载吊机完成桥面加劲梁的安装。因此,采用移动灵活的缆索吊装技术,能够很好地完成加劲梁的安装任务。

实例 1 四渡河大桥

四渡河大桥是沪蓉国道湖北恩施境内的一座特大桥，见图 11。主桥为跨径 900m 的钢桁架悬索桥，钢桁架加劲梁段最大重量为 92t。加劲梁采用缆索吊装技术进行安装，见图 12。

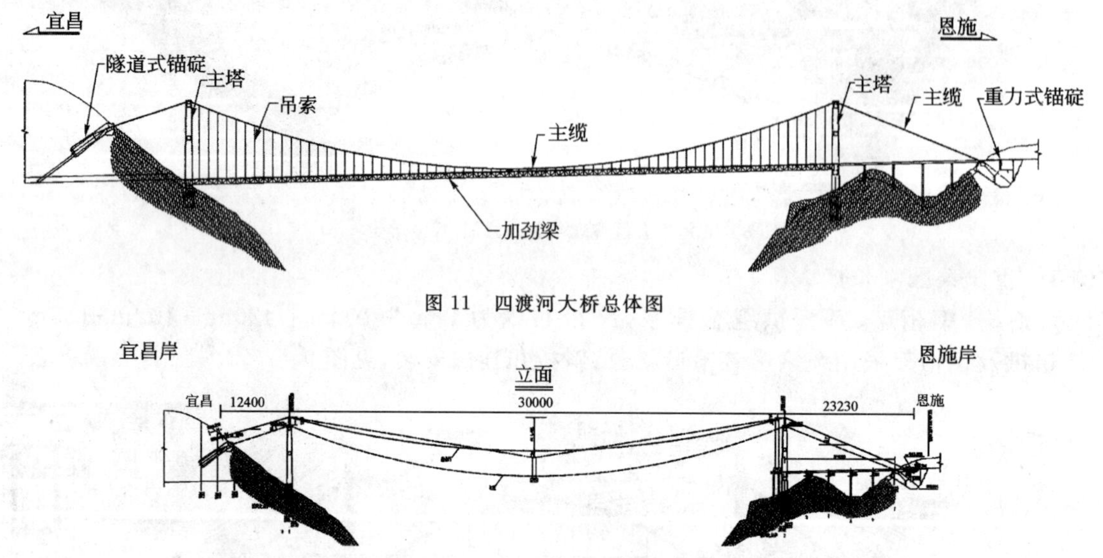

图 11 四渡河大桥总体图

宜昌岸 恩施岸

立面

宜昌 12400 30000 23230 恩施

图 12 四渡河大桥加劲梁安装图(尺寸单位：cm)

该桥缆索吊装的塔架利用主桥的主塔，并在塔顶固结 13.2m 高的钢管格构柱，索鞍置于柱顶；承重索设两组，每组由 8ϕ56mm(6×37S+IWR)钢绳组成，公称抗拉强度 1 860MPa；设四座独立的锚碇，均为预应力岩锚加钢筋混凝土锚墙的结构；起吊采用吊重 20t 卷扬机，牵引采用 18t 卷扬机。该桥在施工中。

实例 2 重庆鹅公岩长江大桥

重庆鹅公岩长江大桥正桥为三跨连续钢箱加劲梁悬索桥，跨径布置为 211m＋600m＋211m＝1 022m，桥宽 35.5m。钢箱加劲梁节段重106～174t，采用缆索吊装技术进行安装，见图 13。该桥于 2000 年 12 月建成通车。

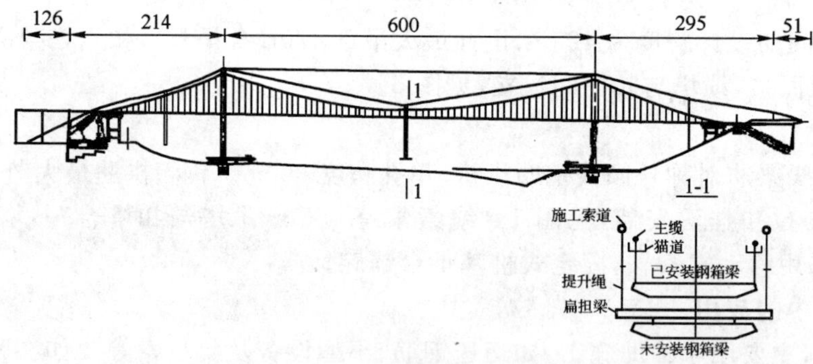

图 13 重庆鹅公岩长江大桥加劲梁安装布置图(尺寸单位：m)

实桥 3 重庆万州长江二桥

该桥是一座主跨 580m 的钢桁加劲梁悬索桥，加劲梁采用缆索吊装技术进行安装，见图 14。该桥现已建成通车。

图 14 重庆万州长江二桥缆索吊装钢桁加劲梁照片

四、结　　语

由于缆索吊装系统使用的材料及设备性能的改善与提高，使得缆索吊装技术能服务于需要索跨大、吊重大、运行安全可靠的工程，在大跨度的拱桥、斜拉桥及悬索桥等桥梁的工程施工中得到了广泛的应用。随着科学技术的进步及工程建设的不断进行，缆索吊装技术将会更好更快地发展，并在更宽的工程领域中得到应用。

参考文献

[1] 南宁大桥施工技术方案．中铁二局股份有限公司南宁大桥项目经理部．2007.1.
[2] 周孝余，徐利军，黄岗，扬燕，李文琪，范文理．南宁永和邕江大桥拱肋吊装施工技术．中国公路学会桥梁和结构工程学会．2004年桥梁学术讨论会论文集．北京：人民交通出版社，2004.10.
[3] 张佐安，孙云，王铭琪，马青云，卢伟，何利．巫山长江大桥拱肋钢管桁架安装的关键技术．中国公路学会桥梁和结构工程学会．2003年桥梁学术讨论会论文集．北京：人民交通出版社，2003.9.
[4] 重庆菜园坝长江大桥缆索吊机情况介绍．中铁大桥局集团重庆菜园坝长江大桥有限公司，2006.3.
[5] 支井河特大桥钢管主拱肋安装方案．中铁十三局集团公司沪蓉西高速公路第二十一合同段项目经理部，2006.9.
[6] 杨齐海，邱国平．武汉市江汉三桥钢管混凝土拱桥施工工艺．桥梁建设，2001.1.
[7] 四渡河特大桥缆索吊设计及施工方案．路桥华南湖北沪蓉西第16合同段项目经理部，2007.5.
[8] 李斌、刘成清、张万全、杨联章．悬索桥大跨度索道安装新技术．桥梁建设，2001.5.

113. 舟山金塘大桥东通航孔大跨径连续刚构桥施工综述

钱　亮　李志生
（广东省长大公路工程有限公司）

一、工程概况

1. 工程相关区域路网规划

金塘大桥连接金塘岛与宁波市，是舟山大陆连岛工程中的第五座大桥，在舟山连岛工程中投资最大，技术最关键。该桥起于金塘岛上雄鹅嘴，接西堠门大桥，经化成寺水库、茅岭、沥港水道和灰鳖洋海域，止于宁波镇海，接宁波连接线，长26.54km，其中跨海大桥长18.415km。项目地理位置图如图1。

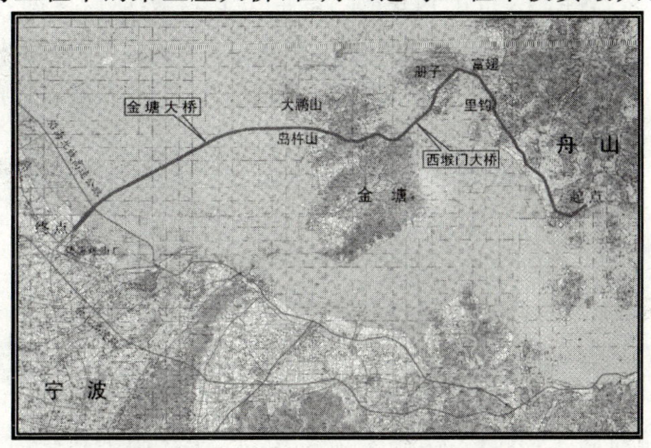

图1　工程区域相关规划图

2. 工程结构概况

东通航孔桥（K29＋955～K30＋415m、B1～B4墩）全长460m，桥型布置为122m＋216m＋122m连续刚构（图2）。上部采用分幅断面单箱单室变高度预应力混凝土箱梁，单幅箱梁顶宽12.3m，底板宽6.3m。主墩采用矩形空心双薄壁墩，高桩承台，每墩18根ϕ230～250cm变直径钻孔灌注桩基础，B1

墩桩长 71.5m，B2 墩桩长 43.5m，边墩采用矩形实体墩，高桩承台，每墩 10 根 ϕ230cm 钻孔灌注桩基础，桩基础均为嵌岩桩。东通航孔桥全部采用海工混凝土。

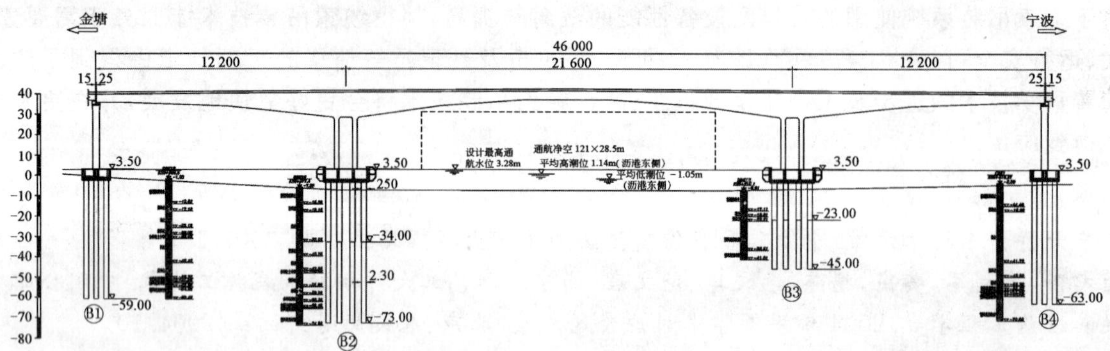

图 2　东通航孔桥桥型布置图(尺寸单位:cm)

3. 气候及水文条件

本工程东临东海，西靠大陆，位于北亚热带，属东亚季风气候区，冬季盛行西北风，寒冷干燥；夏季盛行东南风，温高湿润。春、秋两季冷暖气团交替，年平均台风影响次数 3.9 次。

桥址区水域出现的大浪主要为风浪，一般由台风及秋冬季寒潮大风引起，主要出现在每年的 8～12 月。20 年重现期波要素为：$H1\%=4.62\text{m}$，$T=6.57\text{s}$。

桥址区潮流一般以不正规半日潮流为主，潮流运动形式大多为往复流，平均潮差 2.17m，最大潮差 3.54m。

水文测点 20 年重现期垂线平均最大流速 2.83m/s。

4. 工程地质

(1)地形地貌

东通航孔桥跨越东冲刷槽，水下泥面高程－0.4～－8.2m。

(2)岩土工程地质条件及评价

金塘大桥桥位区内松散沉积层连续分布，自东向西、从陆域向海域，覆盖层厚度逐渐增加。依据勘探结果，桥位区地层由上而下依次为：

I 层、II 层和 III 层以流塑状淤泥质亚黏土为主，工程地质条件极差。

IV 层以软塑状(亚)黏土为主，工程地质条件较差。

V 层软至硬塑状亚黏土、中密状粉细砂、含砾中粗砂，工程地质条件一般。

VI 层软至硬塑状(亚)黏土和中密至密实状中细砂($Q_{31al\text{-}1}$)，夹亚砂土透镜体，在主通航孔桥以西连续分布，工程地质条件一般。

Ⅶ层、Ⅷ以硬塑状(亚)黏土为主，工程地质条件较好。

Ⅸ层全风化至弱风化英安岩(J_{3g})：揭露于主通孔桥以东，顶板高程－114.76～－8.95m，基岩埋深 0～87m，揭露厚度 3.90～24.20m。全风化带工程地质条件一般，强风化带至弱风化带工程地质条件好。

(3)地震

桥位区地震基本烈度为 VII 度。

5. 工程工期

本标段工期为 26 个月。

6. 工程特点、重点和难点

(1)工程特点

①本工程包括陆地、海上作业，桥位处水文地质情况较复杂，冬季季风、夏秋季台风等灾害性天气影响对施工影响较大，施工条件恶劣。全年施工旺季约为七个月，工期要求紧张。

②本项目施工位于金塘岛侧，施工场地交通不便，进场需搭建装卸货码头，砂石、水泥、移动模架等材

料设备需通过船运至施工现场。岛上淡水、用电、用地等资源较紧张。

③金塘大桥东通航孔桥处在进出沥港码头及附近船厂的必经通道，航道内来往船舶交通繁忙，对即将进行的大桥施工造成巨大的困难。要求严密交通组织和协调以及安全措施，海上交通组织难度大，施工船只抛锚定位难度较大。根据实际情况，施工期间实施航道临时管制，预留 85m 宽航道，仅允许 1 000t 级以下船舶单向通行。

④本项目东通航孔桥(主跨 216m 连续刚构桥)最大悬臂长度达 106.75m。

(2)工程重点和难点

①海上深水平台设计和桩基施工

东通航孔桥桥位处风大浪高流急，覆盖层地质条件极差，冲刷严重，环境恶劣，水文地质情况复杂。桩基钢护筒长度较长，重量达 60t，主墩桩基嵌入弱风化英安岩不少于 5m。潮差、波高、水流流速、冲刷、风速等参数决定结构受力，直接影响到平台的设计、施工和造价。设计参数的选定、起重设备的选型和平台施工方法的选用是决定工程施工成败的关键，同时钢护筒下放垂直度的保证、变形的预防及嵌岩桩施工质量的保证都是难点。

②大跨度连续梁桥悬臂施工

0 号块箱梁根部高度为 13.3m，混凝土方量大，且钢筋、管道密集。主桥最大悬臂长度达 106.75m，长悬臂抗风、箱梁线形、管道压浆等施工难度大，技术要求高。

③箱梁合龙段的施工

主桥箱梁合龙段是控制全桥受力状况和线形的关键工序，箱梁的合龙顺序、合龙温度和合龙工艺都需认真研究，严格控制。

④大型承台的施工

主墩承台长 30.5m，宽 21.575m，高 5.0m，主墩承台 C40 混凝土 2 996.4m^3，C30 水下封底混凝土 1021.9m^3。由于金塘岛场地有限，这么大体积的套箱加工场地的选择、吊装设备的选用及下放工艺的设计都很关键。

⑤海工混凝土的施工

海工混凝土作为近几年才开始大量应用的材料，对海工混凝土的性能研究还未成为完整的体系，因此在实际施工时也是一个难点。

⑥台风期水上交通管理

本项目施工位于金塘岛航道及锚地处，施工场地交通繁忙，台风季节时施工区域船只更多，要求严密交通组织和协调以及安全措施，海上交通组织难度大，施工平台防撞要求高。

二、总体施工布置

1.临时工程与设施

(1)东通航孔桥总体布局规划

通过对金塘大桥桥位区域的现场实地踏勘，并综合考虑材料来源，陆上交通、水上运输等客观因素，施工场地布置既满足施工需要，又满足少占临时用地和水域的目的，B2 主墩施工平台兼做码头。栈桥 1 长约 149.15m，宽 6m，从海堤延伸至 B2 主墩平台。施工栈桥 2 从 B3 搭设至 B4 墩，供人及泵管通过。布置具体见图 3。

(2)场地布置说明

①场地布置

场地总面积 11 000m^2，办公、生活区设在桥轴线南侧 5 000m^2 施工场地上，按标准化布置，场地全部硬化，生活区全部采用砖瓦房。生产场地分设在紧靠办公、生活区北侧的 6 000m^2 的主施工用地上。

②供电措施

场地、陆上及栈桥施工段施工用电由业主安排的接口引入，海上采用自发电。

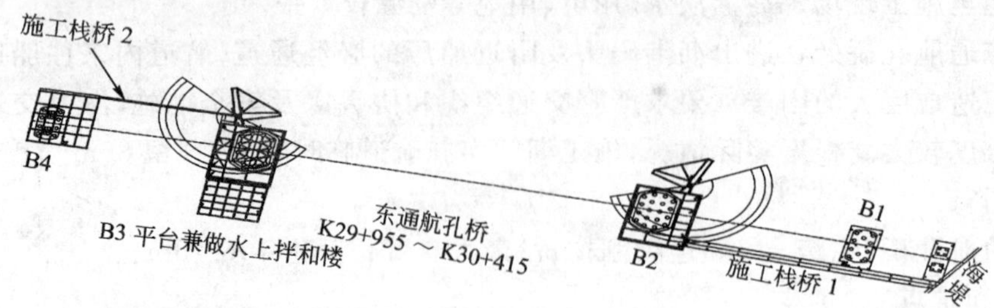

图3 施工场地总体布置图

③供水措施

由于金塘岛淡水供应较紧张，采用岸上供水与水船供水相结合。水管从B2平台接驳到岸上生活、生产区，连成一个整体。

④施工便道

在场地内根据总体布置及施工需要修筑符合要求的施工便道。

⑤陆上拌和楼

岸上拌和楼采用全新的2套HZS50系列设备，占用场地面积约1 750m^2，布置在岸上可备料1 200m^3，生产能力达100m^3/h。沙石料由船舶海运至海堤处，通过送料带等一套传送设备直接从海上送料至岸上备料仓。

⑥海上拌和楼

海上拌和楼设置在B3墩旁。海上拌和楼是B3、B4墩混凝土的生产供应中心。由两台HZS75搅拌机配套组成，额定生产率120m^3/h。拌和楼平台必须承受搅拌站粉料罐、砂石料仓、水箱、抓斗吊、配料机等搅拌设备自重荷载，混凝土生产及泵送振动荷载，水流、台风、波浪、船舶挤靠等荷载。海中平台搭设采用打桩船、驳船施工。

(3)避风锚地布置说明

本桥位在夏秋季节常受台风影响，特别是每年7、8、9月份为台风常发时期，与当地气象水文观测站建立长久密切的联系，及时掌握气象水文变化情况，保证施工能在良好天气情况下进行，台风期可以及时采取措施，施工船舶进入避风港避风。

避风锚地选择在桥轴线以南的金塘锚地，备用避风锚地选择舟山定海锚地。

三、施工组织管理

1. 桩基础

基础施工方面根据工期安排，为充分保证桩基施工进度，尤其是B2、B3两主墩施工进度，配置足够起重设备，满足关键工序需要。

东通航孔B2、B3主墩各配置1台40t龙门吊和1台120t桅杆吊作为钢护筒、钢筋笼下放等，边墩各配置1台QTZ160塔吊及1台40t门式吊机。东通航孔桥桩基采用海水造浆，共投入4台KP3500钻机周转使用。

2. 承台

主墩承台施工时起重设备主要为WD120桅杆吊和浮吊船。主墩承台套箱与防撞相结合，采用双壁套箱(图4～图6)，针对3 000t级船舶4m/s的撞击速度设防，套箱总重620t。为延长防撞套箱的使用寿命，设计采用防腐涂料对防撞套箱侧板的内外表面及其钢构件的表面进行防腐涂层处理。涂装设计要求防腐期限均为20年。套箱在加工预拼后再分12块利用平驳运到平台用WD120桅杆吊在常水位以上拼装，套箱采用千斤顶整体下放到位，下放高度3.5m，封底混凝土、套箱侧模及底板重力全部由精轧螺纹钢承担。主墩承台采用水下混凝土封底，主墩承台混凝土分两次浇筑，第一次1.5m(899m^3)，第二次3.5m(2 097.6m^3)。承台主要温控措施采用冷却管。

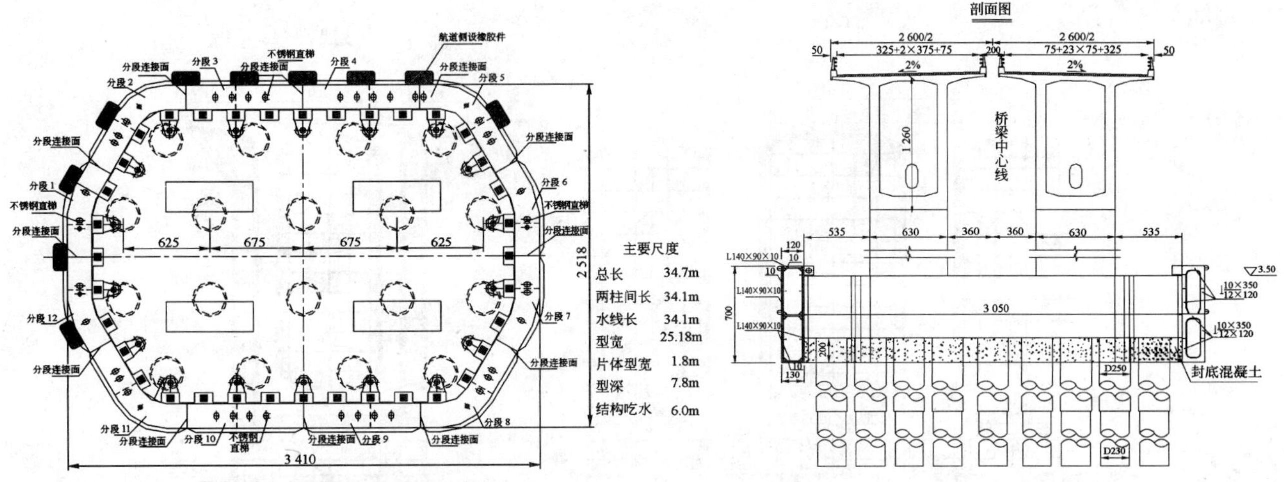

图 4 主墩防撞套箱平面布置图(尺寸单位:cm)

图 5 主墩防撞套箱立面布置图(尺寸单位:cm)

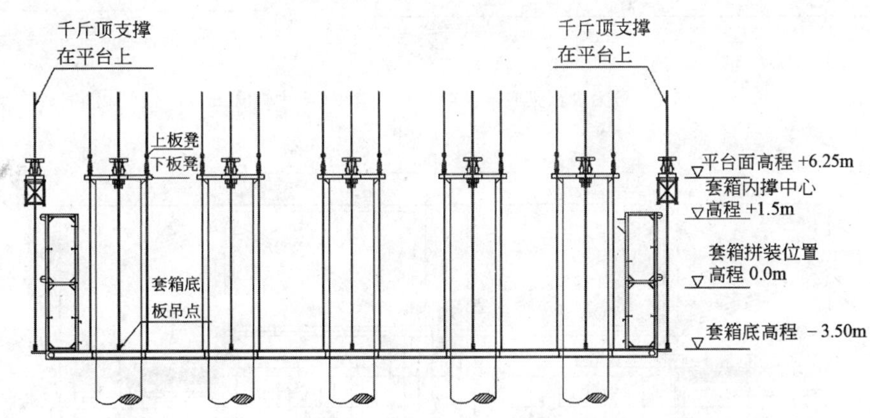

图 6 套箱下放立面布置示意图(尺寸单位:cm)

B1、B4 边墩承台因泥面较浅采用钢套箱围堰施工，承台施工时起重设备主要为 50t 履带吊。承台混凝土 4m 高分两次浇筑，第一次 1m，第二次 3m。施工通过采用冷却管等措施作为温控措施。1 座边墩承台海工混凝土总方量 1 436m^3，B4 承台采用设置在 B3 平台上的海上拌和楼供应；B1 承台由岸上拌和楼供应。

东通航孔桥承台采用普通钢筋，但采用添加阻锈剂的 C40 海工混凝土。

3. 墩身

主墩墩身采用双肢薄壁空心墩，单肢平面尺寸为 6.3m×2.2m，边墩墩身为变截面矩形空心墩，平面外形尺寸为 630cm×320cm。墩身浪溅区(＋10.2m 高程下)采用环氧涂层钢筋，其余均为普通钢筋。

墩身采用 ϕ48mm、δ3.5mm 水管支架配合翻转模板施工，每节施工 6m，混凝土由泵车或泵机输送至浇注点，起重设备为现有桅杆吊及塔吊。

4. 箱梁

箱梁施工分下述四个阶段：①B2、B3 墩顶 0 号块采用托架现浇施工(图 7)，分 2 次浇筑。②箱梁 1～28 节段采用三角挂篮悬臂浇筑施工。③B1、B4 边跨现浇段采用临时墩支架施工。④合龙段箱梁采用吊架施工。其中箱梁长悬臂施工阶段避开台风多发期以确保施工安全。

本桥共投入 8 套菱形挂篮施工箱梁(图 8)；B2、B3 各配置 1 台 QTZ315 塔吊，B1、B4 墩各配置 1 台 QTZ160 塔吊，作为箱梁施工材料吊运及挂篮拼装等；B2 侧箱梁混凝土由岸上拌和楼供应，B3 侧由海上搅拌站供应，B2、B3 墩各由 2 台泵机泵送至浇筑位置。

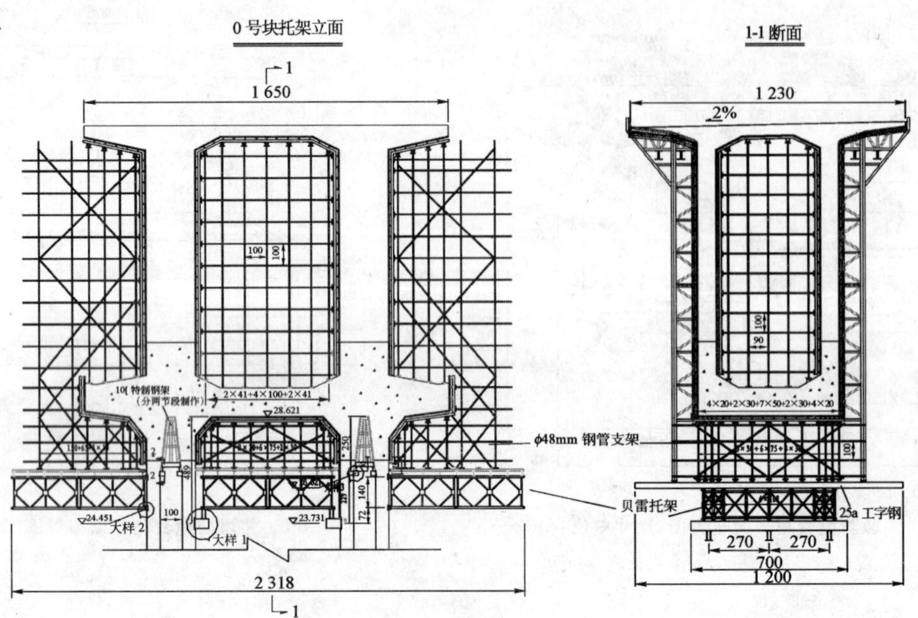

图7 0号梁段箱梁底部托架平台示意图(尺寸单位:cm)

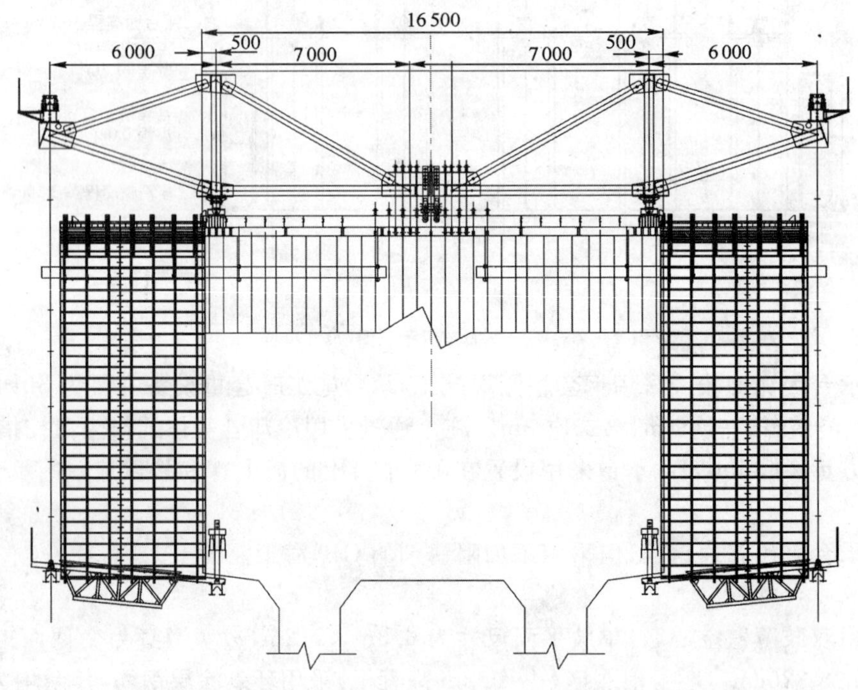

图8 挂篮施工布置图(尺寸单位:mm)

四、结 语

金塘大桥东通航孔大跨径连续刚构桥施工从经营、安全、质量方面进行施工组织,降低了施工成本,降低了施工难度,提高安全、质量保证,利于施工管理,为项目顺利实施、规避风险取得合理利润打下了坚实的基础。

本文为在航道狭窄、航运繁忙、气候恶劣、水文复杂的海域中进行大跨径连续刚构施工提供了一种思路,可为同类型桥梁的施工参考。

114. 混凝土连续梁大跨顶推新技术

官 华[1] 禹 毅[2] 上官兴[1]
(1. 华东交通大学;2. 湖南公路设计公司)

摘 要 在中小跨径桥梁架设工艺中,顶推概算单价最低。本文结合设计及工艺两方面提出一种新技术,来实现顶推连续梁桥的大跨径突破。

关键词 大跨径 连续梁 顶推技术

一、混凝土连续梁顶推技术发展

(1)顶推工艺特点,是仅用10%不到的水平推力来克服梁与滑道之间的摩阻力,可将水平推力的十倍重力的梁架设到位。由于它所耗用的能量最少,因此架设费用最低。在1995年我国概算中的定额基价显示:当水深达5m以上时,连续梁采用挂篮悬筑工艺基价为960元/m^3;而采用顶推工艺仅585元/m^3,两者相差近40%。因此,如何将占地少、施工设备简单、不影响桥下净空及质量稳定的优异的顶推工艺推广到大跨径连续梁中来,具有重大的现实意义。

(2)我国自1974年的陕西狄家河桥中生首次采用顶推工艺以来,据不完全统计,已用顶推工艺施工近百座桥梁,总长达3万余米,其中以湖南省设计施工桥梁最多,约占半数以上。但是,混凝土连续梁顶推跨径大于50m者不足十座,如表1所示。

国内跨径＞50m混凝土连续梁顶推记录 表1

	地点—桥名	桥跨布置(m)	梁高 H(m)	顶推跨径(m)
连续梁	1. 广东万江公路桥	40+54+40=134	3.5	54
	2. 广西柳州二桥	9×60=540	3.6	中间墩 30×2
	3. 松泊湘江大桥主桥	3×46+62+5×46=430	3	中间墩 31×2
	4. 内蒙喇嘛湾河桥	64.5+(4×65)+64.5=389	3.5	中间墩 32.5×2
	5. 内蒙包头黄河桥	3联(4×65=260)=780	3.5	中间墩 32.5×2
	6. 福建丘墩桥	60+76+60=196	3.5	撑架 52+24
系杆拱	7. 邵阳西湖大桥主孔	3×88=264	2.5	中间墩 44×2
	8. 韶关五里亭大桥	35+120+35=190	2.5	中间墩 40×3
斜拉桥	9. 衡山湘江大桥主孔	3×45+2×90+9×45=720	3	中间墩 45×2

①1号～5号混凝土连续梁在顶推施工中采用了昂贵的钻孔桩临时墩以减小顶推跨径。

②6号福建丘墩大桥为目前最大顶推跨径,它在顶推中采用预应力混凝土撑架来减小跨径,顶推完成后不拆除撑架并与桥墩固结形成76m跨连续刚构。

③7号～9号均为在施工中先利用临时墩完成主梁的顶推,再与其他结构(斜拉桥、系杆拱)进行组合。

(3)我国台湾省在20世纪70年代修建环岛高速公路(北二高,中二高,南二高,及东西向快速公路等)中,大量推广了顶推施工法,总长度数万米,其跨径均为40～65m。实践表明,当一联长度 l=300～700m时较经济。

(4)国外采用无中间墩顶推跨径大于60m的连续梁,如表2,以日本最多,而且"东燃和歌山工场配管桥"顶推跨径69m为最大。日本在2002年还成立了"PC连续梁桥顶推工艺协会",来专门进行顶推的技术总结工作，总计150余座。

国外部分大跨径混凝土连续梁顶推记录 表2

地点—桥名	桥跨布置(m)	国 家
1.东北新干线(御山BV)	47.6+60+47.6=250.4	日本
2.上越新干线(幸安寺B)	36.3+60+36.3=132.6	日本
3.三国九号桥	50.6+60+50.6=161.2	日本
4.东北新干线(宫原BV)	39.3+60.1+39.3=138.7	日本
5.大平高架桥	63.1+11×64+63.1=830.2	日本
6.东燃和歌山工场配管桥	69+31=100	日本
7.MAIN BRuCKE(MAINFLNGEN)	74+2×66.5+74=281	德国
8.斯德维纳河桥	32+51+63+51+32=229	苏联

(5)大跨径连续梁顶推存在问题

①从结构上来看，连续梁支点的弯矩接近跨中弯矩的两倍，对于适应顶推施工的等截面箱梁，跨径大于50m时，支点截面往往由于高度不够导致应力偏大，如以支点截面作为控制断面来设计则必导致跨中截面偏大引起自重过大从而体现不出顶推施工的经济性。

②临时墩。迄今为止，我国跨径大于50m采用顶推施工的混凝土连续梁基本上是先在跨中做好钻孔桩临时墩，顶推完成后再拆除钻孔桩临时墩，这样既增大了投入又延长工期，十分不经济，这是阻碍了大跨径连续梁顶推运用的重要原因。

③固定撑架。目前我国所建成的顶推最大跨径连续梁为福建丘墩大桥，主梁在顶推阶段为48+24+52+24+48=196m连续梁，顶推到位后进行体系转换(主梁与桥墩固结)变为60m+76m+60m带撑架的连续刚构。但在通航河流中悬浇施工撑架也十分困难，而且在通航孔，V形斜撑往往有被船舶撞击出安全事故的可能，因此该方法也很难得到普遍推广，但是它能减少顶推跨径的优点值得借鉴。

④速度慢、工期长。在常规顶推技术中，顶推分段长度一般为跨径的$L/3$左右(12～17m)，施工周期10～15天/段，顶推平均速度小于1.5m/天。应当指出，由于顶推平台设在两岸引桥上，因此必须等引桥基础和桥墩工程完成，致使台座准备工作不能提前进行。实践证明，在台座上现浇顶推方法远不能满足长跨桥梁的工期要求，造成经济的长梁顶推方案都因工期问题而被迫弃用。

二、大跨径等截面混凝土连续梁的设计

为使大跨径混凝土连续梁能应用顶推技术，首先要解决大跨径等截面梁的设计问题。本文结合江西在建某桥的5孔64m顶推连续梁方案，如图1，来研究大跨径混凝土连续梁的结构和预应力的难题。

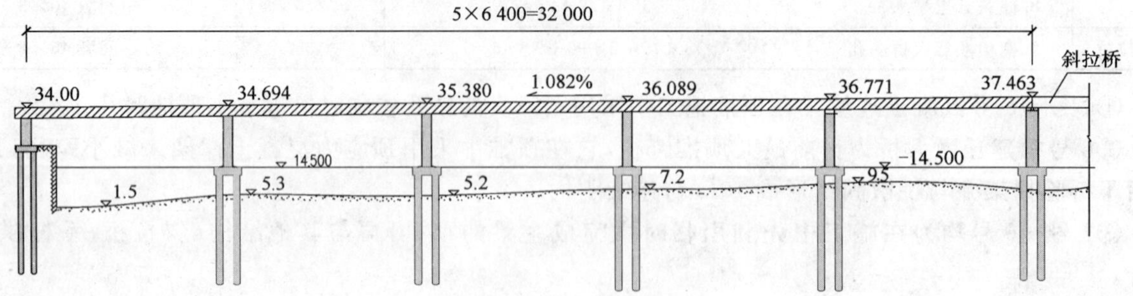

图1 5×64m混凝土连续梁桥型布置图(尺寸单位：cm)

1.百米跨径内连续梁等截面可行性

为适应顶推工艺要求，一般主梁采用等截面设计。等截面设计连续梁有如下优点：

①主梁线形简洁美观；

②跨中截面高度大，则截面惯矩大，能减小跨中挠度；

③能减少模板数量并提高模板使用率。

但是，当跨径大于 50m 时，如以支点截面作为控制断面来设计，则必导致跨中截面偏大。实践表明，影响桥梁总造价不仅是结构问题，在很大程度上决定于施工工艺。等截面梁在某些特定情况下所带来的施工费用节省可以超过结构用量的增大。例如，东海大桥和杭州湾跨海大桥都采用了等高的 70m 跨简支梁，以及苏通大桥节段拼装 75m 跨连续梁采用 4m 高等截面梁。而早在 1985 年，参与广东九江大桥投标的前联邦德国 110m 跨径连续刚构桥方案就采用了 4m 高等截面设计，这说明在百米内实施等截面混凝土连续梁设计时完全可能的。

2. 结构加强措施

(1)顶推箱梁如采用预制节段组拼新工艺，构件在条件较好的工厂化施工工艺，其强度等级可以达到 C60。高强材料可以减小箱梁内部尺寸并减轻自重。

(2)支点截面底板加厚，满足支点截面弯矩比跨中截面弯矩大一倍的要求，64m 跨连续梁支点截面底板加厚 $\Delta=30$cm。

(3)连续梁采用双支座来消减支点截面的弯矩峰值。

(4)当跨径大于 80m 时，支点弯矩很大，因此可使墩梁固结形成混凝土刚构来减小支点负弯矩。

(5)腹板部分可以采用钢纤维混凝土，提高箱梁的抗剪和抗裂性能，这样可以减薄跨中腹板厚度，减轻重量。

3. 采用大直径预应力

(1)顶推连续梁的预应力特点为大量直线索而且要逐孔接长。在这种特定条件下，采用变截面连续梁惯用的钢绞线却因连接器尺寸过大，削弱了联结面混凝土强度。另外，以 $\phi5$ 钢丝扭结而成的钢绞线直径小、张拉力不足，不能满足大跨径顶推需要，所以应当选用日本生产的 $\phi21.8$ 和 $\phi28$ 大直径预应力或中国湖南研制的 $\phi7$ 平行钢丝预应力体系。

(2)湖南省开发研制的“HM21”锚(7ϕ7)，因 $\phi7$ 钢丝面积大一倍，使索力增大 1.7 倍。例如 2003 年广东五里亭大桥(120m 系杆拱主梁顶推)采用“HM21—12”锚，每孔张拉索力 $N=0.75\times[430]\times12=3\,870$(kN)，比钢绞线“OVM15—12”$N=0.75\times[256]\times12=2\,300$(kN)大 68%，这样顶、底板所需的孔道数减少 40%。

(3)经湖南、广东两省多座连续梁桥顶推实践证明，“HM21”群锚是顶推连续梁桥预应力体系的最佳选择，“HM21”与常规钢绞线“OVM15”相比，具有单价低、张拉设备少以及锚具尺寸小等优点[1]。该产品已在 1995 年获得湖南省科技进步奖和优质产品金奖。

4. 预应力设计技巧

混凝土连续梁在顶推过程中，截面内力将发生正负压弯矩交替变化，到位后需要满足连续梁的设计要求，因此要分阶段来设计预应力，这是顶推混凝土连续梁的一大特点，为此要研究诸多技巧，如图 2 预应力孔道布置图、图 3 跨径 64m 顶推连续梁预应力设计图。

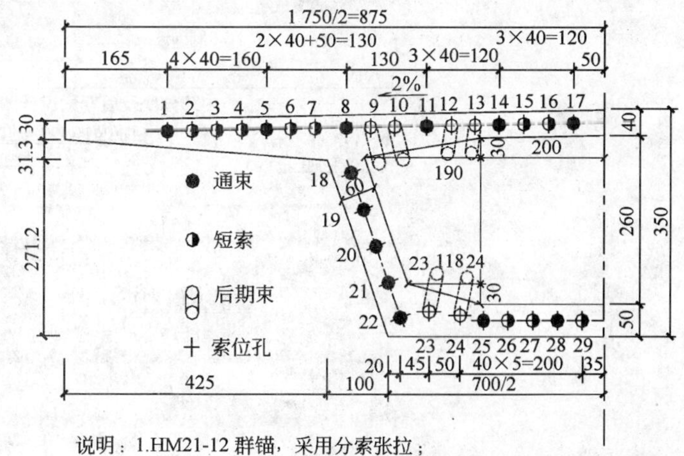

说明：1.HM21-12 群锚，采用分索张拉；

2. 后期束除边跨下缘采用 OVM15-25 外，其他采用 OVM15-19。

图 2 预应力孔道布置图(尺寸单位：cm)

(1)通束设计。连续梁在顶推过程中，每一截面都必须经过支点及跨中，因此每一截面内力都呈交替变化，为满足内力变化要求，必须在梁上下缘设计全桥拉通的“通束”以包络顶推过程中梁的弯矩图。为了满足梁的抗剪及抗裂要求，腹板上也设计有通束来增大

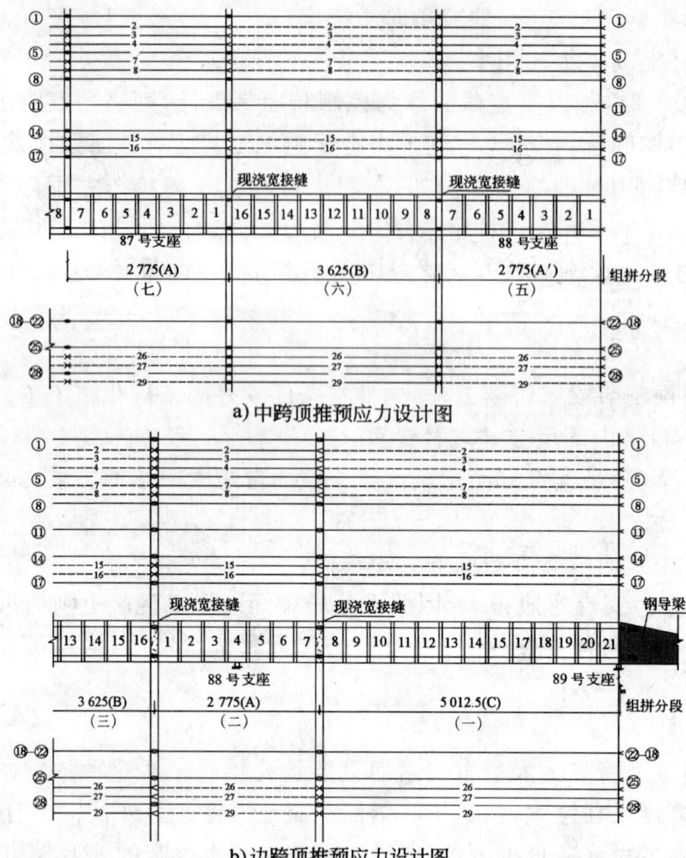

a) 中跨顶推预应力设计图

b) 边跨顶推预应力设计图

说明：其中虚线表示顶推到位后的割索。

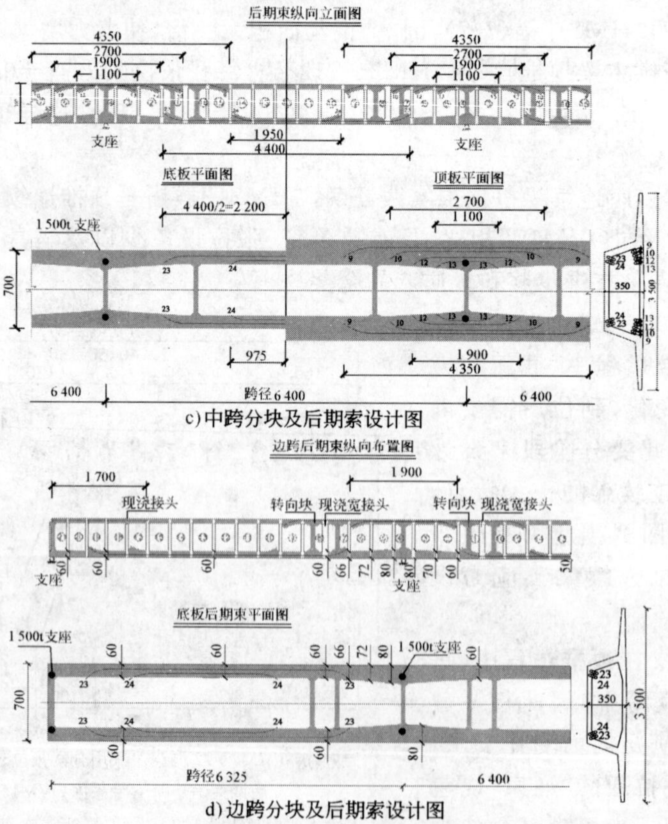

c) 中跨分块及后期索设计图

d) 边跨分块及后期索设计图

图 3 顶推预应力设计图（尺寸单位：cm）

梁体的轴向力。通索为上缘 1 号、5 号、8 号、11 号、14 号、17 号共 12 孔，相应下缘 22 号、25 号、28 号共 6 孔。另外腹板设有 18 号、19 号、20 号、21 号共 8 孔，形成全截面 26 孔轴向预应力＝84 240(kN)从而储备压应力 5.45MPa(上缘采用 HM21—12 锚，下缘采用 HM21—19 锚)。

(2)割索设计。割索为了减少后期索的安装数量，在通索设计中就将 20 根后期索用短索形式也安装上，等箱梁顶推到位后，再在跨中上缘及支座下缘将 20 根短索分别“割除”形成结构索。这种做法使顶推过程中又增加了 20 根通索计 64 800kN 轴向力。因此，全截面共有 26＋20＝46 根通索，共产生轴向力 149 040kN。使基本压应力 σ＝9.65MPa 上升 77%，确保了 64m 桥跨顶推安全。

(3)后期索设计。后期索也称二期索，指箱梁顶推到位后在箱梁内部再安装的预应力索，主要用来满足运营状态内力要求。由前所述，大部分已用割索法形成了后期索(跨中下缘 2×3 根，支座上缘 2×7 根)共 20 根。

①负弯矩后期索，设置在跨中位置底，共有 2×2＝4 孔位。对于中跨而言，安装 2×1＝2 孔钢绞线(ϕ15-19 锚)另剩 2 个预留孔，供运营后若干年产生混凝土徐变挠度时调整采用。对于边跨安装 2×2＝4 孔钢绞线(ϕ15-25 锚)。

②正弯矩后期索，设置在支座位置的两侧，共有 2×4＝8 个孔位。后期索均采用 4 孔钢绞线(ϕ15-19 锚)，另设 4 个预留孔供运营后若干年产生混凝土徐变挠度时调整使用。

(4)强度验算。按照上述分阶段设置预应力的方法，箱梁顶推到位后换装结构支座，再进行桥面浇筑。进入运营阶段后考虑活载、温度和支座沉降等各种荷载组合，箱梁强度均满足规范要求，如表 3。

64m 连续梁运营状态下应力情况(承载力极限状态) 表 3

后期索安装位置		轴力 N (kN)	面积 A (m²)	弯矩 M (kN·m)	截面模量 W (m³)	最小压应力 (MPa)	最大压应力 (MPa)
边跨跨中 4×ϕ15-25	下缘	1.71×10^5	15.45	8.75×10^4	11.556	3.5	
	上缘	1.71×10^5	15.45	8.75×10^5	18.184		15.9
中跨跨中 2×ϕ15-19	下缘	1.28×10^5	15.45	5.70×10^4	11.556	3.4	
	上缘	1.28×10^5	15.45	5.70×10^5	18.184		11.4
边跨支座 4×ϕ15-19	上缘	1.83×10^5	17.84	-8.87×10^4	16.49	4.9	
	下缘	1.83×10^5	17.84	-8.87×10^4	14.07		16.6
中跨支座 4×ϕ15-19	上缘	1.74×10^5	17.84	-7.26×10^4	16.49	5.4	
	下缘	1.74×10^5	17.84	-7.26×10^4	14.07		14.9

①各截面均不出现拉应力，且有 3.4～5.4MPa 最小压应力储备。

②最大压应力 σ＝16.6MPa 比较设计强度 R＝28.5MPa 尚有较大安全系数 K＝1.72。

三、预制组拼顶推新工艺

(1)问题提出。自 1980 年湖南伪水大桥连续梁实施柔性墩多点顶推工艺以来，国内所有的顶推桥梁基本上沿用在支架上逐段现浇梁块、再逐段顶推的方法。顶推分段长度一般为跨径的 $L/3$ 左右(12～17m)，施工周期(10～15)天/段，顶推平均速度小于 1.5m/天。应当指出由于顶推平台设在两岸引桥上，因此必须等引桥基础和桥墩工程完成，致使台座准备工作不能提前进行。实践证明在台座上现浇顶推方法远不能满足长跨桥梁的工期要求，因此造成经济的长梁顶推方案都因工期问题而被迫弃用。而在前苏联早就有箱梁预制组拼顶推的施工实践。例如前苏联西德维纳河桥(32＋51＋63＋51＋32＝229m)，在严冬气候中，他们采用“厂内提前分条分块预制、箱梁运输在工地现场组拼后顶推”的方法，这样能极大加快施工进度。

(2)1994 年交通部“八五”行业联合科技攻关计划“洞庭湖区桥梁修建新技术的开发研究”项目中，列有“预制组拼顶推工艺”课题(负责人上官兴)。由湖南省公路设计公司与湖南省公路机械工程公司联合实施。以南县哑吧渡大桥(多跨15～30m连续梁，桥长250m，竖曲线半径$R=10\,000m$)作为实验桥。经过两年努力，取得“箱梁分条、分块预制，台座上组拼竖曲线连续顶推”的成功，如图4，填补了国内空白。全桥顶推只用了一台100t连续千斤顶，费用低廉，对地方公路建设由很大现实意义。哑巴渡桥首次将我国装配式箱形拱的结构移植到连续梁中，用预应力来代替拱的轴向力，从而实现了结构轻型化和装配化。该桥拼装跨长20m，每节段工期7天，顶推平均速度可达到3m/天。

(3)韶关五里亭大桥推广。通航孔为35＋120＋35＝190m顶推连续梁—钢管混凝土组合式系杆拱桥。桥宽33m，两条三管型钢管混凝土肋下为两条宽12m采用顶推法施工的连续梁。到位后再现浇两箱梁间中横梁、中桥面板；通过横向预应力形成整体，最后浇两外侧人行道板。为节省设备和加快进度，190m箱梁采用一组预制组拼顶推设备，如图5，预制组拼台座长40m。每段箱梁正常顶推周期约12～15天，其中：

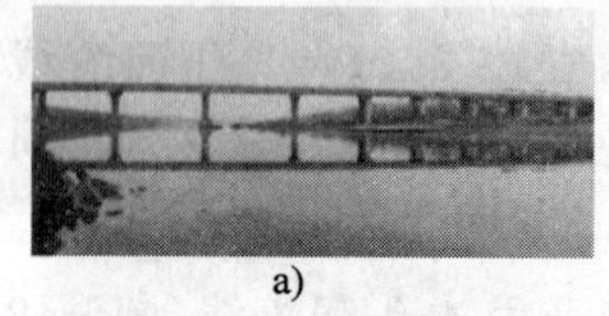

a)

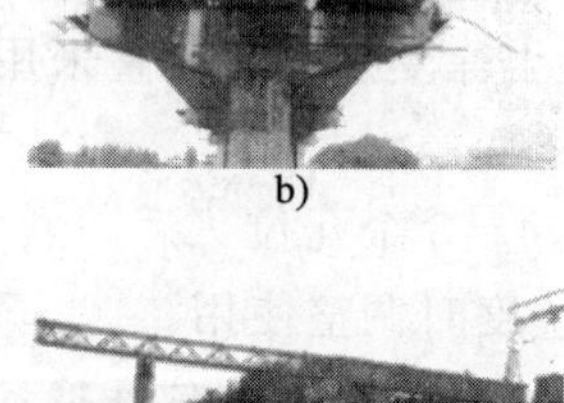

b)

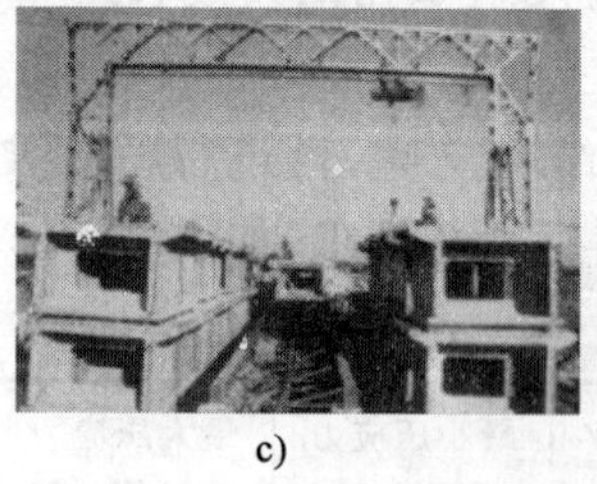

c)

d)

图4 南县哑巴渡桥分条分块顶推

a)哑巴渡桥桥型图；b)横向分条图；c)拼装台座上组拼小箱梁；d)分条顶推图

a)

b)

图5 五里亭大桥箱梁预制组拼顶推

a)拼装台座组拼箱梁；b)箱梁(临时墩)顶推过程中

①8～9个箱块吊装	2天
②接头钢筋焊接	3天
③接头浇混凝土待强	5天
④穿预应力、张拉	2天
⑤顶推	1天
⑥气候不良、材料供应受阻等	2天

由此预制组拼平均顶推进度3(m/天)，比现浇快一倍。若还需缩短工期，可以加长台座长度来实现。

(4)5×64m桥梁预制组拼设计方案

①分段选择，要考虑自重弯矩图的特点布置分段的接缝位置。块件重量按龙门吊机的能力，长度a控制在$a\leqslant 3.5m$，重量$P<150t$为宜。64m跨径内分成16块，按结构性能分成几类，如图6(顶推分段长度划分)。

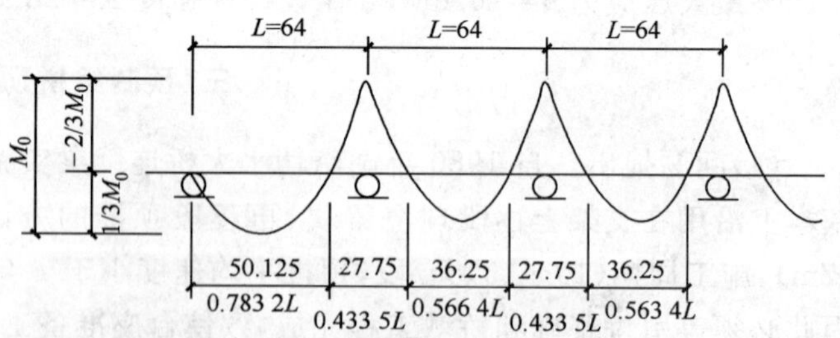

图6 顶推箱梁拼装长度(尺寸单位：m)

a. 中孔支座区段长度$a=27.25m$ (0.4335L)，上缘顶板设有后期正弯矩预应力索来消除。

支点负弯矩。块个数为4×350cm，另加三块带横隔板的块件(300cm及2×325cm)。

b. 中孔跨中区长度$b=36.25m$(0.564L)，下缘底板设有后期负弯矩预应力束，来消除跨中正弯矩。块件数为6×350cm和2×325cm带横隔板的块件。

c. 边孔正弯矩区长度$c=50.25m$(0.783 2L)，比中孔正弯矩延长13.875m，因此另设4×310cm箱块。该段下缘底板加厚至60cm,以便布置(HM21-19)大吨位预应力索。

d.接缝。一般3.1～3.5m长箱块之间湿接缝长0.5m。在每段27.25m和36.25m之间,按张拉预应力的操作要求,湿接缝长度为1.25m。与采用环氧树脂干胶接缝相比较,由于钢筋全都接长,焊接使现浇混凝土湿接缝的整体性和耐久性更好,费用也降低,但影响进度4天左右。

e.箱梁块可在地面上进行预制,每块模板至少周转十次以上,因此相对支架上现浇顶推而言,每块混凝土的模板费用,大为降低。另外对于带横隔板的块件,分块预制使内模大为简化。箱梁采用集中预制,重复作业质量控制得较好,外观也比现浇漂亮。

②拼装台座,箱梁块预制完成之后,可通过横跨拼装台座的龙门吊机起吊至拼装台座上拼装。拼装台座下的钢管桩上可安装竖向千斤顶,用来调节其上弧形纵梁的沉降,使弧形纵梁底部呈水平状态,从而满足顶推设计标高要求,如图7。

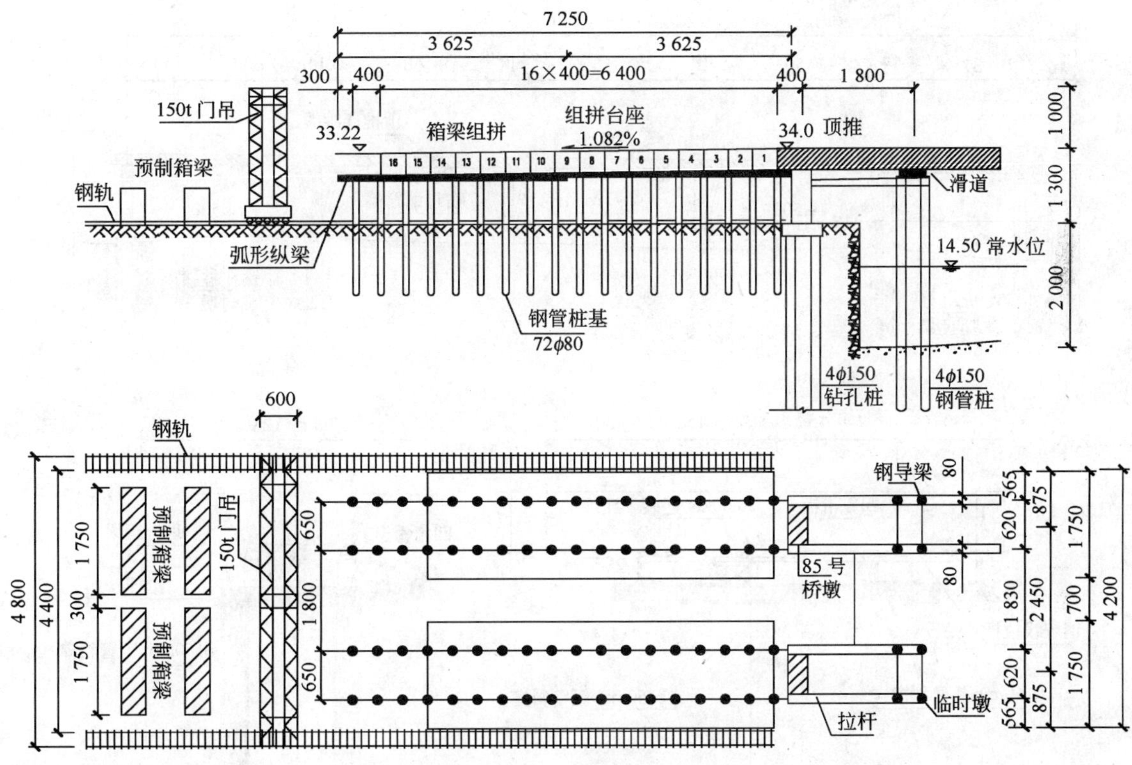

图7 64m跨连续梁箱块预制场布置图(尺寸单位:cm)

四、墩上临时钢斜撑顶推

1.方案提出

2004在苏通大桥1 088m斜拉桥边跨(3×100+200=500m)钢箱梁施工方案比选时,曾提出在桥墩上利用基础钻孔桩施工平台的钢管桩作斜撑,从而将100m桥跨的中间支点跨径减少至50m,这样可以实现100m钢箱梁分成50m节段用浮吊拼装,如图8。由此可见,此种钢管斜撑方法如用在顶推工艺中,也能使80m跨径以内的箱梁实现顶推施工。该方法的突出优点:

图8 苏通大桥100m跨节段拼装墩上钢管斜撑图

①实施大跨径箱梁顶推方案时,保证顶推施工跨径不超过50m,减小了施工预应力;

②可以取消水中临时墩基础工程和避免跨中的船舶碰撞;

③就地利用桥墩钻孔桩施工平台的钢管桩减少了施工钢材的倒运；

④顶推完成后可以拆除和回收，从而降低造价。

2.5×64m 桥跨顶推

前述5×64m＝320m预应力连续梁，如采用常规的挂篮现浇施工，双幅桥同时施工需要2×8＝16套挂篮（施工用钢多达600～800t）。在桥总长短，64m现浇跨径又小的情况下，动用如此多设备来抢工期是十分不合算的。为此，监理办提出引进“预制组拼钢斜撑”顶推方案，如图9。利用桥台大片空地在下部基础和开工的同时提前进行箱梁分块预制。在桥台上设置64m长的箱块组拼台座，以15天时间可完成64m箱梁组拼顶推，平均速度达4m/天。桥墩上设置悬出长度7m对称钢斜撑，这样三个月左右就能完成5×64m＝320m一幅箱梁的顶推任务。然后再转移顶推设备进行另一幅320m长梁顶推，总工期不到8个月。该方案体现了“预制组拼、钢斜撑顶推”技术优秀的高速性能。

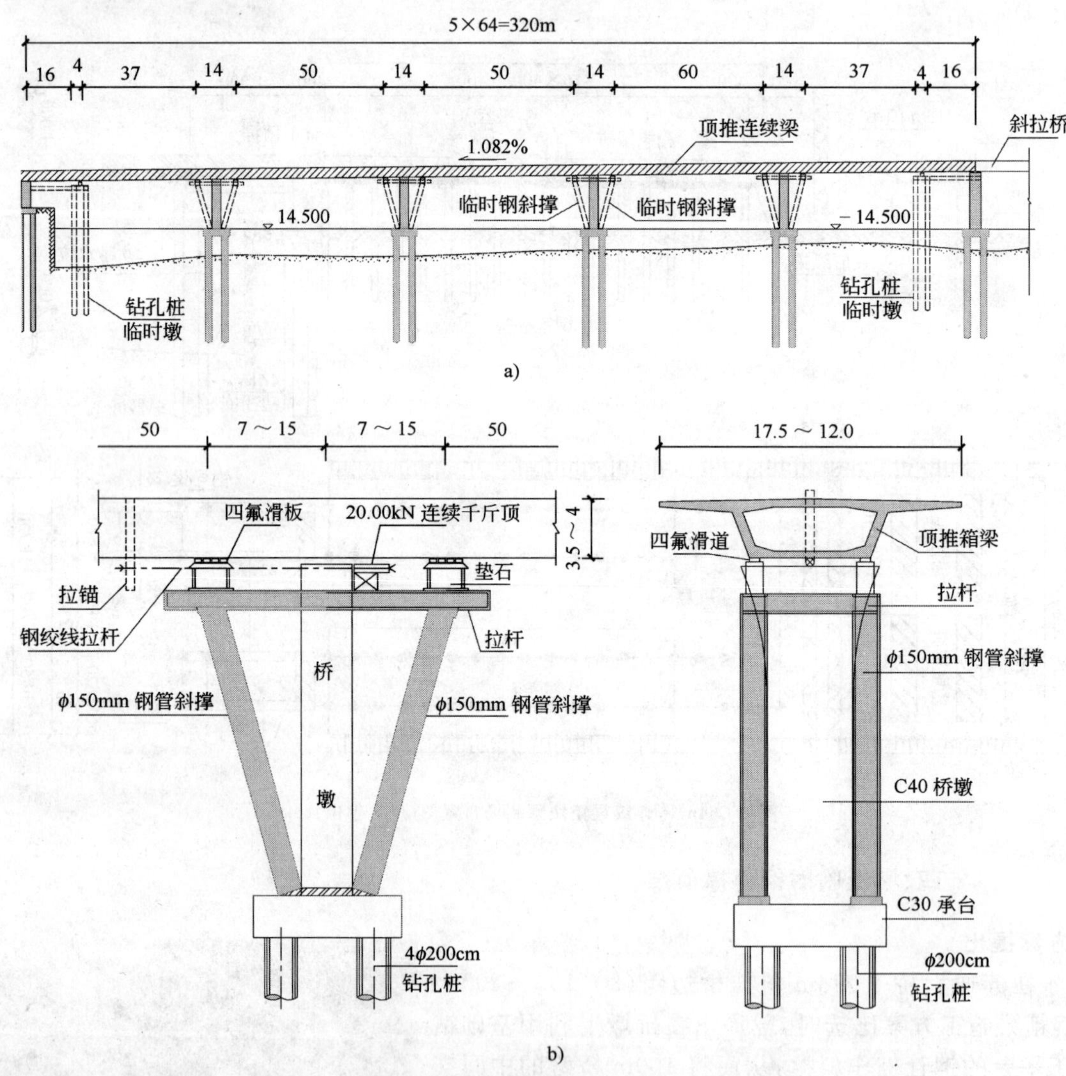

图9　桥墩钢斜撑顶推施工（尺寸单位：m）

a)5×64m＝320m顶推钢斜撑布置图；b)钢管斜撑构造图

3.80m 跨双支座混凝土连续梁顶推

由于湖南省已经具备了丰富的顶推实践经验，很多设计单位和施工单位都掌握了顶推技术，也有成套的顶推设备，这为大跨径连续梁顶推的推广奠定了基础。2007年，湖南省临澧县合口澧水大桥“工可”报告的桥型推荐方案便是（4×55＋2×70＋2×80＝520m）混凝土连续梁在双肢墩上顶推，其中孔80m跨径将创下顶推连续梁新纪录，这也是首次应用顶推技术建设副通航孔和主通航孔的混凝土连续梁，标志着我国顶推技术的又一大进步。

五、展　　望

连续梁无伸缩缝、不漏水、行车舒适及耐久性好的优点，在高等级公路中全面替代简支梁桥只是时间早晚的问题。而在修建连续梁中"顶推法"所具有造价低、施工安全简便及质量可靠的优点决定了它有很大的发展潜力。我国公路建设事业近年来发展十分迅速，连续梁桥许多先进工艺(如顶推、移动模架、节段拼装等)都没有及时总结形成"定型图"，因此阻碍了它们的及时推广。本文所介绍的混凝土连续梁桥"钢斜撑"分块预制组拼顶推新技术，目前虽没有得以实施，但是很多桥梁工程师对此十分感兴趣并希望通过交流促进该技术的完善。本文在这里呼吁各级主管领导解放思想，理解和支持"创新"精神，抓住一切可行机会向新技术进军。我们展望80m桥跨连续梁顶推的实施，指日可待。

参考文献

[1] 郭圣栋等．中国桥梁顶推技术新发展[J]．第十三届海峡两岸交通学术会议，2005.

[2] 上官兴，桥梁顶推技术的进步与展望[J]．洋口超长海上桥梁技术问题研讨会议，2005.

115. 移动模架设计要点和计算

赵天发[1]　安　近[2]　唐　宏[2]　王殿学[3]　肖春名[2]

(1.路桥集团国际建设股份有限公司；2.路桥华南工程有限公司；3.山东博瑞路桥技术有限公司)

摘　要　本文结合多年移动模架施工经验，充分考虑移动模架的使用性能，从模架运行工况，自动脱挂技术，对各受力构件采用有限元模型计算，充分考虑结构偏载受力、局部承压、节点失稳以及抗风、抗倾覆等方面内容，为今后移动模架设计提供参考。

关键词　移动模架　设计　验算

一、概　　述

近年来移动模架工法在桥梁建设中得到了广泛的应用。由于目前还没有统一的设计规范标准，各厂家设计生产出的造桥机也就各式各样，有的粗老笨重，施工一孔远大于15天，有的开合模困难，施工周期长，有的运行中出现了开焊、变形过大甚至局部严重失稳等现象。本文根据国内几家模架运行中出现的问题，就设计方面注意的要点作一简述，对设计与施工人员具有一定的参考。

二、根据桥梁类型及施工要求确定造桥机类型

移动模架又称造桥机，是混凝土连续箱梁施工的支撑胎架系统，分为上承式和下承式造桥机两种类型，属于大跨度整体可移动钢结构，施工时对桥梁产生临时集中荷载和振动荷载(图1)。这些荷载在模架运行时在不断的发生变化和转换，移动模架运行时临时荷载必须满足桥梁结构受力的要求。在使用上要满足：开合快速、移动灵活、结构重量轻、挠度小、重心低、适用于各类桥梁施工等要求，根据这些要求选择上承式还是下承式。

三、移动模架运行工况与最大临时荷载估算

根据以上工况移动模架设计荷载 W_P，估算临时荷载如表1。

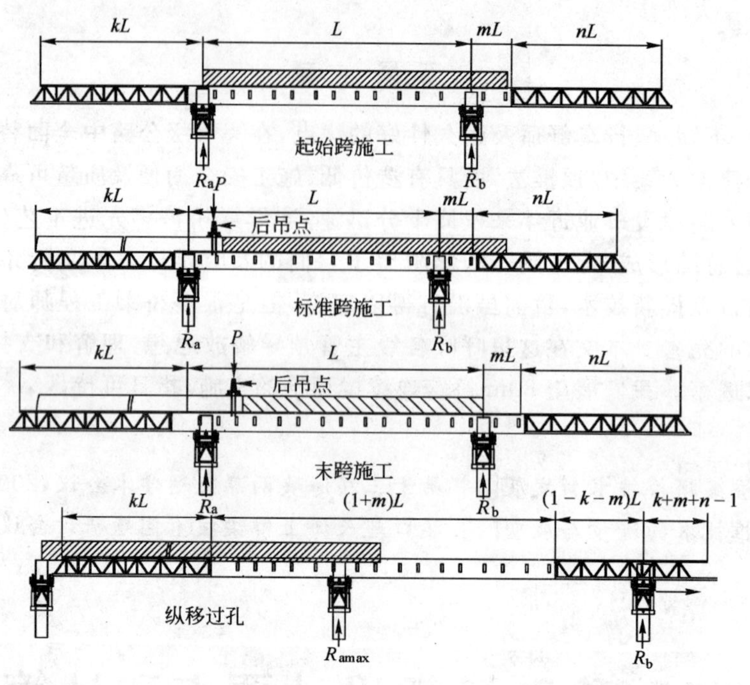

图1 荷载工况

表1

设计荷载 W_P(kN)	墩台		箱梁体	
	竖向 R_a(kN)	预紧力 F(kN)	纵桥向 f(kN)	竖向 P(kN)
	$\leqslant 0.9W_P$	$>0.35W_P$	$\leqslant 0.01W_P$	$\leqslant 0.225W_P$

四、根据挠度要求初步估算移动模架钢箱梁截面

为了保证模架施工时产生较小的变形，对模架的挠跨比，桥梁设计会给出不同的要求，一般为 $L/600 \sim L/700$。根据挠度要求按照钢结构稳定设计理论，初步计算模架主梁设计断面。

五、选择支撑结构的类型

移动模架支撑结构从使用上可分为自行式牛腿和非自行式牛腿，从受力结构上可分为落地式和墩身附着式。根据墩身结构形式如:单柱、双柱、方形、圆形，空心、实心墩等结构选择不同类型的支撑牛腿。

刚性落地式支撑柱，截面按长细比预估。通常 $50<\lambda<150$，简单选择值在100左右。根据轴心受压、双向受弯或单向受弯的不同，可选择H型钢或工字钢焊接箱形截面等。

六、满足使用要求考虑的因素

1. 自动脱挂机构

移动模架纵移自动脱挂装置原理是:脱挂装置的偏心棘块(上短下长)推进时棘块被动倾斜，通过自重作用，在遇到模架上预留的Ⅱ型板预留槽时，即可自动进入，同时脱挂装置底部左右设定两个定位销轴，前进时插在前边(后退时插在后端)，这样即可实现与移动模架锁定，通过液压系统带动移动模架一起前进(后退)。该功能提高了工作效率，免去了手动脱挂给操作人员带来的繁琐及安全隐患。

2. 偏载平衡机构

移动液压系统在长期持荷下，如浇筑混凝土时一般需要较长的时间(15～20小时)液压系统受到内外界因素的影响，容易出现压力不稳定情况;模板开合时压力过大容易造成设备损坏，影响正常使用，牛腿自行时设置液压平衡阀可顺利实现对接就位，免去偏载带来的设备隐患，增加设备的可操作性，延长设备的使用寿命。千斤顶增设自锁装置(机械或液压锁)可保护设备及操作人员的安全。竖向增设球铰机构自动分配桥梁纵坡因素引起接触面偏载,使设备受力安全、合理。

宽幅桥或双柱墩桥梁模架打开比较宽,结构打开后整体重心位置与纵横向抗倾覆系数是移动模架整体稳定性的关键。增加合理的配重,既能满足稳定性要求,又要保证不能增加模架的计算荷载,抗倾覆系数取在 $1.3<k<1.5$ 内,不加或少加配重,是控制移动模架成本投入的关键。

3. 复式叠合小车

移动模架与小车之间的接触一般是 4 点接触,以往国内外小车结构均采用单层结构加工,在调整纵坡时过去常采用增加垫板实现。移动模架受力或前后纵移时使其受力分配不均,小车一侧局部产生过大的应力,造成滑板损坏快,传递给牛腿梁一个偏载力,在模架横移时小车两侧阻力不均,横移时脱离正常前进方向。采用双层或三层复式叠合小车,基座与上层之间采用铰接连接,不仅较好地适应纵坡引起的偏载力及其引起的副作用,而且还能做到上下调整高度满足牛腿自行工况的工序要求,更重要的是满足带有斜交墩、变宽度(渐变段加宽桥)的桥梁施工。

4. 曲梁铰接技术

移动模架在用于小半径桥或竖曲线桥时,鼻梁、主梁连接必须做成可调整角度的铰支结构,牛腿自行式移动模架前鼻梁较长,对小半径平曲线桥,前横梁就会偏离墩身外;对于小半径竖曲线桥,模板高程高差调整较大,费工费时,模架的使用性能就明显降低。采用铰接技术可移动模架使用上灵活方便,可快速合模,缩短施工周期,并拓宽了模架的使用范围。

5. 双跨同时浇筑

小跨度的现浇预应力混凝土箱梁(30m 内的),采用移动模架施工时,为提高模架的使用效率,有必要研究两跨同时浇注,解决的问题是移动模架纵移过孔时前后六个支点处产生超静定力,该力易引起鼻梁弦杆承受过大的力,设计时应加以计算分析。另外问题就是保证纵移液压系统的同步性和足够的推力。实现两孔同时浇筑,较一次浇筑一孔比,可实现节约工时,降低设备租费,缩短工期近 1/3。

6. 部件互换性

不同的跨度移动模架钢主梁截面尺寸根据所承受的荷载级别各有所不同,将设计用于 30m 跨的移动模架主梁应用到浇筑 40m、50m 跨的桥梁中去,采用上下两层叠合梁通过螺栓连接,对该结构进行研究分析,可实现资源充分利用,既解决移动模架一次投入的资金缺口,又可保证日后用于大跨径改制利用,满足施工单位要求,提高移动模架部件的通用性和互换性。移动模架采用双层叠合钢主梁,可拆作挂篮、门吊、架桥机、节段拼装等不同用途。

支腿分层结构可以适用于不同的高、矮墩台和不同跨度、不同墩台结构类型的桥梁中去,实现部件的互换性。

7. 过跨过幅机构

高速公路大跨度桥梁往往设有左右双幅桥、主桥与引桥,需要移动模架从一岸(侧)引桥跨越主桥纵移到另一岸(侧)桥施工,或者从左幅桥横移到右幅桥施工。上行式研究解决墩顶支腿与横移连接机构问题,下行式移动模架研究解决模架解体分段位置与纵横滑移机构问题,纵、横移动均利用设备自身所带的部件完成。移动模架部件较多,拆组一次至少 60 天,实现过跨过幅功能,可降低设备拼装与运输费用,加快工程的施工进度。

8. 自备吊具作业

移动模架用于高墩施工的桥梁,施工用的小型机具材料吊装,需要较大的吨位吊机,造成较大的浪费。在有便桥的地方尚需搭设工作平台,在移动模架上增设龙门吊、回转吊等附属吊具,将极大地增加设备的使用功能,提高移动模架的使用功能,减少吊机台班费,降低施工成本。

七、有限元结构分析

实际设计中,对模架进行结构分析的有:几何非线性,屈曲稳定分析,接触分析,局部承压分析,抗倾覆稳定分析等项目。

节点、吊点、支点要全部采用实体模拟。

八、构 件 设 计

构件的设计首先是材料的选择。比较常用的是Q345(类似16Mn)和Q235(类似A3)。对于板材结构使用全部采用16Mn以便于工程管理,鼻梁、模板防护部件使用Q235型材。

程序验算时注意两点:

(1)软件在做构件(主要是柱)的截面验算时,计算长度系数的取定,有时会不符合规范的规定。目前所有的程序都不能完全解决这个问题。计算时应该逐个检查。

(2)当上面第4条中预估的截面不满足时,加大截面应该分两种情况区别对待。

①强度不满足,通常加大组成截面的板件厚度,其中,抗弯不满足加大翼缘厚度,抗剪不满足加大腹板厚度。

②变形超限,通常不应加大板件厚度,而应考虑加大截面的高度,否则,会很不经济。

九、移动模架主梁腹板配筋与稳定验算

按照规范要求对主梁进行配筋验算:当$\frac{h_0}{t_w}\leqslant 80\sqrt{\frac{235}{f_y}}$时,不配筋;

当$80\sqrt{\frac{235}{f_y}}<\frac{h_0}{t_w}\leqslant 170\sqrt{\frac{235}{f_y}}$时,配置横向加劲肋(图2);

当$\frac{h_0}{t_w}>170\sqrt{\frac{235}{f_y}}$时,配置纵向加劲肋。

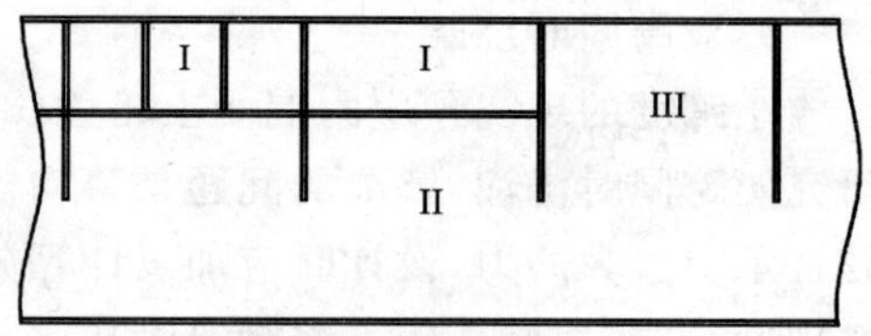

图2　主梁加劲肋

(1)局部承压时

$$\sigma_{c,cr}=C_1\left(\frac{100t_w}{h_0}\right)^2\geqslant f_y\quad \frac{h_0}{t_w}\leqslant 84\sqrt{\frac{235}{f_y}}$$

(2)受剪时

$$\tau_{cr}=\left[123+\frac{93}{\left(\frac{l_{max}}{l_{min}}\right)}\right]\left(\frac{100t_w}{l_{min}}\right)^2\geqslant f_{vy}\quad 取\ l_{min}=h_0,\frac{l_{max}}{l_{min}}=2,f_{vy}=\frac{f_y}{\sqrt{3}}$$

$$\tau_{cr}=\left(123+\frac{93}{(2)}\right)\left(\frac{100t_w}{l_{min}}\right)^2\geqslant f_y/\sqrt{3},\frac{h_0}{t_w}\leqslant 104\sqrt{\frac{235}{f_y}}$$

(3)受弯时

$$\sigma_{c,cr}=\chi\frac{k\pi^2E}{12(1-\gamma^2)}\left(\frac{t_w}{h_0}\right)^2=715\left(\frac{100t_w}{h_0}\right)^2\geqslant f_y,\frac{h_0}{t_w}\leqslant 174\sqrt{\frac{235}{f_y}}$$

式中:f_y——钢材屈服强度值。

仅配置有横向加劲肋的腹板,其各区格应满足下列条件:

弯曲应力、局压应力、剪切应力作用下

$$\left(\frac{\sigma}{\sigma_{cr}}\right)^2+\frac{\sigma_c}{\sigma_{c,cr}}+\left(\frac{\tau}{\tau_{cr}}\right)^2\leqslant 1$$

同时配置有横向加劲肋和纵向加劲肋的腹板,其各区格的局部稳定应满足:

(1)受压翼缘与纵向加劲肋之间的区格

$$\frac{\sigma}{\sigma_{cr1}}+\left(\frac{\sigma_c}{\sigma_{c,cr1}}\right)^2+\left(\frac{\tau}{\tau_{cr1}}\right)^2\leqslant 1$$

(2)受压翼缘与纵向加劲肋之间的区格

$$\left(\frac{\sigma_2}{\sigma_{cr2}}\right)^2+\frac{\sigma_{c2}}{\sigma_{c,cr2}}+\left(\frac{\tau}{\tau_{cr2}}\right)^2\leqslant 1$$

式中：σ,σ_c,τ——规范规定的弯曲正应力、局部压应力、剪应力。

十、鼻梁桁架计算长度

A 弦杆：

受压腹杆(图 3)取几何长度的 0.75 倍，长细比＞350。

B 斜杆满足：

$$\frac{I_y}{l^3}\times\frac{l_d^3}{I_{yd}}\geqslant\frac{\pi^2}{48\varphi}$$

$$\varphi=\frac{\mu^3}{3(\mu-th\mu)},\mu=\frac{1}{2}\sqrt{\frac{T}{EI_y}}$$

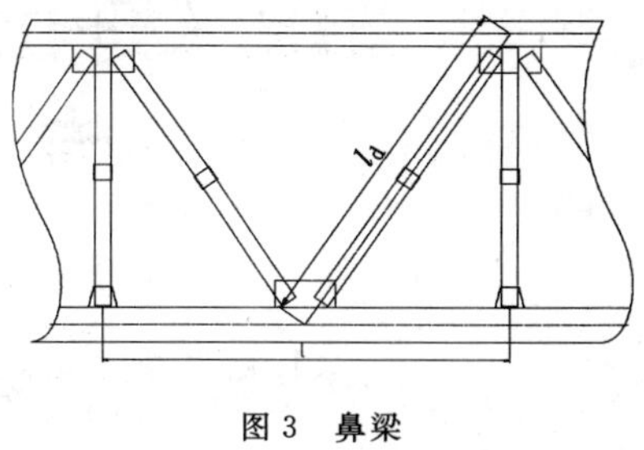

图 3 鼻梁

十一、节 点 设 计

连接节点(图 4)的设计是造桥机构设计中重要的内容之一。

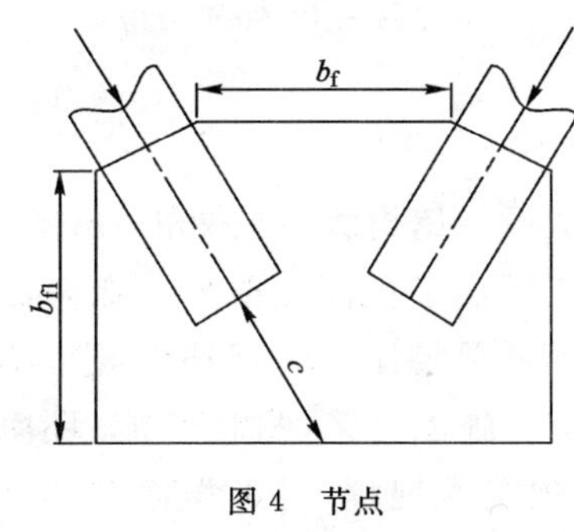

图 4 节点

连接的不同对结构影响甚大。有的刚接节点虽然承受弯矩没有问题，但会产生较大转动，不符合结构分析中的假定。会导致实际工程变形大于计算数据等的不利结果。通常是用有限元软件计算该处的内力，然后实体建模进行失稳分析。

$$b_f/t\leqslant 60\sqrt{235/f_y}$$

$$b_{f1}/t\leqslant 35.5\sqrt{235/f_y}$$

具体设计主要包括以下内容：

(1)焊接：对焊接焊缝的尺寸及形式等，规范有强制规定，应严格遵守。焊条的选用应和被连接金属材质适应，E43 对应 Q235。

(2)E50 对应 Q345，Q235 与 Q345 连接时，应该选择低强度的 E43，而不是 E50。

(3)焊接设计中不得任意加大焊缝。焊缝的重心应尽量与被连接构件重心接近。其他详细内容可查规范关于焊缝构造方面的规定。

(4)栓接：普通螺栓抗剪性能差，可在模板结构部位使用。高强螺栓，常用 8.8S 和 10.9S 两个强度等级。根据受力特点分承压型和摩擦型。两者计算方法不同。高强螺栓常用 M16～M30。超大规格的螺栓性能不稳定，设计中应慎重使用。

(5)连接板：可简单取其厚度为梁腹板厚度加 4mm，然后验算净截面抗剪等。

(6)梁腹板：应验算栓孔处腹板的净截面抗剪。承压型高强螺栓连接还需验算孔壁局部承压。

(7)节点设计必须考虑安装螺栓、现场焊接等的施工空间及构件吊装顺序等。构件运到现场无法安装是初学者长犯的错误。此外，还应尽可能使工人能方便的进行现场定位与临时固定。

(8)节点设计还应考虑制造厂的工艺水平。比如钢管连接节点的相贯线的切口需要数控机床等设备才能完成。

十二、结 语

移动模架设计制作必须充分考虑施工中的运行工况，处理好结构偏载受力、局部承压、节点失稳以及抗风、抗倾覆等方面的计算。对桥梁结构有较大外力的尚应验算结构承载能力，只有正确模拟运行工况，才能减少移动模架中的设计中的失误，使其更好地服务于桥梁施工，取得预期的效果。

116.《舟山金塘大桥海工混凝土耐久性专用技术规程》编制概述

王昌将[1]　张国志[2]　屠柳青[2]
(1.浙江省舟山连岛工程建设指挥部;2.中交武汉港湾工程设计研究院)

摘　要　本文介绍了《金塘大桥海工混凝土耐久性专用技术规程》编制的目的、意义、核心理念和实施效果,阐述了《规程》的主要技术指标和突破现有规范的相关问题思考,对今后类似工程的建设提供借鉴。

关键词　金塘大桥　规程　海工混凝土　氯离子扩散系数

一、目的和意义

随着经济的高速发展以及技术的不断进步,我国开始大规模建设跨海大桥。跨海大桥所处的侵蚀环境恶劣,施工条件复杂,结构设计基准期长,对海工混凝土耐久性设计及施工提出了更高的要求。在海洋环境中,桥梁结构的耐久性很大程度上取决于混凝土材料的特性及施工中的质量控制。现行技术规范不能完全涵盖严酷环境下重要工程混凝土耐久性的要求。特别是近年来混凝土施工工艺、材料性能、环境条件都在发生变化,针对跨海桥梁的腐蚀环境、结构特点、施工工艺编制专项技术规程,对工程建设具有现实指导意义,并可在实践中对现有规范进行补充和完善。

金塘大桥工程浩大,腐蚀环境严酷,气候条件恶劣。它由东向西横跨灰鳖洋18.27km海面,是舟山大陆连岛工程中规模最大的跨海大桥,所处环境属Ⅲ类氯盐腐蚀环境,作用等级为E～F,结构设计基准期为100年。金塘大桥水文、气象、地质情况复杂,冬季寒冷、干燥、多季风,夏季高温湿润、台风频繁,年平均台风影响次数2.56个,极大风速大于40m/s,工程海域实测最大潮速3.02m/s,最大潮差3.54m;海水年均含盐度2.56%。

为提高氯盐侵蚀环境下混凝土桥梁的使用寿命,尤其是水位变化区混凝土结构在干湿循环、温度变化和氯盐侵蚀共同作用下的使用寿命,浙江省舟山连岛工程建设指挥部专题编制了《金塘大桥海工混凝土耐久性专项技术规程》。《规程》的编制工作是在对现有规范的调研以及金塘大桥实地调研的基础上完成的。《规程》以课题研究为依托,通过开展专题研究、现场试验,为《规程》编制提供了依据。《规程》编制中与工程监理、施工单位进行了充分的讨论、意见征集,先后以函审、内审及咨询的方式征集了业内专家的意见,并通过浙江省交通厅组织的专家评审,于2007年1月1日正式实施。

二、《规程》编制的指导原则

《规程》以海工混凝土耐久性为核心,提出抗渗性与抗裂性并重的耐久性设计理念,并以混凝土各项性能的均衡发展为目标。《规程》以混凝土的防渗抗裂、致密耐久、指标均衡、品质易控为核心理念。《规程》的编制遵循以下指导原则:

1.运用整体论的思想配制海工混凝土

整体论就是综合考虑工程特点、环境条件,设计、混凝土生产、施工以及管理等各方面因素实现混凝土结构的耐久性。《规程》运用整体论的方法因地制宜地制定了海工高性能混凝土质量控制及温控防裂的相关技术措施。

2. 抓住主要矛盾合理设计混凝土配合比

金塘大桥地处海洋环境，氯盐侵蚀是影响结构耐久性的主要因素，混凝土的防渗、抗裂性能是阻止氯盐侵蚀的第一道防线，提高混凝土防渗、抗裂的措施即有矛盾又有统一。通过配合比参数的合理控制，协调混凝土抗裂和抗渗性能的均衡发展是本规程的核心内容。

3. 混凝土质量控制中的适度原则

本规程在试验研究的基础上，针对不同结构部位的混凝土，对胶材用量、水胶比、矿物掺合料的用量都规定了上限和下限，从而体现适度原则。

三、主要控制标准

1. 提出水胶比和胶凝材料用量范围

控制水胶比在一定范围内，目的是确保混凝土有良好的工作性能并有利于减小收缩。水胶比过低自收缩增大且不易于泵送，水胶比大干缩增大同时不利于矿物掺合料活性的发挥。

限制胶材用量在一定范围，目的是兼顾抗裂性能和抗渗性能的均衡发展。根据不同结构部位的性能要求选择适合的胶材比例，以充分发挥不同胶材的颗粒级配效应，提高混凝土密实性(表 1)。

水胶比和胶凝材料用量范围 表 1

工程部位	最大水胶比(W/B)	最小水胶比(W/B)	胶凝材料最低用量(kg/m^3)	胶凝材料最高用量(kg/m^3)
桩基、封底混凝土(C30、C35)	0.38	0.33	400	450
承台、墩身湿接头(C30～C40)	0.38	0.33	380	450
预制箱梁(C50)	0.35	0.30	450	480
现浇箱梁、索塔(C50)	0.35	0.30	450	480
现浇箱梁(C55)	0.35	0.30	450	500

承台及墩身湿头大体积混凝土处于浪溅区，降温水化热温升、减小收缩，防止开裂是该部位混凝土的关键控制指标，因此，在强度和氯离子渗透性满足要求的前提下，该部位混凝土胶材用量降低至 $380kg/m^3$。

2. 提出矿物掺和料掺量范围

采用大掺量矿物掺合料配制海工混凝土，可以增强混凝土密实性，从而有效抑制混凝土硫酸盐侵蚀、氯离子侵蚀及碱集料反应，并提高混凝土的抗裂性能。矿物掺合料复配比例除应满足表 2 要求，还应根据不同结构部位合理选取。大体积混凝土为防止混凝土开裂应尽量增加粉煤灰掺量，箱梁、墩身混凝土为提高抗氯离子渗透性能可适当增加磨细矿粉掺量，但应以氯离子渗透性满足要求为限。研究表明：磨细矿渣在温度较高时，其水化潜热要大于水泥，其掺量在 0～50％之间，胶凝材料的水化热随掺量增加而增大，且不易于泵送，为此应尽量优化磨细矿渣掺量。

混凝土矿物掺和料用量限定范围 表 2

环境作用等级	水泥品种	矿物掺合料限定范围
III-D、III-E、III-F (氯盐引起的严重至非常严重的钢筋锈蚀)	P・Ⅱ水泥	用量不小于：F/0.30+S/0.4≥1 用量不大于：F/0.60+S/0.8≤1

注：1. 以上限定比例仅适用于 P・I、P・II 硅酸盐水泥；

2. F：粉煤灰/胶凝材料，S：磨细矿粉/胶凝材料。

3. 控制过高的早期强度

混凝土早期强度发展快，水化热温升高，导致混凝土弹模增长快，徐变减少，易产生温度裂缝，降低混凝土结构的使用寿命，特别是承台、墩身等浪溅区大体积混凝土。

《规程》通过限制混凝土早期强度的发展有效控制开裂。要求 12h 小时抗压强度不大于 8MPa 或 24h 不大于 12MPa，对抗裂要求较高的构件(如浪溅区承台)，宜分别不高于 6MPa 或 10MPa，对于有预应力张拉的构件，此要求可适当放宽。

《规程》限制过高的混凝土试配强度：C40以下(灌注桩除外)混凝土试配强度不宜超出其设计强度等级的50%，C40及以上混凝土试配强度不宜超出设计强度等级的40%。

4.混凝土温度裂缝控制

为避免海工混凝土温度裂缝的产生，《规程》专门做出要求如下：

(1)承台、墩身湿接头等大体积混凝土采用60d强度评定验收。

(2)夏季大体积混凝土施工时，应根据现场工况进行混凝土温度、应力计算，制定相应的温控标准及温控措施。夏季混凝土最高浇筑温度不得超过30℃，混凝土内部最高温度不得超过70℃。

(3)水泥使用温度不宜超过60℃，避免使用刚出厂的新鲜水泥。

(4)使用低温水拌和混凝土，如使用制冷机组制冷水或在水中加碎冰等措施。

(5)拆模时混凝土表面与内部最高温度之差应小于20℃。为保证冷却效果，通航孔主墩承台采用海水冷却，非通航孔承台使用淡水循环冷却。

5.根据结构、环境要求合理设计混凝土配合比

水下桩基混凝土控制重点是有良好的工作性能从而确保桩基的结构整体性，选用相对较高的胶材及粉煤灰用量，适合的水胶比并适当引气。浪溅区的承台、墩身湿接头控制重点是降温水化热温升、减小收缩，防止开裂，采取的措施是在强度和渗透性满足设计要求的前提下，尽量减少胶材及水泥用量、增加F掺量，限制混凝土早期强度的发展、选择适中的W/C并推迟强度评定时间，以充分发挥矿物掺和料的后期活性。墩身、塔身重点是提高抗渗性能、确保混凝土良好的工作性和外观质量。采取适当提高矿粉掺量、选用适中的胶材用量和W/C并适当引气。预应力箱梁重点是减小混凝土的收缩、徐变，提高抗裂性能，为此应减少胶材用量及用水量、增加集料用量以提高体积稳定性，并选择合适的胶材复配比例以兼顾抗渗性、抗裂性以及早期张拉、后期徐变性能。

四、相关问题思考

1.浪溅区大体积混凝土采用60天评定

采用60天(或更长龄期)强度作为配合比设计、强度评定及竣工验收的依据，是大体积混凝土温控技术中一项很好的措施。合理使用这一措施可以降低工程造价，减少资源浪费，有利于可持续发展和提高工程质量。特别是海工混凝土采用大掺量矿物掺合料，早期强度发展较慢，而后期强度增长幅度较大，采用60天评定可充分利用矿物掺和料的后期活性，降低单方混凝土水泥用量，有效控制温度裂缝的产生。因此，本《规程》在充分考虑金塘大桥环境、结构特点的基础上，突破现行规范“采用28天龄期强度评定”的规定，提出浪溅区大体积混凝土采用60天强度评定。

2.按概率统计的方法设计及评定混凝土氯离子扩散系数

海工混凝土的耐久性以渗透性及抗裂性的均衡发展为目标，为有效控制裂缝，并结合金塘大桥采取的多种防腐蚀附加措施，提出混凝土氯离子扩散系数按85%保证率进行试配。

(1)氯离子扩散系数的试配值

报批的配合比氯离子扩散系数必须小于其试配值。试配值计算公式如下：

$$D_{cu,0} \leqslant D_{cu,k} - 1.04\sigma$$

式中：$D_{cu,0}$——混凝土氯离子扩散系数试配值(84天)；

$D_{cu,k}$——氯离子扩散系数设计值(84天)；

σ——混凝土氯离子扩散系数标准差($10^{-12}m^2/s$)，σ应按统计资料取值，若无统计资料，主塔、箱梁、预制墩身σ可取0.2～0.3($10^{-12}m^2/s$)、钻孔桩σ取0.3～0.4($10^{-12}m^2/s$)。

(2)混凝土抗氯离子渗透性评定标准

由于抽样频率较低，混凝土氯离子扩散系数采用非统计方法按下式进行评定：

$$D_{max} \leqslant 1.1D_{cu,k}; D_n \leqslant 0.95D_{cu,k}$$

式中：D_{max}——混凝土氯离子散系数最大允许值(84天)；

$D_{\bar{n}}$——混凝土氯离子散系数平均值(84 天)；

$D_{cu,k}$——混凝土氯离子扩散系数设计值。

3. 采用 NT Build492 方法检测混凝土的抗氯离子渗透性

规程提出采用北欧试验方法 NT Build492 检测混凝土的抗氯离子渗透性。该方法较 RCM 方法在国际上更为通用。两者主要区别在：

①RCM 方法试件安装前需进行 15min 超声清洗，而 NT Build 492 方法试件应进行抽真空并浸泡饱和 $Ca(OH)_2$ 溶液处理。

②RCM 方法试验槽中的阴极液、阳极液分别为 5%NaCl 和 0.2mol/L KOH 溶液；NT Build492 方法阴、阳极液分别为 10%NaCl 和 0.3mol/L NaOH 溶液；

③RCM 方法试验电压固定为 30V±0.2V，试验时间 4～168h，而 NT Build 492 方法试验电压根据试验电流在 30～60V 之间可调，试验时间 6～96h。

分别采用两种方法测定承台混凝土氯离子扩散系数，试验结果得出 RCM 方法测得的氯离子扩散系数明显低于 NT Build 492 方法，且 NT Build 492 方法试验时间相对短，在预处理方面更为科学、规范。鉴于以上原因，本《规程》采用 NT Build 492 方法评定混凝土的氯离子渗透性能，它对海工混凝土提出较高标准，可进一步确保氯盐环境中混凝土的耐久性。

五、实 施 效 果

1. 海工混凝土易于施工

由于规定了胶材用量及水胶比的上、下限，同时限制了过高的配制强度，避免采用低水胶比、高胶材用量的技术路线，海工混凝土黏性降低、匀质性提高、外观改善、易于施工(表 3)。

III-A 标 D4 墩 C35 承台混凝土配合比优化 表 3

类别	胶材用量	配合比	抗压强度(MPa)		84d 氯离子扩散 ($10^{-12}m^2/s$)	绝热温升 (℃)
		胶材：砂：石：水：外加剂	28d	60d		
原配比	胶材 430kg/m³ C：F：S=42：38：20	1：1.67：2.51：0.35：0.011	55.1	63.4	1.64	41
优化配比	胶材用量 390kg/m³ C：F：S=35：45：20	1：2.12：2.59：0.35：0.011	43.1	48.9	1.21	37

2. 氯离子扩散系数的控制更具操作性

按概率统计的方法设计及评定混凝土氯离子扩散系数，施工控制中更具操作性。

3. 承台混凝土温控效果良好，抗裂安全性提高

III-A 标 D4 墩承台为金塘大桥主通航孔主墩承台，承台厚 6.5m，混凝土方量 10 960.5m³，设计强度等级 C35。根据《规程》要求，对该承台配合比进行优化(表 3)，混凝土胶材用水泥用量降低，绝热温升下降、收缩减小，承台抗裂安全性提高。经检测，混凝土内部最高温度 46℃，内表温差控制在 20℃以内，承台温控效果良好，无温度裂缝。

六、结 语

在《规程》编制和实施过程中，我们对海工混凝土有了一个认识的过程：从早期过分追求抗渗性能，采用高胶材用量、高矿渣用量、低水胶比的技术路线，导致混凝土不易泵送、收缩大、易于开裂性；逐步认识到海工混凝土配制应遵循抗渗性与抗裂性并重的耐久性设计理念，并以混凝土各项性能的均衡发展为目标。

近年来，我国跨海大桥建设方兴未艾，已建和在建的工程有东海大桥、杭州湾跨海大桥、青岛海湾大桥等工程，港珠澳大桥、渤海湾大桥等工程也在规划之中。现有规范不能全部涵盖海洋环境下结构耐久性要求，因此针对工程特点编制专用技术规程对保证工程质量具有重要意义，同时也可以为类似工程具有借鉴作用。

参考文献

[1] 中国土木工程学会标准(CCES01—2004).混凝土结构耐久性设计与施工指南[S].北京：中国建筑工业出版社，2005.

[2] 交通行业标准(JTG/T B07—01—2006).公路工程混凝土结构防腐蚀技术规范[S].北京：人民交通出版社，2006.

[3] 交通行业标准(JTJ 275—2000).海港工程结构防腐蚀技术规范[S].北京：人民交通出版社，2000.

[4] 交通行业标准(JTJ 041—2000).公路桥涵施工技术规范[S].北京：人民交通出版社，2000.

[5] 杭州湾跨海大桥专用施工技术规范，2003.

[6] 客运专线标准.客运专线高性能混凝土暂行技术条件[S].北京：人民铁道出版社，2005.

[7] General Guidelines for Durability Design and Redesign, DuraCrete, Feb 2000.

[8] Concrete, Mortar and Cement-Based Repair Materials: Chloride Migration Coefficient From Non-Steady-State Migration Experiments—(NT BUILD 492).

117. 湛江海湾大桥钢桥面铺装设计与施工

梁 勇 李 志 刘 涛
(广东省长大公路工程有限公司第三分公司)

摘 要 根据湛江海湾大桥所处的气候及钢桥面铺装的特殊要求，合理选择环氧沥青混凝土作为铺装材料并进行了严格的混合料配合比设计。本文介绍了湛江海湾大桥钢桥面铺装方案及实施过程，以及在施工过程中应该注意的细节问题。

关键词 桥面铺装 湛江海湾大桥 环氧沥青 铺装方案

一、工 程 概 况

湛江海湾大桥起点位于湛江市平乐渡口上游1.3km处，跨越湛江麻斜海湾，终点接湛江市乐山大道，全长3 981m。大桥主桥采用双塔双索面混合型斜拉桥结构体系，跨径组合为60m(水泥混凝土桥面)+120m(钢桥面)+480m(钢桥面)+120m(钢桥面)+60m(水泥混凝土桥面)。大桥桥面宽28.5m，其中单幅的行车道宽13.75m、检修辅道宽1.8m，中央分隔带宽0.7m。桥面顶面设2%的横坡，最大纵坡3%。桥面顶板厚14mm，顶板加劲肋厚6mm。其中需铺筑环氧沥青混凝土的钢桥面及过渡段共736m、宽度为12m。

二、气候和环境条件

湛江海湾大桥位于北回归线以南，近临南海，气候具有南亚热带海洋性季风气候和海洋性气候的特征，高温潮湿多雨，夏季多台风，7～9月为最多。年平均气温23℃，1月平均气温15℃，7月平均气温29℃，据湛江气象台资料显示，2004年8月最高气温为35.4℃，历史极端最低气温在4℃以上。年平均降水量为1 534毫米，多集中在4～9月份，7～9月桥面最高温度为60℃。气候条件中对铺装影响最大的因素是气温。有关测试资料表明，由于钢箱梁箱体内不通风，散热速度慢，因此，高温季节，钢箱梁桥面钢板温度比传统的桁架梁钢桥桥面温度高出10℃，而且高温持续时间更长。根据以上资料，大沽桥桥面铺装材料的设计温度范围应取为15℃～＋70℃，铺装的高温稳定性是设计考虑的主要问题。

三、铺装设计方案

环氧沥青混凝土有良好的抗滑性、行车的稳定性、与钢桥面顶板良好的黏结强度、良好的抗疲劳开裂性、良好的变形特性、耐久性、防水损害、高温稳定性，因此，湛江海湾大桥钢桥面铺装采用了图1的结构设计方案。

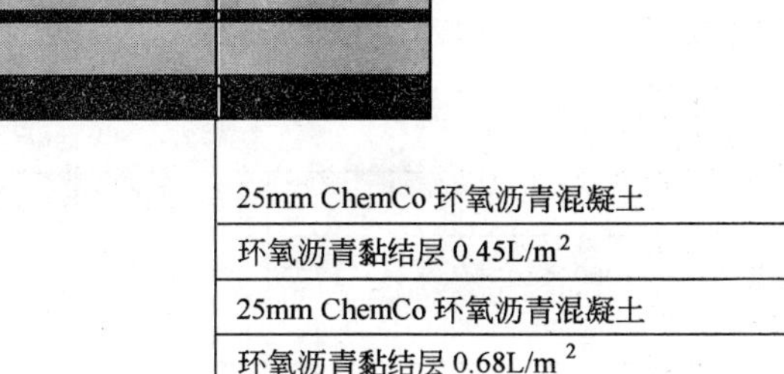

图1 铺装层结构形式

四、铺 装 材 料

1. 环氧沥青

湛江海湾大桥钢桥面铺装层环氧沥青混凝土黏结材料采用美国ChemCo Systems公司生产的环氧沥青。环氧树脂用组分A表示，沥青用组分B表示。沥青共两种，一种用来配制黏结料，用B_1或B_{1D}表示；一种用于配制结合料，用B_2或B_V表示，其技术要求分别列于表1和表2。

环氧树脂(A)的技术要求 表1

技术指标	检测结果	技术要求	试验方法
黏度(23℃)(10^{-3}Pa·s)	139	100～160	ASTM D 445
环氧当量	189	185～192	ASTM D 1652
颜色(加德纳(Gardner))	3	≤4	ASTM D 1544
含水量(%)	0.02	≤0.05	ASTM D 1744
闪点(开口杯法)(℃)	230	≥200	ASTM D 92
相对密度(23℃)	1.167	1.16～1.17	ASTM D 1475
外观	透明琥珀状	透明琥珀状	目视

环氧沥青组分B技术指标 表2

指标	检测结果		技术要求		试验方法
	B_V(混合料)	B_{ID}(黏结层)	B_V(混合料)	B_{ID}(黏结层)	
酸值(KOH每克)(mg)	54	68.1	40～60	60～80	ASTM D664
闪点(克立夫兰敞口杯)(℃)	220	270	≥200	≥250	ASTM D92
含水量(%)	0.02	0.02	≤0.05	≤0.05	ASTM D95
黏度(100℃)(10^{-3}Pa·s)	198	1108	>140	>800	布氏黏度计，HBT型 采用3号轴(100转/分)
相对密度(23℃)	1.001	1.004	0.98～1.02	0.98～1.02	ASTM D1475
颜色	黑	黑	黑	黑	目视

将组分A及组分B分别加热至规定的温度，按规定的比例混合以制成环氧沥青，并再加热至规定的温度，制成规定形状的试件，在121℃温度下固化4小时后进行物理力学性质试验。其技术要求列于表3。

环氧沥青技术指标 表3

指标	技术要求		检测结果		试验方法
	类型B_{ID}	类型B_V	类型B_{ID}	类型B_V	
重量比(A∶B)	100∶445	100∶585	100∶445	100∶585	—
抗拉强度(23℃)(MPa)	10.25	1.82	≥6.9	≥1.5	ASTM D638

续上表

指标	技术要求		检测结果		试验方法
	类型 B_{1D}	类型 B_V	类型 B_{1D}	类型 B_V	
断裂时的延伸率(23℃)(%)	220	256	≥190	≥200	ASTM D638
热固性(300℃)	不熔化	不熔化	不熔化	不熔化	小试件放置在热板上
黏度增加至 1000×10^{-3}Pa·s(121℃)(min)	32	65	≥20	≥50	由 Brookfield 黏度仪检测黏度，型号为 HBT，采用 No.3 转子，转速为 12r/min

2. 集料

环氧沥青混合料的粗集料采用深圳芙蓉石场生产的辉绿岩碎石，其技术指标见表4。

铺装用粗集料技术指标　表4

试验指标	技术要求	检测结果	试验方法(JTJ 058—2000)
洛杉矶磨耗损失(500转)(%)	≯22	12.8	T0317—2000
表观相对密度	≮2.60	2.717	T0321—1994
石料磨光值(%)	≮44	46	T0304—2000
针片状(长宽比大于3:1)颗粒含量(%)	≯10	5.2	T0312—2000
与改性沥青的黏附性(级)	≮4	4	T0616—1993
石料压碎值(%)	≯17	11.9	T0316—2000
吸水率(%)	≯1.5	0.90	T0307—1994
软石含量(%)	≯1	0.1	T0320—2000
水洗法 0.075mm 颗粒含量(%)	≯1	0.2	T0302—2000
坚固性(%)	≯12	2.3	T0340—2000

石屑为深圳芙蓉石场生产的辉绿岩，矿粉采用石灰岩矿粉其技术指标要求及结果见表5、表6。

细集料检验结果及技术指标要求　表5

试验指标	技术要求	检测结果	试验方法
表观相对密度	≮2.50	2.698	T0334—1994
坚固性(%)	≮12	2.6	T0304—2000
砂当量(%)	≮60	79	T0340—2000

矿粉技术指标　表6

指标	要求	检测结果	试验方法
0.3mm 筛通过率(%)	100	100	T0351—2000
相对密度	≥2.5	2.721	T0352—2000
含水率(%)	≤0.2	0.1	T 0103 烘干法
亲水系数	<1	0.3	T0353—2000
外观	无团粒结块	无团粒结块	—

五、环氧沥青混凝土铺装施工

1. 环氧黏结层施工

环氧黏结层是为保证铺装与钢板间有良好结合而设的，是使铺装层与桥面板协同作用的关键。它将直接影响到铺装的使用耐久性。喷洒防水黏结层前，先用软扫帚扫清钢桥面尘埃、杂物；如有油污，须用适当浓度(足以洗去油污)的非离子型肥皂粉水溶液清洗(用长柄鬃毛刷)；最后用可饮用水彻底冲洗干净。凸出桥面的结构物侧面也应清洗干净。清洗后，钢桥面不得再受污染。每次的清洁范围，应略大于嗣后黏结料的喷洒范围。在洒布前一至两天，可使用湿拖布清洗钢板。对于钢板表面的锈迹与污渍可使用砂纸轻轻打磨。打磨时需注意勿将环氧富锌漆磨穿。

在拌和厂分别将已预热过的 A 料和 BId 料由厂内贮油罐泵入洒布机的相应贮罐内，并继续将 A 加热至 87℃±3℃，B_{1D}加热至 150℃±3℃，运至现场备用。正常喷洒量：黏结下层为：0.62～0.82L/m^2，黏结上层为 0.41～0.54L/m^2。为精确有效地控制喷洒量，要设专人根据在喷洒机上设定的流量（L/min）和单位面积喷洒量及喷洒宽度，事先计算出操作工的行走速度（m/min）。在喷洒过程中，操作工要按此行走速度进行喷洒。黏结料喷洒后必须在 48h 内进行铺装作业，如因故不能按时进行铺装施工，则需在铺装施工前重喷黏结料，其喷洒量定为 0.45L/m^2。

2. 环氧沥青混凝土配合比设计

环氧沥青混凝土现场生产配合比设计是在室内目标配合比设计与试验研究的基础上进行的，根据现场材料与拌和楼工作条件进行设计，力求使所设计的混合料符合室内设计成果并获得良好的施工性能。环氧沥青混合料的矿料级配与沥青用量应符合表 7 的要求，级配尽可能接近中值。

环氧沥青混凝土的混合矿料级配与沥青用量 表 7

筛孔尺寸	通过下列筛孔（方孔筛，mm）的质量百分率（%）						沥青用量（%）
	12.5	9.5	4.75	2.36	0.6	0.075	
级配范围	100	95～100	65～85	50～70	28～40	7～14	5.8～6.8

目标配合比确定以后，再进行生产配合比调整。按目标配合比确定的冷料比例上料、烘干、筛分，然后对各热仓取样筛分，与目标配合比设计一样进行矿料级配计算，得出不同料仓及矿粉的用量比例，接着按此比例进行马歇尔试验，确定最佳油石比，供试拌试铺使用。

环氧沥青混凝土的性能受温度和时间影响显著，因此，在配合比满足设计范围的前提下，要求严格控制集料的上料速度及加热温度，以达到混合料出料温度控制在 110～121℃范围内。同时，为保证混合料的品质，环氧沥青各组分温度须在要求范围内，混合比例、用量须准确。

3. 环氧沥青混凝土拌和

为确保钢桥面铺装环氧沥青混合料的温度控制，将沥青拌和楼安装在大桥旁的适宜位置，最大可能地缩短沥青混合料运距。

按生产配合比设计确定的各热料仓集料重量及石粉、矿粉的重量，投入拌缸，然后出料测温。这一工序一般约需重复 3～5 遍，直至出来的矿料温度稳定在 115℃±2℃左右。当矿料的温度稳定在规定的范围内后，即可加入结合料进行拌和，按设计油石比设定混合机的流量，并喷入拌缸中。集料干拌 3～5s，混合料湿拌至少为 30s。将热混合料卸入临时热料斗中，立刻测温。要求混合料温度在 110℃～121℃（112℃～118℃更佳）范围内。当混合料温度符合规定范围时，才能装入运料车。对超出容许温度范围的混合料，应予废弃。

4. 环氧沥青混凝土运输

（1）为防止混合料与运料车车厢黏着，凡车厢内与混合料接触的部位，涂一层专用的隔离剂。

（2）运输车设有编号，并将编号贴于驾驶室前玻璃及侧边。运料车轮胎胎面花纹要清晰，禁止使用光轮或磨耗严重的轮胎。

（3）运料车用棉被及防雨篷布覆盖，已经离析、结成团块或在运料车卸料后滞留于车上的混合料，以及低于规定铺筑温度或被雨水淋湿的混合料都予以废弃。

（4）当料车中途因故停车，且估计在 20min 内无法启动时，应立即通知抢运人员组织抢运。

（5）连续摊铺过程中，运料车在侧喂料机前 10～30cm 处停住，不得撞击侧喂料机。卸料过程中运料车应挂空挡，靠侧喂料机推动前进。

（6）混合料运至施工现场在专门区域进行清洁。

5. 环氧沥青混凝土摊铺与碾压

铺装层厚50mm,单幅宽度为12m。整个铺装层分上下两层摊铺,每层厚25mm。纵缝设置方法及摊铺宽度按照施工图设计文件。纵向施工缝禁止设置在纵隔板和U形肋处,上下层的纵向施工缝应在150mm以上。原则上不设置横向施工缝,不得已时上下层施工缝要间隔1m以上。横向施工缝禁止设置在横隔板处。

根据供料能力及各料车送料单上的“容许卸料时间范围”及时调整摊铺速度,以不停机为原则来控制摊铺速度。摊铺时,将摊铺机熨平板的预热温度控制在110℃～121℃,加热温度保持均匀一致。防止局部过热,宜采取断续加热方式。设专人负责翻动螺旋布料器与熨平板之间的混合料,以防止产生“死料”;若已产生“死料”,立即将其清除。

碾压应紧跟摊铺机。碾压过程按初压、复压、终压三个阶段进行。压路机组合及碾压遍数如下表8所示。

拟采用的压路机组合及碾压遍数 表8

初　压	复　压	终　压	
轮胎压路机4遍	双钢轮压路机4遍	轮胎压路机4遍	双钢轮压路机4遍

注:碾压一遍的定义:碾压范围内,摊铺层表面的任一点都通过了一次压路机(不含叠轮)。

碾压前为防止黏轮,须对各台压路机进行细致清理及预涂油。碾压时压路机驱动轮面向摊铺机,由低到高,依次连续均匀碾压,相邻碾压带重叠1/3轮宽,碾压过程中压路机不得在铺装层上转向、调头,压路机起动、停止必须减速缓行,不准紧急制动。

初压必须紧跟着铺装层的摊铺。初压完成之前摊铺层的温度不得低于82℃。终压必须在摊铺层温度下降至65℃之前完成。

6. 环氧沥青混凝土养护

湛江海湾大桥钢桥面在环氧沥青混凝土铺装施工完毕后立即进行养护,采用自然养护方式,养护期为30天,在此期间原则上禁止一切车辆通行。

7. 消泡

环氧沥青混凝土完全杜绝水,如有水分进行铺装层内,随着温度升高,水分蒸发,铺装表面产生鼓包。若鼓包为施工完3天后发现的,放气后必须用兽用注射器将现配环氧沥青胶注入“鼓包”内,击平后让多余的环氧胶由插孔冒出并刮平。一般于低处及高处各插一孔,将环氧胶由低处孔注入高处流出即可。处治后垫纤维板,上压重物(如路缘石),静置三天以上。小心掀开垫板,防止纤维板黏胶后破坏铺装表面。

8. 质量控制及检测

(1)环氧沥青面层施工完毕后,立即对高程、厚度、横坡度、油石比、级配等技术指标按有关技术文件等规范要求进行检测验收。

(2)环氧沥青材料及混合料的各项指标应符合设计文件及施工规范的要求。

(3)严格控制各种矿料及沥青用量和各种矿料及环氧沥青的加热温度。

(4)拌和后的环氧沥青混合料应均匀一致,无花白,无粗细料分离和结团成块现象。

(5)摊铺时严格控制厚度和平整度,仔细找平,注意摊铺和碾压温度,碾压至要求的密实度。

六、结　语

环氧沥青较目前采用的其他沥青混合料有着无法比拟的优点,环氧沥青已应用于众多大型钢桥面铺装,使用效果良好。湛江海湾大桥钢桥面环氧沥青混凝土是广东省交通集团内实施的第一个项目,施工单位通过落实施工培训细则,完善施工组织管理,很好地完成了湛江海湾大桥钢桥面的铺装施工。

118. 钢桥面环氧沥青混凝土铺装施工时温规律研究

刘 涛 徐 科
(广东省长大公路工程有限公司三分公司)

摘 要 环氧沥青铺装材料性能优异,但其施工工艺相对复杂,施工难度较大。发生化合反应的混合料到场后温度上升,导致混合料容许摊铺时间随之改变,给整个施工过程带来不确定因素。为了确保环氧铺装施工的连续性与稳定性,减少废料的产生,本文对拌和后的环氧混合料温度上升特性进行了研究,尝试寻找升温规律,以指导钢桥面环氧混凝土铺装施工。研究表明:环氧混合料到场温度数据与环氧混合料的出料温度数据高度相关。

关键词 环氧混合料 时温规律 温度控制

一、引 言

环氧沥青混合料材料性能优异,经固化反应后强度与刚度高、与钢桥面板的变形追从性好、具有较高的高温稳定性与抗剪切能力、良好的抗荷载开裂与抗温度收缩的能力,能够适应大跨径钢箱梁桥面铺装恶劣的工作环境。近年来的实践表明:环氧沥青混凝土桥面铺装材料,凭借其优异的路用性能越来越展现出其在钢桥面铺装领域的优越性。

在钢桥面环氧沥青混凝土铺装的实际施工中,其施工工艺相对复杂,施工中对时间和温度要求十分严格,施工难度较大。过高的混合料温度会导致混合料在没有到达施工场地时就已经部分固化,从而无法摊铺或摊铺后无法达到最佳压实状态。过低的混合料温度虽然能够获得较长的施工操作时间,但是不利于混合料初期强度的形成,容易产生铺装层早期破坏。因此,必须对环氧沥青混合料的温度和时间进行严格的控制[1~3]。

二、环氧沥青混合料的时温特性

环氧沥青是一种热固性聚合物材料,由环氧树脂(组分 A)和添加了固化剂的环氧沥青(组分 B)两组分组成。各组分材料技术指标如表 1 及表 2 所示。

环氧沥青组分 A 的技术要求与试验方法 表 1

项 目	检验结果	技术要求	试验方法
黏度(23℃)(10^{-3}Pa·s)	139	110~150	ASTM D445
环氧当量	189	185~192	ASTM D1652
颜色(加德纳(Gardner))	3	≤4	ASTM D1544
含水量(%)	0.02	≤0.05	ASTM D1744
闪点(开口杯法,℃)	230	≥200	ASTM D92
相对密度(23℃)	1.167	1.16~1.17	ASTM D1475
外观	透明琥珀状	透明琥珀状	目视

环氧沥青组分B的技术要求与试验方法　　表2

技术指标	技术要求		检验结果		试验方法
	B_{ID}	B_V	B_{ID}	B_V	
黏度(100℃)(10^{-3}Pa·s)	≥800	≥140	1108	198	布氏黏度计法
相对密度(23℃)	0.98～1.02	0.98～1.02	1.004	1.001	ASTM D1475
颜色	黑	黑	黑	黑	目视
酸值(KOH/g)(mg)	60～80	40～60	68.1	54	ASTM D644
闪点(开口杯法)(℃)	≥250	≥200	270	220	ASTM D92

组分A和组分B在一定的温度条件下混合，即开始化合反应，主要表现为混合物的黏度随时间逐渐增大。混合后固化的环氧沥青材料技术指标如表3所示。

环氧沥青的技术要求与试验方法　　表3

技术指标	黏结料	结合料	黏结料	结合料	试验方法
配比(质量比)	$A/B_{ID}=1/4.45$	$A/B_V=1/5.85$	—	—	—
抗拉强度(23℃)(MPa)	≥6.9	≥1.5	10.25	1.82	ASTM D638
断裂时的延长率(23℃)(%)	≥190	≥200	220	256	ASTM D638
热固性(300℃)	不熔化	不熔化	不熔化	不熔化	试件放在热钢板上

环氧沥青A、B组分混和后发生极其复杂的化学反应，反应过程中，混合料温度升高。根据一般的研究结果可知：混合料在30min内，温度上升约2～3℃。然而，根据实际的观察，存有多种因素影响环氧混合料温度上升幅度，可能与拌和时的温度、运输时间及气温有关。到场的混和料温度上升后导致混合料容许摊铺时间随之改变，给整个施工过程带来不确定因素。为了确保环氧铺装施工的连续性与稳定性，减少废料的产生。本文对拌和后的环氧混合料温度上升特性进行了研究，尝试寻找升温规律，以指导钢桥面环氧混凝土铺装施工。

三、研究方法

以湛江海湾大桥钢桥面环氧沥青混凝土铺装施工为工程依托，收集环氧混合料的出料温度与到场温度，进行数理统计，以寻找其中规律。

生产过程中，对每锅环氧混合料及时进行测温。在混合料出厂温度的检测上，因所使用的温度计是红外线测温仪、红外线感温仪接收的是物体表面温度，测量距离的不同也会出现温度的偏差，所以在使用红外线感温仪时操作上一定要操作规范。配合测量工人铲料时要把铲插入混合料内部20～30cm左右的深度后扒开混合料，负责红外线测温的人员动作要跟上，马上用红外线测温仪在工人扒开的位置距混合料30cm左右距离迅速测得混合料的出厂温度。每锅约重1.8t，每车装载7锅，以每锅的平均温度作为混合料的出厂温度。

料车在装满了合格的混合料后，分别在料车的前、中、后区域的预留孔中插入三支金属温度计。为了能使插入的温度计正常准确接收混合料的内部温度，插入的方法一定要正确，温度计的感温杆一定要全部插入，不能只插一半外面还留一半，这样既容易损坏温度计和造成行车的安全，又不能使温度计真实量测到混合料的温度。插入时要与车厢垂直插入，并要检查插入的温度计是否正常，出现异常时应及时更换。每日施工完毕后应对所有温度计进行校准，保证其准确性，也保证第二天混合料施工时温度控制的准确性。

湛江海湾大桥钢桥面环氧沥青混凝土铺装不整个施工周期中环氧混合料的出料温度与到场温度数据如表4所示。

环氧混合料的出料温度与到场温度数据 表 4

料车序号	出料温度	到场温度	料车序号	出料温度	到场温度	料车序号	出料温度	到场温度	料车序号	出料温度	到场温度	料车序号	出料温度	到场温度	料车序号	出料温度	到场温度
1	114	118	36	111	116	71	112	116	106	111	114	141	113	115	176	111	113
2	116	118	37	112	112	72	113	116	107	112	112	142	113	115	177	113	114
3	115	116	38	114	120	73	111	113	108	114	115	143	113	115	178	112	114
4	113	117	39	117	119	74	112	114	109	113	113	144	112	117	179	113	113
5	112	114	40	115	116	75	112	116	110	111	115	145	115	118	180	114	115
6	113	116	41	112	114	76	110	113	111	112	116	146	116	119	181	114	118
7	114	116	42	113	118	77	111	116	112	111	114	147	114	119	182	113	113
8	113	115	43	112	113	78	112	118	113	113	116	148	116	116	183	114	118
9	112	112	44	112	115	79	112	118	114	112	113	149	115	115	184	112	115
10	113	116	45	113	115	80	112	116	115	111	113	150	114	116	185	113	114
11	113	112	46	113	114	81	112	117	116	112	118	151	114	113	186	112	113
12	113	115	47	113	117	82	112	116	117	111	114	152	115	117	187	110	111
13	113	115	48	112	116	83	113	117	118	112	114	153	113	112	188	113	116
14	114	115	49	113	117	84	113	118	119	111	114	153	111	113	189	112	114
15	114	116	50	113	115	85	113	117	120	113	115	155	113	113	190	113	113
16	115	116	51	112	112	86	113	117	121	113	114	156	112	114	191	111	112
17	114	117	52	111	115	87	112	116	122	113	115	157	114	116	192	112	113
18	115	118	53	112	117	88	113	117	123	112	116	158	114	114	193	112	116
19	114	117	54	112	114	89	113	114	124	110	114	159	115	116	194	111	113
20	114	113	55	113	117	90	112	116	125	112	117	160	115	117	195	114	113
21	113	113	56	112	113	91	111	115	126	114	120	161	111	113	196	114	114
22	114	118	57	112	114	92	112	117	127	112	114	162	111	111	197	112	114
23	113	118	58	111	114	93	110	116	128	112	116	163	114	116	198	115	117
24	113	115	59	111	114	94	111	112	129	110	114	164	116	118	199	114	116
25	114	114	60	111	115	95	111	114	130	112	114	165	115	118	200	114	117
26	113	114	61	111	114	96	112	115	131	113	117	166	144	116	201	112	114
27	111	112	62	111	114	97	113	114	132	112	116	167	111	112	202	113	116
28	110	113	63	111	114	98	113	115	133	115	120	168	112	114	203	112	114
29	111	114	64	111	115	99	113	115	134	113	116	169	113	112	204	112	112
30	112	115	65	112	117	100	113	116	135	112	115	170	113	112	205	113	113
31	112	115	66	113	116	101	112	113	136	112	115	171	113	113	206	111	114
32	112	112	67	111	115	102	112	115	137	112	117	172	113	114	207		
33	113	113	68	113	115	103	112	113	138	112	117	173	112	113	208		
34	112	115	69	111	116	104	113	115	139	113	117	174	112	113	209		
35	112	114	70	111	116	105	112	115	140	113	115	175	112	113	210		

四、数 据 分 析

对表 4 数据进行数理统计，分别以环氧混合料出料温度与到场温度为 x，y 坐标，作散点图如图 1 所示。

其线性回归公式如下式所示。

$$y = 0.72x + 33.95$$

式中：y——环氧混合料的到场温度；

x——环氧混合料的出料温度。

该式的复相关系数 R 达到 0.497 7。由于其为 206 组数据的统计结果，可知环氧混合料到场温度数据与环氧混合料的出料温度数据高度相关[4]。

出料后，环氧混合料约经 15 分钟的车程运至现场。以上的回归公式，表明了环氧混合料在 15 分钟内的温度上升规律。值得注意的是：该回归公式并未考虑气温高低与运输时间长短对混合料温度上升幅度的影响，这些因素有待于进一步研究。

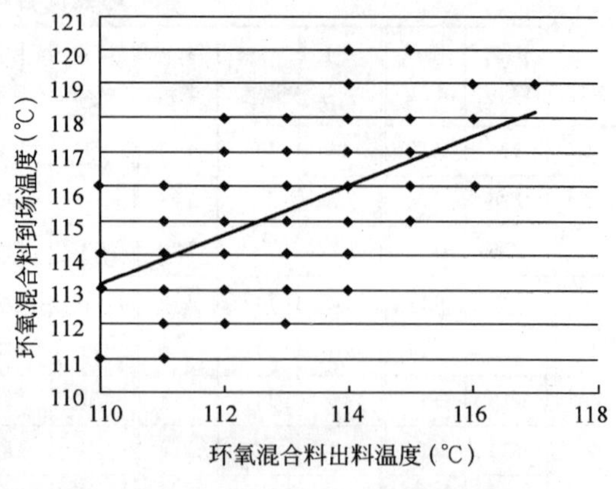

图1 环氧混合料出料温度与到场温度关系图

五、结　　语

在气温基本稳定、运输时间大致相同的前提下，环氧混合料出料温度与到场温度显著相关。由此可知，决定整个施工过程连续性与稳定性的关键是确保出料温度稳定、适宜。可采取以下措施控制出料温度。

(1)沥青温度的控制。A、B组分的加热保温罐的温度应该分别设为87℃、130℃，不得随意改变。

(2)集料温度的控制。为保证环氧沥青混凝土拌和温度控制在110℃～115℃范围内，在生产配合比设计阶段除进行冷料仓进料速度调试、热料仓比例调试外还认真调试了矿料加热温度。寻找大气温度高低、冷料仓进料量、风油门开度与骨料温度的关系，制定温控曲线。

(3)骨料、沥青、矿粉温度对混合料出厂温度的影响关系。从湛江海湾大桥钢桥面环氧沥青混凝土拌和楼出料情况来看，在设定拌和机矿料加热温度时基本上不用考虑环氧沥青的温度，而应主要考虑未加热的矿粉对拌和温度的影响。找出矿粉温度与骨料温度的关系曲线。

参考文献

[1] 宗海，王建伟，吕斌. 时温对环氧沥青混合料的影响分析[J]. 公路，2006.11：P136～138.

[2] 李国芬，张高勤. 陈研环氧沥青混凝土钢桥面铺装的施工质量控制[J]. 森林工程，第23卷第3期：P62～64.

[3] 王洪敢，陈富勇. 环氧沥青钢桥面铺装技术[J]. 山东交通科技，2006年3期：P19～21.

[4] 庄楚强，吴亚森编. 应用数理统计基础[M]. 华南理工大学出版社. 2000：P246～254.

119. 杭州湾跨海大桥涂装质量控制

冯　雍　李运德　汤怀国

（北京航空材料研究院）

摘　要　本文根据杭州湾跨海大桥腐蚀环境特点、涂层体系设计和涂层性能要求，系统地介绍了涂料产品质量控制、施工质量控制和涂层质量检验。

关键词　杭州湾跨海大桥　涂装　质量控制

一、引　　言

杭州湾跨海大桥全长36km，其中跨越海域约32km。大桥主体结构除南、北航道的钢箱梁外，其余均为混凝土结构，混凝土用量近250万立方米[1]。而杭州湾为世界三大强潮海湾之一，在自然条件方面，受风、流、潮、气的影响比较大，腐蚀环境比较恶劣。由于氯离子侵蚀严重，且富含氧气，腐蚀相当严重，因此对大桥混凝土表面采取防腐措施显得尤为重要。涂层防护就是一种保护钢筋混凝土较为方便和实用的方法，保护涂层的致密性远远大于混凝土结构，相当于大大增加了钢筋混凝土保护层厚度，从而有效地阻止氯离子、氧气、二氧化碳和海水等腐蚀介质浸入。

为了确保大桥的涂装质量，指挥部在选择涂料供应商和考察涂装效果时，在潮差区进行了现场涂装试验。有10多家单位参加了试验，但现场涂装效果总体不够理想，仅少数试验性能达到要求，大多数试验片效果不好，有的试验片涂装不久后涂层就出现脱落现象。我单位的现场涂装效果比较理想，试验室检测性能优异，被选中为大桥涂I、涂II标段提供涂料，并且实际涂装效果很好。

众所周知，提供性能优异的涂料和严格的施工工艺过程是确保涂装质量的两大关键因素。而大桥的腐蚀环境比较恶劣，尤其海中承台的表湿区涂装条件更为苛刻，可涂装时间短、表面含水率高、涂层不能在大气中彻底固化、施工环境恶劣等因素影响着涂装效果。因此，系统地介绍大桥表面涂层质量控制对确保混凝土结构涂装质量具有十分重要的意义。

二、腐蚀环境特点、涂层体系设计和涂层性能要求

1. 腐蚀环境特点

杭州湾腐蚀环境属于海洋腐蚀环境，氯离子渗透危害严重，夏季氯离子含量为5602～5864mg/L，冬季氯离子含量约为8220mg/L，而且海水溶解氧浓度约为6.21～8.89mg/L，属于富氧环境[1]。海水中氯离子含量较大，当含氯离子的溶液侵入混凝土中时，通常生成Friedel盐 $C_3A \cdot CaCl_2 \cdot H_{10}$，Friedel盐会产生破坏性膨胀。在氯盐的作用下，水泥混凝土中不稳定产物可生成水化氯铝酸钙，固相体积可增大2倍多[2]。同时，当氯离子渗透到钢筋表面时，钢筋表面局部的保护膜被破坏，使其成为活化态。在氧和水充足的条件下，活化的钢筋表面形成小阳极，未活化的钢筋表面成为阴极，发生电化学腐蚀从而使阳极金属铁被溶解，形成腐蚀坑。腐蚀过程主要涉及下列化学反应式：

$$Fe^{2+}+2Cl^{-}+2H_2O=Fe(OH)_2+2HCl$$

$$4Fe(OH)_2+O_2+2H_2O=4Fe(OH)_3\text{(铁锈)}$$

$Fe(OH)_3$ 若继续失水就形成水化氧化物FeOH(即为红锈)，一部分氧化不完全的就变成 Fe_3O_4（即为黑锈），在钢筋表面形成锈层。由于铁锈层呈多孔状，即使锈层较厚，其阻挡进一步腐蚀的效果也不明显，因而腐蚀将不断向内部发展。因此，抗氯离子渗透性是衡量涂层性能的重要指标。

杭州湾为世界三大强潮海湾之一。在自然条件方面，受台风、热带风暴影响较大；平均水流速2.39m/s，实测最大流速5m/s以上，粉砂含量高，最高含沙量为9.605kg/m^3，平均含沙量1.249kg/m^3，潮流紊乱，冲刷严重[1]。因此，涂层的附着力和耐磨性也是衡量涂层性能的重要指标。

2. 涂层体系设计

根据杭州湾跨海大桥的设计使用年限、环境状况以及《海港工程混凝土结构防腐蚀技术规范》(JTJ 275—2000)中的设计涂层系统要求，《杭州湾跨海大桥混凝土结构表面防腐涂装工程涂料采购(供应商)》招标文件上明确了表湿区、表干区和索塔区混凝土表面涂层配套体系[3,4]（见表1、表2、表3)。

表湿区混凝土表面涂层配套 表1

涂层名称	配套涂料名称	涂层干膜平均厚度(μm)
底层	湿固化环氧树脂封闭漆	≤50(注)
中间层	湿固化环氧树脂漆	<310(注)
面层	聚氨酯面漆	90
涂层总干膜平均厚度		400

注：底层干膜平均厚度不大于50μm，底层和中间层干膜总平均厚度为310μm。

表干区混凝土表面涂层配套　　表 2

涂层名称	配套涂料名称	涂层干膜平均厚度(μm)
底层	环氧树脂封闭漆	≤50(注)
中间层	环氧树脂漆	<260(注)
面层	聚氨酯面漆	90
涂层总干膜平均厚度		350

注：底层干膜平均厚度不大于 50μm，底层和中间层干膜总平均厚度为 260μm。

索塔区混凝土表面涂层配套　　表 3

涂层名称	配套涂料名称	涂层干膜平均厚度(μm)
底层	环氧树脂封闭漆	≤50(注)
中间层	环氧树脂漆	<280(注)
面层	聚氨酯面漆	70
涂层总干膜平均厚度		350

注：底层干膜平均厚度不大于 50μm，底层和中间层干膜总平均厚度为 280μm。

3. 涂层性能要求

根据《海港工程混凝土结构防腐蚀技术规范》(JTJ 275—2000)对涂层性能基本要求，《杭州湾跨海大桥混凝土结构表面防腐涂装工程涂料采购(供应商)》招标文件上明确了表湿区、表干区和索塔区混凝土表面涂层性能要求，见表 4。

表湿区、表干区和索塔区混凝土表面涂层性能要求　　表 4

项目	涂装部位	试验条件	标准
涂层外观	表湿区	涂层标准养护后	涂层均匀、无色差、无流挂、无斑点、不起泡、不龟裂、不剥落等
	表干区		
	索塔区		
涂层耐老化性	表湿区	涂层耐老化试验 1 000h	不粉化、不起泡、不龟裂、不剥落
	表干区		
	索塔区	涂层耐老化试验 3 000h	
涂层耐碱性	表湿区	耐碱试验 30d	不起泡、不龟裂、不剥落
	表干区		
	索塔区		
涂层抗氯离子渗透性	表湿区	活动涂层片抗氯离子的渗透性试验 30d	氯离子穿过涂层片的渗透量在 5.0×10^{-3} $mg/cm^2\cdot d$ 以下
	表干区		
	索塔区		
涂层与潮湿混凝土表面的黏结强度	表湿区	涂层标准养护后	不小于 1.5MPa
	表干区		
	索塔区		

注：1. 涂层性能试验按涂层系统设计的底层＋中间层＋面层复合涂层组成；

2. 涂层的耐老化性系采用涂装过的尺寸为 70mm×70mm×20mm 的砂浆试件，按现行国家标准《色漆和清漆——人工气候老化和人工辐射暴露(滤过的氙弧辐射)》(GB/T 1865—1997)测定；

3. 涂层的耐碱性、涂层抗氯离子渗透性、涂层与混凝土表面的黏结强度，按现行行业标准《海港工程混凝土结构防腐蚀技术规范》(JTJ 275—2000)附录 C 的混凝土涂层试验方法测定。

三、涂料产品质量控制

大桥的墩身、箱梁处在海洋腐蚀环境中，要求采用的涂料应具有良好的耐盐雾性和耐候性，而承台处于潮差区，混凝土表面常处于潮湿状态，混凝土露出水面可涂装时间短，因此，要求采用的涂料应具有湿固化、快固结和附着力强的性能。同时，所选用的配套涂料之间应有良好的相容性。因此，选择性能满足要求的涂料是整个涂装工程的基础，是防腐涂装成败的关键因素，涂料选择应满足以下主要要求：

(1)表湿区封闭底漆应具有对潮湿混凝土基面良好的润湿铺展性，保证封闭涂料的高渗透性，从而增强混凝土表面的强度，提高涂层附着力，使其具有足够的能力抵抗来自背面的水压，以防止涂膜起泡和脱落。

(2)表湿区所选涂料要有一定的固化速度，以便在潮差期内获得一定的漆膜强度，抵抗潮水的冲刷，并且漆膜在水下固化性能基本上不受影响。

(3)涂层面漆应有较高的耐候性，在有效保护期内，面漆的粉化减薄速度较小；面漆还应具有较高的耐磨性，以抵抗含砂海水的冲刷。

(4)涂层体系应具有优异的屏蔽效果，可以有效地抵抗氯离子、氧气、二氧化碳等腐蚀介质的渗透。

(5)涂层体系应具有优异的附着力、韧性和抗冲击性能，从而有效地抵抗背水压以避免起泡，并能有效地抵抗混凝土的伸缩性。

根据上述要求，我公司选用 881-S01 湿固化环氧封闭漆、881-S02 湿固化厚浆型环氧涂料和 881-Y01 丙烯酸聚氨酯面漆组成了表湿区的涂层配套体系，用 881-D05 环氧封闭漆、881-H03 环氧云铁厚浆漆和 881-Y01 丙烯酸聚氨酯面漆组成了表干区的涂层配套体系和用 881-D05 环氧封闭漆、881-H03 环氧云铁厚浆漆和 881-Y11 氟碳漆组成了索塔区的涂层配套体系。从国家涂料质量监督检验中心出具的检验报告数据可以看出(见表 5、表 6、表 7)[5]，我单位选择的涂层体系完全能满足杭州湾跨海大桥的特殊要求。

表湿区的涂层配套体系国家涂料质量监督检验中心检验报告数据　表 5

检验项目	技术指标	检验结果	本项结论	备注
涂层外观	涂层均匀、无色差、无流挂、无斑点、不起泡、不龟裂、不剥落	符合要求	合格	目测
耐碱性[饱和 $Ca(OH)_2$ 溶液，30d]	不起泡、不龟裂、不剥落	无变化	合格	JTJ 275—2000 中附录 C.1
抗氯离子渗透性，mg/(cm^2·d)	$\leqslant 5.0\times10^{-3}$	2.2×10^{-5}	合格	JTJ 275—2000 中附录 C.2
黏结强度(MPa)	≥1.5	3.6	合格	JTJ 275—2000 中附录 C.3
人工气候老化	1 000h，不粉化、不起泡、不龟裂、不剥落	100～900h 漆膜无变色，变色零级； 100～1 000h 漆膜很轻微变色，变色壹级； 100～1 000h 漆膜未出现粉化、起泡、龟裂、剥落等现象	合格	GB/T 1865—1997 色漆和清漆人工气候老化和人工辐射暴露(滤过的氙弧辐射)； GB/T1 766—1995 色漆和清漆涂层老化的评级方法

表干区的涂层配套体系国家涂料质量监督检验中心检验报告数据　表 6

检验项目	技术指标	检验结果	本项结论	备注
涂层外观	涂层均匀、无色差、无流挂、无斑点、不起泡、不龟裂、不剥落	符合要求	合格	目测

续上表

检验项目	技术指标	检验结果	本项结论	备注
耐碱性[饱和 $Ca(OH)_2$ 溶液,30d]	不起泡、不龟裂、不剥落	无变化	合格	JTJ 275—2000 中附录 C.1
抗氯离子渗透性,mg/(cm²·d)	$\leqslant 5.0\times10^{-3}$	3.7×10^{-4}	合格	JTJ 275—2000 中附录 C.2
黏结强度(MPa)	≥1.5	3.1	合格	JTJ 275—2000 中附录 C.3
人工气候老化	1 000h,不粉化、不起泡、不龟裂、不剥落	100～900h 漆膜无变色,变色零级; 100～1 000h 漆膜很轻微变色,变色壹级; 100～1 000h 漆膜未出现粉化、起泡、龟裂、剥落等现象	合格	GB/T 1865—1997 色漆和清漆人工气候老化和人工辐射暴露(滤过的氙弧辐射); GB/T 1766—1995 色漆和清漆涂层老化的评级方法

索塔区的涂层配套体系国家涂料质量监督检验中心检验报告数据　表7

检验项目	技术指标	检验结果	本项结论	备注
涂层外观	涂层均匀、无色差、无流挂、无斑点、不起泡、不龟裂、不剥落	符合要求	合格	目测
耐碱性[饱和 $Ca(OH)_2$ 溶液,30d]	不起泡、不龟裂、不剥落	无变化	合格	JTJ 275—2000 中附录 C.1
抗氯离子渗透性(mg/cm²·d)	$\leqslant 5.0\times10^{-3}$	2.2×10^{-5}	合格	JTJ 275—2000 中附录 C.2
黏结强度(MPa)	≥1.5	3.6	合格	JTJ 275—2000 中附录 C.3
人工气候老化	3 000h,不粉化、不起泡、不龟裂、不剥落	100～900h 漆膜无变色,变色零级; 100～1 000h 漆膜很轻微变色,变色壹级; 100～1 000h 漆膜未出现粉化、起泡、龟裂、剥落等现象	合格	GB/T 1865—1997 色漆和清漆人工气候老化和人工辐射暴露(滤过的氙弧辐射); GB/T 1766—1995 色漆和清漆涂层老化的评级方法

四、施工质量控制

1.施工工艺流程

施工工艺流程图见图1。

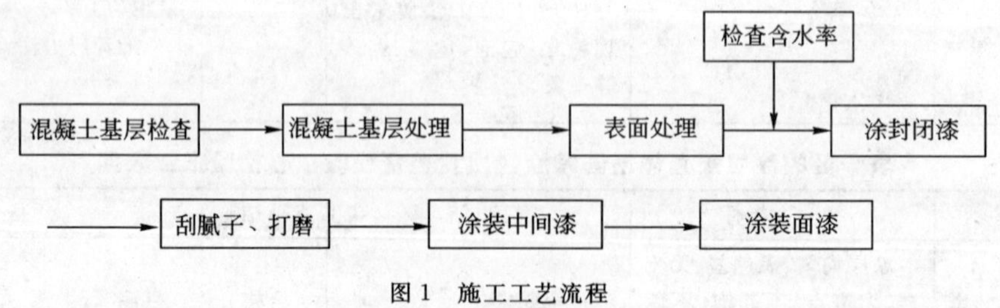

图1　施工工艺流程

2. 涂装工艺关键控制因素

为达到优质的涂装工程，仅依靠优质的材料是远远不够的，涂装工艺过程控制起着更加重要的作用，因此涂装工艺关键控制因素如下：

(1)采用高压淡水(压力不小于 20MPa)清洁待涂混凝土表面，彻底除去混凝土表面上的不牢灰浆、尖角、碎屑、海生物、苔藓、油污等污染物及其他松散附着物。对施工接缝处和表面的一些蜂窝进行涂装前的预处理。在施工现场发现这些部位不断有水渗出，这些明水的存在对涂层防护是非常不利的，也是造成涂层起泡、脱落的主要因素。

(2)表湿区采用外加热源或压缩空气除去残留在混凝土表面上的水珠、水迹，必要时可用棉布、海绵等吸湿工具抹去，涂装前的混凝土表面应无流水、渗水现象，尽可能使混凝土呈表干状态。虽然封闭底漆具有湿固化功能，但是潮湿的基面影响涂料的渗透性，从而影响附着力。

(3)每道涂装前均要注意对漏涂的孔洞进行补涂。尤其是表湿区，现场许多完工的试验片存在孔洞，有的孔洞直达混凝土表面，施工现场发现不断有水缓慢渗出。这样的涂装短期会影响防腐效果，长期还会造成涂层附着力下降，甚至脱落，导致防腐失败。

(4)涂装下一道涂料前，应对上一道涂层进行表面清洁，使用饮用水彻底除去涂层表面的盐分、泥尘、油污等污染物，可用清洁剂清除油污。如上一道涂层太光滑影响下一道涂层的黏结强度，应对上一道涂层进行打毛处理。

(5)要按规定的比例混合涂料，用机械式搅拌器搅拌 3min 分钟以上。涂料混合均匀后，必经过熟化才能使用，配好的涂料必须在规定的适用期内使用，超过了适用期的涂料不得继续使用。表湿区涂装完毕后，涂膜在空气中固化时间应不少于 1.5h。

五、涂装质量检验

1. 过程检验

(1)产品检验

涂装前核实涂料品种和数量，所用涂料应有出厂证明文件，且在有效期内使用。

(2)施工过程检验

施工过程中，按产品说明、推荐施工工艺、设计要求的涂装道数和涂膜厚度进行施工，随时用湿膜厚度规检查涂层湿膜厚度，以控制涂层的最终厚度及其均匀性。

(3)涂料用量检验

控制涂料实际用量是保证涂膜厚度和涂装的重要因素，涂料实际用量的计算方法如下：

假设：

第一：选择上下游两个承台作为一个具有代表性的参考涂装面积，准确计算出涂装的实际面积为 X(m^2)；

第二：准确称出未使用是涂装容器和涂装工具的重量为 a(kg)；

第三：准确计算出调配涂料的重量为 b(kg)；

第四：在每个桥墩随机测出具有代表性的 30 个点的湿漆膜的厚度为 c(μm)；

第五：每道漆涂装完毕后，立刻称出涂装容器和涂装工具的重量为 d(kg)；

第六：涂料的相对密度为 e。

计算：

第一步：计算每道漆的要求湿膜厚度 c：

$$c=(\text{干膜厚度}\div\text{体积固含量})\times(1+\text{稀释剂用量百分比})$$

第二步：计算涂料的实际涂装用量 Y：

$$Y=X\cdot c\cdot e/10^6\,(\text{kg})$$

第三步：环境损耗油漆量 Z：

$$Z=(a+b)-d-Y$$

第四步：计算出符合涂装要求的 X 面积实际需要的漆量 W：

$$W=(d-a)+Y+Z$$

第五步：计算出涂料的损耗系数 f：

$$f=W\div 涂料理论用量$$

说明：①环境损耗漆量 Z 与当时的实际涂装环境有密切的关系，将来实际涂装时的施工环境与实验时的施工环境有差别，因此必须参考实验时的环境损耗油漆量 Z，对实际涂装时的环境损耗油漆量作出相应的调整。

②如果实际涂装时涂装工具与实验时的涂装工具不同时，相应的油漆损耗也要作出相应的调整。

根据上述计算公式计算出的损耗系数 f，可以计算出涂料的实际用量，从而控制涂料的实际用量。

2. 涂层检验

(1)涂层厚度检验

涂层厚度是保证涂层体系设计寿命的关键因素，涂层的厚度控制与检验通常有下列几种方法：

第一：湿膜测试法。此法局限性在于：由于混凝土表面的不平整以及施工条件的不同(比如气温高、有风的天气溶剂挥发快，反之溶剂挥发慢，同一湿膜在不同条件下测得结果可能不相同)，导致湿膜测试法不准确。但湿膜测试法可以检测涂膜是否均匀，这是湿膜测试法的可取之处。

第二：挂片对比测试法。此法局限性在于：由于现场监督不严或涂装工艺不同，有可能出现挂片比实际的混凝土面多涂的现象，所以此法也有可能不准确。

第三：涂料用量控制法。此法局限性在于：由于无法控制涂料的使用情况，不能保证涂料完全用于涂装，所以此法也有可能不准确。但只要对涂料使用情况进行有力的监督，是可以保证涂层厚度的。

第四：测厚仪测试法。此法局限性在于：由于测厚仪对基材的平整度非常敏感，而混凝土表面本身很不平整，所以此法测量的结果也不准确。

鉴于以上各种测试方法的局限性，综合考虑认为用湿膜测试法、测厚仪测试法和涂料用量控制法相结合的方法是比较准确的方法。因为只要加强涂料使用情况的监督，可以通过涂料用量控制法保证涂层的厚度，又通过湿膜测试法可以控制涂膜的均匀性，以保证涂层的质量。

(2)涂层体系黏结强度检验

测定涂层系统的黏结强度。涂层经7d自然养护后，用拉脱式涂层黏结强度测定仪测定涂层系统的黏结强度。以测点的黏结强度算术平均值为涂层系统的黏结强度代表值。涂层系统的黏结强度代表值应不小于1.5MPa，最小黏结强度测点值应不小于1.2MPa。涂层黏结强度测定后，应立即观察铝合金铆钉头型圆盘座的底面黏结物的情况，如果底面有75%以上的面积黏附着涂层或混凝土，则试验数据有效。如果底面少于75%的面积黏附着涂层或混凝土，而且黏结强度小于1.5MPa，则可在该测点的附近涂层面上重做黏结强度检测。如果涂层黏结强度不能达到1.5MPa时，可在原检测点附近涂层面上，按加倍测点数量重做涂层黏结强度检测。如仍不合格，涂装施工应返工。

(3)涂层外观检验

涂装后应进行涂层外观目视检查。涂层厚度和色泽应均匀、无气泡、无针孔、无裂缝等缺陷。

六、结　　语

混凝土表面防护虽然是辅助性防护措施，但它的防护机理就是物理隔绝腐蚀介质，与增加钢筋的混凝土保护层厚度是同样道理。因此，只要选材合理，施工过程控制到位，就能够取得理想的防护效果。

120. 桥梁结构密封防腐用不干性橡胶型阻蚀密封膏的研究及应用

周军辉 刘若愚
（中国一航北京航空材料研究院）

摘 要 为了解决斜拉桥平行钢丝索、悬索桥主缆索股锚固系统等桥梁结构的密封防腐问题，研究了一种低挥发不干性橡胶型阻蚀密封膏。该密封膏可长期保持柔软状态，不硬化、不干裂、低温性能优良，抗老化、抗盐雾和施工工艺性能良好，可望替代目前常用油脂在桥梁结构防腐领域获得广泛应用。

关键词 桥梁 防腐蚀 橡胶 密封 密封膏

一、引 言

我国近20年来，大型钢结构桥梁建设进入了飞速发展时期，各种结构形式的桥梁已建成数百座。随着技术的发展，作为桥梁结构的关键性材料——钢结构，其防腐保护已因结构的不同采用了多种有效的高技术涂装防护方案体系，如钢结构表面的重防腐涂料体系、钢结构的电化学保护体系、钢结构缝隙的密封防护材料体系等。这些防护材料体系随着我国材料技术的创新和发展，大多已达到了世界先进水平，具有优异的防护性能及长寿命的特点，有效地配合了我国桥梁建设的发展。

但是在我国许多桥梁建设中，我们发现，对一些预埋灌注型防护结构，如悬索桥主缆索股的锚固区、混凝土结构中张拉索、斜拉桥的斜拉索以及各种索股锚头等结构，一般还是采用普通的建筑防腐油脂进行灌注密封。这类油脂一般是由矿物油或合成油添加稠化剂以及其他抗氧剂、防锈剂、增黏剂等混合而成，具有良好的润滑性能、防护性能、密封性能和缓蚀减振性能，主要用于机械行业中对机械工件的润滑、抗磨、密封和防锈，其造价相对较低，近年来已逐渐用于建筑张拉杆、桥梁结构中镀锌钢丝索股套管的充填密封防护。其主要的缺点是寿命较低，一般3～5年，最多10年就会发生失效现象。其中，在大气中易发生酸化作用，经氧化裂解产生酸性小分子物质，从而形成腐蚀小环境，使高强钢结构材料更易产生氢脆作用，影响其疲劳性能。因此，对要求长寿命、高防护性能的大型桥梁结构，采用这类油脂已是不太适宜的。

为此，北京航空材料研究院在已有比较成熟的不干性高分子密封材料的基础上，研制了一种以低分子高饱和度橡胶为基的单组分低挥发阻蚀型橡胶密封膏（简称为不干性橡胶型阻蚀密封膏）。该密封膏可长期保持柔软性，不硬化、不干裂、不霉变，对光、热、臭氧等具有极高的惰性，实际使用寿命可达50年以上。其工艺性能与常用油脂相似，可满足刮涂和灌涂的要求，完全可以替代日前市场上的常用矿物油脂，满足桥梁结构长寿命的防护要求。

二、主要性能试验结果与分析

不干性橡胶型阻蚀密封膏是由低分子高饱和橡胶聚合物、颜料、填料和阻蚀剂组成的白色或其他颜色的均质膏状物，质地柔软，不含溶剂，为低挥发的不干性密封膏。主要性能见表1。

不干性橡胶型阻蚀密封膏的主要技术指标 表1

序 号	性 能 项 目	9501D
1	外观	白色、灰色或用户指定颜色的均质膏状物
2	密度(g/cm³)	≤1.3

续上表

序　号	性 能 项 目	9501D
3	不挥发分含量(%)	≥98
4	锥入度(0.1mm)	260～360
5	耐热性(90℃×12h)	试样经耐热试验后,不流淌,不结皮
6	耐低温性(-40℃)	试样经耐低温试验后,弯曲180°不开裂
7	黏附率(%)	≥90
8	耐盐雾性(7d)	经中性盐雾试验后,被密封膏包覆的表面无腐蚀缺陷
9	工艺性能	单组分,可刮涂、灌涂施工

1. 低温性能

不干性橡胶型阻蚀密封膏的耐低温性能按如下方法进行测试:取3块尺寸为140mm×25mm×0.5mm的镀锌钢试板,在每块试板上刮涂一条长度约为100mm、厚度约为2mm的密封膏,然后在5℃～30℃、相对湿度不大于95%的条件下停放7d后于-40℃低温箱中恒温2h,取出后立即将试板在直径为10mm的金属圆棒上弯曲180°,目测膏层表面变化。试验结果见图1。

图1所示为涂有密封膏的试片低温试验前后的外观。由图1可知,膏层弯折处无裂纹,整个膏层附着完好,附着率达100%,说明不干性橡胶型阻蚀密封膏的耐低温性能良好。

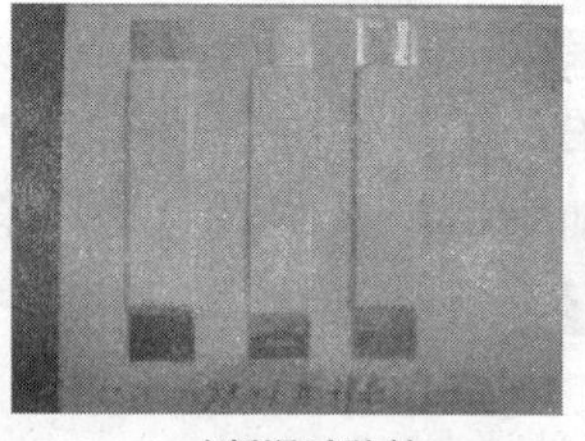

a)低温试验前

b)低温试验后

图1　密封膏涂层试片低温试验前后的外观

2. 耐热性

对不干性橡胶型阻蚀密封膏进行了耐热性能测试。具体方法为:将刮涂有长度约为100mm、厚度约为2mm的密封膏置于标准试验条件下停放1h以上,再经90℃×12h处理,目测膏层外观变化。研究得出,膏层经耐热试验后,不起皮、不开裂、不流淌,外观与试验前几乎没有差别,密封膏的耐热性能优良。

3. 抗盐雾腐蚀性能

考虑到使用环境对不干性橡胶型阻蚀密封膏的抗盐雾腐蚀性能要求较高,故对该密封膏进行了抗盐雾腐蚀性能的重点研究,试验方法如下:

取6块尺寸为140mm×25mm×0.5mm的镀锌钢试板,用120号汽油清洗干净后,逐一记录试板表面已有的划痕、斑痕及可疑的腐蚀点。然后,在其中的3片镀锌钢试板上,刮涂不干性橡胶型阻蚀密封膏,制备密封膏的刮涂试片:即在试板中央刮涂一条长度约为100mm、厚度约为2mm的密封膏。所有试片按GB/T 10125进行中性盐雾试验,试验温度为35℃±2℃。每隔一段试验时间后,用刮刀将一部分密封膏覆盖层刮掉,检查被刮开表面有无新增腐蚀缺陷。

(1)空白试验情况

镀锌钢板经不同时间盐雾试验后的试验情况见图2。

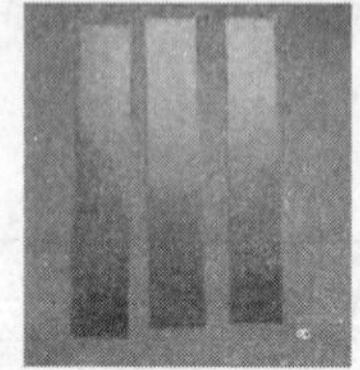

a)镀锌钢板原貌

b)镀锌钢板(7d)

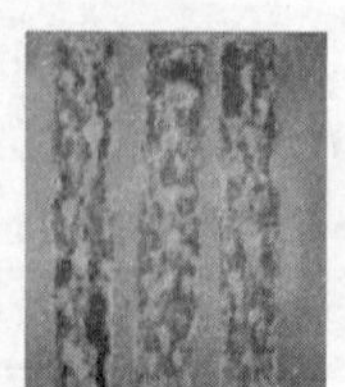

c)镀锌钢板(21d)

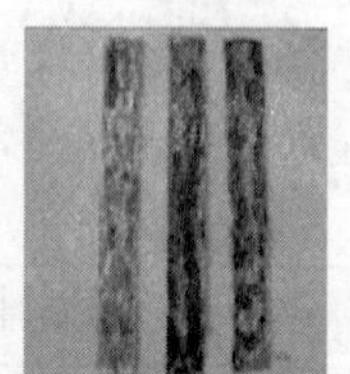

d)镀锌钢板(60d)

图2　镀锌钢板盐雾试验前后的外观

从图 2 可知，镀锌钢板盐雾试验 7d 后，试片表面布满了白锈，锌镀层起牺牲性阳极保护作用；镀锌钢板 21d 后可见明显红锈，说明钢铁基体已经开始腐蚀，锌镀层的牺牲性阳极保护作用已经失效；盐雾试验 60d 后，镀锌钢板长了很厚的红锈，锈蚀已经极为严重。

(2)不干性橡胶型阻蚀密封膏的试验情况

不干性橡胶型阻蚀密封膏的试验情况见图 3。

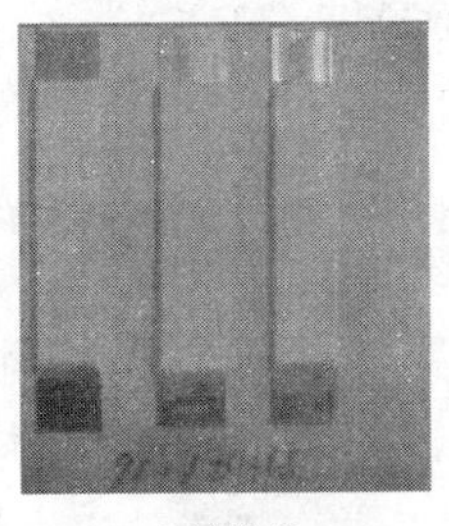
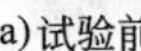

a)试验前

b) 9501D(7d)

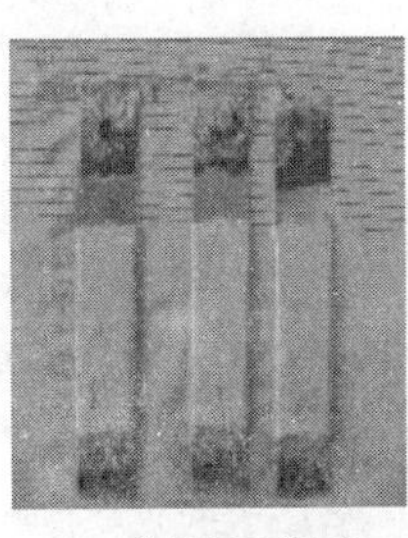

c) 9501D(21d)

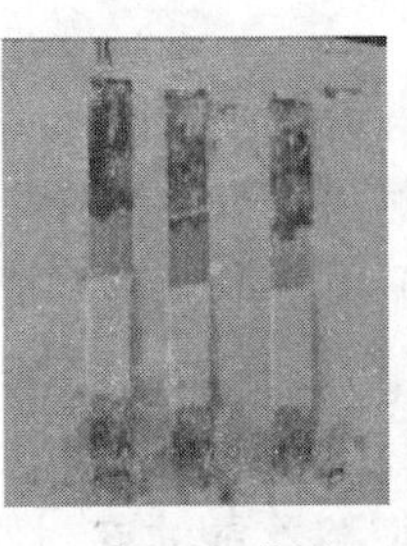

d) 9501D(34d)

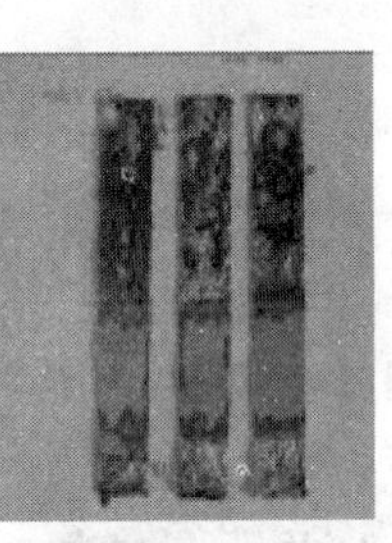

e) 9501D(60d)

图 3 密封膏涂层试片盐雾试验前后刮去部分覆盖层后的外观

从图 3 可知，相比镀锌钢板，密封膏涂层试片的抗盐雾腐蚀效果非常显著：盐雾试验 34d 后，被膏层覆盖的镀锌钢板没有发生腐蚀；盐雾试验 60d 后，除了膏层的边缘部分存在变色外，被膏层覆盖的绝大部分镀锌钢板区域依然完好，没有腐蚀迹象。这说明，不干性橡胶型阻蚀密封膏对钢铁基体具有明显的缓蚀作用，防锈效果显著。

4. 工艺性能

不干性橡胶型阻蚀密封膏的工艺性能可以用锥入度来表征。按照 GB/T269 的规定对不干性橡胶阻蚀密封膏进行了锥入度的测定。研究得出，当密封膏的锥入度在 260～360 时，可以获得良好的施工工艺性能。该密封膏不仅可直接用手工刮涂或用注胶枪挤出用于缝内密封，也可采用浸涂法用于包覆涂装，也可以灌注施工用于管道内灌封，施工工艺灵活，可操作性好。

三、阻蚀机理分析

1. 镀锌钢板的腐蚀机理分析

在盐雾的作用下，锌镀层首先发生腐蚀，保护基体金属钢铁。其电极反应可表示为：

$2Zn-4e \rightarrow 2Zn^{2+}$（阳极）

$O_2+2H_2O+4e \rightarrow 4OH^-$（阴极）

腐蚀电池的总反应可以表示为：

$2Zn+O_2+2H_2O=2Zn(OH)_2$

$Zn(OH)_2$ 即白锈，为白色絮状腐蚀产物。当锌的保护作用失效后，钢铁基体发生阳极溶解，腐蚀产生，其电极反应可以表示为：

$2Fe-4e \rightarrow 2Fe^{2+}$

$O_2+2H_2O+4e \rightarrow 4OH^-$

钢铁腐蚀电池的总反应为：

$2Fe+O_2+2H_2O=2Fe(OH)_2$

$4Fe(OH)_2+O_2+2H_2O \rightarrow 4Fe(OH)_3$

$Fe(OH)_3 \rightarrow FeOOH+H_2O$

$Fe(OH)_2$ 是铁锈的简单形式，不稳定，最终被氧化成为红褐色的铁锈，其化学式为 FeOOH，或通称为 $Fe_2O_3 \cdot H_2O$[1]，即盐雾试验图片中见到的红色铁锈的主要成分。钢铁基体的腐蚀反应可综合表示为：

$4Fe+3O_2+2H_2O^- \rightarrow 2Fe_2O_3 \cdot H_2O$[2]

2. 不干性橡胶阻蚀型密封膏的防锈机理分析

覆盖在镀锌钢板上的不干性橡胶型阻蚀密封膏，之所以具有显著的防锈性能，究其原因，是因为该密封膏以高饱和度低分子橡胶为基，分子结构呈非极性，膏层致密，具有黏性，能阻止水、氧和其他腐蚀性物质的侵蚀，抗渗透性能和耐腐蚀性能好，具有较好的缓蚀性能。再加之其组成中添加有新一代环保型防锈添加剂三聚磷酸铝，能与钢铁基体反应形成致密的三聚磷酸铁钝化膜，能起到显著的防锈效果。

四、应用情况

不干性橡胶型阻蚀密封膏最早被研究用于飞机座舱的缝内注射密封，该类材料应用于航空工业已有20多年的历史，积累了大量的试验数据和应用实例。近10年来，随着我国桥梁建设的发展需要，该类材料因其独特的应用功能，已在大空隙结构的密封防护方面呈现出明显的技术优势。其主要应用结构部位如下：

1. 用于悬索桥主缆缠丝前的密封

悬索桥主缆一般采用圆形镀锌钢丝进行缠丝。缠丝与主缆丝之间存在规则不一的空隙。西方国家早期采用油膏进行填充密封，以后逐步发展为采用高分子不干性密封膏。我国在近20年建设的悬索桥采用了多种不同的主缆缠丝前用密封膏，但应用较成熟、使用最多的还是我院研究的不干性橡胶密封膏。从汕头海湾大桥开始到最近几年建设的宜昌桥、阳逻桥、黄埔桥等20多座悬索桥梁均是采用这类密封膏，实际使用年限已超过10年，同时通过了大气暴晒、人工加速老化等试验，积累了大量的数据。理论上，在这种主缆缠丝结构中，不干性橡胶型密封膏可以达到与主缆同寿命。

2. 用于斜拉桥斜拉索的索体内部填充密封

我国近20年来建造了大量的斜拉桥，其中，斜拉索是斜拉桥的标志性关键材料。这类斜拉索一般是在工厂加工制作，由平行镀锌钢丝集束而成，表层采用注塑PE套。这种结构的使用寿命相对较短，以前一般设计年限为20年，主要是表面PE套材料在使用过程中容易发生表面裂纹，从而造成水、气等腐蚀性介质渗入内层钢丝表面而引起腐蚀破坏。如2007年6月15日发生撞桥事件的九江大桥，在其建成运营十年后曾进行过一次换索工程。当时检查发现，近70%的拉索PE护层有不同程度的损坏，严重的已有剥落现象并有大量钢丝锈渣，个别PE护套内甚至有水流出，最严重的现象是钢丝断丝已达1/3数量，且两端锚头锈蚀严重。因此，当时共更换了98根拉索，修补了43根。这是比较严重的情况，其他早期建造的许多斜拉桥也不同程度地出现过类似的问题。为此，国内多家生产厂商采取了不少改进方案，力争确保斜拉索50年使用寿命。除了提高斜拉索表面PE套的抗老化性能外，还有一个重要措施就是用防护油脂填充钢丝之间及钢丝与PE套之间的空隙。如今，国内已有几座桥梁采用了这种方案，但这种普通的防腐油脂使用寿命短，并易发生酸化作用，时间一长反而更易造成钢丝的腐蚀。

近几年来，国内已有生产厂商与我院合作，采用我院研究的不干性橡胶型密封膏在三座斜拉桥工程进行了试用，效果良好。用该类密封膏对索体内部的空隙进行填充密封，阻止了钢丝周边腐蚀介质的进入，可有效对钢丝进行阻蚀防护；另一方面，一旦外层PE护套有裂缝产生，也可及时阻止腐蚀介质的进入。另外，该类密封膏避免了通用防护油脂的短寿命、易酸化的特点，使用寿命达到了50年以上。因此，采用不干性橡胶型密封膏方案，可以对使用过程中的拉索索体进行有效防护，避免了索体钢丝的腐蚀，值得广泛推广应用。

3. 用于各类吊索、斜拉索锚具的密封防护

在斜拉桥斜拉索、悬索桥吊索的结构中，一个重要的结构件就是连接锚具。一般有热铸锚和冷铸锚两种加工形式。在桥梁运营过程中，锚具是应力集中点。因此，设计师们对锚具的密封防护非常重视，专门设计了多种防水抗渗装置，多重设防。像吊索热铸锚的防水装置中，采用了橡胶密封圈、多种密封填充料对锌铜合金表面空隙、锚杯内部进行密封防护。不同设计师采用了不同的填充材料，如环氧树脂、水泥砂浆、硫化型橡胶密封胶等。但由于锚具在加工、运输、吊装和通车运营过程中，变形较大，这种防护结构容易因变形而发生密封防护开裂破坏。为了解决这一难题，国内已有设计师和加工厂商采用了我院研制的不干性橡胶型密封膏。这种材料的特点是单组分黏稠状物质，可以灌注填满腔内空间，并能适应任何形式的变形而且有优异的抗老化性能。采用该类密封膏对锚头、锚杯等内部空隙进行密封可有效解决锚头的防水抗渗问题。经近几年多项工程的实际应用情况看，效果良好。

4. 锚管式锚固结构中套管的密封防护

目前，我国斜拉索锚管式锚固结构中的套管、悬索桥索股锚固区的套管空隙部位，一般都是借用建筑行业中无黏结预应力钢筋的防护方法。采用建筑防腐润滑脂进行灌注防护，材料用量很大，造价相对较低。但作为桥梁结构中生命线的受力索股，其防护等级应该再高一些。采用普通建筑防腐油脂，其使用寿命一般不超过十年就得进行更换，而且防护性能等级相对较低。为此，我们推荐了不干性橡胶型密封膏替代传统的防腐油脂在国内几座小型自锚式悬索桥上试用，在散索区的索股钢套管中进行灌注密封。虽然造价相对高些，但该密封膏不受温度影响，冬天也可以在室外灌注施工，而且使用寿命可以做到与索股同寿，大大减少了以后的维修养护成本。

在桥梁结构中，类似上述密封结构还有很多。设计师们可以根据要求选用类似的不干性橡胶型密封膏代替传统的建筑防腐油脂。这样，不但可以提高密封防护等级，而且还可有效提高桥梁的安全性，同时降低维护成本。

五、结　语

所研制的以低分子橡胶聚合物为主料、添加有三聚磷酸铝防锈剂的不干性橡胶型阻蚀密封膏，是具有阻蚀功能的低挥发含量的单组分黏稠体，具有良好的防水密封性和防腐蚀性、对各种金属、非金属材料具有良好的黏附性，对普通碳钢和镀锌钢材具有良好的阻蚀保护性，具有良好的耐低温性能和耐热性能，适用工作温度－40℃～90℃，可长期保持柔软性，不硬化、不干裂、不霉变，对光、热、臭氧具有极高的惰性，是目前国际上最新一代的不干性密封材料，可以适合不同工艺要求。用于悬索桥主缆缠丝前的密封、锚固钢结构及斜拉桥斜拉钢索、锚头、锚杯等钢结构的密封防腐保护，在密闭空间内的使用寿命可达50年以上。该密封膏的研制，为我国桥梁建设提供了新一代的密封防腐材料，促进了我国桥梁建设技术水平的提升。

参考文献

[1] 任必年等. 公路钢桥腐蚀与防护. 北京：人民交通出版社，2005.

[2] D. A. 贝利斯，D. H. 迪肯著. 钢结构的腐蚀与控制. 丁桦等译. 北京：化学工业出版社，2005.

III 结构分析与试验研究

121. 改善珠江黄埔大桥南汉悬索桥颤振稳定性能的实践

黄成造[1] 吴明远[2] 谢 军[1]

(1. 广州珠江黄埔大桥建设有限公司;2. 中交公路规划设计院有限公司)

摘 要 改善抗风稳定性能是大跨度悬索桥设计和建造中的一个重要课题。本文主要从改善结构的气动外型和整体刚度入手,改善了广州珠江黄埔大桥悬索桥的颤振稳定性能。这对于今后类似桥梁的设计、研究有一定的参考价值。

关键词 悬索桥 抗风稳定性 颤振

一、概 述[1]~[4]

桥梁颤振是在结构惯性力、阻尼力、弹性力和自激气动力共同作用下发生的一种空气动力失稳现象,对悬索桥的危害最大。其中,结构的惯性力、阻尼力和弹性力反映了结构的动力特性,而自激气动力主要与结构断面的气动外形有关。因此,改善大跨度悬索桥抗风稳定性能主要从提高系统整体刚度、控制结构振动特性和改善断面气动性能等方面着手[1]~[4]。

广州珠江黄埔大桥位于广州东部,南汉主桥为单跨简支扁平流线型钢箱梁悬索桥,跨径(图1)为290m+1 108m+350m,主缆矢跨比为1∶10,箱梁宽41.69m、高3.5m,塔高约197m为钢筋混凝土门型塔。该桥位于珠江口,台风较为频繁,其施工及成桥状态的抗风稳定性是设计者最关心的问题之一。作者等在进行广州珠江黄埔大桥南汉悬索桥气动稳定性研究过程中,通过调整主梁断面结构和刚度等方式显著提高大桥的颤振临界风速。

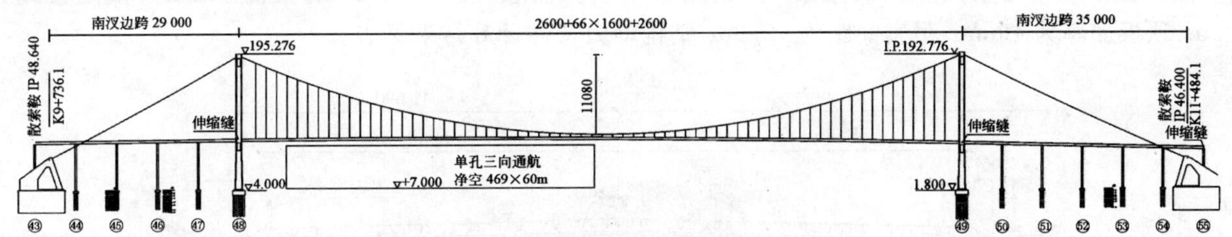

图1 广州珠江黄埔大桥南汉悬索桥总体布置图

二、动力特性计算[5]

1. 设计基本风速、设计基准风速、主梁颤振检验风速

据风速观测资料,桥位10m高度处100年一遇10min平均年最大风速为$U_{10}=38.4$m/s;按照文献[5]和桥位地形情况,计算所得成桥主梁设计基准风速为$U_d=45.4$m/s;颤振检验风速为$[V_{cr}]=67.83$m/s。

施工阶段设计风速取重现期为30年,10m高度处30年一遇10min平均年最大风速为$U_{10}=29.5$m/s,则施工阶段的设计风速为$U_d=38.7$m/s;颤振检验风速$[V_{cr}]=56.6$m/s。

2. 动力特性计算

1)计算模型

采用大型有限元软件进行结构动力特性的仿真分析。主梁采用鱼刺模型和三维梁单元,主梁的轴线通过主梁断面的扭心,整个主梁的刚度以及分布质量和转动都集中在轴线上,并通过两边伸出的刚臂与吊杆相连，桥塔采用空间梁单元，大缆和吊杆采用三维杆单元，并考虑了大缆的初始应力。

计算所用的边界条件为：塔、墩与承台固结；主梁的横桥向、竖向和绕桥轴线方向的转动自由度与主塔下横梁中间为变位主从，放松另外三个自由度；主缆与锚碇固结。

2)计算结果

(1)初步设计阶段动力计算

初步设计阶段钢箱梁标准断面见图2。钢箱梁全宽37.9m，梁高3.5m。桥面板采用正交异性板，横隔板间距3.2m，顶板厚14mm，吊索间距为16m。动力特性计算结果见表1。

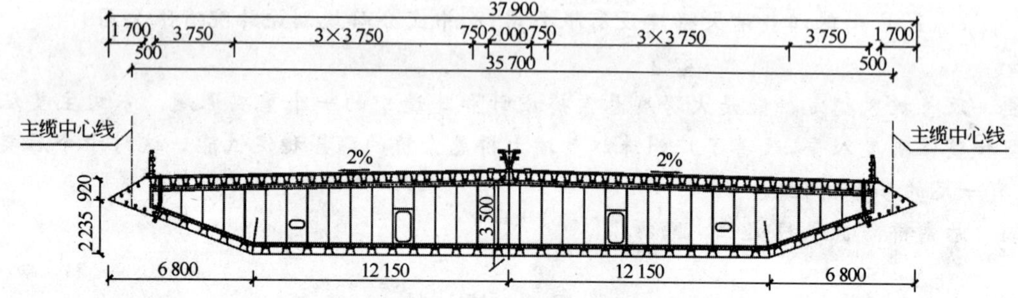

图2　初步设计阶段钢箱梁标准断面

初步设计阶段结构动力特性(前8阶)　　表1

阶　次	频率(Hz)	振形特点	阶　次	频率(Hz)	振形特点
1	0.066 5	L—S—1	5	0.200 7	L—A—1
2	0.094 5	V—A—1+纵漂	6	0.204 9	V—S—2
3	0.133 3	V—A—1	7	0.231 2	V—A—2
4	0.145 3	V—S—1	8	0.252 2	主缆横摆

注：L——横向；V——竖向；T——扭转；S——对称；A——反对称。

(2)施工图阶段动力计算

施工图阶段钢箱梁典型断面见图3。钢箱梁增设导流板，全宽41.69m，梁高3.5m。横隔板间距3.2m，顶板加厚为16mm，吊索间距为12.8m，结构动力特性计算结果见表2。

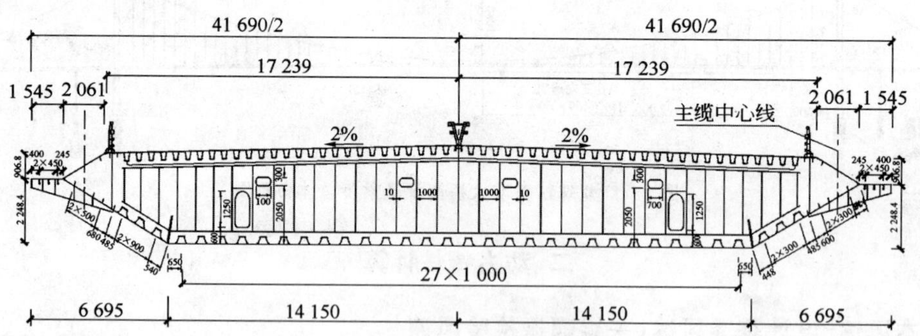

图3　施工图阶段钢箱梁标准断面

施工图阶段结构动力特性(前8阶)　　表2

阶　次	频率(Hz)	振形特点	阶　次	频率(Hz)	振形特点
1	0.068 1	L—S—1	5	0.208 1	L—A—1
2	0.094 7	V—A—1+纵漂	6	0.235 7	V—A—2
3	0.150 2	V—S—1	7	0.310 8	V—S—3
4	0.205 3	V—S—2	8	0.318 0	T—S—1

注：L——横向；V——竖向；T——扭转；S——对称；A——反对称。

3)分析说明

从表1、表2的计算结果可以看出,初步设计阶段和施工图阶段该桥的动力特性基本吻合,但通过调整钢箱梁断面构造及整体刚度,施工图阶段的自振频率略有提高。

三、结构动力试验

1.模型设计及制造

1)节段模型

初步设计阶段和施工图阶段的节段模型制作方法一致,见图4。主梁节段模型采用1∶65的几何缩尺比,模型长$L=2.1$m,长宽比$L/B=2.5$,满足对主梁节段模型长宽比的要求。模型用玻璃纤维树脂复合材料通过模具成型,模型由8根拉伸弹簧悬挂在支架上,形成二自由度振动系统。支架置于洞壁外,以免干扰流场。采用直接测量法进行颤振试验。为计入成桥质量及振型耦合对颤振的影响,试验时模型系统采用了主梁的等效质量及等效质量惯矩。

2)成桥及施工状态动力模型

成桥及施工状态动力模型分别见图5、图6。模型的几何缩尺比和风速比为$C_L=1/116$和$C_U=1/10.77$,频率比为$C_f=10.77/1$。主梁的竖向和横向弯曲及自由扭转刚度由铝芯梁提供,气动外形则由硬质木质和塑料板组成的梁段提供,质量及质量惯矩由铅配重调节,以满足相拟关系的要求。桥塔弯曲刚度由A3钢芯梁提供,芯梁截面为矩形,使塔柱、上、下横梁在面内外的弯曲刚度满足相似关系。桥塔的气动外形由优质木材制作,采用铅配重调整各段的质量,使之满足相似要求。主缆模型采用8根钢丝绳形成,并通过铅棒塑料调节质量,确保其重力刚度、拉伸刚度、质量均与实桥相似。吊杆采用铜芯绝缘电线。

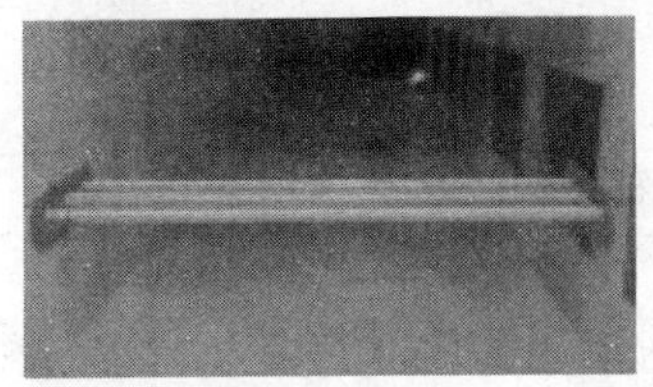

图4 动力节段模型

图5 成桥动力模型

图6 施工状态动力模型

2.试验结果

1)初步设计阶段节段模型试验结果

初步设计阶段采用节段模型试验测量颤振临界风速,试验结果见表3。颤振临界风速为73m/s,高于检验风速67.83m/s,其抗风稳定性基本能满足要求,但考虑到节段模型试验方法的近似性,以及初步设计阶段未考虑检修小车,根据实际经验,检修小车的增加将显著降低颤振临界风速。因此,本桥需采取一定的气动措施(如优化风嘴、加导流板等)确保大桥的抗风稳定性。

初步设计阶段节段模型颤振临界风速试验结果 表3

状态	攻角	颤振临界风速(m/s)	颤振形态
成桥状态	−3	>98	—
	0	89	弯扭耦合
	+3	73	弯扭耦合

2)施工图阶段试验结果

施工图阶段进行了节段模型试验颤振临界风速试验、成桥模型颤振临界风速试验、施工过程颤振临界风速试验。

(1)节段模型试验结果

节段模型颤振临界风速试验结果见表4。颤振临界风速为84.3m/s,高于检验风速67.83m/s,其抗风稳定性满足要求。

施工图阶段节段模型颤振临界风速试验结果 表4

状态	攻角	颤振临界风速(m/s)	颤振形态
成桥状态	−3	>96	—
	0	>84.3	—
	+3	84.3	弯扭耦合

(2)成桥模型试验结果

施工图阶段成桥模型颤振临界风速试验结果见表5。成桥状态的颤振临界试验风速为87.2m/s，高于检验风速67.83m/s。

施工图阶段成桥模型颤振临界风速试验结果 表5

状态	攻角(°)	颤振临界风速(m/s)	备注
成桥状态	−3	>98	—
	0	96.9	颤振
	3	87.2	颤振

(3)施工过程模型试验结果

本桥主梁由87个节段组成，本试验分别按照吊装完成71、43、27、19个节段进行了试验，并测量其颤振临界风速。因+3°攻角的颤振均大于0°和−3°攻角的值，因此表6仅给出了各状态0°和−3°攻角的颤振临界风速。试验表明：施工阶段的颤振临界试验风速为62.5m/s，高于检验风速56.6m/s。

施工图阶段施工过程模型颤振临界风速试验结果 表6

状态	攻角(°)	颤振临界风速(m/s)	备注	状态	攻角(°)	颤振临界风速(m/s)	备注
吊装完成71个节段	−3	70.0	颤振	吊装完成27个节段	−3	75.4	颤振
	0	64.6	颤振		0	71.1	颤振
吊装完成43个节段	−3	72.2	颤振	吊装完成19个节段	−3	65.7	颤振
	0	64.6	颤振		0	62.5	颤振

四、结　　语

(1)通过调整钢箱梁结构断面后，无论是成桥状态还是施工状态，颤振临界风速均大于相应状态的颤振检验风速，因而从颤振稳定性方面来说该桥是安全的。

(2)本桥通过调整钢箱梁的宽跨比和增设导流板等措施将颤振临界风速从73m/s提高到87.2m/s，显著提高了钢箱梁的颤振临界风速和结构的抗风稳定性，试验结果可为今后同类桥梁的抗风稳定性提供借鉴和参考。

(3)目前，通过调整钢箱梁的宽跨比和增设导流板等措施改善桥梁的抗风稳定性的机理尚未研究透彻，导流板的具体型式、尺寸和布置部位都需要通过风洞试验来测试，该问题的研究也将是桥梁抗风研究的重点。

参考文献

[1] 张新军，孙炳楠．大跨度悬索桥的颤振稳定性研究．公路交通科技，Vol.121，NO.18，PP.34～37，2004.
[2] Public Works Research Institute. Introduction of boundary layer wind tunnel laboratory. 2000.
[3] M. A. Astiz. Flutter stability of very long suspension bridges. Journal of Bridge Engineering，Vol.3，NO.3，PP.132～139，1998.
[4] 李国豪主编．桥梁结构稳定与振动(修订版)．北京：中国铁道出版社，1996.
[5]《公路桥梁抗风设计指南》编写组．公路桥梁抗风设计指南．北京：人民交通出版社，1996.

122. 广州珠江黄埔大桥结构健康与安全监测系统测点与测试方法设计

张少锦[1] 刘文峰[2] 张太科[1] 刘 刚[2]
(1. 珠江黄埔大桥建设有限公司;2. 交通部公路科学研究所)

摘 要 本文以正在建设中的广州珠江黄埔大桥为背景,提出设置结构健康与安全监测系统的构思。针对大桥斜拉桥和悬索桥的结构和环境特点,按照可用、有用、实用的设计原则,提出了分阶段实施的概念,选择了合适的监测方法,控制了建设的规模,并就监测测点的布置进行了分析,提出了结构健康与安全监测系统的设计方案。

关键词 结构健康与安全监测 测点设计 悬索桥 斜拉桥 测试方法

一、设 计 背 景

京珠国道主干线广州绕城公路东段(广州珠江黄埔大桥)位于广州市东南部,是珠江三角洲经济区重要的交通干线,路线全长约 18.694km。珠江黄埔大桥是该项目的控制性工程,大桥总长 7016.5m,由北引桥、北汊主桥、中引桥、南汊主桥、南引桥 5 部分组成。其中,北汊主桥为主跨 383m 的独塔双索面钢箱梁斜拉桥(建成后为国内第一大跨径),主梁宽 41m;南汊主桥为主跨 1 108m 的单跨钢箱梁悬索桥(为华南第一跨径),主梁宽 41.69m(为世界大跨径第一宽桥)(图 1)。大桥设计荷载标准为汽车-超 20 级、挂车-120;通航净空高度为北汊桥 55m,南汊桥 60m;设计风速为 20m 高处百年一遇 10min 平均最大风速 41.4m/s;抗震按基本烈度 VIII 度设防。大桥位于广州新港和黄埔港之间,桥址地处丘陵台地和三角洲冲积平原交界地带,断裂带从大桥主跨通过,河床地质基础为三角洲沉积层或砂、砾、页岩等红色岩系的风化壳,河床地质类型差异较大。大桥距离珠江出海口 35km,是华南沿海台风登陆地区,常有台风登陆并侵袭广州,风载和潮汐动力等特殊因素,诱发桥体三维形变的概率较陆地桥梁要大得多。另外,大桥周围是我国南方重要的港口区和造船基地,周边自然环境和气候环境较差,对桥梁建成后桥上、桥下的繁忙而复杂的交通带来不利的影响。

图 1 珠江黄埔大桥主桥总体效果图

考虑大桥桥址处的气象条件、地质条件、运营环境以及大桥本身的结构条件,为了保证运营期的安全,决定建设大桥结构健康与安全监测系统。本文基于此系统进行研究,并对该系统的测点与测试方法的设计进行了综合研究。而系统功能、安全评估、测试优化等问题将另文讨论。

二、设 计 原 则

珠江黄埔大桥健康与安全监控系统的重点是保证系统的长期稳定性以及长期的延续性,因此在设计中遵循以下原则。

第一,设计中主要关键技术问题为测试系统的实用性和可靠性,必须从设计中考虑到系统如何能够长期稳定地使用,因此优先采用成熟可靠的测试方法。

第二,设计中有针对性地考虑了系统的可更换性、系统的自诊断、系统的采集优化制度、数据库的合理设计等问题。在测点设计中,考虑可更换性和延续性的问题,采用表贴式等可更换性好的施工方法。

第三，系统设计在兼顾实用性、可靠性、可操作性、易维护和完整性的基础上，具有可扩展性，便于后续系统的维护和升级。

桥梁健康与安全监控系统存在使用、维护、管理等问题。由于系统大多使用电子设备，某些设备在恶劣环境中即使在使用期或寿命期内出现损坏的可能性很大，并导致发生桥梁还未出现损伤而监测设备已经不能使用的情况，另外，复杂而庞大的系统采集大量的繁杂信息给数据的分析和健康与安全状况评估造成了很大的识别困难。珠江黄埔大桥从结构和运营环境等实际情况出发，多方面调研大桥安全的实际需求，有针对性的制定测试方案、管理系统和分阶段实施计划。

分阶段实施方案是指根据桥梁结构特点，在结构使用初期对重要部位的重要参数进行监测，等结构运营一段时间后，根据实际需要进行测点和功能的扩展。分阶段实施考虑主要因素：①桥梁结构特点；②周围环境因素；③测试仪器的寿命；④测试项目的损伤周期；⑤测试元器件的安装和预埋方法。珠江黄埔大桥健康与安全监测系统通过分阶段实施方案由原来2 300多万元的概算投资降为实施时的640万元。

三、系统总体方案

桥梁健康与安全监测系统包括对大桥工作环境的监测、北汉斜拉桥的结构响应监测、南汉悬索桥的结构响应监测以及引桥的结构响应监测等，监测框图见图2。

大桥健康与安全监控系统为各参数提供可扩容接口，并且在综合评估中综合考虑各参数信息，进行综合评估，以满足系统分阶段实施的需要。

大桥风速风向及车辆荷载参数监测已在大桥交通工程设计方案中考虑，结构健康监测系统考虑实时取得相应数据，利用其进行状态的分析与评估，并利用环境参数进行采集的控制。

总体框架：

珠江黄埔大桥桥梁健康与安全监控系统由测试系统、数据处理系统以及安全评估系统等组成，其中有“硬件”部分，也有“软件”部分。“软件”部分主要为系统的后处理部分，即信号分析、数据管理、安全评估、安全预警等；“硬件”部分即涉及采集、传输等功能，包括传感器的选择、安装、调试，采集调理设备的选择与集成，采集外场站的建立与调试，外场站与监控中心的传输与控制，健康监控中心的建立等。

根据监测项目、测试手段、测点优化、信号传输等方面因素分析研究，桥梁健康监测系统的监测子系统（硬件系统）结构（图3）可分三层：

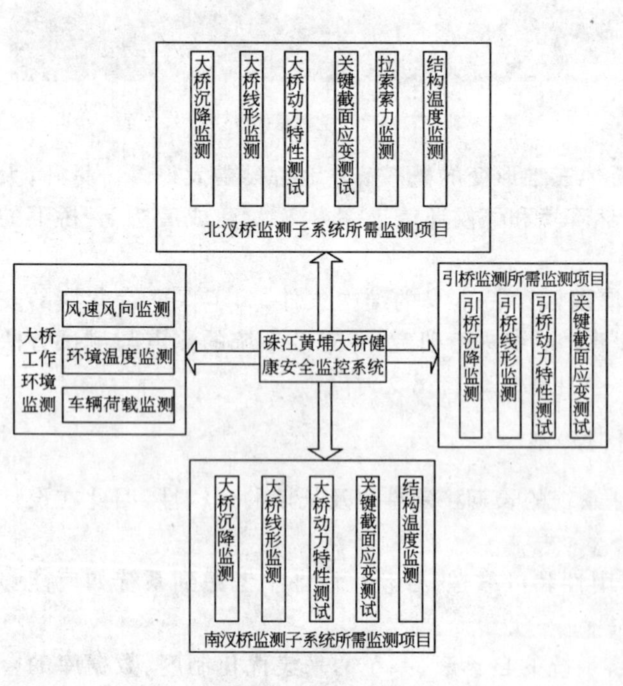

图2 监控系统框架

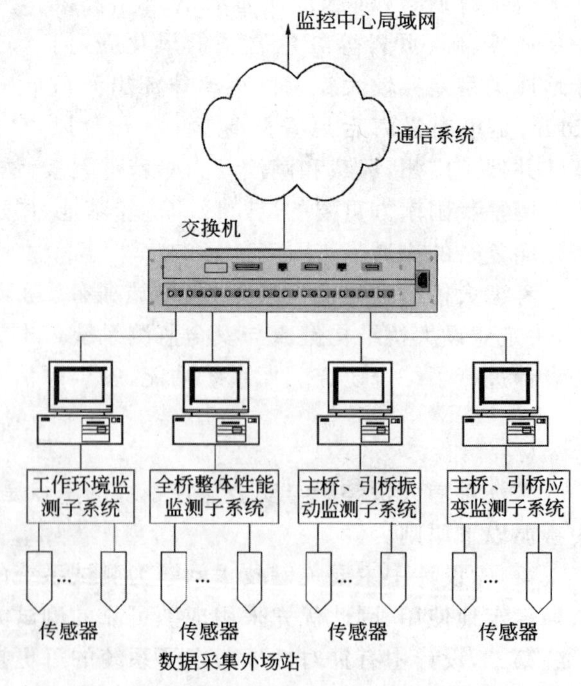

图3 桥梁监测系统结构拓扑图

第一层由各监测内容所属的各监测项目(参数)的测量系统构成。

第二层为监测外场数据采集站与通信系统外场。

第三层为监控中心的结构健康与安全系统工作站。

这种布局的方式可以将不同参数的采集系统优化组合,以尽量缩短测量元件到采集外场站的距离,提高系统的抗干扰能力,降低系统成本。

四、测试方法选择与测点布置

1. 桥梁工作环境的监测

1)桥址处风速、风向的监测

在南、北汊桥索塔及悬索桥桥身上设置风速、风向检测器,具体位置见交通工程设置。

2)桥址处环境温度与桥梁结构温度监测

通过对环境温度和桥梁结构关键部位温度分布状况进行监测,并与设计时的理论取值进行比较,从而可以对桥梁在实际温度作用下与设计情况相比作出评价,确定是偏于安全还是偏于不安全。

桥址处大气环境温度测点布置在北汊斜拉桥1个,南汊悬索桥的2个,共计3个测点。

桥跨结构关键部位即控制断面,准确地掌握控制断面温度分布状况与规律可有助于正确地分析钢箱梁应力状况,所以温度分布状况测点可与应力测点布设在一起。本设计对桥梁结构温度的监测采用带有温度测试功能的振弦式应变计进行监测。具体测点布置同应变测试。

大桥温度测试系统由振弦式或光纤温度计、温度测试仪、数据采集系统等组成。在每一个外场监测站利用前置专用工控机进行数据采集和数据预处理,并借助数据传输模块通过传输系统将工作环境参数传输至监控中心。

3)运行车辆荷载监测

车辆速度和轴重的数据由称重子系统提供,为桥梁结构使用工作性能评估提供明确的已知系统输入,并确定其对今后可能增长的交通荷载适应能力,控制超限运输对桥梁结构造成的不利影响。相应的车辆荷载数据需进入桥梁健康与安全监控系统,以便了解桥梁的承载情况,分析结构的受力状况,其数据可作为大桥健康与安全监测的重要参考资料。此项由交通工程称重子系统完成。

2. 桥梁结构整体性能监测

对桥梁结构整体性能的监测包括桥梁结构位移变形的监测和桥梁动力特性及振动水平的监测。

1)桥梁结构位移变形监测

桥梁结构位移变形监测,重点考虑桥梁基础沉降变形监测和南、北汊桥箱梁挠度以及桥塔位移变形监测。

由于大桥桥址处的气象条件又较为恶劣,桥梁总长7 016.5m,采用经典的大地测量方法监测桥梁基础沉降和结构变形,较为困难。所以,本项目用卫星高精度相对定位法、RTK实时动态测量系统测定主桥塔基及部分高墩基础沉降和通道桥箱梁挠曲变形和水平位移变形。通过连通管位移计监测航道桥主跨及其边跨的桥梁线形及沉降。

GPS/北斗基准点均应埋设永久性的标石,标石的类型根据需要和实际情况分别为具有强制归心装置的观测墩、地上标志,控制点埋设磐石和柱石时,上下两层标志中心的偏差应小于2mm。

(1)监测方案

由于珠江黄埔大桥在监测方案考虑上对南、北汊桥选择了无人职守自动监测方案,实时获取结构三维变形信息,目的在于获取长时段结构位移信息,使用GPS/北斗形变监测网和连通管垂直位移监测系统测定桥梁基础沉降、箱梁挠曲变形和桥塔位移的方案。对航道桥的桥墩沉降、主跨跨中挠度和桥塔位移采用GPS/北斗形变监测网监测。对南、北汊桥的箱梁挠度变形监测使用连通管垂直位移监测系统。

通过GPS/北斗监测的方案,可以发挥两个系统各自的优势,利用两个系统间关系进行联调,甚至可以提高测试精度。另外在特殊情况时,可以发挥具有自主知识产权的北斗卫星定位系统,从而保证珠江黄埔大桥在日常与特殊事情均能得到很好的监测。

南、北汊桥箱梁挠度监测断面主要布设在主跨 $L/4$ 点和边跨 $L/2$ 点上。考虑箱梁的扭转,在部分挠度测试断面拟布置上下游两个测点。箱梁挠度采用垂直位移监测系统即连通管加液位计进行监测,连通管布置在箱梁内腹板表面,通过液位计对各测点处连通管中的液面高度进行测量。考虑到本桥的特殊性,连通管参考点不可能设置在岸上,因此通过一个相对参考点求得挠度值,而相对参考点的高程值由GPS/北斗局域网测量得出,并由精密水准仪进行校准。

由于桥梁结构的线形可能要等运营相当长一段时间后才会有所变化,而且考虑到GPS/北斗及连通管都可以后期安装,因此在桥梁非常关键部位的沉降及变形监测中可以在重要部位先布置部分测点,其他关键截面可以等运营一段时间后进行安装,这样分阶段实施的可以较灵活地进行有针对性的监测,而且可以减少一次性资金的投入,设计方案如下:

初步了解桥梁的变形情况,根据关键点的情况,对桥梁的使用状况进行一个大致的了解,以判定桥梁的总体健康情况。布点位置为:GPS/北斗布置在桥塔顶部、北汊桥的跨中,南汊悬索桥的 $L/4$ 处,共13点;连通管布置在北汊斜拉桥主跨的 $L/4$ 点处,边跨的 $L/2$ 处,南汊悬索桥的 $L/8$ 处。共计GPS测点13个,连通管测点20个。

(2)监测内容

桥塔、航道桥主跨三向实时变形,航道桥主跨、边跨静态竖向变形与桥墩沉降。

(3)采集制度

进行实时变形监控;另外可根据人工设置时间段进行采集。

当结构变形过大,超过采集警戒线时,自动启动GPSRTK系统进行采集,采样频率5Hz。

连通管位移计每30min采集一次。

2)桥梁动力特性及振动水平的监测

桥梁动力特性参数(频率、振型和阻尼等)和振动水平(振动强度和幅值)是桥梁整体安全的标志,桥梁质量的退化会引起结构振动特性的改变,例如桥梁结构刚度的降低会引起桥梁自振频率的降低,桥梁局部振型的改变可能预示着结构局部损坏。因此对桥梁动力特性及振动水平的监测能够起到整体上对桥梁结构健康状态监测的目的。

另外桥梁的振动水平能够部分反映出桥梁的行车安全、桥梁路面状况的信息,另外在意外状况下(地震、台风、船只撞击、车辆撞击等)可通过振动测试实时掌握桥梁的状况。

桥梁结构动力特性和振动水平监测系统由低频测振传感器、信号线、放大器、UPS电源和数据采集系统等组成。

(1)监测内容

桥塔的双向水平振动、主梁的竖向和横向振动。

传感器布置考虑到所测振型的需要,并且考虑振动水平的问题,同时监测跨中的振动,另外对于横向的振动也进行相应的监测;考虑塔顶的振动较大,而且容易引起索力的重新分布,因此对塔顶进行了监测;船只通过通航孔时可能发生意外,与桥墩发生碰撞,因此在通航孔桥墩处布置水平向传感器进行监测。箱梁振动测试断面布设在斜拉桥的 $L/4$ 点、悬索桥的 $L/4$ 和边跨 $L/2$ 点上,在桥塔沿高度方向上布置1个测点(2个方向传感器),测点布置考虑主要模态振型测试的可行性,同时注意扭转振型的测点布置和三个方向的振动。

由于桥梁结构的损坏可能要等运营相当长一段时间后才会有动力特性方面的变化,而且考虑到振动测试的安装相对容易,无需预埋工作;另外考虑到振动测试设备的耐久性及稳定性,因此在桥梁动力特性及振动水平的监测中可以分阶段实施。

初步了解桥梁的动力特性,分析数据作为桥梁的健康档案,为桥梁健康评估储备信息,另外利用测振传感器进行振动水平的监测,以便作为桥梁振动控制的依据。此阶段的测点为:箱梁振动测试断面布设

在斜拉桥的 $L/4$ 点、悬索桥的 $L/4$ 和边跨 $L/2$ 点上，在桥塔沿高度方向上布置 1 个测试断面。共计 28 个测振传感器。

在此处提一下，目前关于桥梁结构监测中动力测试的争议很大，主要是由于动力测试得到的固有频率和结构模态参数对于桥梁结构损伤不敏感，作者认为应该正确认识和利用动力测试信息，不能因为某些参数的不敏感而将该方法一棒子打死，关于桥梁结构监测中动力测试与静力测试的争论，作者另文讨论。

(2)采集制度

进行实时振动监控；可根据人工设置时间段进行采集。

当结构振动过大，超过采集警戒线时，自动启动系统进行采集，采样频率根据不同部位和情况采用 5～50Hz。

3. 大桥结构控制断面应力(应变)的监测

1)静应变(应力)监测

目前振弦式应变计精度可以达到甚至优于 1$\mu\varepsilon$，电阻式应变计精度也可达到此精度，光纤式应变计的精度也可达到微应变量级。对于桥梁应变测试，此三类应变计/应变传感器的精度均适合。在可靠性、耐久性方面，电阻式应变计相对较长，其稳定性差，容易产生漂移；光纤式应变计耐久性在理论上非常好，能长期稳定地工作，但其长期使用的效果没有经过实践的检验，而且施工中较易损坏，二次仪表非常昂贵，后续维护较为繁杂；振弦式应变计稳定性、耐久性较好，能满足中长期的应变测试。考虑到在安装、数据连续性以及设备的可更换性，因此在设计中选用振弦式应变计。

为了充分有效地利用施工过程中的应力监控数据，保持箱梁控制断面应力监测的连贯性，应尽量利用施工监控预埋的应力传感器作为监测点处的应力传感器。

监测系统由应变计、传输线、应变测试仪、数据采集与处理系统组成。采用施工预埋应变测试元件和表面黏结的应变测试元件作为监测点的应变监测传感器，数据采集采用网络接口与计算机连接，实现数据采集、处理、远程控制。

(1)监测内容

监测桥塔、箱梁主要截面静态应变及结构温度。

选取结构分析中的关键点为应变测试点(图 4、图 5)，并且考虑结构应变值很大程度由恒载以及温度引起的，综合考虑此类应变大小的情况，并且考虑桥塔的应变值。

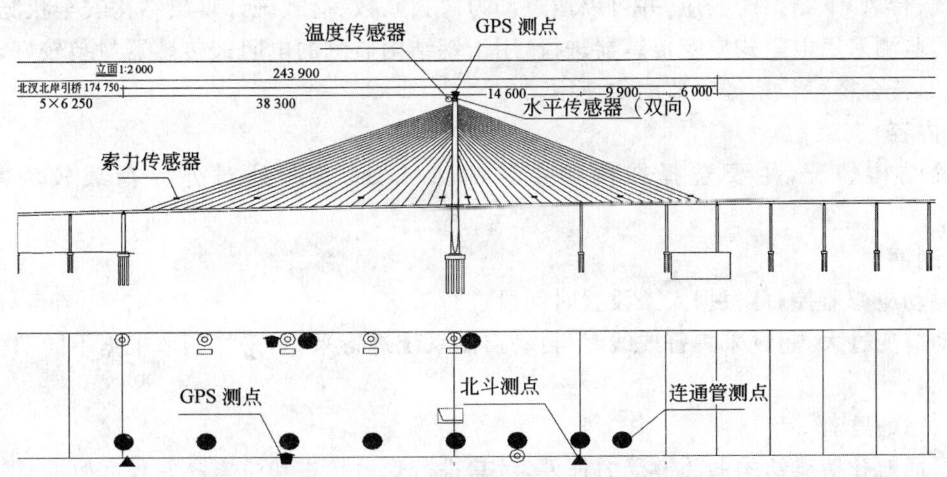

图 4 斜拉桥(北航道桥)测点布置图

北汊斜拉桥选择在主跨 $L/2$ 和桥塔处箱梁断面，边跨 $L/2$ 处箱梁断面，南汊悬索桥在主跨 $L/4$ 和桥塔处箱梁断面，桥塔断面(每塔布置 2 个)共计 16 个断面。每一箱梁断面在顶板、底板和腹板共布置 4～6 只应变计，桥塔断面布置 4 只应变计。

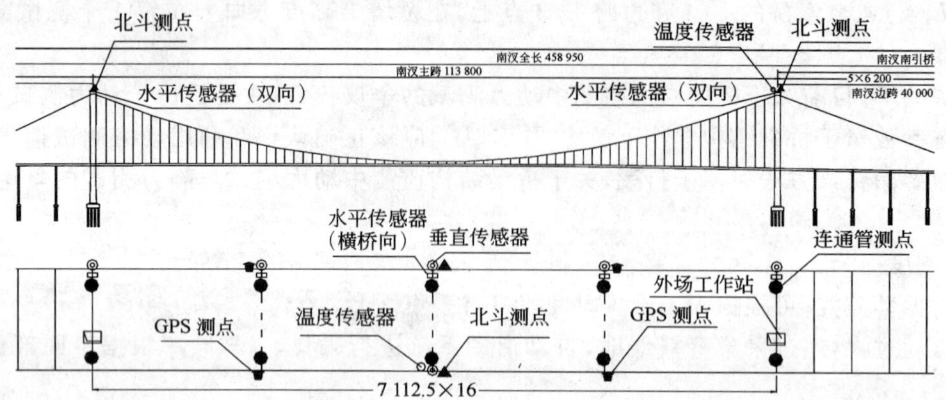

图5　悬索桥(南航道桥)悬索桥测点布置图

由于桥梁结构的损坏可能要等运营相当长一段时间后才会有所变化，而且考虑到应变测试的安装可以是预埋式的，也可以后期安装，因此在桥梁非常关键部位的应变监测中可以通过预埋式的应变计进行，而其他关键截面可以等运营一段时间后进行安装，这样分阶段实施的可以较灵活地进行有针对性的监测，而且可以防止由于应变计的老化或者损坏带来的判定错误。设计方案如下：

桥梁运营初期，初步了解桥梁的受力情况，根据关键点的情况，对桥梁的使用状况进行一个大致的了解，以判定桥梁的总体健康情况，布点位置为：北汊斜拉桥在主跨 $L/4$ 和桥塔处箱梁断面，边跨和次边跨 $L/2$ 处箱梁断面；南汊悬索桥在主跨 $L/4$、每隔一跨的边跨 $L/2$ 处箱梁断面和桥塔处箱梁断面，桥塔断面(每塔布置2个)。共计箱梁上布置12个断面，每座桥塔2个截面，共计16个断面。共计120个测点。另外根据施工监控以及实际情况选定引桥的应变监测断面，参考施工监控方案。

(2)采集制度

进行实时应变监控；可根据人工设置时间段进行采集。

应变每30min采集一次。

2)动应变(应力)监测

大桥箱梁直接承担着车辆荷载，受荷载的影响最为直接，极易因异常荷载而引起损伤。而对车辆荷载影响反应最直接的就是结构的动态应变，通过对结构动应变的监测，可以较好地掌握桥梁的受动态荷载(车辆、地震、台风)下结构的响应，并可以通过动力放大系数、荷载统计得出结构安全状况。

动应变的监测采用电阻式应变传感器进行，用于钢结构监测的电阻式传感器封装较好，稳定性较好，寿命较长，能够符合桥梁长期健康监测的使用。

(1)监测内容

根据桥梁结构情况，主要选择在桥梁主跨的 $L/4$ 处、支座处对外界荷载较为重要的部位，共13个。

(2)采集制度

进行实时动应变监控；可根据人工设置时间段进行采集。

当结构动应变过大，超过采集警戒线时，自动启动系统进行采集，采样频率根据不同部位和情况采用5～50Hz。

4. 拉索状态的监测

斜拉索是通航孔桥梁结构的关键受力杆件，对其进行受力状态和拉索完好程度监控是大桥结构安全与健康状态监测的重要组成部分。其内容包括两部分：索力监测和索振动监测。

本方案考虑采取振动法对重要拉索进行实时监测。主要考虑斜拉桥拉索较长，受刚度影响较小，利用振动法监测斜拉桥的索力精度较高，可达1～2%F.S，而且该方法可更换性好。另外振动法还可以监测台风状况下拉索的振动情况，可为拉索疲劳等问题提供数据。

(1)监测内容

监测拉索索力的变化以及拉索振动水平的变化。

斜拉桥在张拉斜拉索时,根据斜拉索索长不同在全桥选择16根拉索上固定测振传感器,通过随机振动信号处理获得自振频率,根据索长、边界条件和单位长度质量计算出索力。斜拉桥拉索长度较长,受边界条件、拉索刚度影响较小,通过振动法能够准确地分析出拉索的索力。

其他斜拉桥拉索以及悬索桥吊杆的索力可以通过日常的巡回检测进行,得出拉索索力的变化。

(2)采集制度

进行实时索力监控;可根据人工设置时间段进行采集。

索力监测每15min采集2min数据,采样频率暂定20Hz。

当拉索振动过大,超过采集警戒线时,自动启动系统进行采集,采样频率暂定20Hz。

5.引桥

由于引桥部分较长,采用实时监测方案造价过于昂贵,且数据量太大,难以处理,因此以定期检查与检测为主。监测/检测内容有:桥梁沉降观测、桥梁动力特性检测、桥梁支座检测等几方面的内容,以桥梁变形监测为主。

引桥GPS定期观测可通过一套接收机进行移动测试,参考站选择测试基准站点。在对引桥变形进行监测时,应重视参考站地心坐标的获取与更新。

五、结　　语

以上为系统的测点与测试方法的初步设计,在下一步方案详细设计过程中,需处理好以下问题。一是与交通工程综合监控系统的衔接,二是与养护管理系统结合。

桥梁健康监测系统设计的内容非常丰富,限于篇幅,本文仅简单介绍了珠江黄埔大桥的测试方法的选择和测点情况,未详细说明测点选择的优化原则与方法,另外对海量数据处理方面,关于数据分级采集、时间采样、定阀值采样以及测点优化等问题也未描述。有关内容会另文讨论。

桥梁健康监测系统只有全面综合地进行分析研究,并在运营中不断进行完善,才能真正做到可用、实用和好用,才能发挥出系统应有的作用。

参考文献

[1] 张启伟.大型桥梁健康监测概念与监测系统设计.同济大学学报 Vol.29,No.1,2001年1月 P65～69.

[2] 郇晓光、徐祖恩.大型桥梁健康监测动态及发展趋势.长安大学学报 Vol.23,No.1,2003年1月 P39～42.

[3] 韩大建、谢峻.大跨度桥梁健康监测技术的近期研究进展.桥梁建设,2002年第6期,P69～73.

[4] 刘文峰.桥梁动力参数及损伤识别的研究(博士学位论文).中国科学院力学研究所,2003年.

[5] 刘文峰,柳春图,应怀樵.考虑刚度及边界条件的索力精确求解.振动与冲击.Vol.22,No.4,PP.12～14,2003.

123.广州珠江黄埔大桥北汊桥钢箱梁受力特性研究

苏庆田[1]　曾明根[1]　吴永昌[2]

(1.同济大学桥梁工程系;2.中交第一公路勘察设计研究院有限公司)

摘　要　珠江黄埔大桥北汊桥主梁采用了扁平钢箱梁,本文结合该工程,详细介绍了混合有限元方法计算钢箱梁的受力,得到了钢主梁的内力和箱梁板件的应力,揭示了斜拉桥中扁平钢箱梁的应力分布特点,为同类结构的日后设计和施工提供了一定的参考价值。

关键词　扁平钢箱梁　有限元法　受力分析

一、概　述

珠江黄埔大桥北汊桥为单塔双索面、四跨连续钢箱梁斜拉桥[1]，桥跨布置为 383m+197m+62.5m+62.5m，单跨最大跨径为 383m，空间密索型布置。索塔采用门形钢筋混凝土索塔，塔柱自承台顶以上高度为 226.14m，自桥面以上高度为 160.45m，斜拉索为空间密索型布置，标准节段索距 16m、边跨尾索区索距为 12m，两个索面在横桥向向内倾斜。总体布置如图 1 所示。

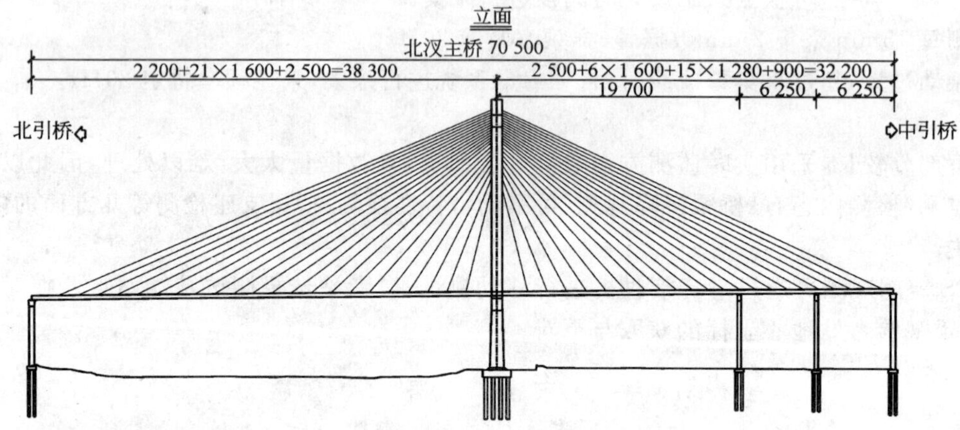

图 1　珠江黄埔大桥北汊桥方案总体布置图(尺寸单位:cm)

主梁采用抗风性能好、整体性强、线条美观的封闭式流线型扁平钢箱梁，中心梁高 3.5m，钢箱梁全宽 41m，标准段顶板厚 16mm，底厚 12mm，在支座附近顶、底板均加厚至 20mm。主梁内横向设置两道纵隔板，纵向每隔 3.2m 设一道横隔板。纵隔板板设置在距梁中心 9.4m 的位置，除支座附近腹板采用实腹式外，其他段采用圆管桁式腹板。横隔板采用实腹式，横隔板在斜拉索处厚 14mm，在支座处厚 22mm，其他位置厚 10mm。主梁标准横断面如图 2 所示。

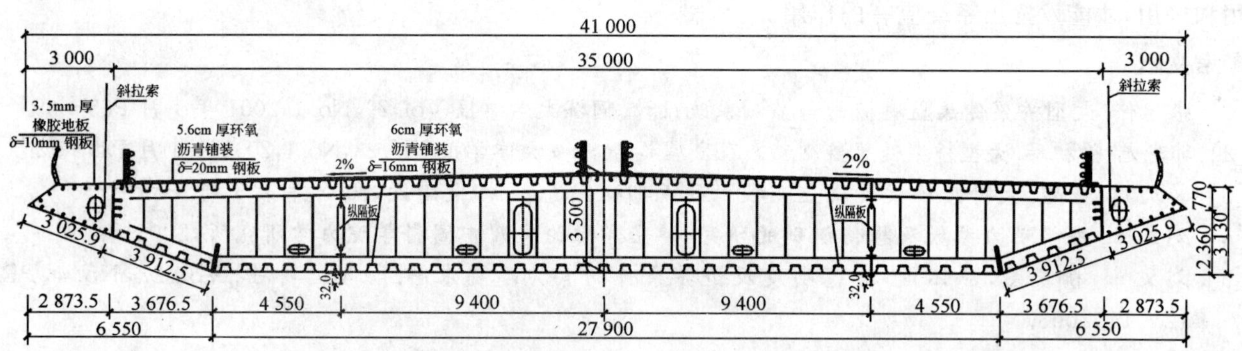

图 2　钢箱梁标准横断面图(尺寸单位:mm)

扁平钢箱梁中板件数量多、构造复杂，特别是主梁在斜拉索吊点的横向间距大于其纵向间距，采用常规的分结构体系计算难以准确计算扁平钢箱梁板件的应力[2]。另外，目前我国的《公路桥涵钢结构及木结构规范》[3]没有关于扁平钢箱梁设计计算的有关规定，对于该桥构造复杂的扁平钢箱梁的设计是否合理需进行研究。

二、计算模型的建立

1. 计算方法

过去由于计算方法受到计算机发展的限制，桥梁结构分析时经常引入一些假定，用杆系结构来简化桥梁的实际结构，进行计算分析，这种方法具有单元划分简单，单元、节点数量少，计算量小等优点。但随着现代桥梁结构的复杂化和多样化，构件截面异型化等因素，把构件简化为杆单元的假定难以满足设计要求，往往求助于更加精细的空间实体模型或板壳模型来精确计算结构的受力。

为了计算扁平钢箱梁的应力，最合理的方法是建立全桥范围的扁平钢箱梁板壳模型，但这种方法对于大跨度桥梁很难实现。一方面是建立全真的板壳模型非常复杂，需要消耗大量的人力；另一方面即使建立了全真的计算模型，也要消耗相当大的计算机内存，普通的计算机满足不了其计算要求。文献[4]提出的混合有限单元法能计算扁平钢箱梁板件的真实受力特性，该方法采用板壳单元与杆系单元相结合的混合有限元模型，对关心部位的钢箱梁用板壳单元模拟，对于其他部位的钢箱梁用梁单元模拟。

根据珠江黄埔大桥北汊桥结构特点，本文采用混合有限元模型对其钢主梁进行分析，模型中的板壳部分分别选取主跨远端、塔根附近、近塔辅助墩附近钢箱梁节段进行分析研究。主跨远端箱梁计算区域为距主跨远端34.80～98.80m范围的64m长箱梁节段；塔根附近箱梁计算区域为索塔左侧部分50.6m右侧为5.8m共计56.4m长箱梁节段；近塔辅助墩附近箱梁计算区域为辅助墩左侧部分长21.6m右侧部分长30m共计51.6m钢箱梁节段。图3给出了板壳位于塔根附近的混合有限元模型图。

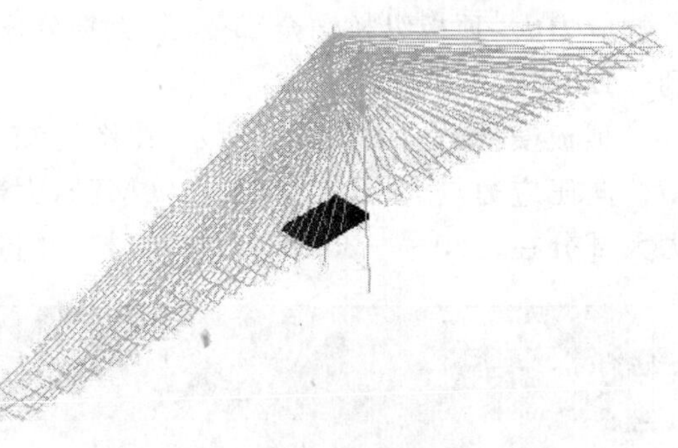

图3 混合有限元模型

2. 材料

钢箱梁采用Q345C，弹性模量$E=2.1\times10^5$MPa，泊松比$\nu=0.1667$；斜拉桥索塔采用C50混凝土，弹性模量$E=0.35\times10^5$MPa，泊松比$\nu=0.3$，斜拉索的弹性模量$E=1.96\times10^5$MPa，泊松比$\nu=0.1667$。

3. 荷载和约束

对运营阶段箱梁进行受力分析，计算荷载包括钢箱梁自重、二期恒载和公路-I级汽车荷载。空间杆系单元部分汽车荷载按8车道全桥满载，考虑车道折减系数0.5、加载长度系数0.97，用线荷载作用于梁单元。壳单元部分汽车荷载按一辆重车和车道荷载组成，其中重车在纵桥向作用长度为15m，重车按车轮荷载的布载，车道荷载按8车道取值，车道荷载在壳单元上纵桥向作用长度为除去重车的15m以外的板壳部分，车道荷载按面荷载布载。板壳部分的汽车荷载不考虑车道折减系数、偏载系数加载长度系数和冲击系数。车辆在横桥向和纵桥向位置有不同的布置方式，本文在横桥向考虑对称布载和偏心布载两种情况，在顺桥向考虑了车辆重轴作用于吊点处和两吊点间两种情况，组合后共计4种荷载工况。图4给出了车辆重轴作用于吊点处的两种荷载布置图。

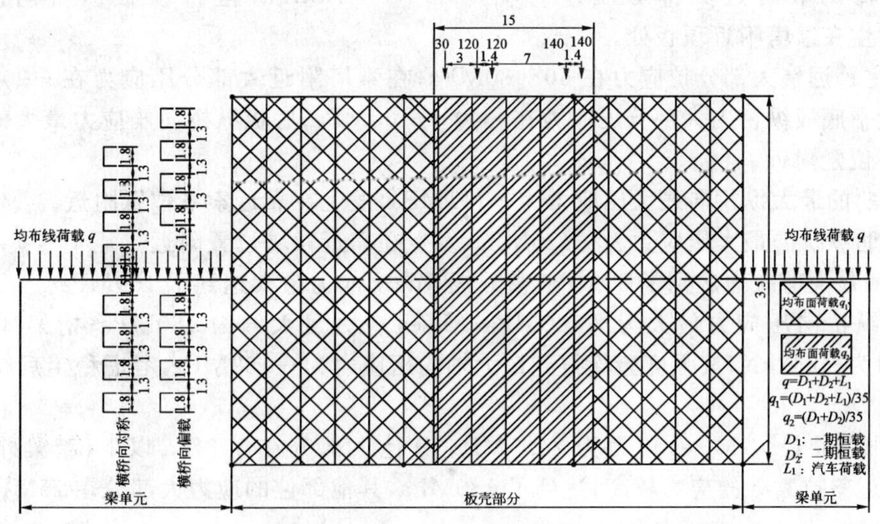

图4 主梁荷载布置示意图(单位:kN)

模型的约束条件是在主塔底部固结，主梁在与辅助墩以及主塔横梁交接处约束竖向位移，梁单元与板壳单元的约束是根据交界面上满足平截面假定进行约束。

三、计 算 结 果

对珠江黄埔大桥北汊桥钢箱梁三个研究部位共计 12 种荷载工况的计算，得到了箱梁所有板件的应力分布。限于文章篇幅，这里给出了板壳单元在塔根部处箱梁顶板一种工况的应力分布图。

顶板纵桥向应力云图如图 5 所示。由图可知，顶板厚度为 20mm 部位的应力小，顶板厚度为 16mm 处的应力大，顶板纵桥向全部受压，大部分压应力在－100～－85MPa，在车轮荷载作用处最大压应力达到－120MPa。

顶板横桥向应力如图 6 所示，由图可知，顶板横桥向上中间压应力较大边缘较小，在车轮荷载作用处横桥向压应力较大，最大达到－100MPa，大部分在－35～－65MPa，远离车轮荷载作用处的横桥向压应力大部分在－20～－35MPa，在靠近拉索附近和索塔支座附近横桥向出现了局部拉应力，拉应力值较小。

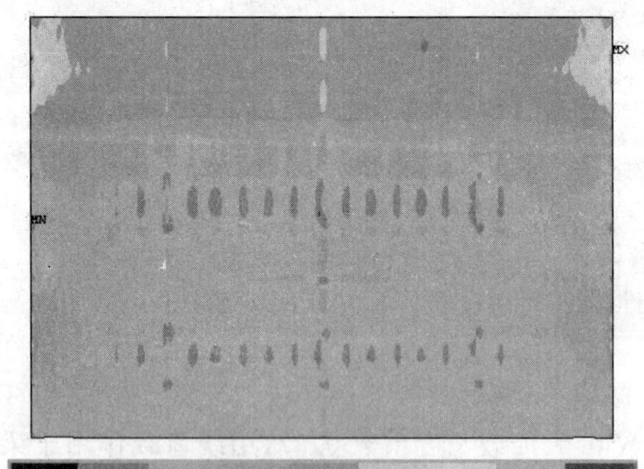

图 5　箱梁顶板纵桥向应力云图(单位:kPa)

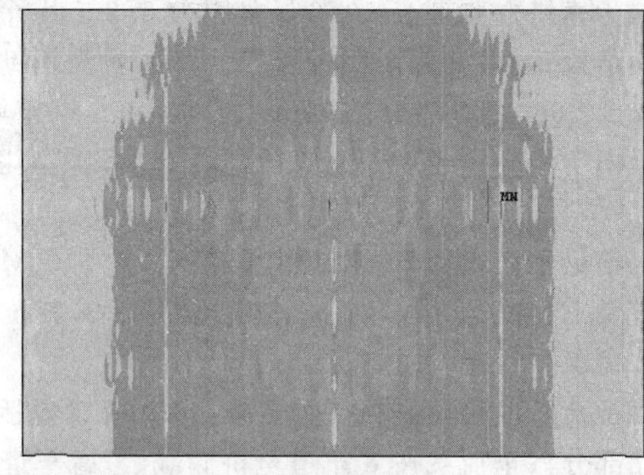

图 6　箱梁顶板横桥向应力云图(单位:kPa)

采用混合有限元模型计算了全桥主跨远端、索塔附近和边跨近塔辅助墩附近三个部位的箱梁节段的受力，得到板件的应力结果如下：

(1)顶板在主跨远端大部分压应力在－85～－100MPa；在索塔附近顶板大部分压应力在－100～－85MPa；在近塔辅助墩附近大部分压应力在－40～－75MPa；全桥顶板纵桥向压应力最大值为－120MPa，发生在索塔附近顶板处。

(2)底板在主跨远端大部分拉应力在 60～80MPa；在索塔附近大部分压应力在－90～－80MPa；在近塔辅助墩附近平底板纵桥向大部分压应力在－40～－60MPa；底板纵桥向压应力最大值为－112MPa，发生在靠近索塔位置附近。

(3)顶板 U 肋的最大纵桥向最大压应力为－111MPa，发生在靠近索塔位置附近。

(4)底板 U 肋纵桥向最大压应力为－115MPa，发生在靠近索塔位置附近。

(5)横隔板的最大剪应力达到了 80MPa；横隔板 Mises 应力最大达到了 160MPa。

(6)纵隔板纵桥向压应力最大为－160MPa，Mises 应力最大约为 180MPa；桁架杆件最大拉力为 742kN 最大压力为－842kN，按强度验算得到最大轴向压应力为－159MPa，考虑稳定后得到对应的压应力为－177MPa。

(7)横隔板加劲肋最大 Mises 应力为 74.7MPa，其他大部分在 30MPa 以下；箱梁外腹板加劲肋的 Mises 应力在靠近斜拉索处的应力较高，达到了 180MPa，其他部位的应力大部分在 75MPa 以下。

四、结　　语

混合有限元方法能够比较精确计算扁平钢箱梁板件的应力，真实反映板件的受力情况，通过对珠江黄埔大桥北汊桥钢箱梁受力特性的计算分析表明，钢箱梁板件的应力满足现行规范规定的容许应力设计值要求。

参考文献

[1] 同济大学.珠江黄埔大桥北汊斜拉桥钢箱梁关键技术研究——钢箱梁合理构造及受力性能研究报告[R],2006.

[2] 中华人民共和国交通部标准.公路桥涵钢结构及木结构规范(JTJ 025—86).北京:人民交通出版社,1986.

[3] 邢中凯.钢箱梁正交异性桥面板受力特性及计算方法分析研究.上海:同济大学,2003.

[4] 苏庆田.斜拉桥扁平钢箱梁的有限混合单元法分析.同济大学学报,2005,33(6):742～746.

124. 广州珠江黄埔大桥悬索桥吊索试制及弯曲静载性能试验研究

张少锦[1]　赵　军[2]　薛花娟[2]

(1.广州珠江黄埔大桥建设有限公司;2.江苏法尔胜新日制铁缆索有限公司)

摘　要　介绍了珠江黄埔大桥悬索桥吊索的试制及弯曲静载试验研究的过程，分析了弯曲静载试验研究的结果，对吊索设计的结构评价、制作及其实桥应用具有重要的指导意义。

关键词　珠江黄埔大桥　吊索　弯曲静载

一、概　　述

广州珠江黄埔大桥南汊桥为主跨 1 108m 钢箱梁悬索桥，采用骑跨式吊索，吊索钢丝绳公称直径为 ϕ56mm，公称抗拉强度为 1 770MPa，结构形式为 8×55SWS+IWR。吊索两端设锌铜合金灌注的热铸锚，锚具为锚杯与叉形耳板分开的结构形式，锚杯与叉形耳板间采用螺纹连接，以保证灌锚质量，且可消除吊索制造的长度误差，吊索锚杯口处设置缓冲器，实现吊索与锚杯间的刚度过渡。吊索设计形式见图 1。

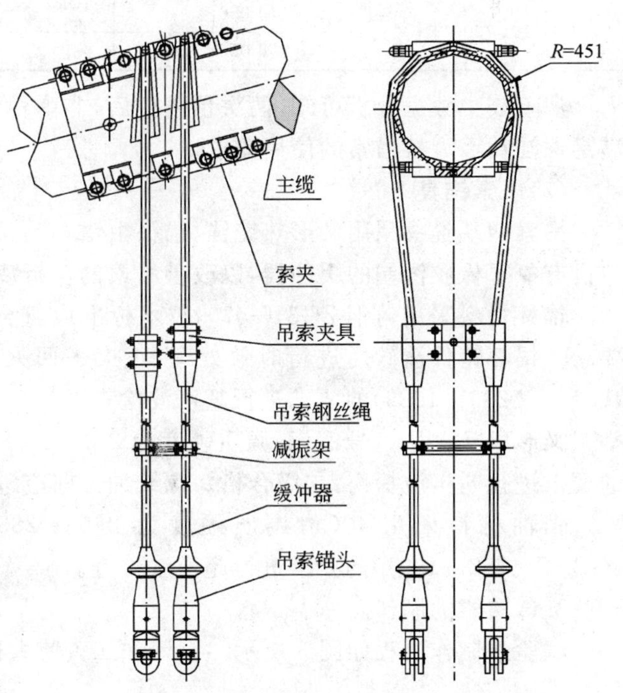

图 1　珠江黄埔大桥吊索设计示意图

二、弯曲静载试验研究的必要性

悬索桥吊索是连接主缆和加劲梁，并将加劲梁的荷载传递到主缆的重要构件，吊索担负着传递荷载的重要使命，故在制作时首先应确保其安全可靠。珠江黄埔大桥采用骑跨式吊索。其优点是：构造简单可靠，吊索的柔性较好，可以适应吊索顺桥向及横桥向的位移；吊索对上半部索夹的压紧作用增加了摩擦力，有利于索夹抗滑。缺点是：材料必须采用钢丝绳，钢丝绳绕过索夹时弯折后产生弯曲应力，应力折减多，不能充分利用材料的强度。

钢丝绳的弯曲应力与其弯曲半径、构造、材质、单根钢丝的直径等众多因素有关,难以准确计算其应力的折减,因此一般钢丝绳制作单位只提供在通常状况(未弯折)下的破断荷载。为了保证珠江黄埔大桥吊索的质量,必须在吊索正式生产前进行了试制并根据实桥的使用条件进行吊索弯曲静载性能的试验研究,以保证其使用可靠性。

三、弯曲静载性能的试验研究

吊索试制及弯曲静载试验研究技术路线如图2。

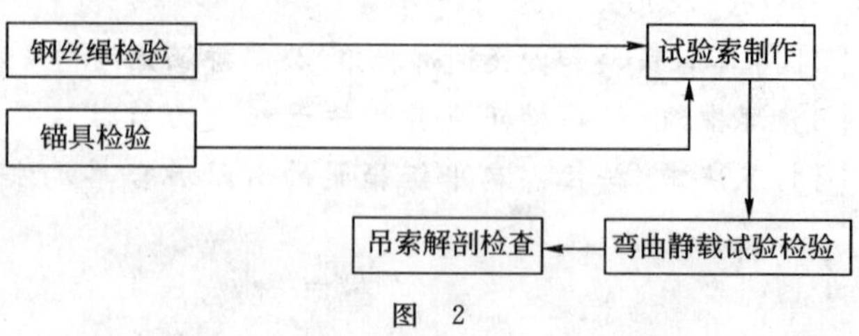

图 2

1. 吊索的原材料

(1)钢丝绳

为了保证珠江黄埔大桥吊索的质量,在试制前,进行了钢丝绳直径、弹性模量、捻距、整绳破断、钢丝绳拆股试验与检验,其试验及检验结果如表1所例。

表1

序　号	技术参数	性能指标	检验结果
1	钢丝绳结构	8×55SWS+IWR	8×55SWS+IWR
2	直径	ϕ56mm	ϕ56.1mm
3	捻距	≥448mm	450
4	钢丝绳公称抗拉强度	≥1770MPa	
5	钢丝绳最小破断拉力	≥1 920kN	2 430kN
6	制绳用钢丝	热镀锌钢丝	热镀锌钢丝
7	弹性模量	≥1.10×10^5MPa	≥1.19×10^5MPa

钢丝绳吊索由于其弹性模量小,因此非弹性变形对吊索的制作长度及吊索使用过程中线形及荷载的影响较大,在钢丝绳使用前需对钢丝绳进行预张拉,以消除非弹性变形,要求两次预张拉后的非弹性变形小于钢丝绳总长的0.15‰。表2为珠江黄埔大桥钢丝绳预张拉的结果及其分析。

表2

原始长度(mm)	预张拉荷载(kN)	持荷时间(min)	预张拉后的长度(mm)	非弹性变形(mm)
102 790	1 056	60	103 020	10
	1 056	60	103 030	

从上表中数据分析可知,两次预张拉后,非弹性变形之差为10mm,为总长度0.10‰,小于0.15‰,满足珠江黄埔大桥吊索的使用要求。

(2)吊索锚具

吊索两端锚头采用叉形热铸锚,锚头由锚杯与叉形耳板构成,叉形耳板与锚杯通过螺纹连接。锚杯口设有氯丁橡胶浇制的缓冲器,以改善吊索的弯折疲劳。

锚杯材料采用铸钢ZG310-570,技术标准应符合《一般工程用铸造碳钢件》(GB/T 11352—1989)的要求。锚杯铸件清砂后进行时效处理(正火+回火)。粗加工后按《铸钢件超声探伤及质量评级方法》(GB/T 7233—1989)的要求进行超声波检查。

叉形耳板采用45号锻钢,调质硬度为220~260HB。按《钢锻件超声波检验方法》(GB/T 6402—1991)的要求进行超声波探伤,二级合格。螺纹加工前应进行磁粉探伤,工件不得有影响强度的裂纹。

销轴材料采用40Cr,调质硬度为265~285HB。粗加工后按《锻轧钢棒超声波检验方法》(GB/T 4162—1991)的要求进行超声波检查。

2. 试验索的制作

试验索制作过程如图3所示。设计珠江黄埔大桥吊索试验索(图4)。

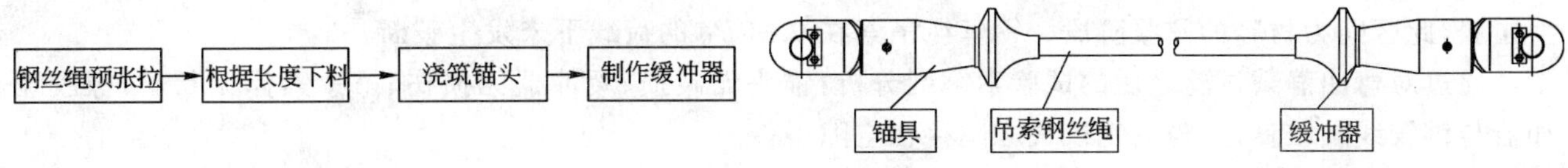

图 3

图 4 珠江黄埔大桥吊索试制索示意图

(1)根据试验索的长度,确定下料长度,然后切断钢丝绳。

(2)锚杯与吊索索体采用锌铜合金热铸为一体;合金的成分为:锌(98±0.2)%、铜(2±0.2)%;锚杯内合金浇铸应密实,无气孔,实际铸入量应为理论计算铸入量的92%以上。

(3)锚杯中心应与吊索索体中心完全一致,插入锚头部分的吊索索体钢丝应呈同心圆散开,并保证钢丝的任何部分不与锚杯接触。

(4)锚杯内合金材料应垂直浇铸,在合金材料完全冷却后,才允许平放吊索。合金浇铸后,索股与锚头端面的垂直度应控制在(90±0.5)°范围内。

(5)锚杯及浇铸的合金完全冷却后,在浇铸好的合金上施加图纸规定的顶压力,持荷5min,卸压后测量吊索的外移量,外移量小于5mm为合格,否则应将注入的合金熔化,并重新进行浇铸。

(6)选择优质的橡胶材料,并采用模具将橡胶硫化到吊索与锚头连接的位置,形成缓冲器,减少吊索锚口处的弯曲疲劳和应力集中。

3. 弯曲静载性能试验研究

弯曲静载试验是以珠江黄埔大桥吊索实索为试验模型,在以与索夹等半径的张拉盘上模拟吊索在索夹上的弯曲状况,以千斤顶模拟吊索拉力,检验吊索在实桥弯曲使用状况下的承载状况(弯曲静载试验装置见图5,试验过程见图6)。

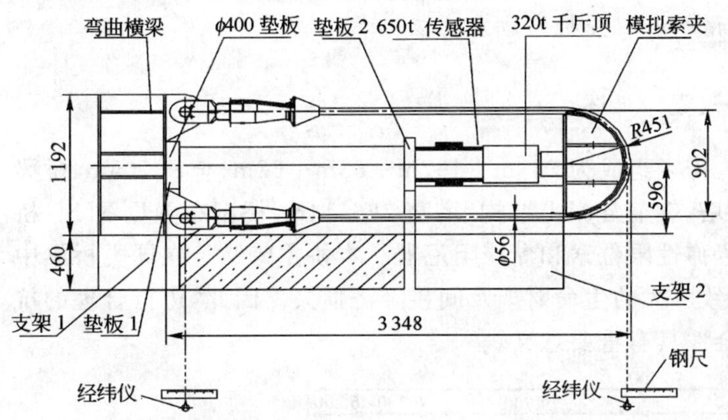

图 5 珠江黄埔大桥吊索弯曲静载试验装置示意图

图 6 珠江黄埔大桥吊索弯曲静载试验过程

珠江黄埔大桥单根静载破断载荷为1 920kN,不考虑弯曲应力损失,钢丝绳弯曲静载破断载荷为P_b=3 840kN。该弯曲静载试验从100kN开始加载,从384kN(0.1P_b)开始,每384kN(0.1P_b)为一级逐级加载至1 920kN(0.5P_b),当荷载达到1 920kN后,每192kN(0.05P_b)为一级,逐级加载至3 456kN(0.9P_b)量测每级索长的变化,随时注意观察分析有无异常情况发生。根据试验结果绘制珠江黄埔大桥吊索弯曲静载试验过程荷载与位移关系曲线(图7)

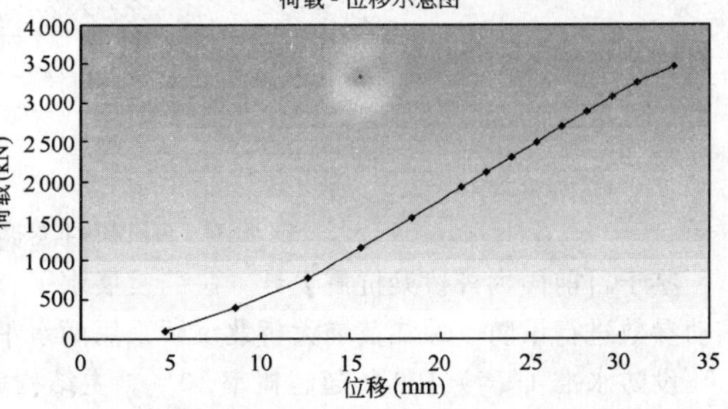

图 7 珠江黄埔大桥吊索弯曲静载荷载-位移曲线

从荷载-位移曲线可知:由于钢丝绳的结构变形,在100kN~0.2P_b区间为非弹性变形区域;在

$0.2P_b \sim 0.85P_b$ 区间为材料的弹性变形区域；由于弯曲应力的存在，钢丝绳在 $0.85P_b \sim 0.90P_b$ 区间发生屈服，此区间为材料的屈服阶段。钢丝绳吊索在 $0.90P_b$ 的荷载下未发生破断。

通过对弯曲静载试验之后的试验索解剖分析：锚头无破损、缓冲器无损伤、吊索索体无断丝；橡胶缓冲器与钢绞线黏结良好，锚头钢绞线之间存在空隙。

四、结　　语

珠江黄埔大桥吊索的试制作及弯曲静载性能的试验研究得出结论：

(1)吊索制作工艺方案合理，满足设计各项技术指标。

(2)吊索构造合理，在考虑弯曲静载应力的情况下，仍能满足使用荷载要求。

(3)改善缓冲器，防止使用过程可能存在的锚头钢绞线内部积水现象。

125. 广州珠江黄埔大桥北汊桥地震响应分析

宋松林　崔　宏　冯云成

（中交第一公路勘察设计研究院有限公司）

摘　要　珠江黄埔大桥北汊桥是主跨383m的钢箱梁独塔斜拉桥，其跨径位居世界前列，抗震设计复杂。本文依据两水平的抗震设计思路，采用反应谱和时程两种方法，对比分析了珠江黄埔大桥北汊桥的地震响应。分析结果表明，本桥能够满足不同设防水准下的设计要求，抗震性能良好。

关键词　珠江黄埔大桥　动力特性　反应谱　时程分析　地震响应

一、概　　述

珠江黄埔大桥北汊桥为独塔双索面斜拉桥，跨径组成为383m+197m+63m+62m，全长705m，桥梁全宽41m，主梁为流线型扁平钢箱梁，采用门式塔，钢筋混凝土结构，塔高226.14m，桥型布置见图1。桥梁顺桥向采用半漂浮支承体系，并在索塔处设置弹性限位索和黏滞阻尼器。本桥主跨跨径在同类桥梁中位居世界前列，一旦在地震中遭到破坏，可能导致巨大的生命财产及间接经济损失。因此，进行合理的抗震设计和详尽的地震响应分析，确保其抗震安全性具有重要意义。

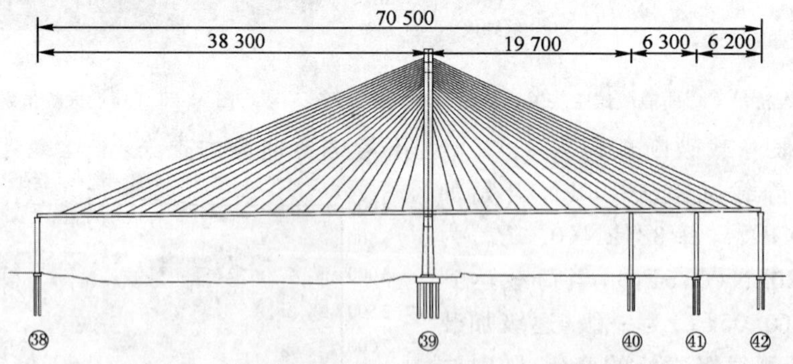

图1　珠江黄埔大桥北汊桥桥型布置(尺寸单位:cm)

鉴于目前国内外桥梁抗震设计方法的发展水平，对于特别重要的桥梁应采用不同超越概率的设计地震动参数进行设防。珠江黄埔大桥北汊桥采用两水平的抗震设计方法。

设防水准1(P_1)：100年超越概率10%。主结构完好，索塔、过渡墩、辅助墩校核极限承载能力，限位索处于弹性阶段并有一定应力储备，阻尼器正常工作。

设防水准 2(P_2):100 年超越概率 2%。索塔校核极限承载能力,过渡墩、辅助墩可利用延性抗震,限位索接近或刚进入屈服,阻尼器正常工作,并校核结构的变形或位移。

珠江黄埔大桥北汊桥就是基于这一设防标准进行抗震设计的。本文对该桥进行了不同设防标准下的地震响应分析,并对其抗震能力进行了评估。

二、动力计算模型的建立

1. 单元离散

动力计算采用三维有限元模型进行。主梁采用鱼刺梁式力学模型,利用梁单元进行离散。主梁轴线通过主梁断面的扭心,整个主梁的刚度以及分布质量和转动都集中到轴线上,并通过两边伸出的刚臂与拉索相连;索塔、桥墩采用空间梁单元,直接固定在承台顶面;斜拉索和弹性限位索采用索单元,其弹性模量采用 Ernst 公式进行了修正。计算模型见图 2。

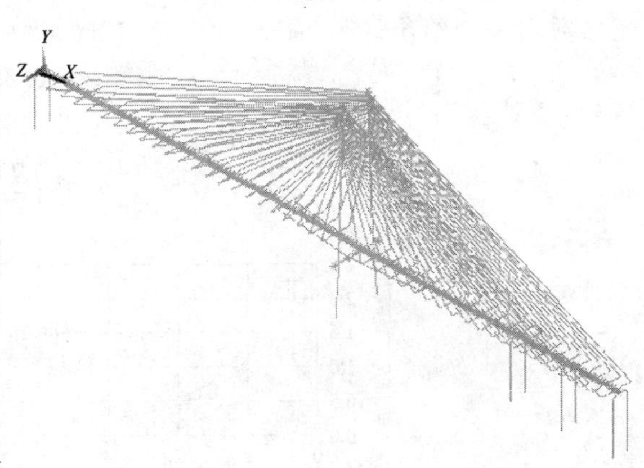

图 2 珠江黄埔大桥北汊桥动力计算模型

2. 边界条件

计算模型的边界条件见表 1。本桥采用半漂浮支承体系,并在索塔处设弹性限位索和黏滞阻尼器。纵向水平限位索采用 4 根 PESM7－91 平行钢丝,限位索长度 92m;黏滞阻尼器最大阻尼力 2 400kN,最大冲程 700mm,速度指数 0.4,阻尼系数 2 000kN/(m/s)。

计算模型边界条件 表 1

自 由 度	主梁与索塔	主梁与 38 号墩	主梁与 40 号墩	主梁与 41 号墩	主梁与 42 号墩
X	0	0	0	0	0
Y	1	1	1	1	1
Z	1	1	1	1	1
θ_X	1	0	0	0	0
θ_Y	0	0	0	0	0
θ_Z	0	0	0	0	0

注:X 表示顺桥向,Y 为竖向,Z 为横桥向,0 表示自由,1 表示约束。

三、动力特性分析

由于阻尼器的设置不影响结构动力特性,所以本文首先比较了有无纵向水平限位索时本桥的动力特性。表 2 列出了其 6 阶典型振型及频率。

珠江黄埔大桥北汊桥动力特性 表 2

设置纵向水平限位索			不设纵向水平限位索		
阶次	频率(Hz)	振型特点	阶次	频率(Hz)	振型特点
1	0.197 6	索塔一阶横弯	1	0.062 6	纵飘
2	0.203 8	纵飘	2	0.196 1	索塔一阶横弯
3	0.311 2	一阶竖弯	3	0.286 3	一阶竖弯
4	0.332 7	一阶横弯	4	0.332 3	一阶横弯
10	0.552 0	索塔一阶纵弯	10	0.537 2	索塔一阶纵弯
11	0.635 7	一阶扭转	11	0.648 9	一阶扭转

可以看出,适当的限位索刚度使得主梁纵飘没有作为第一振型出现,而第一和第二振型的频率相差很小。若不设置纵向水平限位索,结构基频大幅度降低,纵向刚度减弱很多。

四、地震反应谱响应分析

1. 反应谱计算基本参数

《广州东二环高速公路工程场地地震安全性评价补充报告》根据钻孔土层的地震反应分析结果，给出了不同超越概率水平的场地地震相关反应谱，这种反应谱已经考虑了地震环境及场地条件影响。将谱曲线经过平均和光滑化以后，得到规范化的动力放大系数 $\beta(T)$谱，可用式(1)表示。$\beta(T)$见图 3，反应谱特征参数由表 3 给出。

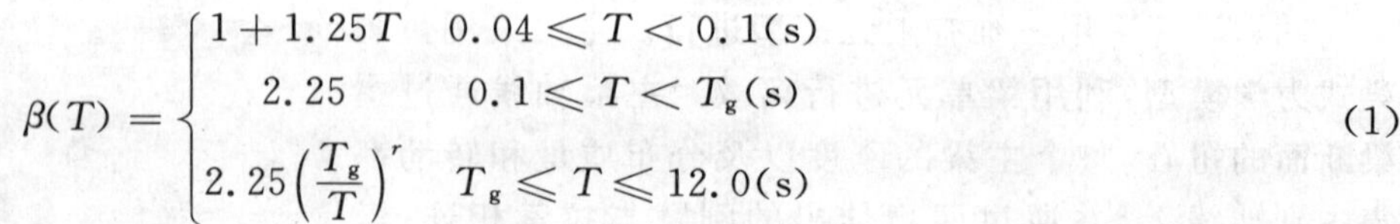

$$\beta(T)=\begin{cases}1+1.25T & 0.04\leqslant T<0.1(\mathrm{s})\\ 2.25 & 0.1\leqslant T<T_g(\mathrm{s})\\ 2.25\left(\dfrac{T_g}{T}\right)^r & T_g\leqslant T\leqslant 12.0(\mathrm{s})\end{cases} \tag{1}$$

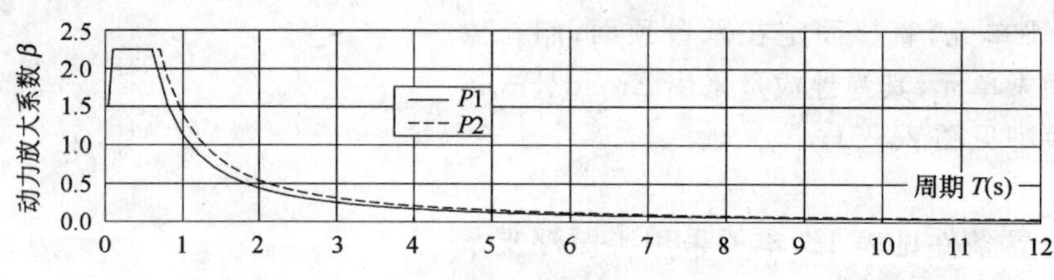

图 3 规范化的加速度反应谱

设计地震反应谱的特征参数 表 3

设防水准	对应地震烈度(度)	T_g(s)	r	水平地震系数 k_H
P_1	7.4	0.60	1.36	0.139
P_1	8.2	0.70	1.36	0.223

反应谱计算以地震安全评价报告为依据，没有考虑《公路工程抗震设计规范》(JTJ 004—89)中的重要性修正系数 C_i 和综合影响系数 C_z。

2. 地震输入方式

反应谱分析取前 400 阶，按 CQC 法进行组合。地震输入采用两种方式。

(1)顺桥向输入：纵向+2/3 竖向。

(2)横桥向输入：横向+2/3 竖向。

3. 反应谱计算结果

综合以上输入条件，可得到反应谱分析时北汉桥的地震响应，此处给出主要的计算结果。图 4、图 5 给出了 P_1 下主梁的弯矩和轴力，表 4 列出了索塔底部截面的内力，表 5 列出了特征节点的位移。

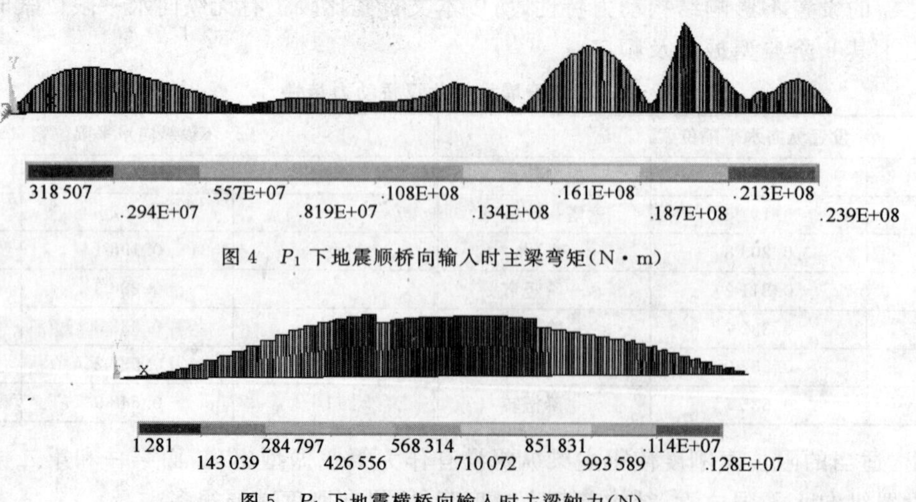

图 4 P_1 下地震顺桥向输入时主梁弯矩(N·m)

图 5 P_1 下地震横桥向输入时主梁轴力(N)

反应谱分析塔底反力计算结果 表 4

输入地震激励		M_Z(kN·m)	M_Y(kN·m)	M_X(kN·m)	V_X(kN)	V_Z(kN)	N(kN)
P_1	顺桥向输入	477 300	35 926	833	9 644	135	1 621
	横桥向输入	41 884	3 863	421 260	694	12 576	16 074
P_2	顺桥向输入	874 140	65 202	1 716	16 688	266	3 205
	横桥向输入	82 001	7 464	778 800	1 348	23 141	30 494

注:表中 M_Z 为顺桥向弯矩;M_Y 为扭矩;M_X 为横桥向弯矩;V_X 为顺桥向剪力;V_Z 为横桥向剪力;N 为轴力。

反应谱分析特征节点位移计算结果 单位(m) 表 5

节点位置 \ 位移	P_1				P_2			
	顺桥向输入		横桥向输入		顺桥向输入		横桥向输入	
	D_X	D_Y	D_Z	D_Y	D_X	D_Y	D_Z	D_Y
主跨梁端	0.106 8	—	0.101 4	—	0.211 2	—	0.200 5	—
主跨中央	0.106 4	0.049 8	0.061 5	0.032 1	0.210 1	0.098 4	0.121 7	0.063 5
边跨梁端	0.109 3	—	0.084 5	—	0.216 3	—	0.166 1	—
塔顶	0.148 7	—	0.132 2	—	0.293 9	—	0.261 4	—

注:表中 D_X、D_Y、D_Z 分别表示顺桥向、竖向和横桥向的位移。

地震反应谱分析结果表明:

(1)在 P_1 设防水准下,主结构完好无损;在 P_2 设防水准下,索塔会出现微小裂缝,与恒载组合后,其极限承载能力仍能满足设计要求。

(2)地震作用下主梁内力小于静力计算结果,地震作用不控制钢箱梁的设计。

(3)地震作用下结构特征节点的位移均在设计要求的范围之内。

(4)本文计算所采用的谱曲线不是直接引自规范,而是地震评价报告所提供的,其考虑了长周期部分的修正,实用性较高。但是,由于反应谱分析是在结构频域内的线性叠加计算,而且也不能考虑阻尼器的作用效应,所以本桥的反应谱计算结果可以作为初步参考,最终结论还需要进行地震时程反应分析与之比较。

五、地震时程响应分析

1. 地震波的选取

《广州东二环高速公路工程场地地震安全性评价补充报告》提供了北汉桥桥位处 3 个钻孔的地表加速度时程。由于本桥是独塔斜拉桥,而且桥型本身对水平位移不是很敏感,所以时程计算时未考虑地震波的非一致输入,即行波效应。选用地震波时,仅考虑了靠近索塔底部 ZK12 的地表加速度时程。《报告》针对每个设防水准提供了 3 条地震波,每条波的峰值加速度见表 6,最终取 3 条波的平均计算结果作为设计值。时程分析时地震输入方式与反应谱分析时相同。

地震波的峰值加速度(单位:cm/s^2) 表 6

设防水准 \ 地震波	工 况 1	工 况 2	工 况 3	平 均 值
P_1	150	113	121	128
P_1	204	192	230	209

2. 时程分析计算结果

时程分析采用逐步积分方法,并且考虑了结构的几何非线性。计算结果表明,本桥在纵横两个水平方向的耦联效应较小,不同的输入方式对单方向的地震反应影响不大,塔底的纵向弯矩成为设计的控制因素。篇幅所限,此处只列出部分计算结果。表 7 和表 8 分别列出了地震波顺桥向输入时各工况下塔底截面的内力、塔梁纵向相对位移和弹性限位索应力。图 6 给出了 P_1 设防水准下工况 1 的塔底顺桥向弯矩时程曲线，图 7 给出了 P_2 设防水准下工况 3 的塔梁纵向相对位移。

地震波顺桥向输入时塔底截面内力　　表 7

地震激励 / 内力	P_1			P_2		
	工况 1	工况 2	工况 3	工况 1	工况 2	工况 3
纵向最大弯矩(kN·m)	−622 202	549 573	563 805	1 320 570	1 339 620	1 345 850
对应轴力(kN)	1 473	−2 206	6 274	−7 847	−6 311	−5 169
对应剪力(kN)	−15 304	11 386	11 477	−12 529	−9 603	−10 430

地震波顺桥向输入时塔梁间纵向相对位移及限位索应力　　表 8

项　　目	输入地震激励	工况 1	工况 2	工况 3	平均值
塔梁间纵向相对位移(cm)	P_1	24.3	23.1	23.3	23.6
	P_2	31.1	31.9	32.3	31.8
弹性限位索应力(MPa)	P_1	1 150	1 137	1 142	1 143
	P_2	1 351	1 359	1 364	1 358

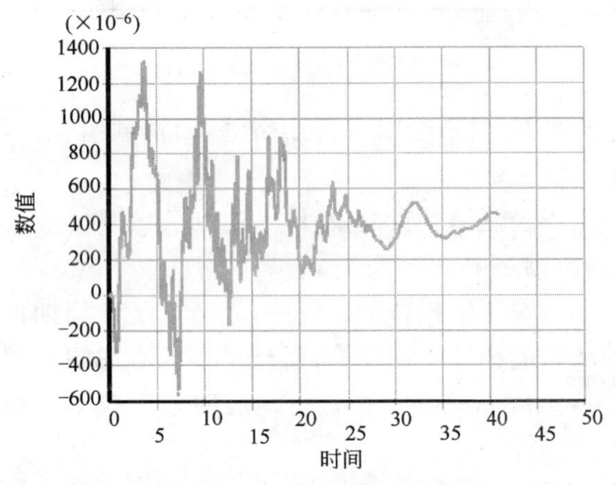

图 6　P_2 下地震顺桥向输入时塔底弯矩(N·m)

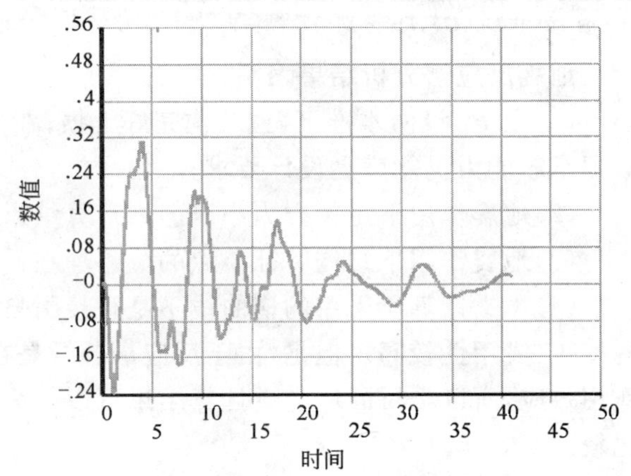

图 7　P_2 下地震顺桥向输入时塔梁相对位移(m)

对于地震时程分析结果，有如下两点说明：

(1)时程计算的内力和位移地震响应均大于反应谱。一方面，这是由于时域和频域两种计算模式的不同引起的，另一方面，反应谱分析采用的谱曲线是全线 11 个孔位规范化的动力放大系数谱，而时程分析采用的地震波是索塔附近的地表加速度时程，谱曲线与地震波之间不具备严格的转换关系。设计当中，应以时程结果为主要依据，反应谱结果作为辅助参考。

(2)如果不设置黏滞阻尼器，在 P_2 作用下，限位索就会屈服甚至拉断，一旦限位索失效，就有可能导致主梁过大的地震位移而造成严重的桥梁破坏。而设置黏滞阻尼器后，P_2 下限位索应力明显改善。这说明在大震作用下，阻尼器通过其自身耗能作用既可以起到减震效果，又保护了弹性限位索，相当于多了一道抗震防线。对于有重要意义的大跨径桥梁，这是非常必要的。

六、结　　语

(1)珠江黄埔大桥北汊桥采用两水平的抗震设计方法符合当前国内外一致认可的抗震设计新思路，是合理可行的。

(2)抗震支承体系采用水平弹性索和阻尼器两种方式，改善了结构的动力性能，减小了地震响应，是安全合理的。

(3)本桥的内力和位移地震响应均在适当的范围以内，可以满足不同设防水准下的设计要求。

参考文献

[1] 广州东二环高速公路工程场地地震安全性评价补充报告,2003,9.

[2] 范立础.桥梁抗震.上海:同济大学出版社,1997.

[3] 叶爱君等.斜拉桥抗震结构体系研究.桥梁建设,2002,4.

[4] 贺学锋等.重庆大佛寺长江大桥地震响应分析.公路交通技术.2002,2(6):47～49.

[5] 刘怀林等.金江金沙江大桥地震响应分析.公路交通技术.2004,2(4):58～60.

[6] 王若林等.芜湖长江大桥的抗震设计.武汉大学学报.2003,2(4):97～99.

126. 舟山西堠门大桥主缆性能差异对线形影响的分析

许宏亮[1] 唐茂林[2]

(1.中交公路规划设计院有限公司;2.西南交通大学桥梁系)

摘 要 主缆是悬索桥结构的主要承力构件,其弹性模量和钢丝直径等参数是决定结构线形的重要因素。在特大跨度悬索桥中,两根主缆的工程量相当大,往往需要两家甚至多家加工单位提供材料和进行加工,不同厂家的材料和加工件在钢丝弹性模量和钢丝直径方面往往存在差异,这种差异将对悬索桥主缆的施工及监控带来影响。本文讨论了舟山西堠门大桥采用两钢厂盘条和两制缆厂主缆对该桥主缆架设带来的影响,针对不同的问题给出了相应的对策。

关键词 主缆 性能差异 线形 对策

一、概 述

西堠门大桥是舟山大陆连岛工程中的第四座大桥,北端连接册子岛,南端连接金塘岛,是连接舟山群岛与大陆的重要枢纽,桥型为主跨 1 650m 的悬索桥,是国内最大、世界第二的大跨悬索桥结构。主缆分跨为 578m+1 650m+485m,见图 1。

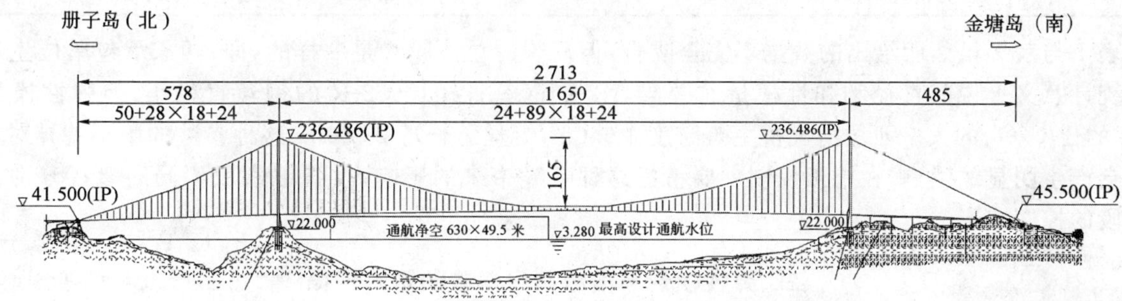

图 1 桥型布置图(尺寸单位:m)

主缆钢丝设计极限强度为 1 770MPa,在世界主跨超过千米的悬索桥中,仅日本明石海峡大桥采用过。单根钢丝的直径采用 5.25mm,按 127 丝排列成正六方形丝股,每根主缆北边跨需要 175 股、中跨 169 股、南边跨 171 股;主缆直径为 855～870mm。

吊索采用骑跨式高强镀锌粗直径钢丝绳,下端采用销铰式结构与分体式钢箱梁相连。南北锚碇都采用明挖扩大基础重力式锚碇;桥塔采用混凝土门式框架结构,基础采用桩径 2.8m 嵌岩群桩基础。

西堠门大桥全桥使用主缆镀锌钢丝 21 227.92t,从工期和生产能力上考虑,同期国内没有一家单位能在要求的时间内独立承担完成。为满足施工需要和从经济性方面考虑，经调研并借鉴日本明石海峡大桥主缆选择的成功经验，西堠门大桥主缆索股的制作按左右缆两个标段进行招标，结果由上海宝钢集团公司中标右缆C2-R标(宝山钢铁股份有限公司提供盘条、宝钢集团上海二钢有限公司和上海申佳金属制品有限公司负责拉丝、上海浦江缆索股份有限公司负责编索)，新日本制铁株式会社中标左缆C2-L标(由新日铁提供盘条、江苏双友东纲金属制品有限公司负责拉丝、江苏法尔胜新日制铁缆索有限公司负责编索)。

二、主缆钢丝与索股的技术指标

按设计图纸，主缆所采用钢丝的主要技术指标为：直径：5.25mm±0.06mm；钢丝不圆度≤0.06mm；钢丝抗拉强度$\sigma_b \geq$1 770MPa，屈服强度$\sigma_{0.2} \geq$1 410MPa；钢丝的松弛率≤8%，断后延伸率≥4.0%；弹性模量$(2\pm0.1)\times10^5$MPa；在3倍钢丝直径的弯曲圆弧半径上做180°弯曲试验，反复弯曲次数4次后，试件表面不得产生任何折损现象；在直径为15.75mm的芯杆上密缠8圈后，不得断裂。对钢丝的镀锌质量和直线性也提出了相应的要求。

对于编入同一根主缆的钢丝，要求平均直径应为5.25mm±0.01mm，编入同一索股的钢丝平均直径为5.25mm±0.03mm。

C2-L标所用盘条采用符合JISG3502—80《琴钢丝用盘条》、HBS G 3507、HBS G 3507规定的SWRS82BM类DLP盘条，C2-R标所用盘条参照日本SWRS82B类技术要求由宝钢集团自行研制，经2 880m长索股试制、放索试验、专家评估后生产。经扩大抽检数量后的两家联合体生产的钢丝弹性模量和钢丝直径的统计数据如表1所示。

钢丝直径与弹性模量统计参数 表1

主缆	钢丝直径(mm)	钢丝弹性模量(GPa)	主缆	钢丝直径(mm)	钢丝弹性模量(GPa)
C2-L	5.233 933	198.337 3	C2-R	5.241 586	196.079 3

两家承包单位分别制作了三根试验短索股进行测试，测试的结果如表2所示。

试验短索股的测试数据 表2

主缆	项目	试件1	试件2	试件3	平均
C2-L	实测面积(mm²)		2 739		5.240 216(换算平均直径)
	弹性模量(GPa)	197	196	194	195.667
C2-R	实测面积(mm²)	2 750	2 750	2 751	5.251 047(换算平均直径)
	弹性模量(GPa)	192.9	194.8	196.1	194.6

表1与表2虽然所给出的数据不完全吻合，但反映的总体趋势是一样的，即：两家承包单位生产的钢丝从统计意义上说其直径和弹性模量有差异，C2-L钢丝直径比C2-R的钢丝直径小，但弹性模量则是C2-R的比C2-L的大。西堠门大桥主跨跨度1 650m，钢丝总长近2 900m，这种参数的微小差异对成桥状态都会产生明显的影响，在施工控制中要考虑这种差异带来的影响，按各根索股不同的参数分别计算其各阶段的控制线形。

三、弹性模量和面积共同误差的影响规律

对于西堠门大桥，由于其主跨跨度达到1 650m，主缆参数误差将对主缆施工线形产生明显的影响。首先我们分析一下其影响的趋势或规律。

模拟计算表明：当主缆弹性模量相差为－5%并且面积相差为－5%，主缆长度在理论上应相差0.738 13m；当主缆弹性模量相差为－5%并且面积相差为＋5%，主缆长度在理论上应相差0.119 29m。

当主缆弹性模量相差为－5%并且面积相差为－5%，左索鞍预偏量应相差0.109 45m，右索鞍预偏量应相差0.118 06m；当主缆弹性模量相差为－5%并且面积相差为＋5%，左散索鞍预偏量应相差0.000 568m，右散索鞍预偏量应相差0.004 34m。

当主缆弹性模量相差为－5%并且面积相差为－5%，中跨丝股架设高程应相差 1.162 3m，左边跨丝股架设高程应相差 0.141 7m，右边跨丝股架设高程应相差 0.121 2m；当主缆弹性模量相差为－5%且面积相差＋5%时，中跨丝股架设高程应相差 0.012 9m，左边跨丝股架设高程应相差－0.000 4m，右边跨丝股架设高程应相差 0.022 6m。

当主缆弹性模量相差为－5%并且面积相差为－5%，如果架缆前不对鞍座预偏量进行修正，则架缆完成后左塔顶的不平衡力为 213t，右塔顶的不平衡力为 346t；当主缆弹性模量相差为－5%并且面积相差为＋5%，左塔顶的不平衡力为 62t，右塔顶的不平衡力为 117t。

当主缆弹性模量相差为 5%并且面积相差为 5%时，按实际参数对空缆线形修正后进行主缆架设，成桥后左边跨两缆各对应位置点的最大高程差约为 9mm；中跨对应位置点的最大高程差约为 2mm；右边跨对应位置点的最大高程差约为 160mm。

从以上分析可以看出，两根主缆的弹性模量和面积（钢丝直径）的偏差如果都是偏大或偏小，对主缆的施工影响比较大，如果弹性模量误差和面积误差正好反号，则两者的影响综合起来对结构线形的影响可以变小。

另外上述的分析结果表明，为保证桥塔不发生明显的扭转变形，应对左右幅主缆的鞍座预偏量进行分别设置。

四、弹性模量与钢丝直径对西堠门桥施工线形影响的分析

1. 对丝股制作长度的影响分析

按理论设计值，主缆丝股在成桥状态时，其总的弹性伸长量约为 8.5m。当恒载一定时，悬索桥主缆弹性伸长量的大小与主缆的 $E\times A$（E 为主缆弹性模量，A 为主缆面积）有关。当 $E\times A$ 相差 1%时（面积差不是很大时），索股制作长度的修正为 85mm。从表 1 的数据可见，两承包单位的主缆 $E\times A$ 相差 0.8%，从制作长度方面考虑，两生产厂家的相同索股号的丝股制作长度相差不到 70mm，从方便管理并考虑到索股的调节拉杆有足够的调节量方面来说，两制作厂家的索股无应力制作长度可采用相同的。

2. 对鞍座预偏量的影响

为保证成桥线形和丝股架设过程中丝股不在鞍槽中滑动，架设主缆前应按主缆的实际弹性模量和面积，对各鞍座的预偏量和丝股架设标高进行调整计算。

图 2 为主鞍座预偏量的变化量随弹性模量偏差变化的变化曲线，其中纵轴为实际弹性模量与（2×10^5MPa）的相差百分数，横轴为各弹性模量下的计算预偏量与取 2×10^5MPa 时的计算预偏量的差值。从图中可以看出：预偏量差值变化量随弹性模量呈线性变化，弹性模量增大，预偏量减小。当弹性模量相差 5%时，左索鞍（北塔索鞍，下同）预偏量应相差 0.052 33m，右索鞍（南塔索鞍，下同）预偏量应相差 0.051 76m。

图 3 是主缆丝股有系统面积误差时应对主鞍座预偏量进行的修正值。从图 3 可以看出：预偏量差值随面积差值变化具有一定的非线性。但总的趋势如下：面积正偏差时应减小预偏量，面积负偏差应增大预偏量。当面积相差－5%时，左主索鞍预偏量应增加 0.057 12m，右主索鞍预偏量应增加 0.061 3m；当面积相差＋5%时，左索鞍预偏量应减少 0.051 762m，右索鞍预偏量应减少 0.056 1m。

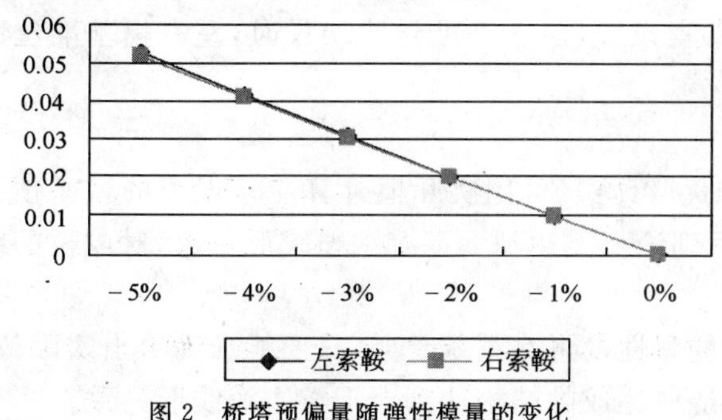

图 2　桥塔预偏量随弹性模量的变化

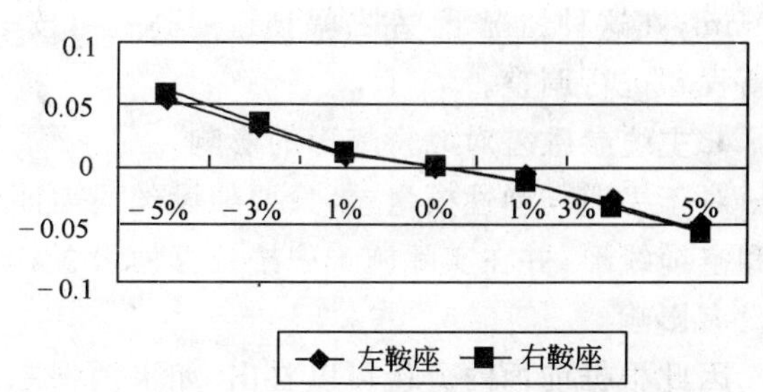

图 3　主缆面积偏差引起的主鞍座预偏量调整量

上述的分析表明，主缆弹性模量和面积有相对误差时，需要对鞍座预偏量进行调整；同时，图2与图3的结果又说明对于本桥这种调整是比较小的，对桥塔顶的设计是没有影响的。

根据表1和表2的数据，西堠门大桥左右幅主缆实际设置的鞍座预偏量如表3所示。表3结果表明，左右幅主鞍座的预偏量差约在10mm之内。

索鞍预偏量　　表3

缆　名	北塔主索鞍	南塔主索鞍	北散索鞍 IP		南散索鞍 IP	
	水平偏移(m)	水平偏移(m)	转角(°)	水平偏移(m)	转角(°)	水平偏移(m)
C2-L	1.096	2.078	0.965 72	0.071	0.896 05	0.062
C2-R	1.105	2.086	0.966 58	0.071	0.895 30	0.062

3. 对丝股架设高程的影响

图4是主跨跨中空缆线形高程调整量与主缆弹性模量差(%)(相对于 2×10^5MPa 的基准值)的关系，计算表明，弹性模量相差1%，中跨跨中标高需要调整107.2mm，如果相差达到5%，中跨跨中上下游主缆高差将达到0.536m，上下游猫道线形也需要相应地调整。

图5为主缆主跨跨中高程差值随面积偏差的变化曲线，其中纵轴为面积差值，横轴为高程差值。从图中可以看出：面积正偏差时空缆高程应减小，面积负偏差时应使空缆架设高程增大。当面积相差−5%时，中跨丝股跨中高程应提高0.603 7m。当面积相差5%时，中跨跨中丝股高程应降低0.545 7m。

由于进行了鞍座预偏量的调整，因此边跨跨中点的高程受主缆弹性模量和面积差的调整量相对较小。图4、图5的结果说明，左右幅主缆的弹性模量和面积如果相差较大，由于主跨高程差比较大，将影响到猫道高程的设置，对施工会产生影响。如果 $E\times A$ 相差在2%以内，左右幅丝股高程调整对施工不会产生大的影响。西堠门大桥左右幅主缆的 $E\times A$ 相差在0.8%左右，根据计算左右幅主缆在基准温度和理论预偏量位置，各跨中心线的高程如表4所示。

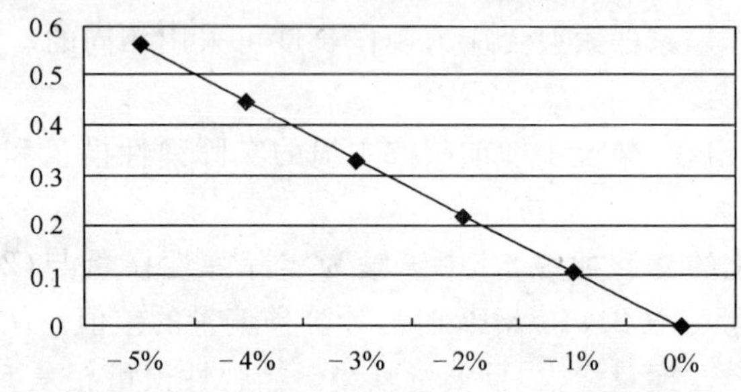

图4　主跨跨中空缆高程随弹性模量差的调整曲线

图5　中跨主缆架设高程调整值随面积差值的变化(单位：m)

各跨跨中主缆中心线空缆高程(单位：m)　　表4

主　缆	北边跨	中跨	南边跨	主　缆	北边跨	中　跨	南边跨
C2-L	119.543 1	84.936 5	128.689 5	C2-R	119.553 9	85.037 2	128.699 7

表4的结果说明，西堠门大桥由于两根主缆的 $E\times A$ 相差比较小，在中跨跨中空缆线形高程差接近100mm，在这种情况下，左右幅猫道的高程可按一样的高程设置，但在基准丝股架设时，左右幅基准丝股的高程要进行调整。

4. 主缆参数差对成桥线形的影响

对于主缆的弹性模量差，只要架设丝股前能准确地获得真实值，用实际值计算应该设置的鞍座预偏量和空缆线形，并在实际施工中按计算值设置，则成桥后理论上能达到上下游主缆线形一致，对成桥的线形没有影响。

因此根据前面的分析可以看出，如果两根主缆钢丝的弹性模量有系统差异，只要能准确给出实际值，通过施工控制对鞍座预偏量和空缆线形进行调整，最终能使建成的结构达到上下游主缆线形一致。

主缆钢丝在直径上的偏差对主缆线形的影响与弹性模量的影响有明显的差异。弹性模量只影响主缆在力作用下的弹性伸长量，而主缆面积差不仅影响伸长量，而且影响主缆的重量，因此下面我们讨论一下主缆面积差对主缆线形等的影响。

在施工过程中按照设计的要求，镀锌钢丝的直径应为 5.24mm±0.1mm，以 5.24mm 为基准，单根钢丝面积的允许误差在±4%以内，统计值的差会更小。为反映钢丝面积差的影响规律，以下讨论中将误差范围扩大到±5%。

在以下的分析中，取弹性模量为 1.98×10^5MPa，理论钢丝直径为 5.24mm。

空缆线形按实际的面积参数进行计算架设后，理论上能保证主跨跨中成桥高程与设计一致，但主缆上的其他各点能否达到设计的线形？图 6 为各种主缆面积偏差情况下有吊索边跨（北边跨）与无吊索边跨（南边跨）主缆成桥线形与设计理论值的差异（纵轴表示吊索编号）。计算结果表明：主缆面积偏差经过空缆线形和预偏量修正后，悬吊跨各点成桥线形基本上能达到与设计理论值一致；对未悬吊跨的影响则比较大，当面积差值为 5%时，悬吊边跨上下游对应位置点的最大高程差约为 9mm；中跨上下游对应位置点的最大高程差约为 2mm，理论上完全能满足精度要求，不需要因面积偏差对吊索长度再进行修正；无吊索边跨上下游对应位置点的最大高程差约为 160mm，即两缆将会一高一低，但也不会影响美观与使用。

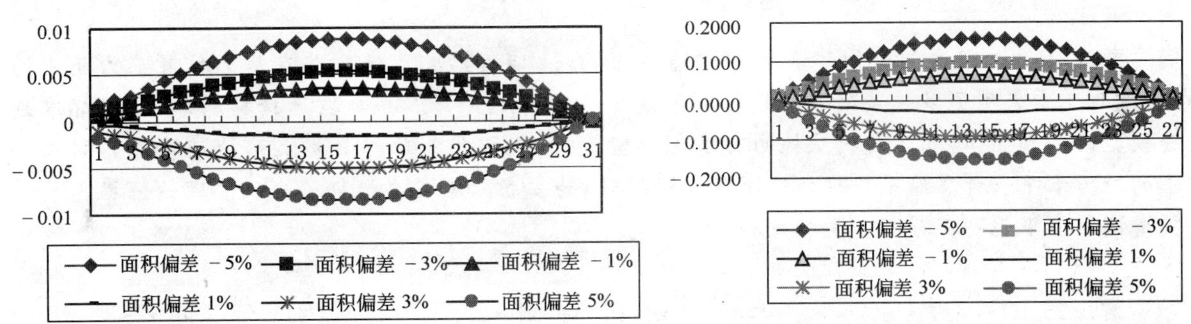

图 6 成桥时有吊索边跨与无吊索边跨主缆各点线形与理论线形高程差随面积偏差的变化曲线（m）

五、结 语

从上面的分析结果我们可以看出，主缆参数的变化对主缆长度、空缆线形及施工控制的决策都有影响，利用精确的施工控制计算，理论上能保证成桥后的上下游主缆线形基本一致，加上吊索长度修正，理论上能达到上下游桥面高程一致。

能实现上述结果的前提条件是各家单位提供的参数准确、可靠，并且必须能代表整根主缆的实际参数，这就要求各制索单位对主缆钢丝的弹性模量、平均直径按统一的标准进行取样和测量。如果标准不统一，提供的参数缺乏可比性，可用性降低，误差偏大时对结构的成桥线形会产生不利的影响，出现的情况是桥面上下游高程不一致，桥塔不能达到设计位置。

为获得比较准确的丝股参数，在西堠门桥中采取了以下的工程措施：

（1）各制索单位钢丝的弹性模量和平均直径除各自按规范或技术要求进行测量外，另外委托了一家有资质的单位对各制索单位的钢丝进行标准抽样检测，以获得对比性强的可靠数据。

（2）各制索单位在制索过程中，定期和随机抽样相结合，从整个制索过程中抽取至少 3×127 根短钢丝，按标准制索过程制作出至少 3 根 10m 的短索（包括两端的锚头），分别进行了拉伸试验和钢丝重量测试，测试短索实际的应力应变关系，获得了具有代表性的实际数据。

（3）监控单位根据制索单位、检测单位提供的测试数据进行分析，确定出各制索单位主缆的实际参数（弹性模量和钢丝平均直径），在施工控制中以保证成桥的结构线形为目标，分别按左右幅主缆取不同参数，计算鞍座预偏量、空缆线形和锚跨张力；施工单位严格按监控单位提供的参数进行施工架设。

（4）从保证结构合理的力学特性出发，两根主缆的弹性模量和面积差应尽量的控制在一较小的范围。

参考文献

[1] 沈锐利. 悬索桥主缆系统设计及架设计算方法研究[J]. 土木工程学报,1996(2).

[2] 唐茂林. 大跨度悬索桥空间几何非线性分析与软件开发[D]. 成都:西南交通大学,2003.

[3] 唐茂林,沈锐利,强士中. 大跨度悬索桥丝股架设线形计算的精确方法. 西南交通大学学报,2001(3).

[4] 唐茂林,强士中,沈锐利. 悬索桥的成桥主缆计算的悬链线方法. 铁道学报,2003(1).

127. 嵌岩深基坑支护结构施工阶段内力监测与反分析研究

谢 军[1] 孙 旻[2] 徐 伟[2] 张太科[1]

(1. 广州珠江黄埔大桥建设有限公司;2. 同济大学建筑工程系)

摘 要 通过工程实例介绍了嵌岩地连墙在深基坑工程的应用,针对其在基岩位置应力集中的特点,在开挖施工中采用了多种监测手段并利用数值方法进行反分析。在合理选择材料本构、破坏准则以及裂缝模型的基础上,建立了支护结构的有限元模型,利用现场实测位移数据反演地连墙和内衬在开挖过程中的应力水平。计算结果与现场实测值吻合较好,为支护结构安全性评价提供了理论依据。

关键词 有限元 反分析 支护结构

一、研 究 背 景

近年来,随着我国桥梁事业的快速发展,在悬索桥建设过程中出现了一些超深基坑工程。如黄埔大桥南北锚碇基础圆形基坑,直径70m,开挖深度分别为25m和30m。在施工过程中,地连墙的受力必须得到严格控制。目前工程上常用的方法是在地连墙的钢筋笼上预先安装钢筋应力计以监控其受力。然而钢筋应力计的数量不可能很多且数据通常很离散,难以真实反应墙体各部分应力。对于锚碇基坑这样的重大工程,必须及时提供地下连续墙的应力状况,为开挖现场提供决策依据。考虑到现场实测的墙体变形数据比较翔实,本文利用有限元方法,利用墙体变形反演了其受力特征,并在施工过程中得到了验证和应用[1]。

二、工 程 特 点

黄埔珠江大桥南汊悬索桥为双塔悬索桥,主跨1 108m,为中国华南地区第一长的公路悬索大桥,该桥建成后将成为广州市标志性建筑。本文的研究主要依据开挖深度为30m的北锚碇展开:北锚碇基础工程位于珠江波萝庙船厂段的江中的大濠沙岛上,围护结构为直径71.80m,壁厚1.2m的圆形地下连续墙,内设2.0～2.5m钢筋混凝土内衬。顶、底板厚5m,中间为填芯混凝土。在强风化岩层厚度大于6m时,地下连续墙进入弱风化岩层深度不小于0.5m,强风化岩厚度3～6m时,嵌入弱风化岩深度不小于1.5m,强风化岩小于3m时嵌入弱风化岩不小于2.5m,开挖深度为30m,深度为34.0～43.19m。为提高基底应力分布的均匀性,在基础前半部设置33个空隔仓。锚体尾部悬出地连墙部分地基需进行处理,设计采用ϕ50cm粉喷桩进行加固处理,并在表面浇30cm厚混凝土垫层。

根据北锚碇地质情况及防洪要求,经方案比较研究,决定采用排水明挖施工方法。地下连续墙施工完成后,采用逆作法,分层开挖土体,分层施工内衬。各层施工工期由土体开挖控制,内衬及土体分层厚度为3m。采用岛式开挖法进行土体开挖。土体力学参数列于表1。

地层力学参数 表1

土层	重度(kN/m³)	黏聚力(kPa)	内摩擦角(°)	层厚(m)
淤泥土	17.7	8	5	3
粉细砂	19	1	15	2
亚砂土	18.5	1	20	6
中粗砂	19.5	1	30	3
残积亚黏土	18.0	10	20	7
全风化岩	18.5	13	22	8
强风化岩	22.0	20	25	5.0
弱风化岩	24.5	3 000	30	2.5
微风化岩	26.0	8 000	40	—

三、地连墙监测

地连墙监测包括:地下连续墙深层侧向变形监测(测斜)、墙体钢筋应力监测、墙体温度监测。在地下连续墙内埋设带导槽PVC塑料管,以跟踪围护结构侧向位移。针对本工程系圆形基坑的特点,均匀布设8孔,即$P_1 \sim P_8$,其深度同墙深,PVC塑料管外径ϕ70mm。如图1所示。

在连续墙内布设钢筋应力测孔,在平行与垂直大桥轴线的两个方向上布设4个监测孔,在45度角位置上另布设4个监测孔,每个监测孔中分两个剖面埋设,分别为迎土、迎坑面(即G1-A、G1-B~G9-A、G9-B)。根据本工程的特点,每个监测孔埋设18只应力计,其中第1组应力计布设在墙顶向下6m处,以后布设深度依次分别为10m、14m、18m、22m、24m、26m、28m、30m。每个剖面的同一横截面内布设两只呈对称布置应力计,因此共布设144只应力计。应力计直径与钢筋主筋相同,在埋设位置截断主筋用钢筋应力计置换。应力计导线在钢筋笼内用软绳统一固定在主筋上,引出地面,在连续墙顶部用钢套管保护,接入接线盒内保护,不受施工破坏,如图2所示。

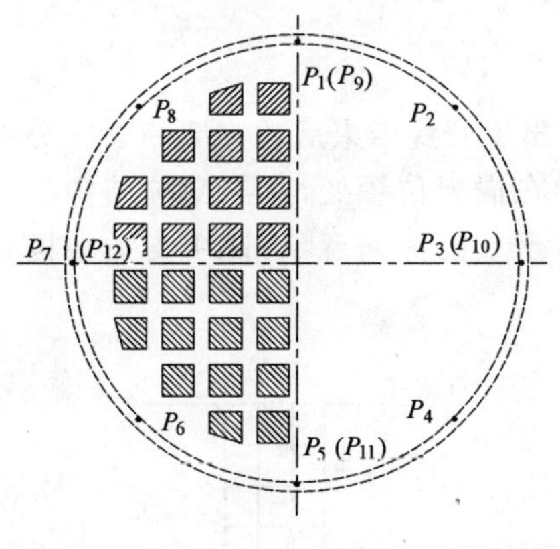

图1 测斜孔布置

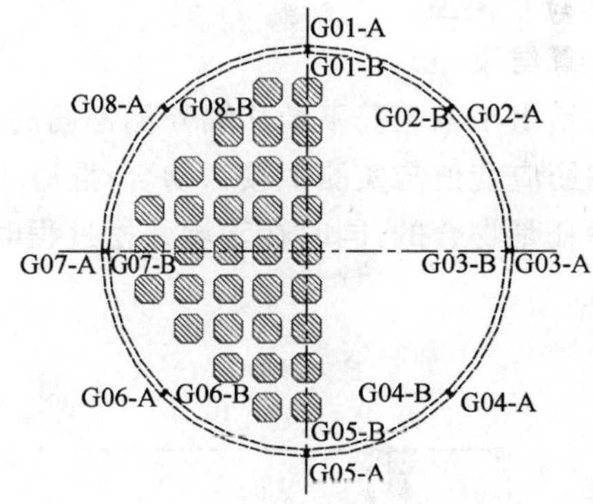

图2 钢筋应力监测孔布置

考虑到全文篇幅,本文只取P_5孔的变形监测结果以及开挖结束后的钢筋应力监测结果。

图3给出了施工阶段地连墙的变形,图4和图5给出了开挖结束后地连墙纵向钢筋的应力,可见钢筋的应力水平都很低,在大部分部位拉应力和压应力都不超过5MPa,最大拉应力不超过20MPa,说明拱效应有效地减少了地下连续墙的竖向受力。测点在嵌岩位置应力明显增大,这与该处地下连续墙的受力与变形相协调的。即基岩的顶面地连墙有的应力集中现象。

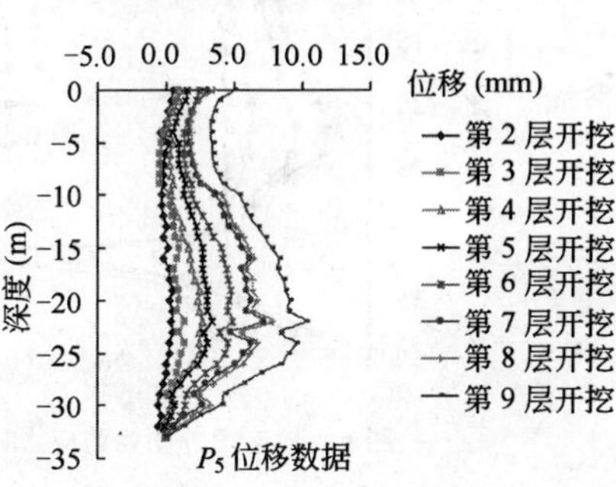

图3 地连墙实测变形

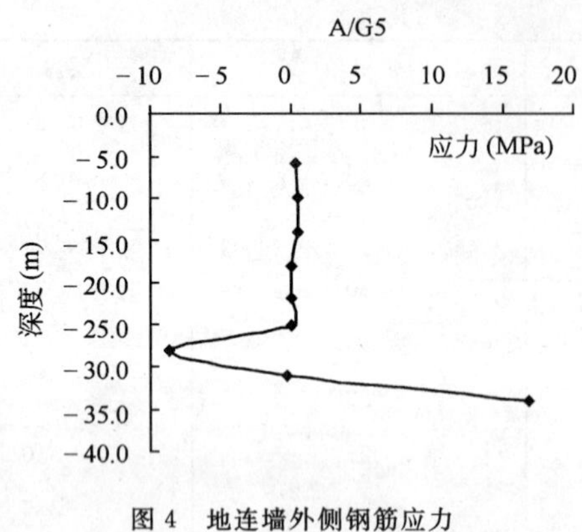

图4　地连墙外侧钢筋应力

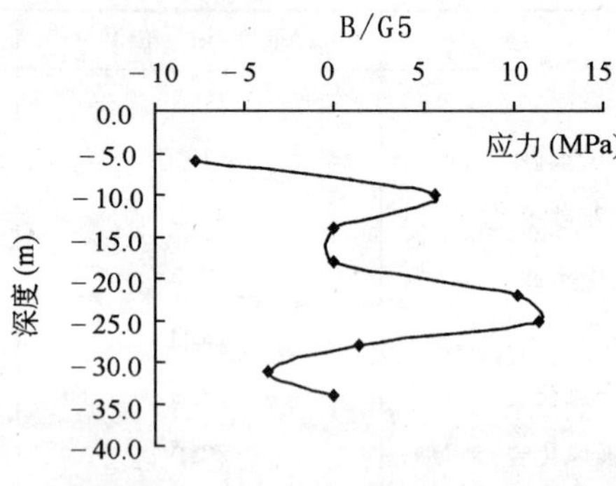

图5　地连墙内侧钢筋应力

四、地连墙应力反分析

1. 支护结构位移数据拟合

由于测斜管的工作环境、温度变化、测量仪器精度等诸多因素的影响，实测得到的位移数据离散很大，考虑到变形的连续性，在用于内力分析前应该对其进行拟合处理。由于测量数据有一定误差，如果采用样条函数拟合曲线会使得曲线中继续保留测量误差，因而本文采用基于最小二乘法的多项式函数进行实测数据处理，其实质是离散情况下的最佳平方逼近，当然这种拟合强调的是数据变化的趋势而不是每一点的精确位移。

2. 有限元模型的建立

计算采用通用软件ANSYS[3]，计算模型选取P_5测斜孔位置处一幅地连墙，取半结构进行计算，采用分离式建模方法，将混凝土和钢筋分别划分单元。钢筋采用Link8杆单元；混凝土采用能够考虑开裂作用的Solid65实体单元；土体和岩石采用Solid45单元。钢筋和地连墙通过共用节点连接，不考虑二者之间的黏结滑移。混凝土本构关系采用Saenz公式[4]，破坏准则采用Willam & Warnke五参数准则；土体材料采用D-P模型。

3. 计算结果

图6给出了各工况下地连墙外侧钢筋的应力水平，图7给出了开挖结束后地连墙的裂缝分布。可见计算的钢筋应变值与实测值较为吻合；混凝土的裂缝基本集中在嵌岩位置处，这与支护结构的变形特征和应力特征是吻合的，同时在基坑开挖过程时未发现地连墙有严重的渗漏现象，说明支护结构有足够的安全储备。

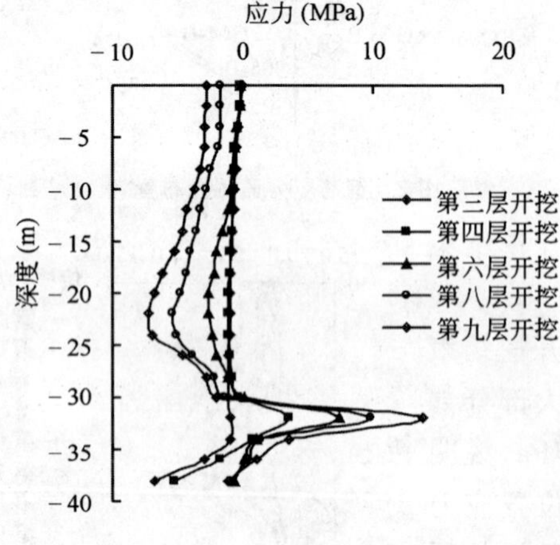

图6　地连墙外侧钢筋应力计算值

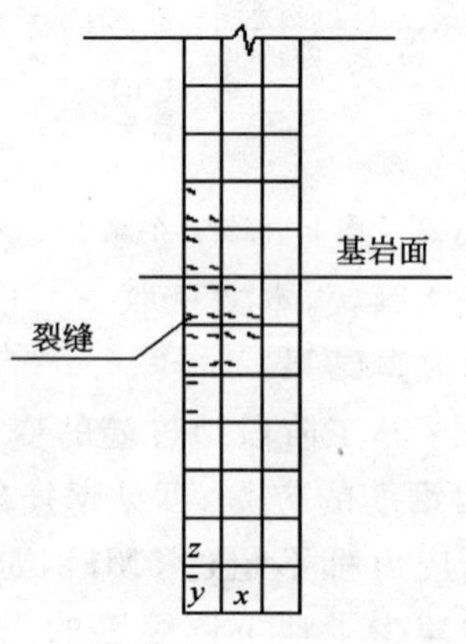

图7　地连墙嵌岩位置裂缝

五、结 语

深基坑工程是岩土工程研究的热点问题之一，本文所探讨的黄埔大桥北锚工程是目前国内罕见的特大基坑，在施工过程中仅仅通过实测钢筋应力和肉眼观测裂缝是难以全面反应支护结构的受力特征的。基于实测位移对支护结构内力进行反演的方法可以在一定程度上弥补传统方法的不足，从而为基坑开挖的信息化施工提供条件。

参考文献

[1] 林鸣，张鸿，徐伟. 润扬长江公路大桥北索塔北锚碇工程施工技术. 中国建筑工业出版社，2003.

[2] 郭慧光，刘玉涛，徐伟. 阳逻长江公路大桥南锚碇基础深基坑开挖模拟与实测分析[J]. 桥梁建设，2004(3).

[3] ANSYS公司. ANSYS分析指南[R]. 北京：ANSYS公司北京办事处，1999.

[4] 吕西林，金国芳，吴晓涵. 钢筋混凝土结构非线性有限元理论与应用. 上海：同济大学出版社，1996.

128. 广州珠江黄埔大桥广深跨线桥施工监控与长期健康监测一体化系统的设计及监测分析

招国忠[1] 曾 磊[1] 汤立群[2] 刘逸平[2] 何庭蕙[2]

（1. 珠江黄浦大桥建设有限公司；2. 华南理工大学交通学院）

摘 要 由于桥面宽、跨越广深铁路导致的施工环境恶劣，广深跨线桥的施工监控变得十分重要。本文通过合理设计，从施工监控和长期健康监测一体化考虑，设计了广深跨线桥的应变、温度监测系统。该系统采用无线远程通信技术，应用方便，不仅能满足当前桥梁施工监控中桥梁内力监测的需要，还能无缝地转化为长期健康监测系统。施工阶段的应变监测数据表明该桥梁内力符合设计要求，同时温度监测数据还能很好地建议了桥梁的合龙时机。

关键词 施工监控 健康监测 一体化

连续刚构桥型是20世纪60、70年代首先在国外发展起来的，由于其综合了连续梁桥和T形刚构桥的优点，因此近20年得到了蓬勃的发展[1~4]。

由于连续刚构桥的施工一般采用分节段施工的方法，结构的最终形成，必须经历一个漫长而又复杂的施工过程以及结构体系转换，同时还受混凝土材料的非均匀性、收缩徐变和温度的影响。为此，必须对桥梁施工过程中每个阶段的受力状态和变形情况进行预测和监控，以保证桥梁施工中的安全和结构线形及结构恒载内力符合设计要求[5~7]。

由于桥面宽、跨越广深铁路导致的施工环境恶劣，广深跨线桥的施工监控变得十分重要。为了保障桥梁施工安全和满足桥梁长期健康监测的需要，我们通过合理选择传感器、数据采集系统和通信系统，很好地实现了施工监控系统与长期健康监测系统的一体化设计。该系统很好地完成了施工监控任务，并且开始无缝地转入长期健康监测系统。

一、监测系统设计

1. 传感器的布置

广深铁路跨线桥为60.02m＋3×80m＋60.02m预应力混凝土刚构—连续组合箱梁桥，主桥长

360.04m。桥面中心设计高程:36.66m,桥分左、右幅设计。为了能有效地监测桥梁施工过程的应力状态,我们在主梁上的测点布置如图1所示,它们分布在悬臂根部附近、7号梁段、跨中等17个关键截面上。共埋设59个传感器。这些截面分别进行编号4N0、4S0、4S7、4M5、5N7、5N0、5S0、5S7、5M6、6N7、6N0、6S0、6S7、6M7、7N7、7N0、7S0等(图1)。

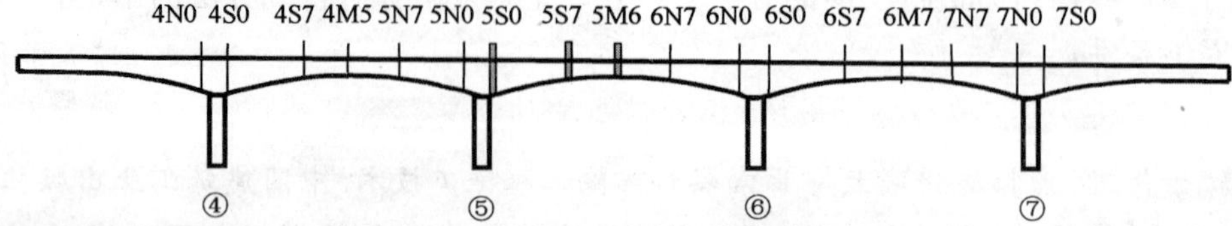

图1 传感器布置的截面位置图

其中悬臂根部、1/4跨截面的传感器能有效地监测各梁段预应力张拉、混凝土浇筑等工况引起的箱梁内力的变化,进而协助判断这些工况的施工质量。同时,布置合龙段上的传感器将有利于开展长期健康监测。

传感器在不同截面上的布置如图2所示。

图2a),b)传感器布置兼顾了长期健康监测,通过不同部位埋设传感器,将可以全面地比较典型梁段的受力变化情况,同时还能更好地了解箱梁内部混凝土的温度变化情况。

2. 传感器与数据采集系统

从可靠性以及易用性等方面考虑,采用智能弦式数码应变温度型传感器,即能同时测量埋设位置的应变和温度。此类应变计自身内置计算机芯片,自动保存传感器的型号、编号和标定系数等参数,而且能自动保存多次测量的参数,传输距离长且不失真。

数据采集系统是数字式全自动多通道数据采集系统,该系统具备自动采集功能,在混凝土浇筑等关键过程,数据采集的最短时间可以达到10min。在长期健康监测时,初始采样时间可以2h,当然这些采样时间可以通过远程网络进行设置。

在左、右幅桥梁各安排一个测量控制箱[图3a)]分别对左右两幅的传感器进行控制管理和数据采集。

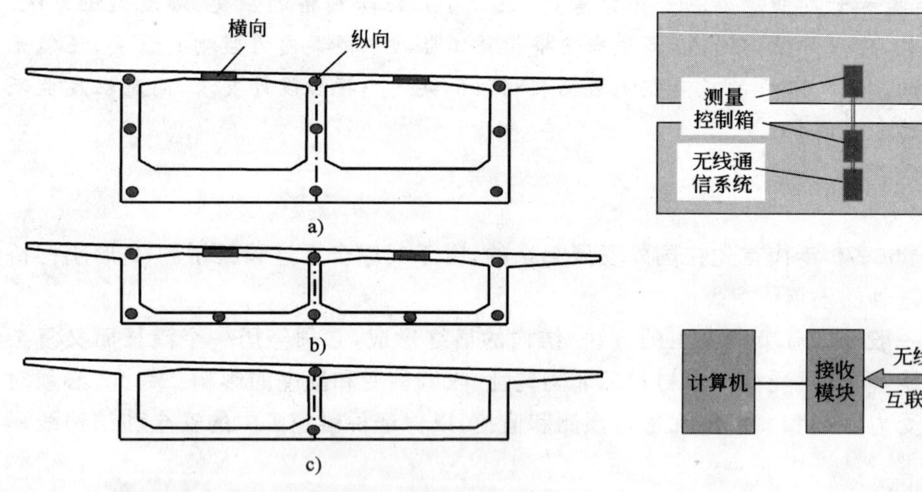

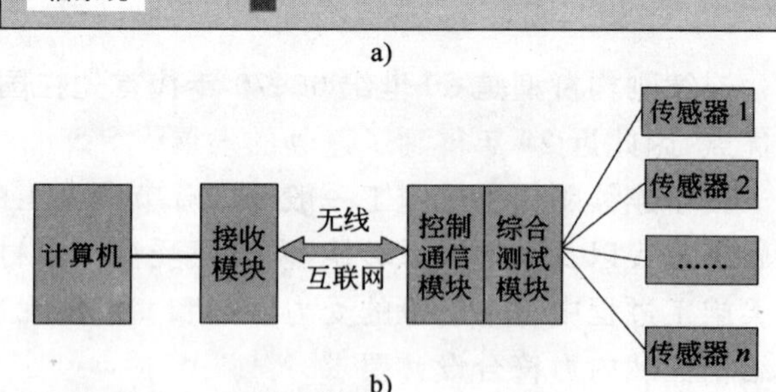

图2 传感器在截面上的布置图

a)5号墩0(1)号梁段上5S0截面测点的布置图;b)5号墩7号梁段上5S7截面及合龙段5S7截面测点的布置图;c)其他截面上测点的布置图

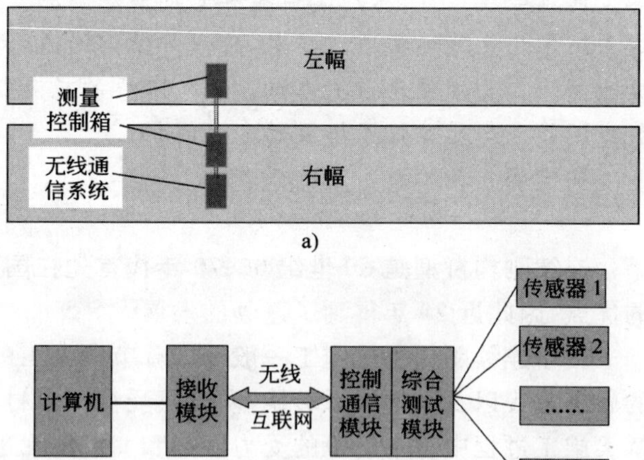

图3 综合测量控制系统

a)测量控制系统连线示意图;b)无线能信示意图

3. 综合测量控制系统

在我们设计的系统中,各测量控制箱之间可以通过825总线实现远程相连,即在读取控制箱中的数据或者向控制箱发送控制命令时,只要连接上一个控制箱就可以连接控制所有的控制箱。

在实际的控制过程中,我们利用无线网络技术,即通过将IP over公共无线网络中国移动的GPRS或者中国联通的 CDMA 网络，进行远程通信，实现对控制箱的控制和采集数据的传输[图 3b)]。采用这样的测量控制，能实现对整个施工工程进行“不间断”的监测，从而全面地掌握桥梁内部应变、温度随着施工工况的变化情况。而且，由于有无线网络通信的支持，该系统能实现无人值守，因而自然地可以转化为长期健康监测系统。

二、应变监测分析

在施工过程中，需要监控的是挂篮前移、混凝土浇注和预应力张拉的过程。目前的传感器大部分是应变传感器，因此要和加载引起的理论应变对比，需要对测量的应变作必要的修正，如温度、徐变等因素的修正。其中温度引起的修正，是由于我们的传感器都是温度应变型的，在进行应变测量时，温度都已经同时测量，因此很容易按照仪器厂家的提供修正公式进行温度修正即可。

1. 徐变修正

下面重点介绍徐变的修正。首先，由桥梁博士计算得出桥轴线上的理论徐变值，根据线形徐变理论，可求出相应施工阶段对应位置的徐变系数 a(a=徐变变形/理论弹性变形)；然后由修正温度后的总应变值依据徐变系数分离出其中的徐变变形，从而得出张拉前后单纯由预应力荷载产生的应变变化的实测值。现用 6N1-7、6S1-8 两个传感器举例说明徐变的计算以及测量数据的修正。

徐变计算 表1

节点号	钢筋号	6N1-7		6S1-8	
施工阶段	张拉钢筋	竖向位移(m)	徐变值($\mu\varepsilon$)	竖向位移(m)	徐变值($\mu\varepsilon$)
9	T3	3.04E-05	15.2	3.02E-05	15.1
12	T4	3.16E-05	15.8	3.12E-05	15.6
15	T5	3.24E-05	16.2	3.20E-05	16.0
18	T6	3.41E-05	17.0	3.37E-05	16.8
21	T7	3.47E-05	17.4	3.43E-05	17.2

注：徐变值=竖向位移/2(节段长)×1 000 000

2. 结果分析

真实测量应变结果如表 2 所示，从表 2 结果可以看出，修正后的实测应变值和理论计算值比较接近，其他测点的传感器的结果也类似，这说明本文采用的监测系统是可行的，同时说明施工基本达到了设计要求。

传感器测量数据修正 表2

传感器标识	6N1-7					6S1-8				
传感器编号	207160					207199				
张拉预应力束前后	理论值 $\mu\varepsilon$	实测应变 $\mu\varepsilon$	徐变值 $\mu\varepsilon$	徐变系数 a	修正后实测值 $\mu\varepsilon$	理论值 $\mu\varepsilon$	实测应变 $\mu\varepsilon$	徐变值 $\mu\varepsilon$	徐变系数 a	修正实测值 $\mu\varepsilon$
T3	−34.0	−61.4	15.2	−0.4	−43.9	−32.9	−62.4	15.1	−0.5	−41.6
T4	−36.3	−53.0	15.8	−0.4	−37.9	−35.1	−54.2	15.6	−0.4	−38.7
T5	−38.5	−48.2	16.2	−0.4	−34.4	−37.0	−54.9	16.0	−0.4	−39.2
T6	−41.2	−59.0	17.0	−0.4	−42.1	−39.6	−54.0	16.8	−0.4	−37.8
T7	−43.2	−59.2	17.4	−0.4	−42.3	−41.5	−53.3	17.2	−0.4	−38.1

三、温度监测分析

本监测方案不仅能监测应变同时还监测温度。这些温度的测量除了为我们对测量的应变做必要的修正外，还帮助了解箱梁内部不同位置的温度分布以及随时间的变化规律，从而帮助我们定量地分析非均匀温度场引起的热应力提供了基础数据。

1. 纵向温度分布

在纵桥向的19个横截面上都埋有传感器。通过这些传感器所收集的温度数据，就可以分析纵桥向的温度分布情况。

不同横截面上对应测点的温度变化如图4所示，从中可以看出如预想一样，不同截面上相同位置的测点温度变化基本一样，这说明温度沿桥梁纵向的分布基本是一样的。

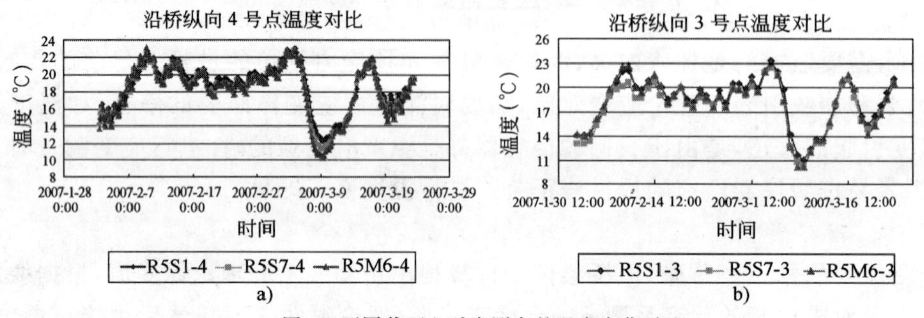

图4　不同截面上对应测点的温度变化对比

a)3号测点；b)4号测点

2. 竖直温度分布

相对而言，在施工阶段了解箱梁内部竖直方向的温度分布更为重要，因为竖直方向的非均匀温度场能引起悬臂挠度。

图5a)中R5S1-7，R5S1-3，R5S1-11，R5S1-4传感器距离顶板表面厚度分别为：0.14m、0.265m、2.004m、3.728m。可见，比较靠近顶板表面，温度受日照影响最为明显。它的温度波动明显比腹板(R5S1-11)和底板(R5S1-4)测量值要大。腹板(R5S1-11)和底板温度(R5S1-4)也成波动变化状态，它的变化规律与顶板的变化相似，但相对滞后，波动幅度相对平缓。

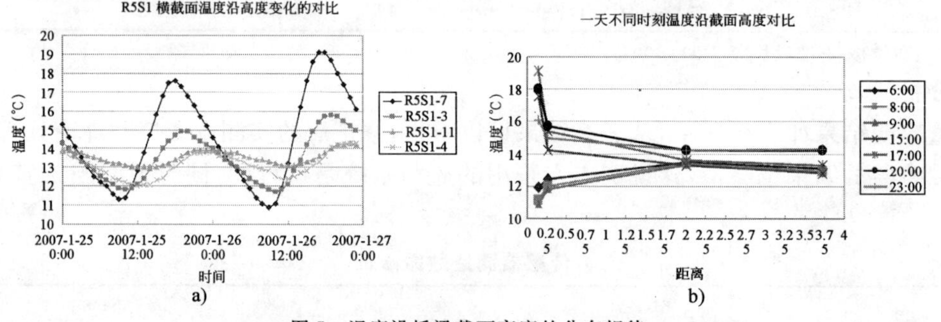

图5　温度沿桥梁截面高度的分布规律

a)不同高度位置温度随时间变化；b)在不同时刻温度随到顶板表面距离的变化

我们通过回归，可以得出在夏天温差最大时刻的温度分布函数为：

$$T = 21.2e^{-11y} + 13.0$$

式中：T——温度；

y——测点位置到顶板表面的距离。

图5b)显示在不同时刻，截面上不同位置的温度分布，从中可以看出一个重要的信息：在凌晨6点是箱梁截面内的混凝土温度分布最均匀的时刻，甚至比半夜12点的时刻分布还要均匀。

四、结　语

本文利用IPoverGPRS/CDMA无线网络技术，设计了能满足施工监控和长期健康监测需求的一体化监测系统，经过施工阶段的监测表明该系统能可靠运行，有效地监测了施工阶段的应变分布以及变化规律，监测的温度不仅为开展非均匀温度引起的温度应力分析打下良好的基础，而且还很好地建议了桥梁的合龙时机。该监测系统目前已经顺利地转入长期健康监测系统。

参考文献

[1] 周军生,楼庄鸿.大跨径预应力混凝土连续刚构桥的现状和发展趋势[J].中国公路学报,2000,1:31～37.

[2] Zhou,Junsheng;Lou,Zhuanghong. Status and developing trends of large-span prestressed concrete bridges with continuous rigid frame structure[J]. Beijing Jianda Road and Bridge Consulting Co, China,2000,13(1):31～37.

[3] 戴竞.虎门大桥设计与施工[J].土木工程学报,1997,30(4):3～13.

[4] 陈士平,王中文,张焕新.270m连续刚构上部构造施工[J].桥梁建设,1998,4:26～27.

[5] 向木生,张世飙,张开银,沈典栋,沈成武.大跨度预应力混凝土桥梁施工控制技术[J].中国公路学报,2002,10:38～42.

[6] 黄建跃,王树林,刘成龙,高淑照.大跨度连续刚构桥施工主梁变形监测的必要性与方法[J].桥梁建设,2003,1:48～51.

[7] 欧阳琼.江口特大桥主桥箱梁悬浇施工控制[J].公路与汽运,2004,1:64～65.

129. 舟山西堠门主缆参数误差对施工线形影响的分析

叶志龙[1] 王昌将[2] 沈锐利[1] 唐懋林[1]

(1. 西南交通大学;2. 浙江省舟山连岛工程建设指挥部)

摘 要 悬索桥施工监控过程中,主缆线形是最为关键的环节。本文以舟山大陆连岛工程西堠门大桥为对象,计算分析了该桥主缆的弹性模量误差和截面积误差对施工线形的影响。通过分析,可以了解和掌握主缆参数变化对特大跨悬索桥施工线形影响的敏感程度。

关键词 悬索桥 主缆线形 参数误差

一、概 述

西堠门大桥为主跨1 650m两跨连续全漂浮体系钢箱梁悬索桥,是目前国内最大、世界第二的大跨悬索桥结构。该桥北端连接册子岛,南端连接金塘岛,是舟山大陆连岛工程中的控制性工程。西堠门大桥左右幅各设一根主缆,采用预制平行索股(PPWS),主缆分跨从北至南为578m+1 650m+485m。每根主缆中,两锚碇间的通长索股有169根,北边跨另设6根锚固在北主索鞍上的背索,南边跨另设2根背索锚固在南主索鞍上。每根索股由127丝直径5.25mm的高强度镀锌钢丝组成,索股截面为正六边形,截面高度为59.81mm。在架设时索股竖向排列成尖顶的近似六边形,紧缆后主缆为圆形。其索夹内直径北边跨、中跨和南边跨分别为860mm、845mm和850mm,索夹外直径北边跨、中跨和南边跨分别为870mm、855mm和860mm。主缆主要参数见表1。

主缆主要参数表 表1

项 目	单 位	北 边 跨	中 跨	南 边 跨
主缆钢丝公称抗拉强度	MPa	1 770		
钢丝公称直径	mm	5.25		
单股丝数	丝	127		
单缆股数	股	175	169	171
单缆净面积	cm^2	4 811	4 646	4 701

续上表

项目		单位	北边跨	中跨	南边跨
空隙率	索夹内	%	17		
	索夹外	%	19		
缆径	索夹内	mm	860	845	850
	索夹外	mm	870	855	860
主缆形状长度		m	2 892.325		
通长索股平均无应力长度		m	2 880.688		

二、主缆弹性模量和横截面积误差影响的分析

1. 参数计算基准值的选定

西堠门大桥左幅主缆(C2-L标)和右幅主缆(C2-R标)由不同的厂家生产。根据监理提供的报告资料,钢丝直径与弹性模量统计参数见表2;根据主缆索股静载试验测试报告,测试数据见表3。

钢丝直径与弹性模量统计参数表 表2

标号	钢丝直径(mm)	钢丝弹性模量(GPa)	标号	钢丝直径(mm)	钢丝弹性模量(GPa)
左幅主缆(C2-L标)	5.233 933	198.337 3	右幅主缆(C2-R标)	5.241 586	196.079 3

索股静载试验测试数据表 表3

标号	项目	试件1	试件2	试件3	平均值
左幅主缆(C2-L标)	实测面积(mm^2)	2 739			5.240 216mm(换算平均直径)
	弹性模量(GPa)	197	196	194	195.667
右幅主缆(C2-R标)	实测面积(mm^2)	2 750	2 750	2 751	5.251 047mm(换算平均直径)
	弹性模量(GPa)	192.9	194.8	196.1	194.6

依据表2、表3的数据,选定主缆弹性模量基准值为1.95×10^5MPa,主缆横截面积变化通过钢丝直径来反映,其基准值由钢丝直径5.25mm计算所得。选取主缆弹性模量计算值为1.91×10^5MPa、1.93×10^5MPa、1.95×10^5MPa、1.97×10^5MPa、1.99×10^5MPa,主缆钢丝计算直径为5.21mm、5.23mm、5.25mm、5.27mm、5.29mm,通过建立空间计算模型进行参数变化的影响分析。

2. 主缆无应力长度分析

根据设计成桥理论线形,在恒载不变的情况下,主缆的无应力长度将随主缆弹性模量和横截面积的改变而变化。图1为主缆无应力长度改变量随弹性模量和横截面积改变的变化曲线。从图1中可以看出,主缆无应力长度的改变量与主缆弹性模量、横截面积的变化量呈线形关系;主缆弹性模量或面积出现正误差时,计算所得的主缆无应力长度增加,反之则减少。理论计算表明,当主缆弹性模量取值相差$\pm0.04\times10^5$MPa时,主缆无应力长度将相差约为0.170m;当主缆钢丝直径相差±0.04mm时,主缆无应力长度相差约为0.100m;当主缆弹性模量和横截面积均为负误差,即主缆弹性模量取值相差-0.04×10^5MPa和钢丝直径取值相差−0.04mm时,主缆无应力长度将减少0.268m;当主缆弹性模量和横截面积均为正误差,即主缆弹性模量取值相差$+0.04\times10^5$MPa和钢丝直径取值相差+0.04mm时,主缆无应力长度将增加0.256m;若两者出现反方向误差时,则主缆无应力长度的改变不大。从上述分析可知,当主缆弹性模量和横截面积同向误差时,对主

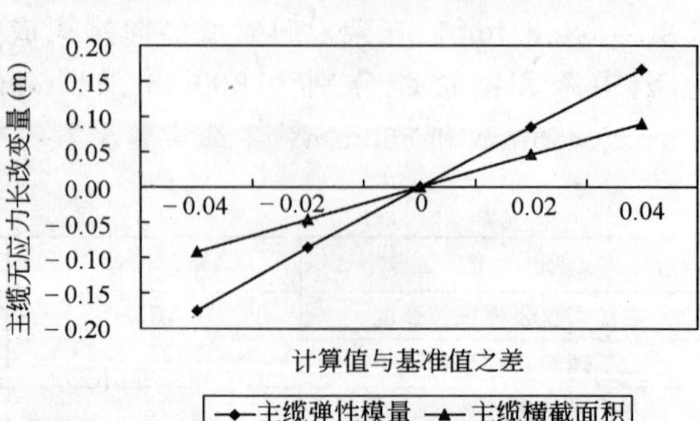

图1 主缆无应力长度随弹性模量和横截面积改变的变化曲线

缆无应力长度影响最大，但由于锚固拉杆调节长度为 1.275m，故由于主缆弹性模量或横截面积取值误差所引起的主缆无应力长度计算偏差对主缆索股架设影响不大。

3. 索鞍预偏量分析

索鞍预偏量设置是悬索桥施工中特有的环节，其目的是通过改变各跨跨度来调整各跨主缆的张力，使相邻两跨主缆在索鞍处保持一定的平衡关系，从而消除索鞍两侧主缆强大的不平衡力，方便主缆索股的架设和确保施工过程中索塔的安全。

取主缆弹性模量和横截面积的基准值，通过理论计算得出西堠门大桥各索鞍预偏量见表 4。图 2 为索鞍预偏量变化值随主缆弹性模量偏差的变化曲线，图 3 为索鞍预偏量变化值随主缆面积偏差变化曲线。从图中可看出，索鞍预偏量的变化值随主缆弹性模量或横截面积的误差线性改变，主索鞍预偏量的变化率比散索鞍预偏量的变化率大，且主缆弹性模量或横截面积越大，索鞍预偏量越小。当主缆弹性模量取值偏差 $\pm0.04\times10^5$ MPa 时，主索鞍预偏量变化值约为 0.021m，散索鞍预偏量变化值很小；当主缆钢丝直径偏差 ±0.04mm 时，主索鞍预偏量变化值约为 0.017m，散索鞍预偏量变化值也很小。以上分析表明，主缆弹性模量或横截面积的误差所引起的各索鞍预偏量的变化值比较小，即使两者出现同向误差所造成的各索鞍预偏量变化值也将不大，因而索鞍预偏量的调整就比较小，从而不影响塔顶平面及隔栅的设计尺寸。

各索鞍预偏量 表 4

北散索鞍 IP		北主索鞍	南主索鞍	南散索鞍 IP	
转角(°)	水平偏移(m)	水平偏移(m)	水平偏移(m)	转角(°)	水平偏移(m)
0.743 14	0.060 2	1.032 5	2.014 8	0.710 43	0.053 9

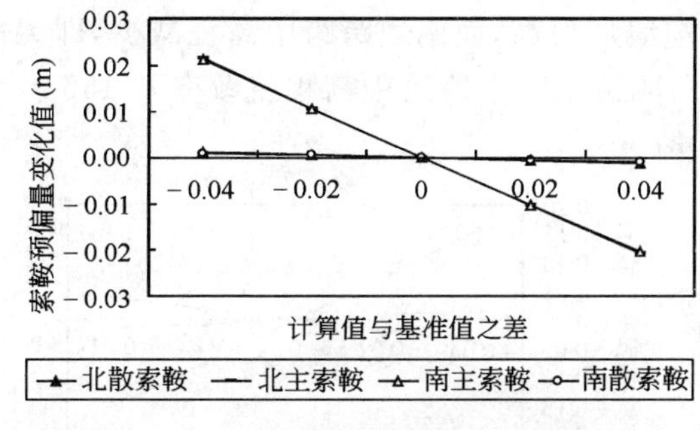

图 2 预偏量变化值随弹性模量偏差变化

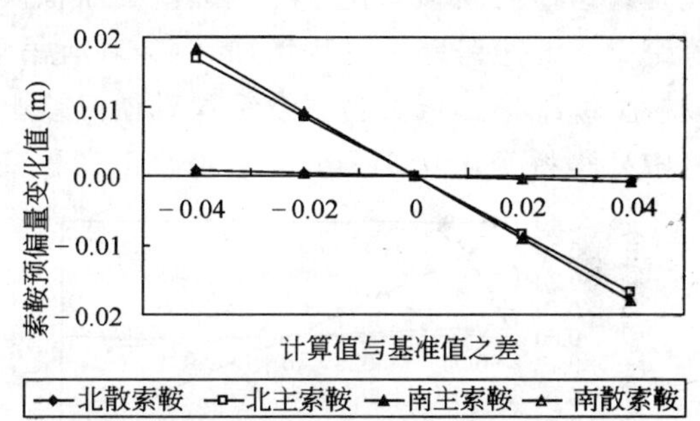

图 3 预偏量变化值随横截面积偏差变化

各跨跨中实际施工的空缆高程(单位：m) 表 5

标号	北边跨	中跨	南边跨	标号	北边跨	中跨	南边跨
左幅主缆(C2-L 标)	119.543 1	84.936 5	128.689 5	右幅主缆(C2-R 标)	119.553 9	85.037 2	128.699 7

4. 空缆线形分析

悬索桥空缆线形的精确程度对成桥的质量具有决定性的影响，故空缆线形的精确计算显得尤为重要。现对主缆弹性模量和横截面积误差对空缆线形的影响作一分析。

图 4 为空缆跨中高程变化量随主缆弹性模量偏差的变化曲线。图 5 为空缆跨中高程变化量随主缆横截面积偏差的变化曲线。从图中可以看出，空缆各跨跨中高程变化量与主缆弹性模量或横截面积的误差呈线性关系，且中跨跨中高程变化率较边跨跨中高程变化率大。主缆弹性模量或横截面积取值越大，架设的空缆线形就越低，即空缆高程降低。当主缆弹性模量取值偏差 $\pm0.04\times10^5$ MPa 时，空缆中跨跨中高程变化量约为 0.225m；当主缆钢丝直径取值偏差 ±0.04mm 时，空缆中跨跨中标高变化量约为 0.177m。由上述分析可知，主缆弹性模量和横截面积的取值误差对空缆线形的影响较大。表 5 列出了西堠门大桥各跨跨中实际施工的空缆高程，从而可看出不同厂家生产的主缆，其弹性模量和钢丝直径存在微小差别所造成的左右幅中跨跨中空缆高程相差 0.1m。

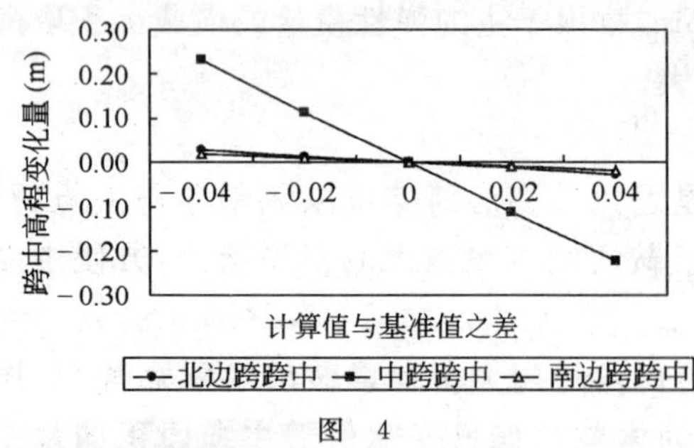

图 4

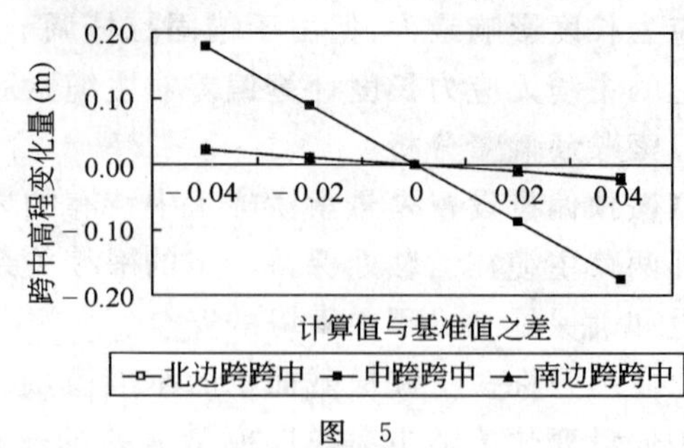

图 5

5. 成桥线形分析

上面分析了主缆弹性模量和横截面积误差对空缆线形的影响。对于这两者的误差，只要主缆索股架设之前准确地获得真实值，用此真实值计算应该设置的索鞍预偏量和空缆线形，进而进行实际施工，则理论上此两者误差对成桥线形没有影响，应能满足设计要求。现假定空缆线形不发生改变，分析探讨主缆弹性模量和横截面积误差对成桥线形的影响。

图 6 为成桥状态主缆跨中高程变化量随主缆弹性模量偏差的变化曲线。图中反映出，成桥状态主缆各跨跨中的高程变化量随主缆弹性模量误差呈线性变化，变化率中跨跨中较大；主缆弹性模量呈正误差变化时，各跨跨中高程增加，即成桥主缆线形偏高，反之则成桥主缆线形偏低。当主缆弹性模量偏差 $\pm 0.04\times 10^5$ MPa时，成桥主缆中跨跨中高程将改变 0.290m，北边跨跨中高程将变化 0.037m，南边跨跨中变化不大，仅为 0.009m。

图 7 为成桥状态主缆跨中高程变化量随主缆横截面积偏差的变化曲线。从图中可以看出，成桥状态主缆各跨跨中的高程变化量与主缆横截面积误差呈线性关系，主缆横截面积以正误差变化时，成桥主缆中跨跨中和北边跨跨中高程增加，意味着有吊索区成桥主缆线形偏高，而南边跨跨中高程减少，即无吊索区成桥主缆线形偏低。当主缆钢丝直径偏差±0.04mm 时，成桥主缆中跨跨中高程将改变 0.155m，北边跨跨中高程将变化 0.017m，南边跨跨中高程变化量为 0.037m。

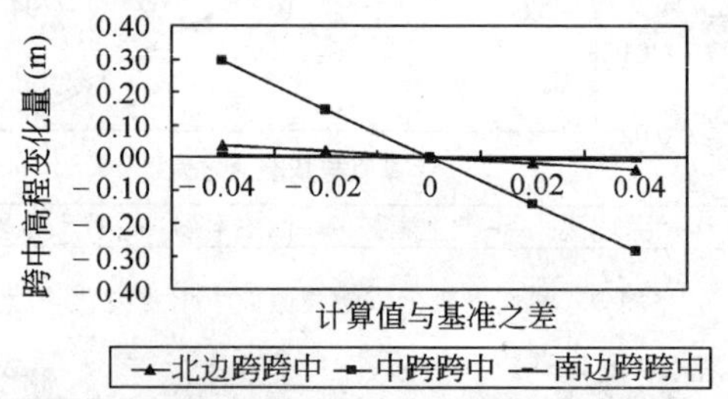

图 6　成桥跨中高程变化量随弹性模量偏差变化

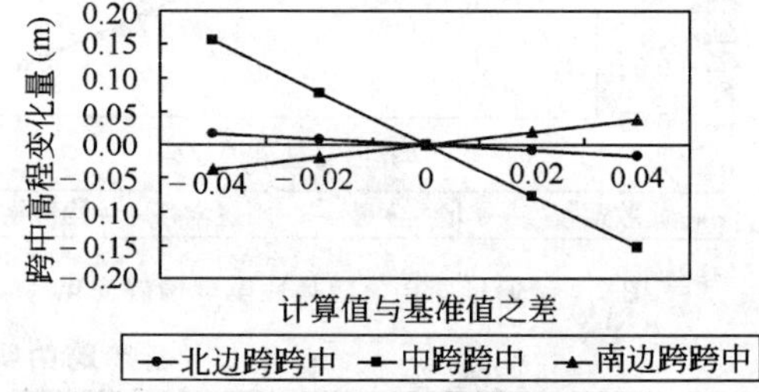

图 7　成桥跨中高程变化量随横截面积偏差变化

图 8 为成桥主缆线形高程变化随主缆弹性模量误差变化曲线。图 9 为成桥主缆线形高程变化随主缆横截面积误差变化曲线。

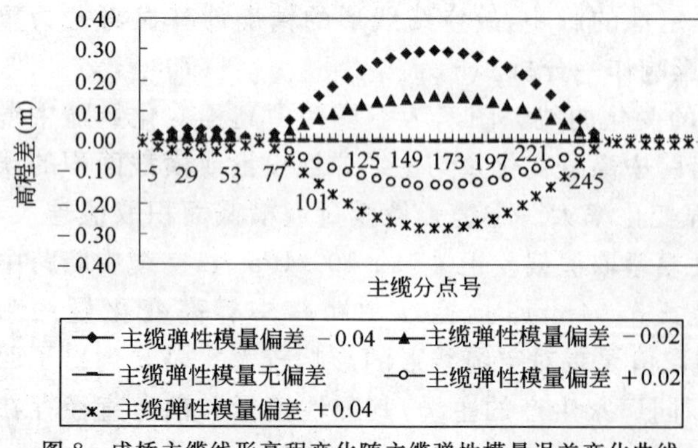

图 8　成桥主缆线形高程变化随主缆弹性模量误差变化曲线

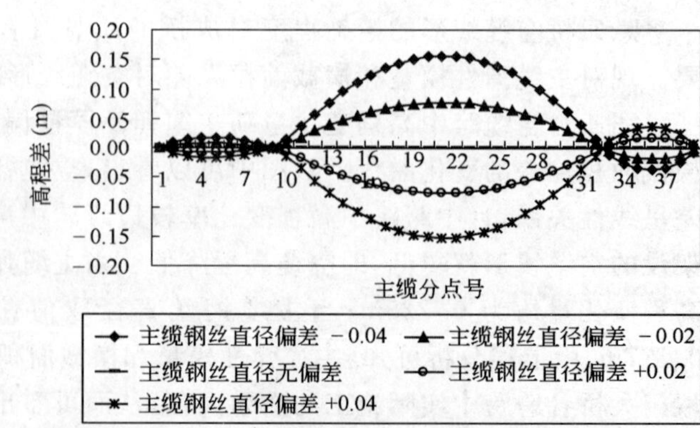

图 9　成桥主缆线形高程变化随主缆横截面积误差变化曲线

三、结 语

(1)理论计算表明,大跨度悬索桥主缆参数弹性模量和截面面积的误差对主缆无应力长度、索鞍预偏量影响相对较小,而对空缆线形及成桥线形影响较大。

(2)主缆弹性模量和截面面积的误差所引起的施工线形的变化归根到底是由于主缆轴向抗拉刚度变化所引起的。主缆截面面积的误差还引起主缆自重集度的变化,对施工线形也会产生影响。当主缆参数误差达到一定程度时,线形的变化量与主缆参数误差呈一定的非线形关系,这一点对于截面面积的误差表现的更为突出。

(3)理论计算表明,主缆弹性模量误差对有吊索区成桥主缆线形和无吊索区成桥主缆线形的高程变化是一致的;而主缆横截面积的误差对有吊索区成桥主缆线形和无吊索区成桥主缆线形的高程变化则相反,主缆横截面积取值增加,有吊索区主缆成桥线形高程增大而无吊索区主缆成桥线形高程则降低。

(4)针对主缆参数误差对施工线形有着较大的影响,施工监控时,应对制索厂家、检测单位所提供的索股试验测试数据进行分析,确定出主缆的实际参数(弹性模量和钢丝平均直径),利用精确的施工控制计算出主缆无应力长度、索鞍预偏量及空缆线形等,指导施工以确保成桥状态符合设计要求。

参考文献

[1] 中交公路规划设计院.西堠门大桥施工图设计—E合同段第二册缆索系统,2005.

[2] 上海浦江缆索股份有限公司.西堠门大桥主缆索股静载试验测试报告,2006.

[3] 中国船舶工业金属结构试验检测中心.西堠门大桥PPWS索股静载强度试验测试报告,2005.

[4] 王戒躁、钟继卫.大跨度悬索桥主缆线形主要参数的影响性分析.桥梁建设,2005.

[5] 唐茂林.大跨度悬索桥空间几何非线性分析与软件开发[D].成都:西南交通大学博士学位论文,2003.

[6] 唐茂林,沈锐利,强士中.大跨度悬索桥丝股架设线形计算的精确方法.西南交通大学学报,2001(3).

[7] 唐茂林,强士中,沈锐利.悬索桥的成桥主缆计算的悬链线方法.铁道学报,2003(1).

130. 舟山西堠门大桥架梁阶段抗风稳定性的探讨

蒋 杰 徐风云

(浙江省舟山连岛工程建设指挥部)

摘 要 本文阐述了西堠门大桥架梁阶段检验风速过高,且不符合规范要求,探讨降低强风危险性的措施。

关键词 西堠门大桥 架梁阶段 抗风稳定性 探讨

一、问题的提出

西堠门大桥是目前世界上跨度最大的两跨连续全漂浮体系钢箱梁悬索桥,跨度布置为578m+1 650m=2 280m,且首次采用了分体式扁平钢箱梁,梁高3.5m,总宽36m[1]。由于该桥跨度大,索塔高,又位于台风多发区,建设期间的抗风稳定性问题应该引起特别重视。因此,建设方分别委托有关单位进行了抗风性能研究[2][3],架梁阶段的颤振检验风速[V_{crs}]=67.14m/s,即241.7km/h,超过19级台风。由于设定的抗风水平很高,且略大于风洞试验得出的颤振临界风速,研究单位建议不宜在台风期架梁,这就制约了工程施工。鉴此,笔者依据《公路桥梁抗风设计规范》(以下简称《规范》)[4]对此问题进行了分析,目的是希望通过讨论,使特大桥梁抗风设计更加科学合理,既有相当的安全度,又不要过分夸大了风的危险性。

二、架梁阶段颤振检验风速的确定及存在的问题

有关单位由公式计算确定西堠门大桥架梁阶段结构颤振检验风速为

$$[V_{cr}]=k\times\mu_f\times V_d=1.2\times1.19\times47.02=67.14\text{m/s}$$

并把此值定义为“施工阶段控制风速”。上述算式中：

(1)$V_d=47.02$m/s，是根据重现期为20年，高程10m处的设计基本风速$V_{10}=41.12$m/s，幂指数$\alpha=0.16$，推算的高程为62.6m处的设计基准风速。

(2)乘数$k=1.2$是《规范》中规定的综合安全系数，它是针对试验、设计、误差而储备的提高值，仅适用于桥梁营运阶段。

(3)乘数$\mu_f=1.19$为《规范》表6.3.8中规定的风脉动修正系数，也仅适用于桥梁营运阶段。

对照规范不难看出，应用上述公式计算施工控制风速存在如下问题：

(1)不应该把《规范》中仅适用于计算成桥阶段(即营运阶段)颤振检验风速V_{cr}的公式(6.3.8式)和参数k,μ_f套用来计算架梁阶段颤振检验风速。

(2)不能把设计基准风速升格为施工控制风速。其一，《规范》第3.3条对施工阶段的设计风速V_{sd}有明确的规定，即$V_{sd}=\eta V_d$(公式3.3.1)；其二，按第3.3.2条规定，施工阶段的基本风速的重现期为3～5年，而不是20年。其三，η为小于1.0的风速重现期系数，按表3.3.1之规定，$\eta=0.75$、0.84、0.88，而不是$1.2\times1.19=1.428$。

(3)《规范》6.4条对“施工阶段的抗风稳定性检验”有明确的规定，并没有关于颤振临界风速的要求，也就是说用颤振临界风速检验作为施工控制风速已经超越了《规范》的要求。

(4)《规范》3.3.2条规定：“当桥梁地面以上结构的施工期少于3年时，可采用不低于5年重现期的风速”。如果取10年重现期风速并按公式$V_{sd}=\eta V_d$(3.3.1)计算，西堠门大桥架梁施工阶段抗风设计风速应是$V_{sd}=46.32$m/s，而不是文章开头提出的67.14 m/s。同时可以预见，台风期是可以允许架梁施工的。

三、提高架梁阶段抗风稳定性的措施

强风的危险性和破坏性众所周知，但是，也不能过分夸大其破坏性，在理论研究尚未成熟的情况下，应当侧重研究最大限度地降低风毁危险性的措施，即在强风多发期内架设钢箱梁的抗风预案，并用风洞试验检验其效果，做到有备无患。

1. 加强台风预报

现代气象预报技术水平已达到相当准确的程度，可以提前为实施抗风预案提供足够长的时间。强台风预报包括：

中长期预报。预报次年、次季度、次月的强台风位置、次数、强度、走向等。

短期预报。预报下月、下旬的强风信息。

临风预报。预报未来3天台风的位置、强度、走向等。

2. 提高桥梁抗风稳定性的技术措施

根据风致振动理论，可以应用风洞试验结果设计简便易行、投资较省的临时抗风措施，来提高架梁阶段的抗风稳定性，降低施工风险。如：

(1)解除临时连接法

从风洞试验结果得知，架设到20段、28段、36段梁时，已架设梁段的抗风稳定性较高，过了这个节点抗风稳定性明显提高，据此，可以在台风抵达之前解除部分梁之间的临时连接，或加快吊梁速度，使已安装梁段处于抗风稳定性最佳的状态。

(2)跳跃吊梁法，使已吊梁段始终处最佳状态

如把每7段或每2段梁形成一组并加强梁段间联系。每组之间间隔1个梁段，这样已吊梁段每组都处于抗风稳定性最好的状态。等到台风期后再补吊空隙梁段，合拢钢箱梁。

(3)附加联系制振法

现有悬索桥抗风理论和试验均不计主缆的抗风刚度贡献，如果在主缆与梁段之间增加交叉附加拉索，使之形成超静定体系，如图 1，则可以提高临界风速和减少风激励响应。

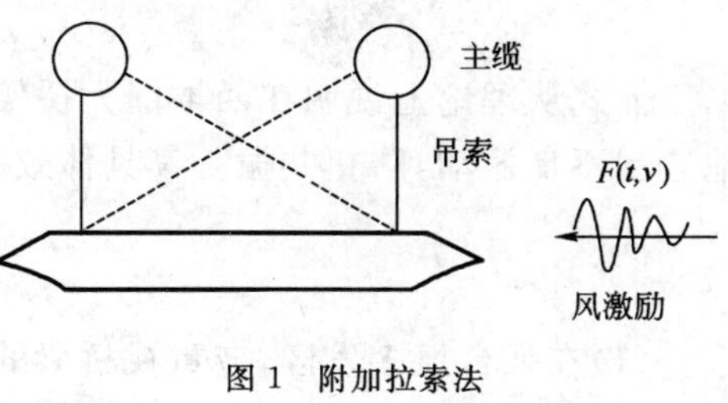

图 1 附加拉索法

(4)遏制共振法

根据前苏联查普林院士在《吊桥》一书中的研究，认为美国塔科马桥风毁的主要原因是风至振动过程中加劲梁发生持续弯扭振动，产生此类振动的条件是竖向振动频率与水平振动频率接近[5]，即：

$$\sqrt{\frac{EI\dfrac{n^4\pi^4}{l^4}+H\dfrac{n^2\pi^2}{l^2}}{m}}=\sqrt{\frac{EI_1\dfrac{n^4\pi^4}{l^4}}{m_1}}$$

式中：m——全桥(计主缆)每延米质量；

m_1——桥面系(不计主缆)每延米质量；

EI——竖向抗弯刚度；

EI_1——水平抗弯刚度。

根据上式，西堠门大桥架梁施工阶段则可以通过改变 EI、EI_1、m、m_1 等法防止已架设梁段发生弯扭共振。

(5)附加质量、阻尼制振法

日本中川宪治在《工程振动学》一书中指出：对以速度为激励源的风荷载，阻尼力是有效的衰减制振因素[6]。近年来桥梁大量使用阻尼器就是例证。现在分析当吊装 1 段梁或 7 段梁并强化联系之后(图 2)，再附加质量和阻尼(图 3)制振的原理。

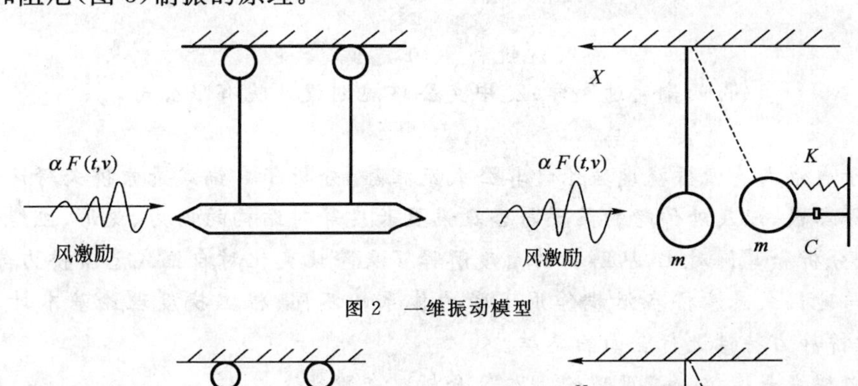

图 2 一维振动模型

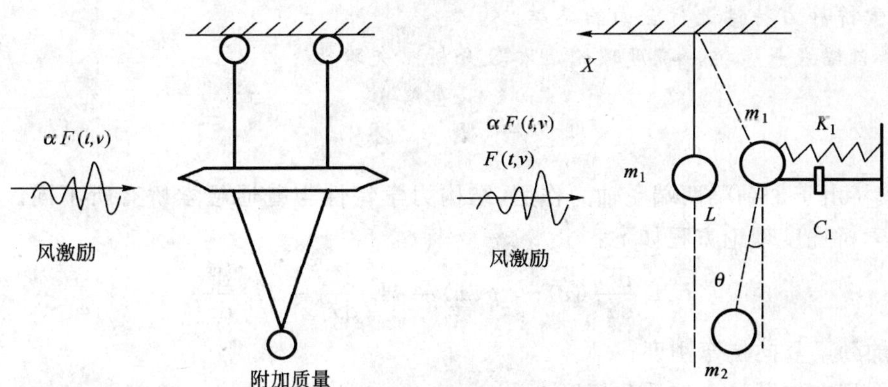

图 3 附加质量制振法模型

图 2 所示单质点体系的一维振动运动方程为：

$$\ddot{x}+2\zeta\omega_n\dot{x}+\omega_n^2x=\alpha F(t,v)$$

如果在梁段下方吊一个附加质量 m_2，则转换为二质点体系，如图 3，其运动方程为：

$$(m_1+m_2)\ddot{x}+c\dot{x}+kx+m_2\rho\ddot{\theta}\cos\theta-m_2\rho\dot{\theta}^2\sin\theta=\alpha F(t,v)$$
$$m_2\rho\ddot{x}\cos\theta+m_2\rho^2\ddot{\theta}+mg\rho\sin\theta=0$$

上式从理论上说明在西堠门大桥架梁施工阶段于已架设梁段增加附加质量的二质点体系可以有效地遏制不良振动，防止共振。其具体效果可以采用有限元法分析得出。

四、结　　语

(1)在强台风多发区，应重视桥梁的抗风稳定性问题，但也不能过高地估计风至振动的危害性，而制约工程建设的进展。

(2)《规范》是抗风设计的重要依据，具有重要指导作用，建议按《规范》计算并辅以风洞试验结果，合理评估抗风稳定性。

(3)在西堠门大桥架梁施工阶段可采用简便易行的制振措施，临时提高结构的抗风稳定性。

参考文献

[1] 中交公路规划设计院. 西堠门大桥初步设计(第一册). 2003.
[2] 同济大学. 西堠门大桥悬索桥抗风性能精细化研究. 2006.
[3] 西南交通大学. 西堠门大桥抗风性能试验研究. 2006.
[4] 中华人民共和国交通部发布. 公路桥梁抗风设计规范. 北京：人民交通出版社，2004.
[5] C·A·查普林. 吊桥. 北京：人民交通出版社，1963.
[6] 中川宪治. 工程振动学. 上海：上海科学技术出版社，1981.

131. 自锚式悬索桥参数影响挠度理论研究

沈锐利[1]　王志诚[2]
(1. 西南交通大学；2. 中交公路规划设计院有限公司)

摘　要　基于自锚式悬索桥挠度理论计算公式及程序，分析了自锚式悬索桥矢跨比、边中(主)跨比、加劲梁抗弯刚度等参数，以及外伸跨的设置与否及设置长度等对结构的内力、变形、主缆的活载水平拉力的影响，通过理论分析和算例对比，从解析的角度解释了矢跨比变化对自锚式悬索桥力学特性影响，说明了自锚式悬索桥与地锚式悬索桥在活载作用下受力体系的不同；根据挠度理论基本计算公式和参数分析，对自锚式悬索桥静力特性进行全面的总结。

关键词　自锚式悬索桥　挠度理论　参数分析　矢跨比

一、概　　述

自锚式悬索桥由于加劲梁两端受轴力作用，结构力学特性与普通悬索桥有所不同。根据文献[1]的推导，自锚式悬索桥挠度理论方程如下：

$$E_s I_s \frac{d^4\eta}{dx^4}(x)=p(x)+H_p\frac{d^2y}{dx^2}-H_p\frac{d^2c}{dx^2} \tag{1}$$

式中：E_sI_s——加劲梁竖向抗弯刚度；

$p(x)$——作用在加劲梁上的活载集度；

$\eta(x)$——加劲梁竖向挠度；

$c(x)$——加劲梁竖曲线；

H_p——主缆的活载水平力。

对式(1)两边积分得：

$$M = M_0 - H_p y + H_p c \tag{2}$$

变形相容方程：

$$\frac{H_p}{E_c A_c} L_s \pm \alpha_t \cdot t \cdot L_t + \int_0^L \frac{d^2 y}{dx^2} \eta dx = -\left(\frac{H_p(\sum_{i=1}^{3} l_i)}{E_s A_s} \pm \sum_{i=1}^{3} l_i \alpha_{tsi} t_{si} \right) \tag{3}$$

式中：E_c、A_c——分别为弹性模量及面积；

α_{tc}、t_c——分别为主缆温度线膨胀系数及温度变化值；

α_{ts}、t_s——分别为三跨加劲梁的温度线膨胀系数及温度变化值；

L——泛指两锚固点之间水平投影长度；

$l_i(i=1,2,3)$——分别为左边、中、右边跨跨度；

E_s、A_s——分别为加劲梁的弹性模量和面积。

$$L_s = \int_0^L \frac{dx}{\cos^3\phi}, L_t = \int_0^L \frac{dx}{\cos^2\phi}$$

式中：ϕ——主缆水平倾角。

式(1)或式(2)、式(3)为自锚式悬索桥挠度理论的基本微分方程，联立求解可得任意活载作用下加劲梁的挠度、弯矩、剪力及主缆的水平分力。文献[1]、[3]根据上述思路，详细地推导了求解主缆活载水平拉力、主梁挠度、内力的影响线公式；然后根据推导的公式，采用动态规划法加载原理，编制了自锚式悬索桥挠度理论计算程序，用实际的桥跨结构作为算例进行了计算，并与有限位移理论有限元法的计算结果对比，说明文中建立的自锚式悬索桥挠度理论公式正确，程序可用，计算结果精度高，能满足概念设计和初步设计阶段要求。

从挠度理论基本方程(1)可以看出，活载下方程中只有一项微分项，因此自锚式悬索桥活载作用下，结构不存在面内稳定问题，只要恒载下结构的稳定性能得到保证，活载作用不会使结构变得不稳定。又由于自锚式悬索桥梁的横向刚度非常大，面外更不容易失稳，所以一般自锚式悬索桥成桥后活载下没有稳定问题。

二、结构设计参数分析

一般来说，悬索桥通常将矢跨比、边中跨比等作为总体设计参数，这些设计参数的变化通常会引起结构规律性的变化。由于挠度理论分析中不直接涉及塔高、塔的刚度等参数，本节利用挠度理论计算程序分别考察矢跨比、边中(主)跨比、加劲梁抗弯刚度等参数以及外伸跨的设置与否及设置长度对结构的内力、变形、主缆的活载水平拉力 H_p 的影响。

1. 矢跨比的影响分析

考虑主缆用钢量和全桥结构刚度的需要，地锚式悬索桥矢跨比一般应在 1/8～1/12 之间。对于自锚式悬索桥，较小的矢跨比将引起加劲梁更大的水平力，因此一般采用较大的矢跨比，目前多数取 1/4～1/7[2][4]。为研究矢跨比对结构静力特性的影响，本文对算例 1[1][70m(外伸跨)＋132m(边跨)＋328m(中跨)＋132m(边跨)＋70m(外伸跨)的三跨悬吊自锚式悬索桥，中跨跨矢跨比 1/5]中跨矢跨比分别取值为 1/10、1/9、1/8、1/7、1/6、1/5，边跨矢高根据桥塔顶主缆水平力相等作相应的变化。然后考察梁上最大正弯矩、最大挠度及主缆最大活载水平拉力 H_P 变化，采用挠度理论程序计算可得如图 1～图 3 所示的结果。

从图 1 可以看出，随着矢跨比的增大，主缆活载水平力最大值减小。也就是活载作用下，加劲梁的活载轴力随矢跨比的增大而减小。从图 2、图 3 可以看出：随着矢跨比的增大，梁上最大正弯矩、梁上最大挠度都减小，即结构的刚度有所增大。并且梁上最大正弯矩、最大挠度基本上按线性递减。

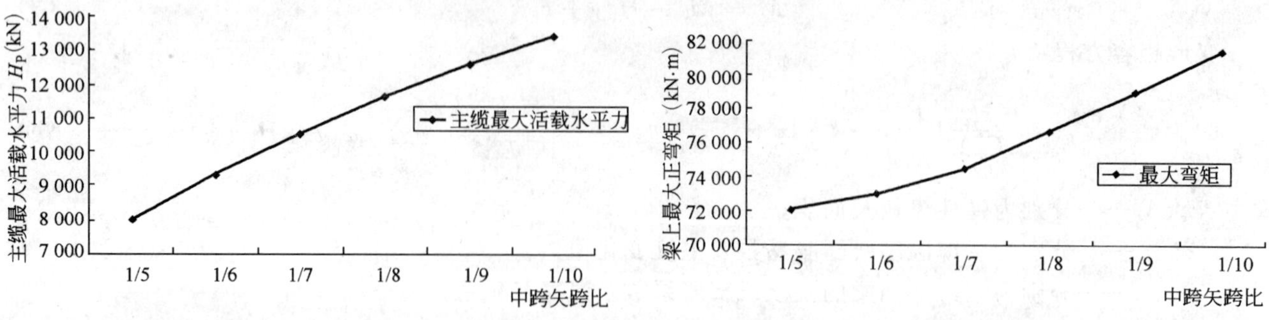

图1 算例1主缆最大活载水平力随矢跨比变化图　　图2 算例1梁上最大正弯矩随矢跨比变化图

综上可知,自锚式悬索桥采用相对较大的矢跨比时不仅可以减小加劲梁的活载轴力还可以提高结构的刚度。

从文献[1]的解析公式可以看出,自锚式悬索桥活载挠度、内力是由 P_i 和 $y''H_p$ 两部分产生的(P_i 和 $y''H_p$ 产生的内力和挠度方向相反),分析矢跨比时,假设跨度不变,矢高变化,则由活载 P_i 引起的挠度内力计算公式没有变化,结合支点静不定弯矩公式[1],$y''H_p$ 引起的挠度、内力都正比于 $y''H_p$,所以问题就转化为 $y''H_p$ 随着矢高的变化规律。

由 H_p 的计算公式[1],在忽略温度作用下,$y''H_p$ 表达式如下:

$$y''H_p=\frac{y''\gamma_b}{\gamma_c+\rho\dfrac{1}{E_cA_c}L_s+\dfrac{\sum_{i=1}^{3}l_i}{E_sA_s}\rho} \tag{4}$$

式中:γ_c——由全跨悬吊荷载 $y''H_p(H_p=1)$ 引起的加劲梁挠度曲线面积;

γ_b——活载作用下加劲梁挠曲线面积。

矢高变化时,γ_b 不会产生变化,$y''=-8f/l^2$,此时对式(4)分子分母同除以中跨矢高 f 得:

$$y''H_p=\frac{y''\gamma_b/f}{\gamma_c/f+\left(\rho\dfrac{1}{E_cA_c}L_s+\dfrac{\sum_{i=1}^{3}l_i}{E_sA_s}\rho\right)/f} \tag{5}$$

由上式看出,分子 $y''\gamma_b/f$ 项和分母中 γ_c/f 项都与矢高无关,分母中最后一项,即

$$\left(\rho\frac{1}{E_cA_c}L_s+\frac{\sum_{i=1}^{3}l_i}{E_sA_s}\rho\right)/f=\frac{l^2}{8f^2}\left(\frac{1}{E_cA_c}L_s+\frac{\sum_{i=1}^{3}l_i}{E_sA_s}\right)$$

随着 f 的增大而减小。

从而得知,随着 f 的增大,$y''H_p$ 增大。利用算例1计算的 $y''H_p$ 随 f 变化的结果如图4所示:随着 f 增大,$y''H_p$ 的绝对值增大,由于 $y''H_p$ 为负值,与外活载方向相反,当外活载与 $y''H_p$ 的作用叠加后,显示出结构总的内力、变形是随 f 的增大而减小的。所以随着 f 增大,由 $y''H_p$ 产生的挠度、内力绝对值增大,由于 $y''H_p$ 和 P_i 产生的作用效果方向相反,所以总的来说内力、挠度都将减小。

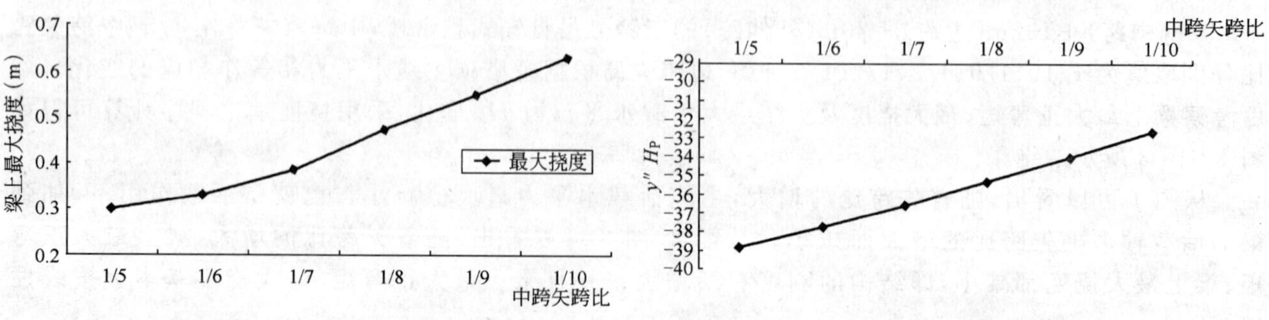

图3 算例1梁上最大挠度随矢跨比变化图　　图4 算例1中 $y''H_p$ 随矢跨比变化图(单位:kN/m)

在地锚式悬索桥中，由于主缆恒载力提供了较大的结构刚度，矢跨比增大，相当于减小主缆恒载力，因此降低了结构的总体刚度，结构的活载内力和变形就增大；自锚式悬索桥结构由于主缆锚固在梁上，从构形上看，可以把自锚式悬索桥索梁组成的结构比拟为变高度的连续桁架结构，桥塔是连续桁架结构的支点。自锚式悬索桥的矢跨比越大，相当于边高度连续桁架结构支点处的梁高越高，因此结构的整体刚度就越大。用这种比拟结构从物理意义上说明了自锚式悬索桥主缆矢跨比对结构刚度的影响之所以与地锚式不同，也说明自锚式悬索桥与地锚式悬索桥在活载下属于不同的受力体系。

2. 边中跨比的影响分析

悬索桥边中跨比一般为 0.25～0.45[2]。算例 1 边中跨比为 132/328＝0.402 4，为考察悬索桥边中跨比对结构受力特性的影响，论文中将该桥的边中跨比值取为 0.25、0.3、0.35、0.4、0.45，边跨矢高根据桥塔顶主缆水平力相等作相应的变化。然后分析梁上最大正弯矩、梁上最大挠度及主缆最大活载水平力 H_P 变化规律，通过计算，可得到各项力素随边中跨比变化的曲线如图 5～图 7 所示：

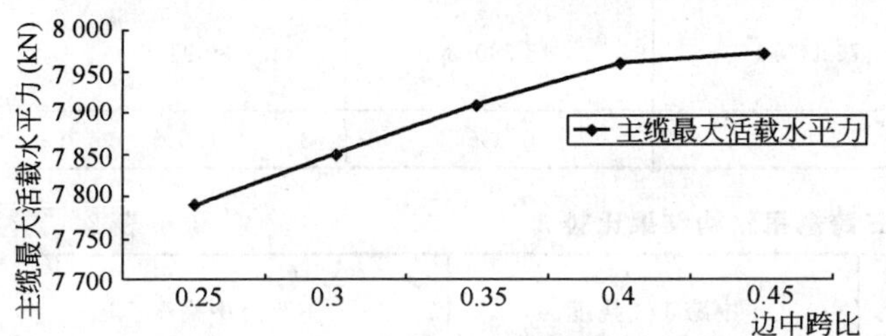

图 5 算例 1 主缆最大活载水平力随边中跨比变化图

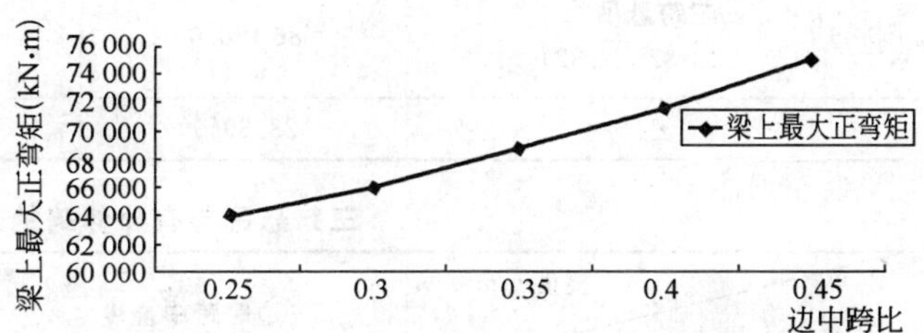

图 6 算例 1 梁上最大正弯矩随边中跨比变化图

从图 5 可以看出，对于两塔三跨自锚式悬索桥，随着边中跨比的增大，主缆最大活载水平力基本线性增大。从图 6、图 7 可看出梁上最大正弯矩(或主跨跨中最大正弯矩)和梁上最大挠度随着边中(主)跨比的增大而增大，也就是结构的刚度随着边中跨比的增大而减小。

3. 外伸跨及其长度对结构刚度、内力影响的分析

在自锚式悬索桥中设置连续的外伸跨，既可以起到压重作用，又可减小主缆锚固处梁端的转角，在结构体系上有较多的优势。算例 1 中外伸跨有 70m 长，下面通过改变外伸跨的长度来研究其对结构力学行为的影响。

从图 8 可以看出，随着外伸跨跨度的增大，主缆活载水平力最大值增大，但其增大量很小，可以认为基本没有影响。从图 9 和图 10 可以看出：随着外伸跨跨度的增大，梁上最大正弯矩、梁上最大挠度都增

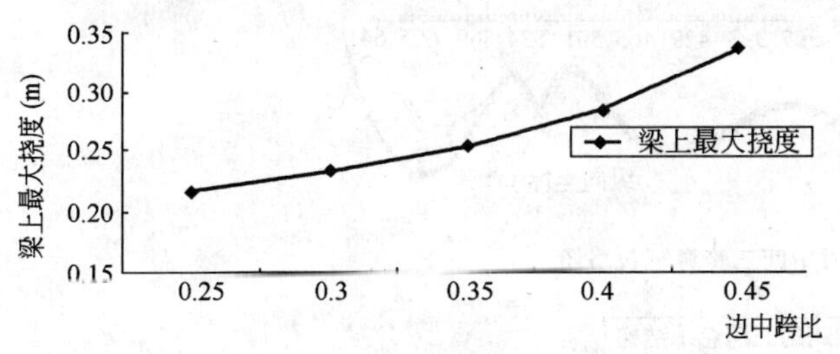

图 7 算例 1 梁上最大挠度随边中跨比变化图

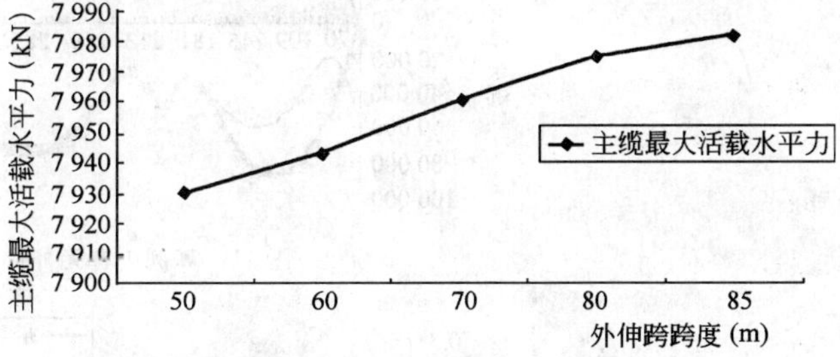

图 8 算例 1 主缆最大活载水平力随外伸跨长度变化图

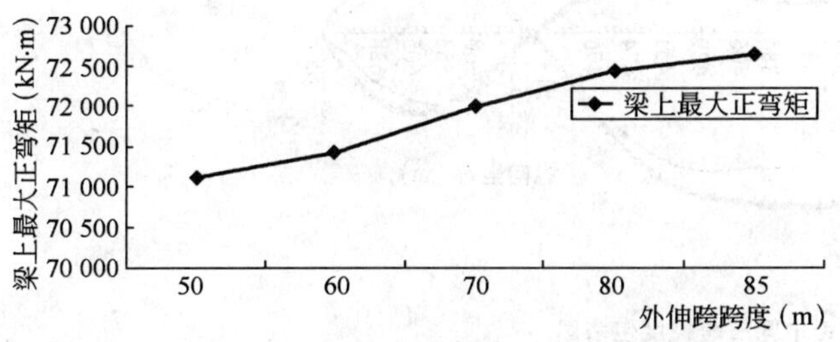

图 9 算例 1 梁上最大活载正弯矩随外伸跨长度变化图

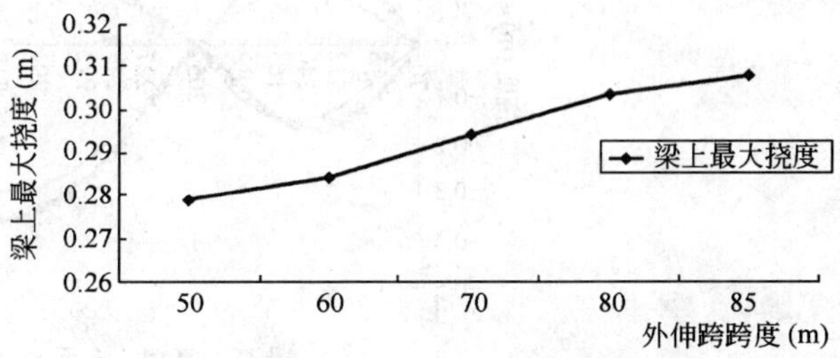

图 10 算例 1 梁上最大活载挠度随外伸跨长度变化图

大，即结构的刚度有所减小。但总的说来外伸跨跨度的变化，对自锚式悬索桥边跨和中跨的活载受力影响不大。

对于算例1（图11、图12）本身是设有外伸跨的，上面的结果说明，外伸跨跨度变化对自锚式悬索桥的活载受力影响不大。但是，设与不设外伸跨对结构的受力性能则可能产生根本性的影响。下面讨论不设外伸跨的情况，结构的跨度布置为132m＋328m＋132m，其他参数不变，计算结果与上面的有外伸跨的比较见表1、表2所列。

三跨悬吊与有外伸跨的三跨悬吊结构结果比较1 表1

跨径（m）＼内力	边跨跨中弯矩（kN·m）	中跨1/4弯矩（kN·m）	中跨跨中弯矩（kN·m）	主缆最大活载水平力（kN）
三跨悬吊加两外伸跨（70＋132＋328＋132＋70）	61 899.3	72 440.9	48 524.8	7 960.35
三跨悬吊（132＋328＋132）	86 450.0	75 143.1	48 730.3	8 091.9
△	28.39％	3.6％	0.4％	1.6％

三跨悬吊与有外伸跨的三跨悬吊结构结果比较2 表2

跨径（m）＼挠度（m）	边跨跨中挠度	中跨1/4挠度	中跨跨中挠度
三跨悬吊加两外伸跨（70＋132＋328＋132＋70）	0.108 1	0.281 7	0.296 17
三跨悬吊（132＋328＋132）	0.174 4	0.323 9	0.376 3
△	38.01％	13.01％	21.2％

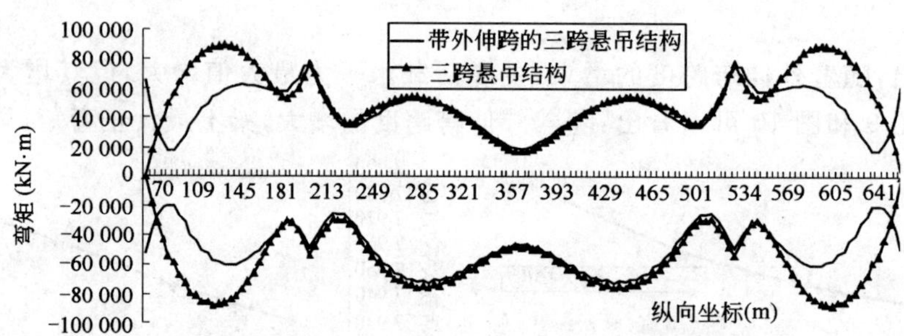

图11 算例1有无外伸跨跨中间三跨弯矩包络图

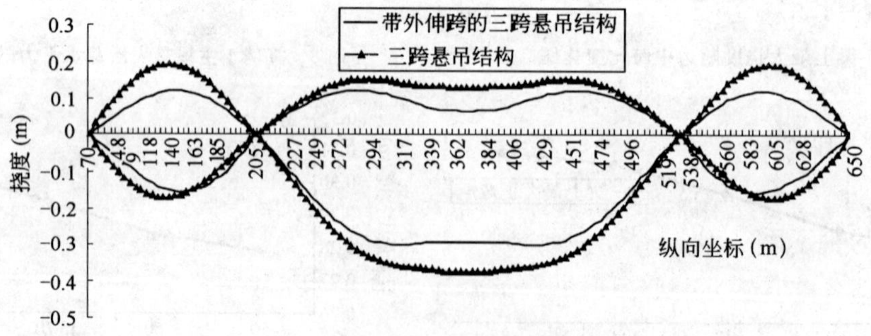

图12 算例1有无外伸跨跨中间三跨挠度包络图

从上面的结果比较可以看出：在有外伸跨时边跨、中跨挠度和弯矩相对于同样跨度的三跨悬吊结构要小得多。也就是说增加一外伸跨，不仅可以起到压重的作用，还可以有内力重分布作用，使边、中跨的内力减小，尤其是边跨减小达28.39%，但结构设置外伸跨时，外伸跨支点内力较大，注意综合比选。

4. 加劲梁竖向刚度变化的影响分析

利用算例1，通过变化加劲梁的竖向刚度为3、3.5、4、4.5、5来研究加劲梁的刚度变化对结构受力的影响，计算结果如图13～图16。

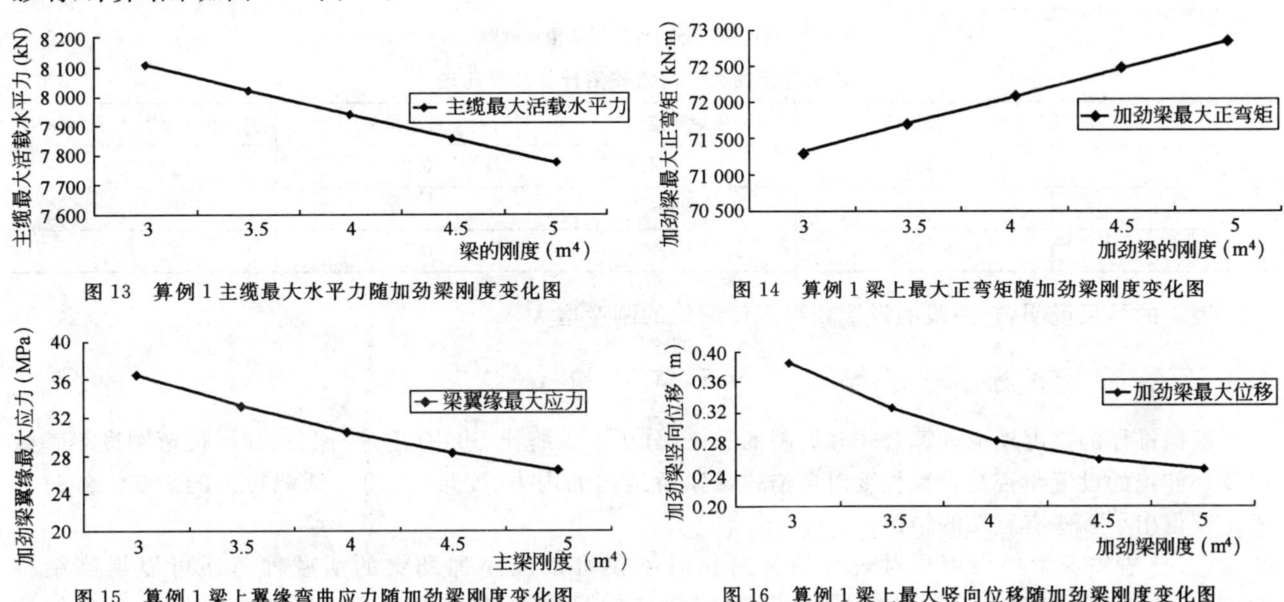

图13 算例1主缆最大水平力随加劲梁刚度变化图

图14 算例1梁上最大正弯矩随加劲梁刚度变化图

图15 算例1梁上翼缘弯曲应力随加劲梁刚度变化图

图16 算例1梁上最大竖向位移随加劲梁刚度变化图

从图13可以看出：主缆最大活载水平力随着梁的刚度增加而减小，但由于自锚式悬索桥跨度较小，因此这种减小很有限。

从图14可以看出：加劲梁的内力随着梁的刚度增加而增加，但增加的幅度很小，例如算例1梁刚度为5m^{4}时，最大活载弯矩为72 839.6kN·m，当梁的刚度为3m^{4}时，最大活载弯矩为71 302.1kN·m。也就是说由于结构的内力分配是按照刚度分配的原则进行的，增大梁的刚度，梁的内力变化不会太大。

从图15可以看出加劲梁弯曲应力随着梁刚度的增加而减小。从图16可以看出加劲梁最大竖向位移随着梁刚度的增加而减小。

5. 竖曲线对活载挠度、内力影响的分析

地锚式悬索桥由于施工过程的因素，可以尽量做到使梁的恒载弯矩为零，但自锚式悬索桥由于先施工主梁和主缆，后安装吊索，主缆又锚固在加劲梁的两端，很难保证无恒载弯矩。在用挠度理论计算自锚式悬索桥的活载弯矩和挠度时，如果加劲梁有竖曲线$c(x)$，如图17所示，从式(2)比较可看出，考虑竖曲线实际上相当于主缆线形变为$y-c(x)$($c(x)$以向下为正)，悬索桥竖曲线一般在跨中处大于零，则相当于主缆矢高增大，根据前面的分析，则结构的刚度有所增大。

对式(2)，根据前面同样的思路，将荷载分为两组，一组为作用于梁上活载$p(x)$引起的，另一组为活载下吊索力$H_p(y''+c'')$引起的。加劲梁内支点静不定弯矩计算公式考虑竖曲线引起的边界条件的变化；H_p的计算公式中γ_c应是由全跨悬吊荷载$(y''+c'')H_p(H_p=1)$引起的加劲梁挠度曲线面积；加劲梁内支点静不定弯矩计算公式中三跨满载时的载常数计算公式及内力和挠度计算公式中$p_1=(y''_1+c''_1)H_p$、$p_2=(y''_2+c''_2)H_p$、$p_3=(y''_3+c''_3)H_p$。

编制相应的程序，对算例1，分别假设跨中梁高比端部梁高出1.5m、2.5m，竖曲线线形假定为二次抛物线，计算结果如表3所示。

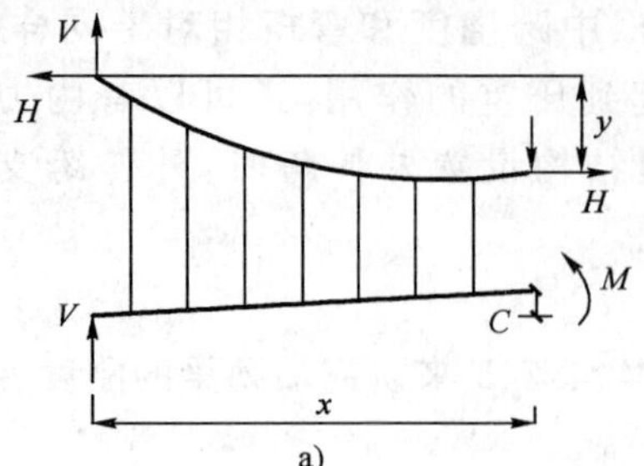

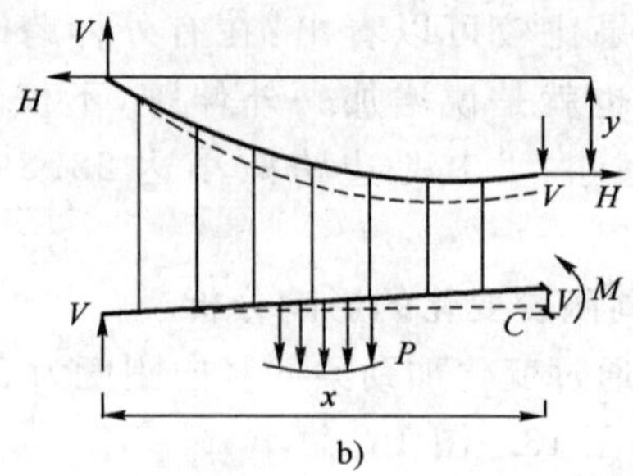

图 17　考虑竖曲线作用结构示意图

不同的竖曲线下活载作用计算结果比较　　　表 3

	中跨 1/4 弯矩(kN·m)	中跨跨中弯矩(kN·m)	梁上最大挠度(m)	主缆最大活载水平力(kN)
0	72 440.9	48 524.8	0.262	7 955.5
1.5	70 222.6	39 509.7	0.197	8 413.3
2.5	68 176.8	33 296.0	0.165	8 749.0

表 4 的结果说明，竖曲线的设置相当于使结构的刚度增大。

三、结　　语

根据推导的挠度理论计算公式和编制的程序，分析了矢跨比、边中(主)跨比、加劲梁抗弯刚度等参数以及外伸跨的设置与否及设置长度对自锚式悬索桥结构的内力、变形、主缆的活载拉力的影响。经过分析比较得出了一些有意义的结论：

(1)自锚式悬索桥采用相对较大的矢跨比时不仅可以减小加劲梁的活载轴力还可以提高结构的刚度，并且通过理论分析和算例对比从解析角度解释了矢跨比变化对自锚式悬索桥力学特性的影响。

(2)自锚式悬索桥随着边中跨比的增大，结构的刚度要减小，对于两塔三跨自锚式悬索桥加劲梁的活载轴力增大。

(3)自锚式悬索桥外伸跨的设置不仅可以起到压重的作用，还可较大幅度地提高结构的整体竖向刚度；在自锚式悬索桥设计中，条件允许的情况下，应尽量采用设置外伸跨的方案。自锚式悬索桥外伸跨跨度的变化对自锚式悬索桥边跨和主跨影响比较小。

(4)加劲梁最大竖向位移随着梁刚度的增加而减小，加劲梁的内力随着梁的刚度的增加而增加，但增大的幅度很小，而应力却随着梁的刚度的增加而减小。

(5)自锚式悬索桥设置向上的竖曲线时结构的刚度有所增大，对结构的受力比较有利。

参考文献

[1] 王志诚. 自锚式悬索桥静动力特性挠度理论研究[D]. 成都：西南交通大学硕士学位论文，2006.

[2] 公路悬索桥设计规范(报批稿)[M]. 北京：人民交通出版社，2002.

[3] 王志诚，沈锐利. 自锚式悬索桥力学特性挠度理论分析[C]. 中国公路学会桥梁和结构工程分会 2006 年全国桥梁学术会议论文集，2006.

[4] 雷俊卿，郑明珠，徐恭义. 悬索桥设计[M]. 北京：人民交通出版社，2002.

[5] 钱冬生，陈仁福. 大跨度悬索桥的设计与施工[M]. 成都：西南交通大学出版社，1999.

[6] 沈锐利. 悬索桥主缆系统设计及架设计算方法研究[J]. 土木工程学报，1996(2)：1～9.

[7] 沈世钊，徐崇宝，赵臣. 悬索结构设计[M]. 北京：中国建设工业出版社，1997.

[8] John A Ochsendorf, David P Billington. Self-anchored suspension bridge[J]. Journal of Bridge Engineering. 1999, 4(3).

132. 自锚式悬索桥振动特性解析计算研究

王志诚[1] 刘明虎[1] 沈锐利[2] 曾 宇[1]
(1.中交公路规划设计院有限公司;2.西南交通大学)

摘 要 基于能量原理推导了柔性塔自锚式悬索桥一阶反对称竖向频率、一阶正对称竖向频率、考虑桥塔刚度时对称竖向基频、一阶反对称扭转频率、一阶正对称扭转频率计算公式,并忽略一些次要影响因素后,对导出的公式作了进一步简化。通过实例,用本文导出的公式计算结果和用有限元法的计算结果相比较,研究了不同振型对有外伸跨的三跨悬吊自锚式悬索桥反对称基频的计算影响,发现简化公式的精度是比较高的,可供设计参考。并研究了矢跨比、加劲梁的竖向刚度、加劲梁的扭转刚度、单位长度缆梁质量等相关参数影响。

关键词 自锚式悬索桥 振动特性能量原理 解析法 有限元

一、概 述

悬索桥的振动特性研究是悬索桥动载行为研究的基础。根据悬索桥的结构特点,主缆与加劲梁及与其相联结的吊索构成的体系更易于振动,因此本文主要分析由主缆、加劲梁和吊索组成的上部结构体系的振动。对于通常所要考虑的风、地震、行驶荷载等所致的振动效应研究,悬索桥在空间各向振动的振型和频率都是需要的。虽然悬索桥振动时一种位移通常会与另一种位移耦合,但通常在假定振型是小振幅的前提下,将空间耦合忽略掉,将振型分解为竖向、纵向、横向和扭转以便于求解。这种分析方法被证明是可行的,因为精确的数值分析所得的空间耦合振型显示,每一振型都各有占支配地位的位移方向[1]。

自锚式悬索桥可以通过建立大位移不完全广义势能泛函来推导其自由振动各向基础微分方程[2],但微分方程中由于存在非线性项和耦合项,通常无法得出方程的解析解。

能量法中的瑞利(Rayleigh)法无需采用复杂的数学模式和繁琐的数学计算,可以容易的求出近似的固有振型和频率,甚至涉及塔的刚度等细节构造的影响,该方法能提供一种容易而迅速的解答。作为连续体的 Rayleigh 法是一个近似的分析方法,用于估算低阶频率是可以接受的,用于估算高阶频率则有一定的误差。但由于初步设计阶段的参数研究仅需要考察低阶频率即可,因而这种近似方法仍很有价值。Rayleigh 法在地锚式悬索桥解析计算中具有很高的精度[3],考虑自锚式悬索桥自身的力学特性,本文将应用瑞利(Rayleigh)法来研究自锚式悬索桥振动基频。

Rayleigh 法的基本概念为能量守恒原理:如果没有阻尼力消耗能量的话,在自由振动体系中,能量将保持守恒。即振动系统的最大动能 $T_{\max}$ 必定等于最大势能 $U_{\max}$:

$$T_{\max} = U_{\max} \tag{1}$$

Rayleigh 法自由振动分析时,结构上任一点、任一瞬间的位移可表示为:

$$Y(X,T) = \psi(x)Z(t) = Z_0\psi(x)\sin(\omega t + \phi_0) \tag{2}$$

其中 $\psi(x)$ 为形状函数,它仅仅是位置 x 的函数,而且必须满足结构的边界条件并保证在结构内部的连续性。$Z(t)$ 为广义坐标,是时间的函数。

二、正对称、反对称竖向基频公式推导、简化及参数分析

分析计算中作了如下简化假定[4]:(1)应力应变关系满足虎克定律;(2)假设主缆为等截面,恒载为沿跨度均布,并且在恒载状态下为抛物线;(3)吊索不可伸长,且沿桥跨密布,不考虑在活载作用下的拉伸和倾斜,当作仅在竖向有抗力的薄膜,这个假定即认为主缆的变形形状和加劲梁相同;(4)忽略加劲梁的剪切变形;(5)振动时产生的振动位移很小;(6)忽略竖曲线影响。

1. 柔性塔自锚式悬索桥分析

柔性塔悬索桥的分析中，假定在所有的跨段内，主缆的拉力的水平分力 H_g 和 H_p 在桥塔两边相等，满足该假定的先决条件是塔的索鞍在桥塔上可以自由滑动。

1)主缆势能

按照微小振动分析，主缆的势能由因拉力变化产生的主缆的应变能和因恒载作用产生的势能组成。在主缆任一点，拉力变化：

$$\Delta T = H_p \frac{ds}{dx} \tag{3}$$

式中：$\frac{ds}{dx}=\frac{1}{\cos\alpha}$，$\alpha$ 为主缆的切线方向与水平方向的夹角。

主缆产生的应变能：

$$U_{ce} = \int_0^{l_i} \frac{\left[H_p \frac{ds}{dx}\right]^2}{2E_C A_C} ds + \frac{1}{2} H_g \int_{l_i} \left(\frac{\partial v}{\partial x}\right)^2 dx = \frac{1}{2}\left[\frac{H_p^2 L_S}{E_C A_C}\right] + \frac{1}{2} H_g \int_{l_i} \left(\frac{\partial v}{\partial x}\right)^2 dx \tag{4}$$

式中：E_C——主缆的弹性模量；

A_C——左右两主缆截面面积之和；

v——主缆的挠度，是 x、t 的函数。

$$L_S = \int_0^{l_i} \left(\frac{ds}{dx}\right)^3 dx$$

2)加劲梁势能

(1)加劲梁弯曲应变能

$$U_{gd} = \frac{1}{2}\int_{l_i} E_S I_v \left(\frac{\partial^2 v}{\partial x^2}\right)^2 dx \tag{5}$$

式中：$E_S I_v$——加劲梁竖向挠曲刚度。

(2)加劲梁压缩势能

$$U_{gy} = -\frac{1}{2}\int_{l_i} \frac{H_p^2}{E_S A_S} dx - \frac{1}{2} H_g \int_{l_i} \left(\frac{\partial v}{\partial x}\right)^2 dx \tag{6}$$

3)总势能

$$U = U_{ce} + U_{cg} + U_{gd} + U_{gy} = \frac{1}{2}\left[\frac{H_p^2 L_S}{E_C A_C}\right] + \frac{1}{2}\int_L E_S I_v \left(\frac{\partial^2 v}{\partial x^2}\right)^2 dx - \frac{1}{2}\int_L \frac{H_p^2}{E_S A_S} dx \tag{7}$$

4)主缆动能

$$T_c = \frac{1}{2}\int_{l_i} m_c \left(\frac{\partial v}{\partial t}\right)^2 dx \tag{8}$$

式中：m_c——左右两主缆质量集度之和。

5)加劲梁动能

$$T_G = \frac{1}{2}\int_{l_i} m_G \left(\frac{\partial v}{\partial t}\right)^2 dx \tag{9}$$

式中：m_G——加劲梁质量集度。

6)总动能

$$T = T_c + T_G = \frac{1}{2}\int_{l_i} m_c \left(\frac{\partial v}{\partial t}\right)^2 dx + \frac{1}{2}\int_{l_i} m_G \left(\frac{\partial v}{\partial t}\right)^2 dx \tag{10}$$

如图1所示的三跨悬吊带外伸跨 L_0 的自锚式悬索桥，设主缆形状为二次抛物线，边、中跨主缆的形状函数为：

$$y_1 = y_3 = 4f_1\left[\frac{x_1}{L_1} - \left(\frac{x_1}{L_1}\right)^2\right] \qquad 0 \leqslant x_1 \leqslant L_1 \tag{11}$$

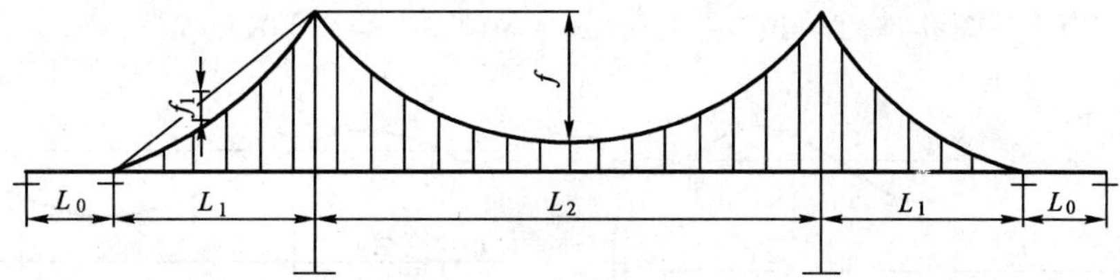

图 1　三跨悬吊带外伸跨自锚式悬索桥示意图

$$y_2 = 4f\left[\frac{x}{L_2} - \left(\frac{x}{L_2}\right)^2\right] \qquad 0 \leqslant x \leqslant L_2 \tag{12}$$

7)一阶竖向反对称自由振动频率

对于一阶反对称竖向自由振动，其振型如图 2 所示，分别设其外伸跨、边跨、中跨振型函数为：

$$v_0 = A_0 \sin\frac{\pi x_0}{L_0}\sin(\omega t + \phi) \qquad x_0 \in [0, L_0] \tag{13}$$

$$v_1 = A_1 \sin\frac{\pi x_1}{L_1}\sin(\omega t + \phi) \qquad x_1 \in [0, L_1] \tag{14}$$

$$v_2 = A_2 \sin\frac{2\pi x_2}{L_2}\sin(\omega t + \phi) \qquad x_2 \in [0, L_2] \tag{15}$$

由振动的连续性，故

$$v_0 \mid_{x_0=L_0} = v_1 \mid_{x_1=0} \qquad v'_0 \mid_{x_0=L_0} = v'_1 \mid_{x_1=0}$$
$$v_1 \mid_{x_1=L_1} = v_2 \mid_{x_2=0} \qquad v'_1 \mid_{x_1=L_1} = v'_2 \mid_{x_2=0}$$

得

$$A_0 = -\frac{L_0}{L_1}A_1 = \frac{2L_0}{L_2}A_2 \tag{16}$$

$$A_1 = -\frac{2L_1}{L_2}A_2 \tag{17}$$

当 $\cos(\omega t+\phi)=1$ 时

$$T_{\max} = \frac{1}{2}(m_c + m_G)\omega^2 A_2^2\left[\frac{8L_1^3 + L_2^3}{2L_2^2}\right] + m_G\omega^2 A_2^2\frac{2L_0^3}{L_2^2} \tag{18}$$

由挠度理论公式[5]忽略温度因素，可知自锚式悬索桥作竖向反对称振动，且 $\sin(\omega t+\phi)=1$ 时：

$$H_P = 0 \tag{19}$$

势能：

$$U_{\max} = 2\pi^4 E_S I_v \frac{2L_1 + L_2}{L_1 L_2^3}A_2^2 + 2\pi^4 E_S I_v \frac{1}{L_0 L_2^2}A_2^2 \tag{20}$$

由式(1)：

$$f = \frac{\omega}{2\pi} = \sqrt{\frac{2\pi^2 E_S I_v(2L_1L_0 + L_0L_2 + L_1L_2)}{[(8L_1^3 + L_2^3)m_c + (8L_0^3 + 8L_1^3 + L_2^3)m_G]L_0L_1L_2}} \tag{21}$$

同上面的分析思路，当结构为没有外伸跨的三跨悬吊自锚式悬索桥时，反对称竖向基频为：

$$f = \sqrt{\frac{2\pi^2 E_S I_v(2L_1 + L_2)}{(m_c + m_G)L_1L_2[8L_1^3 + L_2^3]}} \tag{22}$$

8)一阶竖向正对称自由振动频率

对于一阶竖向正对称自由振动，其振型如图 3 所示，分别设其外伸跨、边跨、中跨振型函数为：

$$v_0 = A_0 \sin\frac{\pi x_0}{L_0}\sin(\omega t+\phi) \qquad x_0 \in [0, L_0] \tag{23}$$

$$v_1 = A_1 \sin\frac{\pi x_1}{L_1}\sin(\omega t + \phi) \qquad x_1 \in [0, L_1] \tag{24}$$

$$v_2 = A_2 \sin \frac{2\pi x_2}{L_2} \sin(\omega t + \phi) \qquad x_2 \in [0, L_2] \tag{25}$$

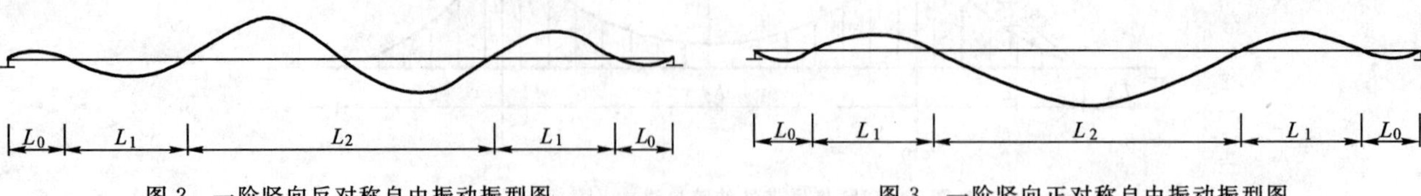

图2 一阶竖向反对称自由振动振型图　　图3 一阶竖向正对称自由振动振型图

同理,正对称基频公式并忽略公式影响小的项为:

$$f = \sqrt{\frac{\dfrac{(16f - 32f_1)^2 E_C A_C}{2\pi^2 L_S} + \dfrac{L_1 + 2L_2}{4L_1 L_2}\pi^4 E_S I_v + \dfrac{1}{2L_0}\pi^4 E_S I_v}{\pi^2 (m_c + m_G)(2L_1^3 + L_2^3) + 2\pi^2 m_G L_0^3}} \tag{26}$$

同上面的分析思路,当结构为没有外伸跨的三跨悬吊自锚式悬索桥时,正对称竖向基频为:

$$f = \frac{\omega}{2\pi} = \sqrt{\frac{\dfrac{(16f - 32f_1)^2 E_C A_C}{2\pi^2 L_S} + \dfrac{L_1 + 2L_2}{4L_1 L_2}\pi^4 E_S I_v}{\pi^2 (m_c + m_G)(2L_1^3 + L_2^3)}} \tag{27}$$

2. 塔的刚度对竖向正对称自由振动的影响

固定索鞍是一种简便、安全的结构,采用这种方式,桥塔将随着结构振动产生水平位移,随着塔顶的这一水平位移,会在主缆和塔之间产生水平分力。这样,边跨的水平力与中跨的水平力稍有不同。下面的分析将考虑这种影响。

此时主缆的动能不变,势能中加劲梁的势能不变,主缆的势能变化,同时出现塔的势能。

设塔顶位移为 u_t,向边跨弯曲,如图4所示,边跨主缆拉力增量 H_{1v} 或 H_{3v} 必然等于中跨主缆拉力增量 H_{2v} 与塔的弹性反力之和。图中 S_t 为塔的抗推刚度,近似按照一悬臂梁考虑。则:

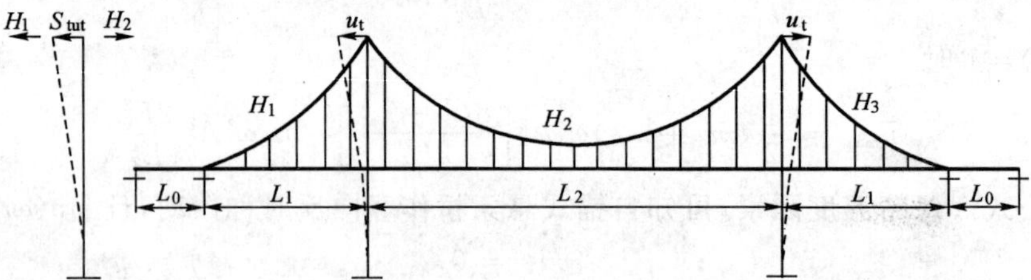

图4 塔的弹性变形对竖向振动的影响

$$H_{1v} - H_{2v} = \frac{3E_t I_t}{h_t^3} u_t \tag{28}$$

式中:$E_t I_t$——塔的平均抗弯刚度;

h_t——塔高。

主缆的相容方程:

中跨主缆

$$\frac{H_{2v}}{A_c E_c} L_{S2} + y_2'' \int_0^{L_2} v_2 \, dx = -\frac{H_{2v} L_2}{E_S A_S} + 2u_t \tag{29}$$

边跨主缆

$$\frac{H_{1v}}{A_c E_c} L_{S1} + y_1'' \int_0^{L_1} v_1 \, dx = -\frac{H_{1v} L_1}{E_S A_S} - u_t \tag{30}$$

令 $\gamma=\dfrac{N\dfrac{16f}{\pi}+M\dfrac{16f_1}{\pi}}{M+2N}$，其中：$M=\dfrac{E_C A_C}{L_{S1}}$　$N=\dfrac{E_C A_C}{L_{S2}}$

由以上三式可解出，考虑桥塔刚度影响对称竖向基频可以简化为：

$$f=\sqrt{\frac{\dfrac{E_C A_C}{L_{S1}}\left(-\dfrac{16f_1}{\pi}+\gamma\right)^2+\dfrac{E_C A_C}{2L_{S2}}\left(\dfrac{16f}{\pi}-2\gamma\right)^2+\dfrac{L_1+2L_2}{4L_1L_2}\pi^4 E_S I_v+\dfrac{1}{2L_0}\pi^4 E_S I_v}{\pi^2(m_c+m_G)(2L_1^3+L_2^3)+2\pi^2 m_G L_0^3}} \tag{31}$$

同理，当结构为没有外伸跨的三跨悬吊自锚式悬索桥时，基频的计算公式为：

$$f=\sqrt{\frac{\dfrac{E_C A_C}{L_{S1}}\left(-\dfrac{16f_1}{\pi}+\gamma\right)^2+\dfrac{E_C A_C}{2L_{S2}}\left(\dfrac{16f}{\pi}-2\gamma\right)^2+\dfrac{L_1+2L_2}{4L_1L_2}\pi^4 E_S I_v}{\pi^2(m_c+m_G)(2L_1^3+L_2^3)}} \tag{32}$$

3. 算例验证及相关参数分析

某跨度为 70m(左外伸跨)＋132m(左边跨)＋328m(中跨)＋132m(右边跨)＋70m(右外伸跨)自锚式悬索桥，中跨矢跨比为 1/5，主缆弹性模量和面积(两根)分别为 $E_C=1.96\text{e}11\text{Pa}$、$A_C=0.191\,98\text{m}^2$，主梁弹性模量、剪切模量、面积分别为 $E_S=2.1\text{e}11\text{Pa}$、$G=0.79\text{e}11\text{Pa}$、$A_S=1.65\text{m}^2$，主塔弹性模量和平均顺桥向抗弯惯性矩分别为：$E_t=3.25\text{e}10\text{Pa}$、$I_t=53.23\text{m}^4$，加劲梁的竖向抗弯惯性矩 $I_v=3.87\text{m}^4$，转动惯量 $I_m=3\,861\,914.278\text{kgm}^2/\text{m}$，自由扭转惯性矩 $J_t=10.524\text{m}^4$，左右两主缆质量集度之和 $m_c=1\,507.43\text{kg/m}$，加劲梁质量集度 $m_G=18\,056.732\text{kg/m}$，恒载 $H_G=qL_2^2/8f=40\,106\,532.1\text{N}$。公式计算、有限元计算按带外伸跨和无外伸跨两种情况进行，计算结果如表 1 所示。

正对称、反对称竖向基频公式计算结果与有限元比较　表 1

		竖向反对称	竖向正对称	桥塔刚度修正正对称
三跨悬吊带外伸跨	公式	0.638 6	0.501 3	0.482 9
	有限元	0.468 6	0.449 3	0.449 3
三跨悬吊	公式	0.456 9	0.436 5	0.411 6
	有限元	0.439 0	0.408 5	0.408 5

从计算结果可以看出，无外伸跨的三跨悬吊自锚式悬索桥公式精度是很高的，但有了外伸跨后精度较差，尤其是反对称振动，误差达到了＋36.2%，分析原因是反对称时 $H_P=0$，实际结构近似于一连续梁，而连续梁由于假定的三角函数振型无法准确模拟实际的振型导致精度较差。

当外伸跨的形状函数采用二次函数时，设其振型函数为：

$$v_0=A_0\left(\frac{4}{L_0}x-\frac{4}{L_0^2}x^2\right)\sin(\omega t+\phi)\quad x_0\in[0,L_0] \tag{33}$$

采用上面同样的方法，带外伸跨的三跨悬吊自锚式悬索桥一阶反对称频率计算公式为：

$$f=\frac{1}{2}\sqrt{\frac{2\pi^2 E_S I_v\dfrac{2L_1+L_2}{L_1L_2^3}+4E_S I_v\dfrac{1}{L_0L_2^2}}{\dfrac{1}{2}(m_c+m_G)\left[\dfrac{8L_1^3+L_2^3}{2L_2^2}\right]+m_G\dfrac{\pi^2L_0^3}{30L_2^2}}} \tag{34}$$

代入上述结构参数，计算结果为 0.501 1，由此更进一步说明振型函数的选取对结果的精确性影响很大。

对竖向自由振动基频式(22)和式(27)分析发现：

(1)随着矢跨比的增大(矢高的增加，跨度不变)，对称频率变化如图 5 所示，随着矢跨比减小，基频减小。

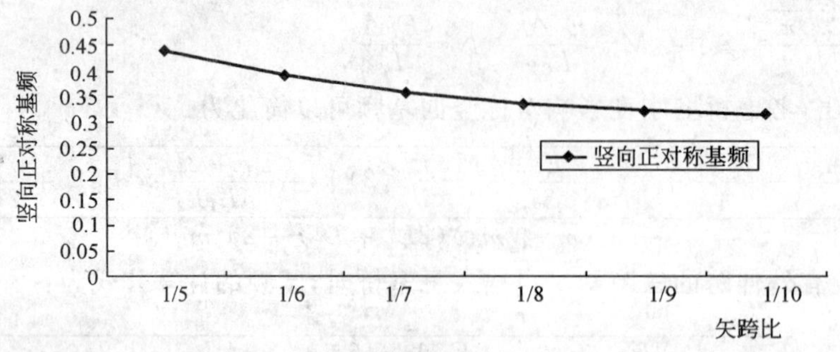

图5　正对称竖向基频随矢跨比变化图

(2)如图6、图7所示,无论是反对称还是对称基频都随着加劲梁竖向刚度的增加而增大;

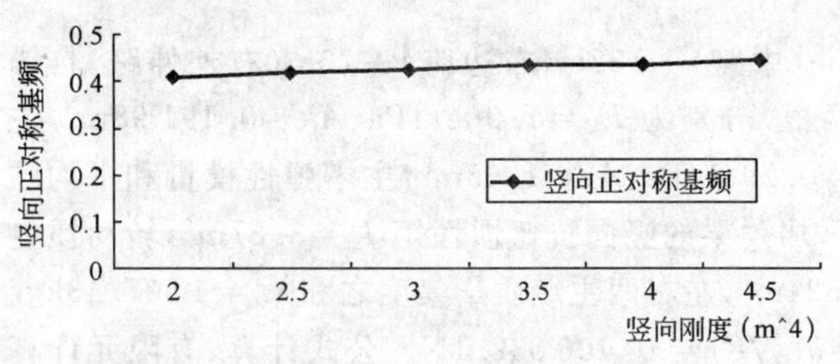

图6　正对称竖向基频随加劲梁竖向刚度变化图

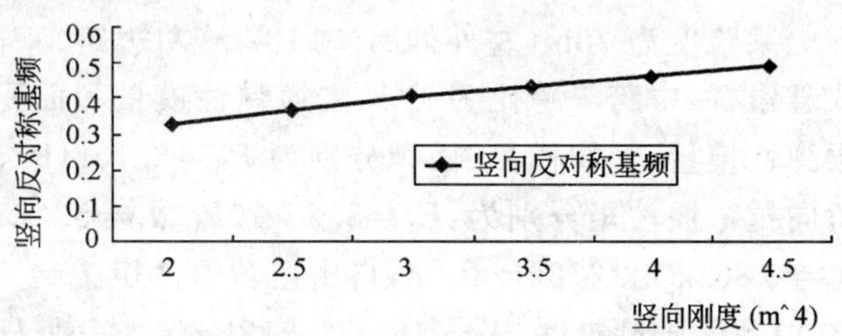

图7　反对称竖向基频随加劲梁竖向刚度变化图

(3)无论是反对称还是对称基频都随着单位长度梁和缆的集度的增加而减小;

(4)从计算结果可以看出在常用矢跨比范围内,一阶正对称要小于一阶反对称,也就是一阶竖向振型一般是正对称的。

三、扭转正对称、反对称基频公式推导、简化及参数分析

1.扭转公式推导及简化

解析法考虑悬索桥的扭转振动时,结构应变能可以由加劲梁的压缩能与加劲梁的扭转能以及主缆的竖向挠曲能之和给出,动能由加劲梁的运动能和主缆的挠曲运动能之和给出[6]。

1)加劲梁的旋转动能

$$T_1=\frac{1}{2}\int_{\mathrm{L}} m_{\mathrm{G}} r^2\left(\frac{\partial \phi}{\partial t}\right)^2 \mathrm{d}x \tag{35}$$

式中:r——旋转半径;

m_{G}——加劲梁质量集度;

$m_{\mathrm{G}}r^2$——加劲梁的转动惯量;

ϕ——加劲梁转角。

2)主缆挠曲动能

$$T_2=\frac{1}{2}\int_{\mathrm{L}} m_{\mathrm{c}}\left(\frac{b}{2}\frac{\partial \phi}{\partial t}\right)^2 \mathrm{d}x \tag{36}$$

式中:m_{c}——左右两主缆质量集度之和;

b——桥宽。

3)总动能

$$T=\frac{1}{2}\int_{\mathrm{L}} m_{\mathrm{G}} r^2\left(\frac{\partial \phi}{\partial t}\right)^2 \mathrm{d}x+\frac{1}{2}\int_{\mathrm{L}} m_{\mathrm{C}}\left(\frac{b}{2}\frac{\partial \phi}{\partial t}\right)^2 \mathrm{d}x \tag{37}$$

4)主缆势能

$$U_{ce} = \frac{1}{2}\left[\frac{H_p^2 L_S}{E_C A_C}\right] + \frac{1}{2}H_g\int_{l_i}\left(\frac{b}{2}\frac{\partial\phi}{\partial t}\right)^2 dx \tag{38}$$

5)加劲梁势能

(1)加劲梁自由扭转应变能

此处借用了开口薄壁杆件,也就是忽略了截面发生翘曲后受到约束对自由扭转剪应力的修正项。

$$U_{gT1} = \frac{1}{2}\int_L GJ_t\left(\frac{\partial\phi}{\partial x}\right)^2 dx \tag{39}$$

式中:GJ_t——加劲梁的扭转刚度。

(2)加劲梁约束扭转应变能

$$U_{gT1} = \frac{1}{2}\int_L EJ_W\left(\frac{\partial^2\phi}{\partial x^2}\right)^2 dx \tag{40}$$

式中:EJ_W——加劲梁的弯曲扭转刚度[7];对于实腹扁平箱梁悬索桥,EJ_W 项较小可以不考虑翘曲的影响。

(3)加劲梁压缩势能

$$U_{gy} = -\frac{1}{2}\int_L \frac{H_p^2}{E_S A_S}dx - \frac{1}{2}H_g\int_{l_i}\left(\frac{b}{2}\frac{\partial\phi}{\partial t}\right)^2 dx \tag{41}$$

6)总势能

$$U = \frac{1}{2}\left[\frac{H_p^2 L_S}{E_C A_C}\right] + \frac{1}{2}\int_L GJ_t\left(\frac{\partial\phi}{\partial x}\right)^2 dx - \frac{1}{2}\int_L \frac{H_p^2}{E_S A_S}dx \tag{42}$$

7)一阶反对称扭转自由振动

设自锚式悬索桥外伸跨、边跨、中跨振型函数为:

$$\phi_0 = A_0\sin\frac{\pi x_0}{L_0}\sin(\omega t + \theta) \quad x_0 \in [0, L_0] \tag{43}$$

$$\phi_1 = A_1\sin\frac{\pi x_1}{L_1}\sin(\omega t + \theta) \quad x_1 \in [0, L_1] \tag{44}$$

$$\phi_2 = A_2\sin\frac{2\pi x_2}{L_2}\sin(\omega t + \theta) \quad x_2 \in [0, L_2] \tag{45}$$

由振动的连续性,故:

$$\phi_0\,|_{x_0=L_0} = \phi_1\,|_{x_1=0} \qquad \phi'_0\,|_{x_0=L_0} = \phi'_1\,|_{x_1=0}$$

$$\phi_1\,|_{x_1=L_1} = \phi_2\,|_{x_2=0} \qquad \phi'_1\,|_{x_1=L_1} = \phi'_2\,|_{x_2=0}$$

同竖向基频公式推导思路,得反对称扭转基频:

$$f = \sqrt{\frac{(2L_0 + 2L_1 + L_2)GJ_t}{(L_2^3 + 8L_1^3)\left(m_G r^2 + \frac{m_C}{4}b^2\right) + 8m_G r^2 L_0^3}} \tag{46}$$

同上面的分析思路,当结构为没有外伸跨的三跨悬吊自锚式悬索桥时,反对称扭转基频为:

$$f = \sqrt{\frac{(2L_1 + L_2)GJ_t}{(L_2^3 + 8L_1^3)\left(m_G r^2 + \frac{m_C}{4}b^2\right)}} \tag{47}$$

8)一阶正对称扭转自由振动

设自锚式悬索桥外伸跨、边跨、中跨振型函数为:

$$\phi_0 = A_0\sin\frac{\pi x_0}{L_0}\sin(\omega t + \theta) \quad x_0 \in [0, L_0] \tag{48}$$

$$\phi_1 = A_1\sin\frac{\pi x_1}{L_1}\sin(\omega t + \theta) \quad x_1 \in [0, L_1] \tag{49}$$

$$\phi_2 = A_2\sin\frac{\pi x_2}{L_2}\sin(\omega t + \theta) \quad x_2 \in [0, L_2] \tag{50}$$

同理得正对称扭转基频为：

$$f=\sqrt{\frac{\frac{E_C A_C b^2}{2}\left(\frac{8f-16f_1}{\pi L_S}\right)^2+\frac{L_2+2L_1+2L_0}{4}\pi^2 GJ_t}{\pi^2(L_2^3+2L_1^3)\left(m_G r^2+\frac{m_C}{4}b^2\right)+2\pi^2 m_G r^2 L_0^3}} \tag{51}$$

同上面的分析思路，当结构为没有外伸跨的三跨悬吊自锚式悬索桥时，正对称扭转基频为：

$$f=\sqrt{\frac{\frac{E_C A_C b^2}{2}\left(\frac{8f-16f_1}{\pi L_S}\right)^2+\frac{L_2+2L_1}{4}\pi^2 GJ_t}{\pi^2(L_2^3+2L_1^3)\left(m_G r^2+\frac{m_C}{4}b^2\right)}} \tag{52}$$

2.算例验证及相关参数分析

采用二.3节中的算例，公式计算、有限元计算按带外伸跨和无外伸跨两种情况进行，计算结果如表2所示。

正对称、反对称扭转基频公式计算结果与有限元比较　　表2

		扭转反对称	扭转正对称
三跨悬吊带外伸跨	公式	1.649	1.265
	有限元	1.376	1.163
三跨悬吊	公式	1.483	1.206
	有限元	1.371	1.104

从计算结果可以看出，有外伸跨的三跨悬吊自锚式悬索桥扭转反对称基频公式精度是比较差的，其原因与上述的竖向反对称是相似的。

当形状函数采用二次函数时，则可设外伸跨振型函数为：

$$\phi_0=A_0\left(\frac{4}{L_0}x-\frac{4}{L_0^2}x^2\right)\sin(\omega t+\theta)\qquad x_0\in[0,L_0] \tag{53}$$

采用上面同样的方法，带外伸跨的三跨悬吊自锚式悬索桥一阶反对称扭转频率计算公式为：

$$f=\sqrt{\frac{(2L_1+L_2)GJ_t+\frac{L_0}{3}GJ_t}{(L_2^3+8L_1^3)\left(m_G r^2+\frac{m_C}{4}b^2\right)+4m_G r^2\frac{\pi^2 L_0^3}{30}}} \tag{54}$$

代入上述结构参数，计算结果为1.543，与有限元的计算结果比较接近，由此说明振型函数的选取对结果的精确性影响很大，要想获得比较准确的解析计算结果应选择比较接近实际的振型函数。

从扭转自由振动基频式(47)和式(52)中可以发现：

(1)随着矢跨比的增大(矢高的增加，跨度不变)，对称频率变化如图8所示，随着矢跨比减小，对称基频减小。

(2)如图9、图10所示，无论是反对称还是对称基频都随着加劲梁扭转刚度的增加而增大。

(3)无论是反对称还是对称基频都随着单位长度梁和缆的集度的增加而减小。

(4)从计算结果可以看出在常用矢跨比范围内，一阶正对称要小于一阶反对称，也就是一阶扭转振型一般是正对称的。

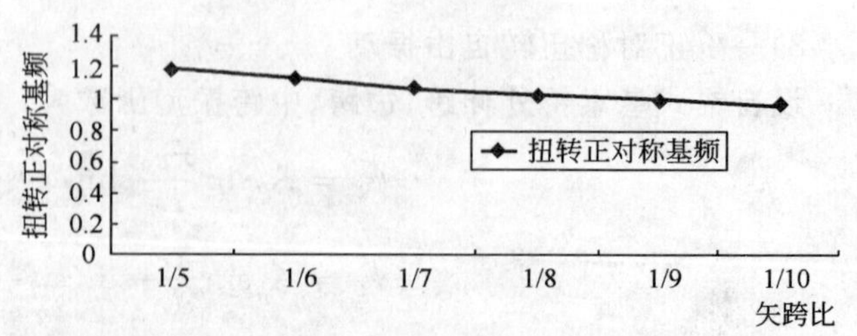

图8　正对称扭转基频随矢跨比变化图

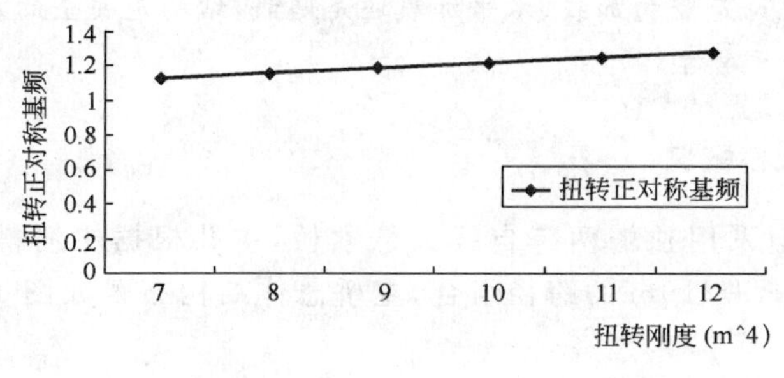

图 9 正对称扭转基频随加劲梁扭转刚度变化图

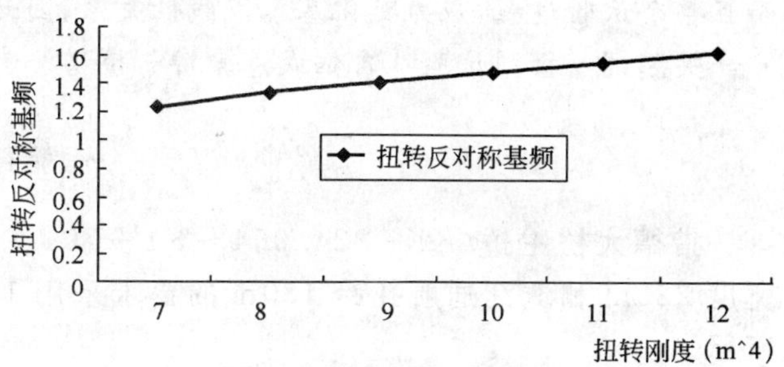

图 10 反对称扭转基频随加劲梁扭转刚度变化图

四、结 语

本文基于能量原理 Rayleigh 法推导了柔性塔自锚式悬索桥一阶反对称竖向频率、一阶正对称竖向频率、考虑桥塔刚度时对称竖向基频计算公式、一阶反对称扭转频率、一阶正对称扭转频率计算公式，并忽略一些次要因素后，对导出的公式作了进一步简化。通过实例，将用本文导出的公式计算结果和用有限元法的计算结果相比较，发现假设的三角函数振型在有外伸跨的三跨悬吊自锚式悬索桥反对称基频计算中误差较大，二次函数误差较小，同时得出了如下一些结论：

(1)从能量角度来考察自锚式悬索桥的基频，无论是竖向还是扭转，由于振动时主梁压缩，基频近似计算公式与地锚式悬索桥有差异。

(2)随着矢跨比的增大，自锚式悬索桥的对称竖向、对称扭转基频都增大；竖向振动基频随着加劲梁的竖向刚度增大而增大，随着单位长度缆梁质量的增大而减小，扭转振动基频随着加劲梁的扭转刚度增大而增大，随着单位长度缆梁质量的增大而减小；

(3)近似公式的精度是比较高的，可供设计参考。

参考文献

[1] 陈仁福. 大跨悬索桥理论[M]. 成都：西南交通大学出版社，1994.
[2] 刘春城，张哲等. 虚拟激励法在自锚式悬索桥竖向地震反应分析中的应用[J]. 东南大学学报. 2003.7.
[3] 鞠小华. 大跨悬索桥基频近似计算研究[D]. 成都：西南交通大学硕士学位论文，1999.
[4] 铁道部大桥工程局桥梁研究所编. 悬索桥[M]. 科学技术文献出版社，1996.
[5] 王志诚. 自锚式悬索桥静动力特性挠度理论研究[D]. 成都：西南交通大学硕士学位论文，2006.
[6] 小西一朗. 戴振藩译，劳远昌校. 钢桥[M]. 北京：人民铁道出版社，1981.
[7] 包世华，周坚. 薄壁杆件结构力学[M]. 北京：中国建筑工业出版社，1991.
[8] 钱冬生，陈仁福. 大跨度悬索桥的设计与施工[M]. 成都：西南交通大学出版社，1999.
[9] John A Ochsendorf, David P Billington. Self-anchored suspension bridge[J]. Journal of Bridge Engineering. 1999, 4(3).

133. 广州猎德大桥索塔模型试验

李 星[1] 黎世勇[2] 莫瑞玲[2] 倪章军[2] 王卫锋[1] 陈喜龙[1]
(1. 华南理工大学交通学院；2. 广州市新光快速路有限公司)

摘 要 猎德大桥为自锚式悬索桥，其索塔造型新颖独特，本文利用模型研究索塔塔柱、横梁部位的受力，重点介绍了模型的制作、测试断面的设置、测点的布置及试验的具体过程，通过试验数据，可以看出在整个试验过程中，试验数据重复性比较好，分级加载基本成线性关系，整个加载过程没有发现裂缝，而且整个试验过程，应力变化基本成线性关系，因此无论是竖向加载、水平加载还是超载，结构是安全的。

关键词　模型试验　自锚式悬索桥　桥塔　有限元模型

一、猎德大桥概况

猎德大桥主桥(K1＋224.064～K1＋704.064)采用独塔两跨自锚式悬索桥，主孔根据主河槽宽度220m和珠江通航孔跨180m的要求采用167m＋219m的跨径组合，主桥总体结构布置如图1所示。

本桥主塔结构外形新颖独特，索塔塔高128m，主体结构高103m，施工难度大。其内外轮廓分别为椭圆组合而成，顶部开孔。单肢塔柱横断面为似梯形，横向全宽8.2～20.6m，外侧2m宽，设有1.2m深，1.2m宽的凹槽似贝壳开口，内侧8.8～11.9m宽，设有1m深凹槽，并每隔5m设50cm厚装饰隔板。塔柱截面为单箱单室预应力混凝土结构，壁厚1～2m，根部设10m实体渐变过渡段，水面以下采用矩形截面。塔顶横梁高10m，最宽处12.628m，为单箱两室预应力混凝土结构。

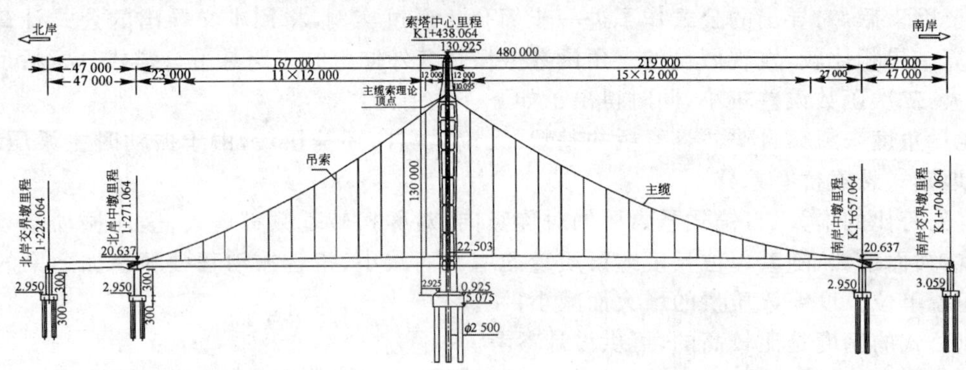

图1　主桥总体结构布置图

二、模型制作

模型尺寸与实体比例为1∶10，加载比例为1∶100，所用材料均与原桥相同，除模拟索塔真实结构外，同时还要模拟实际的施工顺序，按实际施工阶段浇筑索塔梁段，按实际施工情况设置横向支撑，而且配筋率都保持一样，力求模型能合理反应索塔真实结构及其在各施工阶段的真实力学行为，按照相似理论，试验产生的应力及挠度应该与实体一样。

模型制作步骤如下：

(1)由于模型制作现场的地质情况不理想，基础拟采用混凝土扩大基础，基底承载力为250kPa/m^2。

(2)制作索塔模型的木模板，首先按设计图纸制作每个浇筑段底面、中面和顶面的胎模，然后用木板连接胎模，模板成形。

(3)模板制作完成后，按实际施工顺序浇混凝土，模型中各截面的钢筋和预应力钢筋采用和原桥相同的配筋率；在浇筑模板混凝土的过程中同时安装横撑。

(4)浇筑横梁混凝土，横梁的钢筋和预应力钢筋采用和原桥横梁相同的配筋率，同时考虑鞍座位置处的弯矩等效，预应力钢筋按直筋布设。

(5)制作加载梁，加载梁的支座位置按比例与原桥相同。

整个索塔模型于2007年4月12日开始到5月24日制作完毕(图2)，共计42天。

图2　制作完成后的模型

三、理论计算

采用ANSYS软件中的solid65和link8单元，分别模拟混凝土和预应力钢筋，横撑也采用link8单元模拟。建立索塔原型结构模型(图3)。考虑到该索塔结构复杂，预应力布置很多，所以在划分网格时尽量把网格划分得细点，尤其是横梁位置。模型中共划分单元(图4)81万个，节点15万个。

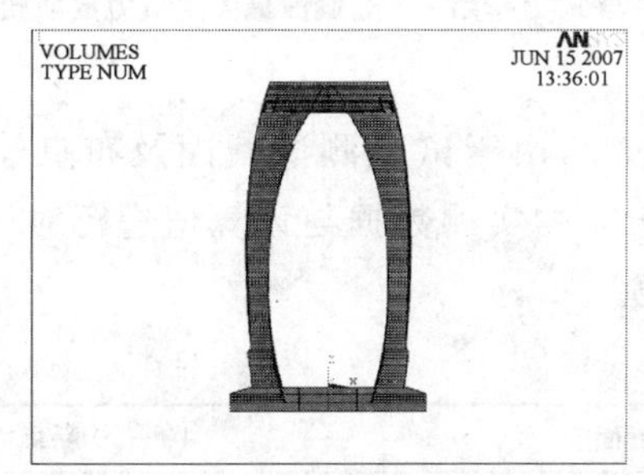

图3 结构模型图

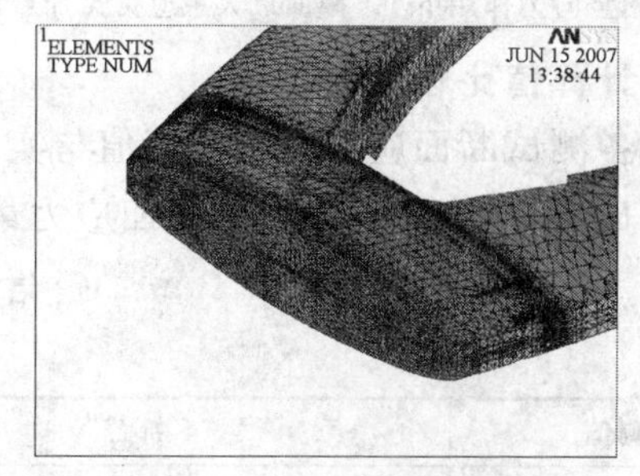

图4 结构单元划分图

计算荷载：根据设计单位的提供的资料，塔顶水平力为4 600kN，竖向力为75 000kN。

四、模型试验

索塔荷载实验按照竖向荷载20%、40%、50%、70%、90%、100%、卸载到50%、卸载到0、的顺序重复加载三次，最后再加载到竖向荷载100%＋水平荷载50%、竖向荷载100%＋水平荷载100%竖向、竖向荷载150%＋水平荷载100%顺序加载，分别在每个工况稳定5min、10min时记录各组应变、挠度数据，为了减少温度变化对试验的影响，加载时段控制在晚上9点到凌晨6点。试验时横梁选取了5个测试截面，如图5所示，其中1—1、9—9设置14个应变花，2—2、3—3设置9个应变花8—8断面除跟1、9重合之外设置8个应变花，均采用直角应变花；塔柱布置6个断面，采用竖向安置的钢弦传感器来测应力。

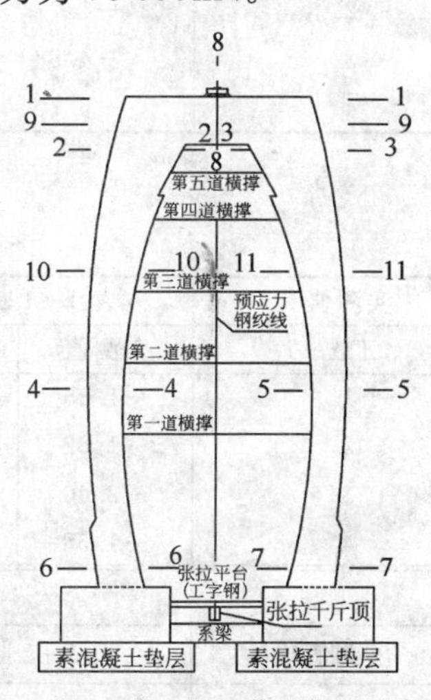

图5 应力测试截面位置示意图

五、结果分析

1. 重复性和加载线性分析

重复性分析是模型试验结果分析的第一步，用来验证试验数据的可靠性。我们取各测试断面的应力最大值点进行分析，加载前有一次清零，后两次加载都是在前面加载过程的基础上进行的，所以存在一些残余应力的影响，如图6～图9所示，各断面测试应力最大点三次加载曲线变化基本一致，说明试验数据比较可靠。

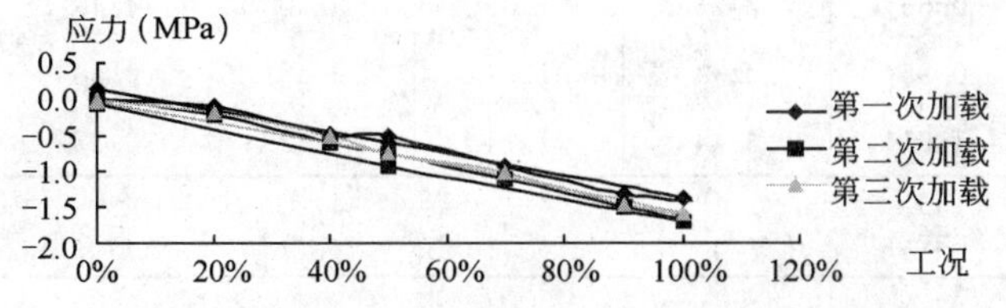

图6 竖向力作用下4-4截面最大应力点加载曲线

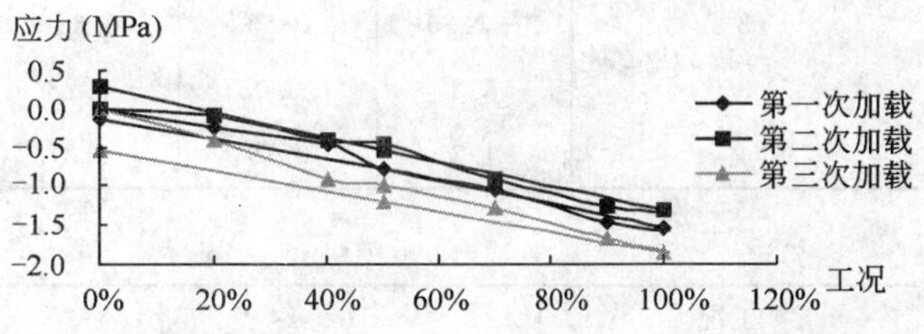

图7 竖向力作用下6-6截面最大应力点加载曲线

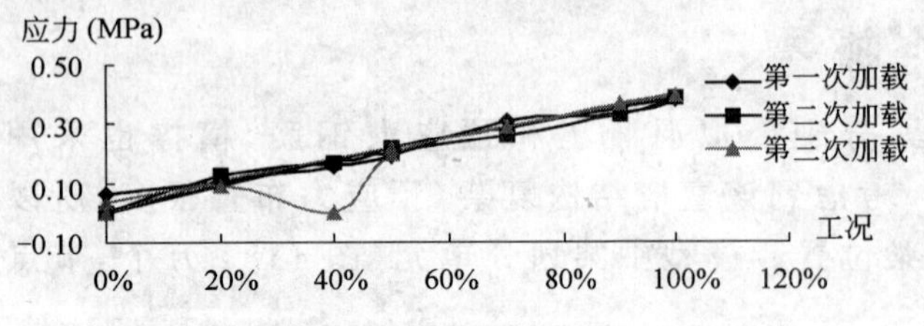

图8 竖向力作用下1-1截面最大主应力点加载曲线

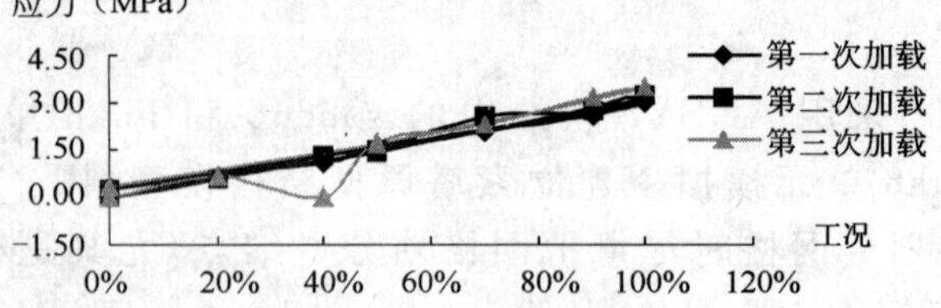

图9 竖向力作用下8-8截面最大主应力点加载曲线

2. 与计算值比较分析

塔柱各测试断面应力理论计算值与实测值的对比(表1、表2),由于试验测试断面及布点较多,得出的数据也比较多,在此仅列出各断面应力最大点的典型工况(表3)的实测数据与计算值进行对比。

塔柱实测值与计算值对照表 表1

竖 向 应 力

实测值	4—4断面		6—6断面		10—10断面	
工况	实测值	理论值	实测值	理论值	实测值	理论值
1	−0.81	−1.20	0.36	0.60	−0.40	−0.86
2	−1.71	−2.84	0.58	1.90	−0.90	−1.72
3	−4.88	−6.38	1.78	4.72	−1.29	−2.87
4	−5.70	−8.25	1.69	5.16	−1.67	−3.73

横梁实测值与计算值对照表 表2

水 平 应 力

实测值	1—1断面		3—3断面		8—8断面		9—9断面	
工况	实测值	理论值	实测值	理论值	实测值	理论值	实测值	理论值
1	−1.35	−1.35	0.38	−0.27	0.22	0.20	1.61	2.24
2	−1.62	−2.70	0.91	0.56	0.41	0.40	3.28	4.48
3	−2.40	−2.37	0.78	0.67	0.24	0.71	2.94	4.52
4	−1.58	−3.40	−0.45	0.95	−0.35	0.83	1.01	6.75

竖 向 应 力

实测值	1—1断面		3—3断面		8—8断面		9—9断面	
工况	实测值	理论值	实测值	理论值	实测值	理论值	实测值	理论值
1	−1.552 5	0.26	−1.587	−0.47	−1.886	−0.49	−0.437	−0.37
2	−1.207 5	0.53	−2.208	−0.93	−2.53	−0.98	−0.48	−0.73
3	−12.315 6	0.51	−0.793 5	−0.9	−1.104	−0.99	−0.51	−0.99
4	−13.248	0.78	−1.276 5	−1.45	−2.035 5	−1.48	−0.79	−1.11

主 应 力

实测值	1—1断面		3—3断面		8—8断面		9—9断面	
工况	实测值	理论值	实测值	理论值	实测值	理论值	实测值	理论值
1	−1.2	0.27	0.122	0.28	1.11	0.54	0.42	2.24
2	−1.26	0.53	0.316	0.56	2.26	1.09	0.3	4.48
3	5.3	−0.087	0.23	0.95	2.4	1.23	0.46	0.58
4	4.2	0.79	0.37	1.01	3.44	1.74	0.62	0.87

工 况 表 表3

工况	1	2	3	4
荷载状况	50%竖向荷载	100%竖向荷载	100%竖向+100%水平荷载	150%竖向荷载+100%水平荷载

从表2可以看出,1－1断面差别较大,这是因为1－1断面最大点附近有水平加载装置(预埋的钢板),局部应力与计算模型差别较大。

六、结　语

猎德大桥索塔结构新颖,在整个试验过程中,试验数据重复性比较好,分级加载基本成线性关系,整个加载过程没有发现裂缝,而且整个试验过程,应力变化基本成线性关系,因此无论是竖向加载、水平加载还是超载,结构是安全的。塔柱部分应力测试结果基本上少于计算值,主要原因在于计算时考虑的刚度较小,如实际混凝土的弹性模量,没有考虑钢筋和预应力钢筋的刚度等。横梁部分受力比较复杂,计算与实测值偏差较大,有待进一步研究。

本次模型试验获取大量的试验数据,不仅印证了猎德大桥索塔设计是安全的,而且对施工有一定的指导意义,其试验结果对类似结构的设计具有重要的意义。

参考文献

[1] 江见鲸,贺小岗.工程结构计算机仿真分析[M].北京:清华大学出版社,1996.
[2] 李德寅,王邦楣,林亚超.结构模型实验[M].北京:科学出版社,1996.
[3] 侯杰泰.结构方程模型及其应用[J].北京:教育科学出版社,2004.
[4] 刘自明,桥梁结构模型试验研究[J].桥梁建设,1999.
[5] 安群慧,刘自明.荆州长江公路桥整体模型试验研究[J].桥梁建设,2002.
[6] 郝文化.ANSYS土木工程应用实例[M].北京:中国水利水电出版社,2005.
[7] 龚曙光,谢桂兰.ANSYS操作命令与参数化编程[M].北京:机械工业出版社,2004.

134. 城市自锚式悬索桥仿真计算分析

赵　磊[1]　桂　学[2]　李　艳[2]　雷俊卿[1]
(1.北京交通大学 土木建筑工程学院;2.山东省临沂市公路勘察设计院)

摘　要　某城市自锚式悬索桥,为独塔双索面自锚式混凝土悬索桥形式,加劲梁采用双边肋纵梁与吊杆间横梁相交的框架体系,纵横梁高度采用2m。本文重点介绍该桥的静动力仿真分析的要点与结构的力学性能。

关键词　自锚式悬索桥　结构行为　仿真计算　静力分析　动力特性

一、工 程 概 况

1.桥梁概况

本文所述的自锚式悬索桥位于某市柳青河上,与内环路相连,是城市新区建设的重要组成部分。桥梁结构方案采用独塔双索面自锚式混凝土悬索桥形式,桥梁主跨为70m,边跨为25m,主缆中心距32m,吊索沿顺桥向间距4m。索塔采用欧式塔型,塔结构总高34m,桥面以上塔结构高24.5m(其中2.5m为装饰部分,桥面至主缆中心点为22m);横断面上共两个欧式塔,中间不设横向连接。桥梁横断面宽43m,上部加劲梁采用双边肋纵梁与吊杆间横梁相交的框架体系,纵横梁高度采用2m,其间设置现浇钢筋混凝土桥面板,桥面铺装采用7cm厚沥青混凝土。下部结构主塔基础采用ϕ150cm的群桩,主跨桥台采用钻孔灌注桩,小边跨桥台采用半整体式重力桥台。本桥是该省内的第一座自锚式悬索桥(图1、图2)。

2.技术标准

道路等级:城市主干道。

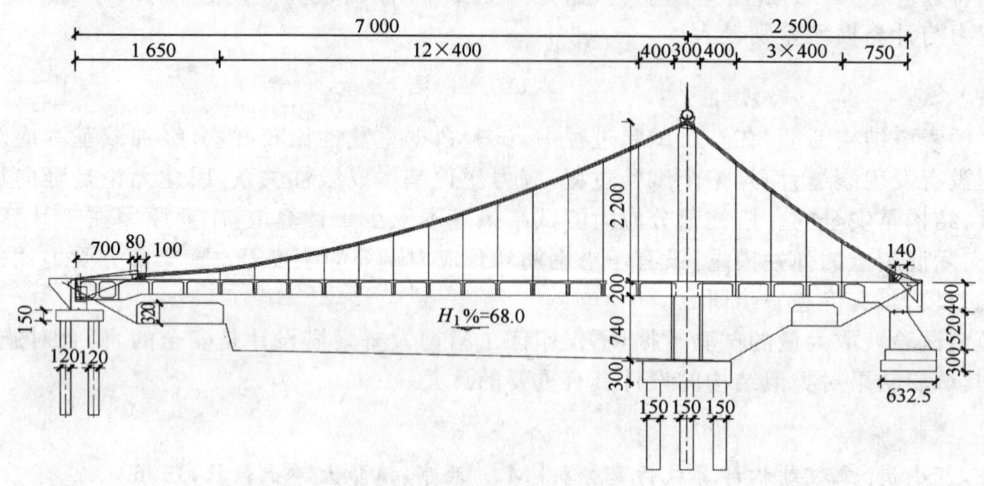

图1　城市自锚式悬索桥总体布置图

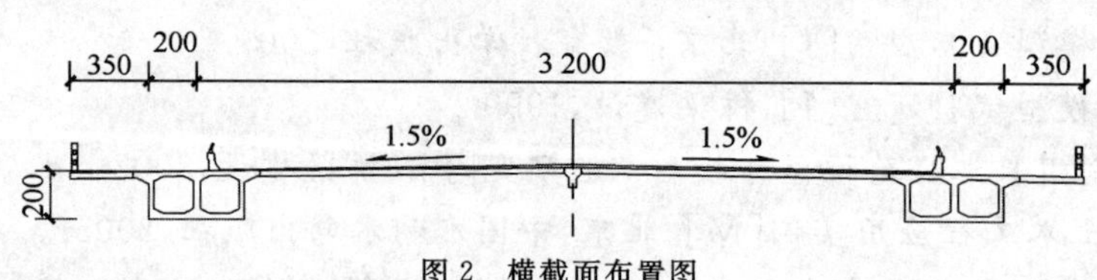

图2　横截面布置图

机动车道数：双向8车道（主塔外另设置2个非机动车道，兼做人行道）。

计算行车速度：60km/h。

桥梁宽度：43m；布置形式为：0.25m护栏＋4m人行及非机动车道＋2.5m锚索区＋（0.5m＋4×3.5m＋0.5m＋4×3.5m＋0.5m）机动车道＋2.5m锚索区＋4m人行及非机动车道＋0.25m护栏。

桥面横坡：双向1.5%。

桥梁纵断面：主塔位于变坡点处，前后纵坡2%，凸曲线半径3 000m。

设计荷载：城—A级，人行及非机动车道活载3.5kN/m^2；

地震基本烈度为VII，结构物按VIII度设防。

设计洪水频率1/100，设计洪水位68.00m。

3. 主要材料特性

纵梁、横梁、主塔：C50混凝土。

主缆、吊杆：标准强度σ_b＝1 670MPa，平行钢丝成品索（不带外护套）。

主索鞍、散束套、索夹：ZG270-500。

台身、搭板：C30混凝土。

承台、桩：C25混凝土。

预应力钢筋：标准强度σ_b＝1 860MPa，ϕ_s15.24的高强度、低松弛钢绞线。

普通钢筋：HRB335、R235钢。

4. 结构特点

本桥桥型为双塔双索面自锚式悬索桥，跨度为70m＋25m。塔梁固结。

5. 施工方法

采用满堂支架法施工。

二、仿真计算的基本参数及计算模型

1. 仿真计算的结构模型

计算模型的建立，基本上根据实际结构构件进行三维空间杆系离散模拟。主缆以索单元进行模拟，吊索用索单元进行模拟，桥塔、加劲梁用梁单元进行模拟。这样建立的模型真实地反应了结构的实际情况。另外还考虑了加劲梁竖曲线、桥面横坡的变化等。全桥节点总数为 372 个，单元总数为 156 个。

边界约束条件为在桥塔塔底承台顶面处固结；主缆在锚固点固结；加劲梁在一端 0 号桥台处约束竖向位移和横向扭动；加劲梁在桥塔处与桥塔和塔墩刚性固结，加劲梁在另一端 2 号桥台处与桥台用只限制竖向位移的一般连接连接。计算模型的结构离散图如图 3 所示。

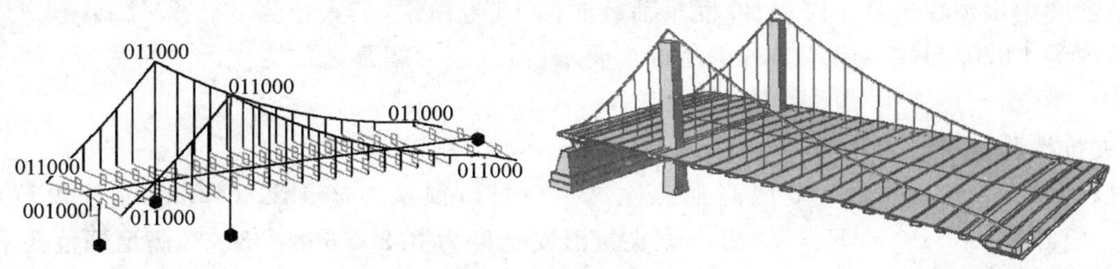

图 3 迎宾自锚式悬索桥计算模型的结构离散图

2. 荷载及相关参数

(1)结构自重：按材料密度自动计算。

(2)二期恒载：按 93.26kN/m 计算。

(3)车辆活荷载：城市主干路双向 8 车道，城-A 级，每车道 10(kN/m)，6 车道以上折减系数为0.55。

(4)两侧人行道活荷载为：$2\times4\text{m}\times4\ (\text{kN/m}^2)\ \times1\text{m}=32(\text{kN/m})$。

(5)设计计算的基准温度为 20℃，温度效应按如下组合计算：体系升温：体系升温按 30℃计。体系温降：体系降温按 30℃计。

三、静力验算结果

1. 主缆验算

主缆选用了 37×151ϕ5 和 37 × 127ϕ5.25 进行比较；一根主缆的面积为 0.101 721 774m^2，主缆平行钢丝标准抗拉强度 R_y^b：1 770MPa。

(1)索夹内孔设计直径验算

K 为主缆截面的空隙率，推荐取 0.18 。考虑主缆截面的空隙率主缆直径为：

$$D=\sqrt{\frac{n}{1-K}}\times d=\sqrt{\frac{37\times127}{1-0.18}}\times5.25=397.425\text{mm}$$

(2)主缆强度验算

主缆平行钢丝标准抗拉强度 R_y^b：1 770MPa。各种组合下主缆的最大应力及安全系数见表 1，满足规范要求。

主缆强度验算表 表 1

项　目	主　缆		容许安
组合类型	最不利应力(MPa)	安全系数	全系数
恒载＋活载	514.5	3.44	2.5
恒载＋活载＋温升	504.0	3.512	2.5
恒载＋活载＋温降	525.1	3.37	2.5

(3)鞍槽中主缆抗滑系数的验算

按《公路悬索桥设计规范》(报批稿)，鞍槽内索股的抗滑安全系数

$$k=\frac{\mu\alpha}{\lg(T_s/T_c)}>2$$

式中：μ——索股与槽底或上层索股与下层索股间的摩擦系数，取 0.15；

α——主缆(索股)在鞍槽上的包角(弧度);

T_s、T_c——分别为主缆(索股)两边的拉力。

带入上式计算,抗滑安全系数最小为2.2614,满足抗滑要求。

2. 吊索系统验算

(1)吊索强度验算

最大吊索应力出现在恒载+降温30度+活载时的13号吊索,其大小为397.8MPa。

安全系数为1 670/397.8=4.2>3,满足规范要求;活载应力幅最大的为主跨2号吊索,为4.88%,也比较小。

(2)索夹抗滑验算

索夹材料ZG270-500,采用8.8级高强螺栓ϕ34(ϕ41),预紧力294kN(428kN);按规范规定代入$F_{fc}=k\mu P_{tot}$,$N_c=N_h\sin\varphi$,$K_{fc}=F_{fc}/N_c$,最小索夹抗滑安全度为3.205 668 833>3,满足规范要求!

3. 结构位移和变形计算

结构的最大向上位移发生在恒载+温降,主梁主跨3号吊索吊点处,为4.64cm;此也是加劲梁的最大向上位移。结构的最大向下位移为3.94cm,发生在恒载+活载+温降时的主缆上;加劲梁的最小的位移发生在恒载+活载+温升的荷载组合下,为0.26cm,未发生向下位移。这些位移均小于$L/300=7\,000/300=23.3$cm,满足规范要求。

结构的最大向左水平位移2.488cm发生在恒载+活载+温降荷载组合下,位置是主跨梁端。最大向右水平位移2.078cm,发生在恒载+活载+温升荷载组合下,位置是主跨主缆锚固点。

4. 加劲纵梁的验算

对于悬索桥的加劲梁,横梁间距比较小,因此应力计算时,一般是按全截面参与工作进行计算。各种组合下的最不利应力如表2所示。

加劲纵梁应力(单位MPa,正为拉,负为压) 表2

项 目	梁顶应力		梁底应力	
组合类型	最大应力	最小应力	最大应力	最小应力
恒载	−0.53	−11.1	1.965	−14.1
恒载+活载(车+人)	−0.168	−11.53	1.814	−16.75
恒载+温升30度	−0.292	−11.1	1.984	−15.32
恒载+温降30度	−0.72	−11.1	1.945	−12.86
恒载+温升30度+活载	0.07	−11.53	2.294	−17.986
恒载+温降30度+活载	−0.4	−11.53	1.794	−15.52

结论:规范规定的C50的设计应力为拉应力$[\sigma]=1.83$MPa,压应力$[\sigma]=22.84$MPa。与表中计算结果比较后发现:梁底压应力均满足要求。梁底拉应力略有超标,按B类预应力构件验算,需进一步验算箍筋。规范规定的计算公式如下(本设计中采用直径12mm的HRB335箍筋)

$$S_v=\frac{f_{sk}A_{sv}}{\sigma_{tp}b}=\frac{335\times 0.011\,31}{2.294\times(0.2+0.3+0.2)\times 2}=1.18\text{m}$$

设计中所采用箍筋间距为0.15m,远小于所要求间距。满足规范要求!

5. 支撑反力

结构支撑反力表(单位kN,正为压力,负为拉力) 表3

位置	恒载	恒载+活载	恒载+升温30度	恒载+降温30度	恒载+活载+升温30度	恒载+活载+降温30度
边跨桥台	−1 763.2	−1 389.8	−375.1	−3 152.7	−1.7	−2 779.2
主塔基础(单个)	75 117.7	77 992.8	74 208.7	76 027.6	77 083.8	78 902.7
主跨桥台	4 547.9	6 807	4 977.8	4 117.5	6 736.9	5 876.6

计算结果显示：在2号桥台的底部，仍存在着最大3 152.7kN的负反力，即为拉力。解决的办法建议：将2号桥台的端横梁的空心变为实心，增大边跨压重，另外在桥台周围配合锥体护坡的修建，增大对桥台的压重，保证受力的平衡。

6. 主塔验算

各组合情况下桥塔最大、最小应力见表4。

桥塔最大/最小应力(MPa)　表4

组合类型	桥塔最大应力	桥塔最小应力	组合类型	桥塔最大应力	桥塔最小应力
恒载	−10.6	−6.0	恒载＋温降30度＋活载	−11.3	−6.0
恒载＋温升30度＋活载	−12.2	−5.15			

桥塔在各种组合下的压应力满足材料强度要求(最大12.2＜22.4)，运营状态各组合情况下桥塔均不出现拉应力。受力情况很好，满足规范要求！

7. 塔顶相对位移

塔顶相对位移表(单位mm)　表5

项目 荷载	主塔顶	主缆	相对位移
恒载(加纵向预应力)	−0.803	−4.75	3.947
恒载＋活载	4.533	1.194	3.339
恒载＋温升30度	0.723	−3.544	4.267
恒载＋温降30度	−2.327	−5.953	3.626
恒载＋温升30度＋活载	6.059	2.4	3.659
恒载＋温降30度＋活载	3.009	−0.008	3.017

附注：正的表示主跨方向，负的表示边跨方向。

四、动力特性计算分析

12阶桥梁自振频率表　表6

模态号	描述	频率(Hz)	周期(s)
1	加劲梁一阶扭转	1.027 571	0.973 168
2	主跨主梁一阶竖弯	1.057 022	0.946 054
3	主缆横向一阶反对称弯曲	1.786 698	0.559 692
4	主缆横向一阶对称弯曲	1.866 921	0.535 641
5	主缆一阶扭转弯曲	1.942 724	0.514 741
6	两主缆二阶竖向非对称弯曲	2.054 896	0.486 643
7	主缆非对称二阶扭转	2.111 083	0.473 600
8	主塔对称面内弯曲	2.313 107	0.432 319
9	主缆横向二阶反对称弯曲	2.450 767	0.408 035
10	主缆横向二阶对称弯曲	2.460 289	0.406 456
11	主跨主梁二阶竖弯	3.006 173	0.332 649
12	两主缆三阶竖向非对称弯曲	3.065 272	0.326 235

五、结　语

经过上述的仿真计算分析可知，该城市自锚式悬索桥的结构设计基本合理，桥梁刚度大，活载影响小；不等跨结构容易导致小跨支点出现拉力，所以边跨设置抗拉桥台。该桥目前正在建设中，预计明年建成通车。

参考文献

[1] 雷俊卿,郑明珠,徐恭义.悬索桥设计.北京:人民交通出版社,2002.

[2] 周孟波.悬索桥手册.北京:人民交通出版社,2003.

135. 单跨悬索桥边跨长度的优化设计

刘厚军 刘 钊

(东南大学土木工程学院)

摘 要 本文从减少单跨悬索桥塔柱在活载下受力的角度,以边跨后背索水平刚度最大化为目标,对单跨悬索桥边跨长度进行设计。将单跨悬索桥边跨背索简化为一端固定和一端可水平滑动的斜索。由刚度的定义出发,在考虑自重垂度效应下推导了计算斜索水平刚度的公式,基于此公式对关键参数进行研究,求解使得斜索水平刚度最大的倾角。最后给出对单跨悬索桥边跨长度的优化设计。

关键词 单跨悬索桥 后背索 水平刚度 边跨长度

一、问题的提出

单跨悬索桥为单跨悬吊的悬索桥结构形式。它适合于边跨地面较高,采用桥墩来支承边跨的梁体结构,或者是由于道路的平面线形不得不有曲线进入边跨时采用[1]。单跨悬索桥的边跨可定义为一端桥塔与同一侧锚碇之间的水平距离。如何合理的设计边跨长度是值得探讨的问题。目前有学者就单跨悬索桥的边中跨之比做了统计研究[1~2],认为单跨悬索桥跨度比一般在0.2～0.3之间。本文研究定量公式来计算边跨长度。

通过几何关系(图1)可知,边跨长度可由塔顶与锚碇间高差和边跨后背索的倾角两者确定。塔顶与锚碇之间的高差一般为已知值,因为悬索桥的塔顶标高可依据主缆的垂跨比和主梁的设计竖曲线确定,锚碇标高则由地形条件决定。由此如何确定边跨后背索的合理倾角成为设计边跨长度的关键问题。

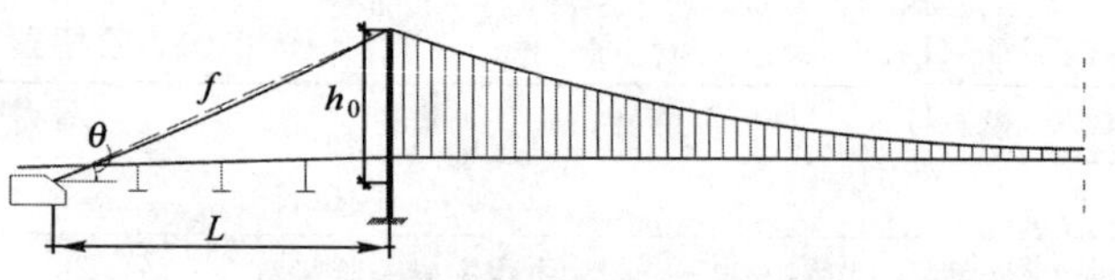

图1 单跨悬索桥边跨设计示意

相关研究表明,边跨后背索的倾角与其抵抗水平变位的能力(即下文的水平刚度)密切相关[3,4]。而单跨悬索桥在成桥后主要受跨中的活载作用,活荷载作用下桥塔塔顶产生偏向跨中的位移,这一变位由边跨后背索及塔共同抵抗,于是设计中期望边跨后背索的水平刚度最大化,以减少对塔柱的抗弯要求。

基于以上思想,本文便以边跨后背索水平刚度最大化为目标,求解其对应的倾角,进而对单跨悬索桥边跨长度进行设计。

二、后背索的水平刚度

结构刚度描述的是结构受力与作用力方向上的变形之间的关系。悬索桥后背索的水平刚度,就是指索在塔顶受到的水平力与该力作用下索的水平位移之间的关系。

为了研究单跨悬索桥后背索水平刚度的解析表达式,本文首先将边跨背索简化为一端固定和一端可水平滑动的斜索,见图2。在水平荷载作用下,斜索一端由A点水平移动至B点,这一过程中,水平力的增量ΔH与斜索水平长度的增量ΔL之比即反映了悬索桥后背索的水平刚度。

悬挂斜索在轴向荷载作用下的伸长为几何挠曲收起后的变形和弹性变形两部分组成。几何挠曲的变形与索的自重密切相关,索抵抗这部分变形的刚度称为由重力引起的水平刚度;索抵抗弹性变形的刚度称为弹性刚度。因而水平索的水平刚度包括重力刚度和弹性刚度两部分。下面首先计算后背索的重力刚度。

设有跨长为 L 的后背索(图 2),近似认为索水平方向线重量$\overline{mg}$沿跨长均布,索曲线的垂度为 f,这样索的形状为抛物线,见图 3。

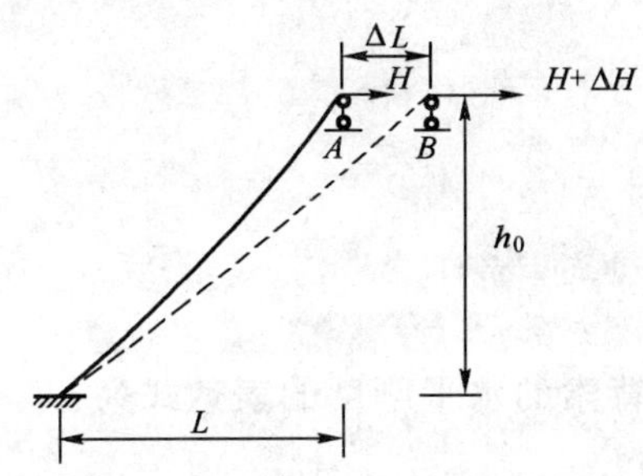

图 2 后背索水平刚度简化计算图式

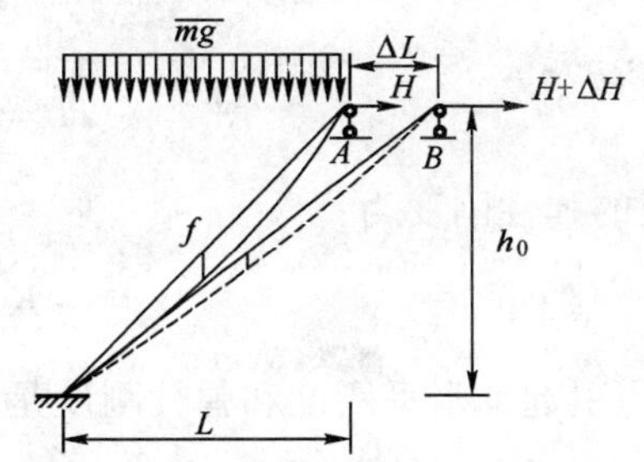

图 3 后背索考虑重力条件下的水平刚度

索端水平力 H 为:

$$H=\frac{\overline{mg}L^2}{8f} \tag{1}$$

索长 S 近似为:

$$S=\left[1+\frac{8}{3}\left(\frac{f}{L}\right)^2\right]L \tag{2}$$

根据式(1),将水平力 H 的变化对矢高 f 进行差分

$$\Delta H=-\frac{\overline{mg}}{8}\left(\frac{L}{f}\right)^2\Delta f \tag{3}$$

根据式(2),将索长 S 的变化对垂度 f 和跨度 L 分别进行差分

$$\Delta S=\frac{16}{3}\left(\frac{f}{L}\right)\Delta f \tag{4}$$

$$\Delta S=\left[1-\frac{8}{3}\left(\frac{f}{L}\right)^2\right]\Delta L \tag{5}$$

从式(4)和式(5),可得:

$$\frac{\Delta L}{\Delta f}=\frac{\frac{16}{3}\left(\frac{f}{L}\right)}{1-\frac{8}{3}\left(\frac{f}{L}\right)^2} \tag{6}$$

由于实际缆索的垂跨比很小,如垂跨比约为 1/10 左右,故可以略去分母中的$(f/L)^2$ 项,于是:

$$\frac{\Delta L}{\Delta f}=\frac{16}{3}\left(\frac{f}{L}\right) \tag{7}$$

将式(7)和式(1)代入式(3),整理得:

$$\Delta H=\frac{12H}{L\left(\frac{\overline{mg}L}{H}\right)^2}\Delta L \tag{8}$$

根据刚度的最初定义,可知由重力引起的水平刚度为:

$$K_g=\frac{12H}{L\left(\frac{\overline{mg}L}{H}\right)^2} \tag{9}$$

计算后背索的弹性刚度,假定索为直杆,不计自重,如图 4。

当索端水平力为 H 时,索内张力 T 为:

$$T=H/\cos\theta \tag{10}$$

斜索的轴向伸长为:

$$\Delta L_0=\frac{TL_0}{EA}=\frac{(H/\cos\theta)(L/\cos\theta)}{EA}=\frac{HL}{EA\cos^2\theta} \tag{11}$$

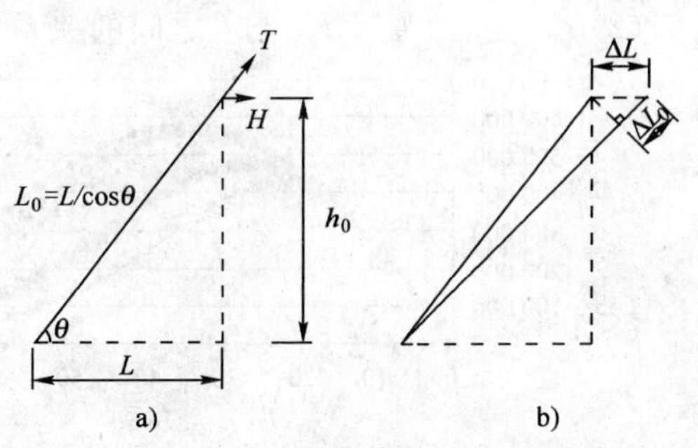

图 4 后背索的弹性水平刚度

斜索的水平伸长为：

$$\Delta L = \frac{\Delta L_0}{\cos\theta} = \frac{HL}{EA}\frac{1}{\cos^3\theta} \tag{12}$$

$$H = \left(\frac{EA}{L}\cos^3\theta\right)\Delta L \tag{13}$$

于是，斜索的弹性刚度为：

$$K_e = \frac{EA}{L}\cos^3\theta \tag{14}$$

斜索由重力引起的水平刚度和弹性刚度是串联关系，于是后背索的水平刚度的表达式为：

$$K_a = \frac{K_g K_e}{K_g + K_e} = \frac{EA\cos^3\theta/L}{1+\frac{EA}{12H}\left(\frac{\overline{mg}L}{H}\right)^2\cos^3\theta} \tag{15}$$

根据几何关系，有：

$$L = h_0/\tan\theta, \overline{mg} = mg/\cos\theta \tag{16}$$

式中，mg 为索自重的荷载集度。

将式(1)和式(16)代入式(15)得到斜索水平刚度的另一种表达形式：

$$K_a = \frac{\frac{EA}{h_0}\cos^2\theta\sin\theta}{1+\frac{128}{3}\frac{EA}{h_0}\frac{f^3}{mgh_0^3}\sin^4\theta} \tag{17}$$

三、基于水平刚度最大化的斜索倾角

为简化计算，令 $\alpha = EA/h_0$，$\beta = 128f^3/3mgh_0^3$，并将它们代入式(17)，可得：

$$K_a = \frac{\alpha\cos^2\theta\sin\theta}{1+\alpha\beta\sin^4\theta} = \frac{\alpha(1-\sin^2\theta)\sin\theta}{1+\alpha\beta\sin^4\theta} \tag{18}$$

水平刚度 K_a 便仅与 α、β 和 θ 有关。研究 α 和 β 的物理意义，不难发现 α 为反映拉索弹性刚度的参数，β 为反映拉索重力刚度的参数。下面就 α、β 和 θ 进行参数分析。

(1)β 一定，改变 α 时，K_a 与 θ 之间的关系

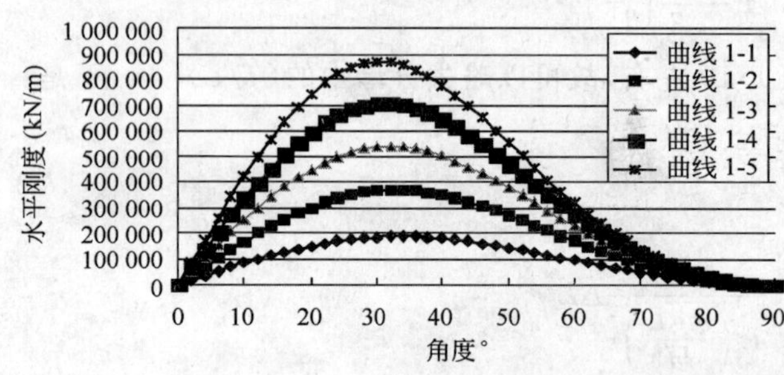

图 5 K_a 与 θ 关系曲线 1

参数 / 曲线	α (kN/m)	β (m/kN)
曲线 1－1	0.5×10^6	5×10^{-7}
曲线 1－2	1.0×10^6	5×10^{-7}
曲线 1－3	1.5×10^6	5×10^{-7}
曲线 1－4	2.0×10^6	5×10^{-7}
曲线 1－5	2.5×10^6	5×10^{-7}

(2)α 一定，改变 β，K_a 与 θ 之间的关系

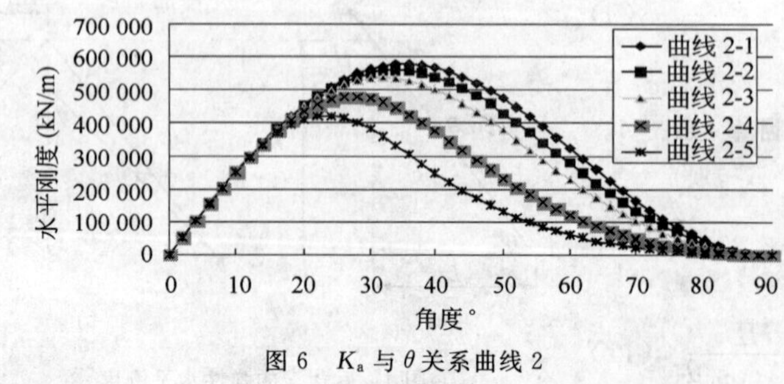

图 6 K_a 与 θ 关系曲线 2

参数 / 曲线	α (kN/m)	β (m/kN)
曲线 2－1	1.5×10^6	0
曲线 2－2	1.5×10^6	2×10^{-7}
曲线 2－3	1.5×10^6	5×10^{-7}
曲线 2－4	1.5×10^6	2×10^{-6}
曲线 2－5	1.5×10^6	5×10^{-6}

通过图 5、图 6，不难发现如下结论：

(1)当 α、β 一定时，斜索存在最优倾角，使得其水平刚度取最大值。

(2)当 β 为定值，随着 α 的增大，斜索的水平刚度增加，斜索最大水平刚度对应的倾角在不断减小。

(3)当 α 为定值，随着 β 的增大，斜索的水平刚度减小，斜索最大水平刚度对应的倾角在不断减小。

下面求解在 α、β 为定值时，使得斜索水平刚度最大化的倾角。

对式(18)求导数为零的点，经计算化简，当满足下式时 K_a 取最大值：

$$\alpha\beta\sin^6\theta - 3\alpha\beta\sin^4\theta - 3\sin^2\theta + 1 = 0 \tag{19}$$

求解式(19)，去处无效根，得：

$$\theta = \arcsin\sqrt{-\frac{1}{2\alpha\beta}\delta^{1/3} - \frac{1+\alpha\beta}{2\delta^{1/3}} + 1 - \frac{1}{2}i\sqrt{3}\left[\frac{1}{\alpha\beta}\delta^{1/3} - \frac{1+\alpha\beta}{\delta^{1/3}}\right]} \tag{20}$$

式中：$\delta=\left[1+\alpha\beta+\left(-\frac{1}{\alpha\beta}\right)^{1/2}+\left(-\frac{1}{\alpha\beta}\right)^{1/2}\alpha\beta\right](\alpha\beta)^2$

由式(20)可知，斜索最优倾角仅与 α 和 β 的乘积相关，式(20)的计算显得麻烦，现在建立最优倾角 θ 与 $\alpha\cdot\beta$ 的关系，列于表 1 之中，以供使用参考。

水平刚度最优倾角 θ 与参数 $\alpha\cdot\beta$ 对应表 表 1

角度(°)	12	12.5	13	13.5	14	14.5	15	15.5	16	16.5
$\alpha\beta$	157.52	132.6	112.3	95.64	81.85	70.34	60.72	52.6	45.75	39.91
角度(°)	17	17.5	18	18.5	19	19.5	20	20.5	21	21.5
$\alpha\beta$	34.92	30.63	26.938	23.745	20.977	18.562	16.454	14.604	12.979	11.545
角度(°)	22	22.5	23	23.5	24	24.5	25	25.5	26	26.5
$\alpha\beta$	10.281	9.162	8.166	7.282	6.493	5.788	5.157	4.592	4.084	3.628
角度(°)	27	27.5	28	28.5	29	29.5	30	30.5	31	31.5
$\alpha\beta$	3.216	2.845	2.509	2.205	1.93	1.681	1.454	1.247	1.061	0.89
角度(°)	32	32.5	33	33.5	34	34.5	35	35.2		
$\alpha\beta$	0.735	0.592	0.465	0.344	0.236	0.136	0.04	0		

四、单跨悬索桥边跨跨度的设计及实例验算

应用以上分析成果，单跨悬索桥边跨跨度的优化设计流程可总结如下：

步骤 1：确定初始计算参数，主要包括主缆的面积 A、荷载集度 mg 及弹模 E，塔顶与锚碇的高差 h_0，边跨主缆的矢高 f。

步骤 2：计算弹性刚度参数 $\alpha=EA/h_0$ 和重力刚度参数 $\beta=128f^3/3mgh_0^3$。

步骤 3：计算 $\alpha\cdot\beta$，由公式(20)计算斜索的最优倾角，或查表 1 得近似的最优倾角 θ。再计算边跨长度 $L=h_0/\tan\theta$。

卜面以世界著名的单跨悬索桥为例，应用本文思路推算其边跨优化跨度，并与该桥的实际设计跨度进行对比，见表 2。

单跨悬索桥边跨基于后背索水平刚度最大化的优化长度与实际长度 表 2

桥 名	面积 A (m^2)	荷载集度 mg (kN/m)	弹模 E (N/mm^2)	边缆矢高 h_0(m)	主缆水平分力(kN)	$\alpha\beta$	优化跨度 L(m)	设计跨度 $L_{设}$ (m)
博斯普鲁斯二桥	0.73	57.56	2.0×10^5	101	1.134	1.542	176	210
青马大桥青衣侧	1.6	125.72	2.0×10^5	146.4	2.046	2.017	266.251	300
下津井濑户大桥	1.1	86.36	2.0×10^5	107.8	2.004	6.458	242.054	230
虎门大桥	0.6	47.3	2.0×10^5	90.26	2.706	32.456	290.188	302
江阴大桥	0.96	75.75	2.0×10^5	157.9	2.735	4.081	323.694	309.34
西陵长江大桥	0.41	32.1	2.0×10^5	90	1.967	33.927	292.39	255

注：该表各桥梁参数摘自文献[1,5]。

五、结　　语

本文推导了考虑自重垂度效应下计算单跨悬索桥后背索水平刚度的公式，并就关键参数进行分析，求解使得斜索水平刚度最大的倾角，并编制成表，以供设计查询。最后基于后背索水平刚度最大化对悬索桥边跨长度进行优化设计，得出如下结论：

(1)斜索的水平刚度由重力刚度和弹性刚度组成，与索的面积、线重量、弹模、矢高、两端高差、倾角等因素有关。

(2)斜索存在最优倾角使得其水平刚度取最大值。

(3)通过与已建悬索桥的设计对比，说明基于后背索水平刚度最大化来确定边跨长度是可行的。

参考文献

[1] 严国敏.现代悬索桥[J]. 北京：人民交通出版社，2002.

[2] 周世忠.悬索桥的总体设计[C]. 中国土木工程学会桥梁及结构工程学会第十四届年会论文集.

[3] H. Max Irivine, Cable Structure[M]. The MIT Press, 1981.

[4] 肖恩源.论悬挂索的重力刚度[J]. 公路，2000,8,第8期.

[5] 钱东生，陈仁福.大跨悬索桥的设计与施工[J]. 成都：西南交通大学出版社，1999.

136. 斜拉桥地震反应分析方法比较

宋神友[1]　李建忠[2]

(1.广东省公路勘察设计院；2.同济大学桥梁工程系)

摘　要　本文以广东李家沙大桥为工程背景，对斜拉桥线性和非线性地震反应方法进行了讨论，结构表明：在纵向＋竖向地震动输入下，由于弹性地震反应方法无法考虑边墩滑动支座的摩擦耗能等非线性因素的影响，可能导致较大计算误差，而横向＋竖向地震动输入下，由于横向基本上不受滑动支座等非线性因素的影响，弹性反应谱法与非线性时程计算结果相差较小；在纵桥向合理设置阻尼器能够有效减小斜拉桥纵向在地震作用下的反应。

关键词　斜拉桥　地震反应　滑动摩擦支座　黏滞阻尼器

一、引　　言

随着我国经济实力的增强和交通发展的需要，近年来在上海、广东、浙江、江苏等省市建造了不少跨越大江、大河的大跨度桥梁，其中，斜拉桥占了相当大的比重。但是，目前国内外现有的绝大多数桥梁工程抗震设计规范只适应于中等跨度的普通桥梁，超过适用范围的大跨度桥梁的抗震设计，则无规范可循。目前对斜拉桥地震反应分析的计算方法主要有线性地震反应谱法和非线性时程方法。由于反应谱法计算简单，在我国桥梁抗震分析中得到了广泛应用。本文以李家沙大桥为工程背景，对采用反应谱法和非线性时程方法得到的地震反应进行了比较，结果表明：在纵向＋竖向地震动输入下，由于弹性地震反应方法无法考虑边墩滑动支座的摩擦耗能等非线性因素的影响，可能导致较大计算误差。

二、动力计算模型

李家沙特大桥为110m＋220m＋100m的双塔漂浮体系斜拉桥，全桥立面图和平面图见图1。全桥分左右两幅，单幅桥宽23m，左右两幅桥的主塔相互连接，主塔、辅助墩和过渡墩的内侧均采用单向滑动摩擦支座，外侧均采用双向摩擦滑动支座，基础采用群桩基础。

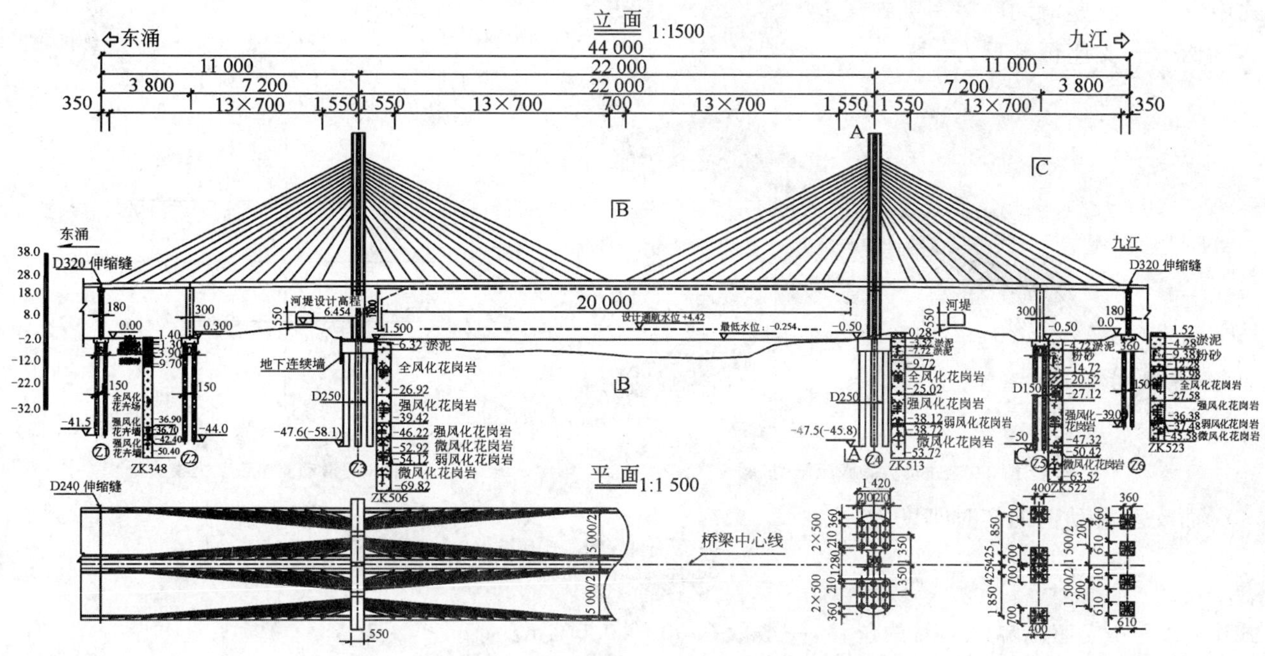

图 1 李家沙大桥立面图和平面图

1. 有限元模型的建立

1)弹性动力模型

计算模型以顺桥向为 X 轴,横桥向为 Y 轴,竖向为 Z 轴。主梁、桥墩均离散为空间的梁单元;二期恒载采用分布质量模拟;斜拉索采用空间拉索单元,拉索垂度效应采用恒载下修正弹性模量(Ernst 弹性模量),塔、梁的 $P-\Delta$ 效应采用恒载几何刚度考虑;承台采用集中质量进行模拟;各处基础采用集中六向自由度弹簧模型加以模拟,主塔、辅助墩和过渡墩的单向滑动摩擦支座按自由滑动,不考虑摩擦效应,全桥弹性动力有限元模型见图 2,对应于弹性动力模型的边界条件模拟见表 1 所示。

边界和连接条件 表 1

位 置	自 由 度					
	x	y	z	θ_x	θ_y	θ_z
主塔、过渡墩、辅助墩底	s	s	s	s	s	s
主塔和主梁间	0	1	1	0	0	1
拉索和主梁	1	1	1	0	0	0
单向滑动支座	0	1	1	0	0	1
双向滑动支座	0	0	1	0	0	0

表中:x 为纵桥向,y 为横桥向,z 为竖向。0 表示自由,1 表示主从或固结,S 表示弹簧约束。

2)非线性动力模型

国内外在进行斜拉桥抗震设计时,一般都要求斜拉桥主塔和基础等主要受力构件在设计地震作用下基本不受损伤,在弹性范围工作。地震作用下,中等跨度斜拉桥的几何非线可以通过采用结构恒载几何刚度和拉索的修正弹性模量(Ernst 弹性模量)来近似考虑。因此,斜拉桥的非线性模拟主要为梁体与塔(墩)之间连接装置的非线性模拟。目前,最常用的塔梁连接装置有支座和黏滞阻尼器。

(1)滑动摩擦支座非线性

地震作用下,当滑动支座所受的地震水平地震力超过其滑动临界摩擦力后,支座开始滑动,其力与位移关系可用图 3 的双线性恢复模式表示。支座滑动临界摩擦力为:

$$F_{\max} = \mu N \tag{1}$$

式中：μ——支座滑动摩擦系数；

N——支座恒载反力。

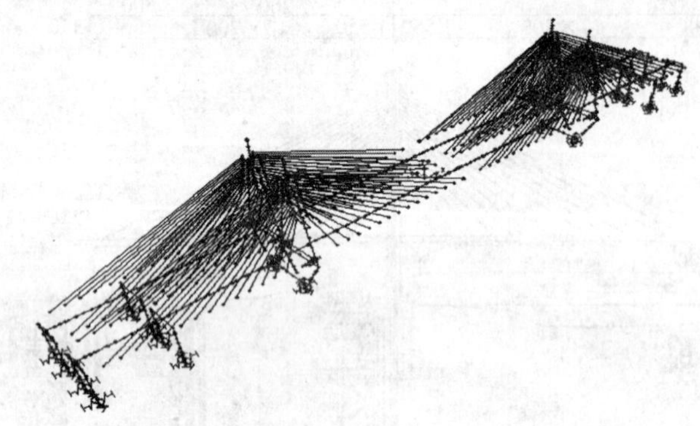

图2 全桥动力有限元模型

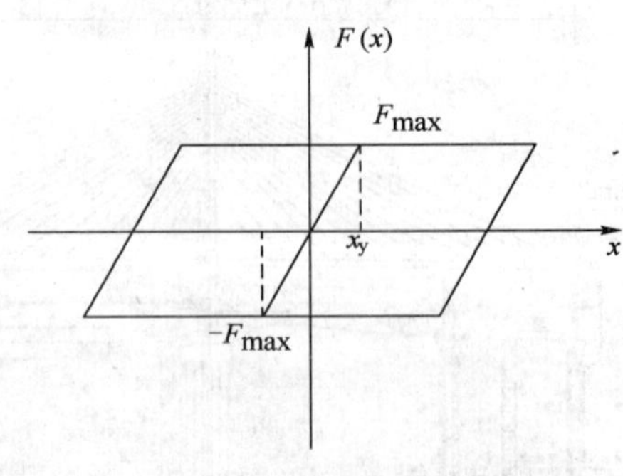

图3 滑动支座恢复力模式

而支座滑动前的初时刚度为：

$$K = \frac{F_{max}}{x_y} \tag{2}$$

式中：x_y——支座临界滑动时的位移，一般取0.002～0.004m。

(2)黏滞阻尼器非线性模拟

黏滞阻尼器一般由缸体、活塞和流体组成，缸内充满硅油或其他黏滞流体，活塞在缸体内可作往复运动，活塞上有适量小孔。黏滞阻尼器构造示意图见图4。

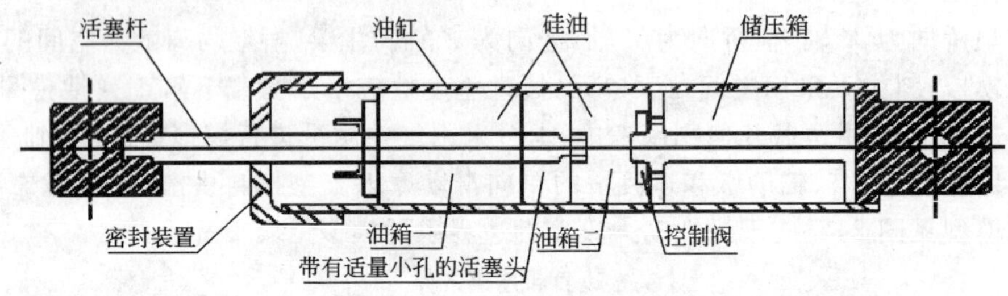

图4 黏滞阻尼器构造示意图

滞阻尼器属速度相关型阻尼器，它产生的阻尼力与速度有关，当阻尼器被快速拉伸或压缩时，产生较大的作用力；而缓慢拉压时，所需的作用力很小。滞阻尼阻尼器产生阻尼力 F 为：

$$F = CV^{\xi} \tag{3}$$

式中：F——阻尼力；

C——阻尼系数；

V——阻尼器相对速度；

ξ——速度指数(用于抗震时速度指数0.2～0.5范围内)。

液体黏滞阻尼器的力-速度关系曲线见图5。当 $\xi=1$ 时称为线阻尼；$\xi<1$ 时称为非线性阻尼，速度较小时阻尼器就可以产生较大的阻尼力，而当速度较大时，阻尼力增大很小；$\xi>1$ 时称为锁阻尼，情况与 $\xi<1$ 时的情况相反，速度较小时阻尼器的阻尼力很小，而当速度较大时，阻尼力增加很快。

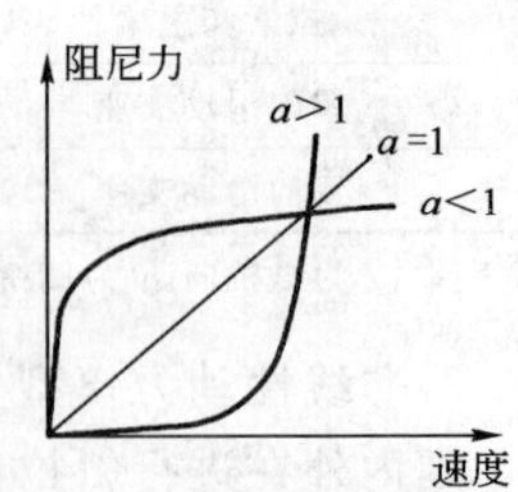

图5 液体黏滞阻尼器的力-速度关系曲线

三、地震动输入

根据广东省工程防震研究院所提交的《珠江三角洲经济区环形公路南环段工程场地地震安全性评价报告》，采用100年10%超越概率下的地震动参数(如表2所示)和设计反应谱(如图6所示)作为弹性反应谱法的地震动输入。

场地设计地震动水平向峰值加速度及相关参数　表 2

超越概率值	T_g(s)	T_2(s)	γ	A_{max}(m/s²)
100 年 10%	0.74	3.787	1.25	1.32

场地设计地震动加速度反应谱取为：

$$S_a(T)=A_{max}\beta(T)$$

式中：A_{max}——设计地震动峰值加速度；

$\beta(T)$——设计地震动加速度放大系数。

$$\beta(T)=\begin{cases}2.30(0.45+5.5T) & 0<T\leqslant 0.1s\\ 2.30 & 0.1s<T\leqslant T_g\\ 2.30\left(\dfrac{T_g}{T}\right)^{\gamma} & T_g<T\leqslant T_2\\ 0.3 & T\geqslant T_2\end{cases}$$

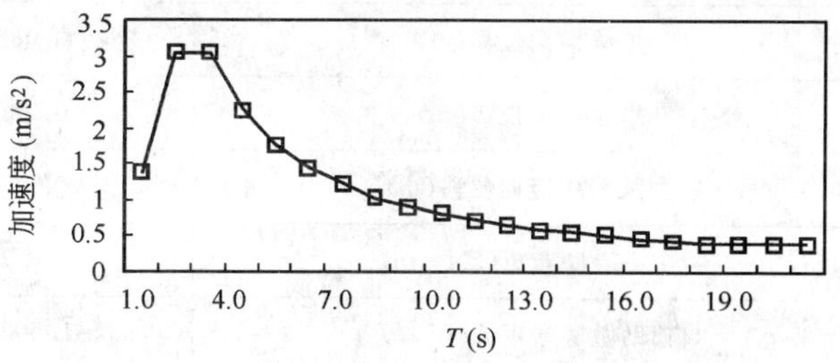

图 6　100 年 10%超越概率下设计地震加速度反应谱

对于非线性时程分析，根据上述反应谱生成三条人工地震波（图 7），作为地震动输入。

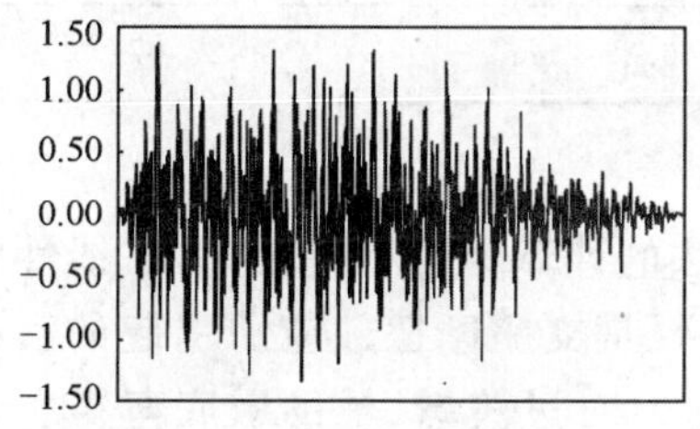

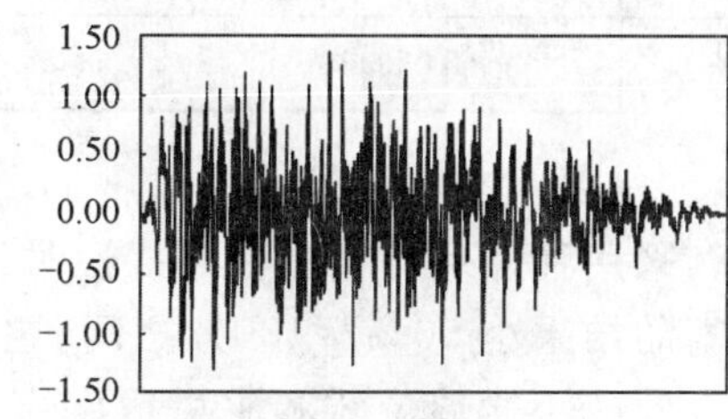

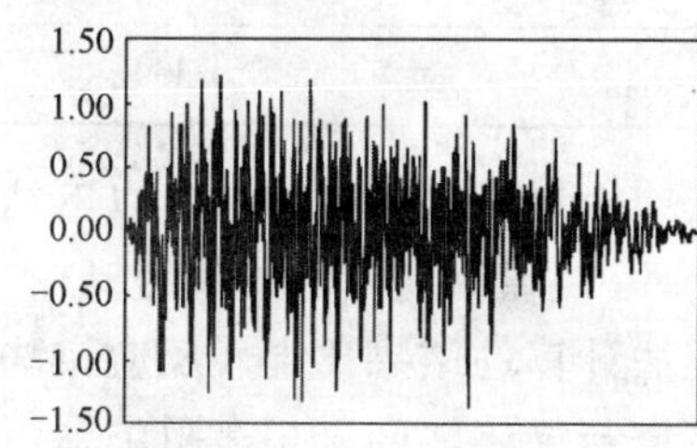

图 7　人工地震波（30s）

对于弹性反应谱法和非线性时程法，地震动输入均采用两种方式：(1)纵向＋竖向；(2)横向＋竖向。采用的竖向地震加速度峰值取为水平向地震加速度峰值的 2/3 倍。

四、地震反应分析结果比较

为了比较弹性反应谱方法和非线性时程方发的计算结果，针对以上建立的弹性和非线性动力模型，对李家沙大桥进行了以下工况的计算：

(1)采用弹性反应谱方法，取结构前 500 振动振型，采用 CQC 方法计算了结构线性地震反应。

(2)采用非线性时程方法，考虑主塔、过渡墩、辅助墩处滑动支座摩擦的非线性，进行非线性时程反应分析。

(3)采用非线性时程方法，考虑主塔、过渡墩、辅助墩处滑动支座、考虑连接主塔与梁体滞阻尼器的非线性，进行非线性时程反应分析。滞阻尼器的参数取值为：阻尼系数 C 取为 1 200kN(m/s)$^{-0.5}$，速度指数 ξ 取为 0.5。

以上 3 种工况的主要计算结果分别见表 3 和表 4。

部分关键参数计算结果（纵向＋竖向输入）　表 3

关键参数	弹性反应谱法	非线性时程法	
		不考虑黏滞阻尼器	考虑黏滞阻尼器
主梁纵向位移(m)	0.373 19	0.162 02	0.067 18
塔顶纵向位移(m)	0.447 84	0.220 53	0.134 26
主梁跨中竖向位移(m)	0.065 27	0.246 42	0.203 70
主塔墩底弯矩(kN·m)	189 192.35	90 165.99	64 352.11
辅助墩底弯矩(kN·m)	110 79.73	7 320.20	7 028.63
过渡墩底弯矩(kN·m)	11 150.98	5 902.12	5 234.39
主塔墩底剪力(kN)	4 485.17	2 843.10	2 738.45
辅助墩底剪力(kN)	731.06	501.55	480.83
过渡墩底剪力(kN)	678.38	349.43	322.86

部分关键参数计算结果(横向+竖向输入)　　表4

关键参数	弹性反应谱法	非线性时程法	
		不考虑黏滞阻尼器	考虑黏滞阻尼器
主梁横向位移(m)	0.085 55	0.077 31	0.076 18
塔顶横向位移(m)	0.086 53	0.076 71	0.076 77
主梁跨中竖向位移(m)	0.067 89	0.165 22	0.151 68
主塔墩底弯矩(kN·m)	37 131.24	36 413.38	36 533.42
辅助墩底弯矩(kN·m)	16 936.68	15 309.72	15 112.48
过渡墩底弯矩(kN·m)	23 478.76	22 266.87	22 054.81
主塔墩底剪力(kN)	3 928.05	3 844.66	3 858.55
辅助墩底剪力(kN)	911.57	826.36	821.33
过渡墩底剪力(kN)	2 073.39	1 946.39	1 927.07

由表3和表4可得出以下结果：

(1)在纵向+竖向地震动输入下，采用弹性反应谱法和非线性时程法的计算结果相差较大，非线性时程法计算的结果比弹性反应谱法计算的结果小50%～130%之间，这主要是支座摩擦效应所引起的。在主塔与梁体之间采用滞阻尼器可以有效减小梁端位移和主塔墩底弯矩，但对过渡墩、辅助墩底弯矩影响不大。

(2)在横向+竖向地震动输入下，采用弹性反应谱法和非线性时程法的计算结果相差较小。考虑阻尼器作用与不考虑阻尼器作用非线性时程法的计算结果相比基本相同，由此可见，在纵桥向设置阻尼器对于斜拉桥横桥向在地震作用下的反应影响很小。

五、结　　语

本文以李家沙大桥为工程背景，采用弹性反应谱法和非线性时程法进行了地震反应分析计算，比较了弹性反应谱法和非线性时程法的计算结果，非线性时程法考虑了滑动摩擦支座和黏滞阻尼器的影响，得到以下结论：

(1)在纵向+竖向地震动输入下，由于弹性地震反应方法无法考虑边墩滑动支座的摩擦耗能等非线性因素的影响，可能导致较大计算误差。

(2)横向+竖向地震动输入下，由于横向基本上不受滑动支座等非线性因素的影响，弹性反应谱法与非线性时程计算结果相差较小。

(3)在纵桥向合理设置阻尼器能够有效减小斜拉桥纵向在地震作用下的反应。

参考文献

[1] 范立础.桥梁抗震.上海:同济大学出版社,1997.
[2] 范立础,王志强.桥梁减隔震设计.北京:人民交通出版社,2001.
[3] 李建中,袁万城. 斜拉桥减震、耗能体系非线性纵向地震反应分析. 中国公路学报,Vol.11 No.1, Jan.1998:71～76.
[4] 徐秀丽,刘伟庆,李龙安等.斜拉桥结构减震设计优化研究.地震工程与工程振动,Vol.26,No.2, Apr.2006:119～124.
[5] 韩万水,黄平明,兰燕.斜拉桥纵向设置黏滞阻尼器参数分析. 地震工程与工程振动,Vol.25,No.6, Dec.2005:146～151.

137. 惠州下角东江大桥索塔足尺模型试验

刘喜元[1] 陈玉骥[1] 罗旗帜[1] 陈 峰[2]
(1. 佛山科学技术学院土木工程与建筑学系;2. 惠州市公用事业局)

摘 要 为了保证惠州下角东江大桥施工中,能够有效地施加索塔的预应力,必须进行索塔模型试验。本文根据该桥索塔足尺节段试验模型,进行了张拉阶段和锚固阶段等各种情况下钢绞线预应力损失试验和精轧螺纹钢筋预应力损失试验研究。结果表明,《铁路桥规》和《公路桥规》对孔道每米局部偏差对摩擦的影响系数 k 的规定与试验结果相差较大;预应力钢筋与管道壁摩擦系数 μ 的试验结果处于《铁路桥规》和《公路桥规》推荐值的下限;锚圈口及夹片摩阻和锚固回缩平均预应力损失率较大;采用一端张拉的效果明显优于两端张拉。本文成果已应用于该桥的施工中。

关键词 东江大桥 索塔 模型 试验

一、工 程 概 况

下角东江大桥位于惠州市惠城区,在下角横跨东江,是市区二环路的控制工程。该桥主桥为独塔双索面预应力混凝土斜拉桥,塔梁墩固接,主桥长 326m,跨径组合为 180m+101m+45m,其立面布置如图 1 所示。

下角东江大桥采用横桥向仿天鹅造型索塔,索塔总高度 119.09m,桥面以上塔的高跨比为 0.504。索塔包括了直塔柱、斜塔柱、下横梁以及附属设施。直塔柱采用箱形断面,斜拉索通过锚块锚固于直塔柱的内壁,其基本尺寸如图 2 所示。节段平均高为 1.8m(塔上部平均索距)。索塔混凝土设计强度为 C50。

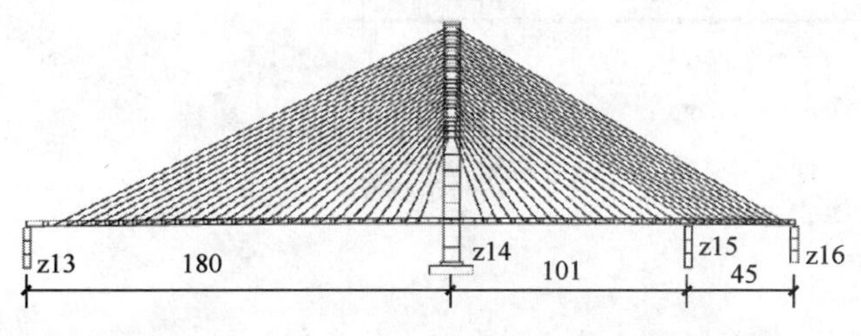

图 1 下角东江大桥主桥总体布置图(尺寸单位:m)

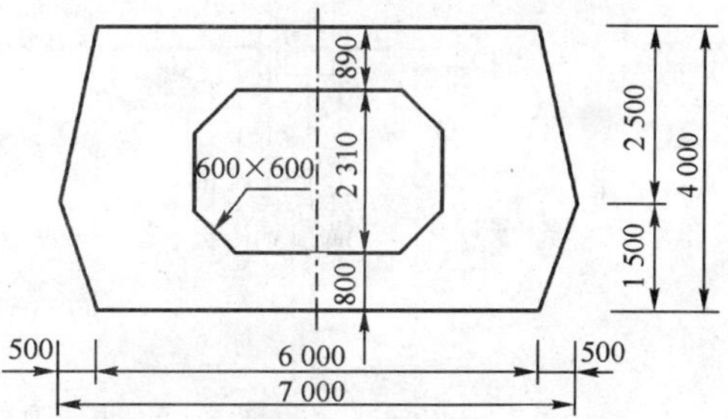

图 2 索塔截面基本尺寸(尺寸单位:mm)

塔内预应力筋同时采用 U 形预应力钢绞线和预应力精轧螺纹钢筋,其具体布置见图 3,钢绞线采用 ϕ^s15.24 高强低松弛钢绞线,标准强度为 1 860MPa,环向曲率半径为 1.5m,精轧螺纹钢筋直径为 32mm,标准强度为 785MPa。非预应力钢筋分别采用 R235 钢筋、HRB335 钢筋及由 L100×10、L80×8、L50×50 等角钢焊接而成的劲性骨架。

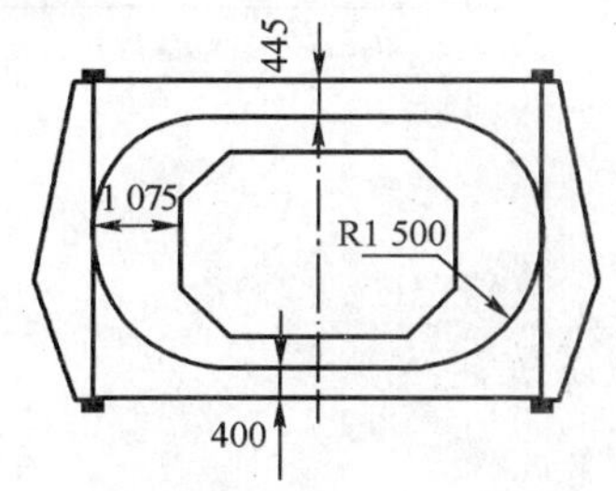

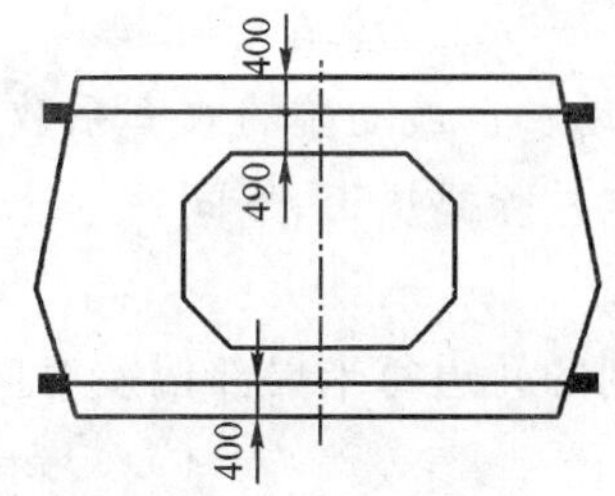

图 3 索塔内预应力钢筋布置示意图(尺寸单位:mm)

由于在拉索强大集中力及预应力钢筋锚固力的共同作用下，大桥索塔的受力相当复杂，同时考虑到混凝土材料的非线弹性、非均匀性以及索塔结构内的孔道削弱和复杂的预应力筋布置，使得单纯的力学分析难以全面反映索塔的实际工作状态。为确保索塔环向预应力的施工质量，必须进行索塔结构的模型加载试验。

二、模型尺寸与布置

试验模型采用足尺试验模型，其外形平面尺寸为7m×4m，高3.0m。由于斜拉索的索孔实际上具有不同的纵向倾角，而在试验中要准确模拟索力即进行斜向加载是非常困难的。为使受力状态较为符合实际结构且便于试验顺利实现，本次试验仅对模型进行水平加载，因此制作模型时索孔仍按实际布置，不考虑索塔内壁齿块的作用。

三、索塔足尺节段模型试验

索塔足尺模型试验于2006年10月11～2007年1月10日进行，主要包括如下内容：钢绞线预应力损失试验和精轧螺纹钢预应力损失试验等试验。以下讨论这两个预应力损失试验。

1. 钢绞线预应力损失试验

(1) 管道每米局部偏差对摩擦的影响系数 k 值试验

在特定的两直束孔道做正交试验。各束两端依次作张拉端及锚固端，进行反复张拉。通过锚板下压力计判读张拉端与锚固端之预应力差，再利用两不等长之直束的数据求解锚垫板喇叭口预应力传递系数 $\sqrt{\eta}$ 及 k 管道每米局部偏差对摩擦的影响系数。

本试验在模型上选定两根直线预应力钢束进行孔道摩阻系数测试，规格均为 $12\phi^s 15.2$mm。其钢绞线束的公称面积 $A_P=12\times139\text{mm}^2$，标准强度 $f_{Pk}=1\,860\text{MPa}$，控制张拉力 $P_{con}=0.75f_{Pk}\times A_P=2\,316.9\text{kN}$。

试验时，在钢束的两端（如图4所示）安装压力传感器，以测试其压力值。

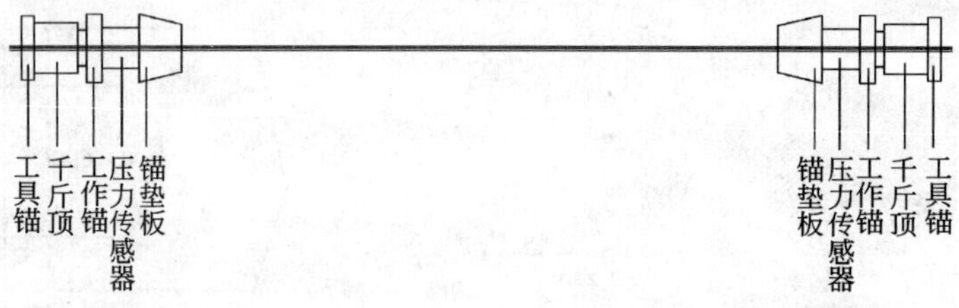

图4 直线孔道摩阻试验中预应力束两端传感器的安装示意图

张拉时，两端先同时张拉至 $0.1\sigma_{con}$（σ_{con} 为控制张拉应力），然后一端主动张拉，另一端固定被动张拉。主动端分别按0.2、0.4、0.6、0.8、1.0倍控制拉力进行分级张拉，每个荷载等级都测量传感器的读数。根据各级荷载下的试验结果，利用最小二乘法可得锚垫板喇叭口预应力传递系数和管道每米局部偏差对摩擦的影响系数的计算公式为

$$\ln\eta=\frac{(\sum\ln A_i)(\sum l_i^2)-(\sum l_i)(\sum l_i\ln A_i)}{n\sum l_i^2-(\sum l_i)^2},\quad k=\frac{-n\sum l_i\ln A_i+(\sum l_i)\sum\ln A_i}{n\sum l_i^2-(\sum l_i)^2}$$

式中：A_i——从张拉主动端至被动端的效率系数；

l_i——钢束长度（扣除锚垫板，下同）；

n——观测次数。

通过上述方法得到的孔道每米局部偏差对摩擦的影响系数：

$$k=0.005\,17$$

锚垫板喇叭口预应力传递系数：

$$\sqrt{\eta}=0.896$$

《铁路桥涵钢筋混凝土和预应力混凝土结构设计规范》(TB 10002.3—99)(以下简称《铁路桥规》)表5.3.4-1中规定金属波纹管道 $k=0.0020\sim0.0030$。对于塑料波纹管,我国《公路钢筋混凝土及预应力混凝土桥涵设计规范》(JTG D62—2004)(以下简称《公路桥规》)推荐值为0.001 5,本次试验结果为 $k=0.00517$,远大于规范值,与文献[4]中 $k=0.0049$ 相差很小,规范推荐值未说明塑料波纹管的具体材质,未必适用本工程。

预应力钢筋与管道壁之间的摩擦损失在所有的损失中占居较大的比例,该试验专门为此项损失设计了长度不等的两根预应力管道的正交试验,其中锚垫板喇叭口处预应力钢束的当量转角 θ,通过以下方程确定,即

$$\theta\approx\frac{\sum\theta_i}{n}$$

式中:θ_i——一束钢铰线中第 i 根钢铰线在喇叭口处的转角(绝对值);

n——一束钢铰线中钢铰线的根数。

(2)预应力钢筋与管道壁摩擦系数 μ 值试验

在特定的环向预应力钢束上做实验,环向预应力钢束的两端分别作张拉端及锚固端,根据两端锚板下压力计判读张拉端与锚固端之预应力差,扣除 k 及 $\sqrt{\eta}$ 的影响后可求得 μ,并作多次测试求其平均值。

在模型上选定一根环向预应力钢束进行孔道摩阻系数测试,规格为 $19\phi^s$ 15.2mm。其钢绞线的公称面积 $A_P=19\times139\text{mm}^2$,标准强度 $f_{Pk}=1\,860\text{MPa}$,控制张拉力 $P_{con}=0.75f_{Pk}\times A_P=3\,684.2\text{kN}$。

试验时,在钢束的两端安装压力传感器测试其压力值,并按图5所示安装测量仪表。

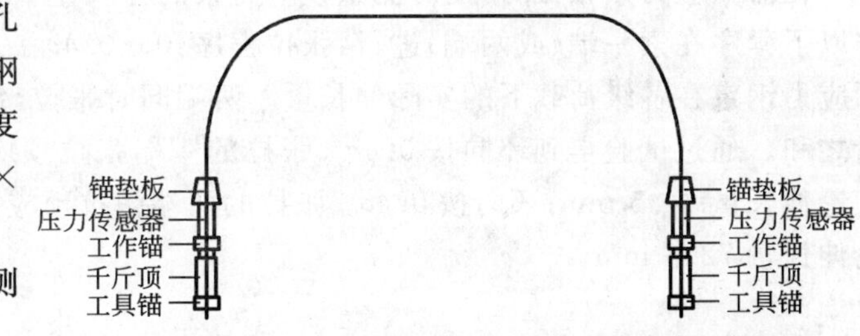

图5 环向孔道摩阻试验中预应力束两端传感器的安装示意图

张拉时,两端先同时张拉至0.1倍的张拉控制力,然后一端主动张拉,另一端固定被动张拉。主动端按0.2、0.4、0.6、0.8、1.0倍控制拉力进行分级张拉,每个荷载等级都测量传感器的读数。主动端和被动端荷载传感器的差值即为孔道摩阻损失,据此可以计算弯道摩阻损失。预应力钢筋与管道壁平均摩擦系数 μ 公式为

$$\mu=\bar{\mu}=\frac{\sum\mu_i}{n}=\frac{\ln\eta-kl-\frac{\sum_{i=1}^{n}\ln\lambda_i}{n}}{\theta}$$

计算各级荷载作用下从张拉主动端至被动端的有效系数 λ_i。由于存在非线弹性变形因素,它在张拉荷载较小时误差影响较大,因此实际计算 μ 值时,取各束最后4级荷载(即0.4、0.6、0.8、1.0倍控制应力)的数据进行计算。将各索的测量值及相对应的参数(索长)代入上式并解之,可得:

$$\mu=0.118\,914\approx0.12$$

《铁路桥规》表5.4.4-1中规定金属波纹管道 $\mu=0.2\sim0.26$,我国《公路桥规》推荐塑料波纹管道 $\mu=0.14\sim0.17$,与文献[4]中的 $\mu=0.198$ 相比,本次试验值较低,但二者均值恰位于《公路桥规》推荐值之内。

(3)锚圈口及夹片摩阻预应力损失损失试验

取直线钢束一束进行试验,其规格为 $12\phi^s$15.2mm。其钢绞线束的公称面积 $A_P=12\times139\text{mm}^2$,标准强度 $f_{Pk}=1\,860\text{MPa}$,控制张拉力 $P_{con}=0.75f_{Pk}\times A_P=2\,316.9\text{kN}$。在试验钢束张拉端安装两个传感器,一个在锚圈内,一个在锚圈外,张拉时两个传感器的荷载示值之差即为锚圈口摩阻损失。通过试验得到的锚圈口及夹片摩阻平均预应力损失损失率为8.41%。

(4)锚固时钢束回缩预应力损失试验

取一束环向钢束进行锚固回缩损失试验,规格为 $19\phi^s$15.2mm。其钢绞线束的公称面积 $A_P=139\text{mm}^2$,标准强度 $f_{Pk}=1\,860\text{MPa}$,控制张拉力 $P_{con}=0.75f_{Pk}\times A_P=3\,684.2\text{kN}$。试验时在钢束两端同

时安装荷载传感器，如图5所示。张拉锚固前后，荷载传感器示值变化的大小即可反映锚固前后钢丝回缩预应力损失。通过试验得到锚固回缩在锚下位置平均预应力损失为34.77%。

(5)钢束锚固回缩量试验

取2束环向钢束进行锚固回缩量试验，规格为19ϕˢ15.2mm。其钢绞线束的公称面积 $A_P=19\times139mm^2$，标准强度 $f_{Pk}=1\,860MPa$，控制张拉力 $P_{com}=0.75f_{Pk}\times A_P=3\,684.2kN$。试验时在千斤顶张拉到100%的控制力时，量测千斤顶活塞伸长量，然后千斤顶回油，将张拉力放松到零。此时，钢绞线靠本身的工作夹片锚固，再量测千斤顶活塞伸长量，由两次数据并扣除张拉扣具及钢束的弹性变形影响，即可计算出钢铰线本身的锚固回缩量。通过试验得到钢束锚固平均回缩量为6.77 mm。

(6)预应力钢绞线伸长量试验

预应力索的伸长量计算公式为

$$\Delta L=\sum\Delta L_1+\sum\Delta L_2$$

式中：$\Delta L_1=\dfrac{\sigma_{con}}{E_P}\cdot\dfrac{1-e^{-kL_1}}{k}$——直线段的伸长量；

$\Delta L_2=\dfrac{\sigma_d R(1-e^{-(\mu\varphi+kR\varphi)})}{E_P(\mu+kR)}$——曲线段的伸长量。

在对预应力索张拉时，同时测量预应力索的伸长量。为更好地研究荷载分级对伸长量的影响，张拉按以下程序在索一端(或两端)进行：张拉程序：$0\rightarrow0.4\sigma_{con}\rightarrow1.0\sigma_{con}\rightarrow$锚固，$\sigma_{con}$为张拉控制力。测量每根预应力钢束在各级荷载下的实际伸长量。两端同时张拉，每根预应力钢束的实际伸长量为左右两端伸长量之和。通过试验得到环向按 $0.4\sigma_{con}$ 张拉的一端张拉预应力钢束构件内实测伸长量平均值66.3 mm，理论伸长量64.5 mm；环向按 $0.4\sigma_{con}$ 张拉的两端张拉预应力钢束构件内实测伸长量平均值96.1 mm，理论伸长量72.6 mm。

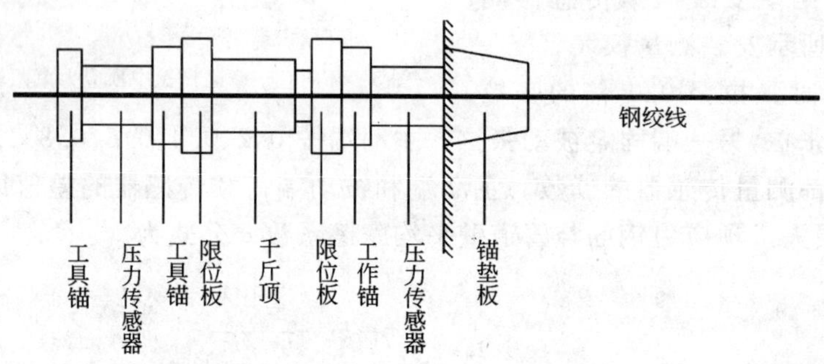

图6　锚圈口及夹片摩阻损失张拉端布置

(7)物理伸长量测试

在对预应力索张拉时，同时测量预应力索的伸长量。为更好地研究预应力钢束的物理伸长量，张拉按以下程序在索一端(或两端)进行。张拉程序：$0\rightarrow0.2\sigma_{con}\rightarrow0.4\sigma_{con}\rightarrow0.6\sigma_{con}\rightarrow0.8\sigma_{con}\rightarrow1.0\sigma_{con}$($\sigma_{con}$为张拉控制力)。

测量每根预应力钢束在初始及各级荷载下的活塞伸长量的读数，由此可以推算出零状态下活塞读数。

两端同时张拉时，物理伸长量介于9.0～14.0mm之间，且都在 $0.2\sigma_{con}$ 之前已经发生，故施工时，伸长量的计算至少应在 $0.2\sigma_{con}$ 之后才可以按照设计提供的数据进行，建议试验 $0.4\sigma_{con}\sim1.0\sigma_{con}$ 时的引伸量作为检验指标。

试验表明，对于U形预应力钢束，试验实测伸长量与理论伸长量之间存在一定的差异，实测值普遍要比理论值大，且大小均超过了规范规定的±6%的范围。

2. 精轧螺纹钢预应力损失试验

(1)张拉阶段预应力损失

利用锚板下安放的压力计直接测读其有效预应力，借此计算预应力损失，并取多次之平均值。

取三根螺纹钢筋进行预应力损失试验，规格为JL-32，其公称面积 $A_P=804.2mm^2$，标准强度 $f_{pk}=785MPa$，控制张拉力 $P_{con}=0.9f_{pk}\times A_P=568.2kN$。试验时采用一端张拉，在螺纹钢筋的被动端安装荷载传感器，按图7所示。

张拉时，一端主动张拉，另一端固定被动张拉。主动端按0.8、1.0倍控制拉力进行分级张拉，每个荷载等级都测量传感器及油压表的读数。利用被动端荷载传感器示值变化的大小及油压表读数即可计算精轧螺纹钢筋进行张拉时的预应力损失。通过试验得到螺纹钢筋一端张拉过程中，荷载等级为 $1.0\sigma_{con}$ 时的平均预应力损失率为2.32%。

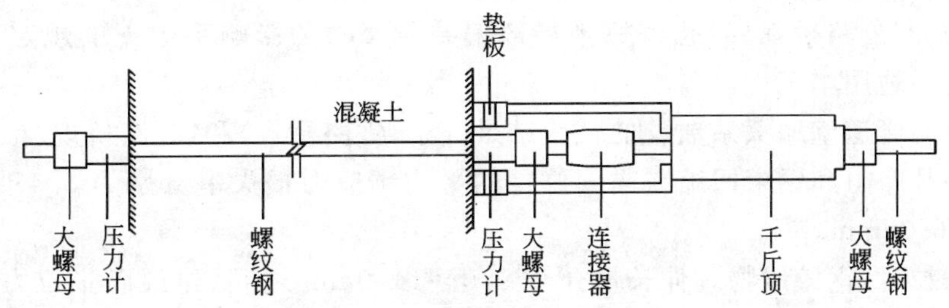

图7 螺纹钢筋一端张拉时锚固损失压力计布置图

(2)锚固阶段预应力损失

一端张拉时：取三束螺纹钢筋进行预应力张拉损失试验。试验时采用一端张拉，在螺纹钢筋的两端都安装荷载传感器，如图7所示。

张拉时，一端主动张拉，另一端固定被动张拉，主动端按1.0倍控制拉力进行张拉、然后进行锚固，在锚固前测量被动端传感器读数及主动端油压表的读数，在锚固后测量两端传感器的读数。根据油表读数可以推算主动端锚固前的压力，由锚固前后两次的压力，即可计算出螺纹钢一端张拉锚固时的预应力损失。通过试验得到螺纹钢筋一端张拉锚固时的平均预应力损失6.15%。

两端张拉时，取两束螺纹钢筋进行预应力损失试验。试验时采用两端张拉，在螺纹钢筋的两端都安装荷载传感器，如图8所示。

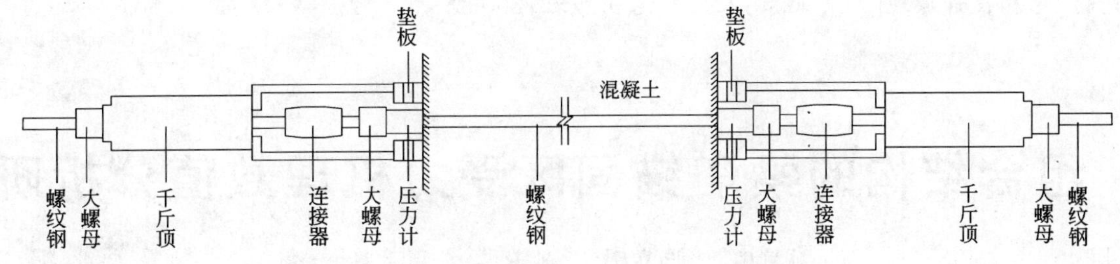

图8 螺纹钢筋两端张拉时锚固损失压力计布置图

张拉时，两端同时张拉，按1.0倍控制拉力进行张拉，然后进行锚固。在锚固前测量两端油压表读数，在锚固后测量两端传感器的读数。由油表读数可以推算主动端锚固前的压力，由锚固前后两次的压力，即可计算出螺纹钢两端张拉锚固时的预应力损失。通过试验得到螺纹钢筋两端张拉锚固时的平均预应力损失为11.78%。

由试验结果可知，精轧螺纹钢筋管道摩阻小，且工程所用螺纹钢筋长度短，采用一端张拉的效果明显优于两端张拉。

(3)精轧螺纹钢筋伸长量的测试

螺纹钢筋在张拉过程中的理论伸长量均可以按张拉端的应力进行计算：$\Delta L=L\cdot\sigma_{con}/E_s$

在对螺纹钢筋张拉时，同时测量预应力钢筋的伸长量。张拉按以下程序在一端（或两端）进行：张拉程序：0→1.0σ_{con}→锚固，σ_{con}为张拉控制力。测量每根预应力钢筋在各级荷载下的实际伸长量。通过试验得到螺纹钢筋一端张拉及两端张拉总伸长量分别为24.2mm和29.1mm，而理论计算的伸长量21.9mm（一端张拉及两端张拉均相同）。

实测伸长量大于理论伸长量主要原因是：①混凝土的弹性压缩；②撑脚及钢垫板的弹性压缩；③三块钢垫板间的缝隙压密等。

四、结语

笔者根据下角东江大桥索塔具体情况，制作了该桥索塔足尺模型，进行了钢绞线预应力损失试验和精轧螺纹钢筋预应力损失试验研究预应力损失试验研究，得出了如下主要结论：

(1)《铁路桥规》和《公路桥规》对孔道每米局部偏差对摩擦的影响系数k的规定与试验结果相差较大，表明规范推荐值不适用本工程。

(2)预应力钢筋与管道壁摩擦系数μ的试验结果处于《铁路桥规》和《公路桥规》推荐值的下限。

(3)锚圈口及夹片摩阻和钢束回缩在锚固位置的平均预应力损失率分别为8.41%和34.77%；钢束锚固平均回缩量为6.77mm。

(4)两端同时张拉时，钢绞线物理伸长量介于9.0～14.0mm之间，建议以张拉力为0.4σ_{con}～1.0σ_{con}时的引伸量作为检验指标。

(5)对于精轧螺纹钢筋，采用一端张拉的效果明显优于两端张拉。

参考文献

[1] 刘喜元等.惠州下角东江大桥索塔足尺模型试验研究报告[R].佛山科学技术学院科研报告，2007.

[2] 中华人民共和国行业标准.铁路桥涵钢筋混凝土和预应力混凝土结构设计规范(TB 10002.3—99).北京：中国铁道出版社，2005.

[3] 中华人民共和国行业标准.公路钢筋混凝土及预应力混凝土桥涵设计规范(JTG D62—2004).北京：人民交通出版社，2004.

[4] 张奇志等.吉林市兰旗松花江特大桥索塔锚固区足尺节段模型试验研究报告[R].中铁大桥局集团武汉桥梁科学研究院有限公司科研报告，2006.

[5] 叶见曙.结构设计原理[M].北京：人民交通出版社，2003.

138. 组合结构的索塔锚固区受力机理数值分析研究

刘昌鹏[1] 张喜刚[1] 刘玉擎[2] 周彦锋[3]

(1.中交公路规划设计院有限公司；2.同济大学；3.江苏省交通规划设计院)

摘　要　针对索塔锚固区近来出现的一种新型组合结构即钢锚箱与混凝土塔壁形成组合结构的锚固方式，结合苏通大桥组合结构的索塔锚固区，对此类复杂结构，进行了分析研究，得出的结论可以为同类结构设计参考。

关键词　索塔锚固区　钢锚箱　受力机理　数值分析研究

一、研究的背景、目的及内容

1.研究背景

苏通大桥索塔在承台以上的塔高为300.4m，塔柱为单箱单室断面倒Y形塔，斜拉索与主塔的锚固区见图 1 所示。

斜拉索与主塔的锚固区是将上部结构自重和承受的所有外荷载传递到索塔的重要结构，而索塔本身又受到强大的索力作用，确保斜拉索与主塔的锚固区的安全至关重要。设计采用钢锚箱与混凝土塔壁的组合结构锚固方式，结构形式新颖，技术含量很高。

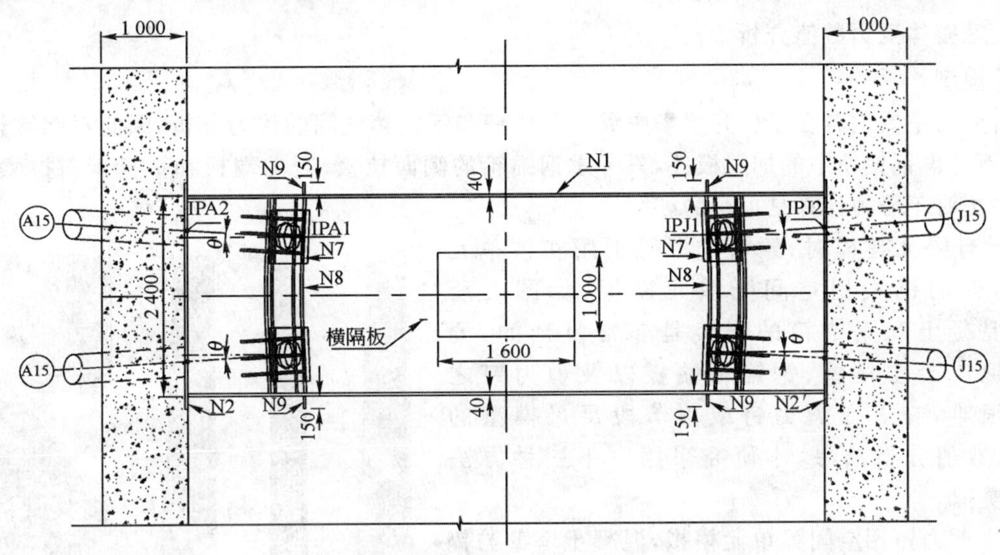

图 1 索塔锚固区结构布置图

索塔锚固区的钢锚箱由端板与侧面拉板构成，共有 30 个钢锚箱，总高度为 74.2m，节段高 2.3～2.9m，上下拴接连成一体。

钢锚箱与混凝土塔壁之间的竖向剪力主要依靠端板上的剪力钉传递，与法国诺曼底桥等以往的锚固方式不同，受力机理也将不同，需要详细分析其作用力的传递机理、钢与混凝土各部分的作用力分担大小。

钢锚箱端板与混凝土塔壁之间用剪力钉接合，钢锚箱与混凝土塔壁之间的约束作用大小，与剪力钉的刚度、强度、配置间距及钢锚箱与混凝土塔壁间的压力有直接关系。特别是索力很大，一部分水平索力通过钢锚箱与混凝土塔壁间的压力传到塔壁上，从而两者之间产生摩擦力。关于这个摩擦力对钢与混凝土之间的抗剪性能影响如何，在国内外均无研究事例。

因此，开展与该桥塔的混凝土强度、剪力钉尺寸及所处状态、水平索力等，完全对应的剪力钉的力学性能试验研究非常有必要。

2. 研究目的

针对锚固区的构造与受力特点，通过数值分析，达到下面的几个研究目的：

(1)研究钢锚箱与混凝土塔壁之间作用力传递的途径和方式，定量分析在不利荷载工况下的剪力钉受力特性、底部支承的受力状态。

(2)分析研究索塔锚固区混凝土局部应力大小及其正应力分布。

(3)根据索塔锚固区数值计算结果，分析剪力钉的布置形式、数量等设计的合理性。

3. 主要研究内容

(1)建立从顶部锚固区到底部锚固区的索塔实体模型，进行整体数值分析，研究钢锚箱与混凝土塔壁之间作用力传递的途径和方式，定量分析剪力钉沿塔高方向及水平方向分担力的状况与大小。

(2)建立考虑钢锚箱底部支承节段在内的计算模型，重点分析底部支承横梁的应力状态。

(3)分析研究在最不利的荷载工况下的索塔锚固区混凝土应力大小、及其塔壁裂缝的宽度大小。

二、索塔锚固区受力机理数值分析

考虑到苏通大桥索塔锚固区构造和受力的复杂性，采用了大型通用有限元程序进行数值分析，主要包括以下计算内容：

(1)分析索塔钢锚箱和混凝土塔壁之间的传力途径和方式。

(2)分析索塔锚固区混凝土局部应力分布及验算塔壁裂缝宽度。

(3)分析索塔钢锚箱底部支承横梁的应力状态。

1. 锚固区整体受力数值分析

1)计算模型

本次研究的主要内容在于研究索塔中混凝土塔壁和钢锚箱之间的传力分析，因此对钢锚箱进行了简化处理，即不考虑钢锚箱中的加劲板件，只考虑钢锚箱的侧面拉板、竖向端板和平行于斜拉索的支承板，这种处理方法对于静力计算是可行的。

在进行有限元建模时，索塔的混凝土用实体单元模拟，钢锚箱的钢板用空间壳单元模拟，如图 2 所示。塔壁混凝土和钢锚箱的连接是非常复杂的，要真实地模拟混凝土塔壁、钢锚箱端板以及剪力钉之间的传力很难，在基于剪力钉或单节段足尺模型的既往试验、数值分析结果，本研究采用以下三种方法分别进行模拟。

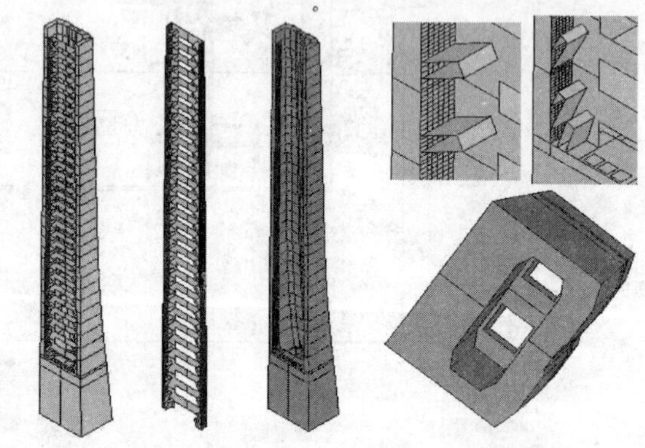

图 2　索塔实体模型及局部放大模型

(1)每个剪力钉用空间梁单元模拟，混凝土塔壁与钢锚箱的端板紧密结合在一起，假定混凝土与钢锚箱的端板不滑动，剪力钉一端与混凝土相连，另一端与混凝土和钢板共同相连，如图 3a)所示。

(2)每个剪力钉用空间梁单元模拟，混凝土塔壁与钢锚箱的端板之间分离，假定混凝土与钢锚箱的端板可以相对滑动，剪力钉一端与混凝土相连，另一端与钢板相连，如图 3b)所示。

(3)每个剪力钉用一对弹簧单元模拟，这一对弹簧单元既能传递垂直作用力，又能传递竖向剪力，混凝土塔壁与钢锚箱的端板之间分离，假定混凝土与钢锚箱的端板在荷载作用下能够相对滑移，见图 3c)所示。

根据上面的三种方法，本研究在基于剪力钉或单节段足尺模型试验的既往试验结果计算时分别称为模型一、模型二和模型三，进行相应的数值分析。

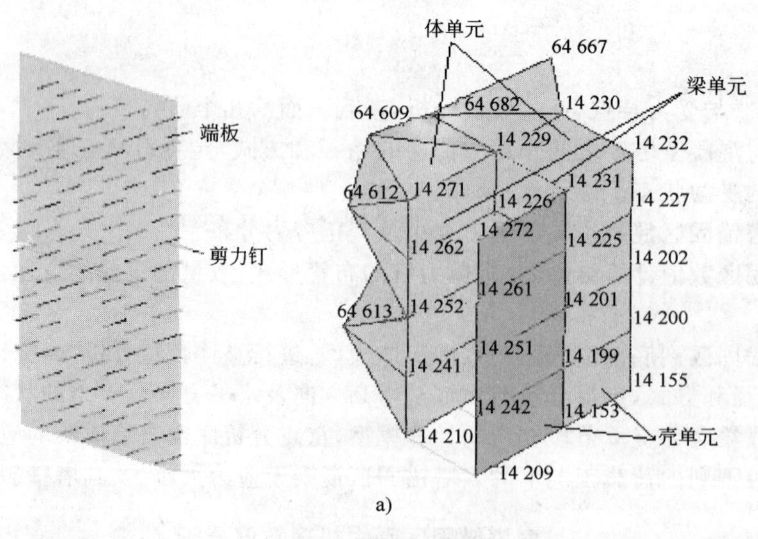

a)

图　3

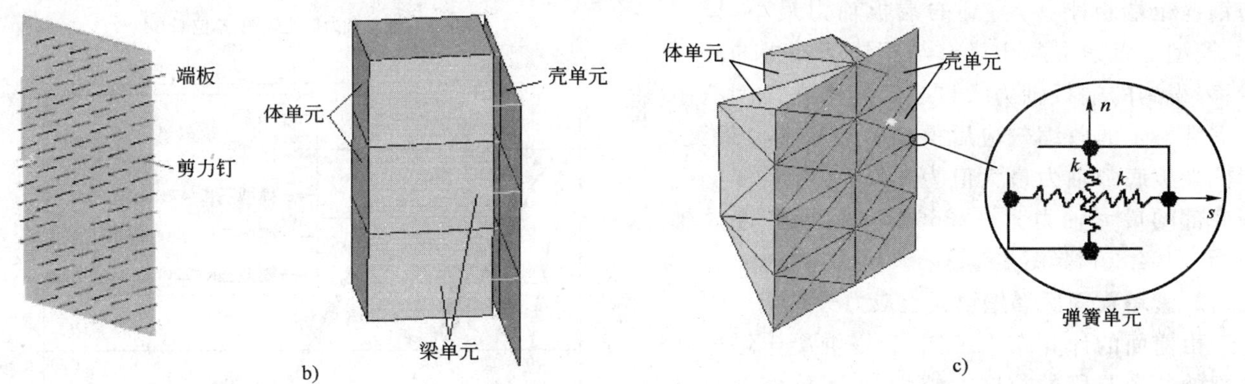

图 3　模拟剪力钉的计算模型

a)模型一中剪力钉、混凝土塔壁和钢端板的连接形式;b)模型二中剪力钉、混凝土塔壁和钢端板的连接形式;c)模型三中剪力钉、混凝土塔壁和钢端板的连接形式

2)材料特性

常规材料依据《公路钢筋混凝土及预应力混凝土桥涵设计规范》;剪力钉在模型一和模型二的梁单元中采用弹性模量 $E=2.01\times10^5$ MPa,泊松比 $\upsilon=1/3$,在模型三中弹簧单元采用的抗剪刚度系数采用 $k=473$kN/mm(按相关试验资料)和 $k=220$kN/mm(设计时采用的数值)两种进行分别计算。剪力钉垂直方向刚度系数为 3.82×10^4kN/mm。收缩变形按混凝土降温 15℃考虑。

3)荷载和约束

索塔受到斜拉索的索力,来源于总体计算,斜拉索的索力是以线荷载的形式施加到钢锚箱支承板上。关于计算模型的约束形式,约束模型最底部平面内节点的竖向位移,约束该平面内关于横桥向对称中线上节点的纵桥向的水平位移,取索塔和钢锚箱关于纵桥向中心面的对称约束。

4)数值分析的计算结果

受篇幅限制,在此只列出部分数值分析的计算结果。

(1)钢锚箱侧面拉板的计算结果

在表 1 中列出了在荷载作用下,用三种模型计算得到的钢锚箱侧面拉板的拉力以及承担的水平索力的百分比。

侧面拉板的水平拉力(kN)　　表 1

拉板编号	拉索水平力			模型一		模型二		模型三	
	岸侧	江侧	平均	拉板水平力	承担比例(%)	拉板水平力	承担比例(%)	拉板水平力	承担比例(%)
34	7 063	6 883	6 973	3 152	45.21	3 780	54.21	3 839	55.06
33	6 385	6 483	6 434	4 306	66.92	4 360	67.77	4 528	70.38
32	5 987	6 267	6 127	4 514	73.67	4 594	74.99	4 716	76.96
31	5 433	6 108	5 770	4 405	76.35	4 528	78.47	4 625	80.15
30	5 307	5 937	5 622	4 316	76.77	4 407	78.39	4 507	80.17
29	5 245	5 781	5 513	4 192	76.03	4 303	78.05	4 400	79.81
28	5 079	5 515	5 297	4 090	77.21	4 213	79.54	4 308	81.33
27	5 356	5 275	5 316	4 059	76.36	4 178	78.60	4 266	80.25
26	5 341	5 152	5 246	4 017	76.58	4 128	78.68	4 209	80.22
25	4 985	4 960	4 973	3 889	78.21	3 988	80.20	4 074	81.93
24	4 581	4 767	4 674	3 766	80.57	3 869	82.78	3 943	84.36

(2)钢锚箱竖向端板的计算结果

由计算结果可以看出,不同计算模型得到的端板的竖向轴力相差较大,其中模型一考虑混凝土塔壁与钢锚箱端板刚接，得到的端板轴力最小，模型二、模型三考虑混凝土塔壁与钢锚箱端板的相对滑移，得到的端板轴力大许多。其中在模型三中考虑混凝土的收缩效应后得到的端板轴力最大，岸侧端板底部轴力最大值为－228 15kN，江侧端板底部的最大轴力为－23666kN，端板底部总轴力为－464 80kN(图 4)。

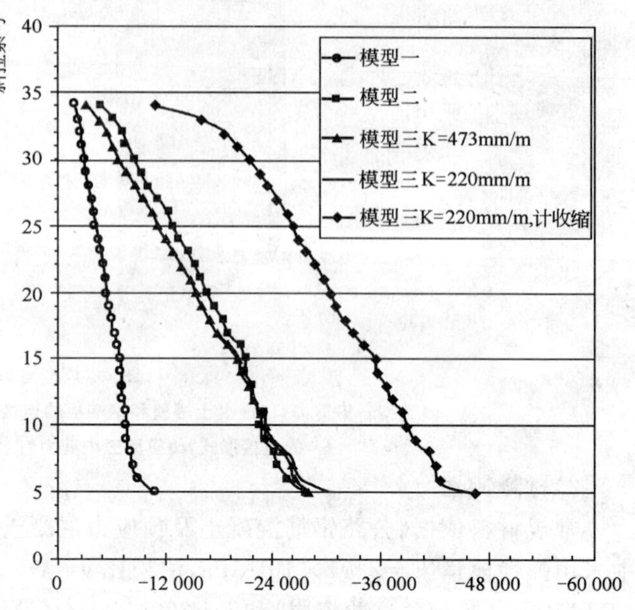

图 4　荷载作用下钢锚箱端板总轴力

2. 索塔锚固区塔壁混凝土应力分布

由前面的计算结果可知，索塔混凝土塔壁在顶部的几个节段的拉应力较大，为了能够更准确的分析混凝土塔壁上的拉应力，必须对该部位进行详尽的分析。

1)计算模型

根据整体计算结果，这里取索塔上部 6 个钢锚箱节段以及以上的塔柱混凝土进行分析。在有限元建模时索塔的混凝土和钢锚箱采用与整体计算相同的方法模拟。有限元模型如图 5 所示。

2)荷载和约束

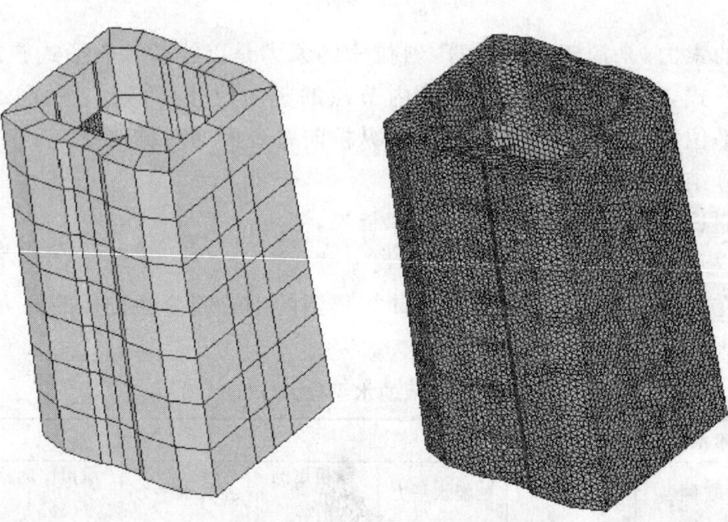

图 5　上部索塔节段实体模型及单元划分

斜拉索的索力是以线荷载的形式施加到钢锚箱支承板上。混凝土的收缩按照降温 15 度考虑。关于计算模型的约束形式，约束模型最底部平面内节点的竖向位移，取约束该平面内关于横桥向对称中线上节点的纵桥向的水平位移，约束该平面内关于纵桥向对称中线上节点的横桥向的水平位移。

以上计算是按照混凝土处于弹性阶段计算的，根据计算的结果可知，混凝土的拉应力已经超过了其抗拉强度，混凝土有部分已经开裂，因此在下面对考虑混凝土开裂后刚度降低效应的影响做了计算。计算时把混凝土的弹性模量进行折减，取原来的 0.67 倍。这里进行了索力作用下和考虑混凝土收缩效应的计算，其部分计算结果如图 6 所示。

3)塔壁裂缝宽度的验算

本研究考虑水平索力以及水平索力与收缩变形两种荷载组合，徐变是对索塔水平向受力有利的荷载，未加考虑。表 2 示出裂缝宽度验算结果。

经验算，在上述荷载组合下的混凝土塔壁裂缝宽度都满足容许裂缝宽度。

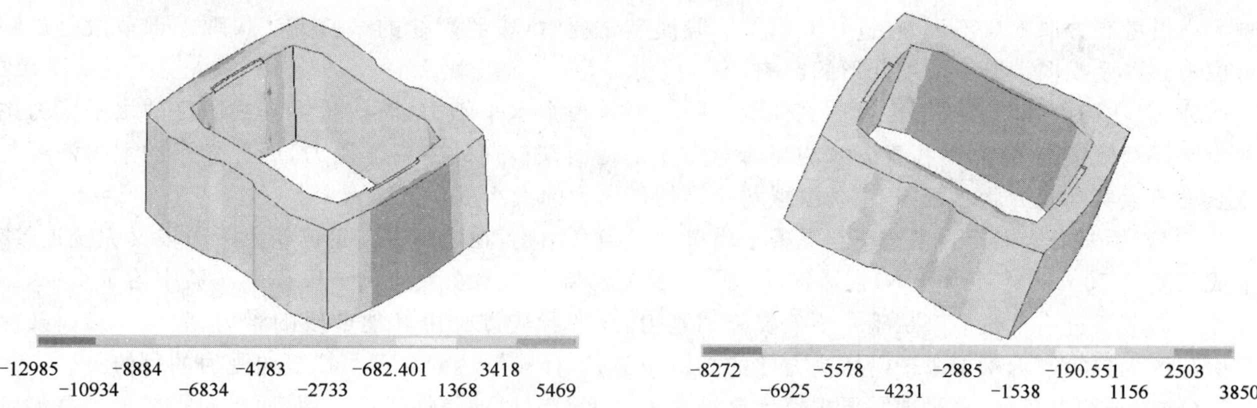

图 6　考虑刚度折减后的混凝土应力分布

a)横桥向应力(kPa)b)顺桥向应力(kPa)

荷载水平索力作用及考虑收缩的塔壁裂缝宽度验算　表 2

荷载组合	截面位置	边缘正应力 σ_1(MPa)	边缘正应力 σ_2(MPa)	弯矩(kNm/m)	轴力(kN/m)	裂缝宽度 w(mm)	容许宽度 w_a(mm)
索力	1—1	4.70	−2.10	566.7	1 300.0	0.17	0.20
	2—2	2.30	−2.17	372.5	54.8	0.06	0.20
	3—3	2.74	−2.00	395.2	371.0	0.08	0.20
索力＋收缩	1—1	5.35	−0.80	512.3	2 273.5	0.23	0.25
	2—2	3.74	−3.60	611.7	71.7	0.09	0.25
	3—3	3.94	−2.60	545.2	671.0	0.12	0.25

三、结论与建议

1)本研究取整个索塔锚固节段以及包括钢锚箱底部支承横梁在内的总高度 93.36m 主塔为模拟对象,对索塔锚固区整体受力进行数值分析,研究钢锚箱与混凝土塔壁的传力机理。将混凝土塔壁与钢锚箱间的剪力钉分别用不可变形的梁单元、可变形的梁单元、虚拟弹簧单元的三种计算模型进行模拟,并且在依据试验结果求出剪力钉抗剪刚度后,用竖向、水平向及端板垂直方向的三维空间弹簧单元模拟剪力钉,进行考虑索力、收缩变形、徐变影响的大规模数值分析。依据计算得出的主要结论与建议有以下几点:

(1)从计算结果来看,钢锚箱端板上所有剪力钉受到的剪力都未超过承载力允许值,只是端板横向最外侧剪力钉在竖向、水平向都受到相对其他位置剪力钉较大的剪力、受力不均匀。

(2)钢锚箱侧面拉板在计入收缩及其徐变影响时的水平拉应力以及竖向压应力都位于容许应力的范围之内。

(3)钢锚箱端板底部节段在考虑混凝土的收缩和徐变影响时的端板竖向压应力最大,其大小大约在−140～−160MPa 之间。

(4)考虑索力及其收缩变形的影响,对水平向锚固区塔壁混凝土的裂缝宽度进行了验算,裂缝宽度未超出我国公路桥梁规范所规定的基本要求。

(5)钢锚箱底部支承混凝土横梁所受到的主拉应力、主压应力都比较小,无过大的应力集中发生。

(6)钢锚箱底部支承混凝土横梁所受到的主拉应力、主压应力都比较小,无过大的应力集中发生。

2)通过索塔锚固区的数值分析,总结以下几点建议,供今后大比例节段模型试验研究参考:

(1)从数值分析结果来看,索塔锚固区上部节段水平向混凝土塔壁受到收缩变形较大的影响,收缩变形对混凝土塔壁水平向受力以及剪力钉水平向受力都是不利的,而收缩变形对钢锚箱端板竖向受力的影响大小沿塔高方向变化不大，在进行大比例节段模型试验时，按照以往的试验方法仅取上部节段是能够考虑索力以及横向混凝土收缩变形的影响。

(2)以往国内外索塔锚固区大比例模型试验主要是模拟水平索力，而该桥索塔锚固区的水平索力主要由钢锚箱侧板自平衡，斜拉索分解的竖向分力才是锚固区传递的主要作用力，因此作用的索力需要与该索塔节段实际受力状态相同，正确模拟斜拉索的作用力的大小以及方向。

(3)该桥索塔锚固区由钢锚箱与混凝土塔壁形成组合结构，在塔高方向钢锚箱上下节段又完全连接，形成长度约70m的连续组合体，索塔锚固区竖向受力的特点需要在大比例节段模型试验中给予重视，因此取上部节段进行节段模型试验时不仅要施加索力，还要预先施加由其他节段的索力、收缩变形以及徐变引起的钢锚箱与混凝土塔壁沿塔高方向的相对位移，这样能够达到合理模拟竖向受力的目的。

(4)关于约束条件，水平向需要根据计算结果考虑下部节段的弹性约束作用，而竖向需要考虑到能够预先施加相对位移，然后再加以约束的固定装置。

参考文献

[1] 中华人民共和国行业标准.公路钢筋混凝土及预应力混凝土桥涵设计规范(JTJ D62—2004).北京：人民交通出版社，2004.

[2] 中华人民共和国行业标准.公路钢筋混凝土及预应力混凝土桥涵设计规范(JTJ 062—85).北京：人民交通出版社，1985.

[3] 中华人民共和国行业标准.公路桥涵钢结构及木结构设计规范(JTJ 025—86).北京：人民交通出版社，1986.

139.吉林松原大桥主桥抗震设计

高东明　秦建军　王　毅　白　浩

(中交公路规划设计院有限公司)

摘　要　松原松花江大桥为城市桥梁，主桥采用独塔双索面预应力混凝土斜拉桥，引桥采用预应力混凝土连续箱梁桥。本桥地处严寒地区，结构耐久性、使用寿命要求较高，桥位场地烈度高，抗震设计十分重要，本文结合桥位地震场地环境采用新的抗震理论进行了抗震设计。提出了高烈度区抗震设计理念和方法。

关键词　松原大桥　抗震

一、松原大桥桥型布置

松原大桥桥位地处东北吉林省松原市市区，跨越第二松花江下游，本项目工程共分三部分即南接线、大桥、北接线组成，全长为4.176km。本工程桥梁长度为2 546.5m，主桥为两座分离式2×120m独塔双索面预应力混凝土斜拉桥，结构体系采用塔、梁、墩固结体系，主梁采用肋板式结构，桥塔采用双柱式塔，桩基础。

二、桥位地质、地震环境

1.地震及地质构造

区域主要处在东北地震区内，本区第四纪以来的构造活动方式以差异性升降运动为主，现代板块俯冲导致坳陷作用，也引起断裂的位移活动。主要发震构造有：盆地中央的扶余-肇东断裂和北西向第二松花江断裂、松辽盆地东缘断裂、依兰-伊通断裂等。就全区来说，5级以上中强地震频度和强度都不高，但多数中强地震主要沿上述断裂带分布，主要有以下显著特征：

1119 年前郭 6 $\frac{3}{4}$级地震是历史上发生在东北地震区的最大一次浅源地震。该地震的发生可能与所处的大构造部位，即处于第二松花江断裂和北东向基底断裂的交汇地区有关。现今距该地震北部约 28km 的松原地区，自 2003 年以来小震活动频繁，发生数次震群活动，最大地震为 3.5 级。

公元 1119 年以来至今，研究区共发生 Ms≥4 $\frac{3}{4}$级浅源中强地震 4 次，其中 6.0～6.9 级地震 1 次，5.0～5.9 级地震 3 次。1972 年至 2005 年 8 月，ML2.0-4.6 级小震共 184 次，其中 3 级以上地震 53 次。总的看来，区域上存在发生 6 级左右地震的地质构造条件。

2. 地质灾害评价

场地的地震地质灾害是指地震引起的砂土液化、软土震陷、泥石流、边坡失稳和地表破裂等不良地质现象。根据本工程的勘察资料和场地钻孔波速结果分析，场地不存在软弱土，因此不存在震陷问题。本次工程场地地势比较平坦，没有发生边坡失稳和泥石流的可能。

本场地钻孔结果显示，场地地下水位埋藏较浅，场地内砂土层均为饱和砂土，且其埋深在 20m 内，有造成液化的可能，必须对本场地可发生砂土液化的土层进行判定。

将本次工程场地细砂层分为三层对其液化深度和液化指数进行详细判定，结合分层土层厚度和标准贯入试验的结果计算本场地 ZK1 孔细砂层的液化指数为 1.6，液化土层深度在 5.55～7.80m 之间，液化等级为轻微液化。

3. 抗震设防标准

松原地区地震烈度设防标准为：VIII 度，相应地震峰值加速度 0.2g。

三、结构抗震设计标准

结构抗震设计标准根据不同概率水平进行设计，设防标准见表 1、表 2。

抗震设防标准 表 1

设防标准	主通航孔桥
水准 I：50 年超越概率 10%	主塔、边墩、桩基保持弹性；支座保持正常使用功能。施工阶段主结构完好无损
水准 II：50 年超越概率 2%	主塔容许进入塑性，震后轻微破坏；边墩应具有足够的延性以满足变形要求，保证不倒塌；桩基保持弹性；支座允许破坏

构件性能指标的量化 表 2

项目	保持弹性	水准 I	水准 II
钢筋应变	钢筋不发生屈服	不超过 0.015	不超过 0.04
混凝土应变	—	不超过 0.004	不超过 0.01

四、结构抗震设计

1. 桥位地震参数

桥位场地地震设计参数见表 3、表 4。

地震动加速度峰值 表 3

设计标准	加速度峰值(gal)		
超越概率	时程曲线 1	时程曲线 2	时程曲线 3
50 年 10%	200.8	212.5	213.7
50 年 2%	364.2	347.1	348.5

工程场点地震危险性概率分析结果　　表4

50年超越概率	2%	5%	10%	63%
烈度:度	8.3	8.1	7.8	6.3
动力放大系数:gal				
峰值加速度:m/s^2	335.5	243.8	182.5	46.5

《松原市城区第二松花江大桥新建工程场地地震安全性评价报告》分别给出了50年超越概率10%和2%地震烈度下的各三条地表加速度时程和相应的反应谱,见图1、图2。

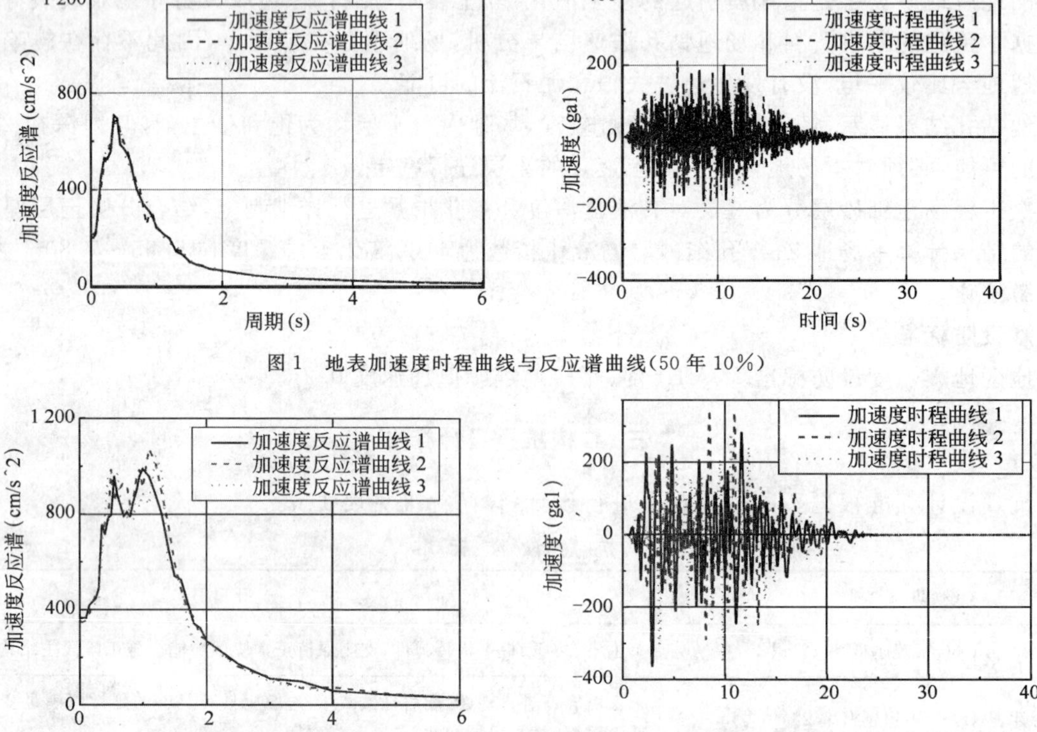

图1　地表加速度时程曲线与反应谱曲线(50年10%)

图2　地表加速度时程曲线与反应谱曲线(50年2%)

2.抗震设计方法

由于本桥规模较大,工程场地近些年地震频繁,城市桥梁结构安全性要求较高,本项目抗震设计按A类桥梁进行抗震设计。采用两阶段设计法进行设计。

本桥抗震分析方法采用时程法进行计算分析。计算软件采用SAP2000有限元计算分析程序,对南航道桥模型作抗震计算分析,输入50年10%超越概率和50年2%超越概率地表加速度时程。地震动输入组合为:纵桥向+竖向、横桥向+竖向,其中竖向输入按水平输入的2/3计算。

非线性时程分析中,每个工况输入3条时程曲线,取反应量的最大值作为相应工况的结构地震反应。

3.结构抗震分析

1)建立结构模型

对于主航道桥,主梁、塔、边墩和斜拉索用梁单元模拟,同时考虑恒载引起的几何刚度的影响;桥梁基础单桩用六方向弹簧模拟,过渡墩与主梁之间

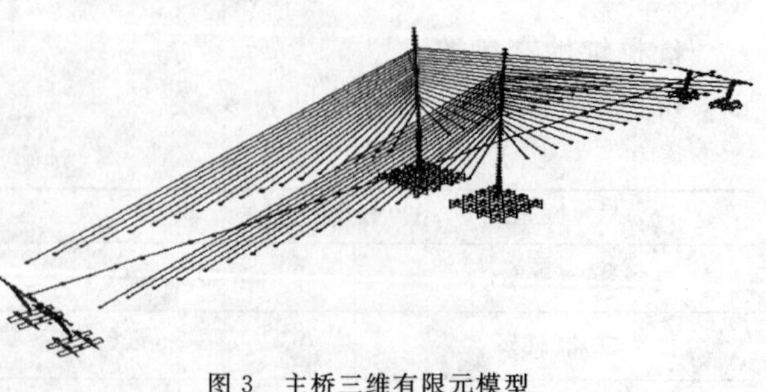

图3　主桥三维有限元模型

的连接考虑滑动支座的摩擦作用，支座摩擦在有限元模型中采用双线性连接单元模拟。主塔塔身设置集中塑性铰。

有限元模型见图 3，具体边界条件参见表 5。

边界与连接条件 表 5

位置	自由度					
	x	y	z	θ_x	θ_y	θ_z
主塔单桩	2	2	2	2	2	2
边墩单桩	2	2	2	2	2	2
主塔与主梁	1	1	1	1	1	1
边墩与主梁	0	1	1	1	0	0

注：x 为纵桥向，y 为横桥向，z 为竖向。"0"表示自由，"1"表示互相约束或固结，"2"表示土弹簧。

2)结构振动特性分析

表 6 所示为南航道主桥前 20 阶频率和振型特点。

动力特性表 表 6

阶数	频率(Hz)	振型特征	阶数	频率(Hz)	振型特征
1	0.467	塔侧弯，两个塔柱同向	11	2.256	左跨过渡墩纵弯
2	0.471	塔侧弯，两个塔柱反向	12	2.360	右跨过渡墩纵弯
3	0.495	塔纵弯、主梁反对称竖弯	13	2.462	塔高阶纵弯
4	0.835	主梁对称竖弯	14	2.738	塔高阶侧弯、主梁对称侧弯、边墩侧弯
5	1.265	塔纵弯、主梁竖弯、纵	15	2.839	塔高阶对称侧弯
6	1.422	塔纵弯，两个塔柱反向	16	2.905	塔高阶纵弯、主梁高阶反对称竖弯
7	1.609	主梁高阶对称竖弯	17	2.940	主梁高阶对称竖弯
8	1.640	塔纵弯、主梁高阶反对称竖弯	18	3.642	塔高阶侧弯、主梁对称侧弯、边墩侧弯
9	2.182	塔侧弯、主梁转动、边墩侧弯	19	4.520	左跨过渡墩两个柱子反向纵弯
10	2.218	塔高阶侧弯、主梁平动、边墩侧弯	20	4.578	塔高阶纵弯、主梁高阶反对称竖弯

由表 6 可以看出本斜拉桥的动力特性有如下特点：第 1、2 阶振型塔的横桥向振动对塔底横桥向弯矩与剪力的贡献最大；第 3 阶振型主塔纵弯和主梁竖弯对塔底纵桥向弯矩、剪力和主梁(塔梁结合点附近)竖向弯矩、剪力的贡献最大；第 9、10 阶振型对塔身(塔梁结合点附近)与边墩墩底的横桥向弯矩与剪力的贡献最大。图 4～图 8 为主桥典型的振型图。

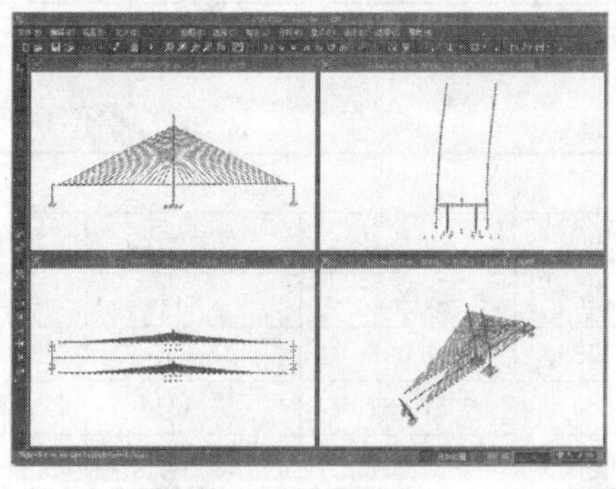

图 4 第 1 阶振型

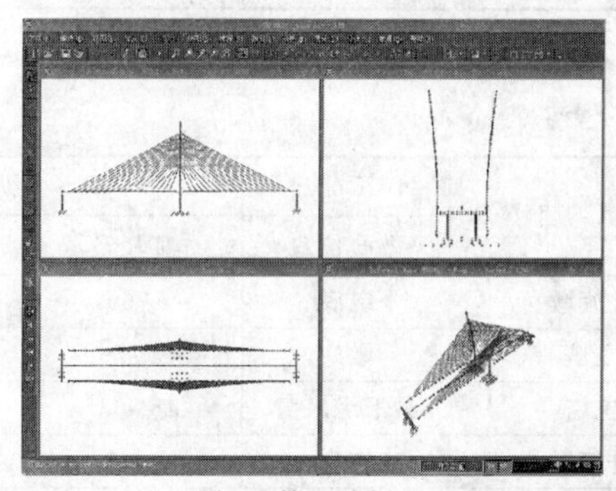

图 5 第 2 阶振型

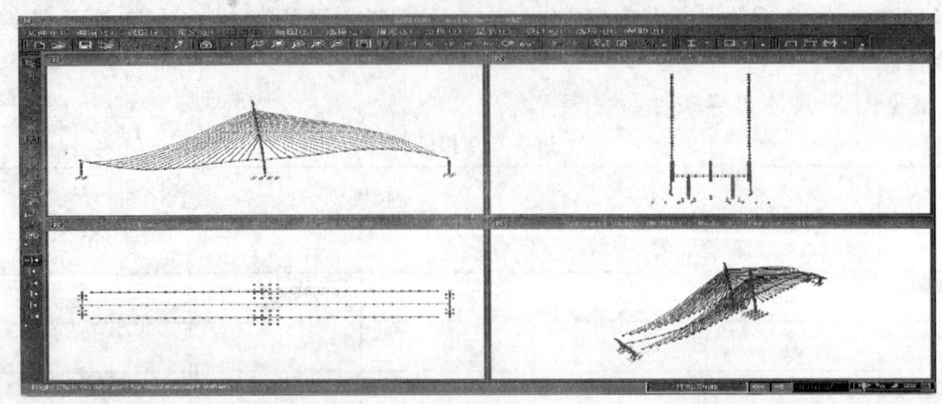

图6 第3阶振型

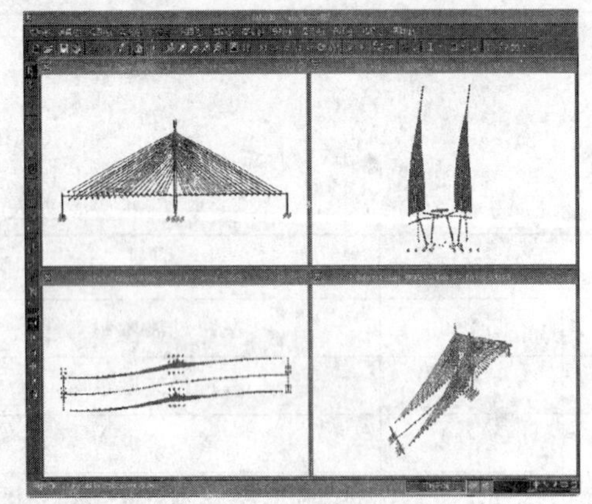

图7 第9阶振型

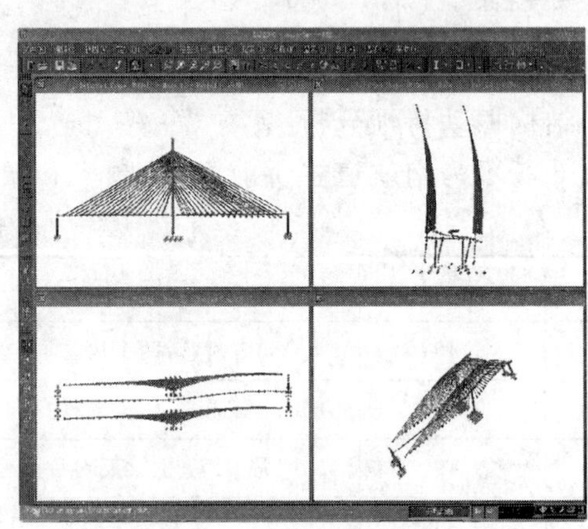

图8 第10阶振型

3)地震力作用分析(表7~表10)

主桥地震荷载下关键位置结构内力表(时程分析) 表7

单位:kN·m

项目	工况	纵向50年10%			横向50年10%		
	截面位置	轴力 P	剪力 $Q2$	弯矩 $M3$	轴力 P	剪力 $Q2$	弯矩 $M3$
过渡墩	墩底	3 417	4 313	47 495	3 054	3 938	30 381
主塔	墩底	18 687	43 809	531 020	26 575	22 797	150 375
主塔	梁下缘塔身	17 680	43 329	144 947	25 678	21 819	118 384
过渡墩	桩身	10 710	2 790	1 919	4 313	2 148	1 126
主塔	桩身	4 009	1 252	6 617	2 285	1 440	1 401
塔梁结合点处主梁断面		39 467	15 847	202 055	10 032	18 478	1 490 121

主桥地震荷载下关键位置结构内力表(时程分析) 表8

单位:kN·m

项目	工况	纵向50年2%			横向50年2%		
	截面位置	轴力 P	剪力 $Q2$	弯矩 $M3$	轴力 P	剪力 $Q2$	弯矩 $M3$
过渡墩	墩底	6 769	4 614	51 149	5 872	5 159	36 853
主塔	墩底	43 776	72 507	625 878	58 005	58 415	386 503
主塔	梁下缘塔身	43 063	70 970	304 840	57 081	57 531	307 271
过渡墩	桩身	4 860	1 711	7 603	3 497	1 837	1 805
主塔	桩身	18 376	5 584	3 632	9 338	4 842	2 544
塔梁结合点处主梁断面		93 479	22 933	321 075	52 020	52 277	376 713

主桥地震荷载下结构位移表(50 年 10%)

表 9

单位:m

位置	计算方法	纵向+竖向		横向+竖向	
		纵向(m)	竖向(m)	横向(m)	竖向(m)
塔顶	时程分析	0.111	0.002	0.138	0.003
跨中		0.045	0.099	0.033	0.064
过渡墩顶梁端		0.046	0.002	0.082	0.002

主桥地震荷载下结构位移表(50 年 2%)

表 10

单位: m

位置	计算方法	纵向+竖向		横向+竖向	
		纵向(m)	竖向(m)	横向(m)	竖向(m)
塔顶	时程分析	0.174	0.006	0.441	0.007
跨中		0.092	0.392	0.102	0.328
过渡墩顶梁端		0.094	0.005	0.235	0.004

五、抗震设计结论

计算表明,在 50 年 10%超越概率地震动作用下,主桥桥塔、过渡墩、桩基础的抗震满足预期性能要求,塔顶最大纵向位移 11.1cm、最大横向位移 13.8cm,主梁最大纵向位移 8.2cm、最大横向位移 4.6cm。

在 50 年 2%超越概率地震动纵向+竖向输入时,主塔进入屈服,损伤程度控制在"轻微损伤";过渡墩、桩基础均不进入屈服,满足预期性能要求。塔顶最大纵向位移 17.4cm、主梁最大纵向位移 9.4cm、最大挠度 39.2cm。

在 50 年 2%超越概率地震动横向+竖向输入时,主塔抗震满足预期性能要求;建议在过渡墩墩顶与主梁之间采用横桥向滑动支座与剪力销或采用横桥向有限抗剪能力的支座,以释放强震时墩顶与主梁之间的横桥向刚性约束。为了对主梁与过渡墩墩顶的横桥向相对位移有所控制,建议在过渡墩墩顶与主梁之间设置横桥向钢阻尼器(屈服力取为 1 200kN);时程计算结果表明,采取上述措施后,过渡墩、桩基础均不进入屈服,满足预期性能要求。塔顶最大横向位移 44.1cm、主梁最大横向位移 23.5cm。

从结构抗震角度考虑,建议墩底 0~3.6m 高度区域内适当加密箍筋,箍筋形式宜采用闭合箍筋,且纵筋搭接宜避开此区域。

六、减震隔震装置—钢阻尼器设计、安装

钢阻尼器是本桥减震隔震装置,全桥单向滑动支座桥墩上均设有该装置。主桥钢阻尼器型号为:D120—单向 120t(横桥向 1 200kN)。主桥钢阻尼器见下图 9。

1)主桥钢阻尼器性能基本要求

(1)类型:本桥采用阻尼器均采用不同阻尼力的钢制阻尼器。

(2)使用年限要求:30 年,要求每年检查一次,并注意日常养护。

(3)阻尼器及其配件必须进行有效防腐处理。

(4)阻尼器环境温度要求:-30~40℃。

(5)阻尼器纵向、横向设计屈服力、位移量见表 11。

表 11

位置	类型		屈服力(kN)	行程(mm)	自由滑动位移(mm)
南北主桥	单向(主、引桥过渡墩)	D120-4	1 200	±200	±200

(6)钢阻尼器出厂前应进行外观检查、尺寸检测,合格后方能出厂。

(7)钢阻尼器出厂前应进行设计阻尼力及设计位移测量,必须符合设计要求。

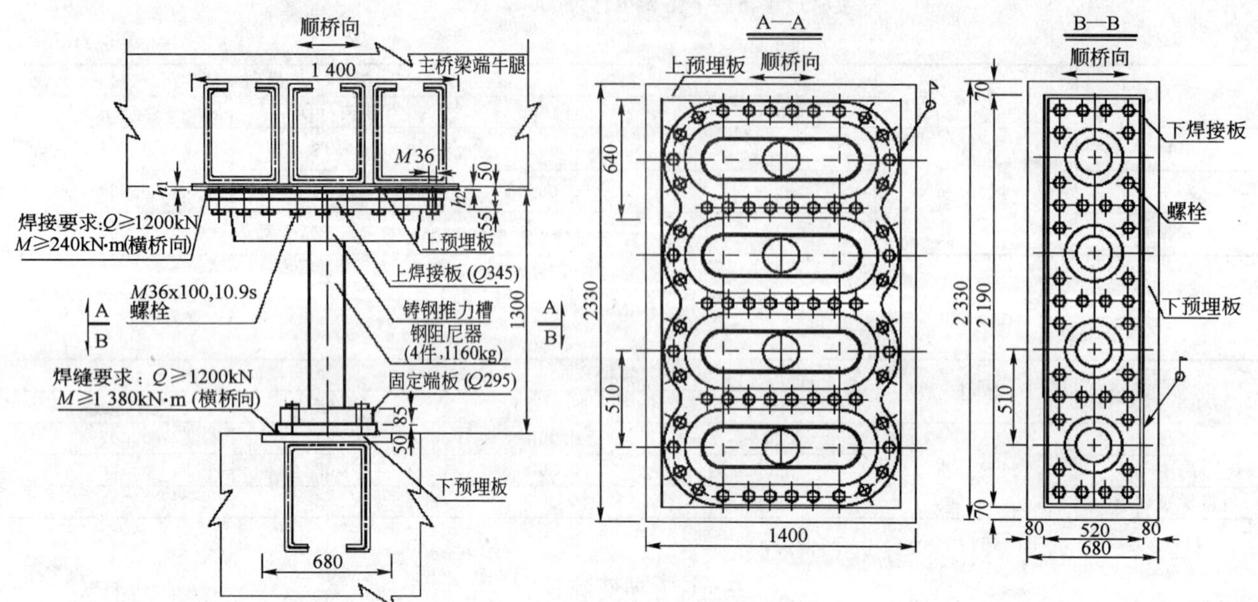

图9　D120型钢阻尼器构造

(8)钢阻尼器出厂前应进行动力性能测试,不同周期下的力—位移特征反映曲线的变化应小于规定值。

2)主桥桥墩支座位置同时设置剪力销,剪力销抗剪能力为800kN。剪力销安装要求与支座安装要求基本相同。

3)钢阻尼器安装

(1)成桥后安装钢阻尼器。

(2)以墩中心线为准在墩顶预埋板和梁底预埋板上放样。

(3)上焊接板就位并与梁底预埋板焊接。

(4)下焊接板就位但暂不焊接。

(5)固定端板、钢阻尼器与推力槽共同就位。

(6)推力槽与上焊接板螺栓连接。

(7)固定端板与下焊接板螺栓连接。

(8)下焊接板与下预埋板焊接,安装完毕。

4)墩顶预留钢阻尼器槽口尺寸必须满足钢阻尼器安装需要,槽口两侧现浇封板混凝土必须在钢阻尼器安装、调试完毕后再现浇。

5)上、下焊接板与上、下预埋板焊接,焊缝强度同样需要满足钢阻尼器构造图中标注的受力要求,因此安装阻尼器时焊接施工质量需要保证。

140. 大跨斜拉桥主梁平转加速阶段受力性能的研究

孙全胜[1]　孙永存[2]

(1. 东北林业大学土木工程学院;2. 辽宁省交通勘测设计院)

摘　要　转体施工作为一种施工方法,因其独特的优越性,被广泛应用于斜拉桥平转施工之中,然而由于对斜拉桥平转阶段受力性能研究的很少,工程上通常采用避开大风天、缓慢转动等措施来解决平转阶段对斜拉桥结构内力认识不足的问题。本文以绥芬河斜拉桥转体施工为例,针对平转中加速阶段斜拉桥主梁受力最为不利的情况,采用解析法和有限元法对平转加速阶段斜拉桥主梁的受力性能进行了研究。研究表明，斜拉桥在平转加速阶段主梁呈“～”形扭动，即远离主塔的梁体相对靠近主塔的梁体转动产生了相对滞后，由于解析计算无法考虑塔根处主梁应力的集中，因此限定的平转角加速度必须采用全桥建模的有限元方法进行计算。转体成功实践证明，为确保斜拉桥主梁转体安全，必须对平转角加速度加以严格限制。

关键词 大跨斜拉桥 主梁 平转 加速阶段 受力研究

一、概 述

桥梁转体施工，首先利用两岸地形采用简单支架顺着岸边或铁路旁建造庞大的桥梁结构，然后采用摩擦系数很小的转铰和滑道组成的转盘结构，以简单设备将桥梁整体旋转到位的施工方法[1]。桥梁转体施工因具有节约施工材料、使用设备少、快速便捷且不影响通航、不中断通车等特点，故从转体施工诞生的那一天起就受到桥梁工程界的普遍关注[2,3]。

桥梁转体施工在国内外有近60年的发展历史，从开始跨越山涧的千吨级桥梁转体已发展到现在跨越铁路和公路的万吨级桥梁转体，转体施工的桥梁数量逐年增加、吨位越来越大，转体桥梁已从拱桥发展到连续刚构桥、斜拉桥，近年来还有斜拉桥增多的趋势[4~8]。虽然在国内外进行了一些桥梁转体施工，但是，为保证转体过程中桥梁的安全，通常采用避开大风天气、缓慢转动等措施来解决转体过程中对桥梁结构内力认识不足的问题，对桥梁转体过程中受力性能的研究更是少之又少[9,10]。

斜拉桥水平转体可分为四个阶段，即启动阶段、加速转动阶段、匀速转动阶段及制动阶段。不同水平转体阶段使斜拉桥主梁经受不同的考验，每个阶段都应该进行单独的强度验算。考虑塔墩的非绝对刚性及惯性扭矩作用时，沿塔墩高度方向呈现不均匀分布的扭矩，由于斜拉桥的塔墩截面较大，转动引起的塔墩控制截面剪应力往往小于截面的控制开裂应力；桥塔由于离转动点较远而且刚度较大，在斜拉桥转动过程中引起的剪应力较小；斜拉索为柔性结构，相对于塔、梁等混凝土结构受斜拉桥水平转体影响较小。

目前桥梁转体施工过程中的转速都很低，不考虑风、地震等偶然因素的作用，匀速转动而引起的主梁横截面应力变化不大；平转加速转动阶段及制动阶段，在反向水平牵引力对斜拉桥构成的扭矩作用下，由于斜拉桥的断面较小、主梁较长，启动阶段及制动阶段，桥梁结构体系经历由静止向运动的过程变化，也就是克服静摩擦到动摩擦的过程中，如牵引力过大、时间变化太快，容易使梁体在转动过程中产生不平衡扭矩，导致梁体产生变形甚至裂缝。斜拉桥平转启动阶段和制动阶段主要是转动角加速度对桥梁结构的影响，全桥主梁产生与主梁纵向相垂直的惯性力，该惯性力使塔根部梁体产生竖直方向的弯矩，加之主梁的悬臂长度较大，在转动角加速度作用下很容易大跨度斜拉桥的主梁开裂。

本文以黑龙江省重点科技攻关项目“大跨度斜拉桥单点平铰水平转体设计与施工技术的研究”为依托，以绥芬河斜拉桥成功转体为背景，以角加速度作为贯穿全文的主线，采用解析法和有限元法对加速平转阶段斜拉桥主梁的受力性能进行了研究，实践验证了研究的结论。

绥芬河新华街立交桥是绥芬河新华街的西延伸线，东起花园路，向西以高架桥形式跨越站前路、火车站站场、铁西路、黑瞎子河、最后于黄河路落地。高架桥总长615m，其中，跨越绥芬河火车站，主跨为100m+100m的独塔单索面预应力混凝土斜拉桥即本文提到的绥芬河斜拉桥。该斜拉桥主梁为单箱三室预应力混凝土结构，梁高1.98m，桥面宽23.5m，主梁设单向纵坡2%，双向横坡1.5%，主塔采用矩形截面，塔高61m。该斜拉桥跨越绥芬河火车站，实现了对12条铁路轨道的跨越，为了能快速安全地在铁路站场上施工，同时不干扰或尽量少干扰铁路运输，经过施工方案论证决定采用转体施工，绥芬河斜拉桥结构简图如图1所示，转体示意如图2所示。

斜拉桥平转加速阶段，除角加速度之外影响斜拉桥主梁受力的因素有很多，在对斜拉桥主梁加速转动受力性能研究之前，由于施工中进行控制转盘的平整、转体过程时间很短、尽量选择无风天等，在进行分析之前假设如下：

(1)上下转盘之间接触面光滑平整，转体过程中润滑材料的属性不发生改变，即转体过程平稳，不发生主梁的上下颠簸。

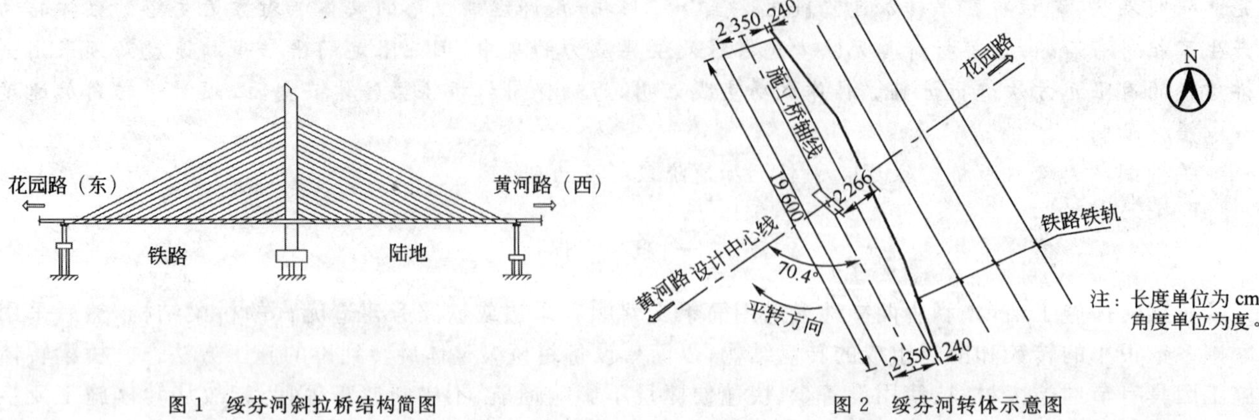

图1　绥芬河斜拉桥结构简图　　　　图2　绥芬河转体示意图

(2)不考虑转体过程中大气温度变化，认为转体过程中主梁上下缘温度不改变，同时不考虑转体过程中风的影响。

(3)不考虑转体角加速度变化对主梁受力的影响，只研究一定角加速度下主梁上下缘的应力变化。

二、解析计算

根据牛顿力学原理，加速平转阶段主要是对主梁惯性力的计算。假设主梁质量沿全桥均匀分布，线密度为$\overline{m}$，平转角加速度为α，则离塔x处梁体所受分布惯性力为：

$$q = \overline{m}\alpha x \tag{1}$$

取微段长度dx，该段梁体惯性力对塔根梁体产生的弯矩（竖直方向）为：

$$dM = xq\,dx \tag{2}$$

故塔根部梁体（下面称控制截面）弯矩为：

$$M = \int_0^l xq\,dx = \frac{l^3}{3}\overline{m}\alpha \tag{3}$$

由转动惯性力产生的主梁横截面正应力为：

$$\sigma_\omega = \frac{M}{I_{zz}}y \tag{4}$$

斜拉桥转体前控制截面初始应力为σ_0，要求转体过程中截面应力不超过允许的混凝土的抗拉、压应力，即应当满足：

$$|\sigma_0 + \sigma_\omega| < |[\sigma]| \tag{5}$$

初始应力σ_0借助同济大学平面杆系分析程序Dr. Bridge3.03计算得出。模型建立共考虑87个施工阶段，添加了所有预应力钢束及受力主筋，在该斜拉桥的施工监控过程中对模型进行了不断调整，以确保模型计算的内力状态与实际状态相符。其中，主梁单元为1～82，主塔单元为83～104，斜拉索1号～18号为108～125，1′号～18′号为126～143，单元划分如图3所示。

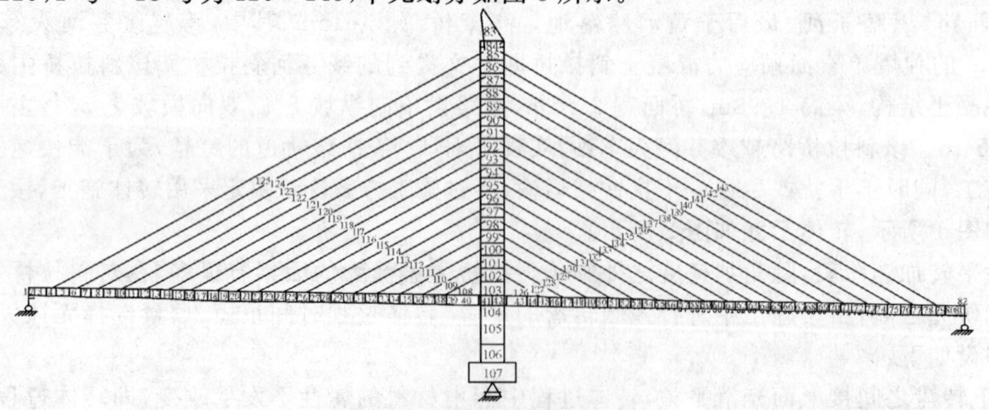

图3　绥芬河斜拉桥结构离散图

第 78 施工阶段为转体前的最大悬臂状态，计算控制截面初始应力 σ_0 如图 4 所示，即截面上缘 B 点为 6.1MPa 的压应力，截面下缘 A 点为 1.9MPa 的压应力。

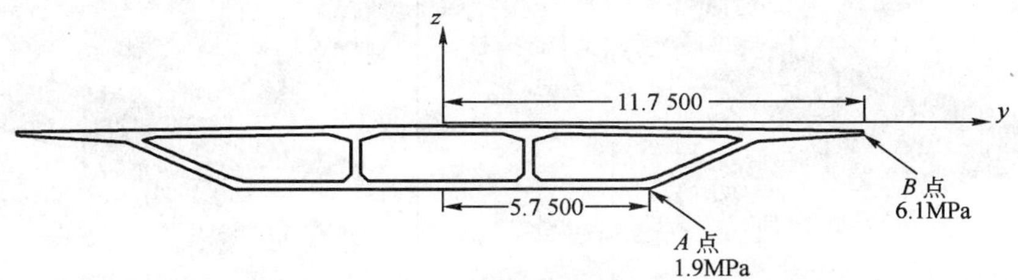

图 4 转体前控制截面应力图

惯性力在 z 轴一侧产生附加拉应力，在另一侧产生附加压应力，由转体前应力可知，转体中最不利应力将由拉应力控制，施工最大允许拉应力为 1.80MPa。

主梁线密度 $\overline{m}=11.6\times2\,500+49\,000/4.9=39\,000\text{kg/m}$，11.6 为主梁标准断面横截面积，49 000 为 4.9m 梁段横隔板质量；截面惯性矩 $I_{zz}=402.3\text{m}^4$；

对 A 点有 $\sigma_0+\sigma_\omega=-1.9+\dfrac{1/3\times39\,000\times\alpha\times98^3}{402.3}\times5.75\times10^{-6}<1.80\text{MPa}$；

所以 $\alpha<2.1\times10^{-2}\text{rad/s}^2$，此时对 B 点有：

$$\sigma_0+\sigma_\omega=-6.1+\frac{1/3\times39\,000\times2.1\times10^{-2}\times98^3}{402.3}\times11.75\times10^{-6}=1.40<1.80\text{MPa}。$$

因此，加速平转阶段为保证主梁受力满足规范要求，必须对角加速度给出明确限制。

三、有限元计算

绥芬河斜拉桥角加速度的解析计算，在应力验算时考虑了转体前桥梁结构自身应力的影响，但无法考虑塔墩对主梁受力的影响，限定角加速度小于 $2.1\times10^{-2}\text{rad/s}^2$ 的同时应当进行有限元复核。

本文借助通用有限元程序 ANSYS 进行绥芬河斜拉桥加速平转过程中主梁受力性能的研究，采用 beam188 单元模拟主梁及主塔，采用 link10 单元模拟斜拉索，通过赋予 link10 单元初应变的方式模拟斜拉索张拉，ANSYS 计算的最大悬臂状态内力借助 Dr. Bridge3.03 进行校核，通过 DOMEGA 命令设置角加速度来模拟斜拉桥的加速平转，ANSYS 建立的有限单元模型如图 5 所示。

应用上述模型，计算水平转体角加速度为 $2.1\times10^{-2}\text{rad/s}^2$ 时，主梁应力分布情况如图 6 所示，暂时不考虑桥梁平转之前的应力状态。

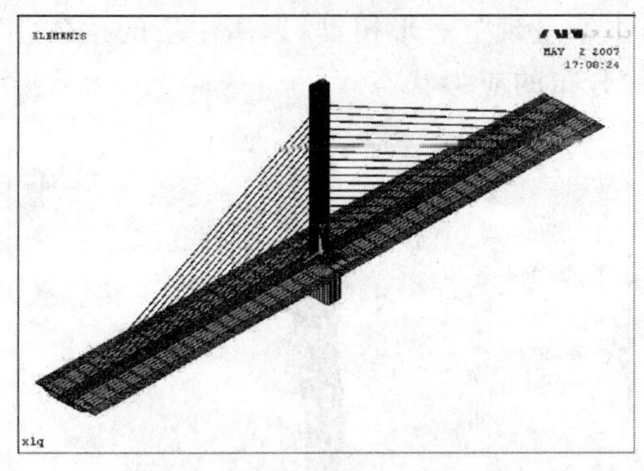

图 5 绥芬河斜拉桥有限单元图

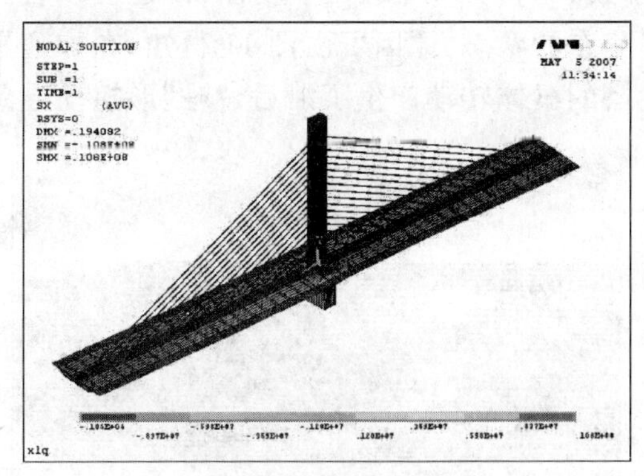

图 6 加速平转阶段主梁正应力云图

前文 $2.1\times10^{-2}\text{rad/s}^2$ 的角加速度是根据 A 点拉应力小于 1.80MPa 得出，此时因加速平转产生的应力变化为 $1.80+1.9=3.7\text{MPa}$，B 点应力变化为 $1.4+6.1=7.5\text{MPa}$，图 6 所示最大应力变化为 10.8MPa，偏差较大，选择局部单元，如图 7 和图 8 所示。

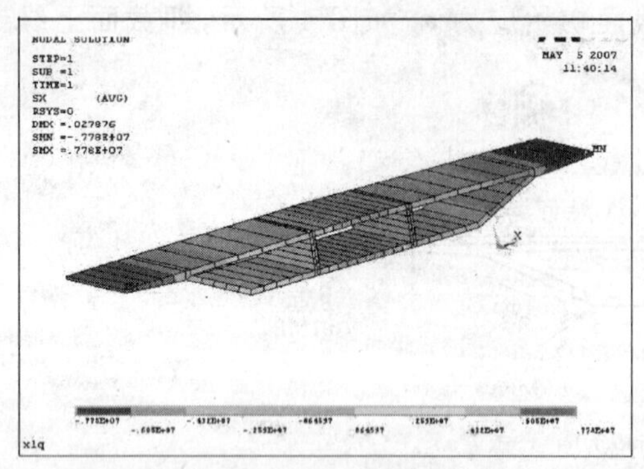
图7　塔根标准梁段正应力云图

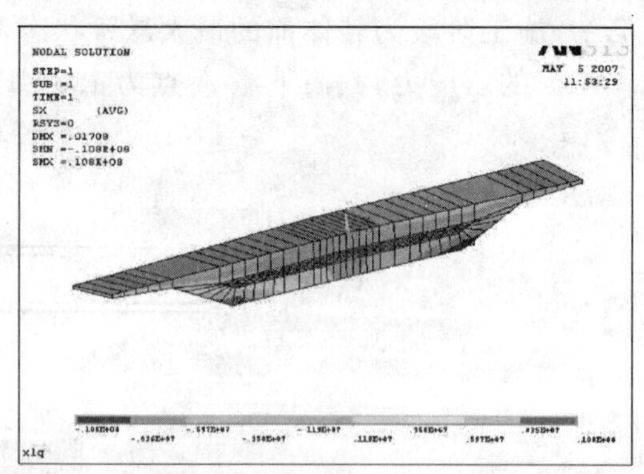
图8　塔根实体梁段正应力云图

图7是距塔根最近的标准梁段，解析计算时积分长度可近似认为一侧主梁全长，与主塔不接触，与图4相对应的 A 点和 B 点拉应力分别为3.64MPa和7.78MPa，与前文解析计算的3.7MPa和7.5MPa相差不大，解析计算没有考虑斜拉索影响，两者稍有偏差可以接受，互为验证。

图8梁段为实心断面，与塔墩接触，加速平转过程中受塔墩影响较大，与 A、B 对应点拉应力分别为10.8MPa和5.12MPa，与解析计算相差较大。了解加速平转过程中塔墩对该梁段受力的影响程度，可重新建立模型，即假设不存在塔墩，如图9所示。

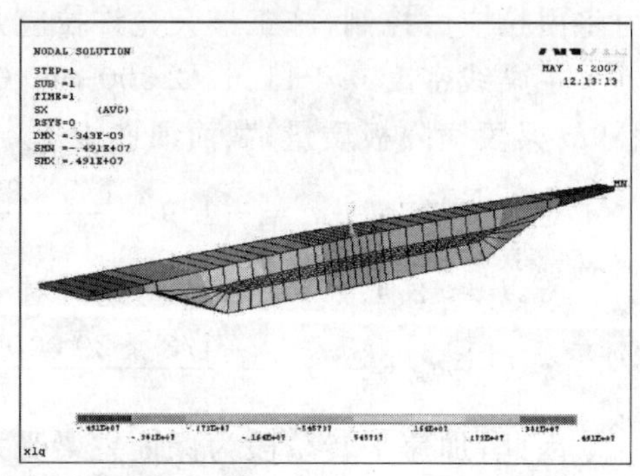
图9　塔根实体梁段正应力云图(无塔墩)

查看无塔墩时实体段拉应力，与原结构对比见表1。

实体梁段拉应力对比表(MPa)　　表1

对应点	原结构	无塔墩	对应点	原结构	无塔墩
A	10.8	2.41	B	5.12	4.91

与 B 对应点位于箱梁翼板外缘，与塔墩不接触，正应力影响较小，又该截面为实心，$I_{zz}=738.2\text{m}^4$，因此正应力较小；与A对应点与塔墩接触，正应力变化受塔墩影响较大，塔墩有四个角，受塔墩影响的应力云图如图10所示。

图10中四个应力集中点即受塔墩影响产生，除此之外，图10中四个颜色较深的区域是不考虑塔墩影响的正应力控制区，一方面该区域截面为空心，抗弯惯矩相对实心截面较小，另一方面该区域距塔根较近，由式(3)积分弯矩较大。由图10还可以看出，加速平转作用下，主梁横截面正应力呈现沿主梁中线斜对称分布的状态，原因可由图11得知，在加速平转过程中，主梁呈现"～"形扭动，远离主塔的梁体相对靠近主塔的梁体转动产生了滞后，"～"形扭动导致主梁斜对称分布的应力状态。

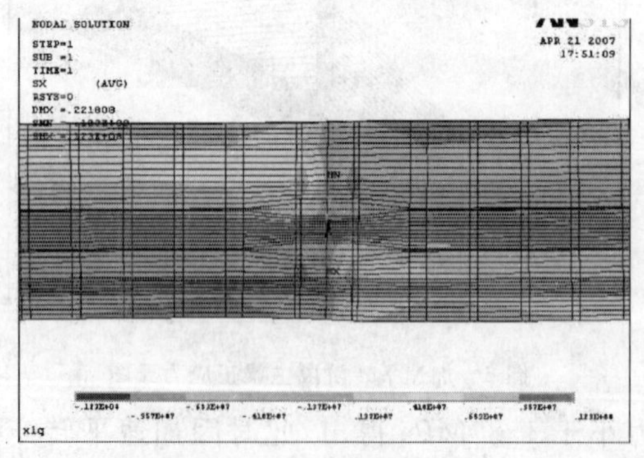
图10　加速平转阶段梁底正应力云图(有塔墩)

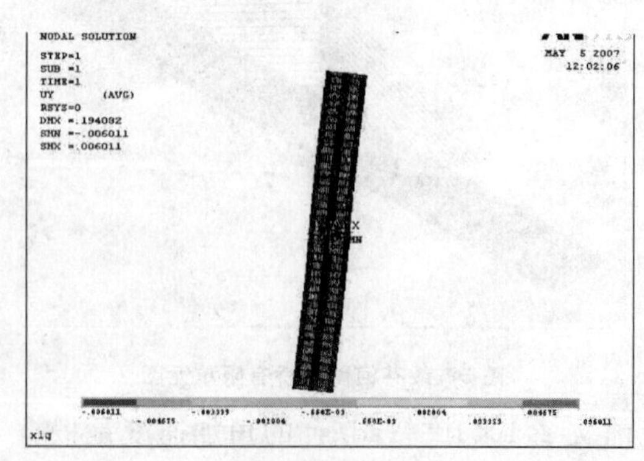
图11　加速平转阶段主梁横桥向变形云图(有塔墩)

确保桥梁转体安全是让所有点应力在规范允许范围内，在桥梁转体前，塔根实心梁段 A 点压应力为 1.53MPa，则 $-1.53+10.8=9.27>1.80$MPa，拉应力超限，需对角加速度值修正。由式(3)可知，主梁横截面正应力大小与角加速度值成正比，假设角加速度为 2.1×10^{-3} rad/s²，求得拉应力见表 2。

实体梁段拉应力对比表(MPa) 表 2

对应点	2.1×10^{-2} rad/s²	2.1×10^{-3} rad/s²	对应点	2.1×10^{-2} rad/s²	2.1×10^{-3} rad/s²
A	10.8	1.08	B	5.12	0.512

线性内插求出 A 点拉应力变化为 3.3MPa 时，角加速度为 6.5×10^{-3} rad/s²，此时 A 点应力为 $-1.53+3.33=1.80$MPa，因此，重新限定角加速度 $\alpha<6.5\times10^{-3}$ rad/s²。

通过计算总结如下，解析计算无法考虑桥梁转体的应力集中现象，限定转体角加速度时必须采用有限元计算复核，绥芬河斜拉桥角加速度 $\alpha<6.5\times10^{-3}$ rad/s²；加速平转过程中，主梁横截面正应力呈现沿主梁中线斜对称分布的状态，主梁呈现"～"形扭动，远离主塔的梁体相对靠近主塔的梁体转动产生了滞后。

四、工程实践验证

1. 转速计算

绥芬河斜拉桥转体过程中，分别在塔根处和主梁悬臂端处设置了位移测点，根据斜拉桥转体的现场记录可计算转体各个阶段的角速度。由测试情况，将转体过程划分为 33 个阶段，每个阶段测试时间为 3～5min，角速度计算结果见表 3。

绥芬河斜拉桥转体角速度统计表(rad/min) 表 3

阶段	转速	阶段	转速	阶段	转速
1	0.000	12	0.012	23	0.014
2	0.002	13	0.007	24	0.010
3	0.002	14	0.009	25	0.010
4	0.005	15	0.010	26	0.010
5	0.010	16	0.010	27	0.010
6	0.011	17	0.013	28	0.011
7	0.010	18	0.008	29	0.008
8	0.007	19	0.011	30	0.012
9	0.008	20	0.012	31	0.007
10	0.008	21	0.008	32	0.003
11	0.009	22	0.009	33	0.001

为直观表示斜拉桥转体的角速度变化，根据表 3 绘制转速变化图，如图 12 所示。

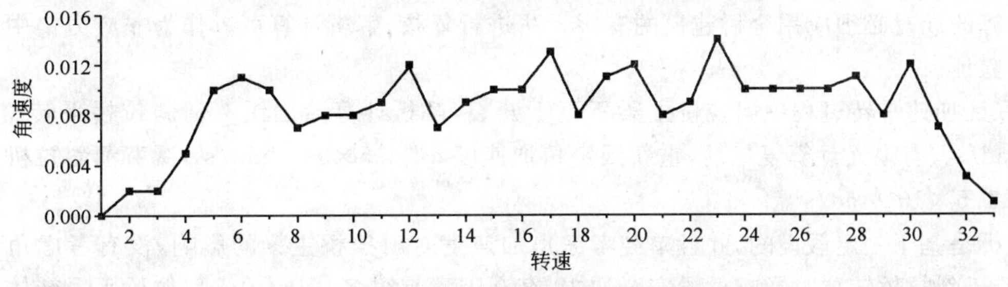

图 12 绥芬河斜拉桥转体角速度变化图(rad/min)

绥芬河斜拉桥转体过程较平稳，无意外情况中止转体，由以上图表中数据可以看出斜拉桥转体的三个阶段：加速平转阶段、匀速平转阶段及制动阶段，匀速平转阶段转速基本维持在 0.01rad/min，这也是绥芬河斜拉桥的预计转速，最大转速为 0.014rad/min，最小转速为 0.007rad/min，考虑到转体过程中转盘之间润滑介质的改变，转体时牵引力难以控制，转体角速度控制难度较大，该斜拉桥的转速控制比较成功。

2. 加速阶段验证

由表3转体角速度值可以看出，前5个阶段为加速平转阶段，由转体过程中位移测试数据计算梁体相对转轴的转角，见表4所示。

加速平转阶段转角对比表(/rad)　　表4

阶段	塔根处	悬臂端	阶段	塔根处	悬臂端
1	0.000 70	0.000 66	4	0.015 08	0.015 02
2	0.005 87	0.005 56	5	0.010 32	0.009 81
3	0.006 35	0.006 14			

可以看出，前5个阶段悬臂端主梁相对转轴的转角均小于塔根处主梁，即悬臂端主梁转动相对塔根主梁转动在加速平转阶段产生了滞后，这也验证了前文有限元计算关于主梁在加速平转阶段呈现"～"形扭动的结论。

3. 绥芬河斜拉桥转体参数

绥芬河斜拉桥于2005年9月27日上午9点18分开始转体，11点28分平稳顺利地完成了水平转体，历时2h10min，绥芬河斜拉桥是我国目前转体重量及转体悬臂长度均列第一的转体斜拉桥，转体的相关技术参数见表5。

绥芬河斜拉桥转体技术参数统计表　　表5

转体技术参数					
转体重量	14 000t	转盘直径	4.0m	均角速度	0.01rad/min
悬臂长度	98.0m+98.0m	静/动摩擦系数	0.056/0.025 5	转体角度	70.4度
跨铁路股数	12股	主梁高跨比	1/50	转体时间	130min
转铰形式	平铰	角加速度	$1.5\times10^{-3}rad/s^2$	轴线偏差	3mm

绥芬河斜拉桥转体角加速度为$1.5\times10^{-3}rad/s^2$，能够控制在$6.5\times10^{-3}rad/s^2$以内，加速平转过程中没有出现明显的主梁悬臂端上下颠簸，转体的静、动摩擦系数均小于设计值。

五、结　　语

通过采用解析法和有限元法对绥芬河斜拉桥加速平转阶段主梁受力性能的研究，得出结论如下：

(1)加速平转过程中，主梁横截面正应力呈现出沿主梁中线斜对称分布的状态，主梁呈"～"形扭动，即远离主塔的梁体相对靠近主塔的梁体转动产生了滞后，"～"形扭动得到了工程实践的验证。

(2)解析法简单易行，但无法考虑复杂结构的应力集中现象，如斜拉桥塔梁固结处的应力集中，因此，采用解析计算的同时必须应用全桥建模的有限元法进行复核，解析计算可以作为非应力集中部位有限元计算结果的验证。

(3)为保证加速平转过程中斜拉桥主梁不至于开裂，解析计算给出绥芬河斜拉桥平转角加速度$\alpha<2.1\times10^{-2}rad/s^2$，有限元计算复核后，重新限定角加速度$\alpha<6.5\times10^{-3}rad/s^2$，绥芬河斜拉桥实际的转体角加速度为$1.5\times10^{-3}rad/s^2$。

本文分析是基于一定假设的，并且单纯考虑角加速度对斜拉桥主梁的影响，没有考虑角加速度对塔墩的影响，鉴于斜拉桥转体时影响桥梁安全的主、客观因素有很多，因此关于斜拉桥水平转体阶段受力性能的研究还需要做很多工作。

参考文献

[1] 张联燕，谭邦明等编著. 桥梁转体施工[M]. 北京：人民交通出版社，2003.

[2] 陈宝春，孙潮等. 桥梁转体施工方法在我国的应用与发展[J]. 公路交通科技，2001.

[3] 雷俊卿．桥梁转体施工新技术的研究[J]．西安公路交通大学学报，1998，10.
[4] 何庭国，马庭林等．北盘江大桥拱圈单铰转体施工设计[J]．铁道标准设计，2002，9.
[5] 秦立方，梁来．贵阳都拉营T构桥水平转体施工技术[J]．施工技术，2000，6.
[6] 罗德，陈伟．高架斜拉桥跨越铁路转体施工技术[J]．石家庄铁道学院学报，2004，5.
[7] 杨振江，巩天才．高架斜拉桥跨越铁路转体施工技术[J]．铁道建筑，2004，11.
[8] 王建斌，张为等．跨苏嘉杭特大桥主桥转体施工技术[J]．铁道标准设计，2006，6.
[9] 左军．桥梁转体施工验算[J]．建筑结构，2002，4.
[10] 郭彬立．丫髻沙大桥主桥转体施工计算[J]．铁道标准设计，2001，6.

141. 忠县长江大桥抗风性能分析

彭金涛[1]　朱海峰[2]　汪　宏[1]
（1.重庆交通科研设计院；2.重庆交通大学）

摘　要　本文以忠县长江大桥工程为背景，建立全漂浮体系斜拉桥的空间有限元分析模型，用子空间迭代法对该桥施工状态和成桥状态进行动力特性分析，且利用经验公式分析此桥的抗风稳定性，为大跨径斜拉桥抗风设计提供依据。

关键词　斜拉桥　有限元模型　动力分析　抗风分析

一、引　言

斜拉桥由于其结构受力合理、造型美观、经济、施工速度快等诸多优点，受到了桥梁工程界的普遍关注，近30年来，斜拉桥在我国得到了迅猛发展，已建和在建的跨江、跨海大桥中，斜拉桥占有很大的比重。随着斜拉桥跨径的不断增大，加劲梁越来越纤薄，结构刚度越来越柔。斜拉桥在施工阶段和成桥后的抗风稳定性问题受到桥梁工作者越来越多的研究和关注。本文利用有限元分析方法，对石忠高速公路控制性工程忠县长江大桥施工状态和成桥状态进行动力特性分析、抗风稳定性分析，对于评估大跨径斜拉桥的抗风性能有着重要意义。

二、工程概况

忠县高速公路长江大桥位于忠县县城上游约8.0km处，为沪蓉国道主干线支线分水岭（鄂渝界）——忠县高速公路上跨越长江的特大跨径桥梁，全长2 159m，其中主桥全长为870m，上部结构为三跨连续双塔双索面预应力混凝土斜拉桥，跨径布置为205m＋460m＋205m，结构支撑体系为漂浮体系。该桥460m的主跨在目前国内同类型桥梁中跨度居第三。因此，对该桥进行动力特性分析的研究是十分重要的。桥型总体布置图如图1所示，主梁标准节段横断面如图2所示。

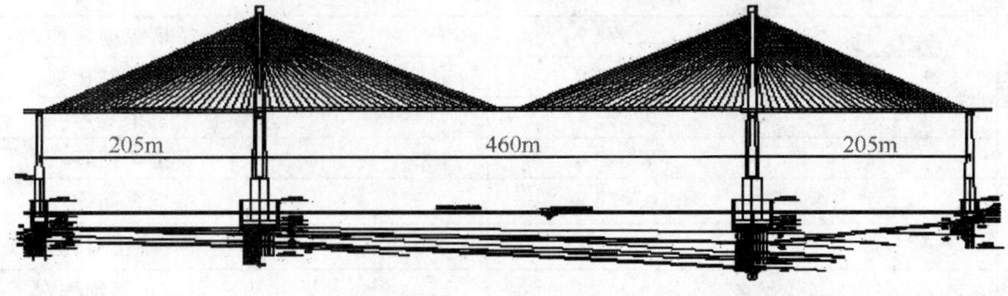

图1　桥型总体布置图（尺寸单位：m）

三、动力分析模型

动力分析模型是结构动力分析的关键,为了准确求解该桥动力特性,应着重模拟结构的质量、刚度以及边界条件,尽量和实际结构相符。该桥动力分析采用空间有限元分析程序。

由于本桥是双索面斜拉桥,主梁又是梁板式截面,其约束扭转刚度占优,因此主梁采用双主梁计算模式[1],主梁间距取为两索面距离,横梁间距等于索距,每片主梁面积和竖弯刚度取原主梁断面的一半,横向抗弯刚度根据刚度相等的原则计算等代刚度。横梁刚度采用实际刚度,桥面系平动质量和转动质量也按照等效原则分配到两片主梁和横梁上。主梁、横梁以及塔墩均采用空间三维梁单元来模拟,斜拉索模拟成索单元,计入初始恒载轴力的几何刚度以考虑结构的几何非线性影响。主塔墩及过渡墩底固结,过度墩顶部设置连接单元模拟支座,主塔上增加对主梁横向限位约束。结构离散为236个索单元、720个梁单元和850个节点,计算模型见图3所示。

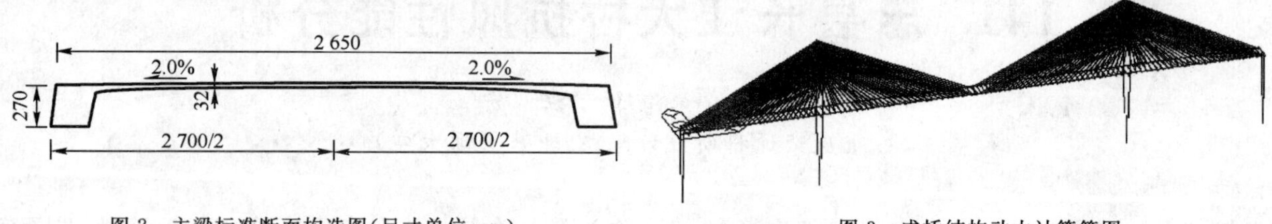

图2 主梁标准断面构造图(尺寸单位:cm)

图3 成桥结构动力计算简图

四、结构动力计算

利用有限元法将结构离散为具有有限个自由度的计算模型,由于阻尼对结构自振特性的影响较小,因此在求解结构的自振频率和振型时,通常可以忽略阻尼的影响。假设结构具有 n 个自由度,那么该体系的自振可以用下面的方程来表示:

$$M\ddot{U}(t) + KU(t) = 0 \tag{1}$$

式中:M——结构总质量矩阵;

K——结构总刚度矩阵;

$U(t)$——结构体系节点位移矢量。

同上述 n 个自由度的振动模型相对应的特征方程可表示为

$$(K - \omega^2 M)U = 0 \tag{2}$$

因为位移是任意的,应当满足:

$$|K - \omega^2 M| = 0 \tag{3}$$

式(3)为特征值问题,通常采用子空间迭代法即可以求出结构的自振频率和相应的振型。

忠县长江大桥最大双悬臂状态、最大单悬臂状态以及成桥状态下的动力特性见表1。

忠县长江大桥施工和成桥状态的动力特性　　表1

结构状态	振型序号	频率(Hz)	振型特点
最大双悬臂	1	0.090 1	主梁竖弯
	3	0.111 1	桥塔纵向弯曲
	4	0.233 5	主梁扭转
最大单悬臂	1	0.074 7	桥塔纵向弯曲
	2	0.171 0	主梁悬臂横摆
	3	0.203 4	主梁竖弯
	5	0.340 0	主梁扭转
成桥状态	1	0.076 7	主梁纵向漂浮
	2	0.202 8	主梁一阶正对称竖弯
	3	0.263 7	主梁正对称侧弯
	7	0.339 7	主梁对称扭转

通过表1可以得出：

(1)该桥的第一振型为主梁纵飘，这与漂浮体系斜拉桥的特征相符，一阶自振周期达到13.03s，属于长周期。

(2)本桥前10阶自振频率均小于1.0Hz，这说明该桥结构较柔，自振周期相对较长。

(3)最大双悬臂施工状态时，结构的第一振型为主梁悬臂段竖弯，因此在施工过程中应该设置横向和纵向抗风索的设置，避免风振过大。

五、抗风性能分析

1. 桥梁设计风速以及颤振检验风速

忠县长江大桥桥位处基本风速 V_{10} 为25m/s，桥梁构件基准高度处的设计基准风速由《公路桥梁抗风设计规范》(JTG/T · D60-01-2004)提供的公式：

$$V_D = K_1 V_{10} \tag{4}$$

式中：K_1——风速高度变化修正系数(对本桥取1.36)；

V_{10}——桥梁所在地区的设计基本风速(本桥取25m/s)。

将上述各参数代入式(4)计算求得本桥设计风速为：

$$V_D = 34\text{m/s}$$

考虑风速的脉动影响及水平相关特性的无量纲修正系数 $\mu_f=1.2$，并计入一些不确定因素的综合安全系数 $K=1.2$。则成桥状态的颤振检验风速为：

$$[V_{cr}] = K\mu_f V_D = 48.96\text{m/s}$$

最大双悬臂状态的ε(扭弯频率比值)＝0.233 5/0.090 1＝2.59＞2，抗风性能满足要求。最大单悬臂状态ε＝0.34/0.203 4＝1.67＜2。成桥状态ε＝0.339 7/0.202 8＝1.675＜2。

2. 成桥状态下临界风速

(1) van der put[3]公式

$$V_{cr1} = \eta[1+(\varepsilon-0.5)\sqrt{0.72\mu r/b}]\omega_h b \tag{5}$$

式中：η——主梁截面形状影响系数，本桥取 $\eta=0.6$；

ε——扭弯频率比值；

μ——桥梁结构密度与空气密度之比$\left(\mu=\dfrac{m}{\pi\rho b^2}\right)$；

r——惯性半径；

b——半桥宽；

ω_h——为竖弯振动圆频率。

根据式(5)求得颤振临界风速

$$V_{cr1} = 84.4\text{m/s} > [V_{cr}]$$

(2) Herzog 公式

$$V_{cr2} = T_h^{-1} B f_T \tag{6}$$

式中：T_h^{-1}——西奥多森数的倒数；

B——全桥宽；

f_T——基阶扭转自振频率。

根据式(6)计算出 $V_{cr2}=136.8\text{m/s}>[V_{cr}]$。

根据式(5)和式(6)可以计算出最大单悬臂状态下临界风速 $V_{cr1}^d=84.2$ m/s，$V_{cr2}^d=137.2$ m/s，均大于检验风速48.96m/s。

本桥颤振检验风速不但小于纯扭转颤振临界风速，而且也小于弯扭耦合颤振临界风速。这表明，在本桥位区风速作用下，该桥是不会发生风致颤振失稳破坏的，所以由此可以判定结构抗风稳定性良好，此桥具有足够的抗风稳定性。施工时和成桥后其抗风性能都能满足要求。

六、结 语

(1)斜拉桥施工最大双悬臂状态为抗风性能最差状态，施工期间要避开风力较大的时间区域，必要时须设置抗风缆索，防止风振过大。

(2)通过计算分析，该桥无论是施工状态还是成桥状态，颤振临界风速都大于主梁风振检验风速，因此，本桥的抗风性能是满足要求的。

参考文献

[1] 范立础.桥梁抗震[M].上海:同济大学出版社,1996.
[2] 汪宏,李军,奉龙成等.重庆忠县康佳沱长江大桥总体设计[J].公路交通技术,2005(增刊):39～45.
[3] 项海帆.现代桥梁抗风理论与实践[M].北京:人交通出版社,2005.

142. 长春轻轨工程无背索斜拉桥施工仿真分析

李小祥　石雪飞　李　欣　阮　欣
(同济大学桥梁工程系)

摘　要　以吉林长春轻轨工程——伊通河独塔无背索斜拉桥为背景，介绍了该桥施工控制前期的施工全过程仿真分析。采用平面杆系有限元与空间混合单元有限元相结合的方式，真实模拟了施工全过程中结构的应力和变形响应，为该桥后期的现场施工监控提供了可靠的数据，很好地指导了该桥的施工监控。同时，本文介绍的方法也可为今后同类桥梁的施工控制理论计算提供参考。

关键词　无背索斜拉桥　仿真分析　平面有限元　空间有限元　异型桥塔

一、引 言

无背索斜拉桥结构新颖，桥型美观，给人以既轻盈活泼又奋发向上的力量感，不仅可以满足于交通功能需求，而且能够实现功能与美学的和谐统一。作为城市景观桥，无背索斜拉桥越来越受到人们的青睐，在工程实践中得到越来越广泛的应用。然而，国内外对常规斜拉桥的施工控制虽已进行过深入的研究，但结合无背索斜拉桥结构特点的施工控制尚无成熟的理论。施工全过程仿真分析作为施工控制前期的主要工作，目前主要采用平面杆系有限元方法。但对于如伊通河无背索斜拉桥这种异型结构而言，通常的平面杆系有限元已很难精确模拟结构施工全过程中的真实状态。因此，本文采用平面杆系有限元与空间混合单元有限元相结合的方式，并根据各施工阶段的结构体系和荷载状况，正确地模拟各施工步骤，从而给出施工参考轨迹和关键截面内力，指导现场施工控制的实施。

二、工程背景及施工过程介绍

以长春市轻轨工程——伊通河无背索斜拉桥为工程背景，跨径组合为31m＋44m＋130m。主塔全高65m，迎索面斜度3.1∶5，背索面斜度为2∶5，由两片塔身组成，壁厚为1.5m。在两片塔壁的底部通过主塔大横梁及配重梁段连接，上部通过四道翼形横撑连接，以保证主塔的稳定性。为配合主塔倾斜部分塔身的浇注，在主塔内部设置劲性骨架。主梁采用预应力混凝土箱梁结构，塔梁固结。箱梁顶宽11.6m，底宽4m，梁高普通段2.325m，在距塔根部大横梁30m范围内梁高按二次抛物线由2.325m渐变到4.325m。全桥共设置18对拉索(C1～C18，编号顺序为从近塔侧向远塔侧)，为扇形空间索面，塔侧张拉。

塔内设置 48 束 Φ15-44 钢绞线,单侧张拉。图 1 为主桥立面图和实景图。

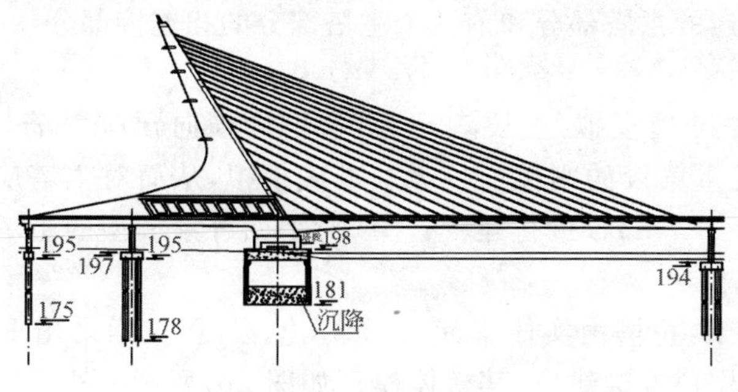

图 1 伊通河无背索斜拉桥立面图及实景图

根据无背索斜拉桥的结构特点,本桥主要施工过程如表 1 所列。

主要施工流程表 表 1

施工阶段	阶段项目	施工阶段	阶段项目
1	下部结构施工	10	主塔配重箱混凝土浇筑
2	支架施工主塔、主梁施工	11	顺序调整 C18～C1 索索力
3	主塔施工完成	12	主塔及主梁范围内部分道床施工完毕
4	张挂 C18～C1 索并张拉	13	其他附属设施安装
5	张拉主塔预应力束	14	顺序调整 C18～C1 索索力
6	拆除主梁及主塔范围满堂支架	15	成桥 4 个月
7	主塔检修道、桥面铺装施工	16	顺序调整 C18～C1 索索力
8	顺序调整 C18～C1 索索力	17	成桥 12 个月
9	主塔及主梁范围内部分碎石道床施工	18	顺序调整 C18～C1 索索力

三、施工仿真计算有限元模型

由于平面杆系程序对桥塔与主跨间的刚度分配、塔梁相交位置空间效应的复杂性以及在空间不平衡荷载作用下存在的扭曲效应等问题的模拟难以准确实现,因此,采用空间有限元程序建立混合单元模型对平面杆系有限元程序模型加以校正。同时,空间模型还可以对关键施工阶段的结构响应进行对比分析,确保前期计算的可靠性。

1. 基于平面杆系程序的计算模型

平面杆系有限元采用桥梁博士 2.95 版,模型分为以下几个部分:主跨部分、桥塔部分、拉索部分和下部结构部分。总体计算模型如图 2a)图所示。围绕施工和成桥后斜拉索的五次挂索、张拉,计算模型共划分了 130 个施工工况。

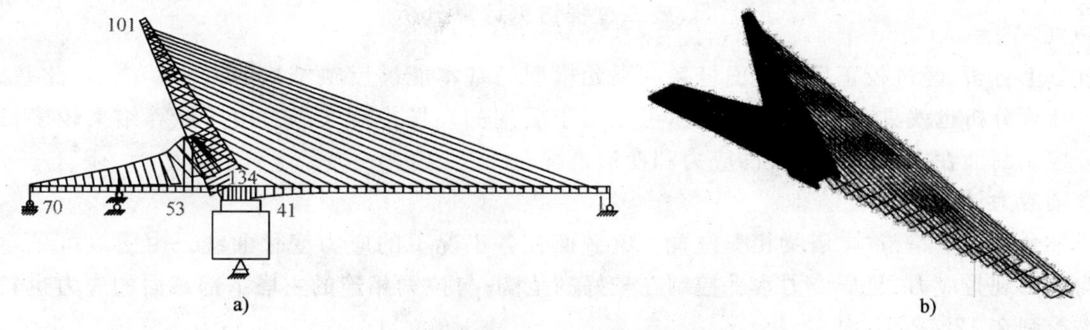

图 2 伊通河无背索斜拉桥总体计算模型

a)平面杆系有限元模型;b) 空间混合单元有限元模型

本桥主塔模型的建立是全桥模型的难点。由于主塔的异形构造，把主塔再细分为四个部分：主塔大横梁及配重箱部分、配重箱上主塔部分、与拉索相连的主塔部分和前两个主塔部分的相连接部分。

2. 基于空间混合单元程序的计算模型

本桥平面杆系有限元模型中对异形桥塔无法准确模拟，主要表现为：桥塔的横向预应力筋（N7～N12）无法施加；未计入劲性骨架的影响；主塔与配重梁段的刚性连接无法准确模拟，从而对主塔应力及变形结果产生影响。因此，再利用大型通用有限元 ANSYS 进行建模计算，对平面杆系模型的主塔和主梁刚度进行校正、验算和调整，以达到工程控制要求。

ANSYS 建模中采用 Beam4 单元模拟劲性骨架，桥塔由实体单元 Solid45 模拟，斜拉索采用 Link10 单元建立，预应力索采用 Link8 单元建立，主梁采用鱼骨梁建模，其整体模型如图 2b）所示。桥塔主墩的约束条件采取刚接，其他位置的约束条件均采用铰接。

3. 基于空间混合模型的刚度校正

由于主塔的竖向预应力筋对桥塔刚度的影响较小，因此在调整主塔的刚度时，暂不考虑预应力筋对塔顶位移的影响。

(1)劲性骨架对桥塔刚度的影响

单独取出桥塔，在桥塔背索面高度 64.73m 的位置，沿纵桥向施加 10 000kN 的集中力，比较有无劲性骨架桥塔顶端的位移。ANSYS 在有劲性骨架时计算得塔顶位移为 7.3cm；而桥博在无劲性骨架时的塔顶位移为 7.7cm，两者误差为 5%。可见，劲性骨架对桥塔刚度的贡献很小，桥博模型中未考虑劲性骨架带来的误差基本可以忽略。

(2)塔、梁、墩相交处桥塔刚度的调整

由于平面杆系模型对塔、梁、墩相交处模拟比较困难，影响到计算结果的可靠性。为此，通过调整桥塔单元截面特性，间接对塔、梁、墩相交处桥塔刚度进行修正，以使杆系模型的桥塔刚度与空间混合单元模型中刚度基本接近。

平面杆系模型中的桥塔刚度经多次试算调整后，逐步逼近真实刚度。过程大致如下：首先，在平面杆系模型中，一次性安装所有构件，并加上调索的最后初始索力以及二期恒载，计算得到塔顶水平位移 A1；然后，将平面模型计算得出的成桥最终索力按集中力的方式施加于 ANSYS 模型中，由 ANSYS 计算得塔顶位移 A2。当位移 A1、A2 相差很小时，即认为此时平面模型的桥塔刚度为实际刚度。在计算最终收敛时，位移 A1 为 11cm，位移 A2 为 11.2cm，相差仅为 2%。

(3)主跨刚度校正

将平面杆系模型和 ANSYS 的模型均单独取出主跨部分，左端固结，右端滑动铰支，比较两者主跨部分在一期恒载作用下竖向发生最大位移的位置和大小。经计算，杆系模型计算的最大竖向位移为 －1.25m，发生在中跨跨中附近位置；ANSYS 计算的最大竖向位移为 －1.20m，与杆系模型中位置基本一致，两者误差为 4%。可见，杆系模型和 ANSYS 模型中主跨刚度的模拟十分接近。

四、施工过程仿真计算分析

通过以上分析，经过校正后的平面杆系有限元模型已基本能够反映结构的真实性能，在此基础上进行的相关计算分析也就具有较高的可信度，可以用于后期的现场控制实施。由于计算结果较多，这里只列出部分控制断面在主要施工阶段的应力和变形情况。

1. 主梁应力计算结果

图 3 中分别为主跨跨中、塔梁相交位置主梁截面在各工况下的应力变化曲线。由图 3 可见，主梁控制截面均未出现拉应力，且压应力水平控制在较好的范围；与拉索相连的主塔下部截面的应力也较小，压应力基本控制在 12MPa 以内。

截面应力变化较大的几个阶段为挂索和第一、二调索完成后进行二期铺装的阶段。因此，在监测主梁应力时对上述施工阶段均应予以注意。

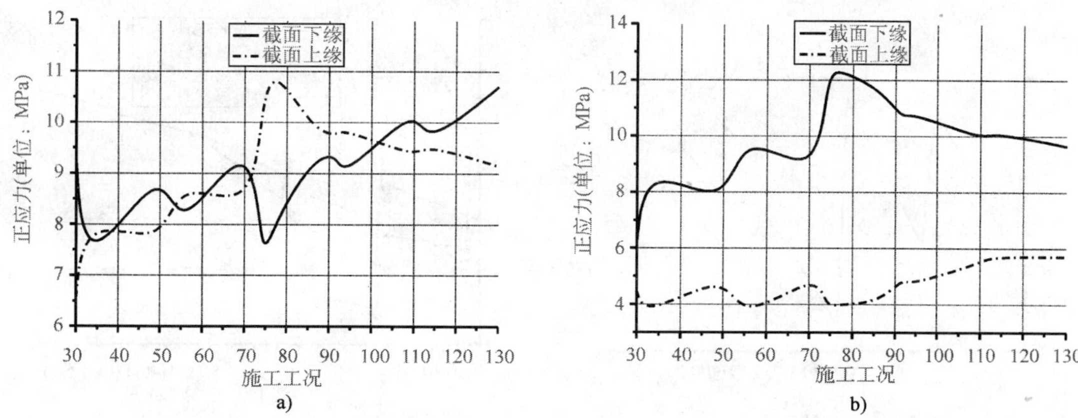

图 3 伊通河无背索斜拉桥施工过程部分主梁断面应力变化图

a)主跨跨中位置截面；b)塔梁相交位置截面

2. 主塔应力计算结果

在 ANSYS 空间模型计算过程中，把斜拉索索力简化为集中力，按施工阶段的最终索力来确定(由平面杆系模型计算给出)。由于施工阶段较多，这里只给出第二次调索完成工况下的主塔应力情况(图 4)。由图可见，在此典型工况下，主拉应力均较小，相对较大值发生在桥塔迎索面塔顶位置，大小为 0.5～0.8 MPa；主压应力较大处在桥塔背索面塔高 3/4 处及圆弧的顶端，应力范围为 10～12MPa。

通过 ANSYS 模型对杆系计算模型中几个关键施工阶段的验算，除了塔顶三个单元(合计约 2m 范围内)的应力结果相差较大外，其余单元的计算结果基本接近。

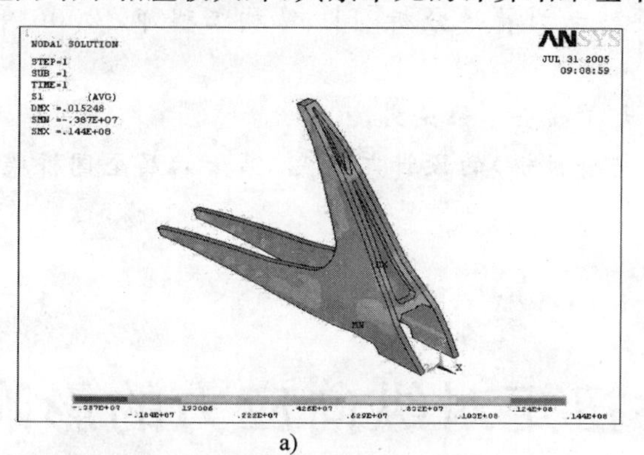

a)

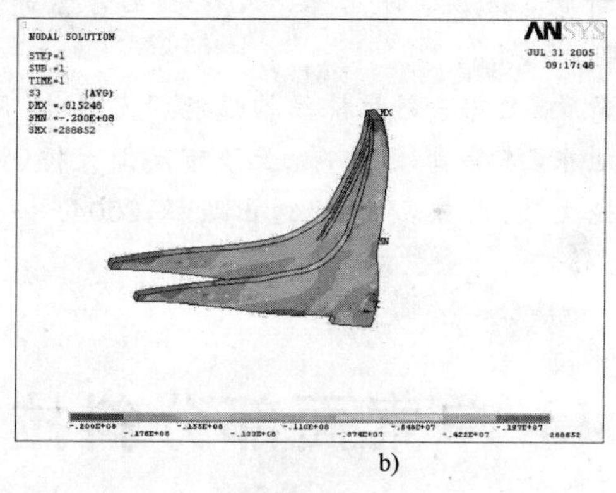

b)

图 4 第二次调索完成时桥塔应力云图

a)主拉应力；b)主压应力

3. 主梁、主塔变形计算结果

图 5 中分别为主跨跨中、主塔塔顶在各工况下的变形情况。位移计算表明，主跨跨中截面变形在施工过程中的变化较大，从正向的 6.2cm 变化至负向的 6.5cm，但成桥后的主梁整体变形较小，跨中位置控制在 4cm 以内。

而桥博和 ANSYS 对主塔塔顶位移计算均表明，在施工过程中位移均较小，最大绝对值为 2.5cm。塔顶最大正向水平位移为 0.016m，发生在成桥 1 年后调索完成时；最大负向水平位移为－0.025m，发生在桥塔施工完成时。

五、结　　语

本文结合长春市轻轨工程——伊通河独塔无背索斜拉桥，利用平面杆系有限元程序(桥梁博士)和空间有限元程序(ANSYS)两套分析软件对结构进行全施工过程仿真计算和比较分析，并结合本背景工程桥的结构特点，对劲性骨架、桥塔刚度以及主跨刚度等影响仿真计算精度的参数进行验算和校正。

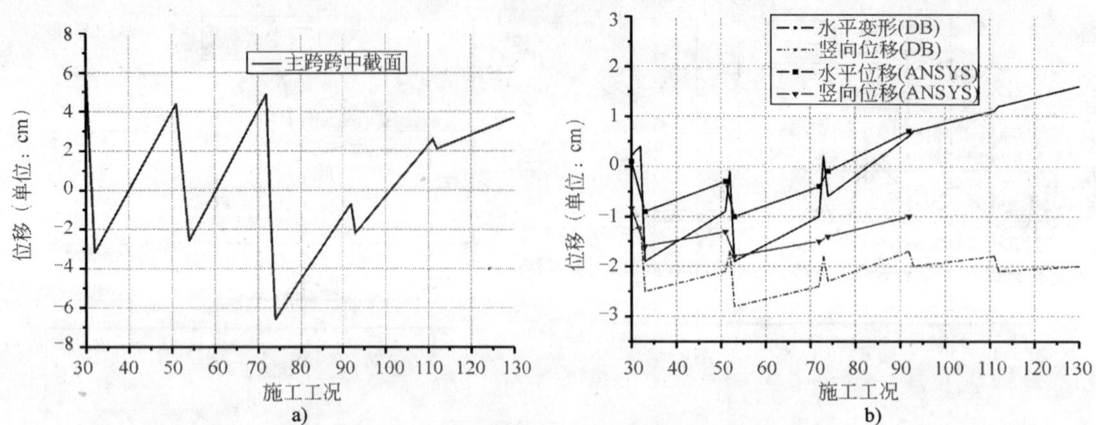

图5 伊通河无背索斜拉桥施工过程主梁及主塔位移变化图

a)主跨跨中位置；b)主塔塔顶位置

计算表明：本桥施工全过程仿真分析的计算结果具有较高的精度，为后期的施工控制现场实施提供了很好的指导作用。同时，本文介绍的方法在伊通河独塔无背索斜拉桥的施工控制工作中已取得了较好的效果，可为今后同类桥梁的施工控制工作提供参考。

参考文献

[1] Walter Podolny and John B Scalzi. Construction and Design of Cable-Stayed Bridges. John Wilev and Sons. 1986.

[2] 施新欣，阮欣，许慧峰. 大跨径无背索斜拉桥的动力特性分析[J]. 结构工程师，2006年22卷5期，54-57.

[3] 施新欣. 无背索斜拉桥结构性能研究[D]. 同济大学硕士学位论文，2005.

[4] 邵旭东，陈鲁青，蒋自雄. 长沙市洪山大桥(竖琴式斜拉桥)的设计与研究. 第十六届全国桥梁学术会议论文集. 北京：人民交通出版社，2004.

143. 单索面部分斜拉桥扭矩对纵向应力的影响

祁 全[1] 许 彬[1] 夏 至[2]

(1. 宿迁市开发区大道京杭运河特大桥工程建设指挥部；

2. 无锡市交通规划设计研究院)

摘 要 本文以江苏宿迁市一座单索面部分斜拉桥为例，介绍了设计过程中主梁的空间扭转效应对纵向计算正应力的影响。随着城市桥梁越来越宽，空间扭转效应需引起重视，本文对其他类似桥梁的扭转分析提供了些许思路。

关键词 部分斜拉桥 扭转

一、引 言

预应力混凝土部分斜拉桥为国内外新兴的一种组合结构桥型，目前国内已经建成的有10多座；该桥型只在主梁跨中区域布置斜拉索，斜拉索与刚性主梁共同承担桥梁恒活载，有效减小主梁支点梁高，从而减小桥梁自重。部分斜拉桥结构轻盈，景观效果及经济性较好。随着城市的发展，城市桥梁的宽度越来越宽，空间效应引起了设计者的广泛重视。

单索面独塔斜拉桥，主梁一般采用闭合箱型断面以提供更大的抗扭惯矩，斜拉索锚固于主梁中部的小箱室内。以位于江苏宿迁市的一座单索面部分斜拉桥为例，该桥跨径为 66m+110m+66m，主梁采用单箱三室大悬臂截面，支点梁高 3.5m，高跨比 1/31.4；跨中梁高2.2m，高跨比 1/50。主梁除在支点处设横隔梁外，每根拉索锚固点处均设有横隔梁，间距 4.0m。此桥跨越京杭运河，梁体轻巧，景观效果良好(图 1)。

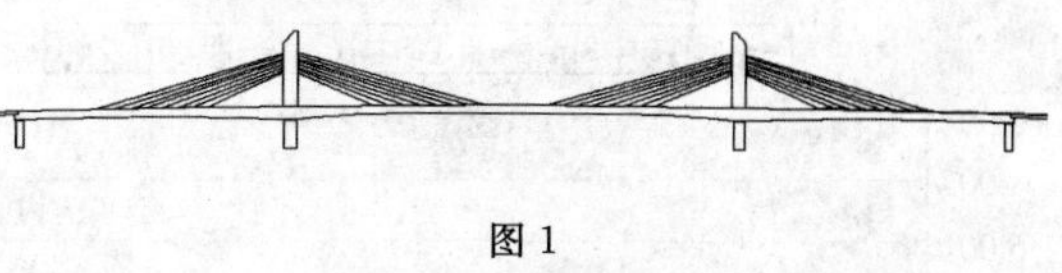

图 1

二、主梁的空间扭转效应对纵向正应力的影响

本桥计算采用的是平面杆系程序结合空间计算分析。平面杆系有限元程序无法反映纵向主梁扭转效应，笔者结合桥梁总体情况做了必要的空间分析，以了解活载偏载作用下主梁扭转对纵向应力的影响。

根据扭转理论，闭合薄壁箱梁的扭转一般分为三种状态分析：自由扭转，约束扭转，畸变扭转。自由扭转箱体周边不变形，只在截面内沿壁厚产生剪力流，不产生纵向正应力；约束扭转和畸变扭转，由于箱梁翘曲产生了纵向纤维的应变，引起了纵向正应力，同时沿壁厚产生剪力流。

关于扭转的计算，很多资料均有介绍，产生纵向应力主要是由于截面的畸变引起箱梁翘曲产生的。

约束扭转纵向正应力：

$$\sigma = \frac{B_Z \overline{\omega}}{I_m}$$

式中：B_z——扭转双力矩；

$\overline{\omega}$——广义扇性坐标；

I_m——主扇性惯性矩。

$$J_W = \oint_F \overline{\omega}^z \mathrm{d}F \qquad B_\omega(z) = \oint_F \sigma_\omega \overline{\omega} \mathrm{d}F$$

约束扭转纵向剪应力：

$$\tau_\omega = \frac{M_K}{\Omega t} + E\beta'''(z)\frac{\overline{S_{\overline{W}}}}{t}$$

第一项为自由扭转产生的剪应力，后一项为约束扭转产生正应力分布不均引起的剪应力。

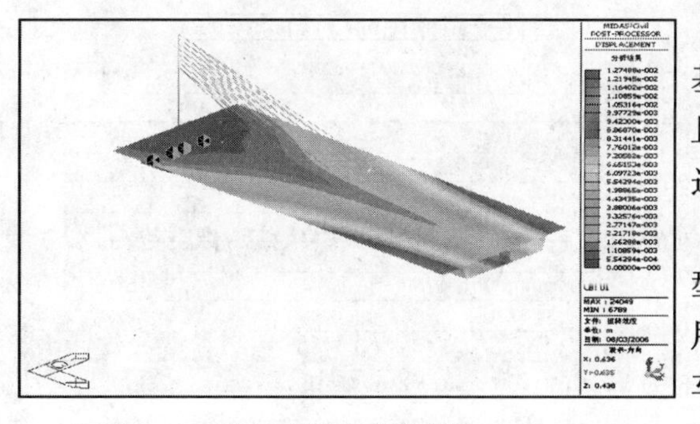

图 2 活载扭转变形图

畸变应力的计算也有诸多数值求解方法，比如弹性地基梁比拟法等，但由于 3 种扭转效应是结合在一起的，并且结构是变截面，腹板底板尺寸厚度也是变化的。在设计过程中，用数值求解就显得比较烦琐。

笔者采用空间有限元程序分析了扭转效应，建全桥模型，主梁采用板壳单元模拟，塔采用梁单元模拟，斜拉索采用桁架单元模拟，全桥共 38 467 个单元。计算参数选定两车道偏载，考察主梁各部分扭转效应。

布载方式为：根据城-A 级荷载加纵向均布力，集中力 P=300kN/车道施加在主桥中跨跨中。

1. 扭转变形情况

取距离中跨跨中 8m、16m、24m、32m、42m、50m 的箱梁顶面的变形，绘制的曲线图 3、图 4。根据扭转变形图，在两车道偏载作用下，主梁最大扭转角度为 0.001 77 弧度。

2. 扭转对正应力影响

从图 5 看出，在有索区域由于设置比较密的小横梁，横向的变形基本上符合线性关系，即发生刚性扭转变形，在距离跨中 42m 及 50m，横向变形曲线偏离线性关系，有一定的畸变效应产生。

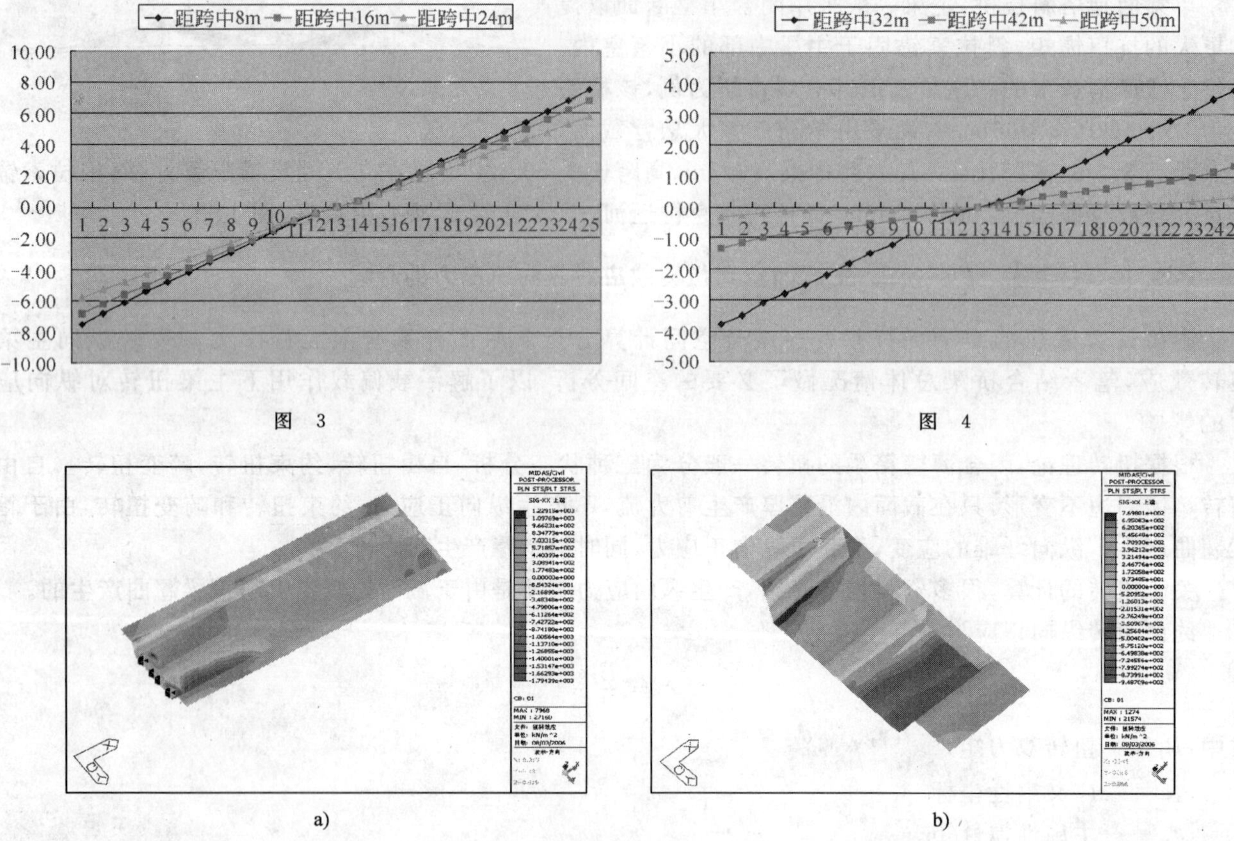

图 3　　　　图 4

a)　　　　b)

图5　活载扭转正应力图

两车道偏载作用下，扭转对纵向正应力最大值出现在箱梁支点根部，沿箱梁外侧周边转角处达到最大：

最大压应力为 0.95MPa

最大拉应力为 －0.85MPa

平均值在±0.4MPa左右

对顶板应力最大值出现在悬臂端部，主梁跨中与主梁支点处的效应相反，见图6。

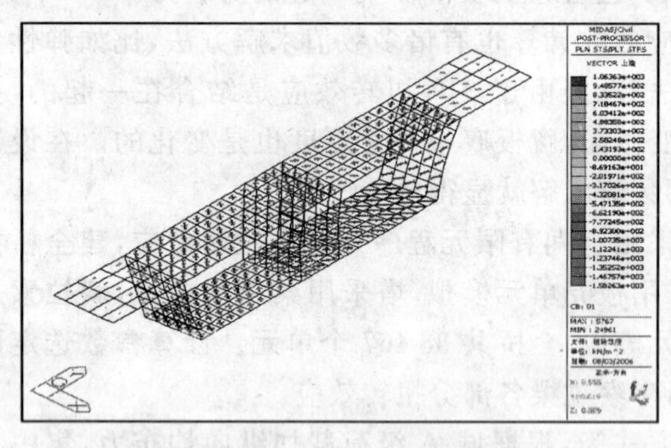

图6　活载扭转应力向量图

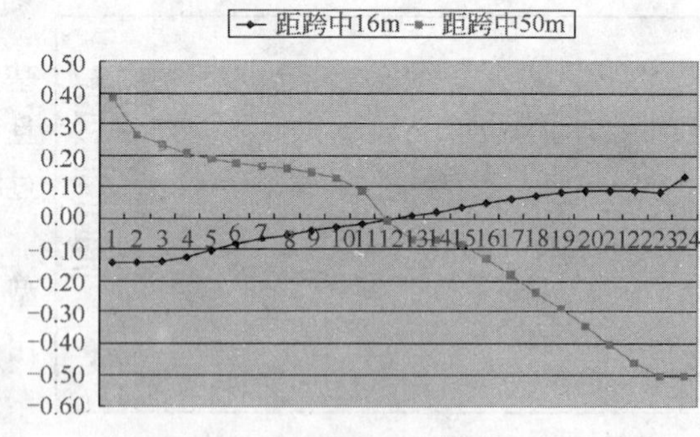

图 7

在跨中附近扭转对纵向正应力影响比较小(0.15MPa)左右，顶板横向正应力的分布情况来看，正应力在腹板附近有突变，其原因是箱体腹板与顶底板连接位置，腹板与顶底板相互约束，翘曲变形就更为明显，对纵向纤维产生了局部拉压力。

单索面部分斜拉桥在承受活载效应时，斜拉索作为相当于弹性支撑，主梁支点下缘压应力相对于连续梁有明显减小，而单索面结构对主梁的抗扭贡献甚微。因为单索面部分斜拉桥的受力特点，主梁的扭转引起的正应力占活载效应的比例就相对增大。

以文中例子，扭转正应力相对活载及恒载的比例如表1。

扭转正应力图比例表 表1

单位:MPa			扭转效应		汽车	比例%	
			最值	平均		最大值	平均值
跨中	上缘	MAX	0.15	0.07	2.65	5.7	2.6
		MIN	−0.15	−0.07	−0.78	19.2	9.0
	下缘	MAX	0.28	0.13	1.02	27.5	12.7
		MIN	−0.28	−0.13	−3.47	8.1	3.7
单位:MPa			扭转效应		汽车	比例%	
			最值	平均		最大值	平均值
中支点	上缘	MAX	0.5	0.23	0.25	200.0	92.0
		MIN	−0.38	−0.19	−1.56	24.4	12.2
	下缘	MAX	0.95	0.4	1.84	51.6	21.7
		MIN	−0.85	−0.4	−0.3	283.3	133.3
单位:MPa			扭转效应		恒载+汽车	比例%	
			最值	平均		最大值	平均值
跨中	上缘	MAX	0.15	0.07	9.76	1.5	0.7
		MIN	−0.15	−0.07	6.33	−2.4	−1.1
	下缘	MAX	0.28	0.13	5.94	4.7	2.2
		MIN	−0.28	−0.13	1.45	−19.3	−9.0
单位:MPa			扭转效应		恒载+汽车	比例%	
			最值	平均		最大值	平均值
中支点	上缘	MAX	0.5	0.23	4.06	12.3	5.7
		MIN	−0.38	−0.19	2.25	−16.9	−8.4
	下缘	MAX	0.95	0.4	7.22	13.2	5.5
		MIN	−0.85	−0.4	5.08	−16.7	−7.9

活载引起的纵向正应力占活载比例较大，跨中最大值达到27%，支点扭转效应最大值更是大于活载效应，达到200%，支点平均效应也与活载效应相当。

由此可见，箱梁跨中部分扭转正应力比较小，占全桥比例较小，在支点附近影响比较大，有些部分扭转正应力效应已经超过杆系程序计算的活载效应值。设计过程中，这部分的效应值应充分研究计算。

一般桥梁在设计简化为杆系程序计算，为考虑扭转正应力，一般取偏载系数1.15，从此桥的计算分析中看出，对于单索面部分斜拉桥而言，主梁宽而薄，跨径大，这时1.15的活载系数已经不能完全反映扭转正应力。笔者认为对于扭转效应突出的桥梁，应进行扭转分析以确定采用杆系计算所采用的系数。

因跨径较大，活载占全桥效应的比例小，扭转正应力占恒活载总和的比例相对较小，平均比例都在10%以内，最大值效应在15%～20%左右。

另外扭转剪力流对箱梁腹板顶底板内产生 Y-Z 平面内的压应力也值得引起重视，本桥中支点处影响值有0.5～0.8 MPa。

3. 锚固区横隔板对扭转正应力影响

设置横隔板对减小箱梁的畸变起到一定的作用，对于单索面部分斜拉桥，横隔板除了让斜拉索竖向力均匀传递到主梁上，也起到了约束横向畸变引起的翘曲。

对于横隔板效应计算结果如图8、图9(仅示锚固区位置,距离跨中16m)。

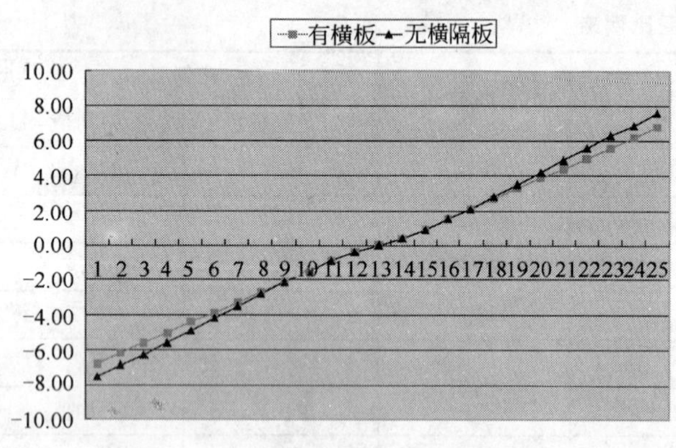

图8 扭转位移表(单位:mm)

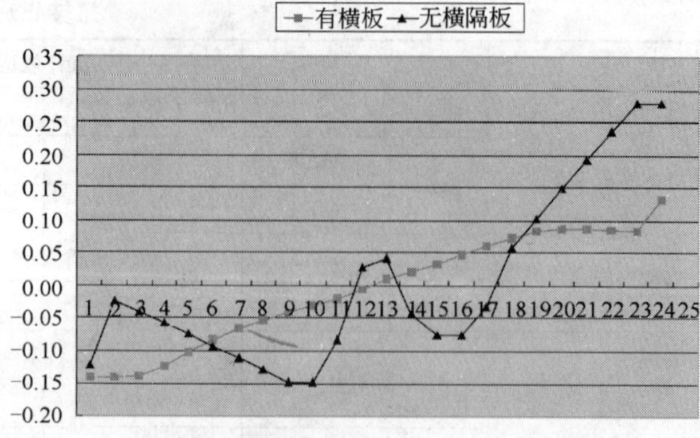

图9 扭转正应力表(单位:MPa)

根据计算数据,横隔板对约束主梁的扭转变形有一定的作用,去除横隔板主梁顶板边缘位移增加1mm,占全部变形的11%。扭转正应力计算表明,横隔板对于限制畸变扭转有比较大的作用,有横隔板时顶板扭转正应力基本符合一定的规律(表现为刚性约束扭转),去除横隔板后,扭转正应力分布不均匀,正应力值也有所增大,畸变扭转产生的正应力与约束扭转正应力叠加。从以上结果看说,对于宽而薄的箱梁,横隔板的有利作用非常明显。

4. 桥梁宽度对扭转正应力影响

为了了解桥梁宽度及桥梁抗扭惯矩对扭转正应力的关系,以文中提及的单索面部分斜拉桥为例,增加桥宽,维持梁高不变,计算扭转正应力的效应。分别考虑4种梁宽:20m、25m、30m、35m,如表2和图10所示。

表2

桥宽	20m	25m	30m	35m
主梁抗扭惯矩	21.5	29.1	36.5	43.4
扭转拉应力MAX	0.85	0.93	1.04	1.19
扭转压应力MIN	0.95	1.07	1.17	1.24

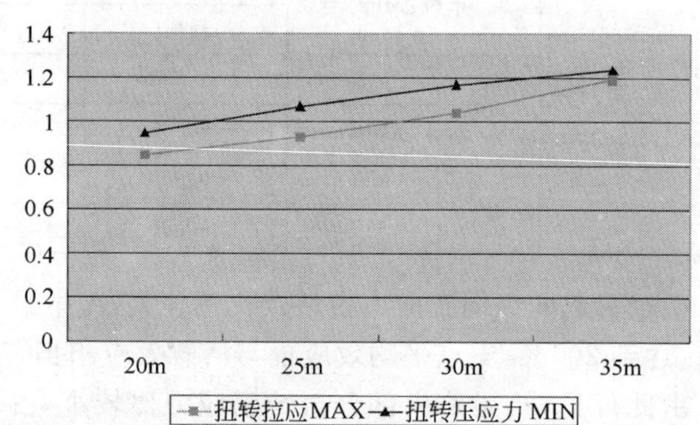

图10 不同桥宽扭转应力(单位MPa)

根据计算,扭转正应力随着桥宽的增加而增加,基本表现成线性关系。当桥宽达到30m时,扭转产生的拉应力已达到1.04MPa。

三、结 语

通过对典型单索面部分斜拉桥主梁的扭转分析,对这种新型结构空间效应有了更深的理解。

扭转产生的纵向正应力不可忽视,在设计中活载扭转放大系数需要根据具体情况计算而定。扭转剪应力也需引起关注。

目前,宿迁市这座单索面部分斜拉桥已建成通车,为同类桥梁的设计施工积累了经验。

参考文献

[1] 范立础.桥梁工程.北京:人民交通出版社.

144. 钢管混凝土拱肋脱空缺陷超声波定量检测技术初步研究

梁富会[1] 唐光武[2] 黄福伟[2] 傅 斌[3]
(1. 广州市公路管理局工程研究所;2. 重庆交通科研设计院;3. 重庆交通大学)

摘 要 钢管混凝土拱桥是我国近年来桥梁建设中发展起来的新型桥梁结构,具有自重轻、强度大、抗变形能力强、承载能力大的优点,并且用料省、安装重量轻、施工方便、工期短、养护工作量小,是大跨度拱桥的一种比较理想的结构形式。浇注后的管内混凝土则是隐蔽的,肉眼无法直接观察混凝土是否存在脱粘或脱空缺陷,因此对浇注后的拱肋进行检测是非常必要的。在深入调研相关资料和现有研究成果的基础上,本文对超声波用于钢管混凝土拱脱粘、脱空厚度尺寸的定量检测公式使用条件展开了研究,得到了一些有益的结论。

关键词 钢管混凝土拱桥 混凝土密实度 无损检测 超声波

一、引 言

钢管混凝土的产生以及其强度高、塑性好、质量轻、耐疲劳、耐冲击等方面的性能,受到桥梁工程师们的重视。钢管混凝土是在钢管内填充混凝土,使钢管和混凝土在受力方面实现优势互补。内填的混凝土可以增强钢管壁的稳定性,同时钢管对核心混凝土的套箍作用又使混凝土处于三向应力状态。钢管混凝土更接近于一种新材料,它不仅在力学方面性能优越,而且在施工方面也有许多优点。其独特优点主要表现在以下几个方面:(1)施工方便,节省费用;(2)自重小,安装简便;(3)跨越能力大,适应能力强;(4)造型美观,体现民族特色;(5)具有强度高、塑性好、耐腐蚀、抗冲击性能好。

在钢管混凝土拱桥施工和运营期间,由于施工技术、现场条件以及外界多种因素的作用和影响,导致拱肋内出现缺陷;如果不及时对缺陷进行检测和处理,将严重影响到桥梁正常使用。钢管混凝土拱肋内混凝土缺陷常用检测方法:人工敲击法、钻芯取样法、表面波法、光纤传感监测系统以及超声波法。超声波检测技术在巫山长江大桥、新疆库尔勒市孔雀河大桥、湘西王村钢管混凝土拱桥、广丰县永丰大桥、资江三桥双肋哑铃型钢管混凝土拱桥等多座钢管混凝土桥梁的无损检测中得到了广泛的应用。超声波法是目前钢管混凝土拱桥拱肋混凝土缺陷检测推荐采用的方法,具有测试设备简单,测试方法简便,能较可靠地检测出钢管混凝土的缺陷,但是定量检测钢管混凝土缺陷的超声波技术目前还不成熟,需要进一步研究。本文主要的研究的是钢管混凝土拱肋脱空缺陷厚度超声定量检测理论公式的使用条件,并通过试验验证了使用条件的可靠性。

二、钢管混凝土拱肋脱空缺陷厚度超声定量检测理论公式

首先设超声波波速通过无缺陷和有缺陷钢管混凝土的时间分别为 t 和 t'。再假定 d 为钢管壁的厚度,v_s 是超声波通过钢管的声速,v_c 是超声波通过混凝土的声速,D 为钢管内混凝土的直径。则

$$t = 2d/v_s + D/v_c \tag{1}$$

$$t' = 2d/v_s + (D-h)/v_c + h/v_a \tag{2}$$

从以上二式可得:

$$h=\frac{(t'-t)v_c v_a}{v_c-v_a} \tag{3}$$

显然,$v_c>10v_a>>v_a$,因此,

$$h\approx(t'-t)v_a=\Delta t v_a \tag{4}$$

即,钢管混凝土内部空洞和脱空厚度尺寸 h,约等于超声波在有缺陷和无缺陷钢管混凝土中传播时首波声时差与其在空气中传播速度的乘积。需要重点指出的是,此公式是在一种理想的情况,即假定钢管内混凝土是均匀、各向同性,在同一检测测线上只存在一个脱空缺陷。

三、超声波在曲面上传播理论

当超声波入射到球面或圆柱面上时,与光入射到曲面上的情况相似,也会发生聚焦和发散等现象,而且,由于超声波在界面上会发生波型转换,情况比光学中还要复杂。

1. 平面波入射到曲界面上的反射

平面波入射到曲面上时的情况如图 1 所示。平面波束与曲面上各入射点的法线成不同的夹角:入射角为 0 的声线沿原方向返回,称为声轴;其余声线的反射则随着距声轴距离的增大,发射角逐渐增大。当曲面是球面时,反射线汇聚于一个焦点上;发射面为圆柱面,反射线汇聚于一条焦线上。

此时,焦距 F 为

$$F=\frac{r}{2} \tag{5}$$

式中:r——曲面的曲率半径。

如图 1 所示,当曲面为凹面时,反射波发生聚焦,焦点为实焦点;曲面为凸面时,反射波则向四周发散,焦点为发散声束的反向汇聚点,为虚焦点。

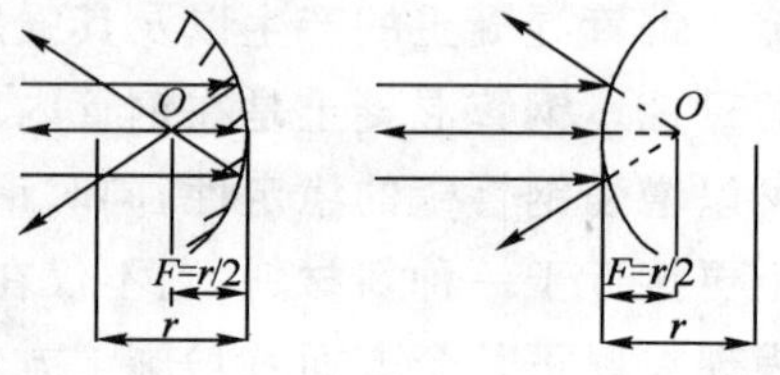

图 1　平面波入射至曲面时的反射图

2. 平面波在曲面上的折射

平面波入射到曲面上时,其折射波也将发生聚焦或发散。这时折射波的聚焦或发散不仅与曲面的凹凸有关,而且与界面两侧介质的声速有关。

四、脱空缺陷超声波定量检测理论公式的使用条件

尽管式(1)~式(4)简洁地导出了钢管混凝土拱肋中混凝土脱空尺寸定量检测的基本公式,但由于超声波传播途径的复杂性和混凝土结构材质的不均匀性,在应用式(3)时应注意以下条件。

1. 脱空缺陷定量检测的理论上限 h_{max1}

超声波检测方式采用沿直径方向的透射波检测。

透射波声时 t 须小于沿钢管壁传播的声时 t_s,即接收端接收到的首波必须是透射过的超声波。

$$t=2d/v_s+D/v_c<t_s=\frac{\pi D}{2v_s\cos\alpha} \tag{6}$$

由式(6)可得:

$$d/D<\frac{\pi v_c-2v_s\cos\alpha}{4v_c\cos\alpha} \tag{7}$$

由于 d/D 总是大于 0,因此混凝土中超声波波速应满足:

$$\frac{\pi v_c-2v_s\cos\alpha}{4v_c\cos\alpha}>0 \tag{8}$$

即

$$v_c>\frac{2v_s\cos\alpha}{\pi} \tag{9}$$

式(9)中代入 $V_s=5\,700\text{m/s}$，则知 V_c 必须大于 1 072.8m/s。当混凝土中超声波波速低于该速度时，通过钢管壁传播的超声波将成为首波，此时，理论上无法采用首波检测钢管混凝土拱脱空厚度尺寸。

定量检测的钢管混凝土拱混凝土空洞尺寸有理论上限 $h_{\max1}$，钢管混凝土空洞尺寸超过该上限时，理论上无法采用首波对其进行定量检测，此上限值为：

$$h_{\max1} \approx (t_s - t)v_a = \Delta t_{\max} v_a \tag{10}$$

为对式(10)有感性的认识，以 $d=12\text{mm}=0.012\text{m}$，$D=0.7\text{m}$，$v_c=4\,800\text{m/s}$，$v_s=5\,700\text{m/s}$，$v_a=320\text{m/s}$ 为例进行分析，则

$$t_{sc} = \frac{\pi D}{2v_s\cos\alpha} = \frac{3.14\times 0.7}{2\times 5\,700\times\cos 72.8^\circ} = 0.000\,650\,6\text{s} = 650.6\mu\text{s} \tag{11}$$

$$t = \frac{2d}{v_s} + \frac{D}{v_c} = \frac{2\times 0.012}{5\,700} + \frac{0.7}{4\,800} = 0.000\,150\text{s} = 150.0\mu\text{s} \tag{12}$$

$$h_{\max1} = \Delta t_{\max} v_a = 0.000\,500\,6\times 320 = 0.160\,2\text{m} = 160.2\text{mm} \tag{13}$$

当混凝土波速下降到 $v_c=3\,800\text{m/s}$，则

$$t = \frac{2d}{v_s} + \frac{D}{v_c} = \frac{2\times 0.012}{5\,700} + \frac{0.7}{3\,800} = 0.000\,188\,4\text{s} = 188.4\mu\text{s} \tag{14}$$

$$h_{\max1} = \Delta t_{\max} v_a = 0.000\,004\,4\times 320 = 0.099\,9\text{m} = 99.9\text{mm} \tag{15}$$

从上面的例子可知：当超声波通过混凝土的波速下降的时候，声时在增加；当超声波通过混凝土的声时超过通过钢管壁的传播声时的时候，将测不出混凝土的内部缺陷；定量检测的钢管混凝土拱混凝土空洞尺寸的理论上限 $h_{\max1}$ 随着超声波波速的下降而下降。

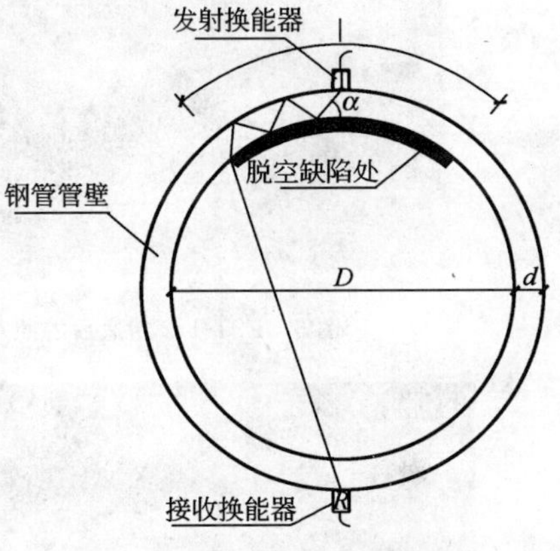

2. 脱空缺陷定量检测的实际上限 $h_{\max2}$

空洞缺陷定量检测的实际上限 $h_{\max2}$ 主要由钢管的弧长为 l，超声波在钢管中的声速为 v_s，入射角为 α 三个主要参数来控制的。

根据超声波的传播理论，并经过后面的空钢管径向测试试验验证，本文通过研究后提出，超声波在钢管壁中的传播是以与钢管外壁切线成 α 的入射角度进入钢管，通过钢管内壁反射回到钢管外壁，如此反复，折线前进传播。

图 2 超声波透射、绕射过脱空缺陷的示意图

设钢管的弧长为 l，超声波在钢管中的声速为 v_s，入射角为 α，超声波在钢管中传播的声时：

$$t_s = \frac{l}{2v_s\cos\alpha} \tag{16}$$

超声波绕射过脱空缺陷后再通过混凝土内部到达接收换能器的传播时间为：

$$t_r = \frac{l}{2v_s\cos\alpha} + \frac{d}{v_s} + \frac{\sqrt{D^2 - 2D\sin\dfrac{l}{2D}}}{v_c} \tag{17}$$

则脱空厚度定量检测公式的实际上限为

$$h_{\max2} = (t_r - t)v_a \tag{18}$$

脱空缺陷尺寸实际上限 $h_{\max}^2$ 随着混凝土波速的下降而增大。

式(6)～式(18)对定量检测的条件进行了主要参数分析，确定了定量检测时缺陷厚度的上限和对混凝土波速的要求，并可知道超声波在混凝土中的波速越高越有利于扩大定量检测的使用范围和得出准确性的结论。在此基础上，利用超声透射波首波声时实现钢管混凝土拱脱空厚度尺寸定量检测是可行的。

五、实验室内空钢管的超声测试研究

1. 试验概况

为了验证脱空缺陷厚度超声定量检测技术的使用条件的正确性，本文针对空钢管进行了一系列的超

声测试研究，具体研究情况如下：

首先对空钢管进行外径的测量，然后在进行超声对测，对测方式采用径向对测和纵向对测。共检测了五个空钢管，空钢管 EST-1、2(Empty Steel Tube)的检测任务是在第一阶段完成，空钢管 EST－3、4、5的检测任务在第二阶段完成。

图 3 测量空钢管外径照片

图 4 检测空钢管的工作照片

图 5 EST-1、2 封底后的照片

图 6 EST-3 照片

图 7 空钢管 EST-4 照片

图 8 空钢管 EST-5 照片

2. 测试结果

五个空钢管的超声测试数据如表 1、表 2、表 3、表 4。

空钢管 EST-1、2 的检测数据 表 1

空钢管编号	测试形式	测线	声时(us)	声速(m/s)	波幅(dB)	主频(kHz)	间距(mm)
EST-1	管壁纵向	1-1 测线	63.9	5 429	66.6	48.5	347
	管壁径向	1-1 测线	331.7	2 110	101.1	57.4	700
EST-2	管壁纵向	1-1 测线	63.8	5 469	101.1	48.3	349
	管壁径向	1-1 测线	331.3	2 110	103.3	60.6	699

空钢管 EST-3 的径向检测数据 表 2

截面号	测线	声时(us)	径向声速(m/s)	环向声速(m/s)	波幅(dB)	主频(kHz)	间距(mm)	半周长(cm)
截面 1	1-1 测线	345.8	2 027	3 181	108.0	58.5	701	110.0
	2-2 测线	340.5	2 059	3 231	91.8	57.3	701	
截面 2	1-1 测线	341.0	2 041	3 225	100.8	54.7	696	110.0
	2-2 测线	342.2	2 034	3 214	108.0	60.4	696	
截面 3	1-1 测线	345.3	2 018	3 215	89.8	37.9	697	111.0
	2-2 测线	349.0	1 997	3 181	101.9	77.9	697	
截面 4	1-1 测线	346.5	2 020	3 175	101.9	56.1	700	110.0
	2-2 测线	349.9	2 001	3 144	107.1	53.5	700	

空钢管 EST-4 的径向检测数据 表 3

截面号	测线	声时(us)	径向声速(m/s)	环向声速(m/s)	波幅(dB)	主频(kHz)	间距(mm)	半周长(cm)
截面 1	1-1 测线	333.9	2 108	3 324	102.7	68.5	704	111.0
	2-2 测线	340.7	2 067	3 258	107.7	62.2	704	
截面 2	1-1 测线	335.4	2 087	3 309	101.9	63.5	700	111.0
	2-2 测线	337.6	2 073	3 288	104.1	50.4	700	
截面 3	1-1 测线	337.9	2 063	3 285	101.9	43.7	697	111.0
	2-2 测线	339.4	2 053	3 270	110.7	61.7	697	
截面 4	1-1 测线	333.9	2 096	3 324	102.7	68.5	700	111.0
	2-2 测线	343.2	2 040	3 234	103.5	58.0	700	

空钢管 EST-5 的径向检测数据 表 4

截面号	测线	声时(us)	径向声速(m/s)	波幅(dB)	主频(kHz)	间距(mm)
截面 1	1-1 测线	331.3	2 140	81.9	47.8	709
截面 2	1-1 测线	325.4	2 170	91.3	65.6	706
截面 3	1-1 测线	327.5	2 147	95.5	81.9	703
截面 4	1-1 测线	329.6	2 133	96.0	49.7	703

3. 测试结果分析

(1)空钢管 EST-1、EST-2 的径向测试结果很理想,声时的最大误差在 1μs 以内。空钢管 EST-3、EST-4、EST-5 的径向测试结果不太理想,声时的最大误差是 EST-4 的截面 4 的两条测线,达到 9.3μs,可能会使缺陷厚度测试误差达到 $320\times10^3\times9.3\times10^{-6}=1.98$mm。

(2)如果超声波是沿着钢管外壁直接传播,声速在 3 200m/s 左右,这与 5 400m/s 左右的钢材声速不符;如果超声波是沿着钢管径向直接传播,声速在 2 000m/s 左右,这与 340m/s 左右的空气声速不符。

(3)根据有关的超声波传播理论本文提出,超声波的传播途径是以与钢管外壁切线成 α 的入射角度进入钢管,通过钢管内壁反射回到钢管外壁,如此反复,折线前进传播。

取钢管弧长为 $l=1.11$m,超声波在钢管中的声速为 $v_s=5\ 700$m/s,在钢管中的传播时间为 $t=330\mu s$,则 $\alpha=\arccos\left(\frac{l}{2\times v_s\times t}\right)=72.8°$。

从上面的式子也可以推导出超声波在钢管中传播的声时,

$$t_s=\frac{l}{2v_s\cos\alpha}$$

式中:l——缺陷弧长;

α——超声波的入射角度。

六、结　　语

本文根据超声波传播的基本理论，提出超声波的传播途径是以与钢管外壁切线成α的入射角度进入钢管，通过钢管内壁反射回到钢管外壁，如此反复，折线前进传播推导出超声波在钢管中传播的声时，并通过实验室超声空钢管的测试数据及分析结果验证了假设的途径，从而进一步导出了钢管混凝土拱肋脱空缺陷超声波定量检测理论公式的使用条件。这一使用条件的提出，对使用超声波定量检测拱肋脱空缺陷厚度的下一步研究具有重要意义。

本文提出的拱肋脱空缺陷厚度定量检测的方法可以初步应用于钢管混凝土拱桥拱肋一些单一简单脱空缺陷的检测，但对于一些复杂的情况，例如同一测线多个缺陷，得出数据的后处理分析，混凝土龄期等性质对超声检测的影响以及一些无法对测的结构这一系列的问题仍需要进一步深入的实验研究。

参考文献

[1] 陈宝春编著.钢管混凝土拱桥设计与施工[M].北京：人民交通出版社，1999.

[2] 吴新璇主编.混凝土无损检测技术手册[M].北京：人民交通出版社，2003.

[3]《国防科技工业无损检测人员资格鉴定与认证培训教材》编审委员会编.超声检测[M].北京：机械出版社，2005.

[4] 文国华.哑铃型钢管混凝土拱肋应用超声波检测混凝土质量的探讨[J].中南公路工程，2003，28(1)：94～96.

[5] 童寿兴，商涛平.拱桥拱肋钢管混凝土质量的超声波检测[J].无损检测，2002，22(11)：464～466.

[6] 刘清元，熊章绪.两种测试钢管混凝土内部缺陷的判别方法[J].武汉理工大学学报，2005，27(6)：38～40.

[7] 国家建筑工程质量监督检验中心.混凝土无损检测技术.北京：中国建材工业出版社.

[8] 黄克超，陈晓光.用超声波定量探测钢管混凝土缺陷的研究[R].乌鲁木齐：新疆交通科研院.

[9] 童林，夏桂云，吴美君，上官兴.钢管混凝土脱空的探讨[J].公路，2003，5：16-20.

[10] 李天降，徐昭，肖瑞.超声波在钢管混凝土检测中的运用[J].山西建筑，2005，31(20)：62～63.

[11] 杜晓光，冯玉平.超声波检测钢管混凝土拱桥的质量[J].森林工程，2006，22(2)：41-43.

[12] 李国成，王靖涛，丁美英，黄新国.钢管混凝土完整性检测研究[J].华中科技大学学报(城市科学版).2003，20(4)：28～30.

145.现役钢管混凝土拱肋核心混凝土强度分布及其对承载能力影响研究

王福敏　杨世聪

(重庆交通科研设计院)

摘　要　至2004年钢管混凝土拱桥的跨径已经达到460m，该桥的建成创造了一个新的世界记录。但是钢管混凝土拱桥的理论研究目前还相对滞后，承载能力受到的影响因素较多。本文根据大量的实验成果，就钢管混凝土拱桥拱肋核心混凝土强度沿拱圈纵向和横向的分布状况进行探讨，研究其对承载力的影响。其结论对钢管混凝土拱桥的相关研究具有参考作用。

关键词　钢管混凝土拱桥　拱肋　混凝土　强度　分布

一、问题提出的背景

其一，在一般的教科书或文献上对钢管混凝土拱肋作为承重结构的优越性是这样描述的：钢管对混凝土具有套箍作用，主要体现在混凝土进入塑性阶段后，混凝土沿横向剧烈膨胀，钢管能有效约束这种膨胀，从而使混凝土处于三轴受力状态，强度得以大大提高。

其二，钢管混凝土构件在长期荷载作用下，紧箍应力与初始应力的关系可用下式表示：

$$p = q\sigma_{c1}$$

式中：σ_{c1}——核心混凝土的轴向应力；

p——紧箍应力；

q——计算系数。

然而，上述结论成立的前提条件应该是假设钢管内混凝土的纵向、径向和环向应力是均匀的。

但是现实情况并非如此，在对一座钢管混凝土拱肋解剖过程中发现拱肋核心混凝土并非理想的均匀状态，而是有明显的分层现象，上部混凝土颜色较浅，粗集料较少，混凝土有些还有明显的离析现象，而下部混凝土颜色较深，粗集料较多(图 1、图 2)。由此可推断：钢管混凝土构件的核心混凝土的强度有可能分布不均。若核心混凝土的强度分布不均无疑将对构件的承载力有较大的影响。

图 1 核心混凝土病害

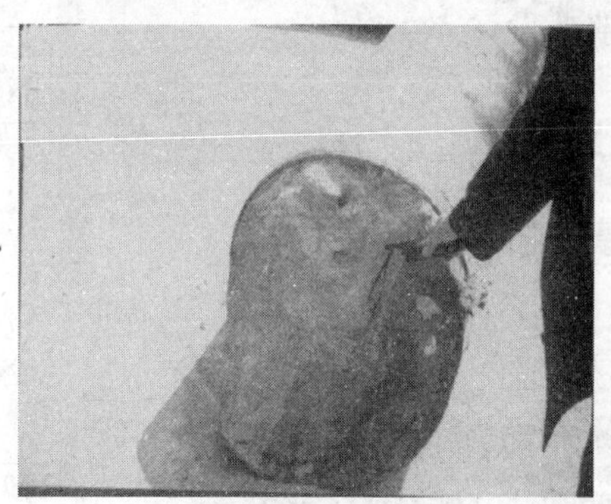

图 2 混凝土明显分层

二、现役钢管混凝土拱桥拱肋核心混凝土强度试验

1. 混凝土芯样试件制作

钢管混凝土拱桥的拱肋核心混凝土一般是采用倒灌顶升法施工。其施工工艺是把拱肋钢管在拱顶用隔离板分开，分别从拱脚向拱顶压注混凝土。因此，结合实桥施工和一般现场的实际情况，对研究的实桥上、下游钢管混凝土拱圈从拱脚至拱顶，长度为 2m、3m、5m 不等的拱肋钢管混凝土的上、中、下部位取试验用的大量混凝土芯样(图 3、图 4)，共计 454 个，由于取样部位具有代表性，取样距离较近、芯样较多，因而试验结果可信。

图 3 找平后的芯样

图 4 混凝土芯样

2. 试验结果

根据实际试验，对同一拱肋截面的上、中、下位置以及沿拱轴线的混凝土强度分布如图5所示。

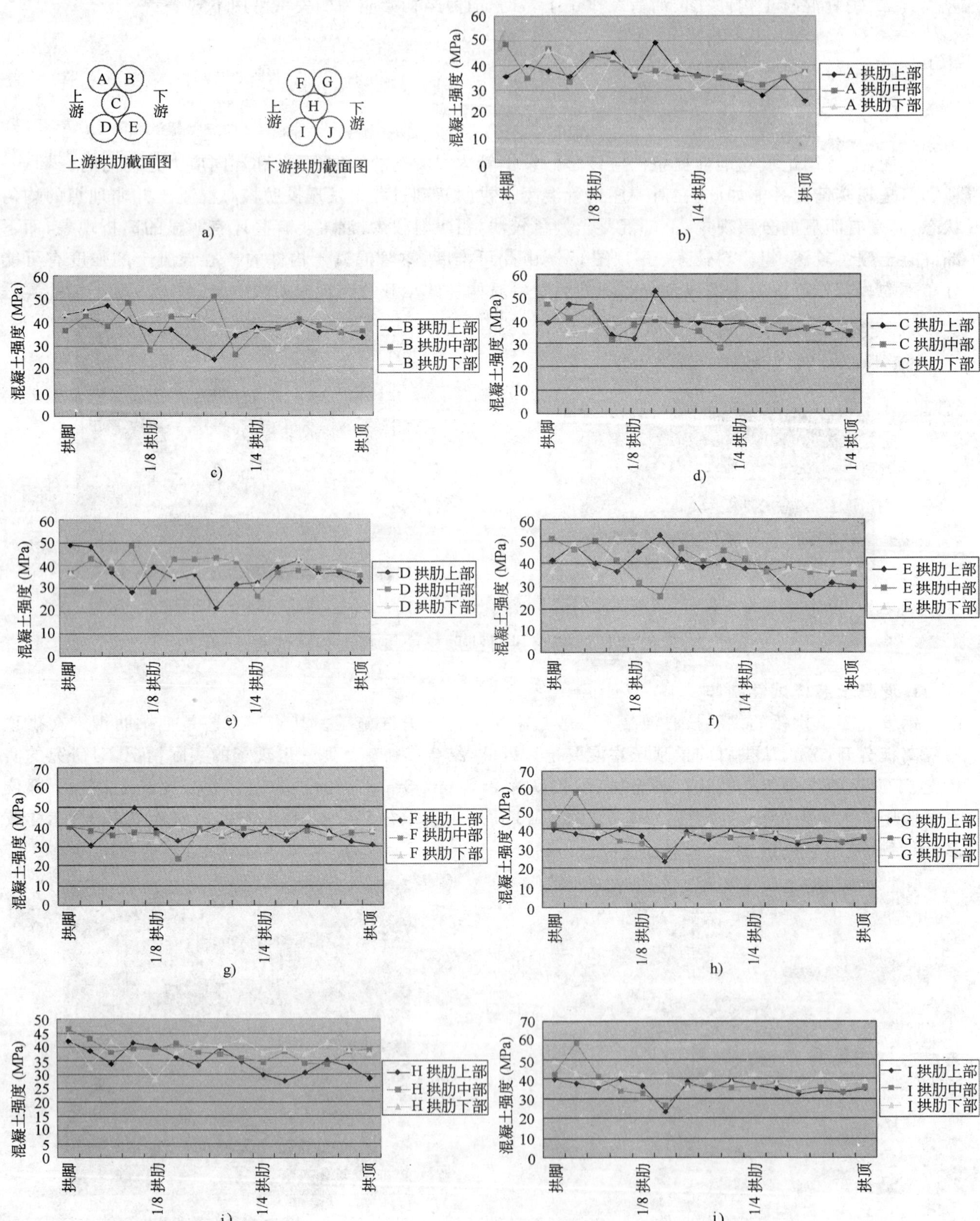

图 5

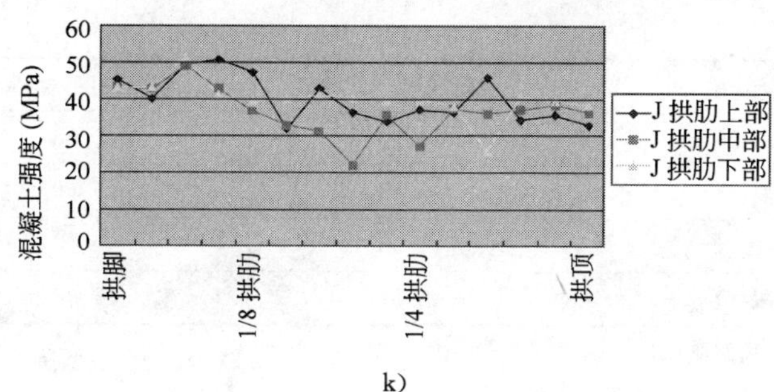

k)

图 5 拱肋混凝土不同部位强度比较

a)上、下游拱肋截面图；b)A 拱肋上、中、下游混凝土强度对照表；c)B 拱肋上、中、下部混凝土强度对照表；d)C 拱肋上、中、下部混凝土强度对照表；e)D 拱肋上、中、下部混凝土强度对照表；f)E 拱肋上、中、下部混凝土强度对照表；g)F 拱肋上、中、下部混凝土强度对照表；h)G 拱肋上、中、下部混凝土强度对照表；i)G 拱肋上、中、下部混凝土强度对照表；j)I 拱肋上、中、下部混凝土强度对照表；k)J 拱肋上、中、下部混凝土强度对照表

3. 试验数据统计分析

1)拱肋混凝土强度沿拱轴线分布

根据试验数据，按照拱脚至 1/4 拱肋、1/4 拱肋至接近拱顶、拱顶部分等三部分分别进行统计分析。运用 Mathmatica 数学软件画出上述三类情况的分布密度曲线(图 6、图 7、图 8)。

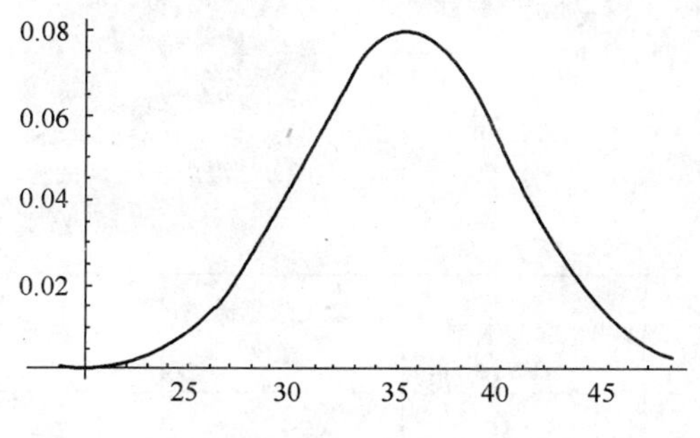

图 6 拱顶土强度分布密度曲线

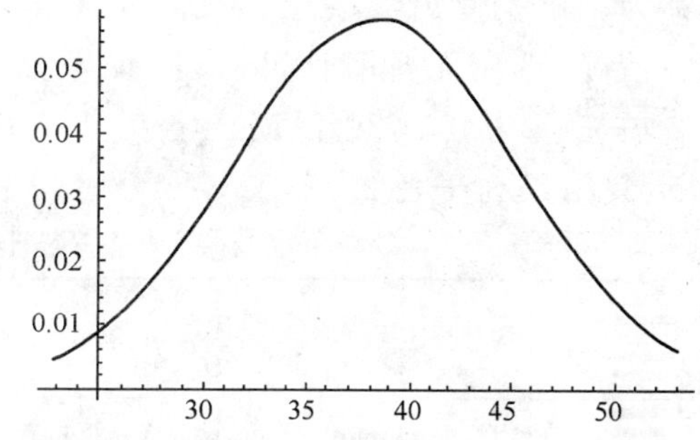

图 7 1/4 拱肋至拱顶附近混凝土强度分布密度曲线

从混凝土强度分布密度曲线可以看出：在拱顶，混凝土的强度在 34～38MPa 分布比较密集，但低于混凝土的设计强度 40MPa；在 1/4 拱肋至拱顶的区域，混凝土的强度在 37～40MPa，分布比较密集，略低于混凝土的设计强度 40MPa；而在拱脚至 1/4 拱肋区域混凝土的强度在 41～44 MPa 分布比较密集，高于混凝土的设计强度 40MPa。

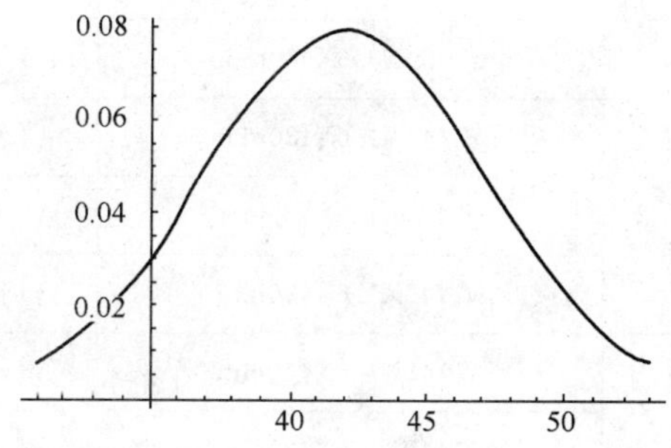

图 8 拱脚至 1/4 拱肋混凝土强度分布密度曲线

2)拱肋混凝土强度在截面分布

单根拱肋的同一截面上、中、下部的混凝土的抗压试验数据列于表 1。

单根拱肋的同一截面上、中、下部位强度 表 1

分类	取样截面	上部强度(MPa)	中部强度(MPa)	下部强度(MPa)
拱顶部位	分段 1 I	27.22	33.85	41.82
	分段 1 B	23.64	32.82	35.95
	分段 2 A	23.62	18.33	37.36
	分段 2 B	35.54	35.71	35.89
1/4 拱肋至拱顶部位	分段 11 H	37.95	42.63	43.00
	分段 12 B	35.25	43.78	41.12
	分段 16 V	34.73	30.07	43.76
	分段 17 D	24.1	42.60	45.33

续上表

分　类	取样截面	上部强度(MPa)	中部强度(MPa)	下部强度(MPa)
拱脚至1/4拱肋部位	分段26　E	49.73	42.88	48.37
	分段26　D	45.43	49.19	43.39
	分段26　I	41.98	39.4	43.97
	分段40　D	48.87	42.78	42.16

注:试验数据比较每部位取4个截面显示。

从表1中可以看出,单根拱肋钢管的混凝土在同一截面的中部和下部的混凝土强度比上部的强度高;拱脚至1/4拱肋的混凝土强度比1/4拱肋至拱顶的强度高。

综上所述,因为混凝土是由水泥、石子、砂和水等材料混合在一起的,在凝固之前每一种材料的运行方式是符合牛顿定律,重的材料总是下坠,采用倒灌顶升法施工一旦是压强不够,很容易出现混合材料分离的情况。本依托工程的钢管混凝土拱肋核心混凝土的强度分布是不均匀的。

三、强度不均匀的钢管混凝土承载力构件试验

钢管内混凝土的填充质量的好坏对钢管极限承载力影响极大。混凝土强度分布不均无疑会使应力重分布,是否导致构件整体承载能力降低?为了解钢管内混凝土强度不均对其承载力的影响,根据芯样试压试验情况,选用无缝钢管,以及混凝土分别为:①C40、C30混凝土各为1/2填充;②C40、C20混凝土各为1/2填充;通过对试件进行加载(图9),其结果列于表2。

图9　混凝土强度试验

核心混凝土分布不均对承载力的影响　　表2

序号	构件描述	钢号	混凝土强度	4t/D含钢率	试验极限承载力N(kN)	折减比例
1	₵320X3.6X960mm	A3钢焊接管	C40	0.046	6 126	15%
	₵320X3.6X960mm	A3钢焊接管	C30/C40各1/2	0.046	5 196	
	₵320X3.6X960mm	A3钢焊接管	C30	0.046	5 108	
2	₵140X1.6X420mm	A3钢焊接管	C43	0.046	1 300	
	₵140X1.6X420mm	A3钢焊接管	C43	0.046	1 260	
	₵140X1.6X420mm	A3钢焊接管	C43	0.046	1 270	
3	₵140X1.6X420mm	A3钢焊接管	C33/C41各1/2	0.046	1 100	13.78%
	₵140X1.6X420mm	A3钢焊接管	C33/C41各1/2	0.046	1 140	10.66%
	₵140X1.6X420mm	A3钢焊接管	C33	0.046	1 131	
4	₵140X1.6X420mm	A3钢焊接管	C26/C41各1/2	0.046	990	22%
	₵140X1.6X420mm	A3钢焊接管	C26/C41各1/2	0.046	1 010	20%
	₵140X1.6X420mm	A3钢焊接管	C26/C41各1/2	0.046	950	25%
	₵140X1.6X420mm	A3钢焊接管	C20/C39各1/2	0.046	1 020	19%
5	₵140X1.6X420mm	A3钢焊接管	C33/C40各1/2	0.046	1 140	10%
	₵140X1.6X420mm	A3钢焊接管	C33/C40各1/2	0.046	1 100	12.80%
	₵140X1.6X420mm	A3钢焊接管	C33/C40各1/2	0.046	1 180	6.40%

从表 2 可以看，核心混凝土的强度分布是否均匀对构件的极限承载力影响极大，建议在进行承载能力计算时应充分考虑。

四、结 语

钢管混凝土的优越性就在于其自身的套箍作用，在实验室内进行的一系列研究都是按照截面强度均匀来考虑。但是现实桥梁的施工条件很难满足实验室的条件，钢管混凝土出现强度不均或脱空是非常容易的，一旦核心混凝土的强度分布不均匀对构件的极限承载力影响较大。因此，关于钢管混凝土强度不均的问题应引起足够重视。

参考文献

[1] 王福敏等.重庆市科委攻关项目《基于旧有钢管混凝土拱桥承载能力评估方法与试验研究》研究报告.2006.

[2] 王福敏，杨世聪.应用病理解剖学基本原理揭示钢管混凝土拱桥主要病害本质.2006 年全国桥梁与结构工程学会论文集.

[3] 顾安邦，李忠评.钢管混凝土复合截面应力计算的探讨.2006 年全国桥梁与结构工程学会论文集.

146. 钢管混凝土劲性骨架肋拱稳定分析

刘铁英　向中富　朱慈祥

（重庆交通大学土木建筑学院）

摘　要　介绍了大跨度钢管混凝土劲性骨架拱桥空间稳定分析方法。基于有限元理论，考虑结构的几何非线性和材料非线性，建立了淅川小三峡大桥的计算模型，运用有限元软件对该桥施工阶段及成桥运营阶段稳定性进行了模拟计算，其结果为大桥的设计与施工提供了理论依据。

关键词　钢管混凝土　非线性　空间稳定

一、引　言

钢管混凝土劲性骨架拱桥能够解决拱桥施工过程中支架架设或混凝土拱肋吊装等困难，为发展大跨径拱桥提供解决方案。由于大跨径钢管混凝土拱桥是近代发展起来的，其研究还不是很完善，而且在拱桥屈曲过程中表现为几何非线性和材料非线性，使得用经典理论来确定结构的稳定承载能力是很困难的，必须借助计算机进行分析。鉴于此，对大跨径钢管混凝土肋拱桥进行稳定研究是极为必要的。这些研究得以进行都是得益于有限元理论和现代电子计算机的发展，使其结构有限元计算和非线性仿真分析得以实现。本文以淅川小三峡大桥为例，应用大型有限元程序 MIDAS 和 ANSYS 分别对该类桥型的施工及运营阶段稳定性进行了分析研究。

二、分 析 方 法

1. 线性屈曲法[1]

线性屈曲法是假定结构和材料均是线性的，结构的内力与外荷载成比例关系，把结构的稳定分析转化为求解特征值问题，得出的最小特征值就是失稳临界荷载。在临界荷载下，拱桥结构线性屈曲的平衡方程为：

$$([K_D]+\lambda[K_G])\{\delta\}=0 \tag{1}$$

式中：$[K_D]$——弹性刚度矩阵；

$[K_G]$——几何刚度矩阵，只与构件的轴向力有关；

λ——荷载稳定系数；

$\{\delta\}$——结构的位移增量。

式(1)为广义特征值问题,其最小特征值在工程上才有意义,应用各种迭代方法可求解。

线性屈曲法计算简便,概念清楚,但它的理论基础是分支点稳定理论,只能用于理想结构,不能考虑各种初始缺陷的影响。

2. 非线性屈曲法

非线性稳定分析方法是通过逐步施加荷载增量来求得使结构开始失稳的临界荷载,通常特征值屈曲荷载(弹性分析方法)是预期的非线性屈曲荷载的上限,可作为非线性屈曲分析的初始给定荷载,在逐步加载到此荷载前,非线性求解应发散,使非线性求解发散的临界荷载即为非线性稳定荷载。

1)几何非线性

拱桥的几何非线性稳定分析主要是指在荷载的作用下,拱轴线与荷载压力线的偏离问题因为这种偏离是不可避免的,如施工阶段,压力线随架设过程的不断变化,施工预拱度的设置,各种施工偏差,拱轴线的弹性压缩等。所以,严格地说拱的失稳皆属于第二类失稳,拱的几何非线性属于弹性大变形问题。几何非线性屈曲法假定材料是线性的,考虑结构的梁柱效应及大位移效应,通过增量和迭代相结合的方法求解失稳临界荷载。拱桥结构的非线性平衡方程为:

$$([K_0]+[K_L]+[K_\delta])\{\delta\}=\{F\} \tag{2}$$

式中:$[K_0]$——小位移弹性刚度矩阵;

$[K_L]$——大位移矩阵;

$[K_\delta]$——初应力矩阵;

$\{\delta\}$——节点位移;

$\{F\}$——等效节点荷载;

$[K_L]$、$[K_\delta]$——$\{\delta\}$的函数。

几何非线性分析方法很多,ASYSY中可以采用U.L列式及相应的转换矩阵较好地实现结构的几何非线性分析,分析过程开启大变形效应(nlgeom,on)由程序自动完成,必要时通过(sstif,on)打开应力硬化效应,特别可选取完全Newton—Raphson方法求解大位移大应变下的非线性方程组,平衡迭代时根据敛散情况采用正切刚度矩阵或正切和正割刚度矩阵的加权组合,此外可用专门的大应变单元建模作对比分析。为加强收敛,可适当选用收敛准则和诸如二分法、自适应下降、弧长法等选项。

2)材料非线性

钢管混凝土的钢材的泊松比在0.25~0.30之间变化较小,而混凝土的泊松比随着应力的增加为0.167~0.5。钢管混凝土柱在受荷初期,核心混凝土的泊松比小于钢管的泊松比,此时钢管和混凝土均以承受单向压应力为主;随着荷载的加大,混凝土和钢管的泊松比都增加,当混凝土的泊松比大于钢管的泊松比后,钢管处于拉压应力状态,混凝土处于三向压应力状态[2、3]。

文献[4]的试验研究表明:材料非线性对结构受力影响很大,计算时不能忽略。在求解钢管混凝土的内力与位移时,考虑不同应力水平下材料的应力、应变关系(弹性模量和泊松比不再是常数,而是一个与应力水平有关的变量)就是材料非线性问题。结合已有应力一应变关系的研究成果,钢管混凝土的材料非线性的作如下基本假定:

①加载过程中平截面假定始终成立。

②忽略剪应力和剪应变的影响。

③钢管和混凝土之间无纵向滑移,在环向变形协调。

(1)钢材的应力应变关系模型。钢材的应力—应变曲线采用理想弹塑性模型。

$$\delta_s=\begin{cases}E_S\varepsilon_S & (|\varepsilon_s\leqslant\varepsilon_\gamma|)\\ \mathrm{sign}(\varepsilon_s)\sigma_\gamma & (|\varepsilon_s|>\varepsilon_\gamma)\end{cases} \tag{3}$$

(2)混凝土的本构模型采用美国E. Hongnostand本构[5]。

$$\begin{cases}\sigma=\sigma_0\left[2\dfrac{\varepsilon}{\varepsilon_0}-\left(\dfrac{\varepsilon}{\varepsilon_0}\right)^2\right](0<\varepsilon\leqslant\varepsilon_0)\\ \sigma=\sigma_0\left(1-\alpha\dfrac{\varepsilon-\varepsilon_0}{\varepsilon_u-\varepsilon_0}\right)(\varepsilon_0<\varepsilon\leqslant\varepsilon_u)\end{cases}\tag{4}$$

式中：$\alpha=0.15$；$\varepsilon_0=0.002$；$\varepsilon_u=0.0038$。

ANSYS 中所提供了丰富的材料库和材料应力—应变关系输入模式，可在现有的应力—应变关系中分别选择钢、混凝土较为合适的应力—应变关系模型进行研究。材料非线性遵循三个准则：①屈服准则；②流动准则；③强化准则。为得精确解，应确保足够的网格密度，避免应力奇异，在塑性范围内荷载增量小于 $0.05F_y$；为加强收敛，使用较小时间步长和线性搜索及预测器选项。

三、淅川小三峡大桥稳定性分析

本文采用上述方法对淅川小三峡大桥施工过程和全桥运营阶段的稳定性进行对比计算。

1. 实桥简介

淅川小三峡大桥是一座大跨径钢管混凝土劲性骨架拱桥，其设计荷载为公路—I 级。主桥采用净跨 260m 钢管混凝土劲性骨架箱拱桥，净矢跨比为 1/5，主拱轴线为无铰悬链线，拱轴系数 $m=1.543$，劲性骨架拱肋为等截面钢管混凝土桁架结构。主拱肋拼装形成后在 ϕ402 钢管内外都灌注混凝土形成箱形拱桥，采用早强、缓凝、微膨胀 C60 混凝土。两道拱肋之间的横向联系共有 7 道，桥面系以上 3 道，拱顶设置 1 道横一字撑，两边各设一道 K 撑，桥面与拱肋相交处两边各设置一道固定横梁，桥面以下两边各一道 X 撑。主桥行车道系由预制钢筋混凝土小 T 梁、预应力混凝土横梁、现浇钢筋混凝土横梁组成格构整体漂浮体系。其总体布置图见图 1。

该桥在施工上采用钢管混凝土劲性骨架作为主拱圈浇筑混凝土时的施工支架，且作为主拱圈的重要组成部分参与成桥后的受力。拱箱混凝土在劲性骨架上按设计施工程序分环分段浇筑。拱箱混凝土的浇筑在纵向如图 2 所示分段进行，横向断面如图 3 所示分环进行。

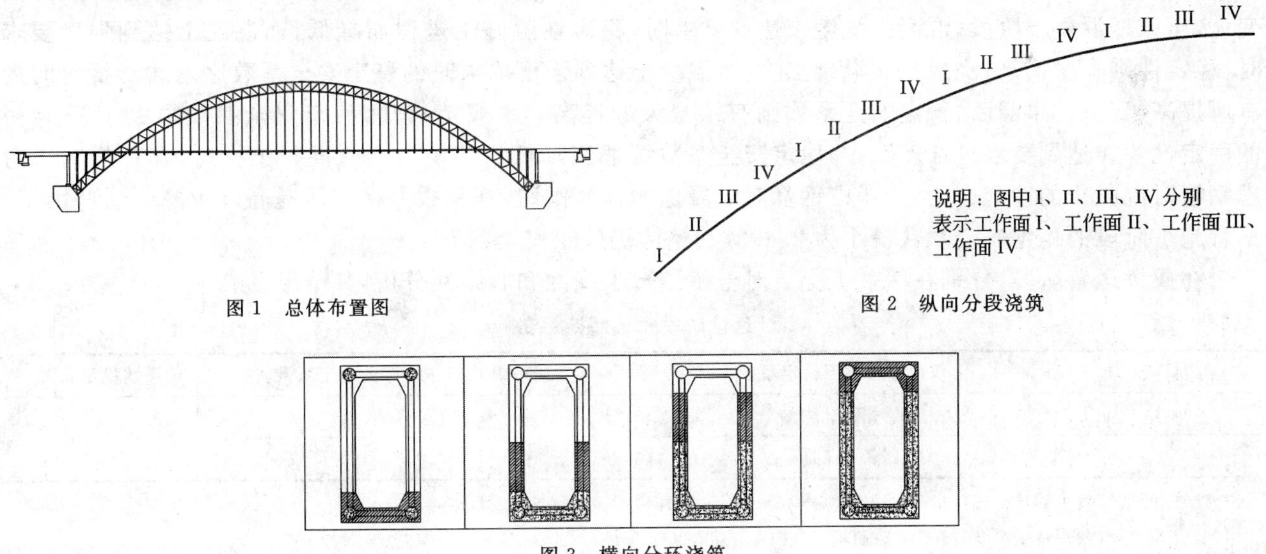

图 1 总体布置图

图 2 纵向分段浇筑

图 3 横向分环浇筑

2. 结构模拟

该桥施工过程，采用 MIDAS 软件进行模拟，计算模型见图 4。本模型采用了梁、板、只受拉三种单元，钢管劲性骨架用梁单元模拟，外包混凝土部分则用板单元模拟，吊杆用只受拉单元模拟，桥面系横梁均用梁单元模拟。共划分为 9 078 个单元。施工过程共分为 36 个阶段，其中钢管内灌注混凝土的施工过程用联合截面模拟，外包混凝土过程则通过激活板单元模拟，拱脚采用固结。

成桥运营阶段则建立 ANSYS 全桥空间计算模型见图 5。其中内外包混凝土、横撑、横联、立柱、盖梁采用 BEAM188，共 1 778 个，吊杆采用 link10 共 82 个，节点总共 1 239 个。采用双单元法（所谓双单元法是指在模型拱离散时，在同一段有限元中将钢管、混凝土分别作为一空间梁单元输入，分别赋予钢、混凝土的材料属性，同时保证两者的节点坐标完全相同，具体可为分离式理论模型和纤维单元模型）建模，考虑双重非线性，采用多线性等向强化准则。泊松比取0.2。

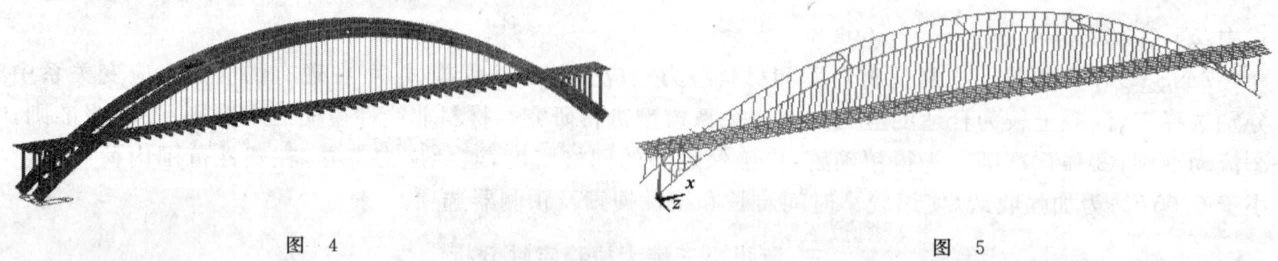

图　4　　　　　　　　　　　　　　　　图　5

3. 分析结果

由MIDAS的分析结果，得到稳定系数随施工进度的变化如图6所示。

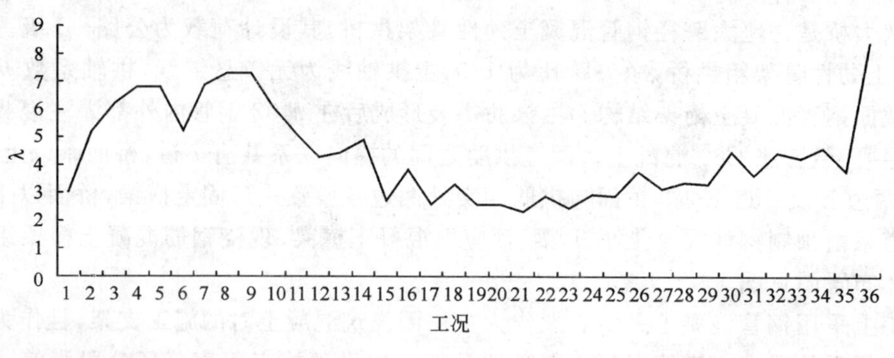

图　6

由图6可以明显地看出稳定系数的变化。劲性骨架吊装阶段，随着肋数的增多，稳定安全系数逐渐变大，压弦杆混凝土阶段，混凝土强度未达到要求时，稳定性随施工进程而降低，而混凝土达到强度要求时，稳定性则有所提高；浇筑拱圈混凝土阶段，混凝土达到强度要求时的稳定安全系数比未达到要求时的有所提高，到形成拱圈后，稳定安全系数则有了很大的提高。由规范查知，稳定安全系数须大于等4，桥的稳定性才能达到要求。在实践中，稳定安全系数可适当降低。该桥为钢管混凝土拱桥，在建模时未考虑钢管对混凝土的撞套作用，若考虑钢管对混凝土的箍套作用，其承载力将有所提高。考虑到这些因素，尽管施工阶段的稳定安全系数最小为2.403，其整体仍处于安全状态。

在成桥运营阶段，分别在两种工况下对全桥进行了线性和非线性分析，其结果见表1。

运营阶段桥梁稳定系数　　　　表1

荷载工况	双重非线性下稳定系数	只考虑几何非线性的稳定系数	弹性稳定系数
1	2.5128	7.0017	7.9215
2	2.4511	7.0067	

注：工况1：恒载＋移动荷载(max)＋风荷载；

工况2：恒载＋移动荷载(min)＋风荷载。

由结果可得知，只考虑几何非线性与同时考虑几何及材料非线性的稳定安全系数相差很大，降低了70%左右。可见，材料非线性对结构的稳定性影响很大。有关资料表明，几何非线性影响随跨径的增大而增大。故对于大跨径桥梁来说，进行稳定分析时，必须考虑非线性的影响。

四、结　语

(1)本文真实地模拟钢管混凝土结构受力后的力学行为，建立了空间分析的有限元模型，对其进行了线性及非线性研究。

(2)双重非线性分析的结果远小于线性分析和几何非线性分析分析的结果,因此大跨度钢管混凝土拱桥的稳定分析中必须考虑材料非线性的影响。

(3)钢管内灌注混凝土和外包混凝土施工过程中,稳定性有所降低,浇筑腹板时为最不利状态。

(4)计算表明:拱桥的失稳均表现为面外失稳,面外稳定安全度偏小,拱肋的横向刚度是桥梁面外稳定的控制因素;可采取增大拱肋截面积和增设横撑等措施来提高钢管混凝土拱桥的整体稳定。

参考文献

[1] 顾安邦,王荣,刘湘江等. 大跨径钢管混凝土劲性骨架肋拱桥的稳定性研究[A]. 中国公路学会桥梁和结构工程学会 2000 年桥梁学术年会论文集[C]. 北京:人民交通出版社,2000:782~787.

[2] 钟善桐. 钢管混凝土结构(第三版)[M]. 北京:清华大学出版社.

[3] 陈宝春. 钢管混凝土拱桥设计与施工[M]. 北京:人民交通出版社,2000.

[4] 陈宝春,韦建刚,林嘉阳. 钢管混凝土(单圆管)单肋拱空间受力试验研究[D]. 工程力学,2006,23(5):99~106.

[5] 刘霞. 基于 ANSYS 的钢筋混凝土简支梁桥极限承载力分析研究[D]. 石家庄:河北工业大学,20.

147. 蝴蝶拱桥稳定性设计参数研究

范 骏 任 伟 张 岗 郭 琦 周勇军
(长安大学公路学院)

摘 要 以某蝴蝶拱桥为工程背景,建立该桥的空间有限元计算模型,分 4 个工况计算了该桥的稳定安全系数。通过改变拱肋外倾角度、拱肋刚度、端横梁刚度以及吊杆布置形式计算了不同设计参数下结构在恒载工况以及恒载+活载工况的失稳特征值。结果表明,拱肋的刚度对稳定性起着决定性作用;吊杆的布置形式只改变拱肋的面内刚度,对于面外刚度没有影响。

关键词 桥梁工程 稳定性 设计参数

一、引 言

蝴蝶拱桥其显著的特点就是外倾式的拱肋,这种桥型由于其美观新颖的外形多被用于城市景观桥梁,如:英国的蝴蝶桥,挪威的罗瑟海斯隧道桥,日本的羽田机场桥,以及正在建设中的由著名设计大师林同炎先生设计的南宁大桥。由于蝴蝶拱桥拱肋违反常规的外倾式设计,其横向稳定性就成了设计者必须要重点考虑的问题。国内对于拱桥的稳定性作了许多研究,但人多集中于近年来修建较多的内倾式拱肋钢管混凝土提篮拱桥,对于外倾式拱肋的蝴蝶拱桥的稳定性,国内外的研究很少。本文以一座 80m 跨径钢箱拱肋蝴蝶拱桥为工程背景,运用空间分析程序对其进行稳定性分析,试图找到稳定系数与各种设计参数(拱肋外倾角度、拱肋刚度、横梁刚度、吊杆布置形式)之间的关系。

二、基 本 原 理

结构失稳有两种性质根本不同的失稳形式,即分枝点失稳和极值点失稳,对应着两种分析方法:第 1 类为线弹性最小特征值屈曲问题,用于确定一个理想弹性结构的理论屈曲强度;第 2 类为极值点问题,即考虑了结构几何非线性和材料非线性情况下的极限承载力问题[1~3]。第 1 类稳定问题无论在理论分析中还是在工程应用上都占有重要的地位,这不仅是由于第 1 类稳定问题的力学概念比较明确,在数学上可归结为特征值问题,因而求解相对较容易,更重要的是因为第 1 类和第 2 类稳定问题有着良好的相关性，往往代表着第2类稳定问题的上限，所以工程中通常以第1类稳定问题的计算结果作为设计的依据。线性屈曲主要特点是在结构未变形位置建立结构总体弹性刚度阵和几何刚度阵，最后把稳定分析转化为求解矩阵广义特征值问题。在临界载荷下，拱桥结构线性屈曲的平衡方程为：

$$K_d + \lambda K_g = 0 \tag{1}$$

式中：K_d——单元弹性刚度矩阵；

K_g——单元几何刚度矩阵；

λ——特征值。

式(1)在数学上表现为广义特征问题，应用各种迭代方法，如逆矢量迭代法、子空间迭代法等都可以很方便地求解。

三、分 析 思 路

1. 工程概况

该桥为西安市某在建桥梁，主跨跨径80m，桥宽29.5m，矢跨比为1/3.6；拱肋采用钢箱梁变截面拱肋，由跨中的1.5m×1.8m(高×宽)渐变至拱脚3.0m×3.2(高×宽)；拱肋向外倾斜20°，拱肋的拱脚固结在下部结构中，在加劲梁与拱肋交接处设置钢横梁连接上、下游两侧拱肋，作为加劲梁在两端的支撑结构，同时增强蝴蝶拱结构的横向稳定；钢箱梁由正交异性钢板组成。全桥设置2×14根吊杆，初始张拉力为340kN。

2. 有限元仿真模型的建立

为了分析该桥的稳定性，采用有限元程序ANSYS对该桥进行结构分析计算。变截面拱肋及拱肋横梁采用空间梁单元(BEAM189)进行模拟，钢箱梁运用梁格法采用空间梁单元(BEAM44)进行模拟，吊杆采用只受拉空间杆单元(LINK10)模拟。计算采用的材料常数根据桥梁设计规范确定，几何常数根据桥梁设计图纸确定。仿真模型见图1。

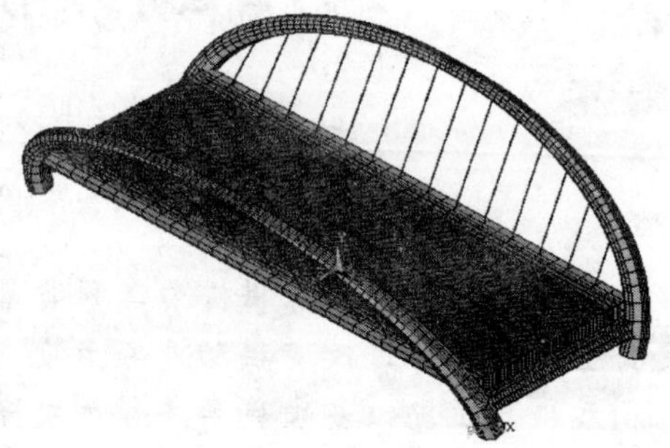

图1 仿真模型

3. 荷载工况

对于该工程背景桥梁来说，其面内刚度较大，一阶失稳模态全部都属于面外失稳。在计算中考虑裸拱及成桥后运营阶段的稳定性，稳定计算按以下几种可能的不利工况进行：

(1)裸拱在恒载作用下。

(2)成桥状态恒载作用下。

(3)成桥状态恒载＋城市A级活载作用下。

(4)成桥状态恒载＋上游测满布活载作用下。

四、分 析 结 果

分别在工况1至工况4对模型进行线弹性稳定性分析，得到表1中所列的稳定性安全系数。图2为各失稳模态图形。

各工况一阶失稳特征值　　表1

工　况	工况1	工况2	工况3	工况4
一阶失稳特征值	151.253	47.104	35.400	40.174
一阶失稳模态描述	面外对称侧倾失稳			

可以看出，各工况所有一阶失稳模态均为面外对称侧倾失稳，并且前几阶失稳模态均为面外失稳，说明这种外倾式拱肋面内刚度可以得到保证，决定其失稳是供肋的面外刚度。成桥以后的稳定系数较裸拱

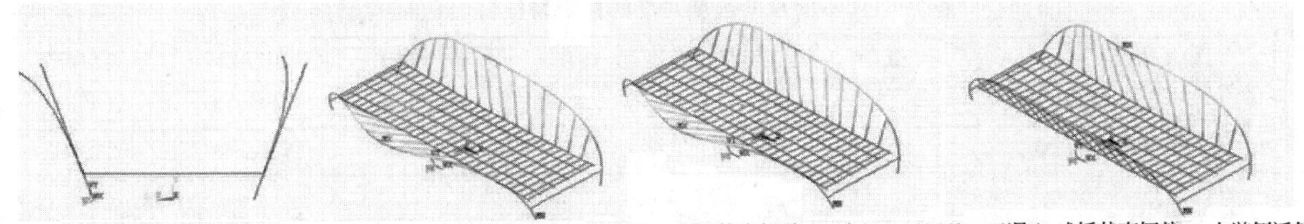

工况 1：裸拱恒载　工况 2：成桥状态恒载　工况 3：成桥状态恒载 + 城市 A 级活载　工况 4：成桥状态恒载 + 上游侧活载

图 2 各工况失稳模态图形

时有了明显下降，从 151.253 变到了 47.104；在活荷载作用下稳定系数变化不是很大，从 47.14 变到了 35.4。可见活载对桥梁稳定性的影响不是主要的，主要的是桥梁本身的结构与自重。

各设计参数对稳定性的影响

对于这类蝴蝶拱桥来说，设计参数（如：拱肋的外倾角度、拱肋刚度、横梁刚度、吊杆间距等）对稳定性有着不同程度的影响，对于设计者来说，掌握这些设计参数与全桥稳定性的关系，能够起到优化设计的作用。本文针对以上提出的这些设计参数，对工程背景桥梁进行理论分析，给出了不同设计参数对桥梁稳定性的影响。

1. 拱肋外倾角度的影响

蝴蝶拱桥的拱肋外倾角度是重要的设计参数，外倾角度不仅影响全桥的景观效果而且对结构的横向稳定性起着重要作用。背景工程桥梁外倾角度采用 20°，本文以 20°为中心，分别取 14°、17°、20°、23°、26°、29°的外倾角度对全桥恒载工况以及恒载＋活载工况进行稳定性分析。所得的计算结果如表 2。

不同拱肋外倾角对应的失稳特征值　表 2

拱肋外倾角度		14°	17°	20°	23°	26°	29°
一阶失稳特征值	恒载工况	47.311	47.242	47.104	46.370	45.959	45.358
	恒载＋活载工况	35.810	35.642	35.400	34.778	34.301	33.668

由表 2 可以看出随着拱肋外倾角度增大，结构一阶失稳特征值相应降低，但由于该桥设计整体刚度大，拱肋的刚度对稳定性起了决定性的作用。拱肋的外倾角度引起的稳定性能的降低不是很明显，从 14°～29°一阶失稳特征值降低了 6%。

2. 拱肋刚度的影响

拱肋的刚度由所选钢材的类型以及设计拱肋截面的表面积所决定，本文以原设计拱肋刚度为基准，分别将拱肋刚度提高 1.2、1.4、1.6、1.8、2.0 倍对全桥进行线性屈曲分析，计算得到的稳定系数见表 3。

不同拱肋刚度对应的失稳特征值　表 3

拱 肋 刚 度		EI	1.2EI	1.4EI	1.6EI	1.8EI	2.0EI
一阶失稳特征值	恒载工况	47.104	56.258	65.362	74.419	83.430	92.396
	恒载＋活载工况	35.400	42.248	49.055	55.822	62.550	69.241

由表 3 可以看出拱肋的刚度对整体稳定性起了巨大的贡献，随着拱肋刚度的提高，结构一阶失稳特征值变化较大，当拱肋刚度提高到原来的 2 倍时，一阶失稳特征值提高了 95%。

3. 横梁刚度的影响

蝴蝶拱桥只在拱桥处有一道横梁用以增强两拱肋间的横向联系，提高整体稳定性，横梁的刚度对全桥的稳定性有一定影响，以设计横梁刚度为基准，分别将横梁刚度提高 1.2、1.4、1.6、1.8、2.0 倍对全桥进行线性屈曲分析，计算得到的稳定系数见表 4。

不同横梁刚度对应的失稳特征值 表4

横梁刚度		EI	1.2EI	1.4EI	1.6EI	1.8EI	2.0EI
一阶失稳特征值	恒载工况	47.104	47.174	47.231	47.278	47.319	47.354
	恒载＋活载工况	35.4	35.443	35.481	35.513	35.568	35.616

由表4可以看出，随着端横梁刚度的增加，对结构整体稳定性的贡献不大，主要是因为这种蝴蝶拱桥不同于拱顶带横撑的提篮拱桥，提篮拱桥的横撑与K撑可以很好的与拱肋形成框架结构，提高结构整体稳定性。蝴蝶拱桥只在拱肋拱脚附近设一道横梁，无法限制拱顶的横桥向位移，对于抵抗结构的侧向失稳贡献不大。

4. 吊杆布置形式的影响

不同的吊杆布置形式对单片拱肋面内刚度有所影响，但对于结构面外刚度的影响不大。本文采用图3所示的三种吊杆布置形式进行全桥稳定性分析。计算结果见表5。

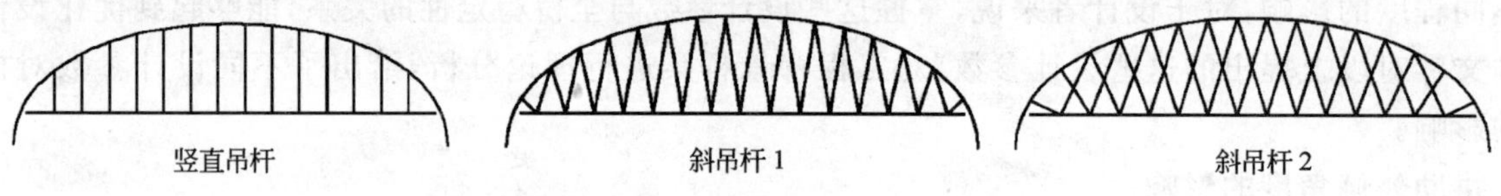

图3 吊杆布置形式

不同吊杆布置形式对应的失稳特征值 表5

吊杆	一阶失稳特征值		失稳模态描述
	恒载工况	恒载＋活载工况	
竖直吊杆	47.104	35.400	面外对称侧倾失稳
斜吊杆1	45.974	34.705	面外对称侧倾失稳
斜吊杆2	43.217	32.432	面外对称侧倾失稳

不同吊杆布置形式对应的最低阶面内失稳特征值 表6

吊杆	最低阶面内失稳特征值	失稳阶次	失稳模态描述
竖直吊杆	144.951	8阶	面内反对称失稳
斜吊杆1	198.913	11阶	面内反对称失稳
斜吊杆2	204.956	11阶	面内对称失稳

由表5和表6可知，斜吊杆与网状斜吊杆提高的只是拱肋的面内刚度，查找最低阶拱肋面内失稳特征值可以看出，采用斜吊杆结构的最低阶面内失稳特征值远远大于直吊杆。但吊杆的布置形式对拱肋的面外刚度没有贡献，并且由于采用斜吊杆后吊杆数目增加，增加了结构自重，使得一阶失稳特征值有所降低。

蝴蝶拱作为一种设计新颖的桥型，其外倾的拱肋以及不同于提篮拱桥拱顶不设置横撑的设计使其横向稳定性成了设计施工中关心的问题。本文通过有限元程序分五个工况对工程背景桥梁进行了稳定特征值分析，并分析了各设计参数(拱肋外倾角度、拱肋刚度、端横梁刚度以及吊杆布置形式)对结构稳定性的影响。

五、结　语

通过对工程背景桥梁进行有限元特征值屈曲分析，可以得到以下结论：

(1)该桥在成桥后各工况下的稳定系数在35.4～47.104之间，说明该桥刚度较大，在成桥运营阶段的稳定安全性是有保证的。

(2)所有失稳模态均为面外失稳,说明该类桥型的面外刚度要小于面内刚度。吊杆的布置形式改变的只是拱肋的面内刚度,对于侧向的稳定性没有贡献。

(3)拱肋外倾角度的变化对结构侧向稳定性影响不大,决定因素还是拱肋的刚度。

(4)拱肋刚度的提高对于结构稳定性能有着巨大的改善,当拱肋刚度提高到原来的2倍时,结构的一阶失稳特征值提高95%。端横梁的刚度对结构的稳定性影响不大。

参考文献

[1] 李国豪.桥梁结构稳定与振动[M].北京:中国铁道出版社,1992.

[2] 邱文亮.钢管混凝土拱桥拱肋侧倾角对稳定性影响的研究[J].公路交通科技,2004,21(4):53-55.

[3] 王均利,贺拴海.高墩大跨径弯桥在悬臂施工阶段刚构的非线性稳定分析[J].交通运输工程学报,2006,6(2):30-34.

148.飞燕式钢管混凝土系杆拱桥边拱形式探析

高云峰[1] 黄 福[1] 叶元芬[2]

(1.中交第二公路勘察设计研究院有限公司;2.重庆交通大学)

摘 要 拱桥是一种极具美学价值的桥梁形式,在我国又有着深厚的文化基础,飞燕式钢管混凝土系杆拱桥以其自身优点往往在城市桥梁中受到青睐。在已建的飞燕式钢管混凝土系杆拱桥中,边拱拱肋多为钢筋混凝土结构,如设计不当容易在施工阶段出现开裂现象,影响到结构的耐久性、安全性。文章通过简化分析,得出了恒载作用下边拱的简化基本平衡方程,为边拱的截面参数选取提供参考;针对具体工程实例,给出了边拱的两种优化方案,并运用有限元分析进行结构验算,结果表明两方案均能满足强度要求。

关键词 飞燕式钢管混凝土拱桥 边拱 有限元 设计优化

一、引 言

飞燕式钢管混凝土系杆拱桥,是带悬臂半跨的中承式钢管混凝土刚架系杆拱桥,它的两边跨为半跨悬臂上承式拱、主跨为中承式钢管混凝土拱,通过锚固于两边跨端部的拉索来平衡主跨大部分水平推力,也有称自平衡式或自锚式拱桥。主跨一般为一跨,与两半拱边跨构成三跨连续结构。飞燕式桥型通过张拉系杆以平衡主拱所产生的大部分水平推力,大大降低了平原地区或软基地区拱桥的下部与基础的工程量与造价。同时,这种桥型造型美观,因此受到人们的喜爱。

在已建的飞燕式钢管混凝土系杆拱桥中,边拱拱肋多为钢筋混凝土结构,较少采用钢管混凝土结构。钢筋混凝土边拱肋的截面形式多为箱形,但有时由于边跨布置空间的限制,使得边孔跨径较小,为了提高边拱拱肋的恒载集度而将边拱肋做成实体式,如东莞水道桥。通过调查发现,个别边拱拱肋采用钢筋混凝土结构的桥梁,在施工过程中边拱拱脚截面或设有临时支墩截面容易出现开裂现象,影响结构的耐久性、安全性。

二、计 算 分 析

飞燕式钢管混凝土系杆拱桥的特点是主跨为中承式拱,跨径较大,矢跨比较大;边跨为上承式半拱,跨径较小,矢跨比较小;边跨的荷载集度比主跨大。结构的这些特点,为利用边跨通过系杆来平衡主跨的水平推力创造了条件。此外,还有边跨端部的端横梁,既是飞燕式拱桥与引桥联系、各拱肋联结和拉索锚固的需要,同时也是平衡主跨水平推力的一个十分有利条件。

对于边跨采用钢筋混凝土结构的钢管混凝土系杆拱桥，如果边跨的端部没有支承，只有系杆的水平力，它外形即是一个从拱顶取隔离体的半拱，但其结构体系为一个悬臂（曲）梁，在恒、活载作用下，根部将产生很大的负弯矩。同时，在系杆力作用下以及温降影响，边跨端部将可能产生上翘。因此，飞燕式拱桥边跨的端部是有支承的，并且往往在端部施加了一个较大的集中力 P，这个力由强大的端横梁提供，有时在端横梁自重不够时，还将引桥压在边跨端横梁上。所以，飞燕式拱桥的边跨并不是真正意义上的半拱，它是一根一端固结、一端简支的曲梁，因其外形似拱，习惯上仍将边跨的结构按拱来称呼，称其为边拱肋，而不是边梁或边曲梁。

边跨钢筋混凝土拱肋的施工基本上采用支架现浇，当主跨合龙后张拉部分系杆，边跨脱架。在施工加载过程中，边跨端部的支座反力随恒载的不断增加和系杆力的张拉处于不断变化之中。所有恒载施加完，边跨支座不仅不应脱空，而且还应储备有相当大的支座反力，以防止在系杆力作用以及温降影响下，边跨端部的上翘。

为简化分析，假定在恒载作用下，边跨端部的支座反力与端横梁的自重相等。在系杆水平拉力的作用下，边跨拱脚的弯矩最大，拱脚下缘混凝土容易开裂。为使边拱受力合理，假定边拱拱脚的弯矩为零，这样边拱的受力就与一个半跨三铰拱的受力相同，如图1所示。

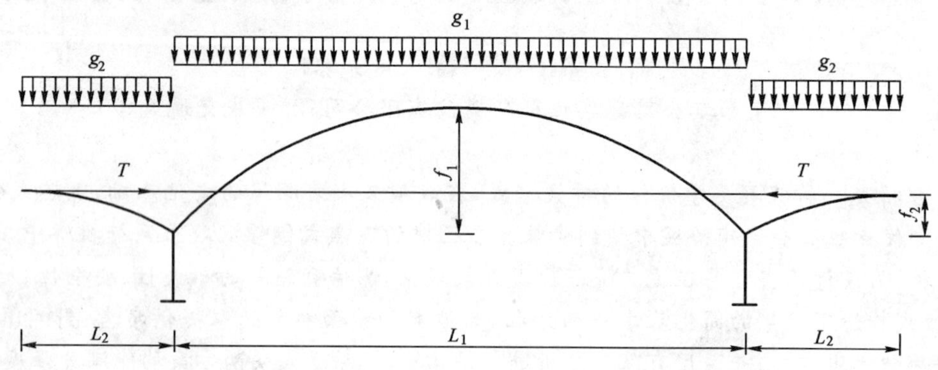

图1　边拱的简化计算图式

令边拱拱脚的弯矩为零，可得：

$$\Delta M_0 = T \cdot f_2 - \frac{g_2 \cdot L_2^2}{2} = 0 \tag{1}$$

式中：ΔM_0——边拱拱脚截面弯矩；

T——系杆拉力；

f_2——边拱矢高；

L_2——边跨跨径；

g_2——边拱恒载集度。

式(1)给出了三跨飞燕式拱桥恒载作用下，边拱简化计算的基本平衡方程。在初步设计时，可根据工程经验与已建桥梁的资料，确定某些变量，然后应用式(1-1)确定另一些变量。显然，由于飞燕式拱桥的结构较为复杂，影响参数多，它比一般拱桥的结构拟定要复杂、更需要经验。

三、工 程 实 例

云南某三孔 40m＋150m＋40m 飞燕式钢管混凝土系杆拱桥，主跨矢跨比为 1/4.5，边跨矢跨比为 1/7.78，主拱肋采用钢管混凝土空间桁架结构，每肋为 4-ϕ700 钢管混凝土构件，以钢管腹杆连接上、下弦杆形成桁架拱片，用缀板平联将两片桁片连接为一整体，形成一条拱肋，主拱共两条拱肋，拱轴线采用悬链线，拱轴系数 $m=1.28$。边拱为主拱的平衡孔，拱肋为半跨 40m 拱形结构，采用钢筋混凝土实心断面，截面尺寸为 2.0m×2.5m。主拱钢管拱肋架设采用缆索吊装方法进行，钢筋混凝土边拱肋采用有支架现浇施工，图2为边拱肋成型后的照片。

该桥在施工过程中，边拱拱脚截面出现了开裂现象，这说明原设计仍然有优化空间。大桥在恒载作用下系杆水平拉力为 2.85×10^4kN，应用式(1)可以估算出边拱的恒载集度 g_2 为 366kN/m。边拱横梁、立柱、桥面板以及桥面铺装换算成边拱恒载集度为 140kN/m，即边拱拱肋的恒载集度约为 226kN/m。

上述计算是在边拱端横梁与边墩支反力相等的假定下给出的，实际上边跨的恒载自重也有一部分由边墩承担，由此边跨自重对拱脚所产生的负弯矩要小于 $g_2\times L_2^2/2$，因此实际的边跨拱脚负弯矩要比式(1)计算出来的小。所以，应用式(1)作为设计中的参数估算是可行的。

本文采用以下两种优化方案，并通过有限元结构分析进行验算：

图 2 边拱拱肋现浇完成

(1)边拱拱肋仍采用常用的钢筋混凝土实心矩形截面，截面尺寸根据上节叙述以及本节计算拟为 3.6m×2.5m(高×宽)，原设计为 2.5m×2m，优化后边拱拱肋恒载集度为 225kN/m。

(2)边拱拱肋采用钢箱内添混凝土形式，钢板厚 0.01m，混凝土尺寸与原设计相同，为 2.5m×2m(高宽)。

两种优化方案均采用有限元程序 MIDAS 6.71 进行施工阶段分析。钢管混凝土拱桥采用自架设施工方法，主拱圈是逐步形成的，因而各部分受力先后不一，故施工阶段的受力分析，采用“应力叠加法”计算各阶段应力。建模时采用 MIDAS 中特有的钢管混凝土组合截面模拟主拱，除柔性吊杆采用只受拉的索单元模拟，其余均以空间梁单元模拟建模，桥面板与桥面铺装以外荷载形式作用于结构上，偏安全的不考虑其参与结构受力，系杆力近似地按各阶段张拉力作为水平力作用于端横梁上。模型考虑桩土共同作用，地基的水平抗力用 m 法计算。全桥有限元模型见图 3。表 1、表 2 列出了在主要施工阶段中两种优化方案的计算结果。

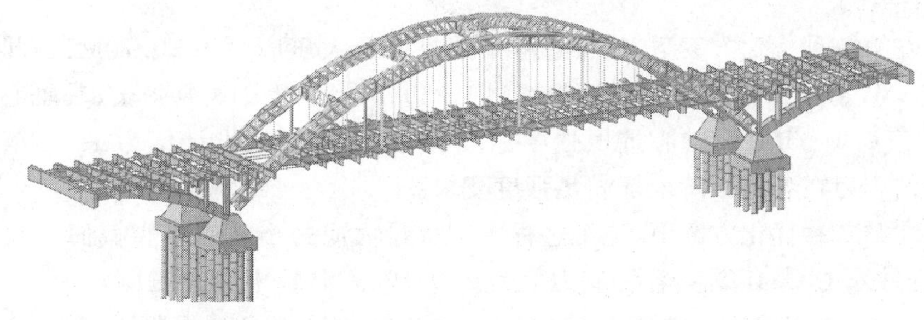

图 3 全桥有限元模型

边拱采用第一种优化方案下主要截面应力(单位:MPa)　表1

计算截面 \ 施工阶段		边拱肋浇注后	吊杆横梁、立柱横梁安装后	桥面板安装后	二期恒载后
拱脚	上缘	0.30	0.80	1.24	1.43
	下缘	−0.53	−5.00	−7.45	−10.70
跨中	上缘	0.71	−1.69	−2.80	−4.58
	下缘	−0.78	−1.03	−2.74	−3.26
第一支墩	上缘	0.67	−1.72	−2.59	−5.12
	下缘	−0.73	−2.32	−3.15	−2.41
第二支墩	上缘	1.63	−1.46	−2.88	−4.19
	下缘	−1.75	−2.44	−3.18	−3.97

注:应力值以拉为"+",以压为"−"。

边拱采用第二种优化方案下主要截面应力(单位:MPa)　表2

计算截面 \ 施工阶段		边拱肋浇注后	吊杆横梁、立柱横梁安装后	桥面板安装后	二期恒载后
拱脚	混凝土上缘	0.33	−2.89	−5.23	−1.17
	混凝土下缘	−1.41	−1.14	−1.64	−9.76
	钢板上缘	33.6	19.3	−24.7	22.7
	钢板下缘	−57.7	−59.2	−65.9	−148
跨中	混凝土上缘	−0.30	−1.55	−2.70	−8.48
	混凝土下缘	−0.58	−2.10	−3.75	−1.10
	钢板上缘	3.07	−11.5	−23.4	−84.0
	钢板下缘	−19.7	−37.0	−53.9	−32.3
第一临时支墩	混凝土上缘	0.04	−1.96	−3.53	−8.44
	混凝土下缘	−0.91	−1.79	−2.77	−0.75
	钢板上缘	11.1	−12.0	−28.1	−78.6
	钢板下缘	−26.7	−38.6	−49.5	−30.4
第二临时支墩	混凝土上缘	0.17	−1.49	−2.80	−7.98
	混凝土下缘	−1.09	−2.19	−4.23	−1.00
	钢板上缘	31.3	13.7	5.57	−64.1
	钢板下缘	−48.8	−62.8	−83.3	−53.0

注:应力值以拉为"+",以压为"−"。

由表1可知,在第一种优化方案下,施工过程中边拱肋最大压应力为10.70MPa(拱脚截面下缘处),最大拉应力为1.63MPa(第二临时支墩截面上缘处)。边拱肋采用C40混凝土,其轴心抗拉强度标准值为2.40MPa、设计值为1.65MPa,轴心抗压强度标准值为26.8MPa、设计值为18.4MPa。因此,在本优化方案下,边拱肋的应力在各施工阶段都满足强度要求。

由表2可知,在第二种优化方案下,施工过程中钢板最大应力出现在拱脚截面下缘处,为148.0MPa(压应力)。拱肋钢材采用Q345C,其容许应力值为200MPa。混凝土最大压应力为9.76MPa(拱脚截面下缘处),最大拉应力为0.33 MPa(拱脚截面上缘处)。边拱肋采用C40混凝土,其轴心抗拉强度标准值为2.40MPa、设计值为1.65MPa,轴心抗压强度标准值为26.8MPa、设计值为18.4MPa。因此,在本优化方案下,边拱肋的应力在各施工阶段都满足强度要求。

四、结 语

(1)三跨飞燕式系杆拱桥在恒载作用下边拱的简化平衡方程：

$$\Delta M_0 = T \cdot f_2 - \frac{g_2 \cdot L_2^2}{2} = 0$$

(2)针对云南某飞燕式钢管混凝土系杆拱桥，提出了两种优化方案。通过结构分析表明，两方案均能满足要求，达到优化设计的目的，同时也为此类桥型边拱形式的选取提供了参考。

参考文献

[1] 高云峰.飞燕式钢管混凝土系杆拱桥施工阶段分析控制与动力性能研究[硕士论文D].重庆:重庆交通大学.2007.

[2] 陈宝春.钢管混凝土拱桥施工与设计[M].北京:人民交通出版社,1999.

[3] 刘爱荣,张俊平,赵新生等.某飞鸟式自平衡体系系杆拱桥拱座裂缝成因分析研究[J].桥梁建设.2005,(3):8～11.

149.钢管混凝土劲性骨架箱形拱桥几何非线性与稳定性分析

孙虎平[1] 尚 峰[2]

(1.陕西省公路勘察设计院;2.华杰工程咨询有限公司)

摘 要 本文结合工程实例，对上承式钢管混凝土劲性骨架箱形拱桥施工阶段的几何非线性与稳定性作了分析，比较了线性与非线性计算结果，探讨了影响该桥整体稳定安全系数的因素。

关键词 拱桥 几何非线性 稳定性 分析

钢管混凝土是由钢和混凝土组合而成的一种新型材料，因钢管的套箍作用而提高了管内混凝土的承载能力，由于其承载力高、延性好、施工方便等优点，而在建筑工程、地铁车站工程以及大跨度桥梁工程中得到广泛应用。钢管混凝土拱桥在我国发展很快，自1990年以来，已相继建成了100多座钢管混凝土拱桥及钢管混凝土劲性骨架箱形拱桥，其中跨度在100m以上的就有30多座，建成的钢管混凝土拱桥如四川巫山长江大桥跨径达460m，钢管混凝土劲性骨架箱形拱桥如四川万县长江大桥跨径达420m。

钢管混凝土的应用，使得拱桥的跨径迅速增大，跨越能力提高。随着跨径的增大，拱的刚度随之减小，拱的稳定性问题非常突出，在有些情况下，甚至决定了整座桥的设计与施工。对于大跨度钢管混凝土劲性骨架箱形拱桥的设计来说，保证其整体稳定性是十分关键的问题。

内力和位移特征是衡量桥梁结构性能的一个重要标志。因此，静力分析在桥梁的设计计算中是必不可少的工作，在一般桥梁的设计计算中，采用线性理论是完全可以的。然而，对于大跨度钢管混凝土劲性骨架箱形拱桥来说，线性计算的结果是否能满足精度要求，还不能预先得出结论。因此，非线性问题在大跨度钢管混凝土劲性骨架箱形拱桥的结构分析中是一个有待解决的问题。

一、非线性分析方法

线性分析的理论和方法是结构分析的基础，以矩阵位移法为基本方法的有限元法，其实质是通过建立并求解结构平衡方程组，以获得对结构的解。

几何非线性的基本特征是平衡方程必须相对于变形后的几何位置写出，而变形后的位置预先并不知道。这意味着在外力{F}和位移{d}之间的线性关系（{F}=[K]{d}）不再能适用。即使构件在满足虎克定律的情况下，由于挠度的存在，应变—位移方程内含有非线性项，导致叠加原理不能直接适用，这些项在计算刚度矩阵时必须计入，应对其刚度矩阵进行适当修正。这时，结构的总刚度矩阵[K]为弹性刚度矩阵$[K_o]$和几何刚度矩阵$[K_a]$之和。由于$[K_a]$的存在，结构的平衡方程

$$[K]\{d\} = \{F\} \tag{1}$$

成为非线性方程。

求解非线性问题的方法很多，但最基本的构思是按一系列的线性段来求解，因为这样做的好处是不要求大量修改适用于线性假定的求解技术，迭代方法已大量地应用于求解非线性问题。牛顿—拉菲逊(Newton—Raphson)方法由于计及一阶导数的值，故收敛较快，能适用于高度非线问题。但由于该方法的每次迭代都要重新组成新的切线刚度矩阵，故计算费用较大。而这一缺点可以由修正的牛顿—拉菲逊方法来弥补。该方法在全部迭代中利用切线刚度矩阵$[K_a]$，只是每次修正不平衡力。本文采用增量法和修正的牛顿—拉菲逊方法相结合的混合法。将每一施工步骤作为一次增量荷载，在该荷载增量内再进行迭代计算直至达到收敛精度。

二、稳定性分析方法

目前的稳定性分析有两种类型，一种是基于弹性特征值的稳定性分析，一种是基于非线性理论的稳定性分析。特征值稳定性分析是用来分析预测一个理想弹性结构的理论屈曲载荷，非线性稳定性分析是采用一种逐渐增加载荷的非线性静力问题来分析结构开始变得不稳定的临界载荷。本文基于特征值稳定性分析，采用子空间迭代法求解，可以同时得到若干组特征值和特征向量。虽然对于稳定问题，最关心的是临界荷载值及第一屈曲模态，然而当第一特征值与第二特征值较接近时，同时求出第二屈曲模态对稳定设防也具有参考意义。

1. 特征值稳定性分析

结构的平衡方程为

$$([K_o]+[K_a])\{d\} = \{F\} \tag{2}$$

由上式可得

$$\{d\} = ([K_o]+[K_a])^{-1}\{F\} \tag{3}$$

令

$$\{F\} = \lambda\{F^*\} \tag{4}$$

式中：λ——常数；

$\{F^*\}$——代表外荷载的相对值所组成的列向量。

当荷载增加λ倍时，几何刚度矩阵也增加λ倍，$[K_a]$可写为

$$[K_a] = \lambda[K_a^*] \tag{5}$$

式中：$[K_a^*]$——与$\{F^*\}$相应的几何刚度矩阵。

将式(4)和式(5)代入 (3)得到：

$$\{d\} = ([K_o]+\lambda[K_a^*])^{-1}\lambda\{F^*\} \tag{6}$$

上式中的逆矩阵等于其伴随矩阵除以系数的行列式$|[K_o]+[K_a^*]|$，当这个行列式等于零时，位移{d}将趋向于无穷大，此时结构就丧失了稳定性。即

$$|[K_0]|+[K_a^*] = 0 \tag{7}$$

式(7)就是稳定问题的特征方程。从方程(7)可求得λ的最低值λ_1，设k为稳定系数，屈曲荷载可由下式给出

$$\{F\}k = \lambda_1\{F^*\} \tag{8}$$

2. 几何非线性稳定性分析

考虑几何非线性后，结构的总体平衡方程可写为

$$([K_o] + [K_a] + [K_L])\{d\} = \{F\} \tag{9}$$

式中：$[K_o]$——位移弹性刚度矩阵；

$[K_L]$——初位移刚度矩阵；

$[K_a]$——初应力刚度矩阵；

$\{F\}$——等效节点荷载；

$\{d\}$——节点位移。

3. 双重非线性稳定性分析

双重非线性稳定性分析就是同时考虑几何非线性和材料非线性的稳定性分析，其中关键是材料非线性中正确地选取材料的本构关系。双重非线性稳定性分析时，结构的总体平衡方程同式(9)，只是其中的$[K_o]$为弹塑性刚度矩阵。

三、工 程 实 例

某跨汉江大桥是包头至茂名高速公路陕西境安康至陕川界段上的一座特大型桥梁。该桥为一跨上承式钢管混凝土劲性骨架箱形拱桥(图 1)，截面型式为单箱三室(图 2)，截面高为 6.0m、宽为 17.6m，净跨径为 330m，矢跨比为 $f_o/L_o=1/5.5$，拱轴线型为悬链线，拱轴系数 $m=1.588$。车辆荷载等级为公路—I 级，桥梁宽度为双向四车道总宽 24.5m。主桥下部采用大开挖明挖基础。

钢管劲性骨架高 5.45m、宽 16.8m，拱圈劲性骨架由五桁片组成，每桁片的上下弦采用直径 426mm、壁厚 16mm 的钢管，腹杆和桁片之间的上下平联采用角钢组合的 H 形断面。角钢尺寸采用 100×100×10mm，四个为一组，每段长约 80cm 设一处加强板。拱脚处斜撑角钢适当加大。钢管内灌注掺有微膨胀剂的 C60 混凝土(图 3)。

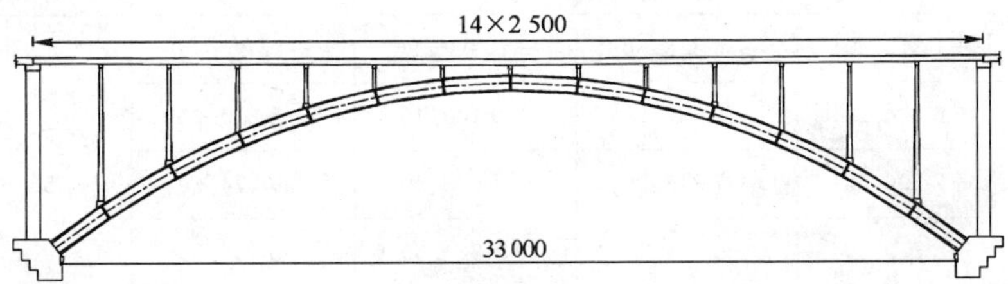

图 1 主桥总体布置图(尺寸单位：cm)

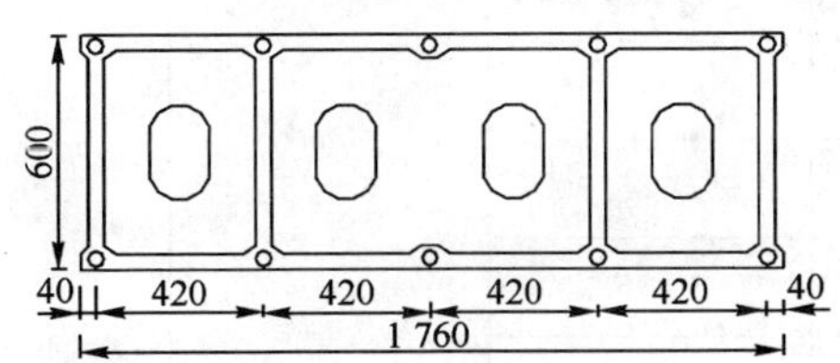

图 2 主拱圈横断面构造图(尺寸单位：cm)

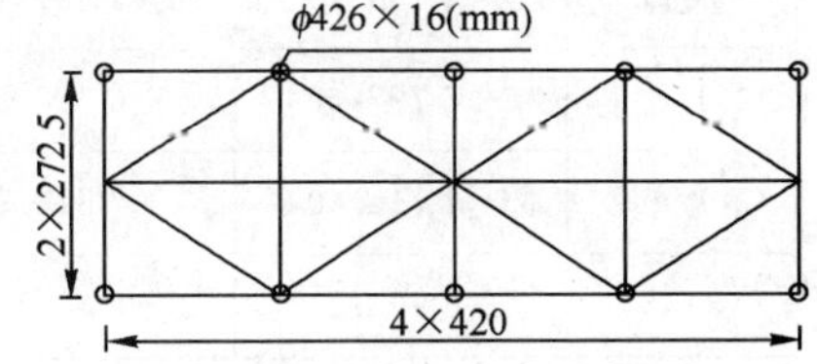

图 3 钢骨架横断面构造图(尺寸单位：cm)

1. 线性与非线性分析结果比较

线性与非线性计算均按施工状态进行，线性分析采用叠加原理，但考虑了各施工状态结构刚度的变化，非线性分析采用增量法与修正 Newton—Raphson 方法相结合的混合法进行，在分析时考虑了各施工状态结构刚度的变化、坐标改变以及几何刚度矩阵的影响。本桥采用通用程序 ANSYS 空间建模计算。

表 1 给出了从钢管拱劲性骨架合拢开始至主拱圈形成整个施工过程结束后结构的内力、位移线性与

非线性分析结果。

施工过程结构内力、拱顶竖向位移线性与非线性计算结果 表1

阶段	位置	上弦管轴力(kN)		下弦管轴力(kN)		拱顶位移(cm)	
		计几何非线性	不计非线性	计几何非线性	不计非线性	计几何非线性	不计非线性
钢管拱骨架合拢	拱脚	−929.18	−914.82	−1 307.90	−1 317.00	12.53	12.36
	1/8	−930.59	−934.78	−1 240.50	−1 230.20		
	1/4	−1 018.20	−1 019.60	−1 014.20	−1 006.40		
	31/8	−1 114.60	−1 106.40	−816.89	−818.67		
	拱顶	−1 154.20	−1 141.90	−754.26	−760.05		
钢管混凝土	拱脚	−1 669.20	−1 626.20	−2 291.10	−2 318.60	22.39	21.88
	1/8	−1 635.70	−1 648.10	−2 205.40	−2 174.90		
	1/4	−1 798.40	−1 802.40	−1 802.00	−1 778.80		
	31/8	−1 981.60	−1 957.60	−1 440.60	−1 445.10		
	拱顶	−2 055.20	−2 019.50	−1 326.10	−1 342.30		
浇筑底板外包混凝土	拱脚	−6 973.20	−6 628.10	−9 071.30	−9 294.80	54.99	52.49
	1/8	−6 246.50	−6 357.70	−8 573.40	−8 326.70		
	1/4	−6 875.40	−6 915.20	−7 015.20	−6 829.30		
	31/8	−7 663.10	−7 469.80	−5 523.30	−5 564.40		
	拱顶	−7 977.70	−7 684.50	−5 041.20	−5 178.80		
浇筑下腹板外包混凝土	拱脚	−7 313.90	−6 878.50	−10 036.90	−10 265.30	58.53	55.52
	1/8	−6 524.20	−6 666.20	−9 100.40	−8 825.00		
	1/4	−7 296.60	−7 348.10	−7 508.50	−7 274.60		
	31/8	−8 279.60	−8 034.70	−5 924.60	−5 966.20		
	拱顶	−8 697.90	−8 314.20	−5 392.60	−5 560.30		
浇筑上腹板外包混凝土	拱脚	−8 154.70	−7 601.70	−10 985.40	−11 232.80	62.75	59.13
	1/8	−6 797.60	−6 978.20	−9 715.70	−9 420.40		
	1/4	−7 744.40	−7 816.90	−8 104.70	−7 785.90		
	31/8	−8 993.10	−8 687.60	−6 397.10	−6 405.20		
	拱顶	−9 538.70	−9 047.30	−5 777.80	−5 976.50		
浇筑顶板外包混凝土	拱脚	−9 435.10	−8 781.60	−12 507.70	−12 793.40	68.11	63.91
	1/8	−7 378.70	−7 570.90	−10 617.10	−10 316.90		
	1/4	−8 446.10	−8 519.00	−8 965.60	−8 542.30		
	31/8	−9 967.70	−9 575.50	−7 056.60	−7 032.10		
	拱顶	−10 620.50	−10 011.70	−6 279.10	−6 556.00		

由表1可以看出，本桥位移和内力的线性与非线性计算结果比较接近，但随着施工阶段的变化而逐渐增大，线性分析的误差位移最大为6.57%，轴力误差最大为7.44%，在拱脚处相对误差较大。

结论：对于本桥，线性分析的结果，能满足工程设计的需要，但非线性效应影响随着施工阶段的变化越来越明显，因此在设计中，应考虑几何非线性的影响。

2. 结构的整体稳定性

对上述330m钢管混凝土劲性骨架箱形拱桥施工各阶段的稳定性作了分析，采用通用程序ANSYS空间建模计算。

表2给出了从钢管拱劲性骨架合拢开始至主拱圈形成整个施工过程结束后结构的稳定性计算结果。

稳定性计算结果　　表2

阶段		稳定系数	失稳模态	阶段		稳定系数	失稳模态
1	钢管拱骨架合拢	18.962	面内反对称	7	主拱裸拱成形	19.729	面内反对称
2	钢管混凝土	10.136	面内反对称	8	立柱混凝土浇筑完成	7.608	面内反对称
3	浇筑底板外包混凝土	4.979	杆件压溃	9	恒载	12.175	面内反对称
4	浇筑下腹板外包混凝土	6.997	面内反对称	10	恒载＋全跨活载	6.588	面内反对称
5	浇筑上腹板外包混凝土	6.456	面内反对称	11	恒载＋半跨活载	7.33	立柱失稳
6	浇筑顶板外包混凝土	9.487	面内反对称				

从计算看出：

(1)结构钢管拱骨架合拢、钢管内混凝土灌注后其稳定安全系数均比较大，在钢管混凝土劲性骨架裸拱阶段结构是安全的。

(2)钢管混凝土劲性骨架裸拱在浇筑底板外包混凝土时，稳定安全系数最小，为4.979，但大于4，满足规范要求。

(3)结构在第一失稳模态未出现面外失稳，这说明结构宽跨比(本桥1/18.75)大于1/20时抗侧向屈曲能力强。

(4)该桥在运营阶段全跨活载时，稳定安全系数为6.588；在半跨活载时，稳定安全系数为7.33，出现了立柱失稳，但远大于4，结构在运营阶段是安全的。

参考文献

[1] J.S普齐米尼斯基，王德荣等译. 结构矩阵分析理论. 北京：国防工业出版社，1972.
[2] 唐家祥等. 结构稳定理论. 北京：中国铁道出版社，1989.
[3] 陈宝春. 钢管混凝土拱桥设计与施工. 北京：人民交通出版社，1999.
[4] 李国豪. 桥梁结构稳定与振动. 北京：中国铁道出版社，1992.

150. 圆钢管轻集料混凝土抗弯承载力计算

付中秋　彭昌宪　董亚东　吉伯海
(河海大学土木工程学院)

摘　要　进行了21根圆钢管轻集料混凝土的纯弯试验。将试验结果与相同参数条件下圆钢管普通混凝土的受弯承载力展开对比。此外，并通过数值拟和方法，获得了符合钢管轻集料混凝土抗弯承载力的预估计算公式。结果表明，钢管轻集料混凝土的抗弯承载力与钢管普通混凝土大致相当。通过系数调整得出的计算公式具有精度高，离散性好的特点，可以作为圆钢管轻集料混凝土抗弯承载力的预估计算公式。

关键词 圆钢管轻集料混凝土 纯弯试验 抗弯承载力 回归分析

一、引 言

钢管轻集料混凝土是在钢管内填充轻集料混凝土而形成的一种新型复合材料。它集轻集料混凝土和钢管混凝土的优势于一体，具有轻质高强，塑性好和施工方便等优点。钢管轻集料混凝土能应用于桥梁的墩台或上部结构中，在相同条件下，能保持与普通钢管混凝土构件同等的承载力[1]。在当前建筑结构向大跨、高耸方向发展的趋势下，钢管轻集料混凝土以其优异的力学性能必将具有广阔的应用前景。

目前国内外对钢管轻集料混凝土的研究尚处于起步阶段，有关钢管轻集料混凝土承载力性能的资料较少，仅有的一些研究只针对其轴心受压情况下的承载力计算[2][3]。而钢管轻集料混凝土抗弯承载力方面的研究不仅关系到钢管轻集料混凝土偏心受力构件承载力分析等后续研究，也关系到钢管轻集料混凝土的顺利推广应用。因此，通过试验分析，了解钢管轻集料混凝土抗弯承载力性能，并根据工程实际需要而提出一个精度高，离散性好的钢管轻集料混凝土抗弯承载力预估计算公式，已成为相关领域研究者所面临的一个急待解决的问题。

本文通过美国LRFD(1999)[4]、日本AIJ(1997)[5]、欧洲EC4(1994)[6]和中国《钢—混凝土组合结构设计规程》(DL/T 5085—1999)[7]、国家军用标准《战时军港抢修早强型组合结构技术规程》(GJB2001)[8]、《钢管混凝土技术规范》(DB J13—51—2003)[9]六种规范的相关计算公式，将21根钢管轻集料混凝土构件的抗弯承载力试验值与相同参数条件下钢管普通混凝土的抗弯承载力计算值进行横向对比。同时，考虑到实际工程中应用方便，通过参数调整最终提出了适合钢管轻集料混凝土的抗弯承载力预估公式。

二、钢管轻集料混凝土纯弯试验介绍

钢管轻集料混凝土纯弯试验在河海大学结构工程实验室进行。试验采用Q235直缝焊接钢管。混凝土为页岩陶粒轻质混凝土，表1中列出了试验中试件的参数及纯弯试验结果。

钢管轻集料混凝土试件基本参数及试验结果 表1

试件编号	$D\times t\times L$ (mm)	f_y (MPa)	f_{ck} (MPa)	M_u (kN·m)	备注
CFST-114-2.5-30-A				11.47	
CFST-114-2.5-30-B	114×2.5×1 200	298.5	31.3	11.75	四分点加载
CFST-114-2.5-30-C				12.02	
CFST-114-2.5-50-A				13.17	
CFST-114-2.5-50-B	114×2.5×1200	298.5	41.2	11.94	四分点加载
CFST-114-2.5-50-C				12.30	
CFST-114-3.8-30-A				14.72	
CFST-114-3.8-30-B	114×3.8×1 200	274.7	31.3	15.88	四分点加载
CFST-114-3.8-30-C				15.08	
CFST-114-3.8-50-A				17.56	
CFST-114-3.8-50-B	114×3.8×1 200	274.7	41.2	16.13	四分点加载
CFST-114-3.8-50-C				16.56	

续上表

试件编号	$D\times t\times L$ (mm)	f_y (MPa)	f_{ck} (MPa)	M_u (kN·m)	备注
CFST-165-2.5-30-A	165×2.5×1 200	298.5	31.3	20.72	四分点加载
CFST-165-2.5-30-B				22.96	三分点加载
CFST-165-2.5-30-C	165×2.5×1 500			21.48	三分点加载
CFST-165-3.8-30-A	165×3.8×1 200	274.7	31.3	37.81	四分点加载
CFST-165-3.8-30-B				36.93	三分点加载
CFST-165-3.8-30-C	165×3.8×1 500			37.90	三分点加载
CFST-165-3.8-50-A	165×3.8×1 200	274.7	41.2	37.80	四分点加载
CFST-165-3.8-50-B				40.08	三分点加载
CFST-165-3.8-50-C	165×3.8×1 500			38.70	三分点加载

注：表中符号 D、t、L 分别为钢管的外径，壁厚和长度；f_y 和 f_{ck} 分别为钢材屈曲强度和轻集料混凝土轴心抗压强度标准值；M_u 为试件抗弯承载力，根据文献[10]取钢管最大受拉应变为 10^{-2} 时所对应的弯矩值。

三、抗弯承载力比较分析

1. 钢管普通混凝土相关规范的抗弯承载力计算公式

本文拟采用具有代表性的或者是已被列入规范的钢管普通混凝土抗弯承载力计算公式进行计算分析。具体的表达式如下：

（1）美国 LRFD（1999）和日本 AIJ（1997）

$$M_u = Zf_y \tag{1}$$

式中：Z——钢管截面塑性抵抗矩。

（2）欧洲 EC4（1994）

$$M_u = f_y[A_s(D-2t-d_c)/2+Dt(t+d_c)] \tag{2}$$

式中：d_c——截面中和轴距受压区边缘距离。

（3）中国 DL/T5085－1999 和 GJB（2001）

$$M_u = \gamma_m W_{scm} f_{scy} \tag{3}$$

式中：$\gamma_m = -0.4047\xi + 1.7629\sqrt{\xi}$；

W_{scm}——构件截面抗弯模量；

$f_{scy} = (1.212 + B\zeta + C\zeta^2) f_{ck}$。

其中：$\xi = f_y A_s/(f_c A_c)$；

A_s 和 A_c——分别为钢管和混凝土的截面面积；

$B = 0.1759 f_y/f_{y,235} + 0.974$；$C = -0.1038 f_{ck}/f_{ck,20} + 0.0309$。

（4）中国 DBJ13－51－2003

$$M_u = \gamma_m W_{scm} f_{scy} \tag{4}$$

式中：$\gamma_m = 1.1 + 0.48\ln(\xi + 0.1)$；

W_{scm}——构件截面抗弯模量；

$f_{scy} = (1.14 + 1.02\xi) f_c$。

其中：$\xi = f_y A_s/(f_c A_c)$；

A_s 和 A_c——分别为钢管和混凝土的截面面积。

2. 钢管轻集料混凝土试验实测值与钢管普通混凝土规范计算值比较分析

承载力实测值与规范计算值的比较　(kN·m²)　　表 2

试件编号	实测平均值 $\overline{M}_u$	LRFD、AIJ		EC4(1994)		DL/T、GJB		DBJ	
		M_c	$M_c/\overline{M}_u$	M_c	$M_c/\overline{M}_u$	M_c	$M_c/\overline{M}_u$	M_c	$M_c/\overline{M}_u$
CFST114-2.5-30-A、B、C	11.75	8.20	0.698	11.28	0.960	12.94	1.102	10.25	0.873
CFST114-2.5-50-A、B、C	12.47	8.20	0.644	11.41	0.896	13.70	1.076	10.77	0.846
CFST114-3.8-30-A、B、C	15.23	11.08	0.743	15.12	1.014	17.02	1.142	14.14	0.949
CFST114-3.8-50-A、B、C	16.75	11.08	0.649	15.28	0.896	17.79	1.043	14.65	0.859
CFST165-2.5-30-A、B、C	21.72	17.52	0.831	24.44	1.158	29.36	1.391	22.61	1.072
CFST165-3.8-30-A、B、C	37.55	23.94	0.632	33.00	0.872	38.06	1.006	30.30	0.800
CFST165-3.8-50-A、B、C	38.86	23.94	0.626	33.40	0.873	40.41	1.056	31.86	0.833
平均值		0.689		0.953		1.117		0.890	
均方差		0.069 7		0.096 7		0.111 3		0.080 0	

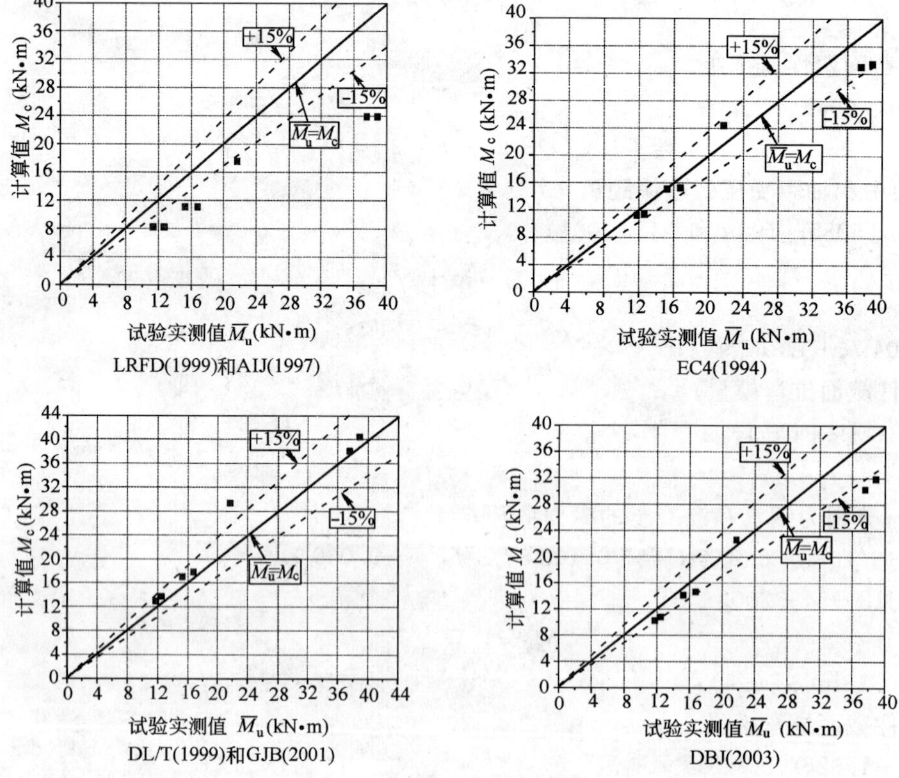

图 1　钢管轻集料混凝土抗弯承载力计算值和试验值比较

从表 2 和图 1 的比较结果可见，钢管轻集料混凝土与钢管普通混凝土抗弯承载力大致相当，相差均在±15%以内。其中美国 LRFD(1999)和日本 AIJ(1997)规范的计算值与试验实测值差距较大。这是因为在计算抗弯承载力时，规范忽略了混凝土对构件抗弯能力的贡献，仅考虑钢管的作用，计算结果比试验结果小 31.1%而偏于安全。

DBJ(2003)和 DL/T 5085—1999、GJB(2001)公式计算结果与试验实测值的误差保持在 15%以内。其中 DBJ 的计算值比试验值小 11.0%，而 DL/T 5085—1999、GJB(2001)的计算值比试验值大 11.7%。

在四组规范中，以欧洲 EC4 的相关计算结果与试验结果最为接近。计算值与试验实测值的误差相对较小，计算精度较高，数据离散性小。

四、抗弯承载力修正公式计算分析

钢管普通混凝土与钢管轻集料混凝土具有相同的构造形式，都是利用钢管与内填混凝土的相互作用使构件的力学性能得到极大改善。在承载力计算方面，两者必定具有一定相似性。但由于二者内填材料性能不同，以钢管混凝土抗弯承载力计算公式所得的计算值与钢管轻集料混凝土抗弯承载力真实值之间必然有一定的差距。在当前相关的钢管轻集料混凝土抗弯承载力计算公式尚未推出的情况下，出于工程需要，以试验实测数据为基础，通过对圆钢管普通混凝土抗弯承载力计算公式的系数调整，获得符合钢管轻集料混凝土性能的承载力预估计算公式，具有一定的可行性。

参照 GJB(2001)和 DBJ(2003)相关公式可知，抗弯承载力主要与折减系数 γ_m，构件截面抗弯模量 W_{scm} 和短柱轴压强度指标 f_{scy} 相关。由于抗弯模量 W_{scm} 只与试件截面几何尺寸有关，而钢管轻集料混凝土短柱轴压强度指标 f_{scy} 已由文献[1]提出，只需对折减系数 γ_m 进行系数调整便能提出有关钢管轻集料混凝土抗弯承载力的计算公式。

以试验实测数据为基础，进行回归分析得到 γ_m 的表达式为：

$$\gamma_m=-6.382\xi-5.365+13.223\sqrt{\xi}$$

因此，系数调整后所得的钢管轻集料混凝土抗弯承载力计算公式为：

$$M_u=\gamma_m W_{scm} f_{scy}=(-6.382\xi-5.365+13.223\sqrt{\xi})W_{scm}(f_y A_s+k_1 f_c A_c)/(A_s+A_c) \tag{5}$$

式中，$k_1=1+\sqrt{4-3\alpha^2}-1)\rho f_y/f_{ck}$，$\alpha=0.25+3.2\rho$；$\rho=4t/D$。

由图 2 和表 3 有关式(5)与 EC4 公式的精度对比不难看出，式(5)的计算值与实测值最为接近，计算精度高，离散性好。与 EC4 公式相比能更准确的反映钢管轻集料混凝土抗弯承载力，因此，建议将式(5)作为钢管轻集料混凝土抗弯承载力的预估计算公式。

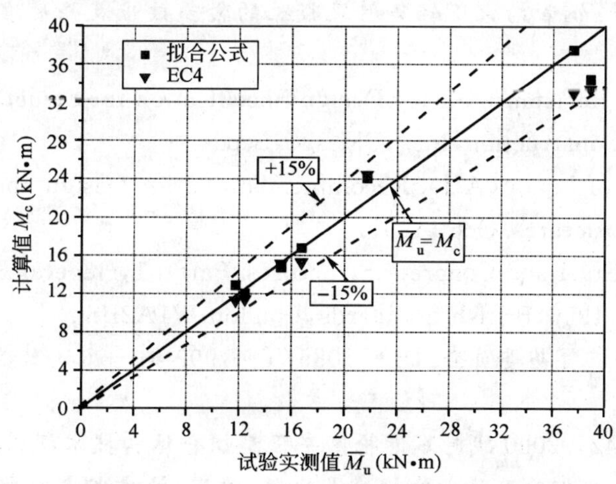

图 2 拟合公式与 EC4 的计算精度比较

拟合公式与EC4的计算精度对比　(kN·m²)　表3

试件编号	拟合公式		EC4(1994)	
	M_c	$M_c/\overline{M}_u$	M_c	$M_c/\overline{M}_u$
CFST114-2.5-30-A、B、C	12.89	1.10	11.28	0.960
CFST114-2.5-50-A、B、C	12.01	0.94	11.41	0.896
CFST114-3.8-30-A、B、C	14.74	0.99	15.12	1.014
CFST114-3.8-50-A、B、C	16.75	0.98	15.28	0.896
CFST165-2.5-30-A、B、C	24.07	1.14	24.44	1.158
CFST165-3.8-30-A、B、C	37.51	0.99	33.00	0.872
CFST165-3.8-50-A、B、C	34.42	0.90	33.40	0.873
平均值	1.006		0.953	
均方差	0.0789		0.0967	

五、结　语

(1)基于试验结果与各国规范中钢管普通混凝土抗弯承载力计算值的比较,钢管轻集料混凝土抗弯承载力与钢管普通混凝土大致相当。

(2)依据本试验研究结果,通过数值拟和提出的圆钢管轻集料混凝土抗弯承载力预估计算公式具有精度高,离散性好等特点,具有一定的适用性。

参考文献

[1] 吉伯海,王晓亮,马敬海,杨明.钢管高强轻集料混凝土短柱轴压性能的试验研究[J].建筑结构学报,2005,26(5):60-65.

[2] 杨明,周文杰,王晓亮,吉伯海.钢管高强陶粒混凝土短柱的轴压试验研究[J].哈尔滨工业大学学报(增刊),2005,172-174.

[3] 吉伯海,杨明,陈甲树等.钢管约束下轻集料混凝土的紧箍效应及强度准则.桥梁建设.2006年第4期,11-14.

[4] AISC(1994). Load and Resistance Factor Design Specification for Structural Steel Buildings. American Institute of Steel Construction, Inc. ,Chicago, Sep.

[5] Architectural Institute of Japan (AIJ). Recommendations for Design and Construction of Concrete Filled Steel Tubular Structures. Oct. ,1997.

[6] Eurocode 4. Design of Steel and Concrete Structures. Part1. 1, General Rules and Rules doe Building. DD ENV 1994-1-1:1996, British Standards, London W1A2BS.

[7] 中华人民共和国国家经济贸易委员会. DL—5085/T—1999 钢—混凝土组合结构设计规程.北京.中国电力出版社.1999.

[8] 国家军用标准. GJB 4142—2000 战时军港抢修早强型组合结构技术规程.解放军总后勤部,2001.

[9] 福州大学. DBJ13-51-2003 钢管混凝土结构技术规程.福州.福建省建设厅,2003.

[10] 韩林海.钢管混凝土结构-理论与实践[M].北京:科学出版社,2004.

151. 圆钢管轻集料混凝土抗弯性能的仿真分析

陈晶晶 彭昌宪 莫海峰 吉伯海
（河海大学土木工程学院）

摘 要 本文对圆钢管轻集料混凝土受弯构件进行了有限元分析，有限元计算极限荷载和弯矩—曲率关系曲线与试验结果吻合较好。另外采用该有限元方法对影响构件弯矩—曲率关系曲线的参数进行分析，主要包括：含钢率、钢材屈服强度和轻集料混凝土强度。有限元分析结果表明，含钢率是影响构件抗弯性能的主要因素，钢材屈服强度只影响构件的承载力，而轻集料混凝土强度对构件抗弯性能影响甚小。本文有限元分析方法可为进一步研究钢管轻集料混凝土构件力学性能作参考。

关键词 圆钢管轻集料混凝土 有限元 弯矩—曲率关系曲线

一、引 言

轻集料混凝土的最大特点就是在抗压强度与普通混凝土相同的条件下，其密度一般可降低 25%～40%。如果用轻集料混凝土代替普通混凝土形成钢管混凝土，会在普通钢管混凝土的基础上进一步降低结构自重 20%左右，将给结构设计带来很大方便。钢管混凝土组合构件由于其优越的结构性能，它最适合用作轴心受压构件，目前在高层、超高层及大跨度桥梁上已得到广泛应用[1][2]。

到目前为止，对钢管轻集料混凝土构件力学性能的研究尚处于起步阶段，尚未见有关钢管轻集料混凝土抗弯力学性能的研究报道[1][2]。实际工程中钢管混凝土受弯矩作用的情况并不少见。对钢管轻集料混凝土抗弯力学性能的深入研究也有助于更好地了解其在大偏心受压等复杂受力状态下的性能[3]。本文对钢管轻集料混凝土构件采用有限元分析程序 ANSYS 进行分析，并与试验结果相比较。

二、有限元模型建立

1. 单元类型选取与材料性质[4][5]

核心轻集料混凝土采用块体 SOLID65 单元模拟，钢管采用块体 SOLID186 单元模拟，钢管与轻集料混凝土之间的界面采用面—面接触单元来模拟，采用 TARGE170 单元模拟钢管目标面，CONTA173 单元模拟轻集料混凝土接触面，接触面和目标面都是变形体，这两个合起来称为“接触对”，有限元程序通过相同的实常数号来识别“接触对”。

混凝土 SOLID65 单元的参数取值如下：轻集料混凝土轴心抗压强度与弹性模量采用轻集料混凝土棱柱体试验值或根据轻集料混凝土规范取用，泊松比取 0.2。

钢材假定为各向同性材料。在材料非线性分析中，采用目前非线性分析中常用的 Von Mises 随动强化准则。钢材单调本构关系取线性强化的弹性模量，钢材的屈服强度与极限强度和初始弹性模量取为相应的材性试验结果。

在一般的分析中假设钢管和轻集料混凝土之间黏结完好，即符合平截面假定。但是考虑到复杂受力条件下，必须考虑钢管与核心轻集料混凝土之间的黏结滑移和分离接触。

2. 实体建模建立

钢管轻集料混凝土构件为圆形截面的几何对称构件，形状规则，可以采用自顶向下建模法。本文采用映射网格划分方法对钢管轻集料混凝土构件进行网格划分，具体建模如图 1 所示。

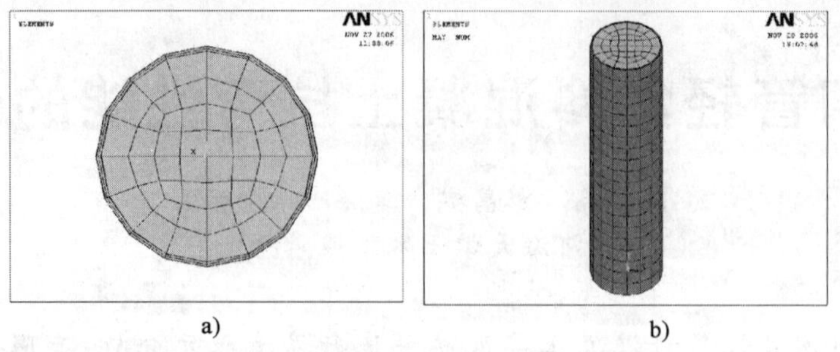

a) b)

图1 钢管轻集料混凝土构件有限元模型

三、有限元计算结果与试验结果分析比较

本文对钢管轻集料混凝土构件进行了纯弯试验,试验的试件及参数见表1。为验证采用的有限元模型在模拟钢管轻集料混凝土力学性能的有效性,对本文试验时所有钢管轻集料混凝土试件采用上述模型进行计算模拟。有限元模拟采用悬臂梁法主要计算了4组的钢管轻集料混凝土试件。有限元模拟悬臂梁模型的高度为0.5m,其余参数的选取与试验试件相同。

试验试件一览表 表1

试件编号	钢管尺寸 $D\times t\times l_0$(mm)	含钢率 α	紧箍系数 ξ	钢材屈服强度 f_y(MPa)	混凝土强度 f_{ck}(MPa)
CFST-114-2.5-30-A,B,C	114×2.5×1 200	0.094	0.895	298.5	31.3
CFST-114-2.5-50-A,B,C	114×2.5×1 200	0.094	0.680	298.5	41.2
CFST-114-3.8-30-A,B,C	114×3.8×1 200	0.148	1.299	274.7	31.3
CFST-114-3.8-50-A,B,C	114×3.8×1 200	0.148	0.987	274.7	41.2

有限元模拟计算钢管轻集料混凝土构件的曲率达到0.6时,由于内填轻集料混凝土的存在,钢管并未发生局部屈曲。钢管轻集料混凝土构件的弯矩—曲率关系曲线可以很好的反映构件的抗弯性能。采用有限元模拟计算的弯矩—曲率关系曲线与试验结果进行比较,具体见图2所示。分析结果表明,有限元模拟计算的圆钢管轻集料混凝土构件的M—ϕ关系曲线与构件的纯弯试验结果吻合良好。

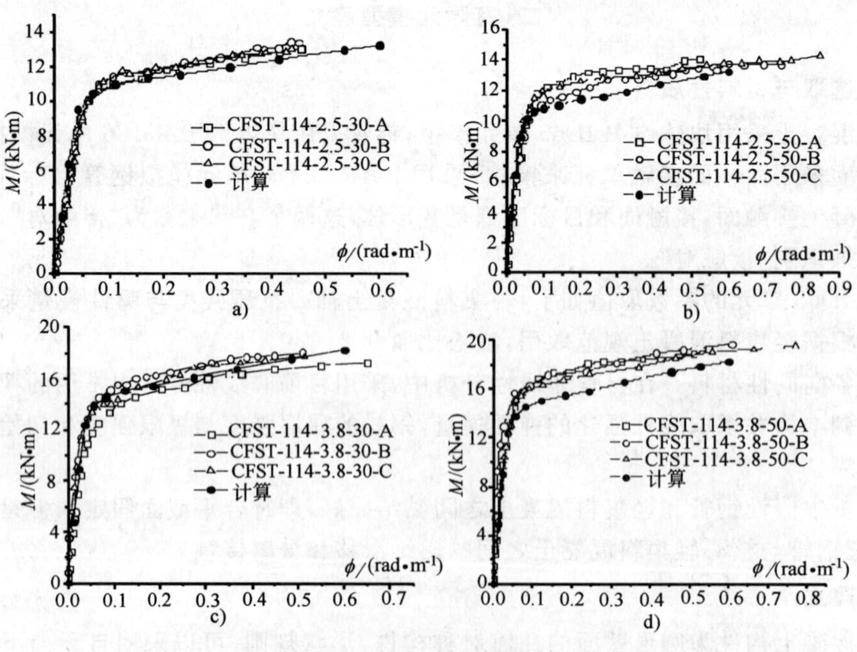

图2 钢管轻集料混凝土 M—ϕ 关系曲线

理论计算 $M—\phi$ 关系曲线大体可分为以下几个阶段[3][6][7]：

(1)弹性阶段。在此阶段，弯矩—曲率基本呈直线关系，钢管与核心轻集料混凝土间的相互作用一般很小，可以近似地认为它们处于单向应力状态。

(2)弹塑性阶段。在此阶段，钢管轻集料混凝土截面进入弹塑性状态，受压区开始有约束效应产生。随着弯矩的增加，受拉去钢管屈服的区域逐渐增加，截面刚度逐渐降低。

(3)强化阶段。此时弯矩—曲率关系曲线近似呈直线关系，构件截面开始进入强化阶段，受压区钢管对核心轻集料混凝土的约束不断增长，其强度缓慢地提高。

有限元理论计算 $M—\phi$ 关系曲线与试验结果曲线均表明，即使钢管轻集料混凝土构件在达到较大的曲率 0.6 时，作用在构件上的荷载仍能有所增加，说明由于钢管与轻集料混凝土存在组合作用的缘故，使得构件的抗弯承载力与变形能力大大提高。

四、弯矩(M)—曲率(ϕ)关系曲线影响参数的有限元分析

由以上有限元计算结果与试验结果分析可知，有限元模拟计算的钢管轻集料混凝土 $M—\phi$ 关系曲线与试验结果吻合较好，说明本文的模型网格划分，边界条件、材料本构关系的选取基本正确。误差在工程允许范围内可以作为参数分析的基准模型。因此本文采用该有限元建模及分析方法对影响钢管轻集料混凝土 $M—\phi$ 关系曲线的参数进行分析。考虑的参数主要有钢管壁厚、钢材强度、轻集料混凝土强度[8][9]，有限元模拟的试件及参数具体见表 2。

有限元模拟试件一览表　　表 2

试件编号	试件尺寸 $L\times D$ (mm)	钢管壁厚 t (mm)	钢材强度 f_y (MPa)	混凝土强度 f_{ck} (MPa)	混凝土弹性模量 (MPa)
CFST-2.5-30	500×114	2.5	298.5	31.3	24.0×10^3
CFST-2.5-50	500×114	2.5	298.5	41.2	26.8×10^3
CFST-3.8-30	500×114	3.8	274.7	31.3	24.0×10^3
CFST-2.5-30-a	500×114	2.5	235	31.3	24.0×10^3
CFST-2.5-30-b	500×114	2.5	345	31.3	24.0×10^3
CFST-2.5-15	500×114	2.5	298.5	10.0	11.6×10^3
CFST-5.0-30	500×114	5.0	250.7	31.3	24.0×10^3

有限元模拟试件计算的 $M—\phi$ 关系曲线结果如下。

(1)钢管壁厚(含钢率)

图 3a)为不同壁厚对钢管轻集料混凝上构件弯矩—曲率关系曲线的影响。计算结果表明，钢管壁厚是影响钢管轻集料混凝土构件弯矩—曲率关系曲线最显著的因素。随着钢管壁厚的提高，弯矩—曲率关系曲线的弹性阶段和强化阶段的刚度也随之增大。

(2)钢材屈服强度

图 3b)为只有钢材强度不同时的构件弯矩—曲率关系曲线，可见钢材强度对弹性阶段和强化阶段的刚度并无影响，只影响到屈服弯矩的大小。

(3)轻集料混凝土强度

如图 3c)所示，核心轻集料混凝土分别为 CL15、CL30 和 CL50，轻集料混凝土强度提高对钢管轻集料混凝土构件的弯矩—曲率关系曲线影响不大。

以上各种参数只对 $M—\phi$ 关系曲线的一些数值产生影响，不会影响曲线的形状，在各种情况下，钢管轻集料混凝土构件的 $M—\phi$ 关系曲线都没有下降段[7][9]。

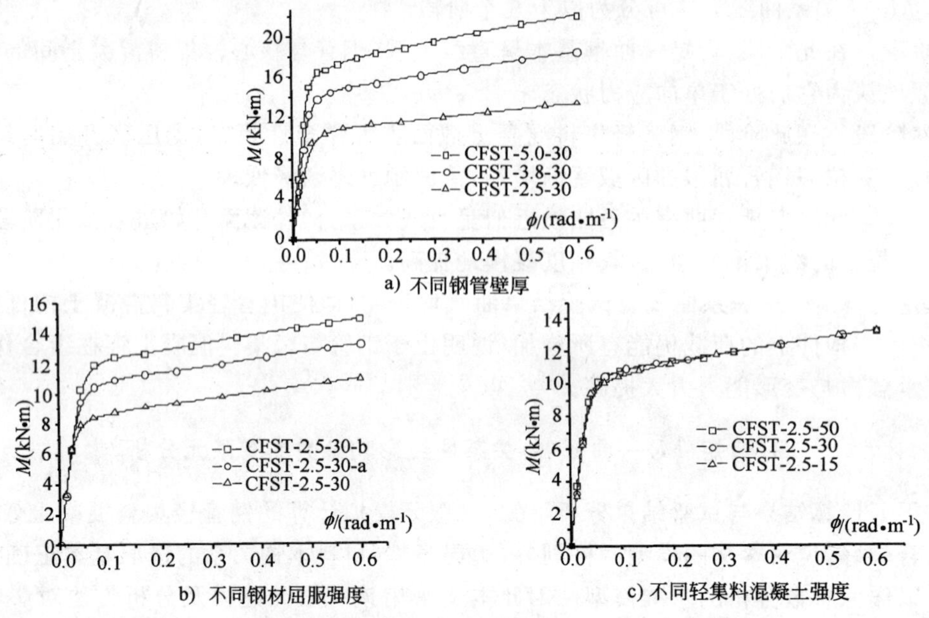

a) 不同钢管壁厚

b) 不同钢材屈服强度

c) 不同轻集料混凝土强度

图 3 钢管轻集料混凝土构件弯矩—曲率关系曲线

五、结 语

(1)有限元模拟计算的钢管轻集料混凝土构件的弯矩—曲率关系曲线与试验结果吻合较好，说明本文的模型网格划分，边界条件、材料本构关系的选取基本正确。误差在工程允许范围内，可以作为参数分析的基准模型。

(2)钢管轻集料混凝土构件在达到较大的曲率 0.6 时，作用在构件上的荷载仍能有所增加，说明由于钢管与轻集料混凝土存在组合作用的缘故，使得构件的抗弯承载力与变形能力大大提高。

(3)随着钢管壁厚的提高，弯矩—曲率关系曲线的弹性阶段和强化阶段的刚度也随之增大；钢材屈服强度对弹性阶段和强化阶段的刚度并无影响，只影响到屈服弯矩的大小；轻集料混凝土对钢管轻集料混凝土构件的弯矩—曲率关系曲线影响甚小。

参考文献

[1] 吉伯海，陈甲树，王晓亮等.受荷方式对钢管轻集料混凝土短柱轴压性能的影响[J].东南大学学报，2006，36(4)：590～595.

[2] 吉伯海，王晓亮，马敬海等.钢管高强轻集料混凝土短柱轴压性能的试验研究[J].建筑结构学报，2005，26(5)：60～65.

[3] 杨有福，韩林海.矩形钢管混凝土构件抗弯力学性能的试验研究[J].地震工程与工程振动，2001，21(3)：41～48.

[4] 葛继平，宗周红.轴压钢管混凝土柱非线性有限元分析[J].福建建筑，2005，93(3)：24～26.

[5] 谭建国.使用 ANSYS6.0 进行有限元分析[M].北京：北京大学出版社，2002：61～64.

[6] Lu Y Q，Kennedy D J L. The Flexural Behaviour of Concrete-Filled Hollow Structure Sections[J]. Canada Journal of Civil Engingeering，1994，21(2)：111～130.

[7] Lin-Hai Han. Flexural behaviour of concrete-filled steel tubes[J]. Journal of Constructional Steel Research，2004(60)：313～337.

[8] M. Elchalakani，X. L. Zhao，R. H. Grzebieta. Concrete-filled circular steel tubes subjected to pure bending [J]. *Journal of Constructional Steel Research*. 2001(57)：1141～1168.

[9] 郭兰慧，张素梅，王玉银.方、矩形钢管高强混凝土受弯构件的理论分析与试验研究[J].钢结构，2002，17(6)：29～33.

152. 钢管混凝土压弯柱极限承载力实用计算方法

赵 宇 向中富
（重庆交通大学土木建筑学院）

摘 要 本文应用基本的数学理论、力学方法，推导出压弯柱的应变、挠度和转角计算公式，进行压弯柱极限承载力的计算，采用工程软件 Matlab6.0 进行钢管混凝土压弯柱极限承载力的程序编制，经与试验比较，该程序计算结果能够满足实际工程需要。

关键词 钢管混凝土柱 极限承载力 Matlab 压弯作用 极限荷载判定

目前，钢管混凝土柱极限承载力的计算方法较多，有连续介质力学方法、有限元计算方法、经验公式法等。采用弹塑性力学方法和有限元计算法在考虑双重非线性后，通过屈服准则判定出来的结果一般比较准确，不过在推导列式时需要做大量重复的矩阵化简工作。本文应用基本的数学和力学理论，进行钢管混凝土压弯柱极限承载力计算（图 1），以下介绍其计算原理。

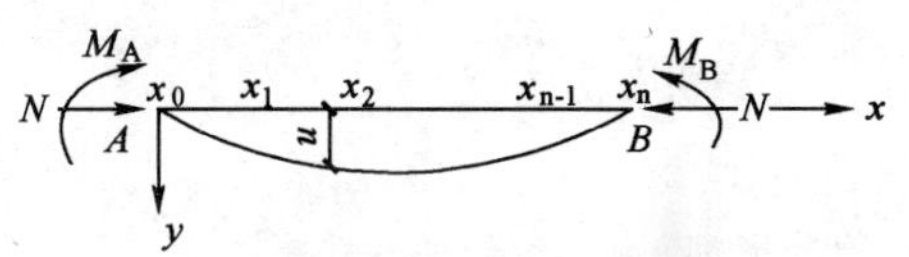

图 1 钢管混凝土柱受力分析

一、计算公式推导

思路是将所求参数进行泰勒展开，公式如下：

$$f(x)=f(x_0)+f(x)'(x-x_0)+f(x)''(x-x_0)^2/2$$

（1）应变是截面高度的函数，即：

$$\varepsilon(y)=\varepsilon(y_0)+\varepsilon'(y)(y-y_0)+\varepsilon''(y)(y-y_0)^2/2 \tag{1}$$

化简得：

$$\varepsilon(y)=\varepsilon_0-y/\rho+\frac{\sigma_{ri}}{E} \tag{2}$$

式中：$\varepsilon'=-1/\rho$；

σ_{ri}——残余应力。

（2）挠度计算公式

挠度是沿柱长方向的函数，即：

$$u(x)=u(x_0)+u'(x)(x-x_0)+u''(x)(x-x_0)^2/2 \tag{3}$$

化简得：

$$u(x)=u_0+\theta x-x^2/2\rho \tag{4}$$

式中：θ——单元转角；

ρ——曲率半径。

（3）单元转角

单元转角也是沿柱长度方向的函数：

$$\theta(x)=\theta_0+\theta'(x)x\Rightarrow\theta(x)=\theta_0-x/\rho \tag{5}$$

二、计 算 方 法

根据推导式(2)～式(5),式中的未知参数有ε_0、θ_0、$1/\rho$。本计算方法将假设该参数的取值,然后通过适当的判定条件来判断取值的正确与否。具体计算过程如图2～图3。

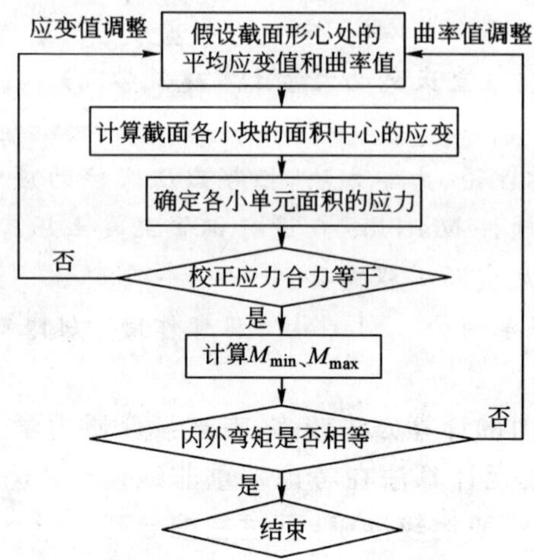

图2 计算单元中点曲率流程图

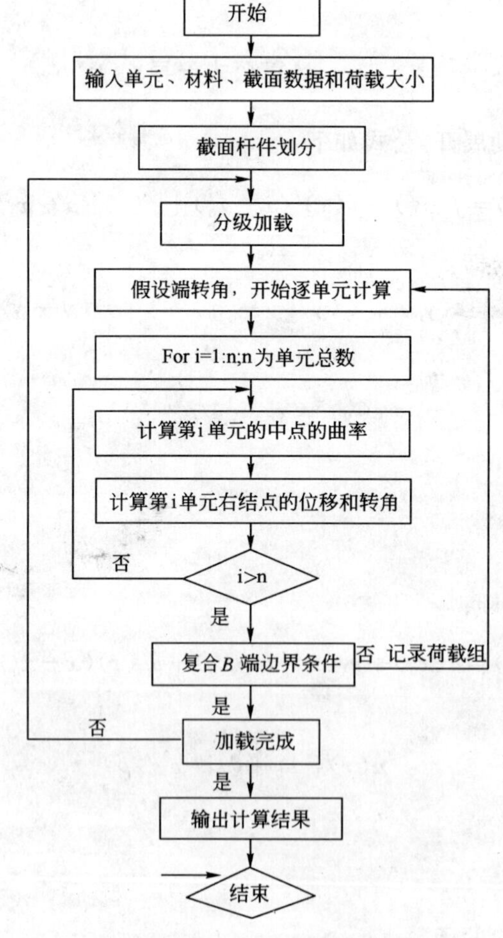

图3 总体计算流程图

三、截 面 划 分

钢管混凝土截面采用条分法划分，划分方式以及所需的相关参数如图 4 所示。

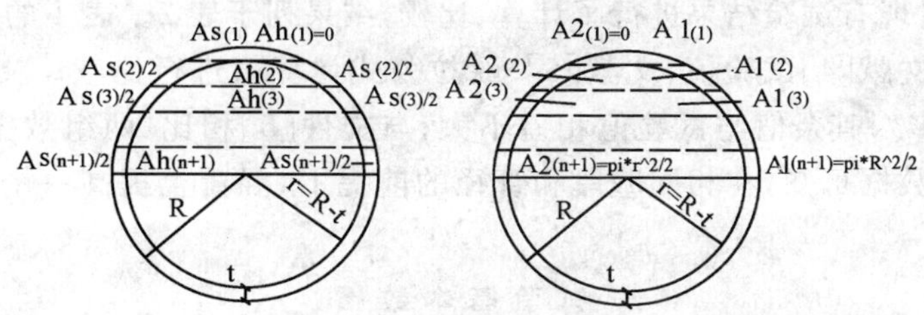

图 4　钢管混凝土截面划分

四、预估参数的调整

采用二分法进行预估下列参数，调整方法如下：

(1)平均应变值

判定条件为：截面应力合力是否等于压力。如果截面应力合力大于压力，则平均应变偏大；否则偏小。建议取值：(0,0.01]

(2)曲率值

判定条件为：内外弯矩是否相等。内弯矩是由假设计算而来，如果内弯矩大于外弯矩，则曲率值 $1/\rho$ 偏大；否则 $1/\rho$ 偏小。建议取值：(0,1]

(3)A 端的转角

判定条件为：B 端边界条件 u_b 是否为 0。如果 $u_b>0$，则 a 偏大，否则偏小。a 取值：$(0,\pi/2]$

如果计算中平均应变值或曲率值不收敛时，这说明该值的取值范围过小，应适当放宽数值搜索区域。

五、极限荷载的判定

计算中，当达到某一级荷载时，B 端的边界条件始终不能满足时，说明计算不能收敛，钢管混凝土已达到弯曲失稳的极限承载力，进入了不稳定状态。刚开始出现这种情况的荷载就是钢管混凝土的弯曲稳定极限荷载。

B 端边界条件不能满足的判定条件：由于转角范围为$0°\sim90°$，采用二分法搜索时，当最大值与最小值接近相等时，即表示 B 端边界条件不能满足，即计算不收敛。

六、荷载的施加方式

对于偏心受压柱，压力 N 逐级加载的同时弯矩同步变化；对于轴心受压柱，弯矩(初位移)作为柱缺陷进行施加然后一直不变，而压力 N 逐步加载至计算发散。

在实际计算中采用二分法可以更精确的得到极限荷载值。首先确定最大荷载值 N_{cp}_max 和最小荷载值 N_{cp}_min，当在某级荷载下，转角调整不收敛时，记录该荷载级 Ncrush，并将该值赋给 N_{cp}_max，进行下一级荷载计算，当 N_{cp}_max、N_{cp}_min 接近相等时，停止计算，其中最小的 Ncrush 即为极限荷载。

七、计算中的假设

(1)平截面假定；

(2)钢管与混凝土变形协调，纵向不脱离；

(3)截面各单元形心近似取其高度 1/2 处；

(4)两端的荷载大小方向相同。如弯矩大小方向不相同时通过等效弯矩系数 $\beta_m=0.65+0.35\alpha$ 进行全杆偏安全的均匀等效，α 为弯矩比值 $\alpha=M_{min}/M_{max}$ 考虑方向，$M_{eq}=\beta_m M_{max}$。

八、试验值对比

根据以上理论，采用Matlab6.0编制程序进行极限承载力的计算，缺陷弯矩为0.05kN·m。为了验证程序的可行性，我们对现有试验结果进行了计算、比较，结果列于表2。表1的试验数据取自文献[4]。

将计算结果分别与文献[4]试验值、文献[5]、欧拉公式计算值进行比较。文献[4]的误差除C、E两组试件外(超出10%较多)，其余值与试验值相差不大；与文件[5]相比，两组数据较为接近；与欧拉值相比更为接近。根据计算数据可知，在相同壁厚和管径的前提下，混凝土提高一个等级其承载能力仅增加2%～6%。

试验基本数据　　表1

试件组号	混凝土等级	钢管	管径 D(m)	壁厚 t(m)	试验值 N_u(kN)
A	C45	Q235	0.1	0.002 5	637
B	C55	Q235	0.1	0.002 5	655
C	C45	Q235	0.1	0.002 0	510
D	C50	Q235	0.1	0.002 0	531
E	C55	Q235	0.1	0.002 0	557
F	C45	Q235	0.1	0.001 6	468
G	C50	Q235	0.1	0.001 6	497

根据以上对较分析，程序计算数据与试验数据有偏差，主要是由于实际弹模与理论弹模的偏差、钢管混凝土缺陷大小的不确定性等原因造成的。但是该偏差在实际施工中可以接受(相差10%以内)。

计算值比较表　　表2

试件组号	文献[4] N_u(kN)	文献[5] N_u(kN)	欧拉值 N_u(kN)	本文计算值 N_u(kN)	与文献[4]差值Δ(%)	与文献[5]差值Δ(%)	与欧拉值差值Δ(%)
A	637	619	634	662	3.924 6	6.946 7	4.432 4
B	655	668	649	675	3.053 4	1.047 9	3.927 4
C	510	541	575	591	15.882 4	9.242 1	2.772 8
D	531	548	583	593	11.676 1	8.211 7	1.683 4
E	557	590	591	595	6.822 3	0.847 5	0.623 9
F	468	481	527	536	14.529 9	11.434 5	1.778 6
G	497	487	535	550	10.664 0	12.936 3	2.796 9

九、结　　语

本文介绍了钢管混凝土压弯柱极限承载力的计算方法。计算中反复采用"假定-判断-调整"参数的方法，通过二分原理确定了合适的参数，根据极限判定条件最后得到压弯柱的极限承载力。该方法可以适用于计算弯矩不等的情况；对于受其他横向荷载作用的压弯柱，进行荷载等效后再进行计算。

参考文献

[1] 中华人民共和国交通部.公路钢筋混凝土及预应力混凝土桥涵设计规范(JTG D62—2004)[S].北京：人民交通出版社，2004.

[2] 李国豪.桥梁结构稳定与振动(修订版)[M].北京：中国铁道出版社，2002.

[3] 钟善桐.钢管混凝土结构(第三版)[M].北京：清华大学出版社，2003.

[4] 蔡绍怀.钢管混凝土长柱的性能和强度计算[J].北京：建筑结构学报，1985，6(1).

[5] 甘丛石.钢管混凝土弹塑性本构方程及极限承载力[J].长沙：长沙交通学院学报 1998，14(3)：68-69.

[6] 刘小渝.日本钢管混凝土轴心受压构件设计方法介绍[J].重庆：重庆交通学院学报，2004，23(2)：10-12.

153. 体外预应力加固桥梁时截面各材料应力计算

单成林
（华南理工大学交通学院）

摘　要　根据混凝土结构理论及相关规范，分析和推导体外预应力加固钢筋混凝土及预应力混凝土桥梁时加固前及加固后控制截面上各材料的应力计算方法及计算式，计算结果能表明构件加固后截面上各材料的工作状态及判断构件属于哪一类预应力混凝土构件。

关键词　桥梁工程　体外预应力　桥梁加固　应力计算

一、概　　述

对于旧桥加固来说，由于截面上各材料是分阶段受力，如果只作承载能力极限状态的计算是反映不出各材料应力状况的，也难反映出构件的病害情况，特别是采用预应力加固构件后，无论加固前构件是钢筋混凝土的还是预应力混凝土的，加固后都成为预应力混凝土构件，但构件究竟属于全预应力混凝土、A类预应力混凝土，或是B类预应力混凝土，只有通过分阶段的应力计算才知道。因此采用预应力加固构件后必须还要作加固前后各材料的应力计算。以下详细论述旧桥加固与新桥设计在计算方面所不同。

二、持久状况正常使用极限状态的抗裂计算

预应力混凝土受弯构件的抗裂计算总的原则按《公路钢筋混凝土及预应力混凝土桥涵设计规范》JTG D62—2004（以下简称《公桥规》）的第6.3条进行，但具体计算内容要比新桥设计时较复杂，因为预应力加固桥梁时，体外预加力是在结构已经承担了恒载作用后才施加的，各材料的应力计算就会变得复杂些。

首先，计算预加力产生的混凝土法向压应力 σ_{pc} 和拉应力 σ_{pt}，可分为两部分计算：第一部分是体外（或后加）预加力对截面受拉、受压区混凝土或原预应力筋产生的法向应力；第二部分是原配预应力筋产生的上述法向应力。加固钢筋混凝土构件时，只计算第一部分的混凝土法向应力，而普通钢筋的应力较小，不必验算。加固预应力混凝土构件时，两部分的所有应力均需要计算，但体外筋的拉应力达不到抗拉强度设计值，也不必计算。因受弯构件、受拉构件或偏心受压构件的材料应力计算方法基本一致，下面以受弯构件为例。

(1)体外预加力产生的混凝土及原预应力钢筋应力计算

体外预加力对计算截面纤维产生的混凝土法向压应力 σ_{pc1} 和拉应力 σ_{pt1}：

$$\sigma_{pc1} \text{或} \sigma_{pt1} = \frac{N_{ep}}{A_o} \pm \frac{M_{ep}}{I_o} y_o \tag{1}$$

式中：σ_{pc1}、σ_{pt1}——分别为体外有效预加力产生的截面混凝土法向压应力和法向拉应力，具体应力位置由 y_o 决定；

N_{ep}、M_{ep}——分别为体外有效预加力对计算截面产生的轴向压力和弯矩，包含对超静定结构产生的次内力，实际上还应加上活载产生的体外筋应力增量对同一截面产生的轴力和弯矩，由于应力增量计算烦琐，且量值不大，影响小，这里略去不计是偏安全的；

A_o、I_o——分别为原构件计算截面（增大截面或增加有粘结钢材时除外）全截面混凝土及所有纵向受拉钢筋组成的换算截面面积和惯性矩；

y_o——上述换算截面重心至计算截面纤维处的距离。

式(1)中，右边第二、第三项与第一项的应力方向相同时取正号，相反时取负号，正号为压，负号为拉。由于体外预加力是在临时中断交通时施工的，有自重作用下控制截面受拉边缘不得消压的规定，从而保证预加力阶段全截面混凝土参与工作。

体外有效预加力对原配预应力筋产生的应力：

$$\sigma_{po1}=n_p\sigma_{pc1} \tag{2}$$

$$\sigma'_{po1}=n_p\sigma'_{pc1} \tag{3}$$

式中：σ_{po1}、σ'_{po1}——分别为体外有效预加力对截面受拉区和受压区原预应力筋合力点处产生的应力增量，一般σ_{po1}为压应力，σ'_{po1}为拉应力；

σ_{pc1}、σ'_{pc1}——分别为体外有效预加力对截面受拉区和受压区原预应力筋合力点处混凝土的法向应力；

n_p——原预应力筋与混凝土的弹性模量之比，即E_p/E_c。

(2)原预应力筋产生的混凝土及自身应力

加固构件原配预应力钢筋产生的混凝土及钢筋应力的计算方法与新桥设计时相同，但考虑到旧桥使用多年后，由于各种病害，如构件变形、混凝土开裂、预应力钢筋生锈、锚头松动等有可能造成后期预应力损失的病害，在没有可靠的现场检测方法能够测试出控制断面的混凝土应力时，可根据有无病害及病害程度，靠工程经验或其他统计或经验公式对设计时的有效预应力适当折减。再按《公桥规》的第6.1.5条的方法计算原预加力产生的混凝土法向压应力σ_{pc2}、拉应力σ_{pt2}。先张法构件采用《公桥规》中式(6.1.5—1)计算，后张法构件采用式(6.1.5—4)计算。对于原预应力筋合力点处混凝土法向应力等于零时原预应力钢筋应力σ_{po2}和σ'_{po2}，先张法构件采用式(6.1.5—2)计算，后张法构件采用式(6.1.5—5)计算。

(3)体外筋与原体内筋的预加力共同产生的混凝土和钢筋应力

体外与体内预应力筋的预加力对计算截面应力点处混凝土的预压应力：

$$\sigma_{pc}=\sigma_{pc1}+\sigma_{pc2} \tag{4}$$

对计算截面应力点处混凝土的法向拉应力：

$$\sigma_{pt}=\sigma_{pt1}+\sigma_{pt2} \tag{5}$$

原配预应力筋合力点处混凝土法向应力等于零时的预应力筋应力：

$$\sigma_{po}=\sigma_{po1}+\sigma_{po2} \tag{6}$$

$$\sigma'_{po}=\sigma'_{po1}+\sigma'_{po2} \tag{7}$$

式中：σ_{pc}、σ_{pt}——分别为体外和原体内有效预加力共同对计算截面计算纤维处混凝土产生的压应力、拉应力；

σ_{pc2}、σ_{pt2}——分别为原配预应力筋的有效预加力对计算截面计算纤维处混凝土产生的压应力及拉应力；

σ_{po2}、σ'_{po2}——分别为受拉区、受压区原预应力筋合力点处混凝土法向应力等于零时原预应力筋的应力；

σ_{po}、σ'_{po}——分别为体外和原体内有效预加力共同作用下受拉区、受压区原预应力筋合力点处混凝土法向应力等于零时的预应力钢筋应力。

(4)正截面抗裂计算

正截面抗裂计算时应选择构件中弯矩绝对值最大的截面，即混凝土法向拉应力最大的截面。按《公桥规》的第6.3.1条进行验算时各式中的σ_{pc}为体外筋和原预应力筋有效预加力共同对计算截面受拉边缘混凝土产生的压应力，应按式(4)计算。

荷载短期效应组合下截面受拉边缘混凝土的法向拉应力：

$$\sigma_{st}=\frac{M_s}{I_o}y_o \tag{8}$$

荷载长期效应组合下截面受拉边缘混凝土的法向拉应力：

$$\sigma_{lt}=\frac{M_l}{I_o}y_o \tag{9}$$

式中：M_s、M_l——分别为按计算截面的荷载短期、长期效应组合计算的弯矩值，汽车荷载中不计冲击系数；

I_o——扣除原预应力筋孔道截面积后的净截面混凝土与纵向预应力钢筋和普通钢筋截面积在内的换算截面几何性质，但计算烦琐、误差又不大，有时为计算方便也可近似采用原截面（增大截面或增加有黏结钢材时除外）全截面混凝土及纵向预应力钢筋和普通受拉钢筋组成的换算截面惯性矩；

y_o——上述换算截面重心至截面受拉边缘的距离。

以上 σ_{pc}、σ_{st} 和 σ_{lt} 算出后，即可按《公桥规》的式(6.3.1—1)至式(6.3.1—4)验算加固后的构件是否满足要求和属哪类预应力混凝土构件。

关于 σ_{st} 和 σ_{lt} 的取值，对旧桥加固而言还值得探讨，如截面开裂后受拉边混凝土的拉应力已释放，不再承受拉应力，恒载产生的拉应力，转移给受拉钢筋承受，这时如果灌胶填缝后再施加体外压应力，则该截面受拉边缘混凝土只承受活载和后加恒载产生的拉应力，只要其应力小于预压应力就不会出现裂缝，也就是说所施加的预压应力包括活载产生的压应力增量只需大于活载产生的拉应力就不再出现新的裂缝。而如果裂缝不适宜灌胶或不灌胶，则所施加的预压应力及其增量必须大于恒、活载产生的拉应力后才能使裂缝封闭，转而受压，这时的预加压应力就需要较大，也就是说在计算截面受拉边缘的混凝土法向拉应力时，就要计入恒载的内力组合。

(5)斜截面抗裂计算

斜截面抗裂计算时应选择构件中弯矩和剪力都相对比较大的截面，即混凝土主拉应力最大的截面。其中汽车荷载不计冲击系数。按《公桥规》的式(6.3.3-2)计算混凝土法向应力 σ_{cx} 时，式中的 σ_{pc} 为体外筋与原预应力筋有效预加力共同对计算截面主应力点产生的混凝土法向压应力，应按式(4)计算。并计入体外预加力产生的次弯矩、次剪力作用。

该截面的其他几何性质及应力按《公桥规》第 6.3.3 条，根据验算截面的各参数进行计算。其中截面几何性质的采用同正截面抗裂计算，只是计算的截面位置不同。最终得到主拉应力 σ_{tp} 和主压应力 σ_{cp}，从而由《公桥规》的式(6.3.1-5)至式(6.3.1-8)判断是否满足某一类预应力混凝土构件的要求。

上述正截面、斜截面抗裂计算完成后，如果不满足预先设定的某类预应力混凝土构件要求，则应调整体外预加力参数或者改变预应力混凝土构件的类别后再重新进行抗裂验算。

三、持久状况构件的应力计算

该部分计算的主要内容有：荷载标准值组合计算弯矩值作用下（汽车荷载应考虑冲击系数）预应力混凝土受弯构件未开裂截面受压边缘混凝土的压应力 σ_{kc}、最外层预应力钢筋重心处的拉应力 σ_p；开裂截面边缘混凝土的压应力 σ_{cc}、最外层预应力钢筋重心处的拉应力增量 σ_p；混凝土主压应力 σ_p 的计算。控制截面的选择如同正截面抗裂计算，计算方法总的原则按《公桥规》第 7.1 条的各式进行，需要说明和改变的有：

1)全预应力混凝土和 A 类预应力混凝土受弯构件，在用式(7.1.3-1)计算混凝土法向压应力 σ_{kc} 和拉应力 σ_{kt} 时，由构件自重产生的混凝土应力一项，截面几何性质应该用扣除预应力筋孔道截面积后的净截面混凝土及普通钢筋在内的换算截面几何性质，但由于误差不大，为计算方便，也可采用毛截面与普通钢筋的换算截面几何性质。体外预加力不参与荷载标准值组合计算的弯矩值中。

2)在利用 7.1.5 条验算未开裂构件正截面受压区混凝土最大压应力时，由预加力产生的混凝土法向拉应力 σ_{pt} 应按式(5)计算。在验算未开裂构件受拉区体内预应力钢筋最大拉应力时，除按《公桥规》式(7.1.3-2)计算由非预加力产生的应力增量外，还应叠加上按式(2)计算的体外筋对体内受拉区预应力筋产生的应力增量，作为最终应力增量 σ_p。由预加力产生的受拉区原预应力筋合力点处混凝土法向应力等于零时的预应力钢筋应力 σ_{po} 应按式(6)计算。

3)预应力混凝土受弯构件混凝土主压应力 σ_{cp} 的验算按《公桥规》第 7.1.6 条进行，只是将荷载短期效应组合换成荷载标准值组合，且计入体外预加力产生的次弯矩、次剪力。最后按《公桥规》第6.3.3条公式计算，其中σ_{pc}为体外筋和原预应力筋共同对计算截面主应力点产生的混凝土法向压应力，应按式(4)计算。具体见上述斜截面抗裂计算。

4)允许开裂的B类预应力混凝土受弯构件，在验算正截面混凝土最大压应力及预应力钢筋最大拉应力时，所需计算截面受拉区预应力钢筋合力点处混凝土法向应力等于零时预应力钢筋的应力σ_{po}，应采用式(6)计算。其余按下述讨论的方法计算。

如果体外预加力加固后的构件是允许开裂的B类预应力混凝土受弯构件，在进行开裂截面的混凝土最大压应力及预应力钢筋应力增量计算时，若按全截面消压，将体外筋当作体内有黏结筋那样看待，求出虚拟荷载后转换为钢筋混凝土大偏心受压构件计算，存在着计算虚拟荷载时要计算由体外有效预加力引起的两锚固点之间梁体混凝土的平均弹性压缩量，这对等截面简支梁来说计算还不太复杂，但对变截面梁或非简支梁来说就会变得困难和太复杂。因此，可将体外预加力看成永久外荷载，参与荷载标准值组合计算中，加固钢筋混凝土受弯构件时当作压弯构件，直接按大偏心受压构件计算，加固预应力混凝土构件时，先对截面混凝土应力消压，得到虚拟荷载后转换为钢筋混凝土大偏心受压构件计算。计算中不考虑混凝土收缩、徐变影响，也不计活载产生的体外预应力筋的应力增量影响。

下面将上述两种情况分别讨论。

(1)体外预加力加固钢筋混凝土梁提高荷载等级后成为B类预应力混凝土受弯构件时，将体外预加力看成永久外荷载，加固后的构件成为压弯构件，按钢筋混凝土大偏心受压构件计算，可类似按《公桥规》附录G的公式计算开裂截面的几何性质。其中：

荷载标准值组合计算弯矩值

$$M_k = M_G + M_q + M_{ep}$$

荷载标准值组合计算轴力值

$$N_k = N_{ep}$$

式中：M_G——计算截面处由一期恒载和二期恒载等永久作用产生的总恒载弯矩；

M_q——计算截面处由汽车(计入冲击系数)和人群等可变作用产生的活载弯矩；

M_{ep}——计算截面处由体外预加力产生的弯矩(含次内力)，一般与上述弯矩反号；

N_{ep}——计算截面处由体外预加力产生的轴向压力。

上述荷载中还可根据需要，考虑温度、支座位移等因素产生的内力及次内力。

截面内力对毛截面重心轴的偏心距：

$$e_o = M_k / N_k$$

毛截面重心轴至截面受压边缘、受拉边缘的距离为Y_1、Y_2，则轴向力作用点至截面受压边缘的距离为$g = e_o - Y_1$。钢筋和混凝土的弹性模量比值取实际比值$n = n_s = E_s / E_c$。即可类似按《公桥规》附录G的公式计算开裂的换算截面中性轴位置x，再计算出开裂截面换算截面的重心轴位置c，开裂截面换算截面面积A_{cr}和惯性矩I_{cr}。由下式计算开裂截面受压边缘混凝土应力：

$$\sigma_{cc} = \frac{N_{ep}}{A_{cr}} + \frac{N_{ep} e_{oN}}{I_{cr}} c \tag{10}$$

式中：e_{oN}——轴向力作用点至开裂的换算截面重心轴的距离；

$e_{oN} = g + c$；c为截面受压边缘至开裂换算截面重心轴的距离。

上述应力也可采用下式计算：

$$\sigma_{cc} = \frac{N_{ep} x}{S_o} \tag{11}$$

式中：x——开裂截面换算截面中性轴至截面受压边缘的距离；

S_o——开裂截面的换算截面对其中性轴的静矩。

普通钢筋应力较小，不必验算。

(2)体外预加力加固B类预应力混凝土构件提高荷载等级后仍为B类预应力混凝土构件时，即使将体外预加力看成永久外荷载，由于梁中有黏结预应力筋的存在，截面混凝土应力已不为零，需将原体内有黏结筋产生的截面各处应力消除，再将消压(虚拟)荷载与恒、活载及体外预加力一起等效为一个偏心压力后，按钢筋混凝土大偏心受压构件计算。计算分为三个阶段进行：

①第一阶段应力计算，即加固前原构件在体内有效预加力作用下预应力钢筋的应力

该阶段中截面受拉区、受压区预应力钢筋重心处的应力只有相应的有效预应力与预应力次弯矩产生的钢筋应力之和。

截面受拉区预应力钢筋重心处应力：

$$\sigma_{p1}=-\sigma_{pe}\pm n_p\frac{M_{p2}}{I_n}y_p \tag{12}$$

截面受压区预应力钢筋重心处应力：

$$\sigma'_{p1}=-\sigma'_{pe}\pm n_p\frac{M_{p2}}{I_n}y'_p \tag{13}$$

式中：σ_{p1}、σ'_{p1}——分别为体内有效预加力作用下截面受拉区、受压区预应力钢筋重心处应力；

M_{p2}——在截面受拉区、受压区的体内有效预加力共同作用下，对超静定结构产生的次弯矩；

σ_{pe}、σ'_{pe}——分别为截面受拉区、受压区体内预应力钢筋的有效预应力；

n_p——预应力钢筋与混凝土弹性模量的比值；

I_n——扣除预应力筋孔道截面积后的全截面混凝土与纵向非预应力钢筋的换算截面惯性矩，先张法时用 I_o；

y_p、y'_p——上述换算截面重心轴至截面受拉边、受压边预应力钢筋合力点的距离。

②第二阶段应力计算，即虚拟荷载作用下，全截面消压时预应力钢筋的应力

在预加力的合力 $N_{p1}=\sigma_{p1}A_p+\sigma'_{p1}A'_p$ 作用下截面处于消压状态时，截面受拉区、受压区预应力钢筋重心处的应力增量：

$$\sigma_{p2}=n_p\left(\frac{N_{p1}}{A_n}-\frac{N_{p1}e_{p1}}{I_n}y_n\right) \tag{14}$$

$$\sigma'_{p2}=n_p\left(\frac{N_{p1}}{A_n}+\frac{N_{p1}e_{p1}}{I_n}y'_n\right) \tag{15}$$

式中：σ_{p2}、σ'_{p2}——分别为消压状态下截面受拉区、受压区预应力钢筋重心处应力增量；

A_n——扣除预应力筋孔道截面积后的全截面混凝土与纵向非预应力钢筋的换算截面面积，先张法时用 A_o；

y'_n、y_n——分别为上述换算截面重心轴至截面受压边缘、受拉边缘的距离；

e_{p1}——全截面消压时，体内预加力 N_{p1} 的合力点至上述换算截面重心轴的距离，见图1，按下式计算：

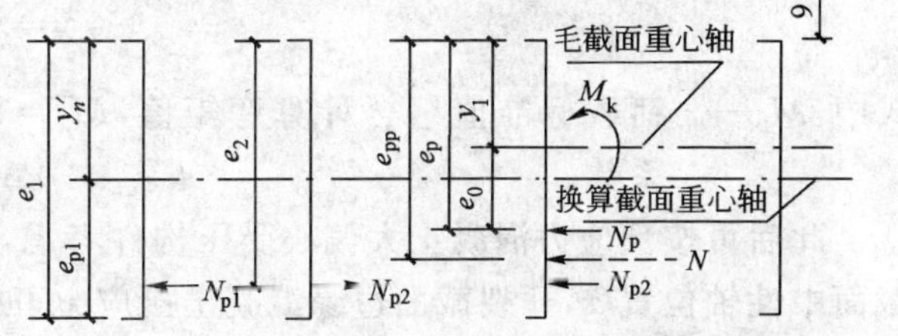

图1 虚拟荷载偏心距计算及开裂截面的荷载处理图式

$$e_{p1}=e_1-y'_n \tag{16}$$

式中：e_1——截面受拉区和受压区预应力钢筋合力点至截面受压边缘的距离，按下式计算：

$$e_1=\frac{\sigma_{p1}A_ph_p+\sigma'_{p1}A'_pa'_p}{\sigma_{p1}A_p+\sigma'_{p1}A'_p} \tag{17}$$

式中：A_p、A'_p——分别为截面受拉区、受压区原配有黏结预应力筋截面面积；

h_p、a'_p——分别为截面受拉区、受压区原配有黏结预应力筋截面重心至截面受压边缘的距离。

消压状态下截面受拉区、受压区预应力钢筋的总拉应力：

$$\sigma_{p12}=\sigma_{p1}+\sigma_{p2} \tag{18}$$

$$\sigma'_{p12}=\sigma'_{p1}+\sigma'_{p2} \tag{19}$$

截面上预应力钢筋的总拉力 $N_{p2}=\sigma_{p12}A_p+\sigma'_{p12}A'_p$

为了达到截面消压的目的，必须在预应力钢筋合力点处施加一个与 N_{p2} 大小相等，方向相反的虚拟力。

③第三阶段应力计算，即在所有恒、活载、体外预加力及虚拟荷载反力作用下截面混凝土及钢筋应力

虚拟拉力 N_{p2} 是为了计算处理而虚设的，最终应消除其影响，即在所有体内预应力钢筋合力点处施加一个反作用外力 $-N_{p2}$，与恒、活载及体外预加力产生的弯矩和轴向力共同作用在开裂后的换算截面上。这时 N_{p2} 的作用点至截面受压边缘的距离：

$$e_2=\frac{\sigma_{p12}A_ph_p+\sigma'_{p12}A'_pa'_p}{\sigma_{p12}A_p+\sigma'_{p12}A'_p} \tag{20}$$

而体外预加力对计算截面产生的轴向力作用点至截面受压边缘的距离：

$$e_p=e_o+Y_1=\frac{M_{ep}}{N_{ep}}+Y_1 \tag{21}$$

式中：M_{ep}、N_{ep}——分别为体外预加力对计算截面产生的弯矩和轴向压力；

Y_1——毛截面重心轴至截面受压边缘的距离。

上式中 M_{ep}/N_{ep} 与 Y_1 在异侧时，M_{ep}/N_{ep} 取正号，否则相反。

截面上 N_{p2} 的反作用力与 N_{ep} 的合力点至截面受压边缘的距离：

$$e_{pp}=\frac{N_{p2}e_2+N_{ep}e_p}{N_{p2}+N_{ep}} \tag{22}$$

截面上所有弯矩 M_k 和偏心压力 $N_{p2}+N_{ep}$ 可用一个等效的偏心压力 N 作用于构件开裂后的换算截面上，由此可求得 N 的大小及其作用点至截面受压边缘的距离，见图1。

等效偏心压力：

$$N=N_{p2}+N_{ep} \tag{23}$$

至截面受压边缘的距离：

$$g=\frac{M_k}{N}-e_{pp} \tag{24}$$

式中：M_k——荷载标准值组合计算弯矩值，$M_k=M_G+M_q$，其中活载弯矩 M_q 中汽车活载应计入冲击系数。

此后可按预应力混凝土大偏心受压构件考虑，类似按《公桥规》附录G的公式计算开裂截面的换算截面中性轴位置 x，开裂截面边缘混凝土压应力可按式(11)计算，但将 N_{ep} 换为式(23)的 N。

开裂截面受拉边预应力钢筋重心处应力增量：

$$\sigma_p=n_p\sigma_{cc}\frac{h_p-x}{x} \tag{25}$$

得出 σ_{cc} 及 σ_p 后结合最先计算的 σ_{po}，即可按《公桥规》第7.1.5条验算开裂构件正截面受压边缘混凝土最大压应力及受拉区预应力钢筋最大拉应力。

四、结　　语

体外预应力加固桥梁受弯构件时，控制截面上各材料在加固前及加固后的应力计算可按文中方法及公式计算，只有通过分阶段的应力计算才能反映出构件在使用时各材料最不利的应力状况及储备情况，也才能反映出混凝土及各种钢筋的应力强度是否满足要求。

参考文献

[1] 中华人民共和国行业标准.公路钢筋混凝土及预应力混凝土桥涵设计规范(JTG D62—2004).北京:人民交通出版社,2004.

[2] 中华人民共和国行业标准.无黏结预应力混凝土结构技术规程(JT G92—2004).北京:中国建筑工业出版社,2005.

[3] 中华人民共和国国家标准.混凝土结构加固设计规范(GB 50367—2006).北京:中国建筑工业出版社,2006.

[4] 叶见曙主编.结构设计原理.北京:人民交通出版社,1997.

[5] 张士铎编著.部分预应力混凝土.北京:人民交通出版社,1992.

154. 下承式钢桁结合梁桥在纯扭转荷载作用下的近似解析解

陈玉骥 罗旗帜

(佛山科学技术学院土木工程与建筑学系)

摘 要 本文将下承式钢桁结合梁的进行连续化处理,然后根据结构在纯扭转荷载作用下的变形特征,推导了下承式钢桁结合梁近似解析解。通过一个算例分析了下承式钢桁结合梁桥在纯扭转荷载作用下的受力特性。

关键词 下承式钢桁结合梁 连续化处理 纯扭转荷载 近似解析解

一、引 言

高速铁路下承式钢桁结合梁桥一般为双线桥,其活载有双线活载、单线活载(偏载)等。在偏载作用下,下承式钢桁结合梁桥的主桁将发生面内弯曲变形,桥面系会产生相对于主桁的垂直于混凝土板的竖向弯曲变形,混凝土板由于存在剪滞效应,顺桥向将产生面内弯曲变形(即混凝土板剪滞效应引起的位移)。此外,结构还会将产生扭转和畸变变形。可见,结构的变形十分复杂。为了确定下承式钢桁结合梁桥在偏载作用下的应力和位移,可先将荷载进行分解,即将偏载(单线荷载)分解为双线对称荷载与双线反对称荷载的迭加,见图 1。

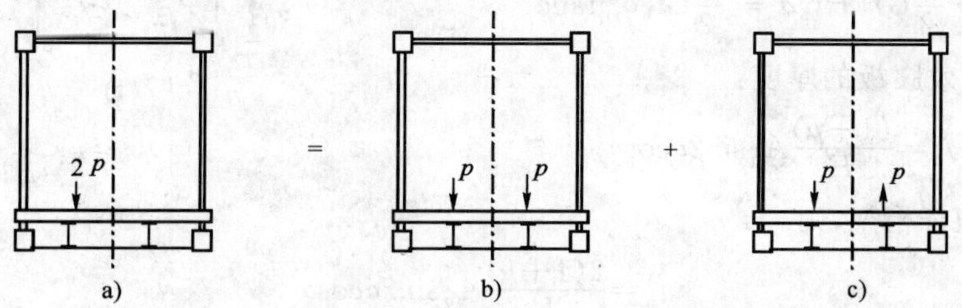

图 1 下承式钢桁结合梁桥上竖向偏载的分解

结构上纵梁处的反对称荷载可再分解为作用在下弦杆的反对称荷载[图 2b)]和自平衡荷载[图 2c)]的叠加,图 2 中,$p_1=p\dfrac{a}{B}$,a 为纵梁间距,B 为主桁间距。后者只会使桥面板产生应力与变形,可按薄板弯曲理论进行分析。而前者又可再分解为刚性周边不变形的纯扭转荷载(图 3b)与畸变荷载(图 3c)的叠加,图3中,$p_2=\frac{p_1}{2}=\frac{pa}{2B}$,$p_3=\frac{p_2B}{H}=\frac{pa}{2H}$,$H$为桁高。畸变荷载作用下的解将另外撰文分析。本文讨论下承式钢桁结合梁桥在纯扭转荷载作用下[图3b)]的近似解析解。

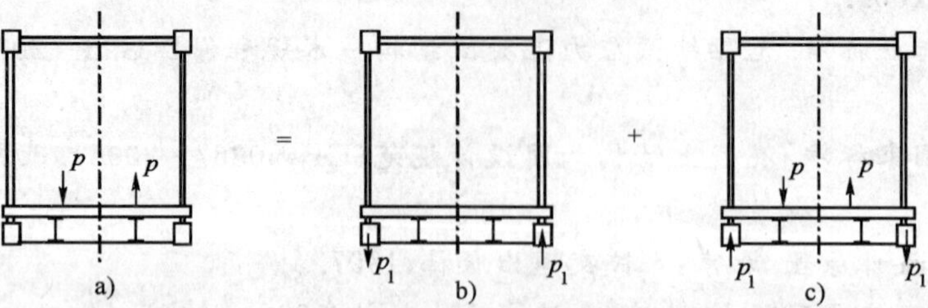

图2 下承式钢桁结合梁桥作用于纵梁处反对称荷载的分解

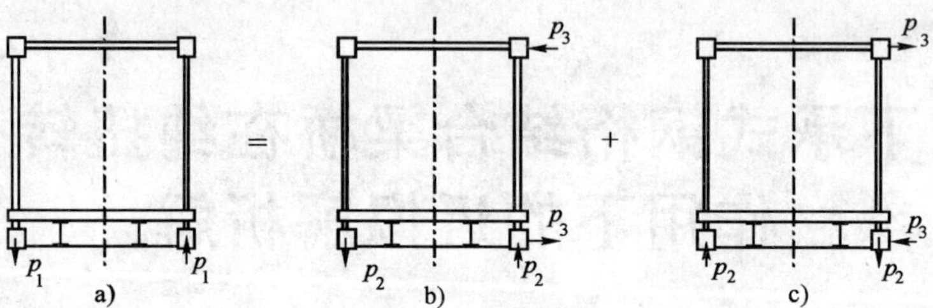

图3 下承式钢桁结合梁桥作用于下弦结点处反对称荷载的分解

二、下承式钢桁结合梁的连续化处理

为简化分析,将下承式钢桁结合梁桥根据变形特征等效为连续结构,即闭口薄壁箱形梁。其中腹板为由主桁斜腹杆等效而来的薄板(即将离散的腹杆简化为连续分布的无穷多腹杆组成的腹板),上翼缘为上平联等效而来的薄板(即将离散的上平联简化为连续分布的无穷多上平联组成的上翼板),而下翼缘则为钢纵梁—混凝土结合桥面板。当结构发生整体纯扭转变形时,则斜腹杆和上平联均等效为承受剪力的薄板。

腹杆抗剪时的连续化处理。图4a)为平面桁架的一个节间受到单位剪力作用时的变形图。由此图可以看出,斜杆的伸长量为$\delta_{11}\sin\alpha$。故斜杆的应变能为:

$$U_1=\frac{EA_q}{2}\left(\frac{\delta_{11}\sin\alpha}{H/\sin\alpha}\right)^2\frac{H}{\sin\alpha}=\frac{EA_q}{2}\frac{\delta_{11}^2}{H}\sin^3\alpha$$

图4b)为将图4a)所示桁架连续化处理后的一个节间的薄板,其剪切变形能为

$$U_2=\frac{1}{2}G\gamma^2Ht_hd=\frac{1}{2}Gt_h\delta_{11}^2\tan\alpha$$

令$U_1=U_2$得等效腹板的厚度:

$$t_h=\frac{(1+\mu)}{H}A_q\sin2\alpha\cos\alpha$$

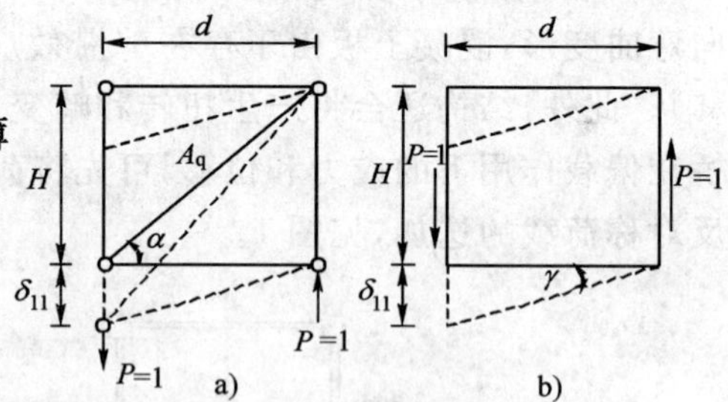

图4 桁架一个节间的连续化处理

若为双交叉斜腹杆桁架,则

$$t_h=\frac{2(1+\mu)}{H}A_q\sin2\alpha\cos\alpha$$

由图4a)、b)还可求出等效腹板剪应力τ_d与平面桁架斜腹杆正应力σ_q的关系为:

$$\sigma_q=E\varepsilon=E\frac{\delta_{11}\sin\alpha}{H/\sin\alpha}=\frac{E\sin^2\alpha}{H}\gamma d=E\sin\alpha\cos\alpha\frac{\tau_d}{G}=\tau_d(1+\mu)\sin2\alpha$$

上平联的等效方法与此类似,不在复述。

三、下承式钢桁结合梁的纯扭转分析

通过以上连续化处理，将下承式钢桁结合梁转化为等效混合截面闭口薄壁箱形梁，其截面形式见图5，其中，K 为扭心，$M_k = pa = p_1 B = 2p_2 B = 2p_3 B$ 为反对称荷载引起的扭矩。下面针对这种组合结构，讨论其在纯扭转荷载下的近似解析解。以下分析中，下标 u、h 和 c 分别表示组合箱形梁截面的上翼缘、腹板和下翼缘(混凝土板)。

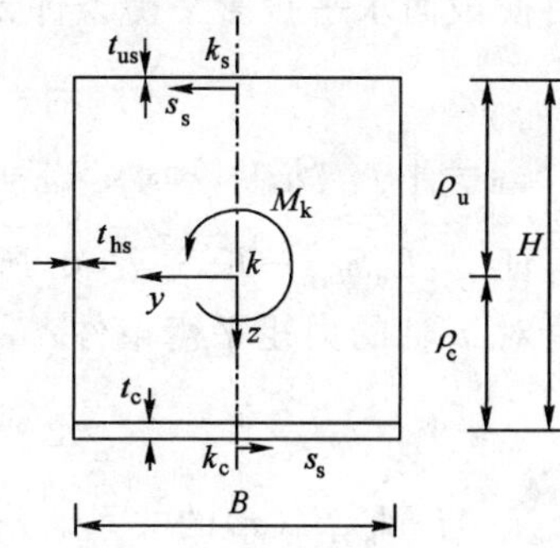

图5 等效箱形梁混合截面受到扭矩 M_k 的作用

首先，引入如下假定：

(1)横截面周边不变形(刚性周边假定)；

(2)横截面上正应力和剪应力沿壁厚是均匀分布的；

(3)横截面上纵向(顺桥向)位移在截面内的分布规律与自由扭转时相同；

(4)因纵梁为开口薄壁杆件，其抗扭刚度很小，故不考虑纵梁的影响；

(5)不计上、下弦杆自身的抗扭作用；

(6)混凝土板与下弦杆无偏心。

1. 正应力的推导

设 K_s、K_c 分别为钢截面(等效箱形梁的腹板、上翼缘)周边、混凝土截面(等效箱形梁的下翼缘)周边的曲线坐标的起点，它们的纵向位移分别为 u_{os}、u_{oc}。根据假定(3)，等效箱形梁的纵向位移为(以下分析中，下标 s、c 分别表示钢、混凝土)：

$$\begin{cases} u_s(x,s_s) = u_{os}(x) - \bar{\omega}(s_s)\beta'(x) \\ u_c(x,s_c) = u_{oc}(x) - \bar{\omega}(s_c)\beta'(x) \end{cases} \tag{1}$$

式中，$\bar{\omega}(s_s) = \omega(s_s) - \dfrac{A_h}{\dfrac{2H}{t_{hs}} + \dfrac{B}{t_{us}} + \dfrac{B}{t_c}\alpha_G}\displaystyle\int_0^{s_s}\frac{ds_s}{t_s}$、$\bar{\omega}(s_c) = \omega(s_c) - \dfrac{A_h}{\dfrac{1}{\alpha_G}\left(\dfrac{2H}{t_{hs}} + \dfrac{B}{t_{us}}\right) + \dfrac{B}{t_c}}\displaystyle\int_0^{s_c}\frac{ds_c}{t_c}$ 为闭口箱形截面的广义扇形坐标，$\omega(s_s) = \displaystyle\int_0^{s_s}\rho(x)ds_s$、$\omega(s_c) = \displaystyle\int_0^{s_s}\rho(x)ds_c$ 为相应开口箱形截面的扇形坐标，$\alpha_G = G_s/G_c$ 为钢与混凝土的剪切模量比，G_s、G_c 分别为钢、混凝土的剪切模量，s_s、s_c 分别为沿钢、混凝土截面周边的曲线坐标，H 为桁高，B 为桁宽，t_c、t_{hs}、t_{us} 分别为混凝土板的厚度、主桁等效截面的腹板和上翼缘厚度，$\rho(x)$ 为闭口截面扭心 K 至各边的距离，$\beta(x)$ 为反映截面翘曲程度的函数(它与截面扭转角有关)。

因结构对称，故 K_s、K_c 为主扇形零点，则 $u'_{os}(x) = u'_{oc}(x) = 0$。所以钢、混凝土的截面翘曲正应变和正应力分别为：

$$\begin{cases} \varepsilon_{\omega s}(x,s_s) = -\bar{\omega}(s_s)\beta''(x) \\ \varepsilon_{\omega c}(x,s_c) = -\bar{\omega}(s_c)\beta''(x) \end{cases} \qquad \begin{cases} \sigma_{\omega s} = -E_s\bar{\omega}(s_s)\beta''(x) \\ \sigma_{\omega c} = -E_c\bar{\omega}(s_c)\beta''(x) \end{cases} \tag{2}$$

2. 剪应力的推导

因无纵向(顺桥向)荷载，故由混凝土板上的微元体的顺桥向平衡条件 $\sum X = 0$ 可得：

$$\tau_{\omega c} = -\int_0^{s_c}\frac{\partial\sigma_{\omega c}}{\partial x} + \tau_{oc} \tag{3}$$

将式(2)中的正应力代入上式，并乘以混凝土板厚 t_c，得

$$\tau_{\omega c}t_c = E_c S_{\bar{\omega}c}(s_c)\beta'''(x) + \tau_{oc}t_c \tag{4}$$

式中：$S_{\bar{\omega}c} = \displaystyle\int_0^{s_c}\bar{\omega}(s_c)t_c ds_c$，$\tau_{oc}$ 为 K_c 点的剪应力。

同理，钢的剪应力为：

$$\tau_{\omega s} t_{us} = E_s S_{\bar{\omega}s}(s_s)\beta'(x) + \tau_{os} t_{us}$$

式中：$S_{\bar{\omega}s} = \int_0^{s_s} \bar{\omega}(s_s) t_s \mathrm{d}s_s$，$\tau_{os}$ 为 K_s 点的剪应力。

由横截面水平投影平衡条件 $\sum Y = 0$ 可得：

$$\tau_{oc} t_c = \tau_{os} t_{us} + (E_s S_{\bar{\omega}sB} - E_c S_{\bar{\omega}cB})/B \tag{5}$$

式中：$S_{\bar{\omega}sB} = \int_{-B/2}^{B/2} S_{\bar{\omega}s}(s_s)\mathrm{d}s_s$，$S_{\bar{\omega}cB} = \int_{-B/2}^{B/2} S_{\bar{\omega}c}(s_c)\mathrm{d}s_c$。

可证[1]：$E_c S_{\bar{\omega}cB} - E_s S_{\bar{\omega}sB} \approx 0$，所以，$\tau_{oc} t_c = \tau_{os} t_{us}$

由对 x 轴的力矩平衡条件：

$$M_k = \int_{l_s} \tau_{\omega s} t_s \rho \mathrm{d}s_s + \int_{l_c} \tau_{\omega c} t_c \rho \mathrm{d}s_c \tag{6}$$

可得 $\tau_{os} t_{us}$ 与 M_k、$\beta'''(x)$ 的关系。从而可得：

$$\tau_{\omega c} = \tau_{kc} + \tau_{\bar{\omega}c},\ \tau_{\omega s} = \tau_{ks} + \tau_{\bar{\omega}s} \tag{7}$$

其中，$\tau_{kc} = \dfrac{M_k}{A_h t_c}$、$\tau_{ks} = \dfrac{M_k}{A_h t_{us}}$ 为自由扭转剪应力，$A_h = H \times B$，$\tau_{\bar{\omega}c} = \dfrac{E_c \beta'}{t_c}\bar{S}_{\bar{\omega}c}$、$\tau_{\bar{\omega}s} = \dfrac{E_s \beta'}{t_{us}}\bar{S}_{\bar{\omega}s}$ 为约束扭转剪应力，$\bar{S}_{\bar{\omega}s} = S_{\bar{\omega}c} - \dfrac{1}{A_h}\left(S_{\bar{\omega}sl} + \dfrac{S_{\bar{\omega}cl}}{\alpha_E}\right)$，$\bar{S}_{\bar{\omega}c} = S_{\bar{\omega}c} - \dfrac{1}{A_h}(\alpha_E S_{\bar{\omega}sl} + S_{\bar{\omega}cl})$，$\alpha_E = \dfrac{E_s}{E_c}$ 为钢与混凝土的弹性模量比，$J_{\omega s} = \int_{l_s} \bar{\omega}^2(s_s) t_s \mathrm{d}s_s$，$J_{\omega c} = \int_{l_c} \bar{\omega}^2(s_c) t_c \mathrm{d}s_c$，$S_{\bar{\omega}sl} = \int_{l_s} S_{\bar{\omega}s}(s_s)\mathrm{d}s_s$，$S_{\bar{\omega}cl} = \int_{l_c} S_{\bar{\omega}c}(s_c)\mathrm{d}s_c$。

3. 控制方程的推导及求解

设 $\theta(x)$ 为截面的扭转角，由假定(1)有：

$$w = \rho\theta(x) \tag{8}$$

由钢、混凝土的几何方程、物理方程和式(8)，可得钢和混凝土的纵向位移

$$u_c(x, s_c) = u_{oc}(x) + \frac{M_k}{G_c A_h}\int_0^{s_c} \frac{\mathrm{d}s_c}{t_c} + \frac{E_c \beta'''}{G_c}\int_0^{s_c} \bar{S}_{\bar{\omega}c}\frac{\mathrm{d}s_c}{t_c} - \theta'(x)\int_0^{s_c} \rho \mathrm{d}s_c \tag{9}$$

$$u_s(x, s_s) = u_{os}(x) + \frac{M_k}{G_s A_h}\int_0^{s_s} \frac{\mathrm{d}s_s}{t_{us}} + \frac{E_s \beta'''}{G_s}\int_0^{s_s} \bar{S}_{\bar{\omega}s}\frac{\mathrm{d}s_s}{t_{us}} - \theta'(x)\int_0^{s_s} \rho \mathrm{d}s_s \tag{10}$$

为满足位移的周期条件，应有：

$$\frac{M_k}{G_s A_h}\int_{ls} \frac{\mathrm{d}s_s}{t_{us}} + \frac{M_k}{G_c A_h}\int_{lc} \frac{\mathrm{d}s_c}{t_c} + \beta'''\left(\frac{E_s}{G_s}\int_{ls} \bar{S}_{\bar{\omega}s}\frac{\mathrm{d}s_s}{t_{us}} + \frac{E_c}{G_c}\int_{lc} \bar{S}_{\bar{\omega}c}\frac{\mathrm{d}s_c}{t_c}\right) - \theta'(x) A_h = 0$$

所以

$$m_k = K_G \theta''(x) - K_E \beta^{(4)}(x) \tag{11}$$

式中：$K_G = \dfrac{A_h^2}{\dfrac{1}{G_s}\left(\dfrac{2H}{t_{hs}} + \dfrac{B}{t_{us}}\right) + \dfrac{1}{G_c}\dfrac{B}{t_c}}$，$K_E = \dfrac{2A_h}{\dfrac{1}{G_s}\left(\dfrac{2H}{t_{hs}} + \dfrac{B}{t_{us}}\right) + \dfrac{1}{G_c}\dfrac{B}{t_c}}\left[(1+\mu_s)\int_{lc} \bar{S}_{\bar{\omega}s}\dfrac{\mathrm{d}s_s}{t_{us}} + (1+\mu_c)\int_{lc} \bar{S}_{\bar{\omega}c}\dfrac{\mathrm{d}s_c}{t_c}\right]$

μ_s、μ_c——分别为钢、混凝土的泊松比。

由式(1)，将 u_s 对 s_s 求导并利用钢的物理方程和几何方程，可得混凝土的剪应力：

$$\tau_{\omega c} = G_c\left[\beta'\left(\frac{J_{dc}}{A_h t_c} - \rho\right) + \rho\theta'\right] \tag{12}$$

式中：$J_{dc} = \dfrac{A_h^2}{\dfrac{1}{\alpha_G}\left(\dfrac{2H}{t_{hs}} + \dfrac{B}{t_{us}}\right) + \dfrac{B}{t_c}}$。

同理，可得钢的剪应力：

$$\tau_{\omega s} = G_s\left(\frac{\partial u_s}{\partial s_s} + \frac{\partial w}{\partial x}\right) = G_s\left[\beta'\left(\frac{J_{ds}}{A_h}\frac{1}{t_s} - \rho\right) + \rho\theta'\right] \tag{13}$$

式中：$J_{ds}=\dfrac{A_h^2}{\dfrac{2H}{t_{hs}}+\dfrac{B}{t_{us}}+\dfrac{B}{t_c}\alpha_G}$

将式(12)、式(13)代入力矩平衡条件式(6)并求一阶导数可得：

$$\frac{m_k}{K_\rho}=\theta'(x)-\xi\beta'(x) \tag{14}$$

式中，$\xi=1-\dfrac{G_sJ_{ds}\Omega_s+G_cJ_{dc}\Omega_c}{A_hK_\rho}=1-\dfrac{2HA_h\left(\dfrac{1}{G_s}+\dfrac{1}{G_c}\right)}{\left[\dfrac{1}{G_s}\left(\dfrac{2H}{t_{hs}}+\dfrac{B}{t_{us}}\right)+\dfrac{1}{G_c}\dfrac{B}{t_c}\right]\left[\dfrac{1}{G_c}\left(\dfrac{2H}{t_{hs}}+\dfrac{B}{t_{us}}\right)+\dfrac{1}{G_s}\dfrac{B}{t_c}\right]}$

$\Omega_c=\int_{l_c}\rho ds_c$，$\Omega_s=\int_{l_s}\rho ds_s$，$J_{\rho s}=\int_{l_s}\rho^2t_s ds_s$，$J_{\rho c}=\int_{l_c}\rho^2t_c ds_c$，$K_\rho=G_sJ_{\rho s}+G_cJ_{\rho c}$。

联立式(11)，式(14)，可解出：

$$\theta=c_1\cosh k_\theta x+c_2\sinh k_\theta x+c_3x+c_4+\frac{m_kx^2}{2K_G}$$

$$\beta'=\frac{k_\theta^2}{\xi}(c_1\cosh k_\theta x+c_2\sinh k_\theta x)+\frac{m_k}{\xi}\left(\frac{1}{K_G}-\frac{1}{K_\rho}\right)$$

式中：$k_\theta^2=\xi\dfrac{K_G}{K_E}$；

$c_1\sim c_4$ 为待定常数。

对于下承式钢桁结合梁桥，因主桁各节间上、下弦杆和腹杆的截面通常并不相同，故其等效箱形梁在各节间的腹板厚度也不相同，为一阶梯形变截面组合箱形梁(每个节间为等截面箱形梁)，此时各节间的 $\theta(x)$、$\beta'(x)$ 中的待定常数 $c_1\sim c_4$ 可由全桥的边界条件及各节间连接处扭转角 $\theta(x)$ 和 $\beta'(x)$ 的连续条件确定。

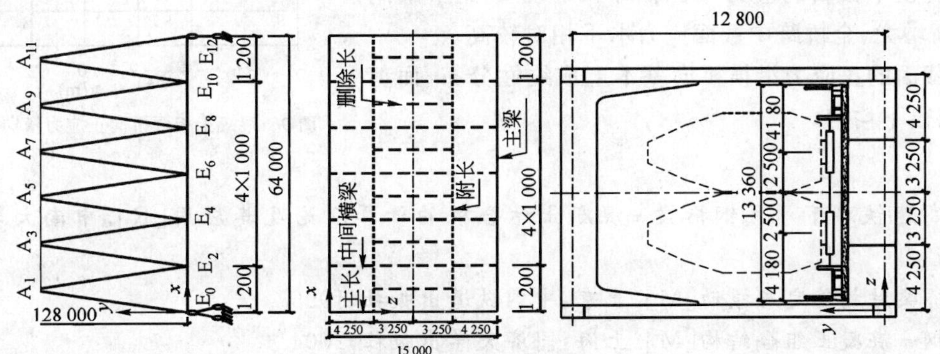

图 6　简支下承式钢桁结合梁桥(尺寸单位：mm)

四、算例及结论

某下承式钢桁结合梁桥构造和尺寸如图 6 所示，主桁 6 个节间，第 1、6 节间(端节间)每个 12m，中间 4 个节间每个 10m，总长 64m，桁高 12.8m，主桁中心距 15m。混凝土板厚 27cm，全部横梁都为 I 字形截面，上翼缘 800mm×40mm，腹板 1 910mm×16mm，下翼缘 950mm×50mm。横桥向设两片纵梁，中心距为 6.5m，纵梁也为 I 字形截面，高 2m，上翼缘 400mm×16mm，腹板 1 964mm×16mm，下翼缘 400mm×20mm。钢构件弹性模量：$E_S=2.1\times10^5$MPa；混凝土弹性模量：恒载 $E_c=3.5\times10^4$MPa。结构受到的荷载由照单线活载(JHG 标准荷载)[1]按照以上思路换算成沿桥跨方向的分布纯扭转荷载为。

$$M_k=\begin{cases}480(\text{kN}\cdot\text{m/m}) & 0\leqslant x\leqslant 28.8\text{m},35.2\text{m}\leqslant x\leqslant 64\text{m}.\\ 938(\text{kN}\cdot\text{m/m}) & 28.2\text{m}\leqslant x\leqslant 35.2\text{m}\end{cases}$$

用本文方法的主要计算结果见表 1 和图 7～图 9。

单侧主桁轴应力表(单位 MPa) 表1

杆件	上弦杆			下弦杆		
	A_1A_3	A_3A_5	A_5A_7	E_0E_2	E_2E_4	E_4E_6
应力	−48.10	−55.87	−60.42	58.39	66.41	70.28
杆件	腹杆					
	E_0A_1	A_1E_2	E_2A_3	A_3E_4	E_4A_5	A_5E_6
应力	−66.19	58.71	−38.43	41.25	−18.13	13.64

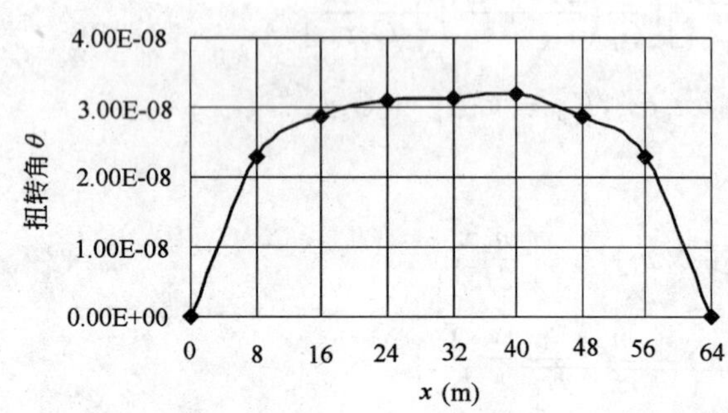

图7 主桁扭转角沿桥跨分布曲线

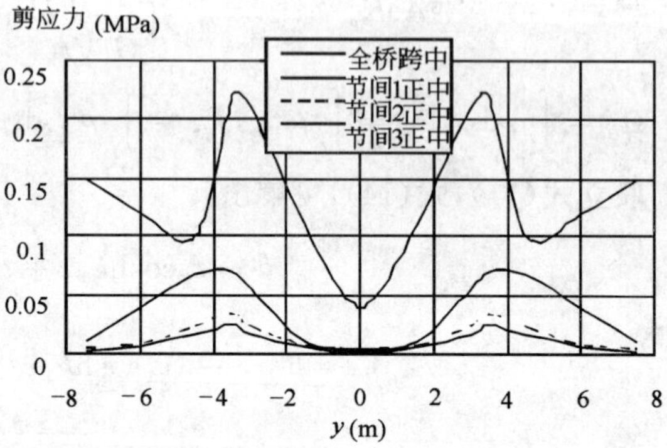

图8 混凝土板水平剪应力横桥向分布曲线

由上可见：

(1)主桁各杆的轴应力,弦杆较为均匀,腹杆则差别较大。

(2)扭转角沿跨度方向的分布与下承式钢桁结合梁在竖向荷载作用下的挠度曲线形式基本相同,跨中扭转角最大。

(3)各节间正中截面的应力,从端节间(节间1)到中节间(节间3),逐渐增大,全桥跨中截面应力水平相对较高。

(4)各横截面的正应力沿横桥向基本上成线性分布,而剪应力的分布则很不均匀。

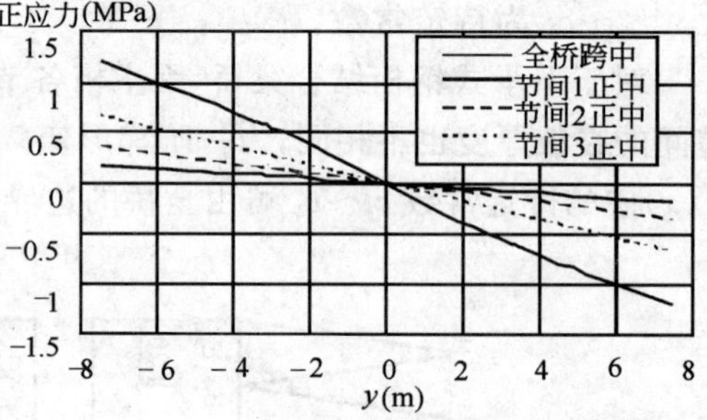

图9 混凝土板顺桥向正应力横向桥分布曲线

参考文献

[1] 陈玉骥.高速铁路下承式钢桁梁—混凝土结合桥的计算理论及其应用[R].中南大学博士论文,2004.

[2] 李国豪.桥梁结构稳定与振动[M].北京:中国铁道出版社,1996.

[3] 林宗凡.钢—混凝土组合结构[M].上海:同济大学出版社,2004.

[4] 何畏、李乔.板桁组合结构体系受力特性及计算方法研究[J].中国铁道科学,2001,22(5):65-72.

[5] 谭莹、田启贤.板桁组合结构的受力特性及空间分析方法[J].铁道建筑,2001(8),2-5.

155.变截面箱梁剪力滞效应的实用计算方法

罗旗帜 张秀芳 代少敏

(佛山科学技术学院 土木工程与建筑学系)

摘 要 基于数理统计的基本原理,提出了变截面箱梁剪力滞效应的实用计算方法。针对变截面多跨连续箱梁以及悬臂箱梁的宽跨比(b/L)和梁高比(h/H)两个主要参数,运用多元回归分析方法,建立了三维的数学模型,导出了计算剪力滞系数的统一表达式。进行了计算模型的显著性检验,其成果与列表数据的相对误差绝对值的平均值均甚小，精确度满足要求。本文提出的剪力滞计算公式，即简单又实用，可为工程设计提供参考。

关键词 剪力滞效应 剪力滞系数 回归分析 实用公式

一、引 言

近几十年来，国内外许多学者对剪力滞计算问题提出了许多新设想和新理论，并获得了许多研究成果，部分成果已纳入规范之中。关于剪力滞的计算归纳起来大体可分为五种：理论解析[1]、数值解[2]、表格法、图解法、规范法。

各种计算方法都不可避免的存在一定的局限性。理论解析和数值解的方法求解过程复杂，工程应用的难度较大；表格法和图解法都可直接查出设计所需的剪力滞系数，相对来说它具有一定的实用性，因此颇受设计人员的青睐。但在实际使用时，总会从图表中引入各种误差的角度，考虑到具体工程各种可能的情况，对于影响剪力滞系数的主要因素难以严格控制。用表格法时很容易出现插值问题，若一律采用直线内插，必定会出现很大的误差，从而影响了设计计算的精度。而图解法的准确性存在一定的主观性，所以图表一般应用于粗略估计。另外，在我国现行桥梁设计规范[3]中，对于箱梁因剪力滞效应影响而引起的翼缘宽度的折减参照德国规范规定了的“二曲线＋等效简支跨长”的计算方法，这种计算模式仍采用图表法。从工程设计的角度出发，考虑到各种可能具备的计算手段，在满足设计精度的条件下，得出比较实用并且便于掌握的方便、实用的计算方法具有重要意义。本文运用数理统计的方法，建立了变截面箱梁剪力滞效应的实用计算公式。

二、数 学 机 理

1. 二次回归分析法

本文所要推导出的数学模型都只存在两个自变量记为 x_1 和 x_2，由此可以假定在一个自变量 x_2 一定的情况下，因变量（剪力滞系数 λ）与另一自变量 x_1 之间存在某种函数关系，将数据进行一元线性回归分析处理，可得到剪力滞系数 λ 关于此自变量之间的函数关系，即，即 $\lambda=f_1(x_1)$。若改变自变量 x_2 的取值，得到剪力滞系数 λ 关于自变量 x_1 之间的函数关系，即 $\lambda=f_2(x_2)$，如此类推。选择一个形式相同又能反映数据趋势且误差较小的方程 $\lambda=f(x)$ 即为初步拟合模型。

在初步拟合模型的基础上，将自变量 x_2 在不同取值情况下的对应的初步拟合模型方程的系数与 x_2 进行回归分析（即二次拟合），找出系数关于自变量 x_2 的函数关系，再将其代入初步拟合的模型方程中，得到了因变量（剪力滞系数 λ）关于两个自变量的函数关系。

2. 多元逐步回归分析法

(1)回归方程的建立

由泰勒公式可知

$$f(x,y)=f(0,0)+\left(x\frac{\partial}{\partial x}+y\frac{\partial}{\partial y}\right)f(0,0)+\frac{1}{2!}\left(x\frac{\partial}{\partial x}+y\frac{\partial}{\partial y}\right)^2 f(0,0)+R_3 \tag{1}$$

其中：

$$\left(x\frac{\partial}{\partial x}+y\frac{\partial}{\partial y}\right)f(0,0)=xf_x(0,0)+yf_y(0,0)$$

$$\left(x\frac{\partial}{\partial x}+y\frac{\partial}{\partial y}\right)^2 f(0,0)=x^2 f_{xx}(0,0)+2xyf_{xy}(0,0)+y^2 f_{yy}(0,0) \tag{2}$$

$$R_3=\frac{1}{3!}\left(x\frac{\partial}{\partial x}+y\frac{\partial}{\partial y}\right)^3 f(\theta x,\theta y)\qquad(0<\theta<1)$$

略去高阶无穷小 R_3，并将 $f(x,y)$ 写成多项式的形式，得

$$f(x,y)=\beta_0+\beta_1 x+\beta_2 x^2+\beta_3 xy+\beta_4 y+\beta_5 y^2 \tag{3}$$

为方便本文的研究，将二元多项式回归的数学模型表示为

$$y=\beta_0+\beta_1x_1+\beta_2x_1^2+\beta_3x_1x_2+\beta_4x_2+\beta_5x_2^2 \tag{4}$$

(2)回归方程的求解[4]

由于回归方程中的参数$\beta_0,\beta_2,\cdots\beta_k$是未知的，需要利用样本数据去估计它们。回归方程中$\hat{\beta}_0,\hat{\beta}_1,\cdots\hat{\beta}_k$可根据最小二乘法求得，也就是使残差平方和最小，即

$$\text{SSE}=Q=\sum_{i=1}^{k}(y_i-\hat{y}_i)^2=\min \tag{5}$$

本文将所有自变量一次、二次项和因变量进行多元回归分析，逐步剔除对因变量不显著的那些自变量，建立最优回归方程。

3.模型显著性评价

方程的显著性检验，旨在对模型中被解释变量与解释变量之间的关系是否显著成立作出推断。

1)多元回归方程的拟合优度

在多元回归分析中，通常用调整的判定系数($\bar{R}^2$)来表示方程的拟合优度，$\bar{R}^2$越接近于1，回归的效果越显著。其计算公式为

$$\bar{R}^2=1-\frac{\text{SSR}/(n-k-1)}{\text{SST}/(n-1)} \tag{6}$$

其中：SST——总体平方和；

SSR——残差平方和；

$n-k-1$——残差平方和的自由度；

$n-1$——总体平方和的自由度。

2)多元回归方程的单检验和总检验

从总体中随机抽取一个样本，根据样本数据拟合多元回归方程，必须经过显著性检验，才能对总体的回归关系作出结论。只是多元回归分析的显著性检验一方面要对每一个解释变量的显著性分别进行检验，另一方面还要对回归方程整体的显著性进行检验。前者称为单检验，后者称为总检验。

(1)单检验

对任意参数$\beta_i(i=1,2,\cdots k)$，检验的零假设和备假设分别为：$H_0:\beta_i=0\quad H_1:\beta_i\neq0$，$t$统计量的计算公式是：$t=\frac{\hat{\beta}_i}{S_{\hat{\beta}_i}}\sim t(n-k-1)$。其中，$S_{\hat{\beta}_i}$是回归系数$\hat{\beta}_i$抽样分布的标准差。

若计算出的$|t|>t_{\alpha/2}(n-k-1)$，则拒绝零假设，或者根据t统计量对应的p值决定拒绝还是接受零假设。若某个自变量的检验统计量$|t|$对应的$p<\alpha$(α为给定的显著水平，本文取$\alpha=0.05$)，就意味着这个自变量对因变量的影响不显著，剔除该变量。

(2)总检验

多元回归方程的总检验的零假设和备假设分别为：$H_0:\beta_1=\beta_2=\cdots=\beta_k=0$；$H_1$：并非所有的$\beta_i$都为零。统计量是$F$的计算公式是：$F=\frac{\text{MSR}}{\text{MSE}}=\frac{\text{SSR}/k}{\text{SSE}/(n-k-1)}\sim F(k,n-k-1)$。

如果$F<F_\alpha$，或是对应的$p>\alpha=0.05$不能拒绝H_0，则做出y与诸x不存在显著回归的结论，或者说所拟合的样本回归方程在总体上没有意义。反之，如果$F>F_\alpha$，或是对应的$p\leqslant\alpha=0.05$，就应拒绝H_0，则做出y与诸x之间存在显著回归的结论，即承认所拟合样本回归方程在总体上有一定的显著性。

三、变截面多跨连续直线箱梁剪力滞实用计算公式

1.数据来源

作者在研究变截面多跨箱梁桥的剪力滞效应时，提出了一种考虑剪力滞效应的箱梁结构有限段法[5]。这种以平面梁单元为基本单元的、半解析的有限元法，实现了在结构分析中自动计入剪力滞效应的功能。该法适用于任意截面、任意支承条件和任意荷载情况的箱梁。文献[5]中通过对不同变截面多

跨箱梁进行剪力滞分析，并对影响剪力滞效应的主要因素进行论述和评价，为变截面多跨箱梁的剪力滞计算提供了重要资料。

分析表明，影响变截面直线箱梁剪力滞的因素主要是宽跨比和梁高比，因次，本文以文献[5]中就宽跨比和梁高比两个重要参数编制的变截面多跨箱梁的剪力滞系数计算用表中的数据，通过回归分析，将各影响因素对目标的影响量化，同时进行模型的显著性检验，从而建立只包含主要影响因素宽跨比和梁高比与剪力滞系数的数学模型，以求在实际计算中以较少的参数来较好的控制剪力滞系数。

2. 模型的建立及求解

对文献[5]所得的数据进行二次回归的分析，先以在均布荷载作用下的内部支座截面的剪力滞系数实用计算公式为例来进行说明，其他情况的求解过程可参考这一情况，本文只给出其计算结果。

变截面直线箱梁在均布荷载作用下内部支座截面的剪力滞系数见表1。

均布荷载作用下的内部支座截面的剪力滞系数 表1

荷载类型	梁高比 h/H	宽跨比 b/L				
		0.1	0.2	0.3	0.4	0.5
均布荷载	0.2	1.230	1.647	2.197	2.821	3.468
	0.4	1.317	1.819	2.421	3.066	3.713
	0.6	1.382	1.942	2.577	3.232	3.874
	0.8	1.437	2.042	2.701	3.362	3.997
	1.0	1.486	2.129	2.805	3.470	4.097

(1)初步拟合

在宽跨比 b/L 一定情况下，剪力滞系数 λ 与梁高比 h/H 之间存在某种函数关系。对表4-1数据进行一元回归分析处理，得到剪力滞系数 $\lambda(i=1,\cdots5)$ 关于梁高比 h/H（记为 x_1）之间的函数关系，即 $\lambda_i=f(x_i)$。

分别将宽跨比 b/L 在不同情况下的五组数据进行拟合，在满足精度要求的条件下找到在不同宽跨比条件下的最简单最相近的模型。考虑到模型的实用性和精确性，选择模型如下：

$$\lambda_i=\frac{1}{A+B\ln x_{1i}} \tag{7}$$

式(7)中的系数 A 与 B 的取值见下表2。

系数 A、B 取值表 表2

b/L	0.1	0.2	0.3	0.4	0.5
系数 A	0.675 8	0.470 4	0.356 6	0.288 3	0.244 1
系数 B	−0.087 8	−0.085 7	−0.061 4	−0.047 1	−0.027 5

经计算求得相关系数 r 为 0.999 991 8，非常接近于1；标准差 s 为 0.001 117 1，非常接近于0。这表明 λ_i 的取值几乎全部可用 x_{1i}（即梁高比 h/H）的信息加以说明，即说明模型方程拟合得很好。其余4个方程与方程(7)的结果类似，下面将回归模型的检验结果列于表3中。

初步拟合模型的检验结果统计表 表3

检验参数 \ b/L	0.1	0.2	0.3	0.4	0.5
r	0.998 289	0.999 874	0.999 918	0.999 992	0.999 999 1
s	0.006 794	0.003 469	0.001 117	0.001 156	0.000 386

(2)第二次拟合

在初步拟合结果模型的基础上[式(7)]，对初步模型中的系数 A、B 与 b/L（记为 x_2）进行拟合，找出它们之间的函数关系，见式(8)和式(9)。

$$A=\frac{1}{6.579x_2+0.821} \tag{8}$$

$$B=\frac{1}{-14.964+55.885x_2-198.736x_2^2} \tag{9}$$

将式(8)和式(9)代入回归模型，作出如图1所示的散点图。

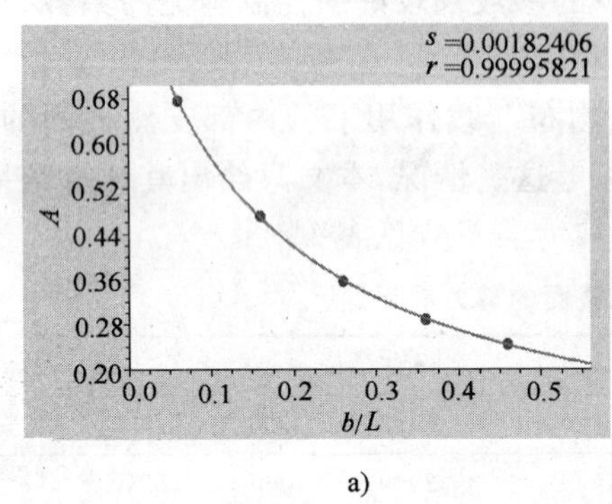

a)

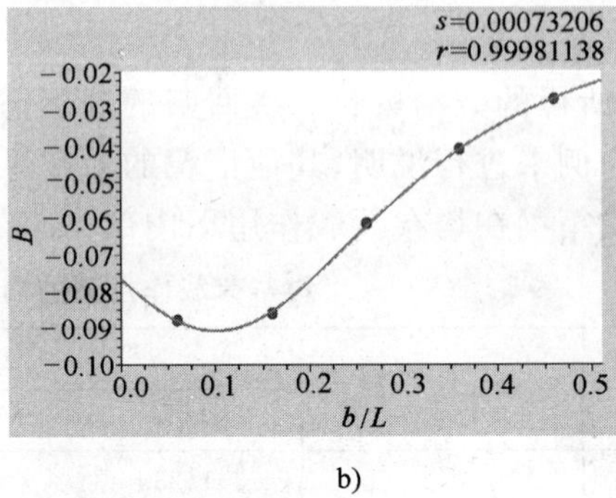

b)

图1 散点图

a)系数 A 与 b/L 的回归线的散点图；b)系数 B 与 b/L 的回归线的散点图

(3)最终模型

由上面的分析可得出在均布荷载作用下的内部支座截面的剪力滞系数的最终数学模型为

$$\lambda=\frac{1}{A+B\ln x_1} \tag{10}$$

式中，$A=\dfrac{1}{6.579x_2+0.821}$；

$B=\dfrac{1}{-14.964+55.885x_2-198.736x_2^2}$

其中 x_1 为梁高比 h/H，$0<x_1\leqslant 1$；x_2 为宽跨比 b/L，$0<x_2\leqslant 0.5$

将上述模型计算得出的结果与原始数据的对比，可以知道，用拟合模型计算出的 λ 值与原始数据的 λ 值非常接近，误差范围为 $-0.017\sim0.015$，相对误差范围为 $-0.59\%\sim0.68\%$，相对误差绝对值的平均值为 0.54%，满足工程计算精度要求。

3. 变截面多跨连续直线箱梁剪力滞系数的实用计算公式

运用上述的二次回归的分析方法，对文献[5]所得的数据进行分析，可得模型公式为

$$\lambda=\frac{1}{A+B\ln x_1} \tag{11}$$

式中：$A=\dfrac{1}{\alpha_0+\alpha_1x_2+\alpha_2x_2^2}$；$B=\dfrac{1}{\beta_0+\beta_1x_2+\beta_2x_2^2}$

式中： x_1——梁高比 h/H，$0<x_1\leqslant 1$；

x_2——宽跨比 b/L，$0<x_2\leqslant 0.5$；

α_0、α_1、α_2、β_0、β_1、β_2——系数，取值见表4。

模型系数取值表 表4

荷载形式	截面位置	α_0	α_1	α_2	β_0	β_1	β_2
均布荷载	内支座	0.821	6.579	0	−14.964	55.885	−198.736
	跨中	0.978	0.237	3.197	26.207	−117.000	199.320
集中荷载	内支座	0.826	5.809	1.583	−14.470	44.867	−159.220
	跨中	0.882	3.899	0.69	9.672	−17.767	52.882
梯形荷载	内支座	0.821	6.560	0	−21.235	88.515	−372.482
	跨中	0.980	0.265	3.139	44.808	−213.465	361.538

4. 结果分析

将上述变截面多跨连续直线箱梁剪力滞系数的实用计算公式计算得出的结果与原始数据中的所有150组数据对比，可以知道，用模型计算出的λ值与原始数据的λ值非常接近，相对误差绝对值的平均值仅为0.54%，满足工程计算精度要求。根据模型方程作变截面多跨梁受宽跨比和梁高比影响的剪力滞系数三维图，如图2所示。

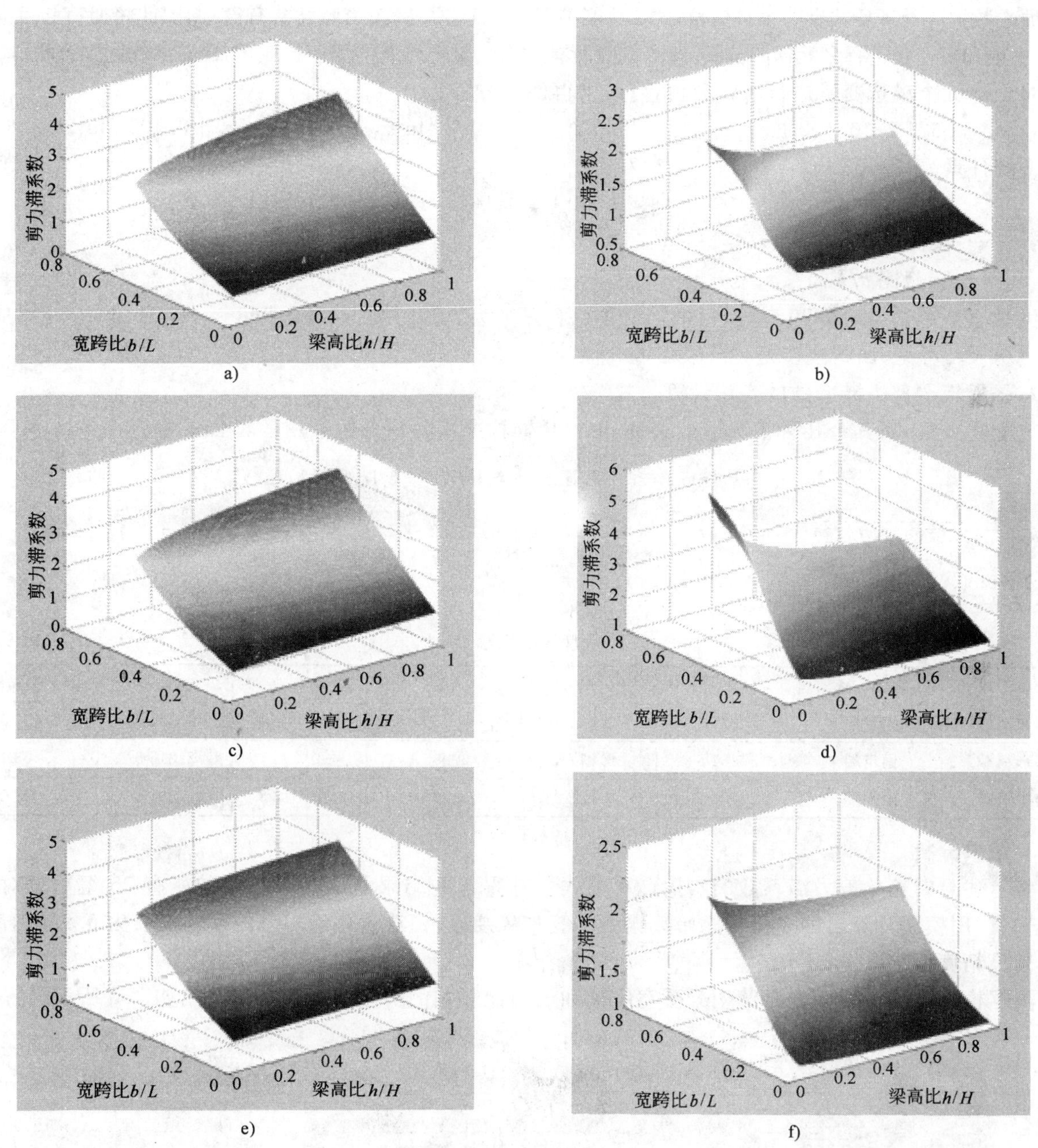

图2 变截面多跨箱梁剪力滞系数三维图

a)均布荷载、内部支座截面；b)均布荷载、中跨跨中截面；c)集中荷载(内部支座截面)；d)集中荷载(中跨跨中截面)；e)梯形荷载(内部支座截面)；f)梯形荷载(中跨跨中截面)

由图2中可以看出，变截面多跨箱梁桥内部支座截面的剪力滞效应随梁高比的增大而增大，中跨跨中截面的剪力滞效应随梁高比的增大却减小。剪力滞效应随梁高比变化的幅度小于随宽跨比变化的幅度，也即宽跨比的影响比梁高比的影响显著。

四、悬臂箱梁剪力滞实用计算公式

1. 模型的建立及求解

对文献[5]所得的数据，采取了多元逐步回归的分析方法。经过分析，将各变量取对数后再按上述的方法建模和求解可以得到的效果比直接利用原始数据进行分析的好。下面就以在均布荷载作用下的剪力滞系数实用计算公式为例来进行说明，其他情况的求解过程可参考这一情况，本文只给出了计算结果。

原始数据经处理后共有2个自变量，这2个自变量的一次项、二次项展开共有五项，因此将所有自变量一次、二次项和因变量进行多元回归分析，逐步剔除所有对因变量不显著的那些自变量，建立最优回归方程。

将全部五个候选变量进行回归分析，可以求得回归方程为

$$\lambda=3.6712+0.1121\ln x_1\ln x_2+0.2362\ln x_1-0.0624\ln^2 x_1+2.0013\ln x_2+0.4005\ln^2 x_2 \quad (12)$$

T统计量 112.08 9.17 7.87 −4.23 43.71 27.18

p：<0.000 1 <0.000 1 <0.000 1 0.000 5 <0.000 1 <0.000 1

式中：x_1——梁高比 h/H，$0<x_1\leqslant 1$；

x_2——宽跨比 b/L，$0<x_2\leqslant 0.5$。

由拟合汇总结果可知模型方程的均方误差平方根为0.019 8，$\overline{R}^2=0.9980$，$F=2\,444.21$，对应的 $p<0.0001$。可见，回归模型是具有较强显著性的。

2. 悬臂箱梁剪力滞系数的实用计算公式

按上述方法，对其余几种情况进行求解，可得悬臂箱梁剪力滞系数实用计算公式为

$$\lambda=k_0+k_1\ln x_1\ln x_2+k_2\ln x_1+k_3\ln^2 x_1+k_4\ln x_2+k_5\ln^2 x_2 \quad (13)$$

式中：x_1——梁高比 h/H，$0<x_1\leqslant 1$；

x_2——宽跨比 b/L，$0<x_2\leqslant 0.5$；

$k_0\sim k_5$——模型系数，取值见表5。

模型系数取值表 表5

荷载形式	截面位置	k_0	k_1	k_2	k_3	k_4	k_5
均布荷载	固定端	3.671 2	0.112 1	0.236 2	−0.062 4	2.001 3	0.400 5
梯形荷载	固定端	3.684 5	0.077 4	0.095 1	−0.091 7	2.016 5	0.403 4
集中荷载	固定端	2.823 1	0.052 0	0.109 6	−0.042 3	1.501 6	0.328 0

3. 结果分析

将上述悬臂箱梁剪力滞系数的实用计算公式计算得出的结果与原始数据中的所有75组数据对比，可以知道，用模型计算出的λ值与原始数据的λ值非常接近，相对误差绝对值的平均值仅为0.98%，满足工程计算精度要求。

根据模型方程作变截面悬臂箱梁受宽跨比和梁高比影响的剪力滞系数的三维图如图3所示。

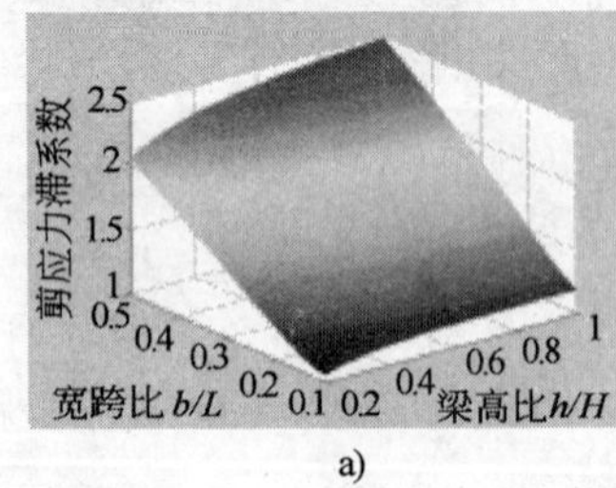

a)

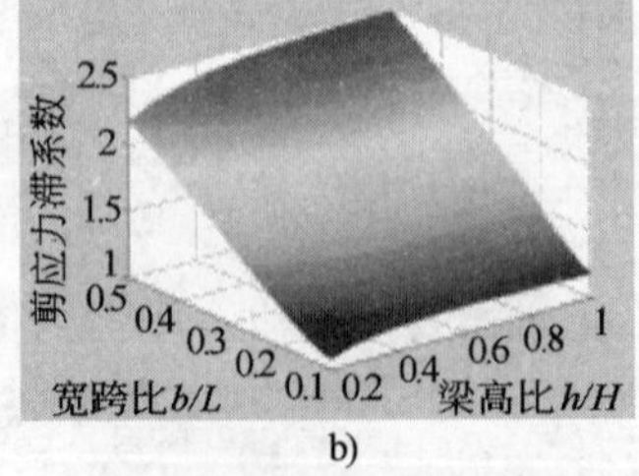

b)

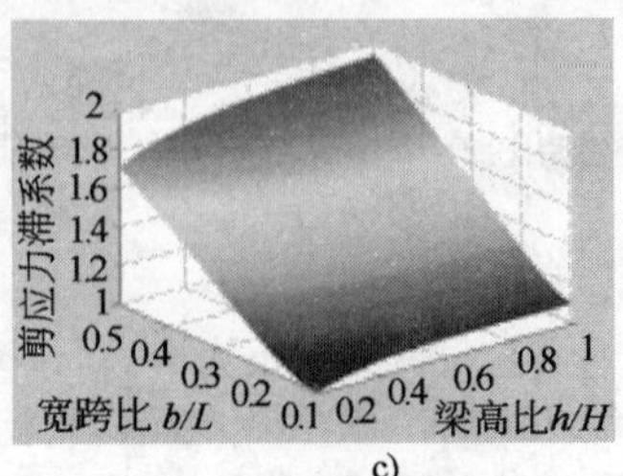

c)

图3 悬臂箱梁模型计算剪力滞系数三维图

a)均布荷载；b)梯形荷载；c)集中荷载

从图3中可以看出，集中荷载产生的剪力滞效应比其他两种稍小，悬臂箱梁宽跨比的影响比梁高比的影响大。

五、结　　语

通过上述数学建模的计算和理论分析，可得出以下几点结论：

(1)基于数理统计的基本原理，应用多元回归的分析方法，建立了薄壁箱梁的剪力滞实用计算的数学模型，推导出了剪力滞系数的计算公式，便于工程应用。

(2)在变截面多跨连续箱梁剪力滞实用公式推导过程中提出了二次回归的分析方法，该方法大大提高了模型的拟合优度。用模型计算的值与原始数据的相对误差绝对值的平均值为0.54%。

(3)在悬臂箱梁剪力滞的实用计算公式的推导过程中将二元非线性回归问题化为多元的线性问题，采用逐步回归的方法选择模型方程的自变量，建立最优回归方程。用模型计算出的值与原始数据的相对误差绝对值的平均值为0.98%。

(4)本文将已得的数据公式化，为今后薄壁箱梁剪力滞的研究提供了新的方向。

参考文献

[1] 罗旗帜，吴幼明. 薄壁箱梁剪力滞理论的评述和展望[J]. 佛山科学技术学院学报(自然科学版)，2001,19(3):29～35.

[2] 徐柏林，邵旭东，鲍卫刚. 变截面长悬臂箱梁桥翼缘有效宽度研究[J]. 中南公路工程，1998,23(4):24～26.

[3] 中华人民共和国行业标准. 公路钢筋混凝土及预应力混凝土桥涵设计规范[S]. 北京：人民交通出版社，2004.

[4] 贾俊平. 统计学[M]. 北京：清华大学出版社，2004.

[5] 罗旗帜. 变截面多跨箱梁桥剪力滞效应分析[J]. 中国公路学报，1998,11(1):60～70.

156. CFRP加固钢混凝土组合梁极限承载力的有限元分析

李师庆　黄培彦　邓　军

(华南理工大学　交通学院)

摘　要　目前关于CFRP加固钢—混凝土组合梁结构的研究还相对较少，缺乏相关的有限元分析方法。文中建立了组合梁极限承载力有限元分析模型，对组合梁粘贴CFRP加固前、后的性能进行了分析，分析中考虑了混凝土板内配筋以及组合梁自重的影响。并利用此分析方法与一些相关的CFRP板加固组合梁实验结果进行分析对比，从而为实际工程的应用提供了理论依据。结果显示，计算结果与试验结果吻合较好，表明计算方法具有较高的精度。组合梁粘贴CFRP板加固后极限承载力有较大增长，梁的极限承载力随CFRP板弹性模量提高而提高，组合梁粘贴CFRP板后屈服荷载也有提高。

关键词　CFRP　钢—混凝土组合梁　极限承载力　有限元

一、引　　言

近年来，钢—混凝土组合梁在桥梁结构中的大跨度桥面梁中得到广泛应用[1]。同时碳纤维增强复合材料(CFRP)已经被广泛的用于混凝土结构加固[2]。但是对CFRP加固钢结构，特别是钢—混凝土组合结构的研究和应用则相对较少，国外对这一领域主要集中在实验研究。Deng和Lee[3]的试验研究显示，加固钢梁只要能防止CFRP板剥离破坏的出现，承载力和刚度均能得到明显提高。Sen等[4]用厚度为2mm或5mm的CFRP板对6根钢—混凝土组合梁进行了加固，试验结果显示，承载力得到了明显的提高,但在弹性阶段提高的刚度相对较少。Tavakkolizadeh 和 Saadatmanesh[5]分别用1层、3层或5层厚度为1.27mm的CFRP布对三根大尺度的钢混凝土混合梁进行加固,测试结果显示其极限承载力分别提高了44%、51%和76%。在另一项研究中,A. H. Al-Saidy等[6]人用不同拉伸弹性模量的CFRP板对钢—混凝土混合梁进行加固,弯曲试验表明强度有明显增加,CFRP板的弹性模量在相近或高于钢材的弹性模量,加固效果较明显。邓军和黄培彦[7]推导了CFRP板加固钢—混凝土组合梁的塑性受弯承载力以及所需CFRP板截面面积的计算方法。分析显示对于CFRP板拉断破坏的情况,加固前的梁上负载以及预应力的作用对受弯承载力均没有影响,但对于混凝土板压碎破坏的情况,加固梁的受弯承载力随加固前梁上负载的增加而减少,随预应力的增加而增加。彭福明等[8]人对CFRP板加固组合梁进行有限元分析,证明了粘贴CFRP板加固组合梁时,刚度和屈服荷载略有提高,极限荷载明显提高。但论文主要是针对CFRP加固钢梁的有限元分析,对组合梁的加固并未进行深入研究,而且论文结果没有进行实验的验证。

本文拟提出CFRP板加固钢—混凝土组合梁极限承载力的非线性有限元分析方法,利用有限元软件ANSYS,分析组合梁前后极限承载力的变化。将结果与实验结果进行比较,验证有限元模型的精度,并对结果进行分析。

二、有限元模型

1. 基本假定

在采用非线性有限元计算CFRP板加固钢—混凝土组合梁的极限承载力时,采用的基本假定有:

(1)CFRP板为理想弹性材料,应力与应变之间保持线弹性关系;

(2)混凝土材料应力应变曲线遵守Hognestad公式;

(3)混凝土板和钢梁,钢梁与CFRP板间有可靠的连接。

2. 单元选取

混凝土板采用solid65有限单元模型,CFRP板采用solid45单元,钢梁采用shell43单元。混凝土中的配筋采用solid65单元中的加筋性能进行模拟。

对于混凝土板、钢梁、CFRP之间的单元接触,模型中使用了节点耦合而非接触单元方法,因为接触单元过于复杂,面面之间的接触摩擦系数难以确定,模拟精度不高。本文不考虑混凝土板与钢梁,钢梁与CFRP之间的黏结滑移。

3. 材料本构关系

混凝土的本构关系选取是混凝土构件极限承载力有限元分析的关键。在本文中混凝土的破坏准则采用William-Warnker的五参数模型。混凝土材料选用多线性等向强化模型(MISO)定义材料各点的应力—应变关系,采用文献[5]中建议的Hognestad公式:

当$\varepsilon\leqslant\varepsilon_0$时

$$\sigma=\sigma_0\left[2\left(\frac{\varepsilon}{\varepsilon_0}\right)-\left(\frac{\varepsilon}{\varepsilon_0}\right)^2\right] \tag{1}$$

当$\varepsilon_0<\varepsilon\leqslant\varepsilon_u$时

$$\sigma=\sigma_0\left[1-0.15\left(\frac{\varepsilon-\varepsilon_0}{\varepsilon_u-\varepsilon_0}\right)\right] \tag{2}$$

式中:σ——混凝土压应变为ε时的混凝土压应力;

σ_0——混凝土圆柱体抗压强度;

ε_0——混凝土抗压应变峰值,Hognestad建议$\varepsilon_0=2(\sigma_0/E_0)$;

E_0——初始弹性模量;

ε_u——正截面的混凝土极限压应变,Hognestad建议理论分析时取$\varepsilon_u=0.0038$。

钢材料选用双线性随动强化模型(BKIN)定义材料各点的应力—应变关系[9],符合 Von Mises 屈服准则。

CFRP 板为正交各向异性的线弹性材料,没有屈服强度,只有极限强度,取其极限拉应变为0.016[6]。

上述应力—应变关系是用一维形式表达的,而混凝土与 CFRP 的有限元模型是实体单元、钢梁的有限元模型为壳单元,因此根据"等效单向应变"的概念,使三向应力对材料内部的作用可以用主应力轴的等效应力应变曲线来表达。

三、CFRP 板加固组合梁的 ANSYS 算例

文献[5]进行的 CFRP 加固钢—混凝土组合梁实验采用了两种不同弹性模量的 CFRP 板,大部分梁采用将 CFRP 板黏贴在钢梁底部边缘的加固方式,还有部分梁采用将 CFRP 板黏贴在钢梁底部和腹板下部的加固方式。本文将对前一种加固方式进行分析。

1. 计算模型

为验证有限元模型的正确性,采用图 1 模型对试件进行数值模拟。组合梁尺寸:全长为 3.35m,钢梁采用的是 W8×15 型钢,混凝土板宽 812mm,厚 76mm。混凝土板内配筋直径为 10mm,纵向钢筋间距为 203mm;横向钢筋间距为 356mm。试件采用 2 点加载,直至破坏。梁两端为简支约束。详细尺寸见图 2:

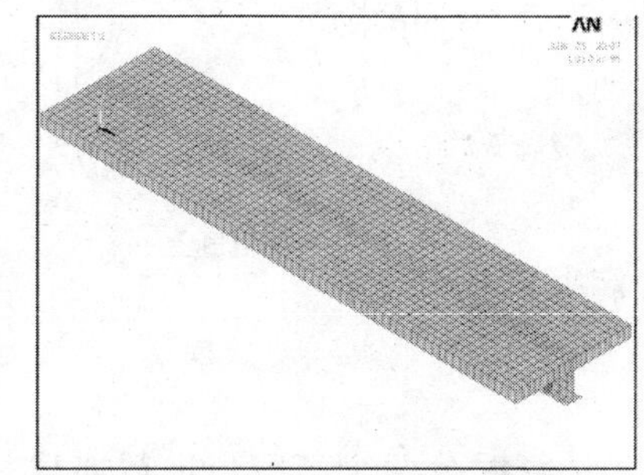

图 1 CFRP 加固组合梁的有限元模型

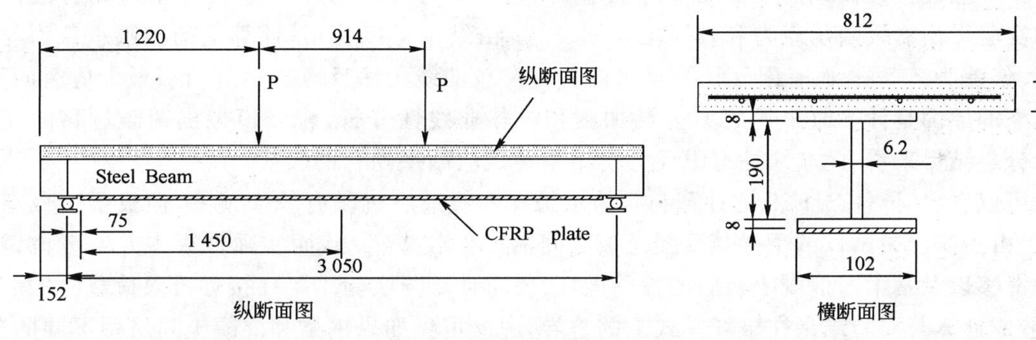

图 2 CFRP 加固组合梁示意图

主要材料参数见表 1。

材料参数一览表 表 1

材料	圆柱体抗压强度 (Mpa)	抗拉强度 (MPa)	屈服强度 (MPa)	弹性模量 (GPa)	密度 (kg/m³)
混凝土	35	—	—	—	2.6×10^3
钢材	—	496	364	200	7.8×10^3
CFRP 板	—	248 0	—	150&200	—

试件的详细设计参数详见表 2,表中 V、S1E22 和 S1E29 分别表示未加固组合梁、粘贴了弹性模量为 150GPa CFRP 板的梁和粘贴了弹性模量为 200GPa CFRP 板的梁。具体实验方法和实验结果详见文献[6]。

试件参数一览表 表 2

梁编号	试件个数	CFRP 弹模 E_{p1}(GPa)	CFRP 宽度(mm)
V	2	—	—
S1E29	2	200	102
S1E22	1	152	102

计算时采用的材料应力应变曲线如图 3 所示。

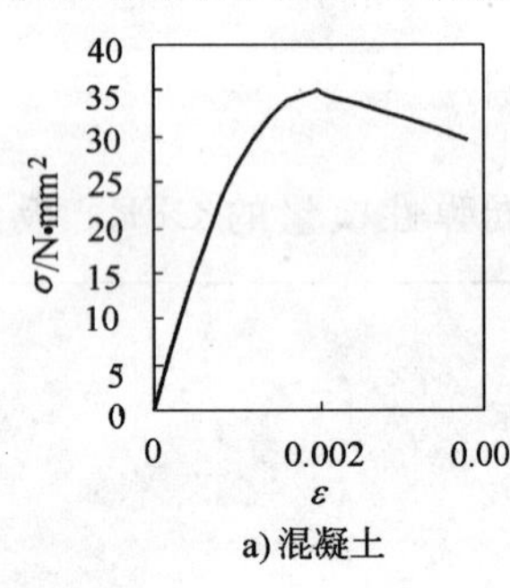

a)混凝土

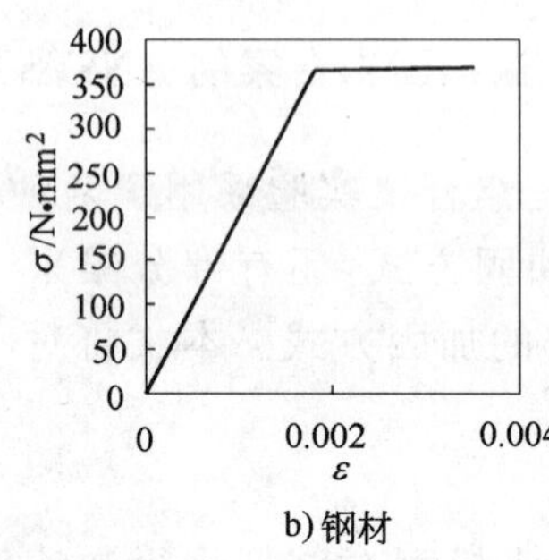

b)钢材

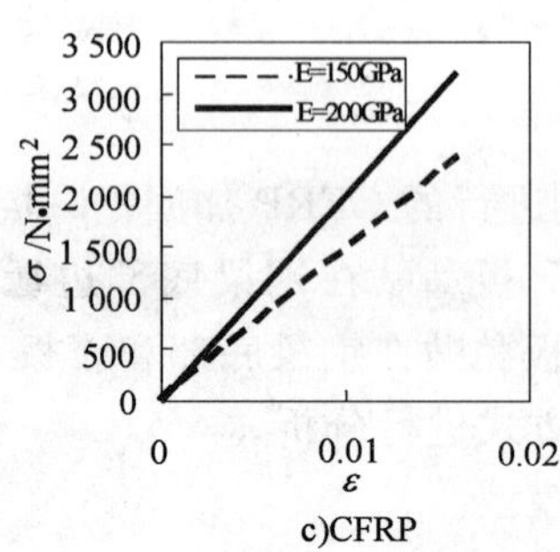

c)CFRP

图 3 计算采用的材料应力—应变关系曲线

计算时分两个荷载步进行加载。第一荷载步施加重力荷载,第二荷载步施加外荷载 *P*,计算时采用力加载控制收敛,从而得到更精确的极限荷载。

2. 结果分析

各实验梁对应的位移荷载曲线如图 4 和图 5 所示,Exp 与 Anl 分别表示实验结果和有限元分析结果。计算和实验得出的极限承载力和破坏模式见表 3。由结果可以看出,计算值的极限承载力与实验值较接近,最大偏差为 7.5%,而有限元计算得出的位移荷载曲线无法反应出达到荷载最大值后的下降段,产生这种现象的原因是计算时采用了力控制加载和材料非线性分析,较难模拟出荷载位移曲线的下降段。从整个分析结果来看,此非线性有限元分析结果与试验结果吻合的较好。

由图 5 可以看出,试件 S1E29 的计算与实验结果在曲线最后阶段有较大偏差,但极限荷载却相差不大,这可能是由于实验中试件的钢梁与混凝土板之间的产生较大滑移,而实际计算中并未考虑钢梁和混凝土之间的滑移以及钢梁与混凝土板间的滑移破坏,使得计算与实验结果在接近极限荷载时的刚度有出入,并且也造成计算与实验结果在破坏模式上的差异,由此可见如果钢梁和混凝土间采用不同的连接,其刚度和破坏模式将发生变化。

由计算即实验结果可以看出,经过加固的组合梁与未加固的组合梁相比,极限承载力有较大提高,采用弹性模量为 150GPa 的 CFRP 板约提高 19.5%,采用弹性模量为 200GPa 的 CFRP 板约提高 24.5%,可见使用较高弹性模量的 CFRP 板对组合梁的极限承载力提高效果更为明显。有限元计算得出的 V,S1E22 和 S1E29 梁的屈服荷载分别为 99.5kN,116.7kN 与 118.8kN,可以看出粘贴 CFRP 板使梁的屈服荷载得到提高。

分析结果与实验结果比较 表 3

梁编号	计算极限承载力(kN)	实验极限承载力(kN)	计算破坏模式	实验破坏模式
V_1	134.8	138	CC	CC
V_2	134.8	137.5	CC	CC
$S1E29_1$	160.0	173	CC	S&R
$S1E29_2$	160.0	171	CC	S&R
S1E22	157.5	165	CC	S&R

说明:CC,混凝土压碎;R,CFRP 板拉断;S,混凝土与钢梁界面滑移破坏。

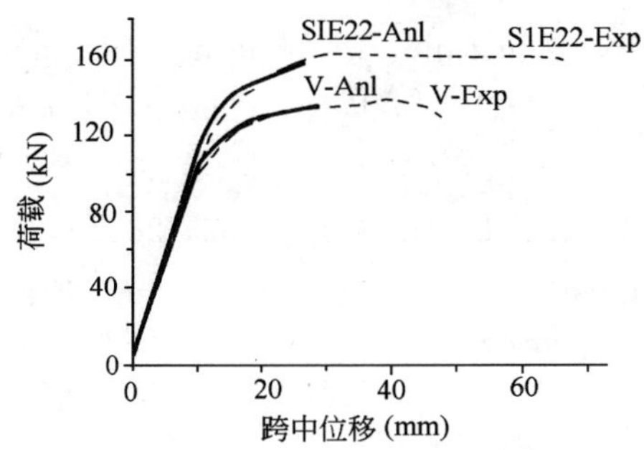

图 4 梁 S1E22 和梁 V 跨中位移计算与实验结果比较

Fig. 4 Comparison of analysis and test results in mid-span deflections of S1E22 and V

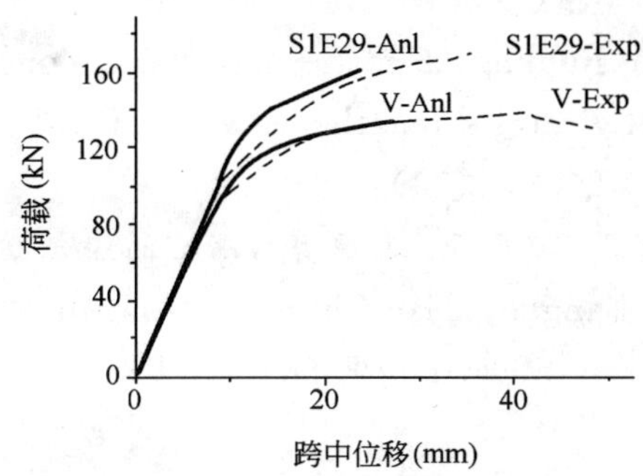

图 5 梁 S1E29 和梁 V 跨中位移计算与实验结果比较

Fig. 5 Comparison of analysis and test results in mid-span deflections of S1E29 and V

四、结 语

本文采用非线性有限元方法对简支组合梁在极限状态下的性能进行研究，分析了 CFRP 弹性模量对加固梁极限承载力的影响。计算结果表明：(1)所选取的有限元模型用于分析 CFRP 加固钢—混凝土组合梁极限承载力是合理的，因此可以利用有限元方法研究其工作性能；(2)经过加固的钢—混凝土组合梁极限承载力有较大提高，CFRP 板弹性模量为 150GPa 时极限荷载提高 19.5%，CFRP 板弹性模量为 200GPa 时极限荷载提高 24.5%，屈服荷载也有提高；(3)较高弹性模量的 CFRP 板可以使加固后钢—混凝土组合梁的极限承载力提高效果更好，建议在实际工程中采用较高弹性模量的 CFRP 板；(4)钢梁和混凝土板之间的连接对钢—混凝土组合梁的屈服后刚度即破坏模式有较大影响。

参考文献

[1] 聂建国，余志武. 钢—混凝土组合梁在我国的研究及应用[J]. 土木工程学报 1999，32(2)：3～7.
Nie Jianguo, Yu Zhiwu. Research and practice of composite steel-concrete beams in China[J]. China Civil Engineering Journal1999, 32(2): 3～7.

[2] Zhao C, Huang PY, Zheng XH, Yao GW. Ductility research of reinforced concrete beams strengthened with CFRP[J]. Key Engineering Materials 2004, 274-276: 1159～1163.

[3] Deng J, Lee MMK. Behaviour under static loading of metallic beams reinforced with a bonded CFRP plate[J]. Composite Structures(2006), doi:10.1016/j.compstruct.2005.09.004.

[4] Sen R, Liby L, Mullins G. Strengthening steel bridge sections using CFRP laminates[J]. Composites Part B-Engineering 2001, 32(4): 309～322.

[5] Tavakkolizadeh M, Saadatmanesh H. Strengthening of Steel-Concrete Composite Girders Using Carbon Fiber Reinforced Polymers Sheets[J]. Journal of Structural Engineering 2003, 129(1): 30～40.

[6] A. H. Al-Saidy, F. W. Klaiber, T. J. Wipf. Strengthening of steel-concrete composite girders using carbon fiber reinforced polymer plates[J]. Construction and Building Materials 2007, 21(2): 295～302.

[7] 邓军，黄培彦. CFRP 板加固钢混凝土组合梁的塑性承载力分析[J]. 华南理工大学学报(自然科学版)，2007，审稿中.
Deng Jun, Huang Peiyan. Plastic flexural strength of steel-concrete composite beams strengthened with a CFRP plate[J]. Jounal of South China University of Technology. (Natural Science Edition) 2007, Submitted.

[8] 彭福明，郝际平，杨勇新，岳清瑞，刘立杰，李文岭. CFRP 加固钢梁的有限元分析[J]. 西安建筑科技

大学学报(自然科学版) 2006,38(1):18～22.
Peng Fuming, Hao Ji ping, Yang Yong xin, Yue Qingrui, Liu Lijie, Li Wenling. FE analysis of steel girders strengthened with CFRP[J]. J. Xi'an Univ. of Arch. & Tech. (Natural Science Edition) 2006, 38(1): 18～22.

[9] 聂建国,田春雨. 考虑剪力滞后的组合梁极限承载力计算[J]. 中国铁道科学 2005, 26(4): 16～22. Nie Jianguo, Tian Chunyu. Moment Resistance of Composite Beam at Ultimate Limit State Considering Shear-Lag Effect[J]. China Railway Science 2005, 26(4): 16～22.

157. 在役混凝土桥梁可靠度分析方法研究

闫　磊[1]　贺拴海[1]　吕颖钊[2]　张　岗[1]
(1. 长安大学公路学院;2. 杭州市公路管理局)

摘　要　桥梁结构在环境荷载与服役荷载的作用下随着龄期的增长会出现服役性能退化、承载能力降低的现象。结构抗力表现出明显的时变特征,而荷载交通量及荷载等级随时间呈逐渐增长的趋势,本文从桥梁耐久性损伤及荷载变化规律的角度出发,通过建立抗力时变概率模型及荷载概率模型实现对在役混凝土桥梁可靠度的分析。

关键词　在役混凝土桥梁　可靠度　抗力时变概率模型　荷载概率模型

一、引　　言

桥梁结构在环境荷载(自然条件)与服役荷载的作用下随着龄期的增长会出现服役性能退化、承载能力降低的现象,当分析在役桥梁可靠度时,结构抗力表现出明显的时变特征,同时考虑到荷载交通量及荷载等级随时间逐渐增长的状况,使得对在役桥梁可靠度分析显得复杂。本文从服役桥梁耐久性损伤及荷载变化规律的角度出发,通过建立结构的时变抗力概率模型及荷载概率模型,实现对在役桥梁的可靠度分析。

二、抗力时变概率模型

构件的耐久性参数计算包括混凝土碳化、混凝土抗压强度、钢筋锈蚀、锈蚀钢筋屈服强度、锈蚀钢筋—混凝土协同工作系数等因素。考虑构件耐久性参数随时间变化,在役桥梁构件的抗力衰减概率模型可以表示为:

$$R(t)=K_{TF}(t)K_P R_P[f_{mi}(t),a_i(t),k_{bi}(t)] \tag{1}$$

式中: $R(t)$——构件抗力随机过程;

$K_{TF}(t)$——考虑抗力参数测试及预测影响的随机过程;

K_P——抗力计算模式不定性随机变量;

R_P——规范规定的抗力函数;

$f_{mi}(t)$、$a_i(t)$——基于测试的第 i 种材料性能和几何参数的预测值;

$k_{bi}(t)$——第 i 根钢筋协同工作系数的预测值。

根据现有研究成果构件抗力服从对数正态分布。

三、荷载概率模型

1. 恒载概率模型

恒载属于永久荷载，随时间的变化很小，可近似地认为在继续使用期内保持恒定的量值，可以选用随机变量概率模型来描述。一般认为结构恒载服从正态分布，依据《可靠度统一规范》[1] 恒载的统计参数 $K_G=1.014\,8$，$\delta_G=0.043\,1$。恒载效应与恒载之间一般按线性关系考虑，恒载效应取与恒载相同的概率模型，其概率分布和统计参数如下：

$$F_{SG}(x)=\frac{1}{\sqrt{2\pi\sigma_{SG}}}\int_{-\infty}^{x}\exp\left[\frac{(x-\mu_{SG})^2}{2\sigma_{SG}^2}\right]dx \tag{2}$$

$$\mu_{SG}=\kappa_{SG}S_{Gk} \tag{3}$$

$$\sigma_{SG}=\mu_{SG}\delta_{SG} \tag{4}$$

式中： S_{Gk}——构件恒载效应标准值；

μ_{SG}，σ_{SG}，δ_{SG}——分别是构件恒载效应的平均值、标准差和变异系数。

2. 汽车荷载概率模型

对于可变荷载，在各种组合中汽车荷载占有重要地位，且随时间变异性较大，本文重点针对汽车荷载概率模型进行研究。在桥梁的实际运营状态中，汽车荷载随时间变化而变化，应采用随机过程模型来描述，采用满铺平稳二项随机过程(图 1)描述汽车荷载如下：

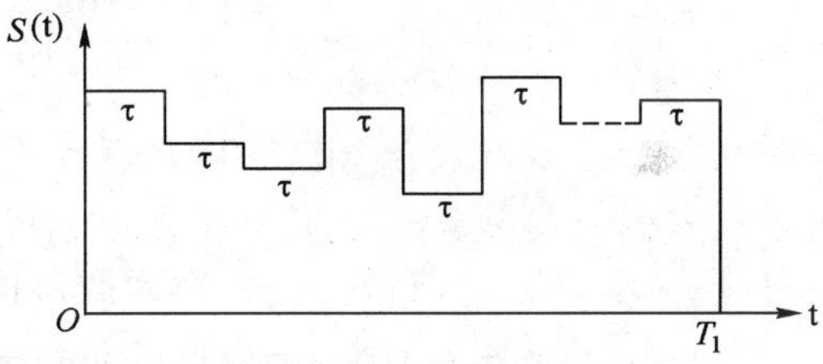

图 1 满铺平稳二项随机过程

但在可靠度分析中，极限状态功能函数的各个基本变量都采用随机变量来描述，为了分析上的统一，需将汽车荷载随即过程转换成随机变量。对于满铺平稳二项随机过程，荷载在每一时段 τ 上必然出现，那么在评估基准期内，汽车荷载最大值随机变量的概率分布函数为：

$$F_{qT_1}(x)=[F_q(x)]^r \tag{5}$$

式中：T_1——评估基准期(a)；

$F_q(x)$——汽车荷载的截口分布；

$F_{qT_1}(x)$——评估基准期内汽车荷载最大值的概率分布；

r——时段数，$r=T_1/\tau$；

τ——时段长度，一般取 1a。

式(5)表明实际桥梁的汽车荷载与评估基准期密切相关。另外，实际桥梁的汽车荷载与相应的标准汽车荷载(如公路—Ⅰ级标准荷载)之间的差异也是明显的，在桥梁的运营过程中，特别是在一些特殊线路上的桥梁，超载现象是存在的。考虑这两方面因素，在役桥梁汽车荷载效应的概率模型可描述为：

$$S_q(T_1)=K_{Sq}(T_1)\zeta_q S_{qK} \tag{6}$$

式中：$S_q(T_1)$——汽车荷载效应评估值；

$K_{Sq}(T_1)$——考虑评估基准期 T_1 的汽车荷载效应与 S_{qK} 比值的随机变量，服从极值 I 型分布；

ζ_q——活载影响修正系数；

S_{qK}——按规范标准汽车荷载计算的效应值，一般运行状态采用公路—II 级标准荷载，密集运行状态采用公路—I 级标准荷载。

那么，由式(6)可得汽车荷载效应的统计参数为：

$$\mu_{S_q(T_1)}=\mu_{KS_q(T_1)}\zeta_q S_{qK} \tag{7}$$

$$\delta_{S_q(T_1)}=\delta_{KS_q(T_1)} \tag{8}$$

式中：$\mu_{S_q(T_1)}$、$\delta_{S_q(T_1)}$——分别为汽车荷载效应的均值和变异系数。

需要说明的是，评估基准期 T_1 为确定评估荷载的时间参数，可由“等超概率准则”得出：

$$T_1=\frac{M}{N}T \tag{9}$$

式中：T_1——评估基准期；

T——设计基准期；

M——继续使用期；

N——设计使用期。

而 $K_{Sq}(T_1)$的概率分布可由汽车荷载的截口概率分布函数与评估基准期内最大值的概率分布函数关系得到，其表达式分别为：

$$F_{Sq(x)}=\left\{\exp\left[-\exp\left(\frac{x-\beta}{\alpha}\right)\right]\right\} \tag{10}$$

$$F_{Sq}(x,T_1)=\left\{\exp\left[-\exp\left(\frac{x-\beta_{T_1}}{\alpha_{T_1}}\right)\right]\right\} \tag{11}$$

式中：$F_{Sq}(x)$、$F_{Sq}(x,T_1)$——分别为截口概率分布函数与评估基准期内最大值的概率分布函数；

α、β——截口分布参数；

α_{T_1}、β_{T_1}——评估基准期最大值分布参数，对应关系为：

$$\alpha_{T_1}=\alpha \tag{12}$$

$$\beta_{T_1}=\beta+\alpha\ln T_1 \tag{13}$$

对于活载影响修正系数[2] ζ_q，根据已有研究成果并考虑局部区域的重载交通量的影响，可下式求得：

$$\zeta_q=\sqrt[3]{\zeta_{q1}\zeta_{q2}\zeta_{q3}} \tag{14}$$

式中：ζ_{q1}——对应于交通量的活载影响修正系数；

ζ_{q2}——对应于大吨位车辆混入率的活载影响修正系数；

ζ_{q3}——对应于轴荷分布的活载影响修正系数。

ζ_{q1}、ζ_{q2}、ζ_{q3}的取值参见文献[3]。

四、可靠度指标计算

在前述内容的基础上，考虑荷载与汽车荷载的基本组合下的在役混凝土桥梁的极限状态方程可表示为：

$$Z(t)=R(t)-S_G-K_{Sq}(T_1)\zeta_q S_{qK} \tag{15}$$

式中各参数意义同前。

根据式(15)可按照点可靠度的方法计算在役混凝土梁桥的可靠指标。

研究发现，JC 法在计算可靠指标时只适用于验算点附近功能函数非线性程度不高的情况。当功能函数的非线性程度（当量正态化后）较高时，这种方法有时不能保证收敛，计算结果会出现不稳定的地摆动。经过编程及大量试算，文献[3]提出的一种优化方法具有较好的适用性，其原理是利用映射变换法将原来的随机变量转换到标准正态空间，然后通过选取适当的步长 λ 使得迭代过程趋于收敛，且计算结果能满足工程精度要求。其具体计算步骤如图 2。

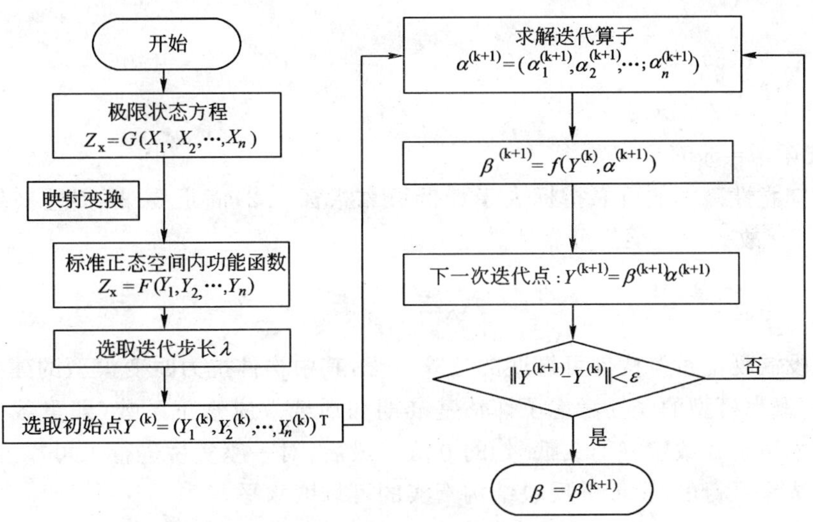

图 2　可靠指标分析流程图

五、实 例 分 析

某装配式钢筋混凝土简支 T 梁桥始建于 1975 年。桥梁计算跨径 19.5m，桥宽布置 0.5m(防护栏)＋7.0m(双车道)＋0.5m(防护栏)，横桥向 5 片 T 梁。该桥所处环境年平均相对湿度为 71％，年平均温度为 13.3℃。当前荷载等级为公路—II 级。

根据模式失效形式定义两种不利布载工况：工况 1 为一侧(结构对称)离支点 $h/2$ 处的斜截面不利中载布载；工况 2 为跨中截面不利偏载布载。分别计算各工况下最不利主梁控制截面在相应不利布载下的最大内力。求解其当前的承载力可靠度指标 β。

1. 耐久性参数计算

(1)混凝土碳化计算

角部混凝土的碳化系数为 6.048mm/$\sqrt{a}$，平均碳化深度为 33.7mm；中部混凝土的碳化系数为 4.32mm/$\sqrt{a}$，平均碳化深度为 24.1mm。

(2)钢筋锈损率计算

角部钢筋的截面锈损率为 6.6％，中部钢筋的截面锈损率为 5.3％。

(3)锈蚀钢筋屈服强度降低系数计算

角部钢筋的屈服强度降低系数为 0.976，中部钢筋的屈服强度降低系数为 0.98。

(4)锈蚀钢筋与混凝土协同工作系数计算

角部钢筋的协同工作系数为 0.998，中部钢筋的协同工作系数为 1。

2. 抗力及荷载效应计算(表 1)

当前抗力和荷载效应　表 1

失效模式	项目	截面抗力	结构恒载效应	结构活载效应
工况 1	分布类型	对数正态分布	正态分布	极值 I 型分布
	均值(kN)	865.3	138.7	136.9
	标准差(kN)	181.7	4.5	52.6
工况 2	分布类型	对数正态分布	正态分布	极值 I 型分布
	均值(kN·m)	2 755.1	770.3	734.8
	标准差(kN·m)	413.3	25	273.4

3. 可靠度指标

极限状态方程取式(15),其中 $\mu_{Ksq(T_1)}=0.299$、$\delta_{Ksq(T_1)}=0.1077$、$\zeta_q=1.05$

工况1:脆性破坏,$\beta=7.318$;

工况2:塑性破坏,$\beta=6.541$。

由计算结果可知脆性破坏的可靠指标大于最低可靠指标4.2,满足要求;塑性破坏的可靠指标也大于最低可靠指标3.7。故该桥主梁的可靠性满足要求。

六、结　语

本文介绍了在役混凝土桥梁构件可靠度的计算过程,其中构件抗力时变模型的建立考虑了耐久性损伤的影响,汽车荷载概率模型的建立考虑了评估基准期和活载效应修正系数(即重载交通量)的影响,而可靠度指标的求解采用了收敛较好的文献[4]的方法。最后,对一座实桥进行了可靠度分析。结果证明,本文提出的分析方法是可行的,且能够反映结构真实的可靠度水平。

参考文献

[1] 中华人民共和国国家标准.公路工程结构可靠度设计统一标准(GB/T 50283 — 1999)[S].北京:中国计划出版社,1999.

[2] 公路桥梁承载能力检测评定规程(报批稿),2005.

[3] 贡金鑫.结构可靠指标求解的一种新的迭代方法[J].计算结构力学及其应用,1995,12(3):369~373.

[4] 牛荻涛.混凝土结构耐久性与寿命预测[M].北京:科学出版社,2003.

[5] KamedaH, KoikeT, ReliabilityTheory of Deterioration Structures[J]. Journal of Structures Engineering, ASCE, 1975, 101(2):295~310.

[6] 迪特莱夫森、麦德森.何军译.结构可靠度方法[M].上海:同济大学出版社,2005.

158. 预应力混凝土连续曲箱梁桥的空间分析与荷载试验研究

步海兵[1]　杨万里[2]　陈志强[1]　赵　阳[2]

(1.嘉兴市嘉于硖航道建设有限公司;2.浙江大学土木工程系)

摘　要　本文针对一预应力混凝土等截面连续曲线箱梁桥,进行了空间静动力分析和试验研究,探讨了曲线箱梁桥在汽车荷载下的应力分布不均匀,结果表明实测挠度值与理论计算挠度基本吻合,各阶计算频率与实测频率吻合较好,可供类似桥梁参考。

关键词　预应力混凝土　曲线箱梁　空间静动力分析　试验研究

一、工程背景

嘉兴市320国道跨嘉于硖航道桥为嘉兴市南郊的一座重要的交通枢纽工程。共有桥梁3座,一座为320国道C线桥,另外两座分别为纵二路上跨南郊河段M线桥、N线桥。其中320国道C线桥跨径布置为2×31m+46m+66m+46m+2×31m+24.2m+36.3m+24.2m+5×(3×33.1m)。5联3×33.1m的桥位于曲线上,采用预应力混凝土等截面曲线连续箱梁,半径为200m,纵横向预应力采用钢绞线,其标准为ASTM-90a高强度低松弛钢绞线,标准强度 $R^b=1860MPa$。桥面横向宽度为0.5m(防撞护栏)+

8.5m(车行道)+0.5m(防撞护栏)+8.5m(车行道)+0.5m(防撞护栏)=18.5m,悬臂端留 15cm 后浇混凝土与防撞护栏一起浇筑。下部结构采用钻孔灌注桩基础,立柱式桥墩、承台、墩身混凝土采用 C30。C 线桥为双向四车道,设计荷载等级为公路—I 级。

由于预应力混凝土等截面曲线连续箱梁受力复杂,为分析了解和验证该桥的受力特性,进行了空间受力分析和相应的试验研究。

二、空间分析模型的建立

考虑到该桥为预应力混凝土连续箱梁桥,采用大型通用程序 ANSYS 对该桥建模进行结构的静、动力空间分析,采用 shell63 板单元,全桥共划分 24 821 个单元,23735 个节点。全桥空间有限元模型见图 1。

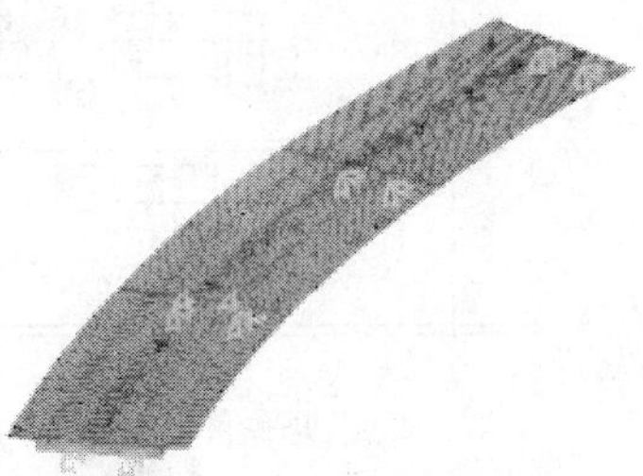

图 1　空间有限元分析模型

三、荷载试验研究

1. 测试内容

试验测试在外荷载作用下:

①箱梁的中跨跨中截面和边跨跨中截面的挠度;

②箱梁在中跨跨中、边跨跨中截面及中支点根部控制截面主要部位的应变或应力;

③箱梁在试验荷载下,可能展开的裂缝及裂缝展开宽度和长度。

2. 测试截面及测点布置

对 3×33.1m 联连续梁桥选取 IV-IV、V-V、VI-VI 截面作为主要观测截面,其中 IV-IV、VI-VI 既为挠度观测截面,又为应力观测截面,V-V 截面为应力观测截面,在应变观测中,要在各主要测试截面箱梁的底缘布置标距为 10cm 的混凝土应变片。测试截面及各主要测试截面的测点布置示于图 2、图 3。

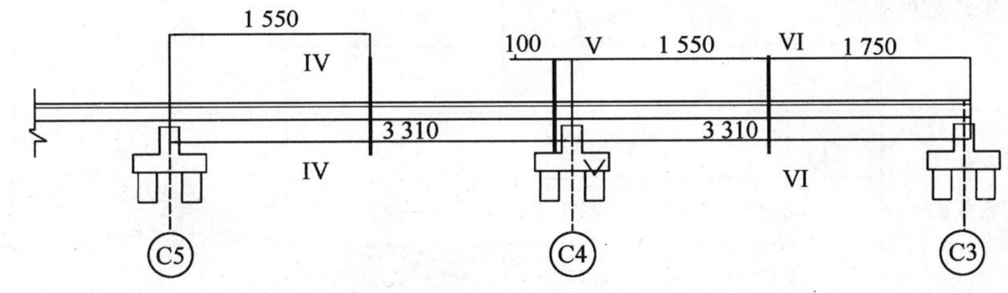

图 2　连续梁桥立面布置及测试截面布置

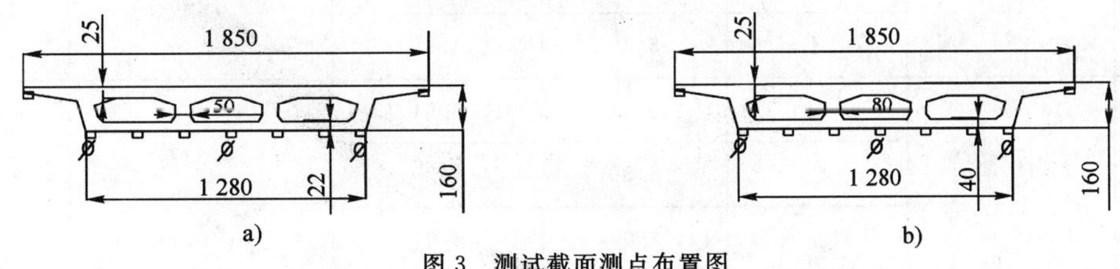

图 3　测试截面测点布置图

a)IV、VI 截面百分表及应变片布;b)V 截面应变片布置(腹板上为应变花)

3. 测试方法

试验研究采用静态电阻应变仪测量混凝土的应变。应变测试中,注意温度的补偿,在布片截面的梁底搁置贴有温度补偿的试块。挠度通过装置在独立的刚性比较大的支撑上的百分表直接测读,同时对可能出现的裂缝采用裂缝观测仪观测。

加载选用新解放大型载重汽车,其中单辆车总载为 300kN 左右(一般前轴载 60kN,中后轴载 240kN,前中轴距为 350cm,中后轴距为 135cm)。中跨跨中截面 IV-IV 弯矩和边跨跨中截面 VI-VI 弯矩的加载载位分别见图 4、图 5。

4. 分析与试验结果的比较

计算其在各加载工况下的理论挠度和应力，并与试验测试值进行比较。各荷载工况下的理论值与测试值的比较如下。

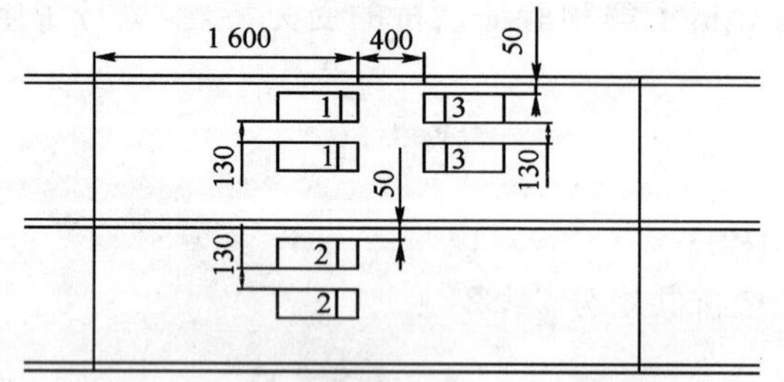

图4 中跨跨中截面IV-IV弯矩加载载位

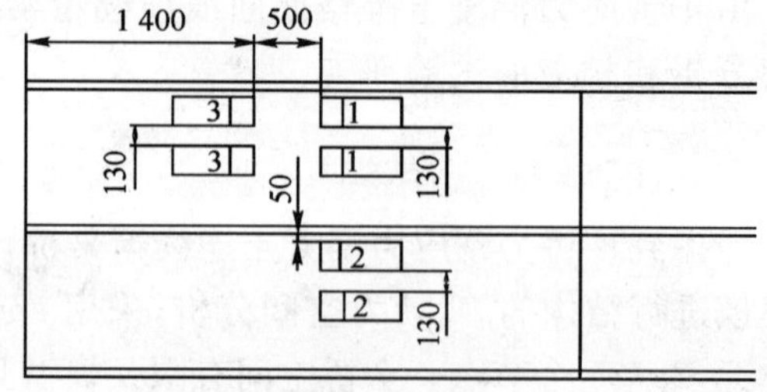

图5 边跨跨中截面VI-VI弯矩加载载位

(1)挠度

各工况测试截面实测挠度及与理论值的比较见表1。

各工况最大一级荷载下控制截面实测挠度及与理论值的比较 表1

试验工况	测试截面	测点编号	实测弹性挠度 S_t(mm)	空间理论挠度 S_s(mm)	平面理论计算挠度(mm)及平均校验系数	空间理论校验系数 S_e/S_s
V-V截面偏载	IV-IV截面	1	2.64	2.73	2.905 (0.738)	0.97
		2	2.3	2.67		0.86
		3	1.49	2.68		0.56
	VI-VI截面	1	−1.85	−1.88	−1.765 (0.788)	0.98
		2	−1.24	−1.50		0.83
		3	−1.08	−1.12		0.96
VI-VI截面弯矩偏载	IV-IV截面	1	−1.27	−1.72	−1.832 (0.660)	0.74
		2	−1.31	−1.58		0.83
		3	−1.05	−1.56		0.67
	VI-VI截面	1	4.53	6.07	5.462 (0.745)	0.75
		2	4.32	4.85		0.89
		3	3.36	4.07		0.83
IV-IV截面弯矩偏载	IV-IV截面	1	3.82	4.94	4.337 (0.756)	0.77
		2	3.02	4.35		0.69
		3	3.00	4.07		0.74
	VI-VI截面	1	−1.56	−1.6	−2.235 (0.923)	0.98
		2	−1.48	−1.5		0.99
		3	−1.15	−1.44		0.80

注：挠度以下挠为正，上翘为负，括弧中的数值为按平面理论计算的平均校验系数。

从表1中可以看出，各工况下桥梁主要测试截面（中跨跨中加载时的中跨跨中截面和边跨跨中加载时的边跨跨中截面）实测挠度值均小于理论计算挠度，且趋势基本吻合。

实测挠度较理论计算的挠度值偏小的主要原因是：一方面，理论计算时，空间有限元模型的理论计算刚度不考虑钢筋及桥梁护栏对桥梁纵向刚度的贡献，而实际桥梁的钢筋对其刚度有一定的贡献；另一方面，实际桥梁的混凝土弹性模量可能较理论设计值偏大，也将使理论挠度预估值大于实测挠度值。

(2)应力

各工况测试截面最后一级荷载实测应变及理论值如表2所示。

引桥各工况实测应变与理论应变对照表 表2

加载工况	测试截面	部位	应变片号	实测微应变	理论微应变	校验系数
IV-IV截面弯矩	IV-IV截面	梁顶	1	−14	−16	0.88
			9	—	−9	—
		梁底	2	46	46	1.00
			3	—	42	—
			4	36	41	0.88
			5	34	40	0.84
			6	33	42	0.79
			7	27	39	0.69
			8	22	38	0.58
V-V截面负弯矩	V-V截面	梁顶	1	5	14	0.36
			9	2	4	0.50
		梁底	2	−23	−27	0.87
			3	−25	−25	0.98
			4	−20	−26	0.77
			5	−17	−26	0.66
			6	−14	−24	0.58
			7	—	−24	—
			8	−21	−23	0.90
IV-VI截面弯矩	VI-VI截面	梁顶	1	−15	−18	0.83
			9	−12	−12	1.00
		梁底	2	47	45	1.04
			3	43	43	1.01
			4	32	43	0.74
			5	33	43	0.77
			6	29	43	0.68
			7	32	42	0.77
			8	34	41	0.84
V-V截面剪力	V-V截面	腹板	10	9	13	0.69
			11	5	9	0.56

从表2中可以看出，对所测试截面，箱梁梁底和翼缘板的混凝土测点的实测应力与理论计算应力吻合较好，大部分测点的校验系数在0.8～0.9左右。图6、图7还示出了中跨跨中、边跨跨中典型加载工况下在该测试截面底板上的理论应力和实测应力的比较，从中可以看出，在各工况下，各截面的应力分布沿横向有一定的不均匀现象，但总体是理论计算值大于实测数据，且以偏载一侧大。

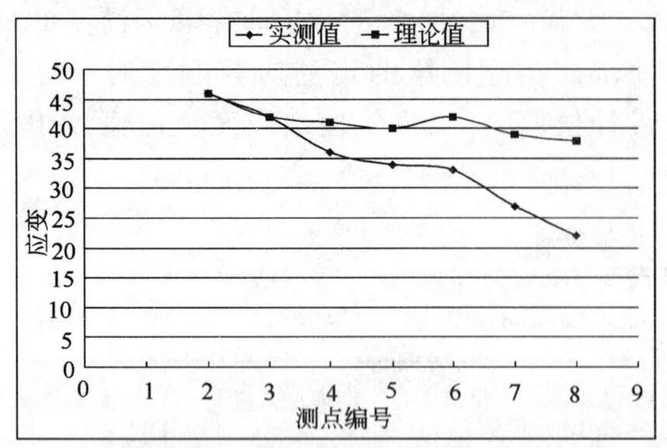

图6　中跨跨中截面加载下应变分布比较

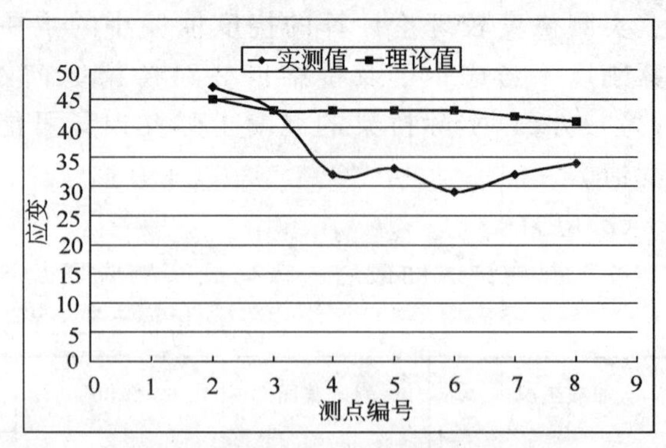

图7　边跨跨中截面加载下应变分布比较

四、动载试验研究

1.检测内容

测定5联中的一联3×33.1m主跨预应力混凝土连续箱梁在脉动试验、跳车荷载及不同车速的移动荷载下，中跨和边跨跨中截面关键点的振动响应和桥梁结构的动力特性。

2.试验孔的选择及测点布置

①根据现有桥梁在汽车荷载作用下的振动现象，选择中跨孔及一侧边跨孔作为试验孔。

②测点布置：跳车激振试验与跑车激振试验时控制截面的传感器布置相同，均放在每一跨的跨中。试验采用智能的DH5938动力测试系统进行动力特性、频率的采集和处理。

3.动力测试结果

由全桥空间有限元分析得到结构前四阶振型见表3，典型的振型图见8所示。

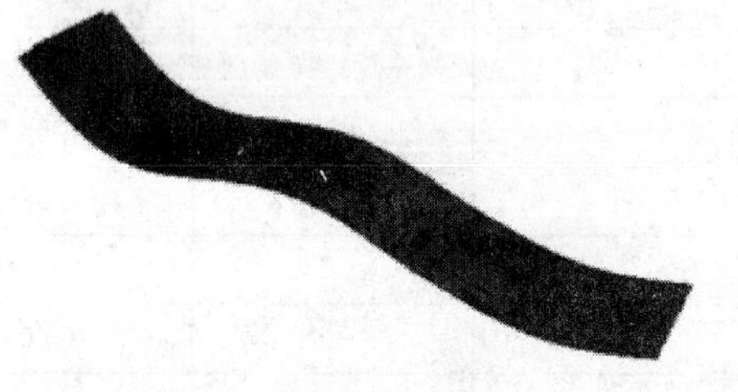

图8　典型的1阶振型图

桥梁实测频率与理论频率比较　　表3

桥梁类别	引桥			
	1阶	2阶	3阶	4阶
实测频率	2.80	3.40	4.30	7.10
理论频率	2.69	3.27	4.31	7.30

动载试验的主要典型时程曲线和频谱分析图示于图9，由实测基频为2.8Hz，稍大于理论分析的第1阶频率值，从中可以看出，各阶计算频率与实测频率吻合较好，表明桥梁的刚度满足规范与设计要求。

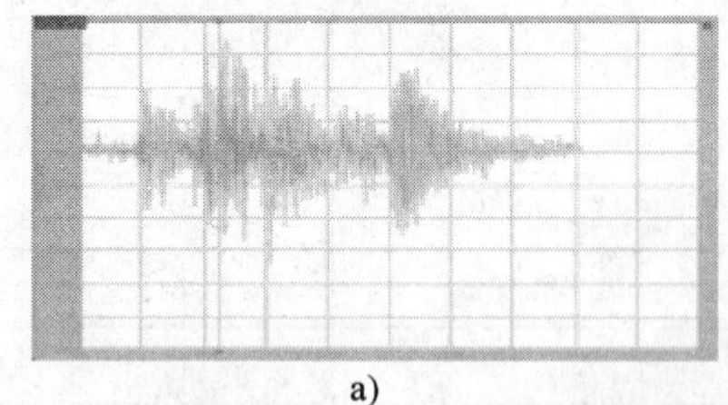

a)

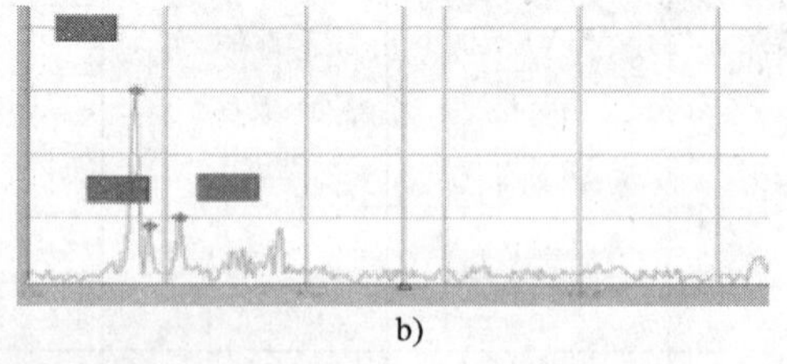

b)

图9　典型测点时程曲线及频谱分析图

a)典型跑车时程曲线 b)频谱分析图

五、结　　语

通过上述研究，可以得到如下结论：

(1)各工况下桥梁主要测试截面(中跨跨中加载时的中跨跨中截面和边跨跨中加载时的边跨跨中截面)实测挠度值均小于理论计算挠度，且趋势基本吻合。

(2)对于所测试截面，箱梁梁底和翼缘板的混凝土测点的实测应力与理论计算应力吻合较好，且曲线箱梁桥在汽车荷载下的应力明显呈不均匀分布，应引起注意。

(3)实测基频为2.8Hz，稍大于理论分析的第1阶频率值，从中可以看出，各阶计算频率与实测频率吻合较好，表明桥梁的刚度满足规范与设计要求。

参考文献

[1] 交通部颁标准：公路旧桥承载能力鉴定方法(试行)．北京：人民交通出版社，1988.

[2] 交通部颁．公路桥涵设计通用规范（JTG D60—2004）．北京：人民交通出版社，2005.

[3] 交通部颁．公路工程技术标准（JTG B01—2003）．北京：人民交通出版社，2004.

[4] 交通部颁．公路钢筋混凝土及预应力混凝土桥涵设计规范（JTG D62—2004）．北京：人民交通出版社，2005.

159. 先简支后连续预应力混凝土多箱式桥梁受力性能的优化分析研究

项贻强[1]　朱汉华[2]　杨万里[1]　余　泉[1]　吴　明[2]　汪劲丰[1]

(1.浙江大学土木工程系；2.浙江省公路管理局)

摘　要　本文针对预应力混凝土先简支后连续的多箱式桥梁，讨论了其结构特点、发展和应用情况，并就预应力混凝土多箱式桥梁的优化设计分析提出了空间预应力束单元的概念和描述方法，建立了预应力箱梁桥空间效应分析的理论方法，研究探讨了施工过程和顺序对成桥受力特性的影响，并给出了优化的施工工序和方案，提出了分析体系转换前施加的荷载在体系转换后的徐变效应的等代荷载计算方法，可供各位同行参考和借鉴。

关键词　预应力混凝土　先简支后连续　多箱式桥梁　受力性能　优化分析

一、引　　言

近十几年来，随着公路建设事业特别是高速公路建设的迅猛发展，修建了大批的桥梁，预应力混凝土先简支后连续的多箱式桥梁由于具有良好的经济技术指标、较T梁高度低和施工快捷的优点、而广泛用于跨径25～40m的桥梁。对于这类桥梁，一方面由于其一般不设横隔梁或板，箱室之间的荷载横向传递主要靠桥面系的现浇湿接缝，故结构的横向效应及空间受力特征越来越突出，另一方面，现有的设计理论仍然没有一套量身定做的方法。主要借鉴简支梁式桥的基于梁系理论的荷载横向分布计算方法。即认为梁式桥是一个由梁系结构组成的空间结构，为设计计算方便，往往借助于各梁的挠度或内力横向分布规律所确定的荷载横向分布系数，把空间问题转化为平面问题来处理，而对于传递横向荷载的桥面板则主要按单向板或悬臂板设计计算，故其分析方法和手段相当粗略。因此针对该类桥梁的发展和使用情况，结合结构特点，对其受力行为采用空间分析手段进行优化设计研究，具有重要的理论意义和工程应用价值。

二、预应力混凝土先简支后连续多箱式桥梁发展和使用情况

由于高等级公路的汽车行驶速度较高，要求桥梁具有很高的品质，即具有较好的平顺性能、较少的伸缩缝构造等，以提供高速、平稳、舒适的行车条件，因而预应力混凝土连续梁桥常常成为高速公路桥梁建设中首选的方案。一般对跨径并没有特殊的要求的桥梁，从经济性考虑则多选用中、小跨径桥。对于这

些桥梁，人们希望能够将简支梁的批量预制生产和连续梁的优越受力性能结合起来，从而加快建设速度，同时省去繁琐的支模工序。预制拼装法即是在这一情况下应运而生的，该种方法一经出现则迅速得到了国内外桥梁工作者的欢迎，并得到广泛推广。

早期的预制拼装法仅仅局限于大型箱梁节段的预制和拼装，吊装重量非常大，需要较大的吊装设备施工。近年来，随着高速公路的迅速发展，大量中等跨径的预应力混凝土连续梁桥方案常常作为优胜方案而被采用。为了适应中等跨径长桥的建设的需要，出现了整跨梁或板的预制构件，形成了将整跨梁或板架设于支座就位后"拼装"成连续梁的逐孔施工方法，此时"拼装"的含义也发生了变化。这种整跨梁预制、架设就位后，在支座处通过现浇混凝土接头、待其强度达到规定值后，张拉负弯矩预应力束实现结构连续的施工方法，即是我们常说的"先简支后连续施工"方法。

以桥面连续的先简支后连续施工方法在80年代兴起，并很快在板梁和T梁中得到了广泛的应用。我国河北的滦河大桥、广东的三洪奇大桥、柳南高速公路上的洛维大桥(30mT梁)、福宁高速公路八尺门海湾特大桥(30m、50mT梁)、福州市连江路闽江三桥北引道上的光明桥等都是采用此方法建成的。在国外，无论是日本、韩国等亚洲地区，还是美国、加拿大等美洲地区及欧洲地区，也都出现了一些类似的"先简支后连续"施工方法建造成的桥梁实例。其中有两座桥梁在"先简支后连续"结构体系中占有重要的地位，它们是美国内布拉斯加州林青市建造的两座人行桥。一座为第十街的人行天桥，另一座为第V号街的天桥。

而后，"先简支后连续"的含义也在不断扩展，从早期的桥面连续、桥面板连续、普通钢筋实现结构本身的连续，发展到利用预制混凝土梁作为简支构件，在现浇混凝土板内利用预应力实现结构的真正连续的后连续施工方法。这种"恒载简支，活载连续"结构体系，即完全按简支梁施工，安放有两个临时支座，然后在桥墩顶处后浇混凝土接头，待浇筑的混凝土达到强度后，再安装永久支座、拆除临时支座将结构体系转化为连续梁体系。其施工程序如图1所示，其受力性能显然要比简支梁优越。为从根本上解决永久支座处由于负弯矩而导致的桥面裂缝，一般将结构本身采用预应力连续，从而使整个断面连成一体，并且在桥梁支座处等容易开裂的地方储存有一定的弹性压缩。

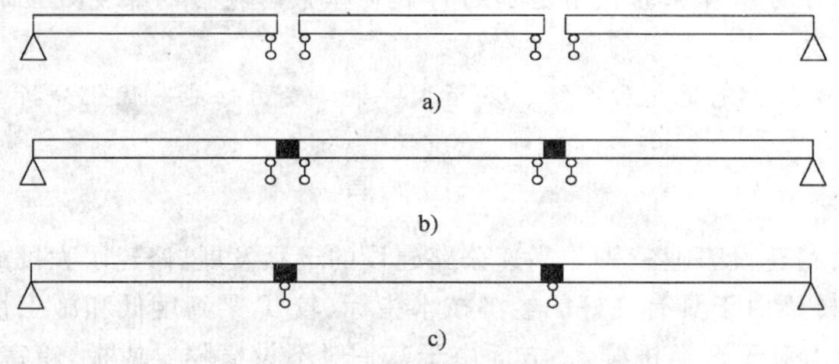

图1 简支变连续施工程序示意图

a)简支安装；b)梁端接头浇筑；c)体系转换

随着施工工艺的提高，"先简支后连续体系"梁桥所采用的截面型式也得到了发展，形式由简单到复杂、受力性能逐步优化，由早期的"I"形截面、"T"形截面、空心板梁发展到了"U"形截面；进而发展到现在高等级公路上大量使用的多箱式箱形截面。跨径从早期的20～30m增加到了现在的40m，对单箱的"先简支后连续体系"梁桥的跨径已发展到50～60m，已经建成的连接上海南汇芦潮港与洋山岛深水港的长达31km的东海大桥，其中179孔60m和157孔70m的连续梁采用预制吊装后分段连续；正在施工建设的连接浙江嘉兴海盐与宁波慈溪的长达32km的杭州湾大桥，其南岸9km滩涂上183孔单跨50m的连续梁桥等均选用先简支后连续的桥型，另部分引桥的预制跨径已达到70m，最大吊运重量达1 500t，而且还有继续增大的趋势。目前最为广泛应用的截面，如图2所示。

箱形截面最大的优点是抗扭能力大，其抗扭惯矩约为相应T梁几倍至几十倍，因此在横向偏心荷载作用下，各梁受力要比T梁均匀，同时，在施加预应力、运输、安装阶段单梁的稳定性要比T梁的好。此

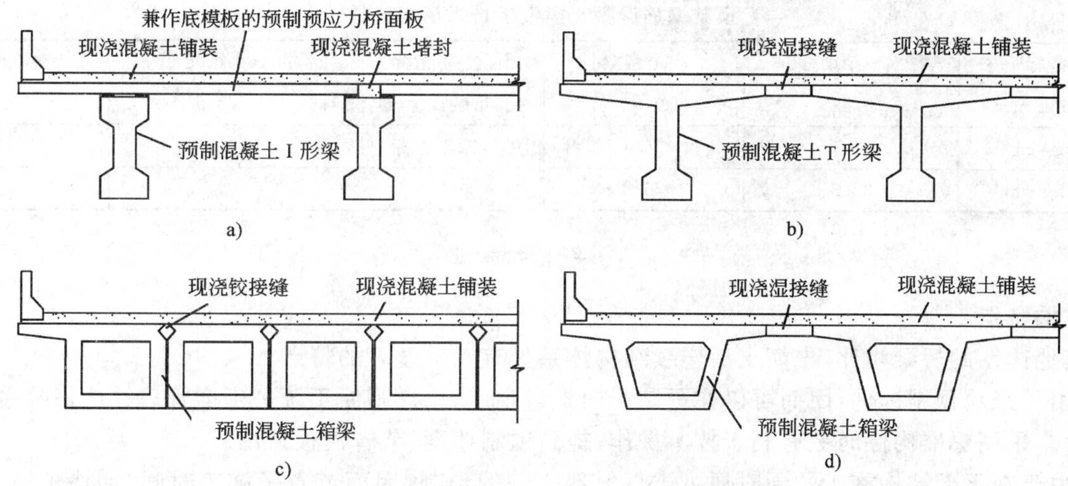

图 2 先简支后连续体系桥梁的典型截面形式

a)多梁式 I 形梁桥；b)多梁式 T 形梁桥；c)多梁式空心板梁桥；d)多梁式箱梁桥

外，箱梁的薄壁结构及桥面板单孔跨径减小，能使板厚减薄，使得桥梁的自重大为减小，因此，具有非常可观的经济价值。图 3 及表 1 给出了目前常用的多箱式桥梁跨径在 20～40m 的典型截面图及尺寸，表 2 列出了在一般工程条件下，25m 跨径的空心板梁桥和小箱梁桥一些主要经济技术指标的对比情况。津晋高速公路桥梁设计者曾用连续多箱式小箱梁桥与空心板梁桥做过方案比较，主要工程材料（混凝土、预应力筋、普通钢筋）节约近 15%，其应用的经济效益是非常可观的。因此，这种桥型近年来发展很快，得到了广泛的应用。

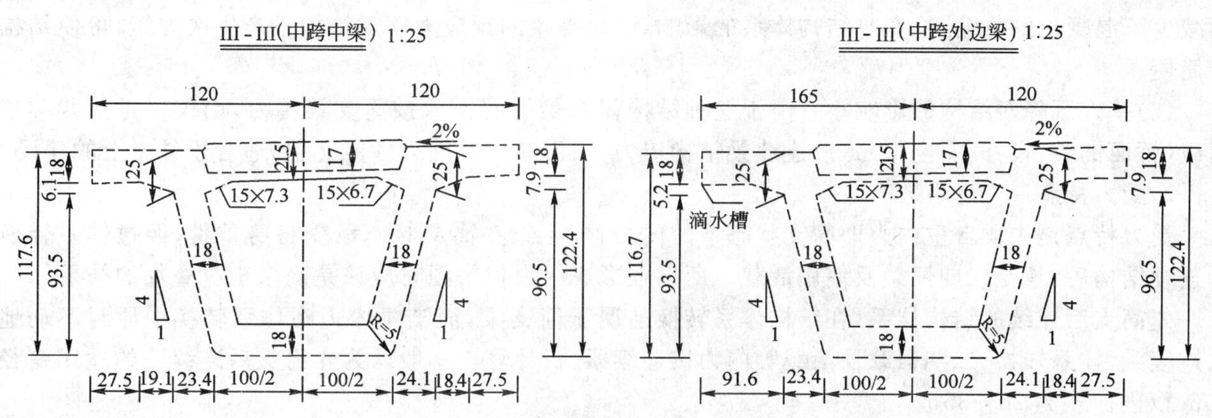

图 3 典型截面图

预应力混凝土先简支后连续多箱式小箱梁桥构造尺寸 表 1

跨径(m)	梁长(m)	预制梁高(m)	预制梁宽(m)	底板厚(m)		顶板厚(m)	腹板厚(m)		横隔
				跨中	支点		跨中	支点	
20	19.40	1.20	2.40	0.18	0.25	0.18	0.18	0.25	
25	24.40	1.40	2.40	0.18	0.25	0.18	0.18	0.25	
30	29.40	1.60	2.40	0.18	0.25	0.18	0.18	0.25	
35	19.40	1.80	2.40	0.18	0.25	0.18	0.18	0.25	
40	19.40	2.00	2.40	0.18	0.25	0.18	0.18	0.25	一道

预制钢筋混凝土梁经济技术指标比较 表2

经济指标	小箱梁	空心板梁	经济指标	小箱梁	空心板梁
混凝土($m^3 \cdot m^{-2}$)	0.43	0.67	吊装重量(t)	73.9	50.0
钢绞线($kg \cdot m^{-2}$)	13.1	26.4	效率指标	0.55	0.456
普通钢筋($kg \cdot m^{-2}$)	82.8	76.8			

三、结 构 特 点

1. 结构特点

与其他体系的桥梁相比，先简支后连续结构体系具有以下显著的特点。

(1)由于采用预制构件，因而可以在预制场内批量生产，这样则便于统一生产管理并严格控制预制构件的尺寸。采用标准构件时更有利于技术操作、提高预制速度、节省模板费用。

(2)由于在下部结构施工的同时便可进行上部构件的预制，因而节省了施工时间，加快了施工速度，有利于提高经济效益。

(3)整片梁的吊装就位仅需要吊装设备，简支梁的预应力筋张拉可在工厂进行，而负弯矩的布置或张拉可在梁上或挂篮上进行，因而减少了施工设备，又可避免造成地面障碍，在拥挤的市区或风景区以及城市立交桥等一些要求施工中不能中断交通的工程中特别适用。

(4)避免采用大量的脚手架，可保护环境，节省费用。

(5)同其他方法施工的连续梁一样，这种方法施工形成的连续梁同样具有刚度大、收缩缝少、变形小的优点，可提高车速，使行车舒适。

(6)由于是在工厂预制，首期预应力的张拉至浇筑接缝、后连续预应力的张拉时已有相当的龄期，因而减少了混凝土的收缩、徐变对结构体系的影响，而简支梁的预应力筋对结构不产生次力矩，可使结构设计简便。

(7)基础沉降对结构的影响小。由于这种结构体系是梁的恒载按简支梁传力，而仅仅是活载和二期恒载(桥面铺装、栏杆、安全带)是按连续梁结构传力，因而结构的受力性能优越，适合于软土上的建设。

2. 受力特点

受力特点是主梁自重内力即简支状态下的内力，即主梁在简支状态承受自身重量；经过体系转换成为连续结构后，承受二期恒载及使用活载。所以在形成内力包络图时应该是两个工况叠加的结果。

先简支后连续的结构体系，在结构体系转换前属于简支梁，简支梁内力在体系转换中原封不动地带入连续梁，体系转换、二期恒载及活载等内力按连续梁、板计算。一般认为先简支后连续法的适用跨径为50m以内。多为20～35m。

3. 先简支后连续梁桥的不同形式

先简支后连续梁桥，按桥墩支座多少分为桥墩双排支座连续梁桥和桥墩单排支座连续梁桥；按预应力度划分为全预应力混凝土连续梁桥和部分预应力混凝土连续梁桥。

各种形式的先简支后连续梁桥的优缺点。

(1)墩上为双排支座的先简支后连续梁桥，采用双排永久支座，施工方便，连续处开裂后修补容易，湿接缝处剪力较小，但结构受力不明确，在二期恒载及活载作用下，结构内力在连续梁与简支梁之间，支座易产生脱空现象，因此要求支座具有一定弹性，结构按弹性支承连续梁计算。

(2)墩上为单排支座的先简支后连续的梁桥，优点是结构受力明确，支座不脱空；缺点是增加了临时支座和结构体系转换，湿接缝处剪力较大。

四、预应力混凝土多箱式桥梁的受力性能的优化设计分析

先简支后连续结构的受力可分为两个阶段，即预制简支梁阶段和连续梁阶段。

结构的受力在第一阶段将预制好的简支梁支承于临时支座上，梁体主要承受自重和先期预应力。现

浇梁端接头混凝土后，张拉负弯矩预应力束，即形成连续梁结构。

结构的受力在第二阶段，即连续梁结构在使用状态下，它承受的荷载有二期恒载、二期预应力以及活载。因而在使用阶段表现为支点负弯矩比同等整体现浇的连续梁小，跨中正弯矩也比相应简支梁小。弯矩分布均匀，减小了弯矩的峰值，配预应力束更加方便。内支座负弯矩小，减少了负弯矩预应力束的数量和顶板上齿板数量，方便施工。在简支梁阶段，混凝土的龄期早，收缩徐变产生的变形大，但此时为静定结构，不产生次内力，支座不均匀沉降也不会产生附加内力。而形成连续梁体系后，老混凝土产生徐变，新混凝土产生收缩，由于变形受到约束，会产生了徐变收缩二次内力，并且会随着时间增长内力不断发生变化。为此，本文重点对该类桥梁的预制简支梁阶段和连续梁阶段进行优化分析。

1. 预应力空间效应分析研究

预应力筋在混凝土桥梁结构的广泛应用，一方面能大大增强混凝土桥梁的跨越能力，另一方面又很好地改善了桥梁的正常使用状态。预应力在正常使用阶段作为一种荷载是预应力混凝土桥梁结构所承受的一种重要荷载，在结构分析时对其模拟的准确与否将直接关系到结构的使用和安全。提出了预应力混凝土结构空间预应力束单元的概念和描述方法，推导建立了进行预应力空间效应分析的理论方法，进一步改进和扩展了理论应用的范围，并将其应用到施工过程的仿真分析和合理施工工序的确定计算中。

2. 施工和成桥阶段的仿真分析

对于先简支后连续的多箱式连续桥梁结构来说，施工过程（方法）不但决定了成桥后的应力状态，而且某些施工阶段本身对结构的某些截面来说就是最不利的受力状态。因此，对于新建桥梁，按照实际的施工过程，建立各施工阶段和成桥状态的空间分析模型，确定各阶段的荷载条件和边界条件，考虑预应力的空间效应，进行施工和成桥阶段的空间仿真模拟。

本文采用空间分析理论全过程仿真分析模拟了一座 5 跨先简支后连续分布式箱梁桥的施工过程，全宽 11.5m，横向布置为 4 片小箱梁，5 跨一联（图 4）。小箱梁梁高 140cm，在跨中处为标准断面，顶板、底板、腹板厚均为 18cm；支点处底板和腹板加厚至 25cm；两者之间有一个 1.5m 长的直线渐变段。箱梁混凝土材料采用 50 号。桥面铺装为 10cm 厚 40 号水泥混凝土找平层以及 9cm 厚的沥青混凝土桥面铺装。

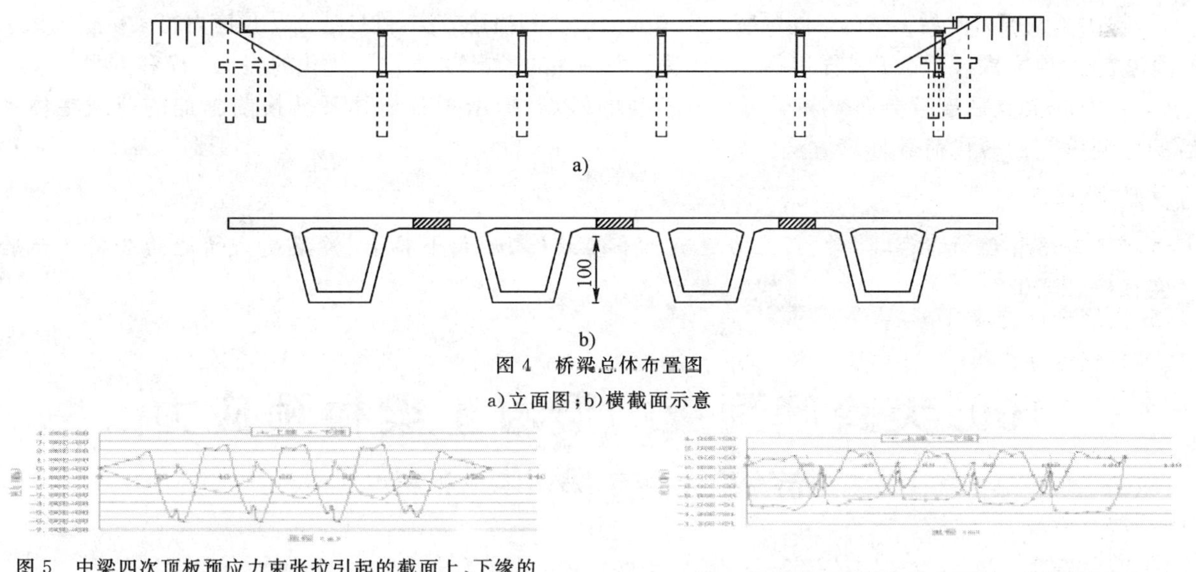

图 4 桥梁总体布置图

a）立面图；b）横截面示意

图 5 中梁四次顶板预应力束张拉引起的截面上、下缘的纵向应力沿桥梁纵向的分布

图 6 临时支座拆除完成后中梁上、下缘应力分布

并总结了其在不同施工阶段的不同受力特点，分析结果表明，分布式梁桥除文献特别关注的纵向体系转换前后结构受力不同的特点外，在横向联系安装前后，结构的受力特点也有显著的改变：横向联系安装前，对于边梁，其受力的空间效应比较明显，主要表现为扭转效应；边梁的挠度沿横向较为均匀，应力分布则由于扭转而呈现出边翼缘向内翼缘直线减小的情况；中梁由于结构和受力的对称则挠度和应力均比较均匀。至于其他的如剪力滞效应，由于该箱梁的顶、底板的宽度相对很小，并不明显。横向联系安装后，结构的整体受力性能有所增

强，在沿横向的均部荷载作用下，无论边梁还是中梁，其应力和挠度分布都是比较均匀的。

比较分析了不同的后连续端混凝土浇筑与预应力张拉顺序以及不同的临时支座拆除顺序对结构受力的影响，并推荐采用一次性浇筑、隔段张拉的后连续端混凝土浇筑与预应力张拉次序作为优化的施工顺序，采用对称拆除的临时支座拆除顺序作为最优的拆除顺序。另外，发现：各临时支座拆除前的受力状态（相邻两支座是否受力相近），对于结构在临时支座拆除后的受力状态影响巨大，甚至超过了临时支座的合理拆除顺序本身的影响，所以，对于临时支座拆除的合理次序的研究，实际上应该从结构后连续端的浇筑开始。另外，在按照不同的后连续预应力张拉顺序进行后连续端预应力束的张拉时，在某些张拉顺序的张拉过程中将可能引起某些临时支座出现负的支座反力（即出现支座脱空的现象），也需要引起特别的注意，在施工时，尽量避免采用这种施工顺序。

推导了分析结构混凝土徐变效应空间影响的方法，并且针对先简支后连续分布式箱梁桥体系转换的特点，提出了分析体系转换前施加的荷载在体系转换后的徐变效应的等代荷载计算方法。并对新的钢筋混凝土与预应力混凝土桥梁规范中一些常用材料在不同龄期时的黏弹性参数进行了识别，同时，提出了一种分析体系转换后结构荷载徐变效应的方法，最后，将上述成果进行应用，分析了一座先简支后连续混凝土分布式箱梁桥在施工和使用等不同阶段各种不同荷载的徐变效应，从中可以看出：各荷载的徐变效应，特别是简支阶段的荷载徐变效应，在施工过程完成时，就已经完成了大部分，使用阶段的徐变效应对其影响不大；各种荷载徐变效应的空间分布，与按照弹性理论分析的各种荷载的空间效应相比，有着很好的一致性或说是相似性，徐变效应的影响，使得结构的位移响应继续增加，应力响应则有所减少，其数值与结构的弹性反应大致成一定的比例关系；对于本先简支后连续分布式箱梁桥来说，各种徐变效应的影响主要集中体现在附加挠度的增加，至于应力，徐变效应引起了一定的重分布，但是数值相对弹性应变，要小得多。

五、结　语

本文针对预应力混凝土先简支后连续的多箱式桥梁，讨论了其结构特点、发展和应用情况，并就预应力混凝土多箱式桥梁的优化设计分析展开了研究，通过研究得出如下主要结论：

(1)提出了预应力混凝土结构空间预应力束单元的概念和描述方法，推导建立了预应力箱梁桥空间效应分析的理论方法，研究探讨了施工过程和顺序对成桥受力特性的影响，并给出了优化的施工工序和方案。

(2)针对先简支后连续分布式箱梁桥体系转换的特点，提出了分析体系转换前施加的荷载在体系转换后的徐变效应的等代荷载计算方法。

参考文献

[1] 浙江省公路管理局、浙江大学：预应力混凝土多箱式（装配式小箱梁）桥梁受力性能的分析及试验研究报告，2006.

160. 大跨度预应力混凝土梁桥预应力损失及敏感性分析

李准华　刘　钊
（东南大学土木工程学院）

摘　要　预应力损失估计不足是目前大跨度预应力混凝土梁桥出现下挠、开裂等病害的主要原因之一，本文简要对比了几种规范的预应力损失计算方法，并对大跨度梁桥中悬臂束和合拢束的预应力损失规律，进行了定量探讨，并提出设计建议；同时还分析了预应力损失对梁桥造成的影响，若预应力损失值计算偏小，则会导致对桥梁内力和挠度计算的较大失真。

关键词 预应力混凝土梁桥 预应力损失 挠度 敏感性

一、引 言

在采用悬臂施工的混凝土梁桥中，预应力筋的布置方式在施工阶段和运营阶段具有很好的耦合性，使得预应力的作用可以充分地发挥。但从我国近20年来采用节段悬臂施工所建造的预应力混凝土梁桥来看，在运营几年后，很多桥梁都出现了跨中下挠、腹板斜裂缝等现象。产生这种现象的原因故然很多，但预应力损失也是重要原因之一。

目前，预应力损失计算方法虽然有规范可循，但在大跨度梁桥中，预应力损失的准确预测还有待进一步研究，特别在混凝土收缩徐变引起的预应力损失计算、管道摩阻和孔道偏差系数取值以及高强低松弛钢绞线的松弛损失等方面。

二、后张法预应力损失组成及各规范简述

后张法预应力混凝土的预应力损失分为5项，表1所示的σ_1、σ_2、σ_4、σ_5、σ_6分别表示了摩阻、锚固、弹性压缩、松弛和混凝土收缩徐变引起的预应力损失，同时表1给出了不同规范预应力损失的计算方法比较。

不同规范间预应力损失计算比较 表1

	公路桥规[1]	铁路桥规[2]	PCI manual[5]	AASHTO LRFD(2004)[6]
σ_1	$\sigma_{con}[1-e^{-(\mu\theta+kx)}]$			
σ_2	直线筋：$\frac{\sum\Delta l}{l}E_P$			
σ_4	$\alpha_{EP}\sum\Delta\sigma_{PC}$	$n_P\cdot\Delta\sigma_C\cdot Z$	$f_{pi}-f_{po}$	$\frac{N-1}{2N}\frac{E_s}{E_{ci}}f_{cgp}$
σ_5	$\Psi\cdot\zeta(0.52\frac{\sigma_{pe}}{f_{pk}}-0.26)\sigma_{pe}$	$\zeta\cdot\sigma_{con}$（当$\sigma_{con}\geqslant0.5f_{pk}$时考虑）	$\frac{\log_{10}(24t)}{K_r}\left(\frac{f_i}{f_{py}}-0.55\right)(f_i)$	$138-0.3\Delta f_{pf}-0.4\Delta f_{pES}-0.2(\Delta f_{pSR}+\Delta f_{pCR}$
σ_6	$\frac{0.9[E_p\epsilon_{cs}(t,t_0)+\alpha_{EP}\sigma_{pc}\phi(t,t_0)]}{1+15\rho\rho_{ps}}$	$\frac{0.8n_p\sigma_{co}\varphi_\infty+E_P\epsilon_\infty}{1+\left(1+\frac{\varphi_\infty}{2}\right)\mu_n\rho_A}$	step-by-step	$93-0.85RH$ $12.0f_{cgp}-7.0\Delta f_{cdp}$

注：表中各参数意义详见参考文献[1]～[2]、[5]～[6]。

1. 摩阻损失

各规范在孔道偏差系数k和摩阻系数μ的取值上有差异。如对梁桥中普遍使用的预应力钢绞线，公路桥规中两个参数的取值都偏小（表2）。另外，不少实测实验[3]～[4]表明两个参数的取值都要大于规范值，特别是对于节段现浇施工的长束。笔者认为，在大跨度梁桥中，两个参数的取值在各部分预应力束中应区别对待，如腹板长束、随底板曲线变化的合拢束中两个参数的取值宜取0.003和0.3，对于顶板束和短束，两个参数可取0.002和0.2。

孔道偏差系数k和摩阻系数μ的取值（括号内为μ） 表2

	公路桥规	铁路桥规	AASHTO LRFD(2004)	ACI[7]
金属波纹管	0.001 5 (0.20～0.25)	0.002 0～0.003 0 (0.20～0.26)	0.000 66 (0.15～0.25)	0.001 6～0.006 6 (0.15～0.25)
塑料波纹管	0.001 5 (0.14～0.17)	—		

2. 锚固损失

对于直线束的锚固损失计算比较简单，但对于弯曲束则需要考虑反摩擦的影响。本文对此不做展开，因为锚固损失对于200m跨度以上梁桥的大部分预应力束的平均有效应力贡献不大，但对于短束和力筋锚固断面应力的计算，则会产生较大影响。

3. 弹性压缩损失

该损失是考虑分批张拉时，先张拉的力筋由后张力筋所引起的混凝土弹性压缩的预应力损失，如果要精确计算，则需要涉及复杂的迭代过程，因此PCI手册给出了不需要迭代的简化计算公式(表1)。同时，在外荷载作用下，弹性压缩损失可以部分的恢复。

4. 松弛损失

各个规范对松弛损失的计算都不同(表1)。AASHTO给出松弛损失的最大值(138MPa)后，减去由其他各项损失引起的有效应力减小所导致的松弛损失减小值，对于低松弛预应力筋该项损失需乘以0.3的折减。PCI采用的公式则反映了松弛随时间的变化规律，参数 K_r 在低松弛预应力筋中取45，普通松弛筋中取10。国内桥规都考虑了超张拉对松弛的影响。按照我国公路桥规计算，假设有效预应力为70%，则普通松弛预应力筋的松弛损失为135MPa(可视为松弛损失上限，与AASHTO给的上限值相当)，同样，当预应力筋为低松弛钢绞线时该项损失也需乘以0.3的折减；铁路桥规则规定当控制张拉应力小于0.5倍的预应力筋强度时，可不考虑预应力的松弛损失，否则需按照控制张拉力大小、预应力筋种类分类计算松弛系数 ζ。但有实验表明，预应力筋松弛在1 000小时之后仍没有稳定的趋势，而且松弛损失随温度升高而迅速增加，这对于位于顶板的预应力束，日照升温对其也会有影响。因此，高强低松弛预应力筋的松弛损失仍需通过试验进一步分析研究。

5. 混凝土收缩徐变引起的预应力损失

该项损失与徐变系数、收缩系数直接相关，国外规范倾向于给出一个上限值或者预计一个长期损失总量。目前该项损失的难点一是在于对高强混凝土收缩徐变模式等的准确预测上，再则是如何提出适用于设计和判断的简化计算方法。

三、节段施工预应力损失的变化规律

预应力损失与预应力筋的布置形式、锚固时间等有关系，短期损失中摩阻损失随着预应力筋长度增加、弯曲角度增加而增加；锚固损失则随着力筋长度增加而较小；悬臂施工中先张拉预应力束的弹性损失会比后张拉的大，而且其长期损失也要大于后张的。

这里，以苏通大桥辅桥连续刚构(跨度布置140m＋268m＋140m)为例，分析节段施工预应力损失的变化规律及其量值。模型中考虑的各部分预应力布置及编号如图1所示，其中15对中跨合拢束中有三对留于竣工1年后张拉。为简化考虑，以下仅对各根预应力束中点处的有效应力进行分析。由于锚固损失影响长度不会影响到长预应力束的中点(对该桥的计算表明，锚固损失在曲线筋中的影响长度不到20m)，因此，下面所示各预应力束损失中不包括锚固损失(B7、T1～T4、T32～T33、Z13～Z15等短束除外，锚固损失记入摩阻损失中)。

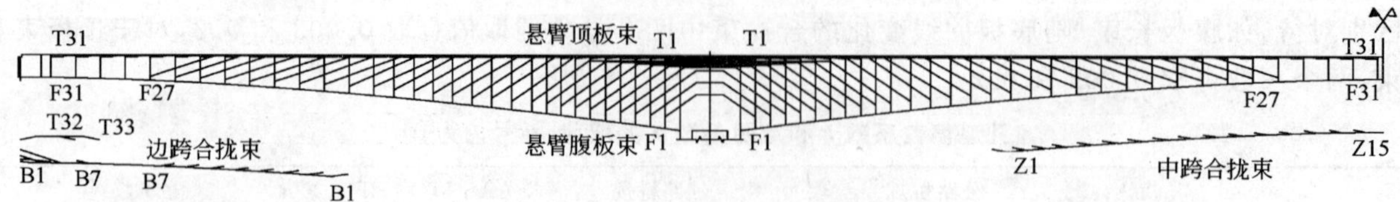

图1 模型分析中预应力布置示意图

1. 跨中底板束预应力损失分析

根据图2的计算结果可得以下结论。

(1)跨中底板束越短，摩擦损失越小，预应力总损失也越小。随底板曲线变化的底板束其预应力损失是巨大的，其中 Z1 束的预应力损失已超过 500MPa，有效预应力仅剩 876.2MPa，为控制张拉应力(1 395MPa)的 62.8%。因此跨中合拢束不宜太长，否则损失太大，引起的次弯矩也越大。

(2)第一批张拉的预应力(图 2 中的前 12 对)，其各根预应力的收缩徐变损失值相近，但该值为一年后第二批张拉的预应力(图 2 中的后 3 对)的收缩徐变损失值的 2.5 倍。可以看出，早期混凝土对结构和预应力的影响要远大于后期。

(3)摩擦损失和混凝土收缩徐变引起的预应力损失是最主要成分，其总和在跨中底板束预应力总损失中占到 85%～90%。

(4)预应力的长期损失(包括混凝土收缩徐变和预应力松弛引起的预应力损失)占总损失的 44.7%～72.5%，因此，针对目前普遍出现的梁桥跨中下挠、梁体开裂等病害，预应力的时效作用在设计时就应予以重视。同时，一年后张拉的预应力束，其长期损失要小于第一批张拉的预应力长期损失，故采用分批张拉合拢预应力的方法，不仅可以避免一次张拉时底板出现过大压应力，还可以减小截面长期有效预应力的降低。

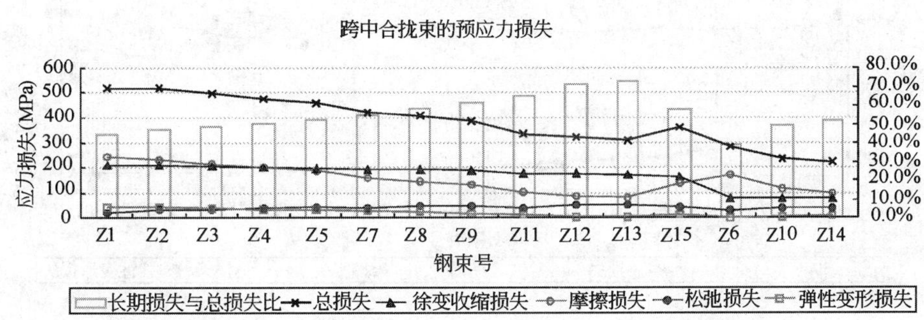

图 2 跨中合拢束的预应力损失分析

2. 悬臂束的预应力损失分析

悬臂束包括了顶板束和腹板束，其长度、弯曲程度和张拉锚固时间影响了它的预应力总损失大小和组成。在静定结构张拉锚固的悬臂束，其收缩徐变引起的预应力损失比跨中合拢束要小得多，约为后者的 50%，但对于摩擦损失，腹板下弯束甚至要比跨中合拢束的大。

(1)悬臂顶板束的预应力损失分析

由图 3 可得以下结论：

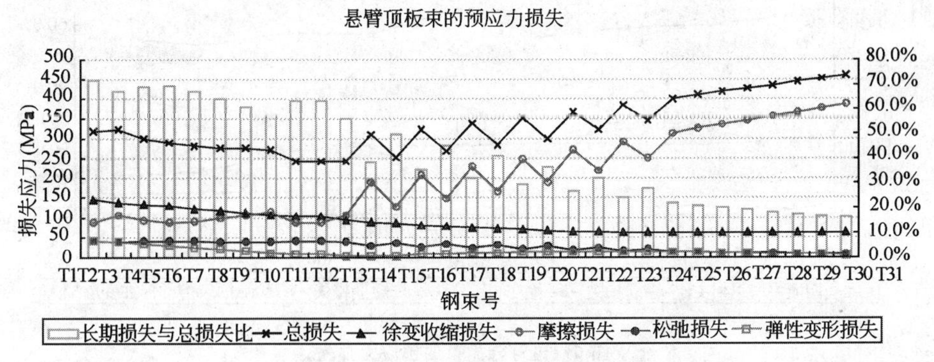

图 3 悬臂顶板束的预应力损失分析

①随着施工节段的推进，混凝土收缩徐变引起的预应力损失逐渐减小，预应力的长期损失比例也从 70%降至 20%(包括了随长度增加而增加的摩阻损失的影响，摩阻损失由前期的 100MPa 增加到了 400MPa，增加了 3 倍)。

②图 3 中所示的预应力损失锯齿状变化是因为顶板预应力 T11～T24 的锚固方式不一样。如 T12，

其在锚固前有一次弯折过程(图 4),增加了摩阻损失,对应在图 3 中即为锯齿的上点;而锯齿的下点则是因为相邻节段的顶板预应力束为直线锚固形式(类似于图 4 中所示 T11 的锚固方式)。虽然 T12 的锚固方式比起顶板束下弯到齿板或箱梁加腋处锚固更有利于施工时的水平张拉,但是其带来的摩擦损失增量达 50MPa 左右,该值比预应力的弹性损失和松弛损失值都要大。

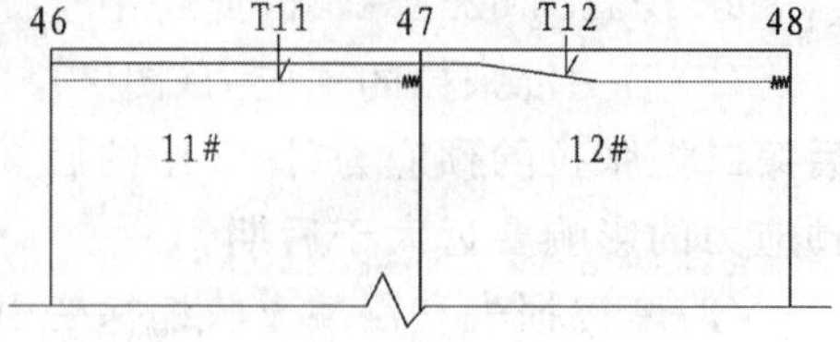

图 4 顶板束的不同锚固方式

(2)悬臂腹板束

悬臂腹板束的预应力总损失(图 5)在 500MPa 左右,损失了 1/3 不止,为顶板束总损失的 1.5 倍,因此,对于腹板束用以抵抗恒载剪力的竖向分力和为腹板储备压应力的效应都会大打折扣,这也可能是某些配置了腹板下弯束但仍然产生腹板斜裂缝等病害的原因之一。

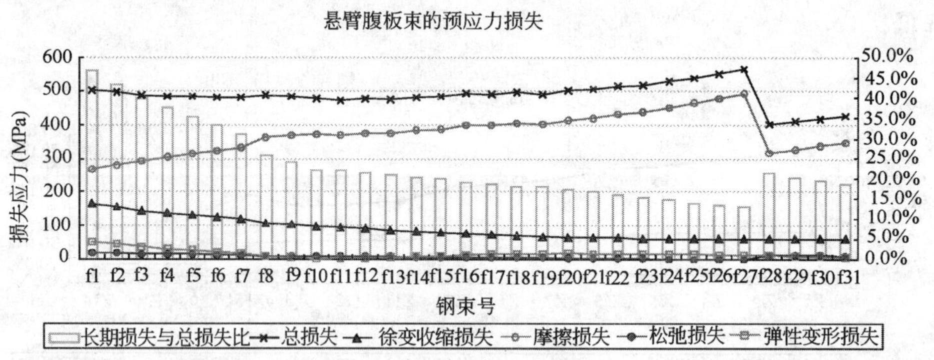

图 5 悬臂腹板束的预应力损失

与悬臂顶板束的预应力损失组成类似,摩阻损失仍在总损失中占了大比例,但由于其下弯的缘故,其摩阻损失要比顶板束的大。同时,由于 f28～f31 束不下弯,可以看到摩阻损失减小了将近 200MPa,该值相当可观。对于长期损失,悬臂腹板束不如跨中合拢束的大。

3. 边跨合拢束的预应力损失分析

由于边跨合拢束较短,其预应力总损失值不如其他部分预应力大,但仍达到了 300MPa 左右(图 6)。

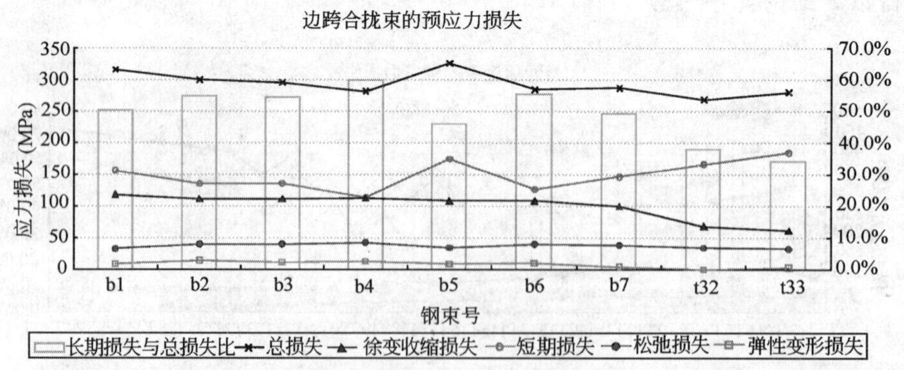

图 6 边跨合拢束的预应力损失

4. 小结

将各部分预应力损失的平均值汇总于表 3 和表 4,以比较各个部分的预应力损失及其组成。分析表明悬臂腹板束的预应力损失最大,而合拢束的长期损失最大;合拢束、悬臂顶板束的预应力总损失约为张拉力的 25%,悬臂腹板束预应力总损失为张拉力的 35%左右。

各部分预应力损失值(MPa)及占总损失的百分比 表3

	弹性变形损失	徐变收缩损失	松弛损失	摩擦损失	总损失	长期损失	短期损失
中跨合拢束	21.3 (5.6%)	167.9 (43.8%)	39.9 (10.4%)	154.2 (40.2%)	383.4	207.8 (54.2%)	175.5 (45.8%)
悬臂顶板束	13.8 (4.1%)	86.5 (25.9%)	26.9 (8.0%)	207.1 (62.0%)	334.2	113.3 (33.9%)	220.9 (66.1%)
悬臂腹板束	15.8 (3.2%)	88.4 (18.1%)	8.1 (1.7%)	375.2 (77.0%)	487.6	96.5 (19.8%)	391.1 (80.2%)
边跨合拢束	8.0 (2.7%)	99.8 (34.0%)	36.9 (12.5%)	149.0 (50.7%)	293.7	136.7 (46.5%)	157.0 (53.5%)

各部分预应力损失值与控制张拉应力(1 395MPa)之比 表4

	弹性变形损失	徐变收缩损失	松弛损失	摩擦损失	总损失	长期损失	短期损失
中跨合拢束	1.5%	12.0%	2.9%	11.1%	27.5%	14.9%	12.6%
悬臂顶板束	1.0%	6.2%	1.9%	14.8%	24.0%	8.1%	15.8%
悬臂腹板束	1.1%	6.3%	0.6%	26.9%	35.0%	6.9%	28.0%
边跨合拢束	0.6%	7.2%	2.6%	10.7%	21.1%	9.8%	11.3%

四、预应力损失的影响及敏感性分析

通过对苏通桥的计算,当腹板束、合拢束的摩阻系数、偏差系数分别由 0.15、0.001 5 增加至 0.3、0.003,顶板束增加至 0.002、0.2 后,30 年后的挠度由 −128.8mm 增加至 −166.3mm,增加了 29.1%。

预应力损失一方面直接使跨中下挠,另一方面有可能使截面应力状态发生质变(上下缘应力差正负改变)。一旦关键截面应力状态(曲率)不合理,则徐变加速,跨中下挠增大。

如图 7 所示,在没有改变预应力的时候,30 年内跨中下缘压应力基本处于大于上缘压应力的合理状态,但当增大预应力损失后,特别是增大悬臂束损失时,跨中主梁上下缘应力状态在 2 000 天时发生质变成为不合理状态(改变跨中合拢束时要晚 1 000 天出现)。跨中不合理曲率越早出现,混凝土收缩徐变引起跨中下挠的速率和量值就越大。当全桥各部分预应力损失都增大时,则这个质变时间将更加提前。

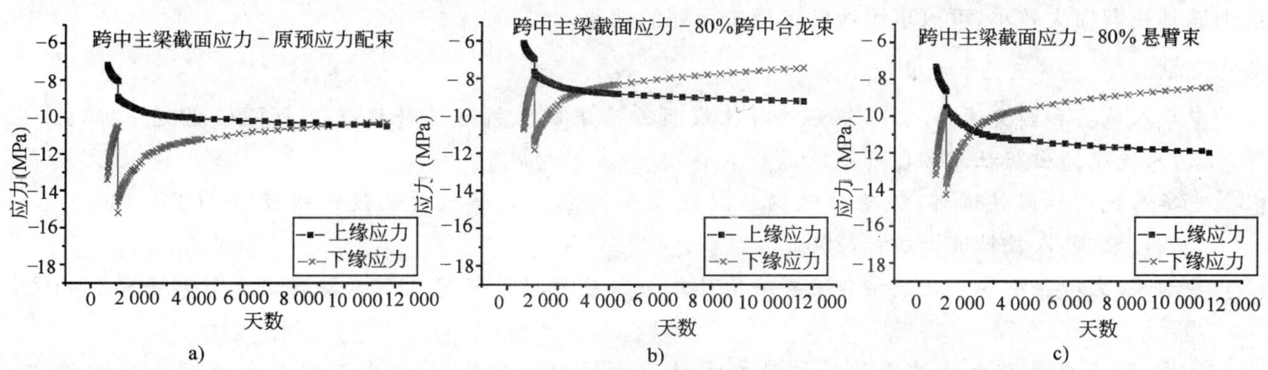

图 7 不同工况下跨中截面应力状态走向

a)原预应力配束;b)增大 20%跨中合拢束预应力损失;c)增大 20%悬臂束预应力损失

由于大跨度梁桥中大量存在的是悬臂束(苏通桥跨中合拢束仅占到总预应力数量的 7.4%,而悬臂束则占到了 90.5%,为跨中合拢束的 12 倍之多),则每一根悬臂束在合拢后的超静定结构中,随时间发生的小量预应力损失累积之后将是巨大的,其对跨中下挠的影响比跨中合拢束更大,但是这种情况会随着跨度的减小(悬臂束比重的减少)而使得跨中合拢束的预应力损失对跨中挠度起主导地位,因为合拢束的长期损失为悬臂束的两倍,且作用点更直接。

留三对跨中底板束于竣工一年后张拉是十分必要的。该预应力的后张不仅避免了合拢时跨中下缘压应力过大的情况,还大大延缓了跨中截面应力状态劣化的时间(图7),减小了跨中的下挠(图8)。

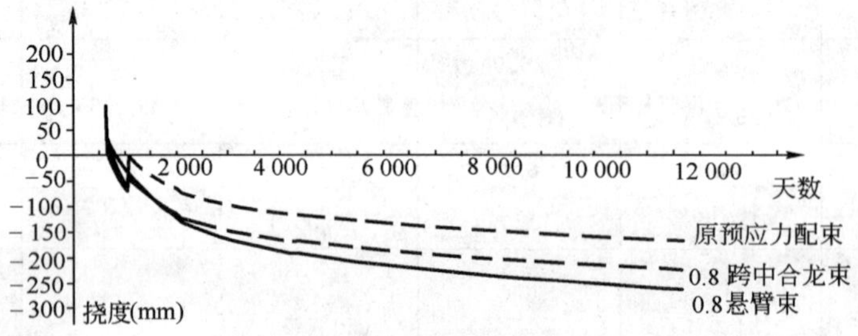

图8 各部分预应力减小后跨中挠度的发展曲线

五、结　　语

(1)预应力损失对大跨度梁桥的计算影响很大。对于孔道偏差系数 k 和摩阻系数 μ,建议腹板束、合拢束两个参数的取值为0.003和0.3,顶板束取0.002和0.2。

(2)在初步估计时,可以认为合拢束、悬臂顶板束的预应力总损失为张拉力的25%,悬臂腹板束预应力总损失为张拉力的35%左右;对于各部分预应力的总损失值,大致可列出如下关系:悬臂腹板束>跨中合拢束>悬臂顶板束>边跨合拢束;对于顶板束锚固前的弯折会增加50MPa左右的预应力损失。

(3)在大跨度梁桥中,由于悬臂束的数量很多,其预应力损失对跨中挠度影响最大。

(4)若预应力损失预测不准,将会导致梁桥内力和挠度计算有较大的失真。首先是因为大跨度梁桥中长束的摩阻损失很大,某些预应力筋的摩阻损失已经超过400MPa,而且该项损失往往是总损失主要的组成成分,对其预测的不准,将直接影响结果的精确性;其次是合拢束的长期损失可达总损失的50%左右,该损失直接影响桥梁的长期内力状态和挠度发展。因此,有必要对大跨度梁桥的实际摩阻参数进行实测取值,并开展高强混凝土收缩徐变特性及其预应力损失的预测研究。

(5)预应力损失一方面直接使跨中下挠,另一方面有可能使截面应力状态发生质变(上下缘应力差正负改变)。一旦关键截面应力状态(曲率)不合理,则徐变加速,跨中下挠增大。故在设计时可设置备用束,在运营若干年后张拉,这样不仅可以改善跨中挠度,也可改变主梁应力状态使之合理,且后张拉的预应力筋其长期损失较小,可以更大地发挥预应力筋的效率。

参考文献

[1] 中华人民共和国交通部.公路钢筋混凝土及预应力混凝土桥涵设计规范[S](JTG D62—2004).北京:人民交通出版社,2004.

[2] 中华人民共和国铁道部.铁路桥涵钢筋混凝土和预应力混凝土结构设计规范[S](TB 10002.3—2005).北京:人民铁道出版社,2005.

[3] 李永斌.大跨径刚构—连续组合梁桥结构计算与预应力损失研究[D].武汉理工大学硕士学位论文,2005.

[4] 廖原.预应力混凝土连续刚构桥预应力设计若干问题的研究[D].武汉理工大学硕士学位论文,2002.

[5] AASHTO LRFD Bridge Design Specifications[S]. American Association of State Highway and Transportation Officials. 2004.

[6] PCI Bridge design manual[S]. Chicago:Precast/Prestressed Concrete Institute. 1997.

[7] BUILDING CODE REQUIREMENTS FOR STRUCTURAL CONCRETE AND COMMENTARY (ACI 318M-05)[S]. ACI Committee 318. 2005.

161. 拉压杆模型法在深梁设计中的应用

孙 莉 刘 钊 王景全
(东南大学土木工程学院)

摘 要 对于混凝土结构中的不满足平截面假定的应力复杂区域,拉压杆模型法是近年来发展较快的一种设计方法。深梁是一种典型的不满足平截面假定的构件。在实际桥梁工程中,墩台盖梁、箱梁的横隔板区域等都可以合理地简化成深梁模型。本文以深梁为例,通过对一系列高跨比不同的深梁的计算分析,讨论了深梁拉压杆模型的构建方法及其变化规律,并依据美国 AASHTO LRFD(2004)规范对一承受均布荷载的深梁进行了配筋设计。

关键词 拉压杆模型 深梁 配筋设计

一、引 言

在钢筋混凝土及预应力混凝土结构构件中,基于拉压杆模型(strut-and-tie model)的设计方法适用于截面应变分布不满足平截面假定的区域(国际上称之为D区)。它将结构复杂的应力状态简化为简单的传力路径的集合。根据这些传力路径就可以建立拉压杆模型,模型中受压的杆件就称为压杆,受拉的杆件称为拉杆,压杆与拉杆相交形成节点。通过静力平衡确定模型中杆件力的大小,从而进行结构的设计。

深梁是一种典型的截面应变分布不满足平截面假定的构件。一般将 $l_0/h\leqslant 2$ 的简支钢筋混凝土单跨梁和 $l_0/h\leqslant 2.5$ 的简支钢筋混凝土多跨连续梁称为深梁[1]。因此拉压杆模型法特别适用于深梁的设计,此外拉压杆模型能很好地解释深梁传力的拉杆拱机理。运用拉压杆模型进行深梁的设计,比规范中的经验公式显得更有说服力。本文以深梁为例,对深梁拉压杆模型的构建、变化规律以及如何运用拉压杆模型进行深梁的配筋设计作了一个阐述。

二、深梁拉压杆模型的构建

为构建D区的拉压杆模型,常以弹性有限元分析得到的应力场为依据。这里采用 ANSYS 软件进行深梁的弹性有限元分析,并根据其分析结果来建立拉压杆模型。

1. 模型介绍

深梁的跨径均为 $l=6$m,仅梁高变化,高跨比取 0.4 至 1.5,模型情况见图1,参数变化见表1。材料的弹性模量 $E=3.25\times10^4$MPa,泊松比 $\mu=0.2$,视材料为弹性材料。梁顶作用均布荷载 $q=75$kN/m。

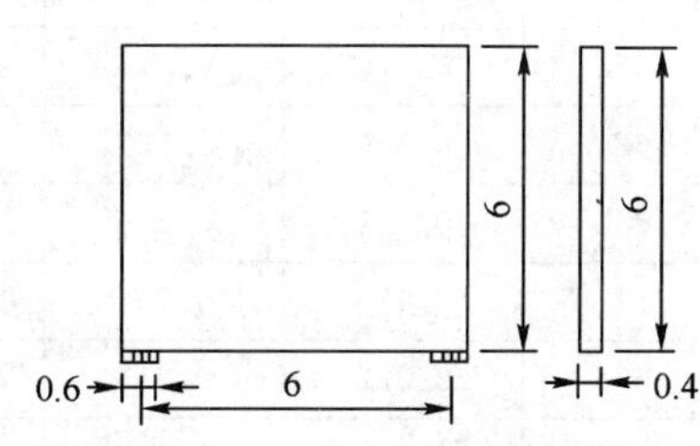

图1 深梁简图(尺寸单位:m)

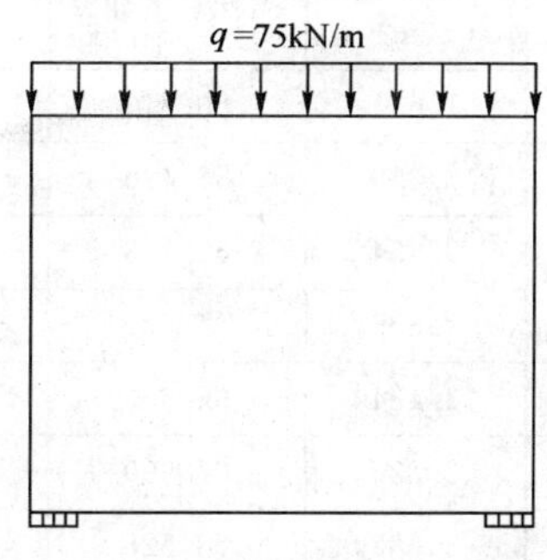

图2 荷载情况

深 梁 模 型 表 1

模型编号	M1	M2	M3	M4	M5	M6	M7	M8	M9	M10	M11	M12
跨径(m)	6	6	6	6	6	6	6	6	6	6	6	6
梁高(m)	2.4	3.0	3.6	4.2	4.8	5.4	6.0	6.6	7.2	7.8	8.4	9
高跨比	0.4	0.5	0.6	0.7	0.8	0.9	1.0	1.1	1.2	1.3	1.4	1.5

2. 深梁拉压杆模型的构建

以模型 M7 为例,根据有限元分析的结果,可以画出主应力迹线图,如图 3 所示。跨中截面的正应力分布如图 4 所示。

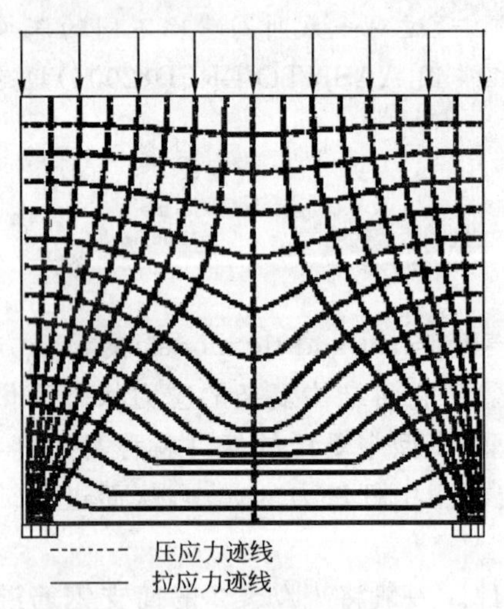

图 3 主应力迹线图(模型 M7)

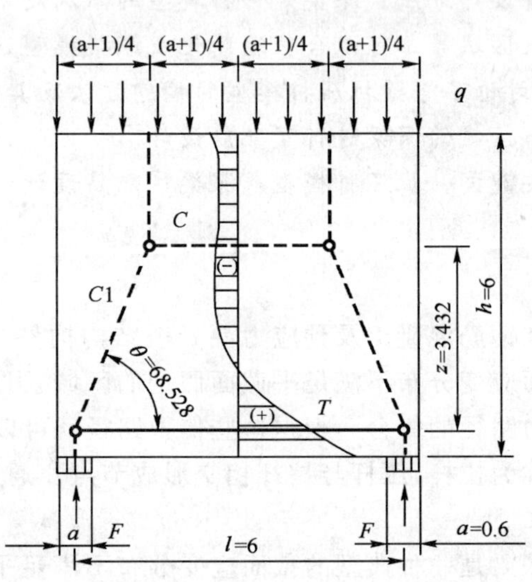

图 4 拉压杆模型(模型 M7)

从图 4 所示的跨中截面正应力分布可以看出,深梁不满足平截面假定。同时从图 3 的主应力迹线可以清楚地看出荷载主要以压应力的形式传递到支座。根据这两张图,可以构建出模型 M7 的拉压杆模型,即将主要的混凝土压应力区简化为直线压杆,主要的拉应力区简化为拉杆,拉、压杆走向大致与主应力方向一致。对水平压杆和拉杆,将它们放置在跨中截面的应力分布重心处。拉杆与压杆相交形成结点区,这样就可以获得如图 4 所示的 M7 的拉压杆模型。

3. 深梁拉压杆模型的变化规律

根据以上介绍的方法,分别对模型 M1～M12 进行弹性有限元分析并分别建立它们的拉压杆模型,然后根据静力平衡计算拉杆和压杆中的内力大小,可以得到表 2。

各拉压杆模型的参数表 表 2

模型编号 (h/l)	内力臂 z(m)	斜压杆倾角 θ	水平压杆力 C(kN)	斜压杆力 $C1$(kN)	z/h	z/l	C/ql	$C1/ql$
M1(0.4)	1.621	50.210	82.454	128.839	0.675	0.270	0.416	0.651
M2(0.5)	2.039	56.486	65.561	118.740	0.680	0.340	0.331	0.600
M3(0.6)	2.454	61.188	54.453	112.987	0.682	0.409	0.275	0.571
M4(0.7)	2.835	64.539	47.137	109.649	0.675	0.473	0.238	0.554
M5(0.8)	3.134	66.693	42.651	107.797	0.653	0.522	0.215	0.544
M6(0.9)	3.326	67.909	40.182	106.844	0.616	0.554	0.203	0.540
M7(1.0)	3.432	68.528	38.941	106.383	0.572	0.572	0.197	0.537
M8(1.1)	3.482	68.808	38.383	106.180	0.528	0.580	0.194	0.536

续上表

模型编号 (h/l)	内力臂 z(m)	斜压杆倾角 θ	水平压杆力 C(kN)	斜压杆力 C1(kN)	z/h	z/l	C/ql	C1/ql
M9(1.2)	3.503	68.924	38.153	106.097	0.487	0.584	0.193	0.536
M10(1.3)	3.511	68.968	38.067	106.066	0.450	0.585	0.192	0.536
M11(1.4)	3.513	68.980	38.041	106.057	0.418	0.586	0.192	0.536
M12(1.5)	3.513	68.981	38.040	106.057	0.390	0.586	0.192	0.536

分析表 2 中的数据，发现随着高跨比的增大，深梁拉压杆模型的参数如内力臂 z、斜压杆的倾角 θ 都趋于稳定；在荷载相同的情况下，水平压杆力和斜压杆力也分别趋于某个数值；而对于内力臂和梁高的比值 z/h，在高跨比较小时(0.3～0.7)，都在 2/3 附近，表明这时截面应变是基本符合平截面假定的，但随着跨高比继续增大，平截面假定不再满足；寻找更一般的规律，发现 z/l，C/ql，$C1/ql$ 这些比值都随着高跨比的增大趋于稳定。因此在高跨比较大的情况下，可以很容易对均布荷载作用下深梁的内力状态作出估计。从图 5 和图 6 中能更清楚地看出这些规律，而且在知道深梁的高跨比后，可以根据这两张图表查表确定拉压杆模型的几何参数，使得拉压杆模型的建立非常方便。

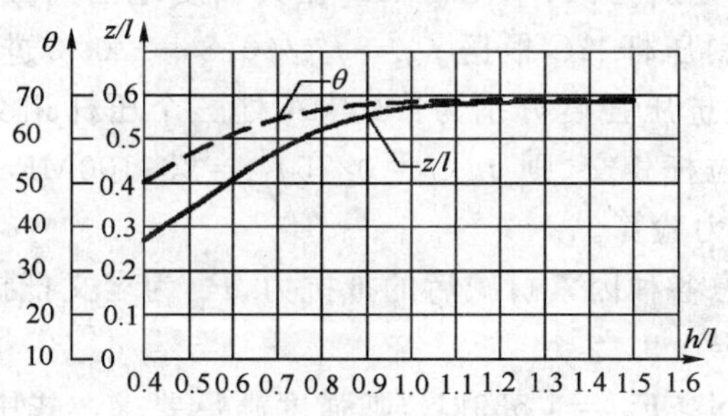

图 5 模型的几何参数变化规律

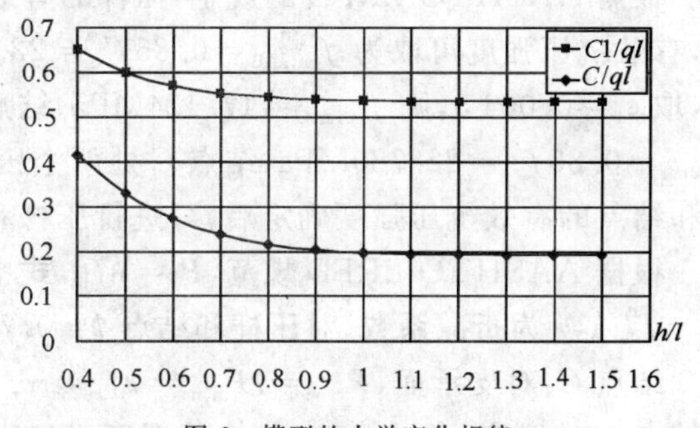

图 6 模型的力学变化规律

三、拉压杆模型方法的应用步骤

应用拉压杆模型法进行深梁配筋设计的基本步骤。

(1)简化外力边界条件。

(2)确定拉压杆模型的几何参数。

(3)根据模型的内外荷载平衡条件，计算拉杆和压杆中的内力。

(4)根据内力，对压杆和结点区进行应力验算，确定其几何尺寸。

(5)根据内力，对拉杆进行配筋设计。

(6)最后根据构造要求布置一定的分布钢筋。

四、算　　例

某混凝土箱梁的横隔板区域可近似简化为如图 7 所示的深梁(高跨比为 0.4)，混凝土强度等级为 C40，采用 HRB335 钢筋。恒载 $q_{DL}=300\text{kN/m}$，活载 $q_{LL}=150\text{kN/m}$。现用拉压杆模型法来确定其配筋量。

美国 AASHTO LRFD 规范[3]是先计算总的抗力再进行折减，而我国规范则是先将材料强度折减为设计值。因此套用美国规范时，应该把中国材料的强度标准值而非设计值直接代入其计算公式。则混凝土的圆柱体抗压强度近似取为 $f'_c=f_{ck}=26.8\text{MPa}$，钢筋 $f_y=f_{yk}=335\text{MPa}$。

恒载 $q_{DL}=300\text{kN/m}$，活载 $q_{LL}=150\text{kN/m}$，则 $q_u=1.2q_{DL}+1.4q_{LL}=570\text{kN/m}$。

(1)将均布荷载简化为作用于四分点的两个集中荷载，$F_1=F_2=1\,539\text{kN}$，支座反力为 $F_{R1}=F_{R2}=1\,539\text{kN}$。

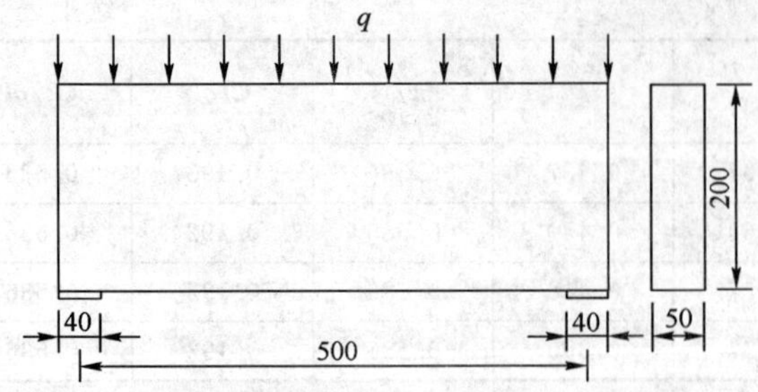

图7 算例模型(尺寸单位:cm)

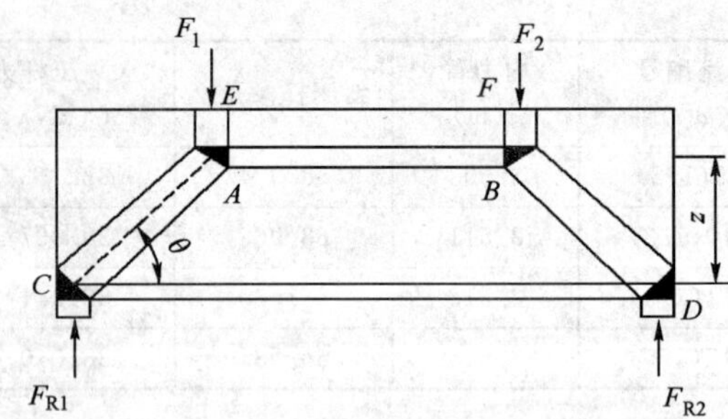

图8 算例的拉压杆模型

(2)根据第二部分的内容,选取如图8所示的拉压杆模型,并通过查图5,在 $h/l=0.4$ 时,$z/l=0.27$。则 $z=0.27l=1\ 350\text{mm}$,$\theta=49.573°$。

(3)根据结点 A 和结点 C 的平衡,计算出压杆和拉杆中力的大小。

$$F_{AB}=\frac{F_1}{\tan\theta}=1\ 311\text{kN},F_{AC}=\frac{F_1}{\sin\theta}=2\ 021.8\text{kN},F_{CD}=F_{AB}=1\ 311\text{kN}$$

根据AASHTO LRFD的规定,压杆的有效抗压强度分别为:水平压杆 AB 在其长度范围内截面一致,有效抗压强度可取为 $f_{cu,sAB}=0.85f'_c=22.780\text{MPa}$;斜压杆 AC 根据 $f_{cu}=f'_c/(0.8+170\varepsilon_1)$ 进行计算,取 $\varepsilon_1=0.004\ 5$,则 $f_{cu,sAC}=17.124\text{MPa}$。结点区的有效抗压强度分别为:结点 A 处三个压杆相交,则 $f_{cu,nA}=0.85f'_c=22.780\text{MPa}$;结点 C 处两个压杆和一个拉杆相交,则 $f_{cu,nC}=0.75f'_c=20.100\text{MPa}$。压杆和结点的有效抗压强度确定后,可进行压杆和结点的应力验算。

根据AASHTO LRFD规范,$P_r=\phi f_n$,式中 P_r 为考虑各种因素折减后的抵抗力,P_n 为名义抵抗力,$P_n=f_{cu}A$,ϕ 为折减系数,对压杆和结点 $\phi=0.7$,对拉杆 $\phi=0.9$。

结点 C:对支承面,$P_{r,nc}=\phi P_{n,nc}=\phi f_{cu,nc}w_{nc}b=2\ 814\text{kN}>F_{R1}=1\ 539\text{kN}$,则强度满足要求。式中 w_{nc} 为结点 C 的宽度,$w_{nc}=400\text{mm}$;b 为梁宽,$b=500\text{mm}$。

对钢筋的锚固端面,因承受压应力作用,需进行验算:$P_{r,tCD}=\phi P_{n,tCD}=\phi f_{cu,nc}w_{tCD}b\geqslant F_{CD}$,则 $w_{tCD}\geqslant\frac{F_{CD}}{\phi f_{cu,nc}b}=187\text{mm}$,取 $w_{tCD}=250\text{mm}$。

斜压杆 AC:确定了支承面和锚固端面的宽度后,根据AASHTO LRFD规范中的公式,计算斜压杆下端的宽度,$w_{sAC}=w_{nC}\sin\theta+w_{tCD}\cos\theta=467\text{mm}$,则 $P_{r,sAC}=\phi P_{n,sAC}=\phi f_{cu,sAC}w_{sAC}b=2\ 798.9\text{kN}>F_{AC}=2\ 021.8\text{kN}$。

结点 A:对上端的承压面,取 $w_{nA}=400\text{mm}$,因为结点 A 的有效抗压强度高于结点 C,则一定能满足要求。

对右端的承压面,$P_{r,sAB}=\phi P_{n,sAB}=\phi f_{cu,sAB}w_{sAB}b\geqslant F_{AB}$,则 $w_{sAB}\geqslant\frac{F_{AB}}{\phi f_{cu,sAB}b}=165\text{mm}$,取 $w_{sAB}=200\text{mm}$。则斜压杆上端的宽度为

$$w'_{sAC}=w_{sAE}\sin\theta+w_{sAB}\cos\theta=435\text{mm}$$

$$P'_{r,sAC}=\phi P'_{n,sAC}=\phi f_{cu,sAC}w'_{sAC}b=2\ 607.1\text{kN}>F_{AC}=2\ 021.8\text{kN}$$

验算表明压杆和结点区的强度均满足要求。

(4)进行拉杆的配筋,$F_{CD}=1\ 311\text{kN}$,$P_{r,tCD}=\phi P_{n,tCD}=\phi f_y A_s\geqslant F_{CD}$,则 $A_s\geqslant\frac{F_{CD}}{\phi f_y}=\frac{1\ 311\times1\ 000}{0.9\times335}=4\ 349\text{mm}^2$。

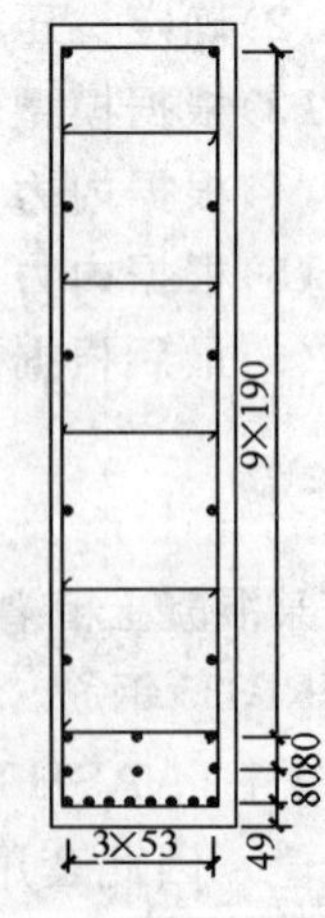

图9 配筋图(尺寸单位:mm)

根据钢筋面积选配钢筋,选配14根直径22mm的HRB335钢筋,$A_s=5\ 322\text{mm}^2$。并注意在钢筋布置时满足锚固端面的宽度要求(即 $w_{tCD}=250\text{mm}$)。再按构造要求布置一定的分布钢筋,配筋图如图9所示。

根据文献[2]进行裂缝宽度的验算,在正常使用极限状态下,最大裂缝宽度 W_{max} 按下列公式计算:

$$W_{max}=1.5\Psi\frac{\sigma_{SS}}{E_S}\left(2.7c+0.1\frac{d}{\rho_{te}}\right)v$$

公式中的各参数见文献[2]。因为拉压杆模型能准确给出拉杆的拉力，则可以直接计算出纵向受拉钢筋的应力 σ_{SS}，从而对裂缝宽度做出更准确的估计。分别根据文献[2]和拉压杆模型计算 σ_{SS}，则最大裂缝宽度 W_{max} 的计算结果如表 3，均满足文献[2]中的要求。

最大裂缝宽度 表 3

	受拉钢筋的应力 σ_{SS}(MPa)	最大裂缝宽度 W_{max}(mm)
文献[2]	142.3	0.089
拉压杆模型	167.5	0.105

五、结　　语

拉压杆模型方法不仅有助于认识混凝土结构构件中的传力机制，并且能提供定量的配筋设计方法，使配筋有据可循，比起传统的经验设计方法更合理安全。在桥梁工程中，墩台的盖梁、箱梁的横隔板区域一般都可简化为深受弯构件。此外，像预应力筋的锚固区、齿板等受力复杂区域也都可以采用拉压杆模型来对其进行分析和设计。目前拉压杆模型法已写入了加拿大 CSA A3.394 规范，美国 AASHTO LRFD(2004)桥梁设计规范和美国 ACI 318—05 规范。随着深入研究的开展，相信这种方法会得到越来越多的实际应用。

参考文献

[1] 混凝土结构设计规范[S](GB 50010—2002).

[2] 钢筋混凝土深梁设计规程(CECS39:92).

[3] AASHTO LRFD Bridge Design Specifications, Third Edition, 2004: 5.6.3 Strut-and-Tie Model.

[4] J. Schlaich, K. Schafer, M. Jennewein. Toward a Consistent Design of Structure. PCI Journal, 1987 (3): 75～110.

[5] James K. Wight, Gustavo J. Parra-montesinos. Strut-and-Tie Model for Deep Beam Design. Concrete International, 2003 (5): 63～70.

162. 基于挠度的体外预应力梁力筋应力增量研究

贺志启　刘　钊

（东南大学土木工程学院）

摘　要　体外预应力筋应力增量的计算，是体外预应力结构在设计中的关键问题之一。本文从结构变形前后的几何关系出发，在考虑二次效应的基础上，推导了弹性阶段体外力筋应力增量的计算公式，并以此建立力筋应力增量与梁体跨中挠度的关系，使不同布筋形式、荷载形式下的应力增量计算在形式上得到了统一。接着，对二次效应的影响进行评估，得出在正常使用阶段可以忽略其影响的结论。最后，本文方法与已有的试验进行了对比，计算结果与试验结果吻合良好。

关键词　体外预应力　应力增量　二次效应　挠度

体外力筋应力增量的计算，是体外预应力结构在正常使用状态下的挠度和应力检算的基础。各国规范对应力增量计算的规定各有不同，差异较大，对使用阶段应力增量的计算鲜有涉及。而且一般把体外预应力筋等同于体内无黏结筋进行计算，但当梁的挠度较大时，二次效应的影响不可忽略。为此国内外学者进行了大量的研究，一种思路是基于试验的经验公式[1]，但这些公式考虑的影响因素不尽相同和全面，具有一定的局限性。另一种思路认为无黏结筋的应力增量与整个结构的变形相关，是结构全局量，因而可从结构的应变或变形入手，研究应力增量。美国密歇根大学 A. E. Naaman 教授提出了计算无黏结筋应力增量的黏性折减系数法[2][3]，该方法假定无黏结筋应变增量为力筋沿线混凝土应变增量的平均值，利用黏结折减系数对最大弯矩截面力筋处混凝土的应变增量进行修正，从而得到力筋的应变增量，据此推算应力增量，但极限状态下的黏结折减系数由试验拟合得到，缺乏一贯的理论性。加拿大学者 Balaguru[4]（1981）对梁体曲率进行积分，得到无黏结预应力筋的应力增量后，通过回归分析，建立无黏结筋应变增量与梁体跨中挠度和力筋跨中偏心距之间的关系。清华大学杜进生等[5]在分析试验现象的基础上，提出了基于结构变形的应力增量分析方法，可以计算正常使用状态和极限状态无黏结预应力筋的应力增量，该方法建立了力筋增量与梁体跨中挠度关系，能够较好地反映结构的受力机理，但推导中假定梁的变形形状为折线，有较大的近似性。东南大学王景全等[6]在此基础上以圆弧线代替折线，提高了计算精度。

本文认为结构的挠度是结构内部应变状态的综合反映，沿着这一思路，在现有研究的基础上，在此考虑不同的布筋形式、荷载形式以及二次效应，从结构变形前后的基本几何关系出发，利用材料力学方法，推导出弹性阶段体外力筋应力增量的计算公式，据此建立应力增量与跨中挠度的关系，使不同布筋形式、荷载形式下体外力筋的应力增量的计算在形式上得到了统一。

一、基 本 方 程

对任意布筋形式的无黏结预应力梁，建立图1所示坐标系，假设混凝土梁截面形心轴变形后的曲线为 $f(x)$，并在推导中作如下基本假定：

(1)混凝土梁和无黏结力筋处于弹性工作范围，且梁体不开裂。

(2)忽略梁体剪切变形的影响。

(3)不计摩擦的影响，故力筋内张力处处相等。

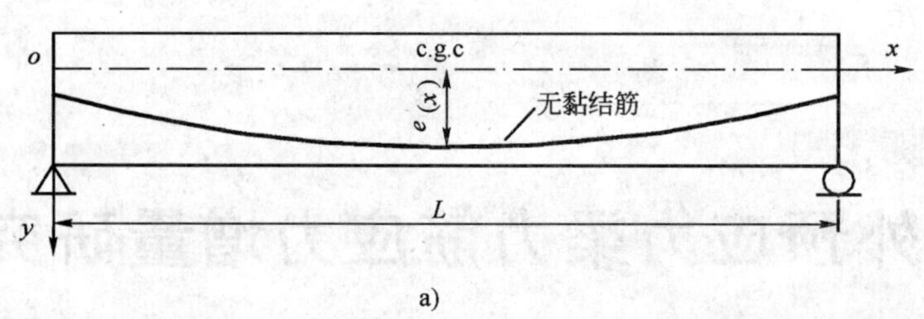

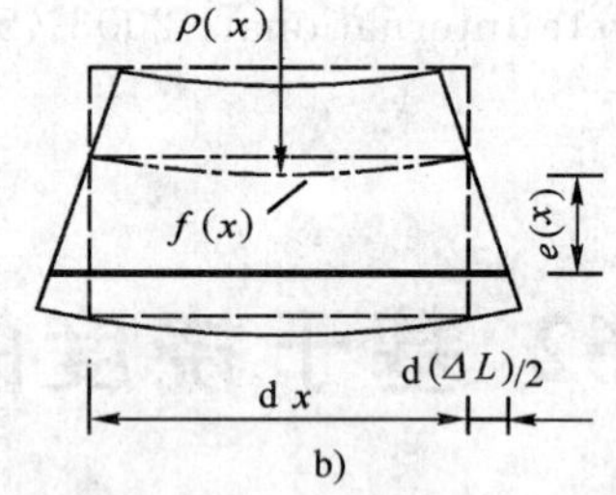

图1 无黏结预应力梁变形示意图

a)无黏结预应力梁；b)梁体变形

根据梁体挠曲前后的几何关系，由材料力学方法可给出梁体产生挠曲变形 $f(x)$后，dx 梁段内无黏结力筋的伸长量为：

$$d(\Delta L)=\frac{e(x)}{\rho(x)}dx=-e(x)\frac{f''(x)}{[1+f'^2(x)]^{3/2}}dx\approx -e(x)f''(x)dx \tag{1}$$

式中：ΔL——力筋伸长量；

e——力筋偏心距；

$\rho(x)$——梁变形后的曲率半径。

故力筋总伸长量为：

$$\Delta L=-\int_0^L e(x)f''(x)dx \tag{2}$$

据此写出力筋应力增量计算的基本方程：

$$\Delta\sigma_{ps}=-\frac{E_{ps}}{L}\int_0^L e(x)f''(x)\mathrm{d}x \tag{3}$$

式中：E_{ps}——预应力筋的弹性模量。

由式(3)可知，为求得无黏结筋的应力增量，关键是要确定梁体在荷载作用下的变形曲线。

对直线布筋情况，$e(x)$为常数，记为e_m。在对称加载时，由式(3)得力筋应力增量：

$$\Delta\sigma_{ps}=\frac{E_{ps}e_m}{L}(\theta|_{x=0}-\theta|_{x=L})=\frac{2E_{ps}e_m\theta|_{x=0}}{L} \tag{4}$$

清华大学杜进生等[5]把梁的变形曲线简化为单折线(图2)，即把梁的弯曲变形集中于跨中截面。此时梁端转角$\theta|_{x=0}=2f_0/L$（f_0为梁体跨中挠度），代入式(4)得力筋应力增量：

$$\Delta\sigma_{ps}=4E_{ps}e_mf_0/L^2 \tag{5}$$

东南大学王景全等[6]假设梁的变形曲线为圆弧线，即把梁的弯曲变形均分到各个截面，可得梁端转角$\theta|_{x=0}=4f_0/L$，则：

$$\Delta\sigma_{ps}=8E_{ps}e_mf_0/L^2 \tag{6}$$

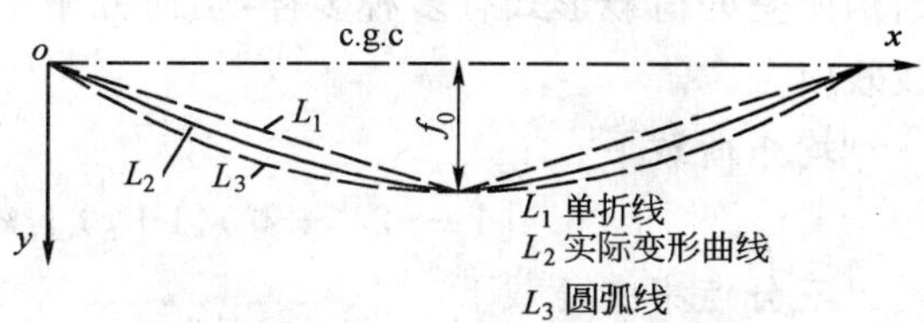

图2　梁体变形曲线

而梁的实际变形曲线介于单折线和圆弧线之间，若令$\Delta\sigma_{ps}=\eta E_{ps}e_mf_0/L^2$，则$4<\eta<8$。

二、体外力筋的应力增量

体外预应力筋只在转向块和锚固块与梁体发生联结，荷载作用下，由于体外力筋变形与梁体变形存在不一致，导致体外力筋的偏心距随梁体的变形不断发生变化，即所谓的“二次效应”。为准确地反应体外预应力梁的力学特征，在体外力筋的应力增量的推导中，需要考虑力筋偏心距随梁体变形的变化。

对于对称加载、对称布筋的双折线筋体外预应力梁(图3)，梁体下挠$f(x)$后体外力筋的偏心距$e(x)$为：

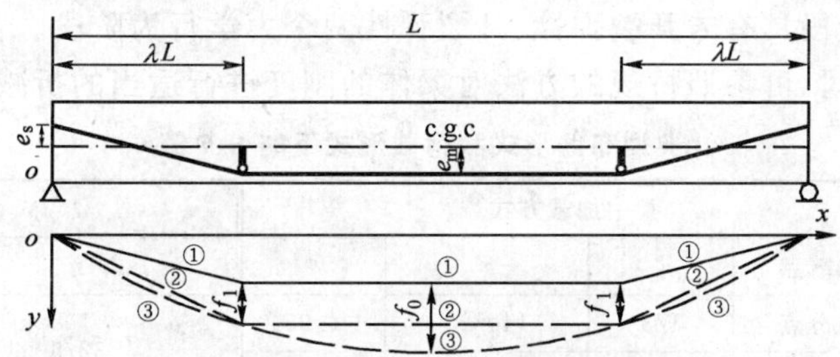

图3　折线布筋体外预应力梁变形示意图

①变形前力筋线；②变形后力筋线；③力筋初始位置处梁体变形线

$$e(x)=\begin{cases}\dfrac{e_s(x-\lambda L)+e_mx}{\lambda L}-f(x)+\dfrac{f_1x}{\lambda L} & x\in[0,\lambda L]\\ e_m-f(x)+f_1 & x\in[\lambda L,L/2]\end{cases} \tag{7}$$

式中：e_m、e_s——分别为力筋水平段和梁端锚固点至截面形心的距离（e_m在中心轴以下为正，e_s在中心轴以上为正）；

λL——转向块中心到支座中心的距离；

f_1——转向块位置处梁体的下挠。

忽略预应力对梁体变形的影响，则跨中集中荷载下梁体变形曲线为：

$$f(x)=\frac{f_0x(3L^2-4x^2)}{L^3} \tag{8}$$

式中：$f_0=PL^3/(48E_cI_0)$。

式(7)中$f_1=f(x=\lambda)=\lambda(3-4\lambda^2)f_0$，将式(7)、式(8)代入式(3)，整理得体外力筋应力增量的统一

计算公式：

$$\Delta\sigma_{ps}=\frac{E_{ps}f_0(\eta e_m-\phi f_0)}{L^2} \tag{9}$$

式中：$\eta=6-8\lambda^2(1+\beta)$；

$\phi=4.8-32\lambda^5+48\lambda^3-18\lambda$。

其中：$\beta=e_s/e_m$。

对其他常见布筋形式和荷载形式的体外预应力梁，应力增量与跨中挠度同样存在着式(9)的关系。结构所受的荷载形式有多种多样，但研究中常用跨中集中荷载和均布荷载（或三分点集中荷载）来等代荷载效应[7]。

均布荷载下：

$$\eta=6.4[1-(2\lambda^2-\lambda^3)(1+\beta)],\phi=4.97+20.5(-\lambda^7+4\lambda^6-4\lambda^5-2\lambda^4+4\lambda^3-\lambda)$$

三分点集中荷载下：

$$\eta=\begin{cases}6.26[1-3\lambda^2(1+\beta)/2] & \lambda\in[0,1/3]\\ 6.26[1-(1+\beta)(1/9\lambda+3\lambda-1)/2] & \lambda\in[1/3,1/2]\end{cases},$$

$$\phi=\begin{cases}4.95-19.6\lambda+58.8\lambda^3-44.1\lambda^5 & \lambda\in[0,1/3]\\ -0.06/\lambda+8.22-47.4\lambda+88.2\lambda^2-44.1\lambda^3 & \lambda\in[1/3,1/2]\end{cases}。$$

值得注意的是，当式(9)中的 $\phi=0$ 时，由体外无黏结情况退化为体内无黏结情况。表1列出了典型布筋形式和荷载形式下的 η、ϕ 值。

综上所述，弹性阶段体外预应力筋或体内无黏结筋的应力增量可按以下步骤进行：

步骤一：由布筋形式及荷载形式确定 η、ϕ、s 等参数。

步骤二：由 $f_0=sML^2/(E_cI_0)$ 计算梁体的跨中挠度。

步骤三：由式(9)计算力筋应力增量。

一般地，结构在使用阶段具有未开裂弹性、开裂弹性两个力学行为阶段。在开裂弹性阶段，梁体刚度随裂缝开展不断减少。这时，可参照桥规的方法对梁体的刚度进行适当的折减，则前面的推导仍然适用。

典型布筋形式和荷载形式下的 η、ϕ 值　　表1

布筋形式		集中加载方式				均布加载方式	
布筋形式	λ	加载点	ζ	η	ϕ	η	ϕ
直线无转向	0	三分点	1/3	144/23	4.95	32/5	4.97
直线无转向	0	跨中	1/2	6.00	4.80		
折线单转向	1/2	三分点	1/3	$(88-56\beta)/23$	0.94	$4-2.4\beta$	0.97
折线单转向	1/2	跨中	1/2	$4-2\beta$	0.80		
折线双转向	1/3	三分点	1/3	$(100-24\beta)/23$	0.41	$\frac{32(22-5\beta)}{135}$	0.43
折线双转向	1/3	跨中	1/2	$(46-8\beta)/9$	0.45		
		ξL P P ξL λL λL				q λL λL	

三、二次效应评估

二次效应是体外预应力梁的主要特征之一，可能给梁的性能带来不利影响。式(9)中的 ϕ 值可表征二次效应的影响程度，图4展示了各种荷载形式下转向块布置位置与 ϕ 值之间的对应关系，可以看出，不设转向块时二次效应的影响最为明显，但是在梁最大挠度处(跨中)设置一个转向块就能基本消除二次效应的影响(图4)。

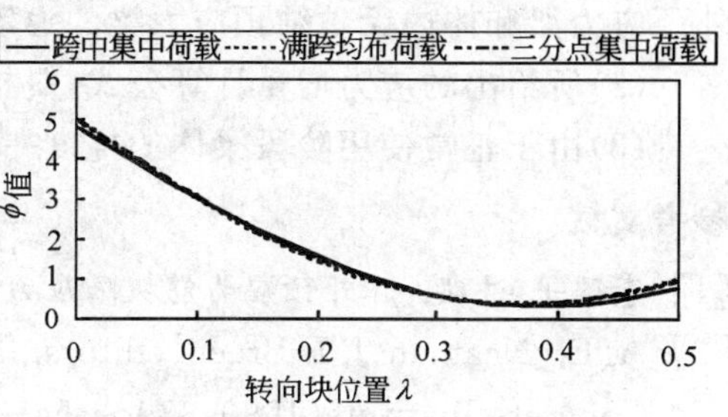

图4　转向块位置与二次效应的关系

根据公路桥涵规范，在正常使用阶段，在消除自重产生的长期挠度后主梁的挠度不应超过$L/600$(L为主梁计算跨径)。设主梁挠度$f_0=L/600$，体外力筋的初始偏心距$e_m=0.6h$(h为梁高)，$h=(1/20\sim1/25)L$，则无转向体外预应力梁跨中截面力筋偏心距减少量$e_m-e'_m=\Delta_c\leqslant7\%e_m$。

由以上分析可知，在进行正常使用阶段的设计时，可以忽略二次效应的影响。

四、试 验 对 比

为验证公式，参考了文献[8]中的部分试验数据。Rezende-Martins(1989)进行了体外预应力混凝土箱形截面简支梁的试验，其中一片试验梁的布置如图5所示，转向块布置于梁的四分点处，且在四分点逐级加载。表2是使用荷载下试验实测力筋应力增量值与按本文方法计算值的对比，可以看出，计算值与实测值吻合较好：二者之比均值为0.94，标准差为0.001。从表2中也可以看出，二次效应对弹性阶段应力增量的影响很小。

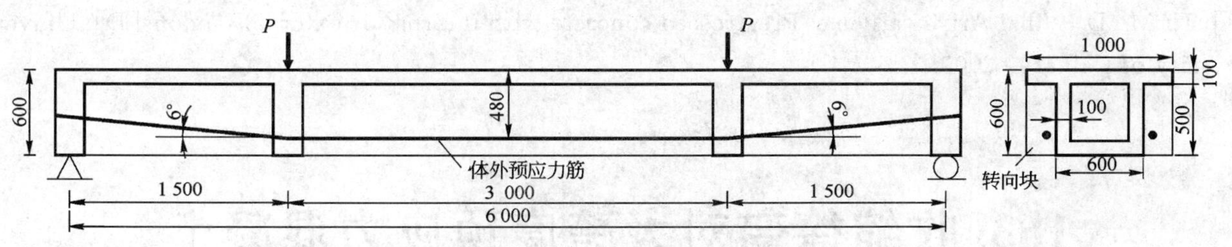

图5　试验梁布置图(尺寸单位：mm)

弹性阶段应力增量实测值与计算值对比　表2

荷载 P(kN)	应力增量(MPa)			计算2/实测	荷载 P(kN)	应力增量(MPa)			计算2/实测
	实测值	计算值1	计算值2			实测值	计算值1	计算值2	
100	13.0	11.93	11.91	0.92	300	37.0	35.70	35.74	0.96
150	19.0	17.89	17.87	0.94	350	43.0	41.30	41.70	0.96
200	25.0	23.84	23.82	0.95	400	50.0	47.54	47.65	0.95
250	32.0	29.78	29.78	0.93	450	57.0	53.45	53.60	0.94

注：计算值1考虑二次效应，计算值2不考虑二次效应。

五、结　　语

根据结构变形前后的几何关系，在考虑二次效应的基础上，推导了弹性阶段体外力筋应力增量的计算公式。主要结论有：

(1)通过建立力筋应力增量与梁体跨中挠度的关系，使不同布筋形式、荷载形式下体外力筋的应力增量的计算在形式上得到了统一；并且当式(9)中$\phi=0$时，由体外无黏结情况退化为体内无黏结情况，使体外预应力梁和体内无黏结预应力梁的力筋应力增量的计算也得到统一。

(2)所给出的应力增量计算公式,概括因素全面,并能够很好地考虑二次效应的影响。

(3)由于正常使用阶段梁体的挠度一般较小,在应力增量计算时可忽略二次效应的影响。

参考文献

[1] 李国平,沈殷. 体外预应力筋极限应力和有效高度计算方法[J]. 土木工程学报,2007,40(2):47 ~52.

[2] A. E. Naaman, J. E Breen, editors. External prestressing in bridge[C]. Farmington Hill: American Concrete Institute, 1990:339~354.

[3] A. E. Naaman, F. M Alkhairi. Stress at ultimate in unbonded post-tensioning tendons: Part 2-Proposed methodology[J]. ACI Structural Journal, 1991, 88(6):683~692.

[4] P. N. Balaguru. Increase of stress in unbonded tendons in prestressed concrete beams and slabs [J]. Canadian Journal of Civil Engineering, 1981, 8(2):262~268.

[5] 杜进生,刘西拉. 基于结构变形的无黏结预应力筋应力变化研究[J]. 土木工程学报,2003,36(8):12 ~19.

[6] 王景全,刘钊,吕志涛. 基于挠度的体外与体内无黏结预应力筋应力增量[J]. 东南大学学报,2005,35(6):915 ~919.

[7] AASHTO LRFD Bridge Specifications[S]. American Association of State Highway and Transportation Officials. Washington D. C., USA., First Edition, 1994.

[8] T. M. D. Nihal Ariyawardena. Prestressed concrete with internal or external tendons[D]. University of Calgary, 2000.

163. 收缩徐变对大跨度预应力混凝土连续刚构桥长期下挠影响分析

王 斐[1] 张于良[2] 梁利辉[3] 李正熔[3]

(1. 北京交通大学土木建筑工程学院;2. 山西省重点公路建设领导组办公室;

3. 中交公路规划设计院有限公司)

摘 要 长期下挠问题是当前大跨度预应力混凝土连续刚构桥的主要病害之一。本文以晋济高速公路上的南河大桥为背景工程,对相对湿度、加载龄期、预应力度、预应力损失等因素进行探讨,分析收缩徐变对大跨度预应力混凝土连续刚构桥长期挠度的影响。

关键词 连续刚构 混凝土收缩 徐变变形 长期挠度 计算分析

一、引 言

收缩徐变是混凝土的时变特性,随着时间的推移而不断变化。对于一些徐变敏感的结构,如大跨度预应力混凝土连续刚构桥等,其影响更为突出。随时间的发展,收缩徐变的效应将引起桥梁结构在施工阶段和运营过程中的挠度变化。

桥梁结构长期下挠的问题是当前大跨度预应力混凝土连续刚构桥的主要病害之一,分析收缩徐变对桥梁结构长期挠度的影响,对保证大跨度预应力混凝土连续刚构桥的安全性和耐久性有着积极和现实的意义。

二、混凝土收缩徐变的相关理论

1. 混凝土收缩徐变的数学表达式

目前国际上有多种混凝土收缩、徐变函数的表达式。

混凝土收缩应变一般表达式为收缩终值与时间函数的乘积，即

$$\varepsilon_s(t,\tau)=\varepsilon_{s,\infty} f(t,\tau) \tag{1}$$

混凝土的徐变大小，通常用徐变系数 $\phi(t,\tau)$ 来描述，$\phi(t,\tau)$ 表示加载龄期为 τ，t 时刻的徐变变形和弹性变形的比值。目前对徐变系数主要有两种不同的定义。令时刻 τ 开始作用于混凝土的单轴向常应力 $\sigma(\tau)$ 至时刻 t 所产生的徐变应变为 $\varepsilon_c(t,\tau)$，第一种徐变系数采用混凝土 28 天龄期时的瞬时弹性应变定义，即 τ 时加载 σ_0 至 t 时混凝土的徐变应变为：

$$\varepsilon_c(t,\tau)=\frac{\sigma_0}{E_c(28)}\phi(t,\tau) \tag{2}$$

式中：$E_c(28)$——混凝土 28 天龄期的弹性模量。

CEB-FIP 标准规范(1978 及 1990 年版)及英国标准 BS5400(1984 年版)采用了这种定义方式。

徐变系数的另一种定义为：

$$\varepsilon_c(t,\tau)=\frac{\sigma_0}{E(\tau)}\phi(t,\tau) \tag{3}$$

式中：$E(\tau)$——混凝土加载龄期时的弹性模量。

2. 混凝土收缩徐变的主要影响因素

影响收缩徐变的因素很多，对于当前主要的计算程序，考虑的因素归纳起来主要有：水泥的种类、配合比和强度，加载龄期，周围环境温度和湿度，截面的理论厚度等。

周围环境的相对湿度是影响混凝土徐变的重要的因素之一。湿度影响混凝土干燥徐变，较低的环境相对湿度使收缩增大，而收缩促进干燥徐变，因此，相对湿度越低，混凝土徐变量越大。

混凝土的水化作用是一个不断发展的过程，且连续刚构施工中，混凝土的加载龄期一般也较短。当加载龄期较大时，混凝土中可蒸发水分较少且混凝土的强度较高，所以观察到的徐变变形较小。反之，加载龄期较小时，徐变变形较大。

3. 混凝土收缩徐变引起的预应力损失

混凝土的收缩徐变的发生使钢绞线产生了预应力损失。在 t_1 至 t_2 时间段内，收缩徐变产生的预应力损失为：

$$\sigma_{cr}(t_2,t_1)=n[\phi(t_2,\tau)-\phi(t_2,\tau)]\sigma(t_1) \tag{4}$$

式中：n——预应力钢绞线同混凝土的弹性模量之比。

4. 混凝土收缩徐变对大跨度连续刚构桥长期挠度的影响

大跨度预应力混凝土连续刚构桥在施工过程中由于自重、施工荷载、预应力荷载、温度和收缩徐变影响产生变形，这些影响是施工监控必须考虑的。在施工过程中，通过立模标高和压重等临时措施调整桥梁上部结构的线性。

在连续刚构桥成桥后的运营阶段，影响桥梁上部结构长期挠度变化的因素除活载外，收缩徐变是引起桥梁竖向挠度变化的主要因素之一。对于公路桥梁来说，在跨中附近，桥梁箱梁梁段的上缘的压应力一般较下缘的压应力大。因此，由于混凝土结构的收缩徐变作用，上缘将产生较下缘更大的压缩变形，从而使跨中产生向下的挠度；相反，在支点附近，桥梁箱梁梁段的上缘的压应力一般较下缘的压应力小，这样，由于混凝土结构的收缩徐变作用，上缘将产生较下缘更小的压缩变形，从而也使跨中产生向下的挠度。收缩徐变引起连续刚构上部结构下挠的示意图见图 1。

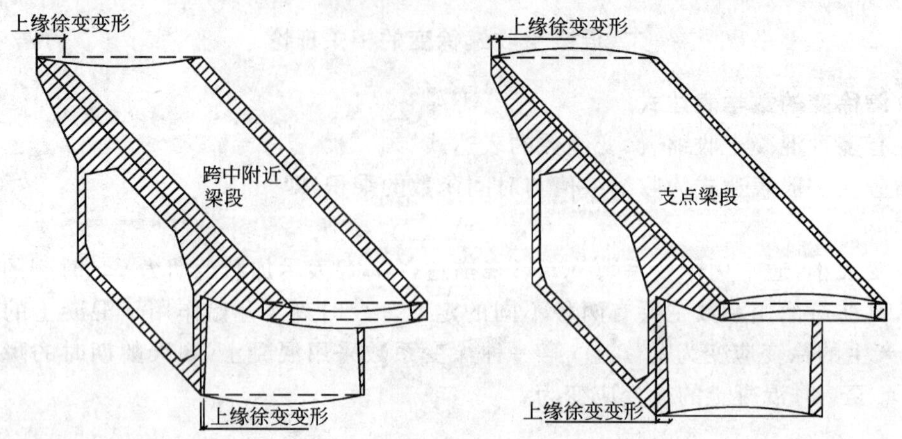

图1　混凝土收缩徐变引起连续刚构桥的上部结构下挠示意图

三、工 程 背 景

晋济高速公路上的南河大桥是一座全长800m的刚构—连续梁桥，桥跨布置为40m＋120m＋3×180m＋100m，上部结构采用斜腹板的预应力混凝土箱梁。箱梁为单箱单室断面，采用纵向、横向和竖向三向预应力体系。箱梁顶宽24.5m，底宽8.656～11.408m，悬臂长6.0m。合拢段处箱梁中心高度为4.50m，底板厚0.32m；0号块处箱梁中心高为12.50m，底板厚1.40m；从悬臂端到0号块根部箱梁高度和底板厚度均按1.75次抛物线变化。刚构桥墩采用双片薄壁墩。

桥梁采用悬臂浇注施工。在临时支架上浇注零号段后，安装挂篮悬臂浇筑1至23号梁段，而后依次进行中跨、次边跨和边跨合拢。

上部箱梁和桥墩均采用C55混凝土。预应力筋采用ASTM A416—97标准低松弛270级钢绞线，强度等级1 860MPa，公称直径15.2mm，公称面积140m²。顶板束1至11号梁段采用15～27钢束，12至23号梁段15～29钢束；腹板束采用15～22钢束；边跨、中跨合拢束均采用15～31钢束。

结构分析采用MIDAS-CIVIL有限元程序计算，计算采用《公路钢筋混凝土及预应力混凝土桥涵设计规范》(JTG D62—2004)。全桥共划分为332个单元，346个节点。其中上部结构单元246个，桥墩单元86个，墩顶节点与对应箱梁节点刚性连接。全桥共分38个施工阶段，所建有限元模型如图2所示。

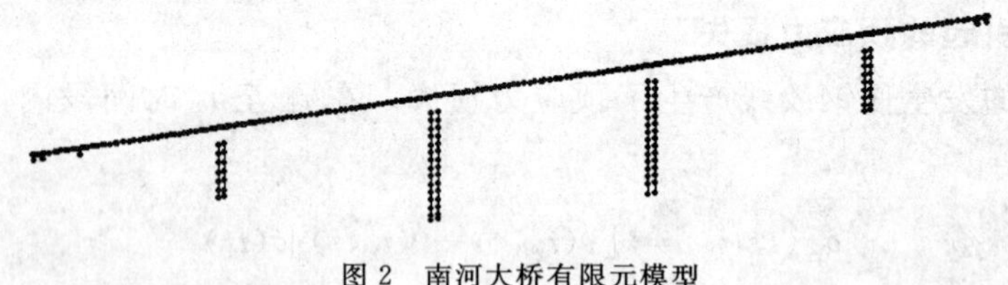

图2　南河大桥有限元模型

四、收缩徐变对大跨预应力混凝土连续刚构桥长期挠度影响分析

1. 加载龄期影响分析

按以下3种模式进行计算。

计算模式Ⅰ：加载龄期为3天。

计算模式Ⅱ：加载龄期为7天。

计算模式Ⅲ：加载龄期为30天。

各加载龄期的徐变系数随时间发展曲线见图3所示。所计算的长期挠度为桥梁上部结构成桥20年的桥面标高与成桥时桥面高程的差值，反应的是桥梁长期的挠度变化。将3种计算模式下的桥梁上部结构的长期挠度绘成曲线如图4。

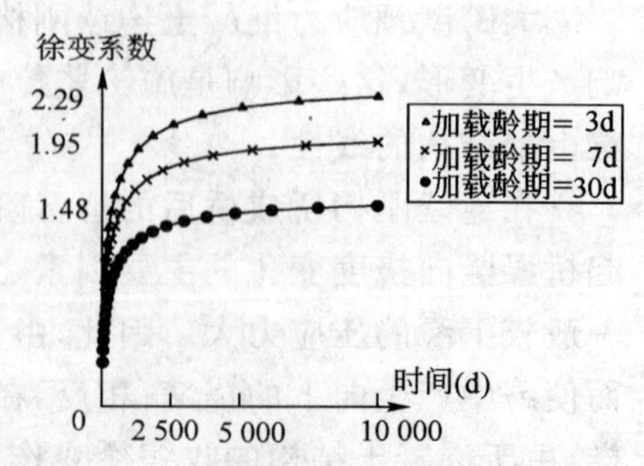

图3　不同龄期混凝土随时间发展徐变曲线

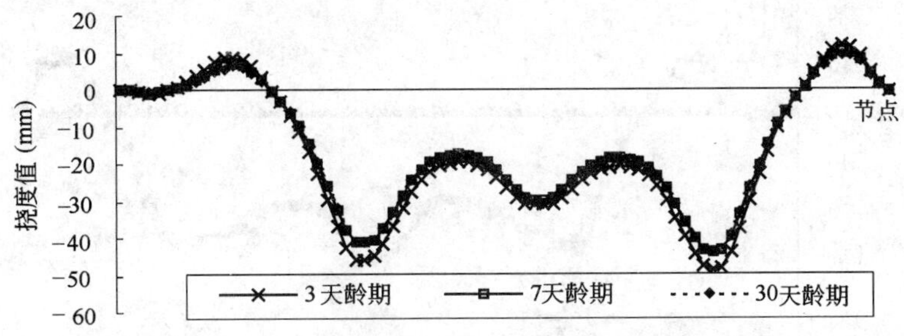

图 4 不同龄期的桥梁长期挠度变化图

由计算结果知,加载龄期对桥梁上部结构的长期挠度有较大的影响。加载龄期由 3 天提高到 7 天时,长期挠度有较大的减少,但加载龄期由 7 天提高到 30 天时,长期挠度减小幅度较小。

2. 相对湿度影响分析

按以下 3 种模式进行计算。

计算模式 I:相对湿度为 40%。

计算模式 II:相对湿度为 60%。

计算模式 III:相对湿度为 80%。

将 3 种计算模式下的桥梁上部结构的长期挠度绘成曲线如图 5。由计算结果知,对于次边跨跨中挠度,当相对湿度由 40%增加到 60%时,跨中挠度减少了 17%,当相对湿度由 60%增加到 80%时,跨中挠度减少了 30%。

可见,湿度因素是影响收缩徐变的重要因素,从而对桥梁的长期挠度有着很大的影响。所以为准确确定桥梁的立模高程,需要对相对湿度准确测定,还需在施工时应对混凝土加强养生。

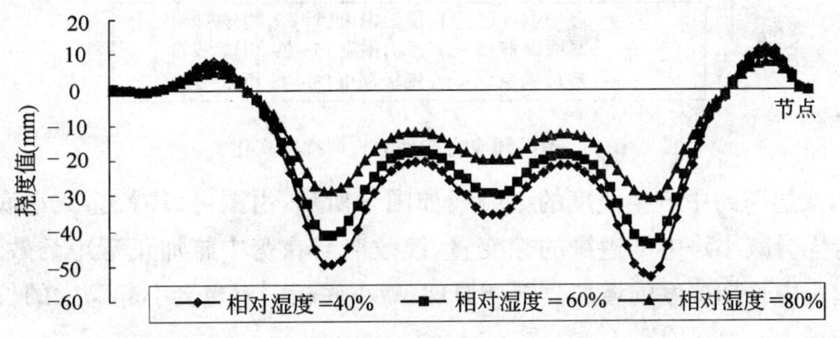

图 5 不同相对湿度的桥梁长期挠度变化图

3. 收缩徐变产生的预应力损失影响分析

按以下 3 种模式进行计算。

计算模式 I:计入收缩徐变及由其引起的预应力损失。

计算模式 II:计入收缩徐变而不计由其引起的预应力损失。

计算模式 III:不计收缩徐变及由其引起的预应力损失。

将 3 种计算模式下的桥梁上部结构的长期挠度绘成曲线如图 6。由曲线可以看出:在不考虑其他因素的影响的前提下,收缩徐变及由其引起的预应力损失是产生桥梁长期挠度的主要原因。

4. 预应力度影响分析

按以下 3 种模式进行计算。

计算模式 I:原设计采用的底板钢束为 15～31,顶板钢束为 15～29 和 15～27。

计算模式 II:将原设计的底板钢束调整为 15～27,顶板钢束与原设计相同。

计算模式 III:将原设计的顶板钢束 15～29 和 15～27 分别调整为 15～25 和 15～23,顶板钢束与原设计相同。

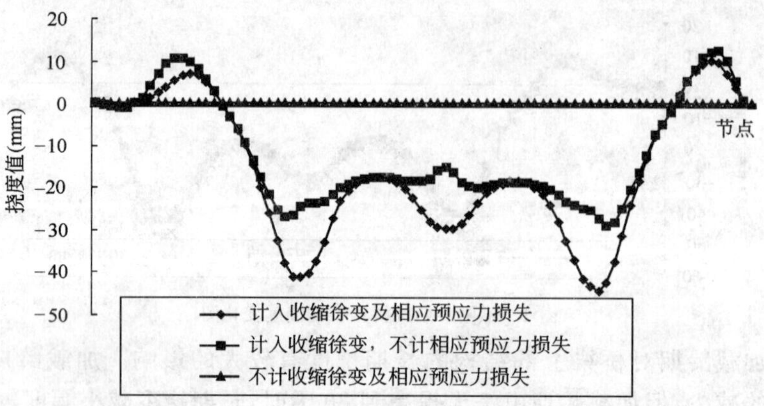

图6 收缩徐变及其产生的预应力损失产生的长期挠度变化图

将3种计算模式下的桥梁上部结构的长期挠度绘成曲线如图7。由曲线可以看出:预应力度的减小将产生更大的桥梁长期挠度。而且对于这种效应,顶板束较底板束更为显著。

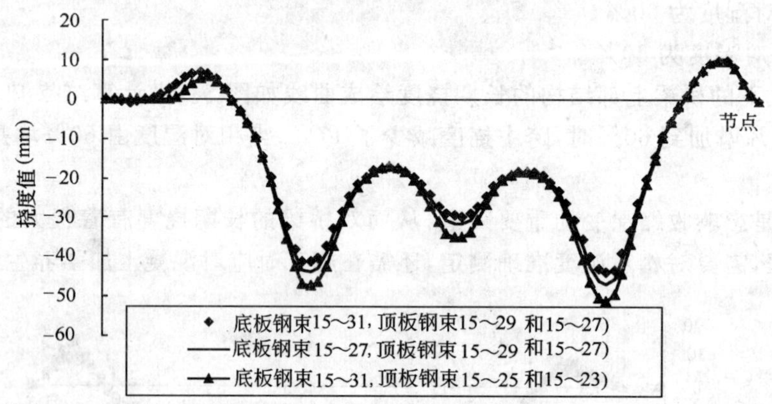

图7 不同预应力产生的长期挠度变化图

单位弯矩作用下,次边跨跨中产生挠度的影响线如图8所示,由图可以看出,减小底板会减小成桥阶段的中跨底板的压应力,这样会减小跨中下边缘的徐变量,该效应与在跨中施加正弯矩的效应相同,由图8的影响线曲线知,结果会引起跨中长期挠度的增加。同样原理,减小底板钢束也会引起跨中的长期挠度的增加。

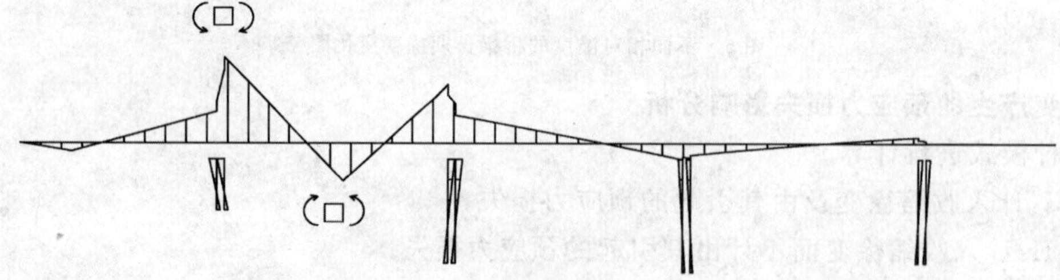

图8 单位弯矩作用在次边跨跨中产生挠度的影响线图

因此,为减少长期挠度,可适当增加底板束和顶板束。另外,在条件许可的前提下,预留下顶板预应力束和底板预应力束,待收缩徐变完成一定的比例时再进行张拉,不但可以保证张拉预应力阶段应力不致过大,同时可以有效降低桥梁上部结构的长期挠度。

五、结　　语

大跨度预应力混凝土连续刚构桥是对收缩徐变较为敏感的体系,收缩徐变是影响桥梁的长期下挠的主要因素之一。合理选用影响收缩徐变的计算参数是准确计算桥梁上部结构长期挠度的基础。在设计、施工时采用合理的措施，有效的减小长期挠度。

参考文献

[1] 南河特大桥施工图设计.中交公路规划设计院有限公司.2005.

[2] 孔海霞，张喜刚等.预应力混凝土连续刚构桥徐变影响分析及对策研究.全国公路桥梁学术会议论文集.2006.

[3] 谢俊，王国亮，郑晓华.大跨径预应力混凝土箱梁桥长期下挠问题的研究现状.公路交通科技.2007.1.

[4] 宁贵霞，孔德艳，谢志勇.铁路整体PC箱形梁的徐变效应分析.铁道工程学报.2006.6.

164. 组合箱梁桥连接件拉拔作用的试验研究

常　江[1]　刘玉擎[1]　邵长宇[2]

（1.同济大学桥梁工程系；2.上海市政工程设计研究总院）

摘　要　新型组合箱梁桥的腹板间距及桥面板外侧悬臂较大，在不设置横向承重梁且受到活荷载作用的情况下，钢梁翼缘板上处于内侧的焊钉连接件将受到拉拔力的作用。通过局部模型加载试验，从抑制钢梁与混凝土桥面板间拉拔力的出现或降低其大小方面，研究了焊钉连接件不同布置形式对组合箱梁受力特性的影响。

关键词　组合箱梁桥　焊钉连接件　拉拔力　试验研究

一、引　言

近年来，组合结构在国内公路桥梁设计中逐渐得到重视，并显示了较好的应用前景。正在建设中的上海长江大桥高墩区桥梁采用了组合箱梁截面形式，与以往的中小跨度组合箱梁桥相比，该桥横向承重桥面板的跨度及外侧悬臂都较大，钢翼缘上的焊钉连接件不仅仅承受纵桥向及横桥向剪力，还受到竖向拉拔力的作用。关于组合箱梁桥面板与钢梁翼缘结合部拉拔力的问题，国内外所进行的研究和试验较少，并未引起桥梁设计人员足够的重视[1,2]。为此，本研究依据局部模型加载试验模拟在悬臂偏载情况下，钢翼缘板上处于内侧的焊钉连接件受到的拉拔力作用，进而探讨焊钉数量及其合理布置等有关大跨度组合箱梁的设计关键问题。

二、上海长江大桥高墩区桥梁的结构特点

闭截面组合箱梁桥主要是利用混凝土桥面板承担上缘压应力，而从节省材料来看，不用钢顶板的槽形钢梁与混凝土桥面板组合箱梁是可选方案之一。国外该型截面梁式桥已相继建成多座，国内继在东海大桥主桥的斜拉桥上首次采用后，又在上海长江大桥主航道两侧高墩区非通航孔桥梁上应用了这一截面形式。

1. 结构布置及构造

如图1所示，大桥采用钢与混凝土组合连续箱梁结构体系，单联跨度布置为85m＋5×105m＋90m。按双向六车道公路与两线轨道交通标准设计，汽车荷载为公路—I级，列车荷载按每辆48t、长度16.5m、10辆编组考虑，设计时考虑6线汽车及2线列车荷载作用。

本桥具有跨度与规模较大、正常运营使用时的荷载较大、施工环境条件差等特点，在设计时以构造简化、施工便捷、受力合理以及造价经济为目标。桥面全宽分为两幅，单幅箱梁桥面板宽度17.15m，如图2所示，采用通长5m的等高梁，方便加工制造与施工吊装。结构断面由混凝土桥面板与槽型钢梁采用纵

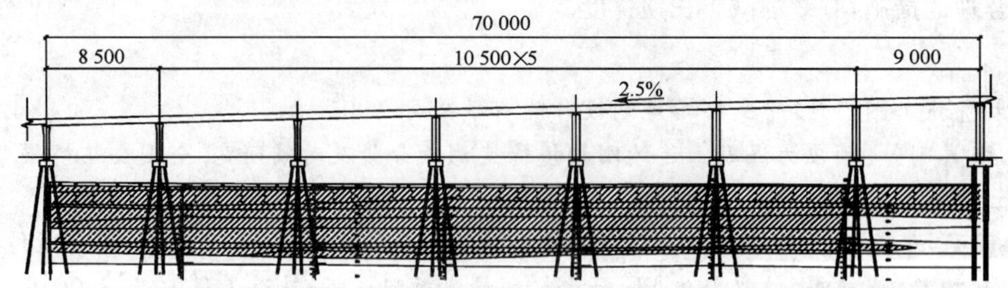

图1 组合箱梁桥立面布置(尺寸单位:cm)

向结合的方式形成,槽形钢梁整体上由上翼缘板、腹板、底板、横撑、腹板及底板的纵横向加劲肋组成。腹板纵向加劲肋在竖向加劲肋处断开,以保持竖向加劲肋的连续性,并采用板式加劲肋;腹板横向加劲肋与底板加劲肋均采用T形加劲肋。在上翼缘处为了抵抗施工期间的偏载引起扭转作用,设置平面桁式横联,支点处以实腹式横隔板替代。

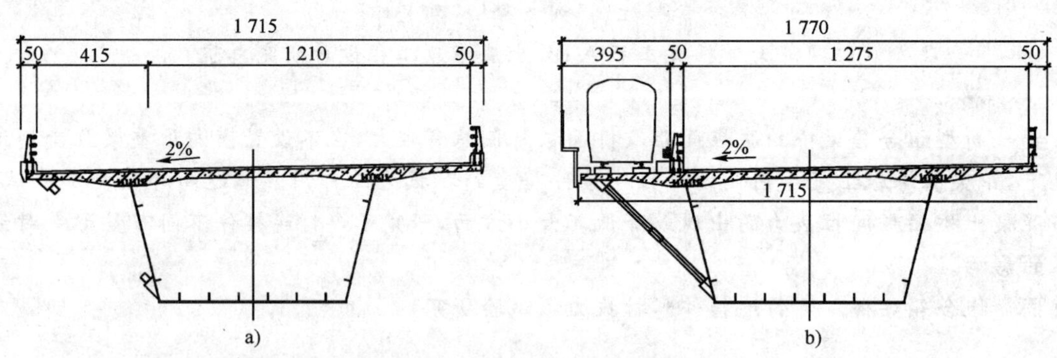

图2 组合箱梁桥横断面(尺寸单位:cm)

a)近期规划横断面(无轻轨);b)远期规划横断面(有轻轨)

2. 连续梁负弯矩区桥面板构造

连续组合箱梁结构在中支点附近受到负弯矩作用,上翼缘混凝土受拉,若采用预应力体系,预应力损失较大,因此采用了允许混凝土开裂,通过提高普通钢筋配筋率以限制混凝土裂缝宽度的设计方法。施工时采用负弯矩区桥面板滞后结合与支点按序升降的方法,增加负弯矩区桥面板压应力储备,加强其抵抗正常使用状态下荷载作用的能力。

3. 连续梁负弯矩区双层组合

选用焊钉连结件布置于钢梁上翼缘,与混凝土桥面板形成纵向组合截面,而在中支点负弯矩区采用了双层组合结构,即在下翼缘采用刚度较大的开孔板连结件将混凝土板与钢梁结合,形成整体截面共同受力,如图3所示。在负弯矩范围内,钢梁下翼缘受压问题突出,加设混凝土板参与受压后,最能发挥混凝土承压能力强的特点,而且该范围的自重增加对支点及整体结构的弯矩影响有限。与传统结构形式相比,用混凝土代替部分钢材,降低了工程造价,经济地实现增大结构刚度,对截面内力和应力分布起到了很好的作用;还减少现场焊接量,降低焊接难度,减少钢板厚度以及降低可能带来较大的残余应力和变形等风险。在改善结构受力后,可以限制负弯矩区上翼缘混凝土板裂缝宽度。

4. 翼缘板焊钉的拉拔力作用问题

本桥组合箱梁的混凝土桥面板跨度以及外侧悬臂都比较大,在受到跨中公路活载或悬臂端活载的最不利布置的荷载作用下,钢箱梁翼缘板上横桥向处于腹板内外侧附近的焊钉有可能受到拉拔力的作用,其中由悬臂端偏载产生的拉拔力尤为突出。出现拉拔力的原因主要是腹板横向加劲肋与箱梁底板横向加劲肋以及横撑形成刚构体,从而约束了钢翼缘板随混凝土桥面板的回转变形,使钢翼缘板上处于最大约束位置上的焊钉极易受到拉拔力作用,如图4所示。

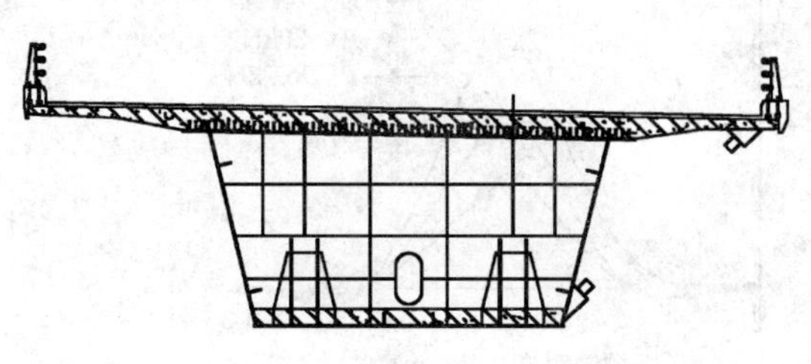
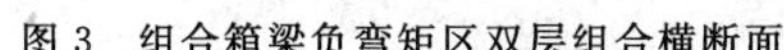

图 3　组合箱梁负弯矩区双层组合横断面

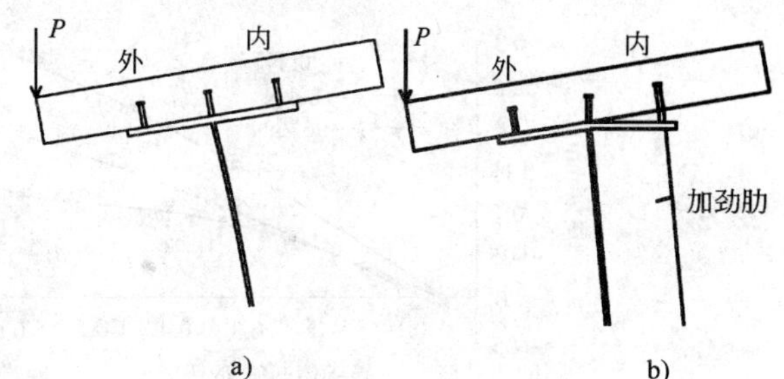

图 4　偏载时横向加劲肋正上方焊钉的受力状态
a)无横向加劲肋；b)有横向加劲肋

三、结合部局部模型试验方法

本研究通过对局部模型试件进行最不利等效活载作用加载试验，测试连接件布置方式不同时的翼缘板焊钉的受力状态，从减少拉拔力的角度研究焊钉的合理布置。为此，选取翼缘板长 1.35m 的范围，设计局部加载模型试件，如图 5 所示。

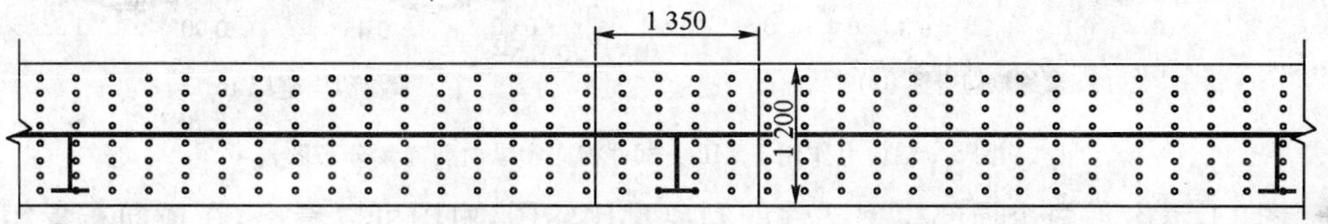

图 5　局部模型模拟区域(尺寸单位：cm)

试件钢结构部分在工厂加工制作，混凝土部分在工地现浇，浇注方向要使试件上焊钉连接件均处于正立状态，保证与实桥连接件受力一致。如图 6 所示，将试件倒置，混凝土桥面板与地锚固定，通过在悬出刚臂端部施加竖向力 P 来模拟偏载。根据设计资料，悬臂端加载分近期规划和远期规划，其中远期规划又分是否考虑斜撑，共 3 种情况。每种情况对应的最不利弯距差值转化为轴向力 P，近期规划对应轴力为 80kN，远期规划有斜撑时为 70kN、无斜撑为 96.7kN。加载方法是逐级施加荷载，每级 20kN，至设计荷载的最不利偏载对应的竖向力 P。在焊钉上布置竖向应变片及在腹板加劲肋附近布置位移计等，来测试焊钉轴力大小和腹板加劲肋附近混凝土桥面板与钢翼缘剥离量大小。本文仅对焊钉连接件尺寸为 ϕ22×200mm，横向布置相同，纵向布置不同的 2 个试件 ML-1 和 ML-2 进行描述分析，如图 7 所示。

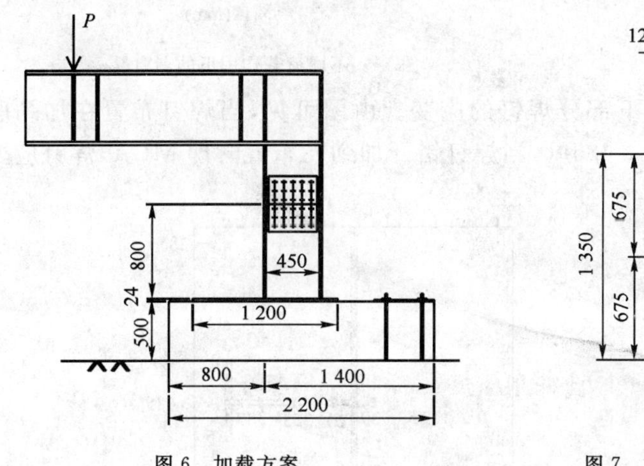

图 6　加载方案

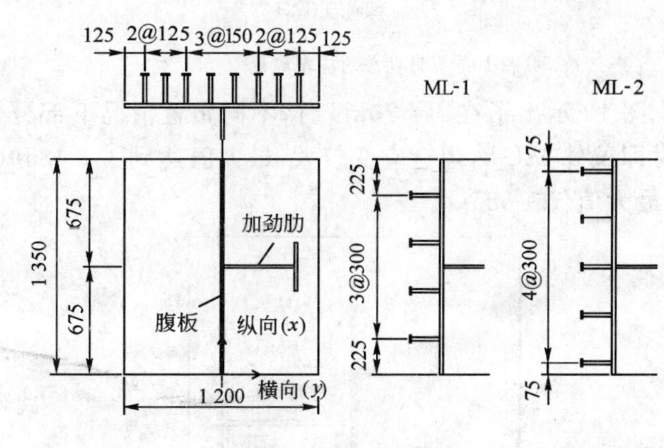

图 7　翼缘板上的焊钉布置方式 ML-1 及 ML-2(尺寸单位：mm)

四、试验结果及分析

图 8～图 9 给出了局部模型试件的剥离量横纵向曲线，其中纵横向坐标如图 5 所示。腹板加劲肋附近剥离量最大，加到极限荷载时，纵向分布上剥离量减少的很快，在距腹板加劲肋 0.3m 处，剥离量基本上就不存在了，横向分布上试件剥离量基本呈直线分布，腹板处基本上不存在剥离量。

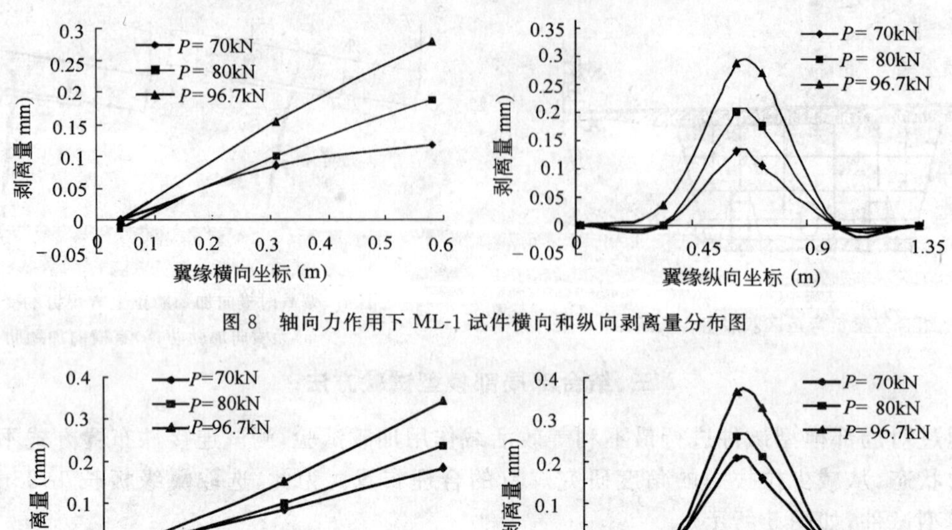

图 8　轴向力作用下 ML-1 试件横向和纵向剥离量分布图

图 9　轴向力作用下 ML-2 试件横向和纵向剥离量分布图

图 10～图 11 示出了两个局部模型试件的剥离量比较图，由图可以看出，在横向布置相同时，当焊钉错开加劲肋布置时剥离量较小，ML-1 试件对应最大设计荷载 96.7kN 时，剥离量为 0.28mm；当焊钉布置在加劲肋上方时剥离量较大，ML-2 试件对应最大设计荷载 96.7kN 时，剥离量为 0.35mm。

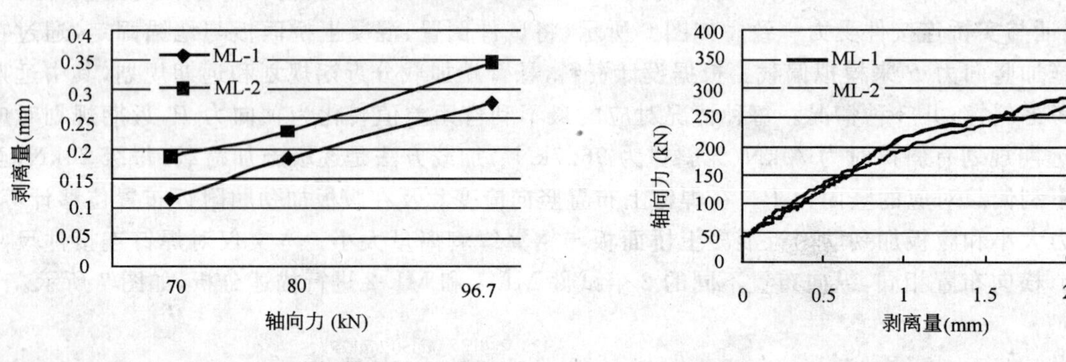

图 10　设计荷载对应剥离量　　　　图 11　不同荷载作用下的剥离量

图 12 示出了在 $P=70$kN 时，不同布置情况下部分焊钉的应变。由图可见，当焊钉布置在加劲肋上方时即试件 ML-2，焊钉应变较大，最大值达到了 3 685$\mu\varepsilon$，当焊钉错开加劲肋布置时即 ML-1，焊钉应变较小，最大值仅 1 685$\mu\varepsilon$。

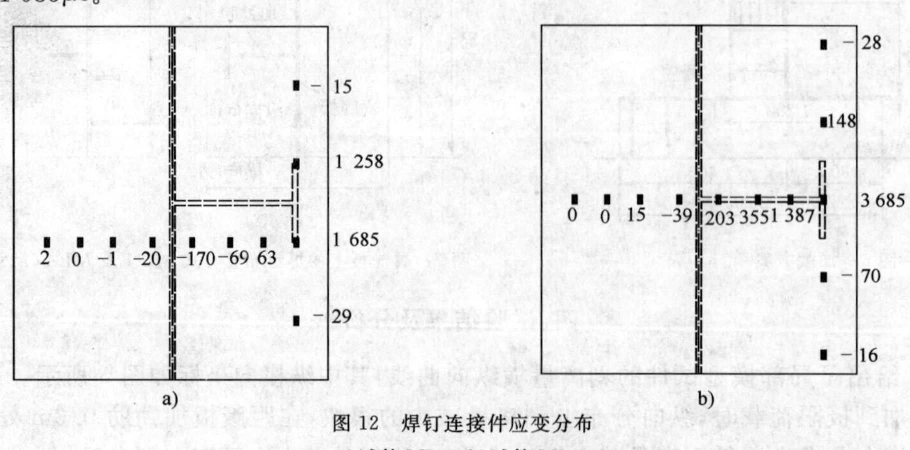

图 12　焊钉连接件应变分布

a）试件 ML-1；b）试件 ML-2

根据试验结果可知，在线弹性状态下当焊钉布置腹板加劲肋上时即 ML-2，剥离量较大，焊钉应变较大，当焊钉错开加劲肋布置时即 ML-1，剥离量较小，焊钉应变最小，因此在焊钉布置时应尽量避开加劲肋位置进行密布。

五、结　　语

大跨度组合箱梁桥由于腹板间距大、桥面板外侧悬臂较长，在不设置横向承重梁的情况下特别是受到车轮荷载的作用，翼缘板上处于内侧的焊钉连接件不仅会受到很大的在纵桥向剪力作用，还将承受较大竖向拉拔力。通过局部模型试验，探讨了焊钉的布置，得出了焊钉布置应尽量避开钢翼缘板刚度突变之处，尤其是加劲肋位置上钢翼缘的结果。

参考文献

[1] 刘玉擎.组合结构桥梁[M].北京：人民交通出版社，2005.

[2] 张俊平，焦兆平，黄道沸.大挑臂结合梁节段模型剪拔试验研究[J].华南理工大学学报(自然科学版)，2002，30(2)：64～68.

[3] 刘玉擎，周伟翔，蒋劲松.开孔板连接件抗剪性能试验研究[J].桥梁建设，2006，(6)：1～4.

165."撑杆—系杆"模型及其应用

冯良平[1]　郭志明[2]

(1.中交公路规划设计院有限公司；2.南京长江第三大桥有限责任公司)

摘　要　本文介绍了"撑杆—系杆"模型在美国 AASHTO 规范的应用情况，分析了该理论的产生背景，阐述了模型本身的组成部分，建立模型的前提条件和步骤，并介绍了其应用情况。

关键词　AASHTO 规范　撑杆—系杆模型　应用

一、概　　述

美国公路桥梁设计规范(通常称为 AASHTO 规范，以下同)——荷载与抗力系数法，1994 年版，第一次将"撑杆—系杆"模型运用到设计规范中。其中第 5.6.3 条详细介绍了模型的适用条件和如何建立，以及强度、应力验算和具体构造要求。第 5.10.9.4 条讲述了"撑杆—系杆"模型，在后张法预应力混凝土结构锚固区设计中的应用。通过该模型的分析，可以从宏观上总体把握锚下局部应力的大致分布情况，为锚下普通钢筋的配置提供了一些思路。第 5.13.2.3 条、第 5.13.2.4 条分别讲述了"撑杆—系杆"模型在深梁结构和牛腿结构中的应用，将设计中颇感头疼的结构，或用有限元法分析比较繁琐的结构，用一些简单的压杆、拉杆和节点组成的桁架结构进行模拟，传力路径明确，计算简单，一目了然。

二、背　　景

在混凝土结构设计中，一般可以将一个结构分为两种情况：B 区或者 D 区(图 1)。B 区是指能满足欧拉-贝努利假定的梁理论区域，即结构受力发生变形后，平截面仍然维持为平截面，且截面仍垂直于中轴线，包括极限受力状态在内的所有荷载状态，结构均保持线性应变分布。D 区则是除 B 区之外的一些区域，在这些区域，构造不连续或者应力应变状态变化不均匀，不能用通常的梁理论进行计算其应力应变。图 1 示出了一些桥梁工程中典型的 D 区，如：承台、支承附近、牛腿、盖梁、预应力锚固区、开孔区等。对于这些区域，一般会采用经验公式，如深梁理论计算，或者采用实体有限元计算，但均有一定的局限性。同时，世界各国规范也缺乏一些便于设计的规定。因此，作为有规范价值方法论意义上的“撑杆—系杆”模型的出现，解决了这一系列难题。需要指出的是，尽管“撑杆—系杆”模型理论上对于B区和D区均适用，但对于B区，仍然推荐采用传统的梁理论进行设计。

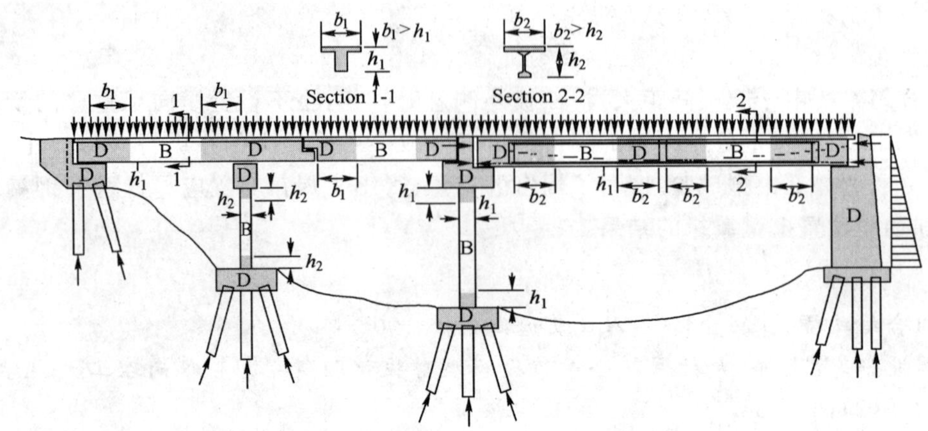

图1　一般桥梁结构中B区与D区分布

三、“撑杆—系杆”模型

20世纪初期，几乎是在混凝土结构理论出现的同时，就出现了用于“撑杆—系杆”模型的雏形——桁架类比法，该方法用于B区域的抗剪设计。桁架类比法将所谓的桁架模型作为其设计基准。在理论分析开裂混凝土梁中力流的分布，提高经验公式结果的有效性，和发展混凝土塑性理论极限分析等方面，桁架类比法均发挥了至关重要的作用。在20世纪80年代，随着桁架模型被引进到D区域的理论分析，“撑杆—系杆”模型也就慢慢发展起来。

所谓“撑杆—系杆”模型，是指一个基于混凝土作为受压撑杆，钢筋作为受拉系杆，在撑杆和系杆的交点作为节点的假定条件下的模型，主要用于集中力作用和结构几何不连续的区域，来决定混凝土的受力面积，钢筋的数量以及分布情况。

一个“撑杆—系杆”模型通常由撑杆、系杆及节点组成，见表1。

“撑杆—系杆”模型组成部分　　表1

名　称	功　能	材　料
撑杆	受压构件	混凝土（素混凝土或者含筋混凝土）
系杆	受拉构件	钢筋
节点	连接	混凝土

撑杆是“撑杆—系杆”模型系统中承受压力的部分，撑杆的中心线与混凝土受压区域主压应力方向一致。在一个二维的平面构件中，撑杆的基本形式大概有三种：棱镜式、平状式和扇形式，见图2a）、b）、c）。

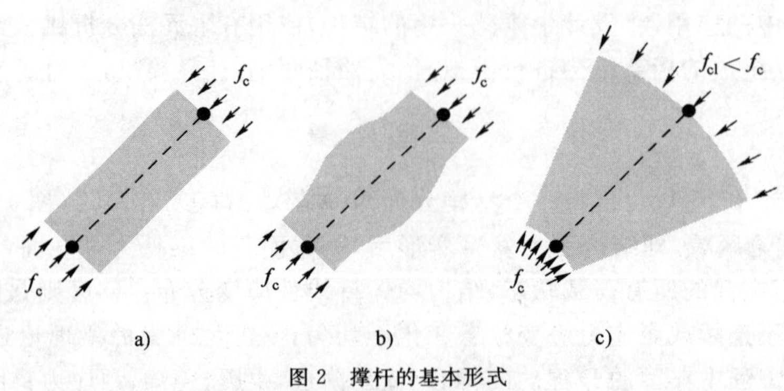

图2　撑杆的基本形式

a）棱镜式；b）平状式；c）扇形式

系杆是"撑杆—系杆"模型系统中承受拉力的部分,可以为加强钢筋,也可以为预应力钢筋或者混凝土构件中主拉应力一致的方向。

节点同桁架中节点类似,是力在撑杆与系杆中进行转换的地方。根据所连接的不同撑杆或者系杆,节点区域的受力也不相同。图 3 是 AASHTO 规范中列举的几种锚固状态,分别代表了几种不同的节点形式。图 4 表示二维的平面构件中,节点的基本形式,其中,C 表示受压,T 表示受拉。

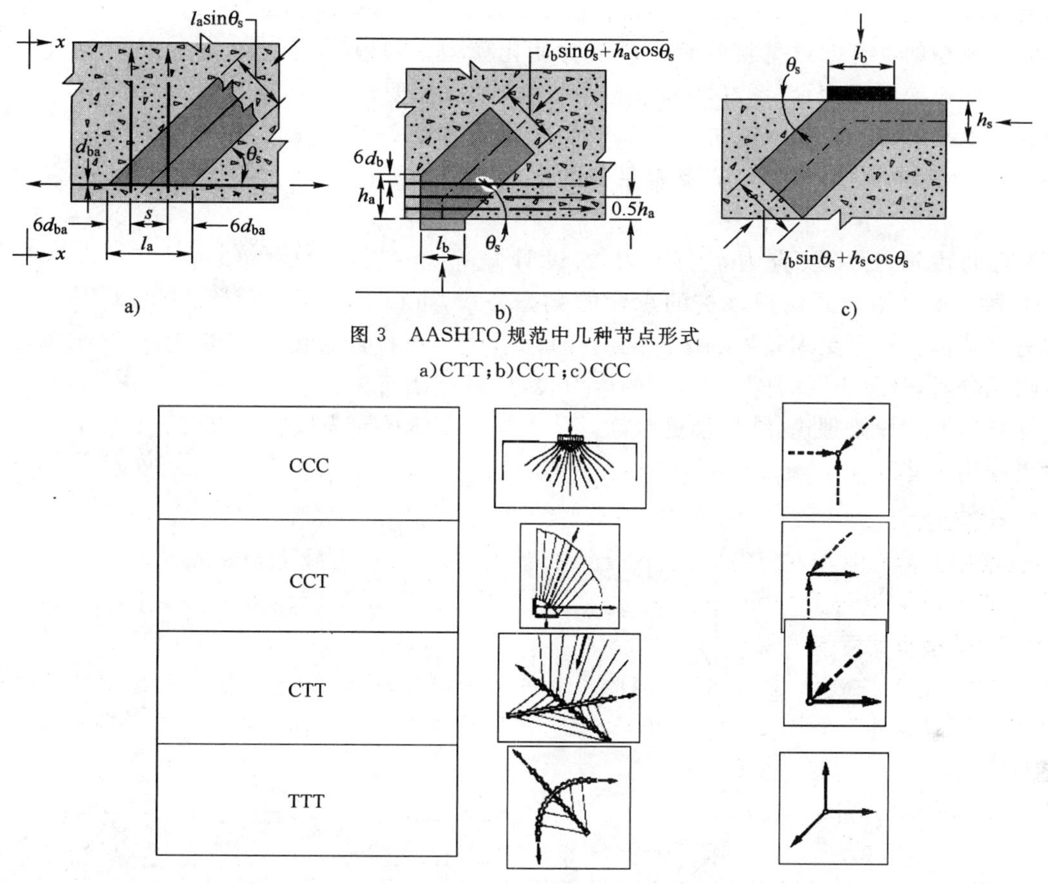

图 3 AASHTO 规范中几种节点形式

a)CTT;b)CCT;c)CCC

图 4 节点的基本类型

四、建立"撑杆—系杆"模型

在满足外力平衡的条件下,"撑杆—系杆"模型的建立需要满足以下假定。

(1)为保证结构有良好的延性,系杆在撑杆压坏之前屈服。

(2)钢筋必须有足够的锚固。

(3)撑杆和系杆承受轴向力。

(4)混凝土中的拉应力忽略不计。

(5)外力作用于节点上。

(6)预应力作为外荷载施加。

对于一个结构设计,建立"撑杆—系杆"模型大致有以下一些步骤。

(1)定义一个结构系统,确定外荷载和反力,确定结构尺寸;

(2)确定结构中 B 区和 D 区的分布。

(3)对于 B 区,采用通常的梁理论进行分析,对于 D 区,则采用文中的"撑杆—系杆"模型进行分析。

(4)定义 D 区的边界,从结构被施加的外力和截面内力确定边界上的力。

(5)用图示示出桁架结构,决定平衡的边界力,求解桁架杆件内力。

(6)选择钢筋或者预应力钢材作为系杆来承担必须的承载力,并确保系杆被恰当地锚固于节点上。

(7)评估撑杆和节点的尺寸,确保所有撑杆和节点的有足够的承载力承担桁架的内力。

(8)布置足够的分布钢筋保证 D 区的延性性能。

五、几种典型应用

1. 承台计算

图 5 为一典型的带有四根基桩的承台的受力简化模型。四根基桩桩头之间的连接虚线表示“系杆”,是承台中受拉部分,需要配置普通钢筋以承担拉应力。四根基桩桩头与墩底之间的连接实线表示“撑杆”,是承台中受压的部分,需要有足够的承压面积以抵抗压应力。

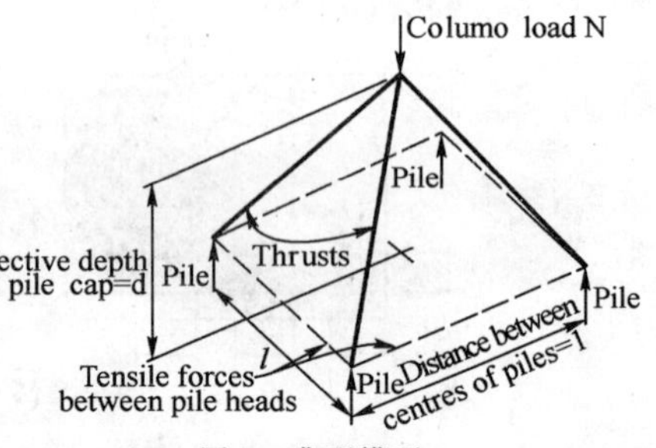

图 5 典型模型

《公路钢筋混凝土及预应力混凝土桥涵设计规范》(JTG D62—2004)第 8.5.3 给出了两根基桩的承台的验算公式,可以算是上图的一个特例。对于更多基桩和墩柱的结构形式,也可以按照上图进行简化计算,但需要进行框架结构的有限元分析,计算出“撑杆”、“系杆”的内力,然后进行截面验算。

本计算较早期的深梁理论,结果会更精确一些。与以实体单元为模型的有限元计算相比,则更直观,结果也会更好用一些。

2. 牛腿计算

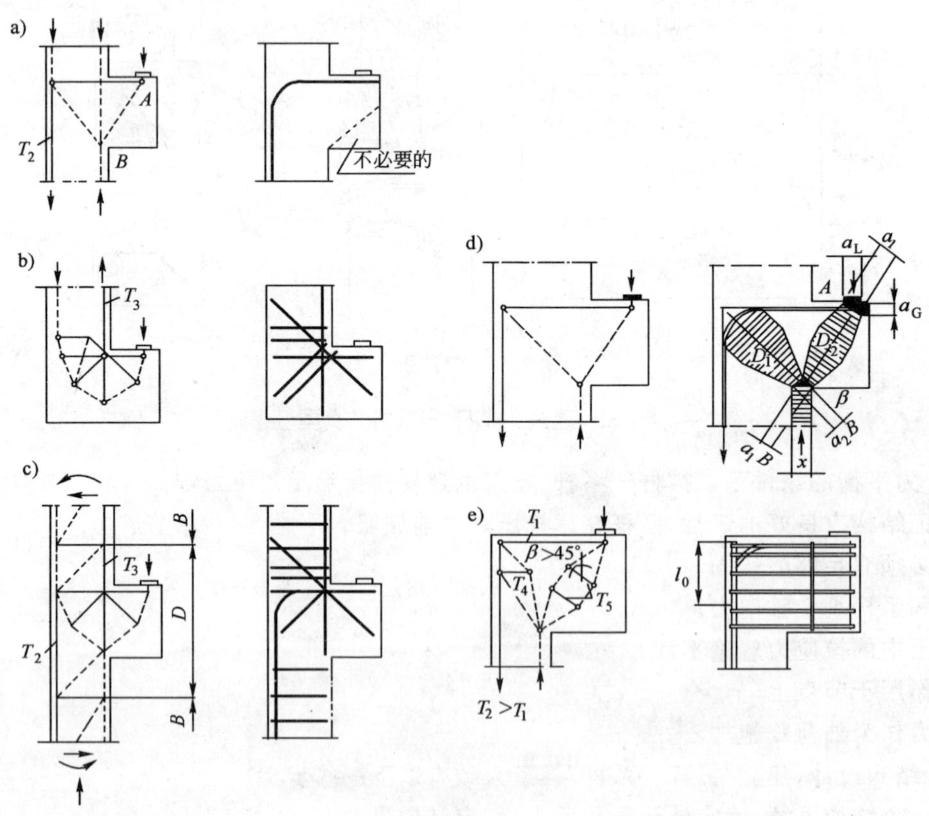

图 6 AASHTO 规范中牛腿简化计算模型

图 6 为 AASHTO 规范中对于牛腿的简化计算,以及根据受力分析以后的配筋情况。该规范有多处地方采用了“撑杆—压杆”系统理论,有兴趣的朋友可以参考借鉴。

3. 预应力局部锚固区

图 7 为一预应力局部锚固区的应力分析简化模型。不管是体内预应力，还是体外预应力，均可以利用“撑杆—压杆”系统理论分析锚下的局部应力流传递情况，宏观分析钢筋的配置方式，然后通过简单的几何运算进行钢筋的应力和混凝土的应力验算。

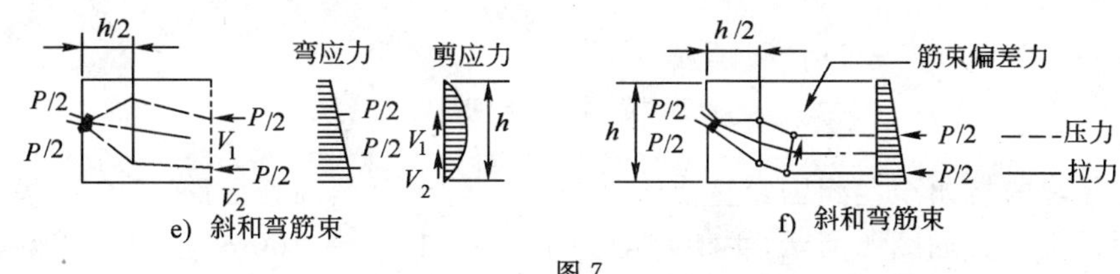

图 7

当然，上诉仅列出了几种应用情况，“撑杆—压杆”系统理论还在深梁计算、独柱墩盖梁计算、连续梁横隔板处应力计算、连续梁桥桥墩内力计算等情况下，均有直观明了、计算简单的优势。

六、结　　语

“撑杆—系杆”模型理论是一个比较老的理论，经过一些学者的努力，该理论又在新的领域被发扬光大。近年来，国际上有许多教授学者对其进行了比较深入的研究，提供了一些比较有价值的设计方法和理论。国内混凝土研究领域，尤其是建工方面有许多的应用文献出现。我国的公路钢筋混凝土及预应力混凝土桥涵设计规范，也将其作为一种设计计算承台的方法，提供给了广大桥涵设计人员。

需要指出的是，对于同一个结构，也许可以构建几个模型，如何确定一个合理的模型，需要工程师对结构本身受力机理的深入理解和广博得工程经验。建立一个“撑杆—系杆”模型的过程也是一个不断反复的过程，因此，运用该模型不能照搬照抄，需要使用者不断思考，不断总结，不断提高。

参考文献

[1] 公路钢筋混凝土及预应力混凝土桥涵设计规范(JTG D62—2004). 北京：人民交通出版社，2004.
[2] 美国公路桥梁设计规范——荷载及抗力系数设计法(AASHTO). 1994.

166. 大跨度连续刚构桥的非线性稳定分析

张建仁[1]　汪维安[2]　谭顺坤[2]　颜　开[2]
(1. 长沙理工大学；2. 四川省交通厅公路规划勘察设计研究院)

摘　要　在大跨度连续刚构的设计施工中，结构稳定性非常主要。本文结合巴阳特大桥的工程实例，采用有限元程序 ANSYS，考虑结构的几何非线性和材料非线性力学特性，对大跨度连续刚构桥在不同受力状态及不同工况下的稳定性进行了详细分析。结果表明：考虑非线性影响的稳定分析已转化为结构的极限承载力问题，对于指导工程设计和施工具有更好的实际意义。

关键词　大跨度连续刚构桥　非线性稳定　初始缺陷　极限承载力　有限元法

一、引　　言

连续刚构桥因其梁体连续、墩梁固结，既保持了连续梁行车平顺的优点，又保持了 T 形刚构不设支座、方便施工的优点，且具有很大的顺桥向抗弯刚度，能保证特大跨径桥梁的受力要求。近年来，我国已建多座预应力混凝土高墩大跨连续刚构桥，随着公路建设向山区延伸，这种桥型将会大量出现。对于高墩、大跨径桥梁来说，由于桥梁跨径和桥墩高度的大幅度提高、轻质高强材料的应用以及施工技术的发展，施工和营运阶段中的稳定性常成为验算和校核的控制因素[1]。以往对于大跨度连续刚构桥的稳定性分析大多是进行线弹性稳定分析，这种方法无法反应由于初始缺陷引起的大位移几何变形和结构中的局部材料已经进入非线性等对结构极限承载力的影响。本文以巴阳特大桥[2]为例，运用通用有限元程序ANSYS 中的某些具有大变形功能的单元，计入几何非线性及材料非线性的影响，以解决巴阳特大桥的非线性稳定问题。

二、工 程 概 况

巴阳特大桥是在建的杭州至兰州国家重点干线重庆云阳至万州高速公路 M 合同段的一座高墩大跨连续刚构桥。该桥桥型布置如图 1 所示，主桥跨度为 100m＋180m＋100m，其中主跨两桥墩均采用双肢薄壁空心墩，墩高分别为 71m 和 79m。连续刚构上部箱梁采用单箱单室截面，为三向预应力混凝土结构。箱梁顶板宽 12.1m，底板宽 7m，外翼板悬臂长 2.55m，箱梁根部断面梁段高 10.5m，跨中及边跨支架现浇段梁高 3m，从中跨跨中至箱梁根部，箱高以半立方抛物线变化。箱梁采用挂篮悬臂浇筑施工，每个"T"纵桥向分为 20 个对称梁段阶段施工，累计悬臂总长 89.0m。主桥两中墩均采用双肢薄壁墩身，双薄壁墩身各厚 2.2m，两薄壁间净距 6.1m。墩身采用箱形截面，在桥墩 1/2 墩高处设一道刚性横系梁。承台厚度为 4m，基础采用三排桩基础，主墩下各设 8 根桩，桩径为 2.2m。

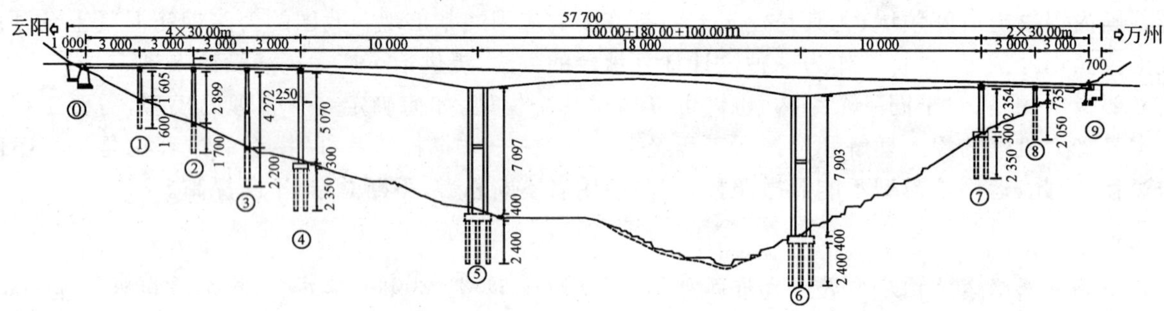

图 1　巴阳特大桥桥型布置图(尺寸单位:cm)

三、计算模型和计算参数

在 ANSYS 程序中，对巴阳特大桥进行全桥建模。由于梁单元具有传力明确、建模简单等有点，因此上部变截面箱梁和下部变截面墩均采用两节点空间梁单元 Beam 188，该单元基于 Timoshenko 梁理论，每个节点有 6 个自由度，同时考虑梁的剪切变形和翘曲自由度，并计入大变形效应。对预应力筋的模拟采用将混凝土和预应力筋的作用整体考虑的方法，用 Link10 单元模拟预应力筋。在模型中将边界条件处理为：两中墩的双肢墩底与基础固结，墩顶与 0 号块刚域连接。在进行全桥的稳定性分析时只考虑主桥部分，边跨支点的边界处理为考虑竖向和纵向的铰接。通过单元的生死，来分别计算桥墩、最大悬臂状态及成桥阶段的稳定状态。全桥模型网格共划分出 1 498个 Bean 188 单元，图 2 为全桥模型的消影图。

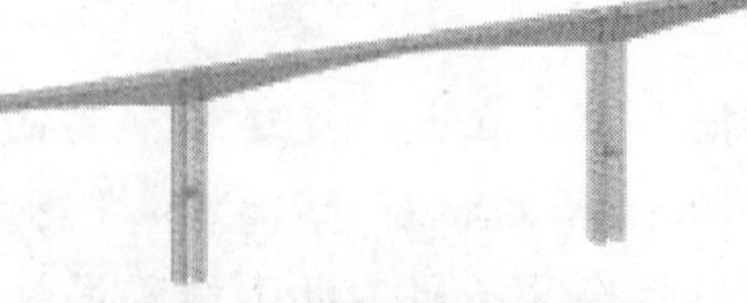

图 2　全桥结构模型消影图

材料非线性本构关系是进行第二类稳定计算的重要依据，尤其是极限阶段混凝土的强化过程。考虑到连续刚构桥成桥及不同施工阶段的失稳，主要是高墩的屈曲失稳，而桥墩的受力特性又以偏心受压为主，因此本文仅考虑混凝土的抗压本构关系，而在拉应力状态下的应力—应变关系同抗压本构关系。为此，材料非线性特性选用国内外广泛采用的 Hognestad 公式[3]，其具体表达式为：

$$\sigma_c=\begin{cases}\sigma_0\left[2\dfrac{\varepsilon}{\varepsilon_0}-\left(\dfrac{\varepsilon}{\varepsilon_0}\right)^2\right] & \varepsilon\leqslant\varepsilon_0\\ \sigma_0\left[1-0.15\left(\dfrac{\varepsilon-\varepsilon_0}{\varepsilon_u-\varepsilon_0}\right)^2\right] & \varepsilon_0\leqslant\varepsilon\leqslant\varepsilon_u\end{cases}\tag{1}$$

式中，应力峰值 $\sigma_0 = 0.85 f'_c$，f'_c 为圆柱体抗压强度；应变峰值 $\varepsilon_0 = 0.002$；极限应变 $\varepsilon_u = 0.0038$。计算中将其简化为四折线模式，如图 3 所示。

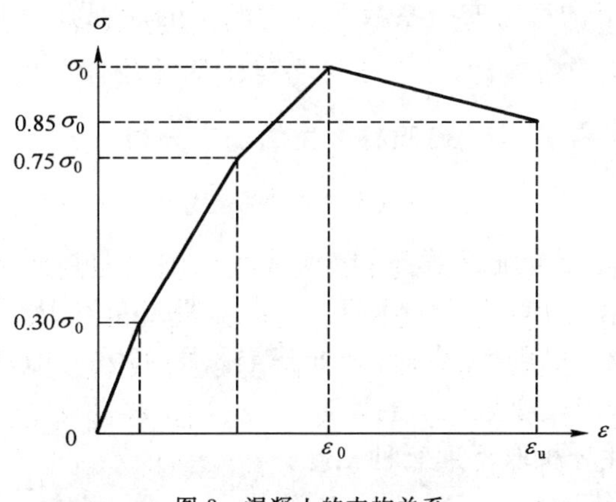

图 3 混凝土的本构关系

四、结构稳定性的分析理论与方法

结构失稳是指在外力作用下结构的平衡状态丧失稳定，稍有挠动则变形迅速增大，最后使结构遭到破坏。稳定问题分为两类：第一类是平衡分支失稳，第二类为极值点失稳。基于极值点失稳理论的第二类分析，描述了复杂结构的破坏所经历的多个塑性铰过程，更为接近工程实际情况，对设计和施工都有直接的指导意义。实现第二类稳定的具体做法就是进行结构的全过程分析，即结构的极限承载力分析，其实质是通过不断求解，计入几何非线性和材料非线性的刚度方程，以寻求其极限荷载的过程。

本文中的非线性稳定分析是将结构的几何非线性和材料非线性同时考虑的。采用更新的拉格朗日法(U.L.列式法)，在某一荷载步下，结构的平衡方程[4]如下：

$$([K_0]^t + [K_\sigma]^t + [K_L]^t)\,\mathrm{d}\{\delta\} = \mathrm{d}\{R\} \tag{2}$$

式中，角标 t 表示平衡方程中所有的位形是以时间 t 时刻的位形为参考位形。$[K_0]$为小变形弹塑性刚度矩阵，表示如下：

$$[K_0] = \int_v [B_0]^T [D][B_0]\,\mathrm{d}v$$

$[K_\sigma]$为单元初应力刚度矩阵(几何刚度矩阵)，表示如下：

$$[K_\sigma] = \int_v \frac{\mathrm{d}[B_L]^{\mathrm{T}}}{\mathrm{d}\{\delta\}}\{\delta\}\,\mathrm{d}v$$

$[K_L]$为大变形引起的初位移刚度矩阵，表示如下：

$$[K_L] = \int_v ([B_0]^{\mathrm{T}}[D][B_n] + [B_n]^{\mathrm{T}}[D][B_0] + [B_u]^{\mathrm{T}}[D][B_n])\,\mathrm{d}v$$

由于特征值屈曲荷载是预期的线性屈曲荷载的上限，故以其作为非线性屈曲的给定荷载，在渐进加载到此荷载前，方程(2)中的位移 $\mathrm{d}\{\delta\}$ 应该发散。本文通过逐级加载的方法来考察结构的变形和受力特性。考虑到在加载过程中，墩底截面在大变形条件下可能首先达到屈服，为此在桥墩墩底引入塑性铰来考虑材料非线性的影响。在加载过程中，结构刚度不断发生变化，当外荷载产生的应力使结构切线刚度矩阵产生奇异时，位移即开始发散，结构的承载力就达到了极限，稳定平衡状态开始丧失。

在巴阳特大桥成桥阶段的特征值屈曲分析中，其第一阶屈曲模态表现为纵飘、第二阶模态表现为桥墩屈曲，第三阶模态为桥梁的横向侧倾。因此高墩受日照辐射下的墩顶位移对高墩的稳定分析是不利的，故在巴阳特大桥的第二类稳定分析中，同时把日照温差(非线性温度梯度)载荷作用下的变形引入结构第二类稳定分析的初始几何缺陷[5]中。

在进行非线性稳定分析时，常采用下面两种极限状态判别准则来确定极限荷载。一是以荷载—位移曲线上变化率发生突降点的位移所对应的载荷，或是以结构构件截面边缘纤维的材料应力达到屈服强度时的载荷作为极限荷载。由于本文中考虑了桥墩中材料的非线性效应，故这里通过荷载—位移曲线来进行失稳判别。结构在某一工况下的稳定安全系数取该工况下的屈曲荷载与其对应的墩顶（墩底）设计荷载的比值。

五、巴阳特大桥的稳定分析

1. 桥墩的自体稳定性

当桥墩达到最大施工墩高，0号块施工完成，墩顶堆放上用于两边对称悬臂浇注的挂篮及其施工机具时，为桥墩的最不利稳定状态。为此，其计算荷载为：①墩身自重；②墩顶施工荷载（2×1 500kN，对称布置）；③纵向风载；④横向风载。巴阳特大桥桥址处基本风压400Pa，即设计风速为25.3m/s，桥墩风载按照高度变化，纵横向风载按照相关规范[6]取值计算。

0号块施工时桥墩的稳定性分析取下列三种工况；

工况1：①＋②

工况2：①＋②＋③

工况3：①＋②＋④

以右侧79m高桥墩为分析对象，建立梁单元模型。分析时先进行特征值屈曲分析，然后把特征值屈曲分析得到的一阶屈曲模态对应的各节点位移特征向量按照一定比例缩小，作为比例加载因子，同时考虑由单边日照温度效应引起的非线性温度梯度所产生的变形作为初始缺陷。通过分级加载至结构失稳，可以得到结构的荷载—位移关系曲线及临界力，3种工况下的失稳模态均主要表现为横桥向失稳，失稳模态如图4所示，各工况临界力见表1。从表中可以横向风载能够显著地降低桥墩的自体稳定性，而纵向风载影响不大，因此在后面的分析中不考虑纵向风载组合。

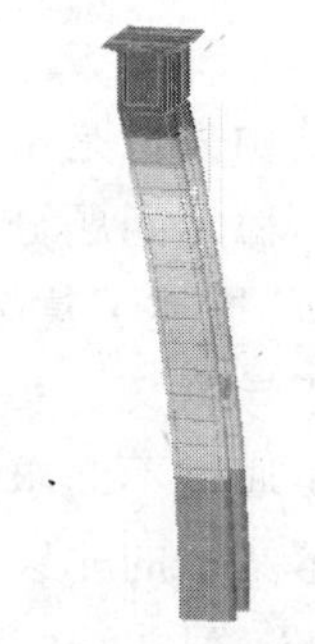

图4　桥墩的失稳模态

桥墩自体稳定性分析　　表1

工　况	墩底临界力/×10³kN	稳定系数	工　况	墩底临界力/×10³kN	稳定系数
1	1 841.8	20.1	3	1 510.7	16.5
2	1 801.8	19.6			

2. 最大悬臂状态施工时的稳定性

当结构悬臂施工到最末悬臂段20阶段时，悬臂长度已经达到89m，此时在恒载误差、风荷载和施工荷载误差的作用下，结构最不安全，因此需对该阶段进行稳定性分析。

此时其计算荷载取：①梁体自重荷载（平衡）；②梁体自重荷载（不平衡，一侧取1.04倍梁重，另一侧取0.96倍梁重）；③挂篮及材料堆放荷载（单侧重量150t，对称布置）；④挂篮及材料堆放荷载（不对称布置，一侧取1.2系数，一侧取0.8）；⑤挂篮一侧跌落（在挂篮一侧突然跌落时，取动力放大系数为2，即把失去的重量方向放大两倍，按静力问题分析稳定性）；⑥横向风载。

最大悬臂状态时的稳定性分析取以下四种工况：

工况1：①＋③

工况2：①＋③＋⑥

工况3：①＋②＋④＋⑥

工况4：①＋②＋⑤＋⑥

取施工期最大悬臂状态时的右侧T构作为分析对象，建立梁单元模型。首先进行特征值屈曲分析，然后把特征值屈曲分析得到的一阶屈曲模态对应的各节点位移特征向量按照一定比例缩小，作为比例加载因子，同时考虑由单边日照温度效应引起的非线性温度梯度所产生的变形作为初始缺陷。通过分级加载得到各工况的荷载—位移曲线，各工况失稳均主要表现为横桥向失稳，图 5 给出了最大悬臂状态时的失稳模态，表 2 给出了各种工况对应其失稳的墩顶临界力载荷。从表中可以看出，最大悬臂施工状态时，上部梁体的不平衡自重以及横桥向风载能够大幅度地降低结构的稳定安全系数，尤其是当在横向风载时一侧挂篮跌落，对结构安全极为不利，因此在施工阶段应该严格避免这种情况发生。

图 5　最大悬臂状态的失稳模态

最大悬臂状态时的稳定性分析　表 2

工　况	墩顶临界力/×10³kN	稳定系数	工　况	墩顶临界力/×10³kN	稳定系数
1	1 805.4	22.91	3	620.2	7.54
2	996.5	12.64	4	452.5	5.28

3. 成桥阶段稳定分析

在成桥运营阶段，结构受载种类增加，对于稳定计算需要考虑汽车活载的布载位置。此时结构的计算荷载取：①一期恒载，即刚构自身重量；②二期恒载，包括桥面铺装、护栏等重量；③汽车活载（按三车道布载，集中荷载作用于一侧墩顶）；④汽车活载（按三车道布载，集中荷载作用于中跨跨中）；⑤横桥向风载。

根据以上载荷，成桥阶段分析时分下面四种工况：

工况 1：①＋②＋③

工况 2：①＋②＋④

工况 3：①＋②＋③＋⑤

工况 4：①＋②＋④＋⑤

全桥实体建模，模型网格共划分出 1 498 个 Bean 188 单元，共 4 486 个节点。同理按照上面不同的荷载工况，先分别进行特征值屈曲分析，然后把其一阶模态的节点位移作为比例加载因子，同时计入非线性温差引起的结构位移共同做为初始缺陷加入。通过分级加载，得到不同工况下失稳时的临界力。图 6 为成桥阶段结构的失稳模态，均主要表现为桥墩失稳破坏引起的结构纵飘，表 3 给出了成桥阶段不同工况下对应的墩顶临界载荷。从表中可以看出汽车荷载布载位置的不同可以显著地影响结构的稳定状态，同时横桥向风载也能够大幅度降低结构的稳定安全储备。

图 6　成桥阶段的失稳模态

成桥阶段的稳定性分析　表 3

工　况	墩顶临界力/×10³kN	稳定系数	工　况	墩顶临界力/×10³kN	稳定系数
1	1 009.8	13.95	3	715.5	9.79
2	731.6	10.21	4	475.5	6.66

六、结　　语

通过对巴阳特大桥施工阶段及成桥运营阶段的非线性稳定分析可以得到以下结论：

(1)最大悬臂施工状态是各种稳定分析状态中的最不利状态，稳定系数最低，在设计中应对该阶段作详细的计算分析，同时应加强该阶段施工中的施工监控，如采取缆索或吊装系统（附着塔吊）来提高该状态时的稳定性。

(2)横桥向风载使得墩顶产生初始水平位移，与自重及其他荷载共同作用下产生二阶效应，能够显著地降低结构的稳定性。因此在设计中下部墩身的刚度应该从上下部结构的整体受力以及结构的稳定性方面统筹考虑。

(3)按第二类稳定的极值概念进行桥梁结构设计时,稳定与极限承载能力是统一的[7]。本文中各种状态分析得到的稳定系数均大于按承载能力状态计算时结构的总体安全系数,说明结构具有足够的稳定安全储备。

参考文献

[1] 李国豪.桥梁结构稳定与振动[M].北京:中国铁道出版社,1996.

[2] 四川省交通厅公路设计研究院.杭州至兰州国家重点干线重庆云阳至万州高速公路[Z].2004.

[3] 过镇海.钢筋混凝土原理[M].北京:清华大学出版社,1999.

[4] 李传习,夏桂云.大跨度桥梁结构计算理论[M].北京:人民交通出版社,2002.

[5] 尚晓江,邱峰,赵海峰等.ANSYS结构有限元高级分析方法与范例应用[M].北京:中国水利水电出版社,2006.

[6] 中华人民共和国交通部.公路桥涵设计通用规范(JTG D60—2004)[S].北京:人民交通出版社,2004.

[7] 李存权.结构稳定与稳定内力[M].北京:人民交通出版社,2000.

167.组合式高墩大跨连续刚构桥稳定性分析

朱君卿[1] 徐贺文[1] 杨 昀[2] 韩振军[3]

(1.北京工业大学;2.交通部公路科学研究院;3.东南大学)

摘 要 本文结合杜步二号连续刚构桥,以欧拉弹性稳定理论为基础,采用有限元程序MIDAS,对组合式高墩大跨连续刚构桥梁的结构稳定性进行了详细的数值分析,在此分析的基础上,并以此桥的最大悬臂状态作为分析对象,在上部构造刚度恒定以及墩高不变的情况下,分析比较了双墙式桥墩和空心薄壁墩在同一高墩中,以不同高度比例组合下的稳定性情况。通过分析比较,提出了对此类桥型稳定性分析的方法和建议。

关键词 高墩 连续刚构桥 稳定性

一、概 述

对于高墩大跨桥梁,由于其日益广泛地采用高强材料和薄壁结构,结构的整体和局部刚度在下降,其运营阶段的稳定性关系到桥梁能否安全使用,尤其是悬臂T构在施工过程中,结构尚未形成整体,由于不平衡施工产生的偏载、风载的将使桥墩产生较大的弯矩和扭矩,有可能造成结构失稳,因而对于稳定问题的分析也就更加显得重要。

为了确保高墩连续刚构桥的安全使用,本文将结合杜步二号连续刚构桥的稳定性分析,进一步深化完善稳定分析的研究,为今后提供一种有意义的、经验性的指导。

二、工 程 背 景

杜步二号高架桥位于拟建的清(远)连(州)一级公路升级改造(高速)工程项目的大型桥梁(图1)。该主桥采用预应力力混凝土刚构-连续组合梁设计方案,其计算跨径组成为60m+7×100m+60m=820m。

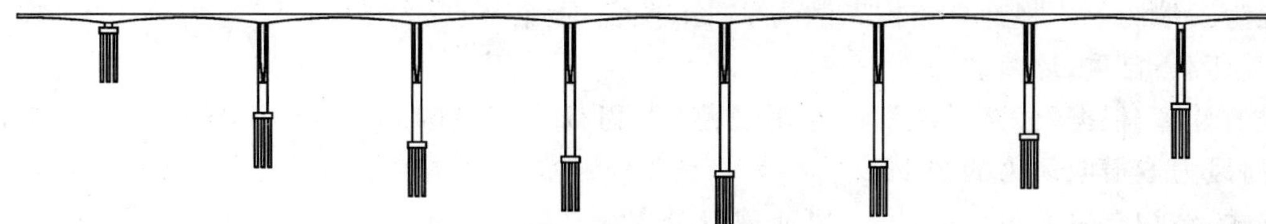

图 1 杜步二号桥主桥桥跨布置图

主桥上部结构采用三向预应力混凝土变截面刚构-连续组合梁桥、边中跨比为0.6，根部梁高5.5m，跨中及端部梁高 2.2m，箱梁高度按 1.8 次抛物线变化。截面形式为单箱单室斜腹板箱梁，箱梁顶板宽为12.25m。

主桥下部采用组合式桥墩（图 2），1 号、8 号主墩为连续梁桥墩，8 号主墩从墩顶向下 30m 范围采用钢筋混凝土双墙式桥墩，截面尺寸为 6.5m×1.25m，其余部分采用钢筋混凝土空心薄壁墩，截面尺寸为 6.5m×5m，2 号～7 号主墩为刚构桥墩，从墩顶向下 37m 范围采用钢筋混凝土双墙式桥墩，截面尺寸为 6.5m×1.5m，其余部分采用钢筋混凝土空心薄壁墩，截面尺寸为 6.5m×6m，主墩墩高依次为 3m，56m，74m，83m，92m，86m，69m，50m，分别对应着 1 号～8 号桥墩。

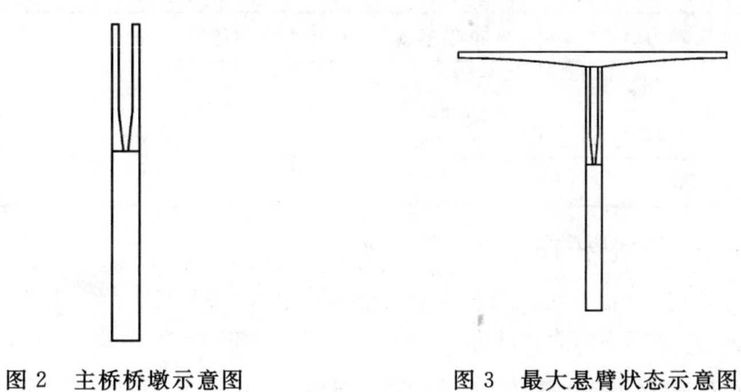

图 2 主桥桥墩示意图

图 3 最大悬臂状态示意图

三、稳定分析的基本理论和方法

稳定问题可分为两类：第一类为欧拉稳定性问题；第二类为极值稳定性问题。欧拉稳定性是指结构的初应力状态处于某种临界状态时，对于临界变形的任何扰动都可能使系统丧失稳定性，例如轴心受压的直杆。极值稳定性是指结构保持一个平衡状态，随着荷载的增加，在应力比较大的区域出现塑性变形，结构的变形很快增大，当作用在结构上的外荷载达到某一极限值时，即使不增加，甚至减少，变形仍将继续增加，结构丧失承载能力，例如偏心受压的杆。

第一类稳定问题力学情况比较单纯明确，在数学上作为求特征值问题比较容易处理，它的临界荷载又近似地代表第二类稳定问题的上限。

第二类稳定即丧失承载能力的概念，用极限状态法设计桥梁时，稳定与最终承载能力是统一的，因此稳定安全系数与强度安全系数也应该是通用的，而第二类稳定问题主要由强度条件控制，即一般来说强度满足要求时，稳定也能满足要求。

第一类线弹性稳定问题的控制方程如下：

$$|[K]+\lambda \overline{[K]}_{\sigma}|=0$$

该方程有 n 阶，则理论上存在 n 个特征值。在工程问题中只有最小的稳定系数才有实际意义，于是稳定问题转化为求方程的最小特征值问题。特征值 λ 表示给定荷载的比例因子，而特征矢量即为屈曲形状。

四、稳定分析过程

1. 组合式高墩的自体稳定性

(1)计算模型

选取 5 号 92m 高墩作为计算结构，由于在实际的结构中，桥墩的边界条件十分复杂，本文将桥墩在承台处简化为固端约束。将计算结构离散为31个单元,34个节点。

(2)计算荷载:自重;风荷载

风荷载的计算:根据《公路桥涵设计通用规范》(JTJ D60—2004)计算风力,采用阵风荷载作为设计风荷载,纵向风力取横向风力的70%。

加载方式:结构自重在单元内计入,风荷载以分布荷载的方式施加在对应的单元上。

(3)计算工况

分为以下三种工况进行计算:

工况1:自重

工况2:自重+横向风力

工况3:自重+纵向风力

(4)稳定分析结果

各工况下的稳定特征值和墩底截面内力值如表1所示。

组合式高墩内力值、稳定特征值(一阶) 表1

工况	墩高(m)	墩底轴力(kN)	纵向弯矩(kN·m)	横向弯矩(kN·m)	稳定特征值	失稳模态
1	92	58 533	0.4	0	46.53	纵向侧倾
2	92	58 533	0.41	16 582.4	46.53	纵向侧倾
3	92	58 533	21 554	0	46.53	纵向侧倾

三种工况下桥墩的失稳模态均为纵桥向侧倾,见图4。

(5)计算结果分析

从分析结果看,5号墩在各工况下的稳定特征值均大于5,说明墩身在施工阶段的稳定性满足规范要求。由于主桥其他桥墩的高度和承受的荷载均小于5号墩,因此主桥在墩身施工阶段的稳定性满足要求。另外,风载对组合式高墩的稳定性影响很小,但是,对内力有一定程度的影响,因此在强度验算的时候要考虑风荷载的影响。

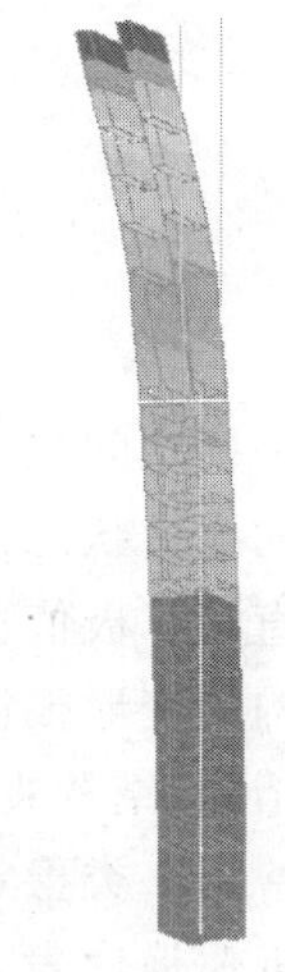

图4 一阶失稳模态

2. 最大悬臂状态时结构的稳定分析

(1)计算模型

最大悬臂长49m,单元和节点划分严格按照施工阶段长度和断面变化情况进行。整个结构(图3)离散为61个单元,65个节点。

(2)计算荷载

①自重:考虑箱梁自重的不均匀性,一侧悬臂自重增加4%,另一侧悬臂自重减少4%;

②一侧施工机具等动力系数1.2,另一侧为0.8。

③考虑施工需要,梁体上堆放施工机具及材料,计算时考虑最不利情况,一侧悬臂作用有均布荷载按8.5kN/m计,并在悬臂端部作用有200kN集中力;而另一侧悬臂为空载。

④挂篮、现浇段突然坠落,冲击系数取2.0。

⑤横桥向风荷载加载方式1:悬臂左右两侧加载100%,以计算桥墩墩底截面以及悬臂根部截面的最大横桥向弯矩和剪力。

⑥横桥向风荷载加载方式2:考虑到风的方向和风场的不均匀,悬臂一侧加载100%,另一侧加载0%,按此加载来计算桥墩墩底截面的扭矩和弯矩。

⑦横桥向风荷载加载方式3:考虑到水平抖振惯性力的方向是相反的,悬臂一侧加载100%,另一侧加载-100%。

⑧纵桥向风荷载。

(3)计算工况

分为以下七种工况进行计算:

工况 1:1+2

工况 2:1+2+3

工况 3:1+2+3+5

工况 4:1+2+3+6

工况 5:1+2+3+7

工况 6:1+2+3+8

工况 7:1+2+3+4

(4)稳定分析结果

最大悬臂状态稳定分析结果(一阶) 表 2

工 况	墩底轴力(kN)	纵向弯矩(kN·m)	横向弯矩(kN·m)	扭矩(kN·m)	稳定特征值	失稳模态
1	87 421.5	36 635.2	180.4	0	17.23	纵向侧倾
2	88 038	56 639.5	183	0	16.95	纵向侧倾
3	88 038	56 639.5	40 753.2	0	16.95	纵向侧倾
4	88 038	56 639.5	28 759.3	3 060.1	16.95	纵向侧倾
5	88 038	56 639.5	16 765.3	6 120.1	16.95	纵向侧倾
6	88 038	78 458.2	183	3.1	16.95	纵向侧倾
7	88 685.2	25 245.2	185.4	0	16.7	纵向侧倾

七种工况下桥墩的失稳模态均为纵桥向侧倾,见图 5。

(5)计算结果分析

由表 2 可见,组合式高墩在最大悬臂状态时,各工况的稳定特征值均大于 5,说明最不利墩在最大悬臂时具有足够的安全储备;各工况下的失稳模态均为侧倾,说明墩的横向具有足够的刚度;对结构起控制作用的是恒载、施工荷载等竖向荷载,风荷载相对较小,对稳定不起控制作用。

3. 双墙式桥墩和空心薄壁墩在同一高墩中,以不同高度比例组合下的稳定性分析

由于该桥的桥墩,上下两部分结构采用了不同的结构形式,上部为双墙式,下部为空心薄壁墩,针对该桥的桥墩,在最大悬臂状态下,对桥墩上下两部分在不同高度组合比例下的情况,进行了稳定性分析比较,如下表 3 所示。

图 5 一阶失稳模态

同一桥墩上下结构不同组合比例下的稳定性分析 表 3

比值系数	墩高(m)			稳定特征值	失稳模态	重力(kN)
	总高	双墙式	空心薄壁			
0.0	92	0	92	19.49	纵向侧倾	5.95E+04
0.2	92	18	74	19.78	纵向侧倾	5.91E+04
0.3	92	28	64	20.32	纵向侧倾	5.77E+04
0.4	92	37	55	16.95	纵向侧倾	5.63E+04
0.5	92	46	46	12.72	纵向侧倾	5.51E+04
0.6	92	55	37	9.269	纵向侧倾	5.38E+04
0.7	92	64	28	6.936	纵向侧倾	5.26E+04
0.8	92	74	18	5.262	纵向侧倾	5.14E+04
1.0	92	92	0	3.055	纵向侧倾	4.68E+04

注:上表的比值系数,是在墩总高 92m 不变的情况下,上部双墙式墩的高度占墩总高的比值。

从表3和图6可以看出，在不同的比值系数下，均为纵向侧倾，说明横向的刚度比较大；在比值系数为0.3的情况下，结构的稳定系数最高，比在比值系数为1的情况下(双墙式墩)，结构的稳定系数最低，结构出现失稳，应采取相应的措施，如在双墙式墩之间加连系梁，在比值系数为0的情况下(空心薄壁墩)，所获得的稳定系数比双墙式墩要高的多；本桥的92m桥墩所在比值为0.4，具有较高的稳定系数，材料用量相对较省，从图中也可以看出墩身完全采用空心薄壁墩，所获得的稳定系数并不是最高的，反而确增加了材料用量；所以合适的比值应该控制在0.3～0.5，在材料用量不是很多的情况下，可以获得较高的稳定性。

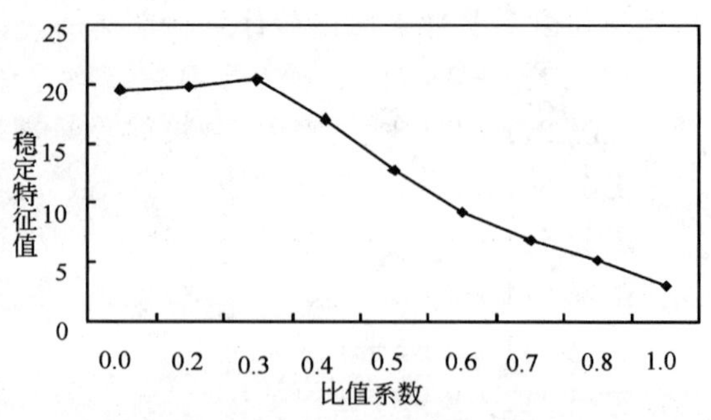

图6 双墙式墩所占比值系数与稳定特征值的关系

4.成桥稳定性分析

(1)计算模型

当薄壁高墩连续刚构桥建成后，经体系转化，形成高次超静定结构，此时，结构受载种类增多且动荷载施加的随意性使每个桥墩受载不等。因此将全桥作为研究对象，全桥离散为440个单元，464个节点。

(2)计算荷载：自重；二期荷载；车辆活载；风载

(3)计算工况

工况1：自重＋二期

工况2：自重＋二期＋使墩顶产生最不利轴力的车辆活载

工况3：自重＋二期＋使墩顶产生最不利轴力的车辆活载＋风载

(4)稳定分析结果

成桥状态稳定分析结果(一阶) 表4

工况	墩底轴力(kN)	纵向弯矩(kN·m)	横向弯矩(kN·m)	稳定特征值	失稳模态
1	109 393	5 766	226.4	24.95	横弯一个波
2	113 062	10 331.1	239.8	23.82	横弯一个波
3	114 530	10 331.1	40 783.5	23.82	横弯一个波

图7 成桥结构一阶失稳模态

(5)计算结果分析

从分析结果看，各工况作用下的稳定特征值均大于5，说明成桥阶段结构的稳定性满足要求，此阶段的稳定特征值明显高于最大悬臂状态。另外，风载对稳定性的影响很小，对内力有一定程度的影响，因此在强度验算的时要考虑风荷载的影响。

五、结论与建议

(1)以组合式高墩连续刚构为研究对象，结合杜步二号桥的工程实际，在欧拉弹性稳定理论的基础上，利用有限元法对高墩的自体稳定性、最大悬臂以及成桥时的各种工况进行了详细的分析研究，分析结果表明各工况下杜步二号桥的稳定性满足要求。

(2)分析结果表明，最大悬臂状态是全桥整个施工阶段和使用阶段中的最不利阶段，在实际的设计中只需对最大悬臂状态时的稳定性分析即可。

(3)风荷载对结构的静力稳定性影响不大,可以不考虑。对结构稳定性起控制作用的是恒载、施工荷载、移动荷载等竖向荷载,但在强度验算时要计入风荷载的影响。

(4)通过对双墙式桥墩和空心薄壁墩在同一高墩中,以不同高度比例组合下的稳定性分析可以看出,在墩高很高的情况下,选取合适的比值不仅可以获得较高的稳定性,而且材料用量也可以做到相对较省,通过分析可以看出双墙式桥墩的墩高在桥墩总高中应控制在 0.3～0.5 最好。

(5)为避免结构不会出现第二类失稳,在施工过程中,要严格控制墩身的垂直度,尽量减少高墩的初始缺陷,才能从根本上保证高墩连续刚构桥的稳定。

参考文献

[1] 李国豪.桥梁结构稳定与振动[M].北京:中国铁道出版社,2002.

[2] 项海帆.高等桥梁结构理论[M].北京:人民交通出版社,2001.

[3] 李存权.结构稳定与稳定内力[M].北京:人民交通出版社,2000.

168. 曲线梁桥地震作用下的动力响应分析

韩振军[1] 丁汉山[1] 杨 昀[2] 朱君卿[3]

(1.东南大学土木工程学院;2.交通部公路科学研究院;3.北京工业大学)

摘 要 本文以清连高速公路的一座预应力混凝土刚构-连续梁组合桥为研究对象,以天津波为激励,考虑桩—土相互作用,采用动态时程分析方法对该桥梁进行了考虑水平和竖向地震作用的地震反应分析。进行了一些有意义的探讨。

关键词 弯箱梁桥 时程分析 桥梁抗震 多点激励 桩—土作用

一、引 言

桥梁尤其是大跨度桥梁,是交通线上的咽喉,往往跨越大江大河、深沟宽谷,一旦破坏无论修复重建还是改线绕行都十分困难,给抗震救灾工作带来严重的影响。杜步三号桥是位于广东境内清连高速公路上的一座大型桥梁,作为生命线工程对其抗震性能评价是必要的。该桥跨度大、桥墩高,又是弯桥。其动力特性比较复杂,仅采用现行规范中的反应谱方法已不能满足抗震设计的要求,因此采用动态时程分析方法分析其抗震性能。

二、杜步三号桥工程简介

杜步三号桥是位于广东境内清连高速公路上的一座大型桥梁。该桥全长 874.458m,其中主桥为 60m+4×100m+60m 预应力混凝土刚构-连续梁组合桥,主桥平面位于 R=1000m(YH=K2180+768.747)、L_s=134.654m(GQ=K2180+903.402)及 L_s=140m(HY=K2181+043.402)、R=635m 的反向 S 形缓和曲线和圆曲线内。主桥上部结构采用三向预应力混凝土变截面刚构-连续组合梁、下部结构采用空心薄壁式桥墩、基础采用钻孔灌注桩基础。

三、桥梁抗震分析理论

1. 动力时程分析方法原理

对于外力作用下振动体系的运动方程为:

$$[M]\{\ddot{U}\}+[C]\{\dot{U}\}+[K]\{U\}=P(t) \tag{1}$$

式中：$[M]$、$[C]$、$[K]$——分别为系统的总体质量矩阵、阻尼矩阵和刚度矩阵；

$\{\ddot{U}\}$、$\{\dot{U}\}$、$\{U\}$——分别为加速度、速度、位移列阵；

P——外荷载作用。

在利用数值方法逐步积分时，把时间轴划分成许多微小的时间段增量 Δt，对于每一个时段，按照线形来计算其反应。其增量运动微分方程为：

$$[M]\Delta\{\ddot{U}\}+[C]\Delta\{\dot{U}\}+[K]\Delta\{U\}=\Delta P(t) \tag{2}$$

各种数值积分都有一个共同的基本思想，那就是将(2)式的增量运动微分方程转化为代数方程，然后采用代数方法求解。为此，须在 Δt 时间间隔内，在位移、速度、加速度之间引入一个简单合理的关系，这样原来用三个未知量表示的方程只保留一个位置增量，从而可以用代数方法求解。常用的时程分析计算方法有 *Newmark*-β 法和 *Wilson*-θ 法。

2. 桩-土相互作用原理

自 1936 年 Reissner 研究了均匀半无限弹性体上的圆形刚性基础上简谐振动以来，迄今为止关于基础与结构相互作用已经作了大量的理论研究，建立的不同形式的基础在复杂地基条件下的振动计算理论。但是，这些理论都是在理想情况下得出的。现实中的场地一般不能简化成半无限弹性体，土层的分布、非线性行为等对地基动力刚度也有较大的影响，地基弹簧刚度很难用解析法得到，有限元等数值模拟方法是比较常用的模拟方法。本文介绍地基动力刚性的一种实用计算方法。

根据土层情况计算分单层土和多层土场地两种情形，两种情形的计算原理基本一致，这里以单层土场地为例，给出地基变形系数的计算方法。

由多根桩组成的桩基础，对于承台而言，每根桩的作用可以认为是弹性约束承台在竖向、水平和转动方向的变形。如果假定承台为刚性结构，各桩的作用可以用一组总的弹簧刚度等效，因此只要算出单桩的变形刚度，多桩基础的动力刚度不难算出。

首先，单桩的轴向变形刚度计算公式为：

$$K_{vp}=a\frac{E_pA_p}{L} \tag{3}$$

式中：A_p——桩的截面面积(m^2)；

E_p——桩的弹性模量；

L——桩长；

A——与桩施工方法有关的系数。

其次，单桩的侧向变形刚度系数根据弹性地基梁计算得到，假定土的侧向变形系数为 k_h，土中桩的变形基本方程为：

$$EI\frac{d^4u}{dz^4}+k_hDu=0 \tag{4}$$

解微分方程并根据两端的边界条件便可得出桩的侧移刚度和转角变形刚度。

对于不直接支撑在岩层上的结构，地震时地基发生变形，结构振动能量很大部分通过地基向周围扩散，同时土与结构之间存在相互作用，影响结构的地震响应。主要影响以下几个方面：

(1)结构固有周期的变化。

(2)振型的变化。

(3)能量辐射产生的阻尼效果。

所以准确模拟土与结构之间的作用对于分析结构的地震响应有着重要的意义。

四、结构有限元建模与分析计算

1. 有限元模型

该模型考虑桩-土相互作用对结构动力特性及抗震性能的影响。主梁、桥墩、桩采用空间梁单元。全桥共使用了456个空间梁单元。采用带阻尼的弹簧单元来模拟周围土对桩的刚度效应和阻尼效应。共采用了220个弹簧单元。

全桥的结构离散图如图1所示。

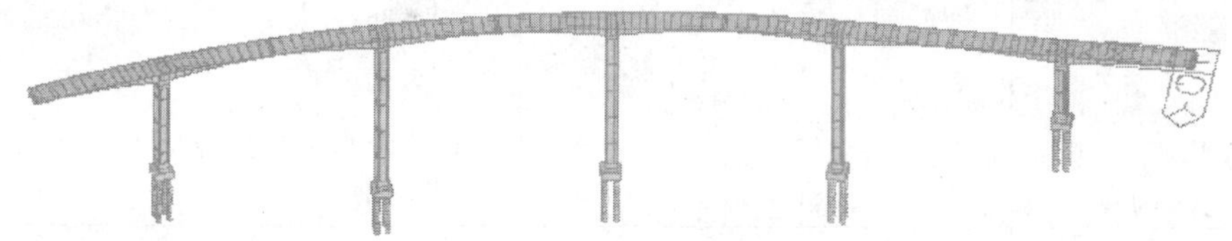

图1 杜步三号桥结构离散图

2. 自振特性分析

自由振动是指结构在没有外来干扰作用时,初位移或初速度或两者共同作用引起的无阻尼振动,自振特性是自由振动时结构的周期或频率及振型,它反映了结构的自身动力特性。

表1给出连续-刚构桥结构模型前10阶自振周期和振型特征。

结构前十阶模态 表1

模态号	周期(s)	振型特征	模态号	周期(s)	振型特征
1	3.074 9	全桥纵向侧弯	6	0.796 3	主梁反对称横弯+5号墩纵向弯曲
2	2.967 6	主梁的横向侧弯	7	0.776 6	主梁竖向弯曲
3	1.931 2	主梁的反对称横弯	8	0.761 0	5号墩纵向弯曲
4	1.211 0	主梁的横向侧弯	9	0.641 2	主梁竖向弯曲+3号墩纵向弯曲
5	0.852 4	主梁的反对称横弯	10	0.605 2	主梁对称横弯

由以上振型特征的描述可知,曲线梁桥的振型特征比直桥要复杂,其变形模态是多个方向的。

3. 动态时程分析

1)地震波的输入

由于未来地震波的随机性以及不同地震波计算结果的差异性,合理选择地震波来进行直接动力分析是保证结算结果可靠性的重要前提。该桥所在地区的基本烈度为VI度,根据高一度设防的原则,选用天津波进行时程分析比较合适。

结构的地震响应与地震波的输入方向有关,为了确保结构设计安全,按最不利的方向输入地震波。在进行抗震分析时应考虑地震波的空间效应,本文采用的地震波有三个方向的地震波,其两个水平方向合竖向的峰值分别为1.041 8m/s^2、1.458 0m/s^2、0.731 4m/s^2,其地震波如图2所示。

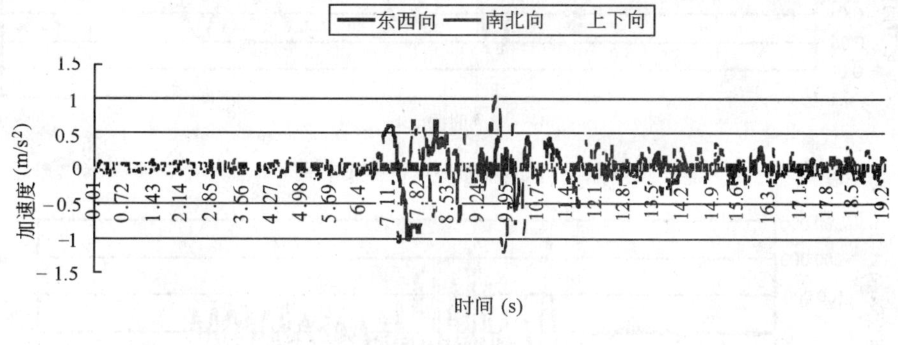

图2 天津波

2)时程分析结果

时程分析方法能够比较准确地确定结构在地震过程中结构的内力和位移随时间的反应,并能够发现结构自地震时可能存在的薄弱环节和可能发生的震害,它是一种较反应谱分析法更为有效的分析方法。

时程分析的部分结果见表 2、表 3。

墩顶的位移峰值响应(cm)　　表 2

墩　号	墩高(m)	横桥向	顺桥向
1	34	4.869	5.962
2	73	9.401	6.277
3	78	14.188	6.696
4	81	7.967	7.448
5	52	3.814	5.535

墩底内力峰值的响应　　表 3

墩　号	轴力(kN)	横桥向剪力(kN)	顺桥向弯矩(kN·m)
1	2 177	5 956	231 980
2	1 579	2 549	134 540
3	900	3 696	113 358
4	1 300	2 230	79 615
5	2 097	2 636	162 297

1 号敦为最矮敦,4 号敦为最高敦,比较具有代表性。他们的地震响应时程曲线如图 3、图 4、图 5、图 6 所示。

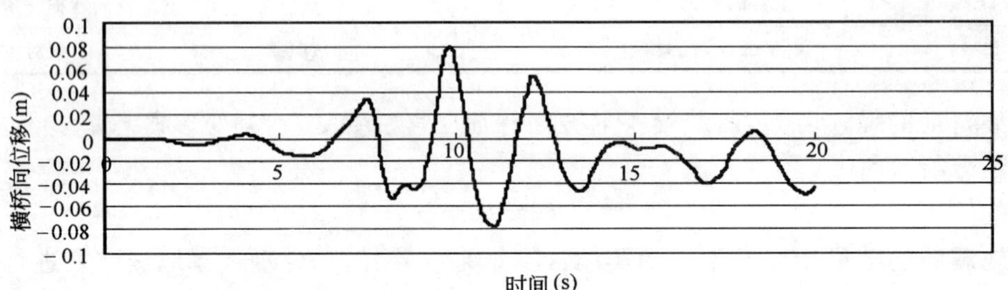

图 3　4 号墩横桥向位移响应时程图

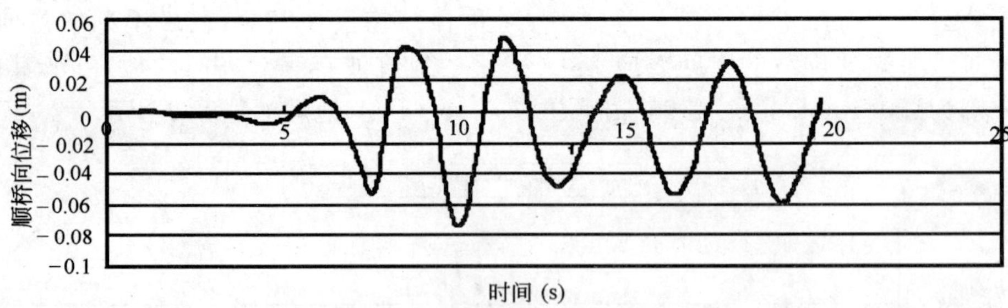

图 4　4 号墩纵桥向位移响应时程图

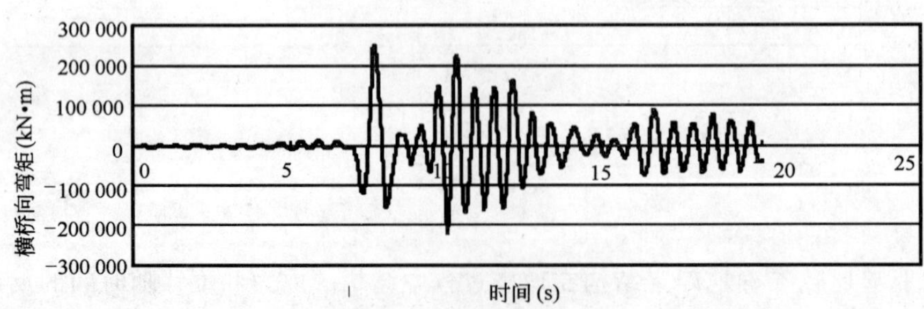

图 5　1 号墩底弯矩时程曲线

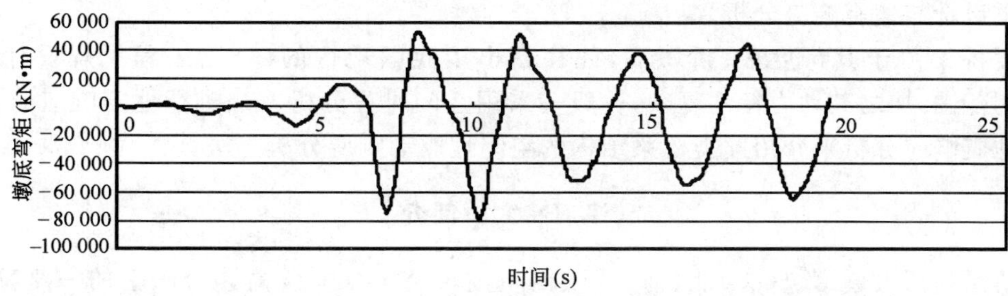

图6 4号墩底弯矩时程曲线

由以上结果可得：

(1)对比各桥墩横桥向和纵桥向位移时程反应峰值，可知横桥向位移峰值中部的3号墩位移最大，往边跨递减，受墩高影响不甚明显。顺桥向位移峰值随墩高的增大而增大。

(2)分析各墩墩底的内力响应，可知矮墩的地震向响应较大，在地震中更容易受到破坏。

(3)从以上几个时程图不难看出，地震响应的峰值发生在8～12s的时间段内。这正是地震波峰值的范围。

五、结　　语

通过以上计算的分析，短柱墩线刚度相对较大，地震产生的内力响应也较大，高墩对地震产生的位移响应较大，但是，内力相对小一些，故一般情况下，地震作用时高墩的截面抗力是没有问题的。桩—土作用比较复杂，其影响因素也比较多，准确模拟起来有一定难度，所以除了要做好地质勘查工作以外，再计算理论方面还有待于深入研究。

参考文献

[1] 范立础.桥梁抗震[M].上海:同济大学出版社,1997.

[2] 范立础,胡世德,叶爱君.大跨度桥梁抗震设计[M].北京:人民交通出版社,2001.

[3] 李国豪.桥梁结构稳定与振动[M].北京:中国铁道出版社,1992.

[4] 谢旭.桥梁结构地震响应分析与抗震设计.北京:人民交通出版社,2006.

[5] 中华人民共和国交通部部标准.公路工程抗震设计规范[S].(JTJ 004—89).北京:人民交通出版社,1989.

169. 陕西洛河特大桥空间地震响应分析

李　震[1]　赵和平[2]

(1.陕西省公路勘察设计院;2.郑州市公路勘察设计院)

摘　要　高墩大跨度桥梁由于其跨度大、桥墩高、动力特性复杂而不能采用规范的分析方法而多采用空间时程分析方法进行地震响应分析，本文以洛河特大桥为例建立了考虑桩—土—结构作用的有限元模型，进行空间地震动时程分析。结果表明对于此类结构应加强边墩的延性设计，以提高全桥的整体抗震能力。

关键词　桥梁工程　地震响应分析　连续刚构桥　桩—土—结构作用

一、引　　言

大跨度桥梁是陆路交通线上的控制工程，一旦破坏无论修复重建还是改线绕行都十分困难，并会产生次生灾害。我国是地震多发国家，尤其是广大的西部地区地震烈度普遍较高，在强震地区修建桥梁必须对其进行抗震设计与地震响应分析。

高墩大跨度桥梁由于其跨度大、桥墩高，往往超出了我国现行的《公路工程抗震设计规范》(JTJ 004—89)的适用范围，加之其动力特性复杂，一般多采用空间时程分析方法进行地震响应分析。本文结合洛河大桥的地震响应分析来介绍此类桥梁结构的空间地震动响应分析方法。

二、洛河特大桥简介

洛河特大桥是西部大通道包(头)北(海)线陕西境内黄陵至延安段高速公路上的一座特大型桥梁。该桥全长为90m＋3×160m＋90m预应力混凝土连续刚构桥，其总体布置图如图1所示。主梁为单箱单室箱形截面，桥墩采用双薄壁空心墩，最高墩为142m，基础为直径2.0m的钻孔灌注桩，最大桩长60m。该桥属于典型的高墩大跨径连续刚构桥。

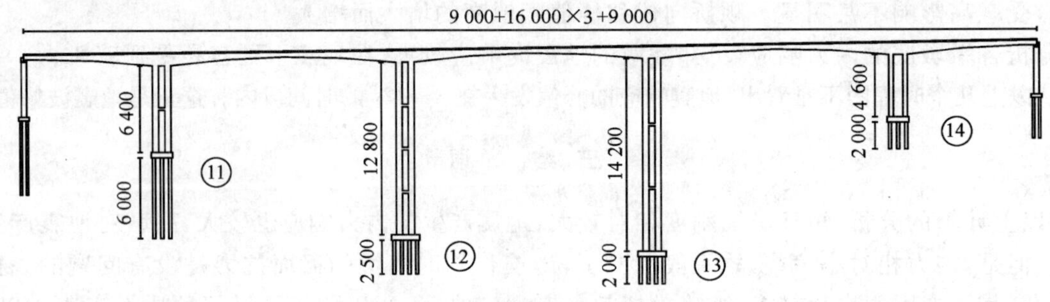

图1 洛河特大桥总体布置图

三、结构地震响应分析原理

1. 动力时程分析方法原理

对于外力作用下振动体系的运动方程组为：

$$M\ddot{U}+C\dot{U}+KU=P(t) \tag{1}$$

式中：M、C、K——分别为系统的总体质量矩阵、阻尼矩阵和刚度矩阵；

U——对应于自由度的广义坐标列阵；

$P(t)$——外荷载作用。

在利用数值方法逐步积分时，把反应的时程划分为短的、相等的时段，对于每一个时段，按照线性体系来计算其反应。其增量运动微分方程组为

$$M\Delta\ddot{U}+C\Delta\dot{U}+K\Delta U=\Delta P(t) \tag{2}$$

将上式的增量运动微分方程转化为代数方程求解。在Δt时间间隔内，在位移、速度和加速度之间引入一个简单的合理关系，使方程只保留一个未知增量以便于求解一般采用线性加速度方法、常加速度方法、New-Mark法以及Wilson-θ法。

2. 桩—土—结构效应模拟

场地土对地震波的滤波和放大效应使得输入结构基础上的地震波产生了变化；由于桩基础周围场地土的约束作用，使基础不能自由变形，桩周土的阻尼效应也突显出来。

对于自由场地土的模拟参考了文献[7]中的经验，取承台面积100～200倍的土体作为自由场地土来考虑土对桩基础的质量效应。

土层桩—土相互作用的水平弹簧刚度$K_{\mathrm{H}i}$，计算公式如下：

$$K_{\mathrm{H}i}=\frac{8\pi E_i}{3}\left\{\operatorname{arsinh}\frac{h_i-z_i}{B}+\operatorname{arsinh}\frac{h_i+z_i}{B}+\frac{2}{3B^2}\left\{\frac{B^2h_i-2B^2z_i+h_iz_i^2+z_i^3}{[B^2+(h_i+z_i)^2]^{1/2}}-\frac{z_i^3-2B^2z_i}{(B^2+z_i^2)^{1/2}}\right\}-\right.$$
$$\left.\frac{2}{3}\left\{\frac{z_i-h_i}{[B^2+(h_i-z_i)^2]^{1/2}}-\frac{z_i}{(B^2+z_i^2)^{1/2}}\right\}+\frac{4}{3}\left\{\frac{B^2z_i-2B^2z_i+h_iz_z^2+z_i^3}{[B^2+(h_i+z_i)^2]^{3/2}}-\frac{z_i^3+Bz_i}{(B^2+z_i^2)^{3/2}}\right\}\right\}^{-1} \tag{3}$$

式中：E_i——第 i 层土的弹性模量；

h_i——第 i 层土的厚度；

z_i——第 i 层土的中心深度；

B——桩的半径。

各土层间的水平阻尼系数 C_H：

$$C_{H1}=2Bh_1\rho_1(v_{P1}+v_{S1})$$
$$C_{Hi}=2B[h_i\rho_i(v_{Pi}+v_{Si})+h_{i+1}\rho_{i+1}(v_{P,i+1}+v_{S,i+1})] \quad (4)$$
$$i=2,3,\cdots,n$$

式中：h_i——第 i 层土的厚度；

B——桩的半径；

v_P——纵波（P 波）波速；

v_S——剪切波速；

μ——泊松比。

$$v_P=\sqrt{(\lambda+2G)/\rho}$$
$$v_S=\sqrt{G/\rho} \quad (5)$$
$$\lambda=\mu E/[(1+\mu)\cdot(1-2\mu)]$$

四、结构建模与分析计算

1. 有限元模型

考虑桩—土—结构相互作用，主梁、桥墩、桩采用空间梁单元，采用带阻尼的弹簧单元来模拟桩周土对桩的刚度效应和阻尼效应，弹簧的一端与桩相连，另一端与自由场地质量单元相连。

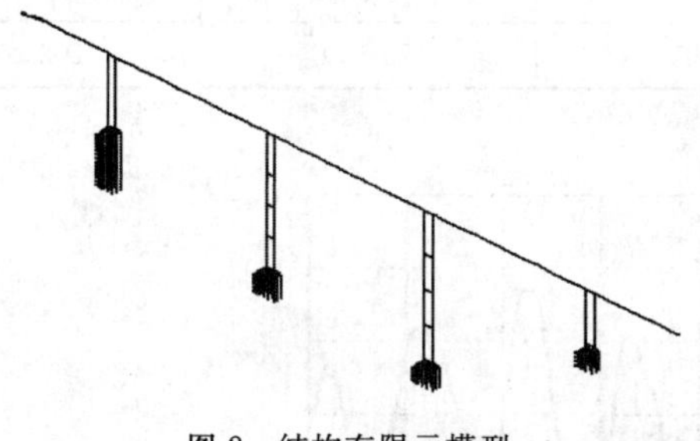

图 2 结构有限元模型

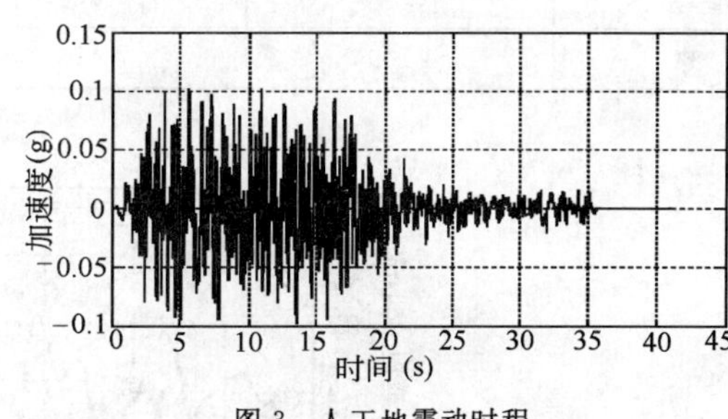

图 3 人工地震动时程

2. 地震动输入

分析采用工程场地未来 50 年超越概率为 2% 的人工地震波。横桥向、顺桥向与竖向激励为 1∶0.6∶0.3。

五、计 算 结 果

1. 结构的动力特性

由于高墩影响，结构的前两阶模态均为以高墩横向弯曲的横桥向振动，见表 1 及图 4 所示。

洛河特大桥动力特性 表 1

阶数	频率(Hz)	阶数	频率(Hz)
1	0.282 62	6	0.802 57
2	0.412 43	7	1.071 3
3	0.486 24	8	1.397 7
4	0.608 38	9	1.493 7
5	0.643 01	10	1.601 5

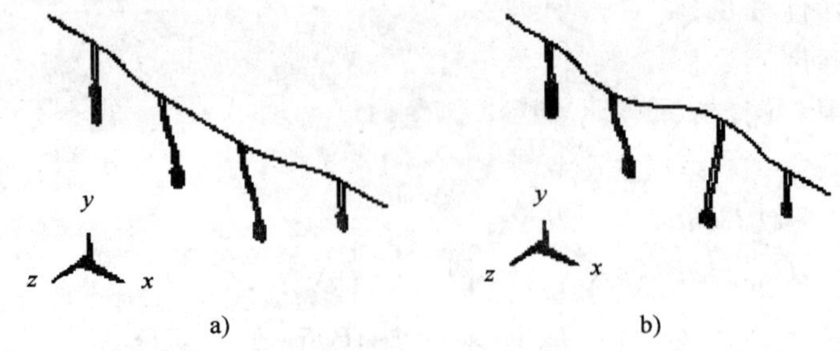

图　4

a)一阶振型图；b)二阶振型图

2. 结构空间地震动响应

墩顶位移峰值响应见表 2 所示。

墩顶位移响应(cm)　　表 2

桥墩	顺桥向	横桥向	桥墩	顺桥向	横桥向
11	4.87	5.15	13	14.12	5.20
12	15.11	5.30	14	2.72	4.97

墩底的内力峰值响应见表 3 所示，最低的边墩(14 墩)墩底的顺桥向弯矩时程以及该方向墩底截面的 M-ϕ 曲线见图 5、6 所示。

墩 底 内 力 响 应　　表 3

桥墩	F_x(kN)	F_z(kN)	F_y(kN)	M_z(kN·m)	M_y(kN·m)
11	1 049	1 888	5 393	158 200	59 610
12	12 500	1 456	1 749	90 790	31 780
13	10 440	1 179	1 677	72 860	27 590
14	1 109	4 428	3 693	78 160	102 300

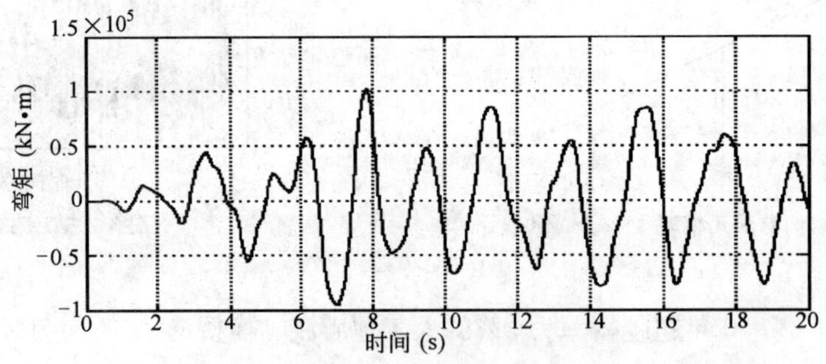

图 5　14 号墩墩底顺桥向弯矩时程曲线

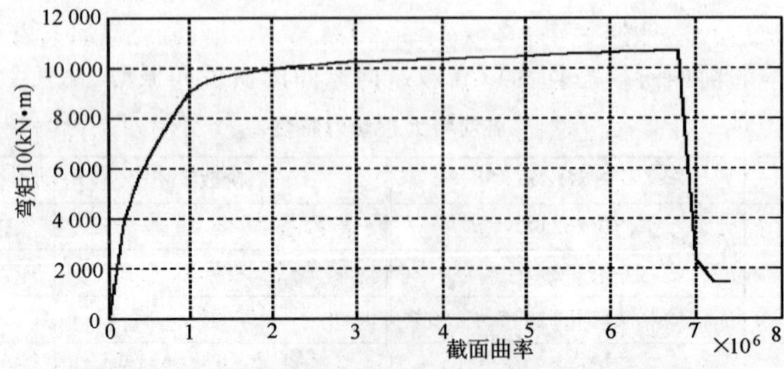

图 6　14 号墩 M-ϕ 曲线(M_y＝94 550kN·m，M_u＝107 010kN·m)

由计算结果可得：

边墩的高度低、刚度大导致的内力响应(尤其是顺桥向)比较柔的高墩大；在横桥向地震响应方面由于结构的前两阶模态均为以高墩横向弯曲为主的横桥向振动，所以高墩的横桥向地震响应比边墩大。

14号桥墩在顺桥向弯矩峰值超过了墩底截面相应的屈服弯矩，截面进入了有限的塑性状态。

六、结　　语

(1)在桥梁抗震分析中应考虑场地土对桥梁动力特性的影响，在考虑桩-土相互作用时，自由场地土的质量、土层的厚度、桩-土相互作用弹簧刚度以及土层剪切弹簧刚度等因素将对结构地震动响应。

(2)高墩由于其刚度相对较小而导致的位移响应较大，矮墩由于其刚度相对较大而导致的弯矩响应较大，而往往由于其高度低而导致截面尺寸及配筋相对较小，导致矮墩出现塑性变形，应加强矮墩的延性设计。

参考文献

[1] 公路工程抗震设计规范(JTJ 004—89)[M].北京：人民交通出版社，1989.

[2] 范立础.桥梁抗震[M].上海：同济大学出版社，1997.

[3] 范立础，胡世德，叶爱君.大跨度桥梁抗震设计[M].北京：人民交通出版社，2001.

[4] 孙利民，张晨南，潘龙，范立础.桥梁桩土相互作用的集中质量模型及参数确定[J].同济大学学报，2002，30(4)：409～415.

170. 公路桥梁钢结构抗疲劳全寿命设计方法

郭　琦[1]　刘邦俊[2]　张　岗[1]

(1.长安大学　桥梁与隧道陕西省重点实验室；2.林同棪国际(重庆)工程咨询有限公司)

摘　要　针对公路桥梁中周期性可变荷载的特点，依据现行《公路桥涵设计通用规范》(JTG D62—2004)给出公路桥梁钢结构疲劳应力幅的计算方法。按构造重要性和可替换性的差异，根据全寿命设计思想，在铁道部科学研究院长期大量试验的基础上，提出了将容许应力幅的保证率作为变量的疲劳抗力方程，达到了在设计时综合考虑施工及桥梁服役整个寿命期的目的。以一座公路悬索桥钢混叠合加劲梁疲劳计算作为算例，通过与其他规范方法的比较，证明了文中方法的可靠性。

关键词　钢结构　钢混叠合梁　疲劳抗力　全寿命设计

一、引　　言

长期以来，我国由于钢材缺乏等原因修建的公路钢桥较少。随着我国钢铁生产量的提升，加之公路桥梁结构向轻型、大跨的发展趋势，采用钢箱或钢混叠合加劲梁的索式桥梁结构将占有更重要的位置。在这些特大跨径桥梁中，由于运营车辆荷载的作用，钢结构会承受周期性的反复应力，由此引起的疲劳问题已经成为影响该类结构耐久性及安全性的重要因素之一。在传统的公路桥梁设计方法中，由于疲劳问题还未引起足够的重视并且缺乏完备的公路桥梁荷载谱数据加之钢结构的应力状况和疲劳强度分类细节较为复杂等诸多因素，设计者往往忽略了对这一问题的分析计算。由此设计完成的公路桥梁钢结构不具备足够的抗疲劳破坏能力，为桥梁在服役期内的安全埋下了隐患[1~4]。

文中以《公路桥涵设计通用规范》(JTG D60—2004)的服务荷载为依据，在铁道部科学研究院长期大量疲劳试验[5]的基础上，吸收了国内、外最新疲劳研究成果，对公路桥梁钢结构抗疲劳设计方法展开研究。改变了以往方法中允许应力的保证率为定值的设计思想，提出公路桥梁钢结构抗疲劳设计方法，试图弥补我国公路桥梁疲劳设计方面的不足。应用文中方法对公路桥梁钢结构构件进行抗疲劳设计时，设计人员可根据结构构件或连接部位的重要性不同，采用不同的保证率，为桥梁全寿命设计提供参数，在一定程度上体现了综合考虑设计、施工、运营和管理的全寿命设计思想。

二、变幅应力幅向等幅应力幅的转化

在实际车辆荷载作用下，钢结构构件承受的是随机变幅荷载，对疲劳产生作用的是随机变幅应力幅。然而，试验所提供的疲劳抗力方程是在常幅应力幅作用下得到的，只能适用于常幅应力幅的作用。为了将实际运行荷载所产生的疲劳损伤效应与试验抗力方程联系起来，必须寻找一个将随机变幅应力效应转化为常幅应力效应的方法。文中方法依据著名的 Palmgren—Miner 线性损伤累积法则（简称 Miner 法则）为原则来综合考虑疲劳累积损伤中变幅应力幅与等幅应力幅的等价关系。

将特定构造细节的疲劳抗力 S—N 曲线的方程 $N=A\Delta\sigma^{-m}$代入 Miner 线性积伤律，得到：

$$\Delta\sigma_e=\left(\frac{\sum\gamma_i\Delta\sigma_i^m}{\sum n_i}\right)^{\frac{1}{m}} \tag{1}$$

对于公路桥梁可以实测或者可以通过模拟随机荷载方式得到结构构件随机应力谱的情况下，则可以用式(2)进行抗疲劳计算：

$$\Delta\sigma_e=\alpha\left(\frac{\sum\gamma_i\Delta\sigma_i^m}{\sum n_i}\right)^{\frac{1}{m}} \tag{2}$$

其中 α 为测量最大值修正系数，为了保证计算误差（数值模拟）或测量误差（实测应力谱）带来的不利影响，参照铁路桥梁检定规范取 1.1。国、内外研究结果均表明：Miner 的线性积伤律用来建立随机变幅应力疲劳和常幅应力疲劳数据之间的关系是将变幅应力幅转化为常幅应力的好方法。将该方法应用于公路桥梁钢结构的应力幅转换，由此造成的计算误差与公路桥梁荷载离散造成的误差相比小得多，体现出简单、可行及实用的优点。

三、钢结构构件抗疲劳计算

1. 全寿命设计思路

以往桥梁设计过程中均未考虑桥梁建设施工、营运和养护管理中的综合影响因素，使得结构在服役过程中出现功能退化、耐久性不足、后期养护费用昂贵等诸多问题。因此，在设计时就应综合考虑施工、营运、维修养护直至桥梁结构退出工作的全寿命周期内的所有问题。根据全寿命设计理念，在桥梁设计时应考虑后期维修养护的可行性及代价，综合考虑结构构造的可替换性、替换周期及替换费用等因素。在公路桥梁钢结构疲劳抗力方程中对构造进行分类，对于不可替换的关键性构造，或替换费用很高的构造应采用较高的有效工作保证率，对于可以替换的构造则为了降低造价可以选用较低的保证率，从而实现与全寿命设计思想相衔接。

2. 公路桥梁疲劳应力幅

常规情况下的桥梁结构设计时，很难得到真实的随机应力谱，就我国目前来讲，还没有一个公路桥梁载荷谱。其原因是公路桥梁与铁路桥梁相比，在不同地区、同一地区的不同地段以及不同时间段下车辆荷载的随机性很大，很难准确统计和模拟。为了与现行设计规范接轨、使疲劳计算公式简单化、便于指导设计，可以采用现行公路桥梁荷载计算方法计算设计疲劳应力幅。

桥梁结构所承受的荷载一般有恒载、汽车活载、汽车冲击效应以及其他种类。对于疲劳设计来说，起作用的是频遇次数较高的荷载。因此，可纳入公路桥梁疲劳设计的荷载就是恒载、车辆活载、汽车冲击效应三种。对应力幅起贡献作用的主要是车辆活载及冲击效应，但恒载作用参与了决定结构构件是否出现拉应力及拉应力的大小，因为对不出现拉应力的构件即使有循环应力幅也可以不计算疲劳。

按一般的桥梁设计方法可以提出下述的疲劳应力幅的计算方法：①计算出验算细节处的最大及最小应力影响线；②按车道活载影响线加载方式求出验算细节处车道荷载下的最大最小应力 σ_{max}、σ_{min}；③将得到的车道荷载下的最大最小应力计入动力冲击系数$(1+\mu)$，以反映动力冲击作用的贡献；④将车道荷载及冲击作用的应力乘以横向分布系数或偏载系数 m_c，以反映加载方式的空间效应。同时计入多车道横向折减系数 ξ，其在疲劳设计上可以理解为因横向车道荷载引起的应力幅变化向等应力幅转化的系数，是变幅应力积伤的累积转化方式。

从而，得到应力幅计算公式：

$$\Delta\sigma_e = \beta(1+\mu)\xi m_c(\sigma_{max} - \sigma_{min}) \tag{3}$$

式中最大最小应力值分别为：

$$\sigma'_{max} = r_1\sigma_1 + r_2\sigma_{max} \tag{4}$$

$$\sigma'_{min} = r_1\sigma_1 + r_2\sigma_{min} \tag{5}$$

式中：σ_1——恒载应力；

r_1——恒载组合系数；

r_2——活载组合系数；

β——汽车效应系数。

各系数取值见参考文献[1]。

对于公路桥梁计算应力幅，其相关系数是在大量试验和独立概率统计基础上得到的。所以用各相关系数方式计入各种效应的设计方法已经考虑了可变荷载是一定保证率基础上的概率事件，是一套系统化的计算方法。因此对公路桥梁具有适用性和通用性，能够有效的指导公路桥梁钢结构的抗疲劳设计。

3. 疲劳抗力分析

(1)抗疲劳设计方法

文中对公路桥梁钢结构进行抗疲劳设计时分两类分别制订算法：

第一类是焊接构件及疲劳应力为拉—拉应力的非焊接构件及连接，以应力幅为主要控制因素，公路桥梁钢结构抗疲劳设计仍可采用容许应力法，表达式如式(6)。

$$\Delta\sigma_e \leqslant r_t[\sigma_\gamma] \tag{6}$$

第二类是焊接构件及疲劳应力为拉—压应力的非焊接构件及连接，引入应力比修正系数进行修正。表达式如式(7)。

$$\Delta\sigma_e \leqslant r_t r_p[\sigma_\gamma] \tag{7}$$

式中：$\Delta\sigma_e$——实测构件构造细节的等幅应力幅；

r_t，r_p——分别为板厚及应力比修正系数。

(2)疲劳抗力方程

参考铁路栓焊钢桥疲劳抗力方程 $\lg N + m\lg\Delta\sigma = C'$。由于 $\lg\sigma$ 服从正态分布且 $\lg N$ 与 $\lg\sigma$ 呈线性关系，则由正态分布的特性可知，$\lg N$ 与 $\lg\sigma$ 的拟合直线误差分布服从正态分布。即：

$$\lg N = C' - m\lg\Delta\sigma + \varepsilon_i \tag{8}$$

式中：ε_i——误差值，且 ε_i 服从正态分布 $N(0,\delta)$。

故当保证率为 γ%时

$$\lg N = C' - m\lg\Delta\sigma - t\delta \tag{9}$$

其中 t 为标准正态分布保证率为 γ%的置信下限，可通过正态分布表得到。

由 $C' = C + 2\delta$ 可得出基于可靠度的疲劳抗力一般方程：

$$\lg N = C - m\lg\Delta\sigma + (2-t)\delta \tag{10}$$

特殊地，对于公路索式桥梁中常见的钢混叠合加劲梁，构造细节可按高强度螺栓连接(毛截面)取用，对保证率为 γ%情况下的置信度 t，其疲劳抗力方程为：

$$\lg N + 3.0\lg\Delta\sigma = 12.732 - 0.156t \tag{11}$$

文中采用的构造细节、连接形式、板厚系数及应力比修正系数等均采用铁道部的试验值，与我国铁路桥梁钢结构设计规范(2005)相衔接。由于这些参数均由一般钢结构试验得出，具有普遍性和通用性，因此对于公路桥梁钢结构的抗疲劳设计也是适用的。

四、算　例

以一座单跨竖直吊索悬索公路桥梁的钢混叠合加劲梁接头为例，进行抗疲劳计算，验算部位为加劲梁接头的上下缘连接板。连接接头的构造见图1所示。

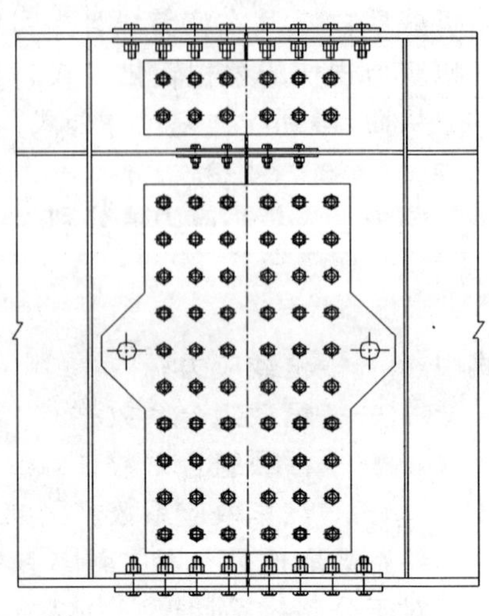

图1　加劲梁接头构造示意图

1. 疲劳应力幅 $\Delta\sigma_e$

由于悬索桥具有几何非线性和应力刚度的特征，使得影响线加载求构件截面内力的方法不再适用。但是，桥梁结构在恒载作用下时，主缆应力较大，结构的整体刚度也较大，如果在恒载作用的有限元模型基础上再施加移动荷载进行非线性分析计算，得出各节点在移动荷载作用下的节点应力，并形成应力影响线的话，则此时的应力影响线相对与未计入恒载作用的影响线而言，误差值大大减小了。图2中分别对1t及10t两种移动荷载作用下得到的应力影响线进行了比较。从图中可见，移动荷载为1t及10t的情况下，应力影响线的正负号变化点是一致的。因此可以得出结论：采用非线性分析方法在计入桥梁结构的恒载作用的基础上得到的应力影响线正负号变化点的位置是基本确定的，不会因荷载不同而发生较大的变化。在找到应力符号变化点后，可以通过在有限元模型上直接布载进行非线性分析计算，求出计算点的节点应力值。该值即是最大或最小应力值。计算结果见表1。从而按照文中方法由式(3)分别求出上、下缘疲劳应力幅为：$\Delta\sigma_{e上}=-90.5\text{MPa}$；$\Delta\sigma_{e下}=92.9\text{MPa}$。

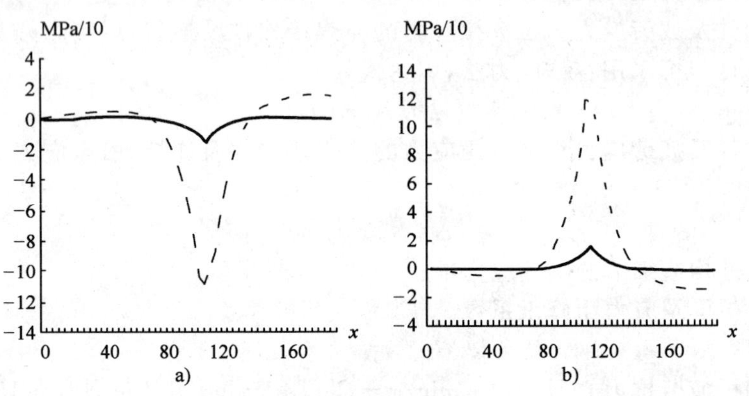

图2　加劲梁连接接头应力影响线比较图

a)上缘；b)下缘

节点最大应力　　表1

加载区域	正弯矩区加载(拉为“+”)		负弯矩区加载(拉为“+”)	
计算部位	上缘	下缘	上缘	下缘
节点应力(MPa)	−92.7	95.1	−35.6	36.5

2. 疲劳抗力对比分析

现将本文提出的算法与美国公路桥梁钢结构设计规范、我国钢结构设计规范、我国铁路桥梁钢结构设计规范中不同的疲劳抗力方法进行对比分析，将所得的计算结果列于表2。表中对于由于荷载差异等原因无法进行比较的项没有列出。

文中方法取作用次数 $N=2\times10^6$，保证率 $\gamma=97.7$，验算构件构造细节为高强度螺栓连接(毛截面)进行计算；公路桥涵钢结构及木结构设计规范按全断面拼接B类构件的分类细节进行计算；钢结构设计规范按照验算部位为II类构造计算；对于美国规范按无冗余承载结构，B类构造细节分析得到200万次容许应力幅。

不同方法计算结果比较 表2

计算方法	计算应力(幅)(MPa)	容许应力(幅)(MPa)	容许/计算	计 算 方 法
本文方法	92.9	109.56	1.179	应力幅
我国钢结构设计规范(2003)	110.3	144.0	1.306	应力幅
我国钢结构设计规范(1988)	110.3	144.0	1.306	应力幅
美国公路桥梁设计规范	—	110.31	—	应力幅
我国铁路规范(2005)	—	109.56	—	应力幅

通过表2中数据的比较和分析,可以得出如下主要结论:

(1)文中方法所采用的容许应力幅同我国铁路规范一致,与美国钢结构规范非常相近,略小于我国钢结构设计规范(1988,2003)。

(2)从容许应力(幅)与计算应力(幅)比值来看,采用文中方法得到的比值小于我国钢结构设计规范(1988,2003)计算结果是偏安全的,具有一定的可靠性。

五、结 语

综合目前国内外最新规范及研究理论,从计算方法来看均统一认定应力幅控制设计理论是符合实际的。而采用应力比控制设计的思想已经远落后于现在的疲劳研究理论。

文中提出的公路桥梁钢结构抗疲劳设计方法引入了保证率作为参数,一定程度上体现了全寿命设计的思想。其疲劳抗力方程来源于我国长期大量的结构疲劳试验,比较真实的反映我国钢材质量和工艺水平,具有一定的可靠性。同时,通过算例分析,其计算结果与我国最新铁路桥梁钢结构设计规范和钢结构设计规范比较接近,与美国等国家计算结果基本趋势一致,较真实地反映了我国公路桥梁钢结构的实际工作状况,能有效的指导公路桥梁钢结构抗疲劳设计。

参考文献

[1] 公路桥涵设计通用规范(JTG D62—2004)[M].北京:人民交通出版社,2004.
[2] 师义军.既有公路钢桥剩余疲劳寿命评估及疲劳可靠性研究[D].西安建筑科技大学,2005,7.
[3] 张玉玲,潘际炎,张健民,芜湖长江大桥钢梁细节疲劳强度的研究[J].中国铁道科学,2001,22(5),15~21.
[4] 卢汝生,成彤,王荣辉.桥梁结构疲劳特性分析发展历程与评定设计方法综述,公路交通技术,2004,6.
[5] 李亚东,徐俊,铁路钢桥疲劳损伤概率分析[J].桥梁建设,2003,4.

171. 波形钢腹板组合梁疲劳性能参数分析

刘晓娣[1] 王春生[2] 赵君黎[1] 刘一波[3]
(1.中交公路规划设计院有限公司;2.长安大学;3.中咨华科(北京)交通建设技术有限公司)

摘 要 波形钢腹板组合梁桥是一种新型桥梁结构形式,充分利用了混凝土和波形钢板的材料特性,有效地实现主梁的轻型化,以其独特的结构形式展现了强大生命力。为发展波形钢腹板组合梁抗疲劳设计理论和方法,本文对影响该类桥型的疲劳性能的几何参数进行了研究。

关键词 波形腹板组合梁 应力集中 参数分析 疲劳

一、概 述

波形钢腹板预应力混凝土组合梁是一种新型的钢—混凝土组合结构,这种结构以波形钢板代替混凝土作为腹板，实现了主梁的轻型化，并且还具有提高腹板抗剪强度，改善桥梁美学效果等诸多优点，是一种值得推广的新型桥梁结构形式。目前，该类型的桥梁在国外尤其是日本已经得到了推广和应用，在我国建成或在建也有几座。

疲劳性能是该种结构设计中关键性技术问题之一。虽然，已有一些国外学者对波形钢腹板梁进行了疲劳试验研究，并取得了一定的研究成果，但目前国内尚没有进行深入的研究。

二、空间有限元模型分析

国外已有波形钢腹板梁的疲劳试验结果表明，波形钢腹板几何参数对焊缝处的应力分布情况有很大影响，为了研究波形腹板几何参数对其疲劳性能的影响，本文对波形钢腹板组合梁模型进行了线弹性有限元分析。

1. 整体有限元模型分析

(1)建模

波形腹板组合梁有限元分析模型尺寸如图1。

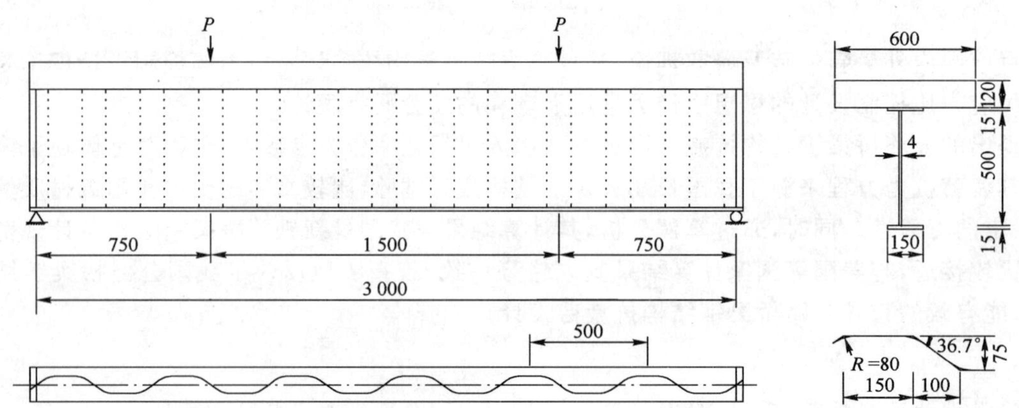

图1　有限元分析模型尺寸(尺寸单位:mm)

集中力 P 分别作用在距梁端1/4梁长位置。混凝土顶板采用solid45单元，钢梁采用shell63单元，混凝土和钢梁顶板的连接在模型中用耦合接触面上节点 x、y、z 方向的自由度来模拟。边界条件为：一端截面内节点，除了释放ROTX外，其他自由度均为约束；在另外一端，除了释放 u_z 外，约束其他自由度。

根据本文研究组合梁波形腹板与底板焊缝疲劳的目的，对底板和波形腹板底部网格划分较为细密，对混凝土顶板及钢梁顶板网格划分则较为粗糙(图2)。

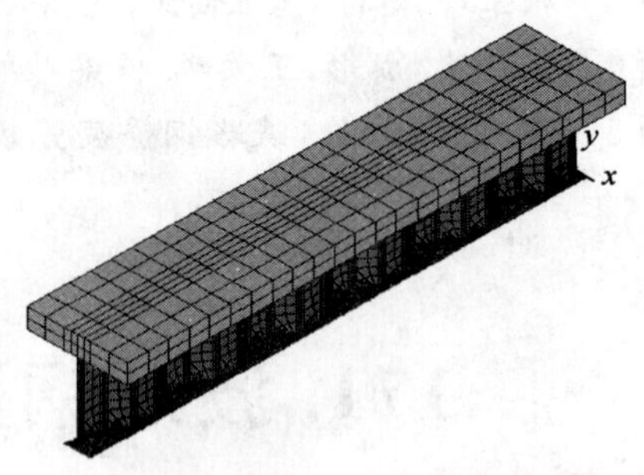

图2　波形钢腹板组合梁有限元模型

(2)计算结果及分析

图3为有限元分析得到的沿底翼板边缘的沿梁纵向的应力分布。应力分析的结果表明，沿梁纵向的应力分布随腹板波形的起伏而呈现起伏波动，对于本有限元分析模型，其最大值出现在距离集中力 P 最近的连接平腹板和斜腹板的曲线段处。

根据对全梁进行的应力分析结果，选取包括斜腹板在内的半个波形长的一段梁作为局部模型来模拟全梁的受弯，对波形腹板组合梁沿焊缝的应力分布进行进一步的分析。

2. 局部有限元模型分析

(1)建模

该局部模型的混凝土顶板和钢梁全部采用solid45单元，并对腹板和底翼板的连接焊缝进行了模拟(图4)。模型边界条件为，将模型右端截面内所有节点均约束沿梁纵向方向位移即 u_z，左端下翼板底面

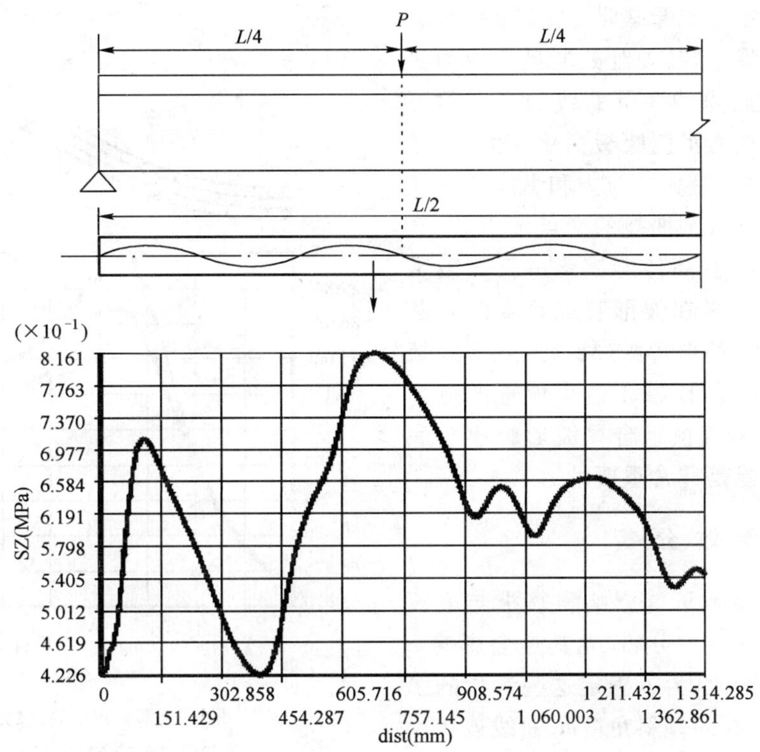

图 3 沿底板上侧边缘的纵向应力分布

两角点处节点约束侧向和竖直方向位移即 u_x 和 u_y。加载条件为，在该梁的局部模型未加约束一端分别在梁底板和顶板截面上施加均布力来模拟纯弯曲，上下翼板截面上合力大小相等。本文在下翼板施加 $80N/mm^2$ 的均布力。

该模型的缺点在于未将全梁时的剪切变形考虑在内。但是由于本文的主要目的是研究腹板和翼板结合部应力分布和应力集中，所以剪切变形的影响可忽略不计。

(2)计算结果及分析

经过有限元分析，得到了波形钢腹板组合梁模型的应力分布，图 5 为腹板和下翼板连接焊缝处的应力云图。可以看出，沿波形腹板与下翼板连接的焊缝的纵向应力分布为，平腹板焊缝处的应力最小，斜腹板焊缝处最大。

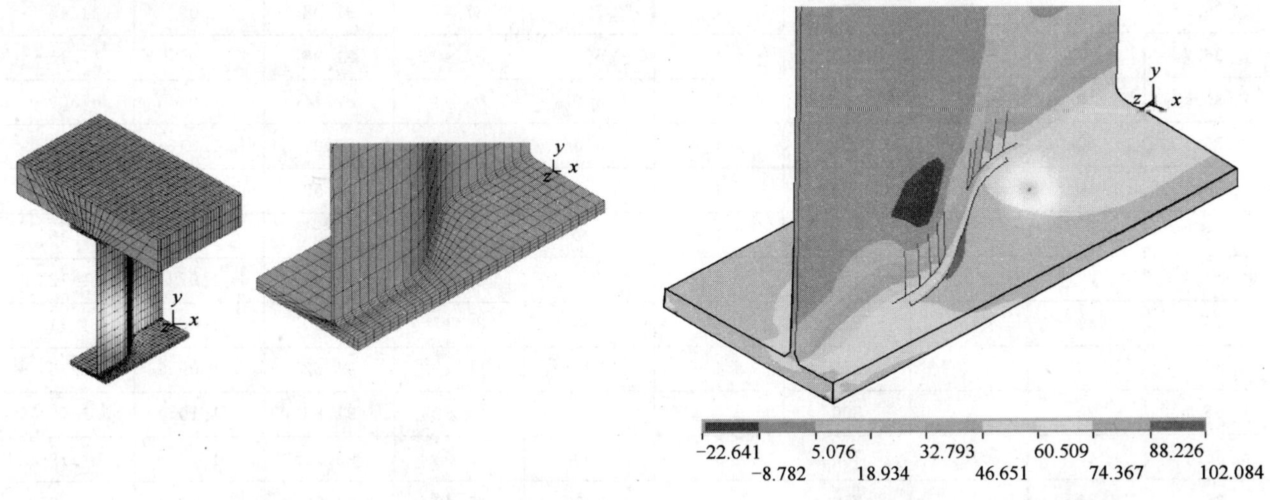

图 4 波形钢腹板组合梁模型及局部放大

图 5 下翼板板与斜腹板连接处的纵向应力云图

对该模型应力分析的结果表明(如图 6),沿波形腹板与翼板连接的焊缝,其焊趾处的最大应力最先出现在波形腹板的斜直线和圆曲线的交点附近翼板侧焊趾处。纵向应力沿斜腹板变化不大,但是在 S 点附近却增长很快,最大主应力和纵向应力均出现在波形腹板斜直线与圆曲线的交点 S 点。

国外学者对波形腹板高性能钢梁进行的疲劳试验亦表明了疲劳裂纹多在波形腹板斜直线与圆曲线的交点 S 附件的翼板侧焊趾(翼板与波形腹板的纵向角焊缝)处萌生,所以减小这个位置的应力集中系数对改善波形钢腹板组合梁波形腹板与底板连接焊缝的疲劳性能是非常重要的。

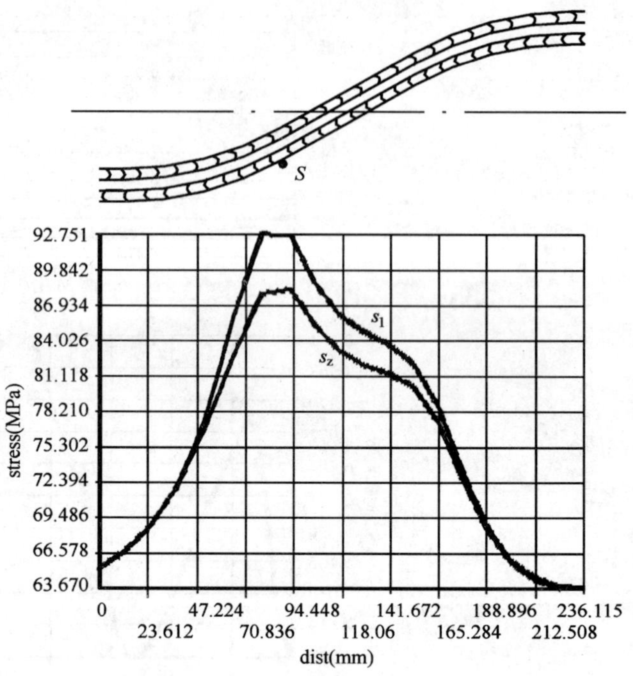

图 6 下翼板内沿焊缝的应力分布

注:s_z 为沿梁纵向(z 方向)的应力,s_1 为最大主应力。

三、参 数 分 析

波形腹板的几何参数可能影响斜腹板与下翼板连接焊缝的焊趾处的应力分布,尤其是会影响 S 点的应力集中系数。因此,为了确定这些参数的影响,通过改变波形钢腹板的倾斜角度 θ、曲线连接半径 R、波形高度 H、波形长度 L、钢腹板厚度 t、高度 h 等几何参数建立了多个有限元模型,对斜腹板焊缝处的应力分布进行了分析,有限元分析模型的参数及各模型的计算结果见表 1。表 1 中黑体数字为进行有限元分析模型的基本尺寸,其他模型均在此基础上对其中的某一个或两个参数改变进行的分析。

有限元分析模型中的参数和分析结果 表 1

θ(°)	R(mm)	H(mm)	L(mm)	t(mm)	h(mm)	σ_z(MPa)	σ_1(MPa)	σ_z/σ_n	σ_1/σ_n
25	80	75	350	4	500	82.10	85.53	1.03	1.07
30	80	75	350	4	500	82.26	85.36	1.03	1.07
36.7	80	75	350	4	500	88.25	92.75	1.10	1.16
45	80	75	350	4	500	91.92	97.15	1.15	1.21
36.7	100	75	350	4	500	87.41	91.98	1.09	1.15
36.7	110	75	350	4	500	87.40	91.96	1.09	1.15
36.7	120	75	350	4	500	83.64	87.14	1.05	1.09
36.7	80	60	350	4	500	83.48	86.97	1.04	1.09
36.7	80	75	350	4	500	84.84	88.53	1.06	1.11
36.7	80	90	350	4	500	88.76	92.54	1.11	1.16
36.7	80	100	350	4	500	85.86	89.80	1.07	1.12
36.7	80	75	200	4	500	85.17	89.10	1.06	1.11
36.7	80	75	250	4	500	87.42	91.62	1.09	1.15
36.7	80	75	300	4	500	87.62	91.88	1.10	1.15
36.7	80	75	350	5	500	89.93	95.36	1.12	1.19
36.7	80	75	350	7	500	91.47	97.72	1.14	1.22
36.7	80	75	350	8	500	94.32	101.46	1.18	1.27

续上表

θ(°)	R(mm)	H(mm)	L(mm)	t(mm)	h(mm)	σ_z(MPa)	σ_1(MPa)	σ_z/σ_n	σ_1/σ_n
36.7	80	75	350	11	500	94.25	101.24	1.18	1.27
36.7	80	75	350	12	500	94.02	101.84	1.18	1.27
36.7	80	75	350	4	400	87.19	91.39	1.09	1.14
36.7	80	75	350	4	600	88.96	93.59	1.11	1.17
36.7	80	75	350	4	700	89.77	94.49	1.12	1.18

虽然通过细化单元网格划分可以得到焊趾处更为精确的应力值,但对于本文旨在于得到波形腹板几何参数对 S 点应力集中系数影响的趋势来讲,单元网格的划分精度可不作过高要求。

表中以焊趾处沿梁纵向应力和最大主应力与该截面上的平均应力之比(σ_z/σ_n 和 σ_1/σ_n)分别作为对应的应力集中系数,名义应力 σ_n 取为在下翼板截面施加的均布力。所以,从上表可以看出,应力集中系数随波型钢腹板的几何参数的变化而变化。

四、结　论

波形腹板的几何参数 θ、R、H、l、t、h 等对腹板与底板连接焊缝处的应力分布均有所影响,但是,其中斜腹板的倾斜角度 θ 的影响较为显著,并且随 θ 增大,S 点应力也增大,相应的应力集中系数也增大,从而对该点处的疲劳性能产生影响。

S 点的应力集中对波形钢腹板组合梁腹板与翼板连接焊缝处的疲劳裂纹扩展非常重要,合理设计波形腹板的几何参数可以改善波形钢腹板组合梁的疲劳性能,尤其是优化设计斜腹板的倾斜角度 θ 以及曲线连接半径 R、波形高度 H 等参数对提高波形钢腹板组合梁的疲劳性能更显著。

参考文献

[1] 刘玉擎.组合结构桥梁.北京:人民交通出版社,2005.

[2] K. Anami, R. Sause, H. H. Abbas. Fatigue of web-flange weld of corrugated web giders: 1. Influenc of web corrugation geometry and flange geometry on web-flange weld toe stress. International Journal of Fatigue, 2005, 27(4): 373~381.

[3] K. Anami, R. Sause. Fatigue of web-flange weld of corrugated web giders: 2. Analytical evaluation of fatigue strength of corrugation web-flange weld. International Journal of Fatigue, 2005, 27(4): 383~393.

[4] 朱万勇.波形钢腹板 PC 组合箱梁桥设计理论与方法研究:硕士学位论文.西安:长安大学,2003.

172. 基于动力性能的 PC 梁永存预应力预测研究

刘龄嘉　贺拴海　宋一凡　赵小星

(长安大学公路学院桥梁与隧道陕西省重点实验室)

摘　要　为填补对在役混凝土桥梁结构永存预应力和实际承载能力进行评估这方面的空白,本文用后张法测试混凝土简支梁在不同预应力值作用下的自振频率,回归出简支梁的有效刚度与预应力之间的函数表达式,并提出动力测试法预测永存预应力。

关键词　桥梁工程　PC 梁　振动频率　永存预应力　试验研究

一、引　言

预应力的施加改变了混凝土梁的振动基频,其改变量随预应力的增大而增大,这在 1994 年

M. Saiidi 等已通过混凝土简支梁室内模型试验得以证实，推导出了预应力混凝土构件的有效刚度 $(EI)_e$ 与预应力 N 之间的函数关系表达式，并建议用有效刚度 $(EI)_e$ 代替抗弯刚度 EI 计算预应力混凝土梁的基频[1]。但 M. Saiidi 等仅对矩形实心截面形心配束的简支梁进行了研究，预应力对不同配束方式、不同截面形式和材料特性的混凝土梁未作进一步的深入分析，本文在分析研究现有理论和研究方法[2~11]的基础上，对不同配束方式（形心直线束、偏心直线束、曲线束）和不同截面形式（矩形板、T形、空心板）的模型梁进行了深入研究，充分考虑预应力束偏心距、截面特性和材料特性的影响，按不同配束方式提出本文的分析方法和试验公式，基于试验公式进一步提出PC梁永存预应力的预测方法。

二、试 验 研 究

1. 模型设计

根据我国预应力混凝土简支梁常用的T形梁和空心板梁作为研究对象，模型试验参照标准图尺寸按比例缩尺成模型尺寸，同时根据试验需要还选用了实心板梁，并按试验需要设计模型尺寸。T形梁模型选用25m跨径作为代表跨径，按1/10比例缩尺成模型尺寸，纵向预应力筋采用曲线配束，共制作5片梁；空心板梁模型选用16m跨径作为代表跨径，按1/5比例缩尺成模型尺寸，纵向预应力筋采用偏心直线配束，共制作3片梁；实心板梁根据试验需要进行设计，纵向预应力筋分别采用形心直线配束、偏心直线配束和曲线配束三种，每一种配束梁分别制作3片，如图1所示。

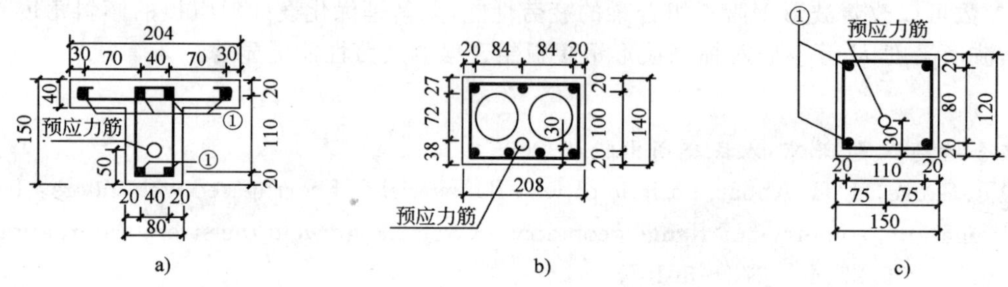

图1 模型试验梁横截面（尺寸单位：mm）

a)T形梁（T梁）；b)空心板梁（K梁）；c)实心板梁（偏直束S1梁）

2. 基频 ω_{p1} 与预应力 N 关系测试

根据在不同预应力 N 作用下的实测基频 ω_{p1}，分别对S1-1～S1-3（偏直束）、S2-1～S2-3（曲线束）、S3-2～S3-3（形直束）、T1～T5（曲线束）和K1～K3（偏直束）五类模型梁进行了测试，得出以下规律：

(1)按直线配束的S1梁、S3梁和K梁之 ω_{p1}—N 关系均满足同一变化规律，ω_{p1} 随 N 的增加均呈一次线性规律增大，但每一类梁 ω_{p1} 随 N 增大量值的大小不同，该增大量值与材料性质、截面特性和预应力束的偏心距有关。

(2)按曲线配束的S2梁和T梁之 ω_{p1}—N 关系均满足同一变化规律，ω_{p1} 随 N 的增加均呈"曲线+直线"规律增大，但S2梁和T梁 ω_{p1} 随 N 增大量值的大小不同，该增大量值与材料性质、截面特性和预应力束的偏心距有关。

(3) ω_{p1}—N 关系变化规律与预应力束的设置形状（直线束或曲线束）有关，与材料特性、截面形式、预应力束偏心距无关。

(4) ω_{p1}—N 关系变化量值的大小与材料特性、截面形式、预应力束偏心距有关。设置同一形状预应力束的梁，截面刚度越大，梁的振动频率越高，预应力的作用越不明显。

三、试 验 分 析

1. 预应力 N 值研究范围的确定

(1)研究起点 N 值

当 $N<10\text{kN}$ 时，由于结构内部微裂缝的存在和弹性压缩等因素的影响，所测数据应在分析中舍去。所以研究起点为 $N=10\text{kN}$，相当于各类模型梁最大张拉力的 8%～12%。

(2)研究终点 N_{max} 值

模型梁最大允许张拉力值 N_{max} 应充分考虑以下几方面因素，取其中控制者：

①张拉过程中保证模型梁上翼缘混凝土不开裂(试验中混凝土允许最大拉应变控制在 $-80\mu\varepsilon$)；

②模型梁受压翼缘混凝土不被压裂；

③张拉端混凝土不产生局部承压开裂；

④模型梁在张拉过程中不产生纵向失稳；

⑤预应力束(钢绞线)最大允许张拉力为 195kN。

2. 有效刚度 B_e、静刚度 B 与 N 关系分析

由试验测试数据回归出有效刚度($B_e=E_dI$)与静刚度($B=E_cI$)之比 B_e/B 随预应力 N 的变化规律，如图 2 和图 3 所示，并分别按不同配束方式进行回归分析。

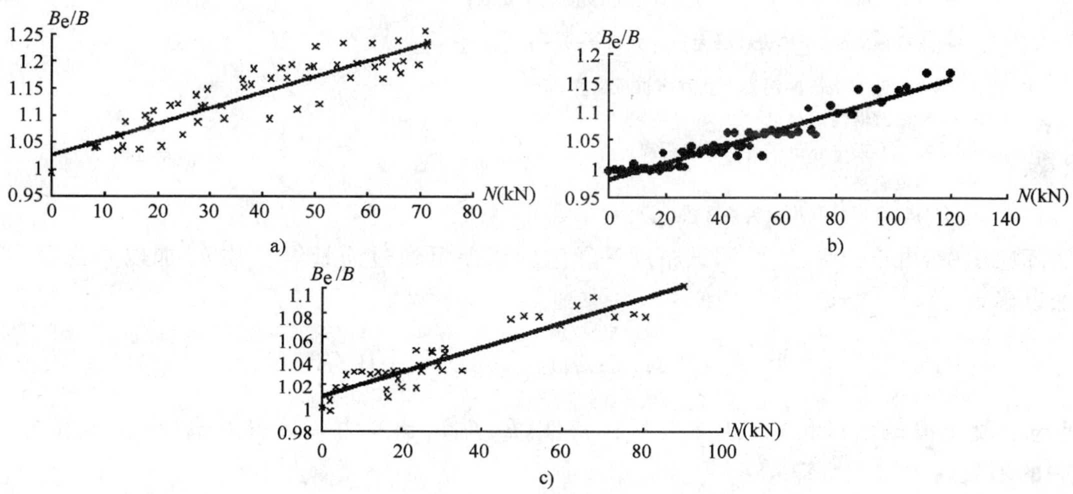

图 2　直线配束梁 B_e/B-N 关系图

a)S3-2～S3-3 梁(形心直线束矩形板梁)；b)S1-1～S1-3 梁(偏心直线束矩形板梁)；c)K1～K3 梁(偏心直线束空心板梁)

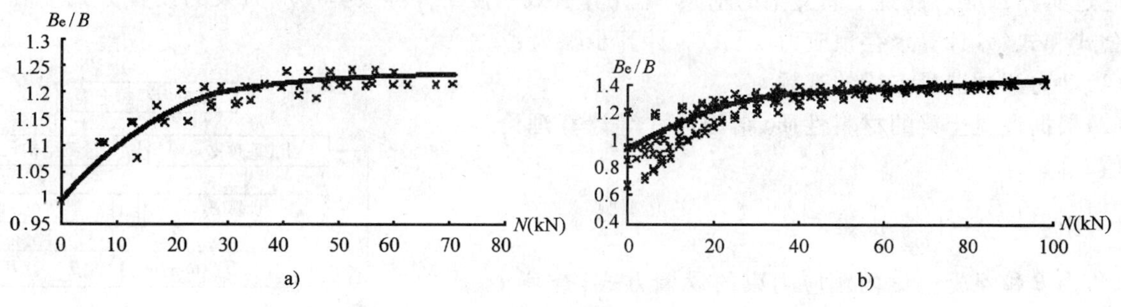

图 3　曲线配束梁 B_e/B-N 关系图

a)S2-1～S2-3 梁(曲线配束矩形板梁)；b)T1～T5 梁(曲线配束 T 形梁)

3. 规律分析

ω_{p1}—N 关系应分段讨论分析，本文引入无量纲量 λ，设 $\lambda=\dfrac{N}{N_{max}}$($N$ 为预应力实测值，N_{max} 为试验梁最大可施加预应力)，则有 $0\leqslant\lambda\leqslant1$。由上述 B_e/B—N 回归关系图可以得出以下结果。

(1)B_e/B—N 关系变化规律取决于预应力束的布设形状，直线配束梁按一次线性规律变化；曲线配束梁当 $\lambda\leqslant0.30$ 时按二次曲线规律变化，当 $\lambda>0.30$ 时按一次线性规律变化。

(2)B_e/B—N 关系变化量值的大小取决于材料特性、截面形式和预应力束的偏心距。

(3)根据上述试验测试回归分析，考虑材料特性、截面形式和预应力束的偏心距的影响后，预应力混凝土简支梁有效刚度比 β 可表示为式(1)～式(3)，如表 1 所列。

预应力混凝土简支梁有效刚度比 β[12] 表 1

预应力束设置方式	有效刚度比 $\beta(\beta=B_e/B)$	公式编号
直线配束	$1+k_1\cdot\left(1-\frac{2e}{h}\right)\cdot\frac{N}{Af_{cu}}$	(1)
曲线配束	当 $\lambda\leqslant0.30$ 时：$1+k_2\cdot\left(\frac{N}{Af_{cu}}\right)-k_3\cdot\left(\frac{N}{Af_{cu}}\right)^2$	(2)
	当 $\lambda>0.30$ 时：$k_4+k_5\cdot\left(\frac{N}{Af_{cu}}\right)$	(3)

式中：B_e——截面有效刚度，$B_e=E_dI$；

B——截面静刚度，$B=E_cI$；

E_c——混凝土弹性模量，根据混凝土强度等级按规范查取；

N、N_{max}——永存预应力、结构设计最大预应力，$\lambda=\frac{N}{N_{max}}$；

f_{cu}——边长为 150cm 的混凝土立方体抗压强度；

I——毛截面惯性矩；

e——预应力束中心距截面形心的距离；

h——毛截面高度；

k_1、k_2、k_3、k_4、k_5——与截面形状有关的实验常数。

在实际应用中，由于边界条件、测试精度等导致的误差可通过无量纲系数 k_0 加以修正，k_0 应通过试验测试加以确定。

$$k_0\cdot\beta(N;E;A;I;f_{cu};e;k_i)=B_e/B \tag{4}$$

β 是与混凝土梁截面形状 (A、I、k_i)、材料特性(E、f_{cu})、预应力束设置方式(e) 以及预应力的大小 (N) 有关的函数。

四、永存预应力预测

通过实测预应力混凝土简支梁的基频 ω_{p1} 计算有效刚度 B_e，再根据预应力束的设置方式按表 1 中的相应公式和式(4)计算永存预应力(图 4)。计算步骤为：

(1)动力测试混凝土梁的基频 $\omega_{测}$。

(2)根据混凝土梁的材料性质、结构尺寸等计算理论基频值 $\omega_{计}$。

(3)由 $\beta=\frac{B_e}{B}=\left(\frac{\omega_{测}}{\omega_{计}}\right)^2$ 推求 β。

(4)由 β 和混凝土梁内预应力束的设置方式，查表 1 中相应公式计算永存预应力 N。

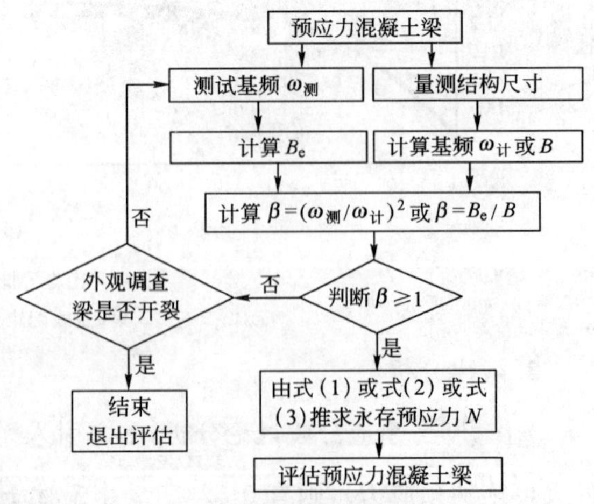

图 4 动力测试法预测永存预应力示意图[12]

五、实梁测试验证

某 1 孔 8m 预应力混凝土后张预制箱梁，采用 C40 混凝土预制，计算跨径 7.7m，预应力束采用 ϕ15.2 钢绞线，每束截面积 140mm²，采用曲线配束，截面尺寸如图 5 所示。

已知：箱梁重力 38.00kN，28d 强度 41MPa，$E_c=3.282\times10^4$MPa，箱梁最大可施加预应力 390kN，计算基频 12.889Hz，实测基频 14.282Hz(如图 6 所示)。1 号束张拉力 680MPa(95.20kN)，2 号束张拉力 893MPa(125.02kN)合计预应力 220.22kN。

计算：

$$k_0 \cdot \beta = \frac{B_e}{B} = \left(\frac{\omega_{测}}{\omega_{计}}\right)^2 = (14.282/12.889)^2 = 1.228$$

$$\beta = 1.228/1.043 = 1.177 > 1$$

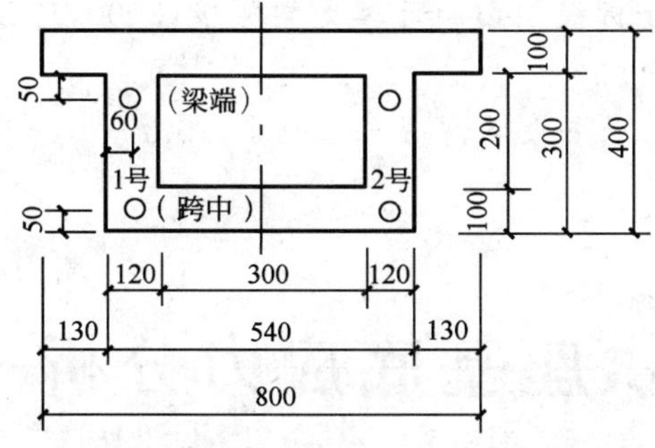

图 5 箱梁横截面示意图(尺寸单位:mm)

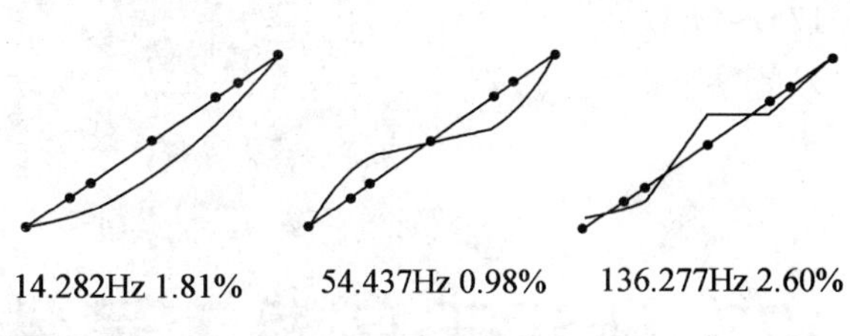

图 6 实测频率图

由于边界条件、测试误差等因素导致的误差,式(4)中的修正系数 k_0 取 1.043。

$\lambda = \frac{N}{N_{max}} = 220.22/390 = 0.565 > 0.30$,故采用式(3)计算。

经计算得:$N = 220.23$kN,与张拉测试预加力 220.22kN 相差 0.01kN。

六、结　　语

本文基于动力试验对不同配束方式(形心直束、偏心直束、曲线束)和不同截面形式(正方形、矩形、T 形和空心板截面)的简支模型梁进行了全面测试研究,通过回归分析得出预应力对不同配束方式和不同截面形式简支梁的影响规律,并归纳总结出预应力与简支梁有效刚度比的三个试验关系式。由此得出:

(1)预应力对简支梁振动频率影响规律与配束方式有关,对于直线配束梁,振动基频按一次线性规律变化;对于曲线配束梁,当 $\lambda \leqslant 0.30$ 时,振动基频按二次曲线规律变化;当 $\lambda > 0.30$ 时,按直线规律变化。

(2)预应力对简支梁振动频率影响量值的大小与截面形式、材料特性、预应力束偏心距有关。

基于 PC 梁动力性能测试预测该梁永存预应力的方法,适用于装配式预应力混凝土成品单梁出厂验收和在役预应力混凝土简支梁永存预应力的预测评估,对于预应力混凝土连续结构和开裂结构还有待进一步研究。

参考文献

[1] M. Saiidi, B. Douglas and S. Feng. Prestress force effect on vibration frequency of concrete bridgcs. ASCE Journal of Structure Engineering, 1994, 120(7): 2233～2241.

[2] 刘宏伟,张伟,庄惠平.预应力对梁的动力影响分析[J].黑龙江科技学院学报,2002,12(3):37～39.

[3] 楼梦麟,洪婷婷.预应力梁横向振动分析的模态摄动方法[J].工程力学,2006,23(1):36～39.

[4] E. Hamed, Y. Frostig. Natural frequencies of bonded and unbonded prestressed beams - prestress force effects. Journal of Sound and Vibration 2006, 295: 28～39.

[5] 宋一凡,周彦军,贺拴海.钢筋混凝土梁的动刚度分析[J].西安公路交通大学学报,1998,18(4(B)):137～141.

[6] 徐美惠.钢筋混凝土空心板的动力分析[J].青海大学学报,1999,17(6):1～5.

[7] M. M. AbdelWahab, G. De Roeck. Dynamic testing of prestressed concrete bridges and numerical verification. Proceedings of the International Conference on Computational Methods and Experimental Measurements, CMEM, 1997, 195～204.

[8] Mo Y. L, Perng S. F, Hwang W. L. Dynamic behavior of frames containing prestressed concrete

beams. Magazine of Concrete Research,2001,53(2):101～105.
[9] 刘承斌,王柏生,曲昌春.用振动法进行 PRC 梁的预应力损失检测[J].振动与冲击,2003,22(3):95～97.
[10] 吕中荣,罗绍湘,刘济科.预应力对预应力梁振动的影响[J].中山大学学报(自然科学版),2006,145(12):119～120,128.
[11] 郭向荣,陈淮,曾庆元.预应力混凝土 T 形梁桥动力特性分析模型[J].计算力学学报,2000,17(2):176～183.
[12] 刘龄嘉.预应力混凝土梁桥永存预应力预测方法研究[D].长安大学博士学位论文,2007.

173.浙江千岛湖 1 号特大桥拱座基底应力分析

杨春梅[1]　薄新钢[1]　王宏元[2]　王燕伟[3]
(1.中国公路工程咨询集团有限公司;2.华杰工程咨询有限公司;3.中交跨世纪工程技术有限公司)

摘　要　千岛湖 1 号特大桥是一座上承式钢管混凝土拱桥,主拱净径为 252m,拱座基础坐落在中风化砂岩内。本文主要用空间有限元对基底应力进行分析计算,对照基底承载力试验结果,确定拱座基础尺寸,确保拱座安全。

关键词　千岛湖　上承式钢管混凝土拱桥　拱座　基底应力

一、设 计 概 况

杭新景高速公路千岛湖支线千岛湖 1 号特大桥位于淳安境内,跨越千岛湖,主桥为净跨径 252m 的上承式钢管混凝土拱桥;引桥上部构造为跨径 20～40m 跨径先简支后刚构 T 梁桥,下部构造采用柱式桥墩,柱式和肋板式桥台。全桥长 1 343.60m。主桥立面布置图如图 1 所示。

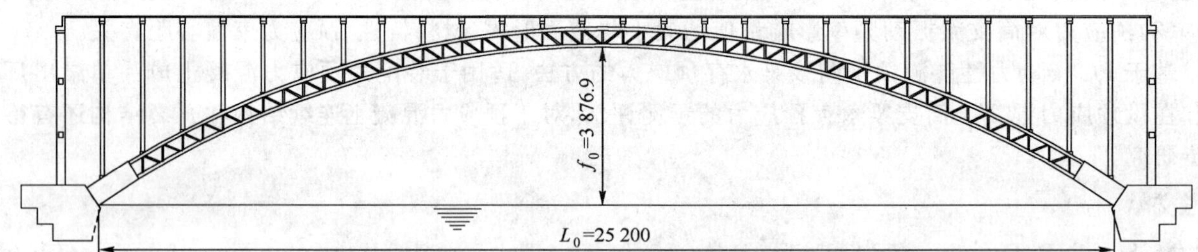

图 1　千岛湖 1 号特大桥立面图

主要设计标准为:

设计车速:80km/h。

桥面宽度:整体式断面桥宽 23m;分离式断面 2×11.75m。

设计荷载:汽车—20 级,挂车—120。

设计地震烈度:基本烈度 6 度。

主桥为净跨 252m 的上承式钢管混凝土拱桥,净矢跨比 1/6.5,拱轴线采用悬链线,拱轴系数为 1.756。

全桥采用两片拱肋,拱肋间距 16m,每片拱肋为由 4 根直径 1 000mm 的钢管组成宽 2.5m,高 5m 的钢管混凝土桁架。为增加标高 102m 常水位以下拱肋的耐久性,该部分拱肋外包 C50S8 级防水混凝土。

拱上立柱采用钢管混凝土结构。

立柱上横梁采用预制吊装的预应力混凝土结构。

行车道板采用简支的 10m 跨径先张法空心板。

拱座基础采用扩大基础，对应于拱肋，每侧拱座采用分离的结构，通过系梁联系。拱座基底落在中风化细砂岩上，基底基本承载力为1 200kPa，拱座内预埋钢管应与主拱钢管焊成整体，以利于传递拱脚截面内力。

二、拱座实际变更情况

建德岸拱座开挖后发现拱座背后岩石和钻探时有一定出入，背后岩石的中风化顶面从左侧向右逐步从103m左右下降致右侧的99m，呈倾斜状态，为确保拱座安全，拱座基础底面向下开挖，使拱座底面位于中风化层至少1m。

三、拱座基底承载力试验

拱座底面按上述变更开挖后进行了浅层平板静载试验检测，确保拱座基底的承载力满足要求。试验选择在最不利的右侧拱座进行，在98m高程的台阶上选择了3个点进行试验。按照《建筑地基基础设计规范》(GB 50007—2002)规定，试验采用面积为0.25m^2 的圆形承压板，采用千斤顶加压，百分表测量沉降量，最大试验荷载为2 400kPa，3个点的 p-s 曲线如图2、图3、图4所示。

试验结果表明在最大试验荷载2 400MPa作用下，3个测点最大沉降量为5.7mm（小于本桥整体计算时拱座位移2cm的假定），相应得沉降回弹量4.25mm，测点沉降回弹率达75%以上，判断极限承载力为2 400MPa，地基承载力特征值为1 200MPa。

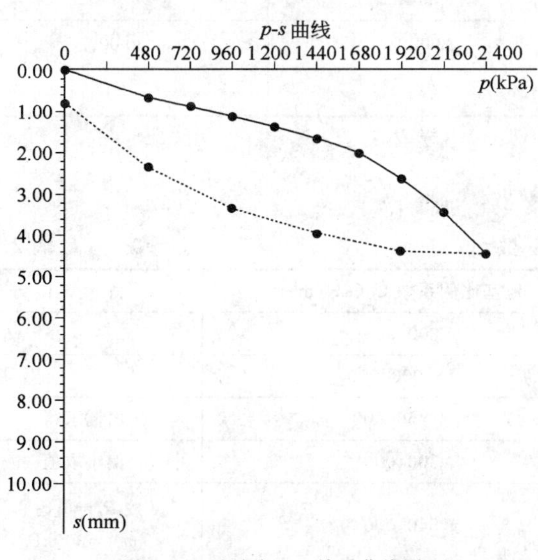

图2 S_1 试验点 p-s 关系曲线图

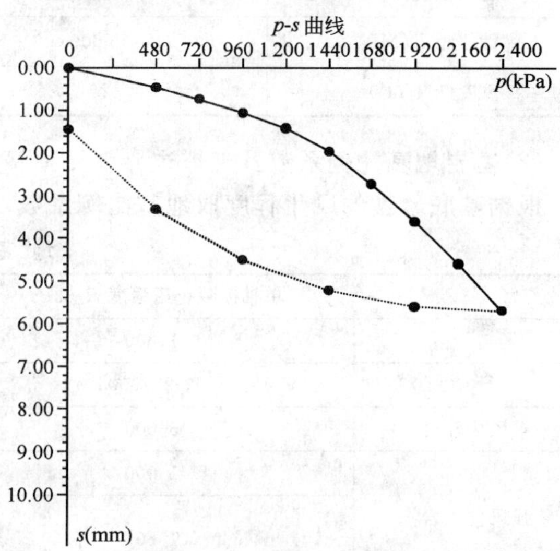

图3 S_2 试验点 p-s 关系曲线图

四、变更的拱座基底应力验算

根据现场开挖情况，建德岸右拱座最为不利，拱座底面已向下加深，位于中风化砂岩顶面以下1m，左侧拱座底面埋入中风化砂岩深度比右侧深，所以选择建德岸右侧拱座进行基底应力验算。

由于拱座基础受力较复杂，采用有限元软件进行分析计算。

1.计算模型

拱座混凝土采用空间块体元模拟，与拱座接触的基底采用地基弹簧单元模拟（按 m 法计算弹簧刚度参数）。

采用通用有限元计算程序对拱座进行计算，计算模型见图5。

2.计算参数

(1)混凝土主要力学性能指标

根据拱座各部分混凝土标号选取计算参数，见表1

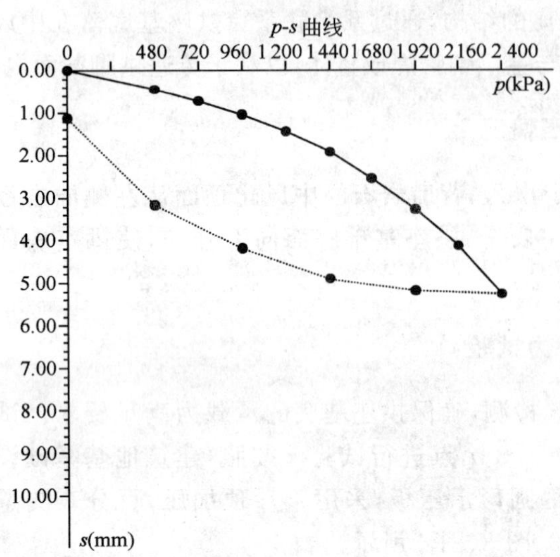

图4 S_3 试验点 p-s 关系曲线图

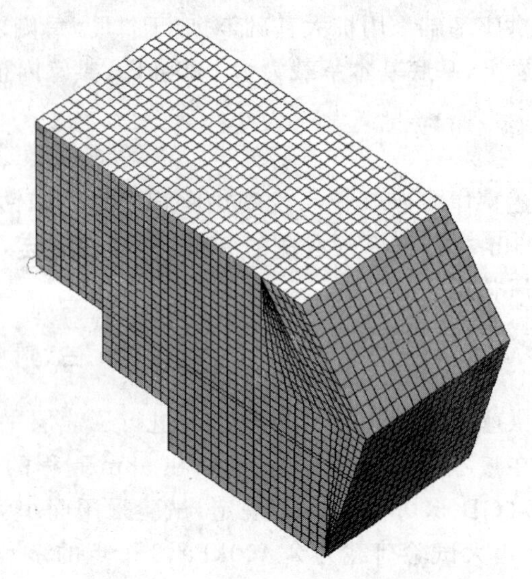

图5 建德岸右侧拱座计算模型

混凝土力学性能指标表 表1

力学性能指标	C50 混凝土	C40 混凝土	C30 混凝土
弹性模量 E(MPa)	35 000	33 000	30 000
重度(kN/m^3)	26	26	26

(2)基岩地基比例系数及支撑边界单元弹簧刚度

根据基底岩性的风化程度取地基比例系数,见表2。

地基比例系数 表2

岩层	单轴极限抗压强度 R_a(kPa)	地基比例系数 C_0(kN/m^3)	备注
	1 000	300 000	
	＞25 000	15 000 000	
中风化砂岩	5 000	2 750 000	内插求得
强风化砂岩	1 000	300 000	偏小取值
	1 800	540 000	按 $R_a=6[\sigma_0]$ $[\sigma_0]=300kPa$

根据选择的地基比例系数,乘以各支撑单元所代表面积即为支撑单元弹簧刚度。

(3)拱肋外力

根据主桥纵向整体计算结果,拱肋作用在拱座上的最不利外力为:

水平力 $H=71\ 620kN$

竖向力 $V=48\ 632kN$

弯 矩 $M=10\ 722kN\cdot m$

作用点位于拱肋中心。

3. 计算结果

采用 algor 空间有限元程序计算,基底侧向和竖向应力见图6。

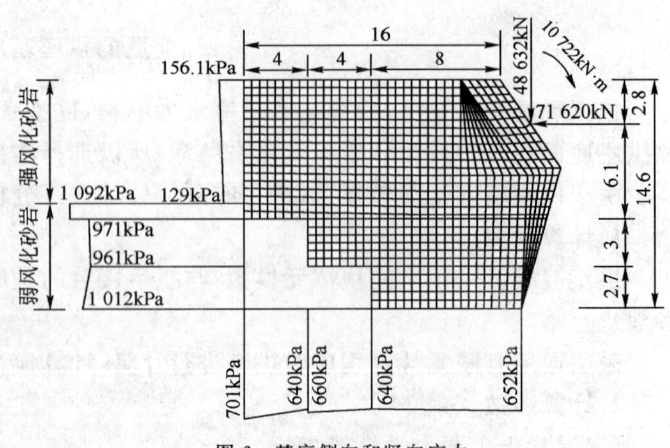

图6 基底侧向和竖向应力

上述计算结果表明：

强风化砂岩基底最大侧向应力为156.1kPa；

中风化砂岩基底最大侧向应力为1 092kPa；

中风化砂岩基底最大竖向应力为701kPa；

均小于地基承载力，且在此外力作用下拱座变形量小于5.7mm，满足要求，拱座是安全的。

参考文献

[1] 杭新景高速公路千岛湖支线工程项目浅层平板静载荷试验检测报告.2004.12.

[2] 杭新景高速公路千岛湖支线-千岛湖1号特大桥施工图设计文件.2003.

174. 长悬臂行车道板计算方法研究

张　岗[1]　郭　琦[1]　周勇军[1]　任　伟[1]　王新敏[2]

（1.长安大学公路学院；2.石家庄铁道学院大型结构所）

摘　要　针对按公路钢筋混凝土及预应力混凝土桥涵设计规范(JTG D62—2004)对长悬臂行车道板进行计算有许多不合理的情况(偏于不安全)，本文借助于大型软件ANSYS，详细讨论并分析了长悬臂行车道板的计算方法，提出了一比较简洁、实用的计算公式。通过对一实例的验算证明相对于规范和沙柯公式，本文提出的公式准确、可靠。

关键词　桥梁工程　有限元方法　悬臂板　有效分布宽度　计算方法

一、问题的提出

随着交通事业的发展，大悬臂梁成为桥梁建设中的主要形式，然而我国桥规中所规定的计算方法存在许多缺陷，已不能满足大悬臂设计中的新要求。

在悬臂板内力的计算中，许多计算理论中都采用了不同的荷载有效分布宽度，公路钢筋混凝土及预应力混凝土桥涵设计规范[1](JTG D62—2004)中近似地按轮压分布外缘在平面上以45°分布的宽度作为荷载有效分布宽度。而文献[3]在长悬臂行车道板计算结果中建议按42°左右向根部做平面分布来作为荷载有效分布宽度，按此算法，公路钢筋混凝土及预应力混凝土桥涵设计规范[1](JTG D62—2004)中对荷载有效分布宽度的计算值偏大，造成不安全设计。如果对有效分布宽度的计算理论不加以修正，难以描述悬臂板的真实受力状态。

显而易见，以前许多有关计算悬臂板的方法已不能满足变厚度直线长悬臂行车道板的设计要求[3]，应该积极地寻求其他合理的计算理论，以便保证结构设计的安全、合理、可靠与实用。

二、计 算 方 法

本文在悬臂行车道板的根部视为嵌固端的基础上，利用大型通用有限元软件ANSYS[4]分析悬臂行车道板根部内力情况，对桥规中的有效分布宽度加以修正，并与其他计算方法作了对比，提出在集中力作用下、变厚度长悬臂行车道板的弯矩表达式。

$$m_x = f(x,0) = -f(u,v,w)\frac{p\xi}{a} \tag{1}$$

式中：$f(u,v,w)$——修正函数，其中$u=x/l_0$，$v=\xi/l_0$，$w=t_2/t_1$，见表1；

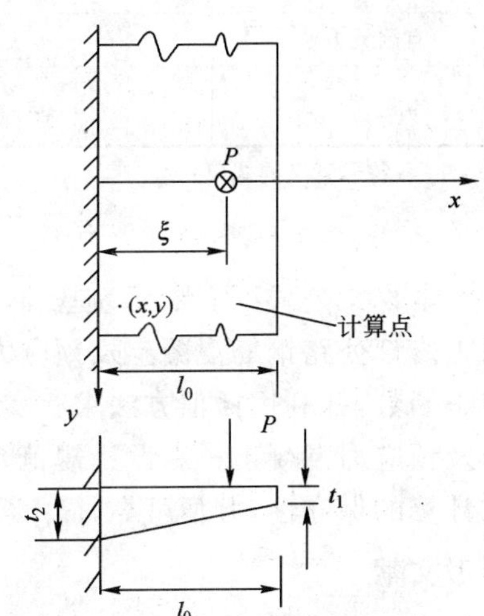

图1　长悬臂行车道板

a——荷载有效分布(荷载作用点按45°向悬臂根部分布的宽度);

ξ——荷载沿 x 轴的作用位置;

l_0——悬臂板长度(参考图1)。

当 $\xi=l_0$,$x=0$ 时,式(1)就是变厚度悬臂行车道板在集中荷载作用在边缘上时,其悬臂根部的最大弯矩

$$m_x = f(x,0) = -f(w)\frac{p\xi}{a} \tag{2}$$

当 $w=1$ 时,式(2)就是桥规中有关等厚度悬臂行车道板的计算公式。

$f(u,v,w)$值　　表1

w	1.0					2.0					3.0				
u,v	1.0	0.8	0.6	0.4	0.2	1.0	0.8	0.6	0.4	0.2	1.0	0.8	0.6	0.4	0.2
0	0.97	0.85	0.76	0.67	0.59	1.30	1.03	1.00	0.86	0.73	1.38	1.19	1.01	0.84	0.69
0.2	0.93	0.81	0.69	0.56	0.33	1.23	1.06	0.89	0.71	0.43	1.29	1.09	0.91	0.69	0.40
0.4	0.82	0.69	0.55	0.37	0.15	1.04	0.86	0.67	0.45	0.19	1.06	0.87	0.67	0.45	0.20
0.6	0.68	0.55	0.40	0.23	0.08	0.80	0.63	0.45	0.26	0.09	0.79	0.62	0.44	0.25	0.09
0.8	0.53	0.42	0.29	0.16	0.05	0.57	0.43	0.29	0.15	0.04	0.53	0.40	0.26	0.13	0.04
1.0	0.41	0.31	0.20	0.10	0.03	0.39	0.28	0.18	0.08	0.02	0.33	0.24	0.15	0.07	0.02

三、典型算例

如图1所示,取自由端板厚 $t_1=20.3\text{cm}$,根部厚度为 $t_2=53.3\text{cm}$,悬臂长度 $l_0=5\text{m}$ 的无限宽悬臂行车道板进行计算。用规范(JTG D62—2004)[1]公式、沙柯公式[2]、美国AASHTO规范[2]公式及有限元分析[4]、本论文公式进行求算并对比其结果,泊松比 $\nu=0.1667$(见表2)。

计算结果对比　　表2

计算方法	计算公式	m_x	误差(%)
文献[1]	$m_x=f(x,0)=-P\xi/a$	−100.000	29.60
沙柯方法[2]	$m_x=f(x,0)=-\frac{P}{\pi}A'\frac{1}{\cosh\left(\frac{A'y}{l_0}/\frac{\xi}{l_0}\right)}$	−95.541	33.12
美国AASHTO[2]	$a=0.8x+1.143$　$m_x=-Px/a$	−194.439	36.88
有限元方法	—	−142.046	0
本论文公式	$m_x=f(x,0)=-f(u,v,w)\frac{P\xi}{a}$	−135.005	4.90

注:各符号意义同式(1)。

四、结　　论

本论文公式以有限元为基础,对变厚度的无限宽长悬臂行车道板进行空间分析,用有限元分析的结果去修订公路钢筋混凝土及预应力混凝土桥涵设计规范[1](JTG D62—2004)中的公式,提出不同厚度的修正函数,并利用插值方法求解实例,将其结果与其他计算方法对比,其误差小,摒弃了用公路钢筋混凝土及预应力混凝土桥涵设计规范[1](JTG D62—2004)公式计算的不安全性和用美国AASHTO规范公式计算的保守性,方便可靠,简单实用。

参考文献

[1] 公路钢筋混凝土及预应力混凝土桥涵设计规范(JTG D62—2004).[S].北京:人民交通出版社,2004.

[2] 项海帆.高等桥梁结构理论[M].北京:人民交通出版社.2001.

[3] 徐利平.箱形悬臂板的简化分析[J].上海公路,2001,(2):18～21.
[4] 张立明.Algor、Ansys在桥梁工程中的应用方法与实例[M].北京:人民交通出版社,2003.4.

175.预应力混凝土连续刚构桥荷载试验

黄克超 张永辉 刘运伟
(新疆交通科学研究院)

摘 要 本文论述了预应力混凝土连续刚构桥的荷载试验,内容包括各控制截面的理论分析和实测结果分析,并根据新的桥梁荷载试验评定标准对大桥的承载能力进行了评价。

关键词 预应力混凝土 连续刚构 荷载试验

一、概 况

自桥梁产生之日起,桥梁的承载能力就成为人们关心的问题。随着科学技术的发展和认知水平的提高,桥梁承载能力的概念和内涵也在不断丰富,它不再单纯是桥梁能承受多大荷载的问题,在今天,桥梁的承载能力包括了安全性、耐久性和适用性等方面的内容。研究人员在这些方面作了大量研究并试图用各种方法评估和预测桥梁的承载能力。在竣工验收项目中最直接、最有效的检验方法就是桥梁荷载试验。桥梁结构荷载试验是对桥梁结构进行直接加载测试,以了解桥梁结构在试验荷载作用下的实际工作状态,从而判断桥梁结构的承载能力,评价桥梁的施工质量。对于一些理论上难以计算的部位,可以通过荷载试验了解其受力状态,有助于发现结构的安全隐患,对检验桥梁的设计与施工质量,发展桥梁设计理论,提高施工工艺水平都有非常重要的意义。

新疆伊犁河特大桥主桥为66m+5×120m+66m刚构—连续组合梁桥,主桥采用双箱单室预应力混凝土箱型截面;桥面宽度25.5m;最大纵坡≤2.0%;桥面横坡1.5%;设计荷载为公路一级;设计时速100km/h;双向四车道。

二、试验控制截面的选择

由于伊犁河大桥结构比较复杂,要进行试验的截面也比较多,所以必须通过理论分析确定大桥各个控制截面的位置和相应的荷载布置位置。也就是说,全面地、准确地理论分析是试验能否成功的关键。在详尽的理论分析之后,根据分析结果确定控制截面,然后在控制截面上布置相应的测点,主要包括应力测点和位移测点。测点布置完成之后,再对汽车荷载的加载位置进行详尽的计算。

首先我们对伊犁河大桥主桥在汽车荷载作用下的各种受力情况进行了详尽的分析。根据规范的要求,大桥控制截面应当选择在各种可能的汽车荷载以不同的形式通过大桥时各个截面的最不利荷载效应处。对此我们首先将大桥主桥沿纵向划分为242个计算单元,每一个截面按实际的截面形式输入计算机,然后由不同的车列通过桥梁,计算出每一个截面在不同荷载位置时的内力和位移。从中找出各个截面的最不利荷载位置。大桥的有限元计算模型如图1。

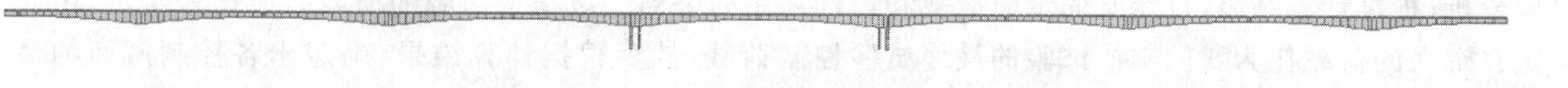

图1 伊犁河大桥有限元计算模型

由于伊犁河大桥按公路一级荷载标准设计,我们按照此荷载标准对各个截面的最大内力进行了计算,部分结果见图2。

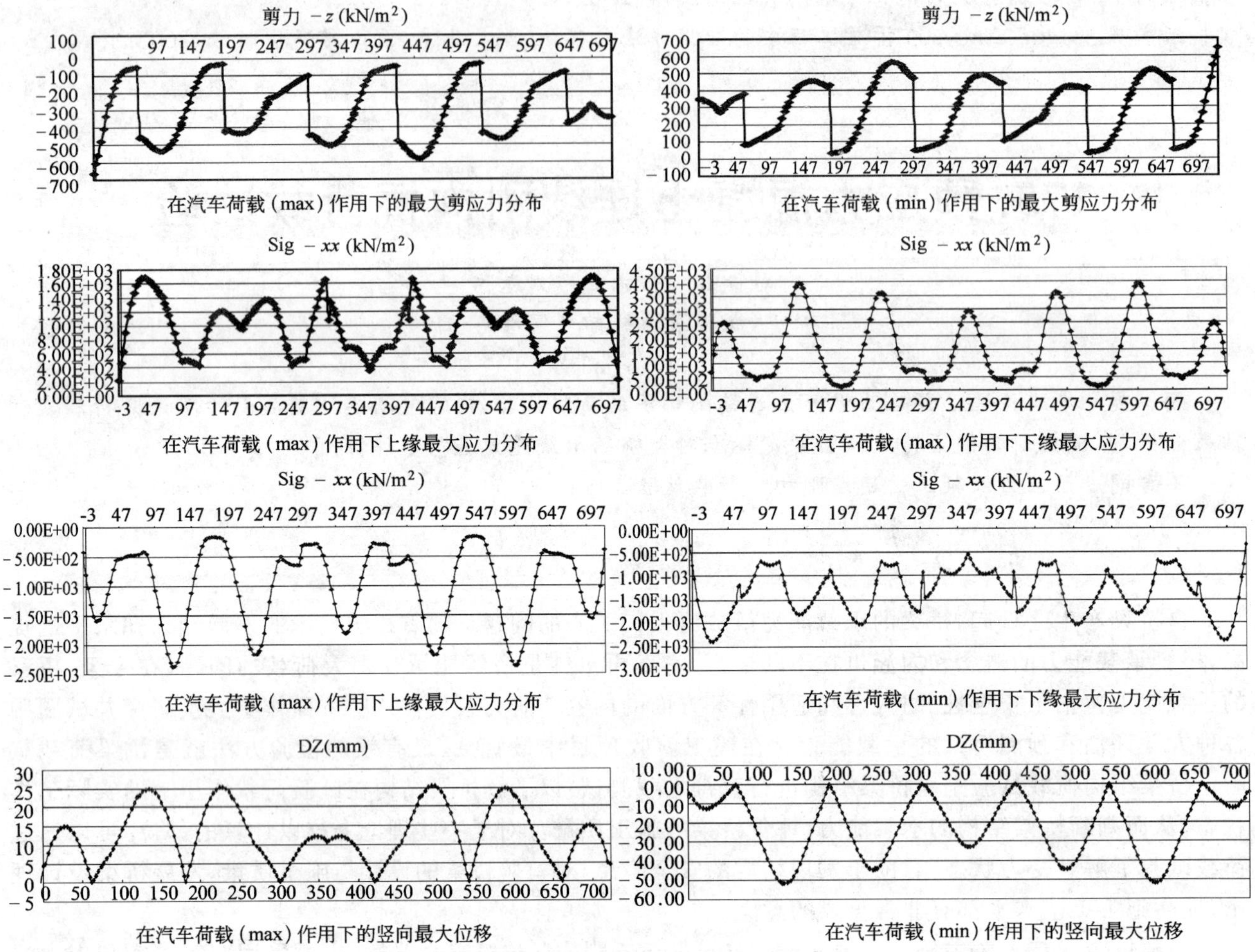

剪力 －z (kN/m²)
在汽车荷载（max）作用下的最大剪应力分布
剪力 －z (kN/m²)
在汽车荷载（min）作用下的最大剪应力分布
Sig －xx (kN/m²)
在汽车荷载（max）作用下上缘最大应力分布
Sig －xx (kN/m²)
在汽车荷载（max）作用下下缘最大应力分布
Sig －xx (kN/m²)
在汽车荷载（max）作用下上缘最大应力分布
Sig －xx (kN/m²)
在汽车荷载（min）作用下下缘最大应力分布
DZ(mm)
在汽车荷载（max）作用下的竖向最大位移
DZ(mm)
在汽车荷载（min）作用下的竖向最大位移

图2　全桥最大内力计算结果

对照以上的计算结果，按照对称性和最不利荷载组合的原则，最后确定了8个控制截面，各个控制截面的纵向位置见图3。

A
B
C
D
E
F
G H
66m
120m
120m
120m
120m
120m
66m
⑦
⑧
⑨
⑩
⑪
⑫
⑬
⑭

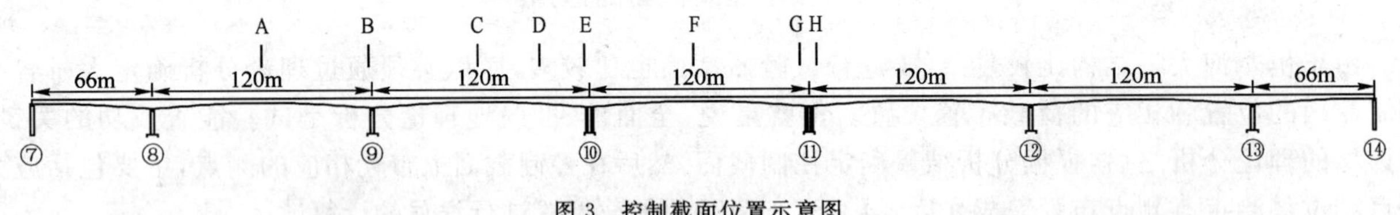

图3　控制截面位置示意图

三、试验荷载工况的选定

1. 确定最不利荷载

首先计算出各个截面上的内力影响线，然后在影响线上布载计算出各自的荷载效应，最后进行比较，找出各个截面上的最不利荷载位置。我们分别对车道荷载，车辆荷载和拟选定的试验荷载进行了荷载效应分析，根据计算结果，自定义的试验荷载和设计采用的公路一级车道荷载的荷载效应比较接近，由此确定自定义的荷载作为我们本次试验的最终试验控制荷载，然后根据计算结果，确定出各控制截面的最不利荷载位置。

2. 计算试验荷载效率

根据以上各种荷载下的内力得到控制截面在最不利荷载作用下的荷载试验效率。试验荷载与荷载试验效率确定了本次试验采用的加载方式，计算时取用的具体荷载数值根据现场称重结果做进一步调整。就某一加载试验项目而言，其所需加载的数量及其在桥梁上的纵、横向排列，将根据试验控制荷载产生的对应加载控制截面内力或变位的最不利效应值，按下式所确定的原则等效换算而得：

$$0.85 \leqslant \eta = \frac{S_{\text{state}}}{S(1+\mu)} \leqslant 1.05 \tag{1}$$

式中：η——静载试验效率；

S_{state}——静载试验荷载作用下，某一加载试验项目对应的加载控制截面内力或变位的最大效应计算值；

S——试验控制荷载产生的同一加载控制截面内力或变位的最不利效应计算值；

$(1+\mu)$——按规范取用的冲击系数。

计算表明，所有控制截面的荷载试验效率指标都超过了85%，达到了荷载试验规范规定的静载试验效率的要求。实际的自定义荷载各个轴重及轴距见图4。

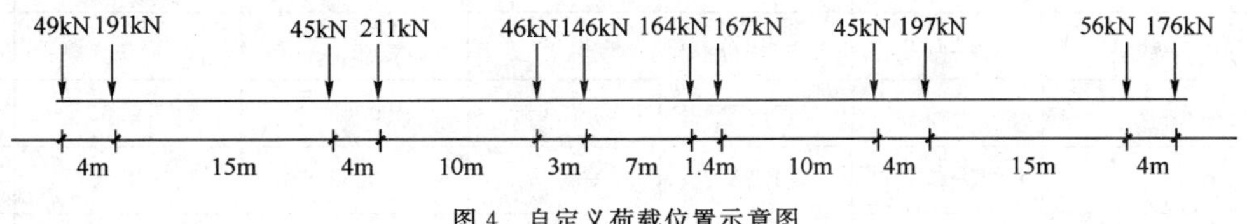

图4 自定义荷载位置示意图

3. 试验荷载作用位置

为了获取结构试验荷载与变位的相关曲线，防止结构加载意外损伤，就某一加载试验项目，其静力试验荷载分成四级加载，加载方式为单次逐级递加到最大荷载，然后卸至零荷载。为了避免大量的重复装卸工作，我们采取了影响线加载的模式，也就是说车辆一次装好之后重量不再改变，用不同的加载位置模拟各截面的荷载分级效果。通过试算，总共确定了57个试验加载工况，其中有些工况的加载位置比较接近，可以进行合并。合并后的加载工况总共有44种。

四、荷载试验理论分析

1. 计算模型

伊犁河大桥是一个特大型的预应力混凝土连续刚构桥，根据不同的软件功能，在计算时分别将其简化为空间结构和平面结构，结构离散为梁单元，节点总数为243个，单元总数为242。中间2个墩视为固定连接墩，其余各墩和两边跨端视为活动铰支座。

2. 荷载

(1)重力荷载作用

考虑了连续梁桥各梁段单元的自重(包括钢筋)，同时考虑二期恒载的重量。

(2)汽车荷载作用

按照前面介绍的设计荷载即公路一级荷载作用下的控制截面荷载效应等效原则，我们采用了自定义的汽车荷载加载模式。首先让自定义荷载从大桥的一端到另一端，确定出控制截面后再按照分级加载的原则对各个截面按影响线布载，布载的位置以荷载效应达到或近似达到相应截面最大效应的40%、60%、80%、100%为准。

(3)其他荷载作用

其他荷载包括温度荷载和混凝土的收缩徐变等。这些荷载能引起结构的附加变形和应力。温度荷载的影响比较复杂，因为结构温度场的分布和温度的变化难以准确量测，所以只能按公路桥梁规范取值，考虑其变化±10℃的影响。混凝土的收缩、徐变是一种十分复杂的化学物理过程，这里通过简化模型的方法将计算结果与实测值进行对比分析。

3. 计算参数取值

截面抗弯惯矩、截面面积以及截面高度均采用设计方提供的资料，并以此来划分材料的类型；预应力束信息是根据预应力束的几何要素以及计入实测预应力束的摩阻损失来获得;徐变收缩信息主要是依据《公路钢筋混凝土及预应力混凝土设计规范》(JTJ 023—85)中的公式并考虑环境温度、理论厚度和收缩应变终值。

4. 计算结果

下面的计算结果包含了设计规范规定的车道荷载和自定义荷载下的各种荷载效应。限于篇幅,表1仅列出各个控制截面最大内力、位移的理论计算结果,并依此作为评价大桥在设计荷载作用下实际受力性能的主要依据。其他截面的理论计算数据由于起不到控制作用,所以暂不列入其中。

大桥控制截面最大位移(mm)、应力(MPa)计算结果 表1

项目	向下位移	向上位移	上缘应力	下缘应力	最大主应力	最小主应力	剪应力
A截面	56.6	−25.2	−1.94	3.34	—	—	—
B截面	—	—	1.15	−0.37	—	—	—
C截面	48.1	−24.7	−1.77	3.09	—	—	—
D截面	—	—	0.45	−0.66	0.63	−0.63	0.62
E截面	—	—	1.28	−0.37	0.52	−0.53	0.52
F截面	35.8	−11.8	−1.69	3.17	—	—	—
G截面	—	—	—	—	0.53	−0.56	0.52
H截面	—	—	1.48	−0.08	0.56	−0.57	0.55

五、试验数据的处理

静载试验的主要检测量是应变和挠度,这两种物理量在桥梁荷载试验中的量值都比较小,属于微测量的范畴。检测现场环境对应变值的影响一般不可忽视。对于超静定结构来讲尤其如此。所以我们对原始测试数据进行了修正,这些修正包括仪器的率定系数修正、灵敏系数修正、导线电阻修正、应变计补偿方式修正、温度效应修正等。为了进行温度修正,我们在空载时每隔两个小时对所有测点进行一次观测。总共的观测时间是24小时。通过观测发现,在超静定结构中,温度产生的效应基本与荷载作用下产生的效应在同一个数量级,所以温度应力的影响不容忽视。

六、荷载试验结果分析

1. 挠度及其校验系数

结构校验系数ζ是评定结构工作状况、确定桥梁承载能力的一个重要指标。表2列出了次边跨跨中(A截面)、次中跨跨中(C截面)、中跨跨中(F截面)三个主要挠度控制截面的理论值、实测值和挠度校验系数。

表2

项　目	实 测 值	理 论 值	校 验 系 数
A截面向下位移(mm)	47.53	56.60	0.84
C截面向下位移(mm)	49.25	52.75	0.93
F截面向下位移(mm)	36.22	45.49	0.80

从表2中可以看出,在试验控制荷载(max)的作用下,三个跨中的实际向下位移量都非常接近理论计算的位移量,A、C和F截面的挠度校验系均在规定校验系数常值表的范围之内。

2. 应变(应力)及其校验系数

从检测结果表 3 可以明显地看出,各控制截面的结构校验系数均不大于 1(E 截面下缘混凝土受压而且数值较小,所以只作为一个工况列出)。

表 3

截　面　号	理论值($\mu\varepsilon$)	实测值($\mu\varepsilon$)	校 验 系 数	残 余 应 变
A 截面上缘	−47	−1	0.02	−5
A 截面下缘	81	75	0.92	−2
B 截面上缘	28	5	0.19	−5
B 截面下缘	−9	−11	1.26	4
C 截面上缘	−43	−10	0.23	−8
C 截面下缘	75	60	0.80	2
D 截面上缘	14	10	0.76	6
D 截面下缘	−16	−18	1.15	−4
E 截面上缘	31	23	0.75	−1
E 截面下缘	−9	−29.4	3.27	−2
F 截面上缘	−41	−4	0.10	17
F 截面下缘	77	73	0.95	−9
H 截面上缘	36	16	0.45	−5
H 截面下缘	0.62	0.50	0.82	−9
截　面　号	理论值(MPa)	实测值(MPa)	校验系数	残余应变
G 截面剪应力	0.52	0.27	0.51	−11
H 截面剪应力	0.50	0.19	0.38	−8

3. 裂缝情况

除了一些在施工时遗留的少量表面龟裂裂缝外,在试验荷载作用下,大桥的所有控制截面均没有出现受力裂缝。

4. 结构的刚度、强度及稳定性

根据上述试验结果,我们将各控制截面的荷载校验系数列入表 4,然后进行结构的刚度、强度和稳定性分析。

根据最近由交通部公路科学研究院完成的《公路、桥梁承载能力评定规程》中的有关规定,当结构工作状况即荷载校验系数 ξ 值不大于 1;实测控制点的变位与荷载的关系曲线近似接近于直线;主要控制测点的相对残余变位不大于 20%;裂缝情况满足裂缝限值表所列数值时,可以采用荷载试验实测的主要挠度测点和主要应力测点的校验系数 ξ 值(如同一截面两种系数都存在则取两者中的较大值)查表确定承载能力验算系数 Z_2,然后按式(2)进行承载能力极限状态、正常使用极限状态计算,若计算结果符合要求,则可评定桥梁承载能力满足验算荷载要求。

$$S_d(\gamma_d G;\gamma_q \sum Q) \leqslant \gamma_b R_b\left(\xi_c \frac{R_c}{\gamma_c};\xi_s \frac{R_s}{\gamma_s}\right) Z_2(1-\xi_e) \tag{2}$$

从以上试验结果我们可以得到下列各截面的 Z_2 值表 4。

表 4

截　面　号	挠度校验系数 ξ	Z_2	正应力校验系数 ξ	Z_2	剪应力校验系数 ξ	Z_2
A	0.84	1.03	0.92	0.99	—	—
B	—	—	0.19	1.30	—	—
C	0.93	1.015	0.80	1.05	—	—

续上表

截面号	挠度校验系数 ξ	Z_2	正应力校验系数 ξ	Z_2	剪应力校验系数 ξ	Z_2
D	—	—	0.76	1.07	0.82	1.04
E	—	—	0.75	1.075	—	—
F	0.80	1.05	0.95	0.975	—	—
G	—	—	0.27	1.30	0.51	1.195
H	—	—	0.45	1.25	0.38	1.30

根据表4所得的 Z_2 值对各截面的承载能力进行验算和评价，验算结果列入表5(单位：MPa)。

表5

控制点位置	G	$G\times\gamma_g$	Q	S_d	实测应力	R_d	Z_2	$R_d\times Z_2$	R_d-S_d
A截面下缘	13.8	15.18	3.34	18.5	18.42	20.25	0.99	20.05	1.53
B截面上缘	11.9	13.09	1.15	14.2	24.2	26.03	1.3	33.84	19.60
C截面下缘	10.6	11.66	3.09	14.8	16.71	18.54	1.015	18.82	4.07
D截面上缘	0.72	0.79	0.45	1.2	17.05	18.88	1.04	19.64	18.39
E截面上缘	10	11.00	1.28	12.3	21.6	23.43	1.075	25.19	12.91
F截面下缘	11.6	12.76	3.17	15.9	18.27	20.10	0.975	19.60	3.67
G截面上缘	10.4	11.44	1.11	12.6	29.4	31.23	1.3	40.60	28.05
H截面上缘	10	11.00	1.48	12.5	22.9	24.73	1.25	30.91	18.43

表5中和式2中的符号与设计规范中的规定相同。从上述表中的结果可知，大桥在最不利荷载组合作用下所有控制截面的荷载效应均满足式(2)的要求。

七、试验结论

综上所述，新疆伊犁河大桥在最不利荷载的作用下，主体结构工作状态良好，性能可靠；在试验过程中结构始终处于弹性工作状态；大桥的刚度、强度达均到了设计要求并有部分应力储备，可以正常使用。

参考文献

[1] 范立础主编.桥梁工程(上册).北京：人民交通出版社，2001.
[2] 宋一凡编著.公路桥梁荷载试验与结构评定.北京：人民交通出版社，2002.
[3] 大跨径混凝土桥梁的试验方法.交通部公路科学研究所，1982.
[4] 交通部公路科学研究所.公路桥梁承载能力检测评定规程(送审稿).2006.
[5] 章关永主编.桥梁结构试验.北京：人民交通出版社，2002.
[6] 王建华.孙胜江主编.桥涵工程试验检测技术.北京：人民交通出版社，2004.
[7] 刘自明主编.桥梁工程检测手册.北京：人民交通出版社，2001.
[8] 徐犇主编.桥梁检测与维修加固.北京：人民交通出版社，2002.

176. 聚丙烯纤维钢筋混凝土梁的抗裂性能试验研究

谭　盛[1]　王福敏[2]　龚　斌[1]　白洪涛[1]　杨世聪[2]
(1.重庆交通大学；2.重庆交通科研设计院)

摘　要　本文通过对聚丙烯纤维钢筋混凝土梁进行了弯曲试验研究，探究纤维的作用机理，研究分析掺入聚丙烯纤维对钢筋混凝土梁的抗裂性能的影响。结果表明:聚丙烯纤维的掺入,能提高受弯构件的开裂荷载,在一定程度上减小裂缝宽度。

关键词 聚丙烯纤维 纤维混凝土 开裂荷载 抗裂性能

一、概 述

近年来,纤维在混凝土工程中的应用受到工程界的广泛关注,在对混凝土耐久性日益重视的今天,纤维增强混凝土是提高混凝土耐久性混凝土韧性和阻裂性能的重要途径之一,目前柔性纤维混凝土已在建筑、路面工程、防护工程等土木建筑领域得到应用,但在桥梁结构中的应用还较少,柔性纤维在桥梁结构中的力学性能还不清楚。本文以重庆朝天门长江大桥引桥主梁为依托,根据相似定理进行模型试验。试件的个数为三片梁(其中一片为普通混凝土,另两片分别掺入 0.9kg/m 和 1.0kg 聚丙烯纤维,纤维长度19mm)。试验研究表明,聚丙烯纤维可以在一定程度上提高梁的抗裂性能,分析了纤维的掺如对钢筋混凝土梁的抗裂性能的影响机理。

二、纤维混凝土的功能及作用机理

1.纤维混凝土的作用

纤维混凝土,是纤维增强混凝土的简称,通常是指以水泥砂浆或者混凝土为基体,以非连续的短纤维或者连续的长纤维作增强材料所组成的复合材料。

纤维在整个混凝土中呈各向均匀分布,使混凝土得到辅助的加强,以防止收缩裂缝。在随处都有纤维的混凝土中,亦可最大限度减小在有强度状态下混凝土可能出现裂缝的宽度和长度。加入纤维的混凝土可减小其泌水率和总量,增强塑性混凝土的延伸度,由此可成倍增加抗塑性沉陷裂缝的作用。

概括讲,各种材料纤维加入水泥基体中,理论上主要有以下三个作用:

(1)提高基体的抗拉强度。

(2)阻止基体中原有缺陷(微裂缝)的扩展并延缓新裂缝的出现。

(3)提高基体的变形能力并改善其韧性。

2.聚丙烯纤维抗裂性能的作用机理

(1)聚丙烯纤维的物理化学特性

聚丙烯纤维使开发和应用得最多的一种合成塑料纤维,材料为白色,半透明状,并呈束状单丝结构,在混凝土中搅拌时打开并分散成单个纤维,这些纤维呈各向均匀分布。聚丙烯纤维的主要物理化学特性如表 1 所示。

聚丙烯纤维物理化学特性 表 1

抗拉强度	560~770MPa	密度	0.91
弹性模量	3500MPa	纤维长度	12~51mm
泊松比	0.29~0.46	熔点	160~170℃
毒性	无	吸水性	无
导热性	低	导电性	低

(2)聚丙烯纤维的抗裂性能的作用机理

在混凝土中,聚丙烯纤维的乱向分布形式有助于削弱混凝土塑性收缩及冻融时的应力,收缩的能量被分散到每立方米上千万条具有高抗拉强度而弹性模量相对较低的纤维单丝上,从而极为有效的增加了混凝土(砂浆)的韧性,抑制了微细裂缝的产生和发展。聚丙烯纤维掺入混凝土后,在强制搅拌过程中能自动均匀分布于混凝土中,这些纤维能自动分散成两头带钩的单丝型纤维,增加了于混凝土的黏结力。在混凝土中带钩的纤维承受了混凝土塑性变形产生的拉应力,阻止了裂缝的发展。同时,无数的纤维单丝在混凝土内部形成的乱向撑托体系可以有效降低混凝土表面的析水,阻碍集料的下沉,保证混凝土早期均匀的泌水性，从而减少塑性裂缝的产生。进一步的失水、干燥使混凝土产生收缩裂缝，而这种裂缝尖端的发展同样受到纤维的限制。这些裂缝只能绕过纤维把纤维拉断来继续发展。这就需要聚丙烯纤维消耗巨大的能量来克服裂缝的发展。所以聚丙烯纤维有增强混凝土抗裂性能的作用。

三、试验概况

1. 试件设计

本次试验采用的混凝土配合比按C50设计，参考配合比见表2。在浇筑试验梁的同时制作150mm×150mm×150mm立方体标准试件，每种掺量分7d和28d两种龄期，共6组，每组3个试件。试件与试验梁同条件养护。试验梁为矩形截面简支梁，截面尺寸均为本160mm×175mm，梁长度2 600mm，净跨2 400mm，截面内配筋均相同，纵向受力钢筋为4ϕ12，设计配筋率1.04%，箍筋为ϕ12间距80mm试件配筋图见图1。制作试件前在试验梁的纵向主筋上张贴钢筋应变片，在试验梁跨中及剪弯段的混凝土表面都贴有混凝土应变片，应变片的型号为BQ120-80AA，电阻值为(120±0.1)Ω，灵敏度系数为(120±0.1)%。应变片粘贴的位置见图2。

试验梁的配合比　　表2

编　号	水泥 (kg/m³)	细砂 (kg/m³)	粗砂 (kg/m³)	碎石 (kg/m³)	水 (kg/m³)	外加剂 (kg/m³)	矿粉 (kg/m³)	纤维 (kg/m³)
I号梁	363	146.8	587.2	1 056	166	4.72	109	—
II号梁	363	146.8	587.2	1 056	166	4.72	109	0.9
III号梁	363	146.8	587.2	1 056	166	4.72	109	1.0

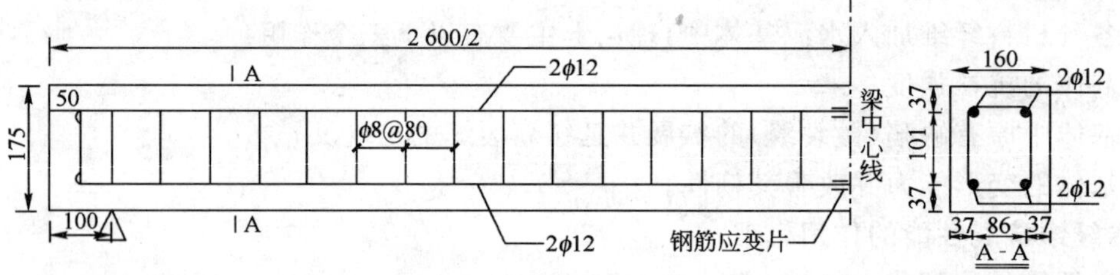

图1　钢筋混凝土梁及钢筋应变片位置图

2. 加载方案及数据量测

加载装置示意图见图2，加载方式为两点加载进行构件受弯破坏试验，加载点为试验梁的三分点，由分配梁来实现两点加载。正式加载前要进行预加载，本试验预加载分三级进行，每级取开裂荷载的20%，然后分级卸载，分三次卸完，加(卸)一级，停歇10min。加载方案采用分级加载方式，试件每级加载1.0kN，在接近开裂时改0.5kN，开裂后每级加载仍为1.0kN。根据试验的目的，在试验过程中重点量测支座沉降、跨中挠度、梁底纯弯段内的混凝土的表面应变、弯曲裂缝出现的荷载裂缝的形态及发展、受拉钢筋的应变、荷载-挠度关系曲线及跨中挠度随荷载变化。数据由静态应变仪采集。

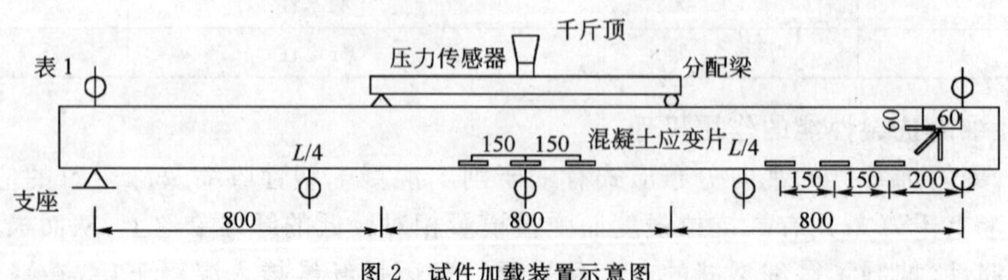

图2　试件加载装置示意图

3. 试验结果及分析

(1)试验结果

3d、7d、28d抗压强度试验结果见表3。

3d、7d、28d 龄期对抗压强度的影响 表 3

龄　　期	编　　号	掺　　量	抗压强度平均值 (kPa)	比素混凝土提高 (%)
3d	I	0	33.4	
	II	0.9kg/m³	36.2	8.4
	III	1.0kg/m³	36.4	9.0
7d	I	0	50.9	
	II	0.9kg/m³	52.8	3.7
	III	1.0kg/m³	52.9	3.9
28d	I	0	63.1	
	II	0.9kg/m³	65.8	4.3
	III	1.0kg/m³	66.2	4.9

为了解聚丙烯纤维对钢筋混凝土梁的开裂性能的影响，对每根梁进行正截面弯曲破坏试验。根据试验观测，最早的裂缝出现在纯弯段，一般首先出现在跨中附近的位置，随后一些裂缝才在纯弯段内纷纷开展。普通混凝土梁和掺入纤维的钢筋混凝土梁的荷载—跨中挠度图见图 3，荷载—跨中受拉钢筋应变图见图 4，荷载—跨中梁底混凝土应变图见图 5。试验梁的开裂荷载实测结果见表 4。

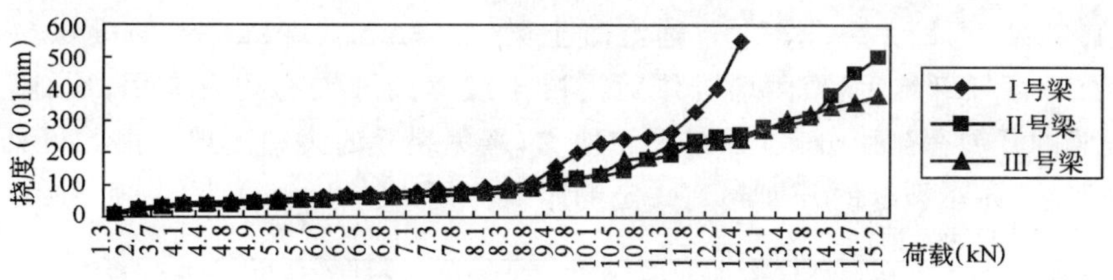

图 3　荷载—跨中挠度图

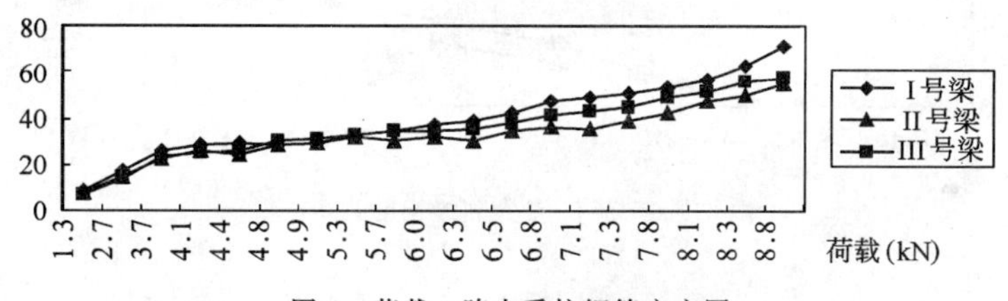

图 4　荷载—跨中受拉钢筋应变图

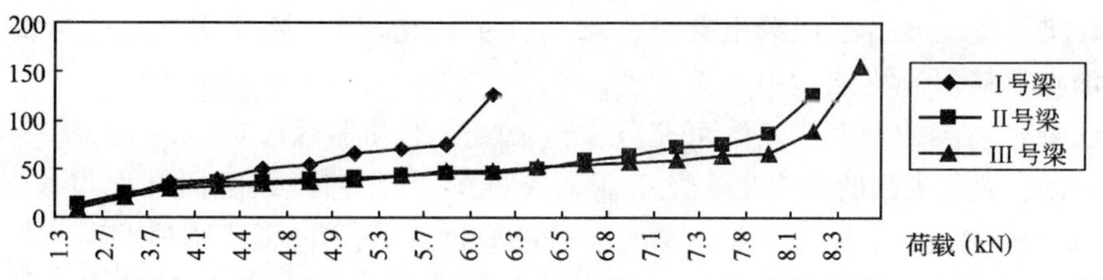

图 5　荷载—跨中梁底混凝土应变图

试验梁开裂荷载实测结果 表 4

编　　号	掺　　量	开裂荷载(kN)	比素混凝土提高(%)
I	0	6.36	
II	0.9kg/m³	8.30	30.5
III	1.0kg/m³	8.63	35.7

(2)掺聚丙烯纤维对拌和混凝土的影响

从混凝土梁的拌制过程可以看出，掺入聚丙烯纤维的混凝土的塌落度明显降低，黏聚性和保水性都有所提高，和易性比未掺纤维的混凝土好得多。浇筑时掺聚丙烯纤维后，混凝土易捣实，泌水量少。由此可见掺入聚丙烯纤维对混凝土的拌和性能有一定改善。

(3)试验梁开裂荷载分析

从图5和表4可以看出，掺聚丙烯纤维的混凝土梁的开裂荷载有所提高。同时随聚丙烯纤维的掺入量的增大，开裂荷载有逐渐增大的趋势。因此，掺入聚丙烯纤维对延缓混凝土构件的开裂时间提高耐久性，增强混凝土的延展性有明显的效果。

(4)试验梁挠度分析

由图3可以看出，梁在开裂前较好的线弹性工作状态。开裂后随着荷载的增加，钢筋混凝土梁逐渐进入弹塑性阶段。未掺纤维的I号梁从弹性阶段到属性阶段有明显的拐点，梁跨中挠度较快增大；掺入纤维的II号、III号梁的弹性阶段与弹塑性阶段没有明显的界限，挠曲线比较平缓，在钢筋屈服以前或聚丙烯纤维拉断前呈良好的线形工作状态。可见，聚丙烯纤维可以改善钢筋混凝土的变形能力，延长线弹性工作时间。另外掺入聚丙烯纤维的梁的破坏挠度有一定的增加，提高了构件的延性。

(5)试验梁裂缝分析

在试验过程中，三片梁在纯弯段内均出现明显的弯曲裂缝，掺入纤维后的梁开裂荷载有一定提高，竖向裂缝宽度明显减小，同时裂缝间距变小，裂缝的总数量增加，荷载-最大裂缝宽度关系图见图6。各梁在其作用荷载为11.3kN时，最大裂缝宽度普通混凝土梁，0.08mm，0.9kg/m^3 的梁0.06mm，1.0kg/m^3 的梁0.05mm。掺加聚丙烯纤维后，聚丙烯纤维对混凝土裂缝的开展有约束作用，裂缝扩展较普通混凝土梁要慢，同时，裂缝的开展得到了分散，分布更加均匀，避免裂缝的集中出现。由此可见，聚丙烯纤维能有效地延缓裂缝的发生，并对裂缝的开展起到一定的阻碍作用。

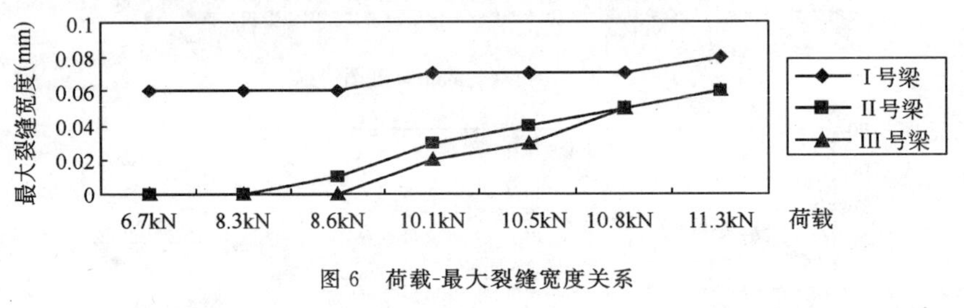

图6 荷载-最大裂缝宽度关系

四、结 语

(1)聚丙烯纤维混凝土较普通混凝土有更优良的抗裂性能，聚丙烯纤维具有强度高、价格低、化学稳定性好，将其掺加在钢筋混凝土结构中施工方便。

(2)在普通混凝土中掺加聚丙烯纤维可充分发挥混凝土的强度效应，轴心抗压有一定的提高。

(3)纤维能够缓和裂缝尖端的应力集中从而阻碍裂缝的开展，跨越裂缝的纤维与基体保持一定的黏结力使这些纤维以及未裂混凝土共同承担裂缝截面上的部分拉力，从而降低了裂缝截面上的钢筋应力。

(4)通过对聚丙烯纤维钢筋混凝土梁抗弯试验研究表明：掺入纤维后钢筋混凝土受弯构件的阻裂效果明显，最大裂缝宽度明显减少，裂缝总数量增加，分布更均匀，同时构件的延性得到一定改善。

(5)但由于杜拉纤维为一种低弹模纤维，掺量很少，因此不能作为一种结构性增强材料。

参考文献

[1] 龚益，沈荣熹．李海清．杜拉纤维在土建工程中的应用．北京：机械工业出版社，2002.

[2] 赵晶，张佳敏．改性聚丙烯纤维在混凝土中的应用．混凝土，2000，(3)：59～61.

[3] 姚武，李杰，周钟鸣．聚丙烯纤维对混凝土抗拉强度的影响[J]．混凝土，2001，(10)：40～42.

[4] 郭海洋等．改性聚丙烯纤维增强水泥混凝土抗裂性研究．山东纺织科技，2001，(5)：31～35.

177. 公路桥梁板式橡胶支座失效条件和损伤机理的研究

黄跃平　周明华　胥　明
（东南大学）

摘　要　通过对目前广泛使用的桥梁板式橡胶支座的病害调查研究，对板式橡胶支座的病害进行了分类，对其失效机理机理及劣化过程进行了取样试验和量化分析。根据撕裂能理论提出了板式橡胶支座的临界疲劳极限应力（σ_{Ta}）与形状系数的关系，对支座的病害进行损伤机理研究并分析了现行《公路钢筋混凝土及预应力混凝土桥涵设计规范》(JTG D62—2004）中关于许用应力[σ]规定的10MPa取值不合理，提出了控制板式橡胶支座设计应力取值的建议。

关键词　板式橡胶支座　撕裂能　劣化　疲劳极限应力　失效条件　损伤机理

一、引　言

由于橡胶具有独特的黏弹性行为，不仅可以像弹簧一样通过弹性形变来吸收储存能量，而且还可以通过分子链相对运动而大幅度地消耗能量。这种能力是任何其他材料所不具备的。所以橡胶材料通常作为减振隔振材料使用。尤其在房屋公路、铁路等交通工程中得以广泛应用，如房屋隔振基础、桥梁橡胶支座、轨下胶垫、支承块下胶垫等。然而，由于橡胶材料配方和生产工艺不同，对其力学性能、耐磨性能和抗老化性能影响很大，甚至严重影响产品质量和使用寿命。近年来最突出的问题主要反映在桥梁橡胶支座产品质量低劣，病害越来越多，早期劣化速度加快，使用寿命越来越短。

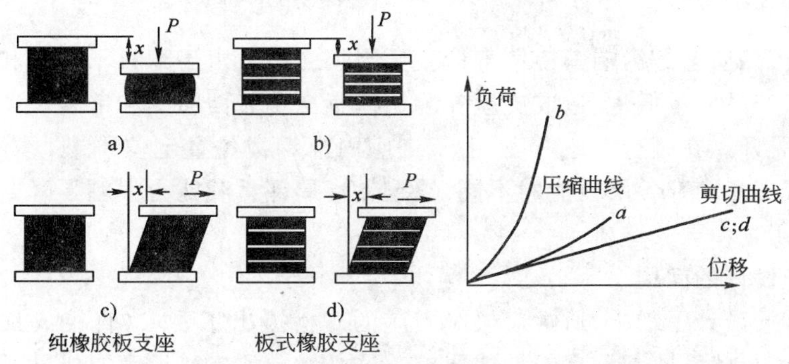

图1　板式橡胶支座的特点

桥梁板式橡胶支座是由橡胶与钢板叠合而成，具有构造简单、加工制造容易、用钢量少、成本低廉，安装方便等优点，是国内外应用最为广泛的桥梁橡胶支座。在国内公路桥梁尽管应用很多，但对橡胶支座的设计、配料、生产工艺和安装技术等研究的很少，几乎处于盲目设计、盲目生产、盲目应用、盲目安装状态。所以公路桥梁橡胶支座出现众多病害是必然的，且越来越严重。

国外对橡胶支座的研究历史悠久，基础研究很深入。据有关文献[1]～[9]研究报告，通过力学性能和老化性能试验的板式桥梁橡胶支座使用寿命可达到50～100年，而我国近几年在公路桥梁橡胶支座为什么出现大量过早劣化病害和损伤，究竟是什么原因？为此，我们对未使用和过早劣化板式橡胶支座，对已通车和未通车的桥梁出现病害的支座进行了针对性调查研究、通过取样试验和理论分析。对板式橡胶支座的病害类型、病害性质、进行了系统研究。

二、板式橡胶支座材料组成及其特征

1. 组成材料及其作用

板式橡胶支座的所组成材料为金属板和橡胶层。金属板采用Q235钢板，金属板在支座中起加劲作用。橡胶材料因具有高弹性、低弹性模量等性质，是橡胶支座的主体材料，主要采用天然橡胶与氯丁橡胶两种。

2. 橡胶与钢材的性能差别

橡胶的分子特征——构成橡胶弹性体的分子结构由重复单元(链节)构成的长链分子。分子链柔软且具有高度的活动性；其分子间的吸引力(范德华力)较小，在常态(无应力)下是非晶态，分子彼此间易于相对运动。在金属中，每个原子都被原子间力保持在严格的晶格中，使金属变形所做的功是用来改变原子间的距离，引起内能的变化。其弹性变形的范围比橡胶的变化范围要小得多。

橡胶材料具有高弹性变形能力，最高可达1 000%，而金属材料的弹性变形一般不超过1%。

橡胶材料具有低弹性模量，约为1MPa，而金属材料的弹性模量可达2×10^5MPa。

橡胶的线膨胀系数约是钢的20倍。应特别注意体积收缩的影响，例如橡胶支座中橡胶与钢板黏合界面会因温度收缩或膨胀产生过度的应力而导致早期损坏。

对于同一种橡胶，胶料的硬度与生胶含量密切相关，硬度与含胶率成反比。同时对胶料的收缩率也有较大的影响，收缩率与硬度成反比。

因此，板式橡胶支座设计，就是根据橡胶和钢板的各自特点和优势进行科学配料和优化组合而成，充分发挥两种材料的特长，制成受力合理和耐用的优质产品。

三、板式橡胶支座使用情况与问题调查

我们对在江苏、安徽、贵州、福建、宁夏等省的高速公路安装的板式橡胶支座的使用状况开展了抽样调查工作。对调查结果进行分类和统计后，将板式橡胶支座的病害主要分为两大类，一类源于支座内在质量因素，另一类源于支座设计、布置不当，支座设计应力过高，施工安装质量不到位和维护不当等。

(1)板式橡胶支座的产品质量

板式橡胶支座的产品质量是影响其使用寿命主要因素之一。由于配料不科学和加工工艺落后，胶层厚度不均匀，导致支座产品质量低劣，造成支座安装初期就出现表面裂纹和龟裂现象，这将加速了钢板的锈蚀和钢板与橡胶层脱开。在调查中还发现，由于支座内部钢板位置定位不准，不仅造成支座胶层和保护层厚薄不均，还造成支座内部各层性能的不同，导致支座局部承载能力大幅下降。因此，保证产品质量对板式橡胶支座的使用寿命至关重要。

(2)板式橡胶支座设计的问题

调查发现，许多桥梁设计图纸中，通常仅仅对支座的规格提出了要求(直径或长宽、高)，而对所选支座内部结构和承载力和形状系数都没有的具体要求。这必然导致支座厂商提供外观、规格符合设计图纸要求，但内部结构(含胶量、支座的形状系数)符合厂商利益要求的产品。根据产品标准要求，支座的含胶量和形状系数直接影响支座的承载能力和寿命。

(3)板式橡胶支座设计布置不合理

桥梁支座有固定支座和活动支座，活动支座有单向活动支座和双向活动支座之分。然而在调查中发现，在许多桥梁设计图纸中，橡胶支座的布置存在问题。即活动支座与固定支座的布置不正确。桥梁的纵坡和横坡没有进行调整，让支座直接放置，这将造成落梁后，橡胶支座初始变形(剪切)过大，造成支座处于非正确的变形受力状态中，主要是支座的实际转角超出设计转角的范围，造成支座局部超载，影响支座使用功能的发挥和承载能力下降。严重的还发生了落梁即造成梁体滑落的事故！

(4)板式橡胶支座安装技术不到位

支座的安装技术与工艺很重要，支座安装质量好坏将直接影响支座的使用和寿命。每个支座位置是

否正确，是否与支承垫石顶面和梁底紧密均匀接触、均匀受力，将直接影响支座的正常使用功能。调查发现，许多支座安装时存在初始剪切变形过大，不均匀受力，甚至部分支座脱空，支座被压溃和钢板脱胶等现象，主要是支座局部偏压、部分支座安装超载造成的。

(5)其他还有环境、荷载、养护和维修等影响。所以支座的使用寿命，是各种因素综合作用的结果。

四、板式橡胶支座劣化表现及其分类

1. 支座劣化表现与原因分析

板式橡胶支座劣化主要表现为外表裂纹、不均匀外鼓和压溃现象和支座内层间缺陷及脱胶现象。外表裂纹主要是表面拉应变和橡胶表面老化造成的；不均匀外鼓是由于支座内钢板出现局部层脱胶或形状系数过小所引起的；压溃是由于支座内钢板严重脱胶、弯曲断裂、钢板严重锈蚀等所引起的且完全丧失了使用功能；当然，施工安装不当和设计选型失误也可导致橡胶支座提前劣化直至丧失使用功能。

文献[2]的研究表明真正影响橡胶支座使用的是支座的压溃，压溃现象则表明支座中的橡胶部分已丧失弹性功能，压溃应当是一个漫长的过程。**橡胶支座的劣化过程通常经历橡胶外鼓→裂纹萌生期→裂纹成长期→钢板外露→钢板氧化→钢板锈蚀脱胶→支座压溃(失稳)或钢板断裂。**

劣化的标志是裂纹或损伤的萌生。裂纹的萌生和发展速度主要决于橡胶材料配方及老化的速度和支座的应变水平。胶料配比则取决于价格和生产厂家的诚信。橡胶老化需要一定的时间，一般不会影响橡胶支座正常使用。应变水平与设计选型相关，取决于支座的工作载荷、剪切弹性模量 G、形状系数 S。

根据调查结果我们将橡胶支座的病害归纳如表 1 和表 2 及图 2 所示。

橡胶支座劣化的分类 表 1

劣化程度	劣化现象	说明
初期	轻微外鼓	外鼓或凹凸不平
初期	表面龟裂	浅表短裂纹，裂纹细小
裂纹成长期	中度裂纹	多于 30～40 条，宽度＞2～3mm
裂纹成长期	重度裂纹	侧面产生的水平裂纹长度超过边长的 50%
钢板锈蚀期	表层剥离掉块	表面橡胶层剥离掉块
钢板锈蚀期	加劲钢板外露	钢板外露，且具有腐蚀环境
钢板锈蚀期	加劲钢板外露锈蚀	钢板外露，钢板严重腐蚀
支座失效期	内层钢板断裂	当活载加载时，橡胶支座变形≈0； 永久压缩变形超过支座厚度的 15%； 支座剪切角过大； 支座剪切角 $\tan\gamma \geqslant 0.7(\gamma \geqslant 35°$以上)
支座失效期	支座弯曲	
支座失效期	支座扭曲	
支座失效期	支座失稳	

板式橡胶支座劣化分类图说明 表 2

分类	说明	图例
外鼓	橡胶材料质量；胶接质量/脱胶；钢板层间分布不均匀	图 2a)
表面龟裂	外鼓局部应变过大、过早老化	图 2b)
层间脱胶	胶接质量/脱胶	图 2c)
层间内裂纹	胶层分布不均匀；厚薄不匀；各层形状系数不同；层间裂纹(空穴)	图 2d)
内层裂尖	应力集中形成内裂尖	图 2e)
环形裂纹	交变载荷引起龟裂扩展；龟裂贯穿；层间裂纹	图 2f)
钢板锈蚀期	由于胶层与钢黏结不好，或胶料质量问题造成裂纹贯穿，钢板失去保护层	图 2g)

续上表

分　类	说　明	图　例
钢板锈蚀期	由于裂纹贯穿或保护层失效造成钢板外露并氧化锈蚀	图 2h)
失效期	支座弯曲　支座扭曲　支座失稳	图 2i)
失效期	永久压缩变形且丧失弹性即支座压溃	图 2j)

板式橡胶支座劣化分类图(外因)

施工安装不当、选型失误造成应力过大支座垫石高度不够，临时加设支座垫板尺寸偏小且垫板不平整！导致支座局部应力增大。 *：此例说明支座的使用者对支座的使用和受力条件的完全不清楚，处于盲目状态	
滑脱	
不可滑动安装时有初始剪切变形，且活动支座安装不当，造成活动支座不滑动，造成永久变形。*：此例说明支座的使用者对支座的使用安装条件的不了解	

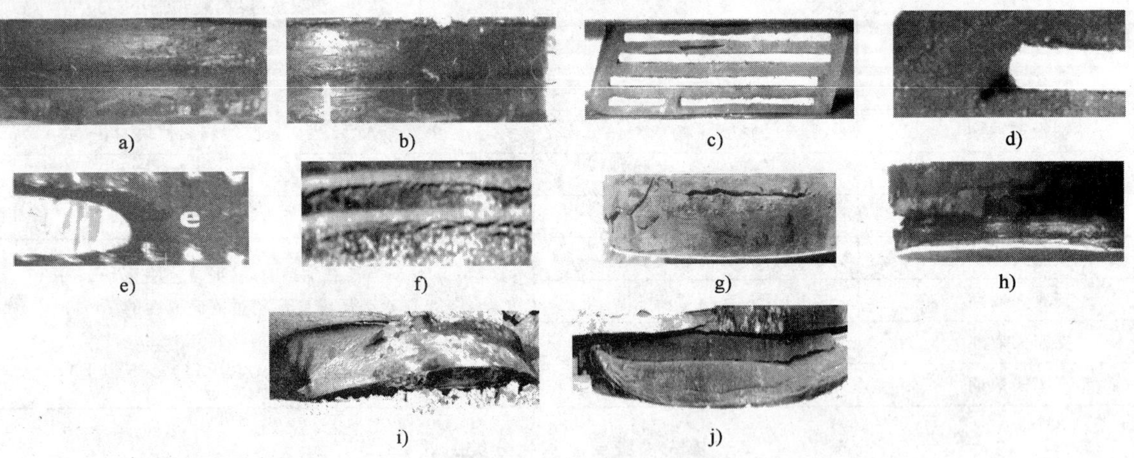

a)　b)　c)　d)　e)　f)　g)　h)　i)　j)

图2　病害分类图

2. 支座劣化过程

(1)在劣化初期(由施工安装不当、设计选型失误和支座内在质量问题导致)

外鼓(起因橡胶材料质量、炼胶片不均匀和胶片坑凸不平整、支座内部存留着空穴，造成胶层与钢板胶结失效)，表面龟裂(外鼓局部应变过大、老化、机械损伤)。

(2)裂纹成长期(由表面应变过大、钢板胶结失效、老化、疲劳问题导致)

龟裂贯穿，层间裂纹，中度裂纹。

(3)锈蚀期(由裂纹贯穿、钢板外露、支座运行环境等因素导致)

加劲钢板外露，环形裂纹向纵深发展，层间裂纹扩展。

(4)失效期(加劲钢板和橡胶丧失工作能力)

支座扭曲，支座失稳，永久压缩变形过大。

调查中发现，有的板式橡胶支座出现裂纹和变形时，维修部门认为这些支座出现了病害，便急于把它换下；而有些橡胶支座，使用一段时间后出现压溃和脱胶现象，却没起重视，仍在继续使用。这样就出现了以下问题：可以继续使用的支座被换掉造成浪费，而真正出现了病害的支座却没有及时更换，势必给行车安全留下隐患。

五、板式橡胶支座劣化机理研究

板橡胶支座为橡胶与钢板叠合、黏结而成。由于生产工艺落后造成存在胶片厚薄不均和凹凸不平整、支座内部残留有空穴、固体杂质等现象。由此产生的潜在问题就是层间黏结失效和胶层初始空穴。在车辆等循环载荷作用下，此类缺陷在层间界面萌生裂纹并扩展，最终导致脱层破坏。根据断裂力学基本理论对支座劣化机理分析研究如下。

1. 断裂力学基本理论

Rivlin 和 Thomas[3]最早将断裂力学应用于橡胶疲劳，提出了以弹性能为基础的参数用于研究橡胶疲劳。能量法使不同几何形状和变形的样品的裂纹增长结果发生联系，并将裂纹增长和疲劳寿命定量地联系起来，断裂力学得以在橡胶领域广泛应用。1979 年，Breidenbach[4]等将这一方法推广，分析了层间裂纹的扩展问题。Rivlin 和 Thomas 提出，裂纹每增长单位面积所释放的能量称为撕裂能(T)，定义式为：

$$T = -\frac{\partial U}{\partial A} \tag{1}$$

式中：U——弹性应变能；

A——断裂表面积(无应变状态)。

文献[5][6]的实验研究表明，裂纹增长速率与撕裂能 T 之间的关系与样品的几何尺寸无关。在循环载荷下，样品的裂纹增长速率为：

$$\frac{\mathrm{d}c}{\mathrm{d}n} = f(T) \tag{2}$$

式中：c——裂纹长度；

n——周期数；

T——每一周期所达到的最大撕裂能。

裂纹长度从 C_i 增长到 C_j 所需的周期数可以通过对上式的积分得到

$$n = \int_{c_i}^{c_j} \frac{1}{f(T)}\mathrm{d}c \tag{3}$$

代入 T 与 c 的关系式，就可得到疲劳寿命与变形幅值、初始裂纹尺寸、裂纹增长特性之间的定量关系。

Stfvenson[7]应用断裂力学研究了在单轴周期压缩载荷下橡胶-金属层合件的疲劳裂纹增长特性。实验观察发现：当层合件受压时，边缘橡胶凸起，裂纹从凸起部分产生；在周期压缩载荷作用下，裂纹逐渐向试件中心扩展，裂纹的增长遵从抛物线轨迹。因此撕裂能(T)的表达式可写为：

$$T = \frac{1}{2}Wt \tag{4}$$

橡胶支座存储的能量密度(W)可以用等效的线性应力～应变行为来合理代替，则

$$T = \frac{1}{4}E_1\varepsilon_c^2 t \tag{5}$$

交通部行业标准 JT/T 4—2004 中对形状系数(S)和抗压弹性模量(E)的规定如下：

$$S = \frac{D}{4t} \quad t = \frac{D}{4S}(\text{圆形})$$

$$S = \frac{L_a \times L_b}{2(L_a + L_b)t} \quad t = \frac{L_a \times L_b}{2(L_a + L_b)S}(\text{矩形})$$

$$E = 5.4GS^2$$

式中：D——圆形加劲钢板的直径(mm)；

t_1——中间单层橡胶层的厚度(mm)；

G——剪切模量(MPa)。

且 $\sigma = E\varepsilon$，代入式(5)可得到板式橡胶支座压应力(σ_T)与撕裂能(T)、形状系数(S)及圆形支座直径(D)或矩形支座的边长(L_a，L_b)表达式：

$$\sigma_T = 4\sqrt{\frac{EST}{D}}(\text{圆形})$$

$$\sigma_T = 2\sqrt{\frac{2(L_a + L_b)}{L_a \times L_b}EST}(\text{矩形}) \tag{6}$$

交通部行业标准(JTG D62—2004)规定常温下 G 取 1MPa。

2. 胶层间开裂问题与裂纹增长特性

文献[8][9]的研究得出了天然橡胶(NR)的疲劳裂纹增长速率与撕裂能的关系曲线，见图 1。并归纳出裂纹疲劳增长特性曲线主要包括 4 个区域：

(1)撕裂能很小时($<T_0$)，裂纹增长速率与撕裂能无关。

(2)当撕裂能大于 T_0 时，有如下关系式：$\frac{\mathrm{d}c}{\mathrm{d}n} = A(T - T_0)$；$T_0$ 称为疲劳极限，低于该值，裂纹在周期载荷下不扩展。

(3)撕裂能大于 T_a 时，存在如下关系式：$\frac{\mathrm{d}c}{\mathrm{d}n} = BT^\beta$；在周期载荷下萌生裂纹并扩展。

(4)撕裂能达到 T_c 时，有 $\frac{\mathrm{d}c}{\mathrm{d}n} \Rightarrow \infty$，在周期载荷下裂纹可迅速发展。

式中：T_0，T_a，T_c，A，B，β 均为材料常数。

由图 3 得中 $T_0 = 100\text{J/mm}^2$，$T_a = 700\text{J/m}^2$，文献[10]利用裂纹启裂迹线法测定橡胶-钢双材料界面问题的临界撕裂能(T_c)，确定临界 T_c 约为 5 430J/m²，与文献[8][9]的结果基本吻合。以直径为 275mm 的圆板式橡胶支座为例，将上述三个撕裂能特征值(T_0；T_a；T_c)分别代入式 6，得各特征阶段的应力水平及橡胶支座形状系数与规格的关系曲线，见图 4。根据 JT/04—2004 和 AASHTO M251 对 E 值的定义和 G 值的取值范围，计算出临界压应力分布区域。根据形状系数不同其疲劳极限应力值分布在 4～23MPa 之间。当橡胶支座的工作应力工作在此应力水平之上时，橡胶支座在周期载荷下可能发生裂纹并扩展。

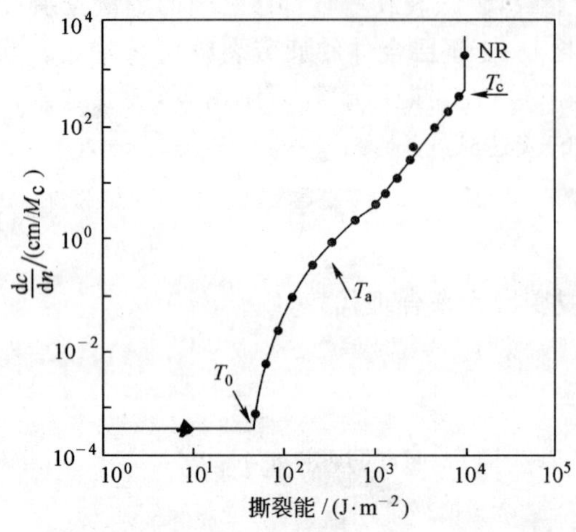

图 3 天然橡胶疲劳裂纹增长速率与撕裂能关系

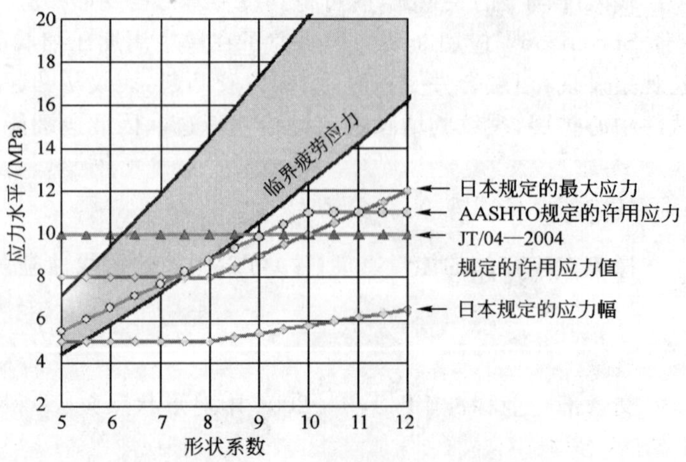

图 4 不同撕裂能下形状系数与临界应力水平曲线

欧标 prEN 1337-3:1996[10] 对于板式橡胶支座设计压应力取值规定为 $\sigma_c \leqslant GS$ 且 σ_c 不大于 $5G$；美标 AASHTO LRFD 2000[12] 对于橡胶支座(PEP)设计压应力取值规定为：

$\sigma_c \leqslant 0.55 \times GS \leqslant 5.5$MPa；对于增强型板式橡胶支座(FGP)设计压应力取值规定为：$\sigma_c \leqslant 1.0 \times GS \leqslant 5.5$MPa。由图 5 可见依欧标、美标和日本规定的板式橡胶支座的许用应力由 G 和形系数确定，基本都工作在临界疲劳极限应力(σ_{T_0})值以下的工作区间。交通部标准 JTG D62—2004 规定橡胶支座的许用统一取为 10MPa，过于简化缺乏科学根据。当支座形状系数较小时，支座的工作应力将大于疲劳极限值，由于周期载荷的作用，支座表面和内部均有可能萌生裂纹。如果再考虑因支座安装不当(三点承力、偏心受力、初始剪切变形过大等现象)，或支座质量的偏差(内部胶层分布不均匀、内加劲钢板不平行、局部橡胶-钢板胶接质量及初始空穴等)这些现象都会在橡胶支座中造成局部胶层的性能下降[13]或造成局部的应力集中，文献[14]的有限元研究表明其应力集中系数高达 16。

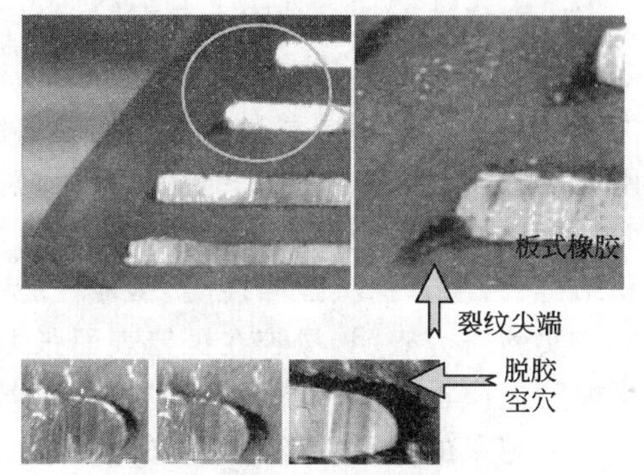

图 5 橡胶和钢板界面破坏形式

值得注意的是，根据撕裂能理论计算，随着形状系数(S)的下降，橡胶支座的临界承载能力也同步下降。当形状系数由 12.5 下降至 7 时，橡胶支座的临界承载能力下降约 42%。

板式橡胶支座的损伤和破坏受许多因素的影响，如含胶量、填充剂质量及钢板表面处理质量、界面黏结剂的质量、厚薄均匀性等。橡胶原料质量和填料，尤其是以低成本填料对橡胶和钢双材料界面的临界 T_c 值的影响有待进一步研究。破坏形式主要有两种：一种是沿着橡胶和钢之间的界面破坏，界面裂纹在剪切载荷的作用下沿着界面方向向前扩展；另一种是橡胶被撕裂，界面裂纹在剪切载荷的作用下向橡胶内部扩展，见图 5。

3. 支座设计应力与形状系数的关系

文献[14]根据有限元计算研究了橡胶支座开设计应力与形状系数的关系。若支座的设计压应力为 10MPa，形状系数为 5，则支座的最大剪应力为平均压应力的 1.63 倍，为 16.3MPa，远远超过标准规定的胶层与钢板之间的剥离强度 10MPa，接近标准规定的橡胶拉伸强度 17MPa。这说明：当支座的形状系数较小时，支座局部(胶层与钢板结合边缘处)的剪应力放大系数高，在相同的设计应力下，剪应力将随之提高，当超出剥离强度时，胶层容易与钢板剥离，形成空穴或裂纹，出现损伤现象。若胶层与钢板之间的剥离强度 10MPa 为控制应力，则在设计压应力为 10MPa 时，支座的形状系数至少应大于 8。当支座的形状系数小于 8 时，支座设计应力应随形状系数大小进行相应的调整。这在《公路钢筋混凝土及预应力混凝土桥涵设计规范》(JTG 023—85)中得到了体现。此结论与本文用断裂力学模型计算结果基本一致。**即板式橡胶支座的许用应力或设计应力[σ]与形状系数是有紧密关联的。**形状系数与支座几何尺寸、胶层及钢板厚度、支座力学性能息息相关。设计者必须根据实际负载设计或选择板式橡胶支座，确保板式橡胶支座有一定的强度储备，并应保证橡胶支座工作应力在疲劳极限应力内。这有利于提高橡胶支座使用寿命和确保桥梁的安全营运。然而，目前我国的支座设计人员和生产厂家技术人员对上述机理是缺乏认识的，对橡胶支座的设计和生产是处于盲目状态，所以目前公路桥梁使用的板式橡胶支座不仅仅通车后损坏率高，未通车的桥梁支座也在大量损坏(过早显现并加速了支座劣化进程)。江苏省境内已出现多起案例。

4. 老化变质现象与臭氧的关系

自 19 世纪发现橡胶在使用过程中有老化变质现象以来，普遍认为氧气的作用是引起橡胶老化的原因。因此，可以用吸氧量来表征橡胶老化的程度和速度，建立氧气消耗速率与橡胶物理性能变化的关系。

(1)老化的内在原因

引起橡胶老化的内因有：高分子材料本身结构上的弱点，如化学组成(高分子链的组成元素)、分子链结构(分子链的长度、有机基团在链上的分布)、物理结构(结晶性、玻璃化温度及卷曲程度)；加工后高聚物中产生的新弱点(高分子链断裂及氧化等)；添加剂如抗氧剂、增塑剂、交联剂及有机溶剂等对材料的影响。

(2)老化的外在原因

引起橡胶老化的外因主要有：气候环境（氧气和臭氧的作用，气温和相对湿度的影响）和橡胶表面应变水平（模压、挤出等）。由于橡胶表面应变水平和环境的不同，同种橡胶的老化性能也有一定的差异。橡胶制品的用途不同对老化性能的要求也不同。橡胶的老化极其复杂，研究橡胶的老化必须结合实际使用环境，分析影响老化的主要因素、影响机理及程度。老化会引起橡胶外观和理化性能的改变。外观方面变化包括材料表面硬化、龟裂或变软、发黏，材料几何尺寸发生变化；理化性能方面变化包括化学组成和结构、密度、硬度、拉伸性能、压缩性能、蠕变、黏弹性、电性能等发生变化。

实验研究表明，橡胶在恒定表面张力作用下，经过一定时间后，其表面必将萌生龟裂。这正是一些桥梁橡胶支座在产生外鼓后，即使尚未通车，也会在外鼓层出现龟裂。龟裂与层间橡胶外鼓相伴生成。这正是因与果的关系。橡胶支座的承压力（恒载）和支座形状系数决定了支座的外鼓量，形状系数小则外鼓量大。如何控制支座的外鼓量于设计选型直接有关，本课题组正展开这方面的研究工作，将进一步论证合理的设计选型和外鼓量的控制值。

六、结　　语

（1）根据断裂力学撕裂能（T）理论，证明板式橡胶支座的临界疲劳极限应力与支座的直径成反比，与支座的形状系数成正比。

（2）橡胶支座的许用应力或设计应力应控制在临界疲劳极限应力以下，这样可有效地提高橡胶支座的使用年限。

（3）本课题组认为：交通部行业标准JT/T 4—2004中规定的支座许用应力不论支座的规格和支座形状系数，统一取10MPa，且规定极限应力不大于70MPa，这在一定范围内误导了设计者对支座力学性能的认识和设计选型。不仅仅使设计者误认为支座的许用应力为10MPa，还认为有足够的强度储备！本文的研究结果表明，许用应力10MPa的选择仅仅适用于部分形状系数较高的板式橡胶支座。对于大规格，形状系数小于8的橡胶支座是不适合的，可导致支座工作于临界疲劳极限应力水平之下。如橡胶支座内部存在缺陷（如胶层分布不均匀、局部脱胶、内部因气泡或加工缺陷留下的空穴及机械划伤或化学损伤等），必然导致支座的过早地萌生裂纹和加速老化的速度。

（4）调查结果表明，由于施工安装不当（高程的偏差、落梁初始剪切变形（位移）过大、垫板尺寸不合理等），可导致现役支座大量存在受力不均现象如三点受力（一点脱空）、偏心受力等。这必将导致部分橡胶支座的受力远高于设计值（10MPa），这部分橡胶支座将工作在裂纹扩展应力水平下，毫无疑问，这些支座一定提前出现劣化现象。

（5）由于支座内部层间分布不均匀可导致一些层的形状系数偏大，另一部分层的形状系数偏小，且支座宏观静力学性能还符合标准的要求。此时在相同载荷下由于各层形状系数的不同，导致同一块橡胶支座一些胶层工作在疲劳极限以下而另一些橡胶层则工作在裂纹扩展应力水平下甚至工作在裂纹扩展应力下。这同样将导致橡胶支座提前出现劣化现象。

（6）欧标和美标中关于设计应力的规定是合理的，即$\sigma_c \leqslant 0.55GS \leqslant 5.5\text{MPa}$，与撕裂能理论的结果基本相符，依此设计应力可以控制橡胶支座的工作应力在疲劳极限应力以下，并有一定的强度储备。

（7）建议橡胶支座的研究人员和相关职能部门，加大对橡胶支座的研究，尤其是加大橡胶支座的损伤与失效机理及老化性能的研究力度，设计人员在设计橡胶支座时，应在明确支座的规格选型时，特别应明确所设计橡胶支座的形状系数和承载能力的要求。

（8）**板式橡胶支座的许用应力或设计应力[σ]与形状系数是密切相关的。**设计者应根据实际负载设计或选择板式橡胶支座。适当降低板式橡胶支座的设计应力，并应确保板式橡胶支座有一定的强度储备并工作在疲劳极限以内。这样有利于提高橡胶支座使用寿命和确保桥梁的安全营运。

参考文献

[1] 松田泰治，大塚久哲，中島崇之，矢葺亘，FEMを用いた積層ゴムの力学特性に与える形状パラメータの影響評価に関する研究，構造工学論文集 Vol. 47A(2001年3月).

[2] 王树芝，铁路板式橡胶支座失效条件和使用寿命的研究，铁道建筑，2003年第7期，27～29.

[3] Rivlin R S,Thomas A G. Rupture of rubber. Ⅰ. Characteristic energy for tearing Journal of Polymer Science,1953,10(3):291~313.

[4] Breidenbach R F, Lake GJ. Mechanics of fracture in two ply laminates [J]. Rubber Chemistry and Technology,1979,52 (1):96~111.

[5] Gent A N, Lindley P B, Thomas A G. Cut growth and fatigue of rubbers I: the relationship between cut growth and fatigue. Rubber Chemistry and Technology ,1965 ,38(2) :292~313.

[6] Lake G J. Mechanical fatigue of rubber. Rubber Chemistry and Technology,1972,45(1):307~328.

[7] Stevenson A. Rubber Chem. Techno l. , 1986, 59: 208.

[8] Lake G J, Lindley P B . Mechanical fatigue limit for Rubber . Rubber Chemistry and Technology , 1966 ,39 (2) : 348~364.

[9] Lake G J, Fatigue of fracture of elastomers. Rubber Chemistry and Technology ,1995,68(2):435~460.

[10] 杨晓翔,橡胶-钢双材料界面断裂韧性的实验测定,大庆石油学院学报,第 22 卷第 4 期 1998 年 12 月,64~65.

[11] prEN 1337-3:1996 Structural Bearings: part:Elastomeric bearings, P34.

[12] AASHTO M251-97 Standard Specifications for Plain and Laminated Elastomeric Bridge Bearings. 1997.

[13] AASHTO LRFD BRIDGE DESIGN SPECIFICATIONS 2000.

[14] 黄跃平,胥明,周明华,板式橡胶支座胶层厚度不均匀对力学性能的影响,2005 桥梁隧道养护技术研讨会.

[15] M. Imbimbo, A. De Luca,F. E. stress analysis of rubber bearings under axial loads,Computers and Structures 68 (1998) :31~39.

[16] 胥明,黄跃平,周明华,板式橡胶支座形状系数与损伤关系的实验研究,2005 年 12 月.

[17] JT/T 4—2004《公路桥梁板式橡胶支座》北京:人民交通出版社出版,2004 年 6 月.

[18] 周明华,葛宝翔.《公路桥梁橡胶支座的使用寿命与应用对策》土木工程学报,2005.6 第 38 卷第六期.

[19]《公路钢筋混凝土及预应力混凝土桥涵设计规范》(JTG D62—2004)北京:人民交通出版社出版,2004 年 9 月.

[20]《公路钢筋混凝土及预应力混凝土桥涵设计规范》(JTG 023—85)北京:人民交通出版社出版,1985 年.

178. 风—车—桥耦合振动系统研究现状

孟庆涛 颜全胜
(华南理工大学交通学院)

摘 要 综述了 20 世纪 60 年代以来列车—桥梁耦合振动研究的现状与进展,就风车桥耦合振动的研究思路、车辆分析模型、桥梁分析模型、轮轨接触关系、激励源、风荷载、数值计算方法 7 个方面,总结其已取得的一些研究成果和结论,同时,指出了目前研究工作中尚待进一步完善的问题,提出了今后的研究方向。

关键词 风车桥耦合振动 车辆模型 桥梁模型 轮轨接触关系 激励源 风荷载

一、引 言

由于轨道不平顺的存在,车桥间具有自激的特性,无外载作用时,运动的车辆和桥梁仍会发生振动。自然风中平均成分的作用会使桥梁产生静位移，脉动成分的作用会使桥梁发生抖振。在自然风作用下当列车以一定速度通过桥梁时，桥梁的抖振会影响车桥耦合振动特性，而桥梁的静位移相当于改变了轨道不平顺，从而亦会影响车辆的振动。在侧向风作用下，车辆受到横向力和倾覆力矩的作用，车辆的振动特性会发生显著改变。列车在桥道上的存在会改变桥道的气动绕流，桥道断面的气动特性随列车的到达和离去而改变，整个主梁所受风载随列车的运行而动态变化。桥上车辆处在桥道的绕流之中，桥道的几何外形会对桥上车辆的气动荷载产生影响。此外，列车质量沿桥跨的动态分布会改变桥梁结构的振动特性。上述各种因素的交互作用、协调工作构成了风—车—桥耦合振动系统。

二、风车桥耦合振动研究的现状

人类自1825年建成第一条铁路以来，便开始了对列车与桥梁相互作用研究探索的漫长历史过程。1849年Willis提交了第一份关于桥梁振动研究的报告，探讨了Chester铁路桥梁塌毁的原因。1940年由Farquharson教授提交了Tacoma桥的风毁事故报告，从而开始了桥梁气动弹性理论研究的新时期。至今车与桥，风与桥间的相互作用已经进行了广泛的研究，但对风车桥耦合系统的研究还是近几年来的事，公开发表的论文也不多。

西冈隆、Diana[49]最先研究了带有横向平均风压的移动车辆对桥梁结构的附加动力作用。

郭向荣[29]、曾庆元[28]采用空间相关的侧向脉动风速场，考虑作用于桥梁和列车的静风荷载和准定常脉动荷载作用，采用时域分析方法对脉动风作用下高速列车通过桥梁时的车桥动力响应进行了分析，从安全性与舒适性两个方面分析了行车临界风速，得出了一些有意义的结论。分析中未模拟主梁的竖向脉动风速场，未考虑桥梁风荷载中自激力的作用，此外，桥梁和车辆的气动参数未考虑桥梁和车辆间相互的气动影响。

葛玉梅[51]、奚绍中通过节段模型风洞试验测试考虑桥梁和车辆间相互气动影响的车桥气动参数，桥梁和车辆的静风荷载采用三分力表达，脉动荷载采用Scanlan的准定常表达，采用时域积分法对风作用下斜拉桥的车一桥耦合振动进行了分析。分析中模拟的脉动风场未考虑空间相关性，风荷载中未考虑自激力的影响。

夏禾[44]、Y. L. Xu[45]等对香港青马大桥在风和列车荷载同时作用下的振动特性进行了分析，分析中基于模拟的脉动风速场，得到桥梁的模态抖振风力和模态自激风力，较真实地模拟了桥梁的风致振动，采用模态综合法求解车桥动力响应，研究了桥梁风致振动对车桥耦合振动特性的影响。因列车从加劲梁内部通过，故未考虑风对列车的作用，此外，采用基于振型函数的模态综合法难以考虑桥上列车质量动态分布引起的结构自振特性的变化以及多种非线性因素的影响。

李小珍[4]、李永乐、强士中等建立了风—车—桥系统空间耦合分析模型，以京沪高速铁路南京长江大桥为工程背景，采用自行研发的桥梁结构分析软件BANSYS对比研究了不同风速场模型对车辆及桥梁动力响应的影响，剖析了自然大气中平均成分和脉动成分在耦合振动系统中的作用，得出在风—车—桥系统耦合振动分析中，采用空间真实相关的脉动风速场是必要的结论。

Y. L. Xu、W. H. Guo[6]从路面不平顺，行驶速度，横向风速等方面分析了横向风及桥面运动对汽车驾驶舒适度的影响。对比分析了汽车在紊流风作用下在公路和斜拉桥上行驶的不同状况。

Charuvisit[50]分析了汽车通过桥塔时作用于车上的风力突然变化可能引起的交通事故。测量了作用于汽车上的气动力然后模拟汽车的响应，检验了风障的影响。在对风障的保护作用研究过程中对风引起侧翻的危险研究较多，而对保持行驶方向而不偏离考虑的较少。

C. S. Cai、S. R. Chen[12]提出了车桥系统在强风作用下的动力分析框架，从不同类型、不同数目的车辆、风力大小、路面不平顺以及行驶速度等方面对车桥系统进行了分析。得出了行车的限速值和需要关闭交通的最大风力值。

三、风车桥耦合振动研究系统模型

1. 车辆模型

20 世纪 60 年代初，随着日本和西欧高速铁路的修建及电子计算机的诞生和发展，车桥振动问题有了较大发展。

1960 年 Wen 在假定桥梁动力挠曲线与静力挠曲线相似的基础上，应用能量法以及拉格朗日方程，采用多轴移动车辆模型进行分析。

后来，不少学者对单一移动荷载或单轮过桥作用下简支梁的振动问题作了进一步的研究，并运用随机振动理论考虑轨道不平顺的影响。

自 20 世纪 70 年代中期，对轨道不平顺的描述已较成熟，双轴车辆分析模型被较多地采用，有限元方法亦被应用到车桥系统动力分析中。

1979 年朱光汉(K. H. Chu)[53]首先建立了较为复杂的车辆模型用于铁路车桥垂向动力分析，该模型为具有一系悬挂的四轴车辆模型，一个刚性车体和四个刚性轮对，转向架并入车体，共 11 个自由度。

1982 年 Bhatti[52]建立了 19 个自由度(后为 21 个自由度)的两系弹簧的竖向及横向振动车辆模型，将货物列车分成一个车体、两个摇枕及两个转向架系统，分析中考虑了车辆弹簧的几何非线性及悬挂的非线性，以轨道垂向和横向不平顺为激励源，通过轮轨接触关系来模拟车桥系统的耦合特性。

Wang 改进了 Bhatti 的车辆模型，建立了 23 个自由度的空间振动分析模型。

至 20 世纪 70 年代中期各国学者所建立的车辆模型差异不大，根据车辆构造及分析目的将车辆分成几个刚体，建立具有一系或二系悬挂的车辆模型。

1987 年 Tanabe 针对日本新干线的客车建立了 31 个自由度的车辆模型，该模型中车体和前后转向架各 5 个自由度，4 个轮对各 4 个自由度。

1989 年 Diana[49]对车桥动力相互作用进行了大量研究，综合分析了不同形式车辆、桥梁、桥上轨道结构的离散方法，建立了考虑轨道弹性、轮轨相互作用力影响的车—轨—桥动力分析模型。将每节车辆分成 4 个轮对、2 个转向架及 1 个车体，共 23 个自由度。

自 20 世纪 80 年代以来，曾庆元[28]院士及其合作者忽略车辆纵向振动，建立了 21 自由度的分析模型，其中车体考虑横摆、浮沉、侧滚、点头、摇头自由度，前后转向架考虑横摆、浮沉、侧滚、摇头自由度，轮对考虑横摆和摇头自由度，对客车和机车采用二系悬挂，货车采用一系悬挂。

原上海铁道大学曹雪琴[46]教授等对钢桁梁的车激横向振动问题进行了大量的现场实测和计算分析，对货车建立了 19 自由度的二系悬挂车辆模型，即车体考虑横摆、侧滚和摇头自由度，前后摇枕考虑横摆和侧滚自由度，四个轮对考虑横摆、侧滚和摇头自由度。

1988 年许慰平[35]提出了 27 个自由度的空间振动分析模型，车体考虑了横摆、浮沉、侧滚、点头、摇头 5 个自由度，前后转向架除上述 5 个自由度外还考虑了菱形变形和翘曲变形，四个轮对各考虑横摆和摇头两个自由度。基于车桥空间振动系统的弱耦合特性，采用分组迭代方法求解车桥动力问题。

张格明[40]建立的车—线—桥动力分析模型中车辆共 35 个自由度，即车体、前后转向架及四个轮对均考虑 5 个自由度，将桥上轨道结构视作多层支承体系，充分考虑了线路的参振作用，并分析了我国铁路干线轨道不平顺及特殊不平顺对中高速车辆行走性的影响。

高芒芒[41]针对二系悬挂的四轴车辆建立了 31 自由度的分析模型即车体和前后转向架各考虑横摆、浮沉、侧滚、点头、摇头 5 个自由度，每个轮对考虑横摆、浮沉、侧滚、摇头 4 个自由度，针对多跨有碴轨道桥梁建立了多层支承体系的线路结构动力分析模型，采用该模型对多跨简支梁进行了车—线—桥的动力分析。

西南交通大学自 20 世纪 80 年代中期开始车桥耦合振动研究。强士中、李小珍、宁晓骏等[9]采用 23 自由度车辆模型(车体及前后转向架各 5 个自由度，四个轮对各 2 个自由度)，考虑非线性轮轨接触机理，采用分离迭代技术求解车桥动力响应。

李乔、单德山[47]及何发礼等对高速铁路曲线梁桥的车桥振动特性进行了深入研究，针对四轴车辆建立了35个自由度的车辆曲线通过模型（车体、前后转向架及4个轮对各5个自由度），研究了曲线半径、曲线超高等因素的影响。奚绍中、葛玉梅、袁向荣等采用33自由度的分析模型研究了开口薄壁梁桥及钢桁梁桥的车桥耦合振动问题，比较了轮轨联连方式的影响，分析了风作用下斜拉桥车—桥耦合振动特性。

2. 桥梁分析模型

建立用于车桥耦合振动的桥梁模型时，不外乎有限元法和模态坐标法。其中，根据所分析的桥梁结构形式的不同。杆系有限元是目前建立桥梁分析模型最广泛采用的。采用杆系有限元建立桥梁模型时，自由度一般很多，往往需采用"静力凝聚法"来缩减自由度，这会带来一定的近似性。另外，对某些复杂的桥梁，采用杆系有限元建模时，需要对结构作大量简化，这可能导致一定的误差。因此，往往还需采用板壳单元、实体单元与杆系单元一起来模拟桥梁结构。

模态坐标法是减少结构自由度的又一简便方法，其主要优点是可以大量减少计算自由度，但其缺点也是明显的：

(1)只能适用于线性结构的振动问题；

(2)无法考虑结构局部杆件的振动；

(3)对复杂桥梁结构，由于多阶振型参与贡献，其计算自由度也会大量增加，无法体现其优点。

总之，采用有限元的方法，用空间杆系单元以及板壳单元、实体单元来模拟桥梁结构，是目前建立桥梁分析模型的主流。

3. 风场模型

自然风在时间上和空间上都是随机的，结构抗风分析中通常近似地将其视为多维多变量各态历经的平稳高斯过程。在早期的某些简化分析中，对于风速场模型，有的未考虑脉动风影响，有的采用全相关风速场，有的仅考虑了一个方向的相关风速场，此外，对车辆和桥梁相互的气动影响研究也很少。

20世纪70年代至今，随机过程的数值模拟技术得到了很大发展。总的来说，可分为两类，一是基于线性滤波技术的回归方法；一是基于三角级数叠加的谱解法(Spectral representation)。回归方法的特点是计算速度快，但算法烦琐，需对模型的类型、阶次、参数进行估计，模拟精度较差。谱解法的特点是算法简单，理论完善，其样本的高斯特性、均值及相关函数的一致性、均值及相关函数的各态历经特性等都已得到数学证明，模拟结果较为可靠，但计算工作量较大。随着计算技术的进一步发展，谱解法在工程领域得到了广泛的应用。

结合有限元离散分析，通常将宽度为桥长、高度为塔高范围内的连续风场离散为该面状区域内有限点处的三维(x,y,z方向)风场。由于自然风在x,y,z三个方向上的脉动分量间的相关性较弱，且目前对三个脉动分量间的相关关系缺乏卓有成效的研究，实际应用中通常不考虑风速在x,y,z三个方向之间的相关性，而仅考虑风速在空间上的相关性，从而将理论上三维相关的风速场简化为三个分别沿x,y,z方向的独立的一维风速场，亦即将一个三维相关的多变量随机过程简化为三个独立的一维多变量随机过程。

四、风　荷　载

受地表影响，大气边界层内的自然风是一种在方向、时间及空间上具有相关特性的随机波动。分析中通常将风速分为两部分：平均风，它不随时间和空间变化；脉动风，它可近似看作平稳的多维多变量随机过程。风和结构的作用是一个十分复杂的具有反馈机制的动态过程，它受到风特性、结构动力特性、结构气动外形、风与结构相互作用等多方面的影响。在风—车—桥系统中，桥梁和车辆的风荷载还要受到彼此气动外形和相对位置的影响。作用在车辆与桥梁上的风荷载通常分为：静风力、抖振力和自激力。

1. 静风力

静态风力是定常荷载，可采用动压、定常系数和结构特征尺寸组合的表达式。车辆和桥梁上的静风力分别按照各自的三分力系数和结构尺寸进行计算。

2. 抖振力

抖振是桥梁结构在紊流风作用下产生的一种强迫性振动，其振幅有限，不会产生发散性振动。但其持久的振动将引起构件的疲劳，过大的振动可能导致行车不舒适，甚至使结构发生强度破坏。在抖振的研究过程中，主要分为频域法和时域法两种：

(1)频域抖振分析

传统频域抖振分析中，具有代表性的理论有三种：Davenport 理论、Scanlan 理论和 Y K. Lin 理论，其中 Davenport 理论应用较为普遍。Davenport 首先将概率统计方法引入桥梁结构分析中，采用随机振动理论来分析桥梁抖振响应，并采用气动导纳函数来修正准定常抖振力的计算误差。Davenport 为了修正静态空气力系数(准定常气动力)引入了气动导纳函数，为了修正各振型空气力的跨向相关性，引入了联合接受函数，这些都是对抖振力的修正。对自激力仅考虑了气动阻尼的影响，而忽略了气动刚度的影响及气动耦合效应。对于竖向和侧向弯曲运动，气动刚度的影响较小，而对于扭转运动及风速较大时的耦合运动，气动刚度不容忽视。

(2)时域抖振分析

与频域抖振分析相比，时域抖振分析能给出结构振动历程，能较方便地考虑多种非线性因素，但计算工作量较大。随着计算机性能的提高，时域分析方法得到了进一步的发展。

3. 自激力

自激力系非定常荷载，它是结构位移和速度的函数，反映了风与结构的相互作用，Y. K. Lin 认为自激力由线性机理产生基于脉冲响应函数的卷积提出了包含侧弯、竖弯及扭转三个方向耦合的自激力表达式。Scanlan 首先提出了适用于桥梁断面的自激力表达式，该表达式是基于颤振导数的频域表达式，常用的时域化模型有 Scanlan 提出的阶跃函数(Indicial function)模型和 Y K. Lin 提出的脉冲响应函数(Impulse-response function)模型。在风—车—桥系统中列车宽度较窄(约 3m)，且断面较为钝化，其气动耦合作用应较弱，因此，分析中忽略列车的自激力作用。

五、激励源问题

对于车桥系统的激励源问题，一直存在两种不同的看法，一种是将轨道不平顺作为系统的激励源；另一种是将车桥振动系统中的转向架振动加速度响应的实测波形或人工蛇行波(即人工生成的转向架振动加速度时程)作为系统的激励源。前者是从轮轨关系的微观分析出发，通过轮轨接触蠕滑理论，将轮轨之间的复杂相互作用力与位移协调关系描述清楚；后者认为轮轨关系太复杂，无法描述清楚，因而直接将转向架振动加速度的实测波形或人工蛇行波作为车桥系统的激励源。由于人为地假定转向架加速度的振动波形为已知，因此可求解车桥系统响应。实际上，以蛇行波作为车桥系统的激励源，这一方法是 20 世纪中叶前后在国外手算车桥振动时所通用的。当时没有轨检车来获得实测轨道不平顺数据，难以形成轨道不平顺谱。我国在 20 世纪中叶前后也广泛使用。随着计算机的出现与迅速发展，轮轨接触理论研究的突破，以及大量实测轨道不平顺数据的获取，轨道不平顺谱的形成，对车桥系统激励源的研究不断深化。近 20 年来，从美国、日本、欧洲各国，到国内绝大多数研究单位，基本上都采用轨道不平顺谱或实测的轨道不平顺数据作为车桥振动系统的激励源。

在转向架上测得的振动波形(即蛇行波，一般是加速度振动时程)或依此给出的人工蛇行波，都是车桥系统在激励(输入)作用下产生的响应(输出)，所以，构架蛇行波不宜作为车桥系统的激励源。以构架蛇行波作为车桥系统的激励源，这种分析方法认为“可以避开轮轨关系”。但是，车桥耦合振动研究的一个重要内容，就是根据计算出的轮轨相互作用力，来得到车辆的脱轨系数、轮重减载率，进而评价桥上列车的运行安全性。而轮轨间的相互作用力，只有通过建立详细的轮轨接触关系模型才能得到，因此，研究车桥耦合振动问题时，轮轨关系是无法避免的。车轮在钢轨上运行时，竖向将出现“跳轨”，横向将出现“游间”。以构架蛇行波作为车桥系统激励源的分析方法始终认为轮轨之间的“游间”导致轮轨关系的不确定性。实际上，随着新型轮轨空间动态耦合模型的建立，轮轨间的“跳轨”与“游间”完全可以通过数值仿真计算模拟得到，该模型已经得到国际著名软件NUCARS以及大量现场实测结果的验证。另外，对车桥系统输入人工蛇行波与地震分析中输入人工地震波两者之间并不存在可比性。如果说地震反应分析的人工地震波能给予启示的话，那就是人工生成轨道不平顺数据。如在当前我国尚没有高速铁路轨道实测轨道不平顺数据的情况下，要分析列车高速运行下车桥系统的振动响应，就可以根据高速铁路轨道管理标准，由高速铁路轨道不平顺谱来人工生成轨道不平顺数据。

1. 轮轨接触关系

轮轨接触关系包括轮轨接触几何参数的确定以及轮轨间接触(蠕滑)力的计算。在轮轨接触几何学领域，Cooperrider于1976年解决了两维轮轨几何接触问题，即不考虑轮对摇头角位移来确定轮轨接触点位置和接触几何参数。DePater和Yang应用空间解析几何和一阶近似方法，成功地解决了轮轨几何接触的三维计算问题。国内的研究者也大都采用考虑轮对摇头角的空间分析方法研究轮轨接触几何参数。一般将某一种形状的车轮踏面与某一型号的钢轨相匹配，组成一对轮轨关系，以轮对的横移量和摇头角为变量，计算出各轮轨接触几何参数，以数表形式存入计算机，在具体进行车桥耦合振动分析时，根据求得的轮对横移和摇头角，由上述数表进行线性插值得到。

对于轮轨滚动接触蠕滑理论，Carter在20世纪20年代就对蠕滑率与蠕滑力的关系进行了系统分析，他运用弹性体滚动接触理论将轮轨接触斑区分为滑动区和黏着区。他将钢轨模拟成弹性半空间，将车轮模拟成弹性圆柱体，求解这一两个半空间接触的二维弹性问题，并提出纵向蠕滑率和横向蠕滑率的计算方法。之后，Johnson和Vermeulen一起分析了滚动接触的二维问题，列出了纵向蠕滑、横向蠕滑和切向力的变化关系和计算公式，还做了试验论证。

Kalker在轮轨滚动接触理论方面作出了杰出贡献。他从20世纪60年代开始，先后提出用于小蠕滑的线性理论、简化理论、三维非线性精确理论、新简化理论等，并相继开发了CONTACT、FASTSIM、DUVOROL等用于轮轨滚动接触计算分析的程序，比较完整地解决了两弹性体在干摩擦下的滚动接触理论及工程应用。沈志云—J. K. Hedrick—J. A. Elkins理论将自旋考虑进去，得到了最适合铁路车辆仿真的非线性理论，这是目前在车辆系统动力学中广泛应用于轮轨关系的方法。

陈果、翟婉明[36][39]等建立了一种新型轮轨空间动态耦合模型，该模型在轮轨接触几何关系、轮轨法向力以及轮轨蠕滑力的求解上均有所创新：

(1)在轮轨接触几何关系上，彻底摆脱了传统求解轮轨接触关系的轮轨刚性接触和始终接触的假设，避免了轮对侧滚角的迭代，同时考虑钢轨横向、垂向和扭转运动以及轨道不平顺对接触几何的影响，因而较传统车辆动力学的求解方法更为完善。

(2)在轮轨法向力求解中，运用轮轨非线性赫兹接触理论，通过与轮轨接触几何计算结合，简洁快速求得轮轨法向力，实现了轮轨法向力与蠕滑力的计算分开，同时还考虑轮轨瞬时脱离情形(跳轨)。

(3)在轮轨蠕滑力求解中，首先按Kalker线性理论确定蠕滑力，然后再按Johnson—Vermulen方法进行非线性修正，并且在纵向、横向和自旋蠕滑率的求解中，充分考虑了轨道不平顺变化速度和钢轨振动速度的影响。该模型目前已用于车—线—桥大系统动力仿真分析。

六、数值计算方法

车桥耦合振动的数值计算方法主要有时域法和频域法。由于车桥系统实际是时变问题，因此，大都采用时域方法。根据所建立的车桥系统方程的不同，目前大体分为以下两种方法：

(1)将车桥系统以轮轨接触处为界，分为车辆与桥梁两个子系统，分别建立车辆与桥梁的运动方程，两者之间通过轮轨接触处的位移协调条件与轮轨相互作用力的平衡关系相联系，采用迭代法求解系统响应。

(2)将车辆与桥梁的所有自由度集中建立统一方程组，进行同步求解。具体进行直接积分时，可采用Newmark-β法、Wilson-θ法等。频域法只能适用等截面或近似等截面梁，要求桥梁的运动方程可以用解析公式得到，因而其应用范围很小。

七、有待进一步研究的问题

风—车—桥系统耦合振动分析影响因素较多，涉击气动参数测试、风场模拟，轮轨接触几何、轮轨接触蠕滑、车辆动力学、桥梁动力学、空气动力学、有限元分析程序设计等。尽管已经有人作了一些研究工作，但在以下诸方面仍需进一步深入。

1. 风场模拟方法

寻求更为快捷的风场模拟方法，更全面地模拟主梁、桥塔及斜拉索等处的脉动风场，进一步实现时域分析过程中脉动风场的实时模拟。在风场模拟中考虑局部地形的影响，更真实地反映桥址区的流场特性。

2. 风荷载

考虑列车运行速度的影响，更精确地测试桥梁和列车的气动参数，分析桥梁和列车气动特性的相互影响。更可靠地测定桥梁和列车的气动导纳函数，剖析计算风荷载与实测结果的差异。

3. 车辆分析模型

针对高速运行的车辆系统，建立更为详细的分析模型，综合考虑悬挂系统的非线性、轮轨接触几何非线性、轮轨蠕滑非线性、车体和转向架及轮对的弹性变形、不均匀载重、系统纵向动力作用、不平顺的非平稳特性、轨道和路基的变形及小半径弯道效应等因素的影响，更为真实模拟列车的脱轨、跳轨过程，从而更真实地实现车辆动力学的数字仿真。

4. 建立车辆—线路—桥梁耦合振动理论和模型

车辆-轨道耦合动力学研究成果表明，轨道本身的振动属于高频范围，这种高频振动本身对车辆振动、桥梁振动的影响不大(因桥梁大都属于低频振动)，但是，对轮轨相互作用力的影响极大，也就是说，考虑轨道的振动，并不显著影响车辆与桥梁的振动响应(动位移、加速度)，但是会极大地影响脱轨系数与轮重减载率的大小。鉴于此，现有车桥耦合振动研究中不考虑轨道的振动是一个急需解决的问题。有必要建立车辆-线路-有必要建立车辆-线路-桥梁整个大系统的动力学分析理论与模型，虽已有一些初步探讨，即将整个车-线-桥大系统分为车辆、轨道、桥梁三个子系统，分别建立车辆、轨道、桥梁各自的运动方程，然后，通过轮轨相互作用关系将车辆与轨道两个子系统联系起来，通过线桥相互作用关系将轨道与桥梁两个子系统联系起来。但为解决铁路提速及高速铁路中的桥梁动力学问题还需要进一步做很多研究工作。

5. 现场实测

现场实测是对分析理论、计算结果最有效、最直接的检验，比较实测结果和分析结果的差异，分析关键性影响因素，开展针对性研究，进一步完善理论分析模型。

参考文献

[1] 李小珍，强士中. 列车—桥梁耦合振动研究的现状与发展趋势. 铁道学报，2002.

[2] 袁明. 高墩大跨连续刚构桥的车桥系统耦合振动分析. 中国优秀硕博论文网，2005.

[3] 谢红生. 轻轨高架铁路车桥耦合振动分析. 中国优秀硕博论文网，2003.

[4] 夏禾. 车辆与结构动力相互作用. 北京：科学出版社，2004.

[5] 李永乐，强士中，廖海黎. 风—车—桥系统空间耦合振动研究. 土木工程学报，2003.

[6] 李永乐. 风—车—桥系统非线性空间耦合振动研究. 中国优秀硕博论文网，2003.

[7] Y. L. Xu，W. H. Guo . Effects of bridge motion and crosswind on ride comfort of road vehicles Journal of Wind Engineering and Industrial Aerodynamics 92(2004)641～662.

[8] C. S. Cai，S. R. Chen . Framework of vehicle-bridge-wind dynamic analysis . Journal of Wind Engineering and Industrial Aerodynamics 92(2004)579～607.

[9] J. P. Pinelli，C. Sunbramanian，Wind effects on emergency vehicles . Journal of Wind Engineering and Industrial Aerodynamics 92(2004)663～685.

[10] Yongle Li，Shizhong Qiang，Haili Liao，Y. L. Xu. Dynamics of wind - rail vehicle - bridge systems. Journal of Wind Engineering and Industrial Aerodynamics 93 (2005) 483～507.

[11] B. Biondi, G. Muscolino, A. Sofi . A substructure approach for the dynamic analysis. Computers and Structures 83 (2005) 2271～2281.

[12] Leslaw Kwasniewski, Hongyi Li, Jerry Wekezer, Jerzy Malachowski.. Finite element analysis of vehicle - bridge interaction. Finite Elements in Analysis and Design 42 (2006) 950～959.

[13] S. R. Chen, C. S. Cai. Accident assessment of vehicles on long-span bridges in windy environments. Journal of Wind Engineering and Industrial Aerodynamics 92 (2004) 991～1024.

[14] Y. B. Yang, C. W. Lin. Vehicle - bridge interaction dynamics and potential applications. Journal of Sound and Vibration 284 (2005) 205～226.

[15] 肖新标，沈火明. 3种车桥耦合振动分析模型的比较研究. 西南交通大学学报，2004，39(2)：172～175.

[16] YANG Yeong-bin，LIN Bing-houng. Vehicle-bridge interaction by dynamic condensation method [J]. Journal of Structural Engineering, 1995，123(9)：1636～1642.

[17] 林梅等. 汽车荷载作用下梁式桥的动态分析. 重庆交通学院学报，2000，19(1)：1～5.

[18] 中华人民共和国交通部. 公路桥涵设计通用规范(JTG D60—2004). 北京：人民交通出版社，2004.

[19] 霍伟廉，刘嘉. 万州长江大桥车桥耦合振动的研究. 华中科技大学学报(城市科学版)，2004，21(3)：1～4.

[20] 王永平等. 单车荷载下简支梁桥的动力特性和响应的试验研究. 土木工程学报，1995，28(5)39～47.

[21] 张庆等. 高速车桥结构耦合振动分析. 振动与冲击，2003，22(2)：49～52.

[22] 胡人礼. 普通桥梁结构振动. 北京：中国铁道出版社，1998.

[23] 马保林. 高墩大跨连续刚构桥. 北京：人民交通出版社，2001.

[24] 邵旭东. 桥梁工程. 北京：人民交通出版社，2003.

[25] 颜东煌等. 桥梁结构电算程序设计. 长沙：湖南大学出版社，1999.

[26] 杜国华等. 桥梁结构分析. 上海：同济大学出版社，1994.

[27] 肖汝诚. 桥梁结构分析及程序系统. 北京：人民交通出版社，2002.

[28] 项海帆. 高等桥梁结构理论. 北京：人民交通出版社，2001.

[29] 曾庆元等. 列车-桥梁时变系统的横向振动分析. 铁道学报，1991，13(2)：38～46.

[30] 王荣辉，郭向荣等. 高速列车-钢桁梁桥系统横向振动随机分析[J]. 铁道学报，1996，18(1)：90～95.

[31] 陈淮，郭向荣等. 大跨度斜拉桥动力特性分析[J]. 计算力学学报，1997，14(1)：57～63.

[32] 郭文华，郭向荣等. 大跨度斜拉桥空间振动计算分析[J]. 振动与冲击，1998，17(1)：30～33.

[33] 沈锐利. 列车过桥时桁梁桥的空间振动分析[D]. 成都：西南交通大学，1987.

[34] Makoto Tanabe，YoshiakiYamada. ModalMethodforInteractionofTrainandBridge [J]. Computer&Structures，1987.

[35] 何发礼. 高速铁路中小跨度曲线梁桥车桥耦合振动研究[D]. 成都：西南交通大学，1999.

[36] 许慰平，大跨度铁路桥梁车桥空间耦合振动研究，博士学位论文，铁道科学研究院，1988.

[37] 陈果，翟婉明等. 车辆-轨道耦合系统垂横模型及其验证[J]. 振动与冲击，2001，20(4)：18～21.

[38] NKCooperrider，etal. AnalyticalandExperimentalDe-terminationofNonlinearWheelrailConstrains [A]. Proc. ofASME，SymposiumonEquipmentDynamics，1979.

[39] DePater，YangG. TheGeometricalContactBetweenTrackandRail [J]. VehicleSystemDynamics，1988.

[40] 翟婉明. 车辆-轨道耦合动力学[M]. 北京：中国铁道出版社，1997.

[41] 张格明. 中高速条件下车线桥动力分析模型与轨道不平顺影响[D]. 北京：铁道科学研究院，2001.

[42] 高芒芒. 高速铁路列车-线路-桥梁耦合振动及列车走行性研究[D]. 北京：铁道科学研究院，2001.

[43] 夏禾等. 列车-斜拉桥系统在风载作用下的动力响应[J]. 北方交通大学学报，1995，19(2)：131～136.

[44] 夏禾等. 风和列车荷载同时作用下车桥系统的动力可靠性[J]. 土木工程学报，1994，27(2)：14～21.

[45] XiaHe，DeRoeckG ，etal . Dynamic Analysis of Train Bridge System and Its Applicationin Steel

Girder Rein-forcement [J]. JournalofComputersandStructures, 2001, 79, 1851～1860.

[46] XiaHe, XuYL, etal. Dynamic Interaction of Long Suspension Bridges with Running Train[J]. JournalofSound&Vibration, 2000, 237(2): 263～280.

[47] XiaHe, XuYL, etal . Dynamic Response Train-Suspension Bridge Under High Wind Action [A]. Proc. TIVC2001, Beijing, 2001, 231～238.

[48] 曹雪琴、刘必胜. 桥梁结构动力分析. 北京：中国铁道出版社，1987.

[49] 单得山、李乔. 车桥耦合振动数值模拟及软件实现，西南交通大学学报，1999，31(6)，663～667.

[50] 杨宜谦. 铁路桥梁的振动控制[D]. 北京：铁道科学研究院，1998.

[51] Diana G. , Cheli F. Dynamics Interaction of Railway Systems with Large Bridge, Vehicle System Dynamics, 1989, 18(1～3), 71～106.

[52] S. Charuvisit, K. Kimura. Effects of wind barrier on a vehicle passing in the wake of a bridge tower in cross wind and its response. Journal of Wind Engineering and Industrial Aerodynamics, 92 (2004) 609～639.

[53] 葛玉梅. 机车—桁架桥梁耦合振动研究，西南交通大学学报，1998，33 (2)，138～142.

[54] Bhatti M . H. : Vertical and Lateral Dynamic Response of Railway Bridge due to Nonlinear Vehicle and Track Irregularities, Ph. D. Thesis, Illinois Institute of Technology, Chicago, Illinois, 1982.

[55] Chu K. H. , et al . : Dynamic Interaction of Railway Train and Brigdes, Vehicle System Dynamics, 1980.

179. 桥梁破损安全拉索研究

陈宜言[1] 姜瑞娟[1] 廖光明[2] 汤国栋[2] 谢北成[2]

(1. 深圳市市政工程设计院；2. 四川大学建环学院)

摘 要 桥梁拉索破断统计的寿命为(3～16)年，在桥梁的服役期内，拉索将多次拆换或破断。囿于问题的随机背境，桥梁拉索的寿命预测是一个非确定性的统计量，拉索破断的年月并不确知，以致桥梁拉索骤断没有杜绝。

基于破损安全理论，研究桥梁破损安全拉索及其系统，冀在实现：拉索骤断，桥梁不致受损或垮塌；拉索随断随换，勿需预测。

关键词 桥梁 疲劳破坏 破损安全 拉索系统

统计表明，桥梁拉索的期望寿命不超过 20 年，如果不作工作，过不了 10 年；国内断索统计的寿命为(3～16) 年[1]。这表明，在桥梁的服役期内，拉索将多次破断或拆换。

文献[4、5]明确地指出：由于问题的随机性，结构疲劳寿命预测，是一个非确定性的统计量，很难或者根本不可能归结为单一的数值，以致，结构失效的年月并不确知；结构损伤未能避免，骤然失效没有杜绝。这是问题的性质所决定的。

断索或断索垮桥的修复费用很高：为拉索建造当年造价的数十倍，为全桥当年总造价的(1～4)倍[2]；四川某桥断杆毁桥的修复费用为全桥建造当年总造价的 2 倍左右；即使拉索的正常拆换的费用，也为拉索当年原造价的 6 倍以上[2]。

在我国，带拉索的桥梁保守地估计也有 600 座以上。现有检测诊断技术，没有根本解决随机作用下拉索的安全控制问题[7,8,9]。

本文应用“破损安全”理论，研究桥梁破损安全拉索，以期实现：拉索骤断，桥梁不致受损或垮塌；拉索随断随换；拆换不依赖于检测诊断和寿命预测。

破损安全桥梁拉索，包括斜缆和吊杆。限于篇幅本文重点研究拱桥吊杆，破损安全斜缆将见另文[11]。

一、破损安全

在断裂力学中[3]，基于点的强度对破损安全描述为：损伤不可避免，在损伤发展过程中，能够维持结构安全的剩余强度最小值，为其极限状态；在此之前，结构虽有损伤，但是安全的。据此理论的设计，就是‘破损安全设计’。

破损安全设计的结构，具有这样的行为能力：当其某一局部失效时，将不再具有最大的承载能力，但尚存在可以接受的最低安全性和足以保证修复的时间。

断裂力学还提出了实现破损安全的途径[3]。

1. 控制损伤扩展

控制损伤裂纹的扩展（如损伤容限法），以保证足够的剩余强度。图1a)在损伤裂纹宽度(a)和时间(t)坐标系中，作出裂纹历程曲线；图1b)为与之对应的剩余强度(w)历程曲线。

图1中，a_0、t_0为可检裂纹宽度及其发生的时间；a_{cr}、t_{cr}为临界裂纹宽度及其发生的时间。

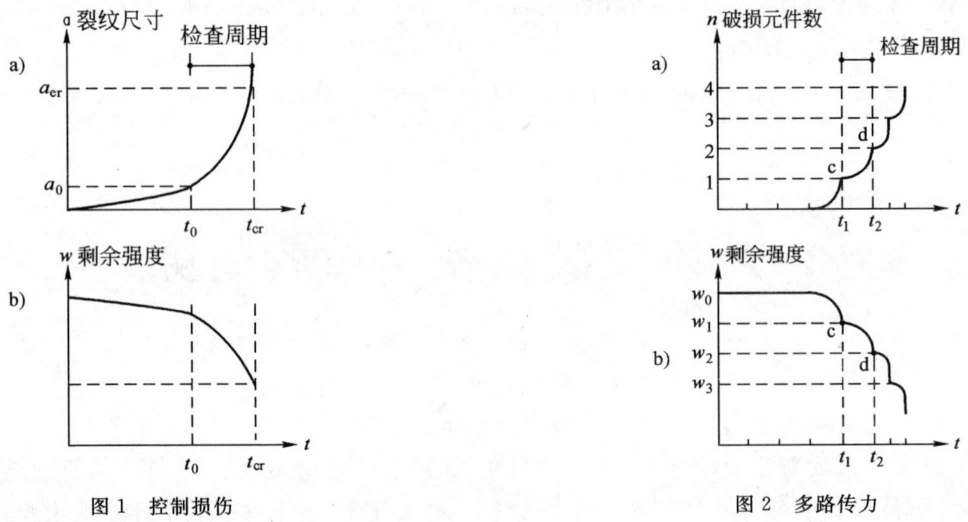

图1 控制损伤　　　　图2 多路传力

当裂纹宽度达到临界值a_{cr}时，剩余强度接近最小值。此后裂纹继续扩展($a > a_{cr}$)，则结构的剩余强度迅速降至零，达到极限状态，结构失效。

容易看出，控制损伤的扩展，使图1a)中的损伤$a < a_{cr}$，并具有一定的剩余强度时，结构将不致失效。

在图1a)中，t_0至t_{cr}，为结构的检查时段。

2. 多路传力

在通常的结构中，多是单一路径传力；当采用一个载荷由两个或二个以上的路径传递时，即所谓‘多路传力’。

基于这一思想，当系统中一个传力路径失效时，则相邻的传力路径，立即顶替其承载，以保证结构不致丧失承载功能。

虽然，这时结构的剩余强度将会降低，破损安全设计就在于保证既存结构仍然具有必需的承载能力，维持承载功能。图2a)为多路传力结构的破断历程；图2b)为破断元件增加时，相应的剩余强度的递减历程。

图2中，n为破断元件数；t为运行时间；W为剩余强度。

图2a)表明：当运行至t_1时，第一元件失效，但结构整体尚不致破坏；此时相应的图b)中结构剩余强度由w_0降低为w_1，但尚能维持结构功能；继续运行至t_2时，第二元件破断，结构整体仍不致破坏，直至破断到某一元件时，结构达到总体失效的临界状态，方才失效。图中t_1-t_2应为检查时段。

二、破损安全吊杆单元

1. 关于双吊杆

自 2001 年国内发生拱桥吊杆破断的事例以来，纷纷采取措施。将原有的一个吊点一根吊杆，改设为平行的双吊杆，'希望'增加安全性和方便拆换。

然而，分析和实验表明：图 3 所示的平行双吊杆及图 4 所示的对称布置的交叉双吊杆中，两根吊杆的应力水平是相同的，在桥梁运营中将同时破断；其安全性与截面积等于两根吊杆截面积之和的单吊杆无异，谈不上增加安全和拆换方便。

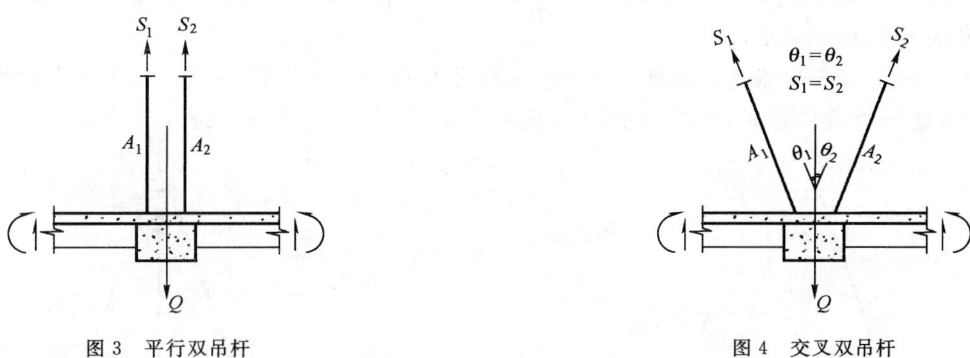

图 3　平行双吊杆　　　　图 4　交叉双吊杆

以下的研究可以知道，如果对其作破损安全设计，则确实可以使之具有：两吊杆不致同时破断；断索时桥梁不致受损或垮塌的功能。

2. 破损安全吊杆单元

构建破损安全的吊杆单元的基本思想是：通过操控单元（角度或截面）的参数，使作用于一点的吊杆间形成应力差进而实现寿命差，则两吊杆将先后破断。

由疲劳寿命与应力（S—N）曲线[3]可知，拉索的应力较面高时，应力水平对寿命的影响，十分敏感：应力相差 10%左右，其疲劳寿命将达成倍地差异[4]。

若将作用于同一点的拉索 S_1 和 S_2 的应力，取一个相当的比例（$\sigma_1/\sigma_2 \neq 1$）形成应力差，就可使拉索 S_1 和 S_2 具有寿命差，二者破断的时间不相同。同时通过设计保证，在一根吊杆破断及其冲击作用下，另一根索不致破断。这就实现了拉索破损—安全的意图。

(1)交叉索破损安全吊杆单元

图 5 所示 C 型单元和图 7 的 D 型单元，为交叉双吊杆。在破损安全设计里为'多路传力'。可取以下的方式，构建交叉索破损安全单元。

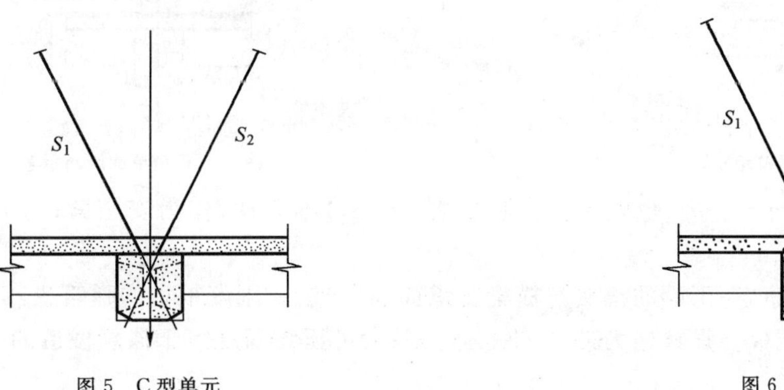

图 5　C 型单元　　　　图 6　D 型单元

对称布置，取两吊杆 S_1 和 S_2 的倾角相同等（$\theta_1=\theta_2$），但拉索的截面积不同（$A_1 \neq A_2$）则 $\sigma_1 \neq \sigma_2$，实现二杆的寿命 $N_1 \neq N_2$。

非对称布置，取两吊杆 S_1 和 S_2 的夹角不相等（$\theta_1 \neq \theta_2$），而拉索截面积取为相同（$A_1=A_2$），仍有 $\sigma_1 \neq \sigma_2$，实现 $N_1 \neq N_2$。

图6或图7所示的单元，作用一点的两根吊杆将先后破断：一根破断（譬如 $S_1=0$），则尚存的另一吊杆与桥道系组成稳定的承载体系，如图11所示。通过设计保证在此状态下仍具有安全性。

图6的C型单元和图7的D型单元的差异在于：C型单元没有联结器，直接锚固于横梁下缘，构造简单；F型单元，则在桥面以上设有联结器，方便在线的快速拆换。

取定足够的应力差（如 $\sigma_1/\sigma_2=1.8$），可以提供必需的拆换时间。笔者的结构实验，此应力比值取为2.0，实现了破断预警，既存结构继续维持承载功能。

(2)叶脉状破损安全吊杆单元

对于图7，在主杆之下连接一副吊杆 S_0，其左右另设一对通常不承载的安全索 S_1 和 S_2，构成图示的B型叶脉状破损安全吊杆单元。

若将图7中副缆和安全索受力功能交换：如图8，即左右的一对拉索 S_{01} 和 S_{02} 为承载拉索，主杆下端连接的 S_n 为通常不承载的拉索，构成图示的A型叶脉状破损安全吊杆单元。

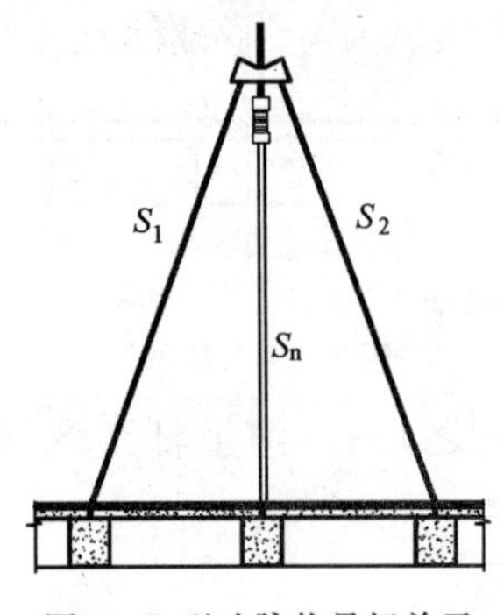

图7　B型叶脉状吊杆单元

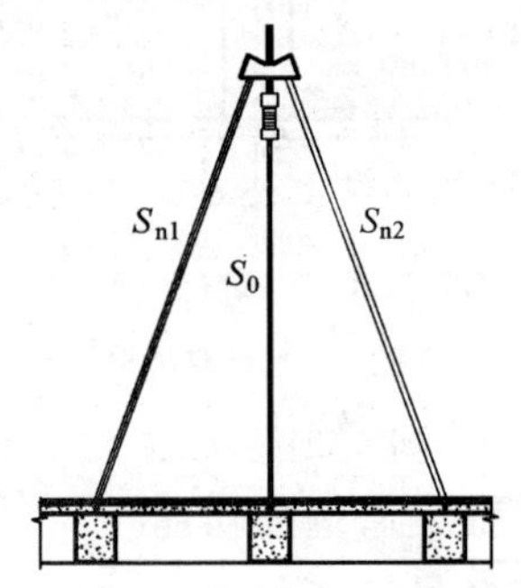

图8　A型叶脉状吊杆单元

(3)平行索破损安全吊杆单元

对于图3的平行双吊杆，也可以采取结构、构造和设计措施，使之成为图9所示的破损安全的吊杆单元。

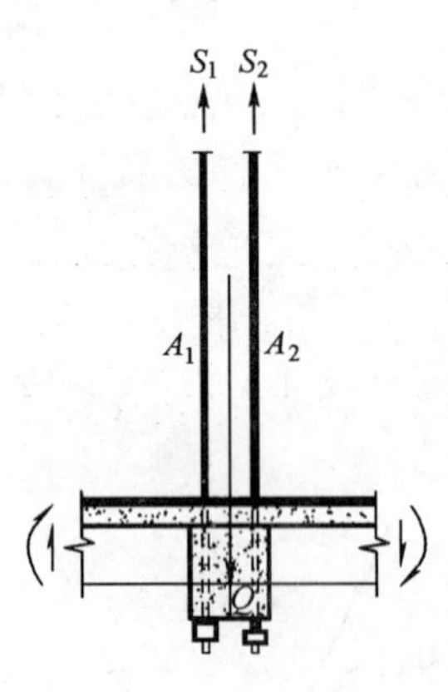

图9　E型单元

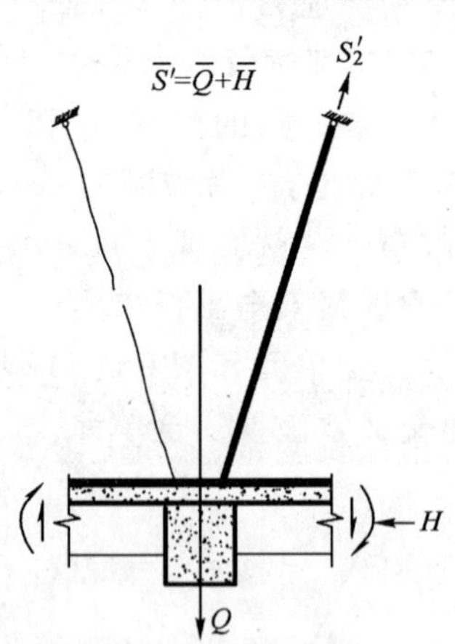

图10　C型单元破断示意

这里取二吊杆的应力 $\sigma_2/\sigma_1=0$。也就是使一根吊杆（如 S_2）不承载，作为安全索；而另一杆吊杆（如 S_1）为承重主索。

其构造方式，是在安全索 S_2 下端的锚头与横梁支承面间，安装一刚度很小的弹簧或其他弹性体。设计其最大弹性抗力等于主索（S_1）设计内力的2%左右；其最大可压缩高度等于该点桥道的活载挠度。

三、破损安全吊杆系统

以破损安全吊杆单元为基础，可组成不同形式的吊杆系统。

1.破损安全吊杆系统

前述破损安全吊杆单元，可以根据安全要求、桥梁的规模、类型及构造特点，构成不同形式的吊杆系统。

(1)A1 型和 A2 型破损安全吊杆系统

A1 型与 A2 型破损安全吊杆系统,如图 11 和图 12 所示。都是以 A 型单元为基础构建的。共同的特点是:系统均设有安全索(图中虚线),主缆 S 和副缆 S_0 在同一直线上,上下端均设联器。

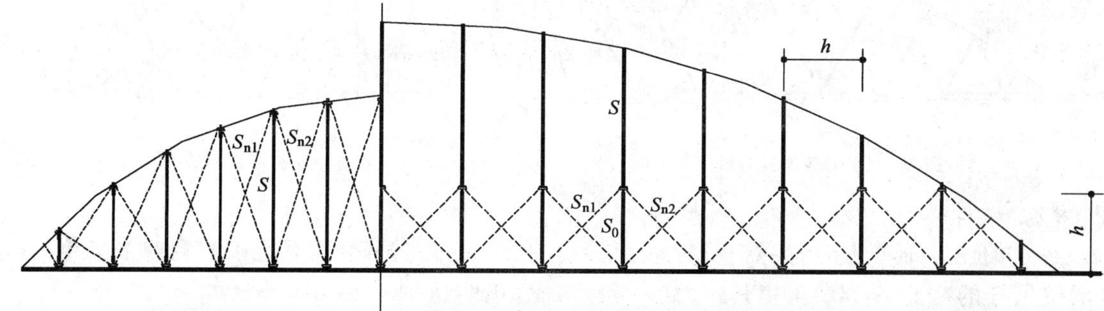

图 11 A1 型破损安全吊杆系统 图 12 A2 型破损安全吊杆系统

A1 型与 A2 型的不同处在于:A1 型无主缆,适用于跨径 $L=100$m 左右的拱桥;A2 型有主缆(S),并在竖向与副缆(S_0)连接,适用于跨径 $L>100$m 的超大型拱桥。

A1 型与 A2 型在受力及破损安全机理上有很大的相似性。

(2)B1 型与 B2 型破损安全吊杆系统

图 13 和图 14 所示的 B1 型与 B2 型破损安全吊杆系统是以 B 型单元为基础构建的,副缆(S_1 和 S_2)交叉布置,主缆(S)与安全索(以及副缆 S_0)通过联结器连接在一起;容易看出,它是 A1 型和 A2 型将副缆与安全索交换得到的。

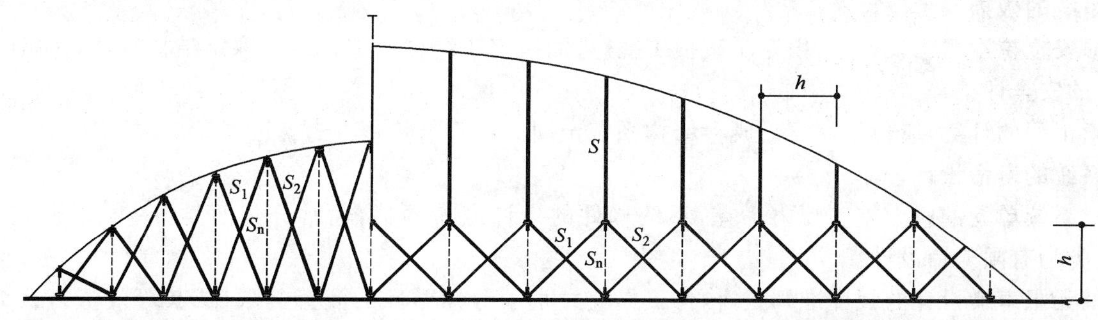

图 13 B1 型破损安全吊杆系统 图 14 B2 型破损安全吊杆系统

二者之不同处,在于:B2 型的安全索(S_{01} 和 S_{02})在主缆的中间部位联结,适用于超大跨径拱桥的超长吊杆系统,吊杆长度 $L>2h$ 以上;B1 型没有主缆,只有副缆(S_1 和 S_2),副缆与安全索在两端处联结,适用于一般规模的拱桥。

(3)C1 型和 C2 型破损安全吊杆系统

图 15、图 16 所示的 C1 和 C2 型破损安全吊杆系统,由图 5 的 C 型单元组成。C1 型网状吊杆系统,有一个以上的中间结点,同一方向倾斜的吊杆相互平行;C2 型吊杆系统为 C 型单元的正、倒组合,吊杆中间只有一个结点。

文献[5]的分析表明:C 型和 B1 型吊杆系统较 A2、B2 型系统的拱肋内力更加均匀,拱跨结构具有更大的静力刚度和动力刚度。

C1 型系统的布置及构造,C1 型系统实现破损安全的必要条件是,斜吊杆 S_1 和 S_2 必需应力不相同($\sigma_1 \neq \sigma_2$)。常取以下的布置:

斜吊杆面内倾斜角 $\theta_1=\theta_2$,吊杆截面积 $A_1/A_2=(1.6\sim1.8)$。

系统结构实验证实:当 $A_1 \neq A_2$ 且相差足够大(取为 2 倍)时,二者的寿命差足以保证一根吊杆破断后,另一根不断,且可提供足够的拆换修复时间。

C2 型系统的布置及构造,C2 型系统为梁顶面和拱下缘均设联结器,同向倾斜的吊杆间不平行。即

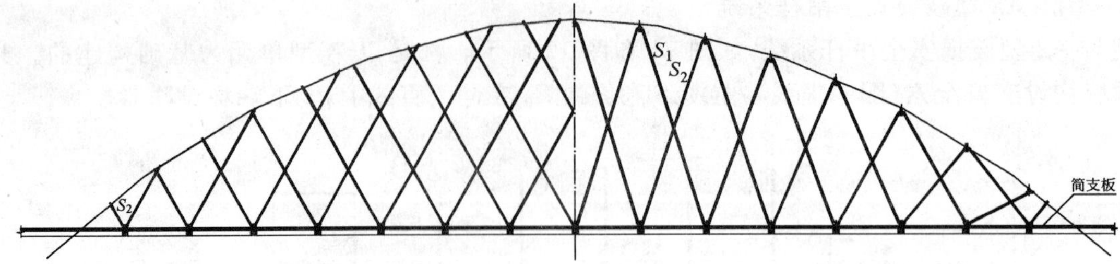

图15 C1型破损安全吊杆系统　　图16 C2型破损安全吊杆系统

$\theta_1 \neq \theta_2$ 和 $S_1 \neq S_2$，若取 $A_1 = A_2$ 则 $\sigma_1 \neq \sigma_2$。

当 θ_1 与 θ_2 的差异不够大时，导致 σ_1 与 σ_2 和 N_1 与 N_2 的差异不大，不足以满足破损后的安全要求时，尚可调整吊杆的截面 $A_1 \neq A_2$，使其应力(σ_1 和 σ_2)比，仍能达到1.6以上。

四、破损安全吊杆的设计

破损安全斜缆系统的设计。除了通常的斜缆及其系统的设计内容外，这里主要讨论涉及破损安全功能的特有工况的设计要点。

1. 系统的概念设计

与桥梁拉索比较，所用材料、连杆、联结器、球面连接副等相似或相同。

在图3～图6中，拉索的截面，需根据破损安全的需求拟定；系统的结点高度可取为 $h \geqslant L$；系统中一般的设计参数，除沿袭传统斜拉桥的做法[6,7,8]取定外，尚需根据破损安全各工况的需要拟定。

2. 系统的破损安全设计

破损安全拉索概念设计中，设定了破损工况；进而取定了结构组成、参数，取定结构构造，进行计算分析、构件的安全评估等。

断索工况的计算，应包括断索后既存结构系统全面的计算与校核。

3. 系统的寿命设计

通过系统单元的应力差实现寿命差，系统构件的设计寿命预估，通常分为两类：一类按无限寿命设计，另一类为有限寿命设计。

所谓无限寿命设计的强度准则是，构件工作应力小于等幅循环的疲劳极限(或其等效值)，认为构件将能长期安全工作。

有限寿命设计(安全寿命设计)，其工作应力大于等幅循环的疲劳极限(或其等效值)，但小于材料的屈服极限，认为构件能在一定时期内安全工作。

这里视拉索的实际破断寿命(3～16)年，为有限寿命，其设计安全系数为2.5；其余所拉索或构件，其安全系数取为4.5，视为其寿命较副缆要长得多。

关于交叉索系的安全系数，早在30多年前，国外就取为4.5了[7]。

4. 系统的计算荷载

破损工况的计算荷载，需针对分析对象的不同，根据结构动力学原理，确定断索(冲击)荷载：根据桥道、拉索、索塔等与冲击物质量的比较，取定(1.6～2.0)的冲击系数，建立破损工况的荷载模型。

五、结　　语

桥梁破损安全拉索的安全性研究，历时数年，有以下初步认识。

破损安全，承受随机作用结构的服役安全，有时几近‘万无一失’的要求(如航空、航天工程)，于是产生了破损安全概念。它是设计理论的新阶段，在应用中表现了有效性，被众多技术领域所引用。

70年前的启蒙，在文献[6]中，偶然发现了70年前苏联的一座52m跨径的系杆拱桥示例，在位于同一点对称布置的交叉双吊杆中，两吊杆的配筋，分别取钢筋直径为(4ϕ30)和(4ϕ30+4ϕ10)mm，二者钢筋面积相差10%。疲劳理论认为，当应力水平较高时，二吊杆的寿命相差可达一倍左右。表明距今数十年前，人们已经萌生了破损安全的技术思想。

破损安全桥梁拉索研究，2007年8月1日垮塌的美国的明尼苏达州密西西比河大桥，此前明尼苏达大学曾对其进行了健康检测。有关报告称“可以继续服役”，大桥却在近日的修复中垮塌了。这说明了什么？

理论分析和实践表明：桥梁检测的局限性，寿命预测的不确定性[10、11、12]。目前的诊断技术，似未根本解决桥梁的安全控制问题。

桥梁破损安全拉索研究的意义就在于：承认结构损伤，容许骤然破断；断索时桥梁不致受损或垮塌；拉索随断随换。

实验与应用，研究工作获得了结构实验的满意支持。进而在一座新建拱桥中进行破损安全吊杆的设计及施工实践，该项目已于今年6月建成。

经济分析，传统拉索一次检测、诊断和拆换的费用，就为拉索当年造价的6倍以上，乃至更高[2]。无须多加论证，破损安全吊杆的经济价值显而易见；计及多次拆换，甚至断索损毁桥后，其经济比较就将是数量级的差异。

参考文献

[1] 唐寰澄.斜拉索隐患剖析[J].[公路运输文摘]桥梁，2005.1:80～82.

[2] 王文涛.斜拉桥换索工程[M].北京：人民交通出版社，1999.

[3] D. Brock.工程断裂力学基础[M].北京：科学出版社，1980.

[4] 周传月.MSC. Fatigus疲劳分析应用与实例[M].北京：科学出版社，2005.

[5] 姚卫星.结构疲劳寿命分析[M].北京：国防工业出版社，2003.

[6] 汤国栋，侯金龙，陈兵.桥梁吊杆的安全忧虑与对策[M].北京：第一届全国公路科技创新高层论坛《论文集》第5卷，2002.5(5):495～450

[7] 小西一郎.钢桥(2、4分册)[M].北京：人民铁道出版社，1980.

[8] Niels J. Gimsing.缆索支承桥梁[M].北京：人民交通出版社，2002.

[9] 平安.材料疲劳性能变化规律与剩余寿命预测[J].东北大学学报，1994，3:6～12.

[10] 宋一凡.公路桥梁动力学[M].北京：人民交通出版社，2000.

[11] 汤国栋，陈宜言，姜瑞娟等.桥梁破损安全拉索及其系统研究[J].四川大学学报 工程科学版，2007.39(5):29～37.

180.结构健康监测中的开裂模拟

陈志刚[1] 张启伟[2]

(1.中交第二公路勘察设计研究院有限公司；2.同济大学桥梁工程系)

摘 要 本文从结构开裂模拟方法入手，总结了结构健康监测领域关于结构开裂模拟的各种方法：局部刚度折减、分离的弹簧模型以及二维或三维复杂模型，通过比较找出了最适合模拟结构实际开裂的方法，并用前人研究的实验数据验证了其可靠性。

关键词 结构健康监测 开裂模拟 中性轴变化

一、引 言

结构病害或损伤模型的建立问题是结构损伤识别领域很重要的课题。对于实际结构，虽然引起开裂的原因千差万别，相当复杂，裂缝的几何形状也各式各样，但对于结构损伤识别而言，裂缝的存在对结构的影响最直接的便是减小了结构的局部刚度。结构健康监测中对结构开裂的模拟也主要集中在如何有效真实的模拟裂缝对结构刚度的影响。

二、结构开裂的模拟方法

结构开裂模拟的方法主要有三种类型：局部刚度折减、分离的弹簧模型以及二维或三维复杂模型[1]。局部刚度折减法是通过减小某个或局部区域单元的刚度来模拟在这些单元中出现的微小裂缝；分离的弹簧模型将结构在裂缝位置处分成独立的两部分，通过加入转动弹簧模型来模拟裂缝；二维和三维复杂模型主要通过直接删除裂缝处划分得很细的部分单元，或者通过引入带裂缝单元的本构矩阵来模拟裂缝。

1. 局部刚度折减法和分离的弹簧模型

在对结构开裂进行模拟时，用得最多的是两种：对局部单元刚度进行折减（图1）以及分离的弹簧单元（图2）。用第一种方法进行模拟时，一方面需要对结构进行很好的单元划分，使折减刚度的单元

图1 局部刚度折减　　　图2 分离弹簧模型

能够跟实际考虑的裂缝出现的位置相匹配；另一方面，需要将裂缝导致的结构损伤程度跟单元刚度折减量很好的等同起来。用第二种方法进行模拟时，结构在裂缝出现的地方被分成独立的两部分，通过引入弯曲弹簧来考虑裂缝对结构刚度的影响。在结构健康监测应用中需要重划分单元以使有限元模型在裂缝可能出现的地方存在节点。最关键的问题是正确的模拟弯曲弹簧的刚度和裂缝深度（损伤程度）之间的关系。Adams R D[2]，Ostnchowicz W M 和 Krawczuk M[3]通过研究提出了计算弯曲弹簧刚度的方法。

$$k = 1/c, c = 6\pi\gamma^2 \cdot h \cdot f(\gamma) \tag{1}$$

式中：c——柔度；

γ——裂缝相对深度；

$\gamma = a/h$（a 裂缝深度，h 梁高）。

$$f(\gamma) = 0.6384 - 1.035\gamma + 3.7201\gamma^2 - 5.1773\gamma^3 + 7.553\gamma^4 - 7.332\gamma^5 + 2.4909\gamma^6 \tag{2}$$

事实上由于与裂缝临近的材料是处于相对自由边界条件下的不受力状态，这部分结构只能给结构提供相对有限的刚度，精确的模拟裂缝对结构带来的这种影响是非常复杂的，Christides and Barr[4]、Sinha et al.[5]在理论分析和实验回归的基础上通过引入逐步变化的局部刚度来近似模拟了这种因素的影响。

2. 二维和三维模型

较复杂的二维或者三维模型也可以用来模拟结构中存在的裂缝：在存在裂缝的地方划分较细的单元，通过直接删除部分单元来模拟裂缝（图3）。

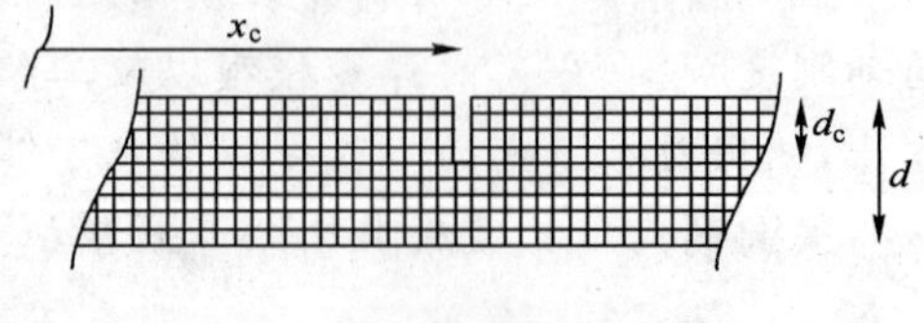

图3 二维板单元模拟裂缝

近些年来，随着损伤理论、断裂力学的广泛应用于材料的力学特性退化和损伤行为研究，人们逐渐能够在对材料微观结构的准确把握的基础上，通过引入损伤变量对微观破坏过程进行描述，并应用连续损伤力学可以准确地对工程结构材料的力学性能发展进行预测。自从20世纪60年代末开始，Ngo 和 Scordelis[6]以及 Rashid[7]已经开始将数值分析方法应用于混凝土结构的开裂分析当中。通过在有限元单元中引入带裂缝的本构矩阵[8]可以从细节上模拟裂缝的发生

和发展过程。

三、开裂模拟方法比较

用局部刚度折减法和分离的弹簧模型来模拟结构中存在的裂缝时，假设结构中性轴的位置是不变的，事实上，临近裂缝的区域，中性轴的位置是在不断变化的。这里先通过一个悬臂梁模型（图 4）定量比较中性轴位置的影响。梁长 $l=1\ 548$mm，横截面宽 $b=40$mm，高 $h=80$mm，考虑抗弯强度较大的平面内的弯曲，完好结构基频为 20Hz。裂缝假设发生在离固定端 100mm 处，裂缝竖向长度为 a。采用 Ansys 有限元软件，用板单元 SHELL63 建模，通过去掉裂缝长度内部分单元模拟结构的开裂。图 5 中两种模型分别代表是否考虑裂缝附近中性轴的变化。

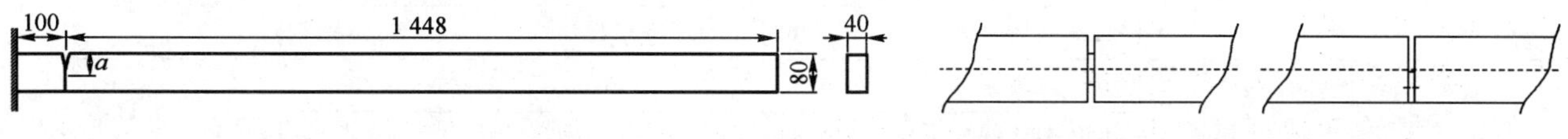

图 4 带裂缝的悬臂梁模型

图 5 是否考虑裂缝附近中性轴变化的两种简化模型

用这两种模型分别计算各种裂缝长度下的结构自振频率，比较结果图 6。计算结果表明，临近裂缝的区域，中性轴实际位置的影响不容忽略：考虑实际中性轴位置的模型与假定中性轴位置不变的模型比较而言，计算得到的裂缝对结构动力特性的影响要更剧烈。也就是说，引入中性轴不变的假定将导致计算的结果与实际的情况有较大的偏差，损伤程度越大，这种偏差也越大。

用局部刚度折减法和分离的弹簧模型来模拟结构中存在的裂缝时，裂缝在结构中的具体位置以及裂缝尺寸都不能直接模拟出来。裂缝导致的结构损伤程度跟单元刚度折减量之间的等同关系以及弯曲弹簧的刚度和裂缝深度（损伤程度）之间的关系是相当复杂的。另一方面，由于实际临近裂缝的区域，中性轴的位置是在不断变化的，而用这两种方法模拟结构开裂时，假设结构中性轴的位置是不变的。前面的计算表明，这样的假定将导致计算的结果与实际情况有较大的偏差，损伤程度越大，这种偏差也越大。

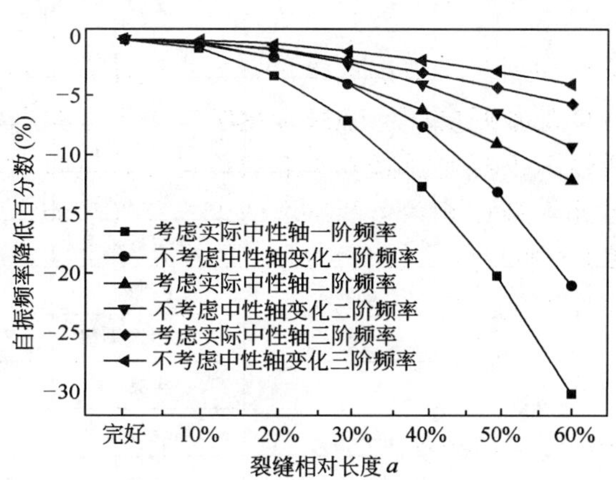

图 6 不同损伤程度下，是否考虑中性轴实际变化的两种模型结构前三阶频率降低值比较

二维或三维带裂缝的模型可以很方便地模拟实际结构中裂缝的具体位置以及尺寸，也可以自动考虑临近裂缝区域中性轴位置的变化。三维模型能够很好地考虑裂缝形成、发展的细节。在疲劳分析研究中，考虑裂缝在往复荷载作用下的扩展，一般都采用这种相对较复杂的模型才能很好的模拟。但这种模型相对最复杂，如果关心的是结构开裂给结构带来的各种性能的影响，而不是关心裂缝的成因以及发展的过程，那么，二维板（壳）单元模型将是最好的选择。

四、实验算例验证

利用 Rizos[9] 等 1990 年在损伤识别研究中，由实验所得到的带裂缝钢悬臂梁的自振频率的实验数据[10]。用二维板单元建模，通过删除裂缝位置处长 1mm 的部分单元来模拟结构裂缝，将计算的带裂缝结构的自振频率与实验结果进行对比，以验证裂缝模拟方法的可靠性。Rizos[9] 等的实验模型为截面 20mm×20mm，长度 300mm 的钢悬臂梁，材料弹性模量 $E=2.06\times10^5$MPa，质量密度 $\rho=7\ 750\text{kg/m}^3$。

表 1 为结构前三阶自振频率实测数据与二维裂缝模拟方法计算数据的对比结果（这里只列出裂缝位置为离固定端 10mm 的结果）。结果表明，用二维板单元模型通过删除裂缝处分得很细的部分单元来模拟裂缝的方法在很方便的模拟裂缝出现的位置和实际尺寸的同时，计算的结果与实测数据也能够很好的

吻合起来。在所有的裂缝工况下，各阶频率降低百分数相差最大的不超过 3%。

结构前三阶自振频率降低百分数实测数据与二维裂缝模型计算数据比较　表 1

裂缝(mm)		方法	自振频率降低百分数(%)			各阶相差最大百分数(%)
裂缝位置	裂缝长度		一阶	二阶	三阶	
10	2	实测	−1.35	−0.97	−0.50	0.28
		二维裂缝模型	−1.50	−1.09	−0.78	
	6	实测	−11.50	−7.51	−4.96	0.93
		二维裂缝模型	−10.57	−6.80	−4.60	
	10	实测	−29.91	−15.51	−9.36	2.28
		二维裂缝模型	−27.63	−14.40	−9.38	
80	2	实测	−0.65	−0.05	−0.43	0.11
		二维裂缝模型	−0.68	−0.04	−0.54	
	6	实测	−5.67	−0.46	−3.81	0.51
		二维裂缝模型	−5.28	−0.45	−4.32	
	10	实测	−17.12	−1.34	−9.97	2.68
		二维裂缝模型	−15.89	−1.44	−12.65	
140	2	实测	−0.27	−0.65	−0.03	0.06
		二维裂缝模型	−0.23	−0.71	−0.03	
	6	实测	−2.16	−5.83	−0.28	0.21
		二维裂缝模型	−1.95	−5.62	−0.27	
	10	实测	−7.40	−16.29	−0.78	0.74
		二维裂缝模型	−6.66	−15.80	−0.93	
200	2	实测	−0.11	−0.48	−0.63	0.16
		二维裂缝模型	−0.10	−0.56	−0.79	
	6	实测	−0.49	−4.68	−5.41	0.38
		二维裂缝模型	−0.35	−4.47	−5.79	
	10	实测	−1.62	−11.68	−13.49	2.43
		二维裂缝模型	−1.21	−14.11	−14.84	
260	2	实测	−0.00	−0.05	−0.25	0.04
		二维裂缝模型	−0.04	−0.02	−0.21	
	6	实测	−0.05	−0.47	−2.02	0.20
		二维裂缝模型	−0.13	−0.29	−1.82	
	10	实测	−0.16	−1.81	−7.04	0.61
		二维裂缝模型	−0.25	−1.20	−7.07	

五、结　语

(1)临近裂缝的区域，中性轴实际位置的影响不容忽略。引入中性轴不变的假定将导致计算的结果与实际的情况有较大的偏差，损伤程度越大，这种偏差也越大。

(2)与局部刚度折减法和分离的弹簧模型比较而言，用二维板单元模型通过删除裂缝处分得很细的部分单元来模拟裂缝的方法在很方便地模拟裂缝出现的位置和实际尺寸的同时，也可以自动考虑临近裂缝区域中性轴位置的变化；较之引入开裂单元本构矩阵的三维模型，它又具有简单易实现的优点。当主要考虑结构开裂给结构性能造成的影响，而不关心裂缝的成因及其发展过程时，二维板(壳)单元模型将是结构开裂模拟最好的选择。

参考文献

[1] Friswell and Penny, Crack Modeling for Structural Health Monitoring [J], Structural Health Monitoring, 1(2): 139～148.

[2] Adams, R. D., A Vibration Technique for Non-Destructively Assessing the Integrity of Structures [J], Journal of Mechanical Engineering Science, 20(2): 93～100, 1978.

[3] Ostnchowicz, W. M., Krawczuk, M., Analysis of the Effect of Cracks on the Natural Frequencies of a Cantilever beam[J], Journal of Sound and Vibration, 150(2): 191～201, 1991.

[4] Christides, S. and Barr, A. D. S., One dimensional theory of cracked bernoulli-euler beams [J], International Journal of Mechanical Science, 26(11/12): 639～648, 1984.

[5] Sinha, J. K., Friswell, M. I. and Edwards, S., Simplified models for the location of cracks in beam structures using measured vibration data [J], Journal of Sound and Vibration, 251(1): 13～38, 2002.

[6] Ngo, D. and Scordelis, A. C., Finite Element Analysis of Reinforced Concrete Beams [J], Journal of ACI, 64(3): 152～163, 1967.

[7] Rashid, Y. R., Analysis of Prestressed Concrete Pressure Vessels [J], Nuclear Engineering and Design, 7(4): 334～344, 1968.

[8] 郝文化，ANSYS 土木工程应用实例，中国水利水电出版社，2005.

[9] Rizos, P. F., Aspragathos, N., Dimarogonas, A. D., Identification of crack location and magnitude in a cantilever beam from the vibration modes [J], Journal of Sound and Vibration, 138(3): 381～388, 1990.

[10] Lee, Y. S. and Chung, M. J., A study on crack detection using eigenfrequency test data [J], Computers and Structures, 77: 327～342, 2000.

181. 大型桥梁结构健康监测与评估管理系统关键技术的研究

项贻强　汪劲丰　杨万里　李　毅　王　晖　伍华成　荆龙江

（浙江大学土木工程系）

摘　要　大型桥梁结构健康监测与评估管理系统的关键技术主要包括总体健康监测方案设计、结构分析方法、损伤识别方法、状态评估指标及评估方法、系统的组成和开发等，本文以典型的大型预应力混凝土斜拉桥健康监测与评估管理系统的研究开发为背景，介绍了该系统的组成、开发的平台、主要功能及模块，系统的硬件设备和理论基础，提出和解决了大型复杂桥梁工程空间静动力分析的基准有限元模型问题，探讨了大跨预应力混凝土桥梁结构收缩徐变、温度等监测量随时间的变化和影响，提出了相应的健康监测与评估管理的理论和方法，对大型桥梁工程健康监测和状态评估管理具有重要的理论意义和工程实用价值。

关键词　桥梁结构　健康监测　评估管理　系统开发

一、引　言

由于大型桥梁结构在运营期间会受到气候、氧化、腐蚀或老化等因素的影响，以及在长期恒载和活载的作用下会产生各种损伤和局部损伤，其强度和刚度会随时间的增加而降低，这不仅影响了安全行车，更会使其使用寿命缩短。因此在现有技术水平的基础上，集结构分析、计算机通信及网络、现代传感器检测、监测技术、评估与养护管理为一体，开发一套基于内在的环境振动响应监测和数据分析、损伤识别技术和外部的桥梁调查检测相结合的先进的计算机监测和管理系统，对于提高桥梁的管理和服务水平，确保生命线工程的畅通，具有重要的理论意义和工程实用价值，已成为国内外桥梁结构学术界、工程界及管理界共同关注的焦点。

针对大型桥梁结构的特点，健康监测和评估管理系统开发中的一些关键技术问题主要包括总体健康监测系统组成及方案设计、结构分析方法、损伤识别方法、状态评估指标和评估方法的确定及系统的开发等。

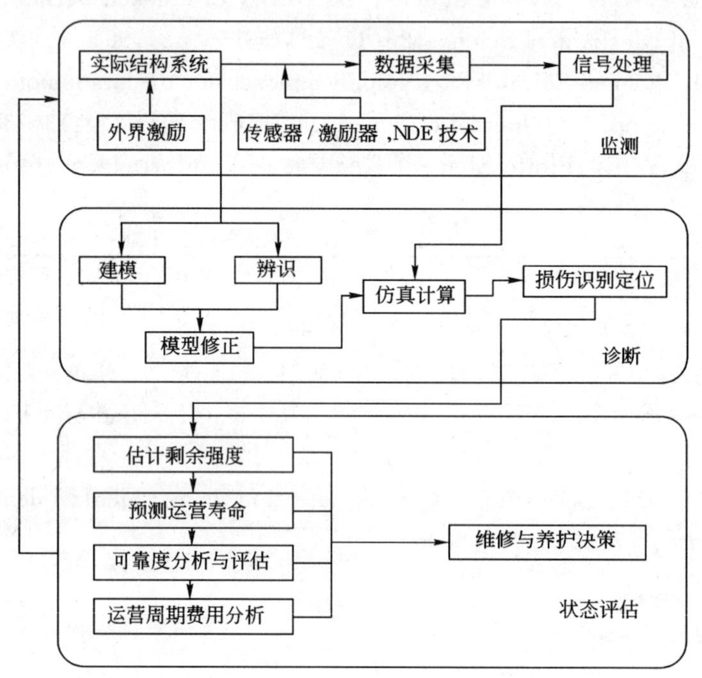

图1 典型的桥梁结构健康监测评估系统结构

二、健康监测系统组成

桥梁的健康监测评估系统包括硬件和软件。一般由传感器与数据采集子系统、仿真分析诊断子系统、数据管理和综合评估或决策子系统等组成。

1. 传感器与数据采集系统

该系统主要任务是对桥梁结构的各种反应进行采集，如主要构件关键截面的应力、挠度或位移、索力、裂缝、动力加速度、频谱和模态分析等物理参数，采集方法包括人工或部分半自动采集系统及自动采集系统，如索力测试系统、频率振型测试系统、应力测试系统、位移测试系统等。桥梁健康监测中常用的传感器有：加速度计、温度计、应变计等；采用的仪器有各类数控应变测试仪、光纤传感器及解调仪、高精度的水准仪和全站仪、智能电测位移测试采集系统、无线动力测试和数据采集、传输分析系统、索力测试分析仪、计算机服务器、便携式计算机、埋入式荷重传感器、风速仪、交通车辆监控系统，超声波检测探伤分析仪等。

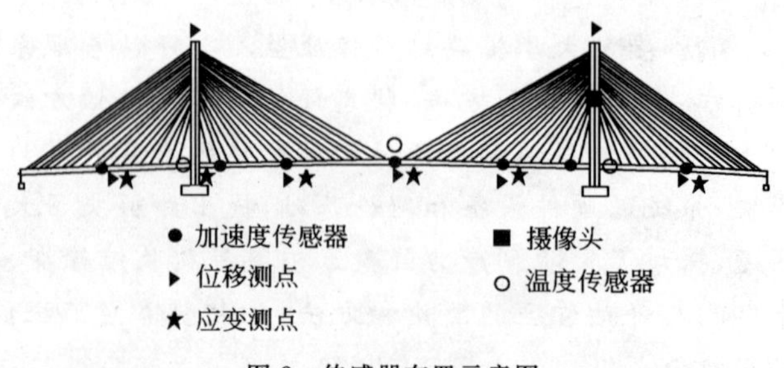

图2 传感器布置示意图

2. 仿真分析诊断系统

包括计算机及分析软件，其中分析计算项目包括结构分析和损伤识别计算，结构分析又分为静力分析和动力分析，为结构损伤识别与评估提供理论数据。对于桥梁结构健康监测的分析，最关键的是要建立一能准确描述和模拟结构原形和质量分布的基准分析模型。

3. 数据管理系统

包括监测数据库、模型数据库以及对应的管理系统。监测数据库中存储了监测数据以及表观检查信息；模型数据库中存储了桥梁的基本设计资料、有限元模型的数据以及理论计算数据。

4. 综合评估决策系统

包括对桥梁整体状态、安全性和耐久性等性能的综合评估。该系统可根据桥梁的监测数据和表观检查信息以及理论计算的数据，参照我国现行的养护规范，综合考虑桥梁的内在信息及表观信息，运用有关的理论，编制计算机程序，对工作状态进行综合评估，供桥梁养护管理部门参考。

桥梁数据库与数据管理系统及桥梁工作状态综合评估系统的目标是实现大桥管理的电子化、规范化、科学化，使桥梁管理部门能够准确合理的把握桥梁健康状态，节省人力及其他不必要的资源浪费。

三、基准有限元模型

一个有效的桥梁结构健康监测与评估系统应当包括基于空间分析理论的基准有限元模型。以往的结构静力分析和动力分析主要借助于平面的桥梁分析软件 GQJS 及桥梁博士或借助 MATLAB 编制的分析软件，最多是采用通用的 SAP 或 ANSYS 大型分析软件进行分析，但对复杂的大跨度桥梁，如要进行较为准确的能够描述预应力束及细部构造的空间分析建模，由于要采用板壳单元与其他单元的组合，因而划分的单元数量将非常多，工作量巨大，一般的计算机可能难以完成。

浙江大学经过 10 多年的研究和开发，提出了可综合考虑外荷载和预应力束的空间效应及非线性强度问题的层合单元理论，编制了相应的程序。层合单元理论应用于箱梁桥的计算具有单元数目少、适用性强的优点，它不但适用于形状比较规则的等截面桥梁的计算，而且适用于异型或变截面桥梁的计算。运用该程序可建立复杂桥梁和预应力空间结构的静动力分析的精确有限元模型，给出相关的应力、变形及模态控制参数等，解决了大型复杂桥梁结构空间静动力分析的基准有限元模型问题。

四、收缩徐变、温度效应对桥梁健康监测的影响分析

混凝土徐变所引起的二次内力对桥梁产生长期的影响，对大跨预应力混凝土桥梁结构，不仅会影响到主梁结构的内力变化，还会影响斜拉索的拉力，因此在桥梁的监测中应充分考虑混凝土徐变对结构各部件的影响作用。可分别采用 ACI、CEB-FIP 以及 JTJ 023—85 三种规范规定的混凝土徐变计算公式对桥梁的影响进行计算分析比较，并参照实测的数据对比，寻找一种合适所研究桥的徐变计算模式，来计算后期混凝土徐变对桥梁运营的影响。计算时还应考虑施工过程的结构变化和影响，应对结构物从施工到成桥状态进行全面的静力分析，同时计算分析成桥状态恒活载效应、温度效应及收缩徐变效应对结构健康监测的影响分析。

五、桥梁的损伤识别研究

大型桥梁结构的安全监测系统中，结构的静态特性以及振动待性是重要的监测项目之一，对正常运营状态下大桥的静态特性和振动待性进行长期监测，及时掌握结构的健康状况，是大型桥梁安全监测系统的基本任务。当监测结果发生异常时，及时利用监测系统获得的各种量测数据，有效快速地诊断结构可能发生的损伤、部位和损伤程度，则是建立大型桥梁监测系统所面临的关键技术之一。

目前桥梁结构损伤识别方法大致分为三大类，即指纹分析和模式识别法，系统识别与模型修正方法以及神经网络方法。目前提出的动力指纹有频率、模态振型、模态曲率、应变模态、柔度矩阵、模态应变

能、传递矩阵、模态置信度准则(MAC)、坐标模态置信度准则(COMAC),传统的系统识别技术有卡尔曼滤波(KF)、扩展的卡尔曼滤波(EKF)、最小二乘法、最大可能性方法等。模型修正方法按照识别所提取的力学特征可以分为基于振动量测的模型修正方法、基于静力参数的模型修正方法和静动力参数相结合的模型修正方法;按照识别所针对的范围可分为整体识别方法和子结构分析方法;按照识别方法是否是确定性的分为确定性的方法和统计分析方法。

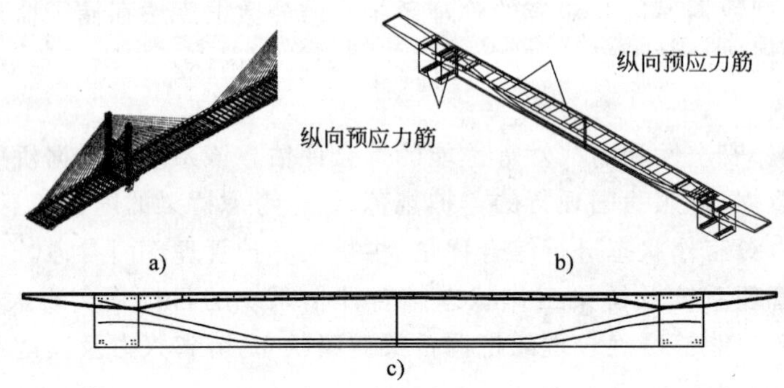

图 3　空间基准有限元模型

a)整桥空间分析的有限元网格;b)纵桥向的预应力筋描述示意图;c)横桥向分析模型中的预应力筋描述

图 4　典型的模态分析及动力测试信号

a)典型的模态分析;b)测试动力信号

为了增加损伤指纹对局部损伤的敏感度,本文综合几种损伤指纹而定义了一种新的损伤指标 Z:

$$Z_j = (1-(COMIC(j)-COMIC(\min(j))))\frac{|\Delta u_j| - AV|\Delta u|}{AV|\Delta u|} = a\frac{|\Delta u_j| - AV|\Delta u|}{AV|\Delta u|} \quad (1)$$

其中,$AV|\Delta u|$ 为本阶模态的曲率模态差的平均值。a 值相当于 $COMIC$ 值的敏感度,a 的值从 1 到 0.5,值高时表示结构在 j 位置有损伤。

利用 Z 指标进行损伤仿真分析时,计入 3%的白噪声以模拟测量误差。分析结果显示 Z 指标对局部损伤具有较高的敏感度,由于篇幅有限只给出两种损伤情况,如图 6、图 7 所示。

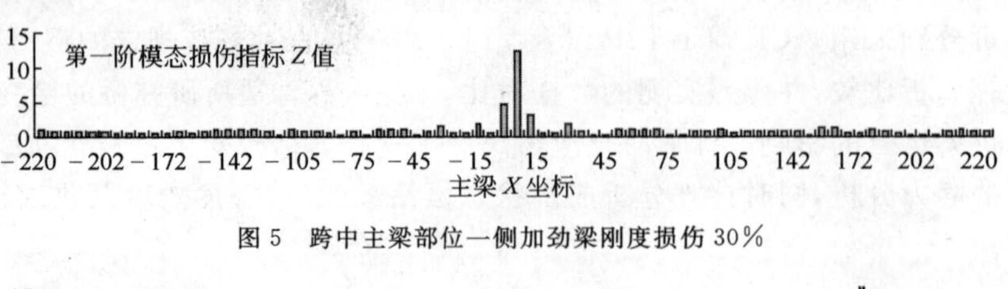

图 5　跨中主梁部位一侧加劲梁刚度损伤 30%

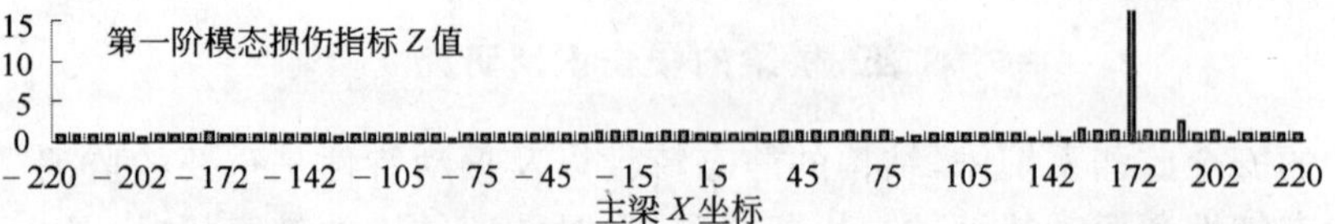

图 6　边跨跨中主梁部位一侧加劲梁刚度损伤 30%

浙江大学从结构振动的频率、模态出发,构造了一种用于结构损伤检测的复合动力指纹——Z 指标,该指标计算方便,灵敏度较高,能较方便地进行损伤有无及损伤定位;其次考虑到依据结构振动频率或振型构造地单一动力指纹对局部损伤不敏感的特点,提出了基于静力位移测量数据的斜拉桥结构损伤识别

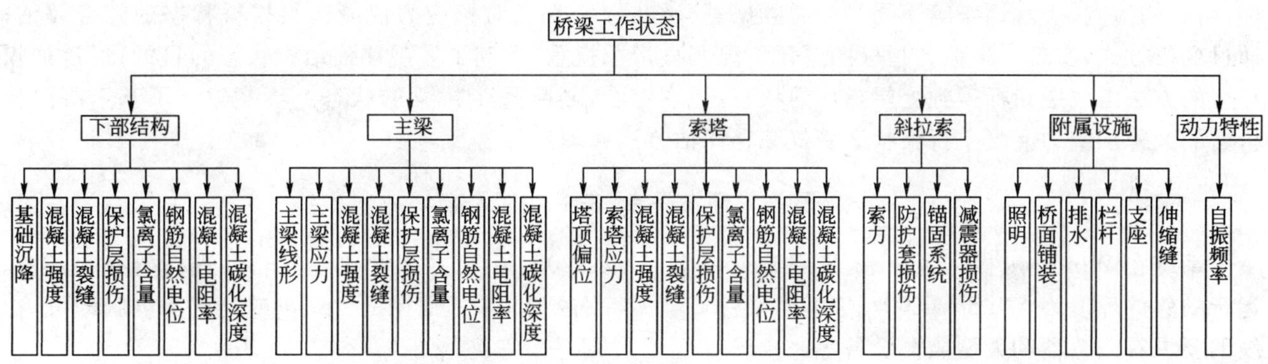

图 7 整体状态评估拓扑关系图

方法，并提出了一种稳定的迭代求解算法，该损伤识别方法可较好地应用于结构损伤程度的确定。同时将有限元计算、矩阵摄动理论及贝叶斯统计理论相结合，从概率统计的角度提出了基于贝叶斯统计的损伤识别方法。

六、状态评估理论和方法

监测的最终目的是进行合理有效的评估，为养护管理的科学决策提供依据。评估的内容和主要依据为现行交通部颁《公路桥梁养护规范》(2004)和建设部颁《城市桥梁养护》、《公路隧道养护规范》等技术规程和有关的设计规范要求。评估按性质初步可划分为四方面内容。

(1)整体状态评估

主要评价桥梁各主要构件的承载能力、构件应力、构件刚度、结构性损伤、主要构件承载能力的弱化以及桥梁功能性的退化等。

(2)安全性评估

安全性指结构应能承受正常施工和正常使用时可能出现的各种荷载、外加变形等的作用，在偶然事件发生后，能保证整体稳定性，不致倒塌。安全性评估指主要针对桥梁各主要构件的承载能力、构件应力、构件刚度、结构性损伤等进行评估。

(3)耐久性评估

耐久性指结构在正常维护下，随时间变化仍能满足预定功能要求，如锈蚀而影响寿命等。耐久性评估指主要针对桥梁各主要构件的耐久性损伤(如：混凝土裂缝及腐蚀、混凝土保护层损伤及碳化深度、氯离子含量、钢构件的锈蚀、构件的疲劳损伤等)进行评估。

(4)适用性评估

适用性指结构在正常使用荷载下，应具有良好的工作性能。如不发生影响结构正常使用的过大的变形等。适用性评估即功能性评估，主要针对桥梁的功能性损伤进行评估，如过大振动、线形不平顺、接头跳车、结构开裂、附属设施损伤以及过大变形等。

结构安全性与耐久性之间界限不是很明显，其某些评估指标相互重叠，结构的耐久性问题最终将影响安全性问题。而适用性可作为一项辅助评估项目。安全性、耐久性、适用性的综合评估构成桥梁整体状态评估。

大型桥梁结构是一个复杂系统，影响其质量和使用功能的因素众多，这些因素与桥梁工程质量和使用功能之间的关系错综复杂，绝大多数不能定量地用一个函数关系表达，过去只能靠专家经验来分析、判断。这样众多的因素若不加任何处理就来分析它们与使用功能间的关系，即使对于经验丰富的专家来说也有困难。这时，有必要把结构工作状态评估这样的复杂问题分解为相对简单的多层子问题或指标，进行分析和评估。目前的评估方法有层次分析法(Analytical Hierarchy Process)、变权综合原理及神经网络法等。

采用层次分析法将影响桥梁工作状态的各种因素调理化、层次化，把对某个状态影响程度相近或比较紧密的因素放在一起，形成一个层，建立多层的层次关系综合评估体系；通过对评价指标的无量纲化处理，将结构检测、表观调查等不同类型的数据进行综合，实现了对预应力混凝土斜拉桥状态的综合评估；通过变权方式，实现了根据各指标的退化情况调整指标权重，达到了客观评估结构状态的目的；通过加权综合的方法由底层指标得到上层指标的状态，逐层综合，得到整个桥梁的状态。最终建立了基于层次分析法的大跨预应力混凝土桥梁状态变权综合评估方法和理论。

七、系统的开发平台、主要功能及模块

系统在 Windows 操作系统下，采用 Delphi 和 Access2000 后台数据库等开发软件进行研究和开发。运行的软件环境为 WindowsXP/2000，对硬件环境无特别要求，采用通用的台式机或笔记本电脑即可，在线的要求有服务器和大型监测设备等。

系统主要收录监测桥梁的相关数据资料，具有数据检测、状态评估管理的功能，并且针对各大桥的设计特点和养护要求，可以连续或定期对桥梁进行监测和评估，必要时将有关的荷载试验与成桥的荷载试验及理论计算结果进行对比，提出相关的文件和报表，供日常的养护管理和决策。此外，还可根据实际需要进行参数设置和管理。

大型桥梁结构健康监测和评估管理系统一般包含八个功能模块：

(1)基本信息——结构的设计、施工、成桥以及传感器布置信息；

(2)数据检测——查看、编辑、添加检测数据；

(3)状态评估——由检测数据，评估分析当前结构状态；

(4)荷载试验——基于理论分析的结果，由荷载试验结果，对结构评价；

(5)日常维护——对日常维护数据进行存储管理；

(6)系统设置——设置评估参数，及用户管理；

(7)数据打印——将数据库数据形成报表，供打印；

(8)使用帮助——提供软件及传感器等的使用方法。

图8　典型的大跨预应力混凝土斜拉桥健康监测和评估管理系统界面和功能模块

典型的大跨预应力混凝土斜拉桥健康监测和评估管理系统界面如图8所示；该系统由浙江大学交通所、浙江大学桥梁与隧道健康监测研究中心负责研发。

八、结　　语

本文研究了大型桥梁结构健康监测与评估管理系统的开发目的和适用范围、系统的组成、开发的平台、系统的界面等，并以大型预应力混凝土斜拉桥健康监测与评估管理系统的研究开发为背景，介绍了该系统的主要功能及模块，系统的硬件设备和理论基础，提出和解决了大型复杂桥梁和隧道工程空间静动力分析的基准有限元模型问题，探讨了大跨预应力混凝土桥梁结构收缩徐变、温度等监测量随时间的变化和影响，提出了相应的健康监测与评估管理的理论和方法，对大型桥梁工程健康监测和状态评估管理具有重要的理论意义和工程实用价值。

参考文献

[1] 浙江大学交通工程研究所，杭州城建基础开发总公司. 文晖大桥健康监测评估管理的关键技术研究报告，2005年12月.

[2] The Proceeding of 4th China-Japan-US Symposium on Structural Control and Monitoring-Safety and Durability of Structure Oct. 16-17, 2006, Hangzhou. *Zhejiang University Press* is edited by Xiang yiqiang.

[3] XIANG YIQIANG(项贻强) Advance in Health Monitoring and Assessment Theory of Long Span Concrete Bridge and application, The Proceeding of 4th China-Japan-US Symposium on Structural

Control and Monitoring *Oct. 16-17, 2006*.

[4] 伍华成、项贻强. Condition Assessment of Long Span Cable-stayed Bridge. *Journal of Zhejiang University SCIENCE*(浙江大学学报(英文版)), 2006, No. 7, EI Compendex.

[5] 伍华成、项贻强. 基于优化索力的斜拉桥索力状态评估研究. 浙江大学学报(工学版), 2006, No. 5, EI Compendex.

[6] H. Wang, Y. Q. Xiang, J. F. Wang, L. Liu. 2004. The Function Design Research of Health Monitoring and Assessment System of Cable-stayed Bridge of Wenhui Bridge, *Proceedings of the 3rd China-Japan-US Symposium on Structural Health Monitoring and Control* (3CJUS-SHMC), Oct. 13-16, Dalian, China.

182. 湛江海湾大桥工程钻孔灌注桩试桩试验研究

魏楚凯

(广东省长大公路工程有限公司)

摘　要　为了在湛江海湾大桥工程的桩基础设计中，对有关桩周土的极限摩阻力及桩基的容许承载力有试验的明确数据，特进行了此试验。

关键词　湛江海湾大桥　钻孔桩　试验

湛江海湾大桥位于广东省湛江市，是广东省道 S373 线上跨越麻斜海湾的一座特大型混合梁斜拉桥，大桥全长 3 981.17m，主跨跨度为 480m。桥址位于平乐渡口以北 1.3km 处，跨越麻斜海湾。东岸为坡头区，通过连接线，连接到 325 国道；西岸为湛江市开发区，终于湛江市乐山大道。

为查明本工程桩基础的安全储备，推求桩的计算参数，并为最终确定桩基础的长度提供依据，以确保大桥的可靠性和经济性，同时也为了在大桥正式开工前取得该种地质条件下的钻孔灌注桩施工经验，并为今后该地区钻孔灌注桩各土层极限摩阻力取值提供较为可靠的设计依据。湛江海湾大桥进行了 2 根锚桩反力梁法静荷载试验(1 号、2 号试桩工程)和一根桩基自锚桩法静荷载试验(3 号试桩工程)。其中 1 号试桩加载到 22 000kN，2 号试桩加载到 24 000kN，3 号试桩下荷载箱加载至 6 800kN 上荷载箱加载到9 330kN。

根据桥位处地层分布特点及其工程地质特性，1 号试桩布置在 26 号墩桥中心线处(处于 26 号墩 2 号、3 号工程桩连线的中点处，这样布置便于利用此 2 根桩作为锚桩)；2 号试桩位于 27 号墩桥中心线处，利用 27 号墩内侧 4 根桩作为锚桩；3 号试桩由于是自锚桩，只有单独的一根钻孔桩，位于 27 号墩附近靠近桥中心线处。1 号、2 号试桩工程平面布置见下图(3 号试桩未示出)。工程地质情况见下表：

1 号试桩地层地质情况表

地质代号	层底高程(m)	层底深度(m)	层厚(m)	土　类	备　注
Q_4^{mc}	−6.20	7.50	7.50	淤泥	
Q_4^{al}	−8.20	9.50	2.00	中砂	
Q_1^{mc}	−11.60	12.90	3.40	黏土	
Q_1^{mc}	−15.10	16.40	3.50	中砂	
Q_1^{mc}	−19.30	20.60	4.20	黏土	
Q_4^{mc}	−20.40	21.70	1.10	细砂	
	−68.70	70.00	48.30	亚黏土	

2号试桩地层地质情况表

地质代号	层底高程(m)	层底深度(m)	层厚(m)	土类	备注
①$_1$	−6.80	8.40	8.40	淤泥	
①$_3$	−12.90	14.50	6.10	中砂	
①$_5$	−17.00	18.60	4.10	黏土	
②$_1$	−24.10	25.70	7.10	亚黏土	
②$_4$	−25.20	26.80	1.10	中砂	
②$_1$	−37.80	39.40	12.60	亚黏土	
②$_4$	−39.60	41.20	1.80	中砂	
②$_1$	−53.40	55.00	13.80	亚黏土	
②$_4$	−56.00	57.60	2.60	中砂	
②$_2$	−68.50	71.10	12.50	黏土	

试桩平面位置布置图(图1)

试桩按摩擦桩设计。试桩设计中，确定试验桩可能最大竖向承载力时，桩周土的极限摩阻力、桩基的容许承载力采用广东省公路勘察规划设计院对本桥的岩土工程勘察报告中提供的数据，以及国家部颁标准《公路桥涵地基与基础设计规范》中的取值。

试桩工程从2003年1月开钻，2003年6月结束，试验桩成孔及混凝土灌注情况如下表：

序号	项目	1号试桩	2号试桩	3号试桩
1	钻机型号	QJ250-1	QJ250-1	QJ250-1
2	钻孔工艺	反循环	反循环	反循环
3	开钻时间	2003.1.17	2003.2.13	2003.4.17
4	灌注日期	2003.1.28	2003.3.2	2003.5.1
5	混凝土设计方量(m^3)	68.23	76.7	83.1
6	混凝土浇筑方量(m^3)	68.90	78.4	86.2
7	设计直径(m)	1.20	1.20	1.20
8	成孔直径(m)	1.21	1.21	1.21

注：混凝土设计强度为C30

本试验1号和2号试桩采用锚桩—反力梁法加载系统，其反力系统可以分别加载到2 200kN和3 300kN。锚桩利用了原来26和27号墩的工程桩。锚桩在原来施工图设计的基础上增设预应力粗钢筋，使锚桩在加载过程中始终处于受压状态，在保证了在大吨位加载的情况下锚桩不致破坏。1号试桩加载系统见图1,2号试桩加载系统与1号试桩基本相同，图略。

3号试桩采用桩基自锚桩法加载系统，设计的2个荷载箱均可加载至17 000kN。此方法是将一种特制的加载设备——荷载箱安装在钢筋笼的主筋中间(钢筋笼的上下节断开，分别焊接在荷载箱的上下端面上)。埋入桩的指定位置(即平衡点)，并将荷载箱的高压油管和位移棒一起引到地面，由高压油泵向荷载箱充油而加载，荷载箱通过厚钢板将力传递到桩身。

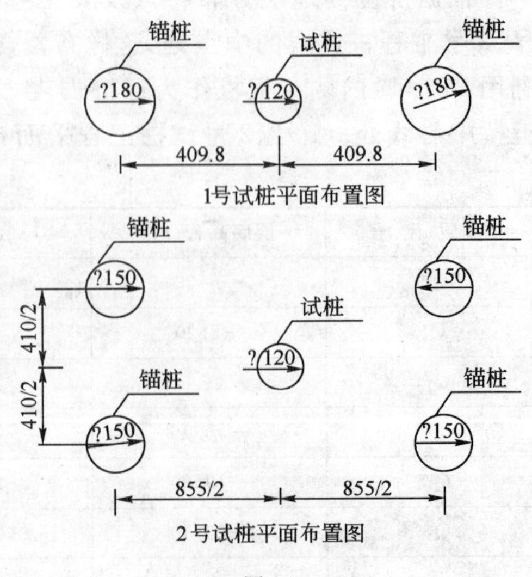

图　1

该方法要求上部桩身的摩擦力与下部桩身的摩擦力及端阻力相平衡(自平衡)来维持加载。根据向上向下 P-S 等曲线判断桩的承载力、桩基沉降、桩的弹性压缩和岩土塑性变形。自锚桩测试法如下图示。

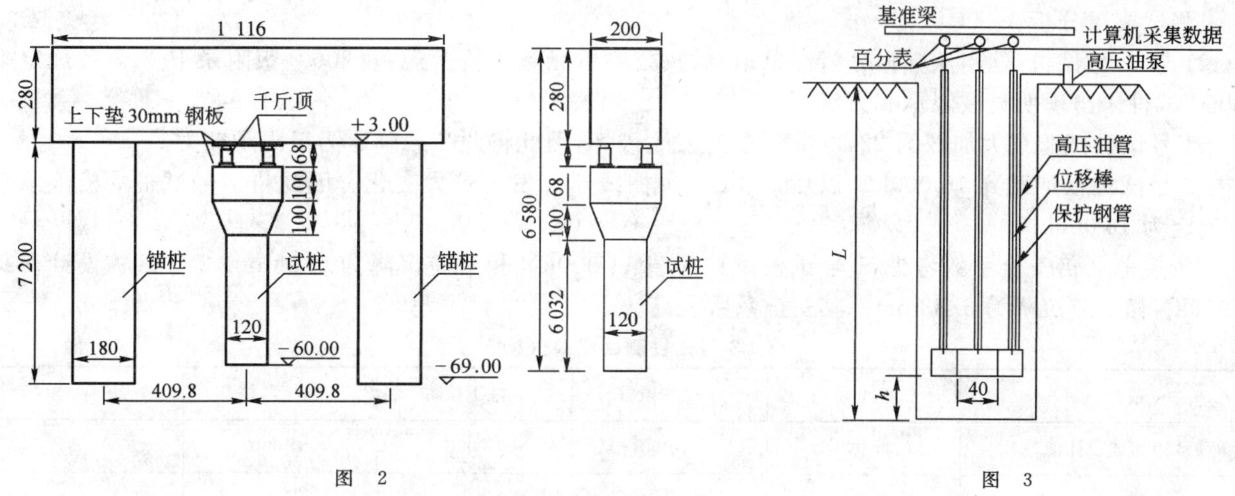

图 2

图 3

加载等级和稳定标准以及卸载条件按如下规定：

每级加载量：按最大加载量的 10%为标准(第一级按 20%加载)，采用单循环加载。位移量在每级荷载加载后按 15、15、15、15、30、30min 的时间间距序列采集。

加载稳定标准：在每级荷载作用下，桩上下位移量在 30min 内均小于 0.1mm，每级加载稳定后才允许加下一级荷载。

中止加载条件：

(1)总位移量大于或等于 40mm，本级荷载的下沉量大于或等于前一级荷载的下沉量的 5 倍时，加载即可中止。

(2)总位移量大于或等于 40mm，本级荷载加载后 24 小时仍未到达稳定，加载即可中止。

(3)达到最大加载吨位。

(4)加载未达到最大吨位，但是沉降量过大超出千斤顶行程范围，无法继续加载。

卸载等级为加载等级的 2 倍。

桩身轴力测点布设及数据的采集，是采取在桩身主筋截面上布设弦式钢筋计(JXG)测试各截面钢筋应力，通过钢筋与桩身混凝土应变相同的原理，可获得各截面的轴力。弦式钢筋计布设在各土层的交界面，每断面布设 4 个钢筋计与钢筋对焊连接，4 个钢筋计按等距均匀分布在该断面圆周的 4 根钢筋上。数据的采集使用 QLA-2 型数字钢弦频率接收仪、JMZX-300X 振弦检测仪，在每级加载后和稳定后各采集一次。

传感器布置及数据采集：

荷载测控采用多通路荷载箱加载，通过经事先标配的油泵、油表、千斤顶系统进行加载，本试验 1 号、2 号试桩每级为 2 000kN 及 1 700kN，3 号试桩每级为 850kN。对于锚桩法试桩桩顶沉降量的观测，是通过在桩顶布置 4 只电测位移传感器配合基准梁进行的。对于锚桩上拔量的观测，是在 2 根(2 号试桩为 4 根)锚桩上各布置 2 只电测位移计配合基准梁进行的。对于反力梁变形检测，是在反力梁顶面、底面及侧面位置附近布置电测位移计，配合基准梁进行观测。3 号试桩荷载箱位置上下位移量的观测，是通过引出到试桩桩顶的位移棒顶端布置的 4 个电测位移传感器配合基准梁实现的。3 号试桩桩身上抬位移量检测，是通过在试桩顶面安设 2 只电测位移计配合基准梁进行监测的。各观测点的位移电测传感器的分辨率为 0.01mm；该传感器匹配 YJ-26 静态应变仪。

1 号、2 号试桩测试的几个基本数据如下：

桩 号	最大加载(kN)	历时(min)	最大沉降(mm)	锚桩最大上拔(mm)	桩底最大沉降(mm)	桩底最大反力(kN)
1号	22 000	585	−15.625	2.87	0.454	201.14
2号	24 000	2 605	−190.044	6.52	63.065	3 945.48

测试成果分析：

1号、2号试桩试验，从数据分析结果来看，按公路桥涵施工技术规范(2000)版附录B.3.7条规定来判断，试桩未出现明显极限承载力特征。

1号试桩试验最大加载为22 000kN，没有发生破坏，因此将此荷载确定为极限承载力。

2号试桩在加载到16 000kN以后，S-Logt等曲线已经发生较大变化。因此将2号试桩的极限承载力确定为16 000kN。

按规范2倍安全系数考虑，1号试桩设计荷载11 000kN相对应沉降为6.58mm，2号试桩设计荷载8 000kN相对应沉降为6.83mm。其安全系数较高。

3号试桩测试成果分析

项 目	试桩上段桩	试桩中段桩	试桩下段桩	全 桩	备 注
荷载箱加载设计值(kN)	17 000	17 000	17 000	51 000	
上荷载箱最终加载值(kN)	9 350 (8 500)	9 350	—	25 500	括号为极限荷载
下荷载箱最终加载值(kN)	—	6 800	6 800 (5 100)		
桩身长度(cm)	3 800	2 350	1 200	7 350	
上荷载箱加载上下位移(mm)	28.768	−16.163	—	—	
桩顶位移(mm)	25.803	—	—	—	
上、下位移残余量(mm)	—	−14.485	—	—	
桩压缩变形量(mm)	2.965	−1.733	—	—	
上、中段桩极限承载力(kN)	8 500	9 300	—	—	
上段桩自重(kN)	1 184.71	—	—	—	
上段桩极限摩阻力修正系数	0.65	—	—	—	
上段桩极限承载力(kN)	11 254	—	—	—	
上、中段桩极限承载力(kN)	20 604		—	—	
下荷载箱加载上、下位移(mm)	—	2.436	−43.681		
上、下位移残余量(mm)	—	—	−1.926		
桩压缩变形量(mm)	—	—	−0.634		
下段桩极限承载力(kN)	—	—	5 100		
下段桩桩底反力(kN)	—	—	2 471.41		
单桩垂直极限承载力(kN)	—	—	—	25 704	

从1号、2号试桩的试验结果来看，极限承载力离散性较大，出于安全考虑，最终，全桥桩基设计中，桩壁土层摩阻力按低值取值。在试桩工程钻孔桩钻进过程中，施工单位通过对钻头刮刀形式、切削角度；进浆口大小和位置；钻机转速、钻压；泥浆各项指标；机器操作步骤等影响钻孔速度的因素进行了多次试验，取得了在湛江地区黏土层进行钻孔施工的经验。为大桥的全面开工作了技术上以及机械组织上的准备。

参考文献

[1] 马晔.湛江海湾大桥试桩设计文件.交通部公路科学研究所，2002.

[2] 湛江海湾大桥引桥岩土工程勘察报告.广东省公路勘察规划设计院,2002.
[3] 马晔.湛江海湾大桥工程钻孔灌注桩试桩报告.交通部公路工程检测中心,2003.

183. 双铰型上承式镰刀形拱桥关键技术研究

王艳宁 李光新 华龙海 黄思勇 熊 刚
(天津市市政工程设计研究院)

摘 要 某双铰型上承式镰刀形钢筋混凝土拱桥拱肋及拱上立柱均采用异型截面,拱肋截面形式根据弯矩分布规律相应变化。建立空间有限元模型,分析了拱桥主要构件在关键施工阶段及成桥状态下的内力分布规律,并对拱桥在施工过程中的应力状态及变形情况进行监测与控制。有限元计算及施工监测结果表明,该桥内力分布均匀,有很好的刚度,各关键构件受载性能满足要求。拱肋除施工中体系转换时出现过拉应力外,其余均受压,且应力在规范允许范围内,实现了拱轴基本无矩,说明拱轴设计合理。该桥型在今后的工程中值得进一步推广。

关键词 上承式镰刀形拱桥 铰型结构 拱肋 变截面梁 有限元计算 施工监测

一、引 言

拱桥以其独特的竞争力和适应能力在大跨径桥梁中得到广泛应用,随着人们对桥梁的美学效果关注度的增加,拱桥的造型和构件截面型式越来越复杂,设计和施工难度也相应增加。天津中心庄路跨京津塘高速公路拱桥系上承式镰刀形拱桥,结构设计新颖,构件纤细轻巧,此类桥型已在瑞士沙尔金特保桥中得到成功应用。该桥拱圈中间无铰而两端设铰与墩台铰接,属于外部一次超静定结构。铰型结构受力特征和施工工艺均十分复杂,施工过程中的应力状态和变形情况需及时监控。本文借助理论计算和施工实时监测,对关键构件的受载性能进行研究,确保结构在施工期间和运营后的可靠性和安全性,同时也为完善此类拱桥结构的设计理论和施工技术提供依据。

二、研 究 背 景

天津中心庄路跨京津塘高速公路拱桥位于天津经济技术开发区西区中心庄路与京津塘高速公路相交处,拱桥与京津塘高速公路斜角为65°。主桥采用双铰型上承式镰刀形钢筋混凝土拱桥结构,主拱总跨径70m,净跨径62m,矢高8.8m,桥面单幅宽度18m。

该拱桥由拱肋、立柱和桥面系三部分组成,桥面系包括纵梁、横梁、桥面板。荷载传递路线为:桥面板→横梁→纵梁→立柱→拱肋→承台→基础。主桥结构共设四组平行的混凝土镰刀形拱肋,拱肋采用U槽型断面的预制结构,在跨中2米范围内后浇合拢。拱肋为截面高度和宽度不断变化的三边形壳体,其底面采用二次抛物线形式。中立杆采用二十二面倾斜纤薄混凝土立杆,每个拱肋上共18片立柱,混凝土立杆倾斜20度。边立柱采用十二面倾斜的混凝土立柱,边立柱中心线向外侧倾斜22度,内侧边线分别倾斜20度,外侧边线倾斜24度。混凝土纵梁和横梁均为变截面形式,其中纵梁采用π形截面,顶面与道路竖曲线一致,底面采用圆曲线,横梁为矩形截面。每条拱肋的拱脚位置设计独立拱靴,与拱肋垂直摆放,拱脚与拱靴采用铰联接。承台为混凝土刚性承台,在两侧承台中心线位置安装8组PES(FD)7－109型平行拉索,以平衡拱肋产生的水平推力。拉索安放在钢管内,钢管采用顶管法施工,穿越京津塘高速公路路基。

三、主要构件内力分析

采用大型通用有限元分析软件ANSYS,计算拱桥各主要构件在关键施工阶段和成桥状态下的内力分布规律。有限元计算可以验证设计的合理性,同时也为施工监测和车载试验确定测试传感器的安装截面和测点位置提供必要的依据。

1. 计算模型

拱肋的截面尺寸不断变化,且底面呈二次抛物线形式。为确保计算精度,建模时将拱肋离散成足够多的单元,以直代曲。拱肋、立柱、纵梁和横梁均采用可自定义截面的 beam188 梁单元,桥面板和拱顶处的混凝土立墙采用 shell63 板壳单元,承台间水平拉索处于受拉状态且为小位移状态,采用杆单元模拟,承台采用 beam44 单元模拟。拱肋和立柱均为异型断面结构,建模时拱肋各单元用平均等截面的形式代替变截面拱肋形式,中立柱和边立柱采用变截面连续形式。在承台底,用刚度可以相互耦合的弹簧单元 combine14 模拟桩基对承台的作用。

2. 主要计算工况

恒载的内力计算和施工过程密切相关。有限元计算根据施工阶段,分 6 个计算工况分析主要构件的内力分布特点,分别是:①拱肋预制后吊装并拆除支架;②安装模板浇注立柱,并张拉拉索;③架设模板浇注纵横梁、竖墙及桥面板;④张拉纵梁预应力钢束;⑤铺设桥面铺装和浇筑栏杆(二期恒载);⑥成桥状态(恒荷载和活荷载全载)。

a)

b)

图 1 拱桥实桥结构图

a)实桥整体图;b)实桥局部位置图

图 2 有限元计算模型

3. 主要计算结果分析

计算结果表明,拱桥在各工况下均是拱脚处的轴力最大。在裸拱时,拱肋 1/4 处的轴力比拱顶轴力要小,其余工况轴力均由拱脚向拱顶处逐渐变小。中立柱和边立柱在施工各工况和成桥状态下,轴力均由柱顶到柱脚逐渐增大,且随着施工的推进,轴力不断增加。拱肋、中立柱和边立柱在施工各工况和成桥状态下,各截面弯矩一直处于较低水平,与设计意图基本吻合。

四、拱肋应力与变形监测

施工监测可以了解拱桥结构在施工过程中各主要构件的应力和变形情况,以便及时予以调整。构件截面的应力水平和变形情况随着拱肋拼装施工及后续施工中各种荷载的增加而逐步改变,因此应力和变形的监测是一个相对长期的跟踪监测过程,本工程选择稳定性能好和抗外界干扰能力强的钢弦式应变计以及高精度精密全站仪实时进行监测。

1. 拱肋混凝土应力监测

选择 1 条中拱肋和 1 条边拱肋作为试验测试拱肋,对于每条试验测试拱肋分别选择左右拱肋的拱顶、拱脚和四分点 5 个截面作为应力测试截面。在拱肋的每个应力测试截面内安装 4 个钢弦式混凝土应变计,各测试截面内应变计的布置如图 3 所示。

监测结果表明,拱脚部位顶面和底面的应力相差不大,说明这些部位弯矩很小,基本形成了铰,实现了设计意图。拱顶部位在施工的大部分阶段都存在着顶面和底面应力不一致的情况,这是由于桥面系施工前拱顶截面高度很小,较小的弯矩就会产生较大的弯曲应力。随着桥面纵梁和桥面板的施工完成及纵梁预应力筋的张拉完毕,拱顶的应力和应力变化逐步趋于一致。

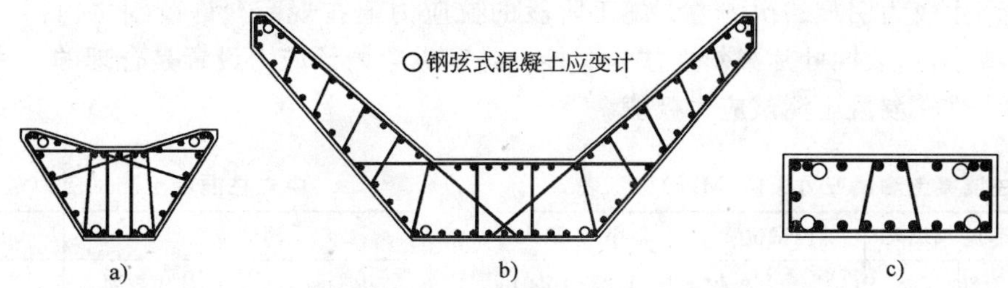

图 3 拱肋各测试截面内钢弦式混凝土应变计的布置

a)拱脚截面;b)四分点截面;c)拱顶截面

拱肋施工正值夏季高温季节,监测发现混凝土拱肋的收缩徐变在一天内可产生 1～2MPa 的变化值,说明对于小体积构件混凝土结构的温度应力仍然比较显著。表 1 列出了拱肋各工况混凝土测试应力极值。

2. 拱肋竖向位移监测

随着施工工序的推进,各种荷载不断增加,拱肋的受力状态越来越复杂,竖向变形需要实时监测和控制。选择左右拱肋的八分点、四分点和拱顶共 7 个测点,采用 Leica Tc1800 高精度精密全站仪对拱肋各测点的竖向变位进行实时跟踪监测。表 2 给出了拱肋上各测点在各工况下的竖向位移测量结果,可以看出竖向位移值均较小,在规范允许范围内。

拱肋各工况混凝土测试应力极值(MPa) 表 1

测试位置		最小	最大	测试位置		最小	最大
外拱肋	拱脚	4.04	14.19	内拱肋	拱脚	1.26	12.09
	四分点	−0.34	5.79		四分点	−0.23	5.50
	拱顶	−0.57	15.49		拱顶	1.30	15.18
	四分点	−0.15	11.53		四分点	0.71	6.99
	拱脚	1.24	15.27		拱脚	1.08	9.78

拱肋的竖向位移(mm) 表 2

测点位置	工况②	工况③	工况④	工况⑤
八分点	1	2	5	9
四分点	3	5	9	12
八分点	5	7	19	19
拱顶	21	21	36	37
八分点	21	21	31	32
四分点	9	10	15	15
八分点	2	3	6	6

五、立柱应力监测

根据结构的对称性,立柱应力监测分别选择 2 条被监测拱肋上的各一根边立柱和一根中立柱作为试验测试立柱。分别选择边立柱的柱顶 A 截面、柱中部 B 截面和柱脚 C 截面以及柱与纵梁连接的正交 D 截面作为应力测试截面,见图 4 示。中立柱分别选择柱顶截面和柱脚截面作为应力测试截面,见图 5 示。

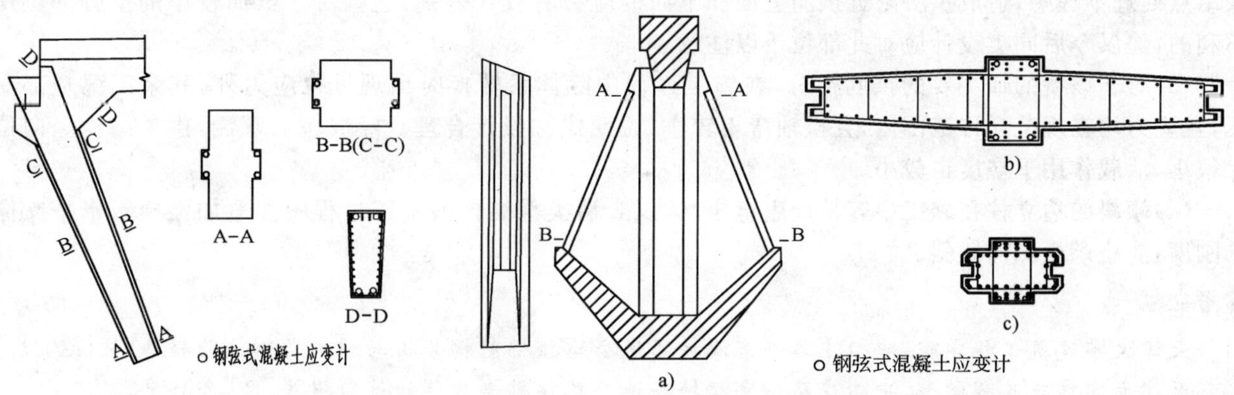

图 4 边立柱应力测试截面位置及测点布置

图 5 中立柱应力测试截面位置及测点布置

a)测试截面位置;b)B-B 截面测点布置;c)A-A 截面测点布置

监测结果表明,中立柱和边立柱的压应力均不大,边立柱在施工期间柱顶和柱底出现了拉应力。分析原因认为,倾斜的边立柱拆除模板前混凝土弹性模量还较低,此时就已经有了一些拉应变。此外,纵梁预应力会对立柱产生较为明显的次内力。施工阶段的拉应力值在规范允许范围之内，且在成桥状态下，拉应力值已明显减小，这表明叶片式斜立柱的固接设计和纵梁内预应力设置是合理的。表3和表4分别给出了边立柱和中立柱混凝土测试应力极值。

边立柱混凝土测试应力极值(MPa) 表3

测试位置			最小	最大	测试位置			最小	最大
边立柱	外拱肋西侧	A截面	−2.20	7.85	边立柱	内拱肋西侧	A截面	−2.23	10.01
		B截面	1.09	7.86			B截面	4.89	7.66
		C截面	0.12	5.93			C截面	−2.16	5.61
		D截面	−2.17	7.29			D截面	−2.36	3.86

中立柱混凝土测试应力极值(MPa)表4

测试位置		最小	最大
外拱肋西侧中立柱	柱底截面	1.28	5.71
	柱顶截面	−2.33	4.34
内拱肋西侧中立柱	柱底截面	0.45	4.69
	柱顶截面	1.43	4.21

六、拱桥动力特性研究

通过有限元计算和实桥测试的方法得到拱桥的自振频率和振型。实桥测试采用脉动法通过测试仪器的DASP软件进行滤波和频谱分析。得到有代表性频率表5列出了动力特性分析主要结果，从中可以看出自振频率实测结果要略大于成桥时的理论分析结果，表明桥梁的实际成桥刚度不低于设计刚度，该桥的整体动力特性良好。

拱桥动力特性参数 表5

动力项目	自振频率实测值	自振频率计算值	振型分析
第一振型	1.86	1.75	横向振动
第二振型	2.84	2.23	竖向振动

七、结　　语

本文对天津开发区中心庄路跨京津塘高速公路拱桥进行了理论计算和施工监测，分析了拱桥在施工各阶段及成桥状态下的内力分布、应力状态和变形情况。

(1)拱桥造型新颖，外形轻薄美观，利用主要构件弯矩分布特点，优化了拱桥的主体结构。有限元计算验证了拱桥内力分布的合理性。施工监测表明，拱桥在施工期间和成桥状态下，应力和变形均满足规范要求，结构安全可靠。

(2)比较全桥各部位混凝土的应力水平发现拱脚部位混凝土的压应力最大，分析原因为个别拱脚的铰结点处理不理想，造成拱脚附近拱肋上面和下面的应力有较大差别，这些对于截面较小的拱脚部位是不利的，建议今后同类设计应对此部位予以注意。

(3)对于该桥的最主要的拱肋部分，在施工过程中除体系转换时出现过拉应力外，其余工况全部受压，且应力均在规范允许范围内，且拱轴弯矩较小，说明拱轴设计合理。经成桥后观测，拱桥结构竖向位移很小，活载作用下挠度也较小。

(4)倾斜的边立柱在施工中容易产生弯矩，建议今后类似结构的施工过程中注意加强模板水平支撑的刚度，防止产生侧向倾斜。

参考文献

[1] 天津大学建筑工程学院，中心庄路—京津塘高速公路拱桥结构分析与施工监测试验报告[R]，2004.
[2] 天津大学建筑工程学院，中心庄路—京津塘高速公路拱桥车载试验试验报告[R]，2004.
[3] 天津市市政工程设计研究院，双铰型上承式拱桥关键构件受载性能分析研究报告[R]，2005.
[4] 张罗生. 70m跨二铰型上承式桁架混凝土拱桥的施工技术[J]. 世界桥梁，2007年，2期.
[5] 李忠献. 工程结构试验理论与技术[M]. 天津：天津大学出版社，2004.
[6] 张磊. 大跨度异型截面拱桥静动力分析与施工监测[D]. 硕士学位论文，天津大学，2005.

IV 检测与加固

184. 珠海淇澳大桥换索工程施工控制研究

郭 河[1] 李毅谦[1] 徐贺文[2] 丁啸宇[1] 霍 新[1]
(1. 中交桥梁技术有限公司;2. 北京工业大学)

摘 要 珠海淇澳大桥为双塔独柱式预应力混凝土斜拉桥,鉴于斜拉索PE护套开裂、部分斜拉索索力超标等原因需要全部更换斜拉索,并适当改善其桥梁线形。换索工程中,对换索施工各阶段的主梁线形、索力、主塔偏位、塔梁应力等参数进行监测,采用全量模型与基于现有桥梁的增量模型相结合进行施工控制,并运用自适应理论进行参数优化,以消除或减少换索后实际线形和索力与换索前设计目标值的偏差,使全桥换索完毕后主梁线形、索力、主塔偏位及结构恒载受力状况均达到设计预期值。结果表明,在现场监控中分段灵活地采用索力和标高进行双控是合理的;在斜拉桥的换索设计和监控计算中,全量模型与基于现有桥梁的增量模型相结合进行换索分析是一种行之有效的方法。

关键词 斜拉桥 换索 施工控制 全量模型 增量模型

一、工 程 概 述

淇澳大桥主桥为双塔独柱式单索面预应力混凝土五跨斜拉桥,主孔为320m,两侧边孔为176.5m,各设一中间墩将边孔分为136m和40.5m。该桥上部结构主梁为近似三角形断面,单箱三室,顶板宽33m,底板宽4m;主塔为箱形断面;主墩为双壁墩,塔、梁、墩全固结体系,受力明确,结构简单。缆索采用扇形布置,梁上缆索布置在中央分隔带上,索距6.1m,每个锚固点两根斜索,索面距2.2m,塔上索距1.8m左右,索面距1.3m,主桥0号、1号、4号、5号墩设置盆式橡胶支座,梁端与引桥衔接的接缝处设有大位移伸缩装置。如图1及图2所示。

该桥于2001年交付使用,经过7年的运营之后,经检测发现斜拉索拉索PE护套开裂,全桥192根索中127根索的PE护套有开裂现象;此外,斜拉索在一定风力下剧烈摆动,拉索钢丝锈蚀,锚具锈蚀,部分斜拉索索力出现超标现象。经过对该桥进行检测评估表明,需对该桥斜拉索进行全部更换。设计采用的新索为109～187(丝)×ϕ7镀锌高强钢丝,其标准强度R_{by}=1 770MPa,PE防护套采用双层热挤PE;斜拉索PE外表面设置螺旋线以有效控制风雨振。

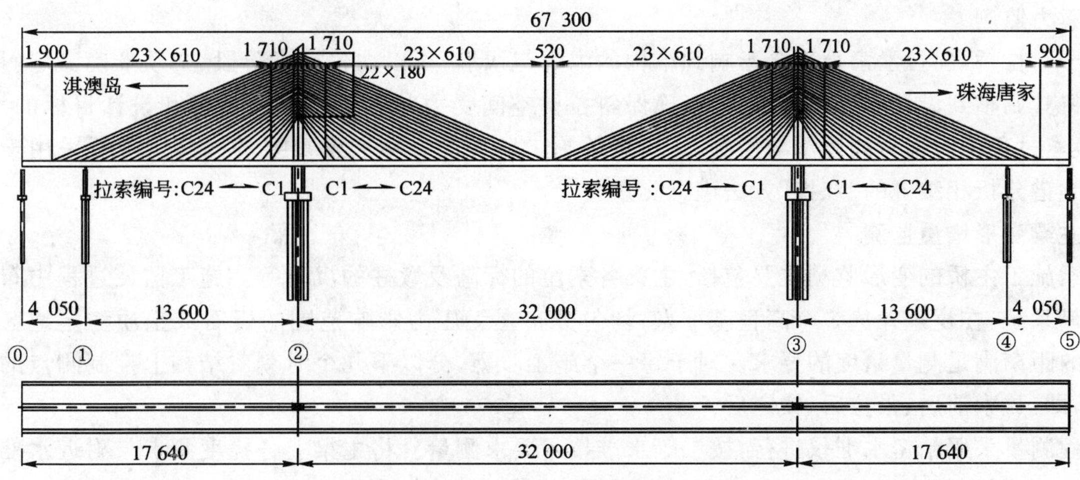

图1 淇澳大桥主跨布置示意图(尺寸单位:cm)

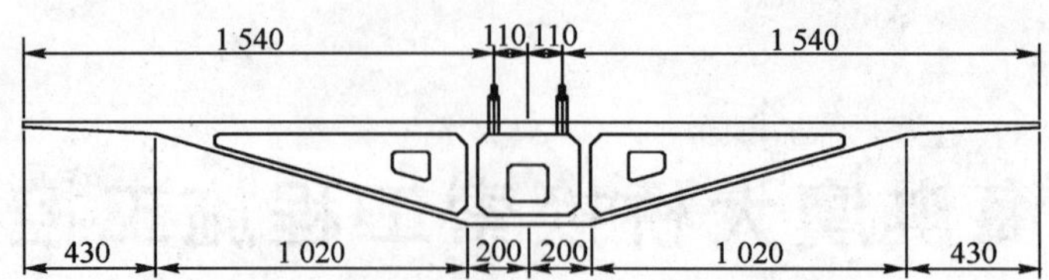

图2 淇澳大桥主梁横断面布置示意图(尺寸单位:cm)

二、换索施工控制的原则和目标

斜拉桥的一个重要特点是设计和施工高度耦合。通过施工中的索力和标高调整来获得预先设计的应力状态和几何线形,是斜拉桥施工控制的重要任务。对于预应力混凝土斜拉桥,其材料特性和结构自重与计算采用的参数会有较大的差距,所以施工控制对于保障施工的安全与准确至关重要。

淇澳大桥施工控制的原则是针对换索前后的成桥状态目标进行有效控制,修正在施工过程中各种影响成桥目标的参数误差对成桥目标的影响,确保成桥后结构受力和线形满足设计要求,同时尽可能使换索后的结构更接近新建桥时的结构形态和受力状态。即维持桥梁换索前的结构受力和线形,并在施工监控过程中尽量使结构的受力优于换索前的状态和更接近当初新桥建成的状态。

鉴于淇澳大桥建成后经过数年的运营,桥梁现有的实际受力状态很难准确得到,施工监控采用全量模型与基于现有桥梁的增量控制理论相结合进行本桥的施工控制,并运用自适应理论进行参数优化。

三、换索施工监测的内容

斜拉桥换索施工过程中结构受力十分复杂,同时施工方法和换索顺序与成桥后的主梁线形和结构内力密切相关[1]。加上换索期间不中断交通,为保证施工过程中结构始终处于安全范围内,并保证换索完毕后,主梁线形、主塔偏位等基本维持换索前的状态,甚至结构受力更接近新建桥时的理想状态,必须对桥梁换索施工过程中的内力和变形进行监控。监控的主要内容有:应变(应力)增量与温度的监测,斜拉索索力监测、主塔偏位监测、主梁挠度监测、换索过程中的裂缝监测。

1. 应变(应力)增量监测

在主桥各部位(主梁、索塔、过渡墩)的控制截面布置应变测点,以观察在换索过程中这些控制截面的应力变化与应力增量的分布情况。然后把实测结果及时与监控计算和设计计算结构相验证。在计入误差和变量调整后,分析以后每阶段乃至换索完毕后结构的实际状态。同时预告今后换索可能出现的不满足强度要求的状态,以确定是否在本施工阶段对可调变量实施调整。

2. 索力监测

对于斜拉桥,斜拉索索力直接影响到结构的内力与线形,所以在各换索阶段,必须准确测定斜拉索的索力并将其调整到设计允许误差以内,以确保斜拉桥空间受力状态符合监控目标和设计目标的期望值。因此,换索过程中对索力的监测与控制,是斜拉桥施工监控的一项非常重要的内容。本桥采用千斤顶油压表与频谱分析相结合的“双控”方法进行测量。

3. 主梁变形增量监测

换索施工主桥的变形监测主要包括:主梁各索位的标高及墩柱的沉降等。施工监控过程中布设了独立的测量系统,在桥址外选3个高程基准点,均匀分布在无压力影响范围的岩石或土质稳定地区。基准点离桥的距离满足测量精度的要求。对于每一个施工步骤,分以下几个时刻对结构上控制测点的变位进行测量,即:放索前后、张拉后,锁定后。

高程测量采用精密水准仪进行,按二等水准技术要求测量。将主梁上各挠度测点与附近水准基点进行联测。由此得到主梁上各点的相对高程,高程相减得到挠度。由于测量基点不在主梁上,由此也可以测出墩塔梁固结处的变位。

4. 气象和结构温度的监测

为了保证在大桥换索过程中对外界环境的把握，密切把握风、雨、温度等对换索工作的影响，在塔顶和跨中布设了两个供换索期间使用的气象测点。

此外，结构温度是影响主梁挠度的最主要因素之一。温度变化包括日温度变化和季节温差两部分，日温度变化比较复杂；季节温差对主梁的挠度影响相对简单，其变化是均匀的。因此，为了摸清温度对主梁挠度的影响，更好的控制线形，应对结构的各控制断面的温度进行测量。在换索过程中对结构的温度进行监测。寻求合理的测试启动索力和张拉锁定的时间，修正实测的结构状态的温度效应，对桥梁按目标施工和实施十分重要。淇澳大桥主桥换索的测试启动索力和张拉锁定时间定在温度相对稳定的凌晨2点左右。

5. 主塔偏位监测

索塔偏位测量采用全站仪测量。在每个塔柱顶部和底部分别设置两个反射棱镜作为测点，测量施工过程中各施工阶段引起的主塔相对偏位，以确保换索过程中的结构安全。

6. 裂缝监测

换索过程中，现场派专职人员进行裂缝观测，一旦发现有原有封闭裂缝的开展和新的裂缝出现，应马上对其进行检测。测试其深度、宽度、长度，记录裂缝走向、现场温度以及施工条件，为分析裂缝原因和采取相应的控制手段提供第一手数据和资料，保证换索施工的质量和进度。

四、换索施工监控计算分析

淇澳大桥的换索监控计算，采用全量模型与增量模型相结合的方法进行监控，利用空间有限元对换索各阶段进行计算分析。由于淇澳大桥施工时采用悬臂拼装的施工方法，结构经过多次体系转换形成，建成后经过近七年的运营，达到了换索前的状态。为了模拟该桥在换索前和换索施工过程中的结构现状，计算中对结构从悬臂施工阶段开始逐阶段进行连续多工况叠加，从而完成对结构内力、变形的累计工作，经过一定的调整使得换索前的计算状态与实际状态基本接近，这就是淇澳监控计算的全量模型。通过对全量模型的分析，尽可能准确得到现有桥梁的结构状态，为优化换索步骤和控制指标提供相对准确依据，确保换索工程中的结构安全。但是由于桥梁经过多年的运营，很难使换索前的计算模型与实际结构的受力状态达到非常理想的状态。即使通过调索的方式达到完全一致，结构的受力形态也未必能和实际吻合。如果在此基础上进行换索，通过实际监测和计算对比，存在较大的差异。因此，本桥的换索计算采用增量模型进行换索即在保证结构安全的情况下，考虑各控制参数的增量变化，再利用叠加原理进行控制。

在用有限元方法进行结构分析时，对于一般的钢筋混凝土梁单元，弹性模量 E 按换算弹性模量取值，对于斜拉索单元，换算弹性模量 E 按 Ernst 公式计算[2,3]。

1. 计算分析模型

计算分析时取全桥结构。结构离散为 804 个单元和 611 个节点(图 3)，其中包括 612 个空间梁单元和 192 个斜拉索单元，通过主从节点关系建立斜拉索杆件端点与梁塔节点、主梁与支座之间的正确变位关系。模型在桥塔承台底面设立固定支撑；辅助墩处竖向设立考虑墩柱竖向刚度的弹性支撑，横桥向为固定支撑，顺桥向自由；过渡墩处竖向和横桥向为固定支撑，顺桥向自由。

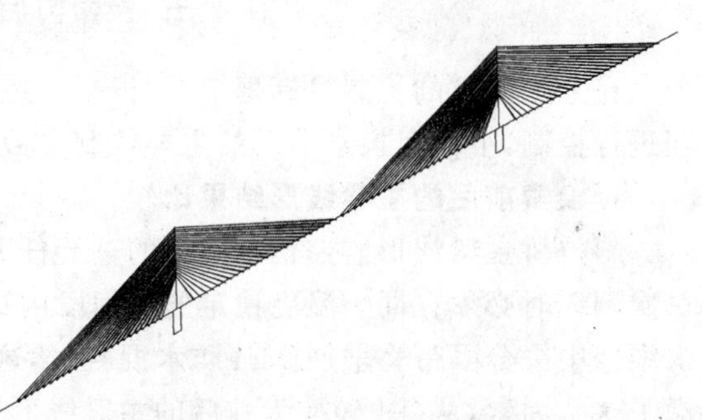

图 3 淇澳大桥结构离散化模型

成桥过程的全量模型的计算按实际施工过程模拟，换索过程的增量模型计算按实际换索过程考虑各控制参数的增量变化，索力的取用以启动索力为基准进行换索计算，同时考虑了施工荷载、温度荷载的影响。施工荷载按桥上实际的荷载位置和大小进行施加。温度荷载根据本次换索前后的实测结构温度进行修正，并按叠加原理进行叠加，最后综合考虑各种影响因素后提出张拉指令的张拉力。

2. 对结构非线性的考虑

预应力混凝土斜拉桥变形与内力之间存在着非线性关系，使结构分析变得复杂，非线性表现在以下2个方面：

(1)材质的非线性：主要是混凝土这一不同材质组成的混合结构引起；

(2)几何非线性：主要表现为由于自重的垂度效应，使得拉索的变形与内力不成比例。

通过对本桥是否考虑结构非线性进行对比分析，材料非线性的影响并不显著。本次换索在运用空间有限元程序计算时，换索前结构状态全量模型模拟中考虑以上2类非线形因素的影响，换索过程的增量模型中仅考虑拉索垂度引起的几何非线性的影响。通过换索的计算结果和实测结果比较来看，若换索过程中结构处于弹性状态，利用增量模型和叠加原理来进行控制能够满足换索要求。

3. 斜拉索更换方法

斜拉索的放松拆除是换索工作的关键，为了保证塔梁的受力均衡、对称，放索时一般要求成对进行。根据设计中的换索方案和控制指标，结合全量模型与增量模型的分析结果，为确保换索过程中的结构安全，避免对主梁产生过大的弯矩，对设计单位的换索顺序做了进一步优化，采用同一断面每次只换一根索的空间换索模式，淇澳大桥的换索顺序(注：拉索编号见图1所示)最后确定为：C1～C7在塔上张拉，南北两塔同时进行，上(下)游4根索同时进行放、张；C8～C14在梁上张拉，南北两塔同时进行，上(下)游4根索同时进行放、张；C15～C24在梁上张拉，南北塔分开换索，上(下)游2根索同时进行放、张。索力测量每天在同一时间段内进行。拉索拉力测定由于斜拉索的内力可以直接影响主梁内力与挠度，故借助于专门的设备测定各施工阶段的索力是本桥施工过程控制中的最主要工作之一。因此，换索过程中对索力进行同步监测，实际索力与设计索力的差异可以及时发现、及时调整，保证换索结束后索力与设计索力的差异在精度范围之内。为了能够精确测定索力，要求在所有拉索未全部测完前，不能加任何减振器。索力测试时禁止对被测索进行任何操作，且在测试时禁止桥上有任何车辆通过。根据敏感性分析的结果，确定影响各对索的敏感索区进行索力和主梁线形的测试，一方面减少了测试人员的工作量，同时保证测量工作的结果满足监控要求。本桥分析结果认为，测试本次换索的前后三对索进行测试。主梁主塔应变测试和塔偏位的测量仍进行所有测点的测试。

4. 换索过程的控制措施

根据换索过程各控制指标的敏感性分析结果，对淇澳大桥的控制分成三个部分：1)C1～C7施工控制主要以控制斜拉索索力为主，兼顾主梁标高、主塔偏位、控制截面弯矩和控制截面应力等；2)C8～C14施工控制主要以控制斜拉索索力和主梁标高双控，兼顾主塔偏位、控制截面弯矩和控制截面应力等；3)C15～C24施工控制主要以控制主梁标高为主，兼顾斜拉索索力、主塔偏位、控制截面弯矩和控制截面应力等。

五、换索前后主要控制指标的结果比较

在上述给出的控制目标框架下，根据前述控制方法，按照事先指定的控制步骤，对淇澳大桥的换索过程进行控制，下面对换索前后的主要控制参数进行比较。

1. 换索前后的主梁线形结果比较

斜拉桥主梁线形监控也是监控的重要任务，在实际测控中发现，斜拉桥线形对温度非常敏感，因此每一次测控时必须在同一温度稳定的时间段内进行。由于淇澳大桥新桥建设时中央分隔带未做防水层，本次维修中央分隔带将增加8cm防水混凝土，这样将引起主梁的跨中下挠约15mm，因此，在进行控制时考虑了这个因素，从(图4)换索前后的主梁线形变化图可以看出，中跨在换索前后线形变化比较明显，跨中位置高程比换索前上升了39.1mm，扣除因新增中央分隔带引起的跨中下挠约15mm，实际换索完毕后，和换索前相比，，主梁线形边跨最大相差为－9.2mm，跨中约高出14.1mm，结构受力比换索前略有改善；说明换索过程中桥梁线形保持良好，满足控制要求。

2. 换索前后的索力结果比较

斜拉索的工作状态是衡量斜拉桥是否处于正常营运状态的重要标志之一，精确测定索力对了解斜拉桥的工作状态显然十分重要。而在换索工程中，索力的准确测量显得尤其重要。在换索过程中能够进行调整的仅有索力一项，无论是使换索后的桥梁与换索前的桥梁工作状态（内力、线形）保持一致，还是希望通过换索对桥梁的状态进行改善，都必须以精确测量索力为前提。

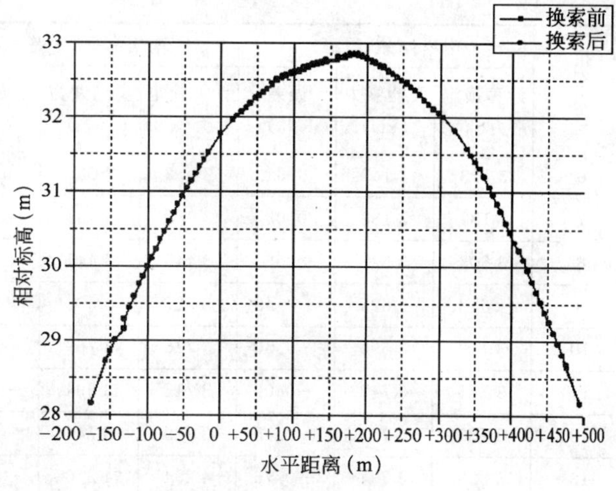

图 4 换索前后主梁线形比较

图 5 是淇澳大桥换索前后的索力比较，从图 5 可知，换索前后索力误差最大为 2.6%，小于控制指标 5%；同时索的应力幅值均满足要求，说明在换索过程中索力控制良好，满足设计及监控要求。

为了验证增量模型在换索过程中是否可行，下面比较一下计算锁定索力与实测索力值，从表 1 可以看出，计算的锁定索力与实测索力的最大误差仅为 1.53%，足够满足工程精度，说明利用增量模型和叠加原理进行换索计算是可行的。

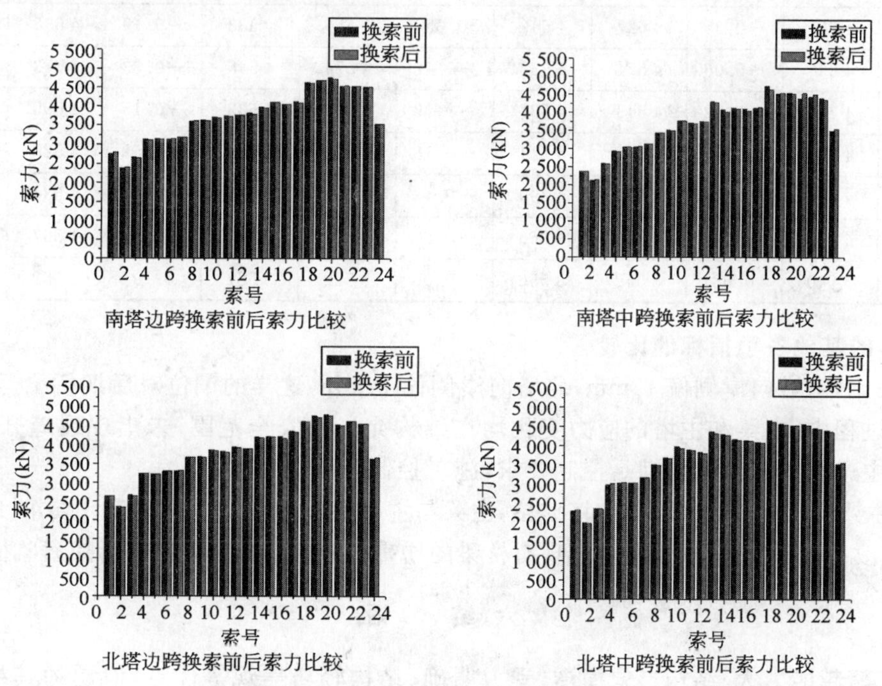

图 5 换索前后索力比较

计算锁定索力与换索后实测索力比较 表 1

拉索编号	南塔岸侧(边跨)			南塔海侧(中跨)			北塔海侧(中跨)			北塔岸侧(边跨)		
	计算锁定索力(kN)	实测索力(kN)	误差(%)	计算锁定索力(kN)	实测索力(kN)	误差(%)	计算锁定索力(kN)	实测索力(kN)	误差(%)	计算锁定索力(kN)	实测索力(kN)	误差(%)
1	2 753	2 784	1.13	2 408	2 375	−1.37	2 286	2 321	1.53	2 639	2 643	0.15
2	2 383	2 403	0.84	2 147	2 142	−0.23	1 984	1 961	−1.16	2 357	2 345	−0.51
3	2 668	2 649	−0.71	2 595	2 583	−0.46	2 363	2 350	−0.55	2 671	2 651	−0.75
4	3 141	3 120	−0.67	2 916	2 916	0.00	2 980	3 010	1.01	3 249	3 250	0.03
5	3 156	3 123	−1.05	3 058	3 047	−0.36	3 042	3 049	0.23	3 228	3 226	−0.06

续上表

拉索编号	南塔岸侧(边跨)			南塔海侧(中跨)			北塔海侧(中跨)			北塔岸侧(边跨)		
	计算锁定索力(kN)	实测索力(kN)	误差(%)	计算锁定索力(kN)	实测索力(kN)	误差(%)	计算锁定索力(kN)	实测索力(kN)	误差(%)	计算锁定索力(kN)	实测索力(kN)	误差(%)
6	3 123	3 142	0.61	3 062	3 064	0.07	3 037	3 027	−0.33	3 301	3 315	0.42
7	3 187	3 188	0.03	3 088	3 134	1.49	3 179	3 174	−0.16	3 302	3 326	0.73
8	3 606	3 627	0.58	3 448	3 441	−0.20	3 518	3508	−0.28	3 676	3 674	−0.05
9	3 643	3 625	−0.49	3 527	3 503	−0.68	3 694	3 684	−0.27	3 691	3 677	−0.38
10	3 717	3 696	−0.56	3 776	3 769	−0.19	3 985	3 943	−1.05	3 878	3 858	−0.52
11	3 745	3 742	−0.08	3 712	3 694	−0.48	3 907	3 888	−0.49	3 833	3 815	−0.47
12	3 780	3 763	−0.45	3 779	3 742	−0.98	3 836	3 810	−0.68	3 953	3 930	−0.58
13	3 823	3 794	−0.76	4 284	4 270	−0.33	4 368	4 319	−1.12	3 907	3 904	−0.08
14	3 985	3 959	−0.65	4 068	4 024	−1.08	4 302	4 275	−0.63	4 206	4 188	−0.43
15	4 114	4 107	−0.17	4 126	4 105	−0.51	4 175	4 142	−0.79	4 222	4 204	−0.43
16	4 051	4 060	0.22	4 074	4 053	−0.52	4 146	4 129	−0.41	4 220	4 178	−1.00
17	4 130	4 088	−1.02	4 179	4 145	−0.81	4 101	4 086	−0.37	4 379	4 341	−0.87
18	4 637	4 621	−0.35	4 627	4 642	0.32	4 656	4 633	−0.49	4 638	4 622	−0.34
19	4 699	4 696	−0.06	4 571	4 552	−0.42	4 574	4 545	−0.63	4 773	4 734	−0.82
20	4 769	4 730	−0.82	4 543	4 537	−0.13	4 540	4 533	−0.15	4 805	4 771	−0.71
21	4 551	4 554	0.07	4 552	4 544	−0.18	4 560	4 536	−0.53	4 528	4 519	−0.20
22	4 550	4 536	−0.31	4 518	4 499	−0.42	4 465	4 438	−0.60	4 634	4 624	−0.22
23	4 517	4 527	0.22	4 395	4 360	−0.80	4 399	4 368	−0.70	4 567	4 566	−0.02
24	3 537	3 540	0.08	3 558	3 556	−0.06	3 539	3 567	0.79	3 652	3 679	0.74

3. 换索前后的其他各项指标的比较

和换索前相比，南塔向岸侧偏13mm，北塔向岸侧偏14mm，这样的偏位对后期桥梁运营是有利的；此外，在整个换索过程中，主梁和主塔的应力变化均在结构允许的安全范围，未出现裂缝开展和新的裂缝，说明主塔偏位，主梁和主塔应力均满足控制要求，施工控制处于正常状态。

综上所述，主梁线形、斜拉索索力、主塔偏位，主梁与主塔的应力变化均满足设计要求，结构受力比换索前有一定程度的改善，采用全量模型与基于现有桥梁的增量模型相结合的方法进行换索监控是可行的。

六、结　　语

斜拉桥虽有跨越能力大、结构形式简洁、受力明确、结构轻巧美观等优点，但制约其结构使用寿命的拉索腐蚀退化和振动疲劳衰减两大因素已构成了对结构耐久性的威胁和挑战，成为斜拉桥发展和营运中的研究课题，斜拉桥的换索问题成为人们关注的焦点之一。尤其是在不中断交通的情况下进行换索施工，这对设计、监控和施工都是一个严峻的挑战。淇澳大桥的换索监控成功的经验表明：斜拉桥换索监控的关键是要能较好地模拟换索前的结构状态，同时如何更准确的模拟换索过程中的结构状态，根据设计要求控制好索力和线形等各项指标。通过全桥192根斜拉索顺利更换和监测、验收结果，可得出以下几点经验和建议：

(1)在进行斜拉桥的换索设计和监控计算中，全量模型与基于现有桥梁的增量模型相结合的方法，在斜拉桥换索施工控制中是行之有效的方法。

(2)根据桥梁在各换索阶段结构刚度对结构的影响，分阶段灵活采用索力和标高进行双控在现场监控中是合理的。

(3)在进行换索过程分析时，若桥梁仍处于弹性状态，运用叠加原理进行各荷载工况的分析是合理的。这说明增量模型能够满足换索过程的施工要求。

参考文献

[1] 王文涛主编．斜拉桥换索工程(第二版)[M]．北京：人民交通出版社，2006.

[2] 林元培．斜拉桥[M]．北京：人民交通出版社，2004.

[3] 秦顺全．桥梁施工控制—无应力状态理论与实践[M]．北京：人民交通出版社，2007.

185. 珠海淇澳大桥换索施工技术

盛海军　李少芳　晏国泰

(武汉二航路桥特种工程有限公司)

摘　要　本文结合淇澳大桥斜拉索更换的工程实例，对斜拉桥换索施工技术进行了阐述，重点论述了换索方案比选、换索施工牵引力计算分析方法、关键施工设备及拉索起吊、展开与牵引、张拉控制等关键施工技术。

关键词　斜拉索　更换　施工技术　工艺研究

淇澳大桥主桥(图1)为双塔独柱式单索面预应力混凝土三跨斜拉桥，主孔跨径为320m，两侧边孔跨径为176.5m，各设一中间墩将边孔分为136m和40.5m，全桥设置$R=12\,022.567$m的竖曲线。主塔为箱形断面；主墩为双壁墩，塔、梁、墩全固结体系。缆索采用扇形布置，梁上缆索布置在中央分隔带上，每塔两侧各布置24对斜拉索，索距6.1m，每个锚固点锚固两根斜拉索，梁端索面距2.2m，塔上索距1.8m左右，塔上索面距1.3m。本桥原斜拉索分为六类，分别为109ϕ7，121ϕ7，139ϕ7，151ϕ7，163ϕ7，187ϕ7。

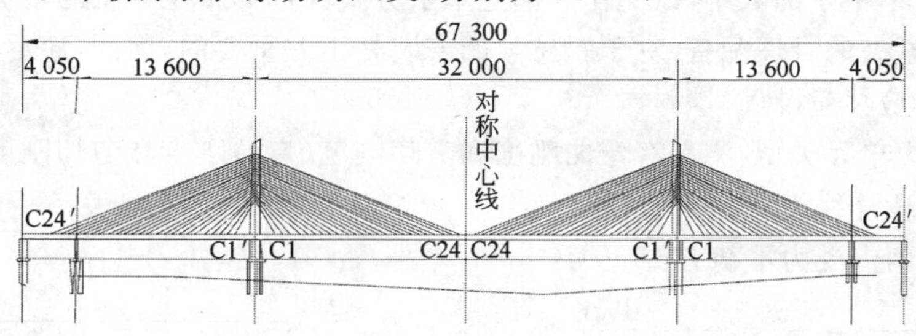

图1　淇澳大桥主桥

根据检测资料，淇澳大桥斜拉索目前主要存在斜拉索PE护套开裂、风致振动强烈及斜拉索钢丝锈蚀及锚具锈蚀问题，需对全桥进行斜拉索更换。新换斜拉索外护套采用双层热挤PE，在PE外表面设置螺旋线，抑制风雨振，同时提高拉索钢丝抗拉强度至1700级；并改善斜拉索减震系统，将梁侧内置式橡胶减振器全部更换为外置式黏性剪切阻尼器，塔端设置内置式高阻尼减振器，以抑止拉索振幅过大，延长拉索的使用寿命。

一、斜拉索更换总体方案选择

1. 总体施工方案的确定

斜拉索的更换主要包括旧索拆除和新索张挂施工。根据张拉端的不同，换索施工可分为塔端张拉、梁端张拉两种方案。张拉端的选择应充分考虑张拉施工空间、张拉设备的布置、卸索或挂索的牵引方式等。通常斜拉索张拉空间不宜小于1.8m，若采用接长张拉丝杆硬牵引安装拉索方式，则张拉空间2.4m以上为宜。

淇澳大桥1～7号索塔端张拉空间较大均在2.0m以上，梁端较小有2.0～2.4m；8～24号索塔端张拉空间较小仅有1.7～1.9m，梁端较大有2.6～2.8m。根据斜拉索的重量、锚固牵引力的大小以及张拉施工空间要求，1～7号、8～24号索分别采用不同的方法进行施工。见表1。

表1

索　号	总体方案		方案确定原因	备　注
1～7号索	旧索拆除	①塔端千斤顶松索 ②梁端拆除 ③塔端拆除	①索长、索径比较小，索力不大； ②张拉杆牵引松索长度短，只需0.2～0.4m，不需张拉杆接长； ③需要的张拉空间较小； ④塔端便于张拉设备拆装	
	新索安装	①塔端挂设 ②梁端挂设 ③塔端张拉		
8～24号索	旧索拆除	①梁端千斤顶松索 ②梁端拆除 ③塔端拆除	①索长、索径比较大，索力较大； ②张拉杆牵引松索长度需0.5～2.0m，张拉杆需接长； ③需要的张拉空间较大； ④梁端便于张拉设备转运	
	新索安装	①塔端挂设 ②梁端挂设 ③梁端硬牵引、张拉		

2. 换索顺序确定

淇澳大桥斜拉索呈单索面布置，每个锚固点2根斜拉索。为了最大限度的确保结构安全，我们充分利用了单索面桥的结构上的优势，每个锚固点一次根换1根索，保留一根斜拉索受力。由短索向长索依次边、中跨对称换索，1～14号索南北两塔同步换索，15～24号索南北两塔交替换索。

二、换索牵引力分析与计算

换索牵引包括拆除旧索牵引及安装新索牵引，拉索放松及张紧过程，其受力体系本身为空间非线性，同时加上荷载变化引起主梁及主塔线形、位移变化，其受力情况非常复杂，换索前应通过理论分析、计算出各牵引、张拉工况下牵引了的大小，以此作为确定牵引方式并选择张拉设备的依据。

牵引设备及牵引索夹的合理配备，对于斜拉索的安装是至关重要的，因此，应尽可能接近的模拟实际牵引过程，牵引力计算应尽量准确。

斜拉索为轴向受力单元类型，不具有弯曲刚度和剪切刚度(弯曲刚度和剪切刚度很小可忽略)，因此，斜拉索受力形态可用悬链线方程表示。斜拉索计算模型如图2：按照悬链线方程两点受力平衡有：

$$\frac{\mathrm{d}y}{\mathrm{d}x}=-\frac{V}{H}\Rightarrow\frac{\mathrm{d}^2x}{\mathrm{d}y^2}=-\frac{1}{H}\left(\frac{\mathrm{d}V}{\mathrm{d}x}\right)$$

设：

$$\frac{\mathrm{d}V}{\mathrm{d}x}=q$$

则有：

$$\frac{\mathrm{d}^2x}{\mathrm{d}y^2}=-\frac{q}{H}$$

另外，令斜拉索单位度重量为 w，则有：

$$q=\frac{w\mathrm{d}s}{\mathrm{d}x}=w\sqrt{1+\left(\frac{\mathrm{d}y}{\mathrm{d}x}\right)^2}$$

$$\frac{\mathrm{d}^2y}{\mathrm{d}x^2}=-\frac{w}{H}\sqrt{1+\left(\frac{\mathrm{d}y}{\mathrm{d}x}\right)^2}=-C\sqrt{1+\left(\frac{\mathrm{d}y}{\mathrm{d}x}\right)^2}$$

解悬链线方程得：

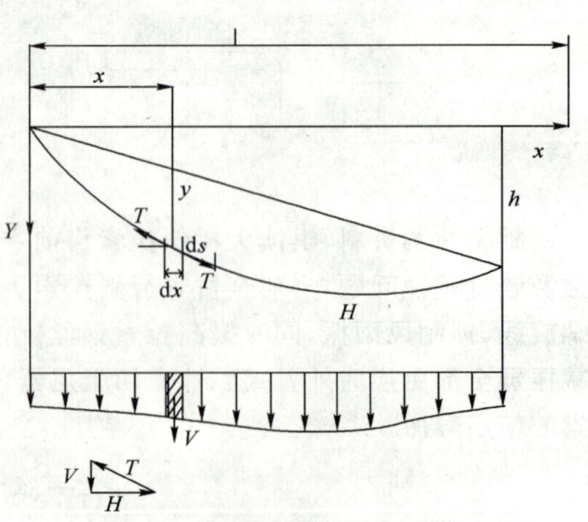

图2　斜拉索牵引力计算模型

图中：H——为拉索水平力；

V——为设定长度内的拉索总重力；

T——为拉索轴向拉力。

$$y=\frac{1}{C}[\cosh D-\cosh(D-Cx)]$$

$$\frac{\mathrm{d}y}{\mathrm{d}x}=\sinh(D-Cx)$$

其中，

$$D=\sinh^{-1}\left(\frac{Ch}{2\sinh\varphi}\right)+\varphi$$

$$\varphi=\frac{Cl}{2}$$

$$C=\frac{w}{H}$$

那么，斜拉索长度 L_c 及弹性伸长 ΔL_c 表示如下：

$$L_c=\frac{1}{C}\{\sinh D-\sinh(D-2\varphi)\}$$

$$\Delta L_s=\frac{H}{2EA}\left\{l+(Ls^2+h^2)\left[\frac{Cf}{L_c}+(Lc^2-h^2)^{\frac{1}{2}}\right]\right\}$$

无应力索长：

$$f=\frac{\cosh\varphi-1}{2\sinh\varphi}L_c$$

$$L_0=L_c-\Delta L_s$$

按以上理论计算淇澳大桥换索施工过程中的牵引索力。

三、换索牵引系统设计

采用悬链线理论计算各索牵引力与牵引距离的关系，如表 2：

1～7 号索牵引力(t)、牵引距离(m)关系表 表 2

距离 索号	0.0	0.1	0.2	0.3	0.4	0.5	1.0
C1	257.6	2.8	0.9	0.7	0.6	0.5	
C2	225.0	7.2	1.7	1.2	0.9	0.9	
C3	250.1	36.6	3.0	2.0	1.6	1.4	
C4	300.0	77.7	6.0	3.4	2.7	2.2	
C5	304.7	100.8	10.2	4.9	3.7	3.1	
C6	307.3	119.9	18.1	6.7	4.9	4.0	2.4
C7	308.5	135.5	32.0	9.1	6.3	5.0	2.9
C8	357.7	8.3	4.0				
C9	359.5	9.2	4.8				
C10	390.6	9.8	6.1	4.6			
C11	392.0	10.7	7.0	5.2	4.4		
C12	393.2	12.4	8.0	6.0	5.0		
C13	392.5	14.3	9.1	6.7	5.6	4.3	
C14	416.5	17.5	11.0	8.1	6.7	5.2	3.6

续上表

索号 \ 距离	0.0	0.5	1.0	1.5	2.0	3.0	6.0	10.0
C15	415.9	19.7	12.2	9.0	7.4	5.8	4.0	
C16	415.3	23.7	14.0	9.9	8.2	6.4	4.4	
C17	416.4	35.6	15.0	10.9	9.0	7.0	4.8	
C18	469.3	45.6	19.0	13.1	11.2	8.7	5.9	4.7
C19	474.1	53.3	21.0	14.9	12.2	9.4	6.1	5.1
C20	478.5	80.4	23.0	14.7	11.8	9.0	7.4	4.8
C21	449.0	61.5	24.0	17.3	14.1	10.9	7.4	5.8
C22	445.9	68.0	24.0	18.6	15.1	11.7	7.9	6.2
C23	445.9	75.8	28.1	20.0	16.2	12.5	8.4	6.6
C24	352.9	56.9	28.0	20.3	16.7	13.0	8.9	7.0

根据以上牵引力与牵引距离关系，经综合分析比较选择如下换索牵引方式：

(1)7号索塔端锚头下放0.4m后，剩余索力仅6.3t。因此，塔端松索采取先用张拉杆硬牵引下放拉索0.2～0.4m，再用卷扬机穿滑车组直接将索放松至自然下垂状态。

(2)8号～24号索梁端松出2m后，剩余索力仅16t。因此，梁端松索采取先用张拉杆放硬牵引放松拉索2m的距离，再用卷扬机穿滑车组直接将索放松至自然下垂状态。

斜拉索的放松是换索工作的关键，为了保证塔梁的受力均衡，放索时一般要求成对、对称同步进行，而且松张拉杆时必须准备好配套的千斤顶、油泵、张拉杆、连接件。换索前对全桥索力、线形进行通测，准确测定每一根拉索索力，利用全站仪对全桥主梁线形、塔肢变形等进行测量。换索同时对拆除索及周边索要进行实时监控，观测索的应力变化。

四、换索施工关键设备设计与安装

斜拉索拆除及安装均为大吨位起重、张拉，绝大部分属高空作业。因此，设备、设施选择和设置是否合理，是否安全可靠，能否保证施工效率，是顺利实施换索工程的首要保证和必要前提。

结合以往斜拉索挂设施工经验，我们对本斜拉索更换工程所需的设备进行了精心了选择和布置。

1.塔顶起吊设备的设计

塔顶吊为塔顶主提升设备，与桥面上的卷扬机共同构成旧拆除下放，新索安装的主要提升设备，结构形式见图3、图4。

换索施工，因无起重设备，塔顶吊的安装采用首先在塔顶立简易人字扒杆，并配置5t卷扬机作为塔顶吊安装的吊装设备。

2.牵引、张拉系统设备的选择、设计与加工

(1)放索机

放索机为舒展索体的主要设备。根据施工需要，本桥采用卧式放索机。卧式放索机由放索转盘、放索转盘底座及轴承三部分组成。放索盘用型钢加工而成。

(2)放索小车

放索小车的作用是防止斜拉索在放索过程中与桥面发生摩擦，损坏斜拉索外护套。根据用途不同分为托索小车、锚头小车。放索时，斜拉索下面每隔2m安放一个托索小车，锚头处安装锚头小车。结构形式见图5。

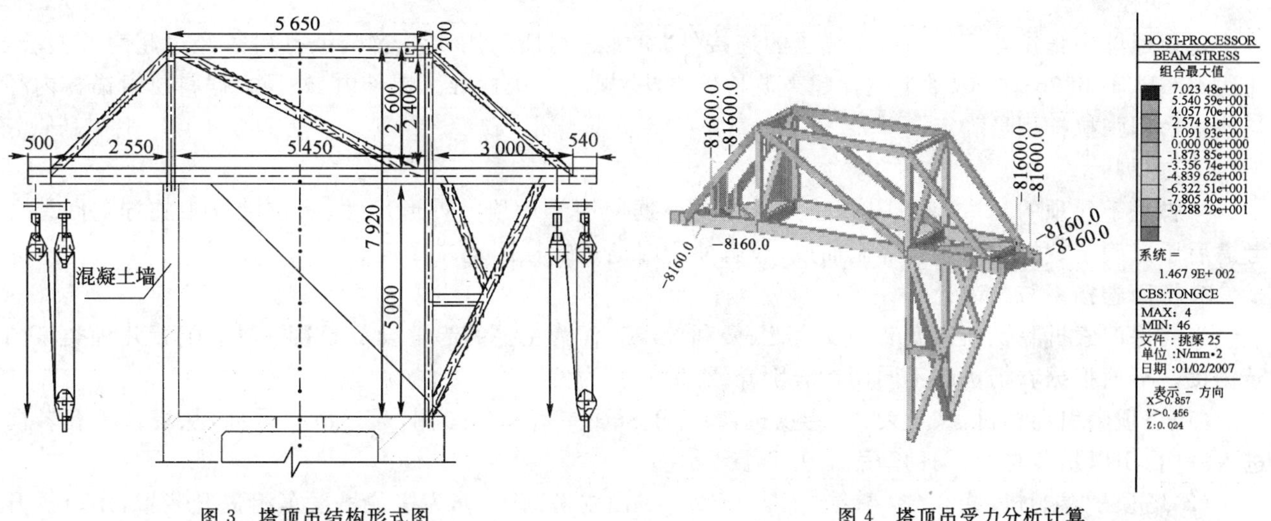

图 3 塔顶吊结构形式图　　　图 4 塔顶吊受力分析计算

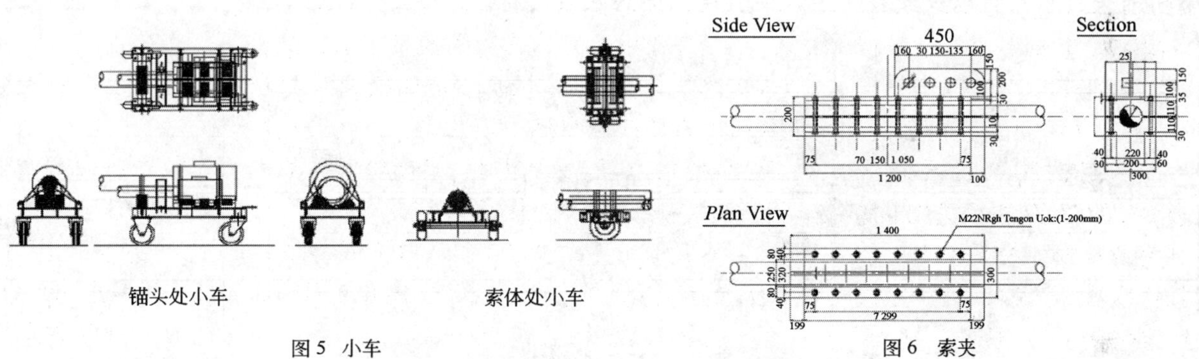

图 5 小车　　　图 6 索夹

(3)索夹

索夹是挂索、压锚的着力点，是挂索、压锚设备同斜拉索的连接工具。索夹采用壁厚 10mm 的钢管与钢板焊接而成，在钢管同斜拉索接触处加垫 10mm 厚的优质橡胶垫，施工过程中可以很好地保护斜拉索免受损伤。结构形式见图 6。

根据斜拉索外径及使用位置不同，索夹共分 6 种型号。

(4)张拉千斤顶

张拉千斤顶根据斜拉索的张拉控制力进行选择，为减小施工过程中的误差、确保千斤顶的使用安全，尽量使每根斜拉索的张拉控制力只达到所用千斤顶允许能力的 50%～85%范围内。张拉拟采用 500t、650t。

(5)张拉丝杆

张拉丝杆用于牵引及张拉斜拉索，其加工材质采用 42CrMo，锻打后需经过超声波检验，并达到 GB/T4162—2000《锻造钢棒超声波检验方法》规定 B 级标准。张拉丝杆的选择见表 3。

张拉丝杆选用情况表 表 3

单根长度(m)	螺纹(mm)	使用位置	数量	适用范围
1.3	Tr130×14	塔端	8	C1～C7，C1′～C7′
2.2	Tr180×12	梁端	9	C8～C24，C8′～C24′
0.6	Tr180×12	梁端	27	

(6)变径螺母

变径螺母是张拉丝杆与斜拉索锚头的连接件，其加工材质采用 42CrMo，锻打后需经过超声波检验，并达到 GB/T 6396-2 000《锻造钢棒超声波检验方法》规定 B 级标准。螺母内、外径根据斜拉索锚杯内径与该索采用张拉杆型号确定。

(7)撑脚

撑脚是千斤顶的支撑装置，其规格型号主要根据使用千斤顶的外形尺寸、张拉端锚头施拧空间综合考虑后予以确定。撑脚用钢板焊制而成，撑脚使用时通过螺栓固定在锚板上。

3. 桥面卷扬系统的设计

为确保旧索拆除及新索安装的安全性、便利、准确，作为主要的起重设备的卷扬机应配置几种类型的卷扬机。下面根据卷扬机的不同用途分别介绍(以一塔为例)：

(1)塔顶牵引卷扬机，共 1 台，5t 卷扬机，布置于桥面主塔左(右)侧，通过滑车导向，从塔顶人孔转向进入塔内，用以吊装材料，辅助牵引锚头。

(2)塔顶吊卷扬机，共 2 台，5t 卷扬机，布置于桥面主塔两侧，作为塔顶吊滑车组提升装置，用以提升或下放斜拉索。

(3)桥面斜拉索牵引卷扬机，共 4 台，5t 卷扬机，布置于桥面 C24(C24′)索套管旁用以旧索拆除时牵引梁端锚头出索套管以及安装新索时牵引梁端锚头入索套管。

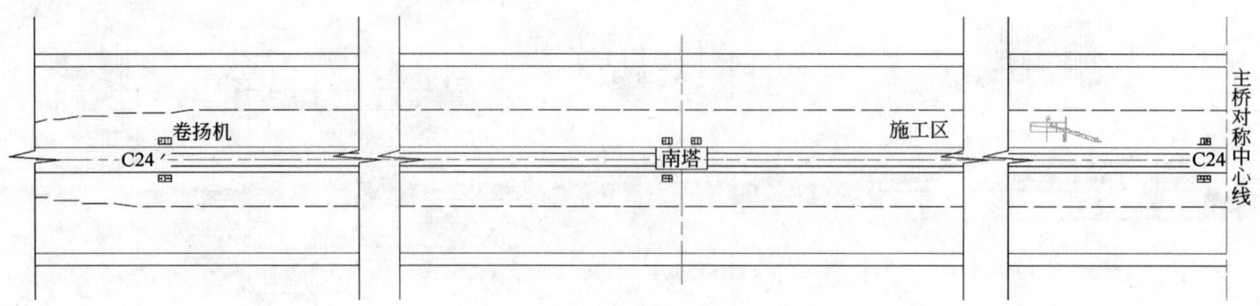

图 7 卷扬机和汽车吊布置

五、桥 面 展 索

斜拉索桥面展开的目的一是安装需要，二是舒展索体散去扭力，使索在安装时处于无应力自然状态，使斜拉索安装工程安全顺利进行。

(1)斜拉索工厂加工、成盘，用运输车辆运至索塔墩旁，由 25t 吊车直接将斜拉索吊至卧式放索盘上。

(2)汽车吊吊放锚头至桥面托索小车。

(3)在塔端锚头处连接卷扬机钢丝绳，启动卷扬机，牵引梁端锚头至索塔处，桥面展开斜拉索。

(4)塔端安装索夹、提升吊具，塔顶吊提升塔端拉索，使之在桥面上完全展开。

六、换索塔端起吊

斜拉索从放索机上展开，塔端锚头拉移索塔处后，安装塔端挂设夹具、连接头，连接塔顶吊滑车组钢丝绳及角度调节手拉葫芦，启动卷扬机提升斜拉索端部。

塔顶门架将塔端锚头提升至索套管口处后，从索套管内放出牵引钢丝绳，将其与连接头端头相连，将斜拉索塔端锚头拉入索道孔。

七、换 索 牵 引

1. 旧索拆除牵引

(1)2 台(或 4 台)千斤顶同步起动，顶松锚头螺母，并记录锚头螺母刚松动时的油压表读书。通过张拉杆硬牵引同步松出张拉杆，并将张拉杆接长后通过千斤顶松出，直至锚头松出一定的长度（通过索力计算得出的值，C8～C15为1m，C16～C17为1.5m，C14～C24为2m）。

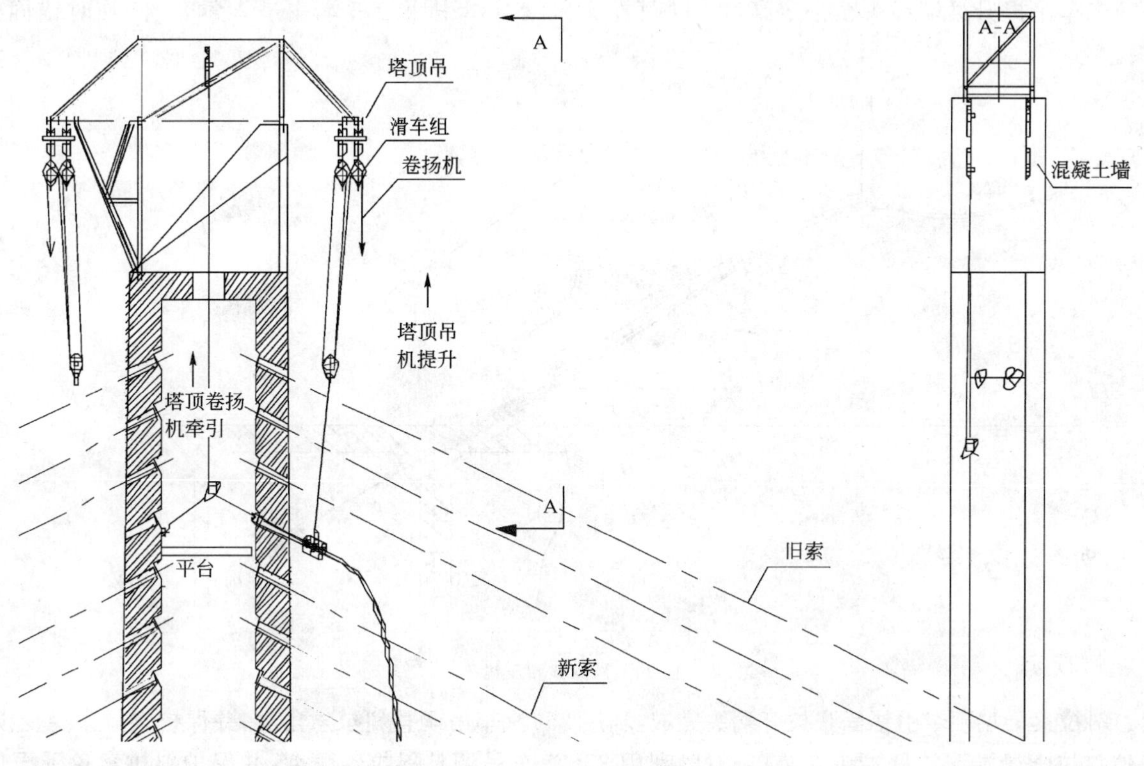

图8　塔顶吊吊索示意图

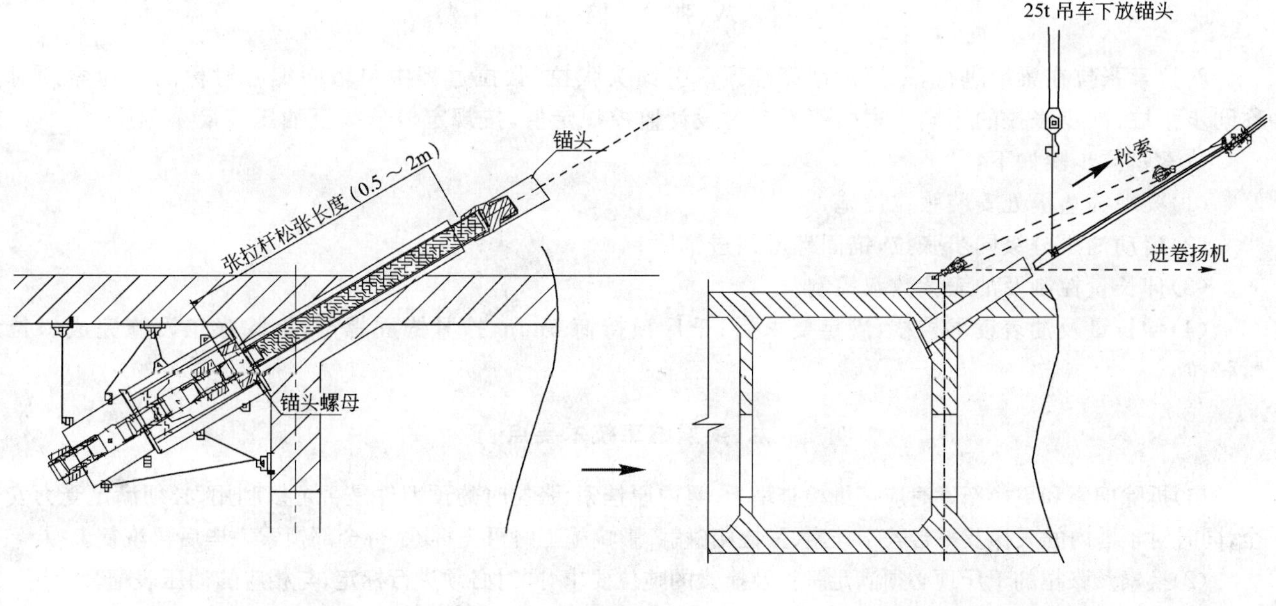

图9　硬牵引放索　　图10　吊车辅助拆除旧索

（2）安装桥面5t卷扬机，穿滑车组走4线，安装索夹，启动卷扬机收紧斜拉索，至张拉杆螺母松动，然后拆除张拉杆及千斤顶、油泵。

（3）卷扬机继续松索，至斜拉索完全松弛，梁端锚头不再受力。

（4）安装塔端索夹，塔顶吊提升斜拉索，塔顶卷扬机牵引塔端锚头，至塔端锚头螺母，松掉锚头螺母。

（5）塔顶吊下放塔端锚头至桥面，汽车吊装车运走，一组（2根或4根）斜拉索完成旧索拆除。

2. 新索安装牵引

(1)在梁端锚头处安装夹具、硬牵引张拉杆(1.8m)及连接头等，卷扬机牵引张拉杆端头前行索套管附近。

(2)汽车吊提升梁端锚头至一定高度，同时卷扬机继续牵引张拉杆端头进入索套管，临时锚固张拉杆端头。

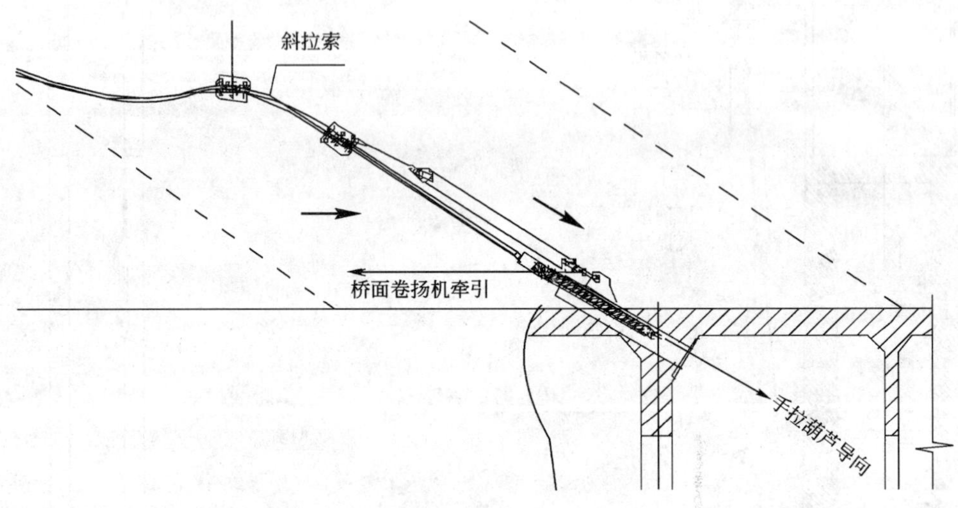

图11　新索梁端压锚

(3)斜拉索梁端硬牵引锚固张拉杆端头完成，利用25t汽车吊调整斜拉索角度，并保护斜拉索免受损伤。

(4)斜拉索梁端张拉杆端头安装接长杆，利用25t汽车吊调整斜拉索角度，并保护斜拉索免受损伤。

(5)斜拉索梁端牵引接长张拉杆，将锚头拉出锚垫板，用锚头螺母将锚头紧紧锚固，完成梁端硬牵引。

八、张 拉 控 制

斜拉索张拉在梁端进行，采用大型穿心顶牵引锚头张拉，张拉过程中单塔同编号对称的斜拉索须对称同步张拉，同步张拉的不同步索力值不超过设计监控规定值，按规定值分级至油压表最小刻度。

拉索张拉步骤如下：

(1)梁端锚垫板处安装张拉设施；

(2)启动油泵分级同步张拉，锚固螺母跟进锚固；

(3)伸长量控制及油表读数双控制；

(4)伸长量及油表读书校核，满足要求后，千斤顶持荷5min，拧紧锚固螺母，拆除张拉设施完成斜拉索张拉。

九、换索施工技术要点

(1)拆除旧索和更换新索时应仔细检查塔上、梁内原挂索、张拉时的预埋件是否可以利用，必须满足受力安全，同时对于塔内的人梯及平台若于挂索、张拉相碰触，影响施工时可先拆除，待全部换索完毕后再恢复。

(2)换索及张拉的千斤顶必须满足张拉及换索的吨位要求，同时必须进行标定，与相应的油压表配套使用。

(3)拆除旧索时应详细记录该索螺母松动时的初始索力吨位。

(4)新索张拉时应均匀缓慢分级张拉，对称索张拉时应同步。

(5)每对索更换后应及时将拉索索道管外进行封闭，防止雨水及杂物进入管内。

(6)在拉索时考虑到大桥结构的总体受力情况，采用限制交通的措施，允许通行10t以内的车辆，严格禁止大型载重车辆通行。

(7)控制桥面超载，在换索施工过程中，桥面只允许放置待换的新索，旧索应及时清走，以避免过大的施工荷载。

(8)挂索及张拉时要采取有效措施,防止拉索外层PE护套在施工过程中损坏,如果损坏应及时修补。

(9)待全部拉索更换完毕,根据桥梁线形及内力要求进行必要的调索。调索完毕测量各索索力、桥梁线形等。进行减振器、防护罩的安装,同时完善桥面防水层的施工工作。

十、结　语

斜拉索随着斜拉桥使用年限的增长,由于PE护套的老化、斜拉索防腐、桥梁超载等问题,导致部分不能使用或影响结构安全的斜拉索必须予以更换。国内斜拉索部分更换开始出现在本世纪初,至目前愈来愈多,换索规模越来越大。

我们通过淇澳大桥换索施工,对斜拉桥换索施工技术进行了研究和总结,以期望对其他同类型桥梁换索施工提供一定参考借鉴价值。斜拉桥换索具有较高的施工难度和复杂性,换索施工安全和桥梁结构安全至关重要,做好换索工作在以下几方面还应予以注意和多加考虑:

(1)随着斜拉桥的索塔形式、主梁结构及跨径变化换索方案应随之作相应的调整,以满足施工安全及桥梁结构安全的需要。

(2)换索桥梁大多已经过多年运营,混凝土收缩徐变已完成,桥梁结构已稳定,因而,在主塔及梁体结构无明显病害的情况下,换索施工宜采取有效措施维持原桥线型及结构受力状态不变,以维持结构稳定。

(3)斜拉桥为多次超静定的空间非线型结构体系,加上旧桥的原有受力状态很难准确测出,这给旧桥换索施工监控带来了更大的难度和不确定性,要求监控单位在换索过程中适时做好监测并及时分析计算,以确保桥梁结构始终处在安全的受控状态之内。

参考文献

[1] 淇澳大桥维修维修工程施工图设计文件.
[2] 交通部第一公路工程总公司.桥涵.人民交通出版社,2000.

186. 预应力连续箱梁弯桥事故的整体同步顶升纠扭与加固

周明华[1] 王耀明[2] 黄跃平[1] 翟瑞兴[3] 胥 明[1]
(1.东南大学混凝土与预应力混凝土教育部重点实验室;2.安徽省公路规划设计院;
3.江苏东南特种技术加固公司常州分公司)

摘　要　以某独柱墩单支座支承的预应力连续箱梁弯桥扭转移位事故为案例,对预应力连续箱梁弯桥过大扭矩事故发生原因,从设计到施工因素进行了深入分析;并针对弯桥事故的特点,介绍了采用整体同步顶升纠扭、加固和中间墩增设支座调整扭矩的处理方法,使事故弯桥恢复到设计要求状态。这对今后弯桥的设计、施工和纠偏加固提供借鉴。

关键词　预应力连续箱梁弯桥　预偏心　偏心扭矩　温度应力　同步顶升纠扭

一、事故弯桥工程概况

某高速公路正在施工的互通A匝道桥,是一座4跨预应力连续弯桥,全长100m(图1所示)。每跨跨径为25m,四孔一联,平面曲线由缓和曲线和圆曲线组成,圆曲线半径90m。桥面最大横坡7%,梁高均为 1.5m，纵向为预应力混凝土连续箱梁结构，采用 YM15-12 预应力体系束，横断面为单箱单室，腹板为斜腹式，腹板厚 0.5m，梁宽 7.64m，箱底宽 3.6m，二侧悬臂板均为 1.62m，为普通钢筋混凝土结构，主梁采用 C50 混凝土 。基础均采用钻孔灌注桩。连续梁中墩（10 号、11 号、12 号）为矩形独柱墩，均采用单独盆式支座，未设置预偏心（图 2 所示）。两端边墩（9 号、13 号）均为双柱墩、肋板台，均设置两个盆式支座，两支座中心距 2.3m（图 3 所示）。

图 1 预应力连续箱梁弯桥（匝道桥）

图 2 中间墩矩形单柱和单支座支承

图 3　弯桥梁端支座脱空图

二、弯桥事故原因分析

1. 事故发生情况

该箱梁采用逐跨施工方法施工，预应力张拉结束落梁三个月后发现梁体扭转移位，箱梁曲线外侧下沉 70mm，内侧上翘 70mm，左幅右幅桥面高差错位 140mm 以上，发现各支座受力分布明显不均，曲线外侧的支座压缩变形大，曲线内侧的支座压缩变形小。曲线梁内侧两端支座随温差变化脱空约 20～50mm 左右（图 3 所示）。

2. 事故原因分析

造成事故的原因经专家分析认为：主要是设计和施工对预应力弯桥认识不足。首先，由于设计时未考虑弯桥的受力特点，中间桥墩采用单墩单支座，未设置预偏心，未考虑纵向预应力产生的径向力引起的偏心弯矩，而导致扭矩增大，过大的扭矩导致扭转变位。设计人员忽略了温度变化对弯桥的影响，尤其是夏季昼夜温差大，温度应力会使弯梁扭矩增大，以致弯桥两端支座脱空（图 3 所示），使弯桥失去整体稳定性。其二，是施工原因，主要是进行弯桥施工时未考虑弯桥的特点，而将弯桥当作直线桥盲目施工。尤其在张拉预应力时，对张拉顺序和张拉力的控制不当而产生的对弯桥受力状态的影响，没有引起充分重视。

3. 顶升前弯桥整体状态受温度影响的检测结果

弯桥梁端变形和支座脱空与温度有密切关系，温度应力影响到底有多大，根据现场观测结果（表 1），发现在晴天（阳光直射）桥面实测最高温度 45℃气温条件下，24 小时内由于温度应力产生的弯桥扭矩而使整个弯桥两端梁端上翘引起的支座脱空范围达30mm，说明温差变化也会使整个弯桥处于不稳定状态。

2007年6月29日弯梁梁端上翘，温度引起的支座脱空量观测记录表 表1

边跨		上午6点28℃(mm)	下午2点45℃(mm)	温度引起的端支座脱空量(mm)
9号墩	左幅梁端	未观测到	未观测到	
	右幅梁端	20	45	25
13号墩	左幅梁端	15	45	30
	右幅梁端	20	49	29

由于弯桥扭矩影响，中间墩支座偏心受力，其压缩变形和支座转角明显不同，支座压缩变形和支座转角测定方法如图4所示，实测转角见表2。

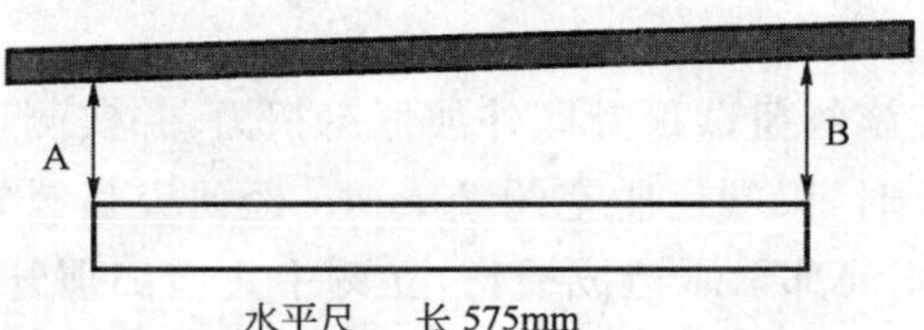

图4 中间墩支座偏心受力实测转角示意图

中间墩支座(10号、11号、12号)偏心受力实测转角 表2

	中间墩支座编号	支座左侧测量值A(mm)	支座右侧测量值B(mm)	支座左右高差(mm)	支座转角实测值(rad)
左幅箱梁	12	65	74	9	1.57%
	11	33	40	7	1.22%
	10	79	85	6	1.04%
右幅箱梁	12	65	74	9	1.57%
	11	28	39	11	1.91%
	10	57	73	16	2.78%

三、整体同步顶升纠扭实施方案

针对弯桥出现的问题原设计单位立即组织力量重新验算，为解决弯桥扭转变位，提出了采用外加恒定扭力来平衡和抵消弯桥产生扭矩的纠扭处理方案：

1)为防止纠扭顶升过程中桥墩偏心受力引起桥墩柱顶局部破坏，采取对中墩墩顶800mm高度范围内粘贴碳纤维布进行加固(图5所示)。

图5 中间墩墩顶碳纤维加固

2)墩顶加固完成后，在三个中墩支座中心线外侧800mm处，采用1 300kN的力进行同步整体顶升(千斤顶布置，图6所示，同步顶升控制系统，图7所示)，顶升力所产生的附加扭力为1 040kN·m，使梁体的扭转变位得到恢复和改善。此时梁端计算最大扭矩为701kN·m，支座垂直反力为1 110kN，其中外侧支座反力计算值为860kN，内侧支座反力计算值250kN。

3)同步顶升完成后，保持顶升力，在三个中墩外侧各增设一个3 000kN的双向活动盆式支座支承代替顶升力，使附加扭力恒定，以平衡和抵消弯桥产生的扭矩，使中墩起到抗扭作用。

图6 整体同步顶升设备

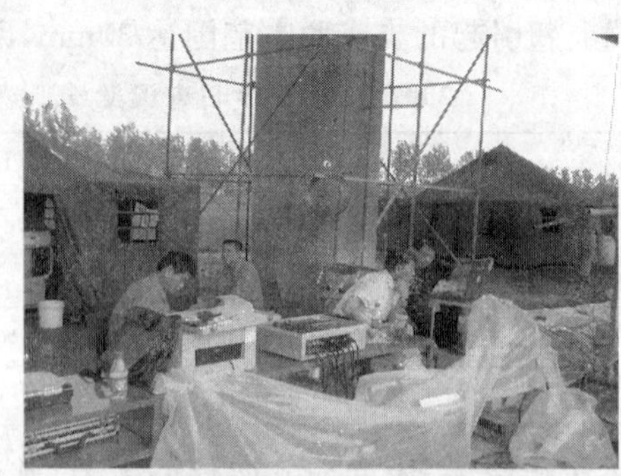
图7 同步顶升控制系统

四、整体同步顶升纠扭方案实施

1. 试顶升(外加恒定扭力)

首先对右幅弯桥内侧梁体实施纠扭试顶升即外加恒定扭力,并实测顶升高度(图8所示)。当三个中墩支座外侧顶升力达到1 300kN时,梁端还脱空约20mm。经研究后,增加同步顶升力至1 850kN,梁端仍然脱空约18mm,为防止对梁底局部承压造成损伤,立刻中止增加顶升力。

在三个中墩外侧各增设双向活动盆式支座,并制作垫石(图9所示),固化三天后落梁。落梁后检测出新增支座压缩变形量为3mm,梁端(脱空支座处)仍上翘4mm。

由于梁端仍存在脱空,在脱空处采用加不锈钢板垫实,并实测和控制支座反力。在9号墩内侧支座上垫实厚度为28mm时,测定支座反力为400 kN。在13号墩内侧支座上垫实厚度为22mm时,测定支座反力为360kN。经一周观测,垫实支座上的压缩变形约小于0.2mm(在阴天30～25℃气温条件下)。

图8 实测顶升高度

图9 增设支座垫石施工图

2. 弯桥整体姿态控制顶升(以控制中间墩支座转角变形调整各支座反力)

在外加恒定扭力控制同步试顶升后,支座仍存在少量脱空现象的情况下,决定采取由外侧梁体顶升调整为以弯桥整体姿态控制顶升施工方案,即顶升时由控制扭力改为以控制中墩支座转角为主。顶升前检测出中墩支座初始转角为2%～2.5%,顶升中控制三个中墩支座转角同步增长,当支座转角纠正到1.8%时,梁体二端支座已开始接触。继续顶升当支座转角纠正到2%时,梁体二端支座已开始受力。此时,由于各支座的转角大小不同而导致施加顶升力明显不同,最大顶升力在10号墩,达到2 200kN。此时进行10小时的保持荷载,让桥梁有一姿态调整时间,10小时后各顶升的顶力下降10%,重新顶升至保持荷载前的姿态。开始安装新增支座并制作垫石,此时,对新支座进行了预压处理,消除支座本体间隙约为2mm。

3. 左幅弯桥顶升

在左幅弯桥顶升总结经验的基础上顶升右幅,在达到要求顶升力后,在三个中墩外侧各增设一个双向活动盆式支座(图10所示)。落梁后经检测出新增支座压缩变形量约为2mm,梁端(脱空支座处)上翘约3mm,两端支座脱空状态已基本得到改善(图11所示)。

图 10 纠偏后增设为双支座支承状态

图 11 纠偏后的端支座脱空改善状态

由于梁端支座仍存在脱空，在脱空处采用加不锈钢板垫实，并控制支座反力。在 9 号墩内侧支座上垫实厚度为 10mm 时，测定支座反力为 420kN。在 13 号墩内侧支座上垫实厚度为 6mm 时，测定支座反力为 450kN。显然两端支座实测反力右幅比左幅两端支座反力要大得多。顶升结束后，左幅和右幅桥面原高低错位状态(图 12 所示)，已基本持平(图 13 所示)。

图 12 纠偏前左幅右幅桥面高低错位状态

图 13 纠偏生左幅右幅桥面基本持平

五、结　　语

1)对预应力连续梁弯桥，应采用弯桥设计软件进行设计，所有影响弯桥的设计参数都要有所考虑，特别是预应力和温度应力的影响。在弯桥两端应加横梁，布置双支座并适当加大两支座间距，以减少弯桥扭矩引起支座脱空。

2)对预应力连续梁弯桥设计，可以通过在截面剪切中心上下方向布置预应力束，所产生相反的弯矩来减小弯梁的扭矩。也可以采用弯梁轴线内外侧不对称布置预应力束，使外侧的预应力束根多于内侧，通过锚下张拉控制应力大小构成预加应力的偏心，由偏心预应力形成的内扭矩来调整弯梁的扭矩分布。

3)弯桥尽量采用非预应力结构，跨度不宜大于 20m。避免预加应力的影响。

4)弯桥的弯心部位应采用双支座，外侧建议采用球型支座，而日要设置预偏心，减少弯桥扭矩的影响。

5)不管是预应力或非预应力弯桥，一定要考虑温度应力影响。

6)当弯桥出现因过大扭矩失稳时，一定要弄清事故原因，然后确定纠偏方案。纠偏时不要急于一次到位，先试顶升慢慢就位，在实施过程中测定各支座反力的大小，然后一步一步调整顶升力，使弯桥的整体姿态及应力水平达到最佳状态。

参考文献

[1] 邵容兴等，混凝土弯梁桥. 北京：人民交通出版社，1994.

[2] 孙广华. 曲线梁桥的计算。北京：人民交通出版社，1995.

[3] 刘兴法译. [德国]F. Kehlbeck 著. 太阳辐射对桥梁结构的影响. 北京：中国铁道出版社，1981.

[4] 孙宗光，孙占琦，李晓飞. 曲线连续梁桥侧向失稳破坏机理行为分析. 公路交通科技 2006 年第 23 卷第 7 期 p68-72.

[5] 杨虎荣、周世浩.预应力混凝土曲线连续梁桥的加固.桥梁建设 2005 年第 2 期 p77-79.
[6] 李建慧、宋旭明.铁路独柱支承弯梁桥扭矩调整.华东交通大学学报 2003 年 第 20 卷第 2 期 p25-28.
[7] 何柏雷.太阳把桥晒跑了-深圳市某立交 A 匝道桥事故分析.城市道桥与防洪 2002 年第 2 期.
[8] 梁志成.某立交连续箱梁匝道桥变位修复的顶梁施工.公路 2003 年第 7 期.

187. 长沙湾大桥立柱加固与防腐技术的探讨

张武强[1]　侯　旭[2]
(1.广东省高速公路有限公司深汕西分公司;2.西安瑞通路桥科技有限责任公司;)

摘　要　长沙湾大桥是一座跨海大桥,受海洋腐蚀性气候的影响较大,许多立柱都出现了混凝土保护层整层剥落、钢筋严重锈蚀等病害。为此,我们采用了多种技术措施对其进行综合处理,包括干轧混凝土及环氧混凝土修补缺陷、涂刷迁移渗透型阻锈剂、外包高性能混凝土、粘贴高强玻璃纤维布、防腐油漆涂装等技术。主要介绍这些技术措施的工作原理、施工工艺等,为同行提供参考。

关键词　沿海桥梁　加固　防腐

一、概　　述

长沙湾大桥为深汕高速公路西段的一座跨海特大桥,于1996年底建成通车。该桥设计荷载等级为汽车-超20级、挂车-120级。桥梁全长1589.1m,桥下平均净空5.4m。桥梁上部结构为39m×16m预应力混凝土空心板梁和32m×30m预应力混凝土T梁,桥面宽度为24.5～26.5m不等,双向四车道。桥梁下部为双圆柱式桥墩,左右幅桥分开,立柱直径1～38号墩为1.1m,39～50号墩为1.3m,51～70号墩为1.7m。

该桥立柱的主要病害为钢筋严重锈胀,混凝土保护层整层剥落,钢筋因锈蚀有效断面损失严重,部分钢筋已经锈断。如图1所示。这种病害以1～38号墩立柱最为普遍和严重,39～70号墩立柱则有个别的锈胀开裂,没发现有整层锈胀剥落的情况。

图　1

针对这些病害情况,本着安全、适用、经济和可靠的原则,对长沙湾大桥的立柱按病害情况的严重程度分成A、B、C三类:

A类立柱指钢筋成片锈胀、混凝土破损面积≥$(D/2)\times(h/2)$,其中D为立柱周长,h为立柱高度,存在因锈蚀导致断面损失超过50%的主筋;

B类立柱指钢筋成片锈胀、混凝土破损面积<$(D/2)\times(h/2)$,且无锈蚀损失超过50%的主筋;

C类立柱为钢筋个别锈胀,但没有成片剥落的立柱。

据凿除锈胀裂缝后的统计结果,A类立柱主要分布在1～38号墩,共65根;B类立柱主要分布在1～38号墩及51号墩右幅,共89根;C类立柱主要分布在39～70号墩,共124根。

对三类立柱分别采取的加固和防腐措施为:

A类立柱:用干轧混凝土修补锈胀剥落部位,为确保立柱安全,每次凿除和修补的面积不得超过立柱周长1/4的截面;喷涂四道渗透型复合氨基醇类阻锈剂,用量约为0.15kg/m^2;植入主筋并安装加强钢筋网,外包10cm厚高性能混凝土,采用C45高性能混凝土。应具有高耐久性,高抗氯离子渗透性,高尺寸稳定性；混凝土涂刷三层防腐涂料，分别为环氧封闭漆、厚浆型环氧防腐中间漆、丙烯酸聚氨酯面漆，干膜厚度对应为 20μm、60μm、60μm。

B 类立柱：用环氧混凝土修补锈胀剥落部位；喷涂四道渗透型复合氨基醇类阻锈剂，用量约为 0.15kg/m^2；粘贴 S450 型高强玻璃纤维布；涂刷一层丙烯酸聚氨酯面漆涂料，干膜厚度 60μm。

C 类立柱：用环氧混凝土修补锈胀剥落部位；喷涂四道渗透型复合氨基醇类阻锈剂，用量约为 0.15kg/m^2；粘贴 E450 型普通玻璃纤维布；涂刷一层丙烯酸聚氨酯面漆涂料，干膜厚度 60μm。

二、钢筋锈胀、混凝土剥落部位修复

1. 干轧混凝土修补缺陷

干轧混凝土是一种在混凝土缺陷修补中使用的用人工轧实的干硬性混凝土，适合修补尺寸较大的各种混凝土缺陷。具有与旧混凝土同质、强度及弹模相近、经济实用、耐久性好等优点。

本桥的 A 类立柱考虑到修补的经济性及与外包高性能混凝土的同质性，对钢筋锈胀和混凝土剥落的部位采用干轧混凝土进行修补。如图 2 为干轧混凝土修补缺陷后的图片。

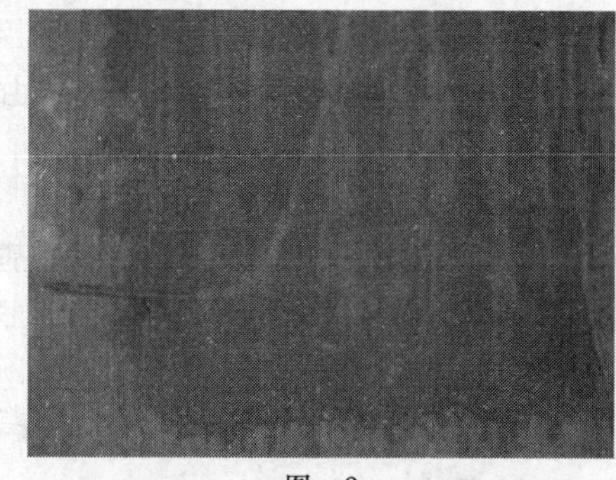

图 2

干轧混凝土修补的施工过程应连续进行，具体可分为七个施工步骤：缺陷凿除，钢筋处理，模板安装，配制混合料，浇筑并捣实混合料，拆模及养生，表面处理。

施工各步骤的质量控制要点为：

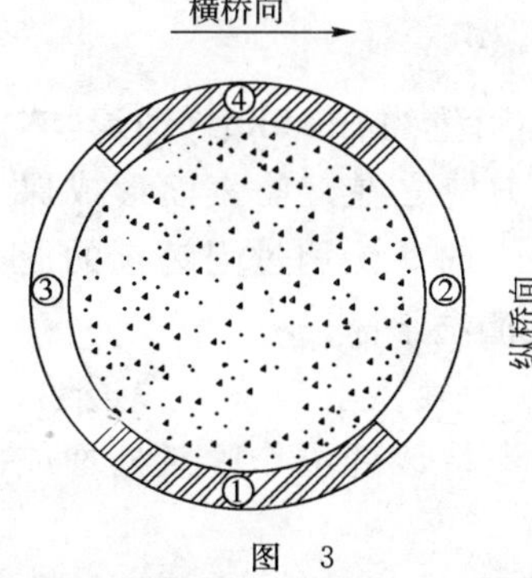

图 3

(1)缺陷凿除：在确保结构安全的前提下，彻底凿除缺陷处的松弱混凝土及杂物。一次凿除的面积不应超过立柱周长的 1/4 截面，凿除顺序如图 3 所示之①～④。凿除时尽量将缺陷表面凿成与该处结构的主受力方向垂直，并将新旧混凝土接触面粗糙化，以增强新旧混凝土之间的黏合效果。凿除后用水冲洗干净。

(2)钢筋处理：对暴露在缺陷处的钢筋，凿除作业时禁止敲打除锈，宜用钢刷或高压水枪清除表面锈迹。对于锈蚀截面损失超过 30％的钢筋，增加一根相同截面的钢筋。

(3)模板安装：应自下向上逐层安装模板，逐层浇筑混凝土。每层模板高度一般为 10～15cm，以不影响作业空间及混合料的捣实效果为宜。

(4)配制混合料：一般采用人工拌和，严格按配合比配料，拌和均匀后，和易性以混合料堆放时不滑移、用手揉捏刚好能成团时为宜。

(5)混合料浇筑及捣实：浇筑前先在旧混凝土面上均匀刷一层混凝土界面剂，浇筑时每层混合料厚度不宜超过 5cm，否则不易捣实。每层捣实均以混合料表面溢满水泥浆为标志。

(6)拆模及养生：拆模时间一般为 24 小时。混凝土终凝后应立即开始洒水养生，持续养生时间一般不少于 7 天。

(7)表面处理：因干轧混凝土施工和易性较差，及旧混凝土表面不平整等因素，造成与旧混凝土接缝粗糙。一般做法是用颜色与旧混凝土面接近的环氧胶泥抹平。本桥因需外包高性能混凝土，因此在拆模后凿除表面松脱物并对混凝土表面凿毛即可。

2. 环氧混凝土修复缺陷

本桥的 B、C 类立柱考虑到缺陷修补后表面黏贴玻璃纤维布，为了确保与纤维布之间的黏接强度以及修复表面的平顺，对钢筋锈胀和混凝土剥落的部位采用环氧混凝土进行修补。

环氧混凝土修补缺陷技术是目前最常用的一种缺陷修补技术。基本原理是用环氧混凝土或环氧砂浆置换缺陷部位的松弱层混凝土，恢复结构在缺陷处的强度，并恢复对该部位钢筋的保护，适用于修补尺寸较小或较浅的各种混凝土缺陷，具有与旧混凝土黏接强度较高、抗压强度较高、与原结构弹性模量相差较大、耐候性能不及普通混凝土、修补费用较高等特点：

环氧混凝土修补的施工顺序：彻底凿除表面松散物→清洗凿除面→涂刷一道复合环氧浆液→配制环氧混凝土或环氧砂浆→填充环氧砂浆→自然养生→表面处理。各主要工序的施工质量控制要点：

(1)缺陷凿除：在确保结构安全的前提下，彻底凿除缺陷处的松弱混凝土及杂物，然后用钢刷等清除松脱物，再用丙酮擦拭干净。

(2)钢筋处理：对暴露在缺陷处的钢筋，凿除作业时禁止敲打除锈，宜用用钢刷或高压水枪清除表面锈迹。对于锈蚀截面损失超过30%的钢筋，增加一根相同截面的钢筋。

(3)配制混合料：严格按厂家规定的环氧配比要求配料，拌和均匀至类似橡皮泥或和面团的和易性为宜。配制过程适宜的环境温度不能超过40℃。

(4)填料修补：修补前先在旧混凝土面上均匀刷一层复合环氧胶液，填筑时每层混合料厚度不宜超过2cm，否则容易滑落或发泡，逐层填筑至与原混凝土表面齐平，每层填筑均应在上一层固化后进行。

(5)表面处理：尽量使表面平顺，由于尚需粘贴玻璃纤维布，故无需对颜色进行处理。

三、涂刷渗透型阻锈剂

本工程选用的阻锈剂为复合氨基醇类阻锈剂，属迁移渗透型阻锈剂，其技术参数：密度(20℃)为1.13kg/L，黏度(20℃)为25MPas.s，PH值约为11。

施工流程：去除混凝土表面风化物、污染物、旧有涂层→用高压水枪对结构表面彻底清洗→混凝土局部病害修补→配制阻锈剂→涂刷阻锈剂(3～5遍、每遍间隔2～6小时)→干燥2天以上→用高压水枪等方法冲洗干净→下一工序。

阻锈剂严禁稀释。使用刷子、滚刷或低压手动喷涂设备涂刷至表面饱和，用量约0.15kg/m^{2}遍，本桥立柱一般涂刷4遍，总用量约为0.6 kg/m^2，利用其与钢筋之间良好的亲和力使之在钢筋表面形成保护膜，避免钢筋锈蚀。每层操作之间均应保证上一层涂刷已干燥，通常为2～6小时。涂刷过阻锈剂的混凝土表面会有少量结晶物析出，会影响抹灰层、涂层或结构胶等的黏结效果，应清洗干净。

作业时现场温度应高于+5℃。如果结构物表面有防护涂层或结构物对水和气体不具备可渗透性，则西卡903阻锈剂亦无法渗入。当钢筋表面氯离子含量>2%水泥重量时，应先将该部位作脱氯处理或做剔凿及修复后再应用阻锈剂，必要时可加大阻锈剂的用量。

复合氨基醇类阻锈剂呈碱性，应避免其与眼睛、皮肤接触。应佩带防护眼镜、手套并穿着防护工作服。操作现场应保持良好的通风，必要时应佩带防护面具。

四、外包高性能混凝土

A类立柱采用C45高性能混凝土进行加固，设计规定的主要技术指标如表1所示，在施工中实现了对这些指标的控制：实际使用的水胶比为0.35，胶凝物(42.5R水泥+二级粉煤灰+硅灰)总量为479.14kg/m^3，对砂和碎石做了碱活性膨胀试验及氯离子含量试验，结果如表2所示。为加强钢筋的钝化防护，还在配合比设计中加入了西卡901掺入型阻锈剂，用量为12 kg/m^3。实测平均抗压强度超过52MPa，抗氯离子渗透性为861.9C。

表1

混凝土拌和物			硬化混凝土	
水胶比	胶凝物总量(kg/m^2)	坍落度(m)	强度等级	抗氯离子渗透性(C)
≤0.35	≥400	≥120	≥C45	≤1 000

表2

材料	碱活性膨胀(%)	氯离子含量(m)
5～10mm碎石	0.06	0
河砂	0.08	0.0004

高性能混凝土的施工质量控制要点为：

1)原材料

(1)D8 冷轧带肋钢筋网及普通钢筋材料进场必须有出厂合格证，并经抽检合格方可使用。

(2)水泥：采用普通硅酸盐水泥、矿渣硅酸盐水泥、粉煤灰硅酸盐水泥，其性能指标应分别符合国家标准 GB175 和 GB344 的有关规定，水泥熟料中铝酸三钙含量宜控制在 6%～12%。

(3)骨料：选用质地坚固耐久、具有良好级配的机制碎石，且最大粒径应满足不大于保护层厚度的的要求。

(4)拌和用水采用自来水。

(5)掺合剂：主要是粉煤灰和硅粉。其中粉煤灰要求Ⅱ级以上。

(6)外加剂：主要有减水剂和掺入型阻锈剂，其中减水剂采用的是缓凝早强型的 FDN-440。阻锈剂采用西卡-901。外加剂的品质及应用应分别符合国家标准规定：《混凝土外加剂》(GB 8076)，及《混凝土外加剂应用技术规范》(JTJ 269)规定。

2)施工过程控制

(1)钢筋安装应数量和尺寸准确，绑扎牢固。

(2)旧混凝土表面应坚实、洁净，在浇混凝土前均匀涂刷混凝土界面剂。

(3)模板安装应尺寸准确，具有足够的强度和刚度，表面平整光滑，密封不漏浆。

(4)混凝土搅拌时应使用强制式搅拌机，并应比普通混凝土多拌 40s 以上。

(5)混凝土必须在界面剂涂刷后初凝完成前浇筑完毕。拌和料入模后应充分振捣密实。

(6)由于添加粉煤灰的数量较多，养护时间应不少于 15 天。

五、粘贴玻璃纤维布

本桥立柱黏贴的玻璃纤维布分为高强玻璃纤维布和普通玻璃纤维布两种，除配套的浸渍树脂不同外，粘贴工艺相同。图 4 为粘贴施工图片，上半部分为已贴好的玻纤布，下半部分为正在粘贴的玻纤布。

粘贴玻璃纤维布的工艺流程为：混凝土表面处理→找平处理→涂刷底层树脂→配制黏结剂(浸渍树脂)→粘贴玻璃纤维片材→表面防护。

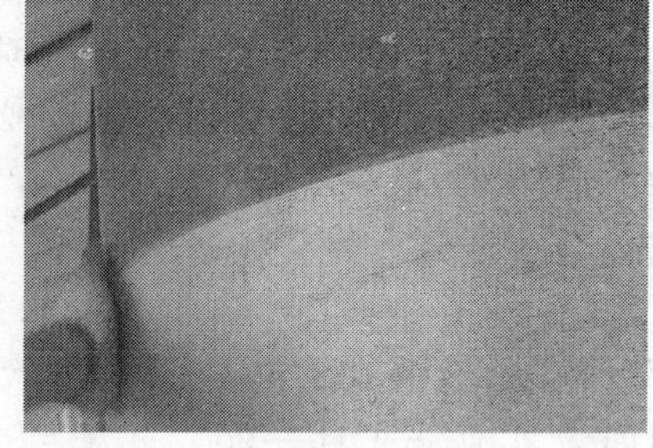

图 4

施工质量控制要点为：

1)混凝土表面处理：凿除表面松弱层并打磨平整，露出坚实的新混凝土面，若有裂缝或缺陷应先行修补，用丙酮清除油污等杂质。

2)配制黏结剂：严格按照厂商提供的配合比和工艺要求进行，调胶使用的工具应为低速搅拌器，搅拌应均匀，无气泡产生，并应防止灰尘等杂质进入。

3)涂底胶：用滚筒刷或特制的毛刷均匀涂布在已处理好的混凝土表面，调好的底胶应在规定的时间内用完，当指触干燥后方可进入下一工序的施工。

4)找平处理：经清理、打磨后的混凝土表面，若有凹陷处，应使用修补胶找平。

5)粘贴玻璃纤维布：

(1)按设计要求的尺寸裁剪玻璃纤维布，剪裁后应打卷并放置稳妥，在底胶涂好后再展开，匀速推平。

(2)使用滚刷或毛刷、刮板将黏结胶均匀地涂抹到混凝土粘接面上，配制浸渍树脂并均匀抹于所要粘贴的部位。

(3)用硬橡胶辊或塑料刮板沿纤维方向多次滚压，挤出气泡，促使黏结剂渗透，并使浸渍树脂充分浸透纤维，滚压时不得损伤纤维。

(4)底层浸渍树脂充分浸透纤维后在玻璃纤维布的表面均匀涂抹上层胶往复刮涂，使黏合剂渗入到碳纤维中去。

(5)常温下1～2小时后，再使用硬橡胶辊或塑料刮板往复碾压消除可能出现的浮起和错动。

(6)在玻璃纤维布表面应均匀涂抹一道浸渍树脂。

6)施工宜在5℃以上环境温度和混凝土表层含水率＜4％的条件下进行，并应符合配套树脂的施工使用温度。

7)在表面处理和黏贴玻璃纤维布前，应按加固设计部位放线定位。

六、涂刷防腐涂层

防腐涂层材料的性能应满足(JTG/T B07-01—2006)《公路工程混凝土结构防腐蚀技术规范》第6.1.1及(JTJ 275—2000)《海港工程混凝土结构防腐蚀技术规范》第7.1.2.3要求。应具有良好的耐碱性、附着性和耐蚀性，底层涂料尚应具有良好的渗透能力。图5为涂装效果相片。

图　5

防腐涂层施工的质量控制要点为：

(1)清理被涂刷构件表面松弱层并打磨平整，露出新面，若有裂缝或缺陷应先行修补，用丙酮清除油污等杂质。

(2)配制防腐涂料：严格按照厂商提供的配合比进行，调胶使用的工具应为低速搅拌器，搅拌应均匀，无气泡产生，并应防止灰尘等杂质进入。

(3)按设计要求的涂装道数和涂膜厚度进行施工，随进用湿膜厚度规检查涂层湿膜厚度，以控制涂层的最终厚度及其均匀性。

(4)涂装过程中应随时注意涂层湿膜的表面状况，当发现漏涂、流挂、变色、针孔、裂纹等情况时，应及时进行处理。

(5)每道涂装施工前应对上道涂层进行检查，上道涂层检查合格后才能进行下一道涂层施工。

(6)涂装后应进行涂层外观目视检查。涂层表面应厚度和色泽均匀、无气泡、无针孔、裂缝等缺陷。

(7)表湿区涂层应在无流水、水珠、水迹的状态下进行施工。及时清理、清洁受污染的混凝土的表面。

(8)涂装现场环境和相对湿度，必须满足涂料适应的范围条件下才能进行施工。并做好涂装环境条件的记录。

七、结　　语

长沙湾大桥通车已有10年，其立柱病害可谓沿海或跨海工程中的一个典型个案。本项工作实施的时间为2007年1月至2007年4月。从试验检测结果和现场监督的工程质量情况看来，能满足设计文件的各项要求。由于工程耐久性加固的效果尚需要时间考验，我们将定期进行跟踪，以对本桥的加固效果得出客观评价，并为以后类似加固项目的设计和施工提供参考。

参考文献

[1] 混凝土结构加固设计规范.北京：中国建筑工业出版社，2006.

[2] 中华人民共和国标准.(JTJ H11—2004)公路桥涵养护规范.北京：人民交通出版社，2004.

[3] 中华人民共和国标准.(JTG/T B07-01—2006)公路工程混凝土结构防腐蚀技术规范.北京：人民交通出版社，2006.

[4] 中华人民共和国标准.(JTJ 275—2000)海港工程混凝土结构防腐蚀技术规范.北京：人民交通出版社，2001.

[5] 中华人民共和国国家标准.(GB 50224—95)建筑防腐蚀工程质量检验评定标准.

[6] 中华人民共和国行业标准.(JTJ/T 271—99)港口工程混凝土黏结修补技术规程.

[7] 中华人民共和国交通部行业标准.(JT/T 537—2004)钢筋混凝土阻锈剂.

188. 一种修复混凝土桥梁跨中下挠和开裂的方法

李国平[1] 刘跃华[2]

(1. 同济大学桥梁工程系;2. 嘉兴市中路交通设计监理咨询有限公司)

摘 要 为了修复混凝土桥梁使用期跨中下挠和开裂的病害,提出将拱桥跨中截断后通过竖顶和对顶的方法修复拱脚水平位移引起的跨中下挠和开裂,以实例说明该方法的可行性和有效性;进一步提出将连续梁桥或连续刚构桥中跨跨中开裂和下挠严重区段截去替换以钢—混凝土结合梁,以消除病害、减轻结构自重改善受力。由于该修复方法能有效解决混凝土桥梁跨中开裂和下挠问题并改善结构受力状态,也可供其他形式桥梁类似病害治理参考。

关键词 混凝土桥梁 开裂 下挠 截断 顶撑 替换

由于地质条件不良或下部结构存在问题,混凝土拱桥在水平推力和台后地基沉降的作用下,拱脚发生较大水平位移、拱座向外转角,造成拱轴线形变坦、跨中下挠,拱圈(肋)压力线偏离原设计位置、受力状态恶化、混凝土开裂。跨中下挠和拱圈(肋)开裂已成为一些建成10年以上混凝土拱桥主要的使用耐久性病害。

跨中下挠和开裂的这种使用耐久性病害,也突出反映在大跨预应力混凝土连续梁桥和连续刚构桥上。由于自重比例很大、跨高比和边中跨比相对较小、预加力不足以完全克服恒载效应,以及施工质量控制等原因,造成梁体混凝土弯曲和剪切徐变效应明显增大,结果跨中下挠、混凝土开裂。大跨预应力混凝土连续梁桥和连续刚构桥的上述病害,已成为桥梁工程界的热点议题。

一、混凝土拱桥跨中下挠和拱圈(肋)开裂的修复

为了解决拱脚水平位移引起的跨中下挠、拱圈(肋)开裂问题,以往通常采用如下两种方法:其一为主动修复方法,即采用大吨位千斤顶在拱座或桩基础承台等与其他水平推力传递结构之间施加大于水平推力的顶推力,使拱脚向内移动、拱圈(肋)发生上拱变形,达到部分恢复拱度、改善受力的目的;另一种方法称为被动修复方法,即通过粘贴钢板、碳纤维等补强材料,提高拱圈(肋)的极限承载力、覆盖裂缝,同时对下挠区段桥面进行填补以改善行车和排水条件。以上第一种方法虽然能改善拱圈(肋)的受力状态,但由于已发生的拱脚水平位移及相应拱圈(肋)下挠是长期逐渐形成的,并已主要成为拱圈(肋)的永久塑性变形,因此,短期作用的顶推力不可能使拱圈(肋)发生足以抵消其下挠的弹性变形,同时修复后水平推力增大也会产生新的水平位移并逐步抵消取得的成果。上述第二种修复方法,虽然提高了拱圈(肋)的极限承载力,但不能改善其受力状态并进一步增加了恒载,另外粘贴补强材料也有耐久性问题。为了更有效地解决拱脚水平位移引起的跨中下挠、拱圈(肋)开裂问题,下面介绍一种通过将拱圈(肋)跨中处截断、千斤顶顶撑的修复方法。具体如下:

首先在拱圈(肋)适当位置设置少支架;然后逐步截断和凿去跨中部分桥面系及拱圈(肋),同时支架逐渐进入顶撑受力状态;紧接着安装适当的钢结构限位装置,防止凿除拱圈(肋)段两侧断面相对靠近,并使其具有水平千斤顶对顶的工作条件;下一步根据拱圈(肋)跨中标高恢复和内力改善要求(无铰拱需要),选取合适的水平千斤顶对顶位置,在竖向和水平千斤顶的共同作用下,配合钢结构限位装置的调整,逐步进行跨中标高和内力恢复施工;最后锁定钢结构限位装置和竖向千斤顶,取出水平千斤顶,进行凿除部分的钢筋工作和混凝土浇筑,最终完成跨中标高和内力恢复施工。对于开裂严重的拱圈(肋),在竖向和水平千斤顶顶撑前还可对裂缝进行封闭处理,这样将使修复达到更好的效果。

上述修复方法的优势在于能够最大限度地恢复拱圈(肋)跨中标高和改善其内力状态,且施工难度不大、安全

能保证,较适合用于中小跨径简单体系混凝土拱桥。这种修复方法已成功用于浙江某座拱桥,具体介绍如下。

该桥为一座跨径30m的双铰钢筋混凝土刚架拱桥,矢跨比1/8,拱脚和桥台支承在重力式浅沉井基础上。由于沉井底面位于淤泥质亚黏土,加之台后填土附和荷载的作用,在长期水平推力引起的位移和台后下层土体沉降的共同影响下,拱脚向外侧发生了较大的水平位移,造成拱顶下沉、拱肋开裂、跨中局部桥面铺装破坏。经实测,拱顶下挠了13cm,两端伸缩缝张开并已破坏,雨水可直接从跨中部分破坏的桥面板向下渗透。拱片的拱腿、斜撑及上弦没有明显的裂缝。沉井基础虽然发生向后移动和转动,但其本身未受到任何损坏。

为了恢复拱顶标高、修复跨中开裂的拱肋和破坏的桥面板,考虑先凿除跨中800mm的桥面系和拱肋,然后利用预灌水驳船抽水后的浮力作用顶升跨中标高,再重新浇筑跨中凿除的拱肋和桥面系以修复开裂的拱肋和破坏的桥面板。由于该桥原设计荷载等级较低(汽车-15级、挂车-80),故要求在修复上述病害的同时提高荷载等级(公路II级)、桥面增宽。为此,在原桥两侧现浇两根与桥面系外侧联结的边纵梁,两端拱脚外侧沉井顶现浇四根塔柱升至桥面之上并与边纵梁固结,每塔设一对拉索分别锚固于拱跨近四分点的边纵梁上和台后带重力墙的现浇端横梁上。采用这种单加固方案后,不仅拱桥的承载力得到了提高,而且由于拱与拉索形成了一种类似的无推力结构,大大减小了拱脚对沉井的水平推力,从而也将减小拱脚未来发生的水平位移。桥梁立面布置及加固方案示意见图1。另外,在原桥两侧单独建造了简支板梁桥供行人和非机动车专用,以达到增宽桥面的目的。

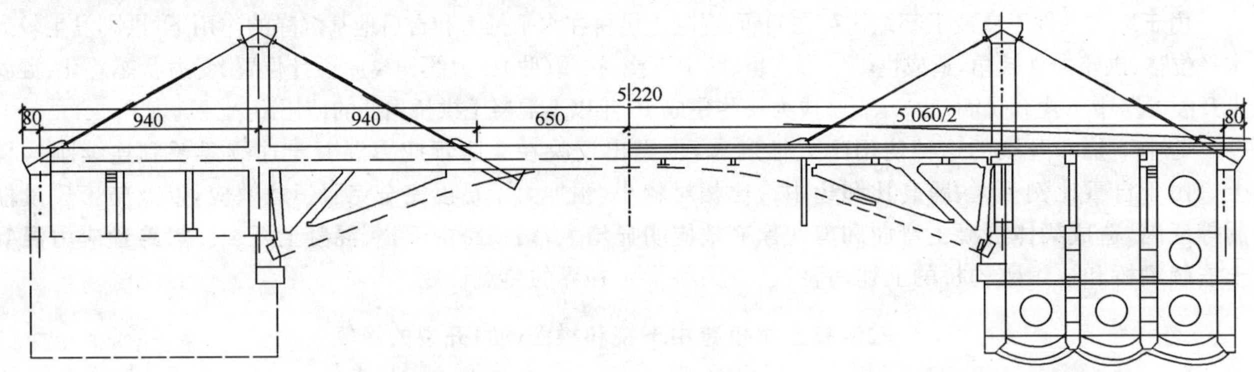

图1 桥梁立面布置及加固方案示意

在该桥修复和加固过程中,跨中800mm段凿除前拱跨的四分点附近设置了一对支架,在驳船抽水浮力顶升过程中该支架与拱肋之间处于准备受力的状态,另外跨中断口也有劲性骨架协助;在跨中和拱跨两端桥面伸缩缝位置的边纵梁均先留有断缝,原拱肋和拱座槽口内的嵌缝素混凝土凿除,以便拱顶标高恢复无阻。当顶升达到要求的标高后浇筑拱跨两端桥面伸缩缝位置的边纵梁断缝混凝土,然后张拉拉索使拱桥跨中的自重主要通过索塔直接传递至沉井基础,最后浇筑拱桥跨中800mm合拢段和边纵梁断口混凝土、拱脚与拱座间素混凝土嵌缝。图2为跨中800mm段凿除后及边纵梁的断口实况,图3为新加简支板梁后面正在进行的驳船抽水浮力顶升施工实况。

二、预应力混凝土连续梁桥和连续刚构桥中跨跨中下挠和开裂的修复

目前,修复预应力混凝土连续梁桥和连续刚构桥中跨跨中下挠和开裂的方法,主要是采用裂缝修补和预应力加固相结合的方法,前者是为提高结构的使用耐久性,后者则为改善结构的受力状态。然而,由于这种修复方法通常都将增加结构重量,并且在已发生严重塑性几何变形的整体结构上施加预应力,故不可能很有效地使裂缝闭合与下挠恢复、明显改善结构受力状态。为了更有效地解决预应力混凝土连续梁桥和连续刚构桥中跨跨中下挠和开裂问题,下面介绍一种通过将桥梁中跨跨中部分梁段截除、替代以钢—混凝土结合梁、体外预应力增强的修复方法。具体如下:

首先,通过必要的手段对中跨跨中梁段截除过程和未来使用期的结构受力状况进行分析,根据病害情况提出截梁范围、施工受力要求包括边跨可能要求的临时支撑;然后,采用分层、分块、分段的施工方法逐步截除中跨跨中部分梁段,若有受力要求则采用体外临时钢束及钢撑杆对边跨梁进行反顶卸载;下一步,在中跨梁的悬臂端对预应力钢束进行适当的锚固处理,布置普通钢筋、体外预应力钢束转向或锚固器

件和结合梁连接构件,现浇悬臂端混凝土横梁;横梁混凝土达到设计强度后,若受力要求先采用体外预应力对结构进行内力调整,选择时机安装结合梁的钢梁完成再合拢;布置混凝土桥面板内的普通钢筋和横向预应力筋,浇筑桥面板混凝土,若有受力要求则对边跨体外临时钢束拉力进行调整或卸除支撑;最后,根据结构受力需要布置并张拉体外预应力钢束。

图2 跨中段凿除后和边纵梁断口实况

图3 板梁后驳船抽水浮力顶升施工实况

上述修复方法的优势在于:能够彻底去掉部分开裂、下挠严重的梁段并替换以钢—混凝土结合梁,较好地恢复桥面标高和梁的线形;能够对受力状态恶化的中跨减载,可在中跨截断后和再合拢后进行体外预应力加固,最大限度地改善梁的受力状况;施工难度不大、安全能保证。另外,在中跨部分梁段截除过程中,原桥的施工质量问题也将清楚地反映出来,如混凝土的质量、竖向预应力筋的张拉质量、预应力孔道的压浆质量及预应力筋的腐蚀情况等,其将为桥梁健康状况评估和修复提供难得的真实资料。

三、其他类似预应力混凝土桥梁跨中下挠和开裂的修复

以上介绍表明,对其他结构形式的预应力混凝土桥梁,只要结构自身或通过简单的支撑措施能满足修复过程的受力和稳定要求,均可以考虑采用截断、加固、替换及再合拢的修复方法。如独塔或双塔预应力混凝土斜拉桥,当出现主跨或中跨无索段梁严重开裂或下挠时,就可以采用上述预应力混凝土连续梁桥和连续刚构桥相似的方法进行修复。

四、结　　语

混凝土桥梁跨中开裂和下挠是一个较普遍的使用耐久性病害,国家和桥梁技术人员为此投入了大量资金和精力进行修复和设法避免该现象再发生,但措施的针对性及其预期效果并没有被广泛公认。本文作者提出的修复方法是一种更主动的修复桥梁开裂和下挠的方法,针对性强、目标明确、驱除病害较彻底,部分方法已经实际工程验证有效,部分方法虽未实施但相比传统方法已反映其可行性和有效性。

189. 连续刚构桥的缺陷修复及防治措施

刘俊起[1]　赵和平[2]

(1. 陕西省公路勘察设计院; 2. 郑州市公路勘察设计院)

摘　要　介绍预应力混凝土连续刚构桥梁主要缺陷及防治措施,高性能复合灌浆料的性能、使用方法及施工工艺。

关键词　连续钢构桥缺陷　复合灌浆料　裂缝　崩裂

一、概　　述

预应力混凝土悬臂浇筑技术的日趋完善,促进了高墩大跨连续刚构桥梁在高速公路建设中的应用,特别是在黄土地区修建高速公路,由于黄土冲沟特有的地形、地质条件(如冲沟宽深、沟壑纵横、基岩覆盖

层较厚等),通过方案比选通常采用连续刚构桥梁跨越宽深的黄土冲沟。

然而,在近十年的二十余座跨径60～200m、墩高80～150m的高墩大跨连续刚构桥梁建设过程中,出现了一些缺陷,诸如:

(1)箱梁腹板的裂缝(边跨现浇段,中跨合拢段附近);

(2)箱梁顶、底板跨中区段在张拉底板钢束及合拢钢束时出现纵向裂缝;

(3)腹板下弯钢束张拉至锚下控制应力后,其锚下产生沿下弯钢束方向的纵向裂缝,裂缝长2～3m,宽0.1～0.2mm;

(4)腹板竖向预应力钢筋失效,主拉应力超限,致使箱梁腹板产生斜向裂缝;

(5)跨中合拢段及相邻悬浇段,在底板钢束张拉后,其底板部分混凝土保护层崩裂;

(6)由于施工措施不当,致使有些腹板出现空洞、蜂窝等缺陷;

(7)个别桥梁后期收缩、徐变过大,跨中预拱度设置不当;

(8)箱梁顶板、底板、腹板混凝土强度在钻芯取样及采用回弹仪检测时,其腹板混凝土强度达到设计强度的时间明显滞后于顶板、底板,甚至有些部位混凝土强度未达到设计要求。

这些缺陷有设计问题,有材料问题,也有施工问题。在桥梁建设过程中,针对上述缺陷进行了深入细致的研究,提出了一些切实可行的措施予以防止和处理,对混凝土表面缺陷也相应研制了高性能复合灌浆料进行修复。

二、箱梁腹板的裂缝

箱梁腹板的裂缝一般分为两类:①受力裂缝,当混凝土承受的拉应力超过混凝土容许拉应力时出现受力裂缝,②非受力裂缝,即混凝土收缩、徐变、温度变化、混凝土材料性能不稳定及施工措施不当产生的裂缝。

(1)边跨现浇段的裂缝分析及防治措施

为了减小边墩不平衡恒载弯矩及方便边跨合拢段施工,边、中跨比例一般采用0.53～0.55,由此带来的是边跨现浇段相对较短,如中孔跨径160m连续刚构桥,其边跨现浇段长5～8m,设计上取消了边跨合拢段,尽管边跨现浇段长仅5～8m,但混凝土浇筑后,由于悬浇段与混凝土现浇段的温差和混凝土收缩徐变差的影响,很容易在边跨现浇段未达混凝土强度前出现裂缝,因此在设计中应尽可能增设边跨合拢段,以减少悬浇段对边跨现浇段的影响。

边跨现浇段产生裂缝的第二个原因是竖向预应力钢筋的作用未能达到设计预期的效应,使边跨现浇段腹板主拉应力超限出现斜裂缝。设计中由于现浇段箱梁高度一般在2～4m,较短的竖向预应力钢筋预应力损失相对较大,对此应在设计中充分考虑竖向预应力钢筋的预期作用效应,留有足够安全系数,并在可能的情况下,通过验算箱梁腹板抗剪承载能力适当增加箍筋、斜向钢筋。

(2)中跨跨中区段产生斜裂缝的主要原因也同样是竖向预应力钢筋作用未能达到预期的效应,因此,中跨跨中区段,在设计时腹板可适当增大,并且适当增设箍筋及斜向钢筋。

三、箱梁顶、底板跨中区段纵向裂缝

有些桥梁箱梁顶、底板跨中区段在底板束及合拢束张拉完成后,其顶、底板沿钢束方向出现纵向裂缝,这种现象主要出现在跨中合拢段,其原因主要有以下三个方面:

(1)内劲性骨架的影响;

(2)钢束之间净距较小;

(3)底板混凝土浇筑不密实。

钢束张拉时内劲性骨架阻止了合拢段混凝土的自由伸缩和侧向膨胀,加大了混凝土的横向拉应力,其横向拉应力超限产生纵向裂缝;而随着跨径的增大,为满足受力要求,底板钢束布设较多,钢束之间的净距太小,其混凝土局部拉应力过大,也是造成纵向裂缝的一个原因,由于底板布置了较多的钢束,其管道之间净距过小，混凝土在浇筑时难以振捣密实，在强大的压应力下也会产生纵向裂缝，因此，对箱梁顶、底板跨中区段纵向裂缝，采取以下四个方面的措施：

(1)取得内劲性骨架，设置外劲性骨架，这样不仅消除了强大的内劲性骨架对合拢段混凝土自由伸缩的影响，而且也方便了合拢及腹板混凝土的浇筑。

(2)尽可能增大底板预应力束的股数，减少底板预应力束数。

(3)施工时，对顶、底板浇筑的混凝土加强振捣，既要防止振捣时间过长而使混凝土产生离析，又要防止振捣时间过短而使混凝土振捣不密实，在条件特别困难时，增设了附着式振动器。

(4)对合拢段顶、底板的横向分布钢筋适当加密，如按 10cm 间距布设 Φ16 分布钢筋。

四、沿腹板下弯束方向的纵向裂缝

为了提高连续刚构桥梁根部区段的斜截面抗剪承载能力，在设计时普遍增设了腹板下弯钢束，在下弯钢束张拉时，出现了沿钢束方向的纵向裂缝。这种现象的出现其主要原因是由于挂篮自重及箱梁自重产生的向下的剪力远小于下弯钢束产生的向上的剪力，使混凝土主拉应力超限而产生纵向裂缝，对此采取如下防止措施：

(1)设计中沿下弯钢束方向增设 Φ16 的闭合箍筋。

(2)适当减小下弯钢束的起弯角，尽可能减小各截面的预剪力。

(3)加强下弯钢束的锚下混凝土局部承压及局部抗裂的验算。适当增设锚下间接钢筋的深度。

五、腹板竖向预应力钢筋

在边跨现浇段及中跨跨中区段的腹板竖向预应力钢筋相对较短，一般为 3～4m，在张拉时如果操作不当，其预应力效应很难达到设计要求，造成该区段腹板主拉应力超限，出现裂缝。为了保证腹板竖向预应力钢筋达到预期的效应，应采取如下措施：

(1)竖向预应力钢筋在挂篮前移前应立即张拉，钢筋张拉后应做出明显标记。

(2)竖向预应力钢筋采取二次张拉工艺，第一次张拉至设计吨位。第二次张拉为检查张拉，仍张拉至设计吨位。两次张拉由不同班组进行，并且用不同颜色油漆进行标记。

(3)为减少竖向预应力损失，应采用成熟的张拉工艺完成竖向预应力钢筋的张拉，确保张拉端螺母旋紧后，千斤顶油表基本回零。

(4)应采取正确的工艺来保证锚垫板平面与粗钢筋轴线垂直。

(5)预应力管道压浆前，应对管道充分冲洗，湿润管道，压注水泥浆从底处压入，高处排气，应保证管道压浆饱满密实。

六、跨中合拢段底板混凝土保护层崩裂

有些桥梁跨中合拢段底板混凝土保护层崩裂(如图 2)，其主要原因有三个方面：

(1)底板预应力钢束管道不顺直，与设计要求的位置误差较大，定位钢筋间距过大。

(2)底板防崩钢筋设置较少。

(3)底板钢束管道间的净距较小，混凝土振捣较困难，由于底板预应力钢束不平顺，产生了较大的等效集中力，在防崩钢筋设置较少及部分混凝土不密实的情况下，造成了较大面积的底板混凝土崩裂。为了防止合拢段底板混凝土崩裂，采取如下三种措施：

(1)严格控制钢束的空间位置，保证钢束的平顺性，避免产生等效集中力。

(2)为保证底板混凝土密实性，除振捣棒振捣外，还应增设附着式振捣器。

(3)对合拢段及其临近悬浇及底板加强防崩钢筋的设计及验算。

对底板崩裂部分采用高性能复合灌浆料预以修复，高性能复合灌浆料的性能、使用方法及施工工艺如下：

1. 性能

高性能复合灌浆料以无机超细胶凝材料(水泥成分为主和其他无机材料)为基料辅以多种高分子材料配制而成(如图1),其性能主要有:

(1)具有很好的工艺流动性,灌注时不需要人工振捣,只需人工敲击即可,具有自流平密实性。

(2)早期强度高,一般3天抗压强度可达40MPa,28天可达50~60MPa。

(3)具有微膨胀性,能与混凝土紧密结合,对施工环境要求不高。

(4)固化后浆体密实,耐高温,耐老化。

(5)通过颜色调整,可保证修补后表面颜色与原桥梁混凝土颜色一致。

图1 高性能复合灌浆料

2. 使用方法

高性能复合灌浆料为成品料,按比例加水搅拌均匀后即可使用,采用漏斗法、手压泵、电动泵压缩空气等通用灌浆的机具施工。

3. 施工工艺

(1)搭设吊架

搭设高度适中,便于施工的工作吊架平台,吊架要求牢固耐用,安全可靠。

(2)混凝土崩裂缺陷处理

用錾子或电锤凿掉混凝土缺陷周围的厚浆及松散的混凝土,直至凿出完整新鲜密实的混凝土,将结合面混凝土凿成锯齿状,以增加复合灌浆料与原混凝土之间的结合力(图2~图3)。

图2 底板混凝土保护层崩裂

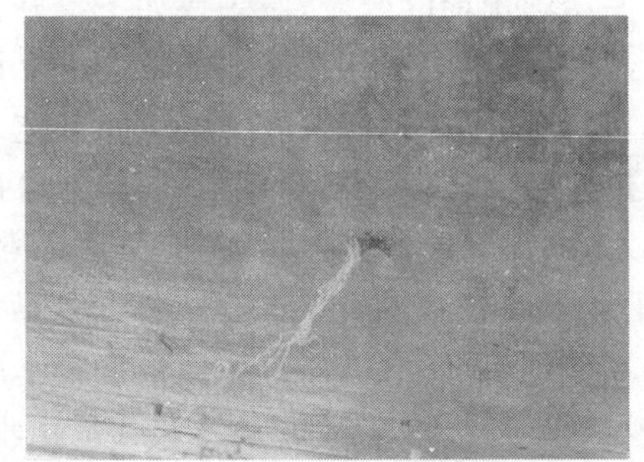

图3 复合灌浆料修复后

为了使复合灌浆料与原混凝土能够共同结合受力,在梁体表面修复处应种植"L"形钢筋,种植钢筋工作内容有:梁底钢筋探测、钻孔、清孔、孔壁干燥、化学清孔、制胶、钢筋加工、植入,养护。

(3)高压水冲洗

混凝土表面处理完毕后,用高压水冲洗干净并定时洒水,使湿凝土表面保持湿润状态。

(4)增加钢筋网片

为了使新浇筑的复合灌浆料能够整体受力,新增设Φ6钢筋网片,网距8cm×8cm,并把钢筋网片绑扎或焊接在原结构钢筋上。

(5)吊设(安装)模板

施工人员进入混凝土桥梁缺陷外侧,在桥梁底板上吊模板或腹板外侧打眼安装膨胀螺栓固定模板,模板用厚度1cm竹胶板背方木制作,模板周围采用结构胶或双面胶带进行密封。

(6)拌和高性能复合灌浆料

用专人在现场严格按照比例加水拌和灌浆料。

(7)灌注复合灌浆料

将拌和好的灌浆料倒入高于混凝土面 30cm 的漏斗内，利用高度产生的压力及灌浆料的自流性能，使灌浆料流入混凝土孔洞，并用小锤在横板外侧轻轻敲击以使灌浆料饱满、密实。

(8)拆模、养生

2 天后拆除模板，并定时洒水养生，保持表面湿润。

七、腹板出现空洞、蜂窝、麻面、露筋等缺陷

有些桥梁拆模后其腹板上出现空洞、蜂窝、麻面甚至钢筋外露现象(如图 4、图 5)，这种现象的出现主要是施工不当造成的，为避免此种现象的出现，主要采取如下措施：

(1)在满足受力要求的前提下，适当增大跨中腹板厚度；

(2)浇筑腹板混凝土时应按一定厚度、顺序、方向分层浇筑，在下层混凝土达到初凝前浇筑完成上层混凝土，每层混凝土厚度不宜超过 300mm；

图 4 腹板麻面

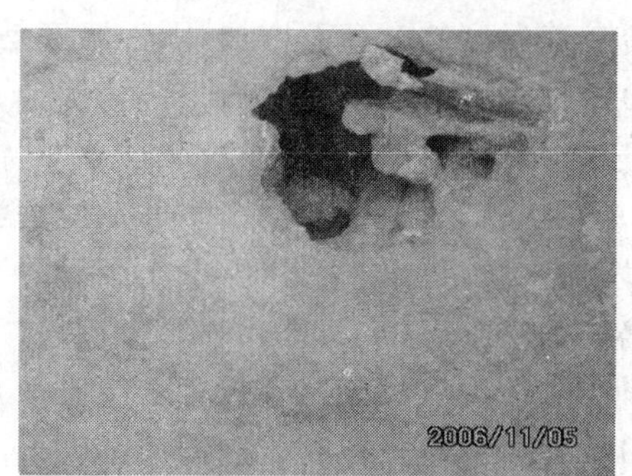

图 5 腹板空洞

(3)混凝土振捣时，在每一个振捣位置时间不宜过长或过短，最短时间不少于 10s；

(4)续浇混凝土时，必须用振动器捣密实，防止接缝处出现蜂窝或胶结料不足，影响新老混凝土黏结。

八、后期混凝土收缩、徐变较大，跨中挠度较大

有些桥梁在运营后，跨中下挠过大，产生这种现象的原因除了在设计中对混凝土收缩、徐变因素估计不足外，其主梁刚度变化(个别截面裂缝产生)、纵向预应力钢束有效预应力降低、在施工过程中为了调整桥面标高而增加的桥面恒载、箱梁混凝土浇筑时超浇等恒载的增加对其也有一定影响；特别是纵向预应力钢束对连续刚构桥梁挠度变化影响比较明显，据分析，底板预应力束失效 10%，中跨跨中挠度增加 28%，底板预应力束失效 20%，中跨跨中挠度增加 48%，底板预应力束失效 30%，中跨跨中挠度增加 68%，而顶板预应力失效 10%，中跨跨中挠度增加 162%。因此，在设计中，应充分认识到纵向预应力钢束对连续刚构桥梁挠度的影响。

针对跨中下挠存在的问题，采取如下措施：

(1)箱梁悬浇施工过程中，合理设置边、中跨跨中预抬高值，在计算预拱度的基础上，考虑后期收缩、徐变因素中跨跨中预抬高值为 $L/1\,000$，边跨悬浇悬臂端按 $L/4\,000$ 设计，其余各点预挠度按余弦曲线设置。

(2)在施工中除了按照设计要求以张拉力和引伸量双控张拉预应力钢束外，应保证压浆饱满、密实。

(3)悬臂浇筑过程中应充分考虑调整桥面标高所增加的桥面铺装的恒载，对桥梁挠度变化的影响。

(4)浇筑箱梁混凝土时，应严格按照设计要求的尺寸进行浇筑，其模板采用大块模板，钢模板应有足够强度、刚度和稳定性。

(5)腹板混凝土灌注过程中，应严格分层振捣，保证其密实性，拆模时间和拆模温度要严格控制，拆模时应保证混凝土内外温差不超过 25℃。

九、腹板混凝土强度的滞后

在二十余座高墩、大跨连续刚构桥梁建设过程中，为保证箱梁顶、底、腹板混凝土强度满足设计要求，对每座桥梁采用超声波回弹仪及钻芯取样检查箱梁顶、底、腹板的混凝土强度，检查结果发现腹板强度达到设计强度的时间明显滞后顶板、底板，甚至腹板有些部位混凝土达不到设计强度，产生这种现象的原因要以混凝土的材料组成、混凝土强度的增长规律及施工方法来分析。

众所周知，混凝土强度是随时间逐渐增长的，其主要具有如下特性：

(1)随水泥标号的提高而提高。

(2)随水灰比的减小而增长。

(3)随龄期增长而增加，并且在潮湿环境下比干燥环境下增长得快，这主要是时间的延长及水的存在有利于水化热作用的进行。

(4)随着温度的升高而增加，因为温度是水化作用的促媒。

(5)振捣越密实强度越高。

而连续刚构桥梁在悬浇段施工过程中，恰恰是没有注意混凝土强度增长的这些特性，如混凝土浇筑后养生一般顶板、底板容易洒水使其保持潮湿状态，并且顶板日照条件及底板通风条件均比腹板要好，其强度的增长比腹板要快。另外，由于腹板的下弯钢束及非预应力钢筋的影响，较高的腹板在浇筑混凝土后，振捣较为困难，这样其密实程度也较顶、底板差。因此，不论是腹板强度的滞后还是不足，其原因主要是与环境湿度、温度及振捣条件有直接关系，对此，应采取如下措施：

(1)拆模后对腹板混凝土采用喷淋管喷淋养生，使腹板混凝土处于潮湿状态，以利于腹板混凝土强度的增长，必要时可以在外侧腹板贴塑料薄膜保湿养生。

(2)加强腹板混凝土振捣，必要时可增设附着式振动器振捣，保证腹板混凝土的密实性和混凝土强度达到设计要求。

十、结　　语

由于预应力混凝土连续刚构桥梁对地形、地质条件适应性强，施工方便，性价比高等突出优点，目前已在高速公路上广泛采用。跨径70～200m范围内的桥梁，通过技术、经济等比较，较多地采用了这种结构形式，然而这种桥型固有的缺陷也应引起足够的重视，在设计施工过程中对其缺陷应采取相应措施予以妥善解决，借以保证桥梁结构的安全性和耐久性。

190. 无锡锡北运河桥预防箱梁底板崩裂的对策

周东良　郑则仪　秦　伟　冯泉钧
(无锡路桥集团有限公司)

摘　要　锡北运河桥是一座变高度连续箱梁桥，施工前针对近年来几次遇见箱梁底板混凝土崩裂的现象，由业主、设计、施工、监理等单位代表多次展开了热烈地讨论，并提出了底板混凝土崩裂的防治措施，取得了良好的效果。

关键词　预应力变高度连续箱梁　底板混凝土崩裂　径向力　应力集中　泊桑比

一、概　　述

锡北运河特大桥为60m＋95m＋60m的变高度三向预应力连续箱梁桥，分左右两幅。单幅桥箱梁为单箱单室截面，箱梁顶宽 16.50m，箱梁底宽 9m，结构如图 1 所示。

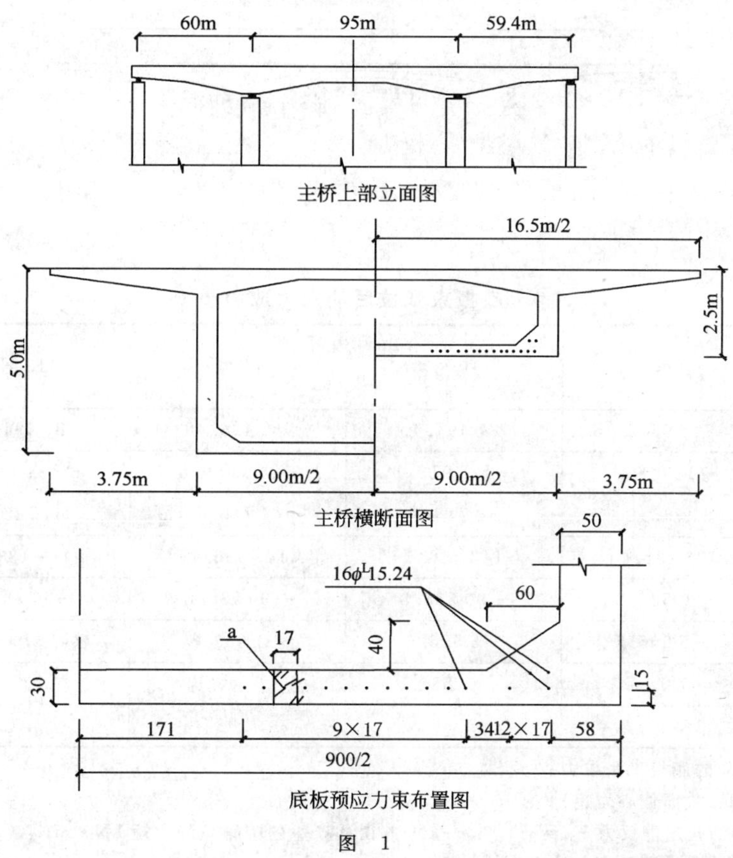

图 1

箱梁采用挂篮悬臂浇筑，先合拢边跨、后合拢中跨。施工前正好遇到某特大桥底板混凝土崩裂的重大事故，因此加倍引起相关人员的戒备，曾引发了多种论点，在进行了认真地计算分析后，首先排除了几个重要因素的顾虑，然后又重点提出了防止底板混凝土崩裂的相关措施。

二、被排除的几个重要因素

(1)认为主梁采用单箱单室，箱底板宽度达 9m，刚好与不久前底板崩裂的特大桥主桥 51m＋85m＋51m、单幅桥宽和箱底板宽相吻合，因此认为箱底板太宽了，纵向应力在主梁横断面上的分布就不够均匀，会影响按平截面假定的计算结果。应该说这种想法是对的，根据空间计算的结果，实际发生的应力将比平面杆系的计算值要偏大约 13%，但如果在设计中能注意到这个问题，并确保其控制截面应力不超过规定值，那么采用单箱单室截面也应该是可行的。

(2)认为图 1 中束孔内配置的钢绞线数 16ϕ^L15.24 过多，造成束力过大。且束距布置也过密，容易使底板崩裂。因为如果从底板束中单独取出一束进行分析(如图 1 的任意一束 a 所示)，可以得出该束在张拉时的混凝土压应力为

$$\sigma=\frac{1\,395\times1.4\times16}{30\times17-\dfrac{\pi\times10^2}{4}}=72.4\text{MPa}$$

这个数值已大大超过 C50 混凝土的破坏强度，也就是说混凝土应力还没有来得及扩散就被压碎了，加上张拉时的径向力(崩力)作用，底板混凝土自然就容易拉开。为分析这个问题，笔者将底板束张拉时引起的反应分解成五种因素的作用力，按平面杆系计算由此产生的截面应力，详

见表1。

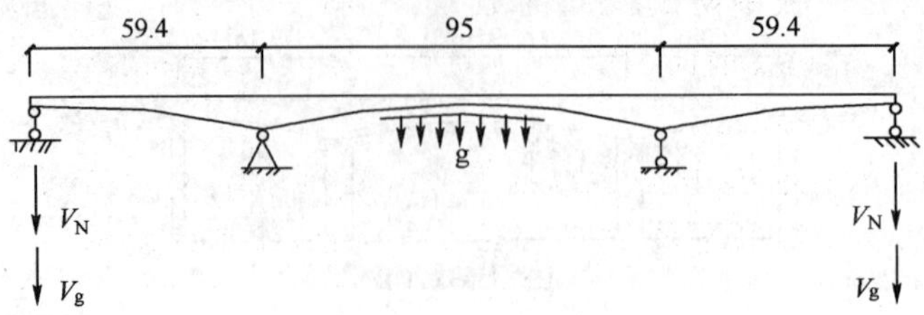

图　2

底板束张拉后的内力应力　　表1

截面 内力	8号	10号	11号	13号	单位
N	74 995.2	87 494.4	87 494.4	87 494.4	kN
M_e	−118 079.1	−128 013.1	−125 659.8	−124 119.6	kN·m
M_N	64 745.8	64 745.8	64 745.8	64 745.8	kN·m
M_g	126 132.4	142 546.5	147 056.0	149 133.3	kN·m
M_T	−90 535.8	−90 535.8	−90 535.8	−90 535.8	kN·m
ΣM	−15 006.7	−8 526.6	−1 663.8	1 953.7	kN·m
$\sigma_{上}$	5.18	6.83	7.47	7.81	MPa
$\sigma_{下}$	8.47	8.89	7.88	7.32	MPa

注：N—不计预应力损失的底板束张拉力；

M_e—张拉力产生的各截面偏心力矩；

M_N—由M_e造成的结构超静反力$V_N=-1\ 135.9$kN，并由此产生的中跨超静力矩kN·m；

M_g—由径向力g产生的中跨静定简支梁弯矩kN·m；

M_T—由M_g造成的结构超静反力$V_g=1\ 524.2$kN，并由此产生的中跨超静力矩。

值得说明的是这些作用力产生的应力是同时发生的，因此从表1可见底板截面上的计算应力并不大，而实际上在底板张拉区段内，也未见混凝土有压碎的现象，所以混凝土因张拉力被压碎而导致底板混凝土崩裂是不可能的。

三、防止箱底混凝土崩裂的对策

(1)要防止底板束张拉时混凝土的泊桑效应与径向力g的共同作用使底板混凝土崩裂。为观察混凝土实际泊桑效应大小，曾作了以下三组混凝土标号为50号的试块，试件尺寸为10cm×10cm×30cm，每组由三个试块组成，其中①②号试块石子最大粒径为1cm，③号试块石子最大粒径为2.5cm，试验结果详见表2。

混凝土泊桑比试验　　表2

试块	$P=100$kN			$P=300$kN		
	轴向μ_ε	横向μ_ε	υ	轴向μ_ε	横向μ_ε	υ
1	254	57	0.224	874	189	0.216
2	250	59	0.236	857	203	0.237
3	215	46	0.214	802	171	0.213

这个结果表明：泊桑比υ的数值比设计规定的参考值$\upsilon=1/6$大，即侧向膨胀力较大，初步认为可能是石子粒径愈小，泊桑比愈大。考虑到近年来大规模的混凝土工程已多数采用泵送混凝土，而且石子粒径常受泵管直径的限制而偏小，因此可以认为混凝土的泊桑效应可能比较大。虽然说单一的泊桑效应尚不致使箱底板混凝土崩裂(因为在等高度连续箱梁中没有发现底板混凝土崩裂的

现象)，但与箱底有曲率的径向力效应相加，数值超支的可能性就较大，故不能轻视。防止底板混凝土崩裂的有效办法就是加密底板中防崩钢筋的数量，在本桥中防崩钢筋直径取 $\phi 12$，间距为 30cm，且两端均设弯钩，将底板中上下层钢筋网钩牢后再加点焊，以大大提高其锚固性能。

(2)强调预应力束道一定要顺滑。

为了说明束道不顺滑的患害，这里取束道长度 2m 范围内波纹管向上凸起 1cm 为例进行分析。取原设计底弧的半径为抛物线半径平均值即 $R=424.45$m，如图 3 所示。

可得新的曲率半径 R 如下：

$$y=424.45-\sqrt{424.45^2-1^2}=0.0012\text{m}$$

$$R^2-[R-(0.01+0.0012)]^2=1, R=44.64$$

$$n=\frac{424.45}{44.64}=9.51\text{倍}$$

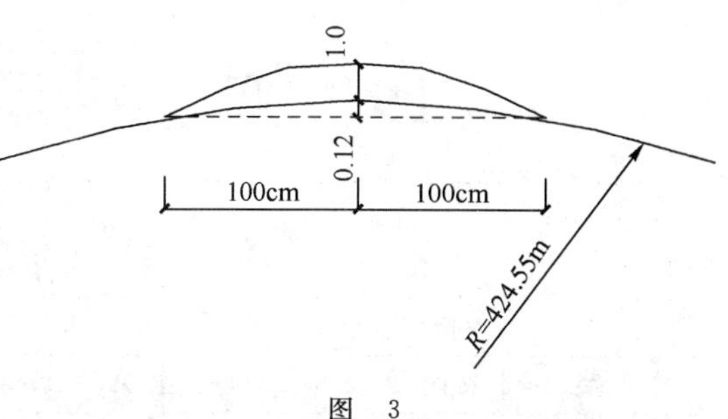

图 3

这就意味着因此而使径向力增加 9.51 倍，这个力就有可能使该处混凝土局部崩裂，有时还可能发生连锁反应式的破坏。

另一种情况是预应力钢束在波纹管内，不可能是互相"密贴"的，而是多点接触的多边形结构，在这些起支承作用的接触点上，将引起应力集中现象，与上述局部弯曲构成底板混凝土的破坏力。

保证束道顺滑的措施是增加弯道上波纹管的定位筋数量，由惯用的间距 1m 改为 30～50cm，以使 2m 长范围内的轴线偏离不超过 5mm。

(3)在跨中部位增设一具有加强箍筋的横隔板，不仅能增强底板的防崩能力，而且可同时增强截面的抗畸变能力。

(4)应对底板束实施分批分期张拉，至少分二批，进行隔天张拉，避免徐变过速，发生底板混凝土破裂。

(5)在设计中适当限制每束钢绞线根数，近几年来发现每束中钢绞线根数超过 $19\Phi^{L}15.24$ 时，混凝土容易沿坡纹管发生开裂。

(6)箱梁底板混凝土强度增长不足时，不能过早张拉预应力，尤其是掺加外加剂后，混凝土早期强度会提前，但弹性模量增长滞后。此外还要注意试块强度与实际构件混凝土的强度有差距，箱梁底板束的张拉是连续箱梁主体施工程序中的最后一道工序，为配合底板混凝土强度增长的需要，多等待几天对后续工序影响很小，因为中跨合拢后不受底板张拉影响的其他工作可继续进行。所以在最后这道关键工序上，更不能过早张拉预应力。

(7)在设计上要控制底板恒载应力，因为它是一个持久状况下压应力，而且在本桥中占到断面设计总应力的 91%，所以其控制值不能用得太高，否则容易使底板混凝土发生徐变破坏，在径向力作用下使底板混凝土崩落。根据 1956 年在葡萄牙召开的国际桥梁与结构会议的报告，法国用自动维持压力不变的大压力机来对混凝土试块用高压应力进行试验，结果混凝土在压应力 $(1/2\sim2/3)R_6$（R_6 为龄期三个月的混凝土抗压强度）不变的情况下，大部分试块在不到 7 天的时间里就破坏了(有的只有几个小时)(详见参考文献 1)，这说明混凝土在长期高压应力作用下的徐变是非常突出的，我们必须引起高度重视。根据上述试验结果，笔者初步认为底板混凝土的恒载应力 σ_g（含预应力张拉应力），应该满足下式：

$\sigma_g\leqslant(0.5\sim0.67)R_{281}/k$（$k$ 为混凝土徐变破坏的安全因数），若安全度取 2，则本桥的恒载应力控制值宜取 $\sigma_g=12.5\sim16.7$MPa 之间较为安全，本桥实际恒载应力最大值为 12.949MPa。因此能满足徐变变化的要求。不过现在新规范说明中取混凝土最大压应力限值为 $0.5R_{28}$（R_{28}—混凝土抗压强度标准值），从以上试验结果推断，是否还是太高了些，值得考虑。

四、结　语

大跨径预应力混凝土连续梁桥由于它性能优良、行车舒适、维护费用低和桥型美观的特点，几乎已成为大跨径桥型的首选方案，然而由于近年来变截面连续箱梁桥在底板束张拉时频频发生底板混凝土崩裂的事故，造成了它的美中不足。从本桥竣工后的情况良好，梁体没有发生任何裂缝来看，可初步认为上述防治对策收效较好。此举如能对设计和施工有所借鉴和帮助，我们将感到欢欣鼓舞。

参考文献

[1] 周念先、张士铎、曹敬康合编.预应力混凝土理论及应用.上海:上海科学技术出版社,1960.

191. 双连拱涵的加固设计与施工

邓穗芬

（广东省公路勘察规划设计院）

摘　要　对某高速公路上的一座混凝土双连拱涵出现的病害成因进行分析，维修加固方案主要针对地基土、涵台(侧墙)后回填砂的加固以及混凝土拱涵结构受力截面的补强加固，取得了良好效果。本文介绍其加固设计与施工。

关键词　双连拱涵　病害　加固　设计

一、双拱涵工程概况及病害表现

某高速公路K150+886涵洞为双连拱涵，单孔孔径5m，台身4m，拱高1.7m，双拱涵设计横断面如图1。拱圈及护拱采用C30素混凝土，拱圈与护拱一次浇筑，形成一体，墩台采用C25混凝土，基础和洞口部分采用C20混凝土，涵底采用M7.5浆砌片石铺砌，拱顶填土高度2m，拱涵与路线正交，为通道兼过水涵洞。

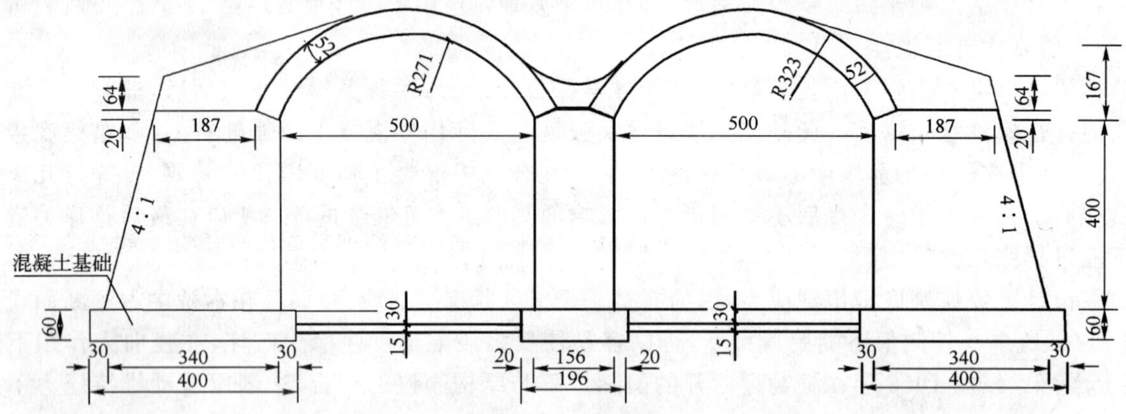

图1　K150+886双拱涵横断面构造图(尺寸单位:cm)

经现场调查及结合施工图设计阶段详勘报告，本涵洞位于花岗岩残丘地区的山间冲沟沟槽及平原边缘，根据涵洞范围内ZK3308(桩号K150+881)钻孔资料，地基土层自上而下分布如下：

淤泥质土：埋深0～1.2m。

全风化花岗岩：埋深1.2～6.8m。

强风化花岗岩：埋深6.8～8.6m。

微风化花岗岩：8.6m以下，岩质坚硬。

根据设计涵基高程，拱涵基础置于全风化花岗岩层上，设计地基承载力为270kPa。

2006年10月经检测单位检测，本涵主要病害表现为拱顶、拱腰沿涵轴线纵向出现裂缝，裂缝大多贯通，未贯通裂缝延伸较长，裂缝渗水严重。其中北端涵洞(0号洞)病害较严重，涵洞拱顶、拱腰均见多条长约2～3m裂缝，缝宽2～5mm，见白色渗水结晶物，侧边墙内侧距地表1.5m高见一条长5.4m水平裂纹，0.1～

0.5mm宽,呈张性。南端涵洞(1号洞)拱顶、拱腰均见多条长约2~3m裂缝,缝宽2~5mm,见白色渗水结晶物,左幅侧墙距洞口1.50m见一条长3.0m竖向裂纹,0.1~0.5mm宽。典型裂缝见图2、图3。

图2 0号洞左幅拱顶、拱腰裂缝

图3 1号洞右幅拱顶、拱腰裂缝

二、病害成因分析

从涵洞的病害特征分析病害产生的可能原因有三个。

(1) 基础的不均匀沉降

涵洞地处花岗岩残丘地区山间冲积平原边缘,基础持力层为全风化的花岗岩。但土层浸水易崩解,承载力急剧降低。

(2)台后填土原因

0号台侧墙距地1.5m高处见一长5.4m水平裂缝,裂缝呈张性。这一变形特征反映台后回填砂密实度不足的可能,将导致侧墙无足够抗力而使侧墙拉裂。

(3)涵洞结构原因

双拱涵为超静定结构,结构特点对变形比较敏感,基座小的位移会在结构体内产生很大内应力,同时由于结构没有配构造钢筋,整个结构体抗变形能力较弱。另外,双拱涵施工难度较大,施工质量不易保证。涵洞结构特点决定对施工质量要求较高。

三、维修加固设计方案

根据对涵洞病害产生的原因分析,为防止病害进一步恶化,保证结构物正常使用安全,需对该双拱涵进行加固处理。维修加固方案主要针对地基土、涵台(侧墙)后回填砂的加固以及混凝土拱涵结构的补强(见图4)。

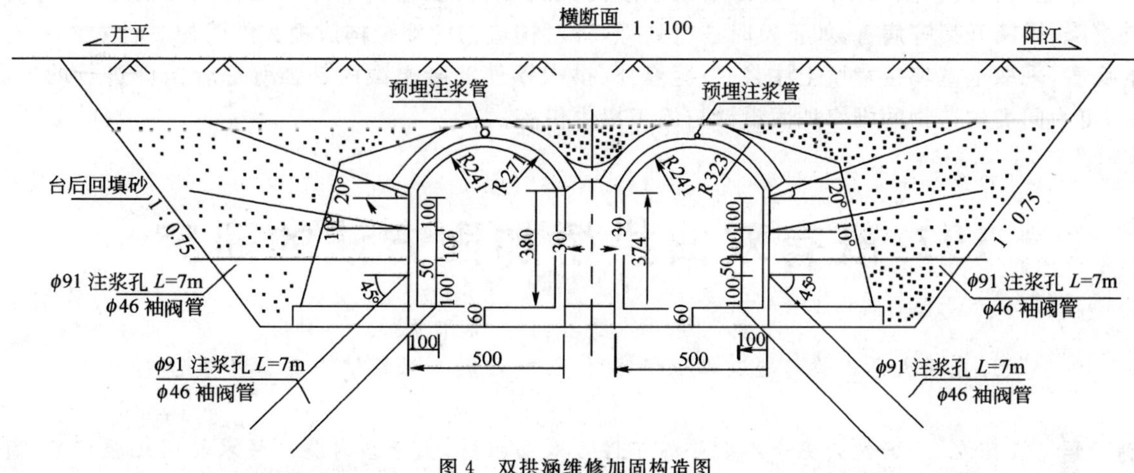

图4 双拱涵维修加固构造图

(1)对地基土进行静压灌浆。

(2)台后回填砂进行压密灌浆。通过灌浆对砂的固结、压密作用,提高砂土的变形模量,灌浆工艺也采用袖阀管法。

(3)双拱涵结构加固采用先裂缝注浆、封闭后再套钢筋混凝土内拱涵。

1. 袖阀管法灌浆

(1)灌浆孔布置

地基土加固:在距涵台侧墙墙角水平与垂直距离1m位置平行涵洞轴线各布置一排倾角45°灌浆孔,每排23个,孔间距1.5m,孔深7m。

台后回填砂加固:在距涵台侧墙墙角垂直距离1.5m、2.5m、3.5m位置平行涵洞轴线各布置一排灌浆孔,每排23个,孔间距1.5m,孔深7m。其中1.5m高位置为水平钻孔;2.5m、3.5m高位置灌浆孔为向上倾斜孔,倾角分别10°、20°。

(2)灌浆材料:浆液采用水泥浆,水泥标号32.5R,水灰比采用1∶1、0.8∶1、0.6∶1、0.5∶1四个比级,开灌水灰比为1∶1。

(3)浆液变换标准:① 当灌浆压力保持不变,注入率持续减少时,或注入率不变而压力持续升高时,不得改变水灰比;② 当某一级浆液的注入量已达300L以上或灌浆时间已达30min,而灌浆压力和注入率均无改变或改变不显著时,应改浓一级水灰比;③ 当注入率大于30L/min,可根据具体情况越级变浓。

(4)灌浆压力:灌浆时袖阀管的开环压力0.3MPa,地基土加固灌浆压力采用0.3～0.5MPa,台后回填砂加固灌浆压力0.2MPa。

(5)灌浆顺序:先地基土加固后台背回填砂加固、先两边后中间按二次序逐渐加密进行,即先灌地基土两排一序孔再二序孔,地基土灌浆完成后同样按二次序进行回填砂加固。单孔灌浆顺序自上而下、自里而外,步距0.33m(即每米灌3次),视灌注情况进行复灌。

2. 钢筋混凝土内拱涵

应先用高分子树脂灌注混凝土拱涵拱圈、台身的裂缝,较细的裂缝用环氧材料封闭。

在现双拱涵每单孔内各现浇一钢筋混凝土内拱涵,内拱涵拱圈、侧墙混凝土厚度0.3m,基础采用钢筋混凝土整体式基础,厚0.6m。拱圈、侧墙采用C30混凝土,基础采用C25混凝土。内拱涵受力钢筋直径ϕ20mm,间距20cm。内拱涵并通过植筋使新老拱涵连接在一起,植筋钻孔ϕ38mm,间距0.8m×0.8m,钢筋采用ϕ20mm。

内拱涵的沉降缝布置需与现拱涵的沉降缝位置对应,缝内嵌入涂沥青膏木板,然后填塞沥青麻絮、浇热沥青。

四、结　语

早期修建的公路拱涵较多采用圬工石砌或素混凝土材料,在地质条件不是特别好的情况下,容易发生基础沉降、拱圈开裂等病害,如不及时进行处理,将对构造物的安全构成极大的隐患。针对本双连拱涵发生的病害,采取地基和台背填土注浆、裂缝修补、拱内钢筋混凝土截面补强等综合措施进行的加固,效果显著,可为同类构造物的维修加固设计与施工提供借鉴。

192. 既有双曲拱桥加固方法的研究

黄　侨[1,2]　葛占钊[2]　林阳子[2]

(1.东南大学桥梁与隧道工程研究所;2.哈尔滨工业大学桥梁工程研究所)

摘　要　我国在20世纪六七十年代修建了许多双曲拱桥,由于当时施工技术相对比较落后,目前超载现象较为严重,同时这类桥梁的自身结构整体性差,所以经过多年运营后都有不同程度损伤及承载能力降低。为了保证其安全运营,必须对这类桥进行维修、加固。本文主要研究了双曲拱桥的各种加固方法,并对各种加固方法进行了对比分析,研究了各种加固方法的适用性,最后以算例形式对增大截面及碳纤维两种加固方法进行深入研究，并且利用拱桥的温度效应，适当控制加固施工温度，使加固达到一定的变被动加固为主动加固的效果。

关键词 双曲拱桥 加固 增大截面 碳纤维

一、引 言

双曲拱桥是 20 世纪 60 年代，由我国无锡县建桥工人首创的一种桥型。它由拱肋、拱波、拱板和横向联系等几部分组成，充分发挥了预制装配的优点，可以不要拱架施工。主拱圈以“化整为零”的方法按先后顺序进行施工，再以“集零为整”的方式组合成承重结构。该桥型节省木料，加快施工进度，而所耗用的工料又不多，符合我国当时的国情。因此在六七十年代，我国各地都修建了大量的双曲拱桥。但该桥型结构的整体性较差，在地震荷载作用下容易损坏，并且在长期活载作用下拱肋与拱波结合处容易开裂，这些缺陷经过多年使用已暴露无遗。同时由于超载现象严重，使全国各地现存的双曲拱桥都有不同程度破损，影响安全运营。既有双曲拱桥数量很多，把其全部按危旧桥拆除重建，既不经济也不现实。为了保证双曲拱桥的运营安全，需对其进行维修、加固处理。本文以工程实例为对象针对双曲拱桥的各种加固方法进行对比分析，并着重对增大截面及粘贴碳纤维两种加固方法进行了较为详细的探讨。

二、双曲拱桥的加固方法

1. 增大截面加固法

对于承载能力不足的双曲拱桥，可以通过加大截面来提高其承载力，主要加大拱肋截面或拱脚上缘附近的截面尺寸达到其加固的目的，参见图 1。

在加固设计时应考虑原结构钢筋及混凝土的分阶段受力问题，并且要注意新增混凝土截面施工工艺应不使原结构截面受到严重破坏，新旧结构材料之间应有可靠连接如剪力键、传力销、锚固筋等。在施工之前，应进行卸载处理，减轻自重，即要拆除桥面铺装层、人行道及栏杆，卸除部分拱上添料等。加固时，旧桥结构应能承担施工荷载及自重；加固后，新旧组合结构共同承担二期恒载及活载。

2. 粘贴钢板、钢筋或纤维布加固法

该方法一般适用于具有粘贴平面的结构，但对拱式结构经过适当处理也是可以采用的(见图 2)。对于粘贴钢板、钢筋来说，弧形结构较难粘贴，制作符合拱圈线性的钢板也较困难，因此很少采用粘贴钢板的方法。粘贴碳纤维方法，施工较简单快捷，在不需要大幅度提高荷载等级的情况下是可以采用的，并且粘贴材料几乎不增加结构的自重。

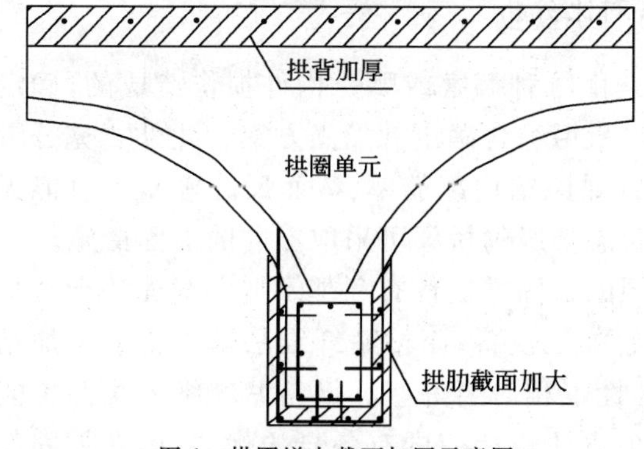

图 1 拱圈增大截面加固示意图

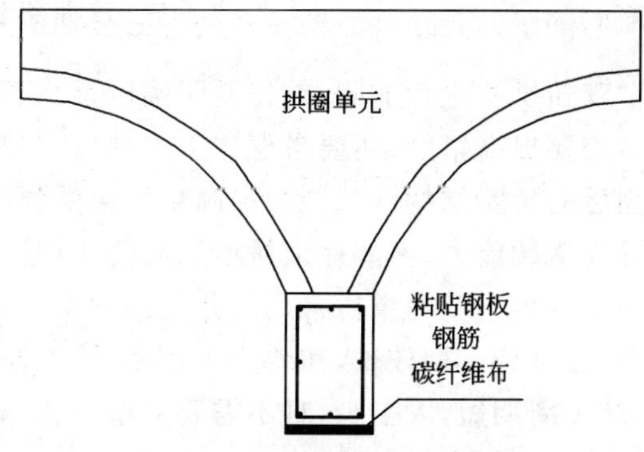

图 2 拱圈粘贴材料加固示意图

在粘贴施工时也要先进行卸载处理，计算确定粘贴部位、范围、粘贴材料截面积以及端部锚固措施，避免黏结力失效而导致加固失效。另外加固设计时应考虑结构的分阶段受力问题，如不卸载则组合结构仅承受活荷载；如卸载则组合结构承受部分恒载及活荷载。

3. 体外预应力法

体外预应力的加固方法经研究也可以应用在双曲拱桥中(见图 3)，但在加固时要对结构进行准确的

检算，以确保其能承受体外预应力及荷载，并能提高承载能力。此种方法几乎不增加结构自重，体外预应力和原结构共同承受自重、恒载及活荷载，是一种主动加固方法。但加固后会影响拱桥的整体外观的美感，并有可能降低通航高度，在加固时要慎重选用。另外在加固设计中要考虑结构的分阶段受力问题，锚固位置的确定要适当而可靠，预应力筋必须作永久防腐，保障其耐久性。

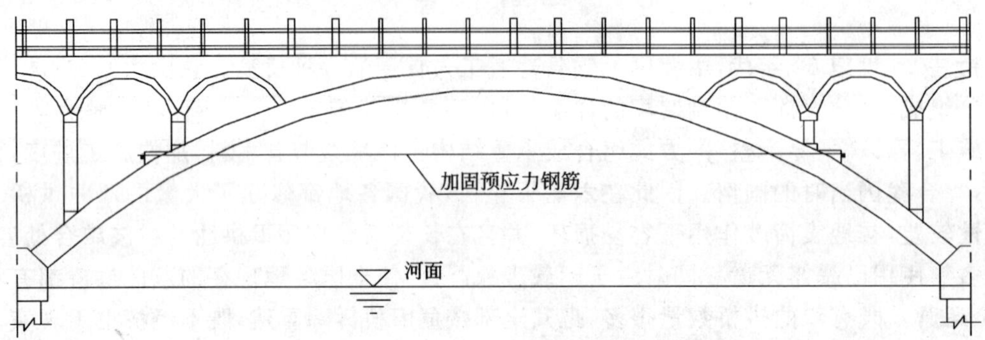

图3　体外预应力加固拱圈示意图

4. 改变结构体系

增设新的受力体系，新加承重结构取代原结构受力，如去掉原破损较严重的拱式拱上建筑变为梁式拱上建筑。另外还有增加横向联系，加设横系梁、横隔板或加大边肋，这种方法可以提高双曲拱桥的整体性，解决由于各拱肋在外荷载作用下共同工作能力差，变形不协调，导致拱肋间挠度差较大的缺点；同时还可以解决由于拱圈截面形式不合理，没有胀缩的余地，当温度下降和混凝土收缩的影响力超过拱波顶部混凝土的弯拉应力时波顶经常会出现的纵向裂缝（一般具有贯通全桥趋势）的严重病害问题。

另外要注意的是结构体系改变会导致结构内力发生变化，应对新的结构体系进行安全检算，做好相应安全措施，确保改变体系后能够提高原结构的承载力。

5. 其他加固方法

其他加固方法主要包括减载法和反向加载法等。其中减载法是将桥面铺装或拱上填料更换为轻质材料（如陶粒混凝土，其抗压强度为6.25MPa，最大干容重为800kg/m^3），以降低恒载自重，增加承担活载能力；反向加载法是首先对结构进行检算，确定其影响线，然后按结构影响线正负号配重，以提高其承载能力。

三、双曲拱桥加固方法对比分析

对双曲拱桥进行加固，首先要明确桥梁承载能力降低是由哪种病害或哪一构件损伤造成的，确定承载能力需要提高幅度，还要考虑施工难易、造价高低等因素，最后综合确定其加固方案。此外要充分考虑到加固后的桥梁结构承载能力提高幅度会受原结构的制约（如原结构配筋率、截面尺寸等），不可能无限制地提高承载能力，不能夸大桥梁加固的作用。对于不同状态等级的桥梁可采取不同的加固措施。

表1给出了双曲拱桥常用的几种加固方法的比较，不同的加固方法各有利弊。加大截面法会增加结构自重，并且施工期较长，需要人工较多，并且需要较大型的施工设备；而粘贴纤维法基本不会增加结构自重，施工周期短，人工少，且不需要大型设备，建成后耐久性也相对要好些。但粘贴纤维方法并不能改善结构的整体刚度，承载能力提高的幅度也是有限的。其他方法也相应的有各自的优缺点，在加固设计时要根据实际工程的具体情况，权衡利弊，酌情选用。

双曲拱桥几种常用加固方法比较　　表1

项　目	加大截面	体外预应力	钢板黏结	改变体系	FRP片材粘贴
增加体积	大	小	小	不定	小
增加重量	大	小	较大	不定	小

续上表

项　目	加大截面	体外预应力	钢板黏结	改变体系	FRP片材粘贴
施工时间	长	较长	较长	长	短
需要工人数	多	较多	较多	较多	少
施工空间	大	大	大	大	小
较大型设备	需要	需要	需要	需要	不需要
耐久性	差	良好	差	较差	良好

从表2中还可以看出不同加固方法有不同的加固效果，加焊钢筋或粘贴纤维只能提高承载力而不能明显增加结构刚度，即不能显著改善变形状况。若想提高承载力的同时也要改善刚度就要选用粘贴钢板、加体外预应力、增大截面或改变结构体系等方法。双曲拱桥的整体性较差，进行加固时应充分考虑改善其整体性，这就需要选取增加横隔板、横系梁、剪刀撑、增强桥面铺装等办法来实现。可见针对不同损伤状况的双曲拱，需根据实际情况来选择加固方法。

各种加固方法与改善方向的关系比较　　表2

仅提高承载力	提高承载力及刚度	改善横向分布及整体性
贴钢筋	贴钢板、体外预应力	增加横隔板、剪刀撑
贴纤维	增大拱圈截面	增设大边拱肋
—	改换拱上建筑结构、改换拱肋截面形式	增强桥面铺装

四、提高承载力加固算例分析

1. 工程简介

某桥为5跨空腹式连续钢筋混凝土双曲拱桥(图4)，跨径布置为5×31.7m，拱圈厚度为95cm，拱圈宽为12.6m，矢跨比为1∶6，单孔净跨径为30m。原桥设计荷载为汽车-20级，挂车-100级，1974年建成，设计使用年限为50年。随着社会经济的发展，该桥承担的交通量剧增，且经常有大吨位重型车辆通过。在目前的交通荷载及流量作用下，部分主拱圈、腹拱圈开裂；部分腹拱立柱和盖梁有不同程度破损。经现场检测并根据现行《公路桥涵养护规范》(JTG H11—2004)评定该桥的技术状况评分为49.32分，应定为三类桥梁。在原设计荷载不变的情况下，考虑结构长期性能衰减的影响，根据《公路桥梁承载能力检测评定规程》(征求意见稿)的检算方法，计算分析表明该桥主拱圈个别断面的安全储备略显不足，需进行加固补强。

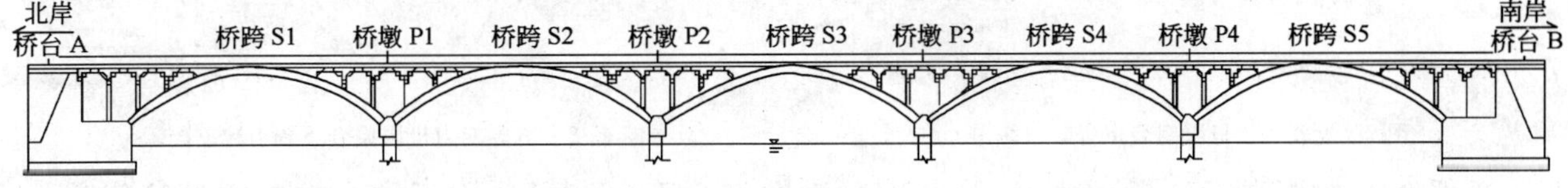

图4　桥型布置图

2. 加固设计验算模型的建立及分析

为掌握该桥结构特点和受力性能，确定其实际承载能力，需要对原设计结构进行结构分析，以得到结构各控制断面在恒载、活载及温度荷载作用下的设计内力以及使用阶段拱桥的工作状况，为正确评定该桥的承载能力和现有状态提供理论依据，以便对该桥进行加固设计。

(1)计算模型

采用通用有限元软件"Midas2006"建立有限元模型。计算表明该桥的桥墩抗推刚度小于主拱圈抗推刚度的37倍，所以采用多孔联拱模型，即考虑联拱作用。同时为挖掘原拱桥的承载潜力，有限元建模时考虑拱上建筑联合作用的结构模型，并采用空间梁格法[4]模拟拱圈。由于主拱圈有8肋7波另加两个悬半波组成，可分为8个相同的单元，每个单元横断面及单元编号见图5，每个拱圈单元在有限元模型中皆分为46个计算单元。由此建立计算模型如图6。

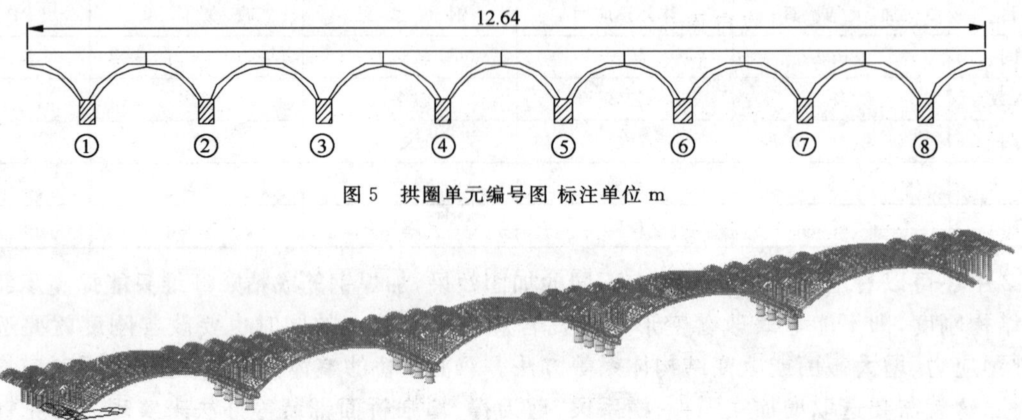

图5 拱圈单元编号图 标注单位 m

图6 全桥计算模型

(2)计算结论

①内力计算

通过有限元计算得出承载能力极限组合下全桥单元内力值，并画出最大拱肋单元内力包络图，如图7、图8所示。

②承载能力验算

在进行钢筋混凝土拱桥承载能力验算时必须记入钢筋混凝土拱桥的4个折减系数[6]，即承载能力检算系数 Z_1（其值取决于结构构件技术状况评定值）、承载能力恶化系数 ξ_e（其值取决于桥梁结构质量状况的衰退恶化情况）、配筋混凝土结构的截面折减系数 ξ_c（其值取决于材料风化程度及物理与化学损伤）、钢筋截面折减系数 ξ_s（其值取决于钢筋的锈蚀情况）。由此，仍按原桥规计算时，荷载效应不利组合设计值小于或等于结构抗力效应设计值的极限平衡方程式应改写为：

$$S_d(\gamma_d G;\gamma_q \sum Q)\leqslant \gamma_d R_d\left[\xi_c \frac{R_c}{\gamma_c};\xi_s \frac{R_s}{\gamma_s}\right]Z_1(1-\xi_e) \tag{1}$$

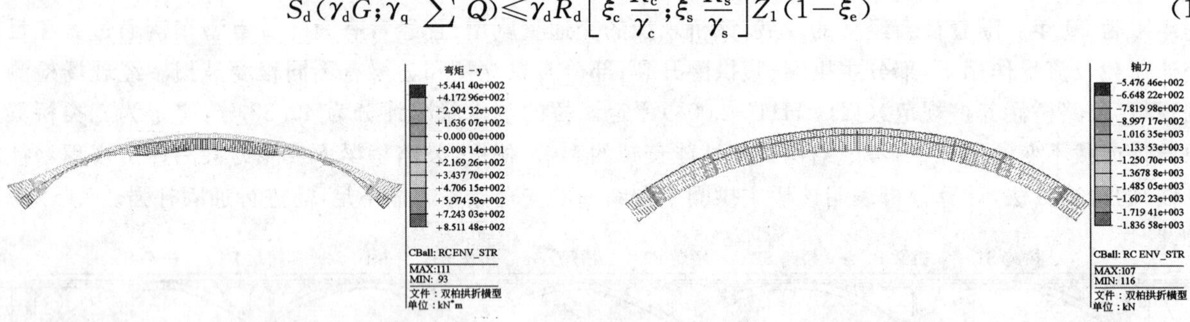

图7 承载能力极限组合下弯矩包络图

图8 承载能力极限组合下轴力包络图

通过验算，拱圈单元各截面中，拱脚截面附近在组合II(降温)作用下抗力效应的设计值 N_u＝912.63kN小于荷载效应最不利组合的设计值 N_j＝958.74kN，相差4.8%，可认为基本满足原桥梁规范中的强度要求，但略显不足；在组合II(降温)作用下，3/8截面的抗力效应的设计值 N_u＝1 106.99kN大于荷载效应最不利组合的设计值 N_j＝1 103.95kN，超过0.28%，满足规范中的强度要求，所以拱圈结构在拱上建筑联合作用下基本能满足使用阶段的强度要求。

③小结

通过有限元模型内力计算及承载力验算得出结论：由于多年的运营，碳化、钢筋锈蚀等原因造成结构功能的衰减，在恒载、活载及降温情况下拱脚负弯矩及跨中正弯矩过大，安全储备略显不足，并随时间结构损伤越来越严重，速度也在加剧，所以为了保障其安全运营，应根据计算结果和结构分析选择合理的加固方案，进行补强处理。

3. 总体加固设计及改造措施

(1)改变拱上添料，减轻恒载自重

将原桥栏杆拆除，凿去原桥面，卸除并更换拱上填料(更换工作要在主拱圈加固完成后进行)，采用轻质的陶粒混凝土(其抗压强度为6.25MPa，最大干容重为800kg/m^3)，并严格保证陶粒混凝土的密实度，以使拱上结构协同受力。

(2)主拱圈加固

①主拱圈跨中附近截面抗力偏低，安全储备不足，为了保证主拱圈的耐久性，而不增加拱圈重量，在每条拱肋底部跨中附近位置均贴碳纤维布加固，宽为20cm，厚度为0.167mm。根据“变被动加固为主动加固”的理念，对于双曲拱桥可通过选择加固施工的气温来调整主拱圈受力状态，使拱圈下缘受压，产生一定压应变。在粘贴碳纤维后，在极限状态下能增加碳纤维的受拉应变量，尽量使其强度得到发挥。计算表明，当月平均气温在20℃时，拱肋下缘压应力可达到2.217MPa(见图9)，处于受压状态，在20℃以上的气温条件下粘贴碳纤维就能达到增加碳纤维强度利用率的加固效果。

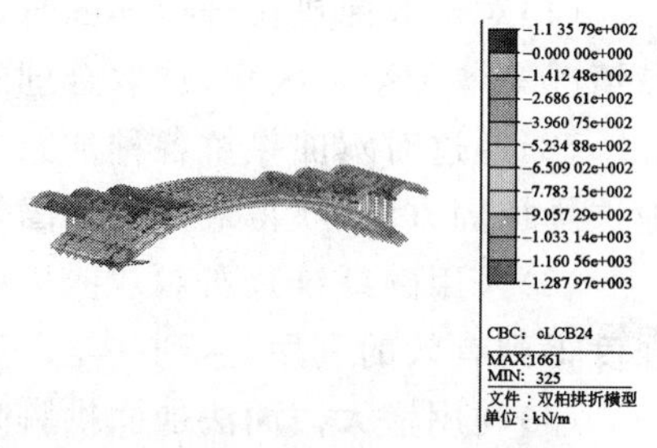

图9 20℃时拱肋下缘压应力图例

②主拱圈拱脚附近截面抗力偏低，安全储备亦不足，所以，在拱脚处部分拱背采用浇筑10～20cm不等厚C30微膨胀自密实混凝土，参见图10。加固混凝土厚度可通过模型计算及承载力分析优化而定，并按强度计算来确定其中的配筋数量，来增强拱脚抵抗由于温度而产生的过大负弯矩的能力，并使其具有一定的安全储备，增强其耐久性。由图11的计算结果得知，在15℃左右时拱脚上缘处于微压状态，这样即能保证后加固的部分材料充分发挥作用，又能保证组合后的截面处于良好的受力状态，因此建议拱脚施工时要保持月平均气温在15℃左右进行。同时通过调整膨胀混凝土的膨胀率，尽量保证新加固混凝土与原混凝土具有相同压应变。另外要在原混凝土表面凿毛，植锚固钢筋，并清洗被加固构件的表面，使新旧混凝土之间能更好地黏结，达到加固效果。

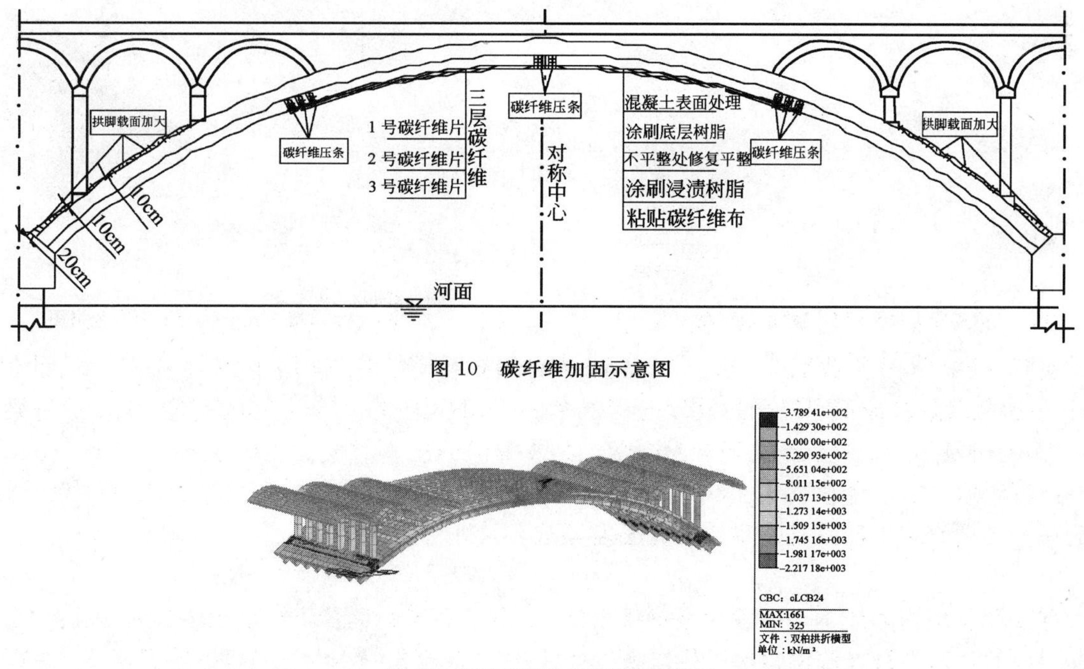

图10 碳纤维加固示意图

图11 15℃时拱圈上缘压应力图例

(3)加固后结果

通过以上加固措施，计算得拱脚截面附近的抗力效应的设计值N_u=1 375.56kN大于荷载效应最不利组合的设计值N_j=1 296.94kN，超过5.7%，满足规范中的强度要求；跨中附近截面的抗力效应的设计

值 N_u=1 221.21kN 大于荷载效应最不利组合的设计值 N_j=1 080.82kN，超过11.5%，满足规范中的强度要求，可见经加固后，该桥承载力得以提高，安全储备明显增加，可以满足现有的交通荷载及耐久性要求。

五、结　语

本文通过对双曲拱桥的加固方法的系统研究，可以得出以下结论：

(1)对于双曲拱桥进行加固时，要综合考虑其破损程度，承载力提高或恢复的比率，经济情况，施工难易情况等各种影响因素，选取合理的加固方法。

(2)通过对双曲拱桥各种加固方法的对比，可发现各种方法的优缺点及使用范围，有利于正确、合理地选择加固方法，获得最佳的加固效果。

(3)采用碳纤维片布对双曲拱桥进行加固设计是可取的，利用温度的调节作用，可以使碳纤维材料的强度得到有效的利用，达到一定程度的主动加固的效果，满足桥梁的安全性、适用性和耐久性要求。

(4)利用增大截面法加固拱脚附近截面，可以有效提高拱桥的承载力。通过把微膨胀自密实混凝土引入拱桥加固中，可以更好地提高加固效果。另外，同时利用温度变化，使拱脚上缘处于受压状态，再进行混凝土加固，可提高后加固混凝土材料强度的利用率。

参考文献

[1] 张树仁.桥梁病害诊断与改造加固设计[M].北京:人民交通出版社,2006.
[2] 谌润水，胡钊芳，帅长斌.公路旧桥加固技术与实例[M].北京:人民交通出版社,2003.
[3] 王国鼎，袁海庆，陈开利.桥梁检测与加固[M].北京:人民交通出版社,2003.
[4] 戴公连，李德建.桥梁结构空间分析设计方法与应用[M].北京:人民交通出版社，2001.
[5] 楼庄鸿.公路双曲拱桥上部结构设计计算[M].交通部科学研究院.1980.
[6] 中华人民共和国行业标准.公路桥梁承载能力检测评定规程(征求意见稿).2006.
[7] 建设部.混凝土结构加固设计规范(GB 50367—2006).四川省建筑科学研究院,2006.